宮殿總部

《宫殿總部》提要

《易·繫辭下》曰:「上古穴居而野處,後世聖人易之以宫室,上棟下宇,以待風雨。」《淮南子》曰:「舜作室,築牆茨屋,令民皆知去岩穴,各有家室。」可知,宫室之名,乃爲先民居住建築的泛稱,本無尊卑之分。隨着階級意識的增強,宫殿成爲國君生息之所,群臣朝謁聽政之處,其名漸由王室貴胄所獨專,成爲權貴之象徵。爲了維護宫殿崇高威望,統治者甚至以律法的手段,在格局、用材、裝飾等方面,禁止效仿。

歷代宫殿格局,總體上以殿爲主。衆多殿堂依照簡約對稱,左右有序排列,其間或聯以閣道,或繞以廡廊,周以牆垣,形成規模宏麗的宫城。宫殿建築,一般包括殿堂、樓閣、臺榭、廊廡、亭軒、圍牆、門闕等,其規制、建造技術,隨着社會的進步而日臻縝密與發達。帝王威權日尊,宫殿營建也因之崇偉侈華。可以説,宫殿建築乃是古代中國建築技術的精華所在。中國古代建築經典著作,如宋之《營造法式》、清之《工程做法》,均爲編纂者依照宫殿建造的經驗總結而成。

宫由殿聚而成,殿隱於宫中,兩者難以分述,因此,本總部不再析分經目,僅以朝代爲序,輯録各朝宫殿之佈局、形制與營建活動的資料,以窺歷代宫殿之發展軌跡與概觀。

目録

題解

《爾雅·釋宫第五》 宫謂之室,室謂之宫。郭璞注:皆所以通古今之異語,明同實而兩名。邢昺疏:别二名也。郭云:皆所以通古今之異語,明同實而兩名。《釋名》云:宫,穹也。言屋見於垣上穹崇然也。室,實也。言人物實滿於其中也。是所從言之異耳。詩云「作于楚宫」,又曰「入此室處」是也。古者貴賤所居,皆得稱宫,故《禮記》曰:由命士以上,父子皆異宫。又《喪服傳》:繼父爲其妻前夫之子築宫廟,是士庶人皆有宫稱也。至秦漢以來,乃定爲至尊所居之稱。

《爾雅·釋山第十一》 大山宫小山霍。郭璞注:宫,謂圍繞之。《禮記》曰「君爲廬,宫之」,是也。邢昺疏:宫,猶圍繞也。謂小山在中,大山在外圍繞之,山形若此者名霍。非謂大山名宫,小山名霍也。

史游《急就篇》卷三 殿,謂室之崇麗有殿鄂者也。

許慎《説文解字》卷七下《宀部》 宫,室也。从宀,躳省聲。凡宫之屬皆从宫。居戎切。

室,實也。从宀从至,至所止也。式質切。

顧野王《玉篇》卷二《土部》 堂,徒當切,土爲屋基也。《禮》云:天子之堂高九尺,諸侯七尺,大夫五尺,士三尺。《説文》云:殿也,又容也。

顧野王《玉篇》卷一七《殳部》 殿,徒見切,大堂也。

《釋名》卷五《釋宫室》 宫,穹也。屋見於垣上穹隆然也。室,實也。人物實滿其中也。室中西南隅曰奥,不見户明所在祕奥也。西北隅曰屋漏。禮每有親死者,輒撤屋之西北隅,薪以爨竈,煮沐供諸喪用。時若值雨則漏,遂以名之也。必取是隅者,禮既祭,改設饌於西北隅,令撤毁之,示不復用也。東南隅曰窔。窔,幽也,亦取幽冥也。東北隅曰宧。宧,養也。東北陽氣始出,布養物也。中央曰中霤。古者寢穴後室之霤,當今之棟下直室之中,古者霤下之處也。

《釋名》卷五《釋宫室》 殿,有殿鄂也,陛卑也,有高卑也。天子殿,謂之納陛,言所以納人言之階陛也。

葉大慶《考古質疑》卷六 嘗考許慎《説文》:殿,堂之高大者也。《漢書·黄霸傳》:張敞奏霸集計吏能言孝弟風化者上殿。是丞相府中有殿也。顔師古注:丞相所坐屋也。又《霍光傳》:鴞數鳴殿前木上。師古又注云:古者室屋高大,則通呼爲殿,非止宫中。及《董賢傳》:起大第,重殿洞門。師古於此乃曰:殿有前後,僭天子制也。不以殿爲高屋之通呼,自爲同異,何耶?意者重殿乃爲天子制耶?【略】大慶嘗泛而觀之,《藝文類聚·漢宫闕名》曰:長安有臨華、飛雲、昭陽等殿,蕭何、曹參、韓信並有殿。《太平寰宇記》:河南道鄆州須城縣有東平憲王蒼所起之殿。【略】是知兩漢時不以殿爲僭也。至《魏·張遼傳》:文帝引遼親問破吴狀,帝曰:此亦古之召虎也。爲起殿舍。又特爲遼母作殿。【略】即是而觀,唐以前上下猶稱爲殿也,至唐則不然,觀師古注《漢書》辭意可見矣。

張英等《淵鑑類函》卷三四二《居處部三》 殿。《增釋名》曰:殿,典也。《説文》曰:殿,堂之高大者也。《蘇氏演義》曰:殿,共也。取衆屋擁從如軍之殿。《漢書》曰:丹地,以丹泥塗殿上地也。《莊子》曰:入殿門不趨。顔師古曰:古者屋之高嚴通呼爲殿,不必宫中也。《西京賦》注曰:天子殿高九丈,階九齒,各爲九級。原《風俗通》曰:殿堂象東井,形刻作荷菱。荷菱,水物也,所以厭火。摯虞《決疑要注》曰:凡大殿乃有陛,堂則有階無陛也。左墄右平者,以文甎相亞,次墄者爲階級也。九錫之禮,納陛以登,謂受此陛以上殿。增摯虞《決疑要注》曰:殿堂之上唯天子居牀,其餘皆鋪幅席,席前設筵几。天子之殿,東西九筵,南北七筵。

陳元龍《格致鏡原》卷一九《宫室一》 殿。《演義》:殿,殿也。取衆屋擁從如軍之殿。《初學記》:《倉頡篇》曰:殿,大堂也。商周以前,其名不載。案:《史記·秦始皇本紀》始曰:作前殿,上可以坐萬人,下可以建五丈旗。《事物紀原》:《商君書》有言,天子之殿則是秦孝公而來已云然矣。《事物原始》:周及春秋,稱朝於路寢,未聞稱殿也。至秦始皇作阿房于渭南,先作前殿,是秦始稱殿也。漢因之,乃有涵德、明光等殿名。蓋稱殿始於秦,而殿之名則始於漢。《黄帝經序》:帝見岐伯于鑾殿。《三輔黄圖》:前殿,周曰路寢,漢曰前殿。

梁國志等《音韻述微》卷二二《去聲·十七霰》 殿,堂之高大者,惟天子宸居稱之。

論説

《尚書・梓材第十三》　王曰：「封，以厥庶民暨厥臣，達大家；以厥臣達王惟邦君，汝若恒。」越曰：「我有師師，司徒、司馬、司空、尹旅。」曰：「予罔厲殺人。」亦厥君先敬勞，肆徂厥敬勞。惟曰：【略】若作室家，既勤垣墉，惟其塗塈茨。若作梓材，既勤樸斲，惟其塗丹雘。」今王惟曰：「先王既勤用明德，懷爲夾，庶邦享作，兄弟方來，亦既用明德。后式典集，庶邦丕享。皇天既付，中國民越厥疆土于先王，肆王惟德用，和懌先後迷民。用懌先王受命。已！若茲監。」惟曰：「欲至于萬年惟王，子子孫孫永保民。」

《禮記・禮運第九》　昔者先王未有宮室，冬則居營窟，夏則居橧巢。未有火化，食草木之實，鳥獸之肉，飲其血，茹其毛。未有麻絲，衣其羽皮。後聖有作，然後脩火之利。范金合土，以爲臺榭、宮室、牖户。以炮，以燔，以亨，以炙，以爲醴酪。治其麻絲，以爲布帛。以養生送死，以事鬼神上帝，皆從其朔。

《管子・八觀第十三》　入國邑，視宮室，觀車馬衣服，而侈儉之國可知也。夫國城大而田野淺狹者，其野不足以養其民；城域大而人民寡者，其民不足以守其城；宮營大而室屋寡者，其室不足以實其宮；室屋衆而人徒寡者，其人不足以處其室；困倉寡而臺榭繁者，其藏不足以共其費。困倉所藏，不足以供臺榭之費。故曰：主上無積而宮室美，氓家無積而衣服脩，氓家，謂民家也。乘車者飾觀望，步行者雜文采，本資少而末用多者，本資，謂穀帛。侈國之俗也。國侈則用費，用費則民貧，民貧則姦智生，姦智生則邪巧作。故姦邪之所生，生於匱不足；匱不足之所生，生於侈；侈之所生，生於毋度。故曰：審度量，節衣服，儉財用，禁侈泰，爲國之急也。不通於若計者，若計，謂「審度量」以下。不可使用國。故曰：入國邑，視宮室，觀車馬衣服，而侈儉之國可知也。

《管子・乘馬數第六十九》　霸國守分，上與下游於分之間而用足。王國守始，國用一不足則加一焉，國用二不足則加二焉，國用三不足則加三焉，國用四不足則加四焉，國用五不足則加五焉，國用六不足則加六焉，國用七不足則加七焉，國用八不足則加八焉，國用九不足則加九焉，國用十不足則加十焉。人君之守高下，歲藏三分，十年則必有三年之餘。若歲兇旱水泆，民失本，則修宮室臺榭，以前無狗後無彘者爲庸。故修宮室臺榭，非麗其樂也，以平國策也。今至於其亡策乘馬之君，春秋冬夏，不知時終始，作功起衆，立宮室臺榭。民失其本，君不知其失諸春策，又失諸夏秋之策也，民無糧賣子〔者〕數矣。猛毅之人淫暴，貧病之民乞請，君行律度焉，則民被刑僇而不從於主上。此策乘馬之數亡也。

《墨子・七患第五》　子墨子曰：國有七患。七患者何？城郭溝池不可守而治宮室，一患也。【略】食者國之寶也，兵者國之爪也，城者所以自守也。此三者國之具也。故曰：以其極賞，以賜無功；虛其府庫，以備車馬衣裘奇怪；苦其役徒，以治宮室觀樂；死又厚爲棺椁，多爲衣裘；生時治臺榭，死又脩墳墓，故民苦於外，府庫單於内。上不厭其樂，下不堪其苦，故國離寇敵則傷。此皆備不具之罪也。

《墨子・辭過第六》　子墨子曰：古之民，未知爲宮室時，就陵阜而居，穴而處下，潤濕傷民，故聖王作爲宮室。爲宮室之法，曰：高足以辟潤濕，邊足以圉風寒，上足以待雪霜雨露，宮墻之高，足以別男女之禮。謹此則止。凡費財勞力不加利者，不爲也。是故聖王作爲宮室，便於生，不以爲觀樂也。作爲衣服帶履，便於身，不以爲辟怪也。故節於身，誨於民，是以天下之民可得而治，財用可得而足。當今之主，其爲宮室則與此異矣。必厚作斂於百姓，暴奪民衣食之財，以爲宮室臺榭曲直之望，青黃刻鏤之飾。爲宮室若此，故左右皆法象之，是以其財不足以待凶饑、振孤寡，故國貧而民難治也。君實欲天下之治而惡其亂也，當爲宮室，不可不節。

《墨子・節用上第二十》　其爲宮室何？以爲冬以圉風寒，夏以圉暑雨，有盜賊加固者芊䱉，不加者去之。

《墨子・節用中第二十一》　古者人之始生，未有宮室之時，因陵丘堀穴而處焉。聖王慮之，以爲堀穴，曰冬可以辟風寒，逮夏，天潤濕，上熏烝，恐傷民之氣，於是作爲宮室而利。然則爲宮室之法將奈何哉？子墨子言曰：「其旁可以圉風寒，上可以圉雪霜雨露，其中蠲潔可以祭祀，宮墻足以爲男女之別，則止。諸加費不加民利者，聖王弗爲。」

《晏子春秋》卷二《内篇》　景公登路寢之臺，不能終，而息乎陛，忿然作色，不説，曰：「孰爲高臺？病人之甚也！」晏子曰：「君欲節於身而勿高，使人高之而勿罪也。今高，從之以罪；卑，亦從以罪。敢問使人如此，可乎？古者之爲宮室也，足以便生，不以爲奢侈也，故節於身謂於民。及夏之衰也，其王桀背

棄德行，爲璿室玉門。殷之衰也，其王紂作爲傾宮靈臺，卑狹者有罪，高大者有賞，是以身及焉。今君高亦有罪，卑亦有罪，甚於夏殷之王，民力殫乏矣，而不免於罪。嬰恐國之流失而公不得享也。」公曰：「善寡人自知誠費財勞民以爲無功，又從而怨之，是寡人之罪也，非夫子之教，豈得守社稷哉！」遂下，再拜，不果登臺。

《呂氏春秋》卷一《孟春紀第一》 室大則多陰，臺高則多陽。多陰則蹷，多陽則痿，此陰陽不適之患也。是故，先王不處大室，不爲高臺，味不衆珍，衣不燀熱。燀熱則理塞，理塞則氣不達；味衆珍則胃充，胃充則中大鞔；中大鞔而氣不達，以此［求］長生，［其］可得乎？昔先聖王之爲苑囿園池也，足以觀望勞形而已矣。其爲宮室臺榭也，足以辟燥濕而已矣。其爲輿車衣裘也，足以逸身暖骸而已矣。其爲飲食酏醴也，足以適味充虛而已矣。其爲聲色音樂也，足以安性自娛而已矣。五者，聖王之所以養性也，非好儉而惡費也，節乎性也。

《呂氏春秋》卷一四《孝行覽·孝行》 養有五道：修宮室，安牀笫，節飲食，養體之道也；樹五色，施五采，列文章，養目之道也；正六律，和五聲，雜八音，養耳之道也；熟五穀，烹六畜，和煎調，養口之道也；和顔色，説言語，敬進退，養志之道也。此五者，代進而厚用之，可謂善養矣。

《大戴禮記·朝事第七十七》 古者聖王明義，以別貴賤，以序尊卑，以體上下，然後民知尊君敬上，而忠順之行備矣。是故古者天子之官，有典命官掌諸侯之儀，大行人掌諸侯之儀，以等其爵，故貴賤有別，尊卑有序，上下有差也。

【略】

典命諸侯之五儀，諸臣之五等，以定其爵，故貴賤有別，尊卑有序，上下有差也。命：上公九命爲伯，其國家、宮室、車旗、衣服、禮儀，皆以九爲節；諸侯、諸伯七命，其國家、宮室、車旗、衣服、禮儀，皆以七爲節；子、男五命，其國家、宮室、車旗、衣服、禮儀，皆以五爲節。王之三公八命，其卿六命，其大夫四命。及其封也，皆加一等。其國家、宮室、車旗、衣服、禮儀亦如之。凡諸侯之適子，省於天子，攝君，則下其君之禮一等；未省，則以皮帛繼子男。公之孤四命，以皮帛視小國之君，其卿三命，其大夫再命，士一命，其宮室、車旗、衣服、禮儀，各視其命之數。侯伯之卿大夫士亦如之。子男之卿再命，其大夫一命，其士不命，其宮室、車旗、衣服、禮儀，各如其命之數。【略】

天子之所以明章著此義者，以朝聘之禮。是故千里之內，歲一見；千里之外，千五百里之內，二歲一見；千五百里之外，二千里之內，三歲一見；二千里之外，二千五百里之內，四歲一見；二千五百里之外，三千里之內，五歲一見；三千里之外，三千五百里之內，六歲一見。各執其圭瑞，服其服，乘其輅，建其旌旂，施其樊纓，從其貳車，委積之以其牢禮之數，所以明別義也。然後天子冕而執鎮圭，尺有二寸，藻藉尺有二寸，搢大圭，乘大輅，建大常十有二旒，樊纓十有再就，貳車十有二乘，率諸侯而朝日東郊，所以教尊尊也。退而朝諸侯。爲壇三成，宮旁一門。天子南鄉見諸侯，土揖庶姓，時揖異性姓，天揖同姓，所以別親疏外內也。公侯伯子男各以其旂就其位：諸公之國，中階之前，北面東上；諸侯之國，東階之東，西面北上；諸伯之國，西階之西，東面北上；諸子之國，門東，北面東上；諸男之國，門西，北面東上。及其將幣也，公於上等，所以別貴賤，字尊卑也。奠圭降拜，昇，成拜，明臣禮也。奉國地所出重物而獻之，明臣職也。肉袒入門而右。以聽事也。明臣禮，職臣事，所以教臣也。率而祀天於南郊，配以先祖，所以教民報德不忘本也。率而享祀於太廟，所以教孝也。與之大射，以考其習禮樂，而觀其德行；與之圖事，以觀其能；儐而禮之，三饗三食三宴，以與之習立禮樂。是故一朝而近者三年，遠者六年，有德焉，禮樂爲之益習，德行爲之益脩，天子之命爲之益行。然後使諸侯世相朝，交歲相問，殷相聘，以習禮考義，正刑一德，以崇天子。故曰朝聘之禮者，所以正君臣之義也。

《宋書》卷一八《禮志五》 天子坐漆牀，居朱屋。史臣按《左傳》，丹桓宮之楹。何休注《公羊》，亦有朱屋以居。所從來久矣。漆牀亦當是漢代舊儀，而《漢儀》不載。尋所以必朱必漆者，其理有可言焉。夫珍木嘉樹，其品非一，莫不植根深岨，致之未易。藉地廣之資，因人多之力，則役苦費深，爲敝滋重。是以上古聖王，采椽不斲，斲之則懼刻桷雕楹，莫知其限也。哲人縣鑑微遠，杜漸防萌，知采椽不愜後代之心，不斲不爲將來之用，故加朱施漆，以傳厥後。散木凡材，皆可入用。遠探幽旨，將在斯乎。殿屋之爲圓淵方井兼植荷華者，以厭火祥也。

《隋書》卷二二《五行志上》 《洪範五行傳》曰：「土者中央，爲內事。宮室臺榭，夫婦親屬也。」古者，自天子至於士，宮室寢居，大小有差，高卑異等，骨肉有恩。故明王賢君，修宮室之制，謹夫婦之別，加親戚之恩，敬父兄之禮，則中氣和。人君肆心縱意，大爲宮室，高爲臺榭，雕文刻鏤，以疲人力，淫泆無別，妻妾過度，犯親戚，侮父兄，中氣亂，則稼穡不成。

葉夢得《石林燕語》卷二 古者天子之居，總言宫而不名，其別名皆曰堂，明堂是也。故《詩》言「自堂徂基」，而《禮》言「天子之堂」。初未有稱殿者。《秦始皇紀》言作阿房、甘泉前殿，《蕭何傳》言作未央前殿，其名始見。而阿房、甘泉、未央亦以名宫，疑皆起於秦時。然秦制獨天子稱陛下。漢魯有靈光殿，而司馬仲達稱曹操，范縝稱竟陵王子良，皆曰殿下，則諸侯王，漢以來皆通稱殿下矣。至唐初制令，惟皇太后、皇后，百官上疏稱殿下，至今循用之，蓋自唐始也。其制設吻者爲殿，無吻者不爲殿矣。

陶宗儀《説郛》卷二〇上 漢梁王立，自言宫殿之裏，毫釐過失無不暴陳。又《黄霸傳》云：爲一輩先上殿。顔師古曰：丞相所坐屋。古者，屋之高麗通呼爲殿，不必宫中也。齊高帝爲齊公，以石頭城爲其世子宫。王引靈光殿例，以廳事爲崇光殿，齋爲宣德殿。則雖曰宫，而有以殿爲擬也。梁《武陵王紀》：在蜀開寢殿，以通內廐。又丘霆與陳伯之書謂，臨川王宏爲臨淵殿也。

陳元龍《格致鏡原》卷一九《宫室一》 《易・繫辭》：上古穴居而野處，後世聖人易之以宫室，上棟下宇，以待風雨，蓋取諸《大壯》。《古史考》：有巢氏構木爲巢，及其久也，木處而顛，乃編槿而廬，緝藋而扉。《黄帝内傳》：帝斬蚩尤，因建宫室。《白虎通》：黄帝作宫室以避寒暑。《世本》：堯使禹作宫室。《初學記》、《淮南子》云：舜作室，築墻茨屋，令人皆知去巖穴，各有家室，此其始也。《風俗通》：室其外也，宫其内也。《爾雅》：宫室始成而祭之爲落。《墨子》：上古之人未知爲宫室，就陵而居處，下潤傷民，故聖人作爲宫室之法，高足以避潤濕，中足以御風寒，上足以待霜雪，墻高足以別男女，故以便生，不以爲樂也。《曲禮》：君子將營宫室，宗廟爲先，厩庫爲次，居室爲後。

陳元龍《格致鏡原》卷一九《宫室一》 《釋名》：宫，穹也。屋見垣上穹隆然也。《蘇氏演義》：宫，中也，宫處都邑之中也。又方也，爲宫必以雉堞方正也。《禮記》：儒有一畝之宫。《初學記》：自古士庶通謂之宫，漢以來，尊者以爲帝號，下乃避之。《管子》黄帝有合宫以聽政。《東方朔傳》：殷作九市之宫而諸侯畔。《大戴禮》：周時德澤和洽，蒿茂大以爲宫柱，名曰蒿宫。《述異記》：闔閭構水精宫，尤極珍怪，皆出自水府。《西京雜記》：武帝爲七寶牀，雜寶桉，厠寶屏風，列寶帳，設於桂宫，時人謂之四寶宫。漢《禮樂志》：天子自竹宫望拜。注：韋昭曰，以竹爲宫，天子居中。《拾遺記》：漢成帝於太液池傍起宵遊宫，以漆爲柱，鋪黑綈之幕。《魏略》大秦國城中有五宫，相去各五十里，宫室皆以水精爲柱。《列子》：周穆王時，西胡國有化人來王，執化人之袪騰而上天，暨化人之宫，構以金銀，絡以珠玉，出雲雨之上，實爲清都紫微也。《神異經》：東方有宫，青石爲墻，高三仞，左右闕，高百丈。畫以五色，門有銀榜，以青石鏤題曰：天地長男之宫。西方有宫，白石爲墻，五色，黄門有金榜而銀鏤題曰：天地少女之宫。西北方有宫，以金爲墻，門有金榜，以銀題曰：天皇之宫。南方有宫，以赤石爲墻，赤銅爲門，有銀榜題曰：天地中女之宫。北方有宫，以黑石爲墻，題曰：天地中男之宫。東北有宫，以黄石爲墻，以黄碧鏤題曰：天地少男之宫。西南有宫，以黄銅爲墻，題曰：地皇之宫。東南有宫，題曰：天地長女之宫。《十洲記》：方丈山上有琉璃宫。又：青丘山上有紫宫，天真仙女多遊於此。《大洞真經》：圓華宫，黄老之所處。《上清經》：納臺宫，南朱君居之。音光宫，西華君居之。七瑶宫，九元君居之。返香宫，元昭君居之。紫曜宫，司命君居之。金華宫，黄房君居之。

孫希旦《禮記集解》卷二八《内則第十二之二》 禮始於謹夫婦，爲宫室辨外内，男子居外，女子居内。深宫固門，閽、寺守之，男不入，女不出。有夫婦然後有父子，有父子然後有君臣，有君臣然後有上下，有上下然後禮義有所錯，故禮以謹夫婦爲始。爲宫室辨外内者，燕寢在内，正寢在外也。宫深則内外之勢遠，門固則出入之限嚴。《周禮・閽人》：「掌守中門之禁。」《寺人》：「掌内人之禁令。」大夫士之掌門禁者亦謂之閽，《檀弓》「閽者止之」是也。

綜述

《周易・繫辭下》 上古穴居而野處，後世聖人易之以宫室，上棟下宇，以待風雨。蓋取諸《大壯》。

《尚書・顧命第二十四》 太保命仲桓、南宫毛，俾爰齊侯吕伋，以二幹戈、虎賁百人，逆子釗於南門之外。延入翼室，恤宅宗。丁卯，命作册度。

越七日癸酉，伯相命士須材。狄設黼扆綴衣。牖間南嚮，敷重篾席，黼純，華玉仍几。西序東嚮，敷重厎席，綴純，文貝仍几。東序西嚮，敷重豐席，畫純，雕玉仍几。西夾南嚮，敷重筍席，玄紛純，漆仍几。越玉五重，陳寶，赤刀、大訓、

弘璧、琬琰，在西序。大玉、夷玉、天球、河圖，在東序。胤之舞衣、大貝、鼖鼓，在西房。兑之戈、和之弓、垂之竹矢，在東房。大輅在賓階面，綴輅在阼階面，先輅在左塾之前，次輅在右塾之前。

二人雀弁，執惠，立于畢門之内。士畢門。四人綦弁，執戈上刃，夾兩階戺。一人冕，執劉，立於東堂。一人冕，執鉞，立於西堂。一人冕，執戣，立於東垂。一人冕，執瞿，立於西垂。一人冕，執鋭，立於側階。

《尚書大傳·多士傳》 武王入殷，周公曰：各安其宅，各田其田，無故無新，唯仁之新。天子堂九雉，諸侯七雉，伯子男五雉。雉長三丈，度高以高，度長以長。

鄭玄曰：雉長三丈，高一丈，則墻高一丈。天子堂廣九雉，三分其廣，以二爲内。五分其内，以一爲高。東房、西房、北堂各三雉。

《周禮·冬官·考工記·匠人》 夏后氏世室，堂脩二七，廣四脩一，〔鄭玄〕注：世室者，宗廟也。魯廟有世室，牲有白牡，此用先王之禮。脩，南北之深也。夏度以步，令堂脩十四步，其廣益以四分脩之一，則堂廣十七步半。五室，三四步，四三尺，〔鄭玄〕注：堂上爲五室，象五行也。三四步，室方也。四三尺，以益廣也。木室於東北，火室於東南，金室於西南，水室於西北，其方皆三步，其廣益之以三尺。土室於中央，方四步，其廣益之以四尺。此五室居堂，南北六丈，東西七丈。〔賈公彦〕釋曰：云「五室象五行」者，以其宗廟制如明堂，明堂之中有五天帝，五人帝、五人神之坐，皆法五行，故知五室象五行也。東北之室言木，東南之室言火，西南之室言金，西北之室言水。五行先起東方，故東北方之室言木。其實東北之室兼水矣，東南之室兼木矣，西南之室兼火矣，西北之室兼金矣。以其中央大室有四堂，四角之室皆有堂，故知義然也。中央之室大一尺者，以其在中，號爲大室，故多一尺也。云「此五室居堂，南北六丈，東西七丈」者，以其大室居中，四角之室皆於大室外，接四角爲之。大室四步，四角室各三步，則南北三室十步，故六丈。東西三室六丈，外加四三尺，又一丈，故七丈也。九階，〔鄭玄〕注：南面三，三面各二。〔賈公彦〕釋曰：按賈、馬諸家皆以爲九等階。鄭不從者，以周殷差之，夏人卑宫室，故一尺之堂爲九等階，於義不可，故爲旁九階也。鄭知南面三階者，見《明堂位》云：「三公中階之前，北面東上。諸侯之位，阼階之東，西面北上。諸伯之國，西階之西，東面北上。」故知南面三階也。知餘三面各二者，《大射禮》云：「工人士與梓人昇自北階。」又《雜記》云：「夫人至，入自闈門，昇自側階。」《奔喪》云：「婦人奔喪，昇自東階。」以此而言，四面有階可知。四旁兩夾，窻，〔鄭玄〕注：窻助户爲明，每室四户八窻。〔賈公彦〕釋曰：言「四旁」者，五室，室有四户，四户之旁皆有兩夾窻，則五室二十户、四十窻也。白盛，〔鄭玄〕注：蜃灰也。盛之言成也，以蜃灰堊墻，所以飾成宫室。〔賈公彦〕釋曰：《地官·掌蜃》「掌供白盛之蜃」，則此蜃灰出自掌蜃也。云「以蜃灰堊墻」者，《爾雅》云：「地謂之黝，墻謂之堊。」堊即白蜃。堊之，使壁白也。門堂，三之二，〔鄭玄〕注：門堂，門側之堂，取數於正堂。令堂如上制，則門堂南北九步二尺，東西十一步四尺。《爾雅》曰：「門側之堂謂之塾。」〔賈公彦〕釋曰：鄭云「令堂如上制」者，以上堂不言步，故此注亦云令。假令如上制，南北十四步，東西十七步半。今云「三之二」，謂三分取二分，以十四步取十二步，三分之，得八步。二步爲丈二尺，三分之，得八尺。以六尺爲一步，添前爲九步，餘二尺，故云「南北九步二尺」也。云「東西十一步四尺」者，十七步半，以十五步得十步，餘二步半爲丈五尺，三分之，得一丈。以六尺爲一步，餘四尺，添前爲十一步四尺也。引《爾雅》「門側之堂謂之塾」者，證此經門堂爲塾之義也。《尚書·顧命》「左塾右塾」，亦此類也。室，三之一。〔鄭玄〕注：兩室與門，各居一分。〔賈公彦〕釋曰：此室即在門堂之上作之也。言「各居一分」者，謂兩室與門，各居一分。鄭不言尺數，義可知，故略而不言也。殷人重屋，堂脩七尋，堂崇三尺，四阿，重屋。〔鄭玄〕注：重屋者，王宫正堂若大寢也。其脩七尋五丈六尺，放夏周，則其廣九尋七丈二尺也。五室各二尋。崇，高也。四阿若今四注屋。重屋，複笮也。〔賈公彦〕釋曰：云「王宫正堂若大寢也」者，謂對燕寢側室非正，故以此爲正堂大寢也。言「放夏周」者，夏在殷前，可得言放，其周在殷後，亦言放者，此非謂殷人放周而爲之。鄭直據上文夏法，下文周法。言放，猶言約夏周者也。雖言放夏周，經云「堂脩七尋」，則其廣九尋。若周言南北七筵，則東西九筵。是偏放周法，而言放夏者，七九偏據周，夏后氏南北狹，東西長，亦是放之，故得兼言放夏也。云「四阿，若今四注屋」者，《燕禮》云：「設洗當東霤。」則此四阿，四霤者也。云「重屋，復笮也」者，若《明堂位》云：「復廟重檐屋。」鄭注云：「重檐，重承壁材也。」則此復笮亦重承壁材，故謂之重屋。周人明堂，度九尺之筵，東西九筵，南北七筵，堂崇一筵，五室，凡室二筵。〔鄭玄〕注：明堂者，明政教之堂。周度以筵，亦王者相改。周堂高九尺，殷三尺，則夏一尺矣，相參之數。禹卑宫室，謂此一尺之堂與？此三者或舉宗廟，或舉王寢，或舉明堂，互言之，以明其同制。〔賈公彦〕釋曰：此記人據周作説，故其文備於周，而略於夏殷，是以下文皆據周而説也。以夏之世室，其室皆東西廣於南北也。周亦五室，直言「凡室二筵」，不言東西廣，鄭亦不言東西益廣，或五室皆方二筵，與夏異制也。若然，殷人重屋，亦直云堂脩七尋，不言室，如鄭意，以夏周皆有五室十二堂，明殷亦五室十二堂。云「明堂者，明政教之堂」者，以其於中聽朔，故以政教言之。明堂者，明諸侯之尊卑。《孝經緯·援神契》云：「得陽氣明朗，謂之明堂，以明堂義大，故所合理廣也。」云「周度以筵，亦王者相改」者，對夏度以步，殷度以尋，是王者相改也。云「周堂高九尺，殷三尺，則夏一尺矣」者，夏無文，以後代文而漸高，則夏當一尺，故云「相參之數」。「禹卑宫室，謂此一尺之堂與」，言「與」者，以無正文，故言「與」以疑之也。云「此三者或舉宗廟，或舉王寢，或舉明堂，互言之，以明其同制」者，互言之者，夏舉宗廟，則王寢、明堂亦與宗廟同制也。殷舉王寢，則宗廟、明堂亦與王寢同制也。周舉明堂，則宗廟、王寢亦與明堂

制同也。云「其同制」者，謂當代三者其制同，非謂三代制同也。若然，周人殯於西階之上，王寢與明堂同，則南北七筵，惟有六十三尺。三室居六筵，南北共有一筵，一面惟有四尺半，何得容殯者。按《書傳》云：「周人路寢，南北七雉，東西九雉，室居二雉。」則三室之外，南北各有半雉，雉長三丈，則各有一丈五尺，足容殯矣。若然，云同制者，直制法同，無妨大矣。據周而言，則夏殷王寢亦制同，而大可知也。室中度以几，堂上度以筵，宮中度以尋，野度以步，涂度以軌。〔鄭玄〕注：周文者，各因物宜爲之數。室中，舉謂四壁之內。〔賈公彦〕釋曰：云「周文者，各因物宜爲之數」者，對殷已上質，夏度以步，殷度以尋，無異稱也。因物宜者，謂室中坐時馮几。堂上行禮用筵。宮中合院之內無几無筵，故用手之尋也。在野論里數皆以步，故用步。涂有三道，車從中央，故用車之軌。是因物所宜也。云「室中，舉謂四壁之內」者，對宮中是合院之內。依《爾雅》，宮猶室、室猶宮者，是散文宮室通也。廟門容大扃七個，鄭玄注：大扃，牛鼎之扃，長三尺。每扃爲一個，七個二丈一尺。賈公彦釋曰：知「大扃，牛鼎之扃，長三尺」者，此約《漢禮器制度》。闈門容小扃參個，〔鄭玄〕注：廟中之門曰闈門。小扃，膷鼎之扃，長二尺。參個，六尺。〔賈公彦〕釋曰：云「廟中之門曰闈門」者，《爾雅》文。此即《雜記》云「夫人至，入自闈門」是也。云「小扃，膷鼎之扃，長二尺」者，亦《漢禮器制度》知之。膷鼎亦牛鼎，但上牛鼎扃長三尺，據正鼎而言。此言膷鼎，據陪鼎三，膷、臐、膮而説也。路門不容乘車之五個，〔鄭玄〕注：路門者，大寢之門。乘車廣六尺六寸，五個三丈三尺。言不容者，是兩門乃容之。兩門乃容之，則此門半之，丈六尺五寸。〔賈公彦〕釋曰：下云「應門」，則此路門以近路寢，故特小爲之。經言「乘車」，據輿廣六尺六寸者，按《輿人》云「輪崇、車廣、衡長參如一」，鄭注云：「車，輿也。」故知此云車亦據輿也。云「言不容者，是兩門乃容之」者，若容兩個、三個、四個，正應云容乘車之兩個、三個、四個。若四個上復有餘分，應云四個，然後見其分數多少，今直云不容乘車之五個，明兩門乃容之，猶如上文云中地食者，其民可任者二家五人之類也。應門二徹參個。〔鄭玄〕注：正門謂之應門，謂朝門也。二徹之內八尺，三個二丈四尺。〔賈公彦〕釋曰：云「正門謂之應門」者，《爾雅》文。以其應門內路門外有正朝，臣入應門至朝處，君臣正治之所，故謂此門爲應門。是以鄭云「謂朝門也」。內有九室，九嬪居之。外有九室，九卿朝焉。〔鄭玄〕注：內，路寢之裏也。外，路門之表也。九室，如今朝堂諸曹治事處。九嬪掌婦學之法以教九御。六卿三孤爲九卿。〔賈公彦〕釋曰：內外，據路寢之表裏言之，則九卿之九室在門外正朝之左右爲之，故鄭據漢法朝堂諸曹治事處，謂正朝之左右爲廬舍者也。云「九嬪掌婦學之法以教九御」者，《九嬪職》文。按《內宰》，王有六宮，九嬪已下分居之。若然，不得復分居九室矣。此九嬪之九室與九卿九室相對而言之，九卿九室是治事之處，則九嬪九室亦是治事之處，故與六宮不同。是以鄭引《九嬪職》掌婦學之法，則九室是教九御之所也。云「六卿三孤爲九卿」，孤同卿數者，以命數同故也。按《昏義》以夏之九卿，謂三孤與六卿爲九，此云九卿，亦謂周之三孤六卿爲九卿。九分其國以爲九分，九卿治之。〔鄭玄〕注：九分其國，分國之職也。三孤佐三公論道，六卿治六官之屬。〔賈公彦〕釋曰：云「九分其國，分國之職也」者，鄭恐九分其國分其地域，故云分國之職也。云「三孤佐三公論道，六卿治六官之屬」者，欲見分職爲九分之意。以其三公三孤無正職，天地四時正職，六卿治之，其餘非正職者，分爲三分，三公治之，三孤則佐三公者也。但三公中參六官之事，外與六鄉之教，《書傳》又云司徒公、司馬公、司空公，則三公六卿亦有職。此亦據夏而言，周則未見分爲九分也。王宮門阿之制五雉，宮隅之制七雉，城隅之制九雉。〔鄭玄〕注：阿，棟也。宮隅、城隅，謂角浮思也。雉長三丈，高一丈。度高以高，度廣以廣。〔賈公彦〕釋曰：云「王宮門阿之制五雉」者，五雉，謂高五丈。云「宮隅之制七雉」者，七雉，亦謂高七丈。不言宮墻，宮墻亦高五丈也。云「城隅之制九雉」者，九雉，亦謂高九丈。不言城身，城身宜七丈。云「阿，棟也」者，謂門之屋，兩下爲之，其脊高五丈。鄭以「浮思」解「隅」者，按漢時云「東闕浮思災」，言災，則浮思者，小樓也。按《明堂位》云「疏屏」，注亦云：「今浮思也。刻之爲雲氣蟲獸，如今闕上爲之矣。」則門屏有屋覆之，與城隅及闕皆有浮思，刻畫爲雲氣並蟲獸者也。云「雉長三丈，高一丈。度高以高，度廣以廣」者，凡版廣二尺。《公羊》云：「五版爲堵，五堵爲雉。」《書傳》云：「雉長三丈，度高以高，度長以長，廣則長也。言高一雉則一丈，言長一雉則三丈。」引之者，證經五雉、七雉、九雉，雉皆爲丈之義。經涂九軌，環涂七軌，野涂五軌。〔鄭玄〕注：廣狹之差也。故書「環」或作「轘」，杜子春云：「當爲環。環涂，謂環城之道。」〔賈公彦〕釋曰：「環涂」，謂繞城道如環然，故謂之環也。「野涂」，國外謂之野，通至二百里內。以其下有都之涂三軌，言都，則三百里大夫家，涂亦三軌也，故知此野通二百里內也。不言緯者，以與經同也。門阿之制以爲都城之制。〔鄭玄〕注：都，四百里外距五百里，王子弟所封。其城隅高五丈，宮隅門阿皆三丈。〔賈公彦〕釋曰：鄭云「都，四百里外距五百里，王子弟所封」者，則唯據大都而言，不通小都卿之采地。以《司裘》「諸侯共熊侯、豹侯，卿大夫共麋侯」，則卿不入諸侯中。此云都，按諸侯而言，故不及小都也。大都，諸侯兼三公，直云「王子」，其言略，兼有三公可知。云「城隅高五丈」者，以上文王門阿五雉，今云「門阿之制爲都城制」，城制五雉。若據城身，則與下諸侯同，故知此城制據城隅也。云「宮隅門阿皆三丈」者，以下文畿外諸侯尊得申，爲臺門高五丈，此畿內屈，故宮隅門阿皆三丈也。宮隅之制以爲諸侯之城制。〔鄭玄〕注：諸侯，畿以外也。其城隅制高七丈，宮隅門阿皆五丈。《禮器》曰：「天子諸侯臺門。」〔賈公彦〕釋曰：鄭知「諸侯，畿以外」者，上文都據畿內諸侯，故知此諸侯據畿以外也。引《禮器》者，欲見諸侯門阿得與天子同之意也。按《異義》，古《周禮》説云：「天子城高七雉，隅高九雉。公之城高五雉，隅高七雉。侯伯之城高三雉，隅高五雉。都城之高，皆如子男之城高。」隱元年服注云：「與古《周禮》説同。」其天子及公此與城《匠人》同，其侯伯以下與此《匠人》説異者，此《匠人》云「門阿之制以爲都城

之制」，高五雉亦謂城隅也。其城高三雉，與侯伯等，如是，子男豈不如都乎？明子男城亦與伯等，是以《周禮》説不云子男及都城之高，直云「都城之高，皆如子男之城高」。有此《匠人》相參，以知子男皆爲本耳，亦互相曉，明子男之城不止高一丈隅二丈而已。如是，王宫隅之制以爲諸侯城制者，惟謂上公耳。以此計之，王城隅高九雉，城高七雉。上公之城，隅高七雉，城高五雉。侯伯已下城，隅高五雉，城高三雉。天子門阿五雉，則宫亦五雉，其隅七雉。上公之制，鄭云「宫隅門阿皆五雉」，則其宫亦五雉。都之制，鄭云「宫隅門阿皆三雉」，則其宫高亦三雉。何者？天子門阿與宫等，明知其餘皆等。惟伯子男宫與都等，其門阿蓋高於宫，當如天子五雉。何者？《禮器》云：「天子諸侯臺門，大夫不臺門」。以此觀之，天子及五等諸侯，其門阿皆五雉可知。都城據大都而言，其小都及家之城，都當約中五之一，家當小九之一，爲差降之數未聞也。環涂以爲諸侯經涂，野涂以爲都經涂。〔鄭玄〕注：經，亦謂城中道。諸侯環涂五軌，其野涂及都環涂、野涂皆三軌。〔賈公彦〕釋曰：諸侯直云「經涂」，不言緯涂，緯涂亦與天子環涂同可知。諸侯及都皆不言環涂、野涂，文略，有可知，故鄭增成之也。知「諸侯環涂五軌，野涂三軌」者，以經涂七軌以下差降爲之，故知義然也。又知「都環涂、野涂皆三軌」者，此涂皆男子由右，女由左，車從中央，三者各一軌，則都之野涂不得降爲一軌，是以《遂人》注云「路容三軌」，遥釋此也。云都之野涂與環涂同，以其野涂不得上於田間川上之路故也。

李如圭《儀禮釋宫》 宫室之名制，不盡見于經，其可攷者，宫必南鄉，廟在寢東，寢廟皆有堂有門，其外有大門。《周禮》：建國之神位，右社稷，左宗廟。宫南鄉而廟居左，則廟在寢東也。寢廟之大門，一曰外門，其北蓋直寢，故《士喪禮》注，以寢門爲内門中門。凡既入外門，其向廟也，皆曲而東行，又曲而北。按《士冠禮》：賓立于外門之外，主人迎賓入，每曲揖，至於廟門。注曰「入外門，將東曲，揖；直廟，將北曲，又揖。」是也。〇又按《聘禮》：公迎賓于大門内，每門，每曲，揖及廟門。賈氏曰：諸侯五廟，太祖之廟居中，二昭居東，二穆居西。每廟之前，兩旁有隔牆，牆皆有閤門。諸侯受聘于太祖廟，太祖廟以西，隔牆有三，入大門，東行至太祖廟，凡經三閤門，故曰每門也。大夫三廟，其牆與門亦然，故賓問：卿大夫迎賓入，亦每門，每曲，揖，乃及廟門。其説當攷。〇大夫士之門，惟外門、内門而已，諸侯則三，天子則五，庠序則惟有一門。鄉飲酒射禮「主人迎賓於門外，入門，即三揖，至階」是也。

堂之屋，南北五架，中脊之架曰棟，次棟之架曰楣。

《鄉射禮》記曰：序則物當棟，堂則物當楣。《注》曰：是制五架之屋也，正中曰棟，次曰楣，前曰庪。賈氏曰：中脊爲棟，棟南兩架，北亦兩架，案：《朱子大全集》無「棟南」以下八字。棟前一架爲楣，楣前接簷爲庪。今見於經者，惟棟與楣而已。棟一名阿。按：《士昏禮》：賓昇當阿致命。《注》曰：阿，棟也。又曰：入堂深，示親親。賈氏曰：凡賓昇皆當楣，此深入當棟，故云入堂深也。又按：《聘禮》：諸侯受聘于廟，賓昇亦當楣。賈氏曰：凡堂皆五架，則五架之屋通乎上下，而其廣狹隆殺則異耳。

後楣以北，爲室與房。

後楣之下，以南爲堂，以北爲室與房。房東而室西，相連爲之。按：《少牢饋食禮》：主人室中獻祝，祝拜于席上，坐受。《注》曰：室中迫狹。賈氏曰：棟南兩架，北亦兩架，于棟北楣下爲室，南壁而開户，以楣後兩架之間爲室，故云迫狹也。《昏禮》：賓當阿，致命。鄭云：入堂深，明不入室，是棟北乃有室也。惟州序之制則無室。按：《鄉射禮》記曰：序則物當棟，堂則物當楣。《注》曰：序無室，可以深也。又《禮》：席賓南面。《注》曰：不言于户牖之間者，此射于序。賈氏曰：無室則無户牖故也。此序之異于餘宫也。案：《朱子大全集》無此句。《釋宫》曰：無室曰榭，榭即序也。人君左右房，大夫士東房西室而已。

《聘禮》記：若君不見，使大夫受聘，昇受，負右房而立。《大射儀》：薦脯醢，由左房。是人君之房有左右也。《公食大夫禮》記：筵出自東房。《注》曰：天子諸侯左右房。賈氏曰：言左對右，言東對西。大夫士惟東房西室，故直云房而已。然按《聘禮》，賓館于大夫士，君使卿還玉于館也，賓亦退，負右房。則大夫士亦有右房矣。又《鄉飲酒禮》記：薦出自左房。《少牢饋食禮》：主婦薦自東房。亦有左房、東房之稱，當攷。案：賈氏以言左對右，言東對西，爲人君有左右房之證。李氏援《聘禮》之右房，《鄉射禮》記之左房，《少牢饋食》之東房，疑大夫士亦有右房，亦有左房。東房之稱，實足以訂正舊説之誤。又《鄉射記》，邊豆出自東房，《特牲饋食禮》，實與長兄弟之薦自東房；有司徹宰夫，自東房薦脯醢；是大夫士、言東對西者，固不一。賈公彦以《聘禮》《賓禮》爲正。客館非大夫之廟。閻若璩《尚書古文疏證》引其説辯之曰：下文「公館賓，賓辟。」康成《注》凡君有事于諸臣之家，車造廟門，乃下。賈《疏》云：以其卿，館于大夫之廟。已不能揖前説之非，且古者天子適諸侯，必舍其祖廟；卿館于大夫，大夫館于士，士館于工商，皆廟也。無別所爲館舍。惟侯氏覲天子，賜以舍，非廟。《聘禮》安得與之同？《聘禮》一篇：自卿致館，賓即館後，有司入陳。《注》云：八賓所館之廟。揖入，及廟門。《注》云：舍于大夫廟。卿館于大夫。《注》云：館者必于廟。不得從公彦曲説。江永《鄉黨圖攷》曰：天子至士，堂房室之制，有廣狹隆殺，堂後爲房室，

左右房以夾室，使室居中，其制度當同。如大夫士東房西室，恐不成制度。堂上設席，行禮當户牖之間，賓席不得當東西之中，偏于西北一隅，非所以尊賓。大夫儐尸，尸席不當堂之中，亦非所以尊尸。皆因《鄉飲酒》義言設尊，賓主共之，及拘于四面之坐，以辭害意。故先儒有此説耳。

室中西南隅，謂之奧。

邢昺曰：室户不當中而近東，西南隅最爲深隱，故謂之奧。而祭祀及尊者常處焉。

東南隅謂之窔。

郭氏曰：窔亦隱暗。

東北隅謂之宧。

郭氏曰：宧見《禮》。案：《爾雅》云，室東北隅，謂之宧，此云宧，見《禮》，有誤。

西北隅，謂之屋漏。

《詩》所謂「尚不愧于屋漏」是也。《曾子問》謂之當室之白。案：此下《朱子大全集》有「孫炎曰：當室日光所漏入也」十一字。鄭謂：當室之白，西北隅得户明者。《經》止曰西北隅。

室南其户，户東而牖西。

《説文》曰：户，半門也。牖，穿壁以木，爲交牕也。《月令正義》曰：古者窟居，開其上取明，雨因霤之，是以後人名室爲中霤。開牖者，象中霤之取明也。○牖，一名鄉，其扇在内。按：《士虞禮》：祝闔牖户，如食間啓户，啓牖鄉。《注》曰：牖，先闔後啓，扇在内也。鄉、牖，一名是也。

户牖之間謂之依。案：《爾雅》作扆，古通用。

郭氏曰：牕東、户西也。《覲禮》：斧依亦以設之。于此而得依名。《士昏禮》注曰：户西者尊，處以尊者。及賓客位于此，故又曰客位。

户東曰房户之間。

《士冠禮》注曰：房户間者，房西、室户東也。寢廟以室爲主，故室户專得户名。凡言户者，皆室户，若房户，則兼言房以别之。○大夫士房户之間，于堂爲東西之中，當兩楹間。按：《詩正義》曰：鄉飲酒義云：尊于房户之間，賓主共之。由無西房，故以房與室户之間爲中也。又《鄉飲酒禮》：席賓于户牖間。而義曰：坐賓于西北。則大夫士之户牖間在西，而房户間爲正中明矣。人君之制，經無明證。按：《釋宫》曰：兩階間，謂之鄉。郭氏曰：人君南鄉，當階間，則人君之室正中，其西爲右房，而户牖間設依，處正中矣。《月令正義》曰：崔氏云：宫室之制，中央爲正室，正室左右爲房，蓋謂人君制也。案：《朱子大全集》無「月令」以下二十九字。又按：《詩・斯干》曰：築室百堵，西南其户。《箋》曰：天子之寢左右房，異于一房者之室户也。《正義》曰：大夫惟有一東房，故室户偏東，與房相近。天子諸侯既有右房，則室當在其中，其户正中，比一房者之室户爲西。當攷。案：江永《鄉黨制攷》曰：大夫士之制，亦當有左右房。鄉飲于庠，亦如其制。設尊于房户之間，而賓席在尊西，主人在阼階上，爲近東，即是賓主共之。不必謂在東西之中，然後爲共也。主人在阼，介在西階上，爲東西，饌在尊東，爲東北。賓在户牖間，以阼階上視之，即爲西北，不必謂在西北隅，然後爲西北也。其實賓席宜在中，南鄉，衆賓席以次繼而西，饌者鄉之。卿大夫來觀禮，有無不定，本無四面之坐象四時之説，倘無觀禮之饌，豈四方缺一方，四時缺一時乎？作《義》者以臆説《禮》，泥其文，遂有大夫士東房西室之説。《斯干》詩「西南其户」，謂或西其户，或南其户。猶「南東其畝」，或南其畝，或東其畝也。蓋此詩言作燕寢，其制度不必與正寢同。大夫士，雖有東西房，而陳器服及婦人行禮常在東房。《經》有直言房者，省文耳，非謂止有一房，不必言東也。

房户之西曰房外。

《士昏禮》記：母南面于房外，女出于母左。《士冠禮》：尊于房户之間。若庶子，則冠于房外，南面。《注》曰：謂尊東也。是房户之西，得房外之名也。○房户之東，其南當阼階。見賈氏《釋士冠禮》。案：此條《朱子大全集》作房之户于房南壁，亦當近東。《士昏禮》注曰：北堂在房中半以北。南北直室東隅，東西直房户與隅間。隅間者，蓋房東西之中兩隅間也。房中之東，其南爲夾洗，直房户，而在房東西之中，則房户在房南壁之東偏可見矣。凡八十四字，其語蒙溷不可通。概言房南壁之東偏，幾疑在序外直夾矣。若云房户在序内之壁近東偏，則可耳。

房中半以北曰北堂，有北階。

《士昏禮》記：婦洗在北堂，直室東隅。《注》曰：北堂，房中半以北。賈氏曰：房與室相連爲之，房無北壁，故得北堂之名。按：《特牲饋食禮》記：尊兩壺于房中，西牖下南上。内賓立于其北，東面南上。宗婦北堂北上，宗婦在内賓之北。案：《朱子大全集》訛作「内賓在宗婦之北」。乃云北堂，又婦洗在北堂，而直室東隅，是房中半以北爲北堂也。○婦洗在北堂。而《士虞禮》「主婦洗足爵于房中」，則北堂亦通名房中矣。○大射儀：工人士與梓人，昇下自北階。《注》曰：位在北堂下，則北階者，北堂之階也。

堂之上，東西有楹。

楹，柱也。古之築室者，以垣墉爲基，而屋其上，惟堂上有兩楹而已。楹之設，蓋于前楣之下。按：《鄉射禮》曰：射自楹間。《注》曰：謂射于庠也。又曰：序則物當棟，堂則物當楣。物者，畫地爲物，射時所立處也。堂謂庠之堂也。又曰：豫則鉤楹內，堂則由楹外，當物北面揖。豫即序也。鉤楹，繞楹也。物當棟而昇，射者必鉤楹內，乃北面就物，則棟在楹之內矣。物當楣而昇，射者由楹外北面就物。又：鄭氏以爲物在楹間，則楹在楣之下也。○又：按《釋宮》曰：梁上楹謂之梲。梲，侏儒柱也。梁，楣也。案：《爾雅》：宗廇謂之梁，其上楹謂之梲。又曰：楣謂之梁。宗廇乃左右縱者，楣乃前後橫者，雖同有梁之名，而縱橫異。侏儒柱在宗廇上，以承棟，不得在楣。此引《爾雅·釋宮》失其實。侏儒柱在梁之上，則楹在楣之下，又可知矣。

堂東西之中曰兩楹間。

《公食大夫禮》：致豆實陳于楹外，簠簋陳于楹內兩楹間。言楹內外矣。又言兩楹間，知凡言兩楹間者，不必與楹相當，謂堂東西之中耳。

南北之中曰中堂。

《聘禮》：受玉于中堂與東楹之間。《注》曰：中堂，南北之中也。入堂深，尊賓事也。賈氏曰：後楣以南爲堂，堂凡四架，前楣與棟之間爲堂南北之中。公當楣拜訖，更前，北侵半架受玉，故曰入堂深也。按：東楹之間，侵近東楹，非堂東西之中。而曰中堂，則中堂爲南北之中明矣。○又按：《士喪禮》注曰：中以南謂之堂。賈氏曰：堂上行事，非專一所。若近戶，即言戶東戶西；近房，即言房外之東，房外之西；近楹，即言東楹西楹；近序，即言東序西序；近階，即言東階西階。其堂半以南，無所繼屬者，即以堂言之。「視淅米于堂」是也。

堂之東西墻謂之序。

郭氏曰：所以序別內外。

序之外爲夾室。

《公食大夫禮》：大夫立于東夾南。《注》曰：東于堂。賈氏曰：序以西爲正堂，序東有夾室。今立于堂下，當東夾，是東于堂也。○又按：《公食禮》：宰東夾北，西面。賈氏曰：位在北堂之南，與夾室相當。《特牲饋食禮》：豆籩鉶在東房。《注》曰：東房，房中之東，當夾北，則東夾之北，通爲房中矣。室中之西與右房之制，無明文。東夾之北爲房中，則西夾之北，蓋通爲室中。其有兩房者，則西夾之北，通爲右房也歟？

夾室之前曰廂。案：《儀禮》作箱，古通用。亦曰東堂西堂。

《覲禮》記注曰：東廂，東夾之前，相翔待事之處。《特牲饋食禮》注曰：東堂，東西夾之前，近南耳。賈氏曰：西堂即西廂也。《釋宮》曰：室有東西廂，曰廟。郭氏曰：夾室前堂是東廂，亦曰東堂；西廂，亦曰西堂也。○《釋宮》又曰：無東西廂有室，曰寢。按：《書·顧命》：路寢有西夾。《士喪禮》：死于適寢，主人降，襲絰於序東。《注》曰：序東，東夾前，則正寢亦有夾與廂矣。《釋宮》所謂無東西廂者，或者謂廟之寢也與？○凡無夾室者，則序以外，通謂之東堂西堂。按：《鄉射禮》：射于庠序。而主人之弓矢在東序東。《大射儀》：射于射宮。而君之弓矢適東堂。大射之東堂，即鄉射之東序東，以其無夾與廂，故東序東直謂之東堂也。○此東西堂，堂各有階。按：《雜記》：夫人奔喪，昇自側階。《注》曰：側階，旁階。《奔喪》曰：婦人奔喪，昇自東階。《注》曰：東階，東面階也。賈氏釋《燕禮》曰：東面階，西面階。婦人之昇東西階者，蓋東堂之階；其西堂，則有西面階也。

東堂下，西堂下，曰堂東堂西。

《大射儀》：賓之弓矢止于西堂下。其將射也，賓降，取弓矢于堂西。堂西，即西堂下也。《特牲饋食禮》：主婦親饎爨于西堂下。《記》曰：饎爨在西壁。則自西壁以東，皆謂之西堂下矣。○又按：《大射儀》：執冪者昇自西階。《注》曰：羞膳者從而東。由堂東昇自北階，立于房中。則東堂下可以達北堂也。

堂角有坫。

《士冠禮》注曰：坫在堂角。賈氏釋《士喪禮》曰：堂隅有坫，以土爲之。案：江永《鄉黨圖攷》曰：堂之四隅即爲坫，非別有土爲之也。反坫以反爵，崇坫以康圭，乃是燒土爲之。

或謂堂隅爲坫也。

堂之側邊曰堂廉。

按：《鄉飲酒禮》：設席于堂廉。《注》曰：側邊曰廉。《喪大記》正義曰：堂廉，堂基南畔，廉稜之上也。又按：《鄉射禮》：衆弓倚於堂西，矢在其上。《注》曰：上堂西廉。則堂之四周皆有廉也。

昇堂兩階。其東階曰阼階。

《士冠禮》注曰：阼，猶酢也。東階，所以答酢賓客也。○每階有東西兩廉，《聘禮》「饔鼎設于西階前，當内廉」，此則西階之東廉。以其近堂之中，故曰内廉也。○士之階三等。按：《士冠禮》：降三等，受爵弁。《注》曰：下至地。賈氏曰：《匠人》云：天子之堂九尺。賈馬以爲階九等。諸侯堂宜七尺，階七等。大夫宜五尺，階五等。士宜三尺，故階三等也。○兩階各在楹之外，而近序。按：《鄉射禮》：昇階者，昇自西階，繞楹而東。《燕禮》：媵爵者二人，昇自西階，序進東楹之西，酌散，交于楹北。《注》曰：楹北，西楹之北。則西階在西楹之西矣。《士冠禮》：冠于東序之筵。而《記》曰：冠于阼。《喪禮》：攢置于西序。而《檀弓》曰：周人殯于西階之上。故知階近序也。

堂下至門謂之庭。三分，庭一在北，設碑。

《聘禮》注曰：宫必有碑，所以識日景，知陰陽也。賈氏釋《士昏禮》曰：碑在堂下，三分，庭一，在北。按：《聘禮》歸饔餼醯醢，夾碑，米設于中庭。《注》曰：庭實固當中庭，言中庭者，南北之中也。列當醯醢南，列米在醯醢南，而當庭南北之中，則三分庭一，在北設碑，可見矣。○《聘禮》注又曰：設碑近如堂深。堂深，謂從堂廉北至房室之壁也。三分庭一，在北設碑，而碑如堂深，則庭蓋三堂之深也。○又按：鄉射之侯，去堂三十丈；大射之侯，去堂五十四丈。則庭之深可見，而君大夫宫室隆殺之度，亦從可推矣。

堂塗謂之陳。

郭氏曰：堂下至門徑也。其北屬階，其南接門内霤。按：凡入門之後，皆三揖，至階。《昏禮》注曰：三揖者，至内霤，將曲，揖；既曲，北面揖；當碑，揖。賈氏曰：「至内霤，將曲」者，至門内霤，主人將東，賓將西，賓主相背時也。「既曲，北面」者，賓主各至堂塗，北行向堂時也。至内霤而東西行，趨堂塗，則堂塗接于霤矣。既至堂塗，北面至階，而不復有曲，則堂塗，直階矣。○又按：《聘禮》：饔鼎設于西階前，陪鼎當内廉。《注》曰：當階内廉，辟堂塗也。西階之東廉爲内廉，陪鼎在饔鼎之後設之，當西階内廉，以辟堂塗。案：《朱子大全集》無「當階内廉」四字及「西階之東」以下二十六字。則堂塗在階廉之内矣。案：此句有訛外。既云當西階内廉以辟堂塗，則堂塗正直階，當云則階内廉在堂塗之内矣。《朱子大全集》與此同誤。○《鄉飲酒禮》注「三揖」又曰：將進，揖；當陳，揖；當碑，揖。陳即堂塗也。

中間屋爲門，門之中有闑。案：「中間屋」之「間」，《朱子大全集》誤刻「門」。

《士冠禮》曰：席于門中闑西閾外。《注》曰：闑，橛也。《玉藻正義》曰：闑，門之中央所竪短木也。《釋宫》曰：樴在地者謂之臬。郭氏曰：即門橛也。然則闑者，門中所竪短木在地者也，其東曰闑東，其西曰闑西。

門限謂之閾。

《釋宫》曰：柣謂之閾。郭氏曰：閾，門限。邢昺曰：謂門下横木，爲内外之限也。○其門之兩旁木，則謂之棖，棖闑之間則謂之中門。見《禮記》。

闔謂之扉。

邢昺曰：闔，門扇也。其東扉曰左扉。○門之廣狹。按：《士昏禮》曰：納徵儷皮。《記》曰：執皮左首隨入。《注》曰：爲門中阸狹。賈氏曰：皮皆横執之，門中阸狹，故隨入也。《匠人》云：廟門，容大扃七個。大扃，牛鼎之扃，長三尺。七個，二丈一尺。彼天子廟門，此士之廟門，降殺甚小，故云阸狹也。推此，則自士以上，宫室之制雖同，而其廣狹則異矣。

夾門之堂謂之塾。

《釋宫》曰：門側之堂謂之塾。郭氏曰：夾門堂也。門之内外，其東西皆有塾，一門而塾四。其外塾南鄉。按：《士虞禮》：陳鼎在門外之右，匕俎在西塾之西。《注》曰：塾有西者，是室南鄉。又按：《士冠禮》：擯者，負東塾。《注》曰：東塾，門内東堂，負之北面，則内塾，北鄉也。○又按：《月令》「祀竈」注曰：席于門之奥。《正義》曰：神位在西，席于門外，西室之奥也。門外之室有奥，則門室之制蓋亦如堂之室矣。案：《朱子大全集》無此四十七字。○凡門之内，兩塾之間謂之宁。按：《聘禮》：賓問卿，大夫犯于外門外，及廟門，大夫揖入，擯者請命，賓入，三揖，並行。《注》曰：「大夫揖入」者，省内事也，既而俟于宁也。凡至門内霤爲三揖之始，上言「揖入」，下言「三揖，並行」，則俟于霤南門内兩塾間可知矣。李巡曰：宁，正門内兩塾間，義與鄭同。謂之宁者，以人君門外有正朝，視朝，則于此宁立故耳。○周人門與堂脩廣之數不著于經。按：《匠人》云：夏后氏世室，堂脩二七，廣四脩一。堂脩謂堂南北之深，其廣則益以四分脩之一也。門堂三之二，室三之一者，門堂通謂門與塾，其廣與脩取數于堂。得其三之二，室三之一者，兩室與門各居一分也。此夏后氏之制，周人門堂之制，蓋亦如此云。

門之内外，東方曰門東，西方曰門西。

《特牲饋食禮》注曰：凡鄉内，以入爲左右；鄉外，以出爲左右。《士冠禮》

注又曰：出以東爲左，入以東爲右。以入爲左右，則門西爲左，門東爲右。《鄉飲酒禮》「賓入門左」，《燕禮》「卿大夫皆入門右」是也。以出爲左右，則門東爲左，門西爲右。《士冠禮》「主人迎賓，出門左，西面」，《士虞禮》「側亨于廟門外之右」是也。闑東曰闑右，亦自入者言之也。○天子諸侯門外之制，其見于經者，天子有屏，諸侯有朝。按：《覲禮》：侯氏入門右，告聽事，出自屏南，適門西。《注》曰：天子外屏。《釋宫》曰：屏謂之樹。郭氏曰：小墻當門中。《曲禮正義》曰：天子外屏，屏在路門之外；諸侯内屏，屏在路門之内。此侯氏出門而隱于屏，則天子外屏明矣。《釋宫》又曰：門屏之間謂之宁。謂宁在門之内，屏之外。此屏據諸侯内屏而言也。案：原本脱「之間」至「此屏」，凡十六字。據《朱子大全集》補。諸侯路寢門外則有正朝，大門外則有外朝。按：《聘禮》：夕幣于寢門外，宰入告具于君，君朝服出門左，南鄉。《注》曰：寢門，外朝也。入告，入路門而告。賈氏曰：此路門外，正朝之處也，是正朝在寢門外也。《聘禮》又曰：賓死，介復命，柩止于門外。若介死，惟上介造于朝。《注》曰：門外，大門外也。必以柩造朝，達其忠心，又賓拜饔餼于朝。《注》曰：拜于大門外。賈氏曰：大門外，諸侯之外朝也。賓拜于朝，無入門之文，則諸侯外朝在大門外明矣。是外朝，在大門外也。諸侯三朝，其燕朝在寢，燕禮是也。正朝與外朝之制度，不見于經，蓋不可得而攷矣。

寢之後有下室。

《士喪禮》記：士處適寢。又曰：朔月若薦新，則不饋于下室。《注》曰：如今之内堂，正寢聽朝事。賈氏曰：下室，燕寢也。然則士之下室，于天子諸侯則爲小寢也。《春秋》傳曰：子太叔之廟，在道南；其寢，在廟北。其寢，廟之寢也。廟寢在廟之北，則下室在適寢之後，可知矣。○又按：《喪服》傳曰：有東宫，有西宫，有南宫，有北宫，異宫而同財。《内則》曰：由命士以上，父子皆異宫。賈氏釋《士昏禮》曰：異宫者，别有寢。若不命之士，父子雖大院同居，其中亦隔别，各有門户。則宫之中，又有異宫也。

自門以北，皆周以墻。

《聘禮》：釋幣于行。《注》曰：《喪禮》有毀宗躐行，出于大門。則行神之位，在廟門外西方。《檀弓正義》曰：毀宗躐行，毀西邊墻以出柩也。《士喪禮》爲後于西墻下。《注》曰：西墻，中庭之西。《特牲饋食禮》：主婦視饎爨于西堂下。《記》曰：饎爨在西壁。《注》曰：堂之西墻下。按：門之西有墻，則墻屬于門矣。西墻在中庭之西，則墻周乎庭矣。西壁在西堂下，則墻周乎堂矣。○墻者，墉壁之總名。室中謂之墉。《昏禮》「尊于室中北墉下」是也。房與夾亦謂之墉。《冠禮》「陳服于房中西墉下」，《聘禮》「西夾六豆，設于西墉下」是也。堂上謂之序，室房與夾謂之墉，堂下謂之壁，謂之墻，其實一也，隨所在而異其名耳。○堂下之壁，闈門在焉。按：《士冠禮》：冠者降，適東壁，見于母。《注》曰：適東壁者，出闈門也。時母在闈門之外，婦人入廟，由闈門。《士虞禮》：賓出，主人送，主婦亦拜賓。《注》曰：女賓也，不言出，不言送，拜之于闈門之内。闈門，如今之東西掖門。《釋宫》曰：宫中之門謂之闈。郭氏曰：謂相通小門也。是正門之外又有闈門，而在旁壁也。

人君之堂屋爲四注，大夫士則南北兩下而已。

《士冠禮》：設洗，直于東榮。《注》曰：榮，屋翼也。周制，自卿大夫以下，其室爲夏屋。《燕禮》：設洗，當東霤。《注》曰：人君爲殿屋也。按：《攷工記》：殷人四阿重屋。《注》曰：四阿，若今之四注屋。殷人始爲四注屋，則夏后氏之屋，南北兩下而已。周制，天子諸侯得爲殿屋四注，卿大夫以下但爲夏屋兩下。四注，則南北東西皆有霤。兩下，則惟南北有霤，東西有榮。是以《燕禮》言東霤，而大夫士禮則言東榮也。霤者，《説文》曰：屋水流也。徐鍇曰：屋檐滴處。榮者，《説文》曰：屋梠之兩頭起者爲榮。又曰：相齊謂之檐，楚謂之梠。郭璞注《上林賦》曰：南榮，屋南檐也。義與《説文》同。然則檐之東西兩頭起者曰榮。謂之榮者，爲屋之榮飾；謂之屋翼者，言檐角之軒張如翬斯飛也。《士喪禮》：升自前東榮。《喪大記》：降自西北榮。是屋有四榮也。○門之屋，雖人君亦兩下爲之。《燕禮》之門内霤，則門屋之北霤也。○凡屋之檐，亦謂之宇。按：《士喪禮》：爲銘置于宇西階上。《注》曰：宇，梠也。《説文》曰：宇，屋邊也。《釋宫》曰：檐謂之樀。郭氏曰：屋梠。邢昺曰：屋檐，一名樀，一名梠，又名宇，皆屋之四垂也。宇，西階上者，西階之上，上當宇也。階之上當宇，則堂廉與坫亦當宇矣。《特牲饋食》：主婦視饎爨于西堂下。《注》曰：南齊于坫。其記又注曰「南北直屋梠」是也。階上當宇，故階當霤。《鄉射禮》記「磬階間縮霤」是也。縮，從也。霤以東西爲從，故曰縮霤，此霤謂堂之南霤也。

此其著于經而可攷者也。

《唐六典》卷二三《將作監・左校署》 凡宫室之制，自天子至于士庶，各有

等差。天子之宫殿皆施重栱、藻井。王公、諸臣三品已上九架，五品已上七架，並廳厦兩頭；六品已下五架。其門舍三品已上五架三間，五品已上三間兩厦，六品已下及庶人一間兩厦。五品已上得制烏頭門。若官修者，左校爲之。私家自修者，制度准此。

《玉海》卷一五八《宫室》 唐宫室制：《百官志》：左校令宫室之制，自天子至士庶有等差。《車服志》：文宗下詔，太和元年五月。王公之居不施重栱藻井。三品堂五間九架，門三間五架；五品堂五間七架，門三間兩架；六品、七品堂三間五架，庶人四架，而門皆一間兩架。常參官施懸魚、對鳳、瓦獸、通栿、乳梁。

《太平御覽》卷一七五《居處部三·殿》 摯虞《決疑要注》曰：凡太極殿乃有陛堂，則有階無陛也。右碱左平，平者以文塼相亞次；碱者爲陛級也。九錫之禮，納陛以登，謂受此陛以上。殿堂之正者爲路寢。凡殿堂坐位，以近尊爲上；無尊者則東向者以北爲上，南向者以西爲上，西向者以南爲上，北向者以東爲上也。殿堂之上，惟天子居牀，其餘皆鋪幅席，席前設筵几。天子之殿，東西九筵，南北七筵。

費袞《梁溪漫志》卷五 古者居室，貴賤皆通稱宫，初未嘗分別也。秦漢以來，始以天子所居爲宫矣。《禮記》云：父子異宫。又云：儒有一畝之宫，環堵之室。林子中在京口作詩寄東坡云欲喚無家一房客，五雲樓殿鎖鼇宫。而東坡和云：卬頭莫喚無家客，歸掃峨嵋一畝宫。蓋本諸此。

劉壎《隱居通議》卷二九 宫殿觀闕之盛，肇於秦而繼以漢，舉其最，則秦有朝宫阿房，漢有未央、建章。以高言，輒曰五十丈，三十五丈，或二十五丈。以深廣言，輒曰東西五十步，南北五十丈；或東西五十丈，深五十丈。以規恢延袤言，輒曰三百餘里，少亦二十八里；或曰可坐萬人，或曰庭中可受十萬人；或跨渭而造石橋，或跨城池作飛閣輦道。大槩極土木之工，始之於秦穆公、惠文王，大之於始皇，尤而效之者蕭何，又甚焉者漢武也。計其壯鉅雄峙，摩雲霄而傍日月，雖傷財害民，不免怨讟，然遐想氣象，其能致此，亦真丈夫之雄也。惜夫！興替不常，古今同盡，乃罔有巍巍千載者，不旋踵而化爲遊塵，蕩爲冷風。潘安仁《西征賦》有曰：所謂尚冠、修成，北煥、南平，皆里名。皆夷漫蕩滌，無其處而有其名。爾乃階長樂，登未央，汎大液，凌建章。又曰：鶩雉雊於臺陂，狐兔窟於殿傍。又曰：洪鐘頓於毁廟，乘風廢而不懸；禁省鞫爲茂草，金狄遷於霸川。悲夫！英雄之建立，乃如斯而已乎？予嘗欲一游終南之山，渡灞滻之水，弔秦漢之故都，而物色其遺跡。今南北混一踰四十年，兆足以行，而予又老矣。鄉里非無客京兆者，京兆之人非無與余交者，及詢訪往古，俱不能知，蓋其愚俗懵學，故不能通知古今也。姑述此以志予懷古之恨。若夫陳之臨春、結綺，隋之西苑，唐之華清，宋之艮嶽，是又不過供游宴之娱，非若秦以壯大夸西戎，漢以市麗重威武者也，無足道矣。

章潢《圖書編》卷一二四《古室制圖》 《爾雅·釋宫》曰：西南隅謂之奥，西北隅謂之屋漏，東北隅謂之宧，東南隅謂之窔。邢昺曰：室中四隅之異名也。賈公彦曰：室中謂四壁之内。朱子曰：廟室之制皆如此。

按：朱子「殿屋」説殿屋五間，前皆爲堂，中間後爲室。又《釋宫》文曰：堂之室，南北五架。北兩架之間爲室，則室止一間，而當兩架之中，其地甚窄。意者朱子舉此以見例耳，其實古之爲所謂巨室者，東西不止一間，而南北不止兩間也。

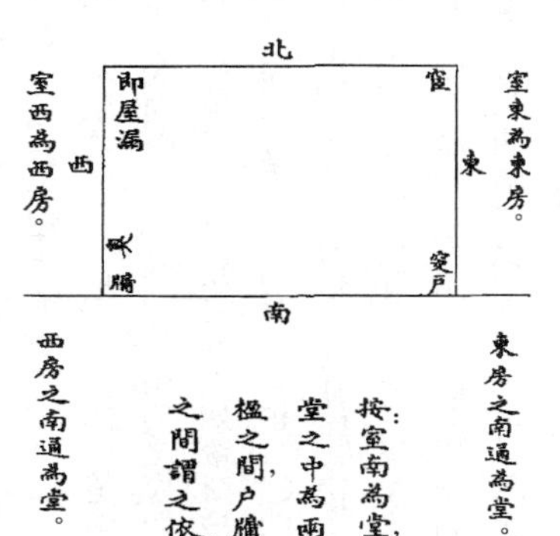

古室制圖

章潢《圖書編》卷一二四《寢廟辨名圖》 《爾雅》曰：室有東西廂曰廟，無東西廂有室曰寢。西南隅謂之奥，西北隅謂之屋漏，東北隅謂之宧，盈之反。東南隅謂之窔。一弔反。東西墻謂之序，牖户之間謂之扆，宫中之門謂之闈，門側之堂謂之塾。廟中路謂之唐，堂塗謂之陳。唐與陳皆堂下至門之徑，特廟、堂異其名耳。又曰柣，于結反。謂之閾，棖謂之楔，革鍺反，又先結反。橛謂之闑。魚列反。蓋界于門者柣也，亦謂之閾；旁于門者棖也，亦謂之楔；中于門者橛也，橛巨月反。亦謂之闑。《士喪》疏云：房户之外，由半以南謂之堂。《士昏》疏云：其

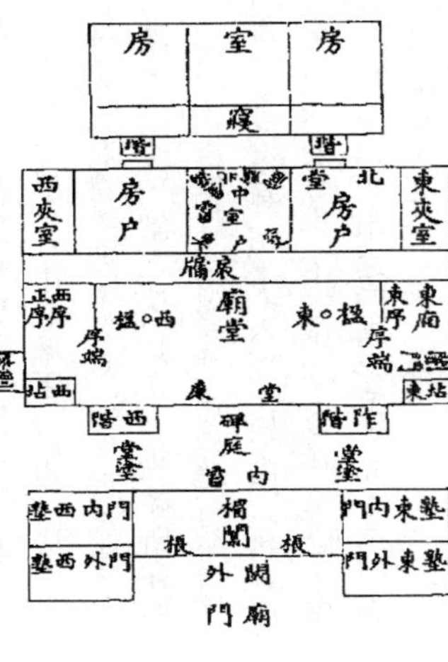

寢廟辨名圖

內，由半以北亦謂之堂，堂中北墉謂之牖。士昏尊于室中，北墉下是也。堂下之墻曰壁，《士虞》：饎爨，在東壁是也。坫有東坫、西坫，《士喪》疏云：堂隅有坫，以土爲之是也。塾有內外，《士冠》注云：西塾，門外西堂是也。《月令》曰：其祀中霤。《燕禮》：設篚，當東霤。此言諸侯四注屋之東霤。又有門內霤，《燕禮》賓執脯以賜鍾人於門內霤是也。

章潢《圖書編》卷一二四《天子寢制》 宮人掌王六寢之修，爲其井匽，除其不蠲，去其穢惡。注：路寢一，小寢五。户牖之間謂之扆，兩階之間謂之鄉，庭之左右謂之位，門屏之間謂之中。

章潢《圖書編》卷一二四《皋門應門圖》 《大雅》云：迺立皋門，皋門有伉。迺立應門，應門將將。迺立冢土，戎醜攸行。

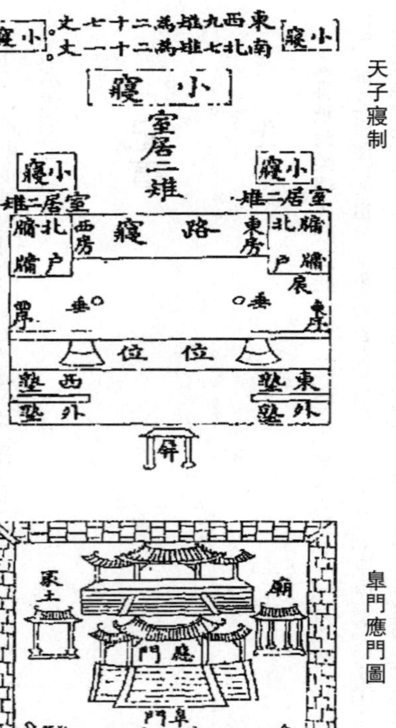

天子寢制

皋門應門圖

章潢《圖書編》卷一二四《廛市之圖》 此都邑之市，亦以井田爲規。其中爲王宮，其前爲朝，左宗廟，右社稷，其後爲市，四面皆有門。市賈百物，至皆貿易，而市官爲之治其争亂，並譏察異言異服之人。市地爲廛，貿易者所居也。其外六區皆民居，四十家共一區，凡百畝，所謂二畝半在邑也。蓋廛有義賦其田也，謂市地之賦稅也。受一廛者，所居廛市之地。此言其規模之大略也。

章潢《圖書編》卷一二四《廬舍之圖》 此一夫所受二畝半。在田二畝半，在邑所謂五畝之宅也。春夏則出於田，因以治田；秋冬則入居於邑，以爲安也。蓋居之宅，四圍墻下則樹桑以供蠶事，其餘空地則種麻以爲布苧，及蔬菜之類。在野則八家共二十畝，而二畝半在田；在邑則四十家共百畝；而二畝半在邑也。

民居	市	民居
民居	王宮	民居
民居	宗廟 社稷 朝	民居

廛市之圖

廬舍之圖

《明史》卷六八《輿服四·宮室制度·臣庶室屋制度》 親王府制。洪武四年定，城高二丈九尺，正殿基高六尺九寸，正門、前後殿、四門城樓，飾以青緑點金，廊房飾以青黛。四城正門，以丹漆，金塗銅釘。宮殿窠栱攢頂，中畫蟠螭，飾以金，邊畫八吉祥花。前後殿座，用紅漆金蟠螭，帳用紅銷金蟠螭。座後壁則畫蟠螭、彩雲，後改爲龍。立山川、社稷、宗廟於王城內。七年定親王所居殿，前曰承運，中曰圜殿，後曰存心；四城門，南曰端禮，北曰廣智，東曰體仁，西曰遵義。太祖曰：「使諸王覩名思義，以藩屏帝室。」九年定親王宮得飾朱紅、大青緑，其他居室止飾丹碧。十二年，諸王府告成。其制，中曰承運殿十一間，後爲圜殿，次曰存心殿各九間。承運殿兩廡爲左右二殿，自存心、承運，周迴兩廡，至承運門，爲屋百三十八間。殿後爲前、中、後三宮，各九間。宮門兩廂等室九十九間。王城之外，周垣、四門、堂庫等室在其間，凡爲宮殿室屋八百間有奇。弘治八年更定王府之制，頗有所增損。

郡王府制。天順四年定。門樓、廳廂、廚庫、米倉等，共數十間而已。

公主府第。洪武五年，禮部言：「唐、宋公主視正一品，府第並用正一品制度。今擬公主第，廳堂九間，十一架，施花樣獸脊，梁、棟、斗栱、簷桷彩色繪飾，惟不用

金。正門五間，七架。大門，緑油，銅環。石礎、墻甎，鎸鑿玲瓏花様。」從之。

《西晉文紀》卷一三孫毓《諸王公禮儀議》 《周禮》：「上公九命爲伯，其國家、宫室、車旗、衣服、禮儀，皆以九爲節；侯伯七命，以七爲節；子、男五命，以五爲節。」公之城蓋方九里，宫方九百步；侯伯之城方七里，宫方七百步；子、男之城方五里，宫方五百步。又曰：「王之三公八命，其卿六命，及其出封，皆加一等，其國家、宫室、車旗、衣服、禮儀亦如之。」又如禮，諸侯之城隅高七丈，門阿皆五丈。又禮，諸侯以爲殿屋。今諸王封國，雖有大小，而所理舊城，不如古制，皆宜仍舊。其造立宫室，當有大小之差。然周典奢大，異於今儀，步數之限，宜隨時制。又諸侯三重門：内曰路門，中門曰雉門，外門曰庫門。雉門之外設罘罳，高五丈。其正寢與廟同制，皆殿屋四阿，堂崇三。原闕。其舊典略可依也，餘皆稱事取供而已。

紀事

先秦

《春秋穀梁傳·莊公元年》 秋，築王姬之館於外。○築，禮也。於外，非禮也。築之爲禮，何也？主王姬者，必自公門出。於廟則已尊，於寢則已卑，爲之築，節矣。築之外，變之正也。築之外，變之爲正，何也？仇讎之人，非所以接婚姻也。衰麻，非所以接弁冕也。其不言齊侯之來逆，何也？不使齊侯得與吾爲禮也。

《春秋穀梁傳·莊公二十三年》 秋，丹桓宫楹。○禮：天子、諸侯黝堊，大夫倉，士黈。丹楹，非禮也。

《春秋左傳·莊公二十四年》 春，刻其桷，皆非禮也。御孫諫曰：「臣聞之：『儉，德之共也；侈，惡之大也。』先君有共德，而君納諸大惡，無乃不可乎？」

《春秋穀梁傳·莊公二十四年》 春，王三月，刻桓宫桷。○禮：天子之桷，斲之礱之，加密石焉。以細石磨之。諸侯之桷，斲之礱之。大夫斲之，士斲本。刻桷，非正也。夫人，所以崇宗廟也，取非禮與非正，而加之於宗廟，以飾夫人，非正也。非禮謂娶讎女，非正謂刻桷丹楹也。本非宗廟之宜，故曰加，言將親迎，欲爲夫人飾，又非正也。刻桓宫桷，丹桓宫楹，斥言桓宫，以惡莊也。不言新宫而謂之桓宫，以桓見殺於齊，而飾其宗廟，以榮讎國之女，惡莊不子。

《春秋穀梁傳·莊公二十九年》 春，新延廄。○延廄者，法廄也。其言新，有故也。有故則何爲書也？古之君人者，必時視民之所勤。民勤於力，則功築罕。民勤於財，則貢賦少。民勤於食，則百事廢矣。冬築微，春新延廄，以其用民力爲已悉矣。

《春秋公羊傳·莊公二十九年》 春，新延廄。○新延廄者何？脩舊也。脩舊不書，此何以書？譏。何譏爾？凶年不脩。

《春秋公羊傳·昭公二十五年》 〔九月〕昭公將弑季氏，告子家駒曰：「季氏爲無道，僭於公室久矣。吾欲弑之，何如？」子家駒曰：「諸侯僭於天子，大夫僭於諸侯久矣。」昭公曰：「吾何僭矣哉？」子家駒曰：「設兩觀，禮，天子諸侯臺門，天子外闕兩觀，諸侯内闕一觀。乘大路，朱干，玉戚，以舞《大夏》，八佾以舞《大武》，此皆天子之禮也。」

《春秋公羊傳·僖公二十年》 五月，乙巳，西宫災。○西宫者何？小寢也。小寢則曷爲謂之西宫？有西宫則有東宫矣。魯子曰：「以有西宫，亦知諸侯之有三宫也。」西宫者，小寢内室，楚女所居也。禮，諸侯娶三國女，以楚女居西宫，知二國女於小寢内各有一宫也，故云爾。禮，夫人居中宫，少在前；右媵居西宫，左媵居東宫，少在後。西宫災，何以書？記災也。

《春秋左傳·襄公三十一年》 公作楚宫。穆叔曰：「《大誓》云：『民之所欲，天必從之。』君欲楚也夫，故作其宫。若不復適楚，必死是宫也。」六月辛巳，公薨于楚宫。【略】

公薨之月，子産相鄭伯以如晉，晉侯以我喪故，未之見也。子産使盡壞其館之垣而納車馬焉。士文伯讓之，曰：「敝邑以政刑之不修，寇盗充斥，無若諸侯之屬辱在寡君者何，是以令吏人完客所館，高其閈閎，厚其墻垣，以無憂客使。今吾子壞之，雖從者能戒，其若異客何？以敝邑之爲盟主，繕完葺墻，以待賓客。若皆毁之，其何以共命？寡君使匄請命。」曰：「以敝邑褊小，介於大國，誅求無時，是以不敢寧居，悉索敝賦，以來會時事。逢執事之不閒，而未得見；又不獲聞命，未知見時。不敢輸幣，亦不敢暴露。其輸之，則君之府實也，非薦陳之，不敢輸也。其暴露之，則恐燥濕之不時而朽蠹，以重敝邑之罪。僑聞文公之爲盟

主也，宮室卑庳，無觀臺榭，以崇大諸侯之館，館如公寢；庫廄繕修，司空以時平易道路，圬人以時塓館宮室；諸侯賓至，甸設庭燎，僕人巡宮；車馬有所，賓從有代，巾車脂轄，隸人、牧、圉，各瞻其事；百官之屬，各展其物；公不留賓，而亦無廢事；憂樂同之，事則巡之；教其不知，而恤其不足。賓至如歸，無寧菑患；不畏寇盜，而亦不患燥濕。今銅鞮之宮數里，而諸侯舍於隸人，門不容車，而不可踰越；盜賊公行，而天厲不戒。賓見無時，命不可知。若又勿壞，是無所藏幣以重罪也。敢請執事：將何所命之？雖君之有魯喪，亦敝邑之憂也。若獲薦幣，修垣而行，君之惠也，敢憚勤勞！」文伯復命。趙文子曰：「信。我實不德，而以隸人之垣以贏諸侯，是吾罪也。」使士文伯謝不敏焉。

晉侯見鄭伯，有加禮，厚其宴、好而歸之。乃築諸侯之館。叔向曰：「辭之不可以已也如是夫！子產有辭，諸侯賴之，若之何其釋辭也？《詩》曰『辭之輯矣，民之協矣；辭之繹矣，民之莫矣』，其知之矣。」

《晏子春秋》卷六《內篇雜下第六》 景公新成柏寢之室，使師開鼓琴，師開左撫宮，右彈商，曰：「室夕。」公曰：「何以知之？」師開對曰：「東方之聲薄，西方之聲揚。」公召大匠曰：「室何爲夕？」大匠曰：「立室以宮矩爲之。」于是召司空曰：「立宮何爲夕？」司空曰：「立宮以城矩爲之。」明日，晏子朝，公曰：「先君太公以營丘之封立城，曷爲夕？」晏子對曰：「古之立國者，南望南斗、北戴樞星，彼安有朝夕哉？然而以今之夕者，周之建國，國之西方，以尊周也。」公蹵然曰：「古之臣乎！」

《戰國策・趙策一》 趙襄子召張孟談而告之曰：「夫知伯之爲人，陽親而陰疏，三使韓、魏，而寡人弗與焉，其移兵寡人必矣。今吾安居而可？」張孟談曰：「夫董閼安于，簡主之才臣也，世治晉陽，而尹澤循之，其餘政教猶存，君其定居晉陽。」君曰：「諾。」乃使延陵王將車騎先之晉陽，君因從之。至，行城郭，案府庫，視倉廩，召張孟談曰：「吾城郭之完，府庫足用，倉廩實矣，無矢奈何？」張孟談曰：「臣聞董子之治晉陽也，公宮之垣，皆以狄蒿苦楚廧之，其高至丈餘，君發而用之。」於是發而試之，其堅則箘簬之勁不能過也。君曰：「足矣，吾銅少若何？」張孟談曰：「臣聞董子之治晉陽也，公宮之室，皆以鍊銅爲柱質，請發而用之，則有餘銅矣。」君曰：「善。」號令以定，備守以具。

《越絶書》卷二《越絶外傳記越地傳第三》 今太守舍者，春申君所造，後殿屋以爲桃夏宮。

今宮者，春申君子假君宮也。前殿屋蓋地東西十七丈五尺，南北十五丈七尺。堂高四丈，(十)〔戶〕霤高丈八尺。殿屋蓋地東西十五丈，南北十丈二尺七寸。戶霤高丈二尺。庫東鄉屋南北四十丈八尺，上下戶各二。南鄉屋東西六十四丈四尺，上戶四，下戶三。西鄉屋南北四十二丈九尺，上戶三，下戶二。凡百四十九丈一尺。檐高五丈二尺。霤高二丈九尺。周一里二百四十一步。春申君所造。

秦

《史記》卷六《秦始皇本紀第六》 分天下以爲三十六郡，郡置守、尉、監。更名民曰「黔首」。大酺。收天下兵，聚之咸陽，銷以爲鍾鐻，金人十二，重各千石，置廷宮中。一法度衡石丈尺。車同軌。書同文字。地東至海暨朝鮮，西至臨洮、羌中，南至北嚮戶，北據河爲塞，並陰山至遼東。徙天下豪富於咸陽十二萬戶。諸廟及章臺、上林皆在渭南。秦每破諸侯，寫放其宮室，作之咸陽北阪上，南臨渭，自雍門以東至涇、渭，殿屋複道周閣相屬。所得諸侯美人鍾鼓，以充入之。

二十七年，始皇巡隴西、北地，出雞頭山，過回中。焉作信宮渭南，已更命信宮爲極廟，象天極。自極廟道通酈山，作甘泉前殿。築甬道，自咸陽屬之。是歲，賜爵一級。治馳道。

三十五年，除道，道九原抵雲陽，塹山堙谷，直通之。於是始皇以爲咸陽人多，先王之宮廷小，吾聞周文王都豐，武王都鎬，豐鎬之閒，帝王之都也。乃營作朝宮渭南上林苑中。先作前殿阿房，東西五百步，南北五十丈，上可以坐萬人，下可以建五丈旗。周馳爲閣道，自殿下直抵南山。表南山之顛以爲闕。爲複道，自阿房渡渭，屬之咸陽，以象天極閣道絶漢抵營室也。阿房宮未成；成，欲更擇令名名之。作宮阿房，故天下謂之阿房宮。隱宮徒刑者七十餘萬人，乃分作阿房宮，或作麗山。發北山石椁，乃寫蜀、荆地材皆至。關中計宮三百，關外四百餘。於是立石東海上朐界中，以爲秦東門。因徙三萬家麗邑，五萬家雲陽，皆復不事十歲。【略】

〔秦二世元年〕四月，二世還至咸陽，曰：「先帝爲咸陽朝廷小，故營阿房宮爲室堂。未就，會上崩，罷其作者，復土酈山。酈山事大畢，今釋阿房宮弗就，則是章先帝舉事過也。」復作阿房宮。外撫四夷，如始皇計。盡徵其材士五萬人爲

屯衛咸陽，令教射狗馬禽獸。當食者多，度不足，下調郡縣轉輸菽粟芻藁，皆令自齎糧食，咸陽三百里内不得食其穀。用法益刻深。

《三輔黄圖》卷一　阿房宫，亦曰阿城。惠文王造，宫未成而亡。始皇廣其宫，規恢三百餘里。離宫別館，彌山跨谷，輦道相屬，閣道通驪山八十餘里。表南山之顛以爲闕，絡樊川以爲池。作阿房前殿，東西五十步，南北五十丈，上可坐萬人，下建五丈旗。以木蘭爲梁，以磁石爲門。磁石門，乃阿房北闕門也。門在阿房前，悉以磁石爲之，故專其目，令四夷朝者有隱甲皆以入門而脅止，以示神。亦曰却胡門。周馳爲複道，度渭屬之咸陽，以象太極閣道抵營室也。阿房宫未成，欲更擇令名名之。作宫阿基旁，故天下謂之阿房宫。隱宫徒刑者七十餘萬人，乃分作阿房宫。

《漢書》卷五一《賈山傳》　秦非徒如此也，起咸陽而西至雍，離宫三百，鍾鼓帷帳，不移而具。又爲阿房之殿，殿高數十仞，東西五里，南北千步，從車羅騎，四馬騖馳，旌旗不橈。爲宫室之麗至於此，使其後世曾不得聚廬而託處焉。爲馳道於天下，東窮燕齊，南極吴楚，江湖之上，瀕海之觀畢至。道廣五十步，三丈而樹，厚築其外，隱以金椎，樹以青松。爲馳道之麗至於此，使其後世曾不得邪徑而託足焉。死葬乎驪山，吏徒數十萬人，曠日十年。下徹三泉合采金石，冶銅錮其内，桼塗其外，被以珠玉，飾以翡翠，中成觀游，上成山林。爲葬薶之侈至於此，使其後世曾不得蓬顆蔽冢而託葬焉。秦以熊羆之力，虎狼之心，蠶食諸侯，并吞海内，而不篤禮義，故天殃已加矣。臣昧死以聞，願陛下少留意而詳擇其中。

《〔雍正〕陝西通志》卷九八《拾遺一》　秦始皇置離宫，延曼三百里。各宫皆有鐘鼓、帷幔，美人於其中而不移。有經年不識天子者，此離宫之始也。

《〔乾隆〕西安府志》卷五四《古蹟志上·宫闕》　咸陽宫，《黄圖》：始皇窮極奢侈，築咸陽宫。因北陵營殿，端門四達，以制紫宫象帝居。《史記·始皇本紀》：諸廟及章臺、上林皆在渭南。秦每破諸侯，寫放其宫室，作之咸陽北阪上，南臨渭。自雍門以東至涇渭，殿屋複道，周閣相屬。所得諸侯美人、鐘鼓以充入之。按：《長安志》、《雍録》及諸志，皆無此宫。蓋以孝公曾作咸陽，築冀闕，此或襲其舊。但《黄圖》始皇築咸陽宫，《史記》始皇三十四年置酒咸陽宫。實有其名，豈基址仍舊，而制度從宏敞，因並録之。【略】

阿房宫，《雍勝畧》：在長安縣西二十里。《史記·始皇本紀》：始皇帝三十五年，以爲咸陽人多，先王之宫廷小。聞豐鎬之間，帝王之都，乃營作朝宫渭南上林苑中先作前殿阿房，東西五百步，南北五十丈。上可以坐萬人，下可以建五丈旗。周馳爲閣道，自前殿直抵南山表。南山巔爲闕，爲複道。自阿房渡渭屬之咸陽，以象天極。閣道絶漢抵營室也。《索隱》：此以形名宫，言四阿旁廣也。漢《賈山傳》注：師古曰，阿房，言殿四阿皆爲房也。一説大陵曰阿，言其殿高若於阿上爲房也。房或作旁。此殿初未有名，以其去咸陽近，且號阿旁。阿，近也。《東方朔傳》注：阿城，本秦阿房宫，以其墻壁崇廣，故呼爲阿城。《黄圖》：阿房前殿以木蘭爲梁，磁石爲門。《三輔舊事》：阿房宫東西三里，南北五里。庭中可受千萬人，車行酒騎行，炙千人唱萬人和。其外有城名阿城，東西北三面有墻，南面無墻。《黄圖》始皇收天下兵，聚之咸陽，銷鋒鏑以爲金人十二，以弱天下之人，立於宫門。坐高三丈。銘其後曰：皇帝二十六年初兼天下，改諸侯爲郡縣，一法律，同度量。大人來見臨洮，其大五丈，足跡六尺。銘李斯篆，蒙恬書。磁石門，《水經注》悉以磁石爲故，專其目四夷朝者，有隱甲懷刃入門而脅之以示神。亦名却胡門。《長安志》磁石門東西有閣道，即阿房宫之北闕門也。累磁石爲之，著鐵甲入者，磁石吸之不得過。《雍録》磁石門即北入之門。審求其地，則在鎬水趨渭之處。故經主漢城而命其方，則曰此阿房之西門。若自主阿房而命之，則當曰北門也。按：藝文漢代如長揚、羽獵、子虚、上林諸賦，唐代如乾元、九成、龍池、聖德諸頌，皆户所誦習，且其體大，非編幅所能容，故不具録。

漢

《史記》卷八《高祖本紀》　漢蕭丞相營作未央宫，立東闕、北闕、前殿、武庫、太倉。高祖還，見宫闕壯甚，怒，謂蕭何曰：「天下匈匈，苦戰數歲，成敗未可知，是何治宫室過度也？」蕭何曰：「天下方未定，故可因遂就宫室。且夫天子以四海爲家，非壯麗無以重威，且無令後世有以加也。」高祖乃説。

《漢書》卷七五《翼奉傳》　臣聞昔者盤庚改邑以興殷道，聖人美之。竊聞漢德隆盛，在於孝文皇帝躬行節儉，外省繇役。其時未有甘泉、建章及上林中諸離宫館也。未央宫又無高門、武臺、麒麟、鳳皇、白虎、玉堂、金華之殿，獨有前殿、曲臺、漸臺、宣室、温室、承明耳。孝文欲作一臺，度用百金，重民之財，廢而不爲，其積土基，至今猶存，又下遺詔，不起山墳。故其時天下大和，百姓洽足，德流後嗣。

《漢書》卷九七下《孝成趙皇后》　孝成趙皇后，本長安宫人。初生時，父母

不舉，三日不死，乃收養之。及壯，屬陽阿主家，學歌舞，號曰飛燕。成帝嘗微行出，過陽阿主，作樂。上見飛燕而説之，召入宮，大幸。有女弟復召入，俱爲倢伃，貴傾後宮。【略】皇后既立，後寵少衰，而弟絶幸，爲昭儀。居昭陽舍，其中庭彤朱，而殿上髹漆，切皆銅沓(冒)黄金塗，白玉階，壁帶往往爲黄金釭，函藍田璧，明珠、翠羽飾之，自後宮未嘗有焉。姊弟顓寵十餘年，卒皆無子。

王嘉《拾遺記》卷六　漢成帝好微行，於太液池旁起宵遊宮，以漆爲柱，鋪黑綈之幕，器服乘輿，皆尚黑色。既悦於暗行，憎燈燭之照。宮中美御，皆服皂衣，自班婕妤以下，咸帶玄綬，衣珮雖加錦繡，更以木蘭紗綃罩之。至宵遊宮，乃秉燭。宴幸既罷，静鼓自舞，而步不揚塵。好夕出遊。造飛行殿，方一丈，如今之輦，選羽林之士，負之以趨。帝於輦上，覺其行快疾，聞其中若風雷之聲，言其行疾也，名曰「雲雷宮」。所幸之宮，咸以氊綈藉地，惡車轍馬跡之喧。雖惑於微行昵宴，在民無勞無怨。每乘輿返駕，以愛幸之姬寶衣珍食，捨於道傍，國人之窮老者皆歌「萬歲」。是以鴻嘉、永始之間，國富家豐，兵戈長戢。故劉向、谷永指言切諫。於是焚宵遊宮及飛行殿，罷宴逸之樂。所謂從繩則正，如轉圜焉。

劉歆《西京雜記》卷一　漢高帝七年，蕭相國營未央宮。因龍首山制前殿，建此闕。未央宮周回二十二里九十五步五尺，街道周回七十里。臺殿四十三，其三十二在外，其十一在後。宮池十三，山六。池一、山一，亦在後宮。門闥凡九十五。

武帝作昆明池，欲伐昆吾夷，教習水戰。因而於上遊戲養魚，魚給諸陵廟祭祀，餘付長安市賣之。池周回四十里。【略】

成帝設雲帳、雲幄、雲幕於甘泉紫殿，世謂三雲殿。漢掖庭有月影臺、雲光殿、九華殿、鳴鸞殿、開襟閣、臨池觀，不在簿籍，皆繁華窈窕之所棲宿焉。

趙飛燕女弟居昭陽殿。中庭彤朱而殿上丹漆，砌皆銅沓黄金涂，白玉階，壁帶往往爲黄金釭，含藍田璧，明珠、翠羽飾之。上設九金龍，皆銜九子金鈴，五色流蘇，帶以緑文紫綬，金銀花鑷。每好風日，幡旄光影，照耀一殿。鈴鑷之聲，驚動左右。中設木畫屏風，文如蜘蛛絲縷。玉几、玉床、白象牙簟、緑熊席，席毛長二尺餘。人眠而擁毛自蔽，望之不能見，坐則没膝。其中雜熏諸香，一坐此席，餘香百日不歇。有四玉鎮，皆達照無瑕缺。窗扉多是緑琉璃，亦皆達照，毛髮不得藏焉。椽桷皆刻作龍蛇，縈繞其間，鱗甲分明，見者莫不兢栗。匠人丁緩、李菊，巧爲天下第一。締構既成，向其姊子樊延年説之，而外人稀知，莫能傳者。

積草池中有珊瑚樹，高一丈二尺，一本三柯，上有四百六十二條，是南越王趙佗所獻。號爲烽火樹，至夜光景常欲燃。

昆明池，刻玉石爲(鯨)魚。每至雷雨，魚常鳴吼，鬐尾皆動。漢世祭之以祈雨，往往有驗。

初修上林苑，羣臣遠方各獻名果異樹。亦有制爲美名以標奇麗。梨十：紫梨、青梨、實大。芳梨、實小。大谷梨、細葉梨、縹葉梨、金葉梨、出琅琊王野家，太守王唐所獻。瀚海梨、出瀚海北，耐寒不枯。東王梨、出海中。紫條梨。棗七：弱枝棗、玉門棗、棠棗、青華棗、梬棗、赤心棗、西王棗。出崑崙山。栗四：侯栗、榛栗、瑰栗、嶧陽栗。嶧陽都尉曹龍所獻，大如拳。桃十：秦桃、榹桃、湘核桃、金城桃、綺葉桃、紫文桃、霜桃、霜下可食。胡桃、出西域。櫻桃、含桃。李十五：紫李、緑李、朱李、黄李、青綺李、青房李、同心李、車下李、含枝李、金枝李、顔淵李、出魯。羌李、燕李、蠻李、侯李。柰三：白柰、紫柰、花紫色。緑柰。花緑色。查三：蠻查、羌查、猴查。椑三：青椑、赤葉椑、烏椑。棠四：赤棠、白棠、青棠、沙棠。梅七：朱梅、紫葉梅、紫華梅、同心梅、麗枝梅、燕梅、猴梅。杏二：文杏、材有文采。蓬萊杏。東郭都尉干吉所獻，一株花雜五色六出，云是仙人所食。桐三：椅桐、梧桐、荆桐。林檎十株。枇杷十株。橙十株。安石榴。楟十株。白銀樹十株。黄銀樹十株。槐六百四十株。千年長生樹十株。萬年長生樹十株。扶老木十株。守宮槐十株。金明樹二十株。摇風樹十株。鳴風樹十株。琉璃樹七株。池離樹十株。離婁樹十株。白俞梼、杜梼、桂、蜀漆樹十株。楠四株。樅七株。栝十株。楔四株。楓四株。余就上林令，虞淵得朝臣所上草木名二千餘種，鄰人石瓊就余求借，一皆遺棄。今以所記憶列於篇右。

劉歆《西京雜記》卷三　茂陵富人袁廣漢，藏鏹巨萬，家僮八九百人。於北邙山下築園，東西四里，南北五里。激流水注其内，構石爲山，高十餘丈，連延數里。養白鸚鵡、紫鴛鴦、氂牛、青兕，奇獸怪禽委積其間。積沙爲洲嶼，激水爲波潮。其中致江鷗、海鶴，孕雛産鷇，延漫林池。奇樹異草，靡不具植。屋皆徘徊連屬，重閣修廊，行之移晷不能遍也。廣漢後有罪誅，没入爲官園，鳥獸草木皆移植上林苑中。

五柞宮有五柞樹，皆連三抱，上枝蔭覆數十畝。其宮西有青梧觀，觀前有三梧桐樹，樹下有石麒麟二枚，刊其脅爲文字，是秦始皇酈山墓上物也。頭高一丈三尺，東邊者前左脚折，折處有赤如血。父老謂其有神，皆含血屬筋焉。

高祖初入咸陽宫，周行庫府，金玉珍寶不可稱言。其尤驚異者，有青玉五枝燈，高七尺五寸，作蟠螭，以口銜燈，燈燃，鱗甲皆動，焕炳若列星而盈室焉。復鑄銅人十二枚，坐皆高三尺，列在一筵上，琴、筑、笙、竽，各有所執，皆綴花采，儼若生人。筵下有二銅管，上口高數尺。出筵後，其一管空，一管内有繩，大如指，使一人吹空管，一人紐繩，則衆樂皆作，與真樂不異焉。有琴長六尺，安十三弦，二十六徽，皆用七寶飾之，銘曰「璠璵之樂」。玉管長二尺三寸，二十六孔，吹之則見車馬山林，隱轔相次，吹息亦不復見，銘曰「昭華之管」。有方鏡，廣四尺，高五尺九寸，表裏有明，人直來，照之影則倒見，以手捫心而來，則見腸胃五臟歷然無硋。人有疾病在内，則掩心而照之，則知病之所在。又女子有邪心，則膽張心動。秦始皇常以照宫人，膽張心動者則殺之。高祖悉封閉，以待項羽。羽並將以東，後不知所在。

《後漢書》卷一下《光武帝紀》 〔建武十九年〕，復置函谷關都尉。修西京宫室。

徐天麟《東漢會要》卷三八《方域下・宫苑雜録》 永平三年，起北宫及諸官府。尚書鍾離意上疏曰：「竊見北宫大作，人失農時。自古非苦宫室狹小，但患人不安寧。宜且罷止，以應天心。」帝勅大匠止作諸宫。後德陽殿成，百官大會。帝思意言，謂公卿曰：「鍾離尚書若在，此殿不立。」《傳》。

肅宗時，承平久，宫室臺榭，漸爲壯麗。扶風梁鴻作《五噫歌》曰：「陟彼北芒兮，噫！覽觀帝京兮，噫！宫室崔嵬兮，噫！民之劬勞兮，噫！遼遼未央兮，噫！」上聞而非之。《袁紀》。

順帝陽嘉元年，修飾宫殿。郎顗拜章曰：「宫殿官府，近始永平，歲時未積，便更修造。又西苑之設，禽畜是處，離房别觀，本不常居，而皆務精土木，營建無已，消功單賄，巨億爲計。願罷將作之官，減雕文之飾。」《傳》。

靈帝欲造畢圭靈琨苑，楊賜上疏諫曰：「竊聞使者並出，規度城南人田，欲以爲苑。昔先王造囿，裁足以修三驅之禮，薪萊芻牧，皆悉往焉。先帝之制，左開鴻池，右作上林，不奢不約，以合禮中。今猥規郊城之地，以爲苑囿，壞沃衍，廢田園，驅居人，畜禽獸，殆非所謂『若保赤子』之義。今城外之苑已有五六，可以逞情意、順四節也，宜惟夏禹卑宫、太宗露臺之意。」帝欲止，中常侍樂松等曰：「昔文王之囿百里，人以爲小；齊宣五里，人以爲大。今與百姓共之，無害於政也。」帝悦，遂令築苑。《傳》。

佚名《三輔黄圖》卷二 長樂宫，本秦之興樂宫也。高皇帝始居櫟陽，七年，長樂宫成，徙居長安城。《三輔舊事》、《宫殿疏》皆曰：興樂宫，秦始皇造，漢修飾之，周回二十里。前殿東西四十九丈七尺，兩序中三十五丈，深十二丈。長樂宫有鴻臺，有臨華殿，有温室殿，有信宫、長秋、永壽、永寧四殿。高帝居此宫，後太后常居之。孝惠至平帝，皆居未央宫。《漢書》：宣帝元康四年，神爵五采以萬數，集長樂宫。五鳳三年，鸞鳳集長樂宫東闕中樹上。王莽改長樂宫爲長樂室，在長安中，近東直杜門。

《〔乾隆〕西安府志》卷五四《古蹟志上・宫闕》 長樂宫，《括地志》：在長安故城中。《漢高帝紀》：高帝五年，治長樂宫。《黄圖》：長樂宫，本秦興樂宫也。高皇帝始居櫟陽，七年長樂宫成，徙居長安城。後太后常居之。王莽改爲長樂室，近東直杜門。《關中記》：宫周回二十餘里，有殿十四。《史記》：惠帝爲東朝長樂，及間往來，數蹕煩人，乃作複道，築武庫南。詔立原廟。《玉海》：長樂，高帝既以爲居，又以受朝，無異於正宫矣。自惠帝後人主，皆居未央，而長樂常奉母后。《雍録》：未央在漢城西隅，長樂乃東隅也。《元和志》言兩宫相去止隔一里。此一里所即武庫。《漢武故事》：建章、未央、長樂三宫，皆輦道相屬，懸棟飛閣，不由徑路。東闕西闕，《釋名》闕在門兩旁，中央闕然爲道也。《漢惠帝紀》：惠帝五鳳三年，鸞鳳集長安宫東闕樹上。《劉屈氂傳》：太子引兵毆四市人，至長樂西闕下，逢丞相軍合戰。司馬門，《黄圖》：未央、甘泉、長樂四面皆有公車司馬門。凡言司馬者，宫垣之内兵衛所在。司馬主武事，故謂宫之外門爲司馬門。前殿，《黄圖》：長樂宫前殿東西四十九丈七尺。兩序一作序。中三十五丈，深十二丈。臨華殿，《黄圖》：在長樂前殿後，武帝建。《漢成帝紀》：成帝永始四年夏四月，長樂宫臨華殿災。大廈殿，《三輔舊事》：秦作銅人立阿房殿前，漢著長樂宫大廈殿前。長信宫，《黄圖》：漢太后常居之。按《通靈記》，太后成帝母后。宫在西秋之象也。秋主信，故以長信、長秋爲名。又永壽、永寧殿，皆后所處。《水經注》：長樂宫殿前列銅人，殿西有長信、長秋、永壽、永昌諸殿。《雍録》：據《黄圖》、《水經注》所云，則長信、長秋皆在長樂宫中。《長安志》别出長信等七宫，不以統諸長樂，殆傳疑耶。酒池，《黄圖》：《廟記》曰，長樂宫中有魚池、酒池。池上有肉炙樹，秦始皇造。漢武帝行舟于池中。《關中記》：酒池北起臺，天子于上觀牛飲者三千人。《寰宇記》：武帝作酒池以誇羌胡，飲以鐵杯，重不能舉，皆牛飲。《水經注》：長樂殿之東北有池，池北有層臺沼，謂是池爲酒池，非也。唐孟浩然《長樂宫詩》：秦城舊來稱窈窕，漢家更衣應不少。紅粉邀君在何處，青樓苦夜長難曉。長樂宫中鐘暗來，可憐歌舞慣相催。歡娱此事今寂寞，惟有年年陵樹哀。

按：長樂宮中諸臺殿方位無攷者，有宣德、通光、高明三殿。《長安志》見三輔宮殿名在長樂宮，又有長定、建始、廣陽、中室、月室、神仙、椒房諸殿。又溫室殿，漢《孔光傳》：或問光，溫室省木，皆何木也？光不應。晉灼曰：長樂宮中有溫室殿。又鴻臺，《黄圖》：長樂宮有鴻臺，秦始皇二十七年築，高四十丈，上起觀宇，帝嘗射飛鴻於上，故號鴻臺。《漢書》：惠帝四年，長樂宮鴻臺災。又鍾室，《漢高帝紀》：十一年，吕后殺韓信於長樂鍾室。注：師古曰，謂懸鍾之室。《地理志》：未央殿東北二里許，鍾室故處也。有隙地丈餘，草色皆殷赤，相傳吕后殺淮，陰血漬而然。

佚名《三輔黄圖》卷二　未央宮。《漢書》曰：高祖七年，蕭何造未央宮，立東闕、北闕，闕，門觀也。劉熙《釋名》曰：闕在門兩旁，中央闕然爲道也。門闕，天子號令賞罰所由出也。未央宮殿雖南向，而上書奏事謁見之徒皆在北闕焉。是則以北闕爲正門，而又有東闕東門。至於西、南兩面，無門闕矣。蓋蕭何立未央宮以厭勝之術理然乎？前殿武庫，藏兵器之處也。太倉。廩粟所在，一百三十楹，在長安城外東南。上見其壯麗之甚，怒曰：天下匈匈，勞苦數歲，成敗未可知，是何治宮室過度也？何對曰：以天下未定，故可因以就宮室。且天子以四海爲家，非令壯麗，無以重威，無令後世有以加也。上悦，自櫟陽徙居焉。未央宮周回二十八里，前殿東西五十丈，深十五丈，高三十五丈。前殿同路寢，見諸侯羣臣處也。營未央宮，因龍首山以制前殿。山長六十里，頭入渭水，尾達樊川。秦時有黑龍從南山出飲渭水，其行道因成土山。疏山爲臺殿，不假板築，高出長安城。《西京賦》所謂疏龍首以抗前殿，此也。至孝武，以木蘭爲棼橑，木蘭，香木。棼橑，棟椽。文杏爲梁柱，杏木之有文者。金鋪玉户，金鋪，扉上有金華，中作獸及龍蛇鋪首，以銜環也。玉户，以玉飾户也。華榱璧璫，雕楹玉碣，楹，柱也。碣，柱下石也。重軒鏤檻，青鎖丹墀，青鎖，牕也。墀，殿階也。左墄右平。右乘車上，故使之平；左以人上，故爲之階。平墄，階級也。黄金爲壁帶，間以龢氏珍玉，風至，其聲玲瓏然也。未央宮有宣室、麒麟、金華、承明、武臺、鉤弋等殿，又有殿閣三十有二，有壽成、萬歲、廣明、椒房、清涼、(水)〔永〕延、玉堂、壽安、平就、宣德、東明、飛(兩)〔雨〕鳳凰、通光、曲臺、白虎等殿。《廟記》云：未央宮有增城、昭陽殿。《漢宮殿疏》曰：未央宮有麒麟閣、天禄閣，有金馬門、青瑣門，玄武、蒼龍二闕，朱鳥堂，畫堂，甲觀，非常室。又有鉤盾署，弄田。《三輔決録》曰：未央宮有延年殿，合歡殿，四車殿。又《漢宮閣記》云：未央宮有宣明、長年、溫室、昆德四殿。又有玉堂、增盤閣、宣室閣。《三輔舊事》云：武帝於未央宮起高門，武臺殿。《漢武故事》云：神明殿在未央宮。王莽改未央宮曰壽成室，前殿曰玉路堂，如路寢也。按舊圖，漸臺、織室、凌室皆在未央宮。

《〔乾隆〕西安府志》卷五四《古蹟志上·宮闕》　未央宮，《括地志》：在長安故城中近西南隅。《漢高帝紀》：高帝七年，蕭何造未央宮。《西京雜記》：未央宮周回二十二里九十五步五尺，按：《關中記》作三十三里。街道周回七十里。按：《關中記》作十七里。臺殿四十三，其三十二在外，其十一在後宮。按：《關中記》作臺三十二。池十三，按：《關中記》作池十二。山六，門闥九十五。按：《關中記》作宮殿門八十一，掖門十四。《三秦記》：未央一名紫微宮。東闕，《漢高帝紀》：蕭何治未央宮，立東闕。《文帝紀》：文帝七年，未央宮東闕罘罳災。《關中記》：未央宮東有蒼龍闕。北闕，顔師古《漢高帝紀》注：未央殿雖南向，而上書奏事、謁見之徒，皆詣北闕，公車司馬亦在北，是以北闕爲正門。又有東門、東闕，至西南兩面無門闕。《關中記》：未央宮北有元武闕，闕中有閶闔門、止車門。柏梁臺，《漢武帝紀》：武帝元鼎二年春，起柏梁臺。《郊祀志》：武帝鑄柏梁銅柱。《三輔故事》：臺高二十丈，用香柏爲殿梁，香聞十里。《長安志》：廟記曰：柏梁臺在北闕内道西。《三秦記》曰：臺上有銅鳳，名鳳闕。《柏梁臺詩並序》：漢武帝元封三年，作柏梁臺，詔羣臣二千石有能爲七言者乃得上坐。日月星辰和四時。帝。驂駕駟馬從梁來。梁(王)孝王武。郡國士馬羽林材。大司馬。總領天下誠難治。丞相石慶。和撫四夷不易哉。大將軍衛青。刀筆之吏臣執之。御史大夫倪寬。撞鍾伐鼓聲中詩。太常周建德。宗室廣大日益滋。宗正劉安國。周衛交戟禁不時。衛尉路博德。總領從宗柏梁臺。光禄勛徐自爲。平理請讞決嫌疑。廷尉杜周。修飾輿馬待駕來。太僕公孫賀。郡國吏功差次之。大鴻臚壺充國。乘輿御物主治之。少府王溫舒。陳粟萬石揚以箕。大司農張成。徼道宮下隨討治。執金吾中尉豹。三輔盜賊天下危。左馮翊盛宣。盜阻南山爲民災。右扶風李成信。外家公主不可治。京兆尹。椒房率更領其材。詹事陳掌。蠻夷朝賀常舍其。典屬國。柱枅欂櫨相枝持。大匠。枇杷橘栗桃李梅。大官令。走狗逐兔張罘罳。上林令。齧妃女脣甘如飴。郭舍人。迫窘詰屈幾窮哉。東方朔。二司馬門，《漢元帝紀》：元帝初元五年，令從官給事宮司馬中者，得爲大父母父母兄弟通籍。注：應劭曰，司馬中者，宮内門也。顔師古曰，司馬門者，宮之外門也。衛尉有八屯，衛侯司馬主衛士徼巡宿衛，每面各二司馬，故謂宮之外門爲司馬門。《玉海》、《漢書》，衛令諸出入殿門，公車司馬皆下，不如令罰金四兩。按：未央宮有東北闕，西南無之。師古謂蕭何厭勝之術是矣。至司馬門，《黄圖》及師古俱謂未央四面皆有司馬門，乃宮之外門。應劭謂爲宮内門。其説似異。今按：闕之西南面司馬門有西南闕門之墻，四面環宮，司馬之墻乃宮正垣而闕垣在外。《西京賦》所謂「徼

道外周千廬内附」是也。故自闕門視之則爲宮内門，自宮視之則爲宮外門。二説雖異，其實同也。《漢百官表》注：師古曰，《漢舊儀》衛尉司在宮内，主宮闕之門，内衛士于周垣，下爲區廬。《西京賦》：「衛尉八屯，警夜巡晝。」注：綜曰衛尉周宮外，于四方四角立八屯士，士則傅宮外爲廬舍。是則宮墻外闕門内正爲衛士區廬地矣。　端門，漢《周勃傳》：皇帝入未央宮，有謁者十人持戟衛端門。顔師古注：殿之正門也。《西都賦》：立金人於端闈。李善注：宮中門謂之闈。　掖門，漢《吕后紀》：朱虚侯章請卒千人入未央宮掖門。顔師古注：非正門，而在兩旁，若人之臂掖也。《雍録》御覽曰：出禁省爲殿門，外出大道爲掖門。不特夾立，正門旁爲掖門。雖殿門外他出之門，皆可名爲掖門也。　前殿，《黄圖》：未央宮前殿，東西五十丈，深十五丈，高三十五丈。營未央宮，因龍首以制前殿。至孝武以木蘭爲棼橑，文杏爲梁柱。金鋪玉户，華榱璧璫。雕楹玉碣，重軒鏤檻。青瑣丹墀，左墄右平。黄金爲壁帶，間以龢氏珍玉。風至，其聲玲瓏然也。《長安志》王莽改前殿曰王路堂。地皇元年，爲風所毁。漢《五行志》：成帝綏和二年，鄭通里男子王褒帶劍入北司馬門、殿東門，上前殿，入非常室中。如淳曰：殿上，室名。　蘭臺，《雍録》：漢《百官表》，御史中丞在殿中蘭臺，掌圖籍秘書。外督部刺史，内領侍御史，受公卿奏事。《西京賦》曰：蘭臺金馬，遞宿迭居。按：此蘭臺正在殿中，石渠、天禄皆在殿北。　宣明殿、廣明殿，《黄圖》：皆在未央殿東。昆德殿、玉堂殿，《黄圖》皆在未央殿西。鴛鸞殿，《關中記》：未央殿東。　白虎門，漢《王莽傳》：王莽大置酒未央宮白虎殿，勞賜將帥。自前殿南下西出椒除白虎門。注：服虔曰：邪行閣道，下者也。師古曰除，殿陛之道也。椒，取芬香之名。　宣室殿，《黄圖》：未央前殿正室。《淮南子》曰：周武王殺紂於宣室，漢取舊名也。漢文帝受釐宣室，夜半前席，賈生問鬼神之事。即此。《長安志》：漢宣帝常幸宣室，齋居決事。如淳曰：宣室，宣布政教之室。蓋其殿在前殿之側，齋則居之。漢《成帝紀》：甘露四年，未央宮宣室閣災。　金馬門，《史記・滑稽傳》：金馬門者，宦者署門也。門旁有銅馬。漢《公孫宏傳》：天子擢宏對爲第一，待詔金馬門。注：武帝時，相馬者東門京作銅馬法獻之。立馬於魯班門外，更魯班門爲金馬門。《長安志》：揚雄待詔金門，金馬門也。《玉海》又謂之黄門。　宦者署，漢《蘇武傳》：宣帝召武待詔宦者署。師古注：百官公卿表，少府屬官有宦者令丞。以其署親近，故令於此待詔。《雍録》：百官表有中黄門。師古曰：謂閹人居禁中，在黄門之内給事者也。天禄閣，《三輔故事》：在未央大殿北。天禄，異獸也。即揚雄校書處。《漢宮闕疏》：天禄、石渠，蕭何造。以藏秘書，處賢繞。《西都賦》天禄石渠，典籍之府。　石渠閣，《三輔故事》：在未央大殿北。《黄圖》：石渠閣，其下礲石爲渠以導水，若今御溝，因爲閣名，藏入關所得秦之圖籍。成帝於此藏秘書焉。《雍録》石渠，以水經約其地望，則滄池在未央西南。此渠必引滄池下流，北行又北，轉明光桂宮之間，謂之明渠。又益趨東，長樂之有酒池，都城東之有王渠也。承明殿，《黄圖》未央宮有承明殿，著述之所也。漢《霍光傳》：皇太后車駕幸未央承明殿。漢《翼奉傳》：孝文帝躬行節儉。其時未央宮無高門、武臺、麒麟、鳳皇、白虎、玉堂、金華之殿，獨有前殿、曲臺、漸臺、宣室、温室、承明耳。按：承明殿，一作承明廬，漢《嚴助傳》：助爲會稽太守，數年不聞問，賜書曰：君厭承明之廬。注：張晏云，在石渠閣外。一作承明庭，《揚雄傳》：客有薦雄文似相如者，召雄待詔承明之庭。《西都賦序》内有承明著作之庭。《雍録》云：廬者以更直之地，言之庭者以受詔之地，言之實即承明殿也。諸志分而爲三，今正之。　温室殿，漢《霍光傳》：昌邑王入朝，太后還乘輦欲歸温室。《黄圖》：在未央宮殿北，武帝建。冬處之温暖也。《西京雜記》：温室以椒塗壁，被之文繡。香桂爲梁，設火齊屏風，鴻羽帳規地，以罽賓氍毹。按：《漢孔光傳》注：長樂宮有温室殿，據《黄圖》則温室在未央，是漢有兩温室也。　清涼殿，《黄圖》：在未央宮殿北，夏居之則清涼也。《漢書》曰：清室則中夏含霜，此也。　高門殿，《三輔舊事》武帝於未央宮起高門殿。《黄圖》汲黯請見高門。又哀帝時，鮑宣諫曰：陛下擢臣岩穴，誠冀有益毫毛，豈欲臣美食大官重高門之地。《玉海》：鮑宣又言，高門去省户數十步，求見出入，二年未省。　玉堂殿，《漢李尋傳》注：師古曰，在未央宮。《揚雄傳》：歷金門上玉堂。注：晉灼曰，《黄圖》有大玉堂、小玉堂殿。　長秋門，漢《戾太子傳》：太子使舍人無且持節，夜入未央宮殿長秋門。因長御倚華，具白皇后。　内謁者署，《黄圖》：在未央宮，屬少府，掌宮中步帳，褻物丁孚。漢官云，令秩千石。　椒房殿，《三輔宮殿名》：未央宮有椒房殿。《漢官儀》：皇后殿稱椒房。以椒塗室，主温暖，除惡氣也。　掖庭，《漢元帝紀》：賜單于待詔掖庭，王嬙爲閼氏。《漢官儀》：婕妤以下皆居掖庭。《西京雜記》庭有雲光、(光)[九]華、鳴鸞三殿，月景臺、開襟閣、臨池觀不在簿籍，皆繁華窈窕之所棲宿焉。　昭陽殿，《黄圖》：成帝趙皇后居昭陽殿。漢《元后傳》：皇后既立，寵少衰，而弟絶幸，爲昭儀，居昭陽舍。其中庭彤朱而殿上髹漆，切皆銅沓，冒黄金塗，白玉階，壁帶往往爲黄金釭，函藍田璧，明珠、翠羽飾之。自後宮未嘗有焉。《黄圖》武帝時，後宮八區有昭陽、飛翔、增

城、合歡、蘭林、披香、鳳皇、鴛鸞等殿。後又增修安處、常寧、茝若、椒風、發越、蕙草等殿，爲十四位。 增城舍，《漢書》班婕妤居增城舍。 椒風舍，漢《董賢傳》：賢女弟爲昭儀，位次皇后。更名其舍爲椒風，以配椒房云。 漸臺，《關中記》：未央宫西滄池中有漸臺。《雍録》：未央宫漸臺，文帝夢鄧通，王莽死於兵，皆在其處。《黄圖》曰：滄池，其木滄色。

按：未央宫中諸臺殿方位無攷者，有麒麟殿，《黄圖》：在未央宫。 漢哀帝燕董賢父子於此。 又金華殿，《黄圖》：在未央宫。《漢書・敘傳》：上方向學，鄭寬中、張禹朝夕入説《尚書》於金華殿。 又宴昵殿，《漢書・敘傳》：班伯少受詩於師丹，大將軍王鳳薦伯宜勸學，召見宴昵殿。 又武臺殿，《三輔舊事》：武帝於未央宫起武臺殿。 又猗蘭殿，《漢武帝故事》：王美人七月七日旦生武帝於猗蘭殿。 漢武内傳，景帝夢赤彘從雲中直入崇芳閣，覺而坐，閣下果有赤龍如霧來蔽户牖。 使王夫人移居，改閣爲猗蘭殿，又白虎殿，《黄圖》：在未央宫。 漢《王商傳》：河平四年，單于來朝，引見白虎殿。 又曲臺殿，漢《孟卿傳》：后蒼説禮數萬言，號曰后氏曲臺記。 注：師古曰，曲臺殿在未央宫。 又飛羽殿，漢《元后傳》：太后冬饗飲飛羽。 注：師古曰，飛羽殿在未央宫。 羽或作雨。 又敬法殿，漢《王莽傳》：莽在未央宫朱魚等燒作室門斧敬法闥。 注：師古曰，敬法，殿名。 又鳳凰殿，《黄圖》：在未央宫。 又未央宫有通光、鉤弋、壽成、萬歲、水延、壽安、平就、宣德、東明諸殿，堯閣、白虎、屬車諸閣。 又神明殿，《漢武故事》：在未央宫。 又延年殿、合歡殿、四車殿，《三輔決録》：在未央宫。 又宣平殿、長年殿，《漢宫闕記》：在未央宫。 又朱鳥堂，《漢宫殿疏》：在未央宫。 又麒麟閣，《漢蘇武傳》：上思股肱之美，迺圖畫其人於麒麟閣。 注：張宴曰，武帝獲麒麟時作此閣。《唐六典》注：麒麟閣亦藏書。 又織室，漢《百官表》：少府有東織、西織令丞。 河平元年，省東織更西織爲織室。《黄圖》：未央宫東西織室，織作文繡、郊廟之服，有令史。 又凌室，未央宫藏冰之室。 又暴室，《黄圖》：在未央宫。 漢《宣帝紀》注：應劭曰，暴室者，宫人獄也，今曰薄室。 師古曰，掖庭主織作染練之署，謂暴室者，取暴曬爲名耳。 或謂薄室，薄亦暴也。 織務既多，因爲置獄主治其罪人，故謂暴室獄耳。 本非獄名，應説失之。 又郎中府，漢《高后紀》：朱虚侯章請卒入未央宫，掖門見産，廷中逐擊，産殺之。 郎中府，吏舍厠中。 注：如淳曰，《百官表》令郎中掌宫殿門户，故其府在宫中。 後轉爲光禄勳。 又四寶祠，漢《郊祀志》：宣帝以方士言，爲隨侯劍、寶玉、寶璧、周康寶鼎立四祠於未央宫中。 又弄田，《黄圖》：在未央宫。 燕遊之田，天子所戲弄也。 漢《明帝紀》曰：始元元年，上耕於鉤盾弄田。 應劭注：帝時年九歲，未能親耕。 帝籍鉤盾宦官者近署，故往試耕，爲戲弄。 成帝建始三年，小女陳持弓，年九歲，闌入尚方掖門，至未央殿鉤盾禁中。 又青瑣門，《黄圖》：在未央宫。《漢舊儀》：黄門郎屬黄門令，日暮入封青瑣門，拜名曰夕郎。 漢《元后傳》，至師古曰：青瑣門刻爲連瑣文，而以青塗之也。 又作室門，漢《成帝紀》：成帝爲太子，初作桂宫。 上急召太子出龍樓門，不敢絶馳道，西至直城門得絶，乃度還入作室門。 又鈎弋臺，《黄圖》：在未央宫。 又東山臺、西山臺、釣臺，《三輔故事》：在未央宫。 又路軨廐，《黄圖》：在未央宫，掌宫中輿馬，亦曰未央廐。《漢書》曰：武帝時期，門郎上官桀遷未央廐令。 又獸圈九、彘圈一，《黄圖》俱在未央宫。 文帝問上林尉及馮妃當熊皆此處。 獸圈上有樓觀。

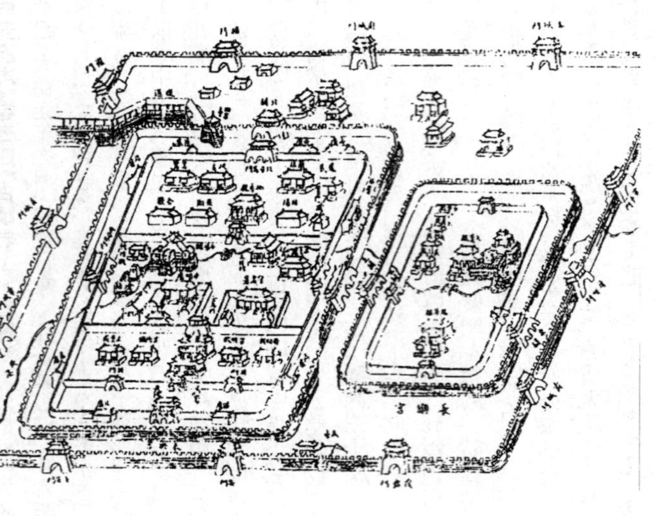

畢沅《關中勝迹圖志・未央宫》

《漢書》卷二五下《郊祀志第五下》 上還，以柏梁災故，受計甘泉。公孫卿曰：「黃帝就青靈臺，十二日燒，黃帝乃治明庭。明庭，甘泉也。」方士多言古帝王有都甘泉者。其後天子又朝諸侯甘泉，甘泉作諸侯邸。勇之乃曰：「粵俗有火災，復起屋，必以大，用勝服之。」於是作建章宮，度爲千門萬户。前殿度高未央，其東則鳳闕，高二十餘丈，其西則商中，數十里虎圈。其北治大池，漸臺高二十餘丈，名曰泰液，池中有蓬萊、方丈、瀛州、壺梁，象海中神山龜魚之屬。其南有玉堂璧門大鳥之屬。立神明臺、井幹樓，高五十丈，輦道相屬焉。

佚名《三輔黃圖》卷二 建章宮。武帝太初元年，柏梁殿災，粵巫勇之曰：粵俗有火災，即復起大屋以厭勝之。帝於是作建章宮，度爲千門萬户。宮在未央宮西，長安城外。帝於未央宮營造日廣，以城中爲小，乃於宮西跨城池作飛閣，通建章宮，構輦道以上下。輦道爲閣道，可以乘輦而行。宮之正門曰閶闔，閶闔，天門也。宮門名閶闔者，以象天門也。高二十五丈，亦曰璧門。左鳳闕，闕上有金鳳，高丈餘。《漢書集注》曰：今長安故城西，俗呼貞女樓，即建章闕也。高二十五丈。右神明臺。言臺高，神明可居其上。門内北起別風闕，在閶闔門内。以其出宮垣識風從何處來，以爲闕名也。高五十丈。對峙井幹樓，高五十丈。輦道相屬焉，連閣皆有罘罳。連閣，曲閣也。以覆重刻垣墉屏翳之處，畫以雲氣鳥獸，其形罘罳然。前殿下視未央，其西則廣中殿，受萬人。《三輔舊事》云：建章周回三十里，東起別風闕，高二十五丈，乘高以望遠。又於宮門北起圓闕，高二十五丈，上有銅鳳凰，赤眉賊壞之。《西京賦》云圓闕聳以造天，若雙碣之相望是也。《廟記》云：建章宮北門高二十五丈，建章北闕門也。又有鳳凰闕，漢武帝造，高七十丈五尺。鳳凰闕，亦名別風闕。又云：嶕嶢闕，在圓闕門内二百步。繁欽《建章序》云：秦漢規模，廓然泯毀，惟建章鳳闕，聳然獨存，雖非象魏之制，亦一代之巨觀。古歌云：長安城西有雙闕，上有雙銅雀，一鳴五穀成，再鳴五穀熟。按銅雀，即銅鳳凰也。楊震《關輔古語》云：長安民俗謂鳳凰闕爲貞女樓。司馬相如賦云：豫章貞女樹，長千仞，大連抱，冬夏常青，未嘗凋落，若有貞節，故以爲名。《漢書》曰：建章宮南有玉堂，璧門三層，臺高三十丈，玉堂内殿十二門，階陛皆玉爲之。鑄銅鳳高五尺，飾黃金，棲屋上，下有轉樞，向風若翔，椽首薄以璧玉，因曰璧門。建章有駘蕩、馭娑、枍詣、天梁、奇寶、鼓簧等宮。又有玉堂、神明堂、疏圃、鳴鑾、奇華、銅柱、函德二十六殿，太液池，唐中池。

《〔乾隆〕西安府志》卷五四《古蹟志上·宮闕》 建章宮，《雍勝畧》在長安故城西。《漢武帝紀》太初元年二月，起建章宮。注：師古曰，在未央宮西，俗所稱貞女樓，即此宮之闕也。《郊祀志》：建章宮度爲千門萬户。《關中記》：建章周回二十餘里。《雍録》、《三輔舊事》、《關中記》皆言建章在城西上林之地。《東方朔傳》曰：陛下以城中爲小，圖起建章。《長安記》曰：王莽壞城西苑中建章十餘所，取其材爲九廟。師古曰：自建章以下，皆在上林苑中。《關中記》：上林苑中有宮十二，建章其一。然如此其侈，而正史未正書臨幸，則皆從飛閣越城以出也。　飛閣，《黃圖》：武帝于未央營造日廣，以城中爲小，乃於宮西跨城池，作飛閣通建章宮，構輦道以上下。　閶闔門，《黃圖》：宮之正門高二十五丈，亦曰璧門。《漢書》曰：建章宮南有玉堂，璧門三層，臺高三十丈。玉堂内殿十二門，階陛皆玉爲之。鑄銅鳳高五尺，飾黃金，棲屋上下，向風若翔。椽首薄以璧玉，因名璧門。　鳳闕，《封禪書》：建章前殿度高未央，其東則鳳闕。《索隱》：武帝營建章，起鳳闕，高二十五丈。《黃圖》璧門左鳳闕。《關輔古語》：俗謂爲貞女樓。　神明臺，《黃圖》：璧門右神明臺。《廟記》曰：五帝造，祭金人處。上有承露盤，有銅仙人舒掌捧盤玉杯，以承雲表之露，以求仙道。《長安記》仙人掌大七圍，以銅爲之。《漢宮闕疏》臺高五十丈，常置九天道士百人。《水經注》神明臺上有九室，俗謂之九子臺，而實非也。後有疏圃神明臺。錢孟鈿《通天臺銅人歌》：武皇歲起雲陽宮，香臺屹與雲漢通。欲求真訣鍊顔色，紫瓊之露飛濛濛。青霄不下兩皇子，十二仙人一夜死。文成五利不及一少翁，能使香魂望如水。淒淒茂陵月，玉盌埋苔碧。難聞舍人壺，空羨方朔戟。當塗代漢逾百年，銅人之淚流作鉛。移經灞水亦傷別，回頭立盡東關烟。君不見古人興廢皆塵跡，金石有情悲過客，化爲銅駝卧荆棘。　圓闕，《黃圖》：建章宮門北起圓闕，高二十五丈，上有銅鳳皇，赤眉賊壞之。古歌：長安城西雙員闕，上有一雙銅雀宿。一鳴五穀生，再鳴五穀熟。按：《史記》建章鳳闕高二十餘丈，即《西京賦》所云「設璧門之鳳闕，上觚稜而棲金爵」者也。又《關中記》：建章宮員闕有金鳳在上，故號鳳闕。復以員闕爲鳳闕矣。唐王維詩云「雲裏帝城雙鳳闕」，似璧門員闕上並有鳳皇，故皆稱鳳闕。至唐而遺趾尚存，因並著之。　別風闕西京賦閶闔之内，別風嶕嶢。《關中記》：別風以言別四方之風也。《玉海》：閶闔門内東出有析風閣，一名別風。　嶕嶢闕，《長安志》、《廟記》曰：建章宮有嶕嶢闕。薛綜注：次門女闕，在閶闔門内二百步。　井幹樓，《封禪書》武帝作建章宮，乃立神明臺、井幹樓，度五十丈，輦道相屬。《漢宮闕疏》井幹樓積木而高爲樓，若井幹之形也。井幹者，

井上木欄也，形或四角或八角。《黄圖》別風闕對峙井幹樓，各高五十丈，輦道相屬。　前殿，漢《郊祀志》：建章前殿度高未央。　唐中庭，《封禪書》：建章宮西，則唐中數十里。《索隱》唐堂庭也。《爾雅》：廟中路謂之唐，一作商中。漢《郊祀志》：建章宮西，商中數十里。注：如淳曰：商中，商庭也。師古曰：商，金也。于序在秋，故謂西方之庭爲商庭。　鼓簧宮，《黄圖》、《漢宮闕疏》云：鼓簧宮周匝一百三十步，在建章宮西北。　奇華宮，《黄圖》在建章宮旁。四海夷狄器服、珍寶、火浣布、切玉刀、巨象、大雀、師子、宮馬充塞其中。　枍詣宮，《黄圖》：枍詣，木名。宮中美木茂盛也。　駘蕩宮，《黄圖》：春時景物，駘蕩滿宮中也。　馺娑宮，《黄圖》：馺娑馬行疾，猳馬行迅速，一日之間遍宮中。言宮之大也。　天梁宮，《黄圖》：梁至于天，言宮之高也。　函德殿，《黄圖》：建章宮有函德等二十六殿。《漢宣帝紀》：神爵元年三月詔，金芝九莖産于函德殿銅池中。　涼風臺，《關中記》建章宮北，積木爲樓，高五十餘丈。　避風臺，《關中記》：太液池有避風臺，即飛燕結裾處。　曝衣閣，《宋卜子陽園苑疏》：太液池西有武帝曝衣閣。七月七日，宮女出后衣登樓曝。　虎圈，漢《郊祀志》：建章宮西。注：師古曰，於菟，西方之獸，故于此置其圈也。　太液池，《封禪書》：建章宮治大池，漸臺高二十餘丈，命曰太液池。中有蓬萊方丈，瀛洲壺梁，象海中神山。《正義》：臣瓚云，太液宮象陰陽津液以作池也。《索隱》、《三輔故事》云：池北岸有石魚，長二丈，廣五尺。西岸有龜二枚，各長六尺。漢《郊祀志》注：師古曰：漸，浸也。臺在池中爲水所浸。《黄圖》：或作瀸字。瀸，亦浸耳。　唐中池，《黄圖》：周回十二里，在建章宮太液池南。　孤樹池，《西京雜記》：太液池西。池中有洲，上煔樹一株，六十餘圍，望如車蓋。　淋池，《拾遺記》：昭帝元始元年，穿淋池，廣千步。東引太液之水。池中植分枝荷，一莖四葉，狀如駢蓋。　影娥池，《黄圖》：武帝鑿以玩月，其傍起望鵠臺以眺月。影人池中，使宮人乘舟弄月影，名影娥池，亦曰眺蟾臺。　北闕，《廟記》：高二十丈，建章宮北闕門也。

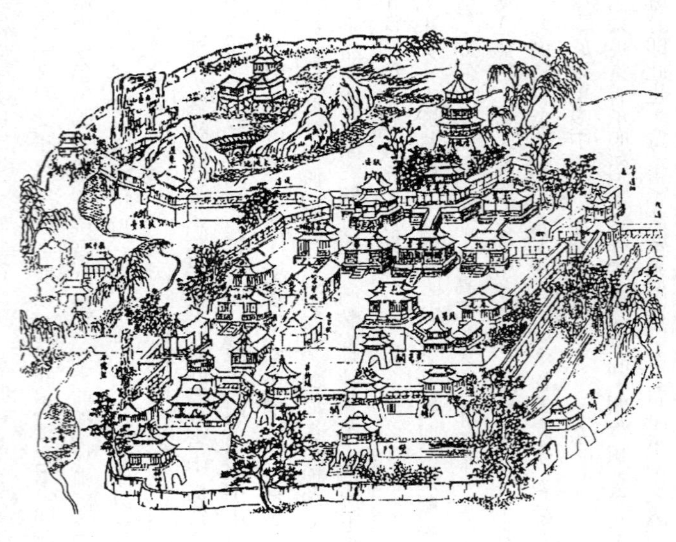

畢沅《關中勝迹圖志・建章宮》

佚名《三輔黄圖》卷二　桂宮，漢武帝造，周回十餘里。《漢書》曰：桂宮有紫房複道，通未央宮。《關輔記》云：桂宮在未央北，中有明光殿土山，複道從宮中西上城，至建章神明臺蓬萊山。《三秦記》：未央宮漸臺西有桂宮，中有光明殿，皆金玉珠璣爲簾箔，處處明月珠，金陛玉階，晝夜光明。又《西京雜記》云：武帝爲七寶牀，雜寶按，廁寶屏風，列寶帳，設於桂宮，時人謂爲四寶宮。《長安記》曰：桂宮在未央宮北，亦曰北宮。

《（乾隆）西安府志》卷五四《古蹟志上・宮闕》　桂宮，《元和志》：在長安故城中。《黄圖》：漢武帝造，周回十餘里。《水經注》：未央宮北即桂宮也。舊乘複道，用相逕通。《西京雜記》：武帝爲七寶牀、雜寶案、廁寶屏風、列寶帳，設於桂宮，時人謂爲四寶宮。　龍樓門，《漢成帝紀》：成帝爲太子，居桂宮，上嘗急名太子出龍樓門。注：張晏曰，門樓有銅龍，若白鶴飛廉之爲名也。　鴻寧殿，

《漢哀帝紀》：建平三年正月，帝太太后所居桂宮正殿火。《五行志》：桂宮鴻寧殿災，帝祖母傅太后所居也。　明光殿，《關輔記》：桂宮中有明光殿，土山複道，從宮中西上城西，至建章宮、神明臺、蓬萊山。《三秦記》：未央宮漸臺西有桂宮，中有明光殿，皆金玉珠璣爲簾箔，綴明月珠。金砌玉階，晝夜光明。　走狗臺，《黄圖》桂宮有走狗臺，又有商臺、避風臺。

佚名《三輔黄圖》卷二　甘泉宮，一曰雲陽宮。《史記》：秦始皇二十七年，作甘泉宮及前殿，築甬道，築垣墻如街巷。自咸陽屬之。《關輔記》曰：林光宮，一曰甘泉宮，秦所造，在今池陽縣西故甘泉山，宮以山爲名。或曰高泉山，蓋習俗語訛爾。宮周匝十餘里，漢武帝建元中增廣之，周十九里。去長安三百里，望見長安城。黄帝以來圜丘祭天處。《漢志》：雲陽縣有休屠金人徑路神祠三所。《音義》云：匈奴祭天處，本雲陽甘泉山下，秦奪其地，徙休屠右地。《郊祀志》云：徑路神祠，祭休屠王處。《遁甲開山圖》云：雲陽先生之墟也。武帝造闕於南，以象方色，於甘泉宮更置前殿，始造宮室，有芝生甘泉殿邊房中。房中樂有芝草之歌。《漢舊儀》云：芝有九莖。《芝草歌》曰：九莖連葉。芝金色，緑葉朱實，夜有光。乃作芝房之歌。帝又起紫殿，雕文刻鏤，黼黻以玉飾之。成帝永始四年，行幸甘泉，郊泰畤，神光降於紫殿。今按：甘泉谷北岸有槐樹，今謂玉樹，根幹盤峙，三二百年木也。楊震《關輔古語》云：耆老相傳，咸以謂此樹即揚雄《甘泉賦》所謂玉樹青葱也。甘泉有高光宮，又有林光宮，有長定宮，竹宮，通天臺，通靈臺。武帝作迎風館於甘泉山，後加露寒、儲胥二館，皆在雲陽甘泉中。西廂起彷徨觀，築甘泉苑。建元中，作石闕、封巒、鳷鵲觀於苑。垣内宮南有昆明池，苑南有棠梨宮。漢未央、長樂、甘泉宮，四面皆有公車。公車，主受章疏之處。

司馬門：凡言司馬者，宮垣之内，兵衛所在，司馬主武事，故謂宮之外門爲司馬門。按漢宮衛令，諸出入殿門、公車司馬門者皆下，不如令，罰金四兩。王莽改公車司馬門曰王路四門，分命諫大夫四人受章疏，以通下情。《百官表》：衛尉屬官有公車司馬令丞。《漢官儀》云：公車司馬掌殿司馬門，夜徼宮中。天下上事，及闕下凡所徵召，皆總領之。令秩六百名。

《〔乾隆〕西安府志》卷五四《古蹟志上・宮闕》　北宮，惠帝張皇后廢處北宮。注：師古曰，在未央宮北。《黄圖》北宮近桂宮，周回十里。高帝時制度草創，孝成增修之。　東交門，《漢東方朔傳》：武帝從董偃遊戲北宮，馳逐平樂觀。有詔置酒北宮，引董君從司馬門入，更名東交門。　前殿，《黄圖》：北宮前殿廣五十步，珠簾玉户如桂宮。　紫房複道，漢《孔光傳》：大司空何武曰，定陶太后可居北宮，宮有紫房複道通未央宮。傅太后從複道朝夕至哀帝所。　壽宮，《黄圖》北宮有神仙宮、壽宮。張羽旗，設供具，以禮神君。神君來則肅然風生，帷帳皆動。　太子宮，《漢成帝紀》：孝成皇帝，元帝太子也，母曰王皇后。元帝在太子宮生甲觀畫堂。按太子宮未詳所在，黄圖敘入北宮，從之。

佚名《三輔黄圖》卷三　温室殿，武帝建，冬處之，温暖也。《西京雜記》曰：温室以椒塗壁，被之文繡，香桂爲柱，設火齊屏風，鴻羽帳，規地以罽賓氍毹。《漢書》曰：孔光爲尚書令，歸休，與兄弟妻子燕語，終不及朝省政事。或問温室省中樹何木，光不應。《漢書》：京房奏《考功課吏法》，上令公卿朝臣會議温室。

佚名《三輔黄圖》卷三　宣室、温室、清涼，皆在未央宮殿北。宣明、廣明，皆在未央殿東。昆德、玉堂，皆在未央殿西。

宣室殿，未央前殿正室也。《淮南子》曰：「周武王殺紂於宣室。」漢取舊名也。《漢書》曰：「文帝受厘宣室，夜半前席賈生，問鬼神之事」即此也。又王莽地皇四年，城中少年朱弟、張魚等燒宮，莽避火宣室前殿，火輒隨之。

温室殿，武帝建，冬處之温暖也。《西京雜記》曰：「温室以椒涂壁，被之文繡，香桂爲柱，設火齊屏風，鴻羽帳，規定以罽賓氍毹。」《漢書》曰：「孔光爲尚書令，歸休，與兄弟妻子燕語，終不及朝省政事。或問温室省中樹何木，光不應。」

清涼殿，夏居之則清涼也，亦曰延清室。《漢書》曰「清室則中夏含霜」，即此也。董偃常卧延清之室，以畫石爲床，文如錦，紫琉璃帳，以紫玉爲盤，如屈龍，皆用雜寶飾之。侍者於外扇偃，偃曰：玉石豈須扇而後涼耶？又以玉晶爲盤，貯冰於膝前，玉晶與冰同潔。侍者謂冰無盤，必融濕席。乃拂玉墜盤，冰玉俱碎。玉晶，千涂國所貢也，武帝以此賜偃。

麒麟殿，未央宮有麒麟殿。《漢書》：「哀帝燕董賢父子於麒麟殿，視賢曰：吾欲法堯禪舜，如何？王閎曰：天下乃高皇帝天下，非陛下之天下也。陛下奉承宗廟，當傳之無窮，安可妄有所授！帝業至重，天子無戲言。上默然不悦。」

金華殿，未央宮有金華殿。《漢書》曰「成帝初方向學，召鄭寬中、張禹，説《尚書》、《論語》於金華殿中。」

承明殿，未央宮有承明殿，著述之所也。班固《西都賦》云：「内有承明、金馬，著作之庭。」即此也。《漢書》，武帝謂嚴助曰：「君厭承明之廬。」又成帝鴻嘉二年，雉飛集承明殿屋。

蒼龍、白虎、朱雀、玄武，天之四靈，以正四方，王者制宮闕殿閣取法焉。

掖庭宮，在天子左右，如肘腋。

椒房殿，在未央宮，以椒和泥塗，取其温而芬芳也。武帝時後宮八區，有昭陽、飛翔、增成、合歡、蘭林、披香、鳳凰、鴛鴦等殿。後又增修安處、常寧、茝若、椒風、發越、蕙草等殿，爲十四位。

成帝趙皇后居昭陽殿，有女弟，俱爲婕妤，貴傾後宮。昭陽舍蘭房椒壁，其中庭彤朱，而庭上髹漆，切皆銅沓，黄金塗，白玉階，壁帶往往爲黄金釭，函藍田璧，明珠翠羽飾之，自後宮未嘗有焉。

高門殿，《漢書》曰：「汲黯請見高門。」注曰：「未央宮高門殿也。」又哀帝時鮑宣諫曰：「陛下擢臣岩穴，誠冀有益毫毛，豈欲臣美食大官，重高門之地。」

非常室，《漢書》：「成帝綏和二年，鄭通里人王褒，絳衣小冠，帶劍入北司馬門殿東門，上前殿，至非常室中，解帷組結佩之。召前殿署長業等曰：天帝令我居此。業等收縛考問，乃故公車大誰卒，病狂易，不自知入宮，下獄死。」

織室，在未央宮。又有東西織室，織作文綉郊廟之服，有令史。

凌室，在未央宮，藏冰之所也。豳詩《七月》篇曰：「納於凌陰。」周官凌人，職掌藏冰。大祭祀飲食則供冰。《漢書》惠帝四年「織室、凌室災」。

暴室，主掖庭織作染練之署，謂之暴室，取暴曬爲名耳，有嗇夫官屬。

弄田，在未央宮。弄田者，燕游之田，天子所戲弄耳。《漢書·昭帝紀》曰：「始元元年，上耕於鉤盾弄田。」應劭注云：「帝時年九歲，未能親耕帝籍，鉤盾宦者近署，故往試耕爲戲弄。」成帝建始三年，小女陳持弓年九歲，闌入尚方掖門，至未央殿鉤盾禁中。

内謁者署，在未央宮，屬少府。《續漢書》云：「掌宮中步帳褻物。」丁孚《漢官》云：「令秩千石。」

金馬門，宦者署，武帝得大宛馬，以銅鑄像，立於署門，因以爲名。東方朔、主父偃、嚴安、徐樂，皆待詔金馬門，即此。

路軨厩，在未央宮中，掌宮中輿馬，亦曰未央厩。《漢書》曰：「武帝時，期門郎上官桀，遷爲未央厩令。」

三國

《三國志·魏書三》卷三《明帝紀》 〔青龍〕三年春正月戊子，以大將軍司馬宣王爲太尉。己亥，復置朔方郡。京都大疫。丁巳，皇太后崩。乙亥，隕石於壽光縣。三月庚寅，葬文德郭后，營陵於首陽陵澗西，如終制。是時，大治洛陽宮，起昭陽、太極殿，築總章觀。百姓失農時，直臣楊阜、高堂隆等各數切諫，雖不能聽，常優容之。

《三國志·魏書二十五》卷二五《高堂隆傳》 遷光禄勳。帝愈增崇宮殿，雕飾觀閣，鑿太行之石英，采穀城之文石，起景陽山於芳林之園，建昭陽殿於太極之北，鑄作黄龍鳳皇奇偉之獸，飾金墉、陵雲臺、陵霄闕。百役繁興，作者萬數，公卿以下至于學生，莫不展力，帝乃躬自掘土以率之。而遼東不朝。悼皇后崩。天作淫雨，冀州水出，漂没民物。隆上疏切諫曰：「蓋天地之大德曰生，聖人之大寶曰位；何以守位？曰仁；何以聚人？曰財。然則士民者，乃國家之鎮也；穀帛者，乃士民之命也。穀帛非造化不育，非人力不成。是以帝耕以勸農，后桑以成服，所以昭事上帝，告虔報施也。昔在伊唐，世值陽九厄運之會，洪水滔天，使鯀治之，績用不成，乃舉文命，隨山刊木，前後歷年二十二載。災眚之甚，莫過於彼，力役之興，莫久於此，堯、舜君臣，南面而已。禹敷九州，庶士庸勳，各有等差，君子小人，物有服章。今無若時之急，而使公卿大夫並與厮徒共供事役，聞之四夷，非嘉聲也，垂之竹帛，非令名也。是以有國有家者，近取諸身，遠取諸物，嫗煦養育，故稱『愷悌君子，民之父母』。今上下勞役，疾病兇荒，耕稼者寡，饑饉薦臻，無以卒歲；宜加愍卹，以救其困。」

《三國志·吴書二》卷四七《孫權傳》 〔赤烏十年〕二月，權適南宮。三月，改作太初宮，諸將及州郡皆義作。裴松之注：《江表傳》載權詔曰：「建業宮乃朕從京來所作將軍府寺耳，材柱率細，皆以腐朽，常恐損壞。今未復西，可徙武昌宮材瓦，更繕治之。」有司奏言曰：「武昌宮已二十八歲，恐不堪用，宜下所在通更伐致。」權曰：「大禹以卑宮爲美，今軍事未已，所在多賦，若更通伐，妨損農桑。徙武昌材瓦，自可用也。」

酈道元《水經注》卷一〇《漳水》 魏武又以郡國之舊，引漳流自城西東入，逕銅雀臺下，伏流入城東注，謂之長明溝也。渠水又南，逕止車門下。魏武封于鄴，爲北宮，宮有文昌殿。溝水南北夾道，枝流引灌，所在通溉，東出石竇下，注之洹水。故魏武《登臺賦》曰：引長明，灌街裏，謂此渠也。石氏于文昌故殿處，造東、西太武二殿，于濟北穀城之山，採文石爲基。一基下五百武直宿衛。屈柱趺瓦，朱《箋》曰：屈柱似是屋柱之訛。趙云：按屈柱，曲柱也，與趺瓦字對。趺瓦，今所謂筒瓦，其形半圓。悉鑄銅爲之，金漆圖飾焉。守敬按：《晉書·載記》，太武殿皆漆瓦、金

鏤、銀楹、金柱、珠簾、玉壁，窮極伎巧。又徙長安、洛陽銅人，置諸宮前，以華國也。城之西北有三臺，皆因城爲之基，巍然崇舉，其高若山。建安中魏武所起，平坦略盡。《春秋古地》云：葵邱，地名，今鄴西三臺是也。謂臺已平，或更有見，意所未詳。中曰銅雀臺，高十丈，有屋百餘間。臺成，命諸子登之，並使爲賦。陳思王下筆成章，美捷當時。亦魏武望奉常王叔治之處也。昔嚴纔與其屬攻掖門，脩聞變，車馬未至，便將官屬步至宮門。太祖在銅雀臺望見之，曰：彼來者必王叔治也。相國鍾繇曰：舊，京城有變，九卿各居其府，卿何來也？脩曰：食其禄，焉避其難？居府雖舊，非赴難之義。時人以爲美談矣。石虎更增二丈，立一屋，連棟接榱，彌覆其上，盤迴隔之，名曰命子窟。又于臺上起五層樓，高十五丈，去地二十七丈。又作銅雀于樓巓，舒翼若飛。南則金鳳臺，高八丈，有屋一百九間。北曰冰井臺，亦高八丈，有屋一百四十間。上有冰室，室有數井。井深十五丈，藏冰及石墨焉。石墨可書，又然之難盡，亦謂之石炭。又有粟窖及鹽窖，以備不虞。今窖上猶有石銘存焉。左思《魏都賦》曰：三臺列峙而崢嶸者也。城有七門：南曰鳳陽門，中曰中陽門，次曰廣陽門，東曰建春門，北曰廣德門，次曰厩門，西曰金明門，一曰白門。鳳陽門三臺洞開，高三十五丈。石氏作層觀架其上，置銅鳳，頭高一丈六尺。東城上，石氏立東明觀，觀上加金博山，謂之鏘天。北城上有齊斗樓，超出羣榭，孤高特立。其城東西七里，南北五里，飾表以塼，百步一樓。凡諸宮殿門臺隅雉，皆加觀榭，層甍反宇，飛檐拂雲，圖以丹青，色以輕素。當其全盛之時，去鄴六七十里，遠望苕亭，巍若仙居。魏因漢祚，復都洛陽，以譙爲先人本國，許昌爲漢之所居，長安爲西京之遺跡，鄴爲王業之本基，故號五都也。今相州刺史及魏郡治。

漳水自西門豹祠北，逕趙閲馬臺西。基高五丈，列觀其上。石虎每講武于其下，昇觀以望之。虎自于臺上放鳴鏑之矢，以爲軍騎出入之節矣。

錢儀吉《三國會要》卷三八《輿地五・宮室》 青龍三年三月，是時大治洛陽宮，起昭陽、太極殿，築總章觀。百姓失農時，直臣楊阜、高堂隆等各數切諫，雖不能聽，常優容之。

《魏略》曰：是年起太極諸殿，築總章觀，高十餘丈，建翔鳳於其上；又於芳林園中起陂池，楫櫂越歌；又於列殿之北，立八坊，諸纔人以次序處其中，貴人夫人以上，轉南附焉，其秩石擬百官之數。帝常游宴在內，乃選女子知書可付信者六人，以爲女尚書，使典省外奏事，處當畫可，自貴人以下至尚保，及給掖庭灑掃，習伎歌者，各有千數。通引穀水過九龍殿前，爲玉井綺欄，蟾蜍含受，神龍吐出。使博士馬均作司南車，水轉百戲。歲首建巨獸，魚龍曼延，弄馬倒騎，備如漢西京之制，築閶闔諸門闕外罘罳。

青龍三年八月，命有司復崇華，改名九龍殿。《魏明紀》。

景初元年，是歲徙長安諸鐘簴、駱駝、銅人、承露盤。盤折，銅人重不可致，留于霸城。大發銅鑄作銅人二，號曰「翁仲」，列坐于司馬門外。又鑄黄龍、鳳皇各一，龍高四丈，鳳高三丈餘，置内殿前。起土山于芳林園西北陬，使公卿羣僚皆負土成山，樹松竹雜木善草於其上，捕山禽雜獸置其中。《魏明紀》注引《魏略》。

帝徙盤，盤折，聲聞數十里，金狄或泣，因留霸城。《魏明紀》注引《漢晉春秋》。

孫權赤烏十年二月，適南宮。三月，改作太初宮，諸將及州郡皆義作。十一年三月，宮成。

《江表傳》載權詔曰：「建業宮乃朕從京來所作將軍府寺耳，材柱率細，皆以腐朽，常恐損壞。今未復西，可徙武昌宮材瓦，更繕治之。」有司奏言曰：「武昌宮已二十八歲，恐不堪用，宜下所在通更伐致。」權曰：「大禹以卑宮爲美，今軍事未已，所在多賦，若更通伐，妨損農桑。徙武昌材瓦，自可用也。」

孫晧寶鼎二年六月，起顯明宮。冬十二月，晧移居之。

《太康三年地記》曰：吴有太初宮，方三百丈，權所起也。昭明宮方五百丈，晧所作也。避晉諱，故曰顯明。

《吴曆》云：顯明，在太初之東。

《江表傳》曰：晧營新宮，二千石以下皆自入山督攝伐木，又破壞諸營，大開園囿，起土山樓觀，窮極伎巧，功役之費以億萬計。陸凱固諫，不從。

錢儀吉《三國會要》卷三八《輿地五・宮室》 魏明帝即位，方營修宮室，王朗上疏曰：「陛下即位已來，恩詔屢布，百姓萬民莫不欣欣。臣頃奉使北行，往反道路，聞衆徭役，其可得蠲除省減者甚多。願陛下重留日昃之聽，以計制寇。昔大禹將欲拯天下之大患，故乃先卑其宮室，儉其衣食，用能盡有九州，弼成五服。勾踐欲廣其御兒之疆，御兒，吴界邊戍之地名。馘夫差於姑蘇，故亦約其身以及家，儉其家以施國，用能囊括五湖，席捲三江，取威中國，定霸華夏。漢之文、景亦欲恢弘祖業，增崇洪緒，故能割意於百金之臺，昭儉於弋綈之服，内減太官而不受貢獻，外省徭賦而務農桑，用能號稱昇平，幾致刑錯。孝武之所以能奮其軍勢，拓其外境，誠因祖考畜積素足，故能遂成大功。霍去病，中纔之將，猶以匈

奴未滅，不治第宅。明卹遠者略近，事外者簡內。自漢之初及其中興，皆於金革略寢之後，然後鳳闕猥閌，德陽並起。今當建始之前足用列朝會，崇華之後足用序內官，華林、天淵足用展游宴，若且先成閶闔之象魏，使足用列遠人之朝貢者，脩城池，使足用絶踰越，成國險，其餘一切，且須豐年。一以勤耕農爲務，習戎備爲事，則國無怨曠，户口滋息，民充兵彊，而寇戎不賓，緝熙不足，未之有也。」《王朗傳》

景初間，宮室盛美，民失農業，期信不敦，刑殺倉卒。肅上疏曰：「大魏承百王之極，生民無幾，干戈未戢，誠宜息民而惠之，以安静遐邇之時也。夫務畜積而息疲民，在於省徭役而勤稼穡。今宮室未就，功業未訖，運漕調發，轉相供奉。是以丁夫疲於力作，農者離其南畝，種穀者寡，食穀者衆，舊穀既没，新穀莫繼。斯則有國之大患，而非備豫之長策也。今見作者三四萬人，九龍可以安聖體，其內足以列六宮，顯陽之殿，又向將畢，惟泰極已前，功夫尚大，方向盛寒，疾疢或作。誠願陛下發德音，下明詔，深愍役夫之疲勞，厚矜兆民之不贍，取常食廪之士，非急要者之用，選其丁壯，擇留萬人，使一期而更之，咸知息代有日，則莫不悦以即事，勞而不怨矣。計一歲有三百六十萬夫，亦不爲少。當一歲成者，聽且三年。分遣其餘，使皆即農，無窮之計也。倉有溢粟，民有餘力：以此興功，何功不立？以此行化，何化不成？」《王肅傳》

齊王正始八年冬十二月，散騎常侍諫議大夫孔乂奏曰：「禮，天子之宮，有斲礱之制，無朱丹之飾，宜循禮復古。」《三少帝紀》

張敦頤《六朝事迹·六朝宮殿》 吴孫權遷都建鄴，徙武昌宮儲材瓦，繕治太初宮。晉琅琊王渡江鎮建鄴，因吴舊都，修而居之，即太初宮爲府舍。及即帝位，稱爲建鄴宮，更明帝不改。至成帝繕苑城，作新宮，窮極伎巧，侈靡殆甚。宋齊而下因之，稱爲建康宮。以此攷之六代宮室門墻，雖時有改築，然皆因吴舊址也。

《〔嘉慶〕重刊江寧府志》卷九《古迹中》 吴太初宮。《三國志·吴主傳》：赤烏十年，權適南宮。三月，改作太初宮。注引《江表傳》載：權詔徙武昌宮材瓦更繕治之。內有神龍殿。

《〔嘉慶〕重刊江寧府志》卷九《古迹中》 昭明宮。《三國志·孫皓》：寶鼎二年起昭明宮。注引晉太康三年《地記》：太初宮方三百丈；昭明宮方五百丈。《吴曆》云：在太初之東。《江表傳》云：皓營新宮，大開園囿，起土山、樓觀，功役之費以億萬計。內有赤烏殿。

魏晉南北朝

《魏書》卷二《太祖帝紀》 〔天賜〕三年春正月甲申，車駕北巡，幸犲山宮。校獵，至屋孤山。二月乙亥，幸代園山，建五石亭。三月庚子，車駕還宮。夏四月庚申，復幸犲山宮。占授著作郎王宜弟造《兵法孤虚立成圖》三百六十時。遂登定襄角史山，又幸馬城。甲午，車駕還宮。是月，蠕蠕寇邊，夜召兵，將旦，賊走，乃罷。六月，發八部五百里內男丁築灅南宮，門闕高十餘丈；引溝穿池，廣苑囿；規立外城，方二十里，分置市里，經塗洞達。三十日罷。

《魏書》卷四上《世祖紀上》 〔始光〕二年春正月己卯，車駕至自北伐，以其雜畜班賜將士各有差。二月，慕容渴悉隣反於北平，攻破郡治，太守與守將擊敗之。三月丙辰，尊保母竇氏曰保太后。丁巳，以北平王長孫嵩爲太尉，平陽王長孫翰爲司徒，宜城王奚斤爲司空。庚申，營故東宮爲萬壽宮，起永安、安樂二殿，臨望觀、九華堂。初造新字千餘，詔曰：「在昔帝軒，創制造物，乃命倉頡因鳥獸之跡以立文字。自兹以降，隨時改作，故篆隸草楷，並行於世。然經歷久遠，傳習多失其真，故令文體錯謬，會義不愜，非所以示軌則於來世也。孔子曰，名不正則事不成，此之謂矣。今制定文字，世所用者，頒下遠近，永爲楷式。」

《魏書》卷二七《穆亮傳》 尋領太子太傅。時將建太極殿，引見羣臣於太華殿，高祖曰：「朕仰遵先意，將營殿宇，役夫既至，興功有日。今欲徙居永樂，以避囂埃。土木雖復無心，毁之能不凄愴。今故臨對卿等，與之取别。此殿乃高宗所制，爰歷顯祖，逮朕沖年，受位於此。但事來奪情，將有改制，仰惟疇昔，惟深悲感。」亮稽首對曰：「臣聞稽之卜筮，載自典經，占以決疑，古今攸尚。興建之功，事在不易，願陛下訊之蓍龜，以定可否。又去歲役作，爲功甚多，太廟明堂，一年便就。若仍歲頻興，恐民力凋弊。且材幹新伐，爲功不固，願得逾年，小康百姓。」高祖曰：「若終不爲，可如卿言。後必爲之，逾年何益？朕遠覽前王，無不興造。故有周創業，經建靈臺；洪漢受終，未央是作。草創之初，猶尚若此，況朕承累聖之運，屬太平之基。且今八表清晏，年穀又登，爰及此時，以就大功。人生定分，修短命也，蓍蔡雖智，其如之何。當委之大分，豈假卜筮。」遂移御永樂宮。

《晉書》卷九《孝武帝紀》 〔太元〕三年春二月乙巳，作新宮，帝移居會稽王邸。三月乙丑，雷雨，暴風，發屋折木。夏五月庚午，陳留王曹恢薨。六月，大

水。秋七月辛巳，帝入新宫。乙酉，老人星見南方。

《晉書》卷七九《謝安傳》 是時宫室毁壞，安欲繕之。尚書令王彪之等以外寇爲諫，安不從，竟獨決之。宫室用成，皆仰模玄象，合體辰極，而役無勞怨。又領揚州刺史，詔以甲仗百人入殿。時帝始親萬機，進安中書監，驃騎將軍、録尚書事，固讓軍號。于時懸象失度，亢旱彌年，安奏興滅繼絶，求晉初佐命功臣後而封之。頃之，加司徒，後軍文武盡配大府，又讓不拜。復加侍中、都督揚豫徐兖青五州幽州之燕國諸軍事、假節。

《晉書》卷一〇五《石勒載記》 勒將營鄴宫，廷尉續咸上書切諫。勒大怒，曰：「不斬此老臣，朕宫不得成也！」敕御史收之。中書令徐光進曰：「陛下天資聰睿，超邁唐虞，而更不欲聞忠臣之言，豈夏癸、商辛之君邪？其言可用用之，不可用故當容之，奈何一旦以直言而斬列卿乎！」勒歎曰：「爲人君不得自專如是！豈不識此言之忠乎？向戲之爾。人家有百匹資，尚欲市别宅，況有天下之富，萬乘之尊乎！終當繕之耳。且敕停作，成吾直臣之氣也。」因賜咸絹百匹，稻百斛。又下書令公卿百僚歲薦賢良、方正、直言、秀異、至孝、廉清各一人，答策上第者拜議郎，中第中郎，下第郎中。其舉人得遞相薦引，廣招賢之路。起明堂、辟雍、靈臺于襄國城西。時大雨霖，中山西北暴水，流漂巨木百餘萬根，集于堂陽。勒大悦，謂公卿曰：「諸卿知不？此非爲災也，天意欲吾營鄴都耳。」於是令少府任汪、都水使者張漸等監營鄴宫，勒親授規模。

《晉書》卷一〇六《石季龍載記》 於襄國起太武殿，於鄴造東西宫，至是皆就。太武殿基高二丈八尺，以文石綷之，下穿伏室，置衛士五百人於其中。東西七十五步，南北六十五步。皆漆瓦、金鐺、銀楹、金柱、珠簾、玉壁，窮極伎巧。又起靈風臺九殿于顯陽殿後，選士庶之女以充之。後庭服綺縠、玩珍奇者萬餘人，内置女官十有八等，教宫人星占及馬步射。置女太史于靈臺，仰觀災祥，以考外太史之虚實。又置女鼓吹羽儀，雜伎工巧，皆與外侔。禁郡國不得私學星讖，敢有犯者誅。

左校令成公段造庭燎于崇杠之末，高十餘丈，上盤置燎，下盤置人，絙繳上下。季龍試而悦之。其太保夔安等文武五百九人勸季龍稱尊號，安等方入而庭燎油灌下盤，死者七人。季龍惡之，大怒，斬成公段于閶闔門。

《晉書》卷一〇六《石季龍載記》 季龍志在窮兵，以其國内少馬，乃禁畜私馬，匿者腰斬，收百姓馬四萬餘匹以入于公。兼盛興宫室於鄴，起臺觀四十餘所，營長安、洛陽二宫，作者四十餘萬人。又敕河南四州具南師之備，并、朔、秦、雍、嚴西討之資，青、冀、幽州三五發卒，諸州造甲者五十萬人，兼公侯牧宰競興私利，百姓失業，十室而七。船夫十七萬人，爲水所没、猛獸所害三分而一。貝丘人李弘因衆心之怨，自言姓名應讖，遂連結姦黨，署置百僚。事發，誅之，連坐者數千家。

《晉書》卷一〇六《石季龍載記》 季龍子義陽公鑒時鎮關中，役煩賦重，失關右之和。其友李松勸鑒，文武有長髪者，拔爲冠纓，餘以給宫人。長史取髪白之，季龍大怒，以其右僕射張離爲征西左長史、龍驤將軍、雍州刺史以察之，信然，徵鑒還鄴，收松下廷尉，以石苞代鎮長安。發雍、洛、秦、并州十六萬人城長安未央宫。

《晉書》卷一二一《李壽載記》 壽承雄寬儉，新行篡奪，因循雄政，未逞其志欲。會李閎、王嘏從鄴還，盛稱季龍威强，宫觀美麗，鄴中殷實。壽又聞季龍虐用刑法，王遜亦以殺罰御下，並能控制邦域，壽心欣慕，人有小過，輒殺以立威。又以郊甸未實，都邑空虚，工匠器械，事未充盈，乃徙旁郡户三丁已上以實成都，興尚方御府，發州郡工巧以充之，廣修宫室，引水入城，務於奢侈。又廣太學，起讌殿。百姓疲於使役，呼嗟滿道，思亂者十室而九矣。其左僕射蔡興切諫，壽以爲誹謗，誅之。右僕射李嶷數以直言忤旨，壽積忿非一，託以他罪，下獄殺之。

《宋書》卷三《武帝本紀》 上清簡寡欲，嚴整有法度，未嘗視珠玉輿馬之飾，後庭無紈綺絲竹之音。寧州嘗獻虎魄枕，光色甚麗。時將北征，以虎魄治金創，上大悦，命擣碎分付諸將。平關中，得姚興從女，有盛寵，以之廢事。謝晦諫，即時遣出。財帛皆在外府，内無私藏。宋臺既建，有司奏東西堂施局脚牀、銀塗釘，上不許；使用直脚牀，釘用鐵。諸主出適，遣送不過二十萬，無錦繡金玉。内外奉禁，莫不節儉。性尤簡易，常著連齒木屐，好出神虎門逍遥，左右從者不過十餘人。時徐羨之住西州，嘗幸羨之，便步出西掖門，羽儀絡驛追隨，已出西明門矣。諸子旦問起居，入閤脱公服，止著裙帽，如家人之禮。孝武大明中，壞上所居陰室，於其處起玉燭殿，與羣臣觀之。牀頭有土鄣，壁上掛葛燈籠、麻繩拂。侍中袁顗盛稱上儉素之德。孝武不答，獨曰：「田舍公得此，以爲過矣。」故能光有天下，克成大業者焉。

《宋書》卷九二《良吏傳》 高祖起自匹庶，知民事艱難，及登庸作宰，留心吏職，而王略外舉，未遑内務。奉師之費，日耗千金，播茲寬簡，雖所未暇，而紬華

屏欲，以儉抑身，左右無幸謁之私，閨房無文綺之飾，故能戎車歲駕，邦甸不擾。太祖幼而寬仁，入纂大業，及難興陝方，六戎薄伐，命將動師，經略司、兗，費由府實，役不及民。自此區宇宴安，方内無事，三十年間，氓庶蕃息，奉上供徭，止於歲賦，晨出莫歸，自事而已。守宰之職，以六朞爲斷，雖没世不徙，未及曩時，而民有所係，吏無苟得。家給人足，即事雖難，轉死溝渠，於時可免。凡百户之鄉，有市之邑，謌謡舞蹈，觸處成羣，蓋宋世之極盛也。暨元嘉二十七年，北狄南侵，戎役大起，傾資掃蓄，猶有未供，於是深賦厚斂，天下騷動。自兹至於孝建，兵連不息，以區區之江東，地方不至數千裏，户不盈百萬，薦之以師旅，因之以兇荒，宋氏之盛，自此衰矣。晉世諸帝，多處内房，朝宴所臨，東西二堂而已。孝武末年，清暑方構，高祖受命，無所改作，所居唯稱西殿，不制嘉名，太祖因之，亦有合殿之稱。及世祖承統，制度奢廣，犬馬餘菽粟，土木衣綈繡，追陋前規，更造正光、玉燭、紫極諸殿，雕欒綺節，珠窗網户，嬖女倖臣，賜傾府藏，竭四海不供其欲，單民命未快其心。太宗繼阼，彌篤浮侈，恩不卹下，以至横流。莅民之官，遷變歲屬，竈不得黔，席未暇煖，蒲、密之化，事未易階。豈徒吏不及古，民僞於昔，蓋由爲上所擾，致治莫從。今採其風迹粗著者，以爲《良吏篇》云。

《陳書》卷二《高祖本紀》〔永定二年〕秋七月戊戌，與駕幸石頭，親送瑱等。己亥，江州刺史周迪擒王琳將李孝欽、樊猛、余孝頃于工塘。甲辰，遣吏部尚書謝哲諭王琳。甲寅，嘉禾一穗六岐生五城。初，侯景之平也，火焚太極殿，承聖中議欲營之，獨闕一柱，至是有樟木大十八圍，長四丈五尺，流泊陶家後渚，監軍鄒子度以聞。詔中書令沈衆兼起部尚書，少府卿蔡儔兼將作大匠，起太極殿。

《陳書》卷五《宣帝本紀》〔太建四年〕十二月壬寅，甘露降樂遊苑。甲辰，輿駕幸樂遊苑，採甘露，宴羣臣。丁卯，詔曰：「梁氏之季，兵火薦臻，承華焚蕩，頓無遺構。寶命惟新，迄將二紀，頻事戎旅，未遑脩繕。今工役差閑，椽楹有擬，來歲開肇，創築東宫，可權置起部尚書、將作大匠，用主監作。」

《陳書》卷七《后妃傳論》 史臣侍中鄭國公魏徵考覽記書，參詳故老，云後主初即位，以始興王叔陵之亂，被傷卧于承香閣下，時諸姬並不得進，唯張貴妃侍焉。而柳太后猶居柏梁殿，即皇后之正殿也。後主沈皇后素無寵，不得侍疾，别居求賢殿。至德二年，乃於光照殿前起臨春、結綺、望仙三閣。閣高數丈，並數十間，其窗牖、壁帶、懸楣、欄檻之類，並以沈檀香木爲之，又飾以金玉，間以珠翠，外施珠簾，内有寶牀、寶帳，其服玩之屬，瑰奇珍麗，近古所未有。每微風暫至，香聞數里，朝日初照，光暎後庭。其下積石爲山，引水爲池，植以奇樹，雜以花藥。後主自居臨春閣，張貴妃居結綺閣，龔、孔二貴嬪居望仙閣，並複道交相往來。又有王、李二美人，張、薛二淑媛，袁昭儀，何婕妤，江脩容等七人，並有寵，遞代以遊其上。以宫人有文學者袁大捨等爲女學士。後主每引賓客對貴妃等遊宴，則使諸貴人及女學士與狎客共賦新詩，互相贈答，採其尤豔麗者以爲曲詞，被以新聲，選宫女有容色者以千百數，令習而哥之，分部迭進，持以相樂。

《北齊書》卷四《文宣帝紀第四》〔天寶九年〕八月乙丑，至自晉陽。甲戌，帝如晉陽。是月，陳江州刺史沈泰以三千人内附。先是，發丁匠三十餘萬營三臺於鄴下，因其舊基而高博之，大起宫室及遊豫園。至是，三臺成，改銅爵曰金鳳，金獸曰聖應，冰井曰崇光。

《北齊書》卷八《幼主紀》 宫掖婢皆封郡君，宫女寶衣玉食者五百餘人，一裙直萬疋，鏡臺直千金，競爲變巧，朝衣夕弊。承武成之奢麗，以爲帝王當然。乃更增益宫苑，造偃武脩文臺，其嬪嬙諸宫中起鏡殿、寶殿、瑇瑁殿，丹青雕刻，妙極當時。又於晉陽起十二院，壯麗逾於鄴下。所愛不恒，數毁而又復。夜則以火照作，寒則以湯爲泥，百工困窮，無時休息。鑿晉陽西山爲大佛像，一夜然油萬盆，光照宫内。又爲胡昭儀起大慈寺，未成，改爲穆皇后大寶林寺，窮極工巧，運石填泉，勞費億計，人牛死者不可勝紀。御馬則藉以氈罽，食物有十餘種，將合牝牡，則設青廬，具牢饌而親觀之。狗則飼以粱肉。馬及鷹犬乃有儀同、郡君之號，故有赤彪儀同、逍遥郡君、凌霄郡君，高思好書所謂「駮龍、逍遥」者也。犬於馬上設褥以抱之，鬬雞亦號開府，犬馬雞鷹多食縣幹。鷹之入養者，稍割犬肉以飼之，至數日乃死。

《南齊書》卷七《東昏侯本紀》 後宫遭火之後，更起仙華、神仙、玉壽諸殿，刻畫雕綵，青莎金口帶，麝香塗壁，錦幔珠簾，窮極綺麗。縶役工匠，自夜達曉，猶不副速，乃剔取諸寺佛刹殿藻井仙人騎獸以充足之。世祖興光樓上施青漆，世謂之「青樓」。帝曰：「武帝不巧，何不純用瑠璃。」

《南齊書》卷五七《魏虜傳》 什翼珪始都平城，猶逐水草，無城郭，木末始土著居處。佛狸破梁州、黄龍，徙其居民，大築郭邑。截平城西爲宫城，四角起樓，女墻，門不施屋，城又無壍。南門外立二土門，内立廟，開四門，各隨方色，凡五廟，一世一閒，瓦屋。其西立太社。佛狸所居雲母等三殿，又立重屋，居其上。飲食厨名「阿真厨」，在西，皇后可孫恒出此厨求食。初，姚興以塞外虜赫連勃勃

爲安北將軍，領五部胡，屯大城，姚泓敗後，入長安。佛狸攻破勃勃子昌，娶勃勃女爲皇后。義熙中，仇池公楊盛表云「索虜勃勃，匈奴正胤」是也。可孫昔妾媵之。殿西鎧仗庫屋四十餘間，殿北絲綿布絹庫土屋一十餘間。僞太子宫在城東，亦開四門，瓦屋，四角起樓。妃妾住皆土屋。婢使千餘人，織綾錦販賣，酤酒，養猪羊，牧牛馬，種菜逐利。太官八十餘窖，窖四千斛，半穀半米。又有懸食瓦屋數十間，置尚方作鐵及木。其袍衣，使宫内婢爲〔之〕。僞太子别有倉庫。

《周書》卷六《武帝紀》〔建德六年〕五月丁丑，以柱國、譙王儉爲大冢宰。庚辰，以上柱國杞國公亮爲大司徒，鄭國公達奚震爲大宗伯，梁國公侯莫陳芮爲大司馬，柱國應國公獨孤永業爲大司寇，鄖國公韋孝寬爲大司空。辛巳，大醮於正武殿，以報功也。己丑，祠方丘。詔曰：「朕欽承丕緒，寢興寅畏，惡衣菲食，貴昭儉約。上棟下宇，土階茅屋，猶恐居之者逸，作之者勞，詎可廣厦高堂，肆其嗜慾。往者，冢臣專任，制度有違，正殿别寢，事窮壯麗。非直雕墻峻宇，深戒前王，而締構弘敞，有踰清廟。不軌不物，何以示後。兼東夏初平，民未見德，率先海内，宜自朕始。其露寢、會義、崇信、含仁、雲和、思齊諸殿等，農隙之時，悉可毁撤。雕斲之物，並賜貧民。繕造之宜，務從卑樸。」癸巳，行幸雲陽宫。戊戌，詔曰：「京師宫殿，已從撤毁。并、鄴二所，華侈過度，誠復作之非我，豈容因而弗革。諸堂殿壯麗，並宜除蕩，甍宇雜物，分賜窮民。三農之隙，别漸營構，止蔽風雨，務在卑狹。」庚子，陳遣使來聘。是月，青城門無故自崩。

《周書》卷七《宣帝紀》〔大象元年〕二月癸亥，詔曰：「河洛之地，世稱朝市。上則於天，陰陽所會；下紀於地，職貢路均。聖人以萬物阜安，乃建王國。時經五代，世歷千祀，規模弘遠，邑居壯麗。自魏氏失馭，城闕爲墟，君子有戀舊之風，小人深懷土之思。我太祖受命酆鎬，胥宇崤函，蕩定四方，有懷光宅。高祖神功聖略，混一區宇，往巡東夏，省方觀俗，布政此宫，遂移氣序。朕以眇身，祗承寶祚，庶幾聿修之志，敢忘燕翼之心。一昨駐蹕金墉，備嘗遊覽，百王制度，基趾尚存，今若因修，爲功易立。宜命邦事，修復舊都。奢儉取文質之間，功役依子來之義。北瞻河内，咫尺非遥，前詔經營，今宜停罷。」於是發山東諸州兵，增一月功爲四十五日役，起洛陽宫。常役四萬人，以迄于晏駕。并移相州六府於洛陽，稱東京六府。【略】嗣位之初，方逞其欲。大行在殯，曾無慼容，即閲視先帝宫人，逼爲淫亂。纔及踰年，便恣聲樂，采擇天下子女，以充後宫。好自矜夸，飾非拒諫。禪位之後，彌復驕奢，耽酗於後宫，或旬日不出。公卿近臣請事者，皆附奄官奏之。所居宫殿，帷帳皆飾以金玉珠寶，光華炫燿，極麗窮奢。及營洛陽宫，雖未成畢，其規模壯麗，踰於漢魏遠矣。

《南史》卷五《齊本紀下》初，梁武帝欲以南海郡爲巴陵國邑而遷帝焉，以問范雲，雲俛首未對。沈約曰：「今古殊事，魏武所云，不可慕虚名而受實禍。」梁武頷之。於是遣鄭伯禽進以生金，帝曰：「我死不須金，醇酒足矣。」乃引飲一升，伯禽就加摺焉。先是，文惠太子與纔人共賦七言詩，句後輒云「愁和帝」，至是其言方驗。又永明中，望氣者云新林、婁湖、青溪並有天子氣，於其處大起樓苑宫觀，武帝屢游幸以應之。又起舊宫於青溪，以弭其氣。而明帝舊居東府城西，延興末，明帝龍飛，至是梁武帝衆軍城於新林，而武帝舊宅亦在征虜。

許嵩《建康實録》卷九《晉烈宗孝武皇帝》〔太元三年〕二月，始工内外，日役六千人。安與大匠毛安之決意修定，皆仰模玄象，體合辰極，並新制置省閣堂宇名署時政。構太極殿欠一梁，乃有梅木流至石頭津。津主啓聞，取用之，因畫花于梁上，以表瑞焉。又起朱雀門，重樓，皆繡栭藻井，門開三道，上重名朱雀觀。觀下門上有兩銅雀，懸楣上刻木爲龍虎左右對。案《地圖》：朱雀門北對宣陽門，相去六里，名爲御道，夾開御溝植柳。朱雀門南渡淮，出國門，去園門五里，吴時名爲大航門，亦名朱雀門。南臨淮水，俯枕朱雀橋，亦名大航橋也。

《册府元龜》卷一四《都邑》晉高祖天福二年正月丙寅，改中興殿、中興門爲天福殿、天福門。五月丙辰，御史中丞張昭遠奏：汴州在梁室朱氏稱制之年，有京都之號。及唐莊宗平河南，復廢爲宣武軍。至明宗行幸之時，掌事者因緣脩葺衙城，遂掛梁室時宫殿門牌額，當時識者或竊非之。昨車駕省方，暫居梁苑，臣觀衙城内齋閣牌額一如明宗行幸之時，無都號而有殿名，恐非典據。臣竊尋秦漢已來，寰海之内，鑾輿所至多立宫名。近代隋室於揚州立江都宫，太原立汾陽宫，岐州立仁壽宫。唐朝於太原立晉陽宫，同州立長春宫，岐州立九成宫。宫中殿閣皆題署牌額，以類皇居。臣伏準故事，請於汴州衙城門權掛一宫門牌額，則其餘齋閣並可以取便爲名，庶使天下式瞻稍爲宜稱者。勑旨行闕，宜以大寧宫爲名，其餘候續勑處分。

《玉海》卷一六九《宫室》梁石闕。《南史》：天監七年正月戊戌，作神龍、仁獸闕於端門大司馬門外。《文選·陸倕石闕銘》序曰：晉假天闕於牛頭，大興中，王導出宣陽門，南望牛頭山兩峯，曰：此天闕也。宋記遠圖於博望，大明七年，博望、梁山立雙闕。有欺耳目，無補憲章。乃命審曲直之官，選明中之士，陳圭置臬，瞻

星揆地，趨以表敬，觀而知法。物覩雙碣之容，民識百里之典。銘曰：布教方顯，浹日初輝。色法上圓，制模下矩。前賓四會，却背九房。北通二轍，南湊五方。梁典鐫石爲闕，窮極壯麗，奇禽異羽，莫不畢備。

《（嘉靖）彰德府志》卷八《鄴都宫室志第八》 太武殿。《水經注》曰：石虎於文昌故殿處造東、西太武二殿。今考《晉書·載記》，虎燕亨羣臣，遵僭即僞位，皆在太武，蓋朝會正殿也。魏宫殿焚毁於汲桑，故石虎於文昌故殿處作太武殿，復於其後作東、西二殿，故有東堂、西堂、東閤、西閤，其皆宫寢便殿之名與。虎作太武殿，基高二丈八尺，東西七十步，南北六十五步，以齊比穀城山文石砌之，下穿伏室，置衛士五百人。屋皆添瓦金鐺，銀楹金柱，柱砍亦鑄銅爲之，珠簾玉壁，窻户宛轉，畫作雲氣。復施流蘇之帳，白玉之床，黄金蓮花見於帳頂，以五色綿編蒲心而爲薦席。又作金龍頭，吐酒於殿東廂，口下安金樽，可容五十斛，於大官置地道百餘步，酒入龍脚，出口中，以供正會。又以郡國所送蒼麟十六，白鹿七，命司虞張曷柱調之，以駕芝蓋，列于充庭之乘。造庭燎于崇扛之末，高千餘尺，上盤置燎，下盤置火，縹繳上下。

《（嘉慶）重刊江寧府志》卷九《古迹中》 晉新宫，一曰建康宫，即吴太初宫趾。元帝渡江，備百官，立宗廟於建康城。即所謂臺城者也。成帝時，蘇峻之亂，宫闕灰燼。咸和五年，始繕苑城作新宫。《通鑑》：王含、錢鳳之來，或謂苑城小而不固。注云：苑城，孫氏都建業所築。晉置建康於秣陵水北，南渡建都，依苑城以爲守。 孝武帝時，宫室敝壞。太元三年，更作新宫。其前有太極殿，《世説》注引徐廣《晉紀》：高八丈，長二十七丈，廣十丈。《金陵新志》引《晉紀》曰：司造殿，欠一梁，忽有梅木流至石頭城下，因取爲梁，畫梅花於上。《陳高紀》：永定三年，新造太極殿，欠一柱，忽有樟木流至陶家後渚，詔以造殿。《世説》：太極殿成，謝公欲屈王獻之題榜，獻之不欲，遂止。《景定志》引《宫苑記》云：太極殿前有二大鐘，宋武帝平洛所獲，蓋漢魏舊物也。 中堂、南皇堂。王敦之亂，明帝屯於中堂。齊高紀：桂陽王林範反，帝曰：中堂舊是置兵地，領軍宜屯宣陽門，爲諸軍節度。則中堂當在宣陽門外。《晉孝武紀》：以太學在秦淮南，去城懸遠，權以中堂爲太學釋奠。《通鑑·晉明紀》：王含之來，帝帥諸軍屯南皇堂，遣段秀渡水。平旦，戰於越城。則南皇堂在臺城外。 東有東堂，西有西堂。《通鑑·晉成紀》：蘇逸、韓晃并力攻臺城，焚太極、東堂及祕閣，毛寶登城射殺數十人，晃謂寶曰：君名健將，何不出鬭？則東堂亦在城外。 又有東、西二上閤在堂殿之間。《齊東昏紀》：王珍國等入殿，分軍從西上閤，入後宫。 內有清暑殿，一名嘉禾殿。晉孝武造。時人言清暑反言楚聲，俄而帝果崩。宋孝武大明元年，殿西甍鴟尾生嘉禾一株五莖，改曰嘉禾殿。 宋含章殿、宋孝武壽陽公主入日臥簷下，梅花落額上，成五出，拂之不去。 玉燭殿、正大殿、紫極殿、合殿、西殿，齊昭陽殿，陶宏景詩：豈悟昭陽殿，化作單于宫。侯景篡位，果在昭陽殿。 鳳莊殿、鳳華殿、壽昌殿、靈曜殿，武帝永明十一年詔：內殿鳳華、壽昌、靈曜三處，此吾所治，謹勿壞去。 芳樂殿、玉壽殿，《東昏紀》：起諸殿，以麝香塗壁，刻畫妝飾，窮極綺麗。 靈和殿，武帝時，益州刺史劉悛獻蜀柳，帝命植於靈和殿下，臨賞歎曰：此柳風流可愛，似張緒少年時。 閲武堂、芳樂苑，《東昏紀》：即閲武堂爲芳樂苑，又於苑立店肆，帝自爲市魁，命潘妃爲市令。百姓歌曰：閲武堂，種楊柳。至尊屠肉，潘妃沽酒。 梁五明殿、光嚴殿、光華殿、鳳光殿、惠靈殿，供佛事。 陳求賢殿，後主沈妃所居。 齊青樓，武帝興光樓，上施青漆，時人謂之青樓。東昏曰：武帝不巧，何不純用琉璃？ 晉樂賢堂，明帝爲太子時建。成帝時，蘇峻之亂，宫室皆焚，惟此堂獨存。咸和中，彭城王紘上言：樂賢堂有先帝手畫佛像，宜敕作頌。蔡謨不可，乃止。 陳齊雲觀，後主起齊雲觀，人歌曰：齊雲觀，寇來無際畔。 銅蝺署，本洛陽故物，晉平姚秦，遷於此。 覆杯池，晉元帝以酒廢政，王導諫之，因覆杯於池，斷飲。 濛汜池。張載有賦。 其西爲華林園，華林園，本洛京舊名，南渡置於臺城東內。宋元嘉中，更新廣之。 園內有宋景陽山景陽樓，元嘉中興，景陽山於華林園。 孝武大明元年，紫雲出景陽樓，詔改景陽爲慶雲樓者。武於六代之君，始爲奢侈，大明中，宫女萬餘人。帝數幸琅邪爲獵，宫女當夜起嚴妝從之，去端門遠者，不聞鐘漏，故於中園作鐘，以警宫女。 大壯觀，或曰陳宣帝起。 花光殿、鳳光殿、一柱臺、層城觀、興化殿、日觀臺，宋司天臺。 芳香堂、芙蓉堂、雲堂、琴堂、醴泉堂、天泉池、花萼池、竹堂。前廢帝於華林園竹堂射鬼。 梁重雲殿、通天觀、朝日、夕月二樓。 陳臨春、結綺、望仙三閣，後主自居臨春，張貴妃居結綺，龔、孔二貴嬪居望仙，並複道往來。使女學士袁大捨等與江總、孔範諸狎客賦詩，采其尤豔麗者，被以新聲，有《玉樹後庭花》、《臨春樂》等曲。其略曰：璧月夜夜滿，瓊樹朝朝新。大抵皆美張、孔二妃容色。 天淵池。宋元嘉中開，江總有《天淵池銘》。 宋蔬圃，射堋。以上俱在臺城內，今皆無蹟可考矣。姑存其名，以備稽覽而已。

朱銘盤《南朝宋會要·輿服·御雜物》 天子坐漆牀，居朱屋。《禮志》五。殿屋爲圓淵方井，并兼植荷華。

朱銘盤《南朝宋會要·方域·宫》 前廢帝景和元年八月庚辰，以石頭城爲長樂宫，東府城爲未央宫。甲申，以北邸爲建章宫，南第爲長楊宫。《本紀》。

朱銘盤《南朝齊會要·方域·殿》 東昏永元二年七月甲辰夜，宫內火，唯東閤內明帝舊殿數區及太極以南得存，餘皆蕩盡。三年，殿內火。其後出遊，火

又燒璿儀、曜靈等十餘殿及柏寢。北至華林，西至秘閣，三千餘間皆盡。於是大起諸殿，芳樂、芳德、仙華、大興、含德、清曜、安壽等殿，又別爲潘妃起神仙、永壽、玉壽三殿。《南史·本紀》。

朱銘盤《南朝齊會要·方域·行都》 東昏永元三年正月，和帝爲相國，領左長史蕭穎胄使別駕宗夬撰定禮儀，上尊號，改元，於江陵立宗廟、南北郊，州府城門悉依建康宫，置尚書五省，以城南射堂爲蘭臺，南郡太守爲尹。

朱銘盤《南朝陳會要·方域·殿》 初，侯景之平也。太極殿被焚，承聖中議欲營之，獨闕一柱。永定二年七月，有樟木大十八圍，長四丈五尺，流泊陶家後渚，監軍鄒子度以聞。詔中書令沈衆兼起部尚書，構太極殿。十月甲寅，太極殿成。

張鵬一《晉令輯存》卷六《宫衛令第二十九》 按晉洛陽宫殿門，除公車司馬門外，宫門南有閶闔門，東西有雲龍門，有萬春千秋門，有東西掖門。東掖門内路西有崇禮闥，即尚書上省門。崇禮門東建禮門，即尚書令下舍門，有神武門，有宣光門。北宫有鴻都門，有端門，此洛陽宫殿門之可考者。至晉洛陽宫中諸殿，成於魏文帝時，有北宫之建始殿，門曰承明門。趙王倫作亂，廢賈后爲庶人，幽之於建始殿。魏明帝於漢南宫崇德殿處起太極、昭陽諸殿，又有嘉福殿、崇華殿、總章觀、崇文館、芳林園。其後改崇華殿曰九龍殿。又有式乾殿。晉時，愍懷太子廢于此殿。《晉書·武帝紀》：有崇聖殿、含章殿、有鞠室、顯陽殿、明光殿。太子宫有崇賢門，有承華門。門内爲承華宫，有崇正殿，皇太子於此講《孝經》。而《隋書·經籍志》《洛陽宫殿簿》，據章氏考證，有明光、徽音、式乾、暉章、含章、仁壽、宣光、嘉福、百福、芙蓉、九華、流圃、華光、崇光諸殿。華光殿在華林園内。有臨章殿，内有瓊華池，凌雲臺造於魏時。衛瓘因惠帝爲太子不能親政事，因宴於凌雲臺，欲以一言悟武帝，武帝不用。銅駝街在太尉、司徒兩府之間。齊王冏執政，主簿王豹爲進忠言，而長沙王又欲于銅駝下殺豹。洛陽將亡，懷帝步至銅駝街，爲盜所掠。愍懷太子亡後，子臧爲皇太孫，至銅駝街，見者哀傷。

補：按《水經注》云：宫城西門即千秋門右乃爲宫門，與張引文相異。又閶闔門有幾處，其改雉門爲閶闔者乃正南門。其餘皆同名異地。

隋

《隋書》卷三《煬帝本紀上》 〔大業元年〕三月丁未，詔尚書令楊素、納言楊達、將作大匠宇文愷營建東京，徙豫州郭下居人以實之。戊申，詔曰：「聽採輿頌，謀及庶民，故能審政刑之得失。是知昧旦思治，欲使幽枉必達，彝倫有章。而牧宰任稱朝委，苟爲徼幸以求考課，虚立殿最，不存治實，綱紀於是弗理，冤屈所以莫申。關河重阻，無由自達。朕故建立東京，躬親存問。今將巡歷淮海，觀省風俗，眷求讜言，徒繁詞翰，而鄉校之内，闕爾無聞。恇然夕惕，用忘興寢。其民下有知州縣官人政治苛刻，侵害百姓，背公徇私，不便於民者，宜聽詣朝堂封奏，庶乎四聰以達，天下無冤。」又於皂澗營顯仁宫，採海内奇禽異獸草木之類，以實園苑。徙天下富商大賈數萬家於東京。辛亥，發河南諸郡男女百餘萬，開通濟渠，自西苑引穀、洛水達于河，自板渚引河通于淮。庚申，遣黄門侍郎王弘、上儀同於士澄往江南採木，造龍舟、鳳艒、黄龍、赤艦、樓船等數萬艘。【略】〔四年〕夏四月丙午，以離石之汾源、臨泉，雁門之秀容，爲樓煩郡。起汾陽宫。癸丑，以河内太守張定和爲左屯衛大將軍。乙卯，詔曰：「突厥意利珍豆啓民可汗率領部落，保附關塞，遵奉朝化，思改戎俗，頻入謁覲，屢有陳請。以氈墻毳幕，事窮荒陋，上棟下宇，願同比屋。誠心懇切，朕之所重。宜於萬壽戍置城造屋，其帷帳牀褥已上，隨事量給，務從優厚，稱朕意焉。」

吴兢《貞觀政要》卷一〇《行幸第三十七》 貞觀初，太宗謂侍臣曰：「隋煬帝廣造宫室，以肆行幸，自西京至東都，離宫别館，相望道次，乃至并州、涿郡，無不悉然。馳道皆廣數百步，種樹以飾其傍。人力不堪，相聚爲賊。逮至末年，尺土一人，非復己有。以此觀之，廣宫室，好行幸，竟有何益？此皆朕耳所聞，目所見，深以自誡。故不敢輕用人力，惟令百姓安静，不有怨叛而已。」

貞觀十一年，太宗幸洛陽宫，泛舟于積翠池，顧謂侍臣曰：「此宫觀臺沼並煬帝所爲，所謂驅役生民，窮此雕麗，復不能守此一都，以萬民爲慮。好行幸不息，民所不堪。昔詩人云：『何草不黄？何日不行？』『小東大東，杼軸其空。』正謂此也。遂使天下怨叛，身死國滅，今其宫苑盡爲我有。隋氏傾覆者，豈惟其君無道，亦由股肱無良。如宇文述、虞世基、裴蘊之徒，居高官，食厚禄，受人委任，惟行諂佞，蔽塞聰明，欲令其國無危，不可得也。」司空長孫無忌奏言：「隋氏之亡，其君則杜塞忠讜之言，臣則苟欲自全，左右有過，初不糾舉，寇盜滋蔓，亦不責陳。據此，即不惟天道，實由君臣不相匡弼。」太宗曰：「朕與卿等承其餘弊，惟須弘道移風，使萬世永賴矣。」

《舊唐書》卷六三《封倫傳》 開皇末，江南作亂，内史令楊素往征之，署爲行軍記室。船至海曲，素召之，倫墜於水中，人救免溺，乃易衣以見，竟寢不言。素後知，問其故，曰：「私事也，所以不白。」素甚嗟異之。素將營仁壽宮，引爲土木監。隋文帝至宮所，見制度奢侈，大怒曰：「楊素爲不誠矣！殫百姓之力，雕飾離宮，爲吾結怨於天下。」素惶恐，慮將獲譴。倫曰：「公常弗憂，待皇后至，必有恩詔。」明日，果召素入對，獨孤后勞之曰：「公知吾夫妻年老，無以娱心，盛飾此宮，豈非孝順。」素退問倫曰：「卿何以知之？」對曰：「至尊性儉，故初見而怒，然雅聽后言。后婦人也，惟麗是好，后心既悦，帝慮必移，所以知耳。」素嘆伏曰：「揣摩之才，非吾所及。」素負貴恃才，多所凌侮，唯擊賞倫。每引與論宰相之務，終日忘倦，因撫其牀曰：「封郎必當據吾此座。」驟稱薦於文帝，由是擢授内史舍人。

《（康熙）常州府志》卷二〇《古蹟》 離宮。隋大業十三年，勅郡通守路道德，集十郡兵匠數萬，於縣東南創宮苑，周圍十二里，涼殿四。未及臨幸而盜起，莽爲邱墟。

《（乾隆）西安府志》卷五四《古蹟志上·宮闕》 大興宮，馬志：隋文帝建，以城名。《雍録》：隋都城中正宮以及正殿，皆名大興。　大興郭，馬志：宮城之正殿也。《隋文帝紀》：開皇四年，宴突厥、高麗、吐谷渾使者于大興殿。　中華殿，馬志：在大興殿後。　臨光殿，《隋文帝紀》開皇元年二月，上自相府常服入宮，備禮即皇帝位于臨光殿。　昭陽門，馬志：在大興殿之南。開皇二年作，初名唐陽門。仁壽二年改今名。　又大興宮南門爲建春門，後改通訓門；北門爲大興門，後改乾福門。

《（乾隆）江南通志》卷三二《輿地志·古迹三》 毗陵宮，在府東南十五里夏城鎮。隋大業間，勅十郡兵匠於郡東南創宮苑，周十二里。内爲離宮十六，環以清流，蔭以嘉木，擬於洛陽西苑，而奇巧過之。今自城而東南，岡阜環列，地形高印，即其遺址。

《（乾隆）江南通志》卷三三《輿地志·古迹四》 隋江都宮，在甘泉縣大儀鄉。大業元年，敕王弘大修江都宮，中有成象殿、流珠堂、水精殿諸處。令宫人盛飾，謂之飛仙。今爲上方禪智寺。又有十宮在城北五里長阜苑内：曰歸鴈，曰回流，曰松林，曰楓林，曰大雷，曰小雷，曰春草，曰九華，曰光汾，曰九里。南唐永寧宮在泰州城内，李昪遷楊行密子孫於海陵，號其居曰永寧宮，相傳州治譙樓即其宮闕故址。

唐

吴兢《貞觀政要》卷一《君道第一》 貞觀十一年，特進魏徵上疏曰：【略】今宮觀臺榭，盡居之矣；奇珍異物，盡收之矣；姬姜淑媛，盡侍於側矣。四海九州，盡爲臣妾矣。若能鑒彼之所以失，念我之所以得，日慎一日，雖休勿休，焚鹿臺之寶衣，毁阿房之廣殿，懼危亡於峻宇，思安處於卑宮，則神化潛通，無爲而治，德之上也。若成功不毁，即仍其舊，除其不急，損之又損。雜茅茨於桂棟，參玉砌以土堦，悦以使人，不竭其力，常念居之者逸，作之者勞，億兆悦以子來，羣生仰而遂性，德之次也。若惟聖罔念，不慎厥終，忘締構之艱難，謂天命之可恃，忽采椽之恭儉，追雕墻之靡麗，因其基以廣之，增其舊而飾之，觸類而長，不知止足，人不見德，而勞役是聞，斯爲下矣。譬之負薪救火，揚湯止沸，以暴易亂，與亂同道，莫可測也，後嗣何觀！夫事無可觀則人怨，人怨則神怒，神怒則災害必生，災害既生，則禍亂必作，禍亂既作，而能以身名全者鮮矣。順天革命之後，將隆七百之祚，貽厥子孫，傳之萬葉，難得易失，可不念哉！

吴兢《貞觀政要》卷二《納諫第五》 貞觀四年，詔發卒修洛陽之乾元殿以備巡狩。給事中張玄素上書諫曰：【略】方今承百王之末，屬凋弊之餘，必欲節之以禮制，陛下宜以身爲先。東都未有幸期，即令補葺；諸王今並出藩，又須營構。興發數多，豈疲人之所望？其不可一也。陛下初平東都之始，層樓廣殿，皆令撤毁，天下翕然，同心欣仰。豈有初則惡其侈靡，今乃襲其雕麗？其不可二也。每承音旨，未即巡幸。此乃事不急之務，成虚費之勞。國無兼年之積，何用兩都之好？勞役過度，怨讟將起。其不可三也。百姓承亂離之後，財力凋盡，天恩含育，粗見存立，飢寒猶切，生計未安，三五年間，未能復舊。奈何營未幸之都，而奪疲人之力？其不可四也。昔漢高祖將都洛陽，婁敬一言，即日西駕。豈不知地惟土中，貢賦所均，但以形勝不如關内也。伏惟陛下化凋弊之人，革澆漓之俗，爲日尚淺，未甚淳和，斟酌事宜，詎可東幸？其不可五也。

臣嘗見隋室初造此殿，楹棟宏壯，大木非近道所有，多自豫章採來，二千人拽一柱，其下施轂，皆以生鐵爲之，中間若用木輪，動即火出。略計一柱，已用數

十萬，則餘費又過倍於此。臣聞阿房成，秦人散；章華就，楚衆離；乾元畢工，隋人解體。且以陛下今時功力，何如隋日？承凋殘之後，役瘡痍之人，費億萬之功，襲百王之弊，以此言之，恐甚於煬帝遠矣。深願陛下思之，無爲由余所笑，則天下幸甚矣。太宗謂玄素曰：「卿以我不如煬帝，何如桀、紂？」對曰：「若此殿卒興，所謂同歸於亂。」太宗嘆曰：「我不思量，遂至於此。」顧謂房玄齡曰：「今玄素上表，洛陽實亦未宜修造，後必事理須行，露坐亦復何苦？所有作役，宜即停之。然以卑干尊，古來不易，非其忠直，安能如此？且衆人之唯唯，不如一士之諤諤。可賜絹二百匹。」魏徵嘆曰：「張公遂有回天之力，可謂仁人之言，其利博哉！」

吴兢《貞觀政要》卷四《規諫太子第十二》 〔貞觀〕十四年，太宗知玄素在東宫頻有進諫，擢授銀青光禄大夫，行太子左庶子。時承乾嘗於宫中擊鼓，聲聞于外，玄素叩閤請見，極言切諫。乃出宫内鼓對玄素毁之，遣户奴伺玄素早朝，陰以馬檛擊之，殆至於死。是時承乾好營造亭觀，窮極奢侈，費用日廣。玄素上書諫曰：

臣以愚蔽，竊位兩宫，在臣有江海之潤，於國無秋毫之益，是用必竭愚誠，思盡臣節者也。伏惟儲君之寄，荷戴殊重，如其積德不弘，何以嗣守成業？聖上以殿下親則父子，事兼家國，所應用物不爲節限。恩旨未踰六旬，用物已過七萬，驕奢之極，孰云過此。龍樓之下，惟聚工匠；望苑之内，不覩賢良。今言孝敬，則闕侍膳問竪之禮；語恭順，則違君父慈訓之方；求風聲，則無學古好道之實；觀舉措，則有因緣誅戮之罪。宫臣正士，未嘗在側，羣邪淫巧，昵近深宫。愛好者皆遊伎雜色，施與者並圖畫雕鏤。在外瞻仰，已有此失；居中隱密，寧可勝計哉！宣猷禁門，不異闤闠，朝入暮出，惡聲漸遠，右庶子趙弘智經明行修，當今善士，臣每請望數召進，與之談論，庶廣徽猷。令旨反有猜嫌，謂臣妄相推引。從善如流，尚恐不逮；飾非拒諫，必是招損。古人云：「苦藥利病，苦口利行。」伏願居安思危，日慎一日。

書入，承乾大怒，遣刺客將加屠害，俄屬宫廢。

貞觀十四年，太子詹事于志寧，以太子承乾廣造宫室，奢侈過度，耽好聲樂，上書諫曰：

臣聞克儉節用，實弘道之源；崇侈恣情，乃敗德之本。是以凌雲槩日，戎人於是致譏；峻宇雕墻，《夏書》以之作誡。昔趙盾匡晉，吕望師周，或勸之以節財，或諫之以厚斂。莫不盡忠以佐國，竭誠以奉君，欲使茂實播於無窮，英聲被乎物聽。咸著簡策，用爲美談。且今所居東宫，隋日營建，覩之者尚譏其侈，見之者猶歎甚華，何容於此中更有修造，財帛日費，土本不停，窮斤斧之工，極磨礱之妙？且丁匠官奴入内，比者曾無復監。此等或兄犯國章，或弟罹王法，往來御苑，出入禁闈，鉗鑿緣其身，槌杵在其手。監門本防非慮，宿衛以備不虞，直長既自不知，千牛又復不見。爪牙在外，厮役在内，所司何以自安，臣下豈容無懼？

吴兢《貞觀政要》卷九《征伐第三十五》 貞觀二十二年，軍旅亟動，宫室互興，百姓頗有勞弊。充容徐氏上疏諫曰：

貞觀已來，二十有餘載，風調雨順，年登歲稔，人無水旱之弊，國無饑饉之災。昔漢武帝，守文之常主，猶登刻玉之符；齊桓公小國之庸君，尚塗泥金之事。望陛下推功損己，讓德不居。億兆傾心，猶闕告成之禮；云亭佇謁，未展升中之儀。此之功德，足以咀嚼百王，網羅千代者矣。然古人有云「雖休勿休」，良有以也。守初保末，聖哲罕兼。是知業大者易驕，願陛下難之，善始者難終，願陛下易之。

竊見頃年以來，力役兼總，東有遼海之軍，西有崐丘之役，士馬疲於甲胄，舟車倦於轉輸。且召募役戍，去留懷死生之痛，因風阻浪，人米有漂溺之危。一夫力耕，年無數十之獲；一船致損，則傾覆數百之糧。是猶運有盡之農功，填無窮之巨浪，圖未獲之他衆，喪已成之我軍。雖除兇伐暴，有國常規，然黷武翫兵，先哲所戒。昔秦皇併吞六國，反速危禍之基；晉武奄有三方，翻成覆敗之業。豈非矜功恃大，棄德輕邦，圖利忘害，肆情縱慾？遂使悠悠六合，雖廣不救其亡，嗷嗷黎庶，因弊以成其禍。是知地廣非常安之術，人勞乃易亂之源。願陛下布澤流人，矜弊恤乏，減行役之煩，增雨露之惠。

妾又聞爲政之本，貴在無爲。竊見土木之功，不可遂兼。北闕初建，南營翠微，曾未踰時，玉華創制，非惟搆架之勞，頗有工力之費。雖復茅茨示約，猶興木石之疲，假使和雇取人，不無煩擾之弊。是以卑宫菲食，聖王之所安，金屋瑶臺，驕主之爲麗。故有道之君，以逸逸人，無道之君，以樂樂身。願陛下使之以時，則力不竭矣，用而息之，則心斯悦矣。

夫珍玩技巧，爲喪國之斧斤；珠玉錦繡，實迷心之酖毒。竊見服玩鮮靡，如

變化於自然，職貢奇珍，若神仙之所製，雖馳華於季俗，實敗素於淳風。是知漆器非延叛之方，桀造之而人叛；玉杯豈招亡之術，紂用之而國亡。方驗侈麗之源，不可不遏。夫作法於儉，猶恐其奢，作法於奢，何以制後？伏惟陛下，明照未形，智周無際，窮奥祕於麟閣，盡探賾於儒林。千王治亂之蹤，百代安危之迹，興亡衰亂之數，得失成敗之機，固亦包呑心府之中，循環目圍之内，乃宸衷久察，無假一二言焉。惟知之非難，行之不易，志驕於業著，體逸於時安。伏願抑志裁心，慎終成始，削輕過以添重德，擇今是以替前非，則鴻名與日月無窮，盛業與乾坤永泰！

太宗甚善其言，特加優賜甚厚。

《新唐書》卷一三《禮樂三》 至則天始毀東都乾元殿，以其地立明堂，其制淫侈，無復可觀，皆不足記。其後火焚之，既而又復立；開元五年，復以爲乾元殿而不毁。初，則天以木爲瓦，夾紵漆之。二十五年，玄宗遣將作大匠康䛒素毁之。䛒素以爲勞人，乃去其上層，易以真瓦。而迄唐之世，季秋大享，皆寓圜丘。

王溥《唐會要》卷三〇《大内》 武德元年五月二十一日，改隋大興殿爲太極殿；改隋昭陽門爲順天門，至神龍元年二月，改爲承天門。顯慶五年八月，有抱屈人賫鼓於朝堂訴，上令東都置登聞鼓。西京亦然。景雲元年十月二十一日，以京大内爲太極宫。

程大昌《雍録》卷三《唐宫總説》 唐都城中有三大内：太極宫者，隋大興宫也，固爲正宫矣。高宗建大明宫於太極宫之東北，正相次比，亦正宫也。諸帝多居大明，或遇大禮大事，復在太極。如高宗、玄宗，每五日一御太極，諸帝梓宫皆殯太極，亦有初即大位不於大明而於太極者，知太極尊於大明也。太極在西，故名西内；大明在東，故名東内。别有興慶宫者，亦在都城東南角，人主亦於此出政，故又號南内也。此三内者，皆嘗更迭受朝，而大明最數。自餘如興慶者，雖有夾城可以潛達大明，要之隔越衢路，亦當名爲離宫而已。華清宫在麗山，最爲奢盛，百司皆有邸第，玄宗常以十月往幸，歲竟乃歸，與漢甘泉略同，則又離宫之大者也。

《（乾隆）西安府志》卷五五《古蹟志上・宫闕》 西内太極宫，唐《地理志》：宫城在皇城之北，長千四百四十步，廣九百六十步，周四千八百六十步，崇三丈有半。《長安志》：宫城東西四里，南北二里二百七十步，周十三里一百八十步。南即皇城，北抵苑東，即東宫，西有掖庭宫。《玉海》龍朔後，皇帝常居大明宫，乃謂之西内。神龍元年，改曰太極宫。《雍録》：太極宫，隋大興宫也。諸帝多居大明宫，或遇大禮大事，復在太極，如高宗、元宗每五日一御太極。凡初即位，不于大明而于太極者，知太極尊于大明也。《雍勝略》：西内三城，外一重曰京城，外郭城也。中一重曰皇城，惟列府市，不使雜人居止。又内一重曰宫城，則今之省城，正直宫城之地，所謂六爻九二之地也。承天門，《長安志》正殿南，隋開皇三年作。初名廣陽門。仁壽元年，改昭陽門。唐武德元年，改順天門。神龍元年，改承天門。外有朝堂，東有肺石，西有登聞鼓。《六典》：元正冬至，大陳設宴會，赦過宥罪，除舊布新，受萬國之朝貢。四夷之賓客，御承天門以聽政。《通典》：鑾駕出宫，守宫設從駕之官，五品以上次于承天門外，東西朝堂。　長樂門、重福門、一作重門。永春門，《六典》注。承天門東曰長樂門。北入恭禮門，又北乾化門，則宫内也。《長安志》：次東曰重福門，即東宫之正門。門東西有左右永福門。次東曰永春門。　廣運門、永安門，《六典》注：承天門西曰廣運門、永安門。《長安志》：廣運門内有左藏庫，次北有舊右藏庫，後有中書省，西北有武庫。北入安仁門，又北肅章門，門内入宫中。按：廣運門，《長安志》叙入長樂門之東。《六典》注云在承天門之西。今即所入之門。考之，則安仁、肅章皆在西。則入自廣運者，不應由承天門之東道，曲折西向而趣。安仁、肅章，以入宫中。《六典》注是也。　鳳凰門、《長安志》：西内東面一門，隋曰建春，後改通訓。唐明皇時，鳳凰飛集，詔改鳳凰門。　通明門、嘉猷門，《長安志》西面二門，南曰通明，北曰嘉猷。　定武門、安禮門、元德門，《長安志》：北面三門，正北曰定武，次東曰安禮，東宫北門曰元德。　嘉德門，《長安志》：太極門外、承天門之内曰嘉德。《通典》：鑾駕還宫，至承天門外。侍臣下馬，駕入嘉德門。太樂令令撞蕤賓之鐘，鼓柷，奏采茨之樂。　歸仁門、納義門，《長安志》：嘉德東廊有歸仁門，西廊有納義門。《唐禮志》：元正冬至受朝賀，太師率其屬，受諸州及諸蕃貢物。出歸仁，納義門，執物者隨之。　太極門，《長安志》：當承天門内北曰太極門。隋曰大興，後改乾福。唐貞觀八年改太極。東隅鼓樓，西隅鐘樓。貞觀四年置。《通典》：鑾駕至太極門，戛敔樂止。入太極門，鼓柷奏太和之樂。　太極殿，《唐高祖紀》：武德元年五月甲子，即皇帝位于太極殿。《六典》：太極門内曰太極殿。朔望則坐而視朝。注：蓋古之中朝也。隋曰大興殿，武德元年改。有東西上二閤門。馬志：

東上閣在殿東,西上閣在殿西。　左延明門,《長安志》：太極殿東廊。又殿西廊爲右延明門。《通典》：刑部郎中以時令置于案,覆以帊。令史二人俱公服,對舉案立于右延明門内道北,郎中立于案後。　門下省、中書省,《長安志》：門下省在左延明門東南,中書省在右延明門東南。《玉海》：時謂尚書省爲南省,門下中書省爲北省。亦謂門下省爲左省,中書省爲右省。或通謂之兩省。　宏文館,《兩京記》：在門下省東。唐《百官志》：武德四年,置修文館于門下省。九年改宏文,神龍元年改昭文,以避孝敬皇帝之名。　史館《長安志》在門下省北。貞觀三年置秘書内省,以修五代史。又置史館以編國史,尋廢秘書内省。　朱明門,《六典》：太極殿北曰朱明門,左曰乾化門,右曰肅章門。《長安志》肅章門西曰暉政門。乾化門東曰武德門。　武德殿、延恩殿,《六典》：武德門内。《兩京記》：武德殿在西内乾化門東北。　兩儀門,《六典》：朱明門北。　兩儀殿,《六典》：兩儀門内常日聽朝而視事焉。注：蓋古之内朝也。《長安志》：兩儀殿在太極殿後,隋曰中華殿,唐貞觀五年改。《兩京記》太宗破突厥,于兩儀殿宴突利可汗,賦七言詩柏梁體。《武平一傳》：中宗宴兩儀殿,令胡人唱合笙。平一上書曰：兩儀殿者,陛下受朝聽政之所,不宜以倡優媟狎。　萬春殿,《六典》：兩儀殿東。又千秋殿,兩儀殿西。《長安志》：又西有新殿。　獻春門,《六典》：兩儀之左。又宜秋門,兩儀之右。宜秋之右曰百福門。　百福殿,《長安志》：百福門内。宣宗改雍和殿。内有親親樓,諸王宴會之所也。《兩京記》：百福殿在太極宫公主院西。《會要》：大中元年,敕修百福殿八十間。　承慶門：《六典》百福之西。　承慶殿,《六典》：承慶門内。《唐中宗紀》：景龍二年七月,御承慶殿慮囚徒。　立政門,《六典》：獻春之左。　立政殿,《六典》：立政門内。　大吉門,《六典》：立政之東。　大吉殿,《六典》：大吉門内。　甘露門,《六典》：兩儀北曰甘露門。《長安志》：門外有東西永巷。東出横門,又東有日華門。西出横門,又西有月華門。院北有東西千步廊,西有掖庭。　甘露殿,《長安志》：甘露門内。《會要》：太和二年,修兩儀殿及甘露殿一百七十二間。《景龍文館記》：中宗令諸學士入甘露殿。其北壁列書架。　神龍門,《長安志》：甘露左。　神龍殿,《長安志》：神龍門内,在武德殿後。　安仁門,《長安志》甘露右。　安仁殿,《長安志》：安仁門内,在甘露殿西。　佛光寺,《長安志》：乾化門内,神龍殿西。　歸真觀,《長安志》：安仁殿後。觀後有綵絲院。　淑景殿,《長安志》：綵絲院西。殿西有第三落,次西第四落,又次西第五落。　延嘉殿,《長安志》：在甘露殿近北。殿南有金水河,往北流入苑。馬志：西有咸池館。　承香殿：《長安志》：延嘉殿北。殿東即元武門,北入苑。馬志：西有昭慶殿,昭慶西爲凝香閣,閣西爲鶴羽殿。　景福臺,馬志：延嘉殿西北。《長安志》：臺西有望雲亭。　紫雲閣,馬志：延嘉殿東。《長安志》：閣西有南北千步廊,舍南至尚食院。西北盡宫城,閣南有山水池。　凝陰殿、尚食内院,馬志：並在紫雲閣西。《異聞集》：天寶七載旱,元宗于凝陰殿令葉靖天師祀鏡龍,得甘雨。　凌烟閣,《長安志》凝陰殿南。《南部新書》凌烟閣畫,功臣皆北向。　功臣閣,《長安志》：凌烟閣西。東有司寶庫。　毬場亭子,一作鞠場亭子。《長安志》：凝陰之北。　宏文殿、觀雲殿,馬志：俱凝陰殿北。　四海池,《雍大記》：一在毬場亭東,一在咸池殿東,一在望雲亭西,一在望雲亭北。　掖庭,《長安志》：永安門西有掖庭。　内侍省,《長安志》：掖庭南隅。

按：西内太極宫有興仁門、宣猷門、崇道門、惠訓門、昭德門、正禮門、宣光門、通福門、光昭門、嘉猷門、華光門、暉儀門、壽安門、綏福門、翔鳳殿、薰風殿、就日殿、咸池殿、臨照殿、望仙殿、鶴仙殿、乘龍殿、翔鳳閣,並見《六典》,方位無考。

《〔乾隆〕西安府志》卷五五《古蹟志上・宫闕》

東宫,《長安志》：在太極宫中。自承天門而東,其第三門曰重明門,即東宫正位也。門外有東宫朝堂在焉。　宣明門,《長安志》：嘉德正南。　嘉德門,《長安志》明德殿南門,東有東奉化門,西有西奉化門。門外東廊爲左永福,西廊爲右永福門。　明德殿,《長安志》：東宫正殿。《會要》：武德九年八月,太宗即位于東宫明德殿。《玉海》：即顯德殿,中宗諱顯,爲太子時改曰明德。《長安志》：殿東廊爲左嘉善門,西廊爲右嘉善門。《通典》：皇太子正至受賀,四部仗立于左右嘉善門外。　宜春宫、宜秋宫,《長安志》：俱在奉化門北。　宜春門,馬志：嘉德殿東北。門外道東有典膳厨,道西有命婦院、宜春北院。　左春坊、右春坊,《通典》：龍朔二年,改門下坊爲左春坊,典書坊爲右春坊。《玉海》東宫宜春宫門外有左春坊,宜秋宫門外有右春坊。　崇文館,《玉海》左春坊南。　崇教殿,《玉海》：右春坊内。　麗正殿,《集賢注記》：在崇教殿北,光大殿南。《長安志》：開元改爲集仙殿,十三年改爲集賢殿。

按：《唐會要》馬周疏,大安宫居在城之西,東宫皇太子居之。而在内是東

宮，在太極宮中也。中有光大殿、承恩殿、崇文殿、崇仁殿、八風殿、射殿、亭子山池、佛堂院、左右長林門。並見《長安志》，方位無考。

徐松《唐兩京城坊考》卷一《西京·宮城》 宮城，東西四里，南北二里二百七十步，按「七十」，吕大臨《長安圖》作「四十」。周十三里一百八十步，其崇三丈五尺。南即皇城，北抵苑，東爲東宮，西爲掖庭宮。隋時規建，先築宮城，次築皇城，次築外郭城。故唐西京宮城最在北，皇城在宮城南，外郭城又在皇城南也。

宮城，亦曰西内，其正牙曰太極殿。唐龍朔後，天子常居大明宮。大明宮在宮城東北，故謂大内爲西内。景雲元年，改曰太極宮。城之南面五門，《長安志》作「六門」，蓋通東宮門計之。正南承天門，隋開皇二年作，初名曰廣陽門，仁壽元年改曰昭陽門。唐武德元年改曰順天門，神龍元年改曰承天門。門外有朝堂，東有肺石，西有登聞鼓，其門上有樓。《舊書·王琚傳》：以鐵騎至承天門，時睿宗聞鼓譟聲，召郭元振昇承天樓宣詔下關，琚等從玄宗至樓上。《舊書》：高祖斬皇甫希仁於順天門。即承天門也。《朝野僉載》：西京朝堂北頭，隋曰唐興村，門前有大槐樹，文皇帝移長安城，將作大匠高熲常坐此樹下檢校。後栽樹行不正，欲去之，帝曰：「高熲坐此樹下，不須殺之。」至先天一百三十年，其樹尚在。承天門正當唐興村門首。按唐興村，隋曰楊興村，唐時改之。若元正、冬至，陳樂設宴會，赦宥罪，除舊布新，當萬國朝貢使者、四夷賓客，則御承天門以聽政。《六典》：承天門，古之外朝。按《舊書·李泌傳》：代宗山陵靈駕發引，上號送於承天門。是奉送山陵亦御此門。承天門東長樂門，《舊書·王志愔傳》：開元十年，有京兆人權梁山僞稱襄王男，自號光帝，與其黨及左右屯營押官謀反。夜半時，擁左屯營兵百餘人，自景風、長樂等門斬關入宮城。蓋由景風門入皇城，西行折而北，由長樂門入宮城也。長樂門内東左藏庫。承天門西廣運門，《長安志》以廣運在長樂之東，非是。今從《六典》。廣運門内有西左藏庫。按隋初有右藏、黄藏，開皇十三年始辟左藏院，故有左藏庫之稱。或以在西者爲右藏，誤也。《雍録》：太極宮中東左藏庫在恭禮門東，西左藏庫在安仁門西。按《通鑑》注引《閣本太極宮圖》，言西左藏之西則通訓門，通訓門蓋通明門之誤。長樂門東永春門。廣運門西永安門。東面一門鳳皇門。隋曰建春門，後改通訓門。明皇時，鳳皇飛集通訓門，詔改鳳皇門。西面二門，南通明門，北嘉猷門。北面二門，《長安志》作「三門」，亦通東宮門計之。中爲定武門，南直承天門，李氏圖作「玄武門」。按《舊書·尉遲敬德傳》：元吉步走，欲歸武德殿，敬德奔逐，射殺之。其宮府諸將率兵大至，屯於玄武門。則作「玄武」爲是。《通鑑》：隋文帝忌太子勇，於玄武門達至德門量置候人。胡注：玄武門，隋大興宮城北門。亦作「玄武」。定武門東安禮門。

太極殿者，朔望視朝之所也。《六典》：太極蓋古之中朝。隋曰大興殿，武德元年改。高宗以後居東内，則大喪多殯此殿。正門曰嘉德門，南直承天門。諸城劉氏喜海藏唐魚符，有文曰「嘉德門内巡」，疑入宮城所佩符，非東宮之嘉德門也。殿門曰太極門。隋曰大興門，後改乾福門，貞觀八年改太極門。《長安志》云：殿東隅有鼓樓，西隅有鐘樓，貞觀四年置。《永樂大典》載《閣本太極宮圖》，鐘樓在東，鼓樓在西。〔據稿本，《永樂大典》以下爲張穆補。〕門之兩廡爲東西閤門，《通鑑》注引《閣本太極宮圖》，太極殿有東上閤門、西上閤門。按閤門可轉北入兩儀殿，太宗時以此爲入閤。若東内，則以入紫宸爲入閤。兩廊爲左右延明門。在東者左延明門，在西者右延明門。《舊書》：節愍太子誅武三思，成王千里率左右數十人斫右延明門。《開元禮》朔日受朝儀，言設御幄於太儀殿，典儀設官位於横街之南。蓋延明相向，中爲東西横街也。左延明門外爲門下省，楊炯《庭菊賦序》：天子幸於東都，皇儲監守於武德之殿，以門下内省爲左春坊。爲史館，在門下省北。貞觀三年，置秘書内省以修五代史，又置史館以編國史。尋廢秘書内省。爲弘文館。在門下省東。弘文館始置於武德四年，以聚書名爲修文館，九年改弘文館，又曰文學館。館側有殿。《通鑑》注引《閣本太極宮圖》不載此館。弘文殿，貞觀三年移於納義門西。九年改昭文館，開元七年復舊。右延明門外爲中書省，省内有内客省。《通鑑》：上自武德殿入虔化門，擒賈膺福、李猷於内客省。胡注：四方館隸中書省，故客省在焉。爲舍人院。舊本《長安志圖》，舍人院在中書省東南，今從之。嘉德門之兩廊，東爲歸仁門，又東恭禮門。南直長樂門。西爲納義門，又西安仁門。「安」一作「興」。南直廣運門。太極殿北曰朱明門，門亦有東西上閤門。見《大典·閣本太極宮圖》。其左爲虔化門，「虔」一作「乾」。按《通鑑》：高祖封唐王時，日於虔化門視事。是虔化隋舊門名也。右爲肅章門。虔化南直恭禮門，肅章南直安仁門。朱明門以内爲内朝，故虔化、肅章以内爲宮内。節愍太子之索上官婉兒，衛王直之作亂，皆欲入肅章以入宮也。竇懷貞之亂，睿宗出肅章門。文德皇后之葬，段志玄等亦由肅章以出宮也。肅章西爲暉政門，虔化東爲武德門。閤門之東曰萬春殿，又東曰立政殿，見《通鑑》注引《閣本太極宮圖》，與《大典·閣本圖》合。立政殿前有立政門，太宗文德皇后崩於此殿。又東曰大吉殿，見《長安志》。前有大吉門。莊恪太子薨於少陽院，遷居此殿。又東曰武德殿。殿有東西門，門西與虔化門齊。貞元四年築垣，自武德東門屬於宮城，此東門也。《舊書·高宗紀》，許敬宗待詔武德西門，此西門也。《舊書》：高祖令太宗居西宮之承乾殿，元吉居武德殿後院，與上臺、東宮晝夜並通，更無限隔。《六典》注：武德殿後有延恩殿。閤門之西曰千秋殿，《長安志》：兩儀殿前有獻春門、宜秋門，當即萬春、千秋兩殿之門。《通鑑》注引《閣本太極宮圖》云：宜秋門在千秋殿西，百福門東。然則獻春門東向，宜秋門西向矣。《舊書》：隱太子葬日，太宗於宜秋門哭之。「獻春」或作「宜春」。

《通鑑》注引《閣本太極宮圖》，射殿在宜春門北。又西曰百福殿，前有百福門，睿宗崩於此殿，宣宗改爲雍和殿。內有親親樓，爲諸王宴會之所。又西曰承慶殿，前有承慶門，即太宗所居，《舊書》作「承乾」者誤。則有暉政門焉。門東與肅章門齊。高安長公主薨，發哀于暉政門。朱明門北爲兩儀殿，常日聽政則御之。《六典》：兩儀，古之內朝，隋曰中華殿，貞觀五年改。中葉以後，帝后喪亦多殯此殿。按《舊書・令狐德棻傳》：高宗召宰臣及弘文館學士於中華殿。是其時兼用舊名。殿北曰甘露殿，明皇自蜀還，常居此殿。其門曰甘露門，門外爲永巷。東西横街。巷東東横門，再東日華門。巷西西横門，再西月華門。甘露殿之北曰延嘉殿，《大典・閣本太極宮圖》，兩儀殿後即延嘉殿，無甘露殿。《長安志》云：延嘉殿在甘露殿近北，殿南有金水河，往北流入苑。故補于此。延嘉之北曰承香殿，《長安志圖》作「承春殿」，誤。則達玄武門焉。《長安志》：承香殿東即玄武門。蓋殿在玄武門少西。《大典・閣本太極宮圖》：玄武門在承香殿正北。甘露之左曰神龍殿，中宗、玄宗皆崩於此殿，前有神龍門。右曰安仁殿。前有安仁門。安仁之北曰歸真觀，觀北曰綵絲院。《大典・閣本圖》作「絲綵」。院西曰淑景殿，又西則三落、四落、五落，爲東西千步廊。千步廊在月華門北，廊之北三落、四落、五落。自淑景殿以次而西，爲衛士之居。城之西北隅有山池院，其南有薰風殿、就日殿。見《大典・閣本圖》。其東海池三，西內凡海池四：一在咸池殿東，一在望雲亭西，一在凝陰閣北，一在凝雲閣北。故《雍大記》謂之四海池。《通鑑》注引《閣本太極宮圖》云：太極宮中凡有三海池，東海池在玄武門內之東，近凝雲閣；北海池在玄武門內之西；又南有南海池，近咸池殿。蓋以近望雲亭與凝陰閣者爲一也。《舊書》：尉遲敬德殺元吉，是時高祖泛舟於海池。凝陰閣、《長安志》作「凝香閣」，誤，今從《大典・閣本圖》。望雲亭、景福臺西，見《長安志》。鶴羽殿、凝陰閣西。咸池殿延嘉殿西。環之。又東曰景福臺。承香殿西北。神龍之北曰功臣閣、淩煙閣。《通鑑》注引《閣本太極宮圖》：延嘉殿之東爲功臣閣，功臣閣之東爲淩煙閣。與《大典》所載《閣本圖》合。貞觀十八年，畫功臣像於此閣。《段志玄碑》：貞觀十六年，圖形於戢武閣。未知即淩煙閣否。又《唐儉碑》有淩煙閣字，敘於陷賊庭前，其事在高祖時，則閣之建也舊矣。後唐應順元年《修淩煙閣奏》云：閣在西內三清殿側，畫像皆北面。閣有中隔，隔內北面寫「功高宰輔」，南面寫「功高諸侯王」。隔外面次第畫功臣題贊。其北有海池、凝雲閣、《通鑑》注引《閣本太極宮圖》及《大典・閣本圖》皆作「凝雲閣」。《長安志》作「凝陰殿」，誤。毬場亭子凝雲閣北。環之。城之東北隅有紫雲閣，其南有山水池閣，西爲南北千步廊。南至尚食內院，西北盡宮城。殿閣之外廟一，曰孔子廟；《大典・閣本圖》：月華門西有孔子廟。他書不載。寺一，曰佛光寺；《長安志》：寺在神龍殿西。《大典・閣本圖》有佛堂，無佛光寺。柳宗元《爲王京兆賀嘉蓮表》云：聖旨出西內神龍寺前水渠內《合歡蓮花圖》一軸。疑神龍寺即佛光寺，以近神龍殿得名也。院二，綵絲院，已見。曰尚食內院、《長安志》作「尚食院」，《大典・閣本圖》有「內」字。《舊書・韓偓傳》言帝行武德殿前，因至尚食局。當即此院。公主院；《長安志》：院在千秋殿西。庫三，左藏庫，已見。曰司寶庫、淩煙閣東。曰武庫、在武德東門東，見《大典・閣本圖》。曰甲庫；在西左藏庫西，見《大典・閣本圖》。或作「武庫」，誤。倉一，曰內倉廩。在虔化門內，見《大典・閣本圖》。《通鑑》注引《閣本太極宮圖》：武德門在虔化門東，入門過內倉廩、立政殿、萬春殿即東上閤門。按所謂入門者，入虔化門也。

三清殿、近淩煙閣。昭慶殿、承香殿西。《大典・閣本圖》不載，不知在景福臺左右。觀雲殿、《長安志》作凝陰殿北，疑即凝陰閣之望雲亭，或在凝雲閣之側也。弘文殿、近觀雲殿。觀德殿、《通鑑》：侯君集獻俘於觀德殿。胡注：觀德殿，射殿也。《閣本・太極圖》，射殿在宜春門北。新殿、《長安志》：近萬春殿有新殿。相思殿、《通鑑》：貞觀間，薛延陀突利設來納幣，上御相思殿。胡身之云：據褚遂良疏，殿在玄武門內。飛霜殿、貞觀二十五年，宴五品以上於飛霜殿，殿在玄武門北。昭德殿、《太平廣記》引《大唐雜語》：昭宗文德二年正朔，御武德殿，有紫氣出於昭德殿東隅，得金龍子一枚，改元爲龍紀元年。臨湖殿、《舊書》：高祖召裴寂等，欲令窮覈其事，建成、元吉行至臨湖殿覺變。〔按稿本，臨湖殿下有紫微殿，並注云：「《舊書・襄邑王神符傳》：以疾辭職，令乘小輿，引入紫微殿。」〕長樂殿、嘉壽殿、〔按稿本，嘉壽殿下有就日殿。〕臨照殿、〔按稿本，臨照殿下有薰風殿。〕望仙殿、翔鳳殿、乘龍殿、文思殿，見《六典》、《禁扁》。翔鳳門、宣猷門、崇道門、昭德門、正禮門、惠訓門、宣光門、通福門、光昭門、華光門、暉儀門、壽安門、綏福門、見《六典》、《長安志》。肅政門、見《六典》、《禁扁》。顯福門、《通鑑》注：西內翰林院在顯福門內。興安門、《通鑑》：太宗聞高士廉卒，帥左右自興安門出。胡身之注：貞觀以前，人主常居太極宮，則此興安門非大明宮之興安門。蓋太極宮中別自有興安門也。顯道門、金液門、《通鑑》：太宗力疾至顯道門外赦天下，敕太子於金液門聽政。胡身之注：顯道、金液爲通內諸門，圖志不能盡載。玄德門、白獸門、《通鑑》：隆基與劉幽求等出苑南門，使葛福順將左萬騎攻玄德門，李仙鳧將右萬騎攻白獸門，約會於淩煙閣前。胡身之注曰：禁苑南門直宮城之玄武門，玄德、白獸皆通內之門。按白獸門即杜詩所謂「寂寞白獸闥」也。顏魯公《康希銑碑》：父國安，遷博士，白獸門內供奉。不知其處。

東宮，傅宮城之東，南北與宮城齊。《長安志》不載東宮東西里數，以宮城四里除皇城東西五里一百五十步，則東宮與掖庭宮皆當不足一里，惟東宮較廣耳。南面門爲嘉福

門,《長安志》作「重福」,次北曰重明,又北曰宣明。按宮門無疊至三門者。重福,《禁扁》作「嘉福」,《長安志》言宣明是嘉福所改名,則二門爲一門明矣。今刪正。北面門爲玄德門。《永樂大典》載《太極宮東宮圖》北門爲至德門。按至德門當是隋時舊名,見前定武門下注。《長安志圖》又作「安禮門」,誤,今從《長安志》文。宮之正殿曰嘉德殿,一曰顯德,武德九年,太宗即位於顯德殿。後避中宗諱,改明德。正門曰重明門,殿門曰嘉德門。嘉德門外之兩廊爲左右永福門,其門内之兩廊爲左右嘉善門。《永樂大典》圖作「左右嘉德」,今從《長安志》。嘉德殿之左右,東爲奉化門,西爲奉義門。《長安志》作「東西奉化門」,今從《大典》圖。其内爲左右春坊。嘉德殿之北爲崇教殿,或作「崇政」,誤。《唐會要》:貞觀十七年十一月二十八日,誕皇太孫,太子宴宮寮於弘教殿。太宗幸東宮,自殿北門入。《禁扁》:崇教,一曰弘教,又有弘教門。麗正殿。「正」一作「政」。麗正殿之左爲崇仁殿,麗正殿之右爲崇文殿,按東宮右春坊内有崇文館,當在此殿之側。麗正殿之北爲光天殿,《長安志》作「光大」,今從《大典》圖。又北爲承恩殿,其北爲玄德門。諸殿方位皆依《大典》圖。承恩殿之左右爲宜春、宜秋宮,前有宜春宮門、宜秋宮門。宜秋,《禁扁》作「融秋」。宜春之北爲北苑。《通鑑》注:天寶中,即東宮置宜春北苑。按既曰北苑,當在宜春宮之北。《長安志》言在宜春宮門外,非也,今正。其南,道東爲典膳廚,道西爲命婦院。宜秋之南爲内坊。又有八風殿、射殿、《大典》圖在宜春門内之東。左右長林門,皆見《長安志》。《志》又云左右長林門本名弘禮、嘉福,武德元年改重光、宣明。按《通鑑》:建成分屯左右長林,號「長林兵」。胡注:東宮有左右長林門。改名時也。亭子院、山池院、佛堂院,皆見《長安志》。鷹鷂院,見《大典》圖。按皆在北苑中。長生院,《舊書·陳夷行傳》:充皇太子侍讀,詔五日一度入長生院,侍太子講經。自是未胡身之《通鑑》注曰:唐寢殿皆謂之長生殿。武后寢疾之長生殿,洛陽宮寢殿也。肅宗大漸,越王係授甲長生殿,長安大明宮之寢殿也。《長恨歌》「七月七日長生殿」,華清宮之寢殿也。然則大内之寢殿通曰長生殿,則太子所居通曰長生院矣。不知其處。

掖庭宮,傅宮城之西,在千步廊之西。掖庭宮東西不及一里,《長安志》以爲東西四里,誤。北與宮城齊,南至通明門。有西門、貞觀三年,敕左丞戴胄於掖庭西門簡宮人出之。按掖庭宮有東西門,無南北門。東門通大内,蓋即嘉猷門,西門外即修德坊。其時未築夾城,故宮人於此出也。衆藝臺。《長安圖志·雜説》云:掖庭東北垣上有一方臺,考之於志,恐所謂宮人教藝之所名衆藝臺者也。内侍省在宮西南。内侍省,隋之長秋監,唐貞觀三年改内侍省。光宅元年爲司宮臺,神龍元年復舊。省内有紫蘭亭。畢氏曰:《新唐書·志》長秋監武德四年曰内侍監,龍朔二年爲省,垂拱元年曰司宮臺。與《長安志》異。《長安志》:内侍省在通明門西南。

王溥《唐會要》卷三〇《慶善宮》 武德元年十月十八日,以武功舊宅爲武功宮。至六年十二月九日,改武功宮爲慶善宮。太宗誕於此宮。至貞觀六年九月二十九日,太宗幸慶善宮,賦詩。在樂卷。其年,諫議大夫蘇世長侍宴於披香殿,酒酣,奏曰:「此殿隋煬帝所作耶?何雕麗之若此!」高祖謂曰:「卿好諫似直,其心實詐,豈不知此殿是我所造,何須設詭而疑煬帝乎?」世長曰:「臣實不知,若陛下作此,誠非所宜。臣昔在武功,幸常陪侍,見陛下宅宇,纔蔽風霜,當此之時,亦以爲足。今初有天下,而於隋宮之内,又加雕飾,欲撥其亂,寧可得乎?」

王溥《唐會要》卷三〇《洛陽宮》 武德四年十二月七日,使行臺僕射屈突通焚乾元殿應天門紫微觀,以其太奢。至貞觀三年,太宗將修洛陽宮,民部尚書戴胄諫曰:「關中河外,近置軍團,富室强丁,並從戎旅,重以九成作役,餘丁向盡。去京二千里内,先配司農,將作,假有遺餘,勢何足紀。亂離甫弭,户口單弱,一人就役,舉家便廢。入軍者督其戎仗,從役者責其糇糧,盡室經營,多不能濟。以臣愚慮,恐臻怨嗟。今丁既役盡,賦調不減,費用不止,帑藏空虚,且洛陽宮殿,足蔽風雨,數年功畢,亦謂非晚。若頓修營,恐傷勞擾。」上嘉之,因謂侍臣曰:「戴胄於我,無骨肉之親,但以忠直勵行,情深體國,事有機要,無不上聞。」至四年六月二十二日,發卒又修洛陽宮,給事中張玄素諫曰:「陛下承百王之末,屬凋弊之餘,必欲節以禮制,陛下宜以身爲先。東都未有幸期,即令補葺,豈民人之所望也?陛下初平東都之始,層樓廣殿,皆令撤毁,天下翕然,同心欣仰。豈有初則惡其侈靡,今乃襲其雕麗?臣每承德音,未即巡幸,此則事不急之務,成虛費之勞,國無兼年之積,何用兩都之好?臣聞阿房成,秦人散;章華就,楚衆離。又乾元畢功,隋人解體。以陛下今時功力,何如隋日?役瘡痍之人,襲亡隋之弊,恐甚於煬帝。深願陛下思之,無爲由余所笑,則天下幸甚。」上大悦,謂房玄齡曰:「洛陽土中,朝貢道均,朕故修營,意在便於百姓。今玄素上表,實亦可依,後必事理須行,露坐亦復何苦!所有作役,宜即停之。」

顯慶元年,勅司農少卿田仁汪,因舊殿餘址,修乾元殿,高一百二十尺,東西三百四十五尺,南北一百七十六尺。至麟德二年二月十二日,所司奏乾元殿成,其應天門先亦焚之,及是造成,號爲則天門。神龍元年三月十一日,避則天后號,改爲應天門。唐隆元年七月,避中宗號,改爲神龍門。開元初,又爲應天門。天寶二年十二月四

日，又改爲乾元門。

垂拱四年二月十日，拆乾元殿，於其地造明堂。至開元二十七年九月十日，於明堂舊址造乾元殿。

上元二年，高宗將還西京，乃謂司農少卿韋機曰：「兩都是朕東西之宅也。見在宮館，隋代所造，歲序既淹，漸將頹頓，欲修殊費財力，爲之奈何？」機奏曰：「臣曹司舊式，差丁採木，皆有雇直。今户奴採斫，足支十年，所納丁庸，及蒲荷之直，在庫見貯四十萬貫，用之市材造瓦，不勞百姓，三載必成矣。」上大悦，乃召機攝東都將作、少府兩司事，使漸營之。於是機始造宿羽、高山等宮。其後，上遊於洛水之北，乘高臨下，有登眺之美，乃勅韋機造一高館，及成臨幸，即令列岸修廊，連亘一里，又于澗曲疏建陰殿。機得古銅器，如盆而淺，中有蹙起雙鯉之狀，魚間有四篆字「長宜子孫」。至儀鳳四年，車駕入洛，乃移御之。即今之上陽宮也。尚書左僕射劉仁軌謂侍御史狄仁傑曰：「古之陂池臺榭，皆在深宮重城之內，不欲外人見之，恐傷百姓之心也。韋機之作，列岸修廊，在於闤堞之外，萬方朝謁，無不覩之，此豈致君堯、舜之意哉？」韋機聞之曰：「天下有道，百司各奉其職。輔弼之臣，則思獻替之事；府藏之臣，行詔守官而已。吾不敢越分也。」

徐松《唐兩京城坊考》卷五《東京·宮城》 宮城在皇城北，因隋名曰紫微城。貞觀六年，號爲洛陽宮。武后光宅元年，號太初宮。東西四里一百八十八步，南北二里八十五步，《新書·地理志》：長千六百二十步，廣八百有五步。周一十三里二百四十一步，《新書·地理志》：周四千九百二十一步。其崇四丈八尺，以象北辰藩衛。城中隔城二，在東南隅者太子居之，在西北隅者皇子、公主居之。城北隔城二，最北者圓璧城，次南曜儀城。南面四門，《河南志》作六門，蓋于應天、明德、長樂之外，增重光門、太和門、雒城南門爲六也。然《志》言明德之東爲重光，又東爲太和，太和門內爲左藏庫。《志》又於莊敬殿條下云：莊敬殿東有鹿宮院，次東即隔城，之東接左藏庫。按重光爲東宮正門，東宮已極城之東南隅，不容其東尚有隙地置左藏庫與太和門，疑太和門與武成門、崇賢門同在乾元殿之傍，故《六典》不之載也。重光屬東宮，亦從《六典》删。中應天門，門上飛觀相夾，門外即朝堂。武德四年，以其太奢，令行臺僕射屈突通焚之。顯慶初，司農少卿田仁汪隨事修葺，後又命司農少卿韋機更加營造。初因隋之名曰則天門。神龍元年避武后尊號，改應天門，又避中宗尊號，改神龍門，尋復爲應天。東明德門，初名興教，後改明德。東城屈向北五十步，有門東啓，曰宣政門，即隋之永康門。西長樂門，初名光政，後改長樂。按《六典》作興教、光政，則明德、長樂之改，在開元後也。昭宗還東都，復名長樂爲光政。《通鑑》：車駕入宮，御正殿，受朝賀，御光政，赦天下。西城屈向北五十步，有門西啓，曰隆慶，避明皇名改崇慶。西南隅雒城南門。乾封中開。《舊書·楊炯傳》：如意元年七月望日，宮中出盂蘭盆，分送佛寺，則天御雒南門，與百寮觀之。即雒城南門。東面一門，重光北門。隋名。門內即東宮。西面二門，北嘉豫門，隋曰寶城門。南雒城西門。《通鑑》：秦王世民移軍青城宮，王世充自方諸門出，臨穀水，以拒唐兵。胡身之注：方諸門，蓋自都城出禁苑之門。松按：王世充時據宮城，則方諸門當是宮城西面之門，不知即雒城西門否也。北面二門，中玄武門，隋名。南當應天門。《通鑑》：中宗改玄武門爲神武門，樓爲制勝樓。按唐兩京大內，皆有玄武門。中宗之所改，則此處之玄武門，蓋以誅張易之等兵從此門入耳。《禁扁》屬之興慶宮，非也。東安寧門。玄武門北則曜儀城，城二門，東面曰曜儀東門，西面曰曜儀西門。並顯慶中開。按曜儀城亦隋時舊城。《通鑑》：王世充使魯王道徇守曜儀城是也。蓋東西二門則顯慶中開耳。曜儀城北則圓璧城，城三門，南面曰圓璧南門，隋曰曜儀門，顯慶中改。北面曰龍光門，東面曰圓璧門。門外即外郭之外。

宮之正牙曰含元殿。隋曰乾陽殿。《通鑑》：秦王破王世充，焚乾陽殿是也。麟德二年，命司農少卿田仁汪因舊址造乾元殿，高一百二十尺，東西三百四十五尺，南北一百七十六尺。武后長壽三年，改造明堂，上圓下方，八窗四闥，高三丈，號萬象神宮，去都百餘里外，遥望見之。其北造天堂，以貯佛像。證聖元年，明堂、天堂同焚，更造明堂，侔前制，其上初置寶鳳，後以金珠代之，號通天宮。其中號端扆殿。不復造天堂，於其所爲佛光寺。明皇開元五年幸東都，改爲乾元殿。十年復爲明堂。二十七年毁明堂之上層，改修下層爲新殿。二十八年佛光寺火，延燒廊舍，改新殿爲含元殿。殿下有九州鼎，武后所鑄。按隋之乾陽殿，有東西上閤門。《通鑑》：王世充執越王君度等，引入東上閤門是也。唐制當亦同之。殿四門，南曰乾元，隋曰永泰門。武后改通天門，開元五年改乾元門。門南直應天門。《唐詩紀事》：東京乾元門，舊章武軍鼓角樓也，節度使王彦威有詩刻石在其上。北曰燭龍，東曰春暉，西曰秋景。《六典》作秋澄，今從《河南志》。乾元門外有横街，街東曰華門，西月華門。隋曰東華、西華。唐初改左右延福，後改日華、月華。按《舊紀》：天寶二年六月，應天門觀災，延燒至左右延福門。是天寶時猶名延福。《通鑑》注云：大明宮朝堂外有側門，洛陽宮亦有側門。疑在乾元門內之左右。乾元門左右有萬春門、千秋門。萬春左，千秋右。含元殿北曰貞觀殿。隋煬帝造。以下殿閣皆唐永淳年製名。又北徽猷殿。殿前有石池，東西五十步，南北四十步，池中有金花艸，紫莖碧葉，丹花緑實，味酸可食。《通鑑》：帝宴朱全忠及百官於崇勳殿。胡注：時以洛陽宮前殿爲貞觀殿，內朝爲崇勳殿。則貞觀殿北當有崇勳殿。又北陶光園。園在徽猷、弘徽之北，東西數里，南面有長廊，即宮

殿之北面也。園中有東西渠，西通于苑。園北則玄武門。其天子常朝之所曰宣政殿，在含元殿西，初名武成，後改宣政。殿門曰光範門。《河南志》云：宣政殿南有武成門，又南千福門，又南敷政門，千福後改乾化，敷政後改光範。殿之東門曰東明門。按宣政疑當如含元，有四門，今惟有東門、南門名也。宣政之北曰仁壽殿。《河南志》作長壽，今從《六典》。又北觀文殿。又北同心閣。又北麗日臺。又北臨波閣。閣北臨池，池有二洲，東洲有登春閣，其下爲澄華殿，西洲有麗綺閣，其下爲凝華殿。池北曰安福門。北院雕飾最華，隋煬帝寢御焉。當明德門内爲會昌門。隋名。又北章善門，門内門下省、弘文館在焉。章善之東爲太和門，《玉海》引《河南志》「太」作「泰」。門内左藏庫在焉。自此而西，有文思殿，在舊東華門之東北。其北莊敬殿，殿東有鹿宫院，次東即隔城。又北飛香殿，又北襲芳院，又北上清觀，則達安寧門。門在觀東。莊敬之西爲大儀殿，其北麗春臺，又北流杯殿，殿上漆渠九曲，從陶光園引水注莊敬院，隋煬帝與宫人爲曲水之飲。又北弘徽殿，則達陶光園。當長樂門内爲廣運門，隋名。《大唐新語》：神龍初，桓彦範與張柬之等發北軍入玄武門，斬張易之等，遷則天於上陽宫，柬之勒兵景運門。《舊書・玄宗紀》：新造銅儀成，置于景運門内。景運疑即廣運門。又《河南志》以廣運爲隋名。按煬帝時斷無以「廣」爲門名者，疑隋曰景運，唐則改爲廣運耳。又北明福門，本名顯福，避中宗名改。《通鑑》：王世充使其黨張績、董濬守章善、顯福二門。門内中書省、史館，在中書省西。内醫局、史館南。尚食廚、史館北。命婦院、中書省北。修書院命婦院北，本太平公主内宅。在焉。明福之西爲集賢門，門内集賢殿在焉。《舊書》：開元十三年四月丁巳，改集仙殿爲集賢殿，麗正殿書院改集賢殿書院。胡交《修洛陽宫記》云：開元之隆，即明福門外置集賢書院，置學士員，校讐其間。按開元五年，于東都乾元殿東廊寫四部書，因號乾元院。六年改爲麗正修書院。十二年移置明福門外，名麗正殿書院。十三年改集賢殿書院。張説《恩制賜食於麗正殿書院宴賦詩》：東壁圖書府，西垣翰墨林。俗本作西園，誤。《舊書・馬懷素傳論》亦以西垣東壁言麗正殿。見《潛邱劄記》。〔按稿本，徐松在引《潛邱劄記》後批云：「補集賢殿條下。應考此詩作於何年，當在開元十二年。按集賢殿既在集賢門内，而在明福門外，則集賢門當在明福門之西南，但言西，似未確。」〕自此而北，有仙居殿，在集賢殿北。其東有億歲殿、在仙居殿東。《舊書・崔義玄傳》：神慶則天時入朝，待制億歲殿。集仙殿、在宣政殿西北，武后造。前有迎仙門，亦謂之迎仙宫。《舊書・桓彦範傳》：太子至玄武門，斬關而入，時則天在迎仙宫之集仙殿，斬易之、昌宗于廊下。迎仙宫，《張易之傳》作迎仙院。按五王誅二張，進至太后所寢長生殿。閻氏若璩曰：唐寢殿皆謂之長生殿，《通鑑》二百七有長生院，胡注：院即長生殿。同明殿。在億歲殿東。《舊書・薛訥傳》：則天以訥將門，使攝左武威衛將軍、安東道經略，臨行，於同明殿召見。其北則達九洲池，在仁智殿南、歸義門西，其池屈曲，象東海之九洲，居地十頃，水深丈餘，鳥魚翔泳，花卉羅植。池之洲，殿曰瑶光，隋造。武后殺僧懷義于瑶光殿前樹下。亭曰琉璃，隋造，在瑶光殿南。觀曰一柱，隋造，在琉璃亭南。環池者曰花光院、在池東。《河南志圖》云二院並在仙居院北。按北爲南之誤。曰翔龍院、在花光院北。曰神居院、在翔龍院北。曰仙居院、在安福殿西。曰仁智院、在仙居院西。殿西有千步閣，隋煬帝造。南有歸義門。曰望景臺，在池北，高四十尺，方二十五步，大帝造。西則達于隔城。隔城者，閶闔在其上，蔭殿在其下。隔城中南有三堂，北有三堂，舊皆皇子、公主所居。隔城之上有閶闔，閣南北皆有觀象臺，女使仰觀之所，下有蔭殿，東西二百五十尺，南北二百尺，壁前後三丈。隔城之西曰映日臺，又南百戲堂，又有五明殿。又南儀鸞殿，劉軻《陳玄奘塔銘》：法師謁文武聖皇帝于洛陽宫，二月己亥，對于儀鸞殿，殿有射堋，殿東即雒城西門，門外有給使坊及内教坊、御馬坊。又南五殿，殿在隔城西映日臺南，下有五殿，上合爲一，亦蔭殿也。壁厚五丈，高九十尺，東西房廊皆五十間。西院有廚，東院有教場、内庫，大帝常御此殿。又南德昌殿，在雒城西門内，殿南曰延慶門，又南曰韶暉門。《河南志圖》作延慶殿、昭暉殿，據《禁扁》改正。又南飲羽殿，又南雒城殿，則達雒城南門。雒城南門之西有麗景門，夾城自此潛通上陽宫。

延祥殿、延壽殿、六合殿、北殿、武后宴于北殿。崇福殿、弘福殿避孝敬皇帝諱改。含章殿、宜春院、迎祥院、六合院、觀禮門、收成門、光慶門、瓔珞門、劉弘基從太宗經略東都，戰于瓔珞門外。左右銀臺門、金鑾門、廣達樓、開元二十四年，明皇在東都，千秋節御廣達樓宴羣臣。武宗時雷震廣達樓。《舊書・王君㚟傳》：上宴君㚟及妻夏氏于廣達樓。以上皆見《河南志》注。紫宸殿、《通鑑》：則天常御紫宸殿。胡身之注云：《六典》洛陽宫不載紫宸殿，以西京大明宫準之，紫宸殿内朝也，其位置當在乾元殿後。積善宫，《通鑑》：朱全忠害何太后于積善宫。不知其處。《舊書・地理志》：太初宫内別殿、臺、館三十五所。

東宫，在宫城東南隅，正門曰重光門，東西各有小門，東曰賓善，西曰延義。一曰含清門，見《禁扁》。宫中有馬坊。《通鑑》：天后使薛元超等鞫太子賢于東宫馬坊，搜得皁甲數百領。

王溥《唐會要》卷三〇《弘義宫》 武德五年七月五日，營弘義宫。初，秦王居宫中承乾殿，高祖以秦王有克定天下功，特降殊禮，別建此宫以居之。至九年七月，高祖以弘義宫有山林勝景，雅好之，至貞觀三年四月，乃徙居之，改爲太安宫。六年二月三日，太宗正位于太極殿，監察御史馬周上疏曰：「臣伏見太安宫在城之

西，其墻宇門闕之制，方之紫極，尚爲卑小。臣伏以皇太子之宅，猶處城中，太安宮乃至尊所居，更在城外，雖太上皇遊心道素，志存清儉，陛下重違慈旨，愛惜人力，而番夷朝見及四方觀者有不足瞻仰焉。臣願營築雉堞，修起門樓，務從高敞，以稱萬方之望，則大孝昭乎天下矣！」

《（乾隆）西安府志》卷五五《古蹟志上·宮闕》 大安宮，《雍録》：在宮城外西偏。太宗嘗獵昆明池，獻獲于大安宮。蓋自昆明東歸之路也。《會要》：武德七年五月，營宏義宮。初，秦王居宮中承乾殿。高祖以秦王有克定天下功，建宏義宮居之。九年七月，高祖以宏義宮有山林勝境，貞觀三年四月徙居之，改爲大安宮。垂拱前殿，賈志：在大安宮。貞觀九年五月，太上皇崩于垂拱前殿。戢武殿，《長安志》：在大安宮。《實録》：太宗與公卿謁太上皇于戢武殿，置酒爲歡，乙夜方散。 文殿：《長安志》：在大安宮。 翠華殿，賈志：在大安宮東北。遺址尚存，俗云祭酒臺。

王溥《唐會要》卷三〇《通義宮》 武德六年四月二十四日，幸龍潛舊宅，改爲通義宮，祭元皇帝於舊寢，以貞元皇后配享，上悲不自勝也。於是置酒高會。詔曰：「爰擇良辰，言遵邑里，禮同過沛，事等歸譙，故老咸臻，旅姻斯會，肅恭薦享，咸慶兼集焉。」其年十二月九日，勑以奉義監爲龍躍宮。即高祖舊居。

王溥《唐會要》卷三〇《太和宮》 武德八年四月二十一日，造太和宮於終南山。貞觀十年廢。至二十一年四月九日，上不豫，公卿上言：「請修廢太和宮，厥地清涼，可以清暑。臣等請徹俸禄，率子弟微加功力，不日而就。」手詔曰：「比者風虚頗積，爲弊至深，況復炎景蒸時，温風鏗節，沈痾屬此，理所不堪，久欲追涼，恐成勞擾，今卿等有請，即相機行。」於是遣將作大匠閻立德於順陽王第取材瓦以建之。包山爲苑，自裁木至於設幄，九日而畢功，因改爲翠微宮。正門北開，謂之雲霞門，視朝殿名翠微殿，寢名含風殿，並爲皇太子構別宮，正門西開，名金華門，殿名喜安殿。

《（乾隆）西安府志》卷五五《古蹟志上·宮闕》 翠微宮，《雍録》：武德八年造，名太和，在終南山。貞觀二十一年改翠微宮。《册府元龜》：翠微宮，籠山爲苑，自初裁至于設幄，九日而罷功。正門北開，謂之雲霞門。視朝殿名翠微殿，寢殿名含風殿，並爲皇太子構別宮，連延里餘。正門西開，名金華門。內殿名喜安殿。

王溥《唐會要》卷三〇《大明宮》 貞觀八年十月，營永安宮，至九年正月，改名大明宮，以備太上皇清暑。公卿百僚，爭以私財助役。至龍朔二年，高宗染風痺，以宮内湫溼，乃修舊大明宮，改名蓬萊宮，北據高原，南望爽塏。六月七日，制蓬萊宮諸門、殿、亭等名。至三年二月二日，税延、雍、同、岐、豳、華、寧、鄜、坊、涇、虢、絳、晉、蒲、慶等十五州率口錢，修蓬萊宮。二十五，減京官一月俸，助修蓬萊宮。四月二十二日，移伏就蓬萊宮新作含元殿，二十五日，始御紫宸殿聽政，百僚奉賀，新宮成也。初，遣司稼少卿梁孝仁監造，悉於庭院列白楊樹。左驍衛大將軍契苾何力入宮中縱觀，孝仁指白楊曰：「此木易長，不過二三年，宮中可得蔭映。」何力不答，但誦古詩曰：「白楊多悲風，蕭蕭愁殺人。」意謂此特冢墓木也。孝仁遽令伐去之，更植桐柏，謂人曰：「禮失，求之于野，固不虚也。」東臺侍郎張文瓘諫曰：「人力不可不惜，百姓不可不養，養之逸則富以康，使之勞則怨以叛。秦皇、漢武，廣事四夷，多造宮室，致使土崩瓦解，户口減半。臣聞制治於未亂，保邦於未危，人罔常懷，懷于有仁。陛下不制之于未亂之前，安能救之于既危之後？百姓不堪其弊，必搆禍難。殷鑒不遠，近在隋朝，臣願稍安撫之，無使生怨。」上深納其言。

永隆二年正月十日，王公已下，以太子初立，獻食，勅于宣政殿會百官及命婦。太常博士袁利貞上疏曰：「伏以恩旨，于宣政殿上兼設命婦坐位，奏九部伎及散樂，並從宣政門入。臣以爲前殿正寢，非命婦宴會之處；象闕路門，非倡優進御之所。望請命婦會于别殿，九部伎從東門入，散樂一色，伏望停省。若于三殿別所，自可備極恩私。」上從之，改向麟德殿。至開元十六年五月六日，唐昌公主出降，有司進儀注，于紫宸殿行五禮。右補闕施敬本、左拾遺張烜、右拾遺李鋭等連名上疏曰：「竊以紫宸殿者，漢之前殿，周之路寢，陛下所以負黼扆，正黄屋，饗萬國，朝諸侯，人臣致敬之所，猶元極可見，不可得而昇也。昔周女出降于齊，而以魯侯爲主，但有外館之法，而無路寢之事。今欲紫宸殿會禮，即當臣下攝行，馬入于庭，醴昇于牖。主人授几，逡巡紫座之間；賓使就筵，登降赤墀之地。又據主人辭稱吾子有事，至于寡人之室，言詞僭越，事理乖張，既黷威靈，深虧典制。其問名納采等，並請權于别所。」上納其言，移于光順門外，設次行禮。

咸亨元年三月四日，改蓬萊宮爲含元殿。長安元年十一月，又改爲大明宮。十二月一日，改含元殿爲大明殿。神龍元年二月，復改爲含元殿。

上元二年七月，延英殿當御坐生玉芝，一莖三花，親制《玉靈芝詩》三章，章八句，曰：「玉殿肅肅，靈芝煌煌。重英發秀，連葉分房。宗廟之福，垂其耿光。原闕二句。」「元氣産芝，明神合德。紫微間彩，白蕣呈色。載啓瑞圖，庶符皇極。

天心有眷，王道惟則。』『幸生芳本，當我宸旒。效此靈質，寶玉獻猷。神惟不愛，道亦無求。端拱思維，永荷天休。』

建中元年九月，將作監言，請修内廊，是歲孟冬，爲魁罡，不利修作，太史請卜佐時，上曰：「啓塞從時，詭妄之書，勿信。」乃命修之。

貞元三年十二月，初作玄英門觀于大明宫北垣。

《〔乾隆〕西安府志》卷五五《古蹟志上・宫闕》 東内大明宫，《雍勝畧》：在省城東北，今含元殿故基。高四十餘尺，去城三里。殿基前翔鳳、棲鳳二閣基猶存。唐《地理志》：上都大明宫在禁苑東南。南接京城之北面，西接宫城之東北。隅長千八百步，廣千八十步。《長安志》：初，高宗命司農少卿梁孝仁制造此宫。北據高原，南望爽塏。每天晴日朗，望終南山如指掌。京城坊市街陌，俯視如在檻内。《雍録》：大明宫本太極宫之後苑，東北面射殿也。在龍首山上。太宗初營永安宫，以備太上皇清暑。九年正月，營改名大明。然太上皇仍居大安宫，不曾徙入。龍朔二年，高宗染風痺，惡太極宫卑下，故就修大明宫。改名蓬萊，取殿後蓬萊池爲名。長安五年，又改爲大明。《長安志》叙載其地，比太極宫承天門則退北三坊，地而中析之以爲六坊。中六坊地以爲丹鳳中門，正街可達。承天南即朱雀正街矣。其百司庶府、居民第宅，悉仍大興都城之舊。故東内大明，雖曰創營，而朝市悉仍隋舊，無所增移也。唐賈至《早朝大明宫呈兩省僚友詩》：銀燭朝天紫陌長，禁城春色曉蒼蒼。千條弱柳垂青瑣，百囀流鶯繞建章。劍珮聲隨玉墀步，衣冠身惹御爐香。共沐恩波鳳池上，朝朝染翰侍君王。杜甫《奉和賈至舍人早朝大明宫詩》：五夜漏聲催曉箭，九重春色醉仙桃。旌旗日暖龍蛇動，宫殿風微燕雀高。朝罷香煙攜滿袖，詩成珠玉在揮毫。欲知世掌絲綸美，池上於今有鳳毛。岑參《奉和中書舍人賈至早朝大明宫詩》：鷄鳴紫陌曙光寒，鶯囀皇州春色闌。金闕曉鐘開萬户，玉階仙仗擁千官。花迎劍珮星初落，柳拂旌旗露未乾。獨有鳳皇池上客，陽春一曲和皆難。丹鳳門，《六典》：南面五門，正南曰丹鳳。《長安志》：至德三年改爲明鳳門，尋復舊。　望仙門、延政門，《六典》：丹鳳門東曰望仙，次曰延政。《長安志》：望仙門，貞元中修，有樓十間。延政門抵長樂坊北。　建福門、興安門，《六典》：丹鳳門西曰建福，次曰興安。《會要》：故事，建福、望仙等門，昏而閉，五更而啓。至德中勅晚開。元和二年，令有司各據班品置待漏院于建福門外。《長安志》：望仙、建福二門内，各有下馬橋，跨東西龍首渠。　太和門、日營門，《長安志》：太和東面一門，日營西面一門。　元武門、銀漢門、凌霄門，《長安志》：北門曰元武，德宗造。樓外設兩廊，持兵宿衛，謂之北衙。元武門左曰銀漢，右曰凌霄。唐《兵志》：貞觀十二年，置左右屯營于元武門，領以諸衛將軍。《會要》：神龍元年，改元武爲神武制勝樓。貞元五年，班宏修元武樓。　含元殿，《六典》：丹鳳門内正殿。《會要》龍朔三年，移仗就蓬萊宫，新作含元殿。長安元年改爲大明殿，神龍元年復爲含元。唐《五行志》：含元路寢，大朝會之所御。《長安志》：含元殿南去丹鳳門四百餘步，中無間隔，左右寬平。東西廣五百步。《賈黄中談録》：殿前龍尾道，自平地凡詰曲七轉，由丹鳳北望，宛如龍尾下垂于地。《劇談録》：龍尾道出于闕前。每朝會，禁軍御仗，宿于殿庭。金甲葆戈，雜以綺繡。羅列文武，纓佩序立。仰觀玉座，若在霄漢。《雍録》：王仁裕曰，含元殿前玉階三級，第一級可高二丈許。每間引出一石螭頭，東西鱗次。第二、第三級各高五尺。三級以自上而下爲次。蓮花石頂亦存級。兩面龍尾道各六七十步，方達第一級。皆花磚。　翔鸞閣、棲鳳閣，《六典》：夾殿兩閣，左曰翔鸞，右曰棲鳳。注：與殿飛廊相接，閣下即朝堂肺石登聞鼓，如承天之制。《長安志》：翔鸞，含元殿東南。棲鳳，含元殿西南。《會要》：上元元年御翔鸞閣觀酺。　鐘樓、鼓樓，《長安志》：殿東南、西南，有鐘鼓樓。又有金吾左右仗院。　通乾門、觀象門，《六典注》：夾道東(南)〔有〕通乾，西有觀象。唐《儀衛志》：百官序班通乾觀象門。　宣政門，《六典》：含元殿北。唐《儀衛志》：百官入宣政門，文班自東入，武班自西入。《長安志》：門外東廊有齊德門，西廊有興禮門。　宣政殿，《六典》：宣政門内，《兩京記》：含元殿後有宣政殿，即正衙殿也。朔望大册拜則御之。《長安志》：宣政殿東有東上閣門，西有西上閣門。《會要》：高宗永隆二年，以太子立，欲會羣臣，命婦合宴宣政殿。袁利正上疏曰，前殿正寢，象闕正門，非命婦宴會、倡優進御之所。　日華門，《長安志》：在宣政殿前東廊，東爲門下省。《雍録》：名左掖，亦名東省。馬志：省東有宏文館。　待制院，《雍録》閣本圖待制院，在宣政殿東，少陽院西。蓋仿漢世待詔，立此官稱也。武后名「曌」，故「詔」改爲「制」。　少陽院，《雍録》：長慶元年，于門下省東少陽院築墻及樓觀。史館，《長安志》：宏文館次東史館。館東南北街出含耀門，門南曰昭訓，北曰崇明。　月華門，《長安志》：在宣政殿前西廊。西爲中書省。《雍録》：名右掖，亦名西掖。《長安志》：省西南北街南出昭慶門，當光範門，昭慶門。北曰光順門。　政事堂，《雍録》：在東省屬門下。中宗時，裴炎以中書令執政，徙政事堂

于中書省。杜甫《紫宸殿退朝》詩云：宮中每出歸東省，會送夔龍集鳳池。鳳池者，中書也。杜爲左拾遺，肅宗時政事堂已在中書。故出東省而集西省者，就政事堂見宰相也。　御史北臺，舒元輿《御史臺中書院記》：御史府故事，于中書之南，常有理所。太和四年，于政事堂直阡之南，選地以作之，號中書南院。院門北辟，嚮朝廷也。觀者命爲御史北臺。　殿中內省，《長安志》：中書省北。馬志：內省西有命婦院，北有親王待制院。　思政殿，《長安志》：延英殿相對。《會要》：長慶四年，高重崔郾高釴于思政殿中謝郾奏曰：臣職侍講，未嘗召問經義。上賜綿綵銀器。按：思政與延英對，則延英在宣政西上閤之西，似思政亦宜在宣政東上閤之東。　延英門，《六典》：宣政之右，西上閤次西。　延英殿，《六典》：延英門左。《玉海》：延英在西上閤之西，而李庾賦乃曰「左閤當宸」，誤矣。《會要》：穆宗元和十五年，詔于西上閤門西廊西畔開便門，以通宰相，自閤中赴延英路，則不在紫宸東矣。《長安志》肅宗時，梁上生玉芝，一莖三花，僖宗改爲靈芝殿。自蜀還復舊名。《尚書故實》：延英，靈芝殿也，謂之小延英。苗韓公居相位，以足疾步驟微蹇，上每于此待之。　含象殿，《六典》：延英門內之右。　紫宸門，《六典》：宣政殿北。《舊唐書·敬宗紀》：敬宗長慶四年，見羣臣于紫宸門外。　紫宸殿，《六典》：紫宸門內，郎內朝正殿也。《雍録》：宣政，前殿也，謂之衙。衙有仗，紫宸便殿也，謂之入閤。其不御前殿而御紫宸也，乃自正衙唤仗，由閤門而入。百官候朝于衙者，因隨以入見，故謂之入閤。自乾符已後，因亂禮闕，天子不能日見羣臣，而見朔望。故正衙常日廢仗，而朔望入朝有仗。其後習見，遂以入閤爲重。至出御前殿，猶謂之入閤。　明義殿，《長安志》：紫宸殿西。　蓬萊殿，《六典》：紫宸殿北。唐《段秀實傳》：秀實對蓬萊殿，代宗問所以安邊者，畫地以對。《玉海》：東有綾綺殿。　浴堂門，《雍録》：紫宸殿東。《玉海》：李吉甫上河北險要所在，帝張于浴堂門。　浴堂殿，《玉海》：舘本圖綾綺殿南。元微之《承旨廳記》：乘輿奉郊廟，則承旨得乘廐馬，自浴殿由內朝以從。　珠鏡殿，馬志：綾綺殿北。《長安志》：殿東北有大角觀。　還周殿、清暉閣，《兩京記》：並在蓬萊殿西。　承歡殿，《長安志》：還周殿南。　金鑾殿，《兩京記》：還周殿西北。《雍録》：金鑾坡者，龍首山支隴。隱起平地，坡陀靡迤。上有殿名金鑾，在蓬萊山西微南。馬志：殿西南有金鑾御院。　東學士院，《雍録》：韋執誼故事云：置學士院後，又置東學士院于金鑾殿之西。李肇志亦曰：德宗移院于金鑾坡西。蓋德宗造院于金鑾坡上，以其在開元學士院之東故。《會要》：命爲東翰林院，而銀臺門內者，元不曾廢。諸家謂移院者，誤。　長安殿，《兩京記》：在金鑾殿西南，蓬萊西殿北，有仙居殿。仙居西北有麟德殿。此殿三面，故以三殿名。南有閣，東西皆有樓。殿北相連，各有障日閣。內宴多在于此。《雍録》：三院即三殿。結璘樓即三殿之西廊也，鬱儀樓即三殿之東廊也。鬱儀又東即寢殿矣。鬱儀、結璘，翰林院、學士院皆在三殿西廊之外。　東亭會慶亭，馬志：在麟德殿北。　含涼殿，《長安志》：蓬萊殿後。《會要》：龍朔二年，睿宗生于蓬萊宮含涼殿。殿後有太液池。《長安志》：池內有太液亭子。穆宗時，命侍講韋處厚等入講《毛詩》、《尚書》。又命纂集《尚書》中君臣事蹟，令刊于太液池，以備觀覽。《雍勝略》：蓬萊池，一名太液池，中有蓬萊山。　左銀臺門、右銀臺門，馬志：左門在宮城東面，右門在西南。《六典》：紫宸殿東曰左銀臺門，殿西曰右銀臺門。《會要》：貞元十二年，左右十軍使奏，鑾駕去冬幸諸營，于銀臺門外立碑紀聖迹。唐《錢徽傳》：憲宗戒有貢獻母入右銀臺門，以避學士。　內侍省、右藏庫，馬志：俱近右銀臺門。　翰林門，《雍録》：在大明宮右銀臺門內稍退北有門，榜曰翰林之門。其制高大重複，號爲胡門，門東向。　學士院，《雍録》：翰林門直西爲學士院。院有兩廳，南北相沓而各自爲門。旁有板廊，自南廳可通北廳。又皆南向。院各五門。北廳從東來第一間常爲承旨閣，餘皆學士居之。廳前堦砌花磚爲道。南廳，駙馬張垍爲學士時，以居公主，此其晝堂也。後皆以居學士。其東西四間皆爲學士閣，中一閣不居。《會要》：學士院者，置在翰林院南，別户東向。自建院後，韓翃、李白之徒，並在舊翰林院中，假其名而無職。其入直者，並以文詞共掌詔勅。自此北翰林始無學士之名。　翰林院，《雍録》：學士院北廳又北爲翰林院。《會要》：初置在銀臺門內，麟德殿西廂重廊之後。　少陽院，《雍録》：翰林院又北爲少陽院。按：此在宮西別有門下省少陽院。　九仙門，《長安志》：翰林院北。　拾翠殿，《六殿》：在大明宮。馬志：翰林院北。　大福殿、三清殿、含冰殿，馬志：在翰林院北九仙門內。　承香殿，《長安志》：含冰殿東南。馬志：殿北有長閣。《長安志》：殿東北有紫蘭殿，紫蘭東北有元武殿。　凝霜殿、碧羽殿、紫簫殿、鬱儀閣、承雲閣、修文閣，馬志：俱在宮垣之外，兩掖門內。　五王內院，《長安志》：宣宗時，夔王以下五王，居大明宮內院侍讀，五日一入乾符門講讀。

問安宮,《長安志》：昭宗傳位于太子,居東内爲問安宮。　飛霜殿,《實録》：太宗貞觀二十年七月,宴五品以上于飛霜殿。絲竹遞奏。羣臣上壽,賜綾錦。　觀德殿,殿在元武門北。因地形高敞,層閣三成。引水爲潔渌池,以滌炎暑。《玉海》：元武門外。《實録》：總章元年十月癸丑,文武官獻食賀破高麗,帝御元武門之觀德殿宴百官,設九部樂,賜帛。　白華殿,《雍録》：建中四年十月,涇原節度使姚令言兵變。入大明宮迎朱泚含元殿。戊申,徙白華殿。晟後收長安,亦自白華門入。諸家不載何地。以晟兵所届言之,當在大明東苑之東。集賢院,《玉海》：開元十一年,分置此院大明宮外。院内東西八十步,南北六十九步。院中有仰觀臺,即一行師占候之所。　教坊,《長安志》：《唐紀》曰,元宗置左右教坊于蓬萊宮側。帝自爲法曲俗樂以教宮人,號皇帝梨園弟子。

徐松《唐兩京城坊考》卷一《西京・大明宮》　大明宮在禁苑東偏,舊太極宮後苑之射殿,據龍首山。龍首山長六十里,來自樊川,由南而北行,至渭濱乃折向東。頭高二十丈,尾漸下,可六七丈。漢之未央據其折東高處,故宮高出長安城上。大明宮又在未央之東,其基愈高,故含元殿基高於平地四丈。南接都城之北,西接宮城之東北隅,亦曰東内。其城南北五里,東西三里。呂大臨圖云：大明宮城廣二里一百四十八步,縱四里九十五步。《雲麓漫鈔》云：《唐志》,大明宮縱一千八百步,廣一千八十步。今實計,縱一千一百一十八步,廣一千五百三十五步。按《雲麓漫鈔》所言《唐志》之數,即《長安志》南北五里、東西三里之數,其實數即呂大臨圖之數。惟據縱一千一百一十八步,則呂圖當云廣三里三十八步也。蓋有脱誤。　貞觀八年置爲永安宮,次年改大明宮,備太上皇清暑。龍朔二年,高宗病風痺,以宮内湫溼,命司農少卿梁孝仁修之,改名蓬萊宮。初梁孝仁悉於庭院列白楊樹,指示左驍衛大將軍契苾何力。何力不答,但誦古詩曰「白楊多悲風,蕭蕭愁殺人」,意謂此冢墓木也。孝仁遽伐去,更植松柏。南面五門：正南丹鳳門,至德三載改明鳳門,尋復舊名。本當京城翊善坊北門。置宮後,分翊善、永昌各爲二坊,當北門、街廣一百三十步,南北盡二坊之地,南抵永興坊北門之東。其東望仙門,南當皇城東第二街,貞元中修,有樓十間。望仙門内之東壁有雅樂樂具庫,見《樂府雜録》。次東延政門,抵長樂坊之北。　丹鳳門西建福門,南抵光宅門外坊之北。望仙、建福二門各有下馬橋,跨東西龍首渠。按宰相入朝,翼衛及建福門而止,見《令狐楚傳》。門外有百官待漏院,《雍録》：故事,建福門、望仙門昏而閉,五更五點而啓。至德中,有吐蕃自金吾仗亡命,因敕晚開。宰相待漏太僕寺車坊,元和元年,初置百官待漏院,各據班品爲次,在建福門外,候禁門啓入朝。　次西興安門。南當皇城之啓夏門,舊京城入苑之北門,開皇三年開。餘四門並與宮同置。按劉闢、吴元濟獻俘皆於此門。　東面二門：南爲太和門,門外則左三軍列焉,門之北從西第一左羽林軍,第二左龍武軍,第三左神策軍。太和門北爲左銀臺門。西面二門：〔依下文,西面爲三門,疑「二」爲「三」誤。〕南日營門,北右銀臺門,門皆有仗舍。《通鑑》：昭宗恐李順節作亂,詔劉景宣、西門君遂召順節。順節入,至銀臺門,二人邀順節於仗舍坐語。按北軍仗院在銀臺門之南,不應已入銀臺而反南至仗舍。疑各門自有兵衛,皆有仗舍。　右銀臺門之北九仙門,《通鑑》注引《閣本大明宮圖》：右銀臺門之北有九仙門,又北轉東則淩霄門。《金鑾密記》：九仙殿銀井有梨二株,枝葉交接,宮中呼爲「雌雄樹」。蓋九仙門内有殿也。太宗草書有「九仙門敕」。　門外則右三軍列焉。門之北從東第一右羽林軍,第二右龍武軍,第三右神策軍。按左右三軍即所謂北軍也,以中官領之。以在苑北,又謂之北司。　北面三門：中玄武門,德宗造門樓,外設兩廊持兵宿衛,謂之北衙。按本紀,大中二年修左銀臺門及南面城墻,至睿武樓。則玄武改睿武矣。　門外有飛龍廄,《雍録》：後苑有驥院,禁馬所在。　玄武之左銀漢門,右淩霄門。「淩霄」一作「淩雲」,又作「青雲」。李輔國仗兵淩霄門以俟太子,即此。

丹鳳門内正牙曰含元殿,武后改大明殿,南去丹鳳門四百餘步,東西廣五百步。按殿有東序門,見《舊書・代宗皇后沈氏傳》。　大朝會御之。殿之前廊有翔鸞閣、棲鳳閣,《舊書・郝處俊傳》：上元元年,高宗御含元殿東翔鸞閣觀大酺。《肅宗紀》：至德三載,大閲諸軍於含元殿庭,上御棲鳳閣觀之。李華《含元殿賦》：左翔鸞而右棲鳳。　閣下即東西朝堂,有肺石、登聞鼓、金吾左右仗院。按：《李訓傳》言石榴樹甘露,則左仗院也。《通鑑》：李晟破朱泚,屯含元殿前,舍金吾仗院,則右仗院也。其側有門,曰側門,景龍中於側門降斜封墨敕授人官。時諸王退朝,於側門候止。後又於側門受詞訟,引對都督、刺史之官及御史出使者。　閣前有鐘樓、鼓樓。舒元輿《御史臺記》曰：每朝會,監察御史二人立於東西朝堂甎道,雞人報點,監者押百官由通乾、觀象入宣政門。及班於殿廷前,則左右巡使二人分押於鐘鼓樓下。　左右砌道盤上謂之龍尾道,龍尾道自平地七轉上至朝堂,分爲三層：上層高二丈,中、下層各高五尺,邊有青石扶欄。上層之欄柱頭刻螭文,謂之螭頭,左右二史所立也。諫議大夫立於此,則謂之諫議坡。兩省供奉官立於此,亦謂之蛾眉班。其中、下二層石欄刻蓮花頂。　夾道東則通乾門,西則觀象門。　含元殿後曰宣政殿,天子常朝所也。　殿門曰宣政門,門外兩廊爲齊德門、在東。興禮門。在西。一作「齊禮」、「興德」。舊本《長安志圖》作「齊禮門」、「崇德門」,當從之。按：門外有藥樹,元微之詩：松間待制應全遠,藥樹監搜可得知。其内兩廊爲日華門、在東。《温造傳》：宮中昭德寺火,火在宣政殿東隔垣,宰臣、兩省、京兆尹、中尉、樞密環列於日華門外。月華門。在西。《唐詩紀事》言張九齡、裴耀卿罷免之日,自中書至月華門。按宣政門内皆植松,入閣賜對官班退,立東階松下。　日華門外爲門下省,太和六年,毀如京倉,以其地歸門下省。又云：

寶曆末，好廣苑囿門，省馬廄，因通入禁中，至是還之。其東，弘文館。太宗始於弘文殿側置弘文館，後徙於門下省。又東，待詔院。唐初，仿漢立待詔。後以武后諱，改詔爲制。每御正衙日，令諸司長官二人奏本司事，謂之待制。貞元間，又令未爲長官而預常參者亦每日引見，謂之巡對，亦謂之次對。蓋此待制院候宣政殿引對者也。思政殿側之待制院，候延英殿引對者也。待詔院在史館西，據《大典》載《閣本大明宫圖》訂。又東，史館。劉寬夫《剸竹記》：左史院邇宸居之正地，直日華之東偏，有竹一叢，翠接階戺。史館北爲少陽院。《雍録》：長慶元年，於門下省東少陽院築墻及樓觀。劉季述鎖昭宗于少陽院，更名問安宫。《通鑑》注：少陽院在浴堂殿之東。蓋近東南也。《長安志》言右銀臺門北翰林院北有少陽院，誤。少陽院東有南北街，街北出崇明門，崇明門東即左銀臺門。玄宗於崇明門選後宫無用者，還其家，蓋由此以出左銀臺門。街南出含耀門，又南出昭訓門。昭訓門東與太和門直，西即通乾門。月華門外爲中書省。省有政事堂。舊制，宰臣常於門下省議事，政事堂在門下省。故長孫無忌爲司空，房玄齡爲僕射，魏徵爲太子太師，皆云知門下省事。高宗永淳二年七月，裴炎自中書令執朝政，始移政事堂于中書省。開元十一年，中書令張説改政事堂爲中書門下，其政事印改爲中書門下印。錢氏大昕云：後唐昇元觀牒有數印，其文曰「中書門下之印」，蓋宰相印也。省有四門，憲宗命宰相闔中書四門，搜捕滑涣是也。《宋申錫傳》亦言中書東門，又有西軒，見《通鑑》杜悰事。政事堂舊有後門，宰相時過舍人院咨訪政事，常衮塞之，以示尊大。唐人以左右分兩省官，左散騎、左諫議、給事中皆屬左省；右散騎、右諫議、中書舍人皆屬右省。白居易有《西省北院新作小亭，種竹開窗，東通騎省，與李常侍隔窗小飲詩》，蓋中書省中之舍人院東接右騎省直舍，南面有户，而北無之，樂天故於省北剏亭以通騎省牖也。《雍録》曰：杜甫爲左拾遺，作《紫宸殿退朝詩》云：宫中每出歸東省，會送夔龍集鳳池。鳳池者，中書也。言左省官方自宫中退朝而歸東省，又復集於西省者，就政事堂見宰相也。岑參爲右補闕，與杜同時，杜答參詩曰：窈窕清禁闥，罷朝歸不同。謂分東西班，各退歸本省也。又曰：君隨丞相後，我往日華東。謂宰相罷朝，由月華門出而入中書，凡西省官亦隨丞相出而西。若杜爲左省官，仍自東出日華門也。省南爲御史臺，於中書省南廊架南北爲軒，由東入院，門首爲中丞院，次西雜事院，又西左右巡使院。門皆北向，故曰御史北臺，亦曰御史臺中書南院，見舒元輿記。省北爲殿中外院、殿中内院。《長安志》不載外院，「内院」作「内省」，據《大典·閣本》改。《通鑑》注引《閣本大明宫圖》，中書省與延英殿，其間僅隔殿中外院、殿中内院，與《大典》本合。《長安志》内省之北有親王待制院，《閣本圖》不載，故不取。院西爲命婦院，命婦朝於光順門，故置院於此。後改爲集賢殿書院。《舊書·職官志》云：大明宫所置書院，本命婦院，屋宇宏敞。按：西京之有書院，仿東都之制也。開元二十四年，駕在東都，張九齡遣直官魏光禄先入京造之。院西有南北街，街北出光順門，外命婦朝皇后及百官上書，皆於此門。門西即右銀臺門。街南出昭慶門，又南出光範門。光範門西與日營門直，東即觀象門。昌黎《上宰相書》「伏光範門下」者，蓋由此門入中書省。殿東西皆有上閤門。御紫宸時，唤仗由此閤門入，故曰入閤。常朝開東閤門，忌辰則開西閤門。宣政殿後爲紫宸殿，宣政之後爲第二横街，見《畫墁録》。殿門曰紫宸門，天子便殿也，不御宣政而御便殿曰「入閤」。紫宸之後曰蓬萊殿。西清暉閣，其北太液池，池有亭。《通鑑》注：池中有蓬萊山，亦謂之蓬萊池。李泌奏德宗云：陛下嘗令太子見臣於蓬萊池。其時帝爲泌作書院於蓬萊殿側，故太子見之於蓬萊池。又憲宗欲近獵苑中，至蓬萊池西，蓋由池之西出玄武門，入重玄門即禁苑。太液亭有尚書君臣事跡，文宗命工匠所刊。龍首之勢，至此夷爲平地，而蓬萊之西偏南餘有支隴，因坡爲殿，曰金鑾。殿西曰金鑾坡。《長安志》云：金鑾西南有金鑾御院。環金鑾者曰長安，《大典·閣本圖》，長安殿在金鑾殿南偏西。《長安志》云「長安」一名「長樂」。曰仙居，《大典·閣本圖》，仙居殿在金鑾西。《長安志》：仙居在長安北。曰拾翠，《大典·閣本圖》，拾翠殿在仙居殿西北。曰含冰，《大典·閣本圖》，含冰殿在拾翠殿東，當金鑾西北。曰承香，《大典·閣本圖》，承香殿在含冰殿東。《長安志》云：承香殿在含冰殿東南。曰長閣，《長安志》：承香殿北有長閣。曰紫蘭。《長安志》：紫蘭殿在承香殿東北。《通鑑》：貞觀二十年，宴回紇俟利發吐迷度等於芳蘭殿。注云：《閣本·大明宫圖》，玄武門右玄武殿後有紫蘭殿，此「芳蘭」疑即「紫蘭」。按：今《閣本圖》，紫蘭殿在玄武殿之前，胡注「後」或「前」字之訛。自紫蘭而東，則太液池北岸之含涼殿，《長安志》：含涼殿在太液池南。今據《大典·閣本圖》改。玄武門内之玄武殿也。《長安志》：玄武殿在紫蘭殿東北。由紫宸而東，經綾綺殿、《雍録》載《館本圖》在浴堂北，今從《通鑑》注引《閣本圖》及《大典·閣本圖》。浴堂殿、殿前有浴堂門，見《順宗實録》。又有北廊，見《李絳傳》。宣徽殿、在浴堂殿東，見《大典·閣本圖》。温室殿、在宣徽殿南，見《通鑑》注及《大典》引《閣本圖》。明德寺，在左銀臺門之西，見《大典·閣本圖》。《長安志》作「昭德寺」。以達左銀臺門。銀臺門之北爲太和殿、清思殿、《通鑑》注引《閣本圖》，入左銀臺門稍北即太和殿，又西即清思殿。又《通鑑》：蘇元明入銀臺門作亂，上時在清思殿擊毬。注云：自左銀臺西入經太和殿、清思殿，清思殿之南則宣徽殿，北則《珠鏡殿》。《舊書·薛存誠傳》：敬宗於宫中造清思院新殿，蓋即此也。武元衡《賀甘露表》「聖恩以元和殿前所降甘露宣示百寮」，疑「元和」或「太和」之譌。望仙臺、在清思殿西，見《大典·閣本圖》。《唐語林》：武宗於大明宫中築望仙臺，改爲文思院。《雲麓漫鈔》云：望仙臺在宣政殿東北。珠鏡殿、在望仙臺北，見《大典·閣本圖》。大角觀，《長安志》：大角觀在珠鏡殿東北。《大典·閣本圖》不載，而珠鏡殿西北有玄元皇帝廟，疑即此觀也。則極於銀漢門。《大典·閣本圖》作「鎮濟門」，蓋

傳寫之訛。由紫宸而西，歷延英殿、前有延英門。《通鑑》注：《閣本・大明宮圖》，中書省與延英殿，其閒僅隔殿中外院、殿中內院。《六典》、會要以延英在紫宸之西。《長安志》、呂大臨圖、《雲麓漫鈔》皆據李庚賦，謂在紫宸東。王伯厚證以元和十五年於西上閤門西畔開便門，以通宰臣自閤中赴延英路，則不在紫宸東明矣。僖宗乾符中以殿梁上生玉芝，改爲靈芝殿，尋復舊名。唐制，內中有公事商量，降宣頭開延英。中書有敷奏入牓子，請開延英。延英門內之左有含象殿。思政殿、在延英南，與延英相對，天子於此見羣臣。《舊書・崔鄲》、《薛戎》、《高釴傳》皆召對思政殿，穆宗亦對段文昌於此。待制院、在思政殿側，舊藥院地。大曆十四年立爲廨，備清望官待制。內侍別省，見《大典・閣本圖》。以達右銀臺門。銀臺門之北爲明義殿、承歡殿、《通鑑》注引《閣本圖》：光順門在紫宸門之西，光順門內。則明義殿、承歡殿與《大典・閣本圖》合，明義在東，承歡在西。以地準之，二殿當在右銀臺門北。《大典圖》載在延英殿東，似誤。還周殿、在承歡殿北，見《大典・閣本圖》。左藏庫、見《大典・閣本圖》。「左」《長安志》作「右」，誤。麟德殿、殿有三面，南有閣，東西有樓，故曰三殿。憲宗謂李絳「明日三殿對來」是也。《雍録》又謂之三院，東樓曰鬱儀，即《裴度傳》之東廊。西樓曰結璘，亦曰西廊，《順宗實録》有西亭，或即西廊也。殿東即寢殿之北相連，各有障日閣，凡內宴多於此。貞元十二年，宴宰相於麟德殿之東亭，文宗幸三殿東亭觀《開元東封圖》。《長安志》：麟德殿有會慶亭。《禁扁》：麟德殿側有景雲閣，殿之左即左藏庫。明皇將幸蜀，移仗北內，出延秋門，過左藏。《通鑑》注謂北內爲大明宮。翰林院、在麟德殿西重廊之後，以其在銀臺門之北，故草制其閒者，因名「北門學士」。開元二十六年，於院南別置學士院，户皆東向。學士院南廳五間，翰林院北廳五間，中隔花磚道。承旨居北廳東第一間。九仙門、翰林院之門曰翰林門。《長安志》：翰林門北即九仙門。三清殿、大福殿、二殿在淩霄門內，三清在左，大福在右，見《大典・閣本圖》。則達於淩霄門。宮垣之外，兩邊有掖門，門內有凝霜殿、碧羽殿、紫簫殿、鬱儀閣、承雲閣、修文閣。此條見《長安志》。按諸書不言掖門，未知所在。《大典・閣本圖》於左銀臺門外有夾道，豈掖門所在歟？九仙門之外有鬬雞樓、走馬樓。見《大典・閣本圖》。鬬雞樓在北，走馬樓在南。

思賢殿、《通鑑》：文宗疾甚，迎潁王至少陽院，百官謁見於思賢殿。當亦在大明宮。會寧殿、《通鑑》：文宗幸會寧殿作樂。咸泰殿、《通鑑》：懿宗於咸泰殿築壇，爲內寺尼受戒。天福殿、文明殿、天福二年，御史臺奏云：文武百寮每五日一度內殿起居。在京城時，百官於朝堂幕次，自文明殿門入，穿文明殿庭，入東上閤門，至天福殿序班。疑文明殿即宣政殿之更名，天福殿即紫宸殿之更名。長生殿、肅宗大漸，越王係授甲長生殿。閻氏若璩云：大明宮寢殿也。壽春殿、《通鑑》：上仗劍登乞巧樓，韓全誨等逼上下樓。上行纔及壽春殿，李彥弼已於御院焚火。是日冬至，上獨坐思政殿，翹一足，一足踼闌干。中和殿、《通鑑考異》引《實録》：憲宗崩於大明宮之中和殿。乞巧樓、《通鑑》：昭宗在乞巧樓，劉季述、王仲先伏甲士於門外。胡注云：按《劉季述傳》，乞巧樓在思玄門內，近思政殿，門即宣化門。仰觀臺、見《禁扁》。含春亭、《東觀奏記》：上將命令狐綯爲相，夜半幸含春亭召對，盡蠟燭一炬，方許歸學士院。南亭院、《東觀奏記》：宣宗驛召羅浮山人軒轅集赴京師，館於南亭院。仙韶院、《舊書・陳夷行傳》有仙韶院樂官尉遲璋。柿林院、《通鑑》：王叔文入至翰林，而王伾入至柿林院，見李忠言、牛昭容計事。宣化門、《東觀奏記》：王宗實爲淮南監軍，宣化門受命，將由右銀臺出。玄英門、德宗貞元三年作玄英門及觀於大明宮北垣。玄化門、《大典・閣本圖》，在宮城東北隅，俟考。毬場門、《大典・閣本圖》：毬場門在玄武門外。按：玄武門外即禁苑，不得有門，疑誤。乾符門，《東觀奏記》：大中十二年，用鄭漳、李鄴爲鄆王已下侍讀。時鄆王居十六宅，夔、昭以下五王居大明宮內院。數日追制，改充夔王以下侍讀，五日一入乾符門講讀。不知其處。

王溥《唐會要》卷三〇《玉華宮》 貞觀二十一年七月十三日，剏造玉華宮于坊州宜君縣之鳳凰谷，正門曰南風門，殿名玉華殿。皇太子所居南風門東，正門曰嘉禮門，殿名暉和殿。正殿瓦覆，餘皆葺之以茅，意在清涼，務從儉約。至永徽二年九月三日，廢玉華宮，以爲佛寺，苑內舊是百姓田，並還本主。至二十二年四月二十四日，太宗以新造離宮，務從卑儉，終費人力，謂侍臣曰：「唐堯茅茨不翦，以爲儉德，不知堯之時，無瓦爲蓋。桀、紂之爲，若於無瓦之晨，爲茅茨者，未爲儉德。不翦之言，蓋書史粉飾之耳。朕今構采椽于椒風之日，立茅茨于有瓦之時，將爲節儉，自當不謝古者。昔宮室之廣，人役之勞，切以此再思，不能無愧。」其月，徐充容上表曰：「妾聞爲政之本，貴在無爲。竊見土木之工，不可兼遂，北闕初見，南營翠微，曾未逾時，玉華復興。因山藉水，非無架築之勞；損之又損，頗有工力之費。終以茅茨示約，猶興木石疲民；假使和僦取人，不無煩擾之弊。是以卑宮菲食，聖王之所安；金屋瑶臺，驕主之所麗。故有道之君，以逸逸人；無道之君，以樂樂身。願陛下使之以時，則力不竭矣；用而息之，則人斯悦矣。」二十二年四月，太宗御製《玉華宮銘》，詔令皇太子已下並和。

王溥《唐會要》卷三〇《九成宮》 永徽二年九月八日，改九成宮爲萬年宮。至乾封二年二月十日，改爲九成宮。三年四月，將作大匠閻立德造新殿成，移御之日，謂侍臣曰：「朕性不宜熱，所司頻奏，請造此殿；既作之後，深懼人勞。今既暑熱，朕在屋下，尚有流汗，匠工暴露，事亦可愍；所以不令精妙者，意祇避炎

暑耳。」長孫無忌曰：「聖心每以恤民爲念，天德如此，臣等不勝幸甚。」五年三月，幸萬年宫。上謂太尉無忌曰：「此宫非直涼冷宜人，且去京不遠，朕離此十年，屋宇無多損壞。昨者不易一椽一瓦，便已可安，不知公等得安堵否？曹司廨署周足否？」乃親制《萬年宫銘》並序，七百餘字，羣臣請刊石，建於永光門。詔從之。

王溥《唐會要》卷三〇《奉天宫》 永淳元年七月，造奉天宫於嵩山之南，仍置嵩陽縣。監察御史李善感諫曰：「自古帝皇，莫不以登封告成爲盛事；天皇以封泰山，告太平，致羣瑞，則與三皇、五帝比隆矣。但數年以來，菽粟不稔，百姓餓死，道路相望，兼之四夷交侵，日有征發。天皇恭默思譴，方便營造宫室，勞役不已，天下聞之，莫不失望。臣忝任御史，是國家耳目，竊以此爲憂。」上雖優容之，竟不納。其時承平已久，諫諍殆絶，善感既進諫書，時人甚稱美之。弘道元年十二月，遺詔廢之。文明元年二月，改爲嵩陽觀。

王溥《唐會要》卷三〇《三陽宫》 聖曆三年十一月二十八日，造三陽宫于嵩陽縣。久視元年七月三日，左補闕張説以車駕在三陽宫，不時還都，上疏曰：「陛下屯萬乘，幸離宫，暑退涼歸，未降還旨。愚臣固陋，恐非良策，請爲陛下陳其不可。三陽宫去洛城一百六十里，有伊水之隔，崿坂之峻；過夏涉秋，水潦方積；道壞山險，不通轉運；河廣無梁，咫尺千里；扈從兵馬，日費資給；連雨彌旬，恐難周濟。陛下太倉武庫，並在都邑，紅粟利器，蘊若山丘，奈何去宗廟之上都，安山谷之僻處？是猶倒持劍戟，示人鐏柄。夫禍變之生，在人所忽。故曰：安樂必誡，無行所悔。今國家北有胡寇覰邊，南有夷獠騷徼；關西小旱，耕稼是憂；安東近平，輸漕方始。臣願陛下及時旋軫，天下羣生，莫不幸甚。」

長安四年正月二十二日，毁三陽宫，取其材木，造興泰宫於壽安縣之萬安山。左拾遺盧藏用上表諫曰：「臣愚雖不達時變，竊嘗讀書，見古帝王之迹衆矣。臣聞土階三尺，茅茨不翦，采椽不斲者，唐堯之德也。卑宫室，菲飲食，盡力乎溝洫者，大禹之行也。惜中人十家之産，而罷露臺之制者，漢文之明也。並能垂名無窮，爲帝皇之烈，豈不以克念徇物，博施濟衆，以臻於仁恕哉！今陛下崇臺邃宇，離宫別館，亦已多矣。更窮人之力，以事土木，臣恐議者以爲陛下不愛人，務奉己也。左右近臣，多以順意爲忠，朝廷具僚，皆以犯忤爲患，至令陛下不知百姓失業，百姓亦不知左右傷陛下之仁也。小臣固陋，不識忌諱，敢冒死上聞，乞下臣此章，與執政者議其可否。」

王溥《唐會要》卷三〇《興慶宫》 開元二年七月二十九日，以興慶里舊邸爲興慶宫。初，上在藩邸，與宋王等同居于興慶里，時人號曰「五王子宅」。至景龍末，宅内有龍池湧出，日以浸廣，望氣者云有天子氣。中宗數行其地，命泛舟，以馳象踏氣以厭之，至是爲宫焉。後于西南置樓，西面題曰「花萼相輝之樓」；南面題曰「勤政務本之樓」。至二十五年，玄宗謂諸王曰：「我自奉先帝宫室，不敢有加，時時補葺，已愧于勞人矣。惟興慶創制，乃朝廷百辟卿士以吾舊邸，因欲修建，不免羣卿考室之詞，以俟庶民子來之請，亦所以表休徵之地。新作南樓，本欲察甿俗，採風謡，以防壅塞，是亦古辟四門達四聰之意，時有作樂宴慰，不徒然也。又因大哥讓朱邸，以成『花萼』『相輝』之美，歷觀自古聖帝明王，有所興作，欲以助教化也。我所冀者，式崇敦睦，漸漬薄俗，令人知信厚爾。」至十六年正月三日，始移仗于興慶宫聽政。二十四年六月，廣花萼樓，築夾城至芙蓉園。十二月三日，毁東市東北角，道政坊西北角，以廣花萼樓前。

天寶十載四月二十一日，興慶宫造交泰殿成。元和十四年三月，詔左右軍各以官健二千人修勤政樓。大和三年十月，勑修南内天同殿十三間，及勤政樓、明光樓。一大中五年，詔修明儀樓。

《（乾隆）西安府志》卷五五《古蹟志上·宫闕》 南内興慶宫，唐《地理志》：在皇城東南，距京城之東。開元初置，十四年增廣之，謂之南内。《會要》：初，上在藩邸，與宋王成器等同居興慶里，人號曰五王宅。至是爲宫焉。《玉海》：舊史，開元元年，以隆慶舊邸爲興慶宫，在隆慶坊。元宗名隆基，改興慶。《長安志》：開元二十年，築夾城入芙蓉園。自大明宫夾東羅城，經通化門以達此宫，又經春明、延喜門，至曲江芙蓉園，而外人不知也。　興慶門、金明門，《六典》：宫之西曰興慶，次南曰金門。　通陽門、躍龍門，一作濯龍門。《長安志》：宫南曰通陽宫，北曰躍龍。　勤政務本樓，唐《讓皇帝傳》：先天後以隆慶舊邸爲興慶宫，於宫西南置樓，南曰勤政務本之樓。《樂志》：元宗教舞馬百匹，舞于勤政樓下。後賜宴設酺，亦于勤政樓。　花萼相輝樓，《長安志》：置宫後寧王憲、申王撝、岐王範、薛王業邸第，相望環于宫側。明皇因題「花萼相輝」之名。帝時登樓，聞諸王音樂，咸召升樓，同榻宴謔。　大同門，《長安志》：勤政樓之北。　大同殿，《六典》：大同門内。《長安志》：殿左右有鐘樓、鼓樓。天寶七載，大同殿柱産玉芝，有神光照殿。　翰林院，《長安志》：大同門西，金明門内。《學士院記》：駕往興慶宫，則置院金明門内。　明義門，《長安志》：通陽門東。　長

慶殿，《長安志》：明義門内。按：《唐雜記》曰：明皇爲太上皇，居興慶宫。每置酒長慶樓，南俯大道，裴回觀覽。　明光門《六典》：通陽門北。《會典》：太和三年修明光樓。　龍池，《雍勝畧》：景龍池本爲隆慶池，以諱元宗名改興慶。立宫後，謂之龍池。《景龍文舘記》：興慶池在隆慶坊。本是平地，垂拱後因雨水流潦成小池。近五王宅，號爲五王子池。《六典》：元宗隆慶坊舊宅有並，忽湧爲小池，周袤十數丈，常有雲龍或黄龍出其中。景雲間浸廣，里中人悉移居，遂爲龍池。《長安志》：武后時，民井溢浸成大池數十頃，號隆慶池。丞相王子列第其北。望氣者言，常鬱鬱有帝王氣。中宗神龍五年幸池上，宴侍臣以厭之。《六典》：中有龍堂。　沉香亭，《長安志》：龍池東。《松牕録》：開元中禁中初種木芍藥，得四本。上因移于興慶池東，沉香亭前。《唐詩紀事》：禁中木芍藥開，上賞之，妃子從。帝曰：賞名花，對妃子，焉用舊樂詞爲。命李龜年持金花牋，賜李白爲清平調詞。梨園子弟撫絲竹，李龜年歌之，上親調玉笛以倚曲。每曲遍將换，則遲其聲以媚之。李白《清平樂詞》：雲想衣裳花想容，春風拂檻露華濃。若非羣玉山頭見，會向瑶臺月下逢。一枝濃艷露凝香，雲雨巫山枉斷腸。借問漢宫誰得似，可憐飛燕倚新粧。名花傾國兩相歡，常得君王帶笑看。解識春風無限恨，沉香亭北倚欄杆。瀛洲門，《長安志》興慶殿前。　南熏殿，《長安志》瀛州門内。　興慶殿，《長安志》：宫内正殿即正衙殿也，在通陽門北。《舊唐書·肅宗紀》：乾元元年二月乙巳，上御興慶殿，奉上皇徽號册。　交泰殿，《長安志》：興慶殿後。《會要》：天寶十載四月造。　仙雲門，《六典》：瀛洲之左。　新射殿，《六典》：仙雲門内。　芳苑門，《六典》：濯龍門左。　麗苑門，《六典》：濯龍門内右。　金花落，《長安志》：在宫之東，俗所傳蓋衛士居。　義安殿，《長安志》：敬宗母王太后所居。按：興慶宫殿，門户未詳方位者，有同光、承雲、初陽、飛軒、玉華諸門，飛仙、同光、榮光諸殿。俱見《六典》。又宣天門、睿武門、冷井殿，懿母郭太后崩宫之冷井殿，俱見《長安志》。

徐松《唐兩京城坊考》卷一《西京·興慶宫》　興慶宫在皇城之東外郭城之興慶坊，是曰南内，距外郭東垣。武后大足元年，睿宗在藩，賜爲五王子宅，明皇始居之。宅臨大池，中宗時望氣者云，此池有天子氣，故嘗宴遊此池，上巳泛舟以厭之。南街東出春明門。開元二年置宫，因本坊爲名。十四年，又取永嘉、勝業兩坊之半增廣之，置朝堂。十六年正月，以宫成御朝，德音釋徒以下罪。二十年，築夾城入芙蓉園。自大明宫夾東羅城複道，經通化門觀以達此宫。次經春明、延興門至曲江芙蓉園，而外人不之知也。宫之正門西向，曰興慶門。其内興慶殿，殿後爲龍池。本是平地，垂拱、載初後，雨水流潦成小池。後又引龍首渠支分溉之，日以滋廣。至神龍、景龍中，彌亘數頃，深至數丈，常有雲氣，或見黄龍出其中。本以坊名池，俗亦呼五王子池。置宫後，謂之龍池。拾遺蔡孚作《龍池篇》以讚其事，公卿多和之。按以坊名池，蓋曰興慶池也。《新書·田令孜傳》有興慶池。元宋褧詩注云：興慶池廣袤五七餘里，荷菱藻芡彌望，岸傍古垂楊甚多。是元時尚有舊址。興慶池南岸有草數叢，葉紫而心殷，醉者摘草嗅之立醒，名醒醉草。見《開元天寶遺事》。池之西爲文泰殿，天寶十載作「文」，一作「交」。殿西北爲沈香亭。在池東北。開地中，禁中初種木芍藥，得四本，上因移於興慶池東沈香殿前。興慶門之南曰金明門，門内有翰林院。《學士院記》曰：駕在興慶宫，則於金明門内置院。張説上《鬬羊表》，於金明門奉進。按《于休烈傳》云：國史《開元實録》、起居注等餘書三千六百八十二卷，並在興慶宫史館。蓋亦在翰林院也。南面二門：西曰通陽門，東曰明義門。《永樂大典》載《閣本興慶宫圖》作「初陽門」。通陽之内曰明光門，在勤政樓東，大和二年修明光樓。其内曰龍堂，《閣本圖》，龍堂在龍池内。金花落，據《閣本圖》方位載，蓋衛士之居。曰五龍壇，在池南。明義之内爲長慶殿，《唐雜説》曰：明皇爲太上皇，居興慶宫，每置酒長慶樓，南俯大道，徘徊觀覽。殿北曰睿武門。《通鑑》：李輔國迎上皇遊西内，至睿武門，輔國將射生五百騎露刃遮道。北面二門：〔按當作「三門」，見下文及《興慶宫圖》。〕中曰躍龍門，天寶十三載，御躍龍殿門，張樂宴羣臣。「躍」一作「濯」。其内瀛洲門、南薰殿，殿南即池。左曰麗苑門，右曰芳苑門。芳苑之内新射殿、仙雲門。在瀛洲門東。宫之西南隅曰花萼相輝樓，開元二十四年十二月，毁東市東北角、道政坊西北角以廣花萼樓前地。置宫後，寧王憲、申王撝，岐王範、薛王業邸第相望，環於宫側，明皇因題「花萼相輝」之名，取詩人「棠棣」之義。帝時登樓，聞諸王音樂，咸召升樓，同榻宴謔。喬潭《裴將軍舞劍賦》序云：裴公獻捷，上御花萼樓置酒。其東曰勤政務本樓，樓南向，開元八年造。每歲千秋節，酺飲樓前。元和十四年，以左右軍官健三千人修勤政樓。按：明皇勞遣哥舒翰及試制舉人，嘗御此樓。樓前有柳，白居易《勤政樓西老柳詩》：開元一株柳，長慶二年春。樓北大同殿。殿壁有李將軍與吴道玄畫嘉陵江山水，又畫五龍，鱗甲飛動，每欲大雨即罩烟霧。開元十七年蜀州新津縣興尼寺殿柱木文隱起太上老君像及天寶元年所得玉像老君，皆于大同殿供養。天寶七載，大同殿柱産玉芝，殿前左右有鐘鼓樓。天寶十載六月，鐘樓鐘自鳴，三度響六十下，中書門下有賀表。殿前爲大同門，西與翰林院直。《中朝故事》：每歲上巳日，許宫女於大同殿前骨肉相見。又有咸寧殿，《舊書》：宗順莊憲皇后王氏崩於南内之咸寧殿。義安殿、敬宗母王太后居此殿，號義安殿太后。積慶殿、文宗母蕭太后居此殿，號積慶殿太后。冷井殿、懿安郭太后崩於此殿。《禁扁》作「冷泉殿」。會寧殿，見《舊書莊恪太子傳》。飛仙殿、同光殿、榮光殿、宣天門、承雲門、飛軒門、玉華門，見《六典》。和風門。《唐會要》：興慶

宫之集賢院在和風門外，横街之南。

王溥《唐會要》卷三〇《華清宫》 開元十一年十月五日，置温泉宫於驪山。至天寶六載十月三日，改温泉宫爲華清宫。至天寶九載九月，幸温泉宫，改驪山爲會昌山。至十載，又改爲昭應山，仍于秦坑儒之處立祠，以祀遭難諸儒。

天寶元年十月，造長生殿，名爲集靈臺，以祀神。六載十二月，發馮翊、華陰等郡丁夫，築會昌羅城于温陽，置百司。七載十二月二日，玄元皇帝降于朝元閣，改爲降聖閣。八載四月，新作觀風樓。

《〔乾隆〕西安府志》卷五五《古蹟志上・宫闕》 華清宫，《雍勝略》：在臨潼縣南。唐《地理志》：京兆府昭應縣有宫，在驪山下，貞觀十八年置，咸亨二年始名温泉宫，天寶六載更名曰華清宫。有湯井爲池，環山列宫。又築羅城，置百司及十宅。《雍録》元宗即山建宫殿，包括驪山，繚墻周遍。其外觀風殿，有複道可以潛通大明，百司庶府皆行，各有寓止。自十月往，歲盡乃還。《賈氏談録》：華清宫殿，今所存惟繚垣。天寶所值松柏，徧滿崖谷，望之鬱然。 北門，《長安志》：華清宫北向，正北門外有左右朝堂。門北相對有望仙橋，北有左右講武殿。 津陽門，《長安志》：宫北正門之内，門外有宏文舘。 開陽門，《長安志》：宫東面正門，門外有宜春亭。 望京門，《長安志》：宫西面正門，門外近南有御交道上嶺通望京樓。 昭陽門，《長安志》：宫南面正門，今謂之山門。門外有登朝元閣路，本唐之御輦便路。 瑶光樓，《長安志》：津陽門東曰瑶光樓，樓南有小湯。《臨潼志》：小湯西有梨園。 飛霜殿，《長安志》：瑶光樓南，寢殿也。白少傅以長生殿爲寢殿，非也。 御湯九龍殿，《長安志》：飛霜殿南，亦名蓮花湯。《明皇雜録》：元宗幸華清新廣湯池，安禄山于范陽以白玉石爲魚、龍、鳧、鴈，石梁、石蓮花以獻，雕鐫巧妙，殆非人工。上命陳于湯中，仍以石梁横亘其上，而蓮花纔出水際。上因幸解衣將入，魚、龍、鳧、鴈皆各奮鱗舉翼，狀欲飛去。上恐，遽命撤去。蓮花石至今猶存。《賈氏談録》：湯泉凡一十八所。第一是御湯，周環數丈，砌以白石，瑩徹如玉，面皆隱起魚龍花鳥之狀。四面石坐階級而下，中有雙白石蓮。泉眼自甕口湧出，噴注白蓮之上。 玉女殿，《長安志》：星辰湯南殿。北有虛閣，閣下即湯泉，二玉石甕湯所出也。 日華門，《臨潼志》：由蓮花湯而西，曰日華門。門之南曰太子湯。《長安志》：太子湯次西少陽湯，又西尚食湯，又西宜春湯。宜春湯有前後殿，又西曰月華門。 笋殿，《臨潼志》：月華門内。《雍録》：殿側有魏温泉頌碑。其石瑩徹，見人形影，號玻瓈碑。 長湯，《臨潼志》：笋殿北，凡十六所。 芙蓉湯，《臨潼志》：一名海棠湯，在蓮花湯西。沉埋已久，近修築，始出石砌如海棠花，俗呼爲楊妃賜浴湯。 七聖殿，《臨潼志》：芙蓉湯化。《長安志》：自神堯至睿宗昭成肅明皇皆立衣衮衣。繞殿石榴，皆太真所植。南有功德院，其間瑶壇羽帳皆在焉。順興影堂，果老藥室，亦在禁内。 宜春亭，《雍録》：開陽門外。 重明閣，《長安志》：四聖殿北。倚欄北瞰，縣境如在諸掌。閣下有方池，中植蓮花。池東鑿井，極甘冷。 四聖殿，《雍録》：重明閣南。 長生殿，《長安志》齋殿也。有事于朝元閣，即齋沐此殿。山城内多馴鹿，有流澗，號鹿飲泉。 金沙洞、玉蕊峰，皆元宗爲名。 洞居殿之左。玉蕊峰上有王母祠。 朝元閣，《賈氏談録》：在北山嶺上，最爲嶄絶。次東即長生殿故基。《册府元龜》：天寶七載十二月，元元皇帝降于朝元閣，改爲降聖閣。《雍録》：閣南有連理木、丹霞泉。 老君殿，《長安志》朝元閣南，玉石爲像。 鐘樓，《雍録》：朝元閣東。 明珠殿，《雍録》：長生殿南近東。 觀風樓，見《津陽門》詩注。 鬬雞殿，《雍録》：在觀風樓南，殿南有按歌臺。《長安志》：殿北有舞馬臺。 毬場，《長安志》：宜春亭北門外，其西曰小毬場。 羯鼓樓，《長安志》：朝元閣東，近南繚墻之外。

王溥《唐會要》卷三〇《諸宫》 武德七年五月十七日，造仁智宫于宜州宜君縣。

貞觀二年八月，上每日視于西宫，公卿奏以宫中卑溼，請立一閣。上曰：「若遂來請，糜費良多；昔漢文帝將起露臺，而惜中人十家之産。朕德不逮乎漢帝，而所費過之，豈爲人父母之道哉？」竟不許。十一年正月十四日，新作飛山宫。七月二十日，廢明德宫及飛山宫之園囿，以分給遭水之家。

十四年八月五日，營襄城宫。初，太宗將幸洛陽，遣將作大匠閻立德訪可清暑之地，以建離宫，遂于汝州西山，前臨汝水，傍通廣城澤，以置宫焉。役工一百九十萬，雜費稱是。至十五年三月七日，幸襄城宫。及至，暑熱甚，又多毒虺，太宗大怒，九日，免立德官，而罷其宫，分賜百姓。

顯慶五年四月八日，於東都苑内造八關涼宫。五月二十二日，改爲合璧宫。儀鳳三年正月七日，于藍田縣新作涼宫，宜名萬全宫。弘道元年十二月七日，遺詔廢之。

儀鳳四年五月十九日，造紫桂宫于澠池縣西。至永淳元年四月十三日，改芳桂宫。弘道元年，遺詔廢之。

長安二年六月，于雍州永安縣置涼宮，以永安爲名，仍令特進武三思充使營造。

景龍元年十月，敕宮殿門、皇城門、京城門、禁苑門，左右内外各給交魚符一合，巡魚符一合；左廂給開門魚一合，右廂給閉門魚一合；左符付監門掌，交番巡察，每夜並非時開閉，則用之。

開元十一年正月十四日，改潞州舊宅爲飛龍宮。

徐松《唐兩京城坊考》卷五《東京・上陽宮》 上陽宮在禁苑之東，《通鑑・隋紀》注云：苑距上陽宮七里。 東接皇城之西南隅，南臨雒水，《舊紀》：開元二十九年七月，雒水汎漲，毀天津橋及上陽宮仗舍。 西距穀水，東面即皇城右掖門之南，北連禁苑，上元中置。上元中，司農卿韋機造。大帝末年常居此宮聽政。初大帝登雒水高岸，有臨眺之美，詔機於其所營上陽宮，宮成移御之。尚書左僕射劉仁軌謂侍御史狄仁傑曰：古天子陂池臺榭，皆深宮複禁，不欲百姓見之，恐傷其心。而今列岸誃廊，亘王城外，豈愛君哉。 東面二門，南曰提《禁扁》作「褆」。象門，即宮之正衙門，司農卿韋機測造。《大典》引《洛陽志》作司農少卿樊則造。宮南門通苑内。《封常清傳》：禄山渡河，賊大軍繼至，常清退入上東門，戰不利，賊鼓譟于四城門入，殺掠人吏。常清又戰于都亭驛，不勝，退守宣仁門，又敗。乃從提象門入，倒樹以礙之。 北曰星躔門。門外有政事院。 南面二門，東曰仙雒門，《通鑑》：開元二十年，宴百官于上陽東洲。胡注云：上陽宮南臨雒水，引雒水爲中洲于宮之東。 西曰通仙門。 並在苑内。按《舊書・玄宗紀》：開元十三年五月，妖賊劉定高夜犯通雒門。疑通仙原作通雒，涉上仙雒誤耳。 北面一門芬芳門，西面二門。《六典》不言西面有門。《河南志・舊圖》有二門而無名。《永樂大典》引《洛陽志》：乾元元年，郭子儀於上陽西金華門外仗下獲信寶。按金華當是上陽西

宮之正殿曰觀風，殿東向。武后還朝政後居此殿。其内有麗春臺、耀掌亭、九州亭。《河南志》作九洲亭，云亭院内竹木森翠。 前曰觀風門，東直提象門。 夾門者，南曰浴日樓，東臨雒水。 北曰七寶閣。 觀風殿之北曰化城院，開元十年，御雒城門試文章及第人，命蘇晉、陳希烈于化城院考。 次曰仙居殿。武后崩于此。 化城院之西南曰甘露殿，殿東雙曜亭，「雙」，《禁扁》作「集」。 亭西麟趾殿，殿之前東曰神和亭，西曰洞玄堂。 觀風殿之西曰本枝院，又西麗春殿，《河南志》以麗春殿與麗春臺合爲一，疑誤，今從《六典》。 殿東含蓮亭，西芙蓉亭，又西宜男亭，又西則上陽宮芬芳門，内曰芬芳殿。 又有露菊亭，宜春、妃嬪、仙好、冰井等院。《六典》「好」作「杼」。 通仙門内曰甘湯院。

西上陽宮在上陽宮之西南，兩宮夾水駕虹橋，以通往來。 玉京門、金闕門、泰初門，《六典》：通仙門次北，東上曰玉京門，門内北曰金闕門，南曰泰初門。 含露門、《六典》：上陽宮西曰含露門。《禁扁》作「含桃」。 仙桃門、壽昌門、《六典》：玉京西北出曰仙桃門，又西曰壽昌門。 玄武門、《六典》：玉京北出曰玄武門。 客省院、薩殿、翰林院、《六典》：皆在玉京之西。 飛龍廄、《六典》：在玄武門内之東。 上清觀，《河南志》：觀在宮西北，内女道士所處。 不知其處。《河南志・上陽宮圖》核以《六典》所載，玉京以西門名皆不合。《禁扁》以玉京以西諸門皆屬西上陽宮，未知所據，今闕疑俟考。

王溥《唐會要》卷三〇《雜記》 武德三年七月八日，敕隋代離宮、別館、遊憩所並廢。 九年六月，改東宮弘禮、嘉福等門爲重光、宣明門。

長安二年正月十七日，太子左庶子王方慶上言，請準舊制，改東宮殿及各門與皇太子名同者，上疏曰：「謹按史籍所載，人臣與人主言及上表，未有稱皇太子名者，當爲太子皇儲，其名尊重，不敢指斥，所以不言。西晉僕射山濤啓事，稱皇太子而不言名。濤中朝名士，必詳典籍，故不稱名，應有憑準。朝官尚猶如此，宮臣諱則不疑。今東宮殿及門名皆有觸犯，臨事論啓，迴避甚難。孝敬皇帝爲太子時，改弘教門爲崇教門；沛王爲皇太子時，改崇賢館爲崇文館；皆避名諱，以尊禮典。此則成例，足爲規模。」上從之。

神龍元年十一月二十五日，有司奏以宮殿名與沛王諱同者，悉改焉。遂改昭慶殿、章德殿、昭賢侯廟。

三年八月二十一日，改玄武樓爲神武制勝樓。

開元二十六年正月六日，修望春宮。至十月，兩京路行宮各造殿宇及屋千間。

貞元四年十月二十五日，户部侍郎班宏奉勅修延喜門，築夾城。五年正月十九日，宏又修玄武樓。

十二年八月六日，户部尚書裴延齡奉勅修望仙樓。至十三日，令又築望仙樓東夾城。其年十二月，度支郎中、兼御史中丞、副知度支蘇弁奉勅改造三殿前會慶亭。

十三年九月，上謂户部侍郎、判度支裴延齡曰：「朕以浴堂院、殿一栿損壞，欲換之而未能。」裴延齡曰：「陛下自有本分錢物，用之不竭。」上驚曰：「本分錢物何也？」對曰：「準《禮經》，天下賦税三分，一分充乾豆，一分充賓客，一分充君之庖廚。乾豆者，供宗廟也，亦不能分財物；至于諸國蕃客及迴紇馬價，皆極簡儉；庖廚之餘，其數尚多，陛下本分也。用修數十殿亦不合疑，何況一栿

邪？」上頷之而已。又奏：「近于同州檢得一谷，材木可數千條，皆長七八丈。」上曰：「人言天寶中，側近求覓長五六十尺者尚無，今何近處忽有此木？」延齡曰：「生自關輔，蓋爲聖君，豈前時合得有也！」其姦佞如此。

十四年三月三日，造會慶亭于麟德殿前。

元和二年六月，詔左神策軍，新築夾城，置玄化門晨輝樓。

三年十月，勅修南内宫墻舍，共一千六百間。

五年十一月，上謂宰臣曰：「朕以禁中舊殿，歲久傾危，欲漸修葺。緣國用未足，每務簡儉，至於車服食飲，亦畏奢侈，不知竟可營造否？」權德輿對曰：「仲尼謂大禹卑宫室，菲飲食，惡衣服，爲無間。漢文帝欲起露臺，以百金中人十家之産，吾奉先帝宫室，常恐羞之，何以臺爲？遂止。是以文帝之代，四海庶富，俗知禮讓。今陛下至誠恭儉，有過前王，當爲天下幸甚。」

六年五月，詔毁興安門南竹亭。

十二年四月，詔右神策軍以衆二千築夾城，自雲韶門過芳林門，西至修德里，以通於興福佛寺。

十三年二月，詔六軍使創修麟德殿之右廊。是月，浚龍首池，起承暉殿，雕飾綺煥，徙植佛寺之花木以充焉。

十五年二月，詔於西廊内開便門，以通宰臣自閣中赴延英路。七月，新作永安殿及寶慶殿，修日華門，通乾門並朝堂廊舍。八月，發神策六軍三千人浚魚藻池。十月，發右神策兵各千人，於門下省東少陽院前築墻，及造樓觀。

長慶元年五月，禁中造百尺樓。時帑藏未實，内外多事，土木之工屢興，物議喧然。

寶曆元年五月，神策軍於苑内古長安城中修漢未央宫，掘地獲白玉一，長六尺。其年九月，勅長春宫莊宅，宜令内莊宅使營建。

大和元年四月，詔毁昇陽殿東放鴨亭，望仙門側看樓十間，並敬宗所造也。

二年八月，勅修安福樓及南殿院屋宇一百八十八間；又修兩儀殿及甘露殿，共一百七十二間。

九年七月，勅修紫雲樓於芙蓉北垣。九月，内出新造紫雲樓彩霞亭額，左軍中尉仇士良以鼓吹迎於銀臺門。時上好詩，每吟杜甫《曲江行》云：「江頭宫殿鎖千門，細柳新蒲爲誰緑。」乃知天寶已前，曲江四面皆有行宫臺殿，思復昇平故事，故爲樓殿壯之。

會昌元年三月，勅造靈符應聖院。五年正月，造仙臺。其年六月，修望仙樓及廊舍，共五百三十九間。

大中元年二月，勅修百福殿院八十間。其年七月，勅親親樓號雍和殿，別造屋宇廊舍七百間。二年正月，勅修右銀臺門樓屋宇，及南面城墻至叡武樓。

天祐二年四月勅：「自今年五月一日後，常朝出入，取東上閤門，或遇奉慰，即開西上閤門，永爲定制。」其年五月四日，勅改東都延喜門爲宣仁門，重明門爲興教門，長樂門爲光政門，光範門爲應天門，乾化門爲乾元門，宣政門爲敷政門，宣政殿爲貞觀殿，日華門爲左延福門，月華門爲右延福門，萬壽門爲萬春門，積慶門爲興善門，含章門爲膺福門，含清門爲延義門，金鑾門爲千秋門，延和門爲章善門，以保寧殿爲文思殿。其見在門名與西京門同名，並宜改復洛京舊門名。

五代

《舊五代史》卷三《太祖紀三》〔梁開平元年四月〕是月，制宫殿門及都門名額：正殿爲崇元殿，東殿爲玄德殿，内殿爲金祥殿，萬歲堂爲萬歲殿，門如殿名。帝自謂以金德王，又以福建上獻鸚鵡，諸州相繼上白烏、白兔洎白蓮之合蒂者，以爲金行應運之兆，故名殿曰金祥。以大内正門爲元化門，皇墻南門爲建國門，滴漏門爲啓運門，下馬門爲升龍門，玄德殿前門爲崇明門，正殿東門爲金烏門，西門爲玉兔門，正衙東門爲崇禮門，東偏門爲銀臺門，宴堂門爲德陽門，天王門爲賓天門，皇墻東門爲寬仁門，浚儀門爲厚載門，皇墻西門爲神獸門，望京門爲金鳳門，宋門爲觀化門，尉氏門爲高明門，鄭門爲開明門，梁門爲乾象門，酸棗門爲興和門，封丘門爲含耀門，曹門爲建陽門。昇開封、浚儀爲赤縣，尉氏、封丘、雍丘、陳留爲畿縣。【略】

〔五月〕辛卯，以東都舊第爲建昌宫，改判建昌院事爲建昌宫使。初，帝創業之時，以四鎮兵馬倉庫籍繁，因總置建昌院以領之，至是改爲宫，蓋重其事也。甲午，詔天下管屬及州縣官名犯廟諱者，各宜改換：城門郎改爲門局郎，茂州改爲汶州，桂州慕化縣改爲歸化縣，潘州茂名縣改爲越裳縣。詔樞密院宜改爲崇政院，以知院事敬翔爲院使。改文思院爲乾文院，同和院改爲佐鸞院。以西都水北宅爲大昌宫，廢雍州太清宫，改西都太微宫、亳州太清宫皆爲觀，諸州紫極宫皆爲老君廟。泉州僧智宣自西域回，進辟支佛骨及梵夾經律。丙申，御玄德殿，宴犒諸軍使劉捍、符道昭已下，賜物有差。

《五代會要》卷五《大内》　梁開平元年四月，改正衙殿爲崇元殿，東殿爲玄德殿，内殿爲金祥殿，萬歲堂爲萬歲殿。門如殿名。大内正門爲元化門，皇城南門爲建國門，滴漏門爲啓運門，下馬門爲昇龍門，玄德殿前門爲崇明門，正殿東門爲金烏門，西門爲玉兔門，正衙東門爲崇禮門，東偏門爲銀臺門，晏堂門爲德陽門，天主門爲賓天門，皇城東門爲寬仁門，浚儀門爲厚載門，皇城西門爲神獸門，望京門爲金鳳門。

三年十一月，以乾文院爲文思院，行從殿爲興安殿，毬場爲興安毬場，弓箭庫殿爲宣威殿。

晉天福二年八月，改玄德殿爲廣政殿，門爲廣政門。四年四月，改明德殿爲滋德殿。以宫城南門同名，故改之。

周廣順元年六月敕：「以薰風等門爲京城門，明德等門爲皇城門，啓運等門爲宫城門，昇龍等門爲宫門，崇元等門爲殿門。」

右已上東京

梁開平二年正月，改正觀殿爲文明殿，含元殿爲朝元殿。

三年十月，改左、右章善門爲左、右銀臺門，其左、右銀臺門爲左、右興善門。

後唐同光二年正月，改朝元殿爲含元殿，崇勳殿爲中興殿。應順門爲永曜門，太平門爲萬春門，通政門爲廣政門，鳳鳴門爲韶和門，萬春門爲中興門。解愠殿爲端明殿。其年九月，以内園新殿爲長春殿。

右已上西京

晉天福六年八月，改皇城南門應天門爲乾明門，北門爲玄德門，西門爲千秋門，東門爲萬春門。

七年三月，改宣明門爲來鳳門。武德殿爲視政殿，文思殿爲崇德殿，畫堂爲天清殿，寢殿爲乾福殿。門如殿名。

右已上鄴都

北宋

葉夢得《石林燕語》卷一　太祖建隆初，以大内制度草創，乃詔圖洛陽宫殿，展皇城東北隅，以鐵騎都尉都尉，《續通鑑長編》四作「都將」。李懷義與中貴人董役，按圖營建。初命懷義等，凡諸門與殿須相望，無得輒差，故垂拱、福寧、柔儀、清居四殿正重，而左右掖與昇龍、銀臺等諸門皆然，惟大慶殿與端門少差爾。宫成，太祖坐福寧寢殿，令辟門前後，召近臣入觀。諭曰：「我心端直正如此，有少偏曲處，汝曹必見之矣！」羣臣皆再拜。後雖嘗經火屢修，率不敢易其故處矣。

李燾《續資治通鑑長編》卷七九《真宗》〔大中祥符五年閏十月〕戊寅，改兖州曲阜縣爲仙源縣。建景靈宫、太極觀於壽邱，以奉聖祖及聖祖母。遣内供奉官周懷政與本州長吏規度興作，俟宫觀成日，備禮奉册。凡宫觀之制，皆南開三門，二重，東西兩廊，中建正殿，連接擁殿。又置道院、齋坊，其觀宇之數，差減於宫。

洪邁《容齋隨筆・三筆》卷一一《宫室土木》　秦始皇作阿房宫，寫蜀、荆地材至關中，役徒七十萬人。隋煬帝營宫室，近山無大木，皆致之遠方，二千人曳一柱，以木爲輪，則戛摩火出，乃鑄鐵爲轂，行一二里，轂輒破，别使數百人齎轂，隨而易之，盡日不過行二三十里，計一柱之費已用數十萬功。大中祥符間，姦佞之臣，罔真宗以符瑞，大興土木之役，以爲道宫。玉清昭應之建，丁謂爲修宫使，凡役工日至三四萬，所用有秦、隴、岐、同之松，嵐、石、汾、陰之柏，潭、衡、道、永、鼎、吉之梌、柟、櫧，温、台、衢、吉之櫧，永、澧、處之槻，樟，潭、柳、明、越之杉，鄭、淄之青石，衡州之碧石，萊州之白石，絳州之斑石，吴越之奇石，洛水之石卵，宜聖庫之銀朱，桂州之丹砂，河南之赭土，衢州之朱土，梓、信之石青、石碌，磁、相之黛，秦、階之雌黄，廣州之藤黄，孟、澤之槐華，虢州之鉛丹，信州之土黄，河南之胡粉，衛州之白堊，鄆州之蚌粉，兖、澤之墨，歸、歙之漆，萊蕪、興國之鐵。其木石皆遣所在官部兵民入山谷伐取。又於京師置局化銅爲鍮，冶金薄，鍛鐵以給用。凡東西三百一十步，南北百四十三步。地多黑土疏惡，於京東北取良土易之，自三尺至一丈有六等。起二年四月，至七年十一月，宫成，總二千六百一十區。不及二十年，天火一夕焚爇，但存一殿。是時，役徧天下，而至尊無窮兵黷武、聲色苑囿、嚴刑峻法之舉，故民間樂從，無一違命，視秦、隋二代，萬萬不侔矣。然一時賢識之士，猶爲盛世惜之。國史志載其事，欲以爲夸，然不若掩之爲愈也。沈括《筆談》云：温州鴈蕩山，前世人所不見。故謝靈運爲太守，未嘗游歷。因昭應宫採木，深入窮山，此境始露於外。他可知矣。

洪邁《容齋隨筆・三筆》卷一三《政和宫室》　自漢以來，宫室土木之盛，如漢武之甘泉、建章，陳後主之臨春、結綺，隋煬帝之洛陽、江都，唐明皇之華清、連昌，已載史策。國朝祥符中，奸臣導諛，爲玉清昭應、會靈、祥源諸宫，議者固以崇侈勞費爲戒，然未有若政和蔡京所爲也。京既固位，竊國政，招大璫童貫、楊

戩、賈詳、藍從熙、何訢五人，分任其事。於是始作延福宫，有穆清、成平、會寧、睿謨、凝和、崑玉、羣玉七殿，東邊有蕙馥、報瓊、蟠桃、春錦、疊瓊、芬芳、麗玉、寒香、拂雲、偃蓋、翠葆、鉛英、雲錦、蘭薰、摘金十五閣，西邊有繁英、雪香、披芳、鉛華、瓊華、文綺、絳萼、穠華、緑綺、瑶碧、清音、秋香、叢玉、扶玉、絳雲，亦十五閣。又疊石爲山，建明春閣，其高十一丈，宴春閣廣十二丈。鑿圜池爲海，横四百尺，縱二百六十七尺。鶴莊、鹿砦、孔翠諸栅，蹄尾以數千計。五人者各自爲制度，不相沿襲，争以華靡相誇勝，故名「延福五位」。其後復營萬歲山、艮嶽山，周十餘里，最高一峯九十尺，亭堂樓館不可殫記。徽宗初亦喜之，已而悟其過，有厭惡語，由是力役稍息。靖康遭變，詔取山禽水鳥十餘萬投諸汴渠，拆屋爲薪，鑿石爲砲，伐竹爲笓籬，大鹿數千頭，悉殺之以啗衛士。

李心傳《建炎以來朝野雜記》（甲集）卷二《郊廟・睦親宅》　東都故事，宗室子皆築大室聚居之。太祖、太宗九王後曰睦親，秦王後曰廣親，英宗二王曰親賢，神宗五王曰棣華，徽宗諸王曰蕃衍。渡江後，宗子始散居邵邑，惟親賢子孫爲近屬，則聚居之。孝宗子四人，邵悼肅王無後，莊文太子、魏惠憲王早薨。莊文之妃，惠憲之夫人，皆别居賜第。初莊文既大祥，議者欲皇孫出居於外，或以爲不可。又踰年，竟以知樞密院府爲外第焉。紹熙初，今上封嘉王，將以所籍富民裴氏之居爲府第，而議者以爲非宜，乃改築。蓋自紹興以來，天屬鮮少，故不復賜宅名云。

孟元老《東京夢華録》卷一《大内》　大内正門宣德樓列五門，門皆金釘朱漆，壁皆甎石間甃，鐫鏤龍鳳飛雲之狀，莫非雕甍畫棟，峻桷層榱，覆以琉璃瓦，曲尺朵樓，朱欄彩檻，下列兩闕亭相對，悉用朱紅杈子。入宣德樓正門，乃大慶殿，庭設兩樓，如寺院鐘樓，上有太史局保章正，測驗刻漏，逐時刻執牙牌奏。每遇大禮，車駕齋宿，及正朔朝會於此殿。殿外左右横門曰左右長慶門。内城南壁有門三座，係大朝會趨朝路，宣德樓左曰左掖門，右曰右掖門。左掖門裏乃時堂，右掖門裏西去乃天章、寶文等閣。宫城至北廊約百餘丈。入門東去街北廊乃樞密院，次中書省，次都堂，宰相朝退治事於此。次門下省，次大慶殿外廊横門，北去百餘步，又一横門，每日宰執趨朝，此處下馬；餘侍從臺諫於第一横門下馬，行至文德殿，入第二横門。東廊大慶殿東偏門，西廊中書、門下後省；次修國史院，次南向小角門，正對文德殿。常朝殿也。殿前東西大街，東出東華門，西出西華門。近裏又兩門相對，左右嘉肅門也。南去左右銀臺門。自東華門裏皇太子宫入嘉肅門，街南大慶殿後門、東西上閤門；街北宣祐門。南北大街西廊面東曰凝暉殿，乃通會通門入禁中矣。殿相對東廊門樓，乃殿中省、六尚局、御廚。殿上常列禁衛兩重，時刻提警，出入甚嚴。近裏皆近侍中貴，殿之外皆知省、御藥幕次，快行、親從官、輦官、車子院、黄院子、内諸司兵士，祗候宣唤；及宫禁買賣進貢，皆由此入。唯此浩穰，諸司人自賣飲食珍奇之物，市井之間未有也。每遇早晚進膳，自殿中省對凝暉殿，禁衛成列，約攔不得過往。省門上有一人呼喝，謂之「撥食家」。次有紫衣，裹脚子向後曲折幞頭者，謂之「院子家」，托一合，用黄繡龍合衣籠罩，左手擎一紅羅繡手巾，進入於此，約十餘合，繼托金瓜合二十餘面進入，非時取唤，謂之「泛索」。宣祐門外，西去紫宸殿。正朔受朝於此。次曰文德殿，常朝所御。次曰垂拱殿，次曰皇儀殿，次曰集英殿。御宴及試舉人於此。後殿曰崇政殿、保和殿。内書閣曰睿思殿。後門曰拱辰門。東華門外，市井最盛，蓋禁中買賣在此，凡飲食、時新花果、魚鰕鼈蟹、鶉兔脯臘、金玉珍玩、衣着，無非天下之奇。其品味若數十分，客要一二十味下酒，隨索，目下便有之。其歲時果瓜蔬茹新上市，並茄瓠之類新出，每對可直三五十千，諸閤分争以貴價取之。

白珽《湛淵静語》卷二　又次日，同官屬看故宫室，宫墻四角皆有樓，高數十尺。其樓中一區高，兩旁各遞減三層，以裏墻角入自左掖門，向西行一二十步，横入一門，號左昇龍門。入此門即五門裏，大慶門外由峻廊上五門樓，俯瞰城寺，正望丹鳳樓，復下樓望右昇龍門。此兩門蓋通左、右掖門，五門非車駕出入不開。左、右掖門，百官有司往來，横通左右昇龍，以造大慶門外，其門有三，中曰大慶，東曰日精，西曰月華，門旁亦列戟。入此門望見大慶殿，兩旁有井亭。東西廊屋各數十間，殿庭有兩樓對峙，東曰嘉福，西曰嘉瑞。大慶殿屋十一間，龍墀三級，旁朵殿各三間，峻廊復與西廡相接，殿壁畫四龍，各長數丈，詢之宦者，稱金主詢渡河來後所畫，中間御屏亦畫龍，上用小斗開成一方井，如佛宫寶蓋，中有一金龍，以絲網罩之，此即正衙也。轉御屏，下峻階數步，一殿曰德儀。由德儀殿出，有三門，中榜曰隆德之門，餘二門，榜左右隆平。入此門，東西兩井亭，望見隆德殿，即舊垂拱殿，今更此名。西廊屋各數十間，殿亭中，東一樓鐘樓，西一樓鼓樓，殿屋五大間，旁各朵殿三間，階止龍墀一級。左朵殿峻廊接東上閤門，右朵殿峻廊接西上閤門，並樓屋下，有門通往來，此常朝殿也。此殿後峻階數步有旱船，過又一庭院又一門，榜曰仁安之門，門外東西向兩門，東一門

横截出東華門，西一門横截出西華門。入仁安門，望見仁安殿，殿宇龍墀，兩廊皆如隆德規模，止無東西閤門，在本朝爲集英殿，進士唱名在此，新進狀元以下並由東華門出，金人改爲仁安，榜顔所改，蹤跡尚在。自此後兩殿有殿無門，皆旱船連接兩邊廊屋，不丹雘，止是黑漆窗户，意必宫人位次，此係内殿。想百官不到前殿，皆琉璃筒瓦，此兩殿並瓦，止用琉璃楞屋脊，及用琉璃筒瓦圈屋檐，一殿曰純和，一殿曰寧福。後又一小殿，連寧福如人家堂舍，後龜頭三面皆墻壁，此即正寢。兩旁有兩閣，亦設榻，此殿後即内宫墻，有門兩重，出後苑入苑門，一直行數十步，有小溪橋，度橋過溪，一殿榜曰仁智，溪中尋常水滿，内有龍舟，今涸矣。仁智殿下兩巨石，高三丈，廣半之，東一石有小碑刻「敕賜卿雲萬態奇峰」，西一石上刻「玉京獨秀太平巖」，徽宗皇帝親書刻石填金。殿後用怪石疊成山，高百尺，廣倍，最上刻石，榜曰百泉山。復挽水上，自此流下至京玉澗，又流至湧翠峰，下有大滌洞，水自洞門飛下。山下有三池，左右兩池白蓮，中一池紅蓮，山後乃厚載門也。夾仁智殿，東偏一橋，度溪有亭曰臨漪，西偏一橋，度溪有亭，榜曰瓊杯，即曲水流觴。兩亭並在溪南，自此東西兩邊，别有殿閣。循溪而東皆垂楊，復渡橋過溪，一殿曰長生殿，基稍高，下瞰一園，殿後一亭曰廣寒，時盛暑，中立少時，渾無暑氣。長生殿東曰浮玉殿，西曰湧金殿，廣寒亭東曰蓬萊殿，西曰瀛洲。又兩亭，一曰綺香，一無題顔，自此復渡溪橋西，向東係毬場，有閲武殿，自毬場復向西，望長生仁智殿直西行，怪石疊成山甚高且廣，石砌一逕，屈曲迴旋，以至山頂。初過一石橋，榜吕公洞，旋折而上，一亭疊秀山之正面，一堂榜臨溪，其徑皆夾以花竹，前後不相望。竹木斷處，忽然一亭，類臨溪堂，又横截一亭宜芳，一亭秀野，一亭環翠，一亭真樂，皆結茅爲屋，了不知在城市中。大抵苑中多植檜與木槿，每逕於花木，排列湖石，不可以數計。出苑門，入内宫墻門，由寧福殿復出，純和殿西廊一門，門復樓以修廊，行二三十步，北有一門甚小，榜隆徽，此金人皇后宫。入門一假山如門屏，滿庭盡花木檻欄，一樓對花圃，樓上甚高敞，無榜額。過樓即瓊芳殿樓屋，殿屋隔塵，盡雙蟠鳳，殿屋結頂金蟠鳳，大率如人君。殿宇上有鴟尾，下無丹楹，門窗户牓皆黑漆。自此復西過長廊，一樓牓豁然，旁有玉清殿，此皆金主詢所造，規模制度豈敢望舊宫室萬一。復由來路出純和殿，迤邐至大慶門外，横從右昇龍門出，即是本朝舊原廟，一門榜啓度之宫。入宫門復有三門，中曰德昌，左曰文昭，右曰光興，三殿中左右亦同廣，即舊殿宇，不知榜顔是否制度宏麗金碧輝耀。出啓度宫門，復入右昇龍門，過大慶門外，出左昇龍門向東行，一門向南，榜曰聖壽宫，左安泰門，右名昌門，即金人太后宫，或云本朝東宫，金人更爲太后宫。入宫門直端一門，榜曰徽音，又一門曰光熙，望見徽音殿及長樂殿，入光翼門、繁禧門，有燕壽殿。復出此宫，由左掖門出，所謂秘閣華館，了無所見。左掖門之西，五門之東，即百官待漏所。自五門望南向丹鳳門，中間禁路，兩旁即千步廊，但餘基址。千步廊盡處向東，一屏墻綽楔門，入門三二十步，西南一大門即太廟門，内三門，門上並畫蟠龍。殿屋二十五間，高大宏麗，兩旁修廊，東西各間一門，與廊相通，蓋百官陪從入此兩門甚便。殿上十二室，每室盡榜金人祖先爲號，每一室計二間，東偏一門，西偏一窗，有窗處一間，向西，壁上嵌以小石，室上下方廣二尺以上，石門一合開閉，係藏神主處，遇祭奉神主出石室，祭畢復藏，殿宇皆羣小雜居，糞壤堆積，庭下草深數尺，大内諸殿亦然。元人乘馬於殿上，庭草没龍墀，過者不勝故宫黍離之嘆。復出太廟向西行，一屏墻綽楔門，入門行二十步，西南一門即社壇，周圍皆墻，四角有樓，内有社稷二壇，東西南北四門，遇祭祀則開導迎四方之氣。次日又往城西隅，看故瑶華宫，昔隆祐太后所居之宫，僅存一殿，相近瓊林苑、金明池，苑餘墻垣，池存廢沼。出新城西偏即龍德宫，與厚載門相近，徽宗皇帝所刱，有殿二，有館四，有亭二十有四，近北軍圍城時拆毁殆盡，止存熙春一傑閣，高百餘尺，巍然插空，非人間所有。金人亦嘗毁之，竟不能登。是閣見四圍皆荷花，用小橋通諸亭館。吁！故宫自南渡迨今，百餘年中，雖經金人營葺，猶有存者。

《宋史》卷一五四《輿服志・宫室》 汴宋之制，侈而不可以訓。中興，服御惟務簡省，宫殿尤樸。皇帝之居曰殿，總曰大内，又曰南内，本杭州治也。紹興初，創爲之。休兵後，始作崇政、垂拱二殿。久之，又作天章等六閣。寢殿曰福寧殿。淳熙初，孝宗始作射殿，謂之選德殿。八年秋，又改後殿擁舍爲别殿，取舊名，謂之延和殿，便坐視事則御之。他如紫宸、文德、集英、大慶、講武，惟隨時所御，則易其名。紫宸殿，遇朔受朝則御焉；文德殿，降赦則御焉；集英殿，臨軒策士則御焉；大慶殿，行册禮則御焉；講武殿，閲武則御焉。其實垂拱、崇政二殿，權更其號而已。二殿雖曰大殿，其脩廣僅如大郡之設廳。淳熙再修，止循其舊。每殿爲屋五間，十二架，脩六丈，廣八丈四尺。殿南簷屋三間，脩一丈五尺，廣亦如之。兩朵殿各二間，東西廊各二十間，南廊九間。其中爲殿門，三間六架，脩三丈，廣四丈六尺。殿後擁舍七間，即爲延和，其制尤卑，陛階一級，小

如常人所居而已。

奉太上則有德壽宮、重華宮、壽康宮，奉聖母則有慈寧宮、慈福宮、壽慈宮。德壽宮在大内北望僊橋，故又謂之北内，紹興三十二年所造，宮成，詔以德壽宮爲名，高宗爲上皇御之。重華宮即德壽宮也，孝宗遜位御之。壽康宮即寧福殿也。初，丞相趙汝愚議以秘書省爲泰寧宮，已而不果行，以慈懿皇后外第爲之。上皇不欲遷，因以舊寧福殿爲壽康宮，光宗遜位御之。

大内苑中，亭殿亦無增，其名稱可見者，僅有復古殿、損齋、觀堂、芙蓉閣、翠寒堂、清華閣、櫂木堂、隱岫、澄碧、倚桂、隱秀、碧琳堂之類，此南内也。北内苑中，則有大池，引西湖水注之，其上疊石爲山，象飛來峯。有樓曰聚遠，禁御周回，四分之。東則香遠、清深、月臺、梅坡、松菊三徑、清妍、清新、芙蓉岡，南則載忻、欣欣、射廳、臨賦、燦錦、至樂、半丈紅、清曠、瀉碧，西則冷泉、文杏館、静樂、浣溪，北則絳華、旱船、俯翠、春桃、盤松。

皇太子宮曰東宮。其未出閤，但聽讀于資善堂，堂在宮門内。已受册，則居東宮，宮在麗正門内。紹興三十二年始置，孝宗居之；莊文太子立，復居之。光宗爲太子，孝宗謂輔臣曰：「今後東宮不須創建，朕宮中宮殿，多所不御，可移修之。」自是皆不別建。

淳熙二年，始創射堂一，爲遊藝之所，圃中有榮觀玉淵清賞等堂、鳳山樓，皆宴息之地也。

幕殿，即《周官》大、小次也。東都時，郊壇大次謂之青城，祀前一日宿齋詣焉。其制，中有二殿，外有六門：前曰泰禋，後曰拱極，東曰祥曦，西曰景曜，東偏曰承和，西偏曰迎禧。大殿曰端誠，便殿曰熙成。中興後，以事天尚質，屢詔郊壇不得建齋宮，惟設幕屋而已。其制，架木而以葦爲障，上下四旁周以幄帟，以象宮室，謂之幕殿。及行事，又於壇所設小次。大、小次之外，又有望祭殿，遇雨則行事於中。東都時爲瓦屋五間，周圍重廊。中興後，惟設葦屋，蓋倣清廟茅屋之制也。

陶宗儀《南村輟耕録》卷一八《記宋宮殿》 廉訪使楊文憲公奂，字焕然，乾州奉天人。嘗作《汴故宮記》云：己亥春三月，按部至于汴，汴長史宴于廢宮之長生殿，懼後世無以考，爲纂其大概云。皇城南外門曰南薰。南城之北新城門曰豐宜，橋曰龍津橋，北曰丹鳳，而其門三。丹鳳北曰州橋，橋少北曰文武樓，遵御路而北横街也。東曰太廟，西曰郊社。正北曰承天門，而其門五，雙闕前引。東曰登聞檢院，西曰登聞鼓院。檢院之東曰左掖門，門之南曰待漏院。鼓院之西曰右掖門，門之南曰都堂。承天之北曰大慶門。而日精門左，昇平門居其東，月華門右，昇平門居其西。正殿曰大慶殿。東廡曰嘉福樓，西廡曰嘉瑞樓。大慶之後曰德儀殿，德儀之東曰左昇龍門，西曰右昇龍門。正門曰隆德，曰蕭墻，曰丹墀，曰隆德殿。隆德之左曰東上閤門，右曰西上閤門，皆南嚮。東西二樓，鍾鼓之所在，鼓在東，鍾在西。隆德之次曰仁安門，仁安殿東則内侍局，内侍之東曰近侍局，近侍之東曰嚴祗門，宮中則曰撒合門。少南曰東樓，即授除樓也，西曰西樓。仁安之次曰純和殿，正寢也。純和西曰雪香亭，雪香之北，后妃位也，有樓。樓西曰瓊香亭，亭西曰凉位，有樓。樓北少西曰玉清殿。純和之次曰寧福殿，寧福之後曰苑門，由苑門而北曰仁智殿，有二大石，左曰敷錫神運萬歲峯，右曰玉京獨秀太平岩，殿曰出莊。莊之西南曰翠微閣。苑門東曰仙韶院，院北曰湧翠峯，峯之洞曰大滌湧翠，東連長生殿，殿東曰湧金殿，湧金之東曰蓬萊殿。長生西浮玉殿，浮玉之西曰瀛洲殿。長生之南曰閲武殿，閲武南曰内藏庫。由嚴祗門東曰尚食局，尚食東曰宣徽院，宣徽北曰御藥院，御藥北曰右藏庫，右藏之東曰左藏。宣徽東曰點檢司，點檢北曰祕書監，祕書北曰學士院，學士之北曰諫院，諫院之北曰武器署。點檢之南曰儀鸞局，儀鸞之南曰尚輦局。宣徽之南曰拱衛司，拱衛之南曰尚衣局，尚衣之南曰繁禧門，繁禧南曰安泰門，安泰西與左昇龍門直，東則壽聖宮，兩宮太后位，本明俊殿試進士之所。宮北曰徽音殿，徽音之北曰燕壽殿，燕壽殿垣後少西曰震肅衛司，東曰中衛尉司。儀鸞之東曰小東華門，更漏在焉。中衛尉司東曰祗肅門，祗肅門東少南曰將軍司。徽音、壽聖之東曰太后苑，苑之殿曰慶春，慶春與燕壽並。小東華與正東華對。東華門内正北尚廐局，尚廐西北曰臨武殿。左掖門正北尚食局，局南曰宮苑司，宮苑司西北曰尚醞局，湯藥局，侍儀司，少西曰符寶局、器物局，西則撒合門。嘉瑞樓西曰三廟，正殿曰德昌，東曰文昭殿，西曰光興殿，並南嚮。德昌之後，宣宗廟也。宮西門曰西華，與東華直，其北門曰安貞，二大石外，凡花石臺榭池亭之細並不録。觀其制度簡素，比土階茅茨則過矣，視漢之所謂千門萬户、珠璧華麗之飾，則無有也。然後之人因其制度而損益之，以求其稱，斯可矣。公又有録《汴梁宮人語》五言絶句一十九首，雖一時之所寄興，亦不無有傷感之意，今併附于此。詩曰：「一入深宮裏，經今十五年。長因批帖子，呼到御牀前。」右一。「歲歲逢元夜，金蛾鬧簇巾。見人心自怯，終是女兒身。」右二。「殿前輪直罷，倫理去賭

金釵。怕見黄昏月，殷勤上玉階。」右三。「翠翹珠掘背，小殿夜藏鈎。驀地羊車至，低頭笑不休。」右四。「内府頒金帛，教酬賀節盤。兩宫新有旨，先與問孤寒。」右五。「人間多棗栗，不到九重天。長被黄衫吏，花攤月賜錢。」右六。「仁聖生辰節，君王進玉卮。壽棚兼壽表，留待北還時。」右七。「邊奏行臺急，東華夜啓封。内人催步輦，不候景陽鍾。」右八。「畫燭雙雙引，珠簾一一開。輦前齊下拜，歡飲辟寒盃。」右九。「聖躬香閣内，只道下朝遲。扶仗嬌無力，紅綃貼玉肌。」右十。「今日天顔喜，東朝内宴開。外邊農事動，詔遣教坊回。」右十一。「駕前雙白鶴，日日候朝回。自送鑾輿去，經年更不來。」右十二。「陡覺文書静，相將立夕陽。傷心寧福位，無復夜熏香。」右十三。「二后睢陽去，潛身泣到明。却回誰敢問，校似有心情。」右十四。「爲道圍城久，妝奩鬭犒軍。入春渾斷絶，饑苦不堪聞。」右十五。「監國推梁邸，初頭静不知。但疑墻外笑，人有看宫時。」右十六。「别殿弓刀響，倉皇接鄭王。尚愁宫正怒，含淚强添妝。」右十七。「一向傳宣唤，誰知不復還。來時舊鍼線，記得在窗間。」右十八。「北去遷沙漠，誠心畏從行。不如當日死，頭白若爲生。」右十九。陳隨應《南度行宫記》云：杭州治舊錢王宫也，紹興因以爲行宫。皇城九里，入和寧門，左，進奏院玉堂；右，中殿外庫至北宫門。循廊左序，巨璫幕次，列如魚貫。祥曦殿朵殿，接修廊爲後殿，對以御酒庫、御藥院、慈元殿、外庫、内侍省、内東門司、大内都巡檢司、御厨、天章等閣。廊回路轉，衆班排列。又轉内藏庫，對軍器庫。又轉便門，垂拱殿五間十二架，修六丈，廣八丈四尺。簷屋三間，修廣各丈五。朵殿四，兩廊各二十間，殿門三間，内龍墀折檻。殿後擁舍七間，爲延和殿。右便門通後殿。殿左一殿，隨時易名，明堂郊祀曰端誠，策士唱名曰集英，宴對奉使曰崇德，武舉及軍班授官曰講武。東宫在麗正門内，南宫門外，本宫會議所之側。入門，垂楊夾道，間芙蓉，環朱欄。二里至外宫門節堂，後爲財帛、生料二庫，環以官屬直舍。轉外窑子，入内宫門廊。右爲贊導春坊直舍，左講堂七楹，扁新益。外爲講官直舍。正殿向明，左聖堂，右祠堂。後凝華殿，瞻籙堂，環以竹，左寢室，右齊安，位内人直舍百二十楹。左彝齋，太子賜號也。接繡香堂便門，通繹己堂，重簷複屋，昔楊太后垂簾於此，曰慈明殿。前射圃，竟百步，環修廊右轉，雅樓十二間。左轉數十步，雕闌花甃，萬卉中出秋千，對陽春亭、清霽亭，前芙蓉，後木樨。玉質亭，梅繞之。由繹己堂過錦臙廊，百八十楹，直通御前廊外，即後苑。梅花千樹，曰梅岡亭，曰冰花亭，枕小西湖，曰水月境界，曰澄碧。牡丹曰伊洛傳芳，芍藥曰冠芳，山茶曰鶴，丹桂曰天闕清香。堂曰本支百世，佑聖祠曰慶和，泗洲曰慈濟，鍾吕曰得真，橘曰洞庭佳味，茅亭曰昭儉，木香曰架雪，竹曰賞静，松亭曰天陵偃蓋。以日本國松木爲翠寒堂，不施丹雘，白如象齒，環以古松。碧琳堂近之。一山崔嵬，作觀堂，爲上焚香祝天之所。吴知古掌焚修，每三茅觀鍾鳴，觀堂之鍾應之，則駕興。山背芙蓉閣，風帆沙鳥履舄下。山下一溪縈帶，通小西湖，亭曰清漣。怪石夾列，獻瑰逞秀，三山五湖，洞穴深杳，豁然平朗，翬飛翼拱。凌虚樓對瑞慶殿，損齋、緝熙、崇政殿之東，爲欽先、孝思、復古、紫宸等殿。木圍即福寧殿，射殿。曰選德坤寧殿，貴妃，昭儀、婕妤等位宫人直舍蠭聚焉。又東過閤子庫，睿思殿，儀鸞，修内，八作，翰林諸司，是謂東華門。右二記書法詳贍，宋之宫闕，概可見矣。

李濂《汴京遺蹟志》卷一《宋大内宫室》 按《宋史·地理志》，藝祖因周之舊爲都，建隆三年，始廣皇城東北隅，命有司畫洛陽宫殿之制，按圖修之，而皇居始壯麗矣。宫城周迴五里。南三門：中曰乾元，宋初，依梁、晉之舊，名曰明德，太平興國三年改丹鳳，大中祥符八年改正陽，明道二年改宣德，雍熙元年改今名。東曰左掖，西曰右掖。東西面門曰東華、西華。舊名寬仁、神獸，開寶三年改今名，熙寧十年又改東華門北曰諲門。北一門曰拱宸。舊名玄武，大中祥符五年改今名。熙寧十年，改門内西横門曰臨華。乾元門内正南門曰大慶，東西横門曰左、右昇龍。左右北門内各二門，曰左、右長慶，熙寧間，改左右長慶隔門曰左、右嘉肅。左、右銀臺。東華門内一門曰左承天祥符，乾德六年賜名，大中祥符元年正月，天書降其上，詔加「祥符」二字，而增葺之。西華門内一門曰右承天。左承天門内道北門曰宣祐。舊名光天，大中祥符八年改大寧，明道元年改今名。正南門内正殿曰大慶，東西門曰左、右太和。宋初曰日華、月華，大中祥符八年改今名。正衙殿曰文德，宋初曰文明，雍熙元年改今名。熙寧間，改南門曰端禮。兩掖門曰東、西上閤，東西門曰左、右嘉福。宋初曰左、右勤政，明道元年十月改今名。大慶殿舊名崇元，乾德四年重修，改曰乾元，太平興國九年改朝元，大中祥符八年改天安，明道三年改今名。北有紫宸殿，舊名崇德，明道元年改。視朝之前殿也；西有垂拱殿，舊名長春，明道元年改。常日視朝之所也。次西有皇儀殿，開寶四年，賜名滋福，明道元年十月改。又次西有集英殿，舊名廣政，開寶三年曰大明，淳化間曰含光，大中祥符八年名會慶，明道元年十月改今名。宴殿也。殿後有需雲殿，舊名玉華，後改瓊華，熙寧初改今名。東有昇平樓，舊名紫雲，明道元年改。宫中觀宴之所也。宫後有崇政殿，舊名簡賢講武，太平興國二年改今名。熙寧間，改北横門曰通極。閲事之所也。殿後有景福殿，西有殿北向，曰延和，便坐殿也。大中祥符七年，建後苑東門，洎北向

便殿成，賜名宣和門、承明殿，明道元年改端明，二年改今名。凡殿有門者，皆隨殿名。宮中又有延慶、舊名萬歲，大中祥符七年改。安福、觀文、舊名集聖，明道二年改肅儀，慶曆八年改今名。清景、慶雲、玉京等殿，壽寧堂，清景，明道元年改。延春閣。舊名萬春，寶元元年改。福寧殿即延慶，明道元年改。東西有門曰左、右昭慶。觀文殿西門曰延真，其東真君殿曰積慶，前建感真閣。又有龍圖閣，下有資政、崇和、宣德、述古四殿。天章閣下有羣玉、蘂珠二殿，後有寶文閣，即壽昌閣，慶曆元年改。閣東西有嘉德、延康二殿，前有景輝門。後苑東門曰寧陽，即宣和門，明道元年改。苑內有崇聖殿、太清樓，其西又有宜聖、化成、即玉宸殿，明道元年改。金華、西涼、清心等殿，翔鸞、儀鳳二閣，華景、翠芳、瑶津三亭。延福宮有穆清殿，延慶殿北有柔儀殿，初有殿無名，章獻太后名曰崇徽，明道元年改寶慈，景祐二年改今名。崇徽殿北有欽明殿。舊名天和，明道元年改觀文，又改清居，治平三年改今名。延福宮北有廣聖宮，天聖二年建，名長寧，景祐二年改。內有太清、玉清、沖和、集福、會祥五殿，建流盃殿於後苑。明道元年八月，修文德殿成，是夜，禁中火，延燔崇德、長春、滋福、會慶、延慶、崇徽、天和、承明八殿，命宰相呂夷簡爲修葺大內使，樞密副使楊崇勳副之，發京東西、河北、淮南、江東西路工匠給役，內出乘輿物，左藏庫易緡錢二十萬助其費，以故改諸殿名。又有慈德殿，楊太后所居，景祐元年賜名。觀稼殿，在後苑，觀種稻，景祐二年創建。延義閣，在崇政殿內。邇英閣，在崇政殿西南，蓋侍臣講讀之所也，與延義同，景祐三年賜名。隆儒殿，邇英閣後小殿，皇祐三年始賜名。慈壽殿，皇太后所居，治平元年賜名。慶壽宮，保慈宮，熙寧二年建。玉華殿，在後苑。基春殿，熙寧七年建，在玉華殿後。睿思殿，八年建。承極殿，元豐三年建。崇慶、隆祐二宮，元祐元年建。睿成宮，神宗所居東宮，紹聖二年賜名。宣和殿，在睿思殿後，紹聖二年四月殿成，其東側別有小殿曰凝芳，其西曰瓊芳，前曰重熙，後曰環碧。元符三年廢，崇寧初復作。大觀二年，徽宗製記刻石，實蔡京爲之。聖瑞宮，皇太妃所居，因以名宮。顯謨閣，元符元年建，藏神宗御集，建中靖國元年改曰熙明，尋復舊。玉虛殿，元符初建。玉華閣，大觀初建，在宣和殿後。親蠶宮，政和元年建。燕寧殿，在延福北，奉安仁宗慈聖光獻皇后御容。延福宮，政和三年春，新作於大內北拱辰門外。舊宮在後苑之西南，今其地乃百司供應之所，凡內酒坊、裁造院、油醋、柴炭、鞍轡等庫，悉移他處，又遷兩僧寺、兩軍營，而作新宮焉。始南向，殿因宮名曰延福，次曰蘂珠，有亭曰碧琅玕。其東門曰晨暉，其西門曰麗澤。宮左復列二位。其殿則有穆清、成平、會寧、睿謨、凝和、崑玉、羣玉，其東閣則有蕙馥、報瓊、蟠桃、春錦、疊瓊、芬芳、麗玉、寒香、拂雲、偃蓋、翠葆、鉛英、雲錦、蘭薰、摘金，其西閣有繁英、雪香、披芳、鉛華、瓊華、文綺、絳萼、穠華、緑綺、瑶碧、清陰、秋香、叢玉、扶玉、絳雲。會寧之北，疊石爲山，山上有殿曰翠微，旁爲二亭：曰雲巋，曰層巘。凝和之次閣曰明春，其高踰一百一十尺。閣之側爲殿二：曰玉英，曰玉澗。其背附城，築土植杏，名曰杏岡，覆茅爲亭，脩竹爲竿，引流其下。宮之右爲佐二閣，曰宴春，廣十有二丈，舞臺四列，山亭三峙。鑿圓池爲海，跨海爲二亭，架石梁以昇山。亭曰飛華，橫度之四百尺有奇，縱數之二百六十有七尺。又疏泉爲湖，湖中作隄以接亭，隄中作梁以通湖，梁之上又爲茅亭。鶴莊、鹿砦、孔翠諸柵，蹄尾動數千，嘉花名木類聚，區別幽勝，宛若生成。西抵麗澤，不類塵境。初，蔡京命童貫、楊戩、賈詳、藍從熙、何訢等分任宮役，五人者因各爲制度，不務沿襲，故號「延福五位」。東西配大內，南北稍劣。其東直景龍門，西抵天波門，宮東西二橫門，皆視禁門法，所謂晨暉、麗澤者也，而晨暉門出入最多。其後又跨舊城修築，號「延福第六位」。跨城之外浚壕，深者水三尺，東景龍門橋，西天波門橋，二橋之下，疊石爲固，引舟相通，而橋上人物外自通行不覺也。名曰景龍江，其後又辟之，東過景龍門至封丘門。○景龍江北有龍德宮。初，元符三年，以懿親宅潛邸爲之，及作景龍江，江夾岸皆奇花珍木，殿宇比比對峙，中塗曰壺春堂，絶岸至龍德宮。其地歲時次第展拓，後盡都城一隅焉，名曰擷芳園，山水美秀，林麓暢茂，樓觀參差，猶艮嶽延福也。保和殿，政和三年四月作，九月殿成，總爲屋七十五間。玉清神霄宮，政和三年建，舊名玉清和陽，在福寧殿東，七年改今名。上清寶籙宮，政和五年，徽宗因林靈素之言，在景龍門對景輝門作上清寶籙宮，密連禁署，內列亭臺館舍，不可勝計。命道士施民符藥，徽宗時登皇城下視之。又開景龍門，城上作複道，通寶籙宮，以便齋醮之事，徽宗數從複道上往來。是年十二月，始張燈於景龍門上下，名曰「預賞元宵」。

《宋朝會要》：今大內，即宣武軍節度使治所。朱梁建都，遂以衙署爲建昌宮，晉天福初，又爲大寧宮，但改名號而已。周世宗雖加營繕，猶未合古制。建隆三年，發開封、浚儀民廣皇城。四年五月，太祖命有司畫洛陽宮殿，按圖修之，自是皇居始壯麗矣。

趙德麟《侯鯖録》：唐東京宮城，東西四里一百八十八步，南北二里八十五步，周迴十三里二百四十一步，高四丈八尺。宋東京宮城，周迴五里。

《邵氏聞見録》：東京，唐汴州。梁太祖因宣武軍置建昌宮，晉改曰大寧宮，周世宗雖加營繕，猶未如王者之制。藝祖得天下之初，即遣使圖西京大內，按以改作。既成，帝坐萬歲殿，洞開諸門，端直如繩。嘆曰：「此如吾心，小有私曲，人皆見之矣。」帝一日登明德門，指其榜問趙普曰：「明德之門，安用之字？」普對曰：「助語。」帝曰：「之乎者也，助得甚事。」普無言。

葉少藴《石林燕語》：京師大內，梁氏建國止以爲建昌宮，本唐宣武節度治所，未暇增大也。後唐莊宗遷洛，復廢以爲宣武軍。晉天福中，因高祖臨幸，更號大寧宮。今新城是也。其增展外羅城，蓋周世宗始爲之。太祖建隆初，以大

內制度草創，乃詔圖洛陽宮殿，展皇城東北隅，以鐵騎都尉李懷義與中貴人董役，按圖營建。初，命懷義等，凡諸門與殿須相望，無得輒差。故垂拱、福寧、柔儀、清居四殿正重，而左、右掖與昇龍、銀臺等諸門皆然，惟大慶殿與端門少差爾。宮成，太祖坐福寧寢殿，令辟門前後，召近臣入觀。諭曰：「我心端直正如此，有少偏曲處，汝曹必見之矣。」羣臣皆再拜。後雖嘗經火，屢修，率不敢易其故處矣。按：《石林燕語》與邵氏所記畧同。

又曰：大慶殿，初名乾元，太平興國、祥符中，皆因火改爲朝元、天安，景祐中，方改今名。有龍墀、沙墀，凡正〔旦〕至大朝會，〔策〕尊號則御焉，郊祀大禮則駕宿於殿之後閤，百官爲次，宿於前之兩廊。皇祐初，始行明堂之禮，又以爲明堂仁宗御篆「明堂」二字，每行禮則旋揭之。事已復去。文德殿在大慶殿之西少次，舊曰端明，後改文明。祥符中，因火再建，易今名。紫宸殿在大慶殿之後少西，其次又爲垂拱殿。自大慶殿後，紫宸、垂拱之兩間，有柱廊相通。每月視朝則御文德，所謂過殿也。東、西閤門皆在殿後之兩旁，月朔不御過殿，則御紫宸，所謂入閤也。月朔與誕節、郊廟禮成受賀，契丹辭見，亦皆御紫宸、文德。過受冊、發冊、明堂宣赦，亦御而不常用。宣麻不御殿，而百官即庭下聽之。紫宸不受賀，而拜表稱賀則於東上閤門。國忌，未赴景靈宮，先進名奉慰，則於西上閤門，亦既庭下拜而授閤門使，蓋以閤不以殿也。惟垂拱爲日御朝之所。集英殿，舊大明殿也，明道中改今名，每春秋大燕皆在此。太祖嘗御策制科舉人，故後爲進士殿試之所。其東廊後有樓曰昇平，舊紫雲樓也，每大燕則宮中登而觀焉。皇儀殿，舊名滋福，咸平太宗明德皇后居之，以爲萬安宮，后崩，復舊，明道中改今名。故常廢而不用，以爲治后喪之所。

又曰：東華門直北，有東向門，西與內東門相直，俗謂之謻門而無牓。張衡《東京賦》所謂：「謻門，曲榭者也。」薛綜注：「謻，曲屈斜行，依城池爲道。」《集韻》：謻字或作誃，以爲宮室相連之稱。今循東華門墻而轉，東面爲北門，亦可謂斜行依墻矣。凡宮禁之言相承，必皆有自也。按《字訓》：謻，别也。《東京賦》但言别門耳。

洪邁《容齋三筆》：自漢以來，宮室土木之盛，如漢武之甘泉、建章，陳後主之臨春、結綺，隋煬帝之洛陽、江都，唐明皇之華清、連昌，已載史册。國朝祥符中，奸臣導諛爲玉清、昭應，會靈、祥源諸宮觀，議者固以崇侈勞費爲戒，然未有若政和蔡京所爲也。京既柄政，招權璫童貫、楊戩、賈詳、藍從熙、何訢五人分任其事，於是始作延福宮，而極其工麗矣。

周密《癸辛雜識》：汴梁宋時宮殿，凡樓觀棟宇牕户，往往題「燕用」二字，竊意必當時人匠姓名耳。及金海陵修燕都，擇汴京牕户刻鏤工巧者以往，始知興廢皆定數，而「燕用」二字乃先兆也。

又曰：京師有八卦殿，八門各有樹木山石，無一相類。皆嵌石座，亦穿空，與石竅相通。上欲有所往，與所幸美人自一門出，宮人僊衣〔壯士〕扶輪，一聲霹靂，則僊樂競奏，雲霄間，石竅中，腦麝煙起如霧。【略】

國朝洪武十一年，即宋故宮遺址建周王府，乃太祖第五皇子謚定始分封之國，宗室繁衍，甲於它藩。城中井水悉苦鹻難飲，汴人率於城外汲水飲之，惟周府太廟前井水甘，蓋宋大內舊井也。

李濂《汴京遺跡志》卷一《宮室》 太一宮，都城太一宮有三處：一在城東南之蘇村，爲東太一宮；一在城西南之八角鎮，爲西太一宮；一即五嶽觀之舊址，爲中太一宮。今俱廢。

宋敏求《春明退朝録》：太宗時，建東太一宮於蘇村，遂列十殿，而五福、君綦二太一處前殿，冠通天冠，服絳紗袍，餘皆道服霓衣。天聖中，建西太一宮，前殿處五福、君綦、大遊三太一，亦用通天絳紗之制，餘亦道冠霓衣。熙寧五年，建中太一宮，內侍主塑像，乃請下禮院議十太一冠服。禮院乃具兩狀，一如東西二宮之制，一請盡服通天、絳紗。會有言亳州太清宮有唐太一塑像，上遣中使視之，乃盡服王者衣冠。遂詔如亳州之制。

葉少藴《石林燕語》：太平興國中，司天言太一式有五福、大游、小游、四神、天一、地一、真符、君綦、臣綦、民綦凡十神，皆天之貴神。而五福所臨無兵疫，凡行五宮，四十五年一易。今自甲申歲，入黄室巽宮，當吴分，請即蘇州建宮祀之。已而復有言今京城東南有蘇村，可應姑蘇之名，乃改築于蘇村，京師建太一宮自此始。此東太一宮也。

龔明之《中吴紀聞》：太平興國六年，方士言，五福太一在吴越分。太一天之貴神也，行度所至之國，民受其福，故令蘇州建太一宮。後以地遠，不便於禱祀，遂於京城蘇村建之。

今天慶觀乃其舊址，鄉人尚有以「宮巷」、「宮前」稱者。

《宋朝會要》：天聖六年三月，司曆言：五福太一自雍熙元年甲申及今四十五年，太一行綦當入蜀郡之坤宮，曰「黄庭」，可於都城西南建祈宮。於是，詔擇

八角鎮地，建西太一宫。

又曰：神宗熙寧初，即五嶽觀舊址營中太一宫。蓋自仁宗天聖六年至熙寧五年壬子四十五年，五福太一行綦自黄庭宫移入真室之中，下臨京都之中故也。

李濂《汴京遺跡志》卷一《宫室》 景靈宫，有二，在城内端禮街東西。宋大中祥符五年十一月建，奉藝祖以下御容在内。

郭若虚《圖畫見聞誌》：治平甲辰歲，於景靈宫建孝嚴殿，奉安仁宗神御，乃鳩集畫手，畫諸屏扆、墻壁。先是，三聖神御殿兩廊，圖畫創業戡定之功及朝廷所行大禮，次畫講肄文武之事，遊豫宴享之儀。至是，又兼畫一應仁宗朝輔臣吕文靖已下至節鉞凡七十二人。時張龍圖燾主其事，乃奏請於逐人家取影貌寫之，鴛行序列，歷歷可識其面，於是觀者莫不嘆其盛美。

李心傳《朝野雜記》：景靈有東西宫。蓋祖宗以來，帝后神御，皆寓道釋之館。神宗元豐中，始倣漢原廟之制，即景靈宫之東西爲六殿，每殿皆有館御，前殿奉宣祖以下御容，而後殿以奉母后，各揭以美名。徽宗崇寧初，以景靈無隙地，乃於馳道之西立西宫，以神宗爲館御首，哲宗次之。號舊宫爲景靈東宫。建炎改元之二日，即命有司建景靈宫於江寧，帝后異殿，然不克成。渡江後，自聖祖以下神御，皆寓温州天慶宫，以祠部郎官兼知州，若官使相則兼景靈宫使，典奉神御。趙忠簡爲相，議築宫臨安，以奉祖宗神御，而留聖祖於東嘉，後不果。紹興十三年二月，始遷於臨安，然但通爲三殿，以奉聖容，無復東都之制矣。或者謂忠簡之議，乃王沂公藏天書之意。

李濂《汴京遺跡志》卷一《宫室》 九成宫，崇寧元年，方士魏漢津，請備百物之象鑄九鼎。四年三月，九鼎成，詔於中太一宫之南爲殿以奉安，各周以垣，上施睥睨，墁以方色之土，外築垣環之，名曰九成宫。中央曰帝鼎，其色黄，祭以土王日爲大祠。幣用黄，樂用宫架。北方曰寶鼎，其色白，祭以冬至，幣用皁。東北曰牡鼎，其色白，祭以立春，幣用皁。東方曰蒼鼎，其色碧，祭以春分，幣用青。東南曰岡鼎。其色緑，祭以立夏，幣用緋。南方曰彤鼎，其色紫，祭以夏至，幣用緋。西南曰阜鼎，其色黑，祭以立秋，幣用白。西方曰晶鼎，其色赤，祭以秋分，幣用白。西北曰魁鼎，其色白，祭以立冬，幣用皁。八鼎皆爲中祠，樂用登歌，享用素饌，復於帝鼎之宫，立大角鼎星之祠。

李濂《汴京遺跡志》卷一《宫室》 朝元萬壽宫，在城内汴河之側，金兵燬之，今延慶觀即朝元萬壽宫之齋堂也。

周密《癸辛雜識》：朝元宫殿前有大石香鼎二，製作高雅，熙春閣朝元宫有十餘座，徽宗每宴熙春，則用此燒香於閣下，香煙蟠結凡數里，有臨春結綺之意。朝元宫虚皇臺，亦上清移來者，下有青石礎二，刻龍鳳團花，極工巧，舊時是朱温椒蘭殿舊物。臺上有拜石，方廣二丈許，光瑩如碧玉，四畔刻龍鳳，雲霞環繞，内留「品」字三方素地，云是宣、政内醮時，徽廟立於中，林靈素、王文則居兩旁也。

李濂《汴京遺跡志》卷一《宫室》 玉清昭應宫，大中祥符元年，初議營是宫，安寘天書，命有司料功，須十五年乃就。修宫使丁謂令以夜繼晝，每繪一壁，給二燭。至七年十一月宫成，凡二千六百二十楹。制度閎麗，屋宇少不中程式，雖金碧已具，必令毁而更造，有司莫敢較其費。初宫之成也，時王魏公爲首相，始命充使，宫觀置使自此始。天聖七年夏六月丁未夜，大雷雨，宫内火起，至曉宫室幾盡，僅存長生、崇壽二小殿。范雍、王曙等以爲災變之來若有警者，願除其地，罷諸禱祀，以答天怒。乃下詔不復繕修，以長生、崇壽二小殿改爲萬壽觀，罷諸宫觀使。

《宋史》：真宗大中祥符元年，作玉清昭應宫，奉天書也。知制誥王曾、都虞候張旻皆上疏諫，不聽。

孫昇《談圃》：玉清昭應宫，丁晉公董其役，土木之工極天下之巧，繪畫無不用黄金。四方古名畫，皆取至置之壁龕廡下。又以其餘材修建五嶽觀，世猶謂之「木天」，則玉清之宏壯可知。玉清宫道院，則今萬壽觀是也。後玉清、五嶽皆焚，獨道院在耳。

葉少藴《石林燕語》：大中祥符五年，玉清昭應宫成，王魏公爲首相，始命充使，宫觀置使自此始，然每爲見任宰相兼職。天聖七年，吕申公爲相，時朝廷崇奉之意稍緩，因上表請罷使名，自是宰相不復兼使。康定元年，李若谷罷參知政事留京師，以資政殿大學士爲提舉會靈觀事。宫觀置提舉自此始。自是學士、待制、知制誥，皆得爲提舉，因以爲優閑不任事之職。熙寧初，先帝患四方士大夫年高者，多疲老不可寄委，罷之則傷恩，留之則玩政，遂仍舊宫觀名，而增杭州洞霄及五嶽廟等，並依西京崇福宫，置管勾或提舉官，以知州資序人充，不復限以員數，故人皆得以自便。

李濂《汴京遺跡志》卷一《宫室》 上清儲祥宫，太宗至道元年，上清宫成，慶曆三年火，其後復修，以宫之所在爲國家子孫也，因賜名上清儲祥宫。命蘇軾撰碑文以紀其事。

宋敏求《東京記》：端拱元年二月，太宗詔取晉邸時太祖所賜金帛，建上清儲祥宮。至道元年八月，宮成，帝御書額，金填其字，賜之。仁宗慶曆三年十一月火，熙寧、元豐間，靈惠法師王太初再營之。元祐初年，宣仁太皇太后爲出粧粉錢重建。

孫昇《談圃》：上清儲祥宮，太宗建之，爲民祈福。神宗以其地屬震，欲新之，至元祐初落成，宦人陳衍領其事。凡當用黄金處，皆以丹朱代之，宮成，兩宮臨幸肆赦。

許有壬《上清儲祥宮記略》：宮始太宗，作於朝陽門外，蘇碑作內。不五十年而火，以其地爲禁軍營。監察御史裏行包拯上疏，請勿脩故也。又三十七年，復事脩建，歷十三年而後成，蓋元祐六年也。翰林學士承旨蘇公作碑，未幾，誣以失實，毁之，令蔡京别撰。金源氏復葺，翰林侍讀學士趙秉文有文。歲壬辰，元兵下汴，宮觀僅存，師徒解散。時全真之教方興，長春公起海濱。至西域，見上論道，以修身治國、撫民止殺爲對，上大悅。長春法係之弟爲太古郝公，太古傳棲雲王公。長春以汴重陽觀故基實主教重陽真君昇化之地，命棲雲主之，營建幾三十年，是爲朝元宮。丞相史公復請兼主太一、上清諸宮觀事。惟上清爲潦水所圮，規模宏闊，力不能復。命巨提點者購地於惠和坊，爲畝六十，撤故宮材，崇三清之殿于前，次列真之宇于後，神門壇壝，左右雲堂，四周接屋餘百楹，雖非其地而名不泯也。

李濂《汴京遺跡志》卷一《宮室》 寶成宮，大觀三年，詔以鑄鼎之地作寶成宮，總屋七十區。中置殿曰神靈，以祀黄帝。東廡殿曰成功，以祀夏后氏。西廡殿曰持盈，以祀周成王及周公旦、召公奭。後置堂曰昭應，以祀唐李良及隱士嘉成侯魏漢津。詔每歲八月二十五日舉祀事，祀黄帝爲大祠，幣用黄，樂用宮架。其成功、持盈二殿爲中祠，幣用白。昭應堂爲小祠，並用素饌。

馬端臨《文獻通考》 按，三代之九鼎，未聞有神司之，而列之祀典也。崇寧時，用方士魏漢津之説鑄九鼎，而各以其方色祭之，抑不知司鼎者何神歟！至於因采首山銅之説而祀黄帝，因貢金九牧之説而祀夏后氏，因定鼎郟鄏之説而祀成王、周、召，然此數聖賢之所以當祀者，固不以鼎也。若魏漢津則當時獻言鑄鼎之方士耳，乃亦屍而祝之，俾侑食於數聖賢，其褻慢不經亦甚矣。

徐松輯《河南志·宋城闕古蹟》 宋。按：宋以河南爲别都。宮室皆因□□□，或增葺，而非創造。今先序五代，而以宋統之。

宮城。舊名紫微城。

周九里三百步。疑西與北經損滅。

南面三門：正〔中〕曰五鳳樓，因唐天祐之名。

東面一門，曰蒼龍門。隋之重光門。門内道北，即東宮。

東曰興教門，西曰光政門。二門因唐舊名。

西面一門，〔曰金虎〕門。隋之寶城門，唐之嘉豫門。

北面一門，曰拱宸門。隋唐之玄武門。大中祥符中改。南當五鳳樓。

五鳳樓内，正内曰太極殿門。隋之永泰，唐之通天、乾元後，〔隋〕〔隨〕殿名改易。太平興國三年名太極門。景德四年改曰太極殿門。

門東西各有門。唐初曰萬春、千秋。今無榜。

太極殿門外，東、西横門：曰左、右永泰門。隋之東、西華□□□左、右延福、□□□□

殿曰太極殿。隋之乾陽，唐之乾元。明堂□□□□□□三年改朔元殿。後唐同光□年，□□□□□福七年，避高祖諱改宣德殿，後復爲明堂。宋太平興國三年改太極。按，殿中藻井，有盤木黄龍，勢如飛動，太祖嘗彈落其目睛。

殿前有左右龍尾道，日樓、月樓，東西横門：曰日華、月華門。殿後有柱廊。

次天興殿。大禮宿齋於此。舊曰太極後殿，太平興國三年改。

後有殿閣。其地即隋之大業，唐之天堂。

後門。北對建禮門。

太極殿門之西，面南曰應天門。唐之敷政、光範，又改應天。

次北曰乾元門，唐之千福、乾化，又改乾元。

次北曰敷政門，唐之武成、宣政，又改敷政。

次北文明殿。正衙殿也。唐之武成、宜政，又改貞觀。梁開平三年改文明。

殿東南隅有鼓樓。西南隅有鐘樓。東西横門，曰左、右延福門。殿兩挾，曰東上、西上閤門。殿後有柱廊。

次曰垂拱殿，按唐天祐□後□□□□□□傳是此殿。太平興國□□□□垂拱。

殿後通天門。後有柱廊。

興教門内曰左安禮門，□□□門，東偏左藏庫。其西北鑾和門。太平興國三年，改車輅院門曰鑾和。

其内車輅庫。今庫内貯唐及五代車輅甚多，太祖開寶九年，雩祀用之。

左安禮門北，曰左興善門。唐左銀臺門，梁開平三年改。

東偏雜納庫。今庫後盡空地，植花木甚盛。
其北左銀臺門。唐曰左章善門，梁開平三年改。
東偏斑院。在雜納庫北。
□偏□坊□光政門内北中書。在應天門東。
中書西，右安禮〔門〕。□庫之景運門。然稍在西，不對光政門。
次西横門，曰永福門。按，後唐同〔光建〕左、右永福門，在□□□南。疑興善門是。
門西北，三司。次西斑院。右安禮門〔北曰〕右興善門。唐右銀臺門，梁開平三年改。
門内東偏樞密院，院北裝戲院。與宴殿相近。後唐莊宗好俳優，疑同光中置。
西偏崇文院。其北右銀臺門。唐曰右章善門，梁開平三年改。
右興善門外，東有横門，過宣徽院。其南待漏院，北學士院。蒼龍門之正西，有東隔門。□□□□膺福門。唐曰含章門，天祐二年改。
次西接通天門之柱□□□□□東有西隔門，次東曰千秋門。唐曰金鑾門，天祐二年改。
次東接通天門之柱廊。建禮門，在天興殿後。南對五鳳殿。北有隔門。次北拱宸門。建禮門之西曰廣壽殿門，門内廣壽殿。本名嘉慶殿。後唐莊宗末，劉皇后焚其殿而遁往太原。明宗天成四年重修。殿成，有司請丹漆金碧以瑩之。明宗曰：此殿經焚，不可不修。但務宏壯，不勞華侈。乃改爲廣壽殿。
殿後隔舍即内東門道，其北明德殿。太平興國三年，改廣壽第二殿曰明德，第三殿曰天和，第四殿曰崇徽。
其次天和殿，其次崇徽殿。廣壽殿門之西，曰明福門。其柱廊接通天門。南對文明殿。
明福門内曰天福殿門。門内天福殿。唐天祐之崇勳殿，後唐同光二年改。中興□□□□□□寢殿并門名。晉天福二年又改今名。□□□□□□也。即後唐之絳霄殿。太平興國三年改寢殿曰太清，第二殿曰思政，第三殿曰延春。
〔其次思〕政殿，其次延春殿，其次面北武德殿。後唐同光二年，以解卸殿爲端明殿。太平興國三年改。
明福門之西曰金鑾殿門。門内金鑾殿，唐天祐中，號太極殿，又名思政。梁開平三年，改曰金鑾，用敬翔爲金鑾殿大學士，即此殿也。後唐莊宗復改太極。長興中，改二儀殿，後復改金鑾。今殿内有佛像、經藏、金籙、道場什器局之□。
其次壽昌殿，□殿□梁之□□□。太平興國三年，改金鑾第二殿曰壽昌，第三殿曰〔玉華〕，第四殿曰長壽，第五殿曰甘露，第六殿曰乾陽，〔第七〕殿曰嘉興。
其次玉華殿，其次甘露殿，其次長〔壽〕殿，今宫内次第如此。
其次乾陽殿，其次嘉興殿。已上洛人名爲〔七殿〕。
金鑾殿門之西，曰含光殿門，在千秋門之西，對右銀臺門。
門内含光殿。宴殿也。其南廊有裝戲院。
殿東廊後，有紫雲樓。宫中觀宴之所。
樓前射弓小院。含光殿後洗澤宫。一位建禮門北之東廊曰御廚，相對即内東門。門外有石師子二，製作精巧，太祖常以〔彈〕彈之，其迹見存。真宗著《彈丸記刻石》。
北賜食廳。其北即北隔門。北對拱宸門。已見上。
門南□□□□□門。門西有隔門。門内面南有講武殿。與武□殿相對。按，唐天祐中，□文思毬場。梁開平三年，以行從殿爲興安殿，毬場爲興安毬場。疑是此殿，後改名講武。
殿後有柱廊，有後殿。無名。
隔門相對西隔門，門西淑景亭位。又有隔門，以西入後院，内有長春殿。後唐同光二年建。
殿有柱廊。後殿以西即十字池亭。其南砌臺、冰井、娑羅亭。貯奇石處，世傳是李德裕醒酒石。按，《五代通録》：德裕孫敬義，本名延古，居平泉舊墅。唐光化初，洛中監軍取其石，置之家園。敬義泣謂張全義，請石於監軍。監軍忿然曰：黄巢賊後，誰家園池完復，豈獨平泉有石哉！全義嘗被巢命，以爲訕己，即奏斃之，得石，徙致於此。其石以水沃之，有林木自然之狀。今謂之娑羅石，蓋以樹名之，亭宇覆焉。
前有九江池，一名九曲池。梁太祖沈殺九王之處。□□□□□□傾側，墮於池中，宫女侍官持扶登岸，□□□□□□也。
其南有内園門。在含光殿門之西。
東宫在〔有〕蒼龍門，□□□□銀□□□門相對後門在東池門之内。按，後唐莊宗子繼岌，爲北都留守，興聖宫使。及平定河南，而使名不改。明宗初入大内，居興聖宫。疑當時以東宫爲之。
宫後東池門内有飛龍院。其西軍器庫。門内有散甲殿。梁開平三年改弓箭庫，殿爲宣威殿，疑是此殿。
殿後柱廊，有後殿。其北相對，有夾道門。在拱宸殿内。
今宫室□□九百九十餘區云。按，唐留守府，在大内廣運門内。□□□□殿，天祐三年改延喜門爲宣化門，萬壽門爲萬春門，積慶門爲興善門，含清門爲延義門，延和門爲章善

門，保寧殿爲文思殿。天祐中，又有積善宫、安福□。□唐同光二年改應順門爲永曜門，太平門爲萬春門，通政門爲廣政門，鳳鳴門爲韶和門，萬春門爲□□門。莊宗母貞簡曹太后居長壽宫。應順時，有廣順殿、天興殿。清泰時，有敷政殿、玄武樓。梁有保寧鞠場。以上皆改易名號，失其處所。

南宋

李心傳《建炎以來朝野雜記》（乙集）卷三《上德三・南北内》 今南内，本杭州州治也。紹興初，創爲之。休兵後，始作崇政、垂拱二殿。久之，又作天章等六閣。龍圖以下諸閣，承平時，並建於大内之西，今此但爲一閣耳。而寢殿仍舊謂之福寧殿。淳熙初，壽皇始作射殿，謂之選德。八年秋，又改後殿擁舍爲别殿，取舊名，謂之延和。經歷兩朝，如是而已。至若苑中亭殿，則皆太上爲之，壽皇亦稍增焉。其名稱可見者，僅有復古殿、損齋、觀堂、芙蓉閣、翠寒堂、清華閣、羅木堂、隱岫、澄碧、倚桂、隱秀、碧琳堂之類，蓋得先王卑宫室之意矣。德壽宫乃秦丞相舊第也，在大内之北，氣象華勝，宫内鑿大池，引西湖水注之，其上疊石爲山，象飛來峯，有樓曰聚遠。凡禁御周回分四地分：東則香遠、梅堂。清深、竹堂。月臺、梅坡、松菊三徑、菊、芙蓉、竹。清妍、酴醿。清新、木犀。芙蓉岡，南則載忻、大堂乃御宴處。忻欣、古柏、湖石。射廳、臨賦、荷花仙子。燦錦、金林檎。至樂、池上。半丈紅、郁李。清曠、木犀。瀉碧，養金魚處。西則冷泉、古梅。文杏館、静樂、牡丹。浣溪，大樓子海棠。北則絳華、羅木亭。旱船、俯翠、茅亭。春桃、盤松。松在西湖上，得之以歸。

李心傳《建炎以來朝野雜記》（乙集）卷三《上德三・垂拱崇政殿》 臨安府治，舊錢王宫也，規制宏大，金人焚蕩之餘，無復存者。紹興南巡，因以爲行宫。其制甚樸。休兵後，始作垂拱、崇政二殿，其修廣僅如大郡之設廳。淳熙再修，亦循其舊，每殿爲屋五間，十二架，修六丈，廣八丈四尺。殿南檐屋三間，修一丈五尺，廣亦如之。兩朵殿各二間，東、西廊各二十間，南廊九間。其中爲殿門，三間六架，修三丈，廣四丈六尺。殿後擁舍七間。壽皇因以爲延和殿，至今因之。蓋聖人卑宫室而盡力乎溝洫之意。

吴自牧《夢粱録》卷八《大内》 大内正門曰麗正，其門有三，皆金釘朱户，畫棟雕甍，覆以銅瓦，鐫鏤龍鳳飛驤之狀，巍峩壯麗，光耀溢目。左右列闕亭，百官待班閣子。登聞鼓院、檢院相對，悉皆紅杈子，排列森然。門禁嚴甚，守把鈐束，人無敢輒入仰視。至晡時，各門下青布幕護之。麗正門内正衙，即大慶殿，遇明堂大禮、正朔大朝會，俱御之。如六參起居，百官聽麻，改殿牌爲文德殿；聖節上壽，改爲紫宸；進士唱名，易牌集英；明禋爲明堂殿。次曰垂拱殿，常朝四參起居之地。内後門名龢寧，在孝仁登平坊巷之中，亦列三門，金碧輝映，與麗正同。把守衛士嚴謹，如人出入，守閽人高唱頭帽號，以外列百寮待班閣子，左右排紅杈子，左設閤門，右立待漏院，客省西方館，入登平坊。沿内城有内門，曰東華，守禁尤嚴。沿内城向南，皆殿司，中軍將卒立寨衛護，名之中軍聖下寨。寨門外，左右俱置護龍水池。沿寨向南有便門，謂之東便門。禁庭諸殿更有者十：曰延和，曰崇政，曰福寧，曰復古，曰緝熙，曰勤政，曰嘉明，曰射殿，曰選德，曰奉神。御殿名「欽先孝思之殿」。更有天章諸閣，奉藝祖至理廟神御御書圖製之籍。寶瑞之閣，建於六部山後，供進御膳，即嘉明殿，在勤政殿之前。勤政即木幃寢殿也。嘉明殿相對東廊門樓，乃殿中省六尚局御厨，祗應内侍人員，俱集於此。殿上常列禁衛兩重，時刻提警，出入甚嚴，内皆近侍中貴。殿之廊廡，皆知省、御藥、御帶、門司、内轄等官，幕次聽候宣喚。小園子、快行、親從、輦官、黄院子、内諸司司屬人員等上番者，俱聚於廊廡，祗候服役。如宫禁買賣進貢，皆由此入。惟此處浩穰，每遇進膳，自殿中省對嘉明殿，禁衛成列，約闌不許過往。省門上有一人呼唱，謂之「撥食」。次有紫衣裹捲脚幞頭者，謂之「院子家」，拓一合，用黄綉龍合衣籠罩，左手擕一條紅羅綉手巾進入，於此樣約十餘合，繼後又拓金瓜合十餘合進入。若非時取唤，名曰「汛索」。皇太后殿名曰「坤寧」，皇后殿名「龢寧」，兩殿各有大官及殿長、内侍，及黄院子、幕士、殿屬、親從、輦官等人祇候。諸宫妃嬪等位次，亦有内侍提舉，各閣分官屬，掌餞、奏院子、小園子等人祇值。龢寧門外紅杈子，早市買賣，市井最盛。蓋禁中諸閣分等位，宫娥早晚令黄院子收買食品下飯於此。凡飲食珍味，時新下飯，奇細蔬菜，品件不缺。遇有宣唤收買，即時供進。如府宅貴家，欲會賓朋數（下）〔十〕位，品件不下一二十件，隨索隨應，指揮辦集，片時俱備，不缺一味。夏初茄瓠新出，每對可值十餘貫，諸閣分、貴官争進，增價酬之，不較其值，惟得享時新耳。

吴自牧《夢粱録》卷七《德壽宫》 德壽宫在望仙橋東。元係秦太師賜第，於紹興三十二年六月戊辰，高廟倦勤，不治國事，别創宫庭御之，遂命工建宫殿，扁「德壽」爲名。後生金芝於左棟，改殿扁曰「康壽」。其宫中有森然樓閣，扁曰「聚

遠」，屏風大書蘇東坡詩「賴有高樓能聚遠，一時收拾付閒人」之句。其宮御四面遊翫庭館，皆有名扁。東有梅堂，扁曰「香遠」。栽菊間芙蕖，修竹處有榭，扁曰「梅坡」、「松菊三徑」。酴醾亭扁曰「新妍」。木闕□（香）堂扁曰「清新」。芙蕖岡南御宴大堂扁曰「載忻」。荷花亭扁曰「謝聽臨賦」。金林檎亭扁曰「燦錦」。池上扁曰「至樂」。郁李花亭扁曰「半綻紅」。木（犀）（樨）堂扁曰「清曠」。金魚池扁曰「瀉碧」。西有古梅，扁曰「冷香」。牡丹館扁曰「文杏」，又名「静樂」。海棠大樓子扁曰「浣溪」。北有欏木亭，扁曰「絳葉」。闕□（清）香亭前栽春桃，扁曰「倚翠」。又有一亭，（盤）扁曰松（盤）。高廟雅愛湖山之勝，於宮中鑿一池沼，引水注入，疊石爲山次，像飛來峯之景，有堂扁曰「冷泉」。孝廟觀其景，曾賦長篇詠曰：山中秀色何佳哉，一峯獨立名飛來。參差翠麓儼如畫，石骨蒼潤神所開。忽聞彷像來宮囿，指顧已驚成列岫。規模絶似靈隱前，面熱恍疑天竺後。孰云人力非自然，千巖萬壑藏雲煙。上有峥嶸倚空之翠嶺，下有潺湲漱玉之飛泉。一堂虚敞臨清沼，密蔭交加森羽葆。山頭草木四時春，閲盡歲寒人不老。聖心仁智情幽閒，壺中天地非人間。蓬萊方丈渺空濶，豈若坐對三神山。日長雅趣超塵俗，散步逍遥快心目。山光水色無盡時，長將把向盃中緑。高廟覽之，欣然曰：老眼爲之增明。後孝廟受禪，議德壽宮改扁曰「重華」御之。次憲明太皇（后）欲御，又改爲慈福宮。壽（域）（成）皇太后亦改宮扁曰（壽慈）御之。繼後宮室空閒，因此而廢。咸淳年間，度廟臨政，以地一半營建道宮，扁曰「宗陽」，以奉感生帝。其時重建，殿無雄麗，聖真威嚴，宮囿花木，靡不榮茂，裝點景界，又一新耳。一半改爲民居，圃地改路，自清河坊一直築橋，號爲宗陽宮橋。每遇孟享，車駕臨幸，行燒香典禮，橋之左右，設帥漕二司，起居亭存焉。

《宋史》卷八五《地理志一》 行在所。建炎三年閏八月，高宗自建康如臨安，以州治爲行宮。宮室制度皆從簡省，不尚華飾。垂拱、大慶、文德、紫宸、祥曦、集英六殿，隨事易名，實一殿。重華、慈福、壽慈、壽康四宮，重壽、寧福二殿，隨時異額，實德壽一宮。延和、崇政、復古、選德四殿，本射殿也。慈寧殿，紹興九年，以太后有歸期建。欽先孝思殿，十五年建，在崇政殿東。翠寒堂，孝宗作。損齋，紹興末建，貯經史書，爲燕坐之所。東宮，在麗正門内，孝宗、莊文、景獻、光宗皆常居之。講筵所，資善堂。在行宮門内，因書院而作。天章、龍圖、寶文、顯猷、徽猷、敷文、焕章、華文、寶謨九閣，實天章一閣。

《（乾隆）杭州府志》卷二三《古蹟一》 德壽宮，紹興三十二年六月，名新宮曰德壽。《宋史·高宗本紀》。在望仙橋東。「德壽宮」、「德壽殿」二扁，皆孝宗書。宮中疊石爲山，象飛來峯。有堂曰冷泉，有樓曰聚遠，太上親題其額。《咸淳志》。初爲蔣院使花園。紹興間望氣者以爲有鬱葱之符。秦檜專國，心利之，請以爲賜第。其東偏即檜家廟，則格天閣之故基。檜卒，熺猶戀戀，請以爲第。烜爲光禄丞，留隸家廟。言者罷烜，遷廟主于建康，遂空其室焉。高宗倦勤，即其地築宮，曰德壽。後又更曰重華、曰慈福、曰慈壽，凡四易美名。《錢塘遺事》。周必大《德壽宮端午帖子》：飛來峯下水泉清，臺沼經營不日成。境趣自超塵世外，何須方士覓蓬瀛。聚遠樓高面面風，冷泉亭下水溶溶。人間炎熱何由到，真是瑶臺第一重。

《（乾隆）杭州府志》卷二三《古蹟一》 宋景靈宮，在新莊橋之西。中興初，四孟朝獻皆于禁中行禮。紹興十三年，臣僚言景靈宮以奉祖宗衣冠之游，即漢原廟也。今就便朝設位，未副廣孝之意。遂詔臨安府同脩内司相度脩蓋中殿、後殿。二十一年廣增前殿。自東齋殿西循廊而右，爲大堂三楹。臨池上左爲明樓，旁有蟠桃亭。堂之南爲西齋殿，西爲流杯亭、跨水堂、梅亭，北爲四並堂。又有橘園及桂竹各一區，餘雜四時花果。亭宇不能備載。《咸淳志》。楊萬里《謁景靈宮》詩：夜雪猶飄天目峯，曉晴光暖太清宮。雲翻孔雀金花碧，日射鴛鴦玉瓦紅。百辟焚香宮柳影，一鴉飛立殿簷東。仰瞻九聖聯龍衮，萬歲千秋對昊穹。

《（乾隆）杭州府志》卷二五《古蹟三》 南宋故宮，建炎三年閏八月，高宗自建康如臨安，以州治爲行宮。制度皆從簡省，不尚華飾。《宋史·地理志》。紹興元年，詔守臣措置草創，有旨僅蔽風雨足矣。時修内司乞造三百間，詔減二百二十。嗣後有營建，率因事立制，務在簡樸。列朝相承，罕所增益。《行在所録》。南宋宮殿之制，文德殿謂之正衙，垂拱殿謂之常朝。紫宸殿上壽御焉，大慶殿朝賀御焉，明堂殿宗祀御焉，集英殿策士御焉。此四殿即文德殿，隨事揭名，非專建也。後殿有四：崇政殿，一名祥曦福寧殿，寢息之所；復古殿，燕閒之所；延和殿，在垂拱之後，遇齋戒御焉；選德殿，孝宗建，以爲射殿，理宗闢以爲講殿。熙明殿，度宗改東宮之益堂爲之，而講筵、延閣並在禁中。至于東宮，初無定制。如孝宗之資善堂，度宗之益堂，皆在禁中，遂以爲就學之地。又有欽天、孝思二殿，以奉神御，則仍東都之舊制。《南宋行宮攷》。故都殿名又有曰明華、清燕、膺福，慶瑞、需雲、符寶、嘉明、坤寧、穠華、慈明、慈元、仁明、勤政、清華。堂曰翠

寒、澄碧、觀堂、芳春、凌寒、鍾美、燦錦、燕喜、静華、清賞、稽古、清遠、清徹、澄碧、藻淵、環秀、文囿、書林、華舘、衍秀、披香、德勤、雲錦、清霽、瓊姿、碧琳、凝光、澄輝、繡香、呈芳、會景、正始、怡然、信美。齋曰損齋、彝齋、謹習、燕申。樓曰博雅、觀德、萬景、清署、清美、明遠、倚香。閣曰清華、凌虚、清漏、倚桂、來鳳、觀音、芙蓉、萬春。臺曰宴春、秋芳、天開、圖畫、舒嘯、路臺。軒曰晚清。閣曰清華、睿思、怡真、容膝、受釐、緑綺。亭曰清泳、清趣、清暉、清顥、清迥、清隱、清寒、清激、清翫、清興、静香、静華、春華、春妍、春陽、春信、融春、尋春、映春、餘春、留春、皆春、寒碧、寒香、香瓊、香玉、香界、碧岑、灔碧、瓊英、瓊秀、明秀、深秀、衍秀、濯秀、錦烟、錦浪、繡錦、萬錦、麗錦、叢錦、照粧、浣綺、綴金、綴瓊、穠香、暗香、晚節、香巖、香雲岫、映波、含輝、達觀、秀野、凌寒、涵虚、平津、真賞、芳遠、垂綸、魚樂、噴雪、流芳、芳嶼、玉質、此君、聚芳、延芳、蘭亭、激湍、崇峻、惠和、浮醴、泛羽、凌穹、迎薰、會英、正巳、丹輝、凝光、雪徑、參月、共樂、迎祥、瑩粧、植杖、可樂、文杏、壺中天、别是一家春。園曰小桃源、杏塢、梅岡、瑶圃、村莊、桐木。《武林舊事》。元至元十四年，宋宫室悉燬于火，後西僧楊漣真伽請即故宫址建報國寺等五寺。至正之亂，五寺亦廢。《大清一統志》。

徐松《宋會要輯稿》第一百八十七册《方域二》 〔紹興〕十一月十二日提舉修内司承受提轄王晉錫言：依已降指揮同臨安府將射殿修蓋兩廊並南廊殿門作崇政殿，遇朔望權安置幕帳，門作文德。紫宸殿及將皇城司近北一帶，相度修蓋垂拱殿。今具摋移諸司屋宇共二百四十七間，乞依畫到圖本修建。從之。

徐松《宋會要輯稿》第三册《職官》宋孝宗《修蓋皇太子宫室詔》 乾道元年八月十二日，皇子立爲皇太子，其宫室官屬儀物制度，並令有司討論以聞。所有宫室，下兩浙轉運司、臨安府同修内司踏逐地段，先次彩畫制度、間架圖樣進呈訖，疾速差撥人匠如法蓋造施行。

遼

葉隆禮《契丹國志》卷二三《宫室制度》 十宫，各有民户，出兵馬，阿保機曰：洪義宫，德光曰永興宫，兀欲曰積慶宫，述律曰延昌宫，明記曰章敏宫，突欲曰長寧宫，燕燕曰崇德宫，隆緒曰興聖宫，隆慶曰敦睦宫，隆運曰文忠王府。又有四樓，在上京者曰西樓，木葉山曰南樓，龍化州曰東樓，唐州曰北樓。

《遼史》卷三二《營衛志中》 《周官》土圭之法：日東，景夕多風；日北，景長多寒。天地之間，風氣異宜，人生其間，各適其便。王者因三縄而節制之。長城以南，多雨多暑，其人耕稼以食，桑麻以衣，宫室以居，城郭以治。大漠之間，多寒多風，畜牧畋漁以食，皮毛以衣，轉徙隨時，車馬爲家。此天時地利所以限南北也。遼國盡有大漠，浸包長城之境，因宜爲治。秋冬違寒，春夏避暑，隨水草就畋漁，歲以爲常。四時各有行在之所，謂之「捺鉢」。

春捺鉢，曰鴨子河濼。皇帝正月上旬起牙帳，約六十日方至。天鵝未至，卓帳冰上，鑿冰取魚。冰泮，乃縱鷹鶻捕鵝雁。晨出暮歸，從事弋獵。鴨子河濼東西二十里，南北三十里，在長春州東北三十五里，四面皆沙堝，多榆柳杏林。皇帝每至，侍御皆服墨緑色衣，各備連鎚一柄，鷹食一器，刺鵝錐一枚，於濼周圍相去各五七步排立。皇帝冠巾，衣時服，繫玉束帶，於上風望之。有鵝之處舉旗，探騎馳報，遠泊鳴鼓。鵝驚騰起，左右圍騎皆舉幟麾之。五坊擎進海東青鶻，拜授皇帝放之。鶻擒鵝墜，勢力不加，排立近者，舉錐刺鵝，取腦以飼鶻。救鶻人例賞銀絹。皇帝得頭鵝，薦廟，羣臣各獻酒果，舉樂。更相酬酢，致賀語，皆插鵝毛于首以爲樂。賜從人酒，遍散其毛。弋獵網鈎，春盡乃還。

夏捺鉢，無當所，多在吐兒山。道宗每歲先幸黑山，拜聖宗、興宗陵，賞金蓮，乃幸子河避暑。吐兒山在黑山東北三百里，近饅頭山。黑山在慶州北十三里，上有池，池中有金蓮。子河在吐兒山東北三百里。懷州西山有清涼殿，亦爲行幸避暑之所。四月中旬起牙帳，卜吉地爲納涼所，五月末旬、六月上旬至。居五旬。與北、南臣僚議國事，暇日遊獵。七月中旬乃去。

秋捺鉢，曰伏虎林。七月中旬自納涼處起牙帳，入山射鹿及虎。林在永州西北五十里。嘗有虎據林，傷害居民畜牧。景宗領數騎獵焉，虎伏草際，戰慄不敢仰視，上舍之，因號伏虎林。每歲車駕至，皇族而下分佈濼水側。伺夜將半，鹿飲鹽水，令獵人吹角效鹿鳴，既集而射之。謂之「舐鹻鹿」，又名「呼鹿」。

冬捺鉢，曰廣平淀。在永州東南三十里，本名白馬淀。東西二十餘里，南北十餘里。地甚坦夷，四望皆沙磧，木多榆柳。其地饒沙，冬月稍暖，牙帳多於此坐冬，與北、南大臣會議國事，時出校獵講武，兼受南宋及諸國禮貢。皇帝牙帳以槍爲硬寨，用毛繩連繫。每槍下黑氈傘一，以庇衛士風雪。槍外小氈帳一層，每帳五人，各執兵仗爲禁圍。南有省方殿，殿北約二里曰壽寧殿，皆木柱竹榱，以氈爲蓋，綵繪韜柱，錦爲壁衣，加緋繡額。又以黄布繡龍爲地障，窗、槅皆以氈

爲之，傳以黄油絹。基高尺餘，兩廂廊廡亦以氈蓋，無門户。省方殿北有鹿皮帳，帳次北有八方公用殿。壽寧殿北有長春帳，衛以硬寨。宫用契丹兵四千人，每日輪番千人祗直。禁圍外卓槍爲寨，夜則拔槍移卓御寢帳。周圍拒馬，外設鋪，傳鈴宿衛。

每歲四時，周而復始。

《〔乾隆〕熱河志》卷九七《古蹟一》 遼宫殿，在故大定府城内，有延慶殿、永安殿。《遼史》：聖宗統和二十七年四月，駐蹕中京，營建宫室。開泰七年十月，名中京。新建二殿：曰延慶，曰永安。又有觀德殿、會安殿，爲奉安列祖御像之所。又中京武功殿，聖宗居之；文化殿，太后居之。今並無存。

于敏中等《日下舊聞考》卷二九《宫室》 臣等謹按：燕京累朝宫室，自遼以前，紀載無多。惟西苑之太液池、瓊華島爲金明昌中萬寧宫西園遺蹟，乃當時別館所在。至金時大内，以地理揆之，當在今廣寧、右安門外，其遺址皆無可考。元代宫室，考之《昭儉録》及《析津志》、《北京志》，大内在太液池東，隆福、興聖二宫在太液池西。今西苑及旁近之大高玄殿、光明殿諸處應即其地。明永樂間改建宫城，又在元大内迤東。我朝開國以來，宫廷制度不過量爲修葺，而大概多仍勝朝之舊。朱彝尊原書裒集諸家，記録頗詳，足資甄綜，惟間有舛互者。至其類序之中，年代先後，間多攙越，今謹加以釐正，餘不復繁引云。

遼以幽州爲南京，宫之扁曰永興，曰積慶，曰延昌，曰彰愍，曰長寧，曰崇德，曰興聖，曰敦睦，曰永昌，曰延慶，曰長春，曰太和，曰延和。殿之扁曰清涼，曰元和，曰嘉寧。堂之扁曰天膳。樓之扁曰五花，曰五鳳，曰迎月。閣之扁曰乾文。門之扁曰元和，曰南端，曰萬春，曰千秋，曰鳳凰。園曰柳園。《禁扁》。

朱彝尊原按：遼以天顯三年昇東平都爲南京，本治遼陽。至會同元年，始以幽州爲南京。

臣等謹按：《金史・地理志》，中都有仁政殿。又《世宗紀》，仁政殿，遼時所建。則仁政實遼南京之殿也。王士點《禁扁》於遼宫室缺載仁政殿，附識以備考。

南京大内在西南隅，皇城内有景宗、聖宗御容殿，殿東曰宣和，南曰大内，内門曰宣教，外三門曰南端、左掖、右掖。門有樓閣。毬場在其南，東爲永平館。皇城西門曰顯西，設而不開。北曰子北，西城巔有涼殿，東北隅有燕角樓。《遼史・地理志》。

南京宫衛曰弘義宫，曰長寧宫，曰永興宫，曰積慶宫，曰延昌宫，曰彰愍宫，曰崇德宫，曰興聖宫，曰延慶宫，曰敦睦宫，曰文忠王府，各置提轄司。《遼史》。

臣等謹按：據《遼史・兵衛志》，南京尚有太和、永昌二宫，與興聖、延慶等宫同置提轄司，舊史失載。

太宗會同元年十一月，詔昇幽州爲南京。三年四月庚子，至燕，駕入自拱辰門，御元和殿，行入閤禮。十二月，詔燕京皇城西南堞建涼殿。統和七年二月，幸長春宫。十三年正月，如長春宫。十五年二月朔，如長春宫。《遼史》。

臣等謹按：據《遼史・太宗本紀》，會同三年四月壬戌，御昭慶殿，宴南京羣臣。昭慶殿，原書未見，今謹附識。

又按：《遼史》本紀，聖宗統和十三年正月壬子幸延芳澱，庚午如長春宫。又十五年正月庚午，幸延芳澱，二月丙申朔，如長春宫。按：延芳澱在東京，其地與上京之長春宫較近。此二條似是指上京之長春宫而言，非南京也。原書以宫名本同，牽連誤引耳。

遼有二長春宫，一在南京，一在長春州。若五年三月朔幸長春宫賞花釣魚，十二年三月如長春宫觀牡丹，十七年正月朔如長春宫，則非南京之長春宫也。《北平古今記》。

臣等謹按：《遼史》本紀，聖宗統和十二年三月戊午幸南京，壬申如長春宫。按戊午距壬申僅十五日，不應即至上京之長春宫，似應仍指南京而言。

景宗保寧五年春正月，御五鳳樓觀燈。聖宗統和二十四年八月，改南京宫宣教門爲元和，外三門爲南端，左掖門爲萬春，右掖門爲千秋。開泰五年，駐蹕南京，幸内果園宴，京民聚觀，求進士得七十二人，命賦詩，第其工拙，以張昱等一十四人爲太子校書郎，韓亦士等五十八人爲崇文館校書郎。燕民以車駕臨幸，争以土物來獻，上賜酺飲。至夕，六街燈火如晝，士庶嬉游，上亦微行觀之。興宗重熙五年，詔修南京宫闕府署。九月，獵黄花山，獲熊三十六。冬十月，幸南京，御元和殿，以日射三十六熊賦幸燕詩試進士於廷。道宗清寧五年十月朔，幸南京，祭興宗於嘉寧殿。道宗大康五年八月，命有司撰太宗神功碑，立於南京。《遼史》。

乾統四年十月己未，幸南京。十一月乙亥，御迎月樓，賜貧民錢。同上。

繆荃孫《藝風堂文集》卷二《遼故宫考》 遼會同初，受石晉獻幽州，始至自南京。備法駕，入拱辰門，御元和殿，行入閤禮。又御昭慶殿，宴南京羣臣。《遼

史・太宗紀》。按石晉纔以地獻，太宗駕至，即有元和、昭慶等名，則猶非遼所建之宮殿也。蓋幽州自安史叛亂，已稱大燕，唐末劉仁恭復僭大號，當時創建，必久有宮殿名，遼特仍其舊耳。大内在西南隅，皇城内有景宗、聖宗御容殿。殿東曰宣和，南曰大内，内門曰宣教，外三門曰南端、左掖、右掖。門有樓閣。球場在其南，東爲永平館。皇城西門曰顯西，設而不開；北曰子北。西城巔有涼殿，東北隅有燕角樓。《遼・地理志》。

會同三年十二月丁巳，詔燕京皇城西南堞建涼殿。《遼太宗紀》。統和二十四年八月丙戌，改南京宮宣教門爲元和，左掖門爲萬春，右掖門爲千秋。《遼聖宗紀》。按《紀》云外三門爲南端，亦似改名，檢《地理志》惟云外三門曰南端、左掖、右掖，改左掖曰萬春，右掖爲千秋，是左掖、右掖與元和同改，惟南端乃舊耳。重熙五年壬戌，詔修南京宮闕府署。《遼興宗紀》。大内壯麗，《遼史拾遺》十四。累代各有增飾。

宮凡十，各有門户出兵馬。阿保機曰洪按《兵衛志》作弘。義宮，德光曰永興宮，兀欲曰積慶宮，述律曰延昌宮，明記曰章敏宮，按《禁扁》作彰愍。突欲曰長寧宮，燕燕曰崇德宮，隆緒曰興聖官，隆慶曰敦睦宮，隆運曰文忠王府。《契丹國志》二十三。又有嘉寧殿、《遼道宗紀》：清寧五年十月朔，幸南京，祭興宗於嘉寧殿。仁政殿、《金世宗紀》：世宗嘗謂宰臣曰：宮殿制度，苟務華飾，不必堅固。今仁政殿，遼時所建，全無華飾，但見他處歲歲修完，惟此殿如舊。洪武殿、《日下舊聞考》二十九，孫承澤云：遼之正殿曰洪武，後之年號先見於此。大安殿、《日下舊聞考》二十九，朱昆田曰：遼以大安名殿，而金以之紀年，亦兆之先見者。清涼殿、王士點《禁扁》。長春宮、《遼聖宗紀》：統和十二年三月戊午，幸南京。壬申，如長春宮。按《北平古今記》云：遼有二京，壬申如長春宮，在長春州。十二年三月，入長春宮，非南京之長春宮。考史：戊午幸南京，壬申如長春宮。戊午距壬申僅十五日，不應即至上京之長春宮，似應仍指南京而言。永昌宮、太和宮、《遼兵衛志》。延慶宮、延和宮、《禁扁》。五鳳樓、《遼景宗紀》：保寧五年春正月，御五鳳樓觀燈。迎月樓、《遼天祚帝紀》：乾統四年冬十月，御迎月樓，賜貧民錢。五花樓、《禁扁》。天膳堂、乾文閣、鳳凰門、《禁扁》。果園。《遼聖宗紀》：開泰五年，駐蹕南京，幸内東園。

若夫梳妝一臺，世艷稱之，至指白塔寺爲其故址，按《野荻編》云：大内北苑中有廣寒殿者，舊聞爲耶律后梳妝樓，成祖命留之爲後世鑒戒，宣宗曾爲之記。《西河詩話》云：遼后梳妝臺址，在太液池東小山上，一名瓊華島，即今白塔址是也。皆世俗傳聞，未可爲據也。

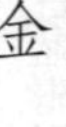

金

宇文懋昭《大金國志》附録二《金虜圖經・宮室》 亮欲都燕，先遣畫工寫京師宮室制度，至於闊狹修短，曲畫其數，授之左相張浩輩，按圖以修之。城之四圍九里有三十步。自天津橋之北曰宣陽門，如京師朱雀門。門分三，中繪一龍，兩偏繪以鳳，用金鍍銅釘實之。中門常不開，惟車駕出入。兩偏分雙隻日開，一門無貴賤，皆得往焉。過門有兩樓，曰文曰武。文之轉東曰來寧館，武之轉西曰會同館，二館皆爲本朝人使設也。正北曰千步廊，東西對焉。廊之半各有偏門，向東曰太廟，向西曰尚書省通天門，今改爲應天樓觀，高八丈。朱門五，飾以金釘，東西相去里餘。又爲設一門，左曰左掖，右曰右掖。内城之正東曰宣華，正西曰玉華，北曰拱辰。門内殿凡九，重殿三十有六，樓閣倍之。正中位曰「皇帝正位」，後曰「皇后正位」。位之東曰内省，西曰「十六位」，乃妃嬪所居之地也。西出玉華門，同樂(圍)〔園〕、瑶池、蓬瀛、柳莊、杏林，盡在於是。

宇文懋昭《大金國志》卷三三《汴京制度》 汴京制度：宣宗所遷，大概依宋之舊。鄒伸之奉使時，同官屬遊故宮：宮墻四角皆有樓，高五丈，每樓一所，兩傍各有屋以裹墻角。自左掖門向西三十步，横入一門，號左昇龍門，入此門即大慶門，外由峻廊上，俯闞城市，正望丹鳳樓。後下樓即右昇龍門，此兩門外左、右掖門，横通大慶門外。其門有三：中曰大慶，東曰日精，西曰月華。門傍皆列戟，入此門望見大慶殿。殿前有兩樓對峙，東曰嘉福，西曰嘉瑞。大慶殿屋十一間，龍墀三級，傍垛殿各三間，峻廊後與兩廡相接。殿壁畫四龍，各長數丈，乃宣宗渡河後畫。中有御〔屏〕畫小龍，用拱斗成一方井，如佛。正殿蓋中有一金龍，以絲網罩之。此正衙也。轉御屏，下峻階數步，一殿曰德儀殿，有三門：中曰隆(平)〔德〕，左曰左隆平，右曰右隆平。入此門，東西兩廂，望見隆德殿，即宋垂拱殿也。殿庭中東一鐘樓，西一鼓樓。殿屋五大間，傍各殿三間。堦止龍墀一級，東西兩閤門，並樓屋下有門通往來，此常朝殿也。此殿後又一庭院，有門曰仁安。東西兩門，東出東華〔門〕，西出西華門。入仁安門，望見仁安殿，龍墀兩廊皆如隆德殿規模，即宋延英殿也。自此後兩殿，(有)〔無〕門，皆有船軒連接。兩邊廊屋止用黑漆窗户，意謂必宮人居於此，乃内殿，百官不到。前四殿皆琉璃筒瓦，一殿曰(德)〔純〕和，一殿曰福寧。後又有一小殿，殿後有直舍。此殿後即内宮墻門，有門兩重。出入後苑十數步，門過一小溪橋，有仁智殿，溪中有龍舟。仁智殿下兩巨石，高三丈，廣半之。東一石有小碑，刻「勅賜昭慶神運萬歲峯」，西一石刻「獨秀太平巖」，乃宋徽宗御書，刻石填金。殿後有石壘成山，高百尺，

廣倍之。最上刻石曰香石泉山。山後挽水上山，水自上流下，至荆玉澗又流至湧翠峯。下有太山洞，水自洞門飛下。復由本路出(德)〔純〕和殿，迤邐至大慶門外，横從右昇龍門出，即宋後朝門，榜曰啓慶之宫。入宫門後有三門：中曰德昌，左曰文昭，右曰光興。制度宏麗，金碧輝暎，不可勝言。出啓慶門，復入右昇龍門，過大慶門外，出左昇龍門，向東行，一門向南，榜曰聖壽宫，左安泰門，右明昌門，即金國太后宫。入宫門，直入一門，榜曰徽音，又一門，榜曰光熙，望見徽音殿、長樂殿。入光翼門、繁禧門，有德壽殿。復出此宫，即祕閣。在左掖門之西、五門之東即古待漏院。自五門望南向丹鳳門，中間禁路，兩廊千步廊，盡處向東一屏墻，向南一大門，即太廟門。内三門，門上並畫蟠龍。殿宇二十五間，高大宏麗。兩傍修廊，東西各開一門，與廊相通，蓋百官陪位，入此兩門甚便。殿上十一室，盡傍金國祖宗謚號。每一室計三間，東邊一門，西邊一窗，嵌一小石室，上下有石廣三丈石門一合，可開閉，係藏神主處。遇祭祀，迎神主出石室，祭畢復藏殿宇。出太廟向西行，向南一門，即社〔稷〕壇，周圍皆墻。外四門，遇祭則開，迎四方之氣。

宫室制度，金國時有更改，大抵皆宋朝之舊也。

《金史》卷五《海陵本紀》　海陵在位十餘年，每飾情貌以御臣下，却尚食進鵝以示儉。及遊獵頓次，不時需索，一鵝一鶉，民間或用數萬售之，有以一牛易一鶉者。或以弊衾覆衣，以示近臣。或服補綴，令記注官見之。或取軍士陳米飯與尚食同進，先食軍士飯幾盡。或見民車陷泥澤，令衛士下挽，俟車出然後行。與近臣燕語，輒引古昔賢君以自況。顯責大臣，使進直言。使張仲軻輩爲諫官，而祁宰竟以直諫死。比昵羣小，官賞無度，左右有曠僚者，人或以名呼之，即授以顯階。常置黄金裀褥間，有喜之者，令自取之。而淫嬖不擇骨肉，刑殺不問有罪。至營南京宫殿，運一木之費至二千萬，牽一車之力至五百人。宫殿之飾，徧傅黄金而後間以五采，金屑飛空如落雪。一殿之費以億萬計。成而復毁，務極華麗。其南征造戰艦江上，毁民廬舍以爲材，煮死人膏以爲油，殫民力如馬牛，費財用如土苴，空國以圖人國，遂至於敗。

《金史》卷六《世宗本紀》　〔大定八年〕八年正月甲子朔，宋、高麗、夏遣使來賀。乙丑，上謂宰臣曰：「朕治天下，方與卿等共之，事有不可，各當面陳，以輔朕之不逮，慎毋阿順取容。卿等致位公相，正行道揚名之時，苟或偷安自便，雖爲今日之幸，後世以爲何如？」羣臣皆稱萬歲。辛未，謂秘書監移剌子敬等曰：「昔唐、虞之時，未有華飾，漢惟孝文務爲純儉。朕於宫室惟恐過度，其或興修，即損宫人歲費以充之，今亦不復營建矣。如宴飲之事，近惟太子生日及歲元嘗飲酒，往者亦止上元、中秋飲之，亦未嘗至醉。至於佛法，尤所未信。梁武帝爲同泰寺奴，遼道宗以民户賜寺僧，復加以三公之官，其惑深矣。【略】〔大定二十八年〕十一月戊戌，以改葬熙陵，詔中外。上謂侍臣曰：「凡修身者喜怒不可太極，怒極則心勞，喜極則氣散，得中甚難，是故節其喜怒，以思安身。今宫中一歲未嘗責罰人也。」庚子，太白晝見。詔南京、大名府等處避水逃移不能復業者，官與津濟錢，仍量地頃畝給以耕牛。甲辰，以河中尹田彦皐等爲賀宋正旦使。戊申，上謂宰臣曰：「制條以拘於舊律，間有難解之辭。夫法律歷代損益而爲之，彼智慮不及而有乖違本意者，若行删正，令衆易曉，有何不可。宜修之，務令明白。」有司奏重修上京御容殿，上謂宰臣曰：「宫殿制度，苟務華飾，必不堅固。今仁政殿遼時所建，全無華飾，但見它處歲歲修完，惟此殿如舊，以此見虚華無實者，不能經久也。今土木之工，滅裂尤甚，下則吏與工匠相結爲姦，侵克工物，上則户工部官支錢度材，惟務苟辦，至有工役纔畢，隨即欹漏者，姦弊苟且，勞民費財，莫甚於此。自今體究，重抵以罪。」

孫承澤《春明夢餘録》卷六《宫闕》　燕中宫闕，古不可考，當自遼始。《遼史》載其略云：南京析津府，本古冀州之地，高陽氏謂之幽陵，陶唐曰幽，有虞析爲幽州，商復爲冀州，周職方東北曰幽州，武王封太保奭於燕，漢爲燕國，廣陽國，後漢爲廣陽郡，隋爲幽州總管，唐置大都督府，改范陽節度使，晋高祖以遼有援立之勞，割幽州等十六州以獻，太宗昇爲南京，又曰燕京。城方三十六里，崇三丈，衡廣一丈五尺，敵樓戰櫓具。八門：東曰安東、迎春，南曰開陽、丹鳳，西曰顯西、清普，北曰通天、拱辰。大内在西南隅。皇城内有景宗、聖宗御容殿二：東曰宣和，南曰大内。内門曰宣教，改元和。外三門曰南端、左掖、右掖。左掖改萬春，右掖改千秋。門有樓閣，毬場在其南，東爲永平館。皇城西門曰顯西，設而不開，北曰子北。西城巔有涼殿，東北隅有燕角樓。坊市、廨舍、寺觀蓋不勝書。其外，有居庸、松亭、榆林之關，古北之口，桑乾河、高梁河、石子河、大安山、燕山，中有瑶嶼。府曰幽都，軍號盧龍，開泰元年落軍額。

宋王曾《奉使録》略曰：自雄州白溝驛渡河，四十里至新城縣，古督亢亭之地。又七十里至涿州，北渡涿水、范水、劉李河，六十里至良鄉縣。渡盧溝河，六十里至幽州，號燕京。子城就羅郭西南爲之。正南曰啓夏門，内有元和殿、洪武殿。東門曰宣和，城中坊門皆有樓。有

憫忠寺，本唐太宗爲征遼陣亡將士所造；又有開泰寺，魏王耶律漢寧造，皆邀朝士遊觀。城南門外有於越王廨，爲宴集之所。門外永平館。舊名碣石館，請和後易之。南即桑乾河。

按：遼之正殿曰洪武，元之正殿曰大明，是後之國號、年號已見于此，誰謂非定數也。

孫承澤《春明夢餘録》卷六《宮闕》 金宮城，史載海陵煬王遣左右丞相張浩、張通古、左丞蔡松年調諸路夫匠築燕京宮室。皇城周九里三十步，自天津橋之北曰宣陽門。中門繪龍，兩偏繪鳳，用金釘釘之。中門唯車駕出入乃開，兩偏分雙單日開一門。過門有兩樓：曰文，曰武。文之轉東曰來寧館，武之轉西曰會同館。正北曰千步廊，東西對焉。廊之半各有偏門，向東曰太廟，向西曰尚書省。至通天門，後改名應天，樓高八丈，朱門五，飾以金封。東西相去一里餘，又各設一門，左曰左掖，右曰右掖。內城之正東曰宣華，正西曰玉華，北曰拱辰。及殿凡九重，殿凡三十有六，樓閣倍之。正中位曰皇帝正位，後曰皇后正位。位之東曰內省，西曰十六位，乃妃嬪居之。西出玉華門曰同樂園，若瑶池、蓬瀛、柳莊、杏村皆在焉。都城四圍凡七十五里，城門十二。每一面分三門，其正門四旁又設兩門。正東曰宣曜、陽春、施仁，正西曰顯華、麗澤、彰義，正南曰豐宜、景風、端禮，正北曰通元、會城、崇智。此四城十二門也。此外有宣陽門，即內城之南門也。上有重樓，制度宏大。三門並立，中門常不開，惟車駕出入。通天門即內城之正南門也，四角皆垛樓，瓦皆琉璃，金釘朱户，五門列焉。常扃，惟大禮祫享則由之。宣華乃內城之正東門，玉華正西門也。左掖東偏門、右掖西偏門，各有武夫守衛。拱辰即內城正北門也，又曰後朝門，制度守衛與玉華、宣華等，金碧翬飛，規模宏麗矣。

范石湖《攬轡録》其略云：興陵見宋使儀衛，戊子，早入見，循東西御廊北行，廊幾二百間，廊分三節，每節一門。將至宮城，廊即東轉，又百許間。其西亦然，亦有三門。出門，中馳道甚濶，兩傍有溝，上植柳。廊脊皆以青琉璃瓦覆，宮闕門户即純用之。北即端門，十一間，曰應天之門，下開五門，兩挾有數，如左右昇龍之制。東西兩角樓。端門內有左、右翔龍門，日華、月華門。前殿曰大安殿，使人自左掖門入，北循大安殿東廊入敷德門東北行，直東有殿宇，門曰東宮。直北西南列三門：中曰書英，是故壽康殿，母后所居；西曰會通門，自會通北入承明門，又北則昭慶門；東則集禧門，尚書省在門外。東西則左右嘉會門，門有樓，即太安殿後門。之後至幕次，黑布拂廬。侍班有頃，入宣明門，即常朝後殿也。門內庭中列衛士二百許人，帖金雙鳳幞頭，團花紅錦衫，散手立。入仁政隔門，至仁政殿下，團鳳大花氈可半庭。殿兩傍有采殿，采殿上兩高樓，曰東、西上閤門。兩廊悉有簾幙，中有甲士。東西御廊循簷各列甲士，東立者紅茸甲，金纏竿槍，黄旗，畫青龍；西立者碧茸甲，金纏竿槍，白旗，畫黄龍。至殿下皆然。惟立於門下者，錦袍，持弓矢。殿兩階雜列儀物幢節之屬，如道家醮壇威儀之類。使人由殿下東行，上東階，却轉南，由露臺北行入殿闕，謂之欄子。金主幞頭，紅袍玉帶，坐七寶榻。背有龍水大屏風，四壁帟幕皆紅綉龍，拱斗皆有繡衣。兩楹間各有焚香大金獅蠻，地鋪禮佛毯，可一殿。兩傍玉帶金魚，或金帶者十四五人，相對列立。遥前後殿屋，崛起甚多，制度不經，工巧無遺力。煬王亮始營此都，規摹出於孔彦舟，役民八十萬，兵夫四十萬，作治數年，死者不可勝計。

金朝北京營制宮殿，其屏扆窗牖，皆破汴都輦致於此。汴中工匠有名燕用者，製作精巧。凡所造，下刻其名，及用之於燕，而名已爲先兆。

于敏中等《日下舊聞考》卷二九《宮室》 金以幽州爲中都，汴爲南京。宮之扁曰啓慶，曰衍慶，曰聖壽，曰翠微，曰慶寧，曰景明，曰坤寧，曰光春，曰萬寧，曰磐寧，曰壽康，曰仁壽，曰隆慶，曰壽安，曰長春，曰建春，曰興德，曰慶元，曰光興，曰孝寧，曰壽聖，曰集慶，曰坤儀，曰會聖。苑之扁曰瓊林。園之扁曰慶樂，曰熙春，曰同樂，曰東明，曰東翠。院之扁曰蓬萊，曰宣徽。殿之扁曰長樂，曰長生，曰浮玉，曰仁安，曰仁智，曰仁政，曰保安，曰保成，曰洪政，曰大安，曰大慶，曰崇慶，曰廣寒，曰廣德，曰廣仁，曰瓊光，曰隆德，曰瀛洲，曰重光，曰厚德，曰天興，曰樞光，曰光德，曰光興，曰集英，曰明俊，曰熙春，曰集賢，曰明揚，曰慶春，曰泰和，曰純和，曰慶和，曰太和，曰德和，曰元和，曰魚藻，曰德昌，曰福寧，曰燕壽，曰德壽，曰福壽，曰端儀，曰德儀，曰徽音，曰常武，曰揚武，曰閲武，曰臨武，曰聖武，曰皇武，曰文明，曰芳明，曰承明，曰文昭，曰乾元，曰承華，曰臨芳，曰貞元，曰宣華，曰慈訓，曰絳霄，曰蓬萊，曰睿思，曰寧福，曰紫宸，曰奉慈，曰湧金，曰儀宸，曰孝慈，曰玉清，曰神龍，曰丕承，曰景祥，曰清暉，曰辰居。亭之扁曰雪香，曰瓊香，曰臨漪。樓之扁曰嘉福，曰嘉瑞，曰丹鳳，曰瑞雲，曰瑞光。閣之扁曰芳華，曰景福，曰燕昌，曰光昭，曰清徽，曰翠微，曰蓬萊，曰瓊華。館之扁曰會同，曰歸仁，曰同文，曰思華，曰粲文，曰來寧，曰來同，曰懷德，曰肅儀。司之扁曰侍儀。嶼曰瀛嶼。島曰瓊花。池曰龍游，曰浮碧。門之扁曰宣和，曰啓夏，曰豐宜，曰丹鳳，曰大慶，曰承天，曰日精，曰月華，曰左右昇平，曰左右昇龍，曰隆德，曰嚴祇，曰繁禧，曰安泰，曰祇肅，曰安貞，曰南薰，曰大興，曰大安，

曰南順，曰順陽，曰四會，曰仁安，曰德和，曰德昌，曰文明，曰光興，曰啓慶，曰明昌，曰徽音，曰光翼，曰宣陽，曰光牒，曰宣華，曰玉華，曰應天，曰嘉會，曰宣曜，曰陽春，曰施仁，曰灝華，曰麗澤，曰彰義，曰景風，曰端禮，曰通元，曰會城，曰崇智。觀之扁曰西涼，曰黄興。《禁扁》。

臣等謹按：王士點《禁扁》所載金代幽州、汴京宫殿園亭池館門觀各名，據《金史》本紀及《地理志》，間有與上京、東京、西京等處名目相同者。如皇武、光德、德元、辰居等殿，興德、慶元、光興等宫，史係之上京，保安殿係之西京，孝寧宫係之東京，景明宫、揚武殿在桓州，樞光殿在撫州之柔遠縣，長春行宫在灤州之石城縣，光泰宫在遂州之遂城縣。凡此之類，或當時建置異地同名，皆未可定，不妨并存以俟考。

亮欲都燕，遣畫工寫京師宫室制度、闊狹修短，盡以授之左相張浩輩，按圖修之。城之四圍九里三十步。自天津橋之門北曰宣陽門。門分三，中繪一龍，兩偏繪一鳳，用金鍍銅實之。中門常不開，惟車駕出入，兩邊分雙隻日開。兩樓曰文曰武。自文轉東曰來寧館。自武轉西曰會同館，二館皆爲本朝使設也。正北曰千步廊，東西對，兩廊之半各有偏門，向東曰太廟，向西曰尚書省。通天門觀高八丈，朱門五，飾以金釘。東西相去里餘，又設一門，左曰左掖，右曰右掖。南城之正東曰宣華，正西曰玉華，北曰拱辰門。內殿凡九重，殿三十有六，門閣倍之。正中位曰皇帝正位，後曰皇后正位。位之東曰內省，西曰十六位，乃妃嬪所居之地也。西出玉華門爲同樂園，瑶池、蓬瀛、杏林盡在是。《金圖經》。

宫城四圍凡九里三十步。自天津橋之北曰宣陽門，內城之南門也。中門繪龍，兩偏繪鳳，用金釘釘之。上有重樓，制度宏大。三門並立，中門惟車駕出入乃開，兩偏分雙隻日開一門。《大金國志》。

天眷元年，析津放第，於廣陽門西一僧寺門上唱名。至遷都後，命宣陽門上唱名，後爲定例。《玉堂嘉話》。

泰和四年三月，大風毁宣陽門鴟尾。《金史・五行志》。

宫城之前廊東西各二百餘間，分爲三節，節爲一門。《金史・志》。

循東西御廊北行，將至宫城，廊即東轉，又百許間。其西亦有三門，門中馳道甚闊，兩旁有溝，上植柳。廊脊背覆以青琉璃瓦，宫闕門户即純用之。《攬轡録》。

貞元初，海陵遷燕，乃增廣舊廟，奉遷祖宗神主於新都。三年十一月，奉安於太廟。大定十一年十一月，郊祀前一日，享太廟。有司議薦新禮，正月鮪明昌間用牛魚，無則鯉代。二月雁，三月韭以卵以葑，四月薦冰，五月筍蒲，羞以含桃，六月彘肉、小麥仁，七月嘗雛雞以黍，羞以瓜，八月羞以芡、以菱、以栗，九月嘗粟與稷，羞以棗以梨，十月嘗麻與稻，羞以兔，十一月羞以麕，十二月羞以魚。《金史・禮志》

金本無宗廟，不修祭祀。自平遼後，所用執政大臣多漢人，往往説天子之孝在尊祖，尊祖在建宗廟，金主方開悟。遂築室於內之東南隅，廟貌雖具，制極簡略。迨亮徙燕，乃築巨闕於南城之南，千步廊之東，曰太廟。標名曰衍慶之宫。《金圖經》。

端門十一間，曰應天之門。《攬轡録》。

應天門，內城之正南門也。樓高八丈，四角皆垜樓，瓦皆琉璃。金釘朱户，五門列焉，常扃，惟大禮祫享則由之。東西相去一里許，又各設一門。左曰左掖，右曰右掖，各有武夫守衛。城之正東曰宣華門，正西曰玉華門。殿九重，凡三十有六，樓閣倍之。正中位曰皇帝正位，後曰皇后正位，位之東曰內省，西曰十六位，乃妃嬪居之。《大金國志》。

應天門舊名通天門，大定五年更。《金史・志》。【略】

大安殿之東北爲東宫。《金史・志》。

大定七年七月，幸東宫視皇太子疾。十月，勅有司於東宫涼樓前增建殿位，孟浩諫曰：皇太子雖爲儲貳，宜示以儉德，不當與至尊宫室相侔。乃罷之。《金史・世宗紀》。

十一月，皇太子生日，宴羣臣於東宫。《金史・列傳》。

明昌五年，復以隆慶宫爲東宫，慈訓殿爲承華殿。承華殿者，皇太子所居之東宫也。《金史》注。

臣等謹按：《金史・世宗紀》，大定二十九年正月，名太后宫曰仁壽，二月更名隆慶。至章宗明昌五年，禮官言宜易隆慶宫爲東宫，慈訓殿爲承華殿，從之。

赫舍哩執中以皇太后儀仗迎莊獻太子入居東宫。《金史》本傳。按：赫舍哩舊作紇石烈，今從八旗姓譜改正。

正北列三門，中曰粹英，爲壽康宫，母后所居也。《金史・志》。

貞元三年十月，皇太后至中都，居壽康宫。十一月，上朝太后於壽康宫。《金史・海陵紀》。

西曰會通門，門北曰承明門，又北曰昭慶門，東曰集禧門，尚書省在其外。其東西門，左右嘉會門也。門有二樓，大安殿後門之後也。其北曰宣明門，則常朝後殿門也。北曰仁政門，內有仁政殿，常朝之所也。《金史・志》。

由會通門承明門入左嘉會門，趨而南，至幕次。少頃，鳴鐘，鐘罷，衛士山呼。百官裏見有曳玉帶者五人先出，後知爲東宮親王平章令公也。頃之，入宣明門，次仁政門，於隔門上面序立，三節自東入，拜於大氈上。上有一品至七品黑漆黄字牌子，蓋其朝序也。一氈可容數百人，遍地製成龍鳳。殿九楹，前設露臺，柱以文繡。兩廊各三十間，中有鐘鼓樓，廊外垂金漆簾額，飾以繡。廊之西，馬有韉紅繡鞍者數匹，乃高麗所進。殿門外衛士二三百人分兩旁立，盡戴金花帽錦袍。宣明門外直到外廊，皆甲士，青縚甲居左，旗執黄龍，紅縚甲居右，旗執紅龍。外廊皆銀槍，左掖門入皆金槍，人依一柱以立。凡門屋下皆青隊，執弓矢人數各有差。北宮營繕之制，初雖取則東都，終殫土木之費。瓦悉覆以琉璃，役兵民一百二十萬，數年方就。《北轅録》。

入嘉會門，至幕次，黑布拂廬侍班。有頃，入宣明門，門內庭中列衛士二百許人，貼金雙鳳幞頭，團花紅錦衫，散手立。入至仁政殿下，團鳳大花氈可半庭。殿兩旁有采殿，采殿上兩高樓，曰東西上閤門。兩廊悉有簾幙。中有甲士。東西御廊循簷各列甲士：東立者紅茸甲，金纏竿槍，黄旗，畫青龍；西立者碧茸甲，金纏竿槍，白旗，畫黄龍；至殿下皆然。惟立於門下者錦袍持弓矢。殿兩階雜列儀物幢節之屬，如道家醮壇威儀之類。使人由殿下東行，上東階，卻轉南，由露臺北行入殿閾，謂之欄子。金主幞頭，紅袍，玉帶，坐七寶榻，背有龍水大屏風。四壁帟幕皆紅繡龍，拱斗皆有繡衣。兩檻間各有大出香金獅蠻，地鋪禮佛毯可一殿。兩旁玉帶金魚或金帶者十四五人相對列立，遥望前後殿屋崛起甚多，制度不經，工巧無遺力。煬王亮始營此都，規摹出於孔彦舟，役民八十萬，兵夫四十萬，作治數年，死者不可勝計。金朝北宮營制宮殿，其屏扆窗牖皆破汴都輦致於此。汴中宮匠有名燕用者，製作精巧，凡所造下刻其名；及用之於燕，而名已先兆。《攬轡録》。【略】

魚藻池瑶池殿位，貞元元年建。有神龍殿，又有觀會亭，又有安仁殿、隆德殿、臨芳殿。皇統元年有元和殿。《金史・志》。

泰和三年五月，以重五拜天射柳，上三發三中。四品以上官侍宴魚藻殿。《金史・章宗紀》。

大定二年，宮人稱心等於十六位放火，延燒泰和、神龍殿。《金史・列傳》。

大定二年閏月，神龍殿十六位焚，延及泰和、厚德殿。《金史・志》。

有司乞罷修神龍殿涼位工役，上即日使趙興祥傳詔罷之。《金史・本傳》。

大定二十八年三月朔，宴於神龍殿，諸王公主以次捧觴上壽。《金史・世宗紀》。

泰和二年八月，元妃生皇子特哩，宴五品以上於神龍殿，六品以下宴於東廡下。《金史・后妃傳》。按：特哩，蒙古語齊整也，舊作忒鄰。今譯改。

光英生日，宴百官於神龍殿。《金史・海陵諸子傳》。

《金史・禮志》受尊號儀，帝服衮冕御元和殿。按：此當即遼之元和殿，非魚藻池之元和殿也。《北平古今記》。

常武殿、廣武殿爲擊毬習射之所。《金史・志》。

金因遼舊俗，以重五、中元、重九日行拜天禮。重五於鞠場，中元於內殿，重九於都城外。其制刳木爲盤，如舟狀，赤爲質，畫雲鶴文，爲架高五六尺，置盤其上，薦食物其中，聚宗族拜之。若至尊則於常武殿築臺爲拜天所。《金史・禮志》。

大定三年五月，以重五幸廣樂園射柳，皇太子、親王、百官皆射，勝者賜物有差。上復御常武殿賜宴擊毬。自是歲以爲常。《金史・世宗紀》。

泰和元年五月，擊毬於臨武殿。八年十一月，御臨武殿試護衛。《金史・章宗紀》。

正隆元年二月，御宣華門觀迎佛。《金史・海陵紀》。

承安四年二月，御宣華門觀迎佛。《金史・章宗紀》。

凡受尊號，導引册寳牀由宣華門入。《金史・禮志》。

知近侍局副使圖克坦張僧遣人召平章，已到宣華門外。《金史・后妃傳》按：圖克坦舊作徒單，今從八旗姓譜改正。

蕭裕執布達出宣華門。《金史・本傳》。按：布達，滿洲語飯也，舊作白荅。今譯改。

拱辰，內城正北門也，又曰後朝門。制度守衛一與宣華、玉華等。金碧翬飛，規模宏麗。《大金國志》。

崇慶元年七月，有風自東來，吹帛一段，高數十丈，飛動如龍，墜於拱辰門內。《金史・衛紹王紀》。

西至玉華門曰同樂園，若瑶池、蓬瀛、柳莊、杏村盡在於是。《大金國志》。

大定十年，燕羣臣於同樂園之瑶池，語及古帝王成敗之蹟，大率以不嗜殺人

爲本。數年休兵，民力稍蘇，獨貪殘之吏去行朝稍遠，恐爲百姓蠹，宜時加稽察。知中書省貝勒稽首曰：陛下言及此，社稷之福也。同上。按：貝勒義見前，舊作孛詰烈。今譯改。

繆荃孫《藝風堂文集》卷二《金故宮考》 金太祖至燕京，入内，見大殿動摇，出，於城東紫村建寨，《遼史拾遺》十二。未嘗營立宮室也。熙宗時，始詔盧彦倫營造燕京宮室。《金史·盧彦倫傳》。海陵欲遷都於燕，乃先遣畫工寫汴京宮室制度，至於闊狹修短，曲盡其數。《北盟會編》二百四十四引張棣《金虜圖經》。有司以圖上，爰以梁漢臣充修燕京大内正使，孔彦舟爲副使，按圖營之。運一木之費至二十萬，舉一車之力至五百人。《續通鑑綱目》。自天德四年起，至貞元元年畢工，凡役民八十萬，兵夫四十萬，作治數年，死者不可勝計。宮殿皆飾以黄金五采，其屏扆窗牖亦皆由破汴都輦致於此。《攬轡録》：汴中宮匠有名燕用者，制作精巧，凡所造下刻其名，及用之於燕，而名以先兆。恢麗閎侈，勞費以億萬計。貞元四年，金主亮率文武百官駕始幸焉。

其皇城周九里三十步，自龍津橋之北，《攬轡録》：過石玉橋，燕石色如玉，上分三道，皆以欄楯隔之，雕刻極工，中爲御路，亦闌以杈子，兩旁有小事，中有碑，曰龍津橋。曰宣陽門，按《大金國志》三十三云：宣陽門，内城之南門也。門上金書額，兩頭有小四角亭，即登門路也。門分爲三，中門爲御路，常闔，皆畫龍；兩旁門通行，皆畫鳳。用金釘釘之。《大金國志》三十三：上有重樓，制度宏大，三門並立，中門惟車駕出入乃開，兩偏分雙隻日開一門。過門有樓二：一曰文樓，一曰武樓。文樓轉而東曰來寧館，武樓轉而西曰會同館。《北盟會編》二百四十四云：館皆爲本朝使人設也。正北曰千步廊，廊東西相對，各二百餘間，分爲三節，節爲一門。第一門通街市，第二門通毬場，第三門通太廟。詳見下將至宮城，東西轉亦各有廊百許間。馳道兩旁植柳，廊脊復碧瓦，宮闕殿門皆覆以碧瓦。《金地理志》。端門十一楹，曰應天之門，《攬轡録》、《金地理志》：應天門舊名通天門，大定五年更。内城之正南門也。門兩夾有樓，如左右昇龍之制。東西兩角樓，每樓次第攢三檐，與夾樓接，極工巧。《北盟會編》二百四十五。樓高八丈，四角皆垜樓，瓦皆琉璃，金釘朱户，五門列焉，常扃，惟大禮袷享則由之。東西相去一里許，又各設一門，左曰左掖，右曰右掖，各有武夫守衛。《大金國志》。門内有左、右翔龍門，及日華、月華門，前曰大安殿。《金地理志》：按：大安殿，金受朝賀於北。趙秉文《甲子元日大安早朝詩》云：「闕角蒼龍建斗杓，衣冠萬國大安朝。使臣未入分班立，殿陛先昇按笏招。彩殿中間瞻北極，丹墀側畔聽簫韶。太初甲子天元朔，萬歲常瞻玉燭調。」《金臺集》：大安殿基，今爲酒家壽安樓。《日下舊聞考》引《析津志》：壽安樓，在燕京皇城内東華門之西街東。左右掖門，内殿東廊曰敷德門。《金地理志》。《北盟會編》二百四十四：使人入左掖門，直北，循大安殿東廊後壁行，入敷德門。正北列三門：中曰粹英，爲壽康宮母后所居也；《金地理志》。《金海陵紀》：貞元三年十月丙子，皇太后至中都，居壽康宮。西曰會通門，門北曰承明門，又歸昭慶門；東曰集禧門，尚書省在其外。其東、西門，左、右嘉會門也。門有二樓，大安殿後門之後也。其北曰宣明門，則常朝後殿門也。《金地理志》、《北轅録》：由會同門、承明門入左嘉會門，趨而南，至幕次。少頃，鳴鐘。鐘罷，衛士山呼，百官裏見，有曳玉帶者五入先出。後知爲東宮親王平章令公也。頃之，入宣明門，次仁政門，於隔門上面序立，三節自東入，拜於大氈上。上有一品至七品黑漆黄字牌子，蓋其朝序也。一氈可容數百入，遍地制成龍鳳。殿九楹，前設露臺，柱以文繡。兩廊各三十間，中有鐘鼓樓。廊外垂金漆簾，額飾以繡。廊之西，馬有韝紅繡鞍者數匹，乃高麗所進。殿門外衛士二三百人，分兩旁立，盡戴金花帽錦袍。宣明門外直至外廊，皆甲士，青緅甲居左，旗執黄龍；紅緅甲居右，旗執紅龍。外廊皆銀槍，左掖門入皆金槍，人依一柱以立，凡門屋下皆青隊，執弓矢，人數各有差。北曰仁政門，旁爲朵殿。朵殿上爲兩高樓，曰東、西上閤門。内有仁政殿，常朝之所也。《金地理志》。按仁政殿遼時所建，見《遼故宮考》。《金章宗紀》：明昌四年八月，國史進《世宗實録》，上朝服袍帶，御仁政殿，隆座受之。《金宣宗紀》云：至寧元年九月，御仁政殿視朝。内城之正東門曰宣華，《大金國志》。《金海陵紀》：正隆元年二月，御宣華門，觀迎佛。正西門曰玉華，拱辰乃内城之正北門也。《大金國志》。《金衛紹王紀》：崇慶元年七月，有風自東來，吹帛一段墜於拱辰門。

後朝門，制度守衛一與宣華、玉華等，金碧翬飛，規模閎麗。《大金國志》。殿九重，凡三十有六棟，閣倍之。正中位曰皇帝正位，後曰皇后正位，位之東曰内省，西曰十六位，妃嬪居之。《大金國志》、《金圖經》：天德三年，張養浩等取真定府潭園材木，建宮室及涼位十六。又有常武殿，《金熙宗紀》：貞元九月己未，常武殿擊鞠。貞元殿、《金世宗紀》：大定元年十二月己未，御貞元殿，受羣臣朝。《北平古今記》云：自此以後即無貞元之稱，或以海陵年號爲嫌而改之也。泰和殿、《金世宗紀》：大定二年正月辛未，御泰和殿，宴百官宗戚命婦。泰和二年，更名慶寧殿。紫極殿、《大金國志》十六：大定六年正月己酉朔，大會羣臣於紫極殿。垂拱殿、《金世宗紀》：大定十四年四月乙亥，上御垂拱殿。神龍殿、《金世宗紀》：大定二十八年三月丁酉，受羣臣朝，復宴於神龍殿。福安殿、《金世宗紀》：大定二十九年正月癸未，上崩於福安殿。慶和殿、《金顯宗紀》：大定二十五年冬十月庚戌朔，宰相以下朝見於慶和殿。《金章宗紀》：大定二十九年十一月，詔立皇太孫，稱謝

於慶和殿。樞光殿、《金章宗紀》：明昌五年六月丙戌，以天壽節宴樞光殿。紫宸殿、《金章宗紀》：承安二年秋七月戊辰天壽節，御紫宸殿受朝。睿思殿、《金章宗紀》：承安二年八月，詔對睿思殿。臨武殿、《金章宗紀》：泰和元年五月甲寅，擊球於臨武殿。泰和八年十一月癸卯朔，御臨武殿，試護衛。魚藻殿、《金章宗紀》：泰和三年五月壬申，以重五拜天射柳，四品以上官持宴魚藻殿。廣仁殿、《金章宗紀》：泰和七年正月壬午，詔百官同對於廣仁殿。薰風殿、《大金國志》：正隆三年五月，上坐薰風殿，命吏部尚書李通、翰林直學士蕭廉召對。集賢殿、《金顯宗紀》：每三日一次，於集賢殿受尚書省啓事。清輝殿、《金太祖諸子傳》：世宗召皇太子諸王侍食於清輝殿。慶春殿、《金史·完顔守道傳》：守道懇求致仕，時賜宴於慶春殿。天香殿、《金史·完顔匡傳》：完顔匡朝京師，賜宴於天香殿。絳霄殿、翠霄殿、《大金國志》二十五：崇慶元年十一月，大軍百計攻城，不能克。獨柴薪乏，拆絳霄殿、翠霄殿、京華閣，分給四城。正隆殿、《北平古今記》：大安十六年春正月，國主御正隆殿，受印寶，一曰「承天休延萬億永無極」，二曰「受命於天既壽永昌」，三曰「天子之寶」，四曰「天子行寶」，五曰「天子信寶」，六曰「皇帝之寶」，七曰「天子神寶」，八曰「御書之寶」，九曰「皇帝恭膺天命之寶」，十曰「天下同文之寶」。置符寶郎，隸門下省，大朝會則陳之。瑶光殿、《金章宗紀》：承安二年六月，詔罷瑶光殿工作。廣武殿、《金地理志》：有廣武殿，爲擊球習射之所。崇慶殿、《金地理志》：又有崇慶殿。厚德殿、《金五行志》：大定二年閏月，神龍殿十六位焚，延及泰和、厚德殿。元和殿、《金禮志》：受尊號儀，帝服衮冕，御元和殿。按此即遼之元和殿，非魚藻池之元和殿也。熙春殿、《金顯宗紀》：顯宗殯於熙春殿。臨芳殿、安仁殿、隆德殿、《金地理志》景明宮、《金章宗紀》：明昌五年四月乙卯，幸景明宮。永安宮、《金世宗紀》：大定二十六年四月乙未，幸永安宮。按：永安宮名，《禁扁》諸書未載。芳華閣、《大金國志》：妃嘗與主同輦過御龍橋，見石如白雪，歸而愛之，白國主於蘇山，輦至，築岩洞於芳華閣。

原廟建於天德四年，其宮曰衍慶，殿曰聖武，門曰崇聖。《金禮志》、《日下舊聞考》引《金圖經注》：金本無宗廟，不修祭祀。自平遼後，所用執政大臣多漢人，往往説天子之孝在尊祖，尊祖在建宗廟，金主方開悟，遂築室於内之東南隅。廟貌雖具，制極簡略，適亮徙燕，乃築巨闕於南城之南、千步廊之東，曰太廟，標名曰「衍慶之宮」。西神御殿、《金禮志》。《志》又云：大定十七年正月，詔於衍慶於聖武殿西建世祖神御殿，東建太宗、睿宗神御殿。丕承殿、天慶殿、《金禮志》。《志》又云：大定十七年，導太宗御容於聖武殿，行禮畢，以次奉安於丕承殿。睿宗御幸奉安於天慶殿。崇聖閣、燕昌閣。《金禮志》。《志》又云：大定二十一年閏三月，昭祖、景祖奉安燕昌閣上，肅宗、穆宗、康宗奉安閣下，明肅皇帝奉安崇聖閣下。

大安殿之北爲東宮，宮有承華殿。《金世宗紀》：大定二十九年正月，名大后宮曰仁壽；二月，更名隆慶。至章宗明昌五年，禮官言直易隆慶宮爲東宮，慈訓殿爲承華殿，從之。西至玉華門，曰同樂園、瑶池、蓬瀛、柳莊、杏村盡在於是。《大金國志》。師拓《同樂園詩》：「晴日明華構，繁英蕩緑波。蓬丘滄海近，春色上林多。流水時雖逝，遷鶯暖自歌。可憐歡樂地，鉦鼓散雲和。」瓊林苑有横翠殿、寧德宮，《金地理志》。有瑶光臺、瑶光樓。

城北離宮有大寧宮，按：大寧宮大定十九年建。後更爲壽寧宮，又更爲壽安宮。明昌二年，更爲萬寧宮。宮有瓊華島，《金地理志》。高士奇《金鰲退食筆記》六：瓊華島或本宋艮岳之石，金人載此石自汴至燕，每石一凖糧若干，俗呼爲祈糧石。上爲廣寒殿，《元遺山集》云：瓊島在太液池中，皆叠石爲之。其巔古殿，結構翔起，周回綺牖玉檻，重階而上，榜曰廣寒之殿。相傳遼太后梳妝臺。《金鰲退食筆記》云：今殘石壞礎，猶刻雲物及廣寒殿宇。妝臺在焉。按：葛邏禄乃賢《金臺集》有《妝臺詩》云：「廢苑鶯花盡，荒臺燕麥生。韶華如逝水，粉黛憶傾城。野菊金鈿小，秋潭玉鏡清。誰憐舊時月？曾嚮日邊明。」自注云：妝臺，李妃所築，今在昭明觀後。妃嘗與章宗露坐，上曰「二人土上坐」。妃應曰：「一月日邊明」。上大悦。《堯山堂外紀》云：章宗爲李宸妃建梳妝臺於都城東北隅。今禁中瓊華島妝臺，本金故物也，目爲遼蕭后梳妝樓，誤。《析津志》云：妝臺，在金故宮之西，壽安酒樓之北。蓬萊院、《大金國志》：承安三年春，國主幸蓬萊院，陳玉器及諸玩好，視其款識，多宣和物，惻然動色。宸妃進曰：「作者未必用，用者未必作，宣和作此，以爲陛下用耳。」香閣、《金章宗紀》：承安四年三月，户部尚書孫鐸、郎中李仲略、國子監祭酒趙忱始轉對香閣。瑞雲樓、金《楊伯雄傳》：海陵登瑞雲樓，命伯雄賦詩。瑞光樓、按《中州集》：道陵中秋賞月瑞光樓，召趙渢文孺對賦詩，詩以清字爲韻。渢詩云：「秋氣平分月正明，蕊珠宮闕對蓬瀛。已驅急雨銷殘暑，不遣微雲點太清。簾外輕風飄桂子，夜深涼露滴金莖。聖朝不奏霓裳曲，四海歌謳即樂聲。」道陵讀至落句，大加賞異，手酌金鐘以賜，且字之曰：「文孺，以此鐘賜汝作酒直。」士林榮之。宣和門、《金禮志》：受尊號儀，恭謝祖廟，還御宣和門。寶昌門、《金海陵紀》：貞元三年，登寶昌門觀角觝。廣陽門、《金衛紹王紀》：至寧元年八月，呼沙呼殺知大興府圖克坦南平、刑部侍郎圖克坦穆延於廣陽門西。西横門、《金章宗紀》：承安二年閏月，出西横門觀稼。後園、《金章宗紀》：明昌六年十二月，幸後園閲軍器。東園、《金章宗紀》：泰和七年五月，幸東園射柳。南園、《金章宗紀》：顯宗殯於南園熙春殿，世宗至自上京，未入國門，先至熙春殿致奠。西園、《金章宗紀》：承安二年三月，幸西園閲軍器。熙春園、《金章宗紀》：明昌三年，幸熙春園。廣樂園、《金世宗紀》：大定三年五月，以重五幸廣樂園射柳。東明園、《大金國志》：承安三年，賞菊於東明園。見屏間畫宣和艮岳，問内

侍余琬，對曰：「宣和帝運東南花石築艮岳，以亡其國，先帝圖之以爲戒。」宸妃怒曰：「宣和之亡不緣此石，乃用童貫、梁師成故爾。」益譏琬也。宸妃鄭氏，南宋華原郡王居中之曾孫。南苑。《金史·劉頍傳》：南苑有舊唐碑，書貞元十年御史大夫劉怦墓。上見之曰：「苑中不宜有墓。」以劉頍家本怦後，詔賜頍錢二百貫改葬之。西苑。《金章宗紀》：明昌元年三月，擊毬於西苑。五月，拜天於西苑，射柳擊毬。北苑。《金章宗紀》：明昌五年四月朔，幸北苑。芳苑。《金章宗紀》：泰和二年正月，幸芳苑觀燈。環秀亭。《金章宗紀》：承安元年六月，幸環秀亭觀稼。城南行宫有建春宫。《金地理志》。《金章宗紀》：承安元年二月，幸南都行宫春水。三年正月，如城南春水，名行宫曰建春。《日下舊聞考》云：明昌五年正月，幸城南别宫。所謂别宫者，即承安時之建春宫也。明昌在承安改元之前，是時尚有建春之名，故或稱别宫，或稱行宫，無定名焉。

燕京宫闕雄麗，爲古今冠。《大金國志》二十五。貞祐初，爲亂兵所焚，月餘不絶。《使蒙日録》以地理揆之，金大内當在今廣寧、右安門外云。《日下舊聞考》。

按：《禁扁》所載名目，與汴京並稱，無所分别，故不備録。

元

蕭洵《故宫遺録》 南麗正門内曰千步廊，可七百步，建靈星門。門建蕭墻，周回可二十里，俗呼紅門闌馬墻。門内數一作二。十步許有河，河上建白石橋三座，名周橋，皆琢龍鳳祥雲，明瑩如玉。橋下有四白石龍，擎戴水中，甚壯。繞橋盡高柳，鬱鬱萬株，遠與内城西宫海子相望。度橋可二百步爲崇天門。門分爲五，總建闕樓其上，翼爲回廊，低連兩觀。觀一無下觀字。旁出爲十字角樓，高下三級。兩旁各去午門百餘步有掖門，皆崇高閣。内城廣可六七里，方布四隅，隅上皆建十字角樓。其左有門爲東華，右爲西華。由午門内可數十步爲大明門，仍旁建掖門，繞爲長廡，中抱丹墀之半。左右有一作爲。文武樓，樓與廡相連。中爲大明殿，殿基高可十一作五。尺，前爲殿陛，納爲三級，繞置龍鳳白石闌。闌下一作外。每楯一作柱。壓以鼇頭，虚出闌外，四繞於殿。殿楹四向皆方柱，大可五六尺，飾以起花金龍雲。楹下皆白石龍雲花頂，高可四一作三。尺，楹上分間仰爲鹿頂斗栱，攢頂中盤黄金雙龍。四面皆緣金紅瑣窗，間貼金鋪，中設山字一作宇。玲瓏金紅屏臺，臺上置金龍牀，兩旁有二毛皮伏虎，機動如生。一無上十二字。殿右連爲主廊十二楹，四周金紅瑣窗，連建後宫，廣可三十步，深入半之，不顯一作列。楹架，四壁立，至爲高曠，通用絹素冒之，畫以龍鳳。中設金屏障。障後即寢宫，深止十尺，俗呼爲弩頭殿。龍牀品列爲三，亦頗渾樸。殿前宫東西仍相向爲寢宫，中仍金紅小平牀，上仰皆爲實研龍骨方槅，綴以彩雲金龍鳳，通壁皆冒絹素，畫以金碧山水。壁間每有小雙扉，内貯裳衣，前皆金紅推窗，間貼金花，夾以一作中實。玉版明花油紙，外籠黄油絹幕，至冬則代以油皮。内寢屏障重覆帷幄，而裹以銀鼠，席地皆編細簟，上加紅黄厚氈，重覆茸單。至寢處牀座，每用裀褥，必重數疊，然後上蓋納失失，再加金花，貼薰異香，始邀臨幸。宫後連抱長廡，以通前門，前繞金紅闌檻，盡列花卉，以處妃嬪。而每院間必建三，東西向爲牀，一作繡榻。壁間亦用絹素冒之，畫以丹青。廡後橫亘長道，中爲一作以人。延春堂，丹墀皆植青松，即萬年枝也。門廡殿制，大略如前。甃地皆用濬州花版石甃之，磨以核桃，光彩若鏡。中置玉臺牀。一有兩旁有毛皮伏虎，機發如生句。前設金酒海，四列金紅小連。一作連牀。其上爲延春閣，梯級由東隅而昇，長短凡三折而後登，雖至幽閣，闌楯皆塗黄金龍雲，冒以丹青絹素，上仰亦皆拱爲攢一作鹿。頂，中盤金龍。四周皆繞金珠瑣窗，窗外繞護金紅闌干，憑望至爲雄傑，宫後仍爲主廊。后宫寢宫，大略如前。廊東有文思小殿，西有紫檀小殿，後東有玉德殿，殿楹栱皆貼白玉龍雲花片，中設白玉金花山字屏臺，上置玉牀。又東爲宣文殿，旁有秘密堂。西有鹿頂小殿，前後散爲便門，高下分引而入，彩闌翠閣，間植花卉松檜，與别殿飛甍凡數座。又後爲清寧宫，宫制大略亦如前。宫後引抱長廡，遠連延春宫，其中皆以處嬖幸也。外護金紅闌檻，各植花卉異石。又後重繞長廡，前一作别。虚御道，再護雕闌，又以處嬪嬙也。又後爲厚載門，上建高閣，環以飛橋，舞臺於前，回闌引翼。每幸閣上，天魔歌舞於臺，繁吹導之，自飛橋而昇，市人聞之，如在霄漢。臺東百步有觀星臺。臺旁有雪柳萬株，甚雅。臺西爲内浴室，有小殿在前。由浴室西一作而。出内城，臨海子。海廣可五六里，駕飛橋於海中，西渡半起瀛洲圓殿，繞爲石城圈門，散作洲島拱門，以便龍舟往來。由瀛洲殿後北引長橋。上萬歲山，高可數十丈，皆崇奇石，因形勢爲巖岳。前拱石門三座，面直瀛洲，東臨太液池，西北皆俯瞰海子。由三門分道東西而昇，下有故殿基，金主圍棋石臺盤。山半有方壺殿，四通，左右之路，幽芳翠草紛紛，與松檜茂樹蔭映上下，隱然仙島。少西爲呂公洞，尤爲幽邃。洞上數十步爲金露殿。由東而上，爲玉虹殿。殿前有石巖石屋，每設宴，必温酒其中更衣。玉虹金露，交馳而繞層闌，登廣寒殿。殿皆線金朱瑣窗，綴以金鋪，内外有一十二楹，皆繞刻龍雲，塗以黄金，左右後三面則用香木鑿金爲祥雲數千萬片，擁結於

頂，仍盤金龍。殿有間玉金花玲瓏屏臺牀四，列金紅連椅，前置螺甸酒卓，高架金酒海。窗外出爲露臺，繞以白石花闌。旁有鐵竿數丈，上置金葫蘆三，引鐵練以繫之，乃金章宗所立，以鎮其下龍潭。憑闌四望空闊，前瞻瀛洲，仙橋與三宫臺殿，一作樓觀。金碧流暉；後顧西山雲氣，與城闕翠華高下。一作縹緲獻翠。而海波迤迴，一作塵迴。天宇低沈，欲不謂之清虛之府不可也。山左數十步，萬柳中有浴室，前有小殿。由殿後左右而入，爲室凡九，皆極明透，交爲窟穴，至迷所出路。中穴有盤龍，左底卬首而吐吞一丸於上，注以温泉，九室交涌，香霧從龍口中出，奇巧莫辨。自瀛洲西度飛橋上回闌，巡紅墻而西，則爲明仁宫，一作殿。沿海子導金水河步邃河南行爲西前苑。苑前有新殿，半臨邃河。河流引自瀛洲西邃地，而繞延華閣，閣後達於興聖宫。復邃地西折咊嘶一作禾斷，一作樂斷。後老宫而出，抱前苑，復東下於海，約遠三四里。龍舟大者，長可十丈，繞設紅綵闌，前起龍頭，機發五竅皆通。餘船三五，亦自奇巧。引挽游幸，或隱或出，已覺忘身，況論其他哉！新殿後有水晶二圓殿，起於水中，通用玻璃節，日光回彩，宛若水宫。中建長橋，遠引修衢而入嘉禧殿。橋旁對立二石，高可二丈，闊止尺餘，金彩光芒，利鋒如斲。度橋步萬花入懿德殿，主廊寢宫，亦如前制，乃建都之初基也。由殿後出掖門，皆叢林，中起小山，高五十丈，分東西延緣而昇，皆崇怪石，間植異木，雜以幽芳，自頂繞注飛泉，巖下穴爲深洞，有飛龍噴雨其中。前有盤龍，相向舉首而吐流泉，泉聲夾道交走，泠然清爽，又一幽迴，髣髴仙島。山上復爲層臺，回闌邃閣，高出空中，隱隱遥接廣寒殿。山後仍爲寢宫，連長廡。廡後兩繞邃河，東流金水，亘長街，走東北，又繞紅墻，可二十步許，爲光天門。仍辟左右掖門，而繞長廡，中爲光天殿。殿後主廊如前，但廊後高起爲隆福宫，四壁冒以絹素，上下畫飛龍舞鳳，極爲明曠。左右後三向，皆爲寢宫，大略亦如前制。宫東有沈香殿，西有寶殿，長廡四抱，與別殿重闌曲折掩映，尚多莫名。又後爲興聖宫，丹墀皆萬年枝。殿制比大明差小。殿東西分一作殿後外。道爲閤門，出繞白石龍鳳闌楯，闌楯上每柱皆飾翡翠，而寘黄金鵬鳥獅座。中建小直殿，引金水繞其下，甃以白石。東西翼爲仙橋。四起雕窗，中抱彩樓，皆爲鳳翅飛簷，鹿頂層出，極盡巧奇。樓下東西起日月宫，金碧點綴，欲像扶桑滄海之勢。壁間來往多便門出入，有莫能窮。樓後有禮天臺，高跨宫上，碧瓦飛甍，皆非常制。盼望上下，無不流輝，不覺奪目，亦不知蓬瀛仙島又果何似也。又少東，有流杯亭，中有白石牀如玉，臨流小座，散列數多。刻石爲水獸，潛躍其旁，塗以黄金。又皆親制水鳥浮杯，機動流轉而行，勸罰必盡歡洽，宛然尚在目中。繞河沿流，金門翠屏，回闌小閣，多爲鹿頂，鳳翅重簷，往往於此臨幸，又不能悉數而窮其名。總引長廡以繞之。又少東，出便門，步邃河上，入明仁殿，主廊後宫，亦如前制。宫後爲延華閣，規制高爽，與延春閣相望，四向皆臨花苑。苑東爲端本堂，上通冒青紵絲。又東，有椶毛殿，皆用椶毛以代陶瓦。少西，出掖門爲慈仁殿。又後苑中有金殿，殿楹窗扉皆裹以黄金；四外盡植牡丹，百餘本高可五尺。又西有翠殿，又有花亭氈一作毬。閣，環以緑墻獸闥，緑障魫窗，左右分布，異卉幽芳，參差映帶。而玉牀寶座，時時如浥流香，如見扇影，如聞歌聲出户外而若度雲霄，又何異人間天上也！金殿前有野果名姑娘，外垂絳囊，中空如桃，子如丹珠，味甜酸可食，盈盈繞砌，與翠草同芳，亦自可愛。苑後重繡長廡，廡後出内墻，東連海子，以接厚載門。繞長廡中皆宫娥所處之室。後宫約千餘人，掌以闍寺，給以日飯，又何盛也！庚申以荒淫久廢朝政。洪武元年爲諸將叛背，捐棄宗廟社稷而逃走依西北，蓋立彼蒙古之國，逾年不爲所容，思庇翁吉剌氏魯王所封之國以求生，即應昌府也。府有西江焉。庚申心知不可爲已，因泣數行下，未幾，以痢疾崩。子愛猷識理達臘立五日，我師奄至。愛猷識理達臘僅以身免。二后、愛猷識理達臘妻子及三宫妃嬪、扈衛諸軍將帥、從官悉俘以還，元氏遂滅。至是始驗指望兑生涯，死在西江月下云。

陶宗儀《南村輟耕録》卷二一《宫闕制度》 至元四年正月，城京師，以爲天下本。右擁太行，左注滄海，撫中原，正南面，枕居庸，奠朔方，峙萬歲山，浚太液池，派玉泉，通金水，縈畿帶甸，負山引河。壯哉帝居，擇此天府。城方六十里，里二百四十步。分十一門：正南曰麗正，南之右曰順承，南之左曰文明，北之東曰安貞，北之西曰健德，正東曰崇仁，東之右曰齊化，東之左曰光熙，正西曰和義，西之右曰肅清，西之左曰平則。大内南臨麗正門，正衙曰大明殿，曰延春閣。宫城周回九里三十步，東西四百八十步，南北六百十五步。高三十五尺，甎甃。至元八年八月十七日申時動土，明年三月十五日即工。分六門。正南曰崇天，十一間，五門。東西一百八十七尺，深五十五尺，高八十五尺。左右趓樓二。趓樓登門兩斜廡，十門。闕上兩觀皆三趓樓，連趓樓東西廡，各五間。西趓樓之西，有塗金銅幡竿。附宫城南面，有宿衛直廬。凡諸宫門，皆金鋪、朱户、丹楹、藻繪、彤壁、琉璃瓦飾簷脊。崇天之左曰星拱，三間，一門，東西五十五尺，深四十五尺，高五十尺。崇天之右曰雲從，制度如星拱。東曰東華，七間，三門，東西

一百十尺，深四十五尺，高八十尺。西曰西華，制度如東華。北曰厚載，五間，一門，東西八十七尺，深高如西華，角樓四。據宮城之四隅，皆三趓樓，琉璃瓦飾簷脊。直崇天門，有白玉石橋三虹，上分三道，中爲御道，鐫百花蟠龍。星拱南有御膳亭，亭東有拱辰堂，蓋百官會集之所。東南角樓。東差北有生料庫，庫東爲柴場。夾垣東北隅有羊圈。西南角樓。南紅門外，留守司在焉。西華南有儀鸞局，西有鷹房。厚載北爲御苑。外周垣紅門十有五，内苑紅門五，御苑紅門四。此兩垣之内也。大明門在崇天門内，大明殿之正門也，七間，三門，東西一百二十尺，深四十四尺，重簷。日精門在大明門左，月華門在大明門右，皆三間，一門。大明殿，乃登極正旦壽節會朝之正衙也，十一間，東西二百尺，深一百二十尺，高九十尺。柱廊七間，深二百四十尺，廣四十四尺，高五十尺。寢室五間，東西夾六間，後連香閣三間，東西一百四十尺，深五十尺，高七十尺。青石花礎，白玉石圓碣，文石甃地，上藉重裀，丹楹金飾，龍繞其上。四面朱瑣窗，藻井間金繪，飾燕石，重陛朱闌，塗金銅飛雕冒。中設七寶雲龍御榻，白蓋金縷褥，並設后位，諸王百寮怯薛官侍宴坐牀，重列左右。前置燈漏，貯水運機，小偶人當時刻捧牌而出。木質銀裹漆瓮一，金雲龍蜿繞之，高一丈七尺，貯酒可五十餘石。雕象酒卓一，長八尺，闊七尺二寸。玉瓮一，玉編磬一，巨笙一。玉笙、玉箜篌，咸備于前。前懸繡緣朱簾，至冬月，大殿則黄紬皮壁幛，黑貂褥，香閣則銀鼠皮壁幛，黑貂煖帳。凡諸宮殿乘輿所臨御者，皆丹楹、朱瑣窗，間金藻繪，設御榻，裀褥咸備。屋之簷脊皆飾琉璃瓦。文思殿在大明寢殿東，三間，前後軒，東西三十五尺，深七十二尺。紫檀殿在大明寢殿西，制度如文思，皆以紫檀香木爲之，縷花龍涎香，間白玉飾壁，草色髹緑，其皮爲地衣。寶雲殿在寢殿後，五間，東西五十六尺，深六十三尺，高三十尺。鳳儀門在東廡中，三間，一門，東西一百尺，深六十尺，高如其深。門之外有庖人之室，稍南有酒人之室。麟瑞門在西廡中，制度如鳳儀。門之外有内藏庫二十所，所爲七間。鍾樓，又名文樓，在鳳儀南。鼓樓，又名武樓，在麟瑞南。皆五間，高七十五尺。嘉慶門在後廡寶雲殿東，景福門在後廡寶雲殿西，皆三間一門，周廡一百二十間，高三十五尺，四隅角樓四間，重簷。凡諸宮周廡，並用丹楹、彤壁、藻繪，琉璃瓦飾簷脊。延春門在寶雲殿後，延春閣之正門也，五間，三門，東西七十七尺，重簷。懿範門在延春左，嘉則門在延春右，皆三間，一門。延春閣九間，東西一百五十尺，深九十尺，高一百尺，三簷重屋。柱廊七間，廣四十五尺，深一百四十尺，高五十尺。寢殿七間，東西夾四間，後香閣一間，東西一百四十尺，深七十五尺，高如其深，重簷，文石甃地，藉花毳裀，簷帷咸備。白玉石重陛，朱闌，銅冒，楯塗金雕翔其上。閣上御榻二。柱廊中設小山屏牀，皆楠木爲之，而飾以金。寢殿楠木御榻，東夾紫檀御榻。壁皆張素畫，飛龍舞鳳。西夾事佛像。香閣楠木寢牀，金縷褥，黑貂壁幛。慈福殿又曰東煖殿，在寢殿東，三間，前後軒，東西三十五尺，深七十二尺。明仁殿又曰西煖殿，在寢殿西，制度如慈福。景耀門在左廡中，三間，一門，高三十尺。清灝門在右廡中，制度如景耀。鍾樓在景耀南。鼓樓在清灝南，各高七十五尺，周廡一百七十二間，四隅角樓四間。玉德殿在清灝外，七間，東西一百尺深四十九尺，高四十尺，飾以白玉，甃以文石，中設佛像。東香殿在玉德殿東，西香殿在玉德殿西，宸慶殿在玉德殿後，九間，東西一百三十尺，深四十尺，高如其深。中設御榻，簾帷裀褥咸備。前列朱闌，左右闢二紅門。後山字門三間。東更衣殿在宸慶殿東，五間，高三十尺。西更衣殿在宸慶殿西，制度如東殿。隆福殿在大内之西，興聖宮之前。南紅門三，東西紅門各一，繚以磚垣。南紅門一，東紅門一，後紅門一。光天門，光天殿正門也，五間，三門，高三十一尺，重簷。崇華門在光天門左，膺福門在光天門右，各三間，一門。光天殿七間，東西九十八尺，深五十五尺，高七十尺。柱廊七間，深九十八尺，高五十尺。寢殿五間，兩夾四間，東西一百三十尺，高五十八尺五寸，重簷，藻井，瑣窗，文石甃地，藉花毳裀，懸朱簾，重陛，朱闌，塗金鵰冒楯。正殿縷金雲龍樟木御榻，從臣坐牀重列前兩傍。寢殿亦設御榻，裀褥咸備。青陽門在左廡中，明暉門在右廡中，各三間，一門。翥鳳樓在青陽南，三間，高四十五尺。驂龍樓在明暉南，制度如翥鳳。後有牧人宿衛之室。壽昌殿又曰東煖殿，在寢殿東，三間。前後軒，重簷。嘉禧殿又曰西煖殿，在寢殿西，制度如壽昌。中位佛像，傍設御榻。針線殿在寢殿後，周廡一百七十二間，四隅角樓四間。侍女直廬五所，在針線殿後。又有侍女室七十二間，在直廬後。及左右浴室一區，在宮垣東北隅。文德殿在明暉外，又曰楠木殿，皆楠木爲之，三間，前後軒一間。盝頂殿五間，在光天殿西北角樓西，後有盝頂小殿。香殿在宮垣西北隅，三間。前軒一間，前寢殿三間，柱廊三間，後寢殿三間，東西夾各二間。文宸庫在宮垣西南隅，酒房在宮垣東南隅，内庖在酒房之北。興聖宮在大内之西北，萬壽山之正西，周以磚垣。南闢紅門三，東西紅門各一，北紅門一。南紅門外，兩傍附垣有宿衛直廬，凡四十間。東西門外各三間，南門前夾垣内，有省院臺百司官侍直板屋。北門外，有窨花室五間。東夾垣外，有宦

人之室十七間，淩室六間，酒房六間。南北西門外，棊置衛士直宿之舍二十一所，所爲一間。外夾垣東紅門三，直儀天殿吊橋。西紅門一，達徽政院。門内差北，有盝頂房二，各三間。又北，有屋二所，各三間。差南，有庫一所，及屋三間，北紅門外，有臨街門一所，三間。此夾垣之北門也。興聖門，興聖殿之正門也，五間三門，重簷，東西七十四尺。明華門在興聖門左，肅章門在興聖門右，各三間，一門。興聖殿七間，東西一百尺，深九十七尺。柱廊六間，深九十四尺。寢殿五間，兩夾各三間，後香閣三間，深七十七尺。正殿四面，朱懸瑣窗，文石甃地，藉以毳裀，中設扆屏榻，張白蓋簾帷，皆錦繡爲之。諸王百寮宿衛官侍宴坐牀，重列左右。其柱廊寢殿，亦各設御榻，裀褥咸備。白玉石重陛，朱闌，塗金冒楯，覆以白磁瓦，碧琉璃飾其簷脊。弘慶門在東廡中，宣則門在西廡中，各三間，一門。凝暉樓在弘慶南，五間，東西六十七尺。延顥樓在宣則南，制度如凝暉。嘉德殿在寢殿東，三間，前後軒各三間，重簷。寶慈殿在寢殿西，制度同嘉德。山字門在興聖宮後，延華閣之正門也，正一間，兩夾各一間，重簷，一門，脊置金寶瓶。又獨脚門二，周閣以紅板垣。延華閣五間。方七十九尺二寸，重阿，十字脊，白琉璃瓦覆，青琉璃瓦飾其簷，脊立金寶瓶，單陛，御榻從臣坐牀咸具。東西殿在延華閣西，左右各五間。前軒一間，圓亭在延華閣後。芳碧亭在延華閣後圓亭東，三間，重簷，十字脊，覆以青琉璃瓦，飾以緑琉璃瓦，脊置金寶瓶。徽青亭在圓亭西，制度同芳碧亭。浴室在延華閣東南隅東殿後，傍有盝頂井亭二間，又有盝頂房三間。畏吾兒殿在延華閣右，六間，傍有窨花半屋八間。木香亭在畏吾兒殿後。東盝頂殿在延華閣東版垣外，正殿五間，前軒三間，東西六十五尺，深三十九尺。柱廊二間，深二十六尺。寢殿三間，東西四十八尺。前宛轉置花朱闌八十五扇。殿之傍有盝頂房三間，庖室二間，面陽盝頂房三間，妃嬪庫房一間，縫紉女庫房三間，紅門一。盝頂之制，三椽，其頂若笥之平故名，西盝頂殿在延華閣西版垣之外，制度同東殿。東殿之傍，有庖室三間，好事房二，各三間，獨脚門二，紅門一。妃嬪院四，二在東盝頂殿後，二在西盝頂殿後。各正室三間，東西夾四間，前軒三間，後有三椽半屋二間。侍女室八十五間，半在東妃嬪院左，西向，半在西妃嬪院右，東向。室後各有三椽半屋二十五間。東盝頂殿紅門外，有屋三間，盝頂軒一間，後有盝頂房一間。庖室一區，在凝暉樓後，正屋五間，前軒一間，後披屋三間，又有盝頂房一間，盝頂井亭一間。周以土垣，前辟紅門。酒房在宮垣東南隅庖室南，正屋五間，前盝頂軒三間，南北房各三間。西北隅盝頂房三間。紅門一，土垣四周之。學士院在閣後西盝頂殿門外之西偏，三間。生料庫在學士院南。又南，爲鞍轡庫。又南，爲軍器庫。又南，爲牧人庖人宿衛之室。藏珍庫在宮垣西南隅，制度並如酒室，惟多盝頂半屋三間，庖室三間。萬壽山在大内西北太液池之陽，金人名瓊花島，中統三年修繕之，至元八年賜今名。其山皆疊玲瓏石爲之，峯巒隱映，松檜隆鬱，秀若天成。引金水河至其後，轉機運㪷，汲水至山頂，出石龍口，注方池，伏流至仁智殿後，有石刻蟠龍，昂首噴水仰出，然後由東西流入于太液池。山前有白玉石橋，長二百餘尺，直儀天殿後。橋之北有玲瓏石，擁木門五，門皆爲石色。内有隙地，對立日月石。西有石棋枰，又有石坐牀，左右皆有登山之徑，縈紆萬石中，洞府出入，宛轉相迷。至一殿一亭，各擅一景之妙。山之東有石橋，長七十六尺，闊四十一尺半，爲石渠以載金水，而流於山後以汲於山頂也。又東，爲靈圃，奇獸珍禽在焉。廣寒殿在山頂，七間，東西一百二十尺，深六十二尺，高五十尺。重阿藻井，文石甃地，四面瑣窗，板密其裏，偏綴金紅雲，而蟠龍矯蹇於丹楹之上。中有小玉殿，内設金嵌玉龍御榻，左右列從臣坐牀。前架黑玉酒瓮一，玉有白章，隨其形刻爲魚獸出没於波濤之狀，其大可貯酒三十餘石。又有玉假山一峯，玉響鐵一懸。殿之後有小石笋二，内出石龍首，以噀所引金水。西北有厠堂一間。仁智殿在山之半，三間，高三十尺。金露亭在廣寒殿東，其制圓，九柱，高二十四尺，尖頂上置琉璃珠。亭後有銅幡竿。玉虹亭在廣寒殿西，制度如金露。方壺亭在荷葉殿後，高三十尺，重屋八面，重屋無梯，自金露亭前複道登焉。又曰線珠亭。瀛洲亭在温石浴室後，制度同方壺。玉虹亭前仍有登重屋複道，亦曰線珠亭。荷葉殿在方壺前，仁智西北，三間，高三十尺，方頂，中置琉璃珠。温石浴石在瀛洲前，仁智西北，三間，高二十三尺，方頂，中置塗金寶瓶。圜亭，又曰臙粉亭，在荷葉稍西，蓋后妃添妝之所也。八面。介福殿在仁智東差北，三間，東西四十一尺，高二十五尺。延和殿在仁智西北，制度如介福。馬湩室在介福前，三間。牧人之室在延和前，三間，庖室在馬湩前，東浴室更衣殿在山東平地，三間，兩夾。太液池在大内西，周迴若干里，植芙蓉。儀天殿在池中圓坻上，當萬壽山，十一楹，高三十五尺，圍七十尺，重簷，圓蓋頂。圓臺址，甃以文石，藉以花裀，中設御榻，周辟瑣窗，東西門各一間，西北厠堂一間，臺西向，列甃磚龕，以居宿衛之士。東爲木橋，長一百廿尺，闊廿二尺，通大内之夾垣。西爲木吊橋，長四百七十尺，闊如東橋。中闕之，立柱，架梁于二舟，以當其空，至車駕行幸上都，留守官則移

舟斷橋，以禁往來。是橋通興聖宮前之夾垣。後有白玉石橋，乃萬壽山之道也。犀山臺在儀天殿前水中，上植木芍藥。隆福宮西御苑在隆福宮西，先后妃多居焉。香殿在石假山上，三間，兩夾二間，柱廊三間，龜頭屋三間。丹楹，瑣窗，間金藻繪，玉石礎，琉璃瓦，殿後有石臺，山後辟紅門，門外有侍女之室二所，皆南向並列。又後直紅門，並立紅門三。三門之外，有太子斡耳朵荷葉殿二，在香殿左右，各三間。圓殿在山前，圓頂上置塗金寶珠，重簷。後有流杯池，池東西流水圓亭二，圓殿有廡以連之，歇山殿在圓殿前，五間。柱廊二，各三間。東西亭二，在歇山後左右，十字脊。東西水心亭在歇山殿池中，直東西亭之南，九柱，重簷。亭之後，各有侍女房三所，所爲三間，東房西向，西房東向。前辟紅門三，門內立石以屏內外，外築四垣以周之。池引金水注焉。棕毛殿在假山東偏，三間，後盝頂殿三間。前啓紅門，立垣以區分之。儀鸞局在三紅門外西南隅，正屋三間，東西屋三間，前開一門。史官虞集曰：嘗觀紀籍所載，秦漢隋唐之宮闕，其宏麗可怖也，高者七八十丈，廣者二三十里。而離宮別館，綿延聯絡，彌山跨谷，多或至數百所。嘻，真木妖哉。由余有言，使鬼爲之，則勞神矣。使人爲之，則苦人矣。由余當秦穆公之時爲是，俾見後世之侈何如也。雖然，紫宮著乎玄象，得無棟宇有等差之辨。而茅茨之簡，又烏足以重威於四海乎。集佐修經世大典，將作所疏宮闕制度爲詳，於是知大有徑庭於古也。方今幅員之廣，户口之夥，貢税之富，當倍秦漢而參隋唐也，顧力有可爲而莫爲，則其所樂不在於斯也。孔子曰，禹吾無間然矣，卑宮室而盡力乎溝洫。重於此則輕於彼，理固然矣。

《元史》卷一八六《陳祖仁傳》 〔至正〕二十年五月，帝欲修上都宮闕，工役大興，祖仁上疏，其略曰：「自古人君，不幸遇艱虞多難之時，孰不欲奮發有爲，成不世之功，以光復祖宗之業。苟或上不奉於天道，下不順於民心，緩急失宜，舉措未當，雖以此道持盈守成，猶或致亂，而況欲撥亂世反之正乎！夫上都宮闕，創自先帝，修於累朝，自經兵火，焚燬殆盡，所不忍言，此陛下所爲日夜痛心，所宜亟圖興復者也。然今四海未靖，瘡痍未瘳，倉庫告虚，財用將竭，乃欲驅疲民以供大役，廢其耕耨，而荒其田畝，何異扼其吭而奪之食，以速其斃乎！陛下追惟祖宗宮闕，念兹在兹，然不思今日所當興復，乃有大於此者。假令上都宮闕未復，固無妨於陛下之寢處，使因是而違天道，失人心，或致大業之隳廢，則夫天下者，亦祖宗之天下，生民者，亦祖宗之生民，陛下亦安忍而輕〔重〕〔棄〕之乎！願陛下以生養民力爲本，以恢復天下爲務，信賞必罰，以驅策英雄，親正人，遠邪佞，以圖謀治道。夫如是，則承平之觀，不日咸復，詎止上都宮闕而已乎！」疏奏，帝嘉納之。

孫承澤《元朝典故編年考》卷二《修築宮城》 至元四年十月，議築宮城，發中都、真定、順天、河間、平灤民二萬八千餘人。至八年二月，宮城成。城方六十里，里二百四十步。分十一門：正南曰麗正，南之右曰順承，南之左曰文明；北之東曰安貞，北之西曰健德；正東曰崇仁，東之右曰齊化，東之左曰光熙；正西曰和美，西之右曰肅清，西之左曰平則。大内南臨麗正門，正衙曰大明殿，曰延春閣。宮城周回九里三十步，東西四百八十步，南北六百十五步，高三十五尺，甎甃。至元八年八月十七日申時動，明年三月十五日即工。分六門。正南曰崇天，十二間，五門，東西一百八十七尺，深五十五尺，高八十五尺。左右趓樓二，趓樓登門兩斜廡，十門，闕上兩觀，皆三趓樓。連趓樓東西廡各五間。西趓樓之西有塗金銅幡竿，附宮城南面有宿衛直廬。凡諸宮門，皆金鋪朱户，丹楹藻繪，彤壁，琉璃瓦飾簷脊。崇天之左曰星拱，三間，一門，東西五十五尺，深四十五尺，高五十尺。崇天之右曰雲從，制度如星拱。東曰東華，七間，三門，東西一百十尺，深四十五尺，高八十尺。西曰西華，制度如東華。北曰厚載，五間，一門，東西八十七尺，深高如西華。角樓四，據宮城之西隅，皆三趓樓，琉璃瓦飾簷脊。直崇天門有白玉石橋三虹，上分三道，中爲御道，鐫百花蟠龍。星拱南有御膳亭，亭東有拱辰堂，蓋百官會集之所。東南角樓東差北有生料庫，庫東爲柴場，夾垣東北隅羊圈。西南角樓南紅門外，留守司焉。西華南有儀鑾局，西有鷹房。厚載北爲御苑。外周垣紅門十有五，内苑紅門五，御苑紅門四。此兩垣之内也。大明門在崇天門内，大明殿之正門也，七間三門，東西一百二十尺，深四十四尺，重簷；日精門在大明門左，月華門在大明門右，皆三間一門。大明殿乃登極、正旦、壽節、會朝之正衙也，十一間，東西二百尺，深一百二十尺，高九十尺；柱廊七間，深二百四十尺，廣四十四尺，高五十尺。寢室五間，東西夾六間，後連香閣三間，東西一百四十尺，深五十尺，高七十尺。青石花礎，白玉石圓碣，文石甃地。上藉重茵，丹楹，金飾龍繞其上，四面朱瑣窗，藻井間金繪，飾燕石，重陛朱闌，塗金銅飛雕冒。中設七寶雲龍御榻，白蓋金縷褥，並設后位，諸王百僚怯薛官侍宴坐牀重列左右。前置燈漏，貯水運機，小偶人當時刻捧牌而出。(水)〔木〕質銀裹漆瓮一，金雲龍蜿繞之，高一丈七尺，貯酒可五十餘石。雕象酒卓一，長八尺，闊七尺二寸。玉瓮一，玉編磬一，巨笙一，玉笙、玉箜篌，咸備於前。

前懸繡緣朱簾。至冬月，大殿則黄紬皮壁幛，黑貂暖帳。凡諸宮殿乘輿所臨御者，皆丹楹，朱瑣窗，間金藻繪，設御榻，裀褥咸備。屋之簷脊皆飾琉璃瓦。文思殿在大明寢殿東，三間，前後軒，東西三十五尺，深七十二尺。紫檀殿在大明寢殿西，制度如文思，皆以紫檀香木爲之。縷花龍涎香間白玉飾壁，草色髹緑，其皮爲地衣。寶雲殿在寢殿後，五間，東西五十六尺，深六十三尺，高三十尺。鳳儀門在東廡中，三間一門，東西一百尺，深六十尺，高如其深。門之外有庖人之室，稍南有酒人之室。麟瑞門在西廡中，制度如鳳儀。門之外有内藏庫二十所，所爲七間。鐘樓又名文樓，在鳳儀南；鼓樓又名武樓，在麟瑞南；皆五間，高七十五尺。嘉慶門在後廡寶雲殿東，景福門在後廡寶雲殿西，皆三間一門，周廡一百二十間，高三十五尺。四隅角樓四間，重簷。凡諸宮周廡並用丹楹，彤壁，藻繪，琉璃瓦飾簷脊。延春門在寶雲殿後，延春閣之正門也，五間三門，東西七十七尺，重簷。懿範門在延春左，嘉則門在延春右，皆三間一門。延春閣九間，東西一百五十尺，深九十尺，高一百尺，三簷重屋柱廊七間，廣四十五尺，深一百四十尺，高五十尺。寢殿七間，東西夾四間，後香閣一間，東西一百四十尺，深七十五尺，高如其深。重簷，文石甃地，藉花毳裀，簷帷咸備。白玉石重陛，朱闌，銅冒楯，塗金雕翔其上。閣上御榻二，柱廊中設小山屏牀，皆楠木爲之，而飾以金。寢殿楠木御榻，東夾紫檀御榻，壁皆張素，畫飛龍舞鳳；西夾事佛像。香閣楠木寢牀，金縷褥，黑貂壁幛。慈福殿又曰東煖殿，在寢殿東，三間，前後軒，東西三十五尺，深七十二尺。明仁殿又曰西煖殿，在寢殿西，制度如慈福。景耀門在左廡中，三間一門，高三十尺。清灝門在右廡中，制度如景耀。鐘樓在景耀南，鼓樓在清灝南，各高七十五尺。周廡一百七十二間，四隅角樓四(閣)〔間〕。玉德殿在清灝外，七間，東西一百尺，深四十九尺，高四十尺，飾以白玉，甃以文石，中設佛像。東香殿在玉德殿東，西香殿在玉德殿西。宸慶殿在玉德殿後，九間，東西一百三十尺，深四十尺，高如其深。中設御榻，簾帷裀褥咸備。前列朱闌，左右辟二紅門，後山字門三間。東更衣殿在宸慶殿東，五間，高三十尺。西更衣殿在宸慶殿西，制度如東殿。隆福殿在大内之西，興聖之前，南紅門三。東西紅門宮各一，繚以磚垣。南紅門一，東紅門一，後紅門一。光天門，光天殿正門也，五間三門，高三十二尺，重簷。崇華門在光天門左，膺福門在光天門右，各三間一門。光天殿七間，東西九十八尺，深五十五尺，高七十尺。柱廊七間，深九十八尺，高五十尺。寢殿五門，兩夾四間，東西一百三十尺，高五十八尺五寸，重簷。藻井瑣窗，文石甃地，藉花毳裀，懸朱簾，重陛朱闌，塗金雕冒楯。正殿縷金雲龍樟木御榻，從臣坐牀重列前兩傍。寢殿亦設御榻，裀褥咸備。青陽門在左廡中，明暉門在右廡中，各三間一門。翥鳳樓在青陽南，三間，高四十五尺。驂龍樓在明暉南，制度如翥鳳。後有牧人宿衛之室。壽昌殿又曰東煖殿，在寢殿東，三間，前後軒，重簷。嘉禧殿又曰西煖殿，在寢殿西，制度如壽昌，中位佛像，傍設御榻。針線殿在寢殿後，周廡一百七十二間，四隅角樓四間。侍女直廬五所，在針線殿後。又有侍女室七十二間，在直廬後，及左右浴室一區，在宮垣東北隅。文德殿在明暉外，又曰楠木殿，皆楠木爲之，三間，前後軒一間。盝頂殿五間，在光天殿西北角樓西，後有盝頂小殿。香殿在宮垣西北隅，三間，前軒一間，前寢殿三間，柱廊三間，後寢殿三間，東西夾各二間。文宸庫在宮垣西南隅，酒房在宮垣東南隅，内庖在酒房之北。興聖宮在大内之西北，萬壽山之正西，周以磚垣，南辟紅門三，東西紅門各一，北紅門一。南紅門外兩傍附垣有宿衛直廬，凡四十間，東西門外各三門。南門前夾垣内，有省院臺百司官侍直板屋。北門外有窨花室五間。東夾垣外有宦人之室十七間，凌室六間，酒房六間。南、北、西門外，棊置衛士直宿之舍二十一所，所爲一間。外夾垣東紅門三，直儀天殿吊橋；西紅門一，達徽政院。門内差北有盝頂房二，各三間；又北有屋二所，各三間；差南庫一所及屋三間。北紅門外有臨街門一所三間，此夾垣之北門也。興聖門，興聖殿之北門也，五間三門，重簷，東西七十四尺。明華門在興聖門左，肅章門在興聖門右，各三間一門。興聖殿七間，東西一百尺，深九十七尺。柱廊六間，深九十四尺。寢殿五間，兩夾各三間，後香閣三間，深七十七尺。正殿四面朱縣瑣窗，文石甃地，藉以毳裀。中設扆屏榻，張白蓋簾帷，皆錦繡爲之。諸王百僚宿衛官侍宴坐牀，重列左右。其柱廊、寢殿，亦各設御榻，裀褥咸備。白玉石重陛，朱闌，塗金冒楯，覆以白磁瓦，碧琉璃飾其簷脊。弘慶門在東廡中，宣則門在西廡中，各三間一門。凝暉樓在弘慶南，五間，東西六十七尺。延顥樓在宣則南，制度如凝暉。嘉德殿在寢殿東，三間，前後軒各三間，重簷。寶慈殿在寢殿西，制度同嘉德。山字門在興聖宮後，延華閣之正門也，正一間，兩夾各一間，重簷，一門，脊置金寶瓶。又獨脚門二，周閣以紅板垣。延華閣五間，方七十九尺二寸，重阿，十字脊，白琉璃瓦覆，青琉璃瓦飾其簷，脊立金寶瓶，單陛。御榻、從臣坐牀咸具。東、西殿在延華閣西，左右各五間，前軒一間。園亭在延華閣後。芳碧亭在延華閣後園亭東，三間，重簷，十字

脊，覆以青琉璃瓦，飾以緑琉璃瓦，脊置金寶瓶。徽青亭在園亭西，制度同芳碧亭。浴室在延華閣東南隅東殿後，傍有盝頂井亭二間，又有盝頂房三間。畏吾兒殿在延華閣右，六間，傍有窨花半屋八間。木香亭在畏吾殿後。東盝頂殿在延華閣東版垣外，正殿五間，前軒三間，東西六十五尺，深三十九尺；柱廊二間，深二十六尺；寢殿三間，東西四十八尺。前宛轉置花朱闌八十五扇。殿之傍有盝頂房三間，庖室二間，面陽。盝頂房三間，妃嬪庫房一間，縫紉女庫房三間，紅門一。盝頂之制三椽，其頂若笥之平，故名。西盝頂殿在延華閣西版垣之外，制度同東殿。東殿之傍有庖室三間；好事房二，各三間；獨脚門二，紅門一。妃嬪院四：二在東盝頂殿後，二在西盝頂殿後。各正室三間，東西夾四間，前軒三間，後有三椽半屋二間。侍女室八十三間，半在東妃嬪院左，西向；半在西妃嬪院右，東向；室後各有三椽半屋二十五間。東盝頂殿紅門外有屋三間，盝頂軒一間，後有盝頂房一間。庖室一區，在凝暉樓後，正屋五間，前軒一間，後披屋三間。又有盝頂房一間，盝頂井亭一間。周以土垣，前辟紅門。酒房在宮垣東南隅庖室南，正屋五間，前盝頂軒三間，南北房各三間。西北隅盝頂房三間，紅門一。土垣四周之。學士院在閣後四盝頂殿門外之西偏，三間。生料庫在學士院南，又南爲鞍轡庫，又南爲軍器庫，又南爲庖人、牧人、宿衛之室。藏珍庫在宮垣西南隅，制度並如酒室，惟多盝頂半屋三間，庖室三間。

孫承澤《春明夢餘録》卷六《宮闕·元大都宮殿考》 宮城週迴九里三十步，東西四百八十步，南北六百十五步，高三十五尺。分六門：正南曰崇天，左曰星拱，右曰雲從，東曰東華，西曰西華，北曰厚載。舊記曰：南，麗正門。內，千步廊，可七百步，建靈星門，門建蕭墻，週迴可二十里，俗呼紅門闌馬墻。門內二十步有河，上建白石橋三座，名周橋。橋四白石龍擎載，旁盡高柳，鬱鬱萬株，遠與城內海子、西宮相望。及〔度〕橋可二百步爲崇天門，門外有五總，建(關)〔闕〕樓其上，連(内)〔兩〕觀，旁出爲十字角樓。其左有門爲東華，右爲西華，中爲大明門。仍旁建掖門，繞爲長廡，中抱丹墀之半。左右爲文、武樓，與廡相連。中爲大明殿，乃登極、正旦、壽節、會朝之正衙也。殿後連爲主廊十二楹，四周金紅鎖窓，連建後宮，廣三十步，殿半之。後有寢宮，俗呼爲拏頭殿，東西相向。至冬，則自殿外一周皆籠護皮帳，夏則黄油絹幕。內寢屏幛，重覆帷幄，而後裹以銀鼠。席地皆編細簟，上架深紅厚氊，後覆茸單。宮後連抱長廡，以通前門，以貯妃嬪。而每院間必建三楹，東西相向爲繡榻。廡後横亘道以入延春宮，丹墀皆植青松，即萬年枝也。置金酒海，前後列紅蓮牀。其上爲延春閣，後仍爲主廊。東有文思小殿，西有紫檀小殿。寢東有玉德殿，又東有宣文閣，旁有秘密堂，西有鹿頂小殿，前後散爲便門，高下分引而入，更爲別殿，飛甍數座。又後爲清寧宮。宮後引抱長廡，遠連長春宮，其中皆以處嬖幸也。又後爲厚載門，上建高閣。東百步有觀星臺，臺傍有雪柳萬株。臺西爲內浴室，有小殿在前。由浴室而出内城，臨海子。廣可五六里，駕飛橋於海中。起瀛洲之殿後，引長橋上萬歲山。山高可數十丈，東臨太液池，西北皆俯瞰海子。下有故殿基，尚存金主圍棋石盤。山半有方壺殿，(又)〔右〕爲吕公洞，洞上數十步爲金露殿。由東而上爲玉虹殿。殿前有石巖如屋。繞層闌，登廣寒殿，內列二十四楹。出爲露臺，繞以白石闌。道旁有鐵竿數丈，上置金葫蘆三，引銕鍊以繫之，乃金章宗所立，以鎮其下龍潭。山下萬柳中有浴室，前有小殿。爲穴，中盤雙龍，昂首共吐一丸於上，注以温泉。自瀛洲外城西度飛仙橋上，入明仁殿，半臨邃河。河流引自瀛洲西，邃地而出，繞延華閣，達於興聖宮，復西折禿樂斯后老宮而出，抱前苑東下於海子，約遠三四里。新殿後有二水晶圓殿，中有修衢、長橋，遠而昇懿德殿。橋傍二石柱，度橋前苑入懿德殿，主廊、寢宮亦如前制，乃建都之初基也。山後仍爲寢宮，連以長廡。廡後西繞邃河東，流水出便門走。繞東北，又繞紅墻，入紅門，可二十步許爲光天門。仍辟左、右掖門，而繚以長廡，中爲光天殿。殿後穿廊如前，但廊後高起爲隆福宮，左右後三向皆爲寢殿。殿東有沉香殿，長廡環抱。又後爲興聖宮，中建小直殿，引邃河分流繞其下，甃以白石，翌爲仙橋，四起(鎖)〔雕〕窓，而抱綵樓。樓後東西爲日月殿。後又有禮天臺，高跨殿上。又少東有流杯亭。又少東，出便門，步邃河入明仁殿。後爲延春閣，規制高大，與延華相望，四面皆臨花苑。苑東有端本堂，又東爲棕毛殿。少西，出掖門爲慈仁殿。又後苑中爲金殿，四外盡植牡丹百餘(年)〔本〕，高可五尺。又西有翠殿，又有花亭毬閣。金殿前有野果，名紅姑娘，外垂絳囊，中空(有)〔如〕桃，子如丹(朱)〔珠〕。苑外重繞長廡。廡後出内墻，東連海子，以接厚載門。

于敏中等《日下舊聞考》卷三〇《宮室元二》 臣等謹按：元代宮室一毀於明徐達改築都城之初，再撤於永樂遷都之歲。《禁扁》僅存其名。《永樂大典》所採《元宮室製作》一書，第詳其制，其地分方位惟昭儉、輟耕二録載之最晰。而若清寧、睿安、九龍等殿，缺載者甚多。明初蕭洵以毀元宮室，遍閲内禁，爲《故宮遺録》一卷，較爲該備。然其地分方位多與諸書不合。《大都宮殿考》本蕭洵之説

而推廣之，尤難藉據。今謹就朱彝尊原書各條，凡與他書紀載異同者，略爲疏證。其有疑者則闕以俟考焉。

大都宮之扁曰慶福，曰興以下闕。殿之扁正曰大明，西曰紫檀，東曰文思，北曰寶雲，四殿大内前位也。延春閣東曰慈福，西曰明仁，二殿大内後位也。清顥門西曰玉德，後曰宸慶，二殿大内前位也。興聖宮正曰興聖，西曰寶慈，東曰嘉德。隆福宮正曰光天，東曰壽昌，西曰嘉禧，西位曰文德，東位曰睿安。萬歲山下曰仁智，山上曰廣寒，方壺亭南曰荷葉，仁智東北曰介福，西北曰延和。太液池南圓殿曰儀天，延春閣後曰咸寧。堂之扁，曰芳潤，曰拱宸。亭之扁曰碧芳，曰徽清，延華，閣曰芳碧。廣寒西南曰玉虹，又西南曰瀛洲，廣寒東南曰金露，又東南曰方壺。樓之扁，興聖東廂曰凝暉，西廂曰延顥，東曰驂龍，西曰翥鳳。閣之扁，大内後宮正殿曰延春，興聖殿後曰徽儀，其北曰延華、宣則，北門曰奎章。門之扁，宮城正南曰崇天，左曰星拱，右曰雲從，東有東華，西有西華，北曰厚載。大内前宮正門曰大明，左曰日精，右曰月華，西有麟瑞，東有鳳儀、寶雲，東北向曰嘉慶，西北向曰景福。大内後宮，延春在寶雲之後，左曰懿範，南對嘉慶，右曰嘉則，南對景福，東曰景曜，西曰清顥。興聖宮正門曰興聖，左曰明華，右曰肅章，宣則在延顥之北，弘慶在凝暉之北。隆福宮正門曰光天，左曰崇華，右曰膺福，青陽在翥鳳之北，明暉在驂龍之北。山曰萬歲，巖曰翠巖，窰曰雲龍。峯曰叢玉，在奎章閣前；曰仁壽，在萬歲山下。石曰瑞雲、曰丹霞，洞天曰銀漢飛星，池曰太液。《禁扁》。

元建國曰大元，取「大哉乾元」之義也。建元曰至元，取「至哉坤元」之義也。殿曰大明，曰咸寧；門曰文明，曰健德，曰雲從，曰順承，曰安貞，曰厚載，皆取諸乾坤二卦之辭也。其建國號詔曰：誕膺景命，奄四海以宅尊；必有美名，紹百王而繼統。肇從隆古，匪獨我家。且唐之爲言蕩也，堯以之而著稱；虞之爲言樂也，舜因之而作號，馴致禹興而湯造，亦名夏大以殷中。世降以還，事殊非古。雖乘時而有國，不以義而制稱。爲秦、爲漢者，蓋因初起之地名。曰隋、曰唐者，又即始封之爵邑。是皆徇百姓見聞之狃習，要一時制作之權宜。概以至公，得毋少貶！我太祖聖武皇帝握乾符而起朔土，以神武而膺帝圖。肆振天聲，大恢土宇。輿圖之廣，歷古所無。頃者耆宿詣庭，奏章申請，謂既成於大業，宜早定夫鴻名。在古制以當然，於朕心乎何有？可建國號曰大元。大冶流形於庶品，孰名資始之初？一人底寧於萬邦，尤切體仁之要。事從因革，道協天人。於獻！稱義而名，固匪爲之溢美；孚休惟永，尚不負於投艱！嘉與敷天，並隆大號。咨爾有衆，體予至懷。至元八年十一月日。《西濠野話》。

朱昆田原按：元之建國、建元以及宮門之名，多取易乾坤之文，顧於二卦之外，若屯、蒙、師、剥、離、困、睽、革、漸、昇、無妄、大小過，禁羣臣箋表不得用，用則駁之。應迴避者凡一百七十九字，載諸典章。然如仙靈、歸化、泉陵等字皆在所禁，而州縣名犯此極多，不知當日作何迴避也。

南麗正門内千步廊可七百步，建靈星門，門建蕭墻，周迴可二十里。俗呼紅門闌馬墻。内二十步有河，上建白石橋三座，名周橋。橋四石白龍擎載，旁盡高柳，鬱鬱萬株，遠與城内海子西宮相望。度橋可二百步爲崇天門。《大都宮殿考》

臣等謹按：《析津志》：周橋，義或本於詩造舟爲梁，故曰周橋。考之宋、金，咸以周橋爲名，據此則周橋之名不始於元也。【略】

宮城周迴九里三十步，東西四百八十步，南北六百十五步，高三十五尺，甎甃。至元八年八月十七日申時動工，明年三月十五日訖工。分六門，正南曰崇天，十二間五門，東西一百八十七尺，深五十五尺，高八十五尺。左右趓樓二，趓樓登門，兩斜廡十，門闕上兩觀皆三趓樓，連趓樓東西廡各五間。西趓樓之西有塗金銅幡竿，附宮城，南面有宿衛直廬。凡諸宮門，金鋪朱户，丹楹藻繪，彤壁琉璃，瓦飾簷脊。《輟耕録》。【略】

車駕出宮，凡祭祀前一日，所司備儀從内外仗，侍祠官兩行序立於崇天門外，太僕寺控御馬立於大明門外。車駕還宮，駕入崇天門，至大明門外降馬昇輿。《元史·祭祀志》。

臣等謹按：元史祭祀志儀注節目凡十條，朱彝尊原書所引，凡祭祀前一日至立於大明門外數語，乃第三條車駕還宮之儀，駕入崇天門以下十四字乃第十條車駕還宮之儀。原書失載出宮還宮字，遂致前後牽混，文理難解，今謹據史志增入，並辨正之。

至元二十四年，田忠良請建太社於廟右。《元史》本傳。

大德元年正月，建五福太乙神壇畤。《元史·祭祀志》。【略】

至元二十八年二月，建宮城南面周廬以居宿衛之士。《元史·世祖紀》。

元貞二年十月，樞密院臣言：昔大朝會時皇城外皆無墻垣，故用軍環繞以備園宿；今墻垣已成，南北西三畔皆可置軍，獨御酒庫西地窄不能容。臣等與丞相鄂勒哲議，各城門以蒙古軍列衛，及於周橋南置戍樓以警昏旦。從之。《元

史·兵志》。按：鄂勒哲，蒙古語壽也，舊作完澤。今譯改。

至治元年八月，東内皇城建宿衛屋二十五楹，命五衛内摘軍二百五十人居之，以備禁衛。同上。

崇天之左曰星拱，三間一門，東西五十五尺，深四十五尺，高五十尺。崇天之右曰雲從，制度如星拱。東曰東華，七間三門，東西一百十尺，深四十五尺，高八十尺。西曰西華，制度如東華。北曰厚載，五間一門，東西八十七尺，深高如西華。角樓四，據宮城之四隅，皆三趓樓，琉璃瓦飾簷脊。直崇天門有白玉石橋三虹，上分三道，中爲御道，鐫百花蟠龍。星拱南有御膳亭，亭東有拱宸堂，蓋百官會集之所，名曰掃鄰。東南角樓東差北有生料庫，庫東爲柴場，夾垣東北隅有羊圈。《輟耕録》。

至正元年九月，賜文臣宴於拱辰堂。《元史》。

生料庫在學士院南，又南爲鞍轡庫，又南爲軍器庫，又南爲庖人、牧人宿衛之室。藏珍庫在宮垣西南隅，制度並如酒室，惟多鹿頂半屋三間，庖室三間。《輟耕録》。【略】

南角樓南紅門外，留守司在焉。西華南有儀鸞局。《輟耕録》。

臣等謹按：至元十九年五月乙酉，宮城初建東西華左右掖門，見《元史·世祖本紀》。

留守司在宮城西南角樓之南，專掌宮禁工役者。《輟耕録》。

達爾瑪除大都留守，帝命修七星堂。先是，修繕必用赤緑金銀裝飾。達爾瑪獨務樸素，令畫工圖山林景物。車駕自上京還入觀之，乃大喜，以手撫壁歎曰：有心哉留守也！《元史》本傳。按：達爾瑪，梵語法也，舊作苔里麻。今譯改。

西華門在延春閣西，蕭牆外即門也，門内有内府諸庫、鹿苑、天閑。《析津志》。

至元十一年二月，初立儀鸞局，掌宮門管鑰供帳燈燭。《元史·世祖紀》。

西有鷹房。《輟耕録》。

至大元年二月，立鷹坊爲仁虞院。《元史·武宗紀》。

至大四年二月，罷仁虞院，改置鷹坊總管府。《元史·仁宗紀》。

國制自御位及諸王皆有錫寶齊，蓋鷹人也。及一天下，又設捕獵户，俾致鮮食以薦宗廟，供天庖齒革羽毛以備用，而立制加詳。地有禁，取有時，違者罪之。冬春之交，天子或親幸近郊，縱鷹隼搏擊，以爲遊豫之度，曰飛放。仁廟以穀不熟民困，曰朕不飛放。且勅諸王位錫寶齊皆不聽出。《經世大典序録》。按：錫寶齊，蒙古語養禽鳥人也，舊作昔寶赤。今譯改。【略】

大明門在崇天門内，大明殿之正門也。七間三門，東西一百二十尺，深四十四尺，重簷。《輟耕録》。

大明門旁建掖門，繞爲長廡，中抱丹墀之半，左右爲文武樓，與廡相連。《大都宮殿考》。

上尊號受朝賀，前期二日，儀鸞司設大次於大明門外。《元史·禮樂志》。

日精門在大明門左，月華門在大明門右，皆三間一門。《輟耕録》。

臣等謹按：元代日精、月華門在正殿門左右，今制日精、月華二門在乾清宮左右兩廡。蓋自明以來雖久沿其名，而其地則互異也。

元正受朝，尚引引殿前班皆公服，分左右入日精、月華門，就起居位。管旗分立大明門南楹，典引引丞相以下皆公服，入日精、月華門就起居位。四品以上賜酒殿上，典引引五品以下賜酒於日精、月華二門之下。冊立皇后，前期二日，儀鸞司設發冊寶案於大明殿，捧冊官由月華門入，捧寶官由日精門入。《元史·禮樂志》。

永嘉王振鵬畫，妙在界畫，運筆和墨，毫分縷析，左右高下，俯仰曲折，方圓平直，曲盡其體，而神氣飛動，不爲法拘。嘗爲大明宮圖以獻，世稱妙絶。《研北雜誌》。

大明殿乃登極、正旦、壽節、會朝之正衙也。十一間，東西二百尺，深一百二十尺，高九十尺。柱廊七間，深二百四十尺，廣四十四尺，高五十尺。寢室五間，東西夾六間，後連香閣三間，東西一百四十尺，深五十尺，高七十尺。青石花礎，白玉石圓碣，文石甃地，上藉重茵，丹楹金飾，龍繞其上，四面朱瑣窗，藻井間金繪飾，燕石重陛，朱闌塗金銅飛雕冒。中設七寶雲龍御榻，白蓋金縷褥，並設后位。諸王百寮集賽官《元史》：集賽者，言番直宿衛也。侍宴，坐牀重列左右。前置燈漏貯水運機小偶人，當時刻捧牌而出。木質銀裹漆甕一，金雲龍蜿繞之，高一丈七尺，貯酒可五十餘石。雕象酒卓一，長八尺，闊七尺二寸。玉甕一，玉編磬一，巨笙一，玉笙玉箜篌咸備於前。前懸繡緣朱簾，至冬月，大殿則黄猫皮壁幛，黑貂褥，香閣則銀鼠皮壁幛，黑貂暖帳。凡諸宮殿，乘輿所臨御者，皆丹楹朱瑣窗，間金藻繪，設御榻，裀褥咸備。屋之簷脊皆飾琉璃瓦。《輟耕録》。按：集賽，蒙古語輪流值班之謂也，舊作怯薛。今譯改。

至元十年十月，初建正殿、寢殿、香閣、周廡兩翼室。十一年正月朔，宮闕告成，帝始御正殿受皇太子諸王百官朝賀。十一月，起閣南大殿及東西殿。《元史·世祖紀》。

至元十六年秋，高興入朝，侍燕大明殿，悉獻江南所得珍寶。《元史》本傳。

至元十八年二月，發侍衛軍四千完正殿。二十一年正月，帝御大明殿。右丞相和爾果斯率百官奉玉册、玉寶，上尊號，諸王百官朝賀如朔旦儀。《元史·世祖紀》。按：和爾果斯，蒙古語牧地遺矢也，舊作和禮霍孫。今譯改。

世祖建大内，移沙漠莎草於丹墀，示子孫無忘草地也。《玉山雅集》。

元世祖思創業艱難，故所居之地青草植于大内丹墀之前，謂之誓儉草。《草木子》。【略】

即位上尊號，受朝賀，昇大明殿。《元史·禮樂志》。

仁宗將即位，廷臣用皇太后旨，行大禮於隆福宮。法駕已陳矣，張珪言當御大明殿。帝悟，移仗大明。《元史》本傳。

至治元年三月丁丑，御大明殿受緬國使者朝貢。《元史·英宗紀》。

仁宗正位宸極，欲用陰陽家言即位光天殿，即東宮也。王約言於太保齊蘇曰：正名定分，當御大内。太保入奏，遂即位於大明殿。《元史》本傳。按：齊蘇，蒙古語血也，舊作曲樞。今譯改。

元正受朝儀，大昕，侍儀使引導從護尉各服其服，入至寢殿前報外辦。皇帝出閣昇輦，鳴鞭三，侍儀使並通事舍人分左右引擎執護尉，劈正斧中行，導至大明殿外。劈正斧直正門北向立，導從倒卷序立，惟扇置於錡。侍儀使導駕時，引進使同内侍官引宮人擎執導從入皇后宮庭報外辦。皇后出閣昇輦，引進使引導從導至殿東門外，引進使分退，押直至墍塗之次，引導從倒卷出。俟兩宮昇御榻，鳴鞭三，劈正斧退立於露階東。司晨報時，雞唱畢，尚引引殿前班皆公服，分左右入日精、月華門，就起居位。朝畢，宴饗殿上。預宴之服，衣服同制，謂之濟遜。《元史·禮樂志》按：濟遜，蒙古語。濟遜即濟蘇，顔色也，舊作質孫。今譯改。

濟遜，華言一色衣也，濟遜宴俗呼曰詐馬宴。《近光集》。

濟遜宴服者，貴臣見饗於天子則服之，今所賜絳衣是也。貫大珠以飾其肩背間，膺首服亦如之。《輟耕録》。

元親王及功臣侍宴者别賜冠衣，謂之濟遜。今儀從所服團花濟遜當是也。與輟耕録所載制飾不同。《近峯紀聞略》。

朱彝尊原案：前代未有帝后並臨朝者，惟元則然。周憲王宮詞：大安樓閣聳雲霄，列坐三宮御早朝。大安閣在上都，然則帝巡上都，后亦從朝，必並御也。

劈正斧，以蒼水玉碾造，高二尺有奇，廣半之。徧地文藻粲然，或曰自殷時流傳至今者。如天子登極，正旦、天壽節御大明殿會朝時，則一人執之，立於陛下酒海之前，蓋所以正人不正之意。《輟耕録》。

劈正斧，斲蒼玉爲之，長徑九寸有奇，咸之刃滿六寸，頦上略齟齬之，中堅厚二寸强，龍首呀吻，刃嚙於口，作兩段，吞苔腦與刃通以柯貫之，上以雙蟠螭冒其端，下以玉束琯承其竅。華潤緻密，無微疵可擿，真秘寶也。天子正衙朝會，命冕者執之中立，古人納君於正，去邪勿疑之義也。《秋澗集》。

宣和殿所藏殷玉鉞，長三尺餘，一段美玉，文藻精甚，三代之寶也。後歸於金，今入元。每大朝會必設於外庭。《志雅堂雜抄》。

興隆笙在大明殿下。其制，植象管於柔韋，以象大匏，土鼓二韋橐，按其管，則簧鳴。簨首爲二孔雀，笙鳴機動則應而舞。凡燕會之日，此笙一鳴，衆樂皆作，笙止樂亦止。《輟耕録》。【略】

大明殿燈漏之制，高丈有七尺，架以金爲之。其曲梁之上，中設雲珠，左日右月，雲珠之下，復懸一珠。梁之兩端飾以龍首，張吻轉目，可以審平水之緩急。中梁之上有戲珠龍二，隨珠俯仰，又可察準水之均調。燈毬雜以金寶爲之，内分四層，上環布四神，旋當日月參辰之所在，左轉日一週。次爲龍虎鳥龜之象，各居其方，依刻跳躍，鐃鳴以應於内。又次週分百刻，上列十二辰，各執時牌，至其時四門通報。又一人當門内，常以手指其刻數下，四隅鐘鼓鉦鐃各一人，一刻鳴鐘，二刻鼓，三鉦，四鐃，初、正皆如是。其機發隱於櫃中，以水激之。《元史·志》。

郭公守敬於世祖朝進七寶燈漏，今大明殿每朝會張設之，其中鐘鼓皆應時自鳴。《元文類》。

洪武元年冬十月，碎元水晶宮漏。《徵吾録》。

司天監進元主所製水晶宮漏，備極機巧。中設二木偶人，能按時自擊鉦鼓。上覽之，謂侍臣曰：廢萬幾之務而用心於此，所謂作無益害有益也。使移此心以治天下，何至滅亡？命左右碎之。《明卓異記》。【略】

大明殿後連爲柱廓十二楹，四周金紅瑣窗，連建後宮，廣三十步，殿半之。後有寢宮，俗呼爲拏頭殿，東西相向。至冬則自殿外一周皆籠護皮帳，夏則黄油絹幕。内寢屏幛重複，帷幄而後裹以銀鼠。席地皆編細簟，上架深紅厚氊，後露

葺罩。宮後連抱長廡以通前門，以貯妃嬪。而每院間必建三楹，東西相向，爲繡榻。廡後横亘道以入延春宮。丹墀皆植青松，即萬年枝也。置金酒海，前後列紅蓮牀，其上爲延春閣。《大都宮殿考》。

寶雲殿在寢殿後，五間，東西五十六尺，深六十三尺，高三十尺。鳳儀門在東廡，中三間，一門，東西一百尺，深六十尺，高如其深。門之外有庖人之室，稍南有酒人之室。麟瑞門在西廡中，制度如鳳儀，門之外有内藏庫二十所，所爲七間。鐘樓又名文樓，在鳳儀南，鼓樓又名武樓，在麟瑞南，皆五間，高七十五尺。嘉慶門在後廡寶雲殿東，景福門在後廡寶雲殿西，皆三間，一門。周廡一百二十間，高三十五尺。四隅角樓四間，重簷。凡諸宮周廡並用丹楹壁藻繪，琉璃瓦飾簷脊。延春門在寶雲殿後，延春閣之正門也。五間三門，東西七十七尺，重簷。《輟耕録》。

臣等謹按：《昭儉録》：鳳儀、麟瑞二門在大明殿東西廡。今考陶宗儀《輟耕録》及《元宮闕制度》所載相符。此條所稱鳳儀在東廡，麟瑞在西廡，嘉慶、景福在後廡者，蓋皆指大明殿而言，與寶雲殿無涉。朱彝尊原書微引此條，未經分晰，附辨於此。

成宗崩，安西王阿南達謀繼大統，即位有日。李孟曰：事急矣，不可不早圖之。仁宗召卜人入筮，遇乾之睽。孟曰：筮不違人，是爲大同，時不可以失。仁宗喜，振袖而起，乃共扶上馬。孟及諸臣皆步從，入自延春門，收首謀及同惡者送都獄，奉御璽北迎武宗。《元史》本傳。按：阿南達，梵語阿難也，舊作阿難答。今譯改。

懿範門在延春左，嘉則門在延春右，皆三間一門。延春閣九間，東西一百五十尺，深九十尺，高一百尺，三簷重屋。柱廊七間，廣四十五尺，深一百四十尺，高五十尺。寢殿七間，東西夾四間，後香閣一間，東西一百四十尺，深七十五尺，高如其深。重簷，文石甃地，藉花毳裀，簷帷咸備。白玉石重陛，朱闌銅冒楯，塗金雕翔其上，閣上御榻二，柱廊中設小山。屏牀皆楠木爲之，而飾以金。寢殿楠木御榻，東夾紫檀御榻，壁皆張素畫飛龍舞鳳，西夾事佛像。香閣楠木寢牀，金縷褥，黑貂壁幛。《輟耕録》。

大德十一年十二月，命留守司以來歲正月十五日起燈山於大明殿後、延春閣前。《元史・武宗紀》。

延祐七年十二月，作延春閣後殿。《元史・英宗紀》。

至治三年十二月，塑瑪哈噶拉佛像於延春閣之徽清亭。《元史・泰定帝紀》按：瑪哈噶拉，梵語大黑神也，舊作馬哈吃剌。今譯改。

臣等謹按：徽清亭，據《禁扁》注在延華閣。《昭儉録》，延華閣在興聖宮後，徽清亭在延華閣後，圓亭之東與芳碧亭相對。《析津志》，繡女房墻外南墻内，是圓殿一，直板房前，即延華閣。西有娑羅樹，徽清亭。據此，則徽清亭在延華閣後無疑。又考延春閣下爲延春宮，東爲慈福，西爲明仁，後爲后宮寢殿香閣，又後爲清寧宮。《禁扁》、《昭儉録》、《故宮遺録》諸書載之頗詳，俱無及徽清亭者。《泰定紀》蓋訛華作春，朱彝尊原書未訂其誤，兹謹辨正如右。

帝宴大臣於延春閣，特賜達爾瑪白鷹以表其貞廉。《元史》本傳。

至正十七年，將大赦天下，宣歐陽原功赴内府。原功久病不能步履，丞相傳旨，肩輿至延春閣下。《元史》本傳。【略】

延春閣後仍爲柱廊，東有文思小殿，西有紫檀小殿。《大都宮殿考》。

臣等謹按：文思、紫檀二殿，《輟耕録》謂在大明寢殿之東西。《昭儉録》所載與《輟耕録》同。惟蕭洵《故宮遺録》謂在延春閣後，與二書不合。考《禁扁》注，大明西曰紫檀，東曰文思，北曰寶雲，此四殿爲大内前位，則當以《輟耕録》爲是。《大都宮殿考》蓋沿《故宮遺録》之誤也。

文思殿在大明寢殿東，三間，前後軒，東西三十五尺，深七十二尺。《輟耕録》。

紫檀殿在大明寢殿西，制度如文思，皆以紫檀香木爲之。縷花龍涎香間，白玉飾壁，草色髹緑，其皮爲地衣。同上。

至元二十八年三月，發侍衛兵，營紫檀殿。《元史・世祖紀》。

至治二年閏月，作紫檀殿。《元史・英宗紀》。【略】

慈福殿又曰東暖殿，在寢殿東，三間，前後軒，東西三十五尺，深七十二尺。《輟耕録》。

元統二年，王結召拜翰林學士，中宮命僧尼於慈福殿作佛事。已而殿災，結言僧尼褻瀆，當坐罪。《元史》本傳。

明仁殿又曰西暖殿，在寢殿西，制度如慈福。《輟耕録》。

上謂順帝也。作二小璽，一曰明仁殿寶，一曰洪禧，命楊瑀篆文。洪禧璞純白，而龜紐墨色。同上。【略】

景耀門在左廡中，三間一門，高三十尺。清顥門在右廡中，制度如景耀。鐘

樓在景耀南，鼓樓在清顥南，各高七十五尺。周廡一百七十二間，四隅角樓四間。玉德殿在清顥外，七間，東西一百尺，深四十九尺，高四十尺，飾以白玉，甃以文石，中設佛像。《輟耕録》。

延祐七年十二月，鑄銅爲佛像，置玉德殿。《元史·英宗紀》。

東香殿在玉德殿東，西香殿在玉德殿西，宸慶殿在玉德殿後，九間，東西一百三十尺，深四十尺，高如其深。中設御榻，簾帷裀褥咸備。前列朱闌，左右辟二紅門後山字門三間，東更衣殿在宸慶殿東，五間，高三十尺。西更衣殿在宸慶殿西，制度如東殿。《輟耕録》。

大德五年，嘉興張樞以官本船浮海至西洋，遇其王合贊所遣使臣那懷等如京師，遂載之以來。那懷等朝貢事畢，請仍以樞護送西還。丞相哈喇哈斯達爾罕如其請，奏授忠顯校尉海運副千户，佩金符，與俱行。以八年發京師，十一年仍至其登陸處。用私錢市其土物白馬、黑犬、琥珀、蒲萄酒、蕃鹽之屬以進。平章政事察納等引見於宸慶殿。《黄文獻集》。按：哈喇，蒙古語黑色也，哈斯，玉也，達爾罕，凡有勤勞者免其差役之稱也，舊作哈喇哈孫荅剌罕。察納，蒙古語，那邊也，舊作察那。今俱譯改。

延春宮後爲清寧宮，後引抱長廡，遠連長春宮，其中皆以處嬖幸。《大都宮殿考》。

臣等謹按：蕭洵《故宮遺録》，延春閣又後爲清寧宮，引抱長廡，遠連延春宮，蓋后宮之正殿也。《禁扁》作咸寧，注在延春閣後，而載清寧宮爲上都殿名。今考《析津志》所載游皇城一則云：自東華門内經十一室，皇后鄂爾多前轉首，清寧殿後，出厚載門。據此則大都亦有清寧宮也。《大都宮殿考》蓋沿蕭洵之説訛寧作寒，今謹改訂其誤。按：鄂爾多，滿州語宮也，舊作斡耳朵。今譯改。

太宗詔學士十八人，即長春宮教之，俾楊中書惟中督。《牧庵集》。

至正十一年正月，京師清寧殿災，焚寶玩萬計，由宦官薰鼠故也。《草木子》。

皇太子常坐清寧殿，分佈長席，列坐西番、高麗諸僧。《元史·順帝紀》。

厚載北爲御苑，外周垣紅門十有五，内苑紅門五，御苑紅門四，此兩垣之内也。《輟耕録》。

厚載門乃禁中之苑囿也。内有水碾，引水自玄武池灌溉，種花木，自有熟地八頃。内有小殿五所，上曾執耒耜以耕，擬于藉田也。《析津志》。

于敏中等《日下舊聞考》卷三一《宮室元二》 隆福殿在大内之西，興聖之前，南紅門三，東西紅門宮各一，繚以甎垣，南紅門一，東紅門一，後紅門一。《輟耕録》。

臣等謹按：《昭儉録》，儀天殿西爲木橋，長百七十尺，通興聖宮之夾垣。而隆福宮、光天、壽昌、嘉禧等皆在興聖之前，奎章、延華等閣在興聖之後，其制度亦如大内。其地當並屬太液西岸之西。孫承澤《春明夢餘録》，燕邸因元故宮，即今之西苑開朝門於前。承澤所謂元故宮者，未載其名。今考《昭儉録》，假山在隆福宮西。嚴嵩《鈐山集》，假山在仁壽宮西。仁壽爲成祖潛邸。據此，則《春明夢餘録》所稱元故宮當即隆福、興聖諸宮無疑矣。

隆福宮左右後三向皆爲寢殿，殿東有沉香殿，長廡環抱。《大都宮殿考》。

至元三十一年五月，改皇太后所居舊太子府爲隆福宮。《元史·成宗紀》。

至元三十一年十一月，帝朝皇太后於隆福宮，上玉册、玉寶。同上。

鄭滁孫、陶孫兄弟最號博洽，隆福宮以其兄弟前朝士，乃製衣親賜，人以爲異遇焉。《元史》本傳。

卜天璋遷刑部郎中，仁宗召入見，以中書刑部印章付之。既視事，入覲，賜酒隆福宮。同上。

光天門，光天殿正門也。五間三門，高三十二尺，重簷。《輟耕録》。

國史院進先朝實録。是日大昕，諸司官具公服立於光天門外，侍儀使引實録案以入，監修國史以下奉隨至光天殿前分班立。《元史·禮樂志》。【略】

崇華門在光天門左，膺福門在光天門右，各三間一門。光天殿七間，東西九十八尺，深五十五尺，高七十尺。柱廊七間，深九十八尺，高五十尺。寢殿五間，兩夾四間，東西一百三十尺，高五十八尺五寸。重簷藻井，瑣窗，文石甃地，藉花毳裀，懸朱簾，重陛朱闌塗金雕冒楯。正殿縷金雲龍樟木御榻，從臣坐牀重列，前兩旁寢殿亦設御榻，裀褥咸備。青陽門在左廡中，明暉門在右廡中，各三間一門。《輟耕録》。

至正七年三月，修光天殿。《元史·順帝紀》。

皇太后命改隆福宮名，他學士擬光被，趙公孟頫擬光天。他學士曰：光天二字出陳後主詩，不祥。公曰：帝光天之下，出《虞書》，何名不祥？於是各書所擬以進，卒用光天。《楊仲宏集》。

翥鳳樓在青陽南，三門，高四十五尺。驂龍樓在明暉南，制度如翥鳳。後有牧人宿衛之室。壽昌殿又曰東暖殿，在寢殿東，三間，前後軒，重簷。嘉禧殿又

曰西暖殿，在寢殿西，制度如壽昌。中位佛像，旁設御榻。《輟耕録》。

延祐五年四月二十七日，上御嘉禧殿。集賢大學士臣邦寧、大司徒臣源進呈《農桑圖》。上披覽再三，問：作詩者何人？對曰：翰林承旨趙孟頫。作圖者何人？對曰：諸色人匠提舉臣楊叔謙。上嘉賞久之，人賜文綺一段，絹一段。《松雪齋集》。

仁宗即位，授王壽衍靈妙真常崇教真人，召詣闕，賜見嘉禧殿。固辭不敢稱真人。延祐甲寅，改授宏文輔道粹德真人，給銀印章，視二品。陛辭日，上御嘉禧殿賜坐，與語移時，以字稱之曰眉叟。《王忠文集》。【略】

伊嚕布哈拜江南行御史臺中丞，陛辭之日，帝御嘉禧殿慰勞之。《元史·本傳》按：伊嚕，蒙古語净也。布哈，犍牛也，舊作月魯不花。今譯改。

針線殿在寢殿後，周廡一百七十二間，四隅角樓四間。侍女直廬五所，在針線殿後。又有侍女室七十二間，在直廬後，及左右浴室一區，在宮垣東北隅。文德殿在明暉外，又曰楠木殿，皆楠木爲之，三間，前後軒一間。《輟耕録》。

泰定元年七月，作楠木殿。《元史·泰定帝紀》。

鹿頂殿五間，在睿安東北，光天殿西北，角樓西，後有鹿頂小殿。《輟耕録》。

臣等謹按：《禁扁》注，光天殿西位爲文德，東位爲睿安。今考諸書，祇詳文德，而睿安缺載。《昭儉録》，鹿頂殿五間在睿安東北，光天殿西北，角樓西，後有鹿頂小殿。蓋東西二鹿頂也。《輟耕録》脱載「睿安東北」四字，遂混二鹿頂殿爲一，誤矣。今謹增入而附辨之。

延祐五年二月，建鹿頂殿於文德殿後。《元史·仁宗紀》。

臣等謹按《昭儉録》，光天殿之周廡四隅皆有角樓四間，而其西廡中爲明暉門，門外即文德殿，其所載西北角樓西後有鹿頂小殿，蓋即延祐所建。其地正當西位文德殿之後，與東位睿安殿後五間相配也。《元史》作文治殿後，當是文德之訛。

又按：《元史·仁宗紀》，皇慶三年改元延祐，是皇慶無五年也。朱彝尊原書誤作皇慶五年，今謹訂正。

至治二年八月，詔畫蠶麥圖於鹿頂殿壁，以時觀之。《元史·英宗紀》原周憲王《元宮詞》：鹿頂殿中逢七夕，遥瞻牛女列珍羞。明朝看巧開金合，喜得蛛絲笑未休。《誠齋新録》。

香殿在宮垣西北隅，三間，前軒一間，前寢殿三間，柱廊三間，後寢殿三間，東西夾各二間。《輟耕録》。

至元十二年正月二日，帝御香殿，以大軍南征，使久不至，命楊恭懿筮之。《元史》本傳。

至大元年八月，李邦寧以建香殿成，賜金五十兩，銀四百五十兩。《元史·武宗紀》。

至治元年三月，寶集寺金書西番波若經成，置大内香殿。《元史·英宗紀》。

文宸庫在宮垣西南隅，酒房在宮垣東南隅，内庖在酒房之北。興聖宮在大内之西北，萬壽山之正西，周以甎垣，南辟紅門三，東西紅門各一，北紅門一。南紅門外兩旁附垣有宿衛直廬，凡四十間，東西門外各三間。南門前夾垣内有省院臺百司官侍直板屋。北門外有窨花室五間，東夾垣外有宦人之室十七間，凌室六間，酒房六間。南北西門外棋置衛士直宿之舍二十一所，所爲一間。外夾垣東紅門三，直儀天門吊橋，西紅門一，達徽政院。門内差北有鹿頂房二，各三間，又北有屋二所，各三間，差南有庫一所，及屋三間。北紅門外有臨街門一所三間，此夾垣之北門也。興聖門，興聖殿之北門也。五間，三間，重簷，東西七十四尺，明華門在興聖門左，肅章門在興聖門右，各三間一門。興聖殿七間，東西一百尺，深九十七尺，柱廊六間，深九十四尺，寢殿五間，兩夾各三間，後香閣三間，深七十七尺。正殿四面懸朱簾瑣牕，文石甃地，藉以毳裀，中設扆屏，榻張白蓋，簾帷皆錦繡爲之。諸王百寮宿衛官侍宴，坐牀重列左右，其柱廊寢殿亦各設御榻，裀褥咸備。白玉石重陛，朱闌塗金冒楯，覆以白磁瓦，碧琉璃飾其簷脊。弘慶門在東廡中，宣則門在西廡中，各三間一門。《輟耕録》。

興聖宮丹墀内多桃李。《析津志》。

興聖宮中建小直殿，引邃河分流其下，甃以白石，翼爲仙橋，四起瑣窗而抱綵樓。樓後東西爲日月殿，後又有禮天臺，高跨殿上。少東有流杯亭，又少東出便門。《大都宮殿考》。

至大元年二月，建興聖宮。二年五月，以通政院使哈喇果勒知樞密院事，董建興聖宮。三年十月，帝率皇太子諸王羣臣朝興聖宮，上皇太后尊號册寶。《元史·武宗紀》。按：哈喇義見前。果勒，蒙古語河也，舊作憨剌合兒。今譯改。

劉德温監建興聖宮。《元史》本傳。

天曆元年十月，帝御興聖殿，齊王伊嚕特穆爾等奉上皇帝寶。《元史·文宗紀》。按：伊嚕義見前。特穆爾，蒙古語鐵也，舊作月魯帖木兒。今譯改。【略】

至順二年，爲雅克特穆爾建第於興聖宮之西南。《元史》本傳。按：雅克，蒙古語結實也，特穆爾義見前，舊作燕帖木兒。今譯改。

皇后鴻吉哩氏，後至元二年二月立，性節儉，不妬忌，動以禮法自持。第二皇后奇氏素有寵，居興聖西宮，帝希幸東内。左右以爲言，后無幾微怨望意。《輟耕録》。按：鴻吉哩舊作宏吉剌，今從八旗姓譜改正。

宦者樸布哈，高麗人。皇后奇氏微時與布哈同鄉里，及選爲宫人，有寵，遂爲第二皇后，居興聖宮。生皇太子阿裕爾錫哩達喇。《元史》本傳。按：阿裕爾，梵語長壽佛也，錫哩，威也，達喇，救度也。舊作愛猷識理達臘。今譯改。

凝暉樓在宏慶南，五間，東西六十七尺。延顥樓在宣則南，制度如凝暉。嘉德殿在寢殿東，三間，前後軒各三間，重簷。寶慈殿在寢殿西，制度同嘉德。山字門在興聖宮後，延華閣之正門也。正一門，兩夾各一間，重簷，一門，脊置金寶瓶。又獨脚門二，周閣以紅版垣。延華閣五間，方七十九尺二寸，重阿十字脊，白琉璃瓦覆青琉璃瓦，飾其簷，脊立金寶瓶。丹陛、御榻、從臣坐牀咸具。東西殿在延華閣西，左右各五間，前軒一間。圓亭在延華閣後，芳碧亭在延華閣後。圓亭東三間，重簷，十字脊，覆以青琉璃瓦，飾以緑琉璃瓦，脊置金寶瓶。徽清亭在圓亭西，制度同芳碧亭。浴室在延華閣東南隅東殿後，旁有鹿頂井亭二間，又有鹿頂房三間。輝和爾殿在延華閣右六間，旁有窨花半屋八間。木香亭在輝和爾殿後。東鹿頂殿在延華閣東版垣外。正殿五間，前軒三間，東西六十五尺，深三十九尺。柱廊二間，深二十六尺。寢殿三間，東西四十八尺。前宛轉置花朱闌八十五扇，殿之傍有鹿頂房三間，庖室二間，面陽鹿頂房三間，妃嬪庫房一間，縫紉女庫房三間，紅門一。鹿頂之制，三椽其頂，若笥之平，故名。西鹿頂殿在延華閣西版垣之外，制度同東殿。東殿之旁有庖室三間，好事房二，各三間，獨脚門二，紅門一。妃嬪院四，二在東鹿頂殿後，二在西鹿頂殿後。各正室三間，東西夾四間，前軒三間，後有三椽半屋二間，侍女室八十三間，半在東妃嬪院左，西向；半在西妃嬪院右，東向。室後各有三椽半屋二十五間。東鹿頂殿紅門外有屋三間，鹿頂軒一間，後鹿頂房一間，庖室一區，在凝暉樓後，正屋五間，前軒一間，後披屋三間，又有鹿頂房一間，鹿頂井亭一間，周以土垣，前辟紅門。酒房在宫垣東南隅，庖室南正屋五間，前鹿頂軒三間，南北房各三間，西北隅鹿頂房三間，紅門一，土垣四周之。學士院在奎章閣後西鹿頂殿之西偏三間。《輟耕録》。按：輝和爾，回部名也，舊作畏吾兒。今對音譯改。

文宗建奎章閣，蒐羅中外才俊置其中。《元史·謝端傳》。

臣等謹按：奎章閣在興聖殿西廡宣則門北，見《昭儉録》。

天曆初，建奎章閣於西宮興聖殿之西廊，爲屋三間以藏物。中間諸官入直所，北間南嚮設御座，左右列珍玩，命羣玉内司掌之。閣官署銜初名奎章閣，隸東宮屬官。後文宗復位，乃陞爲奎章閣學士院，置大學士五員，並知經筵事，侍書學士二員，承制學士二員，供奉學士二員，并兼經筵官。屬官則有羣玉内司專掌秘玩古物，藝文監專掌書籍，鑒書博士司專一鑒辨書畫，授經郎專一訓教集賽官大臣子孫，藝林庫專一收貯書籍，廣成局專一印行祖宗聖訓及國制等書。特恩創製象齒小牌五十，上書奎章閣三字，一面篆字，一面蒙古字與輝和爾字，分散各官懸佩，出入宫門無禁。命侍讀學士虞集撰記，御書刻石閣中，今上皇帝改奎章曰宣文。《輟耕録》。

上方嚮用文學，開奎章閣，置學士員，立藝文鑒以治書籍，設藝林等庫任摹印，將大修聖賢經傳之説以爲成書。知名之士多見進用，自中朝至於外方，金石之錫，承詔撰作，幾無虚日。《東山集》。

仙居柯九思遇文宗於潛邸，及即位，置奎章閣，特授學士院鑒書博士。凡内府所藏法書名畫金石鼎彝之器，咸命鑒定，賜牙章得通籍禁署。《稗史集傳》。

文宗親祀天地、社稷、宗廟，富珠哩翀爲禮儀使。竣事上天曆大慶詩三章，帝命藏之奎章閣。《元史》本傳。按：富珠哩舊作孛朮魯，今從八旗姓譜改正。

文宗在奎章閣，有旨取國史閲之，左右舁匱以往。院長貳無敢言，吕思誠在末僚，獨跪閣下争曰：國史紀當代人君善惡，自古天子無觀閲之者。事遂寢。同上。

天曆初，李泂以待制召，於是文宗方開奎章閣，延天下知名士充學士員。泂數進見，奏對稱旨，超遷翰林直學士。俄特授奎章閣承制學士。泂既爲帝所知遇，乃著書曰輔治篇以進，文宗嘉納之。同上。

文宗開奎章閣作二璽，一曰天曆之寶，一曰奎章閣寶，命虞集篆文。《輟耕録》。

天曆二年春，上肇開奎章閣，延登儒流入侍燕閒。萬幾之暇，親灑宸翰，書奎章閣記，刻置禁中。凡墨本悉識以天曆之寶，或加用奎章閣寶。應賜者必閣學士持詣榻前四復奏，然後予之。《黄文獻集》。

奎章閣壁有宋徽宗畫承平殿曲宴圖，並書自製曲宴記。《研北雜誌》。

文宗開奎章閣自寫閣記，甚有晉人法度。雲漢昭回，非臣庶所能及也。《書史會要》。

揭傒斯，延祐元年以布衣入翰林爲國史院編修官。天曆二年，文宗聚勳戚大臣子孫於奎章閣教之，命學士院擇可爲之師者，無以易公，乃擢公授經。閣在興聖殿西。公早作必徒步先諸侍臣而至。諸貴游受業者合謀錢爲貰馬，公微聞之，乃自置一馬，尋復鬻之，示不欲以己爲人累也。《黄文獻集》。

揭傒斯在奎章時，上覽所撰秋官憲典，驚曰：兹非唐律乎！又覽所進太平政要四十九章，喜而呼其字以示臺臣曰：此授經郎揭曼碩所進，卿等試觀之。其本嘗置御榻側。《圭齋集》。

天曆三年，札實入爲應奉翰林，文宗召對奎章閣。《元史》本傳。按：札實，唐古特語吉祥也，舊作瞻思。今譯改。

文宗御奎章日，學士虞集、博士柯九思常侍從，以討論法書名畫爲事。時授經郎揭傒斯亦在列，寵眷稍疏，因潛著一書曰奎章政要以進。《輟耕録》。

天子在奎章閣，有獻文石者，平直如砥，厚不及寸。其陽丹碧光彩，有雲氣人物山川屋邑之形狀。自然天成，非工巧所能摹擬。其陰漫理紫潤，可書可鐫，有勅命臣集記諸，而攻材製匡廓，植以爲屏焉。《道園學古録》。

奎章閣有靈壁石，奇絶名世，御書其上曰奎章元玉。同上。

魏郡宋知古工寫竹石，有進於明宗者。明宗語左右曰：此真士大夫之筆。天曆中，爲藝文監照磨，京師人名其竹爲勅賜士大夫竹。《應庵隨録》。

朱萬初善製墨，純用松烟。蓋取三百年摧朽之餘精英不可泯者用之，非常松也。天曆乙巳，開奎章閣，選儒臣侍翰墨，榮公存初、喀喇公子山皆侍閣下，以萬初墨進，大稱旨，得禄食藝文館。《堯山堂外紀》。按：喀喇，蒙古語黑馬也，舊作康里。今譯改。【略】

至正元年，改奎章閣爲宣文閣，藝文監爲崇文監。時周伯琦爲宣文閣授經郎，教戚里大臣子弟，每進講輒稱旨，日日備顧問。帝以伯琦工書法，命篆宣文閣寶，仍題扁宣文閣及摹王羲之所書蘭亭序、智永所書千文，刻石閣中。自是累轉官皆宣文、崇文之間，而眷遇益隆矣。《元史》本傳。

臣等謹按：《析津志》，崇文監在咸宜坊北一小巷内。本官署名也，原書以係奎章閣之屬司，故連類採入耳。

大臣議罷先朝所置奎章閣、學士院及藝文監諸屬官。喀喇庫庫進曰：民有千金之産，猶設家塾，延館客，豈富有四海，一學房乃不能容耶？帝聞而深然之，即日改奎章閣爲宣文閣，藝文監爲崇文監，存設如初，就命庫庫董治。《元史》本傳。

至正元年，制作宣文閣於大明殿之西北。萬幾之暇，御閣閲經史，以左右儒臣爲經筵官，日侍講讀。《環谷集》。

至元庚辰十有一月三日，建宣文閣。詔周伯琦篆題閣榜及閣寶。明年改元至正，正月廿日，特命爲授經郎。先是學舍在宫門外，隘陋弗稱，於是有旨以玉德宫之西殿爲學，宿衛官等二十五人行弟子禮。《近光集》。

至正間，初改奎章閣爲宣文，朝臣咸謂必命庫庫書榜。是時周伯琦雖在館閣精篆書，而未爲上所知。庫庫日令篆書宣文閣榜十數紙，周不識其意。一日有旨命庫庫書宣文閣榜。庫庫言：臣所能者真書不古，古莫如篆。朝廷宣文閣用篆書爲得體。周伯琦篆書今世無過之者。上如其言，召伯琦書，下筆稱旨，由是進用。前輩臨事明於大體，引拔人纔，委曲成就之如此。《天都載》。【略】

金華張樞子長取三國時事撰漢本紀列傳，附以魏吴載記，爲續後漢書七十三卷。朝廷取其書置宣文閣。《元史·隱逸傳》。

多爾濟巴勒在經筵，采前賢遺言，類次爲書，凡四卷。帝覽而善之，賜名治原通訓，藏於宣文閣。《元史》本傳。按：多爾濟義見前。巴勒，威也，舊作朵耳直班。今譯改。

上得智永千文，命近臣摹勒，刻置宣文閣中。所拓墨本，從官之有文學者則識以宣文閣寶而賜之。《圭齋集》。

仁宗嘗命管夫人書《千字文》，勅玉工磨玉軸送秘書監裝池收藏。又命子昂書六體爲六卷，子雍亦命書一卷。且曰：令後世知我朝有善書婦人，且一家皆能書也。《堯山堂外紀》。

宣文閣勒石搨本，皇帝以賜文臣之在左右者。浦陽鄭深時爲授經郎，兼經筵譯文官，故得與焉。草書凡三百七十字，真書凡三百五十五字。《黟南集》。

宣文閣旁有秘密堂。《大都宫殿考》。【略】

至正九年冬，詔以皇子春秋日長，宜親師就傅以知學，拜諭德、贊善各一員，文學二員，仍命以翰林學士、直學士待制兼其職。復置正字、司經各二員。即興聖宫西偏故宣文閣改曰端本堂，以爲肄學之所。迺十一月九日，皇子始就學。其禮，皇子坐於皇帝位之右而左向，其左設師傅之位，論德以下以次左坐而右

至元十四年五月，以蒙古軍與漢軍相參，備都城内外及萬壽山宿衛，仍以伊蘇布哈領宿衛事。《元史·兵志》。按：伊蘇，蒙古語九數也，布哈義見前，舊作也速不花。今譯改。

至元十七年，吴元珪從幸上都，受命取御藥於大都萬歲山。元珪乘傳，未盡一晝夜而至。帝奇其速，擢樞密都事。《元史》本傳。

二十一年二月，立法輪竿於大内萬壽山，高百尺。《元史·世祖紀》。

劉秉忠搜訪舊教坊樂工，依律運譜，被諸樂歌。六月而成，音聲克諧，陳於萬壽山便殿。《元史·禮樂志》。

張珪侍宴萬壽山，賜以玉帶。《元史》本傳。

按史自泰定以後作萬歲山，疑無兩地。《北平古今記》。

國朝每宴諸王大臣，謂之大聚會。是日盡出諸獸於萬歲山，若虎豹熊象之屬，一一列置訖，然後獅子至。身纔短小，絶類人家所蓄金毛猱狗。諸獸見之，畏懼俯伏，不敢仰視，氣之相壓也如此。《輟耕録》。

武宗大宴萬歲山，圖喇醉起，解其腰帶擲諸地，嗔目謂帝曰：爾與我者止此爾！《元史》本傳。按：圖喇，滿洲語柱也，舊作秃剌。今譯改。

泰定二年六月朔，葺萬歲山殿。四年十二月，植萬歲山花木八百七十本。《元史·泰定帝紀》。

文宗居金陵潛邸時，命臣房大年畫京都萬歲山。大年辭以未嘗至其地。上索紙爲運筆布畫位置，令按稿圖上。大年得藁敬藏之，意匠經營，格法通整，雖積學專工所莫能及。《輟耕録》。

順帝爲英英起采芳館於瓊華島内。癸巳秋，乘龍船泛月池上，池起浮橋三處，每處分三洞，洞上結綵爲飛樓，樓上置女樂。橋以木爲質，飾以錦繡，九洞不相直達。《元掖庭記》。【略】

廣寒殿在山頂七間，東西一百二十尺，深六十二尺，高五十尺。重阿藻井，文石甃地，四面瑣窗，板密其裏，徧綴金紅雲而蟠龍矯蹇於丹楹之上。中有小玉殿，内設金嵌玉龍御榻，左右列從臣坐牀。前架黑玉酒甕一，玉有白章，隨其形刻爲魚獸出没於波濤之狀。其大可貯酒三十餘石。又有玉假山一峯，玉響鐵一，懸殿之後。有小石笋二，内出石龍首以噀所引金水。西北有側室一間。《輟耕録》。

臣等謹按：元好問《遺山集》，瓊華島絶頂有廣寒殿，近爲黄冠輩所毁。據向，復置几其間，以奠裕宗皇帝所誦聖典。比授經，則别設授讀位，司經、正字執經，導皇子及諭德以下選爲伴讀者凡十人。《王忠文集》。

烏古孫良楨爲詹事院副詹事，每直端本堂，進正心誠意之説，親君子遠小人之道，皇太子嘉納焉。《元史》本傳。

順帝開端本堂，命皇太子入學。以右丞相託克托、大司徒雅克布哈知端本堂事，而命李好文以翰林學士兼諭德。好文取史傳及先儒論説關治體協經旨者，倣真德秀大學衍義之例，爲書十一卷，名曰端本堂經訓要義，奉表以進。詔付端本堂命太子習焉。《元史》本傳。按：雅克布哈義俱見前，舊作雅不花，今譯改。

皇太子習大書端本堂，上命庋其所書，記之於籍，或以賜近侍，宫臣則録所賜人姓名而登載之。《圭齋集》。

于敏中等《日下舊聞考》卷三二《宫室元三》 萬歲山在大内西北太液池之陽，金人名瓊花島。中統三年修繕之，至元八年賜今名。其山皆疊玲瓏石爲之，峯巒隱映，松檜隆鬱，秀若天成。引金水河至其後，轉機運㪺，汲水至山頂，出石龍口，注方池，伏流至仁智殿後，有石刻蟠龍，昂首噴水仰出，然後由東西流入於太液池。山前有白玉石橋，長二百餘尺，直儀天殿後。橋之北有玲瓏石，擁木門五，門皆爲石色。内有隙地，對立日月石。西有石棋枰，又有石坐牀。左右皆有登山之徑，縈紆萬石中，洞府出入，宛轉相迷。至一殿一亭各擅一景之妙。山之東有石橋，長七十六尺，闊四十一尺半，爲石渠以載金水而流於山後，以汲於山頂也。又東爲靈囿，奇獸珍禽在焉。車駕歲巡上都，先宴百官於此。浙省參政齊達勒嘗云：向任留守司都事時，聞故老言，國家起朔漠日，塞上有一山，形勢雄偉。金人望氣者謂此山有王氣非我之利。金人謀欲厭勝之，計無所出，時國已多事，乃求通好入貢。既而曰：他無所冀，願得某山以鎮厭我土耳。衆皆鄙笑而許之。金人乃大發卒，鑿掘輦運至幽州城北，積累成山，因開挑海子，栽植花木，營構宫殿，以爲游幸之所。未幾金亡，世皇徙都之。至元四年興築宫城，山適在禁中，遂賜今名云。《輟耕録》。按：齊達勒，蒙古語能也，舊作赤德爾。今譯改。

臣等謹按：元萬壽山即金之瓊華島，陶宗儀《輟耕録》及《元史》或稱萬歲山，蓋當日相沿互稱。至謂瓊華島土皆取自塞山，未免附會。恭讀《御製古井記》，並爲釐正其誤。詳見《國朝宫室》卷内。

中統四年三月，伊克德勒丹請修瓊華島，不從。至元元年三月，修瓊華島。《元史·世祖紀》。按：伊克，蒙古語大也，德勒，衣也，丹，有也，舊作亦黑迭兒丁。今譯改。

此，則廣寒殿金末已毁，元時重建者也。

又按：此條所稱黑玉酒甕，即《元史·世祖紀》所載之大玉海也。後在西華門外真武廟中，見《金鼇退食筆記》。乾隆十年，上命移置承光殿前亭内，並蒙御製詩章。詳見《國朝宫室》卷内。

高麗元宗五年九月，王至燕都謁帝，帝再親宴。冬十月，王辭於萬壽山殿。帝賜駱駝十頭。《高麗史》。

申思佺與倭人謁帝。帝大喜，賚予甚稠，勅令觀覽宫殿。既而又使徧觀燕京萬壽山玉殿與諸城闕。同上。

忠烈王二十三年春正月，王與公主世子侍宴萬歲山廣寒殿。同上。

高麗恭愍王遣贊成事李公遂朝元，進陳情表。公遂，奇后外從兄也，太子以帝命召公遂上廣寒殿，指殿額及金玉柱問之，公遂對以諷語。太子以其言奏帝，帝曰：朕固知此老賢，汝外家唯此一人爾。《東國史略》。

至元二年十二月，瀆山大玉海成，勅置廣寒殿。《元史·世祖紀》。

三年四月，五山珍御榻成，置瓊華島廣寒殿。同上。

四年九月，作玉殿於廣寒殿中。同上。

十年三月，帝御廣寒殿，遣攝太尉中書右丞相安圖授皇后恭吉哩氏玉册玉寶，遣攝太尉同知樞密院事巴延授皇太子真金玉册、金寶。同上 按：安圖，滿洲語山陽也，舊作安童。巴延，滿洲語富也，舊作伯顔。今俱譯改。

今御用監院中有小亭，亭内一玉缸，色青碧，間以黑暈白章，體質頗潤，刻作雲濤蛟龍海馬諸形，第鏤刻有痕，未經細琢耳。口面隨其勢爲高低，延袤如荷葉樣，中有積水，外以朱闌障之，想即元時廣寒殿中物也。《燕都遊覽志》。【略】

仁智殿在山之半，三間，高三十尺。金露亭在廣寒殿東，其制圓，九柱，高二十四尺，尖頂，上置琉璃珠。亭後有銅幡竿。玉虹亭在廣寒西，制度同金露。方壺亭在荷葉殿後，高三十尺，重屋八面。重屋無梯，自金露亭前複道登焉。又曰線珠亭。瀛洲亭在温石浴室後，制度同方壺。玉虹亭前仍有登重屋複道，亦曰線珠亭。荷葉殿在方壺前仁智西北，三間，高三十尺，方頂，中置琉璃珠。温石浴室在瀛洲前仁智西北，三間，高二十三尺，方頂，中置塗金寶瓶。圜亭又曰膳粉亭，在荷葉稍西，蓋后妃添妝之所也，八面。《輟耕録》。【略】

方壺殿右爲呂公洞，洞上數十步爲金露殿，由東而上爲玉虹殿。前有石巖如屋，繞層欄登廣寒殿。內列二十四楹，出爲露臺，繞以白石闌。道旁有鐵竿數丈，上置金葫蘆三，引鐵鍊以繫之，乃金章宗所立以鎮其下龍潭。《大都宫殿考》

介福殿在仁智東差北，三間，東西四十一尺，高二十五尺。延和殿在仁智西北，制度如介福。馬湩室在介福前三間，牧人之室在延和前三間，庖室在馬湩前，東浴室更衣殿在山東，平地三間兩夾。《輟耕録》。

臣等謹按：至元二十一年七月壬申，造温石浴室及更衣殿。見《元史·世祖紀》。

太液池在大内西，周回若干里，植芙蓉。《輟耕録》。

皇帝御極之初，即命兩丞相與儒臣一月三進講。於是益優禮講官，既賜酒饌，又以高年疲於步趨也，命皆得乘舟太液池，徑西苑以歸。《安雅堂集》。

己酉仲秋之夜，武宗與諸嬪妃泛月於禁苑太液池中，月色射波，池光映天，緑荷含香，魚鳥羣集。於是畫鷁中流，蓮舟夾持，往來便捷。帝乃開宴張樂，令宫女披羅曳縠前爲八展舞，歌賀新涼一曲。《元掖庭記》。【略】

儀天殿在池中圓坻上，當萬壽山。十一楹，高三十五尺，圍七十尺，重簷圓蓋頂圓。臺址甃以文石，藉以花茵，中設御榻，周辟瑣窗。東西門各一間，西北厠堂一間。臺西向列甃塼龕，以居宿衛之士。東爲木橋，長一百二十尺，闊二十二尺，通大内之夾垣。西爲木吊橋，長四百七十尺，闊如東橋。中闕之立柱架梁於二舟以當其空。至車駕行幸上都，留守官則移舟斷橋以禁往來。是橋通興聖宫前之夾垣，後有白玉石橋，乃萬壽山之道也。犀山臺在儀天殿前水中，上植木芍藥。《輟耕録》。

臣等謹按：元儀天殿明更名曰承光。《甫田集》：承光殿在太液池上，一名圓殿。《明宫殿額名》：嘉靖三十一年更名乾光。本朝仍曰承光殿。

又按：元儀天殿西木吊橋在萬壽山之南，興聖宫之東，瓊華島之北，見《析津志》。犀山臺一名犀牛臺，見圖經志書。

帝御萬歲山圓殿，察罕入謝。帝曰：白雲病愈耶？帝賜茵以坐。顧李孟曰：知止不辱，今見其人。《元史》本傳。【略】

御苑在隆福宫西，后妃多居焉。香殿在石假山上，三間，兩夾二間，柱廊三間，龜頭屋三間。丹楹瑣窗，間金藻繪，玉石礎，琉璃瓦。殿後有石臺，山後辟紅門，門外有侍女之室二所，皆南向並列。又後直紅門並列紅門三。三門之外，有太子鄂爾多荷葉殿二，在香殿左右，各三間。圓殿在山前，圓頂上置塗金寶珠，重簷。後有流杯池，池東西流水圓亭二，圓殿有廡以連之。歇山殿在圓殿前，五

間，柱廊二，各三間，東西亭二，在歇山後，左右十字脊。東西水心亭在歇山殿池中，直東西亭之南，九柱，重簷。亭之後各有侍女房三所，所爲三間，東房西向，西房東向。前辟紅門三門，内立石以屏内外，外築四垣以周之，池引金水注焉。棕毛殿在假山東偏，三間，後鹿頂殿三間，前啓紅門，立垣以區分之。儀鸞局在三紅門外西南隅，正屋三間，東西屋三間，前開一門。《輟耕録》。

臣等謹按：石假山，明圖經志書稱小山子，韓雍《賜遊西苑記》稱賽蓬萊。本朝詹事高士奇《金鼇退食筆記》謂兔園山在瀛臺之西，殿曰清虚，池邊多立奇石曰小蓬萊，皆此地也。今廢。

苑西有翠殿，又有花亭毬閣金殿。前有野果，名紅姑娘，外垂絳囊，中空如桃，子如丹珠。苑外重繞長廡，廡後出内墻，外連海子，以接厚載門。門上建高閣，東百步有觀臺，臺旁有雪柳萬株。《大都宫殿考》。

至元二十三年，侍御史程文海奉命搜賢江南。世祖諭之曰：此行必致葉李來。李既至京師，召見披香殿，勞問卿遠來良苦，賜坐賜宴。《元史·本傳》。

至治元年四月，造象駕金脊殿。《元史·英宗紀》。

泰定元年八月，作中宫金脊殿。《元史·泰定帝紀》。

皇后恭吉哩氏居坤德殿，終日端坐，未嘗妄踰户閾。《輟耕録》。

至正十三年十月，撤世祖所立壇殿改建厢宇。《元史·順帝紀》。

十四年四月，皇太子徙居宸德殿，命有司修葺之。同上。

泰定元年十二月，新作棕殿成。二年閏正月，作棕毛殿。《元史·泰定帝紀》。

【略】

棕殿少西出掖門爲慈仁殿。又後苑中爲金殿，四外盡植牡丹百餘本，高可五尺。《大都宫殿考》。【略】

至正八年，永寧禪師入覲，説法於龍光殿。《續文獻通考》。

朱昆田原按：龍光殿，《輟耕録》不載，見王氏《禁扁》。又有慈仁、慈德二殿。注云：三殿並巴延鄂爾多。考《元史》，太祖后妃有四，鄂爾多四十餘人，世祖鄂爾多四，武宗鄂爾多一，蓋后妃分居之地也。

至正二年七月丁亥，帝御慈仁殿，拂郎國進天馬。庚寅，自龍光殿勑周朗貌以爲圖。壬辰，圖成，翰林學士承旨庫庫傳旨命揭傒斯爲贊。《圭齋集》。【略】

元肇建内殿，制度精巧，題頭刻螭形，以檀香爲之。螭頭向外，口中銜珠下垂，珠皆五色，用綵金絲貫串，負柱融滚霞紗爲猊，怒目張牙，有欲動之狀。瓦滑琉璃，與天一色。朱砂塗壁，務窮一時之麗。殿上設水晶簾，階琢龜文，繞以曲檻，檻與階皆白玉石爲之。又有紫檀殿，以紫檀香木爲之。光天、玉德、七寶、瑶光、通雲、凝翠、廣寒等殿，不能一一數也。大内有德壽宫、興聖宫、翠華宫、擇勝宫、連天樓、紅鸞殿、入霄殿、五華殿。又有迎涼之所曰清林閣，旁上二亭，東曰松聲，西曰竹風。又有温室曰春熙堂。曰九引臺者，七夕乞巧之所也。曰剌繡亭、緝衮堂者，冬至候日之所也。九龍墀、延香亭，春時宫女傳杯於此。拱璧亭又名夜光亭，探芳徑旁爲逍遥市。又有集賢臺、集寶臺、眺遠閣、留連館、萬年宫，並在禁苑。《元掖庭記》。

元至正十四年，順帝制龍舟於内苑。其船式長一百二十尺，高二十尺，用水手二十四人，皆衣金紫。自後宫至前宫山下海子内，往來遊戲。行時龍首眼口爪尾皆動。又自制宫漏，高六七寸，廣半之。造木爲匱，藏壺其中，運水上下。匱上設三聖殿，匱腰立玉女，捧時刻籌，時至輒浮水而上。左右二金甲神，一懸鐘，一懸鉦。夜則神人自能按更而擊，無分毫差。鳴鐘鉦時，獅鳳在側者皆自翔舞。匱之東西有日月宫，飛仙六人立宫前，遇子午時，自能耦進，度仙橋達三聖殿，復退立如前。其精巧絶出人意，皆前所未有。《續資治通鑑》。

順帝荒於游宴，以宫女三聖奴、妙樂奴、文殊奴等一十六人按舞，名十六天魔。首垂髮數辮，戴象牙佛冠，身披纓絡，大紅銷金長短裙，金雜襖，雲肩合袖，天衣綬帶鞋襪，各執噶布喇盌之器。内一人執鈴杵奏樂。又宫女一十一人，練槌髻勒帕常服，或用唐帽窄衫，所奏樂用龍笛、頭管、小鼓、筝、琵琶、笙、胡琴、響板、拍板。以宦者察罕岱布哈管領，遇宫中贊佛，則按舞奏樂。宫官授秘密戒者得入，餘不得預。《元史》。按：噶布喇盌，梵語盛水執舞之螺螄也。舊作加巴剌般。察罕，蒙古語白色也，岱有也，布哈義見前，舊作長安迭不花。今俱譯改。

天魔舞唐時樂。王建宫詞：十六天魔舞袖長。不始元末也。《少室山房筆叢》。【略】

世祖至元七年，以帝師帕克斯巴之言，於大明殿御座，上置白傘蓋一頂，用素段泥金書梵字於其上，謂鎮伏邪魔護安國利。自後每歲二月十五日於大殿啓建白傘蓋佛事，與衆祓除不祥。中書移文樞密院八衛撥傘鼓手一百二十人，殿後軍甲馬五百人擡舁，監壇漢關聖神轎軍及雜用五百人，宣政院所轄宫寺三百六十所，掌供應佛像壇面幢幡寶蓋車鼓頭旗，三百六十壇，每壇擎執擡舁二十六人，鈸鼓僧一十二人，大都路掌供各色金門大社一百二十隊，教坊司雲和署掌大

樂鼓板杖鼓篳篥龍笛琵琶箏七色凡四百人，興和署掌妓女雜扮隊戲一百五十人，祥和署掌雜把戲男女一百五十人，儀鳳司掌漢人回回河西三色細樂每色各三隊凡三百二十四人。凡執役者皆官給鎧甲袍服器仗，俱以鮮麗整齊爲尚。珠玉錦繡，裝束奇巧。首尾排列三十餘里，都城士女聚觀。禮部官點視諸色隊仗，刑部官巡綽喧鬧，樞密院官分守城門，而中書省官一員總督視之。先二日，於西鎮國寺迎太子游四門，舁高塑像，具儀仗入城。十四日，帝師率梵僧五百人於大明殿內建佛事。至十五日，恭請傘蓋於御座奉置寶輿，諸儀衛隊仗立於殿前，諸色社直暨諸壇面列於崇天門外，迎引出宮，至慶壽寺，具素食。食罷起行，從西宮門外垣海子南岸入厚載紅門，由東華門過延春門而西。帝及后妃宮主於玉德殿門外搭金脊吾殿綵樓而觀覽焉。及諸隊仗社直送金傘還宮，復恭置御榻上，帝師僧衆作佛事至十六日罷散，歲以爲常，謂之游皇城。《元史》。按：帕克斯巴，唐古特語聖也，舊作八思巴。今譯改。【略】

至元二十七年十二月，命帝師西僧遞作佛事於萬歲山厚載門。英宗即位之初，作佛事於寶慈殿。六月，修佛事於萬壽山。十月，作佛事於文德殿。十一月，作佛事於光天殿。十二月，鑄銅爲佛像，置玉德殿。是月作延春閣後殿，修秘密佛事。至治元年正月，復修佛事於文德殿。五月，修佛事於大安閣。十月，修佛事於大內。泰定帝即位初，修佛事於大明殿。泰定元年正月，命僧諷西番經於光天殿。四月，修佛事於壽昌殿。六月，修黑雅滿達噶佛事於水晶殿，帝受佛戒於帝師。十月，命帝師作佛事於延春閣。二年二月，命西僧作燒壇佛事於延華閣。三年二月，修佛事厭雷於崇天門。七月，皇后受雅滿達噶戒於水晶殿。九月，帝師還京，修灑淨佛事於大明、興聖、隆福三宮。致和元年三月，帝御興聖殿，受無量壽佛戒於帝師。天曆元年，分命諸僧於大明殿、延春閣、興聖宮、隆福宮、萬歲山作佛事，又命高昌僧作佛事於寶慈殿，西僧百人作佛事於徽猷閣。二年五月，作佛事於玉德殿。九月，作佛事於大明殿、興聖、隆福諸宮。至順元年四月朔，命西僧作佛事於仁智殿。於是日始至十二月終罷。十二月，命西僧於興聖光天宮十六所作佛事。二年五月，命西僧於萬歲山作佛事。十月，命西僧作佛事於興聖宮。三年七月，命僧於鐵幡竿修佛事。至正七年二月，興聖宮作佛事。《元史》。按：雅滿達噶，梵語怖畏金剛也，舊作雅蠻荅哥。今譯改。

臣等謹按：《禁扁》載，大安閣水晶殿俱在上都。《元史·世祖紀》，至元二年建大安閣於上都，八月十一日上都大安閣成。蓋擬於大都之正殿。元文宗成宗即位皆在大安閣，其地並是上都。考《析津志》，每年四月駕幸上都，至八月內或九月初始還大都。《泰定紀》，元年四月幸上都，八月至自上都。而水晶殿修佛事在六月。三年二月幸上都，九月始至自上都。而受戒水晶殿在七月。是知殿屬上都，與日下無涉。朱彝尊原書採綴於此，誤矣。【略】

元甲寅年，開科取士，九成殿上芝生。《草木子》。

至元十三年正月，重建穆清閣。《元史·順帝紀》。

臣等謹按：穆清閣，《禁扁》注在上都。《析津志》：至正年間新蓋穆清閣，與大安相對。則是閣屬上都無疑。朱彝尊原書誤入耳。

庫曰廣源，曰寶源，曰綺源，曰賦源，曰廣貯，曰生料，曰財用，曰輔用，曰器備，曰收支，曰平盈，曰壽武，曰得器，曰廣勝，曰資乘，曰內藏，曰左藏，曰右藏，曰御帶，曰異珍，曰資成，曰資用，曰法物，曰儀從，曰中興武功，曰承天宣惠，曰廣樂，曰福寧，曰奉宸，曰廣禧，曰藏珍，曰文成，曰供需，曰備用，曰尚用，曰豐衍，曰藝林，曰資善，曰永需。《禁扁》。

大德初，廣源庫官售雜物有靈璧小峯，長僅六寸，高半之。玲瓏秀潤，所謂臥沙、水道、展摺、胡桃紋皆具。於峯之頂有白石正圓，瑩然如玉。徽宗御題八小字於旁，曰山高月小，水落石出。略無雕琢之迹，真奇物也。《澄懷録》。

萬億庫有舊牌條七千餘條。《元史·僧格傳》。按：僧格，唐古特語獅也，舊作桑哥。今譯改。

臣等謹按：元萬億庫有世祖御座，見《析津志》。

壽武庫副使高昌額森布哈君有異石，其大三寸，色正碧，上有白紋，有神人載笠跨驢，白氣上貫，氣中雙龍摩空而飛。《說學集》。按：額森，蒙古語平安也，布哈義見前，舊作野仙普化。今譯改。

尚食局進御麥麪，其磨在樓上，於樓下設機軸以旋之。驢畜之蹂踐，人役之往來，皆不能及，且無塵土臭穢所侵。乃巧工瞿氏造焉。《輟耕録》。

世祖至元十四年八月，詔建太廟於大都。十六年八月，以江南所獲玉爵及坫凡四十九事納於太廟。《元史·祭祀志》。

至大二年春正月，以受尊號謝太廟爲親祀之始。同上。

太常請濬太廟庭中井，或以歲君所直，欲止其役。齊履謙曰：國家以四海爲家，歲君豈專在是？《元史》本傳。

少府爲諸王昌通建宅於太廟南，田忠良往僕其柱。少府奏之，帝問忠良。

對曰：太廟前豈諸王建宅所耶？帝曰：卿言是也。又奏曰：太廟前無馳道，非禮也。即勅中書辟道。《元史》本傳。按：昌，唐古特語酒也，通，飲也，舊作昌童。今譯改。

臣等謹按：元仁宗至治元年，詔議增廣廟制。三年，別建大殿於舊廟之前，用舊廟爲寢殿，建大次殿三間於宮城之西北，東西櫺星門亦南徙。見《元史·祭祀志》。

門外馳道抵齊化門之通衢。《元史》。

臣等謹按：元廟制東西南開櫺星三門，外馳道抵齊化門。見《元史·祭祀志》。

神御殿舊稱影堂，所奉祖宗御容，皆紋綺局織錦爲之。《元史·祭祀志》。

阿爾尼格善畫塑及鑄金爲像，凡兩京寺觀之像皆出其手。原廟列聖御容，織錦爲之，圖畫弗及也。《元史》本傳。按：阿爾，蒙古語花紋也，尼格，一數也，舊作阿尼哥。今譯改。

影堂所在：世祖帝后，大聖壽萬安寺，裕宗帝后亦在焉。順宗帝后，大普慶寺，仁宗帝后亦在焉。成宗帝后，大天壽萬寧寺；武宗及二后，大崇恩福元寺，爲東西二殿。明宗帝后，大天源延聖寺；英聖帝后，大永福寺；伊克皇后，大護國仁皇寺。殿皆制名以冠之。世祖曰元壽，昭睿順聖皇后曰睿壽，諾爾布皇后曰懿壽，裕宗曰明壽，成宗曰廣壽，順宗曰衍壽，武宗曰仁壽，文獻昭聖皇后曰昭壽，仁宗曰文壽，英宗曰宣壽，明宗曰景壽。《元史·祭祀志》。按：伊克，蒙古語大也，舊作也可。諾爾布，唐古特語財也，舊作南必。今俱譯改。

至正戊申九月，有一餓鴟鳴端明殿上，帝命善射者射之，終莫能中。俄常遇春等統兵至柳林，去元京甚近。帝召文武百官軍民議戰守之計，遲明會議端明殿。及開門，忽有二狐自殿上出，帝歎且泣曰：宮禁嚴密，此物何由至此？殆天所以告朕，朕其可留哉！即命北狩。《草木子》。【略】

臣等謹按：蕭洵《故宮遺録》，其中多有與諸書不合者。如文思、紫檀二殿在大明殿東西，此云在延春閣後。玉德殿在清灝門外，清灝爲延春西廡之門，此云在延春閣後之東。儀天殿此作瀛洲殿；廣寒殿前大玉海，此作金酒海。儀天殿西渡飛橋爲興聖宮，此作明仁宮。明仁，延春閣之西暖殿也。嘉禧殿在光天殿西，其東相對者有壽昌殿，此云西前苑新殿之後，而脱載壽昌。延華閣在興聖宮後，此云在明仁後，端本堂在興聖殿西廡，即舊奎章閣也，此云在苑東。大抵蕭氏毀元宮室，不過得諸一覽之餘，萬户千門，紛錯雜出，詎能無少疏誤？今但仍其舊文，而以諸書紀載不同者附識於兹，以資互證。至其中字句之訛，則據王佐格古要論所載元故宮考參校同異，爲之釐訂如右。【略】

朱昆田原按：虎溪蕭氏《故宮遺録》一卷，《絳雲樓書目》有之，王氏《格古要論》補采入，更名《大都宮殿考》，且又删削十之二三，非復蕭氏之舊。兹從餘姚黄氏所購山陰祁氏藏本備録之，並附吴伯度序於後。虎溪因毀故宮，特詳其形制，有心哉是人！惜止載宮門以内，而大都宮城之制未詳，遺蹟遂不可考。覽古者未免有餘憾也。

繆荃孫《藝風堂文集》卷二《元故宮考》 至元十一年，始大城京師於大興故城之北。中爲天子之宮，宮城周回九里三十步，東西四百八十步，南北六百十五步，崇三十有五尺。《輟耕録》二十一。南臨麗正門，麗正門内曰千步廊，可七百步。建靈星門，門外蕭墻，周回可十里許。《大都宮殿考》。蕭洵《元故宮遺録》：俗呼紅門闌馬墻。門内有河，河上建白石橋三座，名周橋。《大都宮殿考》。《析津志》：周橋又或本於造舟爲梁，故曰周橋。皆琢龍鳳祥雲，明瑩如玉。橋下有四白石龍，擎戴水中。繞橋盡高柳，鬱鬱萬株，遠與内城西宮海子相望。

度橋可二百步，爲崇天門。《故宮遺録》。《元祭祀志》：車駕出宮，凡祭祀前一日，所司備儀從，内外仗侍，祠官兩行，序立於崇天門外。宋褧《崇天門唱名詩》云：「三月吉日當十三，紫霧氤氲閶闔南。天子龍飛坐霄漢，儒生鶴立耀冠簪。黄麾仗内清風細，丹鳳樓頭曉日酣。獨愛玉階階下草，解將袍色染成藍。」薩都拉《丁卯及第謝恩崇天門詩》云：「禁柳青白玉橋，無端春色上宮袍。卿雲五色中天見，聖澤千年此日遭。虎榜姓名書敕旨，羽林冠帶豎旌旄。承恩朝罷頻回首，午漏花深紫殿高。」據此，元旦放榜謝恩，亦於崇天門外云。門分爲五，東西一百八十尺，深五十五尺，崇八十五尺。左右趓樓二，趓樓登門，兩斜廡十門，闕上兩觀，皆三趓樓，連趓樓東西廡各五間。《輟耕録》。《故宮遺録》：門分爲五，總建闕樓。其上翼爲回廊，低連兩觀。傍出爲十字角樓，高下三級，兩旁各去午門百餘步。有掖門，皆崇高閣。内城廣可六七里，方布四隅，隅上皆建十字角樓。其十字角樓即趓樓也。西趓樓之西，有塗金銅幡竿附，宮城南面，有宿衛直廬。《輟耕録》。《元世祖紀》：至元二十八年二月，建宮城南面周廬，以居宿衛之士。凡諸宮門，皆朱户丹楹，藻繪彤壁，琉璃瓦飾檐隙。崇天之左，曰星拱，三間一門，東西五十五尺，深四十五尺，崇五十尺。崇天之右，曰雲從，制如星拱。東曰東華，《輟耕録》。《元世祖紀》：至元十九年五月乙酉，宮城初建東西華、左右掖門。七間三門，東西一百十尺，深四十

五尺，崇八十尺。西曰西華，制如東華。北曰厚載，五間一門，東西八十七尺，深高如西華。角樓四。據宫城之西隅，皆三趓樓，琉璃瓦飾檐脊。星拱南有御膳亭，亭東有拱辰堂。《輟耕録》。《元順帝紀》：至正元年，賜文臣宴於拱辰堂。即此。蓋百官聚會之所。東南角樓東迆北，有生料庫，庫東爲柴場夾垣。東北隅有羊圈。西南角樓南紅門外，留守司在焉。《輟耕録》。按留守司在宫城西南角樓之南，專掌宫禁工役者。西華門南有儀鸞局，《輟耕録》。《元世祖紀》：至元十一年二月，初立儀鸞局，掌宫門管鑰、供帳、燈燭。西有鷹房。《輟耕録》。《元武宗紀》：至大元年二月，立鷹坊，爲仁虞院。《仁宗紀》：至大四年二月，罷仁虞院，改置鷹坊總管府。柯九思《宫詞》云：「元戎承命獵郊坰，敕賜新羅白海青。得隽歸來如奏凱，天鵝馳道入宫庭。」蓋元制，冬春之交，天子或親幸近郊，縱鷹隼搏擊，以爲游豫之度，曰飛放。又設獵户，俾致鮮食，以薦宗廟、供天庖。故置鷹坊以統之。所管有鷹人。蒙古語謂之錫寶齋。厚載門北爲御苑，外周垣紅門十有五，内苑紅門五，御苑紅門四，此兩垣之内也。

大明門，在崇天門内，大明殿之正門也。七間三門，東西一百二十尺，深四十四尺，重檐。《輟耕録》。《元禮樂志》：上尊號，受朝賀，前期二日，儀鸞司設大次於大明門外。傍建掖門，《大都宫殿考》。左曰日精，右曰月華，皆三間一門。《輟耕録》。《元禮樂志》：元正受朝，尚引引殿前班，皆公服，分左右入日精、月華門，就起居位。繞爲長廡，中抱丹墀之半。右爲文武樓，與廡相連。中爲大明殿，《故宫遺録》。乃登極、正旦、壽節會朝之正衙也。《輟耕録》。《元世祖紀》：至元十八年二月，發侍衛軍四千充正殿。二十一年正月，帝御大明殿，右丞相和爾果斯率百官奉玉册玉寶，上尊號。殿十一間，東西二百尺，深一百二十尺，高九十尺。柱廊七間，深二百四十尺，廣四十四尺，崇五十尺。寢室五間，東西夾六間。後連香閣三間，東西一百四十尺，深五十尺，崇七十尺，青石花礎，白玉石圓碣，文石甃地，上藉重茵，丹楹金飾，龍繞其上。四面朱瑣窗，藻井間金繪，飾燕石，重陛朱欄，涂金銅飛雕冒。中設七寶雲龍御榻，白蓋金縷褥。《輟耕録》。《故宫遺録》：殿基高可十尺，前爲殿陛，納爲三級，繞直龍鳳白石欄。欄下每楯壓以鰲頭，虚出欄外，四繞於殿。殿檻四向皆方柱，大可五六尺，飾以起花金龍雲。楹下皆白石，龍雲花頂，高可四尺。楹下分間，仰爲鹿頂斗拱攢頂，中盤黄金雙龍，四面皆緣金紅。瑣窗間貼金，鋪中設山字玲瓏金紅屏臺。臺上置金龍床，兩旁有二毛皮伏虎，機動如生。並設後位。《輟耕録》。按朱彝尊云：前代未有帝后並臨朝者，惟元則然，故大明殿亦設后位焉。諸王、百僚、怯薛官侍宴坐牀，重列左右。前置燈漏，貯水運機，小偶人當時刻捧牌而出。《輟耕録》。《元文類》：郭公守敬於世祖朝進七寶燈漏。按《元史·志》：大明殿燈漏之制，高丈有七尺，架以金爲之。其曲梁之上，中設雲珠，左日右月。雲珠之下，復懸一珠，梁之兩端，飾以龍首，張吻轉目，可以審平水之緩急。中梁之上，有戲珠龍二，隨珠俯仰，又可察準水之均調。燈毬雜以金寶爲之，内分四層，上環布四神，旋當日月參辰之所在，左轉日一周。次爲龍虎鳥龜之象，各居其方，依刻跳躍鐃鳴，以應於内。又次周分百刻，上列十二辰，各執時牌，至其時四門通報。又一人當門内，常以手指其刻數下。四隅鐘鼓鉦鐃，各一人，一刻鳴鐘，二刻鼓，三鉦，四鐃，初正皆如是。其機發隱於櫃中，以水激之。木質銀裹漆瓮一，金雲龍蜿蜒繞之，高一丈七尺，貯酒可五十餘石。雕象酒桌一，長八尺，闊七尺二寸。玉甕一，玉編磬一，興隆笙一。《輟耕録》。按興隆笙在大明殿下，其制植衆管於柔韋，以象大匏土，鼓二韋橐。按其管，則簧鳴簨。首爲二孔雀，笙鳴機動，則應而舞。凡燕會之日，此笙一鳴，衆樂皆作，笙止，樂亦止。前懸綉緣朱簾。至冬月，大殿則黄猫皮壁幛、黑貂褥。《輟耕録》。

大明殿後，連爲柱廊十二楹，四周金紅瑣窗。連建後宫，廣三十步，深入半之。後有寢宫，俗呼爲拏頭殿，東西相同。至冬，則自殿外一周皆籠護皮帳，夏則黄油絹，幕内寢屏幛，重復帷幄，而後裹以銀鼠。席地皆編細簟，上加深厚紅氈，後露茸單。宫後連抱長廡，以通前門，以貯妃嬪。而每院間必建三楹，東西相向，爲綉榻。廡後横互道以入。

延春宫，丹墀皆植青松，即萬年枝也，置金酒海，前後列後蓮床。其上爲延春閣。《大都宫殿考》。文思殿，在大明寢殿東，三間，前後軒東西三十五尺。紫檀殿，在大明寢殿西，制如文思。《輟耕録》。《日下舊聞考》：文思、紫檀二殿，《輟耕録》謂在大明寢殿之東西。《昭儉録》所載與《輟耕録》同。惟蕭洵《故宫遺録》謂在延春閣後，與二書不合。考《禁扁》注：大明西曰紫檀，東曰文思，北曰寶雲，北四殿爲大内前位，則當以《輟耕録》爲是。《大都宫殿考》則沿《故宫遺録》之誤也。蓋《輟耕録》載延春門在寶雲殿後，爲延春閣之正門。寶雲殿南即大明殿，東西即文思、紫檀二殿，四殿相去不遠，長廊複道，本自相通，《故宫遺録》以爲在延春宫後，與《輟耕録》所載，其詞雖殊，推其方位自合。皆以紫檀香木爲之，縷花龍涎香，間白玉飾壁，草色髹緑其皮，爲地表。《輟耕録》。《元世祖紀》：至元二十八年三月，發侍衛兵營紫檀殿。《元英宗紀》：至臺二年閏月，作紫檀殿。寶雲殿，在寢殿後，五間，東西五十六尺，深六十三尺，崇三十尺。鳳儀門，在東廡中，三間一門，東西一百尺，深六十尺，高如之。門外有庖人室，稍南有酒人室。麟瑞門，在西廡中，制如鳳儀門，外有藏庫二十所。鐘樓又名文樓。在鳳儀南，鼓樓又名武樓。在麟瑞南，皆五間，崇七十五尺。嘉慶門在後廡寶雲殿東，景福門在後廡寶雲殿西，皆三間一門，周廡一百二十間，崇三十五尺，四隅角樓四間。

凡諸宮,周廡並丹楹彤壁藻繪,琉璃瓦飾檐脊。延春門在寶雲殿後,延春閣之正門也,五間三門,東西七十七尺,重檐。懿範門在延春左,嘉則門在延春右,皆三間一門。延春閣,《輟耕録》。《昭儉録》:在興聖宮後。九間,東西一百五十尺,深九十尺,崇一百尺,三檐重屋。柱廊七間,廣四十五尺,深一百四十尺,崇五十尺。《輟耕録》。《禁扁》:延春閣後曰咸寧,堂之扁曰芳潤,曰攬辰,亭之扁曰碧芳。寢殿七間,東西夾四間。《輟耕録》。《元英宗紀》:延祐七年十二月,作延春閣後殿。《故宮遺録》:延春閣,梯級由東隅而昇,長短凡三折而後登。雖至幽闇,闌楯皆涂黄金龍雲,冒以丹青絹素,上仰亦皆拱爲攢頂,中盤金龍,四周皆繞金珠瑣窗,窗外繞護金紅欄干,憑望至爲雄傑。宮後仍爲主廊。後宮寢宮,大略如前。後香閣一間,東西一百四十尺,深七十五尺,高亦如之,重檐,文石甃地,藉花毳茵,檐帷咸備,白玉石重陛,朱欄,銅冒楯涂金雕翔其上。閣上御榻二,柱廊中設小山屏,床皆楠木爲之,而飾以金。寢殿楠木御榻,東夾紫檀御榻,壁皆張素,畫飛龍舞鳳,西夾事佛像。慈福殿,又名東煖殿,在寢殿東,三間,前後軒東西三十五尺,深七十二尺。《輟耕録》。《元史・王結傳》:元統二年,王結召拜翰林學士。中宮僧尼於慈福殿作佛事,已而殿災,結言僧尼褻瀆,當坐罪。明仁殿,又名西煖殿,在寢殿東,制如慈福。《輟耕録》。元《許有壬傳》:至正初,許有壬進講明仁殿。景耀門,在左廡中,三間一門,高三十尺。清灝門在右廡中,制如景耀。鐘樓在景耀南,鼓樓在清灝南,各高七十五尺,周廡一百七十二間,四隅角樓四間。玉德殿在清灝外,七間,東西一百尺,深四十九尺,崇四十尺,飾以白玉,甃以文石,中設佛像。《輟耕録》。《元英宗紀》:延祐七年十二月,鑄銅爲佛像,置玉德殿。東香殿在玉德殿東,西香殿在玉德殿西,宸慶殿在玉德殿後,《輟耕録》。《禁扁》:清灝門西曰玉德,後曰宸慶,二殿大內後位也。九間,東西一百三十尺,深四十尺,高亦如之。中設御榻,簾帷茵褥咸備。前列朱欄,左右辟二紅門,後山字門三間。東更衣殿,在宸慶殿東,五間,高三十尺;西更衣殿,在宸慶殿西,制如東殿。《輟耕録》。延春宮後有清寧宮,《輟耕録》。《元順帝紀》:皇太子常坐清寧殿,分佈長席,列坐西番、高麗諸僧。宮制略如前宮式,後引抱長廡,外護金紅欄檻,各植花卉異石,皆以處嬖幸之屬。又後爲厚載門,上建高閣。《故宮遺録》。《析津志》:厚載門,禁中之苑囿也。内有水碾引水,自玄武池灌溉種花木,自有熟地八頃。八頃内有小殿五所,上曾執耒耜以耕,擬於藉田也。環以飛橋,舞臺於前,回欄引翼。每幸閣上,天魔歌舞於臺,繁吹導之,自飛橋西昇,市人聞之,如在霄漢。臺東百步許,又有觀星臺。臺旁雪柳萬株,掩映左右。臺西爲内浴室,前有小殿。由浴室而出内城,臨海子,廣可五六里,駕飛橋於海中,西起瀛洲圓殿。由瀛洲殿後北引長橋,上萬歲山。《故宮遺録》。

隆福殿,在大内之西興聖宮前,《輟耕録》。《禁扁》:興聖宮,正曰興聖。西曰寶慈,東曰嘉德。隆福宮,正曰光天,東曰壽昌,西曰嘉禧。西位曰文德,東位曰睿安。《日下舊聞考》引《昭儉録》:儀天殿西爲木橋,長百七十尺,通興聖宮之夾道。亦名曰隆福宮。左、右、後三向皆爲寢殿。殿東有沈香殿,長廡環抱。《大都宮殿考》。《元成帝紀》:至元三十一年五月,改皇太后所居舊太子府爲隆福宮。前南紅門三,東西紅門宮各一,繚以磚垣。南紅門一,東紅門一,後紅門一。光天門,光天殿正門也,五間三門,崇三十二尺,重檐。崇華門在光天門左,膺福門在光天門右,各三間一門。光天殿,七間,東西九十八尺,深五十七尺,崇七十尺。《輟耕録》。《元英宗紀》:延祐七年十一月丁亥,作佛事於光天殿。柱廊七間,深九十八尺,崇五十尺。寢殿五間,兩夾間,東西一百三十尺,崇五十八尺五寸,重檐,藻井瑣窗,文石甃地,藉花毳茵,懸朱簾,重陛朱欄,涂金雕冒楯。正殿縷金雲龍,樟木御榻,從臣坐床重列前兩旁。寢殿亦設御榻,茵褥咸備。青陽門在左廡中,明暉門在右廡中,各三間一門。《輟耕録》。按《楊仲宏集》謂皇太后命改隆福宮,趙孟頫擬光天二字,似光天殿舊爲隆福宮。然考《禁扁》:隆福宮光天等殿,皆在興聖之前。《輟耕録》亦曰隆福殿在興聖前。則隆福宮之即爲隆福殿無疑。特宮殿皆可通稱耳。且《元史》言隆福宮爲皇太后所居,舊太子府所改,則隆福宮與天光殿固一名也。今從《禁扁》、《輟耕録》、《元史》爲正。翥鳳樓在青陽南,三間,崇四十五尺。驂龍樓在明暉南,制如翥鳳,後有牧人宿衛之室。壽昌殿,亦曰東煖殿,在寢殿東,三間,前後軒重檐。《輟耕録》。《元泰定紀》:泰定元年三月癸亥,修佛事於壽昌殿。嘉禧殿,亦名西煖殿,《輟耕録》。趙孟頫《宮詞》:「殿西小殿號嘉禧,玉座中央静不移。讀罷經書香一柱,太平天子政無爲。」中位佛像,傍設御榻。針綫殿在寢殿後,周廡一百七十二間,四隅角樓四間。侍女廬五所,在針綫殿後。又有侍女室七十二間,在直廬後。及左右浴室一區,在宮垣東北隅。文德殿在明暉外,以楠木爲之,亦曰楠木殿,三間,前後軒一間。《輟耕録》。《元泰定紀》:泰定元年七月,作楠木殿。東爲睿安殿,與文德殿相對,鹿頂,五間,在睿安殿西,北角樓西,後亦有鹿頂小殿。《輟耕録》。按《禁扁》注:光天殿西位爲文德,東位爲睿安。考諸書只詳文德,而睿安缺載,今據《禁扁》補録。按鹿頂之制,三椽,其頂者笥之平,故名。蓋東西二鹿頂也。《日下舊聞考》。《元仁宗紀》:延祐五年二月,建鹿頂殿於文德殿後。按《昭儉録》光天殿之周廡四隅,皆有角樓四間,而其西廡中爲明暉門,門外即文德殿。其所載

「西北角樓西，後有鹿頂小殿」，蓋即延祐所建，其地正當西位文德殿之後，與東位睿安殿後五間相配也。香殿在宮垣西北隅，三間，前軒一間。前寢殿三間，柱廊三間；後寢殿三間，東西夾各二間。《輟耕録》。《元武宗紀》：至大元年八月，李邦寧以建香殿，賜金五十、銀四百九十兩。文宸庫在宮垣西南隅，酒房在宮垣東南隅，內庖在酒房之北。

興聖宮在大內之西北，萬壽山之正西，《輟耕録》。《元武宗紀》：至大元年二月，建興聖宮，爲皇太后所居。丹墀內多桃李。《析津志》。建小直殿，引邃河，分流其下，甃以白石，翼爲仙橋，四起瑣窗而抱彩樓。樓後東、西日月殿。《大都宮殿考》。按《禁扁》：興聖宮西曰寶慈，東曰嘉德。興聖殿後曰徽儀，其北曰延華，其東、西日月殿，或即寶慈、嘉德，而其後徽儀、延華二殿。《輟耕録》、《大都宮殿考》、《故宮遺録》皆不及載。後又有禮天臺，高跨殿上。稍東有流杯亭。宮四隅繚以周垣，南辟紅門三，東西紅門各一，北紅門一。南紅門外兩旁附垣，有宿衛直廬凡四十間，東西門外各三間。南門外夾垣內有省院臺，百司宮侍直板屋。北門外有窨花室五間，東夾垣外有宦人之室十七間，凌室六間，酒房六間。南、北、西門外棋置衛士之舍二十一所，所爲一間。外夾垣東紅門三，直儀天殿吊橋。西紅門一，達徽政院門內。迤北有鹿頂房二，各三間。又北有屋二所，各三間，迤南有庫一所及屋三間。北紅門外有臨行門一所，三間，此夾垣之北門也。興聖門，興聖殿之北門也，五間三門，重檐，東西七十四尺。明華門在興聖門左，肅章門在興聖門右，各三間一門。興聖殿，七間，東西一百尺，深九十七尺。柱廊六間，深九十四尺。寢殿五間，兩夾各三間。後香閣三間，深七十七尺。正殿四面，朱懸瑣窗，中設扆屏榻，張白蓋，簾帷皆錦綉爲之。其柱廊寢殿，亦各設御榻，白玉石重陛朱欄，涂金冒楯，復以白瓷瓦，碧琉璃飾其檐脊。《輟耕録》。按《禁扁》云：興聖宮正曰興聖。則興聖殿乃興聖宮之一殿也。宏慶門在東廡中，宣則門在西廡中，各三間一門。《輟耕録》。《禁扁》：宣則北門曰奎章門之扁。凝暉樓，在宏慶樓北，五間，東西六十七尺。延顥樓在宣則南，制如凝暉。嘉德殿在寢殿東，三間，前後軒各三間，重檐。寶慈殿在寢殿西，制如嘉德。《輟耕録》。《元文宗紀》：天曆元年十一月，命高昌僧作佛事於寶慈殿。

山字門在興聖宮後，延華閣之正門也，正一間，兩夾各一間，重檐。一門置金寶瓶，又獨脚門二，周角以紅版垣。延華閣，五間，方七十九尺二寸，重阿十字脊，白琉璃瓦覆青琉璃瓦，飾其檐，脊立金寶瓶，單陛，御榻、從臣坐床咸具。東西殿在延華閣西，左右各五間，前軒一間。圓亭在延華閣後，傍有芳碧亭。圓亭東三間，重檐十字脊，覆以青琉璃瓦，飾以緑琉璃瓦，脊置金寶瓶。徽青亭在圓亭西，制如芳碧，《輟耕録》。按《日下舊聞考》云：徽清亭，據《禁扁》注在延華閣。《昭儉録》：延華閣，在興聖宮後。徽清亭，在延華閣後，圓亭之東，與芳碧亭相對。《析津志》：綉女房墻外，南墻內，是圓殿，一直板房，前即延華閣。西有娑羅樹、徽清亭。惟《輟耕録》作徽青，微異。塑佛像。《元泰定紀》：至治三年十二月，塑瑪哈噶拉佛像於延春閣之徽清亭。延春當作延華，《泰定紀》誤。浴室在延華閣東南隅東殿後，傍有鹿頂井亭二間，又有鹿頂房三間。畏吾兒殿在延華閣右，六間，旁有窨花半屋八間。木香亭在畏吾兒殿後。東鹿頂殿在延華閣東版垣外，正殿五間，前軒三間，東西六十五尺，深九十九尺。柱廊二間，深二十六尺。寢殿三間，東西四十八尺，前宛轉置花朱欄八十五扇。殿之傍有鹿頂房三間，庖室二間。面陽鹿頂房三間，妃嬪庫房一間，縫紐女庫房三間。紅門一。西鹿頂殿在延華閣西版垣之外，制同東殿。東殿之旁有庖室三間，好事房二，各三間，獨脚門二，紅門一。妃嬪院四，二在東鹿頂殿後，二在西鹿頂殿後，各正室三間，東西夾四間，前軒三間。後有三椽半屋二間，侍女室八十三間，半在東妃嬪院左西向，半在西妃嬪院右東向，室後各有三椽半屋二十五間。東鹿頂殿紅門外有屋三間，鹿頂軒一間，後鹿頂房一間。庖室一間，在凝暉樓後，正室五間，前軒一間，後披屋三間，又有鹿頂房一間，鹿頂井亭一間，周以土垣，前辟紅門。酒房，在宮垣東南隅，庖室南，正室五間，前鹿頂軒三間，南北房各三間，西北隅鹿頂房三間，紅門一，土垣四周之。

學士院在奎章閣後，四鹿頂殿門外之西偏，三間。《輟耕録》。《昭儉録》：奎章閣，在興聖殿西廡，宣則門北。天曆初，建奎章閣於西宮興聖殿之西廊，爲屋三間，以藏物。中間諸官入直所，北間南向設御座，左右列珍玩，命羣玉內司掌之。閣官署銜，初名奎章閣，隷東宮屬官，後文宗復位，乃昇爲奎章閣學士院。《輟耕録》。虞集《奎章閣記》：天曆二年三月，作奎章之閣，備閑燕之居，將以輯熙典學。乃置學士，俾頌祖宗之成訓，毋忘創業之艱難，而守成之不易也。又俾陳夫內聖外王之道，興亡得失之故，而以自儆焉。其爲閣也，因便殿之西廡，擇高明而有容。不加飾乎采斲，不重勞於土木，不過啓户牖以順涼燠，樹庋閣以棲圖書而已，至於器玩之陳，非古制作法度者，不得在列。其爲處也，跬步户庭之間，而清嚴邃密，非有朝會祀享時巡之事，幾無一日而不御於斯。於是宰輔有所奏請，宥密有所圖，維諍臣有所繩糾，侍臣有所獻替，以次入對，從容密勿，蓋終日焉。而聲色狗馬，不軌不物者，無因而至前矣。後改爲宣文閣。《大都宮殿考》。《元史・周伯琦傳》：至元元年，改奎章閣爲宣文閣。生料庫在學士院南，又南爲鞍轡庫，又南爲軍器庫，又南爲庖人、牧人、宿衛之室。藏珍寶在宮垣西南隅，制如酒室。惟多鹿

頂半屋三間，庖室三間。《輟耕録》

萬歲山在大内西北太液池之陽，金人名瓊華島，至元八年改今名。《輟耕録》。《元世祖紀》：中統四年春三月庚子，伊克德勒丹請修瓊華島，不從。至元元年春二月壬子，修瓊華島。明王宜《紀略》：山皆奇石迭成，相傳金人取宋艮岳石爲之，至元增飾，加結構焉。瓊島春陰，爲燕京八景之一。其山皆迭玲瓏石爲之，峰巒隱映，松檜隆鬱，秀若天成。引金水河至其後，轉機運㪺，汲水至山頂，出龍口，注方池，伏流至仁智殿後，有石刻蟠龍，昂首噴水仰出，然後由東西流入於太液池。山前有白玉石橋，長二百餘尺，直儀天殿後。橋之北有玲瓏石，擁木門五，門皆爲石色，内有隙地，對立日月石。西有石棋枰，《輟耕録》。《故宫遺録》：由三門分道，東西而昇，下有金主圍棋石臺盤。又有石坐床。左右皆有登山之徑，縈行萬石中，洞府出入，宛轉相迷。至一殿一亭，各擅一景之妙。山之東有石橋，長七十六尺，闊四十一尺半。爲石渠以載金水，西流於山後，以汲於山頂也。又東爲靈囿，奇獸珍禽在焉。又有廣寒殿，在山頂，七間，東西一百二十尺，深六十二尺，崇五十尺。《輟耕録》。《元文宗紀》：天曆二年冬十月戊申，作佛事於廣寒殿。又按元好問《遺山集》：瓊華島絶頂有廣寒殿，近爲黄冠輩所毁。萬曆七年，廣寒殿傾頽，其多多至元錢，是金末已毁，元時重建也。李賢《賜游西苑記》：其頂有殿，當中棟宇宏偉，檐楹翬飛，高插於層霄之上。殿内請虚，寒氣逼人，雖盛夏亭午，暑氣不到，殊覺神觀蕭爽，與人境異，曰廣寒。重阿藻井，文石甃地，四面瑣窗板嵌，其裏遍綴紅雲，《輟耕録》。韓文《賜賞西苑記》：廣寒殿高廣明靚，四壁雕彩雲累萬，結砌而成。而蟠龍矯蹇於丹楹之上。《輟耕録》。《故宫遺録》：廣寒殿皆繞金珠瑣窗，綴以金鋪，内外有一十二楹，皆繞刻龍雲，涂以黄金。左、右、後三面則用香木鑿金爲祥雲數千萬片，擁結於頂，仍盤金龍。中有小玉殿，《輟耕録》。《元世祖紀》：至元四年，作玉殿於廣寒殿中。内設金嵌玉龍御榻，《輟耕録》。《元世祖紀》：至元三年四月，五山珍御榻成，置瓊華島廣寒殿。左右列從臣坐床。前架黑玉酒瓮一，玉有白章，隨其形刻爲魚獸出没於波濤之狀，其大可貯酒三十餘石。《輟耕録》。《元世祖紀》：至元二年十二月，瀆山大玉海成，敕置廣寒殿。又有玉假山一峰，玉響鐵一，懸殿之後。有小石笋二，内出石龍首，以噀所引金水。西北有厠堂一間。仁智殿在山之半，三門，崇三十尺。《輟耕録》。《元文宗紀》：至順元年夏四月，命西番僧作佛事於仁智殿。金露亭，在廣寒殿東，其制圓頂尖上置琉璃珠，崇二十四尺。亭後有銅幡竿一。《輟耕録》。《故宫遺録》：方壺殿左爲吕公洞，右爲幽邃洞，上數十步爲金露殿。玉虹亭，在廣寒殿西，制度同金露。《輟耕録》。《故宫遺録》：金露殿由東而上，爲玉虹殿。殿前有石岩如屋，每設宴，必温酒其中，更衣。方壺亭，在荷葉殿後，崇三十尺，重層八面。無梯，自金露前複道登焉。《輟耕録》。按《故宫遺録》云：山半有方壺殿，四通，左右之路，幽芳翠草紛紛，與松檜茂樹蔭映上下，隱然仙島。此作方壺亭，微異。瀛洲亭，在温石浴室後，制同方壺、玉虹，亭前仍有登，重屋複道，亦曰綫珠亭。荷葉殿，在方壺亭前，仁智殿西北，三間，崇二十三尺，方頂，中置涂金寶瓶。圓亭，凡八面，又曰胭粉亭，在荷葉亭稍西，蓋后妃添妝之所也。介福殿在仁智東差北，東西四十一尺，崇五十二尺。延和殿，在仁智西北，制如介福。湩室，在介福殿前。牧人之室，在延和殿前，三間。庖室在馬湩前。東浴室、更衣殿在山東平地，三間兩夾。《輟耕録》。《元世祖紀》：至元二十一年七月壬申，造温石浴室及更衣殿。按《故宫遺録》：山左數十步，萬柳中有浴室，前有小殿，由殿後左右而入，爲室凡九，皆極明透，交爲窟穴，至迷所出路。中穴有盤龍在底，仰首而吐吞一丸，于上注以温泉，九室交涌，香霧從龍口中出，奇巧莫辨。小殿疑即更衣殿也。

太液池在大内西，周回若干里，中植芙蓉。《輟耕録》。《元掖庭記》：己酉仲秋之夜，武宗與諸嬪妃泛月於禁苑太液池中。月色射波，池光映天，緑荷含香，魚鳥羣集。於是畫鷁中流，蓮舟夾持，往來便捷。帝乃開宴張樂，令宫女披羅曳縠，前爲八展舞，歌《賀新涼》一曲。池中有萬安宫。按《日下舊聞考》云：元世祖曾命丘處機居太液池之萬安宫。今據補。儀天殿在池中圜坻上，當萬壽山，十一楹，崇三十五尺，圍七十尺，重檐圓頂。臺址甃以文石，藉以花茵，中設御榻，周辟瑣窗。東西門各一間，西北厠室一間。臺西向列甃磚龕，以居宿衛之士。東爲木橋，長一百二十尺，闊二十二尺，通大内之夾垣。西爲木吊橋，長四百七十尺，闊如東橋。中闕之，立柱架梁於二舟，以當其空。至車駕行幸，上都留守官則移舟斷橋，以禁往來。是橋通興聖宫前之夾垣。後有白石橋，乃萬壽山之道也。《輟耕録》。《析津志》：元儀天殿西木吊橋，在萬壽山之南，興聖宫之東，瓊華島之北。犀山臺在儀天殿前水中，上植木芍藥。

御苑在隆福宫西，后妃多居焉。香殿在石假山上，《輟耕録》。韓雍《賜游西苑記》稱賽蓬萊。三間兩夾，二間，柱廊三間，龜頭屋三間，丹楹瑣窗，間金藻繪，玉石礎，琉璃瓦。殿後有石臺，山後辟紅門，門外有侍女室二所，皆南向並列。又後，直紅門三。三門之外，有太子鄂爾多荷葉殿二，在香殿左右，各三間。圓殿在山前，圓頂，上置金寶瓶，重檐。後有流杯池，池東西流水，圓亭二，《輟耕録》。《故宫遺録》：少東，有流杯亭，中有白石床如玉，臨流小座散列，數多刻石爲水獸，潛躍其旁，塗以黄金。又皆制水鳥浮杯，機動流轉，而行勸罰，必盡歡洽，宛然尚在目中。圓殿有廡以連

之。歇三殿，在圓殿前，五間；柱廊二，各三間。東西殿二，在歇山後，左右十家脊。東、西水心亭，在歇山殿池中直東。西亭之南九柱，重檐。亭之後，各有侍女房三所，爲三間，東房西向，西房南向。前辟紅門三，内立石以屏内外，外築四垣以周之，池引金水注焉。棕毛殿在假山東偏，三間後。《輟耕録》。《元泰定帝紀》：泰定元年十二月，新作棕殿成。鹿頂殿，三間，前啓紅門，立垣以區分之。少西，出掖門，爲慈仁殿。《大都宫殿考》。《圭齋集》：至正二年七月丁亥，帝御慈仁殿，拂菻國進天馬。按《日下舊聞考》云龍光殿，《輟耕録》不載，見王氏《禁扁》。又有慈仁、慈德二殿，注云三殿，並巴延鄂爾多。考《元史》，太祖后妃有四鄂爾多四十餘人，世祖鄂爾多四，武宗鄂爾多一，蓋后妃分居之地也。又後，苑中有金殿，四外盡植牡丹百餘本，高可五尺。《故宫遺録》。《輟耕録》：殿楹窗扇皆裹以黄金，故以名之。苑西有翠殿，又有花亭，毬閣殿，前有野果，名紅姑娘，外垂絳囊，中空，有桃子如丹珠，味甜酸可食，盈盈繞砌。苑外重繞長廡，廡後出内墻外，連海子，以接厚載門。《大都宫殿考》。如金脊殿，《元泰定紀》：泰定元年五月庚午，作中宫金脊殿。水精殿，《元泰定紀》：三年秋七月，皇后受雅滿達噶戒於水精殿。欽明殿，《元泰定紀》：四年八月庚辰，作欽明殿成。宸德殿，《元順帝紀》：至正八年四月，皇太子徙居宸德殿，命有司修葺之。龍光殿，《續文獻通考》：至正八年，永寧禪師入觀，説法於龍光殿。七寶殿、瑶光殿、通雲殿、凝翠殿、紅鸞殿、入霄殿、五華殿、德壽宫、翠華宫、擇勝宫，連天樓。又有迎涼之所，曰清林閣。旁上二亭，東曰松聲，西曰竹風。又有温室，曰春熙堂。曰九引臺者，七夕乞巧之所也。曰刺綉亭、緝衮堂者，冬至候日之所也。九龍墀、延香亭，春時宫女傳杯於此。拱璧亭，又名夜光亭。探芳徑旁爲逍遥市。又有集賢臺、集寶臺，眺遠閣，留連館，萬年宫，並在禁苑。《元掖庭記》。

明・南京

《明太祖實録》卷一五 〔丙申十二月〕己巳，典營繕者以宫室圖來進，上見其有琢奇麗者即去之，謂中書省臣曰：宫室但取其完固而已，何必過爲雕斲？昔堯之時，茅茨土階，采椽不斲，可謂極陋矣，然千古之上稱盛德者必以堯爲首。後世競爲奢侈，極宫室苑囿之娱，窮輿馬珠玉之玩，欲心一縱，卒不可遏，亂由是起。夫上能崇節儉，則下無奢靡。吾嘗謂珠玉非寶，節儉是寶，有所締構，一以樸素，何必極雕巧以殫天下之力也。

《明太祖實録》卷一二七 〔洪武十二年十一月〕甲寅，燕府營造訖，工繪圖以進。其制：社稷、山川二壇在王城南之右。王城四門：東曰體仁，西曰遵義，南曰端禮，北曰廣智。門樓廊廡二百七十二間。中曰承運殿十一間；後爲圓殿，次曰存心殿，各九間。承運殿之兩廡爲左、右二殿。自存心、承運周迴兩廡至承運門，爲屋百三十八間。殿之後爲前、中、後三宫，各九間。宫門兩廂等室九十九間。王城之外，周垣四門，其南曰靈星，餘三門同王城門名。周垣之内，堂庫等室一百三十八間。凡爲宫殿室屋八百一十一間。

《明太祖實録》卷一九七 〔洪武二十二年冬十月〕壬寅，工部奏：營造西宫殿宇所用銀硃、水銀等物，宜下湖廣買之。上曰：西宫制甚質樸，綵繪之物，但計宫庫有見存者用之，無事過飾。

《明太祖實録》卷二三五 〔洪武二十七年冬十月〕己丑，罷建岷王宫殿。上諭工部臣曰：邊境土木之工，必度時量力，順民情而後爲之。時可爲而財力不足，不爲也；財有餘而民不欲，不爲也。必有其時、有其財而民樂於趨事，然後爲之，則事易集。今雲南土曠民稀，軍餉轉輸，民力甚勞。若復加以興造之役，非惟時力未可，於民情亦有所不欲。岷府姑爲棕亭以居，俟十五年後，民富力紓，作之未晚。爾工部遣人馳驛往輸雲南守臣，罷其役。

《明太祖實録》卷二三八 〔洪武二十八年夏四月辛未〕詔停造遼王宫室。勑武定侯郭英曰：遼東軍務初情，來者多言其艱苦，況邊境營繕，朕嘗爲卿言，不宜盡力以困之。今役作軍士皆强悍勇力善戰之人，勞苦過多，心必懷叛，故往往逃伏草野山澤間，乘間刼掠。近者，高麗表奏，言多不實。朕已命有司究之。聞彼自國中至鴨緑江，凡衝要處所儲軍糧，每驛有一萬二萬石，或七八萬、十數萬石；東寧、女直皆使人誘之入境，此其意必有深謀。朕觀高麗自古常與中國争戰，昔漢唐時，遼東地方皆爲所有，直抵永平之境，恃遠不臣，時時弄兵，自古無狀如此。今遼東乏糧，軍士飢困，儻不即發沙嶺倉糧賑之，必啓高麗招誘逋逃之心，非至計也。使高麗出二十萬人以相驚，諸軍何以應之？今營繕造作，暫宜停止，且令立營屋以居，十年之後再爲之。古人有言：人勞乃易亂之源。深可念也。

《明太祖實録》卷二五三 〔洪武三十年五月己巳〕築遼王府于廣寧。先是，王之國未築城府，但樹木柵於廣寧西大淩。河北，草創宫室以居之。尋命武定侯郭英督遼東各衛及護衛軍士，營建王宫城于廣寧故城西。後上聞英督工嚴急，軍士勞弊，命罷其役。至是，中軍都督僉事陳信、宣信運糧于遼東，因命信等

以舟師協助都督楊文等，率遼東諸衛軍士，復築城浚濠，建立宫室。令高壯其城門，以備不虞。或有勍敵難以守禦，則王徙居山海衛，而以馬步軍守其城，王領兵時復往來。因諭信等曰：高麗地界遼左，其國君臣畏威而不懷德。此以誠撫，彼以詐應；此以仁義待之，彼以譎詐來從。昔嘗誘我遼東守將李謐爲叛，朝廷先覺，故不能爲害。今不可不爲之備。此夷不出則已，使其一出，必有十萬之衆。定遼境土與之相接，宜陰戒斥堠以防其詐。凡事有備，庶不失機。其慎之哉。

《明史》卷六八《輿服志》　宫室之制。吴元年作新内。正殿曰奉天殿，後曰華蓋殿，又後曰謹身殿，皆翼以廊廡。奉天殿之前曰奉天門，殿左曰文樓，右曰武樓。謹身殿之後爲宫，前曰乾清，後曰坤寧，六宫以次列。宫殿之外，周以皇城，城之門，南曰午門，東曰東華，西曰西華，北曰玄武。時有言瑞州文石可甃地者。太祖曰：「敦崇儉樸，猶恐習於奢華，爾乃導予奢麗乎？」言者慚而退。

洪武八年改建大内宫殿，十年告成。闕門曰午門，翼以兩觀。中三門，東西爲左、右掖門。午門内曰奉天門，門内奉天殿，嘗御以受朝賀者也。門左右爲東、西角門，奉天殿左、右門，左曰中左，右曰中右，兩廡之間，左曰文樓，右曰武樓。奉天殿之後曰華蓋殿，華蓋殿之後曰謹身殿，殿後則乾清宫之正門也。奉天門外兩廡間有門，左曰左順，右曰右順。左順門外有殿曰文華，爲東宫視事之所。右順門外有殿曰武英，爲皇帝齋戒時所居。制度如舊，規模益宏。二十五年改建大内金水橋，又建端門、承天門樓各五間，及長安東、西二門。

永樂十五年作西宫於北京。中爲奉天殿，側爲左右二殿，南爲奉天門，左右爲東、西角門。其南爲午門，又南爲承天門。殿北有後殿、涼殿、煖殿及仁壽、景福、仁和、萬春、永壽、長春等宫，凡爲屋千六百三十餘楹。

十八年建北京，凡宫殿、門闕規制，悉如南京，壯麗過之。中朝曰奉天殿，通爲屋八千三百五十楹。殿左曰中左門，右曰中右門。丹墀東曰文樓，西曰武樓，南曰奉天門，常朝所御也。左曰東角門，右曰西角門，東廡曰左順門，西廡曰右順門，正南曰午門。中三門，翼以兩觀，觀各有樓，左曰左掖門，右曰右掖門。午門左稍南，曰闕左門，曰神廚門，内爲太廟。右稍南，曰闕右門，曰社左門，内爲太社稷。又正南曰端門，東曰廟街門，即太廟右門也。西曰社街門，即太社稷壇南左門也。又正南曰承天門，又折而東曰長安左門，折而西曰長安右門。東後曰東安門，西後曰西安門，北後曰北安門。正南曰大明門，中爲馳道，東西長廊各千步。奉天殿之後曰華蓋殿，又後曰謹身殿。謹身殿左曰後左門，右曰後右門。正北曰乾清門，内爲乾清宫，是曰正寢。後曰交泰殿。又後曰坤寧宫，爲中宫所居。東曰仁壽宫，西曰清寧宫，以奉太后。左順門之東曰文華殿。右順門之西曰武英殿。文華殿東南曰東華門，武英殿西南曰西華門。坤寧宫後曰坤寧門，門之後曰玄武門。其他宫殿，名號繁多，不能盡列，所謂千門萬户也。皇城内宫城外，凡十有二門：曰東上門、東上北門、東上南門、東中門、西上門、西上北門、西上南門、西中門、北上門、北上東門、北上西門、北中門。復於皇城東南建皇太孫宫，東安門外東南建十王街。

宣宗留意文雅，建廣寒、清暑二殿，及東、西瓊島，游觀所至，悉置經籍。正統六年重建三殿。嘉靖中，於清寧宫後地建慈慶宫，於仁壽宫故基建慈寧宫。

三十六年，三殿門樓災，帝以殿名奉天，非題扁所宜用，敕禮部議之。部臣會議言：「皇祖肇造之初，名曰奉天者，昭揭以示虔爾。既以名，則是昊天監臨，儼然在上，臨御之際，坐以視朝，似未安也。今乃修復之始，宜更定，以答天庥。」明年重建奉天門，更名曰大朝門。四十一年更名奉天殿曰皇極，華蓋殿曰中極，謹身殿曰建極，文樓曰文昭閣，武樓曰武成閣，左順門曰會極，右順門曰歸極，大朝門曰皇極，東角門曰弘政，西角門曰宣治。又改乾清宫右小閣名曰道心，旁左門曰仁蕩，右門曰義平。

世宗初，墾西苑隙地爲田，建殿曰無逸，亭曰豳風，又建亭曰省耕，曰省斂，每歲耕穫，帝輒臨觀。十三年，西苑河東亭榭成，親定名曰天鵝房，北曰飛靄亭，迎翠殿前曰浮香亭，寶月亭前曰秋輝亭，昭和殿前曰澄淵亭，後曰趯臺坡，臨漪亭前曰水雲榭，西苑門外二亭曰左臨海亭、右臨海亭，北閘口曰湧玉亭，河之東曰聚景亭，改吕梁洪之亭曰吕梁，前曰檥金亭，翠玉館前曰擷秀亭。

龍文彬《明會要》卷七二《方域二·宫殿雜録》　吴元年九月癸卯，新内成，命博士熊鼎編古人行事可爲鑑戒者，書於壁間。又命侍臣書《大學衍義》於兩廡壁間。帝曰：「前代宫室，多施繪畫。予用此以備朝夕觀覽，豈不愈於丹青乎？」時有言瑞州文石可甃地者。帝曰：「敦崇儉樸，猶恐習於奢華。爾乃導予侈麗乎？」言者慚而退。《通紀》。

洪武元年十二月己巳，上退朝還宫，太子、諸王侍。上指宫中隙地謂之曰：「此非不可起亭臺館榭，爲游觀之所，誠不忍重傷民力耳！昔商紂瓊宫瑶室，天下怨之。漢文帝欲作露臺，惜百金之費。當時國富民安，猶不欲耗中人之産以

爲一身之娱。爾等宜以爲法鑒。」《大訓記》。

二年九月，以臨濠爲中都，營城郭宮殿，如京師制。八年四月，以勞費罷其役。《三編》。

八年，改建大内宮殿，諭廷臣曰：「唐、虞之時，宮室樸素。後世窮極侈麗，去古遠矣。朕今所作，不事華飾，惟樸素堅固，可傳永久，使吾子孫守以爲法。至於臺榭苑囿之作，勞民費財，朕決不爲。敕所司知之。」《大訓記》。

建文元年十二月，省躬殿成。殿在乾清、坤寧二宮間，爲退朝燕息之所，置古書聖訓其中。諭以尚父《丹書》之旨，《夏書》聲色宮室之戒，命學士方孝孺爲之銘。《昭代典則》。

二年八月癸巳，承天門災，詔求直言。從方孝孺議，改謹身殿爲正心殿，午門爲端門，端門爲應門，承天門爲皋門，前門爲路門。

龍文彬《明會要》卷七二《方域二・親王府》 洪武三年七月，詔建諸王府。《昭代典則》。

四年正月，定親王宮殿制度。《大政記》。

七年，定親王所居前殿名承運，中曰圓殿，後曰存心。四城門：南曰端禮，北曰廣智，東曰體仁，西曰遵義。《輿服志》。

九年正月丙寅，命中書省臣作親王宮室，務從儉樸。省臣奏：「親王宮飾硃紅，室飾大青緑。」上曰：「惟儉養德，惟侈蕩心。獨不見茅茨卑宮，堯、禹以興；阿房西苑，秦、隋以亡。諸子年方及冠，去朕左右，豈可靡麗蕩心。」《昭代典則》。

三十年，諭工部臣曰：「諸王在國，宮室各有定制，宜守禮安分，不許私有興作擾民。若有應須造作而不可已者，必奏請方許。」同上

弘治時，營造諸王府，踰永樂、宣德之舊。禮部尚書倪岳請頒成式。《倪岳傳》。

弘治五年，湖廣按察使林俊上疏言：「德安、安陸建王府及增修吉府，工役浩繁，財費鉅萬，民不堪命。乞循寧、襄、德府故事，一切省儉，勿用琉璃瓦及白石雕闌。請著爲例。」不從。《林俊傳》。

八年，尚書馬文升奏：「洪武年間，封建諸王，惟秦、晉等十府規模宏壯，將以懾服人心，藉固藩籬。其餘諸王府俱各差減，蓋恐費民財而勞民力也。宣德以後，各王府稍加宏麗，而北方府州，城闊民稀，拆毁軍民房屋不致太多。今江南府分，多有城小人稠。聞修造各王府，必照北方王府周圍墻垣丈尺，及起蓋軍校營房，有將軍民房屋拆毁十之二三者，甚有拆毁四五者。斬山平地，多傷風水。軍民蕩析，苦無所歸。乞敕工部轉行湖廣、江西諸省修蓋各王府官員，如係地狹人密之處，周圍墻垣不必比照北方王府規式，徒使府内空地太多，以後起蓋離宮別殿，致滋事端，有違祖訓。」《明臣奏議》。

十八年，江西巡撫林俊奏：「竊見寧殿下累乞琉璃瓦，重荷聖諭，於引錢内支二萬兩給换。鎮巡議奏：『欲俟年豐定奪。』工部覆奏，謂：『規制雖相應，事體實可止。又恐重累地方，作例各府。』皆明言不當與也。臣嘗見楚府殿燬，久未蓋。荆府多敝漏。淮府同一江西，頹垣朽柱，脱落大半。惟寧府完美堅緻，金碧輝煌。且移封之初，不用琉璃，今歷百年，傳數世，一旦遽改。孝子慈孫所以順祖考者，義不當如是。伏望聖明篤懿親，斷大義。毋涉吴王几杖之賜，叔段京鄙之求。」疏入，帝不納。

萬曆二十九年六月，新築大内乾德殿，御史林道楫董其工。明年四月，道楫上言：「三殿、兩宮高不過十二丈。今臺高八丈一尺，加以殿宇又復數丈，其勢反出宮殿之上。禁中豈宜有此？」不報。《實録》。

朱國禎《湧幢小品》卷四《宮殿》 南京宮殿，作於吴元年，先十二月甲子日興工，所司進圖，悉去雕琢奇麗者。門曰奉天，三殿曰奉天、曰華蓋、曰謹身；兩宮曰乾清、坤寧；四門曰午門、曰東華、西華、玄武。大略已定，登極前一月御新宮以即位，祭告上帝。十年改作大内午門，添兩觀，中三門，東西爲左、右掖門。奉天門之左右爲東、西角門。奉天殿之左右曰中左、中右。兩廡之間，左文樓，右武樓。奉天門外兩廡，曰左順、右順，及文華、武英二殿。至二十五年，改建大内金水橋，又建端門、承天門樓各五間，及長安東、西二門。而西宮則上燕居之所也。

太祖集諸地師數萬人，卜築大内，填燕尾湖爲之。雖決於劉基，實上内斷，基不敢盡言也。二十五年後知其誤，乃爲文祭光禄寺竈神云：「朕經營天下數十年，事事按古有緒，惟宮城前昂中窪，形勢不稱。本欲遷都，今朕年老，精力已倦。又天下新定，不欲勞民。且廢興有數，只得聽天。惟願鑒朕此心，福其子孫。」云云。此真大聖人心腸，故文皇北都享國長久。

文皇初封於燕，以元故宮爲府，即今之西苑也。靖難後，就其地亦建奉天諸殿。十五年，改建大内於東，去舊宮可一里，悉如南京之制，而弘敞過之，即今之三殿，正朝大内也。此得地脈盡處，前挹九河，後拱萬山，正中表宅，水隨龍下，自辛而庚，環注皇城，繞巽而出，又五十里合於潞河。余過西華門，馬足恰恰有

聲，俯視，見石骨黑，南北可數十丈，此真龍過脈處。出西直門高梁橋一帶望之，隱隱隆隆可七十里，天造地設。至我明始開天壽山，又足以配帝王萬萬世之傳，寧有極哉！

既遷大内東華門之外，逼近民居，喧囂之聲，至徹禁御，未暇經理。又殿成即遇災，以奉天門爲常朝之所，故諸宮闕及各衙門皆未備。至宣德七年，始加恢擴，移東華門於河之東，遷居民於西之隙地。正統初，木植已積三十萬餘，他物稱是。五年三月興工，六年九月，三殿、兩宮皆成。十一月朔，御殿頒詔大赦，次日復御殿頒歷。又次日，文武羣臣上表致賀，而兩都規制始大備矣。

永樂十八年，三殿工畢，上召漏刻博士胡奫卜之。布算訖，跪曰：「明年某月某日午時當毁。」上大怒，囚之，至期，獄卒報以午過無火，胡服毒死。則午正三刻也，殿果焚，上甚惜之。今查三殿之火，在永樂十九年四月初八庚子日。

嘉靖三十六年四月十三日丙申，奉天等殿門災。是日申刻，雷雨大作，戌刻火光驟起，由正殿延燒至午門，樓廊俱盡，次日辰刻始息。越十餘日，上諭以永樂殿災，尚有門代，今滿區一空，禁地可乎？殿庭無不復之理，當仰承仁愛，毋賣直爲忠。於是禮工二部言：「正朝重地，亟宜修復。但事體重大，工費浩煩，容臣等會同勘議。」上曰：「當先作朝門並午樓爲是，殿堂即隨次爲之。」明年七月，大朝門等工成；四十一年九月，三殿成，時上性嚴急，諸臣竭力從事，隨宜參酌，須彌座缺壞者補之，柱小者束之，短者梁之，始得集事。既成，工部請額，諭曰「朝殿」，太祖名之，成祖因之，今祇仍祖定。惟「天」字當出「奉」字上，敬天作基可也。於是部臣謂當爲横匾，天字居中，兩旁稍下相對。上復以爲不雅，取《洪範》字義，改奉天殿曰皇極殿，門曰皇極門，華蓋殿爲中極，謹身殿爲建極，仍直匾順書。文樓曰文昭閣，武樓曰武成閣，左順門曰會極，右順門曰歸極，東角門曰弘政，西角門曰宣治。又改乾清右小閣曰道心，旁左門曰仁蕩，右曰義平。

太祖以奉天名殿，此自來所無。其名之正，亦自來所不及。方幸汴梁，即築奉天台，今在藩司治後，蓋太祖心與天合，故念念在兹不敢忘。世宗既改大禮，恚羣臣力爭，遂改郊改廟，一切變易從新，並改殿名，大臣隨聲附和，舉朝皆震懾不敢言。穆廟立，應詔陳言者，每每有復殿名一款，時亦不從。今劫灰已久，未暇議及，日後工完，聖明深念祖德，仍奉天之舊可也。

兩宮之災，則正德九年與萬曆二十□年各一次，旋即葺復。而今新宮尤偉，蓋工部以殿材移用故也。若在世廟時，亦必易名矣。

王棠《燕在閣知新録》卷一二　朱國禎曰：「南京宮殿，作於吳元年先十二月甲子日興工，所司進圖，悉去雕琢奇麗者。門曰奉天，三殿曰奉天、曰華蓋、曰謹身，兩宮曰乾清、坤寧，四門曰午門、曰東華、西華、玄武，大略已定。登極前一月，御新宮以即位，祭告上帝。」十年，改作大内：午門添兩觀，中三門，東西爲左右掖門，奉天門之左右，爲東西角門，奉天殿之左右曰中左、中右，兩廡之間，左文樓，右武樓，奉天門外兩廡曰左順、右順，及文華、武英二殿。至二十五年，改建大内金水橋；又建端門，承天門樓各五間，及長安東西二門，而西宮則上燕居之所也。太祖集諸地師數萬人，卜築大内。填燕尾湖，爲之雖決於劉基，實上内斷，基不敢盡言也。二十五年後知其誤，乃爲文祭光禄寺竈神云：朕經營天下數十年，事事按古有緒。惟宮城前昂中洼，形勢不稱。本欲遷都，今朕年老，精力已倦，又天下新定，不欲勞民。且廢興有數，只得聽天，惟願鑒朕此心，福其子孫云云。此真大聖人心腸，故文皇北都，享國長久。文皇初封於燕，以元故宮爲府，即今之西苑也。靖難後，就其地亦建奉天諸殿。十五年，改建大内於東，去舊宮可一里，悉如南京之制，而弘敞過之，即今之三殿正朝大内也。此得地脈盡處；前挹九河，後拱萬山，正中表宅，水隨龍下，自辛而庚，環注皇城，繞巽而出，又五十里，合於潞河。余過西華門，馬足恰恰有聲，俯視見石骨黑，南北可數十丈，此真龍過脈處。出西直門高梁橋一帶，望之隱隱隆隆可七十里，天造地設。至我明始開天壽山，又足以配帝王萬萬世之傳，寧有極哉。既遷大内，東華門之外，逼近民居，喧囂之聲，至徹禁御，未暇經理。又殿成即遇災，以奉天門爲常朝之所，故諸宮闕及各衙門皆未備。至宣德七年，始加恢擴，移東華門於河之東，遷民居於西之隙地。正統初，木植已積三十萬餘，他物稱是，五年三月興工，六年九月三殿兩宮皆成。十一月朔，御殿頒詔大赦，次日，復御殿頒歷，又次日，文武羣臣上表致賀，而兩都規制始大備矣。永樂十八年，三殿工畢，上召漏刻博士胡淵卜之。布算訖，跪曰：明年某月某日午時當毁。上大怒囚之。至期，獄卒報以午過無火，胡服毒死，則午正三刻也，殿果焚。上甚惜之！今查三殿之火，在永樂十九年四月初八庚子日。嘉靖三十六年四月十三日丙申，奉天等殿門災。是日申刻，雷雨大作，戌刻火光驟起，由正殿延燒至午門，樓廊俱盡，次日辰刻始息。越十餘日，上諭以永樂殿災，尚有門代，今滿區一空禁地可乎？殿庭無不復之理，當仰承仁愛，毋賣直爲忠。於是禮、工二部言：正朝重地，亟宜修復，但事體重大，工費浩煩，容臣等會同勘議。上曰：「當先作朝門並午樓爲是，殿

堂即隨次爲之。」明年七月，大朝門等工成；四十一年九月三殿成。時上性嚴急，諸臣竭力從事，隨宜參酌。須彌座缺壞者補之，柱小者束之，短者梁之，始得集事。既成，工部請額。諭曰：朝殿太祖名之，成祖因之，今只仍祖定。惟天字當出奉字上，敬天作基可也。於是部臣謂：「當爲横匾，天字居中，兩傍稍下。」相對。上復以爲不雅。取洪範欽定所謂盡去雕鏤存樸素者。梳妝臺，大内後苑山石，宣宗廣寒殿記詳矣。傍有所謂梳妝臺者，相傳起於遼之蕭后。考之遼史，望氣者言：女直有天子氣甚旺，遣使迹所自起，乃一小石山，玲瓏奇特。時女直方臣於遼，遼多所需索，因請此山自行舉取，許之。乃大發人夫，鑿而載之。鑿之夜，山鳥皆悲鳴。即以其石築臺，此臺與山之所自起也。其後益以艮岳，當是金完顏亮以前事。宣皇止以艮嶽立論，當時閣臣宜密奏，補所未足，而竟寂寂。豈畏宣皇英明不敢言，抑原昧其來歷故然耶。

《（乾隆）江南通志》卷三〇《輿地志・古蹟一》　舊紫禁城在上元縣明都城東偏當鍾山之陽，去宋元東城外二里。其西安門以北宫墻，即都城故址東出青溪橋處也。皇城前與正陽門對，曰洪武門。内承天門。端門左東長安門，右西長安門。承天門之前東近北曰東華門，内東上南門，東上北門。西近北曰西華門，内西上南門，西上北門。北曰元武門，内北上東門，北上西門。近子城東曰左闕門，西曰右闕門。大内六門：正中曰午門，左曰左掖，右曰右掖，東曰東安，西曰西安，北曰北安。午門内曰奉天門，左小門曰東角，右小門曰西角。東西隅有東西角樓，東角南曰左順，西角南曰右順。

《（嘉慶）重刊江寧府志》卷九《古蹟中》　明故宫在今駐防城内，即舊紫禁城。由西華門出東華門，兩門之中有高墻，依墻有廢址，爲文華、武英等殿基。面墻十餘丈，爲五鳳樓，左右皆城，連東、西二華門，即紫禁城門。今之西華門，疑係順治十七年所重造者，延舊西華門名稱之，非明宫城之舊西華門也。樓城外爲六部堂，今廢。直南行，三門與樓相對爲午門。出門有小河，爲金水河，跨河石橋五，中稍闊。再南爲正陽門。一曰洪武。門外爲象房，由大街折而東，南爲神樂觀。今皆毀廢。

《（嘉慶）常德府志》卷六《山川考・古蹟》　明榮王府，府治西北一里。明弘治十一年，命内官監工，工部主事陳珂董造。明孝宗四年，封憲宗第十二子祐樞於此，歷傳五世。龍膺曰：榮府在常德府西北，弘治十一年，欽命工部郎中陳珂建國，即總鎮舊闔而營拓之。正德四年，復命郎中張謐再加修飾。又節因宫殿災，差郎中林通等行撫按官重修。門曰承運，曰端禮，左曰體仁，右曰遵義，後曰廣智。殿曰承運，曰存心，曰圓宫，曰内宗。廟在宫之左。社稷山川風雲雷雨等壇，並列如制，在内供奉世子。府體仁門内，其王官以司名者曰長史。府西明月橋畔曰承奉，遵義門内曰儀衛。府東以所名者曰審理，曰紀善，俱府東。曰典儀，典寶俱府前曰典膳，府東曰良醫，曰奉祀，曰羣牧俱府西，曰工正。府東庫曰廣益，倉曰廣益，俱府内。按今火藥局，舊傳爲明時榮府内殿，今局内現有陛石及石磉諸遺蹟。

《（道光）保寧府志》卷一五《古蹟》　壽王府在府城内。明憲宗第八子封保寧，起第方四里，易民舍千餘家，徙廟觀、公署數十區，爲宫殿房屋八百五十餘間。

《（道光）濟南府志》卷一一《古蹟一》　德藩故宫，《通志》云：明成化三年，德王開府於濟南府。縣志云：德府在濟南府治西，居會城中，占三之一，成化二年建。長史司等俱在王府前，廣受倉、廣受庫等俱在府内。德府前有坊，曰「欽承上命，世受齊邦。」其正門曰端禮，東曰體仁，西曰導義，北曰廣智，皆有坊。大殿曰承運殿，後殿曰存心殿，東曰正宫。正宫之西爲西宫，世子之府曰東宫，别有齋宫在東長安街。後有樓曰御書閣，珍珠泉上有淵澄閣。淵澄閣之西有亭二：曰白雲，曰翫月。泰安王府在西門内。臨朐王府在西門内。寧海王府在南門内舜廟東。臨清王府在尹家巷。紀城王府在縣庠西。嘉祥王府在府館街。清平王府在嘉祥府西。寧陽王府在寧海府東，即舊安陵府。《齊音》云：白雲樓在濮纓湖南，珍珠泉上，今規入藩府，於摟舊基起亭，名曰白雲亭。《池北偶談》云：濟南德藩故宫，面南山，負百花洲。宫中泉眼以數十計，皆澄泫見底，石子如樗蒱然。青州衡藩故宫，亂後尚存望春樓及流觴曲池，上有偃蓋松，蓋數百年古物。予順治丙申飲於此，甘橘、繡毬尚數十株。後丙午、丁未間，周中丞有德另建撫署，乃即德藩廢宫故址，移衡藩木石以搆之，落成，壯麗甚。衡藩廢宫鞠爲茂草矣。

明・北京

《明英宗實録》卷六五　〔正統五年三月〕戊申，建奉天、華蓋、謹身三殿，乾清、坤寧二宫。是日興工，遣駙馬都尉西寧侯宋瑛等告天地、太廟、社稷及司工等神。初，太宗皇帝營建宫闕，尚多未備。三殿成而復災，以奉天門爲正朝，至是修造之。發見役工匠，操練官軍七萬人興工，其材木諸料俱舊所採辦儲積者，

故事集而民不擾。

《明英宗實録》卷七七 〔正統六年三月〕甲寅新建三殿，以是日巳時上梁，遣禮部尚書胡濙祭告司工之神。

《明英宗實録》卷一二二 〔正統九年冬十月〕戊午，蘄州造荆王府成。上以書報荆王瞻堈，令自擇時日往居之。

《明英宗實録》卷三一四 〔天順四年四月〕壬戌，先是，上命山西右、按二司於代、蒲、霍、忻、絳諸州造代府、各郡王府第。至是，工部具府第式様以進。上定其基址，地東西二十丈，南北三十丈，俾勿過制。

《明憲宗實録》卷二〇〇 〔成化十六年二月〕庚辰，詔修闕里大成等殿、及門廡房屋五百七十九間，以襲封衍聖公孔弘泰奏也。

《明武宗實録》卷一二七 〔正德十年七月〕己亥，命工部重修太素殿。殿舊規堊飾，茅覆質樸，實與名稱。新制務極華侈，凡用銀二十餘萬兩，役軍匠三千餘人，歲支工米萬有三千餘石，鹽三萬四十餘斤。他浮費及續添工程，又不在此數。

《明世宗實録》卷二三五 〔嘉靖十九年三月〕户科右給事中朱憲章等請暫罷西内工。謂：慈慶宫經始於十六年，爲工八百餘萬，實費四十二萬有奇。一號等三殿經始於十七年，爲工三百餘萬，實費十五萬有奇。皇穹宇經始於十八年，爲工二百餘萬，實費十萬有奇。物料運價之數不與焉。尚未就緒。若重興西苑、仁壽宫二工，恐愈煩難。乞暫止。疏入，上曰：祖宗建言，官爲耳目。各工屢歲不完，不聞一言。所宫所費幾何，輒行瀆擾，姑不究。

《明世宗實録》卷四九四 〔嘉靖四十年三月癸亥〕刑部左侍郎趙大佑、錦衣衛都指揮僉事萬文明等，覆勘伊王典楧不法事得實，還報言：「王聽承奉葉全、蔡朝及姦徒吴希周等教誘，以修理府第爲名，將方城王府、桐城郡主第宅、洛陽縣獄、儒學、文昌祠及法藏寺佛殿盡行逼奪，仍闢占官街五道，抑買民房百餘家。又遣軍校下洛陽等縣，催徵府第價銀，括洛陽寄居民一千餘人，逼令作工。府中擅立東廠緝事，鉤索小民過失。闢府第，爲磚城一座，重城一座，各有重門；環城紅鋪十座。自王正宫外建槐椿、清和、鴛鴦、騰光宫殿，百花臺，乘風御氣閣，凡十一所，皆上僭不道。又遣内使軍校大索軍民婦女入府，選留不中，令以金贖。繁永寧知縣謝魯，拷掠逼跪殿門。傳旨責問，俱有實狀，如撫按官言。第知府張柱、指揮李夢孫等不能委曲善處，以激怒王，致令争辯不服，亦不能無罪。」疏入，詔下禮部三法司會議，言：伊王奢縱淫虐，大違祖訓，法當重處。請嚴加戒諭，令其速圖自新，將違制門樓重城改正。其逼奪官民第舍，俱各退還。添設廠鋪及私建槐椿等宫殿，盡行撤燬。强取婦女，應給主並給價者，俱各查給。仍令長史司將王改過事蹟開呈撫按，具奏，詔從之。張柱、李夢孫等俱降調，吴希周、蔡朝等各逮治發遣有差。

《明世宗實録》卷五一三 〔嘉靖四十一年九月〕甲申，更名奉天殿曰皇極，華蓋殿曰中極，謹身殿曰建極，文樓曰昭閣，武樓曰武成閣，左順門曰會極，右順門曰歸極，奉天門曰皇極，東角門曰弘政，西角門曰宣治。是日，百官表賀，仍詔告天下，詔曰：朕惟帝王以至敬事天，必順承因革之命，以達孝尊。祖以善通維述之權，朕膺皇天簡眷，入纘祖宗丕緒，四十一年以來，夙夜顧諟成訓，動罔不式。爰命我皇祖，重修人紀，立中畢治，出以召臨之，昭揭奉天大義，允赫明矣。朕豈敢違焉？惟義正而作堂扁，心有未安。兹荷天恩，示革運數，當新肇建殿堂，大工聿就，乃仰遵天命，更名正殿及門曰皇極，中曰中極，後曰建極，左、右曰文昭、武成，左、右門曰會極、歸極，左右閣曰弘政、宣治。夫天心順則質諸祖而無疑；朕心安則協諸義而允正。今以九月初一日，以奏告郊廟社稷，彰朕事天尊祖之意。於戲！人君建中極，乃叙疇錫福之基；目民會極、歸極，寔欽若從人之道。將崇表正用迪訓行尚堅，胥載之忱，益鞏無疆之祚，詔示中外，咸使聞知。初，殿工成，工部請額，上諭内閣曰：朝殿太祖名之，成祖因之不更，上天垂示，至今已兩矣。昨嵩謂，太祖定名，取義百凡，莫非奉天，不敢自是，無過此者。若改之，必前代所無之名方可。今只仍祖定，惟天字當出奉字上製，庶爲奉天出治先之敬天作基可也。於是部臣以扁式請，謂當無横扁，天字居中上出，奉、殿二字兩旁稍下相對。上意復以爲不雅，乃取《尚書・洪範》字義更名，令直扁順書如故。仍改乾清宫右小閣名曰道心，旁左門曰仁蕩，右門曰義平。閣臣因請頒詔天下，上曰：赦乃小人之幸，彼拽石運木者，伊誰受賜與？遂不下赦。

《明神宗實録》卷三六〇 〔萬曆二十九年六月乙未〕新築大内乾德殿，臺高八丈一尺，廣十七丈。御史林道楠董其工。三十年四月，道楠上言：宰臣不與聞，司空不奉旨。天語僅銜於内侍，考卜惟憑臺官。禁中何地，不宜有此高臺。白虎軒昂，堪輿最以爲忌。矧三殿兩宫，高不過一十二丈，今臺高八丈一尺，加以殿宇，又復數丈，其勢反出宫殿之上。屈指興工將及一年，日役夫匠二千餘人，班軍二千餘人；内外管工諸臣，朝暮督率，不遑起居；僅高一丈三尺耳。以八丈一尺總數計之，雖再加以三年，尚未可就緒也。而蓋造數殿宇之工，又不知

經幾月日；木石磚瓦畚插締構等費，非二百萬金不可。皇上不問有無，止責諸管工内臣。内臣無計措辦，必索諸工部之庫藏。工之竣也，其何日之有？不報。

《明神宗實録》卷四五〇　〔萬曆三十六年九月〕己亥，命輔臣將慈聖景命殿護敕暫藏在閣，待工有次第，差官開讀皇帝敕諭：內外官員軍民諸色人等：順天府漷縣永樂店地方，我聖母慈聖宣文明肅貞壽瑞獻恭熹皇太后實誕生於此，本源之地，慈念所屬。乃於萬曆三十五年鼎建慈聖景命殿，以標表里閭，顯揚靈瑞，祝我聖母慈壽於萬萬年。殿五間，後閣五間，廊廡階墀，規制咸備。大門之外建中、左、右石牌坊三座。又於殿東、西兩旁蓋保國慈孝華嚴寺一座，護國崇寧至德真君廟一座，各有室宇以居僧衆，便焚修。仍有先朝欽賜養贍地七百項，今作本殿護殿地，及聖母欽降帑銀，買給贍寺廟地二十五頃，俱給本家正枝嫡嗣子孫，自行營業，以供萬年香火之用。尚慮愚頑之徒罔知禁忌，或致溷褻毁侵，特賜敕禁諭：凡內外官員軍民諸色人等，俱宜仰體至意，敢有不遵敕旨，輒行干犯者，必重罪不宥。故諭。〇紀事碑文：朕惟帝王之興，率本母德，華渚治陽，鍾靈肇祉，載之詩書，爍乎盛矣。朕以眇躬御極已三十五年，仰憑慈訓，方內乂安。深惟聖母皇太后功德閎茂，千古稀聞。惟順天府通州漷縣永樂店，乃誕育之地，淑氣所鍾，宜有表章，以示來許。用是恭陳慈命，量度經營，中剏慈聖景命殿，前門後閣，繚以周垣，樹三坊於門外，左爲保國慈孝華嚴寺，右爲護國崇寧至德真君廟。爽闓宏壯，足以昭地靈，章濬發，稱聖母所爲篤念源本之意。告成之日，慈顔悦豫，朕志用寧，爰敕中官守護，仍各爲文勒石，垂諸永久。以朕涼薄，寧敢方古帝王？庶幾茲地之無遜華渚治陽，則有聖母之烈在，其垂裕將千萬年，則景命亦千萬年，方且爲佛力所弘護，明神所擁衛。無疆之福，朕與方內共祇承之。因爲紀其事如此，並系之詩焉。役始於集年某月某日，成而落之則某年某月某日。詩曰：翼翼京邑，漷水縈之。璇源遠濬，載奠坤維。尊臨長樂，歡洽重闈。綿綿景命，百禄咸宜。惓茲湯沐，啓瑞輯禧。周原膴膴，寶殿攸基。重門邃閣，崇敞逶迤。仁祠左拱，靈宇右麗。甍連棟接，烏革翬飛。虹祥式闡，慈念載怡。爰及薄海，輝景盛熙。聖母之德，綏此烝黎。百千萬祀，永永無隳。

龍文彬《明會要》卷七二《方域二・宫殿雜録》　永樂四年閏七月壬戌，營北京宫殿。分遣大臣宋禮等詣川、湖各省採木。命泰寧侯陳珪等董治瓴甋。徵天下工匠，選在京諸衛及河南、山東等處軍民，赴北京供役。期以明年五月興工。

宣德八年七月，揭《豳風圖》於殿壁。

正統五年三月戊申，建北京宫殿。初，永樂中，宫闕未備，奉天、華蓋、謹身三殿成而復災，以奉天門爲正朝。至是，重建三殿，並修繕乾清、坤寧二宫，役工匠官軍七萬餘人。已上《三編》。

天順六年二月丙戌，建東安、東上二門。《大政記》。

弘治十一年十月甲戌，清寧宫災。時太監李廣以符籙禱祀獲寵任，勸帝建毓秀亭於萬歲山。亭成，幼公主殤，宫復災。日者謂：「建亭犯歲忌。」太后恚曰：「今日李廣，明日李廣，果然災及矣。」廣懼，飲藥死。

正德二年八月丙戌，作豹房。帝爲羣閹蠱惑，乃於西華門别構院籞，築宫殿，而造密室於兩廂，句連櫛列，謂之豹房。

九年正月庚辰，乾清宫災。十二月甲寅，工部奏：「營建宫室，庀材鳩工，計直白金百萬兩。請均賦於民，歲徵十之二。恐徵輸不及，暫於内帑借其半以給用。」帝終不欲假用内帑，乃於一歲中請徵之。於是催科旁午，海内騷然矣。已上《三編》。

嘉靖四年三月壬午夜，仁壽宫災，昭聖皇太后所居也。八月戊子，工部會議修仁壽宫。會世廟大工方興，四川、湖廣、貴州山林空竭，所在災傷，請發内帑銀兩及户部鈔關、兵部馬價、工部料價各銀兩以佐工費。上不許。先是，御史葉忠以災變陳十事，其一言：「修造仁壽宫，宜稍損舊制，以紓財力。」上頗然之，仍勅四川巡撫王軏督採大木。丁未，上以歲災民困，欲暫停仁壽宫工役。大學士費宏言：「昭聖皇太后久處仁智殿，意或未安。請以漸修復，庶足彰陛下之孝。」上曰：「皇伯母孝奉不可缺，小民亦當愛念。」自是仁壽宫之建遂不果。

十月丁亥，作玉德殿，景福、安喜二宫。工部尚書趙璜等以歲饑財匱，請暫停；俟仁壽宫完，徐議營建。不許。乙未，璜等復請停玉德殿等工；費宏亦以爲言。乃罷之，遂并罷仁壽宫，召王軏還京。

十六年五月戊戌，雷震謹身殿鴟吻。上問廷臣修省之宜。禮部言：「謹身殿即古路寢，天子肅容之所也。上天示戒，宜求刑政之所以失者而改之。」報聞，仍詔修省如例。已上《實録》。

十九年三月戊戌，詔修西苑仁壽宫。《大政記》。

三十六年四月丙申，奉天、華蓋、謹身三殿災。初，帝以殿名奉天，非題扁所宜，敕禮部議之。部臣會議，言：「肇造之初，名曰『奉天』者，昭揭以示虔爾。然臨御之際，坐而視朝，亦似未安。」於是重建奏天門成，更名曰大朝門。四十一年

九月壬午朔，三殿成，更名奉天殿曰皇極，華蓋殿曰中極，謹身殿曰建極，文樓曰文昭閣，武樓曰武成閣，左順門曰會極，右順門曰歸極，大朝門曰皇極，東角門曰宏政，西角門曰宣治；又改乾清宮右小閣曰道心，旁左門曰仁蕩，右門曰義平。《實録》。

四十年十一月辛亥，永壽宮災。宮在西苑，成祖舊宮也。上自二十一年宮婢之變，即徙居此。是夜火作，禁衛不及救，乘輿服御及先世寶物盡燬。上乃暫御玉熙宮。《三編》。十二月丁巳，工部尚書雷禮言：「玉熙宮殿湫隘，且地曠近水，非可久御。請及時營繕永壽宮。」先是公卿大臣欲請上還大内，嚴嵩復以徙居南城爲言，上皆不悦。大學士徐階因請以三殿大工之餘材，趣治永壽宮，故工部希指奏之。明年三月，宮成，上即日徙居之，命曰萬壽宮。《實録》。

隆慶初，王世貞上疏，請正殿名以尊治體，言：「太祖名大朝門曰奉天門，殿曰奉天殿，以至詔赦誥敕俱以『奉天』冠之，明人主不敢以一人肆於民上，無往非奉天也。義至精博。願詔門殿仍奉天故號，昭象魏之重。」不報。《春明夢餘録》。

萬曆七年四月，張居正上《雝肅殿箴》，其詞曰：「北辰紫宮，惟皇宅中。身爲民表，心與天通。斯須不和，則乖戾起。斯須不敬，則傲慢叢。念常生於所忽，禍乃積於無窮。是以聖人事心，天命是敕。欽厥止，曰謹萬幾；處深宮，心周八極。不以嗜慾汩利，不以逸豫滅德。無作好，無作惡，藹藹熙熙，如春斯煦；無荒色，無荒禽，兢兢惕惕，如淵斯臨。勿謂燕閒，人莫予覿，一喜一怒，作人燠寒；紘急者絶，氣平者安；優優和衷，爲君實難。勿謂密宥，人莫予弼，一動一言，恒爲度律；危懼則存，驕泰則失；昭昭神明，尚在爾室。在昔成周，宇内太和，由雝雝其在宮，發琴瑟而不頗。亦曰懿恭，小民懷保，由肅肅其在廟，克對揚於祖考。我皇濬哲，是謂知臨，匪高明之不足，實育德於静深。我皇撫運，是謂開泰，匪豐亨之未臻，懼此心之或汰。樂以平其情，雖鐘簴不設，而若聞希聲，然後心和氣和而天下平。禮以飭其志，雖升降未施，而若持重器，斯謂無逸乃逸而天下治。故曰：沖和者養威，澹泊者養禄，危懼者養安，憂勞者養樂。以古爲師，於何不儀？平平周道，惟皇所之。以心爲鑑，於何不見？穆穆文王，惟皇所憲。朽索在手，勿謂無傷；覆車在睫，奈何弗防。和不見流，敬不可忘。慎終如始，萬壽無疆。」

二十五年六月戊寅，火起歸極門，延至皇極、中極、建極三殿，文昭、武成二閣。周圍廊房，一時俱燼。時帝鋭意聚財，多假殿工爲名。言者謂：「天以民困之故，災三殿以示儆。奈何復因天災以困民？」帝不納，屢徵木於川、廣，令輸京師，費數百萬，卒被中官冒没。終帝世，三殿實未嘗復建也。已上《三編》。

《續文獻通考》卷三〇《國用一》〔正德〕九年十二月，加天下賦以營乾清宮。是年正月，乾清宮火。是月工部奏，料價、工役需銀百萬兩，乃命加天下賦如其數，以營建之。

陳繼儒《聞見録》 嘉靖丁巳四月，奉天、華蓋、謹身三殿，奉天門、午門文武樓，並後左右、中左右、左右角、左右順闕、左右諸門災，文武大臣會議修建。海鹽鄭公曉，時協理戎政，率營軍三萬人打掃火焦，寅入酉出。司禮黄太監錦宿乾清宮門，日數相見。議事官軍分丈尺及出入路道，皆用石灰畫定。又分定長安左右、闕左右、左右順、左右掖門，皇城外街巷各口，各有把總官分守，止許依畫路往來。纔十餘日，黄公謂戎政曰：「萬歲問三次，嫌火焦不見掃完，我見二公勞苦用心，官軍亦效力，只是不見有次第，倘一二日間再問，何以爲奏？」公曰：「此工程重大，恐非歲月可計。永樂十九年辛丑，只三殿災，遲之二十一年，至正統六年辛酉工方完。仁宗、宣宗、英宗三朝即位時，皆未有殿。今日三殿、二樓、十五門俱災，其木石磚瓦，皆二十年搬運進皇城之物，今十餘日，豈能搬出。當時起造宮殿火頭王長几等十萬幾千人，佐工者豈止百萬。況皇城之内，路多門多，人可散行。今三萬人畫地分工，畫地分行，何一處有人間住，倘朝廷再問，煩先生善回奏。」黄公曰：「先生説這些話記得真否？」公曰：「豈敢妄言，内府必有實録；内官必有底册，殿災殿完，俱有詔赦，豈敢妄言！」黄公曰：「説得是！我得此言，我也好去回話。」往時打火焦，磚瓦木石俱搬出，公與平溪言不必盡數發出。白黄司禮量留應用。如石全者、半者、一尺以上者，各另團圞，就便堆積。白玉石燒成石灰者，亦另堆積，磚瓦皆然。不數日工部欲改修端門外廊房爲六科。並各朝房，午門以裏欲修補燒柱墻缺。又於謹身殿後，朝清宮前，隆宗、景運二門中砌一道高墻，攔斷内外。内監工部議，從外運磚運灰運黄土調灰，一時起小車五千輛，民間騷動。公告黄司禮曰：「午門外堆積舊磚，全者半者並石灰無數，可盡與工部修端門外廊房。午門以内，石灰尤多，磚石亦多，可與内監修理柱空，並砌乾清宮前墻。」黄甚喜曰：「可。」公又曰：「修砌必用黄土。今工部起車五千輛，一時不得集。況長安兩門、承天、端門、午門，止可容軍夫出入，再加車輛，阻塞難行。見今大工動作，兩闕門外多空地，可挖黄土用，却令軍搬焦土填，上用黄土蓋三尺，豈不兩便？」黄司禮曰：「善。」公又曰：「午門以裏，臺

基壞石，移出長安兩門甚遠。今厚載門修砌剥岸，若令軍搬出又順門，由啓明門前下北甚近。就以此石作剥岸填堵，不須減工不敢對衆言，特來相告。」渠即屏左右。公曰：「今有三事：一午門臺基。衆議將前三面拆去一丈，從新築土砌石。如此恐今工作不及國初堅固，萬一樓成後舊基不動，新基傾側，費巨萬矣。莫若止將臺下龜脚、束腰墩板等石，除不被火焚壞者留之；其壞者，鑿出燼餘，約深一尺五寸，節做新石補入，内土令堅，仍用木杉板障之，決不圮。三面分三工，不過一月可完。惟左右掖門兩旁須彌座石，最大且厚難换。必須旁石换齊後，如前鑿出，約深二尺五寸，做成新石，墊土與舊石空齊，用鐵創肩進，亦易爲力。」徐曰：「善。」公又曰：「奉天門階沿石一塊，三級殿上柱礎，大者方二丈。如此重大，不比往時皇城無門限隔可拽進。近年九廟災，木石諸料不能進，拆去承天門東墻方進得。今料比九廟又進三重門，尤難爲力。莫若起開焦土，將舊階沿磉石、地面花板石，逐一番轉，尚看堅厚可用，番取下面加工用之。至於殿上三級臺基，並樓門臺基，俱如午門挖補皆可。以公能力主此議，且疏獨上，省夫力萬萬；銀糧何止數百萬；驢騾車輛又不知幾，莫大功德也。」徐甚喜。後三日再議，悉如前説，衆皆以爲然。徐工師猶能取善於人，不可及也！徐即大匠徐珙。後萬曆丁酉間，有兩宫三殿之災，甚至捐官俸，開礦税，上下難之。如鄭公苦心經理，爲國省費，爲民省勞者，有幾？故詳録於此。

孫承澤《春明夢餘録》卷六《宫闕》 明太宗永樂十四年，車駕巡幸北京，因議營建宫城(闕)。初，燕邸因元故宫，即今之西苑，開朝門於前。元人重佛，朝門外有大慈恩寺，即今之射所。東爲灰廠，中有夾道，故皇墻西南一角獨缺。太宗登極後，即故宫建奉天三殿，以備巡幸受朝。至十五年，改建皇城於東，去舊宫可一里許，悉如金陵之制而弘敞過之。按金陵宫殿作於吴元年，門曰奉天，三殿曰奉天、曰華蓋、曰謹身，兩宫曰乾清、坤寧，四門曰午門、東華、西華、玄武。至洪武十年，改作大内午門，添兩觀，中三門，東西爲左、右掖門。奉天門之左右爲東、西角門，奉天殿之左右曰中左、中右。兩廡之間，左文樓，右武樓。奉天門外兩廡曰左順、右順及文華、武英二殿。至二十五年，建金水橋及端門、承天門樓各五間，長安東西三(二)門。北京宫殿悉倣其制，永樂十五年起工，至十八年三殿工成，十九年辛丑四月初八日庚子災。

新宫既遷舊内，東華門之外逼近居民，喧囂之聲至徹禁禦，宣德七年，始加恢擴，移東華(安)門於河之東，遷民居於灰廠西之隙地。正統五年三月，建三殿兩宫，六年九月工成。嘉靖三十六年丁巳四月十三日，奉天等殿門災。是日申刻，雷雨大作，戌刻，火光驟起，由正殿延燒至午門，樓廊俱盡。次日辰刻，始熄。三十七年七月，大朝門等工成。四十一年，三殿成，改奉天殿曰皇極殿，門曰皇極門，華蓋殿爲中極，謹身殿爲建極，文樓曰文昭，武樓曰武成，左順門曰會極，右順門曰歸極，東角門曰弘政，西角門曰宣治。又改乾清右小閣曰道心，左門曰仁蕩，右門曰義平。正德九年，兩宫災。萬曆二十四年丙申三月，乾清、坤寧災。二十五年二月重建。是年六月十九日，三殿災。天啓五年二月起工，至七年八月初二日三殿工成，共用銀五百九十五萬七千五百十九兩餘。

皇城外圍墻三千二百二十五丈九尺四寸。其門凡六：曰大明門，曰長安左門，曰長安右門，曰東安門，曰西安門，曰北安門，俗呼曰厚載門，仍元舊也。墻外紅鋪七十二。登聞鼓院在長安右門外。

紫禁内城墻南北各二百三十六丈二尺，東西各三百二丈九尺五寸。其門凡八：曰承天門，曰端門，曰午門，即俗所謂五鳳樓也，東曰左掖門，西曰右掖門，再東曰東華門，再西曰西華門，向北曰玄武門。墻外紅鋪三十六。

午門之内曰皇極門，左曰弘政門，右曰宣治門，旁曰歸極門，曰會極門。皇極門内東曰文昭閣，西曰武成閣，上曰皇極殿，中曰中極殿，後曰建極殿，所謂三大殿也。中極滲金圓頂，如穿堂之制。建極殿後曰雲臺門，東曰後左門，西曰後右門，亦名曰平臺。又東則景運門，西則隆宗門，中則乾清門，上則爲乾清宫。崇禎元年八月初四日，題敬天法祖牌。東暖閣曰昭仁殿，西暖閣曰弘德殿。左曰日精門，右曰月華門。曰端凝殿，曰懋勤殿。左小門曰龍光，右小門曰鳳彩。西御憩房，萬曆中更壽安居。乾清宫後披簷，東曰思政軒，西曰養德齋。中圓頂則交泰殿，上則曰坤寧宫，皇后所居。坤寧東露頂曰貞德齋，西露頂曰養正軒，東披簷曰清暇居，北圍廊曰遊藝齋。左曰景和門，右曰隆福門。再北左曰端則門，右曰基化門，便接瓊苑左、右門矣。此中一路之大略也。

乾清宫後，過日精門之東曰崇仁門。稍南則曰奉慈殿。萬曆中，改東裕庫曰弘孝殿，崇先殿改爲神霄殿。日精門往北曰順德北門，則東一長街也。再北向西與龍光門斜對者曰咸和左門，向南者曰景仁宫，其東則東二長街也。南首曰麟趾門，北首曰千嬰門。麟趾門之東曰延禧宫，曰怡神殿。再東曰嘉德左門。再東曰蒼震門。咸和左門之北，向西與景和門相對者曰廣和左門，向南者曰承乾宫，東宫貴妃所居。東二長街之東曰永和宫。廣和左門之北，向西與端則門

相對者曰大成左門，向南者曰鍾祥宫，皇太子所居，後改興龍宫。東二長街之東曰景陽宫。千嬰門之北並列者，則乾東之房五所，宫正司六尚局皆在乾清宫之東。此東一路之大略也。

乾清宫後過月華門之西曰遵義門，向南則養心殿，西南則祥寧宫。宫前向北者曰無梁殿，嘉靖中玄修之所。月華門之西南者曰隆道閣，原名道心閣，下曰仁德堂，東曰忠義室。曰仁蕩門，曰義平門，西南則慈寧宫矣。月華門往北曰順德右門，則西一長街也。再北向東與鳳綵門斜對者曰咸和右門，向南者曰毓德宫，原名長樂宫，後又改永壽宫，則西二長街也。北首曰百子門，南首螽斯門。西曰啓祥宫，原名未央宫。內二石坊，北曰聖本肇初，南曰元德永衍，蓋興獻帝所生之地也。再西曰嘉德右門，曰隆德殿，祀三清諸神。左有容軒，右無逸齋，配殿左曰春仁，右曰秋義。再西北曰英華殿，有菩提樹二株，北則北角井。再西則咸安宫。咸和右門之北，向東與興福門相對者曰廣和門，向南者曰翊坤宫，西宫貴妃所居。西二長街之西曰永寧宫，後改長春宫。廣和右門「之北，向東」與基化門相對者曰大成右門，向南者曰儲秀宫。西二長街之西曰咸福宫，又後則乾西之房五所。此西一路之大略也。

坤寧宫，所謂中宫也。宫後則爲後苑，欽安殿在焉。曰天一門、萬春亭、千秋亭、對育軒、清望閣、金香亭、玉翠亭、樂志齋、曲流館、四神祠。有假山曰堆繡山，山亭曰御景。池亭二：東曰浮碧，西曰澄瑞，萬曆十一年修。東南曰瓊苑左門，西南曰瓊苑右門。欽安殿後曰順貞門，此外，則玄武門矣。

皇極門之東曰會極門。門東曰文華殿，中懸神宗御書學二帝三王治天下大法十大字。有精一堂、恭默室、九五齋。殿之後曰玉食館，西北曰省愆居。殿之西曰崇本門。殿之後曰刻漏房，銅壺驗時之所。殿東向後開門者曰聖濟殿，御用藥餌之所。再則徽音門，亦曰麟趾門，其內則慈慶宫，又奉宸宫、勗勤宫、承華宫，昭儉宫。麟趾門之東曰關雎左門，西曰關雎右門。再西曰元輝殿。再北朝南者曰寶善門。迤東曰慈慶宫後門。門之外曰奉先殿，即內太廟也。街東則隆祀門，其內則外東裕庫也。又東北並列二門：曰履順，蹈和，則一號殿仁壽宫之門內有曦鸞宫、喈鳳宫，宫妃養老之處。自寶善門亦可通玄武門，其中之門則蓮花門也。皇極門之西曰歸極門，門西曰武英殿。殿西曰大庖，曰尚膳監。東北曰思善門，曰仁智殿。西南曰御酒房，又北曰慈寧門。嘉靖十五年，以仁壽宫故址並撤大善殿建慈寧宫。過慈寧宫，皆內侍直房。再北過長庚橋則玄武門矣。

紫禁内城之外，北安門東曰黄瓦東門街，南曰尚衣監街，北曰司設監。再東酒醋麵局，曰內織染局，曰皮房、紙房，曰針工局，曰巾帽局，曰火藥局。再東稍南曰供用庫，曰番經廠，曰漢經廠，曰司苑局，曰鐘鼓司。再南曰新房，曰都知監，曰司禮監，曰御馬監。再南曰杵子房、北膳房、南膳房，曰煖閣廠，曰明器廠，曰混堂司，曰尚膳監，曰百花房，曰印綬監，曰中書房，曰蹴圓亭，曰內承運庫，曰外馬房。過東上北門，東曰彈子房，曰學醫讀書處，曰光禄寺，曰篦頭房。自東上南門之東曰重華宫，制度如乾清宫。有中路，有兩長街。中路門曰永泰、昭祥、端拱，昭德、重華、廣愛、咸熙、肅雍、康和、麗春，殿曰重華圓殿，閣曰清和，館曰迎春。東長街門曰廣順、中和、景華、宣明、景明，殿曰洪慶。西長街門曰興善、麗景、長春、清華、高明，宫曰寧福、延福、嘉福、明德、永春、永寧、宜春、宜喜、延春。又東則內承運庫。再東南則崇質宫，俗云黑瓦殿，景泰年間英宗居，此所謂南城也。再南則皇史宬，藏貯歷朝宸翰及實録。左右小門曰韶歷，再東則迫先閣、欽天閣，嘉靖中御製欽天頌石碑。再南則御作也。皇史宬之西，過觀心殿稍南則嘉樂館，東爲蒼龍門，南爲丹鳳門，中爲龍德殿，左右曰崇仁、廣智。北有橋，玲瓏精巧，來自西域。橋之南北有飛虹、戴鰲兩坊，大學士姜立綱書，東西有天光、雲彩二亭。又北壘石爲山曰秀巖，山上有圓殿曰乾運，其東西二亭曰凌雲、御風。山後有佳麗門，又後爲永明殿，最後爲圓殿，引流水繞之曰環碧。再北則玉芝宫，門曰寶慶，曰芝祥，曰景神殿，曰永孝殿，曰大德殿。其東墻外則觀心殿也。自皇史宬東西有門通河，河上有湧福閣，原名澄輝，稍北則吕梁洪東安橋，再北橋亭曰涵碧。又北曰回(迴)龍觀，其殿曰崇德，觀内海棠每春開如堆繡。

北安門内街東曰安樂堂，内官有疾者移此。再南黄瓦西門之裏則内官監也。過北中門迤西則白石橋、萬法殿、大高玄殿、旵真閣、栩(翊)靈軒、象一宫等處，皆供奉仙道。過北中門之南曰壽皇殿，曰北果園，東曰永壽殿，曰觀德殿，習射處也。南則萬歲山，山高一十四丈，樹木蓊鬱，有毓秀、壽春、長春、翫景、集芳、會景諸亭。山下一洞曰壽明，殿曰觀花，曰永壽，樓曰翫春，閣曰萬福、永康、延寧。山前門曰萬歲。再南曰北上門，左曰北上東門，右曰北上西門。再南過北上門則玄武門。北上西門之西則石作，又西曰乾明門，曰兵仗局，曰袍房，曰舊監庫，曰尚膳外監、甜食房，曰西上北門，其東則西下馬門矣。過西上南門則御用監，又南曰靈臺，曰寶鈔司。自西中門之西則尚寶監、鷹房司，再西出西苑

門。迤南向東曰灰池，曰樂成殿，有水碓、水磨。河(池)之西曰昭和殿，曰紫光閣，曰陽德門，曰萬壽宮，曰旋磨臺，即兔兒山也，曰無逸殿，曰豳風亭。金海橋之北曰玉熙宮，曰承華殿，曰玄禧殿，曰寶月亭，曰清馥殿，曰王媽媽井。橋之東北，金之瓊花島，至元八年賜名萬歲山，俗呼爲蕭太后梳粧樓者誤也。山皆奇石疊成。中三殿，中曰仁智，左曰介福，右曰延和，至其頂爲廣寒殿。左右四亭曰方壺、瀛洲、玉虹、金露。山北有殿臨池曰凝和，二亭臨水：擁翠、飛香。西北有殿，用草，曰太素。後草亭曰歲寒，左軒臨水曰遠趣，前草亭曰會景。西岸南行有亭臨水曰映輝，又南有殿臨池曰迎翠，有亭臨水曰澄波。又西東(有)小山，引泉噴激曰水簾，有殿曰翼然。再南則曰南臺，有殿臨水曰昭和。瓊花島東南曰圓殿，即承光殿，有古松三株。曰金水橋，有坊二：一曰金鰲，一曰玉蝀。再南曰五雷殿，即椒園也，實録成，焚草於此。由金水橋玉熙宮迤西曰欞星門，迤北曰羊房夾道，虎城。再西曰西酒房，曰花房，曰經廠，曰大光明殿，曰大極殿，曰洗帛廠，曰果園廠，曰甲字十庫，曰司鑰庫，曰惜薪司，曰鴿子房，曰西安門。

皇城內河來自玉泉山，經高梁橋，分而爲二：一灌城隍；一從德勝水關匯入後湖，至藥王廟西橋下流入禁地，所謂西苑太液池也。池水又分爲二：一環繞靈臺，寶鈔司，東與護城河合流，過長安右門之北，經承天門前，再東過長橋(安)左門之北，自湧福閣下從巽方流出，經玉河橋與城河會；一自玄武門之西從地溝入，由懷公門過長庚橋、裏馬房橋，經仁智殿、西御酒房東，武英殿前，思善門外，皇極殿(門)前，文華殿西而北而東，自慈慶宮外南從地溝亦至巽方而出，會于玉河橋。

于敏中等《日下舊聞考》卷三三《宮室明一》 臣等謹按：明初燕邸仍西宮之舊，當即元之隆福、興聖諸宮遺址，在太液池西。其後改建都城，則燕邸舊宮及太液池東之元舊內並爲西苑地，而宮城則徙而又東。我朝定鼎，凡前明弊政剗除務盡。宮殿之制，概從簡樸，間有興葺，或僅改易其名。今謹就朱彝尊原書各條下略爲標識，其詳已恭載國朝宮室卷內，不複綴云。

十二年十一月，燕府營造訖工，繪圖以進。其制，社稷、山川二壇在王城門之右。王城四門，東曰體仁，西曰遵義，南曰端禮，北曰廣智。門樓廊廡二百七十二間，中曰承運殿，十一間。後爲圓殿，次曰存心殿，各九間。承運殿之兩廡爲左右二殿，自存心、承運周圍兩廡至承運門，爲屋百三十六間。殿之後爲前、中、後三宮，各九間，宮門兩廂等室九十九間。王城之外，周垣四門，其南曰靈星，餘三門同王城門名。周垣之內，堂庫等室一百三十八間，凡爲宮殿室屋八百一十一間。《明太祖實録》

永樂十四年八月，作西宮。初，上至北京，仍御舊宮。及是將撤而新之，乃命作西宮，爲視朝之所。中爲奉天殿，殿之側爲左右二殿。奉天殿之南爲奉天門，左右爲東西角門。奉天門之南爲午門，午門之南爲承天門。奉天殿之北有後殿，有涼殿、暖殿及仁壽、景福、仁和、萬春、永壽、長春等宮。十五年六月，建郊廟。十一月，建乾清宮。《明典彙》

臣等謹按：明永樂四年，詔以明年建北京宮殿。十四年八月，作北京西宮。十一月，詔羣臣議建北京。十八年，詔改京師爲南京，北京爲京師。十一月，以遷都北京詔天下，是月北京郊廟宮殿成。見《明史》本紀。

永樂十五年，鼎建北京宮殿，有瑞靄浮空，金水橋河冰凝結浮圖諸象。又慶雲呈采，團圞如日，正當御座中，且現五色天花。於是大小臣工咸爲歌頌，有聖德瑞應詩二十卷。《萬曆重編內閣藏書目録》

文皇將營北京宮殿，時有神木出四川馬湖山中，命禮部尚書建安鄭賜齎香帛往答神庥焉。《遵聞録》

臣等謹按：明永樂四年，分遣大臣採木於四川、江西、湖廣、浙江、山西。所遣往四川之尚書宋禮言，有數大木一夕自浮大谷達於江。天子以爲神名其山曰神木山，遣官祠祭。見《明史》本紀。

初，燕邸因元故宮，即今之西苑，開朝門於前。元人重佛，朝門外有大慈恩寺，即今之射所。東爲灰廠，中有夾道，故皇墻西南一角獨缺。太宗登極後，即故宮建奉天三殿以備巡幸受朝。至十五年，改建皇城於東，去舊宮可一里許，悉如金陵之制，而宏敞過之。《春明夢餘録》

既遷大內，東華門之外逼近民居，喧囂之聲至徹禁籞。至宣德七年，始加恢擴。移東華門於河之東，遷民居於灰廠西之隙地。《湧幢小品》

皇城外圍墻三千二百二十五丈九尺四寸，其門凡六，曰大明門，曰長安左門，曰長安右門，曰東安門，曰西安門，曰北安門，俗呼曰厚載門，仍元舊也。墻外紅鋪七十二。登聞鼓院在長安右門外。紫禁城內墻南北各二百三十六丈二尺，東西各三百二丈九尺五寸，其門凡八，曰承天門，曰端門，曰午門，即俗所謂五鳳樓也，東曰左掖門，西曰右掖門，再東曰東華門，再西曰西華門，向北曰玄武門，墻外紅鋪三十六。《春明夢餘録》

臣等謹按：明代宫室各門名雖仍沿元舊，似俱移置東偏，稍加恢擴。其登聞鼓院，今在西長安門外，屬通政司。詳官署門。

正德辛巳，上入繼大統，至京城外行殿。楊廷和請上由東安門入居文華殿，上箋勸進，擇日登極。上從行殿受箋，由大明門入，日中登極。《明倫大典》。

聖母將至，禮部議由東安門入，再議由大明左門入。張璁曰：雖天子必有母也，焉可由旁門入乎？聖母至，由大明中門入。同上。

進大明門次爲承天之門，天街横亘承天門之前。其左曰東長安門，其右曰西長安門。凡國家有大典則啓大明門出，不則常扃不開。每日百官奏進，俱從二長安門入，守者常數十百人，皆禁軍也。《長安客話》。

臣等謹按：承天門又折而東曰長安左門，折而西曰長安右門。見《明史·輿服志》。

在京法司遇會官審録重囚，俱於承天門東西，分爲四行列坐。公、侯、駙馬、伯列於東班前行，都督等官列於東班後行，尚書、都御史、侍郎等官列於西班前行，通政使、大理寺佐貳官並六科掌科事給事中列於西班後行。《明憲宗實録》。

臣等謹按：明之承天門，順治八年重建，改爲天安門。今秋讞大典仍在天安門外西朝房，即刑部三法司值班處也。

隆慶戊辰五月，考選庶吉士。在金水橋南，設几北向，几上各帖姓名。《穀城山房筆麈》。

隆慶五年二月，濬金水河。《明穆宗實録》。

大明門内曰承天之門，其内之東一門内則太廟也，西一門内則太社太稷也。《燕史》。

成化元年三月，命工部尚書白圭董造承天門。《明憲宗實録》。

頒詔例置詔於櫝，繫以繩，自承天門縋下。《國史唯疑》。

太廟在闕之左，永樂十八年建。前正殿翼以兩廡，後寢殿九間，間一室，主皆南面，几席諸器備。嘉靖十一年，中允廖道南請建九廟，上從其議，撤故廟，祖宗各建專廟，合爲都宫，因舊廟新之。太祖居中，文皇世廟在太廟東北，居六廟上，昭穆六廟列太廟左右，廟各有殿，殿後有寢，藏主。太廟寢後别有祧寢，藏祧主。太廟門殿皆南向，羣廟門東西向，内寢殿皆南向。十五年十二月，九廟成。二十年四月，雷火，八廟災，惟睿廟存。因重建太廟，復同堂異室之制。二十四年七月，新廟成，正殿九間，内貯諸帝后冕旒冠帶，櫝而藏之，祭則陳設。東西側間，設親王功臣位，前爲兩廡，東西二燎鑪，東燎列聖親王祝帛，西燎功臣帛。南爲戟門，門之左爲神庫，右爲神廚，又南爲廟門，門外東南爲宰牲亭，南爲神宫監，西爲廟街門。正殿後爲寢殿九間，奉安列聖神主，皆南向。又爲祧廟五間，藏祧主，皆南向。時享於四孟，祫於歲除。《春明夢餘録》。

太廟規制：中室太祖高皇帝孝慈高皇后，東第一室成祖文皇帝、仁孝文皇后，西第一室睿宗憲皇帝、慈孝獻皇后，東第二室武宗毅皇帝、孝靖毅皇后，西第二室世宗肅皇帝、孝潔肅皇后，東第三室穆宗莊皇帝、孝懿莊皇后，西第三室神宗顯皇帝、孝端顯皇后，東第四室光宗貞皇帝、孝元貞皇后，西第四室熹宗悊皇帝。其祧殿所藏：德祖元皇帝后、懿祖恒皇帝后、熙祖裕皇帝后、仁祖淳皇帝后、仁宗昭皇帝、誠孝昭皇后、宣宗章皇帝、孝恭章皇后、英宗睿皇帝、孝莊睿皇后、憲宗純皇帝、孝貞純皇后、孝宗敬皇帝、孝康敬皇后。東廡侑享諸王十五人，西廡侑享功臣十七人。《太堂記》。

朱彝尊原按：此乃崇禎時太廟規制。蓋終明之世，廟祀皆一帝一后，后惟元配。

嘉靖四年四月，光禄署丞何淵請於太廟内立世室，以獻皇帝與祖宗同享太廟。禮部尚書席書等以爲不可，有旨集廷臣再議。於是吏部尚書廖紀、武定侯郭勛、給事中楊言、御史葉忠等咸謂：皇上孝心無窮，禮制有限，臣等萬死不敢以非禮誤陛下。上曰：世室之建，自古有之。朕膺天命，入紹大統，皇考百世之室，胡爲不可？遂命大學士費宏、石珤，太監張佐等，即太廟左隙地立廟，其前殿後寢一如太廟制，定名世廟云。已而席書上言：擇地以稱廟，所别者出入不與太廟同門，位處不與太廟並列，祭用次日，使敬心不分於所尊，廟欲稍遠，使樂聲不聞於列祖，尊尊親親可兩全矣。神路宜由闕左門出入。何淵復奏當與廟街同門，費宏、賈詠、石珤皆以爲不可。上不聽，命由廟街門。五年九月，世廟成，上自觀德殿奉獻皇帝神主於世廟。十一年三月，中允廖道南請建九廟。十四年正月，諭大學士李時等曰：世廟迫近河水，今擬重建於太廟左方。命於太廟東南隙地相度。二月初建九廟，十五年十一月九廟成。十二月，奉安太祖列帝后神主。十七年六月，揚州府通州同知致仕豐坊上疏，請建明堂，加尊皇考獻皇帝廟號稱宗，以配上帝。疏下禮部集議。尚書嚴嵩言：明堂、圜丘皆以事天，今大祀殿在圜丘之北，正應古方位，明堂秋享之禮即此可行，不必更建。至於侑享以父配之，自漢唐宋諸君莫不皆然。錢公輔、司馬光、孫忭所論又主祖宗之有功者，

今以功德則宜配文皇，以親則宜配獻皇帝。若稱宗之議則未有稱宗而不祔太廟者，恐皇考在天之靈亦所不安。復命集議。嵩乃言：考秋享成物之旨，嚴父配天之文，皇考配享，允合周道。户部侍郎唐胄上疏力争，上留中不發，乃設爲臣下奏對之辭，作明堂或問以示輔臣，特黜胄爲民。上又諭嵩曰：國家之興，始於高皇帝，而中定艱難，則文皇宜同稱祖號。皇考獻皇帝宜薦宗稱帝。嵩復上議：太祖即位，仁祖雖自布衣，必享天下之祀。皇考固獨闕焉，聖心必有所不安。又言：文皇帝再造鴻業，概以宗稱，於義未盡，尊稱爲祖，聖見允宜。嵩奏出，羣臣無復異議，大學士夏言擬太宗爲烈祖孝皇帝，上定爲成祖，恭上廟號，尊文皇帝爲成祖，皇考爲睿宗獻皇帝，祔於太廟。《明典彙》。

朱彝尊原按：大禮之議，張文忠倡之，席文襄附和之。其初合在廷之諍臣伏闕號哭，不能回。迨其後建世室，配天祔廟，兩公非不力争，亦不能奪何淵、豐坊之邪説，論世者咎終歸於始倡和之人，此謂逢君之惡，其罪大。君子於議禮之際，尤不可不慎也。

奉先殿在神霄之東，殿九室如廟寢制。國有太廟，以象外朝，有奉先殿，以象内朝。每室一帝一后，如太廟寢殿，其祔祧迭遷之禮亦如之。凡祀方丘、朝日、夕月、册封、告祭及忌辰在焉，餘皆於太廟行之。永樂三十五年始作。《春明夢餘録》。

臣等謹按：明洪武間，以太廟時享未足以展孝思，復建奉先殿於宫門内之東。成祖遷都北京，建如制。見《明史·禮樂志》。【略】

嘉靖六年三月，移建觀德殿於奉先殿之左，改稱崇先殿，奉安恭穆獻皇帝神主。《明世宗實録》。

臣等謹按：嘉靖二年，葺奉慈殿爲觀德殿。五年，以觀德殿窄隘，欲别建於奉先殿左。尚書趙璜謂不可，不聽，乃建於奉先殿之東曰崇先殿。見《明史·禮志》。

孝肅紀皇后薨，禮不得祔廟，乃於奉先殿右特建奉慈殿别祀之。嘉靖十五年，並祭於奉先殿，罷奉慈享薦。《春明夢餘録》。

景神殿在太廟東北，奉藏列聖御容，歲六月六日太常寺吉服詣殿曬晾。同上

臣等謹按：嘉靖十三年，命易承天家廟曰隆慶殿。十五年，以渠道遷世廟，更號曰獻皇帝廟，遂改舊世廟曰景神殿，寢殿曰永孝殿。見《明史·禮志》。

嘉靖二十三年夏，建造九廟。大柱石礎取諸西山。每石用騾二百頭拽，二十五日至城。《暖姝由筆》。

臣等謹按：明世宗本紀，嘉靖二十年四月辛酉，九廟災，燬成祖仁宗主。二十四年七月，以廟建禮成，百官表賀。亦見《明史·禮志》。

崇禎十六年仲夏，大雨沾衣如血，雷霆通夕不止。次日見太廟神主或横或倒，諸銅器爲雷火所擊，融而成灰。六月二十三夜，雷震奉先殿廟脊鴟吻碎，中有劍削拔去，不知落在何所。廟門玲瓏雕刻處皆損壞，有龍爪痕。太監蘇允寧换鴟吻比前減小，上不悦，降允寧級。《綏寇紀略》。

崇禎十六年夏，一夕大雨霹靂起奉天殿中，詰朝視之，殿門俱開，門前白石爲雷火所燔，有蟠龍痕。門上金鋪龍爪印其上，爪所著處金皆鎔化，中官馬從龍云。《艮齋筆記》。

社稷壇在闕之右，與太廟對。壇制二成，四面石階各三級，上咸用五色土隨方築之。壇西砌瘞位，四面開欞星門，西門外西南建神庫，庫南爲神廚，北門外爲拜殿，外天門四座，西門外爲宰牲亭。《春明夢餘録》。

洪武元年，上親祭大社大稷。大社設正位在東，配以后土西向，大稷設正位在西，配以后稷東向，各用玉兩邸，幣黑色，牲用犢一、羊一、豕一，籩豆各十。同上

居中巍然而嚮明者午門也，鐘鼓在焉，曰左掖門，曰右掖門。《蕪史》。

午門之内曰皇極門，左曰弘政門，右曰宣治門，旁曰歸極門，曰會極門。皇極門内東曰文昭閣，西曰武成閣。上曰皇極殿，中曰中極殿，後曰建極殿，所謂三大殿也。中極滲金圓頂，如穿堂之制，建極殿後曰雲臺門，東曰後左門，西曰後右門，亦名曰平臺。又東則景運門，西則隆宗門，中則乾清門，上則爲乾清宫。崇禎八年八月初四日，題敬天法祖牌懸於内。東暖閣曰昭仁殿，先名弘德。西暖閣曰弘德殿。先名肅雝。左曰日精門，門之北西向曰端凝殿。右曰月華門，門之北東向曰懋勤殿。左小門曰龍光，右小門曰鳳彩。西御甜房，萬曆中更壽安居。乾清宫後披簷東曰思政軒，西曰養德齋。中圓頂則交泰殿，上則坤寧宫，皇后所居。坤寧東露頂曰貞德齋，西露頂曰養正軒，東披簷曰清暇居，北圍廊曰游藝齋，左曰景和門，右曰隆福門，再北左曰端則門，右曰基化門，便接瓊苑左右門矣。此中一路之大略也。乾清宫門後過日精門之東曰崇仁門，先名迎祥。稍南則曰奉慈殿，萬曆中改東裕庫曰弘孝殿，崇先殿改爲神霄殿。日精門往北曰順德北門，則東一長街也。再北向西與龍光門斜對者曰咸和左門，先名百福門。向

南者曰景仁宫。先名長寧。其東則東二長街也。南首麟趾門，先名壽春。北首千嬰門，先名慶安。麟趾門之東曰延禧宫，曰怡神殿，再東曰嘉德左門，再東曰蒼震門。咸和左門之北向西與景和門相對者曰廣和左門，向南者曰承乾宫，先名永寧。東宫貴妃所居。東二長街之東曰永和宫，先名永安。廣和左門之北向西與端則門對者曰大成左門，先名長慶。向南者曰鍾粹宫，先名咸陽。皇太子所居。前殿曰興隆宫，後殿曰聖哲殿，其後小院曰龍德齋。東二長街之東曰景陽宫，先名長陽。千嬰門之北並列者則乾東之房五所，宫正司六尚局皆在乾清宫之東。此東一路之大略也。乾清宫門後過月華門之西曰遵義門，即膳廚門。向南則養心殿，西南則祥寧宫，宫前向北者曰無梁殿，嘉靖中煉丹藥之所。月華門之西南者曰隆道閣，原名道心閣，即皇極閣。下曰仁德堂，閣東曰忠義室，曰蕩蕩門，先名會極。曰義平門，先名歸極。西南則慈寧宫矣。月華門往北曰順德右門，則西一長街也。再北向東與鳳彩門斜對者曰咸和右門，先名廣安。南者曰毓德宫，原名安樂宫，後又改永壽宫，則西二長街也。北首曰百子門，南首螽斯門，西曰啓祥宫，原名未央。宫内一石坊，北曰聖本肇初，南曰元德永衍，先曰貞源茂始，慶澤無終。蓋興獻帝所生之地。再西曰嘉德右門，先名景福。曰隆德殿，即元極寶殿。祀三清神。左有容軒，右無逸齋，配殿左曰春仁，右曰秋義。再西北曰英華殿，先名隆禧。有菩提樹二株，北則北角井，再西則咸安宫。先名咸熙。咸和右門之北向東與興福門相對者曰廣和門，南向者曰翊坤宫，先名萬安。西宫貴妃所居。西二長街之西曰長春宫，更永寧，後仍改長春宫。廣和右門與基化相對者曰大成右門，向南者曰儲秀宫，先名壽昌。西二長街之西曰咸福宫，先名壽安。又後則乾西之房五所。此西路之大略也。坤寧宫所謂中宫也，宫後則爲後苑，欽安殿在焉，曰天一之門，萬春亭、千秋亭，對育軒，更名玉芳軒。清望閣、金香亭、玉翠亭、樂志齋、曲流館，四神祠，有假山曰堆繡山，山上亭曰御景亭。東西二池有亭，東曰浮碧，西曰澄瑞。萬曆十一年，毀觀化殿壘此。東南曰瓊苑左門，一名嘉福。西南曰瓊苑右門，一名隆德。欽安殿後曰順貞門，即坤寧門也。此外則玄武門矣。皇極門之東曰會極門，門東曰文華殿，有精一堂、恭默室、九五齋，殿之後曰玉食館，北曰省愆居，殿之口曰崇本門，殿之後曰刻漏房，銅壺驗時之所。再後則徽音門，曰麟趾門，其内則慈慶殿，又奉宸宫、勗勤宫、承華宫、昭儉宫。麟趾門之東曰關睢左門，再西曰元輝殿，再北朝南者曰寶善門，迤東曰慈慶宫，後門門之外曰奉先殿，即内太廟也，街東則隆祀門，其内則外東裕庫也。又東北並列二門曰履順、蹈和，則一號殿，仁壽宫之門内有曦鸞宫，喈鳳宫，宫妃養老之處。自寶善門亦可通玄武門，其中之門則蓮花門也。皇極門之西曰歸極門，門西曰武英殿，殿西曰大庖，曰尚膳監，東北曰思善門，曰仁智殿，西南曰御酒房，又北曰慈寧門。嘉靖十五年，以仁壽宫故址並撤大善殿建慈寧宫，過慈寧宫皆内侍直房，再北過長庚橋則玄武門矣。《春明夢餘録》。

臣等謹按：前明宫室規制，本朝多仍其舊，有更易其名者，如皇極門今改爲太和門，弘政門今改爲昭德門，宣治門今改爲貞度門，會極門今改爲協和門，歸極門今改爲熙和門，廣和左、右門今改爲廣生左門、廣生右門，文昭、武成二閣今改爲體仁閣、弘義閣，其宏孝、神霄等殿今改建齋宫及毓慶宫。詳見《國朝宫室》。【略】

于敏中等《日下舊聞考》卷三四《宫室明二》 午門内居中向南者曰皇極門，即奉天門也，左曰弘政門，即東角門也，考選鴻臚則在此焉。右曰宣治門，即西角門也，西向曰歸極門，即右順門也，東向曰會極門，即左順門也。《燕史》。

奉天門常朝御座後，内官持一小扇，金黄絹包裹之。聞之故老云：非扇也，其名卓影辟邪，永樂間外國所進。《菽園雜記》。

奉天門御朝，上坐定，内使捧香鑪，上刻山河之形，寘榻前，奏云：安定了。《宏藝録》。

常朝舊制，每日御皇極門決事，御座謂之金臺。既陞座，錦衣力士張五繖蓋、四團扇，自東西陛陞立座後左右。兩内使，一執蓋陞立座上，一執武備雜二扇立座後正中。武備之制，一柄三刃，而圈以鐵綫，裹以黄羅袱，如扇狀，用則綫圈自落而三刃出焉，防不虞也。《西垣筆記》。

曆日之頒，太祖定於九月之朔；其後改於十一月之朔，分賜百官，頒行天下；繼又改十月朔。是日御殿，比於大朝會，一切士民拜於廷者，例俱得賜。《野獲編》。【略】

皇極門外兩廡四十八間，除曠八間，實四十間。東二十間爲實録、玉牒、起居諸館，及東閣會坐，公揖在焉。西二十間，上十間爲諸王館，下十間則會典諸館也。定王書堂在西第六間，爲讀書處，第五間懸先師孔子畫像，四配侍側，蓋摹吴道子筆也。及永王出閣，因移定王第四間，而永王在第六間。《愍書》。

洪熙元年六月，上聽政於西角門。《仁宗實録》。

故事，文武羣臣朝親王於奉天門東廊。今之皇極門東也。《東曹筆疏》。

皇極門内居中向南者曰皇極殿，即奉天殿也，左向西者曰文昭閣，即文樓也，右向東者曰武成閣，即武樓也。殿之兩旁東曰中左門，西曰中右門。《蕪史》。

奉天殿，永樂十五年十一月建。《明典彙》。

臣等謹按：《明史》，永樂四年，詔以明年建北京宮殿。八年七月，至北京，御奉天殿受朝賀。十二年八月，至北京，御奉天殿受朝賀。則十五年之前已兩御北京之奉天殿矣。蓋明祖定大朝會正殿曰奉天。永樂時建都，遂仍其名，至是撤而新之，殿制皆自是年更定云。

北京奉天殿兩壁斗栱間繪真武神像。《蓬窗日録》。

永樂十八年，三殿工畢，上召漏刻博士胡奣卜之，布算訖，奏曰：明年某月某日午時當燬。上大怒，囚之，至期獄卒報午過無火，胡服毒死，則午正三刻也。殿果焚，上甚惜之。《明卓異記》。

永樂十九年四月庚子，奉天、華蓋、謹身三殿災。《明成祖實録》。

正統五年三月，建奉天、華蓋、謹身三殿，乾清、坤寧二宮。初，太宗皇帝營建宮闕，尚多未備。三殿成而復災，以奉天門爲正朝。至是修造之，發現役工匠操練官軍七萬人興工。六年九月，三殿兩宮成。十月，賜太監阮安、僧保金銀紵絲鈔，都督同知沈清封修武伯，工部尚書吴中加少師，太僕少卿馮春、楊青俱升工部左侍郎。《明英宗實録》。

臣等謹按：洪熙元年正月，御奉天門受朝。見《明史·本紀》。

嘉靖三十六年四月丙申，雷雨大作，戌刻火光驟起，由奉天殿延燒華蓋、謹身二殿，文武樓，奉天、左順、右順及午門外左右廊盡燬。《明世宗實録》。

嘉靖三十六年四月十三日，奉天等殿門災。是日雷雨大作，火光驟起，由正殿延燒至午門，樓廊俱燼。《湧幢小品》。

四月二十七日，奉御札，先作朝門午樓。八月二十七日興工，戊午八月三日大朝等門成，奏告太廟。《古和稿》。

三十七年，重建奉天門成，更名曰大朝門。《明典彙》。

臣等謹按嘉靖三十六年，帝以殿名奉天，非題扁所宜用，宜更定以答天庥。明年重建奉天門，更名曰大朝門。見《明史·輿服志》。

嘉靖丁巳四月，三殿二樓十五門俱災。文武大臣會議修建。海鹽鄭公曉時協理戎政，率營軍三萬人打掃火焦。鄭公曰：黄司禮甎瓦木石不必盡數發出，如石全者半者，一尺以上者，各另團圍就便堆積，白玉石燒成石灰者，亦另堆積，甎瓦皆然。不數日，工部欲改修端門外廊房爲六科並各朝房午門以裏，欲修補燒柱墻缺，又於謹身殿後，乾清宮前，隆宗、景運二門中砌高墻一道，攔斷内外。内監工部議從外運甎、運灰、運黄土調灰，一時起小車五千輛，民間騷動。公告黄司禮曰：午門外堆積舊甎石並石灰無數，可盡與工部修端門外廊房，其在午門以内者，可與内監修理柱空並砌乾清宮前墻。黄甚喜。公又曰：修砌必用黄土，今工部起車五千輛，一時不得集，況長安兩門、承天、端門、午門止可容軍夫出入，再加車輛，阻塞難行。見今大工動作，兩闕門外多空地，可乞黄土用，卻命軍搬焦土填上，用黄土蓋三尺，豈不兩便？黄曰善。公曰：午門以裏臺基壞石移出長安兩門甚遠，今厚載門修砌剥岸，若命軍搬出右順門，由啓明門前下北甚近，就以此石作剥岸填堵，不須減工部估料，但省軍士勞力亦可。黄又曰善。公曰：舊例，火焦本軍搬送琉璃、黑窑二廠，往回四十里，今焦木皆長大，不惟皇城諸門難出，外面房稠路狹，難行難轉。況今災變，各門内臣小房非燬即拆壞，必須修蓋，方可容身。莫若將焦木移出左右順門外，東西寶善、思善二門前後，並啓明、長庚兩長街，聽各内臣劈取焦皮作炭，木心可用者順便取去，各修私房，以皇城内物修皇城内房，不出皇城四門，亦省財力。黄又曰：善。《鄭端簡年譜》

己未十月十日，三殿興工，庚申四月二日上梁。《古和稿》。

四十一年九月，三殿成，改奉天殿曰皇極，華蓋殿爲中極，謹身殿爲建極。文樓曰文昭閣，武樓曰武成閣。左順門曰會極，右順門曰歸極，奉天門曰皇極，東角門曰弘政，西角門曰宣治。詔曰：人君建中建極，乃敍疇錫福之基；臣民會極，實欽若從乂之道。特崇表正，用迪訓行。《明世宗實録》。

臣等謹按：明之華蓋殿即中極，今建爲中和殿，謹身殿即建極殿，今建爲保和殿。

三殿規制，自宣德間再建後，諸將作皆莫省其舊。而匠官徐杲能以意料量，比落成，竟不失尺寸。《明世廟識餘録》。

萬曆二十五年六月戊寅，歸極門火，延燒皇極等殿，文昭、武成二閣迴廊皆燼。《明神宗實録》。

天啓五年八月戊戌，皇極殿豎金柱，九月甲寅門工成。七年二月己亥，迎建極殿金梁。乙巳，建極殿升梁。五月辛未，命工部尚書薛鳳翔迎中極殿金梁，分遣尚書楊夢袞於神木廠，孫傑于廣渠門，崔呈秀於正陽門，王之臣於大明門，郭允厚於午門，周應秋於皇極門行祭告禮。己卯，中極殿升梁。八月乙未，中極

殿、建極殿插劍懸牌，三殿開工。自天啓五年二月二十三日起，至七年八月初二日報竣。《明熹宗實録》。

沈德符《天啓宫詞》：萬方輻輳助雕甍，觀闕峨峨壯帝京。趙鬼不須重誦賦，柏梁未燼建章營。《清權堂集》。

京城皇極門且成，而金柱明梁非圍尺極大者不中，時川貴採辦，在在告困。適通惠河道工部郎陸澹園以天津至海兩岸平沙葭葦之地，有歷朝大楠木漂没者悉爲搜發，至一千有奇。其中梁柱圍尺者一百五十有七，約省金錢二百餘萬。《見只編》。

萬曆四十三年八月庚戌，重建三殿。《明史·神宗紀》。

皇極殿九間，中爲寶座，座旁列鎮器。座前爲簾，簾以銅爲絲，黄繩繫之，簾下爲檀，檀盡處設樂。殿兩壁列大龍櫥八，相傳中貯三代鼎彝，櫥上皆大理石屏，每遇正旦、冬至、聖壽則御焉。先一日，尚寶司設寶案於座之東，鴻臚寺設表案於殿東中門外，主客司設外藩貢方物案於丹陛左右，欽天監設定時鼓於文樓上，教坊司設中和韶樂於殿内東西，設大樂於皇極門内東西，俱北向。至期，錦衣衛陳鹵簿儀仗於丹陛丹墀東西，設羽扇於殿内東西，陳車輅步輦於皇極門丹墀中道，北向。金吾等衛列甲士軍仗於皇極門外、午門外丹墀東西，旗手衛設金鼓於午門、皇極門外，御馬監設仗馬，錦衣衛設馴象於文武樓南，東西相向，欽天監設報時位於丹陛之東。鼓初嚴，百官朝服班午門外。鼓次嚴，百官次第由左右掖門入，詣丹墀序立，鳴鞭卷簾。鼓三嚴，導駕官前導，尚寶司捧寶前行，樂作，奏飛龍引之曲，上衮冕升座。外贊排班，班齊鞠躬。大樂作，奏風雲會之曲，再奏慶皇都之樂，三奏喜昇平之樂。贊搢笏鞠躬舞蹈，贊跪唱山呼，贊出笏，俯伏四拜興。禮畢鳴鞭，奏賀聖明之樂，駕興，尚寶司捧寶，導駕官前導至中和殿，駕還宫。《春明夢餘録》。

太祖初定大朝會，正殿曰奉天殿，門名亦如之。其後文皇營北京，遂仍其名。燬於火，世宗更其名曰皇極，而華蓋殿則曰中極，謹身殿曰建極，蓋取洪範之義。議者以爲洪範更有六極，字様相同，意義不美。然上方親定禮樂，薄視百王，少忤即獲罪，無救正者。至隆慶初元，御史張檟請改仍太祖舊號。時高儀爲大宗伯，以爲皇考所定，且遺詔中多所釐正，獨不及殿名，乞存之，以表三年無改之義，遂不果易。按太祖奉天二字實不可易。祖訓中云，皇帝所執大圭，上鏤奉天揚祖四字，遇親王尊行者，必手秉此圭，始受其拜。以至臣下誥勑命中必首云奉天承運皇帝。太宗繼之，一切封拜功臣，必曰奉天靖難，其次曰奉天翊衛、奉天翊運。至列聖所封者無論爲功勛，爲恩澤，爲文武，亦必以奉天爲號，至今不改。若皇極、建極，本屬一義，而中極尤爲無出。考完顔氏上京宫殿，其正寢名乾元殿，蓋襲唐代舊號；至天眷元年改名皇極殿，則先有稱之者矣。《野獲編》。

劉效祖詩：元會初分庭燎光，君王親御紫霞觴。不知五夜春多少，白日猶聞蠟炬香。《念庵詩集》。

中左門之左小廂房有扁曰德政殿。崇禎十五年五月，召諸臣入對，及午賜宫餅各十五枚。《愍書》。

崇禎十五年八月，上御朝畢，登文昭閣，閣在皇極殿東，上步下閣，御德政殿，召五閣臣，言：文昭閣兩旁可建直房，朕不時召對，及講讀有疑問，先生往來亦便。翌日遂於閣左右各設直房。《三朝野史》。

皇極殿之北有滲金圓頂者曰中極殿，即華蓋殿也。再北曰建極殿，即謹身殿也。俱嘉靖四十一年重建，工完改名者也。殿居中向後，高踞三纏白玉石欄干之上者雲臺門也。兩旁向後者，東曰後左門，西曰後右門，即雲臺左右門，亦名曰平臺也。凡朝對閣臣等官，或於平臺，即後左門也。《蕪史》。

臣等謹按：明弘治十三年五月，召大學士劉健、李東陽、謝遷於平臺，議京營將領。見《孝宗本紀》。【略】

中極殿舊名華蓋，前即皇極，後爲建極。崇禎辛巳四月，召對至弘政門，則上已御殿，即魚貫入中左門，循殿左垣，高下可四十級，到中極殿。殿左右闢四大門，上寶座周圍刻金龍形，金色璀璨，御榻以黄綾衣之。入，分東西班行禮。召對畢，上命賜宴坐，内璫布席，與宴者十三人，各一席。酌用金蓮花杯，杯高大如瓶，圓可四寸，下有三小蒂承之，旁有荷柄。席各三十餘器，席前各二花瓶，中插蓮花。光禄署官八人行酒。祖制，宴羣臣多在午門外及文華門外，惟郊祀、慶成宴三品及學士在皇極殿内；而中極，自國初賜宴親王外未有也。至正統後坐禮久廢，今始行之。《愍書》。

後左門又北東則景運門也，西則隆宗門也，又西向南者則仁德門也。隆宗門之南，東向房一連，名協恭堂，司禮監太監看文書之所也。乾清門外，左右金獅各一，入門丹陛直至乾清宫大殿，左曰日精門，右曰月華門，左小門曰龍光，右小門曰鳳彩。神宗御居西暖閣，光廟御居東暖閣，先帝御居西暖閣，今上御居東暖閣。宫之左，端凝殿，尚冠等近侍所司衮冕玉帶類貯此。右，懋勤殿，先帝創

造地炕，恒臨御之。《蕪史》。

正德九年正月，乾清宫火。上自即位以來，每歲張燈爲樂，庫貯黄白蠟不足，復令所司買補之。及是，寧王宸濠别爲奇巧以獻，遂令所遣人入宫懸掛，皆附著柱壁上，復于宫庭中依簷設氈毯，而貯火藥於中。偶勿戒，遂延燒宫殿俱盡。上猶往豹房省視，回顧光焰燭天，戲謂左右曰：是好一棚大烟火也。《明武宗實録》。

正德十六年十一月，乾清宫成，世宗自文華殿入居之。四川道監察御史鄭本公以上入居新宫，上疏曰：乾清之爲宫，八年營構，一旦落成，陛下踐祚之初，適與期會，居安之日，正思危之時也。上嘉納之。《明世宗實録》。

萬曆二十四年丙申三月，乾清、坤寧災，二十五年二月重建。《春明夢餘録》。

乾清、坤寧兩宫再建，萬曆二十四年七月初十日開工，至二十六年七月十五日告成。兩宫之外，交泰殿、暖殿、披房、斜廊、乾清、日精、月華、景和、隆福等門及圍廊房一百一十間，並帶造神霄殿、東裕庫、芳玉軒，通共用銀七十二萬。《冬官紀事》。

乾清、坤寧二宫告成，需石陳設，滇中以奇石四十櫝分製佳名以進：曰春雲出谷，曰泰山喬嶽，曰神龍雲雨，曰天地交泰，各大五尺一寸；曰玉韞山光，大五尺；曰河洛獻瑞，曰元嶂雲收，曰江漢朝宗，曰奇峯疊出，曰海山朝旭，各大四尺一寸；曰錦雲碧漢，曰虹臨華渚，曰雪溪春水，曰羣峯獻秀，曰麟趾呈祥，曰龍翔鳳舞，各大四尺；曰一碧萬頃，曰雪巖春霽，曰雲霞出海，各大三尺；曰萬山春曉，曰春山烟雨，曰百川霖雨，各大三尺五寸；曰溪山烟靄，大三尺一寸；曰壽山福海，曰雲漢麗天，各大三尺六寸；曰湖光山色，曰函關紫氣，曰春山烟雨，曰卿雲絢采，曰雲霞出海，各大三尺五分；曰龍飛碧漢，大四尺八寸。山水人物屏石八塊：曰山川出雲，大三尺九寸五分；曰烟波春曉，大三尺四寸；曰白雪春融，大三尺三寸；曰雲龍出海，曰槎汎斗牛，各大尺五寸；曰春雲出谷，曰海宴河清，曰振衣千仞，各大二尺九寸。時歲己亥三月也。《泉南雜誌》。

嘉靖十四年秋，乾清宫左右小殿成，上命禮部尚書夏言擬額。殿東貯冕弁，西藏書史。言擬左曰端凝，右曰懋勤。上悦曰：卿所擬取端冕凝旒、懋學勤政義，甚善。遣中使賜言金幣。《明典彙》。

臣等謹按：《春明夢餘録》，日精門北曰端凝，月華門北曰懋勤，今制端凝殿、懋勤殿、日精門、月華門俱仍舊名。

乾清宫丹陛下有老虎洞，洞背爲御街，洞中甃石成壁，可通往來。帝嘗於月夕率内侍賭迷藏潛匿其内。《天啓宫詞注》。

臣等謹按：宫前丹陛下洞道，蓋侍從之人藉以左右往來者。而明之末葉乃用爲嬉娱之地，其興居無節，政令不修，甚矣，國祚豈能久乎！【略】

楊大洪首倡移宫，李選侍出居一號殿。《黄忠端説略》。

臣等謹按：《明史·楊漣傳》載，李選侍居乾清宫，漣力請移宫，遂移居仁壽殿。據此，則一號殿即仁壽殿之别名也。

崇禎元年書敬天法祖扁額，命司禮監掌印太監高時明懸乾清宫大殿，兩楹書人心惟危，道心惟微，惟精惟一，允執厥中十六字。《崇禎遺録》。

西暖殿，萬曆七年五月添額，名肅雝殿。至十一年四月，更弘德殿東暖殿。

萬曆十一年閏二月，添額弘德殿。本年四月，更昭仁殿。《明宫殿額名》。

臣等謹按：元大内東西暖閣爲慈福、明仁二殿，明初東爲弘德，西爲肅雝。至萬曆十一年，更名東暖閣曰昭仁，西暖閣曰弘德。見明史輿服志。本朝因之。

萬曆七年四月，輔臣張居正進肅雝殿箴，上覽而納之，命書於御屏。十一年四月，大學士張四維等進昭仁殿、弘德殿箴。《明神宗實録》。

乾清宫後披簷東思政軒，西養德齋。崇禎五年四月安扁。中圓殿更交泰殿，嘉靖十四年七月添額。《明宫殿額名》。【略】

乾清宫之北曰交泰殿，則皇后所居也。有中門向後，恒閉而不開。《蕪史》。

暖閣在乾清宫之後，凡九間。中一間置牀三張於房下，即以天橋上左一間之下置牀三張於上，又以天橋下左二間之下間置牀三張於下，又以天橋上左三間之上間又置牀三張於上，又以天橋下左四間之下間置牀三張於下，右四間亦如之。天橋即人家樓梯也。凡九間，有上有下，上下共置牀二十七張，天子隨時居寢，制度殊異。《宙載》。

坤寧宫，嘉靖十四年七月添額。東露頂安德齋，崇禎六年四月，更貞德齋。西露頂養正軒，崇禎七年八月安扁。東披簷清暇居，北圍廊游藝齋，俱崇禎五年十月安扁。《明宫殿額名》。

坤寧宫東披簷清暇居，崇禎五年十月二十三日安扁，北圍廊游藝齋同日安扁。《春明夢餘録》。

思陵在游藝堂，一日忽命中官問詞臣曰：今市肆交易，止言買東西而不及

南北，何也？詞臣猝無以對。輔臣周延儒曰：南方火，北方水，昏暮叩人之門户，求水火無弗與者，此不待交易，故惟言買東西。中官以其言入奏，上善之。《兔園册》。

廣運門更坤寧門，嘉靖十四年七月添額。《明宮殿額名》。

坤寧宮左曰永祥門，右曰增瑞門，俱萬曆二十五年二月添額。同上。

臣等謹按：今制，永祥門、增瑞門俱仍舊名。

宮人有罪，罰提鈴，每夜自乾清門至日精門、月華門，仍還乾清宮前方止，高唱天下太平，聲緩而長，與鈴聲相應。《天啓宮詞注》。

禁中歲除，各宮門改易春聯及安放絹畫鍾馗神像。像以三尺長素木小屏裝之，綴銅環懸挂，最爲精雅。《舊京遺事》。

舊例，宮中歲首不貼門神，殿門外列綵裝二，狀如傀儡，以木爲之，長與人等。每歲除則飾以冠笏，與人無異。崇禎末，綵裝入夜輒走，久之，日未落即走。内官不敢獨行，見其來，輒引避。一老中貴言之。《艮齋筆記》。

過日精門之東曰崇仁門，稍南曰内東裕庫，曰弘孝殿，曰神霄殿。日精門往北曰順德左門。《蕪史》。

隆慶元年三月，更名景雲殿曰弘孝殿。《明穆宗實録》。

弘孝、神霄二殿奉安孝烈皇后、孝恪皇太后，萬曆三年，徙神位於肅皇帝室，罷弘孝、神霄之祀。《春明夢餘録》。

臣等謹按：明世宗孝烈后，隆慶時祀弘孝殿，穆宗母孝恪皇太后，隆慶初祀神霄殿，萬曆三年俱遷祔奉先殿，二殿遂罷。見《明史·禮志》。

蒼震門恒閉，遇掃雪則開。《蕪史》。

大内每雪後，即於京營内撥三千名入内廷掃雪，輪番出入，每歲俱然。亦有游閑年少代充其役，以觀禁掖宮殿者。又南京舊制有揀花舍人，額設五百名。蓋當年供宗廟薦新及玉食糖粻之用，今廢久矣。五百揀花，三千掃雪，亦兩都佳話也。《野獲編》。

宮正司六尚局，曰尚衣，曰尚食，曰尚功，曰尚服，曰尚寢，曰尚宮，皆在乾清宮之東。《蕪史》。

景仁宮初名長寧宮，有惟和、從善二亭。延祺宮初名長壽宮，有集瑞亭。永寧宮，崇禎五年八月更承乾宮，東配殿曰貞順齋，西配殿曰明德堂，俱崇禎七年八月安扁。《明宮殿額名》。

田貴妃居承乾宮。《玉堂薈記》。

永和宮初名永安宮，咸陽宮更鍾粹宮。隆慶五年十一月，更前殿爲興龍殿，後殿爲聖哲殿，後有小院名龍德齋。景陽宮名長陽宮，嘉靖十四年五月更名。《明宮殿額名》。

千嬰門之北並列者則乾東之房五所。《蕪史》。

過月華門之西曰遵義門，向南者養心殿也。向北則司禮監掌印秉筆之直房。祖制，宮中膳房原在隆道閣後，魏忠賢移於怡神殿，而以其房爲直房。養心殿之西南曰祥寧宮，宮前向北者曰無梁殿，世廟煉丹藥之所也。月華門西南巋然者，隆道閣也。同上。

嘉靖四十一年九月，改乾清宮右小閣名曰道心，旁左門曰仁蕩，右門曰義平。《明世宗實録》。

隆慶四年二月，命工部於道心閣、精一堂、臨保室舊址重建閣曰隆道，堂曰仁德，室曰忠義。《明穆宗實録》。

長樂宮更名毓德宮，萬曆四十四年十一月又更名永壽宮。未央宮更名啓祥宮。《明宮殿額名》。

臣等謹按：萬曆十八年正月，召見大學士申時行等於毓德宮。見《明史》本紀。

嘉靖十四年五月，建啓祥宮。侍講學士廖道南作頌以獻，上優詔答之。宮爲獻皇帝誕降之地。《嘉隆聞見録》。

啓祥宮，神廟自兩宮災後，遂居於此。《蕪史》。

臣等謹按：萬曆三十年召大學士沈一貫於啓祥宮，命罷礦税。見《明史》本紀。

嘉德右門南向爲隆德殿，供三清、玄武諸神，神廟時災，天啓七年重修。《蕪史》。

隆德殿即元極寶殿，隆慶元年更名，崇禎六年更中正殿。左有容軒，右無逸齋，俱扁。左配殿曰春仁，右配殿曰秋義。《明宮殿額名》。

臣等謹按：嘉靖十七年，大享上帝於元極寶殿，奉睿宗配。十八年二月，祈穀於元極寶殿。見《明史》本紀。

崇禎六年，乾清宮、隆德殿所供神佛像盡移於朝天宮大隆善寺。《崇禎遺録》。

臣等謹按：明隆德殿舊制，今改建中正殿、雨花閣。

隆德殿西北曰英華殿，以供西番佛像，有菩提樹二株。《蕪史》。

英華殿前菩提樹兩株，六月開黄花，秋深子落。子不從花結，與花并發，而附於葉之背，瑩潤圓整，可作佛珠。此樹爲李太后所植。太后上賓，神廟上尊號曰九蓮菩薩，祀慈容於樹北之别殿。《天啓宫詞注》。

大内西北隅英華殿前有菩提二樹，慈聖皇祖母手植也，高二尺，枝幹婆娑，下垂著地，盛夏開花，作黄金色，子不於花蒂生而綴於葉背。秋深葉下，飄颺永巷，却葉受子而念珠出焉。其顆較南産差小而色黄，且間分瓣之綫界作白絲，名曰多寶珠。《菩提子詩序》。

臣等謹按：今壽安宫之北爲英華殿，亦供奉佛像之所。庭中菩提樹御製詩，恭載《國朝宫室》卷内。

英華殿先名隆禧殿，隆慶元年更名，崇禎五年撤額。《明宫殿額名》。

英華殿元旦供年飯素澆頭，立春供素饒餅、春繭，卧饅餕，元夕供果餡繭兒，四月八日供大不落夾二百對，小不落夾三百對，五月五日供粽子四百枚，冬至日供素餛飩，臘八日供粥料。《光禄寺志》。

嘉靖十四年五月，更萬安宫曰翌坤宫，長春宫曰永寧宫，壽昌宫曰儲秀宫，壽安宫曰咸福宫，咸熙宫曰咸安宫。萬曆四十三年六月，復更永寧宫曰長春宫。《明宫殿額名》。

臣等謹按：明咸安宫舊址今在壽康宫後，乾隆辛未，恭建壽安宫。詳見《國朝宫室》。

袁貴妃居翊坤宫。《玉堂薈記》。

百子門之北並列者則乾西之房五所。《蕪史》。

出會極門之下曰佑國殿，供玄武像。其東則内承運庫，再東曰香庫。稍北有石碑曰古今通集庫，以貯古今君臣畫像、符券、典籍，歲六月六日曝之。同上。

臣等謹按：佑國殿已廢。其承運各庫在今内閣之東，古今通集庫似即今銀庫地。石碑不可攷，古今帝王畫像今藏在南薰殿。詳見《國朝宫室》。

會極門東向南者，文華殿也。有扁曰學二帝三王治天下大經大法者，神廟御筆也。繩愆糾謬者，小臣杜詩筆也。有精一堂、恭默室、九五齋，殿之後曰玉食館。西北曰省愆居，其底用木爲通透之基，高三尺餘，下不令墻壁至地，四圍亦不與别處接。凡遇災眚，駕居此以示修省。殿之西曰崇本門，殿之後曰刻漏房。銅壺滴漏在此，凡八刻水則交一時，直殿監宿抱時辰牌赴乾清門裏換之。牌長尺餘，石青地金字書曰某時，途遇者必側立讓行，坐者必起立，亦敬天時之義也。《蕪史》。

正統三年五月，書天下文武方面官姓名於文華殿。上諭行在吏部兵部臣曰：庶官賢不肖難知，使淑慝混淆莫辨，將孰與爲善？爾等朝夕在左右，朕熟知之，在外者或知有未盡，先朝嘗命書其姓名於武英殿南廊或於奉天門西序以備觀覽。爾等其書中都留守司各都司、布政司、按察司姓名揭於文華殿，候儒臣進講之暇，因以考其人之賢否而加黜陟焉。《明英宗實録》。

臣等謹按：明仁宗即位，揭天下三司官姓名於奉天門西序。孝宗弘治元年，疏文武大臣中外四品以上官姓名揭文華殿壁。見《明史》本紀。

文華殿在奉天門之東，比諸殿制稍減而特精雅，用緑色琉璃瓦，左右爲兩春坊，上之便殿所常御者也。今用爲經筵之所。中設御座，龍屏南向。又設御案於御座之東稍南，設講案於御案之南稍東。入殿中門當檻下白石一方，純潔可丈許，擡講案官置案當其北二三尺地，始稱講官拜起也。殿中金鶴一雙，東西相向立，盤中下有趺架，飾以金朱，以口銜香。香黑色如細燭狀，外國所貢也。其下則以三山小銅屏風障金銅炭鑪，兩展書官從東班出，講經史，展書官從西班出，進詣御案前，跪出漚手香，漚手，香名，太醫院每歲製此以分餽各官。展講章。二太監接手攤滿，以金尺鎮定，然後起。至此則天顔真咫尺矣。凡進講，衣冠帶履俱薰香，退即以别篋貯之，示不敢褻也。光禄寺設宴於左順門之北，蓋奉天門之東廡也。例帶從官依品級序坐作一行，俱面西。珍羞、良醖二署司賜宴，惟經筵最精腆。堂吏及家僮輩攜囊榼，得以收餕餘。宴畢，出至左順門之南，分班北向叩頭謝恩而退。《水南翰記》。

天順八年始開經筵，歲以二、八月中旬始，四、十月下旬止。先期於文華殿設金鶴香鑪於寶座之南，左右各一。香鑪之東南設御案講案各一，案上置進講書，鎮以金尺。至期，知經筵官勳臣、閣學講官暨九卿、鴻臚、錦衣指揮使及四品以上寫講章官，俱繡金緋袍，展書翰林官與侍儀御史給事中俱青繡服。大漢將軍二十人導駕至左順門易冠帶，仍執金瓜，侯伯則易金繡蟒衣，綴立文華門外，宣入將軍負東西墻立。祝允明《九朝野記》：朝制選將軍直殿，所司有木架高八尺，選者立其身與之齊，擔五百觔甎行殿廷一匝爲合格。諸臣行禮畢升陛，由殿東西門入序班，舉御案進上前，隨舉講案，講官出班立，展書官二員出班對立。講官行禮興，東

展書官膝行詣御案展四子書講義，講官進講畢退，西展書官展經義儀亦如之。講畢，上諭官人喫酒飯。各官承旨出拜丹陛下，乃詣左順門，讌以官序，惟學士序鴻臚及四品以上，寫講章之官之右。日講官凡四員，日輪二員進講，講畢宴於文華門外西廡，禁中謂之小經筵，亦謂之小講。《瑣綴録》。

舊規，經筵春講以二月十二日起，五月初二日止；秋講以八月十二日起，十月初二日止。《明熹宗實録》。

經筵初開，講讀侍從官皆有白金文綺之賜。史成進御，亦進秩加賞。書成，以事故去則不霑恩數。如先去不效勞勩，偶值書成，則得霑恩數。故有經筵頭、修書尾之諺。《震澤長語》。

經筵始開，相傳每講畢，命中官布金錢於地，令講官拾之以爲恩典。《立齋閒録》。

經筵進講在文華前殿，日講在殿後穿廊，正字在後殿東閣，設一幄次，又東一室乃上所游息處。《穀城山房筆塵》。

講殿中笵金爲二鶴，立於左右，鶴頭各插香一炷。《費文憲摘稿》。

先是，文華殿有孔子塑像，帝欲從古易以木主。靈寶許莊敏公誥乃以所著道統書上之。帝悦，即撤其舊像，立皇帝王師八主南向，周、孔二主東西向，且命公輔九人瞻拜主前，諭之曰：朕奉先聖、先師於此，庶起敬慕以遜志於學，卿等其罔朕棄。仍賜茶及禮神品物。《戒庵漫筆》。

文華殿東室奉伏羲、神農、軒轅、堯、舜、禹、湯、文、武九聖，南面；周公、孔子左右東西向，歲春秋開講前一日，皇帝皮弁服拜跪，用羹酒果脯帛，行奠告禮。《春明夢餘録》。

每日講，日初出，上到文華殿東房。房中供羲、農、黄帝、堯、舜、禹、湯、文、武九小龕於上，左周公，右孔子二龕，上一拜三叩頭，中官贊禮。是時門未啓，閣臣、講官立候月臺上左闌干邊，候上行禮畢，轉後殿，方開門。上坐殿後川堂，司禮監打躬承旨曰：先生每來。閣臣、講官始分左右魚貫而入，近御案前，一拜三叩頭，不贊禮。上坐地平僅高三寸，蓋略堂陛之嚴，亦以便講官憑几也。每讀書，講書，與上共一几，几上只書一本，朝上。講官憑几倒看，手執朱紅牙籤，讀某句即以籤指，講亦如之。時左班中官手執一小架，架上有金錢，自架左移右有聲，以計遍數。《玉堂紀實》。【略】

文華有直殿中書，擇能者居之。《春明夢餘録》。

成祖遷都北平，其宫殿牌額皆朱孔陽筆。孔陽，松江人，兼善畫。《四友齋叢説》。

天順二年，皇太子出閣讀書，上召李賢謂曰：東宫講讀向在文華殿，朕欲避居武英，但早晚朝太后不便，姑以左廊居太子。《明天順日録》。

故事，太子出閣，設座於文華殿，自嘉靖十五年改易黄瓦，仍爲主上經筵之所。《野獲編》。【略】

文華殿孟夏祀竈，孟冬祀井。《光禄寺志》。

文華殿後扁，慈聖太后書，六行嵌以丹朱，殿内圍屏畫輿地圖。《嬴隱集》。

文華殿後東室，皇上齋居於此，繪正心誠意字懸於西壁，繪敬一字揭之門左右楣，設御榻東壁下，有御屏三曲護焉。西室設新榻，爲齋宿所，命工繪漢文止輦受諫圖懸之左，唐太宗納魏徵十思疏圖懸之右。《桂洲集》。

嘉靖十三年九月，文華殿後九五齋恭默室訖工，命輔臣以詩紀其事，於是大學士張孚敬、李時各爲五言律詩四章上之。《明世宗實録》。

于敏中等《日下舊聞考》卷三五《宫室明三》 原：恭默室者，文華後殿之東九五齋之西室也。室北壁繪河圖，東壁洛書，西壁鳳鳴朝陽圖。《桂洲集》。【略】

嘉靖十七年，作聖濟殿於文華殿後以祀先醫。《明典彙》。

臣等謹按：聖濟殿，今文淵閣即其舊址。

黄諫嘗作京師泉品，謂玉泉第一，文華殿東大庖井第二。《玉堂叢語》。

臣等謹按：大庖井在今之傳心殿前左側，泉味獨甘，甲於別井，今作亭覆其上。

崇禎時，中外多事，每遣羽流於南城爲章醮之舉，上與后妃密往行禮。自文華殿西夾道中往來。一日，有部僚接本在會極門，忽傳駕返，皇遽避入文華門西直房。於窗隙中闚見上乘小輦，輦前立兩宫娥，其次后輦，又次田、袁二妃輦，歷歷見之，不知上亦闚見矣。俄使中璫問姓名，上復遣諭之，至外勿言也。《玉堂薈記》。

萬曆二十七年四月，建端敬殿。《明神宗實録》。

端本宫在東華門内，即端敬殿之東，前庭其曠，長數十丈。左爲東華門，右爲文華門，光宗皇帝青宫時所居也。天啓末，懿安張皇后移居於此，名慈慶宫。其外爲徽音門。壬午八月，懿安移入居仁壽殿，因改爲端本宫，以待東宫大婚。宫門前三石橋，蓋大内西海子之水蜿蜒從此出焉。皇太子原居大内鍾粹宫，在

坤寧宮之左。既漸長，當移居，上以慈慶爲皇考舊居，其後勗勤宮即上舊居也，因以居東宮。奉遷懿安皇后於仁壽殿。前門徽音改前星，門内關雎左右門改爲麟祥、燕翼，第二門麟趾改爲重暉，第三門慈慶改爲端本，純禧左右門改爲養正、體元。再入爲端本宮，中設皇太子座，畫屏金碧。座左右二大鏡屏，高五尺餘，鏡方而長。左右各有連房七間，門上各堆紗畫忠孝廉節故事。左七間即寢宮，内有二雕牀，餘皆空洞。右七間有珝紅寶座及奥室，其内有弘仁殿，規制曲折，與左不同矣。又後爲穿殿，兩廡翼然，有清正二軒，又後則聚寧門，今改爲凝寧門。端本宮至此止矣。此後爲龍圃門，又後爲奉宸宮，其後有承華門。入後則左爲勗勤宮，右爲昭儉宮，又後爲麗園門。《懲書》。

臣等謹按：端敬殿與端本宮，今改建三所，爲皇子所居。

慈慶宮，光宗青宮時所居，張差梃擊處也。上爲信王時亦居此，名勗勤宮。崇禎十五年七月，更名端本宮。《山書》。

懿安皇后既移宮入，上命即所居賜皇太子，改名端本宮。宮制如常第，連房曲室，多耳殿。列方鏡屏二，高可數尺。《宦夢録》。

清寧宮本太子所居之宮，今皇子既冠皆居於此。《病逸漫記》。

萬曆四十三年五月，有妄男子張差持梃入慈慶宮。時皇太子移居宮内。差入第一門，寂無人，第二門止兩奄人守之，一年七十，一年六十餘，爲梃所仆，遂至殿簷下，超級而上。韓本用等執之，交東華守門指揮朱雄。皇太子以聞。《先撥志始》。

武英殿在右順門之西，規制如文華。凡齋居及召見大臣於其中。後以文華殿近慈寧宮，故歷朝多居之，而武英殿遂不復御。崇禎五年三月，皇后千秋，命婦例當朝賀。先十日，文書房傳諭文武命婦從西安門、北安門進西華門，赴武英殿行禮。甲戌三月，再行朝賀禮，命婦自西華門外下輿入。黎明，皇后升殿。冠爲圓匡，冒以翡翠，上飾九龍四鳳，大花十二樹，小花如大花之數，兩博鬢十二鈿，服褘衣，深青爲帶，畫翠赤質五色十二等，素紗中單，黻領朱羅縠褾襈裾，蔽膝隨衣色，以緅爲領緣，用翟爲章三等，大帶隨衣色。朱裏紕其外，上以朱錦，下以緑綿，鈕約用青組，玉革帶，青襪，青舄，舄以金飾。宮女服用紫色圓領窄袖，偏刺折枝小葵花於上，以金圈之，珠絡縫金束帶，紅裙，弓様鞵，烏紗帽，飾以花，帽額綴團珠，結珠鬢梳，垂珠耳飾。命婦花冠釵鈿，服用翟衣，素紗中單，黼領朱縠褾襈裾，蔽膝隨裳色，以緅爲領緣，加文繡，重翟爲章二等，大帶隨衣色，革帶用玉、犀、金、烏角不等，青襪舄，佩綬，入排班立四拜。女官宣箋表跪，成國夫人入殿内致詞，命婦皆跪，三叩頭，起立，四拜而出。辛巳十月，皇嫂懿安皇后聖節，亦許命婦朝賀。《春明夢餘録》。【略】

思善門外橋西爲武英殿，命婦朝賀中宮於此殿也。《燕史》。

朱彝尊原按：崇禎七年三月，命婦入朝中宮，實於武英殿。先伯祖母趙淑人與焉。是年十月，朝懿安皇后於慈寧宮，至十年三月，復朝中宮於隆道閣。劉若愚纍臣《燕史》亦云武英殿命婦朝中宮於此，而《夢餘録》則云仁智殿爲命婦朝賀中宮之地。若愚謂仁智係停梓宮之所，則皇后千秋節必不於此受賀可知已。

仁孝文皇后召翰林學士解縉、黄淮、胡廣、胡儼、楊榮、楊士奇、金幼孜之妻入見柔儀殿，勞賜備至。《后紀》。

武英有待詔，擇能畫者居之。《春明夢餘録》。

宋徽宗立書、畫學，書學即今文華直殿中書，畫學即今武英待詔諸臣。然彼時以此立學，時有考校。今止以中官領之，不關藝苑，無從稽其殿最，故技藝之精遠不及古矣。《穀城山房筆麈》。

崇禎三年，命武英殿中書畫歷代明君賢臣圖，書正心誠意箴於屏，置文華、武英兩殿。《崇禎遺録》。

南薰殿，凡遇徽號册封大典，閣臣率中書篆寫金寶金册，御用監必殺鹿一隻，蒸包作羹，此舊典也。逍遥城在歸極門之西南，今無之矣。《燕史》。

仁智殿在武英殿後，俗所謂白虎殿是也。凡大行皇帝梓宮停於此。同上

仁智殿以處畫士，一時在院中者，人物則蔣子成，翎毛則邊景昭，山水則商喜、石鋭、馬軾、李在、倪端、陳暹、鍾欽禮、王諤、朱端然，皆畫家第一流人。《四友齋叢説》。

宣廟喜繪事，一時待詔有謝廷循、倪端、石鋭、李在，皆有名。戴文進入京，衆工妬之。一日在仁智殿呈畫，文進以得意之筆上進。第一幅是《秋江獨釣圖》，畫一紅袍人垂釣於水次。畫家惟紅色是難著，文進獨得古法入妙。宣廟閲之，廷循從旁奏曰：此畫甚好，但大紅是朝廷品官服色，却穿此去釣魚，甚失大體。宣廟頷之，遂揮去，其餘幅不復視。《畫品》。

孝宗嘗至仁智殿觀鍾欽禮作畫，見其皴劈飛動，從背後久立，鍾不知也。既而忽捋其鬚大呼曰：天下老神仙。鍾遂以勅賜天下老神仙七字刻石作私印。

《明良記》。

思善門在仁智殿東南。《蕪史》。

臣等謹按：仁智殿應在武英殿後，舊基已廢，今之内務府官廨等處是其舊址云。

江夏吴偉畫山水人物入神品，憲宗召至闕下，待詔仁智殿。有時大醉，蓬首垢面，曳破皂履，踉蹌行，中官扶掖以見。上大笑，命作松泉圖。偉跪翻墨汁，信手塗抹，而風雲慘慘生屏幛間。上歎曰：真仙筆也。偉出入掖庭，奴視權貴，求畫多不與。於是權貴人數短之。居無何，放歸南郡。孝宗登極，復召見，命畫稱旨，授錦衣百户，賜章曰畫狀元。後稱疾歸，武宗復遣使召之，使至，未就道，中酒死。《稗史彙編》。

仁宗即位，建弘文館於思善門外，駕嘗臨幸，講論經史不倦。《殿閣詞林記》。

仁宗建弘文閣於思善門，作印章，命翰林院學士楊溥掌閣事，侍講王璡佐之。親舉印授溥曰：朕用卿等於左右，非止助益學問，亦欲廣知民事，爲理道之助。卿等如有建白，即以此封識進。《明典故紀聞》。

臣等謹按：明洪熙元年正月，建弘文閣，命儒臣入直，楊溥掌閣事。見《明史・仁宗本紀》。

十月，上坐思善門選東宫官。《路紀》。

弘文館在大内之西，正統中始革去。《病逸漫紀》。

慈寧宫在寶寧門北。《蕪史》。

萬曆間，外方貢緑刺觀音一座，其高六尺。李太后迎供慈寧宫中。《過日集箋》。

嘉德右門之西曰長庚門，凡夫匠淘溝及修造或宫人疾故皆開此門出入。其外自玄武門迤西可九間，自北而南，過長庚橋，至御酒房後墻，曰長連三十九間，再前層曰短連三間，連玄武門東計之，通共五十四間，總曰廊下。《蕪史》。

寶和六店，宫中儲材物處。一寶和，二和遠，三順寧，四福德，五福吉，六寶延。武宗嘗扮商估與六店貿易，争忿喧詬，既罷，就宿廊下。《西河詩話》。

御酒坊後墻有街曰長連，又一街曰短連，總曰廊下家。《張南士集》。

内法酒總名長春，有上用甜苦二色，給内閣者以黄票，學士以紅票。《傍秋亭雜記》。

内法酒出大璫造者亦佳，但或甘或冽，似未得平，令人熱及好渴，不堪醉也。《鳳洲筆記》。

坤寧宫之後則後苑也，欽安殿在焉，供玄天上帝之所也。有魚池假山，奇花異樹，東南曰瓊苑左門，西南曰瓊苑右門。《蕪史》。

臣等謹按：欽安殿、御花園今仍舊名，詳見《國朝宫室》。【略】

弘治十一年七月，太監李廣奏欽安殿設齋醮當用旛竿，工部尚書徐貫等謂非祖宗舊制，且宫禁之内不宜用此。上曰：是，其勿造。《明孝宗實録》。

嘉靖二年四月，太監崔文等於欽安殿修設醮供，請賀拜奏青詞，給事中張嵩知其左道誣惑，請火其書斥其人，章下所司。《明世宗實録》。

朱彝尊原按：此乃建醮青詞之始也。

欽安殿門曰天一之門，嘉靖十四年添額。有萬春亭、千秋亭。嘉靖十五年，添對育軒，嘉靖十四年，更玉芳軒。四神祠有觀花殿。萬曆十一年毁之，壘石爲山，中作石門，扁曰堆秀。山上有亭曰御景，東西魚池，池上二亭，左曰浮碧，右曰澄瑞。又有清望閣、金香亭、玉翠亭、樂志齋、曲流館，至萬曆十九年毁。《明宫殿額名》。【略】

欽安殿後曰順貞門，其宫墻外則玄武門，每夜更鼓在焉。《蕪史》。

臣等謹按：欽安門、順貞門，本朝俱仍其舊，玄武門即今神武門也。

隆慶四年二月，建英明閣於禁中。《明穆宗實録》。【略】

紫禁城内之河，則自玄武門之西從地溝入，至廊下，南過長庚橋裏馬房橋，由仁智殿西、御酒房東、武英殿前、思善門外、歸極門外、皇極門前、會極門北、文華殿西，而北而東，自慈慶宫前之徽音門外，蜿蜒而南，過東華門裏古今通集庫南，從紫禁城墻下，地溝亦自巽方出，歸護城河，或顯或隱，總一脈也。《蕪史》。

北中門之南曰壽皇殿，曰北果園，殿之東曰永壽殿，曰觀德殿，與御馬監西門相對者。壽皇殿之東門，萬曆中年始開者也。殿之南則萬歲山，俗所云煤山也。山之前曰萬歲門，再南曰北上門，左曰北上東門，右曰北上西門，西可望乾明門，東可望御馬監也。再南過北上門，則紫禁城之玄武門也。同上。

臣等謹按：壽皇殿、北果園即今景山後是也。北上諸門今仍舊名云。

崇禎癸未九月，召對萬歲山觀德殿。出東華門入東上北門，繞禁城行，夾道皆槐樹，十步一株。折而西，則萬歲山在望矣。復折而北，入山左裏門。上御觀德殿，皇太子侍立，諸臣趨過永壽殿，至觀德殿階下。上御坐張金字屏，書一小賦。門外張黄幔，對畢，賜茶餅。有頃，駕興，入玄武門，諸臣仍出山左裏門。觀

德殿在北安門内，玄武門外，萬歲山東麓也。山上有土成磴道，每重九日駕登山觴焉。山北有壽皇殿、北果園。山南有扁曰萬歲門，再南曰北上門，再南曰玄武門，入門即紫禁城大内也。山左寬曠，爲射箭所，故名觀德。山左裏門之東即御馬監，兩門相對，一帶有榥子房、北膳房、暖閣廠，皆西向也。永壽殿在觀德殿東南相近，内多牡丹芍藥，旁有大石壁立，色甚古。《懋書》。

萬歲山高一十四丈，樹木蓊鬱，有毓秀、壽春、長春、翫景、集芳、會景諸亭。《春明夢餘録》。

萬歲山在子城東北玄武門外，爲大内之鎮山，高百餘丈，周迴二里許。林木茂密，其顛有石刻御座，兩松覆之。山下有亭，林木陰翳，周迴多植奇果，名百果園。《西元集》。

萬歲山嘉樹鬱葱，鶴鹿成羣，俗稱煤山。天啓甲子六月，山椒有五色雲，靈臺占曰景雲將降。旨行慶賀禮，以六科廊災乃寢。《天啓宫詞注》。

今京師厚載門南逼紫禁城，俗所謂煤山者，本萬歲山。其高數十仞，衆木森然，相傳其下皆聚石炭以備閉城不虞之用者。《野獲編》。

崇禎七年九月，量萬歲山，自山頂至山根，斜量二十一丈，折高一十四丈七尺。萬歲山左門、山右門於萬曆十八年八月添牌。有玩芳亭，萬曆二十八年更翫景亭。二十九年再更毓秀亭。亭下有壽明洞，又有左右毓秀館、長春門、長春亭。壽皇殿萬福閣下曰臻禄堂，康永閣下曰聚仙室，延寧閣下曰集仙室。萬福閣東曰觀德殿，又有永壽門、永壽殿、觀花殿、集芳亭、會景亭、興隆閣，萬曆四十一年更翫春樓。萬福閣西曰永安亭、永安門，乾祐閣下曰嘉禾館、乾祐門，興慶閣下曰景明館，外爲山左裏門、山右裏門。《明宫殿額名》。【略】

朱彝尊原按：宣宗《廣寒殿記》及楊文貞、李文達、彭文憲、葉文莊、韓襄毅西苑諸記所稱萬歲山，皆本金元之舊。至馬仲房始以煤山爲萬歲山。迨萬曆間，揭萬歲門於後苑，而紀事者往往混二爲一。蓋金元之萬歲山在西，而明之萬歲山在北也。

宣宗八年四月二十六日，上命勳舊輔導文學之臣游西苑。翰林則少傅楊士奇、楊榮，少詹事王英、王直，侍讀學士李時勉、錢習禮，時少保黄淮來自退休，與焉。《翰林記》。【略】

嘉靖十五年五月，召輔臣李時、禮官夏言、武定侯郭勛汎舟西苑。帝以五日率先朝故事，汎舟西苑，特召時、言、勛侍行。先命太監韋霦賜以艾虎、彩索、牙扇等物。帝至，御龍舟，命時、言一舟，勛一舟，自芭蕉園歷玉蝀金鰲橋至澄碧亭，頒賜御肴，又命楫人蕩槳近龍舟顧問，已而賜宴無逸殿，乃還。《翰林記》。【略】

嘉靖十二年四月，上幸西苑，御寶月亭，召張孚敬等同游。御清馥殿、翠芬亭，賜茗、酒、錦囊、詩扇、紅藥花，製古樂府五七言絶句各一章命和。《嘉隆聞見紀》。

嘉靖十三年九月，西苑河東亭榭成，上親定額，天鵝房北曰飛靄亭，迎翠殿前曰浮香亭，寶月亭前曰秋輝亭，昭和殿前曰澄淵亭，後曰趯臺陂，臨漪亭前曰水雲榭，西苑門外二亭曰左臨海、右臨海，亭北牐口曰湧玉亭，河之東曰聚景亭，改吕梁洪之亭吕梁，前曰檥金亭，翠玉館前曰擷秀亭，萬歲山後曰玩芳亭。《明典禮志》。

臣等謹按：明皇史宬東南有門通河，俗所謂騎馬河也。迤東沿河稍北則吕梁洪。見《蕪史》。嘉靖十三年，西苑河東亭榭成，親定額名，改吕梁洪之亭曰吕梁。見《明史・輿服志》。【略】

崇禎十五年春，上遊西苑，召内閣、五府、六部、都察院、錦衣衛諸大臣從。先於上舟行禮畢，賜饌，分舟而游。日晡，復登上舟謝，乃退。《崇禎遺録》。

西苑門迤南，向東曰灰池，曰樂成殿，曰水碓、水磨。《蕪史》。

臣等謹按：樂成殿、水碓、水磨等處後易爲無逸殿、豳風亭。今西苑以東淑清院，即因其舊址改建。所謂灰池，今三座門内沿湖南行百許步，東墻上有門，内屋三楹，猶相沿稱灰廠。或其舊址也。

樂成殿、涵碧亭、浮玉亭，俱萬曆三十年七月添扁。《明宫殿額名》。

從芭蕉園南循水，過西苑門半里，有牐瀉池水轉北，别爲小池。中設九島、三亭。一亭藻井鬭角爲十二面，上貫金寶珠頂，内兩金龍並降，丹檻碧牖，盡其侈麗。中設一御榻，外四面皆梁檻，通小朱扉而出，名涵碧亭。其二亭，制少樸，梁檻惟東西以達厓際。東有樂成殿，左右楹各設龍牀，殿後小室亦設龍榻，皆宣皇游歷處也。殿右有屋，設石磨二，石碓二，下激湍水自動，田穀成於此春治，故曰樂成。《西元集》。【略】

河之西曰昭和殿，曰紫光閣，曰陽德門，曰萬壽宫，曰旋磨臺，即兔兒山也。曰無逸殿，曰豳風亭。《蕪史》。

從樂成殿度橋，轉南一徑，過小紅亭二百餘步，林木深茂。内有殿曰昭和，

皆黃屋。旁有水田村屋，先朝嘗於此閱稼。《西元集》。

于敏中等《日下舊聞考》卷三六《宫室明四》 南臺在太液池之南，上有昭和殿，北向，踞地頗高，俯眺橋南一帶景物。其門外一亭，不止八角，柱栱攢合，極其精麗。北懸一額，直書「趯臺陂」三字。降臺而下，左右廂宇各數十楹，不施窗牖。又其北濱池一亭，額曰湧翠，則御駕登龍舟處。《燕都游覽志》。【略】

臣等謹按：瀛臺舊爲南臺，一曰趯臺陂。明李賢記中所稱「南臺林木陰森」是也。見《金鰲退食筆記》。

崇禎壬午九月，召閣部諸臣入對明德殿。出西華門，傍西海子北行，過椒園，折而東，逾圓殿，度御橋，步至明德門外。頃之，召食明德殿前。上坐殿門，内外張御幄，左右各張黃幕，置宴榻十二張。對畢，諸臣分東西，就黃幕下入席。席設大花瓶，插雞冠花。酌用金葵花杯，大如盂，花有瓣，中心花點甚多，四旁刻曰御前欽賜，下刻曰萬曆壬寅年銀作局造。席各饌盒十五，別有餚十器，而蔬至二十二器，果五品，湯、酒各三巡。宴畢，謝恩出，上駕已動。旋登紫光閣看文書，閣甚高敞。樹陰池影，葱翠萬狀，一佳景也。即同趨過閣下，沿西海行，至萬壽宫，策馬過南臺，越小橋，有涵碧亭，曲水環之。又激水爲水碓，如江南樣，下馬徘徊久之，遂出。《愍書》。

張少師孚敬、李少保時、方少保獻夫、翟殿學鑾於癸巳歲賜游萬歲山諸處，有《春游倡和集》。戊戌，上奉慈寧汛西苑，召郭翊公勛，李、夏二少傅，顧少保從。後居西苑齋宫，四臣與分宜相不時宣召，至夜分，多寓宿苑内，時未有直廬也。己亥，始賜無逸殿左右廂分居，多應制供青詞之作。今列於後：太師郭翊公勛，太師朱成公希忠，太保崔都尉元，太傅仇咸寧鸞，鄔都尉景和，少保方安平承裕，太保陸都督炳，太保朱都督希孝，已上勛武臣。少師夏殿學言，少傅翟殿學鑾，少師嚴殿學嵩，少保費尚書宷，宫保張閣學治，少傅李殿學本，少師徐殿學階，歐宗伯德，宫保李太宰默，宫保王宗伯用賓，少保吴宗伯山，少傅袁殿學煒，宫保嚴殿學訥，少保李殿學春芳，少保郭殿學朴，尚書高殿學拱，諸公前後許乘馬出入，獨嚴以年老得乘腰輿。己亥，以八十特賜乘肩輿。此希特之典也。《鳳洲筆記》。【略】

嘉靖十年，上於西苑隙地立帝社帝稷之壇，用仲春、仲秋次戊日，上躬行祈報禮。蓋以上戊爲祖制社稷祭期，故抑爲次戊。内設豳風亭、無逸殿。其後添設户部尚書或侍郎專督西苑農務。又立恒裕倉，收其所獲，以備内殿及世廟薦新先蠶等禮，蓋又天子私社稷也。此古史册所未有。自西苑肇興，尋營永壽宫於其地。未幾而玄極、高玄等殿繼起，以玄極爲拜天之所，當正朝之奉天殿，以大高玄爲内朝之所，當正朝之文華殿。又建清馥殿爲行香之所，每建金籙大醮壇，則上自躬至焉。凡入撰青詞諸臣，皆附麗其旁，即閣臣亦晝夜供事，不復至文淵閣。蓋君臣上下，朝真醮斗幾三十年，與帝社稷相終始。至穆宗紹位，不特永壽宫爲牧場，並西苑督農大臣亦裁去矣。《野獲編》。

臣等謹按：嘉靖十年，采帝耤之義，改爲帝社帝稷，以上戊明日祭，後改次戊，次戊在望後則仍用上巳。春告、秋報，爲定制。隆慶元年，禮部言：帝社稷之名自古所無，宜罷。從之。見《明史·禮志》。

西苑農務凡占地五頃有餘，役農五人，老人四人，騾夫八人，每人日支太倉米三升，仍復其身。耕畜則從御馬監支糧草。先是，工部蓋農舍，築牛宫，造倉厫，順天府歲進穀種。比其穫也，户部以本年所入之數上聞。蓋自夏言皇后親蠶之説行，於是農桑並舉，以復邃古神農之政。未幾，親蠶禮即廢，而農務則終世宗之世焉。《野獲編》。

無逸殿三間，用甎寫刻大字《農家忙》詩一首，並記。東西間作沙壁，寫《無逸》一篇。豳風亭正面用甎寫刻大字，題《豳風》詩一首。東西兩邊作沙壁，寫《七月》詩。《諭對録》。

嘉靖十年八月，帝御無逸殿之東室，曰：西苑舊宫是朕文祖所御，近修葺告成，欲於殿中設皇祖位祭告之，祭畢宜以宴落成之。又曰：《無逸》之作，雖所以勸農，而勤學之意亦在其中。今用宴以落成之，經筵日講官俱與，仍各進講《七月》詩、《無逸》書各一篇。《明世廟聖政紀要》。

嘉靖二十一年上元，上御豳風亭，賜朱希忠等五臣宴，觀燈。《肅皇外史》。

嘉靖時，建無逸殿於西苑，翼以豳風亭，蓋取詩書義以重農務，而時率大臣游宴其中。又命閣臣李時、翟鑾輩坐講《豳風·七月》之詩，賞賚加等。添設户部堂官，專領稽事。其後日事玄修，即於其地營永壽宫，雖設官如故，而主上所創春祈秋報大典，悉遣官代行。撰青詞諸臣雖儤直於無逸之旁廬，而屬車則絶跡不復至。其殿惟内直工匠寓居彩畫神像並裝潢渲染諸猥事而已。至甲辰年，翟鑾坐二子中式被議，鑾辨疏以日直無逸爲辭。時上奉道已虔，惟稱上玄、高玄及玄威、玄功，而鑾椎樸，尚舉故事。上大怒，褫逐之。此後並殿亭舊名無齒及者矣。世宗上賓未期月，西苑宫殿悉毁，惟無逸則至今存。至尊於西成時間亦

御幸，内臣各率其曹作打稻之戲。凡播種收穫以及野饁農歌徵糧諸事，無不入御覽，蓋較上耕耤田時尤詳云。今上甲申、乙酉間，無逸燼於火。輔臣申吴縣等奏：皇祖作此殿，欲後世知稼穡艱難，其慮甚遠，非他游觀比，宜以時修復。上深然之。今輪奂尚如新也。《野獲編》。

打稻之戲，駕幸無逸殿，鐘鼓司扮農夫、饁婦及田畯官吏徵租、納税等事。《蕪史》。

嘉靖二十七年七月，西苑獻瑞穀雙穗者七十五本，羣臣上表賀。《諭對録》。

【略】

親蠶殿在萬壽宫西南，有齋宫、具服殿、蠶室、繭館，皆如古制。按明世宗實録，禮部上言：皇后出郊親蠶不便。是日召大學士張孚敬，令與尚書李時議，移之西苑。晡時，駕幸西苑，召二臣至太液池，使中官操舟渡之，入見於舊仁壽宫。上曰：朕惟農桑重務，欲於宫前建土穀壇，宫後爲蠶壇，以時省觀，卿等視其可否。二臣趨出視地，駕轉昭和殿，期二臣於此。昭和殿即今瀛臺也。《金鼇退食筆記》。

國初無親蠶禮。嘉靖九年，勅禮部曰：耕桑重事，古者帝親耕，后親蠶以勸天下，自今歲始，朕親耕，皇后親蠶，其具儀以聞。於是大學士張璁等請於安定門外建先蠶壇，準先農壇制；旁設採桑壇，倣耤田制；其别殿如南郊齋制，少減其數；即齋旁起蠶房爲浴蠶所。皇后採桑三條，後三宫夫人採五條，列侯、九卿夫人採九條，仍擇民婦受桑浴蠶於内以終事。詔如議行。詹事府詹事霍韜言：皇后出難越宿，且郊外别建蠶室，則宫嬪、命婦未見蠶事，勢難久行，乞擇近地便。户部亦言：安定門外水源不通，無浴蠶所。初，禮部議於皇城内西苑中有太液瓊島之水，且唐制亦在苑中，宋亦於宫中。從禮部議便。上命築親蠶壇於安定門外。十年三月，改築壇於西苑仁壽宫側。壇高二尺六寸，四出陛，廣六尺四寸，東爲採桑壇，方一丈四尺，高二尺四寸，三出陛，鋪甃如壇制。臺之左右樹以桑，東爲具服殿，北爲蠶室，又爲從室以居蠶婦。設蠶官署於宫左，置蠶官令一員，丞二員，擇内臣謹恪者爲之。十四年，皇后親蠶於内苑。《明典禮志》。

嘉靖十年三月，建土穀祇先蠶壇於西苑，名曰土穀壇，曰帝社帝稷。召大學士張孚敬、尚書李時至太液池，使中官操舟濟之，入見於舊仁壽宫，賜酒饌，出御製西苑視穀祇先蠶壇位賦，手授孚敬曰：朕偶有所作，卿等和之。孚敬請上手書併裝成帙，名曰詠和録。《嘉隆聞見録》。【略】

臣等謹按：明時先蠶在西苑仁壽宫側，已廢。皇上御極之七年，命於西苑東北隅豐澤園左建先蠶壇，其浴蠶河自外垣北流入，由南垣出。詳見《國朝宫室》。【略】

金海橋之東北巋然若山者，曰廣寒殿，俗云遼后梳妝樓也。河上有乾祐閣，俗云北臺是也。高八丈一尺，廣十七丈。天啓二年毁平之，就其地爲嘉樂殿。其門曰延景門，其西則内教場也。稍南有坊曰衆音引祥橋，其東則北牐口也。《蕪史》。

瓊島在太液池中，從承光殿北度梁至島，有巖洞窈窅，磴道紆折，皆疊石爲之。其巔古殿結構，翔起周迴，綺牖玉檻，重階而上，榜曰廣寒之殿。相傳遼太后梳妝臺。今欄檻殘壞，内金刻雲物猶彌覆榱棟間，下布以文石。旁一榻亦前朝物。殿前舊有四亭，曰瀛洲、方壺、玉虹、金露，今惟遺址耳。《西元集》。

臣等謹按：梳妝臺，金章宗爲李宸妃建。謂遼后者訛，其詳已見遼金宫室門。

瓊花島在内苑之北，自山麓至巔百三十餘步，周二十餘丈，皆疊石而成者。石磴陰洞，古檜喬松，縈紆蔭鬱，隱然仙府也。頂有廣寒殿，四隅各有亭，左曰玉虹，曰方壺，右曰金露，曰瀛洲。山半有三殿，中曰仁智，東曰介福，西曰延和，下臨太液池。山上常有雲氣浮空，絪緼五彩，變化莫測。《戴司成集》。

瓊花島土取自塞外，《輟耕録》、《西軒客譚》可稽也。石移自艮嶽，明宣宗《廣寒記》可證也。《渌水亭雜識》。

臣等謹按瓊島土取自塞外，御製古井記已正其誣。詳《國朝宫室》及《元宫室》卷内。【略】

梳妝臺在太液池東小山上，一名瓊華島，即今白塔寺址也。《西河詩話》。

皇城北苑中有廣寒殿，瓦甓已壞，榱桷猶存，相傳以爲遼蕭后梳妝樓。成祖定鼎燕京，命勿毁以垂鑒戒。至萬曆七年五月，忽自傾圮。其梁上有金錢百二十文，蓋鎮物也。上以四文賜予，其文曰至元通寶。按至元乃元世祖紀年，則殿剙於元世祖時，非遼時物矣。《太岳集》。【略】

八年四月，上謂楊士奇、楊榮曰：朕於宫中所在皆置書籍楮筆，今修葺廣寒、清暑二殿及瓊華島，欲於各處皆置書籍。卿二人可於館閣中擇能書者，取五經四書及説苑之類，每書録數本，分貯其中，以備觀覽。《明宣宗實録》。【略】

原：乾佑閣建自明萬曆年間，在太液池之北，高八丈一尺，廣十七丈，磴道

三分三合而上。倒影入水，波光蕩漾，如水晶宫闕。天啓時毁之，即其處爲嘉樂殿，其門曰延景門。再西則親軍内教場也。《金鰲退食筆記》

乾佑閣，宫中謂之北臺，高八丈餘，廣一十七丈，磴道三分三合而上，俯臨閭井，繁猥畢見。欽天監言風水不利，議毁之。天啓元年十一月十三日，工部疏請得旨。時吾鄉高工部道素初授虞衡司主事，於次日始督拆北臺。適禁中有窪池，公請兼領築填，即以所毁臺基積土補之，事半工倍，省費甚多。此事本在元年，而劉氏蕪史謂是二年事，誤也。《閒史掇遺》

萬曆二十九年六月，新築大内乾德殿，御史林道楠董其工。至三十年四月，道楠上言：三殿兩宫高不過一十二丈，今臺高八丈一尺，加以殿宇又復數丈，其勢反出宫殿之上，禁中豈宜有此？不報。《明神宗實録》

萬曆三十三年八月，更乾德殿爲乾德閣。天啓元年八月毁之，四年五月，添建嘉豫殿。《明宫殿額名》

太液西堤出兔園東北，臺高數丈，中作團頂小殿，用黄瓦，左右各四楹，接棟稍下，瓦皆碧。南北垂接斜廊，懸級而降，面若城壁，下臨射苑，背設門牖，下瞰池，有馳道可以走馬，乃武皇所築閲射之地。《西元集》

臣等謹按：明武宗所築閲射之地名曰平臺，後廢。見《金鰲退食筆記》。

【略】

北牐口亭，嘉靖十三年六月更湧玉亭，二十二年三月更匯玉渚西。龍淵亭，萬曆三十年七月建。會景亭，嘉靖二十二年三月更龍澤亭，萬曆三十年七月更龍湫亭。《明宫殿額名》

臣等謹按：北牐口亭基即今北海之東隅，蠶壇以北，近皇城墻，爲積水潭進水處。

嘉靖二十二年四月，新作雷霆洪應殿成。《明世宗實録》

雷霆洪應之殿有壇城、轟雷軒、嘯風室、嘘雪室、靈雨室、耀電室、清一齋、寶淵門、靈安堂、精馨堂、馭仙次、輔國堂、演妙堂、八聖居，俱嘉靖二十二年三月懸額。《明宫殿額名》

臣等謹按：今紫禁城西有昭顯廟，即其舊基。

上召禮部尚書夏言於無逸殿，諭之曰：西海子以午日奉兩宫游宴，止行望祀，宜特建祠宇。言退，疏言：海子出源西山，繞出甕山後，匯爲七里濼，東入都城，潴爲積水潭，南出玉河，入大通河，轉漕亦賴其利。比之五祀，其功較大，禮宜特祀。請於牐口湧玉亭後隙地建祠。詔可。《嘉靖祀典》

嘉靖十五年，建金海神祠於大内西苑湧泉亭，以祀宣靈宏濟之神、水府之神、司舟之神。二十二年，改名宏濟神祠。《明典彙》

金海祠以仲春、仲秋上壬日用事，遣太常卿行三獻禮。祝辭曰：粤稽瓊源，其來舊矣。自彼玉泉之委，發兹太液之流。潤澤禁垣，功亦彰矣。兹惟仲春秋敬修時祀，用報靈貺，神其流福，以惠我生民！尚享。《嘉靖祀典》【略】

天順四年九月，新作西苑殿宇軒館成，苑中舊有太液池，池上有蓬萊山，山巔有廣寒殿，金所築也。西南有小山，亦建殿於其上，規制尤巧，元所築也。上命即太液池東西作行殿三，池東向西者曰凝和，池西向東對蓬萊山者曰迎翠，池西南向者以草緝之而飾以堊曰太素。其門各如殿名。有亭六，曰飛香、擁翠、澄波、歲寒、會景、映輝，軒一曰遠趣，館一曰保和。工成，上臨幸，召文武大臣從游，歡賞竟日。《明英宗實録》

嘉靖癸卯夏四月，新作雩殿成，其地匯以金海，帶以瓊山，規構閎偉，地位肅嚴。前爲雩禱之壇，後爲太素殿，以奉祖宗列聖神御。齋館列峙，臨海爲亭，曰龍澤，曰龍湫，東爲宏濟祠，經始昨秋，至是而告成焉。《鈐山堂集》

太素殿前有溥惠門，嘉靖四十三年七月，更殿名爲壽源，旁有正心齋、持敬齋，後有歲寒亭，嘉靖二十二年三月，更五龍亭。五亭中曰龍潭，左曰澄祥，曰滋香，右曰湧瑞，曰浮翠。二坊南曰福渚，北曰壽岳。三洞上隆壽，中玉華，下仙游。其素左、素右二門，天啓七年六月塞之。三洞，天啓元年毁。《明宫殿額名》

會景亭南有屋數連，通池水以育禽鳥，舊名天鵝房。有亭曰映輝，曰澄碧。凝和殿在池東西向，有二亭臨水，曰湧翠，曰飛香。迎翠殿在池西東向，臨水有亭曰澄波，明嘉靖時更建浮香、寶月二亭。《金鰲退食筆記》

映輝亭，嘉靖二十二年四月更騰波亭，三十五年五月更滋祥亭，萬曆三十年七月更香津亭。澄碧亭，嘉靖二十三年六月更飛靄亭，三十年五月更湧福亭，萬曆三十年七月更騰波亭。凝和殿，嘉靖二十二年六月更惠熙殿，四十三年三月更元熙殿。會景亭，嘉靖二十二年三月更龍澤亭，萬曆三十年七月更龍湫亭。迎翠殿即承華殿。浮香亭，嘉靖十三年五月建，三十年六月更芙蓉亭。寶月亭，嘉靖十一年三月移建。延年殿，嘉靖四十三年三月建。《明宫殿額名》

嘉靖四十三年三月，元熙延年殿成。四月，以元熙、承華、寶月三殿亭工完，賜工部尚書雷禮等銀幣。《明世宗實録》【略】

承光殿，甃砌如城墻，以磴道分上之，上有樓閣古松，此乾明門西也。曰御河橋，即金海橋。橋之東岸再南曰五雷殿，即椒園也，亦名蕉園。再南則西苑門矣。《燕史》。

承光殿在太液池上，圍以甃城。殿構環轉如蓋，一名圓殿。中有古栝，數百年物也。《甫田集》。

承光殿一名圓殿，在太液池東，圍以甃城。池有大石橋二，其一跨海子東西，曰金鰲玉蝀，其一跨瓊華島之南，曰堆雲積翠。而圓殿則介其南。殿前有古檜一株，傳爲金時遺植，蒼勁夭矯，若虬龍之拏空，真有神物呵護之者。《燕都游覽志》。

臣等謹按：承光殿古栝，皇上有御製古栝行，恭載《國朝宮室》卷內。

承光殿，嘉靖三十一年更乾光殿。《明宮殿額名》。

瓊花島之東南曰圓殿，即承光殿，有古松三株。《春明夢餘録》。【略】

太液池在西苑中，南北亘四里，東西二百餘步，東瞰瓊華島。東南有儀天殿，殿前老檜一株，盤回若偃蓋。《戴司成集》。【略】

承光殿南，從朱扉循東水滸半里，崇闉廣砌，中一殿，碧瓦穹窿如蓋，又貫以黄金雙龍頂，纓絡懸綴，雕櫳綺窗，朱楹玉檻，八面旋匝，曰崇智殿。殿後一亭金飾，北瞰池水。轉西至臨漪亭，又一小石梁出水中，有亭八面，内外皆水，云釣魚臺。殿前牡丹數十株，名芭蕉園。《西元集》。

芭蕉園在太液池東，崇臺複殿，古木珍石，參錯其中，又有小山曲水。實録成，於此焚稿。《甫田集》。

實録成，擇日進呈，焚稿於芭蕉園。園在太液池東，崇垣複殿，古木珍石，參錯其間。又有小山曲水，則焚稿之處也。《湧幢小品》。

芭蕉園有宮眷法從人等至此下馬二石碑，當是世宗設醮時所立。《金鰲退食筆記》。

五雷殿，左迎祥館，右集瑞館，萬曆二十九年三月添扁。《明宮殿額名》。

繆荃孫《藝風堂文集》卷二《明故宮考》 明成祖初封於燕，其邸即元故宮。《夢餘録》六。其制：社稷、山川二壇，在於城門之右。王城四門：東曰體仁，西曰遵義，南曰端禮，北曰廣智。門樓廊廡二百七十二間。中曰承運殿，十一間。後爲圓殿，次曰存心殿，各九間。承運殿之兩廡，爲左右二殿。自存心、承運周圍兩廡至承運門，爲屋百三十八間。殿之後，爲前、中、後三宮，各九間；宮門兩廂等室九十九間。王城之外，周垣四間，其南曰靈星，餘三門同王城門名，周垣之内堂庫等室一百三十八間。凡爲宮殿室屋八百一十一間。《日下舊聞考》三十三引《明太祖實録》。

太宗登極後，即故宮建奉天三殿，以備巡幸受朝。永樂十五年，始改建皇城於東，去舊宮里許，悉如金陵之制。《夢餘録》。《明鑑》：永樂四年閏七月，營北京宮殿，以泰寧侯陳珪董其役，宥雜犯死罪以下，令輸作。《明史·太宗紀》：永樂四年，分遣大臣採木於四川、江西、湖廣、浙江、山西。所遣往四川之尚書宋禮言，有數大木，一夕自浮大谷，達於江。天子以爲神，名其山曰神木山，遣官祠祭。《内閣書目》：永樂十五年，鼎建北京宮殿，有瑞靄浮空，金水橋河冰凝結浮圖諸象，又慶雲呈采，團圓如日，正當御座中，且現五色天花，於是大小臣工咸爲歌頌，有《聖德瑞應詩》二十卷。

其皇城外圍墻三千二百二十五丈九尺四寸。《夢餘録》。向南者曰大明門，與正陽門、永定門直對。《日下舊聞考》。《長安客話》：凡國家有大典，則啓大明門出，不則常扃不開。《明倫大典》：聖母將至，禮部議：由東安門入。再議，由大明左門入。張璁曰：「天子必有母也，焉可由旁門入乎？」聖母至，由大明中門入。稍北，過公生左門，而向東者曰長安左門。再東過玉河橋，自十王府西夾道往北，向東者曰東安門。劉若愚《酌中志》七。《舊聞考》引《成祖實録》：東安門外建十王邸，通爲屋八千三百五十楹。轉而過天師庵草場，轉西向北，曰北安門，即俗稱厚載門是也。轉而過太平倉迤南，向西曰西安門。再南過靈濟宮、灰廠，曰長安右門。《酌中志》。《長安客話》：每日百官奏進，俱從二長安門入，守者常十數百人，皆禁軍也。《翰林記》：有外朝房在長安右門外，以待漏。城外圍之六門也。墻角環紅鋪七十二處，紅柵之内、門之北，則登聞鼓院在焉。

其紫禁城外，向南第一重曰承天門。《酌中志》。《長安客話》：進大明門，次爲承天之門，天街横亘承天門之前。《明憲宗實録》：成化元年三月，命工部尚書白圭董造承天門。《明宮史》：每年霜降後，吏部等衙門朝審刑部重囚，在門前中甬道之西，東西甬道之南。門内東太廟，西太社、太稷。二重曰端門，三重曰午門。《酌中志》。《翰林記》：本院朝房，在門外右第六區。每候朝，則殿閣大學士、本院學士、講讀官皆在焉。詹事府朝房在午門外右第十八區。魏闕西分，曰左掖門，曰右掖門。轉而向東，曰東華門。《酌中志》。《湧幢小品》：新宮既遷舊内東華門之外，逼近民居，喧囂之聲，至徹禁御。宣德七年，始加恢擴，移東華門於玉河之東，遷民居於灰廠西之隙地。向西曰西華門，向北曰玄武門。《酌中志》。此内圍之八門也。墻外環紅鋪三十六處。《明宮史》：每晚有勛臣一員，在門左門内直宿。每更，官軍提銅鈴巡之，而護城之河繞焉。

午門之内，曰皇極門。《夢餘録》。按：皇極門舊名奉天門。《夢餘録》云：嘉靖三十六年，奉天等殿門災。《明史・輿服志》云：帝以殿名奉天，非題扁所宜用，宜更定以答天庥。明年，重建奉天門，更名曰大朝門。《夢餘録》又云：四十一年，三殿成，改奉天殿曰皇極殿，門曰皇極門。據此，是奉天門曾經改爲大朝門，甫經一年，又改爲皇極門也。《明宮史》：俗所謂「羅兒天、銅壺滴漏」在此。又《舊聞考》引《愍書》云：皇極門外，兩廡四十八間，除曠八間，實四十間。東二十間爲實録、玉牒、起居諸館及東閣會坐公揖在焉；西二十間，上十間爲諸王館，下十間則會典諸館也。左曰弘政門。《夢餘録》。《明宮史》：弘政門，即東角門也。嘉靖四十一年，改東角門曰弘政，考選通政司參議及鴻臚寺官在此。右曰宣治門，《夢餘録》。《明宮史》：宣治門即西角門也。嘉靖四十一年，改西角門爲宣治。居西向東曰歸極門，《夢餘録》。《明宮史》：即右順門。《夢餘録》：嘉靖四十一年，改右順門曰歸極。《明神宗實録》：萬曆二十五年六月戊寅，歸極門火，延燒皇極等殿，文昭、武成二閣回廊皆燼。考天啓七年修建極等殿成，蓋歸極門當亦於此時竣工云。居東向西曰會極門。《夢餘録》。《明宮史》：即左順門。《夢餘録》：嘉靖四十一年，改左順門曰會極門。按《玉光劍氣集》云：會極門，凡京官上下接本，俱於此處。

皇極門内，居中向南者曰皇極殿。《蕪史》。按：皇極殿舊名奉天殿。《明典彙》：奉天殿，永樂十五年十一月建。《夢餘録》：嘉靖三十六年，奉天等殿災。四十一年，三殿成，改奉天殿曰皇極殿。《舊聞考》引《明神宗實録》：萬曆四十三年八月庚戌，重建三殿。《熹宗實録》：天啓五年八月戊戌，皇極殿豎金柱。九月甲寅，門工成。七年八月乙未，中極殿、建極殿插劍懸牌。三殿開工，自天啓五年二月二十三日起，至七年八月初二日報竣。殿兩旁，左向西者曰文昭閣，《酌中志》。《明世宗實録》：嘉靖四十一年，文樓更文昭閣。《三朝野史》：崇禎十五年八月，上御朝畢，登文昭閣，閣在皇極殿東。上步下閣，御德政殿，召五閣臣言：「文昭閣兩傍可建直房，朕不時召對，及講讀有疑問，先生往來亦便。」翼日，遂於閣左右各設直房。右向東者曰武成閣。《酌中志》。《明世宗實録》：嘉靖四十一年，武樓更武成閣。南北連屬穿空，上有滲金圓頂者，曰中極殿。《酌中志》。《明世宗實録》：四十一年九月，三殿成，改華蓋殿爲中極，謹身殿爲建極，詔曰：「人君建中建極，乃權疇錫福之基。臣民會極歸極，實欽若從乂之道。特崇表正，用迪訓行。」《野獲編》卷四：太祖初定大朝會正殿曰奉天殿，門名亦如之。其後文皇營北京，遂仍其名。世宗更其名曰皇極，而華蓋殿則曰中極，謹身殿則曰建極。蓋取《洪範》之義，若皇極、建極本屬一義，而中極尤爲無出。殿之兩傍，東曰中左門，《酌中志》。《舊聞考》引《愍書》：中左門之左有小廂房，有扁曰德政殿。崇禎十五年五月，召諸臣入對於此。西曰中右門。再北曰建極殿，殿居中向後。高距三纏白玉石欄干三上者，雲臺門也。與乾清門相對。兩旁向後者，東曰後左門，西曰後右門，即雲臺左右門，亦名平臺。《酌中志》。《明宮史》：凡召對閣臣等官，或於平臺，即後左門也。又《召對記》：崇禎丙子八月十六日，上御平臺，召諸臣入對。又東曰景運門，西則隆宗門，門西向南者曰仁德門。中則乾清門，門外左右金獅各一，門内丹陛數重。《酌中志》。《天啓宮詞》注：乾清宮丹陛下有老虎洞，洞中甃石成壁，可通往來。其居中南向者，爲乾清宮大殿。《夢餘録》。《明武宗實録》：正德九年正月，乾清宮火。至十一年十一月，乾清宮成。萬曆二十四年，乾清宮又災。至二十五年二月，又建。按《明宮史》云：大扁曰敬天法祖，崇禎元年八月初四日懸掛，係司禮監掌印高太監時明筆。以正殿扁額，令宦侍書之，明之失紀，即此可見。殿左曰日精門，右曰月華門，左小門曰龍光，右小門曰鳳彩。殿之東西有斜廊，廊之後，左曰昭仁殿，《酌中志》。《明史・輿服志》：明初，東爲弘德，西爲肅雝。至萬曆十一年，又名東暖閣曰昭仁，西暖閣曰弘德。右曰弘德殿，皆南向。又小殿二：左曰端凝殿，《酌中志》。志又云：端凝殿，尚冠等近侍所司，御服衮冕玉帶等錢糧貯此。右曰懋勤殿。《酌中志》。《明典彙》：嘉靖十四年秋，乾清宮左右小殿成，上命禮部尚書夏言擬額。殿東貯冕弁，西藏書史，言擬左曰端凝，右曰懋勤。上悦曰：「卿所擬，取端冕凝旒，懋學勤政義，甚善。」遣中使賜言金幣。殿東西各有角門，宮後披簷，東曰思政軒，西曰養德齋。《酌中志》。《明宮殿額名》：思政軒，養德齋，崇禎五年四月添額。按《宙載》云：暖閣，在乾清宮之後，凡九間，有上有下，上下共置床二十七張，天子隨時居寢。制度殊異。再北則穿堂，居中圓殿曰交泰殿，滲金圓頂，如中極殿制。

再北曰坤寧宮，皇后所居也，有中門向後，閉而不開。《蕪史》。《明宮殿額名》：坤寧宮，嘉靖十四年七月添額。宮左曰永祥門，宮右曰增瑞門。《夢餘録》。《明宮史》：俱萬曆二十五年二月十一日添額。宮之東披簷曰清暇居，北圍廊曰游藝齋。《夢餘録》。《明宮殿額名》：俱崇禎五年十月添額。宮之後，左曰景和門，右曰龍福門。再北，右曰端則門，左曰基化門，正中爲坤寧門。《夢餘録》。《明宮史》：坤寧宮有門，原曰廣運門，嘉靖十四年七月，改曰坤寧門。乾清宮後，過日精門之東，曰崇仁門。原名迎祥門。稍南，曰内東裕庫，《酌中志》。《夢餘録》：崇仁門稍南，曰奉慈殿，萬曆中改東裕庫。曰弘孝殿，《酌中志》。《明穆宗實録》：隆慶元年三月，更名景雲殿曰弘孝殿。曰神霄殿，《酌中志》。《夢餘録》：萬曆中，改崇光殿爲神霄殿。《明史・禮志》：明世宗孝烈后，隆慶時祀弘孝殿。穆宗母孝恪皇太后，隆慶初祀神霄殿。萬曆二年，俱遷祔奉先殿，二殿遂罷。

由日精門而北，爲東一長街，曰順德左門。《夢餘録》。《明宮史》：日精門往北，向南曰景和門，今曰順德左門，係嘉靖十四年更額。再北，向西與龍光門斜對者，曰咸

和左門；原名百福門。向南者曰景仁宮。《夢餘録》。《明宮殿額名》：景仁宮，初名長寧宮，有惟和、從善二亭。《夢餘録》：嘉靖十四年五月，更名景仁宮。其東則東二長街，南首曰麟趾門，原名壽春門。北首曰千嬰門。原名慶安門。麟趾門之東曰延祺宮，《酌中志》。《明宮殿額名》：延祺宮，初名長壽宮，有集瑞亭。曰怡神殿，《酌中志》。《夢餘録》：怡神殿，萬曆三十九年四月十九日被毁。萬曆四十三年五月二日，拆西城清虚殿，添蓋連房。再東曰嘉德左門，又東曰蒼震門。《酌中志》。《明大内規制記略》：此恒垣閉，遇掃雪、修造則開。咸和左門之北，向西與景和門相對者，曰廣和左門，向南者曰承乾宮。《夢餘録》。《明宮史》：承乾宮，東宮娘娘所居。《明宮殿額名》：永寧宮，崇禎五年八月，更承乾宮東配殿曰貞順齋，西配殿曰明德堂，俱崇禎七年八月添額。東二長街之東曰永和宮。《酌中志》。《明宮殿額名》：永和宮，初名永安宮。隆慶五年十一月，更前殿爲興龍殿，後殿爲聖哲殿。後有小院，名隆德齋，嘉靖十四年五月更名。廣和左門之北，向西與基北門相對者，曰天成左門；《酌中志》。《明宮殿額名》：嘉靖十四年，長慶門更大成左門。向南者曰鐘粹宮。《酌中志》。《夢餘録》：咸陽宮更鐘粹宮。《酌中志》又云：鐘粹宮，皇太子所居，更興龍宮。又東二長街之東曰景陽宮。《酌中志》。《明宮殿額名》：景陽宮，更長陽宮，嘉靖十四年五月更名，孝靖皇后曾居此。千嬰門之北並列者，則乾東之房五所，《夢餘録》。《明宮史》：千嬰門之北並列者，則乾清宮東之五所房。其東後小門，每月初四、十四、二十四日打掃，凡有事則開。又宮正司、六尚局，《酌中志》。《蕪史》：六尚局：曰尚衣，曰尚食，曰尚功，曰尚服，曰尚寢，曰尚宮。皆在乾清宮以東。《酌中志》。乾清宮後，過月華門之西，曰膳厨門，即遵義門。向南者曰養心殿。前東配殿曰履仁齋，西配殿曰一德軒，後殿曰涵春室，東曰隆禧館，西曰臻祥館。殿門南爲司禮監太監秉筆直房。其後有房數間，倚隆道閣後，爲宮中膳房。《酌中志》。《蕪史》：魏忠賢移膳房於怡神殿，將此房亦改爲秉筆直房。養心殿之西南曰祥寧宮，宮前向北者曰無梁殿。《酌中志》。《蕪史》：世廟烹煉丹藥之處，其制一木不有，皆磚石砌成者。月華門之西南，巍然者曰隆道閣，原名皇極閣，後更道心閣，至隆慶四年更此名。《酌中志》。《明穆宗實録》：隆慶四年二月，命工部於道心閣、精一堂、臨保室舊址重建，閣曰隆道，堂曰仁德，室曰忠義。左曰仁蕩門，右曰義平門。《酌中志》。《夢餘録》：嘉靖四十一年，以會極門更仁蕩門，歸極門更義平門。閣之下曰仁德堂，《酌中志》。《明宮史》：舊名精一堂，隆慶四年春更今名。前曰仁德門，《酌中志》。《明宮史》：萬曆二十四年兩宮災後，開此門出入。至神廟晚年，移居乾清宮，始閉，不恒開。閣之東曰忠義室。《酌中志》。《明宮史》：馮太監保、李太監壽、魏太監坤，曾以室中小屋爲直房。至李永貞則據忠義室而居之。室三間，黄琉璃瓦，龜背腰墻，其藻井梭葉，青龍鳳文。閣之西南，過義平門，則慈寧宮也。《酌中志》。《明世宗紀》：嘉靖十七年七月癸巳，慈寧宮成。慈寧宮花園有亭，曰咸若亭。又有橋，橋南有亭，曰臨溪亭。《夢餘録》

由月華門而北，爲西一長街，曰順德右門。再北，向東與鳳彩門斜對者，曰咸和右門，原名廣安門。向南者曰毓德宮。《酌中志》。《明宮殿額名》：長樂言，更名毓德宮，萬曆四十四年十一月，又更永壽宮。《明宮史》：神廟曰兩宮災後，先移居於毓德宮。其西則西二長街，南首曰螽斯門，北首曰百子門，西曰啓祥宮。《酌中志》。《明宮史》：原名未央宮，世廟入繼大統，至十四年夏，特更名曰啟祥。《嘉隆聞見録》：嘉靖十四年五月，建啓祥宮，侍講學士廖道南作頌以獻，上優詔答之。宮内獻皇帝誕降之地。《蕪史》：啓祥宮，神廟自兩宮災後遂居於此。再西則嘉德右門。舊名景福門。南爲隆德殿，《夢餘録》。《明宮史》：其兩旛杆插雲，向南而建者，隆德殿也。舊名玄極宮，隆慶元年夏，更曰隆德殿，供安玄教三清上帝諸尊神。萬曆四十四年十一月初二日毁，天啓七年三月初二日重修。《崇禎遺録》：崇禎六年，乾清宮隆德殿所供神佛像盡移於朝天宮大隆善寺。左曰有容軒，右曰無逸齋，東配殿曰春仁，西配殿曰秋義。再西北曰英華殿，供安西番佛菩薩像。殿前有菩提樹二株，婆娑可愛，結子可作念珠。又有古松翠竹，幽静猶山林焉。《酌中志》。《明宮殿額名》：英華殿，先名隆禧殿，隆慶元年更名，崇禎五年撤額。《天啓宮詞》注：英華殿前菩提樹兩株，爲李太后所植。太后上賓，神廟上尊號曰九蓮菩薩，祀慈容於殿北之别殿。自嘉德右門之西向南，曰二南門。門之北則八角井。《夢餘録》。按《明宮史》云：不堪汲。天啓六年亦曾修改，而味竟不堪，其廢井也。再北曰四德門，再西曰咸安宮。《夢餘録》。《明宮史》：天啓年間，客氏曾移住此。咸和門之北，向東與隆福門相對者，曰廣和右門；向南者曰翊坤宮。《酌中志》。《明宮殿額名》：嘉靖十四年五月，更萬安宮曰翊坤宮。西二長街之西曰永寧宮。《酌中志》。《明宮殿額名》：嘉靖十四年五月，更長春宮曰永寧宮。萬曆四十三年六月，復更永寧宮曰長春宮。廣和右門之北，向東與端則門相對者，曰大成殿右門；向南者曰儲秀宮。《酌中志》。《明宮殿額名》：嘉靖十四年，更壽昌宮曰儲秀宮。又西二長街之西，曰咸福宮；《酌中志》。《明宮殿額名》：嘉靖十四年，更壽安宮曰咸福宮。百子門之東並列者，則乾西之房五所，《夢餘録》。《明宮史》：其西後小門，凡有事則開，如東後小門，總乾清門官經管啓閉。東西二小門之外，皆有惜薪司貯柴殿，各宮中進取。皆在乾清宮以西。

坤寧宮之後，則宮後苑也，欽安殿在焉，供安玄天上帝。《夢餘録》。《明宮史》：殿之東南有足迹二，傳云世廟時兩宮回禄之變，玄帝曾立此默爲救火。崇禎五年秋，隆德、英華殿諸像俱送朝天等宮、大隆善等寺安藏，惟此殿聖像獨存。有門曰天一之門，嘉

靖十四年添額。又有門曰承光門，曰集福門，曰延和門。門以内有御苑，苑内曰萬春亭，曰千秋亭，《酌中志》。按：二亭嘉靖十五年添額。曰對育軒，《酌中志》。按：嘉靖十四年更玉芳軒。曰清望閣，曰金香亭，曰玉翠亭，曰樂志齋，曰曲流館，皆萬曆十九年毁。曰四神祠。曰觀花殿。《酌中志》。《明宫殿額名》：四神祠有觀花殿，萬曆十一年毁之。殿毁，壘石爲山。山中作石門，扁曰堆秀。山上有亭，曰御景亭。東西魚池各一，池上有亭，東曰浮碧亭，西曰澄瑞亭。《酌中志》。按：俱萬曆十一年添建。東南曰瓊苑東門，西南曰瓊苑西門，即東一長街、西一長街之北首也。其南首，則東西夾墻也。後曰順貞門，此外則玄武門矣。《酌中志》。《蕪史》：欽安殿後曰順貞門，其宫墻外則玄武門，每夜更鼓在焉。

乾清宫門圍墻之内，左右廊房之向南半間者，曰東夾墻，曰西夾墻。自嘉德右門之西曰太安門，其外向西曰長庚門。《酌中志》。《志》又云：凡攷夫匠淘溝及修造，或年老有勞宫人病故，皆奏開此門，以便出入。自玄武門迤西，可九間，自北而南，過長橋、御酒房後墻，曰長連，凡三十九間；再前層曰短連，凡三間，並玄武門東，通計之，凡五十四間，總曰廊下家，《蕪史》。《明宫史》：廊下家，俱答應、長隨所住，各有佛堂，以供香火。所栽棗樹，其實甜脆異常，衆長隨各以造面做酒，賃賣爲生，都人所謂廊下内酒是也。凡文書房，並司禮監監官、典簿各占過宿直房。皆在玄武門以内。

其坤寧門宫墻外，近玄武門之東，有更鼓房在焉，則紫禁城之艮隅也。景運門南向西者，都知監直房。隆宗門外向東者，曰司禮監、經廠直房。慈寧宫外，向東小門之南曰北司房，《酌中志》。《志》又云：即文書房。再南曰司禮監管賞處，《酌中志》：《志》又云：即兩班四撥寫字所居。再南曰外膳房，再南曰南司房，即監官典簿直房。隆宗門外向西者，亦監官之直房也，有井存焉。再南爲寶寧門，門外迤西有大殿，曰仁智殿。《酌中志》。《明大内規制記略》：仁智殿，在武英殿後，俗所謂白虎殿是也，凡大行皇帝梓宫停於此。《四友齋叢説》：仁智殿以處畫士。《明良紀》：孝宗嘗至仁智殿觀鐘欽禮作畫。其西南曰御酒房，西北曰馬監，《酌中志》。《志》又云：馬監，典簿奉旨問刑拷打内犯之所。門外有二大椿，俗云裏馬房也。東南曰思善門。《酌中志》門外弘文館，一名弘文閣。《舊聞考》。《明仁宗紀》：洪熙元年正月，建弘文閣。橋西有殿，曰武英殿。《酌中志》。《夢餘録》：武英殿，在右順門之西，凡齋居及召見大臣於其中。後以文華殿近慈寧宫，故歷朝多居之，而武英殿遂不復御。《明大内規制記略》：命婦朝賀中宫於此。再西曰太庖厨，曰尚膳監。《酌中志》。《志》又云：總管及管理、僉書、掌司所居。武英殿之西南曰御用裏監，《酌中志》。《志》又云：把總等官所居。再東曰南薰殿。《蕪史》。《明宫史》：凡遇徽號册封大典，閣臣率領中書官篆寫金寶金册在此。其由殿徑直而東，則歸極門也。有逍遥城，在六科廊後。《酌中志》。《志》又云：此門西南礓礤之下，漢王高煦置銅缸中炙死於此。由歸極門裏向西南入，曰六科廊。《酌中志》。《志》又云：東南兩房，掌司所居，精微科及章疏在焉。又由會極門裏向東南入，曰内閣。《酌中志》。《志》又云：輔臣票本清禁處。出會極門，循東階下，有殿曰佑國殿。《酌中志》。《志》又云：殿供玄帝聖像，籤最靈。佑國殿之東，則内承運庫。《蕪史》。《明宫史》：銀兩表裏等錢糧藏貯之所。兩庫之間，有槐一株，自徽音門南望，枝幹扶疏，茂翠可愛。有井，甘洌可用。又東過一小石橋，曰香庫。《蕪史》。《明宫史》：乃内府供用庫。答應錢糧之所。又稍北有石碑，曰古今通集庫。《酌中志》。《蕪史》：以貯古今君臣畫像、符卷、典籍，歲六月六日曝之。再北而南向，曰東華門。門内有橋，橋北有樹二，曰馬纓樹。再北曰馬神廟。《蕪史》。《明宫史》：御馬監，該班官及良馬十餘匹在此。又會極門迤東南向者，曰文華殿。《夢餘録》。《水南翰記》：文華殿，在奉天門之東，比諸殿制稍減，而特精雅，用緑色琉璃瓦，左右爲兩春坊，上之便殿，所常御者也。今用爲經筵之所。殿之側有九五齋、臨保室、精一堂、恭默室。《夢餘録》。夏言《恭默室頌》：維皇作室，九五之側。皇錫之名，是曰恭默。恭默伊何？曰惟思道。無臭無聲，至德之妙。河有龍馬，洛有神龜；鳳凰鳴矣，雝雝喈喈。按兹三圖，聖王之瑞，以開人文，以來帝賚。大哉聖心，惟恭惟默。與天同游，懋建皇極。殿之後曰玉食館，曰端敬殿，《夢餘録》。《明神宗實録》：萬曆二十七年四月，建端敬殿。曰理辦房。過小門西北，曰省愆居。《蕪史》。《明宫史》：省愆居，其制度用木，爲通透之基，高三尺餘，下不令墻壁至地，四圍亦不與别處接連。凡遇天變災眚，聖駕居此，以示修省之息。殿之東曰神厨，厨内有井。《蕪史》。《明宫史》：每祭司井之神，即於此井具儀祭之。殿之西曰崇本門，殿之後曰刻漏房。《夢餘録》。《明宫史》：銅壺滴漏在此。又殿之東門向後者，曰聖濟殿。《夢餘録》。《明大内規制記略》：聖濟殿，供三皇歷代名醫，御服藥餌之處。其前爲徽音門，左右爲關雎門。《酌中志》。《愍書》：以慈慶宫爲皇考舊居，其後勖勤宫，即上舊居也，因以居東宫，奉遷懿安皇后於仁壽殿。前門徽宫改前星門，關雎左右門改爲麟祥、燕翼。

再入一重爲麟趾門，又一重爲慈慶門。《蕪史》。《愍書》：第二門麟趾，改爲重暉，第三門慈慶，改爲端本。按《夢餘録》云：徽音門，亦曰麟趾門。據《舊聞考》所引《愍書》云：徽音改前星門，第二重門改麟趾爲重暉門。與《蕪史》合，今從之。左右爲純禧門，《酌中志》。《愍書》：純禧左右門後改爲養正、體元。其内則慈慶宫，後改爲端本宫。《酌中志》。《愍書》：端本宫，在東華門内，即端敬殿之東，前庭甚曠，長數十丈。左爲東華門，右爲

文華門，光宗皇帝青宫時所居也。天啓末，懿安張皇后移居於此，名慈慶宫。壬午八月，懿安移居仁壽殿，因改爲端本宫。宫中設皇太子座，畫屏金碧，座左右二大鏡屏，高五尺餘。左右各有連房七間，門上各堆紗，畫忠孝廉節故事。左七間即寢宫，内有二雕床。右七間，有雕紅寶座及奥室。宫内有弘仁殿，規制曲折。《蕪史》。按《宦游録》云：宫制如常，但連房曲室多耳。又後爲穿殿，兩廡翼然，有清正二軒。又後則凝寧門。原名聚寧門。又後爲龍圃門，門内爲奉宸宫。又有迎禧宫，後有承華門，左爲勖勤宫，右爲昭儉宫。又後爲麗園門。麟趾門之東，爲掌印秉筆太監直房。《蕪史》。《明大内規制記略》：所謂黎園者此也。麟趾門之西轉角西向者，曰元輝殿。再北曰御馬監直房。《酌中志》。《明宫史》：每日伺候御乘良馬十餘匹在此。神廟時，有進到大黑牛二只，無角，亦餵養於此。再北曰御用等監庫。再北而向南者，曰寶善門。《蕪史》。《明宫史》：門之西，舊有核桃、棗樹數株，乃二百餘年所培植者，魏忠賢因天啓二年風變除去。門内迤東即慈慶宫後門。門之外有井一，味極甘洌。《酌中志》。《明宫史》：神廟末年鑿。北曰奉先殿，即内太廟也。街東曰隆祀門，其内則外東裕庫。街西再北，即蒼震門。又街東西並列二門，向西者曰履順，曰蹈和，則一號殿、仁壽宫之門。《夢餘録》。黄忠端《説略》：楊大洪首倡移宫，李選侍出居一號殿。又有噦鸞宫、喈鳳宫。《夢餘録》。《明宫史》：凡先朝有名封之妃嬪、無名封之宫眷所居養老處。其居中之門，則蓮華門也。自寶善至蓮華門，有巷，皆可通玄武門云。《蕪史》。俗名此巷爲狗兒灣。

紫禁城之外，自北安門裏街，東曰黄瓦東門，街南曰尚衣監，《夢餘録》。《明宫史》：掌造御用冠冕袍服、履舄韈靴之事，又名曰西直房。街北曰司設監。《夢餘録》。《明宫史》：所職掌者，鹵簿、儀仗、圍幙、褥墊，各宫冬夏簾、涼席、帳幔、雨襏子、雨頂子、大傘之類。再東曰酒醋麪局，曰内織染局，曰皮房紙房，曰針工局，曰巾帽局，曰火藥局。《夢餘録》。《明宫史》：即兵仗局之軍器庫。再東稍南曰供用庫，曰番經廠，曰司苑局，曰鐘鼓司。《夢餘録》。《明宫史》：掌管出朝鐘鼓，凡聖駕朝聖母回，及萬壽聖節、冬至、年節昇殿回宫，在駕前作樂，迎導宫中，昇座承應。凡每年九月登高，聖駕幸萬歲山，端午斗龍舟、插柳，歲暮宫中驅儺，以及日月蝕救護打鼓，皆本司職掌。再南曰新房，曰都知監，曰司禮監。《夢餘録》。《明宫史》：每日奏文書，自御書親批數本外，皆衆太監分批，遵照閣中票子字樣。曰御馬監。再南曰杆子房，曰北膳房，曰南膳房，曰暖閣廠，曰明器廠，曰混堂司，《夢餘録》。《明宫史》：職司沐浴堂子。曰尚膳監，曰百花房，曰印綬監，曰中書房，曰蹴圓亭，曰内承運庫。《夢餘録》。《舊聞考》：内承運庫，在東下馬門，其職掌庫藏。在宫内者，謂之裏庫。其會極門、寶善門迤東一帶，及南城瓷器等庫，謂之外庫。總名之曰東河邊。

過東上北門之東，曰彈子房，曰學醫讀書處，曰光禄寺。街南曰籠頭房。《夢餘録》。其東則東安門也。《酌中志》。自東上南門之東，曰重華宫，制度如乾清宫。有中路，有兩長街。中路曰永昭門，曰昭祥門，曰端拱門，曰昭德門，曰重華門，曰廣愛門，曰咸熙門，曰康和門，曰麗春門殿，曰重華圓殿，曰清和閣，曰迎春館。東長街曰廣順門，曰中和門，曰景華門，曰宣明門，曰景明門，曰洪慶門殿，曰洪慶殿。《夢餘録》。《明大内規制記略》：供番佛之所。西長街曰興善門，曰麗京門，曰長春門，曰清華門，曰高明門，曰寧福宫、嘉福宫、明德宫、永春宫、永寧宫、延禧宫、延春宫、宜春宫。《夢餘録》。《明宫史》：凡嬪妃、皇子、皇女之喪，皆於此停靈。旁有膳房。又有門曰景和門，又東則内承運庫。自東上南門迤南，街東曰永泰門，門之内街北，則重華宫之前門也。其東有一小臺，臺上有小亭一。再東南則崇質宫，俗云黑瓦殿是也。《酌中志》、《舊聞考》：明英宗北還，居崇質宫，謂之小南城。其南街之東則皇史宬，《酌中志》。《夢餘録》：皇史宬在重華殿西，建於嘉靖十三年，門額以史爲「史」，以盛爲「宬」。按：宬與盛同義，《莊子》「以匡宬矢」。《説文》曰：「宬，屋所容受也。」《明大内規制記略》云：史宬珍藏太祖以來御筆、實録、典籍、石室金匱史書。今考史宬之制，四周上下俱用石甃，舊藏《永樂大典》於此。有左右二門，曰蠩曆。《夢餘録》。以龍爲蠩，皆世宗自制字，而手書也。再東則追先閣，有明世宗《紀祖德詩》碑。又東爲欽天閣，有世宗御制《欽天頌》碑。再南則御前作也。《夢餘録》。《舊聞考》：在菖蒲河牛郎橋不遠，臨河有地名大院子。應即御作也。

由皇史宬之西，過觀心殿射箭處，稍南有門，曰蒼龍門。其南則昭明門，其西南則嘉樂館也。其北曰丹鳳門，門列金獅二。内有正殿，曰龍德。《酌中志》。《明英宗實録》：初，上在南内，悦其幽静。既復位，因贈置殿宇，其正殿曰龍德。吴伯與《内南城紀略》：自東華門進至麗春門，凡里許，經弘慶廠，歷皇史宬門，至龍德殿隙地，皆種瓜蔬，注水負甕，宛若村舍。左殿曰崇仁，右殿曰廣智，正殿後爲飛虹橋。《夢餘録》。《明宫史》：橋以白石爲之，鑿獅、龍、鼉、鱉、魚蝦、海獸，水波汹湧，活躍如生。云是三寶太監鄭和自西洋得之，非中國石工所能制者。橋之南，右邊一塊缺損，云是中國補造，屢易屢泐。橋之南北，有飛虹、戴鰲兩坊；東西有天光、雲影二亭。又北，壘石爲山，山下有洞，曰秀岩；山上有圓殿，曰乾運。《酌中志》。《燕都游覽志》：有洞嵌石壁，壁上刻「秀岩」二字，石磴數十級，有方丘焉。最上爲乾運殿，古松大柏覆之。其左右二亭，曰凌虚，曰御風。山後有佳麗門，又後爲永明殿，最後爲圓殿，引流水繞之，曰環碧。

《夢餘録》。《眉公見聞録》：嘉靖辛卯，上游幸南城演馬，召諸輔臣環碧殿賜宴，即此。再東曰玉芝宫。《夢餘録》。《明典彙》：嘉靖四十四年六月，作玉芝宫。《野獲編》：初，世宗之建世廟也，先名世室，以奉皇考獻皇之祀。既以世字礙後世稱宗，改建獻皇帝廟。至嘉靖四十四年，舊廟柱産芝，上大悦，更名玉芝宫。後殿曰大德殿，又有殿曰景神殿，曰永孝殿。外券門曰寶慶門，其前曰芝祥門。其東墻外，則觀心殿也。《夢餘録》。按《明英宗實録》所載，南城尚有静芳門、瑞光門、昭融門，他書未見。

自皇史宬東南，有門通河，《夢餘録》。《明宫史》：是河從北安門外文昌宫迤東步糧橋入，經皮房、内織染局、巾帽局、御馬監之東，東安門橋下，至長安左門外迤東之玉河橋出焉。河上有閣，曰湧福閣。《酌中志》。《夢餘録》：澄輝閣，萬曆三十年四月二十九日更湧福閣。沿河稍北，則吕梁洪、東安橋。再北有亭居橋上，曰涵碧。《酌中志》。《舊聞考》：東安橋北又有橋，橋上遺石礎二，相傳有樓騎河。又北則回龍觀在焉，其殿曰崇德者是也。《酌中志》。《夢餘録》：崇德殿，即回龍觀，萬曆二十八年六月拆去，蓋造觀心殿，修補乾運殿。《燕都游覽志》：回龍觀多海棠，旁有六角亭，每歲花開時，上臨幸焉。《野獲編》：南城宫殿，初制亦有首門、二門以及兩掖門，二門内亦有前後兩殿，其他離宫以及圓殿、石橋，皆復辟後所增飾。《湧幢小品》：其中翔鳳等石欄杆，景帝方建隆福寺，内官悉取去。又伐四周樹木，英皇甚不樂。既復辟，下内官陳謹等於獄，尋增置各殿，爲離宫者五。大門西向，中門及殿南向。每宫殿後一小池，跨以橋，池之前後爲石壇者四，植以栝松。最後一殿供佛，甚奇古。左右回廊與後殿相接，蓋仿大内爲之。《明英宗實録》：天順三年十一月，工成，雜植四方所貢奇花異木於中。每春暖花開，命中貴陪内閣儒臣宴賞。皆在河以東。河東又有玩芳亭，有桂香館，有翠玉館，有浮金館，有擷秀館，有聚景亭，有含和殿，有秋香館，有左、右漾金亭，蓋皆爲南城離宫云。《舊聞考》。

北安門内街，東曰安樂堂，《酌中志》。《夢餘録》：内官有疾者移此。再南，黄瓦西門之裏，則内官監也。《夢餘録》。《明史·職官志》：掌木石瓦土搭材，東行、西行油漆、婚禮、火藥十作，及米鹽庫、營造庫、皇壇庫，凡國家營造宫室、陵墓，並銅錫妝奩器用，暨冰窨諸事。過北中門迤西，則白石橋、萬德寶殿、《明世宗實録》：嘉靖四十四年十二月，定新建萬德寶殿名，中曰壽憩，左曰福舍，右曰禄舍。《明宫殿額名》云：萬德寶殿，萬曆二十九年添蓋佛殿。三十年，額曰祖師殿。按《酌中志》、《夢餘録》均作萬福殿。大高玄殿、《夢餘録》。《野獲編》：西苑齋宫，獨大高玄殿以有三清像，至今崇奉尊嚴。内官宫婢習道教者，俱於其中演唱科儀。炅音陽。真閣、梱音陰。靈軒、象一宫，皆供奉釋道處。又有始陽齋、無上閣。《舊聞考》。《桂洲集》：始陽齋，在無上閣左。象一宫，在無上閣右。殿門前有二亭，制極巧，中宫呼爲九梁十八柱。《舊聞考》。其殿之北，則裏冰窨也。過北中門之南，曰壽皇殿，左曰毓秀館，右曰育芳亭，後曰萬福閣，其上曰臻福堂，《明宫殿額名》作臻禄堂。曰永禧閣，《明宫殿額名》作康永閣。其下曰聚仙室，曰延寧閣，曰集仙室，均萬曆十三年建。曰百果園。《酌中志》。《西元集》：萬歲山下有亭，林木陰翳，周回多植奇果，名百果園。殿之西門内有樹一株，掛鐵雲板，年久樹長，銜雲板於樹幹中，露十之三。殿東曰永壽殿，《酌中志》。《愨書》：永壽殿在觀德東南，内多牡丹芍藥，旁有石壁立，色甚古。曰觀花殿。《酌中志》。《夢餘録》：觀花殿，萬曆三十年閏二月添蓋，植牡丹芍藥甚多。曰集芳亭，曰會景亭，曰玩春樓。《酌中志》。《夢餘録》：興慶閣，萬曆四十一年四月二十八日更玩春樓。其下曰壽安堂，曰觀德殿，觀德殿亦射箭處也。《酌中志》。《夢餘録》：觀德殿，萬曆二十八年五月添蓋。《愨書》：山左寬曠爲射箭所，故名觀德。崇禎癸未九月，召對萬歲山觀德殿。出東華門，入東上北門，繞禁城行，夾道皆槐樹。十步一株，折而西，則萬歲山在望矣。復折而北，入山左裏門，上御觀德殿，皇太子侍立。諸臣趨過永壽殿，至觀德殿階下。上御坐張金字屏，書一小賦。門外張黄幔。對畢，賜茶餅。有頃，駕興，入玄武門，諸臣仍出山。與御馬監西門相對，皆在萬福閣東。萬福閣西曰永安亭，曰永安門、乾祐閣。下曰嘉禾館，曰乾祐門，興慶閣。下曰景明館。外爲山左裏門、山右裏門。《酌中志》。《明宫殿額名》：山左門，山右門，於萬曆十八年八月添牌。正中而巍然聳峙者，爲萬歲山。《酌中志》。《蕪史》：土渣堆築而成，人或指爲有煤，誤矣。《明宫殿額名》：崇禎七年九月，量萬歲山，自山頂至山根，斜量二十一丈，折高一十四丈七尺。山上樹木蔚葱，鶴鹿成羣。有亭五：曰毓秀亭，《夢餘録》。按《明宫殿額名》云：玩芳亭，萬曆二十八年更玩景亭，二十九年再更毓秀亭。據此，則玩芳、玩景、毓秀本爲一亭，《夢餘録》誤分爲二，合計此山有五亭。曰壽春亭，曰集芳亭，《酌中志》。《夢餘録》：壽春亭、集芳亭，萬曆三十一年二月添蓋。曰長春亭，曰會景亭。亭下有洞，曰壽明洞。山之前曰萬歲門，再南曰北上門，左曰北上東門，右曰北上西門，西可望乾明門，東可望御馬監也。再南，過北上門，則紫禁城之玄武門矣。

自西北上門過西上南門，向東曰御用監。《夢餘録》。《明宫史》：御用監，有象房，掌房等官，有母象九只，各居一房，缺則奏於外象房請補。又南，向西曰銀作局。再南，過橋曰靈台。《酌中志》。《郭守敬行狀》：大德二年，起靈台，水運渾天漏，大小機輪凡二十有五。《明宫史》：亦有觀象臺，銅鑄渾天儀以測星度、觀靈氣焉。沿河西岸而南，曰寶鈔司。《酌中志》。《蕪史》：其署在臨河後，倚河有泡稻草池，池中石灰爐渣積成卧象形，因名曰象山。自西中門之西，曰尚寶監，曰鷹坊司。再西，出西苑門迤南，東向曰

灰池，曰樂成殿，有泉碓水磨。《夢餘録》。《西元集》：樂成殿左右楹各設龍床，殿後小室亦設龍榻，皆宣皇游歷處。殿右有屋，設石磨二、石碓二，下激湍水自動，田穀成，於此舂治，故曰樂成。《明宫殿額名》：樂成殿，萬曆三十一年七月添扁。河之西，土坡之上，曰昭和殿，《酌中志》。《西元集》：從樂成殿渡橋轉南一徑，過小紅亭二百餘步，林木深茂。內有殿，曰昭和，皆黄屋。旁有水田村屋，先朝嘗於此閲稼焉。李賢《賜游西苑記》：南臺林木陰森，過橋而南，有殿面水，曰昭和。門外有亭，臨岸沙鷗水禽，如在鏡中。曰擁翠宫，《酌中志》。按：擁翠宫疑即擁翠亭。李賢《賜游西苑記》：亭臨水曰擁翠，又作湧翠。《燕都遊覽志》：其北濱池，一亭額曰湧翠，則御駕登龍舟處。曰趯臺陂，《酌中志》。《金鰲退食筆記》：瀛臺，舊爲南臺，一曰趯臺陂。《燕都游覽志》：南臺，在太液池之南，踞地頗高，府眺橋南一帶景物。其門外一亭，不止八角，柱栱攢合，極其精麗。北懸一額，直書「趯臺陂」三字。降臺而下，左右廨宇各數十楹，不施窗牖。曰澄淵亭。《酌中志》。《明典禮志》：嘉靖十三年九月，西苑河東亭榭成，上親定額昭和殿前，曰澄淵亭。又北曰紫光閣，《夢餘録》。《金鰲退食筆記》：紫光閣，由太液池西南堤循池而北，舊有臺高數丈，中作圓頂小殿，用黄瓦。左右各四楹，接棟稍下，瓦皆碧。南北垂接斜廊，懸級而昇，面若城壁，下臨射苑，皆設門牖，有馳道可走馬。明武宗築以閲射者，名曰平臺。後廢臺，改爲紫光閣。向北門外即金鰲坊，明時五日幸西苑，斗龍舟於紫光閣前，看御馬勇士馳騁往來，走解蹦柳。

再西曰萬壽宫，曰壽源宫，《夢餘録》。《野獲編》：上既遷西苑，號永壽宫，不復視朝，惟日夕事齋醮。辛酉，永壽火，復暫徙玉熙殿，又徙元都殿，俱湫隘不能容萬乘。時分宜首揆，請移駐南城，上以當時遜位受錮之所，意甚惡之。然是時方興三殿大工，縣官匱乏，無暇他營。華亭爲次揆，即對云：今徵到建殿餘材尚多，頃刻可辦。且薦司空雷禮材諝足任此役。上大悦，立命華亭子璠以尚寶司丞兼營繕主事，督其役。不三月，工成。上大悦，即日徙居，賜名曰萬壽，後堂曰壽源宫。《夢餘録》：萬壽宫，嘉靖四十二年九月更恩壽宫。曰五福殿，曰承祐殿、左祐祥殿、右祐寧殿，曰龍吉齋，《酌中志》。《夢餘録》：龍禧殿，嘉靖四十二年二月更龍煌齋，四十四年更龍吉齋。曰鳳祥館，《酌中志》。《夢餘録》：鳳祺館，嘉靖四十二年二月更鳳煒館，四十四年二月更風祥館。曰昭祥閣，《酌中志》。《夢餘録》：福祥閣，嘉靖四十二年二月更昭祥司。曰朗瑞居，《酌中志》。《夢餘録》：祿康寓更朗瑞居。曰曜曦門，《酌中志》。《夢餘録》：曦福門，嘉靖四十四年三月更曜曦門。曰耀朗門，《酌中志》。《夢餘録》：朗祿門，嘉靖四十四年三月更耀朗門。曰含祥門，曰成瑞門，曰永和門，曰永順門，曰永綏門，曰永祉門，曰納康門，曰長寧門，曰凝一殿。其東曰萬春宫，曰含春殿，《酌中志》。按《吉和稿》云：四十年，已建萬春宫，至是三宫欽定萬和、萬華、萬寧，而不言含春殿。曰萬和宫，曰萬寧宫，曰萬華宫，曰御饌庖，曰體仁門，曰履康門，曰啓泰門，曰納福門，曰安泰門。其西曰仙禧宫，《酌中志》。《夢餘録》：仙禧宫，更千秋宫。曰仙樂宫，《酌中志》。《夢餘録》：仙樂宫更千樂宫。曰仙安宫，《酌中志》。《夢餘録》：仙安宫更千景宫。曰仙明宫。《酌中志》。《夢餘録》：仙明宫更千安宫。以上四宫，嘉靖四十二年九月更名。其朝東南起，有十九門：曰常一作長。寧門，《酌中志》。《夢餘録》：衍慶門，嘉靖四十四年三月更長寧門。曰常和門，曰常善門，曰常耀門，曰金寧門，即授衣，《酌中志》。《夢餘録》：嘉靖三十七年二月，授衣門更金寧門。曰攸順門，曰攸利門，曰金静門，曰金瑞門，曰宣惠門，曰静安門，曰壽康門，即灌木，《酌中志》。《夢餘録》：嘉靖三十七年，灌木門更壽康門。曰常静門，《酌中志》。《夢餘録》：嘉靖三十七年二月，螽斯門更常静門。曰壽安門，《酌中志》。《夢餘録》：嘉靖三十三年正月添造。曰廣成門，《酌中志》。《夢餘録》：嘉靖二十一年八月添造。曰東和門。其南曰陽德門，曰永光門，曰嘉安門。

其東曰柏木殿，曰旋坡臺，《蕪史》作旋磨臺。即免兒山顯揚殿也。《酌中志》。李默《游西内記》：緣隄稍南，樹益密，林端望見昭光殿，常侍曰「比免兒山也。」按：昭光殿，《宫史》作顯揚殿，微異。《金鰲退食筆記》：兔兒山，在瀛臺之西，由大光明殿南行，疊石爲山，穴山爲洞，東西分徑，紆折至頂。殿曰清虚，俯瞰都城，歷歷可見。砌下暗設銅甕，灌水注池。池前玉盆內，作盤龍昂首而起，激水從盆底一竅轉出龍吻，分入小洞，復由殿側九曲注池中。喬松數株參立，古藤縈繞，懸蘿下垂。池邊多立奇石，一名小山子，又小蓬萊。其前爲曲流觀，甃石引水，作九曲流觴，皆雕琢奇異，布置神巧。明嘉靖時，復葺鑒戒亭，取殷鑒之義。又南爲瑶景、翠林二亭，古木延翳，奇石錯立。架石梁通東西兩池。南北二梁之間，曰旋磨臺，螺盤而上，其巔有甃，皆陶埏雲龍之象，相傳世宗禮斗於此。臺下周以深塹，梁上玉石欄柱，御道甃團龍，至今堅完如故。老監云：明時，重九或幸萬歲山，或幸兔兒山清虚殿，登高，官眷内臣皆著重陽景菊花補服，吃迎霜兔菊花酒。《西河詩話》：曾見山東徐登瀛一詩，其頷句云：「結客暫回梁父轍，求仙不上堆兒山。」人不識堆兒所出，後余入都，相傳舊西內有大光明殿，前有假山，嶐嵸，名兔兒山，集良石堆垛成洞壑，偏插絳幛，頂構廠亭，而加以重屋，即世宗焚籙瞻斗之地，則意兔兒者，堆兒之誤。山前有旋磨臺，如盤帶圍繞，由庫而登，逐步漸登，恍履平地。舊時高晝處猶蕉心中凸，聳以重臺，今亦亡矣。老宫監住此者，云客魏時官人忤意者，安置此地，死相枕藉，洞中骨發穢積。此又在《酌中志》之外者。第締構過整，洞必雙穿，峰不單峙，則宫殿規制，與外稍殊耳。臺上七層，有牌額曰玉光，曰光華，曰華輝，曰輝真，曰真境，曰境仙，曰仙臺。有迎仙亭，《酌中志》。《夢餘録》：旋坡臺，萬曆九年七月内添四柱方亭一座，萬曆四十年九月添迎仙亭牌。牌記二，南曰福巒，北曰祿渚。曰朝元館，《酌中志》。《明宫殿額名》：朝元館，嘉靖四十五年五月建。曰景德殿，《酌中

志》。《夢餘録》：萬曆二十八年十月添造。曰大光明殿，《酌中志》。《金鰲退食筆記》：大光明殿，在西安門内萬壽宫遺址之西，地極厰豁，門曰登豐。前爲圓殿，高數十尺，制如圜丘，題曰大光明殿。《西河詩話》：舊西内有大光明殿，亦名圓殿，是明世宗煉真處。殿前門曰登豐，曰廣福，曰廣和，曰廣寧；二重門曰玉宫，曰昭祥，曰凝瑞。左曰太始殿，右曰太初殿。殿前有亭，曰宣恩亭，曰饗社亭，曰一陽亭，曰萬仙亭。亭後有門，曰永吉門，曰左安門，曰右安門。曰太極殿，《酌中志》。《野獲編》：嘉靖四十四年，謝天賜丸藥於太極殿。曰統宗殿，曰總道殿。曰天元閣，《酌中志》。《金鰲退食筆記》：大光明殿中爲太極殿。後有香閣九間，題曰天元閣，高深弘麗，半倍於圓殿，皆覆黄瓦，甃以青琉璃，下列文石花礎，作龍尾道，丹楹金飾，龍繞其上，四面瑣窗，藻井以金繪之，白石陛三重，中設七寶雲龍神牌位，以祀上帝。相傳明世宗與陶真人講内丹於此。閣下曰闡元保祚，《酌中志》。《明宫殿額名》：其帝堂、積德殿、壽聖居、福真憩、禄仙室五所，毁於萬曆三十年。東向外有二門，曰天平，曰豐和。曰無逸殿，《酌中志》。《野獲編》：嘉靖時，建無逸殿於西苑，翼以豳風亭，蓋取《詩》、《書》義，以重農務，而時率大臣游宴其中。又命閣臣李時、翟鑾輩坐講《豳風·七月》之詩，賞賚加等。添設户部堂官，專領穡事。其後日事玄修，即於其地營永壽宫。雖設官如故，而主上所創春祈秋報大典，悉遣官代行，撰青詞。諸臣雖儤直於無逸殿之旁廬，而屬車則絶迹不復至。其殿惟内直工匠寓居，彩畫神像，並裝潢渲染諸猥事而已。至甲辰年，崔鑾坐二子中式被議，鑾辨疏，以「日直無逸」爲辭，時上奉道已虔，惟稱上玄高玄及玄威玄功，而鑾稚樸，尚舉故事，上大怒，褫逐之。其後並殿亭舊名無齒及者矣。世宗上賓未期月，西苑宫殿悉毁，惟無逸至今存。至尊於西成時，間亦御幸，内臣各率其曹作打稻之戲，凡播種收穫以及野饁、農歌、徵糧諸事，無不入御覽，蓋較上耕藉田時尤詳云。今上甲申、乙酉間，無逸燼於火，輔臣申吴縣等奏：「皇祖作此殿，欲後世知稼穡艱難，其慮甚遠，非他游觀比，宜以時修復。」上深然之，今輪奂尚如新也。曰豳風亭，《酌中志》。《御對録》：豳風亭正面，用磚寫刻大字，題《豳風》詩一首。東西兩邊作沙壁，寫《七月》詩。《肅皇外史》：嘉靖二十一年上元，上御豳風亭，賜朱希忠等五臣宴，觀燈。曰落成殿。《酌中志》。《明世廟聖政紀要》：嘉靖十年八月，帝御無逸殿之東室，曰：「西苑舊宫，是朕文祖所御，近修葺告成，欲於殿中設皇祖位祭告之，祭畢，宜以宴落成之。」落成之名，思取諸此，蓋是殿當即無逸殿之東室也。其在河之西岸金石橋之北，向南曰玉熙宫。《酌中志》。《金鰲退食筆記》：玉熙宫在西安門里街北，金鰲、玉蝀橋之西。明世宗嘉靖四十年十一月辛亥，萬壽宫災，蹔御玉熙宫。神宗時，選近侍三百餘名於玉熙宫學習官戲，歲時陞座，則承應之。各有院本，如《盛世新聲》、《雍熙樂府》、《詞林摘艷》等詞，又有《玉娥兒詞》，京師人尚能歌之，名御制四景。他如過錦之戲，約有百回，每回十餘人不拘，濃淡相間，雅俗並陳。又如雜劇古事之類，各有引旗一對，鼓吹送上。所扮備極世間騙局俗態，並拙婦、騃男，及市井商賈刁賴詞訟，雜要諸項，蓋欲深宫九重之中，廣識見，博聰明，順天時，恤民隱也。水嬉之製，用輕木雕成，海外諸國及先賢文武男女之像，約高二尺，彩畫如生，有臀無足而底平，下安卯榫，用竹板承之。設方木池，貯水令滿，取魚蝦萍藻實其中，隔以紗障。運機之人，皆在障内游移轉動。一人鳴金，宣白題目，代爲問答。惟暑天白晝作之，以銷長夏。明愍帝每宴玉熙殿，作過錦、水嬉之戲。一日，宴次報至，汴梁失守，親藩被害，遂大慟而罷。自是不復幸玉熙宫矣。曰承華殿，即迎翠殿。《酌中志》。《明英宗實録》：天順四年九月，新作西苑殿宇軒館成。苑中舊有太液池，池上有蓬萊山，上命即太液池東西作行殿二，池西向東對蓬萊山者曰迎翠。有亭三：曰澄波亭，《酌中志》。《金鰲退食筆記》：迎翠殿在池西，東向，臨水有亭，曰澄波。嘉靖時，更建浮香、寶月二亭，東望萬歲山，倒蘸於太液波光之中，黛色嵐光，可掬可挹，今惟短垣而已。曰寶月亭，《酌中志》。《夢餘録》：寶月亭，嘉靖十一年三月建。曰芙蓉亭。《酌中志》。《夢餘録》：浮香亭，嘉靖十三年建，三十年六月更名芙蓉亭。曰清馥殿，《酌中志》。《金鰲退食筆記》：清馥殿，度金鰲、玉蝀橋轉北，明世宗所建，常奉興獻太后來游。前有翠芬、錦芳二亭，荷花盛開，紅衣翠蓋，澄漪倒水，恍如蓬壺。殿外有門，曰仙芳門，曰丹馨門。《酌中志》。按：《明宫史》作丹馨殿，據《野獲編》：凝道、雷軒，無跡可問，惟清馥殿則整麗如故，外門曰仙芳，曰丹馨，内亭曰錦芳，曰翠芬，流泉石梁，頗甚幽致。則丹馨乃門名，非殿名也。有亭二：曰錦芳，曰翠芬。《酌中志》。《嘉隆聞見紀》：嘉靖十二年四月，上幸西苑，召張孚敬等同游，御清馥殿、翠芬亭，賜茗酒、錦囊、詩扇、紅藥花，製古樂府，五七言絶句各一章，命和。又有門曰長春門，曰昭馨門，曰瑞芬門，曰馥景門，曰仙芳門，曰馥東門，曰馥西門。又有亭曰映輝亭，《酌中志》。《明宫殿額名》：映輝亭，嘉靖二十二年四月更騰波亭，三十五年五月更滋祥亭，萬曆三十年七月更香津亭。曰澄碧亭。《酌中志》。《明宫殿額名》：澄碧亭，嘉靖二十三年六月更飛靄亭，三十年五月更湧福亭。據此，澄碧、飛靄本自一亭，《明宫史》作二亭，誤。又有殿曰騰禧殿，即黑老婆殿。《酌中志》。《夢餘録》：天鵝殿，嘉靖二十五年七月拆，蓋騰禧殿牌。《金鰲退食筆記》：騰禧殿在旃檀寺西，覆以黑琉璃瓦。明世宗西幸宣府，悦晉王樂妓劉良女，姿容婉麗，善謳，遂載以歸，居騰禧殿，俗呼爲黑老婆殿。傍有古井，曰王嫣嫣井。河之上游有倒影入水，如城闕龍宫者，曰乾德殿，即俗稱北臺是也。高出雲表，下瞰衢陌。建自萬曆年間，天啓時毁之，即其處爲嘉樂殿。《酌中志》。《明神宗實録》：萬曆二十九年六月，新築大内乾德殿。御史林道楠董其工，至三十年四月，道楠上言：「三殿兩宫，高不過一十二丈，今臺高八丈一尺，加以殿宇又復數丈，其勢反出宫殿之上，禁中豈宜有此？」《閭史掇遺》：乾祐閣，宫中謂之北臺，高八丈餘，廣一十七丈，磴道三分三合而上，俯臨閭井，繁猥畢見。欽天監言風水不利，議毁之。天啓元年十一月十三日，工部疏請得旨。時高工部道素初授虞衡司主事，於次日始督拆北臺。《明宫殿額名》：萬曆三十三年八月，更乾德殿爲乾德

閣，天啓元年八月毀之。四年五月，添建嘉豫殿。按：嘉豫殿當即嘉樂殿也。其門爲延景門，牌坊二：南曰福渚，北曰壽岳。又有殿曰壽源，即太素殿。《明宮史》。《明英宗實録》：天順四年，上命即太液池作行殿三，池西南向者以草繕之，而飾以堊，曰太素。《明宮殿額名》。太素殿，嘉靖四十三年七月更殿名爲壽源。前有溥恩門，又有門二：曰素左門，曰素右門。《明宮史》。《明宮殿額名》：二門，天啓六年塞之。旁有正心齋、持敬齋，後有歲寒亭。《明宮史》。《金鰲退食筆記》：五龍亭，舊爲太素殿，創於明天順年，在太液池西南向。後有草亭，西松竹梅於上曰歲寒亭。門左，有軒曰臨水軒，有亭曰會景亭。後改建亭五：中曰龍澤亭，左曰澄祥亭，曰滋香亭，右曰湧瑞亭，曰浮翠亭，即今河中之五龍亭也。《酌中志》。《金鰲退食筆記》：五龍亭，朱簾畫棟，照耀漣漪，從玉蝀行者，遥望水次，丹碧輝映，疑是仙山樓閣。又有洞三：上洞曰龍壽，中洞曰玉華，下洞曰游仙。以上俱萬曆三十年秋添建。

再西則内教場也，曰振武殿，《酌中志》。《夢餘録》：振武殿，萬曆二十九年四月添造。曰恒裕倉，曰省斂亭。稍南，臨河有坊，曰引祥橋。《蕪史》作衆祥橋，衆音引。其東則北閘口也，《酌中志》。《金鰲退食筆記》：禁城内西海子，古燕京積水潭也，源出西山神山、一亩、馬眼諸泉，繞出甕山，匯力七里濼，入都城，由北安門外藥王廟西橋下入皇城，自北閘口延亘大内，出大通河。轉漕亦賴其利。閘口有亭，曰湧玉亭。《酌中志》。《明宮殿額名》：北閘口亭，嘉靖十三年更湧玉亭。有殿曰洪應殿，《酌中志》。《明世宗實録》：嘉靖二十二年四月，新作雷霆、洪應殿成。曰壇城，曰轟雷軒，曰嘯風室，曰噓雪室，曰靈雨室，曰耀電室，曰清一齋，曰寶淵門，曰靈安堂，曰精馨堂，曰馭仙次，曰輔國堂，曰演妙堂，曰入聖居。

自北閘口迤南，東岸曰船屋，乃冬日藏龍舟之所，亦名藏舟浦。《酌中志》。《金鰲退食筆記》：藏舟浦，自瓊華島東麓過石橋，由陟山門折行北，循岸數百步，有水殿二，共十六間，一藏龍舟，一藏鳳舸舟，首尾刻龍形，上結樓臺，以金涂之，備極華麗。又浦係五六小舟，岸際有叢竹蔭屋，浦外一亭，今皆荒廢。《水部備考》：方船，制長十丈九尺，闊二丈九尺五寸，爲方形，嘉靖十七年於禁苑成，造以備御用，置塢居之。龍鳳船肖龍鳳形，飾以五彩，置塢二處居之。采蓮船，係司苑局於采鮮所用者。有弘濟神祠。《酌中志》。《明典彙》：嘉靖十五年，建僉海神祠於大内西苑湧泉亭，以祀宣靈弘濟之神、水府之神、司舟之神，二十二年改名弘濟。橋之南，亦有船屋焉。再南曰元熙殿，舊有凝和殿。《酌中志》。《明英宗實録》：上命即太液池東西作行殿三，池東向西者曰凝和。《夢餘録》：凝和殿，嘉靖二十三年更惠熙殿，四十三年三月更元熙殿。有亭二：左曰擁翠亭，右曰飛香亭。《酌中志》。《夢餘録》：飛香亭，萬曆三十年更元潤亭。再南曰陟山門，通里冰窨者也。又西馬頭，曰龍淵亭，《酌中志》。《明宮殿額名》：嘉靖二十二年，更匯玉渚西龍淵亭。曰念善館。又有玄雷居，舊爲遠趣軒。《酌中志》。《夢餘志》：遠趣軒，更神應軒，又更玄雷居。又有亭，曰龍湫亭。

又再南，巋然若山者，曰廣寒殿，即俗云蕭后梳妝臺也。《酌中志》。《野獲編》：大内北苑中，有廣寒殿者，《舊聞》爲耶律后梳妝樓。今上己卯歲端午前一日，遺材盡倒，梁上得金錢百二十文，蓋厭勝之物，其文曰至元寶號。此號爲元世祖紀元，可見非契丹所建，明甚。四隅各有亭：左曰玉虹，曰方壺，右曰金露，曰瀛洲。山半有三殿：中曰仁智，東曰介福，西曰延和，下臨太液池。《夢餘録》。韓雍《賜游西苑記》：又北行，至圓殿，歷階而登，殿之基與睥睨平，古松數株，其高參天。其西，以舟作浮橋，横亘池面，北則萬歲山在焉。北度石橋，登山，山在池之中，壘石爲之。山之麓，以石爲門，門内稍高有小殿，琴臺棋局，石床翠屏，分有森列。峰有最奇者名翠雲，上刻御制詩。沿西坡北上，有虎洞、吕公洞、仙人庵。又上，有延和，有瀛洲，有金露，皆殿名。瀛洲之西，湯池之後，有萬丈井，深不可測。由金露折而東上絶頂，則廣寒殿也。下至玉虹，又下而南，至方壺，至介福，皆與延和諸殿相對峙。而方壺、瀛洲，則左右廣寒而奇特者也。池有橋，曰太液橋。其牌坊曰堆雲，曰積翠。《蕪史》。《燕都遊覽志》：太液池在子城西，乾明門外，周遭凡數里。其源自玉泉山，合西北諸水流入都城德勝門，匯爲積水潭，名海子。至北安門水關，流入西苑，人呼西海子。《金鰲退食筆記》：有亭八面，内外皆水，曰臨漪亭。其北别架一梁，自承光殿達瓊華島，制差小。南北亦峙華表，曰積翠，曰堆雲。

又再南，曰圓殿，即承光殿也。磚砌如城墻，亦有雉堞，以磴道分上之。上有樓閣古松，松乃數百年物，霜蓋虬枝，式如偃蓋，凡枝之垂者，皆以杉木撑拄之。《明宮史》。《金鰲退食筆記》：承光殿在金鰲、玉蝀之東，圍以圓城，設以睥睨，自西掖洞門而升。中構金殿，穹窿如蓋，華榱綺牖，旋轉迴映，俗曰圓殿。外周以廊，向北金鰲垂出垣堞間，甚麗。昔有古松三株，枝幹槎枒，形狀偃蹇。如龍奮爪拏空，突兀天表，金元舊物也。此乾明門之西也。其石梁如虹，直跨金海，通東西之往來者，曰玉河橋。有坊曰金鰲，曰玉蝀。《酌中志》。《金鰲退食筆記》：太液池，周凡數里，上跨石梁，約廣二尋，修數百步。兩崖亦甃山水中，鯨獸楯欄，皆白石鐫鏤如玉。中流駕木貫鐵縴丹檻制之，可通巨舟。東西峙華表，東曰玉蝀，西曰金鰲。

池西南又有一山，與萬歲山差埒，最高處爲鏡殿，皆金元時所造。再南曰五雷殿，即椒園也，亦名蕉園。《酌中志》。《甫田集》：芭蕉園在太液池東，崇臺復殿，古木珍石，參錯其中。又有小山曲水，《實録》成，於北焚稿。松檜交翳，中有一殿，曰崇智殿。《酌中志》：《金鰲退食筆記》：芭蕉園，自太液池行半里許，蒲葦蘯水，榆柳被岸，松柏蒼翠，

果樹分羅。中崇闓廣砌,一殿穹窿。以黄金雙龍作頂,纓絡懸綴,雕櫳綺窗,朱楹玉柱,望而敞豁,舊曰崇智殿。殿後藥欄花圃,有牡丹數十株。左曰迎祥館,右曰集瑞館。又有太玄亭,問法所。殿後迤西,有亭面水,曰臨漪亭。又一小石梁出水中。向西,一亭在水際,曰水雲榭。再南則至西苑門矣。

由玉河橋循玉熙宮而西,曰欞星門。迤北,曰羊房夾道,曰牲口房,曰虎城。《酌中志》。《燕都遊覽志》:虎城西北隅有豹房。《明武宗實録》:正德二年八年,蓋造豹房公廨,上朝夕處此,不復入大内。曰内安樂堂,《酌中志》。《金鰲退食筆記》:内安樂堂,凡宫人有病及年老,或有罪,先發此處,待年久再發外之浣衣局。又西,苑東北隅有蠶壇,東南爲親蠶殿。又有具服殿、齋宫及蠶室、繭館,皆近仁壽宫,明世宗所始建者也。《明宫史》。

欞星門迤西,曰西酒房,曰西花房,曰大藏經廠,《夢餘録》。《金鰲退食筆記》:大藏經廠,即司禮監之經廠也,貯經書典籍及釋藏諸經。曰太極殿。又西曰洗白廠,曰果園廠,《夢餘録》。《金鰲退食筆記》:果園廠在欞星門之西,明永樂年製漆器,以金銀錫木爲胎,有剔紅、填漆二種。剔紅合有蔗段、蒸餅、河西、三撞、兩撞等式,蔗段人物爲上,蒸餅草花爲次。盤有圓、方、八角、絛環、四角、牡丹瓣等式。匣有長、方、二撞、三撞四式。其法朱漆三十六次,鏤以細錦,底漆黑光,針刻大明永樂年製。比元時張成、楊茂劍環香草之式,似爲過之。填漆刻成花鳥,填彩稠漆,磨平勾畫,久而愈新。其合製貴小,深者五色靈芝邊,淺者回文戧金邊,價數倍於剔紅,二種皆廠製也。曰十庫,曰司鑰庫,《夢餘録》。《明史·職官志》:十庫,甲字掌貯銀朱、黄丹、烏梅、藤黄、水銀諸物,乙字掌貯奏本等紙及各省所解胖襖,丙字掌貯絲、綿、布匹,丁字掌貯生漆、桐油等物,戊字掌貯弓、箭、盔甲等物,承運掌貯黄白生絹,廣盈掌貯紗羅諸帛匹,廣惠掌造貯巾帕、梳籠、刷抿、錢貫、鈔錠之類,贓罰掌没入官物。已上各掌庫一員,貼庫、籤書無定員。《明會典》:廣積庫收焰、硝、硫黄等物。按今西安門内街北十庫,前有天王殿,殿前有修庫題名碑,所記十庫,與《蕪史》合,而冠以司鑰庫之名。其《修廟碑記》則云:禁城西北隅,有司鑰庫,而天財庫亦屬焉。是司鑰庫乃十庫總理,天財庫其附焉者也。再考《明職官志》所記十庫,止詳九庫職事,獨闕廣積一庫。今依《明會典》增入。又按:贓罰庫乃十庫之一。十庫周墻尚存,今旃檀寺西北衚衕,猶有贓罰庫之名,則贓罰庫在十庫極北。曰惜薪司,《夢餘録》。《明職官志》:惜薪司,掌印太監一員,總理籤書、掌道、掌司、寫字、監工,及外廠、北廠、南廠、新南廠、新西廠,各設籤書、監工,俱無定員,掌所用薪炭之事。曰鴿子庫。正西則西安門也。《夢餘録》。按:明宫室紀載較多,惟吕毖《宫史》、劉若愚《酌中志》最詳,亦少有參差。蓋二人身處宫廷,皆所親歷,較外間傳聞者不同,今多據之。又《宫史》五卷,皆在《酌中志》之中,初疑毖竊若愚書,然取以相較,偶有異同,亦有毖是而若愚非者,疑此五卷爲明内臣紀載之書,若愚竊取之,所以此五卷外均紀萬曆、天啓時事,無關掌故矣。

清

《清會典》卷七〇《宫殿》 國家定鼎燕京,宅中建極,宫殿之制,環以皇城,重以紫禁城。左太廟,右社稷,外朝内宫,别殿翼室,秘省掖垣,東西分列,不儉不奢,萬年攸宅矣。

正陽門之内爲大清門,三闕,上爲飛檐。崇脊門前地,正方繞以石闌,左右石獅各一,下馬石牌各一。門之内,千步廊東西嚮各百有十間。又折而北嚮,各三十四間,皆聯檐通脊。東接長安左門,西接長安右門。門各三闕,東西嚮兩門,之中南嚮者天安門,爲皇城正門。

皇城之制:廣袤三千六百五十六丈五尺,高一丈八尺,下廣六尺五寸,上廣五尺三寸,甃以甎,朱塗之,上覆黄琉璃。城四門:南即天安,北曰地安,東曰東安,西曰西安。天安門五闕,上覆重樓九間,彤扉三十有六。門前環御河,跨石梁五。即外金水橋。石橋前立華表二,門之内立華表二。東西兩廡各二十六間。東廡正中爲太廟街門,西廡正中爲社稷街門。兩廡之北,正中南嚮者爲端門,門制與天安門同。門之内,東西兩廡各五間。其北,東有太廟右門,西有社稷左門。迤北兩廡各四十二間,均聯檐通脊,爲六科垣舍及部院府寺監朝房。又北,東出者爲闕左門,西出者爲闕右門。門北,東西廡各三間,爲王公朝集之所。中午門爲紫禁城正門,門前左設嘉量,右設日圭。

紫禁城之制:南北長二百三十六丈二尺,東西長三百有二丈九尺五寸,高三丈。堞高四尺五寸五分,下廣二丈五尺,上廣二丈一尺二寸五分。城四門:南即午門,北曰神武,東曰東華,西曰西華。四維角樓各一。午門三闕,上覆重樓九間,南北彤扉各三十有六,左右設鐘鼓明廊,翼以兩觀,傑閣四聳。左右各一闕,西嚮者曰左掖,東嚮者曰右掖。

外朝之制:午門内,東西兩廡各二十二間,皆崇基。東廡之中爲協和門,西廡之中爲熙和門。門各五間。東西嚮兩廡之北,正中南嚮者爲太和門,九間三門,重檐,崇基石闌。前後陛各三出,左右陛各一出。門前列銅獅二。其南環以金水河,跨石梁五。即内金水橋。左右各一門,皆南嚮,左曰昭德,右曰貞度。門各三間。門之内,東西兩廡各三十二間,東廡之中爲體仁閣,西廡之中爲弘義

閣。東廡之北爲左翼門，西廡之北爲右翼門，各五間，皆東西嚮。其正中南嚮者爲太和殿，基高二丈，殿高十有一丈，廣十有一間，縱五間。上爲重檐、垂脊、正吻，二旁吻四。前後金扉四十，金瑣牕十有六。殿正中一間，設御座。殿前爲丹陛，環以白石闌。陛五出，各三成列。鼎十有八，銅龜、銅鶴各二，日圭、嘉量各一。丹墀爲文武官行禮位。范銅爲山形，鐫正從一品至九品清漢文，東西各二行，行十有八列，於御道兩旁。殿左右各一門，左曰中左，右曰中右，皆三間，南嚮。殿之後，東西兩廡又各三十間，正中南嚮者爲中和殿，縱廣各三間，方檐、圓頂、金扉、瑣牕各二十有四。南北陛各三出，東西陛各一出。殿之後爲保和殿，九間，前陛各三出，與太和殿丹陛相屬。中和殿左右陛各三，成東西出。保和殿後陛三，成三出，北嚮。殿左右各一門，左曰後左，右曰後右，皆三間，南嚮，前後出陛。其北東爲景運門，西爲隆宗門，三門五間，前後出陛，東西嚮。正中乾清門爲内宮正門。

內宮之制：乾清門南嚮五間三門，前三出陛，環以石闌。陛前列金獅二，門内左右陛北出者二。正中南嚮者爲乾清宮，廣九間，縱五間，中設寶座。前爲丹陛，列寶鼎、龜鶴、日圭、嘉量。丹陛中道與乾清門相屬。左右陛南出者二，東西出者各一。宮之東爲昭仁殿，西爲弘德殿，皆南嚮。東廡爲端凝殿，西嚮，其南東出者爲日精門。西廡爲懋勤殿，東嚮，其南西出者爲月華門。宮之北，正中爲交泰殿，金頂制與中和殿同。殿後爲坤寧宮。宮之東爲東暖殿，西爲西暖殿。宮後正中北嚮者爲坤寧門，門後正中南嚮者爲天一門，後爲欽安殿。殿後北嚮者爲承光門。門之後左曰延和門，右曰集福門，中爲順貞門。後曰神武門，爲紫禁城北門。以上宮殿門廡，皆崇基，上覆黃琉璃。門設金釘，闌柱、牕扉、丹壁、青瑣，咸雕鏤繪采。由日精門而東南出者曰内左門，門之北南嚮者曰近光左門。自是而北，爲東一長街，街東以次列三宮：前爲景仁宮，其北爲承乾宮，又北爲鍾粹宮。三宮之東爲東二長街，街東以次列三宮：前爲延禧宮，其北爲永和宮，又北爲景陽宮。

日精門之東爲齋宮，殿曰孚顒殿。齋宮之東爲毓慶宮，殿曰惇本殿。前爲祥旭門，外爲前星門。宮垣東嚮之門爲昭華門，又東爲蒼震門。由月華門而西南出者曰内右門，門之北南嚮者曰近光右門。自是而北爲西一長街，街西以次列三宮：前爲永壽宮，其北爲翊坤宮，又北爲儲秀宮。三宮之西爲西二長街，街西以次列三宮：前爲啓祥宮，其北爲長春宮，又北爲咸福宮。三宮之北爲重華宮，殿曰崇敬殿。宮之西爲建福宮，殿曰撫宸殿。宮之南爲延慶殿。月華門之西爲養心殿，宮垣西嚮之門爲啓祥門，又西爲長庚門。

景運門之東爲奉先殿，西門曰誠肅門，正門曰奉先門。中爲正殿，後爲寢殿，皆九間，南嚮，如太廟寢制。左列神庫，前列神廚。奉先殿之東爲寧壽宮，其北爲景福宮，南爲擷芳殿。由協和門東出爲文華殿，後爲主敬殿，東爲傳心殿，門曰景行門，後列祭庫、神廚。其前稍東東出者東華門，爲紫禁城東門。

隆宗門之西爲慈寧宮。前爲慈寧門，門東爲永康左門，西爲永康右門。前爲長信門，又前爲長慶門。東爲慈祥門。宮之西爲壽康宮，北爲壽安宮。宮之東爲中正殿，殿之西爲英華殿。由熙和門西出爲武英殿，前跨石梁三。西爲咸安宮，南爲南薰殿。西出者西華門爲紫禁城西門。

《清會典則例》卷一二六《工部·營繕清吏司·宮殿·營建》　順治元年，定鼎燕京，上「大清門」牌額。

二年，定正中三殿，名殿前曰太和門，門之左曰昭德門，右曰貞度門。東廡之中曰協和門，西廡之中曰雍和門。太和門之後曰太和殿，殿之左曰中左門，右曰中右門。東廡之中曰體仁閣，西廡之中曰弘義閣；體仁閣之北曰左翼門，弘義閣之北曰右翼門。太和殿後曰中和殿。中和殿後曰保和殿，殿之左曰後左門，右曰後右門。

四年，建午門，翼以兩觀。中三門，東、西爲左、右掖門。

八年，建承天門。工成，改爲天安門。

十年，建慈寧宮。

十二年，重建内宮。前曰乾清門，東垣之中曰景運門，西垣之中曰隆宗門，乾清門之内曰乾清宮，宮後曰交泰殿，殿後曰坤寧宮，宮後曰坤寧門。坤寧宮之東曰景仁宮，承乾宮，鍾粹宮；西曰永壽宮，翊坤宮，儲秀宮。

十四年，建奉先殿。

康熙六年，建端門。

八年，重建太和殿，乾清宮。

是年，迎坤寧宮吻，安交泰殿金頂。

十八年，重建奉先殿。

二十一年，建咸安宮。

二十二年，建文華殿。

是年，建啓祥宫，長春宫，咸福宫。

二十五年，建延禧宫，永和宫，景陽宫。

二十七年，建寧壽宫。

三十四年，重建太和殿。

三十六年，重建東暖殿，西暖殿，承乾宫，永壽宫。

乾隆元年，改雍和門曰熙和門。

十六年，改咸安宫爲壽安宫。

《清會典則例》卷一二六《工部·營繕吏司·宫殿·監修》

順治十二年，覆準，凡建造宫殿，所司先期具工程上請，勅下工部會同科道估計，以防侵冒。又，定修造宫殿，竪柱、上梁、合龍、懸匾，均請旨遣大臣祭告，需用花紅，户、工二部支給。迎吻，遣官一人祭吻於琉璃窰，並遣官四人於正陽門、大清門、午門、太和門祭告，文官四品以上、武官三品以上及科道官排班迎吻。各壇廟等工迎吻及祭，經由之門均如之。是年，重建乾清宫、坤寧宫、交泰殿，令八旗滿洲蒙古漢軍每佐領下出工匠一名，夫四名，管押各匠夫。滿洲每旗差管工官一人，驍騎校一人，每參領差領催一名。蒙古漢軍每旗差驍騎校一人，每參領差領催一名。由部委滿司官四人，漢軍司官二人，漢司官二人，筆帖式五人。又，題準，增委内務府官一人，同部委司官、筆帖式及内監通事等，協同管理。又，題準，五城匠役各委司坊官一人，察管其直隸山東、山西解到匠役；順天府委佐貳官一人，協同本部監督官稽察。

康熙十年，題準，内廷應用匠夫物料，據内務府印文照數給發，其紫禁城、皇城内一應工程，由部確估具題修理。如不及千兩，由部酌定修理，開明物料及需用錢糧，行文内務府委官會部監修。

十八年，諭：修建宫殿工程，緊要每處應差官五人監造，工部官員不敷差遣，於五部各取賢能官五人，及少卿科員開列引見。欽此。

雍正九年，奉旨修理紫禁城等工，欽點王大臣督率内務府工部官員監造。

乾隆二年，修奉先殿。

五年覆準，修造宫殿及紫禁城、皇城，其工料銀百兩以上，管工官將興工日期知會科道，開工後，將所用物料匠夫數目，十日一開單，移送陝西道，御史不時赴工親勘。工完，總册報部，細册移送陝西道，會同工部察驗。如物料丈尺不符，科道會部題參。科道亦不得徇名失實，倘興工之日身不親到，工完之後又不據實詳察，由部會同都察院參奏。再，工程銷算或有不能依限完結，緣由照例呈明；展限，由部移會科道察覈。

八年，奉旨，南面皇城並長安左右門上蒿草蔓生，瓦片亦有脱損者，著委官每年拔草苫補一次；其東西北三面皇城，著五年苫補一次。

十一年奏準，一切工程，惟午門以内、乾清門以外殿宇，並紫禁城、皇城内外城垣有應修之處，令各該處察勘報部，其應急修者，會同估計修理；稍緩者，於伏雨後確估覈修。如工程過多，一時難竣，於冬季備料，春融興工，工完，報部題銷。

十八年奏準，皇城墻垣觀瞻所繫，自應修葺完固。向來雖間有隨時苫補之處，因閲年久遠，西、南二面尚不甚至剥落，東、北二面損裂甚多，若不加修補，將來坍塌益滋糜費。應逐段勘估，分别修整。再，永定、左安、右安等門城墻，亦多皸損，雖與城垣根基尚屬無礙，但見有皸入三四進者，恐漸至坍塌，則費用益多，應一并勘估。隨委官詳勘，皇城四面内外拆裂者二千三百二十三丈三尺，剥落者一千三百二十三丈七尺。如按尋常修造，其應行拆砌者已至三分之二，葺補段落僅止三分之一，約覈工料銀二十七萬六千九百餘兩。但葺補之處終屬新舊參差，未能一式堅整，猶恐數年後又將有坍塌之虞，是應全行拆造，約估工料銀三十一萬六千餘兩。請於冬令備料，分限四五年，次第興修。所需錢糧陸續由户部支領，工竣，據實覈銷。至永定、左安、右安等門城墻，竢皇城工竣，再行奏明辦理。

高士奇《金鰲退食筆記》卷上　紫光閣，由太液池西南隄，循池而北，舊有臺，高數丈，中作圓頂小殿，用黄瓦，左右各四楹，接棟稍下瓦皆碧，南北垂接斜廊，懸級而升，面若城壁，下臨射苑，皆設門牖，有馳道可走馬，明武宗築以閲射者，名曰平臺。後廢臺，改爲紫光閣。向北門外即金鰲坊。明時，五日幸西苑，鬬龍舟於紫光閣前，看御馬監勇士，馳驟往來，走解躧柳。明愍帝召對閣臣於此。大學士蔣公德璟敬日草云：「召至紫光閣，退出，步至林木間小憩，傍有别館，諸璫坐處，有頃，光禄寺送茶。閣甚高敞，樹陰池影，蔥翠萬狀，一佳景也。」我朝仍名紫光閣。向南隙地，盡植桃杏，仲春之際，芳菲滿目。上常於閣前殿試武進士騎射。又於每歲八月中秋前二三日，集上三旗大臣侍衛較射，更設帳殿，次第而入，御製詩所謂「隊自花間入，鑣從柳外分」也。高等者賜蟒緞一疋，内緞三疋，潞紬二疋，羊二隻；次等者蟒緞一疋，内緞二疋，潞紬一疋，羊一

隻；再次者内緞一疋，潞紬一疋。癸亥歲，改賜金牌、銀牌有差，上刻「旌射」二字。皇太后避暑亦曾居此。傍有百鳥房，多蓄奇禽異獸，如孔雀、金錢雞、五色鸚鵡、白鶴、文雉、貂鼠、舍狸猻、海豹之類，不可枚舉。本朝不此是尚，但給飲啄而已。

高士奇《金鰲退食筆記》卷上　承光殿在金鼇、玉蝀橋之東，圍以圓城，設以睥睨。自兩掖洞門而升，中構金殿，穹窿如蓋，華榱綺牖，旋轉迴環，俗曰「圓殿」。外周以廊，向北金鼇垂出垣堞間，甚麗。昔有古松三株，枝幹槎枒，形狀偃蹇，如龍奮爪拏空，突兀天表，金、元舊物也。今止存其一。明李文達賜遊西苑記云：「圓殿巍然高聳，曰承光。北望山峰，嶙峋崒嵂；俯瞰池波，蕩漾澄澈：山水之間，千姿萬態，莫不呈奇獻秀於几牕之前。」韓右都御史雍賜遊西苑記云：「圓殿，觀燈之所也。殿臺臨池，環以雲城，歷階而登，殿之基與睥睨平。古松數株，聳拔參天，衆皆仰視。時則晴雲翳空，炎光不流，暖風徐來，花香襲人。倚睥睨而窺其西，以舟作浮橋，横亘池面。北則萬歲山在焉。」殿廢于康熙七八年間，云有蝙蝠大尺餘者。南向二亭，尚出雉堞，上門閉塞，久不啓。余朝夕騎馬過其下，輒愛古栝之夭矯蒼翠，而於雪朝月夜，更徘徊不忍去云。

高士奇《金鰲退食筆記》卷下　大高元殿在神武門之北，南向，臨玉河。其前門曰始青道境。左右有牌坊二，曰先天明鏡，曰太極仙林，曰孔綏皇祚，曰宏佑天民。内有二閣，左曰炅音陽明閣，右曰玥音陰靈軒。殿之東北曰象一宫，所供象一帝君，範金爲之，高尺許，明世宗元修玉容也。門前二亭，鈎簷鬬桷，極盡人巧，中官呼爲「九梁十八柱」云。官民過者，至此下馬。每歲大旱，則建醮祈雨，遣官禮拜。殿之東，即北上西門，有橋，甃磚石各半，謂防車輪耳。

高士奇《金鰲退食筆記》卷下　騰禧殿在旃檀寺之西，覆以黑琉璃瓦。明武宗西幸宣府，悦晉王樂伎劉良女姿容婉麗善謳，遂載以歸，居騰禧殿。飲食起居，必與之偕，南征亦隨行在。武宗每縱獵，輒以劉姬諫而止。兼有馳馬失簪一事，實録備載之。俗呼爲「黑老婆殿」。傍有古井曰「王媽媽井」，今惟遺址。

騰禧宫廢址：苑頭苔蘚没輦路，階級井闌餘舊基。緑牕朱户早荒廢，猶説武皇西幸時。輕裝小隊趨雁塞，士牛綵仗陳春嬉。烟花少妓妙歌舞，銀筝羌管聲參差。夜闌神女入幽夢，冰簟膩滑涼沁肌。芙蕖出水比顔色，楚王半醉心迷離。酒樓繫馬大道側，教坊懸牓黄金題。兩槐困輪茂枝葉宣府有武宗行宫，手植雙槐樹並駐驛酒樓遺址尚存至今樂府傳新詞。小苑别勅架宫殿，委曲户牖盤蛟螭。玉釵殷勤有密約，馬馳既失無人知。五轉三回召始發，登車還蹙雙蛾眉。殿中一入誰復見，殿外池水生漣漪。寶髻羅裙艷金屋，落梅纖草驚春遲。豹房月冷愴寒露，斷礎似爲紅顔悲。腐儒無乃愛聲色，屢尋遺跡將何爲？雨中貯泉滌古硯，破簾不卷風颸颸。

高士奇《金鰲退食筆記》卷下　萬壽宫在西安門内迤南、大光明殿之東，明成祖潛邸也。殿東西有永春、萬春諸宫，翼而前，爲門者三，或曰，即舊仁壽宫。明世宗晚年愛静，常居西内，勳輔大臣直宿無逸殿，日有賜賚，如玲瓏雕刻玉帶、金織蟒服、金嵌寶石斗牛絛環、綵絨護膝、獨角獸補子、貂鼠煖耳、綵裝松竹梅鸞帶、花線絛青油雨笠、金鑲伽楠香帶、刻花合香牌子、葫蘆景畫，銀豆銀人、吉祥珊瑚定勝、銀牌子刻「平安」二字、銀像生人馬、銀孩兒、金壽仙方袋、銀瓢刀筯三事、御藥如意湯、霧林茶、笋尖、梅蘇丸、袖香、面衣、御製藥酒五味湯、内酒竹葉青、真珠紅、長春酒、酒蟹、橄欖、橙、橘、瓜、果之類。嚴分宜記賜畫扇有：「海榴罌可寸許，穴其腹，藏象刻物器一百事，工巧異甚。」又有：「水晶及牙仙人墜子。」今朱垣隙地，雜居内府人役，間藝黍稷及堆官柴草。南曰草廠，北曰柴闌云。

高士奇《金鰲退食筆記》卷下　大光明殿在西安門内萬壽宫遺址之西，地極敞豁。門曰登豐，前爲圓殿，高數十尺，制如圜丘，題曰大光明殿。中爲太極殿。後有香閣九間，題曰天元閣。高深宏麗，半倍于圓殿。皆覆黄瓦，甃以青琉璃，下列文石花礎作龍尾道，丹楹金飾，龍繞其上。四面瑣牕藻井，以金繪之。白石陛三重，中設七寶雲龍神牌位，以祀上帝。相傳明世宗與陶真人講内丹于此。按世宗實録：「四十年十二月，命左都督朱希忠入直西苑，親率官校環衛大玄都四面及西安門。」則此地即大玄都也。今仍設内監道士守之，晨夕鐘鼓無間。但閒遊者皆得登殿陛瞻憩矣。順治十八年辛丑正月，世祖章皇帝升遐，顧命大臣素尼、鼇拜、遏必隆、蘇克薩哈，同心輔政，四臣者共來焚香盟心于此。各衙門亦次第設誓。余賜第在其左側，時于秋雨初霽，碧天如洗，披襟露坐，覺巍巍瓊構，與明月流光相照灼，恍置身于廣寒宫闕，故余移居詩有「門前金碧瞻天闕」之句。西苑記云：「又西南，至小山子，名賽蓬萊。入其門，有殿。殿前一大池，中通石橋，東西二小閣，立水中。橋南有娑羅樹，人所罕見。殿之後復有三殿，其階益上益高，至絶頂，則與萬歲山坤艮相望。絶頂下至第三殿之前，蓄水作機，瞰其下，有水簾洞，洞之中作金龍，決其水，下而觀之，連珠掩洞，形稱其名。龍口中

亦噴水，水皆從前殿基下陰渠之内過，而至于其殿之前，鑿石爲曲渠，復作龍頭于其西，水至，出龍口，旋繞而東，可以流觴者。」李長史默遊西内記云：「北行古松間，隱隱見岡阜鬱然。至則小軒峙其前，甃石爲九曲黄河。軒北石假山也。石多削爲形肖，剥泐不可識。山數疊上，松皆偃蹇如天成。絶頂列銅池者六，皆貯水。池旁多穿孔竇，下注洞口。洞中爲龍，勢若噴吐，前爲圜池，龍盤其間。駕幸，則瀉銅池，從孔竇迸落，名曰水晶簾。吞以洞龍，洑流地中，激而上，出池龍口，復入地，注於黄河，制特幻巧。」今山前亭觀盡廢，池亦就湮，僅餘一亭及清虚殿，與長松古槐，摇落春風暑雨中。

孫承澤《春明夢餘録》卷八《奉天殿》 奉天殿，洪武鼎建初名也，累朝相沿，至嘉靖四十一年改名皇極殿。制九間，中爲寶座，座旁列鎮器。座前爲簾，簾以銅爲絲，黄繩繫之。簾下爲氈，氈盡處設樂。殿兩壁列大龍櫥八，相傳中貯三代鼎彝。櫥上皆大理石屏。每遇正旦、冬至、聖節則御焉。前一日，尚寶司設寶案於奉天殿寶座之東，鴻臚寺設表案二於殿東中門外，禮部主客司設藩國貢方物案八於丹陛中道左右，欽天監設定時鼓於文樓之上，教坊司設中和韶樂於奉天殿内東西，設大樂於奉天門内東西，俱北向。至期，錦衣衛陳鹵簿、儀仗於丹陛及丹墀東西，設羽扇於殿内東西，陳車輅，步輦於奉天門丹墀中道北向，金吾等衛列甲士軍仗於午門外、奉天門外、及丹墀東西，旗手衛設金鼓於午門外，列旗幟於奉天門外，御馬監設仗馬，錦衣衛設馴象於文、武樓南，東、西相向，欽天監設報時位於丹陛之東。鼓初嚴，百官具朝服，齊班于午門外。鼓次嚴，引班官引百官並進表人員及四夷人等次第由左、右掖門入，詣丹墀序立。欽天監雞唱官司晨一員於文樓下西向，錦衣衛將軍六員於殿内之南北向，將軍四員於丹陛四隅東、西相向，其餘侍衛將軍各分立於殿陛等處如儀。鳴鞭四人於丹墀中道左右北向，金吾等衛護衛官二十四員於丹陛之南，六員於丹墀之北，俱東、西相向，陳設方物；鴻臚寺司賓署丞一員撤方物案。鴻臚寺序班十六員於丹陛中道左右外贊，鴻臚寺鳴贊等官十二員於丹陛及丹墀東西。糾儀御史十二員於丹墀之東西。殿前侍班錦衣衛千户六員，光禄寺署官四員。序班二員傳呼鳴鞭，錦衣衛百户四員俱於殿中門外東、西相向，導表六科都給事二員、序班二員於表案左右。掌領侍衛官三員於殿内東、西相向。錦衣衛正直指揮一員於簾右東向，百户二員於簾下左右相向，捲簾畢，即趨出殿門外，各豫立以俟。鼓三嚴，執事禮部堂上官，並内贊鳴贊一員，陳設表案，並舉案，序班五員典儀，鴻臚寺司儀署丞一員捧表，禮部儀制司四員展表，六部、都察院、通政司、大理寺堂上官二員宣表，致詞，並傳制等項，鴻臚寺堂上官五員捧寶，尚寶司官二員導駕，六科給事中十員、殿内侍班翰林院官四員、中書官四員、糾儀御史四員、序班二員及各遣祭官俱詣華蓋殿外，候上具衮冕陞座，鐘聲止。入序立，遣祭官以次復命訖，各趨入丹墀班。禮部堂上官跪奏方物，並請上位看馬，候得旨，復位。鴻臚寺卿跪奏，執事官行禮，贊拜叩頭，畢，贊各供事，鴻臚寺卿跪請陞殿。駕興，導駕官前導，尚寶司官捧寶前行，樂作。上御奉天殿，導駕官立於殿内柱下東、西相向，侍班翰林院立於東導駕官之後，中書官立於西導駕官之後，糾儀御史、序班分立於侍班官之下，尚寶官置寶于案，分立於導駕官之上。樂止，鳴鞭報時。雞唱訖，外贊唱排班。班齊，鞠躬，大樂作。四拜，興，平身，樂止。内贊贊進表，大樂作。導表官導表案至殿東中門止，序班舉案入置殿中，退立於東西柱下，樂止。贊宣表目，禮部堂上官並宣表目官詣殿中跪。宣畢，各叩頭退。贊宣表，展表官取表，同宣表官詣殿中跪。外贊贊跪，衆官皆跪。宣畢，展表官分東西先退。贊衆皆贊俯伏，大樂作。興，平身，樂止。宣表官退，序班舉案置殿東。外贊贊跪，衆官皆跪。代致詞官跪於丹陛中道致詞。同賀訖，外贊贊俯伏，衆官皆俯伏，大樂作。四拜，興，平身，樂止。傳制官詣御前跪奏傳制，俯伏，興，由東門靠東出，至丹陛之東，西向立，稱有制。外贊贊跪，衆官皆跪，宣制。制與洪武間所定同。宣訖，外贊贊俯伏，大樂作。興，平身，樂止。贊搢笏，鞠躬，三舞蹈。贊跪，唱山呼，百官拱手加額，曰萬歲；唱山呼，曰萬歲；唱再山呼，曰萬萬歲。贊出笏，俯伏，大樂作。四拜，興，平身，樂止。鴻臚寺卿詣御前跪奏禮畢，鳴鞭，樂作，駕興。尚寶官捧寶，導駕官前導，至華蓋殿，樂止。駕還宫。

孫承澤《春明夢餘録》卷九《文華殿》 文華殿在左順門之東，永樂中建。其後，久不臨御。嘉靖踐阼之初，諭將文華殿鼎新修建，易以黄瓦，凡齋居、經筵、及召見大臣等項，俱御此殿。九五齋、恭默室皆世宗手題。殿中横書一扁：學二帝三皇治天下大經大法十二字，爲神宗御筆。殿中經筵，每歲以二、八月中旬起，四、十月末旬止。月三會講日，皆逢二進講。每兩人，一四書，一經。講章皆預呈閣臣，轉付中書繕録正、副各二紙，隔日進，司禮監官奏如。先晚，於文華殿内寶座地平之南，設金鶴香鑪左右各一，於左香鑪之東稍南設御案、講案各一，皆西向，案上各置所講二書以夾講章，各壓以金尺一副。至期早進，近侍内臣及知經筵官、勳臣、内閣學士，並講官及六部尚書，都御史、大理卿、通政使、鴻臚

卿、錦衣指揮使及四品以上寫、講章官，俱繡金緋袍；其展書翰林官與侍儀御史、給事中、序班、鳴贊等官，俱青繡服。朝畢，駕起御文華殿，皆隨之。大漢將軍凡二十名，導駕至左順門，退。易冠帶，便服，仍各執金瓜，而領將軍，或侯、或伯者，則易金繡蟒衣，追越衆官，進左順門，皆分班綴行，立文華門外，竢傳。宣云：進來，則將軍先入殿内，負東西墻立。諸臣陞陛，鴻臚寺官贊：入班。行禮畢，以次分由殿東西門入，重班立。指揮則立西一班末稍前，御史、給事、序班六員分於中門左右向北立。序班二人舉御案進上，二人舉講案置中。鳴贊唱：進講。講官各出班，立講案前，展書官二員出班，對立。鳴贊、講官並行禮，興。東展書官進，至地平膝行詣御案，展四書講章；講四書官亦稍前近案，展所講書。竢展書官復位，先説講某書，然後申講。講畢，掩書，稍退後。原展書官仍如儀進，掩書，復位。西展書官與講經官進退俱如前儀。講畢，仍並行禮，各回班。序班各撤案，聯置舊所。鴻臚卿中跪，奏：禮畢。上諭：官人每喫酒飯，各官跪承旨。興，以次出丹陛，仍行禮，乃出左順門。宴以官序，惟學士之坐立則序于鴻臚寺卿及四品以上寫、講章官右，展書官坐立亦序于四品之下寫、講章官上，重職事也。至于日講官，凡四員，日輪二員，先大學衍義，次貞觀政要，二書皆不用講章，惟各以黄票書所起止，預進。先日，内臣設御案于文華殿後穿堂中，以二書並起止置案上。至日，早朝畢，四講官同閣臣隨駕入，至殿内，授内臣以來日起止，竢召，乃入穿堂門内行禮，分班北向前後立。東班當講者詣御案前，内使授牙籤，右手執之，且指且講。書則向上，初展後掩，皆屬内侍。講畢，還籤，復位。西班當講者乃進講，悉如東儀。講畢，上諭：先生喫酒飯，皆跪承旨，行禮。禮前後皆一拜三叩頭。出宴于文華門外西廡，禁中謂之小經筵，亦謂之小講。

于敏中等《日下舊聞考》卷九《國朝宮室一》 臣等謹按：從來立國者必首隆廟社之規，崇建闕廷之制。所以象辰極，撫寰區，昭誠敬而敷化理，典綦鉅也。洪惟世祖章皇帝定鼎燕京，順治元年肇定大清門名額，有若殿廟宮闕制度，皆丕振鴻謨，因勝國之舊而斟酌損益之。聲靈赫濯，炳耀維新。聖祖仁皇帝、世宗憲皇帝，聖聖相承，勤塈茨而施丹雘。皇上御極以來，紹庭繼志。凡兹外朝、内朝營建繕葺之舉，道在因時者，則必飭所司董治，俾敬謹蕆厥事。煌煌乎肯構鴻圖，創垂億萬年之盛軌也。今謹編録國朝宮室，釐爲二十卷，列於原書宮室門之前，而附録原宮室卷帙於後。其有可考辨者，仍於原條下一例加按以資互證焉。

正陽門之内爲大清門。三闕，上爲飛檐崇脊，門前地正方，繞以石闌，左右石獅各一，下馬石牌各一。《大清會典》。

乾隆十九年《御製大清門詩有序》：我太祖神武明哲，創業開基，日不暇給，而勤於庶政。建二木於門，俾下情欲達者書之以進。法貽百世，澤永萬年。令許投書異鉦箴，無聲聽俾下情通，古風淳噩非緣襲，謗木堯年聖制同。

臣等謹按：大清門御製詩，恭載首見之篇，餘不備録。

大清門外俗稱棋盤街，乾隆四十年修葺，周圍石闌，以崇體制。

大清門之内，千步廊東西嚮，各百有十間，又折而北嚮各三十四間，皆聯檐通脊。《大清會典》。

臣等謹按：凡吏兵兩部月選官掣籤，刑部秋審，禮部鄉會試磨勘，俱集於廊房之左右。廊房之外，東爲户部米倉，西爲工部木倉。

千步廊東接長安左門，西接長安右門。門各三闕，東西嚮，兩門之中南嚮者天安門，五闕，上覆重樓九間，彤扉三十有六，爲皇城正門。《大清會典》。

臣等謹按：天安門初仍明舊，曰承天門。順治八年重建，改今名。凡宣布覃恩慶典詔書，於門樓上設金鳳銜而下焉。乾隆十九年，於東西長安門外增築圍墻，各設三座門，規模尤爲閎整。

皇城四門：南即天安，北曰地安，東曰東安，西曰西安。天安門前環御河跨石梁七，即外金水橋。《大清會典》。

臣等謹按：皇城内河流四面環繞，其由地安門西步梁橋流入者，經景山西門引入，環紫禁城，是爲護城河。護城河西面之水，自紫禁城西南隅流經天安門外金水橋，東南注御河，是爲外金水河。又西闕門下有地溝，引城河水經午門前至東闕門外，循太廟右垣南流，折而東注太廟戟門外箭子河，東南合御河，此係乾隆二十五年奉諭新開水道。至其由地安門東步梁橋流入者，經東安門内望恩橋流注御河，又別爲一道也。

外金水橋前立華表二，門之内立華表二，東西兩廡各二十六間，東廡正中爲太廟街門，西廡正中爲社稷街門。《大清會典》。

臣等謹按：天安門内西嚮者爲太廟街門，東嚮者爲社稷街門。端門内西嚮者爲廟右門，亦稱神廚門，東嚮者爲社左門，闕左門外西嚮者爲太廟西北門，東嚮者爲社稷東北門。

太廟在闕左，南嚮，圍垣一重，琉璃甎門三間，左右門各一。戟門五間，崇基

石闌，中三間，前後均三出陛，中九級，左右七級。門内外列戟百有二十。左右門各三間，前後均一出陛，各五級。前殿十有一間，重檐，階三成，繞以石闌，五出陛，一成均四級，二成均五級，三成中十有一級，左右九級。東西廡各十有五間，階均八級，燎鑪二。中殿九間，後殿九間。兩廡各十間。後殿東廡南燎鑪一，戟門外石橋五。橋北井亭二，六角，間以朱櫺。橋南神庫五間，西嚮，神廚五間，東嚮。廟門外之西南，奉祀署三間，東嚮，左右房各三間，垣一重，門一，北嚮。東南宰牲亭三間，前治牲房五間，均西嚮，垣一重，門一，西嚮。井亭一，六角，間以朱櫺。西南爲太廟街門五間，西北爲太廟右門三間，均西嚮。《大清會典則例》。

順治元年，定太廟時饗，每歲孟春於正月上旬卜日，孟夏、孟秋、孟冬於朔日行禮。孟春時饗，如遇祈穀齋戒之期，皇帝詣太廟，出入導迎，樂均設而不作。同上。

順治四年，定歲除前祫祭，大建於二十九日，小建於二十八日行禮。同上。

乾隆元年諭：國家式崇太廟，妥侑列祖神靈，歲時祇薦明禋，典禮允宜隆備。今廟貌崇嚴，而軒櫺榱桷久未增飾，理應敬謹相視，慎重繕修，以昭黝堊示新之敬。著該部會同内務府詳議具奏。欽此。同上。

臣等謹按：繕修太廟，於乾隆四年工竣。

中殿供奉太祖高皇帝、太宗文皇帝、世祖章皇帝、聖祖仁皇帝、世宗憲皇帝列聖列后神位。每遇時饗及祫祭之期，恭請奉安前殿，禮成復送至中殿供奉。後殿供奉肇祖原皇帝、興祖直皇帝、景祖翼皇帝、顯祖宣皇帝列聖列后神位。每歲祫祭，恭請奉安前殿，禮成復送至後殿供奉。其四孟時饗，則遣親王於後殿行禮。

大饗前一日，樂部設中和韶樂於前殿第一成階上，分左右懸。祭日，皇帝御祭服，乘禮輿出宮，内大臣侍衛前引後扈如常儀。至太和門階下降輿乘輦，駕發警蹕，午門嚴鼓，法駕鹵簿前導，導迎鼓吹，設而不作。皇帝由太廟街門左門入，至外垣南門外神路右降輦。贊引太常卿二人恭導皇帝，由太廟南門左門入，至戟門幄次盥洗。贊引太常卿恭導皇帝由戟門左門入，陞左階，入前殿左門，就拜位前北嚮立。典儀官贊樂舞生登歌，執事官各共乃職，武舞八佾進。贊引官奏就位。皇帝就拜位立，迺迎神。司香官各奉香盤進，司樂官贊舉迎神樂，奏貽平之章。贊引官恭導皇帝詣太祖高皇帝香案前上香，以次詣列聖香案前上香。奏復位，皇帝復位。奏跪拜興，皇帝行三跪九拜禮，王公百官均隨行禮。奠帛爵，行初獻禮，宗室司帛官奉篚，司爵官奉爵，各詣列聖列后神位前，奏敉平之章，舞干戚之舞。司帛官跪奠帛三叩，司爵官立獻爵奠正中，皆退。司祝至祝案前跪，三叩，奉祝版跪案左，樂暫止。皇帝跪，羣臣皆跪。司祝讀祝畢，奉祝版詣太祖神位前跪安於案。三叩，退，樂作。皇帝率羣臣行三拜禮，興，樂止。武功之舞退，文舞八佾進。行亞獻禮。奏敷平之章，舞羽籥之舞。司爵官獻爵，奠於左，儀如初獻。行終獻禮，奏紹平之章。司爵官獻爵奠於右，儀如亞獻。樂止，文德之舞退。太常官贊賜福胙，光祿卿二人就東案奉福胙進至太祖位前拱舉，降立於皇帝拜位之右。侍衛二人進立於左，皇帝跪，左右執事官咸跪。右官進福酒，皇帝受爵拱舉授左官。進胙、受胙亦如之。三拜興，率羣臣行三跪九拜禮。徹饌，奏光平之章。徹饌畢，太常官跪告禮成於神，舉還宮樂，奏乂平之章。皇帝率羣臣行三跪九拜禮。有司奉祝，次帛，次香，恭送燎所。皇帝轉立拜位旁西嚮，候祝帛過，復位。樂作，祝帛燎半，奏禮成，恭導皇帝由戟門左門出。皇帝至外垣南門外神路右，陞禮輿，法駕鹵簿前導，導迎樂作，奏祐平之章。午門鳴鐘，皇帝還宮。《大清會典》。

臣等謹按：恭遇時饗、大祫，聖駕恭詣太廟及還宮儀注，乾隆三十六年，大學士等原奏以上春秋已逾六旬，宜稍節勞，得專於誠敬。奉諭，量爲更定。其稍別於舊儀者，乘輦入西北門，至太廟北門外，御禮轎入左門，循東墻行，至戟門外東階下降輿，步入左門，至幄次。迨禮成，由戟門左門出，陞輿如上儀。

于敏中等《日下舊聞考》卷一一《國朝宮室三》 外朝之制，午門内東西兩廡各二十二間，皆崇基。東廡之中爲協和門，西廡之中爲熙和門，門各五間，東西嚮。兩廡之北，正中南嚮者爲太和門，九間三門，重檐，崇基，石闌，前後陛各三出，左右陛各一出。門前列銅獅二，其南環以金水河，跨石梁五，即内金水橋。《大清會典》。

臣等謹按：午門内東西兩廡，東爲稽察上諭處及内閣誥勅房，西爲繙書房及起居注公署。東南隅爲内閣公署，西南隅舊爲國史館，今爲膳房庫，俱詳見《官署門》内。金水橋之水由神武門西地溝引護城河水流入，沿西一帶經武英殿前，至太和門前，是爲内金水河，復流經文淵閣前，至三座門從鑾駕庫巽方出紫禁城。

太和門左右各一門，皆南嚮，左曰昭德，右曰貞度，門各三間。《大清會典》。

臣等謹按：昭德、貞度兩門廡爲侍衛直宿處，詳見《官署門》。

太和門之内東西兩廡各三十二間，東廡之中爲體仁閣，西廡之中爲弘義閣。東廡之北爲左翼門，西廡之北爲右翼門，各五間，皆東西嚮。《大清會典》。

臣等謹按：體仁閣、弘義閣兩廡爲内府銀、皮、段、衣及瓷、茶六大庫，詳見《官署門》。

太和殿基高二丈，殿高十有一丈，廣十有一間，縱五間。上爲重檐垂脊，正吻二，旁吻四。前後金扉四十，金瑣窗十有六。殿正中一間設御座。殿前爲丹陛，環以白石闌，陛五出，各三成，列鼎十有八，銅龜銅鶴各二，日圭、嘉量各一。丹墀爲文武官行禮位，範銅爲山形，鐫正從一品至九品清、漢文，東西各二行，行十有八，列於御道兩旁。《大清會典》。

臣等謹按：康熙八年重建太和殿，三十四年再建，皇帝大朝御焉。每歲元旦、冬至、萬壽三大節及國家有大慶典，則御殿受賀。凡大朝會、燕饗、命將出師、臨軒策士及百僚除授謝恩皆御焉。其元日筵宴之禮，歲不常舉。惟乾隆三年筵宴一次，又十五年二十五年三十五年俱以恭遇萬壽大慶舉行。至殿試策士則列試於殿前丹墀。恭遇圜丘大祀前一日，皇帝於殿内視祝版，祈穀常雩大祀亦如之。殿内皇上御題額曰建極綏猷。聯云：帝命式于九圍，兹惟艱哉，奈何弗敬；天心佑夫一德，永言保之，遹求厥寧。

凡大朝之禮，元日長至次日萬壽聖節皆豫月由部疏請御殿受賀。得旨，先期戒百執事。至日五鼓，鑾儀使率官校至太和殿前陳法駕鹵簿，樂部率和聲署陳樂懸，儀制司郎中奉在京王公百官賀表入殿内陳左楹表案，内閣中書奉筆硯陳右楹案上，皆退。質明，鴻臚官引王公暨一二品官入右翼門，引三品以下官入左掖門，東班由昭德門，西班由貞度門，外國使臣從西班，咸入就位立。禮部堂官二人詣乾清門奏請御殿。午門鳴鐘鼓，領侍衛内大臣二人率豹尾班執槍侍衛十人，佩刀侍衛十人，立於乾清門外。禮部堂官二人立於乾清門階下，前引大臣十人立於太和殿後階下祇竢。導引皇帝乘輿出乾清門，後扈内大臣二人及御前乾清門侍衛從。禮部堂官二人恭導由保和殿御中和殿座，侍班導從官於殿前行三跪九叩禮，不贊。禮畢，侍班官趨出，各就班位立。駕興，禮部堂官二人暨十大臣前導後扈如初。中和韶樂作，皇帝御太和殿，陞寶座，導從官各就位立，樂止。鑾儀衛官進至中階之右，三傳鳴鞭，階下三鳴鞭。退，復位。鳴贊官贊排班，丹陛大樂作，鴻臚官引王公百官各就拜位。班齊，贊進，衆進，贊跪，衆跪。贊宣表，宣表官入殿左門，詣表案前奉表出，大學士二人同至殿檐下。宣表官正中北面跪，大學士二人左右跪，展表。樂暫止，宣表官宣訖，奉表還於案，復位立，樂作。鳴贊官贊叩興，王公百官行三跪九叩禮畢，樂止，引退，復位立。次引外國使臣就拜位，樂作，贊跪叩興，各行三跪九叩禮畢，樂止，引退，復位立。賜羣臣坐，諸王公由殿左右門入，大學士由殿左門入，就位，内大臣等各就本位立，均跪，行一叩禮，坐。賜王公以下，文官三品、武官二品以上暨外國使臣茶，受茶及坐飲畢，皆行一叩禮。鑾儀衛官傳鳴鞭如初，衆皆興，階下三鳴鞭，駕興，中和韶樂作。還宫，樂止，鴻臚官引王公百官各以次退。《大清會典》。

頒詔之禮，禮部鴻臚寺官豫設詔案於太和殿内左楹之南及丹陛正中，鑾儀衛設黄蓋雲盤於丹墀内，龍亭香亭於午門外，工部豫設金鳳朶雲於天安門上堞口正中，設宣詔臺於東第一楹，設黄案於臺上，奉詔宣詔各官咸朝服恭竢，領催者老咸齊集天安門外金水橋南。屆時内閣學士奉詔至乾清門，恭用御寶畢，奉至太和殿，陳於東案。皇帝御殿，羣臣朝賀，行禮畢，儀别具。大學士一人入殿左門詣案，奉詔由中門循左闌出，至殿檐下，授禮部尚書。禮部尚書跪受，興，由中階左降，至丹陛正中陳於案，行一跪三叩禮。跪奉詔興，由中階降置雲盤内。禮部儀制司官奉雲盤，張黄蓋，由中道出。太和門文武百官由昭德門、貞度門隨出。詔至午門外，禮部官奉雲盤設龍亭内，鑾儀校舁亭，前列御仗，導引樂作。禮部尚書率屬隨至天安門登城，陳詔書於宣詔臺案上，文武各官於金水橋前按翼序立，鴻臚官贊排班，文武官按班次北面立，領催者老序立於後。宣詔官登臺西面立，鴻臚官贊有制。衆皆跪。宣詔畢，文武各官領催者老均聽，贊行三跪九叩禮。奉詔官奉詔承以采雲，由金鳳啣下，禮部官祗受，仍設龍亭内，鑾儀校舁行，前列黄蓋御仗，導迎樂作，由大清門出至禮部。禮部尚書侍郎率屬跪迎於儀門，陳詔於大堂，行三跪九叩禮畢，恭鐫詔書，謄黄頒行天下。同上。

凡命將之禮，皇帝命大將軍統帥軍旅，擇吉出師，先期臨軒授敕印。是日鑾儀衛陳法駕鹵簿，大將軍率從征諸將咸采服，集午門外。内閣豫陳敕印於太和殿内東旁黄案。皇帝御殿，王公百官咸朝服侍班。鴻臚官引大將軍出左階，升至殿檐下。大學士一人奉敕，一人奉印，出授大將軍。大將軍跪受，轉授内閣官跪接畢，行三跪九叩禮興，隨奉敕印官降左階出太和門中門，皇帝還宫。至日遣官祗告於奉先殿，所司張黄幄於長安左門外，設御座。皇帝率大將軍詣堂子行禮拜纛，均如儀，禮畢，御黄幄，陞座，賜大將軍卮酒。大將軍跪受，飲畢，屬櫜鞬乘馬。文武大臣承詔餞於郊，設祖帳。禮、兵二部堂官奉茶。大將軍率從征將

士望闕謝恩,乃率大軍進發。既莅營,申明軍令,肅隊啓行。同上。

于敏中等《日下舊聞考》卷一二《國朝宮室四》 文華殿之東爲傳心殿,中祀皇師、帝師、王師、先聖、先師殿之前爲景行門。《國朝宮史》。

臣等謹按:傳心殿東西設兩角門,北嚮者五楹爲治牲所,南嚮者三楹爲景行門。院東井亭一,殿五楹,其後祝版房三楹,神廚三楹,再後直房五間。殿内祀皇師伏羲氏、皇師神農氏、皇師軒轅氏、帝師陶唐氏、帝師有虞氏、王師夏禹王、王師商湯王、王師周文王、王師周武王,均正位南嚮,先聖周公東位西嚮,先師孔子西位東嚮。每歲皇帝御經筵,先遣官祗告。惟乾隆六年仲春經筵,上親詣傳心殿行禮。

文華殿之後爲文淵閣。《國朝宮史》。

臣等謹按:明代置文淵閣,其地在内閣之東,規制庳陋。又所儲書帙,僅以待詔、典籍等官司其事,職任既輕,散帙多有。逮末葉而其制盡廢,遺址僅有存矣。本朝定制以文淵閣爲大學士兼銜,第仍其名而未議建設之地。乾隆三十九年,命於文華殿後規度方位所宜,創建文淵閣,用貯四庫書籍凡三萬六千册。復諭令仿宋時三館秘閣官制,自大學士以下置領閣事二員,總司典掌;提舉一員,用資管理;直閣事六員,司典守釐輯之事;校理十六員,分司注册點驗;檢閱八員,隨時點閲。其閣内收發宿直諸職,於内府司員、筆帖式内分派掌管。煌煌乎館閣之宏規、文明之盛治矣。至同時並建者,則有圓明園之文源閣,避暑山莊之文津閣,皆仿浙省范氏天一閣之制,崇構而鼎峙焉。凡以攬勝蓬山,珍儲秘籍,爲伊古以來所未有。兹按文淵閣制凡三重,上下各六楹,層階兩折而上,瓦用青緑色。閣前甃方池,跨石梁一,引御河水注之。閣東恭立皇上御製文淵閣記碑亭,閣内設寶座,恭懸御書額曰匯流澄鑑。聯曰:薈萃得殊觀,象闡先天生一;静深知有本,理賅太極函三。又聯曰:壁府古含今,藉以學資主敬;綸扉名副實,詎惟目仿崇文?又聯曰:插架牙籤照今古;開編雲氣吐芳芬。皆皇上御書。閣後疊石爲假山,山後垣門一,北嚮。門外稍東設直房數楹,爲直閣諸臣所居。恭遇經筵進講畢,聖駕親臨,賜茶於殿内,自乾隆四十一年始遂爲定制。

于敏中等《日下舊聞考》卷一三《國朝宮室五》 文華殿之後西向爲上駟院署。《國朝宮史》。

臣等謹按:上駟院詳見《官署門》。

上駟院署又北南向爲箭亭。《國朝宮史》。

臣等謹按:箭亭廣五楹,周以檐廊,中設寶座。寶座東卧碣一,恭刊乾隆十七年上諭。【略】

文華殿東稍北有石橋三,過橋有殿宇三所,凡大内俱黄琉璃瓦,惟此用緑,爲皇子所居。其前爲王公文武大臣輪班宿衛直房。《國朝宮史》。

臣等謹按:文華殿東北度石橋爲三座門,東爲鷹房、狗房,西爲御馬厩舊地。今移厩於上駟院署之南,其地皆屬之文淵閣矣。三座門北殿宇三所,是爲擷芳殿。稍西夾道内爲茶膳房庫宇,其東南一帶爲花馬厩、藥房等處。按鷹房、狗房、茶膳房、花馬厩、藥房各條,俱詳見《官署門》。

文華殿東南爲户部内庫,爲鑾儀衛鑾駕庫,稍北即東華門,門外有下馬碑石,紫禁城之東門也。《國朝宮史》。

臣等謹按:東華門内稍北爲國史館,舊在午門内熙和門西南,後移置於此。

熙和門之西爲武英殿,規制如文華。門前御河環繞石橋三。殿前後二重皆貯書籍。凡欽定命刊諸書俱於殿左右直房校刻裝潢。西北有浴德堂,爲詞臣校書直次,設總裁統之。《國朝宮史》。

臣等謹按:武英殿五楹,殿前丹墀東西陛九級。乾隆四十年御題門額曰武英,東配殿曰凝道,西曰焕章,後殿曰敬思。東北爲恒壽齋,今爲繕校四庫全書諸臣直房,西北爲浴德殿,即舊所稱修書處也。浴堂在其後,西爲井亭。【略】

武英殿北爲内務府公署,爲果房,爲冰窖,爲造辦處。《國朝宮史》。

臣等謹按:内務府公署、果房、冰窖、造辦處各條,俱詳《官署門》。

武英殿西爲尚衣監,其後殿宇二層爲皇子所居。再西爲咸安宮,教習八旗大臣子弟肄業處。《國朝宮史》。

臣等謹按:尚衣監、咸安宮學詳《官署門》。武英殿西咸安宮東夾道内舊時皇子所居者,今爲清字經館。其北有河流,自西北而東南,爲内金水橋之經流,俗稱筩子河。筩子河東隨墻門内爲三道館。又東當武英殿之後南嚮,門内爲方略館。並詳《官署門》。

武英殿南爲瓷器庫,爲南薰殿。乾隆十四年,詔以内府所藏歷代帝后圖像尊藏於此。《國朝宮史》。

臣等謹按:瓷器庫詳《官署門》。

南薰殿前卧碣一,恭刊《御製南薰殿奉藏圖像記》,並御製詩。

《御製南薰殿奉藏圖像記》:内府藏列代帝后圖像,傳自勝國,典在有司,歲

以盛夏曝而庋之，扃鑰惟謹。朕於幾暇，省閲内庫積儲，敬得展觀，則裝池之以歲久渝脱者已多矣。因思我朝崇禮前代，建廟京師，春秋禋享。且爲之護陵寢，禁樵蘇，聖賢名臣咸秩祀典。凡以篤高山景行之思，抒望古興懷之慕。而況流傳有自，縑素猶新，日角珠庭，冕旒秀發，德容可挹，英表如生，其奚忍夷諸繪事供几席珍鑒者比。爰命工重加裝潢，自太皞伏羲氏而下，帝后圖像爲軸者六十有八，爲册者七，爲卷者三，先聖名賢圖册五。舉襲以緹錦，尊藏於紫禁西南之南薰殿。大學士會同領内務府王大臣等詳定位置，謹其籍識，次第甲乙，秩然有章。明諸帝玉册，廟中所陳，當時寶爲宗器者也；今貯工部外庫，慮不免散軼，附藏殿之西室，俾庋視焉。既竣事，因備紀之，勒石前榮，以示帝統相承，道脈斯在，朕之隨在盡其誠敬，不敢苟且褻越有如此。圖像自唐宋以下缺十之二三，溯而上之，存者僅矣。時久而易晦，幸其存也，可弗保持使可及久歟？缺者弗復追補，遠無徵也，懼失真也，以致慎也。【略】

武英殿西爲御書處，凡御書法帖皆於此鐫刻。稍北西華門，門外有下馬碑石，紫禁城之西門也。《國朝宫史》。

臣等謹按：御書處詳《官署門》。

乾清門，廣宇五楹，中門三陛三出，各九級，前列金獅二。皇帝御門聽政，則於門下陳設御座黼扆，部院以次啓事，内閣面承諭旨於此。凡召對臣工，引見庶寮，俱由門之右門出入，内廷行走之大臣官員俱得由之。《國朝宫史》。【略】

乾清門之旁左爲内左門，右爲内右門。軍機大臣、南書房翰林、内務府大臣官員出入亦得由之。墀下東出者爲景運門，西出者爲隆宗門。皆五楹，門各三。内左門之東、内右門之西，周廬各十二楹，東爲文武大臣奏事待漏之所，西爲侍衛房及内務府、軍機處直舍，皆南向。其南相對周廬各五，東爲宗室王公奏事待漏之所，西爲内繙書房。《國朝宫史》。

臣等謹按：内左門外内右門外南北向各直廬，皆乾隆十二年建。

乾清門之内爲乾清宫，皇帝召對臣工，引見庶寮皆御焉。宫廣九楹，深五楹，正中設寶座，左右列圖史璇衡彝器。殿前露臺列龜鶴各二，晷影、嘉量各一，寶鼎四。中爲甬道，與乾清門相屬。左右丹陛南出者二，東西出者各一。東西丹陛之下有文石臺二，上安設社稷江山金殿。《國朝宫史》。

臣等謹按：乾清宫順治十二年建，康熙八年重建。宫内恭懸世祖章皇帝御筆額曰正大光明。聖祖仁皇帝恭跋云：皇考世祖章皇帝御筆「正大光明」四字，結構蒼秀，超越古今。仰見聖神文武，精一執中，發於揮毫之間，光昭日月，誠足媲美心傳。朕罔不時爲欽若，敬摩勒石，垂諸永久，爲子孫萬世法。康熙十五年正月吉旦恭跋。兩楹恭懸聖祖仁皇帝御書聯曰：表正萬邦，慎厥身修思永；弘敷五典，無輕民事惟難。北兩楹皇上御書聯云：克寬克仁，皇建其有極；惟精惟一，道積於厥躬。

于敏中等《日下舊聞考》卷一四《國朝宫室六》 乾清宫之東爲昭仁殿。《國朝宫史》。

臣等謹按：昭仁殿内恭懸皇上御書額曰天禄琳瑯。聯曰：風奏南薰調玉軫；霞懸東壁燦瑤圖。殿後西室聯曰：有秋歷覽登三輔；旰食惟期協九經。又聯曰：獨喜惜陰澄静照；更因稽古契遐心。室之北額曰慎儉德。聯曰：亦曰欽哉貫謨典；允惟難矣作君師。又聯曰：瓊枝春意足；縹帙古香多。皆御書。【略】

乾清宫之西爲弘德殿。《國朝宫史》。

臣等謹按：弘德殿内恭懸皇上御書額曰奉三無私。聯曰：二典三謨，法堯舜之道；五風十雨，協天地之心。殿後額曰太古心。皆御書。東室閣上恭懸世宗憲皇帝御書聯曰：惟以一人治天下；豈爲天下奉一人？皇上御書聯曰：九疇勤省歲；萬寶協書雲。閣下聯曰：得句因新意；耽書是宿緣。又聯曰：墨汁潤分瑶草緑；篆文清帶筆花香。後室額曰懷永圖。聯曰：雲霞紛綺麗；文物共葳蕤。又聯曰：心爽天宇豁；情欣理境融。皆御書。【略】

乾清宫之東廡内直廬三楹。《國朝宫史》。

臣等謹按：内直廬恭懸聖祖御書額曰御茶房。

内直廬稍南爲端凝殿。《國朝宫史》。

臣等謹按：端凝殿恭懸聖祖御書額曰執事。

《聖祖御製端凝殿齋居詩》：肅肅羣籟屏，裊裊爐烟舒。諏日躬禋祀，濯祓臨齋居。輝輝閣西日，流影照綺疏。坐久微風來，泠然吹衣裾。齋心觀萬象，默見天地初。感神在至誠，寧俟灌鬯餘。

端凝殿南爲舊設自鳴鐘處。《國朝宫史》。

臣等謹按：舊設自鳴鐘處恭懸聖祖御書額曰敬天。皇上御書聯曰：簾櫳香篆齋心久；座殷鍾聲問夜遥。

舊設自鳴鐘處又南東出者爲日精門，門之南爲御藥房。《國朝宫史》。

臣等謹按：御藥房恭懸聖祖御書額曰藥房，曰壽世。

御藥房南一室奉至聖先師及先賢先儒神位。《國朝宫史》。

臣等謹按：奉至聖先師室恭懸皇上御書額曰與天地參。聯曰：開洙泗心傳，聖由天縱；集唐虞道統，德合時中。

奉至聖先師室轉南向北者爲上書房，皇子、皇孫肄業處也。《國朝宫史》。

臣等謹按：上書房恭懸世宗御書聯曰：立身以至誠爲本；讀書以明理爲先。皇上御書額曰養正毓德。聯曰：念終始典於學；於緝熙殫厥心。

乾清宫西廡向東與端凝殿相對者爲懋勤殿。《國朝宫史》

臣等謹按：懋勤殿恭懸皇上御書額曰基命宥密。聖祖仁皇帝沖齡曾讀書於此。今爲懋勤殿翰林侍直處，凡圖史翰墨之具皆貯焉。每歲秋讞時，刑科覆奏本上，皇上御殿，親閲招册，内閣大學士、學士及刑部堂官面承諭旨於此。【略】

懋勤殿南爲批本處。《國朝宫史》。

臣等謹按：批本處恭懸聖祖御書額曰慎幾微。凡内閣擬票本章俱經本處進呈御覽，然後票寫清文交閣。

批本處又南西出者爲月華門，門之南爲内奏事房。《國朝宫史》。

臣等謹按：每日内外臣工所進奏章，由外奏事諸臣接入，於此交内奏事進呈。得旨後仍由此交出。

奏事房轉南向北者爲南書房。《國朝宫史》。

臣等謹按：南書房爲内廷詞臣直廬。

南書房之東爲宫殿監等辦事處。《國朝宫史》。

臣等謹按：宫殿監等辦事處恭懸聖祖御書額曰敬事房。

昭仁殿之左東出者爲龍光門，弘德殿之右西出者爲鳳彩門，乾清宫後爲交泰殿。《國朝宫史》。

臣等謹按：交泰殿滲金圓頂，制如中和殿。殿内恭懸聖祖御書額曰無爲。皇上御書聯曰：恒久咸和，迓天休而滋至；關雎麟趾，立王化之始基。殿中設寶座，左安銅壺刻漏，右安自鳴鐘。國朝御用寶璽二十有五，俱尊藏於殿中。【略】

交泰殿兩廡間左出者爲景和門，右出者爲隆福門，殿之後爲坤寧宫。《國朝宫史》。

臣等謹按：坤寧宫順治十二年建，殿廣九楹，殿之東暖閣恭懸皇上御書聯曰：天惟純佑命，俾爾戩穀，百禄是荷；民其勅懋和，綏以多福，萬國咸寧。閣上額曰福德相。聯曰：功德莊嚴輝寶月；薰聞安樂引祥風。閣下東室額曰紫垣。西室聯曰：斯干咏松竹；天保頌升恒。皆御書。【略】

坤寧宫左爲東暖殿，右爲西暖殿。《國朝宫史》。

臣等謹按：東暖殿、西暖殿與昭仁、弘德二殿相對，俱康熙三十六年建。【略】

東暖殿之東爲永祥門，稍北爲基化門，俱東出。西暖殿之西爲增瑞門，稍北爲端則門，俱西出。坤寧宫之後北向正中爲坤寧門。門外即御花園，左曰瓊苑東門，右曰瓊苑西門。《國朝宫史》。

臣等謹按：御花園内珍石羅布，嘉木鬱葱，又有古柏藤蘿，皆數百年物。【略】

御花園正中爲天一門。《國朝宫史》。

臣等謹按：天一門前列金麟二。

天一門北南向爲欽安殿。《國朝宫史》。

臣等謹按：欽安殿祀元天上帝，殿内恭懸皇上御書額曰統握元樞。中頂安滲金寶瓶，殿前方亭二。

欽安殿東稍北，疊石爲崇山，山正中有石洞。《國朝宫史》。

臣等謹按：石洞門顔曰堆秀，左側恭鐫皇上御書「雲根」二字。

崇山巔有亭曰御景亭，山之東爲摛藻堂。《國朝宫史》。

臣等謹按：摛藻堂向爲藏弆秘籍之所，以經史子集四部分置。乾隆三十八年，命彙集《四庫全書》。復命擇其尤精者録爲薈要，計一萬二千册，於堂内東西增置書架庋弆，仍依四庫之序。恭懸御書額曰摛藻抒華，聯曰：庭饒芳毯鋪生意；座有芸編結古歡。西室門外聯曰：左右圖書，静中涵道妙；春秋風月，佳處得天和。門内額曰宿鳳，聯曰：從來多古意；可以賦新詩。皆御書。

摛藻堂東爲凝香亭，堂前有池，池上爲浮碧亭，亭之南爲萬春亭，再南嚮西者爲絳雪軒。《國朝宫史》。

臣等謹按：絳雪軒前多植海棠，軒内恭懸皇上御書額曰視履考祥，聯曰：東壁焕圖書，琳瑯滿目；西清瞻典册，經緯從心。右室聯曰：樹將暖旭輕籠牖；花與香風並入簾。内室聯曰：花初經雨紅猶淺；樹欲成陰緑漸稠。皆御書。【略】

絳雪軒南即瓊苑東門。《國朝宮史》。

臣等謹按：瓊苑東門詳見前。

欽安殿西稍北爲延暉閣。《國朝宮史》。

臣等謹按：延暉閣上恭懸皇上御書額曰凝清室。東間聯曰：雪朗西山送寒色；花輝東壁發生馨。閣下聯曰：麗日和風春淡蕩；花香鳥語物昭蘇。又聯曰：錦座凝香，花敷春苑麗；晴窗挹翠，霞帶曉屏舒。皆御書。【略】

延暉閣相對爲四神祠，閣西爲位育齋，齋西爲毓翠亭。齋前有池，池上爲澄瑞亭，即亭爲斗壇，亭南爲千秋亭，又南爲養性齋。《國朝宮史》。

臣等謹按：養性齋東嚮者七楹，南北嚮，相接者各三楹，皆有樓。樓上正中恭懸聖祖御書額曰飛龍在天。左室聯曰：心蹟只今偏愛澹，詩情到此合添幽。又聯曰：一室虛生無限白；四時不改總常青。右室聯曰：自是林泉多蘊藉；依然書史得周旋。又聯曰：日永亭臺爽且靜；雨餘花木秀而鮮。皆聖祖御書。樓下正中恭懸皇上御書額曰居敬存誠。聯曰：體道鳶魚看活潑；消閒書史挹菁英。又聯曰：暇當綈几身聊憩；景入紗疏意與存。北樓下東嚮額曰悅心頤神。聯曰：古香研道秘；新藻發春妍。南樓下東嚮聯曰：四季風光無盡藏；百城古帙有餘馨。皆御書。

養性齋南即瓊苑西門。《國朝宮史》。

于敏中等《日下舊聞考》卷一五《國朝宮室七》 欽安殿後爲承光門，北嚮，列金象二。左爲延和門，右爲集福門，東西嚮。正中爲順貞門。其北相對爲神武門，門外有下馬牌石，即紫禁城北門也。《國朝宮史》。

日精門東爲東一長街，南即內左門，中爲近光左門，北爲長寧左門，稍北而西即瓊苑東門。由近光左門而北，嚮西之門凡三，曰咸和左門，廣生左門，大成左門。咸和左門東相對爲景曜門，中間南嚮者曰景仁門，門內爲景仁宮。同上。

臣等謹按：景仁宮順治十二年重建。前殿恭懸皇上御書額曰贊德宮闈。

廣生左門東相對爲履和門，中間南嚮者曰承乾門，門內爲承乾宮。《國朝宮史》。

臣等謹按：承乾宮順治十二年重建。前殿恭懸皇上御書額曰德成柔順。後殿聯曰：三秀草呈雲彩煥；萬年枝茂露香凝。

大成左門東相對爲凝瑞門，中間南嚮者曰鍾粹門，門內爲鍾粹宮。《國朝宮史》。

臣等謹按：鍾粹宮，順治十二年重建。前殿恭懸皇上御書額曰淑慎溫和，聯曰：篆裊猊爐知日永；風清虬漏報春深。

鍾粹宮之東爲東二長街，南則麟趾門，北則千嬰門，街東與景曜門相對者曰凝祥門，再東爲昭華門，中間南嚮者曰延禧門，門內爲延禧宮。《國朝宮史》。

臣等謹按：延禧宮，康熙二十五年重建。前殿恭懸皇上御書額曰慎贊徽音。

東二長街之東與履和門相對者曰德陽門，再東爲仁澤門，中間南嚮者曰永和門，門內爲永和宮。《國朝宮史》。

臣等謹按：永和宮，康熙二十五年重建。前殿恭懸皇上御書額曰儀昭淑慎。

東二長街之東與凝瑞門相對者曰昌祺門，再東爲衍瑞門，中間南嚮者曰景陽門，門內爲景陽宮。《國朝宮史》。

臣等謹按：景陽宮，康熙二十五年重建。前殿恭懸皇上御書額曰柔嘉肅敬，後殿聯曰：古香披拂圖書潤；元氣沖融物象和。東室聯曰：生機對物觀其妙；義府因心獲所寧。西室聯曰：蜃牕日朗蘭噴霧；雞樹風輕玉靄春。又聯曰：書圃禮園無斁好；甌香研淨有餘欣。皆御書。其後殿因鑒定內府現藏之宋高宗所書毛詩及馬和之所繪圖卷合篋弆藏，御題額曰學詩堂，並御製《學詩堂記》。【略】

景陽宮之東，有小長街，街南嚮東直出者爲蒼震門，街東爲內庫房，其北嚮西者爲欽昊門，門中嚮南爲天穹門，門內爲天穹寶殿。《國朝宮史》。

臣等謹按：天穹寶殿祀昊天上帝，殿內恭懸皇上御書聯曰：無言妙化資元始；不已神功運穆清。

千嬰門之北有殿宇五所，所謂乾東五所也。《國朝宮史》。

日精門長街之南向東爲仁祥門，再東相對爲陽曜門，正中爲齋宮。同上。

臣等謹按：雍正九年建立齋宮，凡南郊、北郊及祈穀、常雩大祀，皇帝致齋於此。前殿五楹，中設寶座，恭懸御書額曰敬天。聯曰：克踐厥猷，聰聽祖考之彝訓；無斁康事，先知稼穡之艱難。東暖閣聯二，一曰：天道欽崇永保命；萬幾敕毖屢省成。一曰：一念純誠昭格本；萬緣清靜旦明中。西暖閣聯曰：皓月空懸心鏡朗；妙雲擁護智珠圓。皆御書。後殿恭懸御書額曰孚顒殿，又額曰莊敬日強。聯曰：慎獨謹幾，旦明懷帝載；思艱圖易，宵旰念民依。東室聯曰：一編金鑑懷無逸；五夜銅籤警未央。西爲寢宮，恭懸御書額曰敬止。聯

曰：午夜端居欽曰旦；寅衷昭事格維馨。又聯曰：洗心宥密欽羲傳；致德精明稟禮經。又聯曰：吉蠲致敬先三日；昭格維誠矢一心。皆御書。【略】《國朝宮史》。

齋宮之東爲毓慶宮，前爲祥旭門，再南爲前星門，入門爲敦本殿。《國朝宮史》。

臣等謹按：敦本殿後即毓慶宮正殿，今爲諸皇子所居。

月華門之西爲西一長街，南即内右門，中爲近光右門，北爲長寧右門，轉東即瓊苑西門也。由近光右門而北，向東之門凡三，曰咸和右門，廣生右門，大成右門。咸和右門之西相對爲純佑門，中間南向者曰永壽門，門内爲永壽宮。《國朝宮史》。

臣等謹按：順治十二年重建永壽宮，前殿恭懸皇上御書額曰令儀淑德。【略】

廣生右門之西相對爲崇禧門，中間南向者曰翊坤門，門内爲翊坤宮。《國朝宮史》。

臣等謹按：順治十二年重建翊坤宮，前殿恭懸皇上御書額曰懿恭婉順。後殿額曰懋端壼教。聯曰：德茂椒塗綿福履；教敷蘭掖集嘉祥。皆御書。

大成右門之西相對爲長泰門，中間南向者曰儲秀門，門内爲儲秀宮。《國朝宮史》。

臣等謹按：順治十二年重建儲秀宮，前殿恭懸皇上御書額曰茂修内治。

儲秀宮之西爲西二長街，南則螽斯門，北則百子門也。街西與純佑門相對者曰嘉祉門，再西爲啓祥門，中間南向者亦曰啓祥門，門内爲啓祥宮。《國朝宮史》。

臣等謹按：康熙二十二年重建啓祥宮，前殿恭懸皇上御書額曰勤襄内政。

崇禧門相對者曰敷華門，再西爲綏祉門，中間南向者曰長春門，門内爲長春宮。《國朝宮史》。

臣等謹按：康熙二十二年重建長春宮，前殿恭懸皇上御書額曰敬修内則，後殿額曰德協坤元，西室額曰德洽六宮。皆御書。

長春門相對者曰咸寧門，再西爲永慶門，中間南向者曰咸福門，門内爲咸福宮。《國朝宮史》。

臣等謹按：康熙二十二年重建咸福宮。前殿恭懸皇上御書額曰内職欽承，聯曰：敬順褆躬吉；温恭受福宜。後殿額曰滋德含嘉。聯曰：天倪超萬象；神氣領三無。東室額曰琴德穆，西室額曰書禪室，皆御書。

于敏中等《日下舊聞考》卷一六《國朝宮室八》 百子門之北向爲乾西五所，近東者今爲重華宮，皇上龍潛時舊邸也。宮之前曰重華門，門内爲崇敬殿。《國朝宮史》。

臣等謹按：殿内恭懸御書額曰樂善堂。【略】

臣等謹按：樂善堂之東西暖閣俱供佛像。東暖閣内恭懸聖祖仁皇帝御書額曰意葉心香。聯曰：蓮花貝葉因心見；忍草禪枝到處生。西暖閣内恭懸皇上御書額曰吉雲持地。聯曰：滿字一如心得月；梵言半偈舌生蓮。

樂善堂之後爲重華宮。《國朝宮史》。

臣等謹按：重華宮東室額曰芝蘭室。恭懸世宗憲皇帝御書聯曰：芰荷香繞垂鞭袖；楊柳風微弄笛船。西室恭懸皇上御書聯曰：篆裊金爐，入座和風初送暖；花迎玉佩，映階芳草自生榮。【略】

重華宮東廡爲葆中殿，西廡爲浴德殿，重華宮後爲翠雲館。《國朝宮史》。

臣等謹按：荷中殿内額曰古香齋。聯曰：四壁圖書鏡古色；重簾烟篆挹清芬。浴德殿内額曰抑齋。聯曰：賞心於此遇；即事多所欣。翠雲館内聯曰：古訓手披勤，每競寸陰求日益；民依心默運，常先萬姓祝年豐。東室額曰養雲。聯曰：白雪有古調；青山無俗緣。東次室額曰長春書屋，西室額曰墨池。聯曰：屏展烟鬟，雲鶴閒看心共遠；座凝香篆，風松静覺韻偏清。西次室額曰澄心觀道妙。【略】

臣等謹按：重華宮内長春書屋御製詩，謹繹有關紀述事實者恭載卷内，餘不備録。重華宮之東爲漱芳齋。《國朝宮史》。

臣等謹按：漱芳齋内額曰正誼明道。東室額二，一曰莊敬日强，一曰高雲情。聯二，一曰：清燕凝神，天和閒處養；從容守正，元化静中涵。一曰：花香鳥語羣生樂；月霽風清造物心。【略】

漱芳齋東次室曰静憩軒，後爲金昭玉粹，東室曰隨安室。《國朝宮史》。

臣等謹按：静憩軒門上聯曰：由舊典時式，其永無愆；思庶政惟和，不敢自逸。西室聯二，一曰：寫誠敬之心，禮章樂亮；繪恬熙之象，日麗風和。一曰：緑綺琴彈白雪引；烏絲絹寫黄庭經。殿後穿堂額曰稽古右文。聯曰：恭己奉三無；澄心待萬幾。堂後東向額曰金昭玉粹。聯曰：瑞景瓊樓開錦繡；歡聲珠閣奏雲韶。【略】

啓祥宫之西南向爲延慶門，門内爲延慶殿，殿後爲廣德門，門内爲撫辰殿。《國朝宫史》。

臣等謹按：撫辰殿内額曰斂福宜民。聯曰：生機對物觀其妙；義府因心獲所寧。

撫辰殿後爲建福宫。《國朝宫史》。

臣等謹按：建福宫，乾隆五年建。恭懸御書額曰不爲物先。東室聯曰：交泰三陽肇羲象；斂時五福協箕疇。西室聯曰：香藹綺疏，蕙圃敷榮滋湛露；風清釦砌，芝房擢秀映長春。皆御書。

于敏中等《日下舊聞考》卷一七《國朝宫室九》 建福宫後爲惠風亭，又北爲静怡軒。《國朝宫史》。

臣等謹按：静怡軒内額曰與物皆春。聯曰：雨潤湘簾，苑外青巒飛秀；風披錦幔，階前紅藥翻香。静怡軒西室額曰四美具，其屏間爲御書視聽言動思五箴。室後聯曰：墨壺琴薦相先後；舊詠新裁自品評。又聯曰：蘭殿藹晴暉，爐烟結翠；芝宫呈秀采，砌草舒芳。【略】

静怡軒後爲慧曜樓，樓西爲吉雲樓。《國朝宫史》。

臣等謹按：吉雲樓内聯曰：吉雲垂大地，慈鏡照諸天。樓下額曰如是室。聯曰：華海澄明，性源離色相；法鈴朗徹，覺地了聲聞。

吉雲樓西爲敬勝齋。《國朝宫史》。

臣等謹按：敬勝齋閣上額曰旰食宵衣。聯曰：看花生意蕊；聽雨發言泉。閣下西室額曰性存。聯曰：致虚涵白室；式古凛丹書。敬勝齋閣之西額曰德日新。聯曰：牙籤披古鑒；香篆引澄懷。其庭中垣門上東向恭鐫御書額曰朝日暉。其東山石上恭勒【略】

敬勝齋垣西爲碧琳館。《國朝宫史》。

臣等謹按：碧琳館東向樓上額曰静中趣。聯曰：參得王蒙皴法；寫將杜甫詩情。又聯曰：與物皆春，花木四時呈麗景；抗心希古，圖書萬軸引清機。又左聯曰：軒墀繞秀潤，書史足吟哦。右聯曰：味道研精義；隨時愛景光。樓下聯曰：素心悦澹泊；勝托惟静虚。又曰：窗意包涵畫；天容醖釀春。【略】

碧琳館南爲妙蓮華室。《國朝宫史》。

臣等謹按：妙蓮華室内聯曰：青蓮法界本清浄；白毫相光常滿圓。又聯曰：轉諦在語言而外；悟機得真實之中。

妙蓮華室南爲凝暉堂。《國朝宫史》。

臣等謹按：凝暉堂聯曰：十二靈文傳寶炬；三千浄土蔭慈雲。其南室額曰三友軒。【略】

凝暉堂之前爲延春閣，北與敬勝齋相對。《國朝宫史》。

臣等謹按：延春閣内南面額曰惠如春。聯曰：瑶階鶴繞三株樹；玉宇鸞鳴九子鈴。又聯曰：玉砌風清，五色祥光連棟宇；銅籤畫静，四時佳氣集蓬壺。東室門上額曰清華，西室門上額曰朗潤。東次室聯曰：四序調和懷育物；萬幾清暇愛攤書。東面室内額曰潔素履。聯曰：山水之間發清響；古今以上多同人。右室聯曰：拂檻露濃晴樹濕；捲簾風細落花香。西面額曰静觀自得。聯曰：閒爲水竹雲山主；静得風花雪月權。又聯曰：燕賀鶯遷，樂意相關禽對語；蘭芽桂蕊，生香不斷樹交花。左室額曰芝田，右室額曰蘭畹。二層樓上額曰澄懷神自適。聯三，一曰：吟情遠寄青瑶障；悟境微參寶篆香。一曰：春藹簾櫳，氤氲觀物妙；香浮几案，瀟灑暢天和。一曰：緑水亭前羅帶繞；碧山窗外畫屏開。最上樓額曰俯暢羣生。延春閣之西門上御題石刻，南向者曰含象，北向者曰懷芬。閣前疊石爲山，上結亭曰積翠，山左右有奇石，西曰飛來，東曰玉玲瓏。山之西穿石洞而南，洞口恭勒御題曰鷲峯。南有静室東向，額曰玉壺冰，又額曰鑑古。聯曰：湘管摛新會；芸編發古香。折而南有聯曰：地學蓬壺心自遠；身依泉石興偏幽。又聯曰：奇石盡含千古秀；好花長占四時春。其上有樓供大士像，聯曰：智珠不斷恒河界；明鏡長懸兜率邊。又聯曰：流水如有意；高雲共此心。【略】

月華門之西相對者爲遵義門，門西向南者爲養心門，中爲養心殿。《國朝宫史》。

臣等謹按：養心殿爲皇上宵旰寢興之所，凡辦理庶政、召對引見，視乾清宫。殿内恭懸世宗憲皇帝御書額曰中正仁和。寶座屏上皇上御書聯曰：保泰常欽若；調元益懋哉。東暖閣内御書聖祖仁皇帝聖訓曰：天下之治亂休咎，皆係於人主之一身一心。政令之設，必當遠慮深謀以防後悔，周詳籌度，計及久長，不可爲近名邀利之舉，不可用一己偏執之見。採羣言以廣益，合衆志以成城，始爲無偏無黨之道。孝者百行之原，不孝之人斷不可用。義者萬事之本，不義之事必不可爲。孝以立身，義以制事，無是二者，雖君臣父子不能保也。又御書世宗憲皇帝聖訓曰：敬天法祖，勤政親賢。愛民擇吏，除暴安良。勿過寬柔，勿過嚴猛。同氣至親，實爲一體。誠心友愛，休戚相關。時聞正言，日行正事。

勿爲小人所誘，勿爲邪説所惑。祖宗所遺之宗室宜親，國家所用之賢良宜保。自然和氣致祥，綿宗社萬年之慶。東暖閣下聯曰：憂其所可恃；懼其所可矜。後室門上額曰寄所託。聯曰：汲古得修綆；守道無異營。又聯曰：書圃禮園無斁好；甌香研浄有餘清。東室爲寢宫，西室額曰隨安室。聯曰：無不可過去之事；有自然相知之人。西南室曰明窗。西暖閣内恭懸世宗憲皇帝御書額曰勤政親賢。聯曰：惟以一人治天下；豈爲天下奉一人？

養心殿西室爲三希堂。《國朝宫史》。

臣等謹按：三希堂額爲御題，有御製三希堂記。聯曰：懷抱觀古今；深心託毫素。並御書。【略】

西暖閣後北接後軒三楹，東爲無倦齋，爲長春書屋。《國朝宫史》。

臣等謹按：西暖閣夾道門額曰自强不息。長春書屋聯曰：閒尋綺思千花麗；静想高岑六義清。内室聯曰：景深孚甲含胎際；春在人心物性間。又聯曰：麗日和風春淡蕩；花香鳥語物昭蘇。

養心殿後爲穿堂，爲二層殿。《國朝宫史》。

臣等謹按：養心殿後穿堂屏門東西各有額，曰雲流，曰風振，俱南向。向北額曰蘭芃涵春。二層殿上北向額曰與物皆春。聯曰：心天之心而宵衣旰食；樂民之樂以和性怡情。殿之東暖閣門額曰樂天閣。内室門聯曰：仲尼不爲已甚者；惟帝若是其難之。室内額曰攸芋齋。聯曰：情將物外適；道與古人期。

養心殿之前爲御膳房。《國朝宫史》。

臣等謹按：御膳房恭懸聖祖御書額曰膳房。

于敏中等《日下舊聞考》卷一八《國朝宫室十》 景運門之東相對爲肅誠門，入門南向爲奉先殿。《國朝宫史》。

臣等謹按順治十四年世祖章皇帝以太廟時享，孝思未申，命稽往制，建立奉先殿。前殿七楹，後殿如之。凡朔望薦新，歲時展禮，及册封諸大典禮，先期告祭，俱内務府掌儀司領其事。【略】

奉先殿東爲夾道，即蒼震門前直街也。街東爲寧壽宫。《國朝宫史》。

臣等謹按：寧壽宫建自康熙年間，乾隆三十六年皇上命重加增葺。宫垣南北一百二十七丈有奇，東西三十六丈有奇。門六，正中南向者恭懸御書額曰皇極門，東出者曰斂禧門，西出者曰錫慶門，又西嚮者曰履順門、曰蹈和門，東嚮者曰保泰門。皇極門之内曰寧壽門，門内爲皇極殿，殿廡東出者爲凝祺門，西出者爲昌澤門。皇極殿後爲寧壽宫。宫内東暖閣御書聯曰：周雅慶攸寧，長宜茀禄；箕疇徵曰壽，遞演京垓。【略】

寧壽宫後亘以横街，其東即保泰門，西即蹈和門，正中爲養性門，門内爲養性殿。殿之東暖閣御書聯曰：太和道共養；純嘏性彌敦。其南牖額曰明窗。聯曰：蜃窗日暖蘭噴霧；雞樹風輕玉靄春。西暖閣之北爲仙樓。聯曰：泰符占歲美；頤志叶春和。又聯曰：圖書採秘藴；鐘鼎玩清嘉。其西南室額曰長春書屋。聯曰：花鳥引機緒；詩書藴道荄。養性殿西宇額曰香雪堂，堂兩廡壁嵌置敬勝齋石刻。【略】

養性殿後爲樂壽堂。額曰與和氣游。聯曰：座右圖書娱晝景；庭前松柏藹春風。寶座屏聯曰：樂同樂而壽同壽；智見智而仁見仁。楹間聯曰：土香階草𦶟蘇紐；風細盆梅欲放花。又聯曰：動静得其宜，取義異他德壽；性情隨所適，循名同我清漪。東暖閣聯曰：樂惟四時適；壽與萬方同。又聯曰：波含素影澄心鏡；魚躍清淵識道機。北室聯曰：景清神謐天常泰；水趣山情静可論。東宇聯曰：亭臺總是長生境；鶴鹿皆成不老仙。西暖閣南室聯曰：智者樂兼仁者壽；月真慶共雪真祥。西室聯曰：趣爲永哉暢非俗；樂惟仁者寄於山。又聯二，一曰：夏鼎商彝共左右，墨華筆露永鮮新。一曰：閒披芸簡窗前朗；静聽松風户外敲。後廈聯曰：籠庭水樹宜涼影；匝砌烟花帶露姿。閣之上聯四，一曰：鳥吟花笑有餘樂；月白風清無盡藏。一曰：智水仁山從體道；奇花瑞草總含芬。一曰：成陰喬木天然爽；過雨閒花自在香。一曰：智仁適會動還静；枕葄無非史與書。西北閣上聯二，一曰：商鼎周彝自典重；檻花苑樹相芬芳。一曰：庭饒芳毯鋪生意；座有芸編結古懽。後廈閣上聯曰：心觸清機親翰墨；目遊潤景足精神。【略】

樂壽堂之西爲三友軒。楣間額曰：胸中常養十分春。樂壽堂後爲頤和軒。軒兩廡壁亦嵌置敬勝齋帖石刻。正中額曰太和充滿。聯曰：景欣孚申含胎際；春在人心物性間。又聯曰：麗日和風春淡蕩；花香鳥語物昭蘇。東暖閣之南室額曰隨安室。聯曰：慶烟糺縵籠青瑣；淑景和聞麗紫宸。西暖閣之西室聯曰：隨時自適天倪協；即事多欣道味涵。北室聯曰：境是天然贏繪畫；趣含理要入精微。西暖閣外亭額曰如亭。後厦額曰導和養素。聯曰：静延佳日春常盎；茂對祥風景總宜。【略】

頤和軒後門額二：一曰引清風，一曰挹明月。門内爲景祺閣。閣東廳宇三

楹，階前湖石上刊「文峯」二字。石洞口刊「雲竇」二字，山亭額曰翠鬟。皆御書。【略】

臣等謹按：【略】養性門至景祺閣，是爲寧壽宫之中一路。

保泰門北崇樓三重，上額曰暢音閣，中額曰導和怡泰，下額曰壺天宣豫。其北與暢音閣相對者爲閲是樓。樓下中宇聯曰：開窗魚鳥含天趣；欹案詩書味道腴。東室聯曰：芝篆薰晨鼎；蓮檠檢夜書。西室聯曰：插架牙籤照今古；開編芸氣吐芬芳。又聯曰：閒情空外寄；妙道箇中參。樓上中宇聯曰：日長蓮漏三階正，春到梅花合殿香。樓後東宇聯曰：澄懷觀物真超矣；得意忘言亦快哉。閣後殿宇前後共四所，前殿額曰尋沿書屋。【略】

景福宫正殿後爲梵華樓，樓稍西爲佛日樓。樓下御書聯曰：鳥雀聽經皆宿慧；風旛説偈自高標。自保泰門至佛日樓是爲寧壽宫東一路。蹈和門内曰衍祺門，門内東宇額曰抑齋。聯曰：心田浄洗全如水；鼻觀清芬詎必蓮。東南隅亭額曰擷芳亭，其北額曰矩亭。皆御書。抑齋後爲古華軒，軒西亭額曰禊賞亭，亭中恭刊御筆臨董其昌《蘭亭記》。亭北爲旭輝庭，聯曰：鼎篆蘭烟直；窗含旭景新。古華軒後爲遂初堂，額曰養素陶情。堂東室門聯曰：墨斗硯山足遺逸，琪花瑶草底須妍。室内聯曰：屏山鏡水皆真締；蘿月松風合静觀。【略】

東配殿額曰愜志舒懷，堂後疊石屏門刊額曰承暉，曰挹爽。其西爲延趣樓，東嚮。樓上聯曰：軒亭喜淳樸；甌硯總清嘉。樓外亭額曰聳秀亭，北爲萃賞樓。樓下中宇聯曰：閒庭不改風還月；欹案依然易與詩。西室門額曰聚景。聯曰：四圍應接真無暇；一晌登臨屬有餘。又聯曰：金界樓臺思訓畫；碧城鸞鶴義山詩。東室聯曰：高居因見遠；貞復會旋元。樓上中宇之左額曰積芳，又額曰延緑。西室聯曰：素壁題詩還自檢；明窗披帙雅相親。再西佛室聯曰：便有香風吹左右；似聞了義示緣因。萃賞樓西連樓六楹爲雲光樓，樓内額曰養和精舍。樓下南室聯曰：四壁圖書鑑今古；一庭花木驗農桑。其東佛室門額曰西方極樂世界安養道場。聯曰：一龕古佛鐘魚寂；半榻天風衣袂寒。室内聯曰：春鳥有言率和樂；上林無樹不森沉。【略】

萃賞樓後圓亭額曰碧螺，其北相對南嚮者爲符望閣。閣下南門左額曰欣遇，右額曰得全。門内聯曰：居中攬外襟懷暢；擊轂摩肩職植殷。又聯曰：俯臨常似披圖畫；得契宛堪悦性靈。東門内聯曰：雲卧天閼無不可；風清月白致多佳。西門内聯曰：畫情八窗納；春意百花舒。北門内聯曰：綠樹巖前疏復密；白雲窗外卷還舒。閣上北室聯曰：清風明月含無盡；近景遐觀攬莫遺。【略】

符望閣前垣門東額曰延虚，曰愜志，西額曰挹秀，曰澄懷。閣後爲倦勤齋。齋内閣上聯曰：信可超繪事；於焉悦性靈。閣下聯曰：春秋富佳日；松竹葆長年。閣西次室聯曰：動趣都涵澹；静機常覺寧。又西閣上聯曰：當春蓮漏永；坐久蕙烟微。閣下聯曰：經書趣有永；翰墨樂無窮。【略】

倦勤齋西廊外門額曰暎寒碧，内爲竹香館。中宇聯曰：偶披風送爽；恰旁竹延虚。又聯曰：流水今日；明月前身。又聯曰：松雲清棟牖；書契洽娜嬛。符望閣西門外爲玉粹軒，東嚮，其南室額曰得閒室。聯曰：甄性神明境；陶情翰墨筵。北爲佛室，聯曰：禽音仍唱迦陵偈，花色全標幻海禪。又北爲浄塵心室，聯曰：洗不期其箏笛耳；悦原契此浄明心。又聯曰：春物薰馨含慧業；名禽宛轉入聞思。室後門額曰超妙。皆御書。【略】

景福宫之後爲兆祥所，今爲皇子所居。西爲花園，又西即神武門也。《國朝宫史》。

臣等謹按：今新葺，規制兆祥所在寧壽宫垣之後，《國朝宫史》所稱乃舊制也。

于敏中等《日下舊聞考》卷二〇《國朝宫室十一》 隆宗門之西爲慈寧宫。《國朝宫史》。

臣等謹按：慈寧宫，順治十年建，乾隆十六年重加修葺。東爲永康左門，西爲永康右門，正中南嚮爲慈寧門，前列金獅二。門内正殿恭懸皇上御書額曰寶籙駢禧，又額曰慶隆尊養。屏聯曰：蘭殿頤和尊備養；萱庭集慶壽延禧。楹間聯曰：愛日舒長，蘭殿春暉凝綵仗；慈雲環蔭，萱庭佳氣接蓬山。殿前東廡門曰徽音左門，西廡門曰徽音右門。後殿供佛像，恭懸聖祖仁皇帝御書額曰萬壽無疆。皇上御書聯曰：百八牟尼，現莊嚴寶相；三千薝蔔，聞清浄妙香。又聯曰：人天功德三摩地；龍象威神兩足尊。皆御書。殿後東廡佛室，聖祖御書額曰四星容華。

慈寧宫左殿宇二層，東有門曰慈祥門，與啓祥門遥對，慈寧門之南爲長信門。《國朝宫史》。

臣等謹按：長信門又南舊爲永安門，其左爲迎禧門，右爲覽勝門，今制惟正南有長慶門。【略】

慈寧宮花園中爲咸若館。《國朝宮史》。

臣等謹按：慈寧宮花園前宇爲咸若館，供佛，皇上御書額曰壽國香臺。聯曰：證最勝因，金界莊嚴歡喜地；讚無量壽，寶輪擁護吉祥雲。館之左爲寶相樓，右爲吉雲樓。寶相樓南爲含清齋，吉雲樓南爲延壽堂。池上爲臨溪亭。咸若館後樓宇御書額曰慈蔭樓。

慈寧宮之西爲壽康門，門内爲壽康宮。《國朝宮史》。

臣等謹按：壽康宮又南爲慈寧右門。壽康宮内恭懸皇上御書額曰慈壽凝禧。聯曰：玉琯應陽春，祥開南極；璇宮呈麗景，慶洽西池。中殿聯曰：慶叶瑶圖，融和開壽域；祥呈閬苑，熙皥樂康衢。東暖閣聯曰：福集璇圖天永錫，祥開綺甲日重光。又聯曰：光華呈愛日；仁壽遍和風。後殿聯曰：四海爲家欽養志；萬年介祉永承歡。又聯曰：鳳集桐花來絳闕；鶴啣桃實自丹山。西室聯曰：金盤露滿瑶華麗；丹粟祥凝鶴算綿。又聯曰：歡心依日永，樂志願春和。皆御書。

壽康宮之後爲壽安宮。《國朝宮史》。

臣等謹按：壽安宮本咸安宮舊址，乾隆十六年改建，在壽康宮後。東西爲長街，街西爲長庚門，門内正中南嚮者爲壽安門，内爲春禧殿，殿後爲壽安宮。正殿恭懸皇上御書額曰長樂春暉，又額曰瑶樞純嘏。聯四，一曰：百福屏開，慶叶九如宏壽域；五雲景麗，恩敷萬象入春臺。一曰：壽國樂舒長，韶成九奏；安輿承悦豫，舞效三呼。一曰：洪範演疇徵備福；黄鍾肇律叶長生。一曰：香扆引祥風，序符清晏；仙壺承愛日，景叶升恒。東暖閣額曰景暉，曰熙春。聯曰：紅梅翠竹天然畫；妙理清機不盡吟。又聯曰：松牖樂春熙，既安且吉；蘭陔宜書永，曰壽而昌。東樓下額曰集慶，曰宣豫。聯曰：芝楝雲霞麗；蘭陔日月長。又聯曰：宜春苑滿恒春樹；介壽筵開益壽花。西暖閣額曰慈釐積慶。聯曰：慶霄輝壽嘏；仙圃麗春光。又聯曰：鈞庭延淑景；璇杓藹祥風。西樓額曰華蔭，曰金龕。聯曰：静裏遠懷千古事；意中常滿十分春。殿前延樓左右相屬，中爲崇臺三層。上層額曰慶霄韶濩。聯曰：鳳翥輝呈阿閣瑞；珠聯景繪泰階符。中層額曰曾城廣樂。聯曰：圖疇遞演京垓積；律吕環生上下和。下層額曰昆閬恒春。聯曰：鳴豫叶雲韶，頌集九如開壽域；祝釐陳綵舞，歡聯萬象譜春臺。殿後庭中疊石爲山，東曰福宜齋，齋内聯曰：西池增寶籙；南極耀珠躔。西曰萱壽堂，堂内聯曰：寶篆長生籙；瑶屏集瑞圖。皆御書。【略】

慈寧宮之東北即啓祥門外夾道，其北南嚮爲凝華門，門内爲雨華閣。《國朝宮史》。

臣等謹按：雨華閣三層俱供佛。上層恭懸皇上御題閣額，中層額曰普明圓覺。聯曰：青蓮法界普清淨；白毫相光離色空。又聯曰：三身具足根塵外；萬法齊歸願海中。下層額曰智珠心印。聯曰：般若慈源，遠通華海匯；菩提覺路，妙轉法輪圓。又聯曰：花布妙香霏四種；金塗傑閣現諸天。又聯曰：妙果圓成，華海同歸無盡藏；靈因静證，珠宮常雨四時花。又聯曰：寶界現莊嚴，雲凝華鬘；香臺開般若，雨散曼陀。閣内聯曰：具神通力；生歡喜心。又聯曰：善果皆歡喜；香雲普吉祥。又聯曰：靈鷲風香傳妙偈；澄潭月皎印真如。其西爲梵宗樓。樓上聯曰：妙會梵香三界上；實參宗印四天中。樓下聯曰：七寶共莊嚴，金光高映；四花紛擁衛，香雨濃霏。皆御書。

雨華閣後爲昭福門，門内爲寶華殿，殿後爲香雲亭，其北爲中正殿。《國朝宮史》。

臣等謹按：中正殿恭懸御書額曰然無盡燈。聯曰：妙諦六如超衆有；善根三藐福羣生。

壽安宮之北爲英華門，門内爲英華殿。《國朝宮史》。

臣等謹按：英華殿庭内方亭恭勒皇上御製詩碑。【略】

城隍廟東爲祀馬神之所，又東爲神武門。《國朝宮史》。

神武門之北過橋爲景山，山前爲北上門，東門曰山左裏門，西門曰山右裏門，門内爲景山門。入門爲綺望樓，樓後即景山，有峯五。同上。

臣等謹按：北上門左右嚮北長廡各五十楹，其西爲教習内務府子弟讀書處。景山五峯上各有亭，中峯亭曰萬春，左曰觀妙，又左曰周賞；右曰輯芳，又右曰富覽，俱乾隆十六年建。

景山後爲壽皇殿。《國朝宮史》。

臣等謹按：壽皇殿，舊在景山東北，乾隆十四年上命移建。南臨景山中峯，殿門外正中南嚮寶坊一，前額曰顯承無斁，後曰昭假惟馨。左右寶坊各一，左之前額曰紹聞祗遹，後曰繼序其皇；右之前額曰世德作求，後曰舊典時式。北爲甎城門三，門前石獅二，門内戟門五楹。大殿九室，規制仿太廟，左右山殿各三楹，東西配殿各五楹，碑亭、井亭各二，神廚、神庫各五。殿内敬奉聖祖仁皇帝、世宗憲皇帝御容，皇上歲時瞻禮於此。並自體仁閣恭迎太祖高皇帝、太宗文皇

帝、世祖章皇帝暨列后聖容敬謹尊藏殿内，歲朝則展奉合祀，肅將祼獻，以昭誠愨云。【略】

壽皇殿後東北曰集祥閣，西北曰興慶閣，殿東爲永思門，門内爲永思殿。《國朝宫史》。

臣等謹按：永思殿西暖閣恭懸皇上御書聯曰：一氣感通昭陟降；萬年嗣服式儀型。東暖閣樓上聯曰：視聽思無遠；天心格有孚。皆御書。

永思殿又東爲觀德殿。《國朝宫史》。

臣等謹按：觀德殿恭懸聖祖御書額曰正大光明。聯曰：琴韻聲清，松窗滴露依蟲響；書帷夜永，蘿壁含風動月華。

觀德殿東爲護國忠義廟。《國朝宫史》。

臣等謹按：護國忠義廟，範關聖立馬像，恭懸聖祖御書額曰忠義。

于敏中等《日下舊聞考》卷二〇《國朝宫室雍和宫》 雍和宫在皇城東北，世宗憲皇帝藩邸也，登極後命名曰雍和宫。

宫前寶坊二，正中石坊一，自是而内，甬道綿亘，爲昭泰門。門東西列碑亭，中爲雍和門。門内爲天王殿，左右環以迴廊，正中爲雍和宫。《國朝宫史》。

臣等謹按：宫之前左右寶坊各一，左之前榜曰慈隆寶葉，後曰四衢净闢，右之前榜曰福衍金沙，後曰十地圓通。正中石坊一，南向額曰寰海尊親，後曰羣生仁壽。天王殿内額曰現妙明心。聯曰：法鏡交光，六根成慧日；牟尼真净，十地起祥雲。宫内聯曰：接引羣生，揚三千大化；圓通自在，住不二法門。又曰：法界示能仁，福資萬有；净因臻廣慧，妙證三摩。

宫後爲永佑殿。《國朝宫史》。

臣等謹按：永佑殿聯曰：般若慈源，覺海原無異派水；菩提元路，德山相見别峯雲。

永佑殿後爲法輪殿，左右山殿各三間。《國朝宫史》。

臣等謹按：法輪殿左右山殿，西爲戒壇，乾隆四十四年命照熱河廣安寺戒壇之式改建。方壇三層，每層各圍以石欄，用列佛像。東爲藥師壇，是年並改建，重樓，上下各五楹，與戒壇相配。四十五年八月落成。法輪殿額曰恒河筏喻。聯曰：是色是空，蓮海慈航遊六度；不生不滅，香臺慧鏡啓三明。又曰：鬘雲采護祥輪，錦軸光明輝萬象；龍沼慶貽寶地，玉毫圓足聚三花。戒壇内額曰律持定慧。聯曰：法會啓無邊，共守真如願力；律宗超最上，總持實相因緣。東樓上額曰能仁普度。聯曰：寶地徧沾功德潤；香臺恒擁吉祥花。樓下額曰慈雲應念。聯曰：廣一切善緣，現莊嚴相；普如是功德，發歡喜心。

法輪殿後爲萬福閣，東爲永康閣，西爲延寧閣，閣後爲綏成殿。《國朝宫史》。

臣等謹按：萬福、永康、延寧三閣並峙，上有閣道相通，東向西向則别爲配殿也。萬福閣内額曰緣覺妙諦，又曰放大光明，南向聯曰：以不可思議説微妙法；具無量由旬作清净身。北向聯曰：説法萬恒沙，金輪妙轉；觀心一止水，華海常涵。西向聯曰：丈六顯金身，非空非色；大千歸寶所，即境即心。東向聯曰：合大地成形，非有爲法；與衆生同體，作如是觀。中層簷前額曰净域慧因，下層簷前額曰圓觀並應。聯曰：慧日麗璇霄，光明萬象；法雲垂玉宇，安隱諸方。永康閣聯曰：慧日朗諸天，圓輝寶相；吉雲垂大地，净掃塵根。延寧閣聯曰：獅座寶花，拈來參妙諦；檀林法乳，觸處領真香。【略】

宫之東爲書院，門三間，入門爲平安居，後有堂，堂後爲如意室，室後正中南向爲書院正室。《國朝宫史》。

臣等謹按：平安居額世宗憲皇帝御書。殿内皇上御書額曰因寄所托。如意室額世宗御書。又額曰與天游，皇上御書。東室爲佛堂，聯曰：於澹泊中尋理趣；不空色際忘言詮。西室内恭懸聖祖仁皇帝御書額曰爲善最樂。御書聯曰：情將物外適；道與古人期。書院正室恭懸世宗御書額曰太和齋，又額曰爲善最樂。聯曰：種德在寬仁，俾昌爾後；立身惟忠孝，永建乃家。皆聖祖御書。東寢宫恭懸御書額曰窗含遠色，西屋門上前曰勤農，後曰課織。屏間繪耕織圖。南有山亭，恭懸世宗御書額曰翼然亭。後殿二重，其前恭懸御書額曰静挹化源。

太和齋之東，其南爲畫舫，南向，正室曰五福堂。《國朝宫史》

臣等謹按：齋東畫舫後左右迴廊相接。五福堂額聖祖御書。堂内恭懸御書額曰悦目賞心。聯曰：大德曰生，到處和風甘雨；與民偕樂，隨時擊壤歌衢。堂後書室數楹，額曰幽偏自怡。聯曰：健行乾不息；遜志益無疆。皆御書。

太和齋之西爲海棠院，北有長房，更後延樓一所，西爲斗壇。《國朝宫史》。

臣等謹按：院内額曰香紅雨，院後書室額曰清暉娱人。聯曰：雲山觀動静；花木驗農桑。又後室額曰高雲情。皆御書。院西循廊而北，有長房一帶，後有延樓，斗壇上恭懸聖祖御書額曰祝齡壇。壇東爲佛樓，樓前有平臺，其東佛堂三楹。宫西後爲關帝廟，前爲觀音殿，殿内恭懸御書額曰香林寶月。

于敏中等《日下舊聞考》卷二一《國朝宫室西苑一》 西華門之西爲西苑，榜

曰西苑門，入門爲太液池。《國朝宫史》。

臣等謹按：西苑太液池，源出玉泉山，從德勝門水關流入，匯爲巨池，周廣數里。自金盛時，即有西苑太液池之稱。名蹟如瓊華島廣寒殿諸勝，歷元迄明，苑池之利相沿弗改，然以供游憩而已。我朝列聖相承，勵精圖治，於此引對臣工總理機務，或宴賚王公卿士，或接見朝正外蕃，以及征帥勞旋、武科較技，例於苑内之惇叙殿、涵元殿、瀛臺、紫光閣親莅舉行。龍光燕譽，賡拜揚休。冬月則陳冰嬉，習勞行賞，以簡武事而修國俗云。【略】

西苑門循池東岸西折，臨池面北正門曰德昌門，門内爲勤政殿，殿後爲仁曜門。《國朝宫史》。

臣等謹按：德昌門内正殿五楹，北向，恭懸聖祖仁皇帝御書額曰勤政。皇上御書聯曰：常切單心歸宥密；每懷勑命凛幾康。【略】

仁曜門南爲翔鸞閣，閣後東樓曰祥輝，西曰瑞曜。由閣而南爲涵元門，門内東向爲慶雲殿，西向爲景星殿，正中南向爲涵元殿。《國朝宫史》。

臣等謹按：翔鸞閣廣七間，左右延樓迴抱各十九間，涵元殿正中恭懸皇上御書額曰天心月脅，東室額曰含經味道。聯曰：四面波光動襟袖；三山烟靄護壺洲。又曰：風篁叶韶濩；雲樹藹蓬壺。西室聯曰：於此間得少佳趣；亦足以暢叙幽情。皆御書。【略】

涵元殿之東爲藻韻樓，西爲綺思樓，正北相對爲香扆殿。《國朝宫史》。

臣等謹按：藻韻樓綺思樓上下各六楹，香扆殿三楹，殿之東有室三楹，北向，額曰溪光樹色。聯曰：圖畫參生動；詩書閱古芳。北接三楹，西向，額曰虚舟。聯曰：閒雲入窗牖；清露滴梧桐。又曰：心澹水木秀；興幽魚鳥閒。又曰：鑪香書静雲編展；花海春深竹檻清。殿之西有室三楹，北向，額曰水一方。北接三楹，額曰蘭室。聯曰：亭臺涵月鏡；花木暢天機。又曰：過眼寸陰求日益；關心萬姓祝年豐。【略】

香扆殿後南向曰瀛臺。東爲春明樓，西爲湛虚樓。《國朝宫史》。

臣等謹按：瀛臺爲明時南臺舊址，本朝順治年間稍加修葺，皇上御書額曰瀛臺。有木變石在春明、湛虚兩樓之中，恭刊御製庚辰題句於上。

于敏中等《日下舊聞考》卷二二《國朝宫室西苑二》 瀛臺臨水爲迎薰亭。《國朝宫史》。

臣等謹按：迎薰亭御書額曰對時育物。聯曰：相於明月清風際；只在高山流水間。藻韻樓折而東，南向者爲補桐書屋，北向者爲隨安室。《國朝宫史》。

臣等謹按：補桐書屋東室聯曰：摩空野鶴養真性；繞壑風泉清道心。西室聯曰：清陰欲凌霄漢上；遠意自在山水間。隨安室聯曰：柳陰分緑籠琴几；花片飛紅入鏡屏。【略】

補桐書屋又折而東爲待月軒。《國朝宫史》。

臣等謹按：待月軒東室聯曰：寫楹常看霞生際；對坐宛當月上時。又曰：半奩緑水菱花對；一幙青山畫幅横。南一間爲海神祠。北建六方亭于石巖之上，顔曰鏡光亭。緑樹環繞，濃陰如繪。有桑柘一株，尤蒼古。旁臨水際，構亭於水中，爲牣魚亭。轉石逕而南，爲牝谷。【略】

綺思樓西崇臺北爲長春書屋，後室曰漱芳潤。《國朝宫史》。

臣等謹按：綺思樓之西，山上爲臺，額曰八音克諧。長春書屋三楹，南向，聯曰：松烟衡翠幄；雲逕繞花源。又聯曰：澹蕩青陽盎；棼熅瑞旭舒。後門額曰延爽，曰導青。東室額曰賓鳳。聯曰：閒庭不改風還月；攲案依然易與詩。又曰：商鼎周彝自典重；檻葩苑樹相芬芳。西室額曰學林。聯曰：庭饒芳毯鋪生意；座有芸編結古歡。又聯曰：鳥吟花笑自餘樂；月白風清無盡藏。漱芳潤聯曰：勝地尚傳詩句在；好山合作畫圖看。又内室聯曰：悟物思遥託；悦心非外求。西穿堂聯曰：地高游目遠，雲斂騁懷寬。【略】

長春書屋西池亭曰懷抱爽。《國朝宫史》。

臣等謹按：懷抱爽左右山石間有劍石二，恭勒皇上御書曰插笏。

仁曜門東，沿堤過崑崙石渡橋，橋上有亭曰垂虹。又沿堤東南一亭曰俯清泚。《國朝宫史》。【略】

俯清泚稍北曰淑清院。《國朝宫史》。

臣等謹按：淑清院，皇上御書額曰水流雲在。【略】

淑清院東北有室曰葆光。《國朝宫史》。

臣等謹按：荷光室額爲聖祖御書。皇上御書聯曰：天向淡間無礙迴；雲從閒處有餘姿。又聯曰：心觸清機親翰墨；目遊潤景足精神。【略】

淑清院左渡橋爲韻古堂。《國朝宫史》。

臣等謹按：韻古堂，舊爲蓬瀛在望，乾隆己卯平定回部，捷音甫至，適江右大吏獻臨江新獲周鑄鐘十一枚。皇上考定爲鎛鐘，貯之堂内，易名韻古，有《御

製韻古堂記》，恭録卷内。【略】

韻古堂左側有垣門，門東爲流杯亭。《國朝宫史》。

臣等謹按：垣門石刻聖祖仁皇帝御書流杯亭額曰曲澗浮花，皇上御書額曰流水音。聯曰：積素墜枝全作雨；懸流落澗半成冰。【略】

流杯亭北爲素尚齋。《國朝宫史》。

臣等謹按：素尚齋聯曰：花香鳥語無邊樂；近景遐觀取次拈。又曰：晝永花香醺似醉；雨收天色碧於藍。【略】

素尚齋西有室，曰得静便，向南室曰賞修竹，廊曰響雪。《國朝宫史》。

臣等謹按：得静便額爲皇上御書，聯曰：境詣幽惟却藻繢；水澄波處養天真。齋東疊石，上鐫御書曰紫雲，曰功奪造化。賞修竹額爲聖祖御書。左右廊之北，皇上御書額曰響雪。聯曰：庭竹張真畫；階泉滴暗琴。【略】

響雪廊東南室曰千尺雪。《國朝宫史》。

臣等謹按：千尺雪額爲皇上御書，室左右門額曰凝華，曰流靄。聯曰：書遇會心皆可讀；泉能蠲慮劇堪聽。並御書。【略】

千尺雪又東爲魚樂亭。《國朝宫史》。

臣等謹按：魚樂亭中横石恭刊御書曰箇中自有玉壺冰。

于敏中等《日下舊聞考》卷二三《國朝宫室西苑三》　循池岸而南爲日知閣，閣後左門東南爲春及軒，軒左爲交蘆館，又左爲芸齋。《國朝宫史》。

臣等謹按：日知閣建石梁上，其下爲水牐，太液池水從此出，達於織女橋。閣額爲聖祖御書，閣内皇上御書額曰漱玉飛珠。聯曰：秋月春風常得句；山容水態自成圖。又聯曰：境静趣無窮，魚躍鳶飛同活潑；水流機不息，瀑淙雪浄總鮮新。皆御書。【略】

芸齋稍南爲賓竹室，室南爲蕉雨軒。《國朝宫史》。

臣等謹按：賓竹室内聯曰：自是林泉多藴藉；依然書史得周旋。蕉雨軒聯曰：春泉石罅淙聲細；新竹風前弄影姿。北室聯曰：禽鳥雜歌傳户外；箖箊爽籟下雲標。【略】

蕉雨軒南曰雲繪樓。樓西有室，曰韻磬。又西南爲清音閣。《國朝宫史》。

臣等謹按：雲繪樓三層北向。聯曰：道堪因契真佳矣；畫豈能工有是夫。又曰：衆皺峯如能變化；太空雲與作浮沉。清音閣聯曰：宫商之外有神解；律吕以來無是過。閣上下與雲繪樓通，有門曰印月，門外東南則船塢也。【略】

清音閣沿堤而南爲同豫軒。《國朝宫史》。

臣等謹按：同豫軒東室聯曰：魚躍鳶飛參物理；耕田鑿井樂民和。内室額曰大圓鏡，曰小方壺。聯曰：夏屋暢清吟風篁半嶺；春城通曉望烟樹萬家。西室聯曰：麗日和風春澹蕩；花香鳥語物昭蘇。【略】

同豫軒後爲鑑古堂。左爲香遠，右曰静柯。《國朝宫史》。

臣等謹按：鑑古堂皇上御書聯曰：心觸清機親翰墨；目游潤景足精神。香遠室聯曰：鳶飛魚躍天機錦；秋月春風大塊章。静柯室聯曰：會心多野趣；契理謝言詮。香遠室西有静室，額曰自在觀，山下有室，額曰鷺濤，皆御書。【略】

瀛臺之南，隔池相對者，爲寶月樓。《國朝宫史》。

臣等謹按：寶月樓，乾隆戊寅年建，與同豫軒、茂對齋東西相望，北對迎薰亭，南臨皇城。樓上恭懸皇上御書額曰仰觀俯察。聯曰：佳興四時同，圖呈苑裏；清光千里共，鑑徹池心。樓下東室北間，額曰錯繡，曰卷綃。聯曰：雲容水態從頭會；秋月春風取次拈。又曰：玉宇近高寒，欄憑十二；慶霄增朗徹，界俯三千。又曰：烟雲舒卷攬勝賞；松石古澹怡遠情。南室額曰芳援，曰玉萃。聯曰：雲斂琳霄目因迥；水澄蘭沼意俱深。又曰：寫影水中央，萬川同印；澄輝天尺五，一鏡常懸。又曰：風物似登瀛，景呈瑶島；雲山疑罨畫，影漾金波。寶月樓西爲茂對齋，聯曰：舒卷天真任嵐靄；飛沉自得樂禽魚。茂對齋右爲涵春室，室内額四，曰花港，曰渌浄，曰魚樂，曰晚春，皆御書。齋西爲延賞亭。【略】

仁曜門西爲結秀亭，亭西爲豐澤園。《國朝宫史》。

臣等謹按：仁曜門西，屋數楹。聖祖仁皇帝養蠶處也。建亭於橋，榜曰結秀。又西一水横帶，稻畦數畝，爲豐澤園。聖祖每親臨勸課農桑。世宗憲皇帝，歲耕耤田，先期演耕於此。我皇上舉行舊典，率循不廢。仰見聖聖相承，勤民務本之至意云。【略】

豐澤園門内爲惇敘殿。《國朝宫史》。

臣等謹按：惇敘殿，舊名崇雅殿，乾隆壬戌宴王公宗室於此。聯句賦詩，因移崇雅，額於别殿，易名惇敘。殿内額曰睦親九族。聯曰：彝訓念貽謀，本支百世；仙源長篤慶，華萼一堂。又曰：玉水涵波遠；瓊枝浥露榮。皆皇上御書。【略】

惇敘殿東爲菊香書屋，殿後爲澄懷堂。《國朝宫史》。

臣等謹按：澄懷堂額爲聖祖仁皇帝御書。康熙初年，詞臣嘗於此進講。堂内額曰觀衆妙。聯曰：心田喜色良先玉；鼻觀真香不數蘭。東室聯曰：偶在參天一；閒憑味道腴。菊香書屋聯曰：庭松不改青葱色；盆菊仍霏清浄香。

【略】

澄懷堂北有樓，榜曰遐矚樓。《國朝宫史》

臣等謹按：遐矚樓上下七楹，樓上聯曰：體物豈緣誇麗藻；撫時端藉勵雄心。又曰：千疊雲峯空外迴；三農雨露望中深。樓下聯曰：窗通碧水蒼山外；人在光風霽月間。東室聯曰：擬景真無盡；會心迥不同。西室額曰圖史自娱。聯曰：點綴雲峯留玉宇；參差水榭引朱船。【略】

豐澤園西有亭，曰荷風蕙露。與亭相對有門，入門爲崇雅殿。殿後東爲静憩軒，西爲懷遠齋，後有臺。其南隔水相對爲純一齋。《國朝宫史》

臣等謹按：荷風蕙露亭相對有門。南面石刻額曰静谷。聯曰：勝賞寄雲巖，萬象總輸奇秀；青陰留竹柏，四時不改蘢葱。北面石刻額曰雲竇。聯曰：月地雲階，别向華林開静境；屏山鏡水，時從芳徑探幽蹤。崇雅殿東室聯曰：乍雨乍晴春事好；宜詩宜畫物華殊。西室聯曰：翠合三山連閬苑；波涵一鏡儼蓬瀛。又曰：金猊靄入瑶編潤；玉樹花均蔀屋香。臨水北向有臺，額曰歌舞昇平。聯曰：水中樓閣浮青島；天上笙歌繞碧城。純一齋額爲聖祖仁皇帝御書。齋内聯曰：煙景滿前供妙墨；芳洲隨處引清游。【略】

德昌門西，有門東向，入門循山徑而南，爲春耦齋。《國朝宫史》

臣等謹按：春耦齋在豐澤園之西，齋東室聯曰：即事既多美；託好有常因。又曰：曉露蘭陔外；香風禾隴間。又曰：心澹水木秀；興幽魚鳥同。西室聯曰：林薄濃陰藏别院；汀洲新水漲前津。閣上聯曰：紫泂水抱中和氣；平遠山如藴藉人。【略】

雲木含秀隔池相對，有延樓數十楹，榜曰聽鴻樓。由徑南折而東，面北爲植秀軒。《國朝宫史》

臣等謹按：聽鴻樓上下五十有四楹，與春耦齋相對。聯曰：遠翠靄晴嵐，四山圖畫；清風生爽籟，萬竹笙竽。東室聯曰：烟霞表裏因心静；天水空門觸目新。又曰：每因物表延遥寄；似與天游得静陶。又曰：風前竹韻金輕戛；石罅泉聲玉細潺。西室額曰神觀蕭爽。聯曰：鏡自遠塵皆入詠；物含妙理總堪尋。植秀軒聯曰：幾羣鷺鶴隨吟管；四面芙蓉入緑紗。【略】

植秀軒折而西爲石池。度池穿石洞出爲虚白室，又南有亭，曰竹汀亭，南爲愛翠樓。《國朝宫史》

臣等謹按：虚白室三楹，東向，北室聯曰：景向淡中宜藻績；山從老處見精神。南室聯曰：連林新緑間舊緑；入户泉音復鳥音。【略】

由竹汀折而西爲椶亭。又由樓南下，有佛宇一所。《國朝宫史》

臣等謹按：佛宇臨池，北向，額曰大圓鏡中。殿内額曰智珠慧照。聯曰：天花不礙一林落；仙草真成四季芳。其東稍北有石門，門外横刻「薈蔚適於幽處合」。其内横刻「蛤岈每與望中深」。又外石刻聯曰：悟物思遥託；悦心非外求。内石刻聯曰：芝徑繚而曲；雲林秀以重。石門以外，即荷風蕙露亭也。

于敏中等《日下舊聞考》卷二四《國朝宫室西苑四》 春耦齋循池西岸而北爲紫光閣。《國朝宫史》

臣等謹按：紫光閣，在明武宗時爲平臺，後廢臺，改爲紫光閣，本朝因之。聖祖仁皇帝，常於仲秋集三旗侍衛大臣校射，復於閣前閲試武進士，至今循以爲例。皇上聖武遠揚，平定伊犁回部，拓地二萬餘里。乾隆二十五年，上嘉在事諸臣之績，因葺新斯閣，圖功臣，自大學士忠勇公傅恒、定邊將軍一等武毅謀勇公户部尚書兆惠以下一百人於閣内。五十人親爲之贊，餘皆命儒臣擬撰。洎四十一年，兩金川大功告成，復命圖大學士定西將軍一等誠謀英勇公阿桂、定邊右副將軍一等果毅、繼勇公户部尚書豐昇額等一百人，列爲前後五十功臣。御製前五十功臣贊，命儒臣擬撰後五十功臣贊，一如平定伊犁回部例。宸章鉅製，後先輝映，此誠曠古未有之績。彼麟閣雲臺，不可以同日語者也。閣額爲御書。聯曰：干羽兩階崇禮樂；車書萬里集冠裳。左右向南壁間，恭懸御製平定伊犁及平定回部告成太學碑文。左壁爲伊犁全圖，右壁爲回部全圖。東西廊壁，恭懸《御製平定兩金川告成太學碑文》，及《兩金川全圖》，並《御製報捷凱歌》十首。閣上尊藏得勝靈纛及俘獲軍器。正中繪《平定西陲凱宴圖》，左壁繪《西陲獻馘圖》，右壁繪《平定回部效勞圖》。聯曰：天衢翊運風雲會；策府銘勳日月光。

【略】

于敏中等《日下舊聞考》卷二五《國朝宫室西苑五》 紫光閣後爲武成殿。《國朝宫史》

臣等謹按：武成殿内御題額曰綏邦懷遠。聯曰：兩階干羽欽虞典；六律宫商奏采薇。正中書御製辛巳題句。左右壁門張《御製開惑論西師詩》，東西兩

壁《繪西師勞績諸圖》。兩廡各十有五楹，石刻《御製自乙亥軍興訖己卯成功詩》二百二十四首，詳載《御製詩二集》中，茲不具録。【略】

紫光閣之北爲時應宫。宫之東向北有門，曰福華門。《國朝宫史》。

臣等謹按：時應宫在紫光閣後，雍正元年建。前殿祀四海、四瀆諸龍神像，東西爲鐘鼓樓，正殿祀順天佑畿時應龍神之像，後殿祀八方龍王神像。前殿恭懸世宗憲皇帝御書額曰瑞澤霑和，福華門之外即金鼇玉蝀橋也。【略】

西苑門循池東岸而北爲蕉園舊址，向北爲蕉園門。《國朝宫史》。

臣等謹按：蕉園即芭蕉園，一名椒園，内有前明崇智殿舊址，稍南即萬善門。【略】

蕉園門之南稍折而西，面南爲萬善門，門内爲萬善殿。《國朝宫史》。

臣等謹按：萬善殿正中恭懸世祖章皇帝御書額曰敬佛。皇上御書聯曰：萬象證圓通，金輪妙轉；三乘皈定慧，華海長涵。又曰：了悟徹聲聞，花拈妙諦；淨因空色相，月印明心。皆皇上御書。殿後恭懸聖祖御書「敬佛」二字額。【略】

萬善殿後圓蓋穹窿爲千聖殿，東爲迎祥館，西爲集瑞館。《國朝宫史》。

臣等謹按：千聖殿中奉千佛塔一，高七級，正殿東西建樓各三楹，南向，東曰朗心，西曰悦性。朗心樓聯曰：花宫具見嚴而妙；别室還饒静且佳。又曰：松風謖詩意；水月空禪心。又曰：樓出輕烟横翡翠；池生新水徹琉璃。悦性樓聯曰：洗不期其箏笛耳；悦原契此淨明心。又曰：耆崛鳥吟都送喜；香林花色總無塵。

迎祥館、集瑞館，在朗心悦性兩樓之旁，東西結宇，各與圓殿相通。迎祥館聯曰：古樹當庭直；天花滿座馨。又曰：辨見還參柏；微心欲剥蕉。集瑞館聯曰：塵袪滋意蕊；聞復發心香。又東配殿之東建大悲壇五楹，額曰妙印真如。聯曰：般若示禪修，檀薰澄觀；陀羅參梵韻，貝讚精持。皆皇上御書。

萬善殿之東爲内監學堂。《國朝宫史》。

臣等謹按：萬善殿之東院房六間，舊爲内監學舍，後移置他處。内恭懸聖祖御書額曰惠迪吉，西室額曰敬佛。西配殿之後僧寮五間，額曰菩提。皆聖祖御書。

萬善門西行抵水埠，有亭出水中，曰水雲榭。《國朝宫史》。

〔臣等謹按〕水雲榭額爲皇上御書，中有石碣恭刊御書「太液秋風」四字，爲燕山八景之一。御製詩已恭載形勝卷内，茲不複綴。【略】

水雲榭之北有白石長橋，東西樹坊楔二，東曰玉蝀，西曰金鼇。《國朝宫史》。

臣等謹按：金鼇玉蝀橋，跨太液池以通行人往來。橋西紅墻夾道，兩門相對，南即福華門，北爲陽澤門，達闡福寺。橋東即承光殿。橋下洞七，中洞南向石刻額曰銀潢作界。聯曰：玉宇瓊樓天上下；方壺圓嶠水中央。北向石刻額曰紫海迴瀾。聯曰：繡縠紋開環月珥；錦瀾漪皺焕霞標。【略】

金鼇玉蝀之東有崇臺，即臺址爲圓城。兩掖有門，東爲昭景，西爲衍祥，中爲承光殿。《國朝宫史》。

臣等謹按：承光殿，俗名團殿，即元時儀天殿舊址，周以圓城。殿内恭懸皇上御書額曰懸圃風清。聯曰：何處五雲多，大羅天上；飛來三嶠秀，太液池邊。又曰：風月清華贏四季；水天朗徹統三洲。又曰：悦性適因静，會心何必遐。【略】

承光殿南有石亭，以置元代玉甕。《國朝宫史》。

臣等謹按：玉甕徑四尺五寸，高二尺，圍圓一丈五尺，恭鐫皇上御製《玉甕歌》於上，並刻詞臣四十人應制《詠玉甕詩》於柱間。

于敏中等《日下舊聞考》卷二六《國朝宫室西苑六》 承光殿後爲敬躋堂，堂東爲古籟堂，又東爲采雲亭。堂西爲餘清齋。《國朝宫史》。

臣等謹按：古籟堂額曰象昭。聯曰：蒼官壽客結好友；岸芷汀蘭入畫圖。餘清齋聯曰：鏡裏林花舒艷裔；雲邊樓閣隱神仙。齋西室額曰環秀，曰涵虚。聯曰：座挹山光兼水態；窗延秋月與春風。【略】

餘清齋西爲沁香亭，其後曰鏡瀾亭。《國朝宫史》。【略】

圓城外東爲承光左門，西爲承光右門，北爲積翠堆雲橋。《國朝宫史》。

臣等謹按：圓城北駕石梁，南北樹坊二，南曰積翠，北曰堆雲。過橋即瓊華島。

永安寺爲金源瓊華島，踞太液池中。奇石疊纍，皆當時輦致艮嶽之遺。《國朝宫史》。

臣等謹按：瓊華島周圍計二百七十四丈，舊有廣寒殿，相傳爲金章宗時李妃妝臺遺址。元改名萬壽山，又稱萬歲山。本朝順治八年立塔建刹，稱白塔寺，今易名永安寺。恭繹皇上《御製塔山四面記》，辨方正位，瞭如指掌，今謹遵照次第列叙於後。【略】

永安寺入門爲法輪殿。殿後拾級而上，左右二亭，東曰引勝，西曰滌靄。亭

後各有石,東曰崑崙,西曰嶽雲。《國朝宫史》

臣等謹按:法輪殿五楹,内奉釋迦佛,御書額曰慈雲覺海,又曰人天調御。聯曰:靈鷲風香傳妙偈;澄潭月皎印真如。又曰:青蓮法界本清浄;白毫相光常滿圓。殿後拾級而上,有坊樹焉,南曰龍光,北曰紫照。引勝亭内石幢恭刊《御製白塔山總記》,滌靄亭内石幢恭刊《御製塔山四面記》。【略】

滌靄亭後由甬道拾級而上,左右有方亭二,東曰雲依,西曰意遠。正中爲正覺殿,殿後爲普安殿。《國朝宫史》

臣等謹按:雲依、意遠亭下各有石洞,其東洞有額曰楞迦窟。普安殿内恭懸皇上御書額曰慧根圓相,又曰如如不動。聯曰:真諦總涵華海露;慈光長仰德山雲。又曰:心鏡朗懸空色相;智燈長滿燭人天。

普安殿前東爲宗鏡殿,西爲聖果殿,殿後石磴層躋爲善因殿。《國朝宫史》

臣等謹按:善因殿内供梵銅佛像,殿後即白塔也。

永安寺墻之左,緣山而升爲振芳亭,再升爲慧日亭,又南,穹碑二。《國朝宫史》

臣等謹按:慧日亭碑,一爲順治八年建塔恭紀文,一爲雍正十一年重修恭紀文。今皆附録卷内。【略】

永安寺之西山半有亭,又西由山麓躡而上,爲悦心殿。《國朝宫史》

臣等謹按:永安寺西亭額曰蓬壺挹勝。悦心殿東室聯曰:員嶠曉烟連碧漢;曲池春雨念蒼生。又曰:是處暢觀頗役目;此間閟景足澄心。西室額曰静挹古香。聯曰:雲端曠奥軒疑畫;樹杪高低圃是懸。【略】

悦心殿後爲慶霄樓,樓後有亭曰擷秀。悦心殿之東爲静憩軒。《國朝宫史》

臣等謹按:慶霄樓,南向,上下各七楹,額曰雲木含秀。聯曰:得水之情,盆魚有樂;領山之趣,拳石皆奇。又曰:延賞亭臺皆入畫;向陽景物又從新。静憩軒聯曰:悦性適因静;會心何必遐。又曰:暇當綈几身聊憩;景入紗疏意與存。自永安寺門至此爲塔山南面之景。【略】

慶霄樓之西有延廊,環抱山石間,築室其中,爲一房山。由房内南間石巖蟠旋而下,爲蟠青室。《國朝宫史》

臣等謹按:一房山聯曰:好山一窗足;佳景四時宜。又曰:翠霏峯四面;青罨户千螺。【略】

慶霄樓之西爲揖山亭。《國朝宫史》

乾隆二十五年御製《揖山亭詩》:亭畔介昂藏,博褒貌復蒼。愛他好風度,不是擬元章。令人磬折者,却自揖山亭。可悟漆園論,主賓誰定形。

臣等謹按:揖山亭御製詩,恭載首見之篇,餘不備録。

悦心殿前循山西行有石橋,爲琳光殿,殿後爲甘露殿。《國朝宫史》

臣等謹按:山西石橋南北坊楔各一,南向曰涵秀,曰濯錦;北向曰挹源,曰艷雪。渡橋有坊,坊南向曰芳渌,曰舞藻;北向曰静游,曰紉香。甘露殿額曰蓮界慈緣。聯曰:不二啓津梁,同歸法海;大千空色相,自覔心珠。

擷秀亭之西有亭,南向,曰妙鬘雲峯。甘露殿後有殿,曰水精域。《國朝宫史》

臣等謹按:水精域聯曰:鎮留風氣閒庭貯;時落鐘聲下界聞。

琳光殿之北延樓二十五間,左右圍抱相合,爲閲古樓。《國朝宫史》

臣等謹按:閲古樓額爲皇上御題,乾隆丁卯歲,以内府所藏魏晋以下名人墨蹟鈎摹勒石,御定爲《三希堂法帖》三十二卷,既成,嵌石樓壁中。樓後層有額曰翠湧虹流。【略】

閲古樓後楹平臨山池,建石亭於上,北爲畝鑑室。《國朝宫史》

臣等謹按:閲古樓後楹石亭恭懸皇上御書額曰烟雲盡態。畝鑑室聯曰:天光水態披襟袖;岸芷汀蘭入畫圖。左室聯曰:山容空外秀;波態席前浮。右室聯曰:一泓水鏡呈當面;滿魄冰輪映舉頭。後室聯曰:鏡光呈朗照;竿韻發清機。皆御書。

于敏中等《日下舊聞考》卷二七《國朝宫室西苑七》 閲古樓北爲漪瀾堂。《國朝宫史》

臣等謹按:漪瀾堂,據瓊島北麓,規制略仿金山,五楹,北向,堂後左右有過山石洞。堂内聯曰:蘿逕因幽偏得趣;雲峯含潤獨超羣。又曰:籟動風滿谷;波澄月一奩。西暖閣聯曰:四面波光動襟袖;三山烟靄護壺洲。堂後檐額曰秀寫蓬瀛。閲古樓巖墻門出轉東則邀山亭。又東北則酣古堂,三楹,西向。倚石爲洞,循洞而東,有屋三楹,前宇後樓,額曰寫妙石室。聯曰:石縫若無路;松巢别有天。【略】

漪瀾堂正中北向有碧照樓,長廊六十楹,左右環繞俱有樓,東盡倚晴樓,西盡分凉樓。《國朝宫史》

臣等謹按:碧照樓門額曰湖天浮玉,樓上聯曰:空明愛天水;飛躍任魚鳶。【略】

碧照樓之左爲遠帆閣。《國朝宫史》

臣等謹按：遠帆閣北向與碧照樓分峙，閣上聯曰：水光山色澹容與；雲帆月舫常留連。又曰：湧金何事稱圖畫；浮玉端知在户庭。閣下南向額曰層觀上躋，東室額曰即事多美。聯曰：雲卧天游無不可；風清月白致多佳。【略】

遠帆閣後爲道寧齋。《國朝宫史》

臣等謹按：道寧齋内聯曰：風自涼經松越峭；月原明映水逾清。西室聯曰：静參倪筦禽魚適；悦可襟懷翰墨憑。閣上聯曰：石古泉清，軒窗爽且静；風恬露潤，花竹秀而鮮。【略】

漪瀾堂之右有堂額曰晴欄花韻，前有臺與堂相對，堂右爲紫翠房。《國朝宫史》

臣等謹按：晴欄花韻聯曰：樹將暖旭輕籠牖；花與香風並入簾。西室額曰壺天，東室額曰宜雪。紫翠房，三楹，即順山房也。【略】

紫翠房之東爲蓮華室，相對有小室，額曰真如。《國朝宫史》

臣等謹按：蓮華室内聯曰：相於明月清風際；只在高山流水間。真如室内供梵王像，聯曰：黄花翠竹常住相；仙露明珠自在心。【略】

漪瀾堂後石洞出山頂有亭爲摺扇形，額曰延南薰，其東上有亭，額曰一壺天地。《國朝宫史》

臣等謹按：延南薰在漪瀾堂後，亭内聯曰：五明招得薰風奏；七寶修成璧月清。一壺天地聯曰：望宜銀漢月；清擬玉壺冰。【略】

一壺天地之東爲環碧樓，樓前有小石平臺。《國朝宫史》

臣等謹按：環碧樓，上下四楹，北向。樓後接宇三楹，南向，在石壁之下者爲盤嵐精舍。環碧樓聯曰：西山翠色生巖腹；北渚清漣漲岸隈。樓上聯曰：雲斂琳霄目因迥；水澄蘭沼意俱深。盤嵐精舍聯曰：無礙搜奇披谷靄；有時延賞愛巖風。室内聯曰：林亭雨過峯巒秀；花徑風迴錦繡香。又曰：嵐飛生翠常疑雨；峯有真姿不藉春。【略】

環碧樓繞廊而下，爲嵌巖室。《國朝宫史》

臣等謹按：嵌巖室聯曰：潤築松濤相問答；峯容波態總氤氳。【略】

延南薰西渡石橋有亭曰小崑邱，亭西南上有平臺石柱，爲銅仙承露。《國朝宫史》

臣等謹按：承露臺後垣額曰碧虚，西南小樓三楹，額曰得性樓。聯曰：俯臨常似披圖畫；得契宛堪悦性靈。又曰：拂座涼生高栝籟；入簾波漾白蘋秋。樓下額曰延佳精舍。聯曰：滿窗松石無非古；一屋雲烟總是清。北小室額曰抱沖室。樓之左右翼以山廊，歷磴而下，小宇一間，顔曰鄰山書屋。聯曰：境因徑曲詩情遠；山爲林稀畫幨開。又曰：樹色碧無礙；山光静有餘。屋之前即爲道寧齋矣。自漪瀾堂至此爲塔山北面之景。【略】

由白塔東下至山足爲智珠殿，殿後緣山徑折而北爲交翠庭。《國朝宫史》

臣等謹按：智珠殿，三楹，東向，供文殊佛像，恭懸皇上御書額曰般若香臺。聯曰：塔影迴懸霄漢上；佛光常現水雲間。交翠庭，二楹，聯曰：波光入窗淡；草色護階新。【略】

交翠庭北迴廊環繞而下爲看畫廊。下有石室，中涵巖洞，洞内供大士像，别有小樓。《國朝宫史》

臣等謹按：洞門上石刻「真如」二字，小樓内聯曰：天闊雲非繫；波空月自明。庭之下，廊之側，攀援石洞而出，爲古遺堂，三楹，北向。聯曰：秋月春風常得句；山容水態自成圖。對之者爲巒影亭，門額曰梢雲，曰霏玉。古遺堂下爲見春亭。〔又按〕由看畫廊折而東至山麓，有石碣恭刊御書「瓊島春陰」四字，爲燕山八景之一。【略】

承光殿之東，與蕉園門相對者爲桑園門。入門，循池東岸而北數百步，過陟山門，路西有水殿，以藏御舟。路東門三間，西向。入門，循廊躡山而北有堂，據山巔北向者曰雲岫，西向者曰崇椒。《國朝宫史》

臣等謹按：水殿十有一間，即船塢也，雲岫厂聯曰：風月清華贏四季，水天朗澈繞三洲。【略】

崇椒室長廊曲折北下，有軒臨池，曰濠濮間。《國朝宫史》

臣等謹按：濠濮間額曰壺中雲石。聯曰：眄林木清幽，會心不遠；對禽魚翔泳，樂意相關。又曰：畫意詩情景無盡；春風秋月趣常殊。軒北石梁曲折，池面北接石坊，坊上石刻横書，南向曰：山色波光相罨畫，北向曰：汀蘭岸芷吐芳馨。又石刻聯二，南向曰：日永亭臺爽且静；雨餘花木秀而鮮。北向曰：蘅皋蔚雨生機滿；松嶂横雲畫意迎。

由石門而北，門三楹。入門爲春雨林塘。《國朝宫史》

臣等謹按：春雨林塘殿内額曰動静交養。聯曰：烟景入疏簾，圖書帶潤；波光紫曲岸，水木餘清。東室聯曰：迴如碧宇吟懷曠；閒寄白雲幽興長。後軒額曰空水澄。【略】

池北相對爲畫舫齋。《國朝宫史》

臣等謹按：畫舫齋額曰竹風梧月。東室聯曰：詩句全從畫裏得，雲山常在

鏡中留。又聯曰：於澹泊中尋理趣；不空色際忘言詮。又曰：常借青山作屏幛；由來大塊假文章。西室門額曰汲古。聯曰：布席只疑天上坐；憑欄何異鏡中游。室内聯曰：雲容水態不相厭；畫意詩情分與投。又曰：窗近春洲，宛爾棹波聞欸乃；簾開秋水，恍然載月漾空明。【略】

臣等謹按：鏡香室聯曰：静與心謀寧有色；香生鼻觀亦無空。又曰：露湑花遞馥；風度水生紋。【略】

池上兩廊各有室，東曰鏡香，西曰觀妙。《國朝宫史》。

畫舫齋左水石間有古槐一柯，構亭其間，顔曰古柯。《國朝宫史》。

臣等謹按：古柯庭聯曰：金波長漾中秋月；玉鏡平分明聖湖。庭東廊宇接一小廈，額曰緑意廊，與古槐相對。聯曰：雖是境蹊畧行轉；果然松竹不尋常。廊之北曰得性軒。【略】

古柯庭後有室，西向，額曰奥曠。《國朝宫史》。

臣等謹按：奥曠室聯曰：山參常静雲參動；躍有潛魚飛有鳶。

乾隆二十四年，御製《奥曠室詩》：月廊通曲奥，雲牖含虚曠。得概既不一，會趣亦殊狀。清音憑暗泉，静寄對奇嶂。位置信遠俗，俯仰堪生暢。而何每慊然，未敢吾心放。【略】

畫舫齋之右池上架石梁，構廊其上，曲折達於西室，曰小玲瓏。《國朝宫史》。

臣等謹按：小玲瓏室内額曰真趣。聯曰：有懷虚以静；無俗窈而深。又曰：雨後峯姿都渥若；風前竹韻特悠然。

于敏中等《日下舊聞考》卷二八《國朝宫室西苑八》 水殿之北有龍王廟，廟後小渠亘之，自太液池注水入春雨林塘者也。上有橋，橋南北坊各一。《國朝宫史》。

臣等謹按：二坊在南者榜曰貯月，曰擒錦；在北者榜曰軼雲，曰延春。渡橋即蠶壇也。

先蠶壇在西苑東北隅。《國朝宫史》。

臣等謹按：先蠶壇，乾隆七年建，垣周百六十丈，南面稍西正門三楹，左右門各一。入門爲壇一成，方四丈，高四尺，陛四出，各十級。三面皆樹桑柘。西北爲瘞坎。我朝自聖祖仁皇帝設蠶舍於豐澤園之左，世宗憲皇帝復建先蠶祠於北郊，嗣以北郊無浴蠶所，因議建於此。

壇東爲觀桑臺。臺前爲桑園，臺後爲親蠶門，入門爲親蠶殿。《國朝宫史》。

臣等謹按：觀桑臺高一尺四寸，廣一丈四尺，陛三出。親蠶殿内恭懸皇上御書額曰葛覃遺意。聯曰：視履六宫基化本；授衣萬國佐皇猷。

親蠶殿後爲浴蠶池，池北爲後殿。《國朝宫史》。

臣等謹按：後殿恭懸皇上御書額曰化先無斁。聯曰：三宫春曉覘鳩雨；十畝新陰映鞠衣。屏間俱繪蠶織圖，規制如前殿。

宫左爲蠶婦浴蠶河。南北木橋二，南橋之東爲先蠶神殿，北橋之東爲蠶所。《國朝宫史》。

臣等謹按：浴蠶河自外垣之北流入，由南垣出，設牐啓閉。先蠶神殿，西向，左右牲亭一，井亭一，北爲神庫，南爲神廚。垣左爲蠶署，三間。蠶所亦西向，爲屋二十有七間。

由蠶壇沿堤西北爲鏡清齋。《國朝宫史》。

臣等謹按：鏡清齋，正門三楹，南向，俯臨太液。入門爲荷沼，沼北爲堂，五楹。齋内額曰不爲物先。聯曰：照檻浄無塵，風來水面；開簾光有象，月印波心。又曰：憑觀悟有術；妙理契無爲。西壁聯曰：庭餘松竹足消夏；架有詩書藉討源。東室聯曰：圖書左右怡情久；翡翠蘭苕浴浪鮮。後軒聯曰：峯姿擢翠入澄照；鏡影涵虚愜曠懷。【略】

鏡清齋之東，臨池有室，爲抱素書屋。《國朝宫史》。

臣等謹按：抱素書屋聯曰：地學蓬瀛塵自遠；身依泉石興偏幽。【略】

抱素書屋東廊下爲韻琴齋。《國朝宫史》。

臣等謹按：韻琴齋，二楹，西向，其南接廈臨於外，額曰碧鮮，廊下爲過水處也。齋内聯曰：賞心樂事無倫比；妙色真聲兼占之。又曰：爽澄蘭沼波吹細；風渡松林籟泛輕。【略】

鏡清齋之西有山池石梁，築室其上，榜曰畫峯室。《國朝宫史》。

臣等謹按：畫峯室聯曰：花香鳥語無邊樂；水色山光取次拈。【略】

鏡清齋之後北臨山池，上爲沁泉廊。廊西有巖，巖上爲枕巒亭。《國朝宫史》。【略】

沁泉廊東有石橋，橋北繞池，由石磴而上，爲罨畫軒。《國朝宫史》。

臣等謹按：罨畫軒東室聯曰：一室之中觀四海；千秋以上驗平生。西室額曰標青。【略】

循軒東廊而南，有屋兩楹，北俯清泚，榜曰焙茶塢。《國朝宫史》。

臣等謹按：焙茶塢聯曰：巖泉澄碧生秋色；林樹蕭森帶曙霞。【略】

鏡清齋，沿堤西南爲西天梵境。《國朝宫史》。

臣等謹按：西天梵境有琉璃牌坊，南臨太液池，南向榜曰華藏界，北向榜曰須彌春。坊北山門榜曰西天梵境。入門爲天王殿，左右石幢二，左刻《金剛經》，右刻《藥師經》。殿後爲大慈真如殿，殿内恭懸皇上御書額曰恒河演乘。聯曰：無住蔭慈雲，葱嶺祇林開法界；真常揚慧日，鷲峯鹿苑在當前。又北向聯曰：日月輪高，眄七寶城如依舍衛；金銀界浄，湧千華相正現優曇。殿後歷級而登，有大琉璃寶殿。殿二層，榜曰華嚴清界。聯曰：七寶同莊，金界普成具足相；三輪共轉，玉毫齊放大圓光。又曰：現法化報身，分湧真常蓮葉；攝聞思修教，並拈微妙曇華。皆御書。殿四面迴廊六十七楹，四隅各有樓相接。西天梵境之西有琉璃墻，墻北爲真諦門，門内爲大圓鏡智寶殿，殿内額曰法界真常。聯曰：歡喜普人天，增五福德；莊嚴護龍象，現八吉祥。殿後有亭曰寶網雲亭。亭北及左右屋宇四十三楹，皆貯四藏經板之所也。

太液池之北有亭五所，謂五龍亭也，其北爲闡福寺。《國朝宫史》

臣等謹按：五龍亭中曰龍澤，左曰澄祥，曰滋香，右曰湧瑞，曰浮翠。亭建水中，面臨北海。亭後石坊二，南向額曰性海，北向額曰福田。闡福寺，乾隆十一年建。入寺門爲天王殿，殿後額曰宗乘圓鏡。聯曰：妙華普觀無窮境；慧日常懸自在天。再後爲大佛殿，規制仿正定隆興寺。重宇三層，上層恭懸御書額曰大雄寶殿，中曰極樂世界，下曰福田花雨。殿内聯曰：真諦別傳，趨妙莊嚴路；能仁權應，現常清浄身。又額曰有大威德，聯曰：放百寶無畏光明，歷刼智珠常朗；入三昧甚深微妙，諸方心印同圓。極樂世界前駕白石橋，環流爲坊四座，南曰證功德水，曰現歡喜園；北曰法輪高勝，曰妙境莊嚴；東曰震旦香林，曰神洲寶地；西曰仁壽普緣，曰安養示諦。四面各有方樓一，正中爲佛殿，殿内聯曰：於萬斯年，香林沾法雨；大千世界，福地湧祥雲。佛殿之北爲普慶門，入門南北置坊二座，南曰大千輪置，曰滿萬曇霏；北曰聚諸福德，曰現大吉祥。左右浮圖二，中爲萬佛樓，樓三層。左樹寶幡竿，右立石幢，恭鐫《御製庚寅萬佛樓瞻禮詩》。樓下聯曰：十住引千光，佛力不可思議；一成該萬有，我聞如是吉祥。中樓聯曰：香海觀皆融，法流永匯；曇花趺遍結，壽世同持。樓上額曰華藏恒春。聯曰：龍象護莊嚴，滿多寶藏；人天洽歡喜，遍恒河沙。樓之東曰寶積樓，西曰鬘輝樓。左右各有門，東門内爲澄性堂，堂後方亭曰湛碧亭，西達致爽樓。北爲鏡藻軒，南爲澄碧亭。亭北廊曰清約池，軒西曰滄吟室。西門内構八方亭，樹石塔，鐫刻貫休畫十六應真像，並恭勒御製贊語其上。再後有殿，額曰真實般若。聯曰：正法眼長明，慧燈不滅；無漏身自在，性海遥通。皆御書。

闡福寺東爲澄觀堂。《國朝宫史》

臣等謹按：澄觀堂内恭懸御書額曰水天清永。聯曰：青未了時山障合；白初生處月窗虚。堂後有殿，額曰寄清浄心。聯曰：雲移峯影天常静；風蹙波紋水不知。皆御書。

《〔乾隆〕熱河志》卷二六《行宫二》

烟波致爽：澹泊敬誠殿後第三重，爲殿七楹，聖祖御題額曰「烟波致爽」，爲三十六景之冠。殿宏敞高明，旁挹雲嵐，後帶湖渚，每夏雨初晴，秋颸乍起，纖塵不到，積霧全空。或晨曦吐旭，夜月銜規，清暉朗照，自來迎人。真曠然上清天宇也。中懸皇上御書聯二，一曰：鳥語花香轉清淑；雲容水態向暄妍。一曰：雨潤平皐桑麻千頃緑；晴開遠嶠草樹一川明。

《〔乾隆〕熱河志》卷二六《行宫二》

芝逕雲隄：由萬壑松風之前北行，長隄蜿蜒，直渡芳洲。洲大小凡三，聖祖御製詩序所謂若芝英，若雲采，復若如意者也。隄左右皆湖，中架木爲橋，橋南北樹寶坊。兩岸平沙似席，芳草爲茵，央道垂楊，湖波鏡影。額曰「芝陘雲隄」，蓋因洲形取義，化工體物，曲盡其致云。

《〔乾隆〕熱河志》卷二六《行宫二》

無暑清涼：芝逕雲隄東北洲曰如意，建殿三重。第一重面南，爲門五楹，聖祖御題額曰「無暑清涼」。洲四面皆水，門當其前，廣厦洞闢，不施屏蔽，平流滑笏，遠渚鋪奩，飛鳥掠波，游魚吹沫，往來紅蕖緑蓋間。真覺佛地清涼，人天勝境矣。

《（乾隆）熱河志》卷二六《行宮二》

延薰山館：如意洲正殿七楹，左右配殿各五楹，在無暑清涼内第二重，南向。牓曰「延薰山館」，西窗聯曰：雲標金闕迥；樹杪玉堂懸。皆聖祖御筆。中楹皇上御題聯曰：石劍攢青千林天仗合；水衣縈碧一鑑月槎横。

《（乾隆）熱河志》卷二六《行宮二》

水芳巖秀：延薰山館後殿十五楹，在如意洲最深處，鏡波繞岸，瑶石依欄，聖祖嘗以幾暇讀書其中。額曰「水芳巖秀」，左壁聯曰：經書同杲日；詞賦和卿

雲。後楹聯曰：波漾書林來自九天甘雨；花浮墨沿長看四季祥雲。殿中皇上御書額曰「奉三無私」，聯曰：山月滿庭影疎横藻荇；松風遶壑韻遠叶笙簧。殿之東閣，額曰「隨安室」。

《（乾隆）熱河志》卷二六《行宫二》

萬壑松風：前殿據岡背湖，漸近湖爲坡陁，殿五楹，北嚮，長松數百，掩暎周迴。顔曰「萬壑松風」，聯曰：雲捲千松色；泉和萬籟吟。皆聖祖御書。康熙壬寅，上以沖齡隨侍山莊，賜居於此。伏讀《紀恩堂記》並題壁感舊詩，仰維聖祖眷顧之深，我皇上繼繩之切，羹墻企慕，閲久彌篤也。殿後三楹曰鑑始齋，坡下亭曰晴碧。

《（乾隆）熱河志》卷二六《行宫二》

松鶴清越：山莊内西偏爲榛子峪，殿門五楹，南向，聖祖御題額曰「松鶴清越」，聯曰：奇花文石娱朝夕；白鶴蒼松永歲年。每歲駕幸山莊，奉寧壽宫於兹殿。其地窈然虚曠，青蓋垂陰，九皐振響，丹邱福庭，無以踰斯殿，皇上御題額曰

「静餘軒」。

《〔乾隆〕熱河志》卷二六《行宫二》

雲山勝地：烟波致爽之後，高樓特起，八牕洞達，俯瞰羣峰，夕靄朝嵐，頃刻變化，不可名狀，聖祖御題額曰「雲山勝地」。樓之西楹奉佛聖因浄業，秀攬青蓉。皇上御書牓曰「蓮花室」，聯曰：雲影澄觀妙悟太空參合相；山光悦性静因常住識真如。

《〔乾隆〕熱河志》卷二七《行宫三》

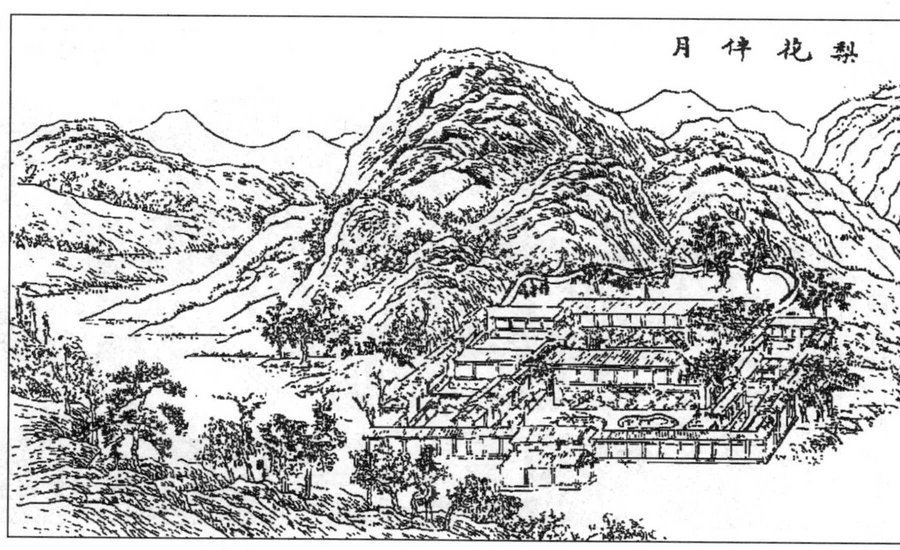

梨花伴月：山莊西北曰梨樹峪，以所産得名。入峪，平岡透迤，不覺近遠，惟聞幽澗潺鳴，迸落石罅，行里許，静深繚曲，漸入夐邃，奥如窔如，不知此中壺天勝界也。時當春日，萬樹梨花素艷，幽香清輝不隔。聖祖御題額曰「梨花伴月」。内爲永恬居，更内則素尚齋。

《〔乾隆〕熱河志》卷二七《行宫三》

曲水荷香：亭南向，在北山麓。奇石参差，鱗次瓦疊，澗水潺潺，隨石折爲小沼，中植芙蕖，亭亭萬柄，翠蓋紅葩，自然香遠。聖祖御題額曰「曲水荷香」。舊在暖溜暄波北，今移于此。

《〔乾隆〕熱河志》卷二七《行宫三》

風泉清聽：松鶴清越之西，置三楹，曰「風泉清聽」。有泉出兩山間，注谿穿竇，風來澗谷，則聽益清遠，與松聲鶴韻相答。聖祖奉寧壽宫問安時所憩，故有「瑶池芝殿」之句。内爲秋澂齋，皇上御書聯曰：素影寫波澂境原無暑；清風拂林爽氣最宜秋。

《〔乾隆〕熱河志》卷二八《行宮四》

天宇咸暢：湖之東岸，有阜巍然，搆殿宇其上，中天積翠，绛節高居。額曰「天宇咸暢」。殿後建閣三重，額曰「皇穹永佑」；再重祀真武，額曰「元武威靈」；三重奉玉皇，曰「天高聽卑」，皆聖祖御書。閣下山趾，巨石林立縱橫。天詞御詠，並摩崖恭勒焉。

《〔乾隆〕熱河志》卷二八《行宮四》

青楓綠嶼：越泉源石壁而北，跨山巔，面南三楹，額曰「青楓綠嶼」，聯曰：笙簧響入踈松裏；錦繡雲從翠壁來。殿五楹，額曰「風泉滿清聽」。門外三楹，面西，額曰「霞標」，聯曰：踈幕幾重當畫卷；遥山三面送青來。皆聖祖御筆。殿東嚮，四楹，皇上御題額曰「吟紅榭」。雲窗月牖，掩映楓林，淺碧濃青，遠邇一色。每輕霜乍染，萬葉皆赬，錦樹分叢，丹霞競彩，蓋寒山石徑，光景彌新矣。

《(乾隆)熱河志》卷二八《行宮四》

金蓮映日：金蓮花本出五臺，移植山莊，體物肖形，載賡天藻，曼陀優鉢，無以逾玆。延薰山館之右，有殿五楹，西向。是花環蒔，葉亞枝交，含風浥露，每晨光啓牖，旭影臨鋪，金彩鮮新，爛然匝地，牓曰「金蓮映日」。旁室三楹，御題額曰「川巖明秀」。爽塏高明，實綜覽湖山勝槩云。

《(乾隆)熱河志》卷二八《行宮四》

遠近泉聲：緣長隄而北，石路半里許，漸聞水聲，鳴湍響澗，匯音橋畔，摐金戛玉，水樂琅然。殿三楹，南嚮，聖祖御題額曰「遠近泉聲」。其東二楹，額曰「聚香齋」。聯曰：四圍山色連雲漢；一徑林邊去暑風。殿後爲亭，額曰「聽瀑」，蓋瀑布最勝處也。聯曰：四面浮青開日景；一泓澄碧見天心。殿外三楹，面南，高敞，水際風來，泠然善也，御題額曰「招涼榭」。

《〔乾隆〕熱河志》卷二九《行宫五》

雲帆月舫：彷舟形作室，上爲樓，面北。聖祖御題額曰「雲帆月舫」，在如意洲延薰山館之西，窗櫺洞達，綺縠疏通，前挹湖波，後銜沙渚，波平風軟，宛然水際虚舟也。聯凡三，一曰：似疑畫檝浮天上，欲掛輕風入鏡中。一曰：秋心宛在水精域，晴色遥呈罨畫天。後楹聯曰：照澗波縈青雀舫，輕橈相趁木蘭堂。

《〔乾隆〕熱河志》卷二九《行宫五》

鏡水雲岑：殿五楹，在天宇咸暢閣下，西向。聖祖御題額曰「鏡水雲岑」，聯曰：阜接東山浮柳嫩，泉連西苑泛花新。又曰：雙澗常流月，千峰自合雲。殿倚山搆，柂水周三面，曲廊外布，迴抱如半月，檻陰架渚欄，彩乘漪中懸。御書「金山」額，以狀似紫金浮玉得名。下有亭曰芳洲，練影灣環，雲峰縹緲，北固諸勝如在目前。視江心拳石，更覺别開生面也。

《〔乾隆〕熱河志》卷三〇《行宫六》

麗正門：乾隆十有九年，歲在甲戌，皇上駐蹕避暑，再題三十六景，以麗正門爲冠。上御題額也。門制崇宏，高明廣大，門左右朝房。内則重門五楹，恭懸聖祖御書「避暑山莊」題額。每秋巡駐蹕，蒙古諸藩於焉述職。邇年平定西域，諸部向風，咸于山莊瞻就雲日。入斯門者歡忻踴躍，拜天閶而拱宸極，宏深肅穆，萬國來同矣。

《〔乾隆〕熱河志》卷三〇《行宫六》

勤政殿：麗正門之左，南向，殿二重。前五楹曰勤政殿。我皇上敬天法祖，以勤民隱，巡行所至，臨朝視政，無異宫中。凡離宫别殿，悉循圓明園之例。題以勤政，名言允出，如見宵肝深衷。殿内面南額曰「正大光明」，面北額曰「高明博厚」。聯曰：中外同風持盈長保泰；山川競秀彌性並怡情。後殿前檐額曰「卷阿勝境」，殿内聯曰：文囿俯川原千載游歌地勝；豳風咨稼穡三秋圖畫天開。後檐面北額曰「雲牖松扉」。殿前樓五楹，長廊周匝，慶賚燕饗之典御焉。

《〔乾隆〕熱河志》卷三〇《行宮六》

松鶴齋：澹泊敬誠之東，搆大殿七楹，以奉慈寧。翠水丹山，祥開福地，問安視膳，祝嘏延釐。皇上御書額曰「松鶴齋」。尊養備隆，敬承家法。御書聯曰：岫列喬松雲屏開翠巘；庭間馴鹿雪羽舞瑤階。

《〔乾隆〕熱河志》卷三〇《行宮六》

綺望樓：碧峰門之左，倚城爲樓，凡九楹，北向。御題額曰「綺望樓」，聯曰：汲泉磯畔魚知樂；試墨松邊鶴喜陪。又曰：一庭縹緲雲霞氣；四壁清涼水石心。又曰：閒尋綺思千花麗；静想高吟六義清。登臨極望，水木雲巒，組分繡錯。後樓三楹，南向。舟廬環列，原隰高下，如指諸掌。恭懸聖祖額曰「坦坦蕩蕩」，聯曰：萬家烟火隨民便；千畝山田待歲豐。

《〔乾隆〕熱河志》卷三〇《行宮六》

水心榭：石梁跨水，南北方各一，中爲榭三楹，飛桷高騫，虚簷洞朗。聖祖御題額曰「水心榭」。憑楹東望，青翠杳然，波間上下，天光影落空際。西則銀濤萬疊，浩淼溟濛，丹碧樓臺，幻成異采。與長虹飲練、雙湖夾鏡兩坊相映。逾石梁而北，有亭名曰牣魚。

《〔乾隆〕熱河志》卷三一《行宮七》

般若相：清暉亭西，精舍一區，南向。中奉佛像，額曰「法林寺」。内殿三楹，額曰「般若相」。皆聖祖御題。左、右殿各三楹，後殿七楹。地即雪山湖，爲香海色相皆空，了然雙林説法處。梵言般若，此云智慧。仰佛日之寶輪，契真如之妙諦，所謂翠竹黄花，無非般若者矣。

《〔乾隆〕熱河志》卷三二《行宮八》

樂成閣

樂成閣：嘉樹軒之上，重閣五楹。一重額曰「開襟霄漢」，再重額曰「樂成閣」，皆御書。塞田遠近，崇墉比櫛。皇上厪念民依，課雨占晴，悉關宵旰。當夫禾稼備登，千塍露積，每臨天矚，顧而樂之，黄童白叟，慶塞豐而酬力穡。洵乎遹駿有聲，遹觀厥成者焉。

《〔乾隆〕熱河志》卷三五《行宮十一》

澹泊敬誠：避暑山莊正殿，凡七楹。聖祖御題額曰「澹泊敬誠」。宫殿榜多鐫刻，兹則恭懸墨寶，萬年家法，心畫如存。每聖節臚歡，遠人肆觀，則御兹殿，扈從臣工，暨外藩蒙古，拜舞趨蹌，展儀盛容。仰堯茨之儉約，溯虞典之精微，恭誦宸章，心源遥契。御書聯曰：先澤志欽承宵衣旰食；民依心切念春雨秋暘。東、西壁聯曰：四面雲山契仁壽；萬家煙井念民和。曰：祖訓式欽思日監；天行惟健體時乘。左右配殿各五楹，後殿亦五楹，曰「衣清曠」，亦聖祖御題墨寶。東偏御書額曰「寶筏喻」，聯曰：法雲自護三乘義；慧日常開四照花。

《〔乾隆〕熱河志》卷四〇《行宮十六》

含青齋：架巖爲屋，疊石成階，與敞晴齋隔溪相望。御題額曰「含青齋」。齋内面北額曰「清暉娱人」，聯曰：雲影罨簷留游情繚白，山光排闥送畫意浮藍。每深秋臨幸，楓林晚照，槲葉朝霜，俯視軒楹，尚饒深碧。左曰挹秀書屋，右曰松霞室。山容峭蒨，松徑陰深。當仙莊西北隅，南望五雲，則碧樹紅闌，瑶岑玉水，宛在仙山畫圖間矣。

《〔乾隆〕熱河志》卷四一《行宮十七》

文津閣：山莊千尺雲之後，卜高明爽塏，以藏《四庫全書》，題曰「文津閣」。與紫禁、御園，三閣遥峙，前爲趣亭，東則月臺，西乃西山，蓋昉范氏之成規，兼米庵之勝概矣。伏繹御製，從源溯流，要以知津，仰見文思光被，涵泳無涯，而塞山勝地，積書充棟，邁古超前。信乎川巖靈秀，待時啓發者也歟！

《(乾隆)熱河志》卷四三《行宮十九》

喀喇河屯行宮　地本古興州治,在避暑山莊西南三十五里。當山莊未建,康熙十六年,聖祖肇興,巡典駐蹕於此。嗣是,歲以爲常。宮門南嚮,五楹,御題額曰「秀野軒」,聯曰:天宇晴開青嶂外;人家烟起翠微中。中楹恭懸聖祖御題聯,曰:吟詠之間兼泉清山碧以成趣;畫圖所會蓋樹色雲光而入神。宮基中界灤河,依山帶水,比之京口浮玉,故有小金山之號。西上則灤陽別墅,水木清華,景物明瑟。外則萬家烟井,鱗次櫛比。熱河以南,此爲勝境,規矩亦整。百餘年來,巡御所經,榜題最富。而我皇上紹庭繼事,游泳滋多,蓋遵皇澗之止基,匪特神皋之鍾秀也。

《(乾隆)熱河志》卷四四《行宮二十》

王家營行宮:在常山峪東北四十里,康熙四十三年建。牓曰「引流成溪」。凡四重,東西所亦如之。其陽面山,地勢平曠,澗壑交流。宮内廊軒接比,院宇高明。右則居民鱗次,場圃縱橫,烟村掩映,宛在《豳風》圖畫間也。

《〔乾隆〕熱河志》卷四四《行宫二十》

常山峪行宫：在兩間房東北三十三里，康熙五十九年建。南嚮，殿五楹，曰蔚藻堂。内曰青雲梯，西曰虚白軒，後曰如是室。宫基面山，丹崖翠壁，列若屏障，軒窻披覽，領妙延清。蔚藻堂之右曰翠風，埭曰緑樾，徑曰楓香，坂曰陵霞。亭皆創於聖祖時，我皇上標爲八景，御書題額，分章成詠，天藻敷華，地靈增勝矣。

《〔乾隆〕熱河志》卷四四《行宫二十》

巴克什營行宫：出古北口十里許，以巴克什營爲止頓。殿五楹，南嚮。後殿左、右各二重，旁東西嚮。康熙四十九年建，規制純樸。南望邊墻高出，山上雉堞参差，與雲烟出没，惟聞潮河聲奔流入塞。自昔安屯置戍之區，今日田疇井里，婦子嘻然，不覺在邊關外矣。

《〔乾隆〕熱河志》卷四四《行宮二十》

兩間房行宮：塞外多山，出古北口四十餘里，爲兩間房行宮，康熙四十一年建。南嚮，殿五楹，額曰「秀抱清芬」，曰「鏡風含月」。後殿越小橋，當山東北隅曰澄秋軒。盤折而東，高出木杪有亭曰暢遂。題額並御書。塞外山川，此地首當形勝。自昔以兩間得名者，今且成聚成都，農鄽布列，烟火相望，雞犬之聲相聞矣。

《〔乾隆〕熱河志》卷四四《行宮二十》

釣魚臺行宮：在避暑山莊東北十三里，乾隆七年建。自熱河啓蹕至木蘭中關爲首程，釣魚臺爲止頓。宫門南嚮，殿東嚮，廊環邃宇，亭枕屏山，地距山莊甚近。工人舊呼雙黄寺，當熱河上流，三源既會，水勢涵蓄，實産嘉魚，故名釣魚臺云。

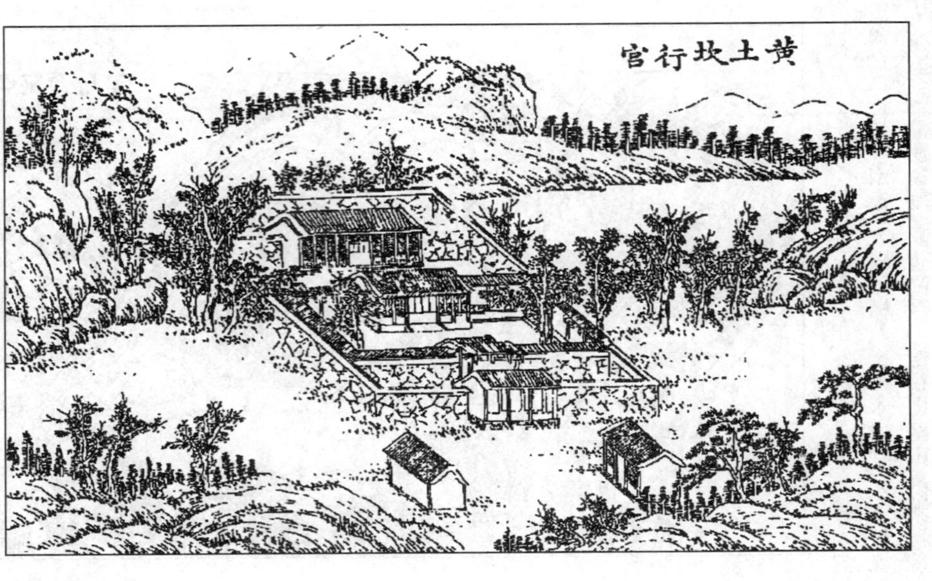

《〔乾隆〕熱河志》卷四四《行宫二十》

黄土坎行宫：在釣魚臺東北十七里，康熙五十六年建。自熱河至中關，清蹕止頓者再，一爲釣魚臺，一則黄土坎也。南嚮，殿五楹，後殿九楹，左右各三重。院宇明浄，規制淳樸。宫之北則賽音河，會入固都爾呼河。酈道元《水經注》所謂「武列水，三川合派」者也。

《〔乾隆〕熱河志》卷四四《行宫二十》

中關行宫：在黄土坎行宫東北七十里，康熙五十一年建。南嚮，五楹，牓曰「松間明月」。後殿牓曰「雲林蔚秀」，聯曰：松籟座中聞笙竽風遞；山屏窻外列錦繡雲開。過行宫東十餘里，有峰嶄然，洞穴嵌空，錫名玲瓏峰。自宫中望之，縹緲雲際，若方壺圓嶠，可望而不可即也。

《〔乾隆〕熱河志》卷四四《行宮二十》

什巴爾台行宮：在中關行宮北三十七里，康熙五十九年建。自中關至波羅河屯，以什巴爾台爲止頓。南嚮，大殿五楹。後爲永懷堂，左傍喬峰石，倚蘭若殿。後陟山及半有亭，清溪遠岫，曠望高深；俯視則塞田萬頃，秋稼盈疇，可以見豐亨之景象，可以驗膏澤之旁流也。

《〔乾隆〕熱河志》卷四四《行宮二十》

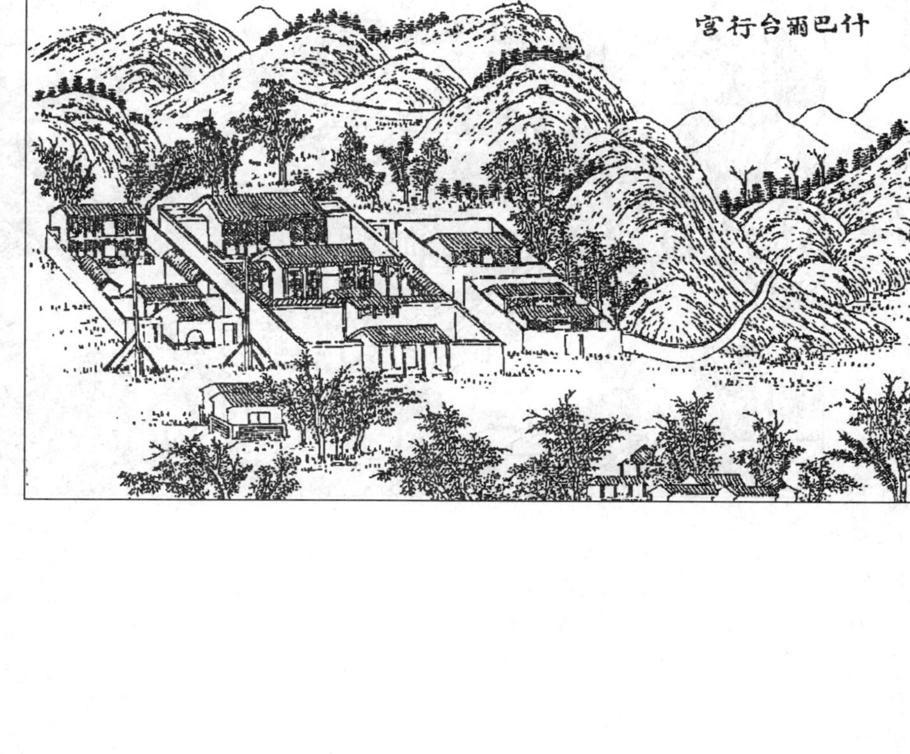

波羅河屯行宮：在什巴爾台行宮北十八里，康熙四十二年建。殿南嚮，後依崇巘，前俯平林，有額曰「山泉賞」，曰「秋澄景清」，曰「簷際千峰」，聯曰：山月滿庭篩竹影；松風遶壑亂泉聲。東望筆架三峯，岧嶤隱見，益知塞山清奧，蘊秀含靈，又非荆關筆墨所能到也。

《〔乾隆〕熱河志》卷四四《行宮二十》

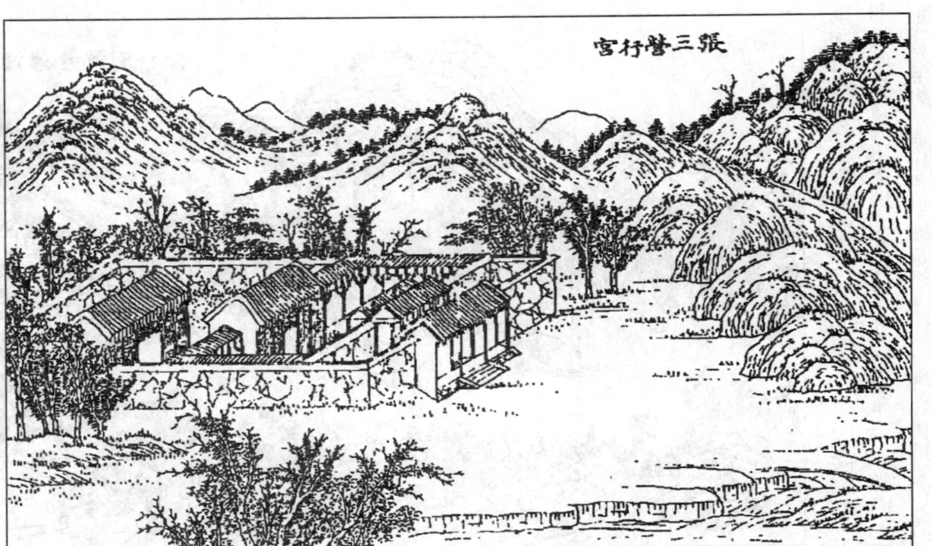

張三營行宮：在波羅河屯行宮北六十二里，康熙四十二年建。北即石片子也，地近崖口，山勢雄奇峭拔，積翠霏藍，送爽迎秋，雲烟萬狀。歲行秋獮，東道由波羅河屯駐蹕於此。殿額曰「雲山寥廓」，過此則御行營，逮木蘭迴蹕。宴賞從獵諸蒙古，亦多於此舉行云。

《〔乾隆〕熱河志》卷四四《行宮二十》

濟爾哈朗圖行宮：在波羅河屯行宮西北二十八里。入圍場有二道：東道自張三營入崖口，西道自濟爾哈朗圖及阿穆呼朗圖入伊瑪圖口。乾隆二十四年，命建行宮於兹地，制最簡樸。殿内御書聯曰：所無逸而安行蒐講武；亦有秋可樂省斂歌豐。濟爾哈朗圖者，蒙古語安樂所也。地在伊瑪圖川之右，水泉甘美，庶草蔚豐，因以得名。

《(乾隆)熱河志》卷四四《行宫二十》

阿穆呼朗圖行宫：在濟爾哈朗圖行宫北四十三里，乾隆二十七年建。殿内御書聯曰：勝地叶貞符詩賡橐戢；那居供静憩疇演康寧。當西入圍場之路，間歲清蹕一臨，架構無多，而山色泉聲足資聽覽。地在伊瑪圖口之外，於獵場最近，櫜鞬左右，以候六飛。阿穆呼朗圖者，蒙古語康寧也。

《(乾隆)江南通志》卷一二《輿地志·山川二》 金山在府西七里大江中。初名浮玉山，風濤環遶，勢若飛動；岩洞泉石，皆名勝也。《九域志》云：唐裴頭陀於此開山，得金，因賜今名。然梁天監四年，僧祐高寶誌於金山修水陸會，則金山之名當在唐前。又名伏牛山。宋真宗夢游其山，又改名龍游山。旋復故名。其頂有金鰲、妙高等峰，浮圖冠其上。有泉名中泠，陸羽以爲天下第一。山之東有日照巖，一曰朝陽洞。東麓有善繞石，一曰鶻峰。西有石排山隱出水面，若簿筏然。相傳郭璞墓在焉。自康熙二十三年，聖祖仁皇帝南巡，建有行宫，屢經駐蹕，先後賜御書匾額：天王殿曰「勅建江天寺」，大雄寶殿曰「動静萬古」。

行宫曰「江山壯觀」，曰「吐納萬象」。留雲亭曰「江天一覽」，暢遂樓曰「澄懷日新」，佛印山居曰「水天清映」，龍洞曰「松風石」。御書樓曰「浮翠樓」，大悲殿曰「禪棲」，朝陽洞曰「雲峰」，禪堂曰「祇樹」。

《(乾隆)盛京通志》卷二〇《宫殿》 大政殿：崇德二年建，太宗文皇帝御以聽政之大殿也。在城之中，大内宫闕之東。殿制：八隅左右列署十，爲諸王大臣議政之所。順治元年，定都京師，奉天府文武各官朝禮如制。聖祖仁皇帝三涖盛京，御殿三次。殿宇上蓋琉璃黄瓦，華檐八角，前掛清、漢字匾一額，曰大政殿。乾隆二十二年，御書匾一，恭懸殿中，曰「泰交景運」。御書聯恭懸左右楹，曰：神聖相承，恍覩開國宏猷，一心一德；子孫是守，長懷紹庭永祚，卜世卜年。四十三年，皇上巡幸盛京，寶座後兩楹間設屏風一座，前懸甲戌年季秋月御製詩墨寶，後懸戊戌年仲秋月御製詩墨寶。謹案：御製詩恭載《天章門》。丹墀下，左右音樂亭二。殿後鑾駕鹵簿庫十三間。乾隆十四年重修，盛京内務府工部董理。

《(乾隆)盛京通志》卷二〇《宫殿》 大内宫闕：崇德二年建，在大政殿之西，南北袤八十五丈三尺，東西廣三十二丈二尺。正門曰大清門。初太祖高皇帝時，於門砌旁設諫木二，以達民隱。乾隆四十三年，命重設。東西掖門二，左右石獅二，奏樂亭二。坊二：左曰文德，右曰武功。朝房東西各五楹，後爲直房十二楹。正南照壁一座。正殿曰崇政殿，原名篤恭殿。殿前左日晷，右嘉量。乾隆十三年，設左右翊門二。殿内正中恭懸御書「正大光明」匾額一，左右恭懸御書聯：念慈戎功用肇造我區夏，慎乃儉德式勿替有歷年。

殿前東爲飛龍閣，閣後直房七楹，井亭一座。西爲翔鳳閣，閣後直房七楹。房南轉角樓九楹，偏厦三楹。崇政殿直北爲鳳凰樓。樓内上層恭懸御書「紫氣東來」匾額一。樓北曰清寧宫，爲國初祀神之所。宫内恭懸御書「萬福之原」匾

額一，東壁恭懸御書聯曰：不盡崇懷期太古，自然迥句會當前。西壁恭懸御書聯曰：理趣所欣元是善心，期惟與静爲謀東煖。閣東壁恭懸御書聯曰：葱蘢佳氣鍾靈厚，晻藹祥烟介祉繁。西壁恭懸御書聯曰：聖圖締構延疇福，宸極貞符叶泰文。西軒内第二楹恭懸御書聯曰：仙瀛升旭日，帝里扇仁風。乾隆八年、十九年、四十三年、四十八年，上詣盛京，循例舉行祭典。宫後東西配房各三楹。宫之東曰衍慶宫，關雎宫，西曰永福宫、麟趾宫。康熙十一年重修。乾隆十年，上駐蹕盛京，躬親相度，重葺崇政殿、飛龍、翔鳳二閣，左城右平，新階巍焕。又於鳳凰樓左右增建軒楹。樓之前，東爲師善齋，齋南爲日華樓；西爲協中齋，齋南爲霞綺樓。

崇政殿東爲頤和殿，殿内西壁恭懸御書聯曰：福凝東海增芝算，祥擁西池長鶴齡。殿南中門一楹，東西直房各三楹，前爲正門三楹。殿後爲介祉宫，宫東房第二楹東壁御書聯曰：式訓徽音，嗣頤神景。福綏宫後有正門三楹，門北爲敬典閣。

崇政殿西爲迪光殿，殿中屏風一座，中間恭懸御書「繼序其皇」匾額一，左右楹恭懸御書聯曰：雲縵日華詒謀承燕，翼竹苞松茂肯構焕。翬飛殿前，東西配殿三楹；南爲中門一楹，東西各門一。門外東南直房各三楹，前爲正門一楹，左右各門一。殿後爲保極宫，宫内南窻，左右楹恭懸御書聯曰：保佑命申豐邑億年垂裕，會歸建極箕疇五福用敷。正中配柱上恭懸御書聯曰：帝命式於九圍本支百世，天心佑夫一德承叙萬年。東齋東壁恭懸御書聯曰：皇極會歸敷錫騐太和保合惕乾承。西軒西壁恭懸御書聯曰：箕範溯初陳建極，鎬詩式是詠那居。西房次楹正北壁上恭懸御書聯曰：紹聞衣德千秋凛，景福鴻禧百世凝。宫之左右前後迴廊十六楹。宫後偏西一廊接繼思齋，齋中正北壁上恭懸御書聯曰：每以念功崇繼序，益惟圖易凛思艱。中煖軒正南壁上恭懸御書聯曰：謨烈遠垂欽善繼，治安長守凛深思。東房東壁恭懸御筆畫菊一幅，有御書「癸卯季秋重觀」墨寶。齋旁東西直房各三楹。齋後爲崇謨閣，閣後南向房七楹。殿閣内俱有「癸卯甲戌戊戌癸亥」御書墨寶。

以上殿閣，俱乾隆十一年三月啓建，十三年三月告竣。十七年重修。

盛京宫殿增設圍墻六十一丈五尺，其餘朝房、直房、繳道、周廬，並準程式，隨宜修建。於是陪都宫闕，氣象聿新，作極四方，倍加赫奕矣。清寧宫墻外，東西直房各三楹，皆南嚮。北有耳房二十八楹。在大清門東南爲内務府治事之所，康熙十一年奉旨會同工部重修。自後宫殿有應修之處，内務府會同工部諏吉具奏修理。又定議：凡采畫油飾，需用顔料、桐油、罘罳、銅絲等，於工部移取，部委官監視。宫殿各門，額設甲丁六百七十八名，輪班看守。

《〔乾隆〕盛京通志》卷二〇《宫殿》　文溯閣：閣在宫殿之西，正宇六楹，東西遊廊二十五楹，明樓一座，敞軒五楹，南配房十七楹，東面南北耳房六楹，直房十四楹。又東更道内，南北耳房四楹，直房四楹，碑亭一座，宫門三楹。閣南簷前恭懸御書清漢字「文溯閣」匾額一。閣内嚮南恭懸御書「聖海沿洄」匾額一。御書聯曰：古今並入含茹萬象滄溟探大本，禮樂仰承基緒三江天漢導洪瀾。正北兩楹恭懸御書聯曰：由監古以垂模敦化川流區脈絡，本紹聞爲典學心傳道法驗權輿。碑亭内恭鎸「御製文溯閣記」。

藝文

《詩經・鄘風・定之方中》　定之方中，作于楚宫。揆之以日，作于楚室。樹之榛栗，椅桐梓漆，爰伐琴瑟。

升彼虚矣，以望楚矣。望楚與堂，景山與京，降觀于桑。卜云其吉，終然允臧。

靈雨既零，命彼倌人。星言夙駕，説于桑田。匪直也人，秉心塞淵，騋牝三千。

《詩經・小雅・斯干》　秩秩斯干，幽幽南山。如竹苞矣！如松茂矣！兄及弟矣，式相好矣，無相猶矣。

似續妣祖，築室百堵，西南其户。爰居爰處，爰笑爰語。

約之閣閣，椓之橐橐。風雨攸除，鳥鼠攸去，君子攸芋。

如跂斯翼，如矢斯棘，如鳥斯革，如翬斯飛，君子攸躋。

殖殖其庭，有覺其楹，噲噲其正，噦噦其冥，君子攸寧。

下莞上簟，乃安斯寢。乃寢乃興，乃占我夢。吉夢維何？維熊維羆，維虺維蛇。

大人占之：維熊維羆，男子之祥。維虺維蛇，女子之祥。

乃生男子，載寢之床。載衣之裳，載弄之璋。其泣喤喤，朱芾斯皇，室家

君王。

乃生女子，載寢之地。載衣之裼，載弄之瓦。無非無儀，唯酒食是議。無父母詒罹。

《文選》卷七揚雄《甘泉賦並序》 孝成帝時，客有薦雄文似相如者，上方郊祀甘泉泰畤、汾陰后土，以求繼嗣，召雄待詔承明之庭。正月，從上甘泉還，奏《甘泉賦》以風。其辭曰：

惟漢十世，將郊上玄，定泰畤，雍神休，尊明號，同符三皇，録功五帝，恤胤錫羨，拓迹開統。於是乃命羣僚，歷吉日，協靈辰，星陳而天行。詔招摇與太陰兮，伏鉤陳使當兵。屬堪輿以壁壘兮，梢夔魖而抶獝狂。八神奔而警蹕兮，振殷轔而軍裝。蚩尤之倫帶干將而秉玉戚兮，飛蒙茸而走陸梁。齊總總以撙撙，其相膠葛兮，猋駭雲迅，奮以方攘；駢羅列布，鱗以雜沓兮，柴虒參差，魚頡而鳥䀏；翕赫曶霍，霧集蒙合兮，半散照爛，粲以成章。

於是乘輿乃登夫鳳皇兮翳華芝，駟蒼螭兮六素虯，蠖略蕤綏，灕虖幓纚。帥爾陰閉，霅然陽開，騰清霄而軼浮景兮，夫何旟旐郅偈之旖旎也。流星旄以電燭兮，咸翠蓋而鸞旗。屯萬騎於中營兮，方玉車之千乘。聲駍隱以陸離兮，輕先疾雷而馺遺風。陵高衍之嵱嵸兮，超紆譎之清澄。登椽欒而狃天門兮，馳閶闔而入凌兢。

是時未臻夫甘泉也，乃望通天之繹繹。下陰潛以慘懔兮，上洪紛而相錯。直嶢嶢以造天兮，厥高慶而不可虖疆度。平原唐其壇曼兮，列新荑於林薄。攢并閭與茇葀兮，紛披麗其亡鄂。崇丘陵之駊騀兮，深溝嶔巖而爲谷。往往離宮般以相燭兮，封巒石關施靡虖延屬。

於是大厦雲譎波詭，摧嗺而成觀。仰撟首以高視兮，目冥眴而亡見。正瀏濫以弘惝兮，指東西之漫漫。徒徊徊以徨徨兮，魂眇眇而昏亂。據軨軒而周流兮，忽軮軋而亡垠。翠玉樹之青葱兮，壁馬犀之瞵瑞。金人仡仡其承鐘虡兮，嵌岩岩其龍鱗。揚光曜之燎燭兮，垂景炎之炘炘。配帝居之縣圃兮，像泰一之威神。洪臺掘其獨出兮，㩻北極之嶟嶟。列宿乃施於上榮兮，日月纔經於柍桭。雷鬱律而巖突兮，電儵忽於墻藩。鬼魅不能自還兮，半長途而下顛。歷倒景而絶飛梁兮，浮蔑蠓而撇天。

左欃槍而右玄冥兮，前熛闕而後應門。蔭西海與幽都兮，湧醴汩以生川。蛟龍連蜷於東厓兮，白虎敦圉虖崑崙。覽樛流於高光兮，溶方皇於西清。前殿崔巍兮，和氏瓏玲。抗浮柱之飛榱兮，神莫莫而扶傾。閌閬閬其寥廓兮，似紫宮之峥嶸。駢交錯而曼衍兮，崣嵬隗乎其相嬰。乘雲閣而上下兮，紛蒙籠以棍成。曳紅采之流離兮，颺翠氣之宛延。襲琁室與傾宮兮，若登高眇遠，肅乎臨淵。

回猋肆其碭駭兮，翍桂椒而鬱移楊。香芬茀以穹隆兮，擊薄櫨而將榮。薌呹肸以棍批兮，聲駍隱而歷鐘。排玉戶而颺金鋪兮，發蘭蕙與芎藭。帷弸環其拂汨兮，稍暗暗而靚深。陰陽清濁穆羽相和兮，若夔、牙之調琴。般、倕棄其剞劂兮，王爾投其鉤繩。雖方征僑與偓佺兮，猶仿佛其若夢。

於是事變物化，目駭耳回，蓋天子穆然，珍臺閑館，琁題玉英，蜵蜎蠖濩之中。惟夫所以澄心清魂，儲精垂思，感動天地，逆釐三神者。乃搜逑索偶，皋伊之徒，冠倫魁能，函《甘棠》之惠，挾東征之意，相與齊虖陽靈之宮。靡薜荔而爲席兮，折瓊枝以爲芳。噏清雲之流霞兮，飲若木之露英。集虖禮神之囿，登乎頌祇之堂。建光耀之長旓兮，昭華覆之威威。攀琁璣而下視兮，行游月虖三危。陳衆車於東阬兮，肆玉釱而下馳；漂龍淵而還九垠兮，窺地底而上回。風傱傱而扶轄兮，鸞鳳紛其御蕤。梁弱水之濎濴兮，躡不周之逶蛇。想西王母欣然而上壽兮，屏玉女而却宓妃。玉女亡所眺其清矑兮，宓妃曾不得施其蛾眉。方攬道德之精剛兮，侔神明與之爲資。

於是欽柴宗祈，燎熏皇天，皋摇泰一。舉洪頤，樹靈旗，樵蒸昆上，配藜四施。東燭滄海，西耀流沙。北熿幽都，南煬丹厓。玄瓚觩䚳，秬鬯泔淡。肸蠁豐融，懿懿芬芬。炎感黃龍兮，熛訛碩麟。選巫咸兮叫帝閽，開天庭兮延羣神。儐暗藹兮降清壇，瑞穰穰兮委如山。

於是事畢功弘，回車而歸。度三巒兮偈棠黎。天閫決兮地垠開，八荒協兮萬國諧。登長平兮雷鼓磕，天聲起兮勇士厲。雲飛揚兮雨滂沛，於胥德兮麗萬世。

亂曰：崇崇圜丘，隆隱天兮。登降峛崺，單埢垣兮。增宮參差，駢嵯峨兮。嶺巆嶙峋，洞無厓兮。上天之縡，杳旭卉兮。聖皇穆穆，信厥對兮。徠祇郊禋，神所依兮。徘徊招摇，靈迟迡兮。光輝眩耀，隆厥福兮。子子孫孫，長亡極兮。

章樵《古文苑》卷六劉歆《甘泉宮賦》 軼凌陰之地室，過陽谷之秋城。迴天門而鳳舉，躡黃帝之明庭。冠高山而爲居，乘昆侖而爲宮。按軒轅之舊處，居北辰之閎中。背共工之幽都，向炎帝之祝融。封巒爲之東序，緣石闕之天梯。桂木雜而成行，芳肸蠁之依依。翡翠孔雀，飛而翱翔，鳳皇止而集棲。甘醴涌於中

庭兮，激清流之瀰瀰。黄龍游而蜿蟺兮，神龜沉於玉泥。離宫特觀，樓比相連。雲起波駭，星布彌山。高巒峻阻，臨眺曠衍。深林蒲葦，涌水清泉。芙蓉菡萏，菱荇蘋蘩。豫章雜木，楩松柞棫。女貞烏勃，桃李棗檍。章黼黻之文帷，云闕蔚之巖巖，衆星接之皚皚。

《文選》卷一一王延壽《魯靈光殿賦》 魯靈光殿者，蓋景帝程姬之子恭王餘之所立也。初，恭王始都下國，始治宫室，遂因魯僖基兆而營焉。遭漢中微，盜賊奔突，自西京未央、建章之殿，皆見隳壞，而靈光巋然獨存。意者豈非神明依憑支持，以保漢室者也。然其規矩制度，上應星宿，亦所以永安也。予客自南鄙，觀藝於魯，睹斯而眙曰：嗟乎！詩人之興，感物而作。故奚斯頌僖，歌其路寢，而功績存乎辭，德音昭乎聲。物以賦顯，事以頌宣，匪賦匪頌，將何述焉？遂作賦曰：

粤若稽古帝漢，祖宗浚哲欽明。殷五代之純熙，紹伊唐之炎精。荷天衢以元亨，廓宇宙而作京。敷皇極以創業，協神道而大寧。於是百姓昭明，九族敦序，乃命孝孫，俾侯於魯。錫介珪以作瑞，宅附庸而開宇。乃立靈光之秘殿，配紫微而爲輔。承明堂於少陽，昭列顯於奎之分野。

瞻彼靈光之爲狀也，則嵯峨嶵嵬，峞巍巆嵲。吁可畏乎，其駭人也。迢嶢倜儻，豐麗博敞，洞轇轕乎，其無垠也。邈希世而特出，羌瓌譎而鴻紛。屹山峙以紆鬱，隆崛岉乎青雲。鬱坱圠以嶒峵，崱繒綾而龍鱗。汨磑磑以璀璨，赫燡燡而燭坤。狀若積石之鏘鏘，又似乎帝室之威神。崇墉岡連以嶺屬，朱闕巖巖而雙立。高門擬於閶闔，方二軌而並入。

於是乎乃歷夫太階，以造其堂。俯仰顧眄，東西周章。彤彩之飾，徒何爲乎？澔澔涆涆，流離爛漫。皓壁暠曜以月照，丹柱歙絶而電娗。霞駁雲蔚，若陰若陽。瀖濩燐亂，煒煒煌煌。隱陰夏以中處，霐寥窲以峥嶸。鴻爌炾以爣閬，飋蕭條而清泠。動滴瀝以成響，殷雷應其若驚。耳嘈嘈以失聽，目矎矎而喪精。騈密石與琅玕，齊玉璫與璧英。遂排金扉而北人，宵靄靄而晻曖。旋室㛹娟以窈窕，洞房叫窱而幽邃。西厢踟躕以閑宴，東序重深而奥秘。屹鏗瞑以勿罔，屑黡翳以懿濞。魂悚悚其驚斯，心猥猥而發悸。

於是詳察其棟宇，觀其結構。規矩應天，上憲觜陬。倔佹雲起，嵚崟離摟。三間四表，八維九隅。萬楹叢倚，磊砢相扶。浮柱岧嵽以星懸，漂嶢峴而枝拄。飛梁偃蹇以虹指，揭蘧蘧而騰湊。層櫨磥垝以岌峨，曲枅要紹而環句。芝栭攢羅以戢孴，枝掌杈枒而斜據。傍夭蟜以横出，互黝糾而搏負。下岪蔚以璀錯，上崎嶬而重注。捷獵鱗集，支離分赴。縱横駱驛，各有所趣。

爾乃懸棟結阿，天窗綺疏。圓淵方井，反植荷蕖。發秀吐榮，菡萏披敷。緑房紫菂，窋吒垂珠。雲楶藻棁，龍桷雕鏤。飛禽走獸，因木生姿。奔虎攫挐以梁倚，仡奮亹而軒鬐。虯龍騰驤以蜿蟺，頷若動而躨跜。朱鳥舒翼以峙衡，騰蛇蟉虬而繞榱。白鹿孑蜺於欂櫨，蟠螭宛轉而承楣。狡兔跧伏於柎側，猿狖攀椽而相追。玄熊舑舕以齗齗，却負載而蹲跠。齊首目以瞪眄，徒脈脈而狋狋。胡人遥集於上楹，儼雅跽而相對。仡欺猥以鵰眖，鸕顤顟而睽睢。狀若悲愁於危處，憯嚬蹙而含悴。神仙嶽嶽於棟間，玉女窺窗而下視。忽瞟眇以響像，若鬼神之髣佛。

圖畫天地，品類羣生。雜物奇怪，山神海靈。寫載其狀，托之丹青。千變萬化，事各繆形。隨色象類，曲得其情。上紀開闢，遂古之初，五龍比翼，人皇九頭。伏羲鱗身，女媧蛇軀。鴻荒樸略，厥狀睢盱。焕炳可觀，黄帝唐虞。軒冕以庸，衣裳有殊。下及三后，淫妃亂主。忠臣孝子，烈士貞女。賢愚成敗，靡不載叙。惡以誡世，善以示後。

於是乎連閣承宫，馳道周環。陽榭外望，高樓飛觀。長途昇降，軒檻曼延。漸臺臨池，層曲九成。屹然特立，的爾殊形。高徑華蓋，仰看天庭。飛陛揭孽，緣雲上征。中坐垂景，俯視流星。千門相似，萬户如一。巖突洞出，逶迤詰屈。周行數里，仰不見日，何宏麗之靡靡，咨用力之妙勤。非夫通神之俊才，誰能克成乎此勛？據坤靈之寶勢，承蒼昊之純殷。包陰陽之變化，含元氣之煙熅。玄醴騰涌於陰溝，甘露被宇而下臻。朱桂黝儵於南北，蘭芝阿那於東西。祥風翕習以颯灑，激芳香而常芬。神靈扶其棟宇，歷千載而彌堅。永安寧以祉福，長與大漢而久存。實至尊之所御，保延壽而宜子孫。苟可貴其若斯，孰亦有云而不珍？

亂曰：彤彤靈宫，巋嶵穹崇，紛庬鴻兮。崱屴嶷嶒，岑崟嵸巃，騈龍從兮。連拳偃蹇，崘菌踡嵼，傍欹傾兮。歇欻幽藹，雲覆霮䨴，洞杳冥兮。葱翠紫蔚，礌硌瓌瑋，含光晷兮。窮奇極妙，棟宇已來，未之有兮。神之營之，瑞我漢室，永不朽兮。

《全上古三代秦漢三國六朝文》卷三〇卞蘭《許昌宫賦》 人南端以北眺，望景福之嵯峨。飛棟列以山峙，長途邈以委蛇。見欒櫨之交錯，睹陽馬之承阿。

轉挾轄以相因，若流水之揚波。木無小而不礲，材靡隱而不華。懿采色而發越，瑋巧飾之繁多。雙轅承枌，丹梁端直。明窗列布，綺井荊嶷。其陰則有望舒涼室，羲和温房；隆冬御絺，盛夏重裘。同一宇之深邃，致寒暑於陰陽。修欄陰於階砌，崇棟拂乎旻倉。綺組發華，翡翠生光。丹草周隅，靈木成行。非窈窕之至貴，孰能昇於斯堂。坐金人於闈閫，列鐘虡於廣庭。天鹿軒翥以揚怒，師子郁拂而負楨。珍果敷華，蘭芷垂榮。百璧照曜，飛響應聲。扣角則春風至，彈商則秋風征。歷神芝之峻觀，幸安昌之巍巍。設御座於鞠城，觀奇材之曜暉。二六對而講功，體便捷其若飛。進鼓舞之秘伎，絶世俗而入微。興七盤之遞奏，觀輕捷之翾翾。振華足以却蹈，若將絶而復連。鼓震動而不亂，足相續而不并。婉轉鼓側，蜲蛇丹庭。或遲或速，乍止乍旋。似飛鳧之迅疾，若翔龍之游天。趙女撫琴，楚媛清謳。奏箏慷慨，齊舞絶殊。衆技並奏，捔巧騁奇。千變萬化，不可勝知。樂戲闋，游觀足。登承光，坐華幄。論稽古，反流俗。退虚僞，進敦樸。寶賢良，賤珠玉。豈必世而後仁，在時主之所欲。

《文選》卷一一何晏《景福殿賦》　大哉惟魏，世有哲聖。武創元基，文集大命。皆體天作制，順時立政。至於帝皇，遂重熙而累盛。遠則襲陰陽之自然，近則本人物之至情；上則崇稽古之弘道，下則闡長世之善經。庶事既康，天秩孔明。故載祀二三，而國富刑清。歲三月，東巡狩，至於許昌。望祠山川，考時度方。存問高年，率民耕桑。越六月既望，林鐘紀律，大火昏正。桑梓繁廡，大雨時行。三事九司，宏儒碩生，感乎溽暑之伊鬱，而慮性命之所平。惟岷、越之不静，寤征行之未寧。

乃昌言曰：「昔在蕭公，暨於孫卿。皆先識博覽，明允篤誠。莫不以爲不壯不麗，不足以一民而重威靈；不飭不美，不足以訓後而永厥成。故當時享其功利，後世賴其英聲。且許昌者，乃大運之攸戾，圖讖之所旌。苟德義其如斯，夫何宫室之勿營？」帝曰：「俞哉！」

玄輅既駕，輕裘斯御。乃命有司，禮儀是具。審量日力，詳度費務。鳩經始之黎民，輯農功之暇豫；因東師之獻捷，就海孽之賄賂；立景福之秘殿，備皇居之制度。

爾乃豐層覆之耽耽，建高基之堂堂。羅疏柱之汨越，肅坻鄂之鏘鏘。飛櫚翼以軒翥，反宇轍以高驤。流羽毛之威(葳)蕤，垂環玭之琳琅。參旗九旒，從風飄颻。皓皓旰旰，丹彩煌煌。故其華表則鎬鎬鑠鑠，赫奕章灼，若日月之麗天也。其奧秘則蘙蔽曖昧，仿佛退概，若幽星之纚連也。既櫛比而欑集，又宏璉以豐敞。兼苞博落，不常一象。遠而望之，若摛朱霞而耀天文；迫而察之，若仰崇山而戴垂雲。羌瑰瑋以壯麗，紛彧彧其難分，此其大較也。若乃高甍崔嵬，飛宇承霓，綿蠻䍐羃，隨雲融泄，鳥企山峙，若翔若滯，峨峨嶫嶫，罔識所屆。雖離朱之至精，猶眩曜而不能昭晰也。

爾乃開南端之豁達，張笋虡之輪豳。華鐘杌其高懸，悍獸仡以儷陳。體洪剛之猛毅，聲訇磤其若震。爰有遐狄，鐐質輪菌。坐高門之側堂，彰聖主之威神。蕓若充庭，槐楓被宸，綴以萬年，綷以紫榛。或以嘉名取寵，或以美材見珍。結實商秋，敷華青春，藹藹萋萋，馥馥芬芬。爾其結構，則修梁彩制，下褰上奇。桁梧復疊，勢合形離。赩如宛虹，赫如奔螭。南距陽榮，北極幽崖。任重道遠，厥庸孔多。

於是列髹形之繡桷，垂琬琰之文璫。蝹若神龍之登降，灼若明月之流光。爰有禁楄，勒分翼張。承以陽馬，接以員方。斑間賦白，疏密有章。飛枊鳥踴，雙轅是荷。赴險凌虚，獵捷相加。皎皎白間，離離列錢。晨光内照，流景外埏。烈若鉤星在漢，焕若雲梁承天。騈徙增錯，轉縣成郛。茄蔤倒植，吐被芙蕖。繚以藻井，編以綷疏；紅葩鞾鞢，丹綺離婁；菡萏艶翕，纖縟紛敷。繁飾累巧，不可勝書。

於是蘭栭積重，窶數矩設。櫼櫨各落以相承，欒拱夭蟜而交結。金楹交列，玉舄承跋。青瑣銀鋪，是爲閨闥。雙枚既修，重桴乃飾。槐梠緣邊，周流四極。侯衛之班，藩服之職。温房承其東序，涼室處其西偏。開建陽則朱炎艶，啓金光則清風臻。故冬不凄寒，夏無炎燀。鈞調中適，可以永年。墉垣碭基，其光昭昭。周制白盛，今也惟縹。落帶金釭，此焉二等。明珠翠羽，往往而在。欽先王之允塞，悦重華之無爲。命共工使作繢，明五采之彰施。圖象古昔，以當箴規；椒房之列，是準是儀。觀虞姬之容止，知治國之佞臣；見姜后之解佩，寤前世之所遵；賢鍾離之讜言，懿楚樊之退身；嘉班妾之辭輦，偉孟母之擇鄰。故將廣智，必先多聞。多聞多雜，多雜眩真；不眩焉在，在乎擇人。故將立德，必先近仁。欲此禮之不愆，是以盡乎行道之先民。朝觀夕覽，何與書紳？

若乃階除連延，蕭曼雲征。櫺檻邳張，鉤錯矩成。楯類騰蛇，榴似瓊英。如螭之蟠，如虬之停。玄軒交登，光藻昭明。騶虞承獻，素質仁形。彰天瑞之休顯，照遠戎之來庭。陰堂承北，方軒九户。右個清宴，西東其宇。連以永寧，安

昌臨圃。遂及百子，后宫攸處。處之斯何，窈窕淑女。思齊徽音，聿求多祜。其祐伊何，宜爾子孫。克明克哲，克聰克敏。永錫難老，兆民賴止。於南則有承光前殿，賦政之宫。納賢用能，詢道求中。疆理宇宙，甄陶國風。雲行雨施，品物咸融。其西則有左城右平，講肄之場。二六對陳，殿翼相當。僻脱承便，蓋象戎兵。察解言歸，譬諸政刑。將以行令，豈唯娱情。鎮以崇臺，實曰永始。復閣重闈，猖狂是俟。京庾之儲，無物不有。不虞之戒，於是焉取。

爾乃建淩雲之層盤，浚虞淵之靈沼。清露瀼瀼，渌水浩浩。樹以嘉木，植以芳草。悠悠玄魚，㿥㿥白鳥。沈浮翱翔，樂我皇道。若乃虬龍灌注，溝洫交流。陸設殿館，水方輕舟。篁棲鶤鷺，瀨戲鰋鮋。豊侔淮海，富賑山丘；叢集委積，焉可殫籌？雖咸池之壯觀，夫何足以比讎？

於是碣以高昌崇觀，表以建城峻廬。岧嶢岑立，崔嵬巒居，飛閣干雲，浮階乘虚，遥目九野，遠覽長圖，頫眺三市，孰有誰無？睹農人之耘耔，亮稼穡之艱難。惟饗年之豐寡，思無逸之所嘆。感物衆而思深，因居高而慮危。惟天德之不易，懼世俗之難知。觀器械之良窳，察俗化之誠僞。瞻貴賤之所在，悟政刑之夷陂。亦所以省風助教，豈惟盤樂而崇侈靡？屯坊列署，三十有二，星居宿陳，綺錯鱗比，辛壬癸甲，爲之名秩，房室齊均，堂庭如一。出此入彼，欲反忘術。惟工匠之多端，固萬變之不窮。物無難而不知，乃與造化乎比隆。讎天地以開基，並列宿而作制。制無細而不協於規景，作無微而不違於水臬。故其增構如積，植木如林；區連域絶，葉比枝分；離背别趣，駢田胥附；縱横踰延，各有攸注。公輸荒其規矩，匠石不知其所斫。既窮巧於規摹，何彩章之未殫。爾乃文以朱緑，飾以碧丹，點以銀黄，爍以琅玕，光明熠爚，文彩璘班。清風萃而成響，朝日曜而增鮮。雖崑崙之靈宫，將何以乎侈旃。規矩既應乎天地，舉措又順乎四時。是以六合元亨，九有雍熙。家懷克讓之風，人咏康哉之詩。莫不優游以自得，故淡泊而無所思。歷列辟而論功，無今日之至治。彼吴蜀之湮滅，固可翹足而待之。

然而聖上猶孜孜靡忒，求天下之所以自悟。招忠正之士，開公直之路。想周公之昔戒，慕咎繇之典謨。除無用之官，省生事之故；絶流遁之繁禮，反民情於太素。故能翔岐陽之鳴鳳，納虞氏之白環。蒼龍覿於陂塘，龜書出於河源。醴泉涌於池圃，靈芝生於丘園。總神靈之貺祐，集華夏之至歡。方四三皇而六五帝，曾何周夏之足言！

張溥《漢魏六朝百三家集》卷一〇七《魏高允集·諫起宫室疏》 臣聞太祖道武皇帝既定天下，始建都邑。其所營立，非因農隙，不有所興。今建國已久，宫室已備，永安前殿足以朝會萬國，西堂温室足以安御聖躬，紫樓臨望，可以觀望遠近。若廣修壯麗爲異觀者，宜漸致之，不可倉卒。計斫材運土及諸雜役，須二萬人，丁夫充作，老小供餉，合四萬人，半年可訖。古人有言：一夫不耕，或受其饑；一婦不織，或受其寒，況數萬之衆，其所損廢亦以多矣。推之於古，驗之於今，必然之效也。誠聖主所宜思量。

嚴可均《全上古三代秦漢三國六朝文》卷三邢邵《新宫賦》 擬二儀而構路寢，法三山而起翼室。何大厦之耽耽，而《斯干》之秩秩。豈西京之足偉，故東都之所匹。爾其狀也，則瑰譎屈奇，瀾漫陸離，嵯峨崔嵬，巉巖參差；若密雲之乍舉，似鵬翼之中垂。布菱華之與蓮蒂，咸反植而倒施；若承露而將轉，似含風而欲披。土成黼黻，木化蛟螭。布紅紫之融泄，間朱黄之赫曦。獸狂顧而猶動，鳥將騫而以疲。木神水怪，海若山祇，千變萬化，殊形異宜。陰梁北注，陽鳥南施。百楹列倚，千櫨代支。或據險而形固，或居安而勢危。

《全唐文》卷一四一魏徵《九成宫醴泉碑銘》 維貞觀六年孟夏之月，皇帝避暑乎九成之宫，此則隋之仁壽宫也。冠山抗殿，絶壑爲池，跨水架楹，分巖聳闕。高閣周建，長廊四起，棟宇膠葛，臺榭參差。仰視則迢遞百尋，下臨則峥嶸千仞。珠璧交映，金碧相輝，照灼雲霞，蔽虧日月。觀其移山回澗，窮泰極侈，以人從欲，良足深尤。至於炎景流金，無鬱蒸之氣，微風徐動，有凄清之涼。信安體之佳所，誠養神之勝地。漢之甘泉，不能尚也。

皇帝爰在弱冠，經營四方，逮乎立年，撫臨億兆，始以武功一海内，終以文德懷遠人。東越青邱，南逾丹徼，皆獻琛奉贄，重譯來王。西暨輪臺，北拒玄闕，並地列州縣，人充編户。氣淑年和，邇安遠肅，羣生咸遂，靈貺畢臻。雖藉二儀之功，終資一人之慮。

遺身利物，櫛風沐雨，百姓爲心，憂勞成疾。同堯肌之如腊，甚禹足之胼胝。針石屢加，腠理猶滯。爰居京室，每弊炎暑，羣下請建離宫，庶可怡神養性。聖上愛一夫之力，惜十家之産，深閉固拒，未肯俯從。

以爲隋氏舊宫，營於曩代，棄之則可惜，毁之則重勞，事貴因循，何必改作。於是斫彫爲樸，損之又損，去其太甚，葺其頹壞，雜丹墀以砂礫，間粉壁以塗泥，玉砌接於土階，茅茨續於瓊室。仰觀壯麗，可作鑒於既往；俯察卑儉，足垂訓於後

昆。此所謂至人無爲，大聖不作，彼竭其力，我享其功者也。然昔之池沼，咸引谷澗，宫城之内，本乏水源，求而無之，在乎一物，既非人力所致，聖心懷之不忘。

粤以四月甲申朔旬有六日己亥，上及中宫，歷覽臺觀，閑步西城之陰，躊躇高閣之下，俯察厥土，微覺有潤，因而以杖導之，有泉隨而涌出，乃承以石檻，引爲一渠。其清若鏡，味甘如醴。南注丹霄之右，東流度於雙闕。貫穿青瑣，縈帶紫房。激揚清波，滌蕩瑕穢。可以導養正性，可以澄瑩心神。鑒映羣形，潤生萬物。同湛恩之不竭，將元澤之常流。匪惟乾象之精，蓋亦坤靈之寶。謹按《禮緯》云：「王者刑殺當罪，賞錫當功，得禮之宜，則醴泉出於闕庭。」《鶡冠子》曰：「聖人之德，上及太清，下及太寧，中及萬靈，則醴泉出。」《瑞應圖》曰：「王者純和，飲食不貢獻，則醴泉出，飲之令人壽。」《東觀漢紀》曰：「光武中元元年，醴泉出於京師，飲之者痼疾皆愈。」然則神物之來，實扶明聖，既可蠲兹沉痼，又將延彼遐齡。是以百辟卿士，相趨動色。我后固懷撝挹，推而弗有。雖休勿休，不徒聞於往昔；以祥爲懼，實取驗於當今。斯乃上帝元符，天子令德，豈臣之末學，所能丕顯？但職在記言，屬兹書事，不可使國之盛美，有遺典策。敢陳實録，爰勒斯銘。其詞曰：

惟皇撫運，奄壹寰宇。千載應期，萬物斯睹。功高大舜，勤深伯禹。絶後光前，登三邁五。握機蹈矩，乃聖乃神。武克禍亂，文懷遠人。書契未紀，開辟不臣。冠冕並襲，琛贄咸陳。大道無名，上德不德。元功潛運，幾深莫測。鑿井而飲，耕田而食。靡謝天功，安知帝力？上天之載，無臭無聲。萬類資始，品物流形。隨感變質，應德效靈。介焉如響，赫赫明明。雜沓景福，葳蕤繁祉。雲氏龍官，龜圖鳳紀。日含五色，烏呈三趾。頌不輟工，筆無停史。上善降祥，上智斯悦。流謙潤下，潺湲皎潔。萍旨醴甘，冰凝鏡澈。用之日新，挹之無竭。道隨時泰，慶與泉流。我后夕惕，雖休勿休。居崇茅宇，樂不般游。黄屋非貴，天下爲憂。人玩其華，我取其實。還淳反本，代文以質。居高思墜，持滿戒溢。念兹在兹，永保貞吉。

宋敏求《唐大詔令集》卷一〇八《建玉華宫於宜居縣鳳皇谷詔》 朕聞上代無爲，檜茅而砌土；中季(革)〔華〕用，祀玉而臺瓊。燥濕之致雖同，奢儉之情則異。

朕承皇王之緒，執造化之綱，包萬類於心端，圖八竑於目際。夷夏一軌，區宇大同，雖則德有劣於難名，道方參於至義。若乃制衣服裳之後，環井羈馬之君，强弧剡矢之奇，運車浮舟之智，濟時爲美，功亦大焉。至若浩浩九齡，炎炎七載，融山圻地，滔天襄陵，生人之艱勞亦極矣。彼數德者，功莫高乎吞狄；此兩災者，勞又甚乎裁宫。今雖菲食卑居，有慚於曩哲；安人濟難，不恧於前賢。

然而人皆輕見重聞，貴耳賤目。德雖微也，以其古而爲著；功雖巨也，以其今而成小，不亦謬哉？每流鑒於前經，常披懷而自勖。思所以收驕閒逸，卷欲除華。而頃年已來，憂勞煩結，暨至兹歲，風疾彌時。嗟乎！濟世之心，患攢躬而靡制；摩天之力，痛沈已而難移。重以景熾流金，風湯溽暑，邅回几席，旭暮增煩。俯仰巖廊，寢興添弊，雖冀廓景延涼，蕩兹虚惙。

近因羣下之志，南(勞)〔營〕翠微，本絶丹青之工，纔假林泉之勢。峰居隘乎蚊(脚)〔睫〕，山逕險乎焦原，雖一己之可娛，念百僚之有倦。所以載懷爽塏，爰制玉華，故遵意於淳樸，本無情於壯麗。尺版尺築，皆悉折庸；寸作寸功，故非虚役。猶恐遐邇乖聽，方興怨咨，非其樂勞人而竭力，好峻宇而雕墻。但以養性全生，不獨在私在己；怡神祈壽，良以爲國爲人。比者屢有征行，非無疲頓，前歲問罪遼左，去秋巡幸靈州，皆以翦害除兇，懷柔服叛，豈欲矜轍迹騁盤游而已哉。

今復土木頻興，營繕屢動，永言思此，深念人勞。一則以爲慚，一則以爲愧。何則？匈奴爲患，自古弊之。十月防河，入血丹於水脈；千里轉戰，漢骨浩於塞垣。當此之疲，人不堪命，尚興未央之役，猶起甘泉之功。今毳幕穹廬，聚爲郡縣，天山瀚海，分爲苑池。去既往之長勞，成將來之永逸。避迴一年力役，創此新宫，想志士哲人，不以爲言也。布告黎庶，明此意焉。

《隋仁壽宫·唐九成宫考古發掘報告·李治·萬年宫銘》 朕聞金臺迢遰，超忽昆閬之間；玉闕參差，綿邈蓬瀛之際。是以周王肆轍，唯招既往之僭；漢帝遐游，空益將來之弊。豈知岐陽峻阜，鎮兹京甸。疏林光之别館，建甘泉之離宫。東望翦華，千林結影；西瞻隴阪，派水分流；南俯荼原，風雲交映；北臨石柱，川岳相縈。迴迴孤岑，秀三襲於霞表；斜斜危路，環九折於雲心；複澗澄陰，扇炎風而變冷；重巒潛暑，韜夏景而翻寒。故知五鎮之基，空號神州之地；三仙之嶺，虚傳靈府之都。未若翦石裁官，構飛檐於迴漢；騰虚架宇，聳紫殿於遥空；百仞朱樓，月盈虧於青瑣；千尋翠閣，雲舒卷於丹墀；岫綴霞衣，點虹梁而散錦；巖飛溜帶，瀵石砌而飛珠。浮涼氣於彤闈，庭留花而雪夏；凝清陰於碧沼，池潔鏡而冰春。泉擊花潭，沁雙峰而吐秀；波摇錦石，皎兩鏡而騰暉。幾片斷雲，縈松合蓋；數叢幽桂，捶月分香。暝壑棲煙，籠千崖而散碧；朝原吐日，輝四野而舒紅；笑樹餘花，低空落影；吟風宿鳥，響谷雙驕。鶯不恨而虚啼

蝶無情而散舞。朕載懷千古，流鑒百王，思欲屏逸收驕，怡神遺慮，崆峒訪道，欽往哲之高風；姑射尋真，挹先賢之宿志。所以停軒禁籞，駐蹕榆川，非欲賞恣盤游，途窮轍迹，加以時侵首夏，日帶餘春，露泣修篁，風清邃澗；松夢雲起，藤蔦星懸。可以陶瑩心靈，澄清耳目。鏡冰霜則廉潔斯在；撫松筠則貞操非遥。昔姬后西征，猶刊弇石；秦皇東指，尚勒稽峰。勝地淹留，何必華胥之國；蕭然物外，不假元圃之阿。故以劭美千齡，騰徽萬古，景其前躅，爰紀兹地。其銘曰：

靈山作鎮，挺秀岐陽；遠圖天柱，迥儷瑶房。鶯驕淑氣，花泛韶光。樹含冬霰，巖留夏霜。構宇重巘，裁基壘軸。石砌披錦，山窗點繡。佩小蘭新，峰殘蓮舊。雪徑如花，冰溪恒晝。標途天外，聳闕雲端。煙霾邃谷，霧宿危巒。松風山徑，澗曲迴湍。彤闈潛暑，翠幌凝寒。憩駕離宫，淹留禁苑。柳初眉細，潭深鏡遠。蓋逐雲穿，苔隨雨卷。葉冷帷秋，妝濃若晚。泉飛嶺腹，景鏤巖心。霞疏錦薄，草密袍深。露荷傾玉，風螢散金。檐空燕静，山昏日沉。丘壑怡神，林篁賞性。千里眺覽，八州澄鏡。玉燭調序，薰琴動咏。仰則高山，刊規遠映。

大唐永徽五年歲次甲寅五月景午朔十五日庚申建

王勃《王子安集》卷一《乾元殿頌並序》 臣聞鵬霄上廓，瓊都開紫帝之庭；鰲紀下清，珍野辟黄靈之館。兼山配極，照鸞闕於霞標；薦水涵元，湛驪宫於霧壑。斯則神征語怪，功潛鳥迹之初；理涉非經，道昧鶉居之始。授鳳書而稽碧落，仙構罕存；按龜籙而質《黄圖》，金模間起。粤若風移處暗，增巢恢火運之機；業拒向明，上棟括《河圖》之奥。三階布政，咏匪日於靈臺；百堵陳詩，頌《斯干》於考室。亦有黄軒瞰月，樵門頹九洛之功；璇闥排煙，牧野構三河之酷。御燕臺而臨北極，缺王度於《祈招》；列雲閣而拒南山，隕皇謨於軹道。然則卑宫喪禮，采椽輕四海之尊；豐屋延災，柏梁非萬乘之有。雖因時立事，奢儉殊流；而弘道在人，興亡迭運。靈光末造，不窺九室之榮；景福宏觀，猶擁三方之釁。瞻風舊史，逮曹、馬而無譏；觀迹故墟，歷周、隋而未得。

自我唐太陵遷構，均五方於鶴几之前；中野凝圖，調六氣於虬床之下。坐珪臺而清俯仰，晷緯齊明；臨鼎邑而重威靈，雲雷合響。得玄功於《大壯》，其至在兹乎？我大唐鷄渾指極，樹神宰而制山河；鶴識裁儀，辟太虚而有天地。黄精吐瑞，潛龍苞象帝之基；紫氣徵祥，鳴鳳呈真王之表。高祖大武皇帝，虹星湛色，開寶胄於金壺；蛟電凝陰，發皇明於石紐。白蛇宵斷，行移海岳之符；蒼兕晨驅，坐邁雲雷之業。屬東鄰委馭，扇虐政於叢祠；北拱隳尊，紊皇圖於寶極。蜚鴻集野，瞻烏鮮投足之因；青犢嘯風，羣鹿無擇音之所。天街五裂，截鯨浦而飛芒；地紐三分，觸鰲山而按節。玄虬在御，掃圻甸而廓星都；黄鳥分麾，動扶摇而駭雲陣。鑣宫杖鉞，跨高陌而登元；蹕野韜戈，陟氾壇而擁號。皇圖不恃，聖人追卷領之風；神器無私，魏子奉褰裳之運。太宗皇帝，雲房揖契，歷麟璽於庭軒；雷渚翔英，擾龍鈴於高席。八能亨運，抗鷄邸而杖朱髦；十亂恢基，臨鶴州而擁黄鉞。唐雲秘族，潛開白水之征；代景回輪，光踐丹丘之運。權輿象緯，削茅社而建瓊祧；草昧風雲，席夢圖而創璇歷。紫庭合粹，括宇宙於宸襟；丹扆凝尊，運陶鈞於實思。擒碧霄而煉石，上清耀魄之宫；詔寰海而捐珠，俯睇陽侯之室。功驅偃伯，頓鶚視於華封；道被來王，静龍吟於武庫。玄樞上運，卜年開累聖之符；丹竈昇遐，遺范敞謀孫之晝。皇帝陛下，椒庭襲慶，曜璇萼於霞莊；蘭殿分休，湛珠衡於月館。道凝瓊鎮，下蒼掖而照重熙；業峻銅樓，憑紫軒而揖羣後。環四瀛於舜抱，漏蟻覃津；棲十景於堯衿，巢螟荷照。上元開籙，寶龜定皇邑之模；下武崇基，飛龍錫帝臺之構。貞明啓運，齊玉鏡於鸞門；易簡成功，偃銅符於鶴仗。懷降尊於襄野，泰階忘七起之勞；念負重於焦原，中席托三危之險。臨翠嬀而則道，天孕時成；坐玄扈而披圖，神超物妙。皇后星溽縱淑，曳珠紱於銅臯；雲野疏祥，抗瓊枝於桂浦。素蟾登慶，六虚充牝馬之貞；丹雀御林，二雅合《關雎》之好。璇宫夜静，居龍櫨而調元；金房晨開，御鴛階而緝化。芝庭揖訓，遠清和鳳之儀；蘭佩承風，竟峻當熊之節。皇太子承雲紫座，翊八柱於乾維；湛粹青衢，揖三樞於地户。黄離踵曜，太陽分銑樹之輝；蒼震薦音，少海控銀河之色。鶴笙飛奏，想丹駕於瓊山；鮑俎捐芳，齒玄冠於實序。彤闈問豎，禮崇監撫之威；黼席興賢，義極君親之愛。若乃東門恤胤，疊仙構於熊山；西苑承家，導靈波於雁沼。桐珪作瑞，鳳毛曜丹穴之英；茅壤分維，麟距冠玄丘之俊。巽官延粹，辟朱柱於娥臺；兑野流芬，疏紫蘭於别館。頻限毓范，雲扃分戚里之歡；覃峋凝規，星閣絶郎官之請。雕龍命職，縱跳澤而驤鱗；翠鶡調司，順義飆而撫翼。月軒宵佇，虞谿降璇緯之精；震帳晨披，姜水洞金韜之賾。飛鶴書而抽海狀，桂壑於是投綸；轉麟旆而揖山容，松澗由其削衽。軒圖瑞裔，泛花綬於鷄林；農紀祥炎，濯蘭纓於鳳水。仙臺倜務，三珪銓棘序之風；天秩調邦，六府變槐衢之典。金門獻納，縱麟筆於苔箋；石館論思，核龜章於竹槧。淹中訪禮，蹲龍揚壁水之波；稷下談經，飛兔躍環林之秀。詞庭吐鳳，玩鳥迹於春甍；書帳翻螢，閲蟲文於夏閣。杏花千畝，紺轅照帝籍之功；桑枯三官，

玄紱降親蠶之禮。圜丘上辟，奉蒼璧於靈壇；方澤下凝，列黄琮於寶墠。朱弦翠瓚，履霜懷四嚮之尊；復溜重檐，涓日正三綱之首。五靈奔慶，冠蛇澤於黄樞；六祀銜欣，颺麟煙於紺席。遺弓積慕，虔深太廟之儀；執豆推恩，道振明堂之禮。瑶山廣樂，備逸調於官懸；洞庭仙奏，納遺歌於帝府。九韶分唱，後夔清桂序之音；六變同和，飛鳳掌梧軒之律。樽俎折旋之數，苞舉陰陽；堂庭節奏之規，彌綸宇宙。靈襟索隱，控風伯於詞林；睿想鈎深，詔天吴於筆海。神窮獨照，旁探赤水之珍；思洽幾深，迥寫丹谿之韻。金壇紫露，映銀籥而翻華；瑶林白雪，藻瓊章而吐絢。蟬機撮化，銅渾將九聖齊懸；虬箭司更，銀漏與三辰合運。爽鳩分職，素雲頳鳥啄之祥；神獬關司，玄水照龍顔之别。黄沙鞠草，剗叢棘而遷訛；丹石滋苔，仰甘棠而息訟。融臯再稔，方聞外户之謡；昧谷千廂，坐溢康衢之奏。百城煙峙，望秋露而乘風；千室雲開，合宵霆而組化。彤幃獨選，熊幡下蘆雁之祥；墨綬分賢，犀檢降槐鸞之祉。筠驂佇信，髦士剖竹而相尋；葦杖沾仁，鮐叟攀輪而不暇。龍蛇可踐，野人豐荷杖之歡；鷄犬相聞，城尉輟鳴桴之響。五雲抽潤，湛芳氣於璇臺；六府咸殷，唱豐歌於銅闕。不戒而畀東户，恩周動植之津；博施而舉南風，化偃胎萌之寓。神謀備預，儼七萃於丹樞；邃略防微，肅千廬於紫衛。元戎握節，黄公授犀闕之圖；帝座聞鼙，玄女薦龍庭之策。赬柯捭刃，中權決勝於兩階；白羽俄麾，善陣推亡於四表。朱匡反景之域，削蛇弭於文棍；黑山明月之鄉，委龍琛於武帳。錦軒星騖，控乾絡而觀風；綉服霞驚，決坤紘而問俗。川浮没羽，鯨谿静丹浦之虞；陸薦飛毛，熊巘動青雲之偵。銀闕驟雨，望紫陌而趨恩；鐵幌馳風，計彤闈而瀝思。赤馬文猿之寶，叢積乎郊虞；紈牛露犬之貢，滿盈乎儲邸。青丘晝野，不逾征賦之鄉；蒼水奉圖，未盡提封之貫。且夫緯武經文，宏業也；含幽育明，至誠也；混齊六合，大功也；規模百代，昌數也。故能襲九空而寧庶物，劃千里而統諸侯。休徵象德而動，嘉符觸類而至。風揚晷洽，藻乾慶於芳年；司節河清，藹坤禎於明渚。瑶枝結慶，泉埃蕩玉蓋之文；瓊液孚甘，天酒綴金莖之色。黄粹紫脱，凑仙穎於中畿；翠蓮丹蓂，疊靈株於上序。駢眸候日，漾影蒙池；比翰翻風，棲光理木。祥飛井絡，震鱗題瑞朔之元；祉絢新郊，楬獸紀和年之序。具靈篇之絶貺，究仙諜之殊休。天人之際交矣，皇帝之道備矣。由是三靈物睹，扣蘭禁而棲誠；九服子來，咏蒿官而騁力。去奢去甚，不矜黄屋之隆；匪補匪雕，方順丹墀之請。宸規相宅，考周舊於靈都；睿覽思和，獲秦餘於正殿。羣臣列陛，奏蕭相之遺模；天子臨軒，采荀卿之故事。炎洲八桂，篴仙拱於林衡；岱畎五松，委靈材於梓匠。衢宫記范，萬機抗九户之尊；海孽移琛，千欒省十家之費。飛廉卷藹，徹煙極而浮甍；屏翳收津，劃星墟而置槧。瑶階百雉，光懸寶露之壇；瓊壁萬尋，影綷崇霞之閣。拖虹梁而四注，星漢虧於上榮；疊雲棟而三休，寒暑隔於中溜。雕楣鶴企，沓勢分規；綉桷虬奔，殊形别起。圓璫布藻，罄羽璧於狼泉；方鏡披蓮，孕化璣於蜃浦。芝樓對幄，熏傳五日之風；芸閣列錢，彩鍛三旬之霧。文疏罩迥，陰兔息肩於綺寮；翠幌籠霄，陽烏鎩翼於珠網。豐隆按節，下復橑而司階；列缺施鞭，低叢楹而假道。温房佇幸，煦芳景於佳辰；涼室乘閑，凜徂飆於火序。金鋪夕照，若帝國之輝瓊英；寶綴晨懸，類阿房之聚銀燭。煙丘碧桂，翊珉陛而披香；雨岫赬筠，夾璇流而颺影。九衢翻翠，雜仙卉於中逵；四照霏紅，問靈葩於右城。神禽率舞，光浮肆夏之軒；瑞鳥相鳴，響葉鈞天之樂。鈎陳宿列，儼雙碣於丹霄；綺繳霞周，辟千門於紫露。爾其左扃嵩鎮，申侯降太室之禎；前枕莘郊，伊尹發空桑之秀。揭熊山而北眺，貝闕猶存；睹龜溜而西分，瓊臺易接。總交中宇，廓川陸而疏畿；竟想善鄰，揆風霜而建野。然則因秦構極，祖宗耀金策之符；作洛恢基，我後創居之始。援天引聖，隔代重暉。横紫都而可襲，配玄官而非遠。故能使神光夜燭，鏡麟趾於文除；仙滰晨華，委鸞章於綉礎。靈爻密發，八方昭大有之和；寶篆潛開，六合啓同人之會。兩儀交慶，虚碧墠而翹旌；萬宇披歡，指蒼車而候蹕。雖青蒲頌德，東朝獻龍鳳之圖；而丹極鳴謙，南面動貂羊之詔。百神推策，望璆徑而虔誠；三讓奉符，顧瑶壇而肅事。龜書吐瑞，按五校而分營；鳳策揚輝，翔八鸞而節步。帷宫霧轉，列芝蓋於中天；帳殿星離，軔蒲輪於大野。紫鱗充饋，若大帝之共臨；素鶴翔華，類羣仙之廣宴。花開瑞雪，委瓊饌而調芳；彩絢祥雲，夾珠旗而曳影。功推三祖，銀繩勒東岱之威；業峻一人，金策奉南山之壽。道既成矣，玄符集矣，代既貞矣，元勛緝矣。運三辰而虚玉柄，風兑涣其中孚；懸五禮而偃金科，雷坎光其作解。奔烽舉爵，溢仙酒於中衢；疊鼓分肴，決宸輝於下里。吞九皇而上運，控八聖而遐征。翔赤驥而睇風區，吟翠虬而掩霄甸。隱隱轟轟，雷動天驚。回與斜眄，而降乎乾元之殿。司宫庀職，肅坻堮而神行；掌舍巡方，焕巖廊而洞啓。赫若朱螭負漢，而輝横海之鱗；默若蒼鵬架壑，而振垂天之翮。千官曉次，僸銀榜而端簪；萬户宵披，候瓊膏而肅帶。靈戈列陛，天官具三揖之儀；雲輅充庭，宗伯寅九賓之禮。瑶鯨戒響，懸猛虡於端闈；銅狄分形，肅嚴扃於左序。排紫微而立極，宸儀

冠明后之三；俯黄道而披軒，仙歷用乾元之九。蕩蕩乎，何聖人之無外；巍巍乎，而神功之不窮也。

臣勃席芳十步，企景三冬。雖承宣室之談，猶窅靈臺之影。仙壇遠秘，已多謝於祥鵝；大厦初成，復攀榮於賀雀。慨深《梁甫》，終乖捧日之歡；恩極《甘泉》，未動凌雲之價。神圖不測，固流絢於丹縢；微志可存，庶鐫芳於翠琬。敢獻頌曰：

紫扃垂耀，黄樞鎮野。銀樹霜披，珠臺月寫。向明立極，横神廓社。《大壯》摛爻，《斯干》韻雅。鶉居化没，狙詐道長。瓊構霞明，璜軒露敞。棄人崇欲，違天蠹象。南巢不救，東鄰長往。瑶緘考懿，金板藏功。道凝茅屋，業盛蒿宫。龍間架漢，韜雲閟日。濟惡承危，同亡異術。傾輈未遠，遺墟繼出。龍川結禍，鶴栱星開。争圖絢侈，福極兇來。風寒碣館，露慘蘇臺。十館瑩秦，金房砥室。千衢毓祉，丹丘表聖。鳳矯仙樞，龍回寶命。道凝金册，功馳玉鏡。紫氣抽華，黄塞稱符。塵驚八際，霧慘三都。穹廬寶極，罽幕旋樞。司宫墜典，掌舍淪圖。蒼階寮祲，鴳閣調風。推訪華禮，酌儉思沖。懸鼇結贔，傳翼生災。千甍嶺接，萬軒湛粹，鳳幾裁尊。祥抽紫歷，業照彤管。珍雀朝翻，仙蟾夜滿。丹墟獻迹，青暉疊映。神稽鶴識，迹播鷄渾。重光累極，翼子謀孫。經天緯象，就日提元。鸞臺墜卵。椒闈儀風，芝閨奉款。登三建緒，明兩開儀。龍譙霧鬱，鳷禁霞披。浪分旋渚，景峻瑶枝。黄扉曉列，丹轂宵移。龜文獵彦，麟旌訪逸。桂客攀榮，松賓改律。紫鷁開紀，丹虬聳秩。縱壑搏飆，登山捧日。功融棘序，道被槐庭。不仁者遠，惟道斯行。煙摇墨綬，電轉朱軿。境懷春翟，野散秋螟。鄭竹分科，燕棠轂颷。銅機化極，珠囊業洞。禮貴丹虬，樂調朱鳳。珠垧獻寶，綿鄉委貢。龍闢静析，鶴塞投弦。歌呈豹尾，舞進鳶肩。銅鐃月斥，鐵輞星懸。繩幽架險，驛霧馳煙。霧壇凝紫，河宫湛碧。翠蓮翻飆，丹蓂候魄。霜均雹散，連珠契璧。花蓋籠霏，花衢墜液。年和政美，化極風調。靈臺軫咏，考室興謡。循圖訪典，去泰捐雕。道存南面，讓屈東朝。望雲裁構，籠霄建宇。方鏡星離，圓瑠月聚。梓匠傾思，林衡授矩。畫栱棲煙，文軒架雨。芝房疊翠，桂廡流丹。霞張萬户，霧葺千欒。重扃駐燠，洞牖棲寒。神加有叙，睨入無端。帝圖臨御，皇僚萃止。電戟揮霜，雲旌拒暑。紫宫可逼，黄街易履。鳳礎騰文，麟庭抗禮。珠泥暢績，銀繩鬱契。鶴嶺雲明，龍壇景惠。道超中古，功推下濟。惟帝惟天，惟天惟帝。

李昉等《文苑英華》卷四八李華《含元殿賦並序》　宫殿之賦，論者以《靈光》爲宗，然諸侯之遺事，蓋務恢張飛動而已。自兹已降，代有詞傑，播於聲頌，則無聞焉。夫先王建都營室，必相地形，詢卜筮。考以農隙，工以子來。虞人獻山林之榦，太史占日月之吉。雖班張左思，角立前代，未能備也。而曩之文士，賦《長笛》《洞簫》，懷握之細，則廣言山川之阻，采伐之勤。至於都邑宫室，宏模廓度，則略而不云，其體病矣。至若陰陽慘舒之變，宜於壯麗；棟宇繩墨之間，鄰於政教。豈前修不建，將俟聖德而啓。臣心輒極思慮，作《含元殿賦》。陋百王之制度，出羣子之胸臆。非敢厚自夸耀，以希名譽。欲使後之觀者，知聖代有頌德之臣焉。其辭曰：

維皇高祖，穆端命於玄穹。萬有千載，鍾景祚於鴻裔。建北宫之尊嚴，上取治於天帝。乃圖正殿之逌居，規崇山而定制。信神明幽贊，而人謀襲契。不然，何前王曠此之雄麗也？

先是大司空帥其屬，軌度而相之曰：「美哉川原，鶩乎其大哉！亘坤靈兮配乾剛，坤順乾而爲龍。舒廣衍兮走羣山，紛却面而朝宗。陵正陽之奕奕，鬱佳氣之葱葱。蓋昊天之作，而皇祇授元聖，獲以造新宫也。」乃審於龜筮，龜筮葉從。太卜以告，神人咸同。皇曰：「欽哉！是將宜於朕躬。」因以鴻稱，含元建名。《易》乾坤之説曰：「含弘光大。」又曰：「元亨利貞。」括萬象以爲尊，特巍巍乎上京。則命征般石之匠，下荆揚之林。操斧執斤者萬人，涉磧礫而登崔嵬。擇一干於千木，規大壯於喬枚。聲坎坎於青雲，若神踣而顛摧。勢動連崖，拉風碎雷。倒勁梢於窮谷，斬巨柢於昭回。時也山祇效靈，波神作氣，爲桴爲筏，羽疊鱗萃。朝泛江漢，夕出河渭。雲奔山横，交積於作宫之地。於是農事既收，靈臺勿亟。子來而就役者，周邦畿而薄四海，咸忘勞而獻力。

乃張爲廣度，考正極星。邦伯是經，國工研精。剗盤岡以爲址，太階積而三重，因博厚而順高明，築陵天之四墉。四墉既列，太階如截。下上相嵚，愕視沉沉。其始也，星鍾電交於萬堵，霜鋸冰解於千尋。擁材爲山，攢杵如林。乃占日月之吉，以成帝室。虹梁勁於中極，榱桷戢以櫛密，析姑繇以爲楹，褭喬山以爲礩。飛重檐以切霞，炯素壁以留日。神標峻樀，鬼疊層楣，高卑迭作，尋尺相持。木從繩而後正，棟操宇而不危。階瑩冰級，瓦敷鱗差，蕩晶景而昇降，歘晱暘以交輝。聳大厦之奇傑，勢將頓而復飛。爰詔有司，練日推時，征考室於周頌，會公卿以落之。丕赫哉如俯如跂，若合若離，瘁修邃以窅徹，恍業駥而巖巍。謂沖飆激海兮，漩瀹淪以無底；奔雷觸山兮，掉巘巇而傾攲。石鮫拖首於堂廡，狀出

雲而撐鬐。

崇高之制，靈丘上盤，鄰斗極之光耀，邇天漢之波瀾。察鑿枘之吞吐，吸山叢而水攢。建昇龍之大旆，邈不至於階端。峥嵘孱顔，下視南山，照燭無間，七耀回環。獻欲赫以突兀，攄閎宏以蕭掇，捧帝座於三辰，銜天街於九達。進而仰之，騫龍首而張鳳翼；退而瞻之，岌樹顛而崒雲末。嶷兮峩峩，巨鼇戴仙山而出滄波；劃兮煌煌，燭龍折穹穴而臨北方。排層城而廓帝居，豁閶闔而面蒼蒼。左翔鸞而右棲鳳，翹兩闕而爲翼。環阿閣以周墀，象龍行之曲直，夾雙壺之鴻洞，啓重閨之呀牠。趨堂涂而未半，望宸居而累息。惟上聖之欽明，爰聽政而崇德。去雕几與金玉，絀漢京之文飾，熾丹雘於崚嶒，抗重霄而競色。

若乃紫微晨噎，彤墀夜明，雲薄萬栱，風交四榮。冬止其陽，則釋裘而燠；夏休其陰，則捐絺以清。旗獵風而振響，葉墜露而成聲。懸櫨駢湊，竦柱奔列，復檻罾綴，高窗景爇。黝日翳而罘連，曜天開而中絶。形持神而欲離，足僂步而將跌。貯昭訓之崇崇，瞵光範之揭揭。

其南則丹鳳啓涂，遐矚荆吴，十扇開閉，陰陽睢盱。容鼎九扃，方駕五車，示王者之無外，不樹屏於清都。望仙辟於巽維，建福敞於坤隅，偃朱旗而橐玄甲，屯仡仡之驍夫。

其後則深閨秘殿，曼宇疏楹，瑞木交陰，玄墀砥平。鮮風歷廡，凌靄飄英，蔭藹武闈，增華穆清。玉燭内融，則嘉盛豐備；太陽臨照，而天下文明。古有六寢，御兹一人，今也三朝，繇古是因。布大命於宣政，澹玄心於紫宸。羲和弭節於通乾，望舒停景於觀象。密勿旒扆，臣人是仰。左黄閣而右紫微，命伊皋以爲長。

其下則鶡冠魚服，良家茂族。厲禁非宜，金吾領之。其前則置兩石以恤刑，張三侯以興武。告善之旌，登聞之鼓，節晷漏於鐘律，架危樓之筍簴。以辨内外之差，以正東西之序。天光流於紫庭，倒景入於朱户。騰祥雲之郁靄，映旭日之葱蘢，清渠導於元氣，玉樹生於景風。夷坦數里，徘徊無窮，羅千乘與萬騎，曾不得半乎其中。

厥初經營，天下既乂，文物未周，孤其壯麗。蓋重於施勞，非不懷也。乃眷睿孫，睿孫開元。萬物晏清而太和，掩書契之所論。既克廣於崇構，聲明備而益尊。蓋聖皇之孝也，揮綽變化兮動摇乾坤。

其東於是弘文教而開館，對日華之清閟，蓋左學之遺制，協前王之講德。其西於是延載筆之良史，俯月華之峻扉，集賢人於别殿，朝命婦於中闈。王風闡而成化，陰教備而不虧。加以咏周詩而展親，睦魯衛而敦叙，因合族之來宴，置更衣之豐宇。至於殿内諸曹，則左右有局，通軒並廡，物有恒司，供無廢舉。又有銀璫珥貂，寺人巷伯，奉宣出納之令，更踐宫中之役。熊羆之旅，董以龍武，矛戟森森，材官羽林。聲破丘山，氣讋飛沈，爪抉千鈞，跟騰百尋。克壯皇威，協比其心。

其外則校人掌馬，天駟在閑，以備順游，放牧其間。望我鑾和，陟彼高山。猶慮憲章或遺，國容未備，乃立掌匭之司，館通事之吏。職在達下情於上天，儆王言於有位。

坱通大極，隥指龍池，重門内注，複道潛移。幽峻肅以相屬，光彤融以嬉嬉。玄象著明，帝座維三，皇居設位，俯察仰參。翼室正中，游宫次南，北起含元，其容眈眈。總而言之，如山之壽，則曰蓬萊；如日之昇，則曰大明。自兹而北，燕游所經，達於苑囿，不可殫名。周廬更呵，匝以環衛，南端百仞，上極霄際。却視戡崟，經途廣深，繚以層城，黕爲重陰。

至若是雨膏田，九農悏暢，雲歸山穴，儵以昭曠。白日麗於宫隅，混晶光而益壯。於是風師斂威，纖埃不昇，穎絶摇芒，葉無翻稜。自中徂外，鏡洗川澄，弦直閭閈，井畫溝塍。靡迤秦山，陂陀漢陵，知稼穡之艱難，見皇王之廢興。及乎玄冥戒寒，海神飛雪，瑶城粉野，琪樹森列。玉宇璇階，雲門露闕，天華爽霽，朗日朝徹。赤旌降庭，朱柱艷月。仰白帝而金精開，披河宫而銀燭發。

其或蠻夷不至，帝用興戎，降元帥於天上，發神謀於禁中。皇靈震耀，殄厥渠兇，矯矯虎臣，此焉獻功。操俘虜而陳器械，恢莫大之威容。爾乃時殷仲冬，日正南至，上公奉斝，羣後在位。一人壽昌，萬國承賜，式燕以樂，欣欣且醉。乃撞宫懸，砯碣天地。

及乎獻歲元辰，東風發春，懸法象魏，與人惟新。儼文物於王庭，兼九伐而宿陳。威儀之嚴，嶽嶽振振，若太一披絪緼而俯百神。既而咸造勿褻，會朝清明，璇柄指寅，寢闈發扃。皇帝御衮龍之法服，佩蒼璧之純精，執鎮圭，導朱紘。降輦登階，微聞玉聲。

於是典禮之官，贊王就位，南面穆然。至若甸侯采衛，要荒閩貊，輸其方贐，罔不來格。統以千官，六卿二伯。司儀叙進，象胥重譯，肅肅委皮，乾乾奠璧。設以庭燎，天烘地赫，雷鼓殷殷，朱干玉戚。神簴如生，熊羆愕敵，危昂欹向，歊爛歕射，金根玉輅，太常少伯。火列門旆，霜交陛戟。乃進元元以觀禮，從億兆之增增。金吾南首，麾之以肱，遞攀援而聳仰，齊屨企而冠騰。太史來告，卿雲

勃興，灑豐澤於生人，答上玄之休征。中命司寇緩刑，冢卿降德，秩山川而問耆老，周雨露而均邦國。華戎竭歡，喜氣闐塞，揭金鷄於太清，炫晨光於正色。慶忭之聲，不逾辰而雷四域。當斯時也，驅周驟漢，於廓焕爛。王臨於朝，天地貞觀，靈宫巖巖，上下交贊。蓋所以法乾道而遵帝度，豈惟安體而明威者哉？

夫瑶臺之美，不可以刑萬國；土階之陋，不可以儀天下。奢不遜而儉固，允執中於大位。《洪範》曰：「皇建其有極。」富哉！上聖之宏議也。詩歌楚室，頌美泮宫，諸侯之事也；雲夢甘泉，宴恢景福，僻王之志也。論諸侯，曷若以戴天子；嘉僻王，曷若以尊聖人。烈烈盛唐，祖武宗文。五帝赧德，六王慚勛。而政本乎慈，用過乎儉。夫蒼生所奉者惟君，所愛者惟親。寧有君親宅體於卑室，而臣子得安其身乎？故有熊明庭，帝姚總期，從人欲也。天垂定星，《易》有《大壯》，君人者法焉，聖朝猶斥其華而憑其質，今爲足殿也者。惟鐵石丹素，無加飾焉。身居玄眇，心與萬姓，同畎畝之勞，以是臨衆，何衆不賓？以足享神，何神不若？其天德歟！雖欲宫崑崙而館不周，城八極而隍四海，猶未足儲鴻醇而俯丕耀，豈咸鎬一京之所在，崇四瀆之前式，敕懷鉛之小臣，俾讎書於禁中，正百代之遺文。由是循環天造，耳目日新，敢頌成功，告於神宗。無愧《斯干》之什，式昭聖德之容。

頌曰：帝作含元，含元言言。崒若日觀，呀爲天門。太階三層，遠法崑崙。鎮兹秦野，揭以周原。烈文祖宗，永錫孝孫。孝孫有慶，於以施令。奄甸萬姓，受天休命。歌之頌之，管磬宜之。穆穆皇君，壽考無期。

既成斯文，客有勸之上者，對曰：「前王之宏祥詭瑞，乃聖朝之細事。今休征已厭於聰明，頌聲亦飫於天意。私歌竊抃，乃臣子之常志。又焉足以薦聞哉？」客曰：「不然。今至尊明發不寐，有懷先皇，周文之孝也；允恭克讓，光溢海外，堯帝之謙也。自即位已來，上下之休嘉，臣人之咏歌。歌於睿躬則固辭，頌於宗廟則無斁。今吾子之文明，昭乎累聖之耿光，美於大君之孝德。可進而退，宜言而默，使雅頌之音，卷而不舒，尤坦蕩其胸臆，無乃過歟？爲人之下者，有可達乎君親，雖濱於死，亦冒行之。況宗廟或啓其心哉？」臣華嘗聞遷善之規，願附昇歌之末。

李昉等《文苑英華》卷五四杜甫《朝獻太清宫賦》 冬十有一月，天子既納處士之議，承漢繼周，革弊用古，勒崇揚休。明年孟陬，將攄大禮以相籍，越彝倫而莫儔。曆良辰而戒吉，分祀事而孔修；營室主夫宗廟，乘輿備乎冕裘。甲子王以昧爽，春寒薄而清浮。虚閶闔，逗蚩尤；張猛馬，出騰虯。捎熒惑，墮旄頭；風伯扶道，雷公挾輈。通天台之雙闕，警溟漲之十洲。浩劫礌砢，萬山飕飂；臻於長樂之舍，嵬入乎昆侖之邱。太乙奉引，庖犧左右；堯步舜趨，禹馳湯驟。鬱宫之律崒，坼元氣以經構；斷紫雲而竦墻，撫流沙而承霤。紛瓌珠而陷碧，波錦而浪繡；森青冥而欲雨，光炯而初晝。於是翠蕤俄的，藻藉舒就；祝融擲火以焚香，溪女捧盤而盥漱。羣有司之望幸，辨名物之難究，瓊漿自閒於粢盛，羽客先來於介胄。爍聖主之儲祉，敬雲孫而及此；詔軒轅使合符，敕王喬以視履。積昭感於嗣續，匪正辭於祝史；若蠁之有憑，肅風飄而乍起。揚流蘇於浮柱，金英霏而披靡；擬雜佩於曾巔，芝蓋欹以颯纚。中㳌㳌以回㳌，外蕭蕭而未已。

上穆然注道爲身，覺天傾耳；陳僭號於五代，復戰國於千祀。曰：「嗚呼！昔蒼生纏孟德之禍，爲仲達所愚；鑿齒其俗，窫窳其孤。赤烏高飛，不肯止其屋；黄龍哮吼，不肯負其圖。伊神器臬兀，而小人呴喻。曆紀大破，瘡痍未蘇；尚攫於吴蜀，又頗躓於羯胡。縱羣雄之發憤，誰一統於亨衢？在拓跋與宇文，豈風塵之不殊？比聰廆及堅特，渾貔豹而齊驅。愁陰鬼嘯，落日梟呼。各擁兵甲，俱稱國都；且耕且戰，何有保無？惟累聖之徽典，恭淑慎以允緝；兹火土之相生，非符讖之備及。煬帝終暴，叔寶初襲；編簡尚新，義旗爰入。既清國難，方睹家給。竊以爲數子自誣，敢正乎五行攸執？而觀者潛晤，或喜至於泣。矧鱗介以之鳴虞，昆蚑以之振蟄。感而遂通，罔不具集；佗神光而〈穀甘〉問，羅詭異以哉。地軸傾而融曳，洞宫儼以嶷岌；九天之雲下垂，四海之水皆立。鳳鳥威遲而不去，鯨魚屈矯以相吸；掃太始之含靈，卷殊形而可挹。」則有虹爲鉤帶者，入自於東。揭莽蒼，履崆峒；素發漠漠，至精濃濃。倏弛張於巨細，覬披寫於心胸。蓋修竿無隙，而仄席以容；裂手中之黑簿，睨堂下之金鍾。得非擬斯人於壽域，明返樸於元蹤？忽翳日而翻萬象，卻浮雲而留六龍；鹹讋蹠而壯兹應，終蒼黄而昧所從。上猶色若不足，處之彌恭。天師張道陵等洎左元君者前千二百官吏，謁而進曰：「今王巨唐，帝之苗裔，坤之紀綱。土配君服，宫尊臣商；起數得統，特立中央。且大樂在懸，黄鍾冠八音之首；太昊斯啓，青陸獻千春之祥。曠哉勤力耳目，宜乎大帶斧裳。故風後、孔甲充其佐，山稽、岐伯翼其傍。至於易制取法，足以朝登五帝，夕宿三皇。信周武之多幸，存漢祖之自强；且近朝之濫吹，仍改卜乎祠堂。初降素車，終勤恤其後；有客白馬，固漂淪不忘。伊庶人得議，實邦家之光。臣道陵等試本之於青簡，探之於縹囊。列聖有差，夫子聞斯

於老氏；好問自久，宰我同科於季康。敢撥亂返正，乃此其所長。」萬神開，八駿迴；旗掩月，車奮雷；騫七曜，燭九垓。能事穎膠，清光大來。或曰今太平之人，莫不優遊以自得。況是蹴魏踏晉、批周抉隋之後，與夫更始者哉！

杜牧《樊川文集》卷一《阿房宫賦》 六王畢，四海一。蜀山兀，阿房出。覆壓三百餘里，隔離天日。驪山北構而西折，直走咸陽。二川溶溶，流入宫墻。五步一樓，十步一閣；廊腰縵回，檐牙高啄；各抱地勢，鈎心斗角。盤盤焉，囷囷焉，蜂房水渦，矗不知其幾千萬落。長橋卧波，未雲何龍？復道行空，不霽何虹？高低冥迷，不知西東。歌臺暖響，春光融融；舞殿冷袖，風雨淒淒。一日之内，一宫之間，而氣候不齊。

妃嬪媵嬙，王子皇孫，辭樓下殿，輦來於秦。朝歌夜弦，爲秦宫人。明星熒熒，開妝鏡也；緑雲擾擾，梳曉鬟也；渭流漲膩，棄脂水也；煙斜霧横，焚椒蘭也；雷霆乍驚，宫車過也；轆轆遠聽，杳不知其所之也。一肌一容，盡態極妍，縵立遠視，而望幸焉；有不得見者三十六年。

燕趙之收藏，韓魏之經營，齊楚之精英，幾世幾年，剽掠其人，倚疊如山。一旦不能有，輸來其間。鼎鐺玉石，金塊珠礫，棄擲邐迤，秦人視之，亦不甚惜。

嗟乎！一人之心，千萬人之心也。秦愛紛奢，人亦念其家。奈何取之盡錙銖，用之如泥沙？使負棟之柱，多於南畝之農夫；架梁之椽，多於機上之工女；釘頭磷磷，多於在庾之粟粒；瓦縫參差，多於周身之帛縷；直欄横檻，多於九土之城郭；管弦嘔啞，多於市人之言語。使天下之人，不敢言而敢怒。獨夫之心，日益驕固。戍卒叫，函谷舉，楚人一炬，可憐焦土！

嗚呼！滅六國者六國也，非秦也。族秦者秦也，非天下也。嗟夫！使六國各愛其人，則足以拒秦；使秦復愛六國之人，則遞三世可至萬世而爲君，誰得而族滅也？秦人不暇自哀而後人哀之，後人哀之而不鑒之，亦使後人而復哀後人也。

黄滔《黄御史集》卷一《水殿賦》 昔隋煬帝，幸江都宫，制龍舟而礙日，揭水殿以凌空。詭狀奇形，雖壓洪流之上；崇軒峻宇，如張丹禁之中。當其城苑興闌，烟波思起。截通魏國之路，鑿改禹門之水。

於是怪設堂殿，妙盤基址。屏開於萬象之外，嶽立於千艘之裏。還如玉闕，控鰲海以峥嶸；稍類雲樓，拔蜃江而聳峙。皆以彩飾無比，雕鐫罕量。裝羽毛而摇裔，疊瓊璧而熒煌。鏡豁四隅，遠近之風光寫入。花明八表，古今之壯麗攢將。

天子乃縱巡遊，極駕馭，登巨艦以龍躍，擴深扃而虎踞。旍旗劍戟以絡野，珠翠歌鐘而觸處。三十六宫之雲雨，須洞隨來。一千餘里之烟塵，冥蒙撲去。百幅帆立，千夫脚奔。上摇烏兔，下竄蛟鼉。天河邂逅以驚殺，地軸參差而軋翻。蘭棹桂楫之駢闐，行辭洛口。鴛瓦虹梁之岌嶪，坐徹夷門。啓閉詎常，登臨罔畢。雷訇之竹箭沖過。輻湊之木蘭貯出。柳絲兩岸，裊爲朱檻之春；水調千聲，送下青淮之日。

既而遄驚鬼瞰，遽及神謀。鑾輅而飄成覆轍，樓船而墮作沉舟。寶祚皇風，一傾亡於下國；霞窗綉柱，大零落於東流。

嗟夫！禍作禍殃，樹爲罪咎。穿河彰没地之象，泛水示沉泉之醜。血化兆庶，財殫萬有。所以湯武推仁，不得不加兵於癸受。

孫樵《孫樵集》卷一《大明宫賦》 孫樵齒貢士名，旅見大明宫前庭，仰眙俯駭，陰意靈怪。暮歸魂動，中宵而夢，夢彼大明宫，神前有云，且曰：「太宗皇帝，繚瀛啓居，廓穹起廬，圜然而劃，隆然而赫，孰窬孰隟，永求帝宅。帝詔吾司其宫，太宗創立大明宫，後高宗增修，遂移仗焉。下帝謂上帝。與日月終。翼聖護艱，十有六君，蕩妖斬氛，孰知吾勤！吾當盧陵錫武，天后即真，天下號周，廢中宗爲盧陵王，賜姓武氏。廟祏撤主，司禮博士周宗奏增武廟爲七，削唐廟爲五。吾則協二毗輔，謂梁公仁傑、魏公元忠也。左右提護。義甲憤徒，起帝仆周，五王興，輦帝出東宫，斬賊迎仙殿，迫后歸政。天后驚默還卧，明日革周復唐。吾則械二黠雛，謂昌宗、易之也。俾即其誅。胡猘飽腯，謂禄山也。踣肌齗骨，驚血濺闕，仰吠白日。二聖各輸，大麓北挈，肅宗遂即位於靈武。吾則激髯孽悖節，謂慶緒也。俾濟逆殺翼，兩傑憤烈，謂汾陽王及臨淮王。俾克斲滅。蓟梟妖狂，謂朱泚也。突集五堂，縱啄怒吞，大駕驚奔。吾則勵陰，刀翦其翼，俾不得逃明殛。三革蝕黑，孰匪吾力？吾見若正聲在懸，諍舌在軒，輟韍延諫，剞襟沃善，賞必正名，怒必正刑，當獄撤腥，太宗每遇行刑，謂之御諫。當稼吞螟，吾則入瀆革濁，貞觀中河屢清。入囿肉角，貞觀中麟見。旬澤暮溥，太平十日一雨，雨必以夜。斗穀視土。開元中斗米五文錢。吾見若奸聲在堂，諛舌在旁，窒聰怫諷，正斥邪寵，嘉賞失節，怒罰失殺，奪農而徭，厚征而凋，吾則反耀而彗，永崇、總章中彗星屢見。反澤而沴，蕩坤而坼，地有坼而復合，終日不止。裂乾而石。天有裂而隕石。然吾留帝宫中二百年，昔亦日月，今亦日月，往孰爲設？今孰爲缺？籍民其凋，有野而蒿；開元中籍户九百萬，今二百萬。籍甲其虚，有壘而墟。

開元中籍府兵三時務農，一時講武，實甲總六十萬。今天下兵仰給疲農，而幕府多虛者也。西垣何縮，匹馬不牧；開元中北庭拒鄰門萬三千，隴西、平涼、天水、金城四郡，息馬四至七十萬，谷四十八監，以使董之。是時帛四易馬一。北垣何蹙，孤壘不粒！」

言未及闋，樵迎斬其舌，且曰：「余聞宰獲其哲，房、杜、姚、宋。得是赫烈，老魅迹結，爾曾何伐？宰獲其慝，林甫、敬宗。得是昏蝕，魅怪横惑，爾曾何力？今者日白風清，忠簡盈庭，閫南俟霈？閫北俟霽？矧帝城闐闐，何賴窮邊？矜廪如封，何賴疲農？禁甲飽獰，尚何用天下兵。神曾何知，孰愧往時？」

神不能對，退而笑曰：「孫樵誰欺乎？欺古乎？欺今乎？吁！」

《全唐文》卷七六四裴素《重修漢未央宫記》 皇帝嗣位之年，衆靈悦附，日月所照，莫不祇屬。是以遠夷慕義，琛賮鼎來。用文明以爲理，洞風露之所啓。其金馬石渠，神池龍闕，往往而在。朕常以古事況今，亦欲順考古道，訓齊天下也。至是遐歷，怳然深念。且欲存列漢事，悠揚古風耳。昔人有思其人，猶愛其樹。況悦其風，登其址乎？吾欲崇其頹基，建斯餘構。勿使華麗，爰舉舊規而已。庶得認其風烟，時有以凝神於此也。」於是命工度材，審曲面勢，裁成法度，以就斯宫。

攢櫨拱，密玉石。碧瓦龍錯，層軒鳥跂。崇墉粉静，璇題月照。舒廊四注以雲委，隆臺分據而山屹。蟠虬蜿蜒，鱗動梠桷；蹲獸却騁，姿雄欄檻。宏袤乎豁達，跨臨乎涇渭。緑竹凝遠，繁松藹深；奇樹流光，丹墀墀繞。於是闢戲馬之廣場，開遠目之閑館。天地景新，山川勢重。回太華之秀氣，列終南之翠屏。九嵕巀嶭而固護，八水分流以縈帶。而又揚太液之波，繚周帝之垣。原隰成文，丹素含華。翼樓杳以分張，雄虹直而中峙。神機一發，廓若懸寓。祥煙瑞彩，鬱鬱葱葱。瞻回途以下濟，撫璇璣而高視。見秦川風物，漢原邐迤。感前王興廢，知稼穡艱難。吾君用此鏡是非，闢思慮，豈獨資耳目，縱遊玩也？凡殿宇成構，總三百四十九間，工徒役指萬計。武夫奮力，將校呈規。然而材匪藻梲，涂惟儉静。經之營之，不日而成也。

按漢史，高祖初定天下，悦卜洛之邑，爲天地之中，有周室遺風，將都之。婁敬諫曰：「陛下取天下，與周室異，不可居也。夫洛陽四戰之地，豈若秦川天府之國，山河形勝，真百二之勢乎。」高祖是日駕如長安。其後七年，北擊韓王信，相國蕭何居守而營未央宫。因龍首山，作前後殿，建觀闕街道，周回七十里，臺殿四十所。帝還見之，怒曰：「何治宫室之過度也！」何曰：「天子以四海爲家，非壯麗無以重威德。」帝悦而就居焉。

自漢元年乙未歲至聖唐會昌元年之辛酉，凡一千四十有七年矣。其傾頹毁圮，悠然邈然，竟無有存之者。我后緬慕古昔之興時，即其舊而新是圖，築摧基而緪修木。不侈不約，巍然嶷然。時以通覽無方，周視有截，則有若志宏奉聖君之旨也。志宏姓魚氏，代宗皇帝之功臣朝恩之孫也。以績效而封國公，由忠義而位上將。自總右廣，貞心冠古。陛下龍昇大寶，光啓帝運。左右同德，東西一心。變生人之耳目，焕大明之徽懿。武力忠壯，元機天啓。式是萬旅，吾唐有人。由是委以腹心，寄之環列。上曰：「忠爲令德，有若士良、志宏，爲吾左右矣。」

明年，上親見祖考，郊天神。雪灑川原，塵清城闕。陽和風扇，緑野煙澹。是月也，三辰承初，以表無事。上乃顧新宫，回玉輦，列騎雲動，彩仗天旋。乃出金風，由是乎造於未央。俯仰周視，肅威神而煌煌，游焉息焉，容與悦懌。晴山屏開以四繞，故城巉然而隱嶙。鮮風美景，薰然入座。上從容言曰：「吾今建是殿，且錫之以嘉名。其殿曰通光，其東曰韶芳亭，其西曰凝思亭，乃立皋門曰端門，其應門題曰未央宫。所以志大臣之忠力，且不忘吾好古也。」乃命侍臣曰：「爾爲我記之，刻以貞石，傳示乎不朽。」臣素任當承旨，不敢固讓，惶恐拜舞而文之。時會昌元祀濡大澤之明月也。謹記。

夏竦《文莊集》卷四《賀昭應宫成表》 臣某言：良辰協吉，恭館告成。凡在照臨，率同慶抃。中賀。伏惟尊位皇帝陛下寅威體道，慈儉時中。順乾則以推仁，奉先猷而追孝，至誠以臨億兆，潔志以奉靈祇。由是景命昭通，真圖中錫。授太元之神策，式集于皇儀；侔曲密之仙都，肇營于秘宇。度鴻龐之久制，鳩瓌異之偉材。揆日出以辨方，候定中而經始。尊三清之正位，載嚴真祖之庭；範二后之睟儀，爰設百靈之象。罄欽崇之精意，極神麗之宏規。工有技而咸程，物有珍而必效。式屬仲冬之序，聿成大壯之功。灑宸翰于銀題，繁禧沓至；列榮班于金戺，鴻慶方隆。臣限守官曹，恭刊帝籙，顧莫陪于著位，但俯積于歡心。抃蹈之誠，敻異倫等。

《〔正德〕汝州志》卷八孔旼《泰山行宫記》 泰山於天下海嶽之祀，其序爲大。歷代盛德之事，雖哲王猶謙讓若不足，此其所以爲岱宗也。若乃時巡狩，省方嶽，必先致禮於其神，然是秩止於公爵，所以表尊駿欽景之意，可謂崇且極矣。《禮》經名山大川在諸侯封内者，則祀之。天子祝官或不領陪臣，雖其國猶不得以祭也，蓋重慎其事，不敢以非祝瀆尊神。今天下有泰山廟，非特一郡一縣而已，齊民咸得通祀，不與常、衡諸嶽等。其出周、鄭之郊者，號爲行宫廟，豈習故之俗，亦有所自哉，世或未諭。得非古之王者，巡其諸侯，朝於方嶽，與助祭者嘗有賜邑，以致蠲潔奉祀事？時將有事於方嶽也，其出宿次舍，亦當除館設位於所經之途，遺迹可尋，後代因之，遂立别廟，亦若鄭以湯沐紀泰山於費南，魯以朝宿祀周公於許田，宋元嘉中因巡狩饗父老舊勳於行宫，若此之例，乃知其必有所自也。雖然，周德下衰，天子不復巡狩，而别廟之名尚有存者，以民到于今咸得通祀，亦非禮之訾也。臨汝之東，距郡郛一舍而近，有古泰山行宫廟，實周、鄭之交界，都城列國之會，蓋古諸侯經塗於舍，齋宫别廟之謂乎？故老所傳，可得而記。自有宋國初以來，迨兹百年之間，風俗相承，未始乏祀。其棟梁之興，歷五代衰季之俗，規制隘陋，寖就焚毁，衆力不支，廟將遂廢。觀其尺椽片瓦，級磚仞土，皆僕壞散缺有苔，風雨朽之，以至几筵肅設，牲酒雖具，將無以延神馭而祈降饗。凡頭會之氓有禱於廟下者，常以不恪是懼，其尤所宜先經意而改作者。昔衮章繪像，尊嚴之容，襲古儀秩，尚復未稱。當朝廷崇極之制，有惠民里農許允恭者謀於鄉，率己之力，因其舊而新之。於是門闕軒牖、堂陛廟廡之數，舉增其度；凝旒負扆，鑾車羽衛之儀，率亦如禮。薦獻有所，人用慶悦。山川照映，妖厲不作，儼然威靈，下臨人世，由是知嶽鎮之爲尊矣。夫明有禮樂，聖賢謨訓教之，誨人猶有弗率者，而神靈默定於下。當其禍福影響之際，若震隱慝。然有不威而懲，不勸而化，跼身斂迹，知有脩省，善者益以善，惡者亦輒爲衰止。是有德形之助，於國家之治大矣。汝陽本春秋時戎蠻子之邑，又所謂卒有適伊川，見其披髮而祭於野者，此地其近也。其俗純慤而尚祭祀，多忌憚而信鬼神。若夫五嶽之祀，典祀也。黔首之類，舉天下知所奉非此祀者，不在祀典，謂之淫祀，淫祀無福。吁！安可妄祀也。上之人方崇終世之訓，宜有以正之，而著於令。余恐後世其弊也，失於妖妄，因紀廟實，是以及之。初，許氏自乙酉歲六月以廟事經始，越九月訖工，以落成告，且來乞文，以垂永久。其土木之飾，工徒之費，存諸碑陰，此不備。

陳襄《古靈先生文集》卷二《咸陽宫賦》 周失王緒，秦受天數。始皇崛起，狼心奮怒。六國併吞，黑旗森布。分諸侯而立郡縣，銷五兵而造鐘鐻。混車書，一法度。陸讋水慄之所來嚮，航琛輦賮之所屯聚。於是遷豪徒富，離邦易土。擇徒缺然，隆隆然，制是宫也，蓋莫得而殫言。始其擇吉日，申舊章，坦隆基於四隅，鬱華構於中央。分左宗右社之規矱，正面朝後市之紀綱。順陰陽之開闔，放太紫之圓方。由是入九貢之資，詔六工之良，度材用之經費，旅珍産之非常。離婁督繩以分其曲直，公輸削墨以形於短長。運雄風於斧斤，架文虹於棟梁。藻井燦兮羣葩競芳，觚稜聳兮金爵交翔。羅玉階兮彤庭，儼峻宇兮雕墻。朱紫炳煥，下以被其土；金璧峥嶸，上以飾其瑠。其高也，侔列宿於紫宫；其大也，出冠山之朱堂。顒顒昂昂，複道還相。上截乎渭川，直走於阿房。是何蠖濩相經，連綿不止！映朱闕之雙立，壓金城之百雉。被卿靄以上覆，馥天香而特起。巍巍乎，若高浪之奔，架蓬萊而直上；盤盤乎，若巨鼇之出，戴靈山而迴峙。則有千廬傳呼，洞門方軌。披廣路之三條，列金人之十二。上下端直，左右環衛。執玉帛者來朝，綰銀黃者近侍。如雲臺之上，縹緲而摩肩；臨淄之間，成帷而舉袂。聞之者倏爾而歎，望之者儼然而畏。其間裋威盛容，殊形詭制。鐘鼓喤喤，有二四之列；衣裳楚楚，有三千之麗。珠金玉翠衒其珍，組織文章逞其貴。而又植苑囿，開沼沚。草木繁蕪，蔽朱實之離離；魚鳥遨翔，漾清流之亹亹。朝夕之所娱樂，而不知其晦明；寒暑之所隔閡，而不知其啓閉。既而窮侈德，盡澆風。目倦五色，耳亡四聰。將欲慕神仙之峨峨，脱天下之洶洶。謂上游之迹，可以拍肩於洪崖；謂積學之致，可以問道於崆峒。由是擬丹臺之壯麗，造秘宇之穹崇。飛甍舛互，連閣交通。冥冥乎二百餘里，杳不知其所終。然後巡於隴西，封於岱宗。紀德瑯琊之臺，列爵大夫之松。伐湘山於既僕，破胡城於已攻。故乃儼彩仗，坐瓊宫。建靈旗之五丈，排法駕於六龍。文武肅儀而在下，嬪嬙肆樂乎其中。韻乎鈞天之樂，翼乎妙舞之容。左殺右裁兮百品，椒漿桂酒兮千鍾。喜氣交盛，歡聲一同。而皆罄山呼而浹洽，祝天壽以龐鴻。自以爲子孫帝王之業，垂萬世而無窮。洎乎時運更迭，基扃一空。弋林釣渚榛蕪外，玉殿珍臺煨燼中。項羽西歸，二三世之秦風已蕩；高皇東起，四百年之漢德彌隆。士有聞而歎曰：夫聖皇之有天下也，握乾符，御璇極。納百姓於醇粹，樂羣生於休息。故宫室之作，無傷民之利；興作之所，不勞民之力。軒轅合宫而昭儉，唐堯采椽而示質。總章合制，重華乃建於宏基；卑室興居，夏禹遂隆於聖德。若乃商受喪

乎瑶臺，夏桀隕於瓊室。夫差一去，遊姑蘇之鹿麋；晉武既亡，生銅駝之荆棘。斯皆聖人以節用而興邦，愚者以宣驕而亡國。且强秦虎視蒸民，宸居華域，如建瓴之地，無以極其險隘；若秋荼之網，無以加其苛刻。收太半之賦斂，焚詩書之典則。而復開宫禁之宏址，敺生民於重役。農者失其耕耨，女工廢其紝織。上天爲之震怒，四方爲之沮色。又安得延茂其邦家，而興隆乎社稷？嗟乎，源之澄兮流必清，本非固兮枝必傾。始皇去兮沙丘既平，子嬰滅兮咸陽已併。歸赫赫之漢祚兮，爲帝畿之三成。又何必指東門之界兮，柱立石於滄溟者也。

劉攽《彭城集》卷一《鴻慶宫三聖殿賦并序》 臣伏見陛下追述祖考，崇奉明祀，新作三聖殿，以昭孝明功於天下。臣以文學中第太常，試官秘書，目覩盛事，不敢以鄙薄自絀，輒作古賦一篇，以歌詠盛德。

昔靈光、景福之作，世稱其美麗，然其所謂壯大，不出雕刻畫繢文彩之煌煌而已。又盛道工人之巧，民力之衆，材木之多，金玉之偉。臣以謂王者有作，則必智者獻其巧，壯者輸其力，山林不敢愛其材，府庫之聚，旨所供億也。是物理之常，不足以夸大，臣愚竊陋之。若夫天命廢興之際，聖王授受之符，非敏智通達，未有能究知其始終者，固難爲寡見淺聞者道也，臣竊大之。是以略所陋而張所大，不敢仰希風人雅頌之列，庶幾有其志云爾。

蓋上帝之所以選建明聖，命以天位者，乃所以享德而報功焉。未有德盛於前，功播於後，而其子孫寂寥，千載無聲者也。賢哲所談，六籍之云，德莫著於有虞，功莫隆於五臣。禹平水土，夏姒以家。司徒后稷，是教是食，肇商興周，歷載數百。皋陶大理，五刑以明，於其苗裔，乃興於唐。若夫董淳耀以攸司，奏庶民之鮮食，焚山烈澤，害服妖息，鳥獸咸若，草木允殖，固伯益之力焉。天報以位，俾秦周繼。於其子孫，誣祖不紹，去火即水，叛禮尚刑，法以慘急，然猶兼六國、一天下。而不知變於初，二世以斃。非天不相朕虞之後，乃其否德，得罪於祖而斷棄也。惟伯益之功未報，是以大命復集於趙氏焉。五代喪德，九土分裂，海水横流，民用墊溺，鳥獸昌熾，黔首失職，滔滔惑惑，蓋若洪流之未闢。於是太祖乘火而帝，繼益之功，天胙吉土，曰惟商丘。是爲星火大辰之居，亦曰明堂布政之由。山潛離隱，或躍在淵，以有九有，百度正焉。削禍戡亂，出民塗炭，風揮日舒，天地正觀。荆燕吴蜀，楚越梁冀，懾威懷仁，奔走失氣。崛强者報服，柔從者加賜。太宗承之，真宗成之，登封降禪，矢直砥平。巍巍乎邈三五而儔儷，彼漢魏之瑣瑣，曾何比京。夫伯益始掌火而底績茂，宋以火帝，興於火墟，天之報施，豈不昭昭可推而類也哉？且夫積功以凝命而創業，因物以胙土，由土以建號，樂以反初，禮不忘其本。是故作於原廟，建之别都，三聖鼎列，大厦以居，以答景貺，以昭成功。俾子孫知厥所由，億兆仰德而不窮也。厥後烈風雲雨，雹雷震曜，儆戒於下，濫炎流燒。天子怵於大異，反己正德，伏念七年，乃其有得。曰：「天以德訓予，而以威震予，依類託諭，予敢不信？夫政不變不足以日新，禮不修不足以化民。天之示人，若曰政禮之敝，雖祖宗之爲，猶當勿憚乎改更。」於是詔三事，飭九卿，和布揆於舊政，載損載益，以承天誡，以舉聖職。夫既天行而日白矣，乃復閟宫，奬夫神衷，三后在天，對越上穹。經之營之，不日成之，閎偉奇麗，所以使宫寢之勿踰也。清閒窅密，又鬼神之所都也。絜百圍而置楹兮，度千仞以架棟。擇一木於萬章兮，顧餘羡者猶衆。般倕夔人之儔，獻巧而林立兮，莫不心競而賈用。亘長廊其如城兮，闢重門其似洞。欒栱粲其如星兮，侏儒屹其承重。如翬斯飛，如鳥斯革兮，誠可慄其將動。閟陰房之密静兮，雖六月其必寒。宜鬼神之攸集。於是使夫設色之工，後素之巧，想象形容，圖寫必效。夫其龍顔日角，天質之顒昂兮，臣乃今知真人之異表。於是駕鑾輅，登玉虯，千乘萬騎，雲動而景附兮，想平生之豫游。旍常繽紛以絶翕兮，鐘鼓軒轟，簫管發而啁啾。雜魚龍之奇技兮，蜿蜒曼延於道周。百神紛而并迎兮，出閶闔而御夫龍舟。爾乃川后静波，屏翳息風，舳艫相銜，若複道之延屬兮，亘千里而相通。百工備官而夙設兮，棹夫歡呼而奏功。惟吉行之五十兮，餘日力而靡窮。既届既止，威儀若初，以幸夫壽宫。乃即前楹，以修祀事。威神如在，望之可畏。殫金玉以備用，罄飛潛以薦味。帷帳筦簟之安肆，几杖筆研之儲偫。靡一物之蓋闕兮，所以廣孝思而盡心志也。守臣侍祠，罔不肸飾，既事而旋，闃而莫覿。列仙之儒，偓佺之倫，迎神頌祇於其側。若夫祝融、重黎，相土、閼伯，固已喜動乎魄，情見乎色，護清蹕而晞盛德也。巍巍大哉，不可得而記已。且夫天命之不忘，人主之大寶也。祖宗之有繼，子孫之勿替也。兹聖王所以正統垂業，超商邁周，卹嗣錫羡，貽厥孫謀，使萬有千歲，得以睎風而承流也。遂作頌曰：

崇崇商丘，大火主兮。曰宋之興，道是配兮。建邦設都，以有九土兮。有皇上帝，明德輔兮。伯益之功，邈不可忘兮。三聖承承，有烈光兮。奕奕寢廟，神翱翔兮。胥千萬年，尚無疆兮。

徐繼儒《曹南文獻録》卷六三鄧御夫《清涼洞記》　此洞古老，相傳秦王避暑宫也。查洞門左右惟有石滓積而成阜，並無碎石、大石，以此見當日取石段用修秦梁橋也。秦梁橋十三洪，其石皆出於此。是時使者奉命，因采其石，取成宫闕門户，準備秦王駕幸山郡，將過清河，屯軍駐蹕，暫時避暑於其中。秦之制作，皆以萬年爲計，料當日之意不獨爲始皇安置鑾駕，並欲爲秦天子世世東巡之憩館也。凡别山數處有秦王避暑宫者，皆此例也。秦梁橋，嘉祐中曾拆出記文，乃秦時所修。後人但觀秦梁橋與避暑宫，苟非秦之勢力，則不能爲也。因閲《後漢志》，其注引晉《地道記》，謂此宫爲廢塚，或云漢昌邑王造，或云秦時，尚持兩説，是皆不知其故也。觀其制作，原非塚墓之規模。其明道長三百尺，上下各闊十六尺，其中兩處有曾安隔門痕跡，其非隧道無疑。且查諸處壞陵廢塚，皆無此制，料其本意，創置秦梁橋廣拆石段，因命工匠就洞鑿成宫室，排列位次，待始皇駕到權時安息，以避寒暑於其中。良哉，秦之使者，其多能如此！古之禮堂高三尺之陛，此堂之陛乃高三尺，準作秦王寢宿之正宫也；内列四小門者，準作近侍人之所居也；堂門之外設兩大閣者，準作大將軍宿衛之所居也。明道之中設兩隔門者，準作禁行之限也；西有開鑿小閣者，準作侍從貴官安泊之所居也。工既竣，適秦王駕遊豐沛，厭禳異氣，以次東巡海隅，遍歷山嶽，以故不經昌邑，不過秦梁橋，是以此宫棄而不用也。熙寧時，有鉅野宰陳著作名戭，川人，因檢田到此，親臨閲看，但見荆棘荒蕪，土石埋塞，幾與門齊，遂勸諭村人鳩工開墈。適值熙寧七年甲寅，春夏大旱，農功不興，數村少壯畚鍤齊至，搬擔月餘，土石俱盡，堂閣張列，顯焕如初。自後遊人接踵駢肩，無不愛羨而去。余性樂山水，志愛遠遊，因親友重勸，遂與鉅野宰商公名元之，字善長，曹人。集議，於元符元年九月十六日出給公據，得住此山，已五年矣。因思宫者王居之名，今既降爲山人野士之所居，於理難以依舊名宫，自今以後，山號神農山，其上舊有神農廟故基。洞號清涼洞，堂號善道堂，堂前東西二大閣，號東西二廳。允爲修道設教、益壽延年之勝地。後有繼余而居者，無作狂祠，無多騷擾，勿使鄉人怨吾首先居住，以滋後累，幸甚幸甚！時崇寧元年三月十三日，住清涼洞海山子鄧御夫謹識。

陶宗儀《説郛》卷一一四蔡京《保和殿曲宴記序》　宣和元年九月十二日，皇帝召臣蔡京、臣王黼、臣燕王俣、臣楚王似、臣嘉王楷、臣嗣濮王仲理、臣童貫、臣馮熙載、臣蔡攸、臣蔡絛、臣蔡翛宴保和殿。由東曲水朝於玉華殿，上步西曲水，循荼蘼架至大寧閣，登層巒、凌霄、騫鳳、垂雲亭，景物滿前，林木蔽蔭，徧歷奇勝，始至保和殿。殿三楹，楹七十架。兩挾閣，無綵繪飾，落成於八月。而高竹崇檜，已森然蓊鬱。中楹置御榻，東西二間列寶玩與古鼎彝玉器。左挾閣曰妙有，設古今儒書子史，楮墨名畫。右挾閣曰宣徽，設道家金櫃玉笈之書，與神霄諸天隱文。上步前行，登稽古閣，有宣王石皷，歷邃古、尚古、鑑古、作古、傳古、秘古諸閣，藏祖宗訓謨與夏商周尊、彝、鼎、鬲、爵、斚、卣、敦、盤、盂，漢、晉、隋、唐書畫，多不知欵識而駭見。上親指示，爲言其槩。抵玉林軒，過宣和殿，列岫軒、天真閣，凝德殿。殿之東，崇石峭壁，高百尺，林壑茂密，倍於昔見。過翠翹閣諸處，賜茶。至全真閣，上御手注湯擊出乳花盈面。臣等惶恐，前曰：「陛下略君臣夷等，爲臣下烹調，震惕惶怖，豈敢啜之？」上曰：「可少休息。」乃出瑶林殿中，賜馮皓傳旨，留題殿壁，諭臣筆墨已具。乃題曰：「瓊瑶錯亂乃成林，檜竹交加午有陰。恩許塵凡時縱步，不知身在五雲深。」頃之就坐，女童作樂。坐間賜荔子、黄橙、金柑相間，布列前後，命師文浩剖擘分賜。酒五行始休。許至玉真軒，軒在保和西南廡，即安妃妝閣。命使傳旨曰：「雅宴酒酬添逸興，玉真軒内看安妃。」詔臣賡補成篇，臣即題曰：「保和新殿麗秋暉，詔許塵凡到綺闈。」方是時，人自謂得見妃矣。既而，但見畫像掛西垣，臣即以詩謝奏曰：「玉真軒檻暖如春，即見丹青不見人。月裡嫦娥終有恨，鑑中姑射未應真。」須臾，中使召臣至玉華閣，上持詩曰：「因卿有詩，況姻家有當見禮。」臣曰：「頃緣葭莩，以得拜望，故敢以詩請。」上大笑。妃素妝，無珠玉飾，綽約若仙子。臣前進而拜叙謝，妃答拜，臣又拜，妃命左右掖起。上手持大觥酌酒，命妃曰：「可勸太師。」臣奏曰：「禮無不答，不審酬酢可否？」於是(特)〔持〕瓶注酒，授使以進。再坐，徹去童女，羯鼓，御侍奏細樂，作《蘭陵王揚州散》，酬勸交錯。臣奏曰：「陛下樂與人同，不間高卑，日且暮，久勤聖躬，人心不安。」上曰：「不醉無歸。」更勸迭送，酒行無筭。臣又奏曰：「樂奏繽紛，酒觴交錯，方事宴飲，上及故老，若朋友相與銜杯，接慇懃之歡。道舊論新，故臣何足以當？臣請序其事，以示後世，知今日宴樂，非酒食而已。」夜漏已二皷五籌，衆前奏丐罷退。十三日，臣京序。

王明清《揮麈餘話》卷二《慈寧殿賦》　臣聞乾天稱父，坤地稱母，天地至大，必言之以父母者，明其尊崇博厚無以加也。是以圓首方足，皆仰之燾之，欲報欲奉，無不極盡。繇古以來，聖人之盛，莫過堯、舜，而孟子以謂堯、舜之道孝悌而已矣。恭惟皇帝陛下繼大人之照，宜日中之豐，體堯邁舜，憲古明王，以治天下，

發爲號令、典誥，廟謨宸斷，親仁善鄰，開物成務者，莫不以孝爲首。臣聞孔子謂曾參曰：「明王以孝治天下，故災害不生，禍亂不作。」仰惟陛下曩者以皇太后扈從未還，願見之心，致軫宵旰。四方兆民，延頸指日，以冀來音久矣。斯焉天人交孚，鄰邦修睦，櫜弓箙矢，息師偃革，寰宇之間，遂臻安堵。恭奉鞠駕，言歸闕庭，凡在動植，孰不手舞足蹈，翼鼓膺奮？遹觀古初，夐無前比。臣伏以老氏三寶，以慈爲首；乾元之道，萬國咸寧。洪惟慈寧之殿，合爲嘉名，超軼前世，致安之道，繇是以始。形勢制作，焕乎其有文章，儀刑萬邦，風化際薄，無所不及。若堯之光被四表，舜之丕冒海隅蒼生者，行見於今日，甚盛烈也。臣生長當世，薰陶漸摩德義之久，目睹心欣，不能自已。思欲頌良圖協恭，式化成規，誠開金石，感動遠邇，以彰聖治莫大之慶，而昭述巨美者有日矣，輒因殿之名，以推原萬一。至於辭章淺陋，言語膚率，不能抉奇摘異以爲偉，不惟不能，亦所不敢也。臣謹昧死再拜而作賦焉：

臣恭惟皇帝之嗣位十六載也，海宇澄清，四方砥平。受上天之眷命，紹洪基於大明。邇安遠至，措刑寢兵。人熙熙兮春臺，物蕩蕩兮由庚。六服承德，衆心成城。所以復炎德之輝，而逬周邦之衡。先是，鞠駕從狩鄰國，克享天心。咸有一德，式遄來歸，歡動九域，乃命羣工。擇基之隆，儲祥之勝，坼建問安之上宮。列辟肅然而赴職，百執鎗然而效忠。爰即行闕，以成厥功。於是上高擬天，下蟠法地。削甘泉之繁縟，屏含元之侈麗。揆太極之宸模，就坤靈之寶勢。乃諏龜筮，龜筮協從；乃稽萬物，萬物無異。帝曰欽哉，乃彰鴻名。慈以覆育於天下，寧以鎮服於寰瀛。蓋將昭徽音於太姒，而表思齊於周京者也。有嚴有憑，或降或昇。揆之以日，築之登登，經始勿亟，百堵皆興。伎者獻其伎，能者精其能。否往兮泰來。閶決兮垠開。倉昊馳耀兮，黄祇助培。運郢碩之斤斧，攻杞梓之良材。萬杵散雨兮，千鑱轉雷。離婁督繩兮而公輸削墨，夏育治礫兮孟賁掇荄。聲隆隆兮伐喬枚，勢轞轞兮豁層厓。長林巨植兮，千年之産而萬年之材。輾如闐、直如轟兮，崔嵬于時。山壤獻靈，川流效祉。陸架水浮，風屯雲委。輻湊鱗集，衡行櫛比，以萃於殿之址也。於是匠氏經營，百藝駢并。礪焉而礪，硎焉而硎。高下曲折，塗塈丹青。此興造之本意，而動作之形容也。既而四周凌天而岌嶪，九門參空而伶俜。闕百常兮屋十尋，皆棟爵兮建瓴。儋儋千栭，閑閑旅楹。岫綺對砌，窻霞翼櫺。彤墀洋洋，金碧煌煌。神鴟展吻而呿呀，文犀厭牖而赫張。寶排象拱，列星間梁。橑桷欒楶，黼藻鉛黄。玫瑰玳瑁，翡翠明璫。方疏圓井，琑連斗扛。枅櫰上承，柱石下當。騰雙猊兮盤礎，刻怒兕兮伏相。其蟠也類九淵之虬屈，其翥也若千仞之鳳翔。或倒文漆於衛社，或薦孤桐於嶧陽。烏柹橫截，緗蘖交相。第栲栵與椅榎，積梗柟兮豫章。蓋天下之奇榦，盡羽粲而國櫰。夫然未足以比其制，未足以形其雄。轇轕巃嵸，飛雲架空。出入兮日月，吸呼兮雨風。開重軒兮纍玉，鱗萬瓦兮游龍。高下髮直，左右翼從。西八東九，金礫珉鎔。平寫三山之景，坐移羣玉之峰。喜洩洩兮樂融融，入如遇兮出如逢。映斗杓而曈曨，挹天漢兮春容。觀其巨鎮在南，長江在東，前擁後顧，盤錯窪隆。占皇圖之奕奕，鬱佳氣之蔥蔥。天海相際，造化溟濛。雕題貫胷，大艑舸艨。尋撞戴斗兮航浮索援，皆馳驅而致恭。采肅慎之楛矢，職夷黔之布賓。上則天目於潛之山，鳳凰南北之巔。巉巖巀嶭，窈窕回旋。狀羣羽之集麓，若萬馬之奔川。海門之潮，滄溟之淵。濠汹奔放，勢如朝焉。皆足以小崤函而吞涇渭，等河雒而隘隴岍。夫以此而駐蹕，實一制而萬全。然而不以爲離宮，不以爲別宇，而獨以奉長樂之安，而爲承顏之所。故能遠邁漢唐，夸歷三五。則雖兼天下之奉，極天下之貴，亦人所樂而天所與也。凡臣所鋪翼而陳之者，尚可名言之也。非比三吴之盛麗，九旂之容衛，六宮之深嚴，萬物之侈治，不足以隆一人之孝於無窮。於是俯而拜，仰而重，曰：當乎法駕言歸，宗祏生輝，千丈萬騎，如指如麾。備一時之盛禮，慶萬國之洪禧。望閶闔兮瑞霏微，劃觚稜兮祥威蕤。馭嚴嚴之玉輦，建颺颺之朱旗。華蓋倣杠，天驥驂騑。增日星之光明，闐老幼之提攜。千官之班兮鴛鷺，兆民之欣兮嬰慕。喜慢動於堪輿，澤周流於道路。樂極者或至於抃躍，感深者爭先於馳騖。沈漻晏然兮屏翳收風，霙霴不興兮豐隆霽怒。雙閦敞兮如升，萬室昂兮如訴。若乃萬壽誕日之辰，一人會朝之際。濟濟峨峨，羣臣在位。皆輔臯而弼夔，過房杜兮丙魏。奉玉卮兮瓊甓，展采儀兮文陛。皇帝躬蹈事親之美，以獨高於萬世。進退禮樂，抑崇下貴。隆帝業兮億載懽，祝聖人兮千萬歲。然後敷茲睿化，偏於中下。尊卑模範兮盈里閭，膏澤滲漉兮盛王霸。工在衢，士在朝，而農在野。百度修明，萬幾閒暇。無有遐遺，睦如姻婭。四海安若覆盂，九有基如太華。於是有客相謂曰：「子聞今日之盛事歟？」曰：「然。嘻爲堯舜，神人以和。運紹五帝，獄訟謳歌。但無爲而已矣，於致養以云何。豈若我皇躬勤儉之資，恢隆平之時。約己以奉太母之訓，致美以化羣黎之爲。端壹心而應感，斥衆異之盱睢。焕爛方册，照溢書詩哉！且客聞歷代之制乎？土階之卑不免乎儉固，雕椽之飾不免乎驕奢。魯夸靈光而但述土木之巧，魏稱景

福而徒爲制作之華。俱游觀之是云，奚文辭之足誇？又豈若我皇綏定邦家，以成孝道，允卲羲媧哉！且上棟下宇，聖人所取也；至德要道，聖人之孝也。作於楚室，能修泮宫，諸侯之功也。與其論諸侯，曷若言聖道；與其言雄壯，曷若言聖德？明明我宋，得天下之統。蒸哉祖宗，膺器之重，殆二百年，休聲無斁。下之所奉者惟君，上之所承者惟親。當君享九重之實，而親安萬乘之尊。蓋匹夫之孝，曾閔所難，不足以言。惟據域中之大，饗天下之養，然後爲重也。已析而合，既失而得，然後爲喜之至也。曠古所無，一旦在己，漢唐所恨，自我而得。凡是數者，兼而有之，不特爲四方之賀，又將爲萬世之光寵也。今是殿也，不奢不陋，不高不卑，合禮之界，與天下齊。以是爲固，鞏於鼎龜，以是爲寶，保若山谿。雖廣八荒而爲城，開溟渤而爲池，倚圓天而爲蓋，立棟梁於四維，亦奚有宜乎？」於是再拜而歌曰：

蒼蒼高旻，覆下民兮。與物爲春，澤無垠兮。一人孝至，通帝意兮。金石可開，不可移兮。上下合契，定大議兮。法駕六騩，言還歸兮。勅以慈寧，爲殿名兮。厥功告成，百室盈兮。居之克安，若石磐兮。四方瞻觀，化益寬兮。天人合應，助其證兮。光啓中興，祖武繩兮。紹復大運，法堯舜兮。旋澤曲軫，翕然順兮。孝道克全，鑑上天兮。壽禄萬年，其永延兮。聖人孝兮，感人深。責成賢輔兮，隽功克忱。廣殿軒軒兮，巨厦深沈。晨昏之養兮，萬乘親臨。財豐俗阜兮，寫于薰琴。百姓克愛兮，諸侯克欽。亘萬國兮，得其懽心。宫殿之制已陳之矣，天子之孝既備述矣，四方之心見於斯矣，口軟字碎其言畢矣。欲昭聖孝，永無極矣。日月爲字，天爲卑矣。

周必大《詞科舊稿》卷二《漢未央宫記》 漢高皇帝龍興泗濱，虎嘯豐谷，壓秦誅項，帝業以成。惟五年既即大位，將治雒陽而都焉，用齊人婁敬之言，即日駕都關中。當戰争之餘，城隅之觚稜莫備，屏蔽之罘罳靡設。昔之玉户金鋪莽爲荆榛瓦礫矣，昔之綺疏青瑣轉爲頹垣敗壁矣。萬邦黎獻，將何觀焉？八年，丞相蕭何始營治未央宫。立東闕、北闕，武庫、大倉，則史氏書其盛；爲基二十有八里，爲殿三十有二所，則《黄圖》備其制。倘又能執簡摇毫，記事之成，豈不誇壯麗於一時，而示規模於萬世哉？敢因闕文，爲之記曰：太微天之南宫也，端門直其前，掖門列其左右，東垣設上相之衛，西垣嚴上將之居，經緯森然，人所共仰。聖王取法垂象，立極宅中，其可無宫室之制哉？昔者古公亶父至于岐下，陶復陶穴，民固未有室家也。然而聿來胥宇，爰契我龜。召司空以度營繕，命司徒以掌徒役。翼翼之廟以成，登登之築以竭。臯門穹窿，至於有伉；應門嚴正，至於將將。是豈勞民而罔恤，懷安以自奉哉？蓋不如是不足以定民志而固邦本也。惟帝奮布衣，成漢業，豈不以大禹卑宫爲懷？惟丞相何依乘風雲，輔成大業，豈不知《夏書》峻宇之戒？然當是時天下匈匈，甫就小康，非皇居偉麗，則無以絶覬覦而重天子之威。長安之都雖立，雒陽之幸數數也，非皇居偉麗，則無以示形勢而堅定鼎之策。又況以此示民，則安土之情固；以此傳後，則萬世之基成。此丞相所以營作，而帝所以始怒終悦也。夫示民以定都，使之安堵而無患於遷徙，一宜記；規模宏遠，令後世無以加焉，二宜記。孱工於八年，而訖事於九年。鼛鼓弗勝，故棟宇之就也速；農隙則役，故落成之日也緩，是又不可以不記。宫成之日，大會諸侯羣臣，即前殿治酒，帝親奉玉卮爲太上皇壽。嗚呼！以天下之養養其親，尤不可以不記也，乃爲之記云。謹記。

朱熹《晦庵先生朱文公文集》卷六八《殿屋厦屋説》 殿屋五間，前皆爲堂，後爲房室。中間之前爲兩楹間，後爲室。東間之前爲東楹之東，又少東爲阼階，上少北爲東序，後爲東房。西間之前爲西楹之西，又少西爲賓階，上少北爲西序，後爲西房。序即墻也。設位在東西序者，負墻而立也。其南爲序端，東序之東、西序之西爲夾。亦謂之廂。又《説文》云：「廂，廊也。廊，東西序也。」此亦可見。但疑「序」下脱一「外」字。其前爲東西堂，其後爲東西夾室。夾外之廣爲側階，房後爲北階。此其地之盤也。其棟則中三間爲一棟，横指東西，至兩序之上而盡。遂自此處分爲四棟，邪指四隅，上接横棟，下與霤齊。此其上棟之制，所謂四阿也。其宇則横棟前後即爲南北兩下，横棟盡外即爲東西兩下。四棟之旁，即各連所向而下，四面榱桷覆堂廉，出階外者謂之廡，《説文》云：「廡，堂下周屋也。」其廡盡水下處謂之霤。此其下宇之制也。

厦屋則前五間，後四間，無西房，堂中三間之後只分爲兩間，東房、西室。其餘並如殿屋之制。但五間皆爲横棟，棟之前後皆爲兩下之宇。横棟盡外有版下垂，謂之搏風。搏風之下亦爲兩廡，接連南北，以覆側階。但其廡亦不出搏風之外耳。《儀禮》疏云：「卿大夫爲夏屋，其室兩下而四周之。」

殿屋四阿連下爲廡，四面之簷其水皆多，故其簷皆得以霤爲名。厦屋南北兩下之廡與殿屋同，故其簷亦謂之霤。東西兩廡則但爲腰簷，不連揀下，又不出搏風之外，雖或有水，亦不能多，故但謂之榮，謂之翼，而不得以霤名也。榮、翼乃腰簷之名，疏乃直指搏風，誤矣。

薛季宣《浪語集》卷三一《未央宫記》 丞相酇侯臣何，昧死再拜言皇帝陛下：陛下從天下義兵，誅亡道秦，西都關中，以根本制枝葉，天下幸甚！京師，諸夏之父母也，要令四方諸侯知有所法。今咸陽遭項氏殘滅之後，堂殿泯毀，櫟陽長樂承秦故，雖靡敝一時之制，非法度之宫也。臣不勝大願，昧死請陛下詔有司，度長安地作天子之宫，曰未央，爲漢家建萬世亡窮之業。臣何昧死再拜以聞。制曰：可。尚書令下御史，將作按地圖以詔書從事，丞相裁處其宜，太卜卜筮并吉。七年初，作宫長安，因龍首山以抗前殿，東西五十丈，南北十五丈，其高三丈五尺。殿北營宣室殿，爲帝者之正處，掖庭宫在其内，有漸臺以供眺望。曲臺殿石渠、天禄、麒麟三閣藏先代典籍及名臣勳著。承明殿廬爲文儒著作之地，織室、暴室、凌室爲織文、染練、藏冰之所。其外周廬環列，徼以徼道。宫垣有闕門二：正北端門曰玄武闕，其東蒼龍闕。四面設公車司馬，典受四方章奏。立太倉武庫，所以儲國用謹兵防也。宫周二十二里九十五步五尺，疏山以爲臺殿，不假版築，高出長安城。其二月上自平城至，見長安宫室壯麗，怒曰：「天下匈匈，勞苦數歲，成敗未可知，是何宫室過度也？」丞相何曰：「天下未定，故可因以就宫室。天子以四海爲家，非壯麗亡以重威，且亡令後世有以加也。」上悦，即自櫟陽徙都長安。九年十月，未央宫成，上朝諸侯王，置酒前殿。上爲太上皇壽曰：「始者，大人常以臣不如仲能治産業，今臣之業孰與仲多？」殿上皆稱萬歲。自古帝王興建都邑，未嘗不爲子孫久長經遠之度，是故詒遠莫若儉。禹都安邑，湯作亳，從先王居。周文武作都豐鎬，周公營洛邑，其始未嘗不卑宫室、謹法度。降及後世，瑶臺、瓊室興焉。且富不期驕，人情好泰，侈大生于安逸，此理勢然也。作法于儉，其弊猶奢，以奢示人而謂子孫不吾加者，丞相之計豈不疎哉！豈不疎哉！抑嘗聞先生長者言，高祖、項羽皆楚人也。漢始都洛，五年夏，上感留侯良奉春君敬説，即日駕之關中，居櫟陽。其秋擊燕王荼，六年取楚王信，七年征韓王信，上皆行幸關東至洛陽。初，項羽既燒秦宫室，或勸羽自王關中，項王見秦宫室皆已燒殘破，心思東歸。高祖雖居關中，自言遊子悲故鄉，吾萬歲後魂魄猶樂思沛，蓋其心未嘗一日不在東也。酇侯作宫宏侈，因貳以濟，殆託辭決定都之計者哉！雖然，猶有憾焉。令何稍知古今，畧法先王而通其變，以安上志，高祖樂于從善，使後嗣知所準則，可亡奢侈之弊。且高祖以漢太祖而猶出言誇大，何法宫乃復窮奢極靡，子孫安取制哉？其後孝武帝新作宫殿，孝成帝興建昭陽，土木被金珠，楹桷加文鏤，增高極于雲漢，窮幽達于泉壤，侈過寰宇，超越振古，財用殫竭于上，人力困窮于下，其視孝文皇帝惜百金費，罷營露臺遠矣。初，未央宫世世增廣，有臺殿四十三，池十三，山六。其臺殿三十二，池十二，山五在外，餘在後宫。門闥中外凡九十五。而掖庭有月影臺、雲光、九華、鳴鸞三殿，開襟閣，臨池觀不在簿籍。成帝又增後宫八區，爲内殿十四，宫城開拓後至二十八里。宫館益盛，而漢業衰矣。《詩》曰「商邑翼翼，四方是極」，高祖有焉。又曰「詒厥孫謀，以燕翼子」，孝文皇帝近之矣。臣愚學，不足以通古今之志，顧何以書漢先帝積累之業，惟以列職太史，典司著述，敢效《周書》明堂作洛，謹昧死記未央宫興治本末如上。

未央宫。亦曰紫微宫。

殿：前殿、宣室、麒麟、温室、金華、承明、武臺、壽成、萬歲、廣明、清涼、永延、壽安、平就、宣德、東明、飛雨、通光、曲臺、白虎、四車、宣明、長年、見德、延年、玉堂、含章、神仙、昆德、神明、高門、温調、龍興、敬法、朱雀。

右三十五殿在外。按《漢宫殿疏》：温室在長樂宫。《漢宫闕記》、班固《西都賦》：在未央宫。《三輔黄圖》：後二宫皆有温室。玉堂，《漢書》在建章宫。《三輔黄圖》：未央、建章宫皆有玉堂，而建章宫自在内殿。

椒房、昭陽、飛翔、增城、合驩、蘭林、披香、鳳凰、鴛鸞、安處、常寧、茝若、椒風、發越、蕙草、鉤弋。

右十六殿在後宫掖庭。按鉤弋殿與鉤弋宫名同。《三輔黄圖》：宫别在直門南。又成帝於後宫八區又增至十四殿，而椒房、鉤弋二殿不在數中。未詳。

堂：朱鳥、畫堂。室：非常、暴室。閣：宣室、石渠、麒麟、天禄、增盤。臺：玉臺、果臺、鉤弋、通靈、蘭臺、漸臺。觀：甲觀。山：東山、西山皆有臺。田：弄田。倉：太倉。門：四面公車、司馬、金馬、青瑣、作室、閶闔。闕：玄武、蒼龍、白虎、嶢闕、屬車。庫：武庫。府：靈奎、内府。署：内謁者、宦者、鉤盾、虎威、章溝。獄：掖庭。廄：未央、承華、路軨、長樂、騎馬、大馬。圈：彘圈、虎圈。

右未央宫室之雜出于傳記史籍者，附記于上，亡者闕之，其制度爲不足取，皆略而不書。

樓鑰《攻媿集》卷一一二《北行日録下》 乾道六年庚寅，正月一日壬子，晴。使副率三節官從望拜兩宫，交賀禮畢，上馬與館伴同入賀。由應天東門步入東廊幕次中。大安殿門九間，兩傍行廊三間，爲日華、月華門各一間。又行廊七間，兩廂各三十間，中起左右翔龍門，皆垂紅緑簾。庭中小井亭二幕次與高麗使

相鄰，西夏使相對。客省茶酒罷，巳初錦衣衛士又益以青錦袍五十餘人，列立大安門庭下。百官排班朝日，天子爲班首，四拜，約近三百餘人。既罷，客省引使副由月華門隨百官班入賀。太子錦褥四，鎮以銀猊，出衆班中立，次宰執親王，次有十餘人，皆金帶紫袍。使副立西偏，肅與子澄亦在此列，意是以館伴之故，不然，郎官卿監不應如是之少也。其後又有二百餘人，預宴者除親王、宰執四十餘人，餘皆賀畢先退。訖事，凡五十七拜：五次舞蹈，二十五拜；初入班，並三次上御酒，各再拜上壽；罷喝與卿等同慶，又四拜；勸壽酒兩次，共四拜；初登殿就坐，致語宴罷，各兩拜；酒七行，第一行宣勸在坐，兩拜，第二、第四、第六行獨勸使副，各兩拜；每宣勸必先離位而立，搢笏授盞赴坐，宴罷謝恩，拜于殿上，又拜舞于丹墀而退。進御酒時，卻不起立，餘皆如本朝之儀。衛士甲卒如入見時，殿下砌礎兩道鎗子郎君紫彩幞頭，執柱斧，佩弓矢刀劍，面殿分立，凡五十人。聞柱斧中藏鎗刀，皆軍官子弟也。大安殿十一間，朵殿各五間，行廊各四間，東西廊各六十間。中起二樓，各五間。左曰廣祐，後對東宮門；右曰弘福，後有數殿。以黄琉璃瓦結蓋，號爲金殿。聞是中宮，殿上鋪大花氈，中一間又加以佛狸毯。主座拜茶牀，皆七寶爲之。卓幃以珍珠結網，或云皆本朝故物。(卓)〔桌〕前設青玉花六朵。看果用金纍子高疊七層，皆梨瓜之屬，其次皆低釘細果。傍設玉壺，以貯餘酒。未至時，覆以真紅繡衣。既坐，八人皆公裳舁以前，分兩翼卻行以退。榻前服玉帶者八人，太子許王對坐，次二丞相，餘不知何人。其後各金帶者六人，使副與左右丞相對，在玉帶之南稍後。自金帶以下，皆用銀器。榻後照屏畫龍，如本朝，頂爲大金龍盤其上。餘十間皆結罳，頂小拱，三層皆以金爲小龍，間置其中。曲折皆釘以繡額，壁柱衣繡。幃中各有龍。又有金香猊、金龍山各二。露臺三層，兩傍各爲曲水，石級十四。最上層中間又爲灑道，亦覆以氈。上壽酒時，太子獨至灑道下捧盃以進者三。山棚起十一峰，號仁壽山。山下栽松柏，并裝桃李各十餘株。大獅象各一，背負七寶。又以綵索繫棚之前，爲小獅子二，以蔽其柭。弘福廣祐之前，又各爲綵樓三間。三節人宴東廊下，高麗使次之，西夏使與對。二國三節人雖預宴，不拜于庭。其餘廊屋皆垂黄沿簾，伏甲其下。殿前都副點檢完顔仲烏古倫、元忠二人，各執柱斧，率其徒十人立御榻兩傍，東西向。榻後近侍八人，各執其物。終席不見宦者。每上圖主酒，係宣徽使敬嗣暉等互進，以金托玳瑁椀貯，食卻只覆以金釦紅木淺子，令承應人率爾持進。其禮文不倫如此，樂人大率學本朝，惟杖鼓色皆幞頭紅錦帕首，鵝黄衣，紫裳，裝束甚異。樂聲焦急，歌曲幾如哀挽。應和者尤可怪笑，宴罷歸館。

楊奂《還山遺稿》卷上《汴故宫記》 己亥春三月，按部至於汴，汴長史宴於廢宫之長生殿。懼後世無以考，乃纂其大概云：皇城南外門曰南薰，南薰之北新城門曰豐宜，橋曰龍津，橋北曰丹鳳，而其門三。丹鳳北曰州橋，橋少北曰文武樓。遵御路而北，横街也。東曰太廟，西曰郊社，正北曰承天門，而其門五，雙闕前引。東曰登聞檢院，西曰登聞鼓院。檢院之東曰左掖門，門之南曰待漏院。鼓院之西曰右掖門，門之南曰都堂。承天之北曰大慶門，而曰精門、左升平門居其東，月華門、右升平門居其西。正殿曰大慶殿，東廡曰嘉福樓，西廡曰嘉瑞樓。大慶之後曰德儀殿，德儀之東曰左升龍門，西曰右升龍門，正門曰隆德，曰蕭牆，曰丹墀，曰隆德殿。隆德之左曰東上閤門，右曰西上閤門，皆南向。東西二樓，鐘鼓之所在，鼓在東，鐘在西。隆德之次曰仁安門，仁安殿東則內侍局。內侍之東曰近侍局，近侍之東曰嚴祗門，宫中則曰撒合門。少南曰東樓，即授除樓也，西曰西樓。仁安之次曰純和殿，正寢也。純和西曰雪香亭，雪香之北，后妃位也，有樓。樓西曰瓊香亭，亭西曰涼位，有樓。樓北少西曰玉清殿。純和之次曰寧福殿，〔寧福之後曰苑門。由苑門而北曰仁智殿〕，有二大石，左曰「敷錫神運萬歲峰」，右曰「玉京獨秀太平巖」。殿曰山莊，山莊之西南曰翠微閣。苑門東曰仙韶苑。苑北曰涌翠峰。峰之洞曰大滌涌翠。東連長生殿，殿東曰涌金殿，涌金之東曰蓬英殿，長生西曰浮玉殿，浮玉之西曰瀛州殿。長生之南曰閱武殿，閱武南曰內藏庫。由嚴祗門東曰尚食局，尚食東曰宣徽院，宣徽北曰御藥院，御藥北曰右藏庫，右藏之東曰左藏。宣徽東曰點檢司，點檢北曰秘書監，秘書北曰學士院，學士之北曰諫院，諫院之北曰武器署。點檢之南曰儀鸞局，儀鸞之南曰尚輦局。宣徽之南曰拱衛司，拱衛之南曰尚衣局，尚衣之南曰繁禧門，繁禧南曰安泰門，安泰西與左升龍門直東，則壽聖宫，兩宫大后位，本明後殿試進士之所。宫北曰徽音殿，徽音之北曰燕壽殿，燕壽殿垣後少西曰震肅衛司，東曰中衛尉司。儀鸞之東曰小東華門，更漏在焉。中衛尉司東曰祗肅門，祗肅門東少南曰將軍司。徽音、聖壽之東曰太后苑，苑之殿曰慶春。慶春與燕壽並，小東華與正東華對。東華門內正北尚厩局，尚厩西北曰臨武殿。左掖門正北尚食局，局南曰宫苑司。宫苑司西北曰尚醖局，湯藥局、侍儀司，少西曰符寶局、器物局，西則撒合門，嘉瑞樓。樓西曰三廟，正殿曰德昌，東曰文昭殿，西曰光興殿，並南向。

德昌之後，宣宗廟也。宮西門曰西華，與東華直。其北門曰安貞。二大石外，凡花石、臺榭、池亭之細，并不録。觀其制度簡素，比土階茅茨則過矣。視漢之所謂千門萬户，珠璧華麗之(室)〔飾〕，則無有也。然後之人因其制度而損益之，以求其稱，斯可矣。

楊弘道《小亨集》卷一《臨水殿賦》 王者之營宮室也，先卜貢賦適中之地，然後揆日以立表，法天以正位。外則雙闕雄峙，觚稜嶕嶢，內則紫氣配極，鈎陳按次。朝焉會焉而穹隆，游焉息焉而嚴邃。此亦崇極于壯麗，而天下後世無異議者，何哉？蓋以尊國而觀四方，俾子孫無復生心於增益也。維嗣君謂之守文，盍考其義而加詳。既獲承于休德，當率由乎舊章。楚之章華，未必峻于周之靈臺；秦之阿房，未必大于漢之未央。一毀一譽，孰存孰亡？是知周漢之示制度，異夫秦楚之爲淫荒者耶。以祖宗爲不可法，以制度爲未盡美，以法宮爲隘陋，以內苑爲荒圮。于是起假山於大內之東，出奇石于太湖之裏，棟負斷民之腰膂，椒塗瀝民之膏髓。赤祲示變，侈心未已，又作清曠、純熙之殿，今汴人目之曰「臨水」者是也。想夫臨幸之初，紛雜遝而駢闐。笑孝武之太液兮，陋明皇之温泉。飾錦綉以裹地兮，奏歌吹而沸天。耀風漪于陽景兮，舞藻文於綺筵。命畫師摹異鳥之狀，詔侍臣進春苑之篇。妃姬嬪娰，極態盡妍，連臂踏歌而挽裙留仙。增糟丘而爲山，溢酒池而成川。委庶政於沉湎之表，置萬幾于康樂之邊。謂千秋萬歲，長享此樂，俄掩涕而北遷。俛仰於今幾何？指日繁華歇，歡樂畢，傾榱桷，暗丹漆，木石呈材，墻壁露質。訝典型之猶存，存千萬之十一。但波光渺茫，風聲蕭瑟。噫嘻！自古侈美奇特之觀，奉當時之歡無幾，而爲後人悲傷嗟嘆之資，蓋無窮悉也。余嘗欲一臨其上而賦之，友人勸余曰：「失志易沮，苦心多感。今子三十無成，仕途不進，可謂失志也；千里羈旅，再喪家室，可謂苦心也。正使坐子于歌舞之場，猶且不樂，奈何游覽乎欹傾摧敗之餘哉？誠慮感怛無聊，損傷天和，而病夫子也。」余曰不然。夫哀情生於歡樂之極，故齊景公登牛山而哭，孟嘗君聞雍門彈琴，淚下沾襟。今余遇繁盛榮華之事，輒潸然出涕，乃知與是相反也。意其獲見貴盈而微促者，因悟夫天道之難，人事之不常，引喻取譬，或能自寬。計宣政之間風流人物，以僕方之，何啻鄧林一纖草爾，庶幾有以解釋其意乎？友人曰：「誠如是也，願從子往焉。」乃歷蔡河之南，天街之東，左界法雲之寺，右臨太乙之宮，就前檐而趺坐，受水面之涼風。俄而身世兩忘，心神俱融，感傷阻恨，豁然一空。

李道謙《甘水仙源録》卷一〇商挺《增修華清宮記》 始余從先大夫右司君宦遊長安，道過華清，周行廊廡間，因讀唐宋以來名賢石刻，其間興廢沿革，炳然如在目前。重樓延閣，層臺邃沼，雖不逮承平盛時，而規模制度，宛然故在。迫天兵南下，居民東遷，所在宮觀，例墮灰劫，秦爲兵衝，焚毀尤甚，所謂華清者，亦不免莽爲薉區矣。歲癸丑，奉命西來，復過故宮，意謂蕩然無復向日，及見其屋宇修整，階序廓大，爲殿者八：曰三清、曰紫微、曰四聖、曰三官、曰列祖、曰真武、曰玉女。爲閣者二：曰朝元、曰經藏。爲湯所者二：曰九龍、曰芙蓉。鐘鼓有樓，靈官有堂，星壇雲室，蔬圃水輪，以次而具。丹堊藻繪，粲然一新，若初未毁，而又有加焉者。詰其故，主宮趙志古等合辭言曰：「辛丑春，先師清平老人趙公志淵，自洺州從清和宗師會葬祖庭，還過驪山，四顧彷徨，憫宮室之彫廢，遂慨然以修復爲事。乃命其徒，剪榛棘，甃柱礎，陶瓴甓，勤垣墉。於是四方道侣，各執其藝來會宮下，鼓舞忻躍，咸願薦力，土木之功，以時竟舉。斜傾者起之，腐敗者易之，破缺者完之，漫漶者飾之。又得太傅移剌公、總管田公，輸貲助役，相與翼成，稍稍興葺，僅見倫叙。事未竟，不幸先師捐館，命弟子張志静主之。無何，張亦厭世，志古等纔謭力綿，大懼不任，以墜宗緒。自是脇不沾席，食不甘味，饑寒疾苦不以累其業者，逾十五年，始克有成。敢以記請，庶徵石書辭，俾先師之功勤，永有傳焉。」屬時多故，辭未能也。中統改元，與平章廉公，再被隆委，殿邦坤隅。志古輩復以其師行實來謁，且迫促前記。余謂秦中名山水多矣，可取者唯華清爲最，闢門可以瞰清渭，登高可以臨商於。高甍巨棟，綿亘盤鬱，寒藤老樹，蒙絡摇綴，而漢唐之離宮別館咸在焉。斯則華清之奇觀也，前人述之備矣。又況東西奔走，實當衝要，而能潔齋館以待賓僚，蓄芻藁以備傳客，饑者食之，寒者燠之，疲者休之，小大畢慰，其意咸充然若有所得，此其與時遷徙，應物變化，隨俗施事，無所往而不宜者也。向非清平玄應感人，曷能新宮宇，還舊觀。非志古輩竭力盡悴，曷能勤堂構，紹宗風。而喑無一言，是使師弟子之功泯默而不傳也。聊推次營造之始末，俾刻諸石，用紀歲月云。時中統二年九月日記。

蘇天爵《國朝文類》卷四七盧摯《東宮正殿上梁文》 玉册金文，既正重離之位；桂宮蘭殿，載新洊震之居。蓋將別冢嫡以繫人心，所以敞儲闈而貳宸極。恭惟皇帝陛下，統垂萬世，德冠百王，以不世之英姿，修曠古之墜典。頃因定鼎，爰用正朝，固非逸豫之期，率皆社稷之計，每穆然思隆萬世之本，其必也能聳四

方之觀。乃眷春宫，式崇丕構。敬惟皇太子殿下，温文日就，岐嶷生知，趨朝回馳道之車，侍幄辨南陽之牘。然不有師賓接見之所，則何以示軌範？不有衛率環列之所，則何以明等威？於是少府獻圖，冬官督役；顧斂盡出内帑，經費不煩大農；萃梗柟豫章之材，罄般輸梓工之技；規模素定，斤築隆施。繡桷華榱，拱星辰於閶闔；飛橋復道，接雲氣於蓬萊。允叶龜謀，共扶虹棟。敢申善頌，以相歡謡。

抛梁東，太液滄波與海通。玉殿問安仙仗曉，鬱葱浮動廣寒宫。

抛梁西，京觀巍峨太白低。少海旌旗葱嶺捷，至今威信徹羌氐。

抛梁南，天策元勳自可參。鉛槧小幾蕭統輩，癡兒官事竟何堪。

抛梁北，勿謂天高人叵測。居卿半夜望前星，輝耀晶熒拱辰極。

抛梁上，萬國歡欣睹明兩。金相玉裕德無疵，主鬯承祧神自享。

抛梁下，翼翼青宫崇廣廈。横經問道重師儒，郤笑瀛洲非大雅。

伏願抛梁之後，殿下端居鶴禁，誕荷鴻休，得保傅若二疏，有賓客如四皓。問安視膳，克盡兩宫之歡；監國撫軍，大慰兆民之望。

耶律楚材《湛然居士文集》卷一三《和林城建行宫上梁文》　抛梁東，萬里山川一望中。靈沼靈臺未爲比，宸宫不日已成功。

抛梁南，一帶南山揖翠嵐。創築和林建宫室，鄭侯功業冠曹參。

抛梁西，碧海寒濤雪拍堤。臣庶稱觴來上壽，嵩呼拜舞一聲齊。

抛梁北，聖主守成能潤色。明堂壯麗鎮龍沙，萬世巍巍威萬國。

抛梁上，棟宇施功遵大壯。鳴鞘聲散翠華來，五雲深處瞻天仗。

抛梁下，柱石相資成大廈。君臣鐘鼓樂清時，喜見山陽歸戰馬。

袁桷《清容居士集》卷一六《皇城曲》　堂堂瞿曇生王宫，幼年夙悟它心通。梵書未覩口已誦，底用城闕窮西東。净居老人幻境異，故作恐怖生愁容。世間習妄了莫喻，要以神化開盲聾。歲時相仍作游事，皇城集隊喧憧憧。吹螺擊鼓雜部伎，千優百戲羣追從。寶車瑰奇耀晴日，舞馬裝轡摇玲瓏。紅衣飄裾火山聳，白傘撑空雲葉叢。王官跪洒頭叩地，朱輪獨坐顔酡烘。蚩氓聚觀汗揮雨，士女簇坐唇摇風。人生有身要有患，百歲會盡顔誰童。西方之國道里通，至今生老病死與世同。

袁桷《清容居士集》卷三五《興聖宫上梁文》　旭日蒼龍，聳帝京之積翠；層霄彩鳳，流阿閣之霏烟。巍成少廣之居，盛極東朝之禮。欽惟殿下道師清净，性合儉慈，色石補天，法女媧之妙用；瑶池錫宴，符王母之長生。穆如薰風之自南，粲若衆星之拱北。陛下孝嚴温凊，敬謹膳羞，謂神遊泰初，當廣鬱儀之宇；而養以天下，益新長樂之宫。庶民子來，百堵皆作。倚空繡柱，峩峩太乙之揚旌；鬬角雕檐，奕奕飛廉之奏舞。彩宇周遭於禁雉，寶華流曳於鵁鶄。匠石繕完，著龜告吉。舉脩梁於地上，川嶽無譁；成巨構於域中，雲霞得色。敢伸善頌，庸贊昌辰。

抛梁東，天雞初唱日輪紅，漢殿瓊巵稱萬壽，堯階寶扇擁重瞳。

抛梁西，三素雲扶鳳輦低，閬苑碧桃聞已種，廣寒靈藥不須攜。

抛梁南，薰風殿閣聳眈眈，一色花光濃似酒，十分松露滴如藍。

抛梁北，帝子天孫來侍側，何須玉檢告昇平，擬把瑶編增鏤刻。

抛梁上，僊藥輕調承露掌，龍圖載見贊無爲，魚夢維占歌有象。

抛梁下，女史未須誇鄧馬，聖德重歌韓愈詩，徽音願續周王雅。

伏願上梁之後，坤元廣大，鼎命延弘，雲需湛露之恩，德廣陽春之澤。松深柏茂，三宫同億載之歡；風散雨濡，九有順四時之序。與天齊壽，率土歸仁。

黄溍《文獻集》卷四《恭跋御書奎章閣記》　天曆二年春三月，上肇開奎章閣，延登儒流，入侍燕間。冬十月，臣多爾濟作頌以獻。至順二年春正月，御製閣記成。秋某月某甲子，大學士泰禧宗禋使臣阿榮傳旨以刻本賜焉。臣多爾濟抃蹈而退，襲藏惟謹。以臣溍待罪太史屬，俾紀其歲月於下方。臣竊聞前侍書學士臣集爲臣言：皇上以萬幾之暇，親灑宸翰，書奎章閣記刻寘禁中，凡墨本悉識以天曆之寶，或加用奎章閣寶，應賜者必閣學士畫旨具成(業)〔稿〕，特詣榻前四復奏，然後予之。非文學侍從近臣爲上所知遇者，未嘗輕畀。臣多爾濟當上踐阼之初，以保寧等處萬户召對明仁殿，持詔發兵河東陝西。尋以前鋒迎敵，遂巡鎮拊安河南、山東。又被旨督諸將平雲南。陛辭之日，既賜之弓矢及他服用貴珍之物，以重其行，逮凱旋而復命也，顧以辭藝進，而特預是賜。殊常之恩，敻絶前比。兹蓋時清主聖，弛武而隆文，示之意嚮，以風厲於四方。將使中林兔罝之士，莫不鼓舞變化於雲漢昭回之下，甚盛德也。一嚬一笑，豈虚乎哉？臣多爾濟以周通之纔，出入文武，動協上意，抑可謂不辱君賜矣。臣是用備著之。若夫天縱聖能，心畫超詣，有非疏賤下愚所得而窺測者，不敢贊一辭也。

汪克寬《環谷集》卷一《宣文閣賦有序》　皇帝九年，制作宣文閣於大明殿之西北。皇上萬幾之暇，御閣閲經史，以左右儒臣爲經筵官，日侍講讀。兹閣深列

紫御，傑出青霄。朝野傳誦，瞻望踴躍。布衣微臣，欣幸睿聖崇文致治之隆，曠古莫及，敢竭蟻忱贊揚之私，拜手稽首而獻賦，曰：

鰲極立兮時雍，四海一兮書同。作神京於燕薊，貫北辰乎天中。懿聖皇之御極，煥離明以當空。復至元之盛治，繩神武而不隆。淳風沕穆，膏澤涵洪。文啖炟赫乎扶桑崦嵫之域，仁聲駁沓乎濮鉛祝栗之封。既而乾符昭陳，神珍聿錫。文德誕敷，皇圖廣闢。建傑閣乎中霄，屹大明之西北。揭宣文之嘉名，示弘摹於萬億。爾乃準小，臬恢鴻基。公輸獻巧，匠石殫思。陶人運其埏埴，玉工效其雕幾。豫章松栢，剪千尋之天矯；金壁銀樓，致萬里之瓌奇。斧斤振鏗鍧之韻，礱斲極精緻之宜。四方子來，經之營之，羌不日而告成，儼崔嵬而峗巍。觀夫峇嶤嵯峨，崛屻環譎，搆複桷而重欄，邈希世而特出。麗不踰奢，儉不及質。璇題翠甓，眴繒綾而龍鱗；蛟吻踶甍，奂翬飛而跂翼。綺疏鏤列錢之玲瓏，藻井粲菱荷之繪飾。玉鐺璧英，瀌擭而零亂；隋珠明月，照耀而恍惚。瓊户耀孚尹之璀錯，芝金鋪響連環之複疊。浮棁壘㟶而星懸，鬬拱衡縱而斗折。枝掌扠枒而斜據，栭欑羅而戢香。曲折要紹而環句，層櫨礧佹而岌嶫。交龍纏楣，横飛雲之梁棟；雙蜺蟠礎，聳擎天之柱石。朱楣結曲而縈迴，鉛砌晶熒而煒燁。臚垣流丹以周繚，翠栢樛枝而行立。於是聖皇駕玉輅，張龍旂，展乎國容，輝乎皇儀。望舒陪夫左馭，屏翳道夫先馳。鳴和鸞之鏗鏘，服衮龍之陸離。御斯閣以問道，闡經幄之弘規。帝幕高懸，天顔孔怡。列儒紳而進讀，對黼扆之嚴威。舒緗帙之蟫蠹，擴六籍之精微。咏仁咀義，聆天語於羲、昊；言温氣和，陳古道於皐、夔。殫詞臣之忠藎，恢聖學之緝熙。内府頒奇珍於翠釜，上方瀉甘醴於玉巵。和氣春融，起天庭之黄色；文星環拱，映帝座之清輝。想夫聖躬聽講之餘，臨眺倚徙，接羲娥之耿光，納穹壃於無際。東望則延春之閣，崔嵬峥嶸，横絶天半，窅邈觚稜；西瞰玉德秘殿，瞷曜月朗，渺太液之輕漪，涵天光而滉瀁；北瞻則萬歲之山，嶕嶫嶆崒，厓洞谽谺，草木蒼鬱；南眎象魏峕嶺，朱闕巉嵒，媲黄道之啓途，列閶闔之九闗。猗歟休哉！卓彼斯閣，曠古曷耦？奠億代之基圖，闢八紘之户牖。萃鴻碩以講劘，稽典墳於蝌蚪。於以廣睿覽之明，極乎有截之垓埏；廓聖德之聰，達乎無垠之宇宙。思昔石渠、天禄，徒以貯簡編之糟粕；麒麟、凌煙，秖以圖輔翼之英雄。曷若聖皇之制作，宣人文於萬代，致文治於無窮？彼弘文館聚四部之奥博，白虎觀辨五經之異同，又烏足與聖世而比崇也哉？迺舞蹈而歌之曰：

於穆聖皇，亶聰明兮。雲漢昭回，昭萬方兮。嘉惠兆人，臻羲康兮。傑閣中天，討憲章兮。鵷鷺章逢，侍帝旁兮。載稽經訓，研籀倉兮。治功彌隆，追虞唐兮。人文宣朗，貽億萬世而無疆兮！

汪克寬《環谷集》卷一《皇極賦》 緊鴻濛之未鑿兮，閟曹闇之昏渾。迨太極之肇判兮，廓旁魄而昆侖。崇與卑之既陳兮，緊人文其朗宣。孰主張是兮，總九野之元元。偉睿智之首出兮，奠中區而建極。履大寶之巍巍兮，秉元聖之休德。侔大學於虞后兮，至仁媲乎唐國。作庶類之標準兮，靡不於斯而作則。實無偏而無陂兮，恒特立乎中央。羌至極而莫踰兮，厥表正乎四方。東西南北各止乎是兮，俱輻輳而瞻望。猶北辰之居其所兮，爛衆星之環拱。屋中高而四下兮，揭乾棟之獨聳。任斯道而弗頗兮，邦總總而歸往。慨余懷古先兮，屢翹首而企踵。禹濬川而疏洛兮，睹神龜之負書。背文自一而至九兮，亶后皇之錫疇。稽皇極之位於何而存兮，儼五數之中居。統八類而爲綱兮，挈裘領於襟裾。歷夏暨商兮，斯理湮汩。嗟周王之有道兮，纘禹舊服。釋纍囚而訪箕兮，演大法於簡策。陳名言於不朽兮，皦中天之日月。道不虚行兮，在乎其人。武得之而致理兮，綿八百而永年。五行順兮五事察，八政厚兮五紀協，斯皇極之所以立。三德以乂兮稽疑以明，庶徵允念兮福極於以勸懲，斯皇極之所以行。噫！後世之昏迷兮，彝倫攸斁。天不畀乎此疇兮，乖往軌於初古。舉世瞀瞀而倀倀兮，象緯黯其失度。嗟大中之是訓兮，襲舛謬於訓詁。彼優游而姑息兮，胡弗遵於王路。宜孝元與代宗兮，竟莫延於曆數。惟蝌蚪之未沫兮，尚斯文之可徵。仰聖皇之御極兮，踐五位而文明。由聖道之正直兮，粤作則於八紘。述敷言以爲世訓誥兮，貽億代之嫩聲。顧鯫生之何幸兮，將觀光於上京。叩帝閽而獻頌兮，慶四海之咸寧。歌曰：

我皇在上，亶明聖兮。建其有極，德至盛兮。參贊化育，天地並兮。四方取則，無不敬兮。寤寐禹、箕，爲龜鏡兮。億萬斯年，延福慶兮。

汪克寬《環谷集》卷一《紫微垣賦》 璧月皎兮朗明，銀浦爛兮晶熒。輕颸恬兮肅清，纖雲收兮窅冥。若有客兮游木天，陟仙瀛，瞻太虚，仰圓靈。顧謂翰林主人曰：「吾觀紫微之垣，天皇之庭，高高而在上，遥遥而莫登。願先生搜典籍之賾隱，闡象緯之縱横。摭藻麗之錦心，賦鏗鏘之金聲。某也將屏息而竢，傾耳而聽。」主人曰：「唯，唯。蓋聞紫宫巍巍，天皇是處。大帝之座，尊居其所。抱以勾陳之六珠，佐以天極之四輔。燦燦其後者，椒房之后妃；煒煒其前者，青宫

之儲副。尚書、大理，炳煥而森羅；柱史、女御，輝光而旁午。運轉於百餘萬里之外，在中而弗移；周迴于七十二度之間，常現而可覩。緊榮衛之昭布，儼七八之相聯。環乎皇極之居，斯謂紫宫之垣。左樞右樞，夾乎離南之穹門；上丞下丞，攝乎坎北之重闈。上宰少宰以對待，少尉特立而聿存。上輔少輔，煒東西之次列；上衛少衛，分左右而屏藩。是垣也，覆以華蓋之輪囷，植以天柱之突兀。黄金爲城，塹以雲漢之津；白玉作京，闢以閶闔之闕。疊銀礫之層層，樹白榆之歷歷。匪築以干戈河圖之倚杵，匪甃以五色女媧之鍊石。傳舍、庖丁之密邇，内階、天府之相逼。瑶宫玉臺，岧嶤乎其中；廣寒清虚，暎照乎其側。故至尊之履位，代紫宫以居中。師保耿台躔之拱侍，臣鄰炯郎星之列從。奎壁炫文章之府，執法肅御史之風。由是天帝之垣環，衛太一於高空。萬國羣黎，林林總總，以仰時雍之化，豈非微星之萬一千五百二十，旋繞而無窮？若大微象明堂之房，天市媲權衡之宗，雖皆帝座之所寓，羣星之所叢，或隣翼軫之墟，或貫房心之衢，曾未若紫宫環衛於北辰之扛轂、五緯連珠之所拱向、列宿撩輻之所會同也。」客聞而歌之曰：「我皇聖明兮握符御極，賢才並翰兮光華赫奕。紫辰倚空兮金墉巖業，萬國歸心兮黔黎戴德。」又歌曰：「丕圖弘開兮景星耀輝，帝垣昭晰兮中天巍巍。至和坱圠兮玉燭獻奇，樞軸旋轉兮萬壽無期。」歌畢，月掛觚稜，露寒秘閣。璇杓低昂，玉繩迴薄。立清寒於掖垣，仰紫微於寥廓。

于敏中等《日下舊聞考》卷三二宋訥《壬子秋過元故宫詩》　離宫别館樹森森，秋色荒寒上苑深。北塞君臣方駐足，中華將帥已離心。興隆有管鸞笙歇，劈正無官玉斧沈。落日憑高望燕薊，黄金臺上棘如林。技巧聲淫誤帝聽，萬幾誰爲代天工。國中失鹿迷原草，城上啼烏落井桐。駝鼓聲乾鸞輅遠，馬酮筵罷革囊空。不知金宋爲殷鑒，漫説東皇曆數終。禁路隨人不忍行，臨風立馬倍傷情。千年王室山河壯，萬里宫車社稷輕。金鼎夔龍興聖殿，紫駝部落受降城。憑誰爲問天魔女，唱得陳宫玉樹聲。萬國朝宗拜紫宸，於今誰望屬車塵。名聞少室徵奇士，驛斷高麗進美人。朝會寶燈沉轉漏，授時玉歷罷頒春。街頭野服儒冠老，曾是花甎視草臣。六宫春色一宵殘，多難何人策治安。去國登瀛唐富貴，降城執戟漢材官。瑶宫有扇捐金雀，紫塞無旗捲角端。花柳亦知宫女散，妝紅颦翠簇金鑾。土木窮奢過楚臺，披香積翠滿蓬萊。宫鴉驚月雞人去，戎馬騰雲虎士來。侍從嚴徐冠蓋散，變調楊李棟梁摧。燕歌趙舞終朝夕，不覺嬉游是禍胎。扶運臣時計已差，青山重疊故京遮。九華宫殿燕王府，百辟門庭戍卒家。文武衣冠更制度，綺羅巷陌失繁華。氊車盡載天魔去，惟有鶯銜上苑花。黄葉西風海子橋，橋頭行客弔前朝。鳳凰城改佳游歇，龍虎臺荒王氣消。十六天魔金屋貯，八千霜塞玉鞭遥。不知亡國盧溝水，依舊東風按海潮。鬱葱佳氣散無蹤，宫外行人認九重。一曲歌殘羽衣舞，五更妝罷景陽鐘。雲間有闕摧雙鳳，天外無車駕六龍。欲訪當時泛舟處，滿地風雨脱芙蓉。五雲雙闕俯人間，歲晏天王狩未還。鸚鵡認人宫漏斷，水沈銷篆御牀閒。朝儀無復風雲會，郊祀空遺日月顔。莫向邊陲動戎馬，漢兵已過鐵門關。灤京南下是中華，夜出居庸去路賒。何處又棲王謝燕，故侯誰種召平瓜。九重門闢人騎馬，萬歲山空樹集鴉。獨是天池秋水滿，西風吹入釣魚槎。仙裳宫袖擁龍舟，一夕兵來罷盛游。萬户千門銀燭冷，六軍百職布袍秋。御橋路壞盤龍石，金水河成飲馬溝。日暮胡笳和羌笛，舞兒羞見錦纏頭。萬年海岳作金湯，一望凄然感恨長。禾黍秋風周浴邑，山河殘照漢咸陽。上林春去宫花落，金水霜來御柳黄。虎衛龍墀人不見，戍兵騎馬出蕭墻。漢皇愛舞起龍船，錦纜香維御柳煙。侍女争開妝鏡匣，後宫不理敗弓絃。青油幕乏登壇將，金馬門空待詔賢。惟有廣寒西畔柏，不知争戰翠參天。清寧宫殿閉殘花，塵世迴頭换物華。寶鼎百年歸漢室，錦帆千古似隋家。後宫鸞鏡投江渚，北狩龍旗没塞沙。想見扶蘇城上月，照人清淚落胡笳。瑶臺瓊室倚清虚，佳氣潛消諫疏疏。帥閫有兵空虎衛，經筵無講逐鑾輿。侯封一代皇朝爵，帝紀千秋太史書。斜日五雲坊下路，老儒騎馬重躊躇。黼座簪裳列俊髦，禁闈環佩立仙曹。兩京臺閣公輸巧，四海泥塗赤子勞。端本有書遺鶴禁，宣文無客進龍韜。指郎天馬空踰海，不駕朝元玉輅高。事事傷心亂若絲，宫前重詠黍離詩。百年禮樂承平主，一旦干戈喪亂師。鳳詔用非麟閣老，雉門降是羽林兒。行人莫上城樓望，惟有山河似舊時。雲霄宫闕錦山川，不在穹廬毳幕前。螢燭夜游隋苑囿，羊車春醉晉嬋娟。翠華去國三千里，玉璽傳家四十年。今日消沉何處問，居庸關外草連天。《西隱集》

沈節甫《紀録匯編》卷七朱瞻基《廣寒殿記》　北京之萬歲山，在宫城西北隅。周迴數里而崇倍之，皆奇石積疊，以成巍巍乎，矗矗乎。巉峭峻削，盤迴起伏，或陡絶如壑，或嵌巖如屋。左右二道，宛轉而上，步躡屢息，乃造其巔。而飛樓複閣，廣亭危榭，東西拱向。頫仰輝映，不可殫紀。最高者爲廣寒殿，崇棟飛檐，金鋪玉砌，重丹疊翠，五彩焕焉。軼雲霞納，日月高明，闓爽而北枕居庸，東挹滄海，西挾太行，嵩岱並立乎前，大河横帶于中，俯視江淮，一目無際。衆中之

勝，槩天下之偉觀莫加於此矣。永樂中，朕嘗侍皇祖太宗文皇帝，萬機之暇燕遊於此，從容之頃，天顔悦懌，指顧山川而諭朕曰：此古軒轅所都，而後來趙宋之疆境也。宋弗良于行，金取而都之。金又弗良，元取而都之。元之後裔不存殷鑒，加弗良焉。天鑒我太祖高皇帝聖德，命之弔伐，用誕安天下。天下既定，高皇帝念前故都也，簡於諸子，以命我奠茲一方。我惟夙夜敬勵不敢怠，寧以仰副高皇帝付託之重。暨建文嗣位，信用姦回，戕劉宗室，舉四方全盛之師以加我，于時茲城孤立，殆一髮引千鈞矣。賴天地宗廟之祐，獲以城之孱弱羸老，安其危而存其覆。又因以清姦慝、奠社稷，而至于今日。夫山川猶昔也，昔之人以否德而失之，高皇帝以大德而得之，我承藉高皇帝克艱難而保存之，奈何其可忘慎德。又顧茲山而諭朕曰：此宋之艮嶽也。宋之不振以是，金不戒而徙於茲，元又不戒而加侈焉。睹其處，思其人，《夏書》所爲「儆峻宇彫墻」者也肆。吾始來就國，汰其侈，存其槩，而時游焉，則未嘗不有儆于中。昔唐九成宫，太宗亦因隋之舊，去其泰侈而不改作，時資燕游以存監省。汝將來有國家天下之任，政務餘閒，或一登此，則近而思吾之言，遠而不忘聖賢之明訓，國家生民無窮之福矣。朕拜稽受命，無時或忘。《書》不云乎「皇祖有訓」；《詩》不云乎「儀刑文王」。肆嗣位以來，凡事天愛民，一體皇祖之心，敬而行之。洞洞屬屬，罔間夙夜。比登茲山，顧視殿宇，歲久而阤。遂命工修葺，永念皇祖儼如在上，敬以所授大訓，筆而勒諸樂石。既以自省，亦以昭示我子孫於億萬年。宣德八年四月丁亥記。

陳子龍等《明經世文編》卷八七林俊《林見肅公集二·論寧府用琉璃疏》　臣日者審寧殿下累乞瑠璃瓦，重荷聖諭，於引錢内支二萬兩給换者。臣有以仰窺陛下聖仁廣大，惇敘九族盛心，而寧王據禮守經，不爲無見。然觀鎮巡議奏，欲俟年豐定奪，是巽言不當與也。工部覆奏，謂規制雖相應，事體寔可止。又恐重累地方，作例各府，是正言不當與也。追寧王又奏，工部又執奏，是申言決不當與也。陛下先可部議，是明示不當與，後又從其半，是婉示不欲與也。士夫及耆壯公論，謂寧府多此一舉，是中外人心皆謂不當與也。寧王讀書明理，聰察識事，斷不爲此必勝以損賢名，偶未之思耳。

夫事有可爲，有不可爲；有可已，有不可已。江西公私匱竭，人民滋困，盜賊未息，此何時也。意者引錢無與於民，不知存積，僅二萬七千餘兩。益府宫殿蟻蠹，益殿下見移東寢，萬分驚虞。責將誰任，修蓋之費約三萬餘兩，此不可已者也；淮府造墳，順昌王、崇安王鎮國將軍起第，已支五千三百餘兩，後來未計，此不可已者也；所在儒學文廟傾頹，問其故，謂科罰例嚴，所司顧忌不修之致，此不可已者也；各處預備倉穀數少，問其故，謂罰贖解部，所司計無自出之致，此不可已者也；官軍俸糧，通融節縮，歲支尚少四千餘石，此不可已者也。臣嘗見楚府殿燬，久未蓋，荆府多敝漏，淮府同一江西，頹垣朽柱，東拄西撑，飄瓦斷椽，脱落大半，居然廢址，在民庶尚不堪居。惟寧府完美堅緻，金碧燦煌，夫大義不可已。有可爲，割財内帑，爲之未過。有可已，無可爲，又何必爲此等事哉？

古者采椽不斲，茅茨不剪，土階贊堯，卑宫贊禹。儒服紀河間，樂善紀東平；湘州之約儉，鎮西之輕財。聖帝明王所以揚盛休，垂後美者，端亦在是。寧府移封之初，親至親也，已不用琉璃，再造之，會國至富也，又不用琉璃，豈亦慕采椽、茅茨之盛，崇古尚質，示樸以垂憲，故如此也哉。今歷百年，傳數世，一旦無故而遽改之，孝子順孫所以順祖考者，義不當是。夫前之失，後人尚諱之；前之善，後人忍改之耶？改則盡没之矣！没之非孝子，没之非順孫，謂賢王忍爲之耶！臣所謂偶未之思者也。况性習難静易動，難儉易奢，操之猶懼或放，縱之何往不流。賢王春秋方盛，德業方始，求之身心，自有專務。而規規循常文具之間，以毁巇前人法則，臣未知其可。臣數侍賢王，言論多師法古，又誤被禮愛獨至，臣服深感切，私亦當厚。顧若無右于賢王，臣罪死。臣往年疏府第之制，以不用琉璃。美寧先王義，不當以用琉璃諛今王，且小人先合後迕，君子和不尚同。臣欲愛德市義完賢名，不欲貢諛順旨虧至孝。

孟軻曰：「齊人莫如我敬王。」臣拘儒，不識通變，但知報主道當如此；竭忠盡愚事陛下，道當如此。寧王静思幡悟，必有創于臣言。伏望聖明篤懿，親斷大義垂善處，使賢王德如純璧，名若完甌。毋涉吴王几杖之賜，叔段京鄙之求。正大明白，恩不掩義，爲世世頌美。幸甚！

賀仲軾《兩宫鼎建記》　萬曆二十四年，鼎建乾清、坤寧兩宫，公以繕司郎中。身當其任。事體重大，工費浩繁。創建之始，千條萬緒，措手爲難。乃將本部堂司儲貯歷年大小工程題、議、疏、稾，盡數檢閲。時當五月末旬，炎蒸如火，舊卷爲塵漸漬，土灰盈頭眯目，殊所不堪。然不得其詳，不敢止也。然卷多殘缺，心如火熾，復向工科署科事給事中楊公應文，將本科貯本部一應疏稿，自嘉靖三十六年修三殿起，至本年春季止，日給五册，閲訖再换。就中凡係建修，盡數手録五百餘紙，令書辦抄真，共六册四百餘葉。除小小關係，並可裁酌者，不開外。

一、查得三殿川湖貴採木事例，總理則欽差侍郎劉公伯躍、副都御史李公憲

卿，分理則添註郎中盧公孝達等二員，副使張公佑等二員。鼎建兩宮，公題採楠杉等木，止責成撫按，一官不遣。

一、三殿該吏部給事中劉贄題，各省直丁地內，歲加四，派銀一百萬兩，特差御史林騰蛟、唐自化等員摧攢。鼎建兩宮，公止取給事例銀兩，尚有贏餘，分銀不忍加派百姓。

一、三殿採浙直鷹架、平頭等木，欽差郎中吳道直、李方。至蘇州燒金磚，欽差郎中戴愬。鼎建兩宮，公具題以銀二萬兩發江南，而鷹平至；以銀二萬兩發蘇州，而金磚至；以銀二萬發徐州，而花斑石至。未嘗添註一官。

一、三殿大石窩採石，欽差侍郎黃光昇總理，而分理又差二主事，理刑又差一主事。鼎建兩宮，公具題止差主事郭知易，官不勞而石至。

一、三殿中道階級大石，長三丈，闊一丈，厚五尺。派順天等八府民夫二萬，造旱船拽運。派同知通判、縣佐貳督率之。每里掘一井，以澆旱船，資渴飲，計二十八日到京。官民之費，總計銀十一萬兩有奇。鼎建兩宮大石，御史劉景晨亦有僉用五城人夫之議，公用主事郭知易議。造十六輪大車，用騾一千八百頭拽運，計二十二日到京，計費銀七千兩而縮。

一、三殿拽運木石車騾，盡派順天等八府。鼎建兩宮，公具題造官車一百輛，召募殷實户領車拽運，計日計騾給值。其官造車價，每輛原銀一百兩，題準每年扣其運價二十兩，以五年爲率，官銀固在，一民不擾。

一、三殿夫匠，取之河南、山東、山西等處。鼎建兩宮，公俱給見錢召募。

一、三殿金磚顔料，派之雲南、南京、廣東。鼎建兩宮，公俱召商買辦。

一、琉璃磚瓦等項，共燒一百七十萬而縮，計兩宮片瓦不少，止用九十七萬有奇，計剩七十餘萬。

一、兩宮自萬曆二十四年七月初十日開工起，至二十六年七月十五日，計乾清宮、坤寧宮、交泰殿、暖殿、披房、斜廊、乾清、日精、月華、景和、隆福等門，圍廊房一百一十間，並帶造神霄殿、東裕庫、芳玉軒竪櫃二百四十座，板箱二千四百箇，通共用銀七十二萬有奇。內鑄錢用銀十二萬兩，積出銀四萬兩，實用庫銀六十八萬兩有奇。

一、每銀一兩鑄錢六百九十文，市上每錢四百五十文換銀一兩。給與夫匠工食，則以五百五十文作銀一兩，每銀一兩收利一百四十文。然當時止給夫匠，令小委官按名給散。鋪車灰窯，一概不給。蓋夫匠雖日散十萬錢，然人止得三二十文，散之概給。若鋪車灰窯，動領數十萬錢，積之一處。蓋錢散之則貴，壅之則賤，此必然之勢。其後錢七百文乃值銀一兩，或亦概給之過也。

一、二火黃銅用二十一萬斤，該價銀二萬二千兩。商人沈應元等稟稱，買銅即賠數千兩不惜。然銅數若此，一時豈能驟辦？乞寬假，容往南京收買。公謂工程急如星火，兩都往返淹遲，時日豈能有待？查得丁字庫銅積如山，中貴者主之，乃命商人持一帖求之中貴云云。然費不過二百金，勿論二萬二千兩之帑金不出，而事亦咄嗟辦矣。

一、公二十六年七月二十三日，陞湖廣參議。命下，節慎庫貯營繕司銀，除借與屯田司十二萬兩、都水司九萬兩、虞衡司三萬兩外，見在銀九十三萬兩有奇。親手付之繼任者，令其接續積存，以爲殿門工程之用。蓋以兩宮就緒之費，斷不加于創始；別工煩多之費，斷不加于兩宮。按兩宮之迹而行之一二年，則三門之工，綽有餘用。不謂公去未幾而庫藏若掃。由斯以觀，公之謫也不亦宜乎！户、兵二部應協濟銀各三十萬，未用。

兩宮初興，鑽刺請托，蟻聚蜂屯，公一概峻絶外。至于見之牘奏，如四川差内官採木，則有百户李綸；改臨清窯于武清、通州，內官監督則有指揮林朝棟、百户張文學；採五臺山沿邊樹木，則有西河王。公俱具稟呈堂題覆，仰藉聖明，一切報罷。惟有徽州府木商王天俊等千人，廣挾金錢，依托勢要，鑽求劄付買木十六萬根。勿論夾帶私木不知幾千萬根，即此十六萬根木，逃税三萬二千餘根，虧國庫五六萬兩。公深鑑前弊，極力杜絶。（夫）〔天〕俊等極力鑽求，内倚東廠，外倚政府，先捏略金源妄奏，奉旨工部知道。幸工科給事中徐公觀瀾抄參，公得呈堂立案，不行。前商復令吳雲卿出名再奏，而買木之特旨下矣。于時姦商人人意得氣揚，謂爲必得之物，可要挾而取之。傍觀者明知其不可，亦莫能爲公計。部堂亦竊笑曰：不看賀郎中執到底耶？公乃呼徽商數十人跪于庭，謂之曰：爾自謂能難我耶？我如不能制爾，爾則笑我矣。今買木既奉特旨，我何敢違？然須有五事明載劄付中，今明告爾，勿謂我作暗事也。一、不許指稱皇木，希免各關之税。蓋買木，官給平價，即是交易，自應行抽分，各主事木到照常抽分。一、不許指稱皇木，磕撞官民船隻。如違，照常賠補。一、不許指稱皇木，騷擾州縣，派夫拽筏。一、不許指稱皇木，攙越過閘。一、木到張家灣，部官同科道

逐根丈明，具題給價，見今不給預支。于是各商失色，僉曰：必如此，則劄付直一幅空紙，領之何用？公曰：爾欲劄，我但知奉旨給劄耳。劄中事，爾安得禁我！不行開載。各商知公不可奪，又懼此事一行，後日路絶，遂皆不願領劄，向東廠倒贓矣。于是東廠大怒，遣緝役緝公事于原籍中，而不悦者從傍煽禍，必欲置公於危地。此時公禍在不測。未幾，東廠死，政府免，公私慶，若徼天倖，然而竟不免矣。

鼎建兩宫，除事可徑行，並難形紙筆與瑣瑣小事不載外，其區處條陳，奉有明旨者，略具于左：

議徵逋員。查催各省直拖欠本部四司科。

議協濟。查得嘉靖三十八年興舉大工，户、兵二部各協濟三十萬兩，其贓罰並内外文武缺官俸薪、契税、商税等錢，合無咨行户、兵二部並各省直撫、按嚴查確數，酌量解用。南京庫銀，亦查見在若干，咨數前來，以備不敷取用。後工興，止取足事例銀兩。

議開事例。查得預建壽宫，曾開事例，今大工肇舉，仍宜廣開。除州縣佐貳首領，係親民官，遵例不許加納外，其應納某某等項，咨行吏、禮、兵三[部]查部例開款具題，通行各省直撫按，出示曉諭告納。至于民間巨室，比照舊例，進銀五百兩者給與冠帶，一千兩者遥授七品京銜，有司俱豎坊禮待，仍免雜差。

議鑄錢。照得銀一錢，鑄錢六十九文，給散各役，止照時估，大約五十五文爲率，每銀一兩，剩錢一百四十文，則發銀萬兩，可積銀二千五百餘兩矣。亟宜付行虞衡司寶源局鼓鑄，本司按季酌量發銀。如錢貴則行，賤則止，務俾官民兩利。

查庫料等項。照得雜料勢所必用，合無通行兩京甲字等庫，明開數目，某項若干，足備大工應用則已。如果不足，預行處辦，以防臨期急用不敷。

議分工。照得工程重大，差官衆多，若必合爲一工，則意見參差，彼此掣肘，吏書浸潤，致起紛争，殊于大工有礙。合無將應修處所，均匀搭配，司官與内監提督各二員分管一工。明示賞罰，工堅費省。完工最早者受上賞，則彼此相形，人思自效。

議楠木。照得南杉大木，産在川、貴、湖、廣等處，差官採辦，非四五年不得到京。工興在即，用木爲急，其南京等處，或有大木，咨行火急查報。見貯灣廠、神木廠者，勅内官監提督會同部官，將見在木植，計算數目，先盡乾清宫、坤寧宫，次配殿、宫門，均匀搭配，務俾足用。其斗稍裝修等項，只以頑頭標皮，並截下半段等木湊用，不許混開于大木之内，以圖侵冒。然各廠大木不多，一時取用殆盡，後一不繼，何以區處？合無查照先年土官進木加級事例，通行川、貴、湖、廣等處撫按，諭令各宣慰等官，探木恭進，照例加級賞賚。其土夷巨商力能採賣者，彼處無按即以本部料銀並贓罰等銀，從厚給值，但不許輕擾邊民，以生事端。

議采石。照得合用石料，萬倍别工，舊差多官總理，衆手操觚，彼此掣肘。但吏書峻構爲奸，弊孔莫可究詰。合無專責管山主事，量撥小委官以供役使。但部臣位卑權輕，有司玩視文移，多束高閣，似宜假以舉劾之權。其通墊道路，採木造置車船，并合行事宜，有司抗違誤事者，參奏重處。

議車户。照得工程重大，合用木石，不知其幾。乃在官車户，僅僅九家，即竭産破家，置買車騾，亦不敷用。合無通行順天等府州縣，並在京富民，廣行召募。查照先年題准事例，官給車騾，其裝載木石工食銀兩，計工計日算給。如該管人役侵漁致逃者，從重治罪。其八輪四輪車，應置幾十輛，騾約用若干頭，通行管車官，呈堂處置。

議蘇州磚。查得蘇州方磚，在廠見貯者一萬餘箇，似不敷用。合無預行彼處撫按，選委廉幹府佐一員管理，務要堅瑩透熟，廣狹中度，其應用料值、夫匠工食、裝運船價，並于贓罰料銀等項處辦，具文申部，以憑查考。但不許分毫加派小民。如解到方磚，間有色紅泥粗，不中舊式，該管理以侵漁重究。

議買杉木。照得鷹平、條桌等木，大工必用，見今各廠缺乏。查得通惠河道抽税循環簿内，見有商人販到鷹平等木四千餘根，條桌等木四萬餘根，合行差官照估驗買。第抽税例，圍圓在五尺以上；買木例，圍圓在一尺以上，即行文管河抽分郎中確查抽過鷹平、條桌數目，並長圍丈尺，火速呈部，隨即差官照估驗買。如買到杉木，見工收時，長圍不及買數，該買官以贓論。如木商以用木緊急，多索價值，即爲停買。一面行浙直採買，一面將通灣船桅桅段，並在京商民原有買下梔段杉木，嚴禁民間不許買用，盡數告報，兩平照估給價，以濟急用。

議發見錢。照得人之趨利，如蟻赴羶。兩宫並建，用夫用匠，不知其幾。若不給散見錢，即嚴行句提，而逃亡者比比也。合無行令見工官，將寶源局所鑄制錢預算明白，用匠若干？用夫若干？用綵麻小串，責令小委官每名一串，抵晚唱名給散。如錢短少，中攙低假等錢，許夫匠即時口稟，即將小委官重處。若侵冒數多，見工官奏請罷黜。

內外官員，奏請究問。

議稽查夫匠。照得夫匠衆多，該管員役，最易冒破，以五作十，並庸匠、稚病、殘疾人夫，希圖搪塞。合行定立規式，某匠作某料、尺寸若干，即註匠名料上，前一日分派，當日申刻驗收。某人夫某項用若干，俱預先分派，當日抵晚驗工。如有名無人，有人無工，夫匠扣除工食，軍人不與日糧，仍行送問。如干礙內外官員，奏請究問。

議明職掌。照得監督者總理之任，而巡視者糾察之權也。職掌攸司，各有深意。若監督徇私冒破，巡視者止宜據實而糾劾之。倘兼監督之任，未免一柄兩持，事體必多掣肘。合無申明各守乃職。收受錢糧之際，監督官與內官監提督將錢糧逐項驗收，巡視科道監察之。果有冒破，以小作大，以輕抵重，以濫惡抵美好等弊，點記于册。錢糧收完，即時聲説某項有弊，隨時察究。果有入己之贓，參究罷黜。但不得吹毛洗垢，以隳任事之心。

議加鋪户。查得工程重大，物料繁多，本司鋪户僅四名，豈能勝此重役？合咨都察院轉行五城御史，嚴選真正殷實富民四名，加添應役。如該城兵馬賣富報貧，並受賄以積棍混報，及將鄉官舉監生員呈報，希圖搪塞者，當工悞事，參奏重治。第利之所在，人競趨之，强之以不堪，即義士規避矣。乞將應買物料，見工官酌量多寡，量給價銀，令其承買，買到物料，驗收之後，實收五日，到部科道掛號。次日本司給與庫帖。遲給十日，不發實收庫帖，以需索從重論。其分派物料新舊均匀，徇情輕重者(完)〔究〕罪。

議會估。照得見今大木缺乏，庫藏匱詘，所用物料錢糧，大費處分，猶不敷用，則估計之時，不得不比常尤加詳慎。合無仍照近例，本部堂上官並科道，會同內監，將應用物料，逐一估計，量較的確，數目題定，不得日後加添，致滋冒破。

議兵馬並小委官賢否。照得五城兵馬並小委官，于工供事，必不可少。第賢否混淆，曷以勸激？合無分別賢否，年終造册，類送吏部。除不肖之極，即行咨革外，其餘員役，通候工完，以定功罪。

議木楂。查得嘉靖三十八年八月内題准，木楂運琉璃、黑窯兩廠，抵作木柴。今用木數多，木楂廣積，合無仍照前例。

議匿名誣揭。照得廉幹之官，上不畏强禦，下不徇私情，利于公必不利于私。積年吏書，嫉不便己，塞其利孔，懷恨中傷。或寫匿名帖，或暗投匿名揭，指夷爲跖，勢所必至。若官闒茸卑污，彼吏書且懽同貓鼠，豈肯暗害？除官果有真實贓私，參奏罷黜。但係匿名揭帖，不可據以參奏。仍責該城兵馬，務在得獲重究。

議派採楠杉大木。照得神木廠存貯之木，無論見用不敷，將來別有興作，亦當預備，是採買所不容一日緩者。除見存楠木先行治辦外，合即行採買。查得舊例，採木俱差本部堂上官一員督理。第川、貴、湖、廣，地方隔越，兼制之，則移文往返，動經歲月；分任之，則意見不同，每多掣肘。合無即以本省撫按兼採木之任，司道官員聽其差委，買運錢糧，任其區畫。嚴督各省藩臬諸臣，多方招募採取。應用銀，一面動支本部料銀，並贓罰、商税、契税、缺官俸薪等項。木價、運價，必須一一出自公帑，毋得派累小民。如各省地方官但能招徠土官進獻，或能令土夷巨商採辦者，即抵原派定數起運。其宣勞諸臣，遇應陞年資，不妨奏請加級以責成，通候木完以優敘。

議柏木。查得内官監開註柏木一百二十根，各長五丈至二丈，徑三尺至二尺，已經具題召買。看得柏木長圍甚大，一時召買不敷，不無悞用。合無將神木廠見貯柏木，行内監酌量作造，雖圍不合原估，不妨折足尺寸抵用，一委曲之間，可省銀數千百兩矣。

議砍柴。照得兩窯用柴九千七百餘萬斤，約銀一十四萬六千餘兩。乃今財用匱乏，區畫最難。查得先年修復殿堂，題準砍伐南海子樹株抵用。合無仍照前議，咨行兵部，即將題準官軍一萬名，内除量撥大石窩二千名，該部差委都把等官，督押八千名赴海子，聽該管内監。先將不材、稠密、枯倒等樹，刮皮號記，照號砍伐，遠近酌量。每軍日限三十斤至廠，每一月，管廠主事會同科道驗收。計至明年二月終，木將發生之時停止，候秋再伐。其軍如有別項急用，不妨臨期酌撥，則所省柴銀不知幾萬兩矣。

議稽造楠木。照得楠木巨材，稍一失用，不可復得。合無置簿三本，用印鈐記。一發神木廠，逐日開注，某日某車户裝過某號大楠木，長圍根數各若干；二本發山臺兩廠，監督官開註，某日收過車户某等運到某號大楠木，長圍根數各若干，下註某日用匠若干，截作某料長圍若干。其有木大過式一寸以上者，俱令鋸解下聽用，不許斷砍。即半段頑頭，亦記數收貯備用，仍開款註銷，俱(年)〔半〕月一次報部，小委官五日一次報司。

議置官車。車户劉禄等告行，據主事郭知易呈，議置四輪官車一百輛。原題準每輛給銀一百輛，不敷置買，先要預支脚價銀一百兩，湊買車騾，工程次第扣除脚價車銀，限五年外。照十六年題準事例查行。又議八輪改轆大車，除西

華門見在三輛外，再造十七輛。每輛照估給銀五十兩，不足，臨時再置。又議八輛大車所運大石，比照西華門題準事例，計騾計日給價。上卸用軍，無軍用夫。又議禁勢豪以用車緊急，勒索高價，並禁附近京府州縣車牙，凡係脚車，盡數報官，兩平雇運木石，不許私雇，違者拏究。

議車户裝卸。據劉禄等告行，據主事張宗孔呈，議看得短運裝卸脚價，于萬曆二十三年酌量加增，題奉欽依，似不必別議。但兩宮所需木植，圍圓之大者，委非尋常可比。上車卸車，未免多用人力，若不稍爲寬處，誠恐拽運延遲，臨期悮事。合無自圍六尺以上者，分爲三等，量加上卸人夫工價。六尺至九尺爲一等，每根加銀一兩二錢五分；此外如更有圍大者，照例遞加。其圍未滿六尺者，上卸裝運，俱照舊規給價。

議呈㯳瓦。據主事趙文焯呈，議看得燒造澆色甎瓦等料，必須設法稽查，始得如式。合行該廠，每樣定燒如式琉璃等料二片塊箇，進呈御覽。一留御前，一發監收官爲式。以後收料，若質有厚薄，色或鮮暗，即不準收。仍給示曉諭各匠，一體遵守，毋得臨期違誤。再照琉璃、黑窯，工程重大，非軍不可集事。舊規俱見工撥用，多寡有無不一，似宜題定數目。未燒則供作，已燒則搬運，誠爲妥便。查得舊例，錦衣衛撥軍一千名，合無照舊取用。内撥七百名赴琉璃窯，三百名赴黑窯應用。

議庫銅鑄錢。準巡視庫藏刑科給事中楊士鴻、浙江道監察御史何爾健手本開，丁字庫貯有四火黄銅四十八萬斤，堪以鑄錢等因，隨會虞衡司郎中何湛之議得大工繁鉅，經費不貲，今議取庫中之銅，鑄錢爲流通之費。移彼濟此，誠爲良策。

議夫軍。照得大石料，大者折方八九十丈，次者亦不下四五十丈。翻交出塘上車，非萬人不可。合無咨行兵部，將大石窩除見在一千八百名外，再添六千二百名；馬鞍山除見在七百名外，再添三百名應用。但冬至後，班軍回衛，營軍住操，比時天寒地凍，正宜趁時發運，合無一面行管山主事，多方雇夫；一面咨該部從長議處，務令軍心悦趨，當川應役。

議給匠車開運工價。照得請給預支，原爲接濟，令不悮事。第今每發預支一次，必待科道會收石料畢，方出給實收，對同銷算，至銷算後，方敢再請給，仍候掛號下庫秤發，眈延動經月餘，遲緩悮事。合無比照壽宮事例，將大石窩開運銀兩，先發五萬兩，總寄涿州；馬鞍山開運銀一萬兩，總寄房山縣，各收貯。一應給發，俱聽管山主事酌定數目，具呈督催物料本部右侍郎處批允。該管主事方行各該州縣正官，照批準銀數，徑給車户石匠，取具領狀，造册呈部。如州縣官剋減銀數事發，從重參究。前銀將完，該管官再行請發接濟。一新舊車户。劉禄、張揚禄等私車、官車，並見雇腳車，總計止二百輛。今議再行添雇搭掛一二百輛，方可濟用。第計車户、車騾自置及官車止居三分之一，雇覓者居三分之二，若非立法聯屬□□〔管押〕，難免遲延退避。合無將各户拽運大車，查開自車若干，官車若干，某雇車若干，係某州縣人，經紀某，管押某，總寫一牌，每車户各給一面。仍先將牌内車數花名造册呈部，及督催物料，本部右侍郎吕案候。有一推故違悮者，輕則責究，重則參送，庶車輛不至悮事。

議大石運價。照得會估自二十二丈以下，計日計騾，已經題準外，但二十二丈以上，至八九十丈者，此等大石，先年大朝門工所取用。比時俱係外府州縣提取車輛騾頭協運，乃一時衆擎易舉，事易就集。今本工大石，自二十二丈以上至八九十丈者甚多，提派車役，即恐累民；召募車户，豈堪虧累。相應酌議，合無將四五六七八九十丈等石，行令管車官仰運，計日計騾給值。其車輛折損，騾頭倒傷，仍照前議，量行賠補。庶大料易於就集，各户亦無虧累。

議車輛。照得拽運木石新舊車户，除官車、自車之外，仍令其多方雇募。幫運多而且急，乃奸猾經紀遂通同有車之家，指勒高擡價值，深爲可恨。及查舊時雇車，每車一輛，雇用一箇月，止價三十六兩。今工程重大，量爲加添，定以三十八兩爲則。一應附近雇車經紀，盡數籍名在官，遵照題準事理，雇募車輛，經紀不許仍前通用有車之家勒擡價值，車户亦不許因而短少。違者各治以罪。

議修墊道路。照得大石窩子街中道等石，有一塊而重至十五六萬斤者，有十餘萬斤者，開運一塊，費銀千餘。道路窪陷不平，損車壞石，勢所必至。合無行令順天撫按，督責該地方司道州縣官，多方設處，務期修墊如法，堅闊平坦，以便車行。如或虛應故事，致損車石，除州縣正官分别參處，巡捕官拏究外，仍責令該州縣賠補原石。庶人心知警，不致悮事。

大工及各工附録：

兩宮梁棟長九丈，圍一丈三四尺。見貯楠木，中繩墨者百無一二。公苦之。偶見故楊司馬家乘載楠木幫品事甚悉，公質之于内□□〔閣張〕公洪陽，且言楠木盡壞于造船。若採非五六年不可，恐材亦□□〔未必百〕全。張言不可，曰：此事孰敢任之？公乃具呈，備述于堂，請題。部堂如公議，疏上即報可。公

初計期月可完，蓋以朝廷之力，一人千日，千人直一日耳。豈意二十四年七月初十日開工，十月具題竪柱，至二十五年五月方得旨。是月即具題上梁，至九月方得旨。

廣積局積抽煤幾百十萬斤，堆大如山，而生木成樹矣。公曰：奈何以有用而爲無用也。琉璃、黑窯缺柴，何不以此抵之？呈□□□〔堂准行〕焉。

夫匠日用幾千萬名，公每項止用一頭打卯出名具領，雖坐食，而亦事體之必不可少者。然鑽求紛至，堂强公增數。公曰：各夫匠分工、收功，給錢自有主者，頭何用而令其靡費？堂奮然具題五十五名用一頭人，謂之欽差匠頭，不但歲費萬金，各工亦譁然多事矣。

兩宮匠役多甚，冒破不免。題準論功不論匠，小委官給與見錢，按功給散。部官時稽查之，無功者仍重懲。雖小委官不能無弊，較給匠頭散者，取効多矣。

兩宮開工，公命止用夫百名。是日，同科道管工者同至工所，報五百名。公曰：工興纔始，不遵令者誰也？詢之者乃内監。公大怒，實收止出百名。

告事例者，通狀到日即給帖，銀完次日即給咨，事無留宿，吏難著指，赴如雲集，得銀百萬兩，惟在速之一字。

覆川、湖、貴減楠木尺寸疏。照得楠木，宫殿所需，每根動費千萬兩。不中繩墨，採將安用？即頭號不可必得，亦不得遠下二三號云云。詞若嚴而寬之之意多矣。按撫不悟，猶曉曉也。

有中官在工，作桌椅等料，藏于柴簍擡出者，公廉知之，見佯若不知然，但曰：恐有夾帶，左右一搜之。中官懼甚，亟止曰：無無。公笑曰：工上之事，自今悉令我知。不然，公性命之憂在今日。中官曰：唯唯。自是，奉令惟謹，事無悮者。

兩宮初開工之日，一人持書請托。公曰：予事未一行，敢來阻耶？重懲之。擲書不視。雖飲恨于人，而後來之門以杜矣。

兵、户二部原題協濟銀各三十萬，兩宮工完，所積銀猶足門工之費，協濟通未用也。西河王疏開鑛與採木並奏，抄發户部者，月餘未覆。忽一日申時，文書房口傳西河王疏，工部如何久不覆？立等著回將話來。堂官狼狽到部，切責公。公曰：堂上不發抄，何據而覆？查工料無此疏蹤跡，久之，方得之户部。户堂出部，幸余公在署，索其手具咨稾。部堂因言户部悮事，疏上必罪本部。公曰：易耳。首敘某月日準户部咨云云。咨到日即具覆日。覆疏曰：照得兩宮鼎建，事關宸居，即一椽一角，純用香楠杉木，尤不足以盡臣等崇奉之意。沿邊不過油松雜木，上無所用，相應停採。此事關邊防，西河特借大工爲名耳。爾時，事在必行。公恐激而成之，故從容具覆，但言其無所用，而不與之争，事遂獲寢。未幾，晉撫魏見泉公參疏亦至，語甚厲。先是，百户仲春首倡開談之事，亦借大工爲名。疏未上，先投揭于公。公厲叱之，春懼，遂不敢求下工部。自是，言開鑛者紛紛，無敢一字求下本部者。

慈寧宮石礎二十餘，公令運入工所。内監譁然言舊，公曰：石安得言舊？一鑿便新。有事我自當，不爾累也。

楚參藩之命將行，而尚未代管琉璃窯。内監劉成從容言，爲燒色淺，打點費幾萬金，而蓮缸、貓盆之類，日索不休，乞給三千金。公不可，且曰：柴土價原自倍，打點費一二萬只餘耳。成曰：安見倍？公曰：燒數雖不可稽，而運價有數。查得原燒料一百七十餘萬，用不足百萬，兩宮完矣，餘何往？成語塞而去。公復丁寧繼任者切勿予。不謂持之不堅，遂給七萬，庫欲不空，得乎？

一日奉旨下部買金六千兩，鋪户苦之，且言户部有編定金行。公曰：户部安肯代工部買金？各户極言，一時雖辦，必誤賠不惜也。公思户應協大工銀三十萬，而兩宮已完，庫貯銀尚有一百二十餘萬，無需協濟，遂收工商買金之票。而掌稾者力稾不可，公叱之出，衆莫解。衡司楊毓庵，司徒木庵公胞弟也。公夜過之，謂曰：户協工三十萬金，欲具題何如？毓菴入言，出告曰：余兄極苦此事，且欲求少減。公曰：户果不足，如肯代上買金六千，則前銀可不協濟。毓庵復入，言木庵亟許。公歸具題稾，明日早進部，呼寫本者上之。掌稾者曰：户定無肯替工買金之理。公第曰：試題之。疏上報可，户無難色。公去部後，復有買金之事，仍如公行之户部，而户部怒裂其劄，掌稾者竟不知所以也。

二十年四月，公受工部屯田司主事差管通積局、廣積局，局各設抽分大使一員，攢典一名，巡(軍)〔運〕十五名。其官俸軍糧，歲支一百三十餘石。每年抽分解部銀，多七八十兩，少五六十兩，即官俸軍糧取償不足，病商病民不預焉。公欲具題裁革，呈稾署部事左堂，敬宇沈公曰：勿輕議。遂止。及查初年税入，歲不下千金，該局所轄窯座，自京師及通州、昌平、良涿等處，税歲磚瓦近百萬萬。後工部招商買辦，而局無片瓦矣。公既任其事，稍一稽查，即如木商王資一項，漏銀一百零九兩。他可知矣。嗣查窯税，而中貴王明作梗。公謂中貴不可制而販户可制，即出示通衢，嚴諭巡軍、軍民人等，敢有買販王明磚瓦者，以漏税論。官吏軍餘賣放者，許諸色人訐告，即以漏出磚瓦充賞。王明窯三十餘座，月餘片

瓦不售，哀求報税矣。諸勢要閘風輪税，即一季所收，逾二十餘萬；一歲所積，除勳戚祭葬取用外，設局積無隙地，各衙門小修胥取給焉。

本年九月，蒙部題差，委同内官監僉書王國寧監丞小火者等四十餘員，修景泰皇陵。鋪户耿應禎，買辦銀七千九百兩有奇，節省一千五百兩，並雜料等項，共節省銀三千兩；灰户沈應元，灰價四千五百兩，節省一千五百兩，共節省銀七千兩有奇。該前任巡視廠庫工科給事中，今大司寇張公問達題薦，奉旨紀録。

二十一年冬，題同内官監太監何江等四十餘員修理獻陵。錢糧物料價幾四萬兩，公親詣本陵徧地踏看，即萬金已屬浪費。歸與巡視廠庫工料給事中黎公道昭議，該本科題奉旨差工科給事中桂公有根、御史時公偕行，同公覆估，減銀一萬三千兩有奇，賑河南飢。比工完，仍省黑窯等項銀三千有奇，白城磚、斧辦磚十萬有奇。

獻陵山溝兩岸，舊用磚砌，山水暴發，磚不能禦也。年修年圮，徒耗金錢而無益實用。公欲用石，中官不利，蓋用磚利其冒破故也。公乃呼工上作官謂之曰：此溝岸何以得長久？對曰：須用黑城磚而灌之以灰漿。公曰：黑城磚多甚，内官何不拆一二三萬？用作官對以畏而不敢。公曰：第言之，我不查也。作官如命告之内監，中官疑不解公意。然利動其心，遂拆二萬。久不言。一日，同至溝岸盡處，謂中官曰：此處舊用黑城磚？中官曰：是。公曰：山水暴發，磚不能禦，砌之何益？不如用石。中官曰：陵山之石，誰人敢動？公笑曰：溝内浮石，非欲去之以疏流水者乎？中官既中其餌，不敢復言。于是每日五鼓，點卯夫匠各帶三十斤一石，不數日而成山矣。蓋原估磚二十萬，只此一處，費過不五萬。餘俱留之朝廷矣。□墳頂石重萬餘斤，石工稟稱非五百人不能秤起合笱。公謂用不逾時，而京至工五十餘里，如取夫于京，則以片時而令人往返百里，給價難爲公，不給價難爲私。乃于近村壯丁借片時，人給錢三文，費不過錢千餘，而石工完矣。

二十二年九月，内部題委建永寧長公主墳，舊規：公主駙馬墳，價一萬四千兩，特恩加一萬兩，共二萬四千兩。其銀一萬四千兩，駙馬家領修墳祠；一萬兩，司禮監等内衙門公用，並無差部官修建者。緣駙馬梁邦瑞父以白米千石請托。本部堂怒甚，遂題委公建造，止題銀一萬四千兩，其内監銀一萬題裁矣。于是大失垂涎者之欲，怨謗併作，蜚語沸騰，就中幾有不可脱之禍。時都察掌院衷洪溪公，公師也，爲公危甚。大理卿繼山沈公，陞本部左侍，當序掌部印。有勳其候公主葬畢到任，免于波及。沈雖不用其言，然一時舟外之懼，蓋人人危之矣。于時公亦徼倖竣事無他，仍荷聖母賞表裏一、銀二十兩。成金井並席殿五十餘閒，計費僅三百三十兩有奇。殯之日，工上例搭席殿羣房等約三百閒。公令擇地之隙者搭蓋，作官謂去墳遠，恐于内使不便，况此席木，内使臨行俱拆去，何必用心？公令以楸棍横穿于杉本纜眼下埋之，席用麻繩連合。在工之人，無不笑公之作無益也。殯迄，果如作官言。然木不能起，席既連合，即以刀斷繩，取之不易，遂止。事畢，公呼夫匠頭謂曰：山中風雨暴至，無屋可避，除大殿拆外，餘小房留與夫匠作宿食所，何如？衆僉曰便。公又曰：每一席官價一分五釐，今止作七釐抵工價。拆棚日，席聽爾等將去，斷麻作麻刀，木作回料，何如？衆僉曰便。

修榮昌長公主府第。先是，估計已有成議，計銀七萬兩有奇。時公新任，適户部尚書楊、兵部尚書石、本部尚書李、司禮監太監張誠奉旨偕科道暨公閲視。公通前徹後，逐一看驗殿宇寢室、圍廊殿門座等，俱因舊房，未有加一椽一墻者，止易瓦並墁飾油漆等工。公細計之，即五千金已屬多餘，乃費帑金至七萬乎？内監猶欲添銀，日夕聒擾，公分毫不加。時同事主事幹范。修内花園。内監王勳需索無已，管工者苦之，言于公。公曰：第委之我。勳計無所之，以黑字揭帖送部，堂批查給。公置不應。勳大怒，倡言公看工，定碎公衣冠。而作官等又甚其言以相恐，且言看工須多集從人。看工之日，事畢，直入其室，坐其牀，責其無狀。且謂之曰：内監與工部表裏，即不如意，再須後來。予首司敢得罪我？爾不欲再管工耶？勳唯唯。公拂衣去。

都城重城根角下爲雨水衝激，歲久成坑，嚙將及城，名曰浪窩。監督員外受部堂旨，議運吴家村黄土填築。本村去京城二十里而遥，共估銀一萬一千兩有奇。蒙堂批查題發司，公一見不覺吐舌。隨即具説堂一帖，内開議得浪窩蝕及城脚，及時築填，誠爲急務，但取城壕之土以填塞，則浪窩得土而築之固，城壕去土而濬之深，銀省功倍，計無便于此者。若以填坑而費萬金，恐不可使聞于人也。云云。部堂怒形于色曰：城壕土蘇，雖築易敗。成大事不計小費。仍取吴家村土，如某員外議。公固執不可，部堂怒，改委主事張宗孔、羅尚賓親詣城壕驗土覆估。該二主事驗畢回呈，俱如公議。部堂大怒，將呈塗抹發司，暗激怒原議者與公拼命。幸主事杜允繼以親故懇勸稍解，後聞科道欲參論，某始悟爲部堂所悞，向公具儀服罪。比完工，正費九百兩有奇。

神宮監修造，例用板瓦。然官瓦惡，乃每片值價一分四釐，民瓦每片價纔三釐，而白皙。然諸閹陰耗食于官窯者久矣，民瓦莫利也。及公督其事，乃躬至監，謂諸閹曰：監修幾年矣？老成者應曰：三十年。公曰：三十餘年而滲漏若此，乃瓦薄惡之故也。諸閹曰：然。公乃陰飭官民瓦各運一千，記以字而參聚之。于是邀監工、本陵掌印與合陵中官至瓦所。公謂曰：瓦惟衆擇可者。僉曰：白者佳。取驗之，民瓦也。公曰：民瓦既賤且佳，何苦專用官窯。監工者曰：此祖宗制，用官窯，誰敢用民窯。公曰：祖宗制用官窯，爲官窯勝也。豈謂冒破錢糧，不堪至此。余正欲具疏，借監官爲證耳。遂去。監工者隨至寓，下氣謂公曰：此端一開，官窯無用，且得罪。請如舊。公不可。監工復再三祈用官民各半，復不可。監工者知不可奪，乃曰：惟公命。第幸勿泄于他監工者。于是用民瓦二十萬，省帑金二千餘矣。

王資販檜樹千餘株，不報税，且出飛語。公親至其地驗之，該税銀若干，即其地知會東城御史及廠庫科道。比回路，而當路求免帖紛至。公曰：已報各衙門矣，奈何？蓋此輩皆負大力，故急處之以絶其謀。

金剛墻實土，而在工夫止二十餘名，二人一筐，非三五日不可。公下令曰：多擡土一筐，加錢二文，以朱木屑爲記。各夫飛走，不終日而完。

凡木商運到木植，部例會估給價，乃弊端最甚。如一二三爲一號，後復以三四五爲二號，連手到底。歷年以來，漏帑金不知幾千百萬，具題改正。

錦衣衛題修補鹵簿，計費萬金，公嫌其濫。監工内臣持毁壞者胥送司，公閱之，謂曰：此諸弁畏公精明，作此伎倆，以實題疏中語耳。不然，駕閣庫未聞火，而銅帶胡由而焦？舊且腐，胡直斷如切？某如公言，詰諸弁，且言欲參。諸弁跪泣求免。工完，無敢譁。用不足千金，鹵簿焕然矣。

黄佐《泰泉集》卷一《乾清宫賦》　丕鑠維明，帝睠鴻德。通寧寰區，烈祖受之，宅離作都。秉粹精以靈承，握隆熺之昌符。文皇振業，依黔羸而奠辰樞，繚瀛廓穹，肇此天居。粤乾清之祕宫，總玄黄之噴薄。何富媪之蘊靈，俟定鼎而後獲？洎龜謀之襲契，法太紫以營敞。蓋以疏明淪聰，儲神習體，軼煩惱而游沖漠者也。稽諸邃古，合宫總期黄虞之始，經營而成周路寢之所儀。九筵五雉，於皇拓之，既普而深，亦麗且彌。匪維宴娭，日監在兹。湫漻霄窕之中，於以敬陟降而崇緝熙，建休號以詔燕謀，蓋亦已百有餘期矣。越閼逢閹茂之歲，赤熛章怒，鬱攸孔震，結構逢涌，氛祲徹旻，豈椓人之嫁雪，將茀舊而布新？詔司空而僝工，走羣靈而驅八神。劚石則無間不周之崐，掄材則荆揚岷峨之阻。輓修綷則山善稠嶅，伐輪囷則雷閬邪許。驥騂騋磕，淫淫與與，揮汗爲潴，彗日成暑。陶埴鍛厲之屬，莫不皅分其曹伍。於是乎揆日晷，驗星文，陳圭臬，絜廣輪。宗伯獻模，林衡效勤。礔聲簸岳，鍤徒篲雲。優人司塈，匠慶揮斤。約築削屢，子來以趣役者，虎躍而霆犇。既乃考工，晐計以萬。雕摩維精，賁輪飾奂。絅然陽化，爍爾陰泮。敚真巧於大鈞，雖鬼神其猶悍。故其爲狀也，豐融曼衍，揭孽峥嶒，縵縵莫莫，樛流交嬰。威敆赫以歲魄，儵康宧而窬停。岧嶤犴於天漢，紛攢羅而混成。瓌殊俶儻，不可殫形。怳兮忽兮，擻膠葛騰。九閎接耀魄之威神，斡璇璣而綷高明。羌跰蹁以輵螛，魂悚悚其若驚。

爾乃登泰階之三重，遵軌涂之盤曲。鈎陳縱縱以匡衛，閣道駊騀而延屬。卬而詹之，若燭龍之蜿蟺，引扶光而咈若木；頫而履之，若巨鼇之贔負，運九垓而苞百穀。團殿般般以離立，珠熉黄以相燭。函絪緼之元氣，又何有乎慘黷？彼曾城與縣圃，昔傳聞而今駭矚。其上則觚稜高標，金爵翹翹，琉璃鱗鱗，劃霓摩霄；織烏顧兔，出没扶摇；屹華表以縈旬，始莅颯撽乎斗杓；檐牙翔而阿霤奮，絶浮景而翻碧寥。其下則釦砌瑶礎，右平左墄；承以峻基，廣以夷石；盤以蛟螭，涂以朱碧；犖若崑崙，鎮奠南極；崱屴繒綾，磑磑即即。其中則縣綿房植，眈眈層覆；梅梁揭宇，藻井承漏；槫櫨櫛栋，修棪曲校；飛棁浮柱，支撑環句。題鄂衝蓯以霞張，桷棟嫁婀而雹糾。傍天蟜以徂閈，邅沛艾以赳螑。上骫麗以互經，下峁歙而騰湊。玉繩徛抳於奥宧，瑶光爣朗於交牖。轉根度閾，蟃略鴻溶。網户翠錢，金鋪瑣窗。五采争勝，流煙走虹。璧門洞開，璀璨玲瓏。流蘇縣璫，招摇從風。文鏡曲瓊，熚熚雍雍。晃采夜光之飾，與灝氣而相通。詄蕩蕩以寥豁，忽呦呦而冥濛。寀五城而張六幕，終紛員而莫窮。其外則輦路纚連，繚垣周迴。複道迴阪，達於平臺。玄厲黄碝，間以玫瑰。菀菀葱蒨，垂楊大櫰。永巷迤邐，是爲總街。乃顧二門，業業將將。日精、月華，左右相望。鬱儀望舒，駐轡而驤。重闌逾延，開闔陰陽。試舉其名，則維百福與千祥。杳騁鶩以窅窱，隮步櫊而攀天梁。東望文華，蒼龍守閫，上憲攝提析木之津，啓榣山之碧，鏤蹠菂丘之寶輪，冊府甲觀，圖書萃珍，扈閣閒館，昱爚嶙峋。西望武英，金虎環陛，象彼觜觿，衡石積儈，牙璋葆旅，猋動霝厲，嵩室蘭塘，巀嵲迢遰，掖垣之外，周廬宿衛。於前則華蓋、謹身，通於奉天，寔應泰壹、文昌、太微、三光之廷。帝車運衡，合契軒轅，鶉光溥照，熚熚在焉。垂拱中，宸恭默如淵。於後則坤寧巘巘，含貞

符矩。位正玄枵，星躔婺女。抗虹扶棟，鬈翠開銜。四榮雲譎，萬拱菱杼。玉卮金釭，鵬鶱鳳舉。儷我宸極，以爲內主。若迺仁壽清寧問安，承顧黔於黃祇，倬彼玄閈。彼昭德、興泰、長春、百花諸宇，則又儲靡曼而列幽閈。衝風颺乎闕嵲，散彧彧之椒蘭；紅綉繢與機杼，儼河鼓之天孫；函菱扶以晞日，珩瑀戛乎珊珊。爰設六尚以掌九室。冠袍韅靮，其儀有㧗。彤瑄煒煌，伊違斯弼。叙燕寢之條紀，恒授環而戒逸。銘槃鑒以昭警，司精微於密勿。

爾乃媛殿弘敞，青軒彤墀。帳設甲乙，翠被絳椸。霍落簾櫳，罨畫罘罳。循除而架，有莌有穋。盝頂重橑，槎牙峛崺。方亭曲榭，獸鑰臧陜，夫欽安仁智，乃瞰百子之池，游儵澷澢，泛淡漣漪。鳴鳧翔鵠，頡頏棲遲。植芭蕉與芙蓉，靈囿莽乎萋萋。監宮鵠立以企幸，睢蚪幄而瞷龍旗。黃衣有徒，洒埽供事，儀文彌綬以及櫪駟。監局之號，二十有四，銀璫珥貂，時維閹寺。挈壺之設，於彼外閣。端門載啓，執法當中。左掖右掖，星共雲從。羽林森森而就次，旄頭髦若其蒙茸。自三能而逮郎位，莫不矢心於重瞳。明庭景昃，玉未遑食。庶采既臚，乃還宮而定息。猶糾虔乎天刑，夕惕厲乎袞職。守琬琰之彝章，鋪鴻藻而立極。誕兹宮之成也，聖神聿興，時維綴旒。信帝心之簡在，用迓德而彰景休。皇輿發迹乎郢甸，鳴玉鸞之啾啾。歌《斯干》以考室，非鬼神而孰謀？軫民役之勞疚，卬先后之懿猷。蓋奕奕款款，执执如也。

於是帟幕宵縣，緹帷宿設。雲構牙赫，登降詘折。龍超虎視，遠瞪近瞀。披撻奇妙，規矩相汁。神移天運，俞哉匠哲。敻牢籠乎宇宙，挹三辰而可擷。山川瑣尾而在下，九野谾谾而昭晰。威靈旁魄而四塞，規萬世而妥洪業。乃念宣廟，圖揭《豳風》，稼穡艱難，景觸心融；乃念敬考，調元習静，光祚思賢，永言顯聖。是以服閑邪之炯戒，休慎獨之徽言，追往初之遐躅，襲得一之自然。日出王與游衍，恒對越乎昊天，昧爽兢兢而練要，蓋冥心乎馮翼之先。於是乎革粃政，尚仁厚；興禮樂，韜甲冑；振幽滯，揚側陋，咨九扈，禮三壽。乃郊上玄，以昭在宥，聲從海流，澤與霖究。覆露入於毫芒，猶闓懌而敷茂，慶霄揆而嘉穀穎，顯衋胷之純祐。然猶嗛其休烈，愁謂小康，斥去奇邪，以謹怠荒。郅大隗而問道，誦丹書而自强。攬日月以爲明，擒雲漢以辯章。前蜚廉以涣號，後號屏使服箱。靡握譽而爲綢，旎濛湏而嵾昌。光驅豐隆與列缺，砰震曜乎鬼方。永合德乎泰清，紘六合而爲綱。辞曰：

瀰瀰奥區，衪曠䍦麗，庥神靈兮。睢睢盱盱，泛泛滇滇，逴廣廷兮。戴盆掩袂，睎天障日，紛萬情兮。惟皇建極，維聖存誠，鼎天經兮。婥約脂韋，玄滑窔隟，洞蘖萌兮。沕潏曼羡，錫胤隤祉，乞頌聲兮。時乘六龍，昭受休嘉，億斯齡兮。

《資治通鑑綱目三編》卷二六張居正《雝肅殿箴》 時帝以雝肅殿圍屏命輔臣撰詞，居正因撰進《雝肅殿箴》。箴曰：北宸紫宮，惟皇宅中。身爲民表，心與天通。斯須不和，則乖戾起。斯須不敬，則傲慢叢。念常生於所忽，禍乃基于無窮。是以聖人事心，天命是敕。欽厥止，日謹萬幾；處深宮，心周八極。不以嗜慾滑(和)〔利〕，不以逸豫滅德。無作好，無作惡，藹藹熙熙，如春時煦；無荒色，無荒禽，競競惕惕，如淵斯臨。勿謂燕閒，人莫(子)〔予〕觀，一喜一怒，作人燠寒；紘急者絶，氣平者安，優優和衷，爲君實難。勿謂宥密，人莫(子)〔予〕弼，一動一言，恒爲度律；危懼則存，驕泰則失，昭昭神明，(相)〔尚〕在爾室。在昔成周，宇內太和，雝雝其在宮，發琴瑟而不頗。亦曰懿恭，小民懷保，雝肅肅其在廟，克對揚于祖考。我皇濬哲，是謂智臨，匪高明之不足，貴育德于静深。我皇撫運，是謂開泰，匪豐亨之未臻，懼此心之或汰。(藥)〔樂〕以平其情，雖鍾簴不設，而若聞希聲，然後心和氣和而天下平。禮以飭其志，雖升降未施，而若持重器，斯謂無逸乃逸而天下治。故曰：沖和者養威，澹泊者養禄，危厲者養安，留勞者養樂。以古爲師，于何不儀？平平周道，惟皇所之。以心爲鑑，於何不見？穆穆文王，惟皇所憲。朽索在手，勿謂無傷；覆車在睫，奈何弗防。和不見流，敬不可忘。慎終如始，萬壽無疆。

愛新覺羅・弘曆《御製文初集》卷一六《雍和宮碑文》 我皇考世宗憲皇帝肇封於雍邸，在京師艮維，與太學左右相望。迨紹纘大統，正位宸極，爰命舊第曰雍和宮，設官置守。甍宇堊飾，無增於昔，示弗忘也。越歲乙卯，弗弔昊天，龍馭上賓，攀髯莫逮。維時喪儀具展，禮當奉移。念斯地爲皇考藩潛所御，攸躋攸寧幾三十年。神爽憑依，倘眷顧是，迺即殿宇而飭新之，以奉梓宮。易覆黃瓦，式廓門屏，欞星綽楔，規制畧備。洎山陵禮成，於此敬安神御，歲時展禮，至於今十稔。予小子紹庭陟降之忱，朝夕罔釋。深惟龍池肇迹之區，既非我子孫析圭列邸者所當褻處，若曠而置之，日久蕭寞，更不足以宏衍慶澤，垂裕於無疆。曩我皇考孝敬昭事我皇祖，凡臨御燕處之適且久者，多尊爲佛地。曰福佑寺，則沖

齡育德之所也。曰恩佑寺，則鼎成陟方之次也。永懷成憲，厥有舊章。而稽之往古，修真本唐高龍躍之宫，慈慶乃渭水慶善之宅。宋則祥符錫慶，祠號景靈。咸因在潛之居，實曰神明之隩。後先一揆，今昔同符。是用寫境祇林，莊嚴法相。香幢寶網，夕唄晨鐘。選高行梵僧居焉。以示蠲明，至潔也；以昭崇奉，至嚴也；以介福釐，至厚也。我皇考向究宗乘，涅槃三昧，成無上正等正覺，施洽萬有，澤流塵刼。帝釋能仁，現真實相。羣生托命，於是焉在。豈特表範睟容爲章浄域已哉？予小子瞻仰之餘，間一留止，緬憶過庭，怵惕興慕。敬勒石以紀，系以頌曰：於皇皇考，禔福無疆。奕奕朱邸，積慶流長。乘六以御，兹焉發祥。時雍協和，聖謨孔彰。其一鼎成於湖，神御攸奠。陟降在天，聖靈式眷。愾乎斯聞，僾乎斯見。超宋景靈，邁唐慶善。其二懿彼浄覺，廣樹良因。澄圓性海，般若通津。慧燈普照，法寶常新。敷華玉地，轉曜金輪。其三矧是丹宫，藩封拜賜。載寢載興，凝禧集瑞。人世香臺，梵天忉利。擁吉祥雲，開歡喜地。其四標新福界，冥契慈緣。雁堂集侣，鹿苑棲禪。香華迎雨，珠葉霏煙。雲車風馬，歆顧珠筵。其五仰惟聖德，昊天罔極。以妙明心，運大願力。孰爲權應，孰爲真實？無去無住，歷化千億。其六慈雲廣蔭，甘霔長濡。入涅槃海，繫如意珠。恒沙大千，共味醍醐。不可思議，浹髓淪膚。其七灼灼靈儀，巍巍瑞相。言瞻言依，徘徊惻愴。十地四天，鴻恩融暢。盡未來際，永資慈貺。其八

愛新覺羅・弘曆《御制文初集》卷二三《建福宫賦》 居寰中以御物，凛天命兮難諶。懼大業之弗勝，恒乾惕兮小心。戒峻宇與雕墻，鑒酒池兮肉林。愧饑渴其未解，遑安逸兮是尋？乃者新宫落初，玉戺金鋪。創名建福，義何居乎？蓋是地也，囿於宫墻而弗加擴，卑於路寢而弗增華。畏炎歊之相偪，乃託興乎清嘉。儉不至陋，幽而匪遐。況在重華之右，比之興慶之宫。未費司農之帑，何勞庶民之攻？經之營之，募千夫而齊力；如松如竹，閱數月而成功。於是殿方駁娑，宫比駘蕩。長春長樂，披青簡而空傳；太和保和，憑采欄而相望。千門萬户兮，笑漢制之太奢；茅茨土階兮，欽堯儉之堪尚。軒號静怡兮，期成性之常存；齋名敬勝兮，恐舉念之或妄。亭顔惠風兮，欲膏澤之旁敷；閣扁延春兮，與羣生而咸暢。觸目警心兮，守此志而始終；居安思危兮，常厪懷而籌量。爾其文石壘立，嘉木叢生。羅芝田兮蕙畹，來燕賀兮鶯鳴。披薰風兮思解愠，對時雨兮樂向榮。觀太宇兮調元化，育萬物兮驗農耕。又何必焚隋廷之甲煎，樹漢苑之金莖，歌陳宫之玉樹，聽唐曲之新聲，而始稱悦情也哉？於時而春，覽生意而欣欣；於時而夏，遠煩暑而灑灑。乃其秋也，偉西成之可慶；乃其冬也，體貞元之凝命。載色載笑，奉慈闈而承歡；來游來歌，與良臣而交儆。於以承先厪，肯構而勿忘；於以示後庶，斯言之是聽。重曰：洪範有言，斂時五福。敷錫庶民，與時茂育。予宅是居，心乎肅肅。受天之祜，匪藉田燭。建民之極，匪侈華屋。繼繩光烈，對越於穆。進賢納諫，懲惡旌淑。志苟懷安，是謂不穀。尚慎旃哉，永膺天禄。

陳維崧《陳檢討四六》卷一《銅雀瓦賦》 魏帳未懸，鄴臺初築。復道衺延，綺窗交屬。雕甍綉棟，矗十里之妝樓；金埒銅溝，響六宫之脂盝。庭棲比翼之禽，户種相思之木。駁娑前殿，遜彼清陰；柏梁舊寢，嗤其局蹙。無何而墓田渺渺，風雨離離。泣三千之粉黛，傷二八之蛾眉。雖有彈棋愛子，傅粉佳兒，分香妙伎，賣履妖姬，與夫楊林之羅襪，西陵之玉肌，無不煙消灰滅，矢激星移，何暇問黄初之軼事，銅雀之荒基也哉！春草黄復緑，漳流去不還。只有千年遺瓦在，曾向高臺覆玉顔！

李鴻章《李鴻章全集・奏議十・修理熱河宫墻摺》 奏爲遵旨籌款修辦熱河避暑山莊宫墻及泊岸、堆撥等要工，恭摺復陳，仰祈聖鑒事。

竊臣欽奉光緒九年十二月二十三日寄諭，繼格奏，熱河避暑山莊宫墻及泊岸、堆撥三項工程，勢難延緩，請於明春修理。著李鴻章籌款辦理等因。欽此。

伏查熱河工程，前經臣遵派候補知府陳慶滋馳往，會同熱河道府詳細查勘稟覆，又令陳慶滋來津反復籌議，擇要商辦。擬挑浚武列河正身，將河内挑出石子、沙泥於西岸十丈外堆攔，以約漫水，再察酌於兩岸改道，河頭加築攔水壩，使水歸故道，約需工費銀三萬數千兩，飭司設法挪款濟用，即令陳慶滋核實籌辦。至西岸原有石壩十二里，計應修者一千十餘丈，約合銀十七萬八千餘兩；宫墻塌缺應修者，凑長二千八十餘丈，約合銀五萬二千餘兩；石泊岸並迎水橋壩沖壞應修者凑長六十餘丈，約合銀一萬九千餘兩；堆撥應修者二十八處，約合銀三千餘兩。統計石壩、宫墻、泊岸、堆撥四項，共約估銀二十五萬餘兩，工大費巨，直庫艱窘，無力兼顧。

臣於上年十月間奏請敕部核議，另行籌辦，嗣經户部奏稱：部庫未裕，各省亦羅掘無餘，若添撥此項巨款，無論各省籌解未必應手，即使户部悉心搜括，各督撫竭力報解，設或意外之需有重於此項工費者，不敢不預爲之計，請緩俟今歲春融，由部酌度時局，再行籌凑的款奏辦等因。奉旨：依議，欽此。欽遵在案。

兹據熱河都統繼格目擊情形，以石壩可暫緩修，惟宫墻、泊岸等工，均屬緊

要，不能延緩。又奏奉諭旨，著臣籌款辦理。伏查園庭重地，尊藏列聖手澤御物，宫墻與泊岸、堆撥皆所以衛護園庭。現既坍塌缺口，内外相通，不足以資保護，誠如繼格所奏，修理未可再緩。惟值時艱帑絀，鉅費難籌，直隸向係缺額，豐年尚不足用，況洪水大祲之餘，災區過廣，窮黎極多，錢糧大半蠲緩，又須另籌冬春賑撫銀數十萬，各庫已搜羅殆盡，實屬萬分竭蹶。

今宫墻、泊岸、堆撥三項工程，按照陳慶滋等原估，共需銀七萬六千兩，爲數不少。昨藩司崧駿來津面商春撫，臣復與再三籌議，據稱司庫應放各陵俸餉、各營兵餉暨一切急不可待要款，必須及時應付，即前議挑浚武列河正身，並築攔水壩銀三萬數千兩，尚無的款可指，勢不能再籌七萬六千兩之多。但工關緊要，既欽奉諭旨飭辦，臣等義無膜視，敢不於萬難之中設法挪凑？不得已商飭該司於八項旗租及旗産錢糧項下，移緩就急，竭力勾撥銀三萬八千兩，計尚短銀三萬八千兩，委實無可再籌。查此工向撥内帑興辦，本年長蘆鹽課奉撥京餉銀二十五萬兩，現在尚未起征。擬飭運司額勒精額先行借墊銀三萬八千兩，劃抵本年京餉，得以凑濟要工。如此一轉移，間款項既可有著工程及早興修宫墻，藉資保護，亦免部臣另撥協款，致有停工待款之虞。仰懇天恩俯准照辦，俾無遲誤，臣即飭陳慶滋前往將此三項及前議挑武列河築攔水壩工程，一並分別確細復估，責成該員會同熱河道府迅速核實籌辦。

熱河被災甚重，此次興工，即集附近災民計口授食，以工代賑，所需工料各價，必應按照時值，隨宜酌給，難執例章相繩。直隸歷次工賑，皆奏准免造銷册，核實辦理，此項要工事同一律，應請俟事竣，專案開單奏報，仍免造册題銷，以省繁費。臣當嚴飭承辦之員就款撙節，力求堅實，不准絲毫虚糜，仍分别取具保固、切結，送部查覈。至石壩工程太巨，既可暫緩議修，將來應由部臣酌度時局，另籌的款奏辦，以符原議。

所有設法籌款辦理宫墻、泊岸、堆撥等工緣由，是否有當，理合恭摺復陳，伏乞皇太后、皇上聖鑒，訓示遵行。謹奏。

雜録

《國語・魯語上》 莊公丹桓宫之楹，而刻其桷。匠師慶言于公曰：「臣聞聖王公之先封者，遺後之人法，使無陷于惡。其爲後世昭前之令聞也，使長監于世，故能攝固不解以久。今先君儉而君侈，令德替矣。」公曰：「吾屬欲美之。」對曰：「無益于君，而替前之令德，臣故曰庶可已矣。」公弗聽。

《史記》卷六八《商君列傳》 商君相秦十年，宗室貴戚多怨望者。趙良見商君。商君曰：「鞅之得見也，從孟蘭皋，今鞅請得交，可乎？」趙良曰：「僕弗敢願也。孔丘有言曰：『推賢而戴者進，聚不肖而王者退。』僕不肖，故不敢受命。僕聞之曰：『非其位而居之曰貪位，非其名而有之曰貪名。』僕聽君之義，則恐僕貪位貪名也。故不敢聞名。」商君曰：「子不説吾治秦與？」趙良曰：「反聽之謂聰，内視之謂明，自勝之謂彊。虞舜有言曰：『自卑也尚矣。』君不若道虞舜之道，無爲問僕矣。」商君曰：「始秦戎翟之教，父子無别，同室而居。今我更制其教，而爲其男女之别，大築冀闕，營如魯衛矣。子觀我治秦也，孰與五羖大夫賢？」趙良曰：「千羊之皮，不如一狐之掖；千人之諾諾，不如一士之諤諤。武王諤諤以昌，殷紂墨墨以亡。君若不非武王乎，則僕請終日正言而無誅，可乎？」商君曰：「語有之矣，貌言華也，至言實也，苦言藥也，甘言疾也。夫子果肯終日正言，鞅之藥也。鞅將事子，子又何辭焉！」趙良曰：「夫五羖大夫，荆之鄙人也。聞秦繆公之賢而願望見，行而無資，自粥於秦客，被褐食牛。期年，繆公知之，舉之牛口之下，而加之百姓之上，秦國莫敢望焉。相秦六七年，而東伐鄭，三置晉國之君，一救荆國之禍。發教封内，而巴人致貢；施德諸侯，而八戎來服。由余聞之，款關請見。五羖大夫之相秦也，勞不坐乘，暑不張蓋，行於國中，不從車乘，不操干戈，功名藏於府庫，德行施於後世。五羖大夫死，秦國男女流涕，童子不歌謡，舂者不相杵。此五羖大夫之德也。今君之見秦王也，因嬖人景監以爲主，非所以爲名也。相秦不以百姓爲事，而大築冀闕，非所以爲功也。刑黥太子之師傅，殘傷民以駿刑，是積怨畜禍也。教之化民也深於命，民之效上也捷於令。今君又左建外易，非所以爲教也。君又南面而稱寡人，日繩秦之貴公子。《詩》曰：『相鼠有體，人而無禮；人而無禮，何不遄死。』以詩觀之，非所以爲壽也。」

劉歆《西京雜記》卷三《咸陽宫異物》 高祖初入咸陽宫，周行庫府，金玉珍寶，不可稱言。其尤驚異者，有青玉五枝燈，高七尺五寸。作蟠螭，以口銜燈，燈燃，鱗甲皆動，焕炳若列星而盈室焉。復鑄銅人十二枚，坐皆高三尺，列在一筵上，琴築笙竽，各有所執，皆綴花采，儼若生人。筵下有二銅管，上口高數尺，出

筵後。其一管空，一管内有繩，大如指，使一人吹空管，一人紐繩，則衆樂皆作，與真樂不異焉。有琴長六尺，安十三絃，二十六徽，皆用七寶飾之，銘曰：璠璵之樂。玉管長二尺三寸，二十六孔，吹之則見車馬山林，隱轔相次，吹息亦不復見，銘曰：昭華之琯。有方鏡，廣四尺，高五尺九寸，表裏有明，人直來照之，影則倒見。以手捫心而來，則見腸胃五臟，歷然無硋。人有疾病在内，則掩心而照之，則知病之所在。又女子有邪心，則膽張心動。秦始皇常以照宮人，膽張心動者則殺之。高祖悉封閉以待項羽，羽併將以東，後不知所在。

王嘉《拾遺記》卷六　漢興，至於哀、平、元、成，尚以宮室，崇苑囿，而西京始有弘侈，東都繼其繁奢，既違采椽不斲之製，尤異靈沼遵儉之風。考之皇圖，求之志録，千家萬户之書，臺衛城隍之廣，自重門構宇以來，未有若斯之費溢也。孝哀廣四時之房，靈帝脩裸遊之館，妖惑爲之則神怨，工巧爲之則人虐，夷國淪家，可爲慟矣！及夫靈瑞，嘉禽、艷卉、殊木，生非其壤，詭色訛音，不稟正朔之地，無涉圖書所記，或緣德業以來儀，由時俗以具質，咸得而備詳矣。歷覽羣經，披求方册，未若斯之宏麗矣。

李亢《獨異志》卷中《石虎奢侈》　石虎於太武殿前造樓，高四十丈，以珠爲簾，五色玉爲佩。每風至，即驚觸似音樂在空。過者皆仰視，愛之。又屑諸異香如粉，撒樓上，風吹四散，謂之「芳塵」。

《隋書》卷二二《五行志》　陳天嘉六年秋七月，儀賢堂無故自壓，近金沴木也。時帝盛修宮室，起顯德等五殿，稱爲壯麗，百姓失業，故木失其性也。儀賢堂者，禮賢尚齒之謂，無故自壓，天戒若曰，帝好奢侈，不能用賢使能，何用虚名也。帝不悟，明年竟崩。

歐陽詢《藝文類聚》卷六一《居處部一》　《楚辭》曰：像設君室靜閑安，高堂邃宇檻層軒，層臺累榭臨高山，網户朱綴刻方連。冬有突夏夏室寒，經堂入奧朱塵延，承塵筵席也砥室翠翹掛曲瓊，翡阿拂壁羅幬張，翡帷翠幬飾高堂，紅壁沙版玄玉梁。仰觀刻桷畫龍蛇，坐堂伏檻臨曲池，芙蓉始發雜芰荷，紫莖屏風文緣波。又曰：築室兮水中，葺之兮以荷蓋。荃壁兮紫壇，播芳椒兮成堂。桂棟兮蘭橑，辛夷楣兮藥房。

《鹽鐵論》曰：貴人之家，梓匠斲巨爲小，以圓爲方，上成雲氣，下成山林。

《漢武故事》曰：上起神屋，鑄銅爲柱，黄金塗之，赤玉爲階。椽亦以金，刻玳瑁爲禽獸，以薄其上。椽首皆作龍首，銜鈴，流蘇懸之。鑄銅爲竹，以赤白石脂爲泥，椒汁和之，以火齊薄其上。扇屏悉以白琉璃作之，光照洞徹。以白珠爲簾箔，玳瑁壓之。以象牙爲牀，以琉璃，珠玉，明月，夜光，雜錯天下珍寶爲甲帳，其次爲乙帳。甲以居神，乙上自御之。前庭植玉樹，珊瑚爲枝，以碧玉爲葉，或青或赤，悉以珠玉爲之。子皆空其中，如小鈴，鎗鎗有聲，甍標作鳳皇，軒翥若飛狀。

《漢書》曰：趙皇后姊爲昭儀，居昭陽舍，其中庭彤采，而砌皆銅沓黄金塗，白玉階，壁帶往往爲黄金釭，函藍田璧，明珠、翠羽飾之。又曰：五侯大治第宅，起土山漸臺，洞門高廊閣道。百姓歌之曰：「五侯初起，曲陽最怒，壞決高都，決高都，使水入長安城。高都在城西。連竟外杜。」杜陵也成都侯商嘗病，欲避暑，從上借明光宮。又穿長安城，引内灃水以行船，立羽蓋，張周帷，楫櫂越歌。上幸商第，見赤墀青瑣。又曰：梁孝王築東苑，方三百里，廣睢陽城七十里，大治宮室，爲複道，自宮連屬於平臺三十餘里。

《東觀漢記》曰：琅琊孝王京就國都，雅好宮室，窮極技巧，壁帶玉飾以金銀。

張璠《漢記》曰：山陽督郵張儉，奏中常侍侯覽，起第十六區，皆高樓四周，連閣洞門，之井蓮華，壁柱綵畫，魚池臺苑，擬諸宮闕。

董生書曰：禮，天子之宮在清廟，左涼室，右明堂，後路寢。四室者，足以避寒暑而不高大也。夫高近陽，廣室多陰，故室適形而止。

仲長統《昌言》曰：今爲宮室者，崇臺數十層，長街十百仞，延袤臨浮雲，上樹九丈旗，珠玉翡翠以爲飾，連帷爲城，構帳爲宮。起臺榭，則高數百丈，壁帶珠玉，土披緹錦。

曹植表曰：詔使周觀，初玩雲盤，北觀疏圃，遂步九華。神明特處，譎詭天然，誠可謂帝室皇居者矣。雖崑崙閬風之麗，文昌之居，不是過也。

《羅含別傳》曰：桓宣武以含爲別駕，以官廨寺諠擾，非靜默所處。乃於城西池小洲上，立茅茨之屋，伐木爲牀，織葦爲席，布衣蔬食，晏若有餘。

詩。陳孔奐《名都一何綺詩》曰：京洛信名都，佳麗擬蓬壺。九華彫玳瑁，百福上椒塗。黄金絡腰裹，蓮花裝鹿盧。咸言儀服盛，無勝執金吾。

陳沈炯詩曰：名都一何綺，春日吐光輝。高樓雲母扇，複殿琉璃扉。昭儀同輦出，高安連騎歸。欲知天子貴，千門應紫微。

陳周弘正詩曰：名都宮觀綺，金壁藻華璫。吹臺望鳷鵲，舞殿接披香。繡

轂遊丹水，彫輦出平陽。陸離徒照眼，何解憂人腸。

王溥《唐會要》卷三〇《雜記》 〔太和〕九年七月，勅修紫雲樓於芙蓉北垣。九月，内出新造紫雲樓彩霞亭額，左軍中尉仇士良以鼓吹迎於銀臺門。時上好詩，每吟杜甫《曲江行》云：「江頭宫殿鎖千門，細柳新蒲爲誰緑。」乃知天寶已前，曲江四面皆有行宫臺殿，思復昇平故事，故爲樓殿壯之。

姚之駰《元明事類鈔》卷二九《宫室門》 沉檀作殿。《西使記》：報達國富庶，爲西域冠。宫殿皆用沉香、降香、烏木爲之壁，皆砌以黑白玉。

姚之駰《元明事類鈔》卷二九《宫室門》 書廡壁。《明紀事本末》：新内成，命博士熊鼎類編古人行事可鑒者，書於壁間。又命侍臣書《大學衍義》於兩廡壁。太祖曰：此豈不愈於丹青乎？

顧璘《顧華玉集·息園存稿文》卷三《送判府王拱之閩南購大木序》 正德己卯，皇帝重建乾清、坤寧二宫。徵繞海内，使者蒞浙藩，檄判府王君拱之往購大木於閩南，徒御在門矣。余與耆舊大夫設祖贈別，耆舊大夫曰：「武夷，天下名山也；東海，天地之壑，至大水也。判府君往則入名山斧大材，歸則乘巨筏以臨汪洋，浩瀚之浸，亦天下之壯觀矣乎。其尚毋歲月之淹，以觖我民望，則吾郡之惠也。」璘曰：「國家需材成巨室，分命及子，子知材難乎？夫木猶人也。古之人貌恭色莊，以僨人家國，非一姓矣。子所悉也。木之不材，其何以異是？故有膚挺而理邪，外固而中蠹，巋然輪囷而液樠，是病肖梗梓。豫章而實則樗櫟之，弗若，皆不材類也。舉足以僨宫室，斯選者之咎，子其慎之哉！」判府君再拜曰：「敢不嘉大夫之榮而兢兢，吾子之訓，行雖劇，請書而懷之，以善斯役。」

《〔乾隆〕浙江通志》卷八六《南關舊額》 《南關榷事書》：本廠初立，例取本色解淮安清江、衛河二提舉司造淺船。成化十六年，因解户不便，部議奏解折銀，本年解四千兩，十七年解五千五百兩，十八年至二十一年各解七千兩，弘治元年解九千五百兩，二年至十三年俱解一萬八百七十兩。十四年起，每年俱解一萬四千四百四十兩，遂爲常數。內清江一萬三千二百四十兩，衛河一千二百兩。嘉靖四年，爲營建宫殿，將本年及五年該給清江、衛河二提舉司料銀並板枋餘銀，俱差官解部，以濟大工支用。

朱國楨《湧幢小品》卷一六《宫墻修禮》 鄭大同，莆田人。卒之旦，會新文廟，有江西木匠數人，於昧爽候，見公服大紅，拜廟門内，出廣橋，忽不見。頃之，一匠過其巷，聞哭聲，歸相訝曰：「早有長髯偉貌，行昂昂如鶴，衣吉服，肅入廟門内拜者，非侍郎乎？」蓋公宅近宫墻，每過必入謁。故其卒也，亦修禮而行如此。時嘉靖之丙寅年也。余以丁丑入縣庠，見有司行香，皆黎明入廟，禮畢，講書三春乃退。今聞隨便過門一拜，不復知講書爲何事。而聖殿宫墻，荒頹不理，其他一切祭祀鄉飲，尤草草了事，甚至接詔重典若等兒戲。諭祭鄉賢，視其家之隆殺，爲遲速厚薄。大約世變江河，刑日重，禮日替，而政事可知已。

朱銘盤《南朝齊會要·方域·苑囿》 明帝寢疾，巫覡云「後湖水頭經過宫内，致帝有疾」。帝乃自至太官行水溝，左右啓：「太官若無此水則不立。」帝決意塞之，欲南引淮流，會崩，事寢。

公宇總部

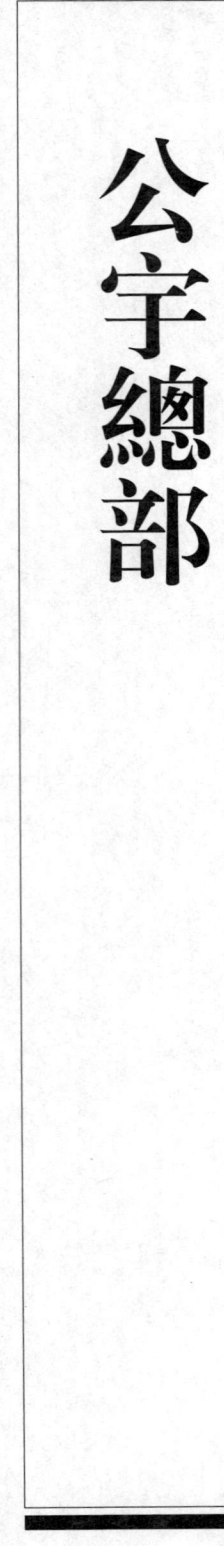

《公宇總部》提要

古代王道文化，官者不僅治民，同時也要養民，所以公共建築莫不以衙署、學校爲先。兩者均以簡約爲主，衙署主威嚴，學校主肅靜。《國語》曰：「署，位之表也。」其事體國經野，所以表率百僚、總理兆庶、示威匪徒、重飾觀瞻而已。衙署之制，自公卿、郡守乃至縣治、郵亭、傳舍，代有體制，雖繁簡不一，歷代名目有異，其佈局之法，皆外爲廳事，内置官舍，沿襲遠古前堂後寢的遺意。廳事之制，門内庭中爲正堂，兩翼爲左右邊廂，作爲官吏處理政事、平斷訴訟、延接賓客的場所。廳事之後爲舍，有庭、有堂、有園囿、有齋舍、有第宅。

先賢有云：「王者建國，莫不以建學爲先也。」上至京兆，下及郡縣，主事者莫不以興學建校爲傳世政績。古之學校，分爲官學與私學。官學，顧名思義由官方出帑、主導；私學則多以書院形式出現，多爲官督私辦，由地方士紳主導，獨立性較強。然而官學、私學建築多採用中軸對稱、縱深多進的院落佈局形式，具備講學、祭祀、藏書、生活等多重功能，體現傳統儒家「禮樂相承」的精神。不同之處，官學逼近官署，遵循傳統「左廟右學」的禮制，廟學分合，不盡一致；書院則多隱於山林，以「前學後廟」的廟學合一形式爲主。

本總部下設兩個部：一、《衙署部》，輯録歷代衙署沿革及各地官署營建的相關資料。二、《學校部》，輯録歷代官學、書院建築之沿革與營建的相關資料。

目録

衙署部

學校部

衙署部

題解

《周禮・天官・冢宰》 以八灋治官府。鄭玄注：百官所居曰府。

許慎《説文解字》卷九下《广部》 府，文書藏也。从广，付聲。

劉熙《釋名》卷五《釋宫室》 寺，嗣也。治事者嗣續於其内也。

顧野王《玉篇》卷二二《广部第三百四十七》 府，方禹切。本也，聚也，文書也，取也，藏貨也。

封演《封氏聞見記》卷五 公牙：近代通謂府廷爲公衙，公衙即古之公朝也。字本作「牙」。《詩》曰：「祈父，予王之爪牙。」祈父，司馬，掌武備，象猛獸以爪牙爲衛，故軍前大旗謂之「牙旗」，出師則有「建牙」、「禡牙」之事，軍中聽號令，必至牙旗之下，稱與府朝無異。近俗尚武，是以通呼以府爲公牙，府門爲牙門。字稱訛變，轉而爲「衙」也。《漢書・地理志》：馮翊有衙縣，春秋時彭衙之地，非公府之名。或云：公門外刻木爲牙，立於門側，以象獸牙；軍將之行，置牙竿首，懸旗於上。其義一也。

司馬光《類篇》卷二六《文九・重音十二》 府，匪父切。《説文》：文書藏也。一曰聚也。公卿牧守稱肘，道德之所聚。帑藏稱府，財物之所聚。

魏了翁《春秋左傳要義》卷五 戎朝發幣於公卿，如晉詣公府卿寺。注：朝而至卿寺。正義曰：朝於天子，獻國之所有，亦發陳財幣於公卿之府寺。如今日者，如晉時諸州年終遣會計之吏，獻物於天子，因令以物詣公府卿寺。然自漢以來，三公所居謂之府，九卿所居謂之寺。《風俗通》曰：府，聚也。公卿牧守府道德之所聚也，藏府私府財貨之所聚也。寺，司也。庭有法度，令官所止，皆曰寺。《釋名》曰：寺，嗣也。治事者相嗣續於其内。

周祈《名義考》卷四 衙門：古者，天子出，建大牙旗，故有建牙之號。《吴志》孫權作黄龍大牙，帶在軍中，視其所向。又立於帳前，謂之牙門。《公孫瓚傳》「拔其牙門」是也。唐制：天子居曰衙，行曰駕。遂謂正朝爲正衙。後通謂官府爲衙門，乃牙門之訛，不知何始？官寺日再視事謂之放衙，丁文果射覆，藹藹華華，雖無官職，一日兩衙是也。

顧炎武《日知録》卷二四 東晉太極殿有東西閣。唐制倣之，以宣政爲前殿，紫宸爲便殿。前殿謂之正衙，天子不御前殿而御紫宸，乃自正衙喚仗，繇閤門而入。百官候朝于衙者，因隨以入見，謂之入閤。《唐六典》：宣政殿之左曰東上閤，右曰西上閤。蓋中門不啓而開角門也。《爾雅》小閨謂之閤。閨，即門也。故金門亦謂之金閨。謝朓詩「既通金閨籍」。《文翁傳》：諸生傳教，令出入閨閤。師古曰：閨，閨内中小門也。太史公《報任少卿書》：身直爲閨閤之臣。而室中之門亦或用此爲稱。《後漢書・曹大家傳》：時《漢書》始出，多未能通者。同郡馬融伏於閣下，從昭受讀。是則二字之義，本自不同。《漢舊儀》曰：丞相聽事門曰黄閤，不敢洞開朱門，以别於人主，故以黄塗之，謂之黄閤。

綜述

《周禮・冬官・匠人》 内有九室，九嬪居之；外有九室，九卿朝焉。鄭玄注：内，路寢之裏也。外，路門之表也。九室，如今朝堂諸曹治事處。九嬪掌婦學之法以教九御。六卿三孤爲九卿。孫詒让疏：「外有九室，九卿朝焉」者，戴震云：「外九室，蓋九卿省其政事處也。《玉藻》曰：『朝，辨色始入，君日出而視之，退適路寢聽政。』視朝在路門外庭，凡有職於朝者咸至也。聽政在路寢，君退於路寢，以待朝者各就其官府治處，有當告者乃入也。《玉藻》又曰：『使人視大夫，大夫退，然後適小寢，釋服。』大夫退於家，君乃適小寢也。」注云「内，路寢之裏也」者，王六寢，前路寢一，後燕寢五，並在路門之内。此九室，九嬪所居，則當在后宫，蓋又在王燕寢之後。通而言之，則皆王路寢之裏也。胡培翬云：「《左傳》成十八年，諸侯夫人有内宫之朝，則后正宫之前當亦有朝。故《昏義》云『后聽内治』。九卿之九室在正朝之左右，則九嬪之九室當亦在后朝之左右也。」案：胡説是也。焦循説略同。洪頤煊云：「『九嬪九室，以外朝之法準之，九室亦當左三右六，居后正寢之兩旁。』」云「外，路門之表也」者，謂九卿之室在路門之外，路門外即治朝左右。《昏義》注云：「天子六寢，而六宫在後，六官在前，所以承副，施外内之政也。」九室即《詩・鄭風・緇衣》所謂館，鄭彼箋云：「卿士所之之館，在天子之宫，如今之諸廬也。」六卿於九室朝其屬吏，而治其職事，故亦通謂之朝。《國語・魯語》云：「自卿以下，合官職於外朝，合家事於内朝。」韋注云：「外朝，君之公朝；内朝，家朝也。」案：彼卿以下内朝、外朝，當如陳祥道、金鶚説，爲卿大夫私家之朝。若韋所云公朝，對卿之寺舍朝家臣之朝爲名，蓋即指此九室言之，與君之治朝異。亦謂之次，《宫正》「比宫中之官府次舍」，注以次爲諸吏直宿之處是也。蓋九卿入宫治事之次，與宫中諸吏同

處。若常時退直及治小事，則各於宮外之寺舍。《詩·緇衣》孔疏引鄭《舜典》注云：「卿士之私朝在國門」，《大司馬》注亦謂「古者軍將蓋爲營治於國門」，軍將即命卿也，然則九卿之寺舍不在宮中明矣。《通典·賓禮》云：「皋門之内曰外朝，近庫門有三府九寺。應門内曰中朝，中朝東有九卿之室，則九卿理事之處。朝則入而理事，夕則歸於庫門外。」案：杜謂九室在應門之東，據《朝士》「外朝左九棘，孤卿大夫位焉」，以推此經義也。然彼爲朝位，此爲治事之室，二者不足相證。又謂夕歸於庫門外，則由誤謂九卿寺舍在宮内，不足據也。云「九室如今朝堂諸曹治事處」者，班固《西都賦》云：「左右庭中，朝堂百寮之位。」此即《宮正》注所謂部署諸廬是也。賈疏云：「謂正朝之左右爲廬舍者也。」云「九嬪掌婦學之法以教九御」者，賈疏云：「《九嬪職》文。按《内宰》，王有六宫，九嬪已下分居之。若然，不得復分居九室矣。此九嬪之九室與九卿九室相對而言之，九卿九室是治事之處，則九嬪九室亦是治事之處，故與六宫不同。是以鄭引《九嬪職》掌婦學之法，則九室是教九御之所也。」云「六卿三孤爲九卿」者，《漢書·百官公卿表》云：「大師、大傅、大保，是爲三公。又立三少爲之副，少師、少傅、少保，是爲孤卿，與六卿爲九焉。」鄭注本此，《能典·職官》説同。王引之云：「鄭以六卿三孤爲九卿者，用《漢表》説也。蓋當時説經者見《周禮》屢言三公孤卿，則謂孤爲三公之副，而以《大戴禮·保傅篇》之三少當之。不知《周禮》之孤乃六卿之首，而非三公之副，其數一人而已，未嘗有三也，豈得以孤爲三，强合六卿而爲九乎？且經云『外有九室，九卿朝焉』，鄭注曰『九室如今朝堂諸曹治事處』，則九卿乃治事之官，非論道之官矣，豈得雜以論道之三少乎？經又云『九分其國，以爲九分，九卿治之』，則九卿不可闕一。若謂中有三少佐三公論道，則《文王世子》曰『三公不必備，唯其人』，假如三公闕其一，則三少亦闕其一，將所謂『分國爲九，九卿治之』者，亦必闕其一分而無人以治之，所謂九室者亦必闕其一室，而無人以涖之而可乎？若不闕三少而獨闕三公，則三少乃三公之副，未有有副而無正者也。然則九卿之中不得有三少明矣。《説苑·臣術篇》引伊尹對湯問曰：『三公者，知通於大道，應變而不窮，辯於萬物之情，通於天道者也。其言足以調陰陽，正四時，節風雨。如是者舉以爲三公，故三公之事常在於道也。九卿者，不失四時，通於溝渠，修隄防，樹五穀，通於地理者也。能通不能通，能利不能利。如此者，舉以爲九卿，故九卿之事常在於德也。是九卿之事異於三公。若謂中有三少佐三公論道，則與三公之事同在於道，不得謂九卿之事皆在於德矣。』此可知古人言九卿者，不以三少備其數也。自新莽誤以《周禮》之孤爲三公之副，而置三公司卿以放效之，且合羲和、作士、秩宗、典樂、共工、予虞爲九卿。孟堅作表，又沿其意而變其名，以少師、少傅、少保爲孤卿，合六卿爲九，於是九卿之名遂以三少厠其閒矣。鄭君注《掌次》及此，皆誤用其説；而注《王制》、《月令》、《昏義》之九卿，則不以爲六卿三孤，高誘注《吕氏春秋·孟春紀》、《淮南·時則篇》之九卿，韋昭注《魯語》之九卿亦然，蓋有所不安於班氏之説，故疑而闕之也。九卿之與六卿，增減異同，書無明證。或九卿皆有官名，如《堯典》之九官；或無官名，如晉之六卿爲三軍之帥，八卿爲四軍之帥，皆未可知。必欲於《周禮》六官之外求官名以實之，則鑿矣。」案：王説是也。《漢表》以九卿爲三少及六卿，此古文説也。《藝文類聚·職官部》引《尚書大傳》、《白虎通義·封公侯篇》並謂天子立司馬、司徒、司空爲三公，每一公以三卿佐之，是爲九卿。《春秋繁露·爵國篇》亦云「三公自參以九卿」，此今文説也。二説並與《周官》制不合。竊謂《王制》、《昏義》「九卿」，鄭注以爲夏制；《説苑》伊尹所云，則殷制也。唯《國語·魯語》爲周人述當代之法。而《月令》所説，則本《吕氏春秋》。此經作於戰國之際，故與《吕書》正同，疑春秋以後侯國僭侈之法，必非周初官制，則不當以六卿三孤强充其數矣。孤非三少，亦詳《掌次》疏。

《周禮·秋官·朝士》 朝士掌建邦外朝之灋，左九棘，孤卿大夫位焉，羣士在其後；右九棘，公侯伯子男位焉，羣吏在其後；面三槐，三公位焉，州長衆庶在其後。左嘉石，平罷民焉。右肺石，達窮民焉。鄭玄注：樹棘以爲立者，取其赤心而外刺，象以赤心三刺也。槐之言懷也，懷來人於此，欲與之謀。羣吏，謂府史也。州長，鄉遂之官。

《國語·魯語》： 文公欲弛孟文子之宅，使謂之曰：「吾欲利子於外之寬者。」對曰：「夫位，政之建也；署，位之表也；車服，表之章也；宅，章之次也；禄，次之食也。君議五者以建政，爲不易之故也。今有司來命易臣之署與其車服，而曰：將易而次，爲寬利也。夫署，所以朝夕虔君命也。臣立先臣之署，服其車服，爲利故而易其次，是辱君命也。不敢聞命。若罪也，則請納禄與車服而違署，唯里人所命次。」公弗取。臧文仲聞之曰：「孟孫善守矣，其可以蓋穆伯而守其後於魯乎！」

《後漢書·志第十九·郡國》注： 應劭《漢官》曰：尹，正也。郡府聽事壁諸尹畫贊，肇自建武，訖于陽嘉，注其清濁進退，所謂不隱過，不虚譽，甚得述事之實。後人是瞻，足以勸懼，雖《春秋》采毫毛之善，貶纖介之惡，不避王公，無以過此，尤著明也。

朱銘盤《南朝宋會要·輿服·黄閤》 三公黄閤，前史無其義。史臣按，《禮記》「士韠與天子同，公侯大夫則異」。鄭玄注：「士賤，與君同，不嫌也。」夫朱門洞啓，當陽之正色也。三公之與天子，禮秩相亞，故黄其閤，以示謙不敢斥天子，蓋是漢來制也。張超與陳公箋「拜黄閤將有日月」是也。

王應麟《玉海》卷一六九《宫室》 天子、諸侯朝位義：天子路寢門有五，其最外者曰皋門，二曰庫門，三曰雉門，四曰應門，五曰路門。路門之内則路寢也，皋門之内曰外朝。朝有三槐，左右各九棘。近庫門有三府九寺。庫門之内有宗廟、社稷。雉門之上有兩觀，連門觀外有詢事之朝。在宗朝、社稷之間，雉門内有百官宿衛之廨。應門内曰中朝，中朝東有九卿之室，九卿治事之所。

葉夢得《石林詩話》 京師職事官，舊皆無公廨，雖宰相執政，亦僦舍而居。每遇出省，或有中批外奏急速文字，則省吏偏持於私第呈押，既稽緩，又多漏泄。元豐初，始建東西府於右掖門之前，每府相對爲四位，俗謂之八位。裕陵幸尚書省，駐輦環視久之。時張侍郎文裕以詩慶宰執。元參政厚之和云：「黄閣勢連東鳳闕，紫樞光直右銀臺。」蓋東府與西闕相近，西府正直右掖門。崇寧末，蔡魯公罷相，始賜第於梁門外。大觀初再入，因不復還府居，自是相繼。何丞相伯通、鄭丞相達夫，與今王丞相將明，皆賜第，援魯公例，皆於私第治事，而二府往往多虚位，或爲書局官指射以置局，與元豐本意稍異也。

程大昌《演繁露》卷一五《殿》 《黄霸傳》：鶡雀飛集丞相府，張敞奏霸集計吏，使能言孝弟風化者上殿。則是丞相府中有殿也。許叔重曰：殿，堂也。顔師古曰：古者屋之高嚴，通呼爲殿，不必宫中。夫古今事物名稱隨世更易，顔言未必無理。然《元后傳》王根第中起土山，立兩市，殿上赤墀，户青瑣。《董賢傳》：將作大匠爲賢起大第，重殿洞門。師古於此故曰：殿有前後，僭天子制也。則不更以殿爲高屋矣。豈以殿之重復者乃爲天子禮耶？不然，何以語皆出顔，而二傳異釋也。鄭司農釋《周禮》朝士所掌「外朝」曰：今司徒府有天子以下大會，殿亦古之外朝也。司農所見，東都制也。應劭曰：丞相舊位，在長安時，府有四出門，隨時聽事。明帝時但爲東西門耳。國每有大議，天子車駕親幸其殿，殿西王侯以下更衣併存，即《周禮》「外朝」也。干寶注曰：司徒府中有百官朝會殿，天子與丞相決大事。是外朝之存者，由鄭、應、干三説合之，人臣府第乃有殿焉。則師古謂「凡高嚴之屋，皆得稱殿」似矣，而三人同辭，皆謂此殿以朝會爲名，而天子又嘗臨幸，則恐司徒未必敢以聽事也。若霸府殿正受計其上，則是相府所得專有，豈西都於此種等差，未致其察也。故魯雖諸侯王而靈光巋然，亦不以僭制而毁削也。且其得名爲殿者，以嘗受朝備臨幸，則他公府不皆有，而朝會臨幸亦止在司徒府耶。按《漢宫典儀》，司徒府與蒼龍闕對，則亦不在禁中，諸家謂古外朝在路門之外，其地亦與古應也，則是殿也雖立於司徒府，非司徒可得而有也。

方回《古今考》卷二七 紫陽，方氏曰：後鄭以雉門爲五門之中門，則庫門爲第二門，與先鄭異。雉門有閽人之譏察，則窮民不得入。庫門之内有宗廟社稷，又豈可置外朝？明外朝在庫門之外、臯門之内，而猶疑其辭。正義謂：外朝在中門外。又誤寫中字。鶴山先生著曰「中疑作庫」是也。

《明律》卷二九《工律一・營造》 凡有司官吏不住公廨内官房，而住街市民房者，杖八十。若埋没公用器物者，以毁失官物論。

徐渭《徐渭集》卷一七《作邑論》 邑設之官，凡以爲邑也，邑不作，何以爲邑耶？邑之作，必作署以居官，曰縣之署，作屬署以居屬之官，曰屬之署，作學署以居先師之神若師與徒，曰學之署。而署之寓者，官不隸於邑上隸於邑；廢者，昔常置官亦置署，今省官亦省署，故曰寓曰廢。疆域以界民，城池以衛，坊以領城之内，里以領城之外，市以貿内，鎮以貿外，津梁以兼濟其内與外，郵舍以出命於外，入命於内，警以候内，烽以候外，咸邑之所以爲邑，故統之曰作邑。

顧炎武《日知録》卷一二《館舍》 讀孫樵書，褒城驛壁，乃知其有沼有魚有舟。讀杜子美《秦州雜詩》，又知其驛之有池有林有竹。今之驛舍，殆於隸人之垣矣。予見天下州之爲唐舊治者，其城郭必皆寬廣街道，必皆正直。廨舍之爲唐舊刱者，其基址必皆宏敞。宋以下所置，時彌近者制彌陋。此又樵記中所謂，州縣皆驛，而人情之苟且，十百於前代矣。

前明所以百事皆廢者，正緣國家取州縣之財，纖毫盡歸之於上，而吏與民交困，遂無以爲修舉之資。延陵季子游於晉曰：吾入其都，新室惡而故室美，新牆卑而故牆高，吾是以知其民力之屈也。《説苑》。又不獨人情之苟且也。

漢制，官寺、鄉亭漏敗，牆垣阤壞，不治者不勝任，先自劾。古人所以百廢具舉者以此。

《〔雍正〕畿輔通志》卷二六《公署》 《周官・宫正》：掌宫中之官府、次舍。蓋公卿、大夫、士居有宅舍，而治事則於官府。士庶子宿衛者則入直有次，所居有舍，所以順人情而便事體也，舉宫中而六官之屬可知矣。鄉士掌國中，其治在國中也；遂士掌四郊，其治在四郊；縣士掌野，其治在野也。治在此則官府亦設於此。舉秋官之屬而地官之有民，治及都家之，各治其采地者可知矣。王畿之制，然則侯國視此矣，歷代相仍。官必有署，古今之通義也。而我皇上加惠臣鄰，優卹備至，凡公卿、大夫、百吏之承事於行宫者，入直之廬，聽事之所，退食更衣之舍，莫不畢具。且聖聰旁達，無微不燭。保定督臣公署，舊在城北隅，苦庳隘，特命相度肇建於城中，崇閎爽塏，規制所宜，細大必備。臣等承乏於此，實躬享其安。聖恩隆洽，所以曲體乎羣情者，自書傳以來，蓋未之有也。凡爲臣子而不思竭智盡誠，勉張其職，以仰荅高厚者，尚得自比於人也哉？故因志畿内公署而首揭斯義，俾備官者有所興起焉。

《〔雍正〕四川通志》卷二八中《公署》 古者敷政之宮闕名爲堂，躋堂之祝，《豳風》載之，嗣是則以署稱。左氏有言：署者，位之表也。其地負陽荅陰，其事體國經野，於以宣上德而涖兆民，所係綦重矣。蜀中文武公署以暨廳事廨宇，無不鱗次星列，規模悉備，豈曰飾觀，實亦治體攸崇焉。爲人上者職思其居，必也，夙夜冰兢，無忝厥職，乃不至貽誚素餐爾。《詩》曰「退食自公，委蛇委蛇」，蓋美在位者之節儉正直也，可不勉哉！

《〔雍正〕河南通志》卷四〇《公署》 國家建立藩屏，各設治事之所，自督撫以下建牙樹幢，擁旄列戟，所以表率百僚，總理兆庶，匪徒示威，重飾觀瞻而已。至於居位稱職，則存乎其人上者，進思盡忠，退思補過，使名被當時，遺愛後世，召伯之樹且猶不伐，況其室乎？臣子居其室則思盡其事，毋植苞苴以私囊槖，毋矜三窟以營門户。《詩》曰「鼓鐘于宫，聲聞于外」，《易》曰「鳴鶴在陰，其子和之」，其言至矣，可不戒哉！汴城自明季遭寇患，一切府署鞠爲沮洳。督撫藩臬寄治鄰郡，下僚或憩閭舍。承平日久，漸復舊觀。邇者高牙大纛，鱗次相望。廟堂屢下明詔，令藏官舍，以時觀省，大小臣工顧名思義，其慎之哉。

《〔乾隆〕山東通志・輿圖》卷二六《公署志》 王者嚮明出治，端拱宸居，而百官有司，亦各有堂皇以聽政，宴寢以退思，攸躋攸寧，詩人所以爲君子頌也。東省公署林立百城，其中廣隘不同基，華樸不同制，完敝不同迹，區而析之，蓋未易更僕數矣。爰仿舊志，書其衙，列其所，紀其建革。而閈閎堂廡之規模，則從畧焉。所冀蒞斯土者，由禮門履義路，游息於道德之宇，爲聖天子樹屏翰，勤保障，以不冒乎二東，固不徒區區輪奐之足尚也。作《公署志》。

公署，凡直省大小衙門，皆遵定式建造。金元以前，遠而莫稽。故明正統間，頒公署定式於天下，文武上下皆有成規。國家因明之舊，多歷年所，凡百君子皆相繼增修，幸不以傳舍視之，塈茨之勞，亦靖共之義，無足多者。舊志羅列修舉姓名，頗嫌其贅。至於倉廩之設，民命攸關，尤不可以不預。順治、康熙等年間，雖經陸續建設，而積儲既多，蓋藏益密。雍正八、九兩年，飭令各府州縣動帑興修，不勞民力。今者崇墉櫛比，衹就現在新舊間數條分縷晰，以垂永久。至常平、預備等名色，似可不必過爲區別也。因附於公署之後，蓋亦梓材肯構之意云爾。

《〔乾隆〕福建通志》卷一九《公署》 設官以爲民也，有臨政出治之所焉曰署。署者，位之表也。崇卑殊秩，修廣有度，而蠱則修飭，壯則儀型，其於隆體貌肅，觀瞻一也。是故創建必書，繕葺必書，或廢或裁必書，無非重是官。因以重是官之居，且無時無處而不寓其重之之意焉耳。雖然，其以公言何也？著協恭之義也。遷徙替代，不常厥居，而在其位，謀其政，有輔車之益焉，與夫經紀一家者異矣。《詩》云：退食自公，委蛇委蛇。又曰：鼓鐘於宫，聲聞於外。居是位者顧名思義，無視爲傳舍焉可也。諸如郵亭、客館，不能爲林宗之埽而如國僑之壞，亦不可不志也。

紀事

漢

《後漢書・志第二十四・百官志一》注： 蔡質《漢儀》曰：「府開闕，王莽初起大司馬，後篡盜神器，故遂貶去其闕。」《漢官儀》曰：「張衡云：『明帝以〔爲〕司馬、司空府〔已榮〕，欲〔復〕更〔治〕太尉府。時公趙憙也。西曹掾安衆鄭均，素好名節，以爲朝廷新造北宫，整飭官寺，旱魃爲虐，民不堪命，曾無殷湯六事，周宣雲漢之辭。今府本館陶公主第舍，員職既少，自足相受。憙表陳之，即〔見〕聽許。其冬，〔帝〕臨辟雍，歷二府，光觀壯麗，而太尉〔府〕獨卑陋〔云〕。顯宗東顧歎息曰：「椎牛縱酒，勿令乞兒爲宰。」時憙子世爲侍中，驂乘，歸具白之，憙以爲恨，頻譴責均，均自劾去，道發病亡。』」《古今注》曰「永平十五年，更作太尉，司徒、司空府開陽城門内」，與此不同。臣昭案：劉虞爲大司馬，而與太尉並置焉。

《後漢書・志第二十四・百官志一》注： 《漢官儀》曰：「王莽時，議以漢無司徒官，故定三公之號曰大司馬、大司徒、大司空。世祖即位，因而不改。」蔡質《漢儀》曰：「司徒府與蒼龍闕對，厭於尊者，不敢號府。」應劭曰：「此不然。丞相舊位在長安時，府有四出門，隨時聽事，明帝本欲依之，迫於太尉、司空，但爲東西門耳。國每有大議，天子車駕親幸其殿。殿西王侯以下更衣并存。每歲州郡聽採長吏臧否，民所疾苦，還條奏之，是爲之舉謡言者也。頃者舉謡言者，掾屬令史都會殿上，主者大言某州郡行狀云何，善者同聲稱之，不善者各爾銜

枚。大較皆取無名勢，其中或有愛憎微裁黜陟之闇昧也。若乃中山祝恬，踐周、召之列，當軸處中，忘謇諤之節，憚首尾之譏，縣囊捉撮，無能清澄，其與申屠須責鄧通，王嘉封還詔書，邈矣乎！」《周禮》有外朝，干寶注曰：「《禮》，司徒府中有百官朝會殿，天子與丞相決大事，是外朝之存者。」

《漢舊儀》曰：「哀帝元壽二年，以丞相爲大司徒。郡國守長史上計事竟，遣公出庭，上親問百姓所疾苦。記室掾史一人大音讀勑畢，遣勑曰：『詔書殿下禁吏無苛暴。丞史歸告二千石，順民所疾苦。急去殘賊，審擇良吏，無任苛刻。治獄決訟，務得其中。明詔憂百姓困於衣食，二千石帥勸農桑，思稱厚恩，有以賑贍之，無煩撓奪民時。今日公卿以下，務飭儉恪，奢侈過制度以益甚，二千石身帥有以化之。民冗食者請謹以法，養視疾病，致醫藥務治之。詔書無飾廚養，至今未變，又更過度，甚不稱。歸告二千石，務省約如法。且案不改者，長吏以〔聞〕。官寺鄉亭漏敗，牆垣阤壞不治，無辦護者，不勝任，先自劾不應法。歸告二千石聽。』十年，更名相國。」案獻帝初，董卓自太尉進爲相國，而司徒不省。及建安末，曹公爲丞相，郗慮爲御史大夫，則罷三公官。荀綽《晉百官表注》曰：「漢丞相府門無闌，不設鈴，不警鼓，言其深大闊遠，無節限也。」

五代

《新五代史》卷五〇《王峻傳》 峻於樞密院起廳事，極其華侈，邀太祖臨幸，賜予甚厚。太祖於內園起一小殿，峻輒奏曰：「宮室已多，何用此爲？」太祖曰：「樞密院屋不少，卿亦何必有作？」峻慚不能對。

王溥《五代會要》卷五《太寧宮》 晉天福二年五月，御史臺奏：「汴州在梁室朱氏稱制之年，有京都之號。及唐莊宗平定河南，復廢爲宣武軍。至明宗行幸之時，掌事者因緣修葺衙城，遂挂梁室時宮殿門牌額，當時識者咸竊非之。一昨車駕省方，暫居梁苑，臣觀衙城內齋閤牌額，一如明宗行幸之時，無都號而有殿名，恐非典據。臣等竊惟秦、漢以來，寰海之內，鑾輿所至，多立宮名。近代隋室于揚州立江都宮，太原立汾陽宮，岐州立仁壽宮；唐朝于太原立晉陽宮，同州立長春宮，岐州立九成宮。宮中殿閣，皆題署牌額，以類皇居。請准故事，於汴州衙城門權挂一宮門牌額，則其餘齋閤，並可取便爲名。」敕：「行闕宜以太寧宮爲名。」三年十月敕：「汴州昇爲東京，其太寧宮門樓宜以顯德爲名。」

宋

龐元英《文昌雜録》卷三 元豐五年七月，始命皇城使、慶州團練使宋用臣建尚書新省。在大內之西廢殿前等三班，以其地興造。凡三千一百餘間。都省在前，總五百四十二間。中曰令廳，一百五十九間。東曰左僕射廳，九十六間。次左丞廳，五十五間。次左司郎中廳，二十間。次員外郎廳，二十間。西曰右僕射廳，九十六間。次右丞廳，五十五間。次右司郎中廳，二十間。次員外郎廳，二十間。其後分列六曹，每曹四百二十間。東南曰吏部尚書廳，在中，六十四間。次侍郎廳，四十間。其東曰郎中廳，四十九間。次員外郎廳，三十四間。後曰司勳郎中廳，三十四間。次員外郎廳，三十四間。其西曰司封郎中廳，四十九間。次員外郎廳，三十四間。後曰考功郎中廳，三十四間。次員外郎廳，三十四間。其北曰户部，度支、金部、倉部在焉。又其北曰禮部，祠部、主客、膳部在焉。西南曰兵部，職方、駕部、庫部在焉。其北曰刑部，都官、比部、司門在焉。又其北曰工部，屯田、虞部、水部在焉。並如吏部之制。廚在都省之南，東西一百間。華麗壯觀，蓋國朝官府未有如此之比也。

李燾《續資治通鑑長編》卷一七七《仁宗》 〔至和元年九月〕乙丑，詔：「比聞差官繕修京師官舍，其初多廣計工料，既而指羨盈以邀賞，故所修不得完久。自今須實計工料，申三司。如七年内隳損者，其監修官吏及工匠，並劾罪以聞。」

《宋史》卷一五四《輿服志六》 臣庶室屋制度。宰相以下治事之所曰省、曰臺、曰部、曰寺、曰監、曰院，在外監司、州郡曰衙。在外稱衙而在内之公卿、大夫、士不稱者，按唐制，天子所居曰衙，故臣下不得稱。後在外藩鎮亦僭曰衙，遂爲臣下通稱。今帝居雖不曰衙，而在内省部、寺監之名，則仍唐舊也。然亦在内者爲尊者避，在外者遠君無嫌歟？私居，執政、親王曰府，餘官曰宅，庶民曰家。諸道府公門得施戟，若私門則爵位穹顯經恩賜者，許之。在内官不設，亦避君也。凡公宇，棟施瓦獸，門設梐枑。諸州正牙門及城門，並施鴟尾，不得施拒鵲。六品以上宅舍，許作烏頭門。父祖舍宅有者，子孫許仍之。凡民庶家，不得施重栱、藻井及五色文采爲飾，仍不得四鋪飛簷。庶人舍屋，許五架，門一間兩廈而已。

《宋史》卷二八四《宋庠傳》 庠初名郊，李淑恐其先己，以奇中之，言曰：「宋，受命之號；郊，交也。合姓名言之爲不祥。」帝弗爲意，他日以諭之，因改名

庠。寶元中，以右諫議大夫參知政事。庠爲相儒雅，練習故事，自執政，遇事輒分别是非。嘗從容論及唐入閤儀，庠退而上奏曰：「入閤，乃有唐隻日於紫宸殿受常朝之儀也。唐有大内，又有大明宫，宫在大内之東北，世謂之東内，高宗以後，天子多在。大明宫之正南門曰丹鳳門，門内第一殿曰含元殿，大朝會則御之；第二殿曰宣政殿，謂之正衙，朔望大册拜則御之；第三殿曰紫宸殿，謂之上閤，亦曰内衙，隻日常朝則御之。天子坐朝，須立仗於正衙殿，或乘輿止御紫宸，即喚仗自宣政殿兩門入，是謂東、西上閤門也。以本朝宫殿視之：宣德門，唐丹鳳門也；大慶殿，唐含元殿也；文德殿，唐宣政殿也，紫宸殿，唐紫宸殿也。今欲求入閤本意，施於儀典，須先立仗文德庭，如天子止御紫宸，即喚仗自東、西閤門入，如此則差與舊儀合。但今之諸殿，比於唐制南北不相對爾。又按唐自中葉以還，雙日及非時大臣奏事，别開延英殿，若今假日御崇政、延和是也。乃知唐制每遇坐朝日，即爲入閤，其後正衙立仗因而遂廢，甚非禮也。」

徐松《宋會要輯稿》第一八八册《方域四·官廨》　太祖乾德六年二月，詔曰：郡縣之政，三年有成。官次所居，一日必葺。如聞諸道藩鎮郡邑府廨、倉庫等，凡有損處，多不繕修，因循歲時，漸至頹圮。及僝工而庀役，必倍費以勞民。自今節度、觀察、防禦、團練使、刺使、知州、通判等罷任日，具官舍有無破損及增脩文帳，以次交付，仍委前後政各件析以聞。其幕職、州縣官俟得替日，據曾葺及刱造屋宇，對書新舊官曆子，方許給付解由。損壞不完補者殿一選；如能設法不擾人整葺，或刱造舍宇，與減一選，可減者取裁。

太宗淳化三年六月，詔曰：國家並建庶官，分領衆職，思不出位，無相奪倫。儻罔循於詔條，何以謹於官業。如聞近降指制敕，遺逸頗多，或有釐革刑名，申明制度，多所散失，無[以]講求。以至議法之司，治獄之吏，多稽緩而不決，致論報以後期，久繫狴牢，有傷和氣。自今諸道州、府、軍、監、縣等，應前後所受詔敕，並藏於敕書樓，咸著於籍，受代日，交以相付。仍於印紙南曹曆子内批書，違者論其罪。

真宗咸平四年四月，置朝集院於朱雀門外，凡百餘區。真宗以朝臣外任代還者寓於逆旅，故置焉。尋覆罷之。

景德元年正月，詔：諸路轉運司及州縣官員、使臣，多是廣修廨宇，非理擾民。自今不得擅有科率，勞役百姓。如須至修葺，奏裁。八月，詔西川諸路巡檢兵士，令逐處州軍造廨宇、營壁以居之。先是，上封者言，川陝巡檢兵士自來不許脩造廨宇，多分泊道塗，深所非便。故有是詔。

二年七月，詔：今後應有舊管廨宇、院宅舍、寺觀、班院等，乞刱添間例及欲隨意更改，並權往修。如特奉朝旨，即得修造。

三年六月，詔：近日京中廨宇營造頗多，匠人因緣爲姦利，其頻有完葺，以故全不用心，未久復以損壞。自今明行條約，凡有興作，皆須用功盡料。仍令隨處誌其修葺年月、使臣工匠姓名，委省司覆驗。他時頹毁，較歲月未久者，劾罪以聞。八月，詔：應出使朝臣、使臣，多是不奉宣敕，便於所在州軍行牒取索工匠、丁夫、物料等，修蓋屋宇。宜令諸路轉運司者指揮逐處未得依禀。若須合應副，即事訖，具人數并物色名件，實封以聞。先是，帝曰：近聞鄆牧放使臣以完葺廨宇爲名，多於本州擅役工匠、丁夫。此乃知者，不知者固亦多矣。可降條約。故有是命。

大中祥符元年十月，詔：賜兖州府宇門名，曰「回釜覃慶樓」。

四年二月，詔改河中府克覆樓曰薰風。樓在市中，唐廣明歲，節度使王重榮敗黄巢僞將趙瑋、李祥，嘗誓衆於此，因爲名。帝曰：克復者一時之事，不若因舜都爲之號。乃賜名焉，命陳堯望爲記。三月，帝祠汾陰回，幸陝州，御府南門樓，宴從父老，名其樓曰「霈澤惠民」，移御行宫水心亭北樓，及望河亭，觀山川形勝，賜運船卒時服。

六年七月，詔：如聞州府公宇亦多損壞，以赦文所禁，不敢興葺。自今有摧，但無改作，聽依舊制修完。

仁宗天聖七年三月，詔：光禄寺屋宇撥併與崇因院，却以保康門裏宫舍四十餘間充本寺公宇。除合置貯管果子及銀沙羅、賣食等庫屋宇并架閣文書司房外，依司農、太府寺例，許本寺官屬充廨宇居止。

八年十一月，詔：聞諸處監當京朝官、使臣、幕職、州縣官多無廨宇，或借民舍而居，或即拘占館驛，深爲非便。自今量撥係官舍屋，令其居止。皇祐三年十一月，帝謂輔臣曰：諸轉運司、提點刑獄廨宇，同在一州，非所以分部按舉也，宜析處别州。仍條巡察之令以付之。

英宗治平三年六月十九日，三司言：乞令後應在京官司，如元無官員廨宇，及雖有局所，本非官員居止去處，並不許輒有陳乞指射係官廨宇、宅舍及倉塲、庫務空閑舍屋居止，并創行添展。如違，委自省司執奏。從之。治平四年十一月，神宗即位，未改元。詔：今後諸處官員廨宇，不得種植疏菜出賣，祇許供家

食用。事具《職田門》。十二月十四日，詔：諸路州軍庫務、營房、樓房櫓等，繕治如舊外，其廨宇、亭榭之類，權住修造二年。違者，從違制科罪。

神宗熙寧七年正月一日，詔：官員廨宇内外舊有空地，或園池係本廳者，遂時所出地利聽收。

八年二月十二日，三司言：在京官局多援例指射官屋、軍營、廨舍，并乞破賃宅錢，轉相倣傚，有增無減。宜一切禁止。從之。元豐元年八月十六日，詔京東路轉運司，齊州章邱縣被水，修城、倉庫、官舍，並給省錢。

七年正月十八日，廣南西路轉運判官許彦先言，本路提舉常平等事劉誼於桂州治廨舍，費官錢萬緡。轉運使張頡等不切覺察。詔轉運司張頡、陳倩，副使苗時中、馬默、朱初平、吳潛，判官朱彦博、謝仲規，各罰銅二十斤。

哲宗元祐八年十二月二十五日，户部言：檢會治平四年十二月四日朝旨節文，應今後諸處官員廨宇内及職田，更不得種植疏菜出賣，其廨宇内菜圃祇許供家食用。自熙寧編敕，别無約束。今欲乞應官員廨宇内外并公使庫菜圃，並依治平舊條，除供食外，更不得廣有種植出賣。如願召人出租斷佃者，聽。從之。

紹聖元年三月六日，詔：今後管軍臣僚在外任者，更不許於在京指占營房、廨宇居止。亡殁之家，亦不得陳乞於軍營寄住。今殿前司告示，限一月搬出。五月十三日，詔：應提舉官並隨所在舊來廨宇居住，不得創行脩蓋。如實損壞，方許隨事修葺。

元符三年九月二十二日，徽宗即位，未改元。工部狀：無爲軍乞修廨舍；并河北、京東路轉運司、齊州狀，並乞修官員廨舍等事。尚書省檢會近降朝旨，災傷路分，除城壁、刑獄、倉庫、軍營、房廊、橋道外，所有諸般亭館、官員廨舍之類，並令權住二年修造。令勘當，自降旨揮後來不住，據諸路州軍申請稱，官員廨舍内有破損，不堪居住，一例權住二年，不唯轉更損壞材植，兼慮官員無處居住。詔：如委實損壞，仰轉運司因舊補葺，即不得别有刱增改易，及搔擾民户。餘並依已降朝旨施行。

徽宗大觀二年十二月三十日，從侍郎方康劄子：伏覩朝廷設教授之官，于今六年，州郡尚有不置教官、廨宇之處，盡室寓於僧院。詔：州教官未置廨宇去處，並令用學費錢修蓋。

政和三年正月六日，淮南轉運司奏，政和二年六月八日朝旨，吏部與重修敕令所同共講，究到分曹建椽旨揮，數内增置曹合要廨宇，除獄官外，欲依次第從上撥充。謂如簽判廨宇第一即與司銀節推，廨宇第二即興士曹參軍之類，許踏逐在州諸司所管屋宇充。合出賣，不合出賣同。又，即兼修蓋，諸曹參軍不得過職官，椽不得過判司，廨宇數少者隨宜。詔從之。六月二十日，尚書省勘會，營自當嚴肅，不許安下。訪聞近來多有得替待闕，或見任官於諸軍營内，不以有無婦女，充廨宇安下，顯有交雜不便。詔諸軍營不以有無婦女，並不許官員及諸色人安下。八月十日，太傅、鳳翔山南西道節度使、鳳翔牧兼興元牧、上柱國越王偲奏：契勘本府舍屋前後堂等例各走樌，自大觀四年十月内，本府逐次申尚書工部等處，差人前來修整。至當年十二月内，有勾當西八作司趙不儉將帶壕寨等赴府檢計了當，至今未見差撥人匠赴府。其堂近因雨水，轉更走樌，乞下所屬計料脩整。詔依所乞，仍令催貨，務支錢一萬貫文應副。十二月十二日，臣僚言：伏覩見任官廨宇内外空地，各有所出地利物，於條聽收。訪聞諸州、軍、鎮、寨等處，緣有上條，往往務廣蔬圃，多占人兵，不唯侵奪細民之利，而又抑勒白直等人田散貨賣，不無陪備之患。乞有立法禁止，或限定數目，如圭田之制。令監司當切覺察，按劾施行。詔令尚書省立法，今擬修下條：諸在任官以廨宇外官地、園池之類，謂其屬本蘇廳以地利者，營種輙收利，徒二年；或雖應收地利而私役公人者，加本罪一等。上條合入《政和禄敕》。從之。

宣和三年五月八日，尚書省言，諸州貢院、諸路提舉學事管勾廨吏舍等，詔除合措置作轉般倉外，餘路令轉運司拘收措置，充係省房廊。如不可充房廊，撥充官局，或見闕廨宇官廨宇。

七年十二月五日奏。陝西轉運使王倚奏：條具到所部無名之費數内，外路官司爲有廨舍前後相承，增修不已；或巧爲名目，多作料數。州縣一面勘請，或肆行檢計，動數千緡，諸司直牒取授，莫可檢察。欲望特賜誡約。講議司看詳：官司廨舍修造之費，在法許支頭子錢，三十貫以下，本州支訖，申轉運、常平司分認。今來王倚所奏，切恐其間却有委實損壞倒塌去處，支月不足。欲令諸州修廨宇費用官錢，歲不得過三料，餘依所乞。仍不待侵支正錢。若巧作名目，多作料數支給，仰監司按劾聞奏。諸路依此。詔從之。高宗建炎四年二月，德音：應緣金人或賊盗燒毁州縣，除城池、倉庫外，其餘官舍未得修葺，務在息民。如違，許人户越訴。四月二十五日，提舉江南西路茶鹽公事汪思温言，本司廨舍元在洪州，遭人燒燬，欲權於撫州置司。從之。九月七日，詔：殘破州縣廨宇，除緊要治事處許隨宜修蓋，應閑慢脩造並住。

紹興二年正月二十九日，知臨安府宋煇言：昨得旨，將府學改充府治，方造廳屋并廊屋三兩間。而本府日有引問勘鞫公事，合置當直司、簽廳、使院諸案未有屋宇。詔：州治有刑獄司分，特許脩蓋。時有詔，訪聞行在係官修造去處甚多，可日下並罷。故申明云。閏四月八日，詔賜紹興府行宮復作州治。上云：方艱難時，宜惜財用。若不賜與，須別建府第，亦煩費矣。

三年三月一日，詔以兩浙轉運司兩廨舍，充新除參知政事席益、簽書樞密院事徐俯府第，其退下位次却充本司廨宇。五月七日，輔臣言：大宗正司將至行在，南班宗子所居，當作屋百間。上曰：近時營宇之令一下，百姓輒受弊者，蓋緣郡縣便行科配。若物和買，則費與役，民不與知。可令有司具其一切調度以聞。

四年二月一日，臣僚言：自來官司廨宇，皆以所管職事爲名，其下便爲治所，未有無職事而得廨宇者。近詔臨安府舊祇候等庫屋添修，充張公裕廨宇。契勘公裕係同管客省、四方館、閤門公事，兼總領海舡。客省、閤門等職事見在禁中，從舊不冒別置廨宇。兼客省、閤門官非止公裕一名，公裕應得，他人皆可得也。若以總領海舡爲名，則其職事係在明州，於行朝別無所治，豈有置廨宇於此，而遥領職事於彼者。況舊祇候庫已改作户部襍賣場，今若添修充公裕廨宇，其襍賣場須別踏逐，不唯公裕居之無名，而更添修土木，煩費實多。乞將前降旨揮速賜寢罷。從之。

六年六月十九日，詔：應承受修造舍屋，及添修舟舡官私司，所料工物錢，如輙敢依前虚椿大料，官吏並重作施行。

十一年三月七日，德音：壽春府、廬、濠、滁、和、舒州、兼爲軍，應官舍曾經兵火燒燬處，除倉庫、刑獄量行修葺外，其餘並未得修葺。一年後，許申取朝廷旨揮，仍不得擅行支撥應付諸般使用。九日，臣僚言：近聞臨安府營不一，創置職事官廨宇既十餘所，而仁和等縣應者各十數處，其間補弊增新者又不知其幾也。夫一椽一瓦，非天降地湧，皆出於民力。在承平農隙之時，以次興修，優游不迫，民猶告病，況此軍興、農務之際哉！兼聞明州細民艱食，間有流移，而本州方興工修造州衙及鼓角樓，衆口怨讟。乞降指揮，除屋舍頹弊合修整外，並放罷役。兼契勘承平時，在京職事官多無廨舍，住任官有廨舍，而新舊交承，不容他官居占。近來臨安府應副職事官廨舍，乃更互相指占，移易不已。乞詔職事官並以見占屋宇爲廨舍，更不許易。從之。

二十五年八月十七日，上謂輔臣曰：向來韓世忠納宅，當時令移左藏庫及倉，欲以倉基造二府以處執政。此祖宗故事。今各散居，非待遇之體。所降旨揮已三年矣，轉運司猶未施行，可呼至都堂，傳旨催促，並要日近了畢。合用物料、工錢，於御前請降，不得科敷。

二十六年正月九日，新建執政府三位，詔令選入。東位魏良臣，中位沈該，西位湯思退。二十四日，殿中侍御史周方崇言：州縣遇有修造所需物料，或以和買爲名，取之百姓，其官司未必一一支還價錢。土木之工，費用爲多，以此擾民，深恐未便。乞委監司常切約束州縣，無致搔擾。或有違戾，按劾以聞。從之。

孝宗隆興二年二月十六日，德音：楚、滁、濠、廬、光州、盱眙、光化軍管內，并揚、成、西和州、襄陽、德安府、信陽、高郵軍，應官舍、刑獄曾經兵火燒燬去處，許行修蓋整葺外，其餘並未得興工。候及一年，逐旋申取朝廷旨揮，不得擅起夫搔擾。五月十一日，淮西宣諭使王某奏，前都統制邵宏淵所居屋宇，乃王權舊宅，見都統制別無廨宇，合將王權舊宅賜都統制司，永充廨宇。從之。二十三日，詔：臨安府具到修蓋環衛官宅子圖，內三十間，蓋二位，以待正任觀察使以上；二十間，蓋四位，以待正任防禦使、遥郡觀察使以上；一十七間，蓋四位，以待餘環衛官。不得別官指占。

乾道元年九月二十六日，詔：思平郡王璩所府第，令與見今提舉衙兩易。令紹興府將新換提舉衙如法添脩排辦，應副思平郡王璩居住。

二年五月二十三日，知臨安府王炎奏，欲乞將懷遠驛地基刱行蓋造廨舍五所，專充臺諫官住屋，不許指占。從之。

四年三月十三日，詔：禮物局如將來空閑，令周淙將上件屋宇同嗣濮王見住宅子，一併撥賜濮王士輵久遠居住，仍量行修葺。

七年三月四日，詔：令張松於建康府城內都統司空閑寨地六段內，撥一處蓋屋一千間，充馬軍廨舍。

淳熙六年十一月二十七日，詔：臨安府修葺六部架閣庫屋，其主管官員居止，令就庫側兑換廨舍，使朝夕便於檢校，以防文書疎失。從吏部尚書周必大請也。

七年三月二十七日，詔：大慶觀巷內樞密院充故皇子魏王府第，其樞密知院府第以朝天門裏天慶觀西先撥賜李顯忠宅。五月十一日，詔：臨安府修蓋大

理寺評事廨宇，以刑部尚書謝廓然言，獄情貴乎嚴密，評事散居於外，乞以本寺空地創廨宇。故有是詔。七月二十一日，詔：廣西路提刑移司鬱林州，起造廨舍，合月錢，令轉運司應副五千貫。先是，本路提刑徐詡奏，本司舊置容州，移鬱林州。得旨，令安撫使劉焞、運判梁安世同共相度以聞。故有是命。

八年八月二十八日，詔：臨安府於大理寺修蓋治獄王丞廨舍。從臣僚請也。九年二月二日，詔：大理寺於本寺內修蓋斷刑官廨舍。以大理卿潘景珪言，乞將本寺空地自行蓋造，故有是命。

淳熙十六年三月六日，詔：大理司直、寺簿並就寺居止。仍令臨安府於仁和縣後花園內空地，蓋造廨宇兩所。

紹熙二年正月二十八日，兼知臨安府潘景珪言：本府籍定百官廨宇，其來久矣。向者師臣嘗有申請，分而爲三，侍從兩省官爲一等，卿監、郎官、省官爲一等，寺監承簿以下爲一等。比年以來，遷易無常，因而殺褫。乞將本府廨舍依舊分爲三等，自今後遇空閑，若元係侍從、兩省官及臺屬廨舍，並行存留，以俟朝廷除擢，應副居止。從之。

元

《元典章》卷五九《工部二・造作二・公廨》 隨處廨宇。尚書右三部呈奉到都堂鈞旨，送本部擬定隨路、府、州司、縣合設廨宇間座數目：總府廨宇：已有廨宇，不須起蓋。有損壞處，計料修補。正廳一座，五間，七檁六椽。司房東西各五間，五檁四椽。門樓一座，三檁兩椽。州廨宇：正廳一座，五檁四椽。并兩耳房各一間。司房東西各三間，三檁兩椽。

縣廨宇：廳無耳房，餘同州。

修造館驛、廨宇。至元五年八月，中書右三部呈，奉中書省劄付，爲隨路支破官錢議到事理內一欵，修造館驛、廨宇。本部參詳，今後若有須合修補、添造，計料備細，合該相應實直價錢，保結申奉到合于上司許支明文，然後支遣。若有緊急須合動支，不過五兩，就便支遣，隨時申覆。

修理係官房舍。至元二十三年七月，行御史臺據浙西道按察司申，照得本道所轄八路係官房舍甚多，皆是亡宋官員廨宇及斷没逃避房屋，皈附經今一十餘年，隨路官司不曾修葺，即目多有崩摧去處。若不修理，久而倒塌，損壞官物。除已移牒各路將應管係官房舍倒塌去處從實計料，就便申覆，合于上司照詳外，卑司切詳，不惟浙西一道，其江南州郡亦係一體，合無遍行合屬計料修理，似爲不致日久損壞官物。憲臺除外，仰照驗施行。

置庫收係官物，至元二十一年十一月，行御史臺劄付監察呈：體知得亡宋歸附之後，所在府州司縣係官廨宇、館驛、園圃、亭閣，各有什物，不移而具。近年以來，遷轉官員禮任之初，因而借用，及去任之日，私載而歸，以致十去八九，闕用不敷。或因公宴及使臣安歇，一床一卓，未免假動四隅，科擾百姓。乞照詳憲臺仰體覆，在前遷轉官員使臣人等，將各處府州司縣係官廨宇、館驛、園圃、亭閣應頓物件，若有借使或私載還家，就便追理施行。仍行移合屬官司，將應有係官房舍元有什物查照舊來數目，委自正官提調置立文簿拘籍，別立什物庫，分於上刊寫字號，令人專一掌管，依理公用，相沿交割，不得似前搬移，時有損壞。奉此合下，仰照驗施行。

見任官住官舍自合修理。大德七年閏五月二十四日，准中書省咨：河南行省咨江陵路申，遷轉見任官員住坐係官房舍損壞，自備工物修理，迤漸倒塌，實爲可惜。若與各衙公廨、倉庫、局院等房一例，於係官房地錢內支撥修理，實爲相應。咨請定奪。准此。送户部照擬得，見任官員住坐官房，若有損壞，合令各官自備工物修理，須要堅完，任滿相沿交割。如蒙准呈，遍行照會相應都省，准擬咨請，依上施行。

體察公廨。大德七年十二月二十一日，行臺准御史臺咨，來咨監察御史呈，切見各路州縣亡宋公廨年深，雖有損壞，不行申准上司，公然勾集入户，敷派蓋造，一切費用，皆取於民，百姓無可伸雪。廉訪司署不體察，嚴加察治。乞賜遍行禁止，誠爲便益。得此，本臺看詳：今後各處廨舍，年深損壞，依例修理。非奉上司明文，無得似前科取於民，刱行添蓋起造。擬合禁治，令監察御史廉訪司常加體察。准此。照得各處修理公廨，已有定例。擅取於民，合行究問，咨請照驗施行。

佚名《元通制條格》卷三〇《營繕・官舍》 大德十一年正月，中書省工部呈：都城所申大都裏外諸處倉庫、局院、百司公廨、會同館驛并一切係官房舍，連年損壞，去失磚瓦木植等物，下年又行添補，虚費官錢，勞役軍匠，蓋是看守軍官、頭目人等不爲用心，縱令諸人拴繫牧放頭疋，踏踐損壞磚瓦木植，又有不畏公法之人通同暗遞偷盜，合行禁治。本部參詳，如準所擬，令看守軍官人等常川巡禁，毋致損壞。當該官員得代之日，明白交割，儻有不完去處，驗事輕重究治。

都省准呈。

佚名《元官制雜記·翊正司》 至元三十一年八月，阿忽台等稟：御位下民匠，散亂無統紀，請立一總管府，命塔剌海爲首以總之。奉旨准。乃立公廨，後改爲翊正司。正廳三間，長五丈，深二丈五尺，四椽。兩耳房兩間，東西司房各三間，長四丈五尺，深一丈七尺。門一間。正局七間，長十丈，深四丈三尺。東局七間，長十丈，深二丈四尺，四椽。西局七間，深廣如東局。南局十八間，長二十三丈九尺，深三丈，四椽。

佚名《元官制雜記·大司農司》 大司農司。大德八年十二月四日，本司官集議，爲無公廨，止於舊吏部内署事。本司所領天下農桑及供給内府，不爲不重，未備廨宇，誠失觀瞻。移文左警巡院，置買蓬萊坊王同知宅一區作公廨。至大四年，添建西架閣庫三間。凡用赤栝方木三十一，檩五十，椽二百六十二，條甎三萬八千五百，板瓦五千五百五十，連溝瓦三百七十，壓簷尺六甎一百五十副，溝四百五十，脊條二千五百，改樣磨甎二百五十，貓頭瓦十五，掛當一百二十副，長短重脣一百副，石灰二萬五千斤，青灰二百斤，麻刀十三稱，穰草五十七束，葦箔七十，大小丁一千六百二十四，門鈸曲戌鐶八副，肘葉四，平蓋丁三十六。木工一百七十四，泥工一百七十四，夫工三百七十九。延祐六年竣。建東架閣庫三間。凡用赤栝方木三十三，檩七十七，椽二百，尺二條甎二萬六千，石礎十二，副溝三百，尺二板瓦五千三百，合脊連溝四百五十，條甎二百八十，□頭六，長短重脣一百副，碎甎瓦三十載，葦箔六十六，穰草一百五十束，石灰八千八百八十二斤，麻刀二百六斤，煤十五斤，柴膠三斤十二兩，五寸捏頭丁一千五百，三寸半捏頭丁一千五百，□條六。木匠一百九十二，泥工二百一十，夫工三百九十。正廳三間，長三丈二尺，深三丈三尺，高二丈五尺。左右翼室二間，廣一丈六尺，高二丈。東西司房各三間，每間廣一丈五尺，深一丈二尺。佛堂一間，廣一丈二尺，深如之，高一丈五尺。前後臨街房十五間，每間廣一丈五尺，深一丈二尺。門連西廂房四間，每間廣一丈六尺，深一丈二尺。西架閣庫三間，長三丈九尺，深一丈六尺，高二丈二尺。東架閣庫三間，高廣同上。供膳司正房三間，長三丈九尺，深一丈七尺，高二丈二尺。東西司房各二間，每間廣一丈五尺，深一丈二尺，高二丈。閈一鍚房。正房三間，每間廣一丈五尺，深一丈二尺，高二丈二尺。東西司房各三間，高廣之制同正房。麻泥房。正房三間，每間廣一丈六尺，深一丈三尺，高二丈二尺。東西四房廣一丈五尺，深一丈二尺，高二丈二尺。籍田署，至元八年立。二十三年十一月二十日稟：籍田署牆屋極壞，請令修補之。奉旨准。本署言照至元八年元科，裏牆建大門三間，外牆建小門一間，廳屋三間，在後外牆上立櫺星門，其餘門廳，至今未建，乞爲營造。至三十一年，大司農司移文工部。元貞元年正月興工，六月工畢，凡爲工二百六十有八。正廳三間，長三丈四尺，深一丈四尺，高一丈八尺。用梁木四，柱木八，檩六，椽三百五十四，寸丁五十，鉤四，雜丁二百，條甎一千，甎坯一千七百，連簷瓦二百三十副，溝瓦二百五十，瓦二千五百五十，脊條瓦二千一百，石灰二千九百斤，麻刀五十稱，青灰三百五十斤，膠三斤半。櫺星門二，各高二丈一尺，廣一丈。凡用方木十四，二寸半丁八十，平蓋丁八十，簝鋼四，鐵葉閥閱串項四，石礎二十二。

熊夢祥《析津志·朝堂公宇門》 中書省，在大内前東五雲坊内。

外儀門，近麗正門東城下，有都省二字牌扁。

中儀門，中通五雲坊、萬寶坊，東西大街，兵衛戟仗。

内儀門，三門，中、左、右。

省堂大正廳，五間。東西耳房，寬廣高明，錦梁畫棟，若屏障牆。耳房畫山水林泉，粲然壯麗。由廳後入穿廊，又名直舍。

穿廊，五間。舍之左右，咸植花果雜木。

正堂，五間。東西耳房。春冬東耳房，夏秋西耳房，於内署省事。太子位居中。居正中，有闌楯繞護。堂後有花木交蔭石看山。次從屋，又有小亭。

斷事官廳，三間。

參議府廳，三間。

西右司廳，三間。

東左司廳，三間。

左右提控掾史幕司，學相廳前，三間，向北一間□也。

左右屬司幕司，三間。

東檢校廳正廳，三間。

西架閣庫正廳，三間。東西司房六間。

外儀門，六部在内西會同館。

中儀門，高門垣牆整峻。

内儀門，東西有官曹馬厩，門三，分左右廊幕。

擁道，與月臺接，寬廣，上有題名記。

箔水，即曝。

正廳，五大間，東西耳房。

穿廊，五間，左右花果，松栢，夜合花，合歡花樹。

正堂，五間。

左右司、參議府、庫、堂食局、省屬幕照磨。

管勾，左右北二省，大略已見於此。至於分野沿革，備細見於城制内，不重述。

南省、北省，金朝時乃二税賦宰相之莊，有曰南相莊、北相莊。我朝爲二省，乃知地氣之王而不歇者如此。

樞密院，在東華門過御河之東，保大坊南之大御西，涖軍政。

外儀門，門之内俱是諸衛。【略】

中儀門。

内儀門，中、左、右。

正廳五間，穿廊五間，正堂五間，東西耳房。院官於内署事，春冬在東耳房，夏秋在西耳房。内太子位居中，以朱漆闌楯四圍護之。堂後二亭。

參議府，廳事，左右司相孟兩廊幕府，一如中書省制。

明

《明太祖實録》卷一四四　（洪武十五年夏四月）己丑，命羽林等衛造軍士廬舍二千間，每十間爲連，間廣一丈二尺，縱一丈五尺。

《明太祖實録》卷一九五　（洪武二十二年二月）乙卯，命荆州左護衛并黄州、常德、岳州、沅州、靳州、武昌諸衛，各造營房三千間，以居韃靼軍士。

《明英宗實録》卷四一　（正統三年夏四月乙卯）增造行在　軍器局廠房二百二十間。

《明英宗實録》卷九一　（正統七年夏四月癸卯）建宗人府、吏部、户部、兵部、工部、鴻臚寺、欽天監大醫院於大明門之東，翰林院於長安左門之東。初，各衙門自永樂間皆因舊官舍爲之，散處無序。至是，上以宫殿成，命即其餘。工以序營建，悉如南京之制。其地有民居妨礙者，悉徙之。

《明英宗實録》卷九五　（正統七年八月）癸巳，建中、左、右、前、後五軍都賢，太常寺、通政司、錦衣衛各衙門於大明門之西，行人司於長安右門之西。以是日興工，遣工部尚書王巹祭司工之神。

《〔萬曆〕明會典》卷一八七《工部七・公廨》　凡修理公廨，洪武二十六年定：凡在京文武衙門公廨，如遇起蓋及修理者，所用竹木、甎瓦、灰石、人匠等項，或官爲出辦，或移咨刑部都察院差撥囚徒，著令自辦物料人工修造。果有係干動衆，奏聞施行。永樂二年奏准：今後大小衙門，小有損壞，許令隷兵人等隨即修葺。果房屋倒塌，用工浩大，務要委官相料，計用夫工物料數目，官吏人等保勘，申部定奪修理。弘治元年奏准：今後各衙門，但有門窗等項損壞，原物見在者，官爲出料修理；原物不在者，就令經該官吏及看守之人出料自陪修理。嘉靖二十三年題准：各衙門應修理者，小修用銀一百兩以下，大修五百兩以下，估計到部，動支節慎庫官銀，上緊修理。以工完日爲始，小修以三年爲限，大修以五年爲限，不得先期輒便議修。又議定：各有錢糧衙門損壞，工部委官估計物料，轉行動支無礙銀兩，徑自修理。惟原無錢糧者，工部議估興工。

孫承澤《春明夢餘録》卷二三《内閣一》　大學士直舍，所謂内閣也。在午門内東南隅外，門西向，閣南向。入門一小坊，上懸聖諭。過坊即閣也。初制，規模甚狹。嘉靖十六年，命工匠相度，以文淵閣中一間，恭設孔聖暨四配像，旁四間各相間隔，而開户于南，以爲閣臣辦事之所。閣東，誥敕房，裝爲小樓，以貯書籍。閣西，制勅房。南面隙地添造捲棚三間，以處各官書辦，而閣制始備。其職掌：入内閣，預機務，出納帝命，率遵祖憲，奉陳規誨，獻告訏猷，點簡題奏，擬議批答，以備顧問，平庶政。不得專制九卿事，九卿奏事亦不得相關白。

王褘《王忠文集》卷九《義烏縣興造記》　今天子既正大統，務以禮制匡飭天下，乃頒法式，命凡郡縣公廨，其前爲聽政之所如故，自長貳下逮吏胥，即其後及兩傍列屋以居，同門以出入。其外則繚以周垣，使之廉貪相察，勤怠相規，政體於是而立焉。命下，郡縣奉承唯謹。

黄景昉《國史唯疑》卷一二　端門左有直房五間，係坊局官候朝公會及收貯卷箱之所。凡東宫官屬，侍班講讀，亦於此伺候。弘治中，守門官奏討居住，不許。按即今板房，出入或暫憇其中。

清

《清會典》卷七二《公廨》　凡公廨：國史館在午門内，熙和門西南。内閣在協和門東南。誥勅房在午門内東廊。起居注館在西廊。六科、中書科在午門外

東、西兩廊。內務府在右翼門外。內鑾儀衛在東華門內。宗人府、吏部、户部、禮部、兵部、工部、翰林院、鴻臚寺、欽天監、太醫院在長安左門外。刑部、都察院、通政使司、大理寺、太常寺、鑾儀衛在長安右門外。理藩院、詹事府在御河橋東。順天府、國子監在安定門内。光禄寺在東安門内。太僕寺在正陽門内之東。四譯館在正陽門外。河南道察院在大理寺後。中城、東城、北城察院在正陽門内迤西，南城察院在宣武門内迤東，西城察院在刑部後。步軍統領署在地安門外。其制均築圍牆一重，門二重，前堂五間，左右分曹，兩廡列屋，穿堂三間，後堂三間，左右政事廳各三間。基高二尺，門柱飾黝堊，棟梁施五采。觀象臺在崇文門内之東。

紫微殿五間，官廳十有二間，繚以兩廡，臺高五十尺，磴道百級，上設儀器。入北爲貢院，圍牆布棘，東、西門各一，南嚮門三。内爲龍門樓，曰明遠堂。在外曰至公，在内曰聚奎，執事有所。號舍萬間，鎖院試廳六十有一。宗學分建左右翼，官學、義學按旗分置。八旗教場在崇文、宣武、朝陽、阜成、東直、西直、安定、德勝等門外，各有演武廳。至於刑有犴獄，財用器械有庫，百官各居其所，以治事焉。

凡修葺公廨，由該部院衙門照例咨部，委官覈估會修，工竣，別委官察覈奏銷，定限保固。如違例行文，及工有浮冒者論。

凡直省文武官廨小修，各官隨時苦補。大修及有增建者，均由督撫疏請，部覆動帑興修，工竣奏銷。前後官接任，入册交代。如督撫提鎮監司及州縣守禦等官涖任，有抑勒所屬修治衙署致累及兵民者，文官以科斂律、武官以剋減律論。

《清世祖實録》卷一五 〔順治二年四月辛酉〕禮部議覆：都給事中龔鼎孳疏言，故明舊制，考取舉人第一場時文七篇，二場論一篇、表一篇、判五條，三場策五道，今應如科臣請減時文二篇，照故明洪武時例，用時文五篇，於論表判外增用詩，去策改用奏疏。至京城貢院頹壞，應即修葺。得旨：考試仍照舊例行，貢院著即修葺。

《清聖祖實録》卷八 〔順治二年二月〕癸卯，禮部議覆：雲南巡撫袁懋功疏言，滇省貢院見在起工重建，八月鄉試之時，恐不能告竣，請展期於十月入闈。應如所請。從之。

《清聖祖實録》卷二八二 〔康熙五十七年十二月〕甲子，上駐蹕通州北關，四川總督年羹堯疏言：成都駐劄滿兵，已經議設副都統以下官五十三員，甲兵一千六百名，其官署兵房，令臣料理。今應造官房七百三十二間，兵房四千八百間。見在備料鳩工報聞。

《清高宗實録》卷三一 〔乾隆元年十一月〕癸丑，兵部議覆：調任山東巡撫岳濬疏言，登標中營之即墨、武定、濟南、城守四營，兖標之壽張、德州二營，向設守備，並無衙署，應一體添建。又請將移駐海豐縣佘家巷之武定營守備，徹回管理中軍事務，添設佘家巷守備一員。應如所請。從之。

《清高宗實録》卷三一 〔乾隆元年十一月己未〕工部議准：署江蘇巡撫顧琮疏言，通州三角司巡檢，舊借駐官河鎮，與所轄各沙暌隔百有餘里，應就近移駐呂四場，並添建衙署。從之。

《清高宗實録》卷三二 〔乾隆元年十二月朔〕兵部議覆：馬蘭鎮總兵官永常疏言，左營窄道子，前經奏准，添兵防守，請於鄧廠地方添建營房。應如所請。從之。

《清高宗實録》卷三二 〔乾隆元年十二月丙申〕吏部等部議覆：調任山東巡撫岳濬疏言，沂州已改府治，所有舊設之兖州府沂郯海贛同知，應改爲沂州府沂郯海贛同知，管轄七屬水利，仍兼管禹王臺、竹絡、石壩工程，並海贛捕務。其新設之鹽捕通判，移駐蘭山縣向城地方，舊設之向城巡檢移駐蘭山縣青駝寺地方，並各添建衙署。應如所請。從之。

《清高宗實録》卷七八 〔乾隆三年十月甲申〕工部議覆：雲南巡撫張允隨疏言，石屏州之寶秀地方，本年建築城署，營房，共佔民地七畝三分，除給過價值外，所有額徵錢糧並請豁除。應如所請。從之。

《清高宗實録》卷七九 〔乾隆三年十月己亥〕工部議覆：調任福建巡撫盧焯疏言，福、興、延、建等府屬城垣、官署等項，水衝坍損，確估共須工料銀五萬一千三百六十六兩有奇，請動司庫存公銀興修。應如所請。從之。

《清高宗實録》卷七九 〔乾隆三年十月甲辰〕工部議：閩浙總督郝玉麟疏言，閩省水師營并長樂、福清等縣營衙署、營房等項，風雨損壞，確估共需工料銀四千五百七十八兩有奇，請撥司庫存公銀興修。應如所請。從之。

《清高宗實録》卷七九 〔乾隆三年十月癸卯〕工部議覆：湖廣總督宗室德沛奏，湖北施南府屬各縣衙署、祠宇、橋梁、道路、船隻等項，均須修葺，確估共需工料銀四萬四千九百十二兩有奇，動支乾隆三年地丁銀興修。應如所請。從之。

《清高宗實録》卷八三 〔乾隆三年十二月乙未〕刑部議覆：西安巡撫張楷疏報，西安臬司及西安、漢中、榆林、商州等府州監獄，應請增修。漢中、同州二府，未設司獄。所有獄務，請令漢中府照磨，同州府經歷，各就近經管。應如所請。從之。

《清高宗實録》卷八三 〔乾隆三年十二月戊戌〕又議准：湖北巡撫崔紀疏言，湖北按察使衙門、黄州、鄖陽二府，俱向無監獄，武昌、蒲圻、漢州、松滋、宜城、房縣、竹谿、保康、興山等九縣，或向無監獄，或監獄窄小，請分别添建。從之。

《清高宗實録》卷九四 〔乾隆四年六月庚寅〕建山西偏關營中軍守備衙署、渾源城都司衙署各一所。從巡撫覺羅石麟請也。

《清高宗實録》卷一一九 〔乾隆五年六月〕辛卯，吏部議覆：江蘇按察使今陞安徽布政使包括奏請，將分巡太通道衙署移駐通州，以便清釐沙地。查江南太通道，於雍正八年奏准設立，原因崇明一區，地當長江大海，孤城屹峙，武職設有總鎮，文職僅止縣令，不能相稱。又與通州接界居民互争沙地，是以添設道員，清釐沙地，彈壓地方。今據該按察使所奏，漲出沙地，在崇明之北、通州之南，崇人越海相争，該道駐劄崇明，勢必越海剖斷，徒滋奔馳擾累，於彈壓本意。終屬未協，不如移駐通州。崇明越海争訟，既可就近清釐，亦可遥制崇邑，與總鎮共爲犄角之勢，自於海疆有裨。請將道署移駐通州，准其另建。應如所請。從之。

《清高宗實録》卷一二六 〔乾隆五年九月〕壬午，工部等部議覆：稽察理藩院外館御史伍禄順奏，蒙古館南面牆垣，有民人靠牆居住，兵丁不能走籌，請將館門内收進一丈，築牆五十四丈，設立栅門，以便巡邏。再看門兵二十名，分作兩班，似覺人少，請添派兵丁十名。應如所請。從之。

《清高宗實録》卷一二七 〔乾隆五年九月己丑〕詹事府奏：詹事府衙署年久未修，半多坍塌，請交工部料估修理，并請添建房屋八間，以爲齋宿辦事之所。

至聖祠内所貯聖祖仁皇帝御書「龍飛鳳舞」四大字，「存誠」二大字，勒石六方，請安設石座敬謹供奉。得旨：聖祖仁皇帝御書「龍飛鳳舞」四字刻石，交御書處敬謹收貯；其「存誠」二字刻石，添造石座，即於至聖祠内安奉，畧加修理，不必另建房屋。餘依議。

《清高宗實録》卷一二九 〔乾隆五年十月己未〕又議覆：署福建巡撫王恕疏報，臺灣諸、羅二縣，陡被風雨，除吹壞衙署、營房、倉廒、城栅估計興修，並浸濕倉穀設法變價易换外，其倒塌民房、淹斃人口，現經逐一履勘，動項賑恤。均應如所請。得旨：依議速行。

《清高宗實録》卷一四〇 〔乾隆六年四月癸卯〕工部等部議覆：直隸總督孫嘉淦疏言，張家口添設驍騎校四員，應建衙署二十四間，以奉裁防禦章京衙署撥給。其添設滿兵一百四十名，共應建營房二百八十間。應如所請。從之。

《清高宗實録》卷一四三 〔乾隆六年五月癸未〕吏部議准：原任兩廣總督馬爾泰疏言，嘉應州新設州同，應駐松口堡地方；羅定州新設州判，應駐羅鏡地方；連州新設州判，應駐塔脚地方，應給衙署，即於各處建造。從之。

《清高宗實録》卷一四四 〔乾隆六年六月己亥〕兵部等部議覆：原任兩廣總督馬爾泰疏言，羅定協分防河頭汛左營都司衙署及弁兵住房被水衝塌，請蓋兵房二十五間，並前未經坍塌之屋十五間，留把總一員，兵四十名駐劄河頭汛。另於新興縣屬之獨榕山地方，起建都司衙署一所，兵房八十八間，令都司帶兵九十八名移駐。應如所請。從之。

《清高宗實録》卷一五〇 〔乾隆六年九月丙寅〕建直隸山海關新設副都統及員弁兵丁衙署、營房。

《清高宗實録》卷一六二 〔乾隆七年三月辛未〕工部等部議覆：河南巡撫雅爾圖奏稱，豫省伏牛山需員彈壓稽查，應建移駐之通判、州同、州判、守備、衙署，各營房、馬棚、墩臺、旗纛廟、烟墩、牌坊、門樓，共估地基工料銀六千一百七十兩零。所有汝州州同移駐楊家樓，陜州州判移駐朱陽關，均本州地。原管水利河務，仍可查辦，應同原駐防之四巡檢，歸移駐孫家店之河南府通判轄，遇有逃盜匪類，詳報查辦。地方事仍歸州縣。嵩縣守備既移駐孫家店，公事與通判互相移會，各城守營汛。即歸守備轄，有事詳報核辦。通判、州同、州判分於本州縣及洛陽十州縣，派撥民壯，差遣巡緝。黑峪川、過風樓二處，於守備帶往駐防外之存城馬步兵，各撥步兵四名駐防。其文移往來嵩縣、南召、盧氏三縣，各增設鋪司。再查伏牛山，岔徑要路甚多，所有馬市坪、留山店、三川店，各議撥兵巡防。應如所請。從之。

《清高宗實録》卷一六九 〔乾隆七年六月〕甘肅巡撫黄廷桂奏：甘屬上下衙門，大半未設庫局，並無庫吏經管，衹將經徵銀錢收放内署，以致任意侵挪。現檄各道府、廳、州、縣，向未有銀庫者，即於大堂左右建設，將正雜銀兩全數封

貯，并照例選設庫書，責成看守。得旨：如此實心辦理，殊屬可嘉也。

《清高宗實録》卷一七〇　〔乾隆七年七月壬申〕工部議准：廣西巡撫楊錫紱疏稱，右江鎮標添設中營遊擊、守備、千總，應建各衙署、營房，經陞任撫臣楊超曾題明建造。前查百色鎮城内窄狹，無地建造，應於南城外添建月城一座，城内建中營守備衙署一所，千把總衙署各一所，兵房三百間。又分建田州汛千總衙署一所，兵房七十間。又分建暹村汛把總衙署一所，兵房二十二間。尚有遊擊衙署一所，把總衙署二所，兵房一百間，仍於百色鎮城内取用隙地，通融建造。從之。

《清高宗實録》卷一七四　〔乾隆七年九月戊午〕兵部議准：直隸總督高斌奏稱，天津、滄州二處。應添駐滿兵一千二百名，所需加築圍牆、建造衙署、營房約估工費不下五六萬兩。原存該營生息銀不敷動撥，請於司庫地糧支用。於庫項内撥銀三萬兩，交運使轉發商人營運，一分起息，以敷歲需恩賞并備新添滿兵開賞之用。再添建各工，需帑數萬，工程重大，該地方官未能諳練，并請簡命内務府或工部司員會同天津道估計監造。得旨：依議，不必簡派司員。工部議准：直隸總督高斌疏稱，宣化府西門裏面甕城牆一段，同東南西北四面城牆，累年被雨滲壞，邊關重地，應動帑修理。從之。

《清高宗實録》卷一七六　〔乾隆七年十月庚子〕户部議覆：廣西巡撫楊錫紱條奏鼓鑄事宜：【略】

一、錢局房屋。須近水次及寬敞地方，今擇於省城文昌門外臨河地面，酌蓋錢局一座，取名廣源局。計頭門三間，二門三間，大堂三間，銅庫四間，鉛錫庫三間，錢庫四間，炭庫十間，東西爐房各五十間，砌爐二十二座，鐵匠房三間，官房三間，書辦房二間，巡攔房二間，爐神廟三間，土地廟一間。應如所請建造。一、需用器具什物，爐頭匠作，力難自備。請先於工本銀内墊給，於伊等火工錢内扣還。至鼓鑄事關重大，須委令按察使總理，亦應如所請。從之。

《清高宗實録》卷一七八　〔乾隆七年十一月己巳〕工部議准：兩江總督宗室德沛奏稱，鎮江府添設之船政通判，應建衙署。查有入官房屋五十五間，披厦七間，原估價銀三百一十五兩，應請撥改。從之。

《清高宗實録》卷一七九　〔乾隆七年十一月〕癸未，吏部議准：閩浙總督那蘇圖奏稱，漳州府通判一員，應移駐石碼鎮。其民間户婚田土罪止杖笞枷號者，歸該通判就近審理。如人命盗案及事關重大，罪該徒流等案，仍歸地方正印官審辦。該通判原有部頒關防，毋庸另行鑄給；原設之書吏衙役，即移駐供役。至原駐石碼鎮之柳營江巡檢應裁，官役俸工銀存司充餉。其現任巡檢趙爲梓給咨赴部另補。應建衙署，俟確估，另行造報。從之。

《清高宗實録》卷一九二　〔乾隆八年五月辛卯〕兵部議准：原任兩江總督宗室德沛疏稱，黄浦營官兵撥歸柘林營防守，添建把總外委官署十間，營房一百二十間。從之。

《清高宗實録》卷二四〇　〔乾隆十年五月癸酉〕工部等部議覆：直隸總督高斌疏稱，天津、静海、滄州、鹽山、慶雲、南皮等六州縣建造汛撥、墩臺、營房、烟墩等項，並四黨口守備、把總，鹽山縣之韓村汛、南皮汛各外委把總衙署、營房，經前督臣孫嘉淦題，部覆准其興建。兹查天津等州縣沿海一帶，雨水、海潮淋浸，難以經久，應請在附近村莊，每兵一名建六檩草土房一間，告示房一間，二馬一棚；南皮汛外委把總一員在城守汛，仍請建給衙署，鹽山縣之韓村汛外委停建衙署，給土房三間；其四黨口守備把總衙署、馬棚、營房，仍照原題辦理。應如所題。營房、告示房等准其建造，至外委把總，向無建造衙署之例，不准建給。從之。

《清高宗實録》卷二四一　〔乾隆十年五月丙申〕工部等部議覆：陝西巡撫陳宏謀疏稱，漢中府并高陵縣大堂等房屋，鳳翔縣縣丞衙署，均應拆卸大修；府谷縣典史，應建給衙署。均應如所請。從之。

《清高宗實録》卷二五〇　〔乾隆十年十月乙丑〕吏部議准：河南巡撫碩色疏稱，改設之祥符、永城、鹿邑、夏邑、淮寧等五縣，縣丞員缺，俱屬緊要。應定爲要缺，於通省佐雜内揀選調用。祥符、永城、鹿邑、夏邑均定爲管糧水利縣丞，淮寧定爲水利糧鹽縣丞，所需衙署，確估於本年耗羨銀内支建。夏邑縣丞移駐該縣會亭地方，餘俱駐劄縣城。從之。

《清高宗實録》卷二五三　〔乾隆十年十一月戊子〕吏部等部議准：川陝總督公慶復等奏稱，渭南縣屬之下邽鎮、富平縣屬之美原鎮，俱人煙稠密，離縣窵遠。盩厔縣屬之祖庵鎮，路通漢中，商民湊集，且逼近南山，易藏奸匪。請將各該縣縣丞移駐各該鎮，應建衙署，確估動項建造。關防照各該職守字樣鑄給。從之。

《清高宗實録》卷二五五　〔乾隆十年十二月乙卯〕工部議准：四川巡撫紀山疏稱，上年水衝之按察使科房、司州府縣監獄及各祠壇等項，應請修理。

從之。

《清高宗實録》卷二五六〔乾隆十一年正月〕己卯，諭向來歸化城都統、副都統到任之後，俱賃民房居住，未曾設有官署。著交與巡撫阿里衮。會同綏遠城將軍補熙，定議酌量建造。

《清高宗實録》卷二五九〔乾隆十一年二月乙丑〕工部議覆：湖廣總督鄂彌達疏稱，荆門州屬之沙洋地方，逼臨江漢，隄岸最爲危險，前經題建石磯並增月隄，歲修料理需員，請移安陸府黄蓬山同知駐其地，以收險工實效。潛江縣四面皆隄，如澤口蘆茯等處，在在緊要，請移荆門州麗陽司巡檢改駐潛江，與該主簿分地管理。天門、鍾祥二縣俱當漢水之衝，請移天門縣縣丞駐岳家口，移鍾祥縣縣丞駐石牌，俾各管要工。應如所請。各官應建衙署，應令該督於沙洋隄工生息銀内動用。從之。

《清高宗實録》卷二六五〔乾隆十一年四月〕戊子，兵部議准：貴州總督兼管巡撫事張廣泗疏稱，前因普安州屬之捧鮓、黄草壩等處，均關緊要，奏准將安籠鎮標左營原駐捧鮓之遊擊，千、把、外委帶兵駐防黄草壩，以原駐安籠鎮城之左營守備，把總、外委帶兵駐防捧鮓，并以千把帶兵分防白雲嵳汛、法巖、歪染汛、革上等處，又於裁減平伐營兵丁内撥添貴陽營分防城汛。今安籠鎮標左營官兵，全行徹改於黄草壩、捧鮓一帶，分布駐劄。所有各汛塘新添衙署營房，并貴陽營新撥兵丁營房卡房，均應亟爲修建。從之。

《清高宗實録》卷三〇四〔乾隆十二年十二月庚申〕兵部等部議覆：湖廣總督塞楞額奏稱，湖廣爲適中要區，稽查務嚴。湖北各處塘汛，止官廳三間，兵房五間，三間不等，瞭樓、烟墩多致頹斜，兵亦私離汛地，欲使長川在汛，必得攜眷居住，添建塘房，等語。查設汛安兵，務需長川實駐，應如所請。湖北大路共八十九塘，每塘準添建廂房四間、圍墻三面。其瞭樓、烟墩分别磚石修砌。至湖南要汛作何增修之處，題報再議。從之。

《清高宗實録》卷三一三〔乾隆十三年四月癸酉〕又會議：暫管陝、甘二省事務甘肅巡撫黄廷桂等奏稱，平慶道移駐固原，廷議令歸移兵案内併題，但該處現止知州、同知二員，職分較輕，與營情不屬，請將該道及早移駐等語。應如所請辦理，並給兵備道銜。凡營務均與提督酌議，仍將管轄事宜報部，應换給關防敕書，令該督擬定字樣具題。又稱，固原舊道署已改提標中軍參將衙門。今查固原城内駐劄平涼府鹽茶同知一員，所管州城西北一帶，距城窵遠，請將該同知移駐海喇都，另建衙署，其舊署改爲中軍參將衙門，該道仍復舊署。又海喇都舊土城一座，應建廳倉，即將州城廳倉陸續拆運。現在該廳民情願捐修，應從民便。至一切兵防，請於標屬營内撥千總一員、馬守兵四十名；其固原廳州所轄村堡，應各歸就近管轄。均應如所請。從之。

《清高宗實録》卷三一七〔乾隆十三年六月己卯〕兵部等部會議：兩廣總督策楞題覆，東省前將廣州府海防同知移駐前山寨，香山縣縣丞移駐澳門，並抽撥汛口弁兵，請嗣後澳内地方以同知、縣丞爲專管，廣州府香山縣爲兼轄，其進口、出口與内洋事件則以專守汛口與駕船巡哨之把總爲專管，同知爲兼轄。至番、東、順、香四縣捕務，仍令該同知照舊兼轄。所有各衙署兵房，俱應添建。占用民地，照例給價等語。均應如所請。從之。

《清高宗實録》卷三一八〔乾隆十三年七月甲申〕兵部議准：直隸總督那蘇圖疏稱，直省分派綏遠城家選兵丁九百一十二名，頂補緑旗兵缺。准部咨，每兵一名給房二間。如不敷撥給，就近擇地建造。查明應添數目，督標四營并保定、新雄二營三百一十四間；提標四營并薊協、山永、河屯八溝、唐三、昌平等營五百三十八間；正定鎮兩營并龍固、固關、龍泉、大名協兩營，杜勝、廣平、順德等營一百間；天津鎮兩營、城守營，并河間、通州、二協七十二間；宣化鎮三營、城守營，暨張、獨二協，蔚州、龍門、長安，各營三百六十五間。均請陸續建造。從之。

《清高宗實録》卷三三四〔乾隆十四年二月癸巳〕建廣西太平府屬思陵上下凍二土州吏目衙署。

《清高宗實録》卷三三六〔乾隆十四年三月丁巳〕增設浙江洲泉鎮、五河涇、楓德港、石匯漾、十字溪、蔡家塘橋、九里橋塘汛巡船，各建官署、營房、墩臺。從閩浙總督喀爾吉善請也。

《清高宗實録》卷三四三〔乾隆十四年六月〕丁酉，吏部議准：雲貴總督張允隨疏稱，雲南順寧府緬寧地方，改土設流之通判、巡檢、守備、千總、把總、外委、兵丁，請建衙署、營房、塘房及倉庫、監獄。從之。

《清高宗實録》卷三四三〔乾隆十四年六月丙午〕又諭：據鄂容安奏稱，嵩山爲五嶽之中，開封乃中州省會，明歲自五臺回鑾道經豫省，可以巡行周覽，其道路經由之處，是否由嵩山前抵省城，抑可自省城取道嵩山，未甚明晰。著鄂容安查明詳悉奏聞。再所稱省會衙署可以駐蹕，但須稍加修葺，是否不致繁費？

至於春風塵土，伊因未經接到中秋後啓鑾之旨，故爲此語。若秋間回鑾過此，天朗氣清，塵埃自浄。可一并傳諭鄂容安知之。尋奏，查嵩山在黄河以南，開封在嵩山之東，其經由道路自晉豫交界起，經懷慶之河内，由孟縣渡河，歷洛陽入登封界抵嵩山，自嵩山取道密縣、鄭州、中牟，抵開封省城，自省城迤北渡河，由延津至豐樂鎮入直隸磁州界。至開封衙署，地本寬敞，修葺亦易，不致繁費。報聞。

《清高宗實録》卷三四六 〔乾隆十四年八月己卯〕又議准：甘肅巡撫鄂昌疏稱，狄道州額設千把總各一員，隸河州鎮屬臨洮營遊擊管轄，同駐狄道城内。設營之初，未建衙署，請將裁遺洮陽驛驛丞署改千總衙署，其移駐皋蘭縣典史遺署改把總衙署，移駐蘭州府教授遺署改州學學正衙署，其學正原署改作社學。從之。

《清高宗實録》卷三四八 〔乾隆十四年九月癸丑〕兵部議准：貴州巡撫愛必達疏稱，分駐之江底、捧鮓二汛外委二員，應添建住房二所。又草换瓦營房二百五十九間。從之。又議准：四川總督策楞奏，四川永寧協龍場營官兵。移駐赤水，應建守備衙署一所，兵房一百五十間；古藺州建千總衙署一所，兵房二十四間；大河口建外委衙署一所，兵房二十二間半。從之。

《清高宗實録》卷三六二 〔乾隆十五年四月丙子〕諭軍機大臣等：上年六月，鄂容安奏稱，開封省城巡撫衙署尚覺寬敞，但年久不無舊損，應略加修葺等語。朕意巡撫衙署本應修葺。朕至省城，自必臨幸撫署，然不過暫時憩息，仍駐城外大營，此朕本意也。今據奏，省城現已敬備行宫，是否另行建造，抑或即指修葺之衙署而言？朕思衙署自當存其舊規，以便迴鑾後該撫居住或於其旁另構數楹，以備小憩，未爲不可，不必立行宫之名。前年山左以撫署改爲行宫，後此該撫不敢於此辦事，仍復重加拆造，糜費多端，朕甚弗取。鄂容安曾計及此否乎？且朕御極十五年，甫一臨豫省，既與直隸道路經由、時時駐蹕者不同，并非江浙等處原有皇祖行宫者可比，何必因一二日駐蹕，多此一番經營。著傳諭鄂容安，不必於衙署之外另備行宫。如已經動工，則斷不可過於繁費；如祇修葺撫署，則不必備行宫制度，以省後來更張。可即詳悉奏聞。尋奏，現在謹就巡撫衙署修葺，並未另建行宫。除中路安設御座處，因舊牆壁不能堅潔，敬謹拆修，其外層備用房多未更改。現已成大局，實不敢過於華飾。得旨：既已成局，知道了。

《清高宗實録》卷三六一 〔乾隆十五年四月丙子〕又諭：據圖爾炳阿奏稱，雲南省城，正月二十一日二更時分，雷雨交作，小東門城内存貯火藥之五華山局，震擊轟燬等語。火藥關係軍儲，防守理宜加謹，今猝然不戒於火，非係平日收藏不善，即係臨時看守疎虞，該撫自當悉心體究，懲既往以警將來。或因房屋苫蓋年久，木植枯燥，易於致火，尚屬情理所閒有，乃遽委爲震雷轟燬，若非人力所及，恐將來轉滋捏飾開銷情弊。從前川省焚失火藥，遊擊吕大智等捏報轟硐一案，經朕降旨究問，實係看守兵丁厝火不慎所致。可見典守人員，因循懈弛，該管上司扶同掩飾，寖成積習。漸不可長，圖爾炳阿如以現經調任，因而草率瞻徇，冀博屬員感頌，尤非實心任事之道。著傳旨申飭，並令將實在因何失燬情由，詳悉查明具奏。或奉到此旨時，圖爾炳阿已赴新任，即著碩色等一一查奏。尋圖爾炳阿奏，省城五華山火藥局五間，内外牆二層，門三重，四面空地，四間分貯軍器及硫磺，一間貯火藥，用木桶裝，桶蓋棉紙糊縫，門重重封鎖，開時由專管把總禀督標中軍發鑰，事畢即封。此外督標五營火藥軍械，俱貯本營，局外設堆卡五所，官廳一所，分佈四面，派弁兵巡護；局内並無兵住宿，圍牆高峻，亦非外人能越。臣率同文武各官親查，並閲所燬木植，亦不似火焚情形，實係雷轟。得旨：覽。

《清高宗實録》卷四一六 〔乾隆十七年六月戊戌〕軍機大臣等議覆：鎮海將軍王進泰疏稱，沿江各汛分設員弁，有巡防稽察之責，未便以官署坍塌遂仍歸將備標下，應嚴飭各弁移駐本汛，並查驗坍塌官署，委員修葺。其原無官署者，酌量於營房内各給住所。至水師營官兵，自應練習水戰。查京口左右二營，陸地技藝宜嫻，水戰尤當熟習，應於每年春秋二季，依八旗水操例，駕駛沙唬船隻，分班在該汛演習，仍定期於適中之韓橋地方，合操四次，並責成水師副將等輪年考閲。又查圌山地方扼要，所設礮位防護應嚴，請將須江汛協防外委一員移駐圌山。均應如所奏。從之。

《清高宗實録》卷四八八 〔乾隆二十年五月己卯〕工部議准：原任甘肅巡撫鄂昌疏請，涼州府鎮番縣柳林湖通判移駐甘州府撫彝堡，建給衙署、監獄。從之。

《清高宗實録》卷四九八 〔乾隆二十年十月甲寅〕吏部等部議准：江西巡撫胡寶瑔奏稱，贛州府寧都縣縣丞已改爲寧都州直隸州州判，應改建衙署。從之。

《清高宗實録》卷五二三 〔乾隆二十一年閏九月〕大學士管陝甘總督黄廷桂覆奏：安西駐防滿兵，遵旨先撥往三千。豫定章程，查額敏和卓自吐魯番回抵瓜州，即派員照看起程，隨將所遺地畝丈勘，召民佃種收租，以備將來支放滿兵本色月糧。至瓜州及回民所居之頭堡二處，地勢軒敞，應令將軍及副都統等帶兵分駐，所遺兵房率皆狹小，原有衙署不敷分駐，均應另行估建。其回民分駐五堡，原有土房四千八百餘間，年久坍塌，應行建蓋。再兩省截留一成公費名糧，每歲可省銀二十四萬六千餘兩，其移駐滿兵二千名，合計俸餉、糧料、本折等項，每年需銀三十六萬六百餘兩。如將家口粟米一半折給，回民所遺地畝並於一半粟米内搭給二成茶葉，復於五衛額徵内酌撥京斗青稞等糧九千石外，該歲需銀二十四萬四千餘兩，即以截留緑營公費湊支，有盈無絀。至原議扣留公費兵額，係統於一年内裁扣齊全。一年清還各營墊項，兩年後多有節省，應令滿兵於二十三年秋季涼爽時派撥來安。得旨：如所議行。

《清高宗實録》卷六三六 〔乾隆二十六年五月庚戌〕吏部議覆：閩浙總督楊廷璋等奏，查臺灣府屬鳳山縣之阿里港，在縣治東北五十里，南距萬丹二十餘里，北通臺邑之羅漢門，東接傀儡山，逼近生番，且該地流民聚處，搶竊頻聞。又諸羅縣之斗六門，與彰化縣虎尾溪接壤，毗連石龜溪等四十三莊，向多游匪出没，離縣窵遠，均需設立專員。查鳳山縣縣丞駐劄萬丹，民淳事簡，請移駐阿里港。又臺灣縣所屬之新港司巡檢駐劄郡城，盤查海口小船出入，並無巡防地方之責，請移駐諸羅縣之斗六門，管轄石龜溪等四十三莊。其查驗船隻事，責成臺灣府經歷兼管。至阿里港、斗六門，應建衙署，現有萬丹新港舊署，儘足估變酌移，毋庸動項，均應如所請。從之。

《清高宗實録》卷六五五 〔乾隆二十七年二月甲申〕四川成都副都統富椿奏：成都駐防兵向給官房，馬甲每名三間，匠役二間，其步甲、礮手未給。計初設駐防至今四十餘年，生齒漸繁，步甲、礮手缺出，俱以滿洲幼丁挑補，閒散者尚六百餘名，每名步甲家屬四五口至六七口不等，皆於隙地壓蓋草房，易致朽爛。查現無官房者四百四十八名，請動馬廠開墾窪地租銀二千餘兩，於滿城西南附近教場空地建瓦房一百四十四間，分給每名二間。再此項地租，每歲收銀八百餘兩，並請嗣後三年一次奏請添建，約至六次，步甲礮手等皆得棲止。得旨：著照所請行。

《清高宗實録》卷六六二 〔乾隆二十七年閏五月甲申〕烏嚕木齊辦事侍郎旌額理等奏：安西移駐烏嚕木齊兵一千八百餘名，約需住房三千六百餘間。臣等於去年十月，派員挑選屯田兵五百名，查定各屯住址，伐木刈葦，分造房屋，計本年八月内可竣。報聞。

《清高宗實録》卷六七一 〔乾隆二十七年九月庚辰〕諭：貢院爲掄材重地，理宜閎敞整肅，用光盛典。而肇建歷年既久，廨舍陊剥日增，雖每科支項增修，所司率係臨時苦補，且未免有冒銷，安能期其完善。今歲夏秋霖雨稍稠，内外簾官房號舍，並因積淤未滌，湫濕難居，司事諸臣，關防匝月有餘，昕夕辦公，殊堪軫念。其點名搜檢處所，前已飭部定議，新開東、西二門，第士子觀光雲集，即分行序進，猶不免需時稽候，至漏下二三刻，未遑竣事，而督察大臣等亦苦侵晨薄暮，糾防漸懈，幾至屢照生疲，又豈剔弊甄才之道。今若於照牆南再建磚門二座，將大門儀門並易三間爲五間，俾士子俱由兩旁四門魚貫分進，實爲時半功倍。著交三和、英廉會同禮部、順天府，悉心通行籌勘，斥蠹材，培圮阯，疏水道，固周垣，務令内外官生一切居處，爽塏謹嚴，允協規制。所有應修各工，即速詳悉定議以聞，務於明春會試前蕆工。再闈中舊貯書籍，殘缺不完，試官每移取坊間刻本，大半魯魚亥豕，自命題發策，以及考信訂譌，迄無裨益。應將鄉會兩試需用各書，彙列清單，就武英殿請領内府官本，鈐用該衙門印信備貯應用，該管官前後檢明，入册交代，稱朕興賢闢門至意。

《清高宗實録》卷六九一 〔乾隆二十八年七月庚辰〕吏部議准：甘肅巡撫常鈞奏請，張掖縣縣丞移駐東樂，應建衙署。從之。

《清高宗實録》卷六九一 〔乾隆二十八年七月辛巳〕陝甘總督楊應琚奏：查烏嚕木齊應駐挈眷兵四千名，除現在移駐一千八百餘名，尚須二千一百餘名，業經移行陝甘提鎮查詢派撥。又准旌額理咨，所造兵房一千二百間，七月可竣，足敷居住。臣復行查詢，據甘肅提標及涼肅二鎮，所屬挈眷兵及家口共六百五十餘名，先後抵肅，於本月初十日起程。其續行查送者俱照例辦理。報聞。

《清高宗實録》卷六九二 〔乾隆二十八年八月乙未〕軍機大臣等議覆：綏遠城將軍蘊著等奏，請將綏遠城已裁副都統衙署移建於歸化城内，即作現在留駐歸化城副都統衙署。其歸化城所遺都統衙署，四所内酌留一所，爲都司、把總衙署，其餘所物料。添改駐劄督兵房屋。應如所請。至前撫臣鄂弼議將歸綏道移駐綏遠城，原爲綏遠同知倉庫改令管轄起見，今該將軍等稱，若將裁汰副都統衙署改爲道署，現據估需銀一千九百餘兩，更多糜費等語，亦應如所奏，毋庸議。

從之。

《清高宗實録》卷六九三 〔乾隆二十八年八月〕署貴州巡撫劉藻奏：查按察司司獄未建衙署，乾隆元年始置民房數間，改作衙署，距司監里許。倘查察未周，難免踈虞。查司監之側，係貴陽府經歷、衙署，請改爲按察司司獄衙署，所遺司獄衙署，即令府經歷居住，既於府經歷辦公無礙，而司監重地，防範更密。得旨：甚好。

《清高宗實録》卷七二五 〔乾隆二十九年十二月〕吏部等部議覆：雲貴總督劉藻奏稱，滇省湯丹、大碌兩銅廠坐落東川府屬會澤縣境内，比歲以來，産銅日旺，廠衆益增，兩廠不下二三萬人，争端易起，案件漸多，雖有丞倅二員分駐廠中，刑名非其所轄，呼應不靈；移縣查辦，延誤堪虞。查東川府壤接川黔，地方遼濶，向無府佐。澂江府地居腹裏，原設通判與知府同城，並無承辦要件，實係閒員應裁，改設東川府湯丹通判一員，辦理兩廠刑名，擬定字樣，鑄給關防。湯丹廠原有公所，將澂江通判舊署估變，量爲增修。書吏快役，撥歸聽用；俸廉工食，照額支領。該通判既理刑名，應建監獄一座。湯丹廠並無城垣，未便久稽重犯，俟審定日，仍發會澤縣監禁，以昭慎重。應如所請。從之。

《清高宗實録》卷七三〇 〔乾隆三十年閏二月丁未〕工部等部議准：安徽巡撫託庸疏稱，安徽藩司，前經移駐安慶，除司、府兩署業已興建外，其布政司經歷衙署以安慶府照磨舊署改作，庫大使衙署以通判舊署改作，安慶府同知、通判衙署，無隙地可建，應買民房估建。府經歷、照磨二署，及照磨應隨建監獄，均於安慶府新署附近估建。從之。

《清高宗實録》卷七三三 〔乾隆三十年三月丙申〕諭：據舍圖肯等奏稱，地震倒壞官鋪房間，請動滋生餘息銀兩交與承辦，滋生銀兩官員會同工部委員監修，其將軍衙門等處官房，請交盛京工部修理等語。舍圖肯等所奏應修各項官房及官鋪房間甚多，需帑浩繁，若僅委屬員承修，難免浮冒開銷，所有各工，著交舍圖肯、倭陞額會同該部侍郎督率修理，毋令下屬任意冒銷。

《清高宗實録》卷七九六 〔乾隆三十二年十月甲子〕又諭：據新柱奏稱，盛京將軍衙署内，向無私宅住所，往往租房居住。今漢軍八旗官學年久傾圮，請將各旗現有官房，令其兩旗設立一學，餘房於盛京銀庫内借銀六百兩，建立將軍公廨，所借銀於將軍應得養廉内十年扣繳。均著照所請行。

《清高宗實録》卷八二〇 〔乾隆三十三年十月丙寅〕兵部等部議准：雲南巡撫明德咨稱，現撥京兵四千名駐劄騰越、龍陵、思茅、寧洱等處，請蓋草房竹棚一千六百六十間以供棲止。從之。

《清高宗實録》卷九〇一 〔乾隆三十七年正月癸丑〕又議覆：伊犁將軍舒赫德奏，籌議巴里坤移駐滿洲官兵事宜：一、巴里坤緑營兵向散處城内，今移滿兵駐城西，應將緑營兵撥居東城，以免攙雜。一、滿營官兵房署，將西城原有緑營官兵房署撥住。不敷，添建。緑營兵盡移東城，應另蓋房屋。城内隙地無多，原住民人除客民鋪房酌留外，餘悉令移住關廂，每間給移造銀三兩。其緑營屯兵無父兄子弟在營食糧者，令攜眷赴屯，就住現有房屋，以節改建工費。一、巴里坤添建房署，本地匠役難雇，請照烏嚕木齊例，雇匠役外，派兵興修。匠役月支工價銀六兩，口糧三十觔。兵除正支鹽菜銀三分、口糧一觔外，日增銀三分，麪四兩。其購買車輛、器具，工竣變價歸款。至撥軍木植馬，二月内給原額料草，三月後日給料豆三升。倒斃，工竣後照例三分請銷。一、滿兵馬歲需草料，宜照伊犁例，六分拴養馬，每匹月支料一石二斗，内折價一兩三錢七分零，支本色二斗一升四合零。其應支草六十束，於屯兵回户收穫穀草内撥支。所需料石，或於增添屯兵種獲糧石内支給，或於附近哈密等處運支，請勅下陝甘總督籌辦。均應如所請。惟移駐巴里坤二千兵，據稱於今冬移駐，恐與烏嚕木齊兵途次擁擠，且糧餉亦難猝辦。臣等酌議，明春先移駐一千，餘一千俟陝甘總督酌定官兵俸餉口糧後，於三十九年春再行移駐。從之。

《清高宗實録》卷九六三 〔乾隆三十九年七月〕戊寅，兵部議覆：前任雲貴總督彰寶奏准普洱鎮酌撥弁兵案内，將原駐鎮沅州遊擊一員，新撫三家坡二汛把總各一員，共兵三百二十五名，撤回普洱府差操。其應造兵房，除普洱城内原有兵房一百五十五間撥給外，尚應建兵房一百七十間，請將遊擊衙署建立城内，把總衙署二所、兵房一百七十間建於城外，動項修建。應如所請。從之。

《清高宗實録》卷一〇一〇 〔乾隆四十一年六月丙午〕又諭：據文綬奏稱，新設成都將軍衙署，應需添建，擬將副都統衙門改爲將軍公署，無庸修補，其副都統衙署另行添建等語。自應如此籌辦，但副都統衙署非將軍可比，止須酌蓋二三十間，足敷居住，毋得過事寬宏，致滋糜費。將此傳諭知之。

《清高宗實録》卷一〇四三 〔乾隆四十二年十月庚申〕設密雲縣駐防諭：現在八旗滿洲，生齒日繁，若不稍爲酌辦，伊等生計日蹙。密雲縣地方，密邇畿輔，彼處城邑亦大，儘可建蓋兵房，安插兵丁一二千名。一轉移間，既於新駐兵

丁有益，且京城出有多缺，又可補挑閒散壯丁，於八旗滿洲等大有裨益。著軍機大臣於八旗滿洲兵內，挑選二千名派往密雲縣駐防。至於管轄此項兵丁，著設副都統一員。其如何建蓋兵房，料理起程，並設立官員以及到彼如何安插之處，著即行妥議具奏。尋議奏，請照張家口之例，於兩旗合設協領一，每旗佐領二、防禦二、驍騎校二。住房，協領十六間，佐領十五間，防禦十二間，驍騎校八間，兵每人二間，並副都統衙門、兩翼辦公所及演武廳一切房屋，共計五千餘間。應令直隸總督派員赴密雲，詳度地勢修蓋。再張家口因駐兵設理事同知一員，今密雲亦應仿辦。查古北口理事同知與密雲相隔較近，或即令兼管，或另設，並各官餉米如何支放，統令直隸總督詳查議奏。從之。

《清高宗實録》卷一一二〇　〔乾隆四十五年十二月壬子〕吏部議准：陝甘總督勒爾謹奏稱，伊犁添設撫民同知及駐劄巡檢各事宜，查同知一缺，該處户口殷繁，有刑名案件之責，應定爲邊遠緊要滿缺，每遇缺出，即於陝甘二省滿員同知内揀選調補。三年俸滿，照苗疆例陞用，無則奏請部選。至新設巡檢二員，一駐霍爾果斯，兼管東察罕烏蘇；一駐綏定城，兼管塔爾奇城、烏可爾博爾蘇克城，均定爲邊缺，責令稽查彈壓，由内地揀補，同舊設巡檢，統歸撫民同知管轄，亦三年俸滿陞用。其新疆巴顔岱城，即令惠寧城巡檢兼管，養廉公費照理事同知及惠寧巡檢例支撥。同知：書吏四，門子二，皂快八，仵作二，禁卒十。巡檢：攢典一，皂隸二，馬夫一，弓兵四，所需工食亦照例支給。改鑄伊犁理事同知關防新設之同知、巡檢關防印信，擬定由部頒發，並各建衙署一所，以資棲止。從之。

《清高宗實録》卷一一二一　乾隆四十五年庚子十二月庚申諭：會同、四譯館係給朝貢外藩居住之所，雖派委郎中、大使、通官等專管，而禮部堂官實有統轄之責，自應繕葺整齊。如有坍損，即當早爲修理，俾得寧居，以副柔遠之意。何至屋宇頹塌，致高麗從人被壓傷斃，實屬不成事體。禮部堂官所司何事，著同該司員等一併交部嚴加議處。其會同館所有牆垣、房屋，並著該堂司官等出貲一律修整完固。至被壓人役，著豐裕料理，並著賞伊家屬銀兩，交與正副使帶回轉給，亦令該堂司官出貲，以示罰懲。

《清高宗實録》卷一一四〇　〔乾隆四十六年九月壬子〕又奏：西安添設弁兵，其應給俸餉，請在藩庫支領；其粳米、粟米、料豆，在糧道倉内支領。如額征不敷，應照例支司庫折色。其紅白賞卹銀，在開墾馬廠空閒地租内支給。其應建官署二十所，兵房四千六百間，共估銀三萬九千六百二十兩，在官置鋪房取租支用餘銀内，并移駐兵丁衙署變價項内支給。有不敷處，在藩庫墊給，即按年將房租餘銀解司歸款。下軍機大臣會同兵部議行。

《清高宗實録》卷一一六一　〔乾隆四十七年七月乙卯〕又諭：據畢沅奏請估變出旗漢軍空閒衙署一摺内稱，西安出旗漢軍改補緑營各官，所遺衙署四十二所，及漢軍副都統空閒衙署一所，應一併估變，計值銀四千四百餘兩等語。陝省現應添設滿洲官兵二千數百名，又撫標添設緑營兵丁亦不下數百名，自應一體撥給房間，令其居住，莫若將此項應行估變衙署空屋，略爲修葺，分撥棲止，較爲省便。況現在該撫估變價值不過四千四百餘兩，若舍此而另籌添建兵房，其所費恐轉不止此。著傳諭畢沅會同伍彌泰，令其再行通盤籌畫妥議具奏。尋奏，漢軍協領等官衙署四十二所，及裁汰漢軍副都統空閒衙署一所，俱在滿城大街南。自漢軍出旗改補緑營後，分街北爲滿城，街南爲漢城，各立界限，彼此隔別，所有現應添設滿洲官兵二千數百名，似未便又令分住南城。臣等酌議，此番由京移駐旗員衙署，除滿城舊有空閒衙署四所，儘數修補撥給外，其應添衙署二十所，約需銀四千九百餘兩，請即於變價銀内動用，數尚無多。至撫標所添兵，係在省招募，各有室家，無需撥給官房。報聞。

《清高宗實録》卷一二〇五　〔乾隆四十九年四月癸丑〕諭曰：據保寧等奏，四月初一日，四川省城西南三義廟失火，因風大不能撲救，以致學政衙署及鹽道並提標左營遊擊、督標都司、守備衙署均被延燒，保寧等自請交部議處。其應議地方官各職名，俟督臣查參等語。該省學政等衙門被燬，緣隣寺失火延燒，又值風大火烈，以致救護不及，所有保寧、佛智、成德、錢樾、王站柱奏請議處之處，俱著寛免，其地方文武員弁，並著免其查參。

《清高宗實録》卷一二一六　〔乾隆四十九年十月辛卯〕陝甘總督福康安奏：陝甘原設額兵，因節次裁撥，移駐新疆。乾隆四十六年，添兵一萬二千七百餘名，合舊額約有七萬，惟是甘省自蘭州迤東至涇州一千餘里，道長地險，外則番族環居，内則民回錯處，各府、州、縣大路原設防兵墩戍甚少，請酌量添設，以資防衛。查平涼府爲甘省門户，擬添兵一百五十名，外委一員，額外外委三員；六盤山要隘處所添一營汛，設千總一員，外委一員，兵一百名；静寧州添兵一百十五名，外委一員，額外外委一員；隆德縣添兵二十四名，額外外委一員，並於大路汛戍空濶處添設墩堡三十九座。又通渭所屬之馬營監爲舊時縣城民稠地衙，擬於該處酌添一營，設遊擊一員，守備一員，把總二員，外委三員，額外外委四

員，兵五百名内三百名存營，餘分派扼要之所，安墩堡四十座。清水縣添兵十名，通渭、寧遠、伏羌、漳縣各添兵十五名，禮縣、西和、秦安、兩當各添兵二十名，莊浪添兵三十名，三角城等處添兵四十名。又自固原至靖遠四百餘里，回民雜處，靖遠至省三百餘里，山險逕紆，墩戍寥寥，擬添兵二百二十名，分安墩堡四十四處。查陝省下馬關一營止設兵二百二十餘名，該營有守備一員，足資統轄。其遊擊一員，裁移馬營監分防管領。此外於西安軍標撥出守備一、千總一、把總二、經制外委三，固原提標撥出把總一、經制外委二，寧夏鎮標撥出經制外委一，足敷分駐額外外委，即在兵數之内。所需兵一千三百四十名，於督撫提鎮各標及各協營内擇其不近邊關，又非大路，並無番回錯處，兵額較多之處，將零星尾數裁移抽撥，已敷應用。至應需衙署、房間及新添墩堡需工料銀二萬四千餘兩，酌於新兵緩立馬匹節省草乾料豆銀兩内動用建蓋。得旨：著軍機大臣會同該部議奏。

《清高宗實録》卷一二二八〔乾隆五十年四月丁亥〕諭軍機大臣曰：閆正祥奏，三月初十日甘州地動二次，旋震旋止，惟肅州惠回堡地震較重，民居、兵房、倉廒、衙署多有坍塌，其白楊河火燒溝一帶，房屋、倉廒間有坍塌，烟墩、望樓、城堡均有倒壞。現在查明，分别借給銀糧，其損壞軍械，倒塌烟墩，望樓，亦趕緊修整等語。所辦俱好，已於摺内批示。此事前據福康安奏到，業經降旨照例撫卹，仍先酌借口糧，以資接濟。並諭該督酌量情形，親赴該處督率查辦。今據閆正祥所奏，惠回堡一帶地方，較爲遼濶，被災情形亦不爲輕，福康安當親赴該處詳悉查勘，並督飭所屬妥爲撫卹，毋使兵民失所。至倒塌烟墩、望樓，自應粘補完整。其軍械因何亦至損壞，著福康安一併查明。如果實有損壞，即照例修整。將此由六百里諭令知之。

《清高宗實録》卷一二九〇〔乾隆五十二年十月〕庚子，吏部議覆：河東河道總督蘭第錫等疏稱，蘭儀廳舊管蘭陽、儀封及睢州七汛，隄河綿長，險工林立，請將蘭儀通判改爲蘭儀同知，專管蘭陽及儀封上汛，建衙署於蘭陽縣城内。其儀封下汛及睢州上汛，改爲新設儀睢通判經管，建衙署於睢州朱家寨，鑄給「開封府分管蘭儀河務同知關防」「歸德府分管儀睢河務通判關防」，儀封主簿改爲經歷，睢州縣丞改爲睢州州判，並給儀封廳管河經歷司印，睢州管河州判關防。均應如所請。從之。

《清高宗實録》卷一三一三〔乾隆五十三年九月〕是月，欽差大學士公阿桂、工部侍郎德成、湖廣總督畢沅奏：荆州滿城營房應新蓋一千五百二十四間，添料補蓋者一千五百三十一間，量加粘補者三千五十七間，補築院牆者一千六百七十間，並補砌門樓三千八百九十六座，又築牆湊長二萬三千三百七十六丈，共估銀十二萬二千九百八十二兩零；又辦事公所並演武廳、步營堆撥房一百七十五間，内新蓋、補料、砌牆、揭瓦並院牆湊長，共估銀四千九百五十三兩零，均請動項官修。至協領等各衙署，應建蓋、粘補者計一千十五間，共估銀三萬九百七十三兩零，雖俱經邀恩賞俸一年。而被衝之重輕不一，扣還之多寡不齊，請將協領應扣之三千兩，即於該十員中攤扣；佐領應扣之一萬一千兩，即於該四十六員中攤扣，防禦驍騎校，俱照此辦理。惟筆帖式每年得俸二十一兩，尚不及披甲錢糧，該三員衙署共需費四百六十二兩零，請照兵丁恩賞，免其扣還。其將軍副都統衙署，業奉旨借項興修，地方文武衙署亦先予借項，於廉俸扣還。又倉廒、監獄，已據革職知府俞大猷、知縣屈振甲呈請賠修，均毋庸估計。得旨：如所議行。

《清高宗實録》卷一三三一〔乾隆五十四年閏五月〕庚戌，諭：前據富綱奏，雲南通海等五州縣於五月十四日連次地震，親往查辦，業降旨令該督確實妥辦，照乾隆二十八年江川等處地震之例賑給，並將應納條公等項，一體蠲免矣。兹據查明，通海等五州縣城垣、官署俱有坍壞，民居並多倒塌，間有傷斃人口之處，共賑銀九千九十餘兩，需穀一萬九千三百五十餘石，各於本處倉存内動支。如有不敷，照例折銀五錢等語。此次通海等處同時地震，情形較重，小民倉猝被災，殊堪軫憫，若僅每石折給五錢，爲數尚少，恐不敷買食，著再施恩，加倍折給銀一兩，所有已經散給者，仍即按數補發。該督撫當不時查察，督同所屬，如數補給，毋任官吏從中稍有剋扣侵漁，務使災民均霑實惠。其坍塌房屋、傷斃人口，仍照二十八年之例，妥爲撫卹。該督撫其率屬加意稽查，實力辦理，以副朕惠恤災黎，有加無已至意。至各州縣及佐雜等衙署坍塌，例給銀兩，不敷修葺，並著准其加倍借給，展限扣還，以示體卹。該部即遵諭速行。

《清高宗實録》卷一三四八〔乾隆五十五年二月〕乙丑，兵部等部議覆：陝甘總督勒保疏稱，陝甘各營應添庫房、藥局、馬棚等項，經前督臣福康安通飭籌辦，兹查明實在情形，除舊有修補外，計應添督標、固原提標中左右三營，並城守營，平涼城守及華亭、白水二汛，靖遠協，藥局三十二間，庫房三間，馬棚二百五十一間。甘肅提標五營，河州鎮標左右二營、循化營、保安營、奇台堡、蘭州城守營、洮岷協、鞏昌營、秦州營、西固營，庫房十九間，藥局四十間，馬棚一百二十九間，土房及兵丁上宿房五間。寧夏鎮屬中衛營、廣武營、玉泉營、大壩堡、平羅

營、花馬池營，藥局二十一間，馬棚十二間。肅州鎮屬金塔協，嘉峪關營、高臺營、布隆吉爾營，藥局十二間，馬棚三十三間，庫房及草料房十二間。西寧鎮屬貴德營、喇課營、南川營、巴燕戎格營、西寧城守營、威遠營，庫房及料草房四十一間，藥局十七間，馬棚二十八間。請動項建蓋。從之。

《清高宗實録》卷一三五四 〔乾隆五十五年五月〕甲申，諭軍機大臣等：據孫士毅奏，靖遠營火藥局，因城外山上野火焚燒山草，火星吹入局房氣眼，藥磺觸發，將庫房及原貯火藥磺觔立時轟燒，請將署遊擊事守備田占魁革職，並將失察各上司分别賠修補額等語。田占魁於軍火重地漫不經心，致被轟燒，自應即予褫革，並照例將燒燬藥磺及房屋等項，在各上司名下分賠。又摺内稱，靖遠營在冕寧縣地方，築土爲城，約高八九尺，其東北城牆界在山坡，火藥局即在城内坡上，山牆各留氣眼，以洩潮氣。現飭各營，將從前氣眼高寬一尺七八寸者，改爲一尺，中間鐵楞架格寬二三寸者，不得過一寸，於防守較爲慎密等語。該營火藥局在東北角山坡之上，城外山頭草樹繁多，冬間野火焚燒，時值北風，正與藥庫相對，火星易於吹入，以致藥磺即時轟發，勢所不免。今該督雖將氣眼酌量改小，然當野火延燒、北風大作時，火星飛迸，即一尺之氣眼亦能趁風撲入，所辦尚未周妥。此時該營藥局正在另行修理，著傳諭該督，如東北山坡草樹逼近，即改在西南空曠處所，使相距較遠，則冬間山草燒荒，無從延及，自於防範有益。

《清高宗實録》卷一四六〇 〔乾隆五十九年九月〕己亥，諭軍機大臣等：據伍拉納等奏漳、泉被水情形一摺，内稱漳州郡城於八月初十日酉刻起至十三日午刻，大雨傾盆，加以溪河漲發，城内水深丈餘，衙署、倉庫、監獄及兵民房屋多有倒塌，俟查明淹斃人口，加意撫卹，並將泉州被水情形及此外有無被水地方勘明妥辦等語。本年入秋以來，京師及近畿一帶，雨水過多，其被淹地方，節經降旨令該督撫等實力賑撫，按例加兩倍賞卹。今福建漳州因連日大雨，各處山水匯集，溪河驟長，溢入郡城，以致衙署、倉庫、監獄並兵民房屋多有坍塌倒壞。此事署，大伍拉納自應親身前赴該處督辦，乃僅委之浦霖，恐該撫係一書生，辦理不能著要在伍拉納之意，必以地方事務係巡撫經管，豈總督惟知題陞調補，管轄營伍，緝捕盜賊，而於此等地方要務轉置不問，有是理乎？此時該撫業經前往，計此旨到時，早已辦理完竣。但該督久任封圻，何竟見不及此，著傳旨嚴行申飭，並著浦霖督同司道等逐一查勘，務須鎮靜詳察，優加撫卹。此次漳、泉二郡被水情形較重，除衙署、倉獄、兵房照例官修外，所有倒塌民房及淹斃人口，俱著加恩，按例加兩倍賞卹。並著將此外各州縣同時被水之處，確切查明妥辦。該督等務須督率所屬，加意撫卹，俾小民均霑實惠，以副朕加惠黎元、恩施逾格至意。將此諭令知之。

《清仁宗實録》卷一九六 〔嘉慶十三年閏五月〕庚午，諭内閣：據馬慧裕奏，奉天省旗民案件羈禁部獄常有一百二三十名不等，現在祇有小屋七間，甚爲窄狹，又獄牆僅高一丈五尺餘，尚覺微低，其額設獄卒三十名，分班聽用，亦尚不敷，均應酌量增添等語。奉天省部獄祇有小屋七間，羈禁常有一百餘人之多，未免窄狹，遇有疾病，易致傳染，非所以示矜恤。著即照馬慧裕所請，添建東西廂房六間，以資分禁。其獄牆亦加高二尺，俾得慎重防守。所需物料銀五百一十餘兩及匠夫銀一百餘兩，均准其查照估計，覈實興修，務期堅固。仍咨送工部查覈。至獄卒人數既少，不敷看管，亦著照馬慧裕所請，再行增添十名，照例由各該縣選充，一體輪流防範。

《清仁宗實録》卷三二八 〔嘉慶二十二年三月〕庚戌，諭内閣：嵩年奏，天津建蓋水師衙署、兵房共計二千數百餘間，現距立夏節僅止半月，趕辦不及，若草率從事，難期堅固等語。天津添建水師衙署、兵房各事宜，前交方受疇籌辦，該督漫不經心，數月尚未興工，實屬因循疲玩。方受疇著交部議處，並著該督將派委承辦各員職名查明，一併交部議處。所有此項工程，著即趕緊興辦，儻草率從事，工不堅固，仍行懲處不貸。

《清仁宗實録》卷三三一 嘉慶二十二年丁丑六月癸酉朔，諭内閣：新建天津水師營礮臺、衙署等工，現據方受疇奏報，均已依限完竣，並造成兵房六百餘間，著派蘇楞額、和世泰帶同内務府諳習工程司員，迅速前赴該處，詳加查勘。自到工之日起，予限十五日，將各工逐一驗收，其未蓋兵房地址情形，並著詳細履勘。此半月内，如閩浙等省兵船適值駕駛抵津，著蘇楞額等將船隻礮位安設情形一併查明具奏，儻限内兵船未到，即將所驗工程據實奏明，回京覆命。

《清宣宗實録》卷二一 〔道光元年七月丁巳〕諭内閣：朱勳奏，鄜州被水情形較重，飭委藩司親往查辦一摺。陝西鄜州洛河水漲，衝入城垣，衙署、民房多有傾塌，該撫現飭藩司酌帶銀兩前往安撫，著即將被災貧民户口查明，迅速散放，毋令一夫失所。其被淹地畝，有應須借給籽種，蠲緩地糧之處，即行確查具

奏。城垣、衙署、倉廒、監獄等工，照例勘估興修。大荔、朝邑、濱河被淹地畝，亦即勘明覈辦，毋稍稽遲。

《清宣宗實録》卷二三　〔道光元年九月壬子〕又諭：禮部衙署年久傾圮，應修。至會同四譯館，爲外藩使臣棲止之所，尤應及時修葺，以肅觀瞻。著交工部即行勘估，照例興修。

《清宣宗實録》卷八二　〔道光五年五月〕添建甘肅西寧鎮屬鎮海協，並哈拉庫圖爾營衙署、兵房。從總督那彦成請也。

《清宣宗實録》卷一六七　〔道光十年四月乙丑〕修建直隸大城、安、新安、青、開陘、沙河、曲周、雞澤、邯鄲、大名、保安、懷來、廣昌、安平十四州縣監獄，撫寧、容城、高陽、獻、阜平、贊皇、懷安、廣平、開、大名、易、遵化十三州縣常平倉廒，並文安縣典史衙署。從總督那彦成請也。

《清宣宗實録》卷一六九　〔道光十年五月丁丑〕貸烏里雅蘇台將軍參贊大臣俸銀，修理衙署。

《清宣宗實録》卷一七一　〔道光十年七月甲子〕修甘肅鎮西府衙署，從烏嚕木齊都統成格請也。

《清德宗實録》卷三四一　〔光緒二十年五月〕壬寅，諭軍機大臣等：立山、巴克坦布奏，御茶膳房衙門應修工程，實用錢糧數目一摺，所請銀十九萬八千四百五十兩，爲數太鉅，著立山、巴克坦布再行覈實估計，大加删減，奏明辦理。直隸總督李鴻章奏：天津總醫院遵照海軍章程接續開辦，估需經費銀兩，下所司知之。

《清德宗實録》卷五一〇　〔光緒二十八年十二月庚戌〕都察院左都御史溥良等奏，覈實估修箭樓工程。得旨：著再行切實覈減。工部奏，請撥款購建衙署。得旨：著户部撥銀五萬兩。

《清宣統政紀》卷一七　〔元年七月乙卯〕資政院奏：擇定貢院舊址建築資政院，請飭下估修，按照奏定各節，剋期辦理。得旨：著派溥倫、孫家鼐覈實估修，以重要工。

華北　天津

《〔光緒〕重修天津府志》卷二四《輿地六・公廨》　萬壽亭，在北門内只家衚衕池東。大殿三間，朝房六間，外宫門三間，朝房十間，影壁一座，牌樓二座，周圍牆垣六十丈。歲時朝賀行禮，并祝萬壽及宣講聖諭廣訓於此。雍正八年，鹽院鄭禪寶題請捐修。前志。

《〔光緒〕重修天津府志》卷二四《輿地六・公廨》　總督行署。康熙二年，鹽政張沖翼及各官商人公捐，建造公署於天津河北舊餉道衙門基址。前志又云：出巡天津、滄州、山東，皆設有館廨。其天津公署，向係原裁户部餉司衙門，商人修葺，爲御史巡行之廨，自康熙元年河西務鈔關移駐天津讓還之，因改建此。雍正七年，重修，有環水樓，共計房一百一十二間。同上咸豐十年，鹽政裁缺，新設三口通商大臣，仍以爲署。同治九年，裁缺，改爲總督行署。十年，重修。共計房四百餘間。《縣志》。

《〔光緒〕重修天津府志》卷二四《輿地六・公廨》　天津府公署，在大儀門西，即舊衛署。雍正十二年，天津府知府李梅賓建，監造官正定府經歷張鑑、試用州同陳策。照牆一座，大門三間，官廳三間，門吏房三間，快班房五間，皂隸房三間。土地祠三間，文昌祠三間。道人房一間。儀門三間，東、西科房二十二間。大堂五間，抱厦三間，吏夫房二間。大堂後廂房六間，二堂五間，三堂五間，三堂前東、西廂房各二間。乾隆元年，知府程鳳文先後捐建。後正樓房上、下十間。建署時，知府李梅賓捐建。二堂東官廳三間，西廂房二間。乾隆二年，知府程鳳文捐建。書房三間，西官廳三間，書房三間，廚房五間，更房一間。西首馬棚二間，馬夫房一間。前志。

《〔光緒〕重修天津府志》卷二四《輿地六・公廨》　天津府同知公署，向在西門内大街北。雍正十一年，改爲道署。乾隆三年，重建。十四年，仍爲同知署。前志。參《縣志》。照牆一座，旗竿二座，鼓棚二座，大門一座三間。大門東門隸房一間，東官廳三間，西班房六間，轎夫房一間。二門三間，東、西角門，角門東、西各一間。關帝祠三間，土地祠三間。皂隸房東、西六間，科房十六間。大堂五間，堂西大書房三間，西廂房三間。二堂五間，二堂西書廳三間，小書房三間。三堂五間，東、西廂房六間，東廚房三間。東邊馬棚三間，馬夫房一間。以上同知衙門原建。三堂後住房五間，東、西耳房六間，東、西廂房六間，西北書房三間。以上乾隆三年奉文添建，監造官天津道張坦熊、天津縣知縣朱奎揚。東書廳恒齋三間，東書廳後層三間，東書房前、後二進共六間，又二間。

《〔光緒〕重修天津府志》卷二四《輿地六・公廨》　天津鎮總兵官公署，在鐘鼓樓西大街，係天津衛舊署改建。照牆一座，東西轅門牌坊二座，鼓吹棚二座，

旗杆臺四座。東、西材官廳十間，東、西吏房三間，旗、牌房各三間，大門三間。土地祠三間，井神祠一間。軍牢房二間，儀門三間，東、西科房十間，大堂五間，內宫廳三間。二堂三間，東、西廂房六間，大書房五間，中書房三間，內書房五間，南書房五間。三堂三間，東、西廂房六間，樓房上、下十間，東、西廂房六間，板房三間，羣房三十間。大門東宫廳五間，西箭亭三間。前志。

《(光緒)重修天津府志》卷二四《輿地六・公廨》 北洋機器局，俗稱東局，在東郊賈家沽道旁。同治五年，總理各國事務衙門奏准，在天津設局，仿製外洋機器。六年，通商大臣崇厚委員舉辦。九年，北洋大臣、直隸總督李鴻章奉旨，斟酌節次開拓，至光緒二年，規模大備。有《輿造記》。《檔案》。

《天津機器局記》：天津機器局，經始於同治丁卯季夏，訖光緒丙子仲秋，凡十稔。庀工庀器積材儲械之所，規模於是大備。初，度地城東十八里，曰賈家沽道者，得田二十二頃有奇，鳌爲局基。環西、南、北皆民疇，東界小河而止。厥後，踰河而東，拓地四頃，其三隅拓地七頃，畫爲牆址，内墉外濠，崇雉屹若，延袤千有五百餘丈。其間巨棟層櫨，廣場列廠，迤邐相屬，參錯相望。東則帆檣沓來，水棚啓閉。西則輪車轉運，鐵轍縱横。城堞砲臺之制，井渠屋舍之觀，與天津郡城遥遥相峙，隱然海疆一重鎮焉。文華殿大學士、一等肅毅伯李鴻章，昔在江南，首開局於上海。同時，通商大臣崇厚，亦創之於天津。會崇厚奉使海外，李鴻章以直隸總督駐節天津，復遴員領局，節次規建，擴其舊而增其新，中國之有機器局自此始。崇厚凡爲機器廠者一，火藥廠者八，銅帽廠者二。又分局於城南海光寺，爲鐵廠者一，廠一而事八，比屋而棲，各從其類。其他治事之廨，休匠之舍，西洋工師之居，凡三百楹，爲公所者二，爲庫者五。時則今工部侍郎德椿實贊成之。庚午冬，今九江道沈保靖來主局事，益碾藥爲四廠，撤海光寺分局，而别爲鑄鐵廠一，錘鐵廠一，鋸木廠一，機器又别爲新廠，而移其舊爲洋鎗廠。追船政大臣吴贊誠至局，復折銅帽廠爲槍子廠，而别爲藥餅廠一，鏹水廠一，又擇蒲口地爲三藥庫。直隸候補道劉汝翼繼主局事，始爲牆濠，俾有藩衛，又於銅帽廠之南爲捲銅廠，河之東隅别爲電氣水雷局。此機器局興造之始末也。

《(光緒)重修天津府志》卷二四《輿地六・公廨》 鈔關公署，在户部街前。大門、儀門、大堂、二堂、三堂、後樓，凡六層。左、右廂房，耳房，關房，土地祠，書、役各房，共計八十間。而監放船隻曰收錢糧，則在河北甘露寺之東偏，設有官廳，本關稅口，凡十有二：曰苑口，曰東安，曰三河，曰王擺，曰張灣，曰河西務，曰楊村，曰蒙蔡村，曰永清，曰獨流，曰海下，曰楊家坨。又稽查之口，凡七：曰西沽，曰東沽，曰西馬頭，曰東馬頭，曰楊柳青，曰稍直口，曰三岔河。前志。案：今户部街署址無存，惟尚有土地廟，俗亦稱鴿子集，尚可推查耳。河北關廳則如故。

《(康熙)天津衛志》卷首

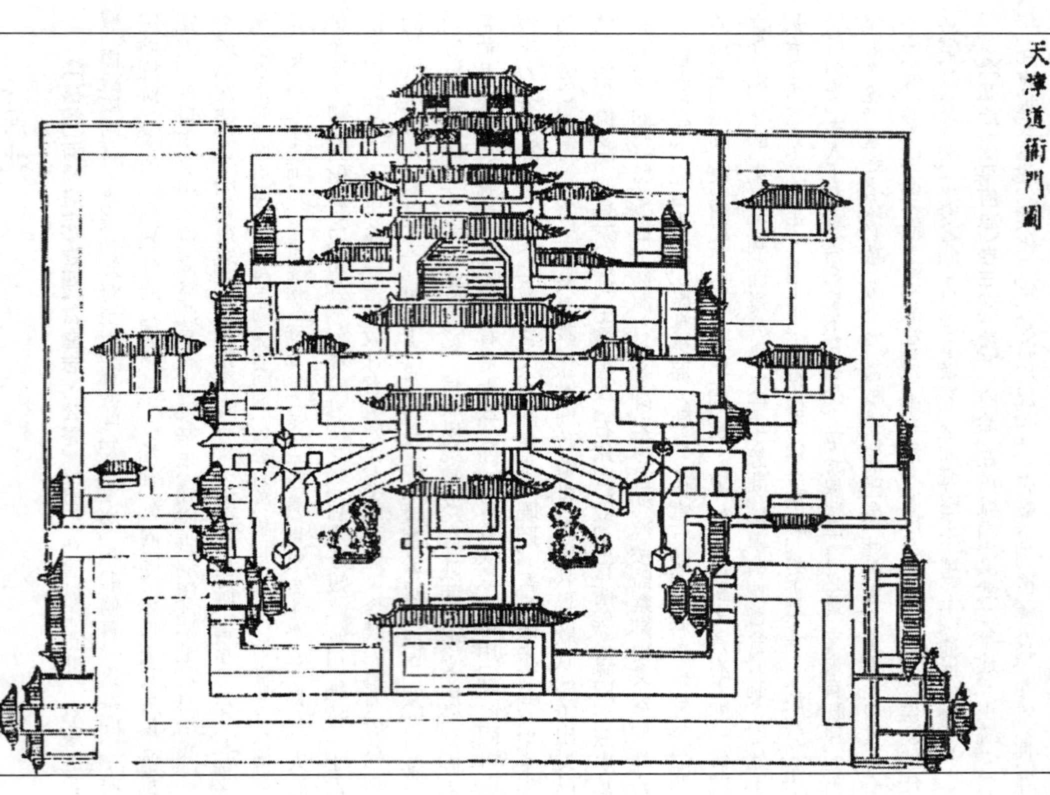

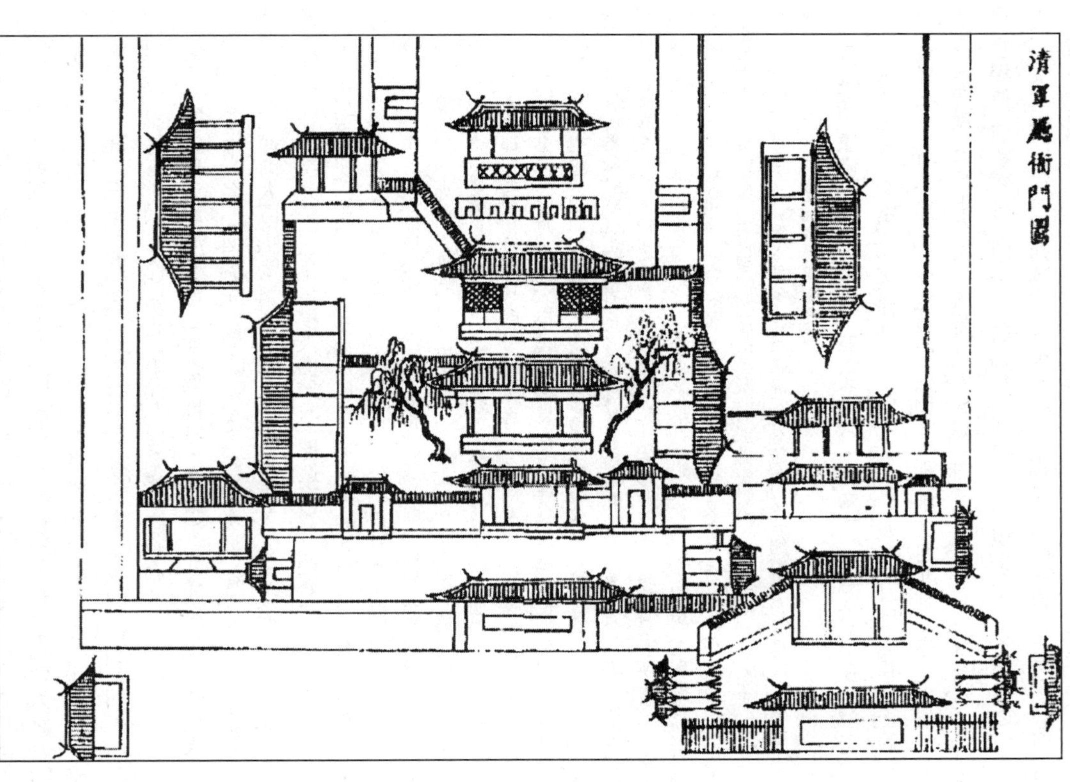

《〔康熙〕天津衛志》卷首

《〔嘉靖〕河間府志》卷四《宫室志・公署》 府治在府城中正北。然屢經兵燹，僅蔽風雨耳。永樂初知府崔衍，宣德間知府李濬，相繼脩葺。景泰間，知府王儉增飾之。成化庚寅，知府賈忠重建。弘治初，知府謝文始斥大其規模，號爲完美。蓋自宋李肅之後，僅見此焉。正德辛未，知府張羽履任，七日府治災，一夕遂爲灰燼。後因脩復之。嘉靖癸未，知府牛天麟益增脩飾。詹事府詹事、長洲吴寬撰《重脩河間府治記》：昔者孟子謂太公封齊，周公封魯，皆止于百里。而以滕之爲國，截長補短，特五十里而已。後世罷侯置守，其地有至于千里者，則齊、魯不及，況于滕哉？夫有地至于千里，其財賦之多可知。然龠合銖兩之數，皆上于度支，其出納皆寓于部使者，自守以下不得妄費一毫。故凡有所興作，率以爲難。今畿内爲府者八，河間在其南，領州二、縣十六，可謂大府矣。其府治改創於宣德戊申，歲久已敝。前守以其難，因循不果，且遭時多艱，得脱以爲自安計。陝西謝侯文由監察御史奉命出守，始至，覩其敝且隘，即有意于茲。閲公帑有羨餘物可用，謂此固可以爲木石之具，然必有力役之勞于吾民，其能免乎？既曰：吾爲政未有利益于下，而遽勞之，不可。乃已之，及是歲，益豐而政益善，民感其惠，欣欣然争出力以助。侯與僚友同知岳崇、通判王綸、張琛、石銘、吕敳、推官衛琬輩謀曰：茲事其終能已乎！乃以其故白于巡撫右僉都御史張公鼎，巡按監察御史文公瑞、鄒公魯，皆以爲宜。遂召工卜日，撤其舊而大新之。作堂五間，左、右爲幕廳共六間，前爲儀門三間，東、西爲吏房各二十七間，其旁東、西又爲私舍各六十間。儀門之外正門三間，東爲神廟，西爲犴獄，又三十餘間，崇卑廣狹皆合於制。經始于弘治己酉三月，以明年三月工畢。于是侯考績至京師，請予記之。夫楚宫之作，揆日望堂，古人于宫室之建，其不苟如此。至於叔孫一日必葺，又未有既建而不脩治者也。蓋建之久必敝，敝則脩，甚敝則復而已矣，此勢之必至者。自其人心不公，假以利己，而不恤乎民，故法禁始嚴。然非所以爲賢者設也。今侯既能任其事，以成其功，瀛海之間一旦堂宇焕然，坐而施政于千里之内，使斯民識。

《〔弘治〕永平府志》卷三《公署》 府治，在舊城内，洪武二年建。正統十二年，知府張茂重建。成化二年，知府周晟增建。府廳五間，後廳五間，廂房六間，經歷司三間。照磨所三間。洪武三十二年裁革，三十五年復設。戒石亭一座，儀門三間，外門五間，承發司一間，司典吏房東、西各十九間，土地堂一間，榜房十五間。知府宅

一所，同知宅一所，推官宅一所，經歷宅一所，知事宅一所，照磨宅一所，檢校宅一所，吏舍三十間。大潤庫在府治内西。廳房三間，庫房南、北各三間。

《〔康熙〕遵化州志》卷三《建置志·公署》 文廟制金正隆三年，始剏學於縣治西南隅。元大德元年，縣尹盧珪修。明洪武二年，詔天下郡邑開設學校，邑即有舊學。宣德、景泰間，教諭毛達、訓導張輝修明倫堂，總兵王彧修戟門，宗勝修櫺星門。正德以來，頽圮殆盡。守備馬永修儒林門，巡撫都御史李公貢、孟公春相報修葺。萬曆二年，巡撫都御史楊公兆復修尊經閣。癸巳年，知縣李杜重修陋，其制小更擴之。中爲先師殿三楹，左右爲廡二十八楹。前戟門三楹。前泮池，有三石橋。南爲櫺星門，又南爲學壁數仞。廟東爲儒林門。殿後爲明倫堂五楹，旁列二齋：曰崇德，曰廣業，各五楹。堂後爲尊經閣。堂東建敬一亭，刻世宗皇帝御製《敬一箴》及《註「視聽言動心」五箴》。亭後建啓聖祠三楹。祠東增置魁星樓三楹，翼以耳房各一楹。樓前爲洗心亭三楹。堂後西北爲教諭宅，堂前西南爲訓導宅。迤而南爲各宦、鄉賢祠各三楹，再南爲號舍二十八間。朝之東南爲文昌閣三楹，有儀門，有大門，學制恢弘。自李公始，癸卯年浚泮池，修文橋，改創魁星樓於橋上，更移文昌閣於城上，爲簷縷樓。壬子歲，從堪輿言，復敬一亭於明倫堂後，易儒學門爲坊，置門三楹於坊内，堂下東、西二角門悉易以小木坊，而戟門、櫺星門又增高數尺，櫺星門外復衆泮池，園置木欄十數丈。毀魁星樓，記魁星於尊經閣上，學制又一變云。至明季，兵燹之餘，軍興旁午，公私交困，無復有議修學宮者。崇禎五年，知縣劉開文稍加補葺。延今數十餘年，僅存先師一殿，餘盡傾圮。復改塑魁星於城頭東南樓。國朝順治四年，巡撫柳寅東、知縣郭皇畿修兩廡。順治十二年，巡撫王來用修啓聖祠、明倫堂及兩齋。後比，而兩廡及櫺星門前照壁又壞。康熙元年，署縣事通州州判范鐵鉉修照壁。康熙二年，知縣孫錫蕃修兩廡，糾工未成，尋休曦。教諭李若昇續修，告竣，每一傍儘縮七楹。康熙三年，邑人張德裕重修鄉賢祠。康熙八年，訓導高履恭補修櫺星門，門外置木楔園環。九年，又修儒學儀門及東園墻。十年，又修儒學大門及門前照壁。將巡撫廢前石獅一對，移設櫺星門前。十一年，邑人張德裕、汪之洙、戴維耆、張德生修文昌閣、魁星樓。十二年，高履恭又修明倫堂後簷壁併啓聖祠。十四年，邑人賈光前重建名宦、鄉賢二祠於戟門兩傍。十七年，知州鄭僑生、學正葉向昇、訓導李紹沅、同紳衿修戟門。

《〔乾隆〕順德府志》卷一《建置·府署》 在城偏東。相傳即趙襄子殿址，有親民堂，元趙輔國建。明知府林恭、劉溥、王守誠、張延廷相繼增葺。本朝知府王思治、殷作霖重修中正廳。廳之兩翼賛政廳，東、西吏曹，前有坊。左大盈庫，右架閣庫。儀門東、西有儀杖庫，門前東南土地祠，西南寅賓館，兩囹圄所。又前大門。廳北後堂，堂北知府宅。

同知署在府署東。通判署在府署西。理刑廳署在同知署前，今改普濟堂。經歷司在府署左，癸未燬於火。康熙七年，知府李嘉胤重建。照磨所在府署右，癸未燬於火。康熙十七年，知府殷作霖重建。今裁廢。試院在府治西北。陰陽學、醫學在府治前左、右。税課司在南關，今裁廢。演武廳舊在城中開元寺前，知府徐衍祚改建北關外一里許。永濟倉在府宅後，今廢。府館在東察院右，今廢。

《〔道光〕承德府志》卷一〇《公署》 熱河都統署，在府治東南。雍正二年初，設總管。乾隆三年，改設副都統。嘉慶十五年，改設都統。皆仍其處。中爲大堂，堂之左、右爲文、武官廳。武官廳之側爲喇嘛科，東廊爲民案房，西廊爲稟事房、圍場科，又西爲印房。官廳左爲稽察房，右爲本摺房，又西爲户、兵二科房。堂下露臺之左爲外書房，晉接賓僚皆在於此。其右隔墻爲馬厩。由甬道百步而南爲儀門，左、右翼以土垣，洞門不設闔。門外西爲庫房，東有步廊。循過道則南嚮三楹，理刑司治事之所在焉。又東爲射堂，又東爲蒙民科、蒙古房。由儀門而前爲大門，牓曰「都統衙門」。左、右屏墻之後爲前鋒營，南爲照墻，東、西爲轅門。道光七年，以熱河文武統隸都統秩視督撫，於轅門内添設鼓吹亭。二大堂之後爲三堂，内宅南嚮，左右翼室，東西俱有丙舍，又東爲内書房。三堂後爲照房、衙牆。周圍可二百九十餘步。初纂。

府署，在榛子峪東麓，舊熱河理事同知廳治也。雍正十一年，改承德州，知州裘君弢重建。乾隆四十三年，陞府，皆仍其舊。是年正月，内閣奉上諭：熱河地方，朕每歲木蘭秋獮，先期駐蹕。數十年來，户口日增，民生富庶，且農耕蕃殖，市肆殷闐，其秀民並知蒸蒸向化，絃誦相聞。現已興建學宫，議定庠額，並命設立考棚，將來人文日盛，已儼然成一大都會。而名稱仍熱河之舊，殊於體制未協。因思熱河從前曾稱爲承德州，嗣後應改爲承德府，即以熱河同知改設其廳署，並無庸另建。其餘六廳，如八溝較大，似應改爲知州，喀喇河屯等廳，酌量改縣，均隸新設之承德府管轄，并隸熱河道考核。著諭周元理，將應行酌改各事，宜悉心籌畫，妥議具奏。朕另降諭旨，將此諭令知之。欽此。五十年，知府託倫重修。嘉慶二年，知府慶章詳請修葺。三年，知府圖明阿修竣。道光二年，知府富爾錦重修。署衙牆依山而立，前庫後崇，高僅及肩，周圍三百六十八步，後距宫牆一百七十六步。中爲大堂，堂左東偏爲官廳，右之西爲科神堂，前爲露臺，爲甬道。歷坡而上，乃陟堂階，堂下東、西廊爲書吏科房，左側爲皂役房，南爲儀門。門外亦歷坡而上，坡下左、右爲快役房，又左而東北爲馬號，其西南隅爲司

獄廳署，署外偏東爲獄。由儀門十一步至大門，牓曰「承德府」，大門外東、西木栅各樹木坊，左曰宣揚教化，右曰轄理旗民。南爲照牆。大堂後爲二堂，前有平臺，後爲山阜堂，額爲「問絹懷清」。知府海忠書。堂之左與堂下之右皆有翼室。由堂下而東南嚮爲賓幕齋，折而北，拾級以上爲記室。堂之東南隅，倚山半椒爲三堂，又東爲內宅，南障以一樓，牓曰「快雨」。知府海忠書。其跋曰：塞門春晚好雨稀，逢今春上巳初吉，時廿既渥，後八日蟄雷始動，山雨忽來，登樓而望塞北之野，田盡呼耕。一年之計在於春，得此澍雨連番，人心爲之一快，適牓斯樓，即以此名之。道光八年三月既望，長白海忠書并識。樓內北嚮牓曰「所居在三藏五渡之間」。知府海忠題。堂之西北爲小園。環署皆山，長松森列。牆外草庵板屋，野趣天然。中有横塘一鑑，循橋而北，構屋三楹，顔曰「一邱一壑，自謂過之」。知府海忠跋：昔江文通有兩株樹十莖草小園，此則有過之無不及也，因題齋額，泚筆書此并識。大門之外東偏爲倉廒，又東爲税局。新建振秀書院，則距府署僅數十武。

《（光緒）祁州續志》卷一《建置志·公署》 州治，自元迄明，舊志論之詳矣。此後，自乾隆庚寅牧伯蕭公重修，見後《藝文志·碑記》。迄今百有餘年。其間雖不無修葺，早已强半傾圮。復經同治七年兵燹，後樓、兩廂、三堂、西花廳並科房等處，全行焚毁。壬申夏，江右趙牧伯來涖是邦，捐廉建修內堂三楹，西花廳三楹，書房三楹，內室五楹，厨房三楹，外繚以周垣。次年，復籌款將大堂、戒石坊、儀門、庫房、西科房，並鼓樓、庫樓、二堂、宅門、內宅、廂房、儀門、外班房一律重修。又次年，復就後樓舊基建福星閣三楹；又於二堂之左創建寅賓舘一所，東上房三楹，北廂兩楹。公署從此焕然一新矣。

《（光緒）開州志》卷二《建置志·廨署》 知州署，在城西北隅。按：舊志載，州治儀門匾額署「太師魯國公」，乃宋王德用封太師魯國公再判澶州時書，則州署之創建應在宋代。特史書無考，今祇從舊志所載，斷自元大德元年，刺史弭禮始。九年，刺史張楨重修。明天順、成化、弘治間，知州李迪、胡璟、王瑩、李嘉祥皆相繼修葺。嘉靖二年，知州朱紈重建聽事堂，曰鎮寧堂。王崇慶有記。後爲尊美堂，又後爲雙梧軒，又後爲一鶴堂，又後爲披雲樓。萬曆二十二年，知州沈堯中改尊美堂爲素絲軒，改開德門爲大門。署前開東西新街一道，後圃西北隅有亭，重爲修葺，名曰超然。自爲記。崇禎九年，知州陳素改素絲軒爲二思堂，堂之左爲夾道，巡邏者列屋焉。我朝順治九年，知州朱國治重修內署，建披雲閣。後知州景文魁、王撫民重修，改內署門曰玉馬門。康熙二年，知州林遜重修。六年，知州孫棨復修葺大堂，榜曰「忠愛」。修宣化坊，顔真西山語録於上，其詞曰：律己以廉，撫民以仁；存心以公，涖事以勤。復葺二堂，顔曰「不愧」。堂前創清容軒，內署建如水堂、小憩軒。葺披雲樓，顔曰「問青」。修療鶴亭。外築周圍垣牆，袤一百五十餘丈，覆以瓦甓。嘉慶九年，知州李符清改不愧堂爲敬事堂。二十四年，知州黨紹修重修宣化坊，改顔黄庭堅語。其詞曰：爾俸爾禄，民膏民脂。下民易虐，上天難欺。道光八年，知州張良志重修。同治元年，知州楊詠春重修。光緒元年，知州陳兆麟重修大堂、儀門、大門、宣化坊；改承流宣化四字曰清慎勤；改大門左右二坊，左曰富教兼施，右曰恩威並著。其他如舊。更有歷任隨時修改者，日久難徵，姑闕之，以俟考。

山西

《（雍正）山西通志》卷三七《公署·巡撫都察院署》 巡撫都察院署在太原府治之東，鼓樓之北。明宣德三年，設巡撫山西、河南二省，後遂專設建署。前照壁一座，石獅雄峙左右，轅門對列。東撫綏八郡坊，西提督三關坊，中保釐重任坊。文官廳在左，武職廳在右。大門、二門西隅有關帝廟、鄭侯祠，東、西列書吏房。大堂五間，上懸國朝康熙十六年聖祖仁皇帝御書「清、慎、勤」匾額，三十五年聖祖仁皇帝御書「激濁揚清」匾額，賜前巡撫倭倫。四十九年聖祖仁皇帝御書「保釐重任」匾額，「正己風羣吏，精心理庶民」對聯，賜前巡撫蘇克濟。雍正元年御書「澤潤蒸黎」匾額，賜前巡撫諾岷。又懸雍正八年上諭恤刑一道，今巡撫覺羅石麟敬刊。大堂後爲川堂，上懸雍正五年御書「福」字圓匾，賜前巡撫德明。川堂後爲二堂，上懸康熙五十二年聖祖仁皇帝御書「弘粹經遠」匾額，「撫安千里路，宣布九霄恩」對聯，賜前巡撫蘇克濟。二堂後爲內署，署北建御書樓，聖祖仁皇帝御書匾額、對聯、詩賦，鐫石貯其上。樓下東、西各建牌坊，東北隅建顯臨閣，順治庚子，巡撫白如梅建，按察使錢受祺有銘記。

《（雍正）山西通志》卷三七《公署·布政使司署》 布政使司署在太原府治東，舊爲元行中書省署。明洪武初改建。弘治十五年，左布政使陳清、參政潘禩修，未竣；右布政使吴文度、參政曹鳳繼成。户部尚書周經記。署南爲方岳坊，左、右爲承流、宣化坊。東隅有關聖廟，提學李維楨記。儀門內有屏翰坊。大堂上懸國朝康熙四十三年聖祖仁皇帝御書匾額二，一曰龍飛，一曰風雲思，賜前布政使朝琦。雍正三年，御賜前布政使高成齡「福」字圓匾。大堂前軒懸雍正八年

上諭恤刑一道，前布政使蔣洞敬刊。二堂西有書齋，匾曰「公餘自省」。三堂上懸聖訓「求諸己，問之天」六字，雍正六年前布政使蔣洞敬刊。

《〔雍正〕山西通志》卷三七《公署・按察使司署》 按察使司署舊在太原府治西南，即今學院署也。今署移府治東南，明景泰四年建。初爲察院署，後爲總督署，又爲總兵署。國朝康熙二十五年，按察使布雅努移駐。四十年，按察使巴哈布重修。署前有西臺、總憲坊，左、右有三晉總憲、八郡提刑二坊，西偏爲官廳、大門、儀門。大堂中懸康熙三十五年聖祖仁皇帝御書「澄清郡邑」匾額，賜前按察使陞陝西巡撫巴錫。四十二年聖祖仁皇帝御書「清、慎、勤」匾額，賜前按察使覺羅巴哈布。雍正五年，御書「福」字圓匾，賜前按察使陞任布政使蔣洞。雍正八年，上諭恤刑一道，前按察使陞通政司右通政宋筠敬刊。堂東有箭石亭。右有書屋，顔曰「潄芳」，前按察使岳岱建。堂西爲書院，中懸聖祖仁皇帝御書「冰鑑」二字匾額，賜前按察使陞陝西巡撫巴錫。川堂懸御書「福」字圓匾，賜前按察使陞通政司右通政宋筠。

經歷司在大門外右偏。知事廳在學院署東北。照磨所，裁。司獄司在本司署東南。新設。

《〔雍正〕山西通志》卷三七《公署・提督學院署》 提督學院署在太原府治之南，即舊臬司署改建。雍正七年，坍毀。八年，學使朱曙蓀重修。大堂上懸雍正二年御書「玉堂清要」匾額，賜前學使劉於義。兼有學使劉梅、朱曙蓀匾聯。考棚附。在承恩門内迤東侯家巷，舊三立祠改建。前號舍九百六十。

《〔雍正〕山西通志》卷三七《公署・貢院》 貢院附。在迎澤門東，承恩門西，面城背水，形勢崇高。其地四十七畝有奇，圍四百一十三步。明指揮使陳彬故宅，以西南角水池及空地易之。正統十年，建牌坊三間，額曰「登明選公」。明遠樓額曰「爲國薦賢」，又曰「日監在兹」。瞭望樓四額，曰「東觀」、「西壁」、「斗横」、「宿曜」。供給有所，更承有房，號舍萬餘間，至公堂七間，彌封、對讀、謄録、受卷各一所，衡鑑堂五間，藻鑑堂五間。内簾掄材堂七間，五經房十二間，提調、監試、收掌、試卷館各一區。萬曆癸酉，就南城壁起奎光樓、登仙橋，規模壯麗，甲於他省。

《〔雍正〕朔州志》卷四《建置志・公署》 州治，在城東大街，係前明宗蒲府改設。大堂五間，中懸「節愛堂」匾。前卷亭一間。東、西吏書房各五間。堂西書卷房五間。二堂三間，在大堂東。内東西南書房、廂房共九間。三堂三間。在二堂後，懸「忠信堂」匾。内東西南書房、廂房共十二間。内宅。在大堂後。内正房五間，東西大小廂房共十間。宅西廚房三間，西書房三間，廂房四間。西射圃有箭亭三間。儀門三間，中懸「儀門」匾。東西角門各一間。外東、西廈亭各五間，皂、快班房各一間。大門三間。中懸「朔州」匾。内東南有木衙土地祠三間，西廂房二間。東北有寅賓館，今作馬神廟。有馬棚二十間，馬夫房五間。照壁一座。在大門外南，壁後有榜棚五間。牌坊栅欄。在大門外東。敷政西寧人。雍正十一年，知州汪嗣聖捐俸重修。按：舊志載，州舊治在城西北隅，明洪武八年，同知梅和創建。萬曆二十一年知州申其學、三十四年知州武東成重修。又《州治圖刻》：前有牌坊，題古鄯陽郡。東旌善亭、陰陽學，西申明亭、醫學。大門内東爲吏目廳，西爲禁獄，後有女監。儀門外東有寅賓館、土地祠，西有常平、預備二倉。内角道有戒牌亭、臨汝匾。歷階而升，至大堂，中懸「節愛堂」匾。東、西六房各十三間，左有書房，右有官廳，後有二堂及内宅各房。外繚以垣牆，規制宏敞。兵燹後俱廢，改作吏目署。附載於此，俾有所考云。

《〔雍正〕澤州府志》卷一八《公署》 府署在城中正北，即州舊署所。元至正五年建。明洪武二年，知州李祥重建。成化中，知州陳奎重脩，商文毅輅有記。嘉靖中，知州張文質、陸偉、崔哲、王揚、朱舜民、賀盛瑞相繼脩葺。國朝康熙間，知州王國圃重脩大堂，知州張維垣重脩東西大房，知州倫可大重脩譙樓。雍正六年，升州爲府，改府署。十三年，知府朱樟重脩譙樓。

《〔乾隆〕蒲州府志》卷四《廨署》 蒲州府署。蒲初爲州，明洪武三年，知州事徐政建公衙聽政之署在城西北隅。本朝雍正六年，州改爲府，設附郭之縣曰永濟。是時，知府未有署，即居州署，而永濟令僦民舍以視事焉。至明年，議建府署。於是知府劉登庸領金，於山西布政司營署郡城隍廟左，自州署遷焉。乾隆十八年，知府周景柱以共處曠闊，少居人，不稱理所，乃告上官，改城東貢士院爲署。署外列栅，如兩轅，自大門、儀門入，甬道屬堂階下。由大堂而入爲二堂，東、西吏舍分列二堂左、右，各有屋，爲客廳、幕舍。最後知府宅焉。

《〔乾隆〕寧武府志》卷三《官署》 武府署，在郡城中少東北七百户街，負出臨逵，地勢高爽。雍正四年，知府郎瀚建，即故寧武道署之舊改葺爲之，府經歷謝廷恕董其事。署成，規局宏整，門屏東西，兩坊翼之。坊門高廣，太守車騎所出入也。循坊列栅，以禁行者。栅周方寬闊，中容吏士數百人。大門三楹，正南面啓，再入爲儀門。自門入爲大堂，堂前有抱厦，堂左爲兵餉庫，右爲庫軍

房。堂下東、西吏舍各六，東南宫廳在焉，西南則隸卒夜值者居之。儀門外東爲土神祠，西庫神廟。由大堂而後爲宅門，門外左、右班房各一，門内左、右各有房三間，皆北向。其北爲二堂，堂東、西屋各三間，堂下門東、西啓。自東門入，爲書室五間，皆南向，復有屋三間，北與書室對門。由西門入，書室二間，客廳三間。客廳南對者爲琴鶴軒，亦爲射廳，凡三間。射廳之西爲馬厩，有井以飲馬；有祠屋，爲間者四而庫，以祀馬祖。自二堂後入門，爲知府内宅，住房三間，東、西洞房各二，廂房各三。門外東、西偏房各一，又東爲厨。最後房五間。因山爲趾，勢獨高，見郭外諸峯。房東、西屋各三間，又夾道中屋二間，東如之。

《(乾隆)潞安府志》卷五《城池・公署》　潞安府署在城西北隅子城内横岡上，創自隋開皇初。唐明皇爲别駕時，更崇飾之。金元之際，燬於兵。明洪武初，知州黄黼重修。嘉靖年改爲府署，仍舊。前有坊曰古上黨郡，堂後曰補過，東有軒曰委蛇，西有堂曰青蔭廨。後有堂，即唐明皇所建德風亭也，多有宋元以來名公諸刻。

《(道光)大同縣志》卷五《營建・衙署》　縣署在城内東南隅。明洪武九年，縣丞張友仁刱建。正統八年，知縣張純增修。萬曆三年，知縣馬思恭建寅賓館。二十二年，知縣闞揚建新倉於大門之外。嗣後，知縣魏寶增建旌善、申明二亭。國朝順治十六年，知縣孔化鳳重修。乾隆三年，知縣李柏龢重修。三十六年，知縣虔禮寶重修。三十九年，知縣吴麟增修。按：府志：縣堂右有主簿宅，大門外有新倉。今並廢。　縣署大堂五間，中建煖閣，匾曰「帥正」。堂左爲東庫，右爲西庫。堂前捲棚三楹，再前爲月臺，中爲甬道。甬道中四明亭一座，懸掛聖諭十六條。亭前三間爲儀門，左曰東角門，右曰西角門。儀門之南又三間，爲大門。大門外列四楹，大門相對爲康强逢吉牌坊。前立照壁，兩旁左右翼以榜棚各三楹，即古申明亭之遺意也。大門内東爲快班房，西爲壯班房。儀門内東廊科房，爲吏、户、禮三科。又有折糧房，在東角門内。大堂之東旁，坐北向南三楹爲官庫。大堂之西三楹，爲承發。西廊科房，則兵、刑、工三科，與東廊相對。又皂班房在西角門内。此大堂而外門亭，承舍官吏治公之地也。大堂以北則宅門，宅門以内曰屏門。中爲二堂，堂下東西皆門房。東院曰大厨房，西院曰小花廳，再西爲大花廳。花廳之南院曰賞雨書屋；花廳之北舩房三間，曰書畫舫。又進一院書房四間，厦屋二間，顔曰「惜分陰軒」。最後一院爲浣香居士山房。二堂後爲内宅門，上房五大間，東廂房三間，西廂房三間。宅後四方牆院爲蒔花對月之圃，昔有亭，今臺基尚存。内宅東偏爲明體達用之齋，其下皆羣房，與庖湢相接。此宅門内之院落也。蓋縣署自順治六年，經姜逆之變，移治於西安堡，至八年乃復舊治。故順治以前之規置，文獻無徵，不可得而知。今所録者，據現在言之。

東北　遼寧

《(乾隆)盛京通志》卷四五《官署・工部公署》　工部公署，天聰六年，設立六部，在懷遠門内街西。順治元年，改設德盛門内街東。大堂三間，川堂五間、左、右司房八間，檔房三間，儀門一座，大門三間，班房四間。乾隆八年，奉頒御書「飭材山海」匾額，恭懸大堂。

《(乾隆)盛京通志》卷四五《官署・刑部公署》　刑部公署，在懷遠門内街西，天聰六年建。順治元年，奉裁。康熙三年，復設衙門，重修。大堂五間，南白旗司三間，藍旗司三間，北黄旗司三間，紅旗司三間，前堂五間，川堂三間，儀門一間，檔房三間，大門三間。乾隆四年，添建本房三間，贓罰庫三間，科房三間。乾隆八年，奉頒御書「弼教留都」扁額，恭懸大堂。

《(乾隆)盛京通志》卷四五《官署・兵部公署》　兵部公署，在懷遠門内街西，康熙三十年建。大堂三間，川堂五間，司房六間，當房四間，土地祠一間，驛丁房四間，大門三間，儀門一間。乾隆八年，奉頒御書「陪京樞要」扁額，恭懸大堂。

《(乾隆)盛京通志》卷四五《官署・禮部公署》　禮部公署，在德盛門内街東，天聰六年設。立六部時建，今因之。大堂五間，後堂三間，檔房三間，司房六間，千丁司三間，六品官辦事房三間，東、西果樓各三間，揀選果品房四間，氷窖房三間，果窖房三間，土地祠一間，值班房二間，儀門一間，大門三間。乾隆八年，奉頒御書「典重明禋」匾額，恭懸大堂。

《(乾隆)盛京通志》卷四五《官署・將軍公署》　將軍公署，在德盛門内街東，天聰六年設。立六部時，爲吏部衙門。順治元年，奉裁。康熙十三年，重修，爲鎮守奉天等處將軍公署。大堂三間，川堂三間，司房六處，畨子司四間，印房三間，本房三間，庫房四間，東耳房三間，儀門三間，大門三間。乾隆三年，添造大堂二間。十四年，添建司務廳三間。八年，奉頒御書「屏翰郃豐」扁額，恭懸

大堂。

《(乾隆)盛京通志》卷四五《官署一・遼陽州》 知州公署，在城內西偏。大堂三間，內宅五間，東西書吏房六間，儀門一座，大門一間。順治十八年，知州陳達德建。嗣後陸續增建西書房二間，東書房二間，二堂三間，東廂房三間。乾隆十五年，增建西廂房二間。二十一年，增建內宅二間，廂房二間，東西班房各一間。

《(乾隆)盛京通志》卷四五《官署一・復州》 知州公署，在城內東南隅。雍正十二年，改復州通判公署。爲之大堂三間，二堂三間，三堂五間，科房四間，儀門一間，大門三間。

《(乾隆)盛京通志》卷四五《官署一・錦州府》 察院行署，即試院城東南隅。大堂三間，二堂三間，三堂三間，東西考棚八間，皷樂樓一座，儀門一座，大門一座。雍正十二年，官紳生童等公建。乾隆六年，增建大堂、二堂、三堂，俱爲五間。

知府公署，在鐘樓東大街路北。康熙四年，建大堂五間，川堂五間，耳房一間，東西廂房各四間，內宅住房五間，東、西廂房各三間，東、西書房各三間，書吏房五間，役房一間，儀門一座，大門一間，賔館一間，馬房三間，土地祠一間，西院平房三間，箭亭一座，西廂房一間。

《(乾隆)盛京通志》卷四五《官署一・寧遠州》 知州公署，在皷樓北街。大堂、二堂各五間，三堂三間，東西房六間，耳房二間，住房九間，儀門一座，大門三間，馬房一間。康熙三年，設後又添建住房六間。大門內，東土地祠一間，西爲羈候所。乾隆三十七年，增建書吏房十二間，住房二十六間，箭亭三間，役房二間，并班房一間。

《(乾隆)盛京通志》卷四五《官署一・義州》 知州公署，在城內。雍正十三年建大堂三間，並建二堂三間，三堂三間，科房六間，東西廂房各三間，書房三間，內宅住房六間，後房八間，班房二間，儀門、大門各三間，土地祠一間。

《(康熙)寧遠州志》卷二《州署》 州署，皷樓東北街路北。大門三間，儀門一間，兩角門。大堂五間，東書房四間，馬房一間。二堂五間，東、西廂房六間，耳房二間。東廚房三間，住房三間。西院廚房一間，家人住房八間。大門內東土地神祠，西羈候所。康熙三年，工部撥給二十四間，前、後知州楊名聲、馮昌奕陸續增建。有記，見《藝文》。

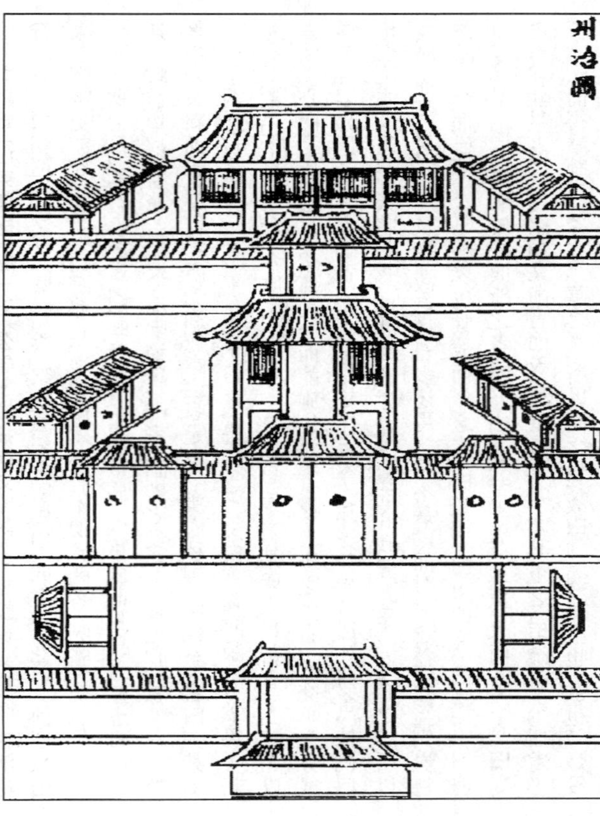

《(康熙)寧遠州志・州治圖》

吉林

《(道光)吉林外記》卷七《公署》 將軍公署，正面大堂七間，穿堂五間，儀門三間，大門三間。乾隆十九年，高宗純皇帝巡幸吉林，御書「天江鎖鑰」匾額，恭懸穿堂內。大堂後印房辦木摺，滿檔房五間，漢檔房二間。偏東督催所辦事房三間，堂前西廂工司辦事房三間，檔房三間，户司辦事房五間，檔房三間，同知辦事房二間，東廂兵司辦事房五間，檔房三間，刑司辦事房五間，檔房三間。儀門外東前鋒營房三間，前鋒該班房二間，鳥鎗營辦事房三間，土地祠一間；西水手營辦事房三間，虎鎗營房二間，管圍場辦事房二間，番役聽差房一間。署外左、右八旂聽差房十六間，鹿角木全照壁一，牌樓二。

《(道光)吉林外記》卷七《公署》 通判公署，大堂三間，二堂三間，穿堂三間，書吏房六間，檔房三間，住房三間，二門三間，大門一間，左、右聽差房二間，

照壁一座。

《〔道光〕吉林外記》卷七《公署・寧古塔》 副都統公署，大堂五間，穿堂五間，左、右司辦事房各三間，檔房各三間，印房三間，前鋒營虎鎗房共六間。儀門三間，大門三間，栅欄全照壁一座。

《〔道光〕吉林外記》卷七《公署・伯都訥》 副都統公署，大堂五間，穿堂三間，印房二間，左、右司辦事房各三間，前鋒營房三間，荒營虎鎗營房三間。土地祠一間，儀門一間，大門三間，八旗辦事房四間，栅欄全照壁一座。

黑龍江

《〔乾隆〕盛京通志》卷四六《官署二・齊齊哈爾》 將軍公署，在城内。康熙三十八年設，大堂五間，後堂五間，堂司房三間，户、刑、兵、工四司房各三間，看守銀庫房各三間，檔子房三間，倉司房二間，内宅住房二十四間，廂房五間，儀門三間，大門七間。

《〔嘉慶〕黑龍江外記》卷二 將軍廨，在齊齊哈爾木城中偏東。正門三楹，轅門東西向，繚以鹿角。中建雙牙，朔望及拜疏揭黄旗。正門内户、兵、刑、工四司，左右列儀門。内東西復有四司，夏日治事所。中爲大堂，次後堂，皆五楹。後堂左曰煖堂，冬日坐之。右曰印房，俗稱堂司。東北隅樓房數十楹，軍器貢物等庫也。大堂東瓦樓三楹，銀庫也。庫後正房三楹，主事治事所也。房後有屋，守庫者居之。每日官二員，兵十名，協領等輪班稽察之。

《〔乾隆〕盛京通志》卷四六《官署二・墨爾根》 副都統公署，在城内。康熙二十九年，設爲將軍公署。四十九年，改爲墨爾根副都統公署。大堂五間，堂司房一間，户、刑、兵、工四司房各三間，倉司二間，檔子房二間，内宅住房十六間，儀門一間，大門三間。

《〔乾隆〕盛京通志》卷四六《官署二・黑龍江》 副都統公署，在城内，原係將軍公署，康熙三十九年，將軍移駐墨爾根，改爲副都統公署。大堂五間，堂司房二間，户、刑、兵、工四司房各二間，檔子房一間，倉房二間，内宅住房十六間，儀門五間，大門三間。

《〔宣統〕呼蘭府志》卷二《政治略》 呼蘭府，舊獄在府署之西南，名兩翼廳，即旗營左右翼，收繫人犯處也。南向草屋二間，繫輕罪犯；東向草屋三間，繫重罪犯；西向草屋三間，爲看守役宿舍。光緒三十四年，維翰知府事以監獄湫隘，有礙衛生，且不嚴謹，從前時有越獄脱逃之事。乃改建於舊副都統署。其上房五間，旁厦六間，改爲刑事監，繫重罪犯。庋木爲床，中設火爐。監以外圍以磚牆，高二丈餘，上置鐵茨藜。墻之内有游戲場一所。東向五間爲看守所，繫輕罪犯，木床、火爐與監獄同。監獄之北，增築看守室五間，南向，爲看守員役宿舍。看守舍之北，修改舊房二間，東向，庋木爲院，是爲女看守所。計設看守長一長，以士人充之，月薪二十兩；看守役十六名，以鄉農充之，月餉七兩；女看守役一名，以良家婦女充之，月餉七兩。加以薪油各費，月需銀一百五十餘兩，俱由行政補助税項下開支。修繫人犯不受虐待，亦無一錢陋規。宣統二年，置審判廳，裁府經歷兼典獄官，而另設看守所官司監獄，看守所事歲需經費，由司法費項下開支，詳前。

華東

山東

《〔嘉靖〕山東通志》卷一五《公署・巡按御史察院》 巡按御史察院，在濟南府治東。國朝巡按御史王應鵬記：察院風紀之所由出，弗嚴則弗慎。前巡按山東監察御史熊君尚弼以舊院弗式，房廊館庫亦有不便於閑者，圖新之。君至，自己卯之秋七日，即有事於賓興，既而又有事於軍旅，以軍旅而張皇者無虚日。然其他政益舉，弊益釐，風清於海隅絶島，呻者、謡慝者良非才且力，其孰能之？於是院未及新而表其兩坊，所謂肅僚貞度者是已。庚辰秋，余以代至，君曰：某事吾爲子剏之，曷稽之？某事吾爲子啓之，曷終之？又曰：舊院敝，吾欲爲子新之，吾經營，子曷成之？余應之曰：諾。退而思焉，君其與人爲善者乎，其不以去住爲心而□作之者乎？何其公而能施也。予嘗怪夫今之仕者，於交承之分或鮮忠告，多容心焉。容心者，私心也。又怪夫今之仕者，視公居如傳舍，棟橈垣圮而不恤，若曰：人將訾我，則亦安能栟幪大厦而庇我元元乎？此君之志所以爲廣，而其賢爲不可及也，故吾於君多述焉。吾不甚勩而君之志益以彰焉，豈特兹院之修而已耶？院之修，仍其故而修之者，曰儀門，曰東西廂，曰隸所，曰册庫，各若干楹。無所於故而新之者，曰卷閣，凡若干楹。去其故而新之者，曰尚賓館，凡若干楹。爲諸司文衡者而設，故堂必闢之，門必重之，垣繚必崇，居處必析。然而視諸制亦以華焉，華之者，所以尚之也，故曰：尚者，上也，加也。是役也，始於辛巳之春，而成於其夏，未嘗病一夫也，庶幾其嚴乎？

《〔嘉靖〕山東通志》卷一五《公署・巡鹽御史察院》 巡鹽御史察院，在清軍

察院東，嘉靖三年建。提學僉事高尚賢記：嘉靖甲申歲之秋八月，山東巡鹽察院成，巡按監察御史古洛景公進提學僉事高尚賢，謂之曰：塩課，古今之須也。《禹貢》青州，《周官》塩人吳雄夷海，齊霸塩筴，後代損益而已。我朝地廣倍昔，政亦善昔，其壤淮浙滄潞，其産井池陂澤，其務煎撈輸輓，地有攸司，官有攸紀，懼其無以綱之也。迺鹽之憲，臣以登降其吏之賢否，罷行其事之利病，非塩隸者亦便宜許焉，視巡按、清軍均也。唯是東北之路帶直隸、河南、山東三境，而山東且古青州之域，山採海煎，鹹作惟殷，鹺之上矣，而按無專舘，缺典也哉。歲嘉靖癸未冬，藩臬長貳林公廷珍、潘公玉卿等，度地於清軍察院之左曰宜，迺計権羨，簡吏能，以請於余，余韙之而且速之成。夫塩利佐國，十之二三，人情惟饑渴迫，無所事塩，恒居非此即不味，伍齊之不和，陸味之不平，而生理亦幾困矣。故世治則流，世衰則閡，是塩之寢興，天下盛衰之繫也。非有重臣柄政，則强吞貪漁，利不需國，用不浮民，池之坑而井之阱矣。自夫有監臨也，商不病殂，民不病味，官不及侵，盜不及逞，而利亦惟國，是巡按之有無，塩政通塞之繫也。夫居定則志貞，志貞則政豫，否則席無定煖，牘無久徵，而志或憧憧，政由兹二。察院之設否，又非巡按之所以輕重也哉！地也而之官，官也而之政，政也而之國，厥係亦博矣。而功今適成，院以肅憲，憲以表藩。前乎是也者，志之有昭；後乎是也者，守之有繼，可紀也。院地廣輪凡若丈尺，中、後堂各五楹，重門，率咸堂制之二，而穿堂、後廳、書房如之，旁之廂房又概諸此而加一焉。言言翼翼，細大咸飾，厥度視巡按清軍察院而高廣之。其謀之也，巡塩桂陽范公古閩，鄭公浮梁，盧公潛江。初，公盧江黃公實首之；其贊之也，巡撫静齋陳公、南臯王公；巡按四明孫公、清軍平崖林公實協之。畢務則運使歐陽君誥、知府鍾君梁者屬焉：厥惟大較也，子盍爲我記之？賢拜曰：遠哉，先生所謂計國之説也！賢何加焉？先生按歷三國，時未及期，而害塞利通，豺狐攸伏，官民至止，有泰山之瞻焉。居又借公之重，而公非得居之重焉已也。噫，後之居北者，寧我之重彼也，無寧彼之重我也，則景公之志與是居永矣。因推而記之。

《〔嘉靖〕山東通志》卷一五《公署·承宣布政使司》 山東等處承宣布政使司，在府治西北。洪武九年，自青州移于此。天順四年，重修。經歷司，在正堂之左。照磨所，在正堂之右。理問所，在儀門外西。司獄司，在理問所西。廣儲庫，在理問所南。翰林學士西成彭時記：國家稽古州牧方伯之制，設官以統治于外，爰分天下爲承宣布政司者十有三，山東其一也。山東密邇京畿，包古齊、魯二大國，邾、莒、滕、薛諸小邦，廣袤數千里，地莫重焉。而布政司開治濟南，據地之中，其官之長有使，使之亞有參政、參議，皆重職也。以重職臨重地，其居處器服固宜備稱，而況聽事之堂乎？是堂也，涖衆同遠，宜莫與校大，而因循其舊，歲久且頹，改爲有不可緩焉者。越天順四年之春，左布政使劉公孜、右布政使李公顒，以時和歲豐，民安無事，欲撤而新之。謀諸參政劉公春、李公讃、黃公宗，參議梅公森、賈公恪，僉爲宜，即疏于朝，報可。乃命濟南知府陳銓亢鉅材鳩良工，言出事成，役夫雲集，於是諏吉始事，以次改爲制度，高廣悉加于昔。中爲五堂，高四十尺，廣加高二十尺，深殺廣一尺。前甃月臺，環以石闌。其前表以三門，其左右翼以兩廡，退休有室，居吏有舍。總之爲間三百四十，爲楹六百八十。舉目四顧，焕然一新，而規模宏壯，繪飾偉麗，足以表崇重而聳觀瞻，稱古方伯臨數千里之勢者矣。經始於是年五月，而以八月落成焉。方其未成也，劉公奉召命入朝爲副都御史，巡撫南畿。而李公陟左，繼爲右者曾公翬也，李、曾二公克一厥心，以究其成。因相與圖識歲月于石，以示久遠。乃走書京師，屬筆於予，而劉公適自南至，助爲之請，予不獲辭，爲之言曰：山東之有布政司，實以統治一方；而布政司之有堂，則政治之有所自出也。故凡朝廷深仁厚澤之下，於民者於此乎敷宣，民之貢賦上供者於此乎經畫，政令條教於此乎弛張，歲時慶祝於此乎致禮，賢能於此乎寘興，生民於此乎具瞻，列郡於此乎取則，境内大小之職於此乎聽令而考成，非徒崇飾以爲觀美而已。故凡居是者，誠能端乃心，公乃行，期盡乎所職，以成一方之治，庶幾稱斯堂而無愧也。其或各私其私，曠厥職而不之盡，使一方之民觖望焉，則俯仰斯堂，豈不有歉於中哉？今諸公皆以才德顯著遷涖於此，其新斯堂也，財不費官，役不罷民，有興仆易壞之功，有增庳爲高，廓淺隘爲深廣之智，有經遠邦國之仁。因事以推其心，則其能同寅協恭於一堂之上，秉公黜私，盡厥職以副我國家，設官統治之意，蓋可知矣。然諸公代遷有期，而斯堂之傳無窮，不有以示後，則後之人孰知大斯堂者實自諸公始。庸記以告俾來者，顧斯堂思勉厥職，增光於前政不怠，將山東之民永有賴焉。稅糧道，在大門内東。東兖道，稅糧道東。海右道，東兖道東。濟南道，在司外之東。

《〔嘉靖〕山東通志》卷一五《公署·提刑按察司》 山東等處提刑按察司，在府治東，近城。洪武中建。亦自青移治于此，成化中重修。經歷司，在正堂之左。照磨所，在正堂之右。司獄司。在儀門外之東。兵部尚書兼翰林院學士商輅記：山東按察司公宇，創自洪武初，迨今百年。歲月既久，頹圮滋甚，按察使

豐城李君方下車，即議修葺，而計費甚鉅，慮擾於民，因循數載。邇者朝廷清明，境内晏然，獄訟弗興，聽斷多暇。乃謀諸同寅，謂事有下得已而爲之者，如公宇頹圮，非但無以起人瞻視，且懼有傕壓之患，矧吾輩受祿過厚，與其私於衣食，孰若節縮以力資材之費，以爲經久之利乎。衆皆曰然，遂各捐俸爲助，而役使在官卒徒，顧募外郡工匠，伐木陶甓，十日就事。自廳事以及庖厨之類修葺之，未有者增建之。如正堂前後各五間，皆易朽以堅，易腐以壯，輪奂之美，有如新造。舊經歷司、照磨所去堂甚遠，今遷堂之左、右。舊東西吏舍以間計三十六，今增爲六十六。舊有神祠依堂限，今擇明爽地建於經歷司之東、公堂之前。新建儀門之前，改建大門二。後堂左右建齋縮房、庫房、厨房，通二十間。舊堂之前東西廣四十步，今倍之。舊三門直南惟衢路一，今東西開廣四十步。舊前門西街有肅政坊一，東街缺，今撤舊增建，東扁曰「振紀」，西仍舊。舊榜房列於大門内，今建於大門外，東西各二十一間。肇工於己丑七月，至十月畢工，堂搆崇嚴，規模軒豁。出入之際，人心肅然。李君既率衆落成，復走書徵予記。惟按察司實風紀所係，堂堂憲府，式表一方，顧可安於簡陋而諉諸後來乎？是宜葺之，使新擴之，使宏而超軼前規也歟？雖然，孔子以仁爲安宅，孟子以仁爲廣居，聖賢之意，蓋有出於上棟下宇之外者。今兹公宇既新，諸君子朝斯夕斯，寧無惕然於中者乎？必也，端其心如公宇之正，擴其量如公宇之廣，操存如公宇之潔，照燭如公宇之明。使奸者至而瞻落，强者進而股慄，夫然後公宇若益而高，風紀若增而重，於治道非小補也已。諸君子其勉之哉。李君名裕，由名進士、良御史陟今官，廉公有爲。而副使鄭君敬、劉君敬、董君廷圭，僉事周君濠、茂君彪、陳君善、俞君璟、常君振、張君珩，皆節操方正，將來功業皆未可量。記成，李君已遷秩。適憲使王君林繼至，遂偕新任憲副陳君相，僉憲楊君琅、劉君時敦、董君琳、王君綸，重搆東西廨舍凡八十餘間，以足其未備云。

《〔嘉靖〕山東通志》卷一五《公署·都指揮使司》　山東都指揮使司，在府治西，成化二年建。國朝提學副使陳鎬記：我太祖高皇帝，天錫神武，戡定海宇。酌古兵制，内建五府，以總戎政，而都司衛所，自京畿以至四方，鈐轄控馭，綱維井井，誠有前代所不及者。山東都司，初在青州，移建濟南，面山帶泉，頗據形勝。成化初，創造德藩府第，徙西巷址秋隘，前政若都指揮同知朱昇及丁全皆嘗請下撫按，開拓修飾，有加於舊。歲久已敝，而大門尤極庳淺，觀視弗稱。都指揮僉事滕陽申邦靖來掌司事，既三年，爲弘治乙丑二月，請於巡撫都憲徐公、巡按陸君，支藩司公帑錢若干緡，鳩工市材，增高舊門三間，少進而北，豎綽楔三架，以臨通衢。規制宏碩，丹碧揮映，題其榜曰「宣威」。用是都垣氣象，焕然一新，覩者快焉。是年五月畢工，請予文爲記。夫都司，内承督府，外統山東諸衛所，實與藩、臬二司文武並建，蓋所以爲保障地方，隄備奸宄計。且在郊畿千里之内，密邇天京，非他藩比。而門廡出入之地，僅同下署，殆不可謂之非戎務所急也。《易》曰「重門擊柝，以禦暴客」，蓋取諸豫，夫思患豫防之道，無微可忽，而莫嚴於門。申君思壯國威，而勤心於是，其知《易》者與。是餘也。三司若大方伯曹公以貞憲長賈公良金輩，暨都指揮僉事尹君升之、王君良壁、楊君景高、楊君志剛，咸贊相之，又因司之東北西南兩隅廨舍，與居民相湊，偪窄宣雜，乃請於巡按御史金君，得贓罰楮價錢若干緡，售而廣之；又以餘資增建後堂之前楹，與司獄之所繫囚之室，爲屋若干楹。規畫經理，皆出錢君，蓋君之才署，於是亦可驗云。

《〔嘉靖〕山東通志》卷一五《公署·貢院》　貢院，在布政司東，洪武初建。成化十九年，重修。嘉靖元年，重建至公堂。□□士青齊劉珝記：山東重修貢士院，經始於成化癸卯春正月十九日，以是歲夏五月十八日畢工，其爲日凡百有二十。至公堂、明遠樓則因其舊而稍新之，受卷、弥封、謄録、對讀四所分列堂之左右，其視舊廣三之一。監臨、提調、監試，凡三所，咸有序次。而供給所則置於堂之東南隅，此簾外也。簾内考試官，校藝有房，而增置者又六間，東厨五間。至於舉子場屋，舊嘗以席舍爲之，乃易以板，凡千二百有餘間。嗚呼，至矣！先是，巡按監察御史古蔚宋公經以歲將大比，詣院視之，顧其地隘，不易於容衆，即更欲開廣，以事弗獲。既而左方伯得澠池戴君珙，到不旬日，即與謀之。戴嘗以老成練事有聲，稱聞甚喜焉，而按察使當塗端君宏輩又和之。乃召其居隣者，平其地值，價予再倍，得民人馬良等十四家，廣八丈五尺，袤四十餘丈，遂成兹舉。闢隘而廣，易舊而新，焕然爲一方人才之壯觀，作人之功，不亦偉哉！督其事者，濟南同知徐君宣，而工匠力役之衆不書。既閱月，經乃走書京師，乞東齊壽光劉珝爲之記。嘗聞人才之産，蓋鍾乎山川之秀，而其成也，則又恒由於君子風聲氣習之所養，通天下古今而言也。竊以山東爲古齊魯地，山則泰嶽，川則東海，而孔、曾、思、孟之遺風餘習，千萬載爲不泯，是以才士産於其間，則夫善觀人才者宜以山東。爲何如？燕之角，荆之幹，妢胡之笴，吴越之金錫，惟産得其地，而爲才爲美，人何爲獨不然？今朝廷設科目以綱天下士，而士之抱奇負異，以人才自命者，罔不由科目進矣。況山東雄藩，密邇京畿，尤非他方比者乎？余以重修貢士院爲諸君作人之盛事，既記其

實，而因以及齊魯人才之所以盛，蓋不爲無本，非誇也。

《〔道光〕濟南府志》卷九《公廨》　巡撫部院署，舊在府城西南隅，成化元年建。正德間燬於火，巡撫趙璜重建。崇禎戊寅，又燬。巡撫顔繼祖市民居而益廓之，吏廨皆易以樓。未及落，輒經兵火。庚辰，巡撫王國賓重修。國朝順治初，遷明德王府書邸。康熙五年，巡撫周有德重修。乾隆三十二年，巡撫崔應階於署内建御碑亭。道光六年，巡撫武隆阿修珍珠泉、澄虚榭。撫標左營參將署在院署東。乾隆十二年，移於尹家巷。左營守備署在歷山頂。撫標右營遊擊署在院署西。乾隆十二年，移南城下。右營守備署在衛巷。濟南城守營參將署在縣東巷城，守營守備署在城隍廟街。

《〔道光〕濟南府志》卷九《公廨》　承宣布政使司署，明初在青州府。洪武九年，移駐濟南府，建署於府署之西北。其舊址，宋時郡守故治也。天順四年，左布政使劉孜、右布政使季永重建。大學士彭時有記。前爲大堂，後左堂、右堂竝設。國朝康熙七年，裁右堂。經歷司署，在大門内東。廣儲庫大使署，在儀門内西。廣儲庫在大使署北。按：舊《通志》載：照磨所在正堂右，理問所在儀門外西，又有司獄司。今皆裁。又載：督糧遺舊稱税糧道，在布政司大門内東。濟東道在布政司大門内督糧道東，舊設分守。東兖道在糧道東，分守登萊。海防道爲海右道，在東兖道東。又有參政、參議署，後改建於外。皆明舊制，今移者四，裁者二。

《〔道光〕濟南府志》卷九《公廨》　萬壽宫，在濟東道署之西。本鹽運司舊署，以運使移居驛傳道署，即今運使署。而濟東道兼理驛傳事務，乃以舊署歸濟東道管理，建龍亭爲拜牌朝賀之地。歷有年所，漸以就圮。康熙甲申六月，分守濟東道宋廣業即朝堂基址增易棟梁，建東西朝房、萬壽醮壇及大門二門，凡四進，爲屋二十九間。復修門外屋牆，東西二門及四圍垣牆。三年乃畢，規模宏敞，工程完固。乙酉春，聖駕東巡，士民請建萬壽亭。奉旨，該部知道，士民以奉旨，截漕賑饑，蠲租煮粥，得免流離，踴躍感恩，各輸資，即朝堂後敬建萬壽亭。亭内刊列連年恩諭石碑，内則榱題雕飾，金璧輝煌，外均覆以琉璃瓦。而宫院内外諸屋，竝重施丹雘；屋牆之旁，樹左右坊，以肅觀瞻。省中官員自巡撫趙世顯以下悉與其役，乃因士民歡心，恭懸匾曰「萬壽宫」。是後相繼敬修，於今不懈云。济東道宋廣業有碑記。

《〔道光〕濟南府志》卷九《公廨》　貢院，在布政司東。明洪武初建，成化十九年修。至公堂，明遠樓，受卷、彌封、謄録、對讀四所，皆加三分之一。建監臨、提調、監試三所，舉子號舍千二百有餘間。地廣八丈，長四十餘丈。壽光劉珝爲記。嘉靖元年，重修至公堂，王廷相爲記。後號舍增至六千餘，國初雍正十年，增建至一萬。乾隆二年，巡撫岳濬重建至公堂。二十一年，巡撫愛必達再修之。以火燬，惟餘號舍七千五百二十五間，共一百五十九連。道光六年，知濟南府鍾祥請於巡撫琦善、布政使訥爾經額，增屋四十三連，爲號五百七十四，共八千九十餘間，每間皆加高增寬。竝葺内外官舍六百餘間。度支銀六萬二千百兩有奇，制錢一千八百貫有奇。在工官員紳士，竝加議叙有差。

《〔道光〕濟南府志》卷九《公廨》　提督學院署，明時舊在羅姑泉東，曰提學道署。後移按察司署内。一曰在縣東塔行街。明嘉靖二十一年，即至道書院舊基改建。大明湖之南故址，僅至四照樓。諸吏人醵金置内宅，然皆校士時莅臨之所，平日駐節青州。康熙戊辰，陞道爲院，始移歷城，爲常駐之所。乾隆間，濟南府徐續重修四照樓，學使張若潍爲記。濟南府趙璜重修考棚，學使韋謙恒爲記。道光十五年，濟南府王鎮、歷城縣舒化民重修大堂及内廨，拓號舍，增三百三十有六號，竝舊號容一千三百四十四人。學使季芝昌爲記。

《〔道光〕濟南府志》卷九《公廨》　濟南府署，舊在布政司署故基，明初，侍儀使崔亮知府事，始建。尋收爲按察司。兵部郎中陳修守郡，復因開元寺驛舍重建，即今府署。危素爲記。嘉靖壬寅年，知府喬瑞修，李開先爲記。崇禎十二年，燬。知府張夬重修。大門外有坊，題曰「齊魯首郡」。門内爲寅賓館、土地祠、儀門。内爲戒石亭，爲莅事堂。左右設經歷司、照磨所。堂後爲協恭堂。堂東北隅爲同知廨，西北隅爲通判廨。署内舊有理刑、馬政二所，後與照磨竝裁。國朝康熙二十五年，知府蔣焜重修内堂，自爲記。清軍同知署，舊在府堂東，今圮。莅事首僦民屋以居。糧捕通判舊在府堂西，康熙十六年，移駐德州。經歷司舊在府大門内西，今在儀門内東。司獄司署，在儀門外東。

《〔乾隆〕泰安府志》卷六《建置志·署廨》　府署在迎暄門内街北。舊知州署，雍正十三年改。街之南爲照屏。乾隆五年，知府王一夔增修。東、西爲坊二。知府王一夔建。今廢。前爲大門。舊有譙按，規模頗隘。乾隆十九年，知府顔希深改建。直大門曰儀門，門東爲土地祠。知府王一夔修。門以内爲甬路，爲戒石亭。知府王一夔改爲坊。中爲大堂，知府顔希深重修。堂下有月臺。東、西爲六曹吏舍及各班序。又東爲箭道，有箭亭。知府王一夔建。今廢。北爲二堂，亦爲川堂。知府顔希深、康熙三年知縣鍾國義修。又顔曰「如保」。堂前爲戒百亭。今廢。東爲庫，曰積貯。西

爲典幕廳，兩翼爲吏舍。知縣陳甘雨建，知縣鍾國義修。後爲改絃堂。知縣陳甘雨建。又後爲三堂，爲寢室。知縣馮盛明修。堂之東爲委蛇亭，知縣錢宏謨建。今廢。西爲書廳。東南爲景范堂，有旁舍。俱知縣葉方恒建。東曰來塵亭。知縣吴國瑾建。署之東爲馬廠、主簿署、在縣署東偏舊縣丞署。明隆慶二年裁改。萬曆間復裁主簿，遂廢。典史署、在縣署内西偏舊主簿署。陰陽學、在縣署東。廢。醫學、在縣署西。廢。察院、在縣治東。府館、在縣治西。鐵冶提舉司、在縣東南八里。宣德間裁廢。通遠驛、在長城嶺。廢。冶村驛、在縣東十里。廢。税課局、在縣東十里。廢。演武廳。在城西南。舊在城東，知縣傅國璧改建，有將臺。

《〔乾隆〕萊州府志》卷二《公廨》 府署在府城南門内大街。直北中爲正堂，名曰端本。兩翼爲庫，左爲經歷廳，右爲照磨廳。堂前爲露臺，圍以石欄。左、右列班棚，東、西列曹房。東爲吏房，總科、收支科、課程科、雜科、神房、架閣庫、卷房，軍器房，西爲承發司，兵北科、清軍科、兵南科、刑北科、刑南科、工房、匠役房、軍器房。正中箴石坊一座，前爲儀門，左、右角門。角門外，東偏爲土地祠、寅賓館、上號房；西偏爲馬快房、夜役房。又前爲大門，東有步快房，西有皂役房。大門外左、右有榜棚，前有照壁石坊。此堂以前之規制也。堂後川堂曰三事軒，軒後爲和衷坊、四知堂。左右翼爲内庫，東有迎恩堂，西有尊賢堂。迎恩堂前有招稿房，旁有外厨。尊賢堂董有書，東房旁有庫子房。四知堂後照壁一堵，壁北爲宅門。宅門外左、右隸役巡守房，宅門内正寢曰儼思堂，左、右翼爲茶房、書庫。堂後爲内宅，官眷所居。其後有樓，東、西有廂房，週圍有從舍。宅門内之東爲幕客館，爲子弟書館，爲匠作局，爲浴室，爲射廳。宅門内之西爲倉房，爲厨房，爲僕房，爲馬房。又西北爲園，中有亭一座，亭後有書堂，左、右有小齋，前、後多古樹。園西有水鏡齋、汲清池，東北有亭曰覆花。此堂以後之規制也。建自洪武元年，指揮茆貴監修。天順二年，知府熊瓚重修，學士彭時、教授盛爆爲記。嘉靖三十四年，知府張祥重修大堂。萬曆二十四年，知府龍文明復事增廓，規模大備。都御史胡來貢爲記。國朝康熙四十八年，知府陳謙重修四知堂及宅内書房。雍正十二年，知府嚴有禧因大堂至宅門傾圮已甚，大加修葺，焕然一新。墨邑進士周毓正爲記。府署東北爲同知宅，東爲推官宅，裁缺久廢。今西偏併入同知宅，東偏改建北海書院。又前爲檢校宅、知事宅，裁缺久廢；西北爲通判宅，前爲照磨宅，亦俱裁廢。又前爲經歷宅，南爲獄肩司獄宅。府署之南有譙樓一座，架以巨鼓，用報更漏。又東有鐘樓一座，懸以鳴種，用警昏旦。明宣德二年，知府夏是建。有教授馬韜記。樓之東爲申明亭，署之東爲旌善亭。今圮。

《〔乾隆〕曹州府志》卷三《輿地志・公署》 曹州府署係原州治，明正統十一年，知州范希正創建。天順間，知州伍禮修飭。正德間，知州吴瓚重修。萬曆間，知州許恩增修東書吏房九間，糧科房二間，土地祠三間，南向西書吏房九間，馬科房二間，獄房三十間，左、右丹墀皁隸房各一座，儀門三間，東、西角門各一間，大門三間，大門内東寅賓館三間，南向門一間，西向大門外東、西鐘鼓樓各一座，大堂後二堂三間。國朝順治間，知州夏時榮重建大堂五間。知州母配坤於宅門内建三堂五間，東、西廂房六間，三堂後堂房五間，東、西廂房六間，後樓三間，東、西廂房六間。康熙初，知州吕鼐建直客庭，前、後各三間。知州佟企聖於上房東建正房二座各三間，東庭左建蘭室三間；前建茅亭一座，額曰「邵塵園」；又東書房三間。康熙年間，知州楊文乾增修後樓爲五間，大堂兩旁東、西堂房各三間。乾隆元年，知府吴謙誌於大門外建東西坊：東曰兗豫保障，西曰齊魯屏藩。照壁、甬道一新。乾隆六年，知府姚興滇於二堂西修官廳三間。乾隆十四年，知府劉憘於大堂前修牌坊一座，題曰「曹南名郡」。改東客庭爲二思堂。乾隆二十年，知府周尚質改蘭室爲雙柏齋。二堂後又增建南房四間，東宅門一間。重建三堂，重修大門、儀門。鐘樓額曰「治本黄鐘」，鼓樓額曰「化期土鼓」。

《〔乾隆〕威海衛志》卷二《建置志・公署》 衛治在東街，明指揮、國朝守備衙署。大堂三間，東、西武庫二間。堂後正宅三間，東、西廂各三間。堂前廊房各五間，牢役房各一間，儀門三間，角門各一間，賓館三間，土地祠一間，大門三間。遇八十丈。崇正十年，指揮董祚豐重建大門。順治六年，守備于有光重建大堂。以後傾圮，歷官俱僦民居。

《〔嘉慶〕東昌府志》卷五《建置一・官署》 府署在城西北隅，明洪武三年建，天順七年重修。東曰承流坊，西曰宣化坊，中曰古東郡。大門内東爲土地祠，西爲寅賓館。儀門内甬道中爲戒石坊，東爲儀仗庫。今廢。左碑一，右井亭一。今廢。兩廊爲各吏科大堂，牓曰「體仁」。今曰忠愛，曰捧日。兩腋舊有經歷、昭磨二廳，昭磨廳今廢。西掖經歷署，西南司獄署。旁爲府監大堂，後爲川堂，牓曰「和衷」。二堂，牓曰「公惠」。西爲架閣庫，東爲思過閣。今爲庫。《永樂志》云：行用庫在府治東南，大盈庫在府治内。後爲宅門，門内觀和堂。乾隆三十六年，知府胡德琳建。最後爲内宅，凡二進。觀和堂東爲東書房三間，又東爲幕舍，東北爲馬厩。馬厩南爲關帝廟、馬王祠，奉府署香火。其東北爲厨舍，西爲花廳，舊有

拜石聽松軒。今廢。又西爲砥齋。又西爲依緑園，本名得水、知府黄檢創、胡德琳修，後遂毁棄。墻外爲民間隙地，乾隆五十八年及嘉慶二年，知府張官五捐廉重修，移觀和堂額於二堂，榜三堂曰「五聽」，改幕舍爲厨舍。以砥齋爲幕舍，接搆四楹。西花廳卑隘，重啓高敞，繞以迴廊，顔曰「擎善」，移建。

《〔道光〕重修平度州志》卷九《公廨》 萬壽亭在州治西南。乾隆二十七年，知州王化南始建於圓明寺舊基。正殿三間，殿階三面出，陛四級。左、右朝房各三間，左、右掖門各一間，東、西翼室三間，大門一間。道光二十三年，知州許捷重葺州署在城内正北。明洪武二十一年，知州劉厚建。正德五年，燬於賊。知州雷剛重建。崇禎五年，復燬於賊。官吏依居民舍。十年，通判朱逸宏署州事，始重建堂事以聽政。十一年，知州杜志攀築正寢及左右翼東西書房爲幕館，始居官署。而譙樓，旌善、申明亭，不復覩。

《〔咸豐〕武定府志》卷六《公署》 府治即舊州治，在城中北偏，宋大中祥符間建。明永樂末，册封漢王高煦於州，遂併爲藩府，乃移州治於西門。宣德初，漢府除，仍復於舊。其制有大堂、二堂、三堂，大堂外有儀門、大門，二堂旁有東、西院舍，三堂爲州内署。嘉靖三十五年知州喬宇，崇禎十一年知州王永積，相繼飭治。國朝康熙二十七年，知州董鼒重修。雍正十二年，陞州爲府，州治爲府治。乾隆四十一年，知府徐觀孫支廉修大堂、三堂。四十五年，又支廉修大門、二堂内宅。嘉慶二年，知府張愛鼎支廉重修。道光十一年，知府湯世培飭屬修大堂。十五年，又修儀門、東西角門。十六年，知府侯爕堂飭屬修大堂、月臺、街道。二十年，知府諸鎮飭屬重修。二十一年，知府陶慶增飭屬修二堂東西院舍。二十五年，又修内宅圍牆。二十六年，知府王鴻烈飭屬修兩轅門及大堂内宅。咸豐二年，知府錢汝楫捐廉并飭屬重修。六年，知府余棨飭捌修東圍牆。

舊大堂左有吏目廳，右有鑾駕庫。今廢。

舊署左有州同署，右有州判署。雍正十二年，裁州同、州判，吏目署俱廢，改吏目署爲官廳。

大堂右舊有鄭侯祠，乾隆二十三年，知府赫達色建。今廢。

儀門内東西舊有吏舍，今東圮。

儀門内南舊有戒石亭，今廢。

儀門内有坊，舊額曰「賜履雄封」，今易額曰「齊北屏藩」。

大門内東舊有土地祠。今祠左立馬王廟，右立蕭曹廟。

大門内東舊有獄，今廢。

内署東北隅舊建財神廟。道光十四年，知府湯世培飭惠民知縣汪自修等重修。

土臺在財神廟前。道光二十六年，知縣余棨捌建觀稼軒於其上。咸豐二年知府錢汝楫、八年知府李熙齡飭屬重修。

府治前照壁左右有坊，舊額左曰「東海屏藩」，右曰「北門鎖鑰」。今易額，左曰「棣州古郡」，右曰「渤海雄封」。照壁前正南舊有表海樓，漢庶人所置，名曰譙樓。明嘉靖間，僉事王琇更爲瞻聽樓。崇禎十一年，知州王永積重修，額曰「表海」。國朝嘉慶十二年，知府金國寶建修。咸豐二年，知府程伊湄捐廉重修。

《〔咸豐〕青州府志》卷二七《營建考三・官廨》 府治舊在城内西北，即元益都路總管府。明洪武五年，詔建齊藩，知府張思問移城東南。十四年，知府周彦臯又移城東北，即今治也。天順中知府趙偉，成化初知府李昂，正德中知府朱鑑，嘉靖初知府江珊，四十三年知府杜思，萬曆中知府范善，相繼修。前爲大門，再進爲儀門；爲正堂，顔曰「至道」。後爲川堂；爲印堂，顔曰「希范堂」。後有亭，建題名碑，後爲正宅。久圮。國朝康熙三十八年，知府張連登於希范堂後建宅門，内爲三堂，顔曰「鏡心」。後爲書吏房，東爲北軒。軒後爲宸翰亭。恭鐫

《〔光緒〕增修登州府志》卷九《公署》 登州府署在城西北隅。舊爲州署，明洪武元年，知州李思齊建。九年，升爲府，增置僚屬各署。後屢有修葺。崇禎十六年，知府陳鍾盛重修。國朝因之。乾隆三十二年，知府趙瓚修大堂。三十四年，知府張爲矱修二堂。道光十七年，知府英文修大門、儀門、三堂。光緒四年，知府賈瑚修大門、二堂。今大門三楹，入門爲甬道，東爲土地祠。祠前舊爲清戎廳，後改爲寅賓館。久廢。祠北有門，爲同知署，其南爲軍儲倉。甬道之西有門，爲經歷署，儀門三楹，東、西有掖門。入門兩廊爲科房，各十二楹。中爲大堂三楹。舊置經歷司、照磨所於堂左、右。皆久廢。東、西夾室爲豐益庫、和豐倉，俱仍舊名。前立戒石坊。後爲二堂五楹，即静貴堂，金大定間，刺史王克温建。後改爲寅恭堂。國朝道光間，知府英文仍題舊名。東室爲官廳，西室爲東房。堂東爲馬神廟，堂側舊有儀仗庫、兵器庫、架閣庫，俱久廢。堂後爲宅門三楹，東、西門房各三楹，兩旁隸役房又各三楹。知府宅東舊爲同知宅，南爲推官宅，又南爲經歷宅。今同知宅如故，推官、經歷二宅久廢，軍儲倉即其址也。西舊爲通判宅：通判有二宅，一改爲倉，倉南爲諸幕府宅，又南爲

羣吏廨，後俱廢。萬曆四十六年，知府徐應元即其地建三楹，曰雅齋；後建草亭，曰適適亭。一改爲經歷宅。門内爲三堂，名清暉堂，五楹，東、西廊各三楹。西有廳五楹，即雅齋故址。東有廳七楹，皆接見賓僚地。西廳之前，周列十餘楹，則幕友棲止處也。堂後爲内宅，正室七楹，兩廊各三楹，後室亦七楹。大門外有二坊：東曰環齊重地，内題「十城師帥」。西曰表海雄封。内題「全省屏藩」。照牆之南舊有一坊，曰東海保障。門左有旌善亭，後改爲羈候所；門右有申明亭。今俱廢。

上海

《〔同治〕上海縣志》卷二《建置·衙署》 知縣署，元市舶司署址也。至元二十九年始立縣，以舊榷場爲署。《永樂大典》：縣署，舊在儒學東，係松江總場。大德二年，併市舶司於四時，乃移縣於司署。三年，爲海潮所壞，達魯噶齊雅哈雅增脩堂宇，建鼓樓。鄭志。唐時措記略：上海縣襟海帶江，舟車輳集，故昔有市舶，有榷場，有酒庫，有軍隘，官署備塾，佛宫仙館，甿廛賈肆，鱗次櫛比，實華亭東北一巨鎮也。至元壬辰春，聖天子以華亭地大民衆，分高昌、長人、北亭、海隅、新江五鄉，凡二十六保，立縣上海以隸夫松，從參政冀公之請也。初，主簿郗將仕至，卜廨莅治，惟舊榷場廳宇向爲鎮守總管府運糧千户所，庭宇湫隘，藏牘無庋，繫囚無圄。大德戊戌，方議遷適，有併海船歸四明之命，請於省府。己亥，劄下移置廳堂衙宇，較舊倍寬，而在在闕漏，大費補葺，且值風雨交作，海潮湧怒，沈廬漂瓦，渺瀰一壑，縣庭僅撐立，曰靡寧居。今達魯花赤雅哈雅哀然捐己資爲舉，首尹夏承務永范從仕簿侯將仕交贊以和，邑里富室裒金樂助，委司吏姜濟董之，以責其成。剏譙樓三間，重簷四牖，門於下以謹出入，鼓於上以報更點。面樓而井於東西所以養不貪，環井而樹其前後所以表庇廕，葺琴堂之陋，支吏舍之摧，儼神祠之飾，完圜扉之闗，使聽訟有堂，宴息有寢，禱祀有祠，曹掾有舍，徽纆有圄，治與縣稱，縣與郡稱。經始於壬寅正月既望，閲六月訖事。癸卯三月記。

明洪武二十五年，知縣林廷瓘重建鼓樓。二十九年，知縣張守約建穿堂。正統四年，知縣張禎以巡撫周忱命重建儀門、中堂署，後寢曰「絃歌深處」。天順中，知縣李紋重脩。有《訓導江震記》。成化間，知縣劉宇改建鼓樓。正德七年，知縣黄希英新廳事，面廳爲戒石亭，廳東爲鑾架庫，廳西爲典史，廳架閣庫兩廡爲六房。儀門東爲土地祠，西爲獄舍。嘉靖元年，鼓樓毁，知縣鄭洛書即其地立絃歌坊。十六年，知縣梅淩雲重建鼓樓。十九年，知縣張秉壺立牧愛坊。在儀門内。三十二年，倭寇突至，廳宇悉盡。三十三年，知縣劉克學重建門廡堂寢庫獄及東西衙署。四十二年，知縣黄文煒於儀門西置迎賓館，今廢。重建土地祠。萬曆五年，同知鄭復亨於大門内建東西南三坊。十年，知縣鄧炳開西偏馬道與東稱。二十六年，知縣許汝魁重立戒石亭，並立親民坊。三十六年，知縣李繼周重建内衙廳事及丞尉衙舍，改造獄舍。四十年，知縣徐日久建可堂於中堂之右。四十六年，知縣吕濬重脩内外，改建大門，設左右榜廊，易民居餘地，恢廓舊規，重建東西二坊，曰「潔愛」、「廉平」。

國朝順治十七年，知縣涂贄各加脩葺。康熙九年，知縣朱光輝建堂於内衙之西，後知縣任辰旦題曰「介和」。前志曰：今無此額，疑即勤補堂，今并勤補堂額亦無之矣。十二年，知縣陳之佐建二亭在東西坊外，爲民有事於縣者憩息所。今廢。二十年，知縣史彩改建内衙，額曰「問心堂」。葉映榴記畧：縣署東偏，舊有堂三楹，簡菴史侯顔曰「問心」，而屬爲之記。善哉此問乎！夫天遠而不可問也，人私而不可問也。惟最初之一心，近乎天而同乎人，天無日不以愛物爲心，人無日不以自愛其身家爲心，問吾心之慊與否，以慊天人之心，是即求誠之道也。侯之命斯堂也，意或出此乎！吾邑疆六百里，户億萬侯，端居一室，撫琴書，顧花鶴，不馳尺檄而呼吸與通，臂指是效，問心之道得也。以視天巡行阡陌，問民疾苦，其名實本末必有能辨之者，又何耳目手足簿書期會之足云。雍正九年七月，署知縣張濤重脩大堂。乾隆十三年，知縣王侹築月臺，重建吏舍及皁役班房。五十二年，知縣周雲翮重脩内外堂屋，並新「絃歌深處」額。周雲翮記畧：「絃歌深處」四字，爲家文襄公所書。公於撫蘇時行郵至此，擢邑丞張禎補縣事，從民請也。既報可，書此扁命懸於後寢，同列榮之謹補書於此，昕夕景仰。嘉慶二年，知縣湯燾於署之正西重建自新所。有記四年，復增脩衙署。十七年，知縣王大同改葺大堂及勤補堂諸舍，移「絃歌深處」於問心堂左。道光十五年，知縣黄冕就署東箭道建問耕亭。道光二十二年，西人入城，半遭毁壞，署知縣蔡維新重脩。咸豐三年八月，閩廣會匪作亂，署知縣袁祖悳死之，縣署及僚佐署俱被毁。五年春，城復，署知縣孫豐重建。六年，知縣黄芳增脩。其增改舊制處，詳卷首圖說。

附縣署舊制：俱久廢，署存其名。清節堂，《大清一統志》：在縣治内，宋董揩提舉松江市舶司時所建，入服其廉，故名。時雨軒，明成化八年，知縣王崇之與邑紳禱雨於軒，因名之。留鶴堂，在大堂後，明嘉靖初知縣鄭洛書以奏最行留鶴於此，故名。贊政廳、在大堂西偏。鑾架庫、在大堂後西偏。軍器庫、在大堂後東偏。君子軒、圖政軒。明潘恩有記。

《〔同治〕上海縣志》卷二《建置》 製造局在城南高昌鄉。同治初元，巡撫李鴻章由滬濟師，恢復江浙，得洋槍礮彈力居多，令在滬設局鼓鑄，僦居浦北虹口洋房，名機器局。五年，巡撫丁日昌奏請擴充，巡道應寶時籌撥經費，移建今處。

計地七十餘畝，以二十餘畝爲局房及製造之所，以四十餘畝設船廠、船塢、馬頭及洋匠住房，其中匠住房則另於廠東購地五畝蓋造焉。八年秋，續遵《奏定章程》，建繙譯館於西北隅，以廣方言館生徒移坿。九年春，又於西北添建洋槍樓及氣機、熟鐵、捲槍等廠，其大氣錘、鐵殼船廠及測望臺等處，皆續增，尚未訖工，統計方廣凡四百餘畝云。六年冬，又於陳家港購地五畝，建火箭分廠。九年，又在龍華購地八十畝，建廠房自製洋槍、細藥及銅冒礟引。兩地皆在總局之外者。按察使應寶時記：蘇州既復之三年，今協揆合肥李公爲道撫，豐順丁公分巡上海，創設機器局。寶時偕今候補道馮君焌光、湖北候補道沈君保靖，先後奉檄總其事。無何丁公擢巡撫，會總督湘鄉曾公至滬，以舊局狹隘，合辭奏請擴充。奉俞旨，適寶時承乏巡道，爲籌畫經費，始定議遷於城南高昌鄉，購地七十餘畝，創屋若干椽。監造者爲候補知縣孫君玉堂、華君蘅芳。經始於同治五年八月，成於六年冬。八年秋，續建繙譯館於西北隅，以廣方言館附焉。九年春，又於西北添設廠屋四座，而局制始大備。局濱黃浦，三面繚以高垣，前則列木爲閑署，其門曰江南機器製造總局。中爲公務廳，廳西迆北爲公局，局亦有廳，廳後有樓四楹，官吏籌議局事於此。局東爲文案房，爲畫圖房。又東爲總庫房，又東迆北爲生鐵廠，又東爲木工廠，正北一帶皆廠房，攻治大礟之地。在其東大機器廠，在其西氣錘廠及造輪船機器鍋鑪廠，皆在焉，實爲製造總匯。廠門外治直道以達黃浦，爲馬頭。東南隅洋房兩座，爲西匠所居。東北隅百楹錯雜，則中匠所棲止也。直道之東爲船塢，又東爲船廠。塢西則爲木棧，又稱西廠，爲儲積材料之所。局西迆北爲繙譯館，爲廣方言館。又西北爲洋槍樓，樓東爲熟鐵廠，樓西迆北爲氣機廠，內設氣機、鍋鑪各二。又北爲捲槍廠。於是廣袤凡四百餘畝。初火箭廠借地爲之，六年冬，令知縣丁君惠安別建於陳家港，計地五畝，是爲機器局火箭分廠。九年，又於龍華購地八十餘畝，建廠房自製洋槍、細藥及銅冒礟引。二地又在機器總局之外，先後糜白金二十餘萬。寶時先奉簡命陳臬，江蘇沈君亦之官。會辦局務者，馮君與先後巡道杜君文瀾、涂君宗瀛、知府鄭君藻如也。諸君不忘寶時一簣之勞，以局工行竣，移書屬記其事。竊惟《論語》曰：「百工居肆，以成其事」。疏以肆爲官府造作之處，《周禮》疏以肆長爲行頭。其時市廛質賈，並隸司徒考工之屬，「三十自輪輿迄於車工，咸有專曦。至於爲吏者，長子孫居官者，以爲姓其專且精，可知後世薄爲藝，事不屑講，一委之於工賈，於是器用苦窳，大失三代上聖王備物致用立成器以爲天下利之意。然則，是舉也，亦猶行古之法焉，因也，非創也。國家聲教覃敷，揆文奮武。几餼廩於其中者，咸仰體聖天子綏靖中外之心，各勤其事，期報稱於萬一。斯則寶時所厚望於在事諸君也。是爲記。時同治九年冬十二月。

江蘇

《〔成化〕姑蘇志》卷二一《官署上》 府治在織里橋東，元初爲江淮財賦提舉司，後改都水庸田使司，復爲平江路總管府。國朝吳元年，就建府治。洪武二年，有旨加闢，知府何質、陳寧相繼成之，造門及堂，又於廳事兩廡後增刱舍宇。初因元舊官吏居外宅治事，至是始就內居處。正統間，知府況鍾重構庫房。天順間，知府林鶚改作後堂。迄今規制整備。廳事東爲推官廳，又東爲照磨所。西爲經歷司，又西爲架閣庫，後爲豐盈庫。堂下夾以東西廊舍，東爲吏、户、禮、承發、架閣房，西爲兵、刑、工、糧房。堂外周列守貳判推之私第。西稍下爲四區，以居幕屬。又下一區，居庫官。廊後爲周廬，以畜胥史。中門外東爲土地神祠，傍地爲厩。門之外，東爲旌善亭，西爲申明亭。二亭俱洪武中建。輔以榜廊，拱以雙表。此郡衙之大署也。嘉靖間，火燬廊廡，郡守王鴻漸改建。載逾年，廳堂、庫藏、門廡又遭火厄，同知鍾鑑重悉如制鼎新，煥新改觀焉。

《〔嘉靖〕徐州志》卷六《官署》 州治在城北正中。中爲正堂，左爲龍亭庫，右爲吏目廳，凡各三間。東西列吏房科，凡十一。東架閣庫、承發司、吏、户、糧、禮房。西勘合科、兵、刑、工房、馬政科。前爲箴石亭，亭之前爲儀門。儀門外，左爲土地祠、申明亭、永福倉，右爲獄總鋪、永成庫。前爲大門。正堂後爲川堂，川堂左、右爲耳房。後爲後堂者二。又後爲知州宅。知州宅左前爲同知宅，後爲預備倉，又後爲東吏舍；右爲判官宅，凡三所。吏目宅右爲西吏舍，大門外，東、西舊有承流、宣化二坊。今廢。自楚懷王、項羽覩於此。霸王廳，至宋尚存，蘇軾守徐撤爲黃樓。今父老傳謂三鄉有彭城，廢縣未詳其時。漢以來，置廢不常。元置武安州，治在今城東南。即廣運倉地。本朝吳元年，知州文景宗即故址創建。宣德十年知州楊秘，天順元年知州宋誠，成化元年知州王叙，九年知州陳廷璉，相繼增修。嘉靖二年，知州張淮拓大之。宋有逍遥堂，蘇軾守徐時，其弟轍留宿於此。有楚秀堂，元祐中，知州孫覺建。明善堂，知州杜純建。皆自爲記，今並廢。別有官廳二，在城東北萬會橋兩岸，舊爲榷舟税所，成化間，知州陳廷璉改建。申明亭三：一在州治前，一在北關廂，一在南關廂。旌善亭二：一在州治前，一在南關廂。皇華亭在城東門外河西岸，正德間圮于水。嘉靖二十六年，副使王梃重建，及題「襟喉重地」四字。宋有寶豐監，元豐六年置，鑄銅錢。八年廢。今不知故址所在。

《〔康熙〕常州府志》卷一二《公署》 常州府治，即内子城。唐末景福間，權刺史唐彥隨建樓堂門廡甲仗軍資等庫，餘六百楹。宋初增葺。建炎中燬。紹興間，郡守俞竢典復寖備。德祐乙亥燬。元初，置常州路總管府。至元間，稍復之。久而傾圮。大德壬寅，判官袁德麟重建，增創推官幕官廳、架閣庫，其官僚吏屬猶僦居民間。明洪武初，既改常州府，四年，知府孫用創守貳幕屬之宅、吏史之舍。正

統三年，知府莫愚大爲創建，其外爲中吴要輔牌坊，進爲高明樓。樓之内，左爲禮賓館，右爲獄，爲土地祠。再進爲儀門，爲大堂。兩傍爲經歷司、照磨所，爲架閣庫、豐積庫，兩序東西向爲六房吏舍，堂後爲財堂，後堂爲府宅舍。儀門之外，循甬道東折而北爲同知廳，爲推官廳，其下爲知事照磨衙。循甬道西折而北爲三通判廳，其下爲經歷檢校衙。又推官上廳在府後堂左，規制宏敞，甲於他郡，至今因之。禮部尚書盱浚記。成化十六年，知府孫仁重修正堂廊廡及豐積庫、架閣庫。弘治十一年，知府曾望宏重修。禮部尚書盱江張昇記。國朝順治九年，知府祖重光重建大堂。順治十一年，知府朱之普重建高明樓，未竣。十三年，知府崔宗泰迄功。上書「常州府」三大字，南唐散騎常侍徐鉉篆。國朝康熙三十三年，知府于公琨重書其向北匾額，曰「高明」，明王問書，知府于公重書。二十年，知府祖進朝重建後堂，易其匾額曰「尚中堂」。其川堂有唐守獨孤及匾額曰「甘露凝香」，以川堂兩旁有古栢各一株，其年甘露降其上，獨孤及上表賀聞。兩栢至今猶存，其堂漸圮。知府于公於康熙三十三年重修燕廳三楹，于公題曰「易簡堂」。後爲寢室，旁及茶寮庖湢，無不畢具。四旁隙地爲囿，昔饒臺榭之屬，今所存者多稼亭。康熙三十一年，知府于公重修。順治十六年，知府趙琪重建中吴要輔牌坊。康熙十一年，知府紀堯典於府前横街東西建保釐師帥牌坊。二十二年，知府盧崇義以府基原屬鳳形，兩牌坊左右有二非，名曰鳳眼。久湮没，今復浚如故。

《〔乾隆〕江南通志》卷三三《輿地志・古迹四》 高麗館在江都縣南門外。宋元豐七年，詔京東淮南築高麗館，以待朝貢之使。紹興三十一年，向子固重建，榜其門曰「南浦」，亭曰「瞻雲」。四達齋在高郵州舊治内，宋郡守趙晦之建，蘇軾爲之銘。

《〔乾隆〕江寧新志》卷六《建置志》 公館在板橋。舊志：有行人舘、客館、儀賔舘、通江舘、水舘、横江舘、德星舘、江寧舘。按《宫苑記》，國舘六：一曰顯仁，處高麗使。二曰雅集，處百濟使。三曰顯信，處吐蕃使。四曰來遠，處蠕蠕使。五曰職官，處陀利使。六曰行人，處北方使。顯仁在青溪中橋，五舘竝相近，惟行人在婁湖蘺門外，客舘在□洲上，吴時以舍遠人。宋初，置南北客舘，王四方賓客，後爲四方舘，此其始。儀賓舘以没官屋改車馬小駐之地，元時爲南軒書院。通江舘在賞心亭東月堂舊基，後爲回易庫，馬光祖改立通江舘，以侍四方賓客。水舘在拆柳堂東，葉清臣建，張伯玉記。攷□國在月堂西月堂基，即通江舘也。横江舘在水西門内賞心亭側，馬光祖重創，以延賓客。德星舘在建康城西門外，總領倪垕建。江寧舘，舊有是舘，歲久弗葺，景定五年制使姚希得重建，不詳所在。以上諸舘皆古有而今無者，郡志止載公舘在板橋，而不及其他。兹一一紀之，以存古所建也。

《〔同治〕徐州府志》卷二

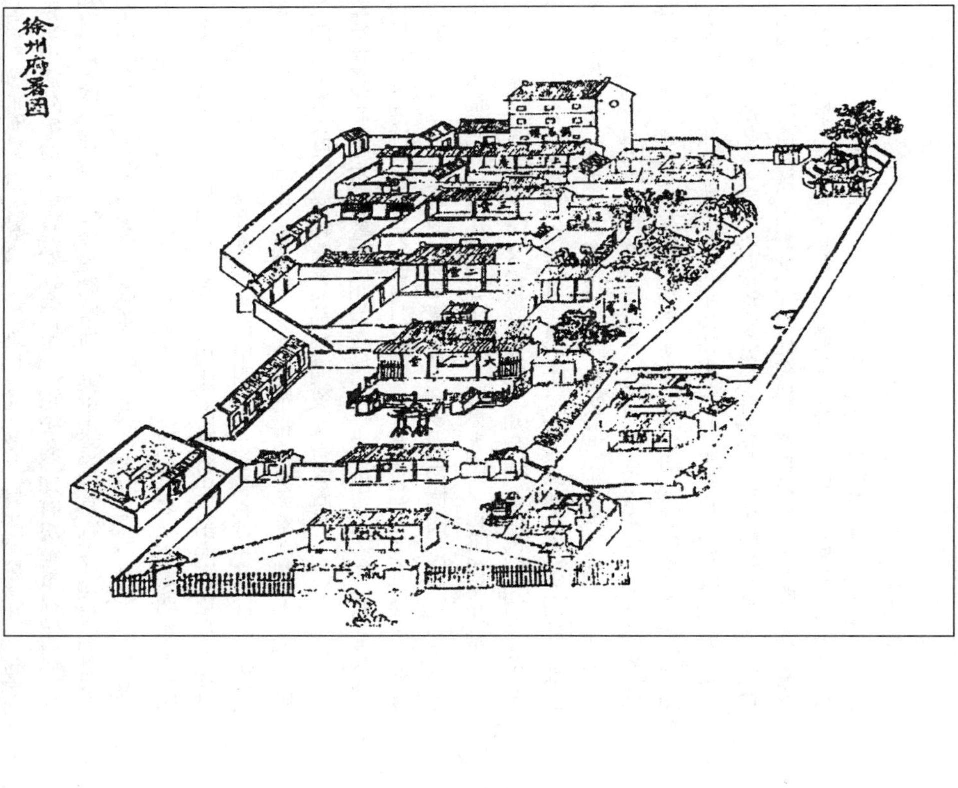

徐州府署圖

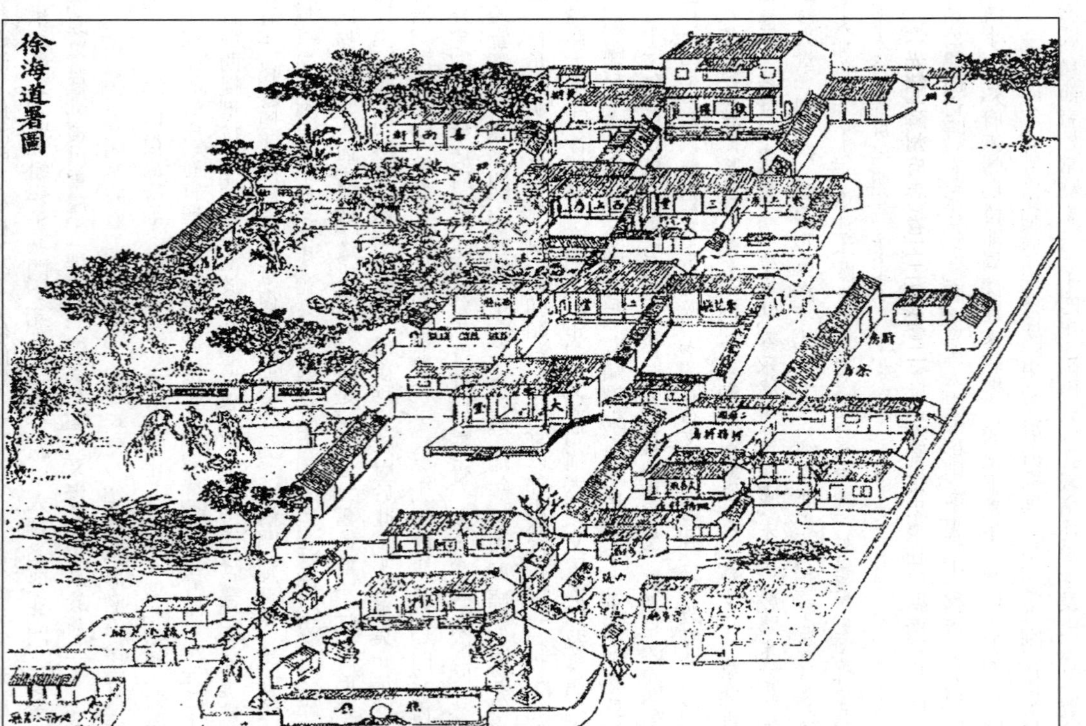

《〔同治〕徐州府志》卷二

《〔乾隆〕江寧新志》卷六《建置志》 育嬰堂在三山門外分司舊址。康熙九年，當事諸公暨紳士捐募營建，鄧太史旭有記。後漸圮廢。雍正十二年，奉旨改建二堂于聚寶門外之佟園，置田撥洲，又歸併育嬰堂田房租以給衣糧等費，紳士總理之。後制府那公蘇圖增設養費所，後又增置老婦所，其事宜皆與普濟堂同。凡四堂。又城内石灰巷口育嬰堂爲善士高官佑所建，其養費皆自給焉。

《〔嘉慶〕海州直隸州志》卷一四《建置考·公廨》 知州署，張《志》：州治在西海城内近東，乃李壇舊宅，元改爲州治。元季兵廢。明洪武元年，知州陳德輔因舊基重建。弘治五年，知州陳廷珪增修。正德八年，知州王泳重修。大門譙樓一座，正堂五間，戒石亭一座，儀門五間，後堂三間，耳房各二間。吏目廳三間六房，東、西各九間。架閣庫三間，神祠一所。監房九間，在儀門内。東獄祠一間。嘉靖四十四年，知州高瑶建茶廳一所，以接賓客，在儀門外東。隆慶六年，知州鄭復亨重修儀門。儀門外東建土地祠。於前置茶廳，額曰「親賢」。外建錢糧房六間，置櫃於中，令民投納賦税。與吏目衙舍相對大門外增高影壁，左、右置柵門二座。陳《志》：柵門上有牌坊，東坊題「東海名邦」，西坊題「長淮重郡」。國朝康熙間，地震，淫雨，漸就傾頹。二十八年，知州王帝臣蠲奉重建，改大門譙樓爲平房，大堂後舊有二堂，大堂東舊有吏目廳、茶廳，帝臣皆毁之。今按：自康熙以來，修葺無考。乾隆四十八年，知州林光照申請領銀九百九十八兩有奇修理，其銀於養廉内分三年扣繳。今太門一座，儀門一座，戒石坊一座。兩廊科房大堂五間，東爲官廳，西爲外庫。堂東偏有題名碑。大堂後宅門一座，西爲庫室，東爲門房。其北二堂一座，東客廳，西幕客房。客廳後有古槐二株。東有亭曰乘槎，西有室曰寄柯。二堂後爲内宅，有門，有堂，有室，有庖，有湢。内堂西偏有書房。宅後園牆内最高處有望海亭，顔曰「秉香」，有楹帖云：「觀海難爲水，開門即見山。」宅西有射圃，又西爲常平倉。大堂西有監獄。大門内，東爲土地祠，西爲吏目衙。署前廣七丈五尺，署後廣三十九丈五尺，自照壁至後牆長三十九丈五尺。計地三十畝九分四釐，而倉、監、土地祠、吏目衙不與焉。

《〔光緒〕蘇州府志》卷二一《公署一》 府治在城西南吴縣麗娃鄉南宫里。初，秦置會稽郡，即楚春申君子假君所居爲郡廨。漢因之，相沿稱黄堂。按：盧志引《郡國志》云：今太守所居假君之殿，因數失火，塗以雌黄，令子守母。又謂古者太守所居黄堂，猶三公之黄閣。更始元年，爲太守許時燒。唐乾寧元年，刺史成及建大廳。

宋初爲節度使治所。皇祐五年，李仲偃修。《吴郡志》作李晉卿，其字也。嘉祐五年，王珙復新之，陳經繼作子城門。元豐六年，章岵以大廳之前、戟門之後廊廡卑隘，易以修廊，覆以重屋，二樓對立，樓各八楹。又修戟門，高於舊三丈。盧志作三尺。由是自臺門至府庭，閎偉相副。建炎兵燹。紹興初，命漕臣營治爲行宮。七年，詔賜守臣復爲府治。紹熙元年袁説友、紹定五年鄒應博相繼修之。元初爲平江路總管府，府官皆居外私宅，聽訟詳刑裁處決遺則會府中。至元二十年，就置浙西提刑按察司，遷府治於舊茶鹽提舉司。未幾，罷按察司，府治復舊。大德五年，爲暴風所壞，總管董章復葺譙樓、舊或角樓。儀門、即戟門。設廳即大廳。盧熊志云：相傳爲燕犒將吏之所，謂之旬設，故公厨亦曰設厨。并兩廡吏舍。至正末，張氏據此爲太尉府，及敗，縱火焚之。於是唐宋迄元舊迹無一存者。而茶鹽既改江淮財賦司，又改都水庸田使司，最後移總管府於此。明太祖吴元年就建今府治。洪武二年，奉部省符加闢，何質建舍宇。三年，陳寧成之。初因元舊官吏居外宅，至是，始居府内。正統六年，況鍾作退思堂。陳孟浩記。天順間，林鶚改作後堂廳事。嘉靖間，廊廡燬。王鴻漸重建。踰年，堂庫門廡災，同知鍾鑑復之。自是迄明末，修葺莫考。國朝順治二年，堂以外悉燬於兵。三年，丁允元建大堂，又置儀門及賓館。十五年，鄒蘊賢建六曹廊廡。康熙七年，曹鼎設東、西二坊。十一年，寧雲鵬葺凝清堂。十二年，重修東、西兩坊。題其東曰「泰伯流風清勤率屬」，其西曰「春申舊蹟威惠宜民」。四十二年，聖祖仁皇帝南巡，賜知府石文焯「世恩堂」額，改凝清舊名。乾隆八年，覺羅雅爾哈善於堂之右構便坐，顔曰「景范」，以宋范文正公嘗興郡，誌企慕云。後堂自康熙末燬，雍正初，蔡永清重建，尋廢，未復。乾隆十六年，劉慥重修大堂。四十年，韓錫胙重修。咸豐十年，經粵匪之亂，廨宇殘燬。同治二年，大加修建。十年，重建木蘭堂。宋蔣堂《重修大廳記》：姑蘇受署廳新成，當兵部員外郎李公晉卿守屏之，明年冬十月也。

《〔光緒〕蘇州府志》卷二二《公署二》 巡撫都御史臺在吴縣南宫坊，即宋魏文靖公鶴山書院。明永樂宣德間，巡撫大臣涖郡則治事其中，移書院於東南隅。正統十年，知府朱勝爲侍郎周忱建來鶴樓。成化十六年，尚書王恕顔堂曰「願治」。嘉靖四年，都御史陳鳳梧樹保障東南、澄清畿甸二坊，闢後圃，建思賢亭。萬曆間，建節者始常駐焉。三十四年，都御史周孔教增建書堂及吏隱軒，鑿池栽竹，極幽邃之致。天啓三年，周起元建左、右榜廊。國朝順治二年，燬於兵。都御史土國寶即朱明寺舊址草創軍府。九年，都御史周國佐請於朝，復舊址，建新臺，改澄清畿甸曰澄清海甸，立聞喜堂於堂東，餘皆如舊制。康熙元年，都御史韓世琦修。十五年，都御史慕天顔修來鶴樓。樓後有軒，天顔署曰「鹿隨」。按：天顔自記：丁巳春三月，有二鹿隨車之瑞，因取鹿轂之意以爲軒。康熙三十三年，都御史宋犖搆深凈軒於來鶴樓東，邵長蘅爲之記。其北面池曰韋庵，犖自爲記。嘉慶二十五年，巡撫魏元煜重修來鶴樓。咸豐十年，燬。同治五年，巡撫郭柏蔭重建，並於署後闢廣場爲操演兵丁之所。十一年，巡撫張樹聲於深凈軒後建思賢堂。十三年，巡撫吴元炳建魁星閣於巽隅。

《〔光緒〕蘇州府志》卷二二《公署二》 織造府在元和縣葑門内帶城橋東。明時以内監兼理蘇杭，於天心橋東局中爲館舍，往來無常。國朝順治三年，命内工部侍郎陳有明總理其事，即明嘉定伯周奎故宅改建。康熙十三年，始專爲蘇州織造衙門。左爲行宮，六飛南巡駐蹕之所。其總局改於孔副使巷。咸豐十年，燬於兵。同治十年，織造德壽重建。國朝陳有明《建織造總局記》：余以丙戌秋，謹奉璽書綸命，將理蘇杭織染事，信宿戒途，至冬，駐節吴門，下車備兵。舊署湫隘傾圮，似未可以尊王事、肅使臣之體。行次虎林，查按總織局，業爲設法營造，已成一鉅模，而姑蘇詎可缺然，且向來機設散處民居，無監督典事之人，率以澆薄贋貨塞責報命，上積馳而下積玩，織染之流弊，浸淫已極。皆由無總織局以彙集羣工，此明季之所以坐廢也。余計惟昔賢所云，百工居肆，以成其事，將爲朝廷萬年之供，安可不謀一永久之圖。務宜鳩工畢集，其處公所，既力專而物辨，亦心聚而易稽，人選能手，料取精良，任役選敏練謹飭之士，祇乏廣堂大厦爲安置羣工地。因與督撫土公、代巡盧公、該屬長吏陳服遠商略，公議以前朝周戚畹遺宅具題，得請興工修改，得堂舍百有餘間，機房以居工作，庫司以貯成物，中設廳事後堂，以馭羣户，慎賞罰，稍有定止。第東西夾處民居，猶未舒展。復與督撫周公相度本署北偏褚氏廢圃空地，別購舊屋，更市新材，聿命匠石，昕夕卒事。今得總織局前後二所，大門三間，驗緞廳三間，機房一百九十六間，鋪機四百五十張。繡緞房五間，局神祠七間，染作房五間，竈厨等房二十餘間。四面圍牆一百六十八丈，開溝一帶長四十一丈。釐然成局，燦然可觀。百工受事，星羅棊布，竭蹶赴功，共欣然有樂於奔命之意。雖然，余何敢自謂曰能，實賴同事協謀於上，庶司百職勤勞於下，始有以夙敦厥成，仰應服御賞賚之用。然是役也，雖經營詳備，盛於今日，而五采彰施，宗彝藻火，作服之制，則自唐虞二帝之時，已載在簡册矣。我皇上受命凝圖，頒功詔能，端於是乎有藉。余受任期年，經謀悉力，祈禱乃事，亦何敢勒石敘功，自謂曰能。第恐法久則弛，世遠則玩，而規方丈尺、堂舍房宇、四隅基址，或漸有增損，因詳記其地里若干，溝塗幾許，正署幾許；主政者若而人，襄事者若而人，以永垂不朽云。德壽《重建蘇州織造署記》：織造一宫，蓋周官大府内宰之屬。我朝鑒前明任用中官之失，於順治

三年，以工部侍郎總理織務，旋於江寧、蘇州、杭州各簡内務府郎官管理織造。康熙十三年，改葑門内明嘉定伯周奎故宅爲蘇州織造衙門。二十三年，聖祖南巡，乃於織署之西創立行宫。歷二百餘年，爛朗高驤，萬民瞻仰。洎咸豐庚申，髮逆下竄，均燬於賊。同治二年十月，李爵相鴻章以江蘇巡撫統兵克復蘇、常，隨即籌辦善後。百廢具興，而帑項支絀，不得不先其所急。故數年來，未遑議及織署。歷任織造皆僦居顔家巷民房。兹恭遇皇上大婚典禮，奉辦服物采章，工程浩大，所居實形塾隘。德壽以修建衙署商於撫藩，因度支艱局，迄難就緒。同治十年春，巡撫張公之萬、布政使恩公錫先後抵吴，德壽亦三次奉旨留任。復議及此事，二公曰：是要工也。遂遴員集費，鳩工庀材，經始於十年辛未歲五月，至十一年壬申歲三月落成。經畫大致悉仍舊貫。惟地臨河濱，向植木板爲照壁。今將河岸培寬，易以磚石，庶垂久遠。共計房廊四百餘間，用錢四萬二千餘串。其司庫、庫使、筆帖式等署一律修繕。至行宫爲聖祖、高宗兩朝十二次臨幸之所，自應敬謹重建，永識熙朝盛典。雖已清釐疆界，周立牆垣，因工鉅帑艱，未及蒇事，是所望於後賢也。

《（光緒）蘇州府志》卷二二《公署二》 滸墅關署在滸墅。元爲抽分竹木場。明宣德四年，始設鈔關，户部遣其屬分司税務。景泰元年，主事王昱建署如制，門前設鐘鼓樓，額曰「明遠」。正德六年，主事于範重建大堂。自爲記。萬曆三十二年，主事王之都修。内有燕思堂、冰玉堂、閲帆樓、前「府志」作堂。敬士軒、自公樓、振統軒、高士軒、聿修堂，皆明時歷任監督先後增建。國朝順治五年，停止關差，以蘇松常道兼管。七年，道缺，裁以總捕同知兼管。八年，復以部曹督税務，滿漢兼差，滿官居左，漢官居右。康熙九年，員外郎桑梓鄭爀新重建大堂。雍正間，改歸織造使者兼理。乾隆三十九年，織造舒文重建。自爲記。嘉慶十六年，織造和明建豐雪樓。咸豐十年燬，未復。

《（光緒）蘇州府志》卷二三《公署三》 姑蘇水馬驛在吴縣胥門外。舊有姑蘇館，在胥門裏河西城下。按：乾隆志云，范志：在盤門裏河西城下。方回記亦云：盤門盖河處盤，胥之中，可通言二門。范又云「臺正據胥門」，則於胥門尤近也。宋紹興十四年，知府王喚奏建。雄麗爲三吴之冠。盧熊志：專以待國信使副往來之官。文臣非大中大夫、武臣非觀察使以上，不許指占。有版榜揭諸外廊。中分南北二館，又作臺於城上，以姑蘇名之。孫覿云：雖非古跡，蓋以存舊事。西望吴山，皆在指顧間。臺下有百花洲，洲之東有射圃。《吴郡志》：臺、洲皆喚所建，館額皆吴説書。咸淳二年，又大修之。元初，即館址爲驛。左有通波亭，右有公君亭。大德五年七月，爲颶風所摧燬。總管董章新之。元統元年，總管張忙古歹構亭於驛館北，扁曰「凝香」。李允魯翀題。後至元二年，總管道童建橋曰來遠，北館曰瞻儀，南館曰賓賢。舊爲總管董章所題。明洪武元年，知府何質移於盤門外朱舊驛址。盧志：宋盤門驛在吴縣南，盤門外。立姑蘇站，設提領一人掌之。二年，改站爲驛，改提領爲丞。成化九年，知府邱霽復移胥門外，遞運站之南。背城面河，氣勢宏敞。北有延賓館，後有樓曰昭賜，右有皇華亭，左有月洲亭，相去百步，最北爲丞廨。按：姜順蛟《吴縣志》云：嘉靖二十八年，知府金城奏惟、平二站止名水驛，蓋舊於水馬驛外有遞運站，爲三站。萬曆間圮。三十九年，兵備副使李右諫重建，前曰蟾帷館，後曰皇華堂。國朝順治二年燬。七年，兵巡道胡以泓重建。康熙九年，壞於風。十三年，巡撫都御史馬祜葺治之。咸豐十年燬。同治四年，署布政使郭柏蔭重建。今丞缺裁革。

葉夢珠《閲世編》卷三 蘇州賦甲天下，府治門無麗譙。惟松江之麗譙最爲巍焕，下築臺基，上建危樓五楹，樓上横匾曰譙樓，樓前豎匾曰松江府，匾旁立冕服木人二，相傳于其中設大鼓，司更漏，規模極爲弘敞。崇禎十七年五月，以弘光帝諱，改松爲嵩，因易匾額，重加修葺。次年八月，大兵下松城，府前一帶直及西郊街市俱毁，譙樓亦廢于火，守臣即臺基蓋屋，而立匾于門上焉。至順治十五年，遼左祖公永勛，以任子來守松，謀復舊觀，不支公帑，不擾民間，惟令呈稟者計紙輸磚，自三至五不等，所費人不過分文。松俗多好事者，每朝總計之，千百立具。又取本府贖鍰及屬縣官助工銀，遣幕僚採辦木料於上江，用作臺下棟宇，而臺上重横，則買故尚書張公第後樓改建之，砌新磚於舊築之外，施新樓於舊樓之基。東西較舊雖量節一間，然而綉闥雕甍，翬飛矢棘，南軒北牖，外繞花闌，工巧較精于昔矣。譙樓横匾，照舊安設，而樓前豎匾，仍移樓下，門上規制，稍遠于舊，而樓前陰曠，可以登眺，上架鼉鼓，用司更漏，爲一郡之壯觀焉。譙樓上下二匾，皆周公遠裕度所書。公遠即學憲萊峰思兼孫也，筆法遒勁。

浙江

《（雍正）浙江通志》卷三〇《公署·總督部院》 總督部院，在斯如坊。舊爲明總兵府。國朝康熙七年，浙江總督趙廷臣改建爲總督部院署。二十三年，裁併福浙總督，駐劄福建，署久空閉，日就傾圮。雍正五年，浙江巡撫臣李衛奉旨特授浙江總督，管巡撫事，仍駐劄巡撫衙門，因額設公署。體統攸關，於雍正九年，撥備公銀兩，委屬員鼎建署之制。正中大堂五間，上奉御書「岳牧之任」扁額。前爲露臺，爲甬道；爲儀門，題曰「文武總憲」。正南大門三間，署額曰「總

督部院」。大堂後爲川堂，爲二堂，奉懸御書「養素」二字，又御書「秉鉞巖疆」四字爲額。進内爲垂華門，門内正樓五間，左、右翼樓各三間，東、西廂樓亦如之，後樓五間，耳房各三間。周以繚垣，環以羣房。川堂之東爲簽押堂，爲書廳，爲蓮花幕。更東爲御書碑亭，恭貯歷任督臣所奉宸翰勒之貞珉，以垂永久。前督臣覺羅滿保捐建，今拓而新之，視昔加崇焉。其後爲庖湢，爲稟廥。稍南爲吏舍，爲書册房，更南爲内厩。川堂之西爲西花廳，旁置舫齋，有池有亭，軒檻玲瓏，竹木交映。而吴山一帶横列於右，如錦屏綺幔，朝來爽氣近在几席。更西爲箭廳，較閲屬員騎射。儀門東爲土地祠，大門外爲東、西轅門，爲文武官候廳。左、右建二石坊，一曰威震東南，一曰澄清海甸。更東有重樓傑峙，曰雄鎮樓。

《〔雍正〕浙江通志》卷三〇《公署・巡撫都察院》 巡撫都察院，在裕民坊内，通江橋東。嘉靖《浙江通志》：浙江巡撫舊不常設，有事則遣大臣巡視，或尚書，或大理卿，或都御史，官無定員，治無定所。嘉靖三十九年，太子太保、兵部尚書兼都察院右都御史胡宗憲總督浙江兼巡撫，以舊清軍察院改建，名總督府。萬曆《杭州府志》：舊清軍察院，嘉靖二十四年，巡視都御史朱紈併倉址改建。三十五年，燬。總督胡宗憲重建，添設諸司候廳、庶官分署，規制始備，遂名總督府云。《錢塘縣志》：其北有鎮海樓，吴越時爲朝天門。東爲鎮東樓。錢鏐平董昌，爲鎮海、鎮東軍節度使，兼領兩浙，此其遺意也。東、西二坊，曰保障江藩，曰澄清海甸。國朝爲巡撫都察院署。雍正五年，欽奉特旨，授浙江巡撫臣李衛爲兵部右侍郎，總督浙江等處軍務，兼理糧餉，管巡撫事，尋陞兵部尚書加太子少保，節制江南，仍駐劄巡撫衙門。署之制，中爲大堂，崇奉聖祖仁皇帝御書「宣布德澤，推誠遇人，寬簡愛民」扁額。前爲露臺，爲甬道，爲儀門，爲大門。後爲川堂，雍正二年，御書「公勤廉幹」四字賜臣李衛，從滇南恭賫至浙，敬懸正中。川堂後爲聖祖仁皇帝御書「受祜堂」，中懸御書「五福圖」。又後爲内宅門，爲三堂，雍正四年，臣李衛母年八十，荷蒙御書「永錫康寧」四字扁額賜懸其上。更後爲住房，爲堂樓。西爲後廳，爲内書室。舊有集思堂、擷蕉亭、後樂亭，即其址。川堂之東爲御書樓，恭貯歷年奉賜御製詩文詔諭扁額對聯，永垂世寶。又東爲誠本堂，稍南爲自修堂，又東爲箭廳。雍正十二年，以總督銜管巡撫事臣程元章改建書室三楹，凡三進，以居幕客。又川堂之西臣李衛剏建書樓五間，上懸御書「治洽東南吏民遵表範，誠孚中外政教本公清」對聯賜臣李衛。中庭設花石清供，對廳五間，夾以耳廂。左爲舫齋小樓。更西爲箭廳，校閲屬員騎射，題曰「武林矍圃」。皆雍正七年建。西南平房十五間，爲總督吏書册房。又樓房二十六間，爲巡撫吏書册房。俱有扃鑰。其巡鹽書吏則截外官廳而扃於儀門之内，在東南隅。儀門外東爲土地祠。大門外東、西爲司、道、府、縣官候廳，將領、旗牌、巡捕各官廳，左右爲各胥役班房。東爲坊曰海晏河清，西爲坊曰民安物阜。通江橋之西復爲大坊，以表之曰東南節鉞，與鎮東樓相映帶云。

鎮守杭州等處將軍。在駐防城内。國朝順治五年，設鎮守將軍駐防於杭州，築滿洲駐防城，以民房大者爲衙署，小者爲兵房。康熙十三年，添設官員衙署，皆係地方官捐造。大小官共一百三十七員，衙署一百三十七所，而將軍署外又專設公衙門。在八字橋西。署之制，中爲大堂，四十四年，聖祖仁皇帝賜御書「典戎」扁額，懸奉正中。後爲二堂，上奉御書「冠軍」二字額。大堂之前爲露臺，爲甬道，爲儀門，爲大門。東、西爲轅門，樹棹楔，外有各官候廳。

滿洲左翼副都統，在輓鼓橋。東西轅門、鼓亭各一座，大門三間，進内爲儀門。爲大堂，中懸御書「福」字扁額。堂西爲書房，迤北爲住房。西轅門外之西南隅爲箭道，有箭廳。

滿洲右翼副都統，移駐乍浦。詳《兵制》。其署改爲南米倉。

漢軍左翼副都統，在花市街。署北向。東西轅門、鼓亭各一座，中爲大門，進内爲儀門，爲大堂，東西耳廂，爲書室。堂後爲川堂，爲二堂，中懸御書「福」字扁額。後住房九間，左、右各有廂。

漢軍右翼副都統，在花市街。署北向。東西轅門、鼓亭各一座，大門三間，門内即大堂。堂後爲儀門，爲住房，凡二進，東、西、内、外各有廂，餘皆羣房。東北爲蔬圃。

《〔雍正〕浙江通志》卷三〇《公署・浙江提督學政》 浙江提督學政。舊名校士館，今移改都司署，在布政司西。舊《浙江通志》：校士館在八字橋濱河開元宫故址。明成化七年，建爲三學射圃。嘉靖三十三年，提學副使阮鶚建爲館，歲科試諸生。國朝順治五年，環入駐防營内。十四年，提學道谷應泰即司花園舊址改建。在按察司東。康熙十七年，燬。二十一年，提學道楊引祚重建。二十四年，以江、浙二省爲人文之藪，照直隸一體，差翰林詹事官一員提督學政，在校士館考試。雍正二年，兵部議准，將浙江都使司裁汰。雍正四年，督學彭維新以舊館窄隘，席舍無多，考試偪塞擁擠，將奉裁都司衙門捐修改建校士館。萬曆《杭州府

志》：浙江都指揮使元爲行宣政院，明洪武三年，置杭州都指揮使，即其地建署，領衛十六，守禦千户所五。正德五年，都指揮僉事陳璠建嚴翼堂。嘉靖四十四年，張東旭建德星堂，爲禮賓之所。舊《浙江通志》：順治初，改爲浙江都使司。中爲觀成堂，前爲儀門，爲大門，東、西兩廨列士子席舍，後爲川堂，爲嚴翼堂。又後爲學使宅，榜曰「如玉壺冰」。大門外爲棘門，爲榜廊。地居南北之中，邇於學宫，街衢寬廣，庭宇明敞，士子雲集，咸沐聖世右文之化云。

《〔雍正〕浙江通志》卷三〇《公署·巡鹽察院》 巡鹽察院，在芝松坊二啚，宗陽宫東北。《兩浙鹽法志》：明永樂間，始差監察御史給事中一員，閘支天下鹽課。至正統三年，歲差御史於兩淮、兩浙等運司領勅巡視，禁約及督催鹽課，因建院署於浙江布政司東，在錢塘縣之興仁坊。弘治十四年，監察御史方溢重修。嘉靖二十年，監察御史唐臣改傳法寺基重建。署之制，中爲大門，曰風紀重地。爲儀門，爲甬道，爲露臺。爲大堂，曰太微執法。堂後爲川堂，東爲龍門深處，爲日新堂，西爲霜臺别署。後有樓，曰來鶴。東爲後樂園，爲一鑑亭。迤北爲此君亭，爲我心亭，爲虚白堂。大門外建二坊，東曰激揚，西曰貞肅。國朝雍正三年，巡鹽右副都御史謝賜履於來鶴樓之東，改建廳事五楹，書室三楹，餘俱重加整葺。

《〔雍正〕浙江通志》卷三〇《公署·布政使司》 布政使司，在清和坊迤西，面峨眉山。嘉靖《浙江通志》：宋南渡初爲殿司寨，尋改安撫司，復改祕書省。元至元二十六年，自揚州遷江淮行省於此，并開元宫址廣之，改曰江浙等處行中書省。至順壬申，重修。柳貫《重修省府記》：至元二十六年，制改江淮行省爲江浙行省，自淮徙治錢塘，統有兩浙、江東，而以淮東西分隸河南。明年，始營宋祕書省故地，其制視都省稍殺焉。後福建省罷全閩八州，亦併來屬，地蓋益廣，山區海聚，民伍兵屯，奉賦租受要約者衆以數百萬計。山號施令，風動雷行，東南半壁，藩維晏然。朝廷常選重臣以臨涖之，柄任專則其體貌宜特隆，位望尊則其禮制宜特異，臺門設樹，平津開閤，所以辨堂廉而示等威者，其品式昭昭具矣。宰臣若曰：吾爲天子專制方面，權綱攸繫，有翼有嚴。其命幕僚相時葺敗，完舊飾新，無陋無奢。中兹度程，乃出緡於府，徵材於市，工用官傭，役用農隙。昉自堂庭達於門闔，易刓弊爲堅良，化茸闒爲麗密，堦墄瑩浄，堊雘鮮新，觚稜藻井，動采交輝，表漢廷之黄閣，映中天之紫垣。百司庶府奔走承命者，咸改視易聽，以爲士大夫之治於其官，猶人之修於其身也。身修則心正，而物正官治，則事治而民安。德則視諸其身，政則視諸其官，一省署之修舉，而元僚學問之素藴，畢見於斯。觀隅知室，聞樂知德，信斯言哉。至順壬申記。萬曆《杭州府志》：至正初，燬。三年，丞相伯勒齊爾布哈復拓其制。明洪武九年，改今司署。永樂十七年，火。宣德間，左司黄澤重建。嘉靖元年，左參政顧璘重建紫薇樓於堂後。唐龍《重建紫薇樓記》：晉太康初，置中書省以平章政事。省中植紫薇華。唐開元中，改爲紫薇省。元於外道置中書行省。我朝改布政司。後有堂，重之以樓，題曰紫薇。嘉靖元年，顧公璘鼎建，而紫薇之名不易也。國朝順治十五年，重建大門，曰膏澤。門前臨百獅池，跨以石梁。門以内爲甬道，爲儀門，爲屏門，題曰「藩屏重地」，曰「岳牧崇瞻」。北爲露臺。正中爲紫薇堂，康熙三十六年，聖祖仁皇帝賜額曰「承流宣化」。四十二年，御書「清、慎、勤」三字奉懸正中。後爲二堂，扁曰「行中書省」，仍元時舊額也。旁列東、西二坊。進東爲使宅門，榜曰「紫薇」。公署進内爲二門，爲大堂，題曰「靖共正直」。中奉御書「福」字額，雍正十年，賜布政使臣王紘。内爲宅門，爲絜矩堂，中奉御書「福」字額，雍正七年，賜前布政使臣程元章。堂左爲廳事三楹，上奉聖祖御書「振鷺初飛」四字額。南爲書室，更東爲舫齋，西爲一琴書屋。舫齋之南有重樓傑峙，曰四照樓。舊名天香樓。絜矩堂之北爲正樓五間，平房五間，左右夾廂，東爲耳房三間，内書室五間。後有園，舊名後樂；有亭曰後樂亭，亭下有松化石，疊石爲山，以在使宅之西，因稱西山。紫薇堂之右爲督糧道署，儀門之左爲經歷司，使宅之南爲土地祠，爲照磨所。儀門之外東爲理問廳，西爲寅賓館，更南之西爲資盈庫。規制宏敞，實稱東南首藩云。

《〔雍正〕浙江通志》卷三〇《公署·按察使司》 按察使司，在前洋街，紀家橋東。嘉靖《浙江通志》：故宋岳武穆王宅也。紹興三十一年，以宅爲太學，學燬。元大德中，改爲肅政廉訪司。明洪武初，改提刑按察司，仍其舊址。萬曆《杭州府志》：洪武二十七年，重建。堂後有一清樓，歲久圮。成化十年，按察司戴珙重建爲堂，并營夾室，徙民居，闢道南出，規制始稱。夏時正《按察司修建記》：司治，元江南浙西等處肅政廉訪司舊治也。舊址莫詳創始，國朝改爲是司。堂後有樓名一清，將壓弗支，正堂以下亦復頽敗滲漫弗鮮，兩廡逼隘弗容，外門低小弗稱，皆非所以聳人瞻視。成化癸巳，戴公來長憲，令行政清，民物安堵。因葺廢舉墜，詢之父老，謀之寮宋，按籍得在官羨餘計若干，及令諸道分司亦以羨來計若干，盡畀之，鳩工集材，肇於歲之甲午九月，落於丙申四月。樓撤爲堂，仍以樓名名之。堂左、右爲夾室，堂之前别爲堂，曰協恭。東、西爲軒，曰蓮桂，曰來鶴。正堂儀門則增飾之，闢廡使東、西各丈餘，而外門特高大焉。門之南去民廬不百十尺，氛囂接堂陛，遂召民而告之，民皆願他徙，公盡以地之在官者與易，而復給其徙之資。於是自甬道南出，矢直砥平，檜柏夾植，蒼然整列。設屏以蔽内，外建坊，以「按察司」三字題之。外則長生街，街東、西復建坊，東曰端本，西曰澄源。由

街東出則睦親坊，外臨通衢，別建坊曰弼教。西抵城址白龜池之上，池即唐李泌所置六井之一，建坊曰肅政。由是堂室門廡，高明朗徹，氣象不侔矣。使宅之東爲嘉湖道宅，杭嚴道宅，清軍道宅，巡視海道宅，温處道宅，金衢道宅；西爲水利道宅，驛傳道宅，提學道宅。國朝設按察使司，裁併道員。其現設者則分設各道署，而司署仍其舊署之制，中爲大堂。康熙三十八年，聖祖仁皇帝御書「廉察之寄」四大字賜按察司于準。四十六年，聖駕巡幸至浙，復御書「存素堂」扁額，俱崇奉正中。前爲露臺，爲甬道，爲儀門，爲大門，東西廊爲六房吏舍。後爲川堂，堂勒「御製按察使箴」。川堂之後爲同心堂。吴伯通《同心堂記》：正統庚戌，浙江按察使于大節以凡事務歸於大公至正，使同官者皆易知而易從焉，更名廳之堂曰同心。更後爲使宅。二門之外爲忠祐、忠節二祠，西爲土地祠，爲禮賢館。大門外東、西列二坊，曰激揚，曰振肅。又東爲岳忠武王祠，爲經歷司，爲照磨所，西爲司獄司。又照磨所之東創爲候審所。雍正八年，糧儲道朱倫瀚捐建。朱倫瀚《書候審所始末》：候審所余署臬篆捐養廉創設也。人犯解司文到，即投隨發分禁，無許時刻逗留，法綦嚴矣。間或暮夜抵省，文不及遞，不得已仍帶至客寓，門無防禦，守土官又不及聞知，設有疏脱，誰其任之？且鋃鐺梏桎，或棲廊廡，或受羈束，聞者不能無動於心。去臬署不數武，適有官地，建屋三楹，東、西各五楹，外爲大門，周以垣牆，不浹月而頓舍有所，疏闊無虞。又撥民壯十名專司防守，其工食歲修則稽官地所餘，賃之民間者集其息時給之。此又長外臺者之責，非署篆所敢知也。雍正庚戌八月書。

《〔雍正〕浙江通志》卷三〇《公署・貢院》 貢院，在觀橋東。萬曆《杭州府志》：宋時在觀橋西，新莊橋東。元時在祥符橋。明洪武初，在府學西，即仁和學基也。其後人才寖盛，又以嘉、湖二府來屬，地狹不足以容席舍。天順三年，改今所，乃仁和倉舊址也。成化十年，左布政使張瓚克拓而增飾之。商輅《重修貢院記》：近世試士之所，謂之貢院，重垣薦棘，防範既密，去取尤嚴，禮法並行，不相悖也。浙江東南巨藩，人才科目視他邦爲盛。舊貢院在郡庠西，已而遷至東北五里，視舊地寬廣幽静，重門高墉，内外謹嚴。歲月既久，寖至頽圮。成化甲午，當開科之歲，左布政使張公瓚、右使寧君良、按察使戴君珙圖惟修舉，以事白之巡撫劉公敷，議克合。遂鳩工掄材，筮日舉事，朽者更之，腐者易之，卑者崇之，隘者廣之，廢缺者補之，漶漫者增飾之，悉從改制。工出於在官之役，財出於公帑之羡，無擾於民。經始於是歲春正月，至夏六月告成。規模宏麗，甲於他省。馳書來京，屬余記。予惟科目取士，禮也；防閑之者，法也；法輔禮而行，禮因法而成。此貢院之修建，所謂澄源端本，急所先務者矣。嘉靖四年，巡按御史潘倣新選秀堂、至公堂，拓明遠樓，築瞭高樓，規制大備。王守仁《重建貢院記》：浙之貢院，舊在城西，嘗以隘，遷藩治之東，而苟簡仍其舊。嘉靖乙酉，復當大比，監察御史潘君倣實來監臨，與諸司之長佐慎慮其事而預圖之，慨規制之弗備弗飭，相顧而言曰：凡政之施，孰有大於舉賢才者，而可忽易若是乎？於是新選秀堂而軒於其前爲三楹，新至公堂而軒爲五楹，庖湢器具無不備。又拓明遠樓爲三楹，而崇其上三簷，下疏三道。創石臺於四隅，而各亭其上，以爲眺望之所。森嚴洞達，供事者莫敢有輕忽慢易之心，而就試者自消其回僻匪邪之念，不大聲色而政行令肅，觀向一新。是舉也，其必有才德行誼之士、如三代之英出而應諸？君子之求，以成天下之治也。二十五年，巡按御史楊九澤易南隅民居，闢路遷門，復加繕治。國朝德教覃敷，人文蔚起，每舉賓興之典，輒加增葺，因應試者多至數倍。舉子號舍舊設四千八百五十間，康熙二十三年，巡撫趙士麟增建五千一百二十間，猶不敷用，添取輴號。五十年，巡撫王度昭復添建二千三百間，共一萬二千二百七十六間。直省號舍之多，無過於浙者。院之制，中爲至公堂，左爲監臨別署，東爲彌封所，西爲受卷所。前南甬路之中爲明遠樓，東、西爲文場號舍，四隅爲瞭高樓。甬路之南爲坊，曰龍門。又南爲儀門，爲大門。至公堂之後爲川堂，爲洗心堂。東爲監試署，文册庫，謄録所；西爲提調署，爲掌卷、對讀所。洗心堂之後爲協忠堂，更進爲聚奎堂，爲正、副考官署，爲五經房。儀門之外，東爲供給所，西爲巡綽所。大門外，東爲三司廳，西爲外供給所。東、西長廊爲諸生候立處。直南表坊曰天開文運。東、西坊二，曰明經取士，曰爲國求賢。迤南而西曰登雲橋，立坊曰貢院。雍正七年欽奉恩旨開科，總督臣李衛因貢院年遠坍損，酌撥備公銀兩，飭總理官將聚奎堂、明遠樓及四面瞭高樓重加拆建，并葺東西文場、舉子號舍，盡甃磚石，重修主考房，内外整肅，規制一新。

《〔雍正〕浙江通志》卷三〇《公署上》 杭州府治，在豐寧坊竹園山。成化《杭州府志》：漢以來皆治於武林山，隋以來始治鳳凰山，唐及五代、前宋，皆因之。建炎以後，即其地爲行宫，而守臣始於竹園山建治所。嘉靖《浙江通志》：吴越錢氏即州治建國，至宋納土，以其國爲州治，高宗南渡，改爲臨安府。因築行宫於鳳凰山，遂徙府治於今所。元末爲杭州路，明洪武初改路爲府，即舊址以建府治。萬曆《杭州府志》：弘治十五年，知府楊孟瑛修。楊孟瑛《修府治記》：予自刑部郎中出守杭郡，及門，門圮；升堂，堂敝；退食於寓，支柱岌岌，勢幾仆。謀之二守杜君克善，告於巡按，得報可取資於公帑，屬杜君董役。樽節費出，懲勸惰勤，閲十一月訖事。表觀望，嚴啓閉，爲重門，爲楹間者三。庋版籍，藏貨財，爲府庫，爲楹間者亦三。罪有重輕，故獄有外内，爲楹間者五十有八。羡材無所於委，於是貫堂之後以延賓客，而守所寓與二守所視事廳，

咸更新之。費公帑千六百緡有奇。用人之力稱是。自記顛末，著杜君之勤志，區區之不得已也。嘉靖二十一年，知府陳仕賢重修親賢館。國朝康熙十三年，知府嵇宗孟重建府治。二十四年，知府馬如龍因川堂久廢，重建，顏曰越石堂。雍正八年，知府喬世臣重修正廳，爲蕺白堂。舊爲體仁堂，知府馬如龍改今名。《杭州府志》：宣化堂，元府治正廳也，今體仁堂即其址。前爲露臺，爲甬路，爲戒石亭，爲儀門。東西廊爲六房廨，爲架閣庫。儀門之東爲經歷司，爲土地祠；西爲照磨所。正堂之後爲川堂，爲有美堂。成化《杭州府志》：宋守梅摯建，蔡襄書。《名勝志》：在吴山頂。今故址不存，而府治後堂尚仍其名。又後爲知府宅，題其門曰清惠。公署内爲敬事堂。左有琴鶴堂，後有樓曰極高明。内署東爲土地祠，祀宋蕺文忠公軾。正堂之東爲清軍同知廳。後堂西北爲資盈庫，爲理事同知廳，爲水利通判廳。東西廊後暨清軍廳東，皆吏舍。儀門外，東爲親賢館，爲司獄司，官吏廨。大門外爲坊一，前臨河，上跨石梁，曰宣化。左右石坊二：東曰親民，西曰平政。

《（雍正）寧波府志》卷一一《公署》　提督公署，在府治南，廣濟橋東。中爲正廳三間，左右廳各三間。前爲儀門，左附屋三間，右附屋三間。又左爲土地祠。前爲大門，門之左附屋十一間，右附屋三間。外爲屏墻，東西兩轅門。正廳後宅門一，門左右附屋各三間。又後明樓五，門兩旁附屋各十一間。又後遮樓十間。土地祠之北，庖屋三間。又北花廳三間，又北樓五間。大門之西，書屋五間。其北廳五間，又北樓三間，又西北來紫軒五間，東北雙桂廳五間。西一帶爲箭道，南爲箭道門。門左賁奏廳一間，右將材外委廳五間。北爲演武廳三間，右餘屋三間。又有樓前五間，後三間，前之旁附屋六間，皆居箭道之西。國朝康熙八年，提督自紹興府移駐郡城，有司封採民房爲之。

《（雍正）寧波府志》卷一一《公署》　府治舊在寧波衛治所。即今永豐街。自唐大□間，從小溪徙明州，治於其地。宋爲州，爲府，皆仍其處。元改府曰路。大德間，以其址改建浙東道都元帥府，乃徙總管府於東，即今址也。明洪武初，守張琪拓白衣寺址，署各官宅廨。今知府宅柳巷，同知、通判宅及推官、經歷、照磨、知事等宅廢，址皆是。正統四年，守鄭珞鼎搆堂宇亭庫，名正廳曰「正心」。後同知劉文顯建東西廊，增設儀門吏廨，開闢外門。天順間，守陸阜題燕堂曰「退思」。郡人少宰楊守陳爲之銘。成化二年，守方逵立「承流」、「宣化」二坊。嘉靖二十九年，守沈愷榜川堂曰「静思」，自爲之序。二十五年，廳堂兩庫燬。守魏良貴重建，名正廳曰「甘雨」，川堂曰「如心」。慈谿方詔爲賦，教授陸奎章爲頌。嗣是修建不一，前誌失載。

《（雍正）寧波府志》卷一一《公署》　府署在城西北隅。中爲正廳，凡五間。舊左有經歷廳，右有照磨廳。今俱圮。經歷署另遷小教場北。照磨缺裁。東西列曹吏房科各十四間。舊系三十一間，屢爲風雨所壞。雍正八年，知府曹秉仁重建，兩旁各植桃柳。前爲露臺，臺上簷廳五間。更前爲戒石亭。向爲碑亭，康熙間知府尚竇易爲高亭，列戒詞於額。亭南爲儀門，門左爲寅賓館。名奎聚廳。雍正九年，知府曹秉仁重建。前爲甬道，東爲土地祠。舊爲大寅賓館，後改建張刺史祠。今祠遷渡母橋。又前爲大門，拱以雙表。左曰「承流」，右曰「宣化」。面爲屏墻。堂右爲宏濟庫，旁設庫房三間。雍正九年，知府曹秉仁重建。又軍器庫三間。堂後爲川堂，川堂後爲洗心堂。直北爲御書樓一座。前知府甘國璧建。其後即府山。自儀門東折，跨小橋而北爲柳巷。雍正八年，知府曹秉仁夾植桃柳，并大堂南甬道，共百餘株。北爲知府宅。南左爲同知宅，南右爲通判宅。舊有兩通判宅，今廢其一。并推官、經歷、知事、照磨等宅，俱缺裁，久廢。

知府宅，中爲正廳五間，兩旁耳房各三間，前爲二間，左右附屋七間。東四西三。又前爲大門，廳左爲舒嘯亭，舊名古香亭，前守尚瑶更今名。亭北書屋三間，西北爲府山，旁有叢碧軒。前守卢承恩建。廳後堂五間，内宅五間，樓五間，左爲庖屋，右書室六間，右北小書屋三間，再北又三間，知府曹秉仁捐造。餘附屋隨時增减，不悉紀。

《（乾隆）温州府志》卷六《公署》　温州府治，在城西南隅。嘉靖通志：晉太寧間，建於華蓋、松臺兩山之間。謝靈運、顔延之典郡，多亭閣園池之勝。舊志：自晉至元，悉仍故址。至元年間重建總政堂。趙鳳儀《温州路總政堂記》：總政堂者，府治視事所也。夫治事猶治絲然，紛者整之，散者一之，總之義也。温爲浙左上路，領二州二縣。坐總政者，有監有長有貳佐，領挈而裘振也。表正而影從也，其總政之義歟。堂始于至元庚辰，距今四十年，而興創顛末，無一語以示厥後。予以延祐丁巳冬來守，詢吏民，莫知所對，作而言曰：是予責也已。春秋一門一臺之微必書，慎其始也，況總庶政達萬民者乎。是宜記。名勝志：郡治曩在譙樓大街正北，洪武元年始以州治爲衛治。舊志：明初，郡守湯遜改建今地。即宋推官廳署。林應翔有記。嘉靖戊午，兩廊儀門火，守鄭銘重建。萬曆二十四年，守劉芳譽置文武公館。《浙江通志》：國朝康熙十三年，分巡道許重華、署府殷作霖重建。中爲大堂，乾隆十六年，守金洪銓修。二十一年，守俞文漪重建。入爲後堂，爲内宅。有瑞景樓、紅蓼樓、中山亭。乾隆二十四年，守李琬重修。有記，詳見古蹟。前爲甬道，爲戒石亭，爲東西廡，爲儀門，爲經歷司、舊有照磨所。

洪積庫、架閣庫、龍亭庫，爲土地祠，爲迎賓館，爲大門。乾隆二十四年，守李琬捐俸重修府署官廳、兩廊、吏舍、土地祠、大門，并建柵欄。東爲同知宅，西爲通判宅。舊有海防、管糧、巡捕、理刑四廳，今併二廳。前爲司獄司。二十七年，守李琬于川堂西又置補拙堂。三十年，川堂東復置桂廳十餘間。

《〔乾隆〕紹興府志》卷七《建置志一·衙署》 府治，《嘉泰志》據臥龍山之東麓，是爲鎮東軍節度。原註唐志：越州舊號義勝軍，後改爲威勝軍，乾寧三年曰鎮東軍。即子城之東以爲軍，門榜曰鎮東軍，原註：吳郎中説書，參政王公綯立居府治之東，東嚮大河，即舊經所謂簟醪河也。橋曰府橋，橋之北曰惠風亭。原註：今爲公庫酒肆。直惠風亭北曰東亭，今曰蓬萊館。原註：古以爲餞客之地，唐人如宋考功輩有東亭詩。史魏公改築，因更今名。然邦人猶謂之府東亭。由軍門而西百二十三步折而北曰譙門，原註：榜賜大都督紹興府，亦吳郎中説書，楊文公皇祐中於此題東望詩云：越山長青水長白，越人長家山水國。建炎二年，翟公巽始製漏器，篆銘其上。直譙門曰儀門。原註：或云其下即謝夷吾墓。夷吾知時，將亂戒子孫懸棺葬焉。直儀門曰設廳，原註：紹興元年九月，高宗駐蹕會稽，以州治爲行宫。會當郊祀之歲，乃行明堂大禮，即以設廳爲明堂。前期下詔有曰：朕將采宗祀明堂尊用。皇祐二年四月，詔書合祭天地，並配祖宗，蓋以太祖、太宗配上帝。一時緜蕝之儀，實在此地也。舊經云：晉太元中，謝輶爲郡守，掘郡廳柱下深八尺，得古銅罍，可容數斗，封題作越王，字甚分明，是今隸書。輶以范蠡厭勝之術，遂埋之。今不識處廳西壁有顔魯公書康希銑斷碑。《王荆公集》：吳長文《新得顔魯公壞碑》詩云：魯公之書既絶倫，歲久更爲時所珍。王平甫詩云：吳卿獲此喜驚坐，朝昏把玩過明珠。是也。設廳之後曰蓬萊閣。原註：元微之《州宅》詩云：我是玉皇香案吏，謫居猶得住蓬萊。蓬萊之名取此，故錢公輔詩云：蓬萊謫居香案吏，此吾音自徵之始。後人慷慨慕前修，高閣雄名由此起。程給事公闢爲守時，秦少游猶未第，來客焉數登蓬萊賦詩。有次公闢韻云：林聲槭槭動秋風，其攝丹梯上臥龍。路隔西陵三兩水，門臨南鎮一千峯。湖吞碧落詩爭發，塔湧青冥畫幾重。非是登高能賦客，可憐猿鶴自相容。張伯玉《州宅詩序》云：越守王工部至和中，新葺蓬萊閣成，畫圖來乞詩。工部乃王逵也。設廳之東爲便廳，原註：元微之《誇州宅》詩云：四面常時對屏障，一家終日在樓臺。又云：繞郭煙嵐新雨後，滿山樓閣上燈初。便廳之後曰使宅原註：建炎四年，車駕再幸越州，以州宅充行宫。紹興元年，移蹕臨安，賜行宫充本府治所。使宅之前曰清思堂。原註：張伯玉《清思堂書坐》詩云：白雲無事不肯去，幽鳥有時還自來。熙寧間，趙清獻公亦有《題清思堂》詩。今堂乃壓於便廳重屋之後，署無所見，以前人題詠考之，恐非今處。便廳之東曰青隱軒，原註：政和間，王公仲嶷作。直青隱軒之北曰招山閣，閣之下曰棣萼堂。原註：洪内翰邁所名，且自爲記。初，内翰兄文惠公嘗守越，取綸告中語名之。閣之東爲複道，以陟山麓，曰采菊。少北有亭，曰晚對。便廳之東少下爲府僉廳。原註：唐崔元翰《判曹食堂壁記》云：越號中府，連帥監六郡，督諸軍。設官之制，劇曹皆二人。紀綱之職，亦分爲兩，以統其事。食堂之制，陋而不稱，太子少師皇甫公來臨是邦，始更而廣之。後二歲，御史大夫崔公又爲之備食器，增食物云。按題名，越帥皇甫温，崔昭也，蓋大曆九年至十一年。儀門之外，兩廊爲吏舍。儀門之西南嚮列署五，爲安撫使僉廳，原註：唐吳蜕《鎮東軍監軍使院記》曰：元帥彭城王平難，帝命兼而鎮之。上將軍汝南周公監護之，乃命軍吏揆日經始。累月工畢，重門列楹，顯敞豐博，東廂西序，窈窕深邃。越城之中，稱爲一絶。時天復元年辛酉。爲設廚，爲省馬院，爲甲仗庫，爲公使錢庫。公使錢庫之西北爲公使酒庫。廳之兩廊爲複屋，曰走馬閣。東廊爲使宅之便門，西廊之西曰軍資庫，直軍資庫北曰清白堂。范文正公《清白堂記》：府署據臥龍山南之北，上有蓬萊閣，閣之西有涼堂，堂之西有巖，巖之下獲廢井，泉清而色白，淵然丈餘，引不可竭，因署其堂曰清白堂。又建亭其側，曰清白亭。時康定元年二月也。紹興初，高宗回蹕越州，昭慈聖獻皇后崩于西殿。西殿即今清白堂也。清白堂之西曰賢牧堂，原註：以記攷之，當是清白亭之故址。越人即以建范文正公祠堂者也。其後史文惠公以趙清獻公並祀。至方侍郎滋又以丞相朱忠靖公、趙忠簡公、參政張公、守内翰翟公汝文配焉。賢牧堂之西北曰極覽亭，原註：淳熙七年參政李公彦穎建。極覽亭西南曰白涼館，白涼館西南曰城隍廟。由蓬萊閣而北少西焉，經井儀堂故址，原注：錢公輔有《井儀堂記》。登臥龍山絶頂，曰望海亭。原註：沈立《越州圖序》云：刺史之居蓬萊閣望海亭，東齋西園，皆燕樂之最者。舊經飛翼樓在州西三里，高一十五丈，范蠡所築，以壓强吳也。今望海亭即其遺址。飛翼亦作龍翼。《輿地志》云：重山有大夫種墓，後潮水穴山，失其尸。今山西缺處是也。故元微之《望海亭》詩云「嵌空古墓失文種，突兀怪石疑防風」是也。刁約記云：祥符末，州將高公紳植五准於亭前，易其名曰五桂。後四十五年，予假守訪舊迹，亭與桂俱廢。乃廣故基，縱横增四丈餘，而亭始葺。以元徽之嘗有此亭詩，復名曰望海。時嘉祐辛丑仲冬既望。由蓬萊閣而西曰崇善王廟。原註：臥龍山神祠也，梁貞明三年，吳越武肅王奏立。直使宅之北曰望僊亭，原註：紹熙甲寅，趙侍郎不流所建。南依巖石，北望梅山及海際諸山。望仙者，以梅福嘗隱，故名之。使宅之東北曰觀風堂。原註：曹徽猷泳所建。由觀風堂而北少東焉，曰觀德亭。原註：王尚書希吕所建，習射于此，始曰堵如。王給事信爲守，書今額，改焉。或云即越王臺故址。舊經云越王臺在種山東北。唐李公垂詩云：越王臺上少晴煙。竇鞏詩云：鷓鴣飛上越王臺。由觀德亭而西，歷桃蹊、梅塢出使宅之北，南走城隍廟下，爲西園便門。寶慶續志：乾寧中，董昌即廳堂爲宫殿。錢鏐爲節度，乃撤而新

之。嘉泰志：紹興元年，駐蹕會稽，改越州爲紹興府。二年移蹕臨安，詔復府治。又云：州宅自錢鏐再建，壞而復修，不知其幾。嘉定十五年，守汪綱悉治新之。弘治志：元以府治爲路廨，至正中，以路廨爲江南行御史臺，而遷路廨於宋提刑司。嘉靖《浙江通志》：明洪武二年，復以御史臺爲府治。萬曆志：廳事久且蠹敗。弘治十一年，知府游興新之。嘉靖元年火，知府南大吉修復之。堂舊額曰「公正」，於是改爲「親民」。俞志：府堂，萬曆二十一年圮，知府劉庚修之。甫二年燬，復建。

國朝康熙八年，知府張三異修。二十八年，知府李鐸重修，更名豐樂堂。後漸傾頹。五十二年，知府俞卿重建，更名又新堂。俞卿《建大堂記》：越大堂久圮，余因其舊基而新之，儀門兩廡仍舊增修，大門易以洞門，堅固壯麗。再構文昌閣，以衛風氣。堂後逼于山，建九楹護之爲川堂。東偏別構二堂，以前廳事爲三堂，次第修整。大堂額曰又新，川堂曰思補，二堂曰學古。經始於癸巳五月，告竣於甲午六月。入後爲思補堂，思補之東爲學古堂。思補之後，磴道而上，爲松風閣，舊鎮越堂基也。鎮越堂，宋汪綱創建。由儀門內東行爲知府宅，有宅門，有三門，有堂。由堂之東廡繞出爲陶月軒，後爲書室三重。由磴道折而上爲翼龍亭，後轉而東爲大觀堂。又新之左爲泰積庫，接堂爲軒，下爲月臺，爲甬道。東西爲吏廨，外爲儀門。西爲總捕同知署，東爲水利通判宅。迤南爲經歷司，爲照磨所。正南爲大門，疊石爲臺，架重樓其上。外爲照屏，分爲石磴，東西二道。街南爲文昌樓，東爲鎮東閣。《乾隆五十七年府署册》：府頭門即古譙門。南嚮，上建大樓，彩勢雄麗，新題榜曰保障越中。由頭門而進曰儀門。由儀門而進曰大堂，即舊設廳。榜曰公正堂。康熙己亥，前守俞卿改曰又新。後張廷柱仍名公正。由儀門而東折而北爲宅門，宅門內曰二堂，即舊便廳。榜曰清白堂。舒寧安舊題。堂屏門六扇，鐫刻范文正「清白堂記」隸書。清白堂西爲內廳，榜曰照春堂。本名思補。堂後新構書室四間，一縱三橫，曰味禪居。縱屋東西牖，橫屋南北牖。縱屋連屬照春若過廊。然北牖高梧一株，翠竹百竿，芭蕉雜花，環蒔階砌。照春堂又西折而北上，歷階數十級爲翼雲亭。又西爲箭道，舊有松風閣，今尚存。案嘉泰志云：設廳之後爲蓬萊閣，今松風閣正當設廳後，疑即蓬萊閣基也。清白堂後爲內宅。清白堂東屋七間，四間南嚮，三間北嚮。中隔小院，爲東書房。又東爲大觀樓，東南望鎮東閣，面秦望諸峯。照春堂之前屋九間，別爲一院，爲西書房。繞而東即清白堂前也。乾隆五十七年，知府李亭特重修。

《〔同治〕湖州府志》卷一七《輿地略·公廨》　湖州府治在子城內。三國吳寶鼎元年，即烏程縣故治建。唐宏道中，刺史武大沖拓廳事。唐顧況《湖州刺史廳壁記》，見金石。五代梁乾化三年，檢校少保錢傳璙重建。談志。宋元祐七年，知州事張詢增建敕書樓、架閣樓。元改爲湖州路總管府。至大己酉，總管馬煦撤而高廣之，扁曰「帥正」，翼以兩廡。至正五年，達魯花赤苦思丁公重修。元宇文公諒《湖州路重建府治記》，又《重修府治記》，俱見金石。明仍爲府治。洪武三年，知府侯善新之。天順四年，知府岳璿重修。成化九年，知府勞鉞復新之。勞志《明張廉重建府治記》：成化八年，冬進士九江勞侯自太僕丞來爲湖郡守，視公署敝壞，市材鳩工，次第興作。正堂則修葺之，譙樓、儀門、兩廊以及陰陽醫學，則鼎建之。牌額逼近譙樓，大弗克稱，徙而南數十步，且析爲二。工肇於成化九年六月二十四日，畢於成化十年正月十六日，凡爲屋六十餘間，約費銀二十餘鎰。隆慶五年，知府栗祁重修。今中爲正堂，左翼爲豐德庫，右翼爲架閣庫，爲儀仗庫。堂後爲軒，爲後堂，扁曰「顔魯公」。舊治正堂之前，東爲經歷司，西爲照磨所，東西爲吏廊，前爲戒石亭，又前爲儀門，左右爲榜廊，東廊末爲迎賓館，西廊末爲司獄司。又前爲譙樓，爲府門。知府廨在後堂之後圃，東偏有六客堂，久圮。國朝乾隆三年，知府胡承謀重新之。胡志。十七年，知府李堂重修。李志。同治初毁，八年知府楊榮緒詳請重建如舊制，惟照磨司獄已裁。新纂。

《〔康熙〕金華府志》卷一〇《公署》　府治在子城內。唐宋相仍。元之後置浙東宣慰司於此。遂遷婺州路治於宋添差通判廨宇故址，即今府治也。明成化、弘治中，知府李嗣、周宗智、韓肅相繼修葺。其制中爲正堂，左爲軍器庫，右爲昌濟庫，東爲經歷司，西爲照磨所。翼以六房。兵房之西北爲架閣庫，其後爲司獄司。堂之前爲露臺，爲甬道。又前爲儀門，爲大門。堂之後爲穿堂，爲退省堂。萬曆乙亥，豐城黄焯守郡，改建知府宅於後堂之北，創樓屋五間，廳堂五間，門五間，併左右穿廊。其東宅西軒仍舊。丁丑文昌王懋德守郡，重建儀門，移大門進一十餘丈。東偏爲新賢堂，又東左爲土地祠。修砌左右廊墻，面南臨街爲屏墻。本朝順治三年，爲兵火所焚。十年，郡守夏之中重建，并及三廳。府正廳三間，扁曰忠愛堂今更名宣化東西耳房二間，後堂三間，張公藎扁曰義理兼制之堂穿堂三間，成石銘碑一座，今燬東西吏房二十間，儀門三間，大門三間，經歷司三間，今移造清軍道基北照唐所三間，軍器庫一間，昌濟庫一間，架閣庫五間。今燬

《〔光緒〕嘉興府志》卷六《公署一》　路總管府衙在子城內，舊府治也。至元志。府治在城南門內。自五代晉天福時陞嘉興爲秀州，始建于此。宋改爲郡、

爲府、爲軍府。元改爲安撫司、爲路，皆仍其處。吳元年改路爲府，府衙墻周圍二里一十步，高一丈二尺，舊稱子墻。柳志。案：府治自五代，歷宋、元、明，千有餘年，未嘗徙，建治爲最古。時代既遠，今昔異制。其與前志互異者，附次于下。中爲大堂，顏曰忠愛。案至元志，舊名同穎，宋守俞浙改修齊。袁志改端本，後改帥正，吳志改忠愛。前覆崇軒。柳志云軒五間。堂之東北隅爲軍資庫，趙圖記云，廳東北爲府庫。西北隅爲架閣庫。柳志云，軍資庫四間，在府廳東北，推官廳後。架閣庫十間，在軍資庫東。堂東爲酇侯祠，祠南爲供招科。堂之西爲庫房，南爲批值科。趙圖記云，並廳而左爲軍資庫，爲經歷司，司北爲架閣庫。並廳而右爲儀仗庫，爲照磨所，所北爲茶房。伊志案，軍資、架閣二庫，移徙堂隅。儀仗庫久廢。經歷司移置儀門外西，照磨所移駐濮院鎮。供招科南爲東廊，列吏、户、禮三科及承發房。批值科南爲西廊，列兵、刑、工三科。柳志云：兩廊東西大小正從各二十五間，六房列置其內。趙圖記云：夾臺左右爲東西吏廊。袁志云：兩廡左列吏、户、禮三科，科南承發房；右列兵、刑、工三科，科北號房。伊志：號房遷儀門外延賓館前。大堂前爲露臺，趙圖記云：堂之前爲露臺，臺南爲戒石亭。袁志云：堂下爲丹墀，爲甬道，中立戒石亭。爲甬道。伊志：甬道兩旁梅花數十本，雍正間知府閻堯熙所值。乾隆二年，知府姚淮《梅花廳事記》略曰：雍正甲寅，余自雅州來守嘉興，至之日，見甬道夾列梅樹，詢之，迺今湖北觀察山西夏縣閻公前守斯地時所手植也。嘉爲浙西劇郡，號稱澤國。余既承乏閻公之後，樂是邦之政簡刑清，而又覩斯梅之槎枒奇崛，縱橫參錯于廊堦廳事間，顧而樂之，遂不禁愛之護之，培植之，蘊崇之。蓋余之顧異此梅也，其亦與甘棠之勿翦伐者，同其意歟。南爲儀門，左右各有翼室。柳志云：儀門三間，東西翼室各五間。儀門外東爲延賓館，即鄭太守瑄祠。顏曰，永瞻堂有石刻。儀門外西爲土地祠，又北爲經歷司署。趙圖記謂：府門内左爲土地祠，爲理刑廳；右爲督儲館。折而西出便門，又折而南爲馬道。馬道之左爲同知、推官宅；右爲通判宅者三，而經歷、照磨、知事、檢校亦參互居之。伊志案：土地祠移建儀門之西。督儲、推官、知事、檢校各官皆裁。同知通判皆移駐，唯經歷署在馬道之西。袁志：府門之内，舊有樓三亭七。由儀門百步至大門，伊志：故老相傳，謂之百步石。甃磚數仞，如城墻式建爲譙樓，案柳志：譙樓在儀門前，計七間。袁志：府門上有譙樓，設鍾鼓。鄒志補，明宣德間，知府齊政奉元帝像居樓正間，詳見署中古蹟。牓曰嘉興府。鄒志云：吳元年復更府名，匾曰「嘉興府」三大字。大門外爲牓廊，趙圖記謂：府門南出左右南向爲牓廊。廊外毬場東申明亭，西旌善亭。袁志云：場東西兩廡，分列快皂房。原註，即古申明、旌善二亭址。伊志案：場外東西皂快房，復爲申明、旌善二亭。申明亭北爲三相祠。至元志云：譙樓外有宋宣詔、頒春二亭，東西向。門之南建木坊，顏曰首藩名郡。其下爲屏門。袁志云：舊爲照墻，明萬曆中知府龔勉改建。左右列木柵，東西繚以石欄。欄左右各樹木坊，左曰承宣，右曰撫字。譙樓東高阜爲文昌閣。案柳志：譙樓左右垜樓各三間，鄒志補，左右垜樓。伊志：左右垜樓俱廢，建文昌閣于東垜樓遺址。左設銅壺滴漏以支更，右設五顯神像以護庫。大堂後爲川堂，趙圖記云：軒其前後爲川堂。後爲宅門。門内爲二堂，顏曰無倦。案至元志，敬信節愛之堂，在郡治公廨後，舊名清香堂。詳見署中古蹟。二堂東西翼室。堂之西爲樂賢堂，賓客觴詠之所。又西爲嘉蔭軒，公餘吟詠之所。軒北爲竹南蕉北之間，軒之西爲正志亭。二堂後爲内宅東西翼室。宅後樓五楹，額曰遠耀。署西北多隙地，東北隅有土地祠，乾隆年間知府張鎮建。伊志。

歷代修建：宋景定四年癸亥，知軍陳塤葺譙樓、左右垜樓、府門。柳志。元大德三年己亥，達魯花赤撒剌兒總管辛仲實重修總管府。元金吾《重修嘉興路總管府記》：嘉興，澤國也。左杭右蘇，負海控江，土膏沃饒，風俗滈秀，生齒蕃而貨財阜，爲浙右最。至元丙子春，天戈南下，民不改聚，市不易肆。聖朝福是邦也宏矣。深仁厚澤，涵濡至今，民居增葺尤盛於昔。獨郡宇歲月滋久，風雨交蠹，東傾西圮，上漏旁穿，前乎牧守視猶傳舍。大德戊戌，大中大夫達魯花赤撒剌兒字仲文，中憲大夫總管辛公仲實字仲相，接踵而至。公餘相與言曰：府治久獘，殊失具瞻，欲鼎新之而力未逮。捐己俸以率先，則必有好事者以輔吾志。諗諸寅幕僉議允合。邦之名公達宦，富家大室，聞者莫不鼓舞欣躍，樂爲郡助，争趨而來，惟恐殿後。甲者曰某修某處，乙者曰某建某所。願傾資市材者有之，願輸粟向工者有之。至於釋氏之徒，亦願施力，曾無靳色。是皆出於自然而非使然也。由是百工具興，斲者、削者、鋸者、墍者、塗丹雘者，咸精其能。經始於己亥仲夏之朔，落成於仲秋之望。自麗譙而儀門，由公廳而燕室，徹裏無巨無細，靡不輪奐，翬飛藻繪，彪炳偉哉！若茲盛美，前所未聞，後所創見。邦之士若民，咸願勒石，以垂不朽，而求記於余。余謂天下事，創始易，起廢難。起廢非難，辦於不擾者爲難，矧此舉非細故也。官不廢財，民不知役，不日而成，向非有大力量，大謀猷疇克爾。彼如亭數椽於道旁，爲行者休息。梁一木於水濱，爲涉者往來。猶且書其名，旌其善，傳之悠永。況堂堂大藩，數百餘年之所置建，百十萬户之所瞻依，一旦興廢補獘，振後光前，黼黻太平官府，詎容不大書特書，以侈其傳。雖然，豈特土木之工而已哉。凡郡之獘政，民之汙俗，悉作而新之，尤可嘉已。於是乎記。是歲仲秋既望。後至元五年己卯，總管法忽魯丁重修。元韓璵《重修嘉興路總管府治記》：凡物久則獘，獘則葺，理之常也。獘而弗葺，葺而弗完，則益獘矣。故大而禮樂制度，小而日用供具，舉莫不然，況於郡府廳事，爲吾民具瞻之地者哉！檇李爲西浙鉅州郡治竣整著，自古昔前政嗣之，葺弗完堅，貌若綵緻，中實摧陊。至元五年後己卯夏四月，兆庭法忽魯丁嘉議，公繇海漕萬夫長三轉而守茲郡，修舉庶政，得民懽心。暇日率僚寀議曰：郡有治，豈止爲守理所而已哉。禮之大者，惟元正之節、天壽之旦，有司駿奔服采具如式，設帷帟，嚴兵衛，樂舞在庭，庶官星列緇黃，耆氓更

班迭贊。凡吾屬束帶端笏，顒立北向，獻享興頫，載舞載蹈，以達吾瞻天望聖之忱敬者，端在于是。乃今楹宇簡陋，弗稱具瞻，使吾不有以起廢焉。繼自今震淩益加，隳圮益甚，不足以壯觀而永厥成，其何以臨民哉。即諗于衆疇能佐吾理者。今既下，得郡之富埒一鄉者九姓，乃啓榮庀工，讙然趨事，鋸者、削者、墁者、髹者，工設色者，哲巧讐能，罔敢偷惰。自儀門兩廡承宣廳舍堂，曰公明樓，曰環星、越麗譙。以南二亭屹峙，宣詔在右，頒春在左。以至肓直有廬，禮仗有舍，繫馬有軒，登騎有石，率易其垢腐，翼然以新。渥丹深碧，藻繪彰施，耄倪聳觀，嘖嘖興嘆。棟宇之隆，於斯爲盛。時余以事至郡，屬余記。余曰：郡治起廢，非説以使民者不能，是可記也。然余聞公之爲理也，嚴以勅法，循以恤民，豪強有憚，已賦調繁。蒙他户而芘其私者則黜而抑之，耗乏不能給役者則核而復之，榷酤毒民蕩産者衆則易而完之，雲水僧有侵漁其類，皷抗弗律者則杖而逐之，民有舊躬臺隸估彊而陰持者則戢而刑之，若逐官有廳則恢宏之，橋塊西麗則增搆之，水馬二驛，埃翳弗涓則拓而大之，頖宫堂廡庫隘弗崇則撤而嚴飾之。一時同寅幕府之士，又皆協恭畢力，故能興起於治，若此是又可記也。繇兹政成，使邦人咏歌之，則公之德之美，於斯數者尚有徵焉。洪武中，知府趙瀛重建。柳志。弘治初，知府柳琰重建府門申明、旌善二亭。嘉靖丁未，知府趙瀛重建府庫軍資、架閣二庫，經歷、照磨二司。嘉靖戊申，趙瀛重建譙樓。趙圖記。嘉靖三十二年，知府畢竟容、劉愨重修吏廨。明任希祖記略：吏廨漸圮，前有畢公鳩工聚材，功未就緒，即拜督鎮紫荆之命。辛亥歲，萬安劉公繼臨，遂及前工之未竟。癸丑夏四月告成。昔之東西對峙者，舉易陽面，凡四行，行凡一十四間。共五十六間，翼然爲堂廡左輔。萬曆十二年，知府龔勉重修府治，改闢照墻爲屏門，榜曰「首藩名郡」。明龔勉《重修嘉興府治記略》：國家建置郡縣，其出而臨民也，前必有堂；其退而燕息也，後必有堂；而其與賓佐僚吏以議政也，則中必有堂。惟有堂以經於中，而前後始相映帶。蓋上法天象，而下示民瞻，乃定制也。余始令嘉之附城邑，趨謁郡廷，嘗進而議政，見其規制乃獨異。是堂後有軒，覆以明瓦，又其後有小廳事者二，且卑陋，而前後不相續，大弗稱其郡治。心竊非之，以爲是在所當更也。越十有二載，歲維萬曆辛巳，余復叨守兹郡。入其堂，猶故也，遂思所以更之。時令嘉者爲内江張君問達，令秀者爲廬江朱君來遠。間以謀之二君，咸曰：唯唯。事如有待，更之宜亟。遂鳩工聚材，而董其役於典史劉洸。唐時化軒以内盡撤之，而惟存其堂之最後者一。中建横堂若干楹，而使其前後相爲映帶。不越月而落成，即是歲之十有一月也。既而左右翼以高垣，兩庭各植修竹，清陰滿座，而風至則鏘然玉鳴。蓋不惟有廣大高明之象，而且日與君子羣矣。郡門以内，故有賓館。館後宴賓者曰嘉會堂，湫隘弗爽，安所稱嘉。於是撤其中虚之以爲庭，而更其制爲堂三間。軒敞明爽，宴賓爲宜。門以外，屏牆立焉，堪輿家以爲非善，乃去之，建以石坊，而匾曰首藩名郡。中通出入而闉闠以門，屹然壯觀。而郡治之規制，於是乎大備。是役也，工料皆取足贖鍰，弗以煩民。其董之者爲照磨黄仕龍。而相繼告成，則癸未冬甲申春也。夫卑宫室以崇儉，聖訓也。余爲此舉無乃自侈乎？曰：不然。君子之臨民也，規制弗備，非所以新觀聽而一心志也。是又烏可以緩圖？且有父老白余曰：前坊故有之，而中堂亦舊制也。坊燬於火，始易以牆。而前守有惑於異説者，乃更其堂制。然則余之爲此，亦不過舉廢墜以復其舊耳，夫豈侈哉！雖然此末也，必廣大其心，高明其識，以德澤幷幪一郡，而使人人皆安其居，樂其業，則臨民之責，斯無媿矣。余竊有志焉，而未之逮也。因紀其略，以俟後之君子。萬曆二十七年，郡守劉應鈳重建吏廨。又建約法堂，内祀蕭相國，爲諸吏議法之所。劉志。

國朝康熙元年，知府張漢傑修府門外三坊。袁志。康熙三十六年，知府黄家遴重修，以清香堂舊址爲道珍堂。《浙江通志》。國朝朱彝尊《道珍堂記》：康熙三十有五年冬，太守廣寧黄公來知嘉興府事。入郛則瓦礫塞乎渠，及堂塗則榛艿接於徑。爰與邦人士謀，思營葺而疏瀹之，念民力未遑也。明年夏，案無留牘，黠者畏，懦者懷。公乃庀材鳩工，先治其廨。斲梖堊鏝，子來恐後。於時彝尊方居長水之南，池中芙蕖一花並蒂，紅衣綻緑，房垂細螺，實以公嘉績之所召也以奉公。公適諏是日立柱礎，架宗霤，遂貽書請名其堂，兼紀之石。且歸德於天子肅清邊徼，禎祥是致。彝尊欲以不文辭，非禮也。敢竊伏自幸生於堯舜之世，獲覩聖德神功，靡遠弗届。又有賢太守以拊循閭鄘於焉，歌詠太平，燭於玉燭，飲於醴泉，暢於永風。芙蕖雖小草，而曹植賦之則曰：覽百卉之英茂，無斯華之獨靈。傅亮賦之則曰：考庶卉之珍麗實總美于芙蕖。而江淹之辭則又進焉而曰：一爲道珍，二爲世瑞。至于並蒂，則尤代所罕覯。故魏收志靈徵令禽奇獸嘉穀，靡不登載，而斯獨無之，益見致之匪易也。稽之至元《嘉禾志》，郡治廳事後有清香堂。宋知秀州俞制吏匾曰敬信節愛。蓋理廳攙子城之内，而軒其後爲穿堂，爲後堂，其來久矣。堂之廢且百年，鮮克有治之者。迨公至而始考舊址復新之。吁！今之守土者，屏賓客，省諮度，則見以爲廉矣。公府之不飾，則見以爲能矣。雖然儒者之爲政，則有道焉，居之必廣也，涖之必莊也。蕪者治之，塞者通之，廢者舉之，道存焉矣。堂之建詎足爲公重，而政事之暇豫，多士庶民之胥附，及僚屬吏之交孚，於此覘公治術之先務焉，宜其始建，而珍果適應其瑞也。天子之德，亦我公之惠也。公既命，我請以道珍名堂可乎？公曰可哉。遂爲文以紀落成之歲月，納之於壁，用示後之君子。是年黄家遴重建二堂、川堂。黄家遴《重建二堂川堂記》：皇帝三十五年，歲在丙子五月，余受命來守嘉禾。道出山東，值洪水泛濫，川涂梗塞。至冬十月始抵署受事。見門廡堂構，規模整然，而廳事之北，則有地數十武，榛莽淒其，幾同荒圃。視甃地之甎，尚零亂有存者，余心訝之。夫國家設官置署，各有攸司，或爲聽政之堂，或爲退食之室，必無有閒房餘舍可聽其廢墜者。顧受事之初，未暇謀此，乃于丁丑夏捐俸重建之。以四月上浣日始，至秋八月望日而落成焉。故例：凡郡府有事，必七邑舉相經營，刺史但拱手觀成而已。今惟嘉秀稍捐清橐，其外五邑佽助工作以共成斯役。爰乞竹垞朱太史文納壁以垂不朽焉。自今案牘之餘，焚香燕坐，檢點平居，要期上不負君，下不負民，中無負所學。朝乾夕惕，不敢稍自暇豫。必無忝厥職而後安，則斯堂之爲功吏治，詎淺鮮哉！若徒爲壯觀瞻之美，具耳目之飾，大非予建堂意矣。雍正六年，

知府閻堯熙復修。乾隆四十八年，知府恒寧重建，移儀門外東隅土地祠於西隅。五十年，知府方林重修。五十六年，知府劉嘉會重修，於譙樓東垜樓遺址添建文昌閣。嘉慶元年，知府伊湯安重修。三年復建正志亭於西圃，又重葺書室爲嘉蔭軒。伊湯安《嘉蔭軒記》：爲園圃亭墅之勝，壘石疏泉，蒔花種竹，皆可計日成也。維樹爲難得。樹之嘉者，經數十百年之久，極扶疎蓊鬱之觀，則尤難。禾郡署西偏有屋三楹，兒子繼昌讀書其中。其庭院頗隘。今年繼昌歸京師，適當春夏之交。余偶至其室，見垣之外有巨梓森然，高聳枝葉，披拂簷端。余大喜，爰命匠人毀垣更築而遠之丈許，納其樹于庭中。翹然蔚然，婆娑垂蔭，儼如偉丈夫之立吾前也。簿書餘閒，輒憩斯室。鳥鳴其巔，月映其下，聽睍睆之好音，覩柯條之如瀉。余因感兹樹之植也，殆二百年物矣。莅兹郡者，不知凡幾，乃屏諸垣外，無有顧而惜之者。今也始展其扶疎蓊鬱之觀，是可爲此樹慶，所遭而亦未始非此室之幸也，遂名之曰嘉蔭軒。雖然蔭誠嘉矣，思有以芘其民者，視此樹爲何如耶。居此軒，愛其樹，思所以芘其民，吾願與後之君子共勗云。以上伊志。道光四年，知府羅尹孚修葺。十五年，知府瑞元重建虛受亭，又於亭南北嚮建三楹。十七年，知府王壽昌即正志亭舊址改建虛受亭。由樂賢堂對墻闢洞門，朱欄曲折，達虛受亭。院門額曰得省。十八年，又修頭門鼓樓。于志。咸豐十年，粤匪之亂，悉改其舊。肅清後就加修整，以爲治前後七進，進七間。後四進各有樓，前爲大堂，爲鄭侯祠、三相祠、土地祠，爲頭門。同治初，知府許瑤光建復兩廊房舍。又於二堂之西建書屋三楹，堂東建補梅軒。軒之東築墻爲圃，培土爲山，題曰東瓶，以與瓶山相對也。刻銘其上。四圍盛栽花木，爲公餘燕息之所。其餘隙地，尚未重建。頭門前鼓樓，亦被燬待修。

安徽

《〔康熙〕徽州府志》卷七《營建・公署》 巡撫察院，中爲廳，前敞，有臺。臺前甬道，旁迤出爲左右廊，有直舍，有穿堂。門之外有屏牆，東西起二坊。在府學前左隅。舊爲徽輪庫房，明程學士敏政以倉隙地易之。弘治十四年，巡撫彭禮見府城止一察院，而巡撫、巡按共之，未便。命知府彭澤等贖回前地，以建都察院署。未幾，澤以憂去。十六年，知府何歆成之。後改拓學宫，移建於廣惠倉故址，其規制如舊。國朝徽寧道移駐徽州府，遂以察院爲道署。康熙十三年，本道王緒祖新之。二十二年，道缺裁革，今仍爲察院。

《〔康熙〕滁州志》卷一四《公署》 宋州衙在子城内廣惠橋西。舊設有通判、推官等廳，思賢、瑞麥等堂。久廢。元州衙在子城内，即宋州廳舊基爲之。明州衙在子城内，即元州衙舊址。國朝仍舊。王廳三間兩厦，後堂三間，穿堂三間，儀門三間，州門三間，司房東西各五間。架閣庫二座，各三間。吏目廳三間。知州宅堂在後堂北，判官宅堂在後堂西。國朝康熙六年奉裁，今廢。

《〔嘉慶〕廬州府志》卷六《城署》 府署在府治合肥縣。府署本宋元舊址。明洪武三年，知府潘傑刱建。正統元年，知府揭稽重脩。成化間，知府楊永明闢門爲三，知府葉盛建譙樓。弘治初，知府宋鑑修葺，視舊制稍加。十二年，知府馬金增築廳事，後爲川堂。甃宋馬忠肅公石刻于亭下，額曰「景賢」。後又刻包孝肅公詩于屏，易名「清直堂」。後爲恩澤亭。後堂三楹，知府宋鑑建。額曰「歲寒」。北爲三至堂，宋陳堯佐三守廬州時建，葉浹有記。後馬金自通判至專守三任廬州，易名「三錫」。楊一清有記。又北爲内宅，正堂兩翼爲吏廨。前爲戒石亭，爲儀門。門之左舊爲清軍廳，廳前爲寅賓館。明同知白希珩有記。館南爲司獄司，爲福神祠。門之右爲通判署、經歷署，舊有理刑、知事、照磨、庫官等署。又前爲大門，門内左右爲榜廊，門外左有旌善亭、儀仗庫、申明亭。右有癉惡亭，正南一坊題曰「江北上郡」，後易「江淮首郡」。左坊曰「容保」，後改「師帥」。右坊曰「作新」，後改「承宣」。國朝順治十三年，知府王業與重構府治嗣是。乾隆四十九年，知府吳棐龍捐廉脩葺。嘉慶五年，知府張祥雲捐廉重脩。規模棟宇，視昔爲完整云。

《〔同治〕六安州志》卷五《輿地志九・公署》 州署，在城西北隅。舊爲六安縣治所。元至正間，平江路推官王大有調任是州，即其舊址，刱建官舍。元末，燬於兵。明洪武初，知州陳明善重建。宣德間，游璧新之。成化高昂、弘治馬璁、萬曆末邱時可前後增擴，始成具瞻。中爲堂五間，扁曰「愛養百姓」。後爲穿廊，又後爲二堂，扁曰「仰臯堂」。又後爲三堂，扁曰「高明堂」。後爲後樓。錢糧庫在二堂左，軍品庫在二堂右。堂之東爲知州宅，又東爲同知宅、爲判官宅。官裁宅廢。東北爲吏目宅、爲吏廨堂。東側爲册庫。堂中路爲界石，覆以亭，左右翼爲六房。前爲儀門，爲兩角門。左爲土地祠，右爲寅賓館。旁爲獄。前爲大門，門有屏。左爲榜廊，爲旌善亭。善人馬全、吳端、何洪、王价、朱海、王槐、劉子洪、單种、徐大先、徐大嘉、張儒、管朝用、彭保、李玉、楊爵、杜永成、陳鉞、蔣雄、尹奈、周江、王仕虎、國朝余朝佐，共二十三人。右爲癉惡亭，俱久廢。爲申明亭，爲州垣。向土墻易傾，萬曆間知州李懋檜易甎，庫獄加慎，州治增飭矣。明末，洊經寇亂。大堂、二堂、穿廊、二堂左右錢糧庫、軍器庫、册庫、六房，俱遭焚毁。臨民聽政，上覆茅茨。國朝順治間，知州劉克孔建六房以儲案牘。修庫房以儲錢糧。康熙三年，署州事霍山縣

知縣李居一，建大堂三楹。六年，知州吳世顯建穿廊、二堂各三楹。又於高明堂左建六角亭，併修大門、申明亭，州署稍備。十六年，知州王所善修大堂及古槐亭。後名「獨秀」，今廢。復建總舖，繚砌圍墻。乾隆十一年，知州金宏勳陸續修整儀門、大堂、川堂、後樓，建延秀齋。乾隆四十九年，知州楊有源重修大門、儀門、二堂，移内宅於二堂後，增置西書房二間，仍顔之以「試茗軒」。咸豐間，兵燹，燬廢。

軍廳署，左有土地祠，祠後有大桑樹一株，其樹數人圍之不能匝。相傳有神憑焉，殆元明時古物也。州同周起瑶顔其客廳曰「連理桑園」。道光元年，州同萬年渲有《連理桑園歌》一首。三年六月，因於樹下立桑君祠，題其主曰「東方箕星之精長桑君神位」，每於朔望奉祠焉。咸豐間，兵燹，燬廢，片瓦無存，尚未修復。

福建

《〔乾隆〕福建通志》卷一九《公署・總督部院》 總督部院，在布政司西南，原按察使司署。順治十八年，總督李率泰移駐於此。康熙二十年，總督姚啓聖捐俸市民居，拓南數十步，建衙置轅門。

《〔乾隆〕福建通志》卷一九《公署・承宣佈政使司》 福建承宣布政使司當三山之中，後枕越山。晉郡守嚴高建，爲刺史治所。唐爲都督府，五代梁爲大都督府。僞閩僭號，改作踰制。宋悉廢之，獨明威殿存，以爲設廳。端宗即位於閩，以舊設廳爲垂拱殿。元爲中書省，明初改爲福建等處承宣布政司。堂曰政本堂，後改爲紫薇堂。國朝因之。左、右布政使宅在堂西，儀門舊有樓。歲久傾圮。康熙二十年，布政使佟康年重建。前有譙樓，高九十八尺，深八十一尺。石柱四十四，長各二十八尺，廣二尺八寸。其南額曰「海國先聲」，北曰「拱辰」。明萬曆二十九年，布政使丁繼嗣、袁一驥重修。南改額曰「第一樓」，曰「海天鼇柱」。門直方山，五虎對之。杜中門，從左旁門出。順治十八年，火，石柱俱壞。康熙十一年，布政使何中魁重修。雍正十年，内署火，布政使潘體豐重建。

《〔乾隆〕福建通志》卷一九《公署・巡按察院》 巡按察院在光澤坊，舊織染局地。明成化間，建市舶府。嘉靖間，御史陳宗夔改爲察院。萬曆十四年，御史楊四知闢門之西路而直之。國朝順治十八年，奉裁，改爲總督公署。後燬於火。今其地爲鎮閩將軍府。

《〔乾隆〕福建通志》卷一九《公署・巡撫都察院》 巡撫都察院在嵩山麓，原宋尚書王祖道宅。明洪武初，駙馬都尉王恭居之。正統間，爲鎮守内官公署。嘉靖三十六年，設巡撫，開府於此。後燬於火。隆慶元年，巡撫塗澤民重建。萬曆三十二年，巡撫徐學聚市西北民居改拓。三十九年，巡撫丁繼嗣修葺。國朝因之。

《〔乾隆〕福建通志》卷一九《公署・貢院》 貢院在將軍山東北。先是，在譙樓東。洪武十七年，布政使薛大昉改建於城南。成化七年，布政使朱英改建今所。正德十一年，巡按御史胡文靖購民居八十區闢之，東、西各八丈，南倍之，更爲正門南出。萬曆五年，火。六年，重建。中爲至公堂；後爲衡鑑堂，爲掄才堂；堂之後爲主考官房，爲洗心亭；中竪御碑。東、西爲五經、同考官房，外東爲監臨公署，西爲提調監試公署。又東列四所：曰對讀，曰受卷，曰彌封，曰内供給。西二署：曰謄録，曰巡綽。至公堂之前爲東、西文場，中爲明遠樓，四隅有瞭望樓。出大門外十武，爲天開文運坊。東、西有坊，一曰明經取士，一曰爲國求賢。又東爲三司公署，今廢。西爲外供給所，中有橋曰登瀛，有坊曰天衢、曰雲路、曰龍門，達於通衢，明巡撫都御史耿定向修葺。國朝康熙十九年，重修。三十八年學使汪薇，四十四年巡撫李斯義，四十七年巡撫張伯行，五十六年巡撫陳瑸，先後增闢文場。

《〔乾隆〕福州府志》卷一九《公署二》 福州府治在布政司西。正德《府志》：即宋安撫司忠義堂春臺館之地。元爲亳州萬户府，洪武二年，改建爲福州府治。萬曆《府志》：先是，府治皆在今布政司，歷晉、唐、宋，至元始置總管府於譙樓東。洪武初，改建今所。七年，闢廨宇。二十一年，火。二十六年，知府廖崇德重建。《福建通志》：中爲大堂，堂之南爲儀門。儀門外，東土地祠，西迎賓館，南爲大門，獄在大門内之右，出大門百武，樹楔曰「十閩首郡」，北爲川堂。萬曆《府志》：庫在川堂之後，曰大儲庫、贓庫，曰鈔庫，曰龍亭庫。今俱圮。又北爲後堂，知府宅在後堂北，吏六房在大堂下，左右兩廊，其後隙地爲吏廨。明萬曆二十八年，大門及兩廊房火，署府事同知鍾大咸重建。國朝康熙三十年，大堂圮於颶風。五十八年，知府韓奕重建。

《〔乾隆〕延平府志》卷六《公署》 延平府署在城西北隅舊鹽倉址。其東南隅爲舊普通寺，寺遷之後，以地益之。後據龍山，前面九峯，二水交流於其外，實爲形勝之區。初，宋時州治在今治東。明洪武間，知府唐鐸始改今地。正德、嘉靖修建凡數次。國朝康熙初，復修葺之。五十六年，知府任宗延又捐俸增修。前爲忠愛堂，後爲寅恭堂，又後爲三聖廟，廟之西北爲懷清堂。堂左爲吸江樓，

乾隆二十六年，知府傅爾泰改名大觀樓，山色溪光一覽如畫。又於退食處增築書室三楹，在懷清堂之前。署後有三桂亭，創建年代無可攷，桂樹婆娑，至今未凋。堂左爲府新倉、吏舍、庫獄、譙樓等，俱如常制。大門外爲道學，名邦坊，知府傅爾泰重建。

《〔乾隆〕福建通志》卷一九《公署·建寧府》 建寧府在從化坊。明洪武八年，知府胡楨建。中爲正堂，前爲甬道，爲戒石亭，爲儀門，爲大門。堂後爲穿堂，爲後堂，知府及屬官廨宇皆在焉。兩廊爲六房，吏舍在兩廊後。府獄在正堂西。大門外左右爲申明、旌善二亭，前爲承流、宣化二坊，又前爲八閩上郡坊。國朝順治五年，大堂、廨宇、吏舍悉燬。十四年，知府謝祖悌重建正堂及知府廨。康熙二年，知府高攀龍重建承流、宣化二坊。鐘樓在府治左，譙樓在府治右，行都司前。康熙二十二年，建安縣知縣張大典重修。

《〔乾隆〕福建通志》卷一九《公署·興化府》 興化府在城西南。中爲正堂，堂之南爲儀門。儀門外，東土地祠，西寅賓館。儀門之南爲大門，門外東西旌善、申明二亭。南爲衢路，東承流坊，西宣化坊。正堂後爲穿堂，爲燕堂，堂後爲知府宅。吏六房在堂下左右廊。按，宋興化軍初在游洋鎮。太平興國中，徙治莆田，知軍段朋始建軍署。明洪武初，知府蓋天麟徙莆田縣署於善俗坊，而以其地改建今署。嘉靖間燬於倭，郡人御史林潤奏給帑金，知府易道譚重建。萬曆間，知府呂一靜、陸通霄、馬夢吉相繼重修。

《〔乾隆〕福建通志》卷一九《公署·泉州府》 泉州府在東街内，舊在雙門。明知府常性改建今所，中爲正堂，吏六房在堂下左右廊，前爲露臺、甬道、戒石亭。儀門正堂後爲穿堂，晏息堂，堂後兩序爲夾道，知府及屬官廨宇皆在焉。儀門左土地祠，寅賓館，前爲府門臨行春通衢。南設粉樹，其東旌善亭，西申明亭。譙樓在泉州衛南穿堂。歲久傾圮，康熙四十二年知府劉侃重建。

《〔乾隆〕福建通志》卷一九《公署·漳州府》 漳州府在府城南。唐貞元二年，徙州治於龍溪，即今治也。明洪武元年，知府潘琳重建。中爲正堂，前爲露臺，中甬道。前戒石亭，兩廊爲吏六房。前爲儀門，爲大門。後爲穿堂，爲後堂。知府廨在署後。申明、旌善二亭在大門外東西。後知府姜諒、張鵬、陸金、顧四科、盧壁、曹三暘、羅青霄、楊維、韓擢、李光宸、桂嘉相繼修建。國朝順治十二年，燬於寇。康熙十年，知府孫楊重建府署正堂及儀門、大門。五十二年，知府魏荔彤重建後堂、穿堂及六房。

《〔乾隆〕福建通志》卷一九《公署·邵武府》 邵武府在城西隅。宋太平興國四年，置邵武軍，知軍張度創建，後屢燬屢建。元改爲府，至明萬曆七年，知府岳鍾英新之。三十七年，大水衝壞，復重修焉。中爲正堂，堂南爲臺，東西兩廊爲吏六房，前爲戒石亭，爲儀門，又前爲大門，上爲譙樓。北爲穿堂，爲後堂，知府宅在後堂北。崇禎間復修譙樓及大門、甬道，稍易其向。國朝順治四年，重修正堂、後堂及儀門。康熙七年，知府汪麗日修葺譙樓及正堂，重建師帥、保釐二坊。康熙二十一年，知府張一魁重建兩廊六房。四十四年，知府魏麟徵重新正堂、大門、譙樓。土地祠在儀門外東，寅賓館在儀門外西，申明亭在譙樓外西，旌善亭在譙樓外之東。

《〔乾隆〕福建通志》卷一九《公署·汀州府》 汀州府在正北卧龍山麓。唐大曆間刺史陳劍遷此，宋代屢有增建，明知府宋忠、吴文度、邵有道、陳以德、林聯綬相繼修葺。中爲正堂，爲穿堂，稍偏爲知府廨。正堂兩廊列吏六房，前爲戒石亭，爲儀門。儀門外東爲嘉賓館，西爲土地祠，爲福堂監、輕繫所，又前爲譙樓。樓下爲大門，門外左爲旌善亭，爲仁育坊，扁曰保釐；右爲申明亭，爲義正坊，扁曰師帥。國朝順治八年，譙樓暨二坊災。十二年，知縣塗應泰重建。

《〔乾隆〕福建通志》卷一九《公署·福寧府》 福寧府在龍首山之麓。初，晉置温麻縣於四十一都。唐武德六年，改置長溪，徙治今所。宋建炎二年，知縣潘中重建。元至正間，升縣爲州。明洪武初，仍爲縣，知縣郭徵、錢宥並修建。成化九年，復爲州。十一年，知州劉象易州堂方隅，尋火。十二年，知州歐陽嵩重建。萬曆十七年，又火。十八年，知州史起欽重建。中爲正堂，後爲穿堂，兩翼爲吏六房。堂堂爲戒石亭，爲儀門，門東爲寅賓館，爲土地祠，西爲獄。又前爲大門，冠以譙樓。旌善、申明二亭，在譙樓外左右。國朝康熙二十一年，知州郭明遠修葺。雍正十二年，升州爲府，知府一員，通判一員，教授一員，司獄兼管經歷一員。

《〔乾隆〕福建通志》卷一九《公署·龍巖州》 龍巖州在州城中央。唐乾寧間建，屢燬。宋乾道間，知縣林鼒重建，後知縣陳焕、趙性夫、陳椿壽，元縣尹魏德潤、捏古栢、馬合麻、朱鍵屢修。明洪武初，知縣趙榮祖成之。中爲正堂，左爲幕廳，後爲穿堂。穿堂東爲庫，儀門之外爲譙樓。永樂後，知縣程鵬、李昊、韋濟、陳熙相繼修建。正德四年，知縣余成重建前後堂，修縣丞廨，改簿廨爲典史廨，重修譙樓。後知縣陳瀛、胡寅，縣丞鄒仕龍，知縣湯相、曹孕儒多所修治。國朝順治十二年，知縣王有容捐俸重修。旌善、申明二亭在譙樓前東西，土地祠在大門内東偏，監獄在

西偏。康熙二十五年，知縣江藻修葺增建。雍正十二年，升縣爲州，州同一員，吏目一員。

《〔乾隆〕續修臺灣府志》卷二《規制・公署》 臺灣府在東安坊，南向。舊係僞宅，兩座毗連；後左畔一署傾圮，惟存右署，規制稍隘。雍正七年，知府倪象愷即左畔基址恢廓重建，大堂、川堂、二堂、東西齋閣、廂房以及大門、儀門悉具。大門之内，左爲土地祠，右爲官廳。大堂下兩旁爲六房，外環以木柵；前列照牆，規模軒敞。貢生黄國英董其事，五十餘日落成。雍正九年，知府王士任建三堂一座，又置四層住屋一所，爲東寧新署。署右側舊有榕梁、四合亭遺址，地甚寬敞。乾隆三十年，知府蔣允焄改建官廳二間，曲檻迴廊，重樓複閣，池臺亭沼，各色悉備；又編竹爲籬，雜蒔花木，備極勝概。

《〔乾隆〕續修臺灣府志》卷二《規制・公署》 滿、漢兩察院在府治東安坊鳳山縣公館舊址，南向。大堂、川堂各一座，左右建滿、漢察院住宅各二進，旁列廂房各十餘間。大堂前爲儀門，又前爲大門。門外爲木柵、照牆、東西轅門；兩旁建鼓亭，外爲掛號房、爲官廳。雍正元年建。乾隆元年，滿察院白起圖闢左旁曠地爲射圃，搆草亭三間。十五年，漢察院楊開鼎闢右旁曠地爲射圃，未就；十六年，漢察院錢琦成之。

《〔乾隆〕續修臺灣府志》卷二《規制・公署》 分巡道在府治西定坊，西向。凡三座，每座三進。由大門、儀門入而廳事，顔曰「敬事堂」。堂之右爲齋閣、爲住宅，堂左則掾吏處之，堂下左右廨舍輿隸居之。大門内，左爲福德祠，右有官廳。其外爲照牆，爲鼓亭，爲轅門；照牆外爲巡捕廳。署後有臺曰「澄臺」，亭曰「斐亭」，巡道高拱乾建。雍正三年，巡道吴昌祚於署之東南隅建關帝廟、觀音堂、魁星閣、媽祖廟。雍正十二年，巡道張嗣昌添建官廳。乾隆五年，巡道劉良璧建豐亭於署後東南隅。十年，巡道莊年建媽祖廟於澄臺側。二十七年，巡道覺羅四明重修。

《〔乾隆〕澎湖紀略》卷二《公署》 署之中則爲大堂，三間六柱；廣三丈五尺，深稱之。前有罩蓬，後有板障，獨無暖閣。大堂之前，東西科房各三間。前爲儀門，儀門之前爲頭門，頭門之前爲照牆。照牆之内豎旗杆二枝，節朔陞旗，左右翼以柵欄。東額曰海邦駐節，西額曰澤國分藩。乾隆三十一年，余捐廉修復。大堂之後爲宅門，東房二間，西房一間，以爲司閽所居。自此上下辨而内外始肅焉。亦余三十一年捐建。宅門内爲路亭，亦余三十一年捐建。路亭之上爲二堂三間，堂有匾額曰居敬。前廳周于仁題。二堂之後爲路亭，亦余三十一年捐建。路亭之後爲内宅，中左右共三間。内宅之後正北爲護房三間，東一間改爲吏房，中與西二間仍爲住室。二堂之東偏爲厨房，共三間。西偏則爲客廳；廳有匾，余額曰品石。廳之西院，翼以小房三間，廳前大天井鋪以磚石。前有月鞏門，以通馬道舊皆頹毀，亦余於三十一年捐葺。廳後近内宅之西，小屋二間，爲家人居住。大堂之西，小屋一間，爲聽差居住。大堂之東偏，則爲庫房一間，貯澎營兵餉。庫房之後，則爲營房，乃弁兵更番駐劄看庫之所，共八間。

《〔咸豐〕噶瑪蘭廳志》卷二《規制・公署》 噶瑪蘭廳在城之東街，南向，凡六座。初在城西，草房三進，乃未設官以前委辦知府楊廷理暫作公所；今已撥充入倉，移建廳署於此。大門、儀門、大堂、宅門、二堂、公廨、齋、厨俱備。大堂旁爲架擱庫，東西廊爲六房，儀門外左爲土地祠，右爲監獄五間。大門外環以木柵，前列照牆。嘉慶十八年通判翟淦建。二十四年通判高大鏞重修。大堂後門房四間，道光四年陞通判呂志恒增修。署内西邊書屋二間，六年署通判烏竹芳添建。

《〔同治〕淡水廳志》卷三《建置志・廨署》 淡水廳署在竹塹城内。新修「通志」云：舊公館在彰化縣治，雍正二年同知王汧建。乾隆七年，同知莊年重建門堂，規制悉具。二十一年，同知王錫縉改建。今所坐東向西，二十八年監生何長興捐修。五十七年，同知袁秉義興修。道光七年李慎彝、二十六年黄開基、咸豐五年丁曰健、七年馬慶釗、十一年秋曰覲、同治六年嚴金清、八年富樂賀，均詳報重修。

華中　河南

《〔嘉靖〕鄧州志》卷九《創設志・公署》 鄧州治舊在大城東，今在子城北。國朝洪武貳年，以鎮撫知州事孔顯創建。有户部勸農官安禮記畧：鄧，南陽屬郡也，周室所封建，穰侯折牧守，風俗淳厚，土地紀饒，目多陂堰灌溉之利，古稱易治。元末，天下紛紜，鞠爲茂草。皇上龍飛，奄有四海，屬以親衛之臣孔侯，來守是邦。侯下車初，備詢民瘼，期月之間，遠近嚮化。時州治舊基在大城東，遺址僅存，兵燹之餘，無足觀者。侯從容謂諸僚曰：聖朝奉天水運，庶務維新。吾屬皆以文武之資，會乘風雲，其躋仕版，中規畫之制，勤政事之忻。歲月悠久，而不能因時損益，以新民之觀瞻，牧守者能無歉焉？衆曰：唯唯。乃擇地于新城之中，爲儀門、正堂、後廳、廊廡、幕次咸備，踰三月而落成。凡一石一木之管，無不出侯之經畫云。宣德伍年州守寇義、判官黎用顯，弘治貳年州守吴大有，嘉靖叁拾貳年州守王道行、同知簿世佑，相繼增修，而其制始備。王道行《重修州治題名碑》自

記：考誌，洪武初，鎮撫孔君創立州治。至宣德貳年，郡守寇君則嘗更新恢廓之。歷歲滋久，日就頹廢。嘉靖叁拾年冬，余承之是州，同知薄君以太僕左遷，於余爲夙好，相與協明庶政。越歲壬子，百度改觀。顧兹治之敝也，思以新之。卜於是歲之十有一月，命匠氏相忠貞堂之材，有朽者易其半，而瓦甓之，費黠堊之，飾率惟稱是。後堂此展丈餘，界之以垣，翼之以塾。則今日所始者，視舊爲閎敞矣。堂成於春，扁曰「同春」，志時也，欲與民同之也。諸如廨幕獄庫之類，咸視其壞，以漸而飾。是役北，用民之力，時惟冬春，而財費折需，無煩於公帑之藏，故上下恬然，若未嘗興作者。癸丑之春，工既落成，爰勒石忠貞堂下，以紀歲月。凡官於兹土，自鎮撫君而下若干人，備鐫於上，以志既往，以俟將來焉。余竊惟，今之百司庶府，莫不有題名，匪直以表姓氏已也，蓋因名考實，而鑒戒之道寓是矣。【略】中爲親民堂，舊名忠貞堂。堂東爲幕廳，爲架閣庫，爲瓊盈庫；西爲儀仗庫。堂左、右爲六房，中爲戒石亭。堂後爲同春堂，爲知州廨；西爲同知廨；東爲判官廨，爲吏目廨；東南爲吏廨。戒亭之前爲儀門，左爲福德祠，右爲獄房。又前爲二門，左爲申明亭，右爲旌善亭。旁列爲廂房，以徵賦。左廂後爲圉房，以豢馬。兩廂南爲范相芳躅坊。外建爲大門樓，其上爲鳴盛樓云。大學士上蔡李遜學記畧：鄧勢當襄漢南北要衝，且通吳會，接巴蜀，鼠竊狗偷，時或崛起。昔孔明以爲用武之地，非泛論也。云云崑山吳公大有謂麗譙爲守警第一事，不可久弛。迺庀材鳩工，即州署南向亢爽之地，築臺疊礎，爲層樓四楹，而樓鍾皷于上。高四丈貳尺，廣肆丈伍尺，深退廣之肆尺，財費計若干，悉自規畫，而民不知勩。翬飛鳥革，光彩爍人，騰突撑拒，聳出雲來。可以遊目騁懷，縱倚舒盧，俯視闤闠，若蟻蠓然。勝水佳山，曡奠几席，誠可謂節觀矣。迨鼉皷宵轟，鯨音夜作，環一州四境之內，儒者、耕者、販鬻者、畋及魚者、執麻某而事抒譏者，無不于于徐徐，以節其興居而戒其出入。而鷄鳴狗盜之徒，斂迹囚聲，不復敢犯其禁令，以貽禍于人。公之用心善矣。設官：知州一員，同知一員，判官一員，吏目一員，司吏七名，典吏十三名。知州潘庭楠《郡齋瑞雪詩》：久苦旱雲賦，今忻瑞雪篇。五花傳帝澤，層玉及私田。細灑看無極，匀霑卜有年。瓣香呼赤子，萬祝向堯天。

《〔康熙〕商邱縣志》卷一《公廨》　縣治在城西南隅。明嘉靖二十四年，知縣曾騰鳳因舊隆興寺改建。崇禎十五年，流寇破宋，遂遭焚燬。後皆寓于民居。國朝順治七年，知縣李守功于舊(志)〔址〕重建。十一年，知縣劉之驥增修。康熙三十八年，知縣劉德昌抵任，復加修治，焕然改觀。有大門，三間。儀門，三間。大堂，五間。庫樓，一間，在堂東北。庫房，三間，在大堂東。退食堂，三間。在大堂後。知縣宅，在退食堂後。縣丞(縣)〔宅〕，在知縣宅東。主簿宅，在知縣宅西，今廢。典史宅，在縣丞宅南。六房廊，在大堂前，東西對列，各八間。戒石亭，在大堂前。吏廨，在土地祠北。迎賓館，在儀門外。土地祠，在儀門外。獄，在儀門內西。旌善亭，在大門外東。申明亭，在大門外西。馬厩。在西南隅。

《〔乾隆〕續河南通志》卷一二《輿地志・公署・提刑按察司》　河南等處提刑按察使司。在巡撫都察院舊署西。乾隆十五年，改建爲巡撫署，移駐今治，即大道宫改建。

分巡陝汝道。新設，駐劄陝州。

管河道。裁歸併爲開歸陳許管河道

乾隆三十年，布政使佛德奏准丞倅州縣等署，請借閒欵酌修，分年扣還。奏：爲酌籌修整官署，以免公項滋縻事。竊照各官衙署定例，造册交代些小滲漏坍塌，即令隨時粘補。實係年久傾圮，必須折卸大修需費浩繁者，亦照城垣之例，委勘具題，覆准興修。以官員衙署爲聽訟辦公之處，觀瞻所係，故與城垣並重，遇有傾頹，亦准動項辦理。現今各省城垣悉遵聖訓，各就情形次第修整，實足以資保障而壯金湯。惟官員衙署完損不能一律，內如督撫藩臬暨新設移駐，動項建修各署尚俱完整，均可毋庸置議。道府各署不免間有殘損，其丞倅以及州縣等署，類多傾圮。推原其故，蓋以創建年久，官經疊易，其中才幹有爲者猶知隨方補葺。若夫性情鄙樸，甘於簡陋，兼之署事等官尤視衙署爲傳舍，畧不經意，即致頹缺，繼任之員雖欲整理，而工料費繁，難以措手，止堪稍加修飾，取蔽風雨而已。奴才所歷省分，情形大都相似。伏思衙署之設，固資以辦公，實爲該員等住址，究與城垣有間。如悉請以正項動修，誠難遍及；若任因循不治，亦非長久之策。奴才再四籌計，惟有通融酌辦，准予借動閑款，從容扣運，庶幾公帑免於虛縻，各屬頹署漸可就理。合無仰懇天恩，一應官署，除現本完整並近年動項建蓋者，照例仍令自行粘補外，實係年歲久遠，朽壞傾圮屋宇，必須拆御購料大修者，令其詳明，照依各項工程之例，委員確勘，按其官職衙署之大小，將亟應折修辦公棲止房間，不許額外增添，悉照原有之數，詳晰撙節，估計所需銀兩，准於司庫閑款內酌量借給，動工興修。著落該管上司稽查，毋許少有浮冒，工竣委驗，結報人册交代，咨部考核。所借之銀，計其歲得養廉，量以十分之二，道府州縣限以三年，丞倅等官限以四年，分年按扣歸還原欵。該本員有陞調事故，即於後任接扣。如此通融調劑，次第修復，庶官署日以完整，帑項不致糜費，且於體制觀瞻，均有裨益。奴才愚見所及，是否允協，伏祈皇上訓示。謹奏。奉硃批：知道了，已諭各省矣。欽此。

乾隆三十年，奉上諭：據佛德奏，各省官員衙署，自道府以下，不免間有殘損，其丞倅州縣等署，類多傾圮，諸通融酌辦，准予借動閑欵，從容扣還一摺。衙署爲辦公之所，涖事親民，觀瞻攸係，豈可任其歲久傾圮，不加修葺？乃各員在任，或安於簡陋，惟事因循，或視同傳舍，略不經意，則公廨必致日久頹廢，勢將何所底止？佛德此奏尚屬可行。著各該督撫就該省情形，通盤籌畫，除現在完整並近年動項建蓋者毋庸置議，仍令自行粘補外，其實係年久坍塌，必須購料修

理者，准予借動閑欵，各按舊制酌量興修，計其歲入養廉，分年扣還，俾公私均有裨益。可於各督撫奏事之便，傳諭知之，佛德摺併抄寄閱看。欽此。

《〔乾隆〕續河南通志》卷一《輿圖・河南省城》

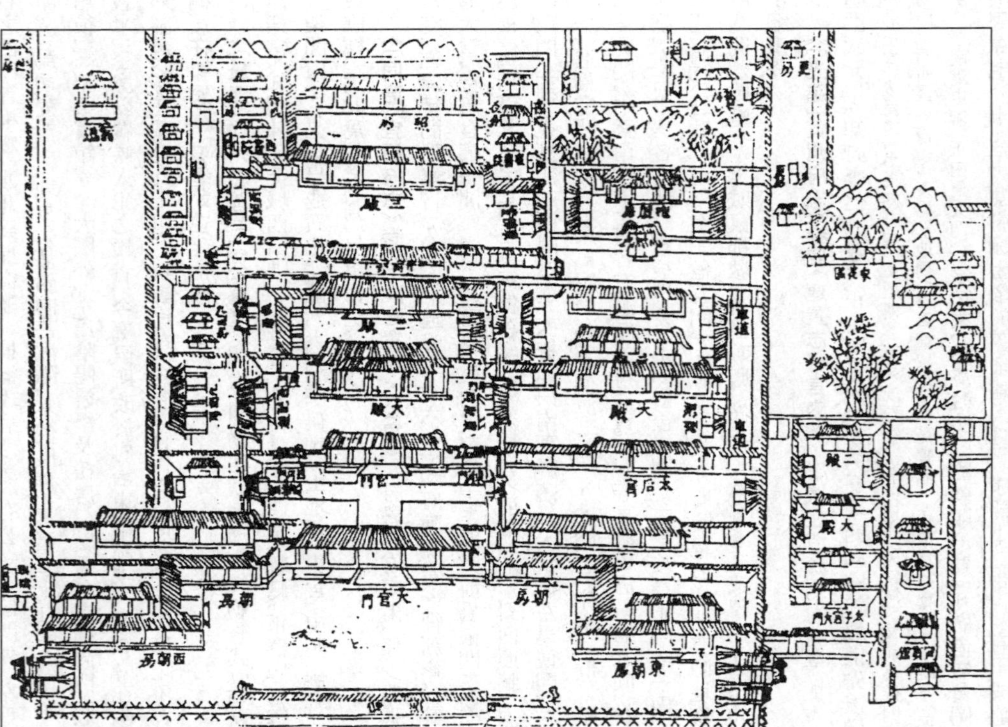

《〔光緒〕靈寶縣志》卷二《建置・衙署》 縣治在城北，明季，寇燬。國朝康熙十一年，知縣任自宏重建。厥後官斯土者增葺，悉難稽考。今計大堂五楹，左庫藏，右稅櫃；捲棚三楹，兩廊書吏房十四間。中爲戒石坊，儀門五楹，班房各四間，門樓五楹，照壁一座。左、右牌坊：東曰桃林古地，西曰函谷名區。宅門內二堂、三堂、四堂、五堂各五楹，左、右廂房共十四間，東、西花廳南北各三間，西書房五間，厨房、西廂房共十六間。

湖北

《〔雍正〕湖廣通志》卷一五《公署・巡撫都察院》 巡撫都察院，明景泰四年，建署於布政司(有)〔右〕。隆慶五年，都御史張仲羽遷於鳳凰山南。癸未，火。國朝順治十二年，巡撫劉兆麒遷於後所營要路口，巡撫王新命重修。康熙五十六年，巡撫張連登重修二堂、三堂。

《〔雍正〕湖廣通志》卷一五《公署・提督學院》 提督學院，明正統十一年，建於按察司左。明季，兵燹。國朝順治十七年，學使周起岐即舊址建堂、署、考廠。康熙七年，總鎮劉應志乞作鎮署。十年，總鎮奏裁，按察使閻廷謨移作司署。十七年，學使蔣永修於前所營買地修建。今因之。

《〔雍正〕湖廣通志》卷一五《公署・巡按御史察院》 巡按御史察院，明永樂元年，設於布政司左。正統十一年，災。正德八年，重修。國朝順治十八年，裁。今廢。總鎮府在布政司西南，明季燬。國朝順治中，提督柯永盛僦居民舍。康熙初，移鎮荆州。十年，還鎮武昌，即總督新署居之。二十三年，移駐常德。

《〔雍正〕湖廣通志》卷一五《公署・承宣布政使司》 湖北承宣布政使司在黄鵠山陰。明洪武，改行中書省。正統十一年，災。十三年，左布政馬瑾重建。癸未，兵燬。國朝康熙四年，左布政劉顯貴重建，宏敞倍於舊制。後布政徐惺繼修。經歷司在司署右，照磨所在司署左。廣備庫大使在司署右，右布政使司在司左。康熙三年，分藩，移駐長沙。

《〔萬曆〕承天府志》卷五《公署》 府治即安陸州治拓之，然州大門西向，其址稍北，今移而南門南向，知府茹鳴金創建。其堂顔曰亮采，知府吳惺扁之。兩翼爲首領之幕，兩廡爲六房，南爲儀門，儀門外爲大門，門上覆以筒瓦，視順應二府之制。堂後會食之所曰自公堂，知府郭甲扁之。左右室爲庫，後堂之内爲郡守私廨。左之東北曰清軍廳，稍前爲白雪亭。又南爲理刑廳，又南爲四首領衙。

右之西曰管糧廳，西北爲捕盜廳。捕盜攻駐沙洋，有公館。儀門外，左爲延賓館，右爲司變司、土地祠。舊西向甚湫隘，不便展拜，萬曆二十九年改南向，在賓館後，高曠與賓館等。大門外，左爲陰陽醫學及榜房。廣盈倉在閱武門内，以貯穀米，空房以羈候人犯之輕者，今羈候所改於府治東南隙地。石城驛在陽春門外，豐樂驛在城北九十里。稅課司革以遞運官代之，而各司所俱傾圮不存。僧綱司在報恩寺，道紀司在元佑觀。

《〔康熙〕均州志》卷二《公署》　州治，明初居城中。永樂勅修武當，以治爲浄樂宫，知州陳清徙城西南隅。中正堂，北後堂，右西廳、幕廳、軍器庫、承發房，左架閣庫。有六曹，戒石坊，儀門，大門，鄭侯廟，土地祠，吏舍，申明、旌善二亭。東譙樓，堂北爲州宅，判官、吏目宅。

《〔同治〕宜昌府志》卷四上《建置志・公署》　府署在府東街，係少保張忠孝舊宅，乾隆年間建修，日久傾圮，道光二十六年，知府陳熙晉一律新修。其制中爲大堂，堂右官廳一間。堂下爲露臺，東西書吏房十二間。前爲儀門三楹，門左爲福德祠，爲壯皂房，門右爲司獄署，廢爲監獄。又前爲頭門，對面照牆一座，東西轅門二柵，東柵額曰西陲鎖鑰，西柵額曰南郡屏藩。大堂後左爲便門，右爲門子房，進爲宅門，門左迤東爲廚房，門右偏厦一楹，共五間，又庫房一間。毗連宅門爲屏門，中爲甬道，左右各有迴廊。再進爲二堂，堂東書房一楹五間，堂西爲客廳，左右書房各一間。廳後幕舍一楹，前後八間。二堂後爲正内宅一楹，前後五間，週以迴廊。東内宅一楹五間。咸豐五年，知府阮福於儀門右隙地修鑄錢所八間。咸豐七年，賊竄郡城，署爲賊燬，僅存二堂客廳。咸豐在九年，知府劉步絅重修。

《〔光緒〕黄州府志》卷四《建置志・官廨》　府署在清源門内高阜，即古西坡。明洪武元年，知府李仁捌建。正德間知府余貴、嘉靖間知府郭鳳儀先後增修。中爲正堂，後爲後堂，爲知府宅、文酒樓。前爲戒石亭，東西司各十三楹。又前爲儀門、東西角門。門西爲鑾駕庫，東爲土地祠，爲雪堂，旋增修爲賓館。正南爲譙樓，東申明亭，西旌善亭。亭南爲吏廨，正南爲大門。崇禎末，悉爲賊燬。國朝順治初，知府借居黄岡邑紳洪周禄宅。十四年，知府徐士儀於舊址建大堂。康熙十三年，知府于成龍次第修建，始移居。二十九年，知府王輔重修大堂。内建杭江、西爽各亭。四十五年，知府李彦瑁復建儀門外鼓樓，後燬。五十七年，知府蔣國祥移大堂於月臺下，科房、儀門俱改置，樹屏儀門外。署内書亭數座，船屋七間，皆極軒麗，後多傾圮。雍正十二年，知府李天祥撤儀門外屏。乾隆九年，知府禹殿鼇，二十二年，知府錢鋆，四十二年，知府羅暹春迭有修建。西園雙桂堂、笠屐亭皆是。五十五年，知府先福新雪堂，建月窟軒。五十七年，二堂火，重建。嘉慶間，知府金城、吴之勷先後修大堂、二堂、幕廳、書室，新頭門外保釐坊。道光二十七年，知府祁宿藻重修大堂、科房，並宅門以内各處，頭門外添建照牆。咸豐三年，粤賊陷城，署悉燬。遺基由東至西抵城，前寬三十四丈二尺，後寬十三丈；由南至北，直長八十四丈五尺。九年，巡撫胡林翼駐兵郡城，重建雪堂五楹。又於雪堂東、洗墨池前，重建雙桂堂三楹，池後建屋三重，共十三楹。知府周炳鑑、黄岡知縣薛元啓重建月波樓。十一年，知府黄益杰增修圍屋。同治十二年，知府英啓、黄岡知縣恒琛會同府屬，牧令勸捐，重修前建頭門三楹、儀門三楹、大堂三楹，堂下東西科房以次列。堂後三楹爲宅門，門内爲二堂。堂東五楹爲花廳，顔曰琴鶴堂。又三楹爲南花廳，又三楹爲書房，又三楹與書房對。花廳後五楹爲廚，廚後上下二進，各三楹。二堂後爲三堂，三堂七楹。堂東五楹爲内宅，二堂西三楹爲可談風月之室。室南三楹，爲書屋，屋西即雙桂堂，是年拓其前爲射圃。圃西爲笠屐亭，光緒四年建，東坡先生笠屐圖在焉。亭北達雪堂，堂北爲蘇胡二公祠，同治十三年重修。祠西爲快哉亭舊址。案，蘇文忠公刻石像舊在赤壁。咸豐九年，巡撫胡公得之瓦棟中，舁至此，建祠祀之。十一年，胡公卒於官，知府黄益杰製栗主並崇祀焉。月波樓乃漢川門樓，光緒四年，蘄州黄雲鵠書額。

《〔光緒〕襄陽府志》卷六《建置志・公署》　分守安襄鄖荆兵備道署，在大北門街東，本明撫治副都御史行署，有澄清、觀察二坊，後燬。國朝駐撫治，康熙元年，撫治裁。十七年，分守下荆南道楊素蘊改爲道署。大堂五間，左爲志版庫，藏太和山下荆南道兩志版。右爲永泰庫，堂下東西廂各六，左爲官廳、案牘祠，右爲吏舍直，前爲儀門，爲頭門，門左有撫治題名碑，覆以廊。大堂後二堂，五間。二堂後内宅，五間，翼以廊。二堂左廳事五間，後有雙桂亭，今廢。又後廳事五間，守道李敏學題曰蘭臺星舍。襄陽府署在南門街西，明洪武中知府張善建。成化七年，知府何源改外門東向，築層臺作兩券門，立譙樓於上。嘉靖三十六年，知府汪道昆改復南向。崇禎十四年，燬於賊。國朝順治初，知府冀如錫重建，規制宏敞。大堂五間，左爲官廳，右爲巨資庫。堂下東西爲吏舍二十二間，中建坊一，外額曰公生明，内曰清慎勤直。前爲儀門，爲頭門，有井二，曰乳泉。堂東隅爲鄭侯祠、賢母祠。祠舊在署西，光緒五年，知府恩聯移建。大堂後二堂，五間。

又後内宅，五間，額曰雙桂堂。二堂左，廳事三間，知府清安泰題曰前園後圃山房。廳前雜植花木，鑿小池。再左，廳事三間，知府啓芳題曰補不足齋。齋後小屋如船，額曰亦舟，亭曰嚮往。

《〔光緒〕荆州府志》卷九《建置志·公署》 荆州府署在城西南致和坊北，原在南紀門北，明洪武間爲湘藩府地，遷城東南。嘉靖間改左衛署爲府治，國朝因之。康熙二十三年，改爲駐防營將軍府，因遷今所。即前制府行臺。 中爲大堂，堂南爲儀門，門東建土地祠、迎賓館。又南爲大門，門東折入爲陞官樓，北爲箭廳。東建書室，室南爲龍神祠，廳北爲馬王廟。獄在大門内西今廢。 吏六房在堂下兩廊，堂東爲慶濟庫、架閣庫，西爲西庫。進爲川堂，西有蘇白、敬事二齋。又進爲後堂，堂右爲内記室，後爲桂花亭。内宅在後堂北，座樓五，東西廂樓各三，樓東隙地爲内穀倉。由後門出爲南糧倉，中爲官廳，旁建倉神廟、火神祠。乾隆五十三年圮於水，知府張方理重建。五十八年，知府崔龍見重修。按，府署乾隆戊申以後屢有改作，非復前制。西爲仍園，覆土爲山，老樹陰翳。嘉慶丁卯，知府雒昂新之，名曰西園，榜其軒曰憩蔭，文蔚易今名。道光辛卯，知府王若閎重修三堂，榜曰敬事，知府崔龍見二思堂額猶存。同治癸酉，文蔚改建陞官樓爲來喜閣，題其後重爲焚香退食之廬。

湖南

《〔乾隆〕長沙府志》卷一一《建置志》 萬壽宫，即明藩王基。雍正九年，建照牆一，東西瞻天仰聖坊二，帝德汪洋牌樓一，門樓二，大殿一，後殿一，朝廊左右各二，講約亭東西各一，西側更衣亭一。乾隆九年重修。明王府在府治城中，以紫金臺爲後户，以王府坪牌樓爲前門，東西牌樓爲左右。翼門有四：南曰端禮，北曰廣智，東曰體仁，西曰遵義。殿曰承運。其府久廢，今改建。

《〔乾隆〕衡州府志》卷一〇《公署》 衡州府署，宋代建於城東北隅。元末燬於兵。明洪武三年，知府高從訓始建。正統中，知府鄒良重修。成化間，知府何珣復新之。萬曆二十一年，知府陸志孝大修。明末經寇氛，諸廨署悉煨燼，惟府後廨僅存。本朝順治十二年，知府范明宗始營葺正堂及左右六房。順治十五年，知府李光座營後堂五間，匾曰居敬。康熙初，知府張奇勛增修。康熙十八年，知府于養性復修。雍正六年，知府孫元又修。

《〔乾隆〕岳州府志》卷七《公署》 岳州府署在北門内。按：戊申舊志云，在巴山西北。元以前無考，按：宋時署後有後樂樓，建修未詳。明洪武初重建。正統間，知府易善修。景泰間，知府何友，成化初，知府吴節、戴濬相繼修葺。吴節并建儀門。十三年，知府李鏡改從重修。并建後樂堂。嘉靖間，知府韓士英、蕭晚、沈奎、陸坍、金蕃、趙之屏先後皆有修建，其制始備。中爲大堂，堂前兩旁爲吏舍，前爲儀門，門前左右爲賓館、監獄。又前爲頭門，門上爲譙樓，門外兩旁爲榜房，左爲旌善亭，右爲申明亭，外爲照牆，大堂後爲後樂堂，又後爲内宅，宅後爲廣豐倉。知府吴節建倉制修廢，詳《積貯志》，其署之左右有清軍糧補倠刑四廳、經歷知事、照磨三廨，別詳下各署本條。 崇禎十六年，流寇毁壞。國朝順治年，官皆僦居民舍。後葺東門内民舍爲公堂廨宅，即今巴陵縣所遷署。 康熙五年，知府王勤民就舊基建復後宅。六年，知府蘇之升建復大堂、吏舍、各門。後爲吴逆毁壞。 十九年，知府李遇時重修。三十年，知府周元功建後樓五間。四十年，知府孫道林易砌四圍磚牆。四十三年，知府楊元寵重修，恢拓舊制，并建甬道戒石坊。 雍正十一年，知府孟炤改頭門向。以形家言，改向東南，斜對金鶴山。 乾隆七年，知府黄疑道捐貲大加修建，改復頭門正向。凡增建頭門外東西棡欄二座，照牆一座，東旁官廳三間，號房一間，班房二間，大堂暖閣一座，二三四堂捲篷共九間，上房五間，廂房六間，從房八間，内書房三間，三堂走廊六間，上房走廊六間，内書房走廊三間，後署周圍墻垣一道，東首外書房連照房共六間，走廊四間，箭亭三間，倉庫三間，斗級房二間，西首上宿兵房二間，二堂西厨房五間，披房二間，又厨房、前竹房三間，以上俱增建。又拆修二門、头門各三間，戒石坊一座，土地祠三間，祠門一座，披量二間，二堂東首花廳、連照廳共六間。院内添假山一座，甃砌週圍、署牆、署前街道，葺修大堂并捲篷二堂、門房、三四堂、東書房，其餘吏舍甬道。舊制，所有亦併新之，俱瓦房磚地，共費二千五百餘金，皆出捐已，規制大備。其添建倉房，詳《積貯志》。

今制，大堂、吏舍、二門、頭門如舊，大堂東一間爲經歷廳，西一間爲大庫，頭門外爲東西欄，柵門前爲照牆欄，柵門外爲官廳、號房、班房，後爲居敬堂。次後爲後樂堂，又次爲慎獨處，又次爲上房，均有捲篷行廊。慎獨處有廂房，居敬堂東爲鳴鶴軒，軒後爲東書房，軒東爲一經齋，均有行廊。外爲觀德亭，又外爲積貯所，上房西爲碧梧軒、居敬堂，西爲厨房。内宅後并左右爲常平倉。署後餘基一段。

《〔乾隆〕辰州府志》卷一〇《廨署考》 辰州府署駐城中桐木山之巔，高閎壯麗，衆山環拱，五江匯繞，烟火萬家周於其下，湖南之雄郡也。元時爲路署，至元二年，建譙樓於署前，規制甚工。明洪武中，知府馮惟德因舊制而新之。成化七年正月，正堂棟梁折。二月，知府易貴購柟木千章，永順、保靖土司各獻

楠木百餘章來助，乃盡徹舊宇而大新之。中爲正堂五間，名曰忠愛堂。稍進爲穿堂三間，深廣與正堂稱，名曰敬恕堂。東西廊房各五間。又進爲後堂五間，名曰德政堂。復於其後之低下者，壘築以稱堂基，爲齋房七間。其正堂之前，東爲經歷司，西爲照磨所，旁爲吏舍，東西相向各九間。外爲儀門三間，譙樓則仍其舊。至八月而工竣。劉宣有記。正德六年春，譙樓東北頹。冬十月，火。次年正月，知府戴敏新之，築土甃石，上圜如空，洞中爲門，上爲樓。較昔更爲侖奐，凡八越月始成。敏自爲記。嘉靖二十九年，知府徐楚新儀門，建二樓於外，左曰宏遠，右曰大觀。重修譙樓。樓後復頹，遂廢。國朝康熙八年，知府盧裕礪建萬□樓於儀門之左。二十五年，知府劉應中新建頭門。三十二年，知府上官源改建頭門、鼓樓。三十三年，知府王鎮建仁山樓於内署，建四牌樓於府坡下。四十四年，知府遲煓建來儀亭於署後，又於内署之西建書室。五十年，遲煓復修理儀門及各吏舍，又於頭門之東創迎翠樓。自是而後，歷任知府時加修葺，中間興廢不一。今署現存者統計：正堂三間，庫房一間，東西吏舍十二間，儀門三間，頭門三間。東迎翠□一楹，東西鼓吹亭各一。外爲屏牆，餘地寬衍，立棹楔一楹，額曰「南天鎖鑰」。内署穿堂三間，三堂三間，正房五間，廊房五間，東書室二楹，射廳一楹。前爲箭道。西書室面南者三，面西者一。庖廚之所不計焉。

《〔乾隆〕辰州府志》卷一〇《廨署考》　辰州協副將署在沅陵縣學前之東偏。其左爲中南門，元廉訪司，明總兵府。嘉靖中，改爲守道署。國朝康熙六年，改爲辰常總兵官署。十九年，始改爲協署。乾隆九年，副將余忠大新之。自後，歷任副將時加修葺。今署統計正堂五間，前廳三間，東西廊房十間，儀門三間，賓館九間，官廳三間，東西班房四間，頭門三間，鼓吹亭東西各一，□□署穿堂五間。後爲樓房五間，東西廊房六間。西爲射亭三間。前爲小箭道，又爲大亭三間。前爲箭道，庖廚之所弗計。

《〔乾隆〕辰州府志》卷一〇《廨署考》　督學試院在府學之左。明正德時，爲崇正書院，後改爲察院，復改爲巡道署。國初，始改爲督學署。堂室甚隘，每試士，咸列坐於學宮櫺星門外。雍正十二年，知府李珣捐俸二百金，率其屬邑各捐百金，乃盡徹而新之。中建正堂一楹，左右廊房四間，前爲考舍，凡爲坐次一千五百有餘。又前爲儀門，東爲官廳二，總爲頭門，爲鼓吹亭二，爲東西轅門各一，繚以隸垣。内爲書舍二楹，每楹各爲廊房者四，制甚巨也。而考舍地隘，重簷四垂，未畫而晏，士每苦之。乾隆二十九年，知府席紹葆偕紳士購東鄰之地，拓而大之。原署基自香焦書舍後牆起，南極於屏牆，統長八十有四弓。上書舍横寬十六弓，正堂横寬十二弓一尺，儀門横寬十二弓一尺，頭門横寬十弓一尺。轅門東至西横寬十七弓，西原借學宫地四弓，今新購正堂東地，自北至南大街統長二十六丈一尺，上長二十一丈六尺，横寬六丈，下長四丈五尺，横寬三丈五尺。新創規制詳落成碑記。

《〔乾隆〕辰州府志》卷一〇《廨署考》　山塘公館在山塘鋪。舊爲驛丞署，裁驛後，地主麻盛松捐爲公所。乾隆二十九年，知縣李鎔改建公館，以爲往來官司休息之所。統計中廳三間，書室三間，後廳三間，左右廊房四間，倉房二間，餘室二間，館門三間。

《〔乾隆〕辰州府志》卷一〇《廨署考》　乾州同知署在石城内西隅。康熙四十三年，同知哲爾肯始建。乾隆二十二年，同知潘曙重修穿堂。二十五年，同知富泰以舊穿堂、後堂及左右廊房概係茅屋，乃捐俸鼎新改創，規制始焕然大備。二十八年，署同知得禄復捐俸，修後堂及房室。今署統計正堂三間，前廳三間，吏舍三間，儀門三間，頭門三間，鼓吹亭二間，内署穿堂五間，後堂六間，東西書室各三間，廊房六間，庖厨之所弗計。

《〔乾隆〕辰州府志》卷一〇《驛鋪》　鳳凰廳分巡兵備道署駐城偏西。康熙四十三年，分巡道鄭振自沅州來遷，因故土司署而大新之。五十九年，分巡道王以巽增修。乾隆六年，兵備道王柔改頭門西向。十七年，兵備道夔舒修治内署。十九年，增建西書室。二十年，又增建書室。二十一年，重修堂室。自後，歷任兵備道時加修葺。今署統計正堂三間，吏舍十四間，胥役房八間，儀門三間，官廳三間，班房五間，頭門□間，鼓吹亭各一，轅門東西各一。内署穿堂三間，西書室六間，三堂三間，廊房十間。後樓五間，廊房六間，西射亭一，前爲箭道。

《〔乾隆〕辰州府志》卷一〇《廨署考》　鎮□鎮總兵署在城東偏。原爲副將署，康熙三十九年，移沅州總兵來駐於此署，仍其舊，自後歷任總兵時加修葺。今署統計正堂三間，左右吏舍十間，兵役房三間，號房二間，寅賓館三間，茶房三間，儀門三間。右演武廳三間，射亭一間。前爲箭道，頭門二間，官廳三間，將材房四間，鼓吹亭二間，轅門二間。

《〔乾隆〕辰州府志》卷一〇《廨署考》　永綏廳同知署在城西北隅。雍正九

年，同知李珣詳文公費議建。初在城外七十三里之花園，旋移入城，經同知永泰梁璨相繼修創，乾隆元年五月工始竣。今署統計正堂三間，前廳一楹，東西吏舍八間，儀門三間，頭門三間，內署穿堂三間，書室三間，前廳一間，左右廊房四間，後堂三間，廊房六間，庫房三間，庖廚之所弗討。

《〔乾隆〕辰州府志》卷一〇《廨署考》 副將署在城中。乾隆元年，副將張隺動帑創建。今署統計正堂五間，左右廊房四間，前廳一楹，東西兵役房六間，儀門三間，頭門三間，官廳三間，號房二間，鼓吹亭東、西各一，內署穿堂五間，書室三間，後廳三間，廊房六間，射亭二間。

《〔嘉慶〕常德府志》卷八《建置考・公署》 府署在府治中珠履坊，相傳楚申君舘址。龍志。 舊志明洪武甲辰，權知府事馬汝舟建正堂三間，前爲月臺，爲甬道，爲儀門，兩旁爲廊東，爲吏、户、禮房，西爲兵、刑、工房。正堂後爲燕堂，翼以左右廂房，內爲庖湢諸室。儀門前爲譙樓五間，上有銅壺以正時刻。譙樓前百餘步爲大門，距正堂偏東，因春申君墓在譙樓下，不欲由之。永樂十八年，知府應履平增建正堂五間，匾曰黃堂，後堂三間，匾曰牧愛，置戒石亭、土地祠及東西榜房四十二間。成化七年，知府楊宣加修葺，又建架閣、常平二庫及吏舍三十六間。弘治十二年，知府楊瑛闢後堂東廂地建白鵝軒。正德二年，知府王瑩於譙樓外改建清軍廳、管糧廳、理刑廳及門樓。四年，同知何應湖、通判蔡琳、推官楊節各加修飾。十二年，知府陳希文重新前後堂，匾曰惠廉。嘉靖六年，知府方仕以關防不密築圍牆二百九十三丈，結架覆瓦，規制嚴整。九年，知府趙永淳再修大門、譙樓。十二年，同知李經闢譙樓旁出入，又建清軍、管糧二廳於左右，改大門稍西。十六年，知府陸琊用衆議復由舊路折去，大門建棹楔，匾曰楚西名郡。隆慶六年，知府樊垣鼎建正堂，匾曰明新。萬曆初，知府蕭騰鳳尋白鶴古蹟，臨池築室，額白鶴清署。蕭騰鳳記畧曰：舊傳武陵太守出行道中，見有鬻草履者，知其爲異人也，命市以歸，將躡之，爲家人所止，投之池，化白鶴飛去，因名曰白鶴池云。後復見之山中，口誦一詩云：芒鞋織得甚堅牢，千兩黃金價不高。當時不聽妻兒語，跟我蓬萊走一遭。言終不見，斯亦異哉。然郡乘有白鶴軒，不載其事，豈郡乘固不志怪耶？余視事武陵，睹所謂白鶴池則荆榛渺漭，遺址無存，泉亦蕪淤爲蛇虺窟，獨三樹臨池居中，最盛，地勢爽塏，余曰：嘻，是不足以存往蹟哉！遂除口鑿池，依樹築室，放白鶴其中，匾曰白鶴清署，不忘舊也。夫化鶴之事杳矣，軒之成毁，不知何年，第蕪廢已久，宜飾而張之，矧費微亦不及民。延賓有堂，坐水月有亭，疏滌煩悶，雅暢性靈，於兹得無助耶？乃所詠不聽妻兒語，尤有味乎？其言之也差嗟，當官惟妻兒語是聽，豈徒隔蓬萊弱水三千丈哉！將厚自封殖，于正己率物，憂國奉公之義闕焉，卒之身名俱敗，爲天下笑，蓋妻兒之累匪渺小矣。余不知化鶴狀，而其言足述，姑志之于此，亦以見余非志怪者，志不以妻兒累其官者也。二十一年，知府謝裘增置譙樓三層，徙棹楔置儀門內。三十七年，知府劉一全改建譙樓，仍二層。舊制，樓外置屏牆，徙棹楔於屏外，表題三楚名邦，裏揭九川重鎮。儀門內重建戒石亭，左翼申明亭，右翼旌善亭。崇禎三年，知府鄭時舉以譙樓於府治不利，盡行撤卸，就譙基上建頭門，門左立小譙樓，移舊樓於府東城上，匾曰調元，兵燹廢圮。

國朝順治四年，初入版圖，頭門內外，軍民雜居。十一年，知府高明建二堂、川堂、過道、吏户糧禮四房及白鶴池，聯榧大社以課士。十六年，知府王來慶建頭門、寅賓舘及兵刑工等房。康熙七年，知府胡向華重建大堂及抱廳，匾曰師帥。重修二堂，匾曰寅恭，及三堂東廳，廳旁建白鶴軒。重建三楚名邦坊，置土地祠。大門西偏爲司獄署，制度始備。上俱舊志。 乾隆二十年，知府耿興宗鼎建大堂，榜曰清白。厥後知府葉馨因舊制，儀門內東爲戎府牌坊，牌坊東徑經歷司，街後爲戎府大堂，西爲糧府牌坊，牌坊又西爲糧府大堂。知府、同知、通判共一儀門，出入不便，將儀門縮進，東西牌坊置外，止共頭門。又將正牌坊移外，照牆移內，今之牌坊即向之照牆。三十九年，貳守都世喜始捐俸另修戎府、照牆、大門、儀門，展開署前街道，增置牌坊，又從署東開道通高三巷，始與府治分立門向。五十五年，郡守李大口以署前地太寬，將照墻縮進數丈，撤舊南向轅門，改列東西，儀門亦縮進數丈，署後增建小樓。今計大堂三間，宅門、川堂、二堂，堂左爲東廳，兩翼庫房，左翼耳房十間，右翼耳房十二間，左爲寅賓舘，右爲清白泉廳、戒石亭，左右皂隸亭各六間。左之左爲吏、户、禮房，右之右爲兵、刑、工房。儀門三間，左土地祠三間，右監獄六間，廳一座。外頭門，照牆、左右牌坊，欄柵、旗杆、鼓樓俱備。乾隆癸丑，紹興陳大尹清復白鶴池古蹟，右爲西廳，由中進爲三堂，爲內書房，爲坐樓，爲上房，爲寢室，爲庖湢室，室後偏東爲小樓，樓距圍墻前置倉房一百二十間。

府署，勘輿家向以不利爲言。嘉慶十三年，知府應先烈於大堂東偏建天星樓三層，周按八卦，起八角，上層卯位供天星神像，白甲側立，執匡斧，制坤方八煞，常郡官民悉安。

《（嘉慶）常德府志》卷八《建置考・公署》　常德衛署，在府治東半里。元置常德翼在府西北百餘步，至正十六年爲陳友諒所據，置元帥府。明洪武甲辰年歸附，以胡汝充總制，乃於城南即舊治所爲衙門。丙午歲始改翼爲衛，陞胡汝爲指揮副使，以鈐轄之。洪武二年，移治舊開元寺，廢基上立正堂，大門各三間。成化七年，指揮夏仕麟、李廉易綱重加修葺，建兩廊六房、儀門。弘治十一年，遷爲營王府第，乃改設於府治東。指揮鄭昇、周輔復建正廳、抱廳、後廳、儀門、大門及六房。正德四年，指揮段輔重修，於臨街建壯國坊。嘉靖六年，指揮周邦簡增建榜房。萬曆間，凡掌印指揮，歷加修整。崇禎間，五所前餘地設鼓鑄户部，向拱極建立錢局。國朝順治四年奉裁，衛指揮遂爲常德協札住舊衛公館俱廢。十五年，守備張靖建廳堂、耳房、儀門、大門在府治西。

《（嘉慶）常德府志》卷八《建置考・公署》　提督署，府治東半里，明常德衛治。國朝順治四年裁衛指揮，治遂爲常德營副將駐札。屢經兵燹，幾於無存。康熙二十四年，提標移駐常德，將衛治改爲提督署，提督徐治都權爲整理。四十二年，提督俞益謨乃鼎新之，並建座樓，額曰「静遠」。金陵王基有《静遠樓賦》。其後提督間加修飾，規模仍舊。《武陵志稿》。俞益謨記畧云：康熙四十二年春，余自大同總兵官授湖廣提督，駐劄武陵郡。公署頽敝湫隘，靡所托足。抵任之始，不欲以繁費累營伍力役，勞士卒，刮捐行橐，得金若干兩，庀材于山，伐石于崖，乃涓辰舉事。始爲内署正樓，南向者五楹，東西列峙廳事；北向者與正樓相稱。繼于内署門以外爲退思廳五楹，稍前爲大堂五楹，其左右退食廳者爲書室，爲幕館；左右大堂者爲掾曹。又繼而爲儀門，爲頭門，爲左右鼓吹亭，爲東西轅門，宏廠寬綽，匪猶舊觀。外之翼然，以張者爲中軍廳，爲列校廳，内爲僕從居停廚爨廐櫪暨于匠藝工作，莫不各有其所。射圃廳則其最後者焉。是役也，起于癸未之夏，落成于乙酉之夏，閲二十四月而工竣。計所需七萬二千，工授值二千餘金；材木、石礎、磚瓦、塗茨諸需，較工值而倍之。刮行橐者過半，餘以三歲俸薪拮據而成之者也。先是，内署正樓將成，余膺撫剿紅苗之役，仰荷天威，兩月底定。至是，退食大堂兩廳及各營鎮咸以法紀修飭，軍容改觀具報，竊幸獷苗悍卒，不變一新，獲告無負於簡書。

《（嘉慶）常德府志》卷八《建置考・公署》　常德會館，在京師鮮魚口長巷第四條衚衕，明時建。凡應選試者寓焉。萬曆間，太僕寺卿王佐篆額「愛鼎堂」三字。太常寺正卿龍膺題聯云：發跡仙源，裒神鼎，碧澗桃花，隱隱雲中雞犬；舉頭帝闕，集華簪，玉河楊，柳紛紛天上夔龍。國朝康熙五十四年，監察御史汪浩捐銀六百餘兩，募郡人重修。汪浩《重修會館俾記》曰：康熙五十有四年秋七月，余以浙東江山令行取來京，引見，比至直走會館，一片寒烟白日，與敗瓦殘垣相吞吐，關帝神座覆壓在旦晚間因僦居玉泉菴，三月四日入覲，特恩以額外主事用留京。爰折柬偏謀同人，俱報可。因荒度土，工後基高五尺，前殺其一，旁如之。又次年四月九日，建神之宫，蔽以前廳，次第及東南圍屋，以八月落成。西書屋三間則又越一年而成之。東西取相稱也。大廳前後四土牆易以磚，屋南向添監照廳對時，四而六之費，皆稱貸。繼自今神之靈爽，惟館是憑。邦之多士，惟館是集。國之良臣，惟館是儲。若以爲蘧廬也。一宿處之而莫恤，是挈瓶之智弗若矣。謹勒兹石，用告同人。雍正二年五月。

雍正十二年，冢宰楊超曾等復酌定捐貲則例，以便隨時修葺。歷久如舊。楊超曾序畧曰：京師之有會館，倣古者郡國邸舍之意，以待鄉賓觀光筮仕，至見如歸，法良善矣。兹館肇自有明，歲久寖廢，康熙丁酉年間，同里汪公東瀾倡董興修，樸斲丹雘，經理一新。落成後，自有碑紀其事。蓋善造善因，功在不泯。歲癸丑，吾郡人之在京師者，念創述難，保護不易，謀爲隨時修葺之舉，以無忘前賢層累之勤，因酌定捐資等則，并善後事宜，商屬諸梓屬，余一言爲之弁。乾隆十六年，舉人楊健等因捐貲積餘，置買館側基房。四十年，檢討龔大萬等復修。嘉慶六年，京師大水，垣牆傾塌，候補道黎學錦復捐貲修葺。

《（嘉慶）常德府志》卷八《建置考・公署》　皇華館，在府北關外。嘉慶十七年，知府應先烈即故提督俞公祠舊址改建。中楹三間，左右廂房各一，正中屏門。内仍祀俞益謨牌位，其外爲文武接官廳。周以圍墻，建大門，題今額。

《（嘉慶）常德府志》卷八《建置考・驛遞》　武陵縣府河驛，在常武門外。《通志》：明初，府河爲水驛，另設和豐驛，在縣北二里。嘉靖八年，水驛裁，遂併和豐爲府河驛。志藁：府河驛，原爲水驛，府南門一里臨江。明洪武四年，知縣張子源建正廳、儀門、大門、廂房。成化八年，知縣徐必敫於廳後建水亭。九年，知府楊宣遷舊亭於府西北。建正廳，匾曰「皇華」。後爲退居翼以寢室。弘治九年，知縣應能增修。嘉靖八年，歸併水驛。國朝康熙間，以地濱大江，無芻牧餘地，乃改建於今處。建正堂、寢室、馬房，設驛丞一員專管。雍正七年裁汰，附近城郭驛丞驛務歸武陵知縣兼理。乾隆三十五年，燬於火，知縣洪雲錦建正廳、頭

門、厨房、書房。四十七年，知縣李師白復修外廳及東西馬房。五十七年，司事趙錫膺復募修馬王祠及靈樞觀。

《〔嘉慶〕郴州總志》卷九《公署》 直隸郴州署在城内東北隅，元以前無考，明洪武初，頒公廨式於天下，庚戌，通判焦潤始建，等壞。正統十一年，知州袁均哲再建。成化甲午，災。弘治戊申，御史張鼒謫判州事，復建，尋圮。國朝康熙七年戊申，知州葉臣遇又鼎建州堂兩翼八房，前爲戒石亭，爲儀門。門外右爲監獄，左爲集思廣□。堂外爲頭門，爲譙樓，俱歲久圮壞。康熙二十四年甲子，知州陳邦器捐資大加修建，其制始修。康熙四十九年甲午，知州范廷謀加修二堂，額曰牧□。左爲東書房，右爲西書房，前爲宅門，後爲内宅五間，兩翼廂房各三間，前加内宅門。乾隆七年壬戌，知州胡星以儀門外右旁官廳改爲號房。乾隆九年甲子，知州陳嘉穀，十五年庚午，知州謝錫佐先後俱修葺。十八年癸酉，署州事鄭之僑以頭門狹小，捐貲改建。二十一年丙子，知州吕正音於甬道正中建復戒石亭、木坊一座，餘皆修葺。二十三年戊寅，知州曾尚增内宅災，即行建復。二十六年，知州王洸移建内宅於東書房之東。三十四年己丑秋，署州事謝仲坑修葺宅門西書房，顔曰三倡。及圍牆等處，今堂制仍如舊。四十四年，知州王繼桂修。五十八年，知州劉爾芊修。嘉慶十五年，知州朱偓復修。

《〔道光〕永州府志》卷三上《建置志》 府署在城中近北，倚萬石出，唐宋遺址。明洪武間，知府余彦誠修。正德間，知府何詔重修。崇禎間，知府孫順復修。中爲正堂，堂後曰穿堂，曰和衷堂。列廳於堂東者二：曰清軍，曰理刑。於堂西者一，曰捕盗。捕盗廳右舊有管糧廳，今俱廢。堂左爲興濟庫，爲經麻司，今經麻司移設府右正街。右爲照磨所，今廢。書吏六房列序兩翼，前爲儀門。儀門内舊左爲知事廨，右爲靈孚祠，又爲照磨廨，今俱廢。儀門外左爲土地祠，右爲寅賓館，前爲頭門。頭門外，乾隆二十五年，知府陳子恭請於上，始設鼓亭，建大旗，以示威重。

《〔道光〕永州府志》卷三下《建置志》 永州府附郭零陵縣。萬壽宮，太平寺遺址，舊爲習儀所。雍正十年，知府姜邵湘置民地，擴充基址，恭建正殿五間，東西廊房十六間，二門三間，外朝房十四間，南北廊房二十間，講亭二座，大門三間，屏墻一座，欄楯三面三十五丈，外班房五間。國朝知府臣姜邵湘恭紀：天子高居九重，凡在京師，大小臣工遇朝賀之期，皆得拜手殿廷，而在外直省郡縣諸臣，則供奉萬歲之位，以展虔恪，儼對天顔於咫尺。永州遠在楚南，民猺錯居，臣邵湘奉命守是邦，恭逢聖壽、元旦、冬至朝賀，朔望宣讀上諭，行禮之所規模未備，愁焉滋懼。爰相度於城之乾位，恭建萬壽宮，中爲正殿，由墀而甬，内外門悉具，東西列講亭，周廬長廡相屬，面樹坦屏，環以欄楯。告成之日，開重門，陳儀仗，丹地塵清，觚稜日耀，文武臣就班位俯伏，萬姓接踵駢集，羅拜門外，祝聖壽之無疆，莫不氣斂神肅，意恬色愉。方今聖主當陽，文教誕敷，湖南諸苗雖從古未瀕者，皆相率向化歸誠，况永之民猺，沐聖德涵煦之久，素曉尊親之義，而切近光之願，宜共睹是宮之成，而歡忻愛戴之情，動於不自已也。若文武僚吏，出入進退，於以揚帝訓而凛大威，謹臣度而申民義，胥有關焉。寧徒曰：瞻雲望日，無異趨蹌闕廷也耶？宫經始於二月三日，成於九月一日。凡木石甎甃與夫匠工廩食，臣邵湘悉輸養廉之資。襄是役者，同知臣吴朝舜，通判臣趙世賢，前署零陵縣知縣臣楊永忠，零陵縣知縣臣王欽命，祁陽縣知縣臣王式淳，署東安縣知縣臣邱河源，道州知州臣金崑，前署寧遠縣知縣臣蔣德重，署寧遠縣知縣臣張秉義，永明縣知縣臣戴文謨，江華縣知縣臣鄭鼎勳，前署新田縣知縣臣宋廷柟，署新田縣知縣臣王功也。其基之廣袤與夫棟楹之條目，并繪摹於石。雍正十年十月初一日。

《〔道光〕永州府志》卷三上《建置志》 育嬰堂，在縣治左。乾隆元年，署令汪漢建。嘉慶二十五年，縣令曾鏞重建，規制始備。【略】國朝曾鏞《育嬰堂告成記》：永州入屬向無育嬰堂，余承乏東安，憫厥習俗，久思創此。至嘉慶庚辰九月，始自捐置南城屋宇以爲是堂，并勸樂善士民捐田，爲收養諸經費。士民踴躍從善，不數月間，捐田二百九十餘畝，捐銀二千二百九十餘兩，計一堂諸費所需已合。苟有用揀首士酌立規條，顧乳收養，呱呱滿堂，洵從未有之善舉。後之君子誠慎守所已成，更濟所未及，推己溺之愚，擴同胞之量，亦千百年一方之良法也。堂凡三層，通計一十六間；左右横屋凡六座，通計二十間；自官廳、厨房及倉屋、碓屋悉備。其屋基，南北二十五弓有奇，東西一十五弓有奇。其堂外，東畔園地，南北二十一弓有奇，東西一十二弓有奇。工作既竣，爰率首士親行丈量，繪圖，存據，並詳開捐助各姓名，以示不朽。

《〔同治〕永順府志》卷三《廨署》 永順府署在城西北。雍正十年，知府袁承寵領帑建。大堂、二堂、三堂各三間，内宅三間，下房十二間，厨房三間，東西書房六間。二堂兩旁各三間，庫房二間。大堂兩旁書皂房共十二間。儀門、頭門、

外照墻、轅門、官廳。周圍墻垣一百一十丈。

《〔同治〕永順府志》卷三《廨署》 同知署在永順古丈坪地。雍正十年建，照墻，頭門二間，東西書皂房六間，大堂三間，廂房四間，過廳二堂三間，書房三間，住房三間，廚房三間，下房三間。周圍墻垣八十五丈。

《〔同治〕茶陵州志》卷九《公署》 州治，在聚星門内數十武，建自宋□□，元末燬於兵，明吴元年甲辰，知州吴聚即舊址□宫陳□以治。洪武二年，知縣成麟始修衙署，中爲堂，旁翼以六曹，門獄廨舍漸備。正統八年，知縣徐亨益增修之。弘治十年，知州董豫撤故制而拓大之，遷按察行署，取其地以益。東偏中爲堂，凡五楹，右爲庫，後爲退堂，東西六曹序列。南爲儀門，中爲甬道，樹戒石，覆以亭。門之外數武，復横絶以門。門之内，左右爲獄，南爲譙樓、崇視堂，修廣殺三之一。樓内之左右爲榜房，退堂之後爲廨舍，又後爲佐貳舍，又後爲吏舍。國初，衙署(顔)〔傾〕圮，乃省吏舍，除譙樓、榜房，更吏目廳爲東庫，左獄基爲土地祠，蓋擘畫經百年，而規模始定。乾隆二年，知州張廷琛復加黝堊。三十四年，署州羅宏璋方營造，未竟，卸事。三十七年，知州陳廷柱成之，前置照壁，退堂東造幕友館。四十二年，知州吴趯建書房於退堂西。四十六年，知州楊令琢修頭門、儀門及六曹房舍。五十五年，知州王潤修大堂，增高尺五寸。嘉慶十年、十一年，署州徐德潛、張範修前後三堂。十三年，知州鮑炳禮修大堂、吏舍，堂西添置書室。明年大水，重勞工作，費倍之。二十年，退堂、書房、廨舍漸圮，知州周庭蔭繕而新之。道光十八年，知州慶岳建樓於署後。咸豐二年，粤匪由郴桂竄茶，燬署之西廳。三年，大和土匪陷茶城，悉焚之，厥後官僦民祠以居。同治二年，知州王述恩捐修城垣并及公署，始復舊制。

江西

《〔雍正〕江西通志》卷一九《公署・總督部院》 總督部院，舊署在城隍廟之右。元之平章府也，明初改爲都指揮使司，國朝改爲提督軍門府。康熙改元，特設總督重臣兼轄文武，時張朝璘莅任江右，適提督移鎮建昌，遂居焉。計官署前後共六重。大堂曰揆文奮武，後堂曰贊化調元，川堂曰蘇民益國，内衙曰朝乾夕惕，僉押廳曰秉公率屬，司道廳曰論道經邦，箭廳曰詰戎講武，對廳曰静籌軍國。儀門外，東爲土地祠，西爲寅賓館；左、右轅門。四年，總督裁併江南，改爲總鎮衙門。十三年，總兵楊富誅，署廢。今地名楊家廠。按：林志載有察院二所：一在按察司東舊城隍廟故址，明洪武五年，按察司周禎始建；正統十四年燬於火，御史韓雍鼎新之，規制仍舊，堂名肅清，雍自有記。一在鐘鼓樓之右，清軍御史劉芳因菩提寺廢址創造，正堂三間，川堂三間，後堂三間，東、西廊房各三間，儀門三間，前門三間。今俱廢。

《〔雍正〕江西通志》卷一九《公署・巡撫都察院署》 巡撫都察院署在東西大街中，明寧府子城内，前宫遺址也。先是，正統間，鎮守都御史署在東湖貢院之左，即故南昌道以待刷卷、清軍分巡之所，其堂名正心。大理少卿李奎有記。堂西爲後樂亭，學士錢習禮有記。後鎮守不常設，署廢。至嘉靖三十二年，併入貢院。成化間，巡撫都御史署在永寧寺北鐘鼓樓之右，都御史閔珪居之。正德十五年，巡撫都御史王守仁以舊院位處僻隘，兩司議政亦遠，於是布政司陳策、按察司伍文定合議，逆濠承奉司一所地勢頗高，規模頗廣，呈奉巡撫衙門詳允，即其地址建巡撫衙門。尋裁巡撫署，改爲巡按察院。嘉靖十七年，復設，巡撫都御史胡岳即舊提學署改建撫院公署，正中爲表正堂，東爲友士軒，後虚受堂。東西俱爲衙廨，西南有清風亭、演武亭、儀門，東爲旗纛廟。又前爲院門，門外兩翼爲各屬茶廳，前爲雄藩節鎮枋，外有屏墻，坊左右各爲轅門。羅文莊欽順有記。國朝，巡撫仍駐節於此。順治九年，錦州蔡士英巡撫兹土。歲甲午，乃捐俸薪佐以贖鍰，拓地庀材，因舊而重新者計四重，鼎建者亦四重。熊文舉有《新建江西都察院公署記》，陳弘緒有《觀德堂記》。康熙二十七年，巡撫王隲奉聖祖仁皇帝上諭「從容安静爲上」六字，製額懸供。三十八年，御書「老成清望」匾額賜巡撫馬如龍。四十二年二月，御書「擁節名疆」匾額賜巡撫張志棟。四十六年四月，御書賜巡撫郎廷極「布澤西江」匾額，及對聯「政敷匡岫春風滿，惠洽鄱湖澍雨多」。廷極并將四十二年爲浙藩時御賜「純一堂」及「清慎」二字，皆鈎摹懸諸廳事。五十四年，御書「寵任麾鉞」及「擁麾南國稱雄鎮，開府長江控上游」對聯，賜巡撫佟國勷。五十六年，聖祖御書匾額一「誠信開府」，柱聯二：「馭吏當持法，安民祗要廉」；「金章紫綬旌循吏，甘雨和風祝有年」，賜巡撫白潢鈎摹懸之正堂。

《〔雍正〕江西通志》卷一九《公署・布政使司署》 布政使司署在章江門内，即明初南昌府治也。司治舊在子城内，宋隆興府、元行中書省故址。永樂元年，以其地創寧府，遷司治於今處。宣德四年，布政使孟桓重修。正統九年，布政使吴潤充拓甬道，護以石欄，樹承流、宣化二坊於門外左右。成化十二年，布政使

王克復創築東樓，以配章江門城樓，東樓街口扁曰「藩鎮坊」。學士陳文有記。正德八年十二月，火，左布政張頂重修。十年，右參政陳洪謨署印，畢工。正堂五間；後堂七間，名後樂堂；堂前爲川堂，名紫薇樓；左右爲翼室。自爲記。十五年，左布政陳策重建譙樓。嘉靖三年，陳洪謨爲布政，重建薇垣牌坊。三十三年，右布政潘恩顏東樓曰「攬秀樓」，有記。萬曆間，布政使陳文燭重修紫薇樓，自爲記。後攬秀樓傾圮，布政使陸長庚重建，明末燬。國朝順治六年，布政使盧震陽建葺。乾隆八年六月，東樓燬於火，布政使彭家屏復建，顏曰「高觀樓」；并復藩鎮坊，顏曰「西江保障」。康熙初，布政使余應魁重建大堂，旁爲經歷司、照磨所、理問所及司獄司都事、檢校廨。照磨、司獄、都事、檢校，俱裁。其廣濟庫在紫薇樓右，歷日庫在後樂堂左，黄册庫在永和門内花街巷。明何喬新有記。織染局在府學東，鑄錢局在東湖南，二局久廢。新鑄錢局在司署後偰家樓。

布政使司督糧道，舊署在德勝門集仙坊，明正德中，參議陸溥建。嘉靖二十年，象山王梴莅任，另建於九江道之東。羅文恭洪先有記。後廢。今以右布政使裁缺，移居其署。雍正二年，添設庫大使。乾隆八年，副使周人龍以所居偪仄非制，就署西偏添建大堂、二堂、頭門、儀門，併庫大使廨亦建焉，規模乃備。

《〔雍正〕江西通志》卷一九《公署・按察使司署》　按察使司署在撫院東，即宋漕臺，元廉訪使故址也。宋轉運使治所舊在城東北，紹興四年，張澄改建於子城東，爲漕臺，即今處。元至元十五年，改爲肅政廉訪使。至順二年，廉訪使高納麟重修。至正四年，副憲托克托作新門，虞集有記。明洪武乙巳，改爲江西等處提刑按察司，按察使傅獻創建。宣德二年，按察使童寅重修。儀門三間，左、右門房各五間。前屏以牆左闢行道，面南爲正門，門内左爲海棠祠，堂後爲川堂，川堂後爲堂五間曰百鑑堂，東、西夾室二間；齋戒堂二所，在百鑑堂東、西。侍郎錢習禮有紀，編修張元禎有《百鑑堂記》。正德十四年，宸濠平，按察使伍文定復拓而新之。國朝順治五年，毁於兵。按察使李長春重建，自爲記。康熙初，按察使婁希昊重建大堂。九年，按察使蘇銑重建寅賓館，旁爲經歷司、照磨所知事、司獄司廨。雍正二年，照磨裁。乾隆初，按察使凌燽增署後遮風樓爲五間，改建三堂左偏節樓爲爽樓，樓東涵月亭，併重葺之。又建東軒，連楹爲慕朱齋。軒後藝竹樹，旁濬池，通以署约。皆退食之所也。按察使司驛鹽道署在本司大門内西。按：林志載有清軍道在忠臣廟右，南昌道在易俗坊，湖東道在明倫路，湖西道在洪恩橋。今缺，俱奉裁。又，分巡九江道在蓮花池，明正德十五年，僉事李素建議以左衛指揮余雄宅改建，今廢。

《〔咸豐〕袁州府志・府署圖》

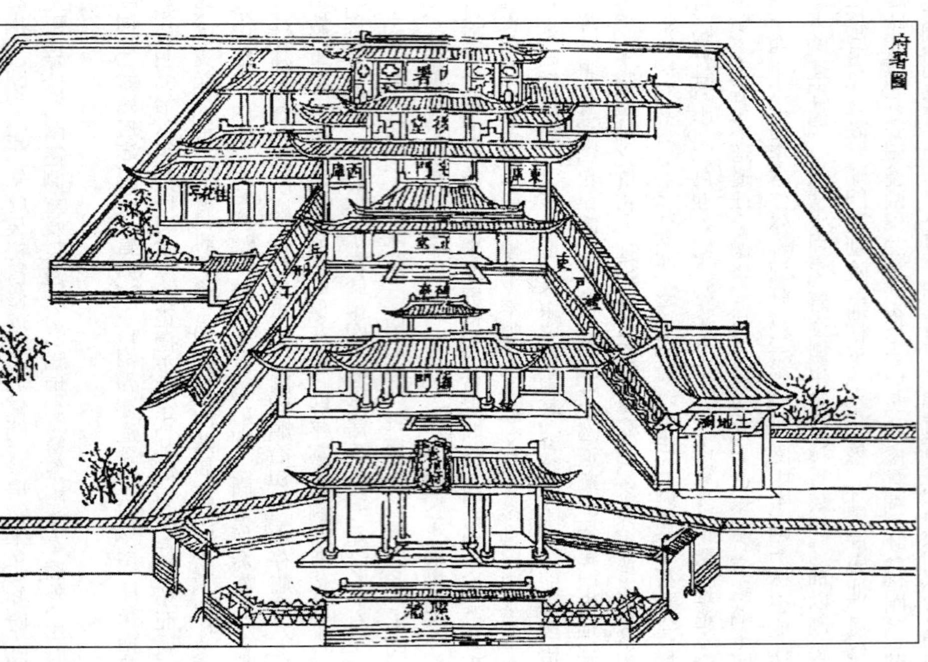

府署圖

《〔咸豐〕袁州府志》卷一五《營建・公廨》 袁州府署在城西北。南唐保太二年，刺史劉仁贍作州廨，立廳堂、齋閣、譙樓、賓館、武庫、吏舍、儀門、頭門，總六百餘閒。後吕延真再加葺治。宋景德間，知州事楊侃增修。建炎三年，知州事汪希旦重建戟門。淳熙四年，知州事張杓再新之。元至順壬申，路總管錦州不花畧加繕修，歐陽元記。明永樂、正統間，知府朱瓚、姚文繼修。弘治間，知府王俊建後堂。正德壬申，知府姚汀新正廳及六房，同知黄信董其役。癸酉，知府徐璉至落成。隆慶間，知府鄭惇典重修正廳及六房、頭門。萬曆間，知府汪得時復以府前湫隘，析布政司所，擴數十丈，樹大屏墻於外。崇禎壬午，正廳火，僅一亭視事。國朝康熙三年，知府李芳春重建，有記。康熙閒，知府葛繼孔建桂花亭上下二所於内署之右，額曰「瞻韓」。雍正三年，知府李英新後廳。雍正十二年，知府薄履青重建頭門、儀門。乾隆三年，知府程文華詳帑修吏舍。乾隆二十年，知府陳廷枚建正廳及昌黎堂，又於堂西偏建廨一，後圃建亭一，大門、儀門加飾。

《〔同治〕南昌府志》卷一〇《建置・官署》 南昌府署，在新建縣地方，舊在司馬巷，即新建縣舊治。漢、晉豫章郡署在城南，有子城，東、西雙闕門。唐洪州爲都督觀察節度使治所，宋仍州署。鎮南軍後陞爲隆興府。太平興國中，郡守張繼則重修，施元長書名，揭於中門之楣。楊傑有記。元仍宋舊基，改爲行中書省，移隆興路署於章江門内，南昌縣在其左，新建縣在其右，又左爲録事司。明洪武三年，知府趙文奎併司府二縣地重建。永樂元年，改爲布政司治，遷府治於今處。正統元年，知府任肅復新之。弘治十二年，知府祝瀚因卑隘，鼎新之。張元禎有《種德堂記》。萬曆七年，知府周良臣重修。自有記。十五年，知府范淶建公府，齋居於署内。自有記。三十四年，前後堂庫燬，知府盧廷選復建。劉一爆有記。國朝順治五年，燬於寇，知府羅長元及郡僚皆寓居民舍。康熙二年，知府葉舟重建。十六年，知府甘國棟擴大之。乾隆四年，六科吏舍圮，知府吴同仁重修。十年，知府李倓重修遮風樓及廂房。三十四年，知府汪鍾修葺頭門、儀門、東西班房、兩廊科房、大堂、宅門、二堂。三十八年，知府錢策重修三堂、東西廂房、遮風樓、東書房，未藏事，改官。知府許蔭楷續修，增建西書房三間。四十八年，知府黄良棟借廉修葺。五十五年知府趙其濬，嘉慶三年知府邵洪，九年知府麟喜，三次興修。道光十七年，知府張寅借廉，修理頭門、儀門、大二三堂、宅門、住房客廳，並各處墻垣。道光三十年知府鄧仁堃，咸豐六年知府史致諤，九年知府許本墉，三次修理頭門、儀門、大堂、二堂等處，每次工料銀兩均由七縣一州認捐。同治八年，知府吴祖昌修理二堂、儀門、科房。十年，知府許應鑅修復三堂東邊住房、兩邊側室及東邊廳房、牆垣，工料銀兩除奉撥外，由府籌墊。據案新增。

《〔同治〕贛州府志》卷八《官廨》 吉南贛寧道署在府城南，即舊南贛巡撫治，創始於明弘治八年都御史金澤。正德十三年，都御史王守仁拓而廣之。堂前爲露臺，賓館、門屏、坊額具設。後堂曰抑抑，曰燕居，軒曰思歸，曰仕學，樓曰宜南，亭曰無逸，曰君子，曰觀德。闢其左以爲射圃。尚書何喬新記。嘉靖間，都御史汪鋐建提督都察院題名碑，自爲記。國朝順治初年，止存肅清六道、節制四藩，提督軍務三坊、大門、儀門，餘俱灰燼。四年，巡撫劉武元依舊址修復之，而以故倉園入射圃。巡撫宜永貴於轅門東擴民居爲馬道。院之北有王文成公祠、馬王廟。康熙四年，巡撫缺裁，贛南道請於督撫，遷道署於此。十四年，粤閩梗化，江西巡撫移駐焉。事平，還省。二十三年，副使丁煒仍請之，相沿至今，遂爲道署。署前三坊：曰嶺北屏垣，曰省風問俗，曰裕課便民。其東北隅有巡道青阿立所建重樓，曰南樓，上奉魁星，中奉文昌。後堂曰中孚，堂之西曰鶴石軒，東曰敬事堂。堂後兩進，又東曰春雨軒，軒後亦兩進，前爲雙梧書屋。巡道丁煒闢署左甓園，自爲記。江寧吴綺賦之，巡道劉蔭樞題曰惜福，葢繪綵焕然，處之不勝覆餗之懼也。巡道陳良弼增築臺，曰來爽。巡道董榕累土爲山，下爲池，因其故鄉有豐臺洩水，遂以名焉。池右築蔚喬軒、援琴室，皆取王文成《思歸軒賦》中語，爲迎養處。乾隆五十二年，内署火，俱燬，巡道奉章阿重建。嘉慶二十五年，巡道汪全德修，自爲記。道光十七年，署道觀瑞重題甓園額。二十四年，巡道李本仁修春雨軒。二十六年，園中玉蘭一株忽成連理，本仁題曰玉蘭連理館。重建虚白亭，懸巡撫牛應元隸書舊額。補以迴廊，題曰「補廊」，寓退思之義。闢門通别院，搆柱下小築六楹，并鑿洗硯池，爲修志所。自爲題跋，總題其勝曰甓園十二景。從士民請，建懷棠祠，詳《祠廟》。若財神廟、七姑祠，則仍其舊。署後有麻園，署東北隅有古井，西轅門外有鋪户三十間，大門右福德祠。二十六年，本仁倡修。李志參謝志、張志、竇志、《贛縣志》增。同治八年，巡道文翼重修屏坊，並福德祠及内外廨宇，築署西圍墻，建道庫，鑿水池五。參縣志新增。

《〔同治〕贛州府志》卷八《官廨》 贛州府治即分巡嶺北道舊治，明成化二十

三年，僉事李輗從鬱孤臺徙建於此，副使楊璋、王度、邵諫前後拓之。嘉靖十八年，副使俞夔建有嶺北道題名碑，董天錫記。國初，張鳳儀復加修葺。十五年，巡道史燧建廉威堂。康熙十二年，巡道王紫綬題曰「盧白」，其曰：正直忠厚者，周禮觀書也。自丁煒移署虔院，而知府任進爵始改爲府治。左有挹翠樓，庭中大榕、古柏，皆數百年物，左寮有皁莢樹，高三四丈，配以英德石大亦尋丈，知府王用霖顏之曰「清樾」。康熙五十一年，知府黃汝銓搆齋於其前，歲方大稔，題曰「喜豐堂」。張尚瑗記。雍正五年，知府高退年建箭亭於署左。九年，知府魯之裕斫伐皁莢、古柏，以挹翠樓爲箭亭，「清樾」、「喜豐」二額俱廢。乾隆二十三年，知府柏超修。三十九年知府吳山鳳、四十一年知府竇忻相繼修復，設清獻精白堂，額堂之西廳爲月香軒。竇忻記。舊志有思補堂，忻重題「思補」二字於前檐，前爲客亭，爲静治堂，後爲書房，爲臥雲軒。嘉慶六年，知府修仁修建大堂。七年，知府博起捐修大門。大門左爲民廳、内廳、福德祠，右爲徤廳。東、西設璟門，東曰察吏，内嚮曰政肅，外嚮西曰安民，内嚮曰刑清，外嚮進門東爲掛號所，西爲經歷科。進儀門左、右爲六科房，中庭有木坊。内嚮有額修仁題曰「清、慎、勤」，外嚮有額。道光初年，知府王澤題曰「嶺北古郡」。進爲大堂，東官廳，西庫廨。道光九年，知府陳煦修二堂三堂、東西屋、川堂。十年，知府汪云任修大堂、官廳、庫廨、科房，題大堂曰「治安」，題二堂曰「植本」。二十三年，知府王藩修二堂及東西屋，其西爲經畬書屋。二十七年，知府周玉衡修前賓察、兩楹。又前爲射圃，有箭亭，其東爲静治軒，舊稱緑莎庭。又東爲惜分監水亭，署知府彝陵何啓秀題額。有跋亭，中貯元刻漏壺。同治六年，知府魏瀛重修，額曰「惜陰亭」，有跋。見《名蹟》。又東爲喜豐堂，堂前周玉衡築得月臺，堂右有七姑廟，前爲問秋軒，又前爲文昌閣、静治軒。後有大榕樹，倚樹有小廟，俗呼大樹將軍，設大樹將軍牌，知府魏瀛改題大樹之神。植本堂後有川堂，進而爲内宅十餘間，魏瀛額曰「端化堂」。同治五年，知府王德固修内外門亭。七、八兩年，魏瀛復將東西璟門、照墻、頭門、儀門内外及左右差廳科房、大堂、二堂、静治軒、喜豐堂、惜陰亭、福德祠、文昌閣西旁各屋重加修葺。因端化堂與厨房傾敗已甚，均拆而新之。又以閤署乏水，於二堂内鑿地三以備用。周圍外墻加高三尺。其東旁得月臺已知，文昌閣亦將頹，魏瀛於十二年重修，並添建内宅過庭。參考志、《廨志》新增。

《(同治)贛州府志》卷三《萬壽宮圖》

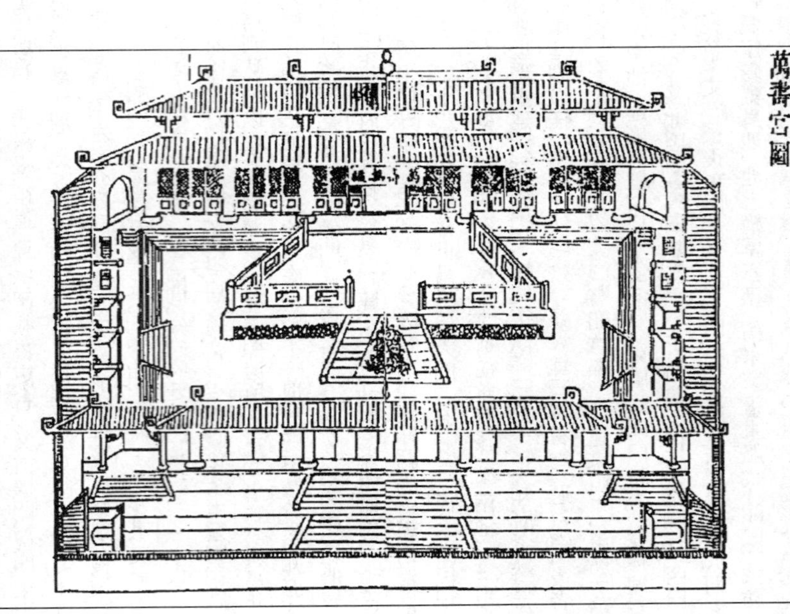

《(同治)南安府志》卷四《公署》 府署在南門内，即南安軍治，元總管府也，創於宋湻化間。至道元年，知軍李夷庚始大之。紹興十三年，知軍吴暇改作。二十一年知軍都潔，二十三年知軍李閩之，二十九年知軍趙衍，相繼修之。乾道間，知軍向士俊、林椿、方崧卿，相繼重修。元前至元二十三年總管鄭渤、後至正五年達魯花赤小雲海牙復修之。至正戊午，至正無戊午。同知薛理重修，又立總管府守題名碑。先是，宋元符中，通判黃推芳立題名碑。明洪武元年，知府張元

祚改闢。二年，知府于潤珪再闢。國朝順治三年，兵火，俱燬。其大門外，右申明、左旌善二亭亦燬。府大堂舊扁曰「忠愛」，四年，知府袁士美重建，扁「忠愛」如故，并内廨皆新之。十年，知府莊正中重建後君子堂。大堂左右有咸積庫、架閣庫，東西有贊政廳，有吏、户、禮、承發、兵、刑、工、架閣庫，房中爲甬道，前爲儀門，東、西爲角門，又前爲大門，門上有譙樓，俱康熙三年知府范時秀重建。廨内清和堂，十年知府李世昌重建。君子、清和兩堂名今俱無存。府大堂後舊爲川堂，又後爲君子堂，康熙三十七年，知府祝鍾賢改名觀我堂，明知府鄧應仁建。堂左有吟風弄月臺，明知府張弼建。久廢。堂東稍南舊爲通判廨，内有延松堂，宋慶歷間，石曼卿書扁。湻熙五年，軍倅胡澡又刳張九成題寶界寺柱數語，嵌於東楹。西爲推官廨、官裁署，並毁。東舊爲同知廨，内有尊勅樓，宋司法廳掌勅令故也。明崇禎五年，改設水南城。府大門内左爲土地祠，後爲寅賓館，爲倉，又後爲經歷司；右舊爲司獄司，官裁署毁後爲照磨所。雍正初，知府蕭義宗拆署後樓，改建書室二於觀我堂東。乾隆十二年，知府游紹安改蕭所造書室名約齋。二十三年，知府稽瑛修復後樓，現在宏整。咸豐八年，燬于兵。同治元年，知府周汝筠重建。二年，知府黄鳴珂添修長廊、别館、複道、迴欄，書楹額室，自爲之記。詳《新造録》。

《（同治）九江府志》卷一二《建置志・公廨》 府署在城内西北隅。晉郭璞建基，宋開禧間，知軍州事余崇龜重建。元至正六年，總管劉恒增建。壬辰，兵燬。乙巳，經歷李仁仍舊址修葺。明洪武元年，知府龔琬撤而新之。中爲治廳，左經歷司，右照磨所，司之左爲架閣庫，所之右爲大盈庫。廳前爲露臺，臺前甬道、戒石亭據其中。兩廡列爲六曹，又前儀門。沿牆爲南轉而東二十步爲小門，門之前爲土神祠，左翼爲榜廊，右則譙樓，即府之正門。崇墉如城，即宋乾道間唐文若所築，因面有雙劍峰，取象以匣劍者也。儀門之東爲寅賓館、江防館、理刑館，儀門西爲徵糧館。正廳後爲正堂，又後爲存省堂，堂之後爲知府宅，左右個爲同知、通判宅，左前爲推官、爲檢校、爲照磨宅，右前爲經歷、爲知事宅。吏舍列廳外左偏之前，其後爲軍器庫。後圮。二十三年，知府林崇德修。正統六年，知府林超繼修。成化間，知府趙祺修。正德十六年，知府王念重建譙樓。廖紀有記。嘉靖四年，知府東漢移司獄司于正門内左隅，移架閣、大盈二庫附正廳之旁，增廠廳于廳事前。明年載新之。後燬於兵。國朝順治六年，知府周璜建譙樓。九年，知府王孫章重建庚樓。康熙十二年，建公署，在今府倉之東。四十八年，移建今治。五十年，始建六房。乾隆三十六年，知府王均仍舊修葺。四十四年知府伍拉納，五十一年斐成，五十五年達桑阿，迭經修理。嘉慶十一年，知府方體重修。署内崇祀關帝廟，在五美堂右，歷有修葺。二十二年，知府朱築重修，復重新庚樓，增建牌坊於大堂甬。

《（同治）廣信府志》卷二之一《建置・公廨》 府署在廣信門内，唐乾元初始建。宋皇祐圮於水，知州事張衡修葺。王安石記，載《詳異》。紹興間，知州事何潤重建，劉子翼建儀門。湻熙間，知州事王從、林枅相繼修葺。韓元吉記，載《城池》。署中有翠微樓，中和、坐嘯、宣化、覽悟、西山諸堂，力行、麗澤、思無邪諸齋，光風浮香、一杯覽秀諸亭。元末，悉燬於兵。明洪武三年，知府王範鼎建今治。中爲大堂，左照磨所，右經歷司。又前永盈、册籍二庫，露臺、甬道，翼以兩廡，爲吏舍。又前儀門，儀門東土神祠，前列兩廳，爲清軍，爲理刑。約之爲大門，大門兩翼爲榜廊。大堂之後爲川堂，又後退省堂。堂後爲知府宅，左右介爲同知、通判宅，左前爲推官，爲知事、檢校宅，右前爲經歷、照磨宅。天順間，知府金銑新戒石亭。成化間，知府王翰修葺，又於廳右建架閣庫與册籍庫，直甓石爲闌，周露臺。弘治間，知府陳廷璉因舊規飾之。正德辛未，增置捕盗通判，知府陸徵乃撤經歷廨，拓新宅居之。自是，幕職後至者遞寓司廳燕室。嘉靖間，捕盗通判缺裁，以左介置經歷廳，右介置照磨所，右爲知事廳。泰昌年，檢校缺裁。軍、刑兩廳在治堂左，通判廳在治堂右。四十年前後，廳事燬於火，知府王陳策重建。天啓間，知府蔣如奇重新大門、儀門，規模益宏麗。歲久，架閣庫、籍册庫、吏舍俱圮。國朝康熙二年，知府蔡廷輔修葺，廊廡、吏舍、神祠、賓館備飾。十三年甲寅，耿逆之變，堂署俱燬。十六年，知府高夢説暨上饒縣知縣馬之驥，協捐重修衙舍及川堂、大堂。二十二年，知府孫世昌重建大門。自爲記。後大堂復圮，知府崔鳴鷟重建。五十年，知府周鎗元建懷玉堂於清華軒後，鑿南池。各有記。乾隆五年，知府陳世增重建大堂。歲久，蟻蛀復傾。三十一年，知府李鍈重修。四十五年，知府康基淵涖任，重修内外宅舍。顔大堂曰圖易堂、退省堂，後者曰觀成堂。自跋。闢東、西二園，西園建坊一，曰爽開竹徑。北建來山亭，東舫三楹，曰餘軒。自跋。修復南池，建廳三楹，白山水之間。東園建門曰勝大，春林湖石畔小徑建椶亭，曰亭亭。又北竪石亭，曰鶴寄亭。折而西曰桐陰書屋，又西曰近齋。東、西繚墻各數十丈。後復蕪廢。嘉慶十四年，知府王賡言作堂於西園，顔曰「皆山」。其低窪處鑿爲池，池上構屋三楹，仿米家書畫船式，顔曰「仙舫」。西南建六角亭，顔「以觚」，取廉隅之義。著「西園八咏」，有靈山雲影、信水濤聲、文筆書空、金聲擲地、荷池净香、魚沼怪石、竹院清風、桐廬曉月諸勝，和者甚衆，刻《仙舫聯吟》行世。陽湖惲敬有記。道光間，知府銘悳、麟桂，前後加修。同治九年，知

府鍾世楨改建川堂並左右官廳。其宅舍内西偏燕廳顔曰「補餘」，西園處顔曰「此静坐」，園西南隅有亭，顔曰「問雨亭」。九年，知府蔣繼洙重修。

承思閣在府治内東園後，知府鍾世楨建。初名書雲閣，同治四年，巡撫沈葆楨奏稱：咸豐十一年八月，賊圍府城，知府鍾世楨母王氏就養在署，出簪珥犒軍，誓死勿去，俾人心奮激，克保危城。寶屬深明大義，奉旨著賞給二品封典，並著南書房翰林繕寫「歲寒松柏」扁額一方，交江西巡撫轉給鍾世楨祇領，因更書雲閣爲承恩閣，懸御賜扁額，恭勒上諭於其中。

《(同治)瑞州府志》卷三《建置・署廨》 瑞州府署在鳳山之麓，昉於南唐保大十年。宋景定、德祐，兩燹於兵。明洪武二十四年，復災。永樂九年，知府唐岳始復創建，即今府治。中爲正堂，堂左爲經歷所，又左爲理刑館，前爲清軍館。堂右爲督糧館，前爲照磨所。正堂前東、西爲六房，前爲儀門，左爲土地堂，爲司獄司。儀門右爲寅賓館，爲理刑廳，爲清軍廳。又前爲正門，門前左、右爲旌善、申明二亭，又前爲照牆，爲譙樓。郡署依山臨水，風景最勝。宋柳子儀匾曰「江西道院」，黄庭堅爲之賦；毛維瞻爲郡守，蘇穎濱與爲山房唱和。迄今讀其詩賦，雖未至筠者，猶可想見其勝焉。按：府署自前明知府鄺璠、周之基、陶履中前後修創後，迄今二百餘年，中間建造葺治，改名題額，計不一而足。然欲考其世次，紀其名氏，而故籍無徵。幸高志畧存，近今梗概得有稽據，不然統歸泯没矣。志顧可或缺哉。國朝咸豐乙卯，粤匪踞城，署廨皆毁，惟督學考棚仍舊。丁巳後，建府署内宅及經歷廳。咸豐己未，知府許本墉建大堂、二堂。同治己巳，知府柳淵集三縣紳士建儀門、頭門、東西六科房及府學、城隍祠。

《(同治)饒州府志》卷四《建置志・公廨》 府署舊在城西南桃源山麓，即今守備廳。宋景祐間，范文正知饒，益擴大之，名堂曰得心。今稱舊府治。元至正壬辰，兵亂，吴宏據爲行省。明初爲守禦武臣廳，知府暫於世美坊録事司視事。尋頒式創治，知府胡乾祐即安國寺址營建。正統元年，淮靖王自韶州遷至，即府治建王府，而移治於永福寺。尋又移於常總管故居，嗣知府黄通理始請永福寺西隙地建今治。正德初，知府陳策易堂名希范。七年，堂燬，知府林棫重建。國朝順治初，燬於火。八年，知府翟鳳翥鼎新之，顔堂曰「見心」。康熙十年，川堂火，知府王澤洪復建，題其堂曰「表正」，後堂仍曰希范。自有記。甲寅，燬於寇。十九年，知府黄家遴增修，自爲文記之。雍正間，大堂棟毁圮，知府沈李楷重修。乾隆五年，西曹火，六年，知府富明重造。十二年，東曹火，知府戚振鷺重造。十四年以後至三十九、五十等年，各前府先後修葺。嘉慶十二年，知府宋思楷重修。道光十三年，内署火，知府方傳穆修之。咸豐三年七月，髮逆竄城，署火。

《(同治)臨江府志》卷五《建置志上・公署》 府署，宋淳化三年，知軍事王禹錫捌建軍州廨，在富壽岡東。元末燬。明洪武初，始建府署，知府黄庭桂增創，知府劉貞重建。弘治二年，知府戴瑶增建。嘉靖六年，知府錢琦復新正堂，仍宋扁静治；汪俊有記。堂前有臺，東西有井，名七星井。總各衙共七。兩廊爲六房科，中甬道。有戒石亭，後改爲公生明坊。儀門前爲譙樓，王佐有詩。詩云：危樓落就冠湖西，畫棟飛甍拂彩霓。四面山河開壯麗，三儀清濁判高低。龔黄今古佳名並，賓主東南衆美齊。江漢風流如昨日，可能授簡不留題。國朝康熙庚戌，知府王撫民重建，自爲記。乾隆壬辰知府李昌昱，道光丙午知府史麟善，相繼重修。咸豐七年，譙樓燬。同治十年，知府德馨方擬修復，旋以遷秩去。舊譙樓左有黄册庫、鑾駕庫，久廢。又左爲土地祠。府前左、右舊有旌善、申明二亭。南行數百步，有鐘樓。後俱廢。正堂後川堂左，舊有思過軒、體仁堂，郡人簡霄有記。左右有廣豐庫、軍仗庫。屏門内有澄心亭，管大勳有詩。亭左、右有蓮池，花開最盛，池旁書屋各數楹。亭後即内宅，最後有一鏡堂，久圮。有樓，東、西有軒，有園亭。

《(同治)建昌府志》卷二之三《建署志・公廨》 知府署，在西大街。初，南唐時設建武軍，即南城縣署爲軍署，在城東南隅郭家山陽。宋太平興國四年，改建武軍爲建昌軍署，仍舊。王平權有記。慶曆八年，知軍事吴某建儀門及内寢，李覯有記。紹興四年，燬，寄治太平寺。九年，知軍事汪待舉即故址建便廳。嗣是，林申、蔣循、徐琢相繼營建，制如初。元改爲路，明改爲府，署俱仍舊。洪武初，知府余芳重修。宣德四年，併爲荆王府，知府陳鼎遷建城西隅鳳凰山之陽，工未畢，鼎内召。知府揚誼終其事。何文淵有記。自成化逮隆慶，經知府秦夔、舒崑山、韓轍、王度、沈子木遞加修葺。國朝順治九年，燬，乃改建於廢藩舊址，即今所。中爲大堂，仍宋額曰「廉堂」。後爲二堂，再後爲三堂，爲私廨。東爲勤思軒，知府李朝柱題西爲「菉竹堂」，知府陳世儁題堂左爲「敬事軒」。前有亭曰留餘。知府楊弘志建，有記。後爲來鳳亭，知府姚文光題。大堂西爲庫房，爲門房。堂前左、右爲吏、户、禮、兵、刑、工、承發、登號等房，中爲儀門，左、右爲角門。儀門外左爲土地祠，右爲豐盈倉。又外爲大門，左爲關帝廟，前列屏牆。左、右置栅門，左曰承流，右曰宣化。咸豐六年，寇踞，皆毁，堂楹僅存。咸豐八年，漸次修理。十年，知府隋藏珠再修。同治十一年，知府邵子彝偕郡紳陳謙思

籌貲修葺。

《(光緒)撫州府志》卷一八《建置志・公廨一》　府署在子城内。唐中和前無考，中和五年，刺史危全諷創立廨宇。乾寧五年，增修宅堂。天祐元年，更加開拓，凡臺門、中門、儀門爲三扃，設廳、東廳、西廳爲三廳，大寢、小寢，規模益壯。全諷皆自爲記。宋嘉祐三年，州守裴材撤其舊而新之。治平二年，州守錢暄增葺，王無咎記之。嘉定六年，州守江公亮重建儀門。寶慶二年，州守薛師旦重建治事廳，楊寅翁有記。紹定六年，州守黄炳重建設廳。端平元年，權守李梲新其廊廡，有記。元至元間，達魯花赤塔不臺增修廨宇。明洪武初，知府李廷桂即設廳舊址重建府治正廳，曰宣政堂。後爲川堂，又後爲後堂。堂北爲内署，前高後平，曰高平署。儀門之外左、右爲榜亭，左跨大街，有承流、宣化二坊，申明、旌善二亭。景泰初，知府王宇修之。成化中，知府周瑛修署内，作正義堂，自爲銘。弘治間，知府吴泰、胡孝修建各坊、亭。萬曆中，知府翁汝進易正義廳曰函祉堂。天啓間，宣政堂災，知府朱大典重建。崇禎間，知府蔡邦俊增修。明季燬於兵。國朝順治八年，知府景世英始議修建，棟宇稍具。康熙二年，知府劉玉瓚重創廳事，榜正堂曰「撫辰」，左、右爲富有、儀仗庫。堂之後爲川堂，有二堂，有贊政廳。川堂中有井，曰洞酌。大約倣明舊規，重加開拓。自爲《新建廳事記》。又於所居高平署内次第修理。康熙二十三年，知府張四教重加修建。乾隆三十五年，知府許蔭楷重修。四十七年，知府陳朗重修。五十八年，知府邵洪重修。嘉慶十二年，知府伊明阿重修。後燬於兵。同治七年，知府許應鑅重建。

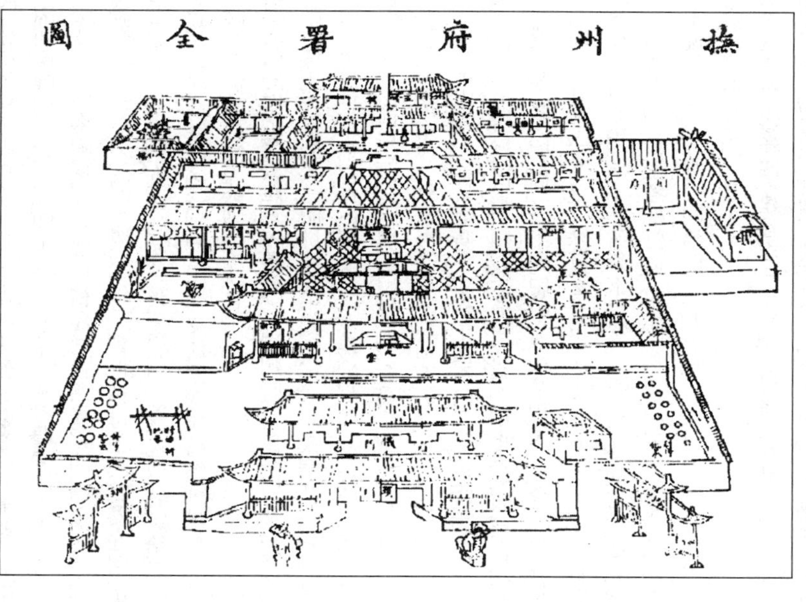

《(光緒)萬安縣志》卷二《建置志・公廨》　宋熙寧五年壬子，始建縣署在城正中。熙寧八年乙卯，知縣許浹創修譙樓門。陳襄記之。元祐四年己巳，知縣陳諷增修廳舍。宣和三年辛丑，知縣蕭經重修。紹興二十四年甲戌，知縣劉獬重修。慶元五年己未，知縣趙師逌重修。元至正間，知縣蕭同善重修。明吴元年甲辰，知縣張嗣先增廣其制，修正廳三間、後堂三間、幕司廳三間、左右廊爲六房，共一十四間。儀門三間，上置譙樓。知縣廨在廳堂後，縣丞廨在左，主簿廨在右，典史廳在幕司廳南，六曹吏舍分居其中。洪武三年庚戌，知縣馮勝建公廳六房、各衙廨宇。正統六年辛酉，知縣嚴璠修中庯堂、直舍四間。正統八年癸亥，知縣梁犨建吏、户、禮房各二間，承發司一間於堂左，兵、刑、工房各二間，勘合科一間於堂右。天順四年庚辰，知縣徐安重建申明亭一所在譙樓門右。成化十六年庚子，知縣袁士鳳重修譙樓三間、戒石亭一座、旌善亭一所，在譙樓門左。弘治二年己酉，知縣孫衡重修吏舍十二間在縣右。弘治四年辛亥，知縣郭英建土地堂一間在儀門左，牢獄一所、囚房十三間在儀門右。弘治五年壬子，郭英又同縣丞鍾海增修柵六間、榜亭二座。左自會元坊至承流坊止，右自會元坊至宣化坊止，知縣廨舍暨縣丞、主簿、典史廨舍廳堂，左右從屋，其制各三間。國朝順治初，縣署皆燬於火，官屬僦居民房，俱無廨舍。康熙二年癸卯，知縣李如滂重建大堂一座，兩廊各房十間爲六曹，地儀門一座，五雲樓一座，上設鐘鼓定晨昏。堂後一間爲清心堂。設宅門。建庫房一間於右。內堂三楹，爲思補軒，從屋六間。又後設門別内外。上房六間，分列左右，中構望樓一座。

《〔道光〕廣東通志》卷一二九《廨署・總督署》 總督署在新城靖海門内。明時，提督府行臺在内城西，舊南海縣治左開元寺故址。以圖址考之，疑即今駐鎮將軍署，舊靖藩府也。天順四年，總督兩廣都御史葉盛始創正堂。成化三年，韓雍於堂東建運籌亭，錢溥有記。西建喜雨堂。萬曆二十五年，程大科更闢其左建壯猷堂，有事至省居之。國初，平、靖兩藩駐居舊城，文職各官衙門俱于新城權設，總督行署遂改建于新城賣麻街。康熙二十二年，撤藩，奉旨文武各衙門俱仍遷復舊城，自歸德門以至大北門東建院司道府廳縣各署，西建駐鎮將軍都統武職等衙門。而總督行署仍在賣蔴街。謹按：明時總督駐劄西省梧州，而廣州、肇慶俱設行署。萬曆八年，劉堯誨大修端州行署，提學林大春爲撰碑記，略曰：梧去嶺東郡縣甚遠，又地屬炎荒，暑氣爲烈，故前督臣往往以夏月移鎮端州，名曰避暑，而實以城彼東方也。維兹行臺既建，儼然與蒼梧舊鎮角立而峙，西省有事，直鼓行而西，假令東省諸郡卒有不虞，亦可傳檄而至，自不至偏重遥制之患。據此，則總督常駐肇慶，自此始也。《肇慶府志》稱，嘉靖四十三年，總督吴桂芳始移駐肇慶。恐即林記所謂夏月避暑，非常駐也。又按：崇正五年，熊文燦總督兩廣，維時九連餘孽及海氛張甚，文燦大修廣州城，西度海陸路。自作《碑記略》曰：余居常駐肇，節制潮惠既遥，而耳目裏海亦稍隔。迺移節廣州，將爲裏海廓清。據此，則督臣移駐廣州，實因海洋之故。國朝總督仍駐肇慶。乾隆十一年，前督臣策楞奏請移駐廣州。自是，歷任相沿，不復回肇署駐劄。乾隆三十一、二、三、四、五等年，相續動項修葺。俱各彙年册，准部覆報銷。

《〔道光〕廣東通志》卷一二九《廨署・巡撫署》 巡撫署在西大街，即舊平藩府。以圖址考之，疑即隋、唐總管府，宋經略使柯述所别建安撫廳，元爲海北廣東道肅政廉訪使署，明先改廣東衛，後爲都司署。詳《布政司署》。康熙二十二年，遷復各衙門，遂即平藩府爲撫署。乾隆二十六、七、八年，三十一、二、三年，三十六年，四十一年，俱准部覆，動項修葺。

《〔道光〕廣東通志》卷一二九《廨署・布政使司署》 布政使司署在雙門大街。隋爲廣州刺史署，别設總管府，以統嶺海兵馬，置公署于刺史之西。明爲都司署。按：當在廣州府署之西。明爲前衛、後衛、斷事署。疑即今巡撫署也。唐爲嶺南道署，號曰都府。唐嶺南道以邊方有寇戎之警，加以旌節，謂之節度使。其府治即舊節度使署居之，或以都督充節度使，或以大臣出任，皆得以軍法專生殺，府樹六纛，行則建節，凡兵甲、財賦、民事，無所不領，號曰都府。内宅爲公廨，外聽事爲衙，二十二州庭參聽令。有府二：曰綏南，番禺，又有經略軍屯門鎮兵，故軍府以廣爲盛。其佐有副使、司馬、判官、功曹、書記、參謀，皆列署於内。别有巡察、按察、巡撫等使，皆列署於外。後改按察爲採訪處置使，又改爲觀察使，然不常至，至則汛掃總管府居之。其園囿庭館之西有饗軍堂。咸通中，爲嶺東道節度使府。懿宗咸通中，分嶺南爲東、西二道。乾寧初，爲清海軍節度使司。昭宗乾寧初，陞清海軍。劉隱鑿平番、禺二山之交，疊石建雙闕，其上爲譙樓，匾曰「清海軍節度司」。及龔僭號，王定保謂曰：吾入南門，清海軍額猶存，四方其不取笑乎？龔乃去之。南漢僭竊，多所變易。名節度使府曰乾和殿，其西改構景福、思元、定聖、龍應等宫，鑄鐵柱十有二。宋爲經略安撫使司。皇祐中，爲清海軍大都督府。皇祐四年，詔：知廣州軍州事兼兵馬鈐轄帶經略安撫使，擇秘閣以上官充之，名爲廣帥。改雙闕爲雙門，匾「清海軍大都督府」。儀門列戟一十有四，前爲設廳，中爲治事廳。元符二年，經略使柯述拓而正之，求南漢鐵柱，尚存其四，因寘前楹。而别建經略安撫廳于其西，其屬通判、司理參軍、司法參軍、司户參軍皆列署于内。淄川王積中有《修造記》，載《古蹟略》。其右爲西園。蔣之奇建。即南漢明月峽玉液池，後田瑜改曰頤堂。淳祐中，方大琮因後圃址建元老壯猷堂。李昴英有記。堂之東有亭曰連天觀閣，西曰先月樓臺，南爲運甓齋、饗軍堂。後改爲郡治。即今府署。元爲廣東道宣慰使司都元帥府。至元十六年，因朱舊署改建。前爲儀門三間，公廳五間，即宋設廳。常衙廳五間，即宋治事廳。宣慰使都元帥同知、宣慰使副都元帥、宣慰副使僉都元帥皆列署于内。又前爲經歷司、架閣庫、東西司房。泰定二年，都元帥忻都重建，程準有記。至正末爲江西行中書省。明洪武元年，左丞何真歸附，改廣東行中書省，參知政事周正開設。六年，參知政事汪廣洋重建，匾其堂曰「宣德」。廣洋自爲記。九年，改爲承宣布政使司。公堂，五間。泊水廳，三間。後堂，五間。穿廊，一座六間。儀門，三門，東、西司房。四十六間。後堂堂外爲架閣庫，儀從庫，廣豐庫。在本司三門右，舊五仙觀北。其後極北曰紫微樓。一名粤望樓。謹按：明制有左右布政，左右參政，左參議二，右參議一，列署于前。立五庫于堂上下，凡二十四間，以便出納。東爲經歷司，西爲照磨所。堂下東、西爲六房，及承發房、勘合科、聲息科。儀門之東爲土地祠、汪公祠，少東爲理問所、司獄司等各衙公廨，共十一所。與今制不同。國初，遷外城賣蔴街。康熙二十二年，復舊。廣豐庫及大使署在本司儀門内東偏。乾隆二十八年，准部動項修葺。經歷司署在黄泥巷。乾隆四年、二十八年，俱准部動項修葺。照磨署在四牌樓。謹按：廣東布政使司署實爲晉、隋、唐、宋以來軍府舊址，歷代相沿，修造均有可考。非若他廢署沿革移建不常，厥地僅爲古蹟者比。兹據黄志而彙考之，以見千餘里東南封管經猷之壯，俾來者有稽焉。

《〔道光〕廣東通志》卷一二九《廨署・按察使司署》　按察使司署在提督學院西。明洪武二年，改鹽倉街舊鹽司故址開設。謹按：元肅政廉訪使署，先改廣東衛，後爲都司，故按察司別行改建。八年，署司鮑忠闢門東千秋寺址以廣之。兩廡爲架閣庫、贓罰庫，左爲經歷司，司之南爲吏、户、禮、承發房，右爲照磨所，所之南爲兵工、聲息、勘合科。列署于内者，按察使一人，副使二人，僉事五人。儀門之左爲土地祠，復建東、西二門。十五年，副使孫浩復闢司之南街，增建司獄司及監房。東門内列署曰海北道，自外分巡還者居之。成化年重修，胡榮有記。後圮廢。國朝初，遷于外城高第街。康熙二十三年，還復各衙門，復即内城舊址重建。乾隆四年、三十三年，俱准部覆動項修葺。贓罰庫在大堂左，司獄司署及監在内城定海門高華里。謹按：按察司、司獄司及獄舊在外城高第街。雍正八年，布政使王士俊、按察使黄文煒捐建公監一所，於番禺亞婆塘，以備秋審，南、番兩縣典史輪月分管。又南海外監一所，在番禺高華里，雍正八年，黄文煒重修。乾隆四年，移司獄司及獄于城内高華里，即以外監爲司監。而亞婆塘公監遂廢。　經歷司署在南海縣治西四牌樓。嘉慶三年，經歷顔光照詳請改建。

謹按：按察司經歷署，康熙間建在早亨坊南海縣後。雍正元年，知縣宋瑋欲以起雲里奉裁照磨舊署改建，不果，尋以起雲里裁署爲南海倉。七年，知縣劉庶又欲以觀蓮街奉裁都司經歷署改遷，復不果。乾隆元年，知縣魏綰始請以布政司後街奉裁廣州後衛署改建，後經倒廢。嘉慶三年，經歷顔光照以舊署倒塌無存詳明，將署址變價，併將外結查封房屋變價銀湊買四牌樓沈姓民房一所，建爲經歷衙署。從權外辦，毋庸造册，咨部紛更，奉准總督吉慶、巡撫陸友仁行司會詳存案。

《〔道光〕廣東通志》卷一二九《廨署・提督學院署》　提督學院署，謹按：雍正七年，添設肇高學政，駐劄肇慶。此爲廣南韶學政署。乾隆十六年，裁肇高學政，歸併廣韶學政，此爲提督廣東學政署，不復題南韶字樣。在内城九曜坊，即南漢南宫舊址。宋嘉祐中，改爲轉運使司署。後有瑞芝堂，詳《古蹟略》。前有景濂堂，又前爲濂溪書院，湖上建愛蓮亭。明正德二年，提學副使林廷玉改爲崇正書院。嘉靖二年，提學副使魏校遷濂溪祠于粤秀山下，改爲提學道署。三年，歐陽鐸增築照墻坊牌。國朝平、靖兩藩駐劄内城，遂遷提學署于番禺之育賢坊。康熙二十二年，遷復各衙門，而學署未復。四十九年，督學張明先始復九曜坊之舊。張明先《學署考古記略》。按：九曜坊，學政衙門。地舊名藥洲，一名石洲，其東近古甕城。志載劉龔時鑿湖五百餘丈，聚方士煉藥於此，洲以是名。但閲宋許彦先詩有「花藥氛氳海上洲」之句，恐是曾栽紅藥，故云藥洲。水中有九曜石，云皆罰罪人移自太湖及三江所産者。太湖途遠，安得致此？恐屬訛傳。宋熙寧、元豐間，士大夫官斯地者，元夕、上巳往往泛舟觴咏，或從此避暑，刻姓名年月於石。歲久湖湮。至嘉定元年，經略陳峴疏鑿之，輦石爲山，建堂其中。洲後有白蓮池，池上建奉真觀，以祀五仙。湖接東澳之流，爲女溪。明洪武三年，以奉真觀址爲市舶公館，改祀五仙於坡山。宣德三年，洲西建濂溪書院，即奉真觀舊址，屋凡數十楹。先是，周濂溪先生提刑廣東，或云曾爲廣東通判，粤人思之，建書院於春風橋北，以祀先生。元季毁。至明宣德，始改建于藥洲。正統二年初，設提督學校官副使林廷玉建崇正書院於此地，重修濂溪書院。少保南郡楊先生爲之記。天順癸未，提學僉事新喻胡榮即祠後演樞堂召諸生講論，厭市喧密邇。明年，巡撫御史涂伯輔至粤，命工取蠔殼砌墉圍池四岸，北立愛蓮亭。成化辛卯，按察使祁陽甯良月朔謁祠，乃疏淤流，移亭池中，傍植蓮數百，書「愛蓮説」揭於楣。僉事胡榮爲之記，其文刻池東大石上。又考志云：成化四年，參政張瓚建光霽亭，後改曰「愛蓮」。弘治十五年，番禺知縣趙繼宗擴光霽亭爲講堂。合之胡榮所記，互相矛盾。夫愛蓮亭名既改於成化四年之後，而胡榮記中所稱明年北立愛蓮亭，乃天順甲申年事。大約志舊訛舛相襲，而提學胡榮目擊手撰，其言較真。或在天順年稱光霽亭，後改爲愛蓮亭，志書錯誤，亦猶奉真觀已改市舶公館，後又改爲濂溪書院，仍稱奉真觀舊址也。嘉靖元年，遷濂溪書院於粤秀山下，改爲提學道署。此學署之所由始也。其南九曜坊，北爲觀蓮街，東爲興隆街，西爲朝觀街，四至井然，歷明隆慶、萬曆、天啓、崇禎，至國朝初，俱於此考試。衙署高峻寬敞，緣平藩駐劄，蹂躪傾圮殆盡，遷于番禺之育賢坊。康熙二十二年，平藩已廢，各衙門盡還舊署，而學署修理乏資，其後則爲左鎮大廳所住。余涖事，據紳士各呈，咨明督撫，發府縣查驗，踞占各户，捐俸給發，侵地漸復。於是將向所勸諭生童各捐之貲，庀材鳩工，先搆大堂五間，拱棚五間，儀門五間，大門五間，屏墻一座。次搆東廳五間，穿堂三間，書室十間，東文場十間，西文場十間。又於各文場後修内文場各十間，甃砌大堂以外照墻，以内地面，甬道，階級，建寅賓館三間，土地祠三間，府縣官廳六間，儒學官廳六間。余遷出育賢坊署，與鎮標大廳相易。徘徊舊跡，歎息良久。因思昔人遊覽勝地，先賢靈爽式憑，顧令奇石雜入瓦礫，清泉污以溲渤，可乎？乃刻期疏池扶石，築亭於中，顔之曰「拜石」，更洗出石上所刻詩文，摹搨抄録。池中已栽植蓮花，池左、右、前、後地基尚寬，他日或于南建愛蓮亭，於北建演極堂，於東建光霽亭，於西建講堂，以復昔人之舊。乾隆六年、二十八年、三十四年，俱准部覆，動項修葺。

《〔道光〕廣東通志》卷一二九《廨署・貢院》　貢院，宋淳祐年建，在郡城東北二里。元季毁。明洪武甲子鄉試，于光孝寺暫設棘闈，歷十有六科。至宣德元年，始建于城東北隅西竺寺故址。後經兵燹，圮廢。國朝初暫于光孝寺試士，再遷于藩署。康熙三年，復遷于新城舊總兵府。二十三年，巡撫李士楨始建於内城東南隅承恩里。李士楨《新建貢院碑記》略：國家定鼎神京，與天下更始，惟五嶺以南被聲教稍後。時粤中大亂，山海交訌。向貢院之在城北者，業已夷爲平地，茂草鞠焉。迨故平藩師至，則又雲屯内城，四民屏跡，院之故址版築塗塈，牙錯交堵，以爲營房占踞矣。每

值賓興，或假借僧寺官署，權宜集事。廢藩既撤，歲在壬戌，余奉命建節兹土，首以崇文重士爲急務，則求賢之地尤宜舉墜作新。乃咨商制府吴公會議，復謀之藩臬司道及守令紳士，暨習形家者言，往而周視，咸謂舊址畚插傷脈，玉盤既缺，靈氣洩盡，不可仍也。循轉而至東南隅太和里之中，得寬廠地，有鬱葱佳氣聚焉。卜云既吉，詢謀僉同，余遂與制府吴公捐資爲倡，藩、臬、司、道協力共濟，廣、惠廉郡守提舉司及南、番等縣令亦各量輸。于是鳩工庀材，委惠州魏郡丞、府學潘教授董其役，起于癸亥年九月二十二日，迄甲子年七月二十九日工竣。北基廣五十丈，袤七十三丈有咫。中爲明遠樓。東、西號舍五千間，士子搆思屬文之所也。進爲横垣門焉，爲堂三進：曰至公，曰戒慎，曰聚奎。戒慎堂左右則監臨、提調、監試所也。兩旁適中，鴈行爲房各以分内外簾。其聚奎堂則主考署也，左、右各有廳房，爲寢興之室。兩旁適中，鴈行爲房各六，亦南向，則五經房、考邸也。外簾收卷、掌卷、對讀、彌封、謄録、供給各所，則在至公堂左、右。明遠樓之前爲儀門，又前爲大門，學使者點名與府縣休憩，即在其左、右。自大門至屏墻更寬爲諸生應點地，崇墉周匝，深溝環繞，閎敞堅厚，不事藻飾，取堪永久而已。落成之後，予適膺監臨之任，臨場門闢，諸生翼而趨進，有喁喁興起之色；報卷而趨號舍，有安舒得所之意，不似從前跼蹐矣。夜半，有黄雲起，覆號舍間，移時乃已，蓋瑞氣云。嘉慶十七年，建魁星閣於左側城上。《司按略》：查番禺縣屬老城東南角上，原有四方樓一座，近在貢院左側，攸關各屬文風，日久傾圮。嘉慶十七年，巡撫韓對批准司詳改建魁星樓，照修理省會城垣之例，在于通省各屬派捐修造。二十一年，布政使趙慎畛重修貢院。道光元年，總督阮元以貢院號舍湫隘，捐俸率官紳士商同捐修，將舊號舍拆去，重行擴建、增高、拓深，且加寬焉，其巷道一并展濶。計南北共展地段一十二丈有奇，東西共展地段一丈八尺。凡號舍内悉甃堦磚，巷道、甬道、大門外悉鋪石塊。又重建龍門外東西官廳、巡綽兵房，修葺謄録所，另建對讀所，而以舊對讀所併爲謄録所。自元年十二月興工，二年六月告竣。阮元撰碑記，曰：各行省鄉試號舍，初創即定其尺寸，縱有所修，無能改作，士子雖受促無如何。予爲士，坐江南、順天號舍，皆寬舒。撫浙及江右，見其舍皆湫隘，曾改造寬大之。道光元年，予兼辦廣東巡撫監臨事，見號舍更湫隘。蓋因粤東試闈本在粤秀山應元宫前，國初用闈地封藩，至康熙甲子，乃改闈於老城東南隅，地本不寬，經營者度非文人，不知士子苦，以至舍宇太小，烈日涷雨，殊難耐之。予步周舍前後，命匠人持尺通量之，若北段拆去巡屋，尚有二丈七尺地；南段使官廳遷於南，可展出九丈三尺地；甬道東西，使東舍展向西，西舍展向東，可各得一丈八尺地。撤闈後，問之在籍翰林編修劉公彬華、庶常謝蘭生、書院監院吴蘭修、李清華等，僉謂士子苦此久矣，若提倡更張之，其事尚易焦。予思浙及江右皆曾改建試闈，今粤闈何不可辦？乃率官屬倡捐俸銀，於是省會紳商繼捐之，廣屬暨外郡紳士又繼捐之。捐雖未集，而紳士議鳩工者，先拆舊舍界畫其地，以示事在必行。經始於元年冬十二月，二年六月成。稍增舊舍之數，共七千六百三間。計舊舍後牆至前號舍之後牆六尺四寸者，今展深爲八尺六寸。舊舍中有瓦處南北三尺四寸者今展深爲四尺六寸舊舍左右牆寬三尺一寸者，今展寬爲三尺四寸。舊舍瓦簷至地高五尺四寸者，今加高爲六尺五寸。舊舍寫、坐兩層木版上長下短，夜不能并而卧，今使版同其長，可安卧。簷之外長巷舊多泥塗，雨水浸人，今皆鋪以石，理其溝，高低有準，無積水濂泥之患。濬舊井，開新井，共二十四井。號尾之厠，臭延於内，今爲高厠欹槽，流其穢於牆之外。凡甎瓦木石灰土之工，皆堅厚。又舊圍牆加修高堅，以嚴關防。舊謄録所地甚小，今以對讀所併入謄録所，增建對讀所於隙地中。大門外土地舊有溝，雨潦陷足，今亦甃以甎石。是役也，共用銀四萬口百有奇，司工者榜其工用之數，使共見之，以示不誣。工將蒇，請撰文刻石記其事，爰書其大略如此。至於鄉官士商之議事者、捐銀者、司工者，當再立一碑，備列而書刻之。

《〔道光〕廣東通志》卷一二九《廨署·粤海關監督署》 粤海關監督署在外城五仙門内，即鹽院舊署。按：元時提舉鹽課司舊在利通街。明洪武二年，以元提舉司改建按察司，故别建鹽課提舉司于府城東南府學之左。四年，提舉薛有琮建其西爲廣盈庫。成化十三年，提舉江朝宗重修，别建批騐所于郡城南清水濠街。嘉靖元年，設屯田鹽法道於郡西武安街分守嶺南道東。九年，别建于正南門外批騐所故址。據此，疑舊鹽院署即此。康熙二十四年，設海關監督，改建爲監督署。粤盈庫及大使署在本署東街，乾隆五十二年建。

《〔道光〕廣東通志》卷一三一《廨署·惠州府》 府署，隋建，在梌木山之阜。唐、宋因之。謹按：梁於南海郡龍川縣置龍川郡，又分置梁化郡。隋平陳，郡廢，置循州總管府。唐貞觀二年，廢總管府爲刺史治。黄志云：隋建者蓋循州總管府之舊址也，然豈可謂隋代即有知府署耶？明洪武元年，知府萬迪仍舊址建。正統九年，知府鄭安重建。正德中知府方良節、陳祥，嘉靖中知府李玘，重修。三十三年，知府姚良弼重建後堂。四十年，知府顧言重建正堂。國朝康熙二十六年，知府吕應奎重修。

《〔道光〕廣東通志》卷一三二《廨署·潮州府》 知府署在新街。舊在金山之麓，本晉義安郡署。隋、唐以來，雖州郡名屢易，署皆因之。宋景炎三年，毁於兵。元至正中，總管丁聚建爲總管府。明洪武初，改路爲府，遷治於今所，通判張傑創建署廨。謹按：張傑建署時，原有通判、推官、知事、同知、經歷、照磨、檢校等官廨。嘉靖四十二年，又添設海防同知。或裁或增，署亦屢改。詳《職官》。正統元年知府王源，成化元年陳瑄，六年謝光，弘治十年駱瓏，十二年同知車份，嘉靖二十二年知府龔湜，二十五年郭春震，三十二年陳叙，先後各有增建修改。國朝順治十五年，知府黄廷獻重建。十七年吴穎，康熙元年宋徵璧，十二年魏槐祥，三十年李鍾麟，俱重修。

《〔道光〕廣東通志》卷一三四《廨署·廉州府》 府署即漢合浦郡舊址。唐

貞觀中，改爲廉州。宋、元因之。明洪武二年，同知鄒源剏建。永樂十二年推官廖康，正統八年知府朱勤，天順二年饒秉鑑，相繼修葺。饒秉鑑有記。不録。嘉靖二十四年，知府胡鼇重建。明季圮。國朝康熙四年，知府陳良玉改建堂庫。十一年，知府徐化民重修。乾隆六年，題准部覆，動項修葺。

《〔道光〕廣東通志》卷一三三《廨署·德慶州》 州署，即宋康州舊治。梅堯臣《送馬廷評知康州》詩：南去晉康郡，風帆幾千里。辭家上洞庭，落葉過湘水。瀧吏迎使君，壺漿出蠻壘。問俗言未通，觀風想先喜。曾非異方趣，頗與華人擬。期子寄梅花，無由問行李。後改爲府治。元大德九年，總管張振武重建。明洪武二年，通判孫文顯重建。九年，改府爲州，知州介壽重修。二十九年吏目徐孟惠，永樂元年知州孫彬，正德二年王爾玉，嘉靖五年周文燦，三十一年徐鳴鑾，隆慶五年楊士中，相繼增建。萬曆二十八年，知州沈有嚴詳請重建，一切改剏。明季兵燹，傾毁殆盡。國朝康熙四年，知州秦世科重修。十二年知州譚桓，五十七年張安鼎，乾隆二十三年黄可泰，先後重修。

《〔道光〕廣東通志》卷一三四《廨署·化州》 州署，即石龍縣舊址。謹按：署爲石龍縣舊址，舊志云然。但化州之立已久，石龍省於明洪武八年，知州不應遷署。若在九年降縣之後，似亦近理，則清白亭不應尚屬今署。竊疑化州舊爲辨州，辨州在梁爲石龍郡，此署或爲石龍郡舊署址，至今未改，舊志因有石龍廢縣，遂誤以郡爲縣，致成疑竇耳。 宋知州趙與鋌建清白亭于署後。胡寅《寄題趙化州清白亭》：聞話維城刺史尊，關西夫子是師門。太清不取班超論，堅白休同惠子言。棐几蕭然心似寄，銀鉤精甚勢如騫。政成歸報蘧廬北，常使甘棠庇本根。明洪武初，改爲府。八年降州，九年又降爲縣，十四年復爲州。十六年知州楊倫建，宣德間知州田庸，成化正統間知州茅自得、曹慶、李時敏，相繼增建。其後黄萬碩、楊薰、湯克寬、傅昂，先後重修。國朝康熙五年，知州邱崇文增建大門、鼓樓。十二年，耿文明重修。乾隆十二年，知州楊芬建親民堂。

《〔道光〕廣東通志》卷一三四《廨署·雷州府》 府署在特侶塘，自漢爲徐聞縣時，治已在此。貞元初，復舊時已名雷州。南漢乾亨十三年，剏建州治于古海康縣治，宋因之。元改州爲路，至元十七年，以州治改宣慰司。謹按：南漢所建州治，元改宣慰司，明初改爲衛治。宋時碑、碣、譙樓、阜民橋，嘉靖時猶存。國初改爲協鎮府，今爲參將府。俱詳見《武署》。 遷州于舊治之西，爲雷州路。二十八年，又以路治改爲海北南道肅政廉訪使司署。明洪武初，罷司，改路爲府。同知徐麒孫創立廨宇。十八年，同知鄧章修。永樂間同知張金陵，成化中知府黄瑜、魏瀚，弘治中知府陳嘉禮，正德中王秉良，先後重修。嘉靖二十一年，圮于颶風。同知戴嘉猷經始修復。二十五年知府林恕，三十一年羅一鸞，次第落成。謹按：《府志》以颶風圮署，戴嘉猷修復作萬曆三十年，誤。黄志修于嘉靖四十年，其載戴嘉猷事爲確。若萬曆三十年，黄志不及載矣。 國朝康熙四年，知府陳允忠重建。十一年，知府吴盛藻建清晏堂。

《〔道光〕廣東通志》卷一三五《廨署·瓊州府》 知府署在道署之左。唐時爲州署，兼五州招討使。宋改安撫司，元爲海北海南道廉訪分司署，皆因之。明洪武二年，改爲州，知州宋希顔即舊址開設。三年，州陞爲府。成化間，知府張英增修。弘治間知府張桓、正德間知府謝廷瑞、嘉靖間知府張子宏各增修。國朝康熙十一年，圮于風。知府牛天宿次第重建。雍正三年，知府岳綸重修。乾隆二十一年，知府左興率屬捐修。

《〔道光〕廣東通志》卷一三五《廨署·儋州》 州署，漢治在高坡後，唐遷城東，宋、元因之。明洪武二年，知府田章仍舊址開設。二十九年，知府王彦銘創建。宣德四年，重修。成化十年，知州羅傑重建。嘉靖八年知府蕭宏魯，三十二年知州潘時宜、吴泮、陳儦、潘南、曾邦泰，相繼修建。國朝康熙二十九年，知州沈一成重建。乾隆六年，題准部覆，動項修葺。

《〔道光〕廣東通志》卷一三五《廨署·崖州》 州署，隋臨振郡治。唐改爲振州，治寧遠縣。宋政和七年，改吉陽軍，去水南村二里有縣址。宋盧多遜詩：海南風景水南村，山下人家林下門。鸚鵡巢時椰結子，鷓鴣啼處竹生孫。魚鹽家給無虚市，禾黍年豐有酒樽。遠客杖藜來往熟，却疑身世在桃源。一簇晴嵐接海霞，水南風景最堪誇。上籬薯蕷春添蔓，繞屋檳榔夏放花。獰犬入山多鹿豕，小舟横港足魚蝦。誰知絶島窮荒地，猶有幽人處士家。元因之。明洪武二年，改崖州，判官金德仍舊址開建。永樂九年，知州徐子玉重建。正德二年，知州蔣豪重修。景泰七年，知州王鐸拓基重建。裴崇禮有記。不録。成化間重修。正德二年，知州何岡加修。國朝乾隆二十四年，知州王玠重修。

《〔道光〕廣東通志》卷一三六《廨署·罗定州》 州署，即瀧水縣署，舊在開陽鄉二都古寶州遺址。元大德八年，知縣陳澤徙于建水鄉。明因之。正統十三年，毁于寇。景泰五年，知縣周剛重建。萬曆五年，陞爲州署。國朝順治十三年知州胡獻珍，康熙二年宋起鳳，各重修。十一年，李丹建後樓。二十三年，劉元

禄濬署前蓮塘。雍正八年，王植改建照牆。

《〔道光〕廣東通志》卷一三六《廨署・南雄州》　知州署，在南門内興化坊。宋皇祐中，郡守蕭渤建。乾道三年，知州王資修。鄱陽洪邁有記。今不存。元泰定間，拓建。至元二年總管楊益，至正二十二年通判陳宗道，相繼修葺。明永樂、正統間，知府陳賜、鄭述重修。成化間知府羅俊、江璞，正德五年知府王啓、李吉，先後重修。嘉靖間，知府伍箕、邱道隆、鄭朝輔復修。國朝順治六年，毁于兵。康熙元年，通判常文魁重建。知府陸世楷有記。不録。四十四年，知府張懋增修。嘉慶十二年，改府爲州，署知州戴錫綸修。

《〔雍正〕連平州志》卷三《公署》　州署在城正中。堂三間，扁曰「萬服」。在爲贊政廳，今廢。右爲龍亭庫。候修。戒石亭在堂之前，南爲儀門，又南爲正門。康熙三年，知州羅拱垣修。後堂如堂之數，堂後爲水心門，知州舍居後堂之北。堂之東、西各廳三間，其額東曰「新新」，西曰「無悶」。吏目舍居堂之東。東、西兩廡各舍五間，則六曹居焉。康熙七年，知州高光國重修。儀門之外，左祠地祇，迎賓胥于此焉。右列長豐倉。而廣鎮庫居堂之右。久廢。康熙五十一年，知州石楞機於堂左建造一間。州獄在儀門外之西，鋪在獄之南，申門亭在正門左，旌善亭在正門右。南爲照墻，墻之東、西柵坊，知州高光國題東曰「悦安」，西曰「强教」。署之前、後、左、右俱築重墻，有巷曰提鈴，伺宿者每夜巡哨，以嚴防護州。爲官地街民承批竪店。

《〔道光〕肇慶府志》卷五《廨署》　萬壽宮在高要縣學西，前爲闕門，門前爲牌樓，爲左、右朝房，中爲萬壽宮。吴志。嘉慶二十一年，高要知縣陳聞炳以原址地低窪，詳請以督標中協舊署敬謹遷建。阮《通志》。

兩廣總督部院署，在府城東門内，即元廉訪司舊址。明洪武初，改爲按察分司。二十年，改爲嶺西道署。弘治中，改爲察院署。阮《通志》。嘉靖十五年，改爲撫按行臺，外建三司廳、把總廳、賞功所。四十三年，總督吴桂芳改建正堂五間，穿廊一間，後堂五間，左、右耳房各五間。隆慶五年，總督李遷建穀陰亭於内署。萬曆五年，總督凌雲翼重建後堂五間，名曰廣益。東、西廊各七間；東爲大觀樓，西爲讀書樓，亦各五間。又建儀門、大門各二間，門外左爲坐營司、賞功所，右爲中軍廳、火藥局。萬曆八年，總督劉堯誨重建正堂、廊房及内署。萬曆十六年，乃移署於廣益堂之後，而以舊署爲廣益堂，改建讀書樓。吴志。崇正十二年，總督張鏡心改建文來閣，闢射圃。國朝康熙八年，總督周有德重改，建籌遠樓、運籌堂。九年，總督金光祖重修。乾隆七年，總督策楞奏明移駐省城，不復回肇慶。三十二年，動項修葺福字堂。三十四年，動項修葺内署。自後失修，漸就傾圮。嘉慶十八年，總督蔣攸銛扎飭肇慶府，會同肇慶協親往勘明，揀出倒塌大小棟柱及磚瓦，可用者造具册檔，分别點交高要縣，申令查照存貯備案。并於頭門外築砌磚墻一道，與圍墻接連，出示曉諭，毋許兵民人等擅入。並阮《通志》。舊署頭門一座三間，前爲照壁，兩傍爲東、西轅門，爲東、西牌樓。後爲儀門三間，又後爲牌樓，又後爲大堂三間，又後爲二堂、三間，又後爲宅門，又後爲後堂五間，又後爲後樓，又後爲諸小房。轅門之東大街之南爲手本房，爲號房。北爲司道廳、府縣廳，廳後西爲厨房，中爲馬王廟，東爲關帝廟。廟後爲文來閣，爲東、西稿房。又後西爲東書房，東爲賬房。又後西爲福字堂，東爲雲壑堂。堂後爲大花園，園北爲挹清堂，旁爲亭者三，爲池者一。花園西爲小箭亭。二堂東有横門，通東箭道，箭亭二座。轅門西大街南爲皂隸房，大街北爲武官廳，後爲鹽政房。房後爲來鶴堂，又後爲幕客房，又後爲雙桂堂。大堂東有横門，通西箭道，後爲關帝廟。吴志。道光五年，總督阮元始大加修造。凡建東、西轅門，儀門一進，屏門一進。正中爲演武廳，恭懸御賜福壽字匾額。後堂五間；小樓房一間，上望七屋巖。東、西耳房各三間，厨房一間。前後周圍垣墻葺理一新。廳事後有數百年老楓樹，輪囷葱蔚，題曰大樹。行臺甬道前右爲馬道，左立修建舊署、續刻題名等碑，及前明平海、平冦二碑，今並附録於後。採訪册。

《〔光緒〕高州府志》卷八《廨署》　府署在城内大街，即舊分巡道署。順治十一年，改外爲大門，儀門八爲大堂，東、西設永平庫，傍列吏舍。八内爲二堂、三堂，後衙東爲敬簡堂。嘉慶十八年，知府雙壽闢射圃於右，建堂三間，傍有軒榭。同治間，知府蔣超伯題二堂曰「景楊堂」，射圃正廳曰「射堂」。道光志。采訪册。

《〔光緒〕嘉應州志》卷一〇《廨署》　知州署王志。在城中，宋梅州治也。宋紹定以前無考，端平元年，火燬，僅葺廳事、門廡、寢室、夾房。淳祐二年，知州楊應已建中和堂於廳事之北，乃復其舊。景炎三年，寇燬。天曆二年，知州馮惟吉重建。明洪武二年，省梅州爲程鄉縣，隸潮州府。十月，知縣樊思明乃自舊縣治謹案：劉志云：舊縣治在西城外，曾井之東自隋始置，唐宋俱無考。元大德元年，本縣達曾花赤罕察馬建。遷於州治。十七年，燬，葺茅爲宇。謹案：劉志云：舊縣治十七年亦燬，十八年因展城池，廢爲民居。二十八年三月，知縣陸雋重建。中爲正廳，東爲典吏廳，西爲庫房。東廊爲吏、户、禮三房，承發司、鐵庫在其上。謹案：劉志云：鐵

庫今廢。西廊爲兵、刑、工三房，鑾駕庫在其上。謹案：鑾駕庫，王志作儀仗庫。前爲儀門，東爲土地堂，西爲監房，劉志。外爲譙樓。王志。正廳後左、右爲直舍及中和堂，堂後爲知縣住廨。謹案：住廨，王志作內宅。鐵庫東爲典史住廨，後爲吏舍。謹案：劉志云：吏舍即儲倉舊址。正統十年知縣文琳，正德八年知縣張欽，嘉靖二年署縣訓導張賢，七年署縣通判陳碩，前後增修。劉志。十一年，知縣林墰建川堂，又於儀門外建平政、近民二門。王志。二十五年，知縣黃進建古梅州郡坊于儀門外。國朝順治三年，移建於北門察院行署。通志。是年，縣署寇燬。十年委署縣事董效舒、吳人龍相繼重建。正堂、衙署一連三棟，官房、內室、書房、廂房俱備。大堂左爲贊政廳，右爲庫房，兩廊爲六房，爲承發、鋪長房，中爲甬道、戒石亭。儀門一座，儀門外左爲寅賓館，右爲土地祠。稍前左爲申明亭，右爲旌善亭。又前之左爲輕、重監房二所，外爲大門譙樓一座。康熙丙辰，謹案：丙辰，康熙十五年也。潮鎮劉進忠叛，發黨到縣，庫吏黃夢奎乘亂焚庫，延燒大堂、川堂、後堂。十七年，知縣王吉人重建。劉志。謹案：此下劉志舊本斷爛不可讀，用王志修。大堂進川堂爲宅門，左、右耳房各一間，川堂右側爲庫房。宅門內爲三堂，爲四堂，東書房兩進六間，書房後三進一十一間，廚房四間。吏、户、禮、書辦房七間，在大堂前東。兵、刑、工、承發、架閣、鋪長、鹽房一十四間，在大堂前西。儀門三間，頭門、鐘樓三間，照墻一座，監房，在照墻之東。圍墻四十丈五尺，署基東西長四十六丈，南樓一十八丈五尺，北殺二丈。王吉人《重建程鄉縣署記》：縣治有署，所以尊朝廷也。治也者，事也。治其事以報天子者，心也。故發號施令者於堂，奔走贊政者於廳，抱牘而伺者於吏舍，布誥讀法者於門，肅更漏、戒起居、職思其勤者於覆譙，田賦所入、户口所徵，日有會，月有計者於庫，公餘退食，朝考夕糾，省愆而思過者於廨。凡此皆署之所有事，而長吏以表位建政者也。程治自甲寅之變，半毁于兵，老幼轉徙，室廬蕩然，官衙荆莽，鼪鼯鵂鶹，晝出而夜啼，觀瞻不肅，政教不聞，彼蚩蚩之氓謂之，官不遑寧處，蓋以傳舍視之也，其散而之四方也宜矣。余下車，怒然憂之，曰：是豈朝廷之意也哉？加意招徠，躬詢疾苦，流民復歸，占籍者不下數萬人。版築鼛鼓之聲，四境相聞，於是知吏之勤恤民隱，不可狎也。悉觀聽於署焉，遂有鼎建堂廨之請。余曰：若之何而役我民也。捐俸鳩工，稍加丹漆，余與百執事不至露處，各治其事，以作肅也。勤者勸而惰者飭也，政令之必信也，芻文者之弗宥也，錢穀之所入得鑰而核也。日出而作，日入而息，必以時也。爲天子位此一方民，其亦以表位建致者，尊朝廷而端教化，豈僅壯耳目之觀，以粉飾太平哉？雖然，日親簿書，而偃仰之餘無所感觸，其何以懾心思於無過乎？蓋堂之事治於動，廨之事治於靜，靜之勿察其敝也，非夫之晏安，則失之好大，是二者俱足以累民。乃以廳事之後復構二楹，使高明爽闓，垂簾吏散之餘，內省而去其欺。左、右各置一樓以處賓，從登高思險，且使故人良友，日聞忠告之言。樓之左爲迴廊迤邐，視履周旋，無捷徑而窘步也。前鑿方塘小池，置斗室其上。防民之口，甚於防川，地中有水，君子以容民畜衆。稍折而東，數椽如定舫，移舟於陸，波濤之險，吾知免去，乘風破浪，又奚以藉也。中貯圖書，晤對古人聖賢，豈欺我哉。堦墀之下，蓺蘭蒔竹，盎花盆草，縈旋檻砌，非特衆香直節，爲君子之流連，而萬物滋榮，咸本於雨露之無私，則吏之治於廨，與治於堂者，心什伯焉。夫動以治事，靜以治心，凡此下民，莫不觀聽於表位建政者，以作其尊君親上之意，又何敢以晏安好大，輕朝廷而辜長吏之責也。劉志。署後官地，南至北九丈五尺，東至西一十七丈，賃民居住，納官租銀一兩三錢。王志。雍正十一年，總督鄂彌達題請改爲直隸州，以縣署爲州署。欽定州名爲嘉應，統轄興寧、長樂、平遠、鎮平四縣。阮《通志》。知州王元樞移庫房於大堂西廳，改贊政爲東官廳，爲號房，修儀門東爲快班房。又東爲土地祠，西爲民壯房，又西爲寅賓館，爲軍牙祠。十三年，知州李匡然建倉廒於署內。乾隆十一年，知州王者輔重建大堂，修頭門外墻垣、街道，築以灰。十五年，知州王之正修三堂、四堂各五間，建人文秀區、古程鄉邑二坊於署前大街。王志。嘉慶十二年，巡撫孫玉庭題南雄、嘉應，互改府州，以州署改爲府署，復設程鄉縣。議將裁保昌縣署，估變湊給程鄉縣添建衙署。十六年，總督松筠奏請改嘉慶府仍復爲州，南雄州仍須置府。既裁保昌縣仍請設縣，程鄉一縣仍歸嘉應州治理，舊改各官署仍請移歸。南雄惟保昌縣不缺，毋庸改歸。其嘉應通判一缺議裁。十七年，總督蔣攸銛奏嘉應仍復改州，其州同吏目、學正、訓導衙署，學宫及倉庫、監獄悉仍舊制，毋庸另請建造。州署年久傾圮，十九年，知州劉廷楠詳請動項照舊修建。二十年，捐建奎星樓及州前義化栅門。二十二年，捐建義化樓門一座。阮《通志》。咸豐九年，髮逆陷城，大堂、二堂、三堂、西廊焚燬。署州事汪政暨紳民捐貲修復。房册。光緒十六年，紳士黃仲安等具禀州憲吳宗焯，將頭門外之東枷亭改建候審所，廳一，廊一，正間三，廚房一，看役房一，大門一座。

廣西

《〔雍正〕廣西通志》卷三五《廨署·巡撫署》 巡撫署，舊在桂林府學左，本巡按察院署址。明洪武八年建，成化間修，國朝康熙四年重修。十一年，巡撫馬雄鎮以府學地益其西偏。十三年，孫延齡叛，燬於兵。二十年，巡撫郝浴改建于府治東獨秀山之陽，規模閎敞，制度悉備。

《〔雍正〕廣西通志》卷三五《廨署·布政使司署》 布政使司署在府治東。明成化二十年，左布政使何經重修。後堂、儀門、大門各三楹，正堂五楹，穿廊一楹，東西六房諸科共十四間。國朝康熙二十一年，布政使顔敏重修。堂左經歷司，堂右照磨所，儀門内東理問所，大門内西司獄司。三十九年，奉文裁理問、照磨，司獄三缺。今理問、照磨二署俱已圮廢，經歷遷外民宅。照磨署改爲土地祠，司獄署改爲官廳，後爲廣盈庫，庫大使署在廣盈庫西偏。

《〔雍正〕廣西通志》卷三五《廨署·按察使司署》 按察使司署在府治北，明洪武間建。正統六年，按察使章聰重建。成化二十年，按察使孔鏞拓正堂五楹，後堂三楹，左、右耳房六間，東、西六房各十四間，儀門、大門各三楹。堂左經歷司，堂右照磨所、知事廳，大門内西司獄司，東架閣庫。後燬。國朝康熙七年，按察使楊畯重建。三十九年，奉文裁照磨、知事二缺，署亦廢。其經歷、司獄二署，雍正三年，按察司甘汝來捐貲重建。架閣庫在儀門内大堂東。

《〔雍正〕廣西通志》卷三五《廨署·提督學政署》 提督學政署，舊在府治北，嘉靖間移駐宣成書院，後遷建於府治西南古榕前。國朝順治間，改建於王府坪，孫逆叛，兵燬。康熙二十年，改建於西門内。二十一年，督學王如辰復遷於府治北。

《〔雍正〕廣西通志》卷三五《廨署·貢院》 貢院，舊在府治西，宋乾道中建，明天順間徙於新西門内。國朝順治十四年，改建於獨秀山下明靖江王舊府。康熙五年，改建於都指揮司舊署。二十年，署巡撫麻勒吉題請仍以王府改建。

《〔嘉靖〕南寧府志》卷二《公署》 府治，在城之中稍南，週遭坦平，至府後突起盈丈，即五花嶺之中脉也。洪武三年，同知王驥始建。永樂間，知府李晟修之。弘治間，知府劉芳修之。正德八年，知府汪獻復修。中爲堂，曰「忠愛」。進則穿堂、後堂。舊有雙梅堂、瑞文堂，久廢。再進則太守之衙，清風臺之舊基也。嘉靖四十二年，知府方瑜修之，題曰「清風館」。後有高明樓，有易安軒。有記堂之左同知衙、推官衙、經歷衙。其後爲吏舍。堂之右通判衙，其前照磨、知事衙、儀門、裏甬。道有成石亭，知府梁炫改爲牌坊。門聯：既以膏脂供爾禄，須將視聽對天心。儀門左土地祠、聚星館。同知張貫建爲會賓之所。前有池、一鑑亭，知府梁炫建。右司獄司左。羈省所合爲大門，上爲譙樓。大門之外，右申明、旌善二亭。左陰陽學、正副術二員。醫學、醫官員。僧綱司、在天寧寺。道紀司、在三清觀。慶阜庫、在府堂左。稅課司、在府城西。大軍倉、在府治北。預備倉、今叚爲宣化縣附大軍倉。遞運所。在府城外。

《〔雍正〕太平府志》卷一六《公署》 太平府署在南門内。洪武三年，知府金濟貧建。西南向，後燬於火。成化十二年，知府何楚英改正南向，建大堂一座，顔曰「忠愛」。川堂三間，顔曰「寅恭」。兩旁爲六房，聯工房之末爲架閣庫。改照磨所爲儀仗庫。堂後右側爲耳房庫，中爲甬道、戒石亭。前爲儀門，東爲土地祠，西爲司獄司。門之外爲寅賓館，爲大門。後爲江州賊燬。國朝順治十八年，知府馬正午修復大堂、川堂、兩廊以及廂房，俱以茅覆之。康熙五年，知府高不矜重修兩翼及土地祠，各處俱易以瓦。大門上爲譙樓，顔曰「遠景」。改舊庫爲東西兩軒。二堂後建樓房一所，爲内室。軒之西爲射圃。日久，大門圮。五十七年，署府事于鼎元重修，堂後諸室牆壁、牕槅大半頹毀。五十七年，知府王湝重修。

通判署，舊在正堂東北。後廳三間，左右廂房各一間。前廳三間，左右耳房、書房各三間。門二座，各一間。康熙三十三年，通判俞品遷建于正堂左。大堂三間，儀門三間，大門一間，書房前後六間。後毀，改爲經歷廳。今通判俱借居分巡道舊署。

《〔乾隆〕梧州府志》卷五《公署》 府治，在德政門内。明洪武十年，知府潘大鬱創建。成化十一年，知府袁衷重修。中爲正堂，後爲後堂。堂之後爲府衙。衙之東爲同知衙，捕盜通判推官衙。西爲督糧通判衙。正堂之左爲架閣庫。右爲儀仗庫。後堂之右爲富實庫。正堂之旁東爲經歷司，西爲照磨所。堂下夾以東西廊舍爲吏户禮糧房、承發房。西爲兵、刑、工及兵二房、架閣房。西之邊爲四區，以居募屬。又有司獄司，東之邊爲周廬，以畜胥吏。前爲儀門，左爲迎賓館，右爲土地祠。大門外有百粵會郡坊，今廢，改爲屏墻。東西爲申明、旌善亭。萬曆五年，火。惟存府衙、清軍衙，富實庫及大門、大堂、後堂各存五楹。七年，知府陸萬垓重建。十三年，以同知、通判、推官三衙連設於東。地勢迫狹，知府林喬楠請發公帑，移建捕廳於西，與糧廳一列，東西四署相稱。十六年，增設新庫一座，在富實庫之南。四十六年，火，府治盡燬。存清軍廳一署，知府陳鑑重建。國朝初，四廳俱圮，僅存府堂。順治十四年，知府張繼曾修大堂。康熙二年，知府黄龍重修，建大堂、川堂、儀門及後衙。康熙十年，知府楊彦溶增建花廳、小樓。二十三年，知府彭騰翮重修二堂。二十六年，蒼梧知縣尹惟旆重修大堂、捲篷及六房。三十三年蒼梧知縣張文達修川堂、儀門。三十七年，蒼梧知縣劉以貴重修六房。四十三年，知府吴士鯤重修。乾

隆三十一年，知府吴九齡鳩工庀材，盡易朽蠹。有大堂以及後衙，舉撤新之。有記。

清軍同知署，在府堂東，久圮。舊址爲營官占造。順治十七年，同知張璠捐貲買復重建衙署。康熙六年，同知楊蔭第重修。十三年，經逆變，傾圮。二十四年，同知何顯祖修。雍正十二年，重修大堂、頭門、儀門。乾隆三十一年，同知史鳴臯重修大堂、二堂、花廳。三十四年，同知宋清源建三堂。

通判署，舊在府堂東，後圮。康熙六年，裁缺爲捕廳署。至十七年，復缺。通判徐應龍重修。乾隆八年，仍奉裁。今衙署尚存，無復葺理。

教授署，在明倫堂左。

訓導署，在名宦祠前。

經歷廳，在府堂西。

司獄司，在儀門内。久圮，今在大門西隅。

捐納倉，三十間。在城内茶山西。康熙五十四年，知府李世孝建。

社倉，三間，在捐納倉前。雍正三年，知府徐嘉賓建，圮。乾隆三十四年，知府吴九齡重建於縣北倉東。預備倉，在社倉前。雍正十年，驛鹽道耿麟奇，詳請將餘鹽價預買鹽包運梧貯備，建倉房三十六間。新鹽倉，乾隆三年，鹽運分司陶德熹建造倉房三十七間。

提督學政行署，在城北門内。康熙四十六年，建大門、儀門、東西考棚、大堂五楹，二堂五楹。兩傍外椽房班房，東西各六間。内衙三堂五楹，東西耳房各三間，每年皆加修葺。乾隆二十三年，同知李文在捐建東西考棚，共一十六間，盡易以磚瓦。乾隆三十四年，東班房圮，知縣牟鈐倡捐重建。

分守桂平梧道行署，在城内西府之前。舊爲分巡道署，前後堂各三楹，大門、儀門各三楹。萬曆七年，移駐鬱林州。泰昌元年，巡道陳忠愛復增飭之。國朝康熙三年，改巡道爲守道署。八年，以分守蒼梧道兼理驛鹽道。十二年，分守驛鹽道秦仁管拓後衙，重建大門、儀門、屏墻。以後移駐省城舊署。今半傾圮。

舊志按，明成化初，議設三大府於梧州，以都御史韓雍總督兩廣軍務兼理巡撫，以勳臣平江伯陳鋭，掛征蠻將軍印，充總兵官，與太監陳瑄開府於梧。府有四：一曰總鎮府，鎮守内臣居之；二曰總督府，總督都御史居之；三曰總兵府，總兵武官居之；四曰總府，爲三府會議會燕之所。皆營建於成化之六年也。

舊總督府，在郡城東北。明成化七年，都御史韓雍建。衛以崇垣，正堂、後堂俱五楹。堂之東有瑞芝軒，西北爲友清堂，東北爲燕喜堂。樓之後爲退食堂，皆五楹。前拓儀門、大門各三楹。門内左右各爲耳房。嘉靖三年，都御史張嵿建。西爲燕樂堂三楹二層，左右各爲耳房。二十八年，總督歐陽必進又建。西南爲燕息堂五楹二層。三十二年，侍郎應檟建。門之前有坊，南曰「節制兩藩」，東曰「嶺海肅清」，西曰「民物康阜」。右爲火藥局，左爲賞功所。又有中軍廳，官房規制最爲雄偉，鼎革時盡燬。國朝順治十三年，以通省錢糧重修。康熙十三年，逆亂，拆燬。

總督西府，在總督舊府西。舊爲總兵府。明成化七年建。正堂、後堂各五楹。穿廊、左右耳房、東西廂房、椽房、儀門、大門各三楹。堂東爲籌邊亭，西爲餐秀亭。下有小池，前爲好我堂三楹。門外有坊，南曰「揚威百粵」，北曰「節制三軍」。嘉靖中，總兵官移鎮桂林，改爲總督府，改坊曰「台曜重開」。萬曆二十八年，又改爲税監府。後又改爲分守道。天啓二年，參政曾守身改籌邊亭，建堂曰「講業」，進諸生課業其中。又闢大門之左，建寅賓館三楹。國朝順治八年，總鎮馬雄駐節於此。康熙十二年，分守驛鹽道秦仁管截取儀門以外地拓廣道署，後衙因逆亂，悉燬廢。

舊總府，在城中土阜，總督府東南。明成化六年，都御史韓雍建，爲三府會同節制號令公所。正堂五楹，後爲穿廊，又後爲同心亭，左右各有耳房。二堂之前東西廂各五間，左爲開府碑亭，右爲題名碑亭。儀門三楹，左爲三司廳、大門三楹。衛以崇垣，將旗臺在儀門内。東門之前爲坊，曰「揆文奮武」。嘉靖九年，總督林富重修。萬曆四十七年，都御史陳拜瞻復修。今廢。舊址豐碑尚存。

察院行署，在城内東南。本總鎮舊署。嘉靖十八年，改爲嶺表書院，於院建鳳樓亭。三十一年，改爲察院行署。國朝順治九年，按院出巡蒼梧，知縣熊坊修建後堂五楹，穿廊一楹，左右耳房二，正堂五楹，東西椽房十，儀門三楹，大門五楹，繚以崇垣。三司廳、府縣廳各五。門前有坊，後圮。十四年，分守道陳宏業知府張繼曾重修，今圮。

分守蒼梧道舊署，在南薰門内稍西。大堂、後堂各三楹，大門、儀門各三楹，左右各有耳房。明萬曆三十九年，水圮，還原總兵府監税公署。四十六年，復燬。

《〔光緒〕鎮安府志》卷一三《廨署》　知府署，本土府官舍，歷經兵燹。康熙八年，通判彭權興建大堂、廨舍，規模粗備。三十二年，燬於火。三十六年，通判

余光焸重建。雍正七年，改知府署。十三年，知府陳舜明重修，添設鼓亭、轅門、頭門、土地祠、儀門，大堂各三間，書吏房十間，二堂五間，三堂五間，客廳三間，東西房各六間。乾隆十八年，知府傅堅重修儀門、客廳，並增建左右廂房各二間，書房三間。舊志道光二十九年，署知府徐士珩重建二堂五間，並建東花廳三間，署額爲碧城山館。光緒十四年，知府陳如金重修三堂五間。十六年，署知府羊復禮重修東西花廳，現存四十一間。採訪册。

《〔光緒〕寧明州志》卷下《官署》 州署，在城西北隅。體制壯麗。蓋土官時以駐往來大官之行臺，改流後改作公廨也。前爲照壁，照壁左右有東西轅門。再進爲頭門，頭門外有石獅二。再進爲儀門，儀門外有石鼓二。再進兩翼，右爲各科房差役所居，左爲二十四倉厫。再進右爲拘押所，左爲牢獄，中爲大堂、煖閣。再進爲二堂，爲三堂。左右爲東西花廳，有齋曰「碧珊瑚」，廂房、庖湢俱備。後爲花園，其樑棟皆堅緻杤木，大可合抱。曾記名宦李開甫儀門一聯云「符分半壁西南不負吾民不負吾學，地處極邊煙瘴莫非王土莫非王臣」。道光三十年，巨盜陷城，燬爲焦土。至光緒甲申年，署州事劉竹雲鳳紀領帑重建。規模粗具，遠不及前矣。

西南　雲南

《〔乾隆〕雲南通志》卷一八下《公署・總督部院署》 總督部院署在城內正中三牌坊西。本朝順治十六年，滇入版圖，始設雲貴總督，即前廣南衛舊署改建行臺，在大東門內綠水河東。十八年，移駐曲靖府。康熙四年，移駐貴州省城。二十年，吳逆蕩平，仍移駐雲南府，總督蔡毓榮改建今署。

《〔乾隆〕雲南通志》卷一八下《公署・巡撫都察院署》 巡撫都察院署在總督署西。原在城南五靈廟右，後移駐舊察院。本朝康熙二十一年，巡撫王繼文遷建今署。

《〔乾隆〕雲南通志》卷一八下《公署・提督學院署》 提督學院署在北門內世恩坊右。原設道署，在按察司東南，後移城外土橋。本朝康熙二十一年，移入南門內。五十五年，遷今署。

《〔乾隆〕雲南通志》卷一八下《公署・布政使司署》 布政使司署在城內正中三牌坊東。原在大東門內，後移城外三市街。本朝康熙二十一年，移入城內舊察院。二十八年，改建今署。　經歷署，在司署內。　理問署，在城內大德寺後。　濟用庫，在司署內。

《〔乾隆〕雲南通志》卷一八下《公署・按察使司署》 按察使司署在南門內打絲街。原在左衛十字街東，後移城外羊市街。本朝康熙二十年，移入城內，改建今署。　經歷署在司署左。司獄署原在司署內，今遷小東門內。

《〔乾隆〕雲南通志》卷一八下《公署・貢院》 貢院在北門內周二里許。後枕商山，前臨九龍池，形勢高豁。明永樂中，巡按王文題建。嘉靖中，巡撫顧應祥增修。萬曆中，巡撫劉世曾重修。明末，流寇據爲僞王府，多所拆毀。本朝康熙三年，總督卞三元、巡撫袁懋功合疏題修，凡內簾、主試、監臨、題調、監試、受卷、彌封、謄録、對讀、供給各公所，及至公堂、衡鑑堂、明遠樓、文明樓、東西號舍，俱各完整。四十五年，布政使劉蔭樞增拓號舍，規制更備。

《〔康熙〕雲南府志》卷三《建設二》 舊在大西門內，因兵毁，移駐城外雲津橋東。康熙二十三年，知府朱士毅復移小西門城內，知府羅衍嗣又移駐南門城內，遷易無定。二十九年，知府張毓碧就大西門內舊治，捐俸脩建，一切堂宇、門廊、廨庫、亭閣完固可久，府署始有定所。勒有《重脩碑記》，載《藝文志》。

《〔康熙〕永昌府志》卷七《公署》 府治，本鎮臣舊宅，在拱北門內之西。明嘉靖三年，巡撫傳桂、參政鄧相、兵備副使蕭乾元督脩。中爲正堂，堂左爲儀仗庫，右爲金帛庫，又左爲經歷司廳，今廢。右爲照磨廳，今廢。左右兩角門，堂前爲甬道，爲戒石亭。堂之後爲川堂，爲二堂。康熙四十年，知府羅綸重建，名曰太保堂，又後爲內衙。嘉靖四年，知府嚴時泰建勅書樓於內衙之後，樓前有橋有池，樓後有勅書碑。本朝康熙十一年，知府伍柳重脩。三十七年，知府羅綸于署後捐置地爲射圃，建亭于內。堂旁爲六房，前爲儀門，門右爲土地祠，其下爲寅賓館，左爲獄，前爲大門，門有樓，門外爲屏，左右爲榜房。嘉靖間，知府鄭岬于府前爲申明、旌善二亭。今廢。嘉靖二十八年，知府童蒙正撤去大門之樓，更建新門。府治周垣凡二百一十丈。

《〔康熙〕嵩明州志》卷三《公署》 知州署，明洪武辛酉年建。永樂丁酉，知州邢簡增修。嘉靖六年，叛賊安銓焚燬，州同李輝重建。萬曆三十五年，叛賊楊禮焚燬，知州唐階重遷建。初在古城，繼徙南城，後遷城中，即今州署。大門三間，土地祠三間，在左。羈候舖一所，在右。儀門三間，辦事房左右各四間。大堂三間，康熙四十六年，知州吳衍林重建。川堂一間。二堂三間，康熙四十三年，知州雷御龍重建。門房二間。東書房八間，西書房三間，廂房三間。後樓五間，康熙五十八年，

知州汪熙重建。東倉房三間。西廂房三間。東首捲棚三間。正住房三間。套房一間。東廂房三間。西羣房二間。厨房二間。吏目署在州署之左。牆門一座。班房二間。土地祠一間。廳堂三間。後廳三間。書房三間。正房三間。厨房二間。耳房三間。

《（康熙）鶴慶府志》卷五《建置》 郡治，舊在南廂，洪武十六年，土官同知高仲移創舊城之南。正統八年，流官知府林遒節重建。正德九年，知府汪標重修，知府陸棟有記，見藝文。屢經地震，傾廢殆甚。弘治間，知府劉珏建正衙後樓三楹。正德甲戌，知府孫偉建安豐樓，後燬於兵火。至康熙五十一年，通判佟鎮署府事，重建，仍舊名。安豐樓在府前。

《（乾隆）廣西府志》卷三《官署》 府署，明洪武二十三年建，在城正街，面南，前有天南保障坊，今圮。左右承流、宣化二坊，桅桿二枝，皷亭二間，石獅二座。次爲大門，門外左旌善亭，右申明亭，二亭今圮。大門内爲儀門，儀門内由甬道登月臺，中大堂三間。宅門内川堂三間。進川堂，内衙座樓三間。康熙三年，知府萬裕祚添建廂樓，左右六間，廚室二間，前後花廳共十六間，及土地祠、獄舖，承發房，左右大房等處，共二十六間。康熙四十年，知府遲炘捐資修補。乾隆元年，知府奉文修理六房，規制一新。

《（乾隆）騰越州志》卷四《官署》 州署在北門内，明鎮守參將署也。嘉靖初，司改爲州，遂爲州署。隆慶中，知州沈祖學重修，其碑述之頗詳，詞曰：天下事興替有數，開闔有時，運量有機，數適相值，乘時握機，不委之以非分，則事易集而功不勞矣。州治復建於嘉靖乙酉，多仍參府舊而變置增裁之。暨隆慶改元，凡四十三禩，習久因循，敝殊不振。丁卯建子月，余始至騰，環顧竊嘆曰：是何以莅民出治哉！方圓修理，戊辰正歲，代巡粤南。劉公思賢按府，余陳四事，次修州治，臺司咸賜嘉允，議動庫銀五千兩有奇，遂鳩工斂材，闢地廣基妥築東垣，延袤計七十一丈。州廳事爲麗正堂，東爲架庫，西爲銀庫，左重建吏目廳十楹，迤東初置角門，内建公廨十間，以居羣吏，右增補庫舍六楹。迤西原有角門通兩衙以及舊廨廳後，正衙爲三德堂，爲養心亭，爲宅舍，兩廊爲房科，皆因舊而修之。甬道中葺戒石亭，前爲儀門，左爲土地祠、預備倉，右爲州獄大門、鼓樓，雖就彼而未經議也。外重建旌善、申明二亭，各二十楹。有汙池而不浚，有仰周亭而廢久，因鑿池引泉，采石平橋，植亭於上，爲觀風，培蓮於下，聯屬以亭爲來鳳。再前有寧遠坊，亦葺而新之。坊前有屏，左右翼以牆，署前境界，非復昔日之荒圮矣。又大門東，建公館計七十四楹，以延委使，其西建總舖計四十四楹，以便羈候。又西建築廣積倉門牆。於是臺池亭榭掩映於前，官舍民居環列左右，而規制畧備。斯役也，經始於戊辰四月，告成於己巳七月，備工稱鍁，一不動民，請數縮而用數盈，補給幹旋，誰力其任。嗟夫，有歉於心者則畏縮而不敢爲，植私以自固者則避難而無暇於爲，此州治所以日敝矣。顧運籌料理，其機在乎人耳。事竣，未及記，至庚午五月定遠陳尹鶴村策以查盤至州，指鼓樓謂余曰：斯樓非所宜，有殊戾堪輿家説。余未深信，别之。明日，大門簷枋忽墜。又二日，樓前左角爲風伯所隕，始疑而嘆曰：興替寧有數耶？遂謀更置，適南谷沈君濂、龍川吴君宗周、鳳嵎陳君宗器以志事造訪，議及云外有廳，事大足供役搆而得之，爰擇吉舉事，不越月而大門成。大門左内南建迎賓館四十楹，右建告册所十楹。余欲仍葺鼓樓於州前，方城陳君劝、州左高君萬選謂以有用材而置之閒散，得無惜乎？昔兵道巡城，常謂衙後空虚，何不葺補之。余又嘆曰：開闔寧有時耶？何見不及此。因謀充拓，捐俸料理，廣一爲三，飛廉峭角，曲檻迴欄，模彷舊制，因名爲大觀樓。踰兩月而工就，又改州前直衝之路，没池環繞而入信哉。時事難逢而天數有定，機緘默寓而人謀允臧，州治兩修，劉陳二公兆之矣。兹役也，不動於官，不歛於民，廢者舉，缺者完，欹者正，敝者葺，高而翼飛，兀而鼎峙，規制全面器宇壯，統體正而觀望尊，垂百年無改之基。吁！心亦勤矣，固不自棄於不爲，亦不敢自諉於不暇爲也。役成，而中崀吴君宗堯謂余曰：州治請建於木山嚴公，而重修於公，豈浙姚氣數感召而建復起敝，相爲後先耶？余遜不敢承，惟願後之君子，曰：此前人之用情，下民之趨事，難矣哉！入門而思鼓樓之變耶，爲州之計也，非以利一人也。由路而思觀風之淳耶，爲州之計也，非以福今日也。登樓覽勝，得無有視不逮遠者耶？臨亭觀蓮，得無有風不盡同者耶？繹義顧名，協謀於前，則基命永固，民其充綏矣，嘗讀此碑而慨然也。興替有數，開闔有時，運量有機，州縣吏顧安得數適相值，乘時握機，以泰然爲之耶？迨今二百年，而州署規模猶如所記不改觀，中爲大堂，右旁爲庫房，左右爲書房。堂後有虎坐，門有墀，進階爲二堂，右爲草堂，左爲軍需册房，庭旁爲兩廂房。二堂後有虎坐，門進内爲住房，右轉爲書房，由迴廊轉左有照廳，有書廳，兩旁有廊，後爲紫薇書屋。兩廂左右六楹，左轉爲住房，三間，左廂房兩層。再左進，三間，左出爲匠作房，凡六間。又進，三間，左前爲外廚房，左後爲内廚房。大堂後樓三間，環以菜園，再左後有養心亭。大堂前爲儀門三，有甬道出儀門，左爲土地

祠，右爲監獄。前門爲樓門，樓外照壁一座，左右環以八字墻，有東西轅門。乾隆三十五年，知州吴楷建草堂三楹於二堂右。四十一年，復拆建大堂門樓，買置舊州判衙内另建一宅於右方。有記，見《藝文》。

《〔乾隆〕南籠府志》卷四《公署》 南籠府署，在城北。文廟街舊爲安籠所署。康熙二十五年，改設南籠廳，署仍之。雍正五年，改府，遂爲府署。八年，知府黄世文，十一年，知府王元烈，節次增修，規模軒敞。門二重，堂三進。儀門外，左土主祠，右監獄。門内兩廊，爲六科辦事之廡。内堂左側之書齋别室，曲折迴廊，位置有致。余補葺重新，以大堂爲臨民之所，取《尚書》義顔曰「顧畏」，並榜于柱以「苗人皆赤子，岩穴有青天」之句。内堂爲賓客過從、吏民稟訊、案牘批答之處，題以「勿欺自勗」，而聯於堂曰：绿海洸澄，潄潤可分清牘案；壽山峰峻，瞻巖永藉奠苗疆。時乾隆甲申桂月之中秋日。

《〔乾隆〕南籠府志》卷四《公署》 安籠鎮總兵署，在城内南大街。國朝康熙二十三年建，門二重，堂三進。内外官廳悉稱，每進左右向者各三楹，迴廊曲榭，書齋别舘，爲賓客過從、公退燕息之地。右箭廳，左屬馬祖祠，地勢宏廠，堂階壯麗。乾隆二十八年，總鎮焦騰漢重修。

《〔咸豐〕鄧川州志》卷六《建置志·公署》 州署，城西南，坐未向丑，中爲大堂，二堂，三堂，後爲内室。内室兩旁爲廂，三堂右爲書齋，三堂左旁爲廳。廳後爲庖，湢後爲箭道，箭道西爲箭亭。三堂前爲涼亭，二堂左爲簽押房，二堂左廂爲茶房，右廂後爲馬厩，馬厩後爲倉房。近大堂内右側西向爲客廳，外左側東向爲案牘。神祠大堂前爲龍亭，左右爲六房吏舍，龍亭外爲儀門，儀門外左爲吏目署，爲土地祠，右爲監獄，前爲大門，爲照壁。按：道光二十五年十月間地震，大堂内廳舍半圮。二十六年六月，署州胡公道駿詳請借廉捐修，大役民力。二十七年，署州楊公爲翰建箭道内箭亭。又按，舊志乾隆初年，知州唐公世梁鐫陳搏所書福壽二字於石砌諸儀門墻，謂能避水火。又舊有戒石亭，在大堂後，申明、旌善亭在大門外，今皆廢。

《〔光緒〕順寧府志》卷八《城池·衙署》 知府署，舊《雲南通志》：在城内鳳山下。舊在麻陋缺村，即今舊城。明萬曆二十六年，巡撫陳用賓遷建今地。康熙六十一年，知府范溥重修。舊志：乾隆閒，知府劉靖增修。采訪：四十六年，知府楊有涵重修。道(元)〔光〕二年，知府林樹恒又詳請修理。咸豐七年，兵燹，燬。同治十二年，知府陳泰琨以知縣署改爲府署，就府署遺址建置黌宫。

貴州

《〔道光〕貴陽府志》卷三五《宫室圖記第五·官署》 國朝雲貴總督署，在府城新街。明爲總兵署。國朝順治十六年，設雲貴總督。十七年，總督趙廷臣改建。康熙元年，改設貴州總督。四年，仍設雲貴總督。十年，總督甘文焜增修。二十一年，駐移雲南署址，在今新街明布政司，有參政二員，參議二員，各任分守。惟安平督糧道署在省城，即今糧道署。按察使有副使四員，署在各分巡處。僉事二員，署址無考。萬曆二十七年，移銅仁提督駐省城，署在北門外。康熙六年，移駐安順督標五營中軍副將一員，前後左右遊擊四員，並於缺裁時廢署。明貴州衛署即今臬署，貴州前衛署即通判署，在新城北，今通判移駐下江。嘉慶五年，即址建正本書院。明都指揮使司署本元時八番順元都元帥府改建，即今貴筑縣署。明新貴縣署在府城東南隅，即今正習書院。定番州明有東察院行署在城東門，西察院行署在城西門，安平道署在城東隅，缺裁署廢。開州初建州時，有河防道署在城東門；旗鼓廳署在丁字街；火器營總兵署，又左營大廳署，前後左右四營遊擊署，守備五千總十把總二十署，均在城西。順治十八年，缺裁署廢。貴定縣明有駐鎮推官署，設自萬曆六年，在城東；經歷司署在衛治左；又掌印、管屯、管採捕盜指揮各一員，並鎮撫司前後五所署，皆缺裁署廢。平伐營都司署，乾隆十年營裁改汛，遺址即今新添營分防千總署。公所凡三：校士有貢院文場，練兵有教場、演武廳，送往迎來有驛舍公館。貢院見學校。教場在貴陽者二：曰撫標教場，貴陽營教場。演武廳四：曰撫標左營演武廳，右營演武廳，貴陽營演武廳，貴陽守備演武廳。其定廣協長寨營、新添營、教場演武廳無册可稽。驛舍之在貴陽者三：曰皇華驛，在貴陽城曰龍里驛，在龍里城曰新添驛。在貴定城公館之可紀者三：曰大公館，二公館，三公館。又南門外及威清門外各有接官廳，自貴陽東至貴定西至清鎮，沿途咸有公舘，無册可稽。撫標教場在南門外南嶽山麓，爲兩營操演登山奪旗處，官廳三間。道光二十四年，參將常明、署遊擊高某、左營守備羅亨禄、右營守備王起發建。貴陽營教場在陸廣門外，俗曰北教場。撫標左營演武廳在參將署左。撫標右營演武廳在遊擊署左。貴陽營演武廳在貴陽遊擊署右。貴陽守備演武廳在守備署左，有頭門三間，廳一，馬道、箭道俱備。

《〔道光〕貴陽府志》卷三五《宫室圖記第五·官署·萬壽宫》 萬壽宫，在城

東北隅縣學宫左，不知建自何年，有甬壁一、圍墻一、東西轅門各一。轅門內午門三間，東西便門各一間，牌坊一，左右文武朝房各三間，文武官廳各六間，正殿三間。乾隆四十一年，巡撫裴宗錫重修，厥後屢加修葺，其定番、廣順、開州、龍里、貴定、修文，皆未建萬壽宫云。貴陽官署，內城者二十，曰巡撫署、學政署、布政使署、布政司經歷署、布政司庫大使署、按察使署、按察司照磨署、按察司司獄署、清軍糧儲兵備道署、貴陽知府署、貴陽經歷署、貴筑知縣署、貴筑典史署、貴筑教諭署、訓導署、撫標中軍署、左營守備署、右營遊擊署、守備署、貴陽營遊擊署、守備署。在外城者三：曰府學教授署、訓導署、新城汛把總署。在府親轄地者一，曰定廣協青巖汛把總署。在定番城者八：曰定番知州署、吏目署、學正署、訓導署、定廣協副將署、都司署、千總署、協防千總署。在定番境者一，曰斷杉汛千總署。在大塘城者四：曰州判署、定廣右營守備署、頭司把總署、二司把總署。在大塘境者二：曰方番汛把總署，曰明通汛把總署。在羅斛城者二：曰州判署，曰羅斛汛千總署。在廣順城者五：曰知州署、吏目署、儒學學正署、訓導署、長寨營右營守備署。在廣順新城者一，曰新城汛千總署。在廣順境者三：曰定廣協威遠汛把總署，曰定廣協改窑汛把總署，曰長寨營宗角汛把總署。在長寨城者四，曰同知署、長寨營參將署、守備署、存城把總署。在長寨境者七：曰同筭汛把總署、羊角汛把總署、者貢汛外委署、焦山汛外委署、狗場汛外委署、羊城汛外委署、打壤汛外委署。在開州城者五，曰知州署、吏目署、儒學正署、訓導署、貴陽營分防開州汛把總署。在龍里城者五：曰知縣署、典史署、儒學粉諭署、訓導署、定廣協分防龍里汛把總署。在龍里境者一，曰新添營谷壤汛外委署。在貴定城者六，曰知縣署、典史署、儒學教諭署、訓導署、新添營都司署、千總署。在舊縣城者一，曰舊縣汛把總署。在縣境者三：曰平伐汛千總署、新安汛把總署、尖山汛外委署。在修文城者五，曰知縣署、典史署、儒學教諭署、訓導署、貴陽營分防修文汛外委署。在縣境者五：曰札佐巡檢署、貴陽營札佐汛外委署、烏江汛外委署、黔西營陸廣汛署、九莊汛署。府屬各營武弁署之在他府境者，歸化廳有長寨營分防壩場汛千總署、山京汛外委署，清鎮有清鎮汛把總署、巡撫都察院署，在府城內東北隅。明成化十年，巡撫宋欽建。弘治間，巡撫鄧廷瓚改建，明末圮。順治十八年，巡撫十三元重建。康熙四十年，巡撫陳詵修改大門。乾隆十二年，修箭道廳。十五年，修西花廳並各房舍、周圍墻垣。二十七年，修轅門並巡捕官廳。二十八年，重修西花廳並六角亭。嘉慶十八年，修大堂各役房並內宅。十九年，重修西花廳。二十三年，重修箭廳。二十四年，重葺內宅。道光九年，修二堂。十二年，重修大堂並官廳、東花廳、儀門。十五年，修頭門、轅門、甬壁，現在甬壁一、東西轅門各一。轅門外司道官廳八間，中衛官廳三間，賫奏廳三間，撫標左右營城守營值日廳三間，迤東號房八間，迤西役房八間。轅門內旗杆二，石獅二，鼓亭二，頭門二。楹門內之左翼以役房者五，門內之右爲科房二十四間，箭廳三間。更上儀門三楹，大堂三楹，陰陽臺二，左右文武官廳二十一間，門房三間。門以內，左簽押房三間，右耳房三間，二堂三楹。堂之右，大花廳三楹，神房一，池一，亭一，遊廊五間。堂之左，花廳五楹，遊廊五楹，敞廳五楹。御書亭一，關帝廟三間，大士廟三間，綵臺二，幕友房三間，過道三間，義學書房三間。堂以內內房七楹，左右廂房各三間，香火堂七楹，左右廂房各二間，內書房六間，西上房五間，廂房三間，傳房五間，廚房十六間。周繚以垣。

《（道光）貴陽府志》卷三五《宫室圖記第五·官署·提督學政署》　提督學政署，在府城南門內，順治十七年，僉事趙纛建於城南隅。康熙二十二年，僉事袁時中遷於糧驛道舊趾，工未成。二十五年，僉事畢忠吉續成之。雍正六年，題請建今地，將舊署改爲貢院號舍。現在甬壁東西轅門各一，門以內旗杆二，石獅二，左右鼓房各一，左號房三間，頭門三間，門內之左官廳四間。廳以上，道光二十年學政王慶雲增建錫類義學三間，蕭曹祠二間。門內之右字藏一，折而東儀門三間，龍門三間。門以內東文場一十四間，爲坐號四百三十；西文場一十四間，爲坐號三百四十有五。又上，大堂三楹，堂之東新堂三間，堂號三間，爲坐號九十。又其東文場一十五間，爲坐號七百二十。前後共號一千五百八十有五。堂之前爲射圃，左右兩廊科房各六間，內官廳三間。堂以內二堂五楹，右三間爲近山堂。乾隆三十七年，學使孫士毅建并題。左右廊房各三間，左小院爲房屋三楹，顔曰「對薇書屋」。正中大廳五楹，翼以耳房，中三間爲鶯鳴館，後半爲樓。樓之下接常平倉玉池，花時紅蕖緑波，可共眺玩。乾隆五十八年，學使洪亮吉築臺三層，顔曰「千葉蓮臺」。別搆思話軒、紅香館、聽雨蓬、卷施閣、金粟山房修竹廊、藏春塢、曉讀書齋，各係以詩。今多廢。廳之右廊房三間，折而東爲廚房，折而西前後爲幕友房，限以虎座門。門以內爲住房五楹，左右廂房各三楹。周繚以垣。均道光二十一年重修。

《（道光）貴陽府志》卷三五《宫室圖記第五·官署·承宣布政使司署》　承

宣布政使司署，在府城内西北隅貢院右，明永樂十一年建於北城外，景泰七年，布政使蔣雲漢改建，明末圮。順治十五年，布政使黄中道以城西公館暫建，康熙四年，布政使董顯忠遷今地。布政使潘超先、蔣寅、董安國，前後增修。四十六年，布政使張建績重修。有改向碑記。乾隆十五年，布政使温福補修。二十年，布政使吴士端重新科房。二十二年，布政使沈世楓重新署内外房屋。三十年，布政使永泰重修庫、廳、正房。三十一年，布政使恒光重修東西轅門栅欄。五十二年，布政使汪新再葺科房。嘉慶六年，布政百齡重修甬壁。道光十一年，布政使孔昭虔新建二堂。道光二十二年，布政使李象鵾改修花廳及内書房，增修玉帶河沿水亭。現在甬壁一，東西轅門各一，門左官廳三楹，馬房三間。門以内旗杆二，石獅二，鼓亭二，頭門三楹，左右役房各三間。門以内左號房三間，右差房三間。更進爲儀門，門左土地祠三間，門右蕭曹祠二間。更上大堂五楹，堂下左右科房各八間。少上左官廳三間，廳後庫丁房三間。右少上耗羨房三間，房後庫房三間。堂之左爲豐濟東庫，堂之右爲豐濟西庫。堂以内二堂五楹，左右廊房各三間。二堂之左水亭三間，厨房三間。更上爲關帝廟三間，廟後爲文昌閣三間。二堂之右官廳三間，對廳三間，廳後花廳五間。更上書房三間，又上亦書房三間。二堂後宅門三間，内宅五楹，左右廂房各三間。宅後内伺房五間。周繚以垣。署後爲翠屏山，玉帶河繞其麓，由右折逕甬墻下以達盤橋。布政經歷司署在府城内西北隅，按察司圍牆外之右。頭門一間，儀門一間，蕭曹祠一座，書役房二間，差房二間，大堂三間，二堂三間，花廳三間，對廳三間，住房五間，板局房四間，厨房二間。舊建道光二十七年圮，布政使羅繞典命經歷李琛重建。

庫大使署，在按察司署前，頭門三間，大堂三間，二堂三間，門樓一座，住房三間，厨房四間。道光十一年，庫大使何鋌添建儀門一間，住房五間，外廂房六間，内廂房六間，遊廊五間。庫書倪昇榮於大堂右捐建庫神及蕭曹祠。

《（道光）貴陽府志》卷三五《宮室圖記第五・官署・提刑按察使司署》　提刑按察使司署，在府城内西方貴州前衛舊趾，舊在城中大街，明永樂十八年建，明末圮，順治十六年，按察使王鍈重建今地。康熙八年，按察使張文德重修，乾隆四十三年復修，四十九年重修，五十六年復修，嘉慶四年重修，道光六年、二十年，兩次重修。現在甬壁一，東西轅門各一，門以内旗杆二，石獅二，頭門三楹，左號房三間，差房三間，右長班房二間。上爲儀門，門之下左役房三間，右驛房三間，門内大堂三楹，堂下左科房七間，右科房七間，房後卷房各六間。堂之左官廳三間，堂後二堂三楹，左廂房二間，右廂房二間。左廂後關帝廟三楹，馬王廟一間，土地祠一間，向右馬房三間。更上厨房三間，右廂房微上花廳三間，對廳三間，接花廳後門房九間。更上爲玉池，池上蓼草亭三間。二堂後爲宅門，宅門後住房五楹，左右廂房各三間。更上爲房五楹，左右廂房各二間，後爲後山。周繚以垣。照磨署在司署東。

司獄司署，在府署西，頭門、二門大堂各如制，内爲住房。乾隆四十九年、嘉慶十三年皆重修。道光元年，司獄程錦鎔補修。十七年，司獄徐進補修。

《（道光）貴陽府志》卷三五《宮室圖記第五・官署・清軍糧儲兵備道署》
清軍糧儲兵備道署，在府城内東南隅舊貴寧道署，原在城内安平道舊趾，順治十八年，副使王廷弼建，康熙十一年，參議陳寶鑰重修，二十年，勞之辨遷今地。五十年，參議白潢增修，乾隆四十七年重修，嘉慶二十年補修，道光十一年復修。現在甬壁一，東西轅門各一，東轅外科房五間，廂房二間，轅門内石獅二，石鼓二，頭門三間。門内左右役房五間，差房四間，傳號房四間。上爲儀門，門三楹，門内左右驛號房共四間，糧巡二，科房左右各五間，稿房聽事房各一間，左廣儲義學五間，右案卷房六間。上爲大堂，堂三楹，抱廳三間，堂右官廳三間，庫藏一所，堂内門房四間。上爲二堂，堂三楹，二堂下右簽押房四間，遊廊五間，左小花廳三間，抱廳一間，又大花廳三間，傳房三間。堂後新住房七楹，抱廳三間，右左廂房各三間，左爲門樓。門外厨房六間，又東舊住房五間，抱廳五間，左右耳房各一間，廂房各三間。另有門，門内幕友房三間，倉二十二間，馬王財神土地廟共三間。周繚以垣。

《（道光）貴陽府志》卷三五《宮室圖記第五・官署・貴陽知府署》　貴陽知府署，在府城内西南隅，隆慶四年建，康熙二年修。五十九年，知府徐如玉重修。雍正十三年，知府王玠增修。嘉慶十六年，知府魯習之捐廉補修。現在甬壁一，東西轅門各一，頭門三間。門内之左關帝廟一，右蕭曹祠三間，看祠房一間。門内正中爲儀門，儀門内之左右役房六間，號房三間，科房各四間。上爲大堂，堂前捲棚三間，堂後二堂三間，左花廳三間，廳敞亭一，對廳三間，幕友房三間，客廳三間。二堂後住房五間，東住房三間，左右廂房各三間，内書房四間，廳房二間，厨房四間。周繚以垣，計八十丈。

府經歷司署，在府署西，頭門一間，二門一間，役房四間，禁卒房一間，兵卡房一間，書吏房二間，長班小班房二間，大堂五間，宅門一間，廂房二間，住房三

間，厨房二間，翼房二間。

貴築縣署在府城内西南隅，舊爲都司署，以元八番順元都元帥府建，明末圮，順治十六年建，康熙二十六年，裁都司，改爲縣署。五十五年，知縣焦延祉重修。乾隆三十四年，知縣高偉增修。四十一年，知縣凌浩增修。四十八年，知縣沈鵬增修。嘉慶五年，知縣崔本重修。十四年，知縣劉琢璧重修。二十五年，知縣劉紹瑄重修。道光六年，知縣孔傳曾重修。十二年，知縣覺羅文寶重修。二十四年，知縣鄭士範增修頭門内役房、儀門内科房。現在頭門五間，門内蕭曹祠三間，五顯廟三間，役房三間。上爲儀門，門内左右科房十間，辦差房二十二間，大堂五間。堂後門房三間，二堂五間，簽押房三間，役房三間。更上三堂五間，船房六間，花廳六間，對廳三間，廂房三間，内書房九間，住房十餘間，厨房十間，油米房六間，茶房五間，儲積辦差什物房十間，更役房三間。教諭署在學宫左。訓導署，在學宫後。

典史署，在縣署内左，由縣頭門入。舊在城東，雍正八年，遷建今地。乾隆五十八年，典史吴煌添建内書房一間，頭門内蕭曹祠一所。嘉慶十八年，典史蔣恕培添建二堂，左花廳二間。道光十八年，典史后期昌改修頭門爲西向。現在頭門三間，儀門三間，門内書役房二間，大堂三間，二堂三間，住房三間，厨房□間，馬房一間。

撫標左管參將署，在府城内西北隅，康熙二十二年建。遊擊署，雍正九年改參將署，乾隆二十六年，參將薛隆紹、五十八年參將海格皆請帑增修。現在頭門、儀門、大堂、堂左右營、書各房均如制，堂後有住房、厨房、馬房，通計爲間五十有九，署左有演武廳一。左營守備署在府城内西隅，康熙二十二年建，乾隆二十七年守備李毓英、嘉慶十六年守備張玉堂皆請帑增修。現在頭門、儀門、大堂、堂左右營、書房均如制，堂後有住房、厨房、馬房，通計爲間二十有九。

撫標右營遊擊署，在府城内東隅，康熙二十二年建，乾隆三十七年遊擊吴國澍、五十八年遊擊綽奇皆請帑補修。現在頭門、儀門、大堂、堂左右營、書房均如制，堂後有住房、厨房，通計爲間四十有六，署右有演武廳。右營守備署在府城内東隅，康熙二十二年建，乾隆四十五年，守備徐萬寧請帑增修。現在頭門、儀門、大堂、堂左右營、書房均如制，堂後有住房、厨房、馬房，通計爲間二十有八。

貴陽城守營遊擊署，在府城内西南隅，明爲貢院地，後改爲都司署，順治十七年改參將署，康熙三年改副將署，八年改遊擊署。乾隆三十五年，守備葉華春請帑修葺。道光三年，遊擊范建衡請帑修葺。現在轅門、鼓亭、頭門、儀門、大堂、堂左右營、書房均如制，堂後有住房、厨房、馬房，通計爲間四十有七，署右有演武廳一。貴陽營守備署，在府城内西南隅，乾隆二十五年守備葉華春，道光元年守備陳天錫，皆請帑修葺。現在頭門三間，儀門三間，大堂五間，住房五間，軍裝局庫樓五間，署左有演武廳，亦有頭門三間。

外城教授署，在學宫右，康熙五年建，頭門三間，廳房三間，住房三間。訓導署在教授署後，乾隆四十餘年建，頭門三間，廳房三間，住房三間。道光十四年，訓導徐大銘增建書房三間，廳房一間。十九年，添建書房三間，改修頭門，別增一間。新城汛把總署在陸廣門内府親轄地。定廣協分防青巖汛把總署在府西南青巖城。

《〔道光〕貴陽府志》卷三五《宫室圖記第五·官署·開州知州署》 開州知州署，在州城内，明崇禎三年，河防道沈翹楚、知州黄嘉儁建。康熙元年，知州徐昌修葺。十年，知州王之官重修。二十五年，燬於火，知州王永烈重修。四十七年，知州楊文鐸於大堂左右建書吏房八間。五十七年，知州艾淳重修二堂。雍正年間，知州柳霈捐修大堂、儀門。乾隆三十七年，知州張鈞拓舊增修大堂、二堂。現在甬壁一，頭門三間，儀門三間，大堂五間，堂左右科房各五間，堂後宅門三間，二堂五間，花廳、簽押房各三間，住房五間，左右翼房各三間。學正署在明倫堂後，廳房三間，住房三間。訓導署在學宫西偏，廳房三間，住房三間。吏目署在城隍廟側，署知州錢某移置州署左，建大堂三間，住房三間，東西耳房各一間。乾隆三十七年，吏目張澤捐修二堂三間，左右廂房各一間，外書房一間，役房二間，頭門一間。四十五年，吏目張學紳增修頭門爲三間，添修甬壁一。分防貴陽營把總署在城東門内，頭門、正廳、住房共八間。龍里縣知縣署在縣城内，舊爲駐鎮推官署，康熙十一年，改爲縣署。厥後屢經修葺，現在頭門三間，門内土地祠一間，蕭曹祠一間，儀門一間，大堂五間，堂左右科房各六間，堂後花廳左右三間，廳下廂房三間，正房四間，翼房一間，役房二間，厨房二間，正中川堂一間，二堂七間，傍屋五間，二堂内住房三間，左右廂房各二間。教諭署在學宫左明倫堂後，住房三間，厨房二間。訓導署在學宫右，頭門三間，住房三間。典史署在知縣署右，康熙五十九年，典史丁珏建，屢經修葺。現在頭門三間，蕭曹祠一間，土地祠一間，儀門一間，役房二間，大堂三間，門房二間，花廳三間，書房一間，住房三間，廂房二間，厨房二間。定廣協分防龍里汛把總署在城内。分防谷

壞汛外委署在谷壞。

《〔道光〕貴陽府志》卷三五《宮室圖記第五・官署・長寨同知署》　長寨同知署，在長寨城内。雍正五年，同知自府城移治長寨，乾隆初間，同知鄔鴻迎建署。頭門三間，二門三間，科房三間，差房二間，聽審所三間，大堂三間，宅門二間，二堂三間，左書房三間，住房五間，厨房二間。嘉慶十七年，同知李韶泰補修，添建書房三間，頭門外左右轅門各一間，左右鼓樓各一間，蕭曹祠三間。二十三年，同知俞日炡添建卯廳一間。道光八年，同知黄士騏添建廂房三間，虎座門一間。十八年，同知王兆俊移蕭曹祠於科房，改建五顯廟五間。二十一年，署同知馬純熙於二門外添建關聖宫一間。長寨營參將署在長寨城内，雍正四年建，甬壁一座，東西轅門各一，左右鼓房二間，頭門三間，儀門三間，大堂三間，堂左文卷房三間，堂右鼓廳房三間，堂内二堂三間，左廂銀櫃房二間，右廂兵丁值宿房二間，書房一間，内宅過道門一間，住房五間，左廂書房三間，右廂厨房三間，馬房三間，箭廳三間。乾隆十八年，補修。二十年，添建轅門内官廳三間。五十年，補修頭門大堂。嘉慶元年，詳請修葺，修增内書房三間，轅門外栅欄一十五間，咸易以木瓦。長寨營左軍守備署在長寨城内，雍正八年建，頭門三間，大堂三間，右廂旗廳房二間，左廂馬房二間，二堂三間，左書房三間，左廂文卷房二間，右廂兵丁值宿房二間，内宅住房五間，左廂厨房二間，右廂書房二間，箭廳三間。乾隆十一年，補修大堂。十八年，添建内宅過道門一間。二十二年，詳請修葺。嘉慶七年，重修大堂。二十年，重修頭門。長寨營左軍存城把總署在長寨城内，雍正四年建，頭門一間，大堂三間，左廂辦事房二間，右廂兵丁值宿房二間，内宅住房三間，廂房二間，馬房二間。長寨營左軍分防同筍汛把總署在同筍汛，雍正四年建，頭門一間，大堂三間，左廂堆貯軍裝併兵丁值宿房三間，内宅住房三間，右廂厨房二間。長寨營右軍分防羊角汛把總署在羊角汛，雍正四年建，頭門一間，大堂三間，左廂辦事房二間，右廂堆貯軍裝併兵丁值宿房二間，内宅住房三間，左廂書房二間，右廂厨房二間。者貢外委署在長寨西七里者貢。焦山汛外委署在長寨廳北二十二里焦山。打壞汛外委署在長寨東八里打壞。羊城里外委署在長寨東三里洋城。狗場汛外委署在長寨西五十里狗場。

《〔道光〕貴陽府志》卷三五《宮室圖記第五・官署・廣順知州署》　廣順知州署，在州城内，萬曆三十九年建。康熙四年知州韓之屏、乾隆三十七年知州孟衍泗皆重修。嘉慶十六年知州托雲、道光五年知州王銈、二十三年署知州金臺，皆補修。現在頭門三間，蕭曹祠、土地祠各一，儀門三間，門内卯廳五間，大堂三間，堂下左右科房各五間，堂後二堂三間，書房三間，幕友房四間，花廳六間，耳房三間，庫房簽押房五間，茶房二間，二堂後住房五間，左右廂房各四間。學正署在學宫側。訓導署在學宫側。吏目署在州城内。舊城汛長寨營右軍守備署在舊城内，嘉慶五年建，頭門三間，大堂三間，堂左文卷書房三間，堂右旗廳併兵丁宿房三間，内宅過道門一間，住房三間，左廂書房二間，右廂厨房二間，馬房二間。新城汛長寨營千總署在新城汛，原係提標，雍正四年，撥歸長寨營，現在頭門三間，大堂三間，堂左辦事房三間，堂右堆積軍裝兵丁值宿房三間，堂後住房三間，左廂書房三間，右廂厨房三間，馬房三間。乾隆五年補修，四十六年重修。長寨營右軍分防宗角汛把總署在宗角汛，雍正四年建，原爲宗角汛守備署，八年改，現在頭門三間，大堂三間，左廂辦事房三間，右廂旗廳房三間，二堂三間，左廂文卷房三間，右廂堆貯軍裝併兵丁值宿房三間，内宅住房五間，左廂書房三間，右廂厨房三間，馬房二間。

《〔道光〕貴陽府志》卷三五《宮室圖記第五・官署・定番知州署》　定番知州署在州城内，明洪武間建。康熙元年，知州李益陽重建。二十二年，知州王緒祖增修。五十四年知州年法堯，雍正四年知州蘇松，乾隆四十六年知州程矩，皆重修。現在頭門、儀門、大堂、堂左右科房、役房如制，堂内宅門、花廳、二堂、堂後住房皆完整。學正署在學宫側，知州黄似瑶建。訓導署在學宫側。吏目署在州城内南方，吏目吴維寶捐建。定廣協副將署在州城内北隅，明末爲總兵署，康熙三年改副將署，歷任各官隨時補葺。現在甬壁一，東西轅門各一，鼓房二，頭門三間，儀門三間，大堂三間，堂左右營書房各三間，堂後二堂三間，花廳三間，住房五間，閑房三間，厨房，馬房各三間，通計爲間四十有一。左營都司署在州城南隅，乾隆三十二年建，道光二年都司張玉堂重修。現在頭門、儀門、大堂如制，堂内花廳三間，住房五間，又有厨房、馬房，通計爲間三十有七。千總署在城内。協防千總署在城内。分防斷杉樹汛千總署在斷杉樹。

《〔嘉靖〕思南府志》卷二《公署》　李府院，在府治左，永樂十八年建。弘治三年，知府金爵重脩。弘治十八年，知府羅璞重建。嘉靖十年，知府張鏢重脩。　正堂，凡五間。後廳，五間。迴廳，一間。工部採木侍郎劉昺因過水車江，以三小舟幫渡，題刻于此以紀之，云：三舫連繫一緯輕，行李匆匆幾送迎。可是途長愁日暮，獨憐焚溺在邊城。又巡按王濟駐節于此，有詩云：「不求民瘼關心處，正是陰雲蔽日時。舉眼盡爲三窟計，到頭誰了百年

思。且將薄廩朝陋饌，莫使孤燈夜愧幃。雲去日開天一霽，豪雄依舊是男兒。」又五言：「山雨孤眠夜，卿心萬里時。不能成一夢，徒自費多思。弱體堪添被，涼風却透帷。休論高與下，到此總癡兒。」又：「瘴卿行到處，民事了隨時。愧我流年老，更誰經國思。秋蟲鳴短砌，寒雨薄孤帷。膝下江南夜，應憐萬裏兒。」又巡按王杏駐節于此，亦有詩云：「虛度乾坤四十春，懸弧天外亦芳塵。劍霜寒倚雙蓬鬓，壺月清陪一瘦身。堂北綵衣應動念，黔南鐏酒正傷神。劬勞踵髮無涯涘，遲日能將寸草伸。」又：「百年虛度半光陰，世路風塵此日心。自咲浮萍忘故址，却歆文豹住重林。烏烏反哺雲間翼，脉脉尋源竹下濤。無奈東風催甲子，劬勞難遣蓼莪吟。」又：「函階小坐倚東風，星彩燈花相映紅。夜谷遥江金倍震，更郵傍水鼓聲逢。半窓邊務酧應急，三尺科條斷自公。最喜俗塵無處到，碧天涼夜此心同。」又《暮春》云：「羣芳色色著神功，爛熳春光已過中。沿選絮煙飄碎白，滿渠香雨滌殘紅。蝶憐輕瓣飛偏急，桃愛深仁綴欲叢。安得歸旌催過景，一巵鄉釀趂荷筒。」又僉事陸健詩云：「萍踪風約到天涯，四馬行春路轉賒。有意調美梅結子，無情作絮柳飛花。問邊聊御杯中物，枕上曾還夢裏家。王事在躬思盡瘁，遠臣寧忍負重華。」廊房，凡六間，在正堂東、西。公厨，凡三間。大門，凡五間，三間爲聽事所。二門，初無，嘉靖十年，僉事朱公、知府張鏢新建，扁曰「行臺」。

布政分司，在府治右。永樂十三年，知府陳理建。弘治十三年，知府金爵重脩。正堂，凡三間。後廳，凡三間。過廳，凡一間。廊房，凡六間，在正堂之左、右。公厨，凡三間。大門，凡五間，如察院制。

《〔嘉靖〕思南府志》卷二《建置志・朗溪蠻夷官司司治》 朗溪蠻夷官司司治，在琴德山。中爲治廳，凡三間。廳左爲幕廳，右爲幕宅，合四間。兩翼爲六房。前爲儀門，門右爲監房，又前爲大門。治右爲正長官宅，前、後、左、右宅，廂房，宅門，合十五間。副長官宅去司十里，亦如正長官制。吏舍凡六間。墻垣亦備。建脩于前後者，長官田豊、田稷、田慶嘉、田興邦、任佩、任珂、任維藩，吏目甘仲謨也。按：司署僻在東隅，建置多無所考。今所志者，成化初年重脩者也。弘治、正德、嘉靖年間，皆有脩葺。

《〔嘉靖〕思南府志》卷二《建置志・沿河祐溪長官司司治》 沿河祐溪長官司司治，在官川山麓。中爲治廳，凡三間。廳左一間爲幕廳，後爲後廳，亦三間。兩翼爲六房。前爲司門，門之外有榜房，凡四間，分列左右。治左爲正長官宅，凡三間，後宅、廂房、宅門合十二間。副長官宅又在正長官之左，制如正長官宅。吏目宅殺之，監房附焉，吏舍八間。墻垣今廢。脩建有力者，長官張珏、張澤、冉翺、冉朝佐，吏目廖惟幹、何洪也。按：司署建自正統五年，以前無考。後八年脩監房，弘治五年、九年脩正副長官宅，正德九年脩治廳。此後無聞焉。社學凡一所，在司治梓撞觀左。今廢。

《〔嘉靖〕思南府志》卷二《建置志・蠻夷長官司治》 蠻夷長官司治，在府西。中五楹爲治廳，後三楹爲後廳。廳之東西爲廂房，凡六楹。治廳左右爲六房。後爲監房，中前爲儀門，又前爲大門，扁云「正巳」。門之內有廊房，凡六間。正德七年廢於水。門之外爲榜房。治北爲正長官宅，凡三間，後宅亦三間，廂房六間，宅門殺之。治東爲副長官宅，後宅、廂房、宅門各三間。吏舍凡六間，列於治內。司墻高七尺，圍於治外。先後建脩者，長官安逸、安方、安洛、安宇、李林、李承祖也。按：司署建始在永樂間，長官安逸成之。正統十四年，苗賊叛亂，攻陷府治，盡火其居，獨存此署。一坊曰忠愛者，即今所扁曰「正巳」者是也。至成化間，長官安方乃脩葺之，是爲今署。正德五年、十年、十五年，嘉靖五年，互有脩治。

《〔嘉靖〕思南府志》卷二《建置志・水德江長官司治》 水德江長官司治，在府之南。中爲司廳，廳凡三楹，廳東又一楹，爲幕廳。兩序爲六房，前爲司門三楹，門右爲監房。治左爲長官宅，宅凡三楹，後宅五楹，廂房左、右各三楹，宅門亦三楹。治西爲副長官宅，宅如正長官制。吏目宅又在治廳後，制視長官殺焉。吏舍、墻垣一皆備具。前後脩建者，長官張沂、張玉、張羽、張軺、楊茂、楊敷、楊美、楊宗程，吏目黎永旺也。按：司治建於正統三年，長官構茂之力也。前此不得而考矣。此後成化二年，弘治九年，正德九年、十年、十五年，嘉靖十二年、十三年，各官雖代有脩葺，然直一厦一木之功耳，未盡能繼茂之事而任鼎新之力者也，故不暇備書，而直述其槩。

《〔道光〕思南府續志》卷二《營建門・府署》 明永樂十一年設府，改寧慰司署爲府署。景泰二年，知府何轍以正統間署燬於兵，題請更創。成化六年，知府王南重脩。弘治三年，知府金爵增修。弘治十四年，知府羅璞繼修。嘉靖三十七年，知府宛嘉祥以治堂傾圮，庀材重建，添置廳堂、廂廊、樓厨、儀門共八十餘間，有重修府署記及推官陳南星記，見《藝文》。萬曆二十九年，知府陸從平以大門偏左與儀門不對，兼地勢卑下，委長官安岳更正，內外皆甃石爲臺，左儀仗庫，右土地祠，各限以墉。儀門上建樓七楹，顔曰瞻言。外臺下建鼓樓，樓外爲頭門。門以內，西爲延賓館；門以外，左右置旌善、申明二亭，前豎承流、宣化坊，昇石甬於官街，上有瞻言樓。記見《藝文》。萬曆三十二年，知府趙恒於正堂豎保釐南服坊，頭門外新建旌善、申明二亭，改舊亭爲東西官亭。公守參議史旌賢

有重修府門記，見《藝文》。國朝康熙九年，知府陳龍巖以明末兵燹，署廨率多傾圮，重加修葺，建創治堂三間，高二丈有奇，深二丈五尺，廣倍之。堂以外，左爲庫房，下爲卯廳，左右班房各一間，東西吏舍各六間。東迤吏舍後即廢同知署址，置倉二所。去堂檐五丈許，爲儀門。門以外，左爲贊政廳，右爲土地祠，又下立獄神祠監三間。由儀門而下四丈許，爲鼓樓五間。即瞻言樓。又下爲頭門，門樓二間，頭門直下爲屏墻。臨街豎保釐南服坊，左右分豎承流、宣化二坊。堂以內，過廳一間，退食堂三間，正房五間，深濶宏敞。又後樓五間，樓前左右各廂房三間。堂後東迤爲東廳，左羣房五間，廳後書舍三間。西迤爲樓三間，樓後爲厨舍。其正宅群砌，撤西屏牆，從中出入。康熙十二年，知府姜登高重建班房於堂之下軒。康熙二十九年，知府劉謙吉重修獄神祠，修整大堂、卯廳、儀門、大門、堂後東廳，重飾丹雘，更於署西儀門內右迤建講學堂，即廢推官署址。闢左垣內閒亭三間，濬方池，堂後更建平房。左迤爲亦我園，葺園內舊八角亭，顔曰二能亭；右爲静葉三間，方三畝，周繚以垣，有講學堂。亦我園、二能亭各記，見《藝文》。乾隆四十七年，知府梁永年請項全署補修，計銀一千四百九十九兩九錢一分九釐，按年攤派。嘉慶十八年，知府李應箕請項全署補修並倉廒監獄，計銀一千八百六十兩，按年攤派。道光十四年，知府馬佑龍改亦我園舊亭爲箭亭，工費流入交款。道光二十年，知府夏修恕捐俸二百三十兩補修大堂、二堂、堂後樓門、左右廂房、隨任香火花廳。現在大堂五楹，左官廳三楹。堂右堂房三楹，堂前爲戒石坊。坊下左右科房各五楹。外爲儀門，門六楹。楹下左爲蕭曹祠，右爲土地祠。下爲頭門，門六楹。楹下左右爲鼓樓，外爲轅門，又其外爲牌坊。大門內迤西爲監，監七間，獄神祠在焉。大堂外迤東爲三官堂，堂左爲倉神廟，廟前爲東常平倉，倉五座，計十九間。大堂外迤西爲箭亭，亭側爲西常平倉，倉七座，計二十八間。堂以内爲二堂，堂左爲東花廳，廳外爲亭。一堂右爲西花廳，其外爲照廳。廳迤西，另爲住房、耳房，以居幕席。堂後爲住房遊廊、左右廂房，後樓門樓、隨任香火書舍，茶房、厨房。遊廊最後爲池，廣半畝，繚以垣。署外由官街而上，階五級。歷牌坊由坊而上，階十級至轅門。由轅門而上，階十一級至頭門。由頭門而上，階三十一級至儀門。門內階二十四級至戒石坊。由坊而上，階三級至大堂，地勢崇隆，規制完整。

《〔乾隆〕獨山州志》卷四《公署》　州之設官，所以課士治民而練兵也。官之有署，士民與兵所以就理也，發號施令，宣德達情，壯觀瞻而肅體統，於是乎在夫夏屋渠渠，臨政有赫奕之形，退食有委蛇之適。一木一石，動關國帑；攸芋攸寧，罔非民膏。念拮據之維艱，思棟梁之綦重，得不謀所以牂幪乎？億兆扞圉乎？邊徼耶？詩云「躋彼公堂，稱彼兕觥」。處斯署者，能使士民與兵頌聲作焉，則居之安矣。志《公署》。

州署在北街正中，坐西北向東南，大堂五間，過廳二間，廳南書房三間，二堂三間，三堂五間，左右廂房四間。二堂東角住房十二間，二堂西角住房八間。大堂前書吏房左右各三間，班房一間，儀門三間。儀門北土地祠三間，更夫房三間，南囹圄所八間，頭門三間，照壁一座，下房三座。案舊志，明弘治創建州署時，皆四土司分任修造。嗣後州牧張心傳改修，州牧王希曾鑿署後之北偏爲池，植荷花常盛，前人菊圃因希曾詩得傳。國朝，功令衙署責成現任官修理，不□，因循憚煩。始時，州牧□□□重修栢秀亭。乾隆十五年，州牧解韜修書房六間。二十一年，州牧閻公銑修三堂，住房五間。舊制，大門外八字牆二，甬壁一。乾隆十五年，州牧解韜圍以栅欄，轅門排以左右鼓房，術者謂於方向不宜。三十三年，州牧劉岱改，復舊制。

《〔乾隆〕石阡府志》卷二《官署》　府署城内北隅，坐東向西，明永樂十一年建。正統十四年，燬於寇。成化十一年，郡守楊榮建，改頭門向於南。嘉靖四十年，郡守蕭立業修。署中爲忠愛堂，後爲宦適軒，前儀門、頭門，翼以申明、旌善二亭。順治十四年，僞爵楊國棟劾楊新桂，兵亂，悉燬之。康熙三年，郡守劉啓復詳準，以燼餘之三聖宫拆修大堂、坐宅、後樓廂房，捐添二堂、儀門、大門、寅賓館、土地祠。乾隆九年，郡守邵一珩因樓房俱朽，請項修建，未準。乾隆二十一年，郡守時廷藹拆樓補修坐宅。二十八年，文思由陝西商州陞任，捐俸鳩工，建鼓樓、祀先亭、友蘭居、雙桂閣，築垣，鑿池，塗堅，完善扶梯，開牖，彩飭頻加，事猶未竟耳。

《〔咸豐〕安順府志》卷一八《安順普定官署》　府署在城内西南，即舊州署。明萬曆二十年，改州爲府，因爲府署。乾隆五十三年，知府季世法詳請修理。嘉慶十四年，知府阿昌阿重修。道光元年，知府孫昇長重修。三十年，知府常恩新建東樓二座，一係三層，顔曰「伴雲」，有記。一亦係三層，名曰「天吉」。西樓一座，添建兩苑樓房三間，名曰藏書。修砌四面牆垣，補建科房，以貯文案。教授署在學宫右，明倫堂後。道光二十年重修。【略】

督學行署，舊以府城内西南驛館充。嘉慶初，撤後營至定頭等處，即以遊擊

署爲督學行署，在城正北，嘉慶九年建。道光二十六年，知府朱德璲以坐號少，捐銀交楊春發等構買屋基，添修坐號五十間。二十九年，知府常恩因號舍仍少，而正堂湫隘，復捐廉，並諭各屬捐輸，廣購基址，親課工役。重修正房五間，西廂樓房三間，樓北房二間，樓南房二間，對廳五間，二層對廳五間，郵亭三間，大花廳五間，大堂五間，捲棚三間。內官廳三間，東西號房六十九間，龍門五間，甬道一間，走廊五間。外官廳三間，儀門三間，頭門五間。內厨房五間。茶房三間，厮房二間。東西轅門二間，鼓房二，甬壁一，桅桿二。巡捕房六間，左右槽門二，供運厨房六間，看役房五間，四圍墻垣。箭道内箭廳三間，捲棚一間，學官房十一間，厮房三間。馬房二間，槽門二，四圍墻垣。

《〔咸豐〕安順府志》卷一九《鎮寧官署》 州署，通志云：在州城內。舊在安南衛，明嘉靖間，知州段絲錦建，後毁於兵。順治十六年，移州治於查城驛，知州王燧建。康熙四年，知州易言翼增修。州志云：乾隆二十年，內外署火，知州李復泌補修頭門、儀門、書辦房。三十年，知州蔣日烜補修上房、廂房、花廳、捲棚。三十八年，署知州任鎮及以州舊無大堂，移花廳、捲棚爲大堂，移書辦房，葺儀門，增差房。三十九年，署知州蕭旃年葺上房。四十五年，知州范槤借廉修理上房，左右廂房，二堂，右廂房，西花廳，書房，對廳，大堂，書辦房，班房，儀門，共四十六間。右爲土地祠，右監獄六間，有高石圍墻。門外差房一間，頭門三間，轅門三架，甬壁一座。

《〔道光〕大定府志》卷一九《治地志一》 大定府署，在府城內之西。舊在今署之右，康熙六年，知府寧雲鵬建。後改府爲州，遂爲州署。四十三年，改爲督學行署，知州雷有成別建州署於今地。雍正七年，改州爲府，署仍之。《貴州通志》。 乾隆五十年，知府永福重修。道光二十年，知府姚柬之請布政司庫閒款銀一千二百六十三兩有奇，改建，以知府養廉銀償之。門、大堂、二堂、三堂皆增補。大堂前建坊一，曰「知人安民」。二堂仍舊額曰「鑑心」。闢齋二，一曰「汎若不繫之舟」，在三堂左；一曰「五柳十竹」，在二堂右。亭一，曰「西笑」；軒一，曰「挹爽」；廬一，曰「抱郄」；館一，曰「察眉」，皆在堂西。種柳竹於齋前，又購地拓獄。二十六年，知府黃宅中恭録雍正三年諭天下知府上諭於鑑心堂，又建錢庫一，在大堂右；書閣一，曰「屏山」，在五柳十竹齋右。齋前補植柳竹，又樹松檜青桐於隙地。二十六年，録康熙以來歷任大定知府知州於廳事右屏，爲題名記，又繪輿圖於左。《檔册》。 寧雲鵬《大定府堂記》：天祚有憲，誕降神武，承先志未成之大業，擴前代未擴之丕基，宋宗元祖，若留以待今日者，洵振古未之觀。當我世祖朝統一區宇，東漸樂浪，西極崑崙，南越裳，北蠕蠕，莫不來王，豈羅甸一麼麼可容鼾睡榻側？然而未遂也。今皇帝起而成之，爰授兵柄於平西親王，甲辰提師，蹂其穴，乙巳即飲至錫祉，丙午使余守兹土。先是，成城於此者，元勳興侯劉公也。公以節制師出奇算，擒巨孽獻功，功在諸大戎上，故斯郡藉以鎮，四境肅靖。余來與公和衷，惟日夜以巖疆初闢、城郭未完、剥制未定、民未廣居是慮，因度地遠近，登民數，畫東西南北爲四鄉，均里入，里各有甲，甲各有户，户酌民數爲哀益。田則有賦税，凡秋糧若干石，咸以實軍糈。制甫定，民皆盡力隴畝，給公私無少缺。又與民約，不繩禮義者，罰無赦，民之秀者始稍稍就學校。迺立府學治南，奉先師，爲圜橋觀聽地。教養既興，而治署弗飭，非所以示觀瞻也。遂捐俸，命工庀材，藉民力，委經教董工，作廳事五間，曰教簡堂，出政所也。稍內文作廳五間，曰文思堂，輯簡牘，延僚屬，商確政事，非此不便。稍內作室五間，額曰「臥治」，居堂左右。椽吏公廨及儀門、大門若干門，悉初成制。去治前百餘步爲公庾地，別周以垣，約計二十四間，曰永豐倉。文思堂之左建庫曰永盛，其他佐署、賓館、獄櫝、神祠及社稷壇壝，與府治相表裏者，次第修舉，盡制乃已。治旁隙地可種竹，爲公餘憩息之所，因鑿池，建亭於上，名其亭曰「如水」，匪云遊觀，蓋將以明志也。是皆前此未有，又不欲後人勞民力，故殫心肇建如此。夫一郡也，其民賦不及中州一小壤，乃爲我聖天子命親王采闢之區，除滇黔數千年腹心之蠹，用成我世祖皇帝開國殲逆之志，爲前古未覯之事。使余弗克周定制度，爲封城民社計，謂職守何兹不憚，力不吝用，欲成厥制者，特以仰體聖天子成先志，大無外云爾。既成，鑑於石，記之。知大定府事中憲大夫三韓寧雲鵬霽飛記。生員張克壯書丹篆額。通判葛炳、陳繼芳，推官趙上麟，經歷劉起沛，教授徐士亮，司獄李聊孝，東鄉巡捕孟繼孔，北鄉巡捕顧天寵，鄉把潘繼祖、楊奇方、楊奇榮、歐如瑶，工房段文忠，杜春從督工。把總熊兆明，石匠周世貴、楊名。康熙七年建府堂，康熙八年立碑。姚柬之《大定府署碑記略》：府治西南向，而坐於甲寅之間，震艮不分，東西莫辨，且傾圮，官無治事所。余爲更寅申水出乙，大門視昔而稍狹，大堂仍舊而增高，建一坊，額曰「知人安民」。二堂因舊額曰鑑心堂，爲治事所。三堂闢一齋，屋三楹，額曰「汎若不繫之舟」，爲公餘讀書所。署之西建一齋、一亭、一軒、一廬、一館。齋曰「五柳十竹」，余所植也。亭曰「西笑」，軒曰「挹爽」，廬曰「抱郄」，館曰「察眉」。郄、眉，余體也；笑、挹、抱、察，余用也，爲宴會賓客所。請於布政司，得銀一千二百六十三兩五錢四分五釐，以養廉三年坐扣償之，共用銀一千八百七十八兩四錢四分九釐。工興於道光庚子二月，成於八月。督工者大定府經歷吳疇，余弟陝西縣丞俞官人陳發，木工楊氏，石工陳氏，瓦工熊氏，創得並書。 經歷司署在府城內。《貴州通志》。 教授署、訓導署俱在學宮側。《貴州通志》。今學宮移建城西，署仍舊。《采訪册》。 督學行署在府城內西。《貴州通志》。今移建城南，以其地爲學宮。《采訪册》。

大定協副將署在府城內東北隅。舊爲總兵署，雍正五年，改鎮爲協，遂爲副將署，即前明宣慰安氏之大堂。堂前日晷，頭門外石獅，俱宣慰所遺。譚文藻《大定

志稟略》。守備署在府城内東南隅。《貴州通志》。守備署在府城内北街。《貴州通志》。通判署在府治西南三百二十里水城。舊在威寧，雍正九年，移建今地。《貴州通志》。照磨署在水城。《檔册》。水城營遊擊署在水城城内，乾隆二年建。《貴州通志》。守備署在水城城内，乾隆二年建。《貴州通志》。

《〔道光〕大定府志》卷一九《治地志一》　平遠州署，在州城内。初爲府署，康熙四年建，二十三年，改府爲州，因爲州署。《貴州通志》。平遠知州署舊爲府署，在城内西南隅。頭門三間，儀門三間，角門三間，舊俱茅覆，頽毁。知州俞九城捐奉，新建大堂五間，二堂五間，六房八間，坐房五間，内披房八間。舊有客廳三間，東向，爲火所燬，知州俞九成改建四間，南向；後知州李雲龍又添建一間。又有來鳳閣三間，知州陳正心建。後山一覽亭，知州李雲龍新建。廚房、馬房、草房共十四間，監獄五間，班房一間，在二門外，皆知州李雲龍捐建。土地祠前後二間。《平遠州志》。公署坐西向東，前帶長江，後枕笏山，奇石秀削，佳樹葱蘢。道光二十六年，知州徐豐玉建醒睡廊、一覽亭於上，收四時之景，踞一城之勝。道光二十三年，知州李宗沆改座房向北，倚右山爲後襯，石脊度處有天然石塘，適當座房後，前爲對廳數楹，左爲廂房，右爲内宅。宅門外繞廊捲棚，二堂在焉。二堂左側房數間，中爲過道，達花廳，其左爲賓館。二堂右側由過道門入爲厨，爲廒，可通倉廒，倉廒盡處即就其地建立倉神祠。二堂中爲穿堂，前爲大堂，科房列於左右，左有案牘祠，右有倉門，中爲儀門，左東角門，右西角門。儀門外左爲土地祠，右爲監房，中爲頭門，鼓房及東西轅門、甬牆皆備。吏目署在州城南舊府經歷署。《貴州通志》。吏目署舊爲府經歷署，在城内南隅。大門一，吏目高檡增建。二門一，經歷胡甡建。大堂五間，吏目石良璧建。廂房四間，其二間吏目王潮建，二間吏目高檡增建。二堂三間，吏目王潮建。後宅三間，吏目王修士重建。廂房三間，吏目戴光祖建。書房一間，吏目戴光祖建。廚房一間，吏目高檡增建。《平遠州志》。

學正、訓導署，俱在州城北，康熙三十六年，知州冷宗煜捐建。《貴州通志》。倉廒儒學學正署在城内北隅。大門一，學正張頤修。廳舍三間，學正田祖修。二間，學正劉再向、訓導張大成同建。坐房三間，學正劉再向重修。廂房三間，學正劉再向新建。又有厨房一間。訓導署在城内北隅，大門一，坐房三間，課士堂三間。《平遠州志》。平遠協副將署在州城内東方，舊爲總兵署，康熙八年，改鎮爲協，遂爲副將署。《貴州通志》。副將署在城内東隅，大門三間，儀門五間，大堂五間，副將駱儼重修。川堂五間，後宅十間，副將雅什泰建。廂房十二間，書房三間，箭廳三間，觀德堂三間，副將劉成謨建。花廳三間，副將劉成謨重修，更名慎農齋。書房六間，副將趙顯忠建，劉成謨重修，改爲義學，延師課讀，名耕讀堂。捲棚三間，副將朱相臣建。厨房三間，馬箭廳三間，副將王繼建。土地祠三間，馬房三間，官廳六間，鼓棚二間。《平遠州志》。都司署在州城内。《貴州通志》。都司署在城内西隅，本右營遊擊舊署。大堂三間，二堂五間，住房五間，羣房六間，小書房三間，大書房三間，厨房三間，馬房三間，内丁房三間，局房五間，箭廳三間，頭門三間，二門三間，書辦房三間。《平遠州志》。守備署在州城内。《貴州通志》。守備署在城内東隅，本左營遊擊舊署。頭門三間，二門五間，旗廳三間，内丁房三間，土地祠三間，大堂三間，二堂三間，住房五間，書房三間，馬房三間。《平遠州志》。

《〔道光〕大定府志》卷二一《治地志三》　大定府貢院，原係府署，康熙七年，知府寧雲鵬建。康熙四十三年，以府署暫應考棚，學政張豫章題爲考棚。《大定志稿》。知府黄宅中《試院偶記》：今文廟衍俗呼學院壩，舊考棚地也。康熙八年，寧太守雲鵬建學宮於南門大街，坐龍井坡西向，泮池之水自龍水井流出，美其名曰翰墨流香。乾隆四十四年，移文廟於學院壩，始以其地爲考棚。道光十三年王太守緒昆，二十二年姚太守柬之，先後重修。左右爲棚，各十五間，坐號各四百五十，大堂之右坐號七十有七，其左四十有八。堂直前爲龍門，龍門前爲儀門三間，儀門外頭門五間，左官廳三間，右供給所四間，頭門外鼓吹亭左右各一，堂後正廳五間，東西屋各三間。姚太守題其大堂兩楹云：「莫言僻陋在夷，是犍爲古郡南廣舊縣；自有文章詣闕，慕田恭作椽尹珍爲師。」堂前老桂二株，偃蹇連蜷，百餘年物也。或曰寧太守建學宮所植。二十六年秋八月，桂花盛開，冬十月，花再繁。二十七年春三月，集試所屬文童因撰聯語其堂柱云：「兩棚鎖春院，看此日集試風簷芹宮發軔；雙桂毓秋香，盼諸君高騫月殿草宴蜚聲。」

《〔道光〕遵義府志》卷七《公署》　府治在勝龍岡中麓，舊爲分巡兵備道署，孫志所謂在府治前左，本道駐劄者也。府舊署據岡之西麓，孫志謂舊宣慰司忠孝堂址者，即今遵義協署，襟帶山水，巨麗稱雄。然形家説，舊址寥脱，氣脉散而不聚。建自萬曆二十八年庚子，三十五年，知府孫敏政重修。其制：正堂居中，兩翼爲案房，前露臺，前甬道，前戒石坊，前儀門，有翼室。前左爲清戎廳署、理刑廳署，右爲糧捕廳署。儀門兩腋，左爲土地祠，右爲寅賓館。中甬而下爲大門，細砌文石，上建譙樓，榜曰遵義軍民府樓，三十九年，孫敏政建，有碑記。大門内，左有題名碑。正堂後有後堂、川堂，爲府正衙。衙後一大樓，樓後一坊。

坊外一花圃，圃後一堂，知府周作樂建。正堂右有方池，繞池皆茂樹花竹，中有亭。南北以橋通，爲楊氏舊蹟。敏政於三十六年因亭址以石建八方亭，榜曰水雲。後建別館，榜曰天涯雅會。亭右有流盃池。從入之門，榜曰公餘別業。堂之東爲宏積庫，東西各兩翼爲經歷司、照磨所。露臺下爲吏、户、禮、兵、刑、工六房，架閣庫，承發科。大門外爲旌善、申明二亭，醫學陰陽學，府前總鋪。孫志。自萬曆庚子迄崇禎甲申，歷任知府並治此。及丁亥後，寇僭頻仍，僞國公王祥、僞秦王孫可望相繼據府署。至國朝順治戊戌，王師入遵，總兵馬化豹亦踵居此。此後遂相沿爲總鎮署。時大十字之左有舊恩德府，爲綏陽公館，知府吴三元因寓焉。三廳、經歷並寓民宅。康熙七年，奉裁遵義道缺，其遺署督學道孫允恭改定爲考試行署，勒碑學宫，唯學道臨遵，始得駐此。後知府郭友龍暨傅天寵咸假暫居。值總督哈帥師過郡，據士民公呈移本省督撫，繼奉牌開。文武衙署，各有舊制，先因變亂紛更，今既悉皆蕩平，應各照舊駐紮，以肅體統。明時總兵衙門在今東門外總府壩地，前、後、中三營即附在左右。自鎮協相沿住府署後，此時本署俱廢圮，勢不能復舊駐紮，知府又不能别建府署。道署經歲科兩試後，皆屬空閑，且學道調考，親臨亦無常局，遂因循借居，後乃以分司爲學道行署，其年不可考。而道署始爲府署矣。攟《遵郡記事》、陳志、舊川志。康熙五十八年，知府趙光榮重修，以後遞有增補。今署：中爲大堂，左翼爲官廳，右爲門子房。前露臺，前甬道，中一坊，上書《聖諭十六條》。左爲吏、户、禮房，右爲兵、刑、工、承發房。前儀門外，左爲蕭曹祠，祠左爲土地祠。前頭門，中榜遵義府，左右爲鼓樓。前照壁，左右爲轅門。大堂後爲二堂，左右有翼室；中右後爲廣盈庫。階下左右廂。當右階一井，乾隆壬寅知府焦爾厚甃石，名曰飲泉，上刻銘石。右廂後有古槐一，卧幾及地，楮木承之。旁有子母竹一窠，左右環怪石。其西爲古槐叢竹軒。下堂階而北，歷門，入一廊，廊左右花樹，樹外各一軒，名爲觀我軒，又北爲接山堂，堂後一荷池，中達以紅橋。橋北爲聽鶯軒，軒據池三面。堂左一間館，館下爲來青閣。閣，乾隆三十四年知府秦鏷建。左有劉詔昇刻《郡署八景詩》碑。八景：「軒窗聽鶯」、「山房留月」、「虚堂接翠」、「杰閣來青」、「荷池疏雨」、「橘井飲泉」、「古槐卧蔭」、「叢竹浮煙」也。二堂後爲内署，左右兩厢，階下花木羅列。右厢後爲厨舍。門子房後爲府倉，周繚以垣。

《〔光緒〕黎平府志》卷二下《公署》　黎平府署在城心黄龍山，一名騰蛟山。明萬曆十九年，兩蛟出儀門，故名。明永樂十一年建府治於五開衛城南二十里黎平寨之官團，宣德十年遷入衛城，乃建署於城西。弘治八年，知府張綱改建今地，坐北向南，頭門上爲高明樓，榜曰「黎平府」。外爲鼓樓，門内左常平倉神祠，右監獄。儀門内左爲經歷署，右倉廒十二。左庫房一，蕭曹祠一，官廳一，承發、吏、户、禮房各一；右爲兵、刑、工房，土地祠各一。大堂後爲川堂，中一匾恭書聖諭。又後爲二堂、三堂，左右廂各三。東爲内宅，爲書房，爲前廳，左澹虚軒，軒外八角亭，荷花池；西爲箭廳、箭道。光緒十一年，知府郭懷禮攤廉重修，未完。十六年，知府俞渭捐廉重修。東内宅，廂房，過廳，澹虚軒。署後舊有香雪亭，署左爲旌善亭，右有申明亭，久廢。餘如制。郭懷禮《重修府署記》：黎平爲黔中邊郡，南幹環峙，嵐氣蒸溼，較他郡爲最。春夏雨暘，牆壁皆潤，民房易朽，官舍尤甚。府署者聞設官立署時，司屬認段分修，頗稱完美。自光緒六年撤屯兵、革歲修，年來溼氣漸漬，霉朽殆盡。軍興時，軍書旁午，因陋就簡宜也。光緒三年，袁君杏村來官斯土，奮然起廢，頭門、書役各房，咸有修葺。工未竣，解任去。受代者往來如傳舍，未暇及此。余乙酉六月調守是邦，下車復覩署勢東斜，艱難撐支，其甚者爲二堂，風時格格作響聲，過其下咸有戒心焉。雨時則泥淖没脛，幾欲乘橇。目擊之甚嗛嗛。庀材鳩工，自頭門及書役房，至二堂暨三堂，廂房、西厨一律興作，共四十八間。大堂捲棚原三間增爲五，二堂並捲棚全易之木，大於舊制幾兩倍。東掛院則增修三間，以聯東花廳，並增遊廊三間避風雨。重築内外牆周四百餘丈。轅門、鼓柵、照壁，皆撤而新之。照壁前舊有旗杆雙峙，前守鄧君樂鈞慮其僕，去之。以十金自稿朝寨購杉木二，長七丈七尺，圍四尺，伐值二金。運工向借六硐民力，需費五十金，竪立油飾四十金，錫頂二重百觔，高三尺，圍盤徑二尺，桶圍二尺。茲皆革去舊習，一出廉捐，較向累民力所費僅半，而事更易舉。署中隙地遍植杉木，冀加培護，數十年復即作桅材，事半功倍，計亦得。是役也，統計以千金，經始不役一夫，不派一錢以擾吾民，是則區區自爲慰者也。聞之，堂皇者政治所出也，振廢者守土之責也，二者相因而當務之急也。余不敏，政治無可紀，百廢興未一，第以失此不治，頹垣瓦礫，將貽識者譏。不憚辛勞，勉爲先路，自茲以往，冀永無失修之患，則幸矣。溯興修於九月，工竣於三月，凡越七月落成。復走管記此，聊誌鴻雪。或譬以手植杉株，愛比茀棠，則何敢。

《〔光緒〕黎平府志》卷二下《公署·古州廳署》　古州廳署在大東門内。雍正九年，同知毛振翧創建。乾隆五十年，同知王雨溥重修轅門、甬壁、頭門，榜曰「古州」。清軍府内監獄一，通事房、鋪司房各三。儀門内爲差房、土地祠。大堂中爲煖閣，左右書辦房。二堂後三堂，又後爲内宅，左右廂書房各三。署前爲箭廳、箭道，爲舫亭。咸豐五年，燬於兵。同治十三年重修。大堂左有諸葛臺，右有儲備倉監獄。光緒三年，同知余澤春添建。

《［光緒］黎平府志》卷二下《公署・古州鎮署》 古州鎮署在小東門内大街。乾隆元年建，道光十五年重修，咸豐五年燬，同治十一年重修。東西轅門，鹿角柵，周圍三十六丈。照壁，石獅，左右鼓亭，頭門。榜曰「古州總鎮」。都督府内左耳房，右旗幟廳，隨征旗幟廳，儀門，左右耳房。内土地祠，大堂中煖閣，左右蕭曹祠，材官廳，傳房，官廳，王命書籍房，東書房。花廳前爲箭廳，箭道。二堂北爲書房，書房前爲川堂，左右廂房，虎坐門一，上房左右廂。上房後有小書房，前爲涼亭、走廊。

四川

《［正德］夔州府志》卷六《公署》 布政分司，在前街南，弘治庚申郡守楊公奇重修。按察分司，在前街北，正德七年，郡守吴公潛督委奉節知縣尚繼先重建，極其壯麗。府治，洪武四年間，□郡守盛公南金創立，後雖相繼修葺，規模狹隘。弘治庚申，郡守楊公奇重新修建四圍垣牆，規制悉備。正德六年，郡守吴公潛通加修葺。本衙内西一軒前新鑿一池，扁爲留潤；東一軒前植竹百本，扁爲益清。新創捕盗通判宅一所，榜房并總舖門樓凡八間。府前街南屏墻一座，繪案山獨麟，題爲文山瑞彩，亦因周年之間，疊有異事，人人以爲瑞。正堂五間，後堂五間，經歷司三間，照磨所三間，戒石亭一座，東西吏房共一十八間，架閣庫三間，永安庫二間，儀門五間，譙樓五間。知府宅在正堂後，同知宅、撫民通判宅俱在正堂東，通判宅在正堂西，推官宅在儀門左，經歷宅、知事宅、檢校宅俱在儀門外右，照磨宅在儀門外左，司獄司在譙樓内北，司獄宅在司獄司後，清軍館在譙樓門外右。東吏舍十間，西吏舍五十間，俱郡守楊公奇修建。陰陽學在府北南，醫學在府西，太平倉在前街南，正德六年，郡守吴公潛通加修葺。遞運所在府城西，僧綱司前咸平後開□，道紀司在府城西顯道觀，税課司在中街。

《［乾隆］雅州府志》卷三《衙署》 雅州府署，舊屬州署，在雅安山下。明洪武中建，宣德時重修，久而圮傾。康熙四十四年，知州韓范復修。六十一年，知州楊文彩建頭門、二門、大堂、川堂及寢堂、左右兩廊，造竹屋三間于左，名曰有斐軒。雍正七年三月，改爲府署。乾隆三年，曹掄彬艸屋改造瓦廳，扁曰「望來亭」。又造銀庫于二堂之右。

《［嘉慶］漢州志》卷一一《公署》 城内西大街南，即漢晉廣漢郡太守署，歷代因之。自唐武德二年改郡爲州，尚有轄縣，故規模宏敞臣他處。前明修建失考，康熙五年，知州張萬受修建。乾隆四十八年，知州徐德元請廉捐修。嘉慶十六年，知州劉長庚捐廉添修大堂五間，抱廳五間，恭懸御書「清慎勤」匾額。由甬道南行數十武，恭建陞諭牌坊一座，大書「爾俸爾禄，民膏民脂；下民易虐，上天難欺」十六字。再南爲儀門五間，再南爲大門三間，爲照牆，東西轅門。大門外，恭建聖諭亭二座，聖諭牌二道。大堂下左右長廊各五間，爲吏、户、禮、兵、刑、工、倉承、發鹽茶十房。福德祠在儀門外東。大堂後爲二堂五間，甬道有亭覆之。東書房三間，翼以迴廊；西書房三間，外亭一座，又捲角小房六間。再後爲三堂，五間，東廂房三間，西廂房三間。再後爲四堂，五間，東廂房三間，西廂房三間，左右庖湢廈翼，隨時添改，不具載。後園隙地爲蔬圃，新修土地祠一座，池塘一口，周圍植柳數十株。署左箭道前爲度漢驛馬王廟一座。

《［嘉慶］資陽縣志》卷一《公署》 按，縣治在城北，建於明成化之初。嘉靖壬寅，江漲浸城，高丈餘，公署廨舍俱傾，知縣江沂詳請修葺，左右置六房吏舍、預備倉等處。至康熙七年，知縣東真修理未備。十九年，知縣謝文運捐修大堂三間。二十二年，欽奉御製清慎勤匾額懸掛。二十四年，知縣朱廷元修理花廳三間、公餘館三間、内宅三間。雍正四年，知縣趙曰睿修倉四間、監牆獄房三間。乾隆四年，知縣劉熾於露臺下修上諭坊一座、東西六房各三間、大門外鼓樓一座、屏牆一座。乾隆三十三年，知縣張德源於大門内捐修土地祠、蕭曹廟監房等，正堂前左右列六房。堂後舊爲川堂，川堂後爲二堂，勢偪地低。乾隆三十年，知縣張德源捐貲培基址，重搆川堂，改川堂爲左右兩廂，左庫房，右門房。二堂後爲内堂，内堂後爲神祠寢室。二堂左爲桂軒，桂軒左爲書室，後爲厨房，左爲馬廐，内有馬王廟；二堂右爲静室，賓客棲息之所。

《［道光］夔州府志》卷五《公署》 萬壽亭，正廷三間，臺基高五尺。二門三間，二門外東西兩邊朝房六間，門側看司住屋三間，大門三間，圍墻一道，照牆一座。乾隆三十六年，前知府李復發建，後歷任補修。學院考棚，昔無定所，康熙四十四年，始設棚於達州，繼而改設於萬縣。四十七年，又改設於梁山縣。雍正十三年，郡守崔邑俊詳請建立於府城。大堂五間，東文場五間，西文場五間，儀門五間，大門三間，穿堂一間，住房六間。嘉慶十六年，知府鄧熿以考棚太窄，歲科兩試生童不能容，乃取府學署地，建立後東文場五間。又議立後西文場，以地主不願售，未果。道光三年，署知府徐雙桂、知府恩成因考棚年久傾頽，捐銀五百兩，及六縣公捐銀一千六百九十五兩，委奉節縣知縣萬承蔭監修。大堂五間，

大堂前抱廳七間，大堂後門房二間。穿堂三大間，東邊廂房三間，西邊廂房三間，住房五間，住房前過廳一間，住房後書房三間，書房西邊小房三間。東邊厨房四間，厨房下小房二間。大堂東邊官廳一間，前東文場五間，後東文場五間，西文場五間。儀門五間，頭門三間，頭門兩邊耳房四間，東西鼓樓二座，東西轅門二座。捐項無論正署，作三年攤還歸款，稟道有案。

夔州府知府衙署一所。大堂五間，大堂前抱廳三間，二堂三間，二堂過廳一間，三堂五間，三堂東西廂房六間。三堂東邊接翠軒三間，前廳三間，東邊書房五間，廂房六間，小書房三間。三堂西邊橫雲老屋三間，紅柚山房四間，三鶴堂三間，住房五間，廂房七間；又住房三間，廂房六間，厨房六間。署内舊有化龍池，今堙，但用竹筧從後山引水入厨供用。三堂後望華亭一座，子雲亭一座，一亭一座。大堂前聖諭牌坊一座，官廳三間，差房三間，關税房八間。東西兩邊十房二十間。二門五間，東西牌坊二座，頭門五間，頭門外樂樓二座，衙神祠六間，大鼓樓一座，東西栅子二道，川東首郡牌坊一座，照牆一座。因年遠腐朽，道光四年，知府恩成籌款捐修，共用銀四千五百七十餘兩，具稟有案。

夔州協衙署一所，在夔州府城内。府署之左大堂五間，大堂外東西官廳、書辦房六間，大堂後穿堂三間。二堂五間，二堂東西廂房六間，三堂三間，住房六間，儀門三間，頭門三間。頭門外樂樓二座，旗杆二根，東西轅門二座，鹿角栅矮牆一道，照壁一座，衙署週圍牆垣一道。以上共四十二間。乾隆四年，前協陳玉林請項建修一次。乾隆二十二年，前協台布請項建修頭門三間，儀門三間。乾隆二十九年，前協常保柱請項建修住房六間，大堂外官廳、書辦房六間。乾隆三十四年，前協静海請項建修大堂五間，大堂後穿堂一間，頭門外樂樓二座，週圍墻垣一道。乾隆四十二年，前協劉倖請項建修大堂外官廳、書辦房六間，大堂五間。道光四年，夔州協金洪翮請項及捐謙全行建修。

《（同治）會理州志》卷二《公署》　州署，即舊會川衛署，在城内東街，明洪武二十五年指揮同知孫禧創建，坐北向南，指揮署、經歷司署、鎮撫司廳署，並如制。成化十一年，署衛事指揮王璟重修。萬曆甲寅，設遊府，改衛署爲府署，遊擊石國勳匾轅門曰承天安壤，遊擊秦拱明顔其堂曰宣威，狀元楊慎書抱廳，額曰正大光明。崇禎六年，參將蘇迪建土地祠於儀門之左，前爲寅賓，匾曰虚歸；建採風亭於後堂右側，匾曰天涯區會。八年，卜基於局左，捐金新建府署正堂，額曰保釐堂，抱廳匾曰敬事。露臺角道左右軍牢房。儀門外，左爲寅賓，匾曰事交，後爲靈官祠。正堂左翼爲椽房，後堂匾曰握機。轉右爲衙宅，正樓匾曰迎暉，樓前有書閣，匾曰思補。閣大門外栅欄，鼓房左側中軍廳，俱如制。指揮鄧夢弼捐金共成之，其衛署仍舊。國朝康熙六年，衛守備鄧鍾英遷於城之西南。雍正七年，改衛爲州，即以衛署爲州署。州署照牆一座，東西轅門二道，同治四年，知州徐傳善重修。頭門三楹，同治七年，知州張鼎生重修。頭門内，左側衙神祠，正殿兩廂樓樂樓；道光二十七年，知州李世彬重建。右側監獄。儀門三楹，儀門内，左兵、禮、户、吏、倉承發等科六房；右倉厫，外監頭二班差房，刑、工科房中間。

《（光緒）潼川府志》卷三《公署》　潼川府署在城北，即唐東川節度使治。宋元爲府治，明洪武時設州治。國朝康熙六年，知州汪有朋重修。雍正十二年，改爲府。歷任隨時補葺。乾隆四十九年，知府沈清任、張松孫相繼增修，並創柏香閣，來青閣、來鶴軒、鴻雪南堂、先得月軒、仰止亭、鏡香亭、來衮亭、西園、射圃、涵碧池，各系以詩，並撰記。道光十六年，知府董慈重建來衮堂，有記。均載舊府志。志修於乾隆間。董記係後附入。二十一年，知府慶玉復建來衮堂，有記。同治九年，署知府博文重修，又新來衮堂。均有記。十一年，知府李德良建聽鸝亭。光緒二十一年，知府阿麟補修，有記。知府博文《重修潼川府署記》：郡署向倚北城，規模宏敞，池館清幽。左有得月亭，右有梅花書屋，頗堪憩息，厥後慶潤齋。太守增築萬壽山，建樓其上，額曰「來衮堂」，益足以遠眺江山，一空眼界。顧年久失修，漸就傾圮。而又當藍、李困城之後，駐勇守防，雜豎兵棚。於是亭臺花木，有斧而作薪者矣。庚午春，余來攝郡篆，見堂廡滲漏，廊舍傾頹，幾不能得一偃息所。而且向無府庫，昔年用兵時所獲軍械，多堆置於敗屋中，尤不足以壯觀瞻而資鎮撫。爰爲籌款修葺，始於兩堂，終於亭舍，並於二堂之側創爲府庫，以貯移交各物。三越月而畢工，不特堂屋園亭漸臻華好，下至厨廄藩溷，亦焕然一新。於是，來遊者幾至不識當年故徑矣。雖然，余亦攝篆人耳，使後來者能因是而擴充之，安知增榮飾觀，不更勝於今日乎？又此次修葺衙署，添置什物，皆具登册檔，存諸工房以備稽核。至遵守成規，是所望於後之君子。

《（道光）重慶府志》卷一《公署》　重慶府知府署，在太平門内。宋嘉泰間建。元末，明玉珍據作僞宫。明洪武初，郡守袁維真改修。明末燬於兵。康熙八年，郡守吕新命重建。原係南向，右倚金碧山，爲江州結脈處，左與白象街廛舍毗連，每虞火災。乾隆二十四年，郡守書敏移署，倚山東南向，重建金碧山堂，前開新豐街巷，官民兩便。又於署北建譙樓，顔曰「新豐」，南與豐瑞樓相對。金

碧臺在府治後。舊通志：漢時分祠金馬碧雞處也。宋淳祐中，制置使余玠因舊址累爲臺，曰金碧臺。王爾鑑云：按：王褒所祠之金馬碧雞在滇褒，資中人，即望祭道，亦不經此，其訛無疑。明郡守張希召建堂山上，額曰「金碧山堂」。豐瑞樓即府治古譙樓。康熙四十七年，郡守陳邦器記：渝郡古制，控轄三州十七邑，合岷、涪兩江，爲全川一大都會。自昔兵草以來，雖休養生息者二十餘年，而諸務缺畧。即一府治，頽敝荒凉，不禁有舉目蕭條之感。歲辛巳，余奉命來守是邦。媿以菲材，遭時多故，終曰平反司讞，矻矻如不勝任。其於吏治生民外，悉不暇計，遑敢及居處之微焉者乎？閱四年乙酉，囂風漸息，政有餘閒，遍覽城垣學校，多在荒煙蔓草中，慨然動修廢舉墜之思。念黌宫爲首善重地，自宜先衆務而興。因與各學諸子約昌義鼎新，令教授曾君光祖、諸生周子典、楊子世泰、雷子生春董其事，歷六月告成。殿堂門廡規制，稱畢備焉。又念太平門外爲商賈鱗集之區，列廛而居，動遭回禄，因議建樓二所。令經歷涂君廷俊耑督工，奉水火二德星君以壓其氣。至於千斯、東水、臨江各門，控帶雄勢，輻輳肩摩；城隍爲一郡司命，歲時伏臘，於焉祈禱，皆宜輝煌生色，不得簡陋者。節次捐修於丙戌、丁亥、戊子三歲内，先後告竣。又皆學博曾君及周子驤、楊子憬、李子長華、雷子生春分任其勞焉。凡此有裨地方之事，不敢或後，所可因任苟安者，惟余一身之奉荒殘衙舍，聽其聊蔽風雨而已。然鼓樓實郡治觀瞻，司漏傳更，非官居私署可比，生財福德攸關，亦與學舍城隍相等。爰寸銖積纍，議一新之，耑責經歷涂君廷俊、周子典朝夕襄事，刻期成功，已蔚然改觀，非余下車時故轍矣。落成之日，題曰「豐瑞」，冀時和年豐，長爲吾民禎瑞也。因延夙昔諸子，稱觴其上，慰勞勤苦。咸請勒石以記。余曰：補殘起廢，守土者之所宜也，原非邀譽百姓而誇示後人，何以記爲？但請君或廢詩書，或忘寢食，數載經營，賢勞特甚，豈可久而失傳。因鼓樓之舉，并憶興建始末，不文不次，約誌其概。漏壺臺在府治譙樓上，明洪武初建。萬曆中，通判張啓明記：我太祖混一寰宇，酌古定制，頒漏壺式於天下。所以立萬古之規模，聳萬民之視聽，時正合善，莫大於此。蓋自洪武十四年，渝郡奉而創之鼓樓，設爲四臺，上爲曰天池，次爲夜天池，又次爲平水壺，其下爲萬分壺。池壺水各下漏，以管相遞出入萬分壺。上製木人像，手執時晷尺，尺上定十二時，其分爲百刻，尺下爲泡筒。尺入壺中，隨水上昇，以水之入壺有高低，而尺之出壺時刻因有次第。其法蓋衍於渾天儀製，誠善矣。但歲久寖廢。其晝晷聽堪輿家所報，其夜籌憑雞人所傳，初正莫分，晨昏多爽，沿襲而不知講者，非朝夕故矣。予與介石、重庵二公來襄渝治，侍忠所傳公堂側，朝夕論政，或早肅朝儀，或宵趨迎送，而漏聲曉箭，傳報舛錯，深切慨惜。一日，傳公攜予輩登樓往觀之，有毅然重修之議。無何，以入覲期迫，未暇釐正。而介石公典篆之初，首重兹舉，命陰陽生庞文表董匠修之。其鉤引交錯，關鎖互持，蓄滴傳送，上下應接，舉如舊製。殆不繁推步，而晝夜之分，時刻之數，井井畫一，是有以開不夜之天，使人曉然趣時不怠，而況又翕然修復古制者如此。工成，重庵公命予紀之，以識歲月。予不敏，而敬述其始末如左。傅公名良諫，臨川人。介石趙公諱方立，盩厔人。重庵趙公名完珍，宗師人。一時寅好，更膾炙人口云。時萬曆癸未正月上元之吉。又王應熊有記碑，殘蝕不可卒讀。

西北 陝西

《〔雍正〕陝西通志》卷一五《公署・總督部院署》 總督部院署，在布政司西南。舊駐固原鎮，後移西安。順治初，總督孟喬芳創建制府。康熙元年，總督白如梅以門堂隘淺，拓正學書院舊址，增廓堂宇，高其閈閎，建標績坊，樹表臺，鼓角麗譙，將校亭廬悉備。自爲文記之。二十三年，以漢中爲川陝適中地，移建制府以便兼轄。後寇平，仍還原署。四十二年，聖祖仁皇帝西巡，賜總督博濟「保釐秦隴」匾額。督標中軍副將署在長安水池三坊。

《〔雍正〕陝西通志》卷一五《公署・巡撫部院署》 巡撫部院署在布政司西北，明宣德七年建。嘉靖二十一年，巡撫趙廷瑞新後堂，闢後軒爲北向；前作思濟亭，於五栢之間，又曰五栢亭。建樓七楹，顔曰「仰辰」。翼以兩廂十楹，葺節鎮坊。導通濟渠，由西垣入，東垣出；左、右亭各一，左以覆井，右以藏碑。自爲記。本朝康熙二十四年，巡撫鄂愷重修。左僉都房廷禎記之。四十二年，聖祖仁皇帝西巡，賜巡撫鄂海匾曰「爲政寛恕」，聯曰「三秦地闊棨開府，二華峰高比重臣」。

《〔雍正〕陝西通志》卷一五《公署・布政使司署》 布政使司署在府城東，鐘樓西。相傳爲秦穆公故府，唐爲尚書省。一云爲于志寧、郭汾陽宅基，有顔真卿「郭太保廟碑」尚存署中。金即其地爲行署，元設爲行省，延祐間修之。明初洪武七年，改爲司署，設僚屬廨舍，基宇周羅。十七年，增置廨宇。正統八年，左布政郭堅增置後堂、廚庫，右布政王暹記。嘉靖二十九年，左布政葛守禮建後堂，顔曰「誠心堂」。右布政孔天胤記。本朝順治五年，左布政劉弘遇大加修葺，前

後堂及厨庫、吏舍、重門、繚垣悉新之。右參議朱國壽爲記。康熙四年，布政使顔敏以宅門湫隘，增建六楹；大堂五楹，顔曰「寅清」；翼以壁廊，内堂凡三楹，壁廊數悉如之。自爲記。廣積庫在大堂旁。四十二年，聖祖仁皇帝西巡，賜布政使鄂洛「雲峰」及「清慎勤」三匾額。經歷司、理問所、廣積庫、大使廨，俱在本司大門内東偏。舊有檢校、副理問、司獄司廨，俱裁缺。照磨、廣積庫副使改甘省。

《〔雍正〕陝西通志》卷一五《公署・按察司署》 按察司署，在布政司西。明洪武初，因元御史臺爲治，在布政司東。後併入秦府，移建今署。正統十年，按察使鄧棨新正堂、中門、廊廡，副使張楷記之。成化十年，按察使王朝遠建官廨。十三年，按察使劉福貿民地拓修，東構屋四十八楹，西二十餘楹，僚屬廨宇以次就緒；復繚以穹垣。提學伍福記。嘉靖壬戌，按察使劉自强濬井於廨舍東南，號曰劉公井。提學孫應鰲記。本朝順治十六年，按察使翟鳳翥顔其堂曰「如冰堂」，自爲記。康熙四十二年，聖祖仁皇帝西巡，賜按察使何珊「清慎勤」匾額。四十八年，按察使滿普重建兩廡，獄在署西偏。雍正七年，按察使碩色修葺，自爲記。經歷司、司獄司俱在本司内。舊有檢校廨，缺裁。照磨改移甘省。驛傳道署在布政司西北，本察院舊址。先是，道署在按察司内，明成化十三年建，本朝康熙二十一年，裁缺，署廢。三十一年，復設。副使張霖徙今治，重建内署、門廡、廳事、射堂、賓館，自爲文記之。

《〔雍正〕陝西通志》卷一五《公署・貢院》 貢院，在布政司西，近安定門。明景泰間，左布政使許資奏建。嘉靖四年，巡撫王藎、巡按鄭氣建搜閲堂四楹，新屋宇。號舍舊爲席棚，悉易以木，又拓增數百間。築内外繚垣，顔大門樓曰「騰蛟起鳳」。又引通濟渠於五星堂下。檢討段靈爲記。十九年，巡按張光祖重修，改建門坊瞭望樓峙四隅，明遠樓在中，北爲至公堂，堂北爲四所收掌所，南有爲國薦賢堂。其北爲外簾，匾以「精白一心」，又匾曰「明公皆居」。文衡門南北則聚奎堂，舊止三楹，增爲五楹。又其北爲主考廳、五經房列左、右，咸更新焉。有侍郎吕柟記。本朝康熙五十六年，布政使薩穆哈增建南號舍。雍正元年，巡撫噶世圖續建，悉易以瓴甓。

《〔雍正〕陝西通志》卷一五《公署・知府署》 知府署在布政司西，本元奉元路址，明洪武二年建。永樂間，補葺。正統四年，知府鄧晟改建中門，訓導董懋爲記。天順四年，知府余子俊新後堂，復拓修。八年，重建。正堂退徙於北，吏舍退徙於東、西，移常濟庫於中門之東。自爲記。弘治十五年，知府馬炳然拓修後堂，顔曰「絜矩」；内署、吏舍悉新之。亦自爲記。嘉靖十三年，知府夏雷易西隅民房，改建僚佐廨舍，堂後建東、西棚屋各三楹，堂東建册庫六楹；復建坊門，外匾曰「關中首郡」。檢討王九思記。二十四年，知府吴孟祺分建廨舍，中判二區，繚垣分坊，門徑殊軌，丞御其東，倅處其西。有右僉都許宗魯記。獄在堂西南。二十六年，知府胡汝輔濬渠，砌陰溝於丹墀東，甃石爲井，自爲文記之。

《〔雍正〕陝西通志》卷一五《公署・延安府》 知府署在府城小東門内。明洪武初建，屢經兵燹，兼大水後多圮。本朝康熙四十二年，知府吴存禮重修。豐潤庫在大堂旁。照磨所在府署右，後燬，移駐經歷司舊廨。舊有管糧廳在府署左，理刑廳在府署右，缺裁經歷司在府署左，雍正三年移駐靖邊改爲照磨廨司獄司知事檢校廨俱在府大門内。金明驛丞廨在府治西偏，今俱裁缺。

《〔雍正〕陝西通志》卷一五《公署・漢中府》 知府署在城内東南。宋紹興中建江漢堂，後更名親民署。左有古漢臺，臺有樹。明洪武三年，知府費震修葺。嘉靖中，知府范以作營大有庫，改修府門，自爲文記之。堂復江漢舊名，亦有記。萬曆二十五年，知府李有實建二堂大樓各三楹。崇禎六年，知府馮上賓重修，易江漢堂爲漢濯。本朝康熙十年，知府鍾琇建喜雨堂於漢臺西。十四年，二堂燬。二十一年，知府董遂昇重建，構書舍於漢臺下。二十六年，知府滕天綬建寅賓館，增修吏舍。自爲記。仍易漢濯堂爲江漢。修漢臺舊樹，繚以垣。左建茅亭，顔曰一草。

《〔雍正〕陝西通志》卷一五《公署・寧羌州》 知州署在城内東南隅。明洪武二年，知州張簡建。正德八年知州謝豸、十四年知州朱崇讓重修。萬曆中，知州方世讓、盧大模增修正堂五楹，右爲錢帛庫，獄在吏目廨旁。本朝順治初，知州李楷復葺之。雍正元年，知州王大士重建正堂，吏舍、重門悉備。養濟院在州治西北。

《〔雍正〕陝西通志》卷一五《公署・華州》 知州署在城内近南。明洪武二年，知州胡惟俊建。正德壬申，知州劉錦修葺，建堂五楹。庫當東南，吏舍列東西，後爲退省堂。儀門外，内樓各二；左厩右獄。狀元吕柟記。嘉靖五年，州堂火，知州甘望重建，未竣。十三年，知州周朝佺繼成之，顔曰節愛堂。狀元康海爲記。乙卯，地震傾圮，知州朱茹葺節愛堂。有主事王堯弼記。隆慶中，知州李可久建寅賓館於大門左側。本朝康熙中，知州羅斌捐俸重起堂廊、養濟院在東門内街南。

《〔雍正〕陝西通志》卷一五《公署・乾州》 知州署，在城内西偏，即唐德宗

行在故址，後改爲州治。宋元豐元年，奉天令楊景亮構軒於廳事之東北隅，顔曰清美軒。金大定戊子，刺史鄭彦文修二堂，顔曰思政堂。刺史吕雲卿《州署圖》載有麗春、静治口、安宜口、歲寒諸堂及澄碧亭、静樂齋、平嵐觀，俱廢。惟静治堂尚存，今改謙益堂。明洪武七年，知州王師尹重修。成化甲辰，知州劉濟撤而新之，建大堂五楹。堂右爲庫，後退省軒，前儀門，悉如大堂楹數。周圍夾道，縱一百弓，横五十弓。吏廨亭厩悉新之。嘉靖中，西安知府吴孟祺題正廳曰節愛堂。萬曆辛卯，知州賈一敬改建大門。崇禎五年，知州楊殿元重修堂室廨舍，改儀門爲大門，左爲囹圄。本朝雍正三年，知州拜斯呼朗復加修葺。

《〔雍正〕陝西通志》卷一五《公署・邠州》　知州署，在城内東北。明洪武二年建。十三年，州同張斌增修大門。宣德間，重修堂宇。正德癸酉，知州齊寧盡撤其舊，建正廳五楹，蓮幕廳三楹，東西兩榮各十四楹。顔正廳曰牧愛堂。郡人宋瑭記之。嘉靖己酉，知州姚本重修過廳。萬曆十六年，知州劉昇重修正廳。自爲記。正廳西爲庫，獄在儀門西偏，養濟院在西街路南。知州顧問修葺。

《〔乾隆〕鳳翔府志》卷二《廨署》　鳳翔府署，向在十字街東。前明洪武間，以元肅政廉訪署改作府署。宣德四年，分封鄭王，以府署爲王府，遂移於城之西南隅，即鳳翔縣之故署址也。正統四年，郡守扈暹重加恢擴。成化中，郡守侯瓚，正德中郡守王江、嘉靖四十五年郡守史官先後修葺。大堂三楹，東西翼爲皂快亭。二堂五楹，西即廣裕庫。三堂三楹。大堂丹墀，東西班房各二間。科房，東西共三十九間。儀門三間，東西角門各二間。官箴坊，甬道中。寅賓館，儀門西。關帝廟，大門内東。郡守達靈阿捐俸重修。土地祠，關帝廟前。郡守達靈阿捐俸重修。大門三間。乾隆二十九年郡守達靈阿捐俸重修。内宅五楹，三堂後。乾隆二十五年，郡守劉組曾重修。書房，二堂東。幕廳，三堂西。乾隆二十五年，郡守劉組曾捐俸重修。雁南亭，幕廳北。郡守劉組曾捐俸重修。馬神廟，雁南亭西。箭亭，馬神廟南。保惠雍梁坊，大門前。東有岐陽古治，西有關右、雄區兩坊，郡守朱樟業重修。其餘爨室從房，歷任隨時修改，不備載。

《〔乾隆〕興安府志》卷四《公署》　知府署，即舊知州署。通志，舊在十字街西。明洪武四年，知州馬大本改建於十字街東報恩寺故址。成化十四年，知州鄭福建脩。萬曆十一年，大水坍塌，移建於新城。四十五年，知州許爾忠重脩。後燬於寇。本朝順治四年復移舊城，知州楊宗正建廳事於舊址。康熙元年，知州王章重脩，建正廳於前，東爲廣受庫、儀門，西偏爲獄。三十二年圮於水，知州王希舜復脩匾，正廳曰大觀堂，三堂曰静觀堂，左建退思堂、采山亭。雍正二年，江水溢壞，知州丁克成脩整之。《陝西資政録》，乾隆四十八年，州昇府，即以州署改作府署。

《〔嘉慶〕漢陰廳志》卷三《公署》　乾隆四十八年設鹽捕通判，以令廨爲署。大門，二門皆三間，戒石坊一座，大堂三間，二堂、三堂各五間，内宅三間，西書房十二間，門房二間，庫房二間，厨房四間，書吏房十間，差役班房六間。歷來遞有修葺。五十八年改設撫民。嘉慶七年，署通判史棠添建東書房四間、廂房五間。十六年，通判錢鶴年詳明捐廉重修，又於東書房添建稿園，另有詩集。

《〔道光〕鄜州志》卷二《衙署》　州署，舊在大街東。明洪武三年知州鄭暉創建。兵燹後，知州劉國楨饒居西山寨上。順治五年，知州李芳澂因之。八年，知州劉應科因之。十一年，知州江中耀因之。康熙二年，知州顧耿臣詳請修理舊署，始移居焉。二十五年，水大入城，旋就漂没，復僦居西關察院。雍正四年，改鄜州爲直隸州，領洛川、中部、宜君三邑，知州孔毓銓截修南關，始構治於城隍廟之西北，南北三十餘丈，東西十五六丈。即今正署也。大門三間。門外石獅二蹲，照牆一座，東西牌柵一道。入門左偏土地祠三間，南向；民快房三間，西向。右偏監獄一所，東向；皂隸房三間，南向；民快廳三間，北向。儀門三間，東西書吏房十二間，案神廟一間，西向；官戒房一座。大堂五間，宅門内兩廂房六間。二堂五間，三堂五間，兩廂房六間。偏院房二座，各三間。書房一座，五間。馬房二座，六間。羣房二座，十間。厨房三間。規模一切完備。道光元年六月，大水後，署中全塌房四十八間，半塌房十四間，知州碩慶詳請修理。二年，知州楊名颺領帑董役，五閱月而落成。十二年，秋雨兼旬，大堂五間，椽摧棟折，墻膨脊傾。十三年夏，大雨時行，全行倒塌。正值各工停止之時，不能請修，而觀瞻之地，未便任其傾圮，鳴捷於秋間捐廉重修。

《〔道光〕寧陝廳志》卷二《城郭》　廳署，乾隆四十八年通判葉潞請建。嘉慶十一年遭兵燹焚燬，暫寓焦家堡。十三年設同知，移駐寧陝營總兵署。十七年，同知胡晉康奉文移鎮署于廳城，爲廳署正堂五楹，堂前捲篷三楹，大堂後垂化門一間。二堂五楹，東西廂各三間。二堂東爲東書房，三間。厨房、茶房、耳房爲屋二十一間。二堂西爲延賓館三楹，館前南書房三楹，館後典籤室三間。二堂後垂化門一間。三堂五楹，東西廂各三間。三堂東耳房共十有二間。大堂外左右側吏書房，爲屋十有六間，皂役房各一間。儀門三楹，東西角門各一間。土地

祠三間，在儀門外東。東西班房各六間，在儀門外。大門三楹，門外鼓、亭二座，各一間。東西轅門各一間。馬王廟三間，在儀門內。東馬房四間。

《〔光緒〕定遠廳志》卷六《公署》　定遠廳署在東門內。枕紅岩寨，平溪山之麓。國朝嘉慶七年設廳，同知班逢揚詳建，未任前委通判易萬里監修。工未蕆，逢揚病故。八年，同知嚴如熤續成，制廳定復於北隅建甘雨亭。十二年，同知李樞煥建西花廳。有碑在廳壁。十八年，同知馬允剛建澹寧書屋。同治元年，大堂吏舍燬於寇。三年同知林壽熙建大堂，四年同知汪兆侗建庫房、吏舍。光緒四年，同知余修鳳改建廚屋，置澄清閣，鑿鑑池。有跋見《藝文》。築課農臺，葺澹圃。其制始備。中爲大堂，堂東爲廳。庫西爲官廳，兩旁爲吏舍。中爲儀門，門左爲常平倉，倉創署西旁，詳《積貯志》。右爲司獄署，署右爲監獄。詳見木條。前爲大門，又前爲鼓樓，兩旁爲轅門。外爲桅杆，爲照牆。大堂後爲二堂。馬允剛題曰敬教堂。堂東爲厨屋，爲馬王廟；西爲花廳，廳後爲澹寧書屋。屋後爲澄清閣，閣前爲甘雨亭，爲鑑池。池東爲課農臺，爲澹圃。又西爲望遠樓，樓前爲聽雨軒。亦係修鳳改置題名。左爲宦隱草堂，最後爲內宅。共一百四十間。

甘肅

《〔道光〕蘭州府志》卷三《公署》　蘭州府署，在按察司署東。舊爲錢局，乾隆四年自臨洮移駐改建。堂東西有庫。經歷署，在倉門巷。皋蘭縣署，在府城西南隅。堂旁有庫，外爲典史署。皋蘭縣丞署，在寬溝堡，即舊參將署，今移駐紅水。督標中營副將署，在縣門街東。都司署，在南府街。左營參將署，在部門街。守備署，在城東北隅。右營參將署，在西城外華林山。舊在城東，乾隆四十六年，回變，賊衆據山抗拒，事平，奏請移駐。守備署，在乾溝沿前營。遊擊署，左廣武門外。守備署，在天塹門外。後營、遊擊、守備署，俱在通遠門外。

《〔乾隆〕直隸秦州新志》卷三《建置》　知州署在城內東街。前爲正堂，額曰寬仁。規制宏敞。堂前爲捲棚，捲棚前爲露臺，臺下爲箴坊。左右東西向爲六房吏廨。外爲儀門，左右有角門。其外東爲土神祠，祠南爲吏目署。門西爲獄門，門南爲寅賓館。又外爲大門，上有譙樓。大門外有申明、旌善亭，亭下東西有轅門。堂後有二堂，額曰敬修。再後爲三堂，其左右各爲幕房，再後爲內宅。東爲箭道，明洪武五年，知州楊忠因元之舊址鼎建。成化十一年，知州傅鼒擴而新之。國朝乾隆三年，知州李鋐重修。十一年，知州張儒建鐘樓於大門內，左曰「振遠樓」。州同署，舊址在州署後堂左，久奉裁。州判署，在州署後堂右，大門在大堂露臺旁，東向。乾隆二十六年，移駐三岔舊署，併入州署。吏目署，在州署。東大門在儀門外，西向。明有高橋巡檢司，不知裁於何時。

《〔乾隆〕五涼全志》卷二《公署》　公署考院，城西南隅。康熙五十八年，火，僅存房二十餘。乾隆四年，涼莊道阿、涼州府七，同五縣捐修。大門三楹，左右門房各四，鼓吹樓各一，二門一，東西角門二，東西號房各五。大堂五楹，堂後東西廂房各三，儀門一。二堂五楹，東西廂房各三，厨房一處。近西箭廳三楹，近東官廳三楹。十年，涼州府歐陽同五縣增修，東西號房各六。悉砌土爲棹。復起建二門，俾高敞。鎮署，大門三楹，東西差廳各五，官廳各一，處房各三。牌樓三楹，左右鼓吹樓各一，旂臺四。二門三楹，左右角門各一，土地祠一處。在二門左，大堂五楹，兩廂房各五。二堂五楹，三堂樓五楹，東西廂房各五，大小花園二處，箭道一處，餘房不悉載。道署，大門三楹，東官廳三楹，承差房五，西承差房五，牌樓三楹。鼓吹樓東西各一，旂臺一，儀門三楹，左右角門各一，東土地祠一處，西寅賓館一處。大堂五楹，左右廂房各五，堂西書房一院，房二十二，堂五楹，西書房一院，房六，三堂樓五楹，左右廂房各三，箭廳一處，花園一處，圍房共五十七。府署，舊係衛署，康熙五十一年印守鄭重修。雍正三年改府因以衛署爲府治，牌樓三楹、大門三楹、土地祠一處，二門三楹，東西角門各一。大堂五楹，東一楹爲協房，西一楹爲庫。東西廂房各十五。堂前牌樓三楹，二堂五楹，東西廂房各五。三堂五楹，東西廂房各五，射圃一處。縣署，城東南隅，舊屬鞏昌分府監屯治。雍正三年改縣署，牌樓三楹，大門樓三楹，儀門三楹。東西角門各一，西寅賓館一處，天駟祠一處，東土地祠一處。大堂五楹，東西廂房各七，二堂三楹，三堂五楹，東西書房各三，後宅廳五楹，樓五楹，東西耳房各二，射圃一處。廣儲倉，在城西北隅。三處新舊廒房二百七十有五。廒神廟，在倉內東。草廠二處，在廣儲倉西。接官廳，在東關外。養濟院，城東北隅。育嬰堂，在養濟院西。監獄，在府治南。內獄神廟二楹，房八。

《〔道光〕循化廳志》卷三《官署》　循化廳同知署，在大街參將署之東。乾隆二十七年七月，同知孫世儼奉文建。大門一座三間，東西班房二座各三間。二門一座三間。大堂一座五間，東、西書辦房二座各八間，宅門一座一間。二堂一座五間，東、西廂房二座各三間。住房一座五間，東、西廂房二座各三間，馬神廟一座一間，土地祠一座一間。共五十四間。詳估工科銀四千六百七十三兩零。

監獄一所，共十間。詳估工科銀三百三十四兩零。共銀五千八兩零。二十八年三月二十八日興工，七月二十一日工竣。十一月，造册實銷銀四千九百九十二兩零。二十九年七月，工部奏減銀四百五十八兩零。廳卷。五十四年二月，同知臺裴英阿詳請補修，借領工科銀一千兩。按年養廉扣還。河州勘估六十六間，十二月工竣。廳卷。

按：建署後，歷任有自行增建者，如東書房之上下六間等是也。故六十六間，多於原建之數。臺之補修粉飾而已，實未嘗動工也。內有東書房院之向西小書房三間，二堂西小院之小書房三間，連後群房十間，皆達任建之也。

同知行署，在河州城中鐘樓西街，乾隆三十四年，同知張春芳建。

按：自是之後，循化同知多駐河州。至四十六年，回變，奉上憲嚴飭，移駐循化，而此署仍未廢，入於交代，為往來公館，亦頗損壞矣。詢之故老，云：今大堂為前之郭公祠，二堂則土地祠，三堂則舊署之東書房也。郭名朝佐，康熙四十六年任。

又按：行署與河州廳倉緊連，在倉之西。倉即河州同知舊署也。考廳卷，大門一座三間，二門一座三間。土地祠一座三間，東、西班房共六間，東、西書辦房共十间。大堂一座三間，東側庫房一間，宅門一座一間。二堂一座五間，東、西廂房共六間。三堂樓一座，上下共十間，東、西廂房共六間，厨房三間，東書房二座共六間，西書房一座三間。馬神祠一間，馬棚三間。前倉一座五間，中倉一座五間，後倉一座六間，共八十六間。又考州卷，乾隆二十七年，奉文歸州，估變。原估銀五百一十二兩。堆歷奉駁飭，至三十二年，凡增估四次，為銀五百六十三兩零。其卷不全。乾隆三十三年，河州田錫莘改倉，蓋無人承買，故河州捐改為倉。又按：行署，前同知郭朝佐生祠也。郭司茶務有德政，衆商感之，修祠以祀。嗣茶務併歸蘭司，同知移駐循化衙署。估變。祠堂無人經理，歷任借為行署。乾隆四十五年，署任吳廷芳添設行署匾額，立鹿角牌坊，竟稱為行署矣。正署任遞為傳舍。嘉慶五年，署任余景奎變價與太子寺州判為衙署，然其中房屋坍塌者六年矣。附錄之。

儒學訓導署，在文廟西。乾隆五十一年，同知達桑阿奉文建。大門一座一間，二門一座一間。大堂一座三間，住房一(間)[座]三間，東、西廂房二座共六間，書房一座三間，厨房一座二間，馬房一座二間，共二十一間。廳卷。

叅將署，在大街舊遊擊署也。雍正八年，原任翰林院編修張縉劾力建。東西柵門二間，官廳三間，東、西鼓亭各三間，獅子亭二間。大門一座三間，箭亭三間，二門一座三間，東、西角門各一間，東、西班房各三間，馬房九間，大堂三間，東、西書辦房各三間，二堂三間，東書房三間，東廂房三間，西廂房八間，厨房四間，三堂五間，東、西廂房各三間，又各一間。原估營房三十五間，添修營房一十二間，共四十七間。營卷。

按：遊擊署乃張縉修於營房之外另建者，而卷中乃有營房四十七間之所，豈以規模未備，又以營房改修增添與。以下諸署同。

中軍守備署，在大街同知署之東，舊千總署也。雍正八年，原任翰林院編修張縉效力建。

原估營房一十四間，添修營房二間，共一十六間。營卷。

按：乾隆四十六年，添設守備，别建新署。蓋工竣之後，守備與千總對易云。

千總署，在城西南文廟之西，新設守備署也。乾隆四十九年，同知達桑阿奉文建。

二十三間，估工科銀二百七十二兩零。五十年四月開工，六月工竣。廳卷。

新疆

傅恒等《皇輿西域圖志》卷九《疆域二》 鎮西府治，在巴爾庫勒東南，距哈密三百三十里，距京師七千五百十里。南界天山，西隱平岡，西北有巴爾庫勒淖爾，周一百二十餘里。緣山北麓原泉競發，分爲三河，匯入大澤。水氣浸潤，庶草繁蕪，地宜畜牧，居天山之陰，氣候多寒。本朝康熙五十四年内屬。雍正九年，築巴爾庫勒城，周八里，高二丈，東、西、南、北四門。初以安西同知駐防其地，乾隆三十八年置鎮西府，以巴爾庫勒城爲府治。城内有萬壽宮、文廟、城隍廟，城西南有龍王廟。城東有城，周六里，爲滿洲兵弁駐防之所，亦建萬壽宮。

《(道光)哈密志》卷一六《輿地志十四·公署》 欽差辦事大臣公署，東西轅門，左右鼓手樓。大門外左右東西配房各三間。大門三間，東馬號一處，房三間，馬王祠一間。馬棚不算。西印房一處，内公所房十六間，簫曹殿三間。二間三間，東旗牌房三間，西三間。幫辦大人宅，大門大堂五間，分左右套房兩間。二堂五間，分左右套房各一間，東西廂各三間。儀門正房五間，左右耳房各一間，左右東西廂房各三間。後花園一處，内亭子一座。共房七十間。

幫辦大臣公署，大門三間，二堂三間，正房三間，東耳門二間，西廂房三間，

配房二間。西馬號一處，房三間。後花園一處，內亭子一座，書房二間。共房二十一間。大堂左建立修葺初建碑，文曰《建安西道署記》：安西道，舊駐安西，轄安西同知、靖逆通判暨安西、沙州、柳溝、靖逆、赤金五衛，我皇上德被遠播，越伊吾而西，拓地二萬餘里。太和翔洽，民居日稠，不可無大員以資統率。乾隆二十四年七月，陝甘總督奏准安西道移駐哈密，添設安西府駐沙州，安西同知改駐巴里坤，靖逆通判改駐哈密，五衛改設燉煌、玉門、淵泉三縣。其新疆之烏魯木齊設有同知、通判等官，亦俱統屬焉。哈密，古伊吾地也。監司所轄，自東徂西，迢遞三千餘里。哈密界東西之中，路當衝要，欽差辦事大臣、滿漢官兵及各回部伯克人等，輪班入覲，絡繹於道。歷任移駐以來，尚未暇謀建官舍，鋆於乾隆二十九年七月恭膺簡命，辱承茲乏，慮無以肅觀瞻而崇體統，循例詳請建署。制府中堂楊公爲請於朝，發帑金以營之。時駐哈大人長白薩、亢。兩公往來指示，別駕志君相爲助理，遂於乾隆三十年三月興工，凡八閱月，至十月工竣。鋆不敏，猥以經營創始，爰紀顛末，並志歲時。至若撫茲民社，競競業業，所以仰承聖天子懷遠之德意，而無負斯堂者，方來賢哲，允昇於大猷，餘實滋愧也已。乾隆三十年，歲次乙酉孟冬，海虞錢鋆識並書。後於乾隆三十三年，哈密廳通判請作爲欽差辦事大臣衙署。

回務章京主事公所，大門一間，辦事房三間，配房左右各一間，檔案庫房二間，後正住房三間，廚房一間，筆帖式住房三間。委筆帖式住房，每名二間，共六名，共房十二間。

哈密廳公署，東西轅門，大門三間，內左右配房各一間。二門三間，大堂五間。東銀庫，西看堂官役房。東廂房五間，西廂房五間。屏門一道，內二堂五間。左院房六間，廚房三間。正儀門內正房五間，左耳房二間，右耳房一間。東廂房三間，西廂房三間。正房後有倉房六間。共房五十七間，係乾隆二十九年建。

巡檢公署，大門一間，左配房二間，右配房二間。大堂三間，東廂房三間，西廂房三間。儀門正房三間，東廂房二間，西廂房二間。旁監獄一所。係乾隆三十年建。

副將公署，東、西轅門。大門三間，大堂三間，東廂房五間，西廂房五間，科房十間，馬房八間。二堂三間，東廂房三間，西廂房三間。東穿堂至書房三間，東廂房三間，廚房三間。西小門內園子，正前廳三間，看園人房一間。儀門內正房三間，句連搭房三間，東院內書房三間。共房六十五間，係雍正五年建。

都司公署，大門一間，左房三間，右房三間。大堂三間。儀門內，西正房五間，左配房二間，右配房二間。大堂旁左右房十間，南面科房十間。共房三十九間，係雍正五年建。

其千把等官，俱自修房間居住，並無公所。

藝文

歐陽詹《歐陽行周文集》卷五《泉州六曹新都堂記》 貞元八年，刺史安定席公爲邦之二祀。冬，造六曹之都堂，公表微而慮遠也。天子建六官以紀綱天下，分刺史六司，用經緯封中，猶天之有四時，而人之有四肢。一時不若，則歲罔成功；一肢不和，則體莫全用。公以六司之掾如股肱，思安之，與身之安也。火流定中。將壞城郭，親覽廨宇，首視斯署，既隤而隘，非凝神撰務之所。日撫人民不則有國，營宮室是亦爲政。乃量羨府以度用，指斯宇而命易。又曰：「處湫居卑，非智也；煩人蠹財，非仁也。吾欲全仁而就智，蕆事者志之。」有司於是審基址，程廣袤山節藻棁，僭也。削而不取，土階茅櫚，偪也。革而是捐，非約非豐，允執厥中。然後計具材，量日力。山木則酬之如市，人功則稅之若時。物樂民願，未旬而畢。飛梁三道而通負，連楣六接以都豁。陽軒遐引，陰室旁啓。挹以重屏，翼以迴廊。晻黝黝以祕邃，屹崇崇而宏敞。夏處其達則炎天以涼，冬居其隩則凄風以溫，足以寧肌静心，釐厥職者也。夫哲人有作，不唯利身在利人，不惟利今在利後。相斯堂者，公侯卿士，禮隔殊品，公不之降也。斯不亦利人不唯利於身歟？堅壯固護，存延千祀，人不之逮也。斯不亦利後不唯利於今歟？覩斯堂，見公之意。時某處某乙爲司功，某處某乙爲司户、司倉、司法、司兵、司田，皆外莊内融，懷材抱忠。無回邪以莅下，有謇諤以承上，當時之彦也。請列於記左，庶後之君子，覩名訪德，知夫是日堂有人焉。建堂之明年記。

韓愈《韓愈全集・藍田縣丞廳壁記》 丞之職所以貳令，於一邑無所不當問。其下主簿、尉，主簿、尉乃有分職。丞位高而偪，例以嫌不可否事。文書行，吏抱成案詣丞，卷其前，鉗以左手，右手摘紙尾，雁鶩行以進，平立，睨丞曰：「當署。」丞涉筆占位署惟謹，目吏，問「可不可」，吏曰「得」，則退，不敢略省，漫不知何事。官雖尊，力勢反出主簿、尉下。諺數慢，必曰「丞」，至以相訾謷。丞之設，

豈端使然哉！博陵崔斯立，種學績文，以蓄其有，泓涵演迤，日大以肆。貞元初，挾其能，戰藝於京師，再進，再屈於人。元和初，以前大理評事言得失黜官，再轉而爲丞茲邑。始至，喟曰：「官無卑，顧材不足塞職。」既噤不得施用，又喟曰：「丞哉，丞哉！餘不負丞，而丞負餘。」則盡枿去牙角，一躡故迹，破崖岸而爲之。丞廳故有記，壞漏汙不可讀，斯立易桷與瓦，墁治壁，悉書前任人名氏。庭有老槐四行，南墻巨竹千梃，儼立若相持，水瀰瀰循除鳴，斯立痛掃溉，對樹二松，日哦其間。有問者，輒對曰：「余方有公事，子姑去。」考功郎中、知制誥韓愈記。

白居易《白居易集》卷四三《許昌縣令新廳壁記》　民非政不乂，政非官不舉，官非署不立，是三者相爲用。故古君子有雖一日必葺其牆屋者，以是哉！許昌縣居梁、鄭、陳、蔡間，要路由於斯。當建中、貞元之際，大軍聚於斯：兵殘其民，火焚其邑；大田生荆棘，官舍爲煨燼。乘其弊而爲政作事者其難乎！去年春，叔父自徐州士曹掾選署厥邑令。於是約己以清白，納人以簡直，立事以强毅。以清白，故官吏不敢侵于民；以簡直，故獄訟不得留于庭；以强毅，故軍鎮不能干于縣。由是居二年，民用康，政用暇。乃曰：儲蓄，邦之本，命先營囷倉。又曰：公署，吏所寧，命次圖廳事。取材於土物，取工於子來，取時於農隙；然後豐約量其力，廣狹稱其位；儉不至陋，壯不至驕；庇身無燥濕之憂，視事有朝夕之利。官由是而立，政由是而舉，民由是而乂。建一物而三事成，其孰不韙之哉？嗚呼！吾家世以清簡垂爲貽燕之訓，叔父奉而行之，不敢失墜；小于舉而書之，亦無愧辭。若其官邑之省置，風物之有亡，田賦之上下，蓋存乎圖諜，此略而不書。今但記斯廳之時制，與叔父作爲之所由也。先是，邑居不修，屋壁無紀，前賢姓字，湮泯無聞。而今而後，請居厥位者，編其年月名氏，自叔父始。時貞元十九年冬，十月一日記。

姚鉉《唐文粹》卷七二舒元輿《御史臺新造中書院記》　王者執生殺之柄造天下，使百度順而已矣。其或不順與順而不得其度者，皆屬於御史府。府之動静，爲朝廷紀綱之職，與百司絕類。蓋百司坐其署，但專局而已矣，入於朝與啓事於丞相府，亦不出乎其位，是以朝罷而各復其司，以無事於朝堂與中書也。若御史臺，每朝會，其長總領屬官謁於天子，道路誰何之聲，達於禁扉。至含元殿西廡，使朱衣從官傳呼，促百官就班。遲曉，文武臣僚列於兩觀之下，使監察御史二人，立於東西朝堂甎道以監之。鷄人報點，監者押百官由通乾觀象入宣政門，及班於殿庭，則左右巡使二人分押於鐘鼓樓下。若兩班就食於廊下，則又分殿中侍御史一人爲之使以莅之。内謁者承旨唤仗入東西閤門，峩冠曳組者皆趨而進，分監察御史二人，立於紫宸屏下，以監其出入。爐煙起，天子負斧扆聽政，自螭首龍墀南屬於文武班，則侍御史一人，盡得專彈舉不如法者。由是吾府之屬，得入殿内，其職益繁，其風益峻。故大臣由公相已下，皆屏氣竊息，注萬目於吾曹。吾曹坐南臺則綜覈天下之法，立内朝則約繩千官之失。百官有滯疑之事，皆就我而質，故乘輿所在，下馬成府，釐朝廷之綱目，與坐臺之判決者相半。是以御史府故事，於中書之南，常有理所。先時惟中丞得專寓於尚舍一院，若雜事與左右巡使，則寓於西省小胥之廡下。遇大朝會時，吾屬皆來，則分憩於雜事巡使之地。既寓於小胥，則我實客也。每亡事而去，則主人必坌而入，諠譁狼籍，其態萬變，向之霜稜，盡爲涕唾矣。豈吾君以天下綱紀屬之於我意耶？上元二年，侍御史劉孺之作《直廳記》，初拜儀云，謝宰相訖，向南入直省院候端長。又入中書儀云：到直省院，入門，揖端公訖，各就房。嗚呼！以御史之重，而前時作者之記，恬然以直省院爲記，君子未嘗有非之者，神羊之神，何其翳而不光耶？

聖唐大和三年己酉歲，天子擢尚書吏部郎中河南宇文公爲御史中丞，詔下之日，不仁者相弔。御吏府新例，知雜事一人，中丞得以選於廷臣。河南公既拜之日，上言請尚書司勳郎中瑯琊王君以自輔，識者曰：「河南瑯琊，同心異質之人也，心苟同，雖堅金可斷，於御史乎何有？」他日，雜事果以寓直省院爲歎。迺議於中丞，中丞深樂之。即時啓於中丞曰：「此前日之闕也，中丞能爲之，豈直柏署之光乎？實羽儀吾府之多也。」皆佐其意，事得聞於上。上曰：「良有是乎？俞其請如響。」即詔度支，出錢百萬以資焉。迺以政事堂直阡之南選地以作之。中書之南，實天下會計之地，不容咫尺之隙，非雄重清切之司，於此豈容足乎？我是以得規制爲之焉。舊中丞院在西，與西院相絕，遂以其地易大京兆院，合三院爲一。東西四十六步，南北四十步，由東爲首，其一爲中丞，其二爲雜事，其三爲左右巡使。若中丞昇爲大夫，改官不改院，若三院畢朝集，臺院附於雜事，殿察附於巡使，其名總號爲御史臺中書南院，院門北闢，以取其嚮朝廷也。其製自中書南廊，架南北爲軒，入院門分東西廂，爲拜揖折旋之地。内外皆有廡，蟠回詰曲，矚之盈盈然。梁棟其宏，柱石甚偉。椽欒窠稅，麗而不華；門窗户牖，華而不侈。名木脩篁，奇葩秀實，若昇緑雲，若編青簾，以至於几案筆硯、簾幌茵榻、果籩茗器，皆新作也。從官胥士，役夫馬走，勾稽案牘，飲食休息之

地，皆得其所。若百官之請事，羣吏之來謁，入吾門，將祇伺於屏者，見吾軒堂堦闥之嚴，固不俟戒而自肅。爲此者何？尊天子也。吾府爲天子耳目，宸居堂陛，未有耳目聰明、堂陛峻整而天子不尊也。天子尊，未有姦臣賊子而不滅也。姦臣賊子盡滅矣，可以自朝廷至於海隅，蕩蕩然何所不理哉！吾之作，豈是志小者近者之心耶？謹案高宗天皇大帝作大明宫，將二百年矣，當時有司經度，曾不自思將以待我而作。我之所以作，蓋前補二百年之遺事，後貽千萬年之不朽。縉紳觀者命爲御史北臺，聞者謂之知言。君子曰：「移中丞雜事今之心於大柄，天下豈有遺事哉？」

某備於寮屬，得聞君子之論，且承公命其記，於是乎書，乃題中丞雜事洎三院至主薄官封名氏於其後，以爲一時之盛事。大和四年，歲次庚戌，八月十六日丁巳記。

張詠《乖厓先生文集》卷八《益州重修公署記》 按《圖經》：秦惠王遣張儀、陳軫伐蜀，滅開明氏，卜築是城。方廣七里，從周制也。分築南北二少城，以處商賈。少城之跡，今并堙没。命郡曰蜀都。自秦至漢，民户益繁，改郡曰益州。由漢至唐，逆順增損，出諸史論，此不復言。隋文帝封次子秀爲蜀王，因附張儀舊城，增築南西二隅，通廣十里。今之官署，即蜀王秀所築之城中北也。唐玄宗幸蜀，昇爲成都府。唐末政弛，諸蠻内寇，高駢建節，即時驅除。以爲居人闤闠，多縈腫疾，始築羅城，方廣二十六里。清遠江元在州前，因築羅城，開移今所。顧城之大小，足以知四民之治否。朱梁移唐鼎，遠人得以肆志。王建、孟知祥，迭稱僞號。乾德初，王師吊伐，申命參知政事吕餘慶知軍府事，取僞册勳府爲治所。淳化甲午歲，土賊李順據有州城，偏師一興，尋亦殄滅。是年降府爲州。危樓壞屋，比比相望；臺殿餘基，屹然并峙。官曹不次，非所便宜。至道丁酉歲，某始議改作，計工上請，帝命是俞。仍委使乎，以董于役。其計材也，先二年，討賊之始，林菁陰深，多隱亡命，許其剪伐，以廓康莊，得竹凡二十萬本，椽二萬條。賊亂之餘，人多違禁，帝恩寬貸，捨死而徒。又以徒役之人，陶土爲瓦，較日減工，人不告倦，歲得瓦四十萬，新故相兼，無所闕乏。毁逾制將顛之屋，即棟梁桁櫨之衆，不復外求；平屹然臺殿之址，即塼礎百萬之數，一以充足。其計役也，得繫岸水運二千人，更爲三番，分受其事。夏即早入晚歸，當午乃息；冬即辰後起功，始申而罷：所以養人力而護寒燠也。自夏徂冬，十月工畢，無遊手，無逃丁，所謂不勞而成矣。其計匠也，先舉民籍得千餘人，軍籍三百人。分爲四番，約旬有代，指期自至，不復追呼。由臺殿之土，資坊壋之用，與夫塹地勞人，省功殆半。其東，因孟氏文明廳爲設廳，廊有看樓。廳後起堂，中門立戟，通于大門。其中，因王氏西樓爲後樓，樓前有堂；堂有掖室，室前迴廊。廊南暖廳，屏有黄氏名筌畫雙鶴花竹怪石在焉，衆名曰雙鶴廳。次南涼廳，壁有黄氏畫湖灘山水，雙鷺在焉，其畫二壁洎鶴屏，皆于壞屋移置。因名曰畫廳。涼暖二廳，便寒暑也。二廳之東，官厨四十間。厨北越通廊，廊北爲道院，一廳一堂。厨與道院本非正位，蓋撙減古廊二礎之外盈地所安也。涼廳西有都廳，廳在使院六十間之中，所以便議公也。院北有節堂，堂北有正堂，與後樓前堂爲次西位也。節堂西通兵甲庫，所以示隱固也。涼、都二廳南列四署，同寮以居。前門通衢，後門通廳，所以便行事也。公庫直室、客位食廳之列，馬厩酒庫、園果疏流之次，四面稱宜，無不周盡。疏篁奇樹，香草名花，所在有之，不可殫記。東挾戍兵二營，南有資軍大庫，庫非新建，附近故書。改朝西門爲衙西門，去三門爲一門，平僭僞之跡，合州郡之制，允謂得中矣。不損一錢，不擾一民，得屋大小七百四十間，二營不在數。有以利事矣。若俟木朽而後計役，耗官損民，何啻累百萬計！州郡興修，無足紀録，且欲旌其削僞爲正，無惑遠民，使子子孫孫不復識逾僭之度。恭以給事聖門上賢，當朝碩德，立言稽事，理合化元，不虚美，不隱惡，文成筆端，動即不朽，欲憑實録，以光遠方。其興修事迹，已述在前。

張詠《乖厓先生文集》卷八《麟州通判廳記》 今之通判，古之監郡。郡政之治，助而成之，郡政之戾，矯以正之，此足以宣天子之風，達窮民之志也。我國家開疆八荒，列郡五百。皇德所被，人用胥悦；皇威所加，罔不震恐。故使一儒者鞭制荒外，何其壯耶！麟州舊壤，寔曰新秦。按：秦武王轉徙東民，以實此土，久用滋富，因以名之。漢隸朔方之郡，唐爲勝州之域。匈奴接荒，在河一曲；黨項部族，漢民混居。長城基其前，屈野川其右，左帶樓煩之境，南偏赫連之鄉。惟府由兹，脣齒相輔。開元年中，羣蕃構逆，燕公燕公張説致討，請城麟州，所以安餘種也。顯德之末，劉崇不賓，楊侯作藩，移壘斯堡，所以護并寇也。顯德五年移州小堡。通判之職，殆未嘗設。雍熙二年夏六月，某始拜命，倅莅是邦。其輯兵綏民，禦侮致餉，判與守牧，相爲表裏。爰卜安堵，以宅厥處。取材因舊，不奪民力。廳事敞閑，獨首陽位。故廳，停也，使停息其間；又廳，聽也，欲聽行其教。蓋禮之攸屬，民之是依，得不慎哉！於戲！君道惟艱，艱于審賢；臣道惟艱，艱于克官；民道惟艱，艱于能安。若是廳也，帝王之詔令存焉，千里之刑政

繫焉。苟職君之務，如饑嗜食，待君之民，如子俟息，則明恕中出，刑政用清，内杜擅權之吏，外絶無告之民。謂斯廳也，宇覆疆内，人用休息。若忽君之令，寇君之政，掠民膏腴，爲妻子謀，則志辱于貪，事成于濫。既厚蕴櫝之責，亦速覆舟之咎。謂是廳也，醜甚屠肆，其何尤焉？賢行難著，仁心易褱，敢鏤廳壁，取爲政規，後之君子，勿爲妄也。時皇宋雍熙二年八月日記。

《〔光緒〕廬江縣志》卷一四祝況《重建廬江縣治記》 夫王者知四海不可以片言折，乃命方伯以監之；謂萬民不可以一指齊，故制百里以邑之。盧江，蓋春秋廬子之國也。晉、宋以還，廬爲廬郡，隋大業中改爲縣。物隨代變，事逐時移。舊管鄉一十二，户一萬三千八百四十七，税錢九萬八千七十五。地謙而沃，備逸而繁。漢玉葉之名區，魏粉郎之舊里，賢良俊傑，無世不産。有東顧、白若、鐵冶、徵巖以疏其氣，有牛渚、馬頭、鄭渠、舒口以導其污。金方斜帶于連錢，震位旁襟于大負。風煙却倚，背鴻寶之遥風；氣象前臨，瞰金華之遠翠。所謂羣商之扼會，萬貨之泉藪也。歷代以來，非賢莫處。周世祖以江表方定，郡縣賴才，乃分命英翹，載安風土。時陳留謝公以能名第望，入丁是選。咸以爲高衢騁力，早觀逐日之蹄；聖主急賢，今見得人之美。公以一境初謐，羣情尚艱，吏有暴慢于紀者，示刑以齊之；農有游惰蠱業者，約法以繩之；民有播遷懷土者，施惠以來之；士有侈靡不道者，資禮以節之。行之未期，貪者廉，邪者正，老者安，少者説。爲子弟者孝悌，爲父母者慈愛。耕讓畔，行讓路，襁負其子而歸，雲奔雨集，熙熙焉似登春臺之樂也。先是郊壘多艱，民業屢空，視事之廳鞠爲茂草，鳴琴之室不庇寒風。公下車一載，庭事之不煩，乃曰：「廬之邑有五，而兹爲之最，奈何布政無從，庶政未集？事當革弊，理合任權。且一日畢葺者，前哲之屢規，安上治民者，古人之常道，豈可尸禄素餐，而取『維鵜』之刺者哉！」遂因農隙，爰徙公衙，于縣南百餘步崇明館而創之。櫛星沐露，芟荆翦榛。郢匠陶夫，各就其列；居人邑客，咸助其材。不攪里胥，不煩虞氏，俸給之外，悉資公共。風趨霧會，不日而成。所建大廳、門樓、更樓、兩廊、柱廊、夾廳、小廳、暖室、厨屋、西房、曹房、馬苑及主簿衙室，共約一百餘間。欒櫨櫛比，榱桷叢立。彩檻霞明而翕赫，赤墀鷺序以嶙峋。飛甍鬬霓，鴛瓦壘玉。雪鎖高牖，風生後庭。吏有以歸，官有以息，一勞永逸，百世可知。是則御兹邑者，有德行、有禮義、有忠信、有恭孝、有廉慎，得以陟之；有狼戾、有頑嚚、有邪暴、有諛詭、有驕矜，得以削之。於戲！公峭崿千仞，澄潭萬頃。幼而敏達，長而辨慧。風神特異，桂樹之嶹嚴霜；秉執無差，冰雪之湛秋月。剖繁無滯，分劇彌閒。神女夜啼，靡入賢人之界；翔鸞曉集，但依君子之封。則知代有奇才，國不乏寶，更千數載，未有如謝公之賢也。況采奇楚裔，泥迹江干，出入軒庭，周施寒燠，覽其芳躅，實溢頌聲。而又罔以憎學見遺，特以斯文爲託。屬辭無愧，吮筆而成。庶使後之來者，見賢思齊，豁青雲而披白日；覩相生善，臨空谷而蹈春冰。信有明宰之絶流，謝公之卓立者也。時宋建隆二年辛酉春三月記。

林逢吉輯《赤城集》卷四錢惟演《寧海縣新建衙樓記》 古者郎官出宰，雖班有土之權；縣令得人，自契震雷之象。所謂子男之國，實爲父母之邦。其政不得不修，其門不得不壯。是故義經設位，式著乾坤之名；老氏垂文，亦陳道義之説，蓋以限閫域于内外，順闔闢于往來。其或肇創重樓，齊列大道，斯又爲一時之輪奐，使百世之謳謡者也。寧邑，漢會稽之回浦，鄞二縣地也。後漢改回浦爲章安。晉孝武太元二年，分鄞、章安户置之。唐武德中，改海州爲台州，寧海屬焉。自開皇迄唐大曆，其間興廢靡定，遷改不常，圖牒具存，斯不復載。眷惟靈壤，實曰奥區，地接天台，路連石姥，時生英秀，代出神仙。一派桃源，阮肇舊游之勝境；千尋瀑布，興公作賦之鄰邦。自武肅有國，縣署之前本無崇制，門闥之設，止乃平居。浸歷歲華，率皆頹毁，梁柱悉蠹，陶甓不完，風雨雪霜，欒櫨莫庇。皇上耕籍之季秋八月，我武寧章公來莅是邑。性惇寬裕，動合典常，專文學之科，預英雄之選。以詳雅鎮俗，以惠愛字民。雖位屈于十銓，而利均于千室。下車數月，布政多閑。睇廣厦以爰周，歎閈閎而未備。有邑人陳繼安暨鄉鄙耆艾等，列狀獻誠，願謀新作。既輿情之允洽，豈人欲之可違？公察以由衷，聿從其志。故冬十有二月，因農之隙，庀徒以時。大則輪梁棟之材，小則致榱桷之用。官無醵斂，民皆義從。押録薛宗等，夙事公庭，恪居吏局，共謀樸斵，盡瘁勤勞。高卑悦隨，上下胥樂，一心衆力，百倍厥功。景祐改元，門與樓成。軒檐半空，煙霄咫尺，欒栱交結，丹漆相鮮。晴曦下照於觚稜，翠巘四圍於爽塏。雙扉洞啓，宜駟馬之並驅；層構鼎新，若蜃雲之擎出。華不極侈，儉皆中規。仰之彌高，觀者如堵。翌日，公乃謂鹽榷侍禁王君，贊府評事□君，曰：「我之政必葺，幸已成矣。豈非由能幹之宏〔才〕，假通明之奥思，以兹公政共成此門？不然，則何以致累任之闕，一旦而備，宜乎張絲竹，羅樽俎，會同僚，登是樓而凴之。遠可以觀耒耜之勤，近可以采風俗之語。比夫庾元規之登望，王仲宣之銷憂，彼皆賞玩物象，娱悦情興，不足同年而道耳。」於戲！斯邑也，創置近數百年；斯門也，朽腐

知數十載。是邑之民，得不思經度乎？所以然者，蓋以待明公而作之，庶播其芳風者哉！余受代葵邱，經游花縣，俾兹撰述，靡容固讓，敢以直書。是歲五月二十有七日記。

揚億《武夷新集》卷六《處州麗水縣廳壁記》 麗水，古括蒼縣。唐大曆末，避德宗諱，并郡改焉。地亘婺女之區，俗蓋東甌之舊。提封之廣袤，僅十萬井；生齒之富庶，幾八千室。自錢氏竊據之際，頭會箕斂，民不堪命；及聖朝混一之後，生聚教誨，日不暇給。縣署湫隘，僅庇風雨，傴下已甚，陋如之何！前此宰邑者，皆鞅掌王事，沉迷簿領，盤錯游刃之不暇，棟宇改作之未遑。至道初，天子以古者郎官出宰百里，申命廷尉評甄侯旦，以六百石秩來涖是邑。侯，孔門之達者也，吏道詳敏而飾以文學，天資高朗而輔以經術，清白以率下，明察以照姦。獄訟滋彰，必片言以折；賦調倥偬，皆先時而辦。曾未期月，縣政大成。天子嘉之，凡再降璽書，進爵朝大夫，總殿中六尚之職。不改其任，恐奪民賢君，增秩以留，用西漢故事。侯既五月報政，休聲著聞。終日清談，庶務自治。從容暇豫，周覽縣齋，苫蓋不完，梁木將壞，慨然憤發，經之營之。度山取材，懸金購匠，因農務之隙，募子來之徒。運斤成風，揮汗爲雨，皆曰：「吾儕小人，猶有闔廬以避燥濕寒暑，豈我賢宰君築室而不速成乎？」曾未浹旬，層構云畢。恍若神化，煥乎惟新。凡樓以藏詔書，廳以決政事。樓之南，敞重關可入方軌；廳之北，闢回廊僅容宴豆。通而計之，共十有一間。麗譙渠渠，治象之法在焉；堂皇峨峨，神明之化出焉。侯陟降以之，造次于是，職修事舉，體寧神王。使虛室生白，高門容車，後來之人，坐享其利。侯之規模，信宏遠矣。昔者一日必葺，《春秋》稱叔孫之賢；百堵皆作，詩人著《斯干》之詠。鄙夫不佞，假守方州，每行春棠郊，攝齊偃室，目是輪奐，飽其風聲，爰勒貞珉，以志盛事。異日甄侯棄去下邑，揚於王庭，此邦之人，誰無遺愛？即陵遷邑改，斯宇也比靈光而獨存；石泐金銷，斯文也與峴首以同致。後之君子，善似續之。咸平二年記。

余靖《武溪集》卷五《韶州新修州衙記》 古者諸侯宫室、車服，各視其命之數，故臺門露寢，將將耽耽。自秦人罷侯，漢沿魏襲，郡有守，州有牧，頒條詔，專生殺。慮其久而固人心，必三歲而易之，修職(真)〔貢〕於天子。在千里外，則遞促其期，再期而易者。故州民視刺史如路人，刺史視公堂如傳舍，民病尚不肯療，矧肯完葺廨宇耶？韶在番禺之北，去天子都城三千里而遥，故爲遠官，去留之心不固，又可知矣。皇上即位之八年，以今尚書外郎、太原王君守其土。下車之始，綱目咸振，束黠吏以繩墨，制强宗以斧斤，威聲一馳，境内知禁。然後險者傾，瘠者平，痼者愈，魘者醒，僕者起，昧者明，霜清物寒，日和春融，畏愛所交，衣被黔首。於是中詔得比内諸侯，滿三歲後所請也。政成事簡，地居衝要，築室卑陋，人何所瞻？不欲視廨舍如前人之視民病也。繇是因基搆，程用度，壯棟梁，麗榱桷。山有羡材，不賦於民；官有繕工，不興其役。煥諸侯之采章，謹列郡之儀式。挈壺所以授朔，樹戟所以示威，乃伉高門，以備其制，分争辨訟，夙興夜寐，外皇中堂，各有攸處，首銜公也。兔穴防姦，簡書山積，虎符領兵，器甲犀利，對峙二庫，加以層樓，謹曝涼也。接賢序賓，容豆舉觶，則有東西小廳。地暖春早，百卉先媚，亭曰探芳；疏池釃流，一水迴合，亭曰環翠。射侯之亭曰百中，可以觀德也；燕居之亭曰清虚，可以頤神也。翬飛翼舒，不僭不偪。城隅一樓，景最奇絶，東溪北山，秀在眉宇。落成之日，露襲竹栢，味韶穎珠，圓美可愛，亭曰甘露，紀嘉瑞也。至於胥史分聯，廪儲供上，風雨之庇，使葺之。工既畢，民吏趨走扶伏，固請礱石刻文，以紀成績。星飛一介，見辱嘉命。謹按圖經，控扼五嶺，韶爲交衢，虞舜南巡，奏樂於此，郡有遺迹，因山得名。漢置曲江縣，爲南海之望邑。晉立東衡州，居湖南之屬城。齊梁爲始興郡，置内史以莅之。僞劉割據，析其地建英、雄二州，故始興之名移於他部。皇朝開國，軍事民政，咸俾儒臣領之，邕容經略，名存實亡，擬於舜韶，彼則負矣。唇齒江湘，咽喉交廣，地之重也；霜露北均，疫癘南盡，氣之和也；霞駮萬拱，雲蒸千礎，署之廣也。合是數美，爲郡國最，不亦善乎！君以天聖庚午，自殿中丞領銀菟符，期年之間，再增秩至屯田員外郎，則爲郡之才之政，爲萬乘知，可見矣。明道元年十一月日記。

歐陽修《歐陽文忠公集》卷三九《夷陵縣至喜堂記景祐三年》 峽州治夷陵，地濱大江，雖有椒、漆、紙以通商賈，而民俗儉陋，常自足，無所仰於四方。販夫所售，不過鱅魚腐鮑，民所嗜而已。富商大賈，皆無爲而至。地僻而貧，故夷陵爲下縣，而峽爲小州。州居無郭郛，通衢不能容車馬，市無百貨之列，而鮑魚之肆不可入，雖邦君之過市，必常下乘，掩鼻以疾趨。而民之列處，竈、廪、匽、井無異位，一室之間，上父子而下畜豕。其覆皆用茅竹，故歲常火災，而俗信鬼神，其相傳曰作瓦屋者不利。夷陵者，楚之西境，昔《春秋》書荆以狄之，而詩人亦曰蠻荆，豈其陋俗自古然歟？景祐二年，尚書駕部員外郎朱公治是州，始樹木，增城柵，甓南北之街，作市門市區。又教民爲瓦屋，別竈廪，異人畜，以變其俗。既又命夷陵劉光裔治其縣，起勑書樓，飾廳事，新吏舍。三年夏，縣功畢。某有罪來

是邦，朱公於某有舊，且哀其以罪而來，爲至縣舍，擇其廳事之東以作斯堂，度爲疏絜高明，而日居之以休其心。堂成，又與賓客偕至而落之。夫罪戾之人，宜棄惡地，處窮險，使其憔悴憂思，而知自悔咎。今乃賴朱公而得善地，以偷宴安，頑然使忘其有罪之憂，是皆異其所以來之意。然夷陵之僻，陸走荆門、襄陽至京師，二十有八驛；水道大江、絶淮抵汴東水門，五千五百有九十里。故爲吏者多不欲遠來，而居者往往不得代，至歲滿，或自罷去。然不知夷陵風俗樸野，少盜爭，而令之日食有稻與魚，又有橘、柚、茶、筍四時之味，江山美秀，而邑居繕完，無不可愛。是非惟有罪者之可以忘其憂，而凡爲吏者，莫不始來而不樂，既至而後喜也。作《至喜堂記》，藏其壁。夫令雖卑而有土與民，宜志其風俗變化之善惡，使後來者有考焉爾。

袁説友《成都文類》卷二九范鎮《新都縣脩廨舍記》　昔仲由治蒲，溝池深，墻屋甚閑，夫子過之，歎稱其三善。薛惠爲彭城，郵亭廢，橋梁不通，父宣觀之，弗曉以吏事。何則？入其國，知其教，觀其法，知其智，必然之至理，不易之經義也。古新都之勝邑，當益部之北道。賦輿錯出，編籍浩繁，宰非真賢，人或罹害。東漢中，第五訪以最聞。相去千載間，寂寂寥寥，罕嗣興者。故此縣頻年仍以不治終，故官事之舍寢久不支，震風淩雨，無帲幪之蔽；上燥下溼，鮮闔閭之避。欲其隆撓棟，敞壞梁，非剛廉敏明，首公而餘裕者，其疇能志於是乎？汾陽郭君，繇中秘書爲之宰，正色率民，温文馭俗。小大之獄，得必以情，幼壯之科，慎於同力。農人異於他界，民居極於安堵。居一日，昌言其衆曰：「署者位之表，寺者事之嗣。嗣不謹則事弛，表不立則位廢。既廢而弛，政將安出？」因上其狀外臺，儲堅材，募良工。凡堂除廊廡若干，起某年，以某月日成。謂予鄉樹孔邇，俾記其事。予嘗病人有責因循，重改作，容身謹職而去者；不爾，則惠勤於末務，急諸下以稱待過客。而獄必以情，信逮下也；力不同科，仁惠心也。農入則時順，人安則事集。以是而舉，其古人之政乎！後之居是舍，履信繇仁，以順時集事，而民不受其賜者鮮矣。

曾鞏《元豐類稿》卷一八《思政堂記》　尚書祠部員外郎、集賢校理太原王君爲池州之明年，治其後堂北嚮，而命之曰思政之堂。謂其出政於南嚮之堂，而思之於此也。其冬，予客過池，而屬予記之。初，君之治此堂，得公之餘錢，以易其舊腐壞斷，既完以固，不窘寒暑。闢而即之，則舊圃之勝，涼臺清池，遊息之亭，微步之徑，皆在其前；平畦淺檻，佳花美木、竹林香草之植，皆在其左右。君於是退處其中，并心一意，用其日夜之思者，不敢忘其政，則君之治民之意勤矣乎！夫接於人無窮，而使人善惑者，事也；推移無常，而不可以拘者，時也；其應無方，而不可以易者，理也。知時之變而因之，見必然之理而循之，則事者雖無窮而易應也，雖善惑而易治也。故所與由之，必人之所安也；所與違之，必人之所厭也。如此者，未有不始於思，然後得於己。得於己，故謂之德。正己而治人，故謂之政。政者，豈止於治文書、督賦斂、斷獄訟而已乎？然及其已得矣，則無思也；已化矣，則亦豈止於政哉！古君子之治，未嘗有易此者也。今君之學，於書無所不讀，而尤深於《春秋》，其挺然獨見，破去前惑，人有所不及也。來爲是邦，施用素學，以修其政，既得以休其暇日，乃自以爲不足，而思之於此。雖今之吏不得以盡行其志，然迹君之勤如此，則池之人，其不有蒙其澤者乎？故予爲之書。嘉祐三年冬至日，南豐曾鞏記。

吕祖謙《宋文鑒》卷八一陳繹《新修東府記》　中書，政事本也；宰相，三公官也。官不必備，唯其人，匪其人不居。且體貌大臣，禮重而莊，物采顯庸，宜備而稱，豈曰私其人哉？蓋所與坐而論道，不下席而致太平之功者，一二執政而已。國朝以來，尚襲唐故，大臣多不及建里第，而僦居民間，至距城數里之外，東西南北，回遠不相接也。四方奏書，緩急報聞，吏卒持走，徧歷諸第。一有漏露，稽違失亡，其可逮乎？而又暑寒雨風，晨趨暮還，輿衛騶呵，導從前後，搢紳士大夫造請，紛馳於里巷坊曲之隘，甚非尊嚴體貌之觀也。今禁衛三帥率有公廨，庶官省寺亦或有居，而獨大臣不列府舍。每朝則待漏闕門之次，入則議政殿上，退即聽事，羣有司公見請白可否。少休，吏史抱文書環几案，左右頡頏以進，至日下晝數刻始歸。夫以王城輦轂之大，其制度之闕如此。乃出聖畫，新創二府，親遣中人度地於闕之西南，輪廣方制，房皇鈎折，繪圖以聞。即刊定於禁中，申命三司，飭吏庀司，計工程材，役不妨時，費不病官。自熙寧三年秋七月興作東西府凡八位，總千二百楹。明年秋八月，東府四位成，詔知制誥臣繹爲之記。臣拜手稽首，以書日月工實之次。謹按三代盛王，繇禮義之政，至於周而大備。文章典刑，物采位敘，焯然見於朝廷之表。公卿内外，居有室宅，上不爲過侈，下不爲苟約。出則寵之淑旂龍章鈎膺之駕，入則具之列鼎蒲筵粉純之居。仰而視其宫，則有榱題之藹密；俯而攝其衣，則有衮舄之嚴麗。且謂不如是不足以待其人，非其人不足以相天下之政。故其取予屈舒，厚薄等衰，一謂之天秩。先王之澤既竭，能道古人之言者起，以其私學蔽尚，迷謬世俗，雖有志之主厭然，而所慕

者不過耳目之所習，呴呴而望其下者益卑。西漢去治世未遠，開丞相府四，出門無闌，不設鈴，不驚鼓，深大宏遠，無有限節。郡國守長吏得以歲上計事。國有大議，車駕亦親幸而臨聽焉。然其議不過軍功武爵、期會督責之故。至於東漢，仍建公府蒼龍闕東偏，其制度雖存，而稱號不復於當時。蓋用人授位出於一切，其煩文虛器、隆殺存亡者，亦無足以繫政事之重輕。宋興之初，平定四方，烜燿神武，遂一宇內，頗用戰勳伐閱將帥之人。浸久而安，生民樂嬉，百年之間，軌蹟運行，將臣相臣，夜寐夙興，罔敢有懈。皇帝臨位，躬攬權綱，顯白訓義，圖惟先王治理之實，置府設屬，大放古制，文武弛張，名器有等，大小尊卑，靡不遵序。夫名者禮之分也，位者處其名之器也。名既正，然後任責之理得，而百事修明；名不正，則任責之理廢，而百事隳。必使望其器可以知其職，問其職可以知其人。書曰：「股肱喜哉，元首起哉，百工熙哉。」是繇天子任大臣以道，而率作興事，罔不喜樂賡歌，卒起乎治功之隆。蓋君臣會遇，千載之甚盛德也。若乃聖作物覩，宣耀典訓，垂萬世之丕則，考不磨之斯文，其不在二府之制，而在道德之意乎。

呂祖謙《宋文鑒》卷八一陳繹《新修西府記》 唐初典兵禁中，出於帷幄之議，故以機密名官。開元中設堂後五房，而機密自爲一司。其職秘，獨宰相得知，舍人官屬無得預也。貞元之後，藩鎮旅拒，重以兵屬人，乃以中官分領左右神策軍，而樞密之職歸於北司。然嘗寄治省寺廡下，延英會議則屏立殿西，勢猶厭厭傳道宫省語而已。至其盛時，其貴者號中尉，次則樞密使，皆得貼黃除吏。唐末既除北司，并南北軍於樞密使，遂總天下之兵。五代以來多以武人領使，而宰相知院事。國朝復置副貳、簽書、直學士之名，大略文武參用，間以宰相兼領之，故得進退大吏，預聞機政，其任職蓋重矣。古之公卿，入則相與謀於朝，出則相與謀於家。家宰膳夫之政不至於耳目，而天下四方之事每得於燕處之際，故其爲之不勞，而日常若有餘。今未明而入，進見請決於陛席之前，退而百執事叩閤稟事，吏持書奏周走閭巷，終日不得與二三大臣謀求，若古人之舂容有餘，勢固不行也。熙寧三年，詔營兩府於掖城之南，其任樞密使者爲西府，於是有司知上之所以優隆大臣，將以修天下之政於堂陛之下，莫不率職底功，士獻其能，工緻其才，不周歲而告成。臣謹按樞密，司馬之職事，而周制屬於夏官。秦漢曰太尉，亦冠將軍之號，祿比丞相，置官屬，掌兵武。夫善用兵者使之至於無兵，善治兵者治之於無事，然後天子之威刑震耀，偃然憺折於萬里之外。噫，非二三大臣曷以哉！若夫仰而登，則恩見於榱桷；俯而宴，則禮見於階陛。周旋指顧，無非上之致隆於己者，是則其所以享寵而居是者，可無思乎？

呂祖謙《宋文鑒》卷八三呂陶《蜀州重修大廳記》 古之循吏，以郡縣爲一家，視其民如所親之於子弟，待之以忠厚樂易之誠，濟之以勤勞不怠之力，事不問巨細，苟可以興作營置，區處辦具，則莫不盡心焉。建校舍，選開敏吏自訓飭之，減用度，遣詣博士。爲學子除更繇，與俱行縣。通渠瀆，廣陂湖，起蕪廢，溉田至數萬頃。躬率儉約，勸督農務，出入阡陌，舍止鄉亭。輕刀劍，重牛犢，鑄田器，教犁耕。親度頃畝，差肥瘠爲三等，立文簿，藏之鄉縣。鑿山通道，列亭傳，置郵驛凡數百里。息省勞役，還集流散，發倉廩以賑兇旱。具葬祭，以恤鰥孤，限禮聘之年，施四誡之令，禁嫁娶送終勿徇奢靡。此其事之大者，而爲之甚詳。以至榆薤葱韭，口有常數；二彘五鷄，家有常養。種桑柘，植麻紵，藏果實，蓄菱芡，養蠶織屨，悉有教令。此其事之小者，而爲之亦不略。按古而求，蓋豳公所由之風化，而孟子所謂王道之本者，亦可見焉。是以居則悦服，去則見思，風跡光輝於一時，德聲洋溢於後世。游茂先之守唐安，抑用此術歟！虛心以接物，無猜阻疑貳之釁；抗志以涖事，無苟簡滅裂之態。舉大綱以敦治體，親細物以盡下情。自公府至於郊野，皆得其歡，知茂先待之如一家也。廳宇之弊久矣，每大風雨，慮至摧圮，政閑事隙，謀以葺之。遠訪諸侯路寢之制，近遵太守黄堂之式，崇庳深廣，舉適準度。他所毁陋，從而一新。樓壘得其高堅，帑庾得其固密。文牘充棟宇，有以謹其藏；賓客戾館舍，有以享其安。敞亭榭以資覽詠，完庖突以備燕饗。凡爲此者，蓋政有餘力而及之，非先後緩急之不序也。民安其居，吾可以議居處之安，非略於大而詳於小也。非以治舍爲逆旅，望望然計吾歲月以去而不恤其他也。客有踐其境，造其門，昇自西階，游目四顧，雖不問俗，政可知矣。譬如富家巨室，垣墻立而壯，門閎闢而大，奥阼别而正，困倉廄庫之設，各得其當，就而詢之，必有愛其子孫者主焉。一郡之政，何異於是？予嘗通理此州，知土俗之淳良，羨風物之秀勝，以謂嘉郡齊民，宜得賢守敏政，乃具四美。今茂先之治，大概如此，故予樂爲記之。茂先慷慨有遠度，每以功名自期，豈特區區乎此？他日去而顯矣，人必思之，有讀予文者，亦可以慰思也。

蘇軾《蘇文忠公全集》卷一一《滕縣公堂記》 君子之仕也，以其才易天下之養也。才有大小，故養有厚薄。苟有益於人，雖厲民以自養不爲泰。是故飲食必豐，車服必安，宮室必壯，使令之人必給，則人輕去其家而重去其國。如使衣

食非惡不如吾私，宮室弊陋不如吾廬，使令之人樸野不足不如吾僮奴，雖君子安之無不可者，然人之情所以去父母捐墳墓而遠遊者，豈厭安逸而思勞苦也哉！至於宮室，蓋有所從受，而傳之無窮，非獨以自養也。今日不治，後日之費必倍。而比年以來，所在務爲儉陋，尤諱土木營造之功，欹仄腐壞，轉以相付，不敢擅易一椽，此何義也。滕，古邑也。在宋、魯之間，號爲難治。庭宇陋甚，莫有葺者。非惟不敢，亦不暇。自天聖元年，縣令太常博士張君太素，實始改作。凡五十有二年，而贊善大夫范君純粹，自公府掾謫爲令，復一新之。公堂吏舍凡百一十有六間，高明碩大，稱子男邦君之居。而寢室未治，范君非嫌於奉己也，曰：「吾力有所未暇而已。」昔毛孝先、崔季珪用事，士皆變易車服以求名，而徐公不改其常，故天下以爲泰。其後世俗日以奢靡，而徐公固自若也，故天下以爲嗇。君子之度一也，時自二耳。元豐元年七月二十二日，尚書祠部員外郎直史館權知徐州軍事蘇軾記。

李石《方舟集》卷一一《固存堂記》 丙寅歲大水，郡譙樓不没者三板，官寺大毀。水落，官無所視事，各即故基作新屋，而録事參軍署距郡署西三十步。鄧君處道至，未受署間，訪故基於西偏，才一老屋，棟桷相撑拄以立，餘皆僵僕沙泥，或大波捲去矣。因即老屋爲主，向皆創新之。慮指計工，幾月屋落成，得若干楹。處道則又與客視新屋，若廳事，若正寢，若廊廡，若庖厩、吏僕居，皆斲削磷磷。斤斧匠石初去也，而一小堂獨面西，前有葦竹蕭然，仰視其榱楹猶故，面目黧黑，袍褐灰土，狀蓋新建中老人大父行也。處道曰：「物固有是哉，此歸之河伯所留老屋也。浪駭湍怒，龍求石鬭，洶涌激薄，所當無不蹩壓，而此屋何恃而獨全？」處道忻然，若有當其意，因以書史列左右，取古今石刻依其壁，公退即居之，因以「固存」題其顔。石謂成毀形器常理也，特有久近，此屋何恃？君子當有以自存，否則屋鄙也。《易》曰「成性存存」，孟子曰「其爲人也寡欲，雖有不存焉者，寡矣」，老子曰「綿綿若存」。後之居此堂者，能合三説而一存之，庶無負此屋名。處道成都人，故家子，文獻多學。

周復俊《全蜀藝文志》卷三四李石《轉運司爽西樓記》 岷爲蜀山之傑，俯瞰井絡於天西維者，皆平川也。環山四麓，凡府寺州廨、丘里之室、郊遂之居，得以審勢高下，隨方廣狹。敞樓觀，鑿户牖，延空光，揖秀色，如植如負，如飛如鶱。熙而陽，肅而陰，四時朝暮，開闔晦明者，皆岷山雲氣往來、日月吐吞也。成都官治多勝處，端倚此山向背爲重。異時名輩接武於此，往往貪得擷取，爲懷袖几硯間物。神明之所激妙，奇異之所鍾萃，浩乎廓然，文章事業不論，其人胸府氣象可知也。頃以邊圉多事，要塗貴人尚不得緩帶爲治，而金穀計算，蹋蹴糾纏，求如曩者燕笑豈弟於俎豆昇降，以無負西山之勝，非曰不能，有所未暇。況俾之一日之葺，玆豈其時？使者潼川任公將漕西蜀，方有司吝出納以幸集事，獨能以約致詳，以静制動，視族庖缺折於大軱一割者，處之裕如。先是有堂名「謙思」，層堂作樓而未名，大抵歲久支撑，懍若將壓焉者。棟墨塵蝕，斷碑卧草，讀之則趙清獻公之經始，而文湖州爲之記審矣。可以躋，可以宴，可以憩息。昔之所在，誰續誰似？官如客寄，屋如亭傳，風雨鳥鼠，不經人意。且公則壞之，私則營之，豈人情哉！於是即舊圖新，用力不煩，芟荒撥穢，程績爲多。因以「爽西」名樓，並繪清獻、湖州二像于壁，曰：「吾非敢作也，自有此二山以來，如湛輩未聞，至於景行無窮，斯人斯文與岷之三十六峰巍峨於目者，可磨也哉？」石謂開物成務，此學也，妙之於道；任重道遠，此才也，寓之於仁。固有以媚世爲學，淺粗與農圃同役；以適俗爲才，競走與蒱搏争路。智跨力攘，終爲畜人。不知君子曰道曰仁，將以澤物庇民，而刻意細技，有不足呈。盍亦藏之於無所思慮，毓之於清曠粹夷，放之於虚明爽塏，窅爾心化，倏爾神運，而天道已行矣。公所以嘯咏一室，以風示吾儒仁義忠厚之實，且因蜀山慘舒爲吾民休戚之占，非特登臨觀美而已。雖然，斯未足以窺公之盡。會公有旨召東去，落成登樓之賦客有未具，若乃歲月大概，俾來者有考，似不可無籍。

洪适《盤州文集》卷二六《都亭驛記》 驛之設所以安遠人、節勞臣、息皇華外使之所也。自三代聖王衆建邦國，郊圻畿甸之間，必建館驛，使甸人掌之。《周禮·夏官》懷方氏，治館舍飲食，來遠方之人。三十里有宿，五十里有市。《地官》遺人掌邦之委積，郊野以待賓客，鄙野以待羈旅。《秋官》環人掌送逆，邦國之通。賓客以路節達四方，送逆及疆，賓至如歸，無憂旅寓。故侯邦辟治，入疆有慶，陳國道茀，知其必亡。秦罷籓封而來遠之政不廢，建驛設館，以慰征人。漢、唐因之，至今不替。此都亭驛之建於臨安行在之輔，蓋有自矣。崇寧中，上命建驛，賓致方貢。今上即位，駐蹕臨安，詔立都亭驛於畿邸，以館北使。規度崇閎，制彷省户，高簷巨棟，軒豁洞達，繩列棋分，咸有叙次。使北客至止，若館其家，休息燕賜，懷禮銘恩，歸語其君，以含膠握漆，永永無窮，豈小補哉！昔晉文公之爲盟主，宫室卑庳，以崇大諸侯之館。庫厩善脩，司空平道，圬人填室，甸師設燎，僕人巡宫。車馬有所，賓從有代，所以復霸，稱於《春秋》。後嗣不德，乃

以隸人之垣而贏諸侯，故鄭僑知其必衰。蓋郵傳驛置，皆先王爲政之法，而有國者所不可忽。今六飛時巡，暫留吳會，固豈久於此乎？蓋君子所居，一日必葺，而堂堂中國，所以來遠修好，誠不可少後焉。新驛之所以興也，行見皇輿旋軫，鳴蹕上都，則仍□□□□訪崇寧之迹，其亦有日矣。臣不敏，謹承命譔次其事，以俟制旨鑱之石。臣謹記。

洪适《盤州文集》卷二六《分繡閣記》 浙河以東，曾岡峭岑，盤深複陸。出會稽，道天姥，百有餘里，財得夷曠之地十有五頃，以爲天台郡。郡踐山作郛，而餘麓及屹立之峰，廢不可廬者亦十一二。故官寺民區，鮮鉅麗之所。十數年中，監州始有以員外置者。僑宇城之巽隅，距黄堂七百步而贏。其職業之商讞，僚類之謁請，吏抱文書，袂屬瞏闠隘蹊間，舉不以爲便。迺徙幕曹之舍爲今所居，與正員相東西焉。然規恢下窄，榮奥埃墨，無復高明顯爽之觀。獨東偏有地斗大，叢榛委甓，蚓虺所潛，前沿後仍，指爲棄壤，則薅剃葦治，培基建閣。以夏四日課材，閱月而斤斧論功。其高四尋，衡袤二十有七尺，南北不及者九之一。羣山縈環，垂光獻狀，故以「分繡」名。推去冗牘，登臨領略，則巖姿之西峙，煙霏雲采之隱見，咸與意會。舉杯屬客，則琴歌弈思，恢乎其有樂地。閣之下對植美竹，以「清閟」目其堂。後穿小池，可容萍藻，則又爲「舞漪」之亭。或曰：人在天淵間，以百年爲須臾，況宦游弗常，席甫暖而趣代。今子來旬歲矣，又如是而去，何以茲閣爲？語之曰：人能無以一生爲寄，則澡濯自强，期與前英聯横，能無以一官爲不久，則黽勉盡意，必有以美其政。予年少質下，若乘雁雙鳧，雖去來無重於邦人，然吾身朝夕于斯，抑欲自適其適耳。故記之。

汪森《粤西文載》卷二二汪應辰《桂林館記》 事嘗廢於所忽，而人情所忽不在於大，每在於細。惟君子特論其所當爲者而已，莫知其孰爲大與小也，然常情所忽而或者獨察焉，則世始稱以爲盛德之事。《書》稱畢公曰「克勤小物」，《詩》稱仲山甫曰「不侮鰥寡」，豈非皆以小者觀之歟！踰衡湘而南，静江爲一都會，崇墉複宇，顯敞壯麗，通衢之廣衍，闤闠之阜盛，稱其爲都會之府。獨所謂傳舍者，在府治之西不數十步，圮垣敗屋，積久不治，腐者欲折，攲者欲僕，過者即趨，懼將壓焉。是豈見聞有所不逮哉！夫力或不給而致然耶！蓋部使者之居皆聚此邦，非有待於外也，加以地在一隅，達宦貴人又無所爲而至彼，其源源而前者，往往皆隸吾封部之籍，不然亦要爲有所求者，方且奔走伺候，以顧聞名於將命，入不延勞，去不追餞，甚則行者摩肩，坐者争席，而何敢以舍館未定有請於執事之人哉！則傳舍之有無，宜若無係於損益。今建安陳公之開鎮也，實始慨然以爲力非不給而士或舍於隸人，吾甚病之。且傳舍之設置於月令，大以待部使者之按臨，而其次蓋將使士夫羈旅於道路者得其所安，亦不以別異於吏民，知所以重，此皆朝廷美意，其可以闕然哉！於是即其舊基，一新其棟宇，爲堂面陽而列於左右者其位各四。門之大可以方軌，庭之廣可以合樂。至於庖湢之所，几榻之具，莫不隨其處而備焉。非公之用心一視無間，其孰能致察於此？自其一節而推之，有以知事無不舉，而民之均被其澤矣。夫事無大小，其造始與夫興廢者常難，而蒙成者爲甚易。公既爲其難矣，則得其所甚易者當何以處之？切思世之君子，又將以此觀政於異日矣。

陸游《渭南文集》卷二〇《盱眙軍翠屏堂記》 國家故都汴時，東出通津門，舟行歷宋、亳、宿、泗，兩堤列植榆柳槐楸，所在爲城邑。行千有一百里，汴流始合淮以入于海。南舟必自盱眙絶淮，乃能入汴。北舟亦自是入楚之洪澤，以達大江。則盱眙實梁、宋、吳、楚之衝，爲天下重地，尚矣。粤自高皇帝受命中興，駐蹕臨安，歲受朝聘，始詔盱眙進郡，除館治道，以爲迎勞宿餞之地。而王人持尺一牘，懷柔殊鄰者，亦皆取道于此。于是地望益重，城郭益繕治，選任牧守，重于曩歲。及吳興施侯之來爲知軍事也，政成俗阜。相地南山，得異境焉。前望龜山，下臨長淮，高明平曠，一目千里，草木蔽虧，鳧雁翔泳，蓋可坐而數也。乃築傑屋，衡爲四楹，縱爲七架，前爲陳樂之所，後有更衣之地，而傍又有麗牲擊鮮，與夫吏士無休之區。翼室修廊，以陪以擁，斲削髹丹，皆極工緻，最二十有六間。而堂成，既取米禮部芾之詩，名之曰翠屏。且疏其面勢于簡，繪其棟宇于素，走騎抵山陰澤中，請記于予。侯與予故相好也。予聞方國家承平時，其邊郡游觀，有雅歌之堂，萬柳之亭，以地勝名天下，雖區脱間，猶能咏嘆，以爲盛事。然嘗至其地者，皆謂不可與淮水南山爲比。翠屏之盛，又非雅歌、萬柳可及，則亦宜有雄文傑作以表出之，而予之文不足稱也。雖强承命，終以負愧。侯名宿，字武子，于是爲朝散郎直秘閣。開禧元年春正月癸酉記。

陸游《渭南文集》卷一七《静鎮堂記》 四川宣撫使故治益昌，樞密使清源公之爲使也，始徙漢中，即以郡治爲府。郡自兵火滌地之後，一切草創。公至未幾，凡營壘、廐庫、吏士之廬，皆築治之，使堅壯便安，可以支久，而府獨仍其故。西偏有便(坐)〔座〕，日受羣吏謁見，與籌邊治軍，燕勞將士，靡不在焉，而其壞尤甚。公既留三年，官屬數以請，始稍加葺，易其傾撓，撤其蔽障，不費不勞，挾日

而成。會上遣使持親詔，賜黄金奩寶熏珍劑，以彰殊禮。公遂摭詔中「静鎮坤維」之語，名新堂曰静鎮，而命其屬陸某記之。某辭謝不獲命，則再拜言曰：以才勝物易，以静鎮物難。以静鎮物，惟有道者能之。泰山喬嶽之出雲雨，明鏡止水之照毛髮，則静之驗也。如使萬物并作，吾與之逝，衆事錯出，吾爲之變，則雖弊精神，勞思慮，而不足以理小國寡民，況任天下之重乎？歲庚寅，某自吴適楚，過廬山東林，山中道人爲某言，公嘗憩此院，閉户面壁，終夏不出，老宿皆愧之。則公之刳心受道，蓋非一日矣。世徒見公馳騁于事功之會，而不知公枯槁淡泊，蓋與山棲谷汲者無異；徒見公以才略奮發，不數歲取公輔，而不知公道學精深，尊德義，斥功利，卓乎非世俗所能窺測也。而上獨深知之，故詔語如此。傳曰「知臣莫若君」，詎不信哉！雖然，某以爲今猶未足見公也。虜暴中原久，腥聞于天，天且悔禍，盡以所覆畀上。而公方弼亮神武，紹開中興，異時奉鑾駕，奠京邑，屏符瑞之奏，抑封禪之請，却渭橋之朝，謝玉關之質，然後能究公静鎮之美云。乾道八年七月二十五日，門生左承議郎、權四川宣撫使司幹辦公事、兼檢法官陸某謹記。

楊萬里《誠齋集》卷七三《郴州仙居轉般倉記》 嶺隩惟郴，厥土沙礫，厥田磽瘠，厥氓窶啬。氛勵濁蒸，旱暵重仍。黔首艱食，材官匱餫，仰哺於衡，堇堇靡贏。蓋其川流，自衡而上，厥水益淺，厥瀨益險，厥土益矗，厥瀧六六，沿若激矢，泝若躡蹬。米舟重屬，暫進寸步，忽退里所。舟至鯉園，膠而不前。州家於焉，廩於茲岸，徒旅請粟，自此入郛。複道山蹊，犖确齧足。棘茨留行，泥呻檐唏。過信乃達，人勩費倍。險踰於磧，估踰於糴。猗歟今侯，都公曹公，至無幾何，旁諏博茹。郭外十里，亭曰「仙居」，瀕江之麋，一葦可杭。廼諗州隸，我來自東，書笈囊衣，不賃不庸。吾以私人，挈携以從，官皺之布，封識如故。盍以召匠，三十維艭，維庾七楹。廼廡其前，爰受來粟。廼墉其環，爰妥斯屋。隸奉周旋，于陸于川。季春是經，季夏斯成。罔朘于官，罔痛于氓。師飫且逸，歌舞侯德。郴山之石，廼碳廼刻，尚俾來者是式。公字宗臣，曰冠其名。誰其書之？維同年生。紹熙初元九月既望，具位楊某記。

張孝祥《于湖居士文集》卷一四《荆南重建萬盈倉記》 按《荆州圖經》，府倉在牙城西街北。今之倉者，乃在牙城之南街西，其遷廢歲月，不可得而考也。初，荆州平時，米、麥、麻、豆歲輸于府者合十四萬有奇，今財七之一。以其少也，故廩庾出納，在官者不復甚經意，因陋就簡，以至于今。十年來，荆州屯兵，諸道之饟者受給無所，於是因倉之餘地，續續爲屋，橫邪曲直，隨地之宜。如積薪，如布算，或高或庳，上雨旁風，至棟桷委地。而猶藏穀，軍士月給皆黑腐，以飼雞豚，且不食。余至官二月，既築潰堤，間與僚吏周視官寺，蓋無有不敝壞者，而倉爲急。會朝廷賜以峽州所買之木，即檄統制官董江、節度判官趙謙、攝掌書記汪琳，撤舊屋而新之，合爲屋一百五十盈，揭之曰萬盈倉。外峻墻垣，内謹扃鑰，臺門高廣，聽事深明，面勢位置稱其爲大有司也。自湖之南北，江之東西，舉無與吾倉爲儷者。是役也，奔走程督，又有攝潛江巡檢郭撝。凡用木九千枚，緡錢六千，米千斛。既成，而余以親疾丐祠去，前所謂官寺之當葺者，僅能畢甲仗庫，若學宫、軍帑，則已鳩工而未成也。乾道五年三月旦，歷陽張某記。

樓鑰《攻媿集》卷五八《昌國縣主簿廳壁記》 昌國，明之屬邑，實海中一大島也。以山經地志數家考之，唐開元二十六年七月十三日，析越州鄮縣置州，仍置奉化、慈溪、翁山等縣，大率多析于鄮。明今爲慶元府，鄮復爲鄞，翁山即昌國也。大曆六年三月四日，廢于袁晁之亂。故《唐書·地理志》《元和郡縣圖志》止列四縣：曰鄮、奉化、慈溪、象山，而圖志于鄮縣云：「翁洲，入海二百里，即《春秋》所謂甬東。越滅吴，請吴王居之者也。」其洲周環五百里，有良田湖水，多麋鹿。《圖經》：翁山，一名翁洲。《十道四蕃志》云：徐偃王居處，城基猶存。皆今之縣境也。皇朝端拱二年，始爲鹽場。熙寧六年，部使者以蓬萊、安期、富都三鄉與鄞縣隔海，請置一尉，以司鬬訟盜賊事。王文公嘗爲鄞令，創縣，賜以今名。元豐元年，又割定海縣之一鄉隸焉。初以邑小憚費，以尉兼簿領之職。隆興改元，海寇猖獗，郡守尚書韓公仲通奏更置武尉，而職始分。邑之未立，一尉獨尊，承平民有餘力，官舍壯麗，他邑無能及者。而簿廳始因草創，久覺弊陋，居者懼將壓焉，累政欲爲而力不逮。慶元二年，平陽楊君既至，慨然欲一新之。既數月，公勤敏明，孚于上下，嘗試爲之圖。郡造浮梁，邑有餘材，君請得之，捐資調度，邑人相與分材効力，不勸而集。鳩工于三年初夏，落成于十月之乙未。爲廳三間，高廣加于前數尺，階與軒稱是。徙廳右之神祠于左，廊廡吏舍，一切更造。木工一千五百有奇，役夫二千，優與之直，費錢才千緡。父老爭持酒幣以犒工役，喈曰：「民不告勞而輪奐如此，何其神速也！」始余官于朝，故人劉問叟嶠雲以書來曰：「外子楊正臣欲附計臺一試，望有以惠顧之。」已而中其選，遂登紹熙元年進士第。鑰也初一見而奇其貌與文，今又益知其才矣。余，鄞人也，而未嘗涉海，第聞出定川鮫門山，水天無際，風帆迅駛，窮日而後至昌國，故雖有寶陀

安期蓬萊之勝，願游而不果。惟邑人往來誦楊君之政，至不容口。發軔之初，臨事不苟如此，遠業殆未可量也。邑士請記其實，且曰：「楊君將去，不可以無傳」。故欣然爲書之。

《〔嘉慶〕涇縣志》卷一〇趙不愚《主簿廳記》　寧國故宣城郡，在江之東，今爲重鎮。聖天子龍飛，陞府號，地望益隆，非他郡比。自乾道七年皇子魏王出鎮開府以來，教令一新，抑强扶弱，六邑熙熙，涵濡德澤，男穀女絲，咸適有生之樂。於斯時也，束帶斂板，游官於屬部者，無慮百數，莫不恪恭厥職。簿書期會之餘，委蛇退食，因得以葺其所未備，修其所既壞，于是太平府官稍復舊觀。涇于諸邑爲中，而溪山之秀爲冠，風習近厚，諜訴頗稀，賦入以時，帑廩充實，故來仕者亦安其民醇事簡。獨官舍欹㩆，率多古屋，前後因循，未嘗加葺，而簿廳其甚者。吁，士君子扶老携幼，隨牒南北，數椽之屋，曾不足以蔽風雨，安得恝然忘情哉！建鄴李君，襄公之曾孫也，主斯邑簿甚謹，處己臨民，皆不苟簡。暇日環視所舍，慨然興念，欲葺之，而力有未逮也。無何，暑雨霖霪，溪流泛溢，一夕，縣治堂廡之西栅盡爲水所漂，而簿所僅免蕩析。邑長高公鳳懼焉，因請于府，欲更縣治。即舊址而高之，徙宅堂于東偏，易舊堂爲治事之所。然簿所當其前，互相窒礙，兼屋老寢弊，殆非悠久計，是不可不遷。君與邑長爰究爰度，廼得今治地，而東西峰阜林壑，負按尤勝。于是除治蕪穢，繕飭材植。鳩工于辛卯之季冬，越明年正月落成。爲屋叁拾間，若廳事，若堂廡，庖湢，竈井畢具。廳之後闢一室，曰勾稽，爲燕坐之所。自廳而東，爲道院叁間。自東而北，堂屋在焉。又爲軒二，曰覽秀，曰遥碧，以備游息。是役也，一椽一瓦，皆君親臨而董之，匠石塗塈，咸給其直，一毫無取于民，亦可嘉也。抑嘗謂今之爲縣督郵者，朱出墨入之外，無餘事，吏散庭空，而雀可羅。往往以官冷不能集事，否則奉檄馳驅，無須臾暇解鞍，氣未及吐，而馬復東矣。視官居猶傳舍，豈復加意！今李君瓜代不遠，眷眷于此，唯恐貽後人者有所未至，且不擾而辦，其過人遠甚，故喜爲之書。君名大柄，字元禮。乾道壬辰八月初吉日，左文林郎、新建康軍節度推官趙不愚記。

元好問《遺山集》卷三三《警巡院廨署記》　汴京官府寺舍，百年以來，無復其舊。車駕南渡，百司之治往往以民居爲之。如兩警院之繁劇緊要者，亦無定所焉。夏津宋侯之領右院也，以爲吾之職有前世長安、洛陽令之重，其權則又右内史之所分，乃今僑寓于編户細民之間，余也不敏，就得以倥偬爲辭，後之君子奚賴焉？陛級之不崇，何以示民？寢處之不飾，何以待賢？貴賤無章，上下混淆，則又非所以謹官常而侈上命也。乃以故事請于縣官。久之，得故教授位于樂善坊之東。教官廢久，屋爲民居，罅漏(邪)〔衺〕傾，風雨弗庇。侯以暇時易而新之。治有廳事，寢有堂奥，厨庫井厩，以次成列。外周以垣，内鍵以門，不私困，不公滯。蓋百日而後成，即以其事屬余記之。竊嘗謂：治人者食于人，勞其心者逸其身。于此有人焉！朝夕從事，使斯民也皆得其所欲安。民安矣，至于吾身之所以安，則謂之私而不敢爲，夫豈人情也哉？履屐之間可以用極，鼓鐘之末可以觀政。若曰此猶傳舍耳，不足用心于其間，君子以爲不智可也！故予樂爲書之。侯名九嘉，字飛卿，擢進士甲科。文采風流，照映一時。歷高陵、三水、藍田、扶風四縣令，皆有能聲云。正大二年五月日，儒林郎、權國史院編修官元某記。

王若虚《滹南集》卷四三《恒山堂記》　真定古名鎮，形勢雄壯，冠於河朔，其府署規模適相稱副，而恒山堂宏麗特出，又爲之甲焉。堂廣七楹，其高九仞，望之鬱鬱，如翬斯飛，俯瞰北潭，備諸勝概。求其經始於何代，與夫主名之爲誰，則圖誌無傳。近世沈括言潭園初號海子，未甚可觀；逮王鎔治之，遂若圖畫。斯堂或者亦出於其時乎？而吴中復咏行宫，以爲宋祖征劉承鈞，常駐蹕於此，故老或云堂即宫之南門，而卒莫能詳也。其在金國，率王侯貴戚處之，例事豪奢，務加增飾，故益以完美。每府僚宴集其上，綺羅照野，絲管沸天，游人指點咨嗟，邈在仙境，誠一邦之偉觀也。兵火之餘，署舍盡廢，獨堂在焉，而歲月既深，寢至頽敝。大元乙酉中，萬户史公實來，公以妙齡貴顯，而居具慶之下，日思所以奉二親之歡，謂可以備燕息而資觀覽者，莫〔斯〕堂若也。由是特爲之作新，易腐朽，補罅漏，支持欹傾，凡當營理者，靡不及之。蓋期月而後畢，則大饗賓客，稱觴爲壽，以落其成，而遣使致書，屬予爲記。噫！予去國三十年，白首歸來，時移事改，田廬鄉井，殆不可復識。追惟曩昔，渺如隔生，豈知尚有恒山堂耶？夫物之盛衰，其極必反，興廢成毁，相尋於無窮，蓋理之常然而不足怪，然皆有數存乎其間。自喪亂以來，繁華共盡，崇樓傑觀，莫不化爲虚空。如斯堂者，絶無僅有，固已幸矣，而復爲有力者新之，宛然舊物，閲世自如，豈可謂偶然哉！抑此不足論也。予聞之，有非常之功者，必享非常之福。公以上將之才，膺方面之寄，定亂措安，澤被於生民甚厚，功孰大焉？宜其窮侈美，極尊榮，快意一時，無不可者。顧乃自安於儉陋，而致美乎其親，賢於衆人遠矣，是則不可以不著。且予平生欲一登堂臨眺，而竟不果。今既辱公知，當得預賓席之末，因之寓目，以償夙心，亦殘年之一適也，於是乎書。

黄公紹《在軒集·樵川新驛記》 至元二十有三年春正月，邵武路新作樵川驛成。先是，郡驛在通闤之南道，東西行者非便也。今達嚕噶齊大夫明公安溢政之明年，始議改創。暨諸府公相攸厥址，得水北涯之地，前踞長川，後枕平阜，面勢清曠，風氣爽塏，驛置實宜。揆日庀徒，是營是築，工師得木，意匠規授。前榮軒軒，中堂渠渠，繚以周垣，啓以高閈，赭堊鮮焕，玄蔭邃昇。凡爲若干楹，視舊館有加，卓爲他邦之甲矣。既成，相馬使軺，蹄轍載路，於我乎館，所至如歸，君子於此觀政焉。昔者《周官》候館野廬之事，由郊而都，由十里至於五十里，宿頓有所，飫饝有具，其法之纖細如此。至春秋之世，鄭子産論晉文之霸，乃在於崇大諸侯之館。館如公寢，司空以時平易道路，圬人以時塓館宫室。春秋，《周官》之法度也，於乎仁矣。大元一統以來，際天蟠地，舟車所至，罔不砥屬，故凡通驛公館之制，率維用兹聖作之典。而斯郡也，踰閩以東，界江以右，胥此而路。分省牧隷，重臣大官，往來無時，使者相望於道，吾父老將迎之不暇。若司里不授館，而隷人壞垣，以爲賓羞，寧不亦舍者争席，煬者争竈，而使吾民無有寧宇。斯固爲政者之所用心者也。夫世一蘧廬，官一傳舍，惟吏於土者不以一宿視蘧廬，而必於一日葺，不以閲人多視傳舍，而期於歷年多，是以能遠。然則斯驛之成，其於尊命隆客，禮便人心，作永久之弘基，成太平之盛觀，豈曰飾廚傳、事過客，皆以爲民計也。唐崔祐甫記滑臺新驛，謂古之君子約己而裕人，知龢而勤禮，所以陋居室而恢賓館，節豐華而廣蔭庥，于以弘德，此其端焉。仁哉，公之心乎！采諸輿誦，著在路碑，礱石刻文，用聲美績。僕亦民也，不敢以固陋辭。

胡祗遹《紫山大全集》卷九《濟南新驛記》 朝廷之發號施令，誕告萬方，雲行雨施，電掣星馳，不旬日而際天所覆，罔有不及。萬方之禀命朝貢，輪蹄絡繹，輻輳京師。山行水宿，飲食車馬，盤薄休息，所至如家。億萬里之遠，不知其勞，此驛傳舍館不可闕者也。聖天子神武仁聖，混一六合，往古不臣之國，書傳地志不載之異域，來享來庭。濟南總府，當南北東西之要衝，舍館雜於闤闠市井，湫隘卑陋，不容軒蓋，恒擾及於民家。爲政者踵訛襲繆，因循苟且，積七十餘年，而莫知改作。至元二十一年，時和歲豐，家給農隙，闔府官吏協議，唱賛卜地於歷下亭故基之前，背大明湖，面諸南山，爽塏寬平，計畝若干，作新驛落成。於來歲孟夏，繚以周垣，再分爲五區。區爲堂，爲廡，爲庖廚，爲廄庫，凡客之所須，巨細無一不備。有臺榭以居，高明涼炎，夏燠祁寒而温，風雲則室密而窗明。塗堊丹雘未畢，屬縣來觀者，摩肩接踵，兩閲月而不絶。城中士庶，室家相慶曰：自兹以往，高我門閭，開我户牖，完葺我牆屋，保全我器皿。父母妻子，早眠晏起，各安其室，我賢使君之惠政，再世不忘矣。憲司揚善糾惡，人之有猷有爲，若己有之。政廢弛而不舉者，憲司之罪也。廉幹污慢，一視而無褒貶，善不能賛成，惡不能懲戒，唯僥倖免責，寧不愧於心乎？是役也，守土者可謂知先務矣，不可不書。謹署府僚階銜於左，無廢無壞，紀歲月以勸後之爲政者焉。

王惲《秋澗集》卷三八《重修録事司廳壁記》 治有常處，則視瞻尊而政乃肅，此必然理也。維衛録事司，自辛亥歲州理復舊，凡百草次，其司事權寓於委巷間，逋舍靡有定所。厥後，官易雷氏私居，即爲今署，然敗屋數間而已。頽垣四達，汙潦傍浸，夏不足以障炎歊，冬不足以禦寒凍。公吏勃谿，簿案委積。執事聽理者安於湫隘，踐居塵泥，與鼃黽混殽者，蓋有年於兹。逮上郡薛君來涖是職，顧惟若爾，耻狃故習，且有以需焉。治之明歲，衆務舉，下安教，條審其信而可使，乃與其監（額森巴哈）〔也鮮不花〕、司判趙寓，起廢易故，將惟新是圖。上之府，允焉。於是作廳事，敞後閣，署佐幕，創架庫，下至吏廡門閭、誡飭之石，胥靡之所，莫不畢具。僚友聽決，夏冬爲適安；吏曹昇降，次列有攸叙。中外具瞻，一司爲齊肅。其材木之用，取辦廪餘，而甓石工役等費，願言趨事，有不期然而然者。經始於丁亥之春，畢工於是冬之季，凡爲屋十有八楹。室既成，薛君暨其貳屬吏湯瑀踵門來謁，載拜而言曰：「文曜等不敏，猥有營治，固爲瑣屑，不足以見於後，然恐迤久爲有力者豪據，致虚勞民力，官失恒處，於人心大無所恔。幸憲使惠言，記本末於石，將陷置廳壁，使觀者取重，知改作匪易，不致妄有異議。」予以有味哉斯言也！今之職州縣者，丁此繁劇，匪朝伊夕，惴惴焉奔命共事，惟恐其後。故往往翹足瓜代，幸免責而去。今薛君等能以從事餘力，改葺斯宇，且慮久有侵干，可謂臨政不苟，重民力，敬王事，心公而慮遠者矣。後之來者，知政由是出，無匪王事，一以公道爲心，越前政有光，又何患焉？苟公心不存，徒知居必日葺，以爲觀美之具，非余之所敢知也。明年戊子夏六月記。

王惲《秋澗集》卷三九《重建衛輝路總管府帥正堂記》 汲之爲郡，其來久矣。自唐初易而爲州，歷五季、宋、金，率以防禦節度使來尹治之，故其公廨制度廣狹，規厥秩，夷而不敢越。逮國朝中統建元之明年，陞州爲府，前政因仍，不及改作，加以歲月深，土木弛，狹隘頽弊，朝夕視事，有不堪其處者。後二十五年，嗣侯（達實特穆爾）〔答失帖木兒〕、暨總尹耶律漢傑、判官常德繼軫來任，既而與相議曰：「維大府距河朔衝會，部二州四縣一司，治稱匪易。堂則乃赫焉具瞻之

地，其承宣王澤，聽斷民事，齊肅禮容，號令約束，盡在於是。今狹陋若爾，殆非所以恪王事而儼官守也。又以品秩等威視堂之隆殺，固不可與嚮也相類。於是張皇前規，構而一新。凡爲楹三鉅筳，東西六尋有奇，南北邃三十有七尺，高爽靖深，公居儼稱，復作左右翼廡各三楹，及增榮儀門，俾與新廨映帶相奂，仍扁其顔曰「帥正」，復舊觀也。凡三月告成，詢其費曰：「安取？」輟公稍以給之。越六月某日，命饗於新堂，會僚佐屬吏與郡之士夫，肅四方之賓旅，大合樂以落之。望之儼然，與飛雲傑構相雄誇矣。故老嘆息，以謂百年來，方覩官府若斯之盛。吁！治其可忽也哉？而忽而治，只在公正從違而已。然則何爲公？事不私之謂也，故公則生明。何爲正？正己而正不正者也，故正則可大。天下之事未有不公而治，民未有不正而格，官孰有不順而穆者乎！于斯之際，當官者固未暇以清心省事爲職，而守正從心，何嘗有時不可聞之哉！大凡人之心公而有恒德者，苟事有可爲，必爲之不怠，詎肯以歲月去留，容其心于間哉？今斯役之作，惟其若然，故能於供億鞅掌外，又能興滯補弊如此，可謂賢也已。既卒事，來丐文於余，以邦大夫之賢者，方事之以相勉，況鄉國盛事，其敢以不敏辭，於是乎大書于石，庸告來哲，抑又知公等必葺之意云。至元廿六年，歲在己丑，五月日記。

周南瑞《天下同文集》卷七閻復《江浙行中書省新署記》 至元二十九年夏五月，江浙行中書省新署成。明年夏五月，復遊杭省府，會宴政事堂，請記興造之蹟於石。謹按：中書，漢官名。魏晉以來，始改秘書省爲中書省。唐置三省，中書其一也。地位尊崇，列尚書門下之右。國初政尚簡古，有中書之名而僚屬未備。中統建元，更定官制，乃置中書總握機務，尚書六曹隸焉；又酌近代之典，立行中書省分鎮方國，荒服諸郡隸焉；蓋古方伯連帥之任也。王師渡江，詔命巴延丞相行省軍中。江南既平，遂置數道行中書省，撫綏鎮遏之。惟兩浙，東南上游，襟江帶湖，控扼海外，諸番貿遷有市舶之饒，歲入有蘇湖之孰，榷貨有酒鹽之利，節制凡百餘城，出納以億萬計，實江南根本之地。蓋兩浙安則江南安，江南安則朝廷無南顧之憂。膺是責者，非股肱大臣威望素著，鮮克稱任。粤自政化更張，今榮禄大夫平章政事烏瑪喇首拜茲命，榮禄大夫平章政事阿喇卜丹、資善大夫左丞趙仁榮、中奉大夫參知政事特穆爾、嘉議大夫簽行中書省事郭筠，前後接武，同寅協恭。若夫內給弓兵，外通海漕，理財以經國，勤政以綏民，以至築圍田以備水，平糴價以賑饑，盜賊止息，人安田里，以布宣皇澤唯謹。先是，省署居亡宋之秘閣，屬有回禄之變。今福建行中書省平章政事史弼時爲右丞，共議作而新之。杭州路達嚕噶齊斡齊爾、理問官柳澤寔董其役。度材於官，傭力於民，規制有經，工用有節，閱數月而後畢。前逮政事堂，爲發號施令之所。後爲便閣，以居八座。左右二廳，爲郎幕。東西二廡，爲掾吏舍。旁起兩公廨，一爲理問所，一爲鎮守萬户府。中堂有甓，棨戟有門，宏敞壯麗，視舊有加焉。愚聞古者，堂室座右皆有銘，所以陳箴規示儆戒也。省府以台鼎之重，統治三吴，生民之休慼係焉，中外之供億賴焉，東南之安危寄焉，勿謂茲庭距京師遠甚，慶賞刑罰得以專之。洪惟聖天子明見萬里之外，愚願居是任者，入門踧踖如趨文陛之下，踵堂祗肅如侍丹扆之側，威顔咫尺如天日之在目，玉音諄誨如雷霆之在耳，相與兢兢業業，正己以率天下，安静以致治功，協和以熙庶績。一善未宏，思務舉之；一才未進，思務與之；一弊未除，思務去之。俾三吴百郡之民以至海隅遐陬咸被維新之化，歲樂豐登，域躋仁壽，異時述職天朝，褒德賞勳，薦膺寵渥，新之又新，焕然宜自作省新署始。先民有言：「詢于芻蕘，勿以老生常談，而棄日新之功也。」

姚燧《牧庵集》卷六《聖元寧國路總管府興造記》 至元丙子，宋亡，詔列諸道憲司于江之南，建行臺揚州以統之。後由徙臺建康，復徙江東道之治建康者于寧國，居有其府，徙府于南倅廳。二十有七年，燧思士生文軌混同之時，亦千載之曠遇，江山之形勝，風土之媺惡，民俗之澆淳，必一求觀。遂浮洞庭，亂彭蠡而東極海門，南折而至乎餘杭，于之數者，若盡得焉。大率宫室園苑土木工麗者，皆將相侍從私居，而公署皆苟簡，取足朝聽夕視而已。大德辛丑，余持憲節使江之東，病其堂室、門廡凌萃風雨，凛乎其將壓也。既一改爲憲司且然，則府于倅廳者，其牧皆取過目前，以幸滿秩而去，孰有爲善後之謀，一加繕完哉！斯余所目擊者。皇慶改元之冬，故平章政事子陳侯杞來牧是邦，涖事之初，因慨歎曰：「杞受明命以守此土，統屬縣六，户二十萬，地周千里，可十古公侯之國。坐視府署老弊不治，則爲誤恩。」乃倡府僚捐俸爲的，厚直市取府北民居，通會同場，以廣隘陋。圖其譙樓、儀門，廳以聽政，堂以燕處，廳翼兩室，右居府推，左居幕府，吏列兩廡，架閣、交鈔、軍資諸庫與夫庖廄各自爲所。集郡豪傑授其成，俾分爲之，民用歡趨。經始明年之春，役不三時，如圖告成。位置之序，輪奂之美，翦然一新，大饗落之，闔郡之氓，稱咨嘖嘖，服其神速。又闢金光塞門，經府前東直青陽門。青陽之外，雙溪夏秋暴漲，泛入民舍。南橋植柱中流，載板其上，朔望謁廟，踰此千步始至。餘畏湍悍，舍馬徒過。一府僚乘馬示勇，板陷墜溺，拖

柱而免。北橋疊石爲之，水後齧去，侯皆造舟爲梁。又新廟學百楹，狀其事，遣屬吏汪杓元、盛天佑，三千里走郢，求記其興作歲月，將告來者。因懸度之，鈞大役也，廟易而府難。蓋學校之設，明詔每飭有司勉勵，廟有學田、貢莊、步泊歲入錢穀，資廩師生，猶有羨焉。又且士籍不雜民版，無有賦役，凡厥修營，責使佐力，夫誰敢違。府則不然，雖牧欲舉有焉，其連署則監郡焉，同知治中焉，判與推焉。下乃幕僚、屬吏，上下相司，權分而不專，動必衆詢，烏可一遺。一或有言，府無公須。山虞、澤衡皆有例禁，財無所于取也，民不可擅徵而役也，是非叢前，利害相傾。又有以事不己出，媢其成功，歸美他人，陰計撓之以幸，猶未敢率作，上干風紀。司風紀者亦非一官，必先以不可安居，闔府諸官圖以改爲者，口陳于堂，足及其家，辯告往來，懇切悃欵，少或旬時，不得要領，伺其肯曰：「將審計而徐思之。」情有見從而始入牒，俟其報可，末纔及民。民小人也，未知學道，夫豈易使于出貢賦，佐天子邦，經徵斂有期，後則刑以隨之，猶有頑驁不時入者，矧出話言告之，正所謂築室道謀者，其怠忽前，卻又不可束之以威，非禮致而誠格之，使怵然有孚於中，知義爲如子之幹父蠱，能是乎哉。《兑・彖傳》曰：「説以使民，民忘其勞。」其不信然。若是之難，其强志一力，特立而獨行者，事狀蔑有，余以意求而知其勢必至，理固然也。繼侯至者，無徒樂其成，盍亦知所自哉。侯雖昧其平生，而先正則及識之于朝，觀其子之能仕，又可得其教忠于趨庭云。不可曉者，宣在勝國，昇州爲府，反下取屬縣寧國爲名，不嫌于重。又金光則唐長安都城西門，今猶仍不變焉，不知何時取稱于此，故併及之。

袁桷《延祐四明志》卷八陳觀《奉化州重建公宇記》 奉化於明爲望，山海風物之殊，衣冠閥閲之盛，自爲縣時，前人紀述備矣。然土瘠而民儉食於耕，地阻而四方不甚通於貨。治者雖謂其難，而亦存乎其人也。比年民數登進爲州，官吏品秩以次俱昇，獨蒞事所因循猶舊，歲久漸弗支。皇慶壬子，達魯花赤木八剌公之來，顧而歎曰：「縣之爲州，雖征賦所不增，土地所不闢，而今之視昔，難以概論。司存不壯麗，難以示觀瞻。」既而，耆年士民不謀同辭，乃諗諸同僚，上之統府。上下胥悦，鳩堅蒐良。凡木植之可致者，必厚直以□；屋廬之願售者，必倍價以償。工匠之勞，夫丁之募，皆日有給。始於癸丑三月，爲廳，爲軒，爲佐幕，爲賓榮，畫諸有堂，宴息有室，不日皆成。譙門吏廡，犴狴垣墉，次第具舉。體制宏敞，輪奐翬飛，儼然千里之郡矣。邦人欲頌公之德，紀公之績，舍儒者其誰與？余不獲辭。竊謂天下之事，有志者竟成，而事有非一朝一夕之可集，亦非一手一足之能爲。其事豈易易，惟公於民得之也有素，使之也有道。平時律己廉，持心恕，牘不輕署，卒不輒發。不施鞭而賦自辦，不假箠而辭自服。兩造在庭，事輕者釋之以理，使不戾其和氣，重者得其情而勿喜，凡此皆所以作其遜讓之風，道其君子長者之歸。故是役也，人之趨之，如子弟之從其父兄，聞者樂於勸，役者忘其勞。猗歟美哉！今之仕也，耳目聰明，不能周於簿書期會，何暇他及？亦有苟焉歲月，視爲傳舍，不能一日葺，寧有不愧於公？若公之材，試於一州者，特出其緒餘。吾知其去是而黼黻帝室，柱石明堂，有非此邦之士民所得私者矣。同寅協恭實相斯舉，敬書於石。

張之翰《西岩集》卷一六《松江府廨記》 松江，古華亭，民物繁夥，爲天下壯哉縣。天兵渡江，至元辛卯，直隸省郡號雖新，縣治仍舊，加以上雨旁風，日摧月毁，愈見其卑隘之不稱也。越明年，某由翰林牧是郡，與達嚕噶齊瑪哈穆特廣威、同知王渠實喇布哈、奉訓府判趙德衍承務一意催科，奚暇他及。又二年，偕廣威赴省，陳弊病之尤者，除荒租等額十餘萬，府中漸廓廓然。於是同僚叶議：今民命脈稍甦，瓜期將近，廨之不修，復何待？迺就木瓦竹石之所有，補短以長，代朽以堅，易缺以完。物則平買，出俸金以酬直。遠近聞者無不喜，至有一二貴室願爲之助，或以梁，或以米，或以工役之費，上不侵於官，下不及於民。始甲午仲冬，迄乙未春季，四晦朔而厥功成。崇數尺之基，敞五間而耳以左右屋者，廳事也。拓數丈之地，合兩廡而翼以東西樓者，吏舍也。而又署參佐於乾，設架閣於巽，嚴狴犴於坤，遠庖廚於震，其規模纔十七八，翬飛翔舞，已與雄藩巨鎮相頡頏。以今視昔，如隔仙凡。每庭空吏散，倚危欄，送落日，顧瞻徘徊，覺三泖之增明，九峰之益峻。水吾硯池，山吾筆鋒，發清思袪簿書之昏，揮新句解鞭笞之勞。呼皮陸於蒼煙翠靄中，問當時唱酬處，亦可爲公餘之一樂。闔郡交賀後，廣威舉酒屬某記。昔叔孫所館，一日必葺；陸抗臨去，繕完城圃。我輩固不敢望，其于視公府如傳舍，略不加省而去，庶無媿？故書其詳，以告來哲。

戴表元《剡源集》卷一《溧水州中正堂記》 中山，溧水之望也。溧水自爲縣時，官治嘗面之，以臨民出政。其氣勢清嚴秀重，與人情相稱愜。縣志以爲賢宰史侯彌鞏之所規搆，有正堂、琴堂、蘭堂諸目。相去八九十年，仍之以兵革，棟宇毁廢，縣亦昇改爲州。乃稍别築聽事退食之居，而倥傯久不能備。大德六年秋九月，知州汝南郭侯敬，始撙浮費，乘餘力，創後堂四十楹。然後會寮有容，休勞有次，展遠有眺，思深有憩。且復置元幕于賓營左，挺公廩于吏舍右。戒石之

隙，蔭之古槐；門臺之表，飛以麗譙。至于秦淮一河，油油洋洋，與山趨迎，絶爲州境佳處，則新亭俯焉。耄倪士庶，來游來觀，驚嗟歎惜，誇未嘗有。侯因民之樂，既率長佐舉酒樂之，總衆役之最，題其堂曰「中正堂」。曰：「吾爲吾州，求無慙吾中山，且不忘史侯舊名也。」噫！今人居一官，攬其土之美，懼不餍，不懼不能稱，作事未分寸，務求掩前人而專之。若郭侯之顧名思義，希賢勵志，宛然有古君子風度，非可以世俗論。史侯四明人，於余爲鄉先生。其家世父兄，〔接〕踵台輔，能自立，不附麗，卒以學行政業著稱于時。郭侯治溧水，廉而知體，慈而守法，葢與史侯異代同道，盍斲石爲州民紀之，俾勿壞。

《〔道光〕東平州志》卷一九王構《東平路公廨記》　鄆自漢唐以來爲名都，曰東平郡，曰天平軍，曰京東安撫司，曰山東西路兵馬總管府，代有因革，而治則如舊。宋咸平中，大水，城壞，乃東徙焉。金興定之季，燬於兵。皇元啓運，歲辛巳九月，嚴武惠公行臺卜地經創，規制略舉，增繕於壬辰之冬，大小即緒，而雄麗有加於前。距今又七十寒暑，崇者圮，實者腐，華藻者益漫漶。前後數政俱以牽掣而力有弗及，幸終秩奉身而去，遑他恤哉。大德壬寅，前翰林承旨容齋徐公之子公達，由東宫衛以便親易路判官，澡雪淬勵，請分任興功之責，監路允之。人以誠詞相愒，輒擯不行。暨同知南護禮推官樂之昂、張宏等首捐俸募工，而吏民趨事，富以貲，貧以力，一司六縣之人咸樂爲用。於是盡徹舊郭以營之，爲正廳，翼以二室，環以東西廊廡，後起燕堂，涼燠宜之，賓閣處其右，經歷有司，架閣有庫。外闢門三，而樓於譙門，以申警焉。爲楹百十一有奇，役未竟而止。甲辰，朝廷擢中書左司郎中睢陽王君爲總管。君敭歷臺省，惟公惟廉，綽有能譽。暇日，延經歷胡文德、知事孫英諭之曰：「廳事乃聽理者之所安也，原來創者圓方廣狹未得其宜。」遂捐貲募工，葢首尾三年始得畢事云。

任士林《松鄉集》卷一《杭州路重建總管府記》　杭爲郡，自五代迄今，不受兵革之患，故生齒日繁，廬井蟺附，城内外居者無慮數十萬家。舊以兩縣置城西北隅，以聽城以外之治，四録事司分置城四隅，以聽城以内之治，然後受命于郡府。郡府擁行省之垣，聽外銓者列四道，聯外事者羣有司，傳宣之使日來，貢享之夷日接，五人聚之，地轉煩劇。郡府方疲於奔命，兩縣四隅之治，漫不得梳理，固其宜也。今大參梁公爲杭之明年，始上圖省府，乞以郡治之隙地，翼近兩縣，直視四隅，使皆在大闉之内，將以考成治焉。既而郡侯廉公希哲、斡勒公好古寔來，識畫規度，視梁公爲有。合郡民吏，翕然響從。鋸斧之工，版築之子，執器備用，來會庭下。始聽事、中黄堂，幕府旁列，吏舍臚分，戟衛之門，休眺之樓，棟宇一新。左翼仁和，右翼錢唐，暨四録事中唐隅列東西門入，坐各南向。繚以周牆，揭以表樹，視聽聳仄，有壯且麗。經始於大德二年，訖工八年六月。有弗集者，郡侯札忽歹兒、移剌忽都，與郡貳而下，實完成之。於是大夫人士僉曰：「治有劇易，操其簡則易從；聽無比遠，篤其近則遠舉。杭今爲郡，既劇且煩。郡長貳坐堂上，屬城之吏，日趍於庭。一公交孚，萬慮明白。緩急傳呼，不出宴坐。示儀表景，速於唯命，顧不在一轉移間乎？然事大規宏，更三政始有成，皆宜書。

陸文圭《牆東類稿》卷七《江陰路重修總管府廳堂記》　江陰，故一縣，隸常管下，中析爲軍。至元丁丑陞路，建總管府。府治枕子城北隅，廳事直府治北迤。北堂曰雙檜，經始本末，郡乘逸不復録。歲月深矣，棟宇雕落，新者日趨於故，故且摧壓。江風颯來，屋瓦皆震。雨驟至，泥潦没踝，吏抱牘褰裳以登，非所以崇瞻聽、澄智慮也。成德李侯思恭來尹是邦，一日視事庭上，顧而歎曰：「居館必葺，前賢所貴。隸人之垣，鄰國所譏。吾受命天子，作牧千里。居弗稱是，何以見吏民乎？顧調度方急，供億日繁，州力竭矣，安所從出？」乃召幕僚孫君昭、牛君宏、李君恭讓謀之，皆曰：「役不可不興，而費不可强取也。」於是集州之豪右大姓，觴于庭而告之曰：「吾爲若主，若等皆有闔廬以避燥濕寒暑，而吾覆壓是懼，不可以居。今爲此役，非以奉己也，代至輒去，豈長享此！顧不如是不足以待後之賢者而牧汝民爾。」觴半，坐者皆起，頓首曰：「願盡力。」於是木植金石之具，髹彤黝堊之工，一日畢集。畚者、蹺者、斤者、圬者，主給其直，官無所預。創始於至元二十六年己丑之春正月，夏四月堂建，秋八月廳建，役三時而民不告病。既成，廣深高長，視昔加倍，基厚礎博，楹桷豐碩，鉅麗突兀，真百年未見之偉觀也，經營之力可謂勤矣。嗟夫！上之字下，仁也；下之奉上，義也。亦惟吏有勤於卹下之心，故民有樂於趨上之心，此一役也，仁義具焉。抑古之循吏，如文翁召信臣之屬，興起營造爲美談，不知當時其費一出於官耶，或民樂輸之也？今海内殷富，文軌萬里，而州縣廚傳蕭然，常有不給之歎，亦復何哉？當是時也，賢侯良佐并心竭慮，鳩工力於經常之外，幻瑰傑於圮陋之餘，於法宜得書矣。圭版籍一氓，力不能傭，謹記成事，以詔來者。

袁桷《清容居士集》卷一八《新修司獄司記》　國朝肇置司獄司，專以掌守囚禁。職卑而勢，猥爲其官，常憒憒不得志。浮湛坐曹，日數歲月，希善代。謁吏部者，每請託，求免注。繇是，視爲傳舍，狴犴之不修，桎梏之不整，所至皆是。

憲部審決，亦有所不暇及，簡漏相仍，其勢然也。永嘉林君龍澤之來守是官也，曰：「吾不可不自振。」考其成牘，剔疑擿姦，重者上憲府，輕者白郡守，多有所變易，罪以不寃，囚民宜之。久之，曰：「獄不可不繕營。」至大二年，獄既燬，支弊植僕，僅存其制。於是，除地撤瓦，築堂三楹，曰「平恕堂」。後燕室，曰「種德」。左右翼軒，環以吏廡。迺築高門，迺闢闠土。養疾有堂，奉神有祠。繚以瓦垣，浚以甘井。取足備具，各中繩墨。蓋先之以己俸，而官若民迺悉爲之助，不旬月而告成。噫，亦難矣！昔人言「不卑不官」，於林君見之。州縣疑獄，郡輒以委林君。揣情以求其生，量事以正其罪，羣吏抱案詣庭下無虚日。是則林君之果能令官大也！《書》曰：「典獄非訖于威，惟訖于富。」若是，則寧有私謁者乎？余直集賢，林君時爲掾史，處事立具，今睹其政績顯白足可稱道。庸紀歲月，是役也，興于某年某月，成於某年某月。泰定三年歲在丙寅，郡人具官袁桷記。

虞集《雍虞先生道園類稿》卷二六《龍興路新作南浦驛記》 我國家建元立國，統一海宇。著馳驛之令，以會通天下之情，以周知天下之務。視日力之所及，道理之遠近，縱横經緯，聯絡旁午，皆置館舍，以待往來。水行者，有舟楫以濟不通，置驛亦如之，無間内外者久矣。乃至正乙酉之三月，龍興路始作水驛之館者何也？江西置行中書省，六十餘年，勳舊德業，相繼於位。凡所統屬，皆有府署，以奉行其政令，日新月盛，無所闕遺。惟水驛，未有館舍。公卿大夫之來，與凡使於嶺海，及四方之士，弭楫城隅，次舍不具，無以稱大藩客主人之禮焉。所統郡，北控江湖，南極嶺海。屬吏受事，上計貢賦，貨幣征商之輸，各率其職。而至者登載於岸無所，蓋藏雜市逆旅，無公私之便。執事者久病。龍興緣江而爲城，上流淺隘，下流有風濤之虞。受江右諸源之水，而衍迤寬廣，安而有容，惟橋步門之外爲然。昔人所謂舸艦迷津，富商大賈之會也。瀕江之地，本隸南昌，水驛之設，當在於是。至元、大德間，置財賦提舉司，理東朝外帑之出納，不及於政也。闤闠闉闠，列肆成市，居貨充斥，有司莫得而問焉。去年甲申之秋，不戒於火，千室就燼。有司按籍行地，得前代南浦亭之故基於其優雜淫樂之區，蓋昔者迎候燕餞之處也。乃請於行省，白諸憲府，即其地以爲水驛之館。上下合辭以爲宜，即以是月，郡府率南昌之屬而受役焉。於是儒林郎靳君仁爲省檢校，官清而體嚴，風裁著於賓佐，行省屬以親莅之。度其地之勢，東坐西向，得縱者百四十又四尺，而横僅半。其縱之數作堂其中，九架者三間，其前軒，崇廣如堂而殺。其架之四堂，左右有翼，如堂之深。左右廊五架者八間，皆有重屋大門，七架者五間。庖廄井茨，與凡墻壁户牖甃砌之屬悉備。前爲都門，七架者一間。表之曰南浦之驛，而名其堂曰明遠之堂。於是，使舟至止近艤官道之側，至館如歸。所謂送往迎來，無愧於郡府者矣。木石工傭之費，爲中統鈔者，一萬九千四百五十緡有奇。皆取諸官帑，無與於民也。是以堅緻端重而可久也。館成之日，靳君首疏其始末，以郡牘授集使記焉。從容中度，粲然有文，無待於集之執筆也。然嘗忝記載之職，今邈然草野，固在封域之中，其敢以寡陋辭乎。大公府之有所營建，常因其不可不爲者而後爲之，不先時而强作，不後時而失宜。制度有節，敏而有成，無傷財害民之失，此君子之行事，所以可書也。館之始作，榮禄大夫鑾子公爲平章政事，參政通奉大夫董公守恕。其成也，榮禄大夫完者不花公爲平章政事，參政則資德大夫密只爾公也。省郎中奉直大夫不荅失里、朝列大夫崔從矩，員外郎奉直大夫也先伯、朝列大夫王艮，都事承務郎僚都刺，其掾史則吴禮也。

虞集《雍虞先生道園類稿》卷二六《撫州萬户府重修公宇記》 世祖皇帝至元十一年，歲在甲戌，撫州内附。江南既定，朝廷始移漢軍合撫州新附之軍，凡八翼爲一萬户，號曰「撫州萬户府」，治撫州，則二十二年乙酉之歲也。於是築萬户府治於郡城内東南，青雲峰之北阜。形勝高敞，足以臨制一郡。其治有廳事，有鼓角之樓，軍器之庫。後堂、暖廳、直舍、吏舍、庖廄、門屋，其經歷司廳堂、門廡如府治之制而外有土神之祠焉，周垣以繚之。凡爲萬户者，其長則明威將軍闊闊出。出征韶州，殁於軍。今世其將者，其子宣武將軍黨兀歹也。其次武德將軍白剛中，近襲其爵者，武德將軍執中，亦卒。其次紫驢兒。一軍之政，黨侯實總之。覽夫公宇之舊，凡六十年，腐蠹弗支，無以稱千里嚴軍容之盛，以警動觀聽。乃請命行省而作新之。凡舊有者，加以寬好。又創作架閣庫、内外獄舍。又作鎮撫所之廳事。有明樓，有門。又作玄武之祠於其後，使浄人守其香火。庀役於仍改至元二年丙子之二月，成於四年戊寅之九月也。是秋有寇起漳州支黨薄潮陽之境，黨侯受命往征之。且行，致書於予，請記新治之作。十又二月，權府千户秦漢王修具其事，因鎮撫百户陳思政行縣來速其文焉。思政通國語，習其軍事。予因以知黨侯文雅忠厚，治軍紀律甚整。遇事明敏而不苛，師旅之暇，賦詩讀書，有古賢將之風。嘗告其吏士，天子置軍於此邦，所以衛其民，非以厲之也。吾與吾將吏士卒，雜處于郡縣州里田野之間，與其人民壤地間厮屋室參錯，貧富相資，婣好相通，休慼相承。其民出賦税，而吾士歲食焉，子孫相從

於無窮也。修我兵政，戢我戎器，以答聖天子寓兵于郡之德意於悠久焉。以其士感慨，是而輯睦其民，懷惠而慎畏。封域無桴鼓之警，城邑有衽席之安。腹心干城，隱然有不可犯之勢。且其軍多富完充實，進退可用。遠徼風塵之起，輒一用之，無不立功著效。今潮陽之役，漳寇遁散，行已凱還矣。故爲叙軍民之情，而并書之。於戲！我國家既一海内，列聖相承，重熙累洽，四方無虞，兵措不用。況吾撫州山川夷衍，民庶柔順。而軍府鼎立於城池之間，有遜讓相成，略無違忤。民生受其賜，而不自知，他郡蓋有莫及者矣。後之人，尚有徵於斯乎？

虞集《雍虞先生道園類稿》卷二六《中書省檢校官廳壁記》　中書省檢校官者，至元二十八年，尚書省以户、工二部營繕出納之繁，奏設是官以覈其程書。官二員，吏四人。其署在省之東偏。三十年，奏增爲四員，吏六人。分督省左右司、六部及架閣、倉庫文字之稽滯乖違者而糾正之。其官吏從東西曹，閲公牘，還就署決事。後中書省仍治宫城之北舍，因其舊，而檢校官之署缺焉，徒寓直所至之部。至順二年，中書徙治宫城東南之省，檢校官、奉政大夫、前進士孫士敏志道，奉直大夫楊益友直，中憲大夫王國器鼎臣，朝列大夫楊惟恭伯温，以舊署隘且弊爲請。宰相命更作於舊署之南，爲堂幾楹，以居其官，傍列吏舍、庖厩，外爲門以别之。是年冬庀工，明年五月成。四君子者既視事其間，而相與言曰：「是官之設，三十有餘年矣。而廳事適成於吾四人爲僚之日，可無識乎？且昔之居是官者，視諸掌故，蓋將百人。去而坐丞相御史府者，政事風節，歷歷可徵也。其可無述以待後之來者乎？」四君子皆與余游，故來請爲之記。夫宰相，上承天子以出令於天下，其屬多矣。官有其事，職有其分，不得相越也。於文史無不得察視者，惟檢校官爲然。其於宰相，有寄乎耳目之明，有託於心膂之密。而望高職清，又有若賓客之優游者焉，蓋他官莫之及也。是以每難其選，而常得人焉。凡爲是官者，來昇斯堂，而覽斯文，尚思其任之重，而有遠大之期也乎？

許有壬《至正集》卷四五《勅賜重修陝西諸道行御史臺碑》　至正丁亥十一月庚戌，日南至，皇帝燕延春閣。御史大夫臣納麟等奏，陝西行御史臺歲久屋弊，既撤而新，擬御史中丞臣有壬文其故於石。制可。臣有壬承詔，謹按其狀而筆其概曰：臺治位今奉元城之艮隅且五十年，罅不即塓，撓不即易，馴玩將不可支。歲辛巳，都事樊執敬言，行臺據雄鎮，具瞻重威，廢乃若此，今不亟修，後費滋甚。乃移文中臺。再閲歲，始報可。於是市材秦隴，得木山積，瓦甓百萬，靡不具集，而尋引斧斤，稽而不用。乙酉冬十月，中丞韓嘉訥莅止按視，儲木暴露，而衰朽已過半，慨然牽作。俄復召入，累遷爲御史中丞。奉元無良梓人圬者，以告中臺，中丞爲請諸尚方，擇精其藝者乘傳而往。侍御史沙班、李好文，都事朱守諒輩得以僝其功焉。丙戌五月庀工，六月，中丞篤思彌實、治書侍御史老老至。九月，正堂暨幕署告成，且輟且作，中丞趙得壽、侍御史慶善繼之。明年四月，韓嘉訥復來爲御史大夫。八月，侍御史沙剌班至，後先協恭，迤邐就緒，入冬而落焉。堂扁「至公」，仍其故也。袤深五尋有二尺，廣九尋，挾以翼舍，麗以兩厦，貫以修廊，屬以圜堂。東西曹局各二十六間，過廳前峙，照磨所附其西，位置秩秩。察院，若掌故，帑藏不易舊貫，佗悉一新。庖傳厩櫪，各底堅好。堂北伐土泉湧，因浚爲池，益以龍首渠水，搆亭其上，池陰東西各爲亭基。城東北作屋，以備登覽。前三其門，引映峻邃。先是出入委巷，狹隘迂折，民居直其衝者，願輸爲道，倍值酧之，闢爲通衢，如砥如矢。是役，臺官總於上，僚屬奉於下，舉盡恪恭，毫釐之費，皆出臺儲。以故工不知勞，民不知擾。考室度功，名雖曰修，而實則創矣。我世祖皇帝至元戊辰建御史臺，以清風俗，以正百司，而政之布報，地之逖邇有不齊焉。丙子平宋，明年，立南行臺，總十道以按三省，雲南則提刑按察司治之，尋陞行臺，以按邊徼。邊徼既寧，相地之宜，以大德丁酉四月移治京兆，是爲陝西諸道行御史臺，按陝西、甘肅、四川、雲南四省，總陝西、河西、西蜀、雲南四道廉訪司，而節制於中臺焉。關中東控中夏，西南北極邊陲，樹之行臺，俯制部屬。崇嚴之勢立，則敬畏之心生。敬畏之心生，兹用不犯矣。此其小者爾，若夫消姦邪於未萌，軋豪猾不敢喘氣，使山川失險，里巷不驚，臺與地亦重矣哉！臣有壬考其歲月，因有以觀政焉。廨弊已久，始有修葺之議，又七年，始有成，其不至傾圮幾希。今也堅足以待歲月，密足以芘風雨，崇足以讋部屬，爲政之道，豈外是哉！建臺八十年來，中外憲條無一不備，玩而不舉，亦猶是屋。一有振舉，焕然截然，故未墜也。然臺有恒言，謂之風憲，亦有説乎？風者，天地之使也，王者之聲教也，故上行下效謂之風。憲者，法則也，《周禮》懸法示人曰憲法。則是風之與憲，二而一，一而二者也，可相有而不可相無者也。風主於教，憲主於法。上之行，下有不能效者則繼之以法，未始專主於法也。我正而後責人以正，我廉而後責人以廉，苟不是求，一以枉法，惠文從事，待若束濕，視若寇讎，不亦昧於風之爲義乎？故必先之以風而後之以憲，二者不使偏廢，則吾政之修，與廨俱新。且於其未弊而時葺之，則廨與吾政其永無弊矣。臣有壬爲是説以答明詔，庶乎古人作器有銘之義也。董治寮寀，中吏非一，皆刻名碑陰以著其

勞焉。

陳旅《陳衆仲文集》卷七《國子監營繕官舍記》 成均，天下文物之府也。高門深静，大屋如垂雲，諸生食有廩，居有次，獨師員十數多僦民舍以居。儒官禄薄，京師地貴，所僦舍率陋隘。蚤作入館，戴冠束衣，授業終日不得休，還舍昏憊，意氣抑鬱弗舒，故多不樂居是官者。至順三年春，南陽孛術魯先生以集賢直學士兼國子祭酒。越明年，德教大孚，師説道尊，乃諗于寮寀曰：「古者教有業，退有居，非苟焉也。監有隙地在居賢坊北者，大德中，有司議以建學餘力築屋以舍師儒，不果也。我儀圖之。」會學館請增貢國子伴讀生以徠英髦，人聞有是請也，願爲弟子員益衆。凡新入學皆以羊贄，所貳之品與羊相當。先生曰：「嘻！與其日饜口腹，孰若爲吾儕燥濕寒暑之虞乎？」司業岳公齊高、監丞張公彦謙、典簿郭君彦父、博士潘君履道、助教張君常道、鄔君棣華、祁君伯温咸贊其事，屬掌儀王儀孫師魯約所入贄貨，方規度而未就也。五月，祭酒召赴上京，居三月始還。乃益撙集，凡得中統楮泉二萬餘緡。筮吉日，籌工度費，除地坊北，畫爲四區。區各立屋五間，中三間爲居室，傍兩間爲庯官具饔之所，庭榮室疏，爽闓宏邃。宅之門以東西門之，衖以南北衖，北距通衢立大門，衖南羡壤可藝蔬，東浚井，西置屋，居隸者，使掌大門之管。以贏貲治舊宅二區之在坊中者，其西圮甚，因正兩柱，植壞壁，易敗桷腐茨，補以新瓦，而墍塗之，旁起屋如北坊之制。東宅西偏作室象舟，可居琴書，東南作見賓之室，曰「賓庵」。先是，宅南僕舍侵門除，狹不容騎。酒徒其舍於宅之北，仍作新舍二間，以庇隸僕之無栖者。於是前闢後闔，中樹卉木，窈如蔚如也。凡數處營繕，所費不出公帑，而基構覆締，無不完好。常道、伯温董其役，生員韓思道、衛彝、賈瑞、焕住服其勞，七月經始，九月成。祭酒與監學官舉酒落之，賞勞者以幣，諸生請旅識其顛末。烏乎！君子之心視同一宇内者，皆不忍其有震風凌雨之戚，而力有不及，則爲其所可及者而已，移己所享者以利人，其用心何其厚且遠也。嗣而葺之，則有望於後君子。

《〔萬曆〕金華縣志》卷二六王奎《元重修蘭谿州治記》 蘭谿爲婺女西部，國朝以提封廣袤，生齒繁夥，昇縣爲州，設守貳以重其治。然其地當水陸衝要，南出閩廣，北距吴會，乘傳之騎，漕輸之檝，往往蹄相劘而舳相銜也。以故守土之吏賓餞燕勞無虚日，而況牒訴糜沸于庭，簿書絲棼于曹，爬梳應接，惴惴焉唯恐貽譴于上，來怨于下。恒倒指數歲月，以得代去爲幸，復遑恤其他哉。是以治宇弊陋，自宋迄于今，因仍苟媮，枝撑補葺，圖免僕壓而已，卒無以改作爲意者。泰定元年六月，奉政大夫、燕山崔公來守兹土，下車盻睞，惻然動心，且曰：「官署，吏民之耳目，而坫隘若是，其何以嚴上下之分乎？撤而新之庸可後，然有急於此者。」於是飭躬殫慮，務新厥政。經之以寬弘簡惠，緯之以彊練明敏，剗民之僞，剔胥之姦，談笑之間，庭無留訟，案無滯牘，禁令利澤，風行川流。越明年，政休俗暇，乃取農隙，揆日庀事。視公歲無羡財，出己資僦工購木，以成初志。梓斤神運，甿役子來，不越月告成。其址亢以窄，故夷之而就廣；其室卑以陊，故新之而尊崇。廳堂棨翼，宏邃軒豁，位置面勢，靡不中度。既竣事，郡人咸不知其費之從出，見者莫不愕眙嘖嘖嘆息，曰：「古所謂神明之政，其殆是乎？」又明年，公將滿秩遷去，而貳車古魯不花公實來，顧瞻堂宇，詢考民俗，方以守蕭規自慶，有父老詣庭，請曰：「弗爲於前，其事不立；弗繼於後，其美不傳。伐石紀功，以彰不朽，正今日事也。願圖之。」公曰：「誠哉斯言。」聿咨郡長亦憐真公允協厥謀，因徵詞於予。予以爲前善作，後善述，俱足以勸來者，用不辭而爲之記。泰定四年六月。

《〔光緒〕鄞縣志》卷六三鄭奕夫《在城都税務廳重建記》 有元至元六年後紀庚辰秋九月，慶元路在城務多歷年所，屋舍傾摧不可支。舊址污陋，提領孟君勇撤而新之。於是墾闢荒壤，廣袤凡五畝一角三十六步，周圍繚以土垣七十餘丈。乃相攸厥基，前植門壝，中爲聽事三間，華軒敞前廳，兩旁仍架夾榮，左有神祠，復加葺飾，右列吏舍房庫凡七間。廳之北特揭明軒爲食息所，又西偏爲庖湢。東南隙地元隸公籍，向因潴水，鑿方池便民汲，兹但加屏而弗湮，亦防緩急用。北有古井，薦加完甃。吉涓掄材鳩工，晨夜展力。事廣而費繁，會計不敷，乃有里人王賢佐徇公樂義，捐己帑以協贊之，故凡廛居之慷慨者咸有助。不踰月而告成厥功，孟君訖不以勞績自任，必復旌其協相之勤者，而俾識顛末。余乃致其説曰：徵商非古也。闗市之有徵商，雖見於《周官》六典之文，而孟子猶以龍斷爲所從始。唐建中、興元間，楊炎祖漢田制，作三十取一之法，至今天下行之而不疑。蓋凡通於時用者，必在布帛、金刀之屬，所以分財布利通有無，商賈之事也。由是闗徵廛税雖不出於隆古之政，而後凡制國者亦因其利而不可革。然求其利於爲國之本，則存乎輕賦薄斂，以寬民力，是之謂以義爲利者也。考其務之所轄，不越在城及鄞一邑之廣，日實辦課額中統鈔一十二定有奇。日不足則以月計，月不足則增虧相補，至歲終則足，辦不得以踰矣。昔者急徵苛取，則四方舟車不至，貨財不聚，日見其虚匱迫蹙，無賴與民交通，奚啻漁奪之爲甚。

今也寬徵薄取，則遠方之人聞而悦之，輜裝重載，其來也孰禦。雖有遐陬異域，將日聚寶貨於吾境土中，坐收三十而一之利，不勞餘力而充足者，又何在錙銖掊克而計其贏虧爲哉？孟君向嘗主台臨海簿而親民政，稔知利病之源。及來司徵，復能究其本始，務在寬民力以厚其國脈，□徵羨輸，非所知也。故因紀公宇之落成，蓋亦推孟君之用心仁厚，能達體要，不可不爲來者勸。俾咸知敦本抑末之道，必在寬政，以稔民力，是爲利國無窮之基也，用是書之。君名之霆，字起東。出仕名完哲篤，金陵人。

《〔崇禎〕松江府志》卷二二魏虞翼《松江府司獄司記》　賞罰者國之大柄，廢一不可，有功者必賞，有罪者必罰。拘攣之，桎梏之，有曰狴犴，曰囹圄，曰牢獄，仍選官專掌其事。有曰司寇，參軍，今曰司獄，雖歷代沿革不同，推其義則一也。我國家平治天下，有詔頒降至元大典，中款節云：除府州縣外，其餘官司不得私置牢獄。應犯死、流、徒，罪枷杻，婦人去杻。杖罪已下，並鎖收，委佐貳幕職分輪提控，三日一次，親於牢内點視。又定選例，諸路及散府各設司獄一員，獄典一名，本官所受品級、月俸、職田俱與簿尉同，考滿通轉亦然。今華亭爲浙西名邑，至元十二年歸附。以其境土之廣，人民之衆，財賦之重，有執政之賢者爲請於朝，添置松江府，仍分華亭縣所治鄉保，陞上海鎮爲縣，暨華亭俱隸府，府直隸省。有達魯花赤麻合馬、廣威知府張朝列重建府廨，粲然一新。時司獄張公助成之，遷置府牢於廨宇之西，即舊丞廳基也。地南北二十七丈三尺，構門樓間有五，推廳并軒各間有三，吏舍間有二，房有四，押獄房間有二，犴房間有五，北牢并東西各間有四，女牢有一，東側間有一，至於墻垣井竈悉完整。始甲午冬，迄乙未春而厥功成。越明年，求文以記。予適爲邑佐，目覩工役之成，又知公治獄有法，因之枷杻，依式製之而俱備；因之衣糧，以時給之而無減；因有寃滯者，縷其情理而申明之；因有疾病者，親視醫藥而調治之，賴以不死者甚衆。偉哉！公可謂稱其職而不素飡矣。公名彦良，濟南人，雖由武職進，爲人謙恭和雅，識者皆愛敬之。予亦見今日四海晏然，車書混一，禾稼稔而盜賊息，刑罰省而囹圄空，此皆太平盛事，古所未聞也，故喜而並書之，以著歲月云。

《〔嘉慶〕松江府志》卷一四馬允中《新廨記》　華亭，漢故亭留宿會之所。唐天寶十年，始置縣，屬蘇州治。后晉天福五年，分隸秀州。其土壤之沃，人民之衆，物産之富，爲天下壯邑。聖朝混一區夏，四海會同，籍郡縣户口，華亭最繁庶。至元丁丑，因陞華亭府，尋改名松江，即縣之公宇爲府治，寓縣治于東尉舊司。壬午秋，始以昔時主簿廨舍爲新縣治，屋纔二十餘間，頹圮狹隘，門與廳參差，且未有獄禁。甲午春，縣達魯花赤兀都蠻承務來監是〔縣〕，亦慨然有增修之志。爰及縣尹柴琳承務，暨同僚佐吏協議，悉捐己俸，積千二百緡，具材費，募夫工，買民地二畝一角三十步，創建推廳門軒之間七，犴狴之間十有六。元貞乙未，再積俸三百緡，買民屋五間、地七丈四尺，築石岸十有五丈，重建前後廳堂之間十有三，左右吏舍之間各十有一。遷大門與正廳對，砌中道二十有八丈，復立古經界、苗税二碑於門之兩廂。典史有幕，架閣有庫，戒石有亭，土地有祠，庖厨有舍，靡所不備。始三月丙辰，終四月乙丑。民見棟宇峥嶸而不知材之所出，見夫工輳集而不見役使之及己。功既成，適廉訪副使王公朋益分司監治，目擊縣廨簷楹四起，榱題一新，喜而操筆，扁其堂曰「牧愛」。蓋謂國家以百里生靈之命，俾宰邑者司牧之。如受人牛羊，而爲之牧之者，保之愛之，則息以蕃，擾之害之，則雕而弊。治民之道亦然，兹牧愛之所以命名也。縣治既新，邑宰屬允中爲之記，辭不獲已。故紀賢侯作斯縣之功，并述王公名堂之意，以識歲月云。元貞二年八月，松江府儒學教授馬允中撰。

《〔乾隆〕汾州府志》卷二九王元弼《重修廨宇碑文》　夫廨署之建，原自古以迄今，雖興廢有時，稽其歷譜，則可見矣。粤自周武王伐紂，封大臣高於畢，以是爲姓。其後裔畢萬事晉獻，乃賜萬爲魏大夫，即今西河屬郡也。萬世孫文侯斯列國於魏，當時天下有七雄，魏居一焉。迨乎曹魏，立西河國，分此城名中陽縣。後及元魏孝静帝武定元年，烽燧有警，大城不保，移廨於城西北隅，迄今七百五十餘歲矣。當時卜地建宇，即今之重脩者也。歷唐貞觀元年，邑人鄭興以孝聞朝廷，因改中陽爲孝義。以其世代旋更，歲月綿遠，至於戊寅。皇朝開創，天兵拔縣，廨宇悉爲灰燼。己丑歲，宣差完顔忙答、李大答木來撫是邦，建住宅於廨之舊址，於今六十餘歲。其間繼是任者多矣，睹兹遺迹，或知而不問者有之，問而不謀者有之，謀而不爲者有之。及乎至元丙戌，新遷達魯花赤阿散、縣尹王恕、簿尉周備等下車以來，僑居民舍，或聽政於驛館，或決獄於神祠，莫不肅然而歎。因謀同僚，各割己俸，不足仍釀衆庶。明年二月，乃成南北堂、東西二廳，計一十六間。又創牘房、門樓、狴犴，俾舊者新之，卑者崇之，缺者完之，少者增之。乃卜吉日，移司於内，遂使政有居，退有寢，庶民有觀瞻之肅，簿書得扃鑰之嚴。四望曠遠，燦然一新，豈不快哉！邑之人士，忻然相謂曰：「先後遷官，不可勝數，苟延日月，秩滿而去，未有一言及此者。公來，能復興之，功不誠偉歟！」高

嵩輩丐余爲記，固辭不已，勉以俚語紀其實政如此。

《〔道光〕濟南府志》卷六五危素《濟南府治記》　天子即位之二年，勅海内郡縣皆建公署，以駭衆觀，仍命中書以圖式示四方。事竣，俾刻石以紀歲月，並載什用之物。於是濟南府治所成，郡中耆儒安禮、楊諒等以言曰：吴元年，天兵下濟南，居民安堵如故。明年建元洪武，正月，侍儀使崔公亮實知府事。三月，率僚佐視事於舊治，撫綏得宜，吏民咸服。時總兵官信國徐公空青、萊二府粟帛至郡，庾藏未備，迺建三倉，曰廣盈，曰廣運，曰廣積，總爲三百餘間，整齊有法。因修城堞。其東南之山皆山石，不可溝洫，遂大鳩工力，不日而就。方綜理有緒，而是歲九月以奔母喪而去。又明年正月，以尚書兵部郎中廣信陳公修來守郡，上出内帑金幣以賜。二月，至官，議遵令式置公署。時舊治已爲按察司，欲采木石更作，必大勞民力，莫若因今驛舍之在浮屠開元寺者從而葺之，則事易集而民不擾。士民皆歡忻鼓舞。經始於三月壬寅，至六月，正廳成，扁曰「敬事堂」，後曰「琴鶴堂」。兩廡、大門俱成，推官廳、經歷司、架閣庫列於兩傍，知府、同知、通判區宅築於後，幕官、府吏廬舍依於兩翼，爲屋千餘楹，屋瓦鱗集，器用畢具。驛舍則徙於東，爲屋又百餘楹。祠城隍神歷山之上，築風雲雷雨神壇於城南，社稷壇於城西，各及五十楹。仍修築西城千五百丈，以繼崔公未畢之役。距城二十餘里，大小清河之衝，置堰頭鎮。置通遠倉，以通漕運。素惟濟南之爲郡，岱宗當其前，峼華經其後，泉流奔湧，灌溉阡陌，民庶繁夥，舟車輻輳，實乃要會之地，故置行中書省以尊藩服。且山東自兵燹之後，獨濟南賴天戈所揮，休養生息，年穀稍稔，流離漸歸。而兩公當造邦之初，事役轇轕，法制始行，剖繁劇而刑不施，均工役而民無怨，可謂知爲治之本與！況是邦孔子廟既修，生徒就列，庖膳有次，而民社興舉，學業者日多。時崔公方起復爲禮部尚書，聞之亦必爲之助喜也。顧不遠千里，屬筆於余，故覈書之。相其役者：通判姑蘇陸景祥、推官錫山于英、經歷廬山陳汝言、知霅川莘景尹。凡本府督工胥吏及什用之數咸列於碑陰。洪武三年正月翰林侍講學士臨川危素記。

《〔同治〕袁州府志》卷九之三杜可《重建府署記》　都會裂，侯衛廢，錯置郡邑，羸行無良，懲末大而公其制，章惟是善。漢仍之，代遂莫渝，土貢田賦，民數訟牒，一隸取給而字理之。凡郡，即古侯國也。袁名因山，山曩居漢袁隱君名繇生，領邑四，較萍鄉户尤繁。元貞制州之概，傳版民二十萬，是郡於江西爲上。舊治崇級而廳聯屬，廳面南對峙吏舍，中爲重門。又前爲戟門，門薄大衢，左右跨之，而岌岌樵用出入民。廳陰不百武，别闢堂、次堂，復搆齋西，圜堵而圃，植芳卉嘉木，間樹奇石。竇李渠注池，榭其上，還分池之餘，溝引瀰瀰走西北，貫漱玉亭，赴曲水。環池曰清心，曰風自，曰景韓，歲寒不受暑，皆堂也。惟清心、風自表裏相麗，棲其巔，同於堂，飛複閣以通往還。山若袁若仰，若蟠龍白鶴，偃蹇起伏，無日不獻狀。歲寒之雲山，則二樓附庸，規制宏且備矣。憶昔之經始，與增建廣築，逮久而敝，敝而葺，葺不一葺，覘成績而知前修勤勞。不竊貴饕富怠偷苟，秩滿去郡，欵附逾世，擁牙坐府，守幾更迭，曾興懷苴漏者乎？至大初元，侯長忽都魯脱因、總管朵兒直，偕僚屬如前之始營增廣屢葺者，雖庖傳靡一不撤而作新，舊或狹卑，有舒有隆，倍光其初。東益賓幕二十六楹，閣庫牘廊四十八楹。右背歲寒新崇節堂，永廊峻墉，殊行異閣。候部使者按治歲至所也，榱麗礎堅，赤白炳明。昉稱大府，雄市江西。諸路能是，奚資而然。蓋議始，總管公侯長謂茲予心，乘時豐穰，割禄導先。佐貳順成，巨室有禮，勸相奔走，斬木陶埴，一鼓作氣，四閲月遂工。偉哉斯役也。推類從事，何之弗成。十金之家，一畝之室，畫茅宵索，迨天未陰。矧大府民具爾瞻，僊陋惡乎可？第有賢侯之爲而飲愧者，宜著祇力事職不懈之實，爲方來勗。時同知舍剌甫沙、治中暗都剌哈蠻、判官馬合麻沙、推官孟誠、經歷李貞、知事成巽、照磨案牘萬國良董役，分宜縣主簿慕嗣宗、府掾袁賢、張顯忠并士民之樂施名附碑陰。

李穀《稼亭集·禁内廳事重興記》　國初設官，置六局禁中，爲文翰，職曰翰林，曰史館，曰秘書，寶文、同文、留院，而史翰爲之冠。自國都遷徙，三宫官府，破壞無遺。庚午復都之後，未遑營構。以文翰官不可一日無其所，乃賜舊議政之堂，因仍餘六十年，日趨頹圮，未有能修葺者。元統癸酉六月有日，禁内諸君小酌，酒行，春秋修撰安員之獨不飲，且曰：「吾在此已七年，今將去矣。每夏雨屋漏，坐卧無地，岌岌然如在巖墻下。諸君不以爲意。或言修造者，羣笑之曰：『書生知飲酒賦詩而已，何以居處爲？』噫！世之人士，凡所以自奉者，力盡乃已。其視官府，獨不如居室哉？」衆皆曰：「然，修撰是聽。」於是出公廨錢若干緡，不足，則借錢人家，立市材瓦。請夫於官，不得，則私雇工匠，各役家僮，自食之而自督之。始于八月乙丑，爲日五十，爲夫五百，爲廳四楹，深廣增舊制各三尺。爲史庫南門各二楹，皆中程度。侈前而不奢，貽後之可繼。始焉笑之者，終則愧伏。工既畢，寄書都下，求余文記其事曰：「記誰不能爲？不遠數千里，徵之子者，子館中人，且在皇朝翰苑，居移養移，必有所觀感。本館之興復，不可以

不相報。」余得書而嘆曰：古者役民，歲不過三日。本國之法，或過三年。然其王宫官府，破壞而不之修，不知民力用之何所？顧兹國史所在，文翰所居，官不爲修，而區區屬官，竭已有以新之，當路者能不愧歟？余欲書此語，而未得便者久矣。今幸奉詔東還，獲登斯堂，輪奂可觀。文固不俟再徵，欣然爲書。禁内古六局，戊申宦制改，翰林、史館爲藝文春秋館，秘書爲典校寺，而餘皆罷焉。元統二年九月既望記。

《〔嘉慶〕松江府志》卷一五俞鎮《建廉訪司廨記》　國朝外置行御史臺，在建康者，江以南諸道屬焉。道置肅政廉訪司，在杭州者，浙以西諸路府州屬焉。浙西爲路七，州若府不隸路者二，松江其一也。諸道之司使二人，常居署以總其事；使以下副二人，僉事四人，時出司以分巡其部。部使者率以歲八月出巡其所部，越明年夏四月乃還。諸路府州必一再至，大暑録囚又至，故所部必營棟宇爲公所，至輒引僚屬郊迎以入。松江爲府，大可埒諸路，而公所獨未之有，惟以府廳事署事云。至大三年，僉事吴公彦昇至，與知府季侯禄兒始經度之，得故縣尉廳址於府東偏，爲方五畝有奇。首命義士夏椿，出敦匠事。於是仕者助禄，耕者助粟，工緻木石，陶輸瓦甎，役夫雲從，無有後先。是歲冬十月興事，皇慶元年夏五月落成。廳事中起，前軒後堂，翼以修廡，繚以周牆，門高廣有度，庭出入有路，房室庖湢完具。爲屋凡二十七楹，用錢四萬三千二百餘緡，食粟二百五十石，夏氏蓋十出其四三焉。於是公所之大，可埒諸路，而退食優游燕息之所未之有。延祐四年夏六月，副使張公仲端與僉事普顔君卿分部焉，入居之，果以爲未稱，乃命夏氏復作霜清堂於後。明年春三月堂成，且扁堂之夾室，左曰「激濁」，右曰「正心」，皆刻公所書字其上。又用錢六千九百緡，食粟二十有六石，而夏氏復十出其五六焉。於是外視則宏麗軒敞，内視則寬潔静深，諸路顧勿得與埒也已。又明年，公再部松江，將還，屬鎮記。鎮竊謂夫廉訪之職，所以明達天子耳目，綱維我邦憲，機括我民俗。所部吏廉勤必勸，貪惰必劾，獄冤滯必審理，民利病必興除，守令閣詔令勿顧必察，學官輟教養勿舉必罰，士有德行道藝可從政必舉，勢家占山林川澤之利爲豪奪必去，農水旱告災不以實，河梁巷道郵驛館舍不治，諸政事不如法者，無一不當問。雖然，責人多者亦多受責於人。於此焉，鷹揚隼擊，照燭鑑如，舍爾狐狸，殪彼豺虎，望風知畏，民得安堵，則行御史臺將於是乎陟之。其或罷軟不勝，疾苦無愬，闇於大體，苛察細故，行御史臺將於是乎黜之。是故能詳於責人，又不忘乎自責，是之謂稱職。鎮也昔歲貢於路，而吴公爲之薦，故知其賢。試舉於省，而張公爲之監，故知其能。鎮今之來華亭，實主於夏氏，故知其好義。於乎！二公之賢且能，其稱是職而成是廨也何有。若夏氏之好義知先，盡力乎公役，又難能也。故直書其事，以告來者。延祐六年冬十月。

《〔道光〕鉅野縣志》卷二〇國淵《録事司新修廳壁記碑》　爲縣難，爲録事參軍尤難也。□上秉一府□□綱，下臨衆庶之闤闠，非刺繁撥劇□才，殆弗克任斯職也。延祐四年，司録劉侯下車之秋，權豪戢其暴横，猾吏憚其嚴明。公□視其廨署之卑隘，聽訟之際，俾小民攘袂告訐，易於褻慢，遂議於達魯花赤脱脱、録判劉亨、典史馬繩祖。共議濟寧乃皇戚之封邑，録事司乃總府之親轄也，奈何樸陋若此！願與諸公協力以繕完之。僉曰：「諾。」諸即各出月俸，傭工於民，掄材於市，創搆正廳、西耳房一間，南縈抱厦三間、架閣西庫房三間、東司房三間，囹圄一所，儀門一間，後房一間。遠近瞻望者，輪然焕然一新，無不驚訝而嘆美之也。余謂爲政之道，在德與刑而已。刑所以副政以示威，德所以化民以善俗，二者不可須臾離也。抑以善政之德民心也，侯常勵而行之矣。侯方以廉直自持，□事果決，毫髮不少貸，寬猛必適於宜。至於庭□之華飾，目睹之爲快，矯時以取譽，竊禄以虚縻日月，豈侯之心也哉。甫落成，謁壁記於淵，以紀始末。予忝掌府教，□□有一日之雅。辭不獲命，爰采輿頌，刻之翠琰，庸以示於後云。時延祐□年十月吉日立。東平進士王□書丹。

《〔同治〕番禺縣志》卷二三程準《廣東道宣慰使司都元帥府重建記》　天子嗣大曆服，申飭憲度，率祖攸行，岳牧欽承，際天所覆。惟粤南負山瀕海，東閩西桂，藩屏夷夏，當諸番朝貢軍賓之衝，實南交一大會府。初，政以宣撫列郡，行樞密院以調兵符。刑德異尚，齊一罔功，迺收樞柄。蓋使以帥名開都元帥府，銀章金菟，建宫東僚，甲穀耕屯，刑禮之篆二十人，宣威馳奏者如之。通事知印各一人，譯史二，幕府典籍者倍之。帥擅閫鉞，議幕吏舍帳闈，戈戟兩階，隆棟霓連，千楹如貫。三帥坐堂上，佐二寅協吏左右雁鶩行，肅以進士，羆虎先後，櫜鞬韡衿，俯首聽處，分崇且嚴。若此，豈教逸欲有邦哉？鎮重有權，專職分而材聚。蓋將尊瞻視，張國威，攝裔夷，柔遠人矣，又豈直苟美邪？自職方籍貢，距今五十年，因仍簡陋，賜履南海者，豈無一日必葺之思。軍興調度，輒分其暇，材力工費，有司擅度少。使民非其上，則執法者已闖其後，故任曠厥居，毋敢以便安速吏議。延祐丙辰，資政馬速忽公，嘗任旬宣七稔，宅生安遠，一再補治。今元帥

忻都公趾美拜後，百廢咸舉，諗于衆曰：「天子命我幢牙葺纛，月費歲糜，承宣指授之所，敢視之猶傳舍乎？」捐俸率先，佐二賓僚下逮胥吏，喜聞恐後。合官帑積餘三百萬，市材僦傭梓，煅陶琢，獻技攻工，受直恐負。外皇内寢，棟宇增焕。遠譙近節，樓觀凌霄。路門鼎開，無署軒敞。籌思之堂，出内掌故之室，兵廬武庫，矍圃騎坊，星棋環布，完舊益新。材裕人和，吏處功倍。經始泰定乙丑，浹旬竣事。壞久而成速，宜有述以垂後。竊嘗觀公之治粤，以廉爲本，以静爲勝。致海波清，虵虺藏，瘴霧息，足食足兵而民自信以正。帥正而盜自止，人不能之而公能之，固古方伯連帥之所難也。若夫糴太倉以備歉歲，清資選而拔寒滯。雪沉冤于無告之餘，回天憲於淫威之手。則又數千年遐方遠臣之所未有，公真廉而能也。若不取不予，小廉曲謹，自潔其身，無補于民生休慼者大有逕庭矣。闓閤衽席，縉紳帡幪，皆公所營度。闤垣岌嶪，國之甘棠乎。粤人喜祠龍驤，亦唯曰廉而已。人心路碑，千古一日。政事有堂，公行且召。雖然公以公明嚴密之政，以寬平敬簡之心，用能就同列于功名，罄參謀之忠，實智略材勇之掾，心悦誠服，莫不以國士效報，以一時得人，宜書爵氏，以俟來續。是役也，計度者史秉彝、馮恕，程督者劉宗信。承直郎、前廣州路總管府推官程準記。

王禮《麟原前集》卷七《吉安路重修司獄司記》 至正十二年夏，廬陵守臣既復其境土，實墉實壑，且守且攻。其明年，寇勢日平，庶司咸竭力興廢以還舊觀。於是攝司獄王君存義，掾史李君德彦，周覽圜宇，上落旁通，户牖摧敗，而器物之廢者過半矣。相顧慨然曰：「責可辭乎？」遂倡而修理之。自春涉冬，克底於成。丹雘炳炳，有如改作。德彦謂予曰：「子抑知前司獄薛公之居此乎？在職九年，獄求其情，必不可枉非辜以阿上。一介無取於人，雖屢空，恬如也。至元三年，以俸積創建弼教堂，暨於門廡，而内外囚舍之廢者，葺之復廣。司獄勸田爲五十三石，以備囚糧之不給者，其用力勤而存心厚矣。去年寇退，舍燬碑仆，鞠爲荒隅。即今日葺之之難，知創者之不易，庸忍薛公之美，無徵於來世哉？子爲我志於石。」嗟乎！古者治道隆替，驗之囹圄之實虚。故刑措不用，乃三代極盛之時，王政之成也，獄之所係大矣，任是職者，豈徒然哉？德彦始以憲司書往赴辟於此，至是果能欽恤爲心，經營喪亂之餘，且切切焉前政之美不傳是懼，其用心與力，可謂無愧厥職矣！後之典獄者，得於見聞，惕然興念。官以薛公爲師，吏以李君爲法。刑期無刑，即一郡之三代也。推而放之他郡，豈非國家盛美之事哉？薛公諱居敬，晉寧人。李君名宗聖，豫章人。存義，則吾郡尚義之家，傾私帑助公室者。是爲記。

陳謨《海桑集》卷七《韶州重建府治記》 韶爲粤壯郡，秦屬南海，漢初屬桂陽，三國入吴，爾後析置不常。其得成州而以韶名，則自唐武德四年始，蓋析廣之曲江、始興、樂昌、翁源置焉。貞觀初，又析置湞昌、仁化二縣，統縣六。乾和四年，割湞昌、始興，置雄州。迄宋元豐間，皆統縣四。乾道三年，又析曲江、樂昌，置乳源。至元間，又析曲江，置新民，併翁源歸曲江，皆統縣五。今新民廢，所統者曲江、仁化、樂昌、乳源而已。以廣輪計，實周官方四百里之地，誠壯郡也。歲在癸卯，古復錢侯朝陽來守茲土，既浚隍高城，民以奠枕。乙巳歲則大熟，乃相府治敝陋弗稱，謀撤而新之。若貳及幕議以克合，侯曰：「屬邑疲瘵，役不可加。」即捐俸鳩工掄材。通守郭飛、幕長程玘併力一心，役以丕作。得木率異材，其尤異者，雙幹共根，干霄百年，絶崖礫壑，致之若夷。雙梁天成，若有相焉以待興者。底法基構，悉增厥舊。既其竣事，高明有顒，盤盤焉，皇皇焉，古諸侯外寢殆不是過。經始於乙巳九月，落成丙午四月。前爲儀門三間，中爲設廳五間，東西廡爲吏舍十二間。前曰麗譙之樓，仍其故而奂之。後曰燕後之齋，易其構而偉之。旄倪族觀，咸嘖曰：「由至元丙子一炬，至大間重見，今九十載，未有壯觀若斯者。」於是昔之湞、武二水紆徐演迤，肘腋夾流，又若決而駛，若疏而湧，以襟帶會同乎郡之南。昔之韶山諸峰，如蓋如冒，如怒猊渴虎，如芙蕖出波者，又若騰起於羅浮，馳騖於衡、桂，以羽翼張皇乎郡之左右。噫，微太守，孰臻茲哉！太守樂公宇之成，嘉民俗之熙，端居黄堂，無訟之可聽，第佩服圖史，以永終日而已。彼漢衛颯茨克遺愛於粤，宜不多讓。乃耆俊士民合辭來請文勒石。余屬筆不愧者，錢侯守官廉，待物惠，養民裕，興學嚴，昔固稔知之。暨余過南雄，入學宫，讀錢侯碑，其父老曰：「錢侯，我慈母也。」當韶欵附日，韶父老遮道，願得南雄守撫我即安矣。軍師如其請，奪我慈母者韶也，迄今四年，韶多惠政以此。茲不悉書者，記爲建郡治作也。然韶多先賢遺跡，諸所宜起廢滋多，侯皆次第圖之，繼是將不一書矣。

王褘《王忠文集》卷九《義烏縣興造記》 今天子既正大統，務以禮制匡飭天下。乃頒法式，命凡郡縣公廨，其前爲聽政之所如故，自長貳下逮吏胥，即其後及兩傍列屋以居，同門以出入。其外則繚以周垣，使之廉貪相察，勤怠相規，政體於是而立焉。命下，郡縣奉承唯謹。義烏隸婺爲上縣，南昌張君爲令，三年于茲，威惠並行，民吏悦服。先是，縣廨悉毀於兵，惟譙樓僅存，令治所雖有屋而庳

逼弗稱。君方圖新作之，而命適下，乃益以興造爲己任，勸民之有餘力，裒材鳩工，擇日以庀事，民咸樂趨之。其中爲眂事之廳，廳之後爲燕處之堂，廳之前爲儀門。其左右爲步廊，堂之後爲今所居屋，丞簿之居各以序爲，而廊之兩傍爲羣吏之舍，又其東爲部使者分司之署，其西則繫囚之獄在焉。總爲屋若干區，以間計者八十有五。舊基不足，則取民地相並者益之，而割他地之隸官者償其民。規制完美，一如法式。經始於洪武二年六月己巳，至十月而落其成。蓋由張君使民有道，故興是鉅役而民不以爲勞。於是縣之士友以書告余曰：子縣人也，願記之。按《縣志》義烏自漢以來爲烏傷，至唐武德四年，以縣立綢州，又置華川縣。七年，州廢，省華川入烏傷，而更今名。華川故址在今縣南三十里，則縣治之在今所舊矣。然自縣之爲義烏，距今七百有餘年，爲令者不知幾人，而張君至是欽承上命，乃始斥而大之，雖君之材足以有爲，豈因仍更革之際，固係於時與？昔南豐曾鞏氏有云：凡縣之得能令爲難，幸而得能令而興事尤難。今義烏得張君爲令，既幸得其所難得，而張君又能因時興事，以成其尤難者，是誠不可以不記。雖然事成矣，苟非後之人相與保守之，烏能以不廢乎？夫欲使後人保守而不廢，必託之文字乃可以永久。而余不腆之文，不足以傳也，姑書其興造之歲月而著其成焉。君名允誠，字與名同，嘗爲大都督府斷事官知事，以選來爲令，治行爲諸縣最，其善政甚多，以不係於興造，兹不著。贊是役者，主簿李君某也。

高啓《大全集》卷一二《京師寓廨》三首　誰言舊隱非，静里且相依。緑樹城通苑，青山寺對扉。官閒休直早，客久夢還稀。是物春來典，唯存舊賜衣。

其二

幾夜頻聽雨，經春不見花。蘼蕪青渚燕，楊柳白門鴉。拙宦危機遠，工吟僻性加。閒坊車馬少，不似住京華。

其三

寂寞過芳時，幽懷只自知。袖無投相刺，篋有寄僧詩。鼠跡塵凝帳，蛙聲雨到池。疎慵堪置散，不敢怨名卑。

黄訓編《名臣經濟録》卷五二邵寶《遵化縣鐵廠志》　工部分司在縣東六十里鐵廠中。永樂間，俱以各衛指揮領其事。宣德末，始委虞衡司官董之分司。正統九年，主事張孚建。成化間，主事馬祥鼎新焉。正廳三間，中外門各三間，左司房三間，譙樓三間。右雜器庫、鐵庫計二十四間，米庫一間，吏舍四間，雜造局六間，爐冶所、鐵砂場獄二十六間，爐房九間，公廨過廳一間，寢室五間。四顧樓、柴炭場、萃景樓、翫翠齋各三間，滌煩樓亭一間，廂房四間。户所廳各三間，在儀門外。軍器局三間，在廳北。倉房五間，在廳西北。缺。

謝肇淛《北河紀》卷五《河臣紀》　北河都水司公署，在東阿陽穀壽張三縣之交，其地曰張秋。宋真宗時，名景德鎮。元設都水分監於此。國朝弘治七年，河決張秋，命都御史劉大夏等塞之，因更鎮名曰安平公署，在河之西南，未詳其建於何年。嘉靖十四年，郎中郭敦重修。四十四年，郎中姜國華以堂宇皆南向而公門獨折而東，非居正之體，乃費公帑二百金改而南。門之左爲坊表，其右爲土地神祠，大門三間，儀門三間，大堂五間，東西廊房各六間，左幕廳三間，右吏書房三間，外厨房二間，衙内上房五間，東西廂房各三間，左書房三間，右厨房三間，旁小房三間。東樓五間，其上有小閣三間，樓前有堂五間，東連房五間。堂之外，東西小軒各二間，外爲客廳三間，左右耳房各一間，廳南菜園半畝許。萬曆四十年二月，衙房五間災。四十一年春，重建。

王直《抑菴文後集》卷五《寧國府重修府治記》　自秦罷侯，置守天下之郡地，大者過於古之侯國，爲之守者，奉上命以臨之，吏民以事趨走庭下，不可一二，數必有高明碩大之觀，足以聳具瞻一衆志，然後政教舉而法令行。彼棟撓榱崩，蕭條破壞，雖君子安之，無所不可，然豈太平之盛觀哉！上之所以尊其位，重其禄，而使爲民望者，固當如是邪？故夫廨宇之修，亦爲政之不可緩者也。寧國府在秦爲鄣郡，漢改丹陽郡，後漢改宣城郡。隋唐以來，或因或否，至元爲寧國路。國朝歸附之初，改寧安府，後改宣城府。吴元年，始改寧國府，府治在城東隅子城内。宋紹定中，知府汪繹所建，元爲肅政廉訪司，國初爲樞密院，又爲元帥府。洪武己酉，制令知府，置廨署，知府鞠騰霄理舊署居之，未遑改作，歷歲浸久，日入於敝，至宣德中而益壞，旁支之木，視所立柱爲多。正統丙辰，臨川袁旭廷輔來治郡，大以覆壓爲憂，謀諸僚屬，欲撤其舊而新之，工部左侍郎盧陵周公巡歷涖兹郡，亦以爲宜。廷輔乃請於朝，許焉。於是集羣材，命衆工，作正堂、後堂、經歷司、照磨所、東西六房及架閣庫、儀門、公署之後，舊皆甃垣爲小門，往來者不禁，至是築新垣四周，以杜私謁。又以外門臨街喧閧，乃改闢於前，作牌樓於外門前，作榜房於牌樓内之左右。鼓樓舊在府右偏，亦既頹敝，重建於外門之左。建陰陽學於鼓樓南，置日晷臺於陰陽學東。堂後地稍窪，積羡土爲岡，作樓其上，以爲燕休之所，扁曰正心。世傳城肖龜形，作真武廟於儀門外之東以鎮

之。廨後東作疊嶂樓，西作雙溪亭，以復舊觀。計度有方程，勸有道經，始於□年□月□日，而以□年□月□日畢工。木以根計，竹以竿記，瓦甓坯釘各以枚計，稍以石計，總之爲□萬□千□百有奇。至於人力，則用凡役於官者，他不預。爲屋一百七十有七間，深靚宏遠，有加於昔，而農不知勞，於乎，可謂能也已。寧國土廣人衆，古稱山水之郡，舟車繁會之鄉，其所產者多美材，飲食諸物所以利用厚生者，不他求而足，故其秀民悦詩書而好禮義，閭巷田野之氓，悉有以自資而無慕於外，中家以上，皆務營居室，豐堂廣宇，翬飛鳥革之宏壯，所在皆有也。而郡之廨署，獨苟且不治，因其敝陋而居之，欲使下人顒然仰觀而無慢易之心，予未見其必然也。上古穴居而野處，後世聖人易之以宫室，蓋取諸大壯，此豈聖人意哉！且廨署非一人之私，將與後世爲公也，奈何不治而以敝陋遺之？敝陋不治，將不遂隤廢矣乎？故予深嘉廷輔之爲此而知其達於爲政。政者，正也，所以正人之不正也。然心有不正，未有能正人者。廷輔作樓於堂後，而以正心名之，蓋出而施政於堂，退而治心於此樓，必使思無邪而所行悉由於正。一郡之人，出其財力以給公上者，皆惟正之供而非道非法不行，得以仰事俯育，循天理之常而無奇衺之習者，廷輔之政使然也。世之爲郡而能以正心爲立政之本若廷輔者，不多見之，廷輔其誠賢哉！故因其請記，爲記之而以告後之人焉。凡諸僚屬協謀同力而爲此者，則具載碑陰。

劉玥《劉文和集》卷一《鎮戎千户所記》　陝西於天下爲雄藩，臨戎控虜。而中國之警，自秦以來無虚歲，其間制御之術，攘却之功，隨時代爲强弱，可考見矣。開城在平涼爲屬邑，北去縣治若干里。其地衍沃肥厚，而居人多事耕牧。舊有城基尚存，相傳以爲范文正公禦李元昊諸砦堡之一。紀志雖無徵，要亦云然。南有黑水口、海剌都、魏王城、韋州花馬池、寧夏中衛，其北則接西安州乾塩池、打剌赤靖虜衛，周圍險曠數百里，醜虜竊發，往往至此。亦實要害處。成化丙申，巡撫右副都御史西蜀余公子俊，建白欲設置千户所，守禦於其地。事未舉，以兵部大司馬召赴京。越三年庚子，右副都御史阮公勤爲巡撫時，整飭兵備，按察司副使王繼以前事聞，上以爲然。未幾繼陞山西憲使去。而繼兵備者，副使翟廷蕙，實相與共圖之，方伯魯能、憲使左鈺相與始終之。於是，因遺址、循定制築壘焉。甎瓦陶諸野，木石採諸山，兵民若干，並力偕作，晨夜罔倦。工未就緒，庭蕙丁内艱去，而副使孫逢吉，乃始繼成焉。城高凡三丈，圍僅三里，門止設其一，易防守也。千户所置於街之中，而又置憲司行臺於所之東南隅，公館倉塲營舍，皆以次而成之。又設墩臺若干，隨山就險，以便瞭望。以開城在宋屬鎮戎軍，故仍擬其處曰「鎮戎」。其經始自壬寅夏四月，而告成之期則癸卯秋八月也。阮公以城既修，而邊有備，不可不書，乃乞文於某。某嘗考宋史矣，昔夏人爲患兹土，往往有可除之勢，然機每至而宋不之省，識者不能無憾焉。方繼遷不臣，勢猶未横，固宜一奮而搗其巢穴，人心斯快。宋不能然，固矣。若乃繼遷中流矢待死，自度孤危，將不免於宋取，乃屬其子德明，以歸宋爲請。豈得已哉！當是時，宜復合番漢之衆，而壓其境，覆其人，此機也，而宋失之。卒至元昊勢熖紛紛，横不可遏，而寶元、康定之間極矣。其後元昊死，諒祚幼弱，政專外族。當是時可行間説，捐數千金誘其親密，或許授節鉞，以啖其部將，使内自分亂，乃引兵而促之，可以得志。此亦機也。而宋人失之，卒至於終宋之世不能去。或曰：「宋不敢有加於夏者，以有契丹也。」是不然，契丹嘗以黨項故於夏有怨者累年。是時，使宋外假契丹，而擁兵西向，責以負恩背約，叛服不常，不惟威夏而契丹亦有警。不知出此，而乃復加册封，苟安目前。嗚呼惜哉！大抵宋之爲國，武不勝其仁，疑不知其斷，而志不足以振其氣，是以隱忍養寇不恥，蓋宜矣。君臣之間，相與内修外防，孜孜求治，而仁宗得以賢君稱，亦可嘉哉！若夫我國家以武功定天下，混一疆宇，奄有甘、涼，而戎虜不敢以犯天計，固非區區有宋者比。然余以爲爲文正公經畧處，故因以宋事言，以見我朝廷之所以盛也。

何喬新《椒邱文集》卷一三《江西布政司黄册庫脩造記》　郡邑黄册，建庫藏之，重民數也。我太祖高皇帝受天命，以有天下，疆理之廣遠，邁漢唐列聖。休養生息，户口滋殖，亦非前代所及。舊制：天下版籍，每十年輒改造繕寫。既成，獻於天府，藏之後湖庫。副在布政司者，藏於架閣庫。江西布政司所統郡縣既廣，版籍尤多，庫不能容，則别藏於章江門之城樓及廣積倉之别室。天順八年，左布政使莆田翁公世資以爲，黄册藏於它所，非先王拜民數、孔子式負版之意。乃度地城東，得故鑄錢庫廢地，建庫房五十間、廳事三間，作門以謹啓閉，鑿池以防鬱攸之災。悉徙郡縣所上黄册，弆藏於此。歲命幕職一員、吏一人、卒徒二十人，責以典守。然創始之初，規制未備。成化十八年，左布政使福清王公克復、右布政使三山陳公煒，以廳事隘陋，撤而新之。前爲視事之廳，後爲燕休之堂，翼室庖湢等房以次列置，又作中門以嚴出入。凡爲屋十有三間。歲久寖圮，未有葺之者。弘治五年，左布政使宜興沈公暉來莅兹藩，周覽及是，顧棟桷瓦落、地堙墻傾，乃與右布政使會稽韓公邦問、參政太康陳公瑗、當塗夏公祚，參議

姚江朱公讓、天台潘公祺、高要李公魁，議曰：「黄册，朝廷所重。黄册完具，則敷政出令，可倚而定也。今藏册之所，傾弊如此，不可以不葺。」遂相與計材慮役，具白於鎮守太監桂林鄧公原、巡按監察御史姚江韓公明，皆以爲宜。沈公乃命照磨吴應鵬鳩工庀材，卜日興事，橈者易之，落者補之，堙者濬之，頽者築之。又於堂北作樓七間，以遠潦污。前爲步廊，以便校閱。樓南爲甬道十有六丈，以達於堂後。凡用木三千七百章，瓦甓黝堊鐵石之用稱是。經始於弘治六年六月，以是歲九月訖工。是役也，財取諸在官之羨錢，役取諸負辠之囚徒，而勞費蓋不及民。既成，脩梁傑棟，堅礠崇墉，稱其爲藏典籍之所者。沈公以書屬予記之。予惟王者以民爲天，而黄册所以紀民數也。蕭何在漢入關之初，先收圖籍；傅崇在宋，手自書籍，躬加隱校。古之名臣，未有不致重於此者。我國家紹古致治，尤重版籍。藏册有常所，造册有常時。誠以爲版籍者，治忽所係也。今沈公與諸君子，祇德意，敬民數，高簷大廈，庥而藏之，誠知所重矣。繼自今稽户口之登耗者在是，攷墾田之多寡者在是；辨兵民，驗主客，以令徒役者又在是，其有資於治道豈淺也哉？夫一庫之作，似不必書。然所係甚重，不可不書，於是乎書。

李東陽《李東陽集》卷六《山西布政司修造記》　唐虞建官，外有十二牧。其命官之辭，以民食爲重，而用人制夷之道具焉，蓋兼兵民之寄而畀之也。三代相繼，雖離合稍殊，而責任無改。自罷侯置守以來，漢唐之州牧刺史，建置不常，大抵皆以民事兼戎務。元立行中書省，以應内治，其重有加焉。國朝於兩畿外，置十三布政司，分領府州縣，以治民事。又置都指揮使，領衛所以治兵。又置按察司，以糾察官吏刑兵民之不法者。其勢若專而不威，然分方之守，會官之議，雖兵與刑，未始有不獲預者。蓋布政之重如此，世之昧者，或但知爲財賦之官，而不知爲民社之主，豈設官之意固然哉！顧必有方域以爲統會，有廨舍以爲居止，有堂宇以爲發政出令之地，於此闕一焉，雖有官，爲政亦將安所施哉！山西布政司建置既久，堂廨傾側，垣墉頽圮，官前後幸代，則屣脱以去，莫有爲置慮者。左布政使陳公廉夫，始築周垣三百餘丈，高丈餘。重構官舍而餘間，謂之西公廨；復構五十餘間，謂之東公廨。又爲左衙堂室三十餘間，又重建後堂爲間五，堂東隙地爲齋浴之室，又修理問所爲間十餘。前爲門二重，爲廂餘二十之數，以及門之外承宣、通會二綽楔，皆撤而新之。自弘治甲寅之春，至己未之秋，六年而後成。凡爲木石、瓦甓之費若干萬，皆得之區畫，不煩於官民之藏；凡爲陶冶、斫築、髹彩之工若干萬，皆責之隷役，不取閭畝之夫、行伍之事。及其成而觀之，則規制宏偉，顔采焕耀，稱藩會之名號，宜吏民之瞻仰，信西北一巨麗也。惟古之官署制作因革，皆托之文章以紀其事，於是乎有廳壁之記，有題名之記，有修造之記，載諸簡牒，往往而然。山西爲國右藩，内拱京輔，外捍戎狄，所系甚重，其修建之舉，歲月姓氏名物之實，不紀而傳之，則後來者安所據以爲承繼修葺之地哉？雖然，利不十者不易業，功不百者不變常，使無陳公廉直干固之能，節用愛民之惠，謀深慮遠之計，而任勞舉重，苟焉而爲之，只見其煩，未見其益也。世之君子，尚思所以監之哉！相公之役者若干人，觀者按而考之足矣。公名清，青之益都人也。

袁袠《衡藩重刻胥臺先生集》卷六《齋宿院署》　璧薦崇元日，郊禋戒百工。泰壇雲霧裡，象輅羽儀中。越席陳陽位，玄端處法宫。甘泉徒欲賦，文藻媿楊雄。

范欽《天一閣集》卷二六《重修象山縣公署記》　象山爲浙東支邑，去郡城二百七十里而遥，三面距海，西阻巖谷，較若奥區，蓋自唐然矣。地既僻遐，積歲使節不一莅，民間視爲尋常。令兹者率鮮事事，而又薦罹倭警，轉徙靡遑，以故百務頽弛，即諸所建置故簡陋，日陊月剥，莫知所底。迨九江陳侯至，夙夜求民之瘼，悉心興罷，纚纚既有緒。一日，周覽境内，慨然有概於衷曰：「夫牖物者振蠱，昌化者植表，邑以名勝稱海上，即不能綈構宏麗與内邑埒，惟是樹善出治，猶襲故是諉，將何以副仲尼之覿，避單子之誚乎？」於是品較重輕，首請發公帑，葺諸廟學、殿廡、門堂，及祠亭、齊舍，俱森整輝奕；已乃飭戰艦、兵械；已乃修東城樓、北水門雉堞、敵臺警鋪；已乃夷治昌國、石浦諸孔道，所在咸稱快。吏民又以公署請，曰：「吾何暇於是廳事？洎吾衙猶足支風雨。第丞無衙延賓，無館均田，碑無亭，藏無石櫃，後堂與串堂欹，東西曹吏房圮，獄禁隘，計且鉅繁，奈何久之？」乃鳩工庀材，諸作並興，遂能拓舊更新，支傾起僕，中外井井，至者改觀。經始於萬曆甲戌冬，明年春告成，費皆資於稽贏節冗，佐以讞獄束金，民弗與知也。嗟乎，斯豈易易者哉！士當混躋里閈，業鉛槧，一旦出而膺民社之寄，才質不倫，志亦異秉。彼庸瑣、巽輭，狼顧莫措，及便利，身圖恣睢饕餮者置弗論。上焉者憑籍才華，傲睨當世，視爲卑猥末務，邈不嬰心；次焉者循循歲月，積資取庸，務爲一切，鮮有久長之慮。乃若長視迯顧，洞變察衅，前有謗讟之虞，復有譴責之累，欲其鼓行無忌，弘濟時艱，蓋亦難矣！斯非才敏天值，志存康濟，斡之以廉，出之以遜，濟之以沉，毅守之以悠久，無激無隨，審勢順

時，鮮克有成勩也。夫陳侯者不既賢乎哉！土水誠大事，往境內有營，衆輒洶洶，旋以報罷聞，斯則帖然稱服。侯所以收民心者，宜有道矣。於是邑之士大夫周君希程、王君文照暨庠生周誥、王文燭、周應祥輩，從輿吏民之計，礱石屬綱紀之。他善政，以非修創，不具論。侯名思愛，字□□，由鄉進士歷臨淮學教諭，晉今官云。

《(康熙)永昌府志》卷六五沈祖學《重修騰越州治碑》 天下事，興替有數，開闔有時，運量有機，數適相值。乘時握機，不委之以非分，則事易集而功不勞矣。州治復建于嘉靖乙酉，多仍參府舊而變置增裁之。暨隆慶改元，凡四十三禩，習久因循，敝殊不振。丁卯建子月，余始至騰，環顧，竊嘆曰：是何以涖民出治哉！方圖修理，戊辰正歲，代巡粵南劉公思賢按府，余陳四事，次修州治，臺司咸賜嘉允，議動庫銀五十兩有奇。遂鳩工斂材，闢地廣基，爰築東垣，延袤計七十餘丈。州廳事爲麗正堂，東爲架庫，西爲銀庫，左重建吏目廳十楹。迤東初置角門，內建公廡十間以居羣吏，右增補庫合六楹。迤西原有(脚)[角]門通兩衙以及舊廨。廳後正衙爲三德堂，爲養心亭，爲宅舍，兩廊爲房科，皆因舊而修之。甬道中葺戒石亭，前爲儀門，左爲土地祠、預備倉，右爲州獄、大門、鼓樓，雖就彼而未輕議也。外重建旌善、申明二亭，各二十楹，前有汙池而不浚，有仰州亭而廢久，因鑿池引泉，採石平橋，植亭于上，爲觀風； 培蓮于下，聯屬以亭，爲來鳳。再前有寧遠坊，亦葺而新之。坊前有屏，左右翼以墻，州前境界，非復昔日之荒圮矣。又大門東建公館，計七十四楹，以延委使。其西建總舖，計四十四楹，以便覊候。又西建築廣積倉門墻。于是臺池亭榭掩映於前，官舍民居環列左右，而規制畧備。斯役也，經始於戊辰四月，告成於己巳七月，備工稱餼，一不動民，請數縮而用數盈，補給幹旋，誰力其任。嗟夫，有歉於心者，則畏縮而不敢爲，植私以自固者，則避難而無暇於爲，此州治所以日敝也。顧運籌料理，其幾存乎人耳。事竣，未及記。至庚午五月，定遠陳尹鶴村策以查盤至州，指鼓樓謂余曰：斯樓非所宜，有殊戾堪輿家說，余未深信，別之。明日，大門簷枋忽墜。又二日，樓前左角爲風雷所隕。始疑而嘆曰：興替寧有數耶？遂謀更置。適南谷沈君濂、龍川吳君宗周、鳳嶼陳君宗器以志事造訪，議及云：外有廳，事大足供役，搆而得之。爰擇吉舉事，不越月而大門成。大門左內南，建迎賓館十四楹，右建告册所十楹，余欲仍葺鼓樓於州後。方城陳君劾、州佐高君萬選謂：以用材而置之閒散，得無惜乎？昔兵道巡城，常謂衙後空虛，何不葺補之。余又嗟曰：開闔寧有時耶，何見不及此？因謀充拓，捐俸料理，廣一爲三，飛簾峭角，曲檻迴欄，模彷舊制，因名爲大觀樓，踰兩月而工就。又改州前直衝之路，沿池環繞而入。信哉！時事難逢而天數有定，機緘默寓而人謀允臧，州治兩修，劉、陳二公兆之矣。茲役也，不動於官，不斂於民，廢者舉，缺者完，敧者正，敝者葺，高而翬飛，兀而鼎峙，規制全而器宇壯，統體正而觀望尊，垂百年無改之基。吁，心亦勤矣！固不自棄於不爲，亦不敢自諉於不暇爲也。役成而中峩吳君宗堯謂余曰：州治請建於木山嚴公而重修于公，豈浙姚氣數感召而建復起敝，相爲後先耶？余遜不敢承，惟願後之君子曰：此前人之用情，下民之趨事，難矣哉！入門而思鼓樓之變，思爲州之計也，非以利一人也。由路而思觀風之淳耶，爲州之計也，非以福今日也。登樓覽勝，得無有視不逮遠者耶？臨亭觀蓮，得無有風不盡同者耶？繹義顧名，協謀於前，則基命永固，民其允綏矣。遂援筆爲記。

王季重《王季重集·重建南京錦衣衛官衙記》 留都大司隸之署，拱侍帝居，獨仡仡嶙嶙，比於威神太乙。他廨宇俱二門，而司隸署獨三門，靚深閎閬，望其桂柏毿毿也。自文皇帝北辰永奠，而所謂期門羽林膺搏虎卧者，俱在若有若無之際。大司隸一貌官耳，歲時久，私第博落，無坻鄂可依，則每每僦民居。月率數千緡，不能任，輒苦貸苦質，問請葺繕，得所貲且以補槖鋪，取文具報司馬司空而已。會稽王心抑氏，以五狼總戎稍遷至，仰而嘆曰：「不有其居，何以人猗？不有其人，何以居猗？」於是剃草逐貍，鳩工稟度，擇廳事之右，高塏一隅，以爲爰食爰棲之所。獻疑者曰：「高皇帝之舊鼎，猶然坐聽其蝕，而吾子獨愛他人之鼎！且吾子喜創而不喜因，宦游所到，必有興焉，一錢不飽，五行並用，吾子以此爲安身立命，子孫長久之計也耶？且夫確時兑事者知也，惜物休人者仁也，子以爲今之時盈乎詘乎？宜此不急之務乎？仁與知何居焉？聞吾子之請作，剌之滅也，舌之枯也，血顔之恧也，不知幾何辛劬矣！功方成而身已去，後之人不知居有因，而反謂補槖之無自，蓋其恩也，所以爲怨也。」大司隸曰：「不然，子不聞霍渭崖之議乎？始皇築長城，萬世之利也，使漢唐宋至今日規而隨之，有加無圮焉，何至戎馬蹂躪內地？日者喜峯之事，不從長城入乎！夫百姓之家，父祖先世之墓，所以至今存者，每歲一抔土之力也。吾署棲食之所，向使官此者頹萌而即董之，雖弗創可也。吾之所以爲創者，匪創也，前人弗因，尤而效之，吾復爲前人矣。且使後之人弗貸弗質，而有至如歸，其愈於補槖也不既多乎？夫予人之利者，計其大不計其小，使之由不使之知，天下之盡讓而不任，則誰爲任之者

矣？」大司馬傳公聞其言，曰：「善。」下職方別公議。僉曰：「善。」則予之金。先是衛有子粒銀若干，入兵曹得制其用，今復還之衛。以此見司馬之聽公，而大司隸之舉當也。大司隸名揚德，會稽人，庚戌武進士，與予有小阮之分。

姜宸英《湛園集》卷三《重建陝西驛傳道衙門記》 本朝驛傳之制，昉自前代。順治間，部議裁闕陝西，則并其事於糧儲道。康熙三十一年，總制題復之，移某於黔中來領其事。時舊署既毀，余至，乃請於督撫，治舊按院衙門，顧按院署亦廢久，唯荒址僅存。或議請官給其費，或議宜責成有司量派里甲。余唯關中向罹兵燹，繼當災祲，流亡之後，蒙皇上恩德，多方賑濟，還定安集之民始克胥匡以生，驛傳之復，所以佐行省旬宣之不逮，余首膺此任，其可重繁費以厘聖天子西顧憂。乃勉自經營，召吏興工庀材飭事。自門廡、廳事以至內廨、射堂、賓館，公私之舍，官吏之棲，以間計者幾千楹。棟、樑、櫨、榑、椽、桷，巨細之木，以數計者幾千株。至於磚甓瓦石，蜃蛤之灰，丹黝之漆，綵繪之色之以物計者，夫役工匠執事之屬之廩而以人計者，莫不先爲程度量力而授之事。經始於某年某月日，訖事於某年某月日。用工之多至若干，總費鐵五千萬有奇，而官與民不知焉。蓋余之爲此也，綦勞矣。昔《周禮·地官》遺人之制，掌郊里之委積，以待賓客；野鄙之委積，以待羈旅。凡軍旅會同師役，掌其委積之事，則今驛傳所職掌近是。其制曰：國野之道，十里有廬，廬有飲食，其屬則地官。所謂廬氏，若有賓客則令守涂路之人聚欜之是也。三十里有宿，宿有路室，路室有委，其屬則地官。所謂委人，掌以稍聚待賓客，以甸聚待羈旅，而軍旅共其委積芻薪者是也。五十里有市，市有候館，候館有積，其屬即秋官。所謂司市，凡會同師旅，司市帥賈師而從，治其政令者是也。周建都豐鎬，畿內千里，爲今布政司所轄之地，當時車書萬國，玉帛奔輳，而十里、三十里、五十里之委積儲之也，素而供之也，時故遺人之職，可以不勞而集。今夷爲列省，地當西北徼道，大帥設闢開府者數十處。又內接晉豫楚蜀，西抵蕃界，北連沙漠，冠蓋之銜命而出者，與夫兵馬之往來驛騷，日百十輩，而十里、三十里、五十里之委積，儲之不必其素，而供之不必其時，董其事者不亦難乎？夫人必安其身，而後可以盡其思於職業。且長安省治，諸屬國朝貢所出之孔道也。使野處而草茇焉，天子命使之謂何而何以繫觀瞻？余自下車以來，釐革冗弊，凡芻料之減尅，夫役之疲困，勢利之豪脅，有司之徇情，莫不上遵國憲，下順人情而曲爲之制。洗手奉職，與民無擾，冀以少報天子特簡之恩，與督撫虛公委任之意，然後經理是役，迄於有成。既落成而記之，以志吾之不敢苟於其職已耳，非敢以爲後來之法。然後之登斯堂者，或亦慨然興感，思有以補吾之不及，此余之所以深望也已。

《〔光緒〕廣南府志》卷四何愚《萬壽宮告成恭序》 人生大節，無逾忠孝。世人皆知盡心竭力於所生爲孝，每謂庶人微賤，君門萬里，呼籲不聞，雖有懷忠効順之心，亦無由自達。不知孝弟、力田、納賦、應役，甚至安本分，遠刑章，無非忠之屬也。直省郡邑建立萬壽宮，固以守令官僚去京日遠，有其地，得以時瞻拜，如覲闕庭而凛天威於咫尺，未嘗不借儆縱恣驕佚、泄泄沓沓之習，以忠於所事。凡厥庶民，亦憬然於天鑒不遠，奉公守法，謹身無過，亦所以教忠也。廣南爲夷地，元、明代率聽土司世治其民。國朝始設流官，建黌宮，立學校。雖狉獉之俗，椎魯之氓，莫不飾冠帶，誦詩書，興禮樂。故今杞典所載壇壝殿宇皆已如制，輝煌宏敞，即書院義館，招提蘭若，亦脩葺整齊可觀。惟元旦、冬至、聖節，文武官朝賀未有專宮，借他地拜祝，於臣子之心耿耿有難安者。愚莅任後，有意營造，而視力微薄，瘠區又難勸捐。積年因循，實所疚心。嘉慶丙子歲，署寶寧縣李培英交伐清出閑款銀陸百兩，請措置於予。因進士丞儂世熙而告之以意。世熙觀忭激發，作而對曰：土官世受國恩，生長僻陋，從未聞長官訓誨及此。今曠若發矇，請如命付土官集其事。愚嘉其意，具文通詳大吏，舉六百金畀之。丁丑之春正，度地興工。適值臨安逆匪滋事，奉調土練赴剿，儂世熙懇切請行，不料以憂鬱卒於軍，其事稍寢。世熙之母沈氏，賢明婦人也，經年慟定，諭其土目曰：太守以建萬壽宮事委吾家，今世熙不幸，太守故不忍督催，爾等得不亟亟以成其事？於是伐木於山，取石於巖，庀匠集夫，一呼而寨民子來。先是，儂世熙擇地築基過寬濶，地又底窪。只得畚土夯築堅實，培高一丈，建造六角崇閣，矗插雲表，黃瓦朱楹，雕甍畫栱，望而知爲萬壽宮也。餘地皆培高五尺六，外開東西便門，中間穿堂廊房，爲文武官待漏立班之所，畢備穹崇博敞，冠冕堂皇，周圍紅墻繚繞。是舉也，費用六千餘金，半出寨民之力。愚初不料土官吏民感奮踴躍至此也，猗歟盛矣！落成之日，恭逢我皇上六旬萬壽誕辰，愚例得偕同官慶祝，而鋪張爛雲霞，華燈炫星月，雖不克媲美輦轂之下，而愚亦不敢因陋就簡，吝私財而失觀瞻。故垂白之叟，提攜之童，以及深山窮谷艾男葉女，莫不摩肩擁背，氣喘汗流，奔走偕來，五體投地，忭舞歡欣，其情亦大可見矣。夫夷人獷悍難馴，乃出征則賈勇争先，應役則輸財恐後。非儂世熙父子兄弟涵濡聖澤，恭順素著，糾厲有方，安能使夷人竭忠嚮義如此哉？謹稽首頓首，而爲之序。

《〔乾隆〕江南通志》卷二二陳宏謀《公署記》　雍正九年春，余自維揚郡守奉簡命擢江寧臬副，整飭通省驛傳鹽法，適以前一年江臬移駐蘇州，其江寧郡屬向所隸於常鎮道者改隸驛鹽道，就近兼巡。蓋聖天子設官分職，所以爲吏治民生計者，量地制宜深且悉矣。道治舊以肅郵覈引，飭文移司勾會，不與境内民事。余受斯職，既兼巡省，會合屬吏民以公事來治所，駢肩錯轂，顧近市湫隘，堂廡卑庳，無以肅風紀，嚴聽斷。請之臺丞，移咨所部，遂以臬署改建焉。而臬署虚已逾年，日就傾圮。余爲捐俸庀材，時被檄攝安藩篆藉池州蘇郡丞士俊鳩工相度，得壁閒碑記，則向故爲巡道署，改建臬司者也。考其年，以康熙壬子修葺落成，而余適復以今上壬子之年重修告竣，蓋匝六十年矣。夫十日、十二子相配數，終六十爰復其始，兹署由道而司，司復於道，迺適會焉。其事殆非偶然者，而余因重有惕也。從古國家建官制治，道與時宜，政由俗易，蓋法以相參而備，化以積久而成。稽之史册，周美成康，漢稱文景，其所由來者漸矣。欽惟我皇上纘承世德，訓飭官方，憲章由舊，率作維新，凡所張弛，動關治要。金陵省會要區，繁難重地，向之改道而司，所以重屏藩之寄，而崇廉鎮之規。今之易司以道復，協遠近之宜，而分詳要之職。要以省方觀民，無負聖朝勤恤元元至意。其秩雖殊，其任則一，宏謀粤西一介歷職翰銓，備員蘭省，親承帝訓，寵眷頻膺，簡授兹職，是用兢兢。重以制府擁節會城，懋德勤施，文武是憲。宏謀自顧菲材，典型密邇，報稱滋難，況又統領驛郵，詰姦達節，典司鹽筴，裕國通商。其與今此分路楊鑣，繩糾吏治，舊職新銜，相倚爲重，曷敢苟簡因循，以報政爲具文，視居官如傳舍。故因重修是署，於其落成，伐石以紀，非紀署也，紀其所以居是署者，庶幾夙夜虔共，無忘天子之命也。若夫聽斷有所，退思有次，若者葺舊，若者更新，辨方正位，不失宜稱，覽者自得之，無俟余言覼縷矣。

《〔乾隆〕興安府志》卷二六鄧夢琴《重修監獄記》　縣署儀門外之西，故有監獄一所，創建年月無籍可稽。舊制牆垣長二十丈，高一丈，厚一尺六寸。蓋版土而成者，歲久就圮。原建内房四間，外房二間，女房一間。高僅一丈，深八尺，湫隘卑庳。司獄者慮有疎虞，於是夜防以柙，其製上下二板，中鑿一孔，納囚足而梱之。長吏惻然，進司獄者而告之曰：凡囚，上罪梏拲而桎，中罪桎梏，下罪梏。今夜防以柙，非制也。司獄者告曰：獄將圮矣，非是者患且不惻。於是考諸古事牒，請重修。獲領銀五百四兩有奇。經始於乾隆四十五年九月丙申，竣功於十一月癸未。拓基址，增垣墉，寬舍宇，嚴狴犴。垣墻長二十丈二尺有奇，高一丈五尺，厚一尺六寸。基以巨石，内外範以甎，中實以土。新建内監三間，外監三間，女監三間，火房二間，獄神祠一間。内祀咎繇俱高一丈五尺，深一丈二尺。内牆一週，監門一座，高九尺。於是更諸爽塏，廓其有容，不憂燥濕，而亦不患疎虞。桎梏仍舊，夜柙永除矣。前邵尉天祥爲余言：曩佐羅明府鰲司獄時，囹圄空虚，出入無忌。元夕士女之走百病者，縱遊其中，然自後獄遂有囚。余下車視獄以來，稽囚籍僅得十人。乾隆四十四年十一月，内蒙恩減等遠宥者八人，逮繫者僅二人耳，俱已先後物故。現隸籍者十有五人，皆余手定爰書者也。其矜疑者不在是。今流寓漸廣，雀鼠愈繁，兼之長吏德化不先，固不敢上擬程子晉城之治，即思如邵尉所云，亦何可易及？但非終唯終，懲於不辜之殺，其失或流於不經，亦未克咸庶中正，俾生死兩無所憾也。附於碑末，以告後之式敬爾由獄者。乾隆四十五年月日記。

《〔道光〕大定府志》卷五五姚東之《重修大定府署碑記》　大定府，古夜郎國也。《漢書·地理志》「犍爲郡」下，應邵曰：古夜郎國也。顧祖禹曰：在今四川敘州府，瀘州及嘉定州、眉州皆其地。「牂牁郡」下，應邵曰：臨牂牁江也。而未言古夜郎國。「夜郎縣」下，應邵曰：古夜郎侯邑。《西南夷傳》：夜郎侯多同，聽唐蒙約，還報，迺以爲犍爲郡，發巴蜀卒，自僰道指牂牁江。是夜郎國，漢以爲犍爲郡。漢《地理志》：首縣即郡治僰道，犍爲郡治。曰指牂牁江，不言下牂牁江，是夜郎國不臨牂牁江之一證也。此元光年間也。下言會越已破，漢八校尉不下，中郎將郭昌、衛廣引兵還，行誅隔滇道者且蘭，斬首數萬，遂平南夷，爲牂牁郡。是且蘭國，漢以爲牂牁郡，元狩年間也。牂牁郡臨牂牁江，是且蘭臨牂牁江，夜郎國不臨牂牁江之又一證也。昔楚威王使將軍蹻將兵循江上，略巴、黔中以西，軍至且蘭，椓船於岸而步戰，既滅夜郎，以且蘭有椓船處，乃改其名曰牂牁。其時楚都郢，循江上必由大江泝銅杜灘至涪州城東北，西逕武隆廢縣南，西北至彭水縣南，又至酉陽州西南境，又東至婺川縣境，皆巴蜀境也。又東逕印江縣境，又繞思南府境，又東北逕石阡、龍泉境，又東北逕餘慶縣境，又東南逕遵義府境，又東北逕烏江。烏江以上舟檝不可通，故椓船於此處，蓋且蘭國地也。故顧祖禹曰：牂牁郡本南夷夜郎及且蘭地，今遵義府以南至思南、石阡等府，皆是其地。《傳》曰：西夷君長以十數，夜郎最大。是夜郎，西夷也。《傳》曰：發南夷兵，且蘭君恐，遠行旁國，擄其老弱，乃與其衆反。是且蘭，南夷也。西、南之夷不同，牂牁郡之非夜郎國又一證也。且蘭去夜郎尚遠，故必舍舟步戰。然則

古夜郎之國，其在今修文以東，普安以西，奄有大定，北至敘州乎？故曰最大也。然《傳》言：建元六年，番陽令唐蒙使南粵，食蒙蜀枸醬。問所從來，曰道西北牂牁江，江廣數里，出番禺城下。蒙至長安，問蜀賈人，獨蜀出枸醬，多持竊市夜郎。夜郎者，臨牂牁江，江廣百餘步，足以行船。南粵以財物役屬夜郎，西至桐師，然亦不能臣使。其時犍爲、牂牁俱未立郡也，後世求其地而不得。郭子章以定番城南水當之，黄宗羲、田雯又以烏江水當之，鄭收以北盤江當之，洪亮吉俱以爲不然，而以都江當之。余按：犍爲郡之水，惟符縣温水可達番禺。「符縣」下，班固注曰：温水南至鼈，入黚水，黚水亦南至鼈，入江。江，延江也。此温水南入岷江之道也。「牂牁郡鐔封縣」下，班固注曰：温水東至廣鬱，入鬱水。「廣鬱縣」下，班固注曰：鬱水首受夜郎豚水，東至四會入海。古之番禺甚大，今四會水亦經今番禺，由東莞入海，俗所謂西江也。此温水東行入番禺之道也。《傳》所言臨牂牁江夜郎者，未言都邑。江廣百餘步，漢尺抵今尺七寸，百餘步江不甚廣，其可以行船，亦不必大船也。今之由黔達粤之船，尚名桐梓殼，桐梓船也，非巨艦也。江出番禺，尚稱牂牁，則當日牂牁江，蓋巴、黔、桂林之水，凡可以達粤者，皆以牂牁名之也。而温水，不可名牂牁江乎？夜郎臨温水，不可謂臨牂牁江乎？酈道元言：豚水東北流逕談藁縣，東逕牂牁郡且蘭縣，謂之牂牁水。又逕中溜縣，南與温水合。温水出牂牁夜郎縣，逕談藁、昆澤、味、母單、母掇、律高、鐔封、來唯等縣，如東至鬱縣，爲鬱水。洪亮吉考今南盤江出今雲南霑益州，爲漢宛温縣，屬牂牁郡。逕雲南宜良州北，爲漢滇池縣地，屬益州郡。逕路南州西境，爲漢味、昆澤地，屬益州郡。逕雲南澂江府治河陽縣東境，漢俞元縣地，屬益州郡。河陽縣爲漢母單左近地，屬牂牁郡。逕彌勒州西境、寧州東北境，爲漢賁古地，屬益州郡。逕阿迷州、廣西州、廣南府西北地，不能指其稱名，要皆益州地也。下至廣西南寧府境，合鬱江，定南盤江爲温水，其符縣之温水不著。蓋蜀漢時分犍爲，立江陽郡，符隸江陽，中失本土，寄治武陽。劉宋符、鼈皆省，道元作注時不能指也。南盤江所歷之道與温水同，豚水不能至犍爲郡，惟温水則經符縣。則《傳》之前言夜郎臨牂牁江，後言伐南越兵，夜郎兵下牂牁江，皆可通。是臨者，温水，下者，温水，均是温水，爲牂牁江之一證也。今大定府南至安順府鎮寧州界二百六十里，北至四川永寧州二百五十里，西至雲南東川府界五百二十五里，東至貴陽府修文縣界二百三十里，又北至四川瀘川三百里，至四川敘州府一百六十里，東北至雲南昭通府五百四十里。以温水爲牂牁江考之，其歷雲南境者爲多。大定接壤雲南，遵義距雲南中隔大定郡，然則遵義以南之爲且蘭，敘永以南之爲夜郎，亦無可疑矣。至漢《地理志》「夜郎縣」下，應劭曰：古夜郎侯邑，此非古夜郎國也。《傳》言：平南夷爲牂牁郡，夜郎侯始倚南粤，南粤已滅，還誅反者，夜郎遂入朝，上以爲夜郎王。是其入朝也，正如鄖子之從祭於郲，錢俶之入宋，國已亡矣。故下言賜滇王王印，復長其民。夜郎無此文也。又下言：西南夷君長以百數，獨夜郎、滇受王印。滇，小邑也，最寵焉。滇有邑，互文以見，夜郎亦必有邑，但較滇稍大耳。是夜郎去國而稱邑，在元封二年。其稱夜郎侯者，從其朔也。其去立牂牁郡之歲已十餘年，去定牂牁郡之歲已三年，去立犍爲郡之歲已二十餘年矣。郡立二十餘年，且未重定，又未復長其民，是夜郎國之爲犍爲郡久矣。不得以夜郎縣有豚水入鬱，可以達番禺。豚水，今都江，不得至犍爲，而以建元元年，唐蒙所開之夜郎臨牂牁江者，爲夜郎侯邑也。洪亮吉以當牂牁江，亦誤也。然則夜郎國不在豚水之上，亦不在且蘭之地，且非漢牂牁郡地，非在今之修文以東，普安以西，鎮寧、遵義之北，直北至敘州府之地乎？今大定府境，東北五百八十餘里，南北六百六十餘里，西北有畢節。宋之前爲羅施鬼國，元之八番順元宣慰司，明之畢節、赤水二衛也。西南有威寧。六朝以前爲巴兀姑、巴的甸，唐之烏些，宋之蠻夷烏撒府，元之烏蒙烏撒宣慰司，明之烏撒府也。東有黔西，南有水城。唐之羅甸國，宋之羅施鬼國，元之順元宣慰司，明之安氏水西也。東南有平遠。明分黔西地爲水西宣慰比喇壩府境，則割水西烏撒之地而立焉。明隸貴州、四川兩布政司。幅員之潤，巖洞之幽，關梁之險，儼然一大都會也。府治爲安氏大方城，鳳山翔其東，五老拱其西，六歸環其南，延江周其北，又儼然一山川形勝也。以僻陋在夷，聞人賢士足未嘗履其地，無文獻之可徵，不能定爲漢之何郡何縣。然以漢《西南夷傳》、《地理志》考之，其爲犍爲郡之南屬縣無疑，又烏知非古夜郎侯建國之都城乎？夫夜郎、牂牁江聚訟已千年。而余蒙聖恩畀守定郡，間繹書傳，足歷險阻，而後夜郎國與夜郎邑分，而後温水與豚水分，而後牂牁江之上游下游定。然其始自《華陽國志》「莊蹻畧黔中以西」一語發之，知夜郎國、牂牁江必在黔西，斷不在黔東之獨山州、三角屯等地矣。府治西南向，而坐於寅甲之間，震艮不分，東西莫辨，且傾圮，官無治事所。余爲更寅申水出乙，大門視昔而稍狹，大堂仍舊而增高，建一坊，額曰「知人安民」。二堂因舊，額曰「鑑心堂」，爲治事所。三堂内闢一齋，屋三楹，額曰「汎若不繫之舟」，爲公餘讀書所。署之西建一齋、一亭、一軒、一廬、一館，齋曰五柳十竹，余

所植也，亭曰西笑，軒曰挹爽，廬曰抱翺，館曰察眉。翺、眉，余體也。笑、挹、抱、察，余用也，爲宴會賓客所。請於布政司，得銀一千二百六十三兩五錢四分五釐，以養廉三年坐扣償之，共用銀一千八百七十八兩四錢四分九釐，不足者，余益之。工興於道光庚子二月，成於八月。督工者，大定府經歷吴疇余弟，陝西縣丞俞官人陳發。木工楊，石工陳，瓦工熊，例得并書。余惟夜郎之地，讀史者莫能指其疆域，而通志之荒畧不必言，即若黄、若郭、若田、若洪，諸君之書皆不足以盡信，因爲述自秦、漢以來府治之本末，且紀重修之月日，以示來者。是爲記。

《〔同治〕上海縣志》卷二王澄慧《新建分巡蘇松太兵備道公廨碑》 郡國之有使者自唐始，然官無定秩，亦無常員，觀察經略、防禦團練等使，時置時罷。逮宋以還，沿革不一。明代直省設按察使司一人，蓋即古之觀察。又設有副使僉事，所以佐按察司使所不逮而爲之分道揚鑣者也。國初官制，概仍明舊。蘇松二府向有兵巡道駐太倉州，巡行入郡則明澤橋東有駐節之所焉。康熙二年，改兵巡爲分守，蘇州遂爲治署。二十二年，以督糧道兼領之，分守道復奉裁。今上即位之二年，百廢具脩，庶司整飭以撫臣何公之請，復分巡蘇松道如舊制。八年六月，中丞尹公上言，分巡道有巡緝之責，兵民皆得治之，請加兵備銜，移駐上海，彈壓通洋口岸爲便。制曰：「可。」按上海自明嘉靖甲寅設海防道，以僉事董邦政領其職，募兵三千以備倭。旋以海上無警罷之。今余適承乏是官，問其舊署，不可識矣。乃於城之東南隅相度没官廛舍，兼買民地一十四畝有奇，改建公廨一百五十楹，定規模，采木石，考核其工作，既廩經營區處費公帑四千緡，更爲補其不足。閲八月告成。周垣、重門、上堂、旁宇、後寢、下舍，約略具備。邑吏士庶聚而觀之，繇外以闚其中，穆然以肅；歷階以望其堂，廓然以容。登堂以睨其左右，卻而顧其後，井然以辨，翼然以整，蓋隱乎見憲度之秩、風紀之揚。於是乎！在余用是重自惕矣。蘇松，通都望國，被海帶湖，地繁而劇，入稠以哤，主客雜沓，愚黠異數，而魚鹽鐵冶菽粟絲絮之利，人競錐刀。三江震澤，澱山三泖之區，善藏姦慝，官斯土者不可以弛，亦不可以急，不可以文令，亦不可以武競，以求政成，不亦難乎？夫古之所謂盛德者，一之歲勤而教之，二之歲惠而安之，三之歲富而樂之。物不知化陶然自春夫而後乃可謂政之成。余不敏，誠不能上追古人，然宣上德意，以與民遵道，而遵路使者之責也。今日者，登其堂思其義，其何以肅吾民而使之無犯，復何以容吾兵民而俾得並生？其何以辨其淑慝而樹之風聲，復何以整其習俗而會歸有極？苟如是，庶幾上有以答聖天子鄭重設官之意，下亦無負中丞公轉移調劑之宜。雖然言之匪艱，行之維艱，非曰能之，勉焉而已。余故記廨舍之經始，并書以自朂云。《使院碑陰》：使院在上海東南隅，東際小溝，南西北三面皆民居也。南爲大門，門南有屏，屏去門六步一尺，屏廣一十八步。屏之西南隅有支吏房，廣三步二尺，深四步。門東西際各有基地，東可五楹，廣一十三步三尺，深六步三尺；西可二楹，廣三步二尺，深五步三尺。院之東西，縱廣五十九步一尺。而闕其東北一十一步，廣二步二尺。東南隅當五楹。地之北有隙地，南狹北廣，古石離立，可登可眺。南縱廣四步四尺，脩一步二尺；北縱廣六步五尺，脩六步。其北則所際之溝也。院之西縱廣六十七步一尺，無贏無縮。院之北廣四十四步，而闕其西偏一十五步，其東則使院薪水之路也。大凡積三千四百一十八步有六分，得地一十四畝二分四釐四毫，爲堂室百五十楹，縻官錢四千緡，家穀補益者不與焉。爲書於碑之陰，使來者有以考，固今日所宜有事也。

《〔咸豐〕安順府志》卷五〇羅繞典《重修安順府署記》 自畫野分疆之政出，規其中而爲之城郭焉，又規其中而爲之宫室焉，命之曰治所，言治之所出也。又必大書以署之，故亦曰署。在漢，於郡曰府，於縣曰寺，其在内則公曰府，卿曰寺。夫卿之秩，中二千石也；郡守，真二千石也，縣之令、長，則八百石、六百石耳。乃郡守之所居，名尊於卿，令、長亦儕於卿，則何以故？蓋居内者壓於天子，其制役；居外者伸於士民，其體隆也。是則所以肅觀瞻，定民志，使民無敢褻視，於以行其可由不可知之政教也。世之廉儉自命者，於飲食衣服，宫室輿馬，類取其麤薄以自奉，因之而及，於臨民之章服，出治之宫署，曰：我廉甚，弗克治此。是亦有過焉。夫自俸可薄也，而以肅觀瞻，出民治者，弗可薄也。一官署而上漏下濕，臨民之堂，會友之室，獨居静坐之齋，仰觀雲物之樓，内則藏庋之閣，外而積貯之倉庾，聚教之圜土，崇墉甬道，照壁轅門，一任其墮弛而莫之整理，是又烏足以言治哉？沛霖太守以長白舊族，供職農曹，出守習安，百政具舉。初則聞其增冬濟堂費也，而大民之窮者有所告。繼則聞其治獄明敏，四境無冤滯之聲，一室無久稽之牘，而民夷蔑不霑其澤。末又聞其興教化，訓士民以孝弟，而政成矣。吁！古者仁民之澤，或畢世而成，或三考再考，四五六年，七八九年而報績。而太守自丁未暮春到郡，不一年而遽有成效，亦可謂神速矣。是亦有故焉。太守之之郡也，太夫人年八旬矣，躬奉板輿，昕夕敬養，愉色婉容，欣欣如孺子之愛慕焉。又於郡署闢圃，種竹蒔花，遊魚麗沼，鳴禽萃林，太夫人顧之而忘

倦。其養志娛親，如是其篤忱，是真能躬行色養以爲民表者，故其以孝弟化民也易，民之內行立而百行自此舉矣。此其所以政成之速歟？已而當事以黎平爲劇郡，地連三省，奸民出没其間，非德行才具兼擅之守，不足以鎮壓浮囂，戢歛强暴，捕除盜賊，乃調太守署其郡。太守在黎平一年，風俗頓美，萑蒲弭跡。教民種橡育蠶，以裕衣食之源。黎平之郡，幾致於富庶。及其去也，士民攀轅流涕者載道。己酉暮春，復莅習安。敬教勸學，凡書院考棚，無不整飭，課士必親臨。考棚舊多積弛，地兼狹隘，太守增修改建，捐廉董率，士民罔不樂輸。及其成也，崇麗顯敞，足以弭使節戰多士，以勸朝廷之鉅典。又爲郡人纂輯志乘五十四卷，以存一郡之掌故，栞版弆之郡閣。殆至於善政悉舉，士民無不欣悅。而太守之心，猶孳孳汲汲不已。吁！如太守者，方之於古所云惠人，所云循良吏，所云衆人母者，抑何多讓？而其於治官署也，尤以爲先務，恒爲官署爲出治之區，必使之閎遠壯闊，兄以肅觀瞻，非以自便也，所以上奉朝庭之威嚴，而下示民以不褻也。噫，其言洵有合於道哉！漢之名郡署以府，意其在是乎？繞典昔藩黔部，正太守勷歷者庸之日，故所見聞於太守者甚悉。繼忝撫鄂渚，尋讀禮家居，亦時時聞太守之善政。今走書千里，以郡署告成，問記於予。予不文，烏能記？然以太守之賢，教化之淳懿，識見之超卓，不能不有所言。故遂忘其謭陋，而悉陳其巔末，以爲記云。

劉文徵《滇志》卷一一之三黄琮《增建雲南提學道署記》 事之興也，不知其所以然而實有不得不然者。余以己酉之夏入滇，初校士雲南府，見其蓬亭狹窄，試不過三百人而已，肩摩背接，防範難施，至幪翳痺埝，書日無光，繞繳苦窳，風雨搖濕，則諸生固甚苦之。詢其費，有歲編具在，而閭閻之所供辦，胥皂之所求索，實倍蓰無算。私嘆蓬亭一役，何使民視爲厲府，而諸生曾不得實用乃爾！且也，歲而校，亦歲而構，是擾民終無已時也。去擾求安，非革不可，惟時以傯遽未遑。年冬，乃檄雲南州邑查所供額金，二年得三十有奇，稍以他金益之，召工度堂前作長亭二十五楹，度兩階作廣廊左右各三十楹，而地勢不足，不得已拓二門十數尺廣之。於是，合之可試士五百有奇，而危危掀掀，視前痺室狀，不啻遠矣。

工人跽告余曰：「室屋猶人身也，一尺之面而僅一尺之軀，奈不稱何？今蓬亭廠豁，亦一尺面也，願請圖之。」余踏蹰久之，仰視列屋，已半有陁隊者，革之亦惟其時。於是，内自中堂、穿堂、後堂、正寢，皆撤而更之，視舊廣可增十一，高增十三；外自醮門、兩垣表，皆撤而徙之，各遠出二丈許。其左右，則胥吏、門隸、厨湢之所，或修或創，皆犁然備矣。工人復跽進曰：「是如肸夫，頎然偉矣。門益出而屏益進，室益大而後益縮，瘠其背而閉其口，於喘息榮衛宜乎？」於是署地且盡，則問之前後之居者凡十一家，厚其值而購之，得屋凡二十餘間，撤其後以爲崇樓，撤其前爲明庭，中竪屏壁，旁列府邑兩廳，餘以居諸執事者。屏壁之前，辟爲射圃，其南建射亭。於是，登堂則金馬如幾，出門則流泉如帶，登樓則四望雲山，皆如屏如戟，列侍環拱，滇中之勝，此爲大觀矣！夫是豈盡初念也？革則俱革，以一蓬亭故致此。然自蓬亭具，而士就試者始獲一日之安，小民之視歲考也，始免供辦挾索之苦，即往日歲編，且從此可永裁。則雖以百煩費而博此一便，私心猶竊快之。是真所謂「不知其然而實有不得不然」者。蓋昔王仲淹有言：「勞人逸己，胡寧是營？」此龍門令所以不累廣舍也。是於廣舍事頗類，顧如前云者，爲諸生、爲細民，果且出逸己否？余不得而隱者，抑古人興作，類盡役民。今物取諸直，工取諸傭，小民名托子來，實以戀糈至耳，果且出勞民否？余又不得而隱也。非逸己，非勞民，《革》所謂「征吉無咎」，余不知有合乎否也？姑述所以，令觀者得從而是非之。是役也，肇工於己酉十二月十八日，竣於辛亥十月二十日。費金可八百有奇，皆出租廩，撫臺周公助料可百金有奇，合之可近千金。買民房十一家，契共十二張，價銀共一百二十五兩五錢，具刻碑陰，督工官按察司檢校陳奇、中衛知事鄭純仁，例得並書。其他瑣細，可無盡紀也。

冼剑民等《廣州碑刻集・何廷謙・重修廣東督學署記》 凡物不故不新，不敗不成。雖然故矣，敗矣，而非適際其時，則亦不新不成。余以庚午八月，奉天子命，督學廣東，未至即聞署之故且敗也。至而詢諸吏，則猶今中丞令番禺時所修，垂三十年矣！上者穿，旁者裂，直者欹，平者側，堅者摧，脆者折。前使以其費大役重，屢欲言而意未決也。及余見前使，語及署，則曰：「自大堂以前修未久，以後惟東西廳，不甚朽壞，餘則木噬於蟻，土穴於鼠，日蝕月銷，内玌外腐，非興大役，不可與處。」因與周覽而喟然曰：「金必數千，工必累月，衣塵之未浣，而斯役之是亟，誰其與我乎？」不得已，以白中丞，中丞曰：「噫！微子言，吾固知其故且敗也。雖然，有修貢院之餘金在，以爲是不難。」翌日則檄藩庫，核所存以報。翌日則諭守令謀所以興工者。議既定，未十日即移攝廣西。篆相國瑞公，以總督兼撫事，札汪司馬以增、陳別駕善圻監修，而飭何少尉杰駐工。所以署西北隅斜，而促購民地數丈益焉。於是召工匠，儲木石，度方位，定時日，敝者更之，敝未甚者仍之，本有者復之，未有而宜具者增之。又以餘力及後之環碧園，

凡其爲室、爲亭、爲臺、爲橋、爲泉、爲池者，而亦修之，平之，鑿之，澄之。統計仍之而重葺者，爲屋四十有二間；更之而新造者，十有二間；本有而復者，橋二、亭二、廊二；未有而增者，厢一、對廳一、過棚一、後厦一、書室一、幕賓之後房一。費金三千二百有奇。以辛未正月經始，四月工竣。余六月巡試北江，回復周覽，而喟然曰：「故者新矣，敗者成矣。」然官署，傳舍也。方其爲也，不知來此而居之爲何人也，惟其有焉已矣。及其居也，不知後我而至之爲何人也，惟其無覆壓焉已矣。此前使所以欲新未新，欲成未成，至吾而始新之成之也。然非中丞，吾安得新之成之，且使吾之來，中丞之去，彼此相後先十餘日，又烏測其何以新之成之也。吾所謂適際其時者此也。

按志，署本南漢劉龑南宫故地，所謂藥洲者是也。明嘉靖時，始爲提學道署。國初爲平藩住扎所，後又爲左鎮大廳。逮康熙四十九年，學使張公明先力清舊址，乃復爲學署。迄今百七十年，幾故幾新，幾敗幾成，而後至余。余賴中丞新之成之，而竊意後之新之成之者，未必若是之際其時也。獨惜修甫竟，中丞已證道於桂林節署。非惟不及見，抑不及聞，可勝嘆哉！

任既滿，代者且至。乃追述而紀於石，亦欲後我來者，知居此而無巖墻之懼，中丞力也。中丞爲誰？濟寧甲辰進士李公福泰也。同治十有二年，歲次癸酉，仲冬上浣。工部左侍郎前日講起居注官詹事府詹事廣東提督學政定遠何廷謙撰並書，潘石朋刻字。

譚棣華等《廣東碑刻集·英啓·兩廣都轉鹽運使司新建行臺記》 鹽運使司駐紮廣州，舊未見行臺，使者初至，暫駐東門内皇華館。適值館有他賓，嘗設臺於鹽務公所。夫以公所設行臺，於議固當，即微運鹽使者，或假館於此，禮亦攸宜。惟是公所爲委員督率六櫃運商辦事之地，扃藏案卷，出納課款，司事受事，商客期會，以及書識具牒牘，役卒聽使令，昕夕拙公，條理秩然。設爲行臺，輒須展轉避徙，虚潔灑掃以待。而其内原無官眷之宅，僕從或衆，外舍復不足以容，故自往昔，行者居多，咸以爲弗便，辦事運商曹順和等知其然。

光緒十五年春，重修公所，將興工，請繼自今免就公所設行臺。余揆其用意無他，爰爲請於今兵部尚書湖廣總督前兩廣總督兼廣東巡撫南皮張公準立案，並下南、番兩縣行焉。既而曹順和、盛如松、石廣和、馮逸林、孫致和、温肇祺等復相與議曰：前請得矣。文武大僚迎來送往，所在例有行臺。粵商業鹽，力雖微，此而弗勉，義何以安？乃更相與請於督辦公所委員王大使德昌、會辦委員林知事慶炳、鄒大使嘉立、幫辦委員沈大使曾樾、毓知事千、吳知事亨等，議以緝私館舊基捐建行臺。度其地，南界河岸，北至督配館，徑得二十二丈九尺，東北隅至西北隅，横得五丈二尺，西南隅至東南隅，横六丈七尺。内有葉姓民地一段，直九丈一尺，横一丈九尺五寸，舊以租用，今訂價銀三百兩，立契歸公。惟東北隅較東南隅，横闊一丈五尺，直闊十丈有餘，限於地勢，無從取方，此舊之界至也。自舊基南界步至石堤，直得一憲檄拓築河堤，楗以石工，堤内填沙，外與堤平，故舊基得與新地相連。

案局章，堤内新地，商民納租，若價願得地者聽。今以新地並入舊基，徑得三十五丈，建置行臺，規模閎整矣。候補鹽大使王德昌等，以其議來告余，爲請於頭品頂戴兵部尚書兩廣總督部堂合肥李公，準如所議行。新地價租，並準免納。

於是召匠畫堵，鳩工飭材，頭門、儀門各建三間，左爲關帝殿、福神殿□□□爲批驗所，因其舊而新之。大堂三間，東西分設官廳，堂後爲内宅。建廳三重，前廳五間，皆有樓；中廳、後廳各四間，作樓並如前廳式。周廊環向，欄檻相扶，邃静疏爽，可以息征塵，可以設餞飲。其餘地則分門列屋，循徑見庭，自庖爨縫紉汗濯，以至滌□警柝，僕圉捍掫之屬，各有攸處，結構闊狹，咸以宜置。工興始於十七年八月二十九日，越明年十一月十七日告成，總費銀元一萬六千兩有奇。余嘉是舉之急於奉公也，捐銀四千兩以濟其用，其一萬二千餘兩則咸資商力。至若工堅而好，費省而核，則曹商順和、温商肇祺，實暨報心，尤有勞焉。

先是光緒初年，前使者建議收買餘鹽，冀戢私販，設餘鹽局於河南。其時餘鹽緝私局尚稱兩事，尋並爲一。未幾，餘鹽罷停，而緝私官局遂設於其處，事在七年九月，具載案牘。余因緝私館之廢而爲行臺也，並識其略，以諗來者。誥授資政大夫二品頂戴兩廣總督都轉鹽運使司鹽運使沈陽英啓撰並書及篆額。光緒十有九年歲次昭陽大荒落季春三月吉日建。

《〔光緒〕黎平府志》卷二下王雨溥《重修古州廳署記》 朝廷設官分職，付以地方，授以衙署，爲辦公之所。地方既不可廢弛，而衙署豈可傳舍視之。古州原古苗地，雍正八年始奉命開闢，初涖斯土者爲西蜀毛公振翧。當其時，苗性反覆無常，屢事懲創而後貼然。毛公禦外侮，定規模，因諸葛方城之舊基以爲署，建臺於其中，名曰諸葛臺。署之四圍，環以墻垣，方可里許。其間轅門、頭門、儀門，大堂、二堂、三堂，後羣房與夫科房、役舍、監獄、倉廒，並内宅之住室、後廂

房、花廳、書屋、亭榭、池沼，無一不備。如毛公者，亦可謂敬君之事，内外兼該，而辦公不遺餘力者矣。然其時不過草創，大局雖極宏厰，而布置尚有未甚妥協者，後之涖任者正署迭更，每多因仍其舊而未肯更易，歷年久遠，衙署日漸傾頽矣。余於戊戌仲秋承乏茲土，至署之前，輒見石碑林立，木栅森嚴，殆與古廟相似。入其堂，則見房屋錯雜，路徑阻塞，樹木陰翳，殊乏光明氣象。爰循例借廉請修，先後領項者凡二次，陸續興工，越三春而後竣事。余素不諳於風水之説，諸事無所趨避，但期其心安理得，歸於通達無弊者則行之。如昔之本有而今日之急須除去者，如署前之石碑頭門、大堂之木栅是也。昔日之局勢矮小而今日必需增爲高大者，如照牆之高增五尺，長增二丈；轅門之各高二尺，頭二門之各高一尺是也。有昔日之體制狹隘，必需從而改建者，如二堂原屬三間，而今則增爲五間；三堂原屬五間，尺寸不一，地勢低窪，而今則增其式廓；如花廳原屬三間，中隔複道，而今則崇大其規模爲五間，是也。有昔日本無而今憑空添益者，如三堂前之右廂房二間，三堂後之羣房五間，中厠二間，内宅住室後之羣房五間，家人住房七間，花廳前之右廂房三間，方亭一間，北廳之大書房六間，小書房四間，又花廳後之左廂房三間，是也。又有房屋歪斜敝朽，而今重加修整仍如其式者，如頭門左首之醫局三間，土地祠三間，右首之舖司房三間，書辦科房十六間，大堂五間，三堂左首之厨房三間，茶房一間，又花廳後内宅住室五間，左右廂房九間，是也。又有昔日位置不得其所，而今日必需遷移改建，使器局寬闊行走便利者，如二堂之院落，舊式相去不上數尺，今則各退後數丈，竟使左右廂房六間相距七丈有餘矣；南書房三間，舊建於塘邊，爲隣署榕樹所蔽，今退後丈餘，高其地基，竟能光明爽塏矣；花廳後舊有横墻一道，逼緊花廳，不上尺許，中間無門可入，今改寬丈餘，中立宅門一座，兩旁配一走廊，殊覺氣脉聯貫，行走順適矣。又有方向部位虚實不甚合宜，今則添建更改，以配方圓整齊者，如頭門右首之晾倉四間，小班房四間，花廳左首之穀倉十二間，又住宅左首之穀倉六間，南書房後首之晾倉四間，無非取其虚實合度，殊覺嚴整以暇，無復空曠之弊矣。其仍舊貫而未敢改作者，則惟有諸葛臺一處，上建方亭，高入雲天，此一署之文星，取乎文明之象。每夜照一油燈，徹夜不熄，合署受武侯之福庇無窮，即以受毛公之遺愛不衰。計署之内外房屋，除穀倉之外，共一百三十餘間，經營相度，非一朝夕，夫豈專爲一身一家之安逸是圖也歟哉！入其疆，土地闢，田野治，則吾衙署之修整得宜，無荒凉傾頽之狀，其似之乎？道路蕩平，橋梁穩固，則吾衙署之平易坦然，無高下險阻之虞，其似之乎？祠壇廟宇無不整齊，公館客舍無不堂皇，則吾衙署之位置得所，布落有方，其似之乎？下僚修職，士弁安分，屯苗無滋擾之患，孤貧有收養之資，則吾衙署之内外嚴肅，無串通舞弊之事，老幼安居，無疾病夭札之傷，其似之乎？官民相信相安，頗知尊親之義，閭閻夜不閉户，不聞盜賊之警，則吾衙署之魚鳥親人，花柳争妍，其似之乎？而且官問署冷，庭可羅雀，則囹圄空虚，四境寧謐，於是乎見之矣。倉儲充盈堆積，署之左右則苗民之家給户足，百室寧，盈於是乎徵之矣。況一草一木，一椽一瓦，悉皆出自己資，從無累及民間，苗民初不知有修理衙署之事也，而衙署固已宛然成矣。一如當日，毛公之日事軍旅，晝夜不遑，而衙署固已宛然定矣。夫初定規模，余萬不及毛公草創之功，而補偏救弊，余竊與有力焉。豈有他哉？蓋同一敬君之事，而不敢負聖天子之委任者，同此心也。以之修衙署者此心，治地方者亦此心也，見衙署如見地方矣。余援筆而自記之，名之曰「衙署記」也，可即名之曰「古州誌」，亦無不可也。夫豈僅爲官斯土者計一身一家之安逸也歟哉？是爲記。

雜録

酈道元《水經注》卷九　北逕清陽縣故城西，漢高祖置清河郡，治此。景帝中三年，封皇子乘爲王國，王莽之平河也。漢光武建武二年，西河鮮于冀爲清河太守，作公廨未就而亡，後守趙高計功用二百萬。五官黄秉、功曹劉適言：四百萬錢。于是冀乃鬼見白日，道從入府，與高及秉等對共計校，定爲適、秉所割匿。冀乃書表自理，其略言：高貴不尚節，畮壟之夫，而箕踞遺類，研密失機，婢妾其性，媚世求顯，偷竊很鄙，有辱天官，《易》譏負乘，誠高之謂。臣不勝鬼言。謹因千里驛聞，付高上之。便西北去三十里，車馬皆滅不復見。秉等皆伏地物故。高以狀聞，詔下，還冀西河田宅妻子焉。兼爲差代，以弭幽中之訟。漢桓帝建和三年，改清河爲甘陵王國，以王妖言，徙，其年立甘陵郡，治此焉。

《晉書》卷九二《羅含傳》　羅含字君章，桂陽耒陽人也。【略】後爲郡功曹，刺史庾亮以爲部江夏從事。太守謝尚與含爲方外之好，乃稱曰：「羅君章可謂湘中之琳琅。」尋轉州主簿。後桓温臨州，又補征西參軍。温嘗使含詣尚，有所檢劾。含至，不問郡事，與尚累日酣飲而還。温問所劾事，含曰：「公謂尚何如

人？」温曰：「勝我也。」含曰：「豈有勝公而行非邪！故一無所問。」温奇其意而不責焉。轉州别駕。以解舍諠擾，於城西池小洲上立茅屋，伐木爲材，織葦爲席而居，布衣蔬食，晏如也。温嘗與僚屬讌會，含後至。温問衆坐曰：「此何如人？」或曰：「可謂荆楚之材。」温曰：「此自江左之秀，豈惟荆楚而已。」徵爲尚書郎。温雅重其才，又表轉征西户曹參軍。俄遷宜都太守。及温封南郡公，引爲郎中令。尋徵正員郎，累遷散騎常侍、侍中，仍轉廷尉、長沙相。年老致仕，加中散大夫，門施行馬。初，含在官舍，有一白雀棲集堂宇，及致仕還家，階庭忽蘭菊叢生，以爲德行之感焉。年七十七卒，所著文章行於世。

《南史》卷六〇《傅昭傳》 梁武帝素重昭，梁臺建，以爲給事黄門侍郎，領著作，兼御史中丞。天監三年，兼五兵尚書，參選事。四年即真。歷位左户尚書，安成内史。郡自宋來，兵亂相接，府舍稱兇。每昏旦閒，人鬼相觸，在任者鮮以吉終。及昭至，有人夜見甲兵出，曰：「傅公善人，不可侵犯。」乃騰虚而去。有頃風雨總至，飄郡聽事入隍中，自是郡遂無患，咸以昭貞正所致。

《南史》卷六〇《蔡凝傳》 凝字子居，美容止。及長，博涉經傳，有文詞，尤工草隸。陳太建元年，累遷太子中舍人。以名公子選尚信義公主，拜駙馬都尉、中書侍郎，遷晉陵太守。及將之郡，更令左右修中書廨宇，謂賓友曰：「庶來者無勞。」

《舊唐書》卷一三三《李聽傳》 聽頗賂遺權幸以爲援，居無何，復檢校司徒，起爲邠寧節度使。邠州衙廳，相傳不利葺修，以至隳壞，聽曰：「帥臣鑿兇門而出，豈有拘于巫祝而隳公署耶！」遂命葺之，卒無變異。

李昉《太平廣記》卷一八七 莎廳：京兆府判司，特云西法士，此兩廳事多。東士曹廳，時號爲念珠廳，蓋判案一百八道。西士曹廳爲廳，廳前有莎，週迴可十五步。京兆府，時云「不立兩縣令，不坐兩少尹」。兩縣引馬到府門，傳門報，兩尹入廳。大尹亦到廳，不得候兩尹坐後出，不得候兩尹立後出。其京兆府縣之重，亦表大尹尊。京兆府掾曹，時人云「倚團省郎」。河中府司録廳亦有緑莎，昔好事者相承常溉灌。天祐已後，爲好事者除之。

朱勝非《紺珠集》卷一二 緑莎廳：河中府舊有緑莎廳。王元之《送人》詩云：緑莎廳事舊鳴蛩。

徐天麟《東漢會要》卷一四《曆數上·候氣》 天子常以日冬夏至御前殿，合八能之士，陳八音，聽樂均，度晷景，候鍾律，權土炭，效陰陽。冬至陽氣應，則樂均清，景長極，黄鍾通，土炭輕而衡仰。夏至陰氣應，則樂均濁，景短極，蕤賓通，土炭重而衡低。進退于先後五日之中，八能各以候狀聞，太史封上。效則和，否則占。候氣之法，爲室三重，户閉，塗釁必周，密佈緹縵。室中以木爲案，每律各一，内庳外高，從其方位，加律其上，以葭莩灰抑其内端，案歷而候之。氣至者灰動。其爲氣所動者其灰散，人及風所動者其灰聚。殿中候，用玉律十二。惟二至乃候靈臺，用竹律六十。候日如其歷。

尹直《謇齋瑣綴録》卷四 翰林直房在右闕門南，錦衣衛直房之次，凡三間。每早未朝時，諸閣老分坐北楹，諸學士居中楹，其餘居南楹。俟門吏報三鼓，乃俱赴左掖門。俟閣老直門東向立，諸學士立稍後而南，講讀等官又後稍南，給事中則立於講讀等官之後北上，通政、太常、光禄、太僕、順天府諸堂上官又聚立於給事之北，説謊牌之下，皆東向。御史則北向立於中書之南，而六部堂上官則立於採蓬之下，蓋皆離立有禁，防請記之意寓焉。

朱國禎《湧幢小品》卷四《衙宇房屋》 自來京朝官必僦居私寓，惟南京三法司，國初官創，太祖謂「大官人須居大房子」，名曰樣房，極宏壯，蓋欲依樣遍造各衙門也。近日南京如吏、户、禮、兵、工堂上及列署，自以物力置官房，亦可居。國子兩厢，極水竹園亭之美，亦公私輳合而成。李九我自南少宰轉北少宗伯，仿南例，買房供堂屬居住。外征民租，如治家然，誠非體。然因此議其貪，則失之遠矣。漢時郡國守相置邸長安，唐有進奏院，宋有朝集院，國朝無之，惟私立會館。然止供鄉紳之用，其遷除應朝者，皆不堪居也。

沈德符《萬曆野獲編》卷一三《禮部·禮部官房》 李晉江相公爲少宗伯時，節省署中羨餘，置買官房，自三堂四司司務廳，皆有寧宇，春曹始免僦居之費。蓋自其爲南部行之，以及于北，此法甚善，各曹宜倣而舉者。但李能耐煩瑣，任怨讟，有陶士行風範，他人或不辦，亦不屑也。又禮部到任陞轉諸公費，俱出教坊司，似乎不雅，此項斷宜亟革者。南京禮部堂屬，俱輪教坊值茶，無論私寓游宴，日日皆然，隸人因而索詐，此亦敝規。北部却無之，兼有弦索等錢糧解内府。如此猥褻，似皆當速罷。

沈德符《萬曆野獲編》卷二四《畿輔》 帳房：今北方所用帳房，即古穹廬也。其小如屠蘇團蕉者，則移屯下營，及士大夫居恒於郊坰射獵宴飲諸事，靡不需之。至其大者可容千人。關陝及近虜諸邊，文武大臣按行塞上，每遇程頓之所，輒張設羅列。如隋煬帝離合木城，大將節樓，士卒次舍，靡不畢備。然多以

布帛爲之，惟虜中大酋方以氈禦寒。妻妾子女，以及牛馬羊駝，俱寢食其中。如今宣府大同邊口，某一路兵馬，值其酋帳房是也。至本朝大内間亦有之，偶供賞花較獵之用，未有絶大者。惟正德九年九月，陝西守臣奉上命置花氈帳房，凡一百六十二間，重門堂廡、庖廄廁溷、影壁圍幙、氍毹之屬俱備。又有游幸出哨聲息諸名號舍。先是以紙裁成式，頒示彼中，踰年始成。自是上郊祀青城，亦坐卧此中，不復御齋宫。其他巡幸可知矣。又最華侈者無如貂帳。嘉靖辛酉冬西内之火，亦上與尚妃在小貂帳房祕戲而熾。至其後則江陵當國，遼左帥臣各緝貂爲帳，其中椅榻櫈杌俱飾以貂皮，初冬即進，歲歲皆然，其後習以爲例。近聞兵部大堂及兵科亦得之矣。帳房爲廣野所必需，江南則畫鷁文螭，敞若華堂，迅如奔馬，安所用之。

《明史》卷一五二《柯潛傳》　潛邃於文學，性高介。爲學士時，即院中後圃構清風亭，鑿池蒔芙蓉，植二柏於後堂，人稱其亭爲柯亭，柏爲學士柏。院中有井，學士劉定之所浚也。柯亭、劉井，翰林中以爲美談云。

學校部

題解

許慎《説文解字》卷九下《广部》 庠，《禮》：官養老，夏曰校，殷曰庠，周曰序。從广，羊聲，似陽切。

顧野王《玉篇》卷二《廣部第三百四十七》 庠，徐章切。《禮記》云：有虞氏養國老於上庠，養庶老於下庠。上庠右學大學也，下庠左學小學也。

序，似吕切。學也，舒也，東西牆也，又長幼也。

顧野王《玉篇》卷二《土部第九》 塾，殊鞠切。門側之堂。《周書》曰：先輅在左塾之前，次輅在右塾之前。《禮》曰：古之教者，黨有庠，家有塾。

馮復京《六家詩名物疏》卷三〇《公堂》 《傳》云：公堂，學校也。疏云：謂黨之序學。【略】《禮書》云：四代之學，虞則上庠、下庠，夏則東序、西序，商則右學、左學，周則東膠、虞庠，而周又有辟廱、成均、瞽宗之名。則上庠、東序、右學、東膠，大學也，故國老于之養焉；下庠、西序、左學、虞庠，小學也，故庶老于之養焉。《記》曰：天子設四學，蓋周制也。周之辟廱即成均，東膠即東序，瞽宗即右學。成均居中，左東序，右瞽宗，此大學也。虞庠在國之西郊，則小學也。商之右學，周謂之西學，亦謂之瞽宗。夏之東序，周謂之東膠，亦謂之大學。蓋夏學上東下西，商學上右下左，周特存其上者耳。諸侯之學，小學在内，大學在外；天子之學，小學居外，大學居内。

綜述

《禮記·王制》 有虞氏養國老於上庠，養庶老於下庠。夏后氏養國老於東序，養庶老於西序。殷人養國老於右學，養庶老於左學。周人養國老於東膠，養庶老於虞庠。虞庠在國之西郊。鄭玄注：皆學名也，異者四代相變耳。或上西，或上東；或貴在國，或貴在郊。上庠，右學大堂也，在西郊。下庠，左學小學也，在國中。王宫之東。東序、東膠亦大學，在國中王宫之東。西序、虞庠亦小學也。西序在西郊，周立小學於西郊。膠之言糾也，庠之言養也。周之小學，爲有虞氏之庠制，是以名庠，云其立鄉學亦如之。

《文獻通考》卷四〇《學校考一·太學》 《王制》有虞氏養國老於上庠，養庶老於下庠。夏后氏養國老於東序，養庶老於西序。殷人養國老於右學，養庶老於左學。周人養國老於東膠，養庶老於虞庠，虞庠在國之西郊。皆學名也。異者四代相變，或上西，或上東，或貴在國，或貴在郊。上庠右學，太學也；在西郊下庠左學，小學也。在國中王宫之東，東序、東膠亦太學。在國中王宫之東，西序、虞庠，亦小學。西序在西郊，周立小學於西郊。國老謂卿大夫致仕者，庶老謂士及庶人在官者。養國老者爲太學，養庶老者爲小學。

米廪，有虞氏之庠也；序，夏后氏之序也；瞽宗，殷學也；頖宫，周學也。庠之爲言詳也。於以考禮詳事，魯謂之米廪，虞帝上孝令藏粢盛之委焉。序，次序王事也。瞽宗，樂師瞽矇之所宗也。古者有道德者使教焉。死則以爲樂祖，於此祭之頖之，爲言班也，於此班政教也。夏曰校，殷曰序，周曰庠學，則三代共之。校、序、庠皆鄉學。學，國學也。共之無異名也。

禮書曰：四代之學，虞則上庠、下庠，夏則東序、西序，商則右學、左學，周則東膠。虞庠而周則又有辟廱、成均、瞽宗之名，則上庠、東序、右學、東膠，太學也，故國老於之養焉。下庠、西序、左學、虞庠，小學也，故庶老於之養焉。《記》曰：天子設四學，蓋周之制也。周之辟廱即成均也，東膠即東序也，瞽宗即右學也，蓋以其明之以法，和之以道，則曰辟廱。鄭氏釋《王制》，謂辟明也。廱，和也。所以明和天下。毛氏釋《詩》，謂水旋邱如璧，以節觀者，故曰辟廱。孔穎達曰：《禮》注解其義，《詩》注解其形。以其成其虧，均其過不及，則曰成均。以習射事則曰序，以糾德行則曰膠，以樂祖在焉則曰瞽宗，以居右焉則曰右學。蓋周之學，成均居中，其左東序，其右瞽宗，此太學也；虞庠在國之西郊，小學也。《記》曰：天子視學，命有司行事，祭先聖先師焉。卒事，遂適東序，設三老五更之席。又曰：食三老五更於太學，所以教諸侯之弟；祀先賢於西學，所以教諸侯之德。夫天子視學則命有司行事，命有司卒事，適東序，設三老五更之席，即養國老於東膠也。祀先賢於西學，則祭於瞽宗也。然則商之右學，在周謂之西學，亦謂之瞽宗。夏之東序，在周謂之東膠，亦謂之太學。蓋夏學上東而下西，商學下右而上左，周之所存特其上者耳，則右學、東序，蓋與成均並建於一邱之上而已。由是觀之，

成均頒學政，右學祀樂祖，東序養老更，右學東序不特存其制而已，又因其所上之方而位之也。夫諸侯之學，小學在内，太學在外，故《王制》言小學在公宫南之左，太學在郊，以其選士由内以升於外，然後達於京故也。天子之學，小學居外，太學居内，故文王世子言，凡語於郊然後於成均取爵於上尊，以其選士由外以升於内，然後達於朝故也。

朱子曰：《王制》論學曰：天子曰辟廱，諸侯曰泮宫。説者以爲：辟廱，大射行禮之處也，水旋邱如璧，以節觀者；泮宫，諸侯鄉射之宫也，其水半之，蓋東西門以南通水北無也。故《振鷺》之詩曰「振鷺於飛，於彼西雝」，説者以雝爲澤，蓋即旋邱之水，而其學即所謂澤宫也。蓋古人之學與今日不同，《孟子》所謂「序者，射也」，則學蓋有以射爲主者矣。蘇氏引《莊子》言，文王有辟廱之樂，遂以辟廱亦爲學名。而曰古人以學教胄子，則未知學以樂而得名歟，樂以學而得名歟，則是又以爲習樂之所也。張子亦曰：辟廱，古無此名，其制蓋始於此。故周有天下，遂以名天子之學，而諸侯不得立焉。《記》所謂魯人將有事於上帝，必先有事於泮宫者，蓋射以擇士云爾。

東萊吕氏曰：或疑是詩叙臺池苑囿與民同樂，胡爲以辟廱學校勦入之？彼蓋未嘗深考三代人君與士大夫甚親，游宴之贄御，徵行之扈衛，無往而不與髦俊俱焉。樂正司業，父師司成，則樂者固學士之所常隸也。夫豈有二事哉？【略】

按：據此説則辟廱王莽時方立之，武帝置博士弟子員，不過令其授學，而擢其通藝上第者擢用之，未嘗築宫以居之也。然考兒寬所言，與河間獻王對三雍宫之事，則似已立於武帝之時，何也？蓋古者明堂、辟廱共爲一所，蔡邕《明堂論》曰：取其宗祀之清貌則曰清廟，取其正室之貌則曰太廟，取其尊崇則曰太室，取其堂則曰明堂，取其四門之學則曰太學，取其四面周水圜如璧則曰辟廱，異名而同事。武帝時封泰山，濟南人公玉帶上黄帝時明堂圖。明堂中有一殿，四面無壁，以茅蓋；通水，水圜宫垣；爲複道，上有樓，從西北入，名曰崑崙。天子從之。以入拜祀上帝，於是上令奉高作明堂汶上如帶圖，修封時以祠太一、五帝。蓋兒寬時爲御史大夫，從祠，東封還，登明堂，上壽所言。如此，則所指者疑此明堂耳，意河間獻王所對之地亦是其處，非養士之辟廱也。班固《漢書·武帝贊》有興太學之説。然《董仲舒傳》只言後武帝立學校之官，皆自仲舒發之明，元未嘗有庠序也。至成帝時，劉向所言則專爲庠序而設，然班固《禮樂志》言，世祖受命中興，乃立明堂、辟廱。顯宗即位，躬行其禮。宗祀，光武皇帝於明堂養三老五更於辟廱，威儀既盛美矣。然德化未流，洽者禮樂未興，群下無所從説，而庠序尚未設之故也。則知東都亦未嘗以辟廱爲庠序。然世祖建武五年已立太學而固之，時尚言庠序未設，何邪？當考。【略】

凡此皆明堂、太室、辟廱、太學事，通合之義也。其制度數各有所法，堂方百四十四尺，坤之策也。屋圓，屋徑二百一十六尺，乾之策也。太廟、明堂方三十六丈。通天屋徑九丈。陰陽九六之變，且圓蓋方載，六九之道也。八闥以象八卦，九室以象九州，十二宫以應辰。三十六户、七十二牖，以四户八牖乘九室之數也。户皆外設而不閉，示天下不藏也。通天屋高八十一尺，黄鍾九九之實也。二十八柱列於四方，亦七宿之象也。堂高三丈，亦應三統四鄉五色者，象其行。外廣二十四丈，應一歲二十四氣。四周以水，象四海，王者之大禮也。按：如蔡邕之説，則古者明堂、辟廱、太學、太廟合爲一所，以朝以祭以教以饗以射，皆於其地。東漢時，辟廱以爲天子養老大射行禮之所，太學以爲博士弟子授業之所，析爲二處，與古異。要之，太學與辟廱固不可析爲二處，養老大射其與傳道授業亦豈二事哉？

顧起元《説畧》卷二〇《居室》　辟雍、泮宫，非學名。《説文》「辟雍」作「廦廱」解，云：「廦，牆也。」「廱，天子享宴廦廱也。」《魯詩》解云：「騶虞，文王囿名也。」辟雍，文王宫名也。以《説文》、《魯詩》之解觀之，則與《詩》「鎬京辟雍」、「于樂辟雍」之義皆合矣。辟雍爲天子學名，泮宫爲諸侯學名，自《王制》始有此説。《王制》者，漢文帝時曲儒之筆也。《孟子》曰：「夏曰校，殷曰序，周曰庠。學則三代共之。」使天子之學曰辟雍爲周之制，則孟子固言之知。既曰「辟雍」，而《頌》云「于彼西雍」，《考古圖》又有「胥雍，則辟雍也」。西雍也，胥雍也，皆爲宫名無疑也。《魯頌》既曰「泮宫」，又曰「泮水」，又曰「泮林」，則「泮宫」者，泮水傍之宫；「泮林」者，泮水傍之林無疑也。魯有泮水，故因水名以名，即使魯之學在水傍而名泮宫，如《王制》之説，當時天下百二十國之學，豈皆在泮水之傍而皆名泮宫耶？予又觀宋胡致堂云：「《靈臺》詩所謂『于樂辟雍』，言鳥獸昆蟲各得其所，鼓鐘簴業莫不均調。於此所論之事，惟鼓鐘而已；於此所樂之德，惟辟雍而已。辟，君也；雍，和也。《文王有聲》所謂『鎬京辟雍』，義亦若此。且《靈臺》之詩叙臺池、苑囿，與民同樂，故以矇瞍奏公終之。胡爲勦入學校之可樂與鐘鼓諧韻而成文哉？《文王有聲》止於繼伐功、作豐邑、築城池、建垣翰以成京師，亦無緣遽及學校之役。上章曰『皇王維辟』，下章曰『鎬京辟雍』，則知辟之爲君無疑

也。《泮水》詩言『魯侯戾止』，且曰『于邁』，固疑非在國都之中。且終篇意旨主于服淮夷，故獻馘獻囚，出師征伐，皆於泮宮，烏知泮宮之爲學校？特取其中『匪怒伊教』一句爲一篇之證，則末矣」。

文慶等《國子監志》卷二六《監制》　臣等謹案：成周四學並設，制度綦備。兩漢太學之外，又有辟雍講堂。順帝修葺黌宇，規模益廓。晉武帝咸康二年始立國子學，至隋改爲國子監。監署之名，實昉於玆。唐以國子監統六學。太宗增創學舍一千二百楹。至德以還，寖以頹廢。宋初國子監止二百楹，神宗以錫慶院改建太學，而後齋舍直廬，規模粗具。尋復行三舍法，置八十齋。蓋王者建國，君民莫不以建學爲先也。自有元都燕，始于南城立學，逮世祖至元二十四年，而國子監始遷今地。前明永樂徙都燕，仍元舊，三傳至英宗，始營建焉。洪惟世祖章皇帝，建極宅京，宏宣文治，膠雍之制，監二代而彌隆。又命創設八旗官學，爲俊秀儲材之地。嗣是聖祖仁皇帝特賜御書「彝倫堂」額，世宗憲皇帝復頒御書「文行忠信」扁額，又特賜官宅爲學舍。皇上迪光纘緒，復命大修監署。鳩材庀工，發帑鉅萬，俾海内髦彦觀光堂廡，蹈詠於論於樂之盛，侯其禕矣。

紀事

《後漢書》卷二《明帝紀》〔永平九年〕是歲，大有年。爲四姓小侯開立學校，置《五經》師。袁宏《漢紀》曰：永平中崇尚儒學，自皇太子、諸王侯及功臣子弟，莫不受經。又爲外戚樊氏、郭氏、陰氏、馬氏諸子弟立學，號四姓小侯，置《五經》師。以非列侯，故曰小侯。《禮記》曰「庶方小侯」，亦其義也。

《後漢書》卷二一《李忠傳》〔建武〕六年，遷丹陽太守。是時海内新定，南方海濱江淮，多擁兵據土。忠到郡，招懷降附，其不服者悉誅之，旬月皆平。忠以丹陽越俗不好學，嫁娶禮儀，衰於中國，乃爲起學校，習禮容，春秋鄉飲，選用明經，郡中向慕之。

《後漢書》卷二九《鮑德傳》　子德，修志節，有名稱，累官爲南陽太守。時歲多荒災，唯南陽豐穰，吏人愛悅，號爲神父。時郡學久廢，德乃修起横舍，備俎豆黻冕，行禮奏樂。又尊饗國老，宴會諸儒。百姓觀者，莫不勸服。

《後漢書》卷六〇下《蔡邕傳》　光和元年，遂置鴻都門學，畫孔子及七十二弟子像。其諸生皆勑州郡三公舉用辟召，或出爲刺史、太守，入爲尚書、侍中，乃有封侯賜爵者，士君子皆恥與爲列焉。

《後漢書》卷七六《任延傳》　又造立校官，自掾〔吏〕〔史〕子孫，皆令詣學受業，復其徭役。章句既通，悉顯拔榮進之。郡遂有儒雅之士。

《後漢書》卷七六《秦彭傳》　建初元年，遷山陽太守。以禮訓人，不任刑罰。崇好儒雅，敦明庠序。每春秋饗射，輒修升降揖讓之儀。乃爲人設四誡，以定六親長幼之禮。有遵奉教化者，擢爲鄉三老，常以八月致酒肉以勸勉之。

《後漢書》卷七九上《儒林列傳上》　建武五年，乃修起太學，稽式古典，籩豆干戚之容，備之於列，服方領習矩步者，委它乎其中。中元元年，初建三雍。明帝即位，親行其禮。天子始冠通天，衣日月，備法物之駕，盛清道之儀，坐明堂而朝羣后，登靈臺以望雲物，袒割辟雍之上，尊養三老五更。饗射禮畢，帝正坐自講，諸儒執經問難於前，冠帶縉紳之人，圜橋門而觀聽者蓋億萬計。其後復爲功臣子孫、四姓末屬別立校舍，搜選高能以受其業，自期門羽林之士，悉令通《孝經》章句，匈奴亦遣子入學。濟濟乎，洋洋乎，盛於永平矣！

《文獻通考》卷四〇《學校考一·太學》　世祖建武五年十月營起太學，車駕幸太學，賜博士弟子各有差。《洛陽記》：太學在洛陽城南開陽門外，去宮八里，講堂長十丈，廣二丈。堂前石經四部，服方領習矩步者委蛇乎其中。

《三國志·魏志》卷一《武帝紀》〔建安八年〕秋七月，令曰：「喪亂已來，十有五年，後生者不見仁義禮讓之風，吾甚傷之。其令郡國各脩文學，縣滿五百戶置校官，選其鄉之俊造而教學之，庶幾先王之道不廢，而有以益于天下。」

王溥《唐會要》卷三五《學校》　武德元年十一月四日，詔皇族子孫及功臣子弟，于祕書外省別立小學。貞觀五年以後，太宗數幸國學、太學，遂增築學舍一千二百間。國學、太學、四門亦增生員，其書、算等各置博士，凡三千二百六十員。其屯營飛騎，亦給博士，授以經業。已而高麗、百濟、新羅、高昌、吐蕃諸國酋長，亦遣子弟請入國學。于是國學之内，八千餘人，國學之盛，近古未有。

王溥《唐會要》卷三五《學校》　武德二年六月一日詔曰：「盛德必祀，義在方册，達人命世，流慶後昆。爰始姬旦，主翊周邦，創設禮經，大明典憲，啓生民之耳目，窮法度之本源。粤若宣尼，天資睿哲，四科之教，歷代不刊，三千之徒，風流無歇。惟玆二聖，道著生民，宗祀不傧，孰明褒尚？宜令有司於國子監立周公、孔子廟各一所，四時致祭。仍博求其後，具以名聞，詳考所宜，當加爵土。」

王溥《唐會要》卷三五《學校》 神龍元年正月一日勅文：「諸州孔子廟堂，有不向南者，改向正南。」

王溥《唐會要》卷三五《學校》 開元二十一年五月勅：「諸州縣學生，年二十五已下，八品九品子若庶人，生年二十一已下通一經已上，及未通經，精神通悟，有文詞史學者，每年銓量舉選，所司簡試，聽入四門學，充俊士。即諸州人省試不第，情願入學者，聽。國子監所管學生，尚書省補；州縣學生，長官補。諸州縣學生，專習正業之外，仍令兼習吉凶禮。公私禮有事處，令示儀式，餘皆不得輒使。許百姓任立私學，欲其寄州縣受業者，亦聽。」【略】二十六年正月十九日勅：「古者鄉有序，黨有塾，將以弘長儒教，誘進學徒。化民成俗，率由於是。其天下州縣，每鄉之內，各里置一學，仍擇師資，令其教授。」

孟元老等《東京夢華録》卷一五《學校》 古者天子有學，謂之「成均」，又謂之「上庠」，亦謂之「璧水」，所以養育作成天下之士類，非州縣學比也。高宗南渡以來，復建太、武、宗三學於杭都：太學在紀家橋東，以岳鄂王第爲之，規模宏闊，舍宇壯麗，學之西偏建大成殿，殿門外立二十四戟，大成殿以奉至聖文宣王，十哲配享，兩廡彩畫七十二賢，前朝賢士公卿諸像皆從祀，每歲春秋二丁，行釋奠禮，命太常樂工數輩用宮架樂歌《宣聖御贊》，贊曰：「大哉宣聖，斯文在茲。帝王之式，今古之師。志則《春秋》，道由忠恕。賢於堯、舜，日月共譽。惟時載雍，戢此武功。肅昭盛儀，海宇聿崇。」置學官，自祭酒、司業、丞、簿、正、録等共十四五員。學有崇化堂，首善閣、光堯石經之閣，奉高、孝二帝宸書御制札，石刻於閣下，以墨本置於上堂之後。東西爲學官位。主上登極，則臨幸學宮，奠謁宣聖，及賜諸生束帛。學官齋長，諭俱霑恩霈。高宗朝幸學之時，曾幸「養正」「持志」二齋，兩齋長諭：已免解人，特與免省；未免解人，與免解。恩例：其兩齋生，并免將來文解一次。太學有二十齋：扁曰「服膺」、「禔身」、「習是」、「守約」、「存心」、「允蹈」、「養正」、「持志」、「節性」、「率履」、「明善」、「經德」、「循理」、「時中」、「篤信」、「果行」、「務本」、「貫道」、「觀化」、「立禮」。十七齋扁，俱米友仁書；餘「節性」、「經德」、「立禮」齋扁，張孝祥書。各齋有樓，揭題名於東西壁。廳之左右，爲東西序，對列位。後爲爐亭，又有亭宇，揭以嘉名甚夥。紹興年間，太學生員額三百人，後增置一千員，今爲額一千七百一十有六員，以上舍額三十人，內舍額二百單六人，外舍額一千四百人，國子生員八十人，諸生衫帽出入，規矩森嚴，朝家所給學廩，動以萬計，日供飲膳，爲禮甚豐。月書季考，由外舍而升內舍，由內舍而升上舍，或釋褐及第，或過省赴殿，恩例最優，於此見朝廷待士之厚，而平日教養之功，所以爲他日大用之地也。太學內東南隅，設廟廷，奉后土神祇，即土地神，朝家敕封號曰「正顯昭德孚忠英濟侯」。按贊書，相傳爲中興名將，其英靈未泯，而應響甚著，蓋其故居也。理或然與？自是遂明指爲岳忠武鄂王，況鄂國已極於隆名，宜廟食增崇於命祀，謹疏侯爵，未正王封，仍改廟額曰「忠顯」。神之父母妻子，下逮將佐，皆有命秩，華以徽號。宗學，在睦親坊。按國朝宗子分爲六宅，宅各有學，學各有訓導之官。中興後，唯睦親一宅，置諸王宮大小學教授，專以訓迪南班子弟。嘉定歲，始改宮學爲宗學，凡有籍者，宗子以三載一試，補入爲生員，如太學法。置教授、博士、宗諭、立講課，隸宗正寺掌之。學立大成殿，御書閣，明倫堂、立教堂、汲古堂。齋舍有六，扁曰「貴仁」、「立愛」、「大雅」、「明賢」、「懷德」、「升俊」。武學，在太學之側前洋街。建武成殿，祀太公，曰昭烈武成王，以留侯張良、武侯諸葛亮配，累朝諸名將從祀。學規依太學例試補，月考課升名。然教養之法未備，下礼兵部措置，立養士額，置武博、武諭各一員。淳熙、嘉泰，主上臨幸武學，謁武成王，行肅揖禮。學建立成堂。齋舍有六，扁曰「受成」、「貴謀」、「輔文」、「中吉」、「經遠」、「閱禮」。宗武學，俱有學廩，膳供，舍選，釋褐，一如太學例。杭州府學，在凌家橋西。士夫嫌其湫隘，故帥臣累增辟規模，廣其齋舍，總爲十齋，扁曰「進德」、「興能」、「登俊」、「賓賢」、「持正」、「崇禮」、「致道」、「尚志」、「率性」、「養心」。又有小學齋舍，在登俊後。以東西二教掌其教訓之職。次有前廊，録正等生員。各齋有長諭。月書季考，供膳亦厚，學廩不下數千，出納，學正領其職。仁和、錢塘二縣學，在縣左，建廟學養士。仁和學有齋舍四，扁曰「教文」、「教行」、「教忠」、「教信」。錢塘學有齋舍六，曰「友善」、「辨志」、「教行」、「教信」、「教文」、「教忠」。諸縣學亦如之。各縣有學官，次有學職。生員日供飲膳，月修課考，悉如州學。州學廩，各縣學不下數百，以爲養士之供。醫學，在通江橋北，又名太醫局，建殿扁曰「神應」，奉醫師神應王，以岐伯善濟公配祀。講堂扁曰「正紀」。朝家以御診長聽充判局職。本學以醫官充教授四員，領齋生二百五十人。月季教課，出入冠帶，如上學禮。學廩飲膳，豐厚不苟，大約視學校規式嚴肅。局有齋舍者八，扁曰「守一」、「全沖」、「精微」、「立本」、「慈用」、「致用」、「深明」、「稽疾」。

《文獻通考》卷四二《學校考三・太學》 〔熙寧〕四年，侍御史鄧綰言：「國家治平百餘年，雖有國子監，僅容釋奠齋庖，而生員無所容。至於太學，未嘗營建，

止假錫慶院廊廡數十間，生員纔三百人，請以錫慶院爲太學，仍修武成王廟爲右學。上以擬三王四代膠庠序學東西左右之制，下則無後於漢唐生員學舍之盛，乃詔盡以錫慶院及朝集院西廡建講書堂四，諸生齋舍、官掌事者直廬略具，而太學棟宇始僅足用者。【略】

慶曆三年，立四門學，以士庶子弟爲生員。四年，判國子監王拱辰等言，首善自京師，漢太學二百四十房，千八百餘室，生徒三萬人。唐學舍亦千二百間。今國子監才二百楹，不足以容學者，請以錫慶院爲太學。從之。明年，三司言更造錫慶院，乏財費多，而北使錫宴之所不可闕，乃復以太學爲錫慶院。

《宋史》卷一五七《選舉志》〔崇寧元年〕命將作少監李誡，即城南門外相地營建外學，是爲辟雍。蔡京又奏：「古者國内外皆有學，周成均蓋在邦中，而黨庠，遂序則在國外。臣親承聖詔，天下皆興學貢士，即國南郊建外學以受之，俟其行藝中率，然後升諸太學。凡此聖意，悉與古合。今上其所當行者：太學專處上舍、内舍生，而外學則處外舍生。今貢士盛集，欲增太學上舍至二百人，内舍六百人，外舍三千人。外學爲四講堂，百齋，齋列五楹，一齋可容三十人。士初貢至，皆入外學，經試補入上舍、内舍，始得進處太學。太學外舍，亦令出居外學。其敕、令、格、式，悉用太學見制。國子祭酒總治學事，外學官屬，司業、丞各一人，稍減太學博士、正、録員歸外學，仍增博士爲十員，正、録爲五員，學生充學諭者十人，直學二人。」三舍生皆繇升貢，遂罷國子監補試。

《元史》卷八一《選舉志・學校》國初，燕京始平，宣撫王檝請以金樞密院爲宣聖廟。太宗六年，設國子總教及提舉官，命貴臣子弟入學受業。憲宗四年，世祖在潛邸，特命修理殿廷；及即位，賜以玉斝，俾永爲祭器。至元十三年，授提舉學校官六品印，遂改爲大都路學，署曰提舉學校所。二十四年，既遷都北城，立國子學于國城之東，迺以南城國子學爲大都路學，自提舉以下，設官有差。仁宗延祐四年，大興府尹馬思忽重修殿門堂廡，建東西兩齋。泰定三年，府尹曹偉增建環廊。文宗天曆二年，復增廣之，提舉郝義恭又增建齋舍。自府尹郝朵而別至曹偉，始定生員凡百人，每名月餼，京畿漕運司及本路給之。泰定四年夏四月，諸生始會食于學焉。【略】

仁宗延祐二年秋八月，增置生員百人，陪堂生二十人，用集賢學士趙孟頫、禮部尚書元明善等所議國子學貢試之法更定之。一曰陞齋等第。六齋東西相向，下兩齋左曰游藝，右曰依仁，凡誦書講說、小學屬對者隸焉。中兩齋左曰據德，右曰志道，講說《四書》、課肄詩律者隸焉。上兩齋左曰時習，右曰日新，講說《易》、《書》、《詩》、《春秋》科，習明經義等程文者隸焉。每齋員數不等，每季考其所習經書課業，及不違規矩者，以次遞陞。二曰私試規矩。漢人驗日新、時習兩齋，蒙古色目取志道、據德兩齋，本學舉實歷坐齋二周歲以上，未嘗犯過者，許令充試。限實歷坐齋三周歲以上，以充貢舉。

《續文獻通考》卷四七《學校考》吴澄《賈侯修廟學頌序》曰：世祖皇帝至元二十四年，設國子學，命立孔子廟。暨順德忠獻王哈喇哈孫相成宗，始克繼先志，成其事，而工部郎中賈侯董其役。廟在東北緯塗之南，北東經塗之東。殿四阿，崇十有七仞，南北五尋，東西十筵者三，左右翼之，廣亦如之。衡達於兩廡，兩廡自北而南七十步。中門崇九仞有四尺，修半之，廣十有一步。門東、門西之廡各廣五十有二步，外門左右爲齋宿之室，以間計，各十有五。神厨、神庫、南直殿之左右翼，以間計，各七。殿而廡，廡而門，外至於外門，内至於厨庫，凡四百七十有八楹。肇謨於大德三年之春，訖功於大德十年之秋，於是設官教國子已二十年矣。寄寓官舍，不正其名，丞相以爲未稱興崇文教之實也，乃營國學於廟之西。中之堂爲監，前以公聚，後以燕處。旁有東西夾，夾之東西各一堂，以居博士。東堂之東、西堂之西有室。東室之東、西室之西有庫。庫之前爲六館，東西嚮，以居弟子員。一館七室，助教居中以莅之。館南而東而西爲兩塾，以屬於門屋，四周通百間，踰年而成。

孫承澤《元朝典故編年考》卷三《立國子學》至元六年七月，立國子學。二十四年閏二月，設國子監。仁宗皇慶元年二月，徙大都路學所置周宣王石鼓於監。復建崇文閣，命詞臣作記。國朝以神武天下，我世祖皇帝以武之不可偏尚也，廣延四方耆碩之彦，與共謀議，遂能裨贊皇猷，修舉百度，文治駸駸興焉。中統間，命儒臣教胄子。至元間，備監學官。成宗皇帝，光紹祖烈，相臣哈喇哈遜欽承上意，作孔子廟於京師。御史臺言：胄子之教，寄寓官舍，隘陋非宜，奏請孔廟之西營建國子監學，以御史府所貯公帑充其費。逮至仁宗皇帝，文治日隆，僉謂監學櫝藏經書，宜得重屋以庋。有旨復令臺臣辦集其事，乃於監學之北構架書閣。閣四阿，檐三。重度以工師之引，其崇四丈有一尺，南北之深六尋有奇，東西之廣倍差其深。延祐四年夏經始，六年冬績成。材木瓦甓諸物之直，工役飲食之費，一皆出御史府。雄偉壯麗，煒然增監學之輝，名其閣曰崇文。英宗皇帝講行典禮，賁飾太平，文治極盛矣。臺臣請勒石崇文閣下，用紀告成之歲

月。制命詞臣撰文，臣澂次當執筆，今上皇帝丕纘聖緒，動遵世祖，成憲於崇儒重道惓惓也。

孫承澤《元朝典故編年考》卷一 燕京書院，太宗八年，建太極書院于燕京，延江漢先生趙復爲師。時濂溪周子之學未至河朔，楊惟中用師于蜀湖。京漢得名士趙復等，乃收集伊洛諸書，載送燕京。及師還，遂建太極書院及周子祠，以二程、張、楊、游、朱六子配食，又刻《太極圖》《通書》《西銘》于祠壁，選俊秀有識度者爲道學生。由是河朔始知道學。

孫承澤《天府廣記》卷三《學宫》 燕都有學，前不可考。唐咸通中，立學舍一區以處生徒。遼道宗清寧元年十二月，詔京師設學養士，頒五經傳疏，令博士助教講解訓導。金世宗大定十六年，詔京府設學養士共千人，凡經史注疏會課學規，一同大學之制。元太宗六年，於金故都設國子學總教。元世祖中統二年，命諸路置學舍學校官，而大都路未設學，統於國子學。八年，立京師蒙古學。十三年，置大都路學署曰提舉學校所，移周宣王石鼓於此。二十四年，遷都北城，立國子學於城之東，乃以南城國子學爲大都路學，復移石鼓於國子學。至泰定三年重修，而學制大備。

孫承澤《天府廣記》卷三《國學》 遼太祖時立南京太學，而規制不可考。金海陵天德三年，始置國子監。定制詞賦經義生百人，小學生百人，以宗室及外戚皇后大功以上親、諸功臣及三品以上官凡兄弟子孫年十五以上者入學，不及十五，則取有物力家子弟年十三以上、二十以下者充。凡會課，三日作論策一道，季月私試，如漢生制。

元世祖至元六年，以金樞密院立國子學。至二十四年定制，設博士通掌學事，分教三齋生員，講授經旨，究正音訓，上嚴訓導之術，下考肄習之業。復設助教同掌學事，而專守一齋。正録申明規矩，督習課業。凡讀書必先《孝經》《小學》《論語》《大學》《中庸》，次及《詩》《書》《周禮》《春秋》《易》。博士、助教親授句讀，音訓，正録伴讀，以其次傳習之。講説則依所讀之序，正録伴讀，亦以此而傳習之。次日抽籤，令諸生復説。其功課：對屬、詩章、經解、史評，則博士出題，生員具藁，先呈助教。俟博士既定，始録附課簿，以憑考校。許衡又著諸生入學雜儀及日用節目，命永爲定式而遵行之。

元國學有崇文閣，即今彝倫堂。祭酒吴澂記曰：國朝以神武定天下。我世祖皇帝以武之不可偏尚也，廣延四方耆碩之彦，與共謀議。遂能裨贊皇猷，修舉百度，文治寖寖興焉。中統間，命儒臣教胄子。至元間，備監學官。成宗皇帝光紹祖烈，相臣哈喇哈孫承上意，作孔子廟於京師。御史臺言：胄子之教，寄寓官舍，隘陋非宜，奏請孔廟之西營建國子監學，以御史府所貯公帑充其費。逮至仁宗皇帝，文治日隆，僉謂監學櫝藏經書，宜得重屋以庋。有旨復令臺臣辦集其事。乃於監學之北，構架書閣。閣四阿，檐三重，度以工師之引，其崇四常有一尺，南北之深六尋有奇，東西之廣倍差其深。延祐四年夏經始，六年冬績成。材木瓦甓諸物之直，工役飲食之費，一皆出御史府。雄偉壯麗，焕然增監學之輝，名其閣曰崇文。英宗皇帝講行典禮，賁飾太平，文治極盛矣。臺臣請勒石崇文閣下，用紀告成之歲月。制命詞臣撰文，臣澂次當執筆。今上皇帝丕纘聖諸，動遵世祖成憲，於崇儒重道惓惓也。泰定元年春，誕降俞旨，國子監立碑，如臺臣所奏。臣澂謹録所撰之文以進。臣聞若古有訓，戡定禍亂曰武，經緯天地曰文。武之與文，各適所用。然戡定禍亂，用於一時而已；經緯天地，則亘古今不可無也。何也？日月星辰，天之文也；山川草木，地之文也。人與天地相爲經緯，則亦與天地相爲長久，而可一日無也哉？我世祖匆匆用武，日不暇給，而汲汲崇文，唯恐或後。此其高識深慮，度越百王，宏規遠範，垂示萬世，以爲聖子神孫法程，夫豈常人所能測知？蓋創業之初，非武無以弭亂；守成之後，非文無以致治。武猶毒藥之治病，病除即止；文猶五穀之養生，無時可棄也。有文治之君，必有文治之臣。苟非教習之有其素，彼亦惘然孰知文之所以爲文者？故建學以興文教，暢文風，涵育其人，將與人主共治也，斯文也。小而修身齊家，大而治國平天下，言動之儀，倫紀之敍，事物理義之則，禮樂刑政之具，凡燦然相接，焕然可述，皆文也。古聖賢用世之文，載在方策，不考古人之所以用世，不知今日之所以爲世用者也。然則聖朝之崇文，豈虚爲是名也哉？閣之所庋，古聖賢之文也。立之師，使之以是而教，設弟子員，使之以是而學。教之而成，學之而能，則游居監學者，濟濟然，彬彬然，人人閑於言動之儀，察於倫紀之敍，博通乎事物理義之則，詳究乎禮樂刑政之具，他日輔翼吾君，躋一世文治於堯舜三代之盛，由此其選也。夫如是，則可謂不負聖天子崇文之明命休德已。若夫不能潛心方策，真有得於古聖賢之所謂文，而涉獵乎淺末，炫燿乎葩華，曾以是爲文乎？上之所以爲世用者蓋不在是。臣澂再拜稽首而獻頌曰：皇元肇興，於赫厥聲。天戈所指，如雷如霆。聖聖繼承，六合混一。威命遠加，丕冒出日。神謀英略，敷遺後人。征誅以義，持守以仁。既成武功，大闡文治。尊道隆儒，勸學講藝。京

師首善，教冑設官。孔廟巍巍，四方來觀。執法之臣，職務糾慝。爰矢嘉謨，稱我文德。於廟之西，黌舍翬飛。於黌之北，傑閣雲齊。其閣伊何？有經有史。廣采旁羅，有集有子。昔在中古，郁郁乎文。式克至今，用宏茲賁。詵詵多士，被服聖術。鳳翥鸞翔，虎炳豹蔚。維身之章，維國之光。匡扶聖化，上躋虞唐。民物阜蕃，禮樂明備。允顯崇文，昌運萬世。

孫承澤《天府廣記》卷三《書院》 太極書院，元太宗八年建，時中書行省楊惟中用師於蜀吳荆漢，得名士數十人，深於道學，乃收集伊洛諸書，載送燕京，還與姚樞謀建太極書院及周子祠，以二程、張、楊、游、朱六子配食。請趙復爲師，選俊秀有識度者爲學生，由是河朔始知道學。元人吴萊《淵穎集》云：趙復，字仁甫。元初南伐攻德安，潰之，復遭擄，遇姚樞，與言，信奇士。仁甫方以國破家殘，不欲北，且祈死。會夜月出，即逃，乃亟被鞍躍馬，號積屍間，見其解髮脱履，仰天呼泣，蓋欲至水裔而求溺也。樞曉以徒死無益，乃還。然後盡出程朱性理等書及諸經傳，故姚文獻與許文正公遂爲當代儒宗，仁甫爲有以發之也。世祖在潛邸嘗召見曰：我欲取宋，卿可導之乎？對曰：宋父母國也，未有引他人之兵以伐父母者。故仁甫雖在燕久，嘗有江漢之思，人稱爲江漢先生。

諫議書院在昌平州西南五里。元人迺賢曰：唐劉蕡，幽州昌平人，謫死柳州，歷遼金無能發潛德。至本朝天曆間，昌平驛官宮祺始奏建劉諫議書院，設山長主之，躬謁有題曰：入郭日已暝，慘淡風葉赤。鞠躬荒祠下，低徊想遺直。劉君素忠憤，伏闕論邦國。痛陳心腹禍，竟罹考功斥。餘子盡騫騰，鬱鬱負慚色。鄉人仰高誼，千載崇廟食。悲歌風蕭蕭，感慨情惻惻。出門無行人，涼月照東壁。書院久圮，萬曆中廣平劉榮嗣爲府尹重新。

文靖書院在房山縣西南七十里。元里人總管趙密、教授賈壤嘗從容城劉因游，歸以其學教鄉人，乃建書院立祠祀之，賜額文靖，蘇天爵爲記。

益津書院在霸州城東宮家莊，元宫尹祺建，合韓謝二莊弟子肄業其中，黄溍作記。

元世祖至元二十八年，令江南諸路學及各縣學内設立小學，選老成之士教之。其他先儒過化之地，名賢經行之所，與好事之家，出錢粟贍學者，並立爲書院。凡師儒之命於朝廷者曰教授，路府上中州置之。命於禮部及行省與宣慰司者曰學正、山長、學録、教諭，州縣及書院置之。路設教授、學正、學録各一員，散府上中州設教授一員，下州設學正一員，縣設教諭一員，書院設山長一員。中原州學山長、學録、教諭並授禮部劄付，凡各府所屬州縣學正、教授、學録、教諭並授行省及宣慰司劄付。凡路州府書院設直學，以掌錢穀，從郡守及憲府官試補，直學考滿又試所業十篇，陞爲學録、教諭。凡正、長、諭、録、教授或由集賢院及臺憲等官舉充之，諭、録歷兩考陞正、長，正、長一考陞散府上中州教授，上中州教授又歷一考陞路教授。教授之上各省設提舉二員，正提舉從五品，副提舉正七品，提舉凡學校之事。後改直學考滿爲州吏，例以下第舉人充正、長，備榜舉人充諭、録，有薦舉者亦參用之。自京學至州縣學以及書院，凡生徒之肄業於是者，守令薦舉之，臺憲考覈之，或用爲教官，或取爲吏屬，往往人材輩出。是年有司上諸路所設學校凡二萬一千三百餘。

文慶等《國子監志》卷二六《監制一》 元國子學在先聖廟西，地遜於廟者十之二，中爲國子監，東西六館，自堂徂門環列鱗比，通教養之區，爲百六十有七。程鉅夫《雪樓集》。國學中之堂爲監，前以公聚，後以燕處。旁有東西夾，夾之東西各一堂，以居博士。東堂之東，西堂之西，有室。東室之東，西室之西，有庫。庫之前爲六館，東西向，以居弟子員。一館七室，助教居中以涖之。館南而東而西爲兩塾，以屬於門屋，四周通，百間。元吴澄《文正公集》。謹案：元太祖平燕京，從王檝之請，設國子學于金樞密院故署。至元二十四年，乃遷今地。迄武宗至大元年，監署始成。其堂宇制度，略具於此。國子監有隙地在居賢坊，大德中有司議以建學，餘力築屋，以舍師儒。不果。明年五月筮日，籌工除地。坊北畫爲四區，區各立屋五間，中三間爲居室，旁兩間爲庖官具饔之所。宅之門以東西門之，街以南北街。北距通衢，立大門。街南羨壤，可藝蔬。東浚井，西置屋，以居隸者，使掌大門之管。元陳旅《安雅堂集》。謹案：是時兼祭酒者，富珠哩翀也。監學櫝藏經書，宜得重屋以庋，乃于監學之北，搆架書閣。閣四阿，檐三重，度以工師之引。其崇四常有一尺，南北之深六尋有奇，東西之廣倍差其深。延祐四年夏經始，六年冬績成。元吴澄《文正公集》。仁宗延祐二年，用趙孟頫、元明善議，定陞齋等第，六齋東西相向。下兩齋，左曰游藝，右曰依仁，凡誦書、講説，屬對者隸焉。中兩齋，左曰據德，右曰志道，講説四書、課肄詩律者隸焉。上兩齋，左曰時習，右曰日新，講説《易》、《書》、《詩》、《春秋》科，習明經、義程文者隸焉。《元史·選舉志》。

《明太祖實録》卷四〇 〔洪武二年三月〕戊午，詔增築國子學舍。初，即應天府學爲國子學。至是，上以規制未廣，謂中書省目曰：太學育賢之地，所以興禮樂，明教化，賢人君子之所自出。古之帝王建國，君民以此爲重。朕承因弊之餘，首建太學，招來師儒以教育生徒。今學者日衆，齋舍卑隘，不足以居。其令工部增益學舍，必高明軒敞，俾講習有所，游息有地，庶達材成德者有可望焉。

《明太祖實録》卷之一四五 〔洪武十五年五月〕己未，新建太學成。其制：廟、學皆南向。廟在太學東，中爲大成殿，殿左、右兩廡。前爲大成門，門

左右列戟二十四。門外東爲犧牲厨，西爲祭器庫。又前爲靈星門。太學正堂曰彝倫堂，中爲祭酒、司業公署，左爲祭酒、司業講授之所。右西列席東向，爲博士課試之所。前爲太學門，又前爲集賢門。彝倫堂之後爲六堂：曰率性，曰修道，曰誠心，曰正意，曰崇志，曰廣業。諸生肄業居之。堂之東、西皆列二館，助教、學正、學録居之。丞簿有署，會饌有堂，厨庫、井湢以次而列。學之旁以宿諸生，謂之號房。有妻子者居外，月給米贍之。自經始以來，駕數臨視。至是，落成，遣官祭先師孔子，命翰林院學士宋訥記其始末于石。仍以舊國子學爲應天府學。

《明太祖實録》卷一六一 （洪武十七年夏四月庚寅）命增築國子生。房舍五百間于集賢門外，謂之外號房。時天下府州縣歲貢生員及四夷酋長遣子入學者，凡數千人，學舍不能容，故有是命。

《明太祖實録》卷一九四 （洪武二十一年十一月）壬午，賜國子監生鈔。北平、陝西、山西、山東、廣東、廣西、四川、福建之人，在監三年以上者，人五錠；二年，人二錠，俾製冬衣。復命工部於國子監前造別室一區，凡百餘間，具竈釜、床榻，以處諸生之有疾者，令膳夫二十人給役。侍臣進曰：「陛下作興學校，推心惻下，無所不至，從古未有。」上曰：「諸生去鄉土，離親戚，遠來務學，日久衣必弊；或有疾，無人具湯藥。朝廷作養之，必使之得所，然後可必具成材。蓋天之生材，皆爲世用，人君有材，當有其實。惟能有以作養之，則未有不成材者也。」

《明太祖實録》卷二五五 （洪武三十年冬十月）乙未，重建國子監孔子廟成。先是，上以舊廟隘，命工部改作之。至是廟成，其制皆自規畫。大成殿六楹，高四丈三尺餘，深四丈七尺。墀廣二十丈，深三十七丈。大成門六楹，靈星門三，東、西廡七十六楹，神厨、庫皆八楹，宰牲所六楹。

《明會要》卷二五《學校上・國學》 （洪武）十五年五月己未，新建太學成，改爲國子監，分六堂以館諸生，曰：率性、脩道、誠心、正義、崇志、廣業。庚午，命劉仲質立學規十二條，合欽定九條，頒賜諸生。《明紀》。太祖幸太學還。馬皇后問生徒幾何？帝曰：「數千。」后曰：「人才衆矣。諸生有廩食，妻子將何所仰給？」於是立紅板倉，積糧賜其家。太學生家糧自此始。《馬皇后傳》。

十七年四月，增築國子學舍。《本紀》。**【略】**

永樂二年，始以北平府學爲北京國子監。八年，重建左監、右學、南雍六堂。王圻《通考》。**【略】**

（宣德）七年四月己酉，增建國子監學舍。諸生有家室者，給月糧如南京例。《大政紀》。

《明會要》卷二五《學校上・府州縣學》 洪武二年十月，詔天下府、州、縣立學。諭中書省臣曰：「學校之設，名存實亡。兵燹以來，人習戰争。朕惟治國以教化爲先，教化以學校爲本。京師雖有太學，而天下學校未興。宜令郡縣皆立學。」於是設學官，令生員專治一經，以禮、樂、射、御、書、數，設科分教。《昭代典則》。**【略】**

十七年十一月庚午，命遼東立學校。上諭禮部曰：「或言：『邊境不必建學。』夫聖人之教，猶天也。天有風雨霜露，無所不施。聖人之教，亦無往不行。昔箕子居朝鮮，施八條之約，故男遵禮義，女尚貞信。管寧居遼東，講詩書，陳俎豆，飾威儀，明禮讓，而民化其德。曾謂邊境之民不可以教乎？況武臣子弟久居邊境，鮮聞禮教，恐漸移其性。今使之誦詩書，習禮義，非但造就其才，他日亦可資用。」《明代典則》。

《明會要》卷二五《學校上・社學》 洪武八年正月，詔天下立社學。《三編》。方克勤知濟寧府，立社學數百區。《克勤傳》。

十六年，詔民間立社學，有司不得干預。《會典》。吴良守江陰，暇則延儒生講論經史。新學宫，立社學。《吴良傳》。

二十年，令民間子弟，兼讀御製《大誥》及律令。《會典》。

宣德時，王翺巡按四川，奏州、縣及土司徧設社學。《王翺傳》。

正統元年，令各處提學官及司、府、州、縣官，嚴督社學，不許廢弛。其有俊秀向學者，許補儒學生員。《會典》。

成化初，楊繼宗爲嘉興知府，大興社學。民間子弟八歲不就學者，罰其父兄。《繼宗傳》。

南安知府張弼毁淫祠百數十區，建爲社學。《張弼傳》。

弘治十七年，令各府、州、縣建立社學，選擇明師。民間幼童年十五以下者，送入讀書，講習冠、婚、喪、祭之儀。《會典》。

孫承澤《春明夢餘録》卷二一《文廟》 文廟，在城東北國學之左。元太祖置宣聖廟於燕京，以舊樞密院爲之。成宗大德十年，京師廟成。明太祖改爲北平府學，廟制如故。永樂元年八月，遣官釋奠，仍改稱國子監、孔子廟。尋建新廟

於故址。中爲廟，南向，東西兩廡，丹墀西爲瘞所，正南爲廟門。門東爲宰牲亭、神厨；西爲神庫、持敬門；門正南爲外門。正殿初名大成殿，嘉靖九年改稱先師廟，殿門爲廟門。萬曆二十八年廟宇易以琉璃。

孫承澤《天府廣記》卷三《國學》 明國子監即元之舊學，在城東北。洪武初，改爲北平府學。永樂仍爲國子學，又改爲國子監。正堂七間，曰彝倫堂，元之崇文閣也。中一間，列帝幸學，俱設座於此，上懸勅諭五通。東一間，祭酒公座面南，司業座面西。堂前爲露臺，臺南中爲甬路，前至太學門，長四十三丈，聖駕臨幸由之。東西爲墀，諸生列班於此。後堂三間，東講堂三間，西講堂三間，折而東爲繩愆廳三間，鼓房一間，率性堂、誠心堂、崇志堂各十一間，西爲博士廳三間，鐘房一間，修道堂、正義堂、廣業堂悉如率性堂，六堂乃諸生肄業之所。東折而南，爲廊房九間，門一間，西亦如之。太學門三間，門東勅諭碑一通，洪武十五年申明學制一通，洪武三年定學規碑一通，洪武初年欽定，永樂三年申明學規碑一通，洪武十六年並三十年欽定廟學圖碑一通，廟學規制地界四至丈尺盡勒焉。正統十二年十一月初四日立。外東井亭一，又東爲持敬門以入廟，自中少北爲儲才門，以通啓聖祠、土地祠及典簿、典籍、掌饌廳倉庫之路。祭酒東廂亦由此入。西井亭一，又西爲退省號門，自西少北爲廣居門，以爲司業入廂及諸生入號之路。墀内雜樹槐柏共二十株。前爲集賢門三間。門前爲通衢，東西碑坊各一，題曰國子監。監衢東西碑坊各一，題曰成賢街。彝倫堂後齋明所九間，格致誠正號，每號計三十七間。嘉靖七年，作敬一亭，御製聖諭，共碑七座。前爲大門，題曰敬一之門。祭酒廂房在亭東，司業廂房在亭西，會饌堂一所在監東北，土地祠五間在饌堂門之右，典籍廳五間在饌堂門之左，典簿廳三間，掌饌廳五間，退省號及廣居門之西爲天地人知仁勇文行忠信規矩準繩紀綱法度凡一十八號，並退省房三連，混堂、净房各一所。

孫承澤《天府廣記》卷三《學宫》 明順天府儒學在府治東南。洪武初，以元國子監爲北平府學，以元天和觀地爲大興縣學，宛平縣學仍故。及太宗永樂元年，改北平布政使司爲順天府，仍以府學爲國子監，大興縣學爲府學，照應天府例，革大興、宛平二縣學。禮部請以府縣生徒通經能文者，充北京國子監監生，其餘充順天府學生，從之。九年，同知甄儀建明倫堂東西齋舍。十二年，府尹張貫建大成殿，又建棲生舍於明倫堂後。宣德十三年，府尹王賢以學之舊址多爲軍民所侵，疏請復其舊地，遂擴而新之，重爲大成殿，翼以兩廡，前爲戟門。殿與門爲間各三，廡爲間各五。因舊基爲祠，以祀宋丞相信國文公。爲六齋於明倫堂東西，附以棲生之舍，會饌有堂，有厨有庫，後累經修葺。至萬曆庚辰督學商爲正遷宋文丞相祠於學舍之東，江右大紳就其地建懷忠會館。戊子，督學楊四知建尊經閣於文廟東北，建文昌祠於東南。按學在教忠坊，本元之柴市，文丞相授命之地。元即建丞相祠，冠以儒巾。明正統七年四月，府尹王賢奏改宋時丞相冠服。京府宛、大二縣如應天例，不設學校，統於府學。良鄉縣儒學在縣治東南，洪武五年建，正統十二年重修。固安縣儒學在縣治東，洪武三年建，八年增修。東安縣儒學在縣治西，洪武五年建，宣德五年重修，隆慶五年知縣王邦直重修。永清縣儒學舊在舊治内，金壽昌元年，前啜里軍都押司官蕭薩八建，洪武六年，知縣盛本初修，永樂六年，知縣王居敬復葺。成化四年，被河水傾倒，教諭馬文、生員趙亮等奏准遷於縣治南，知縣許健創修。正統六年，巡按程富奏永清縣學置非善地，宜改建山川壇址。上以賢才在教養不在地利，斥之。香河縣儒學在縣治東，洪武十四年建，正統元年重修。文廟逼近街市，萬曆二十一年，知縣陳增美改建，復增置名宦、鄉賢、泮池。至天啓末，知縣沈惟炳重修。通州儒學在州治西，元大德間建，永樂十四年重修。三河縣儒學，金太和間建。舊在白河西十七里，曹家莊南，洪武初因水患遷於縣治東北隅，即元帥府家廟也。嘉靖十六年，知縣趙公輔復改遷於縣治之南。社學在文廟西南，元有三河溝堂，王約有記。武清縣儒學在縣治東，舊在白河西，明洪武初因避水患徙建於此。漷縣儒學在縣治西北。舊在河西務，元末廢，明洪武四年重建於此。寶坻縣儒學在縣治東北，元大德間建，明洪武三年重修。薊州儒學在州西北，自唐以來亦既有址，金人崇其堂宇，元至順間，至元間知州相繼修葺，至正間益增大之，明洪武初重建。社學十三處。遵化縣儒學在縣治西南，金正隆三年建，萬曆二十一年重修。平谷縣儒學在縣治南，建於元至正間，明成化五年知縣郭銘重修。嘉靖二年，清軍御史熊榮、巡撫御史孟春、總兵馬永、參將呂昌、兵備副使熊相、督署印縣丞宋澄增拓，視昔加美焉。嘉靖四十年，御史秦嘉楫以屯田按縣謁廟，乃出公帑所贏重修，殿廡堂齋，焕然一新，戟門外鑿泮池，甃磚橋，其外横衢豎二坊，東曰興賢，西曰育才。玉田縣儒學，金乾統年建於縣西南，明洪武初重建，嘉靖十一年，移於西關廂，舊大覺寺，十九年，督學御史阮鶚移於城内舊玉陽觀，萬曆六年，知縣胡兆麒、教諭周思移建文廟於縣西。豐潤縣儒學在縣東南，金大定二十七年建，元至元元年修，明洪武初重建。養賢倉三楹在堂西，嘉靖二十八年，縣

令時鳳建。歲徵夏麥一百五十石，秋糧二百五十石，鹽運司折糧運鹽課銀四十三兩五錢，自成化年鹽院據五圖廪膳生題准，協濟儒學官生俸廪，永爲定額。社學在文學東。昌平州儒學在州治東，元時爲昌平縣學，在舊縣西，景泰三年，始與縣治俱徙，正德三年陞州學。密雲縣儒學在縣治東，元至正間建，明洪武十一年重修。武學，舊城文學西。文昌藝苑，新城東門外北。密雲後衛學，成化二十二年，生員祝昭奏建。密雲後衛書院，原建於古北口東門外，兵毁改建城内。萬曆初，總督劉應節與大帥戚繼光建。順義縣儒學在縣治西，洪武八年建。懷柔縣儒學在縣治東，洪武十五年建，正統五年重修。涿州儒學在州治西南，遼統和間建，明洪武五年重修，漢唐文學最盛，如漢韓嬰、崔駰、崔瑗、崔實、盧植，唐張説，皆有著作行世。房山縣儒學在縣治東南儒林坊，創於元，至明隆慶庚午重修。霸州儒學在州治東，洪武三年建，正統五年重修。文安縣儒學在縣治西，宋大觀間建，金毁，元皇慶初重建，明正統八年重修。宋蘇洵爲縣主簿，後人重其人，因搆橋名蘇橋。大城縣儒學在縣治西，元建，兵燬，明洪武間縣丞王巒重建。社學舊在學西。保定縣儒學在縣治東，洪武十五年知縣徐仲謙建，景泰三年知縣王鐩，弘治十二年知縣王大略，嘉靖十五年知縣冉崇儒俱重修。

孫承澤《天府廣記》卷三《武學》 京衛武學設於正統六年。初，洪武二年禮部奏請如前代故事，立武學，仍建武成王廟。上曰：立武學，是分文武爲二，輕天下無全才矣。三代以前之士，文武兼備，用無不宜。如太公之鷹揚而授丹書，仲山甫之賦政而式古訓，召虎之經營而陳文德，豈比於後世武學止講韜略，不事經書，專習干戈，不聞俎豆，拘拘於一藝偏長哉？今建武學，又立武成王廟，是近世之陋規也。太公宜從祀帝王廟，其武學武成王廟罷之。至正統六年，成國公朱勇選驍勇都指揮官紀廣等五十一員，熟嫻騎射幼官趙廣等一百員，上命置教授一員、訓導六員以教之。景泰三年七月，以武生多襲代，調取征操，所餘僅十許人，罷之。以學舍分賜太監王瑾、百户唐興。天順八年十一月，給事中金紳復請設以育將才，因以太平侯張軏舊第爲學，設官如故。嘉靖十五年，以舊學在城東偏狹之地，改建於皇城西隅大興隆廢寺。嘉靖改建武學，命兵部會同禮、工二部條議事宜具奏。一、專教將領。宜命才望素著諳兵文臣一員提督講武，選各府掌印僉書侯伯及各營坐營將官二三十員，每月遇三日赴講《武經》等書，遇八日演習武藝。至歲仲冬，請車駕幸講武殿，行大閲禮，考校將帥而賞罰黜陟之。一、尊崇廟享。古今言兵者，以太公吕望爲宗，請倣唐制，立武成王廟，以漢唐以來名將，如孫武、吴起、司馬穰苴、尉繚子、黄石公、張良、韓信、李廣、趙充國、諸葛亮、鄧禹、馮異、關羽、張飛、李靖、李勣、郭子儀、曹彬、韓世忠、岳飛，本朝之徐達、常遇春、張玉、湯和配享。每歲春秋致祭，庶典制不闕，武教有所興起。一、時加勸懲。每歲仲冬大閲外，其春夏秋仲月望日，該部請旨會官嚴加校閲弓馬兵書，開其等第，奏行該部紀録。果弓馬熟嫻，通曉兵略者，即遇缺推補，否則不得陞敘。上從之。

孫承澤《天府廣記》卷一七《貢院》 貢院在城南隅，元禮部舊基也。永樂乙未，改爲貢院，制甚偪隘。嘉靖中，議改創西北隙地，又有言東方人文所會，宜因其址而充拓之，卒未果。至萬曆二年，始命工部重建，因故址拓旁近地益之，徑廣百六十丈。外爲崇墉施棘，徼道前入，左右中各樹坊，名左曰虞門，右曰周俊，中曰天下文明。坊内重門二，左右各有廳，以備議察。次曰龍門，踰龍門直甬道爲明遠樓，四隅各有樓相望，以爲瞭望。東西號舍七十區，區七十間，易舊制板屋以瓦甓，可以避風雨，防火燭。北中爲至公堂，堂七楹，其東爲監試廳，又東爲彌封、受卷、供給三所，其西爲對讀、謄録二所，又後爲燕喜堂三楹，東西室凡十六楹，諸胥吏工匠居之，其後爲會經堂，堂東西經房相屬，凡二十有三楹，同考者居之。

文慶等《國子監志》卷二六《監制一》 明國子監在城東北。正堂七間，曰彝倫堂，元之崇文閣也。中一間，車駕幸學，設座於此。上懸勑諭五通。東一間，祭酒、公座面南，司業面西。堂前爲露臺。臺南，中爲甬路，前至太學門，長四十三丈，車駕臨幸由之。東西爲墀，諸生列班于此。後堂三間，東講堂三間，西講堂三間，藥房三間。折而東爲繩愆廳三間，鼓房一間，率性堂、誠心堂、崇志堂各十一間。西爲博士廳三間，鐘房一間，修道堂、正誼堂、廣業堂，率如，率性堂六堂，乃諸生肄業之所。東折而南，爲廊房九間，門一間。西亦如之。太學門三間。外東井亭一，又東爲持敬門。以入廟自東少北爲儲才門，以通啓聖祠、土地祠及典簿、典籍、掌饌廳、倉庫之路。祭酒東廂亦由此入。西井亭一，又西爲退省號門。自西少北爲廣居門，以爲司業入廂、諸生入號之路。墀内雜植槐柏共二十株。前爲集賢門三間。門前爲通衢。東西牌坊各一，題曰國子監；衢牌坊各一，題曰成賢街。彝倫堂後齋明所九間。格、致、誠、正號，每號計三十七間。嘉靖七年，即其地改作敬一亭。前爲大門，題曰敬一之門。祭酒廂房在敬一亭東，司業廂房在敬一亭西。會饌堂一所，在監東北。典籍廳五間，在饌堂門左。典簿廳三間，掌饌廳三間，退省號及廣居門之西，爲天、地、人、智、仁、勇、文、行、忠、信、規、矩、準、繩、紀、綱、法、度，凡一十八號。并退省房三連，溷厠而各一所。《春明夢餘録》。

《清高宗實録》卷一〇三三〔乾隆四十二年五月甲午〕諭軍機大臣等：禮部議駁裴宗錫奏，請動項改辦黔省號舍之處，應毋庸議一摺，已依議行矣。該省號舍，雖係編竹爲垣，砌土爲凳，然士子相安，業經百數十年，並未聞其臨時傾圮及因牆壁不固、有乘隙滋獘之事，何以裴宗錫輒思動項改建？如果係應辦之事，則該撫在任數年，早應具奏。若因本年係鄉試之年，理須修葺號舍，則圖思德現已到任，自當聽其酌辦。乃裴宗錫於接奉調任諭旨後，急爲此奏，明係該撫欲辦此一事。以邀聲譽，爲黔省留去後之思耳。裴宗錫平日辦事，尚屬認真，何以有此沽名之舉，殊不可解。該撫既欲改建號舍，以圖取悦士林，且有動支趕辦之語，此時自己興工，所有估需工料銀四千餘兩，即應令裴宗錫自行認修，以遂其沽名之願。伊歷任巡撫有年，此項工價亦力所優爲。若因有此旨，將估修之項。分派屬員代出，甚至派累民間，則是裴宗錫自取罪戾，將來一經敗露，恐該撫不能當其咎也。將此由四百里傳諭裴宗錫，並諭圖思德知之。

《清高宗實録》卷一〇四七〔乾隆四十二年十二月庚申〕諭：前據周元理奏，熱河請添建考棚，俾七廳所屬生童得以就近應試，事屬可行。但工程事宜，地方官素未諳習辦理，恐未能妥協，所有熱河考棚工程，著劉浩辦理。

《清高宗實録》卷一一六三〔乾隆四十七年八月〕江西巡撫郝碩奏：江西貢院號舍年久傾圮，應行拆造。其監臨公署東北，向有號舍七百二十間，與東西文場遥隔，查察難周，請移建至公堂前西首隙地。又闈内巡綽文武員弁，向搭蓬廠棲止，火燭堪虞，今擬改建瓦屋二十五間，請動項興修。報聞。

《清高宗實録》卷一三〇八〔乾隆五十三年七月〕癸亥，工部奏：本年戊申鄉試，應修順天貢院，經該府尹奏，需銀一千九百八十二兩零，茲派員外郎海棟、主事樊士鑑查勘，覈減銀三十一兩零，請令該府尹遵辦。得旨：此項工程共需銀一千九百八十餘兩之多，該堂官自應親往查勘，乃僅派員外一員、主事一員勘估酌減，該司員等經歷未久，未必即能諳悉工程，且或將所勘之工畧爲酌減一二十兩，竟與承辦之員有通同囑託情事，亦未可定。所有此項應修各工，著派德成前往再行確實勘估。嗣後凡在一千兩以上者，俱著奏請，特派大員親往查勘。

《清高宗實録》卷一五九〔乾隆七年正月丙戌〕禮部議准：廣西巡撫楊錫紱奏請增建廣西鄉試號舍四百二十間。從之。

《清高宗實録》卷一七九〔乾隆七年十一月甲申〕兵部議覆：御史薛澂條奏武闈事宜：【略】一、號舍院牆宜增高加棘也。凡士子入場，首嚴代倩，特是號舍院牆低矮，易於超越，恐滋弊竇。請將鄰號院牆增高數尺，並照外圍牆一體加之荆棘，則鎖院深嚴，扃試益密。一、角樓宜設員瞭望也。向來貢院四角，各建一樓。蓋恐士子越牆出舍，曾設員役巡查，法最嚴密。比年來停其設官，祇存空樓。請嗣後考試時，每樓仍派委佐貳首領官一員，帶役數名，瞭望稽察。如該員役有徇縱等弊，知貢舉、監試官參究處治。均應如所請。從之。

《清高宗實録》卷二五四〔乾隆十年十二月乙巳〕禮部等部議准：江西巡撫塞楞額疏稱，省會學政考棚，近年應試童生漸多，坐號不敷，請動支鹽規銀添建。從之。

《清高宗實録》卷二七六〔乾隆十一年十月丙子〕禮部等部議覆：湖南巡撫楊錫紱奏稱，湖南貢院係雍正二年通省士子公捐廩膳銀建。彼時因場期已近，趕緊修造，工程不無簡畧，已據前任撫臣蔣溥奏明動項興修。但牆垣單薄，號舍低窪，陰雨易致傾圮，必須通行拆卸，照各省式樣改建號舍，並添建轅門、照牆、鼓樓、瞭樓、明遠樓，以符體制。據各府州紳士呈請，願將丁卯年科舉盤纏及廩膳銀兩捐出修改。等語。應如所請。從之。

《清高宗實録》卷三五三〔乾隆十四年十一月〕山東巡撫準泰奏：曹州府自改郡治以來，尚未設立考棚，歲科兩試，各屬生童，仍赴兖郡考試。茲據各紳士等呈請捐建考棚，請旨遵行。報聞。

《清高宗實録》卷六九三〔乾隆二十八年八月〕湖南巡撫喬光烈奏：湖南省城對江有嶽麓書院一區，地方靈秀，有宋大儒朱熹、張栻於此講學，人文輩出，爲海内四大書院之一。明季殘燬，本朝修復，再頒扁額，復賞帑金。惟房屋年久，漸至傾圮，負笈者日盛，尤患屋少人多。臣到任後，親往勘估，不但屋宇將圮，且地逼山坡，淺窄欹斜，工難經久，稍東數十步，原屬書院故址，緊傍文廟，地勢平衍，氣局開拓，改築於此，可增建數十間，足供諸生棲止。報聞。

《清宣宗實録》卷二二〔道光元年八月甲申〕添建山東貢院號舍六百間。從巡撫琦善請也。

《清宣宗實録》卷四五〔道光二年十一月辛卯〕移建湖南省城城南書院，並

頒給御書扁額，曰「麗澤風長」。從巡撫左輔請也。

《清宣宗實録》卷八〇　〔道光五年三月〕乙卯，諭内閣：河南省城大梁書院，地處湫隘，前經程祖洛奏請，將備用官房一所改建書院，並由該撫等捐資辦理，當經降旨准行。兹據奏稱，現已落成。從前康熙年間，奉有御賜扁額，業於移建後祗加丹雘，敬謹懸掛。該省書院經此次移建之後，多士得資肄業，更可收觀摩之益，著加賞御書扁額，交該撫摹泐懸掛，用示朕樂育人才至意。尋頒御書扁額曰「正學淵源」。

《清宣宗實録》卷一五九　〔道光九年八月甲戌〕以捐修福建貢院，賞督辦出力知縣任沈鍇、王益謙知州銜，餘升敘旌獎有差。

《清宣宗實録》卷一九二　〔道光十一年七月辛酉〕以捐修河南貢院，予知縣周昺潢等議敘有差。

《清宣宗實録》卷一九八　〔道光十一年十月壬午〕以捐修江南貢院，予知縣黄冕等升補有差。

《清宣宗實録》卷二三一　〔道光十三年正月甲午〕以捐修湖北貢院，予試用知縣宋其洋等議敘。

《清宣宗實録》卷二四五　〔道光十三年十一月癸酉〕以捐修廣西貢院號舍，並新建考棚書院，予紳士馬秉良等議敘有差。

《清穆宗實録》卷三〇〇　〔同治九年十二月〕己卯，以福建重修考亭書院落成，頒朱子祠扁額曰「理學真傳」。

《清穆宗實録》卷三一八　〔同治十年八月己卯〕以廣西省城重修書院落成，頒秀峰書院扁額曰「書巖津逮」，宣成書院扁額曰「道德陶鈞」，榕湖書院扁額曰「經明行修」。

《清穆宗實録》卷三四七　〔同治十一年十二月乙亥〕建吉林伯都訥、長春兩廳學宫，設訓導各一員，廪額增額各二名，並添吉林省滿號、合號廪額增額各一名。從將軍奕榕等請也。

《清德宗實録》卷八　〔光緒元年四月己丑〕吉林將軍奕榕等奏：伯都訥、長春兩廳，請設考棚。允之。

《清德宗實録》卷二七四　〔光緒十五年九月丁卯〕閩浙總督卞寶第奏：閩省貢院號舍不敷分坐，陳明擴充增建情形。下部知之。

《清德宗實録》卷二九三　〔光緒十七年正月辛未〕廣西巡撫馬丕瑤奏：省城獨秀峯麓書院之側建造書樓庋藏各省書籍，並飭各屬按照省城章程，分建書樓。又於省局刊刻經書善本以惠士林。報聞。

《清德宗實録》卷二九三　〔光緒十七年正月己卯〕署兩江總督沈秉成奏：江南創設水師學堂，延訂洋文、漢文各項教習分别駕駛、管輪兩門，各計額設學生六十名，按日輪課，按季考試，以定班次。並將原設魚雷學堂裁撤，挑選優等學生送至旅順魚雷營加習海操，其餘歸併堂内，以示節省。請准將在事各員俟辦理著有成效，援照北洋成案，給予獎敘，如所請行。

《清德宗實録》卷二九九　〔光緒十七年七月壬午〕以捐款修復書院，賞江西廬陵縣紳士道銜胡日昇子光鈞、光鐘翰林院待詔銜。

《清德宗實録》卷三三〇　〔光緒十九年十一月〕丙戌，以捐産創建書院，賞湖南紳士候選知縣朱希文五品卿銜。

《清德宗實録》卷三三〇　〔光緒十九年十一月戊戌〕。又奏：於湖北省城建立自强學堂，分習方言、格致、算學、商務四門，招選兩湖學生，分門學習。均下所司知之。

《清德宗實録》卷三四二　〔光緒二十年六月庚申〕又諭：邵松年奏，重修書院，請賞給扁額等語。據稱河南登封縣嵩陽書院，爲宋儒程顥兄弟講學之地，康熙年閒曾經邑人少詹事耿介捐資修葺，歲久不無傾圮，兹復由該學政等捐廉重修，條規學程，亦加釐定著賞給御書扁額一方，交該學政祗領懸掛，以資觀感。尋頒扁額曰「洛學遺規」。

《清德宗實録》卷三五三　〔光緒二十年十一月乙亥〕以四川省城就漢文翁講堂石室遺址建立錦江、尊經兩書院，頒發錦江書院扁額曰「文雅修明」，尊經書院扁額曰「風同齊魯」。

《清德宗實録》卷四〇九　〔光緒二十三年八月甲申〕直隸總督王文韶奏：創設育才館，分課中西經史、策論及天文地理、格致、圖算一切根本之學，以期漸收得人之效。下所司知之。

《清德宗實録》卷四一一　〔光緒二十四年五月戊辰〕又諭：建設大學堂工程事務，著派慶親王奕劻、禮部尚書許應騤迅速辦理。

《清德宗實録》卷四二一　〔光緒二十四年六月〕甲申，諭軍機大臣等：本日奕劻、許應騤奏，請將地安門内馬神廟地方空閒府第，作爲大學堂暫時開辦之所一摺，著總管内務府大臣量爲修葺撥用。

《清德宗實録》卷四九三〔光緒二十八年正月壬申〕又諭：張百熙奏，增修大學堂房屋，請派員估修一摺，著即派張百熙覈實估修。

《清德宗實録》卷四九九〔光緒二十八年五月戊寅〕直隸總督袁世凱奏：籌辦學堂情形，先將保定舊有畿輔學堂分别修造，由各州縣挑選生徒，入堂肄業，並選見在津學堂諸生考擇優等，派往各府、廳、直隸州分設中學堂充當教習，冀可次第推廣，漸開風氣。得旨：著即督飭，切實講求，務期教學相長，以收得人之效。

《清德宗實録》卷五〇八〔光緒二十八年十一月癸酉〕管學大臣張百熙奏：大學堂定期本月十八日開學，先辦速成一科，並購地建造學舍。報聞。

《清德宗實録》卷五一〇〔光緒二十九年正月〕江西巡撫柯逢時奏，江西建立武備學堂開辦情形。得旨：仍著督飭認真考覈，期收實效。

《清德宗實録》卷五一一〔光緒二十九年正月己巳〕署黑龍江將軍薩保奏，籌設江省俄文學堂開辦情形。下所司知之。

《清德宗實録》卷五一一〔光緒二十九年正月甲申〕署兩江總督張之洞奏：江南省創建三江師範學堂，請將江寧銀圓局鑄造銅圓贏餘銀兩，專供該堂經費。下所司議。

《清德宗實録》卷五一二〔光緒二十九年二月〕直隸總督袁世凱奏，遵設北洋陸軍武備學堂，擬訂章程。下政務處議。

《清德宗實録》卷五一二〔光緒二十九年二月〕又奏，江省開辦巡警兼設警務學堂，下政務處、户、兵二部知之。

《清德宗實録》卷五六七〔光緒三十二年十一月〕乙卯，諭内閣：朕欽奉慈禧端佑康頤昭豫莊誠壽恭欽獻崇熙皇太后懿旨，湖北按察使梁鼎芬奏，請建曲阜學堂各摺片。孔子爲萬世師表，昨經降旨升爲大祀，曲阜爲聖人之鄉，自應建設學堂，以拓宏規而啓後進。著張之洞督同湖北提學使黄紹箕等悉心籌畫，妥慎辦理。所需經費，即著該督籌辦並頒發帑銀十萬兩，由山東藩庫發給。

《清德宗實録》卷五九二〔光緒三十四年五月丙午〕賞學部銀七萬兩修建衙署。

《清德宗實録》卷五九六〔光緒三十四年九月丙戌〕東三省總督徐世昌等奏：吉林學務勉力措辦，現經建設中學堂模範兩等小學堂各一所，分設兩等小學堂十一所，女子師範學堂一所，附以女子初等小學、滿蒙學堂一所。下學部知之。

《清宣統政紀》卷一九〔元年八月辛卯〕外務部奏：擬建游美肄業館，懇請給西直門外清華園地畝，以便興築，而隆作育。允之。

文慶等《國子監志》卷二六《監制一・國子監圖》

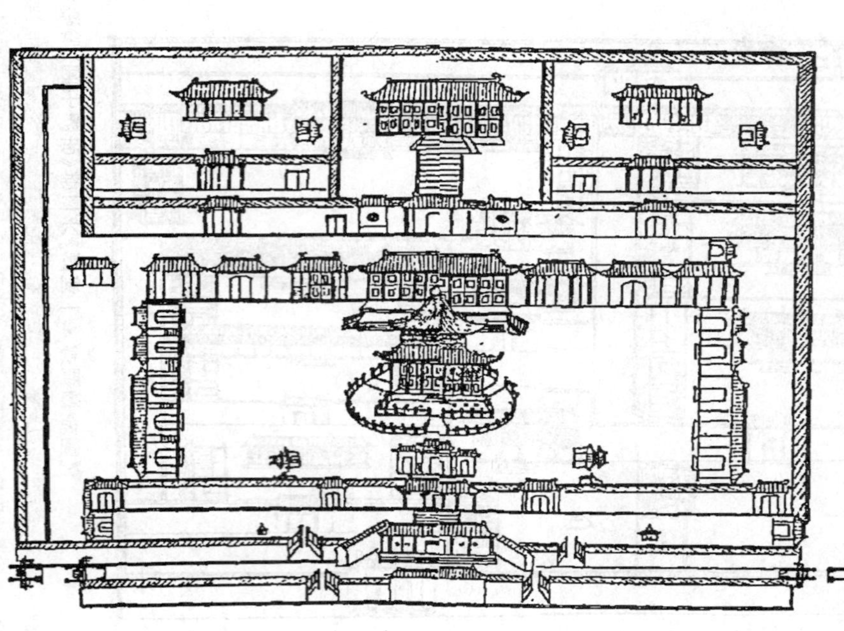

文慶等《國子監志》卷二六《監制一・國子監》 國子監在都城東北隅崇仁里成賢街，南向，繚以周垣。大門凡三：中榜曰集賢門，左右樹坊各一，榜曰國子監坊。西第二坊在先師廟西。前屏以垣。自集賢門入爲太學門，門凡三，中榜曰太學。中門常時皆不啓，車駕詣學乃啓之。自太學

門入，爲新建辟雍。乾隆四十八年詔建。殿通方九室，重簷，周廊覆琉璃黄瓦，楹柱門扉皆丹飾，欒棟施五采。殿前恭懸御書「辟雍」額。殿中恭懸御書額，一曰「雅涵於樂」。御製聯一，曰：金元明宅於兹，天邑萬年今大備；虞夏殷闕有間，周京四學古堪循。方臺外圜以璧池，前後左右平橋四座，池内外甃白石欄，地高乏水則引以四井，前二井在太學門外，其二井，一在池東率性堂後簷牆外，一在池西修道堂後簷牆外，俱砌暗溝，汲水注入池中。前樹琉璃牌樓一座，中設券門三，南向，恭勒御書「圜橋教澤坊」額；北向，恭勒御書「學海節觀坊」額。牌樓東北、西北角各建碑亭一座，恭勒御製「國學新建辟雍圜水工成碑記」，御製「三老五更説」。恭載卷五御製文門。牌樓東南、西南角各建鐘鼓樓一座。

辟雍殿後爲彝倫堂。堂七楹。中壁恭勒聖祖仁皇帝御書「聖經」，堂中恭懸聖祖仁皇帝御書「彝倫堂」額。康熙四十五年頒揭。世祖憲皇帝御書「文行忠信」匾額，額首御製題辭曰：學者文行並重，尤以忠信爲本，故孔子垂爲四教，成均進士之法，無踰於此。

賜國子監雍正四年頒給。列聖勅諭三道，皇上勅諭一道，乾隆三年頒給。皇上御書「福疇攸叙」匾額。乾隆五十年，新建辟雍工成頒揭。堂前有露臺，西置日晷。堂北有後堂三楹，有門通敬一亭。堂左右東西講堂各三楹，南向。旁各一門通敬一亭。西講堂前有元臣許衡手植古槐一株。乾隆十六年，皇太后七旬萬壽，古槐重榮，御製詩六韻紀之。恭載卷六御製詩門。東講堂之東轉而南，廊房三楹，屬于東廡。西亦如之。東廡近北爲繩愆廳，廳三楹，監丞莅之，典簿、典籍亦于此治事。其南鼓房一間，皮鼓。次爲率性、誠心、崇志三堂，其助教、學正、學録莅之。堂各十一楹，西向。西廡近北爲博士廳，亦三楹，與繩愆廳相直。其南鐘房一間，皮鐘。次爲修道、正誼、廣業三堂，其助教、學正、學録莅之。堂各十一楹，東向。東西廡之盡折而南東西隅，廊房各九楹，北向，與太學門並。後堂之北爲敬一亭，亭五楹。奉聖祖仁皇帝御碑五通。碑後附置明碑。前有門曰敬一之門，旁啓小門各一。東爲東廂，祭酒于此治事。前爲大門，中廳三楹，祭酒孫岳頒題額曰「進德修業」。東西房各一楹。後軒五楹，俱南向。軒前廂房各二楹，東曰崇實軒，西曰振雅軒。俱祭酒李周望重建，周望作記，勒壁。大門外，西向屋五楹，爲書吏辦事所。左折而南有門通儲材門。亭西爲西廂，司業于此治事。大門中廳及廳左右房如東廂之制。廳前東西各廂房二楹。廳後軒五楹，南向，無廂房。大門外，東向屋五楹，亦書吏辦事所。右折而南有門通廣居門。署西爲射圃，隙地平敞，周垣繞之。亭三楹，南向。八旗諸生以時較射於此。署東毗連屋宇二百餘楹，書吏、隸役、廟户居之，統屬于監。

謹案：監署左右前後有號舍環之，延袤共五百餘楹，久爲民居。乾隆三十四年，工部議侍郎兼管監務臣德保所奏，監東屋宇二百一楹，出入必由署門，不通衢路，請以居本監吏隸廟户其監西屋宇三百八楹，向本有門逕通衢路者，築垣隔出署外，付内務府經理，並繪圖造册，一存工部，一存國子監。其餘閒曠屋宇，俱相度情形，准此辦理。詔從之。

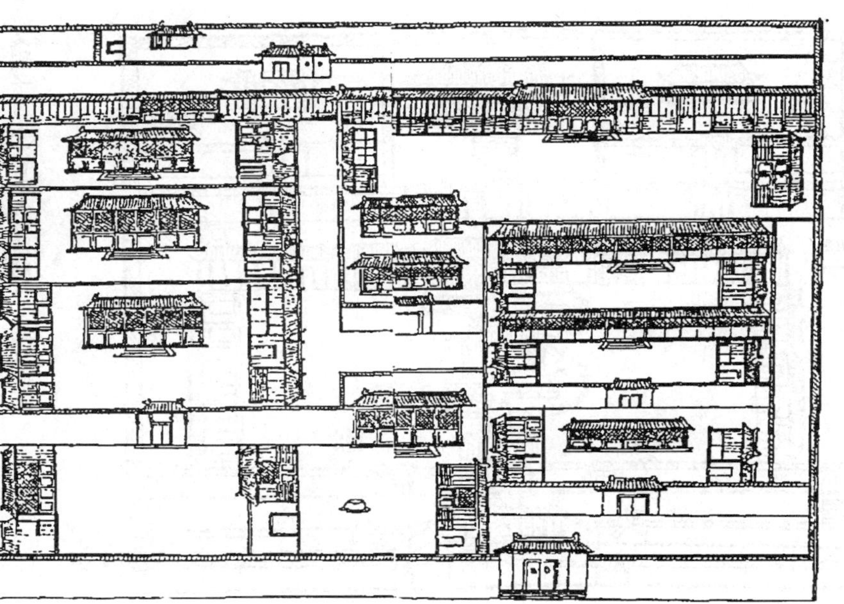

文慶等《國子監志》卷二十六《監制一・欽賜學舍圖》

文慶等《國子監志》卷二六《監制一・欽賜學舍》 欽賜學舍在成賢街南方家衚衕，一百四十餘楹，亦稱南學。雍正九年，恩賞門，南向，額曰「欽賜學舍」。門西耳房一楹，東六楹。北爲率性堂，堂三楹，南向，中壁勒乾隆五年御製訓飭士子文。東西序各三楹，耳房各一楹。號舍東五楹，西四楹，皆東西向。堂南有門，在大門稍東，不相直。門東西耳房各一楹。其南即大門。堂北曰東宅，祭酒公所也。堂三楹，堂東西房各二楹，俱南向。東西序各三楹，耳房各一楹。堂後軒五楹，東西房各二楹，亦南向。東序三楹，西序四楹。堂前有垂花門，通率性堂祭酒公所。西曰西宅，與東宅毗連而不相通，司業公所也。堂三楹，堂後軒三楹，並南向。前有垂花門，出門折而西有複道，直貫學舍之南北率性、廣業二堂。祭酒司業公所在道東，誠心、正誼、崇志堂並在道西。祭酒司業公所之北爲廣業堂，門一楹，在複道東，西向。堂三楹，堂東西房各四楹，俱南向。東號舍七楹，西五楹。入大門折而西爲修道堂之門，轉而北，堂三楹，南向。東西序各三楹。堂南號舍六楹。庭有古井。庭西北隅有門，北向。門外即複道。西南隅有門，西向。門内北向號舍七楹，東向號舍三楹。修道堂號舍之北有垂花門，入門爲誠心堂。堂三楹，南向。東西序各三楹，耳房各一楹。東序之南，別啓一門，東向，以屬于複道。正誼堂在誠心堂北，自複道入，門一楹，東向。堂五楹，南向。東序二楹，西序四楹。堂後號舍，東西各七楹。正誼堂北爲崇志堂，亦自複道入。門一楹，東向。堂三楹，南向。堂東號舍六楹，西九楹。堂後號舍五楹，其西耳房二楹。凡各堂正屋，助教、學正、學録居之。東西序及號舍，肄業諸生居之。直北隙地一區，東西廣二十餘丈，南北長三丈許。又北爲後總門，門側房一楹，門者處之。周繚以垣，門與公廨周垣相對。

文慶等《國子監志》卷二六《監制・鑲黄旗官學圖》

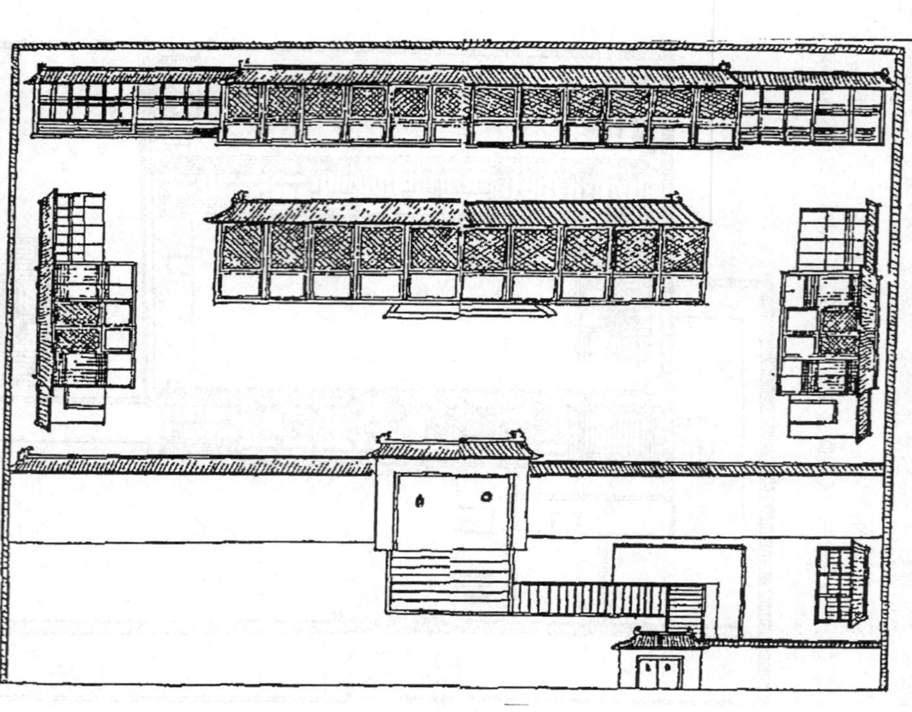

文慶等《國子監志》卷二六《監制・鑲黄旗官學圖》 鑲黄旗官學在安定門内崇教坊。大門南向，門旁屋一楹。入門西折而北爲儀門，門左右屋各三楹。又北堂五楹，南向。堂之前，東西序各三楹，耳房各二楹。堂之後，正軒九楹。

文慶等《國子監志》卷二六《監制・正黄旗官學圖》

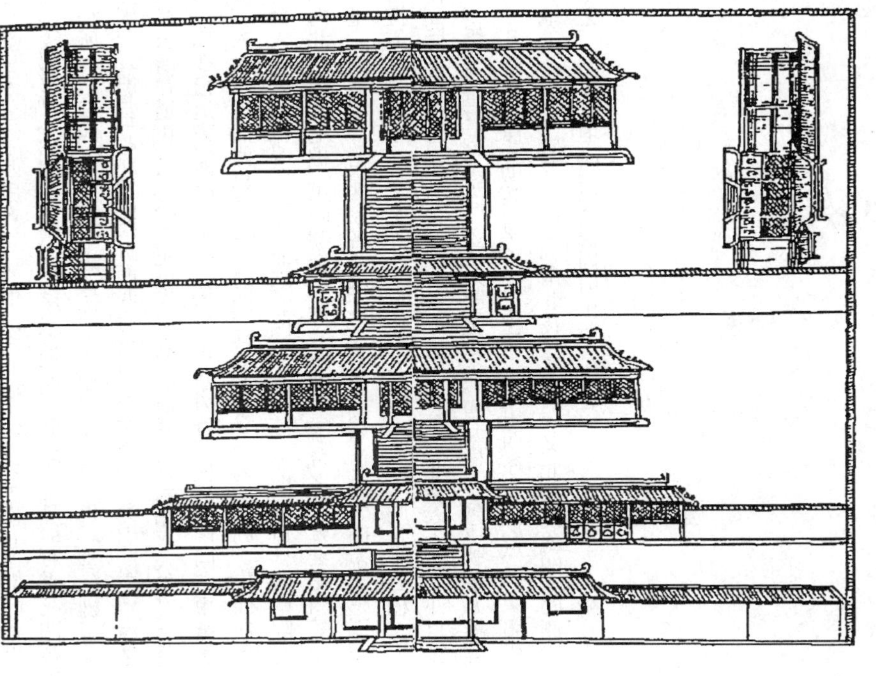

文慶等《國子監志》卷二六《監制・正黄旗官學》　正黄旗官學在西直門内鳴玉坊。大門三楹，南向，門左右各屋二楹。北爲儀門，門左右各屋三楹。又北，堂五楹。堂後有門，門内後堂五楹。後堂之前，東西序各三楹，耳房各一楹。後堂之北，有講室左右各五楹，屬於兩序。

文慶等《國子監志》卷二六《監制・正白旗官學圖》

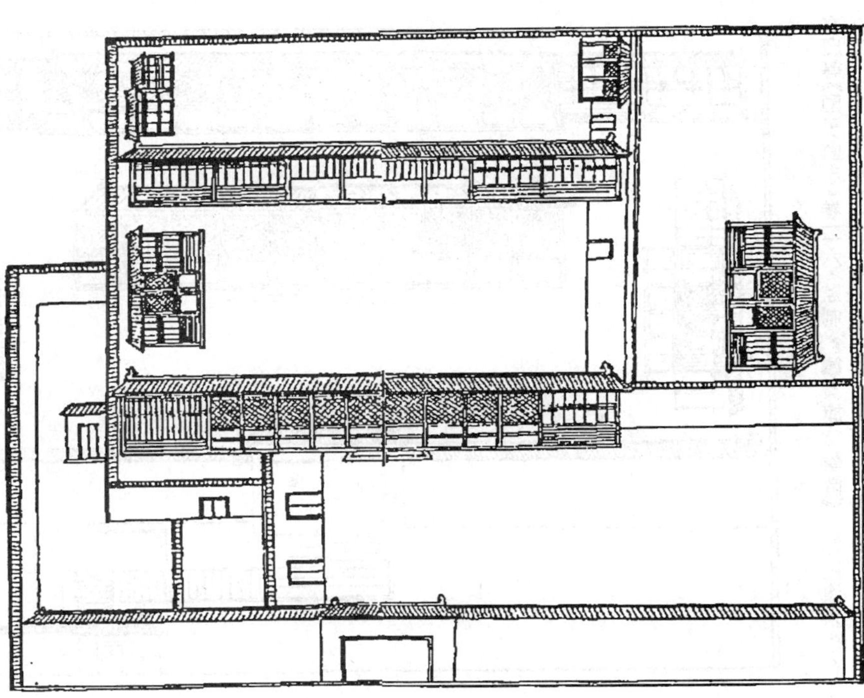

文慶等《國子監志》卷二六《監制・正白旗官學》　正白旗官學在思誠坊。大門北向，門東屋三楹，西四楹。南爲堂，堂五楹。堂東西講室各一楹。又南，後堂五楹。後堂之北，東廂三楹；後堂南，左右耳房共五楹。又講室三楹，在後堂之西墻外。

文慶等《國子監志》卷二六《監制・正紅旗官學圖》

文慶等《國子監志》卷二六《監制・正紅旗官學》 正紅旗官學在阜城門内日忠坊。大門南向，門旁屋九楹。北爲儀門，門左右屋各三楹。又北，堂三楹，東西廂各三楹。東廂之北，南向屋二楹；西廂之北，東向屋四楹。堂北講室八楹。又北，爲複道。道在屋再重各三楹，道右屋三楹。

文慶等《國子監志》卷二六《監制・鑲白旗官學圖》

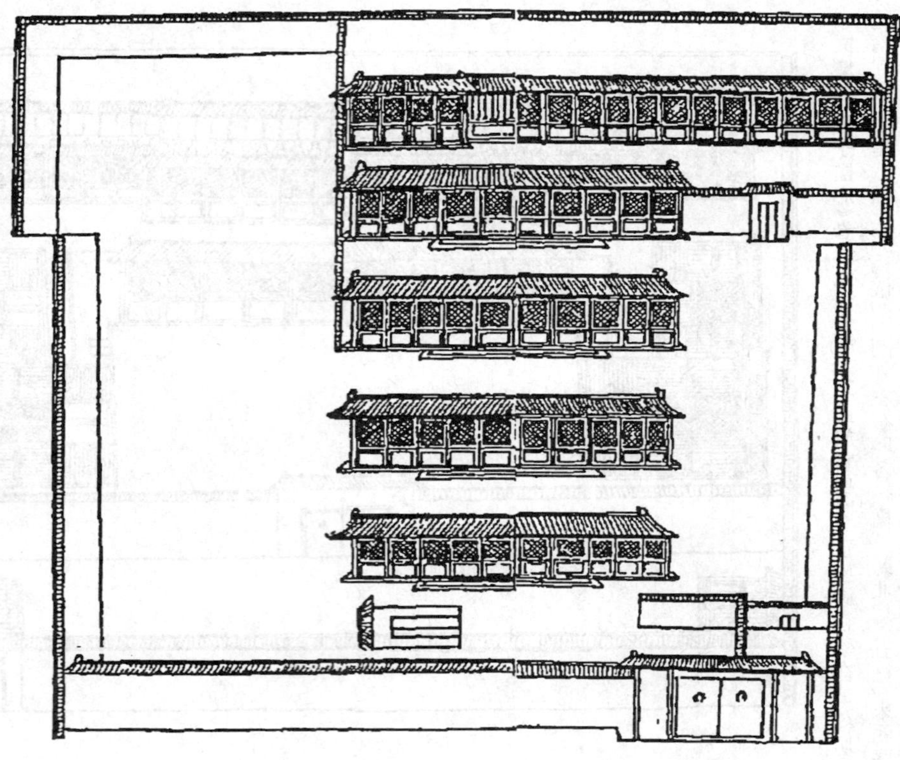

文慶等《國子監志》卷二六《監制・鑲白旗官學圖》 鑲白旗官學在明時坊。大門三楹，南向。右屋七楹，北堂五楹。堂北室二重，各五楹，又北屋八楹。

文慶等《國子監志》卷二六《監制・鑲紅旗官學圖》

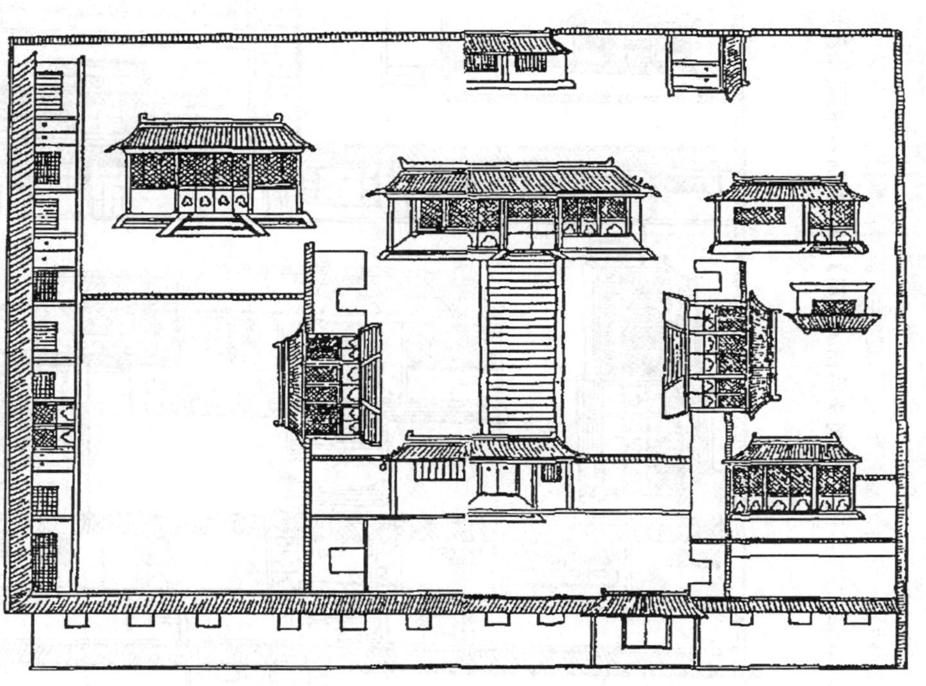

文慶等《國子監志》卷二六《監制・鑲紅旗官學》 鑲紅旗官學在宣武門內阜財坊。大門南向，門左右屋共十三楹。北爲儀門。又北，堂五楹，東西序各三楹，北屋二楹。堂西，屋三楹；堂東，屋再重，南向二楹，北向一楹。又南爲講室三楹，西牆外羣舍十三楹。

文慶等《國子監志》卷二六《監制・正藍旗官學圖》

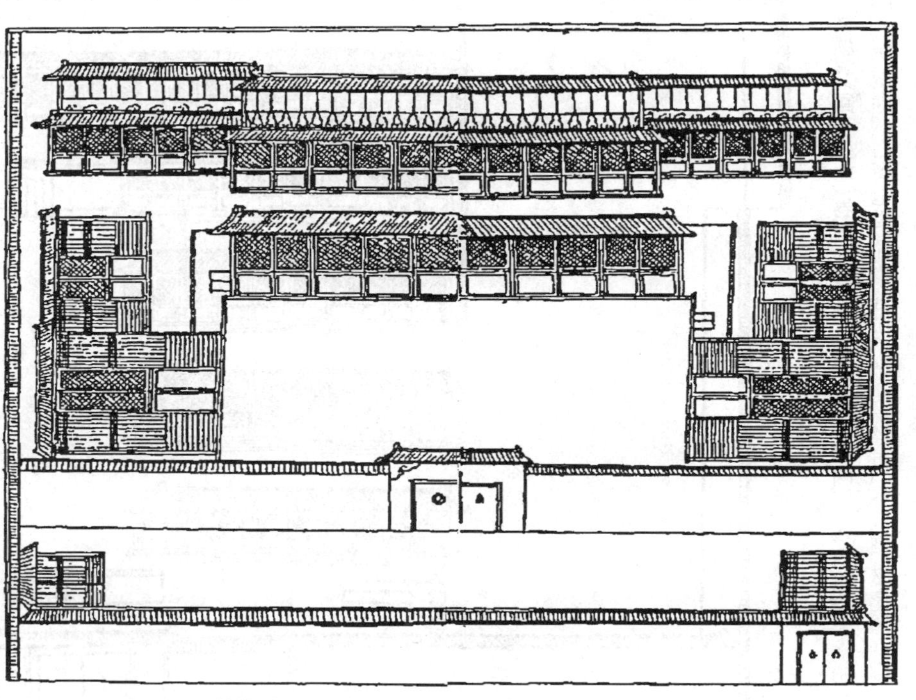

文慶等《國子監志》卷二六《監制・正藍旗官學》 正藍旗官學在黄華坊。大門南向，門西屋八楹。北爲儀門，門外左右廂各一楹。又北，堂五楹，東西序各三楹。堂之旁各有講室三楹，東西相向。堂後，樓五楹，左右各翼以樓，並二楹，皆南向。

文慶等《國子監志》卷二六《監制・鑲藍旗官學圖》

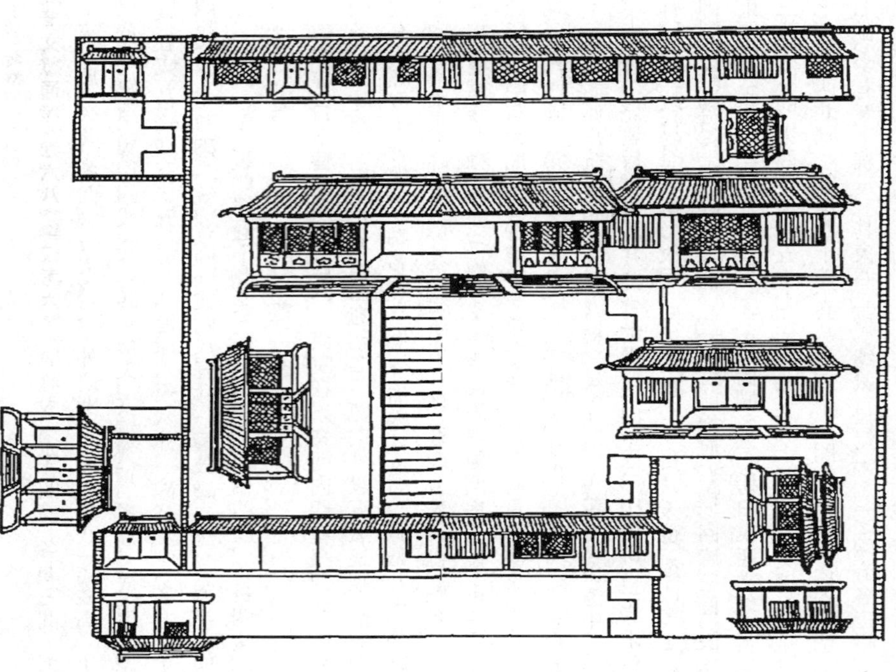

文慶等《國子監志》卷二六《監制・鑲藍旗官學》　鑲藍旗官學在甘石橋。大門西向，學堂南向。入大門，南折至儀門，門左右屋共七楹。其北，堂三楹，西廂三楹，東向。堂之左，屋再重，各三楹。其南有西向屋三楹，又南有北向屋二楹。堂北講室九楹。

文慶等《國子監志》卷二七《監制二・建葺》　順治元年，我世祖章皇帝定鼎燕京，命飭新國子監，擴元明之舊。左廟右署，規制大備。時祭酒李若琳疏言：滿洲官員子弟咸肄業成均，而臣衙門在城東北隅，諸弟子往返晷短途紆，易妨講習，請于滿洲居處之地，各擇空宇一區，立爲書院，以國學二廳六堂，學官分教。八旗子弟，滿洲十六人，蒙古八人，仍設學長四人，均就書院，萃處朝夕訓迪。月之六日，師生入監考課，以示勸懲。下部集議。順治二年，得旨允行。祭酒薛所蘊又請，凡滿洲子弟就學者分四所，以京省生員十人充伴讀，十日一赴監考課，春秋演射，各就本處習練，俾文武兼資，以儲實用。詔從之。

順治十一年，命修國子監廨署。謹案：時工部定議，委官修葺國子監署，動支監中積貯。銀不敷，由部增給。嗣後如有損壞，國子監自支。額設錢糧，量行修葺。詔從之。

康熙十八年，命修先師廟啓聖祠，至二十二年落成。

康熙四十一年，聖祖仁皇帝蕩平朔漠，遣官告成，發帑大修聖廟，並繕葺監署，以和碩理親王董其事。

雍正元年，命修國子監講堂、學舍。修葺事宜，均禮部會同工部經理。計共支帑金九千兩有奇。

雍正五年，允監臣孫嘉淦奏，命八旗每旗別給官房一所，各寬二十餘楹，可容百人。誦習者以爲學舍，仍飭本旗修葺完固。其嚮爲官學之屋宇，各令交還本旗。謹案：時以八旗就學者衆，嚮時官學屋隘不能容故也。

雍正六年，俄羅斯國遣陪臣子弟魯喀佛多德宜畹喀喇西木等觀光國學，特命即舊會同館設俄羅斯館教之。

雍正九年，工部左侍郎兼理監事鄂爾奇、祭酒孫嘉淦疏奏，直省拔貢必須在監居住者三百餘人，六堂難于棲止。查國子監門外方家衚衕官房一所，舊有二百餘間，今只存一百四十二間，與國子監相去數武，懇恩賞給國子監衙門。臣等于每年公費銀兩內，動支修葺，令拔貢及助教等就近肄業。詔從之。

乾隆二年，國子監奏請修葺彝倫堂及兩序，詔工部委官經理。計支帑金四千八百兩，制錢三千貫有奇。

乾隆二十四年，國子監奏請修葺，特命莊親王及內務府大臣督修，廨署、御書樓輝煌鞏固，視舊有加。計支帑金二萬九千五百三十三兩有奇。

乾隆四十八年春二月丁亥，上親詣國子監，釋奠先師禮成。特命尚書德保、劉墉、金簡、侍郎德成等，仿照禮經，于太學門內、彝倫堂前

興建辟雍監。臣又奏請將彝倫堂及六堂東西廂一律修葺。得旨允行。四十九年冬，辟雍新工告成，隆規炳爍，學制大備，誠千古希逢盛典。計支帑金三萬有奇。謹案：凡大修國子監廨署，由監料估，凡物之直銀二百兩以上，工之直錢五十貫以上，照例奏明，交工部校辦。奇零工程，隨時咨部繕治。歲修南學，本監派員經理，于恩賞銀内支銷。修理八旗官學，本旗滿洲、蒙古漢軍各都統會估，派員經理，于本旗房租銀内支銷。辟雍工程，特簡派大臣發帑興建。

《清文獻通考》卷六八《學校考六》　辟雍殿一座，四面，各顯三間。内明間，面濶二丈一尺，次間，各面濶一丈六尺。外週圍廊，深六尺八寸，柱高一丈六尺，徑一尺八寸，擎簷，廊深四尺三寸，四脊攢尖，安銅寶頂，重簷。成造琉璃牌樓一座，面濶五丈五尺，高三丈五尺五寸，進深六尺六寸；碑亭二座，各方二丈，柱高一丈四尺五寸。石碑二統，各高一丈六尺五寸；鐘鼓廳二座，各方一丈四尺，柱高一丈；圓河一座，裏口徑過十九丈二尺，深一丈；橋四座，各長四丈，寬二丈二尺；丹陛二道，長二十一丈九尺，寬二丈二尺。

于敏中等《日下舊聞考》卷四八　貢院在崇文門内觀星臺西北，南向，外東西甎門各一。乾隆二十七年增南面甎門二。甎門外設五城巡牆官廳三楹。東甎門内有明經取士牌樓一，點名廳六楹，守備廳三楹，監試廳九楹，外廳三楹。西甎門内有爲國求賢牌樓一，外供給所房九楹，進題公館六楹，點名廳六楹，守備廳三楹，監試廳九楹，外廳三楹。又東西側設内甎門房三楹，東西官廳三楹。南面照壁一，中有天開文運牌樓一。第一龍門五楹，有貢院墨字扁一。内東側五魁祠三楹，西向。第二龍門五楹。第二龍門有龍門金字扁一。東側都統、參領房十二楹，西側都統、參領房二十八楹。第三龍門至至公堂甬道中，有明遠樓二重，下馬牌上懸諭旨。東西井三堂七楹，扁曰至公，中懸御書「旁求俊乂」四字。聯曰：立政待英才，慎乃攸司，知人則哲；與賢共天位，勗哉多士，觀國之光。御製四詩勒石堂中，護以朱欄。至公堂前抱廈五楹，回廊三面，設木栅欄。堂之東西設大庫。東西更道各長二十丈，栅欄各一，榜曰東西文場。自至公堂至第三龍門以内，東西號房各五十七連，共九千六十四間，東文場内又設官生號房六十一間，西北隅小號房四十連，共八百三十六間。至公堂後内龍門，門内聚奎堂七楹，中有聚奎扁一。其東西二楹，總裁官居之。堂之兩旁各三楹，副總裁官居之。堂後有穿堂三楹，兩側刷印刻字房各五間。最後會經堂五楹，有會經堂扁一。兩旁御史住房各一楹。又兩旁經房各四楹，東西經房各五楹。凡經房，十八同考官居之。供事收掌房各三間，庭中井一。至公堂東，御史廳三楹。東提調房二層，每層三楹。謄録所六層，每層五楹，大供給所二層，每層十楹。東廂房二層，每層三楹。南面大廚房四間，飯房四間，庭中井一。至公堂西，監試大廚房四間，收掌房三楹。御史廳二層，每層三楹。受卷所二層，每層四楹。彌封所二層，每層四楹，又側座三楹。東西南北瞭望樓，四週圍外棘牆一，牆高一丈五尺；内棘牆一，牆高一丈。遇鄉試年，大興、宛平二縣詳順天府咨行工部修理。《順天府册》。

臣等謹按：貢院舊制，惟設東西兩甎門，其南向之大門、二門，向亦俱止三楹。乾隆二十七年，皇上軫念士子守候唱名遲滯，特命於南照壁增闢甎門二，偏東者曰東南甎門，偏西者曰西南甎門，俾應試者四門分入。其大門、二門亦易三楹爲五楹，以免搜檢擁滯。作人德意，即此可以仰窺萬一矣。

華北

《〔正德〕大名府志》卷五《公宇志・學校》　大名府儒學在城東南隅。宋在舊城，爲陪京辟雍，黄庭堅嘗教授於此。金、元爲總管府路儒學，迨至元末，更總管梁千輩凡五經營之。翰林學士李謙有記。《大名路重脩廟學記》：大名在宋爲陪京，其廟學曰辟雍，有大觀碑石存焉。在金爲總管府設學養士，生員有定，寮屬文資者，率以提舉學校繫御，更代之日，迭相授受薦經。喪亂蕩無孑遺。國初，有司刱小殿，繪聖師十哲像事之。歲庚子，總管梁侯千即其基構殿，奉聖像，以故殿爲大成門，闢講授之室於其左，四齋回合以居學者（壬）〔士〕子也。可斷事官小李鈐部其子小鈐部來蒞府事，請於朝，以本道曆日錢崇飾貌廟，刱兩廡，繪七十二先儒於壁。至元二十三年，小李鈐部之孫、嘉議大夫、大名路達魯花赤萬奴李公在任時，參議中書省事何侯來爲總管，下車未幾，捐俸脩學。士民知所嚮慕，輸財赴工，不和而集。别爲講堂，儲書萬餘卷，起重樓貯之，以故講堂爲東書院。買田幾三十頃，立僦舍五十八間，取其租直之入給師生徒，由小學升府學，復其差繇，學成薦之朝，以備官使，立爲定法，而何侯去。又四年，燕南河北道廉訪司治大名使堅童洎張孔孫經歷田澤，以勵學明化爲務，謂大之。二十九年，燕南河北道提刑按察使王公彰誾倡其屬，撤大成門增賢廡庫陋，盍議更葺，率所屬割俸爲之助，嘉議李公萬奴任其役，命經歷王或董之，增建兩廡六十餘楹，故廡四十則移爲東西序。至落成，教授安陽王彧狀其本末，貽書記其事。竊謂古者諸侯世治一國，身任化民之寄，有曠日彌年求尺寸之功無聞焉者，矧後世牧民之吏，不得久於其職，將紓急捄過之不暇顧，欲責學校之功，難矣。大名自梁侯千迄於今，凡五十餘年，而廟學之制始完。其儲書植産爲經久計者，何侯惠淑後學厥功火矣。嘉議李公嗣成先志，樂於

爲善，可謂能卒前功者也。若王提刑彰間、張廉訪孔孫，所以倡率縱臾，以率斯役者，固有賴焉。今士子居有室廬，食有既廩，習讀則有書矣，講授則有師矣。惟其知所以學，則有望於邦之人。蓋天秩彝倫，其爲品有五，人君代天爲治，施有攸尚。其爲教亦五，舜命契敬敷者此也，皋陶明刑以弼者此也。夏殷之季，綱常紊亂，成湯肇脩人紀，武王重民五教，皆是物也。周室擾兆民則敷之，君牙和民則又敷之。古先聖王所以設官分職、訓迪斯民者，無外乎是。原其設爲庠序學校之意，凡以明此而已。後世以科舉取士，學者爲利禄所汩，國家之所尚，父兄之所教，詞章記誦之外無與焉。噫！詞章記誦，學之末也，舍本逐末，非學。幸國制簡易，取人之法未立，爲士者盍亦忘本爲已，返古道斯可矣。古道且不可復，明經脩行，蹈先漢之風，猶之可也。至正間，兵燬。國朝洪武初，葺之。三十四年，水復廢。明年隨府治徙此。永樂元年，知府倪天興建明倫堂。八年，通判王政建齋。宣德三年，知府夏忠重建明倫堂，教授邵式記之。繼復恢拓其規，而知府李輅踵其緒，加藻飾焉。記之者，脩撰澶淵劉矩也。《大名府重脩廟學記》：大名儒學，昔在舊城府治之左，南臨衛河，望之隱然，蓋宋所遺之辟雍也。宋三百年間，斯爲用武之地，時君世主，恒駐蹕於斯，故其所構殿廡堂舍，規模壯麗，非他郡邑所可比擬。元至正間，既燬於兵。國朝洪武中，因其故址而剏建之，其制亦簡且累。永樂改元之初，淪於河水，人弗適於有居，乃徙於今府治之東。創建之制，取具於一時，荒忽苟簡，人士病之。吏於斯者，雖嘗加修葺，而因卑就故，後先相襲，俗化之所，不其缺歟？宣德間，睢陽夏公忠由進士爲行人，擢守茲郡，下車之初，率其僚佐而往謁之。俯仰徘徊，歎其卑隘，慨然以興壞起廢爲己任。財取於閭閻之義，丁役於在官之餘。而又與同知滎陽張公復、通判范邑石公浩、鳳陽張公繼宗輩各捐己俸，市木於異境。材既具，衆工並作，以後爲恥，於宣德乙卯孟秋朔旦始事，於正統丁巳仲春十有二日落成。有殿有廡，有堂有齋，樹以佳木，繚以周垣。靈星戟門，神厨餘廩，亦皆斥而大之。既而九載績蒲，適金陵李公輅以監察御史膺薦，繼守厥土，喜其事之有成，而復增益其所未備。自宣聖以至十哲，悉作儀象，覆以帷幔。從祀歷代諸儒，咸繪於壁。百爾器用，罔不畢備。春秋釋奠往來，與師生升降揖讓於其中，人情莫不大悦，咸加稱歎。嗚呼！天下之事，義之可爲者常多，人患不爲，與夫怠於終而止耳。惟其不怠以止，則何爲而不遂哉？觀公之經營乎學舍是已。傳曰：至誠而不動者，未之有也；不誠，未有能動者也。向使爲之於始者，其志弗鋭；繼之於後者，中或輟焉，則事之有弗遂矣。事苟弗遂，又將何以動於衆而服其心乎？此郡人之所以於他守之良者，固皆憂之，而其愛二公者，特深觀其所愛，則其爲政於斯郡者，從可知矣。今年秋學教授趙君本恐其事之弗章也，乃走書於矩，需文刻石，以傳不朽。噫，推趙君之心，豈愛人之意，雖一善不以廢，而因以及乎其跡耶？其亦欲揚厥美，因以激乎後之爲郡者耶？夫人之有一善，而其人楊之如此，矧仁人莊士風被於後世者，如何哉？天順三年，知府王正撤堂新之。成化十四年，知府沈浩鑿泮池，廓門序，建齋進德脩業，日新時習。廡，而學制又一新焉。翰林學士李東陽記其事。《重脩廟學記》：郡縣之有孔子廟，自唐已然，歷宋及元，莫之或改。我國家學校徧天下，廟祀孔子，以顔、曾、思、孟四子爲配，閔子以下十人爲哲，皆序列殿上；澹臺滅明以下百有九人，從祀左右廡。每歲春秋仲上丁日，郡縣長吏率師生釋奠，月朔望必謁比，諸國學以爲恒制。嘗聞之故老云：高皇帝開國建學之初，或議有天下孔廟，有大臣言，今萬壽聖節，天下吏士皆賀於其上，不以爲煩，士之於師，與臣之於君，一也。其議乃定。今上用禮官，議設天子禮，樂增八佾，籩豆十有二，蓋自有孔子以來，褒崇之典，無若是盛也。閱歲既久，有司視學校爲末務，而廟尤甚，分藩按部，所以爲毀譽殿最者，不於是須焉？夫師教於上，士學於下，無堂室以爲居、廩餼以爲食，則無以施教而成案，況觀德報本之所在，豈可以一日廢哉？故爲有司而崇廟學，示天下儀觀爲風教之本者，君子謂之知務。然其所以又不獨規制器物，形與數之間而已。大名府儒學舊在府治之東，洪武辛未，河決城圮，乃徙於西八里，建學於府治之東南，今所謂府與學者是也。永樂乙酉知府顧鼒，正統戊午知府李輅，天順庚辰知府王正，相繼修葺。義而復敝。成化丙申，吾友上元沈侯來知府事，謁廟觀學，惟殿堂頗完，自餘皆湫陋傾側，規制弗稱。欲更圖之，而會其費甚鉅未給也。乃於政暇蓄貲聚材，越二年，政民悦而後從事。凡爲廟殿，易朽木壞甓，而重覆之。建東西廡凡四十有二間，戟門爲三間，靈星門三，塑兩廡像皆備。鑿泮池，深一丈，周二十倍，疊石而橋之者三。凡爲學，新其故堂，堂左右建四齋，間共十有二。築講肆之室，以間計者減兩廡之二。作門其前，而垣其四周四百餘丈。日累月積，閱一歲而成焉。大名畿輔鉅郡，爲北地衣冠藪澤，而廟學宏壯，輝耀遠邇，爲一時巨麗。甄陶作育之效，詩書禮義之化，皆可占而見也。是非存乎人而然哉！侯名浩宇惟廣，舉丙戌進士，爲御史有名，及爲府，清慎詳密，下孚上獲，蔚爲時望。佐是役者，同知趙宗繼、鄭文通、凌英、張輝，推官呂卣、張鋭。徵予記者，教授應廣平筆及其諸生李鳳儀等百餘人。而致其事於予者，進士元城錢君敬也。學有劉忠定公祠在戟門西，亦回舊爲新者，以其麗於學也，故附著之。弘治四年，知府李瓚建饌堂，備雅樂。十二年，知府韓福鋭志恢飭齋寢堂序，赫焉改觀，又增補器數之缺。於是大名廟學之盛，屹然爲畿輔具瞻矣。

《〔弘治〕永平府志》卷七《學校》 儒學在府治北一百五十步，洪武初開設。正統八年，知府李文定以舊制卑隘，恢拓之。天順六年，知府周成新殿堂，立門屏，庖廩具備。成化六年，知府王璽復建廡肖像，增立厨、庫、號房。成化二十三年，知府王問脩葺堂號房舍，置備祭器。弘治十三年，知府吳傑重脩殿廡，建櫺星門，增明倫堂、抱廈，創宅舍以居師徒，鑄器用以奉祭祀。又以學官前道路狹隘弗稱，復市民居，廓而廣之。規模制度睎昔益加。大成殿五間，創建莫考。元延祐丙辰，永平路總管府達魯花赤也孫禿等脩建。至正戊子，永平路總管兼本路諸軍奥魯、總管賈惟貞等重修。皇明，知府李文定等修建不一。

《〔嘉靖〕河間府志》卷五《宮室志・學校》 府儒學在府治東南。元至元六

年，户部侍郎萬嘉閭出守河間，脩廟學，又爲精舍。洪武初，詔建天下郡縣學。永樂二年，知府崔衍增置。弘治初，知府謝文恢弘舊規，知府施槃相繼脩葺，知府陳珂增塑賢像。凡先師廟拜，兩廡，戟門，櫺星，尊經閣，明倫堂，射圃亭，神厨，暨體仁、嘉會、利物、貞固齋號，倉舍若干楹，規畫咸備。正德十五年知府張羽，嘉靖十八年知府郜相，俱加脩葺。先師廟在明倫堂之前，漢高帝十二年，詔諸侯王卿相至郡國者，先謁孔子廟，而後從政。

《（雍正）畿輔通志》卷二八《學校・順天府》 順天府學在府治東南教忠坊。明洪武初，以元大和觀地爲大興縣學，國子監爲府學。永樂元年，改北平布政使司爲順天府，仍以府學爲國子監，大興縣學爲府學，即今所也。大興、宛平二縣生員俱屬府學。九年，同知甄儀建明倫堂東西齋舍。十二年，府尹張貫建大成殿，又建學舍於明倫堂後。宣德三年府尹李庸、正統十一年府尹王賢相繼擴而新之。歷經成化間府尹張諫、閻尹鐸、萬曆間督學御史商爲正、楊四、知府尹朱孟震相繼修建，規制始備。內建大成殿兩廡，神庫，戟門，泮池，櫺星門，明倫堂，進德、修業、時習、日新、崇術、立教六齋，尊經閣，敬一亭，文昌祠，奎星樓，庖舍，牲房，射圃，廩庚會饌堂，左右齋舍及學官衙署。門外牌坊二，額曰「育賢」，東西對峙。其規制，各府州縣大畧皆同，或廟學有左右前後不同者，則各因地便耳。歲久漸頹。本朝順治己亥，府丞王登聯題請修葺，旋以遷官去。接任府丞劉鴻儒繼理其事，築立崇垣，重修大成殿及兩廡、泮橋。康熙四年，府丞高爾位補修大成殿、大成門、櫺星門，儒學大門二門，奎星樓，明倫堂，併啓聖、名宦、鄉賢各祠。康熙二十五年，聖祖仁皇帝御書「萬世師表」匾額，懸於廟中。雍正元年，皇上特發帑金徧加修葺，廟貌維新。又奉旨追封先師孔子五代王爵，改啓聖祠爲崇聖祠。三年御書「生民未有」匾額，懸於廟中。

《（雍正）畿輔通志》卷二八《學校・昌平州》 昌平州學在州治東，本在舊治西。明天順三年，與治俱徙。萬曆二年，兵備副使任彬、岳汴，知州牛若虛擴大成殿，立諸祠堂。丙申年兵備副使陳一簡、知州趙堪、田廓，天啓四年兵備副使藥濟衆、主事蕭思似、知州徐士俊，崇禎十二年兵部侍郎李日宣，本朝順治十四年參議石在閶、僉事戴聖聰、知州蔡廷輔，康熙三年知州趙之張，十一年兵備副使耿繼先、知州吴都梁，相繼增修。

《（雍正）山西通志》卷三七《公署》 貢院在迎澤門東，承恩門西，面城背水，形勢崇高。其地四十七畝有奇，圍四百一十三步。明指揮使陳彬故宅，以西南角水池及空地易之。正統十年，建牌坊三間，額曰「登明選公」。明遠樓額曰「爲國薦賢」，又曰「日監在茲」。瞭望樓四額曰：東觀，西壁，斗横，宿曜。供給有所，吏承有房，號舍萬餘間。至公堂七間，彌封、對讀、謄録、受卷各一所，衡鑑堂五間，藻鑑堂五間，內簾掄材堂七間，五經房十二間，提調、監試、收掌、試卷館各一區。萬曆癸酉，就南城壁起奎光樓、登仙橋，規模壯麗，甲於他省。

《（雍正）朔州志》卷四《建置志・學校》 文昌祠在城中大街道北。明洪武初，鄖陽侯鄭遇春開設朔州衛，建府。嘉靖二十一年，設爲總督制府。二十七年，總督移駐陽和，改爲巡按御史行臺。國朝康熙四年，知州辛良器移建文昌祠於中。四十九年，知州冀靖遠倡率捐募，重建正殿五間，居北正中。後有基址，俟建寢宮。東西配庭各三間，左右南北畫廊一十二間。百尺樓三間居中，通前後左右有角門。東西鐘鼓樓二座。天聖坊一座三架，左右有角門，東西畫廊各三間，樂樓三間，中有屏門，大門三間，牌坊一座三架。上懸「文燦三垣」匾，中設屏楔，東西有砌垣，角門。規制弘敞，爲郡大觀。

《（乾隆）熱河志》卷七三《學校一》 文廟在承德府治之東。東、西牌坊各一座，向東額曰「教垂萬世」，曰「道洽八埏」；向西額曰「執中含和」，曰「參天兩地」。中櫺星門牌樓一座，額曰「化成久道」。內泮池一。大成門一座，內碑亭一。大成殿五楹，正位奉至聖先師孔子神位，御書額曰「廣大中和」，聯曰：有開必先冠古今而垂教化；無思不服合內外以振文章。四配，祀復聖顏子、宗聖曾子、述聖子思子、亞聖孟子。十二哲，祀先賢閔子、冉子、冉子、宰子、端木子、冉子、仲子、言子、卜子、顓孫子、有子、朱子。東廡十一楹，祀先賢蘧瑗、澹臺滅明、原憲、南宫适、商瞿、漆雕開、司馬耕、梁鱣、冉儒、伯虔、冉季、漆雕徒父、漆雕哆、公西赤、任不齊、公良儒、公肩定、鄡單、罕父黑、榮旂、左人郢、鄭國、原亢、廉潔、叔仲會、公西輿如、邽巽、陳亢、琴張、步叔乘、秦非、顏噲、顏何、縣亶、樂正克、萬章、周敦頤、程顥、邵雍。先儒公羊高、伏勝、董仲舒、后蒼、杜子春、諸葛亮、王通、范仲淹、歐陽修、楊時、羅從彦、李侗、吕祖謙、蔡沈、陳淳、魏了翁、王伯、趙復、許謙、吴澄、胡居仁、王守仁、羅欽順。西廡十一楹，祀先賢林放、宓不齊、公冶長、公晳哀、高柴、樊須、商澤、巫馬施、顏辛、曹卹、公孫龍、秦商、顏高、壤駟赤、石作蜀、公夏首、后處、奚容蒧、顏祖、句井彊、秦祖、縣成、公祖句兹、燕伋、樂欬、狄黑、孔公、公西蒧、顏之僕、施之常、申棖、左邱明、秦冉、牧皮、公都子、公孫

丑、張載、程頤。先儒穀梁赤、高堂生、孔安國、毛萇、鄭康成、范甯、韓愈、胡瑗、司馬光、尹焞、胡安國、張栻、陸九淵、黄幹、真德秀、何基、陳澔、金履祥、許衡、薛瑄、陳獻章、蔡清、陸龍其。

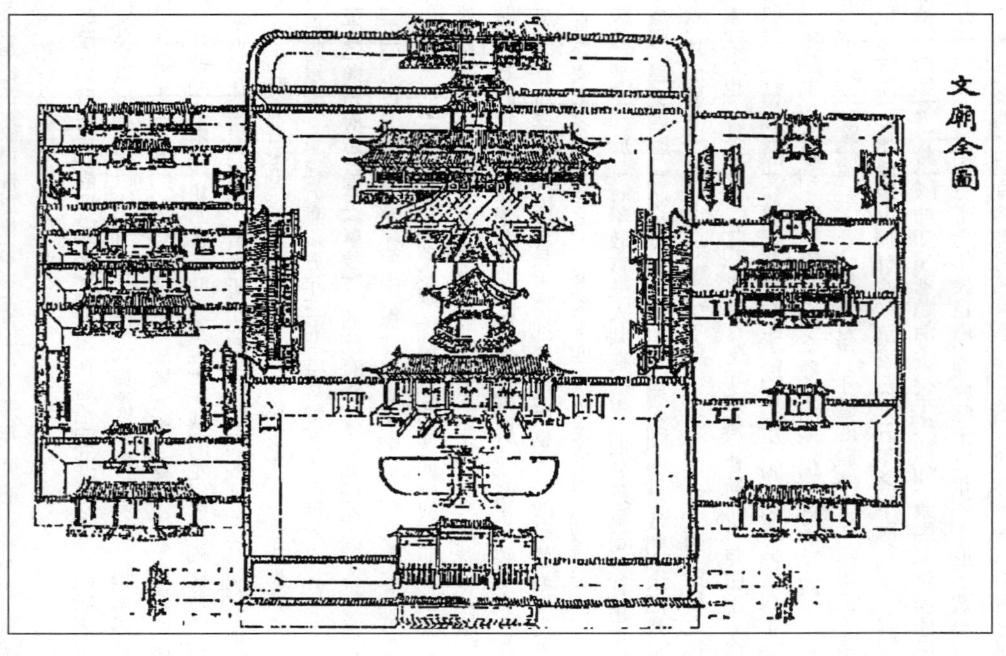

文廟全圖

崇聖祠五楹，祀肇聖王木金父公，裕聖王祈父公，詒聖王防叔公，昌聖王伯夏公，啓聖王叔梁公；先賢顔氏，曾氏，孔氏，孟氏；先儒周輔成，程珦，蔡元定，張迪，朱松。文廟東首，御座一所，宫門一座，垂花門一座，尊經閣五楹，神厨一座，神庫一座，犧牲亭一間。文廟西首，學門一座，垂花門一座。東、西齋房各七楹，東曰進德，曰日新；西曰修業，曰時習。明倫堂五楹，教授署一所。

《〔乾隆〕宣化府志》卷一二《學校志》　府學，《畿輔通志》：在府城東南，明宣德七年建。《宣化縣志》：在府城，本萬全都司學前。明宣德七年，總兵都督譚廣奏建，大學士楊士奇有記。萬曆二十三年，巡撫王象乾復展拓之，建尊經閣于左。侍講葉向高爲之記。《宣鎮志》：弘治辛亥，漸圮。左僉都御史楊謐重修，大學士劉健有記。本朝康熙八年，更爲宣府前衛學□護理口北道印務下，北路通判王玉鉉請也。二十六年，以臺臣趙之請，修葺文廟祭器。三十二年，改爲宣化縣學。

按：縣當作府，蓋本府學而縣學附之也。

《〔乾隆〕順德府志》卷三《學校》　儒學在府治西北，建自唐，尋廢。元至元間重建。明天順四年，知府楊浩重修。成化六年，知府黎永明重建大成殿、東西兩廡。正德元年，知府郭紘重建櫺星門，甃泮池橋，鑿二井，起亭名「淵泉活水」。嘉靖五年，知府于桂重修。萬曆十一年，知府王守誠重修，更建四週垣墻。改舊匾「先師廟」爲「文廟」；改左、右二坊舊匾「德配天地，道貫古今」、「删述六經，垂憲萬世」爲「祖述堯舜，憲章文武」、「上律天時，下襲水土」，規制始壯。國朝雍正十三年，知府朱鴻緒重修大成殿、戟門、櫺星門、東西兩坊。中爲大成殿五楹，東西兩廡各七楹，前戟門、泮池，又前櫺星門，左、右二坊，坊外二門樓：東曰聖域，西曰賢關。

《〔乾隆〕潞安府志》卷七《廟學》　潞安府儒學在郡治西南。金申良佐《興學賦》云：見之碑刻，李唐以來已有之。金明昌間，節度李晏重修。毛麾記曰：正殿中峙，長廊翼舒，殖殖其庭，高門有伉。殿次起堂，以待横經問道，燕談仁義。中門東西兩序，對爲廳事，以俟謁奠之官，更衣望揖。至於生徒齋館，貯藏庫廪，一一備俱，莫不棟宇雄壯，丹堊鮮華。元初燬。判官崔亶始建大成殿。至元十二年，州守陳伯福增廣繕葺。至正間，知州張景巖、同知王思温繼修。明洪武九年，同知張三同撤舊更新，孔克表記。弘治間，知州馬暾復侵地，塞徑途，增飾完整。嘉靖七年，陞州爲府。知府宋圭孫國繼葺。萬曆乙未，知府劉復初始建尊經閣於北，文昌、魁星、義陽王三樓於東。翁正春記。後知府張廷相合建文昌、

魁星樓於巽方，傅新德記。國朝順治十五年，知府楊晙率生員趙維煌、張其祥重修。康熙十八年，知府程憲重修，王鼐記。三十三年，知府劉駿名重修，王綸世記。雍正元年，知府邱璋重修明倫堂。八年，知府王景望重修，閻充衍記。乾隆六年，知府李肖筠、李爲棟重修，李之嶧記。十四年，知府方浩重修，粟培初記。二十八年，知府奇寵格重修，自爲記。

《〔乾隆〕寧武府志》卷四《學校》 府學在府治西北城之陽。繚以周垣，外爲大門，門外樹以屏壁，夾以兩坊。自大門入，爲泮池，池上有橋。橋南爲櫺星門，凡三間。入櫺星門爲戟門，入自戟門爲大成殿。殿五楹，左、右爲東、西兩廡，廡各五楹。其戟門傍東、西角門各一間，名宦祠在戟門左，鄉賢祠在戟門右，各凡三楹。齋宿房在櫺星門内左，省牲所在櫺星門内右，各凡三楹。明倫堂在大成殿後，堂左、右齋房各三間。崇聖祠三楹，在明倫堂東。其在崇聖祠南、櫺星門之東者，爲魁星樓。學建於雍正五年三月，唯尊經閣未及搆云。

《〔乾隆〕蒲州府志》卷五《學校》 蒲州府學，永濟縣廟學同。郡之學校肇唐開元時，至德宗貞元中，渾瑊鎮河中，復建文宣王廟，移於城南。常仲孺爲碑。宋以來仍之。元初遷學宫於州治東南，廟屋數間，僅備釋奠。明洪武初，州同知趙樋重建，拓而大之，則舊蒲州學也。國朝雍正六年，設府置縣而州廢，改州學爲永濟縣學，其教官亦歸縣學，而改學正爲教諭，於時府學未建。十三年，山西學政上言，請立府學，而更設學官，下禮部議，爲所格止。改縣學教諭爲教授，主府學事，其縣學則以訓導掌之。至乾隆十四年，學政德保以教官員少，疏請永濟縣學復設教諭一人，於是府學教官三人共在一學，而分其職焉。凡趙樵所拓建者爲大成殿，爲東西廡，爲明倫堂，爲啓聖祠，爲射圃、靈星戟門、東西齋，復設號舍四十六，其規畧備。而名宦、鄉賢之祠，敬一之亭，尊經之閣，則樋之後，明中世時所累建者也。其修學者知州，則宣德七年劉儀、正統十二年張廉、天順四年徐孚廉與孚之修也。薛文清瑄並爲之記。成化五年張本濟、弘治八年許鵬、嘉靖三十三年陳應和。應和既修學，復鑄祭器。尚書楊博爲碑。四十二年張佳允、萬曆二十六年鄗元桂、三十五年張羽翔，守道則嘉靖三十六年王之誥，時以地震學圮，之誥與知州邊像復加葺建。萬曆三十五年喬學詩，尚書孟時芳爲之記。崇禎十一年李一鰲，國朝知州則順治十六年馬翰如、康熙二年侯康民、三十七年知州李六成，守道則三十七年吴自肅，而康熙十三年州人進士賈濬、十七年教官張慶徵，皆繼修。其在今乾隆時修者，十年四月則永濟縣知縣潘學溥、十八年七月知縣孫際震。

《〔道光〕承德府志》卷一一《學校一》 文廟，大成殿五間，碑亭三間，大成門五間，崇聖祠五間，東、西配廡各十一間，尊經閣五間，犧牲所三間，省牲亭一間，明倫堂五間，東、西齋房各七間，教授衙署一所。泮池一處，橋一座。櫺星門一座，東、西牌坊二座。大成殿前月臺一座，焚帛鑪一座，門樓四座。估需銀七萬三千二百二十九兩二錢，請在熱河存貯備工銀内支用。其應造龕案、神牌、籩豆、供器及樂器、舞儀，應會同禮部太常寺查明，另行辦理。再查此項工程係在熱河地方修建，請派熱河道明山保就近會同臣等派出之司員，一同敬謹妥協辦理。十二月，禮部奏准熱河地方，每歲夏秋爲聖駕巡幸之所。今特興黌序，廣勵師儒，文物聲名宜從美備。現經臣英廉等照國學大成殿龕案陳設款式，遵旨辦理。所有兩廡及崇聖祠龕案，並各神牌位次，均照太學成式製造安設。至祭品、樂器及一切供器，除所供特頒周時法物外，臣等謹查照太學所用各器，另備細册，交臣英廉等如式製造。再查太學例，用文舞生三十六人，樂生五十三人，執事生二十八人，應會熱河道轉飭所屬，慎重遴選，照太學名數充補，由太常寺酌量揀派熟諳音律、禮儀者前往教習。如恭遇皇上駐蹕熱河，或親詣行禮，或遣官行禮，樂章照太學所奏。其香帛、祭器，應請照致祭闕里之例，由地方官備辦。若係該地方官承祭之時，所用樂章祭器等項，均照直省學宫辦理。熱河設學事宜。

《〔道光〕承德府志》卷一三《學校三·振秀書院》 振秀書院，在城隍廟之西，道光八年，承德府知府海忠移建。大門一座三楹。二門一座三楹，迤東翼室二楹，東、西廂房亦各三楹。講堂三楹，東、西翼室各二楹。後爲院長硯齋三楹。大門額曰「振秀書院」，講堂額曰「砥礪廉隅」，皆都統英和書。講堂前楹額曰「紫塞同文」，知府海忠書。

《〔道光〕承德府志》卷一三《學校三·平泉書院》 平泉書院，舊在州治南里許，乾隆十一年，同知明德建。乾隆三十八年，同知明興移建州署之左。明興有《重建平泉書院碑記》。嘉慶十四年，同知麟昌重修。大門一楹，門内左爲魁星閣。二門一楹，講堂三楹，左、右翼室各一。又文昌祠三楹，左右丙舍、東西廂房各二楹。後爲院長書室五楹。

《〔光緒〕祁州續志》卷一《建置志·學校》 學宫重修於道光廿六年，漸多傾圮。同治十二年，學正張訓導龐請趙牧伯倡捐籌款，自崇聖祠、大成殿、兩廡以

及戟門、櫺星門、泮池、照壁、前後甬道、圍墻，一律重修。照壁内舊成通衢，兹於照壁兩翼增建兩門，東曰聖域，西曰賢關。俾風水團聚，既壯觀瞻，亦昭嚴肅。從此文風稍振。

文昌宫在學宫左，基址無存。同治十三年，經趙牧伯倡捐籌款，建正殿三楹，大門三楹，並照壁圍墻。祁之文風，遂從此益振。

文昌閣在東城上，漸就傾圮。同治十一年，趙牧伯捐廉重修。

義學舊在州治前。自乾隆年間，業經廢弛，百餘年來，基址亦皆烏有。同治十二年，趙牧伯與南關貢生卜應昌共議捐資籌款，交當行生息，於南門外關帝廟左創建東書房三間，南北書房各二間，厨房一間，周以門墻。次年，即延師訓蒙，又擬師説條規懸掛學内，並稟請立案，以垂久遠。雖曰小學，已立大學之基矣。

《〔光緒〕祁州續志》卷一《建置志·學校·貞文書院》 貞文書院舊在文廟後，久經廢圮，遺趾無存。光緒六年，經朱牧伯與闔邑紳士卜君應昌等共議，捐資籌備鉅款，於文廟西隅營建大門三間，左、右耳房各一間。門内分東、西兩院。東前院北房三楹爲講堂，餘俱諸生精舍，計東、西房各三間；後院北房三間，東、西房各三間。西前、後院各房俱如東院式。不數月而落成。餘資發商生息，以作膏火經費，延師主講諸生肄業，其中每月初二日官課，初三日齋課，議定章程條規，刊碑遵守，將見人文日盛焉。

《〔光緒〕保定府志》卷二八《禮政略一·學校》 文廟在府治東南，舊在府治。北宋熙寧四年建。元至元二十年，順天路總管萬户張柔移建今地。至正十年，廉訪使宗紹明重修。明正統十一年，知府常景先增葺。成化二年，知府張律重修。十七年，知府沈純始製樂器。弘治四年，知府趙英修明倫堂。十六年知府董傑、嘉靖九年知府屠澐、十五年知府汪堅、四十二年知府嚴清，各有修葺。萬曆十年，僉事曹子登、知府張振先濬泮池。十五年，知府查志隆、李楠，同知王之士重修。二十四年，知府杜潛起翼樓，擴學地。天啓七年，知府魏尚賢、祝萬齡重修。舊志。國朝康熙三十八年巡撫李光地、六十年知府馬兆辰、雍正三年總督李維鈞、四年總督李紱，先後增修。道光七年，總督那彦成、布政使屠之申重修。

《〔光緒〕續太原縣志》卷上《學校》 太成殿六楹。夆三尺八寸，崇四丈五尺，深四丈。重修。東西廡凡三十二楹。起基三尺，袤四十有六丈，崇一丈七尺，深二丈二尺。俱重建。名宦祠四楹。起基二尺，崇一丈五尺，深一丈七尺。重建。鄉賢祠四楹。起基二尺，崇一丈五尺，深一丈七尺。重建。忠義孝弟祠四楹。起基三尺，崇一丈五尺，深一丈七尺。重建。

《〔光緒〕忻州志》卷一一《學校》 忻州儒學在州治西北。舊在治西南九龍岡後，晉天福二年建。金天德、大定間，知州傅慎微繼脩。元皇慶間，知州白朝列又脩。明洪武三年知州鍾友諒，宣德、天順間學正楊瓛、知州夏至明，次第繕葺。成化間，知州劉清重脩。陳璧記。弘治五年，知州王軒徙建今所，規模宏敞，視舊有加。徐溥、李東陽胥有記。東陽記曰：王侯重煩民，不欲有所徵，適發地得藏錢十萬，曰：此可以供役矣。物計而工給之，沛然有餘。嘉靖十一年，知州韓希顔增脩。十八年，學正徐宗堯闢學門，設射圃，建講堂。黨承志記。萬曆、崇正間，知州楊維嶽、丁元模重脩。國朝康熙十六年，知州柯弼倡脩。二十七年知州金玉相、五十八年署州牧蔡夢奇繼脩。

東北

《〔乾隆〕盛京通志》卷四三《學校一·奉天府》 儒學在府治東南隅。考明時瀋陽中衛學在衛治西北隅，正統元年重建。本朝天聰三年改建於此地。初建聖殿三楹，戟門三楹，櫺星門一座。康熙五年，增修學宫，並建啓聖祠。十九年，府尹梁拱辰重修聖殿。二十一年，府尹高爾位增建東西廡各三楹。二十五年，聖祖御製「至聖先師孔子贊」頒布天下，勒石學宫。二十八年，頒御書「萬世師表」扁額，奉縣大成殿。各州縣同。二十九年，立下馬牌於學宫外。三十二年，工部請修啓聖祠，增建明倫堂三楹、東西齋房各三楹、大門儀門，並東西角門各一座，樂器庫房、書房、西房各二楹，並設守衛步兵十名。四十九年，府尹廖騰煃率屬及紳士等捐資增修聖殿爲五楹，並增大成門一座、啓聖門一座、照壁一座、義路禮門各一座，繚垣二百丈。後又增建名宦、鄉賢祠各一楹。五十一年，奉朱子升配十哲之次。五十四年，以宋儒范仲淹從祀。雍正元年，追封孔子五代王爵，改啓聖祠爲崇聖祠，各州縣同。二年，復先儒明代黜祀者六人：林放、蘧瑗、秦冉、顔何、范甯、鄭康成，增祀孔子弟子縣亶、牧皮，孟子弟子樂正子、公都子、萬章、公孫丑，漢諸葛亮，宋尹焞、魏了翁、黄幹、陳淳、何工、王栢、趙復，元金履祥、許謙、陳澔，明羅欽順、蔡清，本朝陸隴其，共二十人。崇聖祠增宋張迪一人從祀。四年，世宗御書「生民未有」扁額，頒懸大成殿。各州縣同。九年，府尹黎致遠率屬及紳士等捐資重修殿廡門壁。乾隆元年，重修繚墻、明倫堂、東西齋

房、大門二門等處。三年奉頒御書「與天地參」扁額，恭懸大成殿。各州縣同。

《〔乾隆〕盛京通志》卷四三《學校一・遼陽州》 儒學在城東門內。元初設於舊都司治，後明洪武中都指揮潘敬、葉旺移建於此。永樂壬辰，都指揮巫凱塑先師及諸賢像。正統丙寅，都督王祥重修。景泰癸酉，御史謝𢢽建尊經閣。成化初，副總兵韓斌重修。乙未，御史潘宣置祭器。弘治壬子，御史宋鑑建四齋及東西號房。癸丑，鑿泮池。戊午，御史羅賢改建櫺星門。辛酉，御史車梁重建尊經閣。正德乙亥，御史劉成德修廡像，設雅樂。巡按高越續建名宦祠。嘉靖己丑，御史史褒善重修殿廡、堂、(齊)〔齋〕、泮池、三面坊牌，增建鄉賢祠。御史胡文舉建遼左書院一，習武書院一，社學六。後皆廢。本朝康熙十二年，知州吳承基請即舊址建聖殿三楹。四十九年，知縣富中琰捐資重修奉天府，經歷張禹錫、署州事與學正陳五紀續爲經理，增聖殿爲五楹。五十年，增建東西廡各三楹。五十一年，知州陳學海又增兩廡至十楹。五十八年，海城縣知縣王玉璐署州事，建崇聖祠三楹。六十年，知州王瀚建文昌祠三楹。雍正三年，建戟門三楹、櫺星門一座。乾隆二十六年，知州明德捐貲修葺，並增建明倫堂三楹、大門一座、西齋房二楹、東西耳房各三楹。三十六年，知州兆坊捐貲重修。三十八年，學正趙相增建東齋房二楹、大門班房三楹。

《〔乾隆〕盛京通志》卷四三《學校一・錦州府》 儒學在府治西，即明中左屯衛學。正統元年，巡撫李公濬疏請創建。成化己亥，指揮白欽增修。嘉靖丙寅，巡撫魏學曾、鎮守王治道等重修。江奎有碑記其事。本朝康熙五年，知府宋之鉉因舊制重修聖殿三楹，續修崇聖祠一所、東西廡各三楹、明倫堂五楹。十七年，知府劉源溥重修戟門、泮池等處。二十三年，知府孫成重修東西木坊二座。三十九年，歲貢陳芝秀於城東南隅建文昌宮。四十年，知府顧大位重修殿廡、坊門等處。四十二年，衆紳士建奎星樓。五十年，知府唐之夔、教授何來似同捐修戟門、泮池。五十八年，府尹尹泰偕、知府馬鍾華、知縣周廷槐、教授閻九疇倡率紳士等捐修聖廟，生員劉俶捐修照壁一座。雍正三年，文昌宮燬，紳士等捐資重建。乾隆三十八年，知府富察善等捐修殿廡。四十二年，知府阿敏等重修兩廡。又乾隆二十八年奉頒御製文廟碑文。十六年、四十一年，奉頒御製平定兩金川告成太學碑文二道。二十年奉頒御製平定準噶爾告成太學碑文。二十四年奉頒御製平定回部告成太學碑文，俱勒石明倫堂。

《〔乾隆〕盛京通志》卷四三《學校一・寧遠州》 儒學在州治東。明宣德五年建，景泰四年重修。舊有聖殿五楹，東西廡各十楹，戟門一座，櫺星門三楹，內東偏有鄉賢祠三間。已多傾圮。本朝康熙二十二年，府尹高爾位捐俸修葺。三十六年，知府李文熙於舊址捐修聖殿三楹，崇聖祠一楹，東西廡、戟門各三楹，大門一座，明倫堂三楹，大門內西偏增建忠義孝弟祠三楹。乾隆元年，知州吳秉禮捐修。二十八年，知州永亮重修。三十三年，知州克昇額倡率衆紳士捐貲增建崇聖祠爲三楹，並修理櫺星門、戟門、照壁、池垣等處。

《〔乾隆〕盛京通志》卷四四《學校二》 瀋陽書院，在學宮右，工部侍郎李永紹建。乾隆七年，府尹霍備率屬置買地基，捐建講堂五楹、東廂五楹、西廂五楹、羣房十一楹。三十一年，府丞李綬因書院膏火無資，奏請借帑營息。三十二年，將軍社圖肯等奏定，於奉錦二屬學田內，每年徵收銀兩彙交奉天府治中存貯，以作書院經費。掌教每年束修銀二百兩，薪水銀三十六兩。肄業生員二十四名，每名月給膏火銀一兩五錢，每年獎賞銀十三兩有零。

《〔道光〕吉林外記》卷六 吉林儒學在城內東南隅。乾隆七年，永吉州知州魏士敏建，廟宇黌宮諸制畧備。三十年，同知圖善於廟內東南隅隙地起奎星樓一間，上奉奎宿，下祀文昌帝君，其前修櫺星門三楹。五十五年，城內火災，廟學俱燬，惟奎星樓存。將軍林寧奏請官銀重新修葺，殿廡門堂煥然一新。嘉慶十一年，齋房又燬。十四年，奉天學政茹棻奉請頒內板經籍於奉省各學，飭建尊經閣。同知富元、學正孫鉽白、將軍秀林、副都統達禄，率所屬官員紳士捐資，修建尊經閣於齋房故址。此吉林廟學興建之源流也。廟在學之東，中爲聖殿三間，東、西兩廡各三間，啓聖祠三間在殿後，大成門三間在廡前。又前爲泮水池，池北東、西兩角門，東曰聖域，西曰賢關。正殿有白山書院在參局街。嘉慶十九年，將軍富俊買民居爲學舍，有房五間。十九年，原任吏部尚書鐵保謫戍吉林，榜以今名。將軍富俊以其地近市華囂，改修賓館，即舍後修學舍五間，榜以故額。其跋曰：此邦人士，重武備而略文事。將軍富俊、副都統松箖首創書院，延前歸德守熊西山之書、前經歷朱慎崖宇泰、前福建令朱玉堂履中主講席，彬彬絃誦，文教日興。余喜其創始之難，而樂觀其成也，於是乎書。

《〔宣統〕呼蘭府志》卷七《學務略》 高等小學，光緒三十二年開辦，凡一班，次年畢業。三十四年招生，次其高下分爲己、庚、辛三班。是年冬，己班生畢業。宣統元年，考升各初等小學畢業生，增爲壬、癸兩班。提學使張建勳以呼蘭學生

程度較優，庚、辛、壬、癸四班俱改爲中學預科。是(平)〔年〕冬，庚班畢業。高等小學定章有英文，本校並以兩班加授日文。學堂初在府城西街，即今第三兩等小學堂。後移東街，即今中學堂，在大街東胡同勸學所之東，爲周觀察寃所捐助。舊有房十四間，光緒三十四年，添購改建增爲四十七間，容學生百六十人。計講堂十二間，教員室九間，寢室十四間，接待室兩間，食堂三間，庶務室兩間，雜房五間。操場二，一在門内，一在接待室後。

《〔宣統〕呼蘭府志》卷七《學務略》 呼蘭高等工業實習學堂，光緒三十四年四月創辦。初，租本城北區民房，九月遷於南倉。晉通科目：國文、圖畫、理化、算數、英文五類。實習科目：織、染、粉筆三類。定額五十名，一年畢業。校舍：新建築者二十八間，皆磚房；又修葺舊房三十五間，移蓋板房十三間，共有屋七十六間。

華東

《〔乾隆〕山東通志》卷一四《學校志・廟制》 按：廟學崇祀配享，以及歷朝封號贊頌，俱詳闕里志。茲不複列，第詳廟制一二，以示同文之盛。而幾創建修舉，與官司人物，各州縣互有不同，故各志之。

廟門：舊名戟門。按宋太祖建隆年(閏)〔間〕詔，用正一品禮立十六戟於文宣王之廟内。徽宗大觀四年詔，用王者制廟門，增二十四戟。此戟門之名所由昉也。明嘉靖九年改戟門曰先師廟門。至廟門之外又另設櫺星門，以著尊崇之義。按《史記・封禪書》曰：櫺星，天田星也。蒼龍左角爲天田星，主穀。王者以教養爲職，養先於教，故以此名門。又櫺字取疏通之義，凡壇壝皆用之。孔子以人鬼廟祀而亦曰櫺星門者，是神明。孔子與天神、地祇竝重也。

大成殿：按宋徽宗政和四年御書「大成殿」額頒孔子廟，此殿名大成之始。自是郡縣學俱稱大成殿。

明倫堂：按漢章帝元和二年，帝詣闕里御講堂。此堂之見於闕里者。魏晉以後，凡建學之地皆有講堂。元世祖至元十三年，雲南行省平章賽典赤始建明倫堂，購貯經史，因下其式於諸路。明洪武十五年，詔頒臥碑置明倫堂左。碑用石廣八尺，高二尺七寸，横臥而刊其文，凡八條。

尊經閣：按元仁宗皇慶二年，命建崇文閣於國子監之左。延祐二年，常州路總教史壎即郡庠建尊經閣，以儲書籍。詔天下學校皆建閣。

敬一亭：按：明世宗嘉靖五年作《敬一箴》頒之太學，遂詔郡邑學校皆行鐫石，竝刊程子《四箴》、范氏《心箴》，作亭覆之，因名。

泮池：按：朱子《圖説》曰：以其半於辟雍，故曰泮宫。又曰：諸侯之樂半於天子，故《魯頌》有在泮之文。今建學必有泮池者，昉此。形制則一，而所在之地，或在門内，或在門外，各隨所宜。

射圃：古者習射於澤宫，夫子射於矍相之圃，此各學均置射圃之意。明太祖洪武三年，詔定學校射儀。今各學惟存故址爾。【略】

名宦鄉賢祠：按：明太祖洪武四年，詔天下學校各建先賢祠，左祀賢牧守令，右祀鄉賢。此二祀建立附學之始，但郡縣制各不同，或分祠，或合祠，或在廟堂之後，或列廟門兩旁，總之不離宫牆左近也。從前置主入祠，皆由各省督撫學臣採訪爲政。雍正二年定例，嗣後名宦、鄉賢，除故明以前不議外，所有本朝應入二祠人員，皆由題請經部議覆而後定。其外賢良忠孝等祠，另詳《秩祀志》。崇聖祠詳《闕里志》。

《〔乾隆〕山東通志》卷一四《學校志・濟南府》 儒學在府治西北。宋熙寧間，知府李恭建。元至元年間，濟南路副達嚕噶齊喜壽增修學垣。明成化間，巡按御史梁澤復廣殿制，拓兩廡，建戟門、櫺星門、明倫堂、齋舍，又於堂後增建崇制閣、環碧亭。正德間，知府章寓之建講堂。天啓間，知府樊時英於明倫堂東北引水爲池，築飛躍亭。皇清順治十年，巡撫都御史夏玉於梯雲溪上建橋曰青雲，建坊曰騰蛟、起鳳。康熙二十四年，布政使黄元驥重修。入學貳拾名。定例：文武童生入學名數俱同。府學各二十名。州縣學分大中小三等，大學各二十名，中學各十五名，小學各十二名。故各州縣志入學名數則學之大中小可見矣。間有武額不及文額之數處，則文武竝志之，以別他學。又運學捌名。文武各八名。附濟南府學肄業。學田貳頃柒拾肆畝陸分。

《〔乾隆〕泰安府志》卷九《學校志》 府儒學在府治東。本泰安州學，宋開寳間創建。金大定中，知州徐偉重建。元至正間，知州朝文用重修。明洪武元年，同知陳文祐重修。正統六年，知州施守正建門、堂、齋、廡、塑像。天順六年，知州李琪、張玘重修。成化十八年，知州賈宣增修。成化二十二年，知州胡瑄拓地重建。嘉靖十年，知州李旼重修。嘉靖三十一年，參議張旦重修。國朝順治六年，州人御史趙宏文重修。至雍正十三年，陞州爲府，因改爲府學。與新設之附郭泰安縣祭祀、肄業共之，入學二十名。□□大成殿五間，兩廡共十四間，戟門五間，一名大成門。櫺星門三間。泮池橋三。左、右坊各一。殿後明倫堂三間，

□□□一，科貢題名碑二。又後尊經閣三間。本敬一亭故址。今廢。外下馬牌二。□

《〔乾隆〕萊州府志》卷四《學校》 府儒學在府治東南。宋明道間，郡守李定創建。金、元重修。中爲大成殿五間，左、右爲兩廡，各七間，南爲櫺星門三間。明洪武三年，知府胡天祐重修明倫堂、四齋房。宣德四年，知府夏昇撤大成殿而新之，建會饌堂十二間，號房十二間，教官宅十二間，及東、西四齋：曰進德，曰修業，曰日新，曰時習，各三間。庖厨共八間。馬韜爲記。正統九年，知府崔恭增修會饌堂五間。景泰二年，知府孟玘重修明倫堂，楊茂爲記。天順元年，知府熊瓚置民宅於學基之後，大拓堂齋，撤而新之。盛璟爲記。成化二年，知府段堅購得石柱若干，增廣舊殿。功未半，以憂去。四年，知府張諫搆成新殿七間，安塑聖賢法像。又起戟門三間，東、西廡增爲二十間。門、楣、柱、檻，悉漆以朱。廡之北，左爲樂器、射器二庫，右爲祭器書籍二庫。泮池則鑿深甃堅，跨以石橋三洞，櫺星門則改以石，外列宰牲所。亦盛璟爲記。弘治十四年，知府李棨重修。添建教官宅八間，號房一間，倉廪三間。兩齋之南，左建義路，右建禮門各一座。劉紳爲記。嘉靖二年，巡撫都御史陳鳳梧立道統贊碑於殿前。十年，知府胡仲謨建敬一亭於鄉賢祠後。四十二年，知府錢同文建二坊在櫺星門前：左曰德配天地，右曰道貫古今。正南築照壁。萬曆三十六年，知府陳亮采改後堂建尊經閣，購經史群籍貯之。由是規模大備。國朝順治十五年，知府鄧廷羅重修，有記。康熙五年，海防道戴聖聰倡修尊經閣及講堂、齋舍，内外焕然。有記。以後俱儒學官領學田租銀陸續修葺。

《〔乾隆〕兖州府志》卷一四《學校志》 府儒學在城内西北隅。舊在府治東南，唐大中十三年，兖海觀察使劉莒創建，見碑記。宋景祐三年孔道輔守兖，重修，見碑記。同知泰寧節度使趙襲重修，見碑記。元至元二十三年，知府馬琰重修，有碑記。皆爲州學。明洪武十八年，封建魯藩，陞州爲府，移建今處。殿廡門堂，視舊加廓。景泰三年，知府平陽郭鑑重修。成化二十三年，知府涇陽趙蘭重修，并製銅鐵祭器若干。弘治七年，知府靈寶許進重修。嘉靖十年，知府永新劉夢詩重修。隆慶二年知府張文淵重修。天啓四年，知府孫朝肅重修。俱有碑記。皇清順治四年，知府陳全國重修。有題名碑。康熙二十三年，知府遂寧張鵬翮重修。二十七年，知府三韓祖允圓重修。三十八年，署府事青州府司知吴中立重修。五十五年，知府金一鳳重修。俱有碑記。乾隆七年，知府鄂敏重修。十五年，知府鄭方坤重修。俱有題名碑。三十三年，知府覺羅普爾泰重修，有記。至崇祀配享以及歷朝封號讚頌，俱詳《闕里志》，兹不複列，第詳廟制以見尊崇之盛。而各州縣廟學創造修建，亦舉其大概焉。

《〔嘉慶〕東昌府志》卷一四《學校下·書院》 啓文書院在孫家衚衕。乾隆三十九年，知府胡德琳售孫氏舊宅改建。五十七年，知府張官五籌款重修。大門一間，照廳三間，門房二間，二門一道。講堂三間，東、西廡各三間，正房五間。新建西廂三間，文昌閣五間，東、西對樓各三間，後平房五間。西院南書齋三間，北書齋三間，旁列回廊。後院書室六間，從房六間。週牆複壁，榱桷焕然。額設正課生童二十四名，每名月給膏火銀一兩。附課生童無定額。每月初二、十六，本府及各州縣輪課，初九、二十三，院長專課。

《〔咸豐〕武定府志》卷八《學校志》 府儒學在府治東南，即舊州學，宋崇寧元年建。金天眷間燬於兵，知州蕭恭重建。明昌間，知州郭安民、《濟南府志》作防禦使，查《職官任防》，禦使者乃郭堯民，非郭安民也。石玠、州人梁彦珪繼修。元至治三年，州尹晁顯再修。明洪武三年同知夏昱、天順四年判官賀祥相繼重修。嘉靖十年，御史熊榮以學後地勢窪下，每爲衆水所瀦，乃築土爲堤，長四丈，潤倍之，因名御史堤。十五年，僉事王璣剏建尊經閣。二十五年，僉事王煜拓治，規制照濟南郡學。三十三年，僉事曹天憲剏建聚奎樓，徙門外泮池於内。三十五年僉事張謐，四十三年僉事黄正色，萬曆二十五年僉事孫承榮，四十年知州宋大奎，崇禎十一年副使曾棟、知州王永積，相繼重修。國朝雍正十二年，陞州爲府，因改爲府學，與新設之附郭惠民縣祭祀、肄業共之。乾隆四十六年知府徐觀孫，五十九年署惠民知縣熊官梅，道光十一年知府湯世培，相繼重修。原額入學二十名，今遵府學定例仍舊額，縣入學額十五名。

大成殿五楹，東西廡各七楹。明倫堂三楹在殿後。明嘉靖二十五年，僉事王煜重脩。臥碑在明倫堂左，碑用石，横臥而刊其文，凡八條。尊經閣五楹，在明倫堂北。明嘉靖十五年，僉事王璣建敬一亭。今廢。射圃在學東。今廢。泮池舊在櫺星門外，明嘉靖三十三年，僉事曹天憲徙門内。櫺星門一座，龍門一座，左右各如坊制，左曰金聲玉振，右曰江漢秋陽。廟門外大牌坊一座，額曰太和元氣。崇聖祠在殿東，明嘉靖十四年建。名宦鄉賢祠在學宫内，明嘉靖十四年建。

《〔咸豐〕青州府志》卷二八《學校考》 府儒學舊在府治西北，建始無考。明洪武五年，知府李仁移建西南太虚宫故址。前爲櫺星門，門外爲坊，門内爲泮池。東爲名宦祠，西爲鄉賢祠。再進爲大成門，東西翼以兩廡中爲大成殿。殿

後爲明倫堂，堂東、西爲志道、據德、依仁、游藝四齋。齋東南爲文卷房，貯頒發書籍。西爲儲樂庫，後爲教授訓導宅。天順四年知府趙偉，成化三年知府李昂，弘治十四年知府杜源，正德十年知府朱鑑，皆有修葺。嘉靖十年，詔建敬一亭，刻御書《敬一箴》及註《朱子四箴》、《范氏心箴》於其中。敬一亭之設，諸縣皆同。在大成殿西亭前爲崇聖祠。四十三年知府杜思、萬曆四年知府李學道重修。三十年，知府趙喬年盡撤其舊而鼎新之。明末，傾圮。國朝康熙十一年，僉事鄭牧民重建。四十五年知府張連登，五十四年知府陶錦，乾隆十四年知府王如玖，五十四年署知府張玉樹，嘉慶十九年知府錢俊，道光二十年知府方用儀，二十一年知府英桂，相繼修。

《〔同治〕即墨縣志》卷三《學校志・學署》 儒學在縣治東，宋時建。元邑人呂瓚暨其弟珪構講堂、齋舍。元縣尹董守中建講授堂，止善、養正二齋。明洪武九年，縣丞楊大中重建。正統年，知縣周禮、馮時舉相繼重修。成化三年，知縣田良輔廊堂齋號廨。弘治元年，知縣張聞增修明倫堂五間，東列進德齋，西列修業齋。建尊經閣、善賢堂、敷教堂、退軒、會講堂、會饌堂、號房，仁義禮智東西各五間，左倉房，右厨房，經義門、井亭。後爲萃英邱，飛虹池，北爲起秀亭。齋後爲教諭訓導宅三所，各十二間。堂前爲禮門，兩角門。西南爲學門，南向。正德七年，知縣高允中重修。嘉靖十年，知縣張韓建儒學大門三間。四十三年，知縣湯明善建敬一亭。萬曆六年，知縣許鋌遷敬一箴亭於明倫堂之東，廣爲三間。三十七年，知縣楊必達重修。國朝康熙九年，知縣康霖生建儀門三間，前、後石柱。十二年，署縣事膠州州同賈漢誼重修大門。乾隆五十二年，知縣葉棲鳳重修明倫堂，儀門、大門、照壁。咸豐九年，知縣丁壽嵩重修明倫堂。同治九年，重濬飛虹池。

《〔同治〕即墨縣志》卷三《學校志・書院》 勞山書院在縣治東。大門居中，東、西夾以房。直北講堂三間，堂右耳房，左爲夾道。堂後樓，樓後臺房，均五間。堂、樓房俱有兩廂。乾隆五十二年，知縣葉棲鳳創建。道光二十五年，知縣王九蘭倡捐置地六百八十畝，邑人黄鳳翔、鳳文又捐荒田二百五十餘畝，以爲膏火。同治十一年，知縣林溥重修。

《〔光緒〕增修登州府志》卷一〇《學校》 登州府學宫在府治南，宋大觀間建。明洪武初，知府畢汝舟重建。正統間知府楊頤，天順三年知府韓敏，成化間知府張肅，相繼修葺。弘治間，知府寇林建大成門，知府羅綺增置齋號。正德十年，知府秦偉重修。嘉靖十年，知府游璉建敬一亭於欞星門西，又建啓聖祠於儒學門東。三十九年，知府盧亡建名宦、鄉賢二祠於啓聖祠前，後移置大成門東、西。萬歷八年，知府劉自化買民地，開雲路，建雲衢坊。十五年，知府王詔重修。三十三年，推官冀述修明倫堂。三十九年，知府黄體仁建尊經閣。泰昌元年，知府徐應元重修。崇禎五年，壞於兵。九年知府郭迎褒，十二年知府陳鍾盛，國朝防院朱國柱，順治五年知府張尚賢，各重修。十五年，知府李經國修兩廡、敬一亭、尊經閣。康熙四十年同知署知府楊廷望，雍正十年知府于斐，乾隆二十四年知府陳琜，各重修。嘉慶二十五年，知府楊本昌、總兵劉清倡捐重修，并修尊經閣。至道光二年，工竣。十年知府英文，咸豐五年知府汪承鏞，各勸捐重修。其廟制，中爲大成殿，東、西爲兩廡。其南爲神庫、神厨，前爲大成門及石坊。再南爲泮池，爲欞星門。門外左、右爲庠門，東曰禮門，西曰義路。前爲廟門街，有雲衢坊。左、右有二坊：東曰德配天地，西曰道貫古今。殿後爲明倫堂，左、右四齋：曰治平，修齊，誠正，格致。東爲教授宅，西爲訓導宅，號房三十五間。今廢。

《〔同治〕上海縣志》卷九《學校・書院》 敬業書院，初名申江書院，在縣署北，明潘恩宅也。後爲泰西人寓所。國朝康熙間，籍入官。乾隆十三年，按察翁藻、知縣王侹改建書院。三十年，巡道李永書移建大門，修講堂題爲誠正堂。後有春風樓，奉朱子栗主焉。其前有觀星臺。三十五年，巡道楊魁川沙、同知于方柱、署知縣褚邦禮、知縣清泰重修，改今名。四十七年，署巡道袁鑒、知縣范廷杰重修，增建後軒。五十九年，巡道通恩、知縣許塋同紳士，改春風樓建爲敬業堂，增建穿堂、後齋、左右書室。嘉慶三年，巡道李廷敬、知縣湯燾同紳士捐資以足經費。十七年，巡道鍾琦、知縣王大同重整規條，通詳存案。道光間，總督陶澍立「果行育德」額，巡撫林則徐立「海濱鄒魯」額。乾隆十三年，凌如焕記畧：觀察翁公，前任監司，公餘欲刱立書院，旋奉調移，有懷未逮。嗣從江右調江蘇，乃倡首捐俸，書院肇興。時監司託公、郡守朱公、邑侯王公與公同志，因邑中有舊籍官産，葺而新之，爲肄業地。王公又檢閲公項，向爲邑侯有者，咸歸學舍，以資養育。於是，士民感奮樂輸，而一切規制次第告成。三十五年，巡道楊魁記畧：書院刱自前觀察武陵翁公，規模寖備。今來學者多，經費告絀。乾隆己丑，余來海上，檄川沙同知于方柱、署令褚邦禮、邑令清泰稽舊籍籌新費，詳議規條，親加釐訂，邑紳士以田捐者，聞風踵起。新費有資，遂躅洋行，歲輸購西牆外民廛歸院，正其方隅，堂室垣宇，悉修治之，改院額曰「敬業」，規模視刱始爲有加焉。咸豐十一年，因西人請還天主堂，即舊關帝廟，詳祠祀。並及敬業書院。同治元年，巡道吴煦遷

建於縣東舊學宫基，仍名「敬業」。

《〔同治〕上海縣志》卷九《學校·書院》 榮珠書院在縣治南榮珠宫。道光八年，署巡道陳鑾選敬業書院諸生三十六人月課於此，取十八人爲登瀛上舍。榜其内園爲榮珠書院。建奎星閣、太乙、蓮舟、方壺一角，榆龍樹諸勝。巡道陸蔭奎、知縣平翰繼之，道縣輪課。以費用不支，尋罷。十二年冬，陳鑾擢蘇藩司，從院董金樹濤請。飭籌經費。邑紳士捐資有差。十五年，巡道陽金城、汪忠增、知縣黄冕各捐廉集六千餘緡。闢地於榮珠宫南，建珠來閣、育德堂，堂前建兩廡爲學舍。十八年，復建芹香仙館，并增課額至七十二人。所取三十六人，常年月課，膏火、花紅、飯食，於存典生息項下支銷。二十三年，設海防廳，後亦與道縣輪課。咸豐十年，院駐西兵，毁損大半。同治元年撤防。三年，董事請於道縣，撥舊學聚奎街房租款興修，增復舊觀，月課諸生如常。

《〔光緒〕蘇州府志》卷二五《學校一》 府學在府治南。按：《唐史》：李棲筠增學廬。宋《祥符圖經》：子城東南有文宣王廟。俱不言學所在。宋景祐元年，范公仲淹典鄉郡，因州人朱公綽等請以聞於朝。二年，詔蘇州立學，仍給田五頃。公初購得錢氏南園之巽隅，欲卜宅，及得，請割以創焉。廣殿在左，公堂在右，前有泮池，傍有齋室。延安定先生胡瑗爲師，更八政，學始大成。嘉祐中，富嚴建六經閣。熙寧中，校理李綖又以南園地益其垣。至元祐中，來學者日衆，公綽子長文掌教事，議請南園隙地以拓齋廬。會范公子純禮制置江淮六路漕事，上冢過家，爲奏請修廣，詔給度牒十紙充費。而前、後守劉珵、王覿選官治役，益以關賦之財，期歲告成。遷校試廳於公堂之陰，榜曰「傳道」。建炎兵燬，守臣先葺學宫。紹興十一年，梁汝嘉建大成殿。鄭仲熊記。十五年，王喚繪兩廡像，搠講堂，闢齋舍。乾道四年，姚憲闢正路，疏泮池。九年，邱崈重建傳道堂，又建直廬。淳熙間，教授黄度葺二齋，擇有志者居之。二年，韓彦古作仰高、采芹二亭。按：采芹亭自盧熊《志》以下皆爲姚憲作。此從《吴郡志》。十四年，趙彦操即六經閣廢址建御書閣，藏高宗御書六經石刻。堂左建五賢堂，祀陸贄、范仲淹、純禮、胡瑗、朱長文。案：初爲三賢堂，祀范文正、胡安定、朱伯原。其後改爲五賢祠，又改爲先賢祠。見國朝彭啓豐《重修鄉賢祠記》。寶慶三年秋七月，大風雨，殿閣皆摧圮欲壓。紹定二年，教授江泰亨請復，豪右所占田得租緡以新之。守林介、提刑王與權、提舉常平王栻《姑蘇志》《康熙志》作王斌，誤。守李壽朋相繼訖其事。淳祐六年，魏峻因教授何德新請，復加興葺。李起記。寶祐三年，趙與憲拓地，鑿池，作橋門，移采芹亭與外門相映。建齋九：曰敏行、育德、中立、就正、隆本、處教宗室子弟。立武、處習武舉之士。養正、教童子。興賢、登俊。處士之俊秀者。閣後建堂，曰成德。又於傳道堂後建泳涯書堂，立雪亭，右士阜上爲道山亭。本南園之故邱，朱長文所題泮水也。元至元二十九年，教授李淮造祭器，自爲記。大德初，殿宇壞，治中王都中謀於郡入運使朱虎，以私財撤而新之。并修學宫。燕公楠記。舊御書閣居殿之西直講堂之前，碎於暴風。延祐中，部使者鄧文原更閣於講堂之北，曰尊經。皇慶四年，總管師克恭修，趙鳳儀繼之，增外垣五百四十丈，環植松柏萬株。楊載記。至治二年，總管錢光弼修廟學，又築垣一百五十丈。三年，改作櫺星門。至正五年，總管吴秉彝修學。鄭元祐記。十五年，達魯花赤六十從教授徐震等請，易陶甓甃廟垣，凡縱廣五百七十丈，高一丈三尺，下廣七尺。魏俊民記。十九年，總管周仁修學。鄭元祐記。二十六年，總管王椿建前《志》作王椿年。誤。樂軒於大成殿前。周伯琦記。明洪武三年，重建道山亭。六年，知府魏觀即成德堂舊址建明倫堂，置敏行、育德、隆禮、中立、養正、志道六齋，復地之侵於民者五百四十丈，補垣四百八十丈有奇。拓廟南地展櫺星門，以臨通衢。凡增深六十丈。七年，重建教授廳於明倫堂之西。王煥如《郡學志》云：寧玉，官領軍千户，家吴江，買地助郡學。孫開，洪武初感知府魏觀德化，克承祖志，盡捐己地歸學。同時助義紳耆莫禮、葛德潤。十五年，知府張冠塑聖賢像。王鳴吉記。永樂十五年，知府劉麟重建尊經閣。二十三年，教授陳孟浩等白巡按御史李立，重修廟學。宣德二年，又白巡按御史陳敏，易泮池梁以石，爲竇七，以象七星。長十二丈，廣一丈二尺。大理寺卿胡槩及孟浩皆有記。八年，知府況鍾重建大成殿，易止善堂曰至善。案：盧熊《志》：傳道堂元改爲止善堂，今爲至善，是洪武時已改名矣。《姑蘇志》以下皆云宣德八年改，未知何據。又建毓賢堂於後。何澄記。正統二年，重建明倫堂。爲齋四，左隆禮、中立，右養正、志道。設兩廊號舍。胡儼記。九年，知府李從智築垣六百三十丈。何澄記。景泰元年，知府朱勝建會膳堂。三年，知府汪滸增建學舍三十間於毓賢堂後。案：前志《職官題名》並云滸於景泰四年任。此處三年，當有誤。天順四年，知府姚堂大修學，改隆禮、中立二齋曰成德、達材，立杏壇學門內，覆以亭。重建道山亭。魏驥記。又立狀元、解元二坊。六年，知府林鶚改建廟，易兩廡諸賢像以木主。成化二年，知府邢宥重修，建泮橋，作直廬，移射圃於學後。徐有貞記。四年，知府賈奭作亭於尊經閣後，提學御史陳選題爲游息所。前鑿方池，布橋，立坊曰衆芳。又前壘石爲山，曰文秀峰。改觀德亭爲廳。十

年，知府邱霽以大成殿自宋元以來凡三改作，皆隘不稱，請於巡撫都御史畢亨大規度之。建殿五間，重檐三軒，兩廡四十二間。撤舊材作戟門五間，左右掖門各三間。學門故東向，歷廟道折而南入。及是，益市居民地，徙門於櫺星之西，更爲門於泮池之北，以達於廟。然後廟左學右，基址方整。邱去，劉瑀來代，始畢工。二十一年，巡按御史張淮修學，知府李廷美建泮宫坊。陸釴記。案：《補乘》釴作鉞。李廷美記文作毛廷美。弘治十二年，知府曹鳳建嘉會廳學門外，爲師生迎候之所，增建會元坊。正德元年，知府林世遠建東、西二門，東曰羅龍，西曰翔鳳。移嘉會廳於東門外，改舊廳爲安定書院。三年，知府林廷棉重塑兩廡先賢像。顧鼎臣記。十二年，知府徐讚言、[於]提學御史張鼇山、巡按御史孫樂大修廟學。嘉靖二年，知府胡纘宗重建大門，改躍龍曰龍門，翔鳳曰鳳池。又以嘉會東廳爲十賢堂，祀王充、韋應物、白居易、劉禹錫、王旦、韓琦、歐陽修、蘇軾、李侗、陸九淵。七年，奉詔建敬一亭。縣學同。十一年，詔廟稱先師廟。廟後建啓聖祠。縣學同。教授錢德洪以湖石疊巖洞於道山亭前，又題文秀峰曰南園遺勝，自爲記。十七年，巡按御史陳蕙罷十賢祠，仍名嘉會廳。二十八年，知府金城買學門西民地，建徂徠堂。按：城自記云嘉靖三十一年正月，與兹異。或落成後始記之耳。又案：城記有云學前曾有稽古堂，以爲官僚肅容之所。嫌其蔽塞門屏，移請學宫之西。宛然泰山之有徂徠也，因以爲名。稽古堂建自何時，今不可攷矣。三十七年，巡按御史尚維持、知府温景葵修廟學。就舊游息所改建敬一亭。易泮宫坊，額曰斯文在兹。移三元坊於龍門北。建萬世師表、三吳文獻二坊，分列廟學門外。張衮、王庭各有記。隆慶五年，巡撫都御史陳道基修廟學。嚴訥記。萬曆四年，兵備副使王叔杲植松柏於櫺星門内。七年，知府李充實重築杏壇。葉春榮記。十八年，知府石崑玉、從教授張惟方請修廟學，濬泮池、玉帶河。舊志作十三年。案：《職官題名》及《名宦傳》石崑玉皆十八年任。今據改。三十一年，知府周一梧請於巡撫都御史曹時聘等，大修廟學。三十八年，教授陳圭請移廨於毓賢堂後。天啓三年，巡撫都御史周啓元修，重建祭器、樂器二庫。提學孫之益、巡按御史潘士良、巡鹽御史傅宗龍各輸金有差。教授劉民悦有《正樂舞修祭器樂器記》。六年，爲颶風摧壞。崇禎四年，知府史應選修明倫堂。六年，風益烈，喬木周垣盡仆。巡按御史祁彪佳修廟庫、名宦祠。七年，巡撫都御史張國維修學門、鄉賢祠。十二年，推官倪長玗大修。十四年，竣工。張世偉及長玗各有記。國朝順治十二年，巡撫都御史張中元修啓聖祠、西戟門。十五年，提學張能鱗、巡按御史王秉衡、副使宫家璧出俸金修學，稍買民地，拓外垣。康熙二年，巡撫都御史韓世琦修。五年，布政使佟彭年重修，並濬泮池，自爲記。七年至十二年，巡撫都御史馬祐、布政使慕天顔大修廟學。提督梁化鳳、織造侍郎雷先聲、按察使陳秉直、鈔關席柱、劉士龍以逮府縣官，靡不助力。郡人修撰繆彤修狀元坊。十五年，郡人施文川修泮僑。十六年，分守參議方國棟修啓聖祠。二十年，分守參議祖澤深修戟門、櫺星門。訓導張杰修至善堂、毓賢堂。二十二年，巡撫都御史余國柱修。户部侍郎李仙根僑居蘇，偕郡人宋駿業助之。二十四年，巡撫都御史湯斌大修。三十七年，巡撫都御史宋犖修廟殿。四十一年，又修明倫堂。四十八年，知府陳鵬年請於巡撫都御史于準募修，增植松柏。五十七年，巡撫都御史吴存禮修廟垣，建考房二十四間。雍正四年，巡撫都御史張楷修明倫堂。八年，巡撫都御史尹繼善修學宫，改建崇聖祠。乾隆四年以後，布政使常撥存餘學租歲修。十一年，知府傅椿重濬玉帶河，建洗馬橋、道山亭。五十三年，郡人候選道汪文琛獨力捐修。嘉慶十七年，巡撫都御史朱理重修。道光二十一年，紳士董國華偕諸同人募資修大成殿，重建明倫堂。郡人汪正董其役，逾年而告竣。咸豐十年，燬。同治三年，巡撫李鴻章重建。至七年，巡撫丁日昌始竣其役。宋張伯玉《六經閣記》：六紀閣，諸子百家子史皆在焉。不書尊經也，吴郡州學始由高平范公經構之。

《［光緒］蘇州府志》卷二五《學校一·紫陽書院》 紫陽書院在府學内，尊經閣後。康熙五十二年，巡撫都御史張伯行建。擇所屬高材諸生肄業其中，中奉朱子木主。事聞，聖祖仁皇帝御書「學道還淯」四字額以賜。是年，伯行撥吴江縣水北庵僧入官田以廪諸生。雍正三年，布政使鄂爾泰增廣學舍，建春風亭於中堂之西。十一年，世宗憲皇帝賜帑一千兩，令官置田。十三年，巡撫尚書高其倬撥給贖鍰，并變賣廢祠銀置田。乾隆三年，巡撫都御史楊永斌奏請撥帑四萬兩，生息增諸生膏火。十年，巡撫侍郎陳大受以元和縣學訓導吴中衡請，歲於田租内撥銀八兩，供書院中朱子祀事，祔以張清恪公伯行及高文良公其倬。十三年，知府傅椿重修，改建大門爲東向。十六年，高宗純皇帝御書「白鹿遺規」四字額以賜。道光二年，巡撫魏元煜重修。咸豐十年，燬於兵。克復後，權借梵門橋巷邵氏宅爲考校之所。同治十年，巡撫張之萬撥給藩庫銀六千兩，生息增諸生膏火。十三年，巡撫張樹聲重建舊地，奏頒御書「通經致用」額。

《［光緒］蘇州府志》卷二五《學校一·正誼書院》 正誼書院在府學東，滄浪亭後。嘉慶十年，兩江總督鐵保、江蘇巡撫汪志伊建。道光二年，布政使廉敬率

屬捐銀一萬兩，生息充費。咸豐十年，燬於兵。克復後，巡撫李鴻章購中由吉巷民居改建。初與紫陽書院俱以經藝課士。至是，乃專課經解古學，擇諸生十人肄業其中。籌銀一萬兩，爲膏火之費。同治十年，巡撫張之萬撥給藩庫銀四千兩，生息增諸生膏火，並增住院生五人。十二年，巡撫張樹聲重建舊地，奏頒御書「正誼明道」額。

《〔乾隆〕江寧新志》卷九《學校志》　明道書院在鎮淮橋東北。宋淳熙初，留守劉珙以明道先生嘗爲上元簿，祀之學宫，朱文公熹爲之記。紹熙間，祀於上元縣之西偏。嘉定間，改築新祠，真德秀爲之記。淳祐間，郡守吴淵更創，依白鹿洞規，聘名儒爲山長。理宗賜「明道書院」額。元廢。明嘉靖初，御史盧焕始即今址爲書院，祠祀焉。歲久，復傾。康熙六年，郡守陳公開虞修復之。

《〔康熙〕常州府志》卷一五《學校》　常州府學在府治西二百步，青烏家指爲鳳凰展翅形，故科第蟬聯，甲於他郡。按舊志：先聖廟在刑溪舘。南唐李栖筠爲州刺史，文治蔚興。五季兵燹，廟燬。宋太平興國四年，郡守石雄更卜今地。景祐三年，詔許立學，乃即廟建焉。明年，賜田五頃。嘉祐六年，郡守陳襄增廣之，摹石曼卿所書「勑建州學」四字，揭之門。王安國記之。崇寧二年，郡守朱彦於學南建狀元橋。大觀三年，合天下貢士，而毘陵五十有三，太守、校官進秩一等，郡守徐申立坊橋南，曰進賢，傍植亭曰榮賜，以侈其盛。紹興四年，郡守俞竢闢四館，舍學者。七年，郡守虞雲建門堂兩廡。淳熙十一年，郡守張孝貢撤堂新之。十四年，郡守林祖洽建御書樓，藏高宗所賜《六經》墨本、《孝經》石刻。紹熙、嘉熙間，漸次增建，并葺諸齋。職事位有五：正録，直學，學諭，教諭，司計。齋有六：致道，成德，興賢，登俊，維城，輔文。又有養正齋以訓小學。學田有記，祭器、官書有所。德祐乙亥，燬于兵。元至元、元貞相繼重建。張伯淳有記。延祐間，增置大小學四齋爲六，各設訓導。壬辰、丙申，兩遭兵燹。明洪武初，未遑創造，以師生附武進縣學肄業。五年，郡守孫用始建大成殿塑像，立志道、據德、依仁、游藝四齋，旁設射圃。永樂、宣德，皆有修建。知府莫愚即射圃作觀德亭，東、西創廬舍四十楹。成化二年，郡守卓天錫重建明倫堂，增創廬舍至八十楹。五年，同知謝廷桂復建四齋，刻朱文公所作《同安縣學四齋銘》于壁。是歲六月，堂燬，樂器、祭器、書籍悉燬。卓天錫以聞，許復建，又請給《御製大誥》諸書，增建尊經閣。弘治十四年，郡守連盛建素王宫坊於櫺星門外。正德七年，知府李嵩增建號舍，立泮宫坊。嘉靖初年，增建啓聖祠，更像爲主，又建敬一亭。萬曆四十五年，知府劉廣生重修。崇禎十六年，學諭汪會海重修學宫，改建天下文明坊、春風桃李坊、宫牆、璧水坊。國朝順治十四年，邑人楊廷鑑倡捐重修。康熙元年，教授郭士璟重建尊經閣。康熙二十四年，知府祖進朝重修，殿成，即奉懸御書「萬世師表」龍扁。三十三年，知府于重修戟門。

學宫大成殿五間，東廡十一間，西廡十一間，戟門九間，櫺星門，泮宫，石橋，明倫堂三間，兩廊四齋。川堂、後堂，今廢。敬一亭，今廢。尊經閣，啓聖祠，文昌祠，鄉賢祠，祠前爲射圃，號舍二十間。宰牲所二間，今廢。教授廨一所，訓導廨四：一在堂之右，一在儀門之左，並廢；兩在大門内。志道齋改入教授署，游藝齋今改爲名宦祠。

《〔康熙〕常州府志》卷一五《學校·東林書院》　東林書院在無錫城東。亦名龜山書院。宋楊文靖時學於河洛而歸，程顥目送之曰：吾道南矣。至常州無錫縣，留十有八年，此即其講學地。明邵文莊寶蓋嘗慨東林書院之廢，而興復之，王文成守仁有記。然其蹟乃在泰伯瀆之上，近保安寺後，而非今之東林也。萬曆甲辰，顧端文憲成偕弟允成，尋今地興復之。端文没，高忠憲攀龍主其事。忠憲北行，又以屬葉司空茂才。門之前建石坊，題曰洛閩中樞，其陰曰觀海來遊。入門爲麗澤堂，更入爲講堂，名曰依庸。左右有廊，廊後各有書舍。依庸堂之後爲廟門，榜曰燕居廟。其堂一楹，曰中和，中設先師水主。東西爲兩房，左祭器，右經籍。南别建道南祠於書院之東，以祀龜山，而以羅從彦、胡瑗、喻樗、尤袤、李祥、蔣重珍、邵寶配焉。及忠憲時，又進顧憲成、允成及錢一本、薛敷教、安希范、劉元珍。其講學儀注，悉用白鹿洞規，引而伸之。當是時，天下學者以無錫東林爲歸。及逆閹搆亂，鈎黨之禍作，天啓乙丑八月，有詔毁天下書院，乃先壞依庸堂。其明年三月，忠憲死止水。又二月，知縣吴大朴奉檄督毁益亟，於是俄頃俱盡。崇禎改元，尋詔學臣修復，已不可復。振講會故人吴桂森、鄒期楨之徒稍稍搆堂，存麗澤之名。厥後，雖間一修葺，不絶如綫。國朝順治十一年，知府宋之普始檄除東林地税，忠憲從子、提學僉事世泰作燕居廟，而道南祠源流既廣，俎豆日繁。迨湯尚書斌巡撫江南，將追原初制，親詣會講，未竟其事。癸酉冬，巡撫宋中丞犖、學院許贊善汝霖各捐俸，檄縣復加繕治，重建依庸大堂，始還舊觀。宋公手勒文記其事於祠中。先後從祀諸儒，姓氏詳《東林志》中。

《〔乾隆〕江南通志》卷三二《輿地志·古迹三·錫麓書堂》 錫麓書堂在無錫縣秦皇塢下，宋尤袤讀書處。結廬數椽，不事雕飾，歷四傳無所更易。又有遂初堂，孝宗予書「遂初」二字賜焉。後袤十四世孫質重構，明歸有光爲記。

《〔同治〕徐州府志》卷一五《學校考》 徐州府學宮在城東北隅，去府治百步。舊在東南隅，元至正間，燬于兵。明洪武二年，知州文景宗移建城東北。明宋濂《聖廟碑銘》：洪武二年秋八月，孔子廟學成，凡歷日一百二十，費功三千。徐爲名鎮，素多佳士，孝友如劉敬宣，忠義如趙立者，班班而是。《傳》所謂習俗好尚與鄒魯同，蓋不誣也。侯之興學，將以前人望人。徐人士奉親必孝，事君必忠，庶弗悖於侯之教。銘曰：古之建學，釋奠寓焉。神以臨民，必身爲先。師廢學微，專視廟報，祀事雖嚴，匪及乎教。徐爲名區，學與廟俱。正之于古，亦曰庶幾。皇明御天，海宇肅清。選賢出守，用宣邦經。時維文侯，來治茲土，不鄙其民，視如鄒魯。乃撫厥民，爾民固靈。弗洽于學，孰屬其成，相惟故址，既陋且僻。卜遷南東，我龜孔食，乃協其成，乃直以繩，乃經乃營，日夕靡寧。有殿言言，有堂矗矗，有廡軒軒，有門肅肅。視其齋廬，有師有儒，亦有生徒，執經而趨。學究六經，講切六藝，夜以繼日，莫之或替。人之所學，在孝與忠。忠孝一缺，昧其天衷。蒐獵載籍，無徵弗記。務貪得多，君子所刺。摛爲篇章，葩藻是耽。斯謂偷徇，小人之甘。必蹈大中，內外孚浹。蘊於身心，著於事業。賢侯興學，實闡化基。豈曰土木，崇其巍巍。銘以著之，作者太史。用推本原，以告徐士。自宣德至嘉靖，建修者凡十有一。宣德間知州楊秘、景泰間知州宋誠踵修。天順六年知州王叙、成化六年知州陳廷璉、正德七年督學御史黃如金、兵備副使柳尚義、嘉靖六年副使趙春、知州郭天錫相繼增建。十二年副使何鼇、十三年知州魏頌踵修。十四年知州陸時望、二十一年知州王重賢增建。二十六年，副使王梴重修。後黃河頻決，學基成沼。隆慶三年，知州章世禎以永福倉址改建，知州劉順之、副使馮敏功畢其工。明馮敏功《新遷廟學記》：徐故彭城郡，用武地也。漢晉而下，若章孟、劉更生、龔勝、張昭、劉隗、孝綽、知幾諸人，冥搜元覽，翼道傳經，勁氣直節，扶綱植紀，後先相望焉。蓋山川融會，風氣攸鍾，其代有傑人，亦地靈使然也。舊有學在州治東南，其後洪水迆城，淤沙日墊，學宫居澤，若盤盂然。少司空餘姚翁公行部至徐，病其卑隘弗稱也。升高凝睇，四顧踟躕，見西南諸山迤邐而來，躍爲雲龍，翔于鳳皇，馳于戲馬，蜿蜒入城，歷州治而東，土脈隆起，東盡于城而逼于河濱。公曰：是謂勢來形止，山川之所界也，風氣之所結也，是最吉。乃倉儲故地，遂謀於倉部大梁朱君，易而授官焉。撫大中丞臨川陳公、臨海王公，河大中丞歸安潘公，少司馬南昌萬公，按使者寧鄉王公、汾州張公，協志崇教，飭工佐材。而州守章子世禎、劉子順之，相繼效勞。鳩工乃作。中爲文廟，正殿五楹。東西兩廡，各十二楹。廡之東北爲神庫，西北爲神廚，前爲戟門。門之左爲啓聖祠，右爲五賢、名宦、鄉賢三祠。又前爲泮池，跨石梁。又前爲櫺星門，前爲儒林街。街之南爲文明坊，街之左爲育材坊，街之右爲興賢坊。文明坊之前爲蓮池。文廟之北爲明倫堂，東、西爲齋，各十二楹。堂之北爲敬一亭，又北爲尊經閣。堂之右爲學正廨一、訓導廨一，堂之左爲訓導廨二。而學之門則直訓廨而南，共適儒林街。繚以周垣，東西四十丈，南北三十六丈。地址之恢，黌宇之壯，視舊宫有侈焉。於是應壁聳左，郡譙垮右，雲龍峙前，汴河遶後。而黃樓背護，俯雉昂霄。蓮池清漪，襲芳鋪麗。羣山映翠，環水爲清。誠形勝之要區，而文明之奧宅也。是役也，經始于隆慶己巳冬，竣於萬曆癸酉春。功承乏徐臬，樂觀厥成。諸士屬之言：竊聞山處者，其人多勁直，其敝也峭急而少文；水處者，其人多文秀，其敝也浮靡而少實。徐山水甲天下，而直節文藝之士，猶有古先英哲之餘風，固彬彬若是盛矣。然峭直浮靡，間有不免，則變化氣質，以適於中和，是在諸士子學問之功耳。其尚懋修華實，用廣思皇，追蹤先哲，以無負諸公作興之盛心。其於山川，尚亦有光哉；其於斯役，尚亦有光哉。萬曆四十四年，副使袁應泰移建左衛舊址。崇禎九年，廟災。十六年，兵道何騰蛟移建于東大察院。國朝順治十年，兵道胡廷佐、知州余志明、學官譚學準、蔡尚廉增修。康熙二十一年，淮徐道劉元勳、知州臧興祖遷建於州治之東，邑紳張膽董其成，即今所也。國朝張玉書《新遷文廟碑記》：從來人才之盛衰，視乎學校之隆替。入其國而宫墻煥然，俎豆秩然，茂草之歎不聞，城闕之刺不作。此非獨在上之教澤也，必有鄉之賢大夫振興表率於其間。而後此邦之士濟濟焉，蒸然向風，而鼓舞于不倦。彭城爲江左門户，環山帶河，風土淳厚，士之遊于黨庠者，類皆崇實行，斥浮華，不以虛聲附和爲尚。學宫在城東隅，自明天啓甲子河溢之後，因陋就簡，制度未備，其地湫隘，不足以容多士之肄業。州之耆碩，謀擇高敞地，經營而廓大之。顧爲費甚鉅，無能爲力，即牧茲土者建議，而中輟者屢矣。予宗叔伯量公毅然起曰：我國家興賢育才之所，而一州人士所與，型仁講讓，以爲庶民先者，胥係于是，是安可以不力！因捐其歲入之貲六千餘金以爲倡。于是一時志古行義者從而樂輸，以共襄厥事。經始於康熙癸亥年春，落成於康熙甲子年。卜吉日還主入廟，兩廡從祀諸賢，次第以進。集諸生，行釋奠禮，州之父老子弟扶挈往觀。有齋講之堂，有藏書之閣，有游息之所。自門庭户牖，以迄黝堊丹漆，悉中程度。視舊學之制，規模宏遠矣，猗歟盛哉！嘗見琳宫梵刹之創造也，破瓦頹垣之地，不踰年而金碧輝映，耳目改觀，甚或數百年。廢址無復尺寸可憑，而二氏緇黃之徒慨然修復，亦不數載，而古蹟一新，且加麗焉。是豈二氏之教，果可與吾儒相頡頏哉？福田利益之說，中於人心，謂足以獲果報，而樂施者衆耳。至庠序學校之設，有關乎風俗教化，其宜崇奉而修葺者，較之二氏，緩急何啻千萬倍！乃金錢穀帛之助，往往儉于此而豐于彼者，何歟？將以爲朝廷之鉅典，有司之奉行，而非士大夫之責歟？今觀予宗叔之捐已橐，而非以爲德；董其役，而不以爲勞。蓋實以振興文教、樂育人才爲己任，而上以仰答聖天子崇儒重道之至意焉耳。將見州之學者，絃歌誦讀于中，養其才，成其德，異日出而爲國家，効忠宣力，此則予叔所惓惓屬望于桑梓之多士者也。而多士亦何日忘予叔之澤哉。余奉命閱河至徐，得悉遷學之始末，遂援筆以爲記。舊府志：淮徐道劉元勳，河南道祖文明，河務同知喬顯宗，副將鄧君弼，知州臧興祖，並縣令學官，各捐俸有差。邑紳張膽，子道祥、道瑞，及吳汝琳、楊研、鹿崤、馮大奇，諸生經乃濟、

拾泰、單乾、王辰等，共助金成之。其後建修者二。康熙四十一年，知州佟國弼修。五十六年，知州姜焯增建。雍正十一年，州升爲府，以州學爲府學，其後增修者凡三。乾隆三年知府石杰，三十九年知府牛翊祖，嘉慶四年知府鼇圖，相繼修葺。

《（同治）徐州府志》卷二《雲龍書院圖》

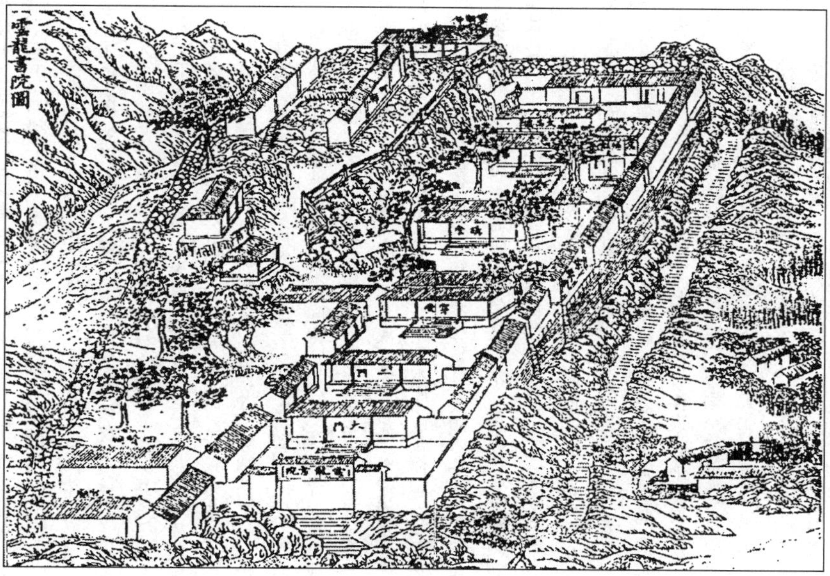

《（光緒）淮安府志》卷二一《學校》 府學宫在中長街東。宋景祐二年，知楚州魏瀌即舊祠改建。建炎中，燬於兵。紹興十三年，郡守紀交草剏於南市西。二十三年，郡守吳棄復建。隆興間廢。乾道五年，徙天慶觀。八年，郡守趙磻老建殿廡。淳熙七年，郡守王詷仍故基重建。開禧中燬。嘉定三年，郡守王孟祥修。八年，郡守應純之大新學制。宋宋祁《王呈瑞碑記》，載縣志。嘉熙間教授章士元、元至元癸巳淮東廉訪賈鈞、郡守阿思重皆重修。至治中，總管暗普建臨街門。泰定二年，郡守趙宗重建學門、齋舍。天曆間，郡守董嘉議增學租，修廟學。明洪武九年、正統七年，增修。景泰元年，教授鮑旻繪塑兩廡諸賢像。天順中，知府邱陵北學地三十餘丈，置射圃、號房、饌堂、井亭，新學宫，飾聖賢像。山陽金銑以石爲靈星門，鑄祭器。弘治六年，知府徐鏞建尊經閣。十年，義官徐泉新聖賢像。十七年，漕撫張縉建興賢、毓秀二坊，提學黃如金修廟學。正德中，知府薛鎏毀戟門外梓潼祠爲忠孝、文節二祠，葺齋號、宫牆。嘉靖十年，增啓聖祠，建敬一亭，立六箴碑。萬曆元年、三十六年，天啓四年，崇禎十三年，俱重修。國朝順治九年，康熙十八年、二十四年、二十六年、二十八年、五十一年，並捐貲重修。啓聖祠燬，五十四年重建。雍正六年，修大成殿。十年，修明倫堂。乾隆三年、二十三年，重修。同治、光緒中，總漕張之萬、文彬先後撥欵，重建大成殿。

《（乾隆）江南通志》卷八八《學校志・學宫二・揚州府》 儒學在府治後儒林坊。宋建。明洪武中，知府周原福因舊規重建。東有成賢坊，西有育才坊，及藏書樓、射圃、觀德亭、頤貞堂、玩易亭、祭器庫、文昌樓並官廨。正統間，知府韓宏因藏書樓改建崇文閣，即今尊經閣也。又建更衣、采芹二亭。天順、成化間，御史張鼒、知府鄭岑先後修葺。嘉靖四年燬，知府易瓚重建，八年，知府陶儼成之。十年，奉詔建啓聖祠及敬一亭，貯六箴碑。各縣如之。萬曆後，知府朱錦、韓文鏡增修。國朝康熙十九年，巡鹽御史郝浴、知府崔華捐貲修理，教授秦鉅倫、朱虹，訓導丁德明先後踵成之。二十二年，巡鹽御史裘充美復修文昌樓。

《（乾隆）江南通志》卷八八《學校志・學宫二・泰州》 儒學在州治東南。唐置吳州，始建學。宋紹興中，州守王揚英作宣聖廟於城東隅，即廟建學。元燬於兵。明洪武初，知州張遇林即故址建。永樂後，知州劉景文、蕭旭相繼修葺。正統間，知州黃性重修。成化二十年，知州彭福拓東南故址，移建學門，植華表二：左文雅，右儒林。弘治後，知州謝傑、朱登益增修。萬曆間，撫院李三才、檄江防同知攝州事李仙品修學濬河，規制大備。國朝因之。

《（乾隆）江南通志》卷八八《學校志・學宫二・太倉州》 儒學在州治西南。明正統間，巡撫侍郎周忱即水軍都萬户府第始建衛學。弘治十年置州，知州李端即衛學改州學，築道山。嘉靖九年，知州陳璜建尊經閣。十年，制增啓聖祠，

建敬一亭，貯六箴碑。各縣如之。萬曆間，知州丁永祚、陳騰鳳相繼修葺。國朝順治十七年，知州吕時興重建尊經閣。康熙二十三年，學正李煜修正殿。三十九年，知州茹之增修兩廡及戟門。五十年，訓導曹培源重修。雍正四年，太倉州分設鎮洋縣，以學正專理太倉州學事。

《〔乾隆〕江南通志》卷八八《學校志・學宫二・通州》 儒學在州治東。宋太平興國五年，知州曾環始建於城東一里許。乾興元年，知州王隨遷學於東門内。大觀間燬於兵。紹興間，判官方雲翼復建於舊址。淳熙間又燬。咸淳中，知州馮弼重建。元至正間，將軍張弘綱建大成殿。明洪武三年，知州熊春增修。正統九年，郡人僉事陳敏、千户陳瑄重修。成化、弘治間，歷加修葺。嘉靖十年，制增啓聖祠，建敬一亭，貯六箴碑。各縣如之。三十二年，巡鹽御史黄國用命知州游天庭重建尊經閣。國朝順治二年，知州唐虞泰重修。康熙二年，知州畢際有重修泮宫坊。九年，知州王廷機增修。雍正二年，知州白映棠重修。五年，知州李世喬捐修明倫堂。

《〔乾隆〕江南通志》卷八九《學校志・學宫三・安慶府》 儒學舊在正觀門外。元末燬於兵。明洪武初，知府趙好德即山谷書院創建在府治之東。正統中，巡撫周忱、知府王璜重建，廟、廡、橋、門、堂、齋、號舍、射圃咸備。成化中，知府陳雲鶚撤學前藥局爲櫺星門。知府王璠繼作泮池、石梁，規制大備。後知府徐傑、陶煦、張文錦相繼修治。嘉靖十年，詔增啓聖祠及敬一亭，貯六箴碑。各縣如之。明末城潰，舊制僅存十之四。國朝順治八年，操撫李日芃、知府王廷賓、李自貞相繼增修。康熙十一年，巡撫靳輔捐俸倡修，知府姚琅、教授莊名弼各捐俸重建，殿廡、橋門、泮宫、昭代、文明坊，悉復舊規。附靳輔記【略】。十二年，改建啓聖祠於明倫堂後。二十一年，巡撫徐國相率知府劉檩、教授郝毓嵾、訓導汪良相修治。五十八年，知府張楷重修啓聖祠、明倫堂。六十年，又重修大成殿及兩廡、戟門。雍正七年，知府徐士林、教授惲宗洵重修。十一年，巡撫徐本以舊崇聖祠在明倫堂後，規制未協，改建崇聖祠於前，移明倫堂於後。又重修大成殿，增建敬儀亭於戟門外左側，添易籩豆銅鐘石磬如式。附徐本記【略】。

《〔乾隆〕江南通志》卷八九《學校志・學宫三・徽州府》 儒學，唐及宋初皆在城東北隅。太平興國三年，知州事蘇德祥遷羅城東門内烏聊山上。嘉祐四年，遷於南門内。熙寧中，復遷烏聊山。紹聖二年，復遷於故址。紹興間，知州汪藻增建左廟右學。德祐間兵廢。元至元十五年，復建。後燬。明洪武初重建，堂齋、廟廡、橋門、射圃悉備。正統八年，御史徐郁命同知徐亨增新之，知府孫遇畢其役。成化間，提學御史陳選、婁謙先後檄府修建。附莊昶記【略】。弘治間，知府彭澤增創號舍。嘉靖十年，制增啓聖祠，並建敬一亭，貯六箴碑。各縣如之。國朝康熙三年，知府藺一元、教諭張霖重修，並建尊經閣、師儒等舍。九年，知府曹鼎望修戟門。十二年，知府張登舉、徽寧道王緒祖重修聖殿。五十四年，邑人項憲捐貲重建明倫堂、兩廡及儀門，子項絪畢其役。雍正三年，學宫前東南鄒魯石坊燬於暴風，絪子道暉又捐貲重建。十年，教授儲郁文重修崇聖祠、鄉賢祠及櫺星門、各處柵闌。邑人徐景京、徐璟慶重建名宦祠。十一年，項道暉又重修正殿、尊經閣、文公祠及内外墻垣、甬道。

《〔乾隆〕江南通志》卷八九《學校志・學宫三・寧國府》 儒學在府治東南，舊在府治東。宋崇寧間，知府李彦卿移於城内。建炎三年，仍復舊址。紹興十年，知府汪伯彦更徙而東面文脊峯。淳熙、嘉定間，歷加修葺。元總管陳大中改建。後燬於兵。明洪武初，知府黄榮祖徙建今地。正統中，知府袁旭撤而新之，明倫堂東西分列四齋，廟廡橋門諸制悉備。復造學門於廟東，御書樓於堂北。嘉靖十年，制增啓聖祠，並建敬一亭，貯六箴碑。各縣如之。萬曆後，知府陳俊、李國觀、蕭良譽、金勵相繼修葺。崇禎時，知府黄夢松重建明倫堂，知府周光夏重建大成殿。國朝順治六年，知府管起鳳重修。康熙九年，知府莊泰弘大加修葺。十九年，知府王國柱又捐俸修理，教授徐馮、訓導姚士重董其事。

《〔乾隆〕江南通志》卷八九《學校志・學宫三・池州府》 儒學在府治西北，舊在城東南隅。附唐韋表微《池州夫子廟麟臺碑銘》【略】。宋開寶初，知府成昴移建於城西北。至和間，知府吴仲復仍移建於東南。後陳桷、周應龍、葉凱、王伯大相繼修之。元燬於兵。明洪武三年，知府孫炎重建。正統初，知府葉恩加修。成化初，知府李宏重造明倫堂、四齋、兩廡、戟門、石柱、泮池橋。弘治末，知府陳良器、祁司員、何紹正相繼修葺。嘉靖十年，制增啓聖祠並建敬一亭，貯六箴碑。各縣如之。然其地卑濕，夏潦江漲，水廹學宫。隆慶元年，知府尹士龍遷於今地。後知府馮叔吉落成之。國朝順治七年，知府梁應元修。康熙十六年，知府喻成龍重修。

《〔乾隆〕江南通志》卷八九《學校志・學宫三・太平府》 儒學在府治西。宋治平中遷子城東南。【略】建炎、紹興間又兩遷，而後定於今址。自乾道後，歷元相繼修葺。明洪武初，以州陞爲郡學。永樂中，知府徐敬更修。正統七年，知

府楊士敏、當塗知縣張嵩撤而新之。弘治、嘉靖間，知府徐節、周進隆、林鉞相繼葺治。嘉靖十年，制增啓聖祠，建敬一亭，貯六箴碑。各縣如之。萬曆後，知府陳璧、劉應錡、余思明、何士林、李若訥、劉正衡先後增修。國朝順治十一年，知府王以約大修。康熙元年，知府胡季瀛修尊經閣。十一年，知府黄桂倡修，教授宋驥董其事。十九年，知府楊霖又修。五十五年，知府李敏廸重修大成殿兩廡。雍正七年，知府李暲、教授蔡兆昌重修櫺星門、戟門，重建明倫堂、文星閣、尊經閣。

《〔乾隆〕江南通志》卷八九《學校志・學宫三・廬州府》 儒學在府治東。肇於唐會昌，盛於宋咸平，廢於紹興之兵革。乾道以後，帥守趙璠老、翟朝宗重新之。明宣德中，同知謝庸創修。正統後，知府揭稽、史儒、孟圯、馬金、李嵩、徐鈺相繼增繕，門廡堂齋悉備，並建尊經閣。正德中，知府龍誥重修。附明王禕記**【略】**。嘉靖十年，制增啓聖祠，建敬一亭，貯六箴碑。各縣如之。萬曆三年，知府吴道明重修，增建興文樓。明季燬於兵。國朝順治三年，知府吴允昇重建。康熙二十一年，知府薛之佐大加修葺。二十二年，知府杜立本畢其工。後知府張純、馬雲從、姚漁、陳廷綸繼修。雍正五年，知府趙向奎重修。

《〔乾隆〕江南通志》卷八九《學校志・學宫三・鳳陽府》 儒學在譙樓西雲濟街。明洪武十八年，置國子監。十九年，改爲府學。景泰間，知府仲閔修之。成化間，知府章鋭重修。規制畢備。弘治十三年，知府孟俊增繕。嘉靖十年，制增啓聖祠，建敬一亭，貯六箴碑。各縣如之。崇禎四年災。六年，知府徐四蔭重建大成殿及堂廡、齋房、尊經閣、名宦鄉賢祠。歲久漸傾。國朝康熙四年，知府戴斌重修。十八年，鳳廬道孫蘭、知府耿繼志、同知劉芳聲各捐俸增修，教授湯原振董其事。

《〔乾隆〕江南通志》卷八九《學校志・學宫三・宿州》 儒學在州治東。元至元十一年，知州左昺建。元末兵廢。明洪武三年，知州吴彦中即舊址重建。正統初，御史彭勗更新之。成化間，知州張黼修廟廡、尊經閣，建號舍及會講亭。萬曆二十三年，知州崔維嶽增修。明末頽壞。國朝康熙十年，知州吕雲英捐修，踰年竣工。久漸傾圮。五十三年，攝州事同知張炯生重修。

《〔乾隆〕江南通志》卷八九《學校志・學宫三・滁州》 儒學在州治東，舊在子城内。宋景祐間遷於此。元大德間重建。附元吴澄記**【略】**。明洪武三年增修。永樂初增建，廟廡、堂齋、橋門、射圃咸備。嘉靖十年，制增啓聖祠，建敬一亭，貯六箴碑。各縣如之。後歷加修葺。國朝順治十八年，督學王同春命知州寧鳴玉建尊經閣。康熙二年，學正尹調羹重修殿廡。十六年，知州趙清貞建大成殿。二十年，又同訓導湯調鼎各捐俸建明倫堂、奎星閣。二十二年，知州王錫魁修建尊經閣。雍正五年，知州趙良堉又修。

《〔乾隆〕江南通志》卷八九《學校志・學宫三・廣德州》 儒學，宋天聖中司理范仲淹建於州治北。治平中，錢公輔遷於州東南隅，即今地。後燬於兵。紹興初，知廣德軍洪興祖重葺。元時，知廣德路偰文質擴而新之。明洪武二年，同知趙有慶重建，廟廡、堂齋咸備。永樂九年，知州楊瀚廓舊址，鑿學河。成化十年，知州周瑛遷明倫堂築萬桂山。弘治二年，知州辛禮易民田爲學河。嘉靖十年，制增啓聖祠，建敬一亭，貯六箴碑。縣如之。萬曆十五年，知州陸長庚增鑿河之南，繚垣曲檻。後知州段猷顯徧植桃李於上。國朝順治七年，操撫李日芃、兵備道袁仲魁捐俸重修。至十一年，學正黄如馨、訓導淩質竣工。康熙六年，知州楊苞重修，學正荆振董其事。

《〔乾隆〕江南通志》卷八九《學校志・學宫三・六安州》 儒學在州治東北。始建於元大德初，至元間，知州王大有成之。明洪武三年，知州薛敬重建，王成繼之，規制乃備。後知州陸瑜、游璧、何勝、包洪益、金山、李衮相繼增修。嘉靖初，知府徐璿更新之。嘉靖十年，制增啓聖祠，建敬一亭，貯六箴碑。縣如之。後知州邵德久、同知鄧向榮修明倫堂，歐陽德開泮池，唐可封建門外石坊。萬曆間，知州楊際會、李懋檜、同知劉垓先後修治。明季燬於兵。國朝順治三年，安廬道趙振業捐俸，屬學正凃廷楹加葺文廟及明倫堂。康熙三年，學正劉炎建啓聖祠。二十一年，知州陳恭捐俸重建兩廡，學正孫謙、訓導光宏貴募建學門、官舍。三十年，學正朱廷容倡修，邑人魏世忠董其事。四十九年，重修大成殿、明倫堂。雍正八年，學正吴雲珧重修兩廡。

《〔乾隆〕杭州府志》卷一〇《學校一》 府學，宋在府治東，宋紹興中建。《大清一統志》。至聖文宣王廟，舊在府治之南、子城通越門外，有稽古閣。宣和中，本路廉訪使降御書殿榜曰大成。錢塘仁和學附焉。六經齋十二：曰經德、曰進德、曰炳文、曰兑習、曰頤正、曰賁文、曰蒙養、曰時升、曰益朋、曰履信、曰復古、曰賓賢。建炎以來，遷徙不常。紹興元年，于淩家橋東以慧安寺故基重建。有六齋：曰升俊、曰經德、曰敦厚、曰彌新、曰賁文、曰富文。乾道志。紹興間所徙建即今址。舊《浙江通志》。紹興十二年四月甲申，增修臨安府學爲太學。十

三年正月癸卯建太學。《續資治通鑑》。二十六年，高宗御製孔子暨諸賢像贊刻石太學，仍賜刻本于諸學校，自爲序。萬曆舊志。嘉定九年，教授袁肅、黄灝請修府學，訪成均規制。咸淳志。理宗時，御製道統十三贊刻石于郡學。舊志。淳祐六年，理宗御書「大成殿」、「養源堂」二扁賜之。十一年，安撫趙與𥲅又一新之，且增置學廩，養弟子員二百人。咸淳志。紹定四年，大尹余天錫增置學田。成化舊志。咸淳七年，安撫潛説友買民地，議增闢，八年吴益踵成之。咸淳志。高宗臨安府太。按：學校之設，自漢武始。六朝時興時廢。唐武德中州縣及鄉皆置學，見《資治通鑑》。宋初但有書院，仁宗始詔藩鎮立學，繼而大郡亦立學。《文獻通考》。杭州學始元豐元年。而范文正表，乃言李諮修宣聖廟，建置學舍。據諮知杭州，在仁宗天聖六年，則自藩鎮初詔時，杭學已建矣，《通考》所云尚未允。

元至正六年，儒學副提舉李祁、總管趙璉重建。《黄文獻公集》。十年，守寶格又新之。十二年燬於寇。十三年，總管特穆禮斯乃飭材重建，購宋慧安寺地，展欞星門於南。二十二年復燬。二十三年，守夏思忠盡購寺基新之。萬曆舊志。

【略】

明洪武八年，重建廟學。萬曆舊志。永樂十八年學燬。宣德三年，巡撫大理卿熊概重建。嘉靖《浙江通志》。正統初，左布政使孫原貞、按察使軒輗新廟學，未幾遷去，後按察使陳璇卒成之。成化舊志。成化二十一年，郡守張縉又加修葺。萬曆舊志。弘治十年，立科目題名碑於欞星門之外，巡按御史吴一貫拓學宫南路。舊志。十三年巡撫御史鄧璋清、軍御史任文獻，十八年巡按御史車梁又重新之。萬曆舊志。正德十二年，巡按御史宋廷佐檄知府留志淑遷仁和縣學石經於戟門外兩偏，《道統十三贊》於尊經閣下。提學副使劉瑞請廷佐以刑金購書藏尊經閣。瑞又隸書《大學聖經》一章於明倫堂座後門下，志淑命工刻之，今廢。舊志。嘉靖八年，詔建敬一亭，貯御製《敬一箴》、宋儒程頤《視聽言動四箴註》、范浚《心箴註》。九年，始奉制易大成殿曰先師廟，建啓聖祠，正聖賢祀典。十年，勒《御製正孔子祀典説暨申説聖諭》於石，樹戟門左右。十五年，左布政使任忠以展謁時諸司輿從直廟門行，非禮，出官帑購民地，闢爲便道，今稱新路。二十二年，按察僉事劉望之書大「魁」字於石，樹於泮宫坊西直之南。知府陳仕賢亭覆之。四十五年，提學副使屠義英建敬一亭於廟後，移御製諸箴石於中。萬曆二年，提學副使滕伯輪改三司廳爲名宦祠。三年，教授陳文炅改土神昌文侯祠於義路之左。二十三年，提學僉事伍袁萃增置學田，令開墾以爲永業。按察僉事仁和沈瑞臨爲記。二十四年，巡撫劉元霖命郡守季東魯重修國子監，祭酒馮夢正爲記。四十年，巡撫高舉重修。崇禎十年，巡撫喻思恂、巡按趙繼鼎、張任學暨諸司修廟學。舊志。

國朝順治五年，巡臺諸司各捐金修葺聖廟及兩廡、欞星門、明倫堂、鐘鼓樓。十五年，總督兵部尚書李率泰、巡撫都御史陳應泰、巡按御史王元曦重修。康熙十七年，巡撫都御史陳秉直捐資又修。舊志。二十二年，教授章潤奇、訓導宋鈗重建文昌祠。《浙江通志》。二十三年，知府顧岱捐修兩廡。舊志。二十四年，聖祖仁皇帝御書「萬世師表」匾額懸於廟。巡撫都察院趙士麟委杭州府通判朱德深監修聖殿、明倫堂，并重造兩廡廟門。舊志。二十五年，御製《先師孔子贊》及顔、曾、思、孟四子贊并序，頒行天下府州縣學，勒石置碑。《浙江通志》。【略】

雍正三年，御書「生民未有」額，懸大成殿。五年，總督李衛重修，命教授蘇滋恢董理。《浙江通志》。乾隆三年，大成殿詔易黄瓦，恭懸御書「與天地參」額。三十六年，巡撫富勒渾等重修儒學，俾候選知府許承基董其役。學冊。四十四年八月十六日，奉旨欽頒世宗憲皇帝《訓飭士子文》一道，發交國子監及各省學宫恭録刊刻。雍正五年三月二十四日，禮部奏會試舉人叩荷特恩，合祠陳謝奉上諭：朕視天下萬民，皆屬一體。況讀書鄉薦之人，異日俱可作朕股肱耳目。是以朕心待之，實有一體聯屬之意。愛養培護，即如有厚其身，此皆出于中心之自然，並非欲邀天下士子之感頌也。今舉子等，以會試叩荷特恩，合詞陳謝，是尚不能深悉朕一體相關之意，而存上下彼此之形跡矣。朕待天下，惟有一誠，而崇儒重道之心，尤爲篤切。但所崇者皆真儒，所重者皆真儒正道。若徒尚虛文，邀取名譽，致貽世道人心之害，朕不忍爲也。爾等讀書之人，實四民之所觀瞻，風俗之所維繫。果能誦法聖賢，躬修實踐，宅心正直，行己端方，則通籍于朝，必能爲國家宣猷樹績，膺棟梁之選。即退處鄉閭，亦必能教孝勸忠，爲衆人之坊表。故士習既端，而人心尚有不正，風俗尚有不淳者，無是理也。爾等既感朕恩，即當仰體朕心，恪遵朕訓，争自濯磨，或出或處，皆端人正士，爲國家所倚賴。如此方爲實心報効，不在感恩奉謝之儀文也。欽此。

《〔乾隆〕杭州府志》卷一〇《學校一》　尊經閣，永樂間建，藏頒發書籍。弘治六年圮，郡守張渻重修。萬曆舊志。崇文閣即宋時稽古閣也，亦稱尊經閣。《西湖遊覽志》。吴伯通《重建尊經閣記》：杭學之復建尊經閣也，命臣鎮守太監張公實主之。夫

閣何爲者也，昔太宗皇帝思法古帝王，以道治天下，用光宏基於億萬年，以爲帝王之道載諸經，乃命儒臣編修五經四書，集傳註爲大全，又輯諸儒成書格言，爲《性理大全》書，頒布天下學校，俾爲師者以是教，爲弟子者由是學焉。庶幾天下士皆得聞大道，爲良才，而賴其用以輔世治民也。於是古昔聖賢傳道之書，始逼天下，而文教覃敷矣。當是時藩臬郡縣臣欽奉德意所在，學校多爲樓閣以藏賜書，而題之曰「尊經」。茲閣之所爲建也。杭學之有閣，其昉於是時乎。成化中，閣以久且敝，守拆而將更新之，尋以事罷去，閣遂廢。廢而莫或有舉之者。弘治初，公光膺洊命，仍總鎮兩浙，方思篤棐新化，而郡人李君子陽告之故，且請復之。公欣然曰：仰承祖宗德意，宣德教淑士心，定民志以寧靖於海邦，守臣首事也，可後乎。遂屬其事於杭守涪陽張公潮用，俾輟他務，發府藏金若干兩，市材於南北。既具，乃卜乃選。幕官才者督公徒拓舊址而廣之，作樓六楹。其間五經始於辛亥秋，至壬子春工告訖。功其成也，崇高闓裕，氣勢巍然，與南山對峙。爲賓主登之，可以遠眺望而豁心神。爰置庋焉，捧賜書而藏之，俾學之師率其弟子員旦暮登而啓卷講授於中焉。仍取舊題榜之南榮。既成之。明年，憲長楊公維高進爲方伯修禮於學，登樓有感，謂余：我輩承宣德化於茲，學之廢興，乃吾輩職事也。不能事事而賴公以成功，其善可泯耶。子宜記之，以承厥美。伯通職專文學，不得辭，乃爲次敘其本末，記諸石。

《〔乾隆〕杭州府志》卷一一《學校二·敷文書院》 敷文書院，在仁和縣萬松嶺上，舊名萬松書院。明弘治十一年，參政周木因故報恩寺址建。《大清一統志》。

周木改建萬松書院，查取衢州先聖五十八代孫孔績來供祠事。院以上有芙蓉巖，可汲亭、石匣泉，稍西有水雲亭、振衣亭，中有飛躍軒。西有留月臺，東有掬湖臺，中有敏秀閣。稍西有如圭峯、明道堂，右有居仁齋，左有由義齋。中爲大成殿，戟門，仰聖門，左有曾唯亭，右有顏樂亭。外有萬松書院石坊，東西有德侔天地、道貫古今二石坊。嘉靖乙酉增修。洪鐘撰記。嘉靖《仁和縣志》。嘉靖三十三年，杭州知府孫孟重建明道堂，翼以居仁、由義二齋。萬曆五年，巡鹽御史馬應夢即毓秀閣北建繼道堂，翼以窮理、居敬二齋，祀周、程、張、朱五先生。提學副使勝伯輪爲記。八年毀各書院。巡按御史謝師啓、提學僉事喬因阜謂萬松書院祀先聖不當毀，具疏得存。國朝康熙九年，巡撫范承謨重建，改爲太和書院。舊《浙江通志》。五十五年，巡撫徐元夢重修，奉聖祖仁皇帝御書「浙水敷文」扁額，懸於中堂。頒賜《古文淵鑒》、《淵鑒類函》、《周易折中》、《朱子全書》藏於院內。鹽驛道黃炳捐置學田。康熙五十七年，巡撫朱軾復捐益贍產。雍正四年，巡撫李衛重修。十一年欽奉世宗憲皇帝上諭，各省學校之外，地方大吏每有設立書院，聚集生徒講誦肄業者。朕臨御以來，時時以教育人材爲念。但稔聞書院之設，實有裨益者少，而浮慕虛名者多。是以未曾飭令各省通行，蓋欲徐徐有待而後頒降諭旨也。近見各省大吏漸知崇尚實政，不事沽名邀譽之爲，而讀書應舉之人，亦頗能屏去浮囂之習，則建立書院，擇一省文行兼優之士讀書其中，使之朝夕講誦，整躬飭行，有所成就，俾遠近士子觀感奮發，亦興賢育才之一道也。督撫駐劄之所，爲省會之地，著該督撫商酌舉行，各賜帑金一千兩。將來士子羣聚讀書，須預爲籌畫，資其膏火，以垂永久。其不足者，在於存公銀內支用。封疆大吏等並有化導士子之職，各宜殫心奉行，黜浮崇實，以儲國家菁莪棫樸之選。如此則書院之設，有裨益於士習文風，而無流弊，乃朕之所厚望也。特諭。欽此。浙江督臣程元章遵即酌議生息增置田畝，以爲永遠膏火。《浙江通志》。乾隆十六年，聖駕南巡，臨幸敷文書院。御題七言一律。二十二年，御題敷文書院五言六韻。二十七年，御製疊舊作六韻，并御題講堂屏聯。三十年，御題正誼堂屏聯，再疊詩六韻。四十五年、四十九年，俱有御製疊韻詩。《南巡盛典》。

《〔乾隆〕杭州府志》卷一一《學校二·紫陽書院》 紫陽書院在紫陽山麓，康熙四十二年建。《大清一統志》。運司高熊徵買宅於鳳山門內之馨如坊，改作書院，顏曰紫陽別墅。以其地爲紫陽山麓，而適與新安之紫陽同名，遂以別墅別之。其中爲樂育堂，奉朱子木主。堂後有簪花閣，五雲深處講堂。東爲近水樓、南宮舫、瀛洲榭，生徒于此弦誦焉。又折而東爲春草池，爲垂釣磯，爲看湖臺，爲別有天，爲尋詩逕。循逕而入爲層梯疊巘。其巔爲巢翠亭，遠矚錢塘聖湖，如在襟帶間。其他如小瞿塘、石蕊峯、梧桐岡、鸚鵡石、筆架峯、螺泉、葡萄石諸勝，皆巖石瘦削，窒谷幽邃。當事延名師主講席，日有課，月有程，一秉鹿洞規則。雍正三年，寧紹分司徐有緯捐葺。七年，總督李衛重建巢翠閣爲文昌祠。《兩浙鹽法記》。

《〔乾隆〕杭州府志》卷一一《學校二·西湖書院》 西湖書院在三賢祠右。元江南浙西等處肅政廉訪使即宋太學舊基建三賢祠，因建西湖書院。元亡書院廢。洪武初，改書院爲仁和學，奉三賢與岳飛爲土神。成化十二年，浙江左布政使甯良即孤山舊萬壽寺故址重建。有晴瀾堂、松軒、瀛嶼。南榮巢太常少卿夏時正爲記。成化舊志。

按：元至元時，改宋太學爲西湖書院。地在城內後洋街。明成化時所建，則近孤山三賢祠，亦稱孤山書院。其地絶殊而猶仍其名。李敏達《西湖志》謂崇文書院即故西湖書院，似未確。而敬一書院，今亦題門額曰西湖書院。或又謂元明時書院故基轉輾鈎互，按地考之，皆齟齬不合。

《〔乾隆〕杭州府志》卷一一《學校二・天真書院》 天真書院在天真山麓。王文成守仁講學之所。萬曆間行人薛侃等建，以祀文成。《浙江通志》。舊名天真精舍，在天龍寺之左。嘉靖九年，僉事王臣與揭陽薛侃、會稽錢德洪、王畿釀金鬻寺僧地創建。中爲祠堂，後爲文明閣、藏書室、傳注樓。置膳田以待四方學者。萬曆二年，侍御萬安蕭公按浙，增建凝道堂。八年，毀天下書院，而精舍亦混爲里中所佃。十一年，蕭公督撫兩浙，與侍郎江陰范公爲請於朝，禮部議復祠田，仍賜祠額。有司春秋致祭如禮云。《西湖游覽志餘》。

《〔乾隆〕杭州府志》卷一一《學校二・崇文書院》 崇文書院在錢塘棲霞嶺之陽。明萬曆中建。《大清一統志》。明萬曆間，巡鹽御史葉永盛視鹺之餘，集内商子弟於西湖之跨虹橋西，授以題命各舫中屬文，舫皆散去。少焉，畫角一聲，羣舫畢集，各以文進，面定甲乙，名曰舫課。去官後，商士思之，就其地建書院，奉朱子而祠永盛於後寢。春秋饗祀焉。國朝康熙四十四年，聖祖仁皇帝南巡，御題「正學闡教」四字爲額，爰鼎新之榜曰崇文。雍正十一年，鹽道張若震重修。《兩浙鹽法志》。乾隆二十四年，鹽道原衷戴於崇文、紫陽兩書院設膏火，嚴課程，遴委監院。自是甲科稱盛。商士頂祝建碑崇祀，與高葉二公相鼎峙云。《書院記》

《〔乾隆〕浙江通志》卷二九《學校五・嚴州府》 釣臺書院，在府城東五十里富春山下。《嚴陵志》：漢嚴子陵耕釣處。宋景祐中，知州范仲淹始創祠宇。紹定戊子，山陰陸子遹來知州事，闢書院於臺下，處僧廬於東偏。復葺高風閣，置經、史、子、集，用訓廸嚴、方二家子弟。淳祐辛丑，金華王佖守郡，始闢齋舍，延堂長春秋祭而講習焉。辛亥，知州隆興趙汝歷鑿石累土，以廣其地，益以棟宇，爲門三間，榜曰釣臺書院。歷級而升爲官廳，左乃先生祠也。羊裘軒、客星閣，悉仍其舊。又以招隱堂廢址爲燕居殿，下爲門廡，曰燕居之門。由官廳而右，爲講堂，曰清風。堂之北爲複屋，曰遂高。堂之南臨流爲閣，曰雲峰煙水；爲四齋，曰明善、希賢、尚志、修己；爲罏亭，曰會友。山長、堂長有位，祭器有庫，儲蓄有倉，庖湢有所。於是延致衿佩，教養其間。改登臺路於書院之右，山腰有亭，以待憩息。東臺舊有亭，更爲亭西臺，對立相望。郡捐帑五萬緡，就城爲抵質庫，月收其息，以助養士。明年，知州季鏞聞於朝，以州學教授兼山長，循故實，以四仲月率職事致祭，守亦時往。景定辛酉，知州錢可則修治之，視舊益勝。客星閣久淪於僧舍，頹圮滋甚，命僧撤其故，爲法堂，更卜爽塏於佛廬之左建焉。元至正元年，總管羅廷玉、山長沈元鼎協力興修，屋以間計，凡四十有九。完舊者曰燕居殿，曰祠堂，曰清風堂，曰招隱堂，曰客星閣，曰山高水長閣，曰遂高樓，曰羊裘軒。新者曰三公不換亭，曰天下十九泉亭，曰錦峰繡嶺亭，曰東臺、西臺兩亭。甃登臺之路，而爲門以識之。又作門其外，榜曰釣臺，曰富春山。未幾，燬。明正統元年，知府萬觀始重建，傍闢二軒，東曰清風，西曰高節。榜其外門，曰釣臺。山腰仍建錦峰繡嶺亭，東西兩臺各構亭。弘治四年，知府李德恢撤其舊而易之，樹坊表於祠堂之前，視昔加偉。

《〔雍正〕寧波府志》卷九《學校》 寧波府學在城西北隅，府治北鑒橋西。舊在四明山之句章地。唐開元二十六年始建明州，學隨州立。寶應廣德間，州燬於袁晁之亂。大間守裴儆始興茨塾。見王密《製儆紀德碑》。貞元四年，守王沐始創大成殿。《寶慶志》但云夫子廟。太和四年修之。見鄭耕老《修學記》。宋天禧二年，李彝庚徙今地，殿後造明倫堂，前浚泮池，合廟學爲一。建炎兵燬，獨殿及治平中所鑄鐵香爐，與殿前後古柏六皆無恙。郡人林暐捐金錢草立黌宇。暐，韶州司户參軍。紹興七年，守仇悆初立儀門、泮宮門。泮宮門在泮池南。成化志云：舊名橋門，後人所稱也。延祐志名學門，至正志曰臺門，皆即此門。廣殿講堂，東西齋舍，東三齋曰上達、廣譽、造道。西三齋曰登賢、成已、時升。庖湢具備。李璜爲之紀。紹興十九年，守徐琛即明倫堂後建稽古堂，堂之上舊有五經閣。寶慶志云，樓郁有「五經高閣倚雲開」之句。乃藏高宗所頒御書經史於堂，曰御書閣。後守姜師仲、張津、趙伯圭皆重修。淳熙三年，判府魏王愷築射圃，建觀德亭。五年守趙善湘，教授黃一震樹櫺星門。凡三座，以石爲柱楣。十三年守岳甫，校官周粹中、郡人尚書汪大猷、侍郎史彌大增修堂廡重門，增置成德齋。在上達之後。越二年，校官林士衡撤新六齋，創冷齋於稽古堂之西。後改曰養正齋，以處小學諸生。嘉定十六年，守趙師巖復修御書閣及諸齋。寶慶改元，校書方萬里請於攝守齊碩倅、蔡範各助修葺，後守胡榘亦給錢千緡。於是泮橋、公廚、湢室皆新，黌宇輪奐，甲於東州。咸淳六年，守洪燾以殿撓更建，郡人王應麟爲之記。教授孔景行、陳元亮跨橋於泮池，四旁甃以石，維以石闌。元至正十九年，廟學悉火於兵，惟存臺門三間。教授潘夢桂、黃裳、吴宗彦、史復伯經始之，殿廡堂齋畧具。二十八年，浙東廉訪使陳祥重建儀門，東西各建幕次，以爲官員齋宿之所。次年建尊經閣。即御書閣舊基。王應麟爲之記。吴宗彦又創建賓序齋，儒學提舉田希亮又增達財、育賢二齋。凡十齋，後復爲八齋。大德間，教授趙孟節創建土地祠。至大二年，廉訪

使趙宏偉、教授蘇壋營葺大成殿成化志云重建，今從嘉靖志。及從祀廊，任仲高爲之記。延祐六年，教授吳廷獻重修廊廡。泰定三年，總管郭郁重修殿宇及儀門，郡人翰林袁桷爲之記。至元四年，廉訪副使順昌重修，後總管完者帖木兒、郡監阿般圖相繼繕治。

洪武二年，興學設官。十五年，立臥碑。十九年，知府李仲文經度修之，尋以事去。二十三年，諸生合緡錢畢工。未幾，風雨壞閣堂齋舍。越明年，藩司請於朝，以没入官地拓大之，即故址作堂閣。同知張耀董其役，知府吳思誠捐俸易民居，相繼卒役。三十三年，知府王璡於泮橋左右增置二橋。永樂十一年，通判廖潤、教授鄭深道協力繕治。十二年，知府魏宗飾聖賢像。宣德十年，知府鄭珞重建西廊儀門。永樂間西廊圮於風雨。正統時，珞再任，以廟學相混弗肅，乃易陰陽學址建學門，内設垣以隔之，建明倫堂，比故址退後七尋。復作後堂及東西步廊、齋宇、號房，徙舊碑立於東西挾廊兩壁。周璣爲之記。天順八年，知府張瓚悉加營葺。郡人王來爲之記。嘉靖志云廊基改建，未知何據。成化二年，知府方逵大爲修葺。甫成，僉事吳璘巡歷至，協謀建尊經閣，以貯頒賜諸書。復於射圃南甃池築室，爲諸生藏修之所。郡人黄潤玉爲之記。後知府張賑重新廟廡及膳堂寢舍，闢門外道，樹兩坊表於東西。東曰騰蛟，西曰起鳳。郡人楊守陳記其事。弘治十年，丁巳。知府伍符增修殿堂，廣射圃。郡人屠滽爲之記。正德七年，知府張津重修，郡人楊守阯爲之記。嘉靖九年，庚寅。奉旨撤像祀立牌位，改大成殿爲先師廟，大成門爲廟門。改尊經閣爲敬一亭。奉欽頒《御製敬一箴》，并《御製視聽言動四箴》，勒碑立於亭。十三年，甲午，知府鄭威重修。郡人王應鵬爲之記。三十六年，丁巳，知府張正和重修，郡人張時徹爲之記。萬[曆]四年，巡海道劉翾屬知府周良賓增葺。郡人范欽記其事。三十二年，乙巳。知府鄒希賢重修文昌閣，自爲文刻於石。成化志：泮宫西有文昌閣，正統九年知府陸奇建，閣名未詳所始。三十六年，教授高明重製先師廟及兩廡神主。郡人記其事。崇禎九年，知府許捷葺廟堂齋廡，未竣而去，知府林夢官卒其工。郡人林棟隆記之。十三年，巡海道王應華改葺。改學門於櫺星門之西，開文明門於殿之東，臨大街，今圮。

國朝順治八年，巡海道王爾禄重修。郡人沈延嘉記之。康熙九年，知府崔維雅率屬重建明倫堂，易先師新主，建兩廡，葺泮宫門。郡人史大成記之。十一年，通判郭一鳳重建啓聖宫。郡人史大成記之。十五年，教授葛衷欽倡修聖殿，同知殷作霖董其成。三十一年，守張星耀重修學宫。四十三年，守甘國璧再修。五十二年，守李肅又修。五十七年，守尚寶重修大成殿。雍正二年，明倫堂毁於大風，學使彭維新捐俸重建。五年，守孫詔重建西廡，及名宦、鄉賢二祠。六年重建文昌閣，未訖工，擢本郡觀察新守曹秉仁踵成之。七年，道府各捐俸，增飾殿廡門牆。八年，守曹秉仁創省牲所餘舊制未備，皆以次增修。輝煌閎麗，爲諸郡之冠云。

《[乾隆]温州府志》卷七《學校》

温州府儒學在府治東南。聖廟東西兩廡、戟門、泮池、櫺星門、崇聖祠、明倫堂、東西兩齋、尊經閣、祭器庫、宰牲房、及名宦、鄉賢二祠、土地祠。廟懸聖祖仁皇帝御書「萬世師表」額。康熙二十四年。碑刻先師孔子贊及顔、曾、思、孟四配贊并序。二十五年御製訓飭士子文。四十一年十哲增朱子熹。五十一年。廟懸世宗憲皇帝御書生民未有額。雍正三年。兩廡從祀先賢中，乾隆三年。御製祝版文。乾隆五年十一哲增有子若。乾隆六年。廟懸御書與天地參額。雍正三年，復入蘧子瑗、林子放、秦子冉、顔子何四位，增入縣子亶、牧子皮、樂正子克、公都子、萬子章、公孫子丑六位。先儒中康熙五十五年增入范子仲淹，雍正三年復入鄭子康成、化子甯，增入諸葛子亮、尹子焞、陳子淳、魏子了翁、黄子幹、何子基、王子栢、趙子復、金子履祥、許子謙、陳子澔、羅子欽順、蔡子清、陸子龍其，共十七位。崇聖祠舊名啓聖祠。雍正元年追封五世祖爲肇聖王，高祖爲裕聖王，曾祖爲詒聖王，祖爲昌聖王，父爲啓聖王。易祠名三年，配享增入張氏廸一位。已上各縣學俱同，不複載。

事實，嘉靖《浙江通志》，晉太寧初，立永嘉郡學於華蓋山麓。宋天禧三年知州葉温徙故九星宫址，以爲今學。治平二年火。熙寧初，知州周延雋徙州治西南。元祐五年，知州范峋復今所。紹興十年又火。知州程邁建。舊志：程邁重建，倣太學制，右爲廟，曰大成之殿。後爲閣，曰稽古。左爲學，中爲養源堂。兩廡翼以肄業之齋，庖廩具列。嘉定七年，知州留茂潛修。元延祐間，總管趙鳳儀重建。至正末兵燬。萬曆志洪武四年，郡守湯遜重建。成化丙午，郡守項澄修文廟，建明倫堂。嘉靖志：弘治十三年，知府鄧淮增修。舊志：擴學舍，濬學前河。嘉靖九年，易大成殿曰先師廟，建啓聖祠、敬一亭。嘉靖十三年，知府郡山建明倫堂。萬曆志：萬曆七年，郡人參政王叔杲重建堂舍。舊志萬曆三十一年，邑人王光美重建尊經閣。國朝康熙十一年，巡道許重華、護巡道陳遇主率屬同修戟門。教授李璋率諸生黄芳卿等重修尊經閣。二十三年，巡道楊懋緒、諸定遠相繼率屬重建先師廟。聖世五十八年，教授凌霄續修。雍正十三年，民居火延及，廟祠盡燬。巡道

吴士端，知府莊柱清出廟壖爲民居舊所侵地。乾隆二年道府率永嘉知縣金廣□委貢生邵世録、林中鳳等董理重建先師廟，請發帑金二十兩，内外門廡祠閣，焕然一新，復即敬一亭舊址，建萬壽亭，爲朝賀之所。十六年，訓導童基移建尊經閣於學之巽位。舊在明倫堂左側上祀文昌。形家言：人文所係□□聳起巽方。基率貢生吴國清、張正宰、梁春等移建，教授王執玉有□□。十七年教授王執玉率諸生補建泮池橋。乾隆三十年，訓導朱葉瑛重建尊經閣於明倫堂左。

《〔乾隆〕温州府志》卷七《學校・中山書院》 中山書院在府城東北隅。乾隆二十四年，知府李琬興建。因東山書院地形卑隘，别擇地創建於城東北隅鹿城書院傍，中山之麓，名曰中山書院。而以東山書院舊舍爲童子學。其基地十畝二分。遴紳士陳肯堂、金珍、李敷華、方純一、王繩武監造。前建講堂七間，中曰精勤，左曰大雅，右曰修道，上爲閣祀文昌。左樓五間，右樓十間，爲肄業地。左右耳房各三間。廚房、夫役房共十餘間。傍山鑿池，作三亭爲遊憩之所。勒所置之田於碑陰。委訓導朱葉瑛監理，生員方純一、王繩武董司其事。

《〔光緒〕嘉興府志》卷八《學校一》 府學在府治西北，宋紹興中建。《大清一統志》。案《祥符圖經》云，舊有文宣王廟，在天星湖上，唐開元二十七年建。廟後有學室。或云，大歷九年置學。案：此本嘉興縣學。宋太平興國二年，知州安德裕即立學於廟右。趙圖記有騰蛟起鳳橋故跡。大中祥符二年，知州耿肱以廟學庳窄，移望雲門内西偏。袁志。其地後併天寧寺。崇寧元年，頒學制，知州錢遹改建。紹興壬戌，知州方滋於通越門内二百步立學，至元志。肇建殿堂齋舍七十三間。張嵲《重建州學記》。【略】嘉定十一年，知軍府岳珂改建廟學，未就。十三年，知軍府鄭定落成。又闢西地建六齋。袁燮爲記。紹定二年，知軍府莫叔益重建觀頤堂。黄夢高記：凡學校養士，各就食於位。觀頤有堂，獨檇李爲然。合異而同，不相淆亂，此意善矣。然地本鹺庳，常居溼蒸，屋老而欹，勢且覆壓。移食於齋，衆謂非宜。余視事數月，亟請於郡侯莫叔益，得錢五十萬，撤而新之。工徒既畢，舊觀復還。填然鼓聲，少長咸集。升降坐起，禮儀肅莊。乃歌曰：厦屋崇成，昔陋今盈。匪伊我居，言依於仁。齋廚有食，昔枵今實。匪飽我粒，言飽於德。余聞而進之曰，侯之養士厚矣，士亦知所以自養乎。觀頤則易，自求口實則難。觀頤觀其所養也，口實觀其自養也，二三子勉之。寶祐丁巳，守臣謝堂案：作瑩者，非。闢大門於廟西，疏潢池，建泮橋，剏明德堂於西，改觀頤堂於東。張鎮爲記。元至元丙戌，分教陳紹在里人徐碩請撤學新之。學前有井，覆亭其上，以育德名，悉脩浚之。舊有八齋：曰上達、立道、思誠、體仁、教睦、改正誼。連茹、改養心。輔德、朋來。講堂舊名正禮。至元志。案：三十一年甲午清釐正禮堂基，何觀爲記。大德三年，總管府事辛仲實案：作寶者，非。重建廟學。傅光龍爲記。十一年，教授孔照，學正趙由儁、學録沈德華復葺之。柳志。明洪武二十七年，參議李文華重脩明倫堂於廟後，即宋明德堂舊址。有軒廊四齋。宣德間，巡撫大理卿胡槩重脩殿閣、廊廡、講堂，移饌堂居東，即宋觀頤堂舊基建四齋。正統二年，知府黄懋以學逼廟後，廣購東北地十五畝，即古曹刺史捨建慈恩寺故址。移建明倫堂爲後堂，曰思樂。東西爲四齋、號房、饌堂、射圃。柳志。

延祐戊午，總管徐傑重脩廟學，創禮亭及櫺星門。吴志。陳良弼爲記。至順二年，達魯花赤八扎建大成殿門廡。張采爲記。至正六年，總管禿堅董阿良臣更櫺星門以石，創路學正録廳。吴志。鮑恂爲記。二十三年，總管陳宗義闢地，改作大脩，易正禮爲明倫堂。趙圖記。景泰七年，僉事鄺彦譽知府延祥脩葺，并脩補祭器、樂器。章璠記。成化十八年，後守徐霖脩四齋、兩廡、饌堂及廚，展射圃地，廣號舍，撤文昌祠，于思樂堂左又建鄉賢祠。柳志。張寧徐霖爲記。通判陳寶廣門外地，護以石欄，壘石湖濱。趙圖記。弘治初，郡守柳琰重整思樂諸堂。袁志。七年，知府佟珍重建明倫堂及思樂堂。吴志。吴寬爲記。正德十四年，提學副使劉瑞、知府徐盈等脩學。王瓚爲記。嘉靖六年，知府蕭世賢重脩廟學。鍾梁爲記。嘉靖中，建敬一亭於思樂堂東，其西爲啓聖祠。二十七年，知府趙瀛重脩廟學及青雲樓。趙圖記。鄉賢名宦祠。吴志。萬曆初，案碑，四年丙子。知府李椽重脩廟學。吴志。姚宏謨爲記。十一年，知府龔勉重脩。嚴從簡爲記。二十四年，知府曹代蕭重脩。陸光祖記。三十年，兵備道車大任脩明倫堂。朱國祚《重脩嘉興府儒學記》【略】三十九年，知府吴國仕重脩明倫堂。沈思孝、朱國祚爲記。崇禎十三年，訓導吴祖穆脩啓聖祠。國朝順治十三年，知府史載脩大成殿、兩廡、啓聖祠，櫺星、儀戟諸門。袁志。譚貞默爲記，又史載有記。康熙十六年，知府盧崇興、教諭姜廷櫸重建明倫堂、啓聖祠。袁志。張天植爲記，姜廷櫸爲序。十七年，訓導范光燮重建僎堂，更名希聖，即舊觀頤堂。萬曆中，教授魏浣初葺爲養賢堂，廢址改講堂，顔今名。吴志。陳錫嘏、范光燮爲記，劉珵、張天植、王庭、杜臻、范光燮爲序。二十四年，建文昌閣於學之東。范光燮記。五十五年，知府吴永芳重脩大成殿、兩廡、櫺星門。次年新啓聖祠，移名宦鄉賢祠於戟門西，重建文昌閣。吴志。吴永芳爲記。五十八年，郡人鄒天嘉重修啓聖祠。自爲記。雍正十二年，知府盧承綸重脩明倫堂。乾隆四年，浙江巡撫盧焯重脩廟學。盧焯記。【略】三十二年，知府馮章宿重脩。三十九年，紳士重脩鄉賢祠。范永澄爲記。四十年，郡人吴高增以石刊聖賢像贊，

三十六版。寘諸殿廡。四十七年，紳士捐修大成殿，重建兩廡及儀門、禮亭、櫺星門。甃石路，並壘石岸。五十四年，鹽道盧崧命王綵繪大成殿，重脩名宦祠、明倫堂。嘉慶四年，知府伊湯安重脩明倫堂及兩翼儀門、學門、崇聖祠門，圍以長垣，設東西栅門，嚴啓閉，禁營馬闌入焉。伊志。十三年，知府李賡芸重脩明倫堂。道光十五年，知府瑞元率郡紳沈維鐈、倪濂、范基、陳宗柏等大修廟學。陳宗柏、萬福捐建騰蛟、起鳳二橋。黄安濤記。同治三年，知府許瑶光重脩。

《〔光緒〕嘉興府志》卷八《學校一・宣公書院》 宣公書院，舊在録事司之東、城南鴛鴦湖上有三賢堂，公居其一。宋郡侯黄大卿始爲立祠。案宋淳熙志云：故祠於學宫，四年以舊泰益，公廢祠爲之，在廟西北隅。見柳志。趙公與𥲅嘗撥田士建堂，未遂。景定壬戌，郡守謝弈焘構堂繼廩，率諸生祭菜焉。案嘉興湯志：紹定中，通判陳塤建祠於柳氏園，景定四年始以祠堂爲書院。至元丙子，以太初堂爲書院。里人徐碩經營完美堂，曰仁義之堂，紫微史大參書宣公書院，額亦其筆也。至元志。至正十五年，總管劉貞復建於柳氏園。嘉興湯志。劉基《陸宣公書院碑銘》【略】。廢燬後，從祀路學，同知繆思恭再建於太初堂。周伯琦《重建宣公書院記》【略】。明洪武初，同知劉澤民建於城内。宣德二年，巡撫胡槩建於府治北。正德十四年，知府徐盈重脩。嘉靖十七年，通判張本潔改建報忠坊，嘉興縣學故址。三十六年，裔孫陸杲等建象賢堂。萬曆四十五年重脩。左有景賢書院。嘉興湯志。今廢。

《〔光緒〕嘉興府志》卷八《學校一・鴛湖書院》 鴛湖書院在郡學東偏。康熙五十五年，郡守吴永芳建。前爲頭門，門右爲文昌祠，中爲甬道、戟門，爲正誼、明道堂。後爲樓，下敦宿齋，旁皆書舍。永芳嘗以鄉賢稼書陸先生三請從祀，未果。院成，奉主于樓，延師課士。捐置義田，七十五畝二分，又撥楊公祠田七十八畝零。爲祀葺費及脩脯焉。吴志。吴永芳先儒陸公于雍正二年議准從祀，距請祀僅數載云。乾隆三十四年，士人集佽重脩。次年夏，知府李星曜檄秀水知縣，撥寺僧入官田佐經費。九十三畝内，贖去二十畝，實田七十三畝。其贖價銀實八十兩，存公取息。邑人陸樹本爲記。三十一年，知府馮章宿又撥徐何二公祠田四十七畝四分零歸書院。嗣守令倡捐積存銀二千四百八十兩，給典生息。詳記碑册。四十七年，知府劉嘉會增建齋舍、後堂。嘉慶元年，知府伊湯安又倡屬捐銀千兩，更定規條。伊湯安《書院規條碑記》【略】。道光十三年，知府覺羅克興額倡捐脩葺，改後樓爲平屋。五楹。咸豐十年，燬于兵燹。同治三年，布政司蔣益澧捐廉爲倡，知府許瑶光集資重建。奉祀陸宣公、陸清獻公、張楊園先生位。閩浙總督恪靖伯左宗棠書「景行維賢」額於講堂。舊時院産，查有田地六百六十一畝零。内膳田七十五畝零，課田一百十八畝零。金明寺捐田一百六十七畝零，惟嘉學撥田三百畝零，每年應解租銀七十二兩五錢。知府許瑶光籌洋二千元生息，爲山長脩脯資。嘉秀各絲業，復每年捐資佐膏火。詳明立案。

《〔同治〕湖州府志》卷一八《輿地略・學校》 府學在府治東北報恩界。胡志。唐初有孔子廟在霅溪南，學附焉。統記云：郡初有孔子廟，武德中李孝恭遷於霅溪南。唐志：高祖初，制郡縣學，各置生員。貞觀四年，詔州縣學皆作孔子廟。又舊圖經：孔子廟在子城南一百一十步，州學亦曰在州城南一百一十步，乃知祥符以前學附於廟。學置經學博士助教，生員六十員。天寶中，州助教博士及學徒會食，師資詔廢，惟留補州助教一人，學生二人，備春秋二社、歲賦鄉飲酒而已。大曆五年，刺史蕭定加助教二人，學生二十員。後又廢。宋寶元二年，知州事滕宗諒表請於朝，建學州西一里。三年四月，敕書錫名州學，錫田五夫。六月學成。重門廣殿，講堂、書閣、齋舍、庖湢皆具，爲屋百二十楹。張方平爲記，文見金石。蔡襄大書勒石，石曼卿又書《敕建州學》額揭於儀門。延安定胡瑗主學，四方之士雲集受業。學初爲十八齋環建，有亭曰觀得。時朝旨令賜第進士習射，上親閲於殿廷，賞賜有差，故郡置圃，取孔子矍相之義。談志。胡志云：唐以前舊有孔子廟在子城内，武德中李孝恭築羅城，遷刺史宅於子城内，徙廟於霅溪之南，而學附焉。大中初，刺史令狐綯作《文宣王新廟本末記》，所謂西臨霅水前横荻塘者是也。又注云：宋時州學内有經史閣、禮象閣，凡爲屋百二十楹，初爲十八齋，有經義齋、治事齋，後改治事爲治道。紹興元年，教授戴溪分十八齋爲六齋，東曰明誠、伸道、治道，西曰藻德、義勝、仁榮。齋後有池，池上有屋，爲烏程、歸安兩縣學。元末郡學燬於兵，僞周左丞潘原明贖莘氏地及天寧寺圃爲廟學基，即今學也。其後海陵唐志大建大成殿，并兩廡戟門。永嘉陳味建講堂於殿西，即今之明倫堂也。按王逢《梧溪集》：唐伯剛，名志大，如臯人，嘗爲淮藩統兵無錫。《明太祖寔録》：陳味，字元禮，温州平陽人，湖州路總管，入明歷官河南參政。張志云未詳何官，失於考證也。明洪武初，知府張宗敏、顧惟德仍元舊制成之。明《揭雲湖州孔子廟碑》：湖州郡學，舊在城西。丁酉春燬於兵，海陵潘公原明贖城北莘氏地及天寧寺圃以爲廟學之基。甲辰海陵唐公志大始積材發廩，造大成殿、兩廡、戟門。既而永嘉陳公味設聖人暨四配十哲諸賢之像於廟西，建講堂門廊前。知府張公宗敏復立櫺星門，飾聖賢像，畢講堂工。今知府顧公惟德乃大完其所未完，美其所未美。落成有日，命訓導曹德中其始末，屬予紀其事，并以正殿、戟門、講堂題字十一俾手篆，於是乎書。

十一年知府談士奇闢射圃。明童冀《繹志亭記》：湖學承安定先生過化流風善教猶有存者。長沙談先生以朝署近臣來守是邦，大新廟學，子民趨事，不日告成。殿堂廊廡，齋舍庖湢，整飭完好，丹堊輝映。先是，學宫序射師弟子露次於外，而三揖升堂，禮有未稱。先生不欲勢民，顧退食之舍，中直射圃，遂闢而新之。既成，徵名於冀，冀惟命名之義，必稱其實，記曰：射之爲言繹也，繹者各繹己志也。諸生方有事於學，盍各繹己志，以思懋夫學哉。請名之曰「繹志」。遂以爲記。先生名士奇，字士奇。洪武十一年十二月既望，郡文學金華童冀記。永樂十三年，按察周新、參政李彬、僉事彭謙命知府何興修。明方安《重修湖州府儒學記》：湖學寔宋仁宗時郡守滕宗諒所建，景祐中，安定胡先生瑗教授於斯。迨元季，學校廢弛，復經兵燹，而黌舍鞠爲茂草。天朝於干戈甫定之日，首建學校，以爲有賢之地。甲辰夏，唐伯剛來牧是郡，遂建今學在子城之東。歲久不無傾圮。永樂乙未秋，適浙江按察使東廣周公新浙藩大參西蜀李公彬憲僉湖南彭公謙按臨是郡，謁聖禮畢，會講於堂，載瞻學宇，旁穿上漏，不蔽風雨，乃喟嘆曰：兹非有司之責耶！時郡守何侯興聞之，悚然省畏，願與僚屬各捐俸資而葺之。武將之讀書，邑民之嚮義者，亦欣然樂助。鳩材僦工，營具既庀，乃白於公。公以郡照磨高謙，才而且勤，命董其事，遂興工於秋九月十有三日，至歲終而告完。景泰二年，知府程道興重修，建石橋於泮池。明楊翥《湖州府儒學修造記》：湖州府儒學，既久，堂宇漸至頹敝。蒲東吴純來爲通判，遂出其私帑以重葺之。郡之寮寀及學之司教訓者，咸出資助，士民亦有喜助之者。乃市材鳩工，正傾易腐，一新舊規。自明倫堂以至經義、治事、進德、明善四齋，焕然可觀。經始於景泰庚午仲秋之望，落成於季冬之晦。所費白金，以兩計之，將半千焉。越明年辛未，知府浮梁程道興謂，泮水架梁以木，非經久計，命工伐石以治之，爲券門者三，廣十有二尺，修廣之三畸，高如廣之數而加二尺焉。費錢五萬五千有奇。天順三年，知府岳璿復修。明魏驥《湖州府重修廟學記》：皇上光復帝位之元年，祥符岳公璿由進士以監察御史來知府事。下車之初，首詣學宫，議欲修葺。會東魯高公崇亦由進士以給事中來參議布政司事，按部抵湖，公以其事白之。二公協謀，諏吉就事，因故益新。自廟之禮殿兩廡，學之講堂四齋，及凡所宜整葺者，悉遵其制而作新之。復以大成之樂久失肄習，又敦延太常之專其藝者規正之。經始於天順三年之春，而告成於是年之冬。成化十一年，知府勞鉞復大修之。勞志。明商輅《湖州府儒學重修記》：湖爲浙右大郡，學校人才之盛，稱於歷代。宋時安定先生爲湖學教授，置經義、治事之齋，致成德達材之效，至今學者猶知向方。郡學重建於洪武初，至是百餘年，日就頹圮。成化甲午，進士九江勞鉞歷太僕寺丞來知府事，朔望詣學，鋭意修建。越明年，掄材鳩工，卜日就事。大成殿、戟門、櫺星門、後堂、饌堂，未至甚敝則修葺之，兩廡、明倫堂、四齋、號房、觀德亭、神廚，敝壞既甚，則重爲建。立堂左右增建房二，以爲肄業之所。舊四齋與堂並非制，兹悉循序改建。於堂之下，經義、治事，安定所扁，不可易也。進德、明善，似非一意，因取董子「正誼明道」之言更之。諸以間計，論堂五，四齋十有二，兩廡十有八，號房四十，觀德亭三，神廚六，廚房三，高廣深邃，度越前規。經始於乙未八月，至丙申三月畢工。弘治三年，知府王珣增飾。王志。明王與《湖州府儒學修造記》：湖學在洪武初，郡守顧侯惟德、談侯士奇嘗因元之舊而修復之。永樂中，何侯興又修之。歷景泰庚午、天順庚辰、成化乙未，浮梁程侯道興、祥符岳侯璿、九江勞侯鉞又屢修之。王侯以成化甲辰來知府事，涖職八年，爲弘治辛亥掄材鳩工，卜日興事。先求禮殿之陊壞者而葺治之，次撤兩廡、戟門、櫺星門之頹圮者而鼎建焉。至於堂齋之類之未至朽敗者，則加完繕。其爲屋以間計者，殿七，兩廡十有八，戟門五，神廚、櫺星門、學門皆三，明倫堂、後堂、膳堂共九，經義、治事、正誼、明道四齋總十二，肄業之舍合二十有二。學南故偪側，購之民間，得地以步計者，廣四十，袤八十，以開拓之。甃街以丈計者三百有奇。凡用銀以兩計者，五百六十七；米以斛計者，四百三十五，皆出王侯之所經畫，而程督之。以通判趙君勗始事，於是年夏仲，閲十有一月而訖功。王侯名珣，字德潤，兖之曹縣人，舉進士，歷知太康、信陽二縣，召拜監察御史，以陟今官。治郡多善政，若分建孝豐縣，修歸安、烏程二邑學，以及斯舉，皆其卓卓者。十三年，知府鄭宏重修。嘉靖十三年，知府陳讚濬泮池，移儀門。二十年，知府張鐸重修。張志。二十六年，通判湯世賢拓地櫺星門外，築照壁。三十五年知府徐洛、四十年知府張邦彦復修。隆慶五年，知府栗祁復大修。萬曆中知府陳幼學、崇禎十三年知府陸自巖屢修之。國朝順治中知府劉愈奇、康熙中知府胡瑾遞修。同知于琨續志稿引：湖郡學，自有宋寶元二年創建，以迄元明，數百年間，廢興不一，我朝定鼎以來，明倫堂、尊經閣、文昌祠，以及司鐸衙舍俱圮廢無存，盈盈茂草矣。文廟兩廡、大成門、櫺星門、敬一亭、啓聖祠、顔曹忠孝二祠，以及明倫堂之儀門，亦漸有榱棟之虞。康熙二十一年，知府胡瑾重建明倫堂，輪奂聿新，督學劉霦爲勒碑於東亭之側，會教授郭賓亦捐俸修葺文昌祠，更鬻産增造衙舍一十五間，掘井得泉，久旱不涸，樹植竹木，葱鬱成林，庶幾講學有地而秉鐸亦獲棲止矣。其未建未修者，正在次第舉行。適郡守遷秩未竣，更有竢於將來云。乾隆三年，承謀捐俸重葺殿宇，施以丹碧，并修先賢先儒木主，甃庭以石。胡志。四十四年，知府衛詣修學，有碑。嘉慶三年，教授汪世雋修泮池，有碑。咸豐二年，教授許正綬重修廟學。同治初燬，七年郡人沈丙瑩等督建今廟。中爲大成殿，兩翼爲東西廡，前爲大成門，爲泮池，爲石橋，又前爲櫺星門。學宫亦如制。新纂。

《（同治）湖州府志》卷一八《輿地略・學校・安定書院》 安定書院在府治西北濟川界觀德坊。宋熙寧五年，知州事孫覺建於州學右傍。淳祐六年，知州事蔡節改建於此。元至元二十三年，爲廣化寺僧所據。三十年，總管許師可徙于今所。舊有夫子燕居堂，元統三年，山長張蔚重修。元孛朮魯翀《安定書院燕居堂銘》，文見金石。明宣德初，都御史熊槩撫浙，即故址重建。明周述《重建胡安定先生

祠堂記》：宋慶曆、明道之間，安定胡瑗、孫明復、石守道三先生爲天下學者之師，獨安定先生在湖學教導之法爲甚備，於是士恥功利而急仁義，一旦滌其弊習而歸於正當。時被其教者隱然皆爲名臣，先生有功於世亦大矣。先生歿雖已久，而流風遺韻猶有存者，宜湖人思之，至於今不忘也。湖舊有先生書院，前守蔡節淳祐六年所建。至元三十年，知郡事許師可又新而大之。國初，翼然猶存。歲久傾圮，郡縣以非政教所急，莫有能復之者。宣德初，今都御史熊公槩嘗以大理卿往撫兩浙，所至求先賢之遺修復之。以先生書院在湖廢且久，遂下郡縣鳩工度材，即其故址爲祠，像先生其中以事之。於是，饗祀有堂，燕休有舍，庫室牲庖咸各有序。又外繚以周墉，門其中以通往來。閎偉鉅麗，有加於舊。歲之春秋，郡縣長佐偕學官弟子以薦奠其中。湖人瞻望，咨嗟！然後知先生之爲世重如此。天順元年，浙江參政黄譽改建。二年，按察僉事陳蘭修。明王麟《重建胡安定先生書院記》：宋胡安定先生，教重天下，而蘇湖尤爲親炙之地，後世景慕。先生尤切湖之何山，先生之墓在焉。舊有堂以奉墓事。聖朝著令，俾有司遇春秋擇日以祭。宣德改元，大理卿熊公槩欽奉璽書，巡撫東南，駐節於湖。首訪先生遺跡，得書院故址，乃委心重建焉。時奉議大夫、左春坊、左庶子周公述爲之記。天順丁丑，今浙江參政黄公譽，初以按察僉憲觀風按郡謁書院，以歲久日就凋損，且地狹隘，乃遷於院西隙地，易舊增新。正堂爲間者三，穿堂爲間者二，後堂間界如正堂之數。東西廂房爲數共六，甬道之前立門以便往來。越明年戊寅，岳侯璿以侍御進秩來守於兹，適僉憲陳公蘭持節按郡，加陶甓以甃堂地，繚垣墉以杜四圍。而侯下車之初，得逢是事，乃俾烏程令翁經構樓房、暨庖舍於院之東偏，擇端謹無過者居中守之。僉謂予爲湖人，不可無言。以紀其事，敬爲之書。弘治四年知府王珣、嘉靖三年巡撫陳鳳梧、四十四年巡按龐尚鵬、隆慶五年知府栗祁重修。明文嘉《安定書院圖記》：宋熙寧五年，湖守孫公覺，公之高弟也。上疏請於神宗，建先師安定書院，帝從之。詔下有司建祠，春秋致祭。諭文曰：學宗孔孟，教行蘇湖；有體有用，斯文範模。卜地於學宫之偏右。祠堂三間，繪塑像容。前廳三間，堂名明善。東西廂房，即經義、治事之兩齋也。齋戒有潔所，庖湢有厨房。儀門高敞，大門三間。内樹檜柏，外繚垣墉，巋然焕然矣。淳祐五年，太守蔡公節於城西報恩坊官地，宏擴其制，創屋楹四百七十，置禾田一百畝。禮請雙峰饒先生、九峰蔡先生講藝。至元二十三年，祠院爲廣化寺僧占據，山長輩徙先生之像於游氏亭中。三十餘年，繼守許公師可即城北觀德坊創祠五十楹。我太祖洪武二年重修。《會典》云：安定書院存其廟貌，存其祀典，俾有司歲設門子，以供灑掃。祠坐歸安縣濟川界地方，本縣歲僉門子一名，役銀三兩，具載議處。成規看墻一座，大門三間，儀門一間，經義齋五間，治事齋五間，明善堂三間，寢室三間，省牲所三間，庖湢房三間。國朝康熙五十九年，署知府吴昌祚修，并築室五楹於後堂東偏，爲山長棲息地。乾隆二年，知府胡承謀重修。中爲明善堂，兩廡各五間。東爲經義齋，西爲治事齋，俱承謀捐俸修整。命七邑生童肄業其中，給以膏火，延師講學。四年七月，承謀改建，而比舊制加崇焉。又後爲忠孝樓，樓下設先生二十世孫湖州府推官守恒像。前爲儀門，又前爲大門。門外東西兩坊，東曰弁山起鳳，西曰苕水騰蛟。胡志參王志。咸豐初，知府王有齡、胡澤沛相繼重修。課試無間。同治七年，郡紳陸心源捐資重修。新纂。

《〔乾隆〕紹興府志》卷二〇《學校志二·學宫》

府學，《一統志》：在府治東南，宋嘉祐中遷建。嘉泰志：學在府南五里三十六步。教授直舍在學之東。戴新志：府學自唐時置於城北隅，至五代而廢。宋嘉祐中始遷南隅望花橋。《齊賢良唐上成度支書》：東南方國禹會爲大歲籍，貢舉僅百餘人。學校不修，生徒挑闥。比年，二千石未遑斯制，誠因農隙，考制度，庀工徒新先儒之宫。東南士子，豈不佩執事訓以風鄉黨乎。萬曆志：以時考之，成度支悅守，越天聖六年以迄九年也。賢良前以進士起家，首率其里人裒緡錢，得二十餘萬。欲市書入學，以講肄之所未完，故以此書諷之。方是時，學校雖不廢，其陋已甚。慶曆四年，詔諸路州府軍監各立學。越大州，其奉承詔令，宜也。今驗諸故府載籍文書，則無所見。按沈少卿紳撰《越帥沈公生祠記》云：嘉祐六年，吴興沈公大興學教，新其宫居而尊勸之。又張侍郎伯玉撰《新學記》云：始州將渤海刁侯擇地卜築，繼以紫微吴興沈侯勇爲之。又易地於杭，凡三年，君侯至而成之。今以題名參訂，渤海刁侯，乃景純也，以嘉祐五年至吴興。沈侯，乃文通也，以嘉祐六年至。君侯，乃章伯鎮也，以治平二年至。伯玉，踵文通後，以嘉祐八年至，明年徙郡去而伯鎮繼之。蓋伯玉二年於此，經理繕造，亦有勞焉。第落成，不及其在官之日爾。又按《吴監簿事實》云：監簿名孜，嘉祐、治平間捨宅爲學，君子以爲賢於賀監一等。今學相傳乃監簿之故居也。然則章伯鎮所成之學宫，即監簿所捨宅爾，以歲月計之正合。伯玉記不自書其功，謙也。然不及監簿捨宅，則闕文爾。孔子殿，嘉祐六年建。先乎此者，未詳。沈遼撰《永福寺大像贊》：嘉祐六年，長興公來治是州，大治學宫，取寶積舊殿爲孔子殿。按太守題名碑，長興公即沈文通也。今學即宋舊址，正統、成化間，知府白玉吉惠重修葺之，移教授及一訓導宅於西北。其後置學倉，移膳堂、射圃於東，即舊倉址建鄉賢祠、廟堂、齋舍，爲之一新，而舊制亦變易盡矣。弘治中，參政周木、知府游興復更加營構。萬曆九年，知府傅寵移名宦祠入焉。前爲儒學門，與櫺星門並入爲集賢門。右爲戟門，戟門後爲泮池，爲廟門。又後爲大成殿。東爲土地祠、明倫堂。直大成殿後，傍列日新、時習、興賢、達道四齋，後爲稽古閣，其東爲啓聖祠，又爲膳堂。直稽古閣後、北山巔上爲敬一亭。明倫堂之西爲教授宅，文廟東西廡後爲號舍五十餘

間。教授宅前門與土地祠東西相直，出前門即爲西號舍，俱在集賢門内。集賢門之東爲名宦祠，過戟門西爲鄉賢祠，後隔泮池，遥相並焉。訓導宅四，一在鄉賢祠後，一在名宦祠東，一在名宦祠後，一又在後，而前爲緑鰲池，又前爲宰牲房。適隔二宅之中，其東爲射圃，有亭曰射圃亭。倉在教授宅西北，久廢。俞志：學宫自宋迄明，雖代有修葺，然歷歲久，頽敗殊甚。今所存，惟戟門、廟門、大成殿、明倫堂、稽古閣、名宦鄉賢祠，而朽蠹不堪。康熙六年，里紳朱懋文重建明倫堂，宏廠堅固。其大成殿等處，旋修旋圮。六年，知府夏霖修之。五十年，知府張三異與朱懋文重修。二十一年里紳姚啓聖、四十九年耆儒朱洪謐兩修之，補葺而已。五十七年，知府俞卿盡易其舊，大加興作，朞年而功成。壯麗完密，稱浙中諸庠第一焉。知府俞卿碑記節録：越州府學，廟制甲浙中。忠孝賢達之士，出自學宫者，史不絶書。顧歲久廟圮，有廢莫興。余承乏守土，七年之内，頗多修葺，不惜勞怨，漸已著有成效。各邑學宫，時加增補。府學艱於費巨，遲而未敢輕舉。每逢朔望祭日，覩其規制紊謬，榱桷將傾，恒與同官瞻顧而不忍去。用興工於戊戌四月，告成於十二月。若文明坊、櫺星門、大門二門、明倫堂、啓聖祠、鄉賢名宦祠、學宫頭一門，則朽缺而添修者。若聖殿兩廡、祭器祭品庫、兩廊房、兩齋房、月臺、甬道、内河磡、内石橋、土地祠、吴公祠、更衣廳，皆全毁而復建者。工匠日給不短，材料現購無虧。技無浮巧，財不冒破，人樂趨事，士各輸誠。宏敞周圍，奕奕然真文廟大觀哉！餘姚令高君錫爵助巨木六根，山陰令王君國棟、會稽令姚君協于部署周詳，儒學訓沈禔出納謹慎，司獄官李邦鎮督工勤敏稽查，措辦則廪生朱翼贊、姜坤、馮士圭、張道、馮錫曾等，例得並勒於石。工料捐助各項另匾列後。

新增事實：乾隆十八年，知府舒寧安、同知湯大賓修葺，有碑。至五十六年間，殿閣敗壞，祠宇、學舍俱傾圮。知府李亨特倡捐修建，學宫焕然一新。李亨特《重修紹興府學碑記》：府學在山陰縣東南儉三里。郡志云：越州學，唐時置於城北隅。至五代而廢，宋嘉祐中始還南隅。沈少卿紳撰《越帥沈公生祠記》云：嘉祐六年，吴興沈公大興學斆，新其宫居而尊勸之。又張侍郎伯玉撰《新學記》云：始州將渤海刁侯擇地卜築，繼以紫微吴興沈侯勇爲之，凡三年，君侯至而成之。刁侯，景純也。沈侯，文通也。君侯謂章伯鎮也。又案吴監簿事實云：監簿名孜，嘉祐、治平間，捨宅爲學，君子以爲賢於賀監一等。今學，相傳乃監簿之故居也。東南方國禹會爲大七百餘祀，遞興遞衰，謹牧養民，而風德化紀綱人紀有司之責也。國朝康熙間，前守俞卿大修之。乾隆十八年，知府子事寧司□□□□□修之。自是以來，文物鼎盛。上年春，亨特奉命來守是邦。始下車，入學釋菜展謁，殿廡周眡，禮器廟貌黝暗，榱題崩壞，爰諮爰度，工豐費巨，迺首捐俸錢六十萬，召教諭訓導而告之曰：斯學不可不修也，是余之責也。君子喻於義，小人喻於利，人有禮則安，無禮則危，聖人之訓也。厚於利而背乎義，以危其身以及其子孫，而不齒於人。毋寧薄於利以取其義，以安其身，以處其子孫，而有聞於人乎。然則有能尊崇聖人之居，以盡力於興賢校士之地，是亦聖人之徒也。於是，餘姚錫生椿開之，來捐錢千二百緡，實始蹶吉告廟，迺命攻木之工、攻金之工、設色之工、刮摩之工、摶埴之工，發通甎，治城礎，承華榱，安崇墉，塗丹漆，備畫繢。門曰櫺星，閣曰尊經，堂曰明倫，橋曰圜橋，祠曰名宦，咸新之焉。迺增設禮器，筍子虡東面西面，大鼓、大磬、大琴、大瑟、簫一，管一，柷敔一，工成。將釋奠於先聖先師，爰穀月日於殿棟，祠成於乾隆五十六年五月。廡工始五十五年九月，訖五十六年六月。殿工始五十五年八月，訖五十六年七月。閣用重建，月朔蕆事，計共糜白金六千四百兩有奇。督工官照磨杜鴻緯，例得書。乾隆五十六年太歲辛亥七月甲戌朔日，「天德月德青龍反支日」。知府李亨特記。

《〔乾隆〕紹興府志》卷二〇《學校志二・書院・蕺山書院》　蕺山書院，俞志：在蕺山戒珠寺後。明末劉宗周講學於此，名蕺里書院。後爲優人所居，供唐明皇於中，號曰老郎廟。歲五月，每優人一部，必演戲一日以娛神。聚浮浪少年，爨雜遊冶。國朝康熙五十五年，知府俞卿召梨園捐俸五十金購之，使别居焉，乃創修爲書院。延師聚徒，復置田畝，歲收以供餼廪。彬彬乎絃誦之地矣。採訪事實：在郡治東北三里山巔，舊有明中丞徐公如翰書院。地多植竹，名淇園。中丞時與劉宗周會講於此。《浙江通志》云：戒珠寺有竹堂、雪軒、泰宇閣。宋紹興中爲士人肄業之地，策名者常十餘人。前郡守俞卿創修其地，沈王賚有記事勒石，今埋於地。其規模南向頭門三間，有左右耳房，沿山徑屈曲而上，儀門在焉。乾隆間，太守張廷柱於儀門之東，取餘地作生童讀書之所十八間，東側復設厨房二間。再上爲蒖竹亭，爲太守俞卿所建。亭之西有門一所，門内左側面南有題名，匾額剥蝕。院長魏晉錫取乾隆己卯科以後科目姓名之可考者，屬教授俞甡輯而新之。自廳南折而西有門一重，門左設胥役、課蓻、書寫之所，門内南向大樓五楹，郡守俞卿所建。樓之下爲劉念臺先生講堂，左右各有廂，東爲厨房，西爲書室。後歷石臺可通清暉閣諸處。又自蒖竹亭稍北，踏石基而上，東向建門一區，太守杜公重題曰證人講社。歷階而上，築基數十丈，置樓三楹，舊顔曰清暉，專祀名宦湯公紹恩。下有井，俞太守刻石曰翰墨香。由樓側而上，土地平曠，故老郎廟基。東有來英閣，以奉奎宿，今圮。正中爲劉公祠三間，中祀劉念臺先生，兩廡俱有配祀。祠後壁，太守俞卿立《重建蕺山書院碑記》。劉祠之後，向有名宦鄉賢祠宇，久圮。乾隆乙巳，邑人陸凱即廢址構堂三楹，移戒珠寺前右軍神像奉於堂之中間，左祀名宦，右祀鄉賢。陸凱又捐錢千緡以廣膏火。乾隆五十七年，紳士孫連玉續捐田十畝七分。

《〔乾隆〕紹興府志》卷二〇《學校志二・書院・稽山書院》 舊稽山書院，俞志：在府城臥龍山西岡山陰地。宋朱晦庵嘗司本郡，常平事講學倡多士三衢馬天驥建祠祀之。其後九江吴革因請爲稽山書院，歲久堙廢。明正德間，知縣張煥改建於故址之西。嘉靖三年，知府南大吉增建明德堂、尊經閣，後爲瑞泉精舍，齋廬庖湢咸備。試八邑諸生，選其尤者升於書院，月給廩餼。明王守仁有《尊經閣記》。明萬曆七年，奉例毁，書院遂爲吴氏所佃。吴尚書兑持之不遽毁。十年，知府蕭良幹來，始復而修之，改名朱之公祠。又即瑞泉精舍址建一堂，題曰仕學所。乾隆五十七年會稽縣册，共稽山書院田十五畝四分四釐五毫。

《〔康熙〕金華府志》卷一〇《學校》 府儒學，距府治西四十步。攷之，宋初在縣東。慶曆四年，知州闕詠遷子城外東南。熙寧五年，知州蘇頌復遷子城内西南。大觀元年，教授葉夢得請益以司理院竹木塲地，即今址。元皇慶元年，廟學俱燬，浙東廉訪使敬儼楊友直、易釋董阿劄刺台相繼重建。明祖取婺州，改寧越府，命知府王宗顯開郡學，延儒士。葉儀、宋濂爲五經師，戴良爲學正，吴沉、徐原等爲訓導。時喪亂學廢，至是始聞絃誦之聲。正統二年復燬。按察司副使王豫、布政司參議武達、知府蔣勸重建。廬陵錢習禮撰記。成化中知府周宗智、弘治中知府韓肅重修。國朝順治三年燬。五年郡守張公安豫重建先師廟、戟門、兩廡、明倫堂、敬地亭、啓聖宫、教授宅、訓導宅。康熙五年，龍風雷火，擊壞櫺星門并戟門。七年，郡守吴公翀重修。有碑記。後殿廡堂亭復壞。十六七年間，郡守張公藎大加修葺，廟貌焕然一新矣。

《〔康熙〕衢州府志》卷六《書院・衢麓講舍》 衢麓講舍，嘉靖戊戌歲，李公遂來守，政尚德化，民俗還淳，尤以造士爲首務，督率六庠諸生發明心學，嚴以科條，聯以講會，而士皆知所向往。維時六邑士民欲承公教，各捐貲以搆講舍，迺易鄉宦隙地，郡治之北，故芙蓉臺之東，教場之西，寬廣平夷。經始於嘉靖庚子，時節推劉公初泉起宗實相成之，規制宏敞，棟宇壯固。中爲堂五楹，扁曰教思堂，立李公生像。堂之後爲四賢祠，祀晦庵朱文公、東萊吕成公、南軒張宣公、王陽明先生。堂之前爲歸仁堂五楹，東西書樓六楹，號舍共二十楹。堂之前門屋七楹。門之外爲墨池，池東南爲大門三楹。號舍之後各有膳厨小房共十二間。落成之日，初泉公狀申察院立石鐫碑，用垂久遠。歲編門子二名，工食銀六兩。并門屋賃資，隙地租税，足爲修葺翻蓋之需。其春秋次丁，致祭四先賢，儀物俱於察院，原批編入講舍。江山縣接待實成二寺，入官田地二百八十四畝，該縣解到租税銀兩中取。辦後因豪强唆使，僧徒復去，而祀事遂廢。今但存貢士杜珠、耆民鄭鐸捐助祭養田地舖舍矣。時久未修葺，日就傾圮。嘉靖甲子春，守鄭公伯興偕同知薛公應元、通判夏公實謁祠，感慨，命工重修，焕然一新。生員劉希閔輩具呈巡撫御史兵部右侍郎趙公炳然，請益田以供祀事，行府議處益田若干畝。東郭鄒公守益、明水陳公九川、緒山錢公德洪、龍溪王公畿嘗偕六學師生講學于斯。詳晉江王慎中及祭酒王材《遺愛祠記》。廷望按，此記不載撰人名姓，《西安縣志》以爲李遂作。今閲記文，乃作於嘉靖甲子重修講舍之時，其非李公自著可知。

《〔乾隆〕福建通志》卷一八《學校・福州府》 儒學在城南興賢坊。中爲大成殿，左右兩廡，殿之南爲戟門，又南爲櫺星門。門内左爲更衣所，爲名宦祠；右爲齋宫，爲鄉賢祠。學在廟之東，中爲明倫堂。堂左右爲四齋，曰志道、依仁、據德、游藝。南爲儀門。門外爲泮池，上跨石橋，下通三元溝，潮汐出入焉。橋之南爲大門。東爲宰牲房，爲奎光閣；西爲神厨，爲常衮祠。堂之北爲尊經閣，又北爲啓聖祠。祠路從堂西角門折而入。堂東北爲米廪，爲饌堂；東爲教官宅五所，爲諸生學舍。敬一亭在堂之東南，勒明世宗《敬一箴》併范浚《心箴》、程頤《四箴》，凡六碑。射圃在堂之東北，有亭，額曰觀德雲。先是，唐學宫在今布政司西，觀察使李椅始移於此。宋轉運使楊克讓、郡守范亢、許宗壽、王祖道，教授常濬，帥守王鎔、吴革，元憲使趙宏偉，教授劉直、陳俊，屢有增建。明洪武四年，燬於火。七年，知府楊士英建。後知府唐珣、胡有恒，巡撫龐尚鵬，御史陳永復，提學熊尚文，相繼修葺。國朝康熙十一年，重建大成殿。三十年，明倫堂爲颶風折壞。三十二年，總督興永朝、巡撫卞永譽重建。三十八年，督撫司道府縣紳士重建尊經閣、教官宅。今僅存二所。諸生學舍俱廢。雍正元年，奉文府州縣學啓聖祠，俱改爲崇聖祠。八年，布政使潘體豐申請督撫重修大成殿。泮額：歲試取進文武童各二十名，科試取進文童二十名。雍正元年，特恩加泮額一次，府學及大縣學俱七名，中縣學俱五名，小縣學俱三名。乾隆元年，特恩加泮額一次，大學、中學、小學名數如前。學租：順治五年，派定一十七兩八錢。康熙二十一年，總督姚啓聖捐置學田五十七畆六分。五十六年，巡撫陳瑸捐置學田一百一十四畆九分零。坐産侯官縣六都七都。

《〔乾隆〕福州府志》卷一一《學校・共學書院》 共學書院在西門街北，舊爲懷安縣學。先是，宋置懷安縣在石岊江濱。大中祥符四年，主簿陸柬始建學于

縣東隅。明洪武十二年，徙治入郡城，遂移今所。正統二年，布政使周頤市民地建大成殿、東西講堂。其後，御史張淑、柴文顯又闢欞星門之外爲路，以接通衢。萬曆八年，縣省八候官。二十二年，巡撫許孚遠改爲書院。國朝康熙二十四年，總督王國安、巡撫金鋐改舊制而新之。四十一年，巡撫李斯義修葺學舍，延師課士。今圮。

《〔乾隆〕福州府志》卷一一《學校・勉齋書院》 勉齋書院在鼇峰麓。舊爲勉齋先生黄幹宅，幹卒，門人學士趙師恕即其故居拓爲精舍，後圮。元至正十九年，建爲書院。堂曰道原，閣曰雲章，堂後叠石爲山，曰小鼇峰。後廢。

《〔乾隆〕福建通志》卷一八《學校・泉州府》 儒學在城南育材坊。中爲大成殿，殿前兩廡。南爲戟門，又南爲欞星門。門外橋曰泮泗橋，泉曰夫子泉。殿左爲明倫堂。堂前後建號房四十餘間。堂南爲儀門，門外有方池以通巽水。堂後爲議道堂。神厨、庖廩之屬，悉在戟門西。其東爲尊經閣。閣之東爲崇聖祠，西爲敬一亭。而名宦、鄉賢二祠與崇聖祠前後相望。射圃在其前。先是，五代時，學在崇陽門外。宋太平興國中始遷今所。明嘉靖、萬曆間，知府俞咨伯、竇子偁次第修之。國朝康熙十二年同知來承祉、二十一年知府蔣毓英相繼增修。雍正二年，知縣葉祖烈、教授陳起蛟、紳士黄呈元等倡捐重修。泮額取進名數視福州府。學田：原額二百六十二畝五分，坐産同安縣奇江莊。順治十八年全遷。康熙二十一年，總督姚啓聖捐置田一十三畝七分零，知府蔣毓英捐置田一十畝三分零。

《〔乾隆〕福建通志》卷一八《學校・漳州府》 儒學在府治東南。中爲大成殿，左右兩廡。南爲戟門，又南爲欞星門。殿東北爲崇聖祠，殿西爲明倫堂。堂前爲泮宫坊，南爲儀門，上冠以文昌閣。又南爲大門。門外爲泮池，下有溝通潮汐焉。堂東爲名宦祠，西爲鄉賢祠。堂後爲教授宅、敬一亭。訓導宅在殿之東，射圃在殿後。先是，宋慶曆間建於州治巽隅。政和間移於州左。紹興間，知州事李彌遜改慶曆故址。其後，朱熹、趙汝讜修之。嘉定癸未災，知州事鄭昉重建。其後章大任、傅伯壽、傅壅、李勳元，總管張泉逸，教授高元子、達嚕噶齊鼐爾、詹伯明，知府白壽、王仲謙、錢古訓，教授張驥，僉事陳祚屢有修建。景泰七年，明倫堂火。天順二年，知府謝騫重建。後同知傅佐，知府張瓚、姜諒，僉事任彦常，知府劉瀚、陳洪謨、龍溪，知縣林松，同知劉志學，推官鄧士元，知府羅青霄、方學龍、閔夢得相繼修葺。國朝順治十二年，明倫堂齋舍燬於寇。康熙二十一年，總督姚啓聖、通判胡宫重建明倫堂、文昌閣、儀門、大門，修崇聖祠及大成殿兩廡。四十三年，知府劉芳同紳士捐修文廟兩廡。四十四年，知府趙完璧復加修葺。其諸生號舍尚有待云。泮額取進名數視福州府。學田：原額實在三百八十一畝二分，年徵租銀一百三十兩八錢一分零。康熙二十一年，總督姚啓聖增置田租六十石六斗。五十三年，知府魏荔彤捐置田五十五畝八分零。雍正九年，郡人候選通判郭元龍捐置黄柑保洲園七十畝二分九厘，年徵租銀一百二十兩。

《〔乾隆〕福建通志》卷一八《學校・延平府》 儒學在豐衍倉南梅山寺舊址。中爲大成殿，翼以兩廡。南爲大成門，門外爲泮池，爲戟門。門左爲名宦祠，門右爲鄉賢祠。廟左爲明倫堂，翼以兩廊。廊左爲會講堂。崇聖祠在廟右，射圃在四賢祠左。學始於宋天聖三年，曹修古建。其後知州事王汝舟、劉子翼、鄭椿年、陳宓，教授揭祐民，元總管文富、唐鐸、方偉、王彪，明知府盛顒、劉侃、王範、蘇章、孫衍，同知丁隆，通判羅環，教授徐彰，知府歐陽鐸、陳能、倪朝賓屢有改徙增建。至天啓間，知府項惟聰始定今所。崇禎間，知府章晉錫始鑿泮池。國朝順治十六年，知府張夙抱，教授王若義，南平知縣姜脩仁脩之。康熙八年，同知崔宗泰新之。二十二年，知府梁允植復倡率重修，惟教官廨尚未備云。泮額取進名數視福州府。學田：萬曆間，分守道吴璘審斷尤溪縣民高陽原捨入本府東嶽宫苗田一百畝歸之學。又自捐置本府學田，年收税銀七兩八錢六分。又守道沈儆炌捐置學田，年收租銀一兩八分。又置苗田四坵，年輸租銀二兩四錢。督學僉事熊尚文捐置苗田，年收租米九十二斛。後又查出伏虎庵侵没學租銀三兩。國朝順治間，舉人鄒儀周捐置田，年收租銀二兩三錢八分五釐。本學諸生陳遥捐置田，年收租銀四兩。康熙二十一年，總督姚啓聖捐置田，年收租米二百三十五斗。知府梁允植捐置田，年收租穀二百一十七斛。

《〔乾隆〕延平府志》卷一〇《學校・道南書院》 道南書院。南平初祇有義學，無書院。自康熙五十八年，學政李鍾莪、本郡知府任宗延擴充府學文昌閣基址，建立道南書院在紫雲嶺上，有文昌樓、講堂、會輔堂、四賢堂、齋房等，共二十八間。斯時經費無出，尚未延師。乾隆十一年，延建邵道張坦將義學田改歸書院，每年收租穀八十石，始延掌教聚集生徒。十九年，通判吴審斷許章範田穀五石。二十年，知縣陶敦和任内，據僧普梵等願捐銀三百兩，買置田穀三十二石八斗，剩銀一百十四兩，發交當商生息。又審斷朱楊氏開墾田穀二石七

斗。二十二年，知縣王大輅審斷吴燕成控争田租三石六斗，楊文蔚控争田租四石二斗，歸書院。二十一年、二十四、五年，知縣王訢然、李浚原、吴宜燮先後詳請元妙觀餘租銀三百八十四兩一錢六分俱歸書院，以爲膏火之資，遂永著爲令。正音書院在閩賢祠内，雍正七年奉檄建造，尋廢，無復舉行者。

《〔乾隆〕延平府志》卷一〇《學校・龜山書院》 將樂龜山書院在縣治城北郊封山之麓。宋咸淳中，邑禮部尚書馮夢得奏請立祀，度宗賜「龜山書院」四字，仍詔郡縣撥田養士，優其後，春秋有司致祭。原有五經館，在縣治之右，爲訓課生童地，嗣因年久頽廢，僅存雨化堂三間。乾隆十七年，知縣靳漢文倡捐，并勸邑紳士共襄其事，改建正學書院，延師訓廸。二十二年，清復五經廢館。田租：銀二百四十二兩，除完錢糧糧米外，剩銀一百二十四兩，充膏火之資。又縣西門，雍正七年，曾設立正音書院，今廢。乾隆二十九年，知縣李永錫將此屋變價一百八十兩，增置田畝，以充正學書院經費。

《〔乾隆〕福建通志》卷一八《學校・建寧府》 儒學在府治東北中和坊黄華山之支麓。中爲大成殿，左右兩廡。前爲戟門，又前爲櫺星門。殿後爲尊經閣，閣下爲春風堂。學在文廟之右，中爲明倫堂，左右兩序。序東西爲四齋，前爲儀門。門外爲泮池，池上有橋。左爲文昌祠，右爲鄉賢祠。又前爲學門，又前爲二坊堂，後爲藏書閣，閣下爲集賢堂。西爲饌室，東爲號舍、廩庾及教官廨。先是，學在府治南趙氏坊。明永樂初，知府許芮麟、教授張信請遷今所。成化十七年災。弘治二年，知府劉璵重搆。國朝順治五年，大成殿燬，戟門尚存。七年，提學閔度重建。十一年，風雹圮毀。十七年，巡按李時茂檄建明倫堂、崇聖祠、名宦鄉賢祠、尊經閣、兩廊、櫺星門、儀門、黌門。康熙十一年重修。泮額取進名數視福州府。學田：實在一百四畝五分零，年徵租銀三十一兩三錢七分零。康熙二十一年，總督姚啓聖捐置田二十七畝六分。

《〔乾隆〕福建通志》卷一八《學校・興化府》 儒學在府城内東南。中爲文廟，左爲崇聖祠，右爲齋沐所，東、西爲兩廡。廟之南爲戟門，門内東爲祭器庫，西爲樂器庫。戟門之南爲櫺星門，門内東爲名宦祠、合志祠，西爲鄉賢祠、林公祠。學在廟之西，中爲明倫堂，左爲尊經閣，其下忠恕堂。閣前爲敬一亭，右爲會文樓，其下饌堂。樓後爲教授、訓導二宅。明倫堂前露臺，泮池、廣橋，東志道、依仁二齋，西據德、游藝二齋。西齋後訓導三宅。橋前爲大門，門外東爲文昌宫，西爲土地祠。路左聖域、高第二坊，右賢關、名卿二坊，路南爲指南所，立號房四十間，射圃在城西門内洞橋。先是，宋太平興國中，始置興化軍。咸平中，郡人著作郎方儀捐居宅，偕陳詡等搆正殿，肖聖賢像。紹興中，教授徐士龍改爲軍學。後知軍汪作礪、趙彦勵、張友，教授陳應言、俞來元，教授曹志、宋眉年，學録黄烈，經歷黄宋，屢有增修。明洪武初，知府蓋天麟重建爲府學。後御史尹仁，副使劉琦，僉事陳祚，知府張瀾、岳正、潘琴，同知孫蘭，通判孫畋，教授王鏞，先後增建修葺。嘉靖末，燬於倭。郡人御史林潤奉給帑金，下知府易道談重建。後知府林有源、推官殷宗器相繼復修。國朝康熙七年，教授張可仰重修正殿兩廡。十三年，遭寇蹂躪。二十一年，知府蘇昌臣重修兩廡廟門，名宦、鄉賢、合志、林公四祠，明倫堂，尊經閣，聖域、賢關二坊。通判湯傳楷重修學門及會文樓。雍正元年，貢生林時邁捐貲修葺文廟其高第、名卿二坊，指南所號房及西齋後訓導三宅。今俱廢。射圃舊在望海門外，爲居民所侵。明正統中，僉事李正修復之。成化中，知府岳正徙於迎仙門内。弘治中，知府王弼改今所，以迎仙門内之射圃與縣學。萬曆中，知府李大欽即於其地建明宗書院，乃標射圃之名於西偏。國朝康熙三年，知府李英改爲平海衛學。其望海門外舊址久廢爲兵房。泮額取進名數視福州府。學田原額實在二十八畝一分零，年徵租銀一十兩六錢。國朝順治十五年，守道蘇宏祖捐置田六畝四分。康熙二十年，遊擊王友鈷捐置田六畝三分。二十一年，總督姚啓聖捐置田一十八畝五分零。

《〔乾隆〕汀州府志》卷一二《學校》 儒學在府治東臥龍山麓。宋咸平二年，創文廟於鄞江門内横街，未有學。天聖中，因廟始創學，遷於横岡嶺下。崇寧中，郡守陳粹又遷於興賢門内。紹興三年，郡守鄭强改移今所。嘉熙二年，郡守戴挺，教授張實甫就學左射圃地創文會堂，分中、前、後爲三齋，建樓其上。郡守姚元特相繼修葺。教授蕭虞韶市民地廣其基。開慶初，郡守胡泰初重建大成殿，明倫堂，御書、稽古二閣，浚泮池，作石橋，創祭器庫及齋舍門廡。明永樂八年，知府宋忠重修。成化八年，都御史張瑄、知府李桓增拓學地，徙文奎閣於東偏，移明倫堂於閣舊基旁，創志道、依仁、據德、游藝四齋。十五年，提學周孟中始置樂器，教樂舞。歲久殿壞。弘治元年，知府吴文度重修，建櫺星門，省牲所，堂前儀門五間，書樓七間。七年，同知章頎創膳堂及訓導衙。九年，吴文度重建橋，道、石鼓。正德二年，知府蔡餘慶建鄉賢祠於殿後西偏，建名宦祠於殿前西偏。嘉靖五年，通判毛公毅、楊太古重建櫺星門。十年，詔易像以木主。二十七年，知府馬坤重修。萬曆十九年知府萬振孫、三十七年知府李自芳修葺。

崇禎五年，知府笪繼良重修。崇禎九年，知府唐世涵建櫺星門，易以石。國朝康熙二十年，學道楊中岳、巡道周昌、同知胡以渙修。二十一年，知府鄢翼明繼葺。乾隆十四年，知府曾日瑛重修明倫堂。今中爲至聖殿，旁爲東、西廡，前爲戟門；爲泮池，上跨石橋。又前爲櫺星門，後殿爲明倫堂，爲敬一亭。從明倫堂左出儀門甬道爲大門，門東折八爲土地祠，爲省牲所。前爲崇聖祠，祠內左、右爲名宦、鄉賢祠，祠後爲教授廨，祠左爲訓導廨。而尊經、文昌二閣，前後相望焉。

《〔乾隆〕福建通志》卷一八《學校·邵武府》 儒學在府治南樵溪五曲之上。中爲大成殿，左右爲兩廡。南爲戟門。門外爲泮池，跨以石橋，翼以石欄九曲，秀水出焉。前爲櫺星門。門外東爲名宦祠，爲鄉賢祠。殿之右爲明倫堂，兩廊、齋房各十楹，南爲儀門，門外爲學門，又外爲半月池，環以宮牆。奎光閣在泮池左，崇聖祠在殿左，尊經閣在明倫堂左。閣西爲敬一亭。原有教官宅二所：一在崇聖祠東南，一在明倫堂西偏。先是，宋軍學在府治西北，知軍曹修睦建。宋咸重修。熙寧後徙建於城外水北。明洪武二年，通判章文旭、教授林必中請改樵溪書院爲今學。教授程禧，同知宋貴，知縣鄒良，推官吳容、周仲斌，知府徐述盛顒，馮孜、劉元、夏英、吳國倫，巡撫滕昭，巡按龔一清，歷有增拓，規制完備。萬曆二十九年燬，僅戟門、儀門存。知府閻士選、推官趙賢意請於守巡，兩道沈儆炌、劉毅，學道饒景暉重建。後知府嚴澂、知縣商周祚踵成之。國朝康熙十五年，悉燬於寇。知府張一魁、同知周元功、通判馬驤雲倡建大成殿、兩廡、戟門、櫺星門、宮牆及文昌樓、崇聖祠。二十二年，知府張一魁復建明倫堂、兩廊、儀門、大門。三十七年，署府趙世錫、參將林雲漢、教授程尹起；雍正元年，知府曹友夏、教授郭應元；七年，知縣渠輔邦、教授趙洵倡捐重修大成殿、櫺星門、明倫堂。射圃在城西南隅，今廢。泮額取進名數視福州府。學田：國朝康熙二十一年，總督姚啓聖捐置五十畝零。

《〔乾隆〕福建通志》卷一八《學校·福寧府》 儒學在城東南菱湖地。中爲大成殿。殿前爲東西廡，爲泮池，上跨石橋。爲戟門。門左右爲名宦、鄉賢祠，殿後西爲敬一亭，又前爲崇聖祠。明倫堂在殿之左，教授訓導宅俱在明倫堂後。射圃在西北隅廣寧倉右。初，宋長溪縣學在治東，慶曆間徙今所。元爲州學。明洪武二年，改爲縣學。成化間，復爲州學。正德中，巡按李如奎以舊御史臺爲儒學，從之。萬曆末，知州殷之輅、方孔炤仍徙今所。國朝康熙四年，巡道洪若皋、總兵吳萬福、知州師佐修葺。二十一年，知州郭名遠、州同朱允治、學正李達可、吏目陸之騏重修。泮額：原歲試取進文武童各十五名，科試取進文童十五名。雍正二年，奉文准照府學，歲科兩試各取進文童二十名。學田：原額實在五十八畝五分，又田一十八畝，年共徵租銀一十三兩八錢三分零。康熙二十一年，總督姚啓聖捐置田二十四畝，知州郭名遠捐置田一十四畝零。

《〔乾隆〕續修臺灣府志》卷八《學校·學宮》 臺灣府儒學在寧南坊。中爲大成殿，東西兩廡；前爲戟門、爲櫺星門、爲泮池；後爲崇聖祠。康熙二十四年，巡道周昌、知府蔣毓英建。因鄭氏舊址。三十九年，巡道王之麟建明倫堂於殿左。五十一年，巡道陳璸建名宦祠、鄉賢祠、學廨各齋舍，又於明倫堂左建朱子祠、文昌閣。詳見碑記。五十七年，知府王珍移建泮池於櫺星門外。五十八年，巡道梁文煊修。乾隆十年，巡道攝府事莊年重修。十四年，廩生侯世輝等捐資呈請改建：正廟居中，左右兩廡；前爲大成門，又前爲櫺星門，爲泮池；後爲崇聖祠。左右兩廊達於廡，祠左右爲禮樂庫、典籍庫；門左右爲名宦、鄉賢祠，門外左爲禮門，右爲義路；又外爲大成坊、泮宮坊。廟左爲明倫堂，兩廊齋舍。堂左爲朱子祠，後爲文昌閣。堂後爲教授宅，閣後爲訓導宅。並鑄祭器、造樂器，規制完整。

《〔道光〕福建通志》卷六六《臺灣府·學校·崇文書院》 崇文書院，府義學也，舊在東安坊。康熙四十三年，知府衛台揆建，置田租以供膏火。乾隆初，常以府學訓導掌教。十年，巡道攝府事莊年修。十五年，徙於寧南坊府學宮之西，即海東書院舊處，初址遂廢。二十四年，知府覺羅四明乃擇地於府署東偏，率僚屬紳士共成之，講堂齋舍畢具，始延師於內地，掌其教焉。四明自爲記。嘉慶二十三年署府鄭佐廷、道光八年知府鄧傳安重建。

《〔道光〕福建通志》卷六六《臺灣府·學校·海東書院》 海東書院舊在寧南坊府學宮之西。康熙五十九年，巡道梁文煊建。後爲歲科校士所，書院幾廢。乾隆四年，御史單德謨別建校士院於東安坊縣學宮之左。明年，巡道劉良璧修之。於是書院復振。御史楊二酉奏請以府學教授爲掌教，選諸生肄業其中，拔貢生施士安捐田千畝，以給膏火。二酉自爲記。十五年，新建縣署於紅毛樓右，臺灣縣知縣魯鼎梅乃修東安坊廢署爲書院，徙焉。十七年，詔以巡道兼提督學政。其後歲科校士於道署，校士院遂曠。二十七年，巡道覺羅四明修曠院爲海東書院，復徙焉。四明自爲記。三十年，知府蔣允焄護巡道事，乃別建擇地於寧

南坊府學宮西崎下，廣三十丈，袤八十丈，東向，講堂學舍亭榭悉具。允君自記。

《〔同治〕淡水廳志》卷五《學校・學宮》 廳儒學在廳城内東南營署左畔。中爲大成殿，東西兩廡，前爲櫺星門。崇聖祠在殿後，左爲文昌宫，又左爲明倫堂，爲學廨，舊址在游擊署前曠地，因未設學，借立爲演武廳。經紳士稟請歸還，總鎮武隆阿勘丈定界，議建今所。嘉慶二十二年，同知張學溥興造；道光四年，同知吴性誠報竣。九年，同知李慎彝補建名宦、鄉賢、昭忠、節孝四祠。十一年，貢生林祥雲補建省牲所。十七年，同知婁雲價買柯姣園地，添築圍牆，倡捐重修。

《〔同治〕淡水廳志》卷五《學校・明志書院》 明志書院，在廳城西門内。原在興直堡新莊山脚，永定縣貢生胡焯猷舊宅，乾隆二十八年，胡焯猷捐置義學，名曰「明志」。並捐充學租，同知胡邦翰詳建書院。二十九年，總督楊廷璋勒石記之。三十年同知李俊原議在塹城南門内別建。四十二年，同知王右弼牒將胡焯猷捐積穀價爲移建費。四十六年，同知成履泰以南門低窪，別購西門同蔡姓地基建造，即今所也。計一座三進，中爲講堂，後祀朱子神位，左右兩畔各房爲生童肄業之所，道光九年，同知李慎彝重新改建。

《〔同治〕淡水廳志》卷五《學校・學海書院》 學海書院，在艋舺街南，原名文甲。道光十七年同知婁雲議建草店尾祖師廟北畔，未果行。是年復據林國珖捐獻地基在下嵌莊，即今所。董事爲周智仁等，因控案延廢。二十三年，同知曹謹續成之。二十七年，總督劉韻珂巡臺，易以今名，同知曹士桂親爲院長。同治三年十月重修，四年閏五月告竣。共費銀一千八百一十四圓。除同知王鏞撥罰款三百五十六圓外，尚應一千四百五十八圓，院長陳維英勸捐。

《〔乾隆〕澎湖紀略》卷四《學校・書院》 惟澎湖一隅，自入版圖，於今八十餘年，向未設有書院，而教官則又遠阻大洋三百餘里，實膠庠之所不及者也。生童有志稽古而問道無門，學鮮良師，致有望洋而嘆。是何異百工而不居肆，欲其制器尚象，以期得心應手，豈不艱哉？余非知學者也，然濫叨斯職，則化民造士，有不容辭焉者矣。乃於下車之始，即進生童而校閲之，士多秀杰，但牿於聞見，無人指授，聰明俊彦終於汩没，殊可惜也。嗣於公餘之暇，纂輯諸儒入德之方、讀書之法、作文之式，以爲模範；季課月考，人品學業，漸見成效。澎地一十餘年以來，並無入泮之人，今歲試獲雋者三人，實澎湖向未曾有之事也。以故人皆鼓舞，時則有貢生許應元、張綿美、監生蔡聯輝等呈請捐創書院，以惠士林，隨即稟明本道學憲張公，札商本府秦公，俱蒙報可。余乃捐廉百兩，以襄衆美，擇文澳之勝地創建焉。經始於乾隆丙戌之孟冬，落成於丁亥之孟夏。中爲講堂三楹，匾曰「鹿洞薪傳」，中祀朱子、兩程子、周子、張子五賢。前則頭門三間，中架爲樓，樓上祀魁星之神。後爲後堂三間，中祀文昌之神，左右兩間以爲山長住居之所。至於東西兩面，翼以書室各十間，以爲諸生讀書精舍。統榜曰「文石書院」。文石者，澎産也。其石五色繽紛，文章炳蔚。石之文何莫非人之文也！因取而名焉。獨是講學有所，而周歲師生膏火之需更當爲之計長久也。昔文翁教蜀，凡力學之士，數以刀布贈遺。孔文舉興學好賢，范希文恤儒周困。此數君子者，有惠士之心，而力又足以副之。迄今千載而下，想其遺風，猶令人悠然意滿也。及閲臺灣郡志，於海東書院條内，大書貢生施士安捐田一千畝，以爲院内膏火一節，則又拍案驚奇，不覺爲之起舞。語云：求士於三代之後，惟恐其不好名。信哉！今澎湖書院一切善後事宜，蓋亦大費躊躇矣。以視夫登高一呼、群山響應，得爲而爲者，相去又當何如也耶！

《〔咸豐〕噶瑪蘭廳志》卷四《學校・書院》 仰山書院，在廳治西文昌宫左，以景仰楊龜山得名。嘉慶十七年委辦知府楊廷理創建三楹，旋圮。道光五年，通判吕志恒移假文昌祠東廂房，爲山長安硯之地，並於東首臨街建一門樓，額曰「仰山書院」。十年夏，署倅薩廉乃即舊址重建一廳、二房、一厨竈，連一曠地大可數弓，蒔花樹果，編以枳籬；西接敬字亭，南連行香官廳，外又護以板壁門，亘以短小牆，砌石鋪甎，牕疏明爽。雖肄業學舍無地兼營，不可謂非小結構也。

《〔萬曆〕開封府志》卷一〇《學校》 儒學舊在府治東南隅。元以宋國子監故址爲汴梁路學。國初洪武三年，改爲開封府儒學。二十三年夏，圮於水。永樂五年，徙於麗景門西北，即今所也。内建大成殿，殿列兩廡、神庫、戟門、泮池、櫺星門、太和元氣坊。東列庖舍、牲房、鄉賢、名宦祠、射圃，西列明倫堂、四齋、尊經閣、廩庾、會饌堂。後爲官廨，分置號舍於左右。正統初，知府舒曈重修。侍郎于謙記，詞多不録。成化十六年，知府張岫增置齋宿所及興賢、毓秀、德配天地、道冠古今等坊。嘉靖十年奉。詔建啓聖祠於文廟東，又建敬一亭於文廟北。立《御製敬一箴》及註釋《視聽言動心五箴碑》。三十六年，巡撫都御史章焕重修，規制間有更移。萬曆十一年，藩臬謂廟門神道西民舍高聳，乃於東建文昌

閣，下祀十賢，與西相峙云。

《〔康熙〕濮州志》卷二《學校志》 濮州儒學在今州治東南。本在舊州治西北，金末，郡人史謙沖建，知州呂義營禮殿。中統建元，監州度禮班、脱脱出相繼增修。至元間，知州皇甫琰聚書八千卷。大德間，知州孟詵撤新禮殿。延祐間，知州郭淵重修兩廡。明洪武初，知州劉真重建。正統間，圮於河。景泰間，知州毛殷因徙州王村，遷今地。弘治以後，知州施德、趙經、鄭滿，正德間知州李緝，各重修。據今制，外爲櫺星門，次戟門、正殿、兩廡，殿東、西二過廳。戟門東舊有梓童帝君殿，今廢。鄉賢、名宦在殿之東，明倫堂、兩齋在正殿後。其東則學舍、射圃廳、膳堂。弘治三年，施德於櫺星門前鑿泮池，闊十八丈。池南築土山，五峰山下起聚秀亭。嘉靖四年，張寰建啓聖祠於明倫堂左，敬一、五箴亭於堂後，復建禮儀門。十有二年，蔣瑜修山、池、亭、坊及成賢橋。是年，楊公枯置經典、御製等書，有郡人李公廷相記。見文類《四書》二十本。《易經》十二本。《書經》。十本。

《〔嘉靖〕鄧州志》卷一二《學校志》 鄧州儒學在州治東南，宋創建，莫考。金至大元年，重建。學士趙秉文記略：鄧爲重鎮，兵興以來，邊備不撤。其於興學彰化，蓋有意而未暇也。今節度使行元帥移剌金紫公之典是州也，以詩書之冑，熊虎之任，下車之日，百廢俱舉。歲乙丑春，奠謁於廟，顧視頹宇，爲之惕然曰：有武備必有文事，兹者軍政頗修，而宣聖廟庭假寓於蕭公之祠，奠謁無所，甚非所以尊師而重道也。迺諏之父老洎諸生，僉謂東南喪墤廟遺址存焉，因謀新之，俾經歷房維禎、知事張大誌、提控劉天山董其役。劉君即故左丞公之孫，智思明達，殊有鳳毛，修唐、鄧二城，守備樓堞，尤爲有法。以是勳與公合，弗亟弗徐，役不告勞而功已成。凡爲聖殿八，筵賢廊三十楹，講道有堂，肄業有齋，門祠厨庫，色色皆備云。元至正二年，州守劉辰重修。郡人王睿記略：州宣聖廟肇建增修，詳見勝國學士閑閑趙公、皇朝侍講孛木魯文静公所著碑。殿宇門廡，歲久欹傾。今太守劉侯嗣政之明年爲至正改元二月丁未，有事廟庭，慨然以撤新爲己任。乃謀同寅，乃檄長府，乃論屬邑，割俸捐金，衆樂佽助，上下協和，資用克足。俾穰邑顏道和專領其事，郡邑吏胥分董其役，傭力就工。涓吉趍務。侯度政暇，躬視其勤惰而賞罰之。始於四月，終於九月，工役告成。縉紳儒碩，歡慶詠敬，請記其事。竊惟國家崇道化民之意，不爲不廣，興學立教之方，不爲不備。其或化有所未宣，教有所未至，則守土之臣之責在焉。今劉侯莅政之初，大修學廟，以濬化源，以植教本，仰稱聖天子之明詔，可謂知爲政之先務矣，是可書也。侯名辰，字季淮，東平人。元末，兵燬。國朝洪武五年，鎮撫孔顯因舊址重建。宣德五年，知州寇義、判官黎用顯增修。嘉靖三十二年，知州王道行倡義重修，規制益宏。郡人知府藍瑞記略：惟兹廟學，歲久漸敝。嘉靖辛亥冬，太原王侯守是邦，因捐俸倡義以修之。先是，與衆議曰：改鑿泮池於櫺星門南，移置名宦祠於戟門左，鄉賢祠於戟門右，遷碑廳於明倫堂北，捌尊經閣於宫墻東，諸如門路之闢塞，垣壁之伸縮，不計也。議定，乃釋奠先師，以告經始。於是鄉官丁君埏等受命分修，未幾而王侯遷去。繼守者浮梁張侯也，尤庸矢心，以圖偉成爲之，補其不足，引其未竟，而廣其所不逮。若尊經、春風二閣，次第皆起，蓋廟學之制，視昔焕然一新矣。工肇於癸丑之十月，落成於甲寅之四月。舉重而不妨庶務，費繁而無需官帑，動衆而不勞民力，是政之善者也。諸生謂不可無紀，乃持學正陳至言狀屬瑞爲記。竊惟仲尼之道，其在人也，無遠邇，無古今，無不知，尊崇誦法之者，惟人心皆有仲尼焉，是則其心之良也。顧二侯廟學之脩，意念所加，無俟指諭，而能使大夫士民不一之心，輸情効力，功遂速成。其曷以致斯哉？亦惟誠心惠政，有以觸其良焉耳。惟爾多士，時陟降於斯，被聖代之文明，負山川之靈秀，服昭訓於六經，希芳軌於往哲。居則砥礪廉隅爲時良士，出則柱石廊廟爲國良臣，以無負良有司作人裨化之盛意。盍反諸其心之良者，以擴充之，而非遠且難也，勗哉勗哉！二侯俱以名進士來守，興利剔弊，卓有成績，而是舉也，尤爲政之大者，宜列貞珉以昭永世。脩學姓氏：同知薄世佑，判官吴道昌，鄉官李一元、張翀霄、丁埏、黑嘻、丁垓、陳大策，監生王用中、王從謙，生員李一陽，義民周威。

學宫，中爲先師廟，翼以兩廡。前爲戟門，爲靈星門。嘉靖辛卯，更爲先師廟門。門南爲泮池。嘉靖四十二年，知州潘庭楠脩。池南爲天啓文明坊。嘉靖四十年，知州郭岱立。廟東爲啓聖公祠。廟後爲祭器庫，内貯銅香爐九、銅花瓶二、銅爵盞五十、籩豆四百，獻牲匣八、獻帛匣九、幔一副。爲神厨，爲宰牲房。嘉靖四十一年，同知呂復建。戟門東曰名宦祠，西曰鄉賢祠。禮制詳見《祀典》。名宦祠，東曰尊經閣。嘉靖乙卯，知州張僊創建。内鄉李宗木《尊經閣詩》：明牧新風紀，尊經建閣巍。祥雲籠碧瓦，曉日掛册扉。雄壯來瞻美，虚幽與市違。八窻諸象入，六籍衆言歸。湍水紆文練，金山拱翠微。荆榛開道路，睥睨借周圍。散帙天香落，鈎簾弛鯉飛。璁珩時竝集，藜火夜相依。經濟徵吾道，昇平戢武威。泮林宣圣蹟，千古振儒衣。學署，明倫堂。在文廟後，有李文逵《題名記》。堂東爲進德齋，明善齋，齋後爲東號舍。三十六楹，今廢。西爲造道齋，齋後爲西號舍。三十六楹，今廢。堂之前爲心源亭。今廢。有李文逵《心源亭記》：鄧之儒學在古城巽隅，規制宏敞。明倫堂前道中一井，其水湛然以清，有司作亭其上，御史項君題之曰「心源」。州守崔君富謂予郡人也，請記之。噫，旨哉！心源之名亭也。夫湛然以清者，水之本體也，苟蕩之未有不濁者也。虚靈不昧者，心之本體也，苟蔽之，未有不昏者也。蕩而濁也，有時静焉，則本體之清出矣。蔽而昏也，有時静焉，則本體之明在矣。甚矣，水之清濁有似於人心之昏明也。清兮明兮，莫不皆由乎静。濁兮昏兮，莫不皆由乎動。然水之濁者，静則清矣，初無用力於其間。而心之明者，雖由乎静，必有主敬之功焉。莫知其鄉時當操存而不忘，寂然不動時當涵養而不忽，然後此心太極無不具也，此心明德常惺惺也。喜怒哀樂

之未發，一天下之大本也；夜氣平旦之未分，一天下之善幾也。故曰：學問之道無他，永其放心而已矣。居是，學者覩心源之名，寧不惕然有所警哉？又前爲儀門。堂之後爲敬一亭，內立御製碑七座。爲饌堂。又其後爲屏山林。饌堂之北，地勢卑巽。嘉靖二十五年，諸生丁昭、蘇簡等相率樹榆數百株，歲久成林，儼然屏山也。後知州曾楚又於林中築臺焉。林臺高清，特爲州學之勝。廟之西爲儒學門。門內西爲學正宅，爲三訓導宅；次第而北。東爲學倉。內貯存留小麥叁百貳拾壹石叁斗，粟米壹百伍拾伍石伍斗，粟子易米伍拾壹石玖斗叁升。廟之東爲射圃。圃地貳拾畝，中有觀德亭。其外有儒學園地，壹叚叁拾貳畝，在學前。壹叚叁拾畝，在學西北。俱給學官種蔬用。儒學莊地。壹頃捌拾畝，在城北湍河南岸，專支諸生考課用。

《〔光緒〕開州志》卷二《建置志·壇廟》 文廟在州治東。大成殿五楹，後尊經閣五楹，有柏樹二十，碑記二。殿前東、西廡各十五楹，有柏樹三十八，碑記三。前爲戟門三楹，戟門左、右二門：東曰金聲，西曰玉振。東柏樹十六，碑記五；西柏樹二十九，碑記九。又前爲櫺星門三楹，東、西角門二，外各樹石坊：東曰德參天地，西曰道冠古今。旁有下馬牌各一。又前爲泮池，有橋。又前爲大門，上有莫不尊親坊。繚垣周焉。

《〔嘉靖〕郾城縣志》卷三《學校》 儒學在縣治東。洪武三年，因故趾重建，舊隘敝。天順四年，知縣李春增脩之，搆大成殿，搆東西廡、戟門、明倫堂，搆櫺星門、二齋、官廨、學舍、饌厨、廩及射圃，觀德亭、祭器之屬，一時俱備。周蹽以垣，庭植以栢。久之，復敝。嘉靖年，知縣喬遷、許仁、楊伯謙，縣丞段續，相繼復脩之。乃增廡爲三十間，學舍爲十一所，宰牲房爲三間，復搆。

《〔宣統〕項城縣志》卷一〇《祠廟志》 文昌宮舊在學宮南，明嘉靖二十八年，鄉官張承恩建。萬曆四十八年，知縣田唯嘉改建於城東南隅學宮左，邑人馬斯和爲記。國朝康熙二十七年，知縣顧芳宗倡捐，因舊趾擴其規模。嘉慶十八年，知縣侯蟠山重修。馬斯和記：學之前舊有文昌閣，當事者撤之，以益尊經閣。以故堪輿家稱巽方寥落，其徵爲人文不茂。居久之，諸生有志者各捐金，鑄鐘構樓，升諸城之東南隅。巽峰插天，人文稍稍興起。然以不遺斯文，主盟欲復舊制，以大爲振興，道無由也。客歲春，侯以明經高第來治吾項，駐旌方三月，政戊人和，百廢俱興。暇時課諸生，藝於尊經閣，師生駢集，相與論今昔因革，而徐申復建文昌閣之議。侯慨然曰：道以人弘，撤文昌閣以益尊經，憂及人文，何經之尊？必復之無疑也。於是鳩工聚材，卜建於舊址之東。會天淋雨，工未及竟。而侯以禮經分校棘闈，復以卓異，代攝淮陽守。未幾，兩臺合疏，請命調補開封祥符令。侯於項直傳舍視之，即項士亦僉謂不能必有成勢，乃侯嚴諭督役者曰：速畢爾工程！吾必不令於項有不結之局，且必不令吾子弟有望而不被之恩。蓋侯語未脫口，而百役感激鼓舞，不踰月而閣成。閣制：闊一丈二尺，長二丈七尺，高三丈，軒廠偉麗，較昔有加焉。是役也；當累歲災荒之餘，材木甎石三倍其值，而侯不惜。且其一絲一粟不取諸公帑，贖鍰無幾何，悉出以資經費，尤不以恡也。閣既成，博士王君家賓、王君址、王君憲，諸生王嘉猷、姚自修、李宗昉，來徵余言，以勒諸石。余惟文昌閣之徹也，幾三十年，握符茲土者閱數十主，率皆等爲道旁築舍，蔑有成績。侯治項而又什四，攝淮陽什二，校棘闈所得視項事者五六月，爾而獨能提綱挈領，復三十年久湮之制，其所爲羽翼斯文作新項士者，厥功茂矣。故不辭而爲之記。侯諱唯嘉，號陸海，直隸饒陽人，丙辰進士。

《〔雍正〕湖廣通志》卷二二《學校志·武昌府》 儒學舊在黃鵠山前。宋康定間建，後廢爲營壘。紹興間，仍更爲學。宋末兵燬。元延祐重建，明洪武初修，歷天順、弘治、正德間，巡撫白圭、布政使張敷華、知府沈棟相繼增修。嘉靖中，按察使萬虞愷以學門由西，不利，即驛傳道故址闢門，從東，大學士楊溥、彭時、商輅、李東陽、侍郎朱廷立俱有記。明季兵燬。皇清康熙十七年，巡撫張朝珍、布政使徐惺倡捐修葺。雍正十年，巡撫王士俊以學宮傾圮，舊制未善，發項更新，即明倫堂舊址改建崇聖祠，拓學西地建明倫堂，遷名宦祠於大成門左、鄉賢祠于大成門右，置文武官舍于左右之下。又於櫺星門左右添設戟門。制度允稱。有記刻石。

《〔雍正〕湖廣通志》卷二二《學校志·漢陽府》 儒學在鳳棲山下。明洪武初，知府程瑞因宋舊址建。成化間，知府何淡重修。弘治間，知府張銳、張文質重修。嘉靖間，知府孔鳳、賈應春重修。明末兵燬。皇清順治六年，知府傅應星鼎建。康熙中，知府郝士錞增修。

《〔光緒〕荊州府志》卷二一《學校志·學宮》 府學在府治東南駐防界城內。明初仍元故址建，國朝因之。自南齊蕭嶷刺荊州，始立學。《南史·豫章王嶷傳》：建元元年，嶷爲南蠻校尉，荊湘二州刺史。二年夏，於南蠻園東南開館立學，按，南蠻園，未詳所有。上表言狀。置生三十人，取舊族父祖位正佐臺郎年二十五以下十五以上補之。置儒林參軍一人、文學祭酒一人，勸學從事二人。行釋

菜禮是也。至梁，又立廟學。《南史・安成王秀傳》天監七年，秀遷荊州刺史，立學校。《元帝紀》：太清元年，帝都督荊州起州學，立宣尼廟，置儒林參軍一人、勸學從事二人、生三十人，加廩餼自圖宣尼像爲之贊而書之是也。其所在俱未詳，後梁時國庠在城東。《渚宫故事》：梁張僧繇嘗於城東天皇寺柏堂内圖孔子十哲像，人皆莫知其旨。及後周，滅二教，梁爲附庸，荊楚寺宇莫不毀撤，惟天皇寺有宣尼像，遂爲國庠是也。隋初，天下州縣學俱廢。大業以後，復立。唐武德七年，詔諸州縣及鄉並置學。貞觀四年，州縣皆立孔子廟。開元二十六年，令天下州縣里皆置學。五代高氏時，學制無聞。宋景祐四年，詔藩鎮立學。寶元元年，大郡亦立學。《文獻通考》：元豐元年，詔置諸路府學官共五十三員，荊湖北路江陵府一員。《宋史・徽宗紀》：大觀三年，賜天下州縣學藏書閣名稽古。元大觀中，養士至七百人，學校之虚，甲於荊湖。見《明統志》。自唐至宋，廟學所在，亦無考。《元史・廉希憲傳》：至元十二年，希憲行省荊南，大興學，選教官，置經籍，其地即今學也，按，《明統志》作元順帝至正間建，恐非是。後燬。明洪武二年，詔天下郡縣立學，知府周政即其址重創焉。正統間，知府劉永修。嗣後知府李仁儀，上荊南道楊守禮相繼修。成化中火。二十年八月，知府范英、推官俞祚、教授陳經構大成殿，塑先聖賢像，列兩廡，從祀先賢位。又南爲戟門，明倫堂在殿後，東西四齋，尊經閣在堂後。今廢。又造祭器庫，庖湢號舍，悉一新之，建射圃於明倫堂之西偏。今俱廢，見袁愷記。嘉靖間，建敬一亭，勒世宗御製《敬一箴》並范浚《心箴》、程子《視聽言動四箴》，凡六碑，貯亭内。今廢。四十五年，趙賢知荊州，修廟學。萬曆間，修明倫堂，建廟門外東西石坊二。崇禎末，學燬。國朝順治五年，修戟門。十年，知府王業惇修建廟學，拓大成殿間，東西兩廡，爲間凡二十有四，啓聖祠在殿東。雍正元年，改稱崇聖祠。祠南有奎文閣，舊名文昌閣。閣之西有文公祠。今廢。名宦祠在戟門左，鄉賢祠在右，前爲泮池，駕橋其上。又南爲櫺星門，週以紅墻，更濬外泮池。康熙四年，知府耿拱極修奎文閣。七年，大成殿朽壞，提督胡茂楨、知府李爲霖、同知王蔣徵、通判金雲鳳、推官方象璜相繼修。十八年，修啓聖祠。二十四年，修東西兩廡。二十五年，巡道祖澤深捐建明倫堂。四十一年，大成殿左建碑亭，内藏御製訓士碑文。四十三年，殿廡堂閣俱摧損，知府黃良佐捐修。雍正元年，知府王景皋重建明倫堂。十一年，知府周鍾瑄重修。乾隆八年，知府劉士銘修大成殿暨戟門、櫺星門、明倫堂、崇聖祠、奎文閣。十年夏，霖雨，兩廡摧毀。士銘捐俸續修，教授李超監修。施志。乾隆三十八年，巡道錢士雲會同將軍綽和諾、(在)〔知〕府汪容率紳士陳國勳等重修，越兩載告成，用銀一萬有奇。乾隆五十三年，江水潰城，發帑修。道光十七年，知府王若閎重修。參《江陵縣志》。櫺星門外木柵朽脱，同治十二年，文蔚易以石柱，重修戟門，捐製丁祭禮器。光緒四年，率各屬重修東西兩廡。五年，修大成(禮)〔殿〕、崇聖祠、奎文閣。大成殿易覆黃琉璃瓦，崇聖祠易覆八角瓦，增置樂器。

《〔同治〕宜昌府志》卷四上《建置志・學宫》　府學宫在文昌門内，舊係察院署基。乾隆初年新建。其制，宫墻四周，中爲大成殿，前爲露臺，爲東廡西廡，爲戟門、東西角門。階下兩旁有文武更衣所，前爲内泮池，爲櫺星門。外繚花墻，墻有二門，左額曰禮門，右額曰義路。再前爲外泮池，爲東西黌門。殿後爲崇聖祠，祠左爲明倫堂，堂左爲儒學署。乾隆四十八年，重修戟門。乾隆五十八年，知府王春煦重修明倫堂。嘉慶二十四年，知府紀樹馨、孫仲清重修崇聖祠、外泮池。同治二年，知府聶光鑾率郡紳籌費鳩工，將大成殿增高，東西兩廡、戟門至外泮池等處，一律培修，規模較宏敞矣。

《〔雍正〕湖廣通志》卷二二《學校志・安陸府》　儒學舊在府城東南隅橘木山西。宋紹興中，漢水衝圮，徙城北。淳熙五年，郡守孫樊徙長壽東南隅。元爲安陸府，仍宋舊。明初，即鎮遠樓爲安陸州學。洪武十五年，知縣梁棟徙建蘭臺，即宋玉宅舊址。十六年，州學災。二十三年，曹國公李文忠重建。歷知州顧震、趙熙、俞蓋，提學薛綱、高繡，學正林啓增修。弘治八年，興獻王命修葺殿廡，易櫺星門瓦以琉璃。正德十三年，興獻王發帑重修。嘉靖十年，州陞府，改府學。明末兵燬。皇清順治間，知府李文芳、李起元、馬逢皋，知縣李彦珽，康熙間，知府吴肇榮，相繼建修。

《〔雍正〕湖廣通志》卷二二《學校志・黄州府》　儒學在府治東。明洪武初，知府李仁即宋河東書院址建。歷知府錢敏、余浩、王霽、余桂應明德相繼修。楊溥、歐陽旦、黎淳、朱節、劉采、王廷陳俱有記。皇清順治間知府何應珏，康熙間知府于成龍、蘇良嗣、王輔、賈鈜，相繼修。五十六年，知府蔣國祥重建啓聖祠。雍正元年，改崇聖祠。雍正二年，知府蔣國祥督同教授彭士商重修學宫。

《〔康熙〕均州志》卷二《學校》　儒學在州治東，創於宋咸平，改於元明。洪武初，因廢址修建。正統間，修山郎中邵正重修。正德嘉靖間，都御史沈公暉，知州張聰、葉尚文相繼重修，中爲先師廟，旁列兩廡，前廟門左右宦祠，右鄉賢祠。又前泮池，櫺星門，西祭器庫，東啓聖祠，祠後敬一亭。廟後明倫堂，旁列兩

齋，曰時習，曰新。有號房、饌堂，合之以儒學門。【略】儒學文廟自闖逆破城之後被郝賊燒毀無一。至國朝順治七年，知均州事陳瑚竭力修建，止完大殿工程。至順至十年，知均州事趙元明捐貲修建明倫堂一座。不意郝賊入城，復行燒毀。至康熙八九年間，知均州事佟國玉修蓋正殿五間，工程將完，升任赴部。康熙十年，知均州事黨居易涖任之後，目睹學宮，心甚惻然，其正殿未完工程，續爲補葺，仍捐貲重修二門。康熙二十五年，知州江闓補啟聖祠，復失祀名宦、鄉賢。古南陽書院大堂三間曰尚論堂。廂房東西六間，東曰文華齋，西曰武綏齋。儀門三間，大門三間，在州治南門內。康熙十一年，知均州事黨居易捐俸創修，延師設教。有詩記在文集中。次年又建社學於青石鋪，以教鄉之子弟。

《〔乾隆〕長沙府志》卷一三《學校》　府學在正南門之右。元至元十三年，平章阿里海牙鎮潭州始創禮殿。至正庚午，復修之。元末，兵燬。明洪武六年，指揮邱廣始創明倫堂。七年，知府劉清備建廟廡齋舍。三十年，教授王褒立射圃於明倫堂左。天順六年，知府錢澍復修建尊經閣於明倫堂後。正德辛未，同知盛應期立號舍□大成殿左，凡二十楹。嘉靖戊子，知府孫存復修櫺星門。庚寅，知府潘鎰奉制建敬一亭於明倫堂北。辛卯，修大成殿，齋四，曰志道、據德、依仁、游藝。丙午，知府樊景麟鑿泮池於櫺星門內。隆慶壬申，知府周標修櫺星門，易木以石。萬曆辛卯，知府吳道行見學宮頹敝，大加修葺，增司祭、更衣二館，改泮池於櫺星門外。丙申，知府羅緄復修。天啓癸亥，推官林正亨鼎新正殿廡門，建尊經堂。崇禎丁丑，同知朱士景新建啓聖祠。癸未甲申間，祠堂齋廡燬於兵火，僅存聖殿。乙酉，督學堵胤錫、太守周二南捐資修建。國朝順治丁亥，太守張弘猷修廟及堂，重建啓聖祠、敬一亭，並東西兩廡。乙未冬，經略洪承疇修明倫堂，敬一亭。康熙四年，知府錢奇嗣捐修。十九年，知府任紹爌率同知熊中鶴協力捐修。三十四年，巡撫董安國率司、道、府、廳、州、縣捐俸重修。四十四年，奉巡撫趙申喬建教授署在學宮右，訓導署在學宮左。乾隆十一年，知府呂肅高捐修崇聖祠，又倡修殿廡門堂，舊制一新。

《〔雍正〕湖廣通志》卷二三《學校志·嶽麓書院》　嶽麓書院在府城外湘江西嶽麓山下。宋開寶九年，潭州守朱洞建，實彭城劉鰲倡之。咸平四年，詔賜國子監經籍，與嵩陽、睢陽、白鹿爲天下四大書院。從知州李允則之請也。祥符八年，以周式爲山長。紹興間，燬於兵。乾道元年，湖南安撫劉珙重建，以張栻主教事。三年，晦菴朱子如長沙講學書院中，手書「忠孝廉節」四字。淳熙十五年，直徽猷閣潘疇繼修。紹興五年，朱子爲湖南安撫，牒委興學，四方景從者至幾千人。元季燬。明洪武間，知府錢澍、通判陳綱復建。皇清康熙三年巡撫周召南、二十三年巡撫丁思孔重修。二十五年，賜「學達性天」扁額。朱子嶽麓興學，牒勘本州，州學之外復置嶽麓書院，本爲有志之士，不遠千里，求師取友，至於是邦者，無所棲泊，以爲優游肄業之地。故前帥樞密忠肅劉公特因舊基復創新館，延請故左司侍講張公先生往來其間，使四方來學之士得以傳道授業解惑焉。此意甚遠，非世俗常見所到也。而比年以來，師道陵夷，講論廢息，士風不振，議者惜之。當叨冒假守，蒙被訓詞，深以講學教人之務爲寄，顧恨庸鄙，勿克奉成。到官兩月，又因簿書，未能一往謁殿升堂，延見諸生。詣考所合，罷行事件，庶革流弊，以還舊規。除已請到醴陵黎君貢生充講書執事，與學録鄭貢士同行措置外，今議別置額外十員，以處四方遊學之士。庶幾有以上廣聖朝教育人才之意。凡使爲學者知所當務，不專在於區區課試之間，實非小補。牒教授及帖書院照會施行。張栻、陳傅良、元吳澄俱有記。書樓在書院後。康熙二十五年，頒日講經史於嶽麓書院。巡撫丁思孔檄長沙府同知趙寧作樓藏書。

《〔乾隆〕衡州府志》卷一六《學校》　衡州府學，學舊在石鼓山。宋開慶間改建於郡城內之金鰲山。元至正間遷於李芾故宅，在金鰲山前之崇賢坊。即今府學址。元末燬於兵。明洪武三年，知府高從訓率訓導杜文德重建。中爲先師廟，東西兩廡，前爲廟門。門外爲泮池，前爲櫺星門，後爲啓聖祠，爲名宦鄉賢祠。成化九年，知府徐孚始遷明倫堂於廟左，工未竟。十六年，知府何珣踵成之。廟後建尊經閣。厥後學宮漸圮。嘉靖四十三年，知府金立愛重修。隆慶四年，知府周浩增飭之。萬曆中，知府熊煒、許倓、陸志孝、鄧以誥、劉春等相繼增修。明季燬。本朝順治九年，巡按御史李敬與兵巡道張兆羆、知府陳起潛建大成殿、東西廡，增修廟門。十四年，偏撫袁廓宇建明倫堂。十六年，知府李光座建啓聖祠。康熙二十二年，分守朱士傑、學使王孫蔚修葺。二十九年，知府崔鳴鷟重修。五十五年，知府金依堯增修。雍正六年，衡永道徐聚倫復修。乾隆二十七年，知府饒佺、衡陽縣知縣陶易、清泉縣知縣江恂倡率闔郡紳士鼎新。衡山縣知縣高應述、張何衢，耒陽縣知縣沈憙祖，常寧縣知縣朱永烈、安仁縣知縣李玉樹、酃縣知縣張錫組、林愈蕃等先後共勷厥舉。

《〔乾隆〕衡州府志》卷一六《學校·石鼓書院》　石鼓書院在石鼓山，舊爲尋真觀唐刺史齊映建合江亭於山之右麓。元和間，士人李寬結廬讀書其上。刺史

吕温嘗訪之，有題尋真觀，李秀才書院詩。太守宇文炫於山之東題曰東巖，西題曰西谿。宋至道三年，郡人李士真援寬故事，請於郡守，即故址創書院，居衡之學者。景祐二年，集賢校理劉沆來守衡，請於朝，賜額曰「石鼓書院」，遂與睢陽、白鹿、嶽麓稱四大書院焉。是時，天下未有命教，蓋即以此爲州學。淳熙中，部使者潘畤、提刑宋若水先後修葺，而連帥林栗等咸捐金相之。朱子有記，見《藝文》。開慶己未燬於兵。刑獄使俞琰拓故鼎新，一復舊制。湯漢有記。畧云：石鼓書院建於淳熙年，今既七十餘載矣。己未冬，兵革過而燬焉。疇昔碑板照耀，掃滅無餘，而朱子之記巋然獨立。越明年，刑獄使者俞侯下車，按眎撫窮石而歎曰：斯文之未喪，非天哉！掃地更新，豈不在我？乃命幕屬趙崇垾與撫山長李訪拓舊址，授成模，用錢粟，以召工役。不數月，燕居之祠，會講之堂，肄業之齋，廩庖門廡，焕然大備；典籍所棲，先賢所奉，各適位置。外則風雩諸亭，映帶前後，盡復舊規。大闢射圃，將以暇日觀士之德。又作祠以肖諸葛公之遺像。厥既就緒，侯則取明德義，絶響再聞，士風作振云。提學黄幹出公帑易茶陵田三百五十畝，以膳生徒。黄清老有記。元季復燬。案《文獻通考》，賜額在太平興國二年。此言景祐，恐誤。或者太宗、仁宗朝兩經頒賜，亦未可知。又案《宋史・黄幹本傳》，勉齋未爲提學，當時亦無此官名。清老記喋喋訟語，殊不雅馴，姑仍衡陽舊志編載。明永樂十一年，知府史中始圖修復，又更兵巡沈慶、知府翁世資相繼營度，至弘治初，何珣知府事書院始成。前爲櫺星門，次爲禹碑亭。亭之東西翼以號舍若干楹，關西劉璣守衡時所建。亭後爲敬義堂，睢陽張一霽建。循石磴而上，中爲先聖燕居堂，有宋時故像，蓋肖之秘閣畫本者。堂前露臺左右皆石磴，再循而上，爲風雩亭。亭後爲講堂，知府周詔建。旁列主静、定性二齋，知府蔡汝楠立。堂後爲先賢祠，祀昌黎、晦菴、南軒、勉齋、李寛、李士真六人。萬曆中允曾朝節請祀周濂溪，蓋七賢云。祠後有「砥柱中流」一石坊。坊後一祠，祀寓賢湛甘泉若水、鄒東廓守益，程天津弘忠、鄉賢祝峒嶁詠、劉嶽亭巘、劉仁山穩、王楚陽萬善，亦爲七賢，各肖其像，乃同知沈鈇請於學使檄知府陸志孝覈實行之者。又北爲仰高樓，宋俞琰建。樓下爲合江亭，萬曆二十年，同知沈鈇大書「濯纓濯足」於石，置合江亭下。又謂之滄浪亭，蓋寓意於湘清蒸濁聽人自取以誨後學也。迨至四十年，巡按史記事觀察鄧雲霄度敬義堂後隙地建大觀樓，樓下爲迴瀾堂，以石爲柱。鄧雲霄有記。崇禎十五年，提學高世泰重加修葺。未幾，以兵燹燬燼，蕩爲瓦礫，惟合江亭獨存。國朝順治十四年，偏沅巡撫袁廓宇疏請重建，命知縣余天溥董其事。中爲武侯祠，前立大觀樓，樓下爲七賢祠，右爲公署五楹兩廡，各爲書舍，規制畧備。康熙七年，知府張奇勛於大觀樓崇臺之下立號舍二十餘間，拔衡士之儁者肄業其中。每月兩試之，士風稱最盛。十九年，督學蔣永修於書院後重建合江亭，又創武侯祠及前兩廡，令衡陽訓導聶時賢董之。乃於二十一年江水暴漲，書院前石路崩囓且盡。知府譚宏憲命工修砌。歙商吴見賢，前兵備吴甲周之從子也，與維楊易從周、休寧程之儒捐金共修。其後石徑屢經水漲。四十四年、四十九年，知縣張廷相續修。二十八年，知府崔鳴鷟以書院應修，仍命邑令余天溥董之。先是，七賢神主皆列於大觀樓，而祠内反奉佛像，乃新造神主仍入祠内，移佛像於祠後，並查審劉清和自輪路口鋪田一十一畝爲書院田，並書院馬頸前地基一十二間，由馬頸至北門馬頭魚舫埠俱入充守書院費。四十一年，知縣陳大音禁令居民不得侵混。四十九年，巡撫趙申喬巡河至衡，遂（僧）繪出佛像，委衡陽訓導吴炯遷居書院，督師生課業。查各項租税銀穀數目，給資師生膳修。炯住石鼓三載，陞任去。迄雍正六年，知府陳沅修理房舍墻垣。次年夏，合江亭圮，重建，立石欄並砌張子所書韓詩碑。七年重建李忠節祠與武侯祠，並峙擴廊舍以居學者，俱有碑記。見《藝文志》。乾隆二十一年，知府舒成龍議將修建，會以憂去，捐銀百兩交典鋪生息，暫爲諸生膏火，存俟改建。二十四年，知府饒佺即七賢祠建樓，又新祠後庖厨三間，並修整墻屋，命清泉知縣江恂董之，支前府舒存銀支訖，餘則捐貲成之。

《〔乾隆〕衡州府志》卷一六《學校・西湖書院》 西湖書院在望湖門外學宫右衡陽地。講堂三間，大門一座，東西塾各十間，厨竈僕役房數間。其先以濂溪周子遺跡故有書院，後建學宫，而書院廢。康熙間，知縣高清每歲捐俸延師授課，皆假館於明倫堂。乾隆元年，知縣傅學灝率紳士劉竣等重建，以爲義學，歲捐俸爲脩金。乾隆十七年，知縣德貴率邑紳士增修，視舊加擴，焕然一新。更捐養廉置田，並公捐田租，以爲膏火。二十一年，分設清泉，兩縣生童共肄業於此，兩縣復按期躬課之租税。乾隆十六年，知縣德貴捐置西鄉荷包沖田種三十九號，計一十六畝三分零；大塘一口，九畝七分零；小塘一口，一分；茅莊一所三間，共田塘糧九斗六升。在十八都七區莊名西湖義學，每年納市斗租穀二十二石。乾隆十六年，知縣德貴勸紳士捐置北鄉段漢沖田種四十二畝，糧二石六斗八升，在北四區莊名縣義學。每年納租五十六石，内除二石作下河上倉脚錢裝穀船價，限九月裝運赴城。河下挑送縣倉。乾隆二十六年，知縣陶易准萬德烺妻蕭氏，現年八十四歲，守節乏嗣，願將雍正十三年接置鄧姓下半都莊田三石三斗，額乾租三十石，額糧一石一斗二升零，在四十都七區莊名節孝祠。萬阿蕭紀

載縣志。生前膳養，没後捐學。

《〔乾隆〕衡州府志》卷一六《學校·白沙書院》 白沙書院，在城南五里零陂橋。講堂三間，曰致遠堂，過堂一間，齋房二間，大門一座，迴廊學舍六間，東西兩廊學舍各五間。後廳一間，學舍二間，厨竈僕役房二間。康熙五十一年，生員丁名瓚置爲白沙丁氏家塾，人材稱盛。丁一燾，官編修，爲名瓚孫。乾隆壬午科鄉榜解元。丁甡亞元丁正心亦皆名瓚曾孫，於是其家郴州學正丁一烜、生員丁一焯、舉人丁希文、監生丁元烈、生員丁正城、正本、正景，率族呈稱丙子科，分縣之始，即中式五人，而蔣一璁領解。此皆分縣以來，文運之盛，教育之隆。蔣氏既倡捐東洲書院，烜等亦願另立一所以廣化道，將祖置家塾並在上膏火田三莊俱更名充公，以爲闔邑書院。丁氏子弟仍不禁其入内肄業等情，知縣江恂詳請立案，延師聚徒，每月親課之。

《〔乾隆〕衡州府志》卷一六《學校·甘泉書院》 甘泉書院在紫雲峯下。湛若水，年八十四遊衡山，築室紫雲峯之麓，與衡士曠世嘉等講學其中，踰年乃歸。後十年，年九十四復來衡，留數月。時嘉靖甲寅也。皓首童顔，見者以爲神仙中人。白沙書院，在甘泉書院之上。湛若水早承白沙之學，以白沙嘗寤寐衡嶽，未至而卒，遂構堂以祀之。

《〔乾隆〕衡州府志》卷一六《學校·東洲書院》 東洲書院在城南東洲上。舊爲明太僕卿劉穩別業地，後桂藩改建萬壽宫。當分置本邑之初，知縣江恂以殿後廢基隙地頗曠，思建書院。乾隆二十六年，邑貢生蔣一玭等呈稱，父庠貢生蔣文誘遺命捐銀三百兩爲創修書院之資，並捐田租以爲膏火，邑紳士踴躍勸助，二十八年詳明鳩工建置。

《〔乾隆〕衡州府志》卷一六《學校·臨蒸書院》 臨蒸書院在城西北隅桑園。乾隆二十八年，知縣陶易率紳士興建。職員萬希韜倡捐千金，衆紳士共捐銀三百九十兩，買里民李于懷瓦屋一分改造。其制：大門一座，外設屏柵，大堂曰惜陰堂，中爲景賢樓，上奉儒先神位。又有後樓一棟，共十五間，上樓下屋，皆肄業之所。左右廊房作齋厨。兩旁買左仲周、劉三奇、陳爾云共基地九間半，各直長一十四丈五尺，繚以墻垣，建瓦屋四間看守。院後買黄元亨、左仲周池塘二口，中架雙鑑亭，整嚴寂静，稱絃誦善地。二十九年落成。署知縣吴澐報銷案存，禮房詳載碑記。

《〔乾隆〕辰州府志》卷一一《學校考》 辰州府學，府治東南，按《闕里志》：唐貞觀四年，詔州縣皆立孔子廟，此郡縣立文廟之始。歐陽修曰：隋唐之際，天下州縣皆立學，置學官、生員，而釋奠之禮遂以著令。辰州之學始建無所考，今仍舊志。元時重修，極爲完美。洪武初，改建於觀瀾樓。天順二年知府王矩，成化中知府易貴，俱重修。弘治末，知府張漣改觀瀾樓爲文昌門。嘉靖丁巳，改遷於右明倫堂前。隆慶辛未，仍改於舊址。萬曆四十二年，知府馬協修。崇禎九年，知府王觀化修。明末燬。本朝初，遷於北門迤東之預備倉。湖廣省志載：康熙八年燬。康熙二十一年，知府劉應中以其風氣焕散，捐金三千兩，遷於其下故辰州衛地，建正殿、兩廡、大成門，門兩旁爲名宦、鄉賢祠，外爲泮池，爲欞星門。正殿東爲啓聖祠，西爲明倫堂，其右爲便門。至二十四年始成。監視者經歷秦齊聲，佐理者教授黄如松。乾隆十一年，知府馬惟德勸助重修。

《〔乾隆〕辰州府志》卷一一《學校考·崇正書院》 崇正書院，明正德六年辛未，知府戴敏釁城外淫祠，市城中地建。前爲重門，中爲文會堂，左右爲齋舍，各十餘楹。後爲祠十六楹，祀濂溪、二程、横渠、晦翁、南軒六賢。後又爲寶經堂。吏部尚書楊廷和有記。後改爲察院，今爲學院署。

《〔乾隆〕辰州府志》卷一一《學校考·虎谿書院》 虎谿書院，明王陽明先生自龍場謫歸，道辰州，喜人士樸茂，寓隆興寺彌月，與武陵蔣信字道林者往來講論，唐愈賢從遊，劉觀時、王嘉秀執贄，得聞良知之學，久之乃去。嘉靖中，陽明門人徐珊爲郡同知，即虎谿爲精舍，作堂其中，名以「修道」，榜其壁曰：天何言哉，春雨一簾。芳草潤吾無隱爾，秋風滿院木樨香。羅洪先有記。有軒名「見江」，題其壁曰：遠岫不因春送碧，短墻時爲客留青。徐珊有記。隆慶中，郡守徐廷綬增置講堂及學舍。崇禎初，守道樊良樞益拓舍宇，更「陽明書院」額，祀薛文清公於西偏。明末兵燹，廢者數十年。康熙四十五年，郡守遲煓構數楹於故址，奉公之主，而以薛公祔。雍正四年，郡丞黄澍復修而拓之，自爲記。雍正十一年，沅陵知縣趙念曾就其中設義塾，改爲虎谿書院。乾隆三年，同知何璘捐俸，置經史古文數百卷於書院，以勸學者。十一年，知縣張浚因遺蹟而增拓之。十二年，巡道永貴攝郡篆，募沅、瀘二邑，得二千金，屬善經理者□出息若干，爲生徒膏火費。十七年，知縣王冕又建講堂於上。至今，讀書人衆，猶虞其隘。見江軒之右舊祀梓潼，不知何時移梓潼於書院中堂，而王、薛二公主藏於兩腋。二十九年，郡守席紹葆移梓潼像祀於西軒，王、薛二公之主乃顯。

《〔乾隆〕辰州府志》卷一一《學校考·敬修書院》 敬修書院在城内北。乾

降十三年，兵備道永貴捐金，命通判潘曙建。門樓一座，前廳三間，後廳三間，左右厢房各三間。永貴有記。學政吴嗣富額「性學同光」匾於前廳。師生膏火費取諸道屬辰、水汛、靖各府廳州縣，共銀二百三十兩。

《〔乾隆〕辰州府志》卷一七《古蹟考》 當仁堂在陽明王先生祠，虎谿之上，有亭，有樓，有軒，有閣。明隆慶四年庚午，分守道鄒善欲謀所以倡明先生之教，與郡守徐廷綬置講堂六楹，翼以號舍，繚以垣堵，而虎谿增一大觀矣。鄒公名之曰「當仁」，向淇有記。今非其故。

《〔道光〕永州府志》卷四上《學校志》 永州府學，唐刺史韋宙因瀟西紅葉亭爲天子廟，後遷愚溪。宋慶曆中，詔天下皆立學，柳拱辰移建郡城東門内高山之麓。嘉定，郡守趙善謐徙而下之，剏講堂於左，上爲御書閣，郡守王佐請於朝，乞監書幾千卷藏之。講堂前列四齋，别立一齋於東，以待宗子。西南爲射圃，郡守趙希懋復增廣之，教授皮龍榮增刻文籍於閣。廟門有石如雙鳳，皮龍榮建亭於臺下。永嘉，木天駿來，分立先賢祠。開慶間，兵火，書籍焚失。景定間，教授吴之道增置之。元時，總管毛伯帖木兒、教授徐思敬始置樂器殿前，創亭臺奏樂。至正初，殿堂頽圮，同知野先海涯、教授黄雷孫繪塑聖賢像。未幾，兵荒，並廢。丁未，平章阿思蘭從教授胡鑑之請，撤而新之。明初，詔天下府州縣建學立師。洪武辛亥，知府劉泰重修禮殿齋舍。戊午，分守衡永憲僉曹衡闢天梯臺故基，創堂墨三間爲教授宅，□曰登賢，左右翼以齋舍，以宿生徒。洪武壬戌，撥入膳學田糧一千石，復興春秋丁祀，新置祭器，創米廪、祭器庫及公厨宰牲房，規模秩然。成化間，明倫堂火，憲僉張輗復建，編修張元禎記之。弘治癸丑，殿堂就圮，知府姚昺重修。次年，僉事吴淑復加修葺。嘉靖戊午，又重修焉。右爲文廟，左爲明倫堂，廟下爲東西廡，爲戟門，下爲泮池，而作橋於池上。東爲名宦祠，西爲鄉賢祠，前爲櫺星門。堂下爲四齋：曰志道，曰據德，曰依仁，曰游藝。前爲儒學門。正殿左爲教授廨，右爲訓導廨，殿後爲啓聖祠，爲敬一亭，爲射圃。嗣後數十年，復就傾圮。萬曆己未冬，知府林士樑再卜遷。

《〔道光〕永州府志》卷四下《學校志・崇正書院》 崇正書院在西門外，萬曆四年，縣令蔡光建。國朝乾隆四十三年，知縣詹爾康改建西關内。明東安令朱應辰記：崇正書院書靖州守蔡公建于寧遠，以明聖學、端士習者也。書院因古刹舊基爲之，昔崇佛教于此，兹一旦新之而爲書院，不知者將曰：緇流亦人也，驅而散之，或者非仁乎？而不知君子之愛道，甚于愛人，愛人而不以道，姑息之愛也。公不惑人言，毅然爲之，揭以「崇正」之名，則人又將翻然悟昔崇尚之非而今崇尚之是矣。寧遠爲邑，邇裔佛裔教也，其崇之者，不惟裔之人，而民之惑于其教，去父母、離宗族者，歲不知若干人？至十七八歲之童負美質堪讀書者，父母又遣去投佛爲徒，故讀佛經者較于讀儒書者爲多。公憂之，乃即近城建爲書院者二：一曰會濂，一曰崇正。名雖異而明聖學、端士習之意則同。夫道一而已，精一執中之説，昉于堯舜，傳于孔子。已而乃有異端之稱，及孔子没而楊墨之言遂盈天下，非孟子辭而闢之，安能使之廓如也？厥後黄老于漢、佛于晉宋齊梁魏隋之間千餘年，後始得一周子，倡明道學，而後程朱始有所傳。故濂溪之學即孔孟之學，教之正者也。濂溪近寧遠之鄉，鄉之後人乃近而遺之，而遠求異教，舛亦甚矣。使能近而會悟乎濂溪，斯爲崇正也已矣，此公之意也。公之意既曉然于人，而緇流亦有所感化，願歸而養父母者凡若干人。其幼徒，公又選而教之，願歸而讀儒書者又若干人。是公于緇流非驅而散之，乃反之于正，使得所歸也。一日走幣東安，委記于辰。辰于聖學雖未有之得，願有以告夫肄業于此者。今之人孰不曰吾讀儒書即崇正也，而不知道存乎心，心之未正，將有儒名而墨行者，可爲崇正也哉？經曰：欲修其身者，先正其心。故學者欲崇正學，必自正心始。正心之功，當于不睹不聞獨知之地求之。陽明先生嘗以致良知之説教人，蓋獨知即良知也。人心之靈，一念之正，必自知之。此一念即天理，天理即孔孟、濂溪也。一念之不正，必自知之。此一念即人欲，人欲即異端邪説也。必以陽明之致良知爲崇正法，以周子之無欲爲崇正要歸，以孔孟之經書爲崇正印證，則書非空文，誦非口耳，而心將無不正矣。心一正則推之百爲皆無不正。由是而居鄉，則爲端士，可以正宗族，正鄉里。立朝，則爲正人，可以正朝廷，正百官。治民，則爲公平正大之政，可以正風俗，正人心。如是斯爲無負崇正之教，不然，今日之居是也，奚爲也哉？書院之制，有門以限出入，有堂以會講誦，房則爲間者二十，可居六十人，有湢有厨，又有魚塘，以資會膳。其工費則取諸節省積餘，經始于萬曆元年癸酉九月，落成于三年乙亥三月，工不亟而民不勞。是亦得書云。

《〔道光〕永州府志》卷四下《學校志・春陵書院》 春陵書院在縣治左近城東隅。乾隆十九年，知縣鍾人文倡建。嘉慶八年，即其地建試院。國朝郡守沈永肩記：春陵書院者，寧遠令鍾君人文所建，以造寧邑之士者也。寧在前明，請守蔡君光留管縣事，建會濂、崇正二書院，會濂以祀濂溪，崇正以改僧寺得名，舊

各有記。兵燹後並廢。國朝百有餘年，寧邑未有書院，有之自鍾君始。君之治寧也，政期實效，不尚塗飾，慮民俗之悍，首舉耆老講鄉約，實力化導，百廢以次具舉，一革從前因循苟且之習。於作人尤加意，履任以來，即興義學，擇邑中宿儒爲之師，以訓邑之子弟，歲課月試，罔有作輟，士之來學者，將藉以有成。乾隆辛未、壬申，予兩次府試，所拔前茅士多出其中，爲政莫大於敷教，君誠得之矣。既以書院未建，歲棲生徒於僧寺中，非所以崇正學而計長久也。癸酉秋，得縣治東故文昌宮地，静僻敞朗，鳩工創造，構書院屋三進。中爲講學堂，後爲周子及二程子祠，環列棲士舍，隙地庖湢皆備，左爲大門，外爲屏墻，墻外有魚塘。更詳請充公田若干畝，以贍諸生膏火。凡所以養之教之者，靡不周詳且盡。昔文翁興教化於蜀，人材輩出；今寧邑之士，亦且駸駸日上。惜予休老將歸，不獲觀其教化之成。書院將落成，屬記於予。予知君最深，雖休廢，其何容辭！夫學以致道也，堯舜禹湯文武之道，傳於周孔，壞於楊墨，孟子辭而闢之，廓如也。漢之董子、唐之韓子尚已，而二氏害中人心。後有宋周子出作《太極圖説》，發前人未發之秘，又爲《通書》，啓二程之傳，其論聖以誠爲本，其教人以志伊學顔，使聖人之道，千秋萬世明而不復晦者，周子之功也。諸生來學，其將以希名干禄乎，抑將以求道乎？如希名干禄，於道無與矣。若將以求道，則桑梓之典型具在，景前哲而企懿矩，出處皆有道存焉。抑聞之二程之受學於周子，在大中宰君邑時，識之於南安軍，命二子師事之，是濂洛關閩之傳，自興國始。君固親切聞其旨矣。今之宰寧也，又爲周子所從出之地，其於道均探其源矣。而余言不及贅耶？君字經天，號質存，以選貢知寧遠事。

《〔道光〕永州府志》卷四下《學校志·浯溪書院》 浯溪書院，零陵丞曾圭建。中爲大成殿，以祀先聖，左爲祠，以祀元、顔二公云。元蘇天爵記：至元三年春，簽嶺北湖南道肅政廉訪司事陝郡姚侯紱按部祁陽之境，舟過浯溪，覽前賢之遺跡，作而嘆曰：昔唐天寶之年，忠烈之士奮濟時艱，遂復兩京，號稱中興。水部郎元公結作爲雅頌，鋪張宏休；撫州刺史顔公真卿大書其詞，刻諸崖石。迨今四百餘年，過者觀其雄詞偉畫，猶足以竦動。惟二公風節文采，彼一方之人獨無所槩見乎！零陵縣尉曾君進而言曰：圭家衡山，世業儒術，每讀載籍，見言行卓卓者，心慕好之。況二公風流餘思在此山隅，當作祠宇，以奉事之，并築學宫，招來多士，庶幾遐方有聞風而興起者矣。姚侯曰：善。于是曾君命其子堯臣捐家資，度材庀工，不一歲告成。中爲大成殿，以奉先聖，東西兩廡屬焉。又于殿之左爲祠，以祀元、顔二公，右爲明倫堂。前爲三門，周以崇垣。規制宏偉，下枕崖石，前臨浯水。表其額曰「浯溪書院」。請于行省，設司官以司其教。又割私田三百畝，以廩學者。是年，姚侯司憲廣西，明年又拜南臺都司，往來浯溪之上，瞻拜學宫，徘徊而不忍去。嘉曾君父子之用心，走書維揚，請記其事于石。天爵少嘗讀《中興頌》，有曰：大駕南巡，百僚竄身，奉賊稱臣。又曰：功勞位尊，忠烈名存，澤流子孫。甚矣，人臣不可不知節義之爲重也。夫食人禄而忘其君，曾犬彘之弗若乎！當天寶全盛之時，中外公卿將吏可謂衆矣，一旦遭值變故，死社稷封疆者僅十餘人，不受僞官者二人而已，何忠臣義士之難致歟？然以唐室之大，文皇養士之久，豈果無其人與？觀夫顔公以區區之平原，倡義起兵討賊，俾河朔諸郡復爲唐有，賊不敢急攻潼關。唐卒賴以中興者，惟公倡義于其先也。及在朝庭，數進讜言，李輔國遷上皇居西内，首率百官問起居。元載請奏事者先白宰相，又極論其壅蔽，屢忤大奸而不少悔，卒爲所擠以死。初，安史之兆亂也，元公受教于其父曰：而遭世多故，勉樹名節。觀所上肅宗時議三篇牘，説來瑱之言：孝而仁者可與言忠，信而勇者可以全節義。則豈偷生自私者哉！其爲道州刺史，州經寇掠，民生蕭然，奏免民所負租税及租庸使和市雜物十三萬緡，流亡來居者萬餘。夫二公言論直行若此，像而祝之，孰曰不宜？嗚呼，天之生材足周一世之用，四方無事，人材或不克顯，及臨大節決大事，則忠義材能之士始表見焉。然則有天下者，可不以賢材爲務乎！夫學校者，所以長育人材，而風紀之司，又所以敦勸其教者也。矧浯溪之地，山峻拔而水清瀉，彼人之生，孰非忠義出于其性者哉？今國家承平既久，德澤涵濡，雖荒服郡縣亦皆有學，而部使者按臨所經，又即山林勝地訪求先賢遺跡，以廣爲學之所，則其風厲治化，樂育賢才，不亦重且大歟！傳曰：志士仁人，不求生以害仁，有殺身以成仁。蓋天下之事，豈懷禄觀望之徒所可與謀，必振世豪傑而後有爲也。士之來遊于斯學者，誦聖人之言，思二公之烈，尚能有所興起乎。縣志跋云：元有敦義如曾氏父子者。今書院無存，舊畝不知所歸。讀斯記者，其能無感乎？

《〔嘉慶〕郴州總志》卷一〇《校志上》 郴州學宫在州城西隅，西抵學塘，東抵官路，南至宋元明學基，北枕義帝陵。正基並隙地，直長四十四丈五尺，横闊二十七丈一尺。按，舊學基在城東隅，今爲民居，宋元明俱在今學前。今基地佃民居，共徵佃税銀七錢二分，交儒學收。國朝舊學基在城内州治西，今建文昌宫，地基直長二十二丈五尺，横闊一十丈五尺，東抵真武廟，西抵民居，北抵今學

正廨照墻，南抵官路。

《〔同治〕茶陵州志》卷一三《學宫》　唐貞觀四年，詔郡縣皆立孔子廟。茶學五季以前不可考，今仍舊志，斷自宋始。宋初，建在州西郊近獅子口山地。寶祐中，移建城西紫微門外。疑即今崇福寺地。元仍在紫微門外。至元丁丑，知州吴思義修，李祁記之。至正末，燬於兵。明洪武五年，知縣成麟即紫微門外故址復建之。永樂四年，知縣王貫修。正統元年，知縣徐亨撤故材而改造。成化中，知縣俞藎遷建州治西三百步，並建鄉賢祠於治南。弘治八年，知州李永珍遷復紫微門外。弘治十年，知州董豫遷還宋初舊址。正德二年，知州施佐繕而新之，時董其事者，學正黄泗。隆慶二年，知州黄成樂增立啓聖祠，並建名宦、鄉賢祠於欞星門左右，學前臨大江，左抵洣江書院，再左爲民居。萬曆九年，知州賈緣欲建文明墖於隔江山巔，未果。十六年，知州陳情成之。二十五年，知州蓋梁建文昌閣於學之前左。天啓二年，知州何起龍建望江樓於閣前。國朝初年，仍在獅口山地，經明末戎馬之後，殿宇傾頹。順治八年，知州楊嘉兆一作嘉肇。捐俸修之，惟明倫堂、啓聖祠及名宦、鄉賢祠均堆瓦礫。十四年，知州周士先、學正楊金聲並修復之。時生員劉温良等董其役。康熙四年，霪雨，廟廡復圮，知州馬崇詔捐俸送儒學修之，學正黄士宏置神龕，修文昌閣，補甃江樓，硎岸。十年，由西郊徙入南城内，即今學地。署州事葉筠經始而規畫之，正殿、兩廡、戟門、欞星門如制，東廡之下增文昌祠，西廡之下增土地祠，戟門左右爲名宦、鄉賢祠，欞星門外左爲李文正專祠，右爲四大學士合祠。廟左建明倫堂，以居師儒，工未畢。十三年以來，吴逆竊踞湖南，兵卒往來，取薪宫墻，飲馬泮池，歲就荒廢。十六年冬，我師恢復，知州熊應昌請於幕府，掃除而崇護焉，復於南城新開一門，曰文星門。明年，大兵徙營，乃鳩工庀材，舉未造之兩廡、啓聖祠悉成之，造而復損者補綴之。工始竣，時陳生員五美始終其事。又擇城南隙地，建奎星閣以培下關。二十三年春，學正江琇生自修殿廡門墻，復請知州宜思恭捐金二百爲倡，前開泮池，後培崇基，拓建啓聖祠。琇生以明倫堂狹隘，自措四十餘金，益以闔州捐資，買中垻街劉佐臣房屋一所，改爲學正署，地在滕王廟東數十步，乾隆間，署隨學遷，遺廨售劉姓。惟訓導仍居明倫堂之右。二十七年後，乃居裁脩之傍，右邊空基，建忠義孝弟祠，左後角建尊經閣。皆未詳建年，今併爲兩學署。三十三年，辰州糧府解鎔攝州事，捐廉百金，修殿廡門廊，鋪砌正殿啓聖祠地，新兩廡宦賢各主，葺奎星閣。乾隆二十六年，又遷城外，因舊址久失，遂建獅口山上，迎風生蟻，墻棟欹斜，勢難垂久。時學齊隨遷，祠閣以次徙置，故宫則改爲試棚，後爲書院。五十七年，復改建南城内原基，退後培高。原改之書院試棚已頹壞。中爲大成殿，殿前爲東西廡，東廡前爲鐘樓，西廡前爲鼓樓。戟門横截於前門，左爲名宦祠，右爲鄉賢祠，前爲欞星門，門前東西各竪石坊爲轅門，最前爲泮池。殿後爲崇聖祠，祠左右爲祭器、樂器所。又左右爲碑亭，周遭崇垣，池前環以石闌。主事者，知州王潤，奉委勘地，則前署州李永埰也。

《〔同治〕永順府志》卷五《學校·崇文書院》　崇文書院，乾隆二十六年，知府張天如以各縣義學皆鄉人爲師，士子囿於聞見，欲於府署東北建書院，延内地博雅者以廣教育。學憲吴，諱鴻，捐金首倡，不數月落成，額曰崇文，並題聯匾，有頭門、講堂、學舍、庖厨，又有樓，祀文昌神。登臨憑眺，群山環拱，若鸞翔鶴舞，亦郡城大觀也。其膏火之資，則自乾隆二十八年詳請以永順官山歲租充之。

《〔同治〕南昌府志》卷一三《學校》　南昌府儒學，學宫始於晉大康中，豫章太守胡淵建於郡西。太元中，豫章太守范寧大設庠序，採交州磬石以供學用，并取郡四姓子弟皆充學生，又起學臺，遠近至者千餘人。唐光啓十三年，御史中丞杜亞鎮豫章，徙學於城北，觀察使張鑑、鮑防復先後營建。宋雍熙間，漕使楊緘修。景祐二年，知州趙槩廣廊廡，築齋舍，繪禮器，給間田制度甲於諸郡。余靖記治平二年，知洪州施元長遷於州治東南，即今所。建炎中，火於兵。紹興四年，知洪州趙鼎因故址建，胡世將、李綱成之。慶元二年，知州蔡戡重修。楊萬里記元爲隆興路儒學。明洪武三年，改爲南昌府學，知府許方修葺。二十七年，文廟災，次年重建。景泰四年，巡撫韓雍新之，錢習禮記。弘治五年，巡撫韓明復修之，何喬新記。正德間，宸濠兵燬。十六年，知府吴嘉聰更建。嘉靖二年，巡撫盛應期，提學周廣增葺。九年，奉旨建敬一亭，易大成殿曰先師廟。九年事，州、縣學皆同，後不另載。三十年，知府饒相拓學基，廟前爲欞星門，廟北爲明倫堂，後有賜書樓，樓兩旁爲齋宿房。堂翼東、西爲四齋：東曰志道，曰依仁；西曰據德，曰游藝。右有上達閣。堂前西南爲祭器庫，東南爲瘞聖賢遺像之所。有碑爲誌。嘉靖十年，詔撤像，易以木主。志道齋後爲黄柑園及池。萬曆二十年，知府王佐創號舍於此，并啓聖祠兩旁，據德齋後、散義堂後號舍，俱三十六年知府盧廷選重修。又於西南二隅甃垣定界，以杜侵占。儒學門在欞星門之左，内爲敬一亭，前聖學心傳坊，東義路，西禮門，宰牲亭在其左。官廨五，其三在義路左，其一儒學門左，其一欞星門右。前直街，即明堂路。通東湖中，有大成坊。橫街坊二，左物華天寶，舊興賢。

右人傑地靈。舊育才。崇禎元年，知府彭期生復修。八年，知府沈匡濟廣啓聖祠，并飭祭器祠。前爲膳堂及號舍，戟門，左爲名宦祠，右爲鄉賢祠。

國朝順治九年，提學趙函乙重修。自記。康熙十六年，學使邵吴遠重葺。楊周憲記。二十二年，提學高璜再修，自記。熊文舉記。三十二年，巡撫馬如龍率屬捐修，有記。四十七年，按察使吴存禮捐修，裘君弼記。四十九年，知府王希舜再修。五十六年，巡撫佟國勷率屬重修。彭廷訓記。雍正四年，巡撫裴𢚸度復修，按部頒圖籍制禮樂器，教習禮樂歌舞生百五十人。有記。乾隆二十九年，巡撫輔德復修。四十四年，巡撫郝碩重修，立平定金川、準噶爾及青海、回部四碑亭於階下。以上舊志。五十五年，合郡重修。廟東西爲兩廡，廡後爲祭器樂器庫，前爲大成門，門左爲名宦祠，右爲鄉賢祠，祠前皆爲官廳。中爲甬道，前鑿泮池，池上爲泮宫坊，東義路，西禮門，又前爲石坊。坊上有「櫺星門」字。其旁爲門二：東德配天地，西道冠古今。魁星閣在義路左，御碑亭在禮門右，亭前爲宰牲亭，又前爲會文堂。廟後爲彝倫堂，移崇聖祠於堂後，建文昌宫於堂東。又東爲先代殿，其北爲五賢祠、邵公祠，又東爲忠義祠，又東爲土地祠。移尊經閣於堂西，又西爲射圃，圃前爲節孝祠，又前爲講堂。廟東爲賜書樓，志道、依仁、崇禮三堂。西爲上達閣，據德、游藝、敬義三堂。儒學門在魁星閣前，學署一移儒學門左，一移櫺星門右。宫墻外爲坊三：中聖學心傳，左興賢，右育才。又前爲大成坊。時義寧州紳陳密捐修殿廡。阮元記道光十五年，密之子偉捐貲重修，按察陳蘭森、知府張寅有記。咸豐十年，南昌紳士劉于潯、豐城紳士萬啓琛捐貲，復修殿廡。同治七年，巡撫劉坤一修製禮樂器，教習禮樂歌舞生，並籌經費襄祀事。據案及石碑增。

《〔同治〕南昌府志》卷一三《學校・豫章書院》 豫章書院在進賢門内，創自南宋。明萬曆間，巡撫凌雲翼、潘季馴先後修葺，改祀宋、元、明諸儒，稱豫章二十四先生祠。國朝康熙二十八年，巡撫宋犖改立理學名賢祠。三十一年，巡撫馬如龍復葺祠右書院，歲久傾圮。五十六年，巡撫白潢即舊址重建書院。有記。右爲講堂，左爲祠，仍祀先賢名儒。旁列號舍，觀風録士之俊者，讀書其中。偕學使王思訓捐俸給廩餼，復購《十三經》、《二十一史》、唐宋大家文集、先儒語録儲院中。五十七年，疏請聖祖御書。五十八年，頒賜「章水文淵」匾額，懸之講堂。雍正二年，巡撫裴𢚸度復加修葺。十年，欽賜帑銀千兩，購田二百七十九畝零，每年額收租穀三百五十餘石，以供書院食用，由縣經管。支收如有不敷，濟以南新節備倉穀。十三年，巡撫常安咨部，暫動公項銀六千兩交典商，每年生息銀七百二十兩，以資經費。乾隆二十八年，巡撫明德以每年息銀七百二十兩不足以贍膏火，奏將前借帑項解部歸欵，請於九江、贛州兩關平餘單銀及城壕地租銀兩内撥一千兩以爲經費。有疏。并奉鹽院歲撥匣費銀四百兩，又建昌子埠銀及吉安重議鹽規共銀六百兩。或不敷，則撥鹿洞租銀，添建齋舍，購儲書籍。廣肄業生童額數，定條規，嚴課試。因生童矮屋半間，亭午炎烈，爲之蓋陰棚，并於文淵堂鋪板，以避潮溼。三十二年，巡撫吴紹詩重加修理。三十六年及四十年，巡撫海成兩次重修。四十四年，巡撫郝碩修葺齋舍，增高墻垣，開聖經堂前陰溝，令外與白公祠前水溝通。先是，外高内低，每淫，甫積水，盈堂室；至是，諸生不苦潦。考取多士，絃誦其中，又於常課之外，特設詩賦一課，評定甲乙，給賞如常例。四十五年，録送所校士赴江南迎鑾，恭應召試，欽取一等二名，賜舉人二等三名，賞緞疋各二端。江西得與迎鑾盛典自此始。院中爲文淵堂，後爲麗澤堂。堂後爲九間，又北爲七間。前爲頭門，爲門房，爲書房。左爲官廳，東爲聖經堂，前爲五間，後爲理學祠。又北爲文昌宫，又東北爲二十八間。西爲白公祠，前爲四間，後爲七間。又西北爲六十間。田三莊：一在下溪村，一百一十七畝八分二釐零，額徵租穀一百四十二石五斗二升有奇；一在五溪莊，一百二十六畝四釐零，額徵租穀一百六十九石一斗二升有奇；一在楊槎橋，三十五畝三分三釐零，額徵租穀三十九石六斗四升有奇。又理學名賢祠，田七十四畝四分九釐，在新溪頭，歲徵鄉斛租穀七十四石四斗九升，專爲本祠祭祀香燈之費。以上舊志。五十年，鹽道張中煜詳准每年撥匣費銀五百兩。又新建、武寧、新喻三縣，每年額解撥歸書院田地租變價銀十六兩零。道光四年，巡撫毓公岱每年撥鹽務公費銀三百六十兩，加增膏火。十年，鹽道余正焕詳准提監務公費銀八千兩，交省商生息，按月一分通計，每年經費三千八百三十餘兩。十一年，巡撫吴光悦於院内倡建考棚，鹽道余正焕籌款重修，六十間改作五十間，二十八間改作三十六間。以上《清册》。咸豐元年，鹽商繳還前存匣費庫平瓜紋銀八千兩，折足庫平七千六百兩，交發典商，按月八釐行息。同治七年，巡撫劉坤一修葺講堂，增添齋舍。以上據《新建縣志》。

《〔同治〕南昌府志》卷一三《學校・友教書院》 友教書院，舊名友教堂，祀澹臺子羽，在府學南。明萬曆十五年，知府范淶檄知縣何選重修。國朝順治十一年，巡撫蔡士英重葺，益以田租，延師課士，與白鹿洞、鵞湖、白鷺並列爲四大書院。雍正八年，巡撫謝旻、布政使李蘭重修。迨後祠祀仍舊，教學無聞。乾隆

三十三年紳士呈請興復書院以東修膏火，用費不貲，中止。三十八年，布政使李瀚飭縣清查田租，每年收租變價，除文廟祭祀並本祠祭祀各項支用外，尚餘銀百餘兩，可供主講修膳之費。隨詳請興復書院，酌定章程，延掌教，設管院，造就生童，仿照豫章書院之類。復於豫章書院餘存膏火銀兩內，撥取三百兩，以資諸生膏火；又於豫章管院薪水項下，撥銀五十兩，以爲友教管院薪水之資。四十八年，布政使馮應榴詳准重修。院中前堂爲友教書院，後堂爲君子亭，前後均有兩廡，計屋十二間，頭門三間，二門三間，圍墻三面。頭門外有屏墻。祠旁地租銀六兩有奇。以上舊志。嘉慶十三年，布政使先福重加整理。道光中，東偏火，嗣葺新之。咸豐元年，鹽商繳回原領書院本銀六千三百兩，發典按月一分行息，爲師生經費。《新建縣志》。同治四年，布政孫長紱重修。新增。祀田三莊：一在生米東塘官莊、蕭坊、業城下元坊、楊陂隴等處，歲收鄉斛租穀一百六十一石七斗七升；一在豐安等處，歲收鄉斛租穀一百六十一石七斗七升；一在豐安慈姑下五里余家橋地方，莊屋倉儲俱備，歲收鄉斛租穀六百一十一石五斗三升二勺。乾隆三十九年，武生嚴趙鈖捐田一莊，坐落新邑豐樂上諶圩，計田二十七畝三分九釐，額收漕斛穀一十六石八斗。四十年，知縣陶正倫收竹林菴僧田二莊，一坐落上諶店，一坐落倖東，其田五十六畝四分，額收漕斛穀五十四石一斗九升零，共額收穀九十五石六斗九升零，由縣經管支收。舊志。

《〔同治〕南安府志》卷五《廟學》　府儒學在城東門外，瀕江，宋淳化間建。咸平元年，遷於城內。大中祥符二年，又遷於城南一里壖。前爲廟，後有堂，傍爲齋。今皆未詳所在。熙寧八年，知軍程敏叔遷復於城東舊址，彭汝礪記。踰二十年，知軍曹登始拓舊制，益以屋百二十間，見蘇軾記。中更兵燹，寓祀寶界寺。紹興十年，知軍舒億復遷於城南。二十八年，知軍李聞之又復遷於城東故址，即今學也。立廟及學，講堂齋閣備具，鄒敦禮嘗記之。慶元五年，鎮守孟公重修廟及學，教授郭應龍記。淳祐七年，教授陳堯道立教授題名碑。咸淳間，廟漸圮，知軍趙孟適重建，歐陽守道記。宋末兵亂，廟燬學圮。元大德間總管王虎英，泰定間總管趙仁舉，至正間總管毋珌，俱修學及壖。未幾復圮。達魯花赤拜降中重修。先是，大成樂未備，延祐間，總管張昉製樂器，設師教習，行釋奠禮。大庾縣學以水溺，遷府學之左。明洪武二年，詔天下郡縣立學，設教授訓導。十二年，知府李博文重新。景泰甲戌，知府金潤重修，又立科第題名碑。天順三年，併大庾縣學入府學。明年，知府姚旭重修。成化十二年，加孔子冕服、樂佾、籩豆。十五年，章水嚙前岸，東門小江水衝學，後知府張弼砌石障之，仍修葺廟學。正德五年知府季斆，嘉靖八年攝郡同知何瑶，俱重修。二十七年，知府陳堯復修，郡人劉節記。嘉靖三十九年知府周鏜，萬曆五年知府陳誥，俱修。修後，文廟兩廡俱圮，三十六年，知府商文昭重建。崇禎間，文廟圮，知府廖鵬舉重建，督學侯峒曾記。中爲大成殿，祀先師先子。東、西爲兩廡，前爲廟門，中爲泮池及橋，外爲欞星門。門內稍西爲神厨，爲庫房。明倫堂在文廟後，有卧碑，宋爲尊道堂，米芾書，明易今名。堂後爲敬一亭，嘉靖間，知府何宗伊奉詔建。後爲奎章閣，正德間，知府鄧應仁建。東、西序爲志道、據德、依仁、游藝四齋，堂東稍前爲啓聖祠，堂右爲教授廨，堂左爲訓導廨。弘治間，訓導增至四員。萬曆十六年，復設縣學，移訓導一員爲縣學訓，府學止三員。號房二十間，在名宦祠後，會饌堂俱圮。欞星門外西傍有祠二，左名宦，右鄉賢。成化間，詔建廟門，左出爲甬道，外爲大門，瀕江爲屏墻。萬曆間，知縣余用昌創建學基，深五十有八丈，闊一十有三丈，周圍一百四十有八丈。邇來年遠木朽，漸次傾塌。國朝康熙十年，知府李世昌捐，倡同知陳克峻及大庾令胡淮、南康令陳暉、上猶令楊榮白、崇義令何道行，委經歷司陳之國、教諭辛正受督工，至八月，大成殿告成。其兩廡及明倫堂、欞星等門，十二年春俱以次竣工。二十二年，知府馬化龍倡修禮殿及兩廡，並欞星門，又遷名宦、鄉賢二祠於宮門左、右，委教授謝良球、邑訓導彭振先董其役，事竣，自爲記。後禮殿傾圮，四十八年秋，知府陳弈禧倡修，甫興工而卒。攝郡事同知遲維璽復倡大庾知縣章緒、何思禮，郡學教授熊剛，訓導童登殿及庾邑里民謝樂聖等，鼎建其廊廡及門，俱以次修葺。委照磨吴尚禮、紳衿謝士達、許登瀛等督工，凡八閱月竣，自爲記，學士王思軾亦有記。五十六年，知府蕭義宗亦嘗修補，皆仍宋元之舊。雍正七年，知府張徇紳士之請，改遷城內府廨西濂溪書院故址，劃府右空基以益之。中爲大成殿，後崇聖祠、明倫堂，東、西爲廡，爲廟門。門內爲神厨，爲庫房，門外爲泮池，橋外爲欞星門，左、右爲名宦、鄉賢、節烈諸祠。內有藏經、奎星二閣，外爲大成坊。嘉慶十一年，知府鄧雲龍率紳士謝明鏡等重修，并明倫堂易以石柱及石欄杆。道光二十三年，知府吴式芬倡捐，重修大成殿，并改建學署副齋。咸豐八年，遭寇亂折毁，經紳士等重修。

《〔同治〕南安府志》卷五《廟學·道源書院》　道源書院在大庾縣學東。宋慶曆七年，周濂溪先生敦頤爲南安軍司理，程大中公珦以興國縣令攝判事，遣二子純公顥、正公頤受學焉。乾道元年，軍學教授郭見義闢屋一楹，繪三先生像祠

之。嘉定十二年，知軍劉強學改闢於縣學之東。淳祐二年，漕臣江萬里屬知軍林壽公創置書院，有堂，有燕居，有源道，崇德二齋。寶祐二年，知軍吴革據教授趙希哲狀請勅額。越三年丁巳，知軍郭廷堅又狀請，十月，詔下南安府，以周程書院改賜「道源書院」爲額，仍令教授兼山長以主之。景定四年，理宗賜御書「道源書院」四大字，建雲章閣以藏，有租田以贍學者。元泰定元年，推官汪澤民議建大成殿，其後趙仁舉、高若鳳、山長劉偉節更飾之。明初，更爲大庾學，學後爲祠。正統二年，併學於府學草而書院，殿閣堂齋俱圮。景泰四年，知府金潤重建。成化元年，知府姚旭、大庾知縣夏璣重修。侍郎葉盛記。弘治十三年，圮於水。十六年，知府盧濬興復之。正德十五年，知府何文邦益增其制，又建光風霽月亭。嘉靖二十八年，知府陳堯再新之。萬曆間，廢。後詔復天下書院，巡撫御史陳效捐鍰，知府宋萬葉、推官鄭道興、知縣劉宦成擇今址重建，東至官地，南至街西，北至縣學。國朝康熙三十八年，知縣楊允中重修。未幾，又圮於水。雍正十年，知府游紹安改建於水南東山，祀濂溪、大中并二程子，額仍「道源書院」，自爲記。道光三年，知縣石家紹捐俸重建。癸巳年，職員朱尚謙捐增膏火，通詳立案，今圮廢。同治六年，知府黄鳴珂重修。詳《新造録》。

《〔同治〕贛州府志》卷二三《經政志·學校》 府學在瓦市街，古之紫極觀也。宋祥符中，詔改紫極觀爲祥符宫，學遂廢。舊志。慶曆間，創建於澄清坊。治平元年，提刑蔡挺、知軍元積中徙於豐樂寺。王安石記。紹興中，火。州守趙善繼修，張九成記。元初，燬於兵。元貞二年，分省左丞董士選重建。至元間，右丞賈鹿泉修。至正三年，達魯花赤古篤魯丁重新之。《通志》。至正十八年，又火。舊志。明吴元年，參贊贛衛中書右司郎中張民瞻、知縣崔天錫、陳益民再建。永樂間，知府王燧、張珂重修。宣德間，僉事王繼、知府陸演同修。景泰間，知府仇鎮、彭英、張瓚，相繼修葺。成化四年，知府曹凱并縣學，改建於景德寺。彭時記。嗣後，巡撫金澤、知府邢珣共新之。嘉靖元年，尊經閣圮，知府羅輅重修。四十一年，巡撫陸穩從諸生請，改遷於紫極觀。羅洪先記。萬曆十八年，知府黄克纘重修。張位記。後燬。國朝順治十七年，巡撫蘇宏祖重修。《通志》。康熙元年，蘇宏祖捐金，創建啓聖祠並王文成公祠，自爲記。舊志。十二年，漸就傾圮，巡道姚啓盛又修之。《通志》。二十一年，知府張顯仁修，自爲記。舊志。三十九年，知府謝錫衮重修。五十五年，知府黄汝銓捐修。雍正九年，知府魯之裕重修。《通志》。乾隆十二年，知府姚孔鋅撤新之，未竣。知府劉堯裔繼其事；十七年，知府姚文光始蕆功，自爲記。舊志。四十九年，知縣劉塏修葺。嘉慶二十四年，巡道汪全德，知府王澤、李光先，知縣杜宏泰、王維屏，相繼倡修。王澤記，周步驤亦有記。同治六年，各屬派捐重修。知府魏瀛記。新增。府學宫墻内大成坊，左禮門，右義路。坊以内爲泮池，池有橋。左、右側又有門，東曰德配天地，通土地祠；西曰道冠古今，通王文成祠。又進爲大成門，左名宦祠，右鄉賢祠。又進爲東廡、西廡、樂器庫、祭器庫，階之上爲墀，進爲大成殿，又進爲崇聖殿，左爲存誠堂，右爲主敬堂，宫墻環焉。魁星閣峙其西，在文成祠後，其東則文昌閣，朔望宣講聖諭集於此。右即土地祠，左爲學科房，前爲儒學頭門，後爲明倫堂，又進爲尊經閣。由頭門内折而東爲訓導署，又東爲教授署。舊制崇聖祠在大成殿右隅土地祠，後有陽明書院及講堂。又頭門内爲儀門及東、西兩角門，教授署在明倫堂後。舊志稱：國初曾爲府署，康熙時，知府萬文麟建内堂於此。即其地。訓導署在儀門東，署後有四賢祠，祠之後則文昌閣。今皆改易矣。參舊志。

《〔同治〕贛州府志》卷二六《經政志·學校·濂溪書院》 濂溪書院在府城，宋周濂溪先生通判虔州，與二程先生講學處。後人建祠於貢水東，玉虚觀左。《通志》。距府城三里。元末，兵燬。舊志。明洪武四年，知縣崔天錫重建，知縣陳益民繼修。《通志》。弘治十三年，知府何珫始改建於鬱孤臺下，立光風霽月亭，鑿池種蓮。羅璟記。舊志。正德時，知府邢珣改建。謝志。贛撫王文成扁曰「濂溪祠堂」。《通志》。嘉靖十年，贛撫陶諧率屬重修。羅欽順記。據羅記增。祠後有太極亭，萬曆時，贛撫張岳建。參賓志。崇禎十三年，因遷縣學，知縣陳履中改於光孝寺建廉泉書院。《通志》自爲引。舊志。孚志曰：謝志，邢峋改建，不詳何地。《通志》云王守仁遷布政分司；又《公署》門云布政分司舊在城西南，久廢，亦不及遷祠事。張志概删，并不載陶諧重修。今據羅記補之。國朝順治十年，贛撫劉武元復改爲濂溪書院。東、西兩廡，池上置橋，跨橋爲亭，額曰愛蓮。前爲大門，二門，右廊通廉泉，覆以亭。後爲守兵所據，知府郎永清清復之。康熙三十三年，巡道白啓明、知府任進爵重修。四十八年，知府朱光囷修葺，增東、西兩講堂。宋犖記。雍正元年，巡道王世繩重修，自爲記。舊有廉泉亭，王世繩撤去之，建坊泉北，錢唐汪宏禧題曰「章貢第一泉」，仁和周世斂書蘇詩於坊楣。參舊志。乾隆八年，巡道朱陵，知府汪宏禧倡修，拓右偏光寺園地，南爲太極閣、蓮池，北爲静觀堂，又北爲朱光囷講院。九年，山長吴湘皋請改建夜話亭，繪刻蘇陽像於石，自爲跋。十七年，巡道方浩修葺。二十四年，巡道董榕購筆峯山菴基，並其餘址入書院，建濂溪祠，移諸賢木主於其内。

宋華國記。又建後堂，又移太極閣於祠右，爲梯雲閣。三十六年，知縣衛謀修葺，劉誦記。舊志。四十三年，知府竇忻改修夜話亭，易坊爲亭，額曰光風霽月，仍縣「章貢第一泉」額於此，自爲記。嘉慶八年，巡道蔣攸銛捐資，重修講堂，建修淑堂。十年，巡道廖寅建仰止亭於筆峯山右。十八年，巡道查清阿捐資，重修私淑堂。辛啓泰記。道光三年，巡撫程含章捐葺。《縣志》。十三年，知府汪云任倡捐，重建圍墻，易土以磚，增建麗澤山齋五楹，及左右廂，自爲記。又置鐵鐘一，鼓一，列講堂左、右。時夜話亭久圮，蘇、陽像碑仆損其半，既而得之井側，復於舊址建亭，邑人李資達捐石重摹寘焉，監修程景暉有跋。二十二年，巡道陳士枚摹刻周元公像及朱子贊於仰止亭，刊周子《拙賦》《愛蓮説》於講堂。二十七年，巡道李本仁捐廉重修，作士箴，勒石講堂。李志。咸豐間，頗遭兵毁。同治二年，署道王德固捐錢一千三百緡，修復講堂、學舍，改建頭、二門暨梯雲閣，增高外垣數尺，自爲記。新增。

《(同治)九江府志》卷二二《學校志・學制》 府學在郡城西南隅半里許，面蓮花池。宋開禧間，知軍州事余崇龜建。元至元間，總管劉恒增葺。至正間，兵燬。明洪武元年，知府龔琬仍舊址重建殿廡。越六年，同知鄭暉拓而增之，堂齋、櫺星、戟門、泮池、師生廨舍、庖湢、庾庫各有所。二十年，知府黄惟清修之，尋圮。成化六年，知府蘇致中重建殿廡門宇，鑿池，竪坊。九年，知府謝峻樹鄉貢進士題名石于明倫堂之西北隅。二十二年，知府趙琪重修。弘治二年，知府童潮加修，並增塑聖賢冕服像。正德八年，知府李從正再修。十五年，户部主事鄭汝美権舟溢江，初置樂器。正德間知府王念、嘉靖間知府東漢遞修。六年，知府馮曾捐俸大新之。學前有蓮花池及屏墻，廣數十丈，舊爲射圃廳地，後爲居民所侵。崇禎六年，教授于樹勳清復，捐貲樹屏，鑿蓮池。後燬于兵，惟殿及兩廡、戟門存焉。國朝順治六年，教授徐翀詳請巡道薛柱、知府周璜，率各屬員捐修。十二年，知府王孫章再葺。康熙十一年，知府江殷道捐俸建明倫堂，尊經閣及崇聖、名宦、鄉賢三祠，並修殿宇。三十年，知府朱儼捐修。雍正八年，副使劉均、知府蔡學灝重修。九年，重修。嘉慶八年，彭澤廩貢丁春捐修正殿、神龕、月臺。德化州同宋光璧、貢生夏汝讃、廖泰瑃，貢生職員蔡琳、增堂捐修東、西兩廡，祭、樂兩庫。州同楊廷貴捐修戟門。貢生蕭顯鐸、職員陳大來捐修明倫堂。餘安瑞湖紳士分修。二十三年，彭澤職監丁世馥重修正殿、月臺。

今制：戊寅原文。大成殿，東西廡，殿干兩翼。祭器庫，東廡下。樂器庫，西廡下。戟門，殿廡廩前。文更衣亭，戟門東。武更衣亭，戟門西。金聲玉振坊，戟門前。内泮池，坊前。名宦祠，文更衣亭前。鄉賢祠，武更衣亭前。櫺星門，内泮池前。又以門外左、右門有「德配天地」「道冠古今」亭匾。學頭門，櫺星門左。二門，大成殿墻外東北角。龍門，大成殿後。明倫堂，龍門内。崇聖祠，明倫堂後。奎星樓，崇聖祠上。文昌宫，明倫堂左。土地祠，學頭門左。教授署，明倫堂右。訓導署，西廡紅墻外，教授署前。蓮花池，文廟前。屏墻，蓮花池外。

《(同治)九江府志》卷二二《學校志・書院・濂溪書院》 濂溪書院。一在郡城南十里濂溪港。周敦頤避潯陽，愛廬山之勝，因麓有溪，取道州故里之號，名其溪曰濂溪，築書堂於上。宋淳熙丙申，知軍州事潘慈明增築焉，朱熹記。嘉定間，中軍守趙崇憲即堂左築學舍二十六楹，後燬。明正統間，御史徐傑、項璁，副使焦宏、陳价，仍舊址重建，提學副使邵寶奏著祀典。弘治間，户部主事鄭汝美建廊舍，塑像於中。嘉靖間，巡撫何遷復闢基地，增築學舍。户部主事祖琚礱石刻《太極圖説》樹之寢。副使謝迪、同知姜輅新之，濬蓮池於前方，五畝許。户部主事鄒輗即堂東隙地搆號舍，以便生徒肄業。歲久多圮。萬曆癸丑，兵備道葛寅亮重葺。國朝順治乙酉年，兵燬。康熙十一年，巡撫宋犖、馬如龍，知府朱儼，德化縣知縣楊文錫，德安知縣伍倫，瑞昌知縣金世福，湖口知縣周誕，彭澤知縣端木象謙，合捐，建正院三重。宋犖記。乾隆十九年，德化知縣高植修葺正院，復擴堂左，捐建學舍二重，計十楹，爲生徒肄業之所；詳墾白鶴鄉毛家圍荒田，用佐膏火。左基稍窄，德化監生鄭枝枝捐地廣之，長計二十四弓，前横八弓，後横五弓。載仁一鄉鄭大鳴户正米五合，撥院交納。二十年，知府董榕、德化知縣額爾金泰議覆五邑合資式廓，高植記。二十一年，知府董榕移建于蓮花峯下，新築講堂、齋舍、亭樹池沼，巡撫胡寶瑔記。所需經費五邑捐輸，除動支外，餘銀二千三百七十五兩，每年生息以作膏火。二十四年，停止生息，掣本置産。又以本重息輕，不敷所需，遷延未果。嗣因蓮花峯頭潤水潮濕，峯嶺崇峻，四壁無墻，肄業諸生不能棲息，風雨飄摇，屋遂傾圮。二十八年，知府温葆初據紳士公詞，詳以前項典業，取租作爲經費，並賃近城僧寮設學延師，旋以教授宋五仁稟改府學掌教，每月於明倫堂考課，給以膏火。書院遂傾圮，今其遺址尚存。

一在郡城内豐儲坊，都察院左。嘉靖間，兵備道陳洪濛建，祠頭、二門，無極堂及像堂，計四重。像堂中濂溪先生，兩傍程明道、程伊川先生。左傍書室五重，右傍四重，諸生肄業其中。後空地袤長十丈餘，蓮池一，巷口建濂溪先生書院坊。現存。書院鄰鎮府，因遏近，爲兵丁假居。國朝順治間，榷使崔掄奇見書

院傾圮，與督兵趙光祖同新之。立先生之裔以奉祠事，使于督闗，歲支銀六兩以時修治。崔掄奇記。其空基于嘉慶五年復經知府何道生勘丈行縣，移營各處備案。先是，明天啓末，因東林黨禁，毁天下書院，改名曰周子祠，今仍之，祠尚存。

新濂溪書院在世德坊之南，乾隆五十年，知府初之樸買地創署，建奎閣以祀濂溪先生神位。追緝蓮花洞舊業，取租息以資膏火。嘉慶五年，巡道阿克當阿復加修葺，改門庭，捐俸延師。十年，巡道廣惠踵增之。十三年，知府方體買南偏地，改大門以正午位，建監院廳于左，增學舍于右，復陸續置産以裕膏火，立法經理，書院大有裨益，並有記。化邑楊廷貴、宋光璧、廖泰瑃，捐建學舍一十六間，置椅桌並重修奎閣。二十二年，知府朱棨又重修奎閣。咸豐三年，粤匪竄郡城，盡燬。同治三年，蔡公錦青攝關篆，籌欵復建。前搆魁星閣，中大堂，内講堂，右啓學舍四十間，爲生童肄業所。其餘隙地甚廣，未暇葺修。周圍築短垣以清基址。城外置店屋數處，以所得租資爲膏火費，並捐廉延山長，給奬賞增課期。後之涖斯篆者，如俊質堂、景介臣兩觀察，先後繼其志，廢而復興，於士林大有裨益。巡道蔡錦青有《重建濂溪書院碑記》，見《藝文》。

《〔同治〕九江府志》卷一二《建置志·公廨》 考棚附。九江舊無考棚，每按試，駐府學明倫堂尊經閣。乾隆八年，知府施廷翰始就兵備道署鼎建。大堂三間，左、右各十間。後爲穿堂三間，左、右各十六間。後堂五間，左、右各五間。堂前東、西兩廡共六十楹，龍門三間。外點名廳三間，官廳三間，頭門各三間。嘉慶二年，五邑士民重新考棚，桌櫈俱用石脚。墻外餘基因附近居民侵懇，乾隆二十年，德化知縣高植勘丈查核，丈得東墻外基址長二百五弓，廣八十四弓；西墻外長百弓，廣一百六弓；又西邊連屋基長三十弓，廣二十三弓；又後墻外長五十弓，廣十三弓。令歲納租息銀二兩三錢七分六釐，官爲收存，撥入濂溪書院膏火項下。咸豐四年，燬於粤匪。八年，克復郡城。五邑合辦善後事宜，修濬城濠，兼及考棚，越兩載，告成，規制仍舊。左右餘地尚未補造房屋。

《〔同治〕廣信府志》卷四之一《學校·學宫》 文廟，舊在郡西北隅，宋景德三年，州守楊舉正遷郡城之東春浦門内。殿堂齋廡，建置如度。慶曆四年，州守張鑄以規制湫隘，拓而新之。元豐五年，轉運判官鄭賈、知州事楊仲孺復加修葺。元祐間，徙舊門於東南，以挹瑯琊諸峯之秀。南渡後，天下多故，廢爲驛館。教授周之才請於郡，復之。淳熙十年，知州事錢象祖新之。紹興五年，教授林至按禮定先聖先師諸賢位次。嘉定、端平間，遞加修治。元至元甲申，總管盧天祥復修學宫，鐫六經圖。尋厄於火，惟圖獨存。明洪武三年，郡守蔣麟闢舊址而新之。永樂以後，同知郭紹，郡守葉亨、吴淵、楊文奎、姚堂，相繼葺修。天順間，郡守金銑市近地以拓其基，修大成殿，建兩廡、櫺星門。廡計十四間，櫺星門凡三間，左、右又各翼以屋三間，分樹六經圖碑於内。成化、弘治間，郡守邢正、王塘相繼修葺。正德庚辰，提學副使邵鋭命知縣周軫、教授應魁仍舊制新之。嗣是時修時圮，事無可考，僅存大學士鄭以偉一記。崇禎間，知府陳藎曾增學田，建庫房，以貯祭器、書籍。至明末，全燬。國朝順治初，張鳳儀修飾大成殿，以備丁祭。康熙壬子，知府高夢説大加修葺，殿廡門屏俱赫然改觀矣。甲寅變後，僅存大成殿。戊子，知府朱維熊重修。乾隆十五年，教授傅溥以殿廡就圮，詳奉知府秦勇，均捐貲修理。二十五年，知府福安檄七邑公捐，重建正殿，修戟門、兩廡，上饒紳士紀徵善、張壎等董其事。三十八年，正殿漏濕，東西廡全圮。教授熊日華詳奉知府熊琫檄七邑紳士修理，俱如規制。上饒縣丞趙如芳，紳士紀徵善、張壎，貴溪千總汪盤等，董其事。嘉慶三年，署知府田文龍檄七邑公捐，重理正殿東、西廡及大成門。嘉慶十七年，知府王賡言重修。道光三年，上饒知縣陶堯臣邀同各邑派費，復加修葺。道光十二年，知府銘惪移於稍東數丈，恰與溪南文筆峯相對，且稍退北以避城垣之逼，鳩工庀材，三年始畢，規模宏焕，視昔有加。同治六年，知府鍾世楨重修，紳士吴慕韶等董其事，又焕然一新云。

《〔同治〕廣信府志》卷二之三《建置·古蹟·象山精舍》 象山精舍，應天山宋儒陸子静先生講學處。先生既易應天名爲象山，築精舍，又得勝處爲方丈。學徒有居仁齋，由義齋，養正齋，明德、志道、儲雲、珮玉、俞高、規齋、蕙林、達誠、瓊芳、濯纓、池浸、月池、封庵、披荆諸處，各因山勢之高，原塢之美爲之。慶元二年，邑令劉啓晦立祠於方丈之址，春秋祀焉。於是先生門人約以歲正月九日登山會祭。後三十四年，紹定辛卯，改建書院於邑南三峰山下，而象山泉石荒矣。元順帝至元間，里人視直清建祠山間，聚徒講學。尋圮。

《〔同治〕廣信府志》卷四之二《學校·象山書院》 象山書院，舊在縣南六十里應天山，宋陸文安講學於此，始名象山。慶元二年，邑令劉啓晦立祠於方丈，歲時奉祀。紹定五年，江東提刑袁廣微以山間不近通道，改建三峯山下之徐巖，具以本末上於朝，有詔賜額「象山書院」。元季燬於兵。景泰間，巡撫韓雍按部至邑，命郡守姚堂、知縣李宣重建，又置田以供歲祀。正德辛未，提學副使李夢

陽增建門堂坊扁，知縣謝賓復即祠後建仰止亭。嘉靖癸卯，知縣袁鳳鳴增修，提學王宗沐講學其中。萬曆八年，奉例廢書院，屬官變價，知縣伍袁萃捐貲贖回，改爲象山祠，尋奉例通復。然論者謂書院習禮之地，先師北面，學者南面而拜之，非禮也，欲擇地移建，卒不果。康熙三十三年，知縣張鵬翼建義學于城内梅花墩，正廳三間，門坊二楹。雍正十一年，知縣張延福增建前廳。乾隆十年，邑紳邱黎照等以萬安山之象山書院漸就傾圮，議欲移建，請於學憲汪，批縣妥議。知縣段克瑩勸募捐貲，移建象山書院，邑人之踴躍捐貲者不下數千金，因得即梅花墩義學故址拓基搆屋，顔曰「景峯書院」。邑人恐先哲教澤久而就湮也，於道光三年冬十二月，公乞申請改復原額。四年春，奉撫憲程飭如所請，改復象山書院舊名。咸豐間，寇亂，書院爲屯軍所毁拆過半，僅存破屋數椽。同治二年，知縣周溯賢課士之餘，瞻視興嘆，謀所以新之。適舊典鋪將出售，其地在城東南隅，正對天冠山，居巽四之位，形家所謂文昌吉方也，爲書院宜，遂購之。事成，以院内西偏爲文昌宫，中爲講堂，東則改舊屋而新之，爲山長燕居所。又東有屋三楹，門外通大街，原有汪姓店屋數所，以西街舊賓興館改爲文昌宫者互易之，拆屋拓基，頓覺開門見山，氣象一新云。

《（同治）廣信府志》卷四之二《學校·鵞湖書院》　鵞湖書院，舊名四賢祠，縣北十五里，宋儒朱、吕、二陸講道之所。淳祐庚戌，江東提刑蔡抗請於朝，賜名文宗書院。皇慶二年，州守賓汝舟建會元堂。元末，兵燬。明初，御史祝傑按縣訪求故址，得之。景泰間，郡守姚堂白、都御史韓雍建祠修祀，復舊額。弘治間，徙於山之絶頂。正德辛未，提學副使李夢陽病其險僻，命縣令秦禮即故址重建。正堂五楹，外門三楹，前立石坊，仍扁「文宗書院」。萬曆庚寅，編修劉日寧屬知縣唐應紹新之。明末，編修楊廷麟率邑進士胡夢泰重修。而書院租田復於前知縣朱鴻漸者，歲久湮没，以給祀事不足。國朝順治初，江西巡撫蔡公士英捐資重建，後又廢圮。康熙癸亥，知縣潘士瑞重加修葺。康熙二十八年，巡撫宋犖檄訓導郭逢年重修。五十六年，知縣施德涵集紳士闢舊址而恢擴之，規模宏敞，制度聿新。外頭門，次泮池，中建大堂，上懸御書扁聯，内堂奉四先生神主，春秋致享。後建御書樓，兩旁各建號房二十楹，以爲士子肄業之所。道光二十七年，知縣李蒓因書院頹敝，先自捐廉，復集紳董募捐，鳩工庀材，修建前後講堂，添造讀書號舍，加設守祠門斗、水火夫住屋。墻垣門壁，焕然一新。

《（同治）廣信府志》卷四之二《學校·信江書院》　信江書院在城南黄金山麓。初爲知府張國正祠，設義學於内，額「曲江書院」。康熙五十一年，知府周錞元葺爲鍾靈講院，延師主之，召七邑士子肄業焉。乾隆八年，知府陳世增修葺而增廣之，於堂之後山作樓，祀朱子於其上，旁建學舍八十餘間，易名紫陽書院。巡撫陳宏謀扁曰「共學適道」。乾隆四十六年，知府康基淵因舊基擴而新之，改今名。嘉慶十四年，知府王賡言捐廉，并飭屬縣量力資助，與七邑士民樂輸，買田租七十餘石，又買西偏黄姓屋拓建，各處規制更新。道光間，知府麟桂籌費重修，焕然一新。咸豐間，知府史致謂倡捐修葺，旋毁於兵。同治五年，知府鍾世楨集合郡紳士七邑派費，悉仍舊址重新，又創建鍾靈臺、魁星閣，又新處日新書屋，課春草堂，改五星堂爲觀善堂，改斗山閣爲藏書處。葺舊添新，規模宏敞。並加置田産，增益膏火，肄業生童額計百餘名。其章程詳《信江書院志》内。同治十一年，玉山職員周以廉捐河桶田租八十餘石。十二年，調補上饒縣沈鎔經捐河平洋銀入百兩，交紳置産，經費賴之。

《（同治）臨江府志》卷七《建置志下·學校》　學宮，宋淳化三年始立廟。景祐三年，徙舊治東南，負城而俯大江。建炎間，兵燬。紹興三年，知軍張著再建，始置學舍。開慶元年，兵燬。景定間，知軍俞掞、江萬頃相繼修作。咸淳五年，知軍史有之重修。元大德元年，總管李偶重修。十年，路學正劉德元修，崇仁吴澄記。哉於是諸生請記，其語遂書以遺焉。至正元年，達魯花赤教化的清復侵地，修禮殿成而去。經歷王遷、路學正楊士宏竟其功。臨川虞集記。記曰：臨江先聖廟學，作於景定庚申，故宋丞相江萬里爲之記。實我世祖尚試，與同志者講之，并以爲記。十二年，寇燬。明洪武間，知府劉貞、錢恕相繼重建，同知韋潤續修，郡人胡行簡記。宣德五年，知府朱得、教授胡潚修。正統八年，朱得以右參政管府事，復修。景泰間，知府黄祐修。弘治間，知府尚縉修。正德間，巡撫孫燧、知府戴德孺修，未畢事。嘉靖二年，知府徐問訖功。四十年，參政陳大賓、知府謝鵬舉以江水齧岸，逼學廟，適舊廣壽寺燬，即以其地改建。郡人楊標記。隆慶間，知府馬文、學管大動先後增葺。國朝順治十六年，知府高培修。康熙十八年，知府陳克峻重修。四十九年通判施廷元、五十六年知府汪清重葺。雍正十年，知府張景蒼修。乾隆四十八年，署知府懷誠重葺。嘉慶八年，知府何裕均修，督學李鈞簡記。咸豐七年，兵燬。同治五年，知府單興詩重建，是時四邑分修。大成殿暨東西兩廡、大成門、左名宦祠、右鄉賢祠及禮門義路、宫墻、萬仞石坊，清江承修。旋以遷秩去，知府姚體

份成之。七年，工竣，其雄壯倍於昔。知府陳喬樅記。

《〔同治〕建昌府志》卷四之一《學校志・學官》　建昌府儒學，宋太平興國四年始闢廟地，建學於軍治之西，曰軍學。高志序：府學自宋始。蓋有軍治而後有軍學也。姚志唐時立學之説，應載歸南城縣學。靖康二年，燬。紹興四年，又燬。十六年，知軍蔣循祖脩復，并復學田學地之侵於民者。江皋會記。元爲路學。泰定間，總管薩德彌增脩。吴澄記。至正六年，同知劉渠建大成殿。虞集記。明爲府學。景泰七年，知府江浩脩葺。何文淵記。成化己丑，知府謝士元大新學宫，斥舊址後二尋爲殿，而前墀始深廣。殿後爲明倫堂，四齋相向，齋南構東、西二室，以儲禮樂器。堂後有平臺，又後講堂，堂後夾室藏制，左、右二室藏經史。前堂之左爲庖，右爲廩。兩廡後屋六十楹，爲諸生肄業所。廩南爲射圃，中構亭曰觀德。羅倫、商輅、林文、何喬新、張元楨、左時翊俱有記。弘治五年，分封益國學址併入藩府，知府孫偉徙於舊府治北天寧寺。其地近雍熙街，仍佛宫爲大成殿，梵堂爲饌堂，閣爲尊經閣。殿東、西有廡，廡之前爲戟門，爲櫺星門。門間跨流水而橋者三。閣東爲廩庾，爲廨舍，閣西爲明倫堂。東、西列齋：序曰、志道、據德、依仁、游藝。禮樂器庫附齋下，西建號房十餘楹，堂下砌爲露臺，臺下甬道數十武。道上立儀門，門外有橋，多因遺構徙置。十年，知府能崇德拓橋西地，創神厨、宰牲房、庫房，開滌牲池，橋南建學門。十八年，知府舒崑山、同知林廷獻因滌牲池北隙地建號房二十楹，建講堂於明倫堂後。於戟門左、右建名宦、鄉賢祠，濬泮池，池南建桂香樓，西建外號房二十楹。正德七年，知府安奎建射圃，立觀德堂於饌堂之左。九年，雷震大成殿。知府韓轍、同知何恩以殿仍佛宫，弗稱正祀，因撤而新之。田汝耔記。十二年，改建明倫堂於射圃，推官羅江相其成。嘉靖九年，詔正祀典，大成殿易名先師廟。知府張紘建啓聖祠於明倫堂東，又東建敬一亭，御製碑六座。二十五年，知府陳公陞重脩先師廟、啓聖祠及兩廡、戟門，名宦鄉賢祠。時學宫西渠水自櫺星門内衝而東，雨甚水溢，同知周良相改入於學外泮池。已而池淤。萬曆二年，乃别爲渠引流水，環於池外。三十四年，參政余㵿、知府朱與翹捐脩尊經閣。太常卿左宗郢出所藏書送入學宫，有自序。計經十四部，史十五部，集二十七部，奏疏三十二部，志一百九十部，雜書二十二部。四十一年，知府趙元吉重脩，趙師聖記。崇禎九年，明倫堂火，知府李恢先、通判牟暹、推官荆本澈重捐建。蔡國用記。國朝康熙十五年春，大成殿災。二十年重建。二十一年，風霾拔毁。紳士王師夔、湯來賀等，因益府本舊學基，康熙元年改爲提督衙門，已經裁缺，呈請復舊。巡撫安世鼎據學道高潢、知府魏勷詳請具題，仍復舊址。五十三年，知府陳世儁脩。雍正十三年，知府徐天麒捐貲重脩，有記。乾隆十九年，道、德兩坊圮。二十年，知府姚文光重葺，并脩殿堂齋舍，有記。咸豐六年，寇燬。九年，知府張興仁飭屬興脩，未果。同治二年，知府董敬宣集五邑紳士合謀，鬨警，中止。四年十月興工，六年十月工竣。

《〔雍正〕江西通志》卷一八《學校二・南康府》　儒學，舊在城西門外。宋紹興間，知軍事徐端甫遷於福星門内，改報恩院爲軍學，即今址。淳熙間，朱子知軍事，繪像於壁，置祭器，建五賢、濂溪二祠於講堂之側。嘉定間，知軍事黄桂撤而新之。元末燬於兵。明洪武三年，知府安智重建。永樂間，教授翁宗言建明倫堂。正統間，知府翟溥福、陳敏政均修。天順間，僉事余複重修。成化間，知府許顒大新之。謝一夔記。知府曹凱修齋廡。弘治三年，知府郭瑨置樂舞器。張元禎記。十一年，知府劉定昌重修。蘇葵記。正德十六年，知府張愈嚴重建。萬曆十九年，知府田琯又新之。高嬴記。知府彭夢祖建尊經閣。自爲記。知府葉雲仍修明倫堂。自爲記。國朝順治十四年，知府薛所習重修。康熙十二年，知府廖文英再修。十三年，寇變傾圮，知府倫品卓募修。五十八年，巡撫白潢捐俸檄護府知縣毛德琦重修。

《〔雍正〕江西通志》卷二二《書院二・白鹿書院》　白鹿書院在南康府北廬山五老峰下。唐貞元中，洛陽人李渤與其兄涉隱居九江讀書於此，嘗畜一白鹿自隨，人稱爲白鹿先生。寶曆中，渤爲江州刺史，就其地創臺榭，引泉流，植花木，遂以白鹿名洞。南唐昇元中，即其地建學置田，命國子監九經李善道爲洞主，號曰廬山國學。宋初置書院，與睢陽、石鼓、嶽麓並名，天下學徒常數百人。太平興國二年，從州守周述請，俾國子監給印本《九經》驛送至洞，又官其洞主明起爲褒信縣主簿。七年，置南康軍，遂屬焉。咸平五年，詔有司修繕之，塑聖賢像。祥符初，直史館孫冕請歸老於洞，許之。皇祐中，冕子比部郎中琛，因父志增置學舍於洞中，以教子弟及四方來學者，并給廪餼，扁曰白鹿書堂。郭祥正記。淳熙六年，朱子知南康軍，訪白鹿遺址，申明尚書省及禮部，檄教授楊大法、縣令王仲傑重建書院，於是洞學復興。吕祖謙記之。援嶽麓書院例，疏請勅額，併高宗御書《石經》與監本《九經》貯於其中，列聖賢爲學次第，以示學者。一時名儒，如陸子静、劉子澄、林擇之，皆來講學。乃於建昌縣置東源莊田，以給學者。八年辛丑，遷浙東提舉，復遺錢三十萬，屬知軍錢聞詩建禮殿兩廡并塑像。後二年，知軍朱端章加板壁繪從祀諸賢像，仍撥浮屠没入田以益之。嘉定辛巳，知軍黄

桂重建正殿，增闢三門，續置西源莊田三百畝。紹定中，知軍史文卿建五經堂。淳祐間，知軍陳治建友善堂及文昌宮。咸淳間，知軍劉傳漢增置貢士莊。元至元間，總管陳炎西修之。大德間，崔翼之置田百畝。《虞集》有《白鹿書院新田記》。元季兵燹，田亦亡。明祖建都金陵，取大杉木爲御殿，白鹿之路始通。見王禕記。正統元年，翟福溥守南康，率僚屬捐俸刻穢除荒，規制復舊。胡儼記。景泰間，知府陳敏政重建貫道橋。成化三年，提學李齡增廓之，置學田，祠器，聘胡居仁主洞事。有記。七年，提學徐懷置棲賢橋田八百七十畝。弘治八年，提學蘇葵撤而新之。嗣後提學邵寶、李夢陽、唐錦、徐一鳴、王宗沐，巡按陳銓、唐龍、徐岱、蕭端，巡撫何遷，知府陳霖、羅輅、王溱、何巖、張純，知縣崔孜，相繼興理，增置田廬有差。萬曆七年，大學士張居正請禁僞學，詔毀天下書院，鬻田以充邊需。巡撫邵銳以白鹿書院有勅額，不便拆毀，量留田三百畝備祭祀。巡道王橋隨請留星都二縣田。其建昌縣千餘畝俱變價解司。十一年，給事中鄒元標請復書院。先是有紅鶴百十巢於後山松杪，書院議革時，鶴忽飛去。後三年，鶴復巢書院，遂復。參政程拱宸、檄知府潘志伊修宇贖田，規制粗定。十七年，提學朱廷益禮聘布衣章潢主洞事。十九年，知府田琯立鹿洞憩館，增置田七百畝。四十二年，參議葛寅亮大加修葺，增置號舍，建鹿眠亭。四十五年，知府袁懋貞聘南昌舒曰敬主洞事。天啓壬戌，舒以讀禮還推官李應昇主洞事。崇禎十三年，提學侯峒曾與、撫按會請翰林李明睿主講席。國朝順治四年知府李長春、五年知府徐士儀相繼修葺。十二年，巡撫蔡士英檄南康府縣修堂廡，清洞田。十四年，重建大成殿，知府薛所習增撥學田。康熙元年，巡撫張朝璘加修。六年，推官巫之巒修橋坊。十六年，知府倫品卓詳請修院，添設號舍。布政姚啓盛、提學邵吴遠捐金重新殿廡。二十二年，巡撫安世鼎委巡道查培繼重修，聘南豐進士湯來賀主洞事，并題請匾額、經書。二十六年，聖祖御書「學達性天」匾及《十三經》、《二十一史》，遣官送書院。四十八年，南康教授熊士伯詳請專祀朱子，巡撫郎廷極、布政傅澤淵議從之，名紫陽祠。五十一年，提學冀霖重修，續置學田。五十五年，知縣毛德琦清洞田，重刻《白鹿書院志》。按志，禮聖殿兩廡，大成門，櫺星門而外爲堂者八：曰明倫堂、文會堂、攝儀堂、十賢堂、講堂、友善堂、成德堂。爲閣者三：御書閣、聖經閣、雲章閣。爲臺者二：勘書臺、釣臺。爲亭者二十二：風雩亭、風泉雲會亭、好我亭、枕流亭、自潔亭、觀德亭、光風霽月亭、太極亭、喻義亭、鹿眠亭、百花亭、獨對亭、朋來亭、釣臺亭、大意亭、高美亭、聞泉亭、六合亭、思賢亭、如見亭、原泉亭、宰牲亭。祠五：紫陽祠、宗儒祠、先賢祠、忠節祠、諸葛武侯祠。廟一：七姑廟。他如精舍、號舍、憩館、貢院、射圃、倉廒、莊屋、坊橋之修葺，及主洞姓名、學規、祀典、書籍、田賦，具詳洞志。雍正四年，巡撫裴𢓜度重修，增建書院三層，爲屋七十有三間。上爲書樓，前砌花墻。爲二門，外爲頭門。爲亭三：曰肅容，曰如見，曰五星。五星亭之左建魁星樓。洞之西建庖房三間。分察劉均有記。

《〔咸豐〕袁州府志》卷一二《學校》 袁州府學，唐天寶五年，太守房琯始立廟於城北，袁山門外五十步。乾元元年，刺史鄭審移郡治西四十步。大曆改元，刺史蕭定修，自爲記。大中九年，刺史温璠復房琯之舊。《輿地碑目》云：《袁州文宣王廟記》，唐黄頗撰。按：此記已不可考。以時考之，其在大中重修之後乎？南唐保太十年，刺史李徵古移於郡治西南三十步。宋景德三年，州守楊侃奉詔增修講堂，自爲記。慶曆六年，州守李訦置州學房錢以贍學徒，教授徐正大記。皇祐五年，州守祖無擇以舊址狹隘，乃改營州治東二百步，即今學。盱江李覯記，京兆章友直篆額，河東柳淇書丹，世稱三絶。熙豐間，館閣第天下學記以袁爲冠。政和二年，教授鄭王賓新戟門、禮殿，自爲記。紹定九年，州守陳烯重新。張九成記。淳熙五年，州守張杓再新之，更教堂爲明倫，建稽古閣以藏書，改創四齋集善、明善、思敬、克己。於明倫堂之側。前有池，池有井亭，曰風雩，曰采芹。張栻記。慶元間，州守江自任，高輒之重建大成殿。嘉定元年，教授虞達煥築堂於池之東，曰叢桂，進士題名列焉。五年，教授陳時改創兩廡。舊志闕採，嘉靖後志補。十一年，州守鄭自誠增修禮器。教授孫禮興記。元至治間，郡守完顔命教授吕申孫創碑亭於學門之右。至元五年，路總管張熙祖建尊經閣於講堂之北。虞集記。明洪武六年，知府劉伯起重修。洪熙元年，知府周鐸重建大成殿。越五年，災。宣德八年，知府何澄重建。祭酒胡儼記。天順間，知府劉懋以盱江學記兵燹，重刻石戟門右。成化間，知府常顯復修。太常卿吴節記。弘治五年，知府王俊大規度之，左廟右學，宏偉壯麗。尚書林瀚記。知府朱華增桂香樓五間，同知賈澄增修樂器。嘉靖元年，知府劉弼濬泮池，尋塞。萬曆三年，知府鄭惇典復大濬之，護以木石重欄，殿廡悉加修葺。尚書朱衡記。三十七年，知府汪若水重修。都御史鄒元標記。四十六年，知府黄鳴喬修，嗣王猷改濬學溝。崇禎十二年，知府解經達重修。後兵變，牧馬蹂躪。國朝順治中，知府吴南岱、推官王延禴，提學趙函一，先後新之。康熙五年，明倫堂圮，守道施閏章、知府李芳春重建。郡人袁繼梓記。五十二年知府于嗣昌，三十五年知府胡應麟，五十四年知府葛繼孔，五十七年署府高成齡，均事

修葺。乾隆二年，知府程文華率四縣倡捐改建，巍焕有加。提學趙大鯨記。十八年，知府楊遲修葺。二十四年，知府陳廷枚重修，規制一新。

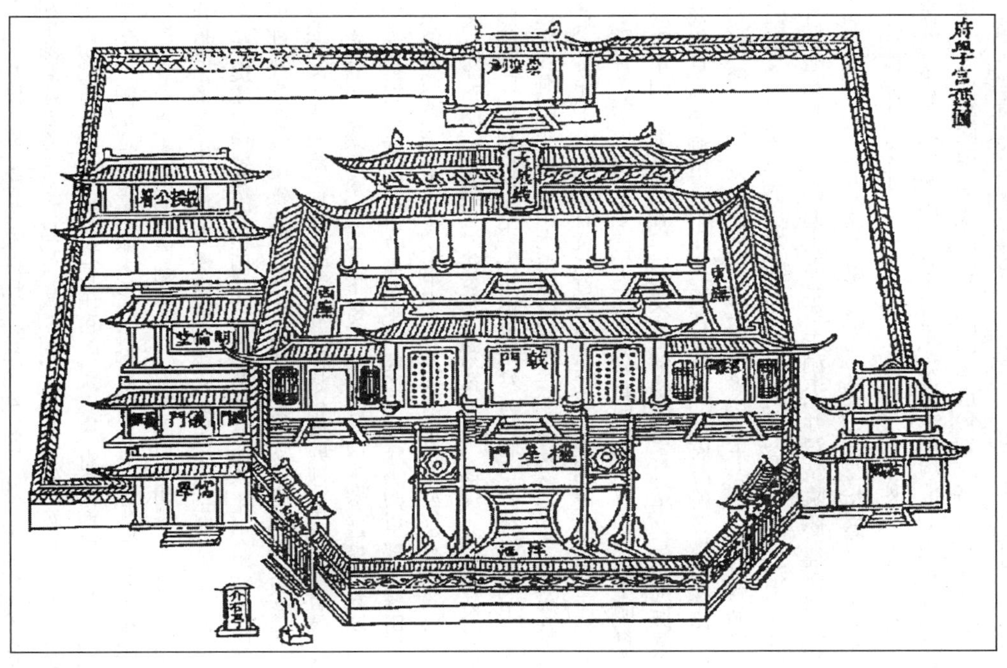

《〔咸豐〕袁州府志・府學宮圖》

《〔咸豐〕袁州府志・昌黎書院圖》

《〔道光〕廣東通志》卷一三七《建置略十三・廣州府》府學在内城文明門内。《府志》。宋慶曆中，詔興學校，初即西城番市舊孔子廟爲之。皇祐二年，經略使田瑜徙於郡東南隅。熙寧元年，張田展東城，復徙於國慶寺東。程師孟、蔣之奇相繼成之。蔣之奇記略：元祐二年，番禺缺守，有詔以命臣之奇來治州事。始至下車，既見吏民，即謁先聖。明年仲春，上丁行釋奠禮，顧瞻學宫，多歷年所，堂廡庳陋，隅奥仄陋，講肄之次，寖以毁廢，怵然於心，思所以完葺之。會得鄉亭餘材，悉輦置以充用。先治兩廡，次作講堂，悦徒歡工，不出旬日而兩廡翼如，講堂耽如。還顧夫子之殿，益卑圮不稱。議道之堂，亦復摧撓。乃規廣其基，而大新其構，然計費甚鉅。遂以謀於漕司，欣然聽許，增與之金，益市財用，伐山浮海，不期而集。而番禺、南海二屬邑令實分董其事，專精畢力，日督月促，迺劉迺治，迺塗迺墍，勞徠勸嚮，功緒就畢。越明年夏，學成。爲殿南嚮，横六楹，從四楹。講堂、議道堂及於兩序，總四百二十有四楹。於是典學之官與其正録及凡在學之有職掌者，墻立而進，曰：學已完矣，願有紀述。余曰：此固學士大夫之職也，其何敢辭？然吾嘗切觀古今綴文之士紀郡縣之學者，蓋亦多矣，其言卒未嘗及於夫子之道，以開學者之聰明，而止叙其營作之近功，與夫斅學之淺事，非所先也。古人所謂因事以陳辭者，庶幾以是寄余之言焉。余惟夫子之道廣而大，故極天地而不能以蓋載。夫子之道變而通，故亘古今而不能以終窮。是以其言則爲詩書，其行則爲禮樂，其法則爲春秋，其燕閒談説造就材德則爲《孝經》、《論語》。而其妙則總之於《易》焉。彼顔淵、子貢身親受業，猶有卓爾難聞之歎，而況千載之後乎？抑余又聞之，有教無類，立賢無方，蓋上之行教也，無華蠻之限，地之生賢也，無遠近之間。韶之曲江，越在荒服，欽之日南，介於夷外，而猶有張九齡、姜公輔之儔出焉。顧以番禺之盛，而獨無昂霄聳壑之材見於世哉？魁偉卓越之儒，殆將應時而出矣。庸記以俟。系以詩曰：諸侯之學，實惟泮宫。青青子衿，其來雍雍。匪怒伊教，爰迪羣蒙。在漢名賢，時則文翁。修起學宫，成都之中。常衮在閩，講授從容。士比内州，歲貢以充。賢不天成，有養自衷。誰謂越遠，齊魯同風。憬彼夷蠻，來順來從。南交蕩平，猗學之功。熙寧四年，程師孟再任經略使，始置學田以贍學徒。程矩有記。不録。紹聖三年，知廣州章楶徙於城東南隅番山下，即今學也。章楶記略：余始領郡，即以庠序爲先。顧學舍在中城之西，與尼寺相比，迫近市廛，喧譁冗雜，殆非絃誦之所。度地辨方，又不合古制，而轉運使傅公志康、轉運判官馮公彦信亦嘗以是爲言。一日，諸生百有五十一人以狀來請，極道郡學遷置非宜，條其所以然之狀，願輸金於官，擇地而徙焉。咸曰：城東南隅有駐泊都監官廨，值番山之前而風水且順，建學聚徒，此其吉地也。於是請於部使者，既得報，通判譚公迺揆日聚士，且辟且築，募工分領而新之。規摹無所變更也，廣輪無所益損也。先之以夫子之殿，次之以議道之堂，兩廡及門，先後有序。講堂最後，爲其梁棟未具爾。舊門之外隙地猶廣，因作重門焉。兩門之間又增建屋十四楹，東西相向，以爲客次小學直學之廬舍。以乙亥十一月丁巳鳩工，明年六月辛巳告成。諸生求爲文以紀始末。余嘗考載籍，自晉、唐以來，守兹土者名臣鉅公不爲少矣，治效偉績，班班見於方策，大抵多以清白稱。至於勸學育材，作新人物，則寂然無聞。考尋學校之迹，宜其無覩也。惟西城番市有夫子廟址，慶曆中，仁宗詔天下興學，當時郡守奉行苟且，即夫子廟以爲之，而其制度迫陋，不足以容生徒。皇祐二年，知州事田瑜徙州之東南，始詔斥大之。熙寧元年，張田爲州，懲艾儂智高之寇，請增築東城，而學爲城所侵，因徙國慶寺之東，未及營造而田卒。其後郡人劉富納貲獻材，戮力以自効，殿堂廊宇殆將完矣，轉運使陳安道鄙其卑陋，止富勿修，盡以官錢市良材而樸斲焉，始構東屋四十楹有畸，以爲生員廬舍。太守程師孟繼成其在西者。今開封尹蔣公穎叔初下車，謁先聖，憫棟宇之圮壞，廟貌之不嚴，而議道講堂反卑於廊廡，規圖經畫，鋭意於興作。於是兩廡翼然植其旁，文殿巍然起其中。工告休，而穎叔領六郡漕輓之寄，親爲譔記，又系之以詩。而二堂未甚宏偉，乃以遺執政右丞蔡公。至未閲歲，又改鎮東之命，議道既建，而講堂獨弗克就。將去，寓意於辭廟之祭文，誘後人以就其緒。自庚午迄今，凡七年矣，歲月不謂不遠，竟未如公之志。甚哉，事之難成也。如此是舉也，微外臺倡其端，別乘揆其策，賓幕軍佐樂事而赴功，則余安能致其力哉。乾道三年，經略使龔茂良建御書閣。按《宋史・龔茂良傳》，茂良爲廣東提刑，即番山之址建學，又建番禺南海縣學。既成，釋奠，行鄉飲酒禮以落之。淳熙四年，轉運使趙澣增創亭、齋、泮池。嘉定五年，教授許巨川建觀德亭。淳祐四年，經略使方大琮改建飛閣，塐像其中，旁列文、行、忠、信四齋，爲番山書院。元至元十六年，燬于兵，惟大成殿存。後宣慰使完顔正叔、副使吕恕、余璉重修。三十一年，提舉王獻、熊炎，教授陳黄裳，建養賢、養蒙堂及倉廩、祭器庫。元貞元年，宣慰使嗒喇海重修。延祐五年，監司脱兒赤、憲副卜大璋改創廟學及東西齋。熊朋來《重修廣州府儒學記》略：廣爲南海一都會，肅政廉訪司、宣慰元帥所親莅，皆以敬教勸學爲第一義。於是禮殿壯麗，甲於南方。元貞初，嘗一修之。速成苟簡，濫底蠹圮，勢不得不改作。廉訪朶兒只公卜公大璋創其始，副使迭列思八公成其終，副使李公德厚、僉事張公世榮、范公致毅、撒里蠻公、經歷董邦用、知事王淑、照磨戴從龍，衆吏協心同力，經始於丙辰之冬，而畢成戊午之秋。書來述其始末，請記於熊朋來，且曰：昔廉訪李公至道搆尊經閣，余公璉新明倫堂，今使者歸侵址，覈隱租，購羣書，明載籍。於是教養悉備，廣學故有，春秋祭樂。今創二亭，前曰思敬，後曰政德，以爲肄樂之所。幸併書之。余之爲瑟譜也，盡閲諸學故譜而正其訛，酌之曲，必按月律，江廣諸郡多用之。因其來請，授以藏之書閣，肄樂則按譜取聲，奏諸新殿，尚其足以召和氣之祥，而崇斯文之福哉。延祐六年正月，前進士豫章熊朋來撰。泰定元年，憲使密蘭復建雲章閣。吳澄記略：泰定四年夏，廣州路儒學新建雲章閣成，崇六仞

有三尺，廣倍之，深五尋有二尺，爲閣七間。其中匱韞至元三十一年七月日所降崇奉廟學詔書，其左其右庋藏經史子集諸書三千六百一十卷。閣舊名尊經，新易今名，天詔在焉故也，天子之詔，聖人之經，均之如雲漢之章於天，昭示萬古，歷久而彌光。廣郡雖僻居嶺海之間，去天萬里，而德音所暨無異輦轂下。況又儲貯聖經，士得朝夕讀誦薰蒸漸漬，則氣質之偏，風俗之窳，皆可變化而淳美，安知今之交廣不爲古之鄒魯也。然則斯閣之設，豈徒侈棟宇之巍峩，耀金碧之輝煌，以駭觀瞻而已乎？閣之所藏，有史有子有集，皆經之副也，其善可以式，其不善可以鑑。而經則其本也，藏之在乎閣，而學之在乎人。經之所載，聖人之道也，窮年讀誦而不明其道，是終日飲食而不知其味，雖曰學猶未學也。其必精研於心，而有實見；力踐於身，而有實用。以之事父則孝，以之事長則弟，以之事君則忠，居官而能廉，臨人而能愛，爲國辦事無施而不宜。如是而學經，庶幾上不負聖皇詔旨之愷切，下不負憲官勉勵之勤渠與教官作成之盛心。廣之士勗之哉！閣之顔額守李希本所書，營造之資則憲使荅剌公偕僉憲道童倒剌沙、經歷大梁韓渙、知事真定崔原道，命有司按學籍徵逋欠而得之也。澄既記閣之成，爲詩以遺廣之士，俾并刻以石。詩曰：番山嶙嶙，溟海沄沄。西肩巴蜀，東臂甌閩。聲教漸被，與中州均。黌宮恢恢，逢掖詵詵。有偉斯閣，上摩青雲。天章炳煥，麗於天津。學徒競勸，不懈益勤。稽經探道，咸悟聖真。出膺世用，爲國名臣。本本元元，誰實出新。貽此好歌，俾後有聞。元季，復廢。明洪武初，征南將軍廖永忠命中書掾高希賢，仍故址重修。徐宏記略：自五嶺以南，邑聚棊布，而廣民繁庶甲諸城。庠序星羅，而廣學壯麗雄諸郡。自唐宋以還，韓退之、蘇子瞻常過化於屬郡，視春秋秦漢之初不侔矣。兵興歷載，學宮廢毀，講堂爲飼馬之厩，廊廡爲息兵之壘，棟傾榱朽，門墉頹壞，芻牧得恣往來。洪武元年，征南將軍、中書平章榮禄廖公戡定南服，四方平靖，顧而嘆曰：學爲教養之宮，此而弗理，何以宣教正俗？乃命中書掾高希賢董治之，仍其舊貫，作而新之。以前縣尹吳誠督其役，度土功，計徒傭，料經費，不發官帑，不殫民力，用没入之財與子來之民，正欹傾，易朽腐，補缺廢，創齋廬。匾以育材、進德、常德、興賢，以肄業也。於明倫堂左建先賢堂，以尚德也。其右建廉吏祠，以景行也。於番山建九思亭，道問學也。前列櫺星戟門，後則雲章之閣。莫不丹雘輝焕，鱗鱗翼翼。舊制廟貌未稱，乃命備以冠冕十有二章，四配十哲，兩廡從祀，咸視爵隆殺，始與禮合。作始於元年冬十月，落成於次年春二月。闢射圃。洪武三年，詔天下儒學，就學闢射圃習射。欽奉諭旨，今後各司府州縣儒學訓誨生徒，每日講讀文書罷，於學復設一射圃，教學生習射，朔、望要試一過。其有司官閒暇時，與池官一體習射。禮部定到圖，式《儀注》。宣德元年，巡按御史金濂、左布政使張渙修建殿廡。正統三年，提學僉事彭琉闢鹽倉餘地，建廨宇、神厨、庫房及省牲所、會饌堂。六年，巡按御史宋良暹復闢射圃，仍建觀德亭。景泰五年，巡按御史楊進復闢鹽倉地以廣學基。天順二年，知府李恕重建殿廡。三年，巡撫馬昂創杏壇、燕居亭於番山北。七年，提學僉事胡榮重修廟學。葉盛《修廣州儒學記》略：正統初，廣東按察僉事彭琉以朝命來視學，時郡學未甚壞，補葺之而已。黃寇之後，兵餘數十年，而學益敝。天順癸未，僉事胡榮再奉璽書督學政，曰：學且敝，其何以爲教？從事莫先於此矣。於是左參政胡拱宸與協謀，知府沈琮、提舉毛瓛、教授鄭萬奎皆積勤力，而百需之費，悉自公出，一不取於民。禮殿、明倫堂、兩廡、四齋、燕居、杏壇、櫺星、戟門、泮池、庫廩、庖湢、更衣之室，前之摧圮者易，漫漶者飾，别作周垣，高厚堅好。番山有亭，舊名九思，後以名山。以舊名於學者有警也，復之。若仰高祠爲故八賢十賢堂，廉吏祠，若雲章閣，皆潤澤焉。校官廨宇、學徒號舍，又以其規模褊陋，且溷於明倫之下，則拓鹽倉廢地改爲之。而學之基始正以完。乃以崇德、廣業、居仁、由義更著齋額。以朱子詩「聖人司教化，黌序育英材。因心有明訓，善端得深培」字列爲東號，「童蒙貴養正，遜弟乃其方。十五志於學，及時起高翔」字列爲西號。以明德、新民、正心、誠意、致知、格物、率性、修道、博文、約禮、忠信、篤敬，匾其十有二門，而「貫道」一門則直燕居之所。匾鐍嚴固，肅如焕然。蓋三閱月而後成，禮行舍菜以告復。嗟夫！今之士居學校，廟焉而享，學焉而經，師焉有教也，稟焉有養也，固已異乎他之爲士者矣，教養異乎人，而所學所立視乎人有弗逮，而弗有愧焉，可乎？廣州，嶺海外郡之望也，而弗逮乎嶺海之人，已求無愧於天下士，其又可得乎？其爲廣學之士亦難矣，尚亦祈免乎哉。與修學之議者，巡按御史王朝遠，布政使陳亹、張瑄，按察使夏塤等。他効勞力官屬名銜，與凡工費有述，位置有員，則具刻於記事碑石之陰。天順八年甲申秋記。成化三年，參政張瓚復闢前街，直抵南門幾二百餘丈；徙射圃於學西；仍建觀德亭。四年，知府吳中創櫺星、戟門及左右廟垣，皆石之。吳高有記。不録。八年，巡撫韓雍重修露臺、甬道，護以石欄。嘉靖十九年，重修，徙敬一亭於番山。《黃志》倫以訓有記。不録。萬曆二十八年，教授董應舉請於督學副使袁茂英，重修殿廡亭閣及啓聖、名宦諸祠，復學西侵地，建學舍，廓射圃；闢城爲正門，顔曰「文明」。南枕城濠，環繞如帶。郝志

國朝順治十三年，平藩尚可喜、靖藩耿繼茂、總管李率泰、巡撫李棲鳳、知府黎民貴等捐修。陳衍虞《重修廣州府學碑記》略：國家維新之治，首重作人，所以造士於成均，而鼓厲興起之者蔚然明備。獨嶺南以山海叵測，兵戈歲興，致文治缺焉未振。若府庠之淪於棘莽久矣，堂廡几筵頹落殆盡。騏驥之所驅馳，貔貅之所掩息，而樵人牧豎之趾相錯也。幸兩藩與二千石黎公起而新之，拓舊址，集良材，而二三邦君大夫皆不惜官俸而爲之助。於是完舊易新，丹漆焕然矣。自武節颷回，人心思競，莫不侈談韜鈐而薄章縫，一旦觀習舞舍菜之容，執經問難之事，始恍然曰：上之投戈講藝如此，上之澤我於禮樂如此。則鼓篋孫業，誰敢自棄。又喪亂相仍，士多鮮廉寡恥，忠孝節烈之行，等於芻狗。今所習者俎豆軒懸，俾之漸仁摩義，移其宿習，將見秀者可爲國楨，朴者可爲良士。文治之成，鼓舞興起之道，得也。康熙十年，巡撫劉秉權、布政使徐坦、按察使佟養鉅、知府汪永瑞等重修。郝志。

劉秉權《重修廣州府學碑記》略：環粵皆山水也，介在荒服。自秦始置郡州剖符，嗣後，賢哲輩出，遂稱名邦。予生長三韓，距粵萬里，曩者備官侍從，搜秘石渠，流覽版輿，緬焉神往。我國家以文德治天下，聲教久敷於遐方。予叨承簡命，謬膺節鉞，撫茲南服。控五嶺之嵯峨，襟三江之湍湃，紫海滄漭，朱崖奥折，所披圖者，今則躬歷矣。美哉山水，標險抒奇，育靈挺秀，惟其風土擅勝，是以人才蔚起，先達名世，難以悉數。如唐宋之最著，則有張文獻、余忠襄、崔菊坡其人。於明則有智略之何東莞，儒雅之邱瓊山，經濟之梁文康，理學之陳白沙，節氣之海忠介其人。昭代以來，蒐羅俊乂，接武聯翩，迨三十年，凡茲彬彬崛起者，多文學之士。郭璞所謂南海衣冠之氣，方開而未艾，亶其然乎！夫端章服者攝其領，樹巨蔭者龐其柢，會省固十郡之宗源，而黌官實多士之淵藪。廣州郡學據佳址於靈洲之東，左則虎門潮汐層湧而來；右則西樵峰巒叠嶂而峙；珠江一水盈盈，洄繞於前；白雲諸山嶙嶙，亘綿於後。志所載禺山者，屹居於宫之中。陟巔而望之，形勝宛在矣。宫之襟對爲文明門，向因戒嚴守扃，術家者謂氣脉壅窒，有關庠序。予與前督軍周公會商於藩府，洞啓有日矣。但茲數仞之内，自兵燹之後未經修葺，以至棟宇將頽，壁垣半圮，橋門鞠爲茂草，泮水率爲污萊。有事茲土者，未嘗不躑躅興嘆矣。迨夫庚戌秋祭，予屆齋期，是夕隱几之間，恍見先師，冠佩雍雍，向予告語焉。夙興盥沐，展拜傾誠，起而循宫諦瞻，有動乎中。因首蠲俸金百鎰，構材鳩工。良賴在省三司各道及太守，相與協心經畫，共勷盛舉。爰是整復舊制，廓清故基，約椽之舉大興，丹雘之施加飾，櫺星有侐，戟門將將矣。首正殿以崇至聖，次兩廡以妥先賢，又次及明倫堂以宏開講藝之地。至於啓聖及名宦、鄉賢諸祠，在在加修。所以追尚淵源而興起後學也。旁闢西圃，肇建一亭，顔曰「觀德」，俾濟濟多士爲肄射之所。《詩》云：竹苞松茂，鳥革翬飛。庶其似之。猗歟！萬年之俎豆聿新，百粵之文風攸繫，將來階此發祥者，霞蔚雲蒸，麟麟炳炳。余撫茲土亦與有光，庶幾仰佐我國家右文之治，曲江之風度依然，不綦盛哉！工師告竣，援筆記言，壽諸石以志垂永久云。是役也，不煩公帑，不勞民力，亦不敢苟簡從事。其督工之員効有勤勞者，例得並書於左。二十年，頒學宫祭禮。二十五年，御書「萬世師表」匾，敬懸大成殿。三十八年，御製至聖及四配贊，鐫石明倫堂。四十一年，御製訓飭士子文，鐫石建亭學内。五十一年，詔以宋儒朱熹升祔十哲之次。五十四年，詔以宋臣范仲淹從祀，位在司馬光下。五十九年，命武職許入文廟，與文職一體行禮。雍正元年，命改啓聖祠爲崇聖祠，追王五代，命加文廟祭品，太牢一，籩豆各一。三年，御書「生民未有」匾，敬懸大成殿。六年，布政使王士俊、鹽法道黄文煒公捐修大成殿及東西兩廡，擴殿東地，改建明倫堂，以舊明倫堂爲崇聖祠，復修名宦、鄉賢、射圃、戟門，及周圍垣墻。又於學西地别闢一門，横過櫺星門直出，以便行人。王士俊有《碑記》。舊志軼而未載。八年，頒聖祖仁皇帝御纂性理精義、詩經傳説彙纂、春秋傳説彙纂，刊布學宫。乾隆三年，御書「與天地參」匾，敬懸大成殿。詔升有若於十哲，移朱子位於西；增吴澄從祀，位於東廡。頒《十三經》、二十三史各書籍，刊布學宫。二十一年，知府張嗣衍詳請動項修葺。府志。五十八年，南海紳士貢生范應時倡募捐修，並復侵地。司册。據南、番二縣申稱，總理貢生范應時稟稱，重修廣州府學宫，自乾隆五十六年六月興工，至五十八年四月始竣。查五十年起議重修，時民房侵佔，直逼廡下。嗣奉藩憲飭，就現在地盤取正，而必應拆遷退還學地，以湊正地盤者，尚二百餘家。及委員督拆，基地既出，漫無攔限，污穢且積。南海紳士倡先募修，先築圍墻，以候外縣捐修。適五十二、三等年歲歉，捐銀無繳，遂至停止。至五十四年七月，始得續修。五十六年二月初二日，先師陞殿，大工已成。而後殿各處荒塌，尚未補葺。至五十八年四月，始竣。前後陸續收捐銀四萬一千六百二十兩零，内除給拆遷民房及圍墻各工料雜費用銀四千七百一十七兩零，於停工時經將收支各數，開呈本府張，至五十四年續修時，張本府發有循環印領薄，按旬收支填寫，計續修時領支銀三萬六千九百零二兩零九錢云云。嘉慶四年，御書「聖集大成」匾，敬懸大成殿。府册。凡釋奠先師之禮，以四配、十二哲侑饗殿中，以先賢先儒從祀兩廡。先師孔子正位南嚮。四配：復聖顔子，述聖子思子，東位西嚮；宗聖曾子，亞聖孟子，西位東嚮。東序先賢：閔子損，冉子雍，端木子賜，仲子由，卜子商，有子若。西序先賢：冉子耕，宰子予，冉子求，言子偃，顓孫子師，朱子熹。位均東西嚮。東廡先賢：蘧瑗，澹臺滅明，原憲，南宫适，商瞿，漆雕開，司馬耕，梁鱣，冉孺，伯虔，冉季，漆雕徒父，漆雕哆，公西赤，任不齊，公良孺，公肩定，鄡單，罕父黑，榮旂，左人郢，鄭國，原亢，廉潔，叔仲會，公西輿如，邽巽，陳亢，琴張，步叔乘，秦非，顔噲，顔何，縣亶，樂正，克萬章，周敦頤，程顥，邵雍，位西嚮。西廡先賢：林放，宓不齊，公冶長，公晳哀，高柴，樊須，商澤，巫馬施，顔辛，曹卹，公孫龍，秦商，顔高，壤駟赤，石作蜀，公夏首，后處，奚容，蒧顔祖，勾井疆，秦祖，縣成，公祖句兹，燕伋，樂欬，狄黑，孔忠，公西蒧，顔之僕，施之常，申棖，左邱明，秦冉，牧皮，公都子，公孫丑，張載，程頤，位東嚮。東廡先儒：公羊高，伏勝，董仲舒，后蒼，杜子春，諸葛亮，王通，范仲淹，歐陽修，楊時，羅從彦，李侗，吕祖謙，蔡沈，陳淳，魏了翁，王柏，趙復，許謙，吴澄，胡居仁，王守仁，羅欽順。西廡先儒：穀梁赤，高堂生，孔安國，毛萇，鄭康成，范甯，韓愈，胡瑗，司馬光，尹焞，胡安國，張栻，陸九淵，黄幹，真德秀，何基，陳澔，金履祥，許衡，薛瑄，陳獻章，蔡清，陸隴其。位均東西嚮。廟後建祠，曰崇聖。設肇聖王木金父，左裕聖王祈父，右詒聖王防叔，左次昌聖王伯夏，右次啓聖王叔梁紇，位皆南嚮。祠内祀饗先賢顔無繇，孔鯉，東位西嚮；曾點，孟孫氏，西位東嚮。兩廡從祀先儒，東廡周輔成，程珦，蔡元定，西廡張迪，朱松，位東西嚮。《會

典》。明嘉靖九年，用大學士張孚敬等籌議，釐正祀典，撤去塑像，改大成至聖文宣王爲至聖先師孔子神位。木主高二尺三寸七分，闊四寸，厚七分。座高四寸，長七寸，厚三寸四分，朱地金書。四配，神位木主各高一尺五寸，闊三寸二分，厚五分；座高四寸，長六寸，厚二寸八分。十哲以下，凡門弟子皆止稱先賢某子，神位木主各高一尺四寸，闊二寸六分，厚五分；座高二寸六分，長四寸，厚二寸。左邱明以下稱先儒某子，神位木主各高一尺三寸四分，闊二寸三分，厚四分；座高二寸六分，厚二寸。俱赤地黑書。《續文獻通考》。

魏校《莊渠遺書》卷九《公移・武社學》 學址在城北二牌樓街，舊址迺李指揮之宅，因地淺狹，復市隣居者四家地，共廣六丈八尺，深一十六丈九尺。學舍，大門三間，習禮堂三間，延賓館三間，燕居三間，射圃亭三間，號舍四間。學田，共二十頃五十四畝，歲入官租米正耗共二百零五石四斗，糧米正耗共一百零九石八斗八升九合。

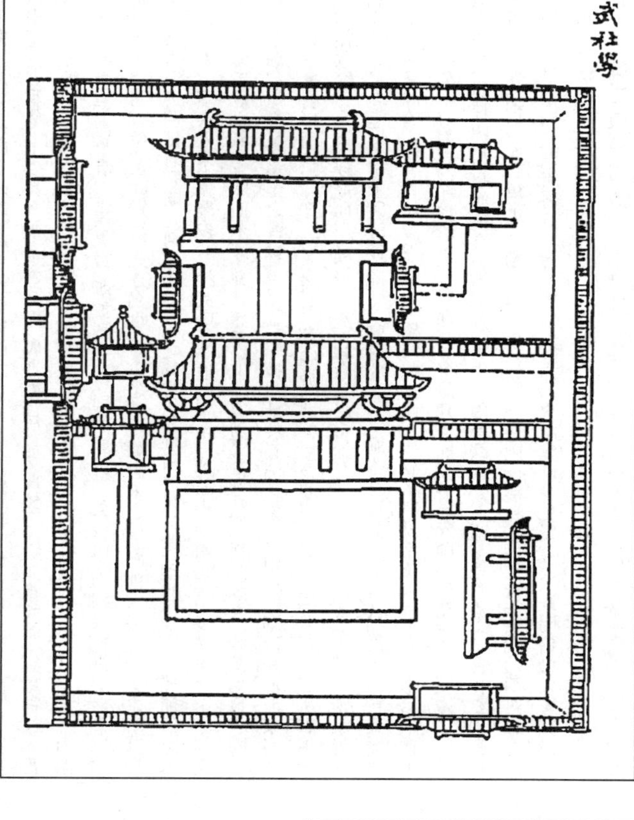

魏校《莊渠遺書》卷九《公移・西隅社學》 學址在西城外蜆子步，舊址爲小天妃宫地，廣四丈五尺，深一十九丈二尺。學舍，大門三間，習禮堂三間，延賓館三間，燕居三間，號舍十八間。學田，共二十頃五十五畝，歲入官租米正耗共二百零五石五斗，糧米正耗共一百零九石九斗四升二合五勺。

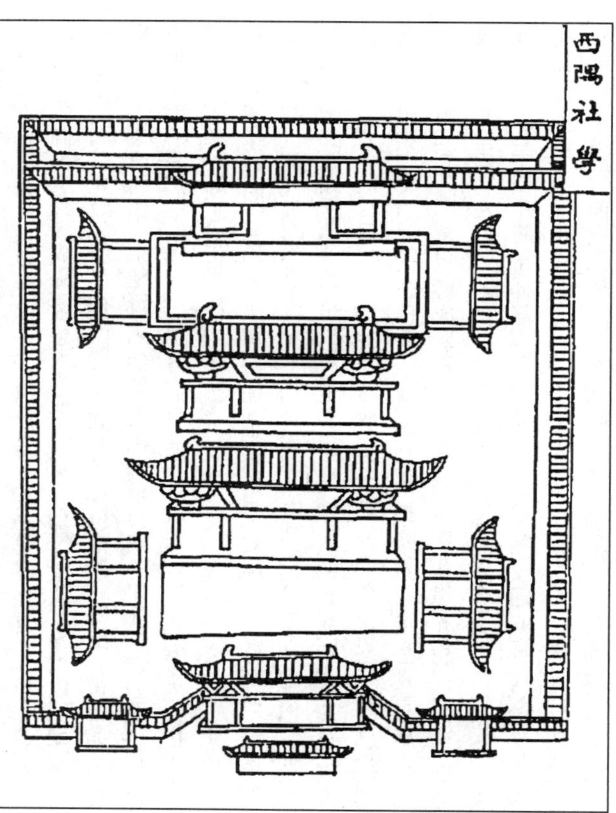

魏校《莊渠遺書》卷九《公移・東西隅社學》 學址在南城外永安橋之西，舊址爲大王廟，因地淺狹，復市民間地一隙，共廣四丈八尺，深一十四丈三尺。學舍，大門三(門)〔間〕，習禮堂三(門)〔間〕，延賓館三間，燕居三間，號舍十間，井一口。學田，共二十頃五十九畝，歲入官租米正耗共二百零五石九斗，糧米正耗共一百零一十石一斗五升六合五勺。

間，門亭三間，二門一間，習禮堂五間，延賓館三間，燕居三間，射亭圃三間，內號舍八間，外舍五間。學田，共二十頃五十六畝，歲入官租米正耗共二百零五石六斗，糧米正耗共一百零九石九斗九升六合。

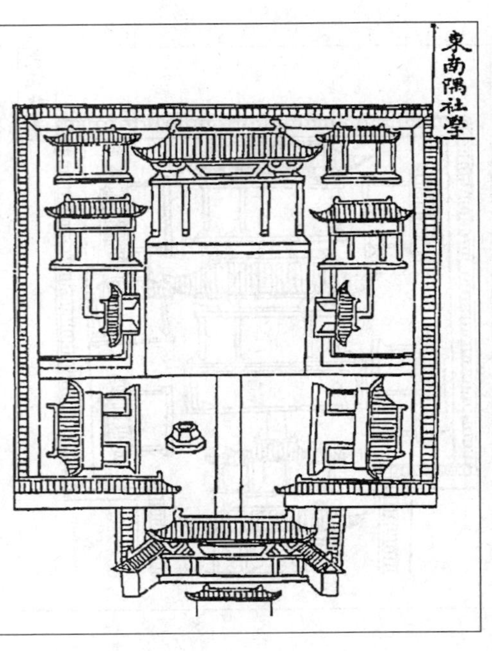

魏校《莊渠遺書》卷九《公移·北隅社學》 學址在城北順天門街，迺大雲寺、小府君廟、二淫祠之故址地，共廣二十丈，深一十三丈一尺。學舍，大門三

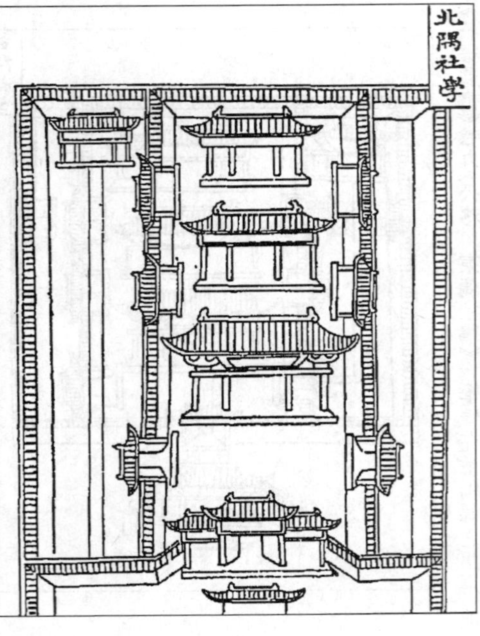

魏校《莊渠遺書》卷九《公移·西隅社學》 學址在南門外褥子巷，舊址爲西來堂地，廣一十五丈，深一十二丈二尺。學舍，大門一間，習禮堂三間，延賓館三間，燕居三間，射圃亭三間，號房八間，塘一口，共二十頃五十二畝。歲入官租米正耗共二百零五石二斗，糧米正耗共一百零九石七斗八升二合。

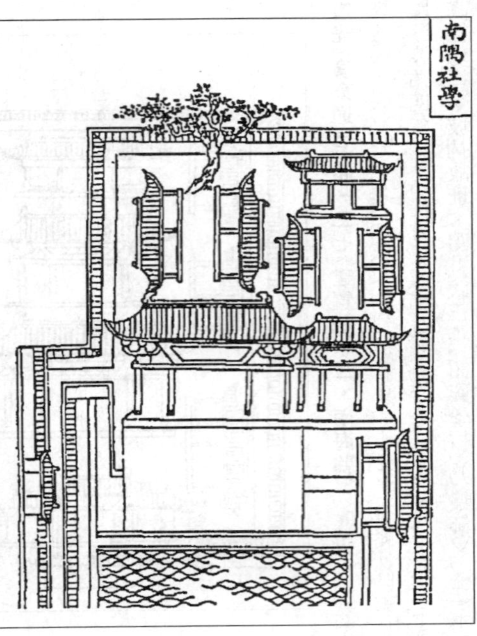

魏校《莊渠遺書》卷九《公移·西隅社學》 學址在城西西市街，舊址爲五顯廟地，廣九丈五尺，深一十九丈。學舍，大門三間，習禮堂三間，東西齋三間，東西軒三間，東西居室六間，月泉井一口。學田，共二十頃五十三畝，歲入官租米正耗共二百零五石三斗，糧米正耗共一百零九石八斗三升五合五勺。

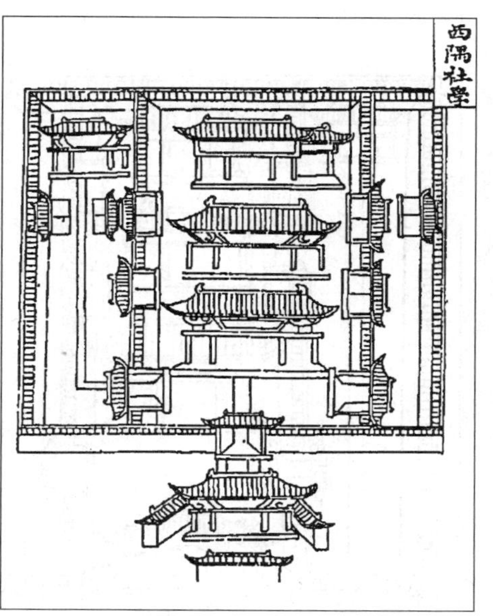

魏校《莊渠遺書》卷九《公移·東隅社學》 學址在番禺縣之西，舊址爲真武廟地，廣八丈一尺，深一十三丈八尺。學舍，大門三間，二門一間，習禮堂三間，延賓館三間，燕居三間，號舍十二間，射圃亭三間。學田，共二十頃五十七畝，歲入官租米正耗共二百零五石七斗，糧米正耗共一百一十石零四合九勺五抄。

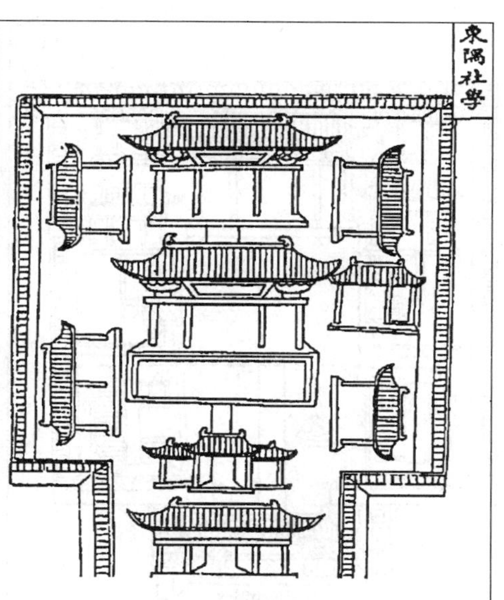

魏校《莊渠遺書》卷九《公移·中隅社學》 學址在城中石頭廟巷，舊址爲定林寺地，廣三丈二尺，深一十八丈。學會，大門三間，習禮堂三間，延賓館三間，燕居二間，號舍三間。學田，共二十頃五十八畝，歲入官租米正耗共二百零五石八斗，糧米正耗共一百一十石一升零三勺。

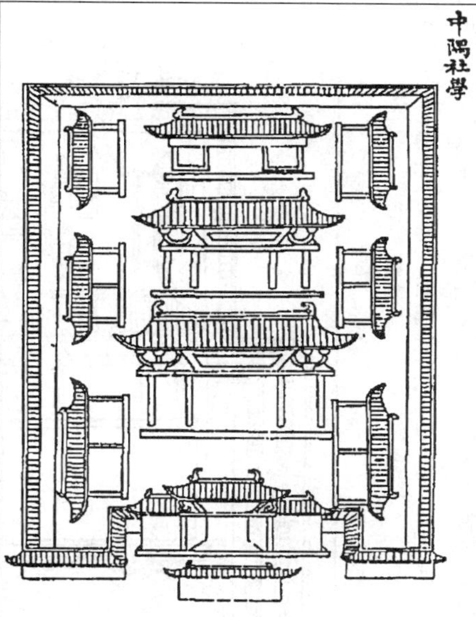

《〔道光〕廣東通志》卷一三七《建置略十三·南海縣》 縣學在郡西南隅，始附於郡學西廡。宋嘉定二年，知縣宋鈞建於縣東六十步。經略使陳峴增置學田四十餘頃。淳祐四年，經略使方大琮捐貲改建。宋季燬。元至元三十年，復徙建城西高桂坊崔菊坡祠故址。明洪武三年，詔興學校，乃增飾之。二十二年，訓導張立以廟學湫隘，請於御史王驥，闢東北民房以廣之。始創饌堂。二十六年，教諭唐善同復請於巡按御史朱希文，展華子巷西南民居，改門南嚮。永樂七年，教諭盧昌重新之。正統八年，提學僉事彭琉重建大成殿，擴學後地，創尊經閣及東西號舍。景泰三年，副使韓雍以鹽倉街隙地易學東民房，以增拓之。天順元年，巡按御史徐瑄始鑿池，跨以石欄。成化五年，知府吴中易櫺星門柱以石。韓殷有記。不録。八年，都憲韓雍重修。邱濬《修南海縣學記》略：王者之化與聖人之教，并篤而偕行，皇朝郡縣所重之處，學校隨之，無間遐邇。南海在中國極南之徼，孔子殁後二百十有六年始入中國，適在儒道厄絶之世。歷漢晉而隋唐，至宋慶曆以後，學校之制始備。南海古郡也，隋開皇之世始以名縣，縣學舊附於郡學西廡之下，元初始徙於今所，薄于民居，甚

隘且陋。景泰初，姑蘇韓公來貳廣憲，始謀拓大。首徙近居四家民地益學，規畫甫定，以擢任還朝，功弗克究。成化八年，公自都臺出督兩廣軍務，武事既備，即慨然欲畢前志。乃出官帑授藩、臬二府，俾左布政使張公瑄、按察使甯公良等經營之，而以提學胡公榮專任其事。曾未踰時，凡學校規制所當建置，古昔所未有及有而未備、備而或廢壞者，一旦巍然焕然，甚稱都憲公作興之盛意。諸公閂遣南海文學陳元賚書浮海，來徵予記。惟聖人之道，放諸四海而準，儒道不立則王化不行。南海在秦世已入中國，方是時，詩書之教廢而仁義之澤竭，惟刑名功利是用。華夏且不有於儒，而況四遠之外乎？漢興始崇文教，重經術，以至於今。中間或有所廢弛，然未有舍學校而能作人才，成風俗，以成一代之治者也。我高皇帝開基之三年，即詔天下立府州縣學，頒示規制，教本孔氏六經，解經必用濂洛諸儒之説，踰百年於兹，學制大備，文教日興。故雖窮荒絶域之地，前代所未能臣服者，莫不皆有學校。南海在前代若遐州，在今日則内地也。其風俗視華夏不殊，人才之興日新月盛，士生於斯，固毅然以華夏自居，而中州之士，亦安敢藐然以遐外視之哉。正德元年，知縣楊純重修。據張詡記，純以弘治乙丑莅任，是年冬修學宫。明年正德改元冬告成。詡記不録。嘉靖六年，提學副使歐陽鐸建聚奎樓，增建旁舍。三十年，提學副使張希舉易民居，改遷學門。黄志。萬曆十八、十九、二十、二十一年，知縣蔣汝瑚等相繼修之。據郭棐記改。郭棐《重修學記》略：今天子御宇十有八年，豐城蔣侯來令兹邑，祇謁聖宫，徘徊瞻覽，大懼神靈弗妥。乃請於當塗，捐俸助修。其始修則自禮殿廡門及東西翼坊，工始庚寅仲冬，迄辛卯孟夏而竣。其繼修則自啓聖宫、清獻祠、書閣、奎星、講堂、齋舍，工始壬辰仲冬，迄癸亥孟冬而竣。三十四年，知縣劉廷元請於提學副使朱燮元，釐復侵地，捐俸重修，增建名宦、鄉賢祠，敬一亭，會膳堂，諸生號舍五所。朱燮元、馮奕垣、區慶雲有記。俱不録。崇禎七年，知縣黄熙印、教諭陳邦奎復青雲路舊址，於民居修興賢、育才二坊。十五年，知縣朱光熙捐俸置造廟中祭器。

國朝順治七年，平靖兩藩克復廣州，駐兵内城學宫，廡舍混居兵弁，兩楹之間至以牧馬。靖藩嘗一修之。據彭釪記增。彭釪《重修南海學碑記》略：南海爲粤邑冠，其學距今數百年。葺而圮，圮而復葺。邇者兵燹之餘，鞠爲茂草。有司屈於物力，欲新之而未及也。靖南王既鎮粤，粤人祇服，乃慨然念庠序爲首善之地，南海爲粤邑之冠，大捐橐貯，廟貌聿新。邑人士復得聚處而習誦焉。然其址爲旗兵所佔，多失其舊。康熙二十二年，撤藩。參議蔣伊首請修建。巡撫李士楨、將軍王永譽會議，别購舍屋與旗兵遷易。蔣伊首捐俸庀材，各官悉捐助有差，知縣郭爾戺、教諭陳天柱、訓導郭淩霄董其役。徐元文《重修南海學記》：天地之氣，自北而南，故雍、冀、兖、豫、青、徐之野，聲名文物盛於三代以前，而大江以南，盛於漢唐之後，其勢然也。南海於古爲郡，今爲廣州首邑，山川靈秀，鍾於人文，大魁名輔，節義文章之臣相望，至於明而尤盛。國家平一海内，兵不留行，而廣州獨煩再駕，武士積怒，空其城而俘馘之。繼而諸藩叛亂，暴横恣睢，士氣久困而不復。南海學宫在坡山之陽，丞相菊坡祠故址，拓爲文廟，歷三百餘年。而一旦鞠爲茂草，殿宇頹剥，階戺荒穢，聖賢之位僅有存者，上雨旁風，黯然無色。介胄之士割其地而私之，牧馬兩楹之間，瓦礫糞土積高與櫺星門等。春秋歲時之祭，寄于他所。參藩莘田蔣公始下車，惄焉傷之，曰：此吾先大夫作令時講學之地也。乃請於中丞李公，將維新之。會有旨廢藩，餘人皆令内徙，分城之東爲民居，西爲兵居，毋使相雜。南海學宫界處兵民之交，則又謀之將軍王公，别購屋五十餘所與兵相易，資之使去學宫之地。始廓然復其故有。於是鳩工庀材，專員董之，諏吉於康熙二十二年，閏五月而告竣。紳士耆老以手加額，不圖復見太平之舊也，乃礱貞珉以記事之文來請。夫仲尼之道如日中天，無遠弗照，況南州炎德離明之位，前哲之所産哉。然而薄雲微翳，則千里爲陰，霜雪凝寒，則羣芳不秀。南海之爲陰霾寒冱，三紀於兹，得二三大僚同力相助，施其揭日回陽之手，天地之氣小屈而大伸，川嶽之靈久積而大發。當聖主右文偃武之時，值歷數上元甲子之會，吾知南海將軼宋明而加盛矣。吾兄健菴昔遊南海，還爲子言：莘田先大夫南陔先生作令時，多惠政，與諸生講業衡文，朝夕忘倦，所賞拔之士無不售者。南人至今德之，像於宫墻之内。今莘田能繼志而益大之，可謂孝矣。其爲德於南人又何如也。是役也，廓清倡率之功，則將軍王公、中丞李公之力爲多，故當大書特書。及夫捐助之數，董事之員，廣袤之舊例得附載於後。予懼夫詩書禮樂之宫而處之介胄貔貅之内，不可使久而湮没也。然旗民雖遷，故址仍多未復。按：舊府志：學宫東至忠賢街，西至新唐街，南至華子巷，北至蒲宜巷，東西二十三丈二尺，南北五十六丈二尺，積一千二百二十井零二分二釐，舊址井然，均齊方正。雍正十三年，據紳士潘泰來、馮利見、黄岡呈稱，東至忠賢街界内，現住旗舍一十二户，西至新唐街界内，現住旗舍二十户；北至蒲宜巷界内，現住旗舍八户；青雲路直通華子巷南界内，現住旗舍周圍一十七户。確係舊址未經復還。乾隆元年，知縣魏綰詳請拆遷旗民，恢復學地。總督鄂彌達具疏題請。二年春，署廣州將軍都統安宏多入覲，復繪圖面奏，得旨俞允。詔發帑金，按間給值俾令遷還，計凡二百有二間。於是撤舊營新，規制始臻大備。據魏綰、馮成修記。魏綰記略：南海有學，歷宋、元、明，遷徙無定。我朝自參藩蔣公及前令郭君修葺，閲今五十餘年。乾隆三年，綰莅任兹土，首謁學宫，細按邑志所載，舊址多缺。遂請文、武各憲議遷旗房，按間給值。當事上陳，得旨俞允。於是度地庀材，經始戊午之十月，落成庚申十有二月。○馮成修《記略》：自兩藩入粤，駐兵城内，混處學宫。殿廡之側即屬旗房，兩楹之下悉供牧馬，相沿數十載。宰斯士者苦申詳報可之難，因仍不改。丙辰，我魏邑侯甫莅事，即喟然有新學宫之志。諸生鼓舞，輸金三千有奇。侯曰：無庸，我朝隆師重道，更修闕里聖殿，動支帑項數十餘萬。直省郡邑修建學宫，亦多題請國帑。乃繕文申請。文武大憲總督鄂公、都統安公先後具奏，果得旨俞允。四十年，知縣常德重修。府志。嘉慶二十一年，邑紳謝蘭生、崔槐等呈請捐修大成殿及尊經閣，名宦、鄉賢各祠。司册。南海縣詳嘉慶二十二年十月十

五日南海縣儒學移稱：據翰林院庶吉士謝蘭生、内閣中書崔槐等呈，南海學宫自乾隆四十年重修，迄今數十年，風雨剥蝕，大成殿及兩廡均有滲漏，尊經閣、鄉賢、名宦各祠并四面墻垣亦多頽塌，兹闔邑士民自行捐項重修。懇轉報通詳各憲存案。

《〔道光〕廣東通志》卷一三七《建置略十三・番禺縣》　縣學在郡東門内，初附郡學西廡。宋淳祐元年，知縣諸葛鈺相地於縣東南五里創建，前俯大江。後提舉李鑑攝帥事，捐贍軍田四百畝以助養士。經略使方大琮臨流築浴沂亭，後燬。元至元三十年，暫附南海學，分析其半，以東爲南海，西爲番禺。明洪武三年，知縣吴忠、訓導李昕度地於東城外建焉。十三年，展東城，學遂在城内，即今學也。二十五年，知縣高鸞、教諭張敬增修之，闢射圃於學右，建先賢祠於戟門左。永樂二十年，主簿奚琳重建明倫堂。劉敬記。不録。正統十二年，按察使黄翰重建尊經閣及號舍。成化四年，知府吴中易櫺星門以石，建東西賢關、聖域兩坊。八年，都御史韓雍重修廟學，建光風、霽月二亭。弘治六年，左布政使馮俊增修，并建時習齋。唐盛《重修儒學記略》：先學規極壯。爲魁字亭，亭南爲集英樓，樓之前後，東、西旁列諸生號舍。中爲明倫堂，翼以兩齋，堂前爲文廟，廟庭東、西爲廡，前爲戟門，門前爲泮池，池前爲櫺星門。歲久頽圮。邑侯唐公濙承方伯宣陽馮公俊之命，撤朽以新，諸生號舍後建私厨及祭器庫、廩粟倉及教諭訓導署。經始弘治六年癸丑，成於明年二月。十五年，知縣趙繼宗重修。《黄志》建東西兩齋，移儀門於東齋之南，撤御書樓，擴霽月、光風堂五間，填左右污池；建號舍七十餘間，自明倫堂後至北魁字亭。據劉存業記補。記不録。嘉靖十三年，訓導郭偉建復聚奎亭。據田汝成記增。記不録。四十二年，知縣滕伯輪重修。據李義壯記。記不録。萬曆二十四年知縣楊言，據方亮工記作十二年。十三年知縣蔣之秀，據袁昌祚記。二十八年穆天顔，據《職官表》。三十三年黄鳴喬，據徐北魁記。三十七年潘士達，據《職官表》〇潘士達有記。不録。相繼增修。國朝順治十二年，知縣蔣如松修葺。黎民貴、李士淳有記。俱不録。康熙二十三年，知縣李文浩重修。雍正元年，改啓聖祠爲崇聖祠。《府志》〇謹按：自是以後，皆書作崇聖祠。他府州縣不復重叙。乾隆十二年知縣周儒、萬承式，二十三年淩存淳，相繼修。

《〔道光〕廣東通志》卷一三七《建置略十三・粤秀書院》　粤秀書院在南門内鹽司街，原鹽分司舊署。康熙四十九年，總督趙宏燦、巡撫范時崇、滿丕及各官捐建。雍正八年，知府吴騫重修。府志。沈廷芳記。不録。原由廣州府經理，乾隆九年，改由糧道稽察添設監院一員，於各學教官内遴委。二十六年、三十三年，嘉慶十四年，相繼酌定規條。道册。規條詳《經政略》。乾隆五十七年，嘉慶十四年，各詳准動項修葺。司册。二十五年，知府羅含章倡捐重修。府册。明黄佐論曰：書院非古也，修書置院，其肇自唐乎？開元中，東宫麗正殿書院藏經籍，置修書院。既而大明宫門外皆創集賢書院，學士通籍出入，凡以廣購集，事校讐也。逮宋，嵩陽、廬阜、嶽麓、睢陽，各立書院，居生徒，賜之經傳，以相敎學。淳祐四年，經略使方大琮于廣州儒學建番山書院，其旁列文、行、忠、信四齋，以藏書教授，蓋聞鵝湖之風而興起者也。列郡于焉，視傚而俊游雲集，五季青衿，政衰緣兹，文治不振，其亦奎聚之徵應歟？夫太學之教行而成人有德，小學之教行而小子有造，則亦何賴於此，惟夫學校教導無實，講學既廢，修德奚由？邢邵謂此何異免葵燕麥，則夫别設書院以延名儒，教子弟，又焉可無哉？嘉定間，教授許巨川建觀德亭番山下以合射。正德間，猶沿之。猗乎，昌黎、濂溪過化，名儒之首也，俎豆之地有詩書矣。而禮樂尚缺，曷亦倣古樂正所崇四術，而施諸教哉！

《〔道光〕廣東通志》卷一三七《建置略十三・越華書院》　越華書院在布政司後街。乾隆二十年，鹽運司范時紀及諸商捐建。《運司册》。范時紀記：嘗考齊、魯接壤，齊地濱海，以魚鹽甲天下，而禮教信義獨重宗邦。今粤東僻處炎徼，素稱海濱鄒魯，誠所謂南海盛衣冠之氣者耶？我朝菁莪棫樸之化，溥徧天下，黨庠術序而外，各省復創建書院，作育人才，超越千古。粤東向有粤秀書院，人文稱盛。而商人子弟寄籍於此者，未有藏修之地，衆商深以爲歉，積志已久，因合詞籲請，余轉申制撫，俱蒙嘉予。且捐資首創，即命予酌蕆其事。於是衆咸踴躍，樂輸已資，遂買舊宅一區而更新之。其中屋宇池亭以及草木竹石，原已略具，因而稍爲布置。前建講堂，後起書樓，餘胥爲絃誦肄業之宇，宜樸而固，勿事雕華，蓋取其地幽静，足以收檢身心而已耳。工既竣，制憲顔其額曰「越華書院」，躬莅課藝，面加獎勵。衆商感激，復捐項生息以充膏火，用垂永久。於是敦請名宿爲山長，俾得有所折衷，庶業不荒而名有由成矣。肄業於是者，息遊有地，董勸有資，樂羣砥礪之餘，果能當身體驗，能自得焉。將處則抱真學問，出則有真經濟，庶不負大憲之栽培訓迪，而共相沐浴於聖朝之雅化。將見士氣日新，人才輩出，使海濱鄒魯名實相副。余且拭目俟之。初，設膏火三十名，以爲商籍子弟藏修息游之所。其後諸商久寓粤東，子弟多歸民籍，甄别事例遂與粤秀書院同。嘉慶十一年，鹽運使蔡共武捐廉倡修。總督吴熊光有記。不録。十五年署鹽運司楊煒，二十年鹽運使方應綸，疊次詳准，增設膏火名額。詳《經政略》。二十五年，諸商捐修。運司册。

《〔道光〕肇慶府志》卷六《建置三・學校》　府學在城東一里。舊在舊縣治東七十步，宋崇寧遷今所。紹興間，郡守李麟、鄭啓沃增拚。元季修葺，後毁於兵。明洪武二年，知府李從信鼎建。宣德間，知府王罃撤而新之。天順初，西賊流劫，兩據學宫，知府黄瑜奏遷於城中東倉地。今三司署是其故址。成化間，知府

李璲改學門，甃泮橋。弘治間，知府黄琥重修，通判李敏立射圃。正德元年，知府黄容修大成殿及厨庫。十二年，通判吕泮修明倫堂及書樓。嘉靖六年，總制兩廣新建伯王守仁飾堂齋之不稱者。十年，始奉制易大成殿曰先師廟，建啓聖祠，又建敬一亭。十一年，巡按御史吴麟、知府錢鐸復遷今所，市民地以廣之，殿廡堂舍具備。嘉靖十二年，都御史吴桂芳乃於廟後建尊經閣。萬曆九年，知府王泮買民居，開學門，臨大江護以石欄，接東西街，樹坊四。一崧山起鳳，一端水騰蛟，一崇儒，一貞教。又於甲位建文峯塔。萬曆十四年，圮於洪水。知府鄭一麟重修。左學右廟，廟前兩廡爲戟門，列神厨神庫。泮池橋在戟門，外爲櫺星門，南樹黌宫坊。十九年，總制劉繼文捐贖鍰六百餘兩，并知府王泮、黄時雨前後捐助，建尊經閣。二十九年，知府陳濂重修明倫堂、齋舍，闢青雲路。三十一年，復買民地闢圍墻，遷起鳳、騰蛟二坊於街外。石欄頹泐，督撫周嘉謨鳩工重修。廟左爲明倫堂，爲四齋：東曰居仁，曰立禮；西曰由義，曰廣智。前儀門，列號房，又前爲儒學門。堂後爲講堂，即教授署，東、西爲訓導署。甲寅年，改建尊經閣於明倫堂後，而以廟後舊址爲啓聖祠，東名宦，西鄉賢。敬一堂在後山頂。中立《敬一箴》，東西立五箴。甃以石，周以墻。督府張鳴岡、知府戴禧建，知府陳謨修。崇禎五年，知府陸鏊與通判史延旭重修。明末，毁於兵。國朝順治十五年，知府楊萬春倡率紳士修復明倫堂、尊經閣、啓聖祠，仍附鄉賢、名宦祠於左右。次年，重建大魁樓。康熙六年，推官吴百朋、教授姚士裘重修聖殿、兩廡以及文昌宫、土地祠、戟門、泮池。八年，颶風大作，聖殿、大魁樓、尊經閣、櫺星門俱被飄毁。十一年，總督兩廣部堂金光祖、廣肇南韶道任埈、知府史樹駿、同知韓世林、通判董敔捐修。四十八年，知府王經方重建牌樓。吴志。五十七年，知府宋志益捐建學署。郝通志。道光二年，知府屠英捐俸修葺。六年，署高要縣葉承基修前門、照墻。十二年，知府珠爾杭阿重加拆建。

《〔道光〕廣東通志》卷一四一《建置略十七・高州府》　府學舊在電白縣治，元大德八年，遷府治于茂名，縣學亦隨遷，在府之東隅。明洪武二年，知府沈奇建，同知岳福修。景泰間，知府何盛重修。成化元年，毁于賊，學廢。七年，按察副使孔鏞修復。邱濬記略：高涼郡學興于公私力屈之時，可書也。天下之事，動之有機，用之有要，爲之有其方，則不難於有成。十數年來，海以北地爲峒猺所侵掠，民什喪其七八，官府岌岌然居民上，凡事一切粗具，上之人亦不甚拘以文法，按以故事。至於學校一事，尤以爲不急之務，視之蔑如也。廣東按察副使、闕里孔公韶文獨慨然太息，以爲民物凋弊甚矣，必欲復承平之舊觀，非振作士氣，固結人心不可得已。必欲作士氣，結人心，亦惟鼓之以其機，提之以其要，行之必效之力，然後庶幾焉。學校者，申明教化之所行，理義之所出也，所謂動之之機，用之之要，爲之而的有可效之方，其不在兹乎？於是乎節縮費用，量度事宜，取用于財屈之餘，役力於民鮮之時，其所施爲措置，蓋視他郡尤難焉者。凡學制所當具，大成殿，明倫堂，從祀之廡，分教之齋，其規制一復承平之舊而又有加焉。知高州府事豫章章侯琳，知茂名縣事瓊山曾君英，以書來求予記，甚成。正德四年知府陳腆，八年知府陳嘉表，相繼修。嘉靖元年，知府莊科重修。黎貫有記。不録。五年，建敬一亭。九年，建啓聖祠。二十一年，知府李廷璋增建號舍。二十六年，知府歐陽烈修建門坊。黄志，兼採府志。崇正十年，知府姚繼舜捐修。國朝順治十一年，毁于西寇。十五年，巡按趙之麟，守道劉繼昌、李皓，知府蕭嘉熙，同知劉亮工，各捐貲重建。康熙六年知府熊啓允，七年知府蔣應泰、教授黄夢賚，重修。雍正七年，知府張兆鳳重修。府志。乾隆三年，題准部覆，動項修葺。司册。嘉慶二十四年，巡道朱桓、知府雙壽、知縣王勳臣，集郡士重修。縣册。高文書院在東街，嘉慶六年，知府杜安詩因敷文書院舊址改建，易今名。

《〔光緒〕高州府志》卷一四《經政二・敦仁書院》　敦仁書院在安樂東。康熙五十一年，知縣孫士傑建。知縣孫士傑記：墟名分界，蓋東與電治接壤，而余齊年友錢君閬行所題安樂書院，并名其市，而欲熙穰無虞者也。或謂家有塾，黨有庠，術有序，義學之設洵宜。第錢君令潘已有書院峙其墟，而公此屋復建，得毋贅設而徒煩土木之役也耶？余曰：否。古有郵亭，所以駐使節而供往來行李之困也。墟東與電白相距百二十里，而西則達高郡五十里，倘無停車之地，其暴露之，則恐凄風霪雨之爲厲，而盜賊恣肆，亦以重下邑之罪。爰以安樂書院爲皇華旅次，而成人小子無定居市而有市心，可若何？余就安樂書院之偏東閒，壁立而顔曰「敦仁」。其講堂三楹，兩旁齋房各六楹，庖湢一楹。其後之地闊二丈，長五尺，價銀壹兩肆錢購之，監生賴懋衡也。其門之左右地深二丈六尺，闊一丈二尺，價銀壹兩肆錢，而購之生員張光儀也。其納賦修補諸務，以大學何恂董之。其塾師脩金等費，一歲貳拾肆石，並貧寒遠來負笈之士，於所收之租支之。恂不得侵漁塾師，亦不得溢額囂墟雜揉中。清之以絃誦，導之以禮讓，俾人各翻然悟，毅然興，共敦吾仁，以安此士也。庶幾勉之，跂予望之。

《〔光緒〕高州府志》卷一四《經政二・筆山書院》　筆山書院舊名南嶽，知府吴國倫建。後廢。知府曹志遇新之，以筆架山前峙，故易今名。有記。明御史高明區大倫記：高州守曹公，甲寅春下車即課諸生文藝，爲之品騭，殷殷不倦。乃謀於僚佐縣令曰：百工居肆以成其事，士耑帖括必資類聚，乃能薰陶德性，論難經義，則書院之設，有司

所不能辭也。問南嶽書院故址，業爲菜家圃矣。伐木於山，鳩埴於陶，命縣丞陸應春、典史錢雄績督諸工匠，於五月十五日落成。堂五楹，高一丈九尺六寸，闊六丈。中爲問奇堂，兩旁列書舍，前爲門。門對三峯，因署其額曰「筆山書院」云。公淹貫典墳，雅工詞賦，登泰岱，陟二華，度岬峽九折，足跡所至，輒有留題。乃一麾茲土，不旋踵而敷化流惠，復搆别業，集諸生講讀其中，月三試而品服瑜。暇則偕參佐，盼筆山雲物，相看不厭，其視古人峴首之遊，河朔之飲，差勝耳。諸生景仰尼山，操觚擅技，亦知爲山始於一簣耶。學譬登高，業先知本，諸生務求其本，則胸藏萬仞，勝峙千秋，致雨興雲濡溉六合，此曹公取義書院，以勖諸生意也。不盛，矜氤氳之吐，娛枝葉之華，筆札相高，意態相尚，單詞偶合，則夌厲四方，片言可録，遂傲睨千古，豈才不贍哉？本不立也。自德性啓辨於鵝湖，至善開宗於白鹿，良知倡於四明，格物訓於白沙，雖藏真於洞壑，實棲心於聖統。諸生遠宗孔孟，近師曹公，婆娑文峯，優游道岫，氣合雲夢，筆掃崑崙，入承明之廬，奏長楊之賦，乘時發奮，曹公其大有造於斯矣。往文翁化蜀，令名歸焉。曹公先守蜀郡，德化當不在文翁下，至此，首以興賢育才爲務，則滯一方者殆若不及，諸生可不圖自修自證哉？筆山且藉以生色矣。

《〔道光〕廣東通志》卷一四三《建置略十九·羅定州》 州學本瀧水縣學，舊在開陽鄉，元大德間，知縣陳澤遷建於城南三里。明因之。洪武二十二年，知縣晉善重建。正統十三年，毀于猺賊。景泰三年，知縣周剛奏准遷建城内西南隅。五年，巡撫馬昂命同知饒秉鑑撤而新之。成化九年，知縣林昂重建戟門。正德二年，同知翟觀遷建于縣治之右。嘉靖十九年，知縣鄭復易學後民地爲廨宇。三十六年，提學僉事李遜以學宫廢壞且非其地，復命遷於城南三里舊址。黄志。萬曆五年，改陞爲羅定州學。國朝順治四年，兵憲李士璉重建。十五年知州胡獻珍，十八年學正梁晨棟，訓導黄河源，相繼改建。康熙十二年知州李丹，五十五年王國棟，各捐修。郝志。

《〔道光〕廣東通志》卷一四三《建置略十九·連州》 州學，宋咸平六年始建書堂于城内東南隅。崇寧間，遷于聯璧坊。政和四年，知州歐陽震復遷東園。乾道八年，兵燹。郡守陳煜仍遷東南隅書堂故址。朝請大夫范處義有記。不録。端平元年，知州留元長復遷于列秀亭右。元因之季年燬于兵。明洪武二年，遷于巾峰山下。是年州廢，學亦隨焉。十四年，復州，學亦復，乃建于四角塘。即陽山縣學舊基。二十一年，同知劉本和、學正劉平復徙于列秀故址。景泰五年，知州蔡瑛重建大成殿。弘治五年廖輔，正德三年張書鯉，嘉靖八年何仕鰲，先後各有增建。十四年，州判余勉學復修葺明倫堂。黄志兼採州志。黄佐記略：湟川惟連始州於隋，迄唐昌黎韓子至，士薰其德，乃多賢材，州學始建。於宋迄南軒張子至，士復薰其德，自是賢材益莘莘如也。屬者侍御史余君謫判是州，捐俸鳩工重建正殿、兩廡、戟門，視舊址益宏。明倫堂以及厨庫、齋房皆撤而新之，學官寓舍亦加整飭焉。韓、張二子遺碑像贊之屬，皆訪求而徧樹之，用示儀軌。政暇則與多士講明正學，其嚮往啓後之意盛矣哉。余名勉學，字行甫，癸未進士，柳州人。萬曆中，知州張聯奎、葉肇梓、時一新，相繼增修。國朝仍舊。順治十二年，知州竇必勝、王彦賓各復修。康熙十年李蕡，十三年同知劉炳，二十四年知州安達理，三十九年王永烈，四十一年王濟民，六十年馮槐，先後各有增創修改。郝志。雍正間，知州孫蕭、樓儼相繼修。乾隆二十二年，暴煜修崇聖祠，明倫堂，張、韓二公祠。《州志》。

《〔道光〕廣東通志》卷一三九《建置略十五·惠州府》 府學在府治東南。宋淳熙二年，州守張孝賁始建。寶慶二年，文學掾王胄建學門于東南隅，其上爲麗澤亭。淳祐二年，燬。元至元二十五年，重建。九年，廉訪僉事張處恭修。泰定二年，教授劉惟清修大成殿及明倫堂。天曆中，教授張廷實修戟門。明洪武八年，知府楊伯顔不花重建。永樂八年，知府龍淵修。教授古龔賓復徙門于左。正統二年，提學彭琉復學西故基，歸射圃于軍衛倉，拓地以益學址。六年，知府鄭安修始建尊經閣。景泰二年，知府滕康修櫺星門、泮池。天順八年，燬。知府李叔玉重建。弘治十年，僉事王相、知府涂疇修兩廡及戟門。正德元年，知府吕大川重建尊經閣，修饌堂、號舍，闢射圃，建觀德亭。七年，知府梅吉易櫺星門以石。十年，知府陳祥闢故地于東南隅爲門。嘉靖二年，御史涂敬檄知府蘇輔、顧遂，推官周楫，重新之。歐陽鐸有記。不録。九年，建啓聖公祠。十一年，知府蔣淦重修，建敬一亭。三十五年，知府姚良弼、通判吴晉大修。黄志。楊載鳴記。不録。二十五年，知府程有守重建啓聖祠、明倫堂、尊經閣、名宦、鄉賢祠，修飾大成殿及櫺星門。崇禎八年知府周世盛，十一年知府梁招孟，各重修。國朝順治初，知府林崇孚、教授何調元捐修。康熙二十年，督學陳肇昌、巡道陳其政、訓導衛金章捐修。二十二年，知府李甲聲修名宦祠。郝志。乾隆三年，奉准部咨，動項修葺。司册。

《〔道光〕廣東通志》卷一三九《建置略十五·惠州府·豐湖書院》 豐湖書院在郡城西南銀岡之麓。舊名聚賢堂，剏建於宋淳祐四年至寶祐二年，州守劉克剛改爲豐湖書院。元大德三年，重建，明初，即之爲縣學。後廢。《縣志》宋淳祐甲辰，州守趙汝馭建，祀陳堯佐、陳偁、蘇軾、唐庚、陳鵬飛、古成之、張宋卿、留正、許申、蘇過、陳權、陳煥，曰十二先生祠。後爲堂曰晞是，堂之上有樓曰第一湖山。寶祐甲寅，州守劉克剛

改爲豐湖書院，以堂爲夫子燕居，塑豫章先生之像于晞是堂，别爲十二先生祠于堂之後。又于其西搆六君子堂，其南闢四齋，又南立三門。簡生徒有志尚者講習其中，以州學教授兼山長事。景定壬戌，攝守林畔建亭于其前，曰如沂。元初，六君子堂、四齋、十二先生祠俱圮，惟夫子燕居，晞是堂，三門、兩廊、如沂亭存。時路學未立，春秋朔望于此謁奠。大德己亥，山長黄趙孫重建。明洪武初，即之爲縣學。十七年，縣學既立，此乃廢。今豐湖書院舊名惠陽書院，在西湖永福寺右。國朝知府吴簡民建。同上。嘉慶七年，知府伊秉綬從紳士請，遷建西湖上，易名豐湖書院。旋以章程簡陋，數年漸敝。二十四年，知府羅含章倡捐增置書舍三十餘間，膏火一百三十分，詳定章程，自爲碑記勒石。

《〔道光〕廣東通志》卷一四〇《建置略十六·潮州府》　府學在城東北隅。相傳舊在西郊，謹按：唐韓愈《請置鄉校牒》則是潮州學校創始於愈，五代之際無考。在西郊者，或仍唐之遺址也。《牒》曰：孔子曰：「道之以政，齊之以刑，則民免而無恥。不如以德禮爲先，而輔以政刑也。」夫欲用德禮，未有不由學校師弟子者。此州學廢日久，進士明經，百十年間不聞有業成貢於王庭，試於有司者，人吏目不識鄉飲酒之禮，耳未嘗聞鹿鳴之歌，忠孝之行不勸，亦縣之恥也。夫十室之邑，必有忠信。今此州户萬有餘，豈無庶幾者邪？刺史縣令不躬爲之師，閭里後生無所從學爾。趙德秀才沈雅專静，頗通經，有文章，能知先王之道，論説且排異端而宗孔氏，可以爲師矣。請攝海陽縣尉，爲衙推官，專勾當州學，以督生徒興愷悌之風。刺史出己俸百千，以爲學本，收其贏餘以給學生厨饌。宋咸平中，徙城南。慶曆間，建於東岡之湄。元祐四年，遷湖山之麓。有雁塔、芙蓉池，遺址尚存。七年，又徙州治之東南隅。建炎二年，即神霄宫爲學宫。紹興八年，燬于兵。十一年，知州徐璋始建于今地。凡五遷而始定。二十一年，知州章元振建經書閣及講堂。淳熙十六年，知州丁允元創六齋。慶元四年，知州林嘌增置二齋。景炎二年，燬于兵。元至元二十一年，總管丁聚建講堂、齋舍。至順三年，總管王元恭甃石爲泮池，教授鄭暉易櫺星門以石。吴澄記略：二廣南服之極南也，三陽又廣東之極東也，古先聲教之暨于其地，蓋不與中國同。然天之生斯民，民之秉是性，豈以地之遠近偏正而異哉？或謂潮人始未知學，自韓文公爲刺史，而後士皆篤於文行。夫韓未至潮以前，因已有趙德其人，惡得謂之未知學乎？國朝承宋文盛之餘，潮之士學非唐元和時比矣。至元戊寅，郡庠燬于兵，憲官相繼修復，而未克完也。丁侯聚之典郡也，講堂齋舍初構。張侯處恭之按部也，廟殿門廡略具。潮人以爲卑小，弗稱王祀先聖之儀，悉願更造。以民則蔡景獻石柱三十，以官則判官赤海牙助緡錢一千，既有其資，乃議遷孔廟于學之右。天曆庚午春，僉事任侯仲琛又率諸官捐俸，命羣士輸材，於是大成之殿不日而巍然其隆也，廓然其敞也。明年，郡牧王侯元恭華之以黝堊之彩，翼之以左右之廡。民居叢雜，喧聒逼迫，諭而徙之，地域混并，繚以宫墻，尊嚴閟侐，昔所未有。又私出錢五百緡，塑兩廡從祀像，明倫堂竦立孔廟之左，於是潮之廟學始大備。董營繕者，教授李復、學正劉貢珍也。至順三年春，有事先聖，虔告成績，邦人士咸喜，乃來請文以記。明因之，自正統至萬曆中廟制大備，自萬曆至明末，時有修改。國朝順治間，知府王廷獻、吴穎相繼重修。十八年，饒鎮吴六奇捐貲，重建明倫堂及門廡，名宦、鄉賢二祠。康熙十八年，知府林杭學重修，并創建啓聖祠。林杭學《重修文廟記略》：潮之郡庠，由宋迄今，其來舊矣。明嘉靖辛卯，命禮臣釐正祀典，前二千石始議建祠以祀啓聖公于聖殿之右，遵廷議也。祠廟遞興遞廢。至康熙甲寅，余從大將軍提師恢復潮州，旋奉命知府事。時奉牲告虔，週視大成殿，若堂廡齋舍，若寔櫺壁户，附近街民竊取者三之一，豪猾燬去者三之一，兜鍪健兒强踞者三之一，蒿目漂摇。冀一新之，以戎務倥偬，未暇也。戊午春，始有事於聖殿及明倫堂，補缺修殘，載施丹雘，庶幾無隕越於下，以貽祀典羞。然啓聖一祠，尚淪草莽。爰商之郡倅夏公宗堯、孫公鉌，竭蹷以將祠事。攻木之工五，攻金之工一，攻石之工三，攻瓦之工四，攻漆之工二。堂下爲階，階下爲庭，庭之前門焉。東西廂各五椽，有廳事，有文舍，整如也。董其事者，教授尹翻、孝廉林世榕。至奔走襄事，鳩工集材，則掾吏鄒際亨等。二十八年知府石文晟，三十三年李鍾麟，四十一年梁文瑄，相繼重修。雍正元年，改爲崇聖祠。知府張自謙置造樂器。七年，知府胡恂重修兩廡及崇聖祠、明倫堂。乾隆二十七年，知府周碩勳奉布政使史奕昂補造樂器，聘樂長教諸生雅樂。重修崇聖祠及兩廡，名宦、鄉賢二祠。《府志》。

《〔道光〕廣東通志》卷一四〇《建置略十六·潮州府·韓山書院》　韓山書院在府城西南。宋元祐五年，知州王滌建爲韓文公廟。蘇軾碑在焉。淳熙十六年，知州丁允元遷于河東雙旌山。即今韓山。後廢。慶元五年，知州沈杞復建於舊址。淳祐三年，知州鄭良臣建齋舍課諸生，是爲城南書莊。元至順間，總管王元恭改建爲韓山書院。吴澄記略：昌黎韓子嘗因論佛骨事謫潮州刺史，其後潮人立廟以祀。宋元祐間，廟徙州城之南七里。逮淳祐初年，又于廟所設城南書莊。皇元奄有此土，屋燬于兵。至元甲申，韓山書院重興。即廟之舊址爲先聖燕居，先師兖、郕、沂、鄒四國公侍，而韓子之專祠附。唐時，先聖配祀獨一顔子，宋儒推孟子之傳，由曾子上接孔氏，其言本諸韓子《送王塤序》，于是配孔子者四祠，韓而繼一聖四師之後也固宜。然書院僅復，規模陋隘，嘗繕多缺。前守擬更造不果。至順辛未夏，太守王侯至，偕其長阿里涉其、貳喑都赖哈蠻協謀，命山長陳文子計其費，乃撤舊構新，韓祠燕居位置相值，寬衺齊等。後有池，廣十丈許，畚土實之，建堂其上，扁曰「原道」。兩廡闢齋舍館諸生，日食之供有庖，歲租之入有廩，教官之寢處，祭器之閟藏，一一備具，宏敞壯偉倍加于前。五月經始，九月落成。海陽縣忻都實董其役。越明年，山長陳文子將以潮士之意來請記，曰：潮城之東隔水有山，公平日憩息之地，手種木尚存。潮人稱其木爲韓木，山爲韓山。後取城東之韓山以號城南之書院云。明自天順至

萬曆，時有修建。國朝順治四年，巡道曾宏重建。康熙二十二年，知府林杭學重修。後爲社學。雍正十年，知府龍爲霖重修，仍名韓山書院。府志。龍爲霖有碑記，不録。

《〔道光〕廣東通志》卷一四三《建置略十九・嘉應州》 州學在州治南，宋梅州學也。初建于大市，復徙之東南隅。乾道九年，知州黄德復遷于城之西北天慶觀側。慶元六年，知州劉煥增修，新十哲像、齋舍。學正鄭南升有記。不録。教授張如圭、林若谷相繼建大成殿。紹定三年，燬于寇。學正鄭奇遷于貢院舊址，轉運使趙師楷、知州葉敷榮共建成之。嘉熙三年，復燬。淳祐元年，知州李鑑遷今所。元至元十七年，燬于寇。元貞二年僉事張處恭、大德元年僉事忽剌出，相繼重建。明洪武二年，省州。三年，設程鄉縣，改爲縣學。二十四年典史廖化，正統九年知縣文琳，成化元年參政龔毅、僉事毛吉，弘治三年僉事袁慶祥，相繼增建殿堂、門廡、齋舍。明陳獻章記略：潮之程鄉縣儒學傾圮久矣，今按察僉事雩都袁公慶祥處分以新之。明年巡按廣東監察御史劉公纓分巡嶺東道，僉事王公某往來爲之勸借財用，或拓地以相其成。凡學官之設，有文廟，有明倫堂，前後位置所具皆同，亦程鄉之舊也。袁公因地之形勢廣狹而更張之，廟主以像世相沿襲，有異教之嫌，而未嫌其所自，意者古以尸祭之遺意歟。廟前樹杏爲壇，夾以兩廡。戟門之東祠鄉賢，西祠后土。泮池在櫺星門之内，池之左爲宰牲所。堂之東西偏爲兩齋，爲諸生號舍。道義門與儒學門相望。東廡之上神庫，西齋之上神厨。廟與堂之間會饌堂居之，北列廨宇。凡此皆出于袁公之規畫，授圖于縣令，俾成之。總之爲屋若干楹。自辛亥迄癸丑，三易寒暑而後成。正德八年，知縣張欽重建大成殿、饌堂、祭器庫、門廡。九年，知縣張戩增號舍。十六年，知縣唐繼仁重建大成門。嘉靖四年，訓導張賢撤饌堂，建尊經閣。八年，主簿黄騰立建敬一亭。十年，知縣林譚建啓聖祠。二十五年，知縣黄進建會饌堂。黄志，兼採州志。國朝順治十年，知縣葛三陽移建啓聖祠于大成殿後。康熙八年，訓導吴晉修。十年，知縣王仕雲重修聖殿、兩廡、戟門、明倫堂、名宦、鄉賢祠，建宫墻萬仞及左、右二坊。王仕雲有記。不録。四十四年，知縣郭廷祚重建大成殿。雍正九年，知縣劉企峻重修崇聖祠及名宦、鄉賢二祠。十一年，陞縣爲州，改爲州學。十二年，知州李匡然修明倫堂及儀門。乾隆十年，知州王者輔修大成殿、明倫堂，建宫墻萬仞坊及照墻，建奎文閣，建省牲亭、四箴亭，清復學地，立射圃。十三年，王之正接修新木主龕座，築丹墀甬道，浚泮池，建梯雲橋，立石欄杆，更櫺星門石柱，建二坊，修戟門匾及文武科題名匾，修學署。州志。

《〔道光〕廣東通志》卷一三九《建置略十三・韶州府》 府學在府治南稍東。宋景德三年，始建先聖廟。至和二年，知州胡牧始建學。熙寧七年，知府王之才廣而新之，建稽古閣。元祐七年，提刑李孝博奏置學田。曲江主簿屈唐臣記略：一道德，同風俗，而化之，所起莫先於學校。勵之以名，引之以義，俾人才繼出，莫大於教養。天子首善於京，立三舍以延天下之士，而風化流行，自近及遠。非鉅儒宿學發明道德之微意，縉紳先生親奉朝廷之法度，安能流澤遐域，炳然有三代之遺風乎？韶於嶺表，號爲沃壤，而山川秀氣，發爲聰明，故衣冠士人比他州爲盛。文獻張公在唐稱爲賢相，風猷赫奕，傳於無窮。踰數百年，復有余襄公挺立本朝，而清名勁節，榮耀當世。今則褒衣博帶，應詔而起者，僅及十數。其間卓犖瑰奇之士，猶踐場屋，而後進有需於教養者，固亦多矣。然有願學之志而無就學之地，有愛道之志而無聞道之師，庠序荒榛，恬不爲恤，如良材美玉可以備棟樑，薦宗廟，而戕賊污漫，不能發越。吁，可惜也。元祐壬申冬十有一月，鄄城李公孝博以天子命提憲東廣，奏朝廷乞置學官，以專訓導之職，請賜公田以增給養之奉。諭未及降，先輸所隸錢十萬爲修完之費，乃命郡幕饒禮典教事。饒君，通儒也，藻鑑精明，壓服衆議。因諭之，以爲學之弊，常患乎始勤終怠，防範寖弛，則雖有美材良士，亦將汨於近習，流而爲放僻邪侈之尚。如是，則興學之美名，殆不若苟且無事之爲愈也。饒君因得以推擇行義之士三數人，分掌學職以表率於上。其勸督糾繩之嚴，雖成均之教無以過也。又得黄極、蕭雅二君，以多聞博識之智，專主講席，發語之日，憲車來臨，決疑問難，環坐觀聽，無慮數百人。設宴酬酢，與釣爲禮。繼又徧閲齋舍，親諭諸生以道德性命之理，致君澤民之術，眷顧往返，欣然不倦。故遠近之士鼓篋而來，雲翔淵集，至無容居，溢于户外。一方之人駢肩累跡，拭目竦視，以爲儒道之盛有至於此。唐臣以屬令之末，被命紀其歲月，且喜爲天下道也。紹聖二年三月朔日記。元符元年，知州譚粹增置學田。紹興十年，權郡連州判官廖蘧重修。淳熙十四年，教授林震移稽古閣于明倫堂後。紹熙三年，知州汪大定重修。嘉定四年，教授張箎修大成殿。明年，知州張思忠增修。袁燮記略：唐人有言，中州清淑之氣，至嶺而窮。信斯説也。踰嶺而南，氣皆濁而乖戾，其鍾而爲人，不若中州之可貴也。天地之德，陰陽之交，鬼神之會，五行之秀，人之所以爲人也。人無有不善，清淑之氣宜周流無窮，而截然爲疆界，可乎？韶爲州，邈在嶺表，士生其間，亦有奇偉逸羣者焉。故在唐則有若名宰相張公九齡，本朝則有若名侍從余公靖。今猶昔耳，豈謂無其人哉？毘陵張君篪典教此邦，知長才秀民之不乏也，思成就之。學官陋甚，朽蠹欹傾，若將壓焉。蓋建立於慶曆，備具於元祐，葺治於紹興，闕焉不修者五十有三年。欲撤而新之，役大費廣，力不能支。則擇其最急者以告於郡，請由大成殿始。方侯信孺亟捐金倡率之。越兩月，殿巋然如初。經略廖公德明聞而亦餽之金。明年，將營葺其餘，率諸生重請于郡張侯思忠，惠然助竟其役，復益以餼廩之贏。于是，自講堂及兩廡，至于師生之所舍，重門垣墉，倉庫庖湢，關于養士者咸具。爲屋八十間，材良工堅，規制赫奕，非直爲是觀美，蓋將使學者羣居於斯，講切磨勵，求日新之功焉。嘉定壬申春二月甲

子記。淳祐六年，教授湯露重創明倫堂。元至德三年，總管張傑、曲江縣知縣程準重修。至大二年，廉訪僉事張昕增學田。教授董養賢記：面學有池，古也。古者學官莫不擁水環之，以象德教流行也。辟雍者天子大學之制，四面皆水繚，如璧然。其在《詩》曰：鎬京辟雍，自西自東，自南自北，無思不服。是也。泮宫者諸侯之學，獨西南有水，其象如璜。其在《詩》曰：既作泮宫，狄彼東南，濟濟多士，克廣德心。是也。夫辟以東西南北言，蓋取流化四方之象。而泮獨以東南言，非象其流化於一方乎？韶舊有學，創于至和，備于元豐，規模顯敞，是爲一郡之盛。惟自殿庭而南，無尺寸之水，殊失泮宫之制，士徒病之久矣。紹定壬辰之春，提刑節制石公來視于學，諸生合詞以請，公慨然諾之，即日捐金二十萬，米四百斛。於是自堂徂基，鋪礒如砥，仍葦土攻石，甃平叠堤，深凡八尺，縱横各三丈有奇，外圓内方，跨橋以便往來。新秋一雨，清漪漣如，二百年學校所未有。役已訖，諸生訢訢來言曰：昔魯僖公修泮，頌是用作。二百年闕典，一朝興之，匪直觀美而已，弗紀無以志。厥教而文德修明，達才成德，髦英輩出者，非徒教也，有養焉。政本於教，教先於養，三代以爲善治也。重教故崇儒興學，先養故昇田租豐，廪稍可不務乎？循良急于此法，吏蔑如也。西華張侯名昕，字果卿，主韶郡臬，攝郡政，崇化勵賢，政和刑緩，膏瘠蘇蔓，鋤强擿伏，修廢舉滯。公暇戾頖視諸生課講，顧甍宇摧圮，亟徵梓堊，繕治而鼎新之。閲租籍，存泯半，詢學廪，僅可飯廣文，供釋奠。延祐五年春，分憲按部檄委侯括理，乃按籍追勘，去欺返侵，疆塡缺額，於是歲入增羡。昔年廪以斛計者七百有奇，楮金以中統貫計者八百二十七。今廪斛計千一百七十四，楮貫計千五百一十三。餎庾充溢，於是學官吏胥學職暨講讀諸生廪給，昔無者今有，昔薄者今厚，歲有羡餘。由此置大成樂器、祭器，置《十三經》、《十七史》、《通鑑》、《通志》諸書，餘又以供歲修之費。教養兼備，流惠無窮，偉哉，侯之德也。當時學校感之，欲勒識之石，而竟不克遂。子忝職教，始至學，詢稽得之，告于郡從事三峰文侯魁，侯喟然曰：君子樂道人之善，不隱人之功。張侯偉績在黌泮者如此，宜傳不朽。前人欲有所銘刻而未果，今其遂成之，以彰厥美，且使租額後人無有所詭漏。予慨夫爲政而知教者鮮矣，矧及於養，西華侯注措於此，惠韶學厚矣，可爲深加樂道，不可使泯而不彰。三峰之意忠厚之至，庶無負西華侯之勤。至治三年癸亥九月庚寅朔記。明洪武初，知府錢旭建明倫堂。二十年，知府王世安建大成殿。永樂二十三年，知府王球重修。正統二年，知府湛禮創齋房。天順六年，知府方玭建兩廡。八年，參政劉煒修補官書、祭器。成化三年，知府陳爵貨民居，改創學門，增齋房。四年，同知方新修四齋，推官余羣建會饌堂。五年，知府蘇韡重建大成殿。七年，修大成門、明倫堂、先賢祠。二十一年，知府詹雨易檽星門以石。弘治十三年，知府曾焕建泮宫坊。嘉靖元年，知府周叙新建大成殿、戟門、明倫堂并兩廡、四齋、號舍。羅欽順記略：韶爲嶺南名郡，在唐有張文獻公，在宋有余襄公，皆其人物之表表者。郡故有學，自宋景德開創迄今，垂五百年，中間屢壞屢修，而其頽敝莫如頃年之甚。蓋郡嘗爲猺寇所踐蹂，繼以師旅之供給，公私匱乏，而修葺不時，無怪乎其然也。嘉靖初，九溪周侯叙以前大理正起自謫籍，守是邦，急民之難，一意撫循。爰及期年，民用蘇息，而歲復大稔，喟然嘆曰：廟學之修，此其時哉。昔寺僧以因果誑人，事發，當入其銀四百兩。遂以給諸費，不足則議毁諸淫祠通融以益之。以白督府右都御史張公嶺、巡按御史謝君珊、涂君敬，皆報如議。於是涓日興事，若大成殿及大成門及檽星門，若明倫堂，皆撤而新之。若兩廡，若兩齋以及號舍之類，則皆因而葺之。又新作堂二：曰會講，曰習禮。祠二，以祀名宦、鄉賢。門一，以表泮宫。殿中塑加精，兩廡仍用木主。經始於嘉靖改年壬午之冬，落成於三年甲申之夏。材良工善，計必經久，輪奂之美，迥軼舊觀。郡佐臨江符侯錫以余嘗莅南雍，有一日之長，具書及事狀，遣訓導張杞芳來請記。余聞周侯往以忠説獲罪，賢名已振一時，及起而莅韶，政有以宜其民，爲士者亦皆樂從其教。至于修舉廢墮，其成績又章章如此，不賢而能之乎？余既嘉周侯之功，又感符侯之書能達其意，遂不辭而爲之記。六年，知府唐昇置學田、射器、書籍。通判黄豫建啓聖祠。《黄志》大成門左爲名宦祠，右爲鄉賢祠。萬曆十八年，知府陳奇謀修。三十年，災于火。南韶道張德明捐俸重建。國朝康熙九年，知府劉世豸建復尊經閣。十年，知府馬元浚泮池。十二年，重修明倫堂，復侵地。雍正五年，知府黄文煒重修學宫，教授翁廷資建復祭器庫。郝志。

《〔道光〕廣東通志》卷一三九《建置略十五・韶州府・相江書院》 相江書院舊在府學東，宋乾道庚寅，知州周舜元建，祀濂溪先生周惇頤。淳熙十年，教授廖德明增修。淳祐中，提刑楊大異改建于帽峰麓，濱于相江。楊大異記略：淳祐丙午春，大異以廣東常平事蒙恩除憲，時經帥鐵菴方公來見，曰：吾不賀子之得遷，而賀子得濂溪之官也。濂溪自漕易憲，在曲江士閲月而歸，迄不復出矣。先生暮年之事，必有遺澤可考者，而未之見也。今五羊有書堂，而韶獨闕焉，天其有待於子乎？大異應之曰：道猶元氣也，有天地人物處即有此道，有此道則當崇此學，謹當與爲濂溪之徒者共商之，豈待得其官而後爲之哉？是年冬至曲江，求諸文牘，訪諸故家，則咸無存焉。惟有朱、張二先生作《祠堂記》，所以原天人之理，發圖書之奥，昭如日星。越三日，謁祠，敝廬三間，隘在後圃，而會仙之樓、丹荔之堂，乃雄峙左右。因喟然嘆曰：豈有貪福祥，侈遊宴，而輕吾道一至此乎？翌日，集羣僚與士而言其故，欲擇一爽勝地，創爲書堂，聚士以祀而習之。自太守而下，皆欣然而作曰：願效力，惟所命。即日相攸得地于帽峰之麓，相江之濱，越月而成。右爲祠，左爲兩齋，外爲三門，總而翼之以室。浚井闢地，開垣四周，幾二百尋。廣植竹松，閎壯甲一方。不役之民而速辦，諸司相與佐之，教養之需于是粗備。既成，四方來觀，雖黄童白叟，往來于閭閻、城市、鄉村間，皆曰：吾濂溪先生祠也。嗚乎！先生去此甚久矣，其感人如是哉！豈非道在人心，自有與天地相爲長久者乎？八月既望，迎先生像，侑以二程、朱、張，大合儒士，舍菜而告

之曰：桂嶺峻天，流而東者爲韶廣，流而西者爲濂溪，地如此其近也。先生在五羊踰半載，曲江幾一年，澤如此其深也。繼自今，其勿替引之，則庶乎此道之脉，可壽于無窮。寶祐二年，提刑吴燧請于朝，賜額曰「相江書院」。黄必昌記。不録。咸淳末，燬于兵。謹按：《宋史・度宗本紀》：咸淳元年秋七月丁酉初，命迪功郎鄧道爲韶州相江書院山長，主祀先儒周敦頤。元至元十八年，復建。天曆二年，經歷王方貴、山長劉貴增建光風霽月亭。後至元二年，盜起，遂爲兵墟。洪武初，知府徐炳文重建。祭酒許存仁記略：洪武元年春二月丁未，相江書院成。越十有一日丁巳，太守徐侯炳文暨同知指揮使司事張侯秉彝，率文武賓屬行釋菜於祠下。於是，邦之人士合詞來請曰：方宋熙寧中，周元公先生來爲廣南東路轉運判官，尋改提點刑獄公事，而治于韶者幾一歲，其言論風化之所被，所以感乎人者，蓋久而未泯焉。後之臨是邦者，嘗爲堂以修祀事，而專祠之設，則猶未及有興作也。淳祐丁未，提點刑獄公事楊大異始創書院于帽峰之麓，相江之濱，中爲祠堂以祀元公，而以二程夫子、文公朱子、宣公張子配焉，旁翼兩齋，置弟子員使習其業。繼其任者益加增廓，而禮殿、講堂次第略備，遂以上聞於朝，得賜今額，仍列諸學官，著爲祀典。宋社既屋，書院亦廢。後十五年，當至元二十有八年辛卯，太守張侯傑復爲刪除荆榛，重立棟宇，而春秋之饋奠，師生之肄習亦久而無曠墜焉。元政不綱，湖湘盜起，守臣弗戒，疆埸日駭。郡人遂奉元公之像歸于郡學。未幾，書院鞠爲茂草，時至正十有二年壬辰歲也。余嘗觀于歐陽文忠公之言曰：古者致治之興衰，觀其學之興廢。豈不以化民成俗之本有其效歟？元公之學，振起於聖遠言湮之餘，而發其真知卓識之奥，用能上承洙泗之統，而下啓河洛之傳，其爲事偉矣。故雖遐陬絶域，四方萬里之外，皆知讀其書而學其學。矧韶爲過化之邦，其遺休餘烈，猶有存焉者乎？徐侯所以亟焉圖其崇祀，以風勵乎韶之人者，其意固有在矣。然而考求書院之廢興，百有餘年之間，每與世道相爲升降，則文忠之言豈偶然哉？自今伊始，凡韶之人士，相與進趨堂陛之下者，可不益思跂勉矜奮，刮磨其偏陂荒陋之惑，而涵濡乎中正仁義之歸，出爲盛時之秀民乎？是徐侯之志也。正德五年，知府華泉重修，扁曰濂溪書院。自後鄭騮、周叙、彭大治、符錫，皆增新之。黄志。國朝康熙十年，重建。《大清一統志》。

《〔道光〕廣東通志》卷一四三《建置略十九・南雄州》 州學原府學，在小東門外。嘉慶十一年，改府爲州，學亦隨改。州册。宋慶曆間創。治平二年，知州陳佚奉詔建。大觀二年范處厚，嘉泰間劉篆，各重修。元泰定四年，達魯花赤教化的增而廣之。郡人李居謙有記。至順壬申，總管張摶霄壊從祀先賢像。進士易景升有記。至元五年，總管楊益置學田。至正七年，通判孫三寶修崇文閣、兩廡、齋舍。明洪武元年，知府李廷貴重修。十八年，知府左孟誠建明倫堂、西齋。三十年，知府淩守誠徙射圃。建文元年，知府文得遠建大成殿。永樂十三年，知府陳賜、同知李汝舟、通判陳規、推官王遜、教授彭勗捐修。正統六年，提學彭琉建號舍、學署。七年，知府鄭述修。天順六年，知府姜約置樂器。成化十二年，知府江璞合保昌學兩學爲一。編修張元正有記。不録。弘治十七年知府鄭炤，正德二年吴珍，重修。七年，知府張嵿復兩學于舊址。八年，知府李吉繼成之。黄志，兼採郝志。國朝康熙十年，教授袁必得、知府陸世楷重修。二十三年，知府黨居易重建名宦、鄉賢祠。四十三年，知府何勳、通判馮槐、訓導關綖捐修。五十九年，知府范光曦、通判蕭元昇、知縣汪宏度及紳士捐修。雍正六年，知府王鉽重建堂齋，修殿廡。郝志，兼採州志。乾隆八年，知府舒均倡修奎閣。州志。嘉慶十三年，知州戴錫綸修。二十二年，知州羅含章修殿廡、天井、門墻。州册。謹按：保昌附郭首縣，今奉裁，歸併州學。其縣學入《古蹟略》。

《〔道光〕廣東通志》卷一四一《建置略十七・雷州府》 府學，宋慶曆四年建于城外西湖之東。嘉祐八年，郡守林昆修。余靖記：三王四代，質文殊跡，圖治之本，推學爲先。閭有塾堂，巷有校室，矧于郡國，其可廢耶？本朝一祖三宗，以聖繼聖，夷落之外，感無不讋，海隅之内，惠無不洽。先皇帝頻詔郡縣，謹科條，精理選；廣生員，敞黌舍；講經義，崇儒術。然而州邑之吏，或迷於簿領，或急于進取，故於承流宣化有不至者。海康瀕海之郊也，地域雖遠，風俗頗順，聖訓涵濡，人多向學。頒條者怠於誘導，無乃上格明詔，下塞羣望。殿省丞揭陽林昆奕世儒學，被服文翰，既奉休命出守是邦，樂得賢才而教育之，乃援前詔，廣學宮而新之。書來丐辭，嘉祐八年記。靖康元年，郡守李域遷于天寧寺西。紹興十年，郡守胡宗道復徙于寺西北。賈洋記略：輿地所載，惟蜀與閩距京師最爲僻遠，在昔文雅之士，初寥寥無聞焉。及文翁守蜀，常袞守閩，頗能建立學校，博選弟子員，傳經受業，躬自飭勵。未幾，儒雅文采之士將埒齊魯，後有揚子雲、歐陽詹輩出焉。粤自漢唐以來，稱文物之盛，惟蜀閩，由是知天之降才，本無殊顧，在上者作成之如何耳。夫嶺嶠乃國家之鉅屏也，擅山海之利，北屋富饒，人物繁夥，又豈獨蜀、閩比耶？以地隔江湖之外，在人樂育之耳。紹興乙未，狀元沈公以徽猷閣直學士帥廣右，抗章于朝，請邑復學校，例置學官。朝廷從之。故一道翕然，文教大振。惟雷陽介在海濱，洊更寇攘，學校荒弛。太守胡公來鎮是邦也，下車之初，首謁宣廟，見其地形湫隘，殿宇凛敗，喟然興嘆。竊有意於作新，念軍旅之後，顧惜民力而未遑。平居燕閑，僚屬賓佐之間，一語一言，未嘗不以爲歉。儒冠之士，聞風而靡聚，語曰：賢太守留意於吾道如此，吾屬學夫子之道者也，可不動心乎？乃率詣府庭，請各出私錢，自推鄉閭宿學老儒者以董其事，衆共協力，鳩工揀材，即城之西北隅得地爽塏，願改創焉。擇紹興十年十一月二十九日己巳立殿。胡公欣然可其請，且戒之曰：毋撤民屋廬，毋侵民畦畛，毋奪民三農之時。衆受命惟謹，故不費公家一金，不調編户一民，靡督靡期，弗誤弗擾，曾不踰時而告成。於是英髦雲蒸，絃誦洋溢，鼓篋來游者，幾二百人。噫嘻，盛哉！歲次辛酉四月二十三日，太守胡公和鸞颺旗，肅雍戾止，與郡屬暨教諭諸生，落成乃升堂，揖遜温顔以誘

進之，遂使瀕海遐陬不變鄒魯之風，雖文翁常衮之化蜀、閩，未若斯之盛也。異時豈無揚子雲、歐陽詹輩復見於今乎？昔詩人頌僖公之修泮宫曰：翩彼飛鴞，集于泮林，食我桑椹，懷我好音。以美其懷德而爲善也。又曰：既作泮宫，淮夷攸服。言非特足以懷良善，又美其足以服强梗也。比以海寇跳梁，民無休息，及公之來而鯨海澄瀾，邊城不閉，昔之弄兵潢池者，復轉而歸南畝矣。原其所自，未必不由學校風化之所致也。乾道六年，郡守戴之仰遷于郡西。張栻記：廬陵戴公之仰爲雷州之明年，以書抵栻曰：雷之爲州，窮東嶺而并南海，士生其間，不得與中州先生長者接，於見聞爲寡，而其風聲氣習亦未有能遽變者。之仰爲念所以善其俗，莫先於學校，而始至之日，謁先聖祠，則頽然在榛莽中。因不敢遑處，乃度郡治之西，有浮屠廢居，撤其材，即其地，相之而得山川之勝，殿堂齋廡，輪奂爽塏，凡所以爲學宫備者，無一不具。用錢一千萬。既成，則延其師長，集其子弟，而語以學之故。願不鄙爲記以詔之。予嘗觀孟子論政，其于學曰：謹庠序之教，申之以孝弟之義。而後知先王所建庠序之意，以孝弟爲先也。申云者，朝夕講明之云爾。蓋孝弟者，天下之順德，而人之於孝弟，則萬善順長，人道之所由立也。譬如水有源，木有根，則其生無窮矣。故善觀人者必於人倫之際察之，而孝弟本也。然則士之進學亦何遠求哉？莫不有父母兄弟也，愛敬之心豈獨無之？是必有由之而不知者，盍亦反而思之乎？反而思之，則所以用力者蓋有道矣。古之人自冬温夏凊，昏定晨省以爲孝，徐行後長以爲弟，行著習察，存養擴充以至于盡性至命，其端初不遠，貴乎勿舍而已。今使雷之士，講朋孝弟之義于是學，而興孝弟之行於其鄉，則雷之俗其有不靡然而變者乎？豈特可以善其鄉，充此志也，放諸四海而皆準可也。然則戴君之所以教者，宜莫越於是矣。書以記之。淳熙四年，郡守李茆建明倫堂及西齋。張栻記：淳熙四年秋，李守以書來告曰：雷舊有學宫，比歲日以頽壞，今焉葺治一新。願請記以詔其士。栻幸得備師事於此所，當以風猷爲先務。聞雷學之成雖微，此請固願有以教也，而況李侯之言如此哉！嗟乎，舜與跖之分，利與善之間而已。譬之途焉，善則天下之正道，而利則山徑之邪曲也。人顧舍其正而不由，以身自蹈于崎嶇荆棘之間，獨何歟？物欲蔽之，而不知善之所以善故耳。蓋二者之分，其端甚微，而其差甚遠。學校之教，將以講而明之也。故自其幼，則使之從事於洒掃應對、進退之間，以固其肌膚，而束其筋骸。又使之誦詩讀書，講習禮樂，以涵泳其性情。而興發于義理，師以道之，友以成之，故其所趨日入于善，而自遠于利。及其久也，其志益立，其知益新，而明夫善之所以爲善，則於毫髮疑似之間，皆有以詳辨而謹察之。如駕車結駟，徐行正途，所見日廣，所進日遠，雖欲驅而由於徑，不可得已。然則學校之教，所係顧不重哉？今李侯既不鄙其士而新其學，然則其所以教者又不可不明也，故予獨以善利之説告之，使不迷其所趨。雷之士誠能因予之言，如古之學者，從師取友，久而弗舍，則將必有能辨之者。嘉泰四年，郡守李皎、徐應龍、鄭温重修，并建雲章閣。嘉定四年，郡守鄭公明、教授鄭煬重修。寶慶三年，郡守陳大紀、通判曾宏父修。教授李仲光記略：雷陽雖瀕海，前後牧守最多循良，往往屬意庠序之教。如戴侯之仰、鮑侯同皆以身爲率先。及李侯茆、鄭侯公明，又從而侈大之。以故棟宇宏壯，頗有中州氣象。御書閣始刱於廟門外，卑陋不稱，郡文學游君一龍率士友鼎新之，議既定而未即工也。嘉定十五年，譚君幼學來尸其事，乃峻其址，且闢南之地，使迎神者得以序立。然事力綿薄，獨新作三門，而御書閣猶未暇問。寶慶初元，仲光冒昧承乏，問會計有無，則日司出納者去其籍帑，無見金。閲半歲，得錢僅五萬。方將市材于山，而又懼弗繼，會曾公宏父以郡丞攝守事，有願贖者輸錢二十萬，乃畫畀學宫。然後悉力經度，涓吉于明年七月，首葺講堂。又明年，始刱書樓，以藏奎畫。工役繁興，乃命劉叔傑董之。功未半，主會計者以匱告。會陳侯大紀餽錢十萬，是乃登濟。于是因隙地鳩餘材，刱三公祠，堂坐忠愍萊公于中，以東坡、潁濱二先生配食左右。元延祐六年，廉訪使卜達世禮、李元，展地改建尊經閣。至正七年，廉訪使梁克中、經歷樊益峻拓而廣之。明洪武三年，同知徐麟孫重修。二十三年，通判李彦誠、訓導黄希寅增修。永樂五年，改建明倫堂、雲章閣。彭百鍊記略：永樂丁酉，廣東之雷州府學明倫堂被風雨寖頽，久莫之葺。迨己亥春三月，教授清潯甘君摯來任學事，會監察御史周公叔達按臨至府，與知府常士昌及其僚宋出各私錢以爲資，悉付甘君。經始于辛丑冬十月，竣事於壬寅夏四月。卜築之際，適禮部侍郎胡公濙來臨，乃擴其舊址。既成之十月，予按臨廣海，過雷陽，周覽學舍，輪奂新美。御史周公與教授甘公與有力焉。正統間，提學僉事彭琉重修。成化二年郡守黄瑜、推官秦鍾，二十年郡守魏瀚，弘治元年知府鄧璩，同知劉彬，九年郡守陳嘉禮，正德十年郡守王秉良，先後各有增修。嘉靖二年，郡守黄行可重建齋堂，遷射圃。鍾芳有記，不録。馮彬有記。不録。十六年，郡守洪福重修。三十三年，郡守羅一鸞增修。黄志兼採府志。萬曆四十年，訓導秦家棟重修，增置樂器。崇禎九年，知府朱敬衡重建明倫堂，修大成殿。國朝康熙四年，知府陳允忠重修。自丁亥兵燹之後，又經先啓玉縱兵，毁壞傾圮殆盡。至是修之。八年，知府吴盛藻續修。二十五年知府沈聯鑣，二十九年署知府孔衍珻，五十六年督學鄭晃，相繼增修。雍正三年，署知府來銑重修。九年，重建魁星閣。乾隆十年知府黄錚，二十八年知府孫慶槐，相繼重修。府志。

《〔道光〕廣東通志》卷一四一《建置略十七·雷州府·雷陽書院》雷陽書院，明崇禎九年，知府朱敬衡建于城西門外天寧寺北。提學魏浣初、守道莊元正各有記。不録。國朝雍正間，知府葉思華移建南城内之高樹嶺。乾隆十一年，知府黄錚重建，增廣舊制。黄錚記略：雷郡舊有雷陽書院，在城外懷蘇樓之北，前守葉君思華從紳士請，遷于城内南隅之高樹嶺。余辛酉夏來蒞兹郡，以造士爲首，親訪書院，規模跼蹐，歲久撓剥，僅有齋舍而無堂廡，豈足以藏游修業而勵多士耶？遂謀于海遂徐三令，拓而新之。于是樹表，正位僦工，經始四閲月即落成。雷郡地邊海徼，書籍未備，余捐俸購《廿一史》、《十

三經》及子集各書，共五千餘卷，貯於博文齋，以資搜覽。師生几席，一切具備。舊有義田七百二十三畝零，歲納租七百二十一石，爲書院膏火之資。近因田日膏腴，加租二百五十四石九斗，而膏火益裕。郡人士藏修有地，資斧無虞，且得院長教授陳君振桂、教諭楊君萬寧二人多方造就，故咸争自濯磨，越倫駿茂，莘莘如也。合郡紳士咸請予爲記，以貞諸石，遂不辭不敏而記。十六年，知府李珏增翖南、北二軒。後圮。四十五年，知府楊長林修復。六十年，知府陸維垣重修。嘉慶五年，知府五泰合紳士重修。五泰記略：雷濱南海宋始設學，而郡之書院則創於明崇正九年。其時雷人感太守朱公敬衡德化，爲立生祠。朱公不可，曰：書院廢，盍改爲之，即就城外懷蘇樓之北捐俸鳩工，榜曰雷陽，從郡名也。由是學徒敬業樂羣，士風寖昌，科第簪纓，文章氣節之士連鑣接軌，與嶺東南風物等矣。後被兵燹，僅存基址。國朝郡守葉公思華從紳士請，移建于城内南隅。陳公增又更新之。乾隆十一年，黄公錚倡助重建，添置講堂廳閣及南北齋舍廊房，頓改舊觀。距今又五十餘年矣。歲己未，余承乏茲郡，比課録書院，人數寥寥，巡視院址，則墻壁剥落，兩廡鞠爲茂草，爲惆悵久之。乃捐俸倡修，三屬紳士踴躍勸助，得金若干，爲庀工材偏葺頹漫，院南北仍置房舍于是舊者新廢者舉本無者有通觀厥成，來學者躡蹻鼓篋無虚日矣。昔劉應秋作《貴生書院記》曰：書院之興頹，吾道明蝕之一關。今院宇式廓，肄業之士處足以蔽風雨，行足以資跬步，草堂書帶堪供吟哦。益宜勉加淬厲，發名成業，與四大書院先後彪炳，以無負前人設院之義與今日重葺之苦心。是則吾道之一振，而余之所厚望也夫。九年，知府宗聖垣改課堂爲十賢祠。十一年、十五年，相繼重修。同上。

《〔道光〕廣東通志》卷一四二《建置略十八·瓊州府》 府學在府治東。宋慶曆四年，始建于郡城東南隅，詔立殿堂、御書閣。後郡守宋守之建尊儒亭，躬自講授，置學田。紹興末，始設學官。淳熙九年，帥守韓璧重修明倫堂，朱子書匾爲記。慶元間，通守劉漢修廟像、祭品。嘉定二年，帥守趙夏重修。咸淳二年，教授蔣科建御書閣于講堂北。八年，立進士題名碑于東坡書院。元立教授、學正、學録，隸湖廣儒學提舉司。至大二年，副都元帥陳謙亨重建大成殿。皇慶元年，教授陳舜佐造祭器，置大成樂。泰定四年，安撫使張珣清學田。至正間，教授金德新兩廡從祀像，學正符元裔補置經史諸書。十三年，毁于寇。明洪武三年，知府宋希顔重建殿堂、四齋、櫺星門、戟門，闢射圃於學宫之右。七年，展城，學址逼近軍營，指揮梁昭乃廢東西營，以地入學，厨庫、饌堂、號舍乃以次備舉。十七年，立卧碑，造祭器。建文二年，知府王伯貞建講堂。宣德初，通判吴正重修。正統十一年，同知楊啓增號舍。天順六年，副使鄺彦譽復修。成化初，副使曹輔、唐彬增置祭爵，建號舍。五年，知府蔡浩建書樓，改建櫺星門。七年，副使涂棐闢射圃，以明倫堂前逼文廟，乃移立于書樓舊址之後。前置亭，立碑，隸刻朱子感興詩。祭酒吴節有記。不録。八年，學士邱濬于堂後置藏書石室。濬自爲記。不録。十三年，知府蔣琪重修。二十一年，僉事陳英於學後闢劍池，累土築三元峰，以鎮其後。弘治二年，英復以副使來按，重建兩廡、戟門、號舍。張泰有記。不録。九年，太守張桓重修。十年，督學宋端儀以學址舊有東坡祠、澹庵祠，久廢，乃建仰止祠。十三年，知府石璧增擴之。正德初，知府方向增號舍。六年，知府王子成新樂器。嘉靖十年，改大成殿爲先師廟，設木主，建敬一亭，創啓聖祠。二十四年，知府張子宏重修。三十五年，有司增學田。黄志兼採府志。萬曆七年，知府唐可封以櫺星門逼近城下，乃徙城遠之外，立石屏，上置雙龍首。開鑿泮池于前，改建大門于左，建尊經閣于明倫堂後，移三元峰于雁塔峰上。三十三年，地震，廟堂多圮。三十四年，知府高維嶽重建明倫堂，創文會館於文廟之右。三十六年，知府倪棟重修。三十九年，知府翁汝遇去泮池中橋，砌左、右道。四十二年，知府危純中重建尊經閣，謝繼科成之。國朝康熙六年，分巡道馬逢皐倡捐重修。十年，燬于颶風。分巡道王廷伊、知府牛天宿、同知劉永清、教授朱子虚捐修。十一年，復被颶風。十四年，知府王元士重建。三十七年，副使成慎泰更新之。四十年，知府賈棠創啓聖祠、明倫堂。五十一年，副使申大成修泮池，創建拱橋于上，移櫺星門并照墻，各展十數步。雍正元年，副使沈澄、知府趙世謙、知縣孫起範重修，改啓聖祠爲崇聖祠。府志兼採郝志。乾隆九年，題准部覆，動項修葺。《司册》十年，圮于颶風。副使謝櫰、知府于霈、瓊山縣知縣楊宗秉、郡紳蕭璋等督修。十八年，復圮于颶風。十九年，副使德明、知府史效律、瓊山縣知縣張慶長、訓導鍾南麟、訓導謝高露、紳士蕭璋等，捐貲重修。德明有記。不録。二十二年，奉上諭，改戟門爲大成門。三十三年，復圮于颶風。三十四年，知府曹槐允紳士請，以府治左考院改建爲府學宫。三十六年，知府蕭應植莅任，委教諭王拱、訓導陳國華、紳士吴位和等，創建殿堂、門廡、名宦、鄉賢各祠，有記勒石。府志。

《〔道光〕廣東通志》卷一四二《建置略十八·儋州》 州學，宋慶曆四年建在州城東，紹興二十一年，知縣陳適徙于城東南隅。紹興二年，知軍葉元璘移于城南。元大德九年，遷城東舊址。至大二年，軍判任大忠建明倫堂。明洪武三年，知州田章重建。十四年，學正王麟、彭邇相繼新修。永樂十一年，知州陳敏、學正鄭濟重修。正統十年，州同陳應及知州周鐸重修。成化九年，知州羅傑重修，增立號舍。弘治二年，知州鍾英遷于西城外。正德七年，知州陳衮復遷入城内

東南隅。十年，署知州蔣纓竣工。嘉靖九年，吏目姚爵增修號舍，訓導傅聰置祭器。十年，知州蕭宏魯建啓聖祠、敬一亭。二十六年，知州宋塗撥置學田。三十二年，知州潘時宜、同知吳偉重修，置祭器、書籍。黄志萬曆四十三年，知州曾邦泰遷于舊明倫堂址，即今學。曾邦泰李待問有記。俱不録。國朝順治十八年，舉人曾開倡首，學正陳祝、訓導歐陽霖雨協力重建。康熙二十三年，知州楊焜重修。二十五年，知州李仲極倡修。四十一年，知州韓佑捐修。州志。乾隆元年，題准部覆，動項修葺。司册。

《〔道光〕廣東通志》卷一四二《建置略十八・萬州》　州學，宋建在州城西，後毀于寇，改遷於東門外。元大德丁酉，同知徐應重建。延祐三年，同知董敏置祭器，繪兩廡從祀像，築登雲橋，引溪水爲泮池。泰定元年，知軍楊漢傑建樓，置經籍。天曆二年，清復學田。至順二年，毀于寇。至元三年，判官張光大重葺，知軍孫實重建大成殿。至正七年，監郡大都購書籍，置祭器。十二年、二十六年，相繼燬于土寇。明洪武三年，判官唐珪、萬寧知縣黎恕、縣丞湯良弼重建。永樂六年同知劉以敬，七年知州戴彦則，次第新創。成化八年，副使涂棐遷建南門外廢萬寧學基。邱濬弘治五年知州李恭，正德九年知州余忠，重修。黄志參録州志。隆慶五年、六年，相繼毀于海寇、颶風。萬曆三年，知州王一岳、學正吳復遷建于城内分司後。其地污下，未及竣工而學正及首事諸死者相繼。二十三年，知州茅一桂遷于州治右之廣積倉。又以左近獄舍不吉，崇禎二年知州顧斌、訓導高任遷於南門外舊基重建。州志。國朝康熙七年，學正屈騶建兩廡、戟門、名宦、鄉賢祠。八年，建啓聖祠、明倫堂。乾隆二十八年，學正彭雲際重修。府志。

《〔道光〕廣東通志》卷一四二《建置略十八・崖州》　州學，宋建在城外東南隅，郡倅慕容居中移城北，後知州莫豫復舊址。淳熙十四年，知州周鄺重修。淳祐五年，知州毛奎移于州城西南。元大德間，學正齊孟堅鑄祭器。泰定三年，學正陳世卿、達魯花赤脱木、州判王起復移于城東。天曆二年，清復學田。至正五年，同知羅伯顔移于城西，後復徙于城外西南隅。明洪武三年，判官金德仍舊址開建。九年，知州劉斌重建射圃諸制。二十六年，同知顧言建明倫堂。永樂九年，學正王禮等建齋舍。宣德五年，知州侯禮、學正賈魯重建。正統十一年，知州歐進、學正鍾瓊遷學門于東，建號房。天順五年，知州王鐸、學正許端惠復遷學門于西南。成化七年，知州徐琦重修。【略】弘治二年，副使陳英、知州林鐸遷州治東。正德十年，知州徐潭重立櫺星門。黄志。嘉靖間，知州葉應時改建廟堂。萬歷七年，知州張永昌建進賢敬一亭、啓圣祠、名宦鄉賢祠。四十一年，遷建州西。崇禎七年，知州朱宏、學正劉起相復遷城外東南隅。國朝康熙六年，知州李應謙、學正朱子虚從州士請，移遷南門外宋元舊址，創建殿廡，堂齋祠宇俱備。雍正十年，知州楊城復移建城内州治東。府志。

《〔道光〕廣東通志》卷一四一《建置略十七・欽州》　州學，舊在城南門外，宋治平元年移建城東門外，崇寧二年徙于州治南。淳熙四年，知州岳霖拓地重建。張栻記：安陽岳侯霖爲欽州之明年，政通人和。乃經理其州之學，悉易故之卑陋，廟堂齋廡次第一新。伻來謁記，久未暇也。又明年，其學之教授周去非秩滿道桂，復以侯意來請，且曰：欽之爲邦，僻在海隅，地近夷而俗尚利，逢掖之士蓋鮮有焉。惟侯不敢以其陋而鮮加忽也，故新其學以勸之，且求一言以示後，庶或有起也。栻於是而嘆曰：是可書也已。夫所爲建學者，固欲其士之衆也。今夫通都大邑，操觚習辭，發策決科，肩摩袂屬，必如是而後謂之多士乎哉？殆未然也。夫寡國鮮士亦何病，十室之邑，必有忠信之質者焉。其成就與否，則係乎學與不學而已。學也者，所以成材而善俗也。今欽雖僻而陋也，其士雖鮮也，然其間亦豈無忠信之質者乎？無以揭之，曷以昭之？無以道之，曷其通之？爲之嚴學官於此，詳其訓迪，以明夫人倫之教，聖賢之言行薰濡之，以漸由耳目，以入其心志，其質之美者，能不有以感發乎？其所感發則將去利就義，以求夫爲學之功，而又以訓其子弟，率其朋友，則多士之方豈不甚幾矣乎？異時人才成就，風俗醇美，其必由侯今日之舉有以發之。請刻記于學以俟。淳熙四年甲子。紹熙五年，謹按：府志作熙寧五年，誤。熙寧乃神宗號，紹熙光宗也，在淳熙後。知州黄旦改建於州署東南。元至正中，燬于寇。明洪武七年，重建。宣德三年，守備指揮程瑒重建。提學彭琉特書其賢于碑。天順中，復燬于寇。成化五年，僉事林錦讓以分司署改爲明倫堂，又買民居以建文廟。弘治八年，知州袁苔復遷南門外故址。正德五年知州徐珪，十四年李純，先後增建。歲久傾圮。嘉靖十五年，知州林希元復改城中故址。倫以訓有記。不録。三十四年，知州鄧以和建啓聖祠及名宦、鄉賢祠。黄志兼府志。萬曆十二年，知州周邦爵遷城外。二十四年，知州王世守復遷城内故址之東。天啓五年，署知州施沛復改建于西偏舊址。七年，知州李五美成之，學正吳國藩建明倫堂。崇禎六年，學正歐陽達建崇聖祠。明季，燬于寇。國朝康熙元年，知州喻三畏、學正黄燧重修。十年知州董爾性、學正黎方璐，二十三年知州馬世禄、學正謝蓬升，重修，俱半創未備。二十八年，知州汪源澤修復崇聖祠、明倫堂。三十三年，知州程鼎修復東、西兩

廡。三十四年，欽營遊擊陳詰獨力捐廉修復，規制始完。四十七年學正胡敦黄、守備劉維翰，五十年、五十六年知府施世濟，復修。州志。乾隆三十七年，知州康基田倡捐重修。五十八年，知州堯懋德、學正李樹元、訓導何廷瓌、參將紀鍾，倡州人公捐大修。嘉慶二十二年，學正吴光勳偕知州唐源準、訓導楊士霖，倡議捐修。州册。

《〔道光〕廣東通志》卷一四一《建置略十七・廉州府》 府學，舊在城東門内，後遷于南門外。元總管陳逖遷還舊址。元末燬。明洪武二年，知府脱因重建。成化八年，僉事林錦重修。十年，知府劉烜始造樂器。嘉靖十七年，知府張岳改遷于南門内元妙觀。十八年，知府陳健建號舍。黄佐有記。不録。二十年署知府王宗濬，二十六年知府胡鰲，三十三年知府何御先後增建修葺。黄志。萬歷三十三年，知府涂巍拓地重建。國朝康熙十三年知府徐化民，五十九年知府徐成棟先後修理。府志。乾隆四年，咨准部覆動項修葺。司册。十八年，知府周碩勳開城南文明門。府志。嘉慶二十一年，府屬三州縣紳士合詳府縣公捐增修。縣册。

《〔雍正〕廣西通志》卷三七《學校・桂林府》 府學舊在獨秀山下。唐大曆中觀察使李昌巙因顔延之讀書堂址建。宋熙寧中遷城東南隅。乾道二年燬，教授江文叔請於經略使張維，遷於城西故始安郡址。張栻爲記。淳熙中，栻知静江府，始擴大之。朱熹記。嘉定十年，提刑吴純臣刻釋奠牲幣器服圖。有記。元至元十三年，燬於兵。嶺南帥史格定海隅還重建。大德初，魯師道復以釋奠圖墨本鋟石樹於明倫堂。臧夢解記。至大三年，副使余璉置大成樂器。四年，總管梁國棟闢殿之東地爲節和堂，以習樂。天曆元年，教授辛龍應於堂之前復葺肅容堂，爲更衣所。延祐七年，廉訪使薛元直、于思、何德嚴建奎文閣，以藏書籍。至元四年，副使別多喇卜丹、總管馮夢弼等議新殿宇之圮壞者。廉訪使托音等相繼來任，遂建禮殿、戟門、兩廡，更先聖先師十哲從祀像。王庭弼記。補祭器，益禮服。明年復建東西齋。梁遺記。至正元年春，廉訪使多爾濟巴勒，副使趙天綱、都帥章巴延撤而新之。十三年冬十月，副使額爾吉納重修殿廡、堂宇、閣舍。茶陵劉三吾記。季年漸就圮毁。舊有七先生祠，在戟門西，初扁曰三先生祠，祀濂溪、明道、伊川。大德三年，副使臧夢解重修，增祀晦菴、横渠、南軒、東萊，因易其額，并列鄉賢於左右。史格祠建在肅容堂之東，至是亦敞於風雨。明洪武八年，撤肅容、節和二堂及教授堂、更衣亭，建察院署。十四年，始創東西四齋。十五年，布政使李延中重修禮殿兩廡。二十四年，監察御史李默與藩臬僉議，重建明倫堂，增置膳堂號房。教授陳璉記。二十六年冬，頒雅樂，加六佾之舞。陳璉作《大成樂賦》。三十一年春，重修東西廡，嚴聖賢像。宣德中漸頽，知府孫鼎修葺。正統九年，知府吴惠重修。譚壽海記。十二年，御史曾蒙簡建立本省登科題名碑。弘治十三年，巡按御史袁佐重建明倫堂。彭甫記。正德十二年，巡按御史謝天錫重修大成殿。嘉靖十年，奉制始易文宣王曰至聖先師，易大成殿曰先師廟，易神像爲木主，建啓聖祠於先師廟後。陳伯獻記。建敬一亭於明倫堂前。植御製《敬一箴》及《視聽言動心箴》，凡七碑。又立名宦、鄉賢二祠，列於左右。萬曆九年，督學袁昌祚重修甬道，丹墀，俱砌以石。國朝康熙十一年，巡撫都御史馬雄鎮移建，迤西廟宇、祠閣、堂廡、泮池，咸鼎新之。地兼縣學舊址。邑人李棠記。孫逆叛，學宫爲兵舍，殿廡頽圮。二十一年，教授高熊徵詳請巡撫都御史郝浴、布政使顔敏、按察使黄元驥、提學道王如辰、右江道簡上、知府徐鳳鳴捐貲重修。有記。二十五年，聖祖仁皇帝御書「萬世師表」，頒行州縣，懸額廟中。四十一年，御製《訓飭士子文》，鐫石建亭於大成殿月臺之東。御製《四配贊》，頒行各學，鐫石明倫堂。六十一年，巡撫孔毓珣捐貲備造祭器，悉依闕里規制。雍正元年，奉旨追封孔子五世祖木金父公爲肇聖王，高祖祈父公爲裕聖王，曾祖防叔公爲詒聖王，祖伯夏公爲昌聖王，父叔梁公爲啓聖王。改啓聖祠爲崇聖祠，按昭穆位次安設神牌，每年春秋致祭。其牲牢、酒醴、籩豆、簠簋，每神位前各照啓聖王例陳設。三年，御書「生民未有」匾音頒行，各學懸額廟庭。四年，巡撫汪㴶、布政黄叔琬、按察甘汝來、驛鹽道張若霈，各捐俸改建明倫堂，並修東廡及東廡神牌。六年，巡撫金鉷重修殿廡、戟門及名宦、鄉賢二祠。九年，巡撫金鉷、布政元展成、署按察事耿鱗奇、桂林知府錢元昌詳議重建大成殿，覆以緑瓦，門廡、宫墻之屬，率皆鼎新。

《〔雍正〕廣西通志》卷三七《學校・桂林府・秀峰書院》 秀峰書院，雍正十一年，奉旨令各省會建造書院，俾士子爲肄業所，并賞銀一千兩，籌息以資膏火。乃擇地於城東傅叠綵面秀峰之勝，中爲書廳，最後爲寢室。前爲講堂五間，東西厢學舍各十五間。

《〔雍正〕廣西通志》卷三七《學校・平樂府》 府學，宋舊址在城東二里考槃澗之西。宣和間，知州嚴以諷徙城内州治東。淳熙中，太守王光祖復從舊址。

元初燬於兵。前至元己卯，郡監劉懷遠、知州孫武德經營創始。越壬午，武德之子夢德再知州事，乃繼成之。後圮。至正二十四年，攝政拓跋元善重建。又立進士題名碑。常挺記。明洪武間，知府李誼增建厨庫。宣德十年，知府唐復增新殿堂。蔡雲翰記。正德十年，知府張愷重修。嘉靖四年，知府李彦徙建城西鳳凰山麓。萬曆七年，參政陳應春擴學前後地，建敬一亭，鑿泮池。十九年，知府黄文炳重修正殿，前爲戟門、櫺星門，後爲明倫堂。堂西爲啓聖祠，兩翼爲齋，最後爲尊經閣。名宦、鄉賢祠分附於東西廡前。崇禎末盡燬。國朝順治十六年，知府王延禴始建明倫堂。十八年，建大成殿。悉出草創。康熙九年，知府楊榮蔭、知縣陳光龍捐俸倡修，并建兩廡、櫺星門、戟門，廟貌庶幾復古。甲寅後，兵燹荒圮。二十年，署知府婁倣舜修建明倫堂、啓聖祠并殿廡、門垣，葺而新之。巡撫麻勒吉記。三十年，知府陸鍾吕重修。五十年，知府柯鄧牧增置祭器。五十七年，知府慕國琠修理殿廡及兩門，并全備祭器、祭桌。雍正元年，奉文改崇聖祠額，添設追封五世王爵牌位并祭器。學田七頃一十九畝，共徵租銀七十三兩九錢八分有奇。

《〔乾隆〕梧州府志》卷六《學校》　梧州府學在府城東門外。宋元祐中，知州張唐輔建於水井泉北。建炎三年，知州文彦明遷於放生池南。紹興二十二年，知州任詔以神霄宫梧州城東二里，唐開元時建祀老子。廢址改創，洪邁有記。元至元二十四年，總管馬麟重建。明成化十一年，都御史韓雍卜地營創，中爲文廟，東爲啓聖祠，前爲兩廡。又前爲戟門，外爲泮池，跨以石梁，左爲神厨，右爲神庫，東西各有碑亭又前爲櫺星門。舊府縣學各有文廟，乃併而爲一。正殿左爲府學明倫堂，下爲四齋，東進德日新，西修業時習。前爲儀門，外東爲教授署，西爲二訓導署，前爲儒學門正殿，右爲縣學明倫堂，下爲二齋，東致知，西力行。前爲儀門，外爲教諭、訓導二署，前爲儒學門，邱濬有記。弘治十五年，都御史鄧廷瓚以門地卑潦，輦土築高六尺許，石甃其外，又易櫺星門以石柱，廟宇堂齋，悉因舊制益修之，李東陽、陳獻章有記。正德八年，建名宦、鄉賢祠。嘉靖七年，建名鄉祠。八年，建敬一亭。十二年，都御史陶諧復新之。二十年，都御史蔡經交南功成，以學宫振旅獻馘，宜加壯麗，始建尊經閣，購書籍與敬一箴並藏，毛伯温有記。萬曆九年，知府陸萬垓，十五年，知府林喬楠相繼重修。四十七年，知府陳鑑復修。天啓四年，蒼梧知縣梁子璠修縣學明倫堂。國朝順治四年，總兵李成棟自廣東率兵來梧，廟宇祭器悉燬。十三年，知府張繼曾率紳士復建。十五年，推官閻玫建戟門。康熙二年，知府黄龍建兩廡，修櫺星門。十一年，知府楊彦溶重修正殿，撤舊柱，易以杉材，建尊經閣於殿後舊址。十二年，兵燬。十九年，知府蘭佳蔭捐資重修，教授黄裳吉董其役。殿中建設神主龕座，殿東建啓聖祠，增置東西廊舍祠之，左爲明倫堂，儀門之右爲敬一亭，闢土繚垣，殿閣門堂具舉。二十一年冬，署知府事何炯，署教授黄裳吉續工捐修成之，王如辰有記。二十二年，知府彭騰翊、知縣尹維旆重修戟門。二十四年，知府陳天植修櫺星門。四十六年，知府李亨時重修宫墻。五十七年，知府范大士重修櫺星門、啓聖祠、尊經閣、明倫堂。雍正元年，知府徐嘉賓奉文改啓聖祠爲崇聖祠，添造追封五世王爵神牌並祭器。八年，知府袁璣修明倫堂，知府吴士鯤修兩廡鄉賢祠、尊經閣。十年，署府徐德秩修建崇聖祠、名宦祠，並遷建明倫堂於學宫東南。乾隆三十四年，知府吴九齡倡捐移建五王殿於大成殿後，其大成殿兩廡、戟門、櫺星門及泮池、尊經閣皆撤舊易新，一恢其模。

《〔光緒〕鬱林州志》卷六《學校》　國家際熙洽之運，昌明儒術，敷被海隅，所以嘉惠庠黨者，夐越前古。是故鬱林雖僻處炎陬，而人文蔚起，士氣不佻，璧水之間，弟子詵詵稱極盛焉。夫非守土者所當加意作興者哉！至聖廟，宋至道二年建。案：舊州志云：舊址在城南半里。攷元建學碑，至正三年，始自城南移入城西，即今地也。今廟内大成門右宇下有大中祥符八年碑。元至正三年，知州張按攤不花遷建今地。案：今大成門左宇下有元廉訪使伯篤魯丁至元五年記建廟學碑。

攷今廟地在城西門内，由西門至廟義路門，一百五步。廟左禮門，右義路門，内爲櫺星門，爲泮池，有橋。又内爲大成門，兩旁有碑。凡六碑。中爲大成殿，凡五楹，旁爲兩廡，各五楹。後爲啓聖祠，左爲學正署，右爲陶忠烈祠。此即元至正遷建舊基也。案：舊志云：敬一亭在學宫後，射圃在學宫左，今廢。

二十五年，知州賈有福重修大成殿、兩廡、啓聖祠。五十二年，知州郜超修大成殿、兩廡、戟門、啓聖祠、名宦祠、鄉賢祠。州副榜張映軫捐地，廣照墻、禮門、義路地。案：據州人陳聖煜《記重修學宫碑》，學之落成在康熙五十三年，時知州事者郜超也。而始議是舉在五十年，州人呈請知州李天榮將貿龍塘賈公義户莊田取值千金。閲二年，秋初乃興。厥役踰歲，夏六月工竣，是時郜守鬱林，故舊志舉以屬之。碑云：聖殿高三丈三尺，四厦重簷，周袤一十八丈。東西兩廡各五楹，戟門左右名宦、鄉賢祠各三楹，皆視舊增高二尺許。啓聖宫舊在學

左，今遷建於正殿後，以其基重建明倫堂，亦爲楹有五，舉凡尺寸之木，皆鐵梨美材也。欞星門原爲生員梁恒上祖璉所建，今恒上復捐貲修治。禮門義路地甚隘，副榜張映軫率族人捐地三丈，與柳城訓導陶若侃兄弟捐殿右地，並有足多者。據此記，與今制相符，而紀事亦多核實語，故附録以資參考。

《〔雍正〕廣西通志》卷三八《學校・南寧府》 府學在府治北。舊在城外沙市，後徙城中南隅，址凡數易。宋遷城西寶慶。丙午，安撫使謝守明遷於城中五花嶺，即今學。淳祐戊申，督學使梁應龍重修。鄧容記。元宣慰使趙修已重修。文璧記。明洪武三年，署府事焦源、教授謝成伯重修。正統間，知府陳鼐完舊益新，修殿廡、講堂、齋舍，塑聖賢像，造樂器。弘治間，郡守蕭蕙、劉芳，正德間李津相繼修飾。中爲聖殿，兩翼爲東西廡，前爲戟門，又前爲欞星門。左右爲四齋，曰志道、據德、依仁、游藝。門有半月池，護以石欄，障以屏墻。有箴亭、射圃、公廨。嘉靖間，知府郭楠、朱黼、王貞吉先後重修，規制悉備。又於戟門左建文昌祠。兵燹後，僅存欞星、戟門、正殿、文昌祠，餘俱圮。國朝康熙四年，知府虞宗岱、同知劉光榮倡修明倫堂。雍正元年，左江道靳治齊於學宫之東創建崇聖祠五間，奉换祠額，添設追封五世王爵神牌，並備祭器。二年，知府慕國琠捐修正殿及兩廡。又府學名宦鄉賢，向附於兩廡。知府慕國琠於兩廡下捐建名宦、鄉賢二祠，各三間。十年，知府張漢重修大成殿及兩廡、鄉賢、名宦各祠，并捐貲置祭器、樂器。有碑記。

《〔雍正〕廣西通志》卷三八《學校・太平府》 府學，明洪武三十年，知府陳惟德始建於城内北隅，學宫卑隘，後遷於城外東南向。正統間，知府蔣彦廣重建。成化十二年，知府何楚英重修。丘濬記。弘治十三年，知府謝瑚遷東向。正德間，知府徐球仍復舊地，南向。萬曆十七年，知府張步雲重修，復改東向。後經江州賊燬。國朝順治十八年，知府馬正午建。尋圮。康熙六年，知府高不矜重修。三十六年，知府徐越、知縣王言再修。復圮。五十八年，知府王濟率通學捐貲重修。雍正元年，奉文改啓聖祠爲崇聖祠，添設追封五世王爵神牌及祭器。

《〔雍正〕廣西通志》卷三八《學校・柳州府》 府學創自唐初元和間，刺史柳宗元重修。有記。明洪武六年，同知莫玉以地湫隘弗稱，徙府治西北隅。永樂五年，推官陸楷等重修，未就，知府馬應坤續成之。宣德四年，推官鄭士庶改禮殿及講堂，門廡、齋舍、廨宇、庖湢皆備。有記。天順元年，知府龔遂增建後堂及東西齋。陳邦琳記。弘治間，知府周欽作石橋於泮池上，闢射圃於學東。嘉靖間，知府鄧鋐、王三接重建。後圮。崇禎二年，知府胡世儁重修。有記。明末兵燬。國朝康熙間，守道黄惟鍜、知府劉永清重修。十九年燬。知府江皋草創之。二十四年，巡道周訓成捐修兩門。二十七年，巡道唐宗堯、知府張曰任相繼修葺。五十三年，知府趙世勳修大成殿。五十七年，知府黄之孝重修，規制始備。雍正二年，署巡撫韓良輔改修啓聖祠爲崇聖祠，添造追封五世王爵神牌，捐置祭器。

《〔光緒〕鎮安府志》卷一四《學校》 國朝康熙七年，通判彭權建於府治東。二十九年，通判王洪移建於城外東街，今墟場其舊址也。雍正元年，署通判林兆惠遷於城内東隅。九年，知府孔傳堂重建。舊志。乾隆五十二年，知府陳玉麟、知縣劉大觀重修。嘉慶四年，署知府孟昭詳請移建於東郊外。七年，知府宋本敬督建工竣。同治四年，燬於火。八年，知府興福移建於東街，大成殿、崇聖祠各三間，東西兩廡、戟門並左右掖門共三間，官廳二間，旁屋一間，靈星門、圜橋、泮池、宫墻，規模畧具，郡人現議擴大成殿爲五楹，並拓宫墻、濬泮池，重建名宦鄉賢祠，以符體制，尚未興工。陳玉麟《重修學宫碑記》：守令爲親民之官，民之賢愚不肖，皆視乎守令。以爲轉移學校爲育材之地，才之盛衰榮落，皆本乎學校以爲滋養。昔柳子厚守柳州，不鄙夷其民，見孔子廟壞而大懼，不任以墜教型，韓昌黎稱其美焉。鎮安，粤之邊郡也，斗絶裔荒，雨淫暘慳，版圖隸於嶺外，雞犬聞於交南。雕題黑齒之風，椎髻卉裳之舊，視柳州，若膏之與魯；視桂州，若魯之與道。視燕趙齊魯之鄉，則敻乎遠矣。其俗陋，其地偏，其待陶鎔於守令者尤亟。初，改流郡而守之者，闕里孔氏傳堂也。以聖裔世守家學，趨庭受訓，罔非洙泗淵源，其推求政事之本，研究道德之歸，度必不在柳子下。故郡之建廟，以作人成俗，厥自孔氏始。數十年來，鐘鼓玉帛，潛移默轉，冠儒冠，服儒服，進退揖讓，於尼山之門者，雍雍然有法度可觀。其於君臣、父子、夫婦、昆弟、朋友之倫，靡不身體力行，觀摩砥礪。燕趙齊魯之學，且將躡蹤以及，況桂與柳乎？未幾，而孔氏往矣。後之來者，無如孔氏賢，日暄雨濯，風薄霧蝕，殿之巍然、廡之焕然、門之軒然，今皆蕭然、索然、頹然，以就廢矣。嗚呼！政事之本，道德之歸，安在哉？丁未春，麟自潯州來守斯郡，登孔子廟堂，心惴惴不敢仰視，俯而思，面熱内慙，諮天保劉令以鼎新之舉，令曰：唯唯。令生於齊魯間，祖宗耶墓近聖人之居，一行作吏，敢不以宫墻舉墜爲念乎？乃各節俸，卜吉鳩工，經始於秋，斷手於冬，不百日而工蕆，吾遽敢謂無曠吾職乎哉？誠懼不任以墜教型，入先賢之室，見昌黎、子厚背汗洞吾衣也。乾隆五十二年十月。宋本《敬重建學宫碑記》：佑我國家，崇文重道，聖相承德教，涵濡無遠弗届。自京師達直省，凡府、州、縣，皆有學。其設學也，必於文明之向，爽塏之國，備其

規模，崇其體制，而欲足以妥聖賢之靈，廣師儒之化，彬彬郁郁炳焉與鄒魯同風。鎮安，固明之土府也。康熙二年，始改流，通判彭公權創建文廟，一移於王公洪，再移於林公兆惠。越六十餘年而設府，孔公傳堂以聖裔名儒首典斯郡，詳請建修文廟，設立秉鐸耑官。繼之者若陳公舜明、張公光宗、傅公聚皆致意斯文，踵事而增焉。嘉慶五年冬，恭唐簡命來守是邦，蓋自設府以來，又閲七十餘年矣。時復有移建之役，則郡人士所呈請，而前署守孟公爲之申詳者也。相其地，舊址在城内，左偏城隅，右臨山麓。新基在東郊，曠如夷如，長二十有四丈，廣十尋六尺有二寸，文峯聳特，溪流帶環。其廣狹殊，稽其制，舊止以大殿三楹，局於地制多缺。新建則大成殿長四尋有三尺，廣六尋有五尺。崇聖祠長三尋有七尺，廣四尋有五尺。東西兩廡長一丈有五尺，廣如後殿贏五寸。戟門長二尋有四尺，其廣如後殿之長。靈星門廣二尋有六尺，照壁加廣四尺有五寸。禮門義路廣五尋有五尺。泮池深七尺有五寸，其廣如靈星門，環以垣墉，飾以丹漆，巍然焕然，洵美且備。覈其費，闔郡紳士輸錢若干，守令官屬捐廉若干，余與天保黄令因事飭助入錢若干。庀材飭料，拆其舊而新是營，惜物力，飾民財，慎公帑也。計其役，經始於嘉慶四年之十一月，落成於嘉慶七年之十二月。嘉慶九年五月，泐石司事者若而人，勸役者若而人，匪懈匪亟，矢慎矢勤，有志者事竟成也。釋菜之日，官吏咸慶於余曰：是役也，以改創之規，表尊崇之志，郡人士之功，洵有如孟公所云者。余曰：信也，而未盡焉。今夫干霄之木，必有其本，入海之水，必有其源。向使改流之初，設府之始，司牧者不知所務，而廟貌未新，烏能易椎魯而衣冠，化狉榛以絃誦耳濡目染，知仰止而講求體制乎？

《〔光緒〕鎮安府志》卷一五《書院》 秀陽書院，在東關外。乾隆八年，署知府陳謨購地創興。十年，知府張光宗建。舊志。乾隆五十九年，知府汪爲霖重建。咸豐年間，迭經兵燹，燬於火。光緒十四年，署知府林苑生移建城内東隅。十六年，署知府羊復禮改建城外試院東偏，正學堂三間，實學齋五間，實用齋三間，希賢堂一間，厢房二間，柴房二間，頭門、儀門、龍門、照壁，周圍翼以土垣。張光宗《建書院記畧》：鎮安，土府也，介在極邊，罔知文教。自雍正十一年前，孔守以聖裔來守是邦，始詳請修建文廟，設立耑官，秉鐸斯土，聲明文物之教，於是乎啓然。而規模初立，典禮未備，書院一事，未經議及者。遂閲數任，迨後陳署守謨以郡城東有秀陽書院，舊制，北向，基址湫隘，未堪擴充，適有思得其地以益宅者，以己南向地一區出而呈官兑易，而書院於是乎有其基矣。然而陳守有志未逮也，予以乾隆甲子歲十月抵鎮安視事，恭謁文廟，後接見諸生於明倫堂，郁郁彬彬，亦絶無邊鄙椎魯氣，可知從前官斯土者之作養，代有人也。未幾，繙閲舊牘，得東門外易書院基地一事，爰率屬履其地而親勘焉。其地南北深十六丈，東西闊七丈三尺。西南缺一隅，又購一民居以補其所不足。於是四隅周正，步位寬舒，可以置講幄，建曲廊，庭除、書室咸可次第就理。予慨然曰：是可以集吾事矣。乃捐金庀材，而各屬亦樂有所輸，繼前守之所未逮，耑命知事朱潤忠監督其工。始事於乾隆乙丑之孟夏，閲丙寅仲春而工告成。

崇正書院，光緒十四年，知州李雲春奉文查禁齋匪，改涷暮洲玉皇閣爲書院。十五年，署知州華世熙移建城内州判署及行臺舊址。十六年，知州李雲春回任，竣工正座三間，後座三間，左右齋舍各三間，頭門、儀門及房屋共八間，墻垣周五十九丈六尺。

《〔雍正〕廣西通志》卷三八《學校・慶遠府》 府學，宋慶曆三年始建在城南。崇寧三年，立石鐫辟雍詔於廡下。淳熙四年，知州事韓璧始遷於城内開國坊。張栻記。慶元二年，知州事陳表臣置學田以助養士。六年，知州事耿明撤而新之，又建閣於堂後。陳遜記。後燬於兵，久未建復。明洪武初，通判王毅重修堂齋。正統十二年，知府楊禧重建，始鑿泮池。天順八年，知府周一清重建，乃廣其制，立題名及建學碑。陳文記。成化二十一年知府馬駉，弘治三年知府汪溥相繼修葺。十二年知府姜琯，修殿堂齋廡，重建號房、廨宇。明末毁。國朝康熙六年，知府趙開雍重建。舉人鮑傑、生員江元載貲成之。後經逆寇焚燬。二十三年，知府白啓明倡率紳士捐貲重建正殿兩廡及名宦鄉賢祠。四十三年，知府焦映漢率各屬官重修。雍正元年，奉文改啓聖祠爲崇聖祠，添造追封五世王爵神牌、祭器。八年，知府徐嘉賓、同知錢志和重修殿廡、崇聖、名宦鄉賢祠及明倫堂。

《〔雍正〕廣西通志》卷三八《學校・河池州》 州學，弘治十七年，知州何昱學正張翰建。嘉靖五年，知州周鉞移州治，重建聖殿、明倫堂於州治西。萬曆九年，知州梁紹震重修，止茅屋三楹。國朝康熙六年，知州王玉麐遷於州治後北山椒，開泮池於山麓，左右兩廡、啓聖祠、明倫堂皆備。尋圮。二十三年，知州劉安國重建。三十三年，知州黄志璋建啓聖祠。復俱圮。雍正元年，奉文改换崇聖祠，額添造神牌、祭器。七年，知州陳舜明捐貲重建，殿廡、門墻、崇聖、名宦鄉賢祠、明倫堂，俱皆焕然一新。學田在下里共一十二坵，額徵租銀一十兩。

《〔雍正〕廣西通志》卷三八《學校・思恩府》 府學，舊在府治南。明正統十二年，土知府岑瑛建。萬節記。嘉靖八年，徙府治，遂改建於城外南郊一里。萬曆六年，知府侯國治遷建於城内府治東，即今學。殿廡、祠堂及教授署，無不咸備。天啓四年，知府葛中選建櫺星門。國朝康熙十一年，知府金夢麟建名宦、鄉賢二祠。五十六年，知府趙完璧重修殿廡、戟門、明倫堂。雍正元年，知府戴朝選重修大殿、明倫堂，奉文改啓聖祠爲崇聖祠，添設追封五世王爵神牌，并造祭器。學田一十八畝，塘二口，額徵租銀共四兩。

西南

《（康熙）雲南府志》卷九《學校》　按：漢章帝元和二年，雲南始建。唐天寶間廢。元至元間，總管張立道復建於五華山右，置學舍後，平章政事賽典赤益拓大之。明洪武初，西平侯沐英因其舊建爲雲南府學。景泰間，巡撫僉都御史鄭顒樹成德、達材二方。天順五年，都督沐瓚以次興脩。弘治十五年，巡按御史何琛建講堂、聚奎樓，增置廡舍。嘉靖十年，建啓聖祠、敬一箴亭及註釋視聽言動心五箴牌。萬曆元年，巡撫都御史鄒應龍鑿泮池，周六丈有奇。十八年，知府易以巽，重脩。四十年，巡按御史鄧渼、提學參政黄琮合府縣二學爲一。四十三年，巡撫都御史周嘉謨、提學僉事張問遷府縣二學，明倫堂於廟門之左右。崇禎元年，知府王紹旦重脩，增建文昌、魁星二閣齋舍坊表，加飾焉。丁亥，流寇拆毁，遷府縣學於長春觀。本朝平滇總督趙廷臣、卞三元，巡撫都御史袁懋功，布政使李本晟，雲南府知府張應徵，推官張一鵠捐脩。康熙二十九年，總督范承勳以規制未協，會巡撫都御史王繼文題請改遷府縣文廟於五華山右，以復古制，有《遷建碑記》，載《藝文》。

《（康熙）雲南府志》卷九《學校・貢院》　貢院在府城内北門右，周圍二里許，後枕商山，前臨九龍池，形勢高豁。明永樂中，巡撫王文題建。嘉靖中，巡撫顧應祥增脩。萬曆中，巡撫劉世曾重脩。明末，流寇入滇，據爲僞王府，多所折毁。本朝康熙三年，總督卞三元、巡撫袁懋功合疏題脩，規制大備。内計號舍一千八百間，凡監臨、提調、考試、監試、收卷、彌封、謄録、對讀，供給各公所。及至公堂、衡鑑堂、明遠樓、文明樓，各處皆極完密。每三年一脩文武兩場，共動支布政司庫銀一千五百三十兩。總督卞三元有《重脩碑記》，載在《藝文志》。

《（康熙）雲南府志》卷九《學校・昆陽州》　文廟在州治北。明永樂元年，建於月山左。弘治十五年，災。正德二年，知州林昕、同知陳暘改遷月山中，即慈照寺舊址爲之。萬曆元年，知州潘槐改建寶山門外。萬曆十三年，知州紀汝中復遷州治北。天啓六年，知州陶學脩復遷鳳儀山左。崇禎七年，巡按御史姜思睿建造新城，本府通判署州事王允中移建州治後。丁亥，流寇焚燬。本朝康熙元年，知州童復晊遷建舊治後，學正馬翰脩。十一年，知州張行、學正金大印捐資重脩。二十二年，知州唐之柏以大殿舊木將朽，易以新材，鼎建啓聖祠三間，廣拓大成門，增建名宦、鄉賢祠各三間，外建文明櫺星門。三十年，知州蔣廷銓、學正盧先列捐資重脩。

《（康熙）雲南府志》卷九《學校・安寧州》　文廟在州治北。元大德壬寅年建學宫。櫺星門左有碑記。至元丁丑，宣威將軍達魯花赤當道閆增建。隨因兵毁。明永樂元年，知州李智明、學正邵賢再建。宣德四年，土知州董福海脩。有碑記。萬曆間，鄉紳趙日亨建啓聖祠三間。天啓間，署州鄧喜遇建石坊。崇禎五年，知州鍾萬璋、學正黄金鍾、訓導楊有培重修，鄉紳羅大器脩大門三間。丁亥，復廢。本朝康熙八年，知州張在澤、學正張經世同本州紳士趙珣重脩，舉人陳蒙俞建東廡。近又傾圮。康熙三十一年，知府張毓碧、知州張學聖、署州事禄豐知縣丁宗閔、學正李境、訓導段如蕙同紳士捐資，脩葺一新；吏目張自建重脩名宦祠。廟後隙地數畝，明知州王華建觀德樓於上，與諸生習射，爲射圃。今已傾廢，愚民侵踐者甚衆。學正李鏡築墻圍之，徧植桃李，名桃李園。

《（康熙）雲南府志》卷九《學校・晉寧州》　文廟舊在州治北，洪武十六年建。正統元年，學正楊茂詳請改遷於治南。七年，學正陳穀繼脩。成化元年，學正朱吉、訓導林士雲復請增建。日久傾頽。知州許伯衡重新。文廟大殿三間，左右兩廡各七間，大成門三間。外爲櫺星門，前建文明坊，左爲興賢坊，右爲仰聖坊。大殿後爲啓聖祠，左爲文昌樓，右爲尊經閣，下立丑箴碑。大成門左爲名宦祠，右爲鄉賢祠。櫺星門左爲魁星閣，右爲朱衣閣。文廟之右建明倫堂五間，左爲祭器庫，右爲經書庫。祭器庫旁爲正誼齋三間，經書庫旁爲明道齋三間。中爲道義門，左右甬道。明倫堂後爲學正署，右爲訓導署。規制井然。弘治十七年，知州喻敬鑿泮池，又知州蕭時顯於櫺星門外樹石栅欄，以禁往來，皆極壯麗。丁亥，流寇焚燬。庚寅，本府通判錢象坤署州事，協諸生重建。丁酉，知州謝禎同州之紳士復建名(官)〔宦〕鄉賢二祠。本朝康熙六年，知州王業厚、學正馮德禎重脩。康熙二十三年，臨安府同知王雋署州事。二十四年，曲靖府經歷葉可尚署州事，奉文重脩，舊時規制，以次興復。經籍、祭器、樂器未設。

《（康熙）嵩明州志》卷五《學校志》　文廟，大成殿三間，左廡五間，右廡五間，啓聖宫三間，尊經閣三間，下供梓潼。魁星閣一間，下供史皇。明倫堂三間，名宦祠三間，鄉賢祠三間，櫺星門一座，石坊表一座，重壁一座，圍墻全。元至正八年，同知阿羅哥室里蕩始建學於州治西隅。明洪武丙寅，知州趙幹幕戴俊民增制。宣德壬子，將仕楊榮重修，皆在州治後。嘉靖己酉，知州狄應期以基地卑濕，議改遷於黄龍山右，署州事同知黄潛經營成之，規制宏麗。萬曆己卯，知州

甘芍移文廟稍下十餘丈。己酉，知州蕭葛復移上之，皆在黄公原設之所稍易尋丈。萬曆丁未，東酋叛，焚燬學宫，奉先聖之座於宗鏡寺。癸丑，知州余化龍改遷於宗鏡寺前。前後皆有碑文以紀其事。明末兵燬，暫安聖位於鳳谿寺。本朝康熙八年，奉旨令天下設法修理文廟。於是，州守劉巽、學正李扳龍偕諸生高明等，捐貲重建於黄龍山左。越二載告竣，迎聖位於新廟。又建啓聖宫於廟左。然庶事草創，所爲魁星、文昌二閣及明倫堂，皆位置未妥。康熙四十年，知州馬絳遠、學正楊守廉、訓導李漢暨諸紳士遷啓聖宫於文廟後，開山擴地，牆圍三十餘丈，規模宏廠。康熙四十二年，知州雷御龍捐金首倡，復移建魁星閣於文廟左，上供魁神，下奉文昌。又移明倫堂於魁星閣之後。康熙五十四年，知州吴寶林以魁閣上供魁星，下奉文昌，□□體制，爰倡學正楊暄、訓導高朗遷文昌於明倫堂，增崇而廡，各爲五間。廣露臺，擴大成門，修櫺星、石坊，建照壁、新先賢木主。康熙五十七年，知州汪熙以明倫堂乃官師率諸生講習行禮之處，非妥神之所，捐俸倡學正楊暄、訓導高朗，勸諭紳士，於啓聖宫左鼎建尊經閣三楹，奉文昌於内，設史皇木主，奉於魁閣之下。位置有序，燦然改觀。

《〔嘉靖〕尋甸府志》卷上《學校》 尋甸舊無學校。弘治年間，奏請添設，未成。正德九年，知府戴鰲復奏。至十三年，除官降印。嘉靖六年，爲銓賊所燬。十一年，徙居府右，有大成殿、東西廡、戟門，有櫺星門。舊以木爲之，歲久朽壞。嘉靖二十九年冬，知府王尚用易爲石牌，有泮池，石橋三座，橋外設屏墻一座。殿右爲明倫堂，堂左有卧碑，右有儒學箴碑，東爲明善齋，西爲復初齋。前有儒學門三間，二門三間。二門内右有廟學碑記一座，張志淳撰。左有時雨亭碑記一座。戴鰲撰。堂之後有號舍二十間，有教授宅門樓一座，後廳三間，寢室三間，厨房、厢房共六間。啓聖公祠在大成殿後，嘉靖十年建。敬一箴亭在明倫堂後，嘉靖十年建。

《〔光緒〕廣南府志》卷二《學校》 廟制：康熙四十八年，知府茹儀鳳建正殿三楹。在府治南，内。雍正四年，知府潘允敏建大成門三間，東西廡各三間，鄉賢、名宦祠各三間。雍正五年，署事王琬建崇聖祠三間，左建明倫堂五間。乾隆六年，知府陳克復倡捐重修正殿，請項建櫺星門三間，左右門坊各一座，忠孝、節義祠各三間。又拓地於明倫堂前，建文昌閣三間，魁星閣三間，圍墻照壁悉備。

《〔光緒〕廣南府志》卷二《學校・培風書院》 培風書院，道光元年建，在文昌宫左首。知縣劉沛霖、訓導王學儉籌欵修拜壇石欄、泮池石欄。二十六年，知縣李榮燦籌欵重修各處匾額，立「太和元氣」石匾于照壁，設道貫古今、德配天地屏門，修兩廡牌位，鑲崇聖殿地磚、兩廡地磚、更衣房地磚，前後一色輝煌。

《〔乾隆〕廣西府志》卷一四《學校》 本府廟學，自明成化設流，知府賀勳請建於城東北隅鍾秀山麓。萬曆丙申年，知府陳忠遷建東門外，距城三里。癸丑年，知府蕭以裕遷建於騎鶴三台山下，距城一里。康熙五年，知府萬裕祚復遷建□鍾秀山故址。第一層爲櫺星門，左右翼以二坊，中泮池，通判李廷焕鑿。前照壁。第二層爲大成門，五楹，通判署府事張承明改建。兩翼各三間，爲名宦、鄉賢祠。第三層大成殿，東西廡各九間。東翼三間，爲神厨。西翼三間，爲興文祠。兩廡上下，各餘三間，爲祭器庫、更衣所、齋房。後一層爲崇聖殿，五楹。知府顧焯建。殿後爲舊魁閣，知府劉治中建。殿左爲文昌祠，後爲桂香内殿，本祠原建東關外，雍正八年，知府周埰改建今所，貢生顧鴻儒、李鵬飛、張也聰等實捐貲首倡，並大殿兩廡及五經門排坊，俱重新之。前爲萬壽閣，通判畢一謙、都司鍾良輔同捐建。閣前爲明倫堂，雍正九年，通學新建。堂側爲忠孝節義祠。乾隆三年，提督張耀祖新建大魁閣於明倫堂前，以舊魁閣作史皇祠，復建文明坊於正街。

《〔光緒〕順寧府志》卷一四《學校志》 廟學，舊《雲南通志》：在城南鳳山左麓。明萬曆三十四年，巡撫陳用賓檄知府余懋學建於府署之西。康熙八年，知府許宏勳遷建今地。舊志：後知府胡朝賓重修。二十二年，知府劉芳聲重修兩殿。舊志：雍正十二年，紳士陳玉瓚等重修。舊志：乾隆元年，知府朱粲英、教授蔣詔率紳士增修大成殿、櫺星門。乾隆十九年，知府李清載率紳士就近購兵房十六間，取材拓地，修建左右木坊、中門、石坊，前鑿泮池，建宫墻。二十六年，知府劉靖增修大成門、左右碑亭，於德配坊外立下馬石碑二座。又因泮池爲通城水滙之區，飭諸生於墻前購房六間，平其地，開溝引水環流，以分水勢，培風脈。嘉慶十八年，紳士重修。道光三年，重修明倫堂。咸豐七年，兵燹，後多坍毁。同治十二年，知府陳泰琨從紳士請，卜吉遷移於府署遺址。光緒元年，稟准由地方籌欵，修建大成殿、大成門、櫺星門、官墻。四年，鹽法道鍾念祖增修東西兩廡。三年，紳士籌欵，復請增修鄉賢祠、名宦祠、德配坊、重門、圍墻、泮池。十年，紳士增修明倫堂。十一年至十九年，先後增修魁閣、聖域、賢關、池上圜橋。二十三年，重修崇聖殿。

《〔康熙〕永昌府志》卷一二《學校》 先師廟在府治西。明正統丙寅二月，刑部侍郎楊寧建。按，永昌舊無學，自元時建於都元帥府之西。明洪武十五年，建

學因之。十六年，兵燹。二十三年，省府遂廢學。二十七年，命翰林秀才余子禧爲武職軍民子弟師。至永樂十七年，子禧募建先師廟於中正坊之西。正統九年，侍西楊寧與黔國公沐斌征麓川，駐師永昌，見舊制卑隘，始遷於此，建金齒司學，像先師其中，向南。嘉靖三年，改金齒司學爲永昌府學，撤象，易主殿之前爲兩廡，爲欞星門，門前爲泮池。廟之旁爲明倫堂，堂左爲書籍庫，今廢。右爲文卷房。左右爲四齋，曰志道，曰據德，曰依仁，曰游藝。後爲講堂，今俱廢。前爲儀門，大門學基共廣二百十四丈。成化四年，巡按朱暟增建饌堂、號房、大門今廢。於明倫堂之西。弘治十七年，兵備王槐於學前建興賢、毓秀二坊。正德八年，訓導黃臨立坊表爲塞門。十年，兵備汪標鑿泮池，券石爲橋。嘉靖六年，兵備唐冑重修齋號。今廢。二十八年，兵備郭春震重修明倫堂，教授楊思震重修儀門，左右各爲角門，千户方謐甃丹墀。三十二年，同知虞价、通判張尚吉、指揮趙明臣重修饌堂、號房，今廢。同知虞价重修欞星門。萬曆九年，知府華存禮改修欞星門。十三年，知府陳嚴之建石坊於泮池南。二十三年，通判李紹芳、推官童述先修敬一亭。本朝康熙六年，知府王家相、教授劉禎重修。二十二年，知府張承賜重修。三十八年，總兵周化鳳、知府羅綸重修。

《〔乾隆〕雲南通志》卷七《學校・臨安府》 廟學在府治西。元至元二十二年，宣撫使張立道建。泰定二年，僉事楊祚增建。至正十年，平章王惟勤繼修。明洪武十六年，設儒學廟，因之。二十年，通判許莘重修，規制始宏敞。宣德間，知府賴瑛建尊經閣。弘治九年，副使李孟晊、知府陳盛置樂器。十二年，副使王一言、知府王資良鑿泮池。嘉靖十年，副使戴書建啓聖祠。二十年，副使蔣宗魯建名宦鄉賢祠。萬曆三年，知府昌應時建文星閣、雲路坊。三十四年，地震傾圮。巡按周懋相會巡撫陳用賓、分巡參議康夢相重修。悉燬於兵。本朝康熙十二年，知府程應熊修建尊經閣、明倫堂，知州李湏修文星閣，學正李大儒修景賢祠。二十九年，陞川東道知府黃明同署府事丁煒、知府朱翰春始鑄祭器。五十三年，知州陳肇奎修泮池。雍正四年，知府栗爾璋建太和元氣坊。八年，教授夏冕移建文星閣於欞星門内。十年，知府石去浮、知州夏治源、教授夏冕同郡紳蕭大成捐置樂舞器。

《〔咸豐〕鄧川州志》卷六《學校》 文廟建始於元代，在中所會真寺後。明洪武十七年，遷玉泉鄉州治右。成化十四年，没於沙水。二十二年，巡按郭公紳莅境，檄建象山麓，提學僉事何公俊、司業羅公欽順各爲記。崇禎四年，知州徐公保泰因水患遷鼎勝山地，就荒僻，旋圮。國朝康熙二十六年，知州何公琛捐俸，同儒學周道治、段綖遷城南，又壞於溪水。乾隆十六年，知州蕭公克峙始遷來鳳岡，闢山坳五大級，最上建大成殿五楹，殿後稍左建啓聖祠三楹，殿左右建東西廡各七楹，墀中敞平臺爲拜跪地。次建大成門三楹，門左爲名宦祠，右爲鄉賢祠，祠右爲更衣所。又次建石坊，曰金聲玉振。宫墻週遭，繚以垣。垣之東北隅門曰禮門，東南隅曰義路，下盡平地爲照壁，照壁外爲泮池。蕭公及邑人郭焕均有記。道光三年，署州李公文培捐廉重修葺。

《〔康熙〕鶴慶府志》卷一五《學校》 廟學舊在府治東南二里，元時建。明洪武十五年，毁於兵。十七年，教授馬莊甫草創未備。二十九年，土同知高仲遷於府治南。正統十二年，知府林道節拓而營之。正德二年，知府劉珏作尊經閣。十年五月，地震，傾圮。十一年，副使朱袞改元化寺爲廟學，知府吴堂次修理。有侍郎張志淳《遷學記》。隆慶戊辰，知府周集徙學南向，鑿泮池，修飾恢廓。萬曆間，參政姜忻，知府桑荆初，知府程道淵，祁汝東，屢有繕葺。天啓間，巡按御史羅汝元鑄廟鼎。崇禎辛未冬，廟災。明年，巡撫都御史蔡侃、督學邵名世、知府陳開泰、麗江土官木增重建。後漸圮，經籍、祭器、雅樂散失無存。本朝康熙三年，署印通判汪宗周修理。二十二年，奉旨，郡邑重修。二十三年，知府李作楫，訓導馬之驊增修。二十五年，教授謝儼、訓導董鉍寧修葺文昌魁星閣。二十八年，知府盧崇義新設樂舞生並樂器，廟廡概加修建。四十年，知府艾汝霖、通判佟鎮、教授熊兆鎰遷啓聖祠於正殿後，改建明倫堂於祠之後焉。

《〔道光〕貴陽府志》卷四二《學校略上》 貴陽，明初未置府，無府學，但有貴州宣慰司學，洪武二十七年建，前禮殿，後講堂，旁爲齋若廡，而外表之以門。正統中，按察使林坦，副使朱理、僉事戴誠、左布政使易節、左參政嚴泰、左參議顧理、右參議汪詠增修之，始立題名碑。景泰初，副使李睿，巡按御史楊綱建尊經閣於講堂後，閣前又建育英堂，翼之以室，以居諸生。厥後閣日就頹，育英堂已圮。嘉靖三年，巡撫熊一洪、清軍御史江良才、巡按御史劉廷簠重建育英堂及左右翼室，修尊經閣，增爲六楹。已而一洪、良才、廷簠復用僉事趙淵議，建神厨、祭器庫、樂器庫，徙泮池，新鄉賢祠。布政使梁材、按察使於鏊董其役。其材與力皆良才以罰鍰購造，不勞於民。始於三年七月，迄四年十月而成。費宏爲之記。隆慶二年初，置貴陽府，府學即就司學旁陽明祠爲之。後府學遷於北門外，新貴縣學又就故府學爲之。其時司學尚存也。天啓二年，安氏叛，遂革司學。

自洪武五年至正統三年，貴州爲軍民衛，應有衛學，舊記無有言之者。但《貴州通志・名宦》篇有云：常智，宣德間官都指揮，修學宫。孫禮，正統初官都指揮，創建學宫。疑即貴州衛學也。

貴陽府學，今在府城北門外新城内。初爲程番府學，在今定番州城内。隆慶二年，遷府入省，城改名貴陽。三年，始革程番府學，設貴陽府學。其時規制未備，就宣慰司學旁之陽明書院改爲明倫堂及師生齋舍，而聖廟及兩廡即共司學之廟廡，未别建也，其地即今貴筑學云。萬曆二十一年，巡撫林喬相、巡按薛繼茂、布政使王來賢、提學副使徐秉正、知府劉之龍擇地於北門外貴州驛故址，捐貲改建，即今學也。其制：中爲先師殿，旁列兩廡，後爲明倫堂、啓聖祠，前爲名宦祠、鄉賢祠，東祭器庫、饌堂，西牲房、神厨。殿前爲戟門，右敬一亭，左射圃，教授、訓導廨二，碑亭一，總之以欞星門。門有石坊，坊左右爲騰蛟、起鳳坊，中爲青雲得路坊，坊外甃石引薛家井爲泮池，池外列屏墻一。江東之曾記之。天啓二年，爲安邦彦兵所燬。崇禎四年，重建。丁亥年，又燬於賊。國朝順治十八年，總督趙廷臣、巡撫卞三元重建。中先師殿七間，後啓聖祠三間，明倫堂五間，兩廡各七間，戟門五間，教授、訓導廨二，屏墻一。惟欞星門仍舊。康熙元年，提學副使衛紹芳捐貲增修。二十四年，頒御書「萬世師表」匾額，懸大成殿。三十年，貴西道參議張奇抱、提學僉事華章志捐建名宦、鄉賢祠。三十一年，巡撫衛既齊、布政使董安國、按察使丹達禮、糧驛兼分守貴東道參政陸祚蕃、提學僉事華章志、貴陽知府時騰蛟，捐貲重修先師殿，改建名宦祠於戟門左，鄉賢祠於戟門右。又建尊洗所三楹於殿左，望瘞所於殿右。新闢宫左甬道，築四圍宫墻，甃泮池於墻外。造兩廡先賢、先儒及名宦、鄉賢神主，置祭器。三十五年，巡撫閻興邦建尊經閣。先是，明萬曆時，巡撫郭子章購書貯之尊經閣，後爲兵燬。康熙二十七年，巡撫田雯去任，留其私書數百種於學宫，至是，貯之尊經閣中。雯自爲記，廣書提學林麟焻爲之刊石閣旁。雍正元年，追封孔子之先五代爲王爵，改啓聖祠爲崇聖祠。是時，五王初制栗主，未頒奉安圖式。總督鄂爾泰先官江南布政使，曾經議定，通行於江南各學。至是，復申其議，行之貴州，其制始定。五年，頒御書「生民未有」匾額。七年，巡撫張廣泗重修。改舊明倫堂爲崇聖祠，别建明倫堂於戟門左，堂後建尊經閣。增備禮、樂二器，改舊啓聖祠爲庫，貯之。又建各官致祭齋宿所於欞星門兩旁。乾隆三年，頒御書「與天地參」匾額。四十一年，巡撫裴宗錫倡率諸紳士重修，宗錫自爲記。四十三年，貴筑貢生蘇湛復出私貲，建奎光閣於廟東南隅，直明倫堂之前。閣凡二層，上層奉奎宿，中層奉文昌。鄭大進爲記。嘉慶三年，頒御書「聖集大成」匾額。道光三年，頒御書「聖協時中」匾額。十九年，大成殿爲雷火所焚。巡撫賀長齡捐廉，倡率僚屬紳民重建。見制：大成殿一，五龕，列楹六。殿前爲墀，中爲螭陛，左右皆有側堦，庭中皆甃石爲唐。殿左右爲尊經閣二。先是，尊經閣在明倫堂後，蘇湛之建奎光閣也，以尊經閣材蠹朽將傾，拆以益奎光閣，而别就尊經閣故址建堂，以爲更衣之所，尊經閣遂廢。至是，復建之於此，增而爲二。閣前祭器、樂器二庫，庫前盥洗、毛血二所，所前接東西兩廡，又前爲大成門，門三間，列楹六。門外之左迤而東北爲名宦祠，門外之右迤而西北爲鄉賢祠。門之外，左碑亭，右榜棚。又前欞星門。門左右文武齋宿舍，又前泮池，池有橋三。池外爲石闌，闌凡十四。闌左右爲禮門、義路二門，又其外前爲屏墻，左、右爲德配天地、道冠古今二坊，坊外有下馬石牌。泮池之左、右側爲舍圃，爲夕牲所。明倫堂在廟之東南隅，後爲更衣堂，堂後即名宦祠也。明倫堂之前即奎光閣，閣前爲大門三間。大成殿之後爲崇聖祠門，門内後殿凡七，龕五。王之龕皆南面，四配之考共二，龕東西面。後殿之前亦有兩廡，廡各一龕，奉宋賢周、程、張、朱四子之考及蔡元定。蓋皆是年之所重建者也。經始於是年六月，蕆事於二十二年二月，有長齡自爲記。

《（道光）貴陽府志》卷四二《學校畧上・開州》 開州學在城西。崇禎三年之初建州也，未立學宫，但有學額，設訓導一員，附於敷勇衛學。康熙元年，知州徐昌始造夏屋三間，以祀先師，尚未有殿廡也。三十六年，敷勇改爲修文縣，州學仍附之。三十八年，以巡撫王燕請，始專建州學於是。始建大成殿五間，東西兩廡各三間，大成門、欞星門各三間，啓聖祠三間，名宦、鄉賢祠各一間。移昌所建夏屋於東偏，改爲明倫堂。共費帑銀六百兩。雍正五年，知州馮詠重修。始於欞星門外置禮門、義路二門，甃泮池，設屏墻，立德配天地、道冠古今二坊，坊外立下馬石碑。嗣後，知州柳霈、學正許翽倡率諸生捐金補修大成殿、東西兩廡，明倫堂，改製兩廡栗主。乾隆二十五年，知州吕正音、學正蕭樑、蕭良杰，補修大成殿、兩廡、大成門，改建欞星門、禮門、義路，濬泮池，移忠義、節孝二祠於訓導署後。

《（道光）貴陽府志》卷四二《學校畧上・廣順州》 廣順州學在州城北周家山。明初，設金筑安撫司。萬曆四十年初，置廣順州。雖設學額，然無學官，其

學生皆附定番學學官肄業，亦未建立文廟。崇禎十三年，知州栢福兆始請於上官，立先師殿三間。其時尚無墻垣，其餘規制，咸不得備。其地則在今州城中東北隅，城隍廟前之左。康熙六年，知州韓之屏捐貲重修先師殿，並建兩廡各六間，大成（間）〔殿〕三間，粗備垣墻。二十九年，知州項蕙重修大成門。三十五年，知州劉元軾始遷今地，新建大成殿三間，又移兩廡舊材改建於此殿前，爲墀陛如制。康熙三十八年，巡撫王燕題請建學於是廣順州，始設學正。四十年，知州馬光裕領帑銀三百兩，增建啓聖祠三間，明倫堂三間，大成門五間，櫺星門、泮池，屏墻，圍墻咸備。圍墻東、西門二：曰騰蛟，曰起鳳。雍正二年，重修櫺星門，黝堊正殿、兩廡。五年，依制改啓聖祠爲崇聖祠。道光五年知州李于垣，七年知州陳熙晉，相繼重修大成殿。

《〔道光〕貴陽府志》卷四二《學校畧上・定蕃州》　定番州學在州城中，即故程番府學也。成化十二年七月，設程番府。知府鄧廷瓚捐貲，倡率紳民，建學於知府署右。先師殿三間，旁兩廡各五間，右啓聖祠三間，明倫堂三間，名宦、鄉賢祠各一間，戟門五間。東爲祭器庫，西爲牲房。戟門外爲泮池，通橋道。池前櫺星門，門外屏墻，左右有圍墻。墻東西有門，曰鳳藻，曰雲路。弘治初，知府汪藻遷於城西南隅。以舊址建中峯書院。嘉靖十五年，提學蔣信、知府林春澤以士民請，復遷於中峯書院。二十一年夏，信又與知府高宇、推官夔鏊、教授張時宜、百户梁鋭拓建重建，明年春始蕆事。三十年，知府龍翔霄莅任，始請信撰文立碑。隆慶二年，府遷於省城，學亦移焉。萬曆十四年，設定番州於程番故府。十五年，設州學，即以程番故府學爲之。明末丁亥年，燬於賊。康熙元年，知州李益陽、學正黄天焯重建先師殿三間，戟門五間。六年，知州李獻倡率紳士，增修先師殿。後復燬於兵。三十一年，知州薛載德、守備招國璘、署學正劉湯聘重建啓聖祠，東西兩廡、明倫堂皆復。雍正五年，知州蘇松重修。嘉慶二十一年，知州黄似瑶重修。現制，正殿三間，東廡六間，西廡六間，大成門五間，禮門、義門、省牲所、官廳、文昌閣、魁星樓各一間，泮池、石坊、屏墻、圍墻皆備，崇聖、名宦、鄉賢祠，明倫堂，咸如制。

《〔道光〕貴陽府志》卷四三《學校畧下・貢院》　貢院在貴陽府城中布政司署左。舊在城西南隅，嘉靖十四年，巡撫御史王杏題建，明末燬於賊。順治十六年，巡撫趙廷臣題請改建今地。康熙十一年，增建謄録官卷各所並號舍七百餘間。雍正六年，巡撫祖秉圭題請將提督衙并入貢院，增建號舍公廳，而移提督署於南門大街。嘉慶十二年，頭門、官廳、號舍爲水所圮，旋請帑補修。道光八年，學政許乃普勸捐闔省紳士，於明遠樓下修房七所，又增號舍一千三百八十五間，又買就近民房建監試、提調各公所。十一年，頭門、官廳、號舍又爲水圮，貴筑知縣高中謀請帑修復，又倡率紳僚增修號舍三百七十八間。十九年，增建內供給大厨十三間，生員飯食房十七間。二十四年，貴筑知縣鄭士範詳請修龍門三間，至公堂五間。制極外甬墻，左右有轅門，左顔曰明經取士，右曰爲國求賢。轅門內左右廊房各七間，皷樓二間，頭門三間。門外文武官廳各三間，役房二間，供給房三間。門內龍門三間，左鎖鑰房四間，米倉一間。又內爲明遠樓三楹，樓後爲文運天開坊。坊之左爲小柵，由柵而入爲號十五，每號十五間。又左別爲柵，由柵而入爲號十四，每號二十七間，其間有左哨樓。坊之右設小柵，由柵而入爲供給房十有一，後爲厨房十有六，管供給官住房五間，其間有右哨樓。坊內爲大道，左右號舍二千九百有七。正中亘以大柵，柵左右爲房各二。由柵左進爲新號舍一千三百八十五，稍上爲新號舍三十六，繚之成垣。由中柵而進，左爲供應房四，右爲雜役房六。再進爲門，曰天鑒門。內爲至公堂五楹，堂之後爲監臨署五楹，左右翼以小屋各一，廂房五。內供給房八，文武官廳六，吏房十，役房十二。後爲虎座門，則內簾門也。門內下左爲厨房三，右爲役食房三。最後爲玉尺樓，四角四阿，典試官居之。樓內左爲同考官房六，後爲役房五，工匠房三間，爲同考官房六，樓後別爲小房三。大柵之左迤而上爲過道，爲辦差房一，爲提調委官房一，爲鎖鑰房一，爲茶房三，爲鋪墊房三。大柵之右迤而上爲內簾鎖鑰房二，爲厨房六，梘洞在其後，爲廳事房一，爲監試委官房一，爲院書吏房一，爲戈什哈房一。由大柵左歷新號舍爲運水官房一，謄録飯食官房一，文巡綽官房一，生員飯食官房一。別有門，自門內進爲提調公所，有頭門，有廊，有廳，有耳房，有客廳，有正房，有厨房。又爲監視公所，有頭門，有左右廂房各八，有正房，有厨房。又爲受卷所，有頭門，有正房，有厨房，共六間。又爲掌卷所，有頭門，有正房，有厨房，共八間。又爲彌縫所，有頭門，有正房，有書吏房，有厨房，共八間。又有磨對添註塗改所五間。又爲謄録所，有頭門，門內左右爲房各六，過道房三。又左右廂房各八，有正房，厨房。又有醫藥所三間，生員飯食房十一間，水槽房二間。咸由左而入。蓋院地左拓展而右臨貫城河，且與布政司密邇也。

《〔道光〕貴陽府志》卷四三《學校畧下・蓮峯書院》　蓮峯書院，在龍里城內。道光四年，知縣陳熙晉捐廉，建講堂五間，顔曰「求是」；左右齋舍各八間；

後房三間，奉諸葛忠武侯、王文成公，顔曰二賢祠。復勸捐銀購田，以供膏火，以每月之十三課士而進退。熙晉自爲記。龍岡書院在修文縣城内。正德中，驛丞王守仁建。後廢。乾隆五十年，知縣秦睿復建於察院山之巔，即今地也。五十三年，知縣宋鐸捐廉，繼修陽明祠五間，二門二間，頭門三間，兩廊齋舍六間。縣人喻彦聖募修圍墻甬壁。尚無束脩膏火。道光八年，知縣覺羅崇興補修。

《〔道光〕貴陽府志》卷四三《學校畧下・蘭皋書院》 蘭皋書院，在貴定城南太平寺舊址。舊在城内，知縣署東城隍廟側。乾隆四十九年，知縣周品金及鄉官王政義捐貲並建講堂三間，齋舍十間，客廳三間，頭門三間。厥後，知縣于燾、金淳皆捐貲修葺。道光十一年，政義胄孫恩培復獻木建陽明祠，按察使李文耕、知縣仇效忠又各捐廉備膏火。二十年，署知縣曹敦綺移於今地。仍建講堂三間，山斗堂三間，齋舍十二間，頭門三間。敦綺有記。二十一年，署知縣張其燦捐廉修院外路四百丈，建坊二。

《〔咸豐〕安順府志》卷一八《學校》 府學在府城東北。明洪武初建，天啓二年毁，四年，知府孫森重修，復圮。康熙七年，建先師殿、兩廡、戟門、櫺星門、明倫堂、啓聖祠。五十五年，重加修葺，規制始備。年久傾圮。道光十七年，署知府宋慶常、教授黄淳、訓導彭拔才建議增修，鄉宦宋劭穀倡捐，暨閤郡紳耆楊春發等買地廣基。十八年，知府經武濟興工改修崇聖祠、兩廂、大成殿、天子臺兩廡、金聲玉振、大成門、櫺星門、泮池、禮門義路、宫墻照壁、德配坊、道冠坊、下馬碑及名宦祠、鄉賢祠、忠義祠、節孝祠、尊經閣、奎文閣、明倫堂、官廳。二十年，知府張鍈修成。

《〔咸豐〕安順府志》卷一八《書院・鳳儀書院》 鳳儀書院，知府朱德璲改建。道光二十二年，副榜楊春發承修。購買民居，建上房七間，講堂五間，兩廂齋房十四間，二門五間，頭門五間，兩旁各三間，槽門三間，木坊一座，倉聖殿五間，内祀倉聖、漢尹道真、明王陽明牌位及各官有功德於地方者長生禄位。兩廂八間，四圍墻垣。二十八年，知府胡林翼添建二門兩廂之齋房十四間，倉二間。

《〔咸豐〕安順府志》卷一九《書院・維風書院》 維風書院，州志云：雍正十年，義學房燬，知州陳嘉會修建州署西園，集諸生，躬訓課。是年，頂營司與阿三等控争大龍潭土田，知州陳判爲義學莊，額收租穀三十五石四斗四升八合，以爲膏火。立有碑記。乾隆七年，書院燬，以大龍潭租穀借充公用。十六年，鄧金魁與吴建控争田畝，署知州楊士蔭判歸義學，額收穀十石，折銀三兩，以爲膏火。三十五年，署知州任鎮及判笆懷田一坵歸義學。三十八年，署知州申贊皇議修義學於學宫内，以復書院之舊。邑人周景旦捐資倡修。是年四月，署知州申贊皇案撥大龍潭租穀復還義學，牒儒學學正李肇基、訓導謝庭薰管理。又，五月，署知州申贊皇案查邑懷山一坵，牒儒學學正李肇基、訓導謝廷薰管理。四十二年，義寧房燬。嘉慶二十三年，貢生士洪鎮、羅運昌、修武謨，生員張紹德，監生鄧祥麟、郭廷淑，鄉耆修武謨等，倡邀同學，呈請知州李炟，復建維風書院，批准施行。遂擇基於文廟左側，乾山巽向。張有德首捐銀一百兩，修講堂三間，上房三間。道光元年，知州劉嗣矩首捐銀五十兩，勸捐銀一千一百兩，增修學舍十間，内廂房四間，儀門二間，頭門一間。餘銀七百兩，添置學莊。又貢生修武謨、彭上卿，齋長龍天培等，呈請撥廣順寺阿所寨廟莊歸入書院，以資膏火。知州劉嗣矩批准申詳，並傳集盗當廟田各户，當堂給價銀三百餘兩，照抵當各契，分别贖取。道光十六年，知州黄培杰勸捐重修。

《〔咸豐〕安順府志》卷二二《書院・治平書院》 治平書院，在縣署西。昔爲學宫，後又爲學中園地。嘉慶二十年，知縣陳嘉祚就是地勸捐，創建書院，正房五間，兩廡、學舍各五間，頭門一間，周圍砌以石墻。道光二年，知縣徐玉章捐建講堂三間，並捐田畝。六年，知縣劉祖憲以膏火無資，率諸紳士勸捐，置買田畝。

《〔道光〕大定府志》卷二〇《治地志二・學校上》 國朝康熙三年設府，六年設學。建先師殿，兩廡，啓聖祠，明倫堂，志道、據德、依仁、游藝四齋，名宦、鄉賢二祠，戟門，泮池，櫺星門，規志完備。二十六年，改府爲州，因爲州學。雍正元年，知州蘇霖泓重修。七年，復改州爲府，仍爲府學。十年，知府陳德榮增修。《貴州通志》 府學在城南大街。先是，明洪武二十七年，置貴州宣慰司學在省城，明末革。國朝康熙三年，初設大定府。六年，始設府學，知府甯雲鵬建先師殿，兩廡，啓聖祠，明倫堂，志道、據德、依仁、游藝四齋，名宦、鄉賢二祠，戟門；引龍井水爲泮池，櫺星門暨石爲坊，規制完備。十九年，毁於賊，僅存櫺星門。二十四年，知府王鎮重修先師殿三楹，恭裝御書「萬世師表」額懸於殿。二十六年，改府爲州，因爲州學。三十二年，知州陳嘉采重修明倫堂、兩廡、戟門。四十七年，因營兵有中試之例，馬步兵丁捐貲合修，已而學正蔡方炳、知州張介眉陸續捐修。五十二年，學正周文侯修泮池，築石。五十四年，知州張公建紅墻甬壁。知州蘇霖泓捐銀八百兩，學正周文侯捐銀二十兩，郡紳劉玉泉捐銀二百兩，於六十一年，自先師後殿遷建明倫堂於宫墻外之左。雍正元年，重修先師殿三楹，兩厦

兩廡各二楹兩間，啓聖祠三楹，戟門，名宦、鄉賢二祠各二楹，屏墻左建禮門坊，右建義路坊。新造先師木主，五王、四配、十哲、先賢、先儒、名宦各木主。時追封先師五代爲王爵，改啓聖祠爲崇聖祠，悉如制。五年，恭裝御書「生民未有」匾額懸於殿。七年，復改州爲府，仍爲府學。九年，知府陳德榮、教授姚大椿、訓導李在公倡捐修葺，因移戟門、名宦、鄉賢於前，兩廡各增四楹，遷泮池於櫺星門內，增修屏墻，重修禮門坊爲德配天地坊，義路坊爲道冠古今坊，築宫前至兩廡石脚垣墻。十二年，知府介錫周重修崇聖祠三楹兩間。乾隆三年，恭裝御書「與天地參」匾額懸於殿。八年，知府牛天申捐置祭器。十四年，訓導郭士信捐貲，於崇聖祠前築石拜臺。十七年三月十七日，知府王允浩、教授劉世熏、訓導梅珏倡捐修葺，於戟門左右增房二間爲更衣所。六月二十五日，造成泮池月橋。十八年四月二十四日，建東廡。五月十六日，建西廡各六楹。七月十一日，建名宦、鄉賢祠。十九年冬，修崇聖祠水溝。二十年九月十五日，知府四十七重製「萬世師表」匾額，見制大成殿五間，啓聖祠五間，東西兩廡各五間，大成門三間，鄉賢祠三間，名宦祠三間，泮池、櫺星門、禮門、義路、甬墻備，明倫堂三間，儀門三間，頭門三間。王允浩《大定志稿》。乾隆五十五年，知府色柱綸移建學宫於城西門內，時紳士趙錫爵等稟請考棚舊設郡城西門後街，地勢寬廣，應建學宫，即以南門街舊學宫建考棚。道光二十四年，知府鹿丕宗重修崇聖祠、大成殿、兩廡。二十七年，貢生王允中、生員王賓用捐銀重修明倫堂。以上並《檔册》。學宫自乾隆五十四年紳士趙錫爵、黄玥、邱連、鄒熠等請移建於考棚，知府允之五十五年興工，其年竣事。道光二十年，畢節縣職員劉廷培捐銀四百兩，補修圍墻。道光二十六年，生員章承煜重修大成門三間，生員朱櫻重修東西兩廡各九間。《學宫檔册》。學宫舊在南關內翰墨流香之下，今考棚即其址也。乾隆五十五年，遷於今地，經歷公廨在其西，明倫堂與兩齋仍留於考棚之左。譚文藻《采訪册》。

《〔道光〕大定府志》卷二〇《治地志二·學校上·平遠州學》 平遠州學在州城北。康熙三年，設平遠府。八年，建學。二十三年，改府爲州，因爲州學。《貴州通志》。儒學舊在州城北，康熙五年，貴州糧驛道徐洪業捐穀一千石，建學宫、大成殿、兩廡、戟門、櫺星門。旋被賊毁。康熙二十三年，前通判黄元治視聖廟圮墟，先師木主寄居僧寮，因將廳衙舊墾興文里、九甲，以個、以仲、六寨田莊租穀二百八十石，一半給佃民歲完賦役，一半請令歸學，以充遞年修學之費。布政使司柯鼎議詳，巡撫楊雍建批准。旋爲宣慰司安勝祖所占。二十四年，僅給租穀銀一百四十兩與學正楊萬斛，而其田永爲勝祖所有。二十五年，學正吴以仁動支前歲租銀，修建正殿，奉懸聖祖仁皇帝御書「萬世師表」匾額，並修戟門、櫺星門。初，殿宇皆茅覆，至是，知州劉惇易先師正殿以瓦。二十九年，學正田祖倡率捐建啓聖祠，明倫堂及學舍，知州李文熙捐建東廡暨文昌祠。是年，闔州紳士呈請給復修學舊莊租，署知州王廷貴查覆布政使孟世泰，轉詳巡撫王燕批準，令勒石永遵，於是以個、以仲田莊仍得歸於學。又向化里有地名戈仲烏，舊有田屬經歷招墾，流傳爲吏目官莊，康熙三十年，吏目張師孔去任，私賣與舉人劉玉泉，爲佃民所控訐。四十年，知州俞九成詳請歸學，並奉院批準。是年秋，一併赴學輸租，學正章頤重修兩廡。先是，文昌祠在正殿後，至是，改建啓聖祠於文昌祠舊址，即以啓聖舊祠廣學廨。乾隆二十年，知州李雲龍捐俸重修，而文昌祠、崇聖祠煥然改觀矣。先師殿五間，通判黄元治捐建，學正楊芝先、訓導猶奎以學租重建。知州李雲龍朱漆梁柱，改造聖龕，並封砌殿角左右磚墻，規模大備。東西兩廡五間舊建，知州余九成、學正章頤重修。知州李雲龍朱漆梁柱及先賢先儒牌位，俱飾以金。大成門五間舊建，學正章頤重修。櫺星門一間，學正王冕建，學正張縉重修。坊五，現存三，知州李喬林動用學租修。左齋宿所三間，右更衣所三間，舊建，知州李喬林以學租變價修，知州李雲龍重修。明倫堂三間舊建，學正楊芝先、訓導猶奎重修。崇聖祠三間，知州俞九成建，知州李雲龍重建，規模宏敞。螭陛，知州李雲龍鋪砌石版品級石，學正張縉、訓導猶奎以學租新建，知州李雲龍重修。文昌閣，知州俞九成建，知州李雲龍重建，桂閣高聳，八窗玲瓏。孔子及四子贊碑，知州余九成、學正章頤創始，乾隆十二年，知州鈕嗣昌立。《平遠州志》嘉慶二十三年，知州朱鼎集州中紳耆重修，移文昌閣於書院側。《平遠州新志》。

《〔道光〕大定府志》卷二〇《治地志二·學校上·黔西州學》 黔西州學在東門內。康熙三年設黔西府，知府王命來建學於東門外，後燬，知府端木象震重建今地。二十三年，改府爲州，因爲州學，知州何縉增建。雍正四年，知州陳惪榮重修，知州鮑尚忠增修。《貴州通志》。文廟在東門內。康熙三年設黔西府，知府王命來建學東門外，旋燬，知府端木象震更建今地。二十三年，改府爲州，因爲州學，知府何縉增修。三十八年，知州佟山年重修。四十一年，知州穆成周增修櫺星門、泮池、禮門、義路。乾隆四年，知州陳惪榮增修，植桂樹二株。七年，知州鮑尚忠修鄉賢、名宦祠，改泮池於櫺星門，植柏十餘株。八年，知府馮光宿

植桂二株。其制：大成殿七楹，戟門五楹，東西兩廡十楹。泮池在櫺星門內。櫺星門三楹，啓聖祠三楹，明倫堂三楹在大殿後。廟前東西二坊：曰德配天地，曰道冠古今。名宦祠三楹，鄉賢祠三楹，節孝祠三楹，在文廟側。節孝祠有坊。惜字鑪一，在文廟前，闔州紳士製。《黔西州志》。學宫舊建。雍正四年，知州陳悳榮、紳士龐士淳、湛文淵等增修，植桂樹二株。七年，知州鮑尚忠、紳士龐士淳、熊兆周等增修。鄉賢祠三楹，名宦祠六楹，改泮池於櫺星門內，植柏樹十餘株。乾隆八年，知州馮光宿增修，植桂樹二株。嘉慶二十三年，知州魏廷玠，紳士許光泗、李文龍，重修東西兩廡。道光二十二年，署知州鹿丕宗重修啓聖祠，增修照壁、東西二坊及內外海漫石壩、堦梯。《檔册》。

《〔道光〕大定府志》卷二一《治地志三・學校下・平陽書院》 平遠平陽書院在城北隅。舊爲義學，知州冷宗昱捐建，知州蘇松重修，歲久傾頽，僅存基址。乾隆二十年，知州李雲龍捐俸修建，改爲書院。前大門三間，中講堂三間，懸聖祖仁皇帝御筆「文教遐宣」匾額。後蓋景賢堂五間，祀濂洛關閩九賢神主。左右厢房共三十二間，延師講學，集士子肄業其中。乾隆三十一年，闔郡公建後堂三間。《平遠州志》。平遠建有鳳西書院。《黔南識略》。道光二十六年，知州徐豐玉倡紳民捐銀八千七百餘兩，改建書院，并籌師生束脩膏火。《檔册》。

《〔道光〕大定府志》卷二一《治地志三・學校下・文龍書院》 大定府文龍書院，舊建於城外觀音閣。乾隆十五年，知府王允浩重建於城南塔山玉皇閣左。講堂三間，肄業房二間，厢房三間，厨房二間，規模壯麗。延名師以爲訓迪，置田以充膏火，人文蔚起，將與中州並埒矣。《大定志稾》。今廢。

《〔道光〕大定府志》卷二一《治地志三・學校下・萬松書院》 萬松書院在府署之北。木坊一座，頭門三間，儀門五間，講堂五間，兩廊齋房十二間，坐房五間，左右齋房八間，左齋後厨房一間，頭門外魁星閣一座。譚文藻《采訪册》。萬松書院，乾隆四十八年知府永福建，有記。道光十二年，知府王緒昆重修，有記。《采訪册》。

《〔乾隆〕獨山州志》卷四《學校》 獨山州原附都匀府學。崇禎間，知州王希曾詳建，值帑匱，未准。繼奉院行麻哈、獨山、清平共立一學，乃擇北門內地捐建學宫。國朝順治七年，遭流寇郝永忠之亂，學宫火。案：康熙十二年十二月，吴三桂反，獨山在竊據內僞牧張瑚詳請建學設官，率舊庠生周光昇等捐貲修學宫二十餘間，時有僞學正胡求章一員。十七年，三桂死。二十一年，王師平三桂孫世璠亂，遂削瑚迹，學宫就蕪。康熙三十八年，王撫軍燕題准建獨山學暨設學宫，知州趙完璧領帑，不敷，捐俸增益，即因北門內舊學址，建大成殿五間，東西廡十間，大成門五間。門內右爲名宦祠，左爲鄉賢祠，門前泮池一泓，池前櫺星門三楹，甬壁一座，頭門一間，殿後明倫堂三間，殿東隅崇聖祠三間。三十九年，州牧莫舜鼐、學正向允中接修，乃竣。

《〔乾隆〕南籠府志》卷四《學校》 先師殿於城北海子邊。三十九年，通判張調鼐遷於今地，建大成殿、啓聖祠、明倫堂。五十三年，巡撫劉蔭樞題設廳學，通判張士佳捐建兩廡、戟門。雍正五年，改廳爲府，因爲府學。八年，知府黄世文捐建櫺星門。十二年，知府王元烈捐修補葺，規制完備。名宦、祠鄉賢祠附建于學。

《〔乾隆〕南籠府志》卷四《書院》 九峰書院在府城北之魁星山。舊爲海潮寺之前殿，中塑孔聖像，傍列四配。建設之年無可考。乾隆十二年，改爲書院。面臨九峰，因以顔額；前建魁星閣，故山即以魁星名也。寺租六十石，爲掌教脩膳之資，延師講學于中，是爲府城義學。其增學舍，擴膏火，俾後進之士得以優遊講習。人文蔚起，儒林之休輝生川岳，則將伯之助，端有望於鄉之好義者。特志之，以昭講堂之權輿云。

《〔乾隆〕鎮遠府志》卷八《學校》 學在府治東。明永樂元年，知府顔澤建。成化十年，鎮陽江水溢漂没，知府沈熊遷於治西。嘉靖二十三年，知府任佐仍徙故址，建正殿、兩廡、戟門、櫺星門、明倫堂、泮池、齋、祠、亭、坊並教官署。明季燬於苗。國朝順治十六年，知府宋應星建明倫堂，教授朱之光建櫺星門並前後墻垣。康熙三年，知府張維堅重建先師殿、兩廡及名宦、鄉賢等祠。二十七年，水溢漂没。總督范承勳、巡撫衛既齊、知府李予之，各率屬捐貲，三十一年重建。五十八年，又被水衝決。學院張大受、知府李夢昺率屬捐貲重建，增高基址，於雍正元年告成。學院張有碑記。乾隆四十八年，水決兩廡、月宫門、周圍墻垣，教授陳名、訓導邵熊率生童等補葺。大成殿凡五楹，東西廡各五間，殿前爲月臺，又前爲大成門，列戟如制，其外爲櫺星門、泮池、禮門、義路，東西悉如制。崇聖祠在大成殿後，凡三楹，東西兩廡各二間。名宦、鄉賢祠在大成門左、右。文昌祠在大成門東。明倫堂在大成門東。忠孝、節義祠，雍正元年令州縣各建於學宫，在明倫堂南。

《〔嘉靖〕思南府志》卷四《祠祀・文廟》 文廟，凡三間，初先聖先賢俱塑泥

爲象。嘉靖元年，知府李文敏鼎新廟制，更易以木，殿曰大成。嘉靖九年，知府張鏢奉今上改正孔子祀典，命復以木主代焉，大成殿亦始更號曰文廟，廟東西爲兩廡，凡十四間。前有大銀杏二株，傳云宣慰田氏所植。戟門凡三間，櫺星門凡三間，魯門凡二間，在戟門右。又前爲文廟門，亦三間。其創制之詳，具見學記。後因日就傾圮，嘉靖十五年，知府洪价重加修葺焉。

《〔嘉靖〕思南府志》卷四《祠祀・文昌祠》　文昌祠在啓聖祠後。嘉靖十四年，教授鍾添建。有郡人敖宗慶記云：郡庠東北隅，舊有文昌祠，歲久而圮廢矣，然神像巍然猶存。吾師楚郢巽齋鍾先生來司教之三年，迺捐俸構堂三楹，棲神於中，榜爲弟子號舍。時宗慶歸自京師，過祠下，拜手而諗諸衆曰：祠以祀功也，祀德也，匪功匪德則諂焉耳矣。此有鼻象祠，江南淫祠七千百所之毀，皆萬世之所瞻仰。先生平日所以自處者，何如朝夕懇誨我諸生者，何如茲於祠祀，豈有所謂諂者哉！但世俗所傳，謂文昌君有九十三化，且司科甲富貴之録，率多幻妄不經，果如所傳，則茲祠不爲諂也幾希。按：《六月》詩有曰：張仲孝友。求其人則文昌君也，父蚤逝，事母黄至孝，執祖之喪，哀毁踰禮，奉先職爲周保氏作《白駒》、《沔水》，以警宣王，其忠孝大節凛凛若此，雖事載野史雜記之中，然而古今所傳，諒不多誣。先生所以祠而祀之者，其不在於斯乎？不然昔者尹彭山時，胡爲乎有伯張綱、李密忠孝之祠也。吾儕二三子，於此而知所以高山仰止焉，則先生非謟舉文昌有靈，亦於是焉妥矣。

《〔嘉靖〕思南府志》卷二《學校》　儒學在府治北，宣慰田氏廢宅也。永樂十年，自河東宣慰學遷至其地。成化間，知府王南重建。正德二年，知府寧閱重脩。嘉靖元年，知府李文敏盡撤而更建焉，規制鉅麗，爲貴藩學校稱首。古者自國都以至閭巷，莫不有學，而天子辟雍，諸侯泮宫，其大者也。自罷侯置守，則郡學即泮宫之制敷。我大祖高皇帝用夏變夷，崇重學校，于即位之明年冬十月，諭中書省臣曰：學校之教，至元其弊極矣。使先王衣冠禮樂之教，淪而爲夷狄，上下之間，波頽風靡，故學校之設名存實亡。况兵變以來，人習戰鬬，惟知干戈，莫識俎豆。恒謂治國之道，教化爲先，教化之道，學校爲本。今京師雖有太學，而天下學校未立。宜令郡縣皆立學，禮延師儒，講論聖道，使人日漸月化，以復先王之舊，以革污染之習。至洪武八年，又詔郡縣，凡閭里皆啓塾立師，守令以時程督之。列聖相承，罔不慎重。重熙累洽之餘，貴陽八郡，雖僻在西南，距京師萬里，而涵濡樂育之下，人才亦每輩出焉。維是思南黔地，舊爲宣慰司學，在河東。永樂中，宣慰田氏以不法廢，遂即司治爲府治，而以其宅爲學宫，大成殿仍其廳事，雖規制弗稱，而材瓦最爲精美，故百餘年得不廢。至正德丁卯，始有繼脩之者，然材匪善良，工率苟且，曾未五六年而圮壞矣。人更四守，時歷十年，至像設暴于風日之中，籩豆薦於潢潦之地，往往以工費鉅重，莫有任脩建之責者。庚辰冬，衛輝李侯文敏以宗人經歷出守我思，下車三日，謁廟周視，曰：學敝甚矣，守將孰諉哉！顧吾始履任，士俗未知，而時且有乾靖宫之役，民既勞止矣，其何以處此長畫？君子將有問焉？諸生迺應曰：外省流民，依附土著，利歸私室，公家無與役之名也。願因若輩以濟公志。于是籍諸司邑，得户千餘。公喜曰：是足矣。力不可以重困之也，三宅之聯，一夫出焉，俾勿困。食不可縻之官廩也，斂著户粟，户一斗，或半之。財不可費之屬邑也，税鬻販之利，五之一，十之二。董治不可無人也，鄉評之中，富而才、篤而守者，命諸生廉舉以充。時維辛巳歲也，議既克協，迺卜志于神，度材于所，僝工于國，布日于民，民迺大和會，繩繩子來，罔或告于勞。啓蟄八日而戒事，蓋能見而就緒焉。先豎立大成殿，殿高四丈有奇，深五丈，廣七丈。次立兩廡各七間，戟門五間，靈星門一座，俱恢宏矩麗，有倍于前。且材木必得真楠，甓瓦必責精好。明倫堂、兩齋罔不新飾。復構講堂三間，號房二十間，于廟東隙地，以爲諸生肄業所。至是，矩制盛備，匪復在昔之草創矣。明年春，侯以憂去。鄉士夫、知州石泉等德侯之舉，侈侯之勞，謂秋宜有言，以志不朽。余惟先聖之道，如日中天，固不以廟貌之興廢而有加損。然人才之産，如金在範，每視在位者之振作以爲盛衰。吾思爲西南劇郡，當蜀貴之交，嶺嶠綿亘，溪澗亘紆，中爲悍首所據，山川之氣鬱而未舒者幾百年。迺幸文皇帝開拓土宇，包夷荒而郡縣之，用是山川效靈，敷華孕秀，其精秘所積，闡爲章采者，匪直芙蓉箭簇之丹砂，與合抱敝牛之香楠也。故或以忠節著，或以治行稱，霧舉雲升，彬彬然相望于科目者，胥此焉出。使其頽廢不理，星宿羅於既夕之天，污潦停于終朝之雨，則相觀而善之，意微倚席，不講之譏作矣。今日廟貌一新，堂序改色，固慶學宫之有成。他日繼侯而守者，尚充益砥礪而振德之，不惟泮水青衿之才，皆巖廊公輔之器，亦因以風定四國，約其夸毗，消其頑戾，俾淳龐載振，俾鄒魯化行，俾我思永有絃歌之聲。斯則學道之有成，匪直崇飾宫墻而已。寔自今日李侯始之也，并聞侯嘗尹魚臺，守解州，貳西安，咸有政績，優爲之才，蓋其素云。是爲記。

《〔咸豐〕安順府志》卷一八《學校》　府學在府城東北，明洪武初建，天啓二

年毁。四年，知府孫森重修。復圮。康熙七年，建先師殿、兩廡、戟門、櫺星門、明倫堂、啓聖祠。五十五年，重加修葺，規制始備。年久傾圮。道光十七年，署知府宋慶常、教授黄淳、訓導彭拔才建議增修，鄉宦宋劭穀倡捐，暨闔郡紳耆楊春發等，買地廣基。十八年，知府經武濟興工改修崇聖祠、兩廂、大成殿、天子臺、兩廡、金聲玉振、大成門、櫺星門、泮池、禮門、義路、宫墻、照壁、德配坊、道冠坊、下馬碑及名宦祠、鄉賢祠、忠義祠、節孝祠、尊經閣、奎文閣、明倫堂、官廳。二十年，知府張鍈修成。

《〔光緒〕黎平府志》卷二下《壇廟》 文昌廟，府城内外皆立廟，春秋祭祀。舊在文廟左魁星閣第二層樓設神像，嘉慶六年，知府程卓樑以文昌前列小祀，今改中祀，廟貌宏廠而後祀典可行，倡捐改建三牌街鼓樓東。光緒十年，紳士以地勢卑下不利科名，集貲改建黎陽書院右。十七年，知府俞渭籌款助修正殿、後殿、過亭、左右遊廊、官廳、週圍紅墻，前殿神牌。紅飾金字，清漢合璧，書文昌帝君神位；後殿祀文昌先代神牌，寫文昌帝君先代神位。嘉慶六年，奉旨致祭文昌帝君，倣照關帝春秋二祭例辦理，每歲春以二月初三日聖誕爲祭期，秋以欽天監選定吉日爲祭期。咸豐六年，詔春秋二祭由禮部擇吉舉行，二月初三聖誕，照武廟五月十三日例致祭，一切禮儀祭品樂章，均照中祀辦理。又平屯所有文昌閣紫姑仙人降乩處洪州所青螺山頂平陽屯平茶所岑溪水口皆有之。中潮所文昌宫，咸豐五年賊燬，光緒十七年，里人募資重建。

附前代廟祀。《續通考》：劍州梓潼神張亞子，仕晉戰殁，人爲立廟。唐僖宗入蜀，封順濟王。咸平中，改封英顯王。道家謂帝命梓潼掌文名府事及人間禄籍，故元代加號爲帝君，而天下學校亦有祠祀。景泰中，因京師舊廟闢而新之，歲以二月三日誕辰遣祭。明都卬《三餘贅筆》謂梓潼乃四川地，四川上直參宿，參有忠良孝謹之象。或謂斗魁爲文昌六府，主賞功進爵，故科名之士多祀之。

《〔光緒〕黎平府志》卷四上《學校》 學宫，開泰縣同。在府署東毓賢街，明永樂十一年，改征蠻將軍周驥宅建。見通志及石志、縣志。嚴紀以正統十五年卜聖宫於城南，不吉，始建於黄龍山之首，即今廟址。而舊志謂永樂十一年創建，彼時府治在城南二十里黎平寨之官圃，宣德十年，乃移入衛城，則建學之時應在正統年間。天順七年，知府楊緯增修至聖殿、兩廡、明倫堂，在大成殿後。齋房、學署、饌堂、號舍。弘治間，知府張綱建啓聖祠於殿左。祠圮，於嘉慶十六年移入殿後明倫堂基地，將明倫堂改建於祠左。嘉靖十二年，知府夏玉麟建敬一亭於明倫堂西南，即前啓聖祠後。勒御製《敬一箴》、宋儒《視、聽、言、動、心箴》爲碑六。萬曆十八年，知府袁表建櫺星門、戟門。後敬一亭圮，崇禎十年，知府于元葉建尊經閣，後人祀文昌、魁星於閣内。即於其下竪立各箴碑。嘉慶十三年，閣將圮，知府王應模、教授李爲倡捐重建。今閣嵌各箴於兩壁。國朝順治十八年，知府張思房、推官王文紳、教授李如鼎重修。康熙二十四年，知府劉正增修。六十年，知府趙坦重修崇聖祠各龕座，易木以石，並修卯亭及四柱盤龍。乾隆二十一年，知府石禮嘉倡捐重建。嘉慶二十四年，紳士重葺，易丹墀以石墁，並修兩廡龕座。有碑。光緒七年，知府鄧在鏞倡捐，重修崇聖祠西廡墻、明倫堂左墻、櫺星門左右墻、禮門、義路坊、泮宫坊、照墻。十六年，知府俞渭籌款重修週圍紅墻數十丈。今廟大成殿、露臺、東西廡、大成門、戟門、櫺星門、更衣亭、泮宫坊、泮池、禮門、義路、聖域、賢關坊，左、右下馬碑，崇聖祠，在學宫後。名宦祠，在戟門外東偏，祀楊再思、向通宬、徐知府、蔣信、吴良、楊文、朱燮元、江東之、郭子章、王三善、朱芹、蕭象烈、盧龍雲、張汝霖、甘雨、劉大直、杜拯、王杏、李睿、黄恭、楊緯、袁盛、張綱、張愷、佘桂、祝壽、孫繼魯、劉汝順、袁表、熊廷相、于元葉、王光濟、夏玉麟、伍維善、竇愷、劉行政、胡宗政、徐馨、蕭曠、趙廷臣、甘文焜、范承勳、田雯、王之鼎、郭璟、楊雍建、陳詵、管竭忠、洪承疇、蔡毓榮、吴光廷、胡林翼。鄉賢祠，在戟門外西偏，祀周大模、朱萬年、龍起雷、周九齡、梅友月、黄振美、徐勗、何東鳳、何騰蛟、董三謨、周文清、梅孟春、趙應元、趙邦琦、王三德、王訥、徐勉、范春、蔣蘭、王鎡、程順、徐森、張鵬翼、徐洪、湯尚賢、徐大顯、王世爵、徐同然、馬至强、張應詔、張廷彤、徐爲和。二賢祠，在泮池左，文星樓下，咸豐十一年，改爲三賢祠，旋燬於火。光緒年重修。祀王昌齡、陸洙、顧亮。忠義、孝弟祠，在學宫左，櫺星門外。節孝祠，學宫對面。又門樓一間，左右鋪房三間，過亭廂房三間，厨房二間，道光四年、十年，節孝後裔兩次捐銀增置。同治五年，燬於火。光緒年間重修。明倫堂，在崇聖祠左。宋稱敦化堂，又稱崇化堂，明稱彝倫堂，而府、州、縣舊制皆稱明倫堂，國朝會典稱彝倫堂。今天下學官亦皆書「明倫堂」三字額，卧碑八條在堂之西偏。《開泰縣志》載明倫堂額係岷世子書。文昌閣，即尊經閣，亦魁星閣。考前代禁中有閣藏書，其名不一，未有尊經之名。今天下學宫皆有尊經閣，明郡縣志亦皆具載。竊意尊經之名，當自有明始。敬一亭，均如制。明袁表修。

《〔光緒〕黎平府志》卷四上《書院·黎陽書院》 黎陽書院，開泰縣同。在府城南門内東偏，知府吴光廷倡建。經始於乾隆三十八年八月，四十年六月告成，以城南有向陽之義，故名。正中爲講堂，堂右倉廒，堂下厨屋、齋舍。堂後樓房，

下住掌教，上祀魁星。移入考棚。改設漢儒尹珍位、嘉慶年間，奉文通祀。宋誠州教授朴成位前廳，左齋舍，右廂房，院右建何公祠。知府吳光廷倡建書院，詳爲閤郡捐建書院，公籲詳請勒石以垂久遠事。乾隆四十年六月，據前任浙江臺州府鹽大使候補知縣趙士正、乾隆己丑科進士丁映奎等具呈前事，詞稱：竊惟黎平一郡，僻處黔東，界連楚粵，山川毓秀，哲彦代生。前明有何文烈公諱騰蛟者，嶽降之初，魚來里井，讀書之地，院號天香，迨仕勝朝，適逢末造，効忠三楚，殉節湘中，史傳贊其艱貞，鄉邦至今稱頌。國朝定鼎，聲教覃敷，黎郡人文，後先繼起，甲科乙榜，時獲題名，士著漢苗，俱多俊秀。第蠻方見聞固陋，不免守缺抱殘，僻壤名賢罕經，無由尊師取友。前歲癸巳，欣逢福星臨郡，下車以來，百廢具舉。職等下切桑梓之念，上體樂育之心，公議捐建書院，造就人才，附立何公專祠，表揚忠義。不揣冒昧，賫簿叩捐，荷蒙首給清俸，倡率於先，嗣承閤郡文武官弁，相繼樂輸，紳士居民聞風慨助，因於郡城南岡置買周丹書、周卜元屋基一幅，共計五畝一分二釐，建造祠堂、後樓、廂房、廚屋，共計四十二間，左爲書院，右爲祠堂。現在延請浙湖名宿來主講席，並蒙考取閤郡生童肄業，每年所需修脯、膏火，職等公議置田收租，以供經費，毋須官爲籌畫。事關閤郡公舉，誠恐年久廢弛，除善後事：宜容俟置齊田畝，定有租額，酌擬章程，開造清册，另呈核詳，立案備考外，合先繪具院祠屋圖。抄録何文烈公史傳，呈籲電核俯賜，詳請憲示，恩准勒石，永垂不朽。上呈等情，據此，卑府覆查黎平一郡，向隸湖南，自康熙五年，改歸黔省，迄今一百餘載，久沐菁莪之化，漸徵藹吉之休，每逢童試，赴考者不下千餘，歷屆鄉闈中式者必有一二。但地居僻壤，師友拘牽，家守殘編，見聞固陋。若於郡城設立書院，延請明師，講求指示，實多裨益。又查前明何文烈公故宅在郡城南，附近有神魚井，爲公生時靈蹟，厥後矢忠勝國，殉節湘中，國朝纂修《明史》，特爲立傳。康熙十五年奉旨歸葬，入祀鄉賢。未設專祠，表忠之典，實爲有缺。前後紳士趙士正等面請捐建，卑府念係閤郡美舉，首爲捐給，諄諭該紳士等在外勸捐，務須聽人自願，毋得藉名勒派，經管收放，不許官吏干預，以杜侵蝕冒銷，是以遠近士民，聞風樂輸，毫無異議。今據該紳士等公籲詳請勒石前來，除書院内現在延請浙湖宿儒來主講席，考取生員趙文鴻、童生朱本赤等共四十人在院肄業，所資修脯、膏火，仍聽該紳士等籌辦，俟置田定租，備擬善後章程，開造收支清册，再行詳請查核外，所有該紳士等呈到祠院星圖，抄録史傳，合先具文詳送奉各憲批示，如詳遵行。

《〔光緒〕黎平府志》卷四上《書院·龍岡書院》 龍岡書院在城西門内卧龍岡，光緒三年，巡道易佩紳、同知余澤春建。講堂上爲樓，祀漢諸葛武侯、尹道真，明王文成、何文烈。又爲四賢祠、左右廂。諸生肄業。九月工竣。延山長課士，每年提米厰經費錢一百串爲修脯，生童膏火無定額。余澤春《龍岡書院記》：彝秉之良之不盡泯於人心也，生知愛，長知敬，無貴賤，無剛柔，無鄙野靈蠢，其發於造次之頃，而存之幾希之微者，微特旁觀莫識所由起，即退而自思，亦覺其情之出於不自已，而非思議所能及。然且日即於澆漓，而廉耻浸以喪，禍變浸以滋，鑿渾沌而爲恣睢悖逆，以自外於蕩平正直之世者，則教化之具失，而秉彝之良無以養之所由致也。曾子固有言曰：士有聰明樸茂之姿，而無教養之漸，則其材之不成固然。夫聰明樸茂之姿，何地蔑有，苟任其因循汩没，而無以道之乎學問之途，則風化之敝，變故之多，其過豈得在民哉！古州處西南隅，雍正朝始内屬，建官立教，沐浴膏澤者百年。前觀察于公復設書院課士，絃誦琅琅，囂淩鬭很之習，以漸移易。咸豐間遘大亂，陷賊幾二十年。王師戡定，悉復舊觀。顧庫藏蕩然，書院一燬於寇，流亡之未集，奚暇言學？丙子夏，吾楚易公觀察是邦，澤春亦來權郡佐，然思有以化導齊民，進其秀良，以志於學。從容諮度，先相厥居，乃闢地卧龍岡之陽，築樓五楹，祀武侯、尹道真、王文成、何文烈四先生，下爲講堂，外爲廡，爲大門。以丁丑年春月鳩工，冬月工成，名之曰龍岡書院。楹桷樸堅，庭宇軒爽，枕山帶水，據一城之勝。生徒濟濟，神邕而氣龢，匡坐鼓歌，翛然無復鹿豕狐兔之與伍，日新月異，相觀而善，地雖僻，何遽不中原若耶？夫興廢舉墜，有司之職也。延禮師儒，設教興學，以遏亂本正人心，又今日之當務也。澤春不敏，承觀察之諸畫，以成是役，期爲多士牖其彝秉之良，以漸進於道，以折其恣睢悖逆之萌，是則余之本願也夫！是爲記。

《〔光緒〕黎平府志》卷四上《書院·榕城書院》 古州廳榕城書院，舊址在城北門内道署南。道光十一年，巡道于克襄、同知徐鋐倡捐重建，並籌銀存鹽典生息，爲修脯、膏火費。正中爲講堂，堂後正房。住掌教。左右齋房。諸生肄業處。乙卯亂後燬，存銀失考。于克襄《重建榕城書院碑記》：古州向稱八萬硐，自漢唐以至元明，久阻聲教。我朝定鼎以來，幅幀之廣，爲自古所未有。雍正年間，經畧張公廣泗來撫斯邦，始獲勘定，繼而逆苗故智復萌，大肆猖獗。復經經畧張公奉天子命，會同數省之師，痛加洗蕩，兇頑狡黠之徒均已伏法，而畏威投誠者亦不敢復萌異志，駸駸乎於是成樂土矣。然而天威震疊，無遠弗屆，武功之盛，蔑以加焉。而絃誦之聲未能周於四境，是亦守土之責也。余自道光九年秋，由貴陽郡守擢任貴東道，因奉委研審案件，不克常在古州。十一年始來托足，因與署同知徐明府鋐訪問書院遺址，得房屋一所，在道署之南，規模軒豁，廓乎有容。不知其所自始，而前同知王君湛恩曾有碑記，意在修葺以作行館。聞前貴東道沈載山先生有欲建書院之舉，而未逮也。竊惟移風易俗，首重詩書，温故知新，端賴師友，自鹿洞、鵞湖而後，講學以正人心，勵品以敦士習，甄陶樂育，誘掖無窮。故予一守安順，再守貴陽，皆諄諄焉以是爲先務，至今兩郡人士猶能道之。余因謀於徐君，亟延掌教來主是席，余與徐君分月考課，優者獎之。數月以來，春華秋實，斐然可觀，他日成就正未可量。但修脯宜地方官捐助，士子亦只有獎賞而無膏火，皆可以一時，而不可以經久。予固捐廉以爲之倡，徐君繼之，並囑徐君廣勸殷實之户，不數月間，共得錢合銀二千五百兩有奇，交鹽埠、當鋪、會館諸處生息，修脯膏火，綽然有餘。自是而後，有舉莫廢，是固見徐君之官聲藉藉，足以取信於士庶，而地方紳耆商民之勇於爲善，孜孜不倦，克副予與徐君之望，而志在觀光者，皆能切磋琢磨，以相與有成，尤足尚也。事竣，徐君請序於予，予因爲述其梗概如此。自今而後，日漸月摩，文風日上，由是設

立膠庠，人文蔚起，則以俟後之君子。勸捐銀兩，除修理書院、置買磽頭田三十石外，尚存本銀一千五百兩，發商生息，每年收息銀二百一十六兩，作束修膏火之費。趙亨鈐《留別榕城書院諸生詩》：天涯何處駐飛蓬，萬里榕江一寓公。講院寄居師席雅，諸生都諒長官窮。縹緗書借三千卷，桃李春歸廿四風。久住自忘塵俗吏，朗吟時復氣如虹。犵鳥蠻花俗漸諳，使君無復再停驂。此都漫詠桑鳩七，彼口能成市虎三。小草戀春知氣厚，豐碑紀政益予慚。淳良未免低徊念，惟祝年年稼穡甘。一紙官書敢憚勞，歸耕無計首頻搔。故園風雨荒三徑，宦海浮沈感二毛。説法慚非廣長舌，工詩不按鬱輪袍。靜觀物理休惆悵，會見滄溟鈞六鼇。輕裝檢點只圖書，複嶺重山歷險途。千里奔馳誰相馬，一官踪跡類瞻烏。上書得報羞翁子，著論驚人羨老蘇。俯仰捫心無愧怍，孔璋行矣漫踟躕。

《〔雍正〕四川通志》卷五中《學校・成都府》 儒學在府南漢文翁講堂遺址。宋初建，明永樂間重修。國朝康熙元年，巡撫佟鳳彩捐葺。八年，巡撫張德地增修殿宇、墻垣，焕然大備。二十三年，欽頒御書「萬世師表」扁額。四十二年，欽頒御製訓飭士子碑文。四十五年，勅建平定朔漠碑於殿左。雍正元年，奉旨創建崇聖祠，恭設五代王牌位。四年，欽頒御書「生民未有」匾額。八年，勅建平定青海碑於殿右。

《〔乾隆〕雅州府志》卷七《學校》 儒學，府治西。明洪武初建於月心山左麓，後遷之江北。以隔江詣學不便，嘉靖十年，巡按邱道隆因諸生呈請遷學，會同分守道趙淵、督糧道鄭浙攝、提學劉偶、分巡道戴亢屬、知州裴相、守備田大有助之，遂遷於月心山之中。明末燬。國朝康熙五年，督學道張光祖、知州韓范改建於南城樓。未幾火災，仍移建舊址。久漸傾圮。三十五年，知州范成龍重修。五十七年，知州李容之重修大成殿及啓聖祠。六十一年，知州楊文彩增修，廟廡、官墻、堂齋、門祠，燦然一新。大殿，知府曹掄彬聯：假春秋以行權，删定贊修，不避知我罪我，賢二帝邁百王，蕩蕩巍巍，允矣生民未有；繼周文而作聖，黄農虞夏，於兹讓德讓功，律天時襲水土，渾渾噩噩，卓哉萬世無疆。明倫堂，知府曹掄彬聯：子臣弟友，要從不愧怍上存心，庶可爲四民領袖；學問思辨，須在無間斷處著力，這便是百倍工夫。器識最爲先，須令一身中物同與，民同胞，已溺已飢，方不負温公志量；科名何足重，要使萬山内父言慈，子言孝，興仁興讓，即無慚安定規模。訓導余日珩文廟聯：道冠百王，往古來今，永肅千秋俎豆；德侔兩大，羌江蔡嶺，恒欽萬仞宫墻。又戟門聯：道若江河，隨地皆成洙泗；聖如日月，普天猶是春秋。蔡蒙書院在文廟右，甲申亂後爲營兵所佔。康熙四十七年，訓導齊來章修復如故。學院王誥題曰問業，聯曰：自神禹旅山導江，水土功垂蜀國；迨文翁崇儒立學，詩書澤永邊陲。雍正元年，奉旨創建崇聖祠，恭設五代王牌位。康熙二十五年，定額雅州歲進文武生各十二人，科進文生十二人，其廩膳生三十人，每二年貢一。雍正七年，陞州爲府，額取十五名，實屬人多額少。知府曹掄彬現詳請照直省府學例，科歲試取進二十名，廩四十名，一年一貢。尚未具題。

《〔道光〕保寧府志》卷二四《學校》 保寧府儒學在府治西南。宋大觀四年建。明洪武間，知府陳益民、李直、史〔書〕增修。明末毁。國朝知府柯臣、薛柱斗先後建大成殿、兩廡、戟門、櫺星門、崇聖祠、泮池、宫墻，學使陳卓有記。道光元年，川北道黎學錦重修，增建杏壇亭。按：府學係太守柯臣草創於兵革之際，規模畧備，雖屢經修葺，不過因陋就簡，殿廡各祠日久亦就傾敝。道光元年，川北道黎學錦興工重修大成殿、崇聖祠、東西兩廡，棟宇高爽，丹雘聿新。舊設至聖並四配神位，制度較小。今各高闊尺許，盤以金龍。崇聖兩廡各神位亦悉增數寸，其附祀名宦、鄉賢、忠義、節孝諸祠，俱加新整。又建杏壇亭於靈星門左，重修泮池橋，浚池，闊深數尺。禮器庫、樂器庫及靈星門、戟門、四圍宫墻，無不一律堅峻。所有廟中應備籩豆、尊俎、簠簋各祭器，亦潔治全整。又添置樂器數事。飭學官春秋二祀，均照祀典豐備祭物，以昭慎重。有記。

《〔道光〕保寧府志》卷二七《書院》 錦屏書院，在城東北，古治平園舊址。嘉慶二十四年，川北道黎學錦重建。按：書院舊在錦屏山上，明嘉靖初，太守張思聰建。萬曆中郡守黄應龍、周道直，國朝川北道周琬，先後重修。乾隆二十三年，知府莊學和遷建城外，即治平園址。嘉慶六年，署閬中縣李天培復遷城内。二十四年，川北道黎學錦以城内書院别創會府，仍即城東書院舊址，擴其規模，建講堂、學舍數十楹。前建文昌閣、奎星樓。制府蔣公額「聞峯毓秀」四字，又題「山爲性體，水作文瀾，坎止流行皆學問；望可觀星，亭先得月，日新富有自光輝」以爲楹帖。院後構池，引渠周繞臺榭，置四照亭、石橋，曲通竹□，幽引泉石，樓閣蔚爲勝觀。分十景，以備吟賞，仿文與可十詠意也。又按：舊有學田，歲收租銀六百五十餘兩，以爲脩金膏火。有《章程碑記》。

《〔同治〕嘉定府志》卷一〇《學校》 嘉定府學，樂山縣係新設，未另建，附祀於此。學宫，唐武德初建於舊州治南。明洪武初，州同知楊勵重修。二十七年，徙於水，知州楊仲欽、學正李敏遷於方響洞之上。天順八年，訓導曾智具奏遷今地，在府治西北。國朝，上川南道張能鱗重修。九峯屏峙，二水環流，一郡之勝也。正殿三間，東、西廡各五間，戟門、櫺星門各三間。櫺星門外坊二：左江漢秋陽，右金聲玉振。泮池一，居中，廣可十畝，悉種荷花。

《〔同治〕嘉定府志》卷一〇《學校・九峯書院》 九峯書院，前明建於凌雲山

擁翠峯頂，明末燬。國朝康熙中，上川南道張能鱗改建高望山麓，曰高幖書院。尋廢。嘉慶七年，知府事朱鳴琦捐募，重建於安樂園故址。門二，各三間。堂一，室一，各五間。書舍四，共六十間。厨三，各三間。室之右園一，爲廳三，樓二，繚以磚廧，廧基俱以石爲之。因明舊名曰九峯書院。八年，購書十七種藏之院，以裨來學。

《〔道光〕龍安府志》卷四下《學校》 儒學在學宫左，宋祥符間，知府吴濟建。元末燬。明洪武間，土官薛繼賢遷建樂平鎮北山下。隆慶間，知府龍慶雲仍遷今所。國朝，知府翁佶重葺。康熙二十二年，知府陳于朝偕平武縣知縣朱鎔補修。嘉慶十一年，知府倪鼎銓、平武知縣喬奕約補修。

《〔道光〕夔州府志》卷一八《祠廟》 文昌祠在府治大東門城右。國朝康熙壬申年，太守周彬創建國學，李貞年募化修奎章閣。乾隆八年，郡守崔邑俊、郡判汪志敏重修門樓一座，奎章閣三層，客堂二間。乾隆四十一年，府教授陳懷玉募修，郡守江權幫銀八十兩。嘉慶九年，郡守周景福重修奎星樓暨左右墻垣。道光五年，知府恩成以地勢狹隘，殿宇卑淺，不足妥神靈而肅祀事，倡率僚屬紳士置買廟後瓦屋三大院，移建正殿、拜殿、字聖宫於今所，並創修崇聖祠。宏敞巍峩，爲一郡之大觀。董其事者，武生黎廷珖，生員張鈐，職員劉宗誥、胡珠，增生馮簡，廪生徐鑑，貢生劉棟，廪生李文榮，職員米盈霖，生員米稔，監生王士俊，優貢生張濟茂，武生黎廷珍也。

《〔正德〕夔州府志》卷六《學校》 儒學在府東南，洪武四年建。成化十年，郡守吕公晟因城隍廟□學西，遷廟於奉邱縣學舊址。弘治十三年，郡守楊公奇又拓其地，重新創建規模制度，洪敞高崇，冠於別郡，詳載廟學記。

大成殿，五間，正德七年，郡守吴公潛立扁。東西廡，各七間。禮庫，二間，在東廡上。樂庫，二間，在西廡上。左掖門，在東廡下。右掖門。在西廡下。大成門，七間。正德七年，郡守吴公潛立扁。櫺星門，三間，俱石柱，冒以琉璃。泮池，石橋三洞，并四圍餘地。正德七年，郡守吴公潛砌築，極其工緻。碑亭二座。在大成門左右。正德七年，郡守吴公潛竪立鎸刻。神厨宰牲所、瘞次、學倉，俱在東廡後。正德七年，郡守吴公潛創置。尊經閣，二間，在明倫堂東北。正德七年，郡守吴公潛加扁。景賢祠，在大成殿左。去思祠，在大成殿右。明倫堂，五間。四齋，在明倫堂左右，志道、據德、依仁、遊藝，共十四間。禮門，三間。正門，三間。饌堂，五間，在明倫堂左。博文門、約禮門，在明倫堂左右。遵義門、遵道門，在東西齋下。興賢坊、育才坊，在儒學左右。自明倫堂至育才坊，俱郡守吴公潛脩葺加扁。教授宅，在明倫堂西。訓導宅三，在禮門東南。正德六年，郡守吴公潛立。前號房，在明倫堂左右，各八間。後號房，在大成殿後，十三間。吏舍。在禮門右。射圃，在府東城下内，約三分之一鑿爲文德池，餘多曠地。

《〔道光〕夔州府志》卷一七《學校·蓮峰書院》 蓮峯書院在夔州府治後卧龍山麓。山西北有蓮花峯，故名。山麓舊有十賢堂，宋知府王十朋建。乾隆三十三年，知府李復發因雲安書院近市囂塵，改建於十賢堂之右，規制閎備。置買學田、店房、鹽井，歲收租八百八十餘兩，育才甚盛。尋李守卒於官。乾隆四十一年，知府仲純信從紳士請，建祠於書院側祀之；後知府江權培植學校，知府周景福重修書院，紳士德之，以配享於李公祠，人遂稱爲三公祠。此地風氣高燥，木易氷裂；土性鬆滑，屋易欹斜；又三面阻水，潮濕則易生蟲，書院不能耐久。道光二年，奉節令萬承蔭倡捐重脩，功未竟。四年，知府恩成捐銀一千七百餘兩，鼎建一新，器用俱備，十賢堂、李公祠皆新之。并將李守所置鹽井被竈户捏報減租者一一清出，無敢欺隱焉。

《〔乾隆〕廣安州志》卷六《學校志》 學宫，舊在鳳凰山下，宋嘉祐間遷南岡。明初，改遷東南近河處，歲苦漂溺。弘治間，復遷南岡，蟠龍窟掘有古碑以爲奇驗，人才乃盛。康熙二年，知州黄標開復州城，乃建廟焉。七年，知州張柟建正殿，兩廡，戟門。十八年，知州李萃秀建明倫堂，崇聖祠。二十五年，奉頒御書萬世師表匾額。四十一年，知州邵仲禮移明倫堂於殿右，旋遷殿左，擴其基址，改建大成殿五楹，以舊殿基作丹墀拜臺，旁修兩廡，改修戟門。四十五年，奉勅建平定朔漠碑於殿左。雍正三年，奉頒御書「生民未有」匾額。八年，奉勅建平定青海碑於殿右。自改建以來，宫墻傾圮，兩廡漸就毁壞。雍正八年，知州曹藴錦捐俸倡先，紳士間有輸助，大成殿内重加華蓋，鋪磚爲地，兩廡增建四楹，崇聖祠改修明倫堂，俱鋪磚石，添置抱廳、書案、桌几及名宦、鄉賢各處供器，儀制俱全。門壁，堦墀，重加補葺粉飾，周圍高築垣墻，施以丹堊，焕然改觀焉。乾隆三年，奉頒御書「與天地參」匾額。

《〔乾隆〕廣安州志》卷六《學校志·渠江書院》 渠江書院，舊名義學，在水塘堡。康熙年間，知州邵仲禮創建，瓦屋二層，共六間，規模頗隘。雍正九年，知州曹藴錦捐資改建，樓房、講堂、東西翼以學舍各十間，大門三間，圍以墻垣，並桌椅床橙俱備，延師訓課生童，改名官學。其地稍低窪，水漲常苦沖塌。乾隆十

二年，知州翁是平捐資增建正屋、四圍抱廳二所，改裝板樓、板壁，圍以板墻，齋厨桌椅等項，一切備具。延師額脯，每年四十金，以學租充焉。規模改觀，生童雲集，因易名渠江書院，勒石垂後。乾隆三十一年，知州陸良瑜復鋪蓋地板，修整墻壁，延請嚴師，特設棹橙，令在講堂考課，文風頗振。三十四年回任，又加捐俸二十金，以助院長薪水，擇月課優者，資囊火以示獎勵，生童益奮志焉。

《〔光緒〕潼川府志》卷一四《學校志二・草堂書院》 草堂書院，在潼川府城東，草堂寺左。乾隆十五年，知府費元龍刱建，名文峯書院，川北道劉益有記。四十一年，知府沈清任重修，易今名。祀杜少陵於堂後，撰《草堂故址考》。提學吴省欽撰記。四十九年，知府張松孫建後堂三楹，祀少陵，配以李供奉。嘉慶十四年，知府譚光祐、三臺縣知縣沈昭興重修。十六年，知府張世濂落成。孟邵有記。

《〔道光〕重慶府志》卷二《廟壇》 文廟在府治西，宋紹興間建。明洪武四年，重建。宣德間，知府李庸、毛泰相繼增修。景泰間，知府孫曰良重修。弘治五年，知府劉思賢重修。嘉靖三十五年，重修。四十年，知府薛天華重修完備。萬曆元年，知府張希召建解元碑亭於養正門左，進士碑於連茹門右。明末燬。國朝康熙三年，總督李國英重修。二十三年，知府孫世澤、巴縣知縣焦映漢重修。二十七年，知府王侯重建鴈塔二。三十八年，知縣陳堯智重修。五十五年，知縣譚懋學增修。雍正三年，知府張光鏻重建尊經閣於崇聖祠後，魁星閣於泮池左。九年，知縣朱介圭重修殿廡。十一年，知府顧贊重修明倫堂。十二年，知府馬世藻增修。乾隆元年，知縣沈天成重修兩廡。十五年，知縣張兑和擴清地址。十六年，知縣王爾鑑捐砌泮池石欄。十九年，重濬泮池。川東道宋邦綏、知府傅顯重修大成殿、兩廡、尊經閣、明倫堂，門垣悉備。嘉慶十六年，知縣葉文馥修魁星閣。道光十九年，知府汪日宣率十三州縣全行改建，北舊廟制度規模宏廠矣。署知府王夢庚《重修重慶府府學落成記》：道光壬寅歲，庚奉檄權守重慶。莅任之翊日，祇謁黌宫，仰見宫墻壯麗，美富畢臻，爰進李、蘇兩學博詢之，曰：蜀學最盛者在漢，有文翁石室，後爲高公禮殿，禮殿即夫子廟堂。自是廢興不一。渝城廟制胡能巍焕若是？兩學博曰：此前太守汪公日宣之力也。廟在唐以前無考，宋紹興間始建於治西。時高宗手書六經《論語》、《孝經》、《孟子》，圖孔子立七十二弟子像，躬爲序贊，頒之郡國，以示惇勸。故郡皆有學，前明始建於洪武四年，修於宣德、景泰間，規模粗具。迨弘治壬子，太守劉思賢始踵厥美。嘉靖丙辰迄辛酉，薛守天華增其式廓，曹給諫汴爲之記，稱極盛焉。至明末，蕩爲焦土。我國朝定鼎以來，制軍李公德英始建於康熙三年，時駐軍渝城也。厥後康熙二十三年，培修者爲孫守世澤、巴令焦應漢。而三十三年、五十五年之役，巴令陳堯智、譚懋學董其成。雍正三年，張守光鏻建尊經、魁星兩閣。雍正九年，巴令朱介珪重新之。十一年，太守顧君贊建明倫堂。十二年，馬守世藻竣其事。乾隆元年，巴令沈天成又培治兩廡。蓋土木之易毁而難成也如此，且附近居民侵佔隙地，漸傷湫隘。十五年，張令兑和擴清基址。十七年，王令爾鑑甃石泮池。十九年，又濬深之。繼此，川東巡道宋公邦綏、郡守傅公顯以次重修，功亦偉矣。惜惑於術士之無識者，改移卯酉，斜趨庚甲，越七十餘年無有過而問者，而黔泐遂過甚矣。道光十四年，汪公日宣來守是邦，甫下車慨然思改作之。適劍州牧張君權攝邑篆，汪公知其能任厥事，爰諭闔屬士人，量力輸將，以襄厥舉。而遐邇響應，莫不率從。爰詹吉興工，曰：敬移神主，兩廡畢祔，神庫祭器，扃鑰是嚴。惟爾府學教授李淳玉、訓導蘇兆熊職之。提調衆務，鳩工庀材，詳稽廟制，碩大且儼。惟爾署巴縣令張嗣居職之。曰：辨方正位，樹表揆景，相度陰陽，宿離不忒。其檄調滎昌儒學教諭寇宗職之。舉凡董工役，駿奔走，嚴出入，察窳惰，則都人士暨習吏事者擇而任焉。於是撤舊廟，除瓦礫，得古基址而更正之。肇工於戊戌九月，越明年己亥夏落成。廟凡九楹，高四丈八尺，廣十一丈有奇。戟門七楹，東西廡各七棟，靈星制三門，以及聖域、賢關、名宦、鄉賢各祠，庫藏庖湢，罔不備舉。乃未及塗暨茨，施丹雘，而太守以祈雨中暑病卒。其崇聖祠、尊經閣，則於二十二年始觀厥成，正位而崇奉焉。而公適來守是邦，顧碑以紀之。庚不文，又簿書鮮暇，無以應也。癸卯春，方有事於興輯《重慶府志》，李君又以爲請。竊念代庖以來，瓜代有期，愧未能培滋學殖，輔弼儒風。所欣幸者，廟制崇矣，几筵肅矣，諸生幸列門墻，釋奠釋菜，拜聖人之堂階，讀聖人之遺書，於以敦崇心性，砥礪廉隅，昭文章顯德行。出則翊贊休明，處則儀型黨里。俗變巴渝，風成鄒魯。不其懿與？是爲記。其都人士之輸金錢、董工役、掌度支者，備詳他石，兹不具書。泮池週八十二丈，闊二十四丈六尺，深五尺。水自北出香水橋，日久居民侵佔。乾隆十五年，知縣張兑和廓清池址。十六年，知縣王爾鑑率紳士捐砌石欄，池内種荷，舊制維新。道光十一年，貴州仁懷廳貢生張坦捐修石墩。

《〔道光〕重慶府志》卷二《廟壇》 巴縣文廟，在縣治東，宋紹興間建。明洪武間，

知縣田子真重修。宣德中，知縣蔣誠立貢舉題名碑。弘治十四年，知府屈直德、知縣周仁立貢舉碑。嘉靖九年，張璁議聖廟製木主，惟巴縣以銅像獨存。萬曆二十九年，兵備道張文耀重修。明末燬。國朝康熙二十四年，知縣焦映漢修建兩廡。四十九年，典史胡檟捐修崇聖祠。乾隆初，邑紳捐撤廛市，臨江作泮池，復舊規。乾隆二十年，知府傅顯勸復學地。嘉慶十六年，知縣葉文馥倡修兩廡。二十一年，知縣劉德銓重修，竝記：朝廷之所首重者，學校也。學校之所尊崇者，先師也。吾儕皆有闔廬以避燥濕寒暑，而大聖人式憑之所，顧唯是因陋就簡，不事修除，何以妥侑靈爽？其更張之，僉曰諾。銓首捐廉三百金，又廣爲勸助六千八百餘金，擇日鳩工。日與董事紳士口講指畫，凡尺寸之廣狹厚薄，形勢之俯仰紆迴，區舍之内外上下，皆一一部署。不數月，而曩時堂殿房廡之卑陋者，今且規模式廓矣；榱棟楹檻之傾圮者，今且體裁宏整矣；塵土苔蘚之叢積者，今且金碧熒煌矣。磨之礲之，加密石焉；修之平之，如周道焉。正殿一，祠宇五，迴廊戶牖若干，悉仍前制，蓋慎也。復以縣學舊無泮池，遠挹字水江光，相爲掩映。而居民闤闠障蔽，甚爲穢褻。概令拆遷，以便瞻眺。又鑿池引流於其中，庶内外通明，環如夾鏡，亦文瀾之一助也。特耗費殷繁，除支用外，尚虧千金。正屈拮据之際，突於泮池地邊掘得銀九百一十三兩有奇，驗之，乃宋時實物，恰資接濟。此實由大聖人在天之靈，俾蕆厥事，而亦闔邑士民之福也。他日此邦人士科第蟬聯，金紫纍至，皆兆於此矣。是役也，起自嘉慶二十一年三月，成於二十二年九月，共用銀八千一百六十九兩零，共收銀八千一百零。紳士張孔遂、周鏞、汪大受、牟鎔等，自備資斧董理其事，例得附書。泮池，舊有漏月池。古以大江爲泮池，學前廛市蔽翳。乾隆初，紳士龍爲霖、韓帝簡、張宗蔚捐買，俯通大江，天然泮池，甲於全川。文星石，在靈星門前泮池中。雙狀元碑，在縣學。明嘉靖中，郡守黄鳳翔爲宋紹興狀元馮時行、開禧狀元蒲國寶立。文治光華碑在學宫内。郡守陳邦器書。

《〔道光〕重慶府志》卷五《東川書院》　東川書院在重慶府治洪崖坊。舊在治平寺後，藏經閣左，名渝州書院。乾隆三年，知府李厚望捐建，郡人龍爲霖助構。易簡有記。三十三年，川東道宋邦綏遷建今所，易今名，規制宏敞。二十四年，知縣王爾鑑置學基地，歲收租銀四百三十餘兩。五十八年知府蔡必昌，五十九年知府趙秉淵，先後增置地租。每年收穀共三百四十三石，各處地租房租銀共八百六十五兩九錢。道光十一年，貴州仁懷廳貢生張坦捐貲，補修書院屋宇講堂。

《〔光緒〕叙州府志》卷二四《學校・文江書院》　文江書院在縣城小東門内。乾隆二十二年，知縣江世春建。二十三年，知縣李鴻楷勸募，監生元田相、生員池鍾鱗等捐貲，及鄉民郭偉樂輸其妻父李時春絶業銀兩，續經勸捐，置買田地。舊管、新增上下鄉公産二十九處，核定每年連發商生息，兩項共有銀二百六十九兩五錢，錢一十三千三百五十文，租穀五十九石二斗，以作脩脯膏火。舊稿。李鴻楷記：書院，佐學校之所不逮者也。粤稽有宋，名儒輩出，其時鹿洞、鵝湖、石鼓、嶽麓四大書院，造就人才，號爲極盛。我朝右文重道，加意作人，特命直省各建書院，擇士之秀者，肄業其中，教澤之隆，誠爲超越千古。而尚有遐陬僻壤之艱於負笈者，或不無遠莫能至之嘆，則司牧者之不可不隨地振興，以仰副在上之德意，蓋可知矣。高邑僻在遐荒，向未建有書院。自乾隆二十二年署篆，江侯始勸邑衿士構一館於城東隅。然狹隘而不能多容，脩脯亦無所出。每年官捐清俸延師，非長策。戊寅，余莅任兹土，清稽無主荒畝以歸於公，並得有力者先後捐輸學田，乃資館穀。今壬午秋，又增學舍六楹，厨房二間，繚以周垣。先是，堂額曰業精於勤，今又著其齋曰知新，曰實學，門曰静觀。自得外門，仍曰文江書院。規制畢備，來學者日益衆，而書院可以久遠矣。於時進諸生，而告之曰：前侯以文江名書院，固取面臨江水、瀠洄成文之義也。然而文以載道，孔子曰「文不在兹」，顔子曰「博我以文」，曾子曰「以文會友」，故大之而經天緯地，小之而因物辨名，皆文也，豈徒一字一句、雕蟲篆刻而乃謂之文哉？諸生汲汲孳孳，以此求進於道可耳。且斯地幽僻，離絶囂塵，可以習静臨流，憑眺鳶魚飛躍；可以觀化遠望，七寶芙蓉桂岡，諸勝迴環入抱，可以擴心胸而暢天機，是藏修游息，莫踰於此也。諸生考德問業，顧其名而思其義，以求所謂至文者，而左宜右有，無不逢源矣，道豈遠乎哉！夫書院之設，以佐學校，亦存乎學者之自勵也。但學田猶未廣闢，不足以供膏火，此余所爲切切然謀所以擴充之者，殆未能一日去諸懷焉。

《〔嘉慶〕漢州志》卷一四《寺廟》　文廟在州南，宋嘉泰中建，明洪武中重修。宣德中，知州章瓚，天順五年，知州李鼎增修。成化中知州柴廣，嘉靖中知州劉琮，天啓中知州苗裔昌、王從先，崇禎中知州徐允聘疊次培修。明季兵燹之餘，漸就傾圮。國朝康熙元年，知州張萬受承建，嗣後知州孫元衡補修。乾隆十一年，知州張珽、周際昌、周來郘重修。嘉慶三年，胡延璠補修。嘉慶十七年，知州劉長庚重修，視舊制倍爲宏敞，正殿五間，東西兩廡各五間，殿前爲露臺，臺下爲拜次，戟門五楹，禮器庫、樂器庫各一，□官紳更衣亭各一間，左爲名宦祠，右爲鄉賢祠，前爲泮池，池外爲靈一作櫺。星門。門東爲聖域門，西爲賢關門，外屏一座，繚以朱垣。垣前爲外泮池。又東爲德配天地坊，又西爲道冠古今坊。殿後爲崇聖祠，殿上恭懸康熙二十三年御書「萬世師表」匾額，楹間恭刊四十二年「御制訓飭士子碑文」。四十五年敕建「平定朔漠碑」於殿左。雍正四年，御書「生民未有」匾

額，八年敕建「平定青海碑」於殿左。乾隆五年御書「與天地參」匾額。嘉慶六年御書「聖大集成」匾額。俱懸正殿。內龕先師像，乃治此前明萬曆時鄉人所祀者。乾隆四十九年，知州徐德元迎祀。外龕恭設至聖先師孔子木主，北位南向。

《〔嘉慶〕漢州志》卷一四《寺廟》 武廟在城內州署東關帝廟街。康熙二十八年，知州吳樹臣建。四十五年，知州王希聖培修。雍正二年，知州陸景龍添修。九年，知州黃之桂建修啓聖宮。乾隆十五年，知州周來郃重建。四十八年，知州徐德元添修正殿三楹，抱廳一向，東西廊各五間，正廳三間，樂樓一座，啓聖宮三間，外屏一座，正殿中位恭設。

《〔同治〕會理州志》卷二《祀廟》 文昌宮有三：一在州內城文廟東偏，明洪武中，副千户指揮楊遇春建。一在東門外東山頂，明經魁胡衡於嘉靖年中建，年久圮廢。國朝康熙二十一年，衛遊擊吴永祚、守備江九鼎、生員王問仁重修。乾隆五十八年，通學捐資移魁星閣，于後殿添修戲樓、兩廂山門抱廳。至道光初，又復傾頽，武舉蘇必和等倡捐（澈）〔徹〕底重修。於道光二年十月起，至九年五月落成，南北山門二座，戲樓一座，魁星樓三層，桂香殿三楹，南北廂樓四間，正殿三楹，南北兩廊二間，三代祠三間，韋馱殿一間，觀音殿三楹，南北兩廊碑記各二楹。正殿之北爲孚佑帝君，三楹，右廂房三間。正殿之南爲花廳，三楹，左廂房三間，倉房二間，小樓三間，住持房三間。一在迷易所。

西北

《〔雍正〕陝西通志》卷二七《學校・西安府》 府學在府治東南，即宋金學校舊址。元至正間，行省平章廉希憲重修。學士虞集記。明成化九年，巡撫馬文升、知府孫仁拓修。學士商輅記。本朝順治十年，提學田厥茂重修。有記。宋景祐二年，侍郎范雍奏，昨知永興軍前資寄住官員頗多，子弟輩不務肯構，惟恣輕薄，蓋由別無學校勵業之所致。到任後，奏建府學，兼賜九經書，差官主掌，每日講授。據本府分析，見有倚業進士一百三十七人在學。關中風氣稍變。權節度掌書記。陳諭管勾乞降勑命，令常遵守。中書劄子。學制：大門三間，前有譽髦斯士坊。門内爲泮池。儀門内當甬道爲魁星樓，正中上面爲明倫堂，五間。兩旁爲四齋：曰志道，曰據德，曰依仁，曰遊藝，各三楹。東西號舍各三十六間。堂後爲尊經閣，五間，上貯書籍。閣旁碑亭二座，閣後神器庫六間。敬一亭在殿後，射圃亭在長安縣學右。府學文廟歲久頽敝，成化戊子，副都御史馬文升巡撫是邦，意圖恢拓，未果。越壬辰，秋仲釋奠，適大風雨，殿廡傾圮。迺謀諸巡按蘇盛、布政朱英、按察宋有文，撤而新之，令西安知府孫仁出公帑羨餘，擴其舊址。首建大成殿七間，兩廡各三十間；次作戟門、櫺星門、神厨、齋房、泮池，及殿後漢唐石刻之屬。舊覆亭宇，咸增新之。經始於癸巳春正月，至秋八月訖工。商輅《儒學碑記》。西安居省會，郡一邑二，故學三而廟一。廟當城南門之東宅巽離，中郡學掖。而右咸寧邑治在東，故學亦東。長安邑治在西，學亦在西。東學之東爲啓聖祠，廟之後環列古諸石經名刻，覆以步欄，俗謂碑洞。洞後正南面建亭，奉敬一箴。而箴之東西各爲亭，尊制也。郡學明倫堂後，特峙尊經一閣，典籍藏焉。一廟三學，宏規壯觀。凡學宫鮮其儷。郡學宋已居此，二邑學則明成化中建。嘉靖間，都御史王堯封、布政使黄臣、知府李文極、鹽城夏雷，接踵聿新。萬曆癸巳，淫潦彌時，公私垣舍大壞，廟學滋甚。知縣李得中謀諸長安令沈聽之，相與共請諸道府，於是工成不日焉。郡人周宇記。

《〔雍正〕陝西通志》卷二七《學校・西安府・正學書院》 正學書院在府治西南。蓋宋横渠張子倡道之地，門人吕大鈞等皆得其傳。元許魯齋主學事，亦多造就。後省臣建議爲書院，合祀横渠、魯齋及其鄉賢楊元甫，而聚徒講學其間。入明百餘年，遺址無存。至弘治九年，提學副使楊一清卜地重建。大學士李東陽記。弘治中，提學王雲鳳建書樓于正學書院，廣收書籍，以資諸生誦覽。嘉靖中，唐龍督學時，士學趨詭異，乃新正學書院，選士羣肄之，刻其奇靡而約諸理，其所登進者，悉爲名臣。賈志本傳。萬曆乙酉，許孚遠督關中學，禮聘三原王之士，多士興起。《關學編》。國初，巡撫賈漢復重修。同州李楷有記。

《〔乾隆〕興安府志》卷一六《學校志》 興安府學，學册，即舊興安州學。州志，在州治南文廟西。元至元中知州唐天驥建。至正十年達魯花赤賈閭重修。明洪武五年，知州馬大本重建明倫堂，在大成殿後。成化八年知州王坪遷於文廟西。堂前建進德修業二齋，東西相向，爲大門、儀門直達崇道街。十五年知州鄭福於明倫堂後兩齋南建號房。東西各九間。弘治八年，知州洪平增修號房，東西各十間。萬曆十一年知州張二南、十八年知州姚鳳翔、二十一年知州陳秉仁相繼修。明末儒學盡燬。本朝順治十七年知州王章、康熙七年知州牟文龍、十二年總鎮王懷忠、署牧吳佳允、學正屈必捷重修。三十二年知州王希舜、副將郭元彦同修。縣册，康熙四十五年漢水泛溢，遷建新城。

《〔乾隆〕興安府志》卷一六《學校志》 文廟。州志，在州治南崇道街。元知

州唐天驥建。至正十年達魯花赤賈誾修。明洪武五年知州馬大本重建。永樂十四年漢水暴溢，廟圮。成化四年知州高嵩、七年署牧王坪先後修葺。八年五月漢水又溢，廟廡復圮，止存大成殿、戟門。十三年知州鄭福建東西兩廡各十間，神厨、神庫、文昌祠。提學伍福有記。正德十五年守道呂和、知州鄭琦復修。萬曆十一年大水，僅存大成殿。十八年知州姚鳳翔、二十一年知州陳秉亡、四十三年守道楊楷先後增建。本朝順治十七年知州王章、七年知州牟龍文、十二年學正屈必捷相繼修。三十二年漢水泛溢，廟復圮。知州王希舜、副將郭元章重建。學册，康熙四十五年，漢水又溢，遷新城。乾隆四十五年，知州吴六鰲詳請動項補修大成殿。殿内恭懸康熙二十三年十月御書「萬世師表」額。雍正四年三月御書「生民未有」額。旁有崇聖祠、名宦祠、鄉賢祠、忠義孝弟祠、節孝祠。

《〔雍正〕陝西通志》卷二七《學校·漢中府》　府學大學。在府治西南。宋慶曆中建學於城外東南里許。元至元六年，提舉王德輿移置城中。元末兵燹。明洪武五年，知府費震重建。成化九年副使梁觀、知府趙玉，弘治十五年知府周東，嘉靖五年南鄭知縣張佑，萬曆二十六年知府李有實，三十年知府崔應科，相繼修。本朝順治五年，知府張元初又修。康熙二十五年，知府滕天綬倡修。有記。自明洪武以來，雖後先繕治，然皆制仍其舊。成化初，知府趙玉抵官，即以作新爲己任。踰四載，乃決意是圖。適副使梁觀撫治茲土，亟贊其成。工師度材，方以不得大木爲憂，維時六月，大雨連日，漢水暴溢，漂流巨木，蔽江而下，抵岸遽止。憲副暨守備李武率軍民輦至，屹如山積，闔郡驚訝，皆謂天相斯文。於是刻日肇事，撤舊作新，凡所宜有，罔不悉備。提學伍福記。

《〔嘉慶〕漢陰廳志》卷三《廟壇》　文廟在廳署東。大成殿三楹，東西廡各五楹。前爲戟門，門旁名宦、鄉賢祠各三楹。中爲泮池，前爲櫺星門，東禮門，西義路。明成化十年，知縣劉明剏建。弘治十年知縣張大綸增修。嘉靖間，巡茶御史盛汝謙重修。萬曆時，知縣袁一翰又修。崇正十年，燬於流寇，止餘大殿、戟門、櫺星。十二年，知縣張鵬翱重建兩廡及名宦祠，題曰遺愛，祀毛義等十人。鄉賢祀文人等。本朝順治五年，知縣楊六德改修正殿。康熙二十六年，知縣趙世震捐修。至乾隆時，年久漸頽。二十七年，知縣黄道嘉倡率邑紳許又將等總理重修，添建兩廡，各爲五間。戟門、櫺星暨諸祠改修一新。至五十七年，通判莊炘詳請補修。及嘉慶初，殲誅教匪，軍旅往來，又多傾圮。壬申秋，通判錢鶴年偕紳士捐資拆葺，於東廡左新建更衣亭，西廡右新建尊經閣，櫺星門東修忠孝祠，門西修節義祠各三楹。臨衢花檽磚垣，並竪下馬碑。備極尊嚴。

《〔嘉慶〕漢陰廳志》卷三《公署·育英書院》　育英書院在常平倉後北街。嘉慶八年署通判杜蕙勸諭紳庶捐資剏置，南向，門樓一間，顔曰育英書院。門東書房一間，東西廂房各二間，講堂三間，東西書房各二間。二門樓三間，東西廂房各二間，上房共五間。堂後園圃，直抵城墻。

《〔乾隆〕鳳翔府志》卷六《學校》　文廟，府東南。鳳翔縣同。創建年代未詳。明景泰初，知府扈暹重修。成化七年，參議楊璧塑兩廡賢像。十五年，知府張本濟復修。後正德、嘉靖間，知府王江、劉涇，推官李承緒，先後增修。國朝乾隆八年，府通判張文秸重修，更新木主。陝西布政司帥念祖記。舊志云，内有栢四株，大二十圍，傳爲東坡所植，今無存。大成殿七楹，兩廡各十四間。神庫三間，正殿西。神厨三間，東廡北。戟門三間。櫺星門三間。泮池，櫺星門外。泮宫牌坊一座，泮池前。德配天地坊，泮池東。道貫古今坊，泮池西。宰牲所，廟外街南。崇聖祠五楹，大成殿後。名宦祠，戟門外東。鄉賢祠，戟門外西。忠孝祠，文廟西。

《〔乾隆〕鳳翔府志》卷六《學校·雞峰書院》　雞峯書院，縣治東祐德觀内。乾隆八年，邑令喬光烈捐俸，延師考課。生童捐給膏火。十五年，邑令周天生、縣丞王秀慎，於觀右捐建講堂三間，厨舍二間，大門一間。斷入磻溪里民楊應召、崇德里民王大興、李繼善、司提、司容、務本里民李金六人新開荒地，每年納租銀共一十九兩九錢八分，供給館師修脯。卷存禮户二房。

《〔乾隆〕鳳翔府志》卷六《學校·岐陽書院》　岐陽書院，先在府治東。元天曆二年，賜鳳翔岐陽書院額，祀周文憲王。仍命設學官，春秋釋奠，如孔子廟儀。明正德中，知府王江重修。於東郭中祀周之三公，以横渠配。東西祀名宦、鄉賢。今廢爲三公廟。

《〔乾隆〕鳳翔府志》卷六《學校·鳳鳴書院》　鳳鳴書院，城東馬道。乾隆四年，知府羅經創建。講堂三間，東西翼室六間。齋舍，講堂西，前後六間。爨室，東西六間。二門，牌坊一座。大門，三間。

《〔雍正〕陝西通志》卷二七《學校·榆林府》　府學中學。在府治西，即舊衛學。明成化八年，巡撫余子俊奏建。本朝康熙十年，同知譚吉璁重修。自爲記。雍正九年，改爲府學。明成化八年，巡撫余子俊言：榆林築營寨，生聚漸多，請立衛學以訓武胄。制可。乃即城西地爲學宮，指授已有定規，未幾遷總督去。

十二年，丁大容來撫是邦，踵成焉。大學士劉玥記。

《〔道光〕榆林府志》卷七《學校・榆陽書院》 榆陽書院在城内新樓西。明弘治八年，巡撫熊繡建。嘉靖二十一年，巡撫張翻改頤貞書院。後廢。萬曆三十二年，巡撫涂宗濬置興文書院在文廟西。尋又廢。乾隆二十三年，知府屠用中率屬倡捐，求榆陽書院故址而脩葺之，榜仍舊名。置膏火生息，有碑在院中。嘉慶二十四年，知縣陳俊儒董勸士民捐增膏火。有木碑題名。道光四年，延榆綏道顔伯燾、榆林知府沈相彬，復因書院經費無多，札行五屬，勸諭捐輸，並將舊存扒沙及資助鄉試諸生路費二項，生息銀兩，全行撥入書院。統計新舊捐置，本銀四千三百九十七兩零，錢四千四百五十七串零，發典生息。並舊捐房地租銀，每年共得息錢一千四百五十六千零。以作脩脯膏火，及夫役工食等項之資。

《〔光緒〕寧羌州志》卷二《學校》 儒學，舊在州城羊鹿坪。宋慶曆中建。明正統四年，指揮胡貴、楊悰奏設衛學，移置州治西北。成化十七年，指揮王暄修理。二十二年，改衛學爲州學。東抵太原觀，南抵王所園，北抵州倉。知州方世讓、李應元、王一鳴先後增修。弘治二年，知州張簡重修。提學副使戴珊有記。萬曆二十四年，知州盧大謨建號房二十四間。學正宅在堂東，訓導宅在堂西，御使龔懋賢建。今俱無矣。我朝康熙二十三年，知州郭景隆改建。四十二年，知州石日琮遷於城東南隅。雍正二年，署州州同張名標，仍遷於羊鹿坪。知州王大士落成。嘉慶十七年，知州鄭緒章修學正署一區。

《〔道光〕鄜州志》卷二《建置部・祠宇》 文廟，舊志在州城南關之西，今在城内西南。正殿七間，東西廡各九間。丹墀内植柏樹四株。前爲櫺星門，門内東邊石碑一座，元至大四年立；西邊石碑一座，乾隆十九年知州武敬等立。門外當中爲泮池，跨以石梁。池東柏抱槐一株，年代頗古。東爲名宦祠三間，稍南官廳三間，俱西向。東北隅字紙爐一座。西爲鄉賢祠三間，稍南官廳三間，俱東向。鄉賢祠稍北，一小角門通學正署。又前爲戟門，戟門外東西角門二座。西角門外爲學正署，東角門外爲三賢祠。東爲文昌閣，又東爲義學，又東爲節孝祠、忠義祠。至大街口，木牌樓一座。由東角門外折轉北至紅墻後，爲明倫堂五間，大門一間。其後爲崇聖祠五間，大門一間。

《〔道光〕鄜州志》卷二《建置部・學校・經正書院》 經正書院在鄜城南西隅。舊爲雕陰書院。乾隆四十四年，知州吴棐龍修大門三間，講堂五間，書舍十二間，上房四間，耳房六間，厨房三間。道光元年，被水衝坍房二十五間。二年，知州楊名颺領帑興修完固。增修照壁一座，門樓一間，門房二間。又捐俸於南倉修精舍五間，廂房三間，厨房三間，亭一座。其地址一畝半，係廩生惠鈞所捐。四年，知州嚴淳於南倉增修精舍五間。

《〔雍正〕陝西通志》卷二七《學校・延安府》 府學大學。在府治北。明洪武十一年，知府俞濟民建。弘治八年，知府崔陞徙城東。尋圮於水。知府李延壽復徙城北，東向。正德間，知府王彦奇仍改南向。本朝順治六年，知府李肇源、陳培基重修。十六年，復遭大水。知府牛天宿重新。康熙九年知府王廷弼、十八年知府陳天植繼修。

《〔乾隆〕甘肅通志》卷九《學校・臨洮府》 儒學，學宫在府治東。元泰定二年，同知都總帥府事祁安建。明洪武二十五年，教授前太常寺少卿劉傑重建。皇清康熙三十五年，知府高錫爵重修。學署教授在學宫左，訓導在教授署東。學生一年一貢。廩四十缺，增四十缺。入學每歲考取文武生各十五名，科考取文生十五名。學田九頃四十畝有奇。前明駕部郎楊繼盛謫狄道時，捐俸買置，徵租養濟貧士。今每年實徵租糧一百石七斗七升五合。

《〔乾隆〕甘肅通志》卷九《學校・蘭州》 儒學，學宫在州治東南。元至元五年，知州姚諒建。明洪武八年，知縣黄鎮重修。嘉靖三十八年，兵備副使彭燦重修。皇清康熙五年，巡撫劉斗補修重新。學署學正在學宫左，訓導在學宫右。學生三年二貢。廩三十缺，增三十缺。入學每歲考取文武生各十五名，科考取文生十五名。學田實徵租糧三十石一斗，折銀一十二兩四分。

《〔乾隆〕甘肅通志》卷九《學校・河州》 儒學，學宫舊在州治西南。本元儒張德載家塾，延祐六年，德載孫文焕捐改儒學。史臣倪鏜有記。明洪武五年，設州，爲州儒學。十二年，改置衛學。成化間，復改爲州儒學。皇清康熙八年，監收廳黄綬重建。五十四年，知州王全臣因前地形湫隘，移建于州治東南。學署學正在明倫堂左，訓導在學正署左。學生三年二貢。廩三十缺，增三十缺。入學每歲考取文武生各十二名，科考取文生十二名。學田租糧九十石八斗，歲給廩生寒士。今四十石，分贍學官。

《〔乾隆〕甘肅通志》卷九《學校・平凉府》 儒學，學宫在府治東。明洪武四年，同知高正建。明末，知府華衮增建敬一亭于明倫堂後。皇清康熙初，知府程憲捐修。五十三年，知府王全臣捐修尊經閣。學署教授、訓導俱在明倫堂東。學生一年一貢。廩四十缺，增四十缺。入學每歲考取文武生各二十名，科考取

文生二十名。

《〔乾隆〕甘肅通志》卷九《學校·慶陽府》 儒學，學宮在府治東南。明洪武間，同知王敬建。嘉靖間，知府李文芝增修明倫堂、敬一亭。皇清康熙四十二年，知府李昉、同知尚之瑶、知縣于鼎元重修。五十二年，知府金垣生、知縣葉紹麟捐貲修葺。學署教授、訓導俱在明倫堂西北。學生一年一貢。廩四十缺，增四十缺。入學每歲考取文武生各二十名，科考取文生二十名。

《〔乾隆〕甘肅通志》卷九《學校·寧州》 儒學，學宮在州治東。明洪武二年，州判陳恕創建。宣德十年，知州劉綱重修。天順元年，知州劉謙拓修。成化間曾置後堂。皇清順治十一年知州韓魏，十四年知州張光岳、學正李聞瑾捐俸重修。學署學正在明倫堂左，訓導在明倫堂右。學生三年二貢。廩三十缺，增三十缺。入學每歲考取文武生各十二名，科考取文生十二名。

《〔乾隆〕甘肅通志》卷九《學校·甘州府》 儒學，學宮在府治東北隅。舊係行都司學，元季燬于兵。明洪武二十八年，移建東南隅。正統中，巡撫馬昂重修。弘治初，巡撫劉璋建立官廨二區。正德十二年，巡按御史趙春垣置四齋。嘉靖十年，巡撫趙載又增官廨一區。十七年，巡撫牛天麟增修講堂、號舍。皇清順治九年，巡撫周文燁、總兵張勇、分巡道李日芳捐俸重建明倫堂、齋舍、敬一亭。康熙二十六年，提督孫思克、分巡道柴望、總兵王用予、同知張文炳捐貲更建尊經閣。二十九年，提督孫思克重建。四十一年，分巡道龔嶸改建明倫堂于學署前，移敬一亭于明倫堂後。學署教授、訓導俱在敬一亭後。學生一年一貢。廩四十缺，增四十缺。入學每歲考取文武生各十二名，科考取文生十二名。學田在仁壽驛南，共一十五頃一十六畝八分五釐。明天順中，總兵宣城伯衛穎開置，歲徵銀四十兩一錢二分，以供祀事。

《〔乾隆〕甘肅通志》卷九《學校·涼州府》 儒學，學宮在府治東南隅。舊爲涼州衛儒學。明正統中，巡撫徐晞奏建。大學士楊榮記。成化中，都御史徐廷璋重修。皇清雍正三年，改衛爲府，立爲府學。學署教授在明倫堂後，訓導在明倫堂東。學生一年一貢。廩四十缺，增四十缺。入學每歲考取文武生各十二名，科考取文生十二名。

《〔乾隆〕甘肅通志》卷九《學校·寧夏府》 儒學，學宮在府治北。明永樂元年，鎮人宋正奏建。成化六年，巡撫張鎣修。大學士彭時記。其後巡撫劉憲羅、鳳翔黃嘉善相繼重修。皇清順治十八年，巡撫劉秉政、河西道李嵩陽增修。舊爲衛學，雍正三年改府學。學署教授在明倫堂後，訓導在正殿東。學生一年一貢。廩四十缺，增四十缺。入學每歲考取文武生各十二名，科考取文生十二名。學田三百五十七畝，租糧六十四石三斗六升。

《〔乾隆〕甘肅通志》卷九《學校·西寧府》 儒學，學宮在府治東。明宣德三年，都督史昭建。成化六年，都御史徐廷璋、守備孫鑑增修。皇清康熙四十六年，教授梁景岱倡闔學捐資修建。雍正三年，改衛爲府。學署教授、訓導俱在學宮旁。學生一年一貢。廩四十缺，增四十缺。入學每歲考取文武生各十二名，科考取文生十二名。

《〔乾隆〕甘肅通志》卷九《學校·直隸肅州》 儒學，學宮在州治東南。舊係衛學。明成化三年，巡撫徐廷璋題建。正德元年，副使武陟李端澄重建。嘉靖三十年，副使張玭改建敬一亭于明倫堂後。三十五年，移置於左。學署學正、訓導俱在明倫堂後，係舊教授署。學生三年二貢。廩三十缺，增三十缺。入學每歲考取文武生各十二名，科考取文生十二名。

王士翹《西關志·居庸》卷三《學校》 居庸關南門外，儒學一所，正統四年建立。十四年遭虜患，毀於兵火。天順七年重修，規制益弘。文廟正殿五間，兩廡各五間，戟門三間，欞星門一座，扁曰泮宮。明倫堂五間，博文齋五間，約禮齋五間，教官私宅東西二所。二門三間，大門一座。敬一箴亭一座，嘉靖十一年建。文社學一所，在儒學左，嘉靖七年巡關衙門建立。正堂三間，左右書館各三間，大門一空。武社學一所，在儒學右，嘉靖十年巡關衙門建立。正堂三間，左右書館各三間，後房三間，前大門三間。疊翠書館一所，在泰安寺後。嘉靖二十年御史蕭祥曜改立，有石碑見存，書籍藏焉。白羊口社學一所，長峪城社學一所，橫嶺口社學一所，鎮邊城社學一所，榆河驛社學一所，土木驛社學一所，榆林驛社學一所，灰嶺口社學一所。以上八所，每所請衛學生員一人訓蒙，月各給銀有差，各撥軍二名看守。

《〔道光〕循化廳志》卷三《學校》 文廟在城西南隅，今名文廟街。乾隆五十一年，同知達桑阿奉文建。欞星門一座三間，東西角門各一間，戟門一座三間，東西角門各一間，大成殿一座五間，東西廡二座各八間，崇聖宮門一座一間，崇聖祠一座三間，東西廂房二座各三間，明倫堂一座三間，致齋省牲所二座各三間，尊經閣一座三間，上、下共六間，節義祠門一座一間，節義祠一座三間，共五十七間。泮池一座，券樓三座，照壁一座，正面影墻、柵欄，周圍墻垣。廳卷。

藝文

王禹偁《小畜集》卷一七《潭州嶽麓山書院記》 三代而下，兩漢稱理，次叙循吏，彰示後人。西京首述文翁，《東觀》先書衛颯。觀其理蜀郡、教桂陽，率以庠序爲先，夷落自化，是知學校政之本歟。崇文廣武聖明仁孝皇帝嗣位之明年，詔以供備庫副使隴西公知武安軍府事。公自以當不次之用，臨至劇之郡，思樹殊迹，以答奇遇。下車布政，比屋允懷，參考吏能，尋繹民病。獄訟紛紊，決剔無留；米鹽靡密，推行不倦。屬歲非大有，人用阻饑。減估發倉，惸嫠無告者得安其業；募兵置籍，强梁亡賴者悉拘于軍。千里耕桑，涸轍得水，七州兵甲，走丸在槃，有廢必興，無政不舉。初，開寶中，尚書郎朱洞典長沙，左拾遺孫逢吉通理郡事，于岳麓山抱黄洞下肇啓書院，廣延學徒。二公罷歸，累政不嗣，諸生逃解，六籍散亡，弦歌絶音，俎豆無睹。公詢問黄髮，盡獲故書，誘導青衿，肯構舊址。外敞門屋，中開講堂，揭以書樓，序以客次。塑先師、十哲之像，畫七十二賢，華衮珠旒，縫掖章甫，畢按舊制，儼然如生。請闢水田，供春秋之釋奠；奏頒文疏，備生徒之肄業。使里人有必葺之志，學者無將落之憂。誰謂瀟湘，兹爲洙泗；誰謂荆蠻，兹爲鄒魯。人存政舉，豈繫古今；導德齊禮，自知恥格。先是，公之先公好儒術，通《春秋》，刺濟州日，命鄉之薦不减百人，讌以嘉賓之詩，遺以計吏之禮。舉進士者，錢五萬，襲衣以副之；應學科者，錢三千，綈袍以遺之。咸出己俸，人以爲難。故其子孫不忘儒學。某占籍濟上，出職禁中，直承明之廬，已叨三入，開緱氏之學，將談六經。託以斯文，拙于叙事，聊書興廢，用紀歲時而已。大宋咸平二年某月日記。

林表民《赤城集》卷五李防《丹丘州學記》 學之時義大矣哉！人不學不知道。道者非他道也，安國家、治人民之道也。人能研味古訓，鑽仰聖經，將以演潤性識，革去蒙吝。究先儒教化之術，貯乎胸中；頣君子仁義之説，裁諸筆下。引而伸之，利而用之，發爲德元，蓄爲政本，求其治也，又何艱哉？倘舍其學，從其政，有若擿埴索塗，冥行而已矣，豈辨民哉？噫！三代之所以明人倫、厚風俗者，設庠序之效也。兩漢之所以昌王業、永帝圖者，興儒學之驗也。且人文肇生，《易》其首焉，則曰：「學以聚之，問以辨之。」孔聖答問，著成《論語》，首曰：「學而時習之，不亦説乎？」《書》曰：「學古入官，議事以制。」《詩》曰：「君子能長育人材。」《禮》曰：「如欲化民成俗，其必由學乎！」《春秋》曰：「學然後入政，未聞以政學者也。」《孟子》曰：「謹庠序之教，申之以孝弟。」《揚子》曰：「人而不學，雖無憂，如禽何？」《荀子》曰：「欲賤而貴、愚而智、貧而富，唯學乎？學者，大富之器也。」舉是論之，歷代聖賢，垂諸典訓，未始不以勸學爲先。蓋學然後知道，知道然後立身，立身然後從政，從政然後致主。非其學，則仁、義、忠、信、孝、弟、禮、法，從何入焉？既不以聖賢之道入乎心、潤乎性，則空空焉縱其心、放其志，事親則昧其孝，事君則昧其忠，臨民則昧其教。由是而言，學者生民立身事主之大本，爲世之急務也，可不在心乎？景祐二禩秋八月，防自澶移宋。宋有府學久矣，生徒實繁，規模大備，風教日盛，詩禮日聞。以是出名流、取等甲者多矣，歷公卿、居富貴者亦多矣，得非興學明道之顯效歟？防，俚人也，遭遇明主，坐寘周行。每以爲學之初，涉道甚淺，入官之後，立政無聞，不能探聖人文章之奥，稽賢者政事之本，徒竊厚禄，以爲尸素之臣。故常有志勸人之爲學，贖己之不學；欲人之多聞，贖己之寡聞。寶元元祀冬十有二月，自宋移台。台之亞尹宗明晉卿，真端方純懿、好古愛公之士也，暨從事會稽肅之、隴西泰符及臨海長著作高平貫之，皆清謹有文之流。官聯之間，道義相得，寅緣幸會，有若舊交，凡所建議，躍然一心。因相謂曰：「涉海則方丈、蓬萊，跨陸則四明、天台。以知天台者，山水之秀甲天下也，可無清氣以生奇人？况趨走之吏，尚弄翰墨。而詢諸郡人，則曰：近世以來，鮮登科者。吁！豈非出守者不以儒爲意乎？反以儒爲鄙乎？致學者鮮而士之寂寥乎？」又相謂曰：「士不以勸，勸不以道，則舍此而適彼者有之矣，道聽而途説者有之矣，爲西北之流而忘反者有之矣。且尚文之世，素風四發，普天率土，咸建儒宫。山奇水靈之地，何獨未建耶？」晉卿曰：「久有是心，而力不足也。」今日之事，同志相符，躍焉而喜，濟焉而媒。政之暇日，遂卜方所。郡署東南隅凡百步，有隙屋十餘間，揆而度之，默而識之。又相會曰：「兹地也，密邇郡署，若建學館，則有位之人，易爲領袖，可計隙屋，益而就之。」矧材甚省，功無多，苟見義不爲，是無勇也。」莫不亟召，占吉日，風斤驟運，虹梁乍申。制作有經，簡質爲尚，止增十間舍，遽成一畝宫。自仲春十有一日起工，至仲夏十有一日畢力，高門穹崇，峻宇瀟灑，靡踰百日，衆心樂成。《詩》曰「不日成之」，吾今得之矣。學既成，會八使葉公清臣戾止是郡，首登是學，延與諸生從容論道，謂防與晉卿曰：「既興庠序，將變風雅，不顯不敞，何以勸人？」

因而又建小樓以貯羣籍。生徒怡怡，郡人躍躍。復有好事者願出書糧共三百石，其助也翕焉，其興也勃焉。噫！學校斯設，縫掖有光，而今而後，越變至魯，豈難也哉！仍命宿儒，將爲主者，詩書禮樂不得不興矣，忠信孝弟不得不增矣。愚者可以智，賤者可以貴，貧者可以富，善者可以顯。蓋學有所歸，俗有所化，自然時習而日益矣。吾故曰：學之時義大矣哉！有君子與吾同志者，諒無誚焉。

《〔道光〕福建通志》卷六三段全《仙游縣建學記》　天生民，天無言，不能自教之；復生聖人，使行天之教。聖人不常出，故其始堯、舜焉，其終孔子焉。微堯、舜則天之道不達於人，微孔子則堯、舜之德不傳於世。余昔遊京師，見太學與武成王廟並立，始知聖朝尚襲唐制。聖宋以文化天下，歲詔州縣貢秀民十倍於昔，而閩人十計三四。余作尉是縣，始至，謁先聖廟於縣署之西，則餘基而已，且不當其所。縣治東南有民隙田，易以舊基而徙置焉。前爲殿以塑先聖像，迫四科之門人。後爲堂，左右爲廊，以繪畫林放至秦冉洎冕服等圖。著作郎梁象魯人也，爲莆田宰，傳七十子於兖廟，衣冠容質、離立俯仰，不類於常。全雅藏張鎰《濠梁三禮圖》，校於舊本，尤爲精備，至是悉得其用。厥初經營，出土廟周，中以隆其址，外以崇其垣，因成巨溝而繚廟焉。乃爲前門，入其闑則橋梁直亘，欄楯傍植，作游聖亭以覆之。北溝之北作移風廳，挾以密室，分而爲沐浴、寢處、庖羞之所。諸生之什器，罔不備用。又作日新、中鵠二亭，其南垣設射棚，亦示乎武者文之威也。先是全作皇華館，語具其記。館之池，適漸廳之背堦，飛甍上屬，流泉下通，漣漪清泚，舟楫魚躍。生徒就列而森爽，絃誦翔聲而清越，有作而事成，無言而俗化，我無讓焉。

《〔萬曆〕通州志》卷三王隨《通州學記》　禮樂興行，化成文物，聖人之爲教，不其大矣乎？上自朝廷之始，下暨郡縣之教，用之則庶績凝，弛之則五常紊。我夫子憲章祖述，垂萬代法，經緯制度，百王師表。文炳乎三宸，道包乎衆聖，比堯舜以居上，同天地而不朽。我國家開帝運，一海內，千歲接統，四業繼聖。莫不訪延才雅，崇尚經術，內建圖書之府，外闢龍鳳之署。興四門之教，齒胄騈臻；舞兩階之羽，戎夷懷來。三代同風，萬邦咸乂。景仰先聖，親饗闕里，乃加謚曰至聖文宣王，復詔屬縣，俾嚴廟貌。褒崇之典，莫斯爲盛。崇川居淮甸之左，臨海沂之右，江山控于吳越，風俗鄰乎洙泗。魚鹽之利，商賈多集，絃誦之學，章甫亦衆。先是，立孔子之像于城中之西南隅。巷有雜居，地外勝壤，墻垣圮壞，傍通汗萊，正位低狹，不庇風雨。因寮宷之議，獲坦夷之地，惟新是圖，揀日協吉。于是鳩材計工，兼用兵役，乃命靜海縣令梁惟寧以主之，軍校衛以董之。峻以重門，環以仞墻，殿宇峨峨，軒廡翼翼，前設齋宿之次，後立講誦之宇。而又茂才、碩望與諸秀士，備緡錢給匠，以塑先師之容，洎亞聖、曾、閔而下，侍坐左右。山龍藻繡，威儀儼列，簠簋俎豆，明祀成禮。斯可謂名郡煥彩，儒林生輝，聳動士民之瞻，恢大政教之本。宜刻金石，以永歲月云。時天聖元年十一月二十八日記。

夏竦《文莊集》卷二一《青州州學後記》　國家制天下，肇有十八路，京東首焉。西起甸服，東漸淮海，南略洙泗，北際河濮。關防之要，控制之重，城闉之大，室居之盛，青復首焉。建隆距明道繼政四十有二，皆嚴廟勳舊，臺閣材彥。方重鎮俗，嚴明馭下。信孚惠洽，吏端刑清。潤金石，藹謠誦，固亦多矣。若恢教化之原，崇學校之美，惟丞相太原公有焉。天聖七載，公委遠時柄，來牧故鄉，以平章庶務之心，斟酌元化之手，裁量一郡。豐功懿績，不容談矣。其最爲薦紳所稱道者，以公頃奉鄉書，偕郡計，冠多士，長百工，洎偃息作藩，雍容立政，事必敦本，仁不遺舊。忠也欲報朝廷而不已，德也將流里閈而不竭。于是出私俸，起官學，天子賜圖籍，掾屬制油素。三齊懷筆，千里擔簦。鼓篋于朝，佔畢于夕，斆學在焉。若夫明大道之本，觀三千之奧，將欲佐人主，庇生民，經緯天地，制作禮樂，刻百代之弊，定一王之法者，可以謂之文矣。騁六藝之精，練當時之務，將欲對清閒之問，廣漏刻之聽，高議雲臺，以決安危，約史金匱，以定褒貶者，可以謂之學矣。博貫百氏，并授五業，將欲藻潤謨訓，勸講帷幄，主文以陳諫道，託寓以達下情，箴規庶官，粉澤時政者，可以謂之材矣。記問之師，句讀之學，飾小辨，事空言，誚謏相高，篆刻自嘉，白首弗底于道，盈編無益于世者，丞相恥之，予亦恥之。東秦奧區，全齊盛府，俗漸鄒魯之教，人多海岱之靈。朝家好文，輔臣善誘。而不能寶寸陰，刻素志，扶名教，訓孝悌，建希世之策，敷及物之德，彼維師賜履于周，平津始封于漢，果何人哉？游于斯者，無自局焉。建學後三載，東土薦饑，予猥奉使指，謬踵前良，且以疇昔政司，陪貳台鼎，敢勒輿頌，以永德音。《詩》云：「君子能長育人材。」《傳》云：「得天下英材而教育之。」茲學之謂歟！堂皇之建，職次之設，皆備前記，此不復書。時景祐元年正月朔日記。

范仲淹《范文正公集》卷七《邠州建學記》　國家之患，莫大于乏人。人曷嘗而乏哉？天地靈粹，賦于萬物，非昔醇而今漓。吾觀物有秀于類者，曾不減于古，豈人之秀而賢者，獨下于古歟？誠教有所未格，器有所未就而然耶？庠序可

不興乎！庠序者，俊乂所由出焉。三王有天下各數百年，并用此道以長養人材。材不乏而天下治，天下治而王室安，斯明著之効矣。慶曆甲申歲，予參貳國政，親奉聖謨，詔天下建郡縣之學，俾歲貢群士，一由此出。明年春，予得請爲豳城守。署事之三日，謁夫子廟。通守太常王博士稷告予曰：「奉詔建學，其材出于諸生備矣。今夫子廟隘甚，群士無所安。」因議改卜于府之東南隅。地爲高明，遂以建學，并其廟遷焉。以兵馬監押劉保、節度推官楊承用共掌役事，博士朝夕視之。明年夏，厥功告畢。增其廟度，重師禮也；廣其學宮，優生員也。談經于堂，藏書于庫。長廊四迴，室從而周。總一百四十楹。廣厦高軒，處之顯明。士人洋洋，其來如歸，且曰：「吾黨居后稷、公劉之區，被二帝三王之風，其吾君之大賜，吾道之盛節歟！敢不拳拳服膺，以樹其德業哉！」予既改南陽郡，博士移書請爲之記。予嘗觀《易》之大象，在《小畜》曰：「君子以懿文德。」謂其道未通，則畜乎文德，俟時而行也。在《兑》曰：「君子以朋友講習。」謂相說之道，必利乎正，莫大于講習也。諸生其能知吾君建學，聖人大《易》之旨，則庶幾乎！故書之。

《〔同治〕山陰縣志》卷八宋祁《楚州新建學碑銘并序》 學校尚矣，周以來訖於唐，創命廢治，儒家流多能言之，予不復叙。五代殘弊，彝倫殲滅，大盗嚬嚬，相閱以兵，且移暮檄，僅識文字，藝圃儒林，蕩爲戎區。天祖受命，肖天明德，乃眷四方，是剔是攘。創民痍旅，益去愁毒，始修太學於京師。太宗、真宗已同車文，則幸成均，開露門，集中秘書，擁圖講道，喟而興學。雲章在天，萬物光明，聲陶教冶，鎔爲豪俊。然猶州郡吏未能稱上意，興庠塾之事也。逮今上纘承，焞燀先烈，右文變風，與三代侔。於是人人知帝嚮儒，而天下學官畢修飭矣。噫，教化之難也！閱四聖，垂九十年，事鉅績遲，不其然乎！楚州學者，今轉運使七兵外郎魏君之建也。景祐初年，君以田曹來爲州，甚宜其官，不苛不競，政克用乂。一日與其屬會孔子祠下，頓壓陋荒，不能爲禮，簡無蘊編，生無見員。君愀不懌，以爲天子育才勸學如不及，今楚近郡，身二千石，助朝廷美風俗爲職，是不能興，且得罪。因上言孔祠壞缺，黌肆未立，願得如律令，官爲繕完。書聞，有詔報可。我素既從，鳩工僝工，乃謀新宮，斥地而南，築爲壇堂。裁審舊址，更作州序。攻位既成，墁塈畢興。扉樹顯儼，廂宇華煥。墀潔塗平，房内異宜。絺扆敞中，治飭晬容。四科十子，凛如侑坐，緩玦裨裳，具有等威。然後複閣焉以櫝經，次庫焉以庋器。堂有講位，博士尸之；舍有燕處，弟子安之。椸簣篚几，有史焉是供；湝汛掃除，有幹焉是隸。横廡爲亭，邃然而清，須齋者以居；庠北爲池，頫如其漪，待息焉以遊。爨樵汲匽，罔不備具。考室凡七十有八，楹地縱四十八尋，横十有二常。南揭廟題，西署學榜。廟尊神，學便人也。明年上丁，君率官儒參釋菜禮，豆登俎彝，跽進俯伏，畏與虔并，猶鄒魯然。又命諸生群居比藝，日月弟課。教必名儒，習必秀民。誨者灌灌以温，請者拳拳以敬。幼慕壯歆，語墮相靳。褒衣著綠者頻然成帷，其來未止。化之易易，由君優爲者耶。先時，君市取書三千卷，以實厨椸。奏割山陽、淮陰、茆場三區，立爲學田。歲賞四十餘萬，簿所出入，檄州從事掌焉。君既去州，或奪二區，以畀他用，逮沓弗還。復七年，君持節以來，吏則大懼，乃悉取以歸於我。君亦移文鐫喻，顯爲永制。由是學之陋闕，益彌文而就緒焉。君名兼，字介之，敏而文，在進士爲聞人，立朝爲名郎，臨部爲能吏。凡百施爲，知所先後。裕神勸學，實有德於楚，故楚人刻樂石以旌成勢，予得次第其狀，屬之辭。銘曰：

翼翼孔廟，大逵之東。魏侯爲州，乃新此宫。耽耽州學，魏侯所作。得請於上，是治是度。始時楚人，挑達里閭。誶語相訾，無師與徒。及侯崇建，匪怒伊教。顯聖嚴師，神降其勞。講有博士，業有弟子。居相切劘，出相長弟。楚人有俗，侯實化之。楚人有材，侯實育之。在魯僖公，思樂頖芹。在漢文翁，丕變蜀人。侯克慕賢，參訂厥美。鑱識完青，以謹攸始。

慶曆二年歲次壬午中秋日立。將仕郎、試秘書省校書郎、州學教授許遵，承奉郎、試秘書省校書郎闕唐□，淮南諸州水陸計度轉運使兼本路勸農使、朝奉郎、尚書兵部員外郎、上輕車都尉賜紫闕。

余靖《武溪集》卷六《潯州新成州學記》 桂林之南，州郡以十數，潯爲善地。鬱江東注，上無氛惡，蠻溪獠洞，不際其境，民之從化，豈間然哉？國家題期敷佑，丕冒嶺海，偃革櫜弓，七紀於兹。亦嘗詔牧守立庠序，以崇化厲賢爲本，而吏喜文法自進，故於教育之道缺然。慶曆紀元之七禩，京兆杜君應之被詔守土，下車三日，進謁先聖祠宫。既而笏立周視，見其庭堂卑隘，像設隳剥，冕皇服章，不中程式，瑚簋之制，褻雜常用，攝齊摳衣，居無容席。乃喟然歎曰：「明經進士之科，其待賢也久矣！州人未嘗預太常之第者，蓋教之不至也。」乃大相厥土而營學宫，卜郛之東，龜則食焉，肆命從事刁君紆以董其勞。鴟屋衮服，正厥王禮，配食從祀，各列像次。爲堂乎東，尊師教也；築宫於西，潔齋祠也。翼以二序，布爲校舍，且坐塾門，人知所觀。廟學既成，明年仲春，行釋菜之儀。爵坫俎房，罍

雲洗海，丹綦矩矱，一範之禮。奠幣飲福，仰登俯退，相者肄習，其容濟濟，諸生袍鞾，陪列終事。越翌日，經師執帙，以正厥位，聽徒就席，坐立以齒，出規入矩，啓憤發悱。州人觀者，知邦君以齊魯周孔之教而爲政先，與夫束刑名、爭尋常以圖進者異矣。先是，邦之秀士白玘等聚而議曰：「君之丕訓於我，而廣其黌，樂育俊民，俾邦其昌，我不可以不贊其成。願以私錢十萬佐官之費。」故是役也，不發帑金，不詸民財，而人用休息。已事，俾以狀來謁記。予謂杜君，上以宣朝廷嚮學之意，下以成州里興賢之本，能使遠邦學者，異時取名爵於朝，當自今始，真善教者，可記也哉！

余靖《武溪集》卷六《饒州新建州學記》 漢襲暴秦之餘，治定五世，乃刊著功令，建郡國之學以育雋秀。文翁作守巴蜀，克變其風，比於齊魯，褒然稱爲循吏之首者，謹詔令、善條教也。國家承五朝之季，剗僭薙偪，祖功宗德，翱翔四裔。今上興茸治本，二紀於茲，乃詔郡縣立學，詳延褒博。是歲，都官副郎清河張君自南海倅車移守鄱陽，舉遺修要，事亡不緝。一日集其僚而謀曰：「今天子思得賢俊，基固太平，詔啓黌校，以廣聲教，郡國當以新書從事，庸副上意。且古之教者，以學校爲本，卿佐修之於國，父老修之於鄉，旦而里父坐塾上以視民之出，暮視其入，以勗怠者。又師氏、保氏以德、行、書、射共訓於民，鄉之秀者移之於邑，邑移於國，國以聞於天子，皆學之制也。善爲政者，固當先之，矧奉天子之詔乎？」先是，郡先聖祠宫棟幹隳剥，前守亦嘗相土，而未遑締搆也。君於是即其基，於東湖之北偏而經營之。郡之秀民，聞是謀者，爭出家以助其費。乃命從事之賢曰胡宗堯、屬城之良曰朱琬籍而司之，得資三百五十萬。於是令畚築，購梗梓，利匠器，程工力，度堂室，謹儲峙。朱墨之督，一本規矩。遠枕城闉，取乎居國之陽；傍睨湖光，象乎雍水之半。嚴俎豆之習以隆乎禮，(王)[正]師資之位以傳其經。萃乎群賢，貫之六藝，悉三代之遺則也。乙酉仲夏，始庀其役，越期年而有成。凡爲屋百二十楹，晝講夜習，各有攸居。又市美田三頃以賦其日廩，仍奏署屬縣宿儒胡寧以爲其表率，真君子樂育英材之意也。移其意以及於天下，其善豈可量哉！文翁、范侯不得獨擅美於前史矣。

尹洙《河南先生文集》卷四《岳州學記》 三代何從而治哉？其教人一於學而已。自漢而下，風化日陵，政之寬暴，民之勞逸，皆緣於吏治。吏之治，大抵尚威罰，嚴期會，欲人奔走其命，令其毆之。若是之亟也，又安暇先之以教育，漸之以德義者乎？故號稱循良，而能以學校教人者，十不一二。去聖益遠，至有持律令，主簿領，思慮不出几案，以謂爲治之具盡在於是，顧崇儒術、本王化者爲闊疏，不切於世。噫，其甚哉！滕公凡爲郡，必興學，見諸生以爲爲政先。慶曆四年守巴陵，以郡學俯於通道，地迫制卑，講肄無所容，乃度牙城之東，得形勝以遷焉。會京師倡學，詔諸郡置學官，廣生員。公承詔，忭曰：「天子有意三代之治，守臣述上德，廣風教，宜無大於此，庸敢不虔？」於是大其制度以營之。(願)[廟]儀既成，乃建閣以聚書，闢堂以授經，兩序列齋，以休諸生。掌事司儀，差以等制；饍爨瀚洗，悉嚴其所；小學賓次，皆列於外。大總作室之數，爲楹八十有九，祭器行具，稱於禮，資於用，罔有不備。巴陵之服儒者畢登於學，公延見必禮，奬其勤以勵其游，尚其能以勉其未至。雖新進不率者，皆革頑爲恭，磨鈍爲良，出入里閭，務自修飭。郡人由是知孝悌禮義，皆本於學也。公之樹教及人，豈不切於近、通於久乎？先是，公領邠寧、環慶兵，扞戎爲帥臣，守巴陵乃下遷。凡由大而(通)[適]小，必易其治，或陰憤陽惓，事弛官廢，下不勝弊者有之；或憤微慮危，脩舊保常，無所設施者有之。若夫用捨不殊，勇其所樹立，不以險夷自疑於時，如公心之所存，非愛君之深，信道之篤，烏及是哉！今年，録其事來告，且曰：「予嘗守(王)[玉]山、吳興、安定，皆立學，其作記必時聞人，子其次之。」某始愧不稱，然安定之文，伯氏實承公命，小子奚敢以辭？慶曆六年八月日記。

歐陽修《歐陽文忠公集》卷三九《吉州學記》 慶曆三年秋，天子開天章閣，召政事之臣八人，問治天下其要有幾，施於今者宜何先？使坐而書以對。八人者皆震恐失位，俯伏頓首，言此非愚臣所能及，惟陛下所欲爲，則天下幸甚。於是詔書屢下，勸農桑，責吏課，舉賢才。其明年三月，遂詔天下皆立學，置學官之員，然後海隅徼塞四方萬里之外，莫不皆有學。嗚呼，盛矣！學校，王政之本也。古者致治之盛衰，視其學之興廢。《記》曰：「國有學，遂有序，黨有庠，家有塾。」此三代極盛之時大備之制也。宋興，蓋八十有四年，而天下之學始克大立，豈非盛美之事須其久而後至於大備歟？是以詔下之日，臣民喜幸而奔走，就事者以後爲羞。其年十月，吉州之學成。州舊有夫子廟，在城之西北。今知州事李侯寬之至也，謀與州人，遷而大之，以爲學舍。事方上請而詔已下，學遂以成。李侯治吉，敏而有方。其作學也，吉之士率其私錢一百五十萬以助。用人之力積二萬二千工，而人不以爲勞；其良材堅甓之用凡二十二萬三千五百，而人不以爲多。學有堂筵齋講，有藏書之閣，有賓客之位，有游息之亭，嚴嚴翼翼，壯偉閎

耀，而人不以爲侈。既成，而來學者常三百餘人。予世家於吉，而濫官於朝，進不能贊揚天子之盛美，退不得與諸生揖讓乎其中。然予聞教學之法，本於人性，磨揉遷革，使趨於善，其勉於人者勤，其入於人者漸，善教者以不倦之意須遲久之功，至於禮讓興行而風俗純美，然後爲學之成。今州縣之吏不得久其職而躬親於教化也，故李侯之績及於學之立，而不及待其成。惟後之人，毋廢慢天子之詔而殆以中止。幸予他日，因得歸榮故鄉而謁於學門，將見吉之士皆道德明秀而可爲公卿，問於其俗而婚喪飲食皆中禮節，入於其里而長幼相孝慈於其家，行於其郊而少者扶其羸老，壯者代其負荷於道路，然後樂學之道成。而得時從先生、耆老席於衆賓之後，聽鄉樂之歌，飲獻酬之酒，以詩頌天子太平之功。而周覽學舍，思詠李侯之遺愛，不亦美哉！故於其始成也，刻辭於石，而立諸其廡以俟。

張方平《樂全集》卷三三《湖州新建州學記》　寶元二年，上命尚書祠部員外郎滕君守吳興郡。始至，見吏民，問疾苦，披圖牒，考風俗。顧謂僚屬曰：「古書建國君民，教學爲先；四代之道，起於黨遂。漢氏繼周而王，懲秦非聖人之法以敗，稍復遵用儒術。循吏文翁興學蜀郡，變巴夷如鄒魯。漢廷多武人，莫或贊上褒廣其道。以孝文之盛德，具王道而微者，所不至於王，一息爾，猶能富庶而不能教也。東都中興，儒雅寖隆，公卿大臣咸門有諸生横經受業。三分多難，微言僅絶，小雅盡廢，文獻不足。唐雖禮典甚講，蓋文具而實喪。是以後王研究理要，終莫致於三代者，顧所以化民成俗之道，育才官人之法，㡑其根本矣。惟我治朝，不冒出日。鳥言鴂舌，知誦簡册之言；髽首卉裳，競襲端甫之服。而庠序俶落乎雎澳，嗣音乎邠鄘，規摹大於齊魏，絃誦聞乎荆吴，且徧諸郡矣。矧是吴興，南國之奥，有佳山水，發爲秀人，自江左而清流美士、餘風遺韻相續也。凡爲郡者，用民之力於署，於觀，於諸不急，而學校不建，豈守臣布宣王家風教之意歟？」僚屬曰：「唯。」吏民聞君子弟畜其人，將驅而之善也，相與輸金，願遂建學。乃十二月，考景營基，鳩材類工，且以命教請於上。越明年夏四月，敕書先至，錫名州學，仍賜田五夫。六月，新學成。重門沈沈，廣殿耽耽，論堂邃如也，書閣屹如也，皆相次東西序，分十八齋，治業者群居焉。入門而右，爲學官之署；入門而左，有齋宿之館。又爲窔道，距闈挾閣，構二亭，凡溪山之勝，眺望悉會。庖圃有次，儈藏備設。復立小學於東南隅，童子離經肄簡，諒者聚焉。凡爲屋百有二十楹。既釁器用幣，釋菜成禮，客有興於座曰：美哉學也！若稽田，既勤敷菑，在所播植；惟學，敏厥修，念終始，在其所志。君子學以聚之，問以辨之，舉而措諸，可以成天下之務，斯得謂之士矣。若其拘文牽義，齗齗近思，誦焉不通其變，習焉不達於用，此辟儒之大患也。師乎師乎，記問云乎哉？能開達學者之志慮，使廣大深實，知道之所以爲用，茲可以爲師矣。學乎學乎，藝文云乎哉？彼先王之糟粕，後世且得其味而嘗諸，苟知道之所用，何學而非道者？茲可以爲學矣。士充其業，上使其器，則致理之本，不在學校乎？以是而觀滕志，其已遠哉！某不敏，豈足以語道之大？命紀經始，不獲讓云。時康定元年六月日記。

韓琦《安陽集》卷二一《并州新修廟學記》　三才各有主。四時大運主乎天，萬物大生主乎地，人倫大化主於夫子。曰：於道何主？曰：主其中者也。然天地之主，或不能常焉；而吾夫子之主，雖終天地而不變也。凡爲人君、爲人臣、爲人子者，能勉而及吾夫子之主，則其國治焉，其家保焉，其身安焉。雖天地之主有時而戾，固無預乎吾之所及。然則人之道孰先乎吾主哉！有天下國家者，可不知其本乎？先儒稱夫子者多矣，獨杜牧之謂自古稱夫子之德，莫如孟子；稱夫子之尊，莫如韓吏部。蓋言堯、舜莫賢其德，而社稷莫偕其尊。誠哉！後之學者雖欲極言而增大之，又孰加焉。唯郡縣守長得施其教者，能興學以恢其德，崇廟以稱其尊，斯可以達其本者也。太平興國四年，太宗皇帝平僞劉，一天下，壞太原故城，徙州榆次。又三年，復遷於唐明。當時經始者，乘用武之後，慮弗及遠，不知并據都會，異日爲一道之本，凡城隍官府，門户衢陌之制，一從苟簡，不中程度。視夫子之廟，尤爲不急，置城之東南隅，體陋而削，僅有祠所。景祐中，康靖李公若谷首即廟建學，得賜田贍學徒，而人始樂教。慶曆初，文烈明公鎬又建禮堂於夫子之殿北，而講始有容。然皆因仍故基，地愈偪隘。其後生員寖廣，至圬東西序所圖諸弟子室而處之。二時釋奠，三獻從祀，官與學生執事者，不能徧列於庭，半立廟門之外。皇祐五年春，某忝被州寄，受署來謁，知於禮之瀆，而未遑改作，始奏隰州司户參軍牛景充教授，以專學職。明年秋，大穰，民安事簡。於是馳使東魯，得仙源廟圖像冠服之實，買民廟北地，命崇儀使、并代州管内兵馬鈐轄張俁，右侍禁、兵馬監押王守恩，集工視役，徹其舊而一新之。然後廣殿耽然而雄，睟容儼然而尊。顔氏以降諸弟子，孟氏以降諸大儒，或像而侍，或圖而列，次序於堂廡之間，焕然大備。復徙廟東州兵之居以置學，南書樓，北講堂，東西齋舍，廟學異門。又設射侯於廟學之間，以備男子之習。至於起居

飲食之事，必嚴其所，俾稱是焉。自始事底訖功，凡度材治基，逮塗茨丹雘之細，一須官用，無及民者。夫廟學之新，其於爲治之道，竊有志達其本者，而諸生其達學之本乎！今飾公齋，萃公書，潔公食，日授經，月課文，昧其教者。苟曰：此欲吾藝之精，取進士科，富且貴而已。噫！如是則吾學乃教人竊禄之地，非有望於諸生也。夫精藝而求仕，末也；得仕而行道，本也。然不由其末，則不得施其本。故由末而仕，其末不可用而本或不存焉，非竊禄何哉？且晉之俗，陶唐氏之俗也；吾夫子之道，二帝三王之道也。豈習俗之易，而習道之難哉！蓋習俗易者，其法傳；習道難者，其學廢。今學興矣，處吾學者，其務外勤於藝，而內志於道。一旦由茲而仕也，則思以其道爲陶唐氏之臣，心陶唐乎其君，心陶唐乎其民。能如是，吾始謂之達其本。至和元年月日記。

蔡襄《蔡忠惠公文集》卷二五《福州修廟學記》 七閩濱海，其地險而壯，福州之治尤據其勝勢，爲東南一都會。其風俗尊嚮儒術，唐之(支)〔文〕盛，間有重人。薰漬劘(刈)〔揉〕，日以滋衆，然庠校之興，前無著者。自五代錢吴越王專制甌冶，分子弟以莅之，乃作新宫，號爲使學。本朝太平興國中，轉運使楊公克讓始立孔子廟，以奠春秋。景祐四年，通判謝君(居)微權職郡治，遂表建州學，仍請賜田五頃，以久衆處。詔書報下，謝適罷去。逮范公亢、許公宗壽更守此邦，參擇曹掾之能者(蔡)黄中、方嶠繼任其事，商工度材，歷五載而大備。公帑之泉，計費千萬；植宇之楹，總數六十。中設孔子與其徒高第者十人像，又繪六十子及先儒以業傳於世者，皆傳之壁。曰九經閣，以藏舊所賜書；曰三禮堂，以圖輿服之制，祭享之器。黌舍齋廬，旁翼兩序；庖次(并)〔井〕飲，百用資給。今尚書都官員外郎沈公之來，入而拜，出而歎曰：「學成，空不居，無以育賢才而起風化。」乃與監(都)〔郡〕太常博士陳君議增美田，充所賜數。迎〔延〕舊儒，敷解經術，又立比業準程，群居約束，揭爲衆則，以侯官尉吴及兼總之。於是遠近學者靡然從慕。初，公至，精究疾弊，繩治强豪，人用震栗。既而譬曉士民，教之六藝。以是知公摧兇枿而培善本，威惠并施。有所歸賴，吏口騰道，厲戒幼小，無或失業。咸願刻文於石，垂延久後，遂相與來請襄爲之記。已又作詩曰：

於戲生民，角翼者群。上聖有作，(才)〔財〕治人文。執道之中，立世之紀。厥後迷謬，乖離本始。躬服儒方，偶媲言詞。專用(于神)〔干禄〕，乃文之疵。入齒王官，(出知)〔習之〕法令。不失有罪，乃政之病。然於當時，咸著能名。使二者失，由學弗明。學斯謂何，忠義悌孝。政斯謂何，禮讓風教。譬如大鼎，量入(于)〔千〕鍾。侖石百數，罔不兼容。在學於政，先其大者。言詞法令，進(修)〔治〕之假。唯州有學，邦君實謀。驅汝閩民，來處來遊。象圖嚴嚴，記書整整。衣冠肅雍，室廬閎静。孰爲人父，敕戒而子。往焉問聞，弗往攸恥。孰爲人師，啓率其徒。開陳統要，罷詘巧誣。(墜舉)〔學後〕廢興，屬於繼承。益完勿圮，惟賢者能。

曾鞏《元豐類稿》卷一七《宜黄縣縣學記》 古之人，自家至於天子之國皆有學，自幼至於長，未嘗去於學之中。學有《詩》《書》六藝、弦歌洗爵、俯仰之容、升降之節，以習其心體、耳目、手足之舉措；又有祭祀、鄉射、養老之禮，以習其恭讓；進材、論獄、出兵授捷之法，以習其從事。師友以解其惑，勸懲以勉其進，戒其不率，其所爲具如此。而其大要，則務使人人學其性，不獨防其邪僻放肆也。雖有剛柔緩急之異，皆可以進之於中，而無過不及。使其識之明，氣之充於其心，則用之於進退語默之際，而無不得其宜；臨之以禍福死生之故，而無足動其意者。爲天下之士，爲所以養其身之備如此，則又使知天地事物之變，古今治亂之理，至於損益廢置、先後始終之要，無所不知。其在堂户之上，而四海九州之業，萬世之策皆得，及出而履天下之任，列百官之中，則随所施爲，無不可者。何則？其素所學問然也。蓋凡人之起居、飲食、動作之小事，至於修身爲國家天下之大體，皆自學出，而無斯須去於教也。其動於視聽四支者，必使其洽於內；其謹於初者，必使其要於終。馴之以自然，而待之以積久。噫！何其至也。故其俗之成，則刑罰措；其材之成，則三公百官得其士；其爲法之永，則中材可以守；其入人之深，則雖更衰世而不亂。爲教之極至此，鼓舞天下，而人不知其從之，豈用力也哉？及三代衰，聖人之制作盡壞，千餘年之間，學有存者，亦非古法。人之體性之舉動，唯其所自肆，而臨政治人之方，固不素講。士有聰明樸茂之質，而無教養之漸，則其材之不成，固然。蓋以不學未成之材，而爲天下之吏，又承衰弊之後，而治不教之民，嗚呼！仁政之所以不行，賊盜刑罰之所以積，其不以此也歟！宋興幾百年矣。慶曆三年，天子圖當世之務，而以學爲先，於是天下之學乃得立。而方此之時，撫州之宜黄猶不能有學，士之學者皆相率而寓於州，以群聚講習。其明年，天下之學復廢，士亦皆散去，而春秋釋奠之事以著於令，則常以廟祀孔氏，廟不復理。皇祐元年，會令李君詳至，始議立學。而縣之士某某與其徒皆自以謂得發憤於此，莫不相勵而趨爲之。故其材不賦而羡，匠不發而多。其成也，積屋之區若干，而門序正位，講藝之堂、棲士之舍皆足。積

器之數若干，而祀飲寢食之用皆具。其像孔氏而下，從祭之士皆備。其書經史百氏、翰林子墨之文章無外求者。其相基會作之本末，總爲日若干而已，何其周且速也！當四方學廢之初，有司之議，固以謂學者人情之所不樂。及觀此學之作，在其廢學數年之後，唯其令之一唱，而四境之内響應而圖之，如恐不及。則夫言人之情不樂於學者，其果然也與？宜黄之學者，固多良士。而李君之爲令，威行愛立，訟清事舉，其政又良也。夫及良令之時，而順其慕學發憤之俗，作爲宫室教肄之所，以至圖書器用之須，莫不皆有，以養其良材之士。雖古之去今遠矣，然聖人之典籍皆在，其言可考，其法可求，使其相與學而明之，禮樂節文之詳，固有所不得爲者。若夫正心修身，爲國家天下之大務，則在其進之而已。使一人之行修移之於一家，一家之行修移之於鄉鄰族黨，則一縣之風俗成，人材出矣。教化之行，道德之歸，非遠人也，可不勉與！縣之士來請曰：「願有記。」其記之。十二月某日也。

鄭獬《鄖溪集》卷一五《安州重修學記》 慶曆初，仁宗皇帝欲以人文陶一世，乃下書俾郡邑立學。藩守之臣震慄奔走，以經以度，罔敢不虔。督工伐材，斲之削之，其聲肱肱，繇京師而薄四海，於是天下蓋多學矣。而安陸瀕大湖之北，去京師才千里而遠，當時守臣獨恬安而不立學，長老先生抱經而歎息，里巷之童不聞絃誦之聲，邦人恥焉。於後六年，得秘閣校理孫君甫且將作之，下隨漢之材，匠者執繩以待奮。未及程功而孫君去，環梁桀棟，散而爲粟廩、馬厩、吏胥之舍，不復有遺材矣。嘉祐初，司農少卿魏君琰慨然圖之，乃於州城之南門外東偏作夫子殿及東西二堂、八齋室。安陸之民始欣然相與環聚而觀之，而喜我邦之有學也，而猶未覩教育之盛。及職方郎中張君先始集諸生鼓篋而升堂，講明六經之奧。今虞部郎中司馬君且又絶壖爲梁，通朔望廳入於學，徹其舊講堂而新之，挾以兩廊，門之右爲藏書之室，其左爲泉穀之府，庖厨、沐浴皆具焉，凡增七十五楹。昕鼓作，先生登坐，抗首而談經學者，侁侁恂恂，相與揖讓乎丈席之間，發疑解難，虚來而實歸，安陸之學，於此而大備。夫庠序之不修，長民者之過也。既修而不能教，鄉先生之過也。教而不能入，學者之過也。上焉者有以道之，下焉者有以從之，日劘月鍊，至於有所成就，則高才軼足，於是轢群豪而出焉。遂而進之天子，小用之則小利，大用之則大利，以其所學措之於事業而施澤乎當世，則吾剌史之功，豈不博哉？某里人也，嘗得告南歸，謁諸生於學，顧不能倡率諸生，朝夕從事於其間，而猶得爲文託名於巨石之末，竊有喜焉。蓋學之成在仁宗下書之後二十六年，歷四剌史乃克大備，其難也如此。來者幸無以廢之爲易，則吾鄉之學，雖與鄖溪、夢澤并存可也。熙寧元年七月十五日記。

楊慎《全蜀藝文志》卷三六蒲宗孟《重修至聖文宣王廟記》 夫茫昧窈眇，浮於空虚，運於兩間，充牣於萬類而不息者，天地之氣。氣有逆順，然而其施於物也無厚薄。光明盛大，横於古今，亘於日月，籠絡於萬世而不絶者，孔子之教。教有興廢，然而其被於人也無遠近。氣無厚薄，而百穀之生有不齊焉者，過在播殖之人，非氣之異也。教無遠近，而四方之學有不同焉者，失在倡勸之人，非教之弊也。枯原瘠野可使爲豐壤，裔夷窮貊可使爲中國，䊳耡之不勤，闢鑿之不工，地雖美，求其茨粱之收，嬉戲孺子皆知其不可。禮義之不修，忠信之不行，人雖材，求其聖賢之歸，委巷小人皆知其不能。告於人曰地不足殖，而不耕，是棄其地也；告於人曰人不足治，而不教，是棄其人也。棄地者將引而入於饑寒，棄人者將引而使爲禽狄。饑寒至，禽狄之性發，何所不有？今四方學可謂至盛，而持其術者可謂不棄其人矣，然猶教化之所浹，風俗之所尚，與其講磨養育之具獨完於京師，浸漬於齊、魯、閩、益，而盛大於吴越。惟夔爲西南之陋，當天下學者翕然嚮勸之時，此邦之人尚不識書生。慶曆詔郡縣立學，今龍圖閣直學士盧江何公郯爲郡别乘，始能用文章理道感悟其俗，於是人漸知讀書。逮十餘年方有進士，後又有以進士得科名者。盧江公既去，歷二十載，傳至於今，秀民稍稍輩出，而爲之倡者待其人，尚如枯埆墝堉而䊳耡闢鑿之不復加，故窮歲月，更寒暑，終莫能豐乎所獲。治平三年，兵部郎中吴興陳公由三司判官出領本路轉運使。入境之日，悒然傷孔子之教不大被於一方，乃下令風動諸郡，使其守長招輯學子，以德義錯磨其人。守長承命，虔不敢懈，各飭僚吏，以户教誨。夔州剌史長沙賈侯率先諸郡，整治序宇，完壞補缺，設爲規程。郡之人喜聞而樂從，日謀於其家，告於其父兄，奔走入學，惟恐後時，而不得羣於其間。既至，服勤詩書，出入以時。又謀於其友，告於其子弟，率德勵行，恥其身之不尊，名之不高，而孝父忠君之説不聞於耳。日夜講解，疲不知倦，四遠之人執業而就學者交足在境。學既盛，諸生以孔子廟庳隘毁墜，階不容立，堂不容處，奠獻之際，設席無地，宿燎無所，又謀於其鄉，告於其常所往來，而聞於郡曰：「汙宫敗室，安足爲孔子之所居，而稱吾陳公所以尊事聖人之意耶？願輸財以新之。」是年冬，孔子之四十六世孫以尚書員外郎來爲轉運判官，樂陳公之不鄙擯其人，能均齊聖人之教，剔刮愚聵，不以遠近爲間，使皆識忠信、守仁義以自治也，懽然叶力，以終厥事。又

以其家之廟像及冕服之制，合顔淵而下衣冠之飾授於刺史賈侯。明年二月，賈侯相址擇吉，率其屬日從事於廟廷，親界匠指，俾營俾構，官工私庸，雜作衆治。六月，廟乃成。豐宇廣厦，明敞廓大。中嚴孔子之座，冕旒服章悉用本廟之制，而顔淵以下從燕居之儀，翼侍左右，并圖周漢以來及唐之大儒二十餘人於壁間。籩豆罍鐏盡易去舊器，使就潔嚴。諸生將考於新宫，又謀於其徒，告於其長，有請於學官曰：「始者入於學，懼無以承陳公之賜，故羣趨而朋來。既就講肄，又恐無以謝陳公之教，故勤行而力修。術業既專，所趣既明，又嗟無以充陳公尊德事聖之意，故率財以爲廟。今廟成而無傳，諸生不任其責，責在學官，學官當有以施其職也。」宗孟曰：「然，是誠學官之所宜爲。」昔者魯作泮宫，邦人是歌；鄭侯修廟，韓公有詩。宗孟典領學事，實司文詞，其初其卒，又皆與諸生游泳於其間，敢拜稽首，刻詩廟碑。詩曰：

夔於西南，有國自昔。人罕詩書，士罕逢掖。誰爲豐腴，獨此墝埆。簡簡陳公，初顧嗟戚。曰人則然，其賾可剔。教無遠近，人自損益。豈不在我，示以標的。使之得途，安往不適。下令諸郡，風動邦伯。庶邦守長，虔命踧踖。夔實右府，庠序先闢。方疏淵源，灌溉枯脉。旋不踰時，芃芃其稷，既獲既耘，乃漸有獲。公日來觀，驄馬白額。旂旐茷茷，紫綬纁舄。温潤其音，以勉其畫。杠梁其湍，以拯其溺。與之酬揖，升降同席。與之坐起，左右接膝。匪棄伊教，咸樂親炙。四遠承風，笈負墳籍。争來於夔，奔走交迹。人侈公惠，衎衎晨夕。相視廟貌，毁墜頹窄。曰吾聖人，是豈來宅。輂財輸金，願就更革。吉日辛卯，爰始斯役。衆工勤事，不待繩迫。衆版勤椓，其均歷歷。簷阿斯翬，棱廉斯戟。像貌有嚴，堂塗有赫。是奠是享，神降無射。公來在廟，禮容莊惕。公來在泮，笑語悦懌。克明克嘉，有警陋僻。凡公之仁，浸漬洒滌。孰爲父兄，不舞公澤。邦人孔懷，懼或淪失。學官宗孟，實任斯責。作詩記始，以鏤金石。

《永樂大典》卷二一九八四章楶《廣州府移學記》　我宋銃一海寓，百有三十七年於兹矣。崇文嚮儒，聖聖相繼，其禮義之教，道德之化，薰陶漸染，萬里一俗。雖在窮荒之裔，僻邦陋邑，畎畝閭閻之人，皆知誦《詩》《書》、窮義理，潔身砥礪，以待鄉里之選。躐高科、取顯名者，比比有之。嗚呼，盛矣哉！二廣據五嶺之南，凡四十餘州，而番禺爲鉅鎮。至於士人之知名者獨少，而業文擢第，及劣於他州，其故何哉？按州圖去京師四千七百里，帶山并海，依險阻以爲固。秦、漢以來，常爲姦雄桀黠竊據其地，其後廢國爲郡，置吏統治，至者彈擊豪强、鉏剪寇盜之不暇，尚何及教化之事哉！蓋水陸之道四達，而蕃商海舶之所湊也；群象珠玉，異香靈藥，珍麗瑋怪之物之所聚也。四方之人雜居於市井，輕身射利，出没波濤之間，冒不測之險，死且無悔。彼既殖貨浩博，而其效且速，好義之心不能勝於欲利，豈其勢之使然歟？又其俗喜游樂，不耻争鬭，婦代其夫訴訟，足躡公庭，如在其室家，詭辭巧辯，喧嘖誕謾，被鞭笞而去者，無日無之。巨室父子或異居焉，兄弟骨肉急難不相救。少犯長、老欺幼，而不知以爲非也。嫁娶間有無媒妁者，而父母弗之禁也。喪葬送終之禮，犯分過厚，蕩然無制。朝富暮貧，常甘心焉。豈習俗之積久，而朝廷之教化未孚歟？抑長上之人，不能廉己正身以先百姓，使百姓無所視效歟？此楶所以日夜責躬自咎，又痛爲廣人惜之也。古者鄉黨都鄙，莫不有學，學者賢人之所止，而禮義之所自出也。故余始領職，即以庠序爲先，思與學士講論六經之言，修飭五典之教，明人倫，親小民，以風示境内。漸摩礲錯，期以歲月。顧學舍在中城之西，與尼寺相北，迫近市廛，喧譁冗雜，殆非弦誦之所，度地辨方，又不合古制。而轉運使傅公志康、轉運判官馮公彦信，亦嘗以是爲言。一日諸生百有五十一人以狀來請，極道郡學遷置非宜，條其所以然之狀，願輸金於官擇地而徙焉。總會所輸之錢，凡百有二十餘萬，漕臺所助者半之，於是爲之相攸經畫。參考陰陽家之説，咸曰：牙城東南隅，有駐泊都監官廨，直番山之前，而風水且順，建學聚徒，此其吉地也。若夫三代之學，其略不可得而見，孟軻氏去聖未遠，止能道其命名之意爾。《禮記》著四代養老之學，有東西左右之辨，而賈誼亦陳五學之説。然所言者，天子之學，不及諸侯之制也。是説疑漢儒穿鑿，無所考證，獨記小學在公宫南之左，大學在郊，與今京師郡國建學之方無所乖戾。然則位必東南，理無疑矣。於是爲之請於部使者。既得報，乃揆日聚士，且辟且築，募工分領而新之，規摹無所變更也，廣輪無所益損也。先之以夫子之殿，次之以義道之堂，兩廡及門，先後有序。講堂最後，爲其梁棟未具爾。舊門之外，隙地猶廣，因作重門焉。兩門之間，又增建屋十四楹，東西相向以爲客次，小學直學之廬舍。以乙亥十一月丁巳鳩工，明年六月辛巳告成。諸生求爲文以紀始末，余勉從其請云。嘗稽考載籍，自晉、唐以來，守兹土者，名臣鉅公，不爲少矣。治效偉蹟，班班見於方策，大抵多以清白稱。至於勸學育材，作新人物，則寂然無聞。考尋學校之迹，宜其無覩也。惟西城蕃市有夫子廟址，慶曆中，仁宗詔天下興學，當時郡守奉行苟且，即夫子廟以爲之，而其制度迫陋，不足以容生徒。皇祐二年，知州事田瑜徙於州之東南，始

斥大之。熙寧元年，張田爲州，懲艾儂知高之寇，請增築東城，而學爲城所侵，因徙國慶寺之東，未及營造而田卒。其後郡人劉富納貲獻材，戮力以自效，殿堂廊序，始將完矣。轉運陳安道鄙其庫陋，止富勿修，盡以官錢市良材而樸斲焉，始構東屋四十楹有畸，以爲生員廬舍。太守程師孟繼成其在西者。今開封尹蔣公穎叔初下車，謁先聖，憫棟宇之化壞，懼廟貌之不嚴，而議道講堂，反卑於廊廡。規圖經畫，鋭意於興作，於是兩廡翼然植其旁，大殿巍然起其中。工告休，而穎叔領六路漕輓之寄，親爲譔記，又系之以詩。而二堂未甚宏偉，乃以遺執政右丞蔡公。公至未閲歲，又改鎮東之命，議道既建，而講堂獨弗克就，將去，寓意於辭廟之祭文，誘後人以成其緒。自庚午迄今七年矣，歲月不謂不遠，竟未如公之志。甚哉，事之難成也如此！始余欲從諸生之請，或者曰：前日欲構一堂，淹久尚爾，今築基徙學，成無期矣。余以謂天下之事無難易，顧爲之何如爾。萬鈞之重，可以并力舉也；九仞之山，可以累土成也。不合衆智，不能資聞見之廣；不因人心，豈足建長久之利哉。是舉也，微外臺倡其端，別乘揆其策，賓幙軍佐樂事而赴功，則區區白髮之太守，安能致其力哉！雖然，太守之於廣人可謂無負矣，其欲成就諸生之才，亦以勤矣。因學之成，告於諸生曰：大學不力，不足以成德；善不明，不足以充擴其性。誦孔、孟之書，學先王之道，苟無至誠好善之實，而不知性命死生之説，外禍福、輕富貴，則何足以謂之君子儒哉。文章可學而工也，議論可講而到也，巍科殊級，可以力取也，富貴利害，可以苟得也。此皆世俗之所貴。彼所謂貴者，非良貴也。君子之所以異於衆人者，以其存心，心之所存，四端而已。不誠其意，不足以正心；不正其心，不足以修身；不修其身，不足以齊家。至於治國平天下之道，一本諸心而已矣，諸生其勉焉。若夫喪良心而逐外物，君子謂之惑；徇虚名而忘實行，君子謂之盜。盜可爲乎哉！惑可久乎哉！前日穎叔爲記，論夫子之道，以開諸生之聰明。余今又陳正心誠意之方，以破重外之惑。諸生其與師友朝夕講論德誼，寧心以明善，琢磨言行，使廣之内外如一。暇日還家，其長者當以是諄諄告於子弟，其少者當以是反復陳於父兄之前。日切月劘，使廣之風俗丕變如齊、魯之國，是太守之所望也。雖然豈止於是而已哉。異日諸生有能傑然獨立，不以富貴介於心，都高位，據顯涂，推廣所學以及天下之生靈，使薦紳大夫傾心竦慕曰：「此番禺郡國生員也。」如是則太守亦有餘榮，諸生其勉焉。而無忘譚公經始之勤。紹聖丙子七月六日記。

劉摯《忠肅集》卷九《壽州學記》　今上臨御四年，詔有司始以經義取士，增太學，郡國學官，設三舍。既十年，閔學者之未大成，法雖立而教養之意未盡宣，乃慨然更新之。自太學始，其法損益可論定者著之書，曰敕，曰令，曰式，選建官推之。其弗可者，使輒言上。天下之士，於是益曉識上指，至者輻湊，視舊所增，蓋以千數。方是時，膠西韓君晉卿，守壽州一年矣。君材强敏，至州閲月，視州之學，歎其庳隘，無以承明詔，乃得轉運判官廢廨，請於朝遷焉。日與通判州事新昌石君麟之躬自臨治，經地度材，新故相參，公無調費，人不知力，凡爲屋百一十楹。孔子廟居其中，師堂、生舍列其旁。賓有次，射有圃，樓廡庖湢罔不具。邦人既享學之成，皆大説喜。君曰：「未也。」爲具道天子所以養士意，勸掖率厲，使及時進於學。又請建官爲之師，遂以其事屬余記之。蓋吏不得良法而行，法立而淺聞，弗能究宣，皆甚所悼也。以上所建立且十年，而太學猶以故未就緒，郡國尤闊不聞問，私嘗疑其説。今太學更令，幸親睹其始，而壽州之請亦適至，故樂道其實，記二君首能不失職，以告凡吏之忽此者。嘗聞之：天下之事有甚盛極利，特以施設盭其本而效不著者，可以條數，而其一學校是也。學之論曰，置生欲多，賦廩欲豐，課業欲勤，糾禁欲嚴，如是以爲盛。此言可爾，尚所謂見其末而忘其本也。恭惟上之教士，始於一好惡，明是非，嚮經術，俾士知所趨，而後申法令以輔焉。其法之詳，又使論者無不厭。此所謂末與本稱。本末具而猶曰效不著，則尚誰任其咎？是惟吏不奉宣故也。抑聞之：道可言而不盡可言也。故《六經》而下，傳載不可盡，則古人固以待後世之自得也。今士以經進，褎然待舉，聞其言矣，卓然有得乎古人之所待者，豈嘗有人乎？而未之見也。夫本所求者士，士志於道，而不加力乎所自得，則雖侈廟學，嚴法令，坐聖賢而師之，猶爲觀美而已！豈上所望者耶？然則咎非特在吏，而學者其可以不思？是故并以告焉。元豐三年十月記。

沈括《長興集》卷二四《杭州新作州學記》　古之處民者，其業雖有分，而其教之以禮義德術，則無貴賤，必出於一道。所以用之於朝廷者，則前日修之於其家者；所以服於畎畝者，則異日用之於朝廷者。非若擾獸者不使以搏埴，游袝者不任以服馬也。賢有才者理之，不能者由之，而莫敢廢焉而已耳。少而學，長而習焉。安之若天性，資之如寒衣而饑食，一日五家之比不由之，自棄且夷虜矣。不待有所徇而後爲也，自五家之比，則已教之以所當學。過而至於五比之閭，則又揭之以書而瀆告之。其教養之具，益衆則益詳。其相與而居，弗與其畔也，則親之以閭黨；相與往還，弗與其狎也，則肅之以賓祭；合而用之，欲其和

理也，則齊之以卒乘；矯强弗率，前其敗亂也，則威之以刑誅撻罰。朝操其所任以出，夕相從以歸。仰而觀其上，則宮廟室廬莫非先王之法象也。俯而履其下，則疆井徑術莫非先王之經理也。居而閲其身，則簪屨服冕莫非先王之名物也。散而察其起居出處，老老而稚幼，贍生而哭死，莫非先王之禮義節文也。非能有羽毛鱗喙，以馳騖乎山林，没於淵而天遊者，舍此其何適哉？至諸侯自爲政，所以措其國家者出於多道，而民始習於幸。忌分抵義，屈力以贍其欲，偲然不厭也。立而觀其朝夕之相與，非譁然覆其人而兵其頸，則操勢挾數以籠天下。至於詐窮勇奪，强者儥諸侯而併負之。然而不數十年，復起而亡秦。人人欲爲秦之所爲，則秦尚安得晏然獨有其利哉？其勢雖欲無至此，豈可得也？至漢有天下，顧治之主間起，乃始知尊先王，黜百家。異時得古人脱藁賸簡，振其埃熏而誦説之。然獨爲士者出於此，而民之狃於舊俗者猶固浩然也，非刑名法令不足以撼之。故吏常以法用，而學者羞言之。至於治天下之實，其勝負未能甚異也。道既出於二，則勢之所在者常執天下之勝，而區區之空文何益於不勝哉！至陳蕃、李膺輩出，以義節相奮勵，抗志力行，欲以移天下之習。楸椐血皆帚驅而畚運之，未爲快也。然卒不能振一步，杭一橫草以救淩遲之禮樂，何哉？由養之不廣，教之不以漸故也。百年弊習，使可以俯仰咄嗟而致頌聲嘉瑞，則先王之爲法不苟如是其煩且詳矣。國朝郡邑皆立學校，春秋長吏親用幣於廟。自三尺之衣者悉聽入學，廩食於縣官，又賜以百家之書，設經師爲之講教。其施設條目皆天子稱制以命之，朝廷之於學無遺慮矣。而吏或不以爲意。彼固非敢倦天子之令以爲不當先，然誅罰期會，米鹽之細務，一事不至則知有所廢闕。儒者履仁蹈信不救急，故其效乃在數十年之後。急近而忽遠，此人情之常。至於任政教之本原，以身先士民，此大儒公卿之事，未可以他長吏比也。杭爲大州，當東南百粵之會。地大民衆，人物之盛爲天下第一。元豐八年，邦伯蒲公自尚書左丞拜資政殿學士，來牧是州。凡政之儃弛敗刓不綱者，一切撤去而更置之。未明，衣冠而坐，設庭燎以聽事。大昕，一府皆空，無一人跡庭下者，四方之賓客已肩相摩於門矣。公悉與之酧酢燕勞，嘯詠終日。府寺廥廩，亭傳杠梁，柢籍鈔揭，凡有司之務，不期月赫然一新，殆無遺役矣。公曰：「此未足以副朝廷求治之意也。養材勸德，爲天下得人，莫先於學校。前日雖有其具，未能博延四方之學者。喟然若大瓢無所適於容，則若勿置之愈也。」乃率僚屬親往視學者所居，則垣隤屋陊，神主暴露，諸生不免沐霧雨，喟然曰：「養士患無其具，既有以進之，則士之不勸非所患也。具如是，不可以不新。」部刺史、朝請大夫韓公敦善樂勸，與公協謀，發幣轉材，百工毛會。不踰時，則前日之隤垣陊屋，蓬居而蠋宿者，悉已丹髹繪刻，上室而下堂矣。廊陛繹舒，殿像孔嚴。褒德崇配，則圖其周廬以七十二門弟子與二十五大儒之像；考古議禮，則狀其堂序以三代車輿器服之容飾。尊經嚴師，則翼然在上者講論之堂也；勸藝禮士，則環而可居者肄業之室也。工致其巧，吏督其度，巨細委曲，規鉤矩折，物盡其法者，暴揚爨滌，几席楣梲，凡生養之具也。元祐二年，朱鳥戒夕，日次上丁，百工告休。公將釁考位神，展物體牲於庭。公乃端委造洗，實觴以進。博士弟子贊幣承飪，登降興伏，佩環鏘鳴，禮數備具，不汰不簡。受爵既徹，乃陞公堂，西向以禮學者。於是諸生墻立，請質所疑，橫經挾簡，交進互退，各獲所求。既而陳豆觴，班爵齒德，席工興俎，賡歌迭賦，酣詠儒史，嚴夕而罷。州人相携，遮道擁觀，旂纛過路，途不容跬，躪排争進，褫提争先。莫不嗟咨垂洟，知先王之道尊重崇顯，禮義可慕，貨利可恥。父以告其子，長者歸以告其少者。兒童群戲，羅列豆籩，纓冠秉枚，效其拜俯。道之以善，其順且易入，由此可見矣，況其有以勸之也？慶曆中，公嘗講學於此。今乃爲邦伯，建浙西鼓旗，垂封君之印，饗諸生，見故老，閲芹茅之舊跡。此其爲勸，豈待他哉？公以道德經術相天子，出擁東方諸侯路刺史，以文雅方重康撫吴會，合志一心，茂明先王所勸，使經誦之聲芽蘖肆長，收效於異時者，實自今日。某，邦人也。今將以多君子惠賚於我邦，豈可使經始之跡寂寥無聞於後世耶？既以論次其始末，又將記邦人之言，揭之隆碣，以告後世焉。其詞曰：

政孰自本，必圖其綱。摘隱鉤堅，非政之良。我有大柄，匪震匪威。彼侗弗昭，發爲神徽。孰狃惰淫，覿狂以嬉。我拔其萌，投以禮詩。青領垂縷，斃其故武。移之如天，子見斤斧。凡此有爲，由莫非學。我邦我庠，自公爰作。公作新庠，考度揆律。挾棟跟趨，其徒坌出。蓊然雲興，後堂左室。重欒藻題，昔之圮垣。鳶梟所嘷，今也誦絃。匪徒器之，公教諄諄。匪徒教之，公先以身。孰謂虎兕，牙之以手。爲政不難，攝虎何有。不艱不疚，唯公之厚。其在慶曆，公官於此。赫然有聞，遂相天子。以我之先，以期爾後。公惠我邦，豈不既富。浙水如瀉，青山之下。跡誰與倫，猗與昔者。

楊慎《全蜀藝文志》卷三六闕書孫《大貢院記》 國家用唐制，以進士取士，三歲大比，士由州縣升者曰鄉貢，詔有司進退之，此貢院之始也。太宗覽進士榜，喜曰：「天下英雄盡在是矣。」當時以爲美談。余則曰，自周鄉舉里選之法壞

而士失其寓，猶賴春秋、戰國之間，齊、晉、鄭、衛之君以君子多寡爲盛衰，而田文、趙勝之徒客多則彊，士雖失周之寓，然各隨其所寓而安。至秦則忌之，忌之則殺之，以爲之窖可以盡掩天下士，而不知蕭何、曹參、陳平、張良之徒，則秦不能掩之也。漢用秦士起，漢則先收士，于是惠、文而下有選舉之法，曰賢良，曰力田，曰孝謙，曰明經，皆其目也。漢以選舉寓士，故亦不失其寓。王莽、曹操睨先後之弱而欲襲之，則又忌士。士遇莽、操，如遇秦。然秦不能殺蕭何、曹參、陳平、張良之徒于前，而莽、操亦不能殺寇恂、鄧禹、周瑜、諸葛亮之徒于後，士之未易籠絡如此。漢揚子雲曰：「周之士也貴，秦之士也賤。」謂周貴士可也，謂秦賤士，則秦豈得而賤之哉？唐因隋舊，以進士取士。其始也，得士如狄仁傑、張九齡、姚崇、宋璟、裴度，則亦能爲唐彊；而其末也，如鄭朴、楊知至，則爲唐之亡矣。取士一也，何始末之異也？余觀太宗初興，本有忌天下英雄之心，既不能用秦之殺，則欲以進士爲餌而銷之。吾取士欲以此銷士，而乃詆人曰以此取士。士不識吾心且已，識則南山之南，北山之北矣，吾將幾萬鍾、幾千駟可要而來之哉？識吾心者不來，則來者宜其爲鄭朴、楊知至之徒也。國家取士用唐制，累聖待士則非太宗之心，所以得士。上勵精求治，思欲得天下士與共大功業。今取士一塗，而貢院實爲進士取士之始，則其容略乎！夔一路十五郡，而合六郡進士試于夔。初無貢院，以破寺寓之。寺破尚可也，而夔一城惟一寺，一歲而天申、會慶兩節，郡臣子舍是，可無以東向而祝堯也？豈可又以之爲貢院，而三年一殘破之乎？夔則寓貢院于此，歷幾歲乎而不問也。歲庚寅，前侍御史王君伯庠來鎮夔，下車之明日，慨然嘆曰：「託釋氏以見臣子之尊君，貢多士以示諸侯之報國，豈細故事？而弊于前，不問于後，可乎？況今取士惟進士一塗，吾待進士試不薄，俾士亦不自薄進士，而後得士，則貢院爲郡第一事也。」下令創新之。然退而顧公帑，視民力，則敝不可仰；欲遲之，則已下令，郡進士鵠立待也。于是公私之須，皆一歸于節，專力治之，凡五閱月而成。爲屋一百一十間，一毫不取于民。民但見其成，而不知其爲力也，則相與歌之，以爲君曾爲上耳目官，知國體者。君不薄進士，是欲士不自薄進士，得士而貢上也。君之爲政，可謂知其本矣。君濟南人，君之考君諱次翁，嘗參大政，事光堯壽聖太上皇帝。君自立，不以公卿子弟官，而世進士科。今守一藩，能不忘本如此，視古以曲江題名爲非，以家有《文選》爲過者，何啻九牛毛耶？貢院落成，郡士屬余書，輒記其月日云。

袁説友《成都文類》卷四六李燾《貢院記》 吳郡胡長文以龍圖閣直學士安撫制置四川，遣人持書及類省試貢院圖來武陵，屬眉丹稜李燾，其書指言：「西南大都會惟蜀，異時學於京師甚衆，蓋敵齊魯，斯文所從起也。國家習用文治，士愈輻輳。每三歲取士詔下，合成都九邑士來應有司之試者數踰五千，日增而未止。舊貢院既狹小，不足以容，則更就佛寺，取具臨時，爲士者固非之，相仍已久。建炎初，始有詔即成都類試一路十五州進士之當試於禮部者。紹興二年，宣撫司承制并三路四十三州當試日，皆即成都試焉。繇七年以來，類試成都率循二年之制，後或即閬，或即利，或即興元，則隨宣撫使所治所也。其十一年試事雖屬宣撫使，而試所還即成都，宣撫使既罷，則皆制置使專之。自始及今歷四十八年矣。西南昔號坤鄉，而坤于卦爲文，文士輻輳，匪云地勢，抑天理歟？且天子分取士之權以界外閫，事體至重也，豈郡國歲貢與計偕者所得比哉，而輕易苟簡，惟佛寺是因。其徒數遭逐徙，咸憚墻屋穿漏，睨視弗葺，任其頹破。及寓試所，迅期趨辦，表綴供張，務蔽目前，稍缺藩户，流弊滋出，殊不稱明天子所以待天下士之意。屬將明命，盡護全蜀，實董淳熙四年類省試，事所逢若此，惕然不安於衷，爰議改作。度隙地於錦官坊，直府治之南，其袤九十一丈，廣五十一丈四尺，輿誦云吉，龜兆日時，鳩材築基，久乃克爲。凡爲屋三百七十二楹，爲墻三百二十六堵，用工十萬九千四百六十六，費錢六萬三千緡，米二千九百六十五石，皆有奇。役起五年之秋，秋毫不以煩百姓也。今成矣，盍爲我記諸！」余讀其書竟，取圖披觀，規模誠爲壯麗靡鹽，喟然嘆曰：長文用力於斯文久矣，其改作此信善哉。然竊嘗考禮部貢院之名，實自唐始，或謂始于文皇，非也。開元以前，貢舉皆屬吏部，命考工員外郎主之。二十四年，明皇謂考功望輕，乃稽貢舉於禮部，命侍郎專掌其政，令別給以印。禮部貢院得名蓋始于明皇也。國朝貢舉率循唐舊，間命他官知貢舉，而貢院固屬禮部。元豐嘗廢貢院，印亦隨毁，尋復給印，而貢院則猶取具臨時。元豐末年，開寶寺實寓貢院，火，試官有焚死者，而試卷悉爲灰燼，此非有司苟簡之過歟？崇寧彌文，創建外學，以待四方所貢士，則禮部貢院自是特起，不復寓他所矣。政和二年，又從董正封建請，令諸州偏立貢院。竊嘗謂貢院屬禮部，其設於京師則宜，四方偏立焉，殆非古制也。古者諸侯三歲一貢士於天子，天子將祭，則先習射於澤，已設於澤，而後射于射宫。說者曰澤蓋宫名。天子之射宫在廟，而澤宫所在無文，蓋即寛閑處近水澤而爲之。澤射既獲，乃射于射宫，射再獲，則與祭于廟。與祭於廟，斯官爵之也，故澤非諸侯所當有。考以四代之學，辟雍其近是歟？古者取賢斂才必於學，故曰澤

者，所以擇士，非舍學而即他所也。後世庠序或廢或立，或立而弗備，有司略不究。俊秀升進等級，凡四方之士賓於王者，舉集京師。既無所程其技能，則不免取具臨事，此貢院所以肇建於唐，與學並立，要亦非古制也。然有其舉之則莫可廢矣。近時諸州緣董正封建請，又争立貢院，往往挾士以擾民，識者病焉。當正封時，猶或有以藉口，蓋舍法方盛，課督日繁，遊於學者不敢一日去而之他，則其選於鄉者或可別即他所。舍法既罷，士不於學焉取之，而必爲貢院以待三年四五十日之用，多見不知務也。或又曰：士之選於鄉者日益增多，鄉校不足以容焉，得不舍其舊而圖其新哉？此又不然，學於天下固不可一日無也，而古諸侯非天子命之教則不敢立學，其嚴蓋如此。本朝慶曆間，用范文正公議，嘗詔天下徧立學，此盛德事也。羣下不克奉承，學未徧而詔亟寢。又崇寧後蔡昌化議，學乃徧立，雖遐陬荒裔罔不徧焉。然事必核其真，匪直爲觀美也。今觀慶曆與崇寧得士果孰多乎？孔子爲鄉大夫矍相之射，蓋詢衆庶以取賢斂才，非聖人私爲之，君所命也，猶今日郡國試士然。古以射，今以文，其名異，其實同耳。子路執弓矢延射，或聞誓言，則如堵者其半已不敢入，及裘、點揚觶而語，則僅有存者。故論士惟其賢才，若但以多爲貴，非所聞也。使今之有司能爲子路、裘、點之所爲，則士亦何至雜遝若近時之難擇，而必斥大棟宇以招徠之乎？此予素所持論如此，而長文乃屬余記此，豈不誤哉！雖然，言各有當也。余固曰貢院屬禮部，其設於京師則宜；今天子分取士之權以畀外閫，事體至重，誠非郡國歲貢與計偕者所得比，實如長文所言。故改作類省試貢院以旌上賜，禮亦宜矣，此不可不記也。抑嘗聞嘉祐以前，試於殿廷尚多黜落，臨軒唱第，其不預選者幾二百人，皆揮涕失聲。仁宗憐之，故自嘉祐後廷試無復黜落，君子未嘗不稱仁宗至仁而哀士之淺薄也。乘輿巡狩吴越，士生西南，尤憚涉險，得與計偕，亦遲遲其行。天子委曲加惠，故即以古澤宫擇士大典就付西南統帥，既擇乃趨行在所策試，遂官爵之，此政古所謂獲於射宫則與祭於廟者，其法蓋祖述仁宗廷試無復黜落故事，其恩意則愈益深厚矣。不寧惟是，士之積累舉數當特奏名者，亦於是擇取而徑許之仕。凡考文者，天子又自選四人，錫命九重，遣以金節，密受制置使以時放焉。其事體豈不重乎！明天子所以待西南之士至矣盡矣，果無負矣。唐代宗亦嘗令兩都分試，特以歲歉，暫爲省食計耳，於義陋甚，非若我國家時措之宜，而便於今，且合於古，領斯事者得不思所以異其禮而委上賜於尋常哉？故類省試貢院之改作，斯可謂變之正也。《春秋》《禮記》之變必謹其始，矧變之正，可無記乎？繼自今吏銓鄉舉要將必試於此，然則用此殆無虚歲矣，焉可不記也？余去鄉久，於蜀故弗詳，頗聞長文治蜀慨然有愛民之心，嘗奏減茶鹽重課爲緡錢幾五十萬，及上供金帛之白著者亦幾二十萬，皆遺黎數十年所患苦者，一旦得少蘇息，式歌舞之。其聽訟、治兵、蒐放人物，罔不盡瘁極摯，類省試貢院特一事耳。故余并敢以素所持論作記，庶幾學者競勸，益思所以報明天子憂顧遠方、養成寒俊之意，且無忘長文之德。

《〔萬曆〕重慶府志》卷七三實敷《黔江修學記》 紹興戊寅春二月，西魏公僖被命守黔。始至之日，祇謁先聖，顧學宫不治，荒陋狹隘，固已憮然，及跪觀上所賜宸翰匣而藏之蔀屋中，則尤震懼不自安。明年，遂有意改建，心思手畫，度地辨方，無不用其力。乃取養士之餘，鳩工積材，斲石陶瓦，動以千計，而無一擾於民。又明年，首建宸奎閣，崇顯壯麗，氣象安廓，而經天緯地之文，驚鸞回鳳之筆，卓越煥爛，光被江山。又摹上所題「大成」字揭之，禮殿之榱椽，闉其敞障，飾聖像，正十哲顔、孟位。築東西二序，繪七十二賢於壁。闢四齋，設明窗净几，更講堂以嚴涵養，正門閭以快衆目。未踰年而工畢。既畢，屬敷書其事。敷曰：學校者，乃禮義之所出，政治之所本，而公議之所在也。古者獻囚於是，獻馘於是，受成於是，論政於是，取士於是，一官一職以至公卿將相皆出於是，真盛德之事，而爲國家者之先務也。然鄭人遊於鄉校，以議執政者，或謂子産毁鄉校，子産曰：「不可。善者吾行之，不善者吾改之，是吾師也。」孔子聞而謂「子産仁」。嗚呼！人有賢愚則事有當否，事有當否則世有謗譽。當否在我，謗譽在彼，君子修其在我者而已，奚卹於彼哉！若逆畏其議己而欲毁鄉校，則其爲人可知也。黔舊有學，學者不減旁郡，近不以教養爲急，故散居郊野，此豈知子産之言哉，能無愧於孔子之謂仁者哉！頃歲科舉，朝廷禁挾燭之弊，嚴其科條，敷嘗董其事。棘闈一開，青袍百餘輩裹飯而前，寂寂無譁，須臾坐定，不窺一册，文賦自成，日未斜而出，敷心異之，以爲士固未可輕料也。今公盡力於學，雄偉周備，又謹春秋二祭，禮樂俱備，文物皆新，前無所有也。當見千里之間，父誨其子，兄誘其弟，正衣冠，事言語，争相洗濯磨淬，來集於斯，目睹雲章，口誦王言，其不負上樂育之賜，異時陞薦，必能起遐方而瑞天朝。至於學問有暇，欲議公之政，其必曰尊主庇民，奉法循課，新學校，肅教化，而我之父兄子弟，誓不忘公。他復何言！宋紹興辛巳，左朝奉大夫、權通判黔州軍州、主管學事兼管內勸農事實敷記。

陸游《渭南文集》卷一九《紹興府修學記》 八卦有畫，三墳有書，經之原也。

典教有官，養老有庠，學之始也。歷世雖遠，未之或異。不幸自周季以來，世衰道微，俗流而不返，士散而無統，亂于楊墨，賊于申韓，大壞于釋老，爛漫横流，不可收拾。始有重編累簡，棲以巨輪，象龍寓人，飾黄金珂璧怪珍之物，誘駭愚稚，而六經寖微。穹閣傑屋，上摩霄漢，黝堊髹丹，窮極工技，其費以億萬許，而學校弗治。自周衰至五代幾二千歲，而後我宋誕受天命，崇經立學，以爲治本。十二聖一心，罔或怠忽。然竊嘗考之，方周盛時，天子所都，既并建四代之學，而又黨有庠，遂有序，畿内六鄉，鄉有黨，百五十六遂，遂有鄙，如黨之數。遂序黨庠，蓋互見之。則是千里之内，爲序十有二，爲庠三百，何其盛也！今畿内之郡，皆僅有一學，較于周不及百之二，而又不治。則爲之牧守者，得無任是責耶？會稽拱行在所，爲東諸侯之冠，宜有以宣聖化，倡郡國，而學未稱。給事中括蒼王公信來爲是邦，政成令行，民物和樂。臺榭弗崇，陂池弗廣，而惟學校是先；燕游弗親，厨傳弗飾，而惟養士是急。下車未久，奥殿崇閣，邃宇修廊，講説之堂，絃誦之舍，以葺以增，不日訖事。以其餋飱未足也，則爲之售常平之田；以其見聞未廣也，則爲之求四方之書。食有餘積，書罕未見，然公猶以爲慊，曰：「上丁之禮服器未復古也。」又爲之新冕弁衣裳帶紳佩舄之屬，自邦侯至諸生，各以其所宜服。鼎俎尊彝豆籩簠簋之屬，自始奠至受胙，各以其所宜用。無一不如禮式。公乃齋心修容，來宿于次。質明陟降揖遜，進退跪起，俯首屏氣，如懼弗克。禮成，士僉曰：「公以躬行先我，我處于鄉，弗篤于孝悌忠信，出而仕，弗勉于廉清正直，不獨不可見公，仰天俯地其何心？見父兄長老其何辭？」教授陳君自强與諸生以其言來告曰：「願有紀。」某老病，不獲奉俎豆以從公後，喜士之能承公也，于是乎書。紹熙二年九月癸酉，中奉大夫、提舉建寧府武夷山沖佑觀陸某記。

周必大《平園續稿》卷一八《梅州貢院記》 《易》曰：「隨時之義大矣哉！」時未可爲，不爲可也；時既可爲，不爲可乎？降漢迄唐，因郡國大小定貢士多寡。本朝接五代之亂，鄉舉寂寥，士試州治，未有闈棘糊名之制。由廣而東，去國滋遠，厥初合一路纔貢一士，涵養二百餘年，人才始衆。梅之置州，適後他邦。在法，士不滿百，併試傍郡，貢院之不設，時也。連舉大比，至數百人，預薦者五。或即郡庠，或寓驛亭，始苟簡成之，終勞費葺之。今太守朝散郎劉涣節用儲財，肇新試闈，亦時也。相攸度基，廣十有二丈，深三十有七丈。市竹木於龍川，擇梓匠於汀贛。爲廳堂各五間，其崇二丈五尺，廊屋十四間，内外門各五間，彌封謄録、東西厨屋總十間。隔街有溪，限以編户，厚償其直，撤而達之，洞視山川之秀。溪中有百花洲，創佳致亭於其上。興工以慶元六年六月壬辰，訖事以十一月丁巳。匠以工計者五千有奇，雜役則募閒民，用磚十萬，蓋瓦倍之，錢以緡計者數千，米以斛計者累百。越十二月朔，行鄉飲酒禮發焉。程鄉令李昌齡，予里人也，以書道本末，且曰：「州惟一邑，向也百役所仰。今侯甫修學校，又爲是舉，成規定於心，餘羡出於州，科調毫釐不及其屬。願紀其實，以彰其美。」恭聞太宗皇帝端拱元年放進士二十八人，有古成之者預焉。雖家廣之增城，後徙於梅，其四世孫革遂登紹聖進士第。元符三年藍奎繼擢丙科。政和二年則有劉中，紹興十五年復有羅振。四鄰望之，指爲士鄉。又況戊申策士維揚，而潮人禮部尚書王大寶臚傳第二，於梅本同州；丁丑奏號南省，而惠人秘書郎張宋卿名冠淡墨，於梅爲同路。兩賢學問既過人，而立朝持論並爲當世所稱。《詩》不云乎：「高山仰止，景行行止。」諸生他日取巍科，繼前修，尚毋忘二千石作成之德。明年正月旦，具位周某記。

周必大《平園續稿》卷一九《泰和縣龍洲書院記》 西昌下臨贛江，陳霸先入援梁室，駐蹕有龍躍之瑞，事見《南史》。本朝開基之明年，南唐知制誥徐鍇作《白鶴觀記》，謂「江水北湊而東匯，龍洲南峙而重復」，以是名洲，蓋亦久矣。又有天柱一峰屹然其外，勝概殆冠茲邑。初即縣治之東築光華館以待過客，已而遷驛快閣，遂爲榷酤之地。今宰宣教郎趙汝謨決科爲政，綽有父風，至而嘆曰：「天地之氣，聚爲山川，山川之秀，人實鍾之。況父老相傳：『洲過邑，廷魁出。』豈以麴蘖之故易絃歌之樂耶？」乃起嘉泰元年七月撤而新之，疊石爲基，創屋二十楹，列左右生齋，曰褎然，曰卓爾。自堂及門，端正顯敞，下逮庖湢，各得其所。閱兩月，工以訖告，遂倣潭之嶽麓、衡之石鼓、南康軍之白鹿，榜曰「龍洲書院」。擇春秋補試前列者十人居之，而主以庠長。於是縣學長諭貢士陳暕、周有德、學賓陸本謁予以記。或曰：「縣有學矣，此非贅乎？」予曰：「三代盛時，自王畿達於六鄉六遂，爲學者二，爲序十二，爲庠三百。諸侯三鄉三遂，庠序當半之，家塾猶未論也。泰和，子男邦也。略考圖籍，浮屠之居百區，老子之宫亦十五區，而額存屋廢者不與焉。昔歐陽文忠公著《本論》，謂三代之民不從事田畝則從事禮樂，不在其家則在庠序。是以王者之政明，聖人之教行，雖有佛老，無自而入。今也，昔之庠序皆轉而爲寺觀，何不疑於彼而反疑於此也？幸賢令爲之主盟，使諸生得藏修息游於斯。未仕則由六經而探頤聖人之教，既仕則推所藴以發明王

者之政。復古之功權輿於茲，豈但科舉得江山之助而已？」三年六月既望。

楊萬里《誠齋集》卷七五《隆興府重新府學記》 慶元二年夏五月癸未，隆興府府學教授陳君朴與在學諸生合辭移書於余曰：「豫章學官，景祐肇造，治平遷焉，火于建炎，而復于紹興。誰其復者？丞相趙公也。於是兵荒之叢殘，釋菜有廟，養士有學，然革革草創，時則葺而未周。後人承承，歲增年培，於是面以櫺星，申以戟門，大成有殿，御書有閣，横經之堂，入直之廬，靡不具體。時則周而未賁。歲在乙丑，侍郎李公迺新殿宇。歲在庚子，侍郎張公迺立都門。既屋老而圮，講堂最久，則最先圮。新斯堂者，樞使王公之爲也。齋房久則又圮，新斯齋者樞密黄公之爲也。殿宇久則又圮，重門久則又圮，新斯殿斯門者，今帥蔡公之爲也。公以天朝法從之貴，一代正人之望，輟自天邑，來帥吾邦。未及下車，首謁先聖，顧瞻踟躇，則見殿宇將壓，兩序僋步，櫺星戟門，相距有咫，於是喟曰：「曾謂夫子宗廟之美，百官之富，迺誕寘之隘巷乎？」於是市地斥壖，召匠屬役。殿宇腐矣，迺撤迺新；櫺星褊矣，迺拓迺曠；戟門陋矣，迺易迺崇。翼以二門，幾其入出，廣厥二序，增之四楹，端委庋左，犧象庋右。費不于官于學之庾，工不于甿于市之庸，執扑不于吏于學之職。厥布之緡二千四百有奇，厥工之夫八千五百有奇。以章計二千五百有奇者，厥木也；以隻計七萬三千有奇者，厥瓴也。昔歲之季夏經之，而落之以今歲之暮春。高明爽塏，美奂孔碩，可百年不騫不啻也。是可不記？是非先生誰宜記？」余復之曰：「公所以新斯學之政，二三子智及之矣。二三子抑知公所以新斯學之指乎？二三子入自櫺星，若至闕里；趾于戟門，若覿孔墻；瞻彼睟容，若侍燕居；詠彼春風，若聆喟歎。去聖人之門若此其不遠也，近聖人之訓若此其甚也，盍退而日三省吾之所以心得而身充者，家蹈而國達者，孝歟，忠歟，仁歟，義歟？得諸心矣，充於而身者反否焉，而謂得於心也，可乎不可也？充諸身矣，蹈于而家、達于國者反戾焉，而謂充於身也，可乎不可也？去其所不可，以就其所可，二三子何負於公？不然，公何負於二三子？」公名戡，字定夫，莆陽忠惠家也。《詩》不云乎：「維其有之，是以似之。」公有焉。具位楊萬里記。

周應合《景定建康志》卷三二楊萬里《重修貢院記》 金陵，六朝之故國也。有孫仲謀、宋武文之遺烈，故其俗毅且英。有王茂洪、謝安石之餘風，故其士清以邁。有鐘山、石城之形勝，故其地爲古今之雄盛。有長江、秦淮之天險，故其勢扼南北之要衝。地大才傑，而官府事物獨庳且隘，顧可謂稱，矧是澤宮，古以擇士、公卿、大夫是之自出。而爲屋，才百其楹，歲陁月隤，至者千人，項背駢絫，至緯葭爲廬，架以蒼筤，雨風驟至，傴僂蔽遮，僅全文卷。紹熙二年春，三衢余公自刑部尚書除焕章閣直學士實來居守，莫府肇啓，一新百爲。劬躬疢懷，于夙于夜。仁聲義實，允洽甿庶。文令武競，兵戎載肅。靡政不葺，靡敝不革。孚于九郡，水順雪釋。一日，庠序諸生秦晉等充庭，果以爲請。公即命駕，率屬往而相攸，則見藩拔級夷，棟折榱傾，廩廩將壓。顧謂治中廖君俣曰：「斯邦斯士而延以斯廬，不湫隘否？不簡陋否？其宜稱否？」迺徹厥舊，迺圖斯新，意匠是斷，畫堵是度。棟宇崇崇，柱桷奕奕。率視舊貫，蓋四之一。考官有舍，揖士有堂。爰廊四廡，爰拱二掖。可案可几，可研可席。堂之北堧，中闑以南，前後仞墻，內外有閑。自闑之表，緘封之司，寫書之官，是正之員，左次右局，不殺不并。會爲門闕，啓閉維時。職誰何者，於此攸宅。凡二百一十有二楹，自堂徂庭，自庭徂門，自門徂裔，皆甓其地。士之集者，霽則不埃，霖則不淖。經始于是歲冬十一月八日，明年春二月廿三日落之。其費，凡爲緡錢一萬一千，爲米斛六百，木二萬一千章，竹一萬四千箇，甓瓦六十萬三千枚云。公屬予記其役，予念于諸生曰：「公之於諸君不薄矣！今茲歲當大比，諸君徠試于斯，盍亦斟長江以爲泓，操三山以爲觚，以寫胸中王、謝康濟之長策，以答鐘山草堂之英靈，毋橈毋詘，毋諼毋憮，以毋負余公延竚之至意。」公名端禮，字處恭。中奉大夫、直龍圖閣權江南東路計度轉運副使，廬陵楊萬里記并書。

朱熹《晦庵先生朱文公文集》卷七八《静江府學記》 古者聖王設爲學校，以教其民，由家及國，大小有序，使其民無不入乎其中而受學焉。而其所以教之之具，則皆因其天賦之秉彝而爲之品節，以開導而勸勉之，使其明諸心、修諸身，行於父子、兄弟、夫婦、朋友之間，而推之以達乎君臣上下、人民事物之際，必無不盡其分焉者。及其學之既成，則又興其賢且能者寘之列位。是以當是之時，理義休明，風俗醇厚，而公卿、大夫、列士之選無不得其人焉。此先王學校之官所以爲政事之本、道德之歸而不可以一日廢焉者也。至於後世學校之設，雖或不異乎先王之時，然其師之所以教，弟子之所以學，則皆忘本逐末，懷利去義而無復先王之意。以故學校之名雖在，而其實不舉，其效至於風俗日敝，人材日衰，雖以漢唐之盛隆，而無以彷彿乎三代之叔季。然猶莫有察其所以然者，顧遂以學校爲虛文，而無所與於道德政理之實，於是爲士者求道於老子、釋氏之門，爲吏者責治乎簿書期會之最，蓋學校之僅存而不至於遂廢者，亦無幾耳。乃者聖

上慨然憫其如此，親屈鑾路，臨幸學宫，發詔諸生，勵之以爲君子之儒而無慕乎人爵者，德意既甚美矣。而静江守臣廣漢張侯栻適以斯時一新其府之學，亦既畢事，則命其屬具圖與書，使人於武夷山間謁熹文以記之。顧非其人，欲謝不敢，而惟侯之意不可以虚辱，乃按圖考書，以訂其事。則皆曰，静江之學自唐觀察使隴西李侯昌夔始立於牙城之西北，其後又徙于東南，歷時既久，士以卑痺堙鬱爲病。有宋乾道三年，知府事延平張侯維乃撤而遷于始安故郡之墟。蓋其地自郡廢而爲浮屠之室者三，始議易置，而部使者有惑異教，持不可者。既乃僅得其一，遂因故材而亟徙焉，以故規模褊陋，復易摧圮。至于今侯，然後乃得并斥左右佛舍置它所，度材鳩匠，合其地而一新焉。殿閣崇邃，堂序廣深，生師之舍，環列廡外，耽耽翼翼，不侈不陋。於其爲諸侯之學，所以布宣天子之命教者，甚實宜稱。熹於是喟然起而歎曰：「夫遠非鬼、崇本教以侈前人之功，侯之爲是，則既可書已。抑熹聞之，侯之所以教於是者，莫非明義反本，以遵先王斅學之遺意，而欲使其學者皆知所以不慕人爵，爲君子儒，如明詔之所謂者，則其可書，又豈徒以一時興作之盛爲功哉？」故特具論其指意所出者爲詳，而并書其本末如此，以告來者。侯字敬夫，丞相魏忠獻公之嗣子。其學近推程氏，以達於孔孟，治己教人，一以居敬爲主，明理爲先。嘗以左司副郎侍講禁中，既而出臨此邦，以幸遠民。其論説政教，皆有明法。然則士之學於是者，亦可謂得師矣。其亦無疑於侯之所以教者而相與盡其心哉！淳熙四年冬十有一月己未日南至，新安朱熹記。

朱熹《晦庵先生朱文公文集》卷七九《衡州石鼓書院記》 衡州石鼓山據烝湘之會，江流環帶，最爲一郡佳處。故有書院，起唐元和間，州人李寬之所爲。至國初時，嘗賜敕額。其後乃復稍徙而東，以爲州學，則書院之迹於此遂廢而不復修矣。淳熙十二年，部使者東陽潘侯畤德鄜始因舊址列屋數間，牓以故額，將以俟四方之士有志於學而不屑於課試之業者居之，未竟而去，今使者成都宋侯若水子淵又因其故而益廣之，別建重屋以奉先聖先師之像，且摹國子監及本道諸州印書若干種，若干卷，而俾郡縣擇遣修士以充入之。蓋連帥林侯栗、諸使者蘇侯詡、管侯鑑、衡守薛侯伯宣，皆奉金賫割公田以佐其役，踰年而後落其成焉。於是宋侯以書來曰：「願記其實，以詔後人，且有以幸教其學者，則所望也。」予惟前代庠序之教不修，士病無所於學，往往相與擇勝地，立精舍，以爲群居講習之所，而爲政者乃或就而褒表之。若此山，若嶽麓，若白鹿洞之類是也。逮至本朝慶曆、熙寧之盛，學校之官遂徧天下，而前日處士之廬無所用，則其舊迹之蕪廢，亦其勢然也。不有好古圖舊之賢，孰能謹而存之哉？抑今郡縣之學官置博士弟子員，皆未嘗考其德行道藝之素，其所受授，又皆世俗之書，進取之業，使人見利而不見義。士之有志於爲己者，蓋羞言之，是以常欲別求燕閑清曠之地以共講其所聞而不可得。此二公所以慨然發憤於斯役而不敢憚其煩，蓋非獨不忍其舊迹之蕪廢而已也。故特爲之記其本末，以告來者，使知二公之志所以然者，而毋以今日學校科舉之意亂焉。又以風曉在位，使知今日學校科舉之教，其害將有不可勝言者，不可以是爲適然而莫之救也。若諸生之所以學而非若今人之所謂，則昔者吾友張子敬夫所以記夫嶽麓者語之詳矣。顧於下學之功有所未究，是以誦其言者不知所以從事之方而無以蹈其實。然今亦何以他求爲哉？亦曰養其全於未發之前，察其幾於將發之際，善則擴而充之，惡則克而去之，其如此而已矣。又何俟於予言哉？十四年丁未歲夏四月朔，新安朱熹記。

張栻《南軒集》卷一〇《潭州重修嶽麓書院記》 湘西故有藏室，背陵向壑，木茂而泉潔，爲士子肄業之地。始開寶中，郡守朱洞首度基創宇，以待四方學者。歷四十有五載，居益加葺，左右生益加多。李允則來爲州，言於朝，乞以書藏。方是時，山長周式以行義著，祥符八年召見便殿，拜國子學主簿，使歸教授，詔以嶽麓書院名，增賜中秘書，於是書院之稱始聞天下，鼓笥登堂者相繼不絶。自紹興辛亥更兵革灰燼，十一僅存，間有留意，則不過襲陋仍弊，而又重以撤廢，鞠爲荒榛，過者歎息。乾道改元，建安劉侯下車，既剔蠹夷姦，民俗安静，則葺學校，訪儒雅，思有以振起之。湘人士合詞以書院請，侯竦然曰：「是故章聖皇帝加惠一方，勸厲長養以風天下者，而可廢乎？」迺命郡教授婺源邵穎董事。鳩廢材，用餘力，未半歲而成，爲屋五十楹，大抵悉還舊規。肖闕里先聖像於殿中，列繪七十子，而加藏書閣於堂之北。既成，某從多士往觀焉，愛其山川之勝，棟宇之安，裴回不忍去，以爲會友講習，莫此地宜也。已而與多士言曰：「侯之爲是舉也，豈特使子羣居族談，但爲決科利禄計乎？亦豈使子習爲言語文辭之工而已乎？蓋欲成就人材，以傳道而濟斯民也。惟民之生，厥有常性，而不能以自達，故有賴於聖賢者出。三代導人，教學爲本，人倫明，小民親，而王道行。夫子在當時雖不能施用，而兼善萬世，實開無窮之傳。其傳果何歟？曰仁也。仁，人心也，率性立命，知天地而宰萬物者也。今夫目視而耳聽，口言而足行，以至於飲食起居之際，謂道而有外夫是焉，可乎？雖然，天理人慾，同行異情，毫釐之

差，千里之繆，此所以求仁之難，必貴以學以明之與。善乎，孟氏之發人深切也！齊王見一牛之觳觫而不忍殺，則告之曰：是心足以王矣。古之人所以大過人者，善推其所爲。論堯舜之道本於孝弟，則欲體夫徐行疾行之間；指乍見孺子匍匐將入井之時，則曰：惻隱之心，仁之端也，於此焉求之，則不差矣。嘗試察吾事親從兄、應物處事，是端也，其或發見，亦如其所以然乎？苟能默識而存之，擴充而達之，生生之妙，油然於中，則仁之大體豈不可得乎？及其至也，與天地合德，鬼神同用，悠久無疆，變化莫測，而其則初不遠也。是乃聖賢所傳之要，從事焉終吾身而後已，可也。雖約居屏處，庸何損？得時行道，事業滿天下，而亦何加於我？豈特爲不負作新斯宇之意哉？」侯既屬某爲記，遂書斯言，以厲同志，俾無忘侯之德，抑又以自厲云爾。

張金吾《金文最》卷七七毛麾《潞州儒學碑》 《禮經》有言曰：「古之王者，建國君民，教學爲先。」又曰：「君子欲化民成俗，其必由學乎？」是以家有塾，黨有庠，術有序，國有學。蓋由教化之本，太平之原，靡急於此，一日而不可廢也。自封建五等之爵罷，天下爲郡縣，承流宣化共理之效，責夫守令，號師帥之官。其間遵古制迹，掄選賢能，稱爲得人，享祚長永，惟漢唐爲最，如漢之文翁、唐之常袞，又其超卓著見者也。文翁守蜀，起學成都市，擇諸生開敏有才者，親加飭勵，待以殊禮。吏民榮之，爭爲弟子。富人出錢求之，大化僻俗。學於京師者，比蜀於齊魯。至孝武帝，令郡國皆立學，還從文翁始。袞爲福建觀察使，初建人未知學。袞大設鄉校，使作文章，躬勤講道，與之鈞禮，游饗得與，習爲一變，歲貢士與内州等。厥後建蜀，名士輩出，聲動海内。二公各立生祠，春秋配享，迄今宗仰，顧不美哉？皇朝龍興，太祖皇帝應天順人，以武定寰宇。太宗皇帝聖烈丕承，卒其伐功，雖誕布文德，以綏遠邇，時儒學之事未遑偏舉。逮世宗皇帝撫運御極，猶殷高宗、周宣王懋中興之業，乃賁明庶政，表章六藝，即京兆立教養之法，合菁莪樂育人才之雅，外官到任，謁境上神祠，首詣宣聖。文明之治，寖以隆昌矣。主上嗣服，通追順孝，旁招俊乂，用闡大猷。降及節鎮，同京府教養，復經義，宏詞制舉，添律學人試義，童子念六經諸科擢第。凡在選官，並帶提舉學事，文風炳然。將匹休三代，下鄙漢唐爲不足較也。宗室懿親，左右貴臣，比比分典大藩，以明倫、善俗、風教是尚。前禮部尚書、翰林學士、承旨李公領懷州節度，既告致政，不數月，復起領潞州節度。公澤之高平人，澤今爲覃懷支郡，而舊隸上黨。二除皆衣錦寵命，輿論所嘉焉。下車未幾，千里翕然。若素被陶冶，稔聽號令，知所畏愛矣。一日與賓屬議及州學，歎咨隳毀，且怪其制度卑隘，則知兵火之餘，因陋就寡，草創所成。即謀重修，務增廣而一新之，邦人大悦。前有形勢之家，冒侵土地、久假不歸者，盡歸之；鄰接相礙、參差斷缺不能自安者，盡願斂之。於是捐清俸，請公帑，助工役，繪圖按式，大加營建。正殿中峙，長廊翼舒，殖殖其庭，高門有伉殿，次起堂，以待橫經問道、講談仁義。中門東西兩序，對爲廳事，以俟奠謁之官更衣望揖。至於生徒齋館，貯藏庫廩，一一備具。莫不棟宇雄壯，丹堊鮮華，耽耽闥陽，沈沈閫陰，使望之者悚，過之者趨。在侯伯之國，禮典之廟，實爲稱矣。公以提舉職事，每常訪臨，督勉進修，曲爲海諭。豈有繼城闕之游，桃達而失其業，見行俎豆之禮，低迴而不忍去。異時觀光應聘，當有若蜀之揚子雲、司馬長卿、建之歐陽詹者出焉。彼文翁、常袞，亦安得專美於前歟？學之正録士來索紀言，麾辱公知遇，作同志友，乃獲共慶斯文之亨會，庸贊吾道之主盟。是誠可書也，故樂爲道之。

《〔雍正〕山西通志》卷二〇三趙渢《太原府學文廟碑》 自虞、夏、殷、周設國學之法以養天下士，取以備百執事之選，故能卒相治功。漢、魏以降，學校聿興，而名士輩出。然則取士雖不一塗，而學校得人爲多，故天下不可一日無學校也，信矣。太原自周、秦、隋、唐以來，控扼西北，皆爲重鎮分虎符者，例皆修障隧，飭戈矛，以捍患禦侮爲事，何暇議學校乎？我皇朝應天順人，蕩海平嶽，教燭窮奥，威震荒遐，六七十年間，無犬吠之警。今之太原，遂爲内地。府舊有學，離兵革之後，蕩毀無餘。至天會九年，耶律公資讓來帥是邦，歎館弗修，但取故官舍餘材以成之。正隆初，完顔宗憲爲尹，稍加繕完。大定丙午，張公子衍爲亞尹，楊公伯元爲漕貳。二公以殿宇卑隘，立建賢堂於兩廡間，制度蓋未廣也。聖上嗣服大政，宗儒尚文。明昌二年，以前中都路都轉運使張公大節出尹太原。太原於公爲鄉郡，故尤以宣布教條、淬勵風俗爲己任。始至，首謁先師，見其棟宇卑陋，陛廡狼藉，喟然歎曰：「一是足以上副皇朝右文之意乎？」乃量功命日，撤故就新。始自大殿，重加整飾，周以翠甓，華而不侈，孝禮爲宜。因中門兩翼，構爲外舍，各三楹，分六齋。又建大堂於賢堂之南，儼雅清潔，望之生敬。故講堂去殿不數步，無階陛可以降升，闔翳迫隘，不堪其陋。今北選二十步有奇，隆基三尺餘，高壯偉麗，與大殿相輝映。復構屋十楹左右，爲齋十六，稍南又各建六楹，分八齋，及外齋總三十楹。講堂之後，提學、教授、正録之位序咸在焉。講學談經既有堂與齋矣，儲粟藏書既有庫矣，飲食有庖，祭祀有器，秀茂之士，其至如

歸。公乃詣學，召集諸生，諄諄勸誘，不啻如賢父兄之切至也。是年登龍飛榜者，學籍凡七人，翰林應奉王澤首冠多士。先是，公持横海節，亦時修飾學宫，督課儒業，學生徐鏈是舉遂魁天下。并、滄皆古名鎮，以學校之廢，故久無登科者。一旦興學，二人繼成大名，則知張公教養之勤，豈非其效驗耶？嗚呼！農夫耕腴，其穫也必豐；商賈資厚，其利也必倍；不耕而無資，其求也必無獲。今夫巍冠博帶廣袂之衣，傲然遊其中者，雖有瑰傑之才，苟無學術以濟之，其將何獲？要之，士貴業之勤而志之篤也。方今貢舉之法，既取詩賦以振天下英雄之氣，又談經義以傳先哲淵源之學，使放蕩者退而有所拘，空疏者望而不敢進，其所以籠天下之後造，無所遺矣。士生此時，可謂厚幸。諸生業精於勤，他日登巍科，行所學，光明秀傑，輝耀士林以取鄉相者，足以爲張公之榮矣。不究其本根，肆其懈惰，望洋而歎，自崖而返，進不能取科名以經世，退不能抱仁義以勵俗，皆張公之罪人也。乃叙其梗概以告來者，使勉於學，以副張公責望之意。

《（萬曆）平陽府志》卷四段成己《河津縣儒學記》　自經太變，學校盡廢，偶脱於煨燼之餘者，百不一二存焉。國朝革命，天下浸以文治，累聖嘗致意於學矣。復儒生之家，分建學官；郡縣之學，次第而復。河津古龍門號稱多者，鴻儒碩師，騷人辭客，往往輩出。其漢則司馬太史之父子，在隋則王河汾之兄弟，唐以來如勃、如勔、如勵、如助，以文名世者不一而足。喪亂而後，絃誦音絶者五六十年，人亦寂無聞焉，而嚚訟成。謂以古准，今何懸絶不相建如此哉！非他，教尼不行，學校廢故也。屯田千夫長河南王侯紀以治理效求尹是邑，下車諮諏民事，撥劇從簡，人便安之。居未期月，逃亡者復而户日增，遊惰者觀而田日闢。惟原本教化之地曠而未立，殆未副朝廷長育人材之旨。日感然爲弗寧，以身任其責，不擇劇易，蘄於必成。人以感發奮激，競爲出力。相學之遺址下窄，增廣加舊四倍。絶長補短，得地十二畝有奇，維而墉之，計堵一百二十四，其廣袤武三十有三，袤倍廣三分之二。於是考極正位，首建大成殿，廡階梁桷各盡其度，本末壯麗，內外完固，不豐不約，神足以宇。春秋奠菜，瑚簋有列，儐相有位，三獻在廷，登降拜跪，得以如法，邦人觀禮，得慰瞻企。殿皆東偏，結屋二架，以結工役之積。闢太成門外南北所繇正路，徑達東西通衢。衡尋有七尺，視廟學地減三之二而不在其數。椒祭於至元甲戌之七月丙子，□□告訖，考其□堂門廡，前後二十九楹。庀工度材，相次以立，迫於瓜期，未遑就緒，嗣而成之，尚有賴於後之能者。伻來謁文，道侯之言曰：學之有記，尚矣。非徒識學之所自起，且使邑之士子知立學之本旨，後日人材復古，亦與有勞焉。余曰：國家開設學校，侯殫精極慮，祇順德意，不直爲文具觀美尚，爲士者盡力於學而粹然一出於正。噫！侯之心亦仁矣。雖然，爲學之理具於繕修之中，而人不之察也，奚必遠求爲哉？請爲侯與邑之士子言之。廟學之地，初非不美也。一廢於兵，樵蘇入焉，牛羊牧焉，鳥獸之道交踐於其中，其不爲穢墟者幾希矣。薙而剗之，培而第之，一日草束盡而百堵興，廟貌奐然，觀者起敬，何則？新之而已矣。人之性，初非不善也。一蔽於私，利欲梏焉，吝驕猾焉，蟲賊之害交食於其中，其爲禽獸不遠矣。反而求之，養而存之，一日己私克而天理明，德宇廓然，見在咸仰，何則？修之而已矣。修之如何？非忠信無以立德，非剛健無以任重，必有立德之基，任重之實，而問學辭章以發之，斯可以成身矣。亦猶基址既固，棟宇既安，而黝堊丹漆以飾之，斯可以成室矣。此之不務，惟區區利達之徼，以口耳苟偷之習，爲仕途進取之謀，談聖學而又私欲，此《中庸》所謂小人而無忌憚者，豈惟爲君子之羞，亦豈賢令尹所望於吾黨之士子者哉？若夫董繕修之役，司會計之數，施材施力，凡有勞於廟，記者皆刻石碑陰，此不書。

王義山《稼村類稿》卷八《瑞州重修西澗書院碑》　至元二十二年，瑞州重建西澗書院。工既，山長丁起晦謁余。謂余曰：「泮宫之修，《春秋》不書。非不書，有《魯頌》在。是不可無紀，敢徼福于先生。」義山虔對先聖先師而言曰：西澗之劉，天下之劉也。瑞有西澗書院何居？宋紹興間，郡侯栝蒼鮑公貽遜，以三劉生高安，祠於市之南。兵燬。端平丙申，郡侯三山陳公輾，建書院於郡治之東。書院所祠，先賢也。復置燕居像，夫子於中而尊事之，先師配焉，如《春秋》尊王。郡守武昌高侯節始至，行奠謁禮，喟然曰：「書院名存而實亡，燕居之像設未位，三劉之專祠未復，非闕歟？」與山長謀，復謀之同列，僉曰：「言政不及教，非所以化民成俗也。盍亟圖之。」遂屋於荆榛中，片瓦寸木，以朽壞棄，別選材之良者，鼎而新之。非重修也，重建也。初，劉公涣登進士第，宰潁上，以忤上官意，棄官去。去之廬山之下居焉。愛西寶峯雙澗，號西澗。騎牛看山，徜徉巖谷。山谷黄公有詩云：「神光射牛背。」神光，謂讀書眼也。歐陽公爲賦《廬山高》。廬山豈能自高哉？得西澗而高。子恕，皇祐初以經賦冠多士，入司馬温公修史局，有《通鑑外紀》。與安石有舊，安石欲引爲三司條例官，辭弗就。除祕書丞，以忤安石，棄官去。恕子羲仲，恕死，與一子官充檢討，有《通鑑問擬》，有《五代史糾繆》，以忤蔡京，棄官去。西山真氏謂孔門三世不仕，惟曾氏一門。三世

不仕，固難；三世已仕而不仕，尤難。既仕矣，仕而將爲顯官矣，不以忤上官去，則以忤安石、蔡京去。去者人之所難也。於戲盛哉！聞三先生之風，鄙夫寬，薄夫敦，頑夫廉，懦夫有立志。晦庵朱文公守南康，往廬阜訪焉，即其墓而祭，尋其故居遺址，立壯節亭，此三劉所以高風千古也。古心江文忠公萬里，建書院於鷺州，祠大中程珦，二子侍焉。且記之曰：「有是父，故子然也。」今西澗，子然而孫又然矣。鷺洲則祠大中公與其二子，凡再世。西澗則祠西澗與其子若孫，凡三世。兩書院，一門合祠，俱三人。此又舉天下書院所無。於戲盛哉！於戲盛哉！山長又圖以示余曰：書院自燕居而祠堂，而講堂，位置各有差。亭於前，爲朔望拜。所致齋位，則夾祠堂之左右，講堂之東偏，長於斯者居之。其西偏，則處職於斯者。舊止存八齋，兵後圮甚，繕而完之如初。增四齋於兩廡，廩於旁爲門七，附庸之屋六，以楹計一百三十有八。竹木磚瓦工直若干，經始於七月某日，越兩月落成，寅奉先聖先師而廟貌之。是日，我侯戾止，山長深衣大帶引領。雍雍于于，和穀肅穆。江南自兵後，絶無而僅有也。是役也，直學吾清叟、司書趙若爣董其事。書院歲入，止千八百斛有奇，歲或歉半之。山長廉於律己，撙浮節泛。祠祭外，行供無一日輟。士自遠方來，飯三日。願留者，不三日拘著於式。士固不爲一飯留也。爲士者盍曰：「仁膏兮道腴，雋永兮可以樂。饑三月不肉兮，吾不知。維澗之水兮，薄言采芹，匪飽我以芹，而飽我以仁。維澗之水兮，薄言采藻，匪飫我以藻，而飫我以道。繼自今，以其飽我者仁吾心，以其飫我者道吾身。今日之養於學，他日之養於人也。」爲長者盍曰：「新廟奕兮，創始者爲誰。如跂斯翼兮，如翬斯飛。一日必葺兮，君子之居。繼自今毋假土木爲名兮，瘠諸生以自肥。先聖先師臨乎其上兮，吾誰欺。」山長，吾洪人。

《〔民國〕昆新兩縣續修合志》卷四李祁《昆册州重修儒學記》 昆山學校之難，異於他郡，有三故焉。州之舊爲縣，故學校視縣爲高下，縣既陞州，而學校尚仍舊規制，卑狹不足以聳觀瞻，興士類，其故一也。又今州治仍舊太倉地，地瀕海荒落，其後日漸生聚成市，藩漢閩廣，襍處混居千人。蓋民非土著，則所向無恒心；士非土著，則所習無恒業，其故二也。又今之職教者，非盡得人，經術之不明，行藝之未備，不能正身檢下，而且狥私以縱姦，是以蠹愈深而弊愈甚，此學校之通患，而崑山爲甚，其故三也。雖然，事存乎政，政存乎人，其轉移作興之機，亦存乎爲牧守者何如耳。至正九年夏，史侯文彬來爲守，既謁廟庭，即惕然思有以新之。先是，學贍空於計吏之手，歲所入無幾何，入即隨手支付，無所儲，儲亦無其所。侯命先作倉庾爲屋者三，翼其左右者二，廠其前爲軒者一。凡舊時之侵漁竊覬，冒占儒額者悉去之，節浮費，謹出納，明號令，而是歲之所入者始全，所儲者始有餘。此侯之所以立其本也。乃履殿西偏地，復侵疆三畝有奇，築而爲墻，凡四十丈。殿後地舊爲汙池，旦暮潮汐蕩激，幾壞址。乃募工興土實汙池，壘石以防河岸，而爲墻於其上，此侯之所以廣其基也。基址既固，乃建講堂。堂之高二丈三尺，其入深五丈，以楹數之者八。其費出於州民陳允恭，而凡畚築完甃之務，則民之願輸力者聽。蓋侯之德惠，以教足以動之，故其樂於趨事如此。若侯之自爲，與費於學廩者，則更進大成殿爲六楹，高五丈二尺，深亦如之。爲儀門三楹如殿，其高視殿不及二丈六尺，其入深三丈，門東西爲官廳各四楹。堂之東西爲齋，以居生徒，殿之東西爲廡，以列從祀，通爲屋二十有六。先是，從祀諸賢，並圖於壁，翳昧陊剥弗彰，至是始改爲塑像，凡百有五人。其門墻亭泮，靡不完好。始於至正十年之正月，而以明年二月成，此侯設施之次第也。侯之綜理規畫，不啻若家事。非有公府劇務不得已者，必日一至焉。若朝夕程督，則授之教官前鄉貢進士蔡君景行。景行亦孜孜展力，以相其成。於是授業有師，執經有徒，誦聲洋洋，達於閭里。觀者易聽，而人心俗尚之變，且權輿於此矣。已而蔡君述其本末以來請爲記。予前佐領江浙儒學，所記學校多矣。然因仍者易爲力，改創者難爲功。今斯學内外，高深縱横，巍焉廓焉，跨軼前代，非力足以任重，才足以立功者不及此。雖然，予嘗徵郡乘所載人物，自晉二陸而下多名士，然猶曰才華過實，君子所不取，如清超卓行，義不汙者，率有其人。至前代端拱迄咸淳，科第相望，爲鄰邑最。其間有以大魁爲朝名卿、抗疏力詆權貴者，清節凜凜，昭映史册，爲閭里重。州治既遷，垂四十年，商賈之集，生齒之繁，財殖之富，皆有加於在昔。而人材之見於世者，猶有媿焉，此其故可知已。今侯一舉而新之，所以嘉惠士子者甚至。爲士子者，蓋亦以侯心爲心，以聖賢之學爲學。爲小學，而必由乎洒掃應對進退之節，必由乎禮樂射御書數之文；爲大學，而由乎格物致知，誠意正心，以修其身，必明乎治國平天下之務，以達其用。師以是爲教，弟子以是爲學。夫如是，則德成於己，名揚於時。居則善其鄉，以成禮讓之風；出則廣其施，以著之行事之實。上以忠於國，下以有光於前聞人。夫豈非史侯之所望於諸君者哉？史侯爲州所增廣創設，不可殫記，予獨舉其作新學校之功，以爲州之士子勸，無負侯之盛心云。

程敏政《新安文獻志》卷一四方回《徽州重建紫陽書院記》 紫陽山去古歙

郡之南門五里而近，故待制侍講贈太師徽國文公朱先生，郡人也，合山與人，稱曰紫陽夫子，若洙泗先聖然，此書院之所以作，而名之曰紫陽也。始郡守上饒韓公補作書院，在南門之外，倚山瞰溪。陟其門，朱榜金書，折旋過風泉雲壑軒，拜夫子祠，趨而橫入左右齋廡中，而肄講爲明明德堂，前爲書樓，後爲宸奎閣，而其上又爲披雲之閣，閣之後最穹，爲大成殿。更六政而後大備，紀有文，刻有圖，傳於世。至元十三年丙子冬，去始作時三十有一年矣。鎮帥設險固圉，撤城外(凡)〔瓦〕屋爲柵，郡檄俾遷於南門之內江東道院，實古郡學遺趾也。諸生綿蕝妥靈，明年建祠於道院西爲外門。十五年，按察使者至，謀諸總府，以書院地與古郡學地兩易，以溪山偉觀爲明明德堂，而書其顔。得向之名進士深於夫子之書者三人，前判官汪君一龍、曹君涇爲之師，前堂長許君豫立爲學正，相與撙縮租入，以其年冬，經始興復。賴趙君白、總府趙公謙，皆捐貲率同僚爲助，而士亦釀泉相役。平窪卑亢，據亥揖巽，爲先聖廟。前門後殿各三楹，而從祀之廡各倍之。講堂東西齋廡之數如廟制，而在其西又西偏，足舊重屋爲三，以大其門，又別爲小重屋三，面水西山，以仿披雲之舊。服具器備，以十七年仲春丁祭告成。於是諸生相與言曰：「昔之書院西向，挾紫陽山於其左。今之書院，若廟、若祠、若堂，皆南向，得紫陽山之正。學者俯而讀，仰而瞻，由是以想夫子步趨謦欬，將必有得其正傳者，庸詎知書院之遷，非風氣之所宜乎！」然回聞之，士有廣狹，勢有向背，棟宇有隆殺，儀文有盈縮，皆物也。有不物者焉。先聖有言：「殷因於夏禮，所損益可知也；周因於殷禮，所損益可知也。其或繼周者，雖百世可知也。」尚忠質文，建寅丑子，可以隨世損益，曰綱曰常，百世千世一也，則何損益之有。古之祀也，以尸以主，而後世肖形以像之。古之坐也，以席、以几，而後世高座以華之。古功臣與食於大烝，而後世享先聖也，以其門弟子及賢者侑之。漢孔廟不出闕里，許天下建原廟，以唐正觀始；唐釋奠惟侑顔子，加以孟子，自宋元豐始；宋初止有四書院，詔郡縣皆立學，自慶曆中始。近世所至有廟學、書院，而又升曾、思之侑，自濂溪至東萊，俱列從祀，而又無不專爲之祠，益從今尚損與古違世也。抑所謂雖百世可知者，亦能從而損益之否乎？回嘗陟古兗之郛，觀魯之泰山與洙泗之水，而識孔林之所在。漢高祖引天下兵至，而聞弦歌之聲。魯共王欲壞其宅，而得蝌斗之書，卒全護之，歷世無恙。歙今魯也，紫陽今洙泗也。夫子之教，百世千世與紫陽不朽。士欲與之俱不朽者，其亦有道矣。文足徵也，獻足徵也。五典五禮、六德六行，待其人然後行。天地之常經，萬古一日也。

《〔宣統〕濮州志》卷八張須《濮州新建大成殿碑》 承直郎達魯花赤紐璘既踐世官，慨然以敬教勸學爲政。朝列大夫州尹孟說始至，相謂曰：「日者祗承制詔，聖帝明王，凡在祀典，靡不崇修。學校之政，一如先朝故事，守土臣所當對揚休命。今也先聖廟祠弗稱，懼非宣化所宜，此紐璘夙夜惕然于中者。」對曰：「說敢不任事。」詢謀同列，承直郎同知州事李謙、忠翊校尉州判官耿佐、教授劉授贊其成，忠勇校尉鄄城縣達魯花赤石文理董其役，六邑令佐具材用以其費。經始以大德二年戊戌十二月庚申，落成於庚子五月。趾崇八尺有一，堂上延廣九益二分，深六筵三分。梁長三崇尋，有半棟崇五尋。榱題楶棁，桴閬梴桷，跂翼軒翔，石甓黝堊，塼埴巧鏝，校板實實。孟侯日親蒞之，故匠民咸精其能。審曲面勢者，東平張興，經使則州史王良、縣史閻澤。方紐璘嗣守是州，既期年，思有以淑艾郡士，謀賓師於鄉之耆艾。前御史中丞吴公衍謂「須可」，乃具車乘幣帛聘于魯，以來須。繇是居四載，是營是度，與聞于斯。將南，國侯與孟侯同辭請文，須幸得以孔子之道教人，故采其言語登諸樂石者，豈徒記歲月云。乃作頌曰：

奕奕新廟，于鄄之墟；穆穆宫庭，孔聖攸居。天牖斯民，道在文武，眷惟洙泗，纘成厥緒。爰茲故鄄，衛國之封，於聖環轍，以西以東。時有變遷，地無今古，神之來兮，於斯焉處。夫何卑陋，俎豆弗容，惟二邦侯，詢謀僉同。乃度其新，乃輸其舊；乃經乃緯，乃基乃構。有址斯崇，厥土燥剛；有棟斯隆，厥材孔良。塗既丹雘，翬飛矢棘，有殿屹然，岩嶢崒嵂。冕旒黼扆，睟然德容，袗珮環列，蒼玉葱葱。多士鼎來，陟降庭止，於善緝熙，萬世明祀。春秋匪懈，秩秩威儀，尊爵既潔，籩豆孔嘉。神其醉飽，載咨工祝，錫爾純嘏，釐爾百福。釐福伊何，惠以光明，六經大訓，昭若日星。松桷有舄，路寢孔碩，如岡如陵，永永無斁。

張之翰《西巖集》卷一六《西湖書院記》 西湖在天下三，曰潁、曰許、曰杭，皆有之，名天下莫杭若，蓋地靈人力交相勝也。余知松江之三年，登郡西南放生亭，(基)基在水中央，問其水，此西湖也。竊惑而考諸志。西湖乃瑁湖，晉爲陸氏養魚池，宋爲放生池。或傳此即谷水，水有丹砂，常湧五色泉，郡人士見者必擢第，指爲風水第一處。裴回久之。方府治撤真聖樓，遂命工掇三間增四厦而樓其北，分八楹列五架而廡其西，東(兩挾)〔而狹〕，起中央而門其南，如蜃之吐，鼇之負，龍之居，突兀於波光瀲灩中，孰不爭睹而願游之。既成矣，余謂是郡由混一以來，吾夫子燕居無所，春秋社稷無所，顧、陸名賢祠宇亦無所，于是樓之

上以像燕居，庭之中以壇社稷，廡之左以位名賢，廡之右以舍師儒與諸生。乃榜曰「西湖書院」。既名矣，有疑者問焉：「向謂三西湖皆不及杭，誠古今確論。今杭有西湖，松江亦有西湖，杭有西湖書院，松江亦有西湖書院，是四其三者乎？二其一者乎？杭有三賢堂，松江亦有先賢堂，杭無社稷壇，松江有社稷壇，是規模果同乎？果不同乎？」余應之曰：「比淡粧濃抹之西子，生吸光飲渌之吴儂，訪梅孤山，問柳蘇堤，抵畫橋，横彩舫，載歌舞而留宴賞，固彼有而此無。倚九山照海之書堆，環四塔插天之文筆，市聲隔岸，樓影壓波，吐雄文，揮傑句，呼清風而嘯明月，亦彼無而此有。且杭雖大，不湖而城；松江雖小，不城而湖。使教養日興，人材輩出，不害其爲四西湖而兩書院之稱。至若奉先聖於斯，祀先賢於斯，而又祭土穀於斯，正學者禮義誠敬所當務，可不知(哉)！韓昌黎所謂自天子至郡邑守長通得祀社稷與孔子，及古之鄉先生没而祀於社者，遺意也，復奚疑？」疑者語塞而去，因筆之爲記。始元貞元年四月，畢八月，莆士陳宏董其役，買地之貲一萬八千，木瓦之費共二十萬有奇，來者其勿壞，是年中秋日立。朝列大夫松江府知府兼勸農事張之翰記并書篆，中議大夫松江府達嚕噶齊勸農事尼雅斯拉迪音、承直郎同知松江府事阿達納、承務郎松江府判官傅大有、提領按牘張濟、邊汝翼同立。

戴表元《剡源集》卷一《稼軒書院興造記》 廣信爲江閩二浙往來之交，異時中原賢士大夫南徙，多僑居焉。濟南辛侯幼安居(址)〔北〕闕，地最勝，洪内翰所爲記「稼軒」者也。當其時，廣信衣冠文獻之聚，既名聞四方，而徽國朱文公諸賢，實來、稼軒，相從游甚厚。於是鵝湖東興，象麓西起，學者隱然視是邦爲洙泗闕里矣。然稼軒之居，未久蕪廢，辛氏亦不能有之。辛(巳)〔未〕歲，太守會稽唐侯震，因豪民之訟閲籍，則其址爲官地。明年乃議創築精舍，以居生徒。纔成夫子燕居及道學儒先祠，而唐侯去。其冬番陽李陽雷初至，遂始竟堂寢齋廡門臺諸役。成而扁其額曰「廣信書院」，甲戌歲春也。書院成之二十五年，是爲大德二年戊戌，官改「廣信書院」額，還曰「稼軒」，而棟宇頽敝已甚。又五年，北譙朱侯霽至，展謁見之，作而曰：「兹復誰諉乎？」即屬山長新安趙君然明，極力經理。初書院之爲「廣信」也，計屋不啻二百楹，浮瓦鋪綴，不支風雨。及(是)整頓完損，迄成堅厦。講廬齋房，儲倉膳庖，會朋之序，休客之次，通明之牖，備禮之器，於昔所有必補，凡今所無必具。植都門，繚周墻，甃文逕。余嘗以暇過趙君，岡巒回環，榆柳掩鬱，長湖寶帶横其前，重闕華表翼其後，心甚羡之。問水堰，曰：「是中可種萬頭魚，今以蓄洩水處也。」問松臺，曰：「是稼軒遺跡，舊植柏千株，今增之成林也。」問桑圃官池，曰：「是稼軒所耕釣，今表而出之也。」問湖上門，曰：「是舊塗自西循河南東來，今始復也。」問新井，曰：「是舊鑿，今得諸涯莽中，修浚而汲之，非新井也。」問地廣袤若何，曰：「是西北曠土，皆稼軒故物，爲營卒所侵，吾請于官得復，而萬户府又約束之，使無擾也。」問工役多寡、財計贏縮若何，曰：「吾力何以及此，賴郡侯捐俸倡助，而諸人相與成之也。」問餘役尚幾何，曰：「吾所欲就何有極，使不以滿去，將專祠辛侯。別置小學，作一亭，名倚晴，以眺靈山諸峰；一亭名魚樂，以俯西池；一亭名(盪)〔盟〕鷗，以復湖心之舊也。」嗟夫！人嘗言，有才不得位。及有位，何嘗見其才？顧其志何如耳！一精舍之在廣信，于事未係輕重，識者以是覘風化厚薄、吏治賢否？〔自稼軒之廢幾何年，而僅遇唐、李二侯〕；自唐、李二侯去，又廢幾何年，而僅遇今朱侯。其間豈皆無位而不爲乎？若趙君以一癯儒領空塾，能成賢守意，興重役，其才志彌不可及。謹爲摭實，登載本末於石，以勸來者。

吴澄《吴文正集》卷三六《建昌路廟學記》 唐以來立廟設像以祀先聖，於禮未之有稽，而所以致其嚴敬則隆矣。建昌郡廟學因地之勢，其位東向，有燕居殿在西北隅，此他郡所無者。廟廡之左、書閣之後皆學地也，民僦而營居焉。廡左之居，編户鱗次，近逼廟堧，喧穢不静。閣後之居面北背南，構宅一區，横截其間，廟與燕居離隔爲二，別啓一門向西，不共前廟之門而出。今天子御極之初，念民生休戚繫於郡縣守令，精選其人，擢江浙行中書省郎中薩德彌實爲建昌郡侯。治政既優，教事尤虔。暇日戾學宫，目睹心惟，將更而新之。教授方君壽條具所宜，凡學地、民屋悉令撤去改造，以地歸之學，俾廟學前後通達無礙，繚以宫墻。相其他不中禮度者，循序完整。前守趙侯所積學計歲會有羡，可如侯之志。邦伯荅失帖木兒、屬之長宋貞僉議允諧從祀，繪像于壁，歲久則漫，易以木刻神像百有五，左右各八室以奉。廟之前庭迫窄，春秋朔望行禮不足以容。外門之東，舊爲教官之署，乃撤其屋，遷戟門於外，距廟之前霤一引五尋，視其舊加四常有二尺。戟門之外，鑿泮池如半月，跨以石梁。池外如舊建櫺星門，門外甃街道爲通衢，南北兩端樹命教門各一，加封勉勵詔旨礱石重鐫，二碑亭對峙於泮池之側。燕居湫隘不稱，官有廢屋，如殿之制，廣三常有二尺，深三尋有六尺六寸，徙置閣後所撤民居之地，以爲燕居殿，與前廟相直，東向，頗與古之前廟後寢類。築壇三，城廣仞，崇三尺有五寸，象闕里之杏壇，先賢祠翼其右，太守祠翼其左。

增祭器，備樂器，補書板，葺齋舍，作庚廩。教官舊署既撤，學之西南有尹、周民居，半屬學地，以其屋來售。適舒嗣隆代宋貞爲郡屬之長，志合謀同，贊助其決，遂酬其直，得尹之居以居教官，周之居以居正録。氣象軒豁，足以表師儒之尊。其北隙地爲聽事之所二，一以待衆官之公聚，一以待教官之公坐。自泰定元年肇始，至四年迄于成。門廡殿堂、燕居祠宇以及庖廩與教官貳長之廨舍周圍内外，南北之廣二引五常，東西之深六引四常有六尺，從衡端直，規模恢廓，圬鏝炳焕，道路平衍，煒然壯觀，士民驚嘆，以爲音所未有。非郡侯心量之宏、志力之堅，何以臻是！今邦伯怯烈、貳守劉珪、府判伯顔察兒、郡屬張賡、劉秉忠克協克一，前教授倡議之，後郭建中嗣教職，承侯之令惟謹，正録石良貴、岳天祐也；蒙古字學教授楊丈不花董斯役，郡吏李方平、王進、周植也。役既畢，鄉貢進士、盱江書院山長聶公升述郡士之意，請紀其績。雖侯累任風憲，廉能聲實著于遠邇，今爲民父母，有治有教，其美可書也。雖然，敞學宫以育人才者，官之事；進學業以應時需者，士之事。盱之士繼今群居共游，豈曰涉躐記誦、衒飾辭章以釣名媒利而已，必真明經，而心之所得，能得聖賢之心；必真修行，而身之所行，能行聖賢之道，庶幾上不負聖天子取之用之之仁，下不負賢郡侯勉之勵之之義哉。

吴澄《吴文正集》卷三七《嶽麓書院重修記》 天下四大書院，二在北，二在南。在北者，嵩陽、睢陽也；在南者，嶽麓、白鹿洞也。其初，聚徒受業，不仰於公養，然嵩陽、睢陽、白鹿洞皆民間所爲，惟嶽麓乃宋開寶之季潭守朱洞所建。其議倡自彭城劉鰲，而潭守成之也，時則陸川主簿孫邁爲之記，紹興毁于兵。乾道之初，郡守建安劉珙重建，時則有廣漢張子敬夫爲之記，德祐再燬于兵。大元至元二十三年，學正郡人劉必大重建，時則有奉訓大夫朱勃爲之記。逮延祐甲寅，垂三十年矣。壊陵劉安仁來爲郡別駕，董儒學事。睹其敝圮，慨然整治。木之朽者易，壁之漫者圬。上瓦下甓，更撤而新。前禮殿，傍四齋；左諸賢祠，右百泉軒，後講堂。堂之後閣曰尊經，閣之後亭曰極高明，悉如其舊。門廡庖館，宫墻四周，靡不修完。善化主簿潘必大敦其役，朱某、張厚相繼爲長，具始末，請紀歲月。余謂書院之肇創、重興與夫今之增飾，前後四劉氏道同志合，豈苟然哉？開寶之肇創也，蓋惟五代亂離之餘，學政不修，而湖南遐遠之郡，儒風未振，故俾學者於是焉而讀書。乾道之重興也，蓋惟州縣庠序之教沈迷俗學，而科舉利誘之習蠱惑士心，故俾學者於是焉而講道。是其所願望於來學之人，雖淺深之不侔，然皆不爲無意也，考於二記可見已。嗚呼！孟子以來，聖學無傳。曠千數百年之久，衡嶽之靈鍾爲異人，而有周子生于湖廣之道州，亞孔並顔，而接曾子、子思、孟子不傳之緒。其原既開，其流遂衍。又百餘年，而有廣漢張子家于潭，新安朱子官于潭。當張子無恙時，朱子自閩來潭，留止兩月，相與講論，闡明千古之秘，驟遊嶽麓，同躋嶽頂而後去。自此之後，嶽麓之爲書院，非前之嶽麓矣，地以人而重也。然則至元之復建也，豈不以先正經始之功不可以廢而莫之舉也乎？豈不以真儒過化之響不可絶而莫之續也乎？別駕君之拳拳加意者，亦豈徒掠美名而爲是哉！其所願望於諸生，蓋甚深也。且張子之記，嘗言當時郡侯所願望矣，欲成就人才，以傳道濟民也，而其要曰仁。嗚呼！仁之道大，先聖之所罕言，輕言之，則學者或以自高自廣，而卒無得。《論語》一書，大率示學者求仁之方，而未嘗直指仁之全體。蓋仁體之大如天之無窮，而其用之見於事，無所不在。邇之事親事長，微而一言一動，皆是也。飲食、居處一不謹焉，非仁也；步趨、唯諾一不謹焉，非仁也；温凊、定省一不謹焉，非仁也；應接、酬酢一不謹焉，非仁也。凡此至近至小，甚易不難。而明敏俊偉之士往往忽視，以爲不足爲，而仁不可幾矣。嗚呼！仁，人心也，失此則無以爲人。曾是熟於記誦，工於辭章，優於進取而足以爲人乎？學於書院者，其尚審問於人，慎思於己，明辨而篤行之哉！

吴澄《吴文正集》卷三七《明經書院記》 六經之道如麗天之日月，亘古今常明者也。夫明者在經，而明之在人。聖途榛塞，俗學沉迷，人之能明之者鮮矣。漢明經專門，其傳授也，章句、訓詁而已。唐明經專科，其對問也，文字、記誦而已。宋初學究即唐明經也，後罷學究，而進士改習經義。名非不嘉，要亦不過言辭之尚。逮其體格之變，至宋之季年而敝極，識者慊之。新安胡氏之先，唐末有以明經舉者。十四世孫淀建塾于始祖讀書之所，日從其父暨諸父講學其間。既而病其湫隘也，乃與弟澄、族父炳文議改築西山之麓，爲屋數百楹。右先聖燕居之殿，左諸生會講之堂。又其左齋廬四，又其前二塾，扁曰「明誠」「敬義」。山巔構亭，據高望遠。經始于至大庚戌，落成于皇慶壬子。畀之土田，輸其歲入，以養師弟子。淀所畀以頃計者三，澄所畀以畝計者五十。知州黄侯惟中命炳文掌教事，彰既往之美，貽方來之謀。請于上，而以「明經書院」名。踰年，貢舉制下，取士務明經學，與所名若合符契。介其鄉人樂安主簿汪震祖來言，俾記其始末。余謂明經之名一也，而其別有三：心與經融，身與經合，古之聖人如在于今，此真儒之名經也；句分字析，辭達理精，後之學者得稽于古，此經師之明經

也；簾窺壁聽，涉躐剽掠，以澤言語，以釣聲利而已，此時流之明經也。漢唐未暇論，三代而下，經學之盛莫如宋。其有裨於經、可傳於後者，奚翅數十家。泰山之孫、安定之胡，其尤也。所守、所行不失儒行之常，固其天質之異，抑其學術之正。於經可謂明已，而未離乎經師也。必共城邵子，必春陵周子，必關西張子，必河南二程子，而後爲真儒之明經。蓋其所明匪經之言，經之道也。嗣邵、周、張、程者，新安朱子也。《易》、《詩》、《四書》之説，千載以來之所未有。其書衍溢乎天下，況新安其鄉，遺風餘響猶有存而未泯者乎？然則胡氏振振之子孫、新安彬彬之俊秀，與夫四方來游、來觀之士，睹書院「明誠」、「敬義」之扁，若何而明，若何而誠，若何而敬，若何而義；於心身必有用力之實，而於經也，豈口吟手披，尋行數墨而可以明之哉！噫！未易明也。忽之以爲易，不可也；憚之以爲難，亦不可也。志於斯者其思之，其勉之。思而通焉，勉而至焉，真儒明經之學復見於朱子之鄉，不其偉歟？不然，知不實知，能不實能，漫漫焉曰明經明經，高則昔之經師，卑則今之時流而已。志於斯者思之哉，勉之哉！淀受初命主龍泉簿，炳文前長信州路道一書院。明經府君諱昌翼，所居曰考川，在婺源之北三十里。

吴澄《吴文正集》卷五〇《撫州路帝師殿碑》　欽惟世祖皇帝朝，八思八帝師肇造蒙古字，爲皇元書同文之始。仁宗皇帝命天下各省各路起立帝師寺，以示褒崇。今上嗣服，再頒特旨，聖心眷注，俾加隆於文廟。不與其餘，不急造作，同恩綸誕敷，雷震風動。越在外服，臣欽承唯謹。宣武將軍、撫州路達魯花赤臣閭閭躬董是役，卜地於寶應寺之左，廣壽寺之右，高明爽塏，宏敞衍迤。從度之，其深六十尋有奇；衡度之，其廣五分其深之二。中創正殿，崇二常有半，廣視崇加尋有五尺，深視廣殺尋有七尺。後建法堂，崇視常九尺，廣視崇加尋有二尺五寸，深視廣殺尋有二尺五寸。前立三門，崇二常有四尺，廣視崇加一尺，深視廣殺尋有二尺。堂之左右翼爲屋各五間，其深廣與堂稱。門之左右有便門，有二塾，爲屋各十有四間，其深廣與門稱。兩廡周于殿之東西，前際門之左右塾，後際堂之左右翼，爲屋各十有三間。左廡、右廡之中有東堂，有西堂，各三間，環拱正殿，上合天象，如紫微、太微之有垣。三門之外設櫺星門，其楹六，楹之竪于地者通計二百有五十。屋據高原，俯臨闤闠，望之巍然，彪炳雄偉，足以稱皇朝尊奉帝師之意。工役重大，而民不病其勞，官不病其費。蓋唯郡臣虔恭勤恪，判裁運調有其才，是以不期歲告成，極崇侈壯麗之觀，可傳示于永久。猗歟盛哉！竊謂自有書契以來，爲一代之文而通行乎天下者，逮及皇元凡四矣。黄帝之時，倉頡始制字；行之數千年，周太史籀頗損益之；行之數百年，秦丞相斯復損益之；秦又制爲隸字，以便官府。倉頡古文、史籀大篆、李斯小篆、程邈隸書，字體雖小不同，大抵皆因形而造字。蒙古字之大異前代者，以聲不以形也。故字甚簡約，而脣、齒、舌、牙、喉之聲一無所遺。倘非帝師具正覺智，悟大梵音從衡妙用無施不可，天實賚之以備皇朝之制作，其孰能爲之哉？宜其今日受崇極之報也。聖上遠繼世祖之志，近述仁考之事，以致奉先之孝，天下臣子咸用丕欽，以盡奉上之敬。繼自今，德教所被，一皆以孝心、敬心爲之本，而聲學、字學之用，使太平之治光輝烜赫于千萬世，由此其基也。遠方小臣爲記其成，非但嘉郡臣有成之績，蓋以贊皇治無疆之休也。

《（同治）樂安縣志》卷四吴澄《鰲溪書院記》　樂安縣治之南，水際巨石似鰲，故名其溪鰲溪。書院，邑人夏友蘭所建也。書院之名何始乎？肇於唐，盛於宋。書院之實何爲乎？蓋有二焉。古昔盛時，王國侯國達於鄉黨閭巷，俱有校序庠塾，以施其教。井田封建既廢，後世惟京師郡邑有學，猶古王國侯國之學也。鄉黨閭巷之間，校序庠塾之制泯然無聞。雖郡邑之學，亦有廢而不立之時，學者無所就學。於斯時也，私設黌舍，廣集學徒，以補學校之缺。如李渤之於白鹿，曹誠之於睢陽是也。上之人以其有裨於風化，㦸賜額勅，以風勵天下，與河南嵩陽、湖南嶽麓號爲四大書院，而衡之石鼓亦賜額。此先宋以前之書院也。宋至中葉，文治浸盛，學校大修，遠郡僻邑莫不建學。士既各有羣居肄業之所，似不賴乎私家之書院矣。宋南遷，書院日多，何也？蓋自春陵之周、共城之邵、關西之張、河南之程，數大儒相繼特起，得孔聖不傳之道於千五百年之後。有志之士獲聞其説，始知記誦詞章之爲末學，科舉利禄之壞人心，而郡邑之間設官養士，所習不出乎此。於是新安之朱、廣漢之張、東萊之吕、臨川之陸暨夫志同道合之人，講求爲己有用之學，則又自立書院，以表異於當時郡邑之學專習科舉之業者。此後宋以後之書院也。大元混一區宇，凡郡邑之學、各處書院皆因其舊，有隆無替，而新創書院溢乎舊額之外，比比而有。此其用意所在，與前代或同或異，固不得而悉知也。若夫鰲溪書院之建，則澄嘗與聞其議。其見於公移者曰：「儒者之學，必先孝弟忠信、禮義廉恥。收斂此心，窮格此理，近而人倫日用之常，遠而天地造化之運，必使秩然有當，洞然無疑。行之於身，得之於心，施之於事，無所不宜；用之於世，無所不能。其求端用力之方，在研究四書六經，初

非記覽無益之書以誇博洽、雕琢無用之文以炫華藻而已。否則，迷悖本原，汩沒末流，於己無得，於時無用。邪見繆行，不以爲非，躁進苟求，良可慨嘆！議建書院一所，延請明師，招至益友，相與傳習，庶幾由己及人，悉明孔子之道。」故其於先宋後宋人所創書院之意，蓋兼而有之。書院在欒安東門之外。先聖燕居有堂有庭，有廡有門。外門之楹六，先賢有祀。後講堂，前大門，翼以兩廡。養士之田以畝計者五百，歲入之米以斗計者二千有奇。其募構、其田糧皆夏氏之貲。經始於大德四年，越十有一年而内省畀額，越一年而外省始設官。皇慶元年，天子錫命寵嘉之。友蘭先被特旨，得貳州政。赴官一月而歸，以疾終。子志學承父志，欽奉綸音，勒之堅珉，以對揚萬億年，而澄爲記其創建之意，如前所云。繼今來學之士亦思上命之表章、公朝之扶植，友蘭之所以悉心竭力於此者，豈有他哉？期與同志共學聖人而已。閒居應接之際，惕然自省吾之所主所行，果公歟？果理歟？由是而存心致知，反身力踐，聖人之道可馴至矣。果私歟？果欲歟？聖門之罪人也，雖居遊於書院，奚益？嗚呼！可不懼哉！可不勉哉！

程文海《雪樓集》卷一一《漳州路重建學記》 異時，東南之學行天下，漳爲文公過化之地，學官禮樂，他郡則之。按宋慶曆二年始建學于州治之東南，政和間移置治左，紹興九年復慶曆舊基，中燬于兵。至元二十有八年，重建禮殿，孑然於草莽瓦礫中，卑庳苟且，過者不知其爲夫子之宫也。聖上龍飛，首詔各道肅政廉訪司勉勵學校。雷行風動，其曷敢不共僉事。趙君弘道分司南還，亟稱漳學興復，一出郡博士郭廷煒之力。廷煒以二十九年夏五月實來，時廟之東西各有隙地，有司據之以聽訟，以畜馬。廷煒喟然曰：「此而不復，不可以爲學。」白于公，歸侵疆。乃鳩工度材，首崇殿宇，像四公十哲。明年，儀門成。又明年，學門洎東西廡成。又明年，講堂成。脩高廣深，翼翼嚴嚴，廊塾垣墉，内外有截，几席炊爨，百須具備。郡人士又言屬縣廟學廢未復，廷煒造漳浦班荆以祭，觀者感泣。是營是度，捐俸爲倡，而漳浦廟學亦成，長泰、龍巖放焉。余聞而異之。既而漳之士以圖及創修顛末來求余記。於是，弘道之言益信。惟學校廢壞，比比相望，前脩彫謝，大雅寂寥，持牒來爲校官，匽薄歲月，忽不省存。郭君乃能不愧於其職，拮据捋荼，卒致完美，可謂難矣。方今遭逢聖明敦儒崇化，無有遠邇。漳之士子，藏脩遊息於斯，盍亦相與厲而行，精而業。爲詞章者，毋拘拘於科舉，而用力乎《詩》、《書》六藝之文。明理義者，毋嘐嘐於訓詁，而篤志乎聖賢體用之學。孝弟忠信以養之，禮義廉恥以維之。求放心，黜陋見，而嚴恭祗畏以守之。以盡其材，成其德，不至於古人不已。是則朝家建學立師之意，亦文公所望於漳之父老之裔孫也。抑文公記漳學教授廳壁有云「教授之爲職，惟自任重而不苟者知之」。夫人能以自任不苟之心爲心，則天地萬物孰非吾事，況一學乎？郭君蓋非苟然者，其自任之重，必能以是充之矣。郭君，莆人，紹興旌表孝子之孫，少擢進士第，文行皆可書。元貞元年四月朔記。

程文海《雪樓集》卷一一《重修南陽書院記》 大德五年冬，重修南陽書院，成大成殿、楚梓堂，日新、養正、尚志、立本四齋，凡新屋百八十礎。從祀兩廡，武侯祠、鄉先賢祠、尊經閣，凡葺屋百八十八礎，木千有奇，瓦甓十四萬八千，工萬二千二百，而殿之役最大。南陽書院者，宋淳祐中忠襄孟公所建也。時襄漢受兵士之流徙者聚於鄂，公立學館六十間以處之，括田租地利以養之，聘賓師陳俎豆以教之，又奉祀先正諸葛武侯以表厲之，故名。某異時觀游其中，而知公盛心也。後四十年，以使事來，則藩拔級夷，僑祀夫子於講舍，爲之愀然。欽惟詔書表章斯文，冠軼百代，宫墻宗廟，休有烈光，而名具實隳若此，甚不稱聖天子崇儒興學化民成俗之意也。且成於季世，而荒茀於隆平，武侯忠襄固不言，諸君獨不愧於心乎？乃俾亟圖之。議既協，有官守者，輟奉以倡，鄉人邑子勸趍之。故不以屬吏煩民，而材良工堅，細大弗苟。經始於暮春之初，訖役於十一月之望。噫，事未始不可爲也。人秉此心，此屋豈使至此？今一倡而翕然，悉心展力，復底于成，庶足以稱表章之盛矣。然思往者提攜顛沛之人，一旦有所芘賴，中流一壺，蓋不足喻。上既不鄙夷之，且期以古人之事；下亦相與求志達道，共守所學，以期無負。而今之悉心展力者，往往其子孫也。《詩》云：「以似以續，續古之人。」蓋似之斯能續之，國家長育人材之意，不在茲乎？嗟夫，君子之於學，亦猶此屋矣。知耻則學無不成，滅私則事無不集。悉心展力者，孰無子孫？尚其教告之。嗚呼，昔者南陽之人，躬耕草廬而已。是役也，實賴鄉人前進士王應龍率之，儒學提舉武乙昌相之，餘執事者，山長史時敏書之碑陰。具官程某記。

程文海《雪樓集》卷一二《主一書院記》 今之書院，三代之家塾也。粵自曹戚肇端，延及于今，日進不衰，豈非斯道之亨，吾黨之幸哉？往年，豫章揭君某客武昌，懷省檄詣主一書院爲長，過予辭行。予問：「主一何在？」曰：「湘潭。」「何爲而有也？」曰：「自鍾氏。」又問，而未能知也。今年自主一來予盱上，手一録目，請予文。予讀之曰：「鍾君如愚師顔，廣漢張宣公之弟子也。年十六，以書問仁，因留受業。弱冠，中進士科。刻意學而不仕。晚官嶺海，引年而歸，除

南岳書院山長，監南岳廟。師顔没，其子割田畝五百建講舍，祀宣公，奉師顔配。因師顔之號，而請名于官曰『主一書院』。中更燬廢，田入豪家。元貞甲午，鍾氏捐己錢以贖之，益之以已田合畝一千，復立主一書院。請于官，官從之。乃建燕居之堂，講肆一，齋廬二。某至之初年，鍾氏謀改作，禮殿、兩廡、儀門、櫺星門、藏書閣、兩先生祠、官署、公庖，凡作屋若干間。以燕居之堂爲問仁之堂，講肆爲厚德之堂，凡改屋幾間。又增齋廬爲四，架溪橋而覆之以瓦，大凡爲屋幾百間，其材悉出鍾氏。鍾氏者，師顔三世孫夢鯉也，今爲彬州宜章縣教。」予曰：「嗟夫，以彼其心，教一邑而止邪？」又讀之曰：「書院之復也，夫子以燕居之服坐於堂，而四公侑。今既殿矣，則從秩祀儒以户隸于主一者若干，官所定也。」予曰：「止，河汾氏不云乎？『通於夫子，受罔極之恩』。使儒之隸于主一者，若鍾氏之於主一焉，則一不爲少。不然，雖多亦奚以爲？抑又言之：家塾而從燕居，禮也。冕而殿焉，是乎非耶？雖然，鍾氏亦勤矣。設其地，立其官，儲其財，備其友，俾專且裕焉。隳之而廢之，而有之，而愚之。今鍾氏非怵於威、利於贏也而若此，可不謂勤且賢乎？然予知鍾氏之志不止此也，不止此而欲進於此焉，則是有在彼而不在此者矣。是雖鍾氏之志，而亦鍾氏之事。而教之與學之者，咸不可不求以稱其事焉者。不然，崇居豐養，誨惰誨貪，誠不若相忘於寂寞之濱之愈也。君往而訊之，不疑吾言，則以爲記。」

程文海《雪樓集》卷一二《漢川縣學記》　九澤既陂，雲夢作乂，然後其地始有人。漢川，其域也。土夐水長，人之歸者以佃以漁耳。有能興俎豆之事，視之當如卿雲景星，固不易遇也。予嘗行春斯邑焉，顧謂邑教李國珍曰：「庠序不飭不典，如政教何？」乃示以宫墻之制，俾與邑吏謀新之。士寡而吏媮，莫尸其事。大德十一年，邑令鄭國惠君來，士誦前言，令慨然率邑教李孝純，相與徙舊廟爲講堂，而作新廟。至大元年秋庀役，二年春禮殿成。深四十二尺，廣加四尺，崇殺十尺。廡列四齋，中敞戟門，庖庫内備，繚以尺垣。三年，立櫺星門以出。爲工萬餘，穀石六百，緡楮四萬有奇，皆取諸儒與富而賢者。然邑儒之籍户九耳，是誠不易矣。甫成，而予以使復來武昌，孝純、國珍率諸生來言曰：「今之庠，公之教也。令之功也不可不識，敢告。」予語之曰：「邑於民最親，教於民最急。學校若無與而實功也。且璽書相望下勸，敢有弗欽。聲教與土同敷，訖于四海，其可自鄙？今爾令長、士民務所當先，宜矣，美矣。然立教之基，爲學之地，又有在也，令長、士民盍亦分任其事乎？治化學業之成，視棟宇之成孰愈？歸而見賢令長、士民，試以斯言告之，且謝不忘焉。」令名政，字舜卿。董役者，直學曹謌，知書張至道、林文瑛。

蘇天爵《元文類》卷一八吴澂《賈侯修廟學頌》　世祖皇帝既一天下，作京城於大興府之北，其祖社朝市之位，經緯塗軌之制，宏規遠謀，前代所未有也。至元二十四年，設國子監，命立孔子廟。暨順德忠獻王哈喇哈遜相成宗，始克繼先志，成其事，而工部郎中賈侯董其役。廟在東北緯塗之南，北東經塗之東。殿四阿，崇十有七仞，南北五尋，東西十筵者三，左右翼之，廣亦如之，衡達於兩廡。兩廡自北而南七十步，中門崇九仞有四尺，修半之，廣十有一步。門東、門西之廡各廣五十有二步，外門左右爲齋宿之室，以間計各十有五。神廚、神庫南直殿之左右翼，以間計各七。殿而廡，廡而門，外至於外門，内至於廚庫，凡四百七十有八楹。肇謨於大德三年之春，訖功於大德十年之秋。於時設官教國子已二十年矣，寄寓官舍，不正其名。丞相以爲未稱興崇文教之實也，乃營國學於廟之西。中之堂爲監，前以公聚，後以燕處，旁有東西夾，夾之東西各一堂，以居博士，東堂之東、西堂之西有室，東室之東、西室之西有庫，庫之前爲六館，東西嚮以居弟子員。一館七室，助教居中以涖之。館南而東，而西爲兩塾，以屬於門。屋四周通百間，踰年而成，不獨聖師之宫巍然爲天下之極，而首善之學亦偉然聳天下之望。遠邇來觀，靡不驚駭歎羡其高壯宏敞。蓋微丞相，其孰能贊承聖天子之德意；而微賈侯，亦孰能闡張賢宰相之盛心哉！侯之董役也，晨夕督視，不避風雨寒暑，措置分畫，一一心計指授，工師莫能違焉。陞本部侍郎，又陞本部尚書，出領他處營造事。身雖在外，心未能忘廟學也。至大二年還朝，拜户部尚書，首詣廟學環匝顧瞻，如其家然。嗚呼！世之居官者，大率簿書期會、刀筆筐篋是務，知政治之有原、名教之可宗者，幾何人哉？人咸以爲迂，而侯拳拳汲汲，惟恐或後，蓋其資識卓矣。侯少時爲憲府屬，憲長誣其副柄國者仇正直，欲置之死，數十人皆將連坐。證左迫於拷掠，悉附和以成其誣。侯與在數中，獨守正不阿狥，淹繫三載，卒不變移，受誣者藉是得脱。自户部尚書而參議省事也，會有羅織之獄，侯議詳讞，大忤時宰，幾與同罪，賴救解以免。嗚呼！侯之爲人如此，宜其於聖道儒術深有契也，非資識之過人而能之乎？侯每以范文正期國學諸生，激聞而愧，輒面赤汗下。夫文正之爲文正，無他，亦曰「先天下之憂而憂，後天下之樂而樂」耳。嗚呼！安得人人不負侯之所期者哉？侯名馴，字致道，濟南鄒平人。將歸其鄉，故著侯之所以有績於廟學者爲頌。至大四年三月朔，國子

監丞吴澄叙。詩曰：

於赫皇元，澤彌八埏。翼翼京師，風化攸先。孔道昺明，千古日月。帝曰廟之，以對光烈。顯允龐臣，欽輔神孫。祖訓是承，往聖是遵。相謂而馴，而官而職。乃基乃構，乃墁乃甓。侯祇相言，弗懈以虔。新宫巍巍，有倬其騫。宫墻之西，學宫爰作。我宏爾居，爾懋爾學。爾士來游，四方具瞻。爾則匪遥，像貌肅嚴。恂詢賈侯，克敦克敏。孰挫其廉？孰混其畛？一正不阿，百折不回。族斯糾紛，郫之恢恢。廟學之崇，天子之德，丞相之功，賈侯之力。

任士林《松鄉集》卷一《奉化州新修學記》　奉化，唐開元中析鄞所置縣也，今陞爲州。學宫政化之本，是宜廣多士而新之，有司固未暇也。大德三年秋七月，肅政廉訪副使高公伯元，始易今扁。明年夏六月，僉事王公焕行郡，諸生相(奠)(與)謁。事畢，坐彝訓堂上，舉凡學之事，廢宜興，圮宜修，唯所畫。知州事王侯珪唯而退。明日，學正趙與權，録趙進德，以僉事公之命，請於王侯珪。侯曰：「諾。」環宫之墻，百堵皆作，丈二百有奇，廣仞之半，高如廣之度而三之。雄固傑立，覆飾如飛。殿堂門廡之壯，棟桷之撓折者易治之，瓦蓋磚級之陊剥者丹白之，漫漶不鮮者明飭咸理。自夫子像以至四公十哲，羣弟諸儒，冠冕之飾，衣裳之采，與夫犧象簠簋俎豆之制，嚴好潔新無遺缺。自宋寶元、宣和、紹興、慶元以來，且創且修，至于今而始備，允亦壯矣！於是王侯進諸生而言曰：「若等知隆且至矣。然他日之仕者而泯，老者而没，壯者而衰，故學無常師而文無定業，優遊弦歌之所自乎？朝廷既右文治，尊若道，復若家，選若人之秀者而官之，亦爲勉勵者不既勞乎？吾聞宋慶曆時，正議樓公郁一出爲鄉里師，而人輒化之，不惟環佩簪笏之盛，遂至比屋而舍(墟)(鄉)之澤，天未忍絶之也。古道如新，有正議公者不少，而江海客食之士貴耶？」諸生悚而屏，遂命之爲記。

《(崇禎)松江府志》卷二四趙孟頫《大德修學記》　上海縣介在海濱，商賈百貨所輸會，昔治以鎮，至元二十八年始陞爲縣。惟時官署吏舍，往往更置，力未暇興學。海道運糧萬户費侯拱辰念里居於是，而學弗立，盍爲是圖，顧舊有梓潼祠，非有功兹土，乃改爲學。材章、夫役、器用之資，咸出費氏。侯没而學浸壞。大德六年夏，松江判官張君紀始議增修，縣丞范君天禎欣然以爲己任，首捐俸錢爲衆倡。作軒於殿外，以棲扁額，過者觀仰。又新夫子像，繪先賢兩廡。爲外門三，學門一，朱扉儀戟，舉以法階。巨渠道治使端直尹辛君思仁助爲垣一百三十尺，前通泮水，施橋其中，復古諸侯學宫之制。其春秋薦奠，廩士養老，則府以其學田若塘界之，合爲畝五百有奇，租以石計者，一百五十有贏，可以經久。按上海，春秋勾吴之地。吴小且遠，至札知樂，光甚文，始通上國。今天下一家，地大物衆，鄉聚成縣邑，昔之海隅商賈百貨之區，禮殿儒宫，嚴嚴翼翼，粲然不異鄒魯。昔子産不毁鄉校，君子韙之，今賢令丞奉上德意，來治兹邑，非直弗毁，又能增新完固，以期久遠，是所幸也。士居是學，其亦朝思夕勵，講德習業，上承國家長育作成之意，以無負賢令丞敦教興學之勤。則兹學之立，豈特游息之所，新美之觀而已。余既喜聞其事，而范君又以記爲請，乃書以遺之，使刻焉。大德九年春二月，集賢直學士、朝列大夫、行江浙等處儒學提舉趙孟頫撰。

王旭《蘭軒集》卷一二《中和書院記》　長蘆高伯川，既以餘財助修文廟兩廡而成之，又感燕山竇禹鈞之事，嘆而言曰：「興書院，養寒士，此盛德事也。北方三百餘年已來，繼竇氏之躅者，何其寥寥耶。余陋，雖規模不及彼，而竊有希賢之志焉。」於是買地於所居東北積水之上。雖近闤闠，而幽寂閒曠，可爲士子肄業講習之所。乃營爲二區，其東正堂三間，東序如之，以爲講師之居。其西書樓，上下各三間，高明宏深，盛夏無暑氣。東西廡亦各三間，繞以周垣，高大其門。西皋趙公，爲大書「中和書院」以表之。君又以厚幣聘師儒於四方，俾專講席。而游學之士，皆代其束脩之費而廩給之。其規畫措置，猶未已也。余辱承君幣來自泰山，書院之成，目睹其事，嘉君之用心遠而爲利博，有非流俗所能知者。因對諸生而嘆曰：「夫天道否泰盛衰如循環，無不復者。草創以來，國家以伐宋爲事，未暇文治。今聖人在上，天下一家，書籍盛於中國，學校偏於四方，斯文其將復興乎。且書院一事，盛於南國，而北方未之有。今高君營此，蓋將以爲北方倡，而因以上迎乎天意，安知不有好事者隨而和之哉。他日擇形勝之地，盡規模之大，有如白鹿、如石鼓、如嶽麓，稱於天下，名於後世，以惠學者於無窮。其人其事雖未可知，而其原則，要自高君發之。嗚呼，其用心可謂甚遠而無愧於竇氏矣。今諸生肆業於此，蒙君之惠，當有以副君之心，而毋失其爲學之道。夫學之爲道，非徒區區誦説而已也。孝弟忠信，以立其本，詩書禮樂，以明其用，切磋琢磨，以致其精，則才成德就，庶幾無負於高君經營書院之美意矣。諸生其亦思而勉之哉。」

劉將孫《養吾齋集》卷一五《朴山書院記》　國家混闢區宇，崇植學校，布人文以化天下，興禮樂而敦經訓。凡東南郡縣學，向之因陋就簡者，無不更新美大。當路省視，推廣益勤。問好義向風、創建書院者，以聞，恩錫獎重，如諸學

規。明良相逢，永念人才之本，莫不由學。天庠肇新，卑唐陋漢，化成俗易。且比屋可封，家稷、契，人咎陶，不難上行下效，凡爲士者，皆當扶植倡率，相與復四代黨遂之盛，以承休德，敷遺于方來。江西爲文風盛處，廬陵郡又盛，乃未聞有如他路以書院興而請者。大德乙巳〔七月〕，吉州路太和州嚴氏朴山書院先聖燕居殿成。鴻碩朋來，感詠歎美，塗歌里詠，傳布成帙。自是而講堂齋序，歲增月益。庖湢垣墉，翼整完緻。遊于學篋，袂接裾聯，一皆前瑞陽尹嚴用父之所建也。其家事非甚有餘，而沛然悉力爲之，故共以爲尤難。書院成，且將次第轉聞於上。授圖請記，則撮而書之。蓋朴山嚴公諱某，字方子，爲宋咸淳間明經大儒，六經俱有義疏，惟《易傳》成書，固上之熙明，藏之東觀。當時名相古心江文忠公、碧梧馬公咸敬而薦之，不合，各爲《易傳序》。用父，其子也，文行如其先人。平生辛勤，一飯寧已不足，與朋友共而無憾。且悲朴山之不遇，其志不得一遂。自其家塾課孫，已聚里之秀異，共學且食。遠方之耆俊能來下榻，不厭。既刻《易傳》，與程、朱、楊并驅。廉訪魯山臧公夢解，又發揮著之。復作室于東偏爲書院。會舊邑閱武亭址，時清丘寢，諸弗度者悉正，如草官棄業，民野圃其處。圃者請歸，爰佃之有司。屋而不私，規制輪奐，考訂大備，揭以「朴山書院」，示不忘先人之教也。四方師友企焉來思，相與講義理之指歸，潛聖賢之心學，使千載之下，由書院知朴山，問朴山得《易傳》，彬彬文獻，可以質不悖而俟不惑也。嗟乎！學之不明也久矣！古者官有學，非聚士而養之也，特養老、乞言、敘倫、教樂於此而已。乃所謂教者，在于黨庠遂塾之間。後世建學，徒以多士爲盛，而教之道未之講也。才不能盡致之其中，教不能盡達之其才。科舉興而學之文具益甚矣。故唐之先，始置書院於郡縣學之外。宋初州鎮未置學，因而增之。及州縣學立而書院衰。朱文公振伊洛以接洙泗，謂是學校不足以得人才，乃因前代之基，與二三子置科舉之累，相從於山林之下，以詠歌周旋於斯道，繇是而書院以次畢興。諸賢之轍迹，師友之游從，無不爲書院焉。而所講者，復非文公之舊矣。今科舉雖廢，而書院如郡縣學，文公之志，嘻其荒矣。已往者不得與于斯也。若興于方來，無後之書院之累，而足以復文公之初者，其惟朴山書院矣乎！蓋石鼓、白鹿者，唐之書院。諸布于東南之諸郡者，宋之書院。若朴山書院比者，皇元之書院也。於是上之德澤深矣，教化成矣。昔河汾氏崎嶇講學于閒退之中，不忍其先世之泯没，歷歷敘諸經之得于銅川府君安康獻公者，然有其名而無其書。或謂其以後光前，君子亦悲其志焉。老泉平生欲傳《易》，未成書，以屬之東坡。坡雖以爲受于老泉，而後世第知有坡《易》也，老泉亦不得以遂其意矣。孰如朴山之傳之有子，而子之所以傳朴山者，又超出乎文字之表，顯光加命具有成，比將田、丁、王以來之《易》，未有彰著煒奕于此，豈非所請不朽者哉！亦可以不悼其不遇矣。嚴氏世居太和，其初自秣陵徙，用父共稱之後山以媲朴山云。某先子太傅，於朴山好也。用父以記託，不敢辭，若書院之成規，養徒之具式與其間架疆理，別列之陰。

蒲道源《閑居叢稿》卷一四《三皇廟學記》 皇元開壽域於天下，設置醫學，俾人無夭札之患。以三皇爲醫所祖，制下所在立廟，春秋以三九陽月享祀，日亦如之。公帑出錢，守土者行禮如式。始興元獨無廟，至元壬辰，前醫學教授董紹昌，以已資得隙地於城内西南隅，請立廟於憲僉暢師文公。責守土者創殿三楹，四阿不侈不陋，像設三位。後之繼者，復增大門。兩廡皆樸素，未暇丹雘。逮今甫歷三紀餘，而弊壞殊甚。至順改元，承務郎古渭燕侯字繼卿，之興元推官任。先是，朔望路官各於祝釐所在行香。侯適分於此。既至，拜謁畢，顧瞻歎曰：「大清濁既奠之後，三皇氏建立人極，以惠萬世，醫特餘事。茲國家俾郡國通祀，廟號開天，崇重可謂至矣。而廟貌摧毀滅裂如此，坐視弗葺，其責匪輕。紹庭居本路之末僚，又朔望隸此，寧不怵惕于中。」時醫闕教官，遂引其所謂提領馮獻、鍾震共議。力無所出，以疏于諸好事及隸醫籍者，助不以多寡，不足則已出。夙夜孜孜，甚於營私。而馮與鍾二子，亦協力奔走佐之。視棟桷之腐者易之，瓴甓之缺者補之。殿門不稱，改爲櫺疏之制而丹漆之。琉璃其觚稜，藻繪其栱棁，礱石崇陛，登降有儀。運壤夷庭，序立不倚，殿及兩廡，以達大門，覆蓋圬墁，縝密堅固，不復有風雨之虞。且命工繪歷代十名醫像，朝拱于殿，以備從祀。截然粲然，觀者聳異。或曰：「皇墳之世，祖尚質樸，不必事華美。」侯曰：「不然，簠簋豆籩，古制當存而不可易。盍不觀二氏之宇，與都邑吾夫子之宫，皆極其飾以示崇敬。獨何慊乎此哉。」聞者不能難，又直大門外置地一區，周迴二百舉武。創立講堂七楹，榜曰「明本」，蓋取醫者治疾，當明標本之義。謁香畢，率醫之長與其子弟升堂，講究《難》《素》凡醫氏書。嗚呼，可謂不負聖朝好生之德矣。竊惟侯之所職，蓋專以推讞刑獄爲務。今乃如此，則下無冤民從可知矣。向役之半，興元路總管通議公方下車，美侯之績，慨然割俸金以助之。而闔府僚屬，亦翕然同贊厥功，遂集。既落成，醫學教授楊浩澤暨馮、鍾二提領來請曰：「計侯之功，不下於創始者。欲具堅珉，以紀其實。」侯不許，曰：「此路長及同僚與諸君之宣

力也。今若從其言，則是廟是學，後之人何以考始末之自。敢謁文以刻之。」某亦善侯之用心，於是爲文記云。

唐元《筠軒集》卷一〇《歙縣儒學修造記》　天下惟理最大，古有是言矣。故教修而理明，理明而後彝倫叙，上帝降衷之心存焉，聖人垂世之教行焉。曰校、庠、序者，鄉學也；曰學者，國學也。三代而上，士遊於學，故人人有士君子之行。三代而下，士遊於客，不幸而狙詐傾側之俗成。學校之廢興，關乎世運之升降。嗟乎！六藝燔而嬴祚促，太牢祀而炎運興。創業之君鑒悟前轍，嘗有意斯文矣。迨夫表章六經，則邪侈禁而不行；正配孔顔，則聖道彰而益大。好文令主，後先相望，厥勳爛焉。或者猶議漢儒掇拾殘缺，補亡信僞，散失本真，固當恕而論之。訓詁字義矣，聽學者因句讀以自求；詳定制數矣，後之作者有所依據。西京專門之業，未可少也。貞觀疏義，辭累繁猥，徒守故習，愈磨愈昏，必待關洛諸賢、東南大老，而後能深探而力挽之，如日星在天，聖心始白於千七百禩之下，而吾鄉朱夫子寔與焉。觀其釋傳旨嚴如經，斷史繩以麟獲，集賢聖大成，洞視萬古，淵乎微哉！漢唐以來，廣學舍，招弟子員，不爲不盛，然郡縣之學，賜書頒田，養育士類，則自慶曆始。至今浙右一區之校，積廩如山，狡獪者因魚肉之。邑學在萬山間，猶恨屯膏視他學最號單弱，前乎此非倚席不講，則假途在告，坐視荒茀，弗思弗謀。教諭趙某自吴興來，敦愿好修，允愜士論，天巧其逢，舊尹懸車，邑丞進義葉侯伯顔攝判書、提學政，奮然以修葺爲己任。其西自欞梐門階而升，爲孔子廟，其東自門而入，有池焉，有橋焉，以至正門、兩廡、論堂、朱子祠，凡甍桷之黑腐者更之，垣墉之缺圮者補之，脊者崇之，窪者浚之，塗之塈之，丹之黝之，神奇化腐，功埒作者。諸生請爲記，且欲聞紫陽之垂法者。元愚昧，曷從而知？吁！脱去凡近，以遊高明，立志之方也；嚴立限程，寬著意思，修讀之方也。下學上達，由是而知天明誠兩盡，由是而希聖。至若一物一太極，則深闢老莊過高無極之非；西江頓悟，則深惡掃滅章句以趨西方之誕。皆所以扶植孔孟，大正人心。本於身，施之家國天下，裕如也。聖朝誕錫尊崇，設科復古，合一世而甄陶之，豈私父母鄉哉！元雖老矣，願與公等共勉之。葉侯括蒼人，確守廉行，明達吏事，輔以文學，令行禁止，民歌舞之。朔望命胥吏駢立堂下，聳聽講誦，俾知禮義。此豈俗吏所能爲哉！惟我僚寀二三從事之賢，協贊攸同，是皆宜書姓氏，以勗方來，俾勿壞。

柳貫《待制集》卷一五《婺源州重建晦庵書院記》　孟氏之傳，接乎孔氏未遠也；紫陽之世，泝之濂、洛亦未遠也。然而繼絕學於人心陷溺之餘，振墜緒于世衰道微之後。放淫距詖，而天下一治；扶世立教，而經籍大明。是則聖學顯晦之候，而道統絕續之機。立學有奠，過魯有祠，禮緣義起，而以教道結民心，在於邦典，有足徵矣。謹按徽國文公紫陽先生朱氏，世籍徽之婺源，而自先吏部府君始因仕留閩，遂徙建上。先生雖生于尤溪，講學于崇安，而黄墩故宅，吏部固嘗居之。中歲還省墳墓，議將考室而未果，惓惓土思，繫夫典則，固其不忘者如是。先生之學，出于龜山之再傳，而實上承濂、洛之緒統。婺源故梓，則春陵之嘗道；而武夷晦庵，則溢浦之蓮峯也。尸而祝之，比諸闕里，使讀其書爲其學者，誦絃于斯，禴祠于斯，則祠塾之建，其視禮之高堂，樂之制氏，孰爲輕重哉！自先生殁，而其學已大章顯，逮易名賜謚，配饗孔子廟庭，而郡國之祠，將徧天下。獨婺源爲縣，時僅僅附祀學宫，後其所宜先，如軼典何？至元二十六年，江東按察副使盧公摯行部次縣，恧焉愧之，方議經始書院。時饒州路總管府治中王君元圭歸休里居，以狀白公：「吾惟文公里中子，公爲書院，吾之子弟竊將游焉，請身任其責，毋煩有司。」公既相其成役，又謂先生講道雲谷，二滕公以鄉後學列于高第弟子，并設主登侑，重鄉學也。復命有司請之行中書，著額爲「晦庵書院」，猶春陵、溢浦之並揭濂溪，道固一而已矣。晦之一辭，授受有原，先生蓋已服之終身。今又掇之，以開來學，表義抑深遠乎哉！初所卜地，在學之東，位皆東向。其後即縣升州，亦因而弗革。延祐甲寅，院燬于火。於是汪君捐館久，嗣子南臺監察御史良臣、同知福建都轉運鹽使良垕，重于再造，爲買北郭民居，僑立書院。其處占地庳下，神弗寧止，生師所廬，亦窘燥濕。遄返其故，以圭崇新構，方有事于能者，而賢太守吴郡干公文傳適以麾節莅郡。粤初展禮，即有志斯事。爰及期月，弊革政通，民既樂生，士亦敬業，乃因其時，圖爲興復。除撤蔽障，改闢大逵。面勢端直，臨乎正陽。位夫子廟於右，而祠文公于左。講舍中峙，列廡翼舒。門術有嚴，階戺有截。煬爨委積，有庖有庾。溪山獻秀，卉木交蔭。藏修遊息，無不具宜。其經畫纖巨，出公指授，而掄材計傭，委致金穀，不懈益勤，則治中諸孫思禮、思仁光輔，實以承志爲孝，而能績于有成，可謂尚賢好德之世者矣！山長黄嘉老幸力役之無怠，樂書院之惟新，緘辭將幣，請著石章。惟予末學，若何自靖。然嘗反覆乎七篇之旨，觀其推明羣聖之序，而知孟氏之承三聖者非空言。又嘗紬繹乎《集註》之書，考楊、墨是非之辨，而知紫陽氣化人事盛衰得失之論，所以闡濂、洛垂教之微言，著百王致治之成法者爲全功。善乎先正魏文

靖公之言，曰：「韓子謂孟子之功不在禹下，而予謂朱子之功不在孟子下。」以先生配孟子，則當以鄒邑四基之祠，而視吾婺源故里之祠矣。然則新是祠塾于先生父母之鄉，而聚其鄉人子弟，以時修習禮教于其中，有學孔希孟之志，而後宣之以爲黜邪扶正之用，予知千公之有是心也。而若汪氏之世，善修于家，而能爲人之所不能爲，皆足以質諸先生之教而無愧。于是乎書。

虞集《雍虞先生道園類稿》卷二四《新修東湖書院記》　君子之有志於治道者，其必自正人心、厚風俗始矣。以爲易乎？氣欲之感染，習之汙，非一室之近、一日之積矣。以爲難乎？雖有甚惡之人，怵惕惻隱之發於孺子入井之頃，莫之使而莫之遏也。善善而惡惡，其情則同。舉直錯枉則服，舉枉錯直則不服，不待强而然也，是存乎其人而已矣。蓋必有得於學問之正，則力足以行，一出於至誠之本，則民無不信，又以其得爲而爲之。國家閒暇，其時也，庠序學校，其地也，恥以愧苟賤，尊耇老以教孝弟，登俊良以風凡庶。融化於幾微，持守以悠久，小大淺深，期月而可見矣。至正四年十二月，監憲張掖劉公沙剌班，承天子之命而使於豫章也，始下車，詣郡學而親教之，又廣其事於東湖書院。東湖者，東漢徐孺子之故宅在焉。故宋咸平間，郡人李公寅貴爲尚書，退歸湖上，作涵虛之閣，與天下四方之學者從而講焉。時之名臣若王文公、晏元獻公諸賢賦詩送之，其文具在。南渡之後，兵革粗息。伊洛之學既明既行，儼然衣冠以蒞於四方者，因其地以爲學舍，輟水利田租以贍給。其凡用積累者，又數十載。至其季年，始賜額曰「東湖書院」，列于學官，至于今不廢也。昔者，東漢之末，衰弊已極，獨賴名節之士，徒以仗節死義以匡救其紀綱。陳仲舉以一州之境，延一孺子而尊禮之。高風大器，隱然震於天下。百世之後，仰而望之，師表不没，非聲聞之謂也。當咸平中，新盛熙洽，羣賢在廷。尚書於此時，翩然江湖之上，父兄子弟師友，一家詩禮文物，郁然鄉國。作新多士，以待國家一日之用者，何其從容而深厚也。宋季諸賢，將欲風動諸人而教之，豈無他所哉？慨觀當時，蹙蹙靡騁。思一木於大厦將傾之秋，懷故國於高閣涵虛之表。憂患安樂，邈不可齊。因斯民之見聞，激衰懦而立志，則有在於斯者，舊記所存，則有袁公燮、滕公强恕、湯公巾、董公銖之文也。諸公雖受學異師，皆欲悲衰世以起人才之陋，其志則同也。金石之刻，森列庭户。來游之士，亦有三復其言，而泚顙汗背，而不能自已者乎？然則今憲使之所以致意於東湖之教者，豈常情之所得知者哉？劉公之言曰：「世祖皇帝神武不殺，以承祖宗之業。既一海内，乃修文治。以許文正公居首善，教胄子，以學行德義即致輔相。至于今，成德達才，授政命事，頗尚有異於常人。延祐中興，賢能于郡國，以懲文法之弊，則猶世皇之意也。我祖宗豈徒顧懷于兹哉？不如是，不足以圖治成化於天下萬世也。今典章已定，貢賦已充，治兵有成。律斷獄有通制，守而行之，有司可以具事矣。然嘗聞之，法有法意，治有治本，此天子之所以寄耳目，而任信使者也。無以爲之本，則徒法不能以自行。法自爲法，則民心不能以誠服。學校，天子之學校也，我何敢不與共天職者同盡其心哉？撤弊陋而更爽塏，所以通其心術之清明。爲酒食以召僚友，所以廣志意於衆庶也。執經而問，隨問以對，不以其繁而厭之也。禮有其宜，宜有其義，不以其嚴而拒之也。嗚呼！劉公之措諸行事如此，然後知昔之生於憂患者之爲空言可哀也！蓋聞公與其經歷司君允德、知事張君汝遴，皆嘗學於成均，蚤有譽望臺閣。憲使李公守仁，積學練事，鬱爲儒臣。副使脱脱公，以世家歷中外，達於詩禮。而僉憲郝公源、張公珪，皆自御史而來。一時同德協義，於斯爲盛，他部未之有及也。修繕之役，撤齋廬而新之。中爲堂三間，東西皆有齋。西屬于廟垣，凡室五間，以居學者。東齋五間，其南開户牖，以延高明。中室之東又有虛室焉，則爲師友燕几之所在也。庖庫在其東南，前爲都門，屬以墻垣，西行以達于廟門，頗極宏麗。董之者，憲史阿里沙王居能、郡别駕孟舉、副提學劉嘯、山長梁觀先也。起手於三月戊申，竣事於八月丁酉。乃仲丁釋菜于夫子，及諸賢之寓祠者。禮成，燕于新堂，大合樂，凡憲司之僚佐，至于書吏皆在，行省左丞忽都不丁、參政迷只兒，坐右席。其郎中普達實立、崔從矩，都事暗都剌、劉貞，及其掾史叙焉。寓公致仕之有文學者秘書卿覃懷薛超吾、前臨川太守洛陽楊公益、前進士傒直堅與焉。郡府守貳聳吾兒海牙、孟舉，提學范匯，及副提學、教授、山長、學正、録、訓導各有席。乃延郡士之耆熊先生復專席以説經，而趙德、陳琰相次爲之賓矣。執事者升降俯仰，既肅以和。章甫逢掖，環宫而觀者，感歎歡悦，以爲脩容行禮，不圖至於斯也。暨出，父老立里門，童冠拱道側。車蓋散還其舍，擁而迎送，道路至不得行，而頌聲興焉，亦可以見其興學之初效矣。明日，郡文學淳安夏君溥，至臨川爲集言之。因書之以爲記。

黄溍《文獻集》卷七上《重修釣臺書院記》　漢嚴子陵先生，會稽餘姚人。史稱先生少與光武同遊學。光武即位，令以物色訪之，得於齊國。拜諫議大夫，不受，去，耕於富春山。按圖志，是時齊爲郡，而未爲國，其遺迹已漫不可考。今建

德之桐廬，實富春故地，先生釣臺在焉，所謂嚴陵瀨也。不獨以嚴名其地，而且以嚴姓其州。先生高風盛烈之所存，於此爲最著。崇立而表顯之，使人知所嚮慕奮發，不亦爲民師帥者之職歟？釣臺有祠，創於范文正公作州之日，而重新於蕭侯燧。其有書院，則自陸侯子遹始。更王侯佖、趙侯汝歷，規制乃備。國朝仍其舊，設師弟子員。而鄰僧怙勢，悉奪其恒産以爲己有。訴之於官，僅復其半。所食者，瘠田五十畝而已。間嘗入錢，佃其旁官山三十頃，取鬻薪之奇贏，以佐營繕之費。豪民欲擅其利，搆訟連數歲不決。至正元年秋，總管羅公下車，首務修明學政。偶閱其牘，亟命度其地之肥磽，均而爲二，俾分佃之。咸以爲平，而各安其業。山長沈元鼎方謀銖積寸累，以興壞而起廢。公復諭士人，合私錢二千五百緡，助其弗給。土木之須，靡不畢具。元鼎尋書滿，徐天麟繼之。公以元鼎經畫有素，留使同竟其役。會達(嚕噶齊)(魯花赤)高昌公適至，與公併志壹慮，臨事勸相焉。寮佐亦克交贊其事。而躬程督之勞，則縣達(嚕噶齊)(魯花赤)(伊埒穆爾)(亦剌馬)丹也。屋以間計，凡四十有九。完舊者曰燕居殿，曰祠堂，曰清風堂，曰招隱堂，曰客星閣，曰山高水長閣，曰遂高樓，曰羊裘軒，曰懷仁、輔義兩齋。增新者曰三公不換亭，曰天下十九泉亭，曰錦峯繡嶺亭，曰東臺、西臺兩亭。於登臺之路，而爲門以識之。又作門其外，榜曰釣臺，曰富春山。庀事于是年之十月，而訖役于明年之五月。寓公遺老、來學之士共樂其成，于是馬君泰之以書來，屬溍識其歲月。夫以二千石之重，而荷承流宣化之任，所以導揚上德，扶世覺民者，非可家至而户曉也。本諸名教，樹之風聲，待其目擊而心惟，氣感而機悟，將有惕焉於中，不能自已者矣。諸君子藏修游息於斯，顧瞻江山，想像儀刑，聞先生之風，而莫不興起，尚無忘賢師帥新美之功哉。若夫先生之行義與出處之大致，見於前賢所論述者，溍不敢贅陳也。高昌公名間爾，仕於中朝，歷章佩監中尚卿。羅公名廷玉，興和人，以監察御史累遷江北淮東道肅政廉訪使，今由兩淮都轉運鹽使來涖兹郡云。

黄溍《文獻集》卷七下《杭州路儒學興造記》　杭於宋爲行都，士之所聚爲京學，凡著籍其間，得以類申補太學諸生，人以比古之外廱。四方之士，咸附集焉。以厭於太學，故其規制褊迫庳陋，顧出他州郡下。擔簦負笈而至者，殆無所容。德祐納土，杭爲外藩。聖化所暨，無間遠邇。士風之盛，不減異時。廟學悉沿其舊，久未有所改作。禮殿之東有論堂，宋理宗書「養源堂」三大字故在。左右前後，環以十齋，曰進德，曰興能，曰登俊，曰持正，曰賓賢，曰崇禮，曰致道，曰尚志，曰養心，曰率性。每齋前列屋，爲間者五。而後爲爐亭，題扁，則文丞相天祥、陳參政文龍諸名公書之。堂之北，爲高閣以藏書，榜其顔曰尊經者，國朝行中書省平章政事高公興所書也。大德七年，王教授去疾始撤「尚志」一齋，以廣殿基。至大四年，倪教授淵遂撤「養心」、「率性」兩齋，以營學官廨舍。至治元年，「進德」、「興能」兩齋燬於災，總管呼都克斐斯又即其地構廳事，僅存而可居者五齋，率皆局於地勢。前阻逵路，後逼廛居，雖欲充拓，使就顯敞而遺囂煩，不可得也。至正二年夏，細人之家不戒於火，飛燎及殿檐而止。「持正」、「賓賢」、「崇禮」、「致道」四齋與廟垣外比屋而居者數十家盡燬弗存。執事者請割學西隙地，益以錢若干緡，易其廢址，改建論堂。四年夏，儒學提舉班公惟志方理之，度木簡材，而李君祁來爲副提舉，亟命學正録直學等，揆日庀工。適當總管趙公璉下車伊始，教授謝君池亦至。趙公既鋭然以學校爲己任，謝君亦克併志壹慮，而趨事赴功。乃從閣於四齋之故位，且爲屋掖其兩旁，而以堂之故位作新堂及前軒。設大小齋，東西對峙，甃石刻置閣之北數百步，而爲亭以覆之。殿廡門廡、官廳吏舍及故所有「登俊」一齋，下至庖廩之屬，仆者起之，缺者完之，丹采之剥蝕者飾治之。屋之因舊繕葺、更新創造，以間計者總若干，甓堂涂自門屬於閣二百餘尺，土木匠傭之費爲錢若干緡，爲米若干石，悉出於贍學經用之餘，未嘗以匱官勤民，爲士者亦無所與。始作於六年冬十一月，訖役於七年夏四月。謝君狀其實，馳書京師，屬溍記之。夫政事由人而廢興，制度隨時而損益。必人與時會，乃可以舍舊而圖新。今天子嚮用儒雅，嘉惠斯文，羣臣承宣德意，如恐弗及。經之營之，室苟美矣；息焉游焉，士何事乎？誠能充類致思，而知吾之所居廣居，所位正位，所行大道，非人之所能廢興，非時之所能損益，必有感厲奮發，求至於聖賢之域，而升其堂、入其室者，則賢師帥振起作新之功，不止若今所記而已。溍既序其工役之概，併志所望於其士者如此云。趙公，至治辛酉龍飛進士，今爲禮部尚書；班公，前集賢待制；李君，至順癸酉廷試第二人；謝君，宋丞相、太師魯王五世孫也。

孫承澤《天府廣記》卷三馬祖常《重修大興府學孔子廟碑》　昔我太祖皇帝受命造邦，金人遜於汴，太祖即以全燕開大藩府，制臨中夏。維時已有定都之志矣。故太宗皇帝首詔國子通華言，仍俾貴臣子弟十八人先入就學。城新刳於兵，學官攝於老氏之徒。迨世祖皇帝教命下，始正儒師，復學官，廟祀孔子，歸壖垣四侵地，勒石興文，作新士子。至元二十四年，既城今都，立國子學，位於國

左，又因故廟爲京學。京師雜五方俗，尹治日不給，廟之墻屋敝壞，將壓以毁，講席之堂粗完。泰定三年，今大尹曹侯上視廟貌祠位皆不如制，割稍入爲寮宗倡。然後大家富人合貲以聚財者有焉，釋子方士分食以庀徒者有焉，施施於於，咸樂相成。延兩廡五十二楹，締搆塗飾，工良物辨，象從祀諸賢百有五人，妥靈惟肖，威儀有容。又懇請於朝，得廩餼弟子員百人受學於師，復其身不勞以事，於是天下首善之教興焉。廟肇自唐咸通中，至遼金燕爲都邑，故嘗用天子學制，選舉升造，與南國角立，亦一時之盛也。太宗皇帝當雲雷經綸之世，聖訓諄切，以德賞喻父師，以夏楚懲子弟，饑焉粟肉，渴焉酒醴，力焉僕使，恩義甚備，其養賢勸善之誠，固已高出於百王之上矣。世祖皇帝立極作則，人文昭明，登用儒臣，躬親講學，故當時勳賢之裔以及宿衛之臣罔不以揖讓俎豆之爲懿，顓蒙昏庸之爲耻也。而三代國學黨序遂庠家塾之等，秩然羅列於上下，才學經術用世之士踵武而出。暨仁宗皇帝賓興，大比四方舉進士，凡登賢書策名禮部者，京師屢倍於外郡，非列聖仁涵義揉，百年之禮樂文武推而致之歟！燕自虞夏爲武衛之服，召公之化尚矣。昭王築臺以徠賢士，鄒衍、樂毅、劇辛至，有稱於世，韓嬰以《詩》、《易》爲一家師，孔穎達博綜五經，卓然庶幾醇儒。今多士游歌在庭，摳衣在廟，將見魯鄒之美矣。若嬰、穎達宜所不道，矧衍、毅、辛之徒哉！夫儒者之學，詩書六藝之文，以至施天下之道，無有二也。後世教不明，家異人殊，各溺於所習，以相詆訾。由上之教無以一之。嗟夫！古者小學大學之師，弟子之傳，皆本道德仁義之實，著於詩書六藝之文，非有教有授，則不敢以傳也。傳焉而龐雜不經，則上有刑也。是故風淳而氣同，由上之教有以一之也。而王國多士，逢文明之會，肄業有學，學有師，春秋祀其先聖先師者，有廟有位，入有食以處，出有貴於衆，所以報稱列聖教化之德而應賢侯承宣之志者，必觀而起矣。遂爲銘詩。詩曰：皇元有赫，奄受大國。于月之嵎，于日之域。京邑翼翼，莫不來極。予誕敷文德，新都有嵯。辟雍峨峨，瑾弁之瑳。濟爾象犧，鍧爾弦歌。新宫則那，舊廟如之何？皇帝在御，百度咸苦。海輪維柟，河浮厥柏。是尋是斲，虞庠嶽嶽，式光我上國。玄聖儀儀，玄紞龍衣。衍我先師，既右享之。采芹於池，薦此明犧，用介我蕃釐。蕃釐伊何？彼美多士。克明克類，克亮厥事。以登膴仕，以媚於天子。有鏗華鐘，路鼓逢逢。言燕於公，有翼有顒。多士既同，天府是庸，維曹侯之功。曹侯誾誾，乃承乃宣，御劇乃專。虞庠連連，王氏安安。祇國維賢，天子萬年。

《〔萬曆〕邵武府志》卷五二杜本《重建廟學記》 治天下之政，有常情以爲迂緩而君子以爲急先者，學校是也。人材之所造就，風化之所轉移，其視世之趨於簡書期會、金穀聽斷之務，日求近效，若世所先。至於聖賢之教，激勵漸摩之久，可以陶成天下之化，則區區政刑不足較矣。昔三王盛時，校序庠塾之制始於閭巷，達於鄉國，莫不有教。自世□凡民之秀，由灑掃進退以至於修己治人，莫不有學。其教之也詳，其習之也專，雖中下之資，亦可以變化其氣質，開明其德性。是以取材則人人有士君子之行，致治則風俗醇而誦聲作，又焉有下陵上僭之患哉？由漢以來，制度雖失而名則僅存。世之君子，有能循其名而舉其實，則尤足以推先王之遺意，而感化於斯人也。邵武縣學在邵治西偏，有流水出自西南入焉，世傳之以爲秀水。宋熙寧中，榴實十有四。是歲擢第魁亞以下十有四人，以故郡士世美之，以爲榴識。迨本朝初，廟學圮毁，固陋草創，幾六十年。縣治附城，宰是邑者，率爲趨走奉承之不給，未有能留意斯文也。至正十有三年秋八月，曲阜孔侯來令邑。既上事，即詣學行釋菜禮於先聖先師。升堂周視齋廬，仰則榱桷敗撓，風雨不蔽；俯則墻壁漫漶，級夷而甃缺。顧謂攝學事李宗垕曰：「夫邑學雖小，誠百里師。今隳敝若此，將奚以居諸生而率厥善學？計雖匱，不即速以營之，後將益費。其議拓而新之勿後。」乃首輸佐費之泉。後會學之歲入而得廩稍之羸若干，召匠計之，俾宗垕專董其役。伐材於山，取甓於陶，爲講堂、東西夾室。其崇二尋有六尺五寸，其從加崇之二尋一尺五寸，其廣加從二之一有七尺。東西翼以「進德」「修業」二齋，其周垣軒房庖湢皆具。肇工於是年冬十月某日，踰期而告竣事。其隆邃皆增於舊十之二，其楹橑梁棟，皆圍絜於故材之倍。堂宇深弘，棟宇軒敞，堊黝光潔，階甃端廉，章縫簪裾，周旋步趨，講授有席，藏息有廬，洋洋乎弦誦之聲，濟濟乎冠蓋之都矣。經始之日，人或謂侯曰：「邑新被寇災，傷痍未起，負固未革，而首事學宫，豈先務乎？」侯嘆曰：「此治之所以不知本，民之所以不知化也。使學校之教修明，人知聖賢之道，則知所以尊君親上，而況有逆節之萌哉？今之禍變，原於無養不教而已。自賦役重而民無恒産，故無所賴而輕於爲亂；學校廢而民失所教，故不知義而果於犯上。苟人給家足而庠序興，則三王之道可復，而天下可高枕而治矣。今爲教之地幸存，敢以爲後而不舉乎？」既落成，宗垕以諸生之辭來曰：「是學既新，微孔侯，豈克至是哉？使守令皆侯心，教道其有不興乎？將礱石以紀其巔末，願爲書之，以勸來者。」既不得辭，乃諗於諸生曰：「學者，所以修己而力行也。昔之程課者，先正

猶謂月使之争而非禮義相先之意，況於寥寥輟響，則甚於先儒之所議矣。今吾登堂而覩朽蠹之撤，堅良之更，必以之而革吾之舊習，植吾新德，亦若斯學之新，庶不負我侯作新之盛矣。」侯名公俊，字師道，先聖五十三代裔孫。前宰同安，既新邑庠，復作大同書院。今適下車，首敦化本，而又建學。役成，而下民不與焉，其知爲治之要矣。是役也，宗垕實始終之。費不濫出，工不苟成，飾材敦役，昕夕不怠，故能以約力而完美之速也。有勞勛，當得書，故附之。

《〔同治〕永州府志》卷八歐陽玄《道州路學重建記》 今上皇帝即祚初年，特詔天下興學，除儒者科徭。歲辛巳，改元至正，是歲復科舉取士法。四年甲申，中書奏用六事課最守令，而以興舉學校爲第一事焉。於是郡縣吏莫不精白承休，祇若明詔。五年乙酉冬，番易吴侯肯來爲道州路總管府判官。適總〔管〕闕員，侯由文學掾發身，郡長貳請以提舉校官之任屬之，侯不獲辭。一日，詣謁路學，視其内外，棟宇歲久，朽腐大半。升堂詢之，耆儒咸曰：「此故宋舊學也，二百餘年之間，雖嘗繕脩，不過因厥簡陋，外施丹堊而已。」侯聞愓然。將出學門，周視基址，前臨通衢，外瞰濂水，有橋曰雲龍，與廟門相直，勢甚衝突，行人憧憧貌弗肅。侯視廟西偏，固有餘地。退謀諸心，（從）〔徙〕廟近右，使橋居左，勢順而安。明日與僚佐議之，議既允合，進教授及諸生而告之曰：「道州爲子周子之鄉，其學校興，於四方觀瞻所係甚重。今郡學頹圮，過者駭焉，將何以追當道之責乎？」衆皆曰：「作新唯命。」侯迺以禮獎率，郡故（家）〔老〕蔣仲祥子瑞甫，及趙榮達、唐應詔、歐陽以（城）〔誠〕等，咸願出資，以相斯役。於是鳩工集材，丙戌冬，禮殿告成。丁亥夏，適隣境有寇，時有苦征役，士疲於奔命，幾致中輟。八年戊子春，高昌偰公玉立由進士第僉憲湖南，按（郡）〔部〕命以府帑贖金若干以助。金費財用豐裕，内外咸（徹）〔撤〕新之。禮殿舊爲四楹，廣爲六楹，明倫堂亦如之。左右列置齋舍，凡若干楹，皆斥大其制。應門飛翬，兩廡跂翼。中庭兩階，械以（大）〔文〕石。廡壁崇祀，繪像弗稱，侯捐俸以倡，雕飾一新。濂水逶迤北來，櫺星中門，洞廊軒闢，迎挹其廟。雲龍橋蜿在東，有逶避之狀，若脗合堪輿家言者。畧會其費，中統楮幣以錠計二千伍百有奇。繼是，生徒雲烝，課講日嚴，士習丕變。一日，侯因公委偕濂溪書院山長戴君世榮，具顛末抵瀏上，謁玄請紀休績，播諸金石。玄謹按：道之爲州，《禹貢》荆州之域。秦以來屬長沙郡，東漢爲零陵郡，吴爲營陽郡，齊爲營道郡，梁爲永陽郡。唐改南營郡，尋改道州。宋因之。皇元爲道州路。道之得名，相傳因營、道二字見載於記，山有是名，而州遂名，宜非偶然者。子周子得孔孟不傳之緒，爲百世道學之倡，實生道州，此豈偶然哉？宋仁宗改元明道，僅及二載，元年程伯子生，二年程叔子生。伯子之卒，大臣文彦博表之曰「明道先生」。二程，傳周子之道者也。以是推之，州之改名，年之改號，擬議雖出乎人謀，默定又存乎天意，觀於程、周可知矣。我元仁宗皇帝繼述世祖皇帝之志，以德行求真儒，以道學程舉業，定宋九儒從祠孔子廟庭，而周子居首。尋封爲道國公，直以道之字屬之。欽惟仁宗皇帝毓聖之地，實在緡山，即古之儒州也。國家崇儒重道，大盛於仁宗，而生於儒州。周、程爲道學之宗，或生於道州之地，或生於明道之年。意者天地之生聖賢雖不盡然，其有然者，蓋有深意寓夫其間。今道之路學新矣，惟道州之士者，居儒先之鄉，玩《太極》之圖，誦《易通》之書，儒先如在目也。語曰：「人能弘道，非道弘人。」上思無負於聖朝興學之詔，下思無負於郡侯作新之政，庶幾無愧於道州之令名矣。吴侯新是學，又復學田若干，歲廩既豐，教養不愧，營繕可繼，其爲惠可謂久遠矣。吴至大元年，先君子冀國公職教是邦，嘗疾學田之淪於兼并，請於當道，躬自履畝。初至寧遠，增禾已過二千，事未竟，終于位，距今四十年。吴復中舉其事於江華等邑，所增租額，數倍於前。侯來請文，感念往昔，强顔執筆，以序其概。至論聖賢之生皆若預定，是蓋天人之際，理氣之會，有數行焉，其來已久，非玄一時之私言也。是役也，同知虎都魯武德公、郡幕李公信贊其美，教授蔣君文緯、學正周師旦、學賓趙璹揚其職，府掾劉德誠、劉天惠宣其勞，故咸儔功土木瓦甓之〔屬〕，凡復田疆理租之數，列諸碑陰。（至正八年八月日）。

《〔道光〕濟南府志》卷六七張起巖《般陽府路重修廟學記》 國家設官置吏，統率一方，非惟責以治具，蓋亦授之風教之任焉。長民之官，以奉宣風化爲急務，風化之源，舍學校奚所自哉！蜀初僻陋，文翁一修學宫，選屬邑子弟教之，而俗聿變，學者至比齊魯。至於常衮爲觀察使，睹閩遠外，人未知學，爲設鄉學，使爲作文章，親加講導，與爲客主，而俗一變，歲貢士與内州等。般陽淄郡，故齊地也。廟學舊矣，大成殿、東西兩廡，閲歷年深，風雨摧剥，賢廡窄阨，明倫堂亦疏漏。總管康侯庸視篆之初，謁廟，慨然思欲修建，以公務未暇，越明年，事稍葺，方議經搆。同僚達魯花赤忽台、副達魯花赤完者不花、同知卯罕、府判牙思達、經歷薛國昌、知事高廷實、照磨王禮僉議惟允，侯首出己俸以倡，僚屬佐之。於是新大成殿，作天花板，節棁簷牙，丹青炫然，裝繪聖哲像，移置顔、曾、思、孟配享坐次。創建東西兩廡二十間，櫺星門一，神厨一，更衣堂一；重建兩廡二十二

間，明倫堂一。基址以崇，梁柱皆易，軒牖以增，寔創作也。生徒肄業齋六間。侯之經營，如一士一木一瓦，必親指揮，規模制度，堅整異常。工作期月，計其所費二萬五千餘緡，毫釐不取諸民，殿廡堂室，焕然惟新。朔望行禮畢，至明倫堂講明經史。由是民知讀書之貴，皆遣子弟入學。於戲，侯宣化之功，亦豈淺哉！洪惟皇元開國，神聖繼統，屢下明詔，教諭獎勸，以興學校、作人材爲務。侯一一奉承，無少失墜。不寧惟是，凡冤獄不能明者，侯皆辨之。前歲山寇不犯其境，他郡饑民携妻子來就食，羸弱之狀，殆非人形。侯見之不忍，即出米百餘石，造粥食之，活五千餘人，是又能以濟民爲念者。今廟學落成，學官士夫伐石已具，專路吏王裕仁持高廷實書，丐文以記其事。起巖度不能辭，既爲序其所以然，因繫之銘。侯字時中，延安人，爲政知所先務，俱於此可見矣。銘曰：

淄故齊境，士民質直。相此廟學，歲祀綿歷。康侯時中，慨歎弗勝。曾未期月，大役以興。殿廡暨門，聖哲位次。自堂及厨，秩秩咸備。朔望之暇，陞堂講經。民皆嚮學，不待督繩。惟皇御天，屢下明詔。作成人材，曰興學校。侯維民牧，曰克承之。宣贊奉揚，我率行之。郡縣有官，維侯之視。篤於倫理，教化淳美。後生循循，沐侯之誠。成德達材，嗣續有聲！

貢師泰《玩齋集》卷七《重修西湖書院記》 江南浙西道肅政廉訪使丑的公重脩杭州西湖書院成，郡監完者帖木兒、哇哇，守杜從庸、謝節，提學馬合謨、洪欽，以士人宋杞等狀來請。文曰：西湖書院在杭州西湖之上，故宋岳武穆王飛之第，後更爲太學。至元丙子，天兵臨城，學廢，禮殿獨存。其地與憲治寔皆爲岳王第，故來長風紀者，莫不以作興爲先務。三十一年，容齋徐公琰始即舊殿改建書院，且遷鎖闌橋三賢堂附祠焉。三賢者，唐刺史白居易，宋處士林逋，知杭州蘇軾也。置山長一員主之，遂易今名。延祐三年，周公德元徙尊經閣，建彝訓堂，創藏書庫，益增治之。至元元年，鐵木奇公、胡公祖廣重葺大成殿，開志仁、集義、達道、明德四齋以居來學，扁三賢祠曰「尚德」，別室以祠徐公，曰「尚功」，於是書院之盛，遂爲浙東西之冠矣。越二十年，城燹于兵，書院亦廢，象設隊剥，庭廡汙穢，居人馬跡，交集其中，書籍俎豆，狼藉弗禁。明年，三賢堂燬。又明年，尊經閣壞。學官廩稍久絶，仿偟莫知所措。公朔望謁拜，顧瞻嘆息，曰：「兵革之餘，雖瘡痍未復，教化其可一日而廢乎！况勉勵風紀之任，而書院又密邇憲治也哉！」於是出私廩白粳二百石，謀作興之。丞相康里公更益白金五十兩。乃克裒堅萃良，撤朽易腐，輪奂再新。始事於至正十八年冬十月，迄功於十九年春正月。完者帖木兒等承命董役，幸底于成。今尊經閣巋然特起，三賢祠棟宇輝映，設以重門，繚以周垣，殿堂齋廡，庖湢庫庾，無不悉治。此皆我公之力也，不有紀述，其何以勸！顧惟公之曾祖太師中山王勛業卓冠，祖文奕世繼美。公由近侍拜三臺御史，歷四道廉訪使，以宣慰都元帥督兵饒、信，克復三路二州五縣，全活數萬人，其詳具載《武功録》。及監憲浙西，又能以經濟之略叶和遠邇，寬裕之德撫綏軍民，雖當崎嶇戎馬之間，不忘《詩》、《書》、《禮》、《樂》之事，可謂識見超卓，深知治本者矣。由是而風移俗易，使人皆知尊君親上之道，而銷其乖争陵犯之風，其所繫不亦重且大乎！是不可以無述，用不敢辭。

貢師泰《玩齋集》卷七《勉齋書院記》 至正十九年冬十月，福州始作勉齋書院。明年秋八月，告成。丁亥，廉訪使者率郡大夫士行釋奠禮。己丑，經略使李公國鳳謁祠下，用便宜署今額，以儒人張理爲山長。執事者間具本末，請記于貢師泰，曰：「書院徧天下，而閩中爲盛。大率祠徽國朱文公師弟子居多，若延平、武夷、考亭、建安、三山、泉山、龍溪、雙峰、北山之屬皆是也。勉齋先生寔文公高弟，獨無專祠，顧非莅政者之缺歟？昔者僉事張引嘗圖經始，以調官浙東不果。經歷孔汭鋭意作興，以拜南臺監察御史又不果。未幾，行部閩廣，適郡士林祖孟、祖益請以太平公輔里故宅一區爲學宮，厥位面陽，廣輪合制，遂倡成之。而廉使贍思丁，副使元奴，僉事亦憐真、必剌的納、劉完者、鄭濳，經歷答里麻，蒙古知事黄普顔帖木兒，照磨傅居信叶心相事，議若出一。且移鄭君董視，而佐以屬史王蘭焉。行省平章普化帖木而聞之，亟發白金五十兩，及租田一百五十畝奇，以給以贍。於是即舊以圖新，拓隘以增廣。禮殿中崇，象聖人之燕居，祠宇旁峙，嚴先生之祀事。堂曰『道源』，著師友之授受也。閣以『雲章』，以鄭君正字端本時所得皇太子書『麟鳳龜龍』四大字刻置其上也。堂後壘石山，曰『小鰲峰』，不忘先生讀書精舍之名也。齋左曰『凝道』，右曰『尊德』。棲士有舍，待賓有館。燕休有室，更衣有次。庖湢庫庾，各有其所。重門衙衙，層廡翼翼。瞰以方池，度以石梁。其周九百八十四尺奇，東西廣九十一尺，深視廣之四。雄規偉觀，穆然靚深，然後斯道之統有所尊，而講學之士知所同矣。惟子之學，蓋亦得於先生者，請文諸石以紀其成。」顧師泰荒陋，何足以知此。然竊聞之，斯道也，伏羲、神農、黄帝、堯、舜、禹、湯、文、武、周公之所以爲治，孔子、顔氏、曾氏、子思、孟軻氏之所以爲教。不幸而變於管、商，慘於申、韓，雜於荀、揚，暴於鞅、斯，礫裂破碎於毛、鄭、賈、馬、王、范之徒。幸而唐之韓愈氏能以所得著之《原道》之書，然其

於性也主三品，於仁也專博愛，則猶未免於不詳不精之失焉。至宋全盛，濂溪啓其源，伊洛遡其流。度江再世，文公始集諸儒之大成，使千載不傳之道，復明於天下後世。吁！盛矣哉！于時門人弟子，聰明卓越，固不爲少，然求其始終不渝，老而彌篤者，先生一人而已。先生因劉子澄一拜文公於屏山之後，即慨然以斯道自任，聽風聲於屋頭，對孤燈於天曙，其堅志苦思爲何如也。自是得執子婿之禮，從登廬阜，涉彭蠡，過洞庭，望九疑，宦遊淮、江、湖、湘、吴、越、甌、閩間，不惟口傳心授於師門者愈久而愈博，而其所見名山大川淵深高厚皆有以助夫精微廣大之學矣。是故徵諸事業，則城安慶、禦漢陽最爲偉蹟；著之方册，則《四書通釋》《儀禮通解》尤爲有功。蓋先生有志於斯世，卒以陸沈下官，不能大行其學，固可深慨。然聖賢墜緒非文公無以明，文公遺書非先生無以成，則斯文吾道，確乎其有所歸矣。先生没，其傳之著者，在閩則宓齋陳氏、信齋楊氏，在浙則北山何氏，江以西則臨川黄氏，江以東則雙峰饒氏。其久而益著者，則西山真氏《衍義》諸書。凡今經帷進講，成均典教，皆出先生講論之餘也。嗚呼！先生之道傳之後世，先生之書行乎天下，孰不想慕其高風，漸被其餘澤！況鰲峰、箕山之間，雲烟蒼莽，神氣流行，愾然肅然，猶若有見乎其位，聞乎其容聲者乎！書院之作，其有功於世教，豈曰小補云哉！遂記不辭。先生諱榦，字直卿，御史瑀之第四子。累官至大理寺丞，轉承議郎，致仕。勉齋其自號云。

《〔光緒〕廣西通志》卷一三四柳宗監《清湘書院記》　東郊先生，大名人，名開，字仲塗。守全州日，作讀書堂於北山。公退，率學者講誦其間，後人因名之曰柳山。嘉定乙亥，郡守林岊始即故基作齋舍，賓致縉紳韋布之彦，日月肄習，期踵先哲。寶慶丁亥，郡守陳榆奏請清湘書院額。至元丙子，毁于寇。元貞丙申，部使者登訪，乃屬守臣總管耿大節復興之，規制略備，歲久寖以摧毁。至順辛未，予自成均出守是郡。釋菜先聖先師，拜先生遺像。顧山川之映帶，覩遺搆而增慨，病學廪不給，謀所以新之，未遑也。元統癸酉，乃始經營，俾録事劉晉董之，山長李文郁佐之。鬻材募工，仍故址，度地勢之宜而布置之。以位在外門，甓石材，固層基，柱砌堂闕，兩堦應門，爲重廊，以陞燕居。祠爲屋計百五十有八楹。明倫堂之右又有源泉貫堂下而東出，乃導之過率性堂，匯燕居堂之左。泉懸流百尺，三折而下，作池瀦之。作齋池上，爲屋五十有二楹。經始於八月甲申朔，明年六月甲子落成。諸生請志之。予思二儀既判，山嶽攸奠，扶輿清淑之氣，不有賢哲搜抉呈露，發揮幽潛，以貽後人，則樵牧區耳，否則羽流、釋子居耳。自有此山幾千百年，始有此州，宅此者幾千百人，始有先生表而出之。其幸不爲二氏所先，卒爲學者肄習之所。夫道非文不傳，自六籍不作，百氏競出，迄於嬴秦，文與道俱喪。雖然，道在天地間，若元氣不息，人心天理未始喪也。西漢之興，董、賈出焉，班、馬之流，日以繁肆。下逮東漢，以抵建安、正始、永嘉，愈趨愈下，光嶽氣判，則韶濩絶響，駢麗排偶，極於李唐。昌黎倡爲古文，期復古道，學者仰之若山斗。又越五季，極於宋初，先生始推尊韓子，以力挽凋敝之風，而歸諸大雅。穆、尹繼作，而後文風丕變。濂溪作《太極圖説》，横渠作《西銘》，上遡千載，始焕然與六籍相表裏，實自先生啓之。先生登開寶癸酉進士第，雍熙丙戌來守是邦，凡十典郡，唯此郡有書堂，他郡未聞焉。予行天下，歷閲書院，或宅山幽，或資水勝，宏深靓麗，或不讓此山。若夫地勢擁抱，層岡疊嶂，異態横陳，三江兩泉，襟帶縈絡，松風瀑竇，宫〔商〕迭奏。静觀元氣，發斂化育，以明此道，全體大用，則他山當少讓矣。第局於形勢，難以展拓。講堂雖具，齋舍闕焉，而至是始備。乃因源泉混混之來，名曰「有本」，於以表聖賢盈科後進之義，以廣先生汲引後進之志。上距開寶癸酉，適丁六甲子。全之人丁涵濡先生遺澤以名世者，蓋有之矣。又焉知方來無勵志古學，復古道，發舒韓柳之氣，爲此山增重，皆兹泉之放於四海者邪？嗚呼！文運方隆，予日望之。

王沂《伊濱集》卷一八《石室書院記》　石室何以名？祀漢文翁也。曷以祀之？古者建學，先聖先師各因其國之故禮也。今先聖先師之位定於一，祀之禮，與曰郡邑先賢得祠於學宫，猶古也。然則何以書？蜀有儒，自公始；祀有書院，自今舒嚕侯始。書謹始也。初，侯有宅承教里，其地亢爽宜講藝，其位深靖宜妥神。謀斥新之爲書院，乃請於省部使者，相與圖之如不及。故材不賦而羡，工不發而集，爲殿以祀先聖，爲室以祀公。講有堂，棲士有舍，重門修廡以制，庖湢庫庾以序。又割俸購書，作祭器於吴，而俎豆籩篚、罇爵簠簋皆具，而經史百氏無外求者。祀斂其新都膏腴之田畝一百五十，所入廟幹，其家僮二百指。既成，而巖才里秀接踵來學。至元六年，侯來京師，請記。漢史載公之治蜀，開學校，以詩書教人，而從化者衆。有道則嚴遵、李仲元，洽聞則張寬，文章則司馬相如、王褒、揚雄，時漢之興六十餘載矣。公一倡而鄉人翕然，況乎一道德而同風俗者哉？蜀在宋季爲邊郡，民纏焚剽之毒百餘年。王師南戡，成都最先下。太宗皇帝墾除艱厄，提攜赤子，置之樂土。累聖繼以休養蕃息，嚮之援枹擊柝，今則田耕井飲矣；昔之重關複棧，今則東阡南陌矣。太和之所涵煦，孰知夫百年之深

歟？既富而教，非方伯連率之職歟？表顯以風厲多士，不在公歟？讀其書，想其人，凛乎如見之也，况低徊是祠之下者哉！夫有先賢爲之依歸，有賢方伯連率植之風聲，作爲宫室教肄之。翼然而峻整，耽然而崇邃，而市闠之聲弗聞；錦江横陳，玉壘環峙，而山川之秀可挹也。潤澤之所被，華藻之所敷，學於斯者心移而神曠，氣閒而意消。漸摩乎擇善修身之道，涵泳乎詩書禮樂之中。於以窮神知化，於以開物成務。出者爲唐虞，處者爲洙泗可也。詎特作爲中和樂職之詩，以歌詠盛德如漢何武輩而已。舒嚕侯世長萬夫，知夫文武之道寓於干戈羽籥，而以築宫育士爲急，其賢乎人遠矣。故余樂爲之書。侯名多爾濟，字存道，官雲南都元帥云。

《永樂大典》卷六六二一楊宗瑞《辟廱賦》 聖元誕膺天命，德洽仁浹，三垂晏然。萬國臣妾，神聖代作，武功赫然。天啓聖皇，乘龍御天。登三邁五，繼後光前。斂五福以錫庶民，播仁風而胞八埏。厭吏治而樂士，賤遠物而寶賢。乃尚文德，韜武功，一制度，作辟廱。聲教被乎遐邇，隆運軼乎時雍。其爲制也，璧月印海，洄風舞漪。方壺屹然中峙，長虹嫺乎四垂。黌序秩兮奂輪，簷甍翊于翬飛。産三秀兮殿楹，羅石鼓兮庭閣。八户闔闢兮乾坤，九楹儼雅兮璧奎。鼓鐘頌其於樂，振鐸宣其教辭。翫芹藻兮澄碧，俯菁莪兮中坻。澹文魚兮遊戲，爾威鳳兮來儀。乃有髦士碩儒，咸集于兹。馴良喻兮德驥，朋來況乎□□。聳冠蓋兮后先，翳裾佩兮陸離。建嘉猷兮二典，擬鴻休兮六詩。並追芳兮伊周，齊接武兮咎夔。含咀繽天之葩，欬唾明月之珠。是皆紊丘園之賁而來賓上國之輝者也。至若萬乘戾止，六龍馳馭，日表淵穆，天顔沖邃。百王駿奔，千官肅懿。以祀其饗，禮嚴物備。飲食三老，釋奠素王。洞洞屬屬，濟濟蹌蹌。耄□仰聽而咨嗟，億兆嚮風而樂康。在泮宫而宴樂，陋魯侯而不齒。聞橋門而觀聽，視漢世其孰昌。乃進諸生，論經史，研治否，権今古。色笑以教，匪狎匪怒。聖敬日躋，恩渥時澍。頌聲媲夫韶□，慚德薄夫湯武。於是益窮至治，爰發德音。誕告多方，簡権士林。思臻霖雨之佐，以協宵旰之心。集天下之英才，軌行藝於京國。鵾鵬奮兮南溟，驊騮空兮冀北。捫膺語心，揮雲吐虹。來游來歌，載歌辟廱。歌曰：

隔壁水兮作辟廱，建聖治兮啓淳風。進多士兮表至公，緊令德兮垂無窮。恢弘庠序之制作兮，準酌成均之遺蹤。固非後世之所可擬倫乎，宜與唐虞成周而等隆。不然，何以表皇元萬億年太平之成功。

《〔順治〕吉安府志》卷三四吴師尹《重修白鷺書院記》 白鷺洲在吉郡東南，亘長江數里。宋淳祐辛丑，丞相江文忠公古心爲郡守，以程大中先生嘗爲廬陵〔尉〕，爲先生過化地，乃即是洲建周、張、程六君子祠。書院之創原於此。其殿廡、門塾、樓閣、齋舍、庖廩，一一完美。謂洲在二水間，取唐人詩句，以「白鷺」名其洲，因以名書院，請額理宗朝，今御書石刻尚存。前至元壬午，洪水漂没，太守李珏重葺之。延祐間，居近有奉異端者欲張其教，山長余天民白之府，悉撤毁之，立復古亭其上。於是環洲四畔民居隙地悉隸書院。至正壬辰，淮寇火郡城，書院明倫堂亦殘燬，惟夫子廟巋然獨存。甲午夏，巨漲浸正殿，惟餘聖人像，儼然不壞。監郡忠憲公懼其歲久益圮，非前人創建之意，非聖天子崇重斯文之心，方擬重修，時山長郭慶傳、訓導曹中具請架閣，朱公雲翼贊其決，府吏劉一德相其成。忠憲公慨然語僚屬曰：「三代之學，所以明人倫也。書院亦講學明人倫之地，若廢弛不葺，牧守責也。修葺而耗民財，殫民力，又非聖賢意也。」於是命西昌歐陽成德捐貲，特力修之。權治中也先不花提其綱，府吏劉一德、廬陵尹盧綱董其事，經始於乙未二月望既，畢工於四月二十五日，凡用楮幣至元五萬緡。自正殿、兩廡、櫺星之門，雲章閣、道心堂、萬竹堂、六君子祠、三賢祠、古心祠、風月樓，以至賢聖像設，齋舍庖廩，田界碑，復古亭，浴沂亭，悉淪劫灰燼，唯儒宫如魯靈光，則聖人在天之靈、斯文未喪之福，於是可見。忠憲公當顛洞搶攘之際，復城池，平寇賊，自府治列署，靡不一新，獨於儒宫尤懇懇加意不倦，則其所以體朝廷崇尚之〔興〕〔典〕，繼前修建立之規，又可見非夫子無以垂教於萬世，非江文忠無以建弘規於鷺洲，非忠憲公無以壽書院於不朽。天下之事，作之固難，繼之尤難。創始於承平之日者獨可能，修復於亂離之後者爲不可及。吉安之有監郡，我民千載一遇也；鷺洲重修於監郡，又斯文千載之一遇也。謂忠憲者非吾郡棟梁，可乎？縉紳請立碑以紀公之勳，因復繫以詩，俾諸生咏歌，庶幾魯人頌僖公之遺意焉耳。

惟彼鷺洲，屹乎中流。孰構孰堂，創爲前修。昔也絃歌，今焉榛棘。百年廢興，過者怵惕。賢哉監郡，國之名臣。牧此大邦，維時之楨。載葺縣庠，載修郡泮。鷺洲之規，亦復舊觀。郡地内外，詩書絃誦。吾道有輝，多士增重。不有賢侯，孰惠來學。侯之善政，冠於南國。文學之修，亦昭令德。宫墻巍巍，豐碑翼翼。播之聲詩，頌之無斁。

戴良《九靈山房集》卷一一《重建甫里書院記》 吴郡甫里書院者，祠唐甫里

先生陸公而列於學官者也。先生諱龜蒙，字魯望，居松江之甫里。史稱其學通六經，而尤粹於《春秋》。舉進士一不中，即斂退海隅，與其學徒講明授受，不厭不倦。而高風遠識，何可及也。然性頗高放，雅不喜與流俗交。乘一小舟，設蓬席，齎書册、筆床、茶竈、釣具，往來江湖間，時謂「江湖散人」，又謂之「天隨子」。其曰甫里先生者，則又尊之以其地也。唐末嘗以高士聘，不起，後又召拜右拾遺，詔下而先生卒。甫里故有先生祠。書院之在吴郡，則始於國朝之元統二年。蓋其裔孫德厚請於郡，而以己貲創之。亦既事聞于朝，建學立師，如書院之制，而書院之所宜爲者，已皆次第舉之矣。獨以前逼民居，門術弗稱，雖嘗入錢請佃其南官地，以圖改作，而豪民怙勢，竟擅其利爲己有，搆訟連數歲不決。由是路僅右旋，而靈星之門，遂缺而弗置。德厚殁，子孫散居他處，弗遑于兹者垂三十載。有司校官亦且視爲非急，無能一舉而問焉。平章朱公之守吴也，其居第去書院甚邇。一日，過而歎曰：「歲時有事于夫子，而周旋升降，揖拜跪起，殆不容接武於户庭之間，則何以奉揚文治，以淑吾邦人乎？」亟命治其南門，而端其術道，仍易旁近民間地廣之。民居之當撤，則資之力以遷。而凡書院之未具，與夫既具而中壞者悉新之。山長啜靄山實交贊其事。而躬程督之勞，則省知印朱居敬及千夫長王允中、蔡庸也。屋以間計者凡三十有奇，完舊者曰夫子殿，曰甫里先生祠，曰明倫堂，曰求志軒，曰明道、正義兩齋，曰東、西廡，曰儀門，曰泮池。新增者曰泮池橋，曰靈星門，曰外門。甃南出之路，而崇其墉垣。浚北達之河，而通其舟楫。藻繪髹彤，照暎輝煌，階墄唐甃，廡縝高固，而規制與郡學侔矣。庀事於至正乙巳之七月辛未，而訖功於某月某日。於是郡守王侯椿年來言曰：「書院之始創也，翰林待制柳公貫既爲文記之。子爲柳公弟子，則所以紀兹興修之役者，尚得而辭哉？」余聞宋之季年，郡縣學校之教其士子者，大率以科舉之業相尚，本之則無有也。是以識者病之，或即先儒之遺跡，或因山川之名勝，别爲精舍以講學焉。敦道義而絶功利，以私淑諸人，蓋取睢陽、白鹿書院之遺制而名之。國家承宋之舊，而書院之建，遂徧滿於天下。十數年來，中原釁難，遠近繹騷，江、淮、閩、浙之間，所在兵起，侵軼官宇，蹂踐民廬，則所謂書院者，常十廢其八九。求其修儒服俎豆事於干戈之際，世固未見其人焉。惟公以藩翰重臣，而當禦侮制勝之暇，孜孜焉以興修書院爲己任，脱民生於鋒鏑之餘，正人心以絃歌之事，不亦君子之用心乎？昔僖公之修泮宫，魯人頌之，有曰「矯矯虎臣，在泮獻馘」。又曰「不告于訩，在泮獻功」。公之文武並用，所以克成是役者，既視僖公爲無愧，庶幾獻馘獻功之墜典，復見於今，而魯人之頌，且將繼是而有作。余何人也，猥令載筆而爲之記，其能鋪張盛美，敷陳偉績，以昭垂于永久也哉？今姑叙次其廢興之歲月，以復郡侯之所請。若夫先生之行義與出處之大，凡見於柳公之所論述者，則不敢贅及也。

王禮《麟原文集·前集》卷六《重建濂溪書院記》 太虚之化絪緼，升降於兩間，發育萬物，莫不各有固然之理。而仁義禮智之性，君臣、父子、昆弟、夫婦、朋友之倫，則其最大者焉。其或明或晦於斯世者，係乎人焉耳。堯、舜、禹、湯、文、武、周、孔之道，至孟氏没而其傳不屬。濂溪周元公生於千有餘載之後，奮自南服，不階師傅，超然獨詣。以上承洙、泗垂絶之緒，下啓河、洛未發之言，其功顧不偉且大歟！觀《太極圖》、《通書》等，作根柢領要，有以闡夫太極陰陽五行之奥，使學者知由中正仁義，而主静以爲之本。決道義文辭禄利之取舍，以振起秦漢以來俗學之卑陋，此濂溪之功，天下咸知尊而慕之。章貢之有濂溪書院，則非偶然者矣。先生爲南安司理時，虔之興國宰程公珦，假倅南安，視先生氣貌非常人，令二子師之，即明道、伊川也。迨通判虔州，二程猶往來在門，政樂育英材時也。河、洛之學，實源於此。去之數世之下，其神其靈，未必不飛揚陟降於空同之陽，章、貢之匯。於是表章遺跡，以淑學者，誰曰非宜。爰自宋淳祐戊申，提刑翟公繁，創濂溪書院於二水之東。門廡殿堂，翼翼秩秩，有教有養，州序未能或之先也。朔望惟提刑謁拜，稱提刑書院，在元悉仍舊貫。兵燹以來，莽爲邱墟。贛令崔侯天錫，以世族爲政有聲。念周、程講道之所不可廢也，遂請於郡而謀新之。凡爲禮殿十二楹，崇三尋一尺有五寸，廣四筵有二尺，深如廣而去其六尺。道立堂十二楹，崇三仞有五寸，廣四筵二尺有五寸，深視廣而去其六尺有五寸。儀門之楹，如堂之數。崇不及七尺有五寸，廣四筵有一尺，深如崇之數。靈星門三，各二楹，崇二仞有五尺，廣一筵有三尺。左右爲廡，皆十楹，崇二仞有七寸，廣十筵，深視廣而去其九。堂之西爲道國元公祠，八楹。堂之前東西爲諸生肄業之所。典教之居，列於學側。繚以崇墉，甃砌丹堊，炳然焕然。肖像儼如，籩豆有序。濬池種蓮，環植松竹。啓創於洪武二年三月，畢工是年九月，率諸生行舍菜禮告成。噫！侯可謂識政治之本矣。前鄉貢進士金友德，嘗爲書院山長，亦先後贊襄之，命儒士趙敬來請記，以昭久遠。凡學於斯者，想當時師友氣象，而實用其力，推其致君澤民之術，達之天下。將見書院之盛，與睢、岳、嵩、廬爲五，豈不愈有可尚者耶？用書以告其邦之人士，使知自勉焉。

宋訥《西隱集》卷七《大明敕建太學碑》 洪武十四年夏，上詔群臣曰：「王者受命，武功文德，相繼成治。定天下以武，治不以武也，其崇文乎！顧兹成均，地隘而陋，何以振文教？朕相基于鷄鳴山下，高爽平遠，豈天協朕心，若藏此地，俟興一代學乎？」群臣稽首曰：「皇上聖神，斯文福也。」乃以天子學制授諸冬官。冬官臣恭奉明詔，夙夜匪懈。梗楠豫樟，來積如阜；鑿山載石，輿土築基；梓人效藝，以宏其制。又遣金吾前衛親軍指揮譚格督其工。凡堂有七，彝倫，所以會講；率性、修道、誠心、正義、崇志、廣業，則諸生肄業所也。會饌有堂，庖厨有室，井覆有亭，物貯以庫。餼廩蔬園，重門繚垣，回廊儲書。兩堂之間，東西有館，助教、正、録居焉。東偏列室鱗次，諸生處焉。廟在學東，亢以增基。大成有門，七十二賢有廡。凡爲楹八百一十有奇，壯麗咸稱。自經始以來，大駕臨役者不一。夫子而下，像不土繪，祀以神主，數百年夷習乃革。明年五月，冬官奏廟學成。十有一日，天子遣使祀先師以太牢。禮畢，胄子及民之俊秀登堂受業，學之禮制備矣。十有七日，上躬臨廟禮，行酌獻，再拜而退。乃達學，學官率諸生進拜堂下，博士臣龔斆執經，祭酒臣吴顒講經。既畢，萬乘是還。此千載曠儀，講而行之，斯文增重矣。六月一日，上又賜勑文，重諭胄子，禁制防遏之法，訓迪誘掖之意，無不至焉。越一日，帝御奉天門，詔臣訥文之于石。臣拜手稽首，不敢以不文辭，承命。遂運興造始末，爲之言曰：「孔子之道，垂憲萬世，帝王之興，首建太學。蓋學所以扶天理，淑人心也。皇極由之而建，大化由之而運，世道由之而清。風化本原，國家政務，未有舍此而先者。或有未備，則無以維三綱五常之具，示作人重道之心。聖天子位居君師，續道統於堯舜禹湯文武，建學定規，高出前古。凡我登堂養正遊藝之士，斯言斯誦，相勉相誨，無負教養，則正人端士叢出，而爲國家楨干，祚聖子神孫之業，萬世而無窮者，當自今始。顧臣膚陋，敢不對揚帝命，式昭盛代之興文也！拜手稽首而獻頌曰：

於惟聖皇，臣伏萬方。乘時經綸，文偃武揚。儲慶發祥，載整乾綱。乃相學基，鷄鳴山陽。平遠高爽，非麓非岡。武輝京邑，隱若天藏。考制定規，聖度曷量。乃授工曹，孰敢怠遑。工師用勸，效技允臧。有廟有廡，有廊有堂。鱗比而重，龍起而翔。登用儒臣，教化昭彰。佩服鏘鏘，弦誦洋洋。正學有傳，師道有常。萬乘來臨，俎豆生光。千載禮儀，一代典章。躬親講道，超軼百王。聖制昭宣，啓迪激昂。寵及青衿，垂範流芳。材育化崇，股序周庠。立極作則，遠紹虞唐。德進英豪，業修俊良。股肱朝廷，都俞巖廊。以弘文化，慶祚靈長。願佑皇圖，萬世無疆。

王禕《王忠文集》卷八《靈谷書院記》 靈谷書院在廬湖山中。廬湖者，貢溪之名山，崇峻而幽邃，最爲奇勝，與龍虎山相距十五里。相傳昔有學仙此山者，常見群鹿飲湖水。廬，鹿之大者，故山以得名。由饒嶺之阿，從山趾東陟，有大石中判，離立澗限，作門焉曰「龍礤關」。由龍礤行數十步，北過澗，兩崖壁立，從崖隙仰見青天，如横石梁，白水兩道迸落厓底，蜿蜒數仞，若龍狀，曰「青天白龍」。由澗北往東行，俯瞰靈湫。湫前百十步，兩石偶立如削者，雙劍石也。逕折經石下，邐迤過濯纓澗，澗流至是，泓渟而深冽，可濯可沿。過此而行，稍就夷曠，有雋峰出澗南。峰下石室可坐數十人，别取道涉澗，乃至其處，曰「得道巖」。有仙者祝氏嘗居之。又東過雲門，隔澗列嶂如幨幃，其下有石拔起數十丈，綽約秀整，狀若飛仙。澗左群石盤據爲臺，遥睇飛仙石，如將迎之，曰「迎仙臺」。至是徑阻絶，勞攀躋，折而少南，徑出臺上。俄而回眄，向所見飛仙石乃在下矣。復東去，逕益峻，風泉益駃。有大石約十許圍，高可四五丈，峭崒峙澗北，其趾無所附著，曰「飛來石」。自是長林喬木，蒙密蔽翳，行二三里，復有兩厓削立，瀑流濆薄下注者，峽口飛泉也。稍進有門，曰「雲雪之關」。入關度橋，曰「問津」，而橋北則爲廬湖矣。湖東北築堤，灣環如偃月，曰「駐鶴壇」。壇北有屋曰「天游菴」。由菴東南入桃坪，遡澗流西轉，澗側皆樹桃，墜紅泛波，演漾可愛，曰「流花嶼」。復益西入广中，壤土甚膏潤，異草苿蕁，曰「玉苗塢」。塢西行百步，攀援而上，有亭翼然，攢崿疊巘，皆在履屐下，而仙都闤闠，平疇遠水，參錯乎烟霏渺莽間，舉在目睫，曰「一覽亭」。又北經菴後，上凌絶巓，望彭蠡瀲灎如杯，雲林三十六峰若齊在地。自山趾至是，約行十餘里，而山之峻極矣。乃循來逕還菴前，沿澗東行，北過漱芳橋，入東谷，兩山相並如負扆。其内則廓然以虚，所謂「靈谷」也。入靈谷而望，第見峰巒旁拱，清泉怪石與古樹長蘿相映帶，邈然若與世隔，而書院在焉。書院者，里人桂先生之所建也。初，桂氏在其鄉最爲著姓。自司空公顯于五季之世，其後往往擢儒科，躋仕籍，詩書文澤，繼繼繩繩，凡十世而先生出焉。先生諱本，字林伯。承家學之淵源，覃思經術，推其所得，托諸述作，以衛翼聖賢之道。其所著有《四書通義》、《五經統會》、《三極一貫國》、《金精鰲極類纂》、《道統銘》等書，皆能致力於前儒之所未及，而自立於不朽者也。故其講學兹山，知道之在己者爲既重，而不以世好動其慮。一時學者翕然從之游，書院所爲作也。書院成於延祐中，爲屋三楹間，東爲「端彝齋」，西爲「鈍齋」，而講説

棲息，暨庖湢之所咸備焉。自昔君子之爲學，必居乎深山幽遐寥閒之境，紛華盛麗無所接於耳目，故能精神澹而志慮專，而於道爲有得也。宋如皋胡公翼之，及平陽孫公明復、奉符石公守道，實相與讀書泰山者十年，學既成矣，故出而用世，皆卓哉聖賢之爲道者也。今先生之居茲山，可謂古人之爲學，雖終隱不出爲世用，而其立言亦足以紹前哲而垂後昆，其於聖賢之道，復何媿焉！且麾湖之東有象山者，陸文安公之所講學也。陸氏之學簡易正大，然與新安朱氏並立而異趨。先生固繼陸氏而興起者，而所學則本之朱氏爲多，蓋庶幾會朱、陸之異而同之，學術之懿，不其有可徵者歟。嗚呼！九原不可作矣，而先生之子孟元方尤力學，善文章，號能稱其家。自先生没，元方與其徒仍講習於茲。麗澤之益，久而不替，何其盛哉！元方屬余書其顛末，故爲之記，而并道夫山水之勝，俾來學者知其所自云爾。

楊士奇《東里文集》卷二《石岡書院記》 吾邑蕭自誠先生來京師，屬余記其石岡書院。余與先生之子翰林庶吉士省身交，嘗聞書院興壞始末。石岡在邑東南半舍許仙槎江之西，梁蕭子雲十七世孫諱遜者，始自峽江徙居之。遜七世孫諱儀鳳，宋舉漕貢，始即其居之近作書院，聚宗族鄉人子弟而教之。儀鳳之子子安爲王府掌計，從文丞相舉義事敗，覆其家，書院亦廢。掌計之從子福可明經，擅爲古文詩賦，復作書院，又廢於元季之兵。國朝混一海宇，福可之孫則善復繼作之，而隱居教授其中，蓋先生之父云。吾嘗竊謂吾郡之俗，所爲可重非他郡所及者，其民務義修禮，尚氣節，雖至貧不肯棄詩書不習。至賤者能誦《孝經》、《論語》，曉知其大義。凡城郭閭巷、山溪、林谷之中，無不有學。富貴者遇逢掖士必敬禮之，不敢慢易，而尤重世族。苟其世賤，後雖盛，人固不願與齒，而彼亦不敢以其貴盛加人。吾鄉之俗如此，吾何以知其可重也。吾嘗下彭蠡，泝大江，浮洞庭，游乎楚、郢之間，又涉淮道舒而東，上下數千餘里，或行數日，不聞絃誦聲。觀其人之所務，樸者事漁稼，智者趨賈販以逐什一之利，率資夫勢厚者爲雄長，不務乎詩書禮義，不重乎逢掖之士也，不辨乎世族也。吾未嘗徧歷於天下，而齊魯古稱詩書禮義之國，今聞其俗猶不類於古昔。然則論風俗善惡，必由乎教學之廢興，故先王治天下，皆拳拳興學，於家塾黨庠術序亦各有制焉。石岡書院固古人家塾黨庠之制，考其創建以來，雖屢廢之，亦隨有賢者起而復之，不至乎終廢。吾郡之不廢其學類此，故其風俗所以可重者有由也。嗚呼！一郡一邑之中，不廢其學，而俗有可重，況於爲天下之拳拳於學哉？是不可以不記。

楊士奇《東里文集》卷二《江陰縣先聖廟學重建記》 太祖高皇帝正大統之三年，詔嶽鎮海瀆封號如古制，以山水稱，忠臣烈士稱。當時初封，出於歷代所加者，一切罷去。孔子明先王之要道，爲天下師，以濟後世，非有功一方一時者比，封爵宜如歷代所尊崇，著於令典，垂之千萬年。而定鼎之初，首建學立廟京師，親臨釋奠。又詔通祀於郡縣，又詔罷從祀之戾於孔氏者，所以揆前聖之大中，而垂永代之洪範也。夫孔子之道，天之道也，國家生民不可一日以無者。伏羲、神農、黄帝、堯、舜、禹、湯、文、武行斯道於上，孔子明斯道於下，皆聖人也，而使後之繼伏羲、神農、黄帝、堯、舜、禹、湯、文、武之位得以行斯道者，孔子之功也。論其功而隆其禮，明聖之心也。列聖相承，益欽益至，繇是自京師至於海隅，郡縣皆有廟學，其人皆知孔子之道尊且大，而況邦畿之內。且延陵采邑，先賢禮讓之化未泯，其人心嚮慕興起爲何如哉？江陰縣學歲久而敝，侍郎周君巡撫過之，慨然興歎曰：「廟不飭，何以妥明靈，致誠敬？學不飭，何以興教化，成賢才？忱奉朝命來事，寧有重於此乎？」謀撤而新之。爲縣者聞之，悚然曰：「此吾職也，敢不祗承。」民耆老聞之，躍然曰：「此以善吾民也，吾其可坐視？」於是相與合謀，賃工市材，易故以新，作大成殿十有六楹，前作東西兩廡各若干楹，殿之後爲明倫堂若干楹，左右爲兩齋各若干楹，庖廩門垣，咸備以固，高敞弘麗，加於舊規，由是縣長貳、學官、諸生歲春秋行禮廟廷，對越有嚴，秉虔將事，用稱朝廷崇祀先師之意；而諸生退即於學敬修所業，以求無怍於古聖賢，將上以光國家之用，下以厚邦邑之俗，所係豈細故哉？訓導嚴頤書來請記廟學之成。夫受命在政教之任，而能知本源之意，有倡有隨，協志畢力，不費於公，不勞於衆，以底成功，可爲無忝。而爲民父兄，於義事奮起趨赴，皆如當然，又以見人性之善，而王化之被，皆可書也。肇斯舉者周君名忱，永樂甲申進士，累官工部右侍郎。其巡撫江南諸郡，適歲荒歉，勞心賑恤，民賴以濟，而所至勤於學事。相斯舉者知縣朱應祖、主簿胡忠，而忠始終效勤。耆民周孟敬、朱善慶等皆助資，曹宏、黄惇等分董役事。經始於宣德六年二月，成於明年六月，記作於十年十有一月。嗚呼！後之有政教之任於斯，爲民父兄於斯者，可以鑒矣。

楊士奇《東里文集》卷二《常州府廟學重修記》 學校王政之大端，民有養而無教，則不可與圖治，故建國君民教學爲先。教道行，民知務德，斯風俗可厚，人材可興，而治效可得。自昔爲天下，蓋未有去學校而能爲治者。我國家自祖宗之世，崇重學政，皇上纘承大統，益敦飭勵，而郡縣奉承，有祇有怠，故學之振舉，

有能有否。常有學，數百年中，歷兵革屢燬屢復。洪武初，廟學一新，加于舊觀，歲久而敝，永樂初，撤而再新，益加其舊。既二十年，廟學復敝，時郡守貳咸闕，推官楊誼自監察御史來，獨署郡事，進謁先師，退就學館，顧瞻嗟咨曰：「是可後乎？」即謀修葺，而計費甚鉅，方事營度，郡之好義咸願有助，出貲市材，諏日鳩工，仆者植之，傾者正之，撤壞去腐，易之以新，工善材良，既堅既好。廟自大成殿，東西序，戟門，靈星門，學自明倫堂，志道、據德、依仁、游藝四齋及賓客之位，會饌之舍，至於庖廩，靡不具完，綵繪煥然，不浮于度。是役也，費不出公，顧爲之有道，民爭勸義。經始於某年月，成於某年月。蓋始終皆誼之勤，而後知府于文自山西按察僉事來，同知張宗璉自大理寺丞來，同志協贊，用克訖事。時大理寺卿胡公槩奉命巡撫蘇、常諸郡，亦勸助相。蓋政之張弛存乎人，郡縣吏有不知究大體，祇德意，而且莫弊弊案牘期會以爲能，趨走迎餞以爲賢者，固不能知養民爲何事，其能知學校教化之爲重哉？之數君子皆起家進士，知所先務，宜其克協於斯舉也。常自太伯、延陵相繼讓大利，其人至于今知捐利爲義也。自子游親承孔子之教而率人於學道，其遺化猶在鄉也。矧今爲畿內郡涵濡聖化之密且久，宜其興起於善之易也。則游學於斯，必有仰惟聖朝之德意，及諸君子之用心，鄉人長老之勞勤，而作其自勵之志。將見教化益行，賢才不乏，鄉閭禮遜，駸駸乎治平之盛者，皆自茲始。於是府學教授余學夔等謀記其成，而屬江陰縣學教諭陳孟旦來求文，而能道修學之詳者，今禮部尚書郡人胡公。郡人之助義者衆，周孟敬、朱善慶其巨擘歟！

王直《抑菴文後集》卷四《德安府重修廟學記》　德安，《禹貢》荆州之域，春秋鄖子國也。秦屬南郡，漢唐名安陸，宋置安遠軍節度，以世宗潛邸在焉，又陞爲德安府。其風俗醇厚，而人多秀傑，喜儒術，自昔以文章魁天下、躋輔相者有焉。國朝以來，建學育才，以興太平之治，而德安之學校亦久而敝矣，有政教之責者病之，前守天台范理雖嘗修治，而其力不繼，僅完大成殿，可以容俎豆，其他則日入隳壞。景泰三年刑部郎中周侯鐸以賢舉爲德安守。侯，萬安人，字秉訓，由進士官郎署，公廉愛人，聲譽藹蔚，下車之初，周覽學舍，嘆曰：賢才，治天下之本。學校，賢才之所從出也，敝陋如此，何以作其氣、成其才以稱上意哉！亟欲有爲，以歲之不易，不克如志。越二年，歲豐民和，侯大喜曰：是可有爲矣。乃與僚佐議各出資以爲倡，於是民有好義者，皆奮而應之，富者出貲，貧者効勞，各盡其誠，不呼而集，市材鳩工，並手偕作廟之椽，壁有腐壞者，更易之。兩廡舊各七間，今以其隘，各增爲一十五間，每間爲一壇，塑先賢先儒像居其位。作戟門，櫺星門。櫺星門之南立牌樓，榜曰文廟，櫺星之西作神厨六間。故明倫堂隘，擇文廟東空地作明倫堂五間，堂後刱講堂五間。講堂東西作號房各七間，其東北作饌堂五間。明倫堂東西作誠意、正心、進德、修業四齋各三間。明倫堂前鑿石甃泮池，周迴三十丈，池内壘石爲三橋，以通往來。池東西作號房各六間，池南作門屋三間，榜曰儒學，而周以垣。儒學門首，新作通衢大道半里許。衢之東西，各署牌樓揭扁焉，東曰興賢，西曰毓秀。又於興賢之東作牌樓一，扁曰儒林，皆侯之經營。署置土木采章，極其輪奂，氣象軒豁，規模宏遠矣。始作於景泰五年之秋，而以天順三年之冬訖工。郡教授黄琰，訓導陳和、趙誠、陶鼎，曾政相與言曰：學校之成，侯之用心至矣，不爲之記，則何以示後人，勸多士。乃備書本末，俾學之賢者王子昭持來請予文刻之石。予聞古之治天下者，必本於學校三代之教，可見已然非獨治天下者然也，雖諸侯亦有之。德安名郡，古諸侯之邦，民性之厚，率聖人之教，非一日矣。乃今又得周侯大興學校，以教之學，所以明聖人之道也。聖人之道，本於心而著於書，讀書以明道，自倫誼之大，至於物理之微，皆精察力行，化於家儀於鄉，推而施之天下，而治道盛矣。然有志者蓋鮮也，故讀書而不明道者有矣，悖道而趨利者有矣，束書不觀而僥倖於一切者又有矣，此流俗之通患也。爲士者，蒙教育之厚，而顧以流俗自處，則奚貴於士哉！此亦非周侯所望於學者也。吾嘗聞之，宋仁宗皇帝重選士，嘗焚香祝天，願求忠孝狀元。是歲，果郡士鄭獬魁天下，當時以爲得人。今德安之學既新矣，來學於此者，皆當日新其德，爲忠臣孝子，以圖報於朝廷，而不陷於流俗，則無負皇上教育之大德，與諸守倅師儒勉學之盛心，則善矣。故爲書此以贊其成，亦思以勸來者。予之相愛也厚矣，觀者其毋忽諸。

《[道光]榆林府志》卷四四劉珝《新建榆林衛廟學記》　成化八年春，巡撫右副都御史青神余君子俊言，延安之榆林地本春秋白翟所居。自秦迄今無所建置。入國朝永樂初，守臣奏筑營寨，集軍望守。積二三十年來，城郭漸完，生聚漸多，宜於茲立衛學，以宿重兵，以訓武冑與戍卒之子弟俊秀者，俾讀儒書，知夫尊君親上之義，以攘外安内，豈非經理邊陲萬世之策哉。疏入制可。子俊乃即城之西衛之右相地爲學宮。心畫指授，已有定規。未幾遷總督關陝以去。十二年春，浙右丁君大容巡撫是邦。詢謀於衆，首舉茲事。迺訓百工，迺飭五材。爰自大成殿廡、櫺星、戟門、文昌祠，而神之廟貌備矣。明倫堂、東西四齋、師生講

肄之所，燕寢之舍，而人之遊息具矣。又於學之西爲射圃，爲內外舍，以處生徒。聖賢有像，祠祀有器，制度焕然。猗歟盛哉！一時子弟環視盛事，莫不忻忻然願學。衆至數百人。遂禮鄒進士紀温司教事。噫！窮邊絶徼，學校郁郁乎可觀，如此固不可無言。竊惟自昔將家之子，請孫吴韜畧之書，講坐作進退之法，挽彊引重，越騎運槊，乃其職也。而今乃以文教。豈不曰吾儒之書所言仁義之言，其所爲教，則孝弟忠信之行也。今使介冑之子弟以白衣呫嗶其間，使仁義之道孝弟忠信之行，熟之於平日，用之於緩急。知義利之辨，得仁勇之方，識定志堅，見危授命，於以親上死長安內攘外，無不可者。故孔子曰，我戰則克，又豈孫吴之足云哉。

李東陽《李東陽文集》卷二《修建廣平府廟學記》 廣平府學，建於元至正二年。入我國朝，改路爲府，置官建學，屢壞屢葺，比益加圮。正德丁卯，知府某議修之，會其費當三千緡，未果輒去。張君維新繼之，榱桷略具。陳君威又繼去。蓋閲三歲，歷四守，而功弗就緒。庚午之春，張君濳來知府事，睹而嘆曰：「作舍不成且不可，況事之大者乎！」乃請於巡撫都御史蕭公翀、巡按御史李君嵩、王君潤，皆報曰：「如議。」退則鳩工聚徒，庀材物，備廩餼，而後從事。閲月而廟成，爲大成殿八楹，高五丈七尺，廣九丈八尺，規制甚偉，門廡皆略稱。又閲月而學成，爲明倫堂、爲齋、爲廨、爲號舍，皆因舊爲新。而增置講堂、射圃及庖湢之類，無弗備者。較初會之費，不及其半，而民不告勞，官事不廢。師儒之講授於斯，游者於斯，登降裸獻於斯者，皆爲之改視易聽。按部之使，經行之士夫，嘗一再至者，不圖其盛之至於斯也。予聞而嘉之，因爲之説曰：聖人之道，原於人心之同。慮其不能以皆同也，則爲之教。顧性道之妙，非可得而聞者，故其爲教，不容以不詳。講習撰述、程課條格之類，皆教之所有事。至於祭祀之禮，則出於報本追遠之義，心之同然而亦道之一事也。有國與家者，必立廟。創居室者，必先祠堂。入學者，必舍菜於先師。師之於親，一也。然則學必有廟，自昔已然。而以祭爲教者，亦惡可徒有其誠而無瞻企對越之地哉！濳在禮部，嘗奉使闕里，（睹）〔時〕廟象新設，躬睹其所爲盛。今職有民社，而學與祭又其所得爲者，其用心於是，固宜。或乃謂畿甸之地，方有事兵革，此非急務。抑不知古人雖在軍旅，不忘俎豆，矧其事既有緒，而又處之各得其宜，亦何靳而不爲哉！教授某以濳受學於予，上京師請紀成績。灝亦通字學，手自書刻樹於學宮，以俟後之君子。予復繫之以詩曰：

聖道在人，靡間今古。普天之下，萬世是土。聖靈在天，日月代明。人皆仰之，萬世猶生。學有條教，由外及內。匪利與名，惟道所在。祭有二義，惟本與文。無感弗通，有誠則神。人皆有心，士必希聖。彼斆學者，孰敢弗敬？夙興夕惕，有行必躬。春薦秋祠，孰敢弗恭。黌宫嚴嚴，衿佩規矩。殿庭巍巍，羽籥容與。性道其精，文章其粗。有師暨儒，惟聖之模。神州在畿，王化伊邇。功在郡侯，書者太史。

李東陽《李東陽集》卷七《修建易州學記》 易州之學敝久矣。弘治戊午，新安戴侯敏來知州事，始修建焉。蓋自下車以來，觀於學之西南隅有道觀，屹然而峙，勢若相掩，乃起而嘆曰：「吾不能而彼能之，何心哉！」會風雨大作，廟之椽瓦益壞不可支，監察御史陳君玉提學畿郡，以興教作人爲己任，檄諸有司，嚴飭學舍。侯意益決，又值歲旱，重煩民力，取官之贏財而不足，於是州之老長偕大夫士之家居者争輦巨木助之。肇工於庚申春三月，聚粟於學，召窶民數百輩食而傭之，趨者踵接。既而邊報沓至，軍需甚亟，侯應荅之下，不忘兹役，迨秋九月而成。其爲制，則遷舊廟於學堂之左，爲楹數倍，高廣稱之。東西廡其間三十六，戟門之爲間三。外爲泮池，旁翼以庖庫，南爲欞星門。若堂若齋及講堂、饌舍、射圃諸制，皆因舊爲新，宏敞壯麗，恒制所不及。約其費若不資，而綜理規畫各中其會。故不勞而事集，其速且大於此也。嗟乎！孔子稱性近而習遠，自非上智未有不成於習者。其所謂習，又有時與地之異，必久而後成焉。易州在古爲慷慨悲歌之地，歷漢及唐，不過弓矢甲冑之區。石晉以後，陷於契丹，宋雖暫復，而遠在邊徼，旋亦失之。我國朝地在甸服，王化所先被，漸涵浸漬，百有餘年，世仁之澤，不止乎勝殘去殺而已。故章縫衿佩之士，誦詩書而服禮義者，彬彬其盛，習之善，於此固可征也。顧法久則玩，學久則荒，提撕警厲以成其習者，必資乎教。而所謂教，必以明倫復性爲本，而誘掖導示之方，禁治防遏之制，皆不可闕。然非有地以施之，則亦無所用其力者。兹役也，獨非良有司施教變習之地哉！士之生得其時，又得其地，又得良有司者起而治之，其不力去污染，勉加修治，求成其習復其性以爲天下用，則誰之責也。世之爲教者，每患於學之不成；爲學者，則諉於教之未至。予於兹役，蓋嘉有司之賢，而不能不厚望於士也。某某上京師，介州人請予記，於是乎書。

李東陽《李東陽集》卷六《重建深州廟學記》 弘治戊午夏四月，深州知州郭君騫重建廟學。始修大成殿六楹，增築靈臺十有二丈；次建左右廡，各增爲十

楹。廟之東爲省牲所，爲神庫，各四楹。前爲欞星門亦如之，內門則增其楹二。又次爲明倫堂，爲後堂；又次爲左右二齋，楹各四。旁爲肄業之房，楹四十餘，爲東西倉共十二楹。又於學之西，爲亭於射圃，如堂之數。自臺廡以下，皆出新構，不因於舊。越明年，己未秋八月既望告成，相與議曰：「學廢之久，而成之若是難，苟無以識之，安保其不復廢！」於是以記請予。予爲之言曰：「道，人之所同也。惟聖人能盡，且以爲教，故君子舉而歸之。學，聖人者賴所爲教，以復其性，而報本反始之義生焉。故建學者，必有廟。廟與學兼置，而後得其所爲學者。聖人之道萬世不廢，則所謂廟與學，亦將至於無窮焉。然後之學者，或不知所爲學，其所致力，不過口耳皮膚之間，甚者徒爲之美觀文具而無所事學，故并其所當祀者失之。若所爲祀亦止乎象設、禮器、聲容、文物之末，而不能祀者，又弗論也。今廟學偏天下，而圮壞過半。爲有司者，勤勤汲汲，蚤作而夜思，非錢谷之出入，則獄訟之曲直。錢穀、獄訟，亦豈非道之所有事者乎？而其本不專在是也。於是知職教化者，不可不於此焉盡也。深州，畿輔地，去京師不數百里，衣冠禮樂得於教者宜先，士之漸染聖道，非遐陬僻地比。賢有司又從而輔翼之，指其向方而示其本始，玆學之修，固立教興化之端也。苟徒囿於壤地宮室之中，由之而不知，習矣而不察，或不知之艱而行之艱，亦惡貴乎修建爲哉！」群進曰：「先生之言，非獨可以紀歲月，亦足以資教學矣。」因復諸儒師，俾刻之石以爲記。

李東陽《李東陽集》卷五《重建成都府學記》　成都府學之重建也，實肇於弘治壬子。倡其議者，布政使鄭君齡、提學王君敕；柄其事者，巡撫梁公璟、巡按陳君瑶；分董其役者，某某，而成於今都御史鍾公蕃。給其費者爲官帑之贏，赴其役者爲農隙之夫。木以章計者九千，瓦以片計者五十餘萬，青艧黝堊以斤計者二千，石以塊計者二萬餘，磚十有一萬，油麻膠漆以石計者百二(千)〔十〕，銅鐵棕竹布草之類不可殫記。爲殿之基，其崇丈。殿爲間七，崇六丈有奇，深廣稱之。增左右廡爲五十八。殿左右爲齋室，各一。戟門，門五間，崇三丈。欞星門三，爲泮池，橋略與門稱。又前建大成坊，東西爲麟洲、鳳藪二坊，遷題名記二亭於大門之內。以至明倫之堂，分教之齋，會饌之所，名賢之祠，倉庾之室，皆新之。又前爲泮池坊，市民地二百餘丈，增肄業之房，爲重樓八十間。又制爲禮樂服器，共三百餘事。蓋自畿輔近郡之學，鮮有若是比者，而遐方僻地弗論也。夫自漢文翁守成都，至國朝千餘年，而其故址爲蜀王府，遷今學於西南一里許，又百有餘年而復建焉。其間凡閱歷若干代，造就若干人。雖道德勛業與時高下，而作育之效，切磋之益，皆不可誣。然則古人建立學校之意，其有功於天地萬物亦厚矣。夫所謂教，固在於明倫復性，樹功立業。大者律之以身，小者諭之以言，條格品式已爲末節，有不繫乎居室之間者。顧麗澤以爲占，居肆以爲喻，古亦有之。不此之先，而徒務乎其大，則雖正其模範，善其矩矱，亦豈可立談而道語之哉！且今之爲政者，必有堂宇以爲發號出令之地，觀政者尚比之田野之辟，道途之治，而況學之爲道有專志而倍力者哉！諸御史之激揚，方伯之旬宣，郡守之撫字，宜不止乎簿書期會之粗，於玆學乎見之矣。使司教者及時以明道，因地以育才，不啻爲美觀故事而止，則所謂復性樹功者，安知不大驗於來學之士哉！予故因教授彭偉輩請，備述修建之歲月名物，以示後之人，俾勿壞。

李東陽《李東陽集》卷五《重建首陽書院記》　山西之蒲州，舊有首陽書院。蓋宋元祐間郡人王舫所建，因山而名，有張尚文者，實爲山長。歷元制廢，入國朝至宣德間，知州事者改爲倉場，名迹益泯。弘治初元，山陽許侯鵬來知是州，既修廟學，飭師生示郡治所尚，乃建里社學以教蒙士。詢諸士夫得所謂書院者，圖興復之，徧閱祠廟，撤其非所當祀，即其居而重建焉。中爲堂，曰崇德，以施講授。後爲堂，曰養正，以藏古今圖籍。旁爲左右廡，以爲肄習之所。又後爲祠堂三區，中以祀夷、齊二賢，左祀名宦，右祀鄉賢。而總名則因其舊。越二年告成，於是簡州之少俊，得二百人，禮聘國子生王紳爲之師。越四、五年漸有成業，士之進於州學者，視昔有加，而侯亦將滿九載矣。國子生某某輩謂此舉不可以無紀，比至京師，介而請予，意懇甚，予弗能拒也。夫書院之制，肇於宋初。州縣學之未建也，天下之士往往出於其間。及學制大行，而所謂書院亦未嘗罷，前規後隨，其效若有盛於州縣者。今文教熙洽，學校徧天下，固無俟乎此。顧人才日盛，而籍額有定員，則養蒙蓄鋭以待天下之用者，雖多不厭。校之前代所置，小大若殊，而作人之意則一而已。且凡師所以教，士所以學，皆以爲忠與孝也。然必有準則之地，而後可以爲教；必有趨向之途，而後可以爲學。聖人者，百世之師也。孟子稱伯夷之風可以廉貪立懦；韓子謂微伯夷者亂臣賊子接迹於後世矣。故雖其羈游餓死之鄉，流風餘韻在人耳目，有不容泯。天下之有君親者，固於是有警焉，而況薰染漸漬出乎其地者哉！玆使童生稚子誦簡册、習姓名、少而學壯而行之者，迹不必同，而風節可以無愧，則教與學皆不爲虛文也。若賢父兄之儀範，名守令之惠澤，老成雖去，而典刑尚存者，亦獨非登高行遠之一助也

哉！然則院之有祠，其義有所在，而禮亦不爲無所起也。學於是者，其亦知所以自勵矣。

李東陽《李東陽集》卷五《重建嶽麓書院記》 東陽昔省墓長沙，嘗渡湘江，登嶽麓，訪宋人所謂書院者，得斷碑遺址於榛莽間，慨晦翁、南軒兩先生之餘風遺澤，未有以復也，顧有寺存焉耳。越二十餘年，通判陳君捐俸治材。爲中門，爲左右廡，甃石數級，上爲講堂，又上爲崇道祠，以祀兩先生，復名之曰嶽麓書院。構亭其巔，名之曰極高明。又買田若干畝，以成陳志。比王君來知府事，帥僚屬師生行舍菜禮。諸所未及，如開道路、廣旁舍、儲置經史、延師領教，皆次第舉行，而同知某佐其事。蓋茲院自宋初郡守朱洞始建。真宗時，李允則請藏書，國子監簿周式教授其間，乃請賜額，遂與應天、白鹿、石鼓并稱爲四大書院。及南渡，毀於兵，安撫劉公珙復建。孝宗時，兩先生實會講焉。光宗時，晦翁爲安撫，更建於茲地，學者多至千人，田至五十頃，廟舍至百餘間。今殿故在，遺址廢田爲僧卒勢家所據，歷三百餘年而茲院始復其舊。於是王君遣使屬記於予，亦陳昔所嘗請者也。惟古者學校徧天下，其教與學者，皆聖賢之道，故能以一德同俗。及世衰政弛，道晦不明，上擇官以教，下擇師以學，窮什一之力而後得，世之少治而多亂，奚惑哉！今學有恒制，師有定員，第玩常惕，久不能無望乎什一之外，如書院者。故士或起於鄉塾，則於此爲培養之地；或籍於郡學，則借遊息以廣見聞。使斯道之在天下，體用一源，顯微無間者，隨厥窮達皆可爲。成己成物之用，乃可以言學。不然雖學於此，猶學於彼，無益也。且南軒得衡山胡氏言仁之旨，觀所爲書院記，亦惓惓以爲是辭。晦翁之學，固有大於彼，然亦資而有之。後之學者，曾不逮其萬一，而不百倍其功，惡可哉！由南軒以企晦翁，又等而上之，以希所謂古之人者，庶幾爲茲院重，以爲山川之光。若其程格條緒，則存乎教與學，吾於吾大夫士望之矣。

李東陽《李東陽集》卷五《梧州府重建廟學記》 廣西梧州府，倚郭曰蒼梧縣，舊各有學。成化初，僉都御史韓公開置帥閫，特新府制，遷舊學於府東門外，建大成殿於中，以府、縣二學左右附之，規度甚偉而未甚備，且門地卑濕，爲雨潦所困。諸公繼帥，屢欲修之未暇也。比左都御史鄧公總督於茲，謂總鎮王公、總兵毛公曰：「學校，風化之原也，不可以武事廢，不可以遑服弛，盍相與圖之？」皆曰：「如議。」公乃簡於群屬，暨凡百執事，以其意示之。皆曰：「如令。」於是鳩工度地，會具財物，卜日興事。葦土爲堤，周百二十丈，高六尺，廣三倍之。又鑿石以甃其外，又建石爲櫺星門三，造甓爲垣爲丈百。堂有分齋，殿有翼廡，祭有庖庫，居有房室，皆因其故而新之。學舊無樂，則募工於南昌，仿國學爲之。又募工於潮，範銅爲祭器各若干，而學之制始備。教授某某輩遺價具書京師，請記成績，以示來世。惟古者文武一道。然禹定綏服，則分文教武衛而爲之制。蓋所謂綏服者，當夷夏之交，文以治內，武以治外，雖其勢不可以偏廢，而輕重之序，有不容紊者。周以六師統於司馬，而受成獻馘皆於學行之，則文之該乎武可見，爲政者宜亦知所重矣。今之司民社者，往往以期會書簿爲急，置教化於不足爲。其或有疆場之寄，斥堠之警，震撼衝擊，應接之不暇，則其治外，非獨不容於不略，殆亦有廢而不舉者矣。梧之爲郡，當二廣之沖，營陳所集，戈馬所聚，宜無急乎鉛槧卷册之間。然帷幄之籌，兵食之計，以至於望助保障之心，親上死長之節，凡所謂武胄之英、士著之舊者，皆其所有事也。況其大者，或與於科目之選，出而爲臺諫侍從公卿輔相之臣，所以輔德宣力、參天地贊化育者，由此焉出。然則其斅學之方，懲勸之法，振起磨礪之風，不於此始焉，亦奚以施哉！頭秉彝之性，人人所同，初不以遠邇疏戚而間，惟狃於氣習然後失之。學之制，所以明道善俗，化天下於皇極之歸，義蓋如此，或者蔑視其地，鄙夷其人，不屑乎所謂教，而姑諉曰緩文而急武，詳內而略外，則天下之不歸於極，不用於世也，亦豈特爲士者之責哉！鄧公名廷瓚，岳之巴陵人。起名進士，稱賢守令，明達政體，以興學作人爲己任。折衝禦侮之務，於此蓋有餘力焉。固其爲士者之幸，而亦斯地之遭也。嗣是以往，安知嶺海之徼，無勃然而興，以副公之意者哉！願爲師弟子者共勉，姑記其歲月以俟。

李東陽《李東陽集》卷一三《武昌府學重修記》 武昌舊有學在府治東南，北直布政司。蓋自宋慶曆建學時已有之，而重建於國朝正統間，久寢頹敝。今天子嗣位之初，湖廣左布政使張公公實莅政於茲，間以月朔，偕藩臬諸公謁廟至學，感而言曰：「夫學舍至此，吾輩之責也。」謀於巡撫都御史鄭公、巡按御史史公，請新之。乃發官帑，得贏資若干兩，曰：「此足吾用。」借民之有力者若干輩，曰：「此任吾役。」又簡其官屬之賢者數人，曰：「此辦吾事。」刻日就役，撤明倫堂之舊而新之，爲間五，其崇三丈。直前爲綽楔題曰禮義，其後建小臺名曰望魯，臺後爲一亭曰仰高。堂左右四齋爲間皆三，而兩翼各增其一。東齋之後，廣學官之廨，曰履素；西齋之後，爲齋沐之所，曰精白；又西爲會饌之堂；又西爲號房，房八。聯以間計者百四十。惟孔子廟規制宏偉，不敢輕議興革。乃飾其

垣楹，增堂之高數寸，前有池，楯其四旁。又前有戟門，爲屏六。其東爲神厨，西爲神庫，又於大門之外爲堂曰聚德。又南爲方橋三：中爲神道，左右爲通衢。經始於弘治己酉之冬，暨庚戌之秋而成。其始則材石山積，工徒魚貫，旁午交錯，莫知所定。既其成也，金碧髹堊，崝嶸絢爛，離立交映，蔚爲巨觀者，殆不知其所由致也。昔者聖人作宫室以爲民用，其利甚溥。有闕庭而後可以朝會，有宗廟而後可以祭饗，有廨署而後可以行政令，有學校而後可以爲教誨肄習之地。是故道法兼用，本末具舉。苟二者不得兼焉，與其藻飾以爲重，憑藉以爲華，而不得其實，曾不如茅茨土階者，固足以朝諸侯；除壤掃地者，固可以奉鬼神。棠陰之茇，可以聽訟；綿蕝之區，可以議禮，而奚必以宫室爲哉！學之爲政，實兼廟祀、廨舍而有之，所繫甚重，而政之廢，亦莫此若者。蓋非特業習之荒落，乃并其居處而忽焉，以爲政不在是。嗚呼，是豈知政者哉！湖廣大藩，武昌首郡。國家漸涵育教之澤，餘百斯年，軌文章紱之盛，不待北學於中國，而孔子之道明矣。是其學政所繫，不亦有征，而可使弗繼乎哉！張公以春秋舉進士，績學翰林，歷著聲迹。今日之事，足徵所尚。而吾藩諸賢大夫，實左右之良有司，又奉而成之。其於聖天子維新之化，不爲無助矣！凡學之爲師爲弟子者，居其室，盍思盡其業，睹人之功，盍亦思所以稱其志哉！始是役者：江夏知縣魏宏，武昌衛指揮劉能及義官李寅；而終之者，知府昌君政也。訓導梅某輩及其諸生致書京師，請予言以紀其成，故書之。

李東陽《李東陽集》卷一一《衡州府學重修記》 衡之學，舊在石鼓山。宋開慶間，毁於兵，徙今金鰲寺地。元至正間，學正吳剛中輩售城西南宋李肯齋故宅，建廟及學，復毁於兵。國朝洪武三年，知衡州府高從訓、訓導杜文德輩於廟後建明倫堂，進德、正心、誠意、明善四齋，久且壞。成化八年，知府徐君孚病其湫隘，乃與郡人給事中劉君昊及訓導黎文、劉翬，謀徙於旁左隙地四十餘丈。蓋是學凡四徙而地益善。中南鄉爲堂五間，崇二丈六尺。前爲露臺，方八丈，崇五尺。左右爲四齋，各三間，如堂之鄉，而名皆仍其舊。堂後爲亭，名曰光霽。又後爲饌堂三間，曰養源。外爲大門及儀門，以間計者各三。易櫺星門柱以石，其崇三丈。會徐君以疾歸，未畢也。十三年，光山何君來知府事，益修拓之，以教授劉慶、訓導李實、王重、檢校龐掄董其事。徙其門鄉回雁峰，挹東洲桃浪諸水。繪堂齋門廡，皆用五采。廟後建尊經閣，爲間五，崇三丈有奇。閣之隙，爲官廨五區，各九間。齋之兩翼爲號房，以間計者四十，爲崇各丈有六尺，而樓其上。學之前沖建綽楔四：左曰文逵，右曰文廟，其外曰賓賢，曰毓秀，越二年乃成，蓋是學歷二守而功益盛，前此未嘗有也。學生朱奇貢京師，教授君寓書於予，請紀成事。予聞而嘆曰：古之人蓬户以爲儒，陋巷以爲賢，待教而興者謂之凡民，待聲色而喻者謂之中人，其學之篤有如此者。今宫居而廩食，董以有司，誨以儒官，歲試月課，禮勸而樸罰，數者亦詳且勞矣。而士往往惰於學，豈古今人固若是遠哉！抑所以教之者異也。夫使數者之政一有缺，雖古之人不足以爲教，獨其所爲教有不專恃乎此。蓋必申孝悌，敦忠信，又必自其身推之。官郡縣則端行操，職師傅則崇德藝，清源而正表，則得於觀感者，不患其不古若，而況有懲勸匡輔之政，翼而行之邪！自法律書簿之政行，學校之具亦弛不治，身教之義蓋無復論矣。上之不教，而專責乎士，豈不難哉！然爲士而不自奮於古之人，姑以云有待乎上，亦士之耻也。何君干力，有惠政，其在學校尤極致意，而教授君輩亦惓惓不置，其教可推而識也。爲之士者，固將踴躍振迅，争先進之爲快，而況好學慕義，出乎天性，如衡人者哉！予，鄰郡人，且君同年進士，嘉君之績，喜諸鄉士之且有成也，作《衡州府學重修記》。君名珣，字廷瑞，起家南京户部主事，遷員外郎，陟今官。

李東陽《李東陽集》卷一一《華容縣學重修記》 岳州華容縣學，在縣治南，舊地苦水。國朝洪武初，始遷於北一里許，基構宏麗，久乃浸圮。天順間，知縣許杰嘗修廟庭，備祭器，有意於學，未逮也。成化己亥，湖廣按察僉事李公文中行部至縣，詢於知縣鮑德暨教諭顔信、訓導習善，知學久不治。慨然曰：「吾事也，吾不以煩民。」乃取贏於官，得白金數百兩，命府知事吳正董其役。凡門廡堂室以楹計者數十，瓦甓木石，髹采丹堊，剔朽除穢，易爲堅完，焕然大新，觀者改視，聞者易聽，以爲盛舉。於是縣官、師儒合而言曰：「李公之功，吾徒曷敢忘。惟刻石紀事，昭於後世，俾引而無窮者，吾徒事也。」兵部郎中劉君時雍上京師，則以諸君意屬予，請爲記。予惟士之學，將以爲世用也，然必養而後成。故其平居，窮理明義，使中有定見，而力足以守之。於是出而應世酬物，庶幾不失其正。蓋必斷於取舍得失之際，然後不爲利害生死所移易。自易及難，由恒達變，涵養成就，豈一朝一夕之故哉！國家之養士，知其不可易而成也，故學校以居之，師傅以教之，堂廡齋室之居，廩給饌食之制，課之以書史文藝之業，肄之以祭祀飲射之禮，申之以孝悌忠直廉耻之義。日涵月泳，使學成而德立，然後禄而官之。其勤且厚，固如此。士之廬居而饌食者，念夫養我者之厚，必畜德積學以稱爲

士，曰「其無負茲饌與茲舍也」。於是出而有守與責，則念夫爵我禄我者之重，必致志竭力建功業以稱爲臣，曰「其無負此爵與此禄也」。苟群趨旅遂，以學宫爲傳舍，則他日之出視科目，將必若蹊徑，然一得志，則棄不復顧。求其以名檢易貴富，斷爲此而不爲彼也亦難矣。然則士之養於國者，惡可不思所以自養哉！華容文獻地，多奇才偉器，登巍科，名列卿者踵相屬。方聖天子謁賢圖治。賢有司又振而承之，興學明教，亦進德修業之基也。他日有以名行功業，不爲物奪，卓然在天下，使而鄉之士不爲虚名，今日之舉不爲美觀，而吾之文不爲虚言者，非國家建學養士之意哉，亦非吾李公及予之心哉！公暨予同舉進士，以刑部員外郎出佐湖臬。嘗預立邊功，救荒除盜，鋤强暴，植柔懦，有功吾民，蓋不獨於學政爲然。故并書之。

李東陽《李東陽集》卷七《重修福州府學孔子廟記》 本朝孔子廟偏天下，然不特設，設必於學，蓋自國學以至於州縣皆然。若隆替舉廢，則存其人，視其所爲政，而莫有同者焉。福州府學舊有廟，在學宫之西，洪武初改僧寺爲之，制頗隘。監察御史衛輝陳君玉來按其地，既廟謁，帥師生環而瞻之曰：「是不可以不治。」乃謀於布、按，下府若縣，發公帑，聚財物，命工役，伐木鑿石，冶鐵陶瓦，卜而將事。殿以間計者增五之二，廣以丈計者增十之二，崇增六之一。廡爲間各有十一，辟而廣之，遷其所謂學舍者。戟門、欞星門崇廣皆有加，易神厨於泮宫門之東。其南爲書樓，以貯舊籍。别置鄉賢名宦祠於戟門之外，以其地爲庫，貯俎豆、金石諸器。又累磚爲垣，覆以瓦，塓以赤埴，表里巨細，秋毫非故物也。於是廉陛高聳，周阿嚴峻，髹采焕發，蔚爲偉觀。凡用金以兩計爲二千八百，工以日計爲二萬一千，而時以月計者九，自壬戌之七月至癸亥之四月。朔之七日，釋奠於先聖，而告成焉。教諭某某輩曰：「是不可以不紀。」乃具書遣使以請於予。夫孔子之道在人心，無遠近古今之間，故自家國達於天下，無所往而不可。當其講道杏壇，轍環天下，從之者大抵多鄒魯之士也。然天下之人，苟暴不至陽虎，惡不至桓魋，未始不傾心焉。蓋閱二千年之久，五服九州之遠，非獨官署所在，法制所當爲，凡有血氣、有知覺、具秉彝好德之心者，皆然也。顧其訓法在六經者，或剽竊以爲文辭，或憑藉以取功名，而所謂道若判不相涉，則雖廟庭以爲尊，俎豆以爲富，徒以爲具文觀美而止，而亦何益哉！且自科舉之法行，士之用世者，不能不假文辭以出，然其所爲用者，舍其道是奚以哉！閩自秦漢以來，未見史册。唐常衮爲觀察，始用文學教之，乃有登名進士，如歐陽詹之徒者。嘗考詹之遺文，與韓昌黎所爲叙述，則詹固以文辭爲功名者而止爾。及宋道學之説興，若楊龜山、李延年諸先生皆能推尊孔子之道，至朱子而大發明之，後之見於道學傳者甚衆，至有海濱鄒魯之稱焉。福，古閩地，爲今藩會，每鄉薦多至數十人，由是掇倫魁躋華要者，後先相望。仁者之謂仁，智者之謂智，隨所見而建功立業，以是道用於天下者，亦有矣。聖天子師尊孔道，治必由之，闕里之廟，聿新舊制，天下固有徯志而從好者。而大藩首學，適值其時，是非興學宏化之幾乎！陳君向道崇教，志圖作人，既藩臬之所規畫，郡縣之所服役，可謂善乎其職矣。御史宗君懿命工立石，因特書之。而諸司百執事，則備書於石之後。

李東陽《李東陽集》卷七《景州廟學重修記》 監察御史陳君玉督學北畿，檄諸郡縣，以興教育才爲事，乃至廟學廨舍罔不注意，比爲予道馬景州馭之賢，而及其廟學之勝。既而景州訓導率其諸生以公務上京師，出所爲圖，請紀其事於石。蓋景爲河間要地，舊有學，學有廟，歲久敝陋，存不過十二。弘治丙辰，馬君始知是州，圖新其故。顧公帑匱竭，無能爲計，養民畜財，三年而有成效，曰：「可矣。」乃會材鳩工，拓地累址。構大成殿八楹，左右廡各二十有一楹。前爲戟門，門之東爲神厨、神庫，爲宰牲之所，其楹各四。西爲致齋之所，其楹八。又前爲欞星之門，門東西爲綽楔四。又前爲屏墻數丈，以障行者。總之，屋以間計者，七十有四焉。廟之東爲學門，轉而西至殿之後爲泮池，池有橋，橋之後爲堂，曰泮宫，其楹四。又後爲明倫之堂，又爲後堂，楹皆如殿之數而差小。堂之左右爲肄業之齋，會饌之堂，楹皆如泮堂。後堂之左右爲號舍，楹各視廡之半。環而南爲東西倉，楹皆如齋之一。又以其後之隙地爲廨宇，視號舍之楹幾倍。學之東隙爲射圃，圃有亭曰觀德之亭，楹亦如齋而差廣。屋以間計者一百一十有七焉。夫自唐虞設官以教胄子，而天下化之。學校之法至周乃備，其間群聖人者，皆以其道爲治爲教，治衰則教亦隨之。群聖之道至孔子而明，故天下舉其道而歸之孔子。凡所爲學，皆孔子之道也。因其道而報本反始，於是祭之義生焉。道在萬世，則萬世祀之。天下之學者不得偏祀群聖而得祀孔子以及於萬世者，其教存焉耳。故學之有廟，雖不待於禁令，而莫之敢闕，豈非秉彝好德之心無以異哉！且祭起於學，而所謂祭者，亦學之所有事。故自觀乎萃聚以至於升降作止之節，必學而後能。由是而推之，生三事一之義，則定省甘旨以事其親，冠裳職位以事乎君者，皆於此焉得，而况養志循禮之孝，致命盡節之忠，又其所恃以爲本者乎！孔子亦謂郊禘之禮可以治國，蓋以此也。若徒日誦月課以爲功，高

拱長揖以爲禮，則爲學之末務，後世之通弊，豈獨於祭然哉，而況并此而失之者哉！方今聖天子謁廟視學，以孔子之道治天下，而天下之賢有司者，皆勉承之不怠。畿郡之地，教澤之所深被。如是州者，宜有所感發振厲，以成真才著實用，不徒爲觀美之具於此也。願諸士子相與成之，因次第其始末以爲記。

《〔乾隆〕辰州府志》卷四一楊廷和《辰州崇正書院記》 宋初，州縣之學未立，一時賢士大夫倡爲書院，其名遂著。我朝學校徧天下，即縣有附於府者，亦各自爲學，而鄉社之間，往往絃誦相聞，則書院之爲教普矣。辰州之有書院，則自知府事婺源戴君敏始。君起家進士，歷官南户部郎中，正德庚午，擢守辰州。其爲政，以興教化、正人心爲首務。府城外有淫祠一區，久爲豪家所據，亟下令毀而釁之，以其值市地城中，創建書院。其制前爲重門，中爲文會堂，左右爲齋舍，各三十餘楹，後爲祠十六楹，以祀濂溪、二程、横渠、晦翁、南軒諸賢，後又爲寶經堂，統名崇正書院。既成，君乃率諸生釋菜以落之，復擇其秀異者，肄業其中。是役也，以辛未八月興事，時參政安福劉君挺、副使長寧侯君啓忠按部適至，聞而是之，力贊其成。又明年二月乃訖工。董其役者，史中書紳之父封君鉦、潘進士棠之父汰，皆郡人也。

祝允明《懷星堂集》卷二二《太倉州儒學記》 初，兵部尚書徐公晞言：天下武衛無有司可附者，得輒立學官，便詔從之。正統戊午，太倉衛士查用純以衛與鎮海二武守共一城，請如制，合建一學，報可。巡撫周文襄公忱董於成，張内翰益、沈處士魯紀其事。弘治丁巳，昉造州緒，正百度，學制隨以更。初，守襄陽李侯爲之補缺飾敝，又添辟仁惠齋，事事維力。他日，學正甘君澤等請於侯，誘允明記之。惟天下之治在君臣相遇，其治之道一，而古今之用殊。古之用人者二，曰士，曰民；今之用人者二，曰文，曰武。古之爲學也，由明德知類，由弦誦，由論政以及於師旅獄訟，咸是焉出。凡民之秀者，業於是爲士，逮入官，則文武具矣。隨用以成績，其民則官者教而用之，故於時文武不角立，甲胄無專官，繇學校一地盡之矣。後世裂而兩之，苟手任五兵，則不必讀書爲從政。然其後也，勢終不可若是以班，故復爲之齊量挈束，俾文可綜武，而武不得以獵文。如官之分典也六，而兵、刑各其一。刑者，小兵；兵者，大刑。是皆武道才萬幾一耳，至於鎮巡藩牧，凡百有位，孰可不執干戈以衛社稷？若是者，咸來自學校，是竟不違先王之所以教也。惟如是，所以教之地。若術弗可異，而文弗可以弗。右聖人鏡機而操樞，乃地術合於一，右文焉。績庸以收，始時無學士就邑校以興。洎學設，乃彌盛，於是文學、政業、詰戎、祥刑，麗六官，襄萬幾，後先煒然有功，稱由得地與術，厥效校然著已。今更一甲子，而學還文制，聖人右文之意踰至，則士也大厥奮興鋪閎，勛歸鴻稱，以稱聖人意也。應復奚若《詩》曰：「周雖舊邦，其命維新。」其斯之謂與？小子幸列下士，仰沐皇澤，敢不是贊？凡宫頖規度，前纂有揭，及陸大參容，嘗疑所傳。禮殿爲宋，故構與學址爲萬户官第者，當失實。州志已具其説，維兹更制之間，所以仍舊貫，作新民，承聖人意，以通吾君臣相遇之機者，厥功在當道。昔季路將以民社廢學，而夫子惡之。兹又何敢弗著？綱維者，都御史朱公瑄、彭公禮、監察御史方公志、王公鼎、劉公昺、王公約、袁公經、郡太守曹公鳳及李侯端也；參佐其務者，州同知丁君隆、周君明，判官陳君璽、龔君詔、黄君譜；而典教席者，甘君及訓導林君珀、鄒君紈、李君相、周君乾云。

費宏《費宏集》卷八《重建九峯書院記》 武夷二曲之内，故有堂曰「詠歸」，回挹玉女、大王、鐵板、獅子諸巖岫之勝。蓋九峯蔡先生之子、參知政事文肅公，因祖父藏脩之舊堂而構焉者也。自宋迄今，三百有餘年，遺趾僅存，鞠爲茂草。先生之十世孫，司訓珙，嘗慨然有志興復，顧其力弗逮也。正德癸酉之冬，寓書京師，以其事懇。適臺察張君廷賓出按八閩，宏以珙意謀之。張君曰：「此崇儒急務也，吾其敢辭？」至則屬建寧道分守少參彭君師舜，分巡僉憲胡君文振、蔡君成之，相與圖之。經始於乙亥季冬，會巡按胡君士寧繼至，謀諸提學副憲姚君英之，又助以罰鍰若干。越明年，丙子八月，功乃告訖。其中爲堂三間，以奉安先生之像。傍爲廡各數楹，左以延戾止之客，而右以處先生子孫之居守者焉。其前爲門，門之楣額曰「九峯書院」，詠歸之故，於是乎鼎新矣。嗣是以巡按至者，若周君文儀，則給官田若干畝，以佐歲時祭祀之需；若沈君文燦，則給其門者一人，以供朝夕掃除之役。時少參魏君某，僉憲蕭君必充，及同府姜君夢賓，皆協心贊決，移縣遵行，期於久而弗替。而珙又慮文不足徵，無以彰諸君之美，見興復之難，而示其子孫以保終之訓也，乃復即宏而告焉。宏竊嘗聞之，斯道之在天下，必有托而後傳。所謂堯傳之舜，舜傳之禹，禹傳之湯，湯傳之文、武、周公。載諸虞、夏、商、周之書，渾渾焉，灝灝焉，噩噩焉，蓋尤明著而詳備也。慨自夫子没而微言絶，斯道晦蝕，遂失其傳。我文公朱子訓傳諸經，以遠紹群聖人之統。獨《書傳》晚未及成，環眂門人，求可付者，乃以屬之先生。先生親承師指，攷序文之誤，訂諸家之説，以發明二帝三王爲治之心，《洪範》、《洛誥》、《泰誓》諸篇，往往有前人所未及者。則其羽翼斯道之功，顧不偉歟？今經筵之勸講，科舉

之取士，於《書》皆主兹傳。而廟廷之從祀，爵邑之追封，亦可謂隆且重矣。顧講學藏脩之地，榛蕪未剪，蘋藻未潔，墨池筆塚，埋没於荒煙白露之中，宜珙之所爲動，喟而不能已也。然非諸君子有崇儒重道之誠，殆將以彌文末務視之。珙雖乎號焉而莫之恤，欲復前規於久湮之後，豈不誠難乎哉？大都秉彜好德，人心所同，有觸其端，未有不油然而興起者。今遺跡既著，過者必式焉。輪奐之加美，俎豆之加崇，又安知其不有異於今日也。爲先生之子孫者，其尚來游來歌，讀先生之遺書，進德修業，勉勉不怠，以延世澤，以爲儒族之光。斯不負諸君子崇重之意，其亦珙之志也。

費宏《費宏集》卷八《井陘縣重修廟學記》 井陘高君紳，以天子命吏來主吾鉛之簿，民宜之。上官知君之勤慎篤實，往往優加禮遇。予亦雅重君之爲人，與之交久，而益孚不厭也。一日君過予，請記其鄉邑廟學之成。予不能辭，則問其改作之故，若規制之詳。君曰：「學之始建，實與廟東西並峙。邑之山水，若所謂鳳嶺綿河，莫不呈奇獻巧於堂所之間。游歌之士，取科第位顯榮者，蓋代有其人焉。至正統間，遷廟居前，而置明倫堂於後。自是人才衰耗，無復登賢能之書者矣。術者謂山川之秀有所蔽虧，盍左廟右學，以還舊觀。紳之友張應魁及二三同志，以謀於紳。紳復謀於鄉之致仕二守李盤，及耆民畢宗伊等，咸曰：『兹盛舉也，宜速圖之。』相率捐金三百餘兩，庀工從事。經始於正德甲戌之秋九月，越明年八月而成。廟之爲殿、爲廡、爲門凡二十六間。學之爲堂、爲齋、爲號舍，其間如廟之數而加二焉。於是山若累而高，水若濬而深。人之襟抱視瞻，亦若廓而通之，不自知其舒且暢也。」予嘗考之《漢志》，形法家有《宫宅》、《地形》諸篇。班固以爲形法者舉九州之勢以立城廓、室舍，蓋《詩》「升虚望楚」、《禮》「辯方正位」之遺意也。而惟嶽降神生，甫及申則《崧高》嘗歌詠之。豈山川人物，形氣流通而靈傑感會，理有固然者乎？故諸君改作之舉，律以聖人之訓。若謂志遠恐泥而不必爲，然欲凝成秀異，鍾之于人，以仰贊國家興學育才之意，固事之依乎義而無害焉者也。且叔世鮮知好義，所謂「錐刀之末，將盡争之」，孰能捐不訾之費以興此迂緩之役乎？以彼較此，諸君之賢豈不甚異於流俗哉？由此邑之子弟，覩高山而興仰止之思，臨逝川而知不息之體；鋭乎進學，期于有成，達而用于時焉。隨其所至，必秉忠持正，不愧爲名卿材大夫。即隱處于家，好脩自重，亦思以孝弟忠信美其俗化，而不失爲一鄉之善士。蓋諸君一念之義，即轉移感動之機，固不專恃夫形法家渺茫之説。然則改作之功，顧可泯哉？予爲特書其事，以告夫邑之人，而因以勗之。

費宏《費宏集》卷八《貴州儒學重修記》 學校之設，擇秀民群處其中，而以六經之道訓而迪之。蓋欲其明大倫，崇正學，達政體，探化原。以成士君子之行，以備公卿百執事之選，以收正朝廷、治天下之功。而人材之盛衰，俗化之厚薄，恒於是乎繫，實治道之最先且急者。我太祖高皇帝得國之初，即詔天下郡縣建學立師，以興起文教。貴州雖遠在西南，爲《禹貢》荒服之域，而宣慰司之學，已建於洪武甲戌。前禮殿，後講堂，旁爲齋若廡，而外表之以門，具如法式。景泰間，御史楊綱，副使李睿，嘗因舊而增脩之，則又建尊經閣於堂之後，育英堂於閣之前，翼之幕室，以處諸生之講肄者。於是乎規制大備，而爲國作人之意益以廣矣。百五十年來，此邦之士，往往以明經效用齒於内地，豈非以上之聲教所及既遠，而下之振勵又得其人故耶？比者閣日就頽，而所謂育英堂者，僅存故址。御史江君汝器，以清戎至，見其然而嘆曰：「《春秋》大復古。古之不復，可以爲非吾之責耶？」謀於巡撫都御史楊君子山、巡按御史劉君器重。議既克協，遂卜日庀工而從事焉。堂暨幕室，皆基搆如初。閣故二楹，今增而六。已而巡按復用僉事趙君淵之議，併建神厨及祭器二庫，徙泮池祀鄉賢。凡位置名物之有關於學者，罔有弗飾。經始於癸未之冬某月，而以甲申之秋某月乃告厥成。其材與力，皆江君以罰鍰給之，而勞費不及於民。其董治則布政使梁君材、按察使于君鏊。其圖議則布政使楊君惟康，按察使徐君讚，參政鄭君錫文、于君湛，參議江君玠、李君楫，副使舒君表，僉事楊君薰、成君周。而都指揮顧侯恩、劉侯麒，亦皆與焉。比者使來請記。在《易》之《蠱》「先甲三日，後甲三日」。《傳》曰：「終則有始，天行也。」蓋興壞相仍，亦事物自然之理。然常其壞也，苟不更新以飾乎其始，丁寧以備乎其終，則已壞者不可復興，而已興者且將速壞，豈君子振民育德之義哉？諸君於兹學協心畢力，易故爲新，而又欲紀以昭之，庶幾久而不廢，何其勤耶？士之藏修於此者，其惟學殖之不可荒。而聖賢之道，非六經無所就正。日取遺編而玩之，精思力踐，卓然以天下英才自期待。由是進而爲百執事，爲公卿。遭時之泰，則懷仁輔義，以尊主庇民。脱弗遇其時焉，猶必仗節死義，以勉盡乎忠孝。夫然後無負於今兹育材報國之意也。若徒志拾青紫，買櫝而還珠，則閣之所尊與堂之所育，豈端使然哉？

費宏《費宏集》卷八《陳州修學記》 陳之學，創於宋熙寧州守陳襄。我太祖高帝紀元洪武之三年，詔天下設學養士。當是時，劉恭獻守陳，乃即故址而修舉

其廢墜焉。嗣是屢壞屢葺，而殿堂齋廡以次告成。葺之者，在永樂中，守爲曹鐸；在景泰中，守爲唐銓、爲萬宣；在成化中，守爲戴昕；在弘治中，守爲倪誥、爲白思義。迨今踰二十年，向之所葺，復日就於頹壞矣。嘉靖二年，桐廬葉侯淳奉命來領州事。廟謁之始，周迴瞻顧，仰而嘆曰：「政莫先於興學，兹可緩乎？」於是庀工從事。先禮殿、講堂，各因其故而新之。次兩廡、三齋，次内外諸門，次神庫、神庖，次習射之圃，次學官之廨，次諸生會食之所、藏脩之舍，次名宦、鄉賢之祠，皆更新而撤其故。故尊經無閣，乃復創而爲之。視其基，則隘者拓而弘矣。視其位，則卑者增而崇矣。視其材，則腐者易而固矣。視其規制，則昔焉未備者，而今蓋罔缺矣。其費多出經畫，而取諸淫祠之毁者十一。其力率以錢募，而借於農隙者，不能十二三。其月日，則始於是年季夏之初，而成於季秋之終也。予弟寧，司訓於陳，以書述侯意，欲予記。既而掌教郭君綱，復具事之始末而來速焉。陳，庖犧氏故都也。其則圖畫卦，以爲萬世斯文之鼻祖，實於是乎？在閣之所尊，惟《易》乃六經之源，非學者所當先治者乎？葉侯之於是學，飾壞取諸《蠱》，去故取諸《革》，圖新取諸《鼎》，易撓爲隆取諸《大過》，可謂善於體《易》者矣。雖然，亦豈徒飾美觀，逭吏責而已耶？蓋其教於是者，必如《蒙》之養正，以收作聖之功。學於是者，必如《兑》之講習，以求麗澤之益。由是出而用世者，必如《泰》之拔茅茹以彙。而皆爲君子之朋，傾《否》亨《屯》，觀人文以《賁》飾天下，乃侯所以興學待士之本意也。若脩己治人之道，具在六經，爲士者探討服行，皆當於是乎致力。予特以陳爲古聖人作《易》之地，故因學之成而輒及之。陳士勗哉，使人材由此焉倍昔而盛，則侯之願遂矣。

費宏《費宏集》卷八《崇正書院記》　辰州府崇正書院既成，太守婺源戴侯敏白于巡撫都憲安城劉公文焕，使來請記，而自以書語故曰：「辰與沅陵之學地皆陋隘，諸生肄業者無所容。兹惟敏責，方亟圖之。已而得淫祠一所，因念吾儒之教，謂必絶神姦，而人始知爲善也。乃毁而鬻之，取其直以成是院，有文會之堂，有寶經之閣，有郡賢之祠。擇士之秀者，群居而講習焉，此崇正所由名也。」又曰：「祠凡十有六楹。其所祀，首廉溪，蓋楚産也。明道、伊川、晦菴，則以其或生於黄陂，或遊于湖湘楚，得從而附焉。横渠則以其與四先生並稱，理難獨廢。南軒則以其嘗學于潭湖湘之遊，實因之。大都欲學者觀感倣慕，而正道由之以興起也。」於乎，世之爲有司者，惟催科聽斷是急。而戴侯獨急於風教，又特揭崇正之名，以昭示衆目，端其嚮往，豈不賢遠於人哉。蓋古人之論學，必歸於正。其體則所謂正心以脩身也，其用則所謂正人之不正也。雖其規模節目非一言可得而盡，要之在循理遏欲，以公滅私，而復乎吾性之善。人知之，則隨其所虞，而必有益於時，此蓋伊尹之志也。人不知，則樂之終身，而不至失其所守，此蓋顔子之學也。自孟軻氏既没，惟濂溪以是上接洙泗之統，而後諸子繼之。其在當時，既往往作新學校以成就人材，而又著書立言傳之後學，欲此道相承而不絶，其用心亦勤矣。顧世之學者，迷溺乎記誦文詞、科名功利之習，而正路之榛蕪日甚。學於是者，可不體侯之心而各自致其力乎？今濂洛關閩之緒論具在，誠能探討服行，反觀内省，由濂溪之説而知事天、事親之爲一致；由晦菴之説而知尊德性、道問學之不可偏；由南軒之説而知爲己者在無所爲而爲，平居必以正人自期待、自樹立。修之於身，推之於家、國、天下，莫不一出於正。等而上之，將爲大人焉。正己而物自正，斯於侯「崇正」之心爲無負矣。宏自愧謭陋，無能爲役。然都憲公與侯之意，不可以虚辱也。姑誦所聞以復，使學者皆知所勵，而且以自勵焉。

費宏《費宏集》卷八《寶坻縣重修廟學記》　寶坻之廟與學，不葺也久矣。梁桷朽腐，蕃拔級夷。黝堊彤髹，漫漶陊剥。而又重門未備，過者弗肅；齋庖未潔，祭者弗虔；退息無所，教者弗勵。惟是邑密邇京師，夙被聲教；瀕海衍沃，既庶既富。遭令之賢而有志于學，則士喜而奮，民樂而趨，事可旬月而集也。然棄儒從吏，孰念其源？右政左教，孰敦其本？故雖飲於斯，射於斯，考業勸且懲於斯，釋菜若奠於斯，而皆佯盲蓄報，苟且從事，卒以其敝壞遺後之人。磁人武侯尚信，蓋賢者也。以弘治丙辰來爲令。方視學謁廟之初，即仰面嘆曰：「廟以祀吾師孔子，學以養吾師孔子之徒也。微吾師之六經，則三綱奚以正，九法奚以叙？微吾師之徒，抱遺經而誦且習之，則正者從而傾，叙者從而斁矣。教道之所關若是。使吾於是而無志焉，吾則誰師，吾則誰之徒也？」越明年，政漸有緒，乃奮曰：「吾可以有爲矣。」以春二月丙申經始之。有謂侯：「《春秋》之法，凡土功不時則譏，譏防農也。」侯曰：「吾固知之，然有託焉。《禮》不曰建國君民，必先教學也乎？」於是庀工聚材，並手偕作。作之幾百日，爲五月辛酉而功告訖。内飾精麗，外隅完密。凡今之新者，舉加於故。故所無者，乃今有之，其勞其費亦大矣。樂其成者入而問之侯，侯曰：「非吾之能，吾民之好義者有助焉。」出而問之民，民曰：「吾侯爲之，而吾弗知也。」即學而質之士，士曰：「民之言然。」然侯之舉是爲吾士也，則不可以不知。使侯有舉而無述，與昔之佯盲蓄報者俱就於

所登用，有不正焉者，不可得也。故百餘年來，名卿巨人，所以出而爲國家之用，其立言立事，與夫致身效命者，莫非學校之出，而出他途者，蓋鮮也。

夫正學之效，章明較著如此。近時學者或厭其卑近，而遊心高遠。於凡語言、文字、禮樂、刑政之屬，一切以爲支離靡爛，爲不足爲，而惟坐談名理，標示玄邈，以爲道在是矣。而推究厥用，不知其所以立言立事，與夫致身效用，於昔人何如也。吾侯所爲惓惓興學之意，其亦有所擇哉？或謂：「習久不滋，事日就弛。今之所謂學校，特文具耳，而何以興爲？」是睹其迹而不知所以探其原也。孔子曰君子之道，譬猶防焉：「以舊防爲無用而壞之者，必有水敗。以舊禮爲無所用而去之者，必有亂患」。侯其知所防哉！侯名府，字應璧，己丑進士。仁明愷弟，而敏於政。是役特其一事爾。相是役者，縣學教諭建昌李泓、訓導安仁熊魁、烏程潘佐。董役者，義官張壽。

王守仁《王陽明全集》卷二三《外集五・東林書院記》 東林書院者，宋龜山楊先生講學之所也。龜山没，其地化爲僧區，而其學亦遂淪入于佛老訓詁詞章者且四百年。成化間，今少司徒泉齋邵先生始以舉子復聚徒講誦於其間。先生既仕而址復荒，屬於邑之華氏。華氏，先生之門人也，以先生之故，仍讓其地爲書院，以昭先生之迹，而復龜山之舊。先生既已紀其廢興，則以記屬之某。當是時，遼陽高君文豸方來令茲邑，聞其事，謂表明賢人君子之迹，以風勵士習，此吾有司之責，而顧以勸諸生則何事？爰畢其所未備，而亦遣人來請。嗚呼！物之廢興，亦決有成數矣，而亦存乎其人。夫龜山没，使有若先生者相繼講明其間，龜山之學，邑之人將必有傳，豈遂淪入于老佛詞章而莫之知！求當時從龜山遊不無人矣，使有如華氏者相繼修葺之，縱其學未即明，其間必有因迹以求道者，則亦何至淪没於四百年之久！又使其時有司有若高君者，以風勵士習爲己任，書院將無因而圮，又何至化爲浮屠之居而蕩爲草莽之野！是三者皆宜書之以訓後。若夫龜山之學，得之程氏，以上接孔、孟，下啓羅、李、晦庵，其統緒相承，斷無可疑。而世猶議其晚流於佛，此其趨向，毫釐之不容於無辨，先生必嘗講之精矣。先生樂《易》謙虚，德器溶然，不見其喜怒。人之悦而從之，若百川之趨海。論者以爲有龜山之風，非有得於其學，宜弗能之。然而世之宗先生者，或以其文輪之工，或以其學術之邃，或以其政事之良；先生之心，其殆未以是足也。從先生游者，其以予言而深求先生之心，以先生之心而上求龜山之學，庶乎書院之復不爲虚矣！書院在錫百瀆之上，東望梅村二十里而遥，周太伯之所從逃也。方

湮没，而誰其思之，而誰其嗣之？」因相與礱石，謀於學之教諭齊君濟周、司訓歐陽君源、吕君昂，來求予記。予謂侯以儒飾吏，達于本源；且勇于有爲，庶幾知《禮》之經、《春秋》之權者。遂不辭而爲之書。

文徵明《甫田集》卷一九《長洲縣重修儒學記》 嘉靖十有五年，歲在丙申秋八月，長洲縣重修儒學成。乃是月四日丁亥，知縣事渭南賀侯，躬率博士弟子釋菜於先師孔子。新宫桓桓，豆籩維飭。陟降旋辟，儼肅有儀。父老賓屬，爰觀爰慶，謂數十年來所未有。既明日，諸博士弟子相率言於某曰：「維兹長洲，寔蘇之輔邑。邑有廟學，而制統於郡。故事，月朔廟謁，春秋有事，縣官師生旅拜於郡學，以爲故常。有祭田，瘠薄不足更費。歲時惟學官行事，而有司不與也。頃歲，有司之賢者，間一行之。牢醴狼籍，取具臨時，而其事亦不恒舉。夫有司之賢有才者，固足集事，而或不然，則委諸故事。是故或舉或不舉惟其人，而學之廢興以之。兹學之建，昉自宋季，即浮屠氏藏殿爲之，狹隘弗稱。歷元及國朝，數有建置，而踵其庳陋，無所展拓。正德丁丑，提學御史安福張公鰲山，盡斥僧廬益之，而未暇改爲也。侯始至，以學校首政，顧月朔不得專謁，則以次日將事。視學弗葺且敝，慨然以起廢爲任。節用制財，乘時僦工，爰相厥攸，亟請於監司、於郡守。既議克協，悉撤其故而新之。首禮殿，次兩廡，次講堂齋廬，從而戟門繚垣，以若庖庾廬湢之屬，亦以次告成。甃以密石，華以丹堊，翬奂嚴翼，實完實堅。乃斥隙地，俾居民占業，而税其間架，牟其所入，以給歲祀。於是廟學之制始備，而禮文始益弗朁。」謂某故學諸生也，俾有述焉。

維古士見於師，以菜爲贄，故始入學者，必釋菜以祀其先師。是故有學則有廟，廟而弗祀，猶無廟也。長洲爲東南望邑，學視上庠，官有常員，士游於學有常額，而庠有廪餼，事皆應於法。而有廟弗祀，豈其制則然？殆有司之失也。侯之爲是，豈獨行禮哉，亦所以復國家立學之制焉爾！夫學校之設，所以育英才，以爲致禮之具。其法自三代而下，惟我國家爲詳，而其任爲特重。蓋仕者必選自有司，舉於禮部，然後登用於朝。然非學校，無自而升也。故進雖多途，惟學校之出爲正，而他途者不與。宋慶曆間，嘗詔天下立學矣，然惟州郡有之，縣不滿二百人者不得立。至於學制，雖見於程子之議，而實未嘗用。今内自畿甸，外而荒服，偏州鄙邑，莫不有學。學必具官，士必板列，必選於民秀而考其行能，閑衛升黜，必有法程，而所授受肄習，必孔氏之教，莫不切於治理，周於實用，粹然一出於正。嗚呼！學校之習一出於正，則凡有司之所選，禮部之所舉，與夫朝廷之

華氏之讓地爲院，鄉之人與其同門之士爭相趨事，若恥於後。太伯之遺風，尚有存焉，特世無若先生者以倡之耳！是亦不可以無書。

程文德《程文德集》卷一二《信宜遷學記》 聖天子御宇十有二載，史官程某以事忤，謫尉信宜。至之日，首謁學宮，門廡墟圮，文廟僅存，荆榛蕪穢，學官生徒咸外舍。蹙然嘆曰：「人文不振，固宜然哉。」稽其故，蓋自正統六年，縣被瑶寇，始築城，學遂堙晦，則以山川之秀爲城蔽也。顧瞻縣治，軒然昭曠，其右爲廢倉。亟趨視，則群峰如躍，形勝畢萃。鳳山翔其東，大應屹其南，榜山揭其西，登高峙其北。左右二溪合流於前，是爲竇江。而縈迴曲折，突不見其出也，則又豁然喜曰：「茲非學宮址耶？」於是圖遷而艱於費。凡有職茲土，暨學諸生，咸議捐助，而予倡焉。遂得百金，兼鬻故學地，稱是。材取諸山，甓市諸陶，工助於戍卒，不數月而廊廡堂齋焕然一新，蓋嘉靖乙未八月也。未幾，則予有安福之命矣。千户王宗賜礱石請記，予曰：「未也，通門於南，塞坎於北，諸工悉備，斯可紀乎。」自是予雖行而心不忘斯學也，凡繼至令長，必祝焉，蓋十有五年矣，乃令許君竣功介圖，及東洲李公述厥成，申礱石之請。某(締)〔諦〕覽之，怳然若遊乎其間，俯仰宮墻、泮水之勝。登降而四顧也，若挹先聖先賢於俎豆，凛乎有生氣也；若揖讓明倫，爲諸生賀，而渢渢乎其興起也。於戲！是惟艱哉，亦無疆惟休。予固願爲諸生誦焉。夫學也者，學也。合諸學而學也，學地也，而學心也。地有隆汙，心無善惡乎？予請遷善於地，尤當遷善於心。今學廣大高明，可謂得其地矣。使諸生之心，猶夫故也，地亦不得而爲之也。是故遷地學易，遷心學難。湯之日新，文王之緝熙，仲尼之徙義，子路之喜聞過，皆遷善於心也，諸生則焉由乎？新學而心與俱新，則心善而地應。地靈而人傑，將茂聲實於當時，垂休光於後世，不徒科名已也，諸生勖焉，無令議者有徒遷之(頷)〔嘆〕，亦吾儕之光也。是役也，東洲記之悉矣。若其成，始則令謝彬、尉陳國，千户王宗賜、崔高；協贊於中，則署事高要，丞史載澤、令何文、倅白譜，教諭楊登玉、李鼎，訓導陳清；成終而益恢之，則令許述；而助畫於上，則前郡守石簡、今郡守歐陽烈，咸有勞績可書云。

程文德《程文德集》卷一二《信宜麗澤書院記》 《易》曰：「麗澤兑，君子以朋友講習。」麗澤奚取焉？兩澤相滋，則有朋友之象，是故君子取爾也。取以講習何？學之不講，道弗明也；講而弗習，道弗行也。是故以文會友，以友輔仁，以講習也，其兩澤相滋之義乎？信宜城南，東西二水合流，群峰環秀，俯仰蔚藍，形勝殊絶。嘉靖甲午，某以謫居來，過而樂之，蓋有意焉，而未逮也。明年乙未，遷學宮城中，築翔鳳臺於登高山。顧滋麗澤之濱，實惟書院之址。乃謀諸千户王君宗賜，君慨然任之。門堂垣宇不日而成，數月而圮於水，予亦以遷安福行矣。歲月一紀，夙志茫然，寤寐有懷，山川靡及。乃嘉靖乙酉，邑令許君思前政之孔良，閔後學之無肄，載度地故址，再遷稍東隙地，而鼎創焉。爲門四楹，堂視門廣，輪倍之。左右齋各八楹，厨湢咸具，周垣固密。伻來示圖，予覽而驚嘆曰：「學宮美矣，書院維新，不圖許君作人之至於斯也，且使王君亦賴以不泯也。於戲，休哉！使信宜而無書院，不有負於麗澤乎？然使諸生而弗講習其中，不又有負於書院乎？請終麗澤之義，爲諸生諗焉。」夫水，至下也，至虚也。下則順，虚則受，是故相比而相滋也。今夫朋友，囂囂自矜，則不能下人矣；侈然自是，則不虚矣。不相下則忌能，不虚心則拒善，而安能遜志於講習也？是故君子取諸麗澤焉。飲然自視，虚也；卑以自牧，下也。相觀而善，其相比也一志同聲，合流而無迹也；講習而不息焉，明誠以盡性焉，不舍晝夜，放乎四海也。斯於麗澤爲合德乎？彼甘離索而安孤陋者，雖有麗澤，不知其美也，即肆書院，奚益焉？諸生念之！雖然，書院有興廢也，而麗澤不變也。諸生則乎其不變，而不因乎其廢興，斯講習有恒，而友道可復也。《詩》曰「肆成人有德，小子有造」，吾於信宜有望焉。許君名述，字孝卿，直隸揚州人。爲政愛人，先教化，斯可徵已。

程文德《程文德集》卷一〇《復古書院記》 書院之興，尚矣。自宋中葉，名賢逸士相與考築佳勝，麗朋講習，上復爲之賜額，立長以勸之。其最著者，若白鹿、嵩陽、嶽麓、睢陽，稱四書院，而作人亦最盛，書院之教闡矣。或曰：「學宮造士足矣，書院奚庸焉？」是不然。古者家有塾，黨有庠，是故衆庶興行，比屋可封。今萬家之邑，而惟一學焉，奚惑乎人才之日靡也？夫老佛之教，視儒道何如也？然而吾儒作之不能振，老佛遏之不能熄者，何哉？老佛之言不啻百倍，習之者衆也。是故主張世教者，苟欲振吾儒之微，熄二氏之熾，亦惟廣群士之地，而使習焉，有以勝之爾。書院者，固學宮之翼，而群士之便乎。某竊謫嶺南者三年，一日承環命，令安福。始至，理煩剔蠹，疏滯督逋，日瘁弗遑。朔望則集士於學，考德問政，顧弟子員殆六百人，而齋堂數楹，號舍無地，何以專志業，稱明詔也，恒疚心焉。居三月而且有南曹之遷矣。戒行有日，鄉大夫東廓鄒子暨諸士胥言曰：「吾聞君子教思無窮，容保民無疆。今侯雖去，立鄉約以貽吾民，容保誠不匱矣。而萃士無所，教道其有終乎？」予聞之偲然，遂偕相度卜，屢弗食。

或曰：「南郭外東一里許，故老相傳舊學址在焉，盍訊諸？」至而諦觀，則姑須之脉蜿蜒南來，東西澗水束之以鍾於此者也。而文峰挹其前，北華峙其後，牛嶺踞其東，獅山蹲其西。而東北水之所泄，則蒙岡蔽其虧，焕焕乎，完完乎，丕乎翼乎，四方之勝咸萃焉。數百年弦誦之地，鞠爲榛莽者，怳乎猶聞絲竹之音也。予大喜而嘆曰：「兹固天造地設，而神明之所儲者乎？又奚卜焉？」乃步兩澗中宫宅，問其地，則山頭棟背，二劉氏所有也。命之，歡然而應。丈其基，廣凡四十，臨官道，拓而甃之。召匠氏會之，曰：「非千金莫能室也。」顧縣無羨積，以詢父老士民，復歡然而應，旬日而集。乃立垣墉，乃定規制。前故有方池，稍加闢爲璧形。池外臨官道，拓而甃之。石澗東西故有橋，就圮，葺而樹之。坊東曰「浴沂」，西曰「登瀛」。澗合流於後橋，曰「麗澤」，而書院若涵於鑒中。臨池爲門八楹，題曰「復古書院」，蓋取諸復。門内中道爲儀門，曰「惜陰」，蓋取諸陽明子。堂六楹，曰「文明」，蓋取諸方向。翼以兩齋各八楹，左曰「忠信」，右曰「篤敬」。後堂六楹，曰「茂對」，蓋取諸無妄。翼室各四楹，堂後爲尊經閣。東西各爲號舍八座，皆南向六楹，庖湢之次附焉。東號外爲射圃，觀德亭臨之。(志)[制]定而某奉檄行矣，時嘉靖丙申九月也。乃冬十有二月，邑大夫士寓圖南都告成，且曰：「願子志一言爲多士規。」予復喜而嘆曰：「是何成之速耶？地美而志稱，構宏而工亟，神明之所儲者，固有相之道耶？予小子何言，亦惟申往日真心之論，願諸士之無斁焉爾。」夫真者，天之宰也，地之維也，人之命也。是故以天則真覆，以地則真載，而以人則真聖。聖，斯人也。人而不能聖者，是自離其真也，猶天而不能覆也，地而不能載也，非常理也。是故天下之物，孰非真有也，而人獨可以不真乎？不真則無物矣。真親斯父子，真義斯君臣，真别斯夫婦，真序斯長幼，真信斯朋友，聖真而已矣。名取而實違焉，言道而行背焉，顯修而隱忽焉，甚者則章逢其服，而蹻跖其行，雖世之所謂小人者，不得而與也，尚可謂之真乎？吾黨欲爲人，則不容以不真矣。且夫真心一也，惟人所用爾，不真於善，則真於惡。真於善，是爲君子，其歸也爲聖人；真於惡，則爲小人，其究也爲蹻跖。聖跖之分，考之真心而已矣。諸士慎之哉！夫負耒耜而入於肆，則爲狂農，操斧斤而遊於野，則爲病工，所業非所趨也。是故登斯堂者而或忘真心之儆，務徇名之學，是猶藝於野而耕於肆也，則人孰不以爲病狂之士耶？諸士念之哉，斯則不虚復古之意矣。是役也，東廓鄒子守益、縣丞王鳴鳳、劉生伯寅主其畫，提學少湖徐子階翼其成，同知彭山季本、知縣三泉俞則全、鄉官御史松厓郭弘化、縣主簿茹鏊、趙振紀、典史胡鵬，皆後先相其規。而秉義戮力勞其事者，則耆民劉國容、劉營、謝資芳、吴伯朋、周參、劉國治、姚炫、朱廷弼也。於戲！後之君子尚鑒而嗣葺焉。

《〔萬曆〕襄陽府志》卷四八何遷《文忠書院記》 光化有書院，自歐陽文忠公始。基圮而易以城隅，則今鄭侯爲之云。文忠公去邑且數百年，鄭侯至，問民所思，既慨然念之，適漳江隄成，取其地祠焉，而書院遂因以復。邑故瀕漢，漢漲城必齧。先是宰縮城以避，侯患之，乃築爲大隄障焉。隄以内，地迴而岸高，書院臨其上，北攬太嶽，南接江流，裒然爲邑名概。侯題其祠曰思賢，堂曰大觀，蓋兼之也。邑故鄭地，侯爲邑，好以教化拊循其民。暇日輒至學宫，取微言大義指劈之，士既津津聽之矣。書院成，復相與講學其中。踰年，邑之民亦無不嚮風起者，相率至書院。比數侯所爲，如見文忠公近在俎豆，而光化庠序之盛，著於楚服矣。於是邑博濾陽周君謨、括蒼董君淵，暨邑諸生劉珂、魏鳴謙、韓應嵩越數百里，至吉陽山中，問記於予。予蓋聞之。先王造士有道，而命於庠序。其教詩書禮樂，其學由心性達於材行，其見於書曰「勞之來之，匡之直之，輔之翼之，使自得之。」其警於怠，則曰「又從而振德之」。蓋其爲術多而爲意備。士當其時，馴服其教，行乎而材洽，宜其俗之惇樸而治之綦隆也。自周道不著而教益弛，士遊於庠序，或不能幾微自得，而又有科舉之制，循習而趨，於是别爲書院，以附於庠序。往往擇深山僻坳以爲肄習之所，更其視聽遊息，誘之使入。士居其中者，亦將觀法奮興，自去其怠，以見於科條程督之間。古者振德之方，不可考已。然使其率作鼓舞之幾，於是乎在。假令懼其怠而動之，亦其所不廢歟。人生因於所習，則怠心生。苟無以誘之，耳目不可新，而手足無所警。故動之有具，而德因以振，其制多而意備，亦一而已。科舉之制，士所習以爲承庸，而由心性以達於材行，則其本指也。士安於習，而探其本指，博碩純繹，致用不匱，不可尚已。不然，用其未齊之志，一或謬於本指，其所爲競至於膠滯沉蔀，而虚晰不測之神，無以鬯宣其業而陳其所能。有司尺幅之選，稍稍不合，將有蹙然困於中。思輒隳其畜持以去者，謂不以爲疚而怠焉不可也。於此而振德之，視聽遊息必於其所誘，豈非其不可已者歟。士之有待於振，以其德之敝，非習之不趨之謂也。夫使振德之方，申於庠序，而其所程督以爲功，又不越乎昔之所困，則士之耳目手足復無以爲助，而又何振德之思也。士習怠於所困，而以觀法奮興望於人，則所謂德者，固不得踰乎習之本指。而其所以振德之者，亦不能加於庠序之所求。詩書牖明於内，禮樂閑度於外，凡以致其心性也。萬感一幾之謂心，萬物一體之

謂性。由不慮之幾，識之以默其知，不以聞見囿。由不息之體，出之以順其利，不以思爲鑿。凡以著其材行也。識之而無所囿，出之而無所鑿，則行發於成德者足以正俗，而材見於時措者足以舉治。而膠滯沉蔀不能爲士習憂，進而合於有司，服政行義，而其施固已素具矣。士以此學，至於怠而振德之，則亦無以易此。方其視聽遊息，蒙於所誘，自視其所習，若或易之，及其薰蒸既久，旋轉變化其中，而後恍然以起，則知向之易我者，乃所以復我，而非以爲易也。耳目手足易其見與地，而所求於詩書之旨，禮樂之節，其孰能易之。夫子所謂誘，循循然而善者，毋亦先疑之以可易，而後復其故歟。如此，則夫光化所待於士之意，蓋可知已。彼謂科舉之制，或以不競而懈，其亦未覩於此歟。昔者衛靈公軍旅之對，執其所明，沮其所不逮，夫子不爲也。俎豆之化洽，而後可以即戎，殆探其本指矣。科舉之制，德藝成而士習淑，其不以此歟。鄭侯爲光化平徭均稅，薙慝翼良，清訟除戎。其政既得民，而加意教化。至祠文忠公，以示又如此。侯蚤聞心性之學，以材行信於鄉。昔予祗役江藩，與侯語合意，知侯所得，由文忠公進於孔門，蓋觀其深者。然文忠公之治，則光化之所思也。侯爲振德計，而取民所思以導之，其爲術多而用意備，又寧有既哉！光化之士思而學焉，反其習於本指，而無疚於致用，必將有得於此，不徒侈名概懷古講藝而已。固非侯之所待於士，抑於予言奚取焉。侯名某，字某，某某縣人。兹役也，始嘉靖壬戌某月，成於癸亥某月。其費營於官，不以役民。祠祀歲修有時，養士饍膳，給諸陂租。侯於兹役，審慮而後從，蓋侯爲光化之二年也。

范欽《天一閣集》卷二六《寧波府重修儒學記》　高皇帝筆驅胡孽，憲天立極，鑒觀古昔，思以湔滌腥穢，敷鬯大猷，即於踐祚之明年，詔天下郡縣，所在建學，延師儒以倡道，教吾寧學，於是即宋舊而拓新之，咸感奮濯磨，飈馳雲蒸，以應德意，彬彬聞人，雄海内矣。迨島夷發難，中外郖穰，競釋俎豆，輟弦誦務，捍家室無寧時。所司又廩廩治戰守備，覬免譴責爲厚幸，奚暇論於繩墨之外哉？故學日就圮。賴天子之靈，諸大夫之力，幸而脱駕，稍稍從學官講業如初。會西蜀海憲劉公翾謁廟，因以爲請。公周視而嘆曰：「夫學，明禋先師而淑養人士者也。若是而莫之省慮，將何以崇祀章教？余叨觀風，誠不能以惜費爲解。」乃屬郡守周侯良賓程材鳩工，率屬庀事，自廟廡、門堂、祠亭、齋閣，達於庖湢、墻屏，以次葺治，輪奂丹雘，井井奕奕。泮池又決渠，甃石更易。觀視其費，取諸齋膳之羡。劉公與參議余公一龍，更濟以贖鍰；周侯則又增構學舍，而黄教授一桂寔經理之，遂告成事。諸生因謁某爲記，謝以不敏。久之，乃言曰：「相馬以輿，相士以居，學之修誠得所矣。」諸君子亦知所以修身乎？夫學也者，修諸人者也；身也者，修諸已者也。以品類謂之物，以軌度謂之則，以典彝謂之倫，以感通謂之心，以融貫謂之仁，以生生不息謂之神，循是而之焉之謂道性。生形具，不由外鑠。修身者非他也，修諸道也。故能苞該方象，鼎參三才，上下今古，異履同揆，鼂然天下之望，不爲幸已。藉使就其便，私決情泆，志靡所檢括。曰：「吾幸已得肄，是何求諸人者？」亟而求諸已者，緩也，必不然矣。竊觀當世之士，其學有二：下焉者藉口經術，割裂尺幅而藻飾之，名爲詞章，以嘩世取資，幸而獲售，争相誦慕，不啻聖書，其於造化物理之藴，禮樂古今之賾，所由經綸世故、黼黻皇猷者，視如長物，棄而不講，蓋十人而九。夫通天地人曰儒，乃若是邪？其弊也陋。上焉者，剖破藩籬，游神幽眇，以窮理爲糟粕，以學文爲贅疣，竊佛老之緒以濟其術。如張子韶所稱，「改頭易面，即之恢恢，測之窅窅，使人洸洋流宕，失其故吾」。自詞盡性知命，而不足以經世宰物，甚者認法乘爲同宗，目超悟爲一貫，筆之於書，猖狂不返，其弊也幻。幻則捍而難束，陋則捷而易沿，其於失道則均也。乃若倡言明道，浮慕昔賢，旁招廣引，立門户以爲名高，即其竑議闊談，鉅包块圠，纖入毫芒，沾沾自喜，眇視千古，豈不壯也。迹其行事，往往矛盾，世儒以此詬譏，志士且避畏而莫知所當。嗟乎，胡未之思邪？

夫堯舜、孔子，世之所謂聖人，希曠眇絶者也。乃其道則曰孝弟而已矣，忠信而已矣。不越日用之常，何也？蓋忠信廣大而光明，孝弟懇惻而真確，藴之爲天德，踐之爲人倫。所謂不學而知，不慮而得，聖人至於涂人一也。欣洽充盪，道不下帶，其極至於通神明，光四海，翊天地，囿萬物，寧復求諸形骸之外？窈冥昏默，如世所稱，彼詞華虚恢者不俟論矣。要以篤行好修，不背所言爲本。得時則駕，諸君子亦知所以修身乎？主上方光紹鴻烈，作新髦士，屢下功令，務在敦勵行藝。邇又察舉學官，第其修墜而廢置之，意甚勤厚。夫亦期得名世之士，不二心之臣，長養薰育，爲社稷棣。語有之「十年樹木，百年樹人」。故天不擇地而垂雨露，聖人不擇人而施鼓鑄，較然矣。若夫感遺會之盛，思負荷之艱，蚤夜孳孳，茂樹名行，追前聞人，豈惟聖代諸大夫且嘉賴之，亦惟諸君子是賴。由前而言，則爲自修，由後而言，則爲上而修，皆道也，固所以修身也。惑而知返，迷道不遠，願爲諸君子決策之。於是咸曰：「唯唯，敢不藉乎而拜」。遂書諸石。

王叔杲《王叔杲集》卷一〇《叙建文學書院始末記》　余令常熟之三日，肅謁

文廟。廟之左偏有言公子游祠附焉。余入而禮之，出而問贊者曰：「是邑也，子游之鄉也。豈無所謂專祠書院者乎？」咸對以未之有也。夫句吴自泰伯端委以治，而尚仍文身之陋，惟子游北學中國，傳仲尼之道以歸，而大江以南學者莫不得其精華，由是稱文獻之邦者蓋三千年於兹，其功匪亞於仲尼者歟？而是邦爲首善之地，諸鄉後進又其教誨之所先也，乃書院之制缺然未之有作，詎非士之耻而有司之過歟？於是謀及鄉大夫，謀及士庶，僉曰：惟令是從。會直指温公行部至縣，諸士有以狀白者，公毅然以崇賢舉廢是任，亟命余曰：「是邑之缺典也，令其圖之。」余乃度地於虞山之麓、御史臺之西，去吴公墓二百步而近，有隙地一方，縱若干丈，横若干丈，厥土黄壤，廣衍爽塏，可八畝餘，於院爲稱，余購之民間而酬其值。於是畫糇糧，慮財用，傭工役。南爲門者一楹曰文學里，以臨通衢，直北百武，東向爲門者一楹曰文學書院。由甬道折而西南，爲正門者三楹曰南方精華。又北爲池者一泓，石梁亘其上，石楯環其傍。又北爲綽楔而四柱者一，曰洙泗淵源。又北則爲學道堂，中三楹，夾室二楹，前爲軒又三楹。堂之前左右爲齋舍，東西向者各十有四楹。兩舍之前又各爲高垣以界之。堂之後左右各爲樓者三楹，樓左又爲庖湢三楹，而祠之制略備矣。又以瞻依無所，則士心罔攝，於是爲祠以妥先像者凡五楹，前爲祠，門於堂之後，其外則繚以周垣。經始於乙丑之二月，落成於是年之七月。木必丹艧，石必砥錯，厥材孔良，厥工孔精，直者如繩，折者如矩，閎偉壯麗，蓋邑之公宇民廬罔有踰之者矣。然祠臨之於上不可以莫之祭也，於是歲爲釋菜者二。士群之中不可以莫之程也，於是月爲考試者三。祭有品，試有饌，費安從出也，於是有常稔之田者六十畝，歲收其入以爲共焉。大院制備矣，祠義周矣，而掌之非其人胡可久也，議以分教一人居於斯。而建廨之役，余以赴召不遑及，而僅具其費以屬之董役者，總爲金千六百有奇，出公帑者十之六，余捐俸而設處者十之四。是役也，主議者温公，規畫調度，余則身之。董諸役俾速於有成，則衛簿重鑒之勞也。噫！余之令常熟僅十有六月，而於兹實殫心焉。今院宇翼翼，諸士彬彬集矣，幸以無辱監司之委，以無隳崇賢勸學素志。然豈余之勤哉，亦諸大夫士之樂贊，民之勸趨，而相與以有成者也。余故紀其歲日與其規制以諗於後之君子，尚相期翼於永久焉爾。乃若述聖謨，明正學以開示群賢，則有諸矩公之文在，余烏乎能。

徐渭《徐渭集》卷二三《石刻孔子像記》　何氏《餘冬録》載黄伯固曰：「偶考夫子象無鬚，惟家廟小影爲真。」又引《孔叢子》云：「先君無鬚髯。」近郎氏《七修稿》亦云：「吾夫子七十二表，形容盡矣。今象夫子者多鬚，而彼表獨不稱須，可疑也。」意伯固所顧有據。然予讀《家語》，孔子適鄭，與弟子輩相失，獨立郭東門。鄭人謂子貢曰：「東門有人，額似堯，項類皋陶，肩類子産，然腰以下不及禹三寸，纍纍若喪家之狗。」子貢以告，孔子笑曰：「形狀未也，而曰似喪家之狗，然哉！」噫！吾夫子之然，殆傷已往往於諸國君而往往不遇，終無所投止，四顧徘徊，如喪其家者然也？不遇則何補於東周，此《春秋》所以作也。故曰：「吾志在《春秋》。」噫！徒志而已矣。東門人乃親見夫子，孔叢子夫子後，而《荀子》書云，東門子姑布子卿，則善相人者並不髯夫子，則貌夫子者宜不髯。韓昌黎肥而胡，韓熙載癯而略鬚，兩人皆謚文公，姓又同，繪事者亦兩相誤，乃知人間事誤不少。

張居正《張太岳先生文集》卷九《京師重建貢院記》　今天子踐祚之三祀，新修貢院成。其地因故趾，拓旁近地益之，徑廣百六十丈。外爲崇墉施棘，徼道前入，左、右、中各樹坊，名左曰虞門，右曰周俊，中曰天下文明。坊内重門二，左右各有廳，以備譏察。次右曰龍門。踰龍門，直甬道，爲明遠樓。四隅各有樓相望，以爲瞭望。東西號舍七十區，區七十間。易舊制板屋以瓦甓，可以避風雨，防火燭。北中爲至公堂，堂七楹，其東爲監試廳，又東爲彌封、受卷、供給三所。其西爲對讀、謄録二所。簾以外，殖殖如也，翼翼如也。後爲聚奎堂七楹，旁舍各三楹，主試之所居也。又後爲燕喜堂三楹，東西室凡十六楹，諸胥吏工匠居之。其後爲會經堂，堂東西，經房相屬，凡二十有三楹，同考者居之。簾以内，渠渠耽耽如此。其他庖湢、庫舍，所在而有。明㬇向背，咸中程度，其規制名額，雖仍舊貫，而閎麗爽塏，邃密縈奧，視舊制不啻三倍。工始於萬曆二年三月，以明年九月告竣。計庸三十六萬有奇，費以五萬金。既告成事於上，於是司空郭公率其屬，請予爲文以記之。

按京師貢院，始於永樂乙未，是時考卜未定。文皇帝以巡狩御行幄，庶事草創，其所舉士，秋試不過數十人，春試率百餘人。故試院規制，雖頗湫隘，亦僅能容。及燕鼎既定，人文漸開，兩畿諸省，解額歲增，士就試南宫，至四千有奇。而貢院偪隘如故，又雜居民舍間。余爲諸生，就試南宫，及官詞林，典試文武士，數游其中，恒苦之。自嘉靖間，建議者咸請改創西北隙地，或言東方人文所會，宜因其址而充拓之以從新，然旋議旋輟，未有必然之畫也。今天子始俞有司之請，一旦焕然，易敝陋而爲閎麗，士之挾策而來者，不啻若登龍門、探月窟矣。

嗟乎！振敝維新，固自有時。舉二百餘年之陋制，一旦建爲堂構巨觀，非振

奮烏能有成哉？嘗謂創始之事，似難而實易；振蠱之道，似易而實難。室已圮而鼎新之，易也，鳩材庀工而已。惟夫將圮而未圮，其外窿然，丹青赭堊，未易其舊，而中則蠹矣。匠石顧而欲振之，聞者必以爲多事而弗之信，其勢不至於大壞極敝不已也。明興二百餘年，至嘉、隆之季，天下之勢，有類於此者，多矣。紀綱法度，且將陵夷而莫之救，有識者憂之。今天子茂齡撫運，嘉與海内更始，於是舉二百餘年之將墜而未仆者，一切振而舉之。然衆庶之見，溺於故常，令下一年，而民疑；二年而民謗，不曰「上之所以興廢起墜者，皆申飭舊章也」，而曰「創行新政也」。浮言四起，聽者滋惑，賴主上明聖，不少摇惑。蓋五年於茲，而後仆者起，暗者睹，於是海内始知相與歌誦上德，翊戴明主，而不知始之振之，如是其難也。夫論治者，怠則張而相之，廢則掃而更之。夫惟能張之而毋怠，則自不至於廢而可更。故虞廷當治定功成、禮樂明備之時，而其君臣賡歌以相儆，惓惓以率事省成爲言，怠荒無虞爲戒，蓋恒恐其怠，而思以張之也。嗚呼！繼自今上之取士，與士之待用者，其亦遠覽虞廷率事儆戒之意，感明主振興才俊之心，皆務爲恪恭匪懈，爲國家建久安長治之策。其無鶩爲偷安苟禄，以瘝上之事哉。

董其昌《容臺集》卷四《求忠書院記》　凡立學者，必先釋奠於先師，書院之有祠也，禮也。方遜志先生之學，傳於宋景濂，自景濂而溯之，爲金履祥氏、何柏氏、許謙氏，以至於考亭授受有緒實，惟世嫡顧其死節爲獨著。夫書院未有以死節祠者也，吾郡之祠先生，何也？謂是血胤在乎，先生已自絶於文皇矣，亡國之餘，猶有燔妻子示不辱，此藐諸孤也，非踐首陽之士，則灑侍中之血，公志不存也。謂吾鄉先生俞公、任公，皆公弟子，而可藉以乞靈乎？是時朋友皆族矣，獨爲嬰也，德玉也招乎？然則何以綏先生之靈，曰：以吾黨之求忠綏之也，孔孟遠而士無純師，譚忠孝者，溺其旨矣。自濂洛關閩諸大儒精言之，於是委質之義家律令人斧鉞，無有以邪説奸其間者，文、謝之死節與張、許同，而淵源遠矣，何也？彼如擊石之火其性真，此如傳薪之火其用廣也。高皇帝以綱常爲治，嘗旌余闕，薄危素，惟勸忠爲惓惓，乃其大者，在於罷黜百家，顓立朱氏學，惟時天地初肅，士鮮偷心，乃父兄之所教率，師友之所誅討，靡不與，真主應蓋，千人決拾，以射臣鵠，而先生其繁弱已。商祚六百不爲不久，扣馬二士不爲不奇，壬午之事，膏斧齒劍者骨量乎澤，樵夫室女不夷齊愧史册有是乎？是高皇帝以三十餘年磨鈍之權，邁商賢聖六百載養士之報，方先生以九死十族之節，表朱夫子繭絲牛毛之功，先生死而有遷，宋儒無益人國者，咋舌退矣，此朱子之忠臣也，豈惟朱子、孔子、大管仲之功，於召忽平平耳，夫悉一世之忠義而輸之，周天王則忽安得有私君春秋法也，他日不又曰殺身成仁乎？世儒不察，猥云聖達節賢重死，管仲不一有而勸進者，接迹金陵之娓娓，長樂老抑何舛也，微先生聖法幾爲盜夸，此又孔門之忠臣也。先生足不涉吾土，意其英魂浩氣，惟忠是歸，惟學忠者是類，繼自今講堂肄業之士，因朱之傳孔之筆以羹墻，先生之忠，雲車風馬，或格而歆矣。九峰一拳石，不隱然紫陽、白鹿重哉。祠成於郡守明州張公，前司理睦州毛公，會大中丞徐公以撫吴至爲丹艧之，中丞之先有善安公者，官於浙爲僉事，奉詔收方氏族，脱其妊婦，事發斷一臂，家戍保安衛，語具浦城志，今所爲祔於祠，與余公、任公同配享先生者也。嗟乎！僉事公既已得罪，即立孤事，竟不躬閔，能無欿恨，及吾郡之方有亢而慰，可知也已，義澤綿邈，厥有聞孫，建旄植璧，將事祠下，非天之合哉！者公孫杵臼謂程嬰曰：「死易，立孤難，願爲其難者。」余亦曰：「建祠易，易名從祀難。中丞公方以天下名教爲己任，願爲其難者。」是惟紹前人之休於無斁，若夫復姓作祠始末，余友陳布衣詳哉其言之矣。

于敏中《日下舊聞考》卷四九葉向高《首善書院記》　首善書院者，御史臺諸君所創，爲南皋鄒先生、少墟馮先生講學所也。額曰「首善」者，以在京師爲首善地也。古之所爲教學，則庠序學校盡之矣。當其時，里黨之所習，師儒之所修明，舍三德六行五倫之外無他物也。自鄒魯始言心，言性，言道德仁義，而其指歸不出於孝弟。時庠序學校廢，而賢人君子而有志於學者，始欲得聖人爲之依歸，以其維世教於不墜。其上下之相爲補救如此。漢唐以來，以雜途詞章取士，置德行倫常於不講。至宋而濂、洛、關、閩諸儒乃復續鄒魯之微言，轉相授受。鹿洞、鵝湖始有書院以聚徒講學，亦杏壇之遺意也。明興設科羅才，雖取詞章，而學宫功令載在卧碑者，一本於德行，至以「明倫」額其堂，其大指與三代同。而末流之弊，逐功利而迷本真，乃反甚於漢唐，賢士大夫欲起而維之，不得不復修濂洛關閩之餘業，使人知所向往。大都通邑，書院所在皆有，獨京師無一敬業樂群之地，蓋二百餘年於茲矣。夫大學之道，明明德、新民，歸於止至善，其釋「止至善」，首言「邦畿千里，惟民所止」。其重邦畿如此。而要其「所止」，又不外君臣父子之倫，蓋聖人之教人明易如此。夫惟君臣父子之倫明而後朝廷尊，朝廷尊而後邦畿爲四方之極，此之謂首善，非他通邑大都之所得比也。二先生惓惓於此卷，意念深矣！吾聞鄒先生之學，深參默證，以透性爲宗，以生生不息爲用，境地所詣，似若并禪機元旨而包括於胸中；馮先生之學，反躬實踐，以性善爲主，

以居敬窮理爲程，其識力所超，又若舉柱下竺乾而悉驅於教外，要之於規矩準繩倫常物理尺寸不踰，與世之高談性命忽略躬行者大相逕庭。則二先生師世淑人之模範又無不同故凡詣鄒先生者，盎然如太和元氣之燻蒸；其見馮先生，則屹然泰山喬岳。今合二先生振鐸於邦畿，又適值聖天子道化覃敷，統接堯舜一時名流濟濟，如龍淵鐘先生輩，相與倡和，共明君臣父子之倫，使凡有志大學者毋以至善爲荒唐，而唐虞三代之治可復還於今日，則其所補於世道豈淺鮮哉！書院在大時雍坊十四鋪，貿自民間，爲金一百八十兩，皆五廳十三道所輸。經濟其事者司務呂君克孝、御史周君宗建。以天啓二年某月某日開講。是爲記。

李日華《恬致堂集》卷二四《重修嘉興縣學碑記》 嘉興縣學舊在城之坤維。嘉靖中，知縣黄獻可撤興聖古剎，即其址作新學。其垂成也，又役緇髠羽流分任畚鍤塗塈之事，立正役亭以表之，所爲摧異教，振道脉，一時稱盛舉。嗣後科目蟬聯，人文鬱起。隆萬間新廟新堂，新廊廡新門垣，翼翼乎，我師儒絃誦遊息之宫矣！吴俗佞佛，耳目濡染，淪入骨髓。豪族不惜金珠錦綺，傾橐以崇塔廟，閭左單赤，糠覈不充，而佐膏燃燈，添糈滿鉢，黽勉自力。俊髦之士樂聞其誕説，往往褫縫掖，披緇氎，以入講肆。束經史，手貝多，而演空宗，蕩然波流，莫之挽截。藉令治其説者，果能澹泊，棲心慈忍，濟物於世，亦何所不容。第深察之，彼建鼓號衆持疏行醵者，不過顯慌愚俗，以罔其施利，又或陰覬福田，索冥冥之報，是其居心已爲不浄矣，於倫常何暇修舉？邇者逆璫矯命雄行，諸羶附蟻集者，不難裂防維，干憲典以逢之，甚或思毁藩塹，啓徑竇，引刀鋸之孽，以汙我素王之俎豆，抑何甚哉！則亦求福利之一念有以陷溺其心也。我聖天子赫日再中，陰霾立掃。御講視學，風厲學官，蕩去詭僻之瑕，示以畫一之守。此正諸儒臣、諸師帥、諸承學弟子洗滌心慮以涵泳維新之日也。而嘉學之修，適與之會，可謂善承德意者矣。蓋嘗竊觀道術明晦之機，人心邪正出入之際，在司風教者陳義備物以表著之。其所表著又當時加振飭，不淪於湮替，而後士之耳目心志有所攝持，而不詭於化。譬之大匠之考室然，厚築以培其基，選材以隆其任，引繩以正其界，端嚮以通其明，峻墻宇以杜窺覘，密締結以防疎漏。夫然後居者俯仰而神泰，游者盤桓而意舒。若俟其傾圮而後謀及斧斤，則勞且費，而曠玩之日，又不勝伊威蛸蠨之嘆矣。嘉學前是屢修，然或及堂而置廟，或及廊廡而置門垣，而兹則濯然無不修之爲足美也。是役也，不算民緡，不呼里豎，不損官庾，不煩公檄，不商榷以胥史，不程督以簿領，一唯令君割廉行惠，以方寸規之，而以士友有心計者稍經畫之。工始於己巳冬月，竣於庚午秋月。金奏肆夏以落之，則庠士有歌《鹿鳴》而歸者。今而後士趨端，官守潔，民志定，絃歌滿堂，冠帶楚楚，庶幾令人曰：吾名教自有此樂地，彼宸霄梵宇峩峩者何爲哉！則昔毁剎立庠之本意，猶旦暮在也。諸士乞余言爲記，記此。

郭金臺《石村詩文集》卷上《徐子寧立學宫碑記代》 潭學博徐公子寧以康熙十年計最，擢授山西汾陽令。潭之紳士張錦祖餞，意猶未足也，且曰：「公有功聖門者，不勒石學宫，無以傳不朽。方公至時，潭文廟摧頹，兩翼掲數椽欹立風雨莓苔中，上漏下敝，朔望視事，至如率曠野。堂署門廡，藉草蓬蓬。」公憮然曰：「潭南垣外治二氏剎宇，咸壯麗，吾徒乘興運履人文盛地，忍如此，如吾道何？」招老成數輩，詰前事。具曰：「某年議葺殿，費幾許。葺兩廡，費幾許。葺已復壞，壞更葺，迄無功。」公曰：「是縻費也，是無責成也。自今吾生督事，多士其刻期課工。」庚子，鼎新櫺星三門。越癸卯，鼎治明倫堂門。視殿測高之半，廣如之，堂高視門又增之，廣如舊。其時同心勷事者，前邑侯鄭公有成，今移治陝之真寧，均有聲。惟先師廟工用浩大，苟輕作，恐不能竣功。公時周視其處，有曰「宜移易榱棟」者，有曰「宜益一木楮梧」者，公難之，曰：「前後門堂既新好，而大成殿更補苴罅漏，豈妥侑乎？必撤而新之。」往白邑侯趙，侯曰：「是吾志也。」爲序具册首，注助修若干報徐公，走告諸紳士敬率從。公與諸士約，期量力輸費，示期督役。計自庀材，量工大小，新舊錯雜，銖兩之用，細及稾謬茗鹵、日時出入之數，皆公運一心一手。積勞於數月，諏事於數金，約略匯成數於三百餘兩。嘻，異矣！吾行海内，習見創興文廟，率非集群策，斂鉅費，即無效，公乃以獨力省用，不累月工告成。此即劉晏、賈魯持籌布算，何多讓也。下視桑孔、安石，毫毛晰利，又不足譚矣。清興垂二十五六年，失養士例。戊申，公與趙侯篤意造士，復優免册訂都各二人，人二石，歲率三十六人，復其身。後此輪差注免，以爲常。前壬寅西山起繇役，多窘士族，賴公掊網釋結，不惟拔士，且拔民，餘時用舉子業，指授提獎，就裁者，彬斐滿潭序。癸卯，應滇南聘，所得開闔手以真宰稱。今公淬利器以往汾陽，予得綜公績，慰告汾人曰：「徐公主潭學政十許年，而建工設教咸不負聖人。今爲吏牧民宣化，又肯上負天子乎？然爲司牧勒碑頌功德纍纍，而頌學博迄無聞。微子，寧其能令潭紳士綢繆膠結乃爾乎！」予備史員，亦將博採儒行，用佐循良，異日之選矣。徐公名熙明，字子寧，辛卯舉人，楚黄羅田籍。順治十七年莅任，康熙十年秋始赴汾陽告行。

《〔康熙〕均州志》卷二王欽命《重修南陽書院記》 國家教育人材，固首敎學校。粵稽古制，自天子學名辟雍、諸侯學名頖宫之外，復有黨庠序塾之設。何其詳且備也。蓋上自天子之元子，下逮庶民之俊秀，無人不在學之中。而人自春秋禮樂、冬夏詩書之暇，即燕息晦明，無日不在學之内。故教化隆而人材茂，非三代以下可及，則以儲之有地而養之者裕也。均州古有南陽書院，爲士子肄業之所。當時英俊蔚興，科名著聲者，代不乏人。自兵燹殘廢，人矜私學，當事者概視爲緩圖，不復謀修理，以致人文寥落，未必非職此之由。幸辛亥十年春，天子慎選刺史，特簡我公司牧均州。公係經術世家，習知興學育才爲國家急務。下車之始，即詢疾苦，剔利弊，賑孤貧，防固圉，裁冗役，罷里夫，革火耗，清訟獄，髦士有課，禱雨有應。凡一切興革創舉，俱皆纍纍大政，而尤首注意於教育之方。如文廟自正殿已經鼎建外，若明倫堂、若兩廡、儀門等事，昔未遑者，今悉謀修理，漸次告成。乃復進諸生而謂之曰：「《記》不云乎，凡學之道，時教必有正業，退息必有居學。」今學宫固稱有恤矣，而俎豆森嚴之地，諸生或未嘗習處而沐浴焉。夫百工居肆，貴業有專地，不見異遷也。今不得環堵之宫以爲觀摩之地，將所稱藏修息游之謂何？而諸生又烏從漸劘以歲月，沈酣於藝圃哉？則書院之設宜急也。於是特謀修舉，棄舊址之湫隘，擇城南門正隅之地而創立焉。定規制，審縱廣，鳩工庀材，皆自捐貲。多方措處，不費民間絲粟，而制復極宏敞。中建講堂，旁列兩廡，設重門，厚垣墉，及廨宇廚舍之類，罔不備具。而均人游其中者，忽耳目一新，而心志頓易。乃歲時復出金帛，聘士子教授其中。即孤寒之子有志就教者，不假館穀，而飲食供具，咸若如取而如攜焉。則甚矣我公之立法良而宅心溥也，而士子有不旦夕奮勵爭自鼓舞，以祈副我公之教思也哉！《詩》有之矣：「樂只君子，邦家之光。」我公之興學育才，固上爲朝廷助彰文教。而自今以往，均陽士子，或譽髦燕起，又孰不仰庇我公之德造，固將歷億世而無極也。是不可無記。其興工於康熙十一年二月，告成於本年九月。公諱居易，號仍姜，陝西寶雞人。俱勒石以志不朽。

《〔光緒〕德安府志》卷七李昌祚《重修德安府學記》 德安爲古雲夢地，南跨荆襄，北連伊洛，山水人文之盛甲於諸郡，不得以財賦稱也。自群寇倡亂，兵火荼毒，德安首罹其禍，民人廬舍蕩然殆盡，學宫亦遂頹廢，鞠爲茂草矣。本朝底定以來，崇尚文治，科名寖起，而學之祠殿齋廡猶未加葺。江南高公來守郡，祗謁廟下，周視咨嗟，踧焉不寧。乃捐俸鳩工，重新告成，行釋菜之禮。時家舅氏念庵樊先生司鐸其地，公顧而語之當有記也。因馳書真山及予家舅氏，且述公意甚篤。予與公先後受知於武陽夫子，雖未得密邇公教，然心識公久矣，安敢以不佞辭！時同年沈子荼庵訪予山中，復爲予言。公内介外和，正己率衆，同官諸公皆廉潔敏練，佐公爲治。公又能儉約自持，凡服食器用，事關於民者，一無所取，廚傳不異儒生。而於綱紀教化，獨爲先務，故學宫之興，咸歌子來，作貌顯嚴，若有嘿助。此豈非大有以服乎民心者，固安所得合力計日若斯之速哉！予因是而重有感也。學校者王化之本，詩書所載，若養老鄉飲，禮射賓興，及獻馘獻囚，何莫不受成於學？自古賢知英明之主，皆詔州郡立學，蓋以人心風俗，原本乎此。苟非上之人有潔己愛民之實，端方正直之節以興起之，則其教不成。宋儒葉適曰：「師道不立，天下無善人。儒術不進，天下無正學。」程子亦曰：「宜建尊賢堂，以延道德之士，使學者有所矜式。」三代以來，無不以教學之任爲重者。但時遷政繁，職教之官不一。初惟國學有司樂司成專主教事，而州閭鄉黨，未有所屬。《周禮》始並以責之黨正州長。黨正州長，即今之長吏也。發政施令，以是爲學，即以是爲教矣。後世學與政判而爲二。伏處之日，則古昔道先王，其所摩切者，性與天道之言，仁義道德之訓。一旦爲吏，賦役雜其耳目，郵罰麗其心志。案牘交於前，持辭而求訴者足相躡於其庭，憧憧焉一訊而去，以此爲能焉耳。朝廷置郡守之臣，寄之以民人社稷，其所任必有大於此者。如以爲教非我職也，徒飾吏治以相夸詡，紀綱何日而振，教化何日而成乎？今公郡守也，毅然以學校興復爲己任，可不謂教學兼舉者歟。朝廷方大用公，風勵有位，以霖雨天下，豈但一郡省而已也。嗟乎！聖人之學，固未有不基於無欲者。無欲則無私，無私則人自爲勸。有公於此，予有以知郡之人士能相與以有成也。學宫爲長養人才之地，異日郡之人士，其上者爲公卿侍從，黼黻太平；其次者散處州縣，撫字一方。其父老忠信而篤敬，其子弟孝秀而恭順。教化同而風俗美，皆於公之教卜之。予更有以知郡人士之於公，又能相與以有成也，其毋忘所自哉！公名翺，號雲旂，江寧人，丁亥進士。知德安府事。同知吴名翀，號六翮，壬午舉人。通判王名澤溢，號體謙，戊子貢士。推官楊名願素，號位庵，辛卯舉人，教授樊名維域，號念庵，己亥進士。例得並書。

孫光祀《孫光祀集》上編《重修歷城縣學宫記》 康熙壬戌春，歷邑增修學宫工竣，文學柳君仲陽輩詣余齋中，請爲之記。

粵惟夫子之道，範天地而鑄帝王，綿亘萬古，沕潏曼羡，無可殫稱已。自漢

以來，天下相率行釋奠禮。洎唐太宗詔州縣學悉立孔子廟，迄今相沿，纍朝無斁。然而崇事之實亦有不同，或異乎地，或異乎時，或異乎人，其所以倡明教化、助宣聖學者，則惟視乎良有司。歷邑學宫，自前代成化間辟地鼎新，巋然稱盛。其時人文蔚起，如邊、李、王、殷諸君子後先相望，爲海内名臣大儒，輝映國史，煌煌如也。厥後罹於兵燹，漸就傾圮。雖間有賢邑宰見而傷之，然僅以時補葺，稍理殘缺，未幾而剥蝕如故。風雨鳥鼠，胥爲戾矣。夫歷爲齊魯首邑，爲令者簿書鞅掌，征繕弗遑，行役心勞，戴星出入，其視學宫興廢，殆有不暇計者。惟是諸州邑琳宫梵刹多所增修，即其地大僚令長亦罔恤倡助之資，慫恿恐後。至庠序一區，顧反若詘於力之所不能爲。無他，是皆動於禍福感應之説，而未思夫名教綱常之重。故本末之數不明，而緩急之勢遂異也。且近者州邑長吏鄙儒行、惡文治，間有壬人俗士毁坊表、工側媚者，則登之賓席，借爲聲氣，而修名自愛之流，乃譴呵摧抑，使困辱而無以自立。其能以教化修吏事者，什無二三。蓋聖賢之道至是難言之矣。乃白浮史侯之治歷，獨不以鍥急矯虔見長，而習於悦安，與百姓惇信明義。會三四年來，秉鉞大臣約己正俗，飲冰茹荼，以示其下，而价人參佐，益務爲承流弘化，争自濯磨。州邑之牧始得以勵風操，固廉隅，不漁不獵，而無意外之懼。惟侯以爲風操吾志所矢，廉隅吾性所樂也，今大法既立，而不克自檢束以奉上指，即無論有負官常，亦何以自處其身乎？故其出政臨民，一循乎令甲，不敢恃才術以行私，亦不敢飾虚文以市譽。凡他邑之所謂雜派濫征，以及獄訟出入，阿比搏擊諸事，悉屏不用，計無半鏹入阮乎囊。旁觀者猶鰓鰓以爲侯慮，以爲引繩蹈矩，或未必盡宜於時。而侯信心以往，不易其度。然則求守法之吏於今日，莫侯若矣。而且修鄉飲之儀、復賓興之典，遇文儒孝秀，彬彬有禮容；建義塾、延蒙師，以教邑之子弟。顧瞻學宫日即頹敝，遂毅然任之曰：「是吾之責也夫！」爰措貲蠲吉，鳩工庀材，人樂趨事，計日而舉。於是大成殿宇霞燦翬飛，而宫墻，而泮沼，而配廡餘舍，而欞星戟門，無不扶其欹側，新其脱落，堅其棟壁，華其榱題，經之營之，焕乎改觀焉。又念啓聖一祠久失故址，卜於廟之東偏，擇地創建。不募一生徒，不煩一里役，取材孔碩，不月而成。於都盛矣！彼亟亟於旦夕之計者，鮮不以爲迂遠而弗適於時務，而侯顧爲之不疑。故非侯不肯彈力於學宫，惟殫力於學宫斯其所以爲史侯也(與)〔歟〕！歷之人士，其亦當觀感激發，修行誼而勉學問，求所以爲名臣大儒，以上追乎邊、李、王、殷之遺躅，庶幾不辱斯舉，而聖賢之道由兹而益著也。則侯之有功於歷，又烏可忘哉！昔范陽祖君知袁州，慨學宫久廢，人才散失，乃營(大)〔夫〕子廟於治中。盱江李太伯聞而紀之，美盛軌也。侯名起貞，家於京師，其先浙之紹郡人。與范陽祖君固當共留千載，余亦竊願執鞭於太伯云。

湯斌《湯子遺書》卷三《睢州移建廟學碑記》 睢州儒學，舊在北城濯錦池上。明末，黄河決城，遂淪於水。有司權奉先師主於城南民舍，地甚湫隘，殿廡之制不備，堂齋皆缺，諸生無所肄業。屢議改建，以財用匱乏，莫有毅然任其事者。康熙十年，知州事程公始至，慮無以興學育才。仰承朝廷德意，期年政通事簡，乃相廟東有地，據岡面陽，水環如璧，群情咸合。州之薦紳諸生量力捐助，先建大殿，次及兩廡，戟門，欞星門各如制。明倫有堂，啓聖名宦；鄉賢有祠，樹以崇坊。繚以周垣，位序丹雘，應圖合禮。其相規制稽出納久而不懈者，學正魏君也。既訖工，公率鄉大夫士行釋菜禮，而屬余爲記。余不獲辭，乃言曰：修學，有司職也。諸生之游於斯者，亦思所以爲學，而求進於古人之道乎？抑徒飾文辭，溺訓詁，冀苟得利禄，以夸耀一時已乎？夫朝廷廟學并建，固期學者以聖賢爲宗也。夫聖賢之學，其要存心而已。存心者，存天理而已。微而不睹不聞，顯而人倫日用，皆天理所在也。堯、舜、禹之相授受，必致辨於人心、道心之危微。孔子十五志學，至七十始從心所欲，不踰矩。然則聖人之異於人者，惟在朝乾夕惕，自强不息，遂至與天爲一耳。成湯、文武之爲君，臯陶、伊傅、周召之爲臣，以及顔、曾、思、孟諸大賢，時至事起，功業各不相同，而其深憂大懼，不得已之心，則千古同揆也。是以行無轍迹，言無仿效，總以此心純一粹白，相證於穆之表，而非從勳業文章一一較論也。濂、洛、關、閩以來，大儒相繼輩出。風會所值，指授各殊，而道本於心，先後若一。學者不體驗於性情踐履，與古人相見於精神心術之間，則爲己功疏，屋漏難慊。即著書滿家，於道無當也。惟知道之大原出於天，而體用具於吾心。存養省察，交致其功，信顯微之無間，悟知行之合一。喜怒哀樂，必求中節；視聽言動，必求合禮；子臣弟友，必求盡分。藴之爲天德，發之爲王道，此學問之極功，而尊信聖人之實事也。然有難言者。正學不講，俗痼日深，利欲之根難斷，巧僞之術益工，苟非秉本體之偶露，急加體認擴充之力，悠悠玩愒，歲月幾何？轉眼遲暮，躊蹰同歸。大禹之所以惜寸陰，而《尚書》有取於若藥瞑眩，豈不以此歟！若曰，吾志在於科名，惟事揣摩帖括，他不假計焉，是視聖賢六經只爲富貴利達之資，異日備朝廷任使，安能秉道絶欺，憂國奉公，不幾負朝廷建學立廟之意乎？余鄉人也，誠願與鄉之後進互相砥礪，使賢

才輩出，以報君恩。敢述所聞以告之，遂爲記。公名正性，鄉貢士，四川萬縣人。魏君名湛，順治戊子舉人，河南孟津縣人。

湯斌《湯子遺書》卷三《重修蘇州府儒學碑記》 康熙二十三年，歲在甲子。天子以治定功成，行古巡狩之禮。冬十月，車駕至蘇州，詢問民俗，告誡有司。還至曲阜，祭先聖廟，拜獻之儀視前代有加。親灑宸翰，題其廟額，詔天下修葺學宫，頒賜御書，海内蒸蒸，罔不從乂。時斌奉命撫吴，祗謁廟學，見殿廡門垣日就頹圮，明倫堂岌岌欲傾，慮無以仰承聖天子興學重道之意。受事方新，未遑興作。明年二月，蠲俸倡始，藩臬庶僚，飭材鳩工，黽勉襄事。宋棟櫨桷，楹礎之殘缺者易之，丹雘髹漆之漫漶者新之，祠齋庖庫之久廢者興之。締構堅貞，典制具備，泮水疏通，遠接太湖。松檜椅桐之屬，種植千本。閲十月而訖工。於是，躬率僚屬，行釋菜禮，定期講學於堂。諸生執經問業，遠近咸集。又明年三月，斌奉輔導東宫之命。瀕行，進諸生而告之曰：此地自范文正公建學，胡安定立教，於今六百餘年矣。名卿巨儒，項背相望。諸生肄業於斯，其所以紹述先哲，仰答天子作人雅意者果安在乎？國家興治化在正人心，而正人心在崇經術。漢儒專門名家，師説相承。當《詩》、《書》煨燼之餘，儀文器數之目，删定傳授之旨，猶存什一於千百。且其時選舉不以詞章，通經學古之士皆得上聞。朝廷定大議，斷大疑，博士據經以對，故其時士大夫勇於自立，無苟簡之心。孝弟廉讓之行，更衰亂而不變，此重經術之效也。其後虚無寂滅之説盛，聲律騈儷之習工，而經學荒矣。宋濂、洛、關、閩諸大儒出，闡天人性道之源流，故天下知性不外乎仁義禮智，而虚無寂滅，非性也；道不外乎人倫日用，而功利詞章，非道也。所謂得六經之精微，而繼孔孟之絶學，又豈漢以後諸儒所可及歟！《宋史》「道學」、「儒林」厘爲二傳。蓋以周、程、張、朱繼往開來，其師友淵源不可與諸儒等耳，而道學經學自此分矣。夫所謂道學者，六經四書之旨體驗於心，躬行而有得之謂也，非經書之外，更有不傳之道學也。故離經書而言道，此異端之所謂道也；外身心而言經，此俗儒之所謂經也。宗洙泗而禰洛閩，人心之所以正也；家柱史而户天竺，世道之所以衰也。今聖朝尊禮先聖，表章正學，士子宜知所趨向矣。吾恐朝廷以實求而士子終以名應也，苟無鶩乎其名而致力於其實，則亦曰躬行而已矣。故學者必先明義利之界，謹誠僞之關，則富貴貧賤之非道不處不去，必劃然也。造次顛沛，生死禍福之間，不可移易者必確然也。毋爲枉尺直尋之事，毋作捷徑苟得之謀，寧拙毋巧，寧樸毋華，寧方毋圓，戒懼慎獨之功無時可間。子臣弟友之職不敢不勉。不愧於大廷，亦不愧於屋漏。如此則發爲議論，自能息邪距詖，而鄉願楊墨之教不得騁也；出爲政事，自能尊王黜霸，而管、商、申、韓之政不得施也。其斯爲真經學，其斯爲真道學也已。否則，剽竊浮華，苟爲嘩世取寵之具，講論踐履，析爲二事，即誦説先儒，世道亦何賴乎？當文正公時，《中庸》猶雜《戴記》中，公獨舉以示横渠，則公之深於經學可知矣。安定之教以經義爲本，當時太學取以爲法，宋世人才之盛實基於此。諸生爲鄉邦後進，來游來觀，其亦有所興起乎？蘇郡人文，實四方所則效也。所以佐成聖朝之治化者，余實有厚望焉。諸生請書其言爲記。斯役也，江蘇布政使章欽文、蘇松督糧道副使劉鼎、蘇州知府胡世咸，或總理工費，或分司督察，而心計指授。鉅細不遺者，鼎之力爲多；司學事者，教授吴世恒、訓導張杰也。例得并書。

湯斌《湯子遺書》卷三《嵩陽書院記》 嵩陽書院在登封縣城北。建自五代宋初，與睢陽、白鹿、嶽麓號四大書院。其地負嵩面潁，左右少室、箕山諸峰，秀聳雲表。中天清淑之氣，於是焉萃。至道中，賜九經子史置校官，生徒至數百人，稱最盛。二程子嘗講學於此，後人因爲建祠。明末兵亂，傾圮殆盡。國朝崇儒右文。知縣事黄州葉侯封建堂三楹，祀二程、朱子。而以地鄰崇福宫，凡宋臣之帶崇福宫銜者皆祀之。葉侯既還京職，邑人大名兵備副使逸庵耿先生介家居講學，以程朱爲道統所宗，不當與諸賢列，復捐貲建堂三楹，遷主崇祀。又作講堂三楹，顔曰「麗澤」。旁署兩齋，曰「博約」，曰「敬義」。書舍若干楹，庖湢門垣具備。自康熙十八年春至次年秋訖工。知縣事長洲張侯塤以興起斯文爲任，月吉講學課藝其中。多士彬彬向風。逸庵作書屬余爲記，余適承乏史局，方恨不得從事几席，與聞緒論，其何敢辭？然逸庵之意，豈欲余記營建歲月而已乎？或欲有言以告多士也。

竊以孔子教人之書，莫詳於《論語》。當時及門稱顔子爲好學，嘗與終日言而不違者。今所記不過「問仁」、「爲邦」二章而已，然天德王道備矣。顔子謂夫子循循善誘，博文約禮。今他無可考，即二章思之意者，虞夏商周之禮樂制度，即所謂「博文」；而克己復禮之訓，即所謂「約禮」歟！特學有體用，問有先後耳。《中庸》言明善誠身，而列其目，亦自「博學」、「審問」始。孔子言知不廢多聞多見，而語子貢以一貫，則又以多學而識之者爲非。其所以一貫之旨終隱而不發，即與門弟子言求仁之方爲仁之要多矣。而仁之體則罕言也，豈聖人之過爲隱與？及讀《易》乾卦彖傳與《中庸》首章，而後知道之大原莫明於斯也。蓋道之大

原出於天，而仁者天道之元也。知天人同原，則知吾心與天地流通而往來無間，民胞物與之念油然而生，而戒慎恐懼，自不容已。故程子謂學者須先識仁以此也。然仁之爲體，非可口傳耳授也，在人之默識耳。孔子自十五志學，至能立，不惑，五十而後知天命，則知命亦難矣！今之講學者，聚數十百人於堂，而語之曰天命云何，心性云何，將大本大原，皆爲口耳影響之談，學者於俄頃之間與聞性道之秘，其不至作光景玩弄，視《詩》、《書》爲糟粕，禮儀三百，威儀三千，爲粗迹也幾希矣！斯亦講學者之過也。

夫道無所謂高遠也。其形而下者，具於飲食、器服之用；形而上者，極於無聲，無臭之微。精粗本末，無二致也。孔子語顏子曰：「非禮勿視，非禮勿聽，非禮勿言，非禮勿動。」而語樊遲曰：「居處恭，執事敬，與人忠。」聖人與上智、中材所言，皆不越是，蓋以天命流行，不外動容周旋，而子臣弟友即可上達天德。所謂無行不與者，此也；所謂知我其天者，此也。今功利詞章，舉業技藝之習，陷溺人心，士子窮年矻矻，志在利禄名譽，而天之所與我者茫然也。是其學迥非聖人之學矣！夫《中庸》之博學，將以篤行也；顏子之博文，將以約禮也；《大易》之窮理，將以盡性而至命也；《大學》之格物，將以修齊治平也。今滯事物以爲窮理，未免沉溺迹象。既支離而無本，離事物以言致知，又近於墮聰黜明，亦虛空而鮮實。學路久迷，習染日深，偶爾虛見，未爲真得。非默識本體，誠敬存之，綿綿密密，不貳不息，前聖心傳何能會通無間？故曰：「苟不至德至道不凝焉！」嗚呼，豈易言哉！逸庵之學以主敬爲宗，以體天理爲要，可謂得程朱正旨矣。吾懼學者之易視之也，故因記書院而詳言之，欲其深思而自得之焉。張侯明經起家，治行多可紀，於逸庵相與有成，尤足嘉也。吾又懼來者之不能繼，故備書之以告後之君子。

《（光緒）興國州志》卷三四吴景祉《王公侯修儒學記》 學校之設，內國學，外府州縣衛學，爲名雖異，要以尊崇聖教，長育羣才，義一也。學校廢則人材萎茜，教化泯闕。而其興也，則士以文章顯者，類通經術，明於當世之務。學校之廢興，人文之盛衰係焉，不綦重哉！今天子睿聖，御經筵，勤日講，臨雍釋奠，廣勵學宮六館生徒，以經學登巍科者，一歲率若干人。國學之盛如此，宜海內翕然向風，爭自濯磨。而或廢興不一，動人隆替之感，則長吏之過也。我郡侯長山王公，少遊太學，丙戌聯捷南宫，丙辰膺簡命來守斯邦。下車日，適秋祭，力復鹿兔成禮。祀畢，環顧堂宇，茂草鞠荒，因喟然歎。興郡古稱才藪，名賢踵武，何學宮彫落至此？越數月，遂捐清俸，次第修舉。自大成殿，明倫堂，易其棟宇瓦桷。凡湮漫不鮮者，一更新之。花磚柱礎，悉費裁成。而東西兩廡，而名宦、鄉賢兩祠，莫不更修峻啓。舉向之飛榱雲棟，蛇拱而雀甍者，今且壯麗爭嚴矣。踰年，更攷諸圖誌所載，虎山內基地及港口學租十有二金。兵燹後，侵於民而漁於暴者，前之人懼其府，怨弗敢言。公獨力請於督撫兩台以及藩臬道府諸憲，得嚴檄，是公議，爰親履查勘，酌量更宜，悉還舊規。已復甃泮水，布藻芹，禁虎山窆瘞，俾往前屠肆菜傭，不得逼處以肅宫墻。至敬一亭碑篋，委諸榛礫間幾百十年所，公又捐費特建，宏廠較昔有加焉。而公猶視殿堂之左右，搆立齋房，拔積學能文之士肄業其中，歲捐俸金，資膏火。又相其東偏隙趾，別建書舍，爲擇師以教郡子弟。公之廣育人材，鼓舞後進，其澤誠未有艾也。是役也，始事丁巳冬，訖成己未秋。不假斂助，不勞民力，不煩差督，惟率子衿之老成、耆約之樸慎者，以董其成，卒以事逸而功垂不朽焉。方斯時，大軍分路進勦，羽檄交馳，簿書鞅掌，食寢不遑，宜無暇及此，蓋由公問學沈深，日惟一道德同風俗係念。而其治吾州也，登禮讓，篤撫字，省刑罰，愛養安全，由是人和政暇，得畢力於黌宫，故不撓於時與勢而勸茲盛舉也。於是學博士偕諸紳衿屬言於祉，用貞厥石以勸來者。祉思學校之興，莫爲之前，難於慮始；莫爲之後，懼其鮮終。公既圖其始矣，宏國學作人之雅化，被之方州。我州人士，將世食其恩澤焉。後之官斯土者，當無不踵事而增華也。因僭爲之記。公名侯，號陟庵，山東濟南府長山縣人，登庚戌科進士。

朱彝尊《曝書亭全集》卷六五《衢州府西安縣重建學記》 古者立學，自辟雍頖宫，下至術序黨庠家塾，所稱先聖先師，初無一定之位，故釋奠有合而無尸。自漢廟祀孔子闕里，迨唐武德後建廟于國子監，又定稱周公曰先聖，孔子曰先師。開元以降，郡邑通有孔子廟祀。然廟與學亦未均合爲一也。其後學必立廟，由太學及府州縣，率有定制。太學之堂或曰彝倫，或曰明德，餘皆以明倫爲扁。旁立社學射圃，暨啓聖之祠，後峙尊經之閣。廟則三門六戟，殿設栗主，更先聖曰至聖，而仍先師之名，專祀孔子，配以四子十哲，而祀七十子先儒于兩廡，薄海內外，莫有異焉者。蓋天下不可一日無教，學不可一日廢於天下，舍未師而專主孔子，庶幾道德出于一。古今之立學雖殊，而所以教則同也。

西安縣學，舊在禮賢門外嘉慶鄉製錦坊，元末燬於兵。明洪武初，一徙於城北，廢斗室法院爲之。正德間，再徙於宋貢院遺址。嘉靖中，復徙於大中祥符

寺，繼是規制差備。自耿精忠逆命，王師致討，屯兵百萬於府郭，久而縣學牆屋薪木皆毁，惟文廟僅存，梁棟亦圮。縣既困於兵，其土田旋爲洪水所決，逋賦累萬，長吏迫於催科，視學舍爲不急之務，歲久不治。會進士潁州鹿侯祐來知縣事，下車謁孔子廟，顧瞻太息而曰：「學校如此，其何以造士？教何以興？而政何以舉？是守土者之責也。」侯乃預爲規畫，俾山農之産竹木，陶旊之治瓦甓，段治之攻釘鉸者，咸得輸井税，儲之以待興築，而以月俸補其額。政尚簡易，不事鞭撲，踰年而逋賦悉完。於是鳩工庀材，侯首捐錢若干緡，縣之大夫士，學官暨其弟子，咸率私錢爲助。首葺廟宇，次營兩廡，各九楹，次建明倫堂，次設先賢先儒木主，然後繚垣墻，塗丹粉，濬泮池水，種樹廟庭及堂之前後，凡百本。經始於辛未之秋，今年春二月堂成。侯興器用幣，釋奠於廟，牲酒豆籩，秩秩有儀。觀者交悦，具頌侯之功，伐石以進。侯曰：「未也。堂雖成，祠與閣未備，且曩時賜書，未有存者。經以載道，而學舍無之，其可哉？」乃購羣經疏義凡百餘家，將納之廟，鼓篋以示學者。噫！侯之用心勤矣。

夫三衢固仕國也。昔之言經術者，若鄭灼之三《禮》，劉牧、徐庸、柴翼之《易》，徐晉卿王宏之《春秋》，是皆西安産也。西安之俗，其君子敏於事，士之志於學者不少，特爲兵與歲所苦，居無黌舍，市無書肆，其何所資以講習爲？得侯所購之書，貯於學，有不相觀而善，相説以解，辨其同異而博喻之者乎？吾知教之所由興，必自西安始。予視侯，忝一日之長，與侯别三年，入其境，賈安於廛，農歌於野。游乎學校，則昔之廢者具舉，蓋中心怡懌，有不能自已於言者。而縣學教諭海鹽錢君瑞徵，樂襄其役，與予同鄉里，述侯立學之功，集事之敏，皆過人計慮之表。爰摭其本末，而書之於石。

方孝標《方孝標文集》卷四《九江府重修陽明書院碑記》　豫章凡十三郡，十二郡皆有祠祀王陽明先生。以先生昔擒宸濠之大有造於豫章也。九江郡獨無祠而有陽明書院，在城南小匡山。蓋明萬曆間兵備葛公屺瞻改祠而爲之者，迄今荒圮且盡。太守江子念鞠考而新之，仍名書院。余於此服葛公之深有得於先生之心，而江子又有合於葛公之心也。

蓋古今道一而已，自不善學者二之，乃有理學、事功之分，究之無分也。造理學之全者，理學即事功；措事功之至者，事功即理學。若擒宸濠，人以爲先生之事功，而不知皆先生之理學。蓋擒濠之時猶可以事功窺理學，擒濠以後則純乎理學而不可以事功論矣。當時武宗遊逸，政在小人。宸濠以親藩有倖天下之心。會其黨李士實者，號曉天文，云帝星實臨江楚。濠亦心獨自喜，謂將應之而未動。適正德十四年有别詔至江西，譙言撤濠侍衛也。濠恐，遂以其六月詭宴百官，殺其不從己者，舉兵反。時先生巡撫南贛，方有事於閩，聞變遽歸。而江西久不知兵，已大驚擾亂。先生急徵兵求將，惟收得求盗鄉卒數千、守令七八人而已。乃遣諜四出，且檄言燕，趙陪都及齊魯、江淮楚嶺之東西已發兵共數十萬，將至。使賊疑，不敢遽出南昌。而先生師則大集矣。亡何，濠東下南康、九江至安慶，爲守臣張錦、崔文拒留，攻之不得下。先生又使人詳致書其黨劉養正、閔念四、吴十三輩，若期與爲應者。濠得書果疑其黨。有教之去安慶直趨金陵者，有勸其出蘄黄指京師者，皆不聽。先生乃得乘間擣南昌，徇下縣。濠聞，驟引兵還。先生曰：「待其至而圖之，難矣。」乃逆擊之樵石。先合，小却。先生方講學軍中，令曰：「急斬伍文定來。」伍文定者，吉安守也。伍公奮懼力戰，破之；開陣誘之入，火攻，又大破之。衆乘勝遂破之。濠負妻子欲逃，忽小舟檥側曰：「顧大王急渡！」濠倉卒渡，至王甲港而王師已先列岸上，成擒矣。或曰：「檥舟者，縣丞龍光也。」此正史之文皆然也。

余又嘗見一稗史載擒濠以後事甚詳。云先生既擒濠，時上已自稱威武大將軍，統六師南下，先使寺人張忠、安邊伯許泰、都督劉暉將數千人浮江而上矣。聞濠擒，不懌。或請仍縱之，以自當制。曰：「可。」先生憤不奉詔，俘濠由廣信趨錢塘，將詣行在以争。有先生之門人某夜馳見先生，曰：「殆哉，誰爲先生爲此計者？」先生曰：「我將往靖社稷而安君父也。」某曰：「先生不靖社稷而安君父則行，先生而靖社稷安君父，此行危道也。」先生曰：「奈何？」曰：「羣小餌濠賄久，今聞其擒必恐。聞其在，上左右讒先生萬端。主上富春秋，萬一聽之而真縱濠，害可言乎？即不縱之而決策東遊，民何以堪？且濠黨固在，設使鑾輿至江西而收合餘燼以抗天顔，先生安所自處？」先生瞿然，曰：「爲之奈何？」曰：「爲先生計，惟斂兵待罪境上，請官莅軍。至則全以功爲其人之功，而無纖毫見詞色，且必使其偃然自以爲功，而不知先生之少有功，則先生功始成。不然鮮不敗。」先生曰：「善。」從其計。上果愉，遣張永來按其軍。永，亦倖臣也，志稍忠。昔除劉瑾有功，故羣小下之。始至，猶悻悻見先生，久之，歡甚，曰：「吾不意公賢至此也。」先生退讓再三，曰：「皆公之功也。」悉以濠等畀永而自劾，遂還南昌。永乃馳書其黨，稱先生長者，且言濠已平，乞止乘輿勿至。蓋恐乘輿至而或察非其功也。

由此觀之，先生之造於豫章者，爭功乎？理學乎？徒言事功，祠可也。不徒事功，祠可盡乎？故葛公之有得於先生之心者，深也。至舊志載書院始萬曆癸丑之歲，迄今康熙癸丑，十二子相配，數窮六十而後興，時也。所謂講堂、習堂、司香典器二所與左右門廡甚盛。今所修疑未備，亦其時也。昔之時豐以豫，今之時歉以貧，强而同之，豈嬴絀之權衡乎？且江子爲政纔三年，大典克舉，黌宮載興，今復鳩工於此，不煩民力而已易蠹爲壯，易殘爲完，繚以周墻，飾以閎閈。又爲學舍數十間，立社師，教生徒，翼翼秩秩，非即江子能合理學、事功而一之之一端乎！余素學陽明之學，今逢其盛，敢詳其事以章陽明之心，并告後人，使又知江子之心也。更爲之辭曰：

有明中蝕，帝耽遊遨。薄海岌岌，棠棣棲鴞。天生哲弼，枕戈奮興。徒手搏虎，倉卒徵兵。聲援孔張，孤軍實怯。詭彼駑駘，戀棧入穴。舳艫東下，皖扼其衝。桓桓批亢，鳩巢莫從。狼顧首鼠，師還氣餒。我乘其衰，水爭火取。東匯不流，匡山維新。天誅克殫，困獸猶奔。泛泛柏舟，檥之待渡。自幸縱鱗，誰知入轂。元兇既殲，天顔不懌。恐勞六師，驅馳罔績。帝命縱之，若置中兔。臣拜稽首，何頃天怒。臣實何功，臣罪莫貰。乞命股肱，來恤戰士。帝曰汝永，往撫彼軍。別有秘詔，衆則不聞。永大有功，臣仁何與？擒濠誅濠，惟永之恃。嶽狩不束，民寧厥居。笑語更生，釋甲歡呼。乃有禁旅，先來肆虐。將以開釁，功由己作。誰則擾之，如馴虎貙。誰則感之，如格豚魚。譏張於前，論定於久。諸州郡祠，絃歌樽俎。維溢浦濱，易以書院。膴膴高原，面勢孔奠。棟桷崔巍，几筵清邃。像設儼在，遺書汪濊。十公從祀，如見趨蹌。金石絲竹，如聞鏗鏘。作之者誰，獲古人心。修之者誰，媲烈前型。作以癸丑，修以癸丑。天道之周，神相或有。制雖未詳，典已大備。萬國來同，千秋不匱。

《〔道光〕貴陽府志·餘編》卷八田雯《陽明書院碑記》 余嘗攷昔人之不合於時而遷謫其官者，或海外，或蠻鄉，比比然者。柳州、播州皆非善地，而播州尤非人所居，黔地接壤於柳，而播之版圖則半隸於黔，明朝二百七十餘年，前後以謫官來兹土者，有王文成、鄒忠介兩先生。忠介以〔杭〕〔抗〕疏忤江陵，杖戍都勻衛，日與勻士講明陽明良知之學，著書立說，大抵尊信文成者。文成先生疏救戴銑，遂謫爲龍場驛丞，得罪之由南皋畧同，宜其志氣之相從也。其學問關乎世道人心，其功在於生民社稷。明臣中無有出其右者，非氣節文章一材一藝之士所可企而及也。故南皋尊信之不置，而黔之士俎豆之無已也。方先生之初至龍場也，劉瑾憾猶未已，事且不測，自計得失榮辱，頗能通脱，獨生死一念未忘，乃爲石槨，自誓居易俟命，忽中夜大悟「格物致知」之旨，寤寐中若有人告之者，呼躍而起，從者皆驚，始知聖人之道，吾性自足，向之求理於事物者，誤也。乃以傳記、五經之言證之，莫不脗合，因著《五經臆說》。嗚呼，先生之學，以謫官而成；先生之道，其亦由龍場而躋於聖賢之域也耶！當日坐擁臯比，講習不輟，聞風而來學者，雍雍濟濟。觀其課諸生四條並問答語録，俾尼山之鐸，被於羅施，絃誦流傳，以迄今日。黔之士肆，成人有德，小子有造，歲時伏臘，咸走龍場致奠，亦有遥拜於其家者。先生之教何其廣而澤，何其深且遠歟！乃復於窮巖茂箐之間，以「何陋」名軒，「寅賓」爲堂。君子亭、玩易窩，舊跡巋然，遺風宛在，雖樵人獵士，過其地者，無不感而生敬，流連而愾慕。其爲人所謂頑夫廉、懦夫有立志，而況其親炙之者乎？而其最大者，則在於水西安宣慰二書。當是時，劉六七之巨寇方興，安氏之奸謀欲啓，發微摘伏，直以片紙數言，讋服而震懾之。消反側於未萌，伸天王之大義，雖司馬諭蜀，殆無以過也。嗟乎，先生一謫官驛吏耳，亦何與地方事？而乃寓深心以弭禍亂，講吾道以正人心，實大有造於黔也哉。而凡膺封疆之重有斯民之責者，其亦當媿而知勉矣。迨乎平茶寮、征岑猛、洬頭八寨猺洞，革心鄱湖一戰，宸濠授首，異勳銘於景鐘，大名垂於青史，皆自龍場之石槨悟道始。奈之何拘牽之説者，謂其鄰於佛老而輕詆之，然而光芒萬丈，揭日月而行，先生之道固自若也。夫知行合一，致知爲力行之本，而力行實踐，則必從功業中體驗而出，先生之生平功業赫赫如是，當時寧吉輩豈不聞知之，顧乃甘爲蠡測，不惟爲先生所哂，抑且爲南臯所不受，可知也。余於撫黔之明年，重修其祠，既告厥成，援筆書此，且勒諸石，以示黔士之來學者。若夫祠之亭樹花竹、因革始末，則有阮楊之殘碑在，皆所不道也。是爲記。

《〔光緒〕順寧府志》卷三三許弘勳《鼎建順寧府文廟碑記》 戊申春，余剖符得偰，比冬，乃獲陟三台。渡蘭水，環視郡概，四山列屏，中鋪片席，宛類筐然。山城三四里，跨鳳岫而盤旋拱抱，厥形又筐。庠宇則攝乎兩山而中處卑隘，允如物貯筐底也。余竊以爲，庠宇爲人文地，宜軒豁特出，何昔建築者一味至是乎？稽郡闢之四祀，乃設學懋學，余公創之，又數祀而生徒備。明倫堂，即今之文昌宮，徒建而右列者，中丞李公成之也。己亥歲，大師平滇，邊庠乃服聲教。歲癸卯，北地米公璁重修之。溯厥從來，初則開設未久，既則兵燹相仍，未暇議及，在昔非昧，而今則用圖。郡人士揖余而請曰：兹地久失效靈，鬱我俊秀，殆七十餘

載，傾頽日盛，宜葺宜遷。遷之也，費不過葺之之倍，與其葺而徒勞，孰若遷之？余曰：遷實難，公家汰諸費額，纖毫不給之縣官，遷庠雖盛事，在私不在公也。余顧不吝俸之入，以助乃役，然經營勞費，可臆計乎？郡人士復固爲請，於是，卜城南地，出鳳岫左址，而聚結拱護，冠文昌宫而衍出之，吉址也。僉議咸同，規畫高卑，不得因其勢則利用築培。舊學棟桷既敗，取材不得拾其陳。如坊泮門墀、旁扉複道，兩廡連楹而五，階級層列而三。以暨名宦、鄉賢、明倫堂、尊經閣、師署宅舍，門墻，四垣百丈有奇，堊粉施丹，勻金錦碧，皆特搆而節須備之，爲力不細也。肇修於己酉之冬，落成於庚戌之秋，匠斲傭工市料銀共二千餘兩。雖余朝夕董督，勞費未辭，然非諸僚紳衿趨事不怠，安能報竣之捷耶？筮告，仲秋朔二日丙戌，迎請先師暨先賢諸儒位，遂鐘鼓效靈。佳哉氣象，鬱鬱葱葱。余乃揖郡中人士而言曰：事有先難而後濟者，胥類是矣。一片荒壤，忽成偉搆。若憚其艱而止焉，斯已矣。半途而止焉，亦已矣。方不矩，圓不規，斲削不中度，高卑前後不中式，納略而止焉，又已矣。玆何獲樂有成、慶壯麗哉！諸薦紳監於玆，則端身模以風閭閈，示家訓以養中材，何患乎不變不成？諸茂才而監於玆，則端品節，勤學問，何患不爲修士、爲通儒？他日出以經世而監於玆，則矢公忠敏政績，何患不爲良臣、爲名宦？凡諸耆彦雋秀而監於玆，則尚實黜淫、端本後末，何患不爲吉祥、爲孝友、爲鄉井中素修雅流？是人文藉地靈以毓者，無事而不由勉以成之者也。至若拮据良苦，余與郡人共之，又何事滋瀆哉！惟有功於乃事，僉紀其實，附名於石之末。

《〔咸豐〕安順府志》卷四八雷有成《永寧州新建學宮碑記》　永寧州之有學，自今大中丞宛平王公之特疏題請，欽承俞旨而剏設者也。公以珥貂貴介，剔釐中外，所至著績，爲聖主之所倚毗，眷注彌深，爰膺重寄，來撫黔疆。夫黔古荒服，誌稱山川險惡，漢夷雜處。其於調劑制防，弛張措置，務俾民人輯和，桴鼓綏靜，視諸夏爲尤難。凡所謂振輯師旅，詰奸禁暴，與夫訓農務材，通商惠工諸大政，宜未易殫舉。而公奉命涖黔之始，均置後圖，次第修釐，獨首以是疏入告，豈非以教化入人者深，而以興起人心爲亟亟哉！於是黔之舊有州縣而附攷他庠者，新改州縣而原未設學者，凡十六州縣衛，建表率於師儒，增生徒之舊額，而又剏建學宮。不費朝廷公帑，倡捐己俸，命各屬估計物料，鳩工庀材，擇期興築，靡敢後時。永寧州其一也，維時有成，承乏玆土，未及半載，實董是役。遂召州屬紳衿、土司，相與度地卜基。得城之東北隅，亥山巳向，兼壬丙三分，辛亥、辛巳分金，坐室九度。厥位面陽，厥基塏塽，東西延廣，南北縱橫。步得宫道至戟門十三丈，面闊十丈。自戟門至大殿後結墻二十八丈，面闊二十一丈。左列長生、名宦、鄉賢祠三間，右列學署二層，俱在内地基，共計十二畝。營造尺較准，寬平方正，真足以妥先聖而肅觀瞻，鍾地靈而孕英秀。爰集工師，規尋繩尺，是究是度，程工量費，約估工料銀三百四十兩。申詳院司，無少核減，全領到州。即以二百兩分給募役司致仕土官禮廷試，以五十兩分給頂營司土官羅名譽，以五十兩分給沙營司撫孤代理土官事沙天池，各爲僱募工匠人夫。以所剩四十兩，留備修築周圍墻垣及刊泐碑記之費焉。大成殿五間，大成門三間，面拱泮池，石甃其裏，圜橋覆上。戟門臨前，照壁護外，則皆禮土官之所承建也。啓聖殿三間，學署六間，則皆羅土官之所承建也。明倫堂三間，東西兩廡六間，則皆沙土司之所承建也。更有若學署頭門、照壁、兩旁側門，一不備則失其宜，此規制之必不可缺者。又若學前左右，民居逼塞，觀瞻有礙，一不去則美不章，此鄙陋之必不可存者。又若周圍内外墻垣一百七十餘丈，原額土築，難免風雨剥落，坐見頽廢，此歷時之必不能久者。是皆原報之所未及。余雖不敏，仰體聖天子右文敷化，嘉惠遐荒之厚澤，大中丞暨各憲宣揚風化，扶樹教道之宏仁，敢不勉力竭蹶，捐貲以勷其事乎？於是不可缺者，建造學署頭門、照壁、兩旁側門，以備其規而完其制焉。不可存者，學前民房九間，官店一坐，地基原係貢生周維新、周鼎新昆季祖業，願捐作學地。向係客民李存旭、楊可春、江朝宗、王君瑞借居，余另擇別地，爲四户修造，使之安處，於以去陋而廓其規焉。不能久者，採石周砌，其繩則直，如矢斯棘，高堅厚實，以圖其遠而垂諸久焉。而又同城文武紳衿士庶，合志同方，量力多寡，公捐剏建長生、名宦、鄉賢祠三間。另銘諸石，以俟將來君子吏斯土、生是州者，奮然興起，望繼美於無窮也。又於學宫之外，另立義學一所，延師以廣其教，使子弟皆觀感而鼓舞焉。規模既定，工役斯興。查城諸箐，實産良材，是猶徂徠新甫之區也。列峯攢峙，石磴旁分，是更匠石之所易取而易求者也。由是尋之度之，采之伐之，遷之聚之，溜之甓之，堂構而丹雘之，歷歲踰時而落成焉。棟宇軒翔，簷阿華翥，輪奂聿昭，文明丕兆，洵查城之巨麗，而足以冠冕黔州諸學者歟。是役也，余與儒學陳名漢暨捕廳沈名濟生者，日歷工所，監督修造，肇工於康熙己卯年五月，訖於康熙辛巳年八月。費皆出於大中丞之倡捐己俸，其勷事則募役司之力居多，而頂營、沙營其勤亦同也。要之，未嘗私用一民之力，私用一民之材。余惟奉行各憲之成命，竭力以告無過而已，遑敢自謂有功

乎哉。余因是而有感焉，夫學校之建，凡以講明人倫，興起道藝，孝弟齒讓之節行於家，使化成於上，而俗美於下。育材成德，儲英養賢。

國家鄉舉里選，弓旌束帛之賁，於是乎取之。今天子敬德日新，聖神詣極，文謨武烈，超軼往圖。雖幽閨婦女，草野鄙夫，靡不蒸蒸向化，有頑廉懦立之思焉。況其爲采芹采藻，入宮墻而被服儒教者哉。黔雖荒徼，是宜共勵前修，懋勤典學，以仰副聖天子嘉會遐荒之厚澤，大中丞暨各憲扶樹教道之宏仁，英賢繼起，爲國棟楹，則余實有厚望焉。苟徒曰是不過當時故事，聊以爲具文、飾觀美、充弟子員數而已，則豈惟二三子之羞，抑亦教學者之憂也。因援筆而爲之記。

《（道光）夔州府志》卷三六許嗣印《重建夔州府學記》　門環璧水，千年之仰止如新；道重宮墻，百世之斯文攸賴。斷未有庠序榛蕪，殿宇傾圮，而士子文光倬雲射斗者也。矧夔郡甲於東川，曩者人文卓著科甲，寥登考，厥所由皆因屢經劫火，遂令俎豆不光，委先師於草莽；靈爽湮没，致科目於辰星。今聖天子崇儒重道，揆文奮武，百廢莫不修舉。而文廟乃萬世師表之宗，興賢育才之地，豈忍荆榛盈目，瓦礫灰堆，而不爲之理歟？余忝居郡守，凡朔望行香，目擊拊心，遂慨然捐俸，獨任其事，而猶慮工程浩大，難以告竣。幸學憲周公燦樂爲倡捐，而陞任同知王知人，前任協鎮孫斌，現任協鎮許應麟，同知吴鵬，通判徐本立，左營遊擊張現，前任左營遊擊孫朝相、邱維華，現任右營守備金章，前任右營守備薛君受，各捐貲以助焉。於是鳩工庀材，凡匠作力役，並不費民間一錢一粒，可以質之先師而無愧者。重建大成殿五間，繪製聖龕於中，左右佐以四配十哲。翼以兩廡，東、西各五間：東廡五間，中三間崇祀先賢先儒，外二間以祀名宦；西廡五間，中三間崇祀先賢先儒，外二間以祀鄉賢。東、西兩角門二間，後建啓聖宫三間，前爲戟門五間，又前斬石爲櫺星門，外建聖域、賢關門各一間。中鑿泮池，架石爲梁。以及臺堦柵壁、周圍墻垣，咸築鞏固。又於殿之右建明倫堂五間，齋房各三間，儀門、學門各三間。而學宮於是乎告成。履其地者，儼金石之遺響，咸懷鐘鼓之思。登斯堂者，奮鸞鳳之宏章，並壯風雲之色。行見夔城文武士子，於丁卯科登賢書發解者已有八人，是文運之興起，不益信學宮聿新之騐也哉！按：府學之址，蜀漢永安宫也。是昭烈托孤之處，猶有殘碑可證。其基雖改爲文廟，而古哲之遺跡有不可泯者，因於明倫堂後，建亭樹碑，以紀往事焉。

《（道光）貴陽府志・餘編》卷九德隆《重修貴山書院記》　事有百計，經營不難於創，而轉難於繼者，今日之復修貴山書院是已。攷書院建自前明嘉靖、隆慶，時有廢興。至國朝康熙初，巡撫曹公、楊公，重加修葺，規模略具。厥後山左田山薑、山右衛爾錫兩先生，以同榜進士，相繼撫茲土，增置學舍，躬爲訓課，以教士爲己任，學者翕然宗之。至今立祠於院左，與陽明王文成公同俎豆焉。夫黔地爲西南邊徼，襟滇帶楚，山水争奇。當日之樂育人材，修舉廢墜，創始圖維，若不難於集事者，蓋風氣渾噩，物力方嬴，而政簡刑清，無所分其心慮。諸公復本儒術，以飭吏治，故得專壹其力，以學校爲先。即一二奔走効執事之人，合志同方，趨承恐後，如桴鼓之捷應，羣起而襄之，克與有成，何其盛也。迄於今，且百餘年矣，隨時補葺，守土者未嘗不加之意。然或軍興旁午，而無暇於鼓篋論文；或庶務紛紜，勞形案牘，而不足分籌於庠序；即有議及增葺，思欲擴式其舊規者，率以費重，思艱而止，詎非繼事者爲尤難耶？歲戊戌，余奉天子命，觀察黔中。甫下車，函題各郡，以省文風而覘士習，親詣書院，扃試諸生，别優劣，而文體詩律之準繩，復爲之口講指畫，獎勵并施。或有目余爲迂闊者，弗顧也。因環瞻堂宇齋舍之屬，漂搖傾欹，生徒局促而居，求所爲山斗堂、合一亭之故址者，不可得。陽明先生、田衛二公祠，亦塵封苔漬，惻然有人往風微之歎。嗟乎！居今日而不急議復，後將胡底也？予立志更新之，捐廉首倡，謀及諸郡。適舒石亭大中丞蒞任，雅重文學，分以清俸，同事者胥佽助之，而其議乃決。時予方延請江陵魯白墀侍御來主講席，欣然戾止。白墀篤學力行，以名進士官水部，歷台諫，有直聲。至則晨夕討論，思廣其教澤，得予心之所同然。乃相與撰方正位，協吉允臧，於是鳩工庀材，陶冶刊鑿，分治厥事，不假胥役手，而以貴陽貢生蘇湛董其役。蘇生急公好義，向者捐治學宫，不遺餘力，爲當事所褒。於今復率其弟澤，門宇講堂以及學舍，廓而增式之，至百餘間，廣厦長廊，焕然改作，榱題楹桷，氣象一新。並陽明祠宇，亦得而重新焉，以田、衛二公配祠左右，所以聯道脈也。祠前爲監院、廣文官廨，後建倉儲，移諸生食餼於此支領之，咸以爲便。人謂此舉克振於百年之後，紹前徽而扶墜緒，誠爲多士慶。然予尚有歉然者，書院自雍正年間，奉恩旨發帑千金，置田以贍膏火，顧定額以外，不得與支領，今躡屩負笈者日倍於前，寒畯之士自携貲斧就業，予兹憫焉，而按期校課之飲饌楮墨與夫一切書門傭役之費，均無所給，予方亟爲圖之，而竊恐力之有弗逮也。故曰：繼之者難也。是役也，諏始於乾隆己亥八月之二十六日，迄庚子之五月二十日蕆其事。諸生請予誌之，遂書其顛末如此，是爲記。

《〔乾隆〕續修臺灣府志》卷二二楊二酉《海東書院記》　聖天子臨雍講學，文教遐敷；歲撥帑金如干於直省各立書院，以造天下士，彬彬乎霞蔚雲蒸，稱極盛焉。臺陽海嶠，隸閩之東南郡；相去榕城，約千餘里。諸生一仰止鼇峰，且不免望洋而嘆也。郡學西側，舊有海東書院，爲較士之所。前給諫漁莊單公請以別置考棚，遂成閒廨。歲己未，予啣命巡方，視學來兹，凡一至、再至焉。中多軒楹，可讀可棲；明堂列前可以講，矮屋通後可以爨。意選內郡通經宿儒充教授爲良師，允堪作育多士，與鼇峰並峙。謀之觀察劉公，亦然予言。第以薪水諸費無出，奈何？邑明經施子士安慨然而身任之；先請輪稻千斛，仍置水田千畝爲久遠計。予曰：「是可以入告矣」。踰數月議行，劉公捐俸倡修。一時軒窗爽潔，什器周備，煥如也。郡守錢公亦能加意振作，選諸生中文藝有可觀者，得數十人，以實其中；延教授薛仲黃爲師，致敬盡禮。觀二公所編規約數條，詳慎之議，歷歷可見。夫興文勸士，採風者之責也；敬事圖成，良有司之誼也。抒一家之力，供多士之需，義不泯於鄉也；取一人之善，成天下之材，恩必出自上也。爾師生各宜鋭志精心，無怠學、無倦教，言語文字之中，申以修已治人之道。漸摩既久，當必有明體致用者出，以膺公輔而揚休明，上慰聖天子棫樸作人之至意，寧云島嶼生色、鄉里增榮已哉！予於爾師生有厚期焉。

《〔道光〕龍安府志》卷九上倪承寬《創建西山書院記》　歲甲申，同年姜君白巖先生出宰石泉。明年，其仲子埴試成，均謁予於邸舍。致書於予曰：某初至邑，詣學宫，諸生接見，問書院所在，曰：自古無有也。問何以故，曰：邑爲邊境，鄰之豪者買山而籍焉，得一衿輒颺去，學校且虚無人，書院何爲？則告之曰：是不難也，適試童子，凡有籍可歸者斥之去，已在吾庠及身而止，毋許擕其子若弟來，遵功令也。於是學宫有士矣。遂以書院請，乃卜地於西山之陽，斥俸以倡，而諸生踴躍恐後。擇公正之士經紀之，經始於十二月八日，至明年三月告竣。中爲講堂三間，後爲書室五間。中奉朱子神位，朔望行禮，爲士矜式。翼以東西兩齋各三間，大門三間，墻垣庖湢皆具。多士欲銘諸石，子盍爲我記之？予曰：有是哉，吾乃知石泉之士之可教，而王道之易易也。爲令長者，一有以當其心，其事不謀而集，而況好好惡惡，漸之以仁義，陶之以禮樂，其油然而興起，何如哉！吾聞父與師不相兼，兼之，其邑令乎。今以父師自處，而不子弟其民，其將何以爲父師？不然，子弟一善，惴惴乎恐其失之，無以益之；子弟一不善，則如芒刺之在其背也，其亦不能自已矣。書院者，仁義禮樂之淵藪也，不務其實，則名而已矣。惟實以求之，自實以應之，當無不可化之俗，而況士子之尤易教者乎？白巖之出都門也，予餞之以詩，曰：龔黄卓魯間，公善自位置。吾聞白巖之在石泉，課農桑，興學校，固已見白巖之大概矣。然而吾之所望於白巖者，自此侈矣，詮次其語，以郵致白巖。白巖以爲何如也？

《〔道光〕貴陽府志・餘編》卷九裴宗錫《重修貴陽府學碑記》　貴陽爲黔首郡，其自程番改治而即有學，尚矣。學先附於陽明書院，特建今地，則前明萬曆二十一年始也。我國家重熙累洽，崇儒尊聖之典，視爲加隆，守土者遞有增飾，至雍正七年，復正其方位之次，葺而新之，規模式煥矣。迄今四十餘年，嵐蒸雨侵，漸就傾圮。余下車行釋菜禮，仰瞻榱楹，周視廊廡，愀然憮然，念先務之急，無踰此者。遂與僚友共爲之倡，而告諸紳士，以協公之義，咸歡喜踴躍，不數旬而輸金者以數千計。因即擇其廉幹之士典司出納，而官爲之董其役焉。夫黔，瘠土也，田賦視他省爲最下，户鮮中人之産，而人情慕義獨殷若此，此豈勸導之力哉。蓋自王文成公以良知之學首開此邦文教，道理平易，指歸直捷，最足以發聾而警瞶。三百年來，其教浸淫饜飫，入人肌膚，至於今而流風餘韻綿綿不絶，故一觸乎心之所同然，斯不介而孚，響應神於桴鼓也。往時學者，每以姚江流弊并良知之説而訾謗之。曾子曰：夫子之道，忠恕而已矣。孟子曰：堯舜之道，孝弟而已矣。孝弟也，忠恕也，孰非良知良能之固有哉！且人之有學，學爲聖賢也。何以學爲聖賢？蘄有用於世也。如文成公者，氣節足以激頑懦，功烈足以光竹帛，文章足以翼經傳，揆諸古聖賢之三不朽，無多讓焉，而皆自良知之緒出之。吾願黔之士堅守其説，尊聞而行之，以求進於高明廣大之域。而勿沾沾於詞章訓詁，爲弋取科名之具。庶幾明體達用，本末兼該，復有如文成者挺生其間，豈不偉與！工始丙申年仲春月辛亥日，訖於是年八月丁未日。翬飛鳥革，氣象昭融，觀聽圜橋，鳧藻魚泳，於是萃簪紱之儔，偕章縫之子，大合樂而落成之。代石以記其事，並爲之銘，曰：

蠶叢之學，文翁啓之。羅鬼之俗，陽明洗之。洗俗維何，反其本性。孩提知愛，少長知敬。天厚黔士，俾得爾師。篤性善學，勿貳勿疑。巍巍宫墻，侑饗斯在。溯流窮源，先河後海。文章性道，一以貫之。呫嗶匪尚，視此銘辭。

賀長齡《賀長齡集・耐庵文存》卷一《重修貴陽府學記》　道光十有九年二月，貴陽府學文廟大成殿燬於雷火。時余職巡撫，深念致災之繇，惕若省戒，大懼無以妥先聖之靈。亟與在省諸紳士謀所以新之者，爰率僚屬捐廉爲倡，並寓

書黔人士之從宦四方者，共襄厥事。一時人心翕應，不數月而費已贏，遂刻期庀材鳩工，並火所未及者，新之如制。諸紳士詳考會典，正南向之位，並仿《闕里志》於殿之左右各建尊經樓二，而以餘財製祭器、樂器，咸備甚矣。黔人士之敏於事而勸於學也。考貴陽之有學，始於明萬曆間，其地在郡城北門外，末季爲兵燹所圮。國朝順治十八年，制府趙公廷臣重建之。康熙、雍正、乾隆以來，葺治者屢矣。而舊基之改，則自雍正七年巡撫張公廣泗始，今仍正南向，復其舊也。尊經閣亦建始於張公，後創奎光閣以祀文昌，而尊經遂廢，今建藏書樓二，復之且增之也。夫豈徒以飾觀瞻，壯宫墻美富之色哉？古者廟與學異制，廟以尊其祖，學以嚴其師。記云：凡始立學者，必釋奠於先聖先師。有學而無廟，三代以上，君師道合，虞夏商周之學，祀舜禹湯文爲先聖，見知諸臣爲師。其時養老、興賢，飲射、讀法，諸典禮皆行於學，學於斯即祭於斯，無兩地也。及我孔子，集羣聖之大成，以師道自任，三千七十，人材之盛，媲美唐虞，而君師之統分焉。漢高過魯一祠，遂定萬世師表之極。文翁圖像石室，蓋郡縣學之權輿。顧終漢之世，廟未嘗出闕里也。逮唐貞觀，始詔天下皆立原廟，於是俎豆遍海内，承學之士得以揖讓進退於其間，涵育薰陶，使之自化。嗣乃廟與學分，祀則於廟，而肄業專於學。稽之宋制，士必在學三百日，乃聽預秋賦。自弟子員漸增漸衆，庠序不足以容，而書院興矣。書院盛而學校爲官著矣，乃至宫墻之内，春秋兩祀，猶得薦幣陳牲，一近聖人之座，餘則守士者月再至。士子入學之始一行釋奠，其賢者以時灑掃，而絃誦罕聞焉，蓋積漸之勢然也。夫以神道事之，則尊而不親；以師道事之，則敬而兼愛。今者藏書樓之建，毋亦冀入斯廟者，讀其書，論其世，雖相去數千載，猶然執經請業於一室，而毋徒鐘鼓聲容、登降拜跪之爲觀美乎？若然，則古昔勸學親師之遺意，猶可得而尋也。多士其壹意向學，而反求諸心，每一瞻仰，則内省厥躬，可質神明否也。即不必入廟，而此心之翼翼者，常如師保之我臨也。每一披吟，則默證所學於書有合否也。即不必執卷，而此心之惺惺者，亦如古人之我詔也。由是日有孜孜，持之以敬，策之以勤，要之以無倦，以庶幾無負聖人之教，與累朝長育甄陶之化。是則區區所厚幸，而亦多士所以勉，副諸君子汲汲重新之雅意也乎？余非知學者，而於多士有師帥之責，幸覩廟事之成，不敢不以正告，故爲述廟與學分合之所自，並及讀書存心之大指，而亦未能詳也。然循是而致力焉，則庶乎其不遠矣，多士念之哉。〔工始於道光十九年六月十九日，藏事於二十年二月初四日。土之工若干，石之工若干，木之工若干，繪畫之工若干，共用銀若干。督工者某某，輸貲者某若干，某若干，例得備書。〕

《〔道光〕貴陽府志・餘編》卷一〇陳熙晉《新建蓮峯書院記》　黔之有書院也，自明王文成公講學始也。顧僅在會城，他未數見。今聖化覃敷，儒風日啓，偏州下邑多設書院，爲士子觀摩地，彬彬乎稱盛矣。龍里自明洪武二十三年始置衛，宣德八年始建學，我國朝康熙十一年，始設縣。由黔達楚，驛凡九，縣當其第一驛，輪蹄往來無虚日，地故薄瘠，而有力之家蓋寡。官斯土者，則迎送供億，朝夕不遑，以故書院闕焉未立。道光九年秋，熙晉來知縣事，思剏爲課士之所，而未得其地。越明年，迺度基於縣署之前，捐俸購之。爰命芟其榛艿，剔其荆棘，高高下下，削凸平凹。中爲講堂五楹，前庭後寢，翼以横舍。繚垣墉，飾丹粉，不侈不陋，規畫備具。龍架山拱其左，馬鞍山據其右，溪水迴環若帶。端若植圭拱揖於前者爲印峯，最高者爲蓮花山，單椒秀尊，正以書院對，因以名之爾。經始於道光十年冬十一月，踰年而工訖，計費千金有奇。又置田畝百餘區，爲書院永業，以佐經費。縣之人士咸慶親師樂羣之有其地焉。昔之書院，若白鹿洞，若嶽麓，皆極一時師友之盛，以收磨礲切磋之益。又廣儲載籍之富，質疑問難，悉有本末可援據，故人才出其中者甚多。若夫邊徼荒陬，域於萬山之中，家少顓内，市無書肆，絃誦之聲，寂寥希闊。士之志於學者倍難，故書院尤亟亟也。夫牛涔無徑尺之波，蟻垤無踰丈之木，鮮有過而問焉者。及至凌萬頃之汪洋，覩千仞之崱律，然後心悸色駭，惝恍而自失，無他，意狃於習之常，志曠於見之大也。是故山宗於嶽，水滙於海，學蘄至乎聖人之道，士人際稽古右文之世，藏修息游於斯，講其德行，習其文藝，處則循孝弟忠信之實，而出則膺天下國家之重。所以仰答盛世作人之雅化者，於是乎在，豈惟盛長通、尹道真之徒擅美於往册哉？是舉也，襄其事者，孝廉戴君崇緯，生員周生占鰲，黄生鳳鳴，戴生方升，胡生連開也。例得並書。

《〔乾隆〕衡州府志》卷之三一饒佺《重修石鼓書院記》　石鼓爲名賢講學地，當寰中四大書院之一。起唐元和，迄於今。明季毁天下書院而此獨存，其先賢靈爽實式憑之乎。院有祠曰七賢，院也而祠者，殆爲院中豎之鵠，俾瓣香殷嚮往也。祠有屋三間，雍正壬子稍稍葺治，今又三十載。余涖任先夕，宿祠中，顧祠宇庳狹，且漸就圮，而神龕後幅近庖湢，滋不虔。越三年，就其址而廓之，敞以危樓，升主其中，睎昔較崇焕。今仲春之朔，登樓四顧，知水仁山，洞心豁目，所謂一郡佳處者，亶其然乎。祠舊額先賢，祀韓子、朱子、張子、黄勉齋、李寬、李士真

合六人，明季增祀周子，更號七賢。今祠無周子而有葉豐川，不詳其名。余惟豐城爲余鄉里，兒子歸試，命訪之，果有先賢豐川，蓋正德閒人，諱釗，號豐川，以陳言得罪，歸遊衡湘，講學石鼓，卒於書院。嘉靖間，崇祀，有碑記。衡人刻其文集，並《石鼓遐思録》。葉公本末，詳具《明史》。然予意先賢之宜祀於此者，不必六七之斤斤。謹案：明萬曆間，又祀寓賢湛甘泉、鄒東廓、程天津，鄉賢祝岣嶁、劉岳亭、劉仁山、王楚陽，亦曰七賢。祠久廢，是宜重立木主，分正配祀之。石鼓舊有仰高樓，祠實故址，今仍復樓額之舊，既俾氣象軒昂，允足妥先賢之靈，而高山仰止，即藉以起學者顧名之思。而樓下之扁曰敬業堂，使夫執經登堂者考德而問業焉。堂前爲大觀樓，樓前爲院門。門居院東偏，門西屋四間，似於瞻眺翻礙，規制亦疑未協。今將移門於中，而東西翼屋各二，以爲學舍，其位置亦較合。門外舊有坊，久湮，乃謀重購，新榜昭揭，若曰是所以標也，使四方學者望標而爭赴也。而院之規模，於是乎麄具。是役也，前守舒公有志未克就，留捐金以去。余乃捐貲，合舒公資蒇其事，而衡令陶君、清令江君實董厥成。爰紀其槩，以告來者。

《〔道光〕龍安府志》卷九上胡整《青蓮書院記》　彰明爲古龍州之域，涪江一帶溪流代有名人，古稱盛焉。自兵燹後，人文寥落，禮教無聞，非復昔時之舊。我朝定鼎以來，闡微發幽，教化休明，上憲承宣布刷，文風日起，凡先代賢人，與當時俊秀，無不表揚鼓勵，蓋百有餘千年。癸酉冬，余下車昌明，考古稽今，如先儒李太白先生與杜工部詩名同耀盛唐，青蓮渡是其故里，粉築樓等處係其讀書之地，南郊迺其建祠之所。無論故居離黍，祠祭缺然，即古刻碑摹，俱屬殘篇斷簡，没埋荒草。而且庠序未興，有志帖括者，每苦負笈無從。予甚憫焉。歲丙子，詳請設立祠學，率同外翰鄧君、縣尉葉君共勷其事，擇地於學宫西建青蓮祠三間，舊存碑刻，遷豎其堂。前面添建書院正房三間，東西兩廊六間，延請名師，以爲生徒講習之地。又於粉築樓南郊舊祠查出餘地七畝零，户立青蓮祠，每年收其租税，爲青蓮春秋祭祀之費。於廢寺内起出田税七十二畝零，户名青蓮書院，歲收其所入，以資可鐸膏火。將見浪翻涪水，魚變龍門，譜青蓮之佳句，綿教澤於來兹，未必不於此肇其端也。於戲！祀典雖設，僅存餼羊。書院雖興，膳資未裕。擴而充之，悠而久之，是所望於後之君子。

《〔道光〕大定府志》卷二一永福《萬松書院記》　大定自昔無書院，前守凌公創其事，未成而去。余始至郡，即聞所謂萬松書院者，心竊慕之，既而相視其地，講堂五楹，奎閣再重，墻垣、門屏、寢室、書舍以及庖厠之屬，僅畫基址。方思所以建置之而未發也。維時郡人士爲余言曰：此事不修，循且坐廢，前守以是遺公，公其無辭。余謂興賢育才，郡守之責，雖其無基，猶將興之，況既刱厥事於前，余何敢不力？爰捐廉爲閤郡倡，而僚友士庶亦均樂勸舉，吉月良辰，擇老成能事者，度木於林，伐石於山，計瓦甓墁釘於匠，續建寢室至左右齋房各十一，二門三，夾室二，大門一，耳房二，庖厨三，厠四，周環以墻。經始於乾隆辛丑春，考成於癸卯冬。工既訖，余諧閤郡學士大夫相與落成，僉曰：非前守無以善厥始，非公無以善厥終，兹土何幸，而得二守之濟美若斯也。雖然，脩脯餼廪之資實缺，公其圖之。余曰：故有安氏廢業二，余欲息其争而未得，以隸書院，可乎？僉曰：唯公命。於是，具文申請方伯孫公，又請諸制府富公、中丞李公，報可。乃爲劃其井疆，步其田畝，高原下隧溝涂徑，遂悉繪之圖，仍其佃，額其征，註諸册，以授執事，而以時經紀其出納，歲抄彙册以聞。不勒諸石，無以永諸久，因歷叙其顛末而爲之記。乾隆四十九年甲辰孟冬吉日。

《〔道光〕大定府志》卷二一謝澤《新建平陽書院碑》　黔南地處極邊，人文之盛弗逮中土，況平遠開學未及百年者哉。然人不以地限，言游、季札而産於吳，宋玉、景差而産於楚，張曲江、歐陽詹産於粵與閩。今國家敉寧，區夏文教遐宣，我皇上睿知聖神，膺圖御宇，道隆德備，薄海同風，靡不家絃户誦。平雖苗民雜處，干羽之格已久，遂無倜儻奇瑰之士、含章挺生者乎？第代少傳人，讀書講課之法，罕有師承，人文將何蔚起也？歲甲戌，郡伯李霖邨大宗師奉天子命爲平遠州牧，崇道隆儒，捐修黌庠，月率諸生勤考課，以矩矱先民，力洗時趨，是科補博士弟子員十有五人，悉郡伯試拔前茅者。伯樂一過而馬羣遂空，青萍結緣，胥長價於薛、卞之門者，是而稱曰：郡伯李公一牧平陽，而斂鍔抱璞之士無人焉，奚不可也。乙亥秋，特舉書院復捐建之。郡中有義學舊基，尾盤魁崙，首注平江，諸山屏翰，勢若星拱。郡伯以山川靈秀，就其地而前建龍門，囊括秀氣，中建講堂，昌明大道，左右建館舍數十間，儲養英才，後建九賢祠，崇祀濂洛關閩諸子，俾諸生知理學淵源之有自。越來春，聘禮閩中孝廉翁雲濤先達司其鐸，於是，搜羅儁彦，資給膏火，昭示教條，羣相匡坐而詠。先生之風，凡所措置，無事虚文，冀成久道。子夏子曰：百工居肆，以成其事。是舉也，使平郡人文炳炳烺烺，豈僅不等曹鄶之無譏，且可執鞭弭，屬櫜健，與中土諸君子相酬酢，亦奚多讓焉。在昔餘姚王子陽明遷黔之龍場驛，日與士子講學，一時聞風嚮化，蒸蒸然争自濯

磨，黔人之知學者以此，王子之俎豆千秋者亦以此，與我郡伯不後先輝映耶？《詩》曰：豈弟君子，遐不作人。又曰：樂只君子，邦家之光。其郡伯之謂歟。爰述其事，以誌之石。

《〔道光〕大定府志》卷二一周景益《重建平陽書院更名鳳西記》 平遠舊有義學，在州城北隅直鳳嶺之西，廢斥不治久矣。乾隆二十二年，侯官李君來牧斯土，慨然以文教爲己任，乃釐剔侵占，闢基址，建堂舍，祀宋大儒九賢，而招生徒弦誦其中，資以膏火，名曰平陽書院。一切皆以亡貲。適懷忠鄉有廢剎，僧竄而田荒，李君請於上官，入其租之半，歲得穀四千餘斛，稍佐不逮，卒以經費未充，故君去而院即廢。至四十二年，牧斯土者爲涪州劉君，始加以修葺，延師課士，一如李君。顧謂經費不足，無以垂久遠，因解俸爲倡，一時慕義之家，于于而集，輸有千金，乃置瓜仲一莊，歲入穀八十餘斛，似稍充矣。然嗣是亦無有能繼之者，而院復廢。余於五十七年七月，自皖江量移而來，莅事之始，匆卒未遑，少暇即過訪書院，榛莽之所纏，蟲蟻之所蝕，風雨之所飄搖，岌岌乎有巖墻之懼，略爲搘傾苴漏，踵兩君故事行之。未幾，捧急檄承乏水西，旋以泉政役漢上，及瓜代還，爲皇帝御極之元年，時楚氛未掃，軍儲絡繹，靡有寧晷。閱一歲，境内苗禍起，烽火照野，仳離滿城，而書院遂爲鴻嗷鹿鋌之所，未能禁也。又易歲，流民始以次復業。顧瞻堂舍，四壁不完，竊私念莅事已久，不能步武前修，而日復一日，因循玩愒，以坐聽其爲墟，謂非自余廢之，而誰任斯責哉。董子曰：琴瑟不調，甚者必改而更張之。於是勾稽積年逋租罰鍰，得一百餘金，不足則益以己貲，又不足則與州之士大夫努力而經營之，爰卜吉鳩工，爲門，爲屏，爲廡，爲庭，爲軒，爲饗祀之楹，爲講習之堂，爲齋室，爲爨厨，於舊軌有加，而一布之以新。更平陽曰鳳西，别地嫌也。附王陽明先生於九賢之末，崇教朔也。既訖工，揖諸生而進之曰：爲學之道，如爲室然，竹木瓴甓，學之豫也；尋步丈引，學之師也；規矩繩墨，學之履也；斤斧鋸削，學之漸也；階戺户牖，學之晉也；垣墉屏藩，學之觀也；榱棟題桷，學之豐也；黝堊丹漆，學之賁也。巧拙寓於手，而勤惰生於心。一日作之，十日輟之，則窳；十日作之，一日輟之，則隳矣。文章則小技焉耳，且有然者，又況立身行己之大，將以發皇經術，黼黻彤廷，其可苟焉而已乎。人而無恒，不可以作巫醫，恒之時義大矣哉！乃顔其堂曰「恒爲」。雖然，是舉也，前後數十年，興而廢，廢而興，已三見矣。繼自今，吾又安知不復爲榛莽所纏、蟲蟻所蝕、風雨所飄搖者？恒爲之義，豈爲學人尤冀後之君子與吾州之賢士大夫彌其闕，扶其蔽，以永觀厥成，弗使後之視今，亦猶今之視昔，是則邦人之所厚幸也已。李君諱雲龍，閩人。劉君諱宗元，蜀人。歲租之人，自兩君而外，歷任亦有捐置。統計穀一百八十六斛有奇，又米四斛，皆收以市量，已簿正之。其士大夫之襄是舉者，悉登姓氏於碑。

《〔同治〕永順府志》卷一二張天如《郡城崇文書院碑記》 湖南四大書院，皆宋儒講學之地。本朝功德偉茂，文教涵濡，省會郡邑書院徧天下。永郡居楚邊，自建官設學，被聲名文教之化三十餘載。余於己卯歲，蒙聖恩擢守兹郡。下車後，問四屬義學，皆分置城鄉，就近延師以訓子弟。夫天之生材，不擇地而安其所習，人之通弊。以鄉人訓其鄉人，幾何？不相率而安於陋也，是非所以敬。宣聖化而於新設之邊疆，相時因勢而利導之之良法也。湖南西北一帶苗疆，皆有書院，如鎮筸之敬脩。而永綏綏吉，則余任同知時所創建者，莫不彬彬稱盛，而兹郡缺然。兹郡之士子，其何恃以興學。辛巳夏，相府署東北隅有空地，四望形勢，可以攬山川之勝，加之斧藻，當有改觀者。度地興工，歷三月而成。屋三進，進各三間，有講堂，有學舍，又有高樓以供文昌之位。外圍墻垣，内餘隙圃。工料資費，皆余與四縣捐廉給之。學憲吴按試至郡，題匾聯標門，榜額曰「崇文書院」。余又與四縣議捐膏火，延名師以主講席，俾所屬生童觀摩焉。余聞漢文翁爲蜀郡太守，以明經飭行教學官諸生，當時未有學校，蓋即書院之所昉也。宋胡瑗教授蘇湖，以經義治事分課士子，其時亦人材輩出，亦爲書院者之所當法。此地僻陋，沐聖化者三十餘年，人知向學而不知所以學，自今設有書院，又擇名師誘進之，彼有志於學者，漸反高明，期於遠大以至根抵深厚，文章爾雅，道學純粹，體用該備，爲國家用，爲鄉閭光，非兹郡之幸耶！書院之地，自展拓興修之後，生面頗開，亦宜有地靈焉，以爲鍾毓之府，余又安能不深有望於兹書院耶！古者内郡舉文學，邊郡舉勇猛士。本朝文經武緯，中外禔福，要荒遠邇，皆蒸然不變，於詩書禮樂之中，固無分邊郡也。《易》曰：「觀乎人文，以化成天下。」永雖邊郡，足以覘化成之象，文烏可不崇哉？兹書院也。謂余嘉惠士子，余不敢居。謂余奉聖恩，宣上德，冀以稍裨邊疆，自盡職守，補義學之缺，廣學校之澤。任創始之勞，以俟後之君子，是余之責也。爰書而勒諸石。

陶澍《印心石屋文稿鈔》卷四《婺源重修文廟碑記》 凡建學，以造士也。三代以上，聖賢盛西北，而集大成於我孔子。及其衰也，濂溪夫子起瀟湘，道南諸賢繼之，而集其成者朱子也。婺爲朱子故里，沐其澤者，駸駸與鄒魯比隆。以故

言學校於南方，必以婺源爲稱首。婺源之學，在縣治西，建葺屢矣。道光丁亥，復謀鼎新，逮癸巳落成，凡六年而後竣，其工爲最鉅云。余同年生施君彰，婺人也。介董事諸人以書來請曰：「吾邑之學，名爲修，實不啻創也。大成殿之加崇以仞計，其堂之加深以尋計，櫺星門之加廣以咫計，楹柱之加隆以圍計，階阤之加寬以步計。木則易疏而爲縝，石則易碓而爲整，丹漆則易黯而爲鮮。凡所以奠聖人之居者，無弗至也。又自學而推之名宦祠，舊在戟門之側，非制，則移與鄉賢、忠義相次，以昭祀典之正焉。校官舍舊無墻垣，湫隘卑狹，弗宅於後，則高其閎，崇其墉，以重師儒之望焉。學之後，負山，舊有天香亭，與江西德興縣之鴉山遥對，則爲之增高，以攬其秀於遠焉。學之前，隔溪，舊有雙塔，以象文筆，明季傾圮，則爲之重建，以納其靈於近焉。吾婺之應童子試者，兼五邑之數，向無試院，每遇邑試，即於公堂之上賃坐，衆雜而囂。則買隙地，建文場，以光賓興儲俊選焉。凡吾邑之經營締構，如此其勤且久者，無非爲人文助也。乞爲文記之以昭來許。」余惟婺處萬山之中，由岷陽而下，蜿蜒數千里，至是起率山，爲建業、姑蘇、臨安諸省會之祖。《山海經》所謂「三天子都」也。其水西流五百里，至饒州，出彭蠡，與大江會。地氣磅礴，冠於江左。故篤生大賢，羽翼聖道，而天下咸知有婺源之名。歷代以來，餘韻所漸，猶蔚然知重經學，能文章，以承朱子之後。今諸君子復厚培其學，修廢舉墜，鼓舞士氣勿衰。入是學者，春秋釋菜之際，高山仰止，景行行止，可以奮然而興矣。

曾國藩《曾國藩全集·奏稿之七·江南貢院修復工峻擬即舉行鄉試請簡放考官摺》 奏爲江南貢院建修工竣，定於十一月舉行鄉試，懇請簡放考官，仰祈聖鑒事。

竊江南鄉試自咸豐九年在浙江借闈特開萬壽恩榜，并補行乙卯正科後，尚有戊午、辛酉、壬戌及本届四科，歷經奏請展緩辦理。迨本年六月江寧省城克復，臣親勘貢院，幸未全毁。當即鳩工庀材，飭派記名臬司黄潤昌監視興修。於八月十三日，奏陳大概，旋據該員以要工完竣，繪圖呈驗。臣於九月初一日自安慶啓程，初七日舟抵金陵，初九日至貢院，查驗工程。所有主考、監臨、提調、監試、房官各屋，謄録、對讀、彌封、供給各所，新造者十之九，修補者十之一；號舍一萬六千餘間，新造者十之一，葺補者十之九；又因江南人文薈萃，向慮號舍不敷，酌就闈外圈入隙地，以備將來添建號舍之用。臣逐段勘驗，現僅號板未全，牌坊及油飾未畢。約計九月二十日前，一律完竣。工堅料實，焕然一新。兩江人士，聞風鼓舞，流亡旋歸，商賈雲集。現在已通飭各屬，出示曉諭，定於十一月舉行鄉試。江南監臨向系江蘇、安徽兩省巡撫分科輪辦。本届甲子及補行戊午各正科，係屬江蘇輪值之年。臣已咨明撫臣李鴻章，請其届時前來入闈，辦理監臨事務。其提調、監試各官，向例於江、安兩省藩、臬，道府大員中調派。內簾十八房，則於科第出身，實缺州縣中考充，如實缺人數不敷，即於兩省候補之即用大挑，揀發各班挑選。現值地方多係新復，實缺人員寥寥無幾。所有內外簾各執事，應由監臨官循例分别調取。至江南正副考官向草八月鄉試，係於六月二十二日簡放主考，禮部於二十日進本。此次十一月舉行鄉試，似應於九月二十二請旨簡放考官，向章江南主考由徐州、臨淮、滁州驛路行走。目下滁州等驛尚未整飭，應改由清江浦、揚州馳驛南來，以免遲誤。前此咸豐九年借用浙闈舉行己未恩科，并補行乙卯正科。安徽取中正額，因皖北赴考人數較少，奏准先中六成，酌留四成。計兩科存留中額三十六名，俟皖北肅清後，於下科鄉試補中。目下英、霍賊退，全皖將次肅清，應否將所留三十六名，於本科補中之處，請旨敕下禮部核議，知會正副主考查照辦理。所有貢院工竣，舉行鄉試，請旨簡放考官緣由，恭折由驛五百里馳奏。伏乞皇太后、皇上聖鑒訓示！謹奏。

曾國藩《曾國藩全集·詩文·江寧府學記》 同治四年，今相國合肥李公鴻章改建江寧府學，作孔子廟於冶城山，正殿門廡，規制粗備。六年，國藩重至金陵。明年，菏澤馬公新貽繼督兩江，賡續成之。鑿泮池，建崇聖祠，尊經閣及學官之廨宇。八年七月，工竣。董其役者，爲候補道桂嵩慶暨知縣廖綸、參將葉圻。既敕既周，初終無懈。冶城山顛，隋、唐、宋、元皆爲道觀。明曰「朝天宫」，蓋道士祀老子之所也。道家者流，其初但尚清静無爲，其後乃稱上通天帝。自漢初不能革秦時諸畤，而渭陽五帝之廟，甘泉泰一之壇，帝皆親往郊見。由是聖王祀天之大典，不掌於天子之祠官，而方士奪而領之。道家稱天，侵亂禮經，實始於此。其他煉丹燒汞，採藥飛升，符籙禁咒，徵召百神，捕使鬼物諸異術，大率依託天帝。故其徒所居之宫，名曰「朝天」，亦猶稱「上清」、「紫極」之類也。嘉慶、道光中，宫觀猶盛，黄冠數百人，連房櫛比，鼓舞甿庶。

咸豐三年，粤賊洪秀全等盜據金陵，竊泰西諸國緒餘，燔燒諸廟群祀。在典與不在典，一切毁棄。獨有事於其所謂天者，每食必祝。道士及浮屠弟子，并見摧滅。金陵文物之邦，淪爲豺豕窟宅，三綱九法，掃地盡矣。原夫方士稱天以侵禮官，乃老子所不及料，迨粤賊稱天以惘群神，而毒四海，則又道士輩所不及料

也。聖皇震怒，分遣將帥，誅殛凶渠，削平諸路。而金陵亦以時戡定，乃得就道家舊區，廓起宏規，崇祀至聖暨先賢先儒，將欲黜邪慝而反經，果操何道哉？夫亦曰隆禮而已矣。先王之制禮也，人人納於軌範之中，自其弱齒，已立制防，灑掃、沃盥有常儀，羹食、肴胾有定位，緌纓、紳佩有恒度。既長，則教之冠禮，以責成人之道；教之昏禮，以明厚別之義；教之喪祭，以篤終而報本。其出而應世則有士，相見以講讓，朝覲以勸忠。其在職則有三物以興賢，八政以防淫。其深遠者，則教之樂舞，以養和順之氣，備文武之容；教之《大學》，以達於本末終始之序，治國平天下之術；教之《中庸》，以盡性而達天。故其材之成，則足以輔世長民。其次，亦循循繩矩，三代之士無或敢遁於奇邪者，人無不出於學，學無不衷於禮也。

老子之初，固亦精於禮，經孔子告曾子、子夏，述老聃言禮之説至矣。其後惡末世之苛細，逐華而悖本，斫自然之和。於是矯枉過正，至譏禮者忠信之薄，而亂之首，蓋亦有所激而云然耳。聖人非不知浮文末節，無當於精義，特以禮之本於太一，起於微眇者，不能盡人而語之。則莫若就民生日用之常事爲之制，修焉而爲教，習焉而成俗。俗之既成，則聖人雖没，而魯中諸儒猶肄鄉飲、大射，禮於冢旁，至數百年不絶，又烏有窈冥誕妄之説，淆亂民聽者乎？

吾觀江寧士大夫材智雖有短長，而皆不屑詭隨以徇物。其於清静無爲之旨，帝天禱祀之事，固已峻拒而不惑。孟子言：「無禮無學，賊民斯興。」今兵革已息，學校新立，更相與講明此義，上以佐聖朝匡直之教，下以辟異端而迪吉士。蓋廩廩乎企向聖賢之域，豈僅人文彬蔚，鳴盛東南已哉！

張之洞《張之洞全集》卷二二《奏議二十二·創建廣雅書院摺》 兩廣總督張之洞跪奏，爲創建兩廣諸生合課書院，以礪士品而儲人才，恭摺奏明立案，仰祈聖鑒事。

竊惟善俗之道，以士爲先；致用之方，以學爲本。廣東、廣西兩省，地勢雄博，人才衆多，文學如林，科名素盛。惟是地兼山海，東省則商賈走集，華洋錯居；西省則山鄉磽瘠，瘴地荒遠，習尚强悍，民俗不齊。見事聞變，日新月異。欲端民俗，蓋必自厚士風始。士風既美，人才因之。查兩廣總督舊治肇慶，設有端溪書院，爲總督課士之所。兩省人士，皆得肄業其中。自總督移治廣州，書院不能親臨考校整節，雖歲時封題課試，規矩縱馳，士氣不揚。且原有齋舍止四十間，大半敝漏，不足以容來學，每逢應課，大率借名虛卷，草率塞責。

臣到粵以來，兵事倥偬，又值水旱爲災，未遑及此。比年海宇清宴，民生粗安，一切籌辦諸事宜，規模略具，兩省人士屢以整頓書院爲請，當經委員會同肇慶道府勘議興建。特以限於地勢，該書院東鄰府學宫，西鄰肇慶協署，後城前市，無從展拓。且以肇慶山水峭急，遊學者少，除肇慶一屬外，他處諸生罕有至者。官紳士林，僉謂宜别有經書，設於都會，於事爲便。查省城粵秀、越華、應元三書院，專課時文，齋舍或少或無，肄業者不能住院，是故有月試而無課程。前督臣阮元所建之學海堂，近年鹽運司鍾謙鈞所建之菊坡精舍，用意精美，而經費無多，膏火過少；又以建在山阜，限於地勢，故有課程而無齋舍。

竊思書院一舉，必宜萃處久居，而後有師長檢束、朋友觀摩之益。至於稽核冒名代倩，猶在其次。且以上各書院，多爲東省而設，西省不得興焉，東省外府亦罕有應課者。臣以文學侍從之臣，過蒙聖恩，濫忝兼圻之寄，才識迂拙，無所建明，至善俗儲才之端，職所當爲，不敢不勉。因於廣東省城西北五里源頭鄉地方，擇地一區，其地山川秀杰，風士清曠，建造書院一所，名曰廣雅書院。考江西白鹿洞書院、湖南嶽麓書院，皆遠在山澤，不近城市，蓋亦取避遠囂雜，收攝身心之意。廣州省會，地狹人哤，尤以城外爲宜。計齋舍二百間，分爲東省十齋，西省十齋，講堂書庫，一切俱備。延聘品行謹嚴、學術雅正之儒，以爲主講，常年住院，定議立案，不拘籍隸本省外省，總以士論翕服爲主，不得徇情濫薦。調集兩省諸生才志出衆者，每省百名，肄業其中，講求經義、史事、身心、經濟之事，廣置經籍，以備誦習。宋儒周子，曾官嶺南，著有德惠，并無祠宇，於義闕然，今建祠院中；并祀古今宦寓名賢、本省先正有功兩粵文教者，以示諸生宗仰。

肄業生額數，東省廣州府三十名，肇慶、高州、惠州三府各十名，韶州、潮州兩府各六名，瓊州府、嘉應直隸州各五名，廉州、雷州兩府各四名，南雄直隸州三名，連州、羅定兩直隸州各二名，陽江直隸廳一名，駐防一名，連山、赤溪、佛岡三直隸廳共一名；西省桂林府三十名，梧州、潯州兩府，鬱林直隸州各十名，平東、南寧兩府各八名，柳州七名，思恩、慶遠兩府各五名，太平府三名，泗城府二名，鎮安府一名，百色直隸廳，歸順直隸州共一名。遠郡下邑，師友允難，各屬徧及，以示公溥。豐其膏火，每月兩課，校其等差，優給獎賞，道遠各府州，分别遠近，加給來往盤費，總令其負笈住院，靜心讀書，可以自給，免致内顧爲憂，紛心外務。

院內課程，經學以能通大義爲主，不取瑣細；史學以貫通古今爲主，不取空論；性理之學，以踐履篤實爲主，不取矯僞；經濟之學，以知今切用爲主，不取泛濫；詞章之學，以翔實爾雅爲主，不取浮靡；士習以廉謹厚重爲主，不取囂張。其大旨總以博約謙資、文行并美爲要歸。不住院者，不領膏火，以便考其行檢；無故不得給假，以期專一有成。嚴守規條，責成監院考察約束，違者即行屏黜，欲其不分門户，不染積習，上者效用國家，次者儀型鄉里，以仰副聖天子作充人才之至意。

其書院常年經費，所需甚鉅。臣以歷年積存廉俸公費等項，捐置其中，并順德縣沙田充公之款，南海紳士候選道孔廣鏞等捐款，發商生息，共歲得息銀七千一百十五兩。查黃江税廠羨餘，歷年即以提充端溪書院經費。自改章後，征收較旺，上年臣奏定三六餘一項，除支銷外，尚有贏餘，即於此款內每年發銀五千兩。由於紅鹽變價充公，項下每年發銀五千兩，撥款息款共歲得銀一萬七千一百五十兩，以充書院師生膏火、監院薪水、人役工食，一切祭祀歲修雜費。至建造地價工料，經順德縣青雲文社、省城惠濟倉各紳，愛充堂各董事，誠信堂、敬忠堂商，聞風鼓舞，情願捐資修造。現已於閏四月二十日集款購料興工，約計十月可成。當經札委兩廣鹽運司會同布政司督飭委員，妥爲辦理，并飭鹽院教官，妥議一切詳細章程，稟定立案。

現經臣發題各屬諸生，試以文字數首，出色者即行調取；并資商兩省學臣，如有才志可造之士，亦即咨送。竊惟《易》象有云：君子以居賢德，善俗。言者會集，則俗自化也。《論語》有云，君子學以致其道。言同學講習，則道易成也。惟望從此疆臣、學臣加意修明，維持不廢，庶於邊海風氣人才，不無裨益。

其舊有端溪書院，臣已檄飭道府，酌提書院本款，就原有規模，修葺完整；并酌加諸生膏火，釐整章程，以存舊觀。學海堂年久失修，亦經飭司量爲葺治，於原設專課生十名之外，增設十名，會課改爲每月一次，責成學長申明舊日章程，以期無廢前規。

所有創建兩廣諸生合課書院緣由，相應奏明立案，以期經久。謹會同廣東撫臣吳大征、廣西撫臣李秉衡、廣東學臣汪鳴鑾、廣西學臣李殿林恭摺具奏，仰祈皇太后、皇上聖鑒。謹奏。光緒十三年六月十六日具奏，八月二十四日奉硃批該部知道，欽此。

譚獻《復堂文》卷二《廈門義學記》 古者鄉遂必有學。《禮》：「童子勝衣就傅，以迨成人，始終於學。」故灑掃應對之節詳，六書九數之術習，三年而通一經，求賢審官，皆出於學。然而橫經負耒，士未貢於司徒者，未嘗一日離其鄉也。今天下郡縣立學，增廣生員，黌舍不足以容，頖水之側，絃誦無聲，而補弟子員者，往往成人之年。幼就外傅，則從其句讀。小師執經無家法，逐利速化而已。學之不隸有司者，則有書院。書院必有師，肄業弟子各歸其家，書院又多在城邑，而課生徒以文藝。則夫鄉井之間，總角之童子，書數方名之術業，散無友紀。譬彼垣墉，勿崇厥基，蒙以養正，莫致其功。義學者，貧家子弟財物不足以執贄，疏菽不足以饌先生，童幼雖秀良，淪於牧豎。賢士大夫有憂焉，創學舍，聘師儒教焉，而資其稟。既推究其原，蓋出於古里塾之制。端本善始，以達於郡縣，貢於成均。王政之大，本乎一鄉，匪獨好施已也。廈門一島，風氣樸僿，無文德之昭融，亦未習爲聲利邪侈。葉君仁心爲質，樂善不倦。掩骼霾胔，澤及枯骨；成渠治道，行路頌焉。於是立義學四區，生徒數百人。揖讓於階，佔畢於堂，份份焉，穆穆焉，以表禮容而講六藝，海隅之盛事也。《詩》曰「菁菁者莪」，樂育材也。《周官》「以三物教民而賓興之」。若夫恢宏經典，禮訪名儒，上比馬、鄭，下不失爲胡瑗者，以爲之師。誦《詩》《書》，甄毖緯，經義治事，各有本末。無城闕之游，有烝徒之楫。始於養稺，極於官人，豈不偉哉！抑吾聞之，七閩設學，始唐常、李，聲績爛如。君任非牧伯，在鄉里間，海隅聲教之本，前無成規，經之營之，卒副其志。天下之大，有司之衆，苟其著爲令甲，倘明學制，事始一鄉，教成國學，則天下可以無私師，而人才畢出於學矣。

《〔同治〕永順府志》卷一一李瑾《新建永順縣文廟碑記》 天下郡邑，莫不立學校，建宫墻，以祀先師孔子。今永順新設郡縣，奉詔旨，發帑金，築城垣，修學校，議於府學外並建縣學，度地於城之東北隅，背坎面離，山明水秀，天光煥發，地德葱尉，卜吉興工。中爲大成殿，東西爲兩廡。前爲大成門，又前爲櫺星門。門之內鑿泮池，立圜橋；外豎照墻，左右爲「德配天地」、「道貫古今」坊。大成門右爲鄉賢祠，左名宦祠。左之上爲崇聖宫，前爲明倫堂。門墻具備，皆照依內地制度，崇宏堅固以肅觀瞻。落成之日，恭行祀事。永順舊隸土司，今皇上鑒彭姓獻土之誠，興建學校，奉祀先聖先賢，安妥神靈，佑啓文教，此爾士民千載一時也。爲士民者，正宜父教其子，兄教其弟，勤學乎《論》《學》《庸》《孟》之旨，專精乎《易》《禮》《詩》《書》之學，究其廣大精微之蘊，攻其規矩準繩之文，且明乎人

倫，脩乎德行，探乎性理，博乎史鑑，以應學臣之試，以入鄉薦之闈。郁郁乎可與中州頡頏矣。不寧惟是，永順山水靈秀，人物子弟固多雋異之質，而永定衛地氣清嘉，素有讀書能文之士。沉鬱既久，則其發舒也必長。今文明蔚興，傑人連茹而起，竚見奇偉之彥接踵而上闕廷，忠良之英比肩而立廊廟。爾士民勉之，余將拭目望之矣。謹記。

《〔光緒〕廣南府志》卷四何愚《培風書院記》　城東偏舊有蓮峯書院，前人建置，非無厚望於學校也。自一二不肖踞而營私，而書院之事遂不可問，故數十年來，科目無聞焉。癸酉春，予移守斯土，綜核勾稽，清釐整飭，得還舊觀。又復率屬捐廉俸，備修脯，延明師，課生徒，今屢科賢書叠報，非其效與？第院中屋宇散漫，學舍鮮少，在當日因陋就簡，不得不爾。比來奮志於學者衆，擔簦負笈，將不能容矣。庚辰歲，議建文昌宫，得儂氏地，既喜其高爽寬敞，又計衆所捐資亦不薄，因思出入有節，調度有方，似可並創書院於其側，俾生童之肄業者萃處，近文昌奎斗，凛然於旦夕照臨周，心日益檢，業日益勵，或摩鈍士子之一道也。間以意語諸司事，諸生僉曰：公培植文風，慈惠滂薄，籌畫周浹，非生等所及，謹惟命是聽。如是量度地面，分而爲二，取古人尚右之義以建文昌宫，而以左手地建書院。中爲講堂，上蓋書樓，顔以「雲外香樓」，仍襲桂香意也。後築精廬三間，爲山長之居。講堂前後左右列學舍，共十四間。燈牕芸案，排比相望，師友論文，謦欬可接。隙地罡庖厨溷而畢備。大門三間，兩旁設寮房，俾官員蔡祀有所憩息。中仍護以墻垣，防兵役闌入也。工既竣，進衣冠之士相與落成，而告之曰：士之以科目重也久矣，雖然，士之重果專係科目哉？諸君子倘能抗懷於科目之上，理學名儒，孝友忠義，史不絶書，甚盛事也。而予之歷歲彌年所亟亟經營一切者，實爲科目之爲，非無説也。念此土地瘠人貧，輕名重利，罔知自振。誠人人懸一科目以策其身，以訓其子孫，則不肖之心以有所冀於前，而不敢萌非道非義之途，以有所怵於後，而不敢蹈也。試觀近日之士習人心，與太守下車視學之日囂凌訴誶，不有異乎？聞士相與語曰：微大夫教，吾儕不知復爲何人？噫，斯語也，太守何敢當。然無負於爾多士，可證信也。繼自今諸君子自愛自重，長如與太守共事之日，夫何慮科目不倍蓰於今日耶？倘有視書院爲利窟，如蓮峯書院之所爲者，是負太守也，是吾學之罪人，闔郡之至不肖也。既以告諸生，因並勒之石以垂後，而爲之記。

橋梁總部

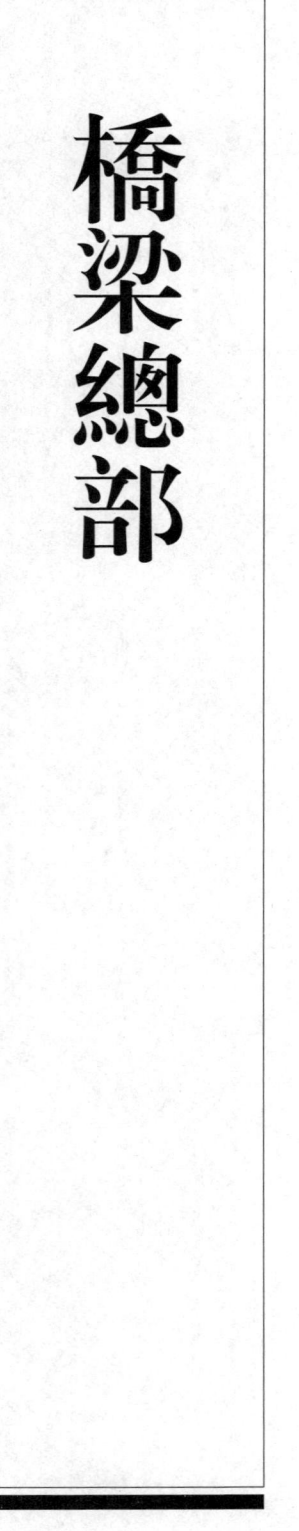

《橋梁總部》提要

築路架橋被譽爲「王道至大」之善政，也是常人行善積德之重要途徑，故而數千年來，官民樂此忘疲。《國語·周語》曰：「九月除道，十月成梁。」秋冬農閒之際，修道建橋成爲一件傳統要務。修橋方式，除官辦之外，民間集資興築的傳統影響深遠。

中國幅員遼闊，各地山川形勢殊異，西部崇山峻嶺，崖陡水湍；東部水網密佈，江闊水緩，因此各地造橋形制不盡相同。西部以索橋、棧道居多，東部則以浮梁、墩橋爲常。隨着技術之發達、社會之進步，橋樑的功能也發生變化，除便利交通外，橋廊建設成爲人們憩息、集市的場所。

本總部下設四個部：《墩橋部》，輯録各地墩橋修築的相關資料。《浮橋部》，輯録各地浮橋架設的相關資料。《索橋部》，輯録各地索橋架設的相關資料。《棧道部》，輯録各地棧道修築的相關資料。

目録

墩橋部

題解

《爾雅・釋宮第五》 隄謂之梁。即橋也。或曰：「石絶水者爲梁。」見《詩傳》。石杠謂之徛。聚石水中以爲步渡彴也。《孟子》曰：「歲十月，徒杠成。」或曰今之石橋。

《爾雅・釋地第九》 梁莫大於溴梁。

《詩・衛風・有狐》 有狐綏綏，在彼淇梁。毛亨傳：興也，綏綏，匹行貌。石，絶水曰梁。

許慎《説文解字》卷六上《木部》 橋，水梁也。从木，喬聲。梁，水橋也。从木，从水，刅聲。

陳彭年等《廣韻》卷一 圯。土橋名，在泗州。

《康熙字典》卷二一《午集下》 矼，《廣韻》《集韻》《韻會》：並古雙切，音江，聚石爲步渡水也，通作杠。

綜述

《周易・繫辭下》 刳木爲舟，剡木爲楫，舟楫之利以濟不通，致遠以利天下，蓋取諸涣。

《周禮・天官・𠹢人》 𠹢人掌以時𠹢爲梁。《月令》季冬命漁師爲梁。鄭司農云：「梁，水偃也。偃水爲關空，以笱承其空。《詩》曰：敝笱在梁。」

《國語・周語》 故《夏令》曰：「九月除道，十月成梁。」

《孟子・離婁下》 子産聽鄭國之政，以其乘輿濟人於溱洧。孟子曰：「惠而不知爲政。歲十一月徒杠成，十二月輿梁成，民未病涉也。趙岐注：以爲子産有惠民之心，而不知爲政，當以時修橋梁，民何由病苦涉水乎？周十月，夏九月，可以成涉度之功。周十一月，夏十月，可以成輿梁也。君子平其政，行辟人可也，焉得人人而濟之。故爲政者每人而悦之，日亦不足矣。」

徐堅《初學記》卷七《橋第七・叙事》 《釋名》云：橋，水梁也。《爾雅》云：梁莫大於溴梁。郭璞注：梁即橋也。或曰：梁，石橋也。石杠謂之徛，亦石橋也。《廣志》云：獨木之橋曰榷，亦曰彴。《説文》曰：楚人謂橋爲圯。凡橋有木梁、石梁。舟梁謂浮橋，即《詩》所謂「造舟爲梁」者也。周文王造舟于渭，秦公子鍼奔晉，造舟于河。秦都咸陽，渭水貫都，造渭橋及横橋，南渡長樂宮。漢作便橋以趨茂陵，並跨渭，以木爲梁。漢又作霸橋，以石爲梁。洛陽，魏晉以前，跨洛有浮橋。洛北富平津，跨河有浮橋，即杜預所建。又有車馬橋。鄂坂有黄橋。吴有朱雀橋，歷晉逮王敦反後，改爲乘雀橋。又有枝橋、羅落橋、張侯橋，張昭所造，故名之。又有赤蘭橋、白虎橋、雞鳴橋。蜀有七橋：一沖里橋，二市橋，三江橋，四萬里橋，五夷里橋，六笮橋，七長升橋，云李冰造，上應七星。又有雁橋、漢安橋，廣一里半。又有陰平橋、升仙橋，相如題者。襄陽有木蘭橋，一名豬蘭橋。雀鼠谷有魯班橋，上方有鬼橋，陝城有鴨橋，清河有吕母橋，章安有赤蘭橋，上虞有百官橋，仇池有博山橋、覆津橋、鹿角橋。泗水有石橋，張良遇黄石公處也。東海有石橋，秦始皇造，欲過海也。後涼有通順橋，在燉煌。後燕有五丈橋。此皆晉魏已前昭昭尤著也。

《續資治通鑑長編》卷八九《真宗》 先是，内殿承制魏化基言汴水悍激，多因橋柱壞舟，遂獻無脚橋式，編木爲之，釘貫其中，詔化基與八作司營造。至是，三司度所費功踰三倍，乃詔罷之。

王闢之《澠水燕談録》卷八 青州城西南皆山，中貫洋水，限爲二城。先時，跨水植柱爲橋，每至六七月間，山水暴漲，水與柱鬭，率常壞橋，州以爲患。明道中，夏英公守青，思有以捍之。會得牢城廢卒，有智思，疊巨石固其岸，取大木數十相貫，架爲飛橋，無柱。至今五十餘年，橋不壞。慶曆中，陳希亮守宿，以汴橋屢壞，率嘗損官舟、害人命，乃命法青州所作飛橋。至今沿汴皆飛橋，爲往來之利，俗曰虹橋。

朱長文《吴郡圖經續記》卷中《橋梁》 吴郡昔多橋梁，自白樂天詩嘗云「紅欄三百九十橋」矣，其名已載《圖經》。逮今增建者益多，皆叠石甃甓，工奇緻密，不復用紅欄矣。然其名未嘗偏録也。近度支韓公子文爲守，命每橋刻名於旁，憧憧往來，莫不見之。其有名，自古昔或近事可述者，爲記於此。

朱熹《朱子全書》卷三《周易・繫辭下傳第六》 古者包犧氏之王天下也，仰則觀象於天，俯則觀法於地，觀鳥獸之文與地之宜，近取諸身，遠取諸物，於是始作八卦，以通神明之德，以類萬物之情。作結繩而爲罔罟，以佃以漁，蓋取諸離。

包犧氏没，神農氏作，斲木爲耜，揉木爲耒，耒耨之利以教天下，蓋取諸益。日中爲市，致天下之民，聚天下之貨，交易而退，各得其所，蓋取諸噬嗑。神農氏没，黄帝、堯、舜氏作，通其變，使民不倦；神而化之，使民宜之。易窮則變，變則通，通則久。是以自天祐之，吉，無不利。黄帝、堯、舜垂衣裳而天下治，蓋取諸「乾」、「坤」。刳木爲舟，剡木爲楫，舟楫之利以濟不通，致遠以利天下，蓋取諸「涣」。服牛乘馬，引重致遠，以利天下，蓋取諸「隨」。重門擊柝以待暴客，蓋取諸「豫」。斷木爲杵，掘地爲臼，臼杵之利，萬民以濟，蓋取諸「小過」。弦木爲弧，剡木爲矢，弧矢之利以威天下，蓋取諸「睽」。上古穴居而野處，後世聖人易之以宫室，上棟下宇，以待風雨，蓋取諸「大壯」。古之葬者，厚衣之以薪，葬之中野，不封不樹，喪期無數；後世聖人易之以棺椁，蓋取諸「大過」。上古結繩而治，後世聖人易之以書契，百官以治，萬民以察，蓋取諸「夬」。

孟元老《東京夢華録》卷一《東都外城》　穿城河道有四。南壁曰蔡河，自陳、蔡由西南戴樓門入京城，遼繞自東南陳州門出。河上有橋十一，自陳州門裏曰觀橋，在五嶽觀後門。從此次曰宣泰橋，次曰雲騎橋，次曰横橋子，在彭婆婆宅前。次曰高橋，次曰西保康門橋，次曰龍津橋，正對内前。次曰新橋，次曰太平橋，高殿前宅前。次曰糶麥橋，次曰第一座橋，次曰宜男橋，出戴樓門外曰四里橋。中曰汴河，自西京洛口分水入京城，東去至泗州入淮，運東南之糧，凡東南方物，自此入京城，公私仰給焉。自東水門外七里，至西水門外，河上有橋十三，從東水門外七里，曰虹橋，其橋無柱，皆以巨木虚架，飾以丹雘，宛如飛虹，其上、下土橋亦如之；次曰順成倉橋，入水門裏曰便橋，次曰下土橋，次曰上土橋，投西角子門曰相國寺橋。次曰州橋，正名天漢橋。正對於大内御街，其橋與相國寺橋，皆低平不通舟船，唯西河平船可過，其柱皆青石爲之，石梁石笋楯欄，近橋兩岸皆石壁，雕鎸海馬水獸飛雲之狀，橋下密排石柱，蓋車駕御路也。州橋之北岸御路，東西兩闕，樓觀對聳；橋之西有方淺船二隻，頭置巨幹鐵槍數條，岸上有鐵索三條，遇夜絞上水面，蓋防遺火舟船矣。西去曰浚儀橋，次曰興國寺橋，亦名馬軍衙橋。次曰太師府橋，蔡相宅前。次曰金梁橋，次曰西浮橋，舊以船爲之橋，今皆用木石造矣。次曰西水門便橋，門外曰横橋。東北曰五丈河，來自濟、鄆，般挽京東路糧斛入京城。自新曹門北入京，河上有橋五：東去曰小横橋，次曰廣備橋，次曰蔡市橋，次曰青暉橋、染院橋。西北曰金水河，自京城西南分京索河水築堤，從汴河上用木槽架過，從西北水門入京城，夾墻遮擁，入大内灌後苑池浦矣。河上有橋三：曰白虎橋、横橋、五王宫橋之類。又曹門小河子橋曰念佛橋，蓋内諸司輦官，親事官之類，軍營皆在曹門，侵晨上直，有瞽者在橋上念經求化，得其名矣。

謝維新《古今合璧事類備要别集》卷七《橋道門》　橋梁之設，所以濟不通也。古之人所以啓閉從時者，蓋城郭牆塹以爲閉，而門户道橋以爲啓。閉與啓均之，爲不可緩也，然橋梁於道路最爲有功。天下不可一日而無橋梁，猶天下之不可一日而無道路也。蓋一日而無橋梁，則道路有時而不通矣。故凡達川澤之阻，濟湟隘之嶮，使斯人免褰裳之苦、濡軌之病，而得以之百里、之千里而無留行者，雖道路之功，亦橋梁之功也。彼蠢蠢之氓、憧憧之徒，曰南而南，曰北而北，以至於東西，唯其所者，豈知力將岸争勢與空鬬，乃蒙此利涉之功哉？或者不此之急而脱輈以濟人，而亦甚勞矣。

《西夏天盛改舊律令》卷一五《橋道門》　一、沿諸渠幹有大小各橋，不許諸人損之。若違律損之時，計價以偷盜法判斷，用度盜人當償之，橋當修治。

一、大渠中唐徠、漢延等上有各大道、大橋，有所修治時，當告轉運司，遣人計量所需笨工多少，依官修治。監者、識信人中當遣十户人。若有應修造而不告時，有官罰馬一，庶人十三杖。此外，沿大渠幹有各小橋，轉運司亦當於租户家主中及時遣監者，依私修治，依次緊緊指揮，無論晝夜，好好監察。若監察失誤，致取水、盜竊，損橋時，本人賠償而修治之，不治罪，不修治則有官罰馬一，庶人十三杖。

一、沿諸小渠有來往道處，附近家主當指揮建橋而監察之，破損時當修治。若不建橋，不修治時，有官罰錢五緡，庶人十杖，橋當建而修治之。

一、諸租地中原有官大道，不許斷破、耕種，沿道放水等。若違律時有官罰馬二，庶人徒三個月，依道法當除之。

一、諸大小橋不牢而不修，應建橋而不建，大小道斷毁，又毁道爲田，道内放水等時，渠水巡檢、渠主當指揮，修治建設而正之。若渠水巡檢、渠主見而不告，不令改正時，與放水斷道等罪同樣判斷。

一、沿唐徠、漢延、新渠，其他大渠等，不許人於沿岸開口、墊版上無道路處破損缺圮。若違律時，家主監者當捕之交於局分，庶人十杖。若放縱、監失誤等，使同等判斷。

《宋史》卷二九八《陳希亮傳》　代還，執政欲以爲大理少卿，希亮曰：「法吏

守文，非所願，願得一郡以自效。」乃以爲宿州。州跨汴爲橋，水與橋争，常壞舟。希亮始作飛橋，無柱，以便往來。詔賜縑以褒之，仍下其法，自畿邑至于泗州，皆爲飛橋。

蘇天爵編《元文類》卷四二《雜著・橋梁》 都城初建，庶事草創，其内外橋梁皆架木爲之而覆以土，凡一百五十六。至大德間，年深木朽，有司以爲言，改修用石。都水監計料，工部應付工物，委官督工修理，然後人無病涉之患。

《明太祖實録》卷一六二 〔洪武十七年六月丁丑〕命天下府州縣修治橋梁道路。

《明律》卷一三《兵律一・宫衛》 直行御道。凡午門外御道至御橋，除侍衛官軍導從車駕出入，許於東西兩傍行走外，其餘文武百官軍民人等，無故於上直行，及輒度御橋者，杖八十。若於宫殿中直行御道者，杖一百。守衛官故縱者，各與犯人同罪；失覺察者，減三等。若於御道上横過，係一時經行者，不在此限。

《明律》卷三〇《工律二・河防》 修理橋梁道路。凡橋梁道路，府、州、縣佐貳官、提調，於農隙之時，常加點視修理，務要堅完平坦。若損壞、失於修理、阻礙經行者，提調官吏笞三十。若津渡之處，應造橋梁而不造、應置渡船而不置者，笞四十。

《明會典》卷二〇〇《工部二十》 洪武二十六年定，凡各處河津合置橋梁者，所在官司起造。若當用渡船去處，須要置造船隻，僉點水手。其通行驛道，或有損壞，須於農隙之時修理。所用椿木灰石等項，於本處丁多户内起夫，附近山場採辦。若在京橋梁道路，本部自行隨時計工成造修理。果有干係動衆，具奏施行。

王世懋《閩部疏》 閩中橋梁甲天下，雖山坳細澗，皆以巨石梁之，上施榱棟，都極壯麗。初謂山間木石易辦，已乃知非得已。蓋閩水怒而善崩，故以數十重重木壓之。中多設神佛像，香火甚嚴，亦厭鎮意也。然無如泉州萬安橋，蔡端明名幾與此橋不朽矣。

邱濬《大學衍義》卷九九《備規制・道途之備》 《易》：刳木爲舟，剡木爲楫，舟楫之利以濟不通，致遠以利天下，蓋取諸「涣」。

張栻曰：川涂之險，則有所不通，惟夫舟楫之利既興，則日月所照，霜露所墜，莫不拭目觀化，天下如一家，中國如一人矣。是以刳其木而中虚，剡其楫而末鋭，舟所以載物，而楫所以進舟。致遠以利天下而取諸「涣」者，蓋「涣」之成卦，上「巽」下「坎」，《彖》曰「利涉大川，乘木有功也」。

臣按：「涣」之卦有乘木濟川之象。水在天地間，爲利最大，爲性最險，故聖人於《易》屢以利涉與不爲言，而又制器以爲利涉之具。既有其具，則地之勢盡矣；而人行也不止，地之形斷矣。而人行也不絶，由是極天所覆、地所載處，無不可至焉，所以來遠人於無外，廣王化於無窮也。

《詩・大明》篇曰：親迎於渭，造舟爲梁。

張載曰：造舟爲梁，文王所制，而周世遂以爲天子之禮。

臣按：造舟謂聯比其船而加板於其上以爲橋，杜預所謂「河橋」是也。

《周禮》：司險，掌九州之圖，以周知其山林川澤之阻，而達其道路。設國之五溝五涂，而樹之林以爲阻固，皆有守禁而達其道路。國有故，則藩塞阻路而止行者，以其屬守之，唯有節者達之。

鄭玄曰：達道路者，山川之阻則開鑿之，川澤之阻則橋梁之也。樹之林，作藩落也。國有故，喪災及兵也，閉絶要害之道，備奸寇也。

王昭禹曰：所謂九州之圖，山林川澤之阻，若《職方氏》所謂東南曰揚州，其山鎮曰會稽，其澤藪曰具區，其川三江，其浸五湖之類是也。所謂國之五溝五涂，則是遂人所謂遂、溝、洫、澮、川之謂五溝也，徑、畛、涂、道、路之謂五涂也。

合方氏，掌達天下之道路。

鄭玄曰：達天下之道路，津橋相輳，不得陷絶也。

臣按：官而謂之合方者，合同四方之事也。【略】

天子造舟，諸侯維舟，大夫方舟，士特舟，庶人乘泭。

郭璞曰：造舟，比船爲橋。維者，維連四船。方者，并兩船。特，單船也。泭，并木以渡。

臣按：造舟、維舟、方舟，即今所謂浮橋。特舟，即今渡船。泭，即今簰筏。

《國語》：周定王使單襄公聘於宋，遂假道於陳以聘於楚，火心星也朝覿謂晨見也。矣，道道路也。茀穢塞也。不可行也。侯不在疆，司空不視涂，澤不陂，川不梁。單子曰：夫辰角大辰，蒼龍之角，星名也。見而雨畢，天根亢、氐之間。見而水涸，故先王之教曰雨畢而除道，水涸而成梁，故《夏令》曰九月除道，十月成梁。

臣按：夏令，夏后氏之令，周所因也。除道所以便行旅，成梁所以便民，使

不病涉也。

《孟子》曰：歲十一月徒杠方橋可通徒行者。成，十二月輿梁橋可通車輿者。成，民未病涉也。

朱熹曰：周十一月，夏九月也，周十二月，夏十月也。《夏令》曰十月成梁，蓋農工已畢，可用民力，又時將寒冱，水有橋梁，則民不患於徒涉，亦王政之一事也。又曰：先王之政，細大具舉，而無事不合人心，順天理，故其公平正大之體、紀綱法度之施，纖悉之間，亦無遺恨如此。

臣按：先王之治，非獨其大綱大法，無有偏而不舉之處，則雖一道徑之微，一津河之小，民之所以經行之處，亦必委曲而爲之處置焉，惟恐其行步之齟齬，足脛之瘴瘃也。聖人仁民之政，無往而不存，其小者尚如此，況其關係之大者哉。

漢薛宣子惠爲彭城令，宣至其縣，橋梁郵亭不修，宣心知惠不能。

臣按：鄭子産以乘輿濟人於溱洧，孟軻氏譏其不知爲政，陳國道茀不可行而川不梁，單襄公知其必亡，蓋道路橋梁雖於政治無大干係，然王道至大而全備，一有所闕，雖若無甚害者，然而一人不遂其欲，一事不當其理，一物不得其濟，亦足以爲大段之累，全體之虧也。故大人行政，雖受一命，居一邑，亦無不盡其心焉者。薛宣於見其子之爲邑，橋梁不修，而知其無所能。由此推而大之，知夫覘人之國者，因其涂不治，川不梁，則知其國之不振也，豈不然哉！是以君子欲成其大，必盡力於其小，欲成其全，惟恐其一之或有虧也，良以此夫。

晉杜預以孟津渡險，有覆没之患，請建河橋於富平津。議者謂殷周所都，歷聖賢而不作者，必不可立故也。預曰：「造舟爲梁，則河橋之謂也。」及橋成，武帝從百僚臨會，舉觴屬預曰：「非君此橋不立也。」對曰：「非陛下之明，臣亦不敢施其微巧。」

臣按：《元和志》云：河陽浮橋，架黄河爲之，以船爲脚，竹簦互之。初預造橋時，議者多謂殷周無有作橋於河者，預引《詩·大明》「造舟爲梁」爲證，然詩不言其所造之處。《史記》秦昭襄王五十年十二月初作河橋，蓋橋作於河也。然是時秦未有孟津之地，而所作之橋不在此耳。唐開元九年，復作於蒲津。

唐開元九年，新作蒲津橋，熔鐵爲牛。

張説曰：河有三橋，蒲津居其一。舊制横絙百丈，連船千艘，辮修笮以維之，繫圍木以距之。開元十二載，俾鐵代竹，取堅易脆，結爲連鏁。熔以爲伏牛，偶立於兩岸，禁連於河中潬，鏁以持航，牛以繫纜，亦將厭水物，奠浮梁。

臣按：凡子水必用鐵，非徒以其堅，亦以其能厭水物也。

以上道途之備。

周亮工《閩小紀》卷一《橋梁》 閩中橋梁最爲巨麗，橋上架屋，翼翼楚楚，無處不堪圖畫。吳文中落筆即倣而爲之。第以閩地多雨，欲便于憩足者。兩簷下類覆以木板，深輒數尺。俯欄有致，遊目無餘，似畏人見好山色故障之者。予每度一橋，輒爲悵嘆。

王澐《閩游紀略》 閩橋巨者，木一石二。在建州者曰通都。下疊巨木，上屋之，商賈之所聚也。時不戒於火，復搆如故。在泉南者曰萬安，俗名洛陽，蔡忠惠公所建也。架石江面，修三百六十丈，廣丈有五。諺云：洛陽沙平，填滿公卿。先朝之季，潮退沙見。驗矣。橋下有忠惠公祠，公自書碑二，分列左右。石光可鑑，公墓在仙遊境内。祠蓋爲橋立也。在漳南者曰通濟，亦曰虎渡，俗稱江東。其修三百丈，時爲兵毁，搆木以濟。

李斗《揚州畫舫録》卷一七《工段營造録》 建造橋梁，有木橋做法：以寬長丈尺橋孔數目，折料計工。尺五椿木，連入土長二丈七尺，一木一椿；二尺管木長一丈二尺，一木二根；尺六橋面，楞木長一丈五尺；簽錠椿木，安裝管頭楞木，用八六寸扒頭釘，斤兩有差。鋪墁橋面磚，以寬長丈尺，除引條分位，横鋪立墁，鋪墁先用土墊平，折方有差。盤礎打(瓣)〔夯〕，搭脚手，用麻斤兩及木匠剷砍椿尖，做出鑿鑿管頭，鋪錠面木橋板，(闌)〔關〕磚引條，安裝欄干，定間柱、戧柱，瓦匠鋪墁，日記夫油漆匠油飾闌磚引條，露明欄干、間柱、戧柱。桐油、陀僧、定紅斤兩，熬油打雜各有差。裹頭雁翅，亦以寬長折料計工；石礎、跳板，借用不估。此木橋做法也。石橋做法：以金門(由)〔油〕身，雁翅寬高，折料計工。雁翅迎水，頂底牽長，下分水頂底，用石陡砌，每里計長九十六丈四尺。底石下鋪錠梅花椿，安頓底石，每丈用椿二十段。尺五木一木三椿，迎面排椿；尺四木一木二椿。砌面石每丈油灰二斤，里石每丈灌漿石灰一百斤，汁米有差。扛抬〔往〕上(住)，每丈壯夫二名。此石橋做法也。石岸做法，與雁翅同科。若堤壩工程，築堤先牽頂寬、底寬、高、長，丈尺用土見方，底寬以入水丈尺，除水深丈尺折方。寬有築寬幫寬，高有築高幫高。幫寬幫高，謂之幫築；在旁幫築，謂之幫戧；平面加高，謂之普面；水深用柴鋪墊，謂之二面防風，以備積築。柴以束計，謂之正柴；用料以土方數目折束，搬柴厢柴夫工有差。取土以道路遠近折料，謂之新土。隔河取

紀事

華北

土及湖中撈挖，用船運送，均於土方加料築壩，以面底寬、長丈尺，中心填土見方。壩長於水面，每丈用排樁七、槲木一、蘆芭二、纖纜一。工完銷土，屬之日記夫。

《明英宗實録》卷三五一《弘仁橋》〔天順七年夏四月〕己巳，新建弘仁橋成。橋在南海子東墻外，舊名馬駒橋。水自城西南經南海子出，歲以木爲橋，水漲即衝去，往來者病涉。上憫之，欲建石橋，遂發内帑銀數萬兩，顧工臣民夫爲之。因命内閣臣李賢、陳文、彭時等往覲焉。賢言工程浩大，雇民夫莫若用軍士，一月人與銀一兩，彼亦樂爲之。不惟軍士得濟，抑且力齊而工易完。上從之。既而文武大臣亦皆感激，出俸銀以爲助。橋成，改名弘仁，命賢爲碑記。

《金史》卷九《章帝本紀・盧溝橋》〔大定二十九年六月〕丁酉，幸慶壽寺。作盧溝石橋，**【略】**。〔明昌三年三月〕癸未，盧溝石橋成。

《金史》卷二七《河渠志八・盧溝橋》〔大定〕二十八年五月，詔盧溝河使旅往來之津要，令建石橋。未行而世宗崩。章宗大定二十九年六月，復以涉者病河流湍急，詔命造舟，既而更命建石橋。明昌三年三月成，敕命名曰廣利。有司謂車駕之所經行，使客商旅之要路，請官建東西廊，令人居之。上曰：「何必然，民間自應爲耳。」左丞守貞言：「但恐爲豪右所占，況罔利之人多止東岸，若官築，則東西兩岸俱稱，亦便於觀望也。」遂從之。

《〔乾隆〕畿輔安瀾志》卷七《橋渡・盧溝橋》 盧溝橋，一名廣利橋，在宛平縣南三十里，跨盧溝河上。金明昌年間建，元明累加修築。本朝康熙元年，發帑修築。七年，水溢，橋圮東北十二丈，重修。御製碑文建亭於橋北。雍正十年，重修橋面。乾隆十七年，重修券面、獅柱、石欄、橋廂。五十年，重修橋面，東西兩陲，加長石道。橋東西長六十六丈，南北寬二丈四尺。兩事一日，與諸游俠釣於桑乾河赤欄側，以酒酹地曰：「吾若有幽州節制分，則獲大魚。」果釣魚長三尺。張舜民《使遼録》：過盧溝河，伴使云：恐乘轎危，以車渡極安而速濟。又許亢宗《奉使行程録》：盧溝橋河水蕩激，每候水淺深，置小橋以渡。近年於兩岸造浮橋，彷彿黎陽三山制度。是橋之由來舊矣，前此皆爲小橋，後乃規模漸宏壯也。又《三朝北盟會編》：宣和五年二月乙酉，金人遣趙良嗣過盧溝，即焚。

《〔嘉慶〕重修一統志》卷九《順天府・津梁・盧溝橋》 盧溝橋，在宛平縣西南三十里盧溝河上。《金史・河渠志》：大定二十九年，以盧溝河流湍急，命建石橋。明昌三年成，名曰廣利。《元史・百官志》：延祐四年，盧溝橋置巡檢司。《明統志》：盧溝橋，正統九年重修。其長二百餘步，石欄刻爲獅形，每早波光曉月，上下蕩漾，爲燕京八景之一，名曰「盧溝曉月」。《府志》：橋當往來孔道。本朝康熙八年，發帑修築。聖祖仁皇帝御製碑文以記。

徐珂《清稗類鈔》第一册《地理類・蘆溝橋》 蘆溝橋，在京師廣安門外。溝本桑乾河故道，因其水濁而黑，故曰蘆溝，又曰渾河，國朝改名曰永定河。橋始建於金大定己酉，長約二百餘步，石欄雙鎖，上鎸獅像百餘，姿勢各異，亦前代美術之一種也。在昔爲南北往來衝要，騷人墨客過此，必流連題詠，故燕京八景中有「蘆溝曉月」，與「長亭灞橋」同爲勝蹟。明顧元起詩云：「西山籠霧晚蒼蒼，一線桑乾萬里長。最是征夫望鄉處，蘆溝橋上月如霜。」自京漢鐵路開車，此橋遂寂寞矣。

《〔雍正〕畿輔通志》卷四二《津梁・巨馬河橋》 巨馬河橋在涿州北門外，又胡良河橋在涿州北十里，俱明萬曆二年敕建，高廣各二丈，長三十餘丈，皆甃以巨石，錮以鐵定，大學士張居正碑記。

于敏中等《日下舊聞考》卷一二八《京畿涿州二》 永濟橋在涿州北郭外。《大清一統志》。

臣等謹按：永濟橋舊名拒馬河橋，明萬曆二年建，十六年重修，天啓六年復修。後河舍橋南徙，本朝乾隆二十五年，奉旨於舊河橋南移建新橋，凡九空，延築石堤，下涵洞二十有二，舊橋頽廢者改葺爲堤，下爲涵洞一十有八，橋堤共長二百丈有奇，賜名曰永濟，並御製重修涿州石橋記恭載卷内。

《(乾隆)熱河志》卷二九《行宮五・長虹飲練》

長橋之南，寶坊額曰「長虹飲練」，與雙湖夾鏡對峙，皆聖祖御題。橋碑文石恭勒御詩于上。兩岸烟瀾渺瀰，楊柳紛敷，異花滋蔓，掩映白蓮，縟采清芬，彌望如一。生風來縠縐，雨霽蜺横，玄暉净練之詞，太白彩虹之句，合之兹橋，兼擅其勝矣。

《(光緒)重修天津府志》卷二一《輿地三・津梁・紅橋》 紅橋在惠利橋北百步，跨子牙河，水由橋下入白河。光緒年，改建鐵橋，由泰西匠人承辦。船往來橋下，無輪機開合，與院署前異。《采訪册》。

《(光緒)重修天津府志》卷二一《輿地三・津梁・風化店橋》 風化店橋在城東二十五里，明弘治八年建。明馮忠《風化店新橋記》節録：滄州南名絶隄，舊有減水河一道，置閘，以時啓閉。東北行可三百里，而之絶海也。由至風化店一舍，凡山東諸路及長蘆南十二場，皆由此濟，而爲要津也，徒行輿馬，日無慮千百。水泛溢，雖有舟楫，每患漂溺；水淺則苦於褰涉也。由是，修善之人佈施勸募，伐木石，鳩工匠，謀作橋而利人也。首築河底堅實，樹以石柱，凡五空，上密加之堅木，以蘆葦厚覆之，實以土。此橋之制也，經始於弘治辛卯之十二月吉日，至明年壬子三月朔日成。

《(光緒)重修天津府志》卷二一《輿地三・津梁・院署鐵橋》 院署浮橋在三岔河西，跨南運河上，本鹽院東渡，後改浮橋。同治中，院署改爲總督兼北洋大臣行臺。光緒中，改建鐵橋，泰西匠人承辦。早晚放船往來，以輪機引開紐合，水陸均便。《采訪册》。

張鷟《朝野僉載》卷五《大石橋》 趙州石橋甚工，磨礲密緻如削焉。望之如初日出雲，長虹飲澗。上有勾欄，皆石也，勾欄並有石獅子。龍朔年中，高麗諜者盜二獅子去，後復募匠修之，莫能相類者。至天后大足年，默啜破趙、定州，賊欲南過，至石橋，馬跪地不進，但見一青龍卧橋上，奮迅而怒，賊乃遁去。

《(隆慶)趙州志》卷二《橋梁・大石橋》 安濟橋在州南五里洨河上，一名大石橋，乃隋匠李春所造。奇巧固護，甲於天下。上有獸跡，相傳是張果老倒騎驢處，未知是否。按果老隱中條山，往來邠、晉間，得長生秘術。又常見於恒山中，則其偶過於此，亦或有之，而後人欲神其事，因爲之傳。

《(道光)承德府志》卷九《橋梁・大石橋》 大石橋在府治南，徑六丈，廣一丈五尺，跨新河上。兩岸市廛廬舍，烟火萬家。夏秋渠盈，水流如駛，南北相望，駕若彩虹，頗占全河之勝。秋盡水潦既降，下可通軌。

納新《河朔訪古記》卷上《永通橋》 趙州城西門外平棘縣境有永通橋，俗謂之小石橋。方之南橋差小，而石工之製，華麗尤精。清、洨二水合流橋下。此則金明昌間趙人裒錢而建也。建橋碑文，中憲大夫致仕王革撰。橋左復有小碣，刻橋之圖，金儒題詠併刻于下。

《(道光)承德府志》卷九《橋梁・永通橋》 小石橋在石橋街，徑二丈，廣一丈二尺，未詳創建。

《(道光)承德府志》卷九《橋梁・迎水石壩橋》 迎水石壩橋在府治東偏。有二壩，各徑十有五丈，廣四尺，穹九尺有奇。乾隆三十六年，開濬新河，內大臣

三和偕熱河道明山保奏請增建，以捍潘家溝、余家溝兩水入河之衝。壩與溝南北各相直，經營偉構，壯而且固，熱河永無水患同沐。

《〔道光〕承德府志》卷九《橋梁・單橋》 單橋在雙橋北一里，闊兩丈，長三丈，有奇甃石爲之。

《〔嘉慶〕畿輔安瀾志・府河一卷・方順橋》 方順橋在滿城南五十里，跨方順河上，甃石爲之。晉永嘉三年建，隋開皇金明昌明、嘉靖中皆重修。明兵部侍郎楊順《重修方順橋記畧》：方順河者，源於完縣白崖、馬耳二山，會於滿城。方順流於清苑，注於東海。當中山孔道舊有橋，不識創自何代，廢有歲時，過者病涉，今上御宇之。三十五年，無極縣掌丁字庫事、內監李朗首捐千金，請清涼山僧德印募緣助構，靈鐸載揚，五村雲集，不期歲成。石橋三架，長十五丈，闊三丈。凡費銀兩以三千金，役徒以二萬計。垂成之次，掘泥得石，記云：晉永嘉三年建，抵金朝明昌丙辰重修。案晉永嘉迄今一千年有奇，明昌迄今又三百餘載，修治之歲，復值丙辰事，有曠百世，而相感者不其然哉！

《清一統志》卷二一《保定府二・方順橋》 方順橋在滿城縣南五十里，隋開皇間建。長十五丈，石室雕闌，堅緻雄偉。本朝以來屢加修葺。乾隆二十六年、四十六年，皇上巡幸五臺，鑾輿經此，有御製詩。

《〔光緒〕保定府志》卷二〇《輿地略四・津梁・天水橋》 天水橋在府城南門橋南，甃石爲之。跨府河，與南門橋相去數武。一畝泉水來自乾方，天一生水，故名。明弘治四年，知府趙英重建。舊志：明李東陽、趙英俱有記。隆慶五年，傾圮。六年，知府章時鸞重建。《清苑縣志》。明孫慎《重修天水橋記略》：一畝泉自西北來，合流雞距泉東南下，蜿蜒於鄂城之南者，天水之河也。歷年以來，興廢靡常，因革無考，未見有爲石橋者。至我皇明，建都於幽，保定實爲藩輔重地，南北要區，商賈往來，居民輻輳，實藉是以通渡，自非石橋之建，誠非經久計也。成化乙巳歲，先太守金城趙公始建石橋，往來便利。名之曰天水，蓋以二泉出自西北乾位故也。自成化以來，百十餘年，未嘗廢圮。迄隆慶五年夏六月十四日，天雨傾注，河水瀑湧，一時衝激橋洞，不能成水，遂至鼓漲傾倒，延歷時月，未有能修復之者，民甚病之。是歲，太守池州章公始蒞事，士民即以橋事告之。公盡捐俸資，同列亦各捐俸資有差，遂卜日興工，因其木石之不足者補之，而工之願樂以趨事者踵相接也。於是鄉士大夫感公之至誠，競皆輦助財米，壽官有張伸强者首倡，耆老善士亦各捐資以協助其事。工始於隆慶六年正月十三日，迄於本年四月二十六日。橋南北長十一丈，東西闊二丈五尺，爲空者三：中長二丈一尺，南、北各長一丈六尺；三空俱高二丈四尺。樁木深九尺，翼以欄；石柱衍東西三十六方，羅列左右，如人聳立。誠一方之鉅麗，爲千年之偉觀也。橋方成，公即以才能擢河南河道憲副赴任矣。越四年丁丑，鄉民耆老史鐸等念公之德惠在民，不可終泯，是橋之工，當垂於永久，乃相率請余爲之記其實焉。公諱時鸞，泡之青陽人。同知李公琮，通判李公、楊公仕，推官蔣公希孔，清苑縣尹龔公紱，皆協謀於公，相助以成其事者也，於是乎記。

《〔光緒〕保定府志》卷二〇《輿地略四・津梁・大夫橋》 大夫橋在博野縣城西二十里西章村東，明都御史吴櫄建。《大清一統志》。天啓元年重修。《縣志》。明鄭東里《重修西章大夫橋記》：距縣治之西二十里許，曰西章邨，無巨室，田不膏腴，蓋窮鄉也。鄉之西，近百武建有石橋，橋河之水爲唐河下流，車徒往來，不啻馗道，匪是橋也，夏秋雨潦，馬還濘而人違淖，不可利涉矣。往者成化年間，中丞吴公始創大夫橋，民利賴之。迄今百有餘歲，石盡傾損，人復病涉。于是其鄉民田尹耕、吴賓、田邦善、田種德、吴三謨、周夏、邢得仁、田秋、吴三德、田惠民、田成熙等，共謀重修，以廣利濟，砥余白事。余嘉其意，許之，因首出俸以助之，鄉人捐資繼者接踵，得二百餘緡。乃採石鳩工，拓舊制而增之，長七丈有二，闊一丈有一。既竣事，鄉民乞余記其事。余惟徒扛輿梁，責在余司，余承乏茲土，力詘莫能舉贏，至勞爾父老，費爾民財，實惟不佞之過，不佞豈敢諱。惟是二三父老，率義以鳩衆，意甚懇，而吾民從義如流，用以集事，實惟爾二三父老及吾民之善，不佞因於爾民重有望焉。語曰：享其利者爲有德，人富而仁義附焉。顧太上既判，民偶日茲，一膜之外，視若秦越，錐刀之末，將必爭焉。有能共出所有爲杠梁，濟所不知者，何人乎？且晚近民風，阻於禍福，三戶之里，必有佞佛之家，匹婦匹夫，其室不贍入口，而擅越布施，以于非望，往往有之。至惠人利物之德，杳無聞也。若等獨能拔乎流俗，不以窮鄉奪於利欲，合之以仁，本之以義，石虹懸蹬，普濟羣生。君子謂是舉也，於利爲永，於民爲和，於俗爲厚，於禮爲不悖。稍良善之行者以此，不負余矚望之意者亦以此。余特因是詳記，以告來者，其必無廢成勞也已。時天啓元年四月朔日。

《〔光緒〕保定府志》卷二〇《輿地略四・津梁・永固橋》 永固橋在新城縣城東二十里新橋鎮。跨白溝河。乾隆四十五年，知縣申允恭重修。申允恭《新橋鎮永固橋碑記》：乾隆四十三年夏六月，余自武遂量移茲土，察民閒之利者與之，弊者革之，凡川涂溝洫、陂障隄埝以及澤梁渡津之屬，罔弗留意，將次第修飭之。顧時方奉檄，有志焉而未逮也。縣治東二十里新橋鎮，臨清河之許，市廛櫛比，商販輻輳，估船鱗次，一水陸交會處也。跨鎮而梁，以利行旅，是曰新橋。考邑乘所載，集市二十，橋梁二十有七，而是橋也闕焉而弗録。或曰以邑名得名，故曰新。或曰非也，創始者以新建故，後遂沿襲不改。唯是河爲琉璃河下游，源自房山，入良鄉，東折而南，歷涿州，經固安，直趨縣境無瀦蓄。而是橋正當其衝，每五六月中，伏流漲發，水潦大至，沸浪奔騰，湍激衝突，橋小不能支，傾圮者屢矣。或歷數載而一新，或間歲而一新，而名若連爲之識然。乾隆三十六年，橋壞，士商合會人等捐募改修。是年，又被水沖，復因衆集會積入稔，得錢若干緡。余既涖，新之。明年春，董事者輦石舁材，

鳩工督役，拓其舊而大之，長亘二十七丈，徑寬二丈五尺。經始正月二十八日，落成五月二十六日，凡五閱月而工竣。且來丐記於余，并請易其名。余維茲橋之屢新，新當於河流之衝，而前此新之者之未得永久計也，豈果命名者爲之讖耶？余既重違其請，又喜其樂事勸功，圖永久而修葺固者，能體余之志也，遂名之曰永固，而因爲之記。乾隆四十五年庚子仲春。

《〔乾隆〕宣化府志》卷七《古迹志·雞鳴山古橋》 雞鳴山古橋，《縣志》：雞鳴山右側，洋河左岸，石柱七十有五，東西橫列，長百步許，闊數步。柱高一丈，圍如之。《元虞集》云：漢太守王霸欲作橋，會其地有兵役，遂罷。未知信否。

《〔乾隆〕宣化府志》卷八《城堡志·通橋》 通橋，一名普渡橋，在張家口東南清水河上。萬曆二十八年，鎮守都督梁秀，義民劉宇、郝時瑁等捐建。長二十五丈，廣二丈二尺，高一丈八尺，水洞門七。順治年間，劉宇曾孫天津都等其淵捐修二次，闔堡民商公捐修輯一次，知縣李三光倡修一次。增長二十五丈，共五十丈，翼以石欄。明胡守讓有《建橋記》。

李吉甫《元和郡縣圖志》卷一三《河東道二·汾橋》 汾橋，架汾水，在縣東一里，即豫讓欲刺趙襄子，伏於橋下，襄子解衣之處。橋長七十五步，廣六丈四尺。

《〔雍正〕山西通志》卷三〇《水利二·津梁附·飛虹橋》 飛虹橋在西南三十里義店村，元至大中建。衆木攢成，不見斧痕，土人名魯班橋。

《〔乾隆〕寧武府志》卷二《山川·津梁·安遠橋》 陽方堡安遠橋，明都御史高文薦建於九龍口。自堡城西南直接東山，築埝壘石橋，長八十餘丈。下爲水門五，上建高樓。陽方爲寧武咽喉，此橋既建，敵騎不能長驅。後毀於水，兩堤僅存。文薦自有記，刻石。

《〔道光〕大同縣志》卷五《營建·橋梁·興雲橋》 興雲橋在城東關外，跨如渾水上。亦名玉河，即名橋爲玉橋。蓋自元魏以至於唐，率皆造橋以通行旅，歲久，沿革不復可詳。金天會中，留守高慶裔重建。不一年而廢圮。後三年居民高居安葺完之，宇文虛中記。大定中，留守完顔褒重修，邊元忠記。元至大三年，重修。十二年，復圮。泰定元年，河東連帥圖綿重建，立石柱二十有四，植欄檻，表門闕，飾神祠官舍之屬，題曰「興雲之橋」，學士虞集記。明成化十三年，巡撫李敏增修，劉翊記。萬曆八年，總兵郭琥拓故基而更創之，下環十九甕，上可容方軌，高三丈餘，東西長百餘丈，南北闊十餘丈，翼以石欄。仍曰興雲橋。三十四年，總兵焦承勳、參議楊一葵重修，巡撫翟鵬記。

華東

李吉甫《元和郡縣志》卷一一《河南道七·秦始皇石橋》 〔文登〕縣東北海中有秦始皇石橋，今海中時見有竪石似柱之狀。

常棠《海鹽澉水志》卷五《秦始皇石橋》 秦王石橋柱在秦駐山背。舊傳沿海有三十六條沙岸、九塗、十八灘，至黄盤山上岸，去紹興二十六里。風清月白，叫賣聲相聞。始皇欲作橋渡海。後海變，洗蕩沙岸，僅存其一。黄盤山邈在海中，橋柱猶存。淳祐十年，猶有於旁灘潮裏得古井及小石橋、大樹根之類，驗井磚上字，則知東晉時屯兵處。

《〔嘉靖〕山東通志》卷四〇《雜志·海神竪橋》 始皇造橋觀日，海神爲之驅石竪柱。始皇感其惠，求見。神曰：我醜，莫圖我形，常與帝會。始皇從橋入海四十里與神相見，左右有巧者潛畫其像。神怒曰：帝負約，可速去。始皇轉馬，前脚纔立，後脚遂崩，僅得登岸。今見成山東海水中有竪石，往往相望，似石橋。又有石柱二，乍出乍没，或云始皇渡海立此石，以爲記。《三齊畧記》。

孫承澤《春明夢餘録》卷六八《巖麓·秦始皇石橋》 《三齊畧記》：始皇於海中作石橋，海神爲之竪柱，始皇求爲相見。神云：我形醜，莫圖我形，當與帝相見。乃入海四十里，見海神，左右莫動手，工人潛以其脚畫其狀。神怒曰：帝負約，速去！始皇轉馬還，前脚猶立，後脚隨崩，僅得登岸。畫者溺死於海。衆山之石，皆傾注。今猶岌岌東趣，疑即是也。

《〔嘉靖〕山東通志》卷一四《橋梁·卞橋》 卞橋在泗水縣東五十里，卞莊子城東一里。水自陪尾山發源，諸泉於泉林寺前競出，東西分流而復會于此。金大定二十一年建。

高晉等《南巡盛典》卷五一《馬公橋》 乾隆二十三年，河臣張師載、撫臣阿爾泰興築南陽縴道，以利運道。至三十二年，因樁木經歷年久，漚泡朽折，石無樁管，土隨石卸。河臣李清時奏將殘缺過甚各段補修四千餘丈。嗣又續有塌卸，均經隨時估修，以資利涉。又運河之西有牛頭河一道，上承宋家窪及各州縣坡水，下達昭陽湖。湖中舊有馬公橋一座，係魚臺縣驛路所經，計長五百一十八丈，下設橋洞，統計僅寬二十三丈。牛頭河入湖之水，當來源極盛時，因橋洞收束，往往壅滯不消。三十七年，河臣姚立德、撫臣徐績奏多添橋洞，加寬十丈，並將湖河淤淺之處，抽溝導引，俾上游之水捷趨昭陽湖，而濟寧西坡一帶，已除水

患。四十六年，儀封曲家樓漫水下注，自濟寧在城閘下直至沛汛交界，水勢汪洋，湖河一片，兩岸土石閘壩等工盡皆淹没。四十八年春間，漫流疏消，經大學士公阿桂、河臣何裕城、撫臣明興奏，復還舊制，次第興修。其湖面水深之處，除原有碎石段落外，擇其最要，或加排椿，或添碎石。坦坡河面掃灣迎溜之處，用椿石擋護，足資抵禦，而縴道橋梁、閘壩等工，亦已一律完固矣。

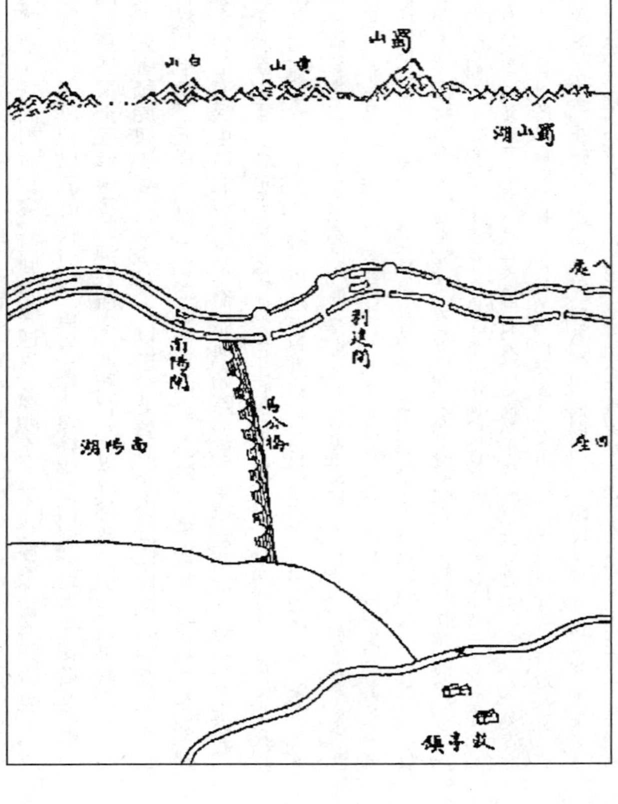

《〔咸豐〕青州府志》卷二七《營建考·萬年橋》　萬年橋在府城北門外，舊名南陽橋。南陽水經其下。宋曾鞏撰修橋記，米芾書。明永樂十二年，鄭綱重修。弘治七年，秋水泛溢，碑、橋全毁。萬曆二十二年，知府衛一鳳、知縣劉養浩增修，改名萬年橋。國朝康熙二十五年，夏河水泛溢，橋圮過半，知府羅大美重修。嘉慶六年，知府李戴春重修。壽光安致遠、邑人趙執信皆有碑記。

《〔道光〕東阿縣志》卷五《橋梁·永濟橋》　永濟橋，原名狼溪橋。《泰安府志》在城中跨狼溪上。明弘治十三年，知縣秦昂修建。疊石爲三空，因水壞。嘉靖三十三年，知縣董錦改建以木，一空，高四丈，更名永濟。隆慶三年，知縣田樂重修，稍減其高。萬曆四十年又壞。知縣李時馥仍疊石爲一空，平坦如地。國朝道光三年，邑人閻庭槐、孟尚泰、劉萬鰲、陳禮、于萬英等募修。

葉夢珠《閲世編》卷三《萬安橋》　萬安橋在朱涇鎮，當苕、霅諸溪由浦人海之衝，水勢最爲洶湧。鎮中人烟萬井，商賈輻輳，往來濟渡，舟楫頗艱。崇禎之初，穀城方禹修相國來守吾郡，設法輸助，構石爲梁，極稱雄壯。順治初，橋有傾側之勢，忽逢異人，自言力能挽正，遂募麻絙數條，剋期於某日某時，候東北風起，以絙纏橋，召集多人，向南挽之。屆期觀者如堵，須臾東北風果起，遂如其法，鳴鑼作氣，頃刻而橋正，其人不取酬而去，衆共異之。越數年，一夕暴風驟雨，橋竟砉然而崩。後有僧募資重建，略移北首，基址甫定，而工用不繼，迄今告成無期。甲寅春、冬，余曾兩經其地，積石填塘，工作猶未興也。鎮之東市，向聞有洪武中富人沈萬三之卧床，今爲佛座。予時往觀，座高六、七級，上周以雕欄，內施以窗槅，質皆彤鏤，頂如佛殿體制，斗拱架叠，盤旋以上，漸鋭而結，世俗所謂螺頂也。聞之昔年，漆色最古，如斷紋古琴，所以爲貴。今則丹雘焕然，不復辨其爲古器矣。然看來或本是佛座，乃沈所施耳，未必是卧床也。

《〔嘉慶〕松江府志》卷四《疆域志·橋梁·放生橋》　放生橋，跨漕涇上，北址即隸崑山。明萬曆間，僧性潮建。橋下方里許禁止罟網，本爲慈門寺放生之地，後禁漸弛。副都御史王昶呈縣申明前禁，四面立椿爲界，漁人不得停泊。置田一百二十畝。每月朔，收買生命放于此。

《〔同治〕上海縣志》卷三《水道上·橋梁·百步橋》　百步橋在龍華港口，舊制木，明萬曆間，張雲程易石。張所望記略云：龍華寺左曰龍華港，黄浦分流入焉，有橋跨其上，曰百步橋，横木爲之。余每思易石。萬曆壬子，橋垂壞，宗弟雲程請任其役。比丘性清，乞疏勸施，余出百金爲倡。雲程綜理多能，羣力畢舉，始自癸丑冬，迄丙辰秋告竣。費金六千有奇，而出自雲程者大半焉。國朝康熙間，舉人張泰僧上機募捐重建。乾隆間，知縣王侹重修。四十五年，周國楨等重建。知縣范廷杰記略云：明張雲程易石，迄今二百餘年，屢修屢壞。李宗袁捐資撈石，周國楨發心創建，旋病卒。妻羅氏出遺資三千兩，裔鍾沂等依吴郡萬年橋式，築石梭墩二，兩岸甃石，木横其中，鋪磚於面，旁施闌檻。邑紳士又捐銀項，余亦分俸。董其事者，程丕杰、司慕琦、楊克昌等，始於庚子春，成於癸卯冬。橋長二十四丈，廣二丈有奇。如龍如虹，翼然於浦面，爲邑之巨觀焉。嘉慶四年，徐思德創捐重建，何琪有記。

《〔景定〕建康志》卷一六《橋梁·鎮淮橋》　鎮淮橋在今府城南門裏，即古朱雀航所。舊志考證：按《世説叙録》及《輿地志》、《丹陽記》，皆云吴時南津橋也，

名曰朱雀航。大寧二年，王含軍至，丹陽尹温嶠燒絶之，以遏南衆。定後，京師乏良材，無以復之，故爲浮航。至咸康三年，侍中孔坦議復橋，於是税航之行者具材，乃值苑宫初創，材轉以治城，故浮航相仍。至太元中，驃騎府立東航，改朱雀爲大航。《晉起居注》曰：白舟爲航，都水使者王遜立之。謝安於橋上起重樓，上置兩銅雀，又以朱雀觀名之。《實録》云：咸康二年，新立朱雀航，對朱雀門，南渡淮水，亦名朱雀橋。本吴南津大航橋也，王敦作亂，温嶠燒絶之，權以浮航往來。至是，始議用杜預河橋法，長九十步，廣六丈，冬夏隨水高下浮航，相仍至陳。每有不虞之事，則剔之。《晉書》：王敦作逆，明帝以應詹都督朱雀橋南諸軍事。齊高祖討袁粲，黄回與粲通謀，蕭順之率家兵據朱雀橋，回遣覘之，遂不敢出。梁高祖以義師伐東昏，東昏使江道林率兵出戰，退保朱雀航，憑淮自固。東昏又遣王珍國等列陣於航南，開航背水，以絶歸路。與王茂等戰敗，一時投淮死者積屍與航等，後至者乘之以濟。北齊兵至故秣陵，陳高祖分兵禦之，遣杜稜頓航南。元徽中，賊黨杜黑蠡分軍向航，劉勔禦之，敗死。侯景兵至航，建康令庾信率兵屯航北，見景至，命徹航，始除一舶，棄軍走南塘。遊兵復閉航渡，景乘勝至闕下。乾道五年，留守史公正志重造，得舊址，增廣一丈。郡從事丘崈爲之記。乾道五年十一月，建康府重作鎮淮、飲虹二橋。六年正月，橋成。惟二橋横跨秦淮，據府要衝。自江淮吴蜀，游民行商，分屯之旅，假道之賓客，雜沓旁午，肩摩轂擊，窮日夜不止。淮水至其下，奔流而西，勢益悍湍激射，衝齧滋甚。昔之爲橋者，又不暇顧計久遠，薄費而亟成，重負而弱植之。無何輒壞，則姑補苴其甚，僅取不廢，歲縻緡錢數百，多或至千，岌岌自若也。留守待制史公，厥既治成，有廢必舉，大備都邑之制。乃因民所欲，爲作而新之，率增其舊四之一。鎮淮長十有六丈，爲二亭其南，屬民以詔令。飲虹長十有三丈，加屋焉，凡十有六楹。而並廣三十有六尺，基以巨石，甃以厚甓，千尋之材，世守之土，必堅必良，是度是營。而屬其事於浮圖氏致勝，法才又躬爲程度，俾以從事，創意靡密，有非工人所迨及者。訖其成，無一不合，規模壯大，氣象雄偉，隆然相望，闤闠四合。軍民父老，扶携縱觀，推美誦休曰：公誠勢，噫，公所建立大於此者，不可殫紀，橋未足多也。惟厥經始，人狃故常，役大用宏，謂不可爲，公決作之，未既累月，十世之利，卒號有濟，人乃大服。推是而言，則天下事，有可以爲而又以爲不可爲者，獨橋歟？彼能者處之，雖若不可以爲，而卒爲之以成者，又獨橋歟？公名正志，字志道，南徐人。左文林郎、建康府觀察推官丘崈記。開禧元年，丘公崈來爲留守，重建橋。劉叔向爲之記。金陵爲古天險之區，城郭宫室凡幾變矣，而秦淮則猶故也。跨淮而濟者，有橋曰鎮淮，在吴爲南津大桁，在晉爲朱雀航；曰飲虹，在晉宋間爲萬歲橋。據都邑之衝，屹波流之湍，車馬如雲，千艘鱗鱗，北拱行闕，鯨卧虎蹲。此二橋者，蓋與秦淮相終始，而邦人所恃以爲安也。歲在己丑，今留守敷學侍郎丘公以掄魁入幕府，覩斯橋之將頽，毅然取而更造之。規模調度，有公所述豐碑在焉。後三十五年，綰麟符而來，則橋非舊矣。乃庀工度材，徹舊架新，縱横廣袤，一視前日。惟創二祠於鎮淮之上，漸復晉人銅雀觀之遺意；而兩亭各浚巨井，以濟民之乏。經始於嘉泰甲子十月庚戌，明年乙丑三月丁卯橋成，會其費爲緡錢萬四千有奇，而錙銖不以累諸人也。嗟乎，物之興廢，豈偶然哉？韓文公記王中丞新修滕王閣，有曰：此屋不修且壞。前公爲從事此邦，適治新之，公所爲文，實書在壁；今三十年而公來爲邦伯，又易新之。維此二橋與滕王閣之事適相似，然惜不得當代宗工鉅儒如文公者，大書特書之爾。開禧改元三月望，從事郎、建康府觀察推官劉叔向記。寶祐四年，橋壞於潦。留守馬公光祖重建之，梁椅爲之記。周夏官掌邦政，而其屬有司險以成橋梁，鄭大夫能整比其國至褰裳溱洧者輿之，則謂之不知政。金陵故有橋曰鎮淮，曰飲虹，雄跨秦淮。淮水集澗谿，貫城邑，以達於江，奔流駛湍，衝撼激射，雨甚，勢益横不可俯，而車馬憧憧無停晷。商人戍夫，與諸道貢輸之入於饟餽者，舳艫戛摩，橋不得休息，大抵亡慮數十年，輒弗支。寶祐乙卯，東陽馬公自户部尚書出鎮越，明年，修戎器，繕鬭艦，創游擊營。向二橋適同圮於潦，公不移日召匠飭材，以通判何君宗姚莅，銖寸從官出，工人歡趨，歲十月橋成，修廣如其舊，加堅緻焉。萬舟縈環，遥岑掩映，如巨鼇贔負冠山，以與陽侯角武而争雄也。東西行者，胥咨嗟詠歌，以德公賜。噫！公之德於民獨橋哉？橋餘事也。然過都越國，往往傾陊刓闕，聽民揭且厲，水怒至即相望，如萬里隔間。起而圖之，則又以其隱民者厲民，故君子於以占政焉。天地間運動流行一精神耳，人以精神爲事業，則櫛比而髮理，樞旋而户隨，鉅綱細目，疇不在精義利用，中公表裏，忠勤炯炯，心目環吾土，皆若車轍馬跡朝夕至者，橋詎足煩公咄嗟哉！然嘗觀留侯客下邳間，從容步游圯上，而老人者以兵法授之，迄持以興漢。茲豈適相邂逅然耶？憑高而眺遠，臨流而觀逝，子房於是志念深矣。是邦一瞬關河，公方蚤夜秣馬厲兵，思繫單于頸獻闕下。而橋西直天塹，東挾龍蟠，志士忠臣過而生慨，安知無衣褐之翁、跪履之子，把六韜三略往來論議其上，將赴公精神以濟登四海焉。亦如此橋矣，試以斯文招之。門生從政郎、差充沿江制置使司幹辦公事梁椅謹記。門生朝奉郎、差充沿江制置使司參議官胡居仁謹書，并題蓋。六年，橋燬於火。留守趙公與簒重建。

《〔景定〕建康志》卷一六《橋梁・甓橋》 甓橋在縣北六十里。祥符《潤州圖經》云：徑瀆闊一十步，縣西十三里，長塘湖北口至江寧府溧陽縣三十七里。春夏水深三尺，勝五十石舟；秋冬深一尺，勝二十石舟。隋大業（朮）〔末〕，宣州永世令達奚明，因晉宋之舊加疏決爲橋，甓甃兩岸，取其堅固。今橋在溧陽縣界。

《〔乾隆〕江南通志》卷二五《輿地志・關津一・垂虹橋》 垂虹橋，本名利往橋，橋上有亭曰垂虹，故名。前臨具區，横絶松陵，湖光海氣，蕩漾一色，三吴之

絶景也。蘇舜卿有《長橋對月詩》。附：宋錢公輔《垂虹橋記》：出姑蘇城南五十里，民居數百，擁擁沙渚之上者，吴江縣也。東湖之流，貫城之中，隔限南北，横可以渡者，吴淞江也。隱然長虹，截湖跨江，來往安若複道者，初作利往橋也。橋本無有，慶曆七年冬，大理寺丞知縣事李問、縣尉王廷堅嗟邑民之陋，鮮摹學者，將改立至聖文宣王廟，呼富民曉以助役。民歡然從命，遂輸緡錢數百萬。未幾，詔禁郡縣，不得新立學。二人謀曰：民既從，財既輸矣，倘不能作一利事以便人，吾何以謝百姓？遂合傭僝工，橋役興焉。東西千餘尺，市木萬計，不兩月大就。即橋之心，侈而廣之，構亭其上，登以四望，萬景在目，曰垂虹亭。初，縣城爲江流所判，民半居其東，半居其西，晨往暮歸，事無纖巨，必舟而後可，故居者爲不利。縣當驛道，川奔陸走者肩摩櫓接也，卒然風波之險，則左江右湖，漂泊無所，故行者爲不便。及橋之成，行者便，居者利。賢人君子，措一意，興一役，豈直爲遊觀之美、登賞之樂哉？雖然，湖光萬頃，與天接白。洞庭薦碧，雲烟占青。月秋風夏，囂滅埃斷。牛謳漁吟，噫嗚間發。榜櫂歌，嘔啞互引。後盼前睨，千里一素。是亦足樂焉。

《〔道光〕蘇州府志》卷三〇《津梁二・垂虹橋》　利往橋，俗呼長橋，又名垂虹橋。宋慶曆八年，縣令李問、尉王廷堅建木橋。治平三年，縣令孫覺重修。紹興間，淮上告警，有倡議焚橋者。郡守洪遵堅持不可，得全。元泰定二年，判官張顯祖始易以石，下開六十二洞。每洞用鐵鋦條，各長一丈三尺。水底釘以杪枋，以防頃圮。兩堍立匯澤底，定二亭。三年，達魯花赤完者以四石獅鎮兩堍。至元十二年，元帥寧玉再建增開至八十五洞。明洪武元年，知州孔克中重修。永樂二年，知縣蔣奎砌磚而翼以層欄。正統五年，巡撫侍郎周忱修。成化七年，知縣王迪修。十六年，邑人屠母趙氏重建。錢溥記。本朝康熙五年，知縣劉定國重修，增置石欄。金之俊記。四十七年，濬河掘起橋底所釘杪枋。未幾，橋斷。知縣葉前、邑人包咸等重建。陳大慶記。嘉慶四年，仲振復等重修。

《〔乾隆〕江南通志》卷二六《輿地志・關津二・嘉定橋》　嘉定橋，縣治西南。舊名利民橋，跨關河。宋淳熙中，郡守錢良臣甃以石，覆亭其上。人呼爲錢公橋。嘉定中，復甃之，故又名嘉定橋。

《〔乾隆〕江南通志》卷二六《輿地志・關津二・三星汪橋》　三星汪橋，州東南十五里，俗名三仙灣橋。州志云：每年除夜，有仙人作左絞稻草箍纏於橋椿上，箍之高下，其年之水必如之，不差分寸。居人相約於除夜往候，一無所見。至曉視之，而箍已在椿上矣。其相接處無痕跡，人雖極力效之，終不能成，亦一異也。

《〔乾隆〕江寧新志》卷六《建置志・利涉橋》　利涉橋，即古桃葉渡。自東晉以來，未有橋以通濟水、關來水，天門宜敞故也。順治初，太守李公正茂惟設木橋，名曰利涉，固有深意。康熙癸卯，始易木爲石，以期久遠。議者謂：形家言，天門閉塞，不利人文，非自古設渡之意。復廢石橋，易以木。

《〔乾隆〕江寧新志》卷六《建置志・飲虹橋》　飲虹橋，一名新橋，在古鳳臺坊。《建康實録》云：南臨淮，有新橋，本名萬歲橋，後改名飲虹。新橋乃吴時所名，至今俗猶呼之，襲其舊也。乾道五年，史志正重建，覆以大屋數十楹，甚壯麗。丘崇記之。開禧元年，丘崇重建。劉叔向記之。寶祐四年，馬光祖重建。梁椅記之。此橋每與鎮淮橋同建，並見《景定志》。明正德中重修。

《〔嘉慶〕重刊江寧府志》卷七《山水下・龍津橋》　龍津橋，治南滁水上，舊疊石爲十八衖。後黄巢犯境，毁之，僅置渡往來。宋紹興，知縣龔相重建。尋廢。洪武元年，胡有源置船濟渡。永樂元年，胡銘惠仍造浮橋。成化五年，唐詔修。嘉靖二十三年，重建。冶浦橋，治東，跨冶浦河。唐天寶十一年，築以土。紹興二十九年，孫永復建。嘉定十年劉昌詩、永樂二年胡銘惠更建土橋。宣德中，史思古始疊石爲衖，覆以屋十八楹。崇禎丁丑，寇波六合，將窺真州、維揚，邑人焚其橋以斷渡。邑士厲振嶽倡首再建木橋。尋毁。國朝康熙五年，知縣顧高嘉改造石橋，易名和清。邑人余量、唐希憲、孫應鰲、馬負圖等董其事，高嘉爲碑記。

《〔同治〕徐州府志》卷一六《建置考・荆山口石橋》　荆山口石橋。城東北二十里，山前有河，甚廣，下多亂石。舊有橋，跨其上，爲南北通衢。後圮，涉者如畏途。郡紳張膽，壘石爲橋，人甚便之。乾隆十一年，總河白鍾山重建，增長百二十丈，爲四百八十二丈有奇。大學士張玉書爲之記曰：徐固水國也，爲南北孔道。東渡河二十餘里，有荆山口，地庳下，匯蓄東北諸山水，通徽山、昭陽等湖，巨浸瀰漫。向有石橋横亘水面，輪蹏絡繹，賴以獲濟，行者稱便。自濁流漲溢，霪潦驚濤，日争齧爲患，橋遂傾蕩無迹。凡郵傳行旅往來，率望洋以歎。篙師操一葉舟，踞爲利藪，雞鳴問津，日晡不得畢渡，中流横索錢，衣袽不戒，覆溺時告。其上下瀕水居民田，亦坐是湮没。吾族叔彭城伯量公，惘然殷懷，首志修復，走白諸當事，請以家財重建。其子若楚臯、游戎、虞部諸昆季，亦能善承父志。遂大山橐中金，召徒役，具器用，伐石舉土，囊糗船粟，視其力資給之。畚鍤雲集，歷久告竣。長虹亘空，川原底定。出其上者，若經坦途，砥周道，莫不嘖嘖稱歎。往余奉命巡視河道，經其地，下車周覽，喟然曰：偉哉，是工也！《傳》曰：司空以時平易道路。《周禮》曰：司險知川澤之阻，而達其道路。則雨畢治道，水涸成梁，固皆有司事也。輿梁徒杠，《王制》具在，然尚脱輣不給，病涉時聞。而公以里閈薦紳，出而情殷桑梓，嘉惠遠人，不待勸施，而樂善

好義，爲居者、行者無疆之利，其功豈淺鮮哉。石橋長計三百六十二丈五尺，高若干，頂寬一丈九尺，橋孔大小四十餘洞，始工於康熙壬午，迄工於康熙癸未，共費銀二萬六千八百有奇。外建茶房一所，閣一座，爲行旅風雨庇息之地。橋規制宏遠，石甃堅固，爲費不貲。公姓張氏，諱贍，字伯量，彭城人。歷官驃騎將軍，以子貴，誥封光禄大夫，余族叔也。平生慷慨樂義，他如遷學、賑荒，善難枚舉，皆公力任首倡。而此之鉅工永濟，尤余所目擊而樂道之者。因記以鐫諸石，俾志不朽。

《(光緒)蘇州府志》卷三三《津梁一・寶帶橋》　寶帶橋，去郡東南十五里。唐刺史王仲舒捐帶助費創建，故名。宋紹定五年，郡守鄒應博重建。明正統間，巡撫侍郎周忱修。國朝康熙九年，大水衝圮。十二年，巡撫都御史馬祐、布政使慕天顏、知府寧雲鵬重修。咸豐十年毁，同治十一年工程局重建，北堍建碑亭，有張中丞樹聲碑記。碑陰載重建諸橋，屬元和者十三，又水竇二。明陳循記略：蘇州府城之南半舍，古運河之西，有橋曰寶帶。運河自漢武帝時開，以通閩越貢賦。首尾亘震澤東壖百餘里，風濤衝激，不利舟楫。唐刺史王仲舒始作塘，障之河之西岸，今東南之要道是已。然河之支流，斷堤而入吴淞江，以入於海，堤不可遏。此橋所爲建，仲舒鬻所束寶帶以助工費，因名。元末修葺之功不繼，橋遂坍没。有司架木以濟，至今百有餘歲。正統七年，巡撫侍郎周公忱戒、有司漸次，節省在官浮費，以備工材之用。十一年秋，爲橋長千二百二十五尺，洞其下可通舟楫者五十三，而高其中之三以通巨艦。冬十一月落成。

《(光緒)蘇州府志》卷三三《津梁一・普福橋》　普福橋，即横塘橋，三洪，上有亭，顏曰「横塘古渡」。唐孟東野詩「未隨洞庭酌，且醉横塘席」，即此。明萬曆間，里人徐鳴時倡修。國朝康熙四十七年，郡人章豫重建。彭定求記略：蘇城西南數里，有鎮曰横塘，塘當横山之陽，嵐光波影，映帶於市廬煙火間。石梁聳跨兩岸，名曰普福橋，建置時代，莫由稽考。相傳一修於洪武丁卯，再修於天啓癸卯。下設洞門三，廣二丈，高三丈有奇，長二引。上則建亭連楹。蓋太湖之水，既由木瀆以注横塘，而石湖亦合流以入是橋，東達胥江，北達楓江之運道，水勢瀠匯，實據要衝。故橋之風景特勝，而規模亦推壯偉云。歷年久遠，其址漸頹，圍欄多碣。里人募修，屢年戛戛乎，有築舍道旁之歎焉。近者翠華時巡嘗幸洞庭、鄧尉、靈巖、華山諸處，則是橋更爲鳳艒龍旌、照耀回翔之地。若不撤，故謀新，其於古制所載「辰角見而除道，天根見而成梁」之令弗稱。職方章君定巖請假閑居，寄情丘壑，因過是橋，慨焉興歎，願捐家財，獨成鉅工。聞諸當事，咸與襃嘉。鳩工於康熙四十六年七月，迄十月遂告成。越明年，橋上之亭復建。凡縻白金八百兩。橋之廣長若干，悉依舊式。而增高累尺，鋪砌堅完，軒甍焕爛，望若繩直，履若砥平，向也經始之難，今也樂成之易。且適當我吴旱潦荐臻、歲事艱絀之會，職方君志在利益桑梓，孜孜樂善，靡恤其私，誠可謂爲人所難矣。

《(光緒)蘇州府志》卷三三《津梁一・滅渡橋》　滅渡橋在赤門灣，舊以舟渡。元大德間僧敬修募衆創橋，因名滅渡。明正統間知府況鍾重建。國朝同治間重修。元張亨記略：吴城東南，由赤門灣距葑門，水道間之，非渡不行。舟人横暴，浸淩旅客，風晨雨昏，或顛越取貨。崑山僧敬修，幾遭其厄，僅得免走，訴公廷法治之。既思創建石梁，利濟永久。偕里人陳玢、張光福徧籲郡城，期月金錢彙萃，爰興工作。始大德二年十月，訖工四年三月。橋成，長二十八丈四尺，高三丈六尺，廣視高之半，有加工萬六千有奇，費三千有奇。南北往來，踴躍稱慶，名滅渡，志平横暴也。

《(光緒)蘇州府志》卷三三《津梁一・桐橋》　桐橋，即古勝安橋，原名洞橋，在白公塘。宋咸淳四年建，嘉定四年重建，明正統四年重修。弘治十二年重建，夏璣記。崇禎十一年修，國朝嘉慶十年重修。道光二十年，同善堂募資重建。董國華記。

《(光緒)淮安府志》卷三《城池・文渠橋》　文渠橋，光緒十年修造。文渠橋梁工程附郡城文渠城河，年久淤墊。自光緒初，潤河挑深後，龍光閘底高仰，水不進口，半就湮塞。六年，紳士顧雲臣等呈請府憲孫轉詳、漕帥譚，撥銀三千七百餘兩，重建龍光石閘。閘身寬闊，倍於原建。金門展寬二寸六分，計寬八寸。底加深二尺五寸，與潤河底平。全渠大挑口寬，復舊底，深三尺至六七尺不等，期與閘底相平，水得流通。又城東巽關，咸豐中因警堵塞。事平，屢議開挑，不果。至是，仍易木柵。自府學東牌樓起至桂花門止，兩岸長四百五十餘丈，舊砌溝牆，鼓裂坍塌。以工鉅，未修。今經府憲簡派紳士曹煜、丁賜綬、楊景堯、朱占鼇、段朝端、朱古科經理善後，公司歲修。適譚帥再署漕督，復發銀二千兩，由府飭於十年春重砌溝牆，添砌甎甃十六道，彩虹起鳳甎橋二座，創建珠聯璧合橋一座。重建永豐、青雲、孫虎、依岱、白虎、三台閣甎橋六座，文瀾、武功、狀元、文津、紫竹庵板橋五座。均開寬，升高城河。小船東可出巽關，西可達西水關，南至三台閣，中支至范巷，皆由折可通，生氣暢達，人皆便之。

朱長文《吴郡圖經續記》卷中《橋梁・利往橋》　吴江利往橋，慶曆八年，縣尉王廷堅所建也。東西千餘尺，用木萬計。縈以修欄，甃以淨甓，前臨具區，横截松陵，湖光海氣，蕩漾一色，乃三吴之絶景也。橋成，而舟楫免於風波，徒行者晨暮往歸，皆爲坦道矣。橋有亭，曰垂虹。蘇子美嘗有詩云：「長橋跨空古未

有，大亭壓浪勢亦豪。」非虚語也。

朱長文《吴郡圖經續記》卷中《橋梁・新橋》　新橋在盤門外。自郡南出，徒行趨諸鄉至木瀆者，每過運河，須舟以濟。又當兩派交流之間，頗爲深廣，故自昔未有爲梁者。今太守朝議章公下車，有石氏建請出錢造橋者，公立限督之，即日而裁，踰時而畢，横絶漫流，分而三橋，往來便之。

嘉泰《會稽志》卷一一《橋梁・柯橋》　柯橋在縣西北二十五里。《文選》伏滔《長笛賦序》云：蔡邕避難江南，宿柯亭之館，取屋椽爲笛。注：柯亭在會稽郡。宋褚淡之爲會稽太守，孫法亮等攻没郡縣，淡之破之于柯亭，賊遂走永興。柯亭即此地也。漢地志：上虞縣仇亭，柯水東入海，然俗傳柯水，即此。

鄭虎臣《吴都文粹》卷五《利往橋》　利往橋，即吴江長橋也。慶曆八年，縣尉王庭堅所建。有亭曰垂虹，而世并以名橋。《續圖經》云：東西千餘尺。前臨太湖，洞庭、三山，横跨松江。行者晃漾，天光水色，中海内絶景。惟遊者自知之，不可以筆舌形容也。垂虹亭兵火後復創，亭前樂軒已不復立。中興駐蹕，武林往來，幢幢千萬。承平時，此橋方爲大利。有議以石柱易木柱者，或謂非是，然亦卒不果易。紹興三十二年，金亮犯淮，中外戒嚴，或獻計樞廷，乞行下平江，焚長橋。時郡守洪邁持不可，而縣民已有知之者，相與聚哭於圮下矣。橋兩圮，南有滙澤亭，北有底定亭。餘見「松江」條。

《〔寶慶〕四明志》卷一四《橋梁・惠政橋》　惠政橋，縣東北三里，舊名善勝，又名通剡。皇朝乾德二年建後，爲洪水所壞。大觀中重建，改今名，校官顧文記之。架木爲梁，覆以厦屋，率十稔一易。開禧初，令趙彦縮因民之弗堪，告之曰：「與其累修而累壞，孰若一勞而永逸。」民勸趨之，隨資高下，協力鳩工，易之以石。下爲雙洞，又有小洞以泄怒水。高廣十倍于前。車馬往來，如履平地。兩旁護以石欄，東西接兩市。南路入天台，北路通明越。嘉定四年，令馮多福猶以兩堤未堅，繚復甃之。賦詠者甚多，有題洞底者曰：「鑿開蒼壁玉稜層，疊作溪橋兩洞成。影落波心雙月合，光含石眼一星明。鼇頭近接東西市，鯨背平分南北程。」

《〔寶慶〕四明志》卷一四《橋梁・光德橋》　光德橋，縣北二十里，俗名江口橋。四明之水來自越，經大小晦山，過公塘，出泉口，而合于大江，故曰江口。上接奉化港，下迎北渡潮道，爲明越要衝。而水湍激澎湃，舟渡多沈溺。秉義郎李珂家其側，捐廪建橋，長二百三十尺，廣二十尺。慮他日朽腐，豫儲倉粟，其子孫以時修治。張嗣良記之。後爲洪潦所壞，不治者八年。李氏復修之，而力不逮。修職郎汪伋嗣成之。通水凡九道，覆以厦屋二十有六楹。乃紹熙三年也。宣教郎王時會記。

《〔寶慶〕四明志》卷一四《橋梁・廣濟橋》　廣濟橋，縣北二十五里，俗名南渡橋，在市中。皇朝建隆二年，僧師悟始建土橋，其後邑士徐覃易之以木。皇祐中，令王泌重建。長三百尺，闊三丈，高視闊倍之。中圮。紹聖四年，主簿李肅重建。久復圮。紹熙改元，邑人修職郎汪伋捐己資又新之，甃兩岸，俱立石柱，布板其上，覆以厦屋。高廣堅麗，履之如平地，望之若晴虹。乃潮生潮落，舟人率艤纜于此。

王鏊《姑蘇志》卷一九《橋梁上・吴門橋》　吴門橋，有石刻三大字其上。舊名新橋，下有三洞，最長，又稱三條橋。宋章岵爲守，郡民石氏者請建。紹定間修，正統間郡守況鍾重建。

《〔崇禎〕義烏縣志》卷三《方輿考・興濟橋》　興濟橋，去縣東三里，在東江，入東陽大路。舊有浮橋。宋慶曆三年，知縣薛揚祖更造石橋，號薛公橋。嘉定二年，知縣施寅重建。淳佑二年，知縣趙圓卿作新橋，易今名。邑人虞復爲之記。

《〔康熙〕分疆録》卷三《建置志・津梁・三條橋》　三條橋在七都，此橋最古，長數十丈，上架屋如虹，俯瞰溪水。舊漸就圮。道光間，里人蘇某獨力重建，拆舊瓦，有「貞觀」年號。

《〔康熙〕分疆録》卷三《建置志・津梁・興文橋》　興文橋在迎薰門外，舊名愛薰。明嘉靖三十九年，知縣區益重建。崇禎三年，知縣潘仲蘭重建。知縣涂鼎鼒完其工，改名興文，有碑。國朝康熙六十年，知縣張仕讓重建。

《〔雍正〕浙江通志》卷三三《關梁・恩波橋》　恩波橋，萬曆《杭州府志》：在縣西三百步。《富陽縣志》：舊名莧浦，宋太平興國九年圮。治平二年，邑人孫道長重建，改名通濟。紹興四年，令王褒重修，更名政惠。五年壞于洪水。慶元元年，令蔡幾屬邑人謝震募新之，復名通濟。嘉定間，令程珌于橋下放生，改名恩波。元至正甲午又圮。明洪武十六年，邑人姚福緣捐貲募建，蓋屋一十七間。宣德十年，知縣吴堂重建橋屋。嘉靖四十四年，令施陽得以石易木，整固閎壯，左右夾以石闌，爲一邑之冠。闊二丈餘，長一百餘步。里民周柯、王輔等協成之，易名永濟。

《〔雍正〕浙江通志》卷三四《關梁・通濟橋》 通濟橋，《明一統志》：在縣治東，漢熹平中建。《餘杭縣志》：舊名隆興，五代時錢武肅王重建，改名安鎮。宋紹興十二年復建，改今名，以木爲梁。元至正十八年，山寇縱火焚之。明洪武元年，縣令魏本初重建。通易以石，袤二十五丈餘，廣三丈五尺餘。甲於境內，俗呼大橋。正統間，縣丞邱熙岳加石闌於兩旁。國朝康熙五年十一月，知縣宋士吉重修。

《〔雍正〕浙江通志》卷三四《關梁・部伍橋》 部伍橋，成化《杭州府志》：縣東三里，橋北有部伍亭，因名。《餘杭縣志》：跨餘杭塘，分南渠河水入港，通舟楫。吳凌統募民兵，立部伍於此以禦寇，故名。後圮。宋咸淳五年重建。明成化間，知縣武英修。正德四年，水勢傾壞，主簿陳祥復建。

《〔乾隆〕杭州府志》卷六《橋梁・歲寒橋》 歲寒，《咸淳志》在縣北五里地，名松溪，元祐中修。令徐評撰記，云：天聖中，載土以爲橋。慶曆間，易以木，但曰松溪，非名也。今名之曰歲寒云。舊志：元至元間，縣丞張世榮重修。明邑民王濟累石作三洞，上平以木。正德乙亥，邑民徐旭、孫璉始易以石。《縣志》：萬曆元年重修，橋下深滙不測，工築無所措手，衆禱于溪旁廣利廟，忽雨集沙漲，履若平地。工完滙浸如故。

《〔乾隆〕杭州府志》卷二七《名勝・斷橋》 斷橋殘雪，白沙隄東第一橋，曰斷橋。唐張祜《孤山寺》詩所云「斷橋荒蘚合」是也。元周密《武林舊事》云，一名段家橋。橋界于前後兩湖之間。凡探梅孤山，蠟屐過此，輒春雪未消。葛嶺東西，樓臺高下，悉瓊林瑤樹，晶瑩朗澈，不啻玉山上行。聖祖仁皇帝五幸西湖，皆大地陽和之日，而御題十景，特書「斷橋殘雪」，蓋積素凝華，實爲三農上瑞。而名區勝地，正宜常施粉繪，以潤色太平。爰于橋上構亭，奉懸宸翰，復恭橅勒石，建亭于橋之左。皇上六次南巡，並有御製詩。

《〔乾隆〕紹興府志》卷八《建置志二・關梁・黄山橋》 黄山橋，《嘉泰志》：永濟橋在縣東二里二百步，舊黄山橋，一名善政橋。嘉靖《餘姚縣志》：莫詳其始建歲月。其煅而復建者，在宋紹熙間。元至順間嘗修之。至正間復壞，十九年僧自悦重建。潮汐奔潰，不可置一石。自悦祝天，願少卻。潮忽竟日不至，乃併力基之，橋始克成。時方國珉鎮邑，諛珉者更橋之名曰福星。初爲二洞，高危易敗。明正統三年改爲三洞。《萬曆志》：嘉靖三十四年，倭寇自海上來，居民計無所出，遂毁橋。明年議復建。石趾而木梁，排石其上，爲平橋。隆慶元年，尚書翁大立架屋十楹其上，易石以板。萬曆二十九年煅於火。里人毛伏諸起鳳等募金重建。《餘姚縣志》：康熙八年重修。

《〔乾隆〕紹興府志》卷八《建置志二・關梁・太平橋》 太平橋，《萬曆志》：在縣東門外，舊爲浮梁。明景泰元年，知縣張鉞易以石。長三十六丈，廣二丈，五洞。《省志》：唐天寶中建，尋廢。宋淳熙間修。武郎壽康孫建石橋，日久圮。元時即舊址建浮梁，鐵纜維之。明景泰間，邑令張鉞、耆民駱季清等，復建石橋。又圮。順治乙酉，知縣劉士瑄重建。

《〔乾隆〕紹興府志》卷八《建置志二・關梁・惠政橋》 惠政橋，《蕭山縣志》：在縣西南三十里，即漁浦新橋。元主簿趙誠建。元楊維楨《漁浦新橋記》：至正十三年秋八月，漁浦新橋成。浦之西北距浙江東南，商旅提携，樵蘇負荷者，胥此乎道焉。晨出暮返，奔渡挐舟，不無蹴踏覆臨之患。縣主簿趙君來鎮于兹，易舟而梁，不三月而底于成。長凡五百尺，洞十有五，楹十有六，隄其兩旁。棧板欄翼，亘其長吁，昔無而今有，創實功之難也。橋出没于潮汐之險，又難也。事出于昔人之所難而得于今日之所易，謂惠而知爲政者，非歟。于是顔其橋爲「惠政」。銘曰：江水湯湯，界浦之疆。涉浦作渡，民病乎航。趙君爲政，惠而有方。誰謂浦廣，不可以梁。維彼梁也，四方之光也；德之長也，民之不能忘也。

《〔乾隆〕紹興府志》卷八《建置志二・關梁・廣寧橋》 廣寧橋，《嘉泰志》：在長橋東。漕河至此頗廣，民居鮮少，獨士人數家在焉。紹興中，有鄉先生韓有功復禹，爲士子領袖，暑夜多與諸生納涼橋上。有功没，有朱襲封亢宗追懷風度作詩云：「河梁風月故時秋，不見先生曳杖遊。萬疊遠青愁對起，一川漲緑淚爭流。」蓋橋上正見城南諸山也。襲封亦修潔士云。《於越新編》：在都泗門内。明隆慶中漸圮。華嚴寺僧性賢重修。《會稽縣志》：在縣治東，國朝康熙三年張桂生重修。

《〔同治〕湖州府志》卷二三《輿地略・津梁・阜安橋》 阜安橋在縣治南，跨大溪。唐天寶中建，初名天寶。宋宣和中，縣令趙嵎改木橋，曰餘不。淳熙中易以石，參政李穎彦取蘇文忠「風俗阜安」之語，改今名。西吴里語云：錢三翁主其事。明弘治中，知縣王良臣修。正德末，通判趙奎、知縣李藥踵修。隆慶二年知縣陳宣、萬曆十三年知縣陳效踵修。國朝康熙中，知縣馮壯修建。乾隆五十四年，知縣張士楹倡修。嘉慶元年，知縣李賡芸、周紹濂先後重修。明蔡汝楫《阜安橋碑記》：邑本介於名山天目之高，深溝嶔巖而爲谷。谷之水，其初猶淵濴爾，既乃周流拂汩，會於郡瀆，徑入大溪，横貫吾邑。當春夏之交，霖潦暴集，流潏波盪，不克善濟，民咸病之。

阜安橋之建，跨絶盛流，肆達諸鄉，輿旗所至，雲合飆集，而騁騖其中。弘治間橋圮，民顛畏阸，知縣事王公良臣加修營焉。嗣後仍復摧陊，柱石當水衝，幾於不支，民艱渡如昔。嘉靖己亥，知縣事李公蘖矍然創議曰：道路分岐，咎在地主，及此不爲，非所以振拔邦邑，閔慈元元也。先是，邑有廢田，令民佃之，以其貲助營事，庶兩利而俱全之議。上於巡院，溥公得所議，遂經始。民果説忘其勞，促就如期。自後履道不礙，暢美無窮。然而李公歆不自顯績焉。蔡汝楫曰：嗟乎！稽之往古，鄭僑惠矣，而孟氏譏其不知政。西門豹循良矣，《史記》病其非仁。彼溱洧漳鄴之間，有可裨益者，二子闕焉。毋亦曰：細務累大端，獨事之建集。雖有賢者，誠在適時，橋將傾於茲數年矣。諸爲政者卒莫救其敝，爰至於今而始成之，大易言時行非，此謂歟。國朝沈應旦《重建阜安橋碑記》：《周禮》廛人、稍人、澤虞、川衡，咸有專涖，而溴梁之司罔聞焉。説者謂，去古未遠，俗猶庚桑畏壘，不相往來，朝涉而褰裳者，未數數然也。又或疑衆建千八百國，各爲吾疆，不當盤互紆聯，以開車攻，徒逐之漸。史載秦昭王初作河橋，亦前乎此者。列國不多置橋之一證也。然則子輿氏十一月徒杠成，十二月輿梁成之説，又何昉歟？余矍然曰：林間場遂之屬，利在一方，分職而署，此其所也。若夫以洪涯而界孔道，德邑萬姓，素息於斯，厲揭於斯，津梁之待興也，迫且鉅哉！故不以責具員而重屬之子。大夫之爲政，奈何由溺之願不深，濟川之材不練，視戎筰爲故事，懼鞭石之鮮靈。如王周見橋壞覆民租車，始歎澤梁不修。刺史過也，迺償民粟治橋。噫！晚矣。吾邑侯大馮君仁人而知爲政者，念念與民瘼相求，事事與□□相救，一年而學校新，所以教民興行也。二季而里甲定，所以蘇民痌瘝也。踰三季而侯所重建之阜安橋成，所以躋民仁壽也。惟時適當侯考績報最橋之觀落，有大非偶然者。吾儕歌詠明德，即推本茲役，以窺仁人之用心，審時而勞民，擇能而任事。捐金自上，不假羨鍰之苛；流泉自下，盡塞漏卮之孔。操是三者，以爲治焉。往不勝任而愉快，又何疑子輿氏論政即在區區杠梁溱洧間哉！按：橋修亘二百五十尺，廣十之一，自天目歷苕溪，安溪至臨溪，瀠迴十五曲一百八十餘里。茲橋屹然，尊睥睨之形勢，接都會之殷繁。江以南跨城而駕，鮮有及其項背者。志稱創自唐天寶間，嗣易石於宋淳熙中，歷今五百年，代有苴葺。比來毘劉特甚，畢拔而統營之。石用舊者五之四，松椿木樑悉購巨偉，工出匠氏者九千八百有奇，出民傭者一萬二百有奇，費中金三千有奇。役始於康熙元年之嘉平，竣於十三年之長夏。規模求舊而停整過之。成之日，請侯更名，侯曰：「阜安」無以易也。侯名壯，號陽長，順治戊戌進士。董事者吉祥院禪師靈藏，勸事者文學若而人，耆民若而人，即侯所擇而任，任而不疑者。例得並書。

《(同治)湖州府志》卷二三《輿地略・津梁・潘公橋》 潘公橋在臨湖門東。苕水一從大通橋來，一從臨湖門出，復合於此，遇漲甚湧。明尚書潘季馴創建。國朝道光間，邑紳重建。明于慎行《潘公橋記》：潘公橋者，今少保印川潘公奉其先贈尚書僩菴公之命而建也。湖之爲郡城，於震澤之上，苕霅之水夾焉。其一穿城之南門而入，而支其流於東門之外；其一穿城之西門而入，而支其流於青塘門之外，乃此合而趨於湖也。形家謂之去水。去水者，風氣不完。考卜者忌之。而兩岸之間，雨水時至，不辨牛馬；一葦之航，歲有覆溺。僩菴公戚焉，嘗欲橋於二水之會，以安里人，而齎志以没。少保公每念之，輒歔欷涕數行下也。甲申之歸，謀諸烏程令楊君應聘，楊君曰：輿梁之政，職在有司，請具畚梮以從。公曰：不然。以里門之有跛涉，戚我先公，豈其敢勤隸人以及父老。繼志謂何，禄賜之餘可以施者，毋敢愛也。夫人之簪珥捐之，郎君之珮玦捐之，舍人之長租入捐之，凡費二千五百金。始於萬曆乙酉三月，迨庚寅十月而成。橋長百有四十尺，博二十尺。其下爲五空焉，蜿蜒穹窿，扼雙流而東之，於形勝大觀稱善閉矣。往來於上者，交臂接踵，如過枕席，相與歡忻，謳吟而德之。而先是，令楊君被徵且行，曰橋成名之曰潘公，郡人從之。慎行曰：偉哉！少保公衍澤濟美，以光前烈，可謂永孝矣。予觀世之君子，出而應用，或能縱横馳騖，以成卓犖之勳。及其退而里居，不能修咫尺之仁，以澤其鄉之子弟。此非遠者易而近者難也，有所勉而爲則不憚力。以博一日之名而至於誹譽之所不及，則比鄰之戚，視若胡越，甚有以簞食豆羹見於色者。故名實之際難言也。少保公當其謝事閑居之日，翛然遊於不滓，乃不恡數千金之藏，以爲閭閈無窮之利，此豈有所勉而爲？徒以先君子一言，視里人之佔溺，不啻繇己博施善利之仁，此足以推矣。昔有渠於鄴者，名之曰史公；有隄於杭者，名之曰蘇公，惠澤所存，熙爲嘉號，有以然也。公持節治河，前後幾三十年，上下數千里間，其所荷插而渠，如史公之所濬幾何？延袤矣。其所壅土而隄，如蘇公之所築幾何？廣輪矣。而里人弗之紀也。目百尺之橋而號之曰潘公，潘公是何饗其細而忘其大乎！夫姱修隱賜，潤及枌榆，謠俗之所能傳也。訏謨鴻績，著在圖史，耳目之所不能盡也。以其進而效於國者如彼，而退而修於鄉者如此，蓋公所爲，光其前烈而施於名實之際者，可以爲世法矣。故吾樂紀其事，而繫之詞曰：「泰山之雲，合於膚寸。曾不崇朝，四極咸潤。蘭臺之風，起於青蘋。披拂萬竅，砰磕厥音。惟司空公，其功在水。孰權輿是，施繇其里。厥施伊何，有穹者梁。雙流如玦，會坎之方。形既不周，民亦胥溺。不有茲橋，壞其可息。肇允者誰，烈考之休。疇襄厥成，內外協謀。公處而營，公出而就。今公之歸，覩此崇搆。崇搆伊何，見龍在宫。其偃如月，而曲如虹。二水之交，闌而不洩。如門有壯，如帶有結。我車我徒，罔惕於航。罔濡其軌，罔或褰裳。無小無大，咸忭以喜。疇遺我安，惟公喬梓。利饗於衆，名歸於公。號以況榮，謂是公功。盍觀於淮，盍觀於濟。欲以爲名，其不可紀。或施諸遠，而近遺施。仁人之利，則不其然。里有謳謡，國有圖史。如沛風雲，茲焉兆始。言時書伐，曰勒貞珉。誦公雖淺，知公則深。豈伊一梁，維以爲式。百爾君子，胡不是覿。」國朝黄寅階《重建潘公橋記》：吾郡北門外，有三橋鼎峙於溪上，而最鉅者曰潘公。前明宫保印川潘公所建也。公爲一代偉人，其治河功績備載史書。是橋之建，當必因地之宜，順水之性，有利於鄉邦，無害於旁邑，不僅爲往來行人計也。顧自萬曆以至國朝乾隆間，歲久傾圮，里人俞大令開甲等謀更新之。南塊椿木已下，事卒不就。道光九年，姚君洪首先捐資，躬督畚梮。嗣以財匱，工及半而復輟。十七年，楊封君知新，懼橋之終廢也，詢謀於衆，倡捐勸輸。會丁君咸亨慨助千金，姚君洪復助千金，而鄉先達之宦於四方及士民之有力者亦捐金協助，遂興工於是年九月，訖於二十年四月。前後計用錢

一萬八千緡有奇。橋則易平而爲環，洞則併五而爲三。其洩水處闊一百二十尺，中洞高五十二尺，俱增於舊。而長與博如昔焉。於是居民行旅，熙來攘往，不復唤渡於兩岸。每霖雨之後，山水暴至，波流激盪，而洞闊溪深，既暢以達。夫然則是橋也，豈獨規模之閎敞、工作之堅固，爲足壯一郡之觀瞻哉！當是時，有爲形家之言者，以上流關鎖太緊，不利於下流。富户一倡百和，訛言並興，謂西來諸水匯於城北，直達於具區。今橋改舊章，去水以壅，若遇淫潦，必爲患於長興、安吉。遂令二邑之人懼於陷溺。狀其事以聞，賴郡守凌公泰封、邑令張公祖基，力斥其非，工得以竣。夫「富貴在天」，子夏嘗言之矣。且是橋創自潘公，歷數百年不聞，以此爲詬病，彼形家者流，豈賢於子夏耶？抑其智更出潘公上耶？何惑之衆而信之深也。橋既成，郡士夫相率而詣余曰：昔宫保身居顯仕，出其餘資以成厥功。今封君惟是二三同志，興復是圖，沮之益衆而任之益力，卒能底於有成，其難易爲何如也？子之辭直而不華，願記以示後之人，俾有廢輒舉，克固其好善之心，而不爲浮言所動焉，則是橋其永存矣。余應之曰：諾。遂書其顛末如此，而以任事施財者之名氏別具於碑。道光二十年歲次庚子九月，烏程黄寅階撰，錢塘孫元培書。

《（同治）湖州府志》卷二三《輿地略・津梁・青塘橋》 青塘橋在迎禧橋北。元至元初，縣丞宋文懿捐資甃石。明萬曆中，知府李頤修，更名永賴。天啓中，知縣馬思理重修。崇禎壬午，知府陸自巖重建，改名永豐。國朝康熙己未，知府胡瑾重修，易以石版，仍名青塘。乾隆己未，知府塔永寧改建五洞環橋，易名永濟。明陸自巖《改建永豐橋碑》：湖郡發脈弁山，迤邐仁王諸岫，而過狹於迎禧門。昔人因其地跨石虹於上，名曰青塘。萬曆壬午，守君及泉李公，以斯橋當利津而鎖逸流，爲湖郡聚氣豐財之本，措貲修葺，延今六十年。連歲雨暘爲厲，稼穡不登。自余庚辰來守兹土，所以甦積困而惠災黎者，緩徵抑訟，而外無奇策焉，矧敢歲絀舉贏而傷物力。惟是兹橋之廢興，關一郡之利病。今者橋廢，逸流無制，水清弗聚，地氣不收，然則斯橋之議興，殆未可以物力阻也。先是，郡民告飢，余倡議輸賑，僚屬同聲赴義，約得萬二千餘金。導鄉城置粥廠數百餘所，全活頗衆，計發賑之外，尚存千餘金，可資工料。其有不敷，郡之賢士大夫次第捐輸，因與諸父老規其地而經始之。告成之日，改顔曰「永豐橋」，志斯橋爲郡屬億萬生靈攸繫祝之也。是役也，首先倡舉捐貲爲蘧菴嚴公，次則存億唐公、訥如吴公、季清程子，伴我上人共襄厥事。而與余割俸錢以期觀成者，則貳守何公徵識、別駕朱公晉貽、司理陳公丹丘數君子之協治，均未可泯也。時崇禎壬午陽月上澣三日。國朝孫在豐《重建青塘橋碑》：湖郡津梁以百數，而青塘橋獨當苕與霅交會之處，合而入於太湖。溪流瀠瀠，道場何弁，諸峯左右，屏列維堞，參差室廬，森布輪蹏，負戴之屬，不絶於道，非徒便利涉也，蓋亦據形勝焉。橋始建於元至元初，明成化甲午復更新之，繼修於正德己卯、嘉靖癸巳間。嗣是，李公及泉、陳公筠塘、馬公還初、陸公友洙俱以賢守令來撫兹土，次第修築，旋圮旋復，因是弗壞，垂四十年。歲久則敝，衆咸病之。太守胡公治郡之三年，驅車至止，慨然歎息，曰：此非有司之責歟？爰是首捐己資，爲各屬倡。郡佐于公、余公暨七州縣之長，共襄厥事。縉紳士民之有力者，亦間捐金協助，踴躍趨命。不數月，而功告竣。且慮漕艘往來，有風帆浪舶之虞，增而高之，視昔有加。一望虹影峨然，稱壯觀焉。粤稽月令，命有司完要塞、謹關梁。《周禮》特設司險氏，掌九州之圖，以周知其山林川澤之阻，而達其道路。古昔盛王體國經野，莫不以關梁道路爲先務。鄭子産，古之遺愛也，獨濟人乘輿一事，君子譏之，胡公可謂得爲政之大體矣。夫李公及泉輩爲之於承平積久之後則事易，而胡公爲之於瘡痍甫起之日則事難。藉非以飢溺之心，抱濟川之才如公者，吾未見其事克有濟也。胡公名瑾，號子懷，三韓人。康熙庚申孟夏穀旦。塔永寧《改建永濟橋碑》：己巳之春，余奉命守湖。甫下車，士民即有青塘橋之請，知橋之就圮已七八年矣。前守陶公士璜創議修舉，未果。嗣守駱公大鵬踵其志，業建浮橋以濟行人，而遷調去任，大工闕如。仰惟聖天子愛養黎元，拯危濟困，道路關梁之政，在在施行。興廢舉墜，豈非職斯土者之責歟。特計是橋溪深水疾，舊以五六方墩亘塞於中，上架木爲梁，形製固甚卑隘，且承其下者憂衝突，臨其上者虞摇動。夫以千萬人往來之區，因陋就簡，而不爲久遠之計，無怪乎屢修而屢圮也。爰議更新，改爲五洞環橋，經費未免增多於前。事顧於地方大有裨益，又奚敢以繁重辭。余與程令胡君映葵、署安邑令黄君宜載、安邑令戈君錦，悉分俸相助，若長德、若安、武孝各屬，又爲捐俸勸輸。一時紳士商民慷慨好施者，指不勝屈。其芳名善舉，當另勒貞珉以志之。橋經始於己巳春，而成之於辛未冬。舉大事者無近功也。修亘三百餘尺，廣二十尺，高深三丈餘尺。爲走水大洞者五，爲分水尖畽者四，爲平臺者二，爲幫埠者四。廓舊業者，無陋規也。工出匠氏與民傭者五萬有奇，萃堅工者無遺力也。椿石議購，其崇如墉；竹木灰鐵，其比如櫛，集良材者無吝費也。閱合龍之日，湖郡聚觀者萬餘人，咸頌之曰：水陸之會，蕩蕩平平，無俟人人濟之，而人無不濟。千萬世之永利，於是乎在。余用是採其語，更名曰「永濟」，喜與郡之賢士大夫共觀厥成焉。乾隆辛未仲秋穀旦。明王穉《登青棠橋上徐步》詩：吴興富丘壑，應接日不暇。步出城西門，溪山如罨畫。修梁百餘尺，烏鵲何年駕。俯視緑波底，青山白虹挂。苕山在橋上，霅水在橋下。東峯霞絢林，西嶺雪縞夜。不見賣漿家，但逢採樵者。借問誰所爲，孝侯賢五馬。

《（同治）湖州府志》卷二三《輿地略・津梁・迎禧橋》 迎禧橋在迎禧門外。明成化九年，知府勞鉞建。丁澄《重建迎禧橋記》：吴興郡城西北，出迎禧門百餘武，有溪一帶，行地中縈迴數十餘里，發源自天目，混混不息，趨於具區而蓄焉。溪之旁，腴田沃壤，未易以頃畝計。溪之上有橋一洞跨之，而名曰弔蓋，前人欲便往來者而作。初不知其水之難泄也，故凡樹藝於田壤之間者，屢遭災耗，其爲患已久矣。邇來僉吾浙臬司事吴公奉勅提督水利，詢及其患，及率知府勞侯偕往而相其便宜，擇水勢平緩之處，距橋之下流八十步，撤其舊而創構之，冀水泄爲永遠利民之圖。因以屬侯，侯乃計徒庸、慮財用、裒士民之義助，斥公帑之羨儲，得白金爲兩一百二十，廩粟爲斛百三十三。輿情既翕，厥用裕如，遂命耆老卜斌沈鳳董其役而經營之。民樂於趨事者相繼恐後，權輿成化九年十二月，訖工明年五月。其崇二尋羡二尺，廣一尋

羨亦如之。表亘五洞而施兩岸，爲尋二十羨四尺，用石以丈計一百二十二。立水盤之上而爲柱者一十六。匠以工計千八百有奇，夫役倍之。板木丁灰之類，周以用而止。郡之士民請如門之扁，而更曰「迎禧」，且又相率詣予懇書其成，以垂永久，俾勒之貞石，庶來者有所考焉。公名瑀，字廷玉，順天豐潤縣人，由監察御史陞今官。侯名鉞，字廷器，江西德化縣人，由太僕丞擢今職云。

《(同治)湖州府志》卷二三《輿地略・津梁・甘棠橋、長橋》 甘棠橋、長橋在府治東南通靈王廟前，屬歸安。下同。舊名伏龍橋，又名東駱駝橋。後廢。宋政和中，知州事章援乃建木橋，以其父惇嘗守此，名曰甘棠。建炎末，州人易木以石，且築渚於中，析橋爲二：南曰甘棠，北曰長橋，中曰浮涯墩。天順四年，知府岳璿重建。國朝同治十年，知府宗源瀚重修。明方謨《重建長橋記》：郡城之內，有水橫貫於南北，曰霅溪。溪之上游有長橋焉，舊名伏龍橋，又名東駱駝橋。橋之水，一自天目之陽，出餘杭，經德清，會銅峴諸山，水入定安門；一自天目之陰，八苕溪，一支薄城南入定安門。二水合流，橋下漫衍，爲江渚匯從，臨湖門直趨太湖。每夏春霖潦暴至，則深廣倍常，故橋屢圮屢修。比年來，遂偃仆而不可支矣。自仆之後，居民行旅，目臨流而返者，肩踵相摩，未有以興起爲事者。景泰癸酉，郡守程侯謀及歸，邑令李君因民之餘財若干，一二大姓助錢若干，伐石更新之。有議者謂：舊橋列石爲十有二柱，俗名凳橋，惟宜狹溪淺流。今溪廣流深，必排植木以實其底，加石以貫其中，然後累石於上，中穹旁下，若連環。然則愈重愈實，愈久無虞。僉謀既協，役工迺興。屬時饑，費倍，僅疊一洞石，而程侯致仕歸饒。李君亦代任其工，遂輟矣。天順改元春，今湖南岳侯以南臺御史來守湖，未期月，政通人和，百廢俱興。顧橋未迄於成，遂詢諸父老，而規畫於邑。迺加前工直，俾裕其力。擇耆民有行誼者，俾節其費。又親署疏文，復爲勸相之舉。而諸大姓聞之，有以白金一二鎰、白粲百餘斛來獻者，鑿石數千尺、煅灰百餘石來獻者，有出巨艦、長舫爲輦石之助者。而侯又每以民之有餘力者來助，暨諸寮佐同心一志，以程督之。橋成三洞，覆以砥石，翼以闌石，允符初議。橋之高二十四尺，立於水者亦如之。修比高四倍，廣不及修十之一。前後計費白金共若干兩。落成之日，咸謂太守之功不容無紀述，而耆民張翔遠等實殫心於典役者，因徵予文勒石垂後。予惟此橋之功，程侯、李尹有作於昔，岳侯成功於今，千里之民與四方之往來者，固已頌而歌之，有不待記而顯。且岳侯德之仁厚，才之明達，用無不宜，又非獨此爲可書，姑記其本末，以告後之人，知其成之不易。相與謹視而時修之，以永太守惠我民之心，以昭我民享無疆之利。若夫任事輸財之氏名，具于碑陰，茲不盡記。

《(同治)湖州府志》卷二三《輿地略・津梁・化成橋》 化成橋，宋延祐間創。明洪武初改磚橋，永樂中易木，成化己未重修。郡人張廉爲之記。嘉靖中始環以石，沈桐復爲文記之，謂其長三百餘尺，闊幾二十尺。易木而爲石，方而爲圓，併七而爲三，工製堅實，形勢壯偉，屹然爲一鎮鉅觀。萬曆、崇禎間，相繼重修。《雙林鎮志》：跨塘居三橋之中，一名塘橋。萬魁橋，《雙林鎮志》：在禹王廟北，跨塘居三橋之西，西臨風漾河，最廣闊，木梁，屢修屢圮。康熙元年，里人顧某始募環石，乙酉落成，甲午、戊戌重修。乾隆庚戌改建，癸丑與化成橋同落成，增高五尺，夐越化成。

《(同治)湖州府志》卷二三《輿地略・津梁・通濟長橋》 通濟長橋，明弘治初，內官麥秀捐貲倡始。十四年，太皇太后賜銀四百二十兩。十六年，武宗在青宮賜銀三十兩。十八年工訖。橋長六十餘丈，爲環洞七。

《(光緒)嘉興府志》卷五《橋梁・文會橋》 文會橋，縣西北三十五里。明嘉靖二十九年建。以上《海鹽圖經》。明錢芹記：縣治西北二都，舊有董家堰橋，在官塘東。水陸往來輻輳，莫詳本始。芹髫年所睹見，大抵興圮靡常。其初，官令塘長召鄉民爲堰橋以濟涉。其既則上下苟且，每歲秋夏間，風雨大作，水暴漲，橋倒塌，民力病涉。予家近是橋，世父兩涯翁每有興建志，不果。嘉靖庚戌，僉憲石屏胡公，以督水利行縣，屬縣大夫雲溪張公倡帖下僧某募緣。邑中好義之士，施捨有差，予亦捐資以成先志。橋高三丈八尺，闊一丈二尺，長十八丈。石砌環洞繚繞皆石欄。經始于庚戌春二月，工訖于冬十月。名曰「文會」云。

《(光緒)嘉興府志》卷五《橋梁・便民橋》 便民橋在皁林鎮。柳志。明正統初建。天順時，鄧鏞創改石橋。天啓三年，知縣張定志重建。桐鄉徐志。明吴昂記：宣德間，廬陵周文襄忱撫折西，以興革利害爲己任，乃建爲橋，民甚便之，名之曰「便民」。歲久木壞，危不可渡。天順改元之冬，通判事臨川鄧鏞孟宣督賦桐鄉，次于皁林，見而恤之，乃易甃以石，爲久遠計。知縣事張泰、縣丞鄧玭董其事，不踰時而橋成。其長一百九十尺，高□其闊之六尺。下爲環洞，長比上殺四之三有奇。于是有事往來者，無阻溺之患，而咸喜其便。予曰此惠政也，不可以無記，故書。

《(光緒)嘉興府志》卷五《橋梁・登雲橋》 登雲橋在縣東南三十四里。柳志。康熙六年，知縣梁沖霄率里人陳聖謨等捐募重建。嘉興何志。梁沖霄記：禾郡之東，曰新豐鎮。其地向有巨橋三：中曰中塘，右曰妙峰，左曰登雲。蓋自元至正間創造，明萬曆時圮，邑人顏公經營重建。無何復欹，於是父老合辭以請，上官咸是其言，亟令鳩舉是役。始壬子秋，訖丙辰冬，五歷寒暑而橋成。中洞廣四丈，一如舊制，準漕艘之高下。左右二洞，各廣二丈，蓋舊制所無，今增設之，所以殺水之湍激也。

《(光緒)嘉興府志》卷五《橋梁・瀛塘橋》 瀛塘橋，北垵分屬秀水。嘉興湯志。自漕渠北折而東，爲松江平湖嘉善孔道。明隆慶間重建。嘉興何志。孫植《瀛塘橋記》：郡城東五里，水自漕渠北折而東，舊有橋名瀛塘，以石架木爲梁，上甃之磚，歲久傾

圯。往來病涉。隆慶辛未，居人募欲修之，工費不支。通守九山陸君甫下車，以職在水利，視溺猶己。請于飭兵憲使暘山莊公，議改建築高爲環洞，用圖久固。踰年橋成。高若干尺，廣五十尺，上施欄楯，履若周行。運漕商旅舟檣，上下通道無阻。君諱穩，滇之趙州人。

《〔光緒〕嘉興府志》卷五《橋梁·熙春橋》 熙春橋在縣東半里。柳志。今名衙前橋，一名牙前橋。南塊爲放生坊，嘉興湯志。明嘉靖中重建。萬曆初，孫簡肅公募新之。嘉興何志。明萬曆間《重建牙前橋記》：我禾百貨所萃，莫盛於郡城東隅。裨販之家，操奇贏以化居，遠近歸市者，肩相摩而趾相錯也。南北阻一衣帶水，駕橋如虹，名曰熙春，又曰牙前。往時甲寅之歲，燬於兵燹，令君胡公捐資重建。迨己卯，孫簡肅公勸募一新之。今又歷三紀，而日就傾圮。里中父老募財鳩工，制不拓於昔，而甃石懸磴較壯且固焉。是役也，始事於癸丑十月，落成於乙卯八月。光緒元年重建。

《〔光緒〕嘉興府志》卷五《橋梁·薦橋》 薦橋在春波門西北半里。明徐元春記：嘉興郡城東隅，去春波門可半里許，有湖曰天星。河之南，築梁以通闤闠，利徒行也，名曰薦橋。肇自宋景定間。旁有雞鳴臺，其石約長五尺，廣半之。俗傳有陳氏者，薦祭餘之雞黍於其姑，姑食暴卒。有司欲置婦于法，婦冤之。命復炙雞享于臺所，俄有蜈蚣盈尺者數十，叢食于雞，而雞忽長鳴。乃知姑死之由，婦冤始白，故以名臺。嘉靖己酉，秀水鼇峰方侯莅政之明年，適橋傾圮。侯命鄉之約正副張鸞、王愷，勸率良善，募材鳩工以新之。踰月而橋落成。嘉靖己酉九月。

《〔光緒〕金華縣志》卷三《地理志·通濟橋》 通濟橋在通遠門外碁盤磯，去縣治西南一里許。原比舟爲浮橋，在今大橋東鹽埠頭。元大德四年西，峯寺僧宗信號及庵募緣創建，未成而殁。皇慶元年，有錢塘退卒詐服僧衣，稱太后旨建婺州雙谿石橋。因大興工役以病民，浙東廉訪使敬儼命有司發其奸贓，杖遣之，奏罷其役。見《元史·敬儼傳》。後宗信徒雪牛訴於官□繼先志。元統二年，廉訪使徐奭奏請營造。爲石墩十一，垜頭二，高出水面四丈一尺，架木爲梁，修亘七十八丈四尺，覆以六十四楹。明洪武三十一年，燬於火。天順六年，副使馮静因遺墩之僅存者補之。成化間，知府周宗智又從而屋之。甲辰水圮，其南之墩者四。丁未，火災，其橋之屋者二十。弘治初，知府郝隆修之。章懋有記。嘉靖間，洪水壞垜者又四，知府張鉞姚文炤、葉宗春相繼修。萬曆間又壞，知縣方元彦率紳士倪夢申修。天啓間復壞於水，知縣高倬再建。崇禎七年復壞於水，知縣王士鑅徐調元重修。皇朝順治二年，方國安兵來，燬。知府張安豫捐修未就，遷去。康熙二年，分守道胡養忠、知縣王世功竟之。義烏金□□記。九年，水壞其中垜，知府吳翀、知縣李錦重修。十四年，耿逆叛黨燼之，知府張蓋、知縣王治國乃於今雙溪驛前，仍爲浮橋，比船二十七隻，鐵纜二千五百斤，鐵錨四具。壬戌，水衝坍南岸，邑人戴堯天等添造橋船五隻，鐵纜五百餘斤。二十年，橋船爲水衝壞，知縣劉培初捐俸，造二十六隻，加砌兩岸，建庵置田若干畝，以爲善後計，而橋之廢幾九十載矣。乾隆十五年，知府鄭遠、知縣張玉衡重建，疊石架木，而覆以屋，始復舊觀。餘銀三千餘兩，爲典守者所蝕去。邑人滕嵩控大吏復之勒石焉。四十五年五月十四日復燬於火，復造渡以濟。山水漲時，屢遭覆溺。嘉慶十四年冬，知府吳廷琛、知縣楊兆璜捐俸倡建。兩岸各一垜，中十三墩，墩形西正方，東則小橢而剡，以殺水怒。南岸當水衝處，石其隄以遏水勢。上則轉甕鋪石，旁則甃闌疊石。長九十八丈，廣二丈六尺，高四丈八尺。用銀四萬餘兩，盡易以石，堅緻較前十倍。董其事者，徐規、葉兆繼、方喬、方維培、尹兆蘭、金品一、王日初、鄭裴若、尹泉、申士亨、戚騰蛟、罡罳頂、傅某、朱基頭、朱某等。舊有田二頃六畝一分一釐，實存田一頃五十九畝六分二釐七毫三絲，歲徵水穀一石二升一合有奇。每石折銀七錢，又地一畝三分一釐，折收租二錢，蓋雙溪繞城折而西，橋當下流湍急處，以故工鉅而易敗，詳志其顛末，重民力也。

《〔嘉慶〕武義縣志》卷一《建置·橋渡·熟溪橋》 熟溪橋，大南門外。宋開禧三年，主簿石宗玉建，因名曰石公橋。明嘉靖二十五年，令趙奇修之，造六墩而止。隆慶二年，令林一鶚建造石墩者，十深木爲渠。萬曆四年，令譚音造橋，屋四十九艦，詳方伯陳善記。中歷熊秋芳陳大致始罣其役，議築壩未就，其南建菴爲橋鎮護。令張因案爲記，立石於菴。康熙二十五年，令李經邦重修，燬於火。五十八年，令徐亮祖更新之，乾隆四十二年復燬。四十八年令鄧謙芳捐俸創修未成，乾隆五十年令韓席珍續成之，有記，見《藝文》。吧人王啓引助田壹百捌拾把，計三丘坐將馬洞長畈大橋，舊會助田壹百貳拾把，坐滅西椏樹，殿前一新買田壹百捌拾把，計壹丘坐下圓歲爲修費。

《〔乾隆〕江南通志》卷二七《輿地志·關津三·濟川橋》 濟川橋，陽德門外，跨宛溪。上曰鳳凰，下曰濟川，皆隋開皇中建。李白詩「雙橋落彩虹」，即指此也。

《〔乾隆〕江南通志》卷二七《輿地志·關津三·飛橋》 飛橋，一名引虹橋，縣東南柏梘山下。飛流界道，跨岫爲梁。宋淳熙中建。明萬曆中改建。構亭其上，凡七楹。

《〔道光〕休寧縣志》卷二《營建志·津梁·登封橋》 登封橋，舊名橋東橋，在

縣西三十里巖脚。明萬曆丁亥，知府古之賢建。丙申，知縣魯點修。甲辰圮，知縣李喬岱重建，復圮，知縣張汝懋復建。國朝康熙間橋圮，康熙五十七年重建。乾隆五十三年，蛟水沖圮，五十六年，黟縣人胡學梓捐貲重建。

《〔光緒〕宣城府志》卷三七·柏梘飛橋　柏梘飛橋，城東南七十里，飛泉界道，跨岫爲梁，高數百(丈)〔尺〕，宋淳熙中，梅文明鳩族人建。明洪武中，梅清四修。萬曆中，梅振祚改建高廣。搆亭其上，凡七楹。郡守羅汝芳題曰「引虹」，由此而入，曰谷口，曰臨流，曰流華，曰雲生處，曰奇甚。題石殆徧。更進爲仙人巖，爲傘骨庵，皆奇蹟也。山外爲古山口，梅氏村落在焉。

《〔光緒〕滁州志》卷三之五《營建志五·橋梁·廣惠橋》　廣惠橋，即古宏濟橋也。唐永徽間始建，俗呼西橋。

《〔嘉靖〕建陽縣志》卷三《封域志·朝天橋》　朝天橋在縣治正南門外，舊名濯錦南橋。宋紹興間建，石址木梁，高三丈，釃水一十三道，上砌以磚，覆屋七十三間，横跨雙溪之上。永樂十四年圮於水。十七年，縣丞趙璧重建。天順間，同知李鉞復建，禮部郎中王羽記。嘉靖六年，半燬于火。值本省大參蔡公潮適按治至邑，遂糾衆耆宿，勸民樂施，重新之。太僕寺卿楊亘記嘉靖丁酉復燬于火損毁首亭橋屋四楹。知縣汝齊賢修葺之，二記俱見《藝文志》。壬子，覆屋欹斜，知縣馮繼科、主簿韋應詔出贖金，鳩工整飭，字扁一新。疏文：卧虹影於雙溪，偶隨州逝；念鳩工於百里，庸假衆成。況地連閩浙之要衝，而路踵輪蹄之來往，要當累址安行於砥道之上，庶免褰裳病涉於剡楫之間。役大而費繁，功成而利博。解惠州之犀帶，願繼高風；成鄭國之輿梁，不勞指日。游夫定撰。

顧祖禹《讀史方輿紀要》卷九七《福建三·平政橋》　平政橋在府西平政門外。舊有浮橋，宋乾道初郡守陳俊卿始纍石爲址，架木爲梁，後屢圮屢復。明朝洪武元年指揮沐英重建，凡爲址十有一，而梁以木，上覆屋，凡三百六十楹。後復屢有廢置。建江經此，約束而出，如在山峽中，水盛時懸流一二丈，牽挽甚艱。又七星橋，在府城南。舊亦爲浮橋，元至正二十五年僧智源改建石橋。南岸爲址十有五，而梁以石，長三十二丈；溪之中因沙洲甃石爲路，長二十二丈；北岸爲址五，而梁以石，長十丈。至今爲民便。

《〔乾隆〕福州府志》卷九《津梁·萬壽橋》　萬壽橋，一名大橋，横跨臺江，舊爲浮橋。《三山志》：南臺江廣三里。元祐間，江沙頗合，港疏爲二，中成楞嚴洲。郡人王祕監祖道爲守，造舟爲梁。北港五百尺，用舟二十號，合沙北橋。南港二千五百尺，用舟百，號南橋。衡舟從梁板其上，翼以扶欄，廣丈有一尺，中穹爲二門，以便行舟。左右維以大藤纜，植石柱十有八而繫之，以備癡風漲雨之患。縻金錢千萬，一出于施者。明年，紹聖元年甲戌十月成，以其餘錢三千九百緡，分給負郭三縣僧寺以爲本錢，俾歲取息，以待缺敝修建。自爲文記之。尋又爲屋以覆纜柱，架亭于其側以憩行者。中亭之北，又有四洲堂一所，命僧守之。而守橋軍房亦在焉。南亭之南，復即山爲亭，以濟川名之，創菴其西。崇寧二年，公復守是邦，乃于橋南建天寧寺。以菴之田産并歸之，命天寧主僧爲三十院都管。是時，港已分爲三矣。北港舟十有六，中港七十有三，南港十有三，凡一百二隻。《閩都記》：宋元祐間，郡守王祖道置田一十二頃七十二畝，備修橋費。元時田入頭陀萬歲寺。大德七年，頭陀王法助，奉旨募造石橋，釃水爲二十九道，上翼以石欄，長一百七十丈有奇。南北搆亭二。至治二年落成，明天順間重修，編修。杜寧記：萬曆十六年，巡撫龐尚鵬重砌石欄。元馬祖常碑記：泰定元年，宣政使臣月魯鐵木兒，以福建平海頭陀禪録行業修著，宜錫恩渥，謹上言曰：師王姓，法助名也，世爲泉南農家，母感異夢而生。生十二年而爲沙門，研窮内典，洞了佛乘，日發猛勇，以畢至願。嘗見舟濟西汪者，即惻然曰：是必及于難。止之弗聽。卒之暴颶舟溺。又嘗爲海濱水囓蝕埭且崩，師麾以篓，湖爲縮云。福唐，粤閩之會城，三面距江，其水皆自高而下，石錯出其間。若騎布獸伏，迅湍回洑，旁折千里，滙而爲南臺江。昔以舟櫛比，運大絙爲浮梁以濟，每潦漲卒至，則絙絶舟裂於兩崎，民多溺焉。師將橋江以利涉者，命弟子吴道可聞于上，天子嘉其意，詔師卒成之。於是大姓割其財，小姓奏其力，閩鹽轉運使王某且率其屬合治之。甃爲墩二十八，植材木，礱密石，納木腹而基之。工未告具，而師化矣，其徒實終成之。長一百七十丈有奇，積其贏資及故端明殿學士王君某田之歲入，岸南北爲寺。御史中丞曹公扁曰「萬壽橋」，寺如橋之扁。

《〔乾隆〕福建通志》卷八《橋梁·萬安橋》　萬安橋，在府城東北，亦名洛陽。宋皇祐五年，郡守蔡襄建。釃水爲四十七道，長三百六十餘丈，廣丈有五尺。左右翼以扶欄，爲南、北、中三亭。襄自爲記，手書勒石。橋下令居民種礪固之。紹興以來，屢有修葺。明永樂間，知府胡器重修。橋之舊址低下，潮至輒没其梁。宣德中，知府馮禎、通判朱旭命郡人李後育、僧正淳累石增高三尺。景泰四年，梁斷其三，知府劉請修。嘉隆間，知府方克、萬慶相繼再修。萬曆三十五年，地大震，橋梁圮，址復低陷。知府姜志禮大修之。歲久復圮，加以海寇作亂，石梁斷毁，代之以木。徒步艱危，輿馬顛躓。國朝康熙二十年，總督姚啓聖、提督萬正色各捐俸重築，仍砌大石，堅固壯觀。

《〔乾隆〕福建通志・圖・萬安橋》

《〔乾隆〕泉州府志》卷一〇《橋渡・萬安橋》　萬安橋，《縣志》：在縣南，晉惠各析其半，橋之南屬晉江，橋之北屬惠安。明萬曆三十五年修，橋北邑人李呈春董其役，餘詳見晉江明李光縉記。李光祿季君介菴者，吏部郎抑齋先生季子也。謝

事家居，不與郡邑間事。會地大震，洛陽橋折，太守姜公圖修復之。延詹君守齋董其事。詹君言于太守曰：橋跨海，南北中流，巨石横亘，搆亭關其上，亭以南屬晉江，北屬惠安，費當二縣均之。仰憲晉人也，請治其南。橋北之役，非得李光祿丞呈春、文學張翰臣不可。太守于是使人延季君，季君堅辭不肯出。詹君故强之，季君乃前言曰：橋之事，明府以屬呈春，呈春不敢辭。顧橋北之難過于橋南，費亦再倍。南不過一二橋梁折，扶欄頹耳，可一葺而補也。橋北之壞甚矣，水道更移，曩者深坎，今爲平沙。水盛則四溢横流，穿溪蕩浦，風濤復噬嚙之，淵趾剥落。梁榻低于南四尺，潮漲輒没，人不能行，殆未易治也。太守然之。季君乃自出其議，大都謂舊楯不可輕折，折則多費；亦不可盡仍，仍則易壞。斟酌于折與仍之間，可以用費省而成功倍。匠有獻定嵌金木柱策者，季君從之。于是，設架横上通人行，下受工作伺潮退。從海底累石結址，欹者正之，缺者補之，以達于梁，而橋道平矣。太守既去，季君亦歿，邑人誦太守之政，而德季君之功不衰，相與伐石，請余記之。

方勺《泊宅編》卷中《萬安橋》　泉州東二十里有萬安渡，水闊五里，上流接大溪，外即海也。每風潮交作，輒數日不可渡。劉鋹據嶺表，留從效等據漳、泉，恃此以負固。蔡襄守泉州，創意造石橋，兩岸依山，中託巨石，因搆亭觀。累石條爲橋基八十，所闊二丈，其長倍之。兩頭若圭射勢，石縫中可容一二指釃潮水，每基相去一丈四尺。橋面闊一丈三四尺，爲兩欄以護之。閩中無石灰，燒蠣殼爲灰。蔡公於橋岸造屋數百楹，爲民居，以其僦直入公帑，三歲度一僧，俾掌橋事，故用灰常若新，無纖毫罅隙。春夏大潮，水及欄際，往來者不絶，如行水上。十八年橋乃成，即多取蠣房，散置石基上，歲久延蔓相黏，基益膠固矣。元豐初，王祖道知州，奏立法，輒取蠣房者徒二年。

《〔乾隆〕福建通志》卷八《橋梁・卧龍橋》　卧龍橋，舊名萬安，亦名安利，俗呼東渡橋。宋嘉定初，邑人陳讜命僧守淨募建。上覆以亭，爲間三十有六。明永樂間毁。成化元年，邑人尚書鄭紀偕訓導柯添倡衆重建，仍亭其上，更名「卧龍」。紀自爲記。八年，北岸圮，知縣黄燦命上闢三門以疏水勢。十八年，石墩壞，知縣彭昭募修。其後知縣陳文、府知事何洵、知縣蕭弘、闞玉成、周鐸、署縣殷宗器、知縣蕭麟，各有繕修，改名青龍、起龍不一。然隨修隨圮，民時病涉。國朝康熙四年，教諭鄭焕與邑紳唐顯悦、義民陳欽賢，各捐貲爲舟以渡，復置租以贍舟人。雍正八年，邑人徐萬安兄弟捐貲重建。

《〔乾隆〕福建通志》卷八《橋梁・虎渡橋》　虎渡橋，即江東橋，爲郡之寅方，因名虎渡。宋紹熙間，郡守趙伯逷始作浮梁。嘉定間，守莊夏易以板橋，累石爲址，釃水爲十五道而覆以亭。嘉熙間燬。議者謂宜以石爲梁。於是，守李韶捐

錢五十萬爲之倡，侍郎顔頤仲捐金佐之。越四年，橋成。長二百丈，址高十丈。橋東西各有亭。守黄朴爲之記。明時數壞數興，至嘉靖四十四年，知府唐九德大修，砌石爲欄。東西豎二關，東曰三省通衢，西曰八閩重鎮。宏偉壯麗，江上巨觀。國朝初，數被寇焚燬。康熙十八年，總督姚啓聖漸以木梁修治。尋又壞。其後提督施琅監理，仍梁以石，而未就。五十二年，知府魏荔彤乃捐貲成之。雍正九年，候補通判郭元龍捐貲修葺。

《（乾隆）福建通志》卷八《橋梁・南橋、新橋》 南橋、新橋，南橋在府城南門外，新橋在南橋下。宋紹興間始於南門外造浮橋。嘉定初，郡守薛揚祖易以石，衆謂之薛公橋。橋西地勢稍下，每大水，田皆淹没。後守趙汝讜乃浚上流沙坂爲港，復於橋南築乾橋十間，以殺水勢。又於乾橋之南作小橋二十四間，接以石堤，抵於南岸，以便行。然橋堤相連，水至無從發泄，遂至漂屋殺人。明成化十年，燬屋千百區，浮屍蔽江，橋堤衝決。自是屢修屢廢，費財不貲。萬曆中，水復大至。知府韓擢上採先儒陳淳之論，乃於東南隅水雲館前建橋二十八間，長九十丈，南接於岸，是爲新橋。北建文昌閣，南建鎮海樓。士庶欣然樂助，不數月而成。惜董役者爲基不固，未幾傾圮。後知府袁業泗偕同知邵圭、知縣計元勳重修新橋，而南橋先經守道沈一中、知縣沈純如、巡按陸夢祖、知府閔夢得相繼修復，遂兩橋並建。國初，兩遭寇亂，南橋石梁盡燬，易以木板。康熙十七年，大水，并石址亦壞。通判胡宫、知府汪世印、魏荔彤先後修之。而新橋日久亦圮，四十六年，邑人郭居鼎募衆重修。

《（乾隆）福建通志》卷八《橋梁・寧海橋》 寧海橋，一名東際橋。元元統二年，龜洋僧越浦募建，并建吉祥寺。至正間圮。明洪武三十三年，同知徐源命僧湘江募緣重建，歷十餘年始成。郡民洪景文佐役居多。爲門十有五，長八十二丈，廣二丈，高三丈八尺。景文又捐田五十畝入吉祥寺，備修橋之費。莆諸橋功力之鉅，此爲第一。三山王偁、郡人林環皆有記。其後弘治、嘉靖、萬曆間，屢有傾圮。知府陳效、黄一道、陳王庭，相繼修復。國朝康熙十八年，洪水衝壞數門，水師提督吴英修建。郡人鐫碑記之。

《（乾隆）福建通志》卷八《橋梁・南浦橋》 南浦橋在縣治南隅，舊名縣南橋。宋隆興中，權縣事上官端儀建，又呼爲上官橋。後圮於水。淳熙中，令曾懋增修。元燬於兵。明洪武中，主簿馮英募建。成化初重修，正德中知縣孫懋重建。萬曆間，邑人徐維賢葺新之。

《（乾隆）福建通志・圖・南浦橋》

《（乾隆）福建通志》卷八《橋梁・江口橋》 江口橋，一名龍津，又名尚陽。界福清、莆田二縣間。《弘治志》謂：宋淳祐二年建。元延祐間圮，至治三年，知福清州趙焕卿經畫重建，泰定元年始訖工。明時官定事例，橋南一半屬莆，北一半屬福，凡值傾圮，依界分修。宣德間，縣丞葉叔文以是橋分三十四門。門狹，水悍易壞，乃疏爲二十五門，以殺水勢。天順元年，橋中斷，知府潘本愚重修。成化二年知府岳正以分巡僉事劉子肅罰贖之積，撤其舊址之傾圮者，加甃以石而高大之。正自爲記。其後屢有圮壞，同知習襄、知府劉澄、分巡何全、分守宋豫卿、知縣何南金相繼修治。國朝雍正元年，福清人魏明昌捐貲重修。其邑人勒石以紀。

《（乾隆）福建通志》卷八《橋梁・石平橋》 石平橋在縣治東南。宋元累建而廢，明宣德間御史王實重建，隨圮於水。成化十五年重修，爲石墩十有一，上

覆以亭，爲間五十有六。

《〔乾隆〕泉州府志》卷一〇《橋渡・順濟橋》 順濟橋在德濟門外，筍江下流。《閩書》：舊以舟渡。宋嘉定四年，郡守鄒應龍造石橋，長一百五十餘丈，翼以扶欄。以近順濟宫，因名順濟，俗呼新橋。元至正間，于烈那達修。明成化七年，知府徐源修。復疏橋，東小浦引潮入城濠，以通舟楫。嘉靖五年，同知李緝修。十四年，知府王士俊修。國朝康熙二十四年，邑人施琅修。雍正四年，知縣葉祖烈修。八年，知縣王之琦修。乾隆十六年，知縣黄昌遇修。十八年圮，復修。二十二年復圮，知府懷蔭布修。明顧珀記：鎮南門外有浯江，江百溪滙也。江之横二里許，亘江之横虹跨於其上而石之，是爲順濟橋。宋嘉定四年，實始之。泉之界可千里，絡絡于于，日不下蟻。舟楫木桴所輳，日夜撞聲。重以陰風怒號，霖潦暴溢，巨濤翻天，驚雷撼地，汹湧激射之患，可畏也。元至正辛巳橋梁圮，國朝成化庚寅則又圮，嘉靖丙戌則又圮，悉修之如式。嘉靖丁亥五月，橋之東一梁斷，徹夜鳴聲，令續之以木。今乙未三月，又一梁斷。郡守安福王公士俊，召晉安驛丞陳仕顯、溪民陳閏、潘政、林銓、陳華、林渙、徐概等董役，相時度工，計傭受直，伐松于山，驅石于海。楯之傾者、攲者，梁之木之，續者新斷者。扶欄之頽者、圮者，俱松之基之、石之易之。悉經始於是歲春三月，至秋八月落之。縻金三百六十兩有奇，皆取諸贖。夫舉贏者傷財，怠事者病民。君子曰：是舉也，有五美焉：早爲之，所財不妄費也；易危以安，民不病涉也；工出於傭，民不苦勞也；金取諸贖，民不虐輸也；修廢墜，成偉觀，以利於無窮，真得先王橋梁道路之遺休者。嗚呼！是可以觀政矣。予望後之人，有以永公之功，遂紀于石。何喬遠記：浯渡橋者，郡南門橋也。是所取漳潮道南鄉海濱之民，悉茲來往。橋造於宋嘉定之季，所從來矣。維橋之前，累石爲堡，以臨重淵。維上有臺，浮屠截然，石人有二介。而戟門諸門，歲月既久，灰縫離次，撐柱將顛。維橋之西，溪海之會，風潮之所撞射，或激而鬭，或洪而怒。維橋之東，海船所凑，無地繫纜，椿於橋梁之下，風執船力，時與石鬭，椿去而有砉然離矣，此皆橋害也。城門之軌，兩馬之力歟？一以歷歲久，一以閲人多。晉江令江夏宜蘇陳公曰而形言：吾有俸金，吾能捐之，少不足以給也。吾欲令募施如僧道者，非吾埋人之體也。且夫誰可任者？安溪詹君仰憲，居則布德惠人，動則舍力爲公。公乃往請：子有厚德，且有計心，爲吾任之。詹君曰：小人亦有囊中之蓄，視公俸錙銖耳，勿募以施，從其人欲，顧亦不足以佐，抑有圖焉。橋東西南，傍有官地可鬻也。鬻可得金若干，傍留其一屋以居橋卒，使之監橋。風潮之蕩射，則係於天矣。海舶之纜，卒使禁之。橋庶幾無虞十之一，公可之。壬子夏月而載工，癸丑春月而畢事。亦維鬻地與夫助工者之力，詹君之勞。然自非公形言捐俸爲之詳計，亦無由固以捷若是也。於是詹君謂何生某記之。予惟天下之事，有成也必有虧也。惟於其中有人治其潛蠱，遏其將釁，則繩繩永永，可以千萬歲而無害。蓋天下國家，莫不皆然，而橋特其小耳。公之爲吾邑也，所以治蠱遏釁，不可勝書，而茲橋亦特其一事。然以一橋之小，而公繫心如是，則其大者、遠者，可以類而推也。自詹君之外，又有耆民邵某、林某皆有勞於橋，并附而書之。且以見公善任能之一端云。莊一俊詩：江樹離離若可齊，江門之水下浯溪。諸峯返照潮聲遠，萬户滄洲烟火低。來聽漁歌鷗泛泛，去隨秋色草萋萋。道人那得傷心恨，一任西山送日西。

《〔乾隆〕泉州府志》卷一〇《橋渡・和尚橋》 和尚橋在城西二十里許，創建未詳。明萬曆間，知縣洪世俊修，後圮。崇禎間，知縣熊汝霖重修。明蔡獻臣記：同安，閩南冠蓋之衝也。邑西二十里許，有石梁三間，不知創自何年，蓋古禪師撤舊院而成之者，俗稱和尚橋云。萬曆間，大令洪含初公曾一修之。庚午之秋，溪漲，橋盡圮，往來者跋涉沙水中。明年，漳僧如應者請於邑募建焉，已復懷貲逃去。壬申秋，熊令公雨殷乃置募簿，屬梵天寺僧正教曰：是嘗造伽藍祠、羅漢像及重新鍗樓藏殿者，而令公亦復捐助，以爲僚屬、士民先。於是正教不愛力，不濫費，伐石鳩工，越三月而告成。其長七十尺，蓋視昔加壯。而和尚橋之名，將復流傳數百載。大仰橋之圮也。石之長者易以折，近人者易以偷，卧沙者易以沈，故修造之費，惟石最巨。然在如應則化爲烏有，在正教則聿觀厥成，事之興廢，豈不以人哉？抑吾同東西諸梁小於此，而就圮者多矣。安得如正教者，迨茲徧葺之，庶幾費少而賴永也。正教告余曰：是役也，我民實嘉令公之賜，茲將建一刹橋西，而立石紀之，余爲書其事。

《〔乾隆〕泉州府志》卷一〇《橋渡・金雞橋》 金雞橋在一都九日山下。宋宣和間，邑人江常始造浮橋。嘉定間，僧守静造石墩十七，架木梁，覆以亭屋，長一百丈有奇。後圮于水，僧惠魁重修。又郡守真德秀有募建橋疏，邑人刻爲石碣。明永樂元年燬，成化十年知府徐源重修。十八年亭壞，知府陳勉修。弘治六年壞，知府李哲、如縣黄濟修。正德四年燬，萬曆十一年，僉事王豫議開溪引水達晉江南鄉，折橋址爲壩址，壞過半。二十一年，知縣蔣如京累基架梁，一如舊制。四十三年，知縣趙時用重修。中搆亭，兩岸建坊，曰虹聯地軸，曰龍見天衢。崇禎三年，知縣李九華重修。國朝順治五年燬於寇，康熙間知縣李承祖修。尋復廢，今以舟渡。

《〔乾隆〕泉州府志》卷一〇《橋渡・下輦橋》 下輦橋在三十五都。隆慶府志：宋幼主自萬歲山南行，經此下輦，故名。元至正間，僧法助建，凡六百二十間。明洪武間，橋南沿江一帶陷。二十九年，參議李庸、知府金孟浩命道士林正宗、里人黄勝生募貲，徙入田中。

《〔乾隆〕泉州府志》卷一〇《橋渡・石筍橋》 石筍橋在臨漳門外筍江。宋皇祐初，郡守陸廣造舟爲梁，名曰履坦，一名浮橋。元豐七年，轉運判官謝仲思再修，斷舟以續梁道，改名通濟。淳熙間，橋北有亭，以爲放生處。紹興三十年，僧文會始作石橋，長八十餘丈，翼以扶欄。明景泰間，同知謝琛倡修。弘治間南

梁斷，知府李哲修。正德間北梁斷，知府葛恒修。嘉靖三十八年，倭寇至，僉事萬民英斷橋梁禦寇。國朝康熙二十七年，邑人施琅修。雍正四年橋崩，知縣葉祖烈修。宋王十朋詩記：清源郡城之西有渡名筍溪，與江會，險而深，涉者病之。初，浮木爲梁，屢修屢壞，議更以石，費重而役艱。時提刑陳君慨然爲之，倡弟賀州叶其謀令樞密□公力助之，經始於紹興庚辰，訖工於乾道己丑，提刑屢約予觀未果。明年春三月辛酉，迓客出郊，過而觀之，因記以詩：刺桐爲城石爲筍，萬壑西來流不盡。黃龍窟宅占江頭，呼吸風濤勢湍緊。怒潮拍岸鳴霹靂，淫潦滔天汲畦畛。行人欲渡無翼飛，魚腹蛟涎吁可憫。二三大士爲時出，自覩狂瀾心不忍。小試閑居濟川手，遠水孤舟寇忠愍。亦有山僧願力深，解使邦人指倉囷。五丁挽石投浩渺，萬指硺山登峋嶙。辛勤填海效精衛，突兀横空飛海蜃。趾牢千尺鮫人室，護以兩旁獅子楯。南通百粵北三吳，擔負輿肩走駃牝。論功不減商舟楫，遺利宜書漢平準。莫將風月比揚州，二十四橋真蠢蠢。我時出郊春雨後，鷺點沙汀揚鷹隼。江亭矯首獨遐觀，有客南來盃共引。欲詠河梁擬蘇李，頗類鑑湖逢元稹。江山不逢賢太守，袖手沈吟覺才窘。況無鐵筆擬端明，徒使時人笑蚯蚓。綉衣屢約吾來遊，未遂堪嗟德星隕。向來嘗以記屬我，固避牢辭慚不敏。傳聞江欲飛棟初，異論紛紛互矛盾。世無剛者橋豈成，名與萬安同不泯。明朱鑑記畧：通濟橋者，泉郡晉江之名橋也。宋皇祐元年，太守陸廣守是邦始造舟爲梁於石筍之江，民得履坦，因名浮橋。嘉祐間守盧革及僧本觀重修，又於兩岸作亭，以翼衛之，名曰濟民。至元豐七年，轉運判官謝重規再修，斷舟以續梁道，改名通濟。紹興二十年，僧文會作石橋一十六間，長七十丈五尺，廣一丈七尺，翼以扶欄，鎮以浮屠，如橋之長，兩夾之。越乾道五年，始克落成。後至慶元間，有僧了性者，復修三小石橋。於是橋之北相貫聯絡，以達于臨漳之門。逮永樂十有一年，橋中石斷一梁。洪熙間，復斷一梁，往來險之。里人張實，以木梁暫葺，以通人行。惟皇上御極之四年，郡之別駕四明謝公琛，由進士來佐是邦。一日公餘，經是橋而目擊之，愀然謂曰：惠民莫先於爲政，作善莫大於修橋。遂命張實之子欽領其事，復命禪師愍默董其工。雖不能如僧文會之取大石成功於前，亦能捐貲募匠，復取木石收功於後。至於三小石橋，亦皆修葺，煥然一新，俾往過來續之人無病涉之虞者，皆欽輩之力也。

《〔乾隆〕泉州府志》卷一〇《橋渡・海岸長橋》　海岸長橋，宋時建，明成化間圮，弘治、正德間里人林孔彰等與僧智鏡協修。明蔡清記：出泉城南里許，折而東，行二十里，曰陳江；由陳江復東，歷玉瀾渡至于龜湖，蓋又十五六里，此海濱地也。海濱之地，鹹流浸潤，不可田。昔人因築大堤以止其流，而内蓄澗水以溉田，殆千餘頃。傍堤之邊，駕石以便行者，計七百七十餘間，通名「海岸長橋」。中有亭，有菴，以爲憩息祈賽之所。其工最鉅，其利最溥矣。據故老遺文所傳，橋成於宋乾道間。主其事者陳君亢，今亦未詳何許人也。是後修治之功莫考。入本朝成化間，橋有圮者，弘治乙卯蓮江林孔彰、崙後吳懷荆、桐城吳則敬、玉田詹勤立、承天寺僧智鏡，各捨銀兩合而修之。督工者吳茂實、蔡成端也。於是圮者以完。至弘治乙丑，值洪水衝決之，圮視前爲甚，而前人之樂善事者多已淪謝，久不克修，行者病焉。懷荆左顧無與共工者，而孔彰之子時學與懷荆復倡捐。於是則敬及余某、王某、吳某、張某、姚某靈源室僧體然，或助以力，或督以工，而余某所助獨厚。於是橋復完而功視昔爲固矣，時正德丁卯也。諸里人無長少，咸壯其功。不可無紀載以示來者，遂相率詣予請記。惟古人有言：莫爲之前，雖美弗彰；莫爲之後，雖盛不傳。此一事也，使有乾道之創，而無弘治之修，則先功將自成化而墮矣。有弘治之修，而無正德之續，則前功又將自今日而墮矣。今日之修者，歲久不能無圮，設當其時莫之修，則舉今日之功併墮矣。且修之責乎及時，或少圮不修，馴至於圮之甚，然後圖之，則爲害已多，而亦難乎其爲功矣。此皆所謂莫爲之後者也，此皆後人之所當念也。然則是記之作，豈但以既往之續，亦將以爲來者之規也。

《〔乾隆〕莆田縣志》卷四《建置・熙寧橋》　熙寧橋在城東南三里許，舊白湖渡。熙寧間始造舟爲梁。鄭叔僑詩：千尋水面跨長橋，隱隱晴虹卧海潮。結駟直通黃石市，連艘横斷白湖腰。正指浮橋也。考宋郡志，石橋名通濟橋，修四十尋，廣二十之一，厮水爲八道。靖康元年，太守江常合衆力鞭石累址，太守張讀續成之，著作佐郎徐師仁記及考，林光朝作林回年墓碣，又謂白湖舊有浮梁，紹興初，伐石海上，欲髣髴泉之洛陽橋，一時有力者又欲移此橋於木蘭陂下，謂是處江流且縮，兩堤突起，回年謂此説正相反，惟江闊岸平則無喧豗撞擊之患。今橋成且五十年矣。是役也，紅泉之人，不愛力而回年之力爲多，據此則是橋又非江、張二守在官日所成也。萬曆丙午橋圮，裔孫取祠篋百金修建。順治中，橋爲賊斷，以木接之。康熙癸未，提督吳英始用石重修。

《〔乾隆〕福清縣志》卷三《建置・龍江橋》　龍江橋在方民里，江闊五里，中央深五、六丈。始，太平寺僧守恩壘石爲臺。宋政和三年癸巳，林遷與、僧妙覺募緣續成之。空其下爲四十二間，廣二十尺。翼以扶欄，長一百八十餘丈。勢甚雄偉，費五百萬緡，名曰螺江。初，龍圖閣學士林遹爲之記，提刑劉嶠更以永平，士子以爲不利。紹興庚辰，少卿林栗取古讖「江南沙合接龍頭」之句，名爲「龍江」。于是登第始繼踵焉。自橋南達于渡頭，壘石爲堤，長闊與橋埒，呼爲小橋。萬曆三十三年，里人都闔郭遇卿、知縣林廷讚募緣重修。歲久，橋梁傾壞。順治十二年，邑侯朱廷瑞重修。里人泰藩施起元爲記。康熙間張晟重修，鄭亦鄒爲記。

《〔乾隆〕屏南縣志》卷四《橋梁・龍井橋》　龍井橋在坑里北，其橋兩山相映，萬木森立，俯視橋下，龍井噴浪如雪。有亭，橋下潭内有一巨紅鯉，魚長五六

尺，若現浮水面，繞潭而遊，數日内必有大雨。

《〔乾隆〕僊遊縣志》卷一四《建置志六·青龍橋》 青龍橋在縣東三里。宋嘉定間陳讜命僧守浄募建，並蓋亭，名安利。明永樂間燬，成化初，鄭紀倡，柯添、陳俊民、茅宏贊等募建，凡七載功成，上有亭閣，如龍卧淵，改名卧龍。

《〔道光〕晉江縣志》卷一一《津梁志·安平西橋》 安平西橋在八都安海港晉江、南安之界，舊以舟渡。宋紹興八年，僧祖派始築石橋，未就。二十一年，守趙令衿成之，釃水三百六十二道，長八百十有一丈，廣一丈六尺，東西袤延四里餘，故名曰五里西橋。令衿詩：爲問安平道，驅車夜已分。人家無犬吠，門巷有爐熏。月照新耕地，山收不斷雲。梅花迎我笑，爲報山東君。明永樂甲申，里人黄韋修。天順三年，耆民安固募修。成化乙酉，里人蔡守輝劉耿修。

酈道元《水經注》卷一六《穀水·睾門桥》 晉惠帝造石梁于水上。按橋西門之南頰文稱：晉元康二年十一月二十日，改治石巷水門，除豎枋，更爲函枋，立作覆枋屋，前後辟級續石障，使南北入岸，築治漱處，破石以爲殺矣。到三年三月十五日畢訖，并紀列門廣長深淺于左右，巷東西長七尺，南北龍尾廣十二丈，巷瀆口高三丈，謂之睾門橋。潘岳《西征賦》曰「秣馬皋門」，即此處也。

李吉甫《元和郡縣志》卷一一《河南道一·清水石橋》 清水石橋在縣西三里，隋仁壽元年造，石作華巧，與趙州石橋相埒，長四百五十丈。

李吉甫《元和郡縣志》卷五《河南道一·天津橋》 天津橋在縣北四里。隋煬帝大業元年初造此橋，以架洛水，用大纜維舟，皆以鐵鎖鉤連之。南北夾路，對起四樓，其樓爲日月表勝之象。然洛水溢，浮橋輒壞，貞觀十四年更令石工累方石爲脚。《爾雅》：「箕、斗之閒爲天漢之津」，故取名焉。中橋，咸亨三年造，累石爲脚，如天津橋之制。

周密《癸辛雜識續集》卷上《華夷圖石·天津橋》 汴京天津橋，上有奇石大片，有自然《華夷圖》，山青水緑，河黄路白，粲然如畫，真異物也。今聞移置汴京文廟中，作拜石。

《宋史》卷九四《河渠志·天津橋》 洛水貫西京，多暴漲，漂壞橋梁。建隆二年，留守向拱重修天津橋成。甃巨石爲脚，高數丈，鋭其前以疏水勢，石縱縫以鐵鼓絡之，其制甚固。四月，具圖來上，降詔褒美。開寶九年，郊祀西京，詔發卒五千，自洛城菜市橋鑿渠抵漕口三十五里，饋運便之。其後導以通汴。

楊衒之《洛陽伽藍記》卷四《城西·長分橋》 出閶闔門城外七里長分橋，中朝時以穀水浚急，注於城下，多壞民家，立石橋以限之；長則分流入洛，故名長分橋。或云晉河間王在長安遣張方征長沙王，營軍於此，因爲張方橋也。未知孰是。今民間語訛，號爲張夫人橋。朝士送迎，多在此處。長分橋西有千金堰。計其水利，日益千金，因以爲名。昔都水使者陳勰所造。令備夫一千，歲恒修之。

楊衒之《洛陽伽藍記》卷二《城東·七里橋》 崇義里東有七里橋，以石爲之，中朝杜預之荆州出頓之所也。

《〔光緒〕武昌縣志》卷二《橋梁·石盤橋》 石盤橋在縣東五里。舊名石盤渡，案：薛季宣《鄂城篇》作石盆古渡。即今之大橋。明景泰二年建，案《明統志》，縣東十里有石盤渡，景泰二年建橋。後邑人周模、姚秉深、孟侊等屢修。國朝康熙七年，知縣熊登捐建。邑紳張臯謨等助修，並砌青石隄路。久圮。乾隆二年，邑人周永曜暨子懔懷修築長隄，建涼亭。其孫監生廷詔於隄東砌石路，自司徒廟至錢家嶺，凡六里。監生廷舉於橋西砌石路，自春廠及東門内至方井頭土地廟，凡六處，共八里。邵志。同治九年，水漲浸潰，周懔懷後裔捐貲重修。新纂。

《〔嘉慶〕漢州志》卷九下《津梁·和順橋》 和順橋，治北十里，舊名白魚橋。康熙牛孀婦余以倡修，功木竣，州牧錦成龍成之。嘉慶八年，州人張迪和、迪應重修。□巡順，漢州人，與其兄迪和富而好義。初，□□修□此年，魚橋工未畢，而其兄卒，迪順乃□□姪，於嘉慶八年出貲庇林，凡長十八丈，高四丈，廣二丈，兩岸加築石磡，費金錢二萬五千三百有奇。橋成，有司爲更其名曰和順，不忘其兄也。且聞其事於朝，迪順邀恩，給州同銜。

《〔同治〕宜昌府志》卷二《津梁·仙人橋》 仙人橋，在漁洋關公甲溝溪間，自生石橋一座，高數丈，長倍之，横跨兩岸，中彎如弓，大類人工所鑿。去橋北數武間，一小山東西有洞，水自西洞入，至東洞出，好事者秉燭以進，見洞中兩壁，石紋蜿蜒如龍形，矯矯欲活，驚懼而返。在抵東保筆架山後。

《〔同治〕宜昌府志》卷二下《津梁·高橋》 高橋在界頭保鹹池溪。闊丈餘，高數丈。橋上架屋數楹。溪水潺湲，樹木掩映，暑月憩息其上，極爲幽絶。一在尤溪保龍洞下里許，高數十丈，石砌甕洞。橋下潭深亦數十仞。乾隆年間修。

《〔同治〕巴東縣志》卷二《津梁·飛鳳橋》 飛鳳橋，在江北與縣對岸。明知

縣王魯修。萬曆間，知縣李維棟委民劉承恩重修。後圮。知縣張尚儒委民向廷科，向桂枝重建。架木爲之，覆屋五間。張尚儒易今名。屋橋俱圮。國朝乾隆二十二年，知縣宋兆元重修。復圮。

《〔光緒〕黄州府志》卷七《建置・橋梁・仁壽橋》 仁壽橋，縣東門外，咸豐間重修。春風橋，縣東演武門外，靈山諸水出焉。國朝舒芝生《春風橋》詩：不盡青山不盡溪，緑楊深處鷓鴣啼。行人俱説鄉關夢，錯認梅川是隴西。梅浦青青緑柳垂，覵陽河側草迷離。白頭樵客知多少，歸路歌聲落日遲。禪客相逢盡少年，顔如芍藥酒如川。大王峯頂春偏早，長羨揚州十萬錢。桃葉桐華雁北飛，名園博弈夜深歸。驅騎十字街頭過，笑問春深雨溼衣。安樂山間雨乍晴，當爐燈照酒帘明。誰家少婦攜長笛，吹出三湘暮雨聲。

《〔康熙〕衡州府志》卷三《青草橋》 青草橋在城北一里，跨蒸水，枕石鼓之背。垂數尋地，即與湘會流，二水方合其勢易濫。宋淳熙十三年四月，知州事薛伯瑄始建，費八百緡有奇，米七十石。排去積沙，布以横木，然後壘石爲六墩。南北爲大隄，架木爲梁，上覆以小屋。及明永樂十四年七月既望，淫雨水溢，橋壞墩仆。自後，官編竹筏效浮梁以濟往來。每淋潦暴溢，絙弱弗支，筏數敗散。正統初，通守季顯建言重修，請于朝，許之。然終難焉。及樂安鄒良來守衡，乃修復舊墩，更建營之，費白金千兩，米不下五百餘石。墩高一丈二尺，中方後鋭，前亦揃剡，所以降湍浪、殺水怒也。上架以大木，縱横五層，層上覆厚板，板上起貫屋。越五年始成，命教授方珏記之。洎嘉靖二十四年，大火爲災，橋板及横木俱灰燼。時分巡道姜儀、知府林允宗、知縣郭文習始大募工匠，徵丁夫，伐山鑿崖，盡易以石。爲七隘，凌跨蜿蜒，亘若長虹。修四十五丈，闊一丈七尺，高五丈，較前費既爲倍蓰，曠年乃訖工。更名曰永濟，以迄于今。馮彝既不敢傾其成，祝融亦無所施其患。若將與蒸陽山水其爲終始者。歷百年來，橋皆夾道爲廛，列肆百餘間，歲共輸橋店銀八兩二錢。每夕，晚燈漁火，上下掩映，水光山影與風月角勝。扁舟去來，欸乃相和。或歌出中流，兩岸皆殷殷作響。昔人往往賦八景圖詩，此蓋其一也。崇禎癸未，桂藩提塘馬三卿子庠生司驛重修。

《〔同治〕沅州府志》卷九《津梁・龍津橋》 龍津橋，俗名江西橋，以其達於江之西也。在城外西南，舊爲西關渡。見《明史》。明成化十八年，副使馮俊初編舟以濟。正德元年，副使張鎮於舟面增置木板，尋廢。七年，副使徐潭復之。嘉靖三十三年，總督馮岳聯巨舟於江面，布木其上，維以鐵索，兩岸卓石爲柱，用繫索之兩端，左右翼以闌，浮橋之制以備，後寖廢。萬曆十九年，僧寬雲得請於大吏，偏乞有力者率金錢助之，礱砌密石，鱗次而窮其勢，環爲門十有五。又築寺橋西，額曰長虹，爲護橋設也。計費金萬有五千，粟石十有一萬。工訖，屹然延亘，爲有橋之始，殿撰朱之蕃記之。三十年，圮於水。崇正五年，雲南都司僉書阮呈麟以黔國公沐天波使入都，道出此，謀復建。明年反命，請於沐，並巡按姜公。沐公首捐鉅貲以倡，姜佐之，滇黔人皆樂輸襄事，屬阮董其役。壘石爲墩者十有六，各崇四十六尺，釃水十五道，梁空而行，編木爲之，面仍甃以石，延七百尺有奇，廣十有三尺，屋其上，凡七十楹，東西有坊有門。又新其橋畔之寺，奉關帝以鎮之。越六年而落成，宫諭閔仲儼記之。國朝順治十五年，燬於火。康熙二年，知州戴廷封捐葺。二十二年，梁壞其一，州同張喆完之。二十四年，南關火延燬橋梁五，總兵姚儀捐貲重架。五十四年，大水沖圮六墩。五十六年，巡撫李發甲捐俸，屬知州趙寬修之。五十八年，再圮於水。凡四墩，知州趙寬初椽木爲杙，填石其中，兩端施板楯以度，隨率紳士募修石墩、橋亭，一復舊觀。畢工爲雍正三年也，邑紳張謙記之。乾隆元年，大水，橋墩圮者六，知府朱琰時知州事，且捐且募，僉事李珣首捐錢五十緡以倡，繼輸者甚衆，事遂集，屬吏目盧棻鳩集工役，凡八閱月而竣，朱自爲記。九年，南關火，橋梁燬者三，署府熊熨率署縣沈孟球勸捐補葺。十三年，居人不戒，夜半火，梁燬者四。二十四年秋，西岸火，梁燬者三。三十三年春，東岸火，梁燬者二，知府董思恭、瑭珠湯大寧先後率知縣張淑閔從隆、金成華等修復之。四十二年冬，又大火，燬亭及梁十二。四十四年，知府邊方泰率知縣張五典勸諭士民捐修，每墩增石高三尺，兩岸添設火巷牌坊。西岸布政使陳用敷額曰「普濟安瀾」，東岸知縣張五典額曰「三楚第一橋」。橋當南北孔道，驛使所必經，兩翼肆市肆櫛比，百有數十，算緡貰酒，喧囂終日。而一望卧虹延宛，波流委屬，峭帆柔艣，上下其間，蓋楚中列郡所僅有者。

《〔同治〕沅州府志》卷九《津梁・石友橋》 石友橋在縣西七十里，凌跨山溪。舊苦徒涉，乾隆十五年，邑士李長瓚集里人創爲橋，旋圮於水。十八年，李復規度地勢，建爲今橋，獨費三百金有奇。橋長三十五尺，闊十有五尺，崇三十六尺，環石鱗櫛，知縣王雲萬名其橋而記之。

《〔同治〕沅州府志》卷九《津梁・太平橋》 太平橋在縣東八十里，跨豐溪，爲寶慶要路，造石墩五，釃水四，道長十五丈，高一丈八尺，闊八尺。嘉慶十五年，縣丞樂炳文率紳耆周南、楊宏道、張光輝等重修，兼立亭額曰「福蔭羣生」。

《〔同治〕永順府志》卷三《津梁・顆砂橋》 顆砂橋，城東四十里，長三丈，闊

三丈，高二丈，皆巨石所壘。《土司舊志》云，彭世麟建，今圮。

《〔同治〕永順府志》卷三《津梁續編·利濟橋》 利濟橋，小西門外，原名青雲橋，道光十五年知府宋宴春倡建，二十三年知府黄宅中捐建，二十九年知府梁芸滋增修。同治二年知府張修府重修，改今名，有記。十二年，大水橋圮，知府魏式曾、知縣董耀焜重修。

《〔嘉慶〕常德府志》卷九《建置考·津梁·新陂橋》 新陂橋，府東十里，長岳孔道，通馬家吉水。明萬曆間，同知錢夢松建石墩，架木橋，兩岸築長堤。國朝康熙六年，知府胡同華重修，里人陳仲儒助修，並建小石橋。舊志。嘉慶十四年，里人張國順同仲儒孫其秀、余文獻、陳大德捐貲重修，更名「五福橋」。長十三丈，寬二丈六尺。陳國鈁並建義舟，以備水漲。知府應先烈譔碑記。

《〔嘉慶〕常德府志》卷九《建置考·津梁·老渡口橋》 老渡口橋，府東南三十里。乾隆年間里人募建。《志》藁：橋，省會要路。舊設渡船，水漲，行旅擁擠，多沉溺。乾隆四十五年，里人鄧介士、鄧宏适等募修，推驛司事趙錫膺董其役，歷十二年工乃竣。長一十九丈，廣二丈餘。鄧希孟、鄧芝山施地建廟，置田一石五斗，付住持管種。又北置沙田一，廣備補修官道，名萬緣橋。

《〔嘉慶〕常德府志》卷九《建置考·津梁·袁公橋》 袁公橋，今名圓功。府西南七十里。碑記曰：循溪發源金霞，歷李七橋，合沙溪坪水而下，至大楊湖東岸，土斷而溪迴山溜入焉。自安化小路負販來者，止道中梗，昔人架木以濟，名曰袁公。乾隆戊申，居人段應前等倡捐砌石，越辛亥始竣工。自郡城距安化界一百二十里，中間津梁爲病，行旅者皆次第修舉，兹橋成而道不梗矣。因揭以「圓功」云。

《〔嘉慶〕常德府志》卷九《建置考·津梁·上瓊橋》 上瓊橋，縣西南半里。明萬曆十二年，知縣莊重命邑人周兆龍修。弘治間，知縣馮綱復修。明末署縣李燦玉復倡修。國朝康熙二十五年，典史車瑞捐，重建木橋。三十五年，知縣朱永輝砌以石，凡數百丈，行旅頌之。乾隆十七年，知縣曾昌齡加修，橋勢始闊。二十四年，知縣韓國棟董成之。

《〔道光〕永州府志》卷三下《建置志·津梁·太平橋》 太平橋，即雲龍橋。在泮宫左，跨濂、營二水之上。宋建石梁列屋以覆之。明永樂間，洪水衝頹。正統年，州守盛祥重建石橋，又壞。架木以濟，行者苦之。國朝康熙二十年，州守吳大鎔捐奉銀爲創，浙人歐乾侃、潘猶龍又出重貲，合三十五里之士民集費，築石礅五于水中，又築兩岸石基，以取千架木覆板，以利往來。疎闊其空，以消溪水之卒漲，以防漂木之罣礙，杯其周備。康熙二十八年，州守蕭雲鳳復修葺之，護以欄楯。雍正十年，轉龍菴僧照文募建石梁如故，今利賴之。國朝郡人常在《太平橋記》：道州古稱營道，以營水發源于西鄙。李唐之代，遷學舍于西門之外，俯營水，瞰濂溪。濂溪者，元公周先生之所鍾祥也。國人尊先生，故濂溪之名爲最著，而營水略不聞。遡源竟委，二水合流，縈洄紆折，而淵停於鄉校之前，東注於瀟，清波蕩漾，兩岸平分，如沼如沚，可釣可遊。往者太平無事時，民安物阜，井廬雍熙，户誦家絃，與水聲潺湲相贈答，亦近效之勝概也。然而春夏泛溢，平流如掌，褰裳莫渡，時亦有之。康熙己未秋，三轉吳公名大鎔來守是邦，務材勸學，通商惠工。越明年，憂者以喜，勞者以息。乃召邦人士而謀之曰：是永江，兩邑之通衢也，是交廣五嶺之徑塗也，望洋病涉，民弗堪也。搆木爲椎，苦速朽而易摧。我其鑿石成梁，以利行旅，可乎？維經兵燹之後，繼以歲祲，物力艱難，百倍往昔。公儉以儲用，勤以裕財，募匠鳩工，並手偕作琢之，丁柱石于中流者五，而横巨木于其上，凡縮四十餘丈，闊二十而一之，高與岸齊。金以兩計八百餘，粟以碩計二百餘，錢以貫計三百餘。官廩會裁，私橐是資，其時共事諸公亦各相助有差。創始于庚申之九月，落成于辛酉之八月。履道坦坦，如砥如矢焉。間嘗取邦乘而省覽之，此州自建置以來，官斯土者百千其數矣，唯唐刺史薛公伯高以遷學特聞，元公次山以安史之亂際交征之時《舂陵行》一篇，與賈策鄭圖相後先，陽公亢宗奏免侏儒而屬征報罷三事，大夫民不能忘。乃尚方之却貢久矣，謏叟之遺蹟，間亦磨滅于荒煙斷梗中。問之父老，猶有粲粲欣欣、如少陵諸公昔時之相賡和者乎？獨薛公所樹立，迄今千有餘年，滄桑幾更，而猶巋然如魯靈光。今斯橋之建也，翼翼于頖宫之左，屹屹如泰山之安，攸往利涉，趾錯如繡。士大夫冠蓋絡繹，亦復灝灝落落，于長虹周道之間，把酒臨江，弄月吟風，自今以始，曷其有極。公之名不將與薛公並垂不朽歟！乃公非好名者，方斯橋經始之日，形家謂橋成特宜于人文，與昔者遷學之意不謀而有合，公辟席謝曰：予志在利濟已耳，類養人焉，如其禮樂，以俟君子。益足以見公之實政實心，而不屑屑焉譓聞之動衆也。工既竣，衆相與言，曰是橋也，成將復見太平之盛，宜名曰「太平」，或曰是太守之平其政也，或曰非太平不能爲是役。之數説者均有得焉。郡人常在于是乎爲之記。時康熙二十年辛酉冬日也。

《〔道光〕永州府志》卷三下《建置志·津梁·龍江橋》 龍江橋，州東南二十里寧遠官路舊有石橋，爲洪水衝崩。康熙二十四年，秦人白龍標、浙人歐乾侃共捐金甃石爲橋，極其堅壯。行旅便之。國朝州牧吳大鎔記云：由道州至寧遠縣，凡爲王程七十里，達臨藍，通豫章、交廣地界。中途爰有龍江涓涓，一衣帶水，而汎溢之靡常。古有石橋，行者便之。歲在龍蛇，忽感風雷之變，没入河伯之宫，此有天數。延三十年來，支危圮于一木，如峻坂之九折，惻然心悸，誰克勝任而愉快哉？今之繼起而圖者，則居奇之子、秦商白龍標、越商歐乾侃，毅然負大有爲之志，捐貲鳩工，一倡百和。甃石爲梁，高與岸齊縮，凡四丈餘，衡一丈餘，經始于乙丑之冬，落成于丙寅之秋，約費三百餘金而工始成。會監司朱公

巡行下邑，予例陪驂乘，獲履兹地，監司解橐犒工，予亦割俸助焉。厥工既竣，問記于予。予惟橋梁道路，係王政之大者，乘輿濟人，國子猶譏，而況委于波臣而弗之顧者乎！且寧遠一邑，爲重華遺弓之地，代有命祀，皇華作賦，輶軒所經，匪惟行邁悠悠，履道坦坦，而節使無望洋之虞，其裨益亦非淺鮮矣。第予治道八載，善政無聞，何幸商旅皆悦，而且匡予之不逮也。予其何德，以堪此哉？謹書其捐助之姓氏于貞珉，以爲好義之士説項于無既云。康熙丙寅十二月朔記。

《〔道光〕永州府志》卷三下《建置志・津梁・鳳橋》　鳳橋在南關外。嘉慶十六年重修。國朝《重修鳳橋記》，知縣曾釭譔：出治南門數武，有橋一道，泠水之所經也。兩旁怪石齒立，洄流激湍，怒號澎湃。春夏水生，舟子不能下檝，行者艱之。舊有橋，不知建自何代，久燬。乾隆二十有七年，邑人陳、黄、劉、何、闕五姓倡修之。累石爲柱五，殺其端，以緩水勢，架梁甃石，翼以扶闌，上覆以亭，如其橋。於是往來憩息，無復昔日之艱矣。夫興梁之成，王政之所尚也；草茀不除，陳之所以衰也。寧邑通津僻壤，由鄉達邑，由邑達郡，道路橋梁，罔弗整理，行旅載塗，如履周道。雖其地方殷庶，有□及此，亦都人士樂善好施，不慳於財用，能廢墮克修，咸成美舉。歲己巳，秋水驟漲，波濤恣肆，衝擊石柱，橋將圮焉。五姓後人恐前績遂湮也，謀之於衆，鳩工庀材，刻期舉事，經始於庚午之春，期年而工畢。制由舊而壯麗過之，雁齒鳥革，焕然聿新，爲一邑之巨觀。嘗秋夜望，步屧其上，江深月朗，氣象萬殊，雉堞亭檻，隱映於波光月色中，臨江樓閣，鐙火薄射，而隔岸漁歌，斷續時起，與水聲相酬答。四顧悠然，如身在鼇背上也。工成，而未有以紀。適余涖兹土，請爲記，因序其顛末，泐諸石。橋之命名未詳，俗傳大舜南巡，鳳凰棲此，故名曰鳳橋。其説無稽。或曰斯橋也，其興廢關邑文運之盛衰。劉勰有言「藻燿高翔」，乃文中之鳴鳳，然則無所取諸，蓋取諸此。

《〔道光〕永州府志》卷三下《建置志・津梁・壽富橋》　壽富橋在北鄉。邑志云：在西門外龍鳳山之前。明邑人曾萬鈞記：事有利及萬物而功垂百世者，未有不自一念之不忍推之也。惟其心之不忍也，故出以兼濟天下，處亦宏濟一方，要于利物則一也。北鄉有壽富洞，中爲衡永孔道，其水發源東北，逶迤環遶，春漲冬寒，人阻徒涉。巨族田黄柏諸氏，東西對處。田君獻綵，黄君輔栢等相語曰：我輩有不忍之心，天下無難爲之事，此地而不思爲之所耶？由是欣然首事，集謀酌用，捐貲鳩工，採石掄材，卜吉灌溪之渚山川交會，道里適中而興梁建焉。大工既舉，感及鄉鄰，樂爲協濟，至太平寺僧通湖亦皆有助。巨石甃其址，美材搆其梁，平之里板，翼之以亭，高三丈有奇，廣一丈有奇，長則十有二丈。經始癸丑之秋九月，告竣于己未之冬十月。時予留黄子雙江書舍，諸君屬予爲記。予思富壽之地久矣，而橋則創于今，是知山川之靈，亦有待也。飛虹永濟，善氣鍾英，必有斌斌輩出蔚然于富壽之地者，是諸君利物之一念，肇福于無疆也。嘉靖三十八年冬。

《〔同治〕瀏陽縣志》卷四《營建志・萬福橋》　萬福橋在石牛潭距縣百里，五墩四搭，石梁高丈四尺，長八丈，闊三尺。乾隆中建。道光間，余開誠妻楊氏每搭添架一梁。

《〔同治〕南昌府志》卷四《地理・津梁・躍龍橋》　躍龍橋在縣學右，新建縣學前，舊名高橋，跨東湖，亘三十丈。明萬曆十五年，知縣何選、宗夢鯉增築，護以石欄。知府范淶記畧曰：橋以龍名，外象也；龍以躍名，内象也。橋當省會西湖間，南昌新建二庠之前，亘長三百尺，蜿蜒隆隱，跨於湖波。其東南爲徐孺子祠，折而北爲同仕祠，度洪恩橋，即東湖，爲蘇雲卿祠，棘閣在焉。又度廣濟橋，即北湖。其源透迤潔蕩，皆西湖爲之委，而此橋爲之鎖鑰，得地之勝，得天之中。又二庠西北爲郡庠，地脈連綿，咸抵湖而止，蓋三庠氣運萃薈之所也。余於去冬月檄濬湖，用形家言，可聚旺氣，周遭水涯高卑參差，業復舊，而湖畔宫墻之飭亦以時成，事具載各記中，獨橋若有待焉。橋故石址，而兩旁欄楯未備，往來人如織，曉寒夜暝，或至墮溺者有之。於是南昌何令選以其地屬邑治也，乃商之新建宗令夢鯉，協力經畫，凡前功所缺者，行人所欲甃者，悉伐石新之。自橋北左右甿谺以及橋之南，盡去湫隘之陋，規制軒豁，丈礎璀璨。湖水若增而深，黌宫以之華美。其平而履者以數千步，計縱而幹者以數百柱，計横而版者稱是。徘徊四顧，猶龍之脱其泥塗，舒其羽翼，奮其頭角者焉。橋南有木坊，今因請余改題曰「躍龍橋」。是年，南昌邑庠之舉於鄉者二十有五人，爲一省諸邑之冠；合郡諸庠共舉四十五人，當一省薦書之半；即豫章素冠諸郡，前此亦未有若斯盛者。其爲同氣三昆弟並舉，兩姓相望如劉氏、饒氏，聯珠輝映，即求之海寓士籍中，未可多得。此皆國運之盛也，而肇於豫章，又適成於題橋之後，謂非天時人事相爲表裏者耶？國朝康熙間，提督嚴自明、按察使楊朝麟先後重修。乾隆五十四年，新建紳士重修學宫，改橋南木坊爲石坊，鹽法道陳蘭森題以「學海文瀾」四字。舊志道光四年，又將橋石護欄一律更新。同治四年，新建吴坤修重修。《縣志》。

《〔同治〕南昌府志》卷四《地理・津梁・南浦橋》　南浦橋，在城外南塘灣之西南，通蓼洲路。洪武初，大都督朱文正創立，尋廢。永樂十八年，舒廷璋等重修。包彦孝記畧曰：豫章郡城南南浦橋，郡人舒廷璋等所鳩工也。城倚章江，江之上游别爲支流，沿城南陬而滙焉。中有三洲，民居萃焉。自昔方舟爲梁，以通往來。洪武初，有司始即舊梁上流累石爲橋，而覆以屋，名曰「廣濟」。歲既久，石泐木腐，行者病焉。越二十又三載，爲永樂庚子，廷璋等慨然輯衆力而董之，工始於是歲冬十月庚申，落成於辛丑春正月八日。趺趾固以巨石，上架重木，復墁以石，屋其上，爲間凡十八，兩涯建垣，改今名。

《〔同治〕南昌府志》卷四《地理・津梁・蛟橋》　蛟橋在三十二都，一名通濟橋，明邑人裘顯建。羅圮記畧曰：南昌，江西會府也，途之陸出於京師者，由章江以濟，登西岸行十里爲遞，曰蛟橋。西山諸溪巖谷之水會焉，水之會，溪故大，以畿抵之，互激齧射，不可以舟，宜有橋。橋圮矣，不知幾何時，獨其名存。今太守視侯至，三年，政以次舉，將復此橋。新建義官裘顯曰：此民利也，不可以勞吾守。於是經始於今年秋七月壬子，伐木於信，

伐石於鄱陽之山，水船陸車，以次畢集。及其將事，有告者曰：是宜以鐵投蛟之居，蛟乃避。乃瘞鐵於岸之底，卧龍其上爲空，以行水者五，高二丈，廣殺高之六，修視高五倍之，上列石楹，以憑臨盼者，凡若干屋。其東偏凡十楹，守者室焉。以八月甲寅告成於侯，侯至，喜甚，扁而名之曰「通濟之橋」，志孔道也。余與其仲鴻臚鳳來善，鳳來孝友好義聞於人，人無愧爲宋司直君之後，顯亦宜然，故有是舉。鳳來以書丐爲記，余因而及之云。國朝雍正八年，巡撫謝旻重修。乾隆十四年，邸蘭標重修。舊志嘉慶五年，復修。《縣志》。

《〔同治〕南昌府志》卷四《地理・津梁・青龍橋》 青龍橋在縣東北，因舊有青龍隄，故名。明正統間，知縣張沖建。嘉靖間，署縣事同知袁株修。萬浩記畧曰：邑東有河，其源出臨川之㭎嶺，紆迴百餘里，合衆流至邑南，經闤闠中，轉而北，復折而東，近縣治，水勢瀰漫，其岸之高者曰青龍隄，渡河者皆由此。舊架木爲橋，霖潦輒壞，涉者病之。張侯詢於邑士王士英等，謀作石橋，爲經久計。士英曰：衆所願也。侯大喜，率縣丞倪彦誠、楊勉及簿佐等捐俸錢，又勸諭富民爲助，而士英率先倡之，衆皆樂從。因農隙鳩工伐石，市銅鐵諸物具，肇工於正統庚申，工成於壬戌春。隄與橋及址皆石，而鈐以鐵錠，長百二十尺，廣三十尺，高與廣等，因其隄之名，題曰「青龍橋」。歲久，橋圮，居者行者皆患之。嘉靖己未冬，會有築城之令，署縣事同知袁株謀於居近此橋尚書傅炯、侍郎張臬、少卿汪集，謂此橋重建而後城爲完城，炯等力贊之。遂禮請好義居民熊珽、汪杲、熊璞、熊瑄、熊球、熊爍、熊玲、吕基等，授以官資三百金，令各輸助以足工費。庚申春，知縣陳光甸至，勸督勤嚴，工力加競。辛酉春，橋遂告成，視舊加高聳焉，其長與廣俱仍舊。城載其上者，計一十二堵。崇禎間，知縣蔣德瑗重修。國朝康熙六年，知縣聶當世重修。舊志乾隆二十二年，橋圮。知縣孫鐸詳修，復圮。道光二年，邑人胡起鼇、舒懋發重修。《縣志》。

《〔同治〕南昌府志》卷四《地理・津梁・羅溪橋》 羅溪橋在邑西二十里欽風鄉，跨羅溪水，以鄱湖爲匯，一望漭泱。明正統間，知縣張沖建橋築隄，延袤二里。正德己卯之變，守者斷橋毁隄，以截寇路。復遞修遞圮。萬曆三十年，知縣黄汝亨重造石橋六孔，隄二百七十五丈，護以椿木，植柳環之，橋頭構小閣，刻石記事。黄汝亨記畧曰：鍾陵境西二十里爲羅溪，自章江東注匯於彭蠡，二水横集，渡者苦之。正統間，前令張公沖創石礄築隄，延袤二里。而遠自義兵討逆濠，虞其自湖而東，斷爲二，乃易以板，板且速朽，隄亦日以塌敗。不佞檢司藏馬薪與報金矢入而羨者百餘金，丞簿、尉各輸俸幾五十金首事，而士大夫鄉三老、庶民之好義者各從願所捨，其願□荷鍤者聽焉。迺口致鄉州判樊灼，選委鄉典史宋傭、季栻，召木石匠計工力，日夜董其事不休，尉沈卿時時勞來之。橋凡六孔，隄二百七十五丈，隄外植柳可二千餘株，其上爲小閣。是役也，經始於壬寅冬十月，落成癸卯夏五月，凡糜金一千二百三十兩，又以其餘修架橋托固橋。萬曆三十六年，知縣周光祖重築。國朝康熙十年，知縣聶當世重修。舊志己丑，知縣張晛增修。乾隆己卯，知縣向德一復修。《縣志》。

《〔咸豐〕袁州府志》卷一五《營建・橋梁・秀江橋》 秀江橋在袁山門外，元至正間建。舊名畫舫，甃石架木，覆屋其上。明天順八年，郡守劉懋重修，陳定記。崇廣二丈，袤三十三丈，覆屋二十七楹。後屢毁屢修。嘉靖甲辰，復被燬。太常少卿嚴世蕃請於父少師嵩，出賜金二千餘兩，改甃以石，廣袤皆如其舊，高特增於舊十三。少師以橋名請於上，賜名「廣澤」，樹石坊於橋之北。吏部左侍郎徐階記。萬曆戊子，大水，北岸一甃連隄衝倒，知縣蔣應震捐金四百五十餘兩修。萬曆己酉，四甃盡頹。戊午，知府黄鳴喬、知縣廉養貞、邑人京卿、袁業泗等重建。崇禎丁丑，袁公復偕姪江督繼咸再修。國朝順治丙申，知府吴南岱首倡，重新欄柱，鼎構瓮垛。辛丑夏五月，久雨江漲，傾壞十餘丈，知府胡希聖重修，去任知府李芳春修。康熙乙巳歲始訖工，進士袁繼梓共襄義舉，詳守道施閏章《秀江橋記》。康熙四十二年，北岸二瓮傾頹，知府胡應麟經度重修，工未竣而解任，知府葛繼孔、知縣江爲龍始董厥成，至今利之。

《〔咸豐〕袁州府志》卷一五《營建・橋梁・廣潤橋》 廣潤橋，一在上浦府治東十五里，舊名上浦橋，宋淳熙三年立。明景泰五年，知縣楊宏修。成化初圮，郡守劉懋重修，莫昂記。水自大仰山發源，經橋下人秀江，每霖潦激射，橋輒圮。一在下浦，舊名下浦橋，綸木爲之。水發新坊等處，遇漲復壞。少師嚴嵩既改建秀江橋，復曰：此五省孔道，從不可獨。已捐賜金，伐石改甃。二橋各廣一丈五尺，袤三十丈，崇二丈五尺，與廣澤橋同時建，並以橋名上請，賜名「廣潤」，樹石坊二於橋之東、西，書賜額於上。國子祭酒鄒守益記。萬曆七年，上浦橋圮，知府鄭惇與重修。入國朝，盡圮。康熙四十三年，知縣汪爲龍以水湍激，移就安流，率紳士易聯昇、馮文炳、易家驪等，募貲興工，上架以木。乾隆八年，天化寺僧普化募衆重修，翼以木欄，往來稱便。

《〔咸豐〕袁州府志》卷一五《營建・橋梁・廣惠橋》 廣惠橋，西門外，舊名沙陂，宋郡守趙筊夫建。明正統初，知縣江慶重建。成化水圮，郡守劉懋重修，更今名。崇廣二丈，袤二百尺，覆屋二十楹。同知莫昂記。國朝屢圮。康熙四十五年，知縣江爲龍率邑庠生楊嘉楠等，連修二次。後復圮於水，墩岸盡壞。雍正十二年，知府簿履青謀諸邑庠尹化鵬、張大紳、徐鍾英，募彭德四等倡捐修建，重造石墩，編木架渡，工未竣而卒。乾隆二年，知府程文華繼修，告成。

《〔同治〕廣信府志》卷二之三《建置・橋梁・鍾靈橋》 鍾靈橋，石橋跨越信

江，接郡城，盡處當城外河街之中。明萬曆間，知府俞嘉言始議建石橋，工甫及半，水漲衝圮。天啓四年，知府蔣如奇移橋址於東，始建，砌石捲洞架木瓦，命名曰「鍾靈」，自爲記。旋圮於水。康熙元年，知府蔡廷輔復建，易名「廣安」。復圮於水。三十二年，知府崔鳴鷟倡建，止成六墩。三十八年，知府張國貞重建。爲石墩十有六，大木爲梁，費銀五千兩有奇，自爲記。雍正十一年，水衝梁浮，石墩圮者三之一。知府程廷偉、知縣陶士璜定議易木以石，而難於費。邑紳士徐鋼、王珪、周宏基、楊必芳、張之晉、周治、王士禧、毛廷桂，捐金各百，呈請檄七邑共襄之，議遂定。於是盧珙、汪元楹、吳之淳、全天爵、鄭正官、紀耀昌、張羽伯諸人，會同前倡捐首士督造。適程以予告去，知府陳世璔繼修完工，建石洞十有四，上鋪砌大石，往來坦平。自爲記。乾隆九年七月六日，大水，全圮。今橋石盈河壖，基址尚存。張國貞記：余自甲戌秋來守茲土，頹垣斷塹，廬井丘墟，不禁感慨。城南河中砥石數處，若建橋基者。余方生聚教養之不逮，奚暇工役，遂寢而不問。閱歲，庶務稍整，詢之義士盧佑、汪之濬等，告曰：石橋鍾靈爲信郡砥柱，向來地方富庶。自橋毀，至今幾六十載，不惟病涉，且致氣運頓衰。所以地方官民亟圖興復，會兵燹凋殘而未舉。前府崔公諱鳴鷟，因民之願首捐一百金始事。上饒宰張世奇，玉山宰葉楠，永豐宰傅而保，鉛山宰王廷對，弋陽宰趙灝，王度，貴溪宰張鵬翼，共募捐銀千八百九十兩。又廣募府城四鄉紳士常玉商人河口行鋪，并府胥義民人等，銀七百兩零。築橋墩數座，內止六墩完工，餘或止數層，合計全橋南北共需一十六墩，相越三丈八尺。除石工外，又需長四丈餘長大水跨越填蓋，方克緩久，是以力絀不獲竣工。余聞之，愀然曰：地方不堪再募也，民力不堪再役也。當俟機緣成之。未幾，浙藩趙公經過，觸目慨捐百金，觀察佟公按臨，注意贊成，首先倡助，并請捐於中丞馬公，總鎮葉公，方伯盧公，督漕王公，驛道蔣公，督學王公，俱樂分清俸彙交於予。乃得購料鳩工，至戊寅某月，石工落成。計人受食，計工給銀，不侵民財，不役民力。又於南岸構茶亭三楹，橋上蓋廊房七十九間。自戊寅七月興作，至己卯六月木工告竣，計前官民捐費二千八百餘兩，外續費銀二千五百五十三兩零。噫！何由而得成此美蹟，豈非善念，天從之者耶！捐助名勒之碑陰，以志不朽云。

《（同治）瑞州府志》卷一《地理・津梁・錦江橋》　錦江橋，亦名浮橋，在府治前。舊名永安橋，在城隍廟前，楊吳乾貞二年始建爲十三舫。宋太平興國七年，太守駱登增爲十四舫。元豐間，蘇欒城有詩云「虹腰宛轉三百尺，鯨背參差十五舟」，則又增爲十五舫。《修州門》詩云「飛橋日出萬人來」，則是時橋已移州治前矣。後又增舟爲二十四。咸淳間，知州董楷既復錦江橋，乃徙橋城隍廟前。又四年，錦江橋廢，復徙置府前。然橋當南北之衝，每水溢岸善崩。明正德九年，知府鄺璠隄兩厓以石悉新厥舟，密欄重板，紐以鐵絙，視舊益勝。後屢次重修，今增爲三十六舫。利弊詳《高安志》。

《（同治）瑞州府志》卷之一《地理・津梁・仁濟橋》　仁濟橋在府治東。宋淳祐庚戌，郡守鄭偘始建，名曰「惠政」。景定庚申，燬於兵，僅成石址。咸淳壬申，知州董楷修復。德祐乙亥，知州周應撤北墩以截元軍，橋遂斷。元至元丙子，姚文龍悉取其材修府治譙門，惟數故墩峙中流。大德丁未，總管蒲世能重修，架屋四十五間。事聞，錫名「仁濟」，命學士趙孟頫記。明弘治丙辰，御史張縉、僉事沈清先後經理，尚書何喬新有記。正德甲戌，架木多朽，知府鄺璠易以石，橋乃固。嘉靖二十一年，知府許仁卿重修，吳山有記。後歷年久，石漸傾圮，行人病之。國朝康熙六年，郡守葛全忠召僧一水募化，一時院司僚屬及紳耆人等捐貲以助，得金數千，經營越歲，而橋乃如舊。凡樂助名姓勒兩旁柱石，推官張鳳翥記之。道光甲申，胡誨忠兄弟捐貲重修。

《（同治）饒州府志》卷之三《地輿志三・津梁・鐵柱橋》　鐵柱橋在臧灣。宋時里人臧法範鐵爲柱，凡一十有二，架木成之。後廢。正統戊辰，士儀易以石，改名「寧濟」。記載縣志。俱上西部都。

《（同治）建昌府志》卷二之五《建置志・津梁・萬年橋》　萬年橋，城東北六里，地名溢洋渡，下有潭。咸淳七年，武學論涂演爲設浮橋。黄震有記。成化二年，邑人雷顯忠設舟以濟，其子應春、孫炯捐田以贍舟，世稱雷家舟。羅欽順有記。嘉靖十年，馬玉、劉宏重修。崇禎間，副使吳麟瑞倡立石橋，爲二十四甕，延石九層，高厚宏敞，爲郡邑諸橋之冠。邑人鄧先淳、崔元登、知府淩必正、推官荆本澈、知縣陳文顯，各捐貲董其事，順治四年告成。雍正二年圮二甕，知府李朝柱修補。有碑記。舊有贍橋租四百八十四石七斗七升。乾隆六年，知府楊弘志詳請撥租貳百七十四石四斗八升入盱江書院，爲諸生肄業膏火，餘存修橋。嗣後叠修墩壩。

《（同治）建昌府志》卷二之五《建置志・津梁・留衣橋》　留衣橋，原名太平，在東門外。舊爲浮橋，宋嘉祐五年，知府豊有俊建。壘石十三墩，架屋六十四楹，名萬壽橋。嘉定十三年，燬，知府汪檝架木爲梁。淳熙二年，知府孟默構亭橋上，曰「廣生」。元至元十二年，燬。二十九年，總管趙仁政募建，改名「太平」。邑人程鉅夫記。明成化十七年，僉事李翰重修，南昌張元楨記。知府程夔、知縣余伸深、邑人張昇各有記。陳成甫秉憲節至，倡修，朱大器記。順治二年，燬。十三年，知府劉道著復建。康熙元年，燬，知府高天爵始壘石，雍架屋。

四十一年，水圮，知府高同、知縣曹養桓修復。雍正二年，知府李朝柱重修。每歲收店租銀九十兩零五錢一分，存爲修橋之費。乾隆六年，知府楊弘志詳請每年撥橋租銀八十兩爲盱江書院掌教修脯，餘存修橋。乾隆十三年，知府葉新、知縣葉重熙募捐重修。四十八年，水圮東岸三甕，邑人修復。嘉慶五年，水圮東岸兩甕，旋修復。咸豐六年，寇至，毁折一甕。同治元年，大水，傾塌東岸四甕。二年，修復。知府隋藏珠卸篆，郡人遮道祖餞，留衣於此，故名。

《〔同治〕贛州府志》卷六《水・嘉定橋》 嘉定橋在東門外。宋景德間，縣令倪千里建，名平政。淳熙間，縣令趙師俠新之，更名桃江。嘉定十七年，縣令張煜重修，改今名。明弘治間，知縣倪俊固故址，作浮梁其上，歐陽鵬記。萬曆十八年，邑紳甘士價倡建石橋。未幾，圮。仍改浮橋。張志、《縣志》。國朝康熙二年，知縣張繼掄倡修，僧日御募修。爲石墩者十，各高三丈，横廣一丈二尺，繼度四丈五尺，架木爲梁，上覆以屋。張志。僧轍記。雍正十二年，火。乾隆五年，知縣李翔麟重修。十一年，復火。是冬，知縣李源修。竇志。先是，橋旁對列市屋，至是，罷之。《縣志》。三十六年，知縣潘汝炯支項修理。四十二年，水圮，潘汝炯復修葺。竇志。架屋其上，旁列市房。久，又將圮。五十四年，知縣吴士淳新搆之。嘉慶七年，火，知縣賴勳重修。二十二年，西三墩壞，知縣胡爾英修葺。二十四年，大水，石墩壞。邑人呈請知縣王九如重修，張步蟾序其事。《縣志》。咸豐六年，寇燬。同治九年，知縣周之鏞督邑人捐資重修，魯宗頲記。《縣志》新增。

《〔同治〕南安府志》卷六《津梁・横浦橋》 横浦橋在府南門外東一百步，元延祐間建，名横浦橋，後改平政橋。至正兵亂，橋撤。二十二年，郡守張元祚架木於墩，仍名「平政」，郡人劉芳記。洪武十三年，水決。永樂四年，知府趙時中設舟以濟。成化十四年，知府張弼修復，名「横浦」，自爲記。劉寬有《上梁文》。弘治十四年，圮於水，知府盧濬暫爲浮橋。正德十年，知府季斆架木爲梁，復圮於水。嘉靖七年，知府吕律修，改名平川，副使方豪記。俄復壞。十年，知府何宗伊固以鉅石，鎔以鐵錠。二十七年，毁，知府陳堯修。萬曆三年，又毁，知府陳詰修。十四年，復壞。遂撤石墩，造舟爲梁。十九年，郡人重建。二十四年，又壞，郡人復捐修之。橋凡五墩，長三十二丈，闊一丈八尺。國朝康熙四十六年，大庾令武承謨倡修。乾隆七年，知府游紹安、大庾知縣余光璧領項承修，次年竣工。移墩舊址下游百餘步，改墩爲七；上覆以屋，凡三十間；長三十丈，闊二丈四尺。紹安自爲記。道光二年，知府銘惠率屬議造，未果。道光四年，署知縣石家紹捐廉倡建，換石墩三，架本爲梁，左、右竪造店房五十二間。道光三十年，知府汪報閏重修。咸豐八年，燬於兵。同治五年，知府黄鳴珂重修。詳《新造録》。

《〔光緒〕撫州府志》卷七《地理志・津梁・文昌橋》 文昌橋，跨汝水大河，宋乾道初，知州陳森始作浮梁，以便往來。淳熙二年，淫潦漂之殆盡。十月，部使者周嗣武捐貲，屬臨川縣江霖聯舟爲梁，東西百丈，合五十四艘，吕祖謙記。嘉泰中，郡守王議爲石梁而屋其上，中厄於火。寶慶元年，郡守薛師旦重修，李劉有記。名之曰「文昌橋」。明初，復燬於火。郡守李廷桂、李敏、馬文壁，相繼重修。復爲水所壞。萬曆間，知府蘇子庶諭十七都嫠婦馬楊氏獨修，湯顯祖記。國朝康熙年間重修。乾隆五十五年，大水，橋圮，復作浮梁。嘉慶八年，知府邱先德、知縣來珩，倡率合郡紳民修治，知縣秦沅繼之，至十四年工竣，凡費白金十七萬兩有奇。橋廣二丈，長七十三丈，高三丈八尺有奇，下爲水門十二。知縣秦沅有銘。橋上兩旁店屋屢燬於火，因風大店窄，易於撲滅，宜禁止，永不造店爲妥。

華南

《〔光緒〕廣州府志》卷六八《建置略・津梁・伏波橋》 伏波橋，《嶺海名勝記》：漢武帝遣伏波將軍路博德追越王建德至此，駕九橋以渡師。其説無所考，未可據信。在縣治碧鑑海，明成化二十一年建。弘治四年，知縣吴廷舉累石爲址，長二十二丈，廣丈有六尺。嘉靖四年，知縣曾仲魁重修。林應驄有記。林應驄記畧：順德新邑碧鑑，當邑之衝，江廣且深，架木以行，舊名伏波橋。未考何始。成化乙未，邑侯吴公世騰始壘石爲址，餘仍其舊。嗣是，節推胡公光奮、邑侯吴公東湖伐石重建，李大崖記其事。歲久石泐，行者病之。嘉靖四年，邑侯曾公重修。

《〔光緒〕廣州府志》卷六八《建置略・津梁・西關八橋》 大觀橋、義興橋、永寧橋、永興橋、三聖橋、蓬萊橋、匯源橋、德興橋，以上自大觀至德興八橋，皆在西關官濠面。上據《司册》補。《司册畧》：嘉慶十五年，布政使曾燠委員疏濬西關官濠，公同履勘，各橋大小不一，或丈零，以至數尺不等。惟大觀橋向係三拱，其二拱久被佔塞，中一拱丈量一丈六尺。公議八橋俱以大觀橋爲式，舟楫既通，水旱無虞，兩岸居民無論貧富，一律拆讓八尺，合計一丈六尺，以歸劃一。又飭各處橋梁應須陞高，以便船隻通行，其尺寸俱以河流平水較合度數，不能定以一律。内除大觀橋、德興橋毋庸陞高，匯源橋應陞高二尺八寸，蓬萊橋應陞高二尺三寸，三聖橋應陞高一尺八寸半，義興橋應陞高一尺九寸半。橋面應砌石板。附近居民舖户，毋敢不遵觀望阻撓。

《(乾隆)潮州府志》卷一九《津梁・廣濟橋》 廣濟橋在城東，跨韓江，舊名濟川。西岸橋墩創於宋乾道間，知軍州事曾汪、朱江、丁允元、孫叔謹，通判王正公，先後增築。東岸橋墩創於宋紹熙間，知軍州事沈宗禹、陳宏規、林嘌、林會先後增築。久之，橋基傾。明宣德中，知府王源壘石重修。西岸十墩計九洞，共長四十九丈五尺；東岸十三墩計十二洞，共長八十六丈八尺；中空二十七丈三尺，造舟二十有四爲浮梁，更今名。弘治中，大水，梁壞，同知車份重修。正德中，知府鄭良佐、譚倫相繼重修。嘉靖間，知府邱其仁立東、西二亭，橋南北增造石欄杆。歲僉橋夫四十四名，渡夫十名，以司典守。萬曆間，巡按御史蔡夢説重修。順治二年乙酉海賊黄海如、七年庚寅海賊鄭成功，縱火延燒。總兵官蔡元修之。順治十年癸巳，署鎮郝尚久叛，復遭回禄。蔡總鎮重修。十一年甲午，知府黄廷猷又修造。康熙十年辛亥，提學道遲煊、知府宋徵璧再修。十六年丁巳八月二十四夜，西岸橋下吼聲如牛，石墩忽倒其一。知府林杭學修。二十四年乙丑，兩廣總督吴興祚捐萬金重修。五十九年庚子，水決東岸石墩。雍正二年甲辰，知府張自謙修鑄二鐵牛，列東、西岸以鎮之。雍正三年，題復鹽運同駐潮州橋務與知府東西分管，東岸十三墩屬運同，西岸十墩屬知府，浮船一十八隻亦東、西各半分管。

《(乾隆)潮州府志》卷一九《津梁・太平橋》 太平橋在縣治譙樓外，廣二丈，高八尺。明成化元年乙酉，知縣陳爵建。

《(乾隆)潮州府志》卷一九《津梁・北窖橋》 北窖橋，即石獅橋，在縣治西一百五十步。昔有三洞，中洞廣二丈五尺，高一丈五尺，左、右二洞爲居民填塞，旁有石獅。成化乙酉，知縣陳爵建。

《(乾隆)潮州府志》卷一九《津梁・新橋》 新橋在縣治西百步。昔有三洞，中一洞廣二丈五尺，高一丈五尺，左、右二洞淤。

《(乾隆)潮州府志》卷一九《津梁・東橋》 東橋在縣治西南二百步。有三洞，中一洞廣二丈五尺，高一丈五尺，左、右二洞各廣一丈。

《(乾隆)潮州府志》卷一九《津梁・南窖橋》 南窖橋在縣治西南二百五十步。有三洞，中一洞廣二丈五尺，高一丈五尺，左、右二洞填塞。已丑四橋俱跨玉窖溪。

《(乾隆)潮州府志》卷一九《津梁・猛水橋》 猛水橋在玉窖西。古三洞，中一洞廣二丈，高一丈三尺。左、右二洞，明弘治間淤。舟楫不通，水大，其勢湍激。

《(嘉慶)雷州府志》卷四《建置志・龍鳳橋》 龍鳳橋，府治前。先是，海北名邦坊前一墻壁立溝上，了無餘地。明萬曆四十年，推官歐陽保改建龍亭庫於前，因移向前一丈五尺，前面氣勢寬廣，建一拱橋，接地氣以通往來，周圍衛以石欄，以爲龍亭出入之地，且左右有龍亭、鳳仗，二坊互峙，故名曰「龍鳳橋」。今廢。

《(嘉慶)雷州府志》卷四《建置志・惠濟橋》 惠濟東橋，西湖東閘。宋紹興間，知軍事何庾開渠建閘，砌橋長三丈，闊一丈五尺，又建亭於橋上。元廉訪司經歷郭思誠、照磨龐宏文重修。橋上蓋亭，兩門外列欄楯，以石爲之。明永樂九年，知府王敬重修。後亭廢，橋存。萬曆三十七年，推官葉際英重修。

惠濟西橋，西湖西閘。宋邦軍事何庾開渠建閘，導西湖水，由西山坎灌白沙田，砌橋長二丈，闊一丈。元元統間，經歷郭思誠重修，建亭於上，匾曰「衆樂」，曰「狎鷗」，曰「泳波」。明洪武二十七年，知府吕智重修。萬曆三十七年，推官洪際英重修。陳光六有記。

《(同治)韶州府志》卷一四《輿地略・津梁・七星橋》 七星橋，在城口，明萬曆十八年，巡檢王春福建。邑教諭梁元楨記畧：仁化屬境城口，距縣幾百里，幅幀廣博，居民稠密，鎮以巡司。其地接楚之郴桂、衡岳，南枕粤之韶嶺、象郡，冠蓋車馬、輻輳道途者，日以千百計，誠哉仁之通衢也。河水西注，春則洪濤洶湧，冬則寒沍砭骨，涉者咸病焉。蕭山王君諱春福者，虔南之翹楚也，雖起家掾曹，雅有儒者風度，初授文昌尉，政績赫奕，寄當道耳目，轉擢宰巡是司。甫停車，還視四封，至津處，河水澌流，竟日罔得渡。有慨於中，蚤夜求爲濟涉之計而不可得，輒謀於父老曰：橋梁王政首務，自古重之。故杜卿砌河橋於富平，崔公造飛梁橋於渭水，昌黎跨海創橋以濟潮人，史牒炳燿足鏡。矧西河之險阻若是，建橋可緩哉？二三子毋以苦。雖浮議而寢厥謀。義官曾堯遠氏，家世充裕，輕財好施，尚義士也，趨而進曰：兹固盛舉哉！弟厥功宏鉅，難以旦夕就。願總理於上遠，當殫力佐命，以襄其美，不敢以勞瘁辭。諸父老唯唯，無異議。具疏其事於邑侯，謝侯且嘉而許之。王君遂罄俸金五十緡，堯遠亦捐貲八十五緡，勸緣樂施，計一百一十緡。掄材鳩工，量度廣狹，規畫營爲，施水甃基，鞭石壘柱，屏鎮若鐵障，拱峙若七星，横闊二十四丈，高二丈有奇，連亘七墩，墩面各丈二尺，架木五層，搆亭其上三十餘楹，儼然若中流砥柱。匝旬月而工畢，南北過往，恍周行坦途。即有勞瘁不堪，亦得以息肩停處，在在稱便。

《(同治)韶州府志》卷一四《輿地略・津梁・東石橋》 大鎮墟東石橋，道光二十六年，里人賴贊熙倡築，後又加築，共長六十餘丈，皆以白石砌成。計費五

千餘金，鄉人合捐修費銀一千二百餘兩，餘後賴贊熙捐發。

《〔光緒〕嘉應州志》卷一一《橋渡》 西廂堡曰高峯三橋，城西五里，摺田水出此。上、中、下三橋，皆木橋也。其下一橋，雍正元年陳雲、黄子元等創建石橋三間，水壞。乾隆十三年，李元恒、李元昆等重建。高三丈餘，闊一丈六尺，長七丈餘。王志。曰在兹橋，城西五里在兹坪下，乾隆十四年，李元恒等募建。王志。光緒十七年，謝兆基合鄉人重修，易木以石。《采訪册》。

《〔光緒〕嘉應州志》卷一一《橋渡・廣福橋》 廣福橋，市東北五里，光緒庚寅，鄉人李步南募建。温仲和《建廣福橋碑記》：松源河出自福建武平象洞，南流至松口，入梅溪。泝河口上二里許，東岸爲王明宫，西岸爲王濟宫，皆祀安濟王神。其間河面相距二十二丈，自昔架木爲橋，實廣東、福建往來通衢，故曰「廣福」云。遇水漲時，橋板或漂散，則濟以舟。其初撥田租造舟及長年工食者，上杭童明初也。其後添一舟，則近鄉之好善者爲之。自道光、咸豐間，屢議易木以石，皆以貲鉅，未果。光緒庚寅，耆老復議，詢謀僉同，内地外洋樂輸稱助，神歡人樂，遂用興工。適河水淺涸，挖沙深丈餘，用大松木盤脚，砌以灰石。凡築堆六，堆中直爲長方，前出爲圓，後爲方角，皆甃石疊成，大十尺，高十四丈，長倍之。水門七，下可通舟，上架石條。石條長二十二尺，闊尺餘，縱七横七。計橋面横闊八尺有奇，縱連堆長二百二十尺有奇。兩岸河堤灰石砌築，既堅既固。其始終以財事相濟者，李君九香爲多。其始終以經理自任者，黄君業堂爲著。自庚寅春至甲午冬，出入五年。計松木銀七百五十圓，石五千五百圓，石灰一千圓，工五千五百圓，碑材及雜費三千圓，總共用規銀一萬五千圓有奇，而石橋成。回思昔時，風雨飄摇，水漲流疾，今其如何，安步徐趨，砥平正直，則兹橋之成，實所以鞏固中流，一勞永逸也。其可以無記乎？故仲和因黄君業堂之請，而樂爲之記。至於經理及樂助芳名，皆勒諸石，以垂不朽云。光緒二十一年乙未歲。《采訪册》。

《〔雍正〕廣西通志》卷一八《關梁・飛鸞橋》 飛鸞橋在城西五里，跨洪巖渡。宋建元至元時重建，明知州汪鏞沈尚經俱重修，後圮。國朝康熙十九年，左路總兵蔡元倡建，未竟。二十年，巡撫郝浴繼成之。有記。

《〔雍正〕廣西通志》卷一八《關梁・萬里橋》 萬里橋在縣東北一里，詣省水道。明洪武八年，知縣曾孔傳建。成化癸巳重修，建亭於上。

《〔雍正〕廣西通志》卷一八《關梁・遇龍橋》 遇龍橋在縣西二十里遇龍堡。相傳古魯班所造，缺一角，至今屢修不全。

《〔雍正〕廣西通志》卷一九《關梁・登龍橋》 登龍橋在縣東，初名化龍，宋時學前橋也。舊有讖云：金在後，水在前，學橋連，出狀元。古以竹木爲梁。宋開慶元年，縣令徐傳始甃以石，搆亭。明知縣陳宗文、蕭遴、王廷學、劉修己、邑人御史李宏俱重修。

《〔嘉慶〕臨桂縣志》卷一六《關梁・天主橋》 天柱橋在府城東，舊名嘉熙橋，俗名花橋。東崖有小山，平坡突起，高約五六丈，大可五十圍，形如礎柱，故名天柱。明景泰間，知府何永全建。嘉靖十八年傾圮，靖江安肅王妃重建。國朝康熙二十年，大水，西半復圮。巡撫郝浴倡修，改今名。五十二年，總督趙弘燦、陳元龍、布政使黄國材，各捐貲重修。乾隆三十三年，巡撫宋邦綏等捐貲復修。

西南

《〔乾隆〕廣安州志》卷三《輿地志・津梁・青雲橋》 青雲橋，老鷹岩下。監生蔣仲瀚捐修，並觀音岩坡開，寬二尺許，放平丈餘。又自坡下路直達小西門，俱墁以石版，共三百餘丈，行人便焉。

《〔乾隆〕廣安州志》卷三《輿地志・津梁・天生橋》 天生橋，治南三十里。兩山對峙，相去十丈餘，中有天然石磵，横接兩山，勢如虹，長十丈餘，高二丈。宋張大猷、黎藻茂，歷元明，俱有石刻。

《〔嘉慶〕重修一統志》卷三八五《成都府・津梁・萬里橋》 萬里橋，在華陽縣南。《華陽國志》：城南江橋曰萬里橋。《元和志》：萬里橋架大江水，在縣南八里。蜀使費禕聘吴，諸葛亮阻之，禕歎曰：萬里之行，始於此橋，因以爲名。又唐明皇幸蜀過此，問橋名，左右以對。明皇歎曰：開元末，僧一行謂更二十年，朕當遠黴萬里外，此其驗也。《寰宇記》：亦名篤泉橋，以橋南有篤泉也。范成大《吴船録》：橋在今合江亭西。《通志》：橋高三丈，寬半之，長十餘丈。本朝康熙五年修。

《〔道光〕重慶府志》卷一《山川・太平橋》 太平橋，縣南七十里。張象翀記：綦市，古之南平軍也。宋劉望之詩有「山盤四十八面險，雲暗三百六旬秋」之句。然則此地崇山峻嶺，源匯溪深，行者褰裳可知。而橋在綦之南七十里。墜巖三仞，驚濤亂激，任舟楫不能施。舊有砥柱，遺蹟傾圮，每遇水漲，行者尤爲病之。適軍中有府郎來者，上其狀於大司馬少保李公，捐俸，命隨征遊擊田文廣董其事。於是金川文武士庶，佩公之德，咸欲觀成焉而樂輸之。文廣構材度石，歷歲橋成，屬余爲記。少保公自涖蜀以來，芟除平荒以定之，養民致賢以安之，瀝血嘔心，幾二十載，而後成此開天宏業。實渡世之津梁，豈云濟川之舟楫已哉！昔韋南康節度西川，土人圖形頂禮，至今稱説。矧公之積歲累功，更有什伯於韋者，則將與錦水岷

山，並垂天壤矣。區區一橋，不過良有司事耳，烏足以爲公記。余不敏，不知甕渡所由得名意者，如淮陰破魏以木罌濟，抑或仙之以杖，釋之以杯，而又若石鐘山之以鐘名也。橋成作記，甕渡之意姑闕焉。時康熙五年丙午歲也。

《(道光)龍安府志》卷二下《津梁·德寧橋》 德寧橋在縣東三十里。夏秋溪水漲發，行人病涉。國朝嘉慶九年，邑武庠張廷誨率子武生禄，三次倡修。橋高三丈許，長十五丈，上建樓閣。

《(道光)夔州府志》卷一二《關梁·相公橋》 相公橋在縣西三里。宋太平興國初，寇準知巴東縣，嘗至夔，愛其溪水，汲以煮茗，後人建橋溪上，因名。嘉靖中，知府張廷栢重建。萬曆三年，知府郭棐修建石闌干，立相公坊。

《(咸豐)重修梓潼縣志》卷一《津梁·天仙橋》 南渡在南關外，舊有天仙橋一座，前明傾圮。道光十六年，知縣福昌阿興修拱橋，係八礅九洞，因中二洞坍塌，旋即卸事，道光十七年，知縣周樹棠續修。橋洞中空，高二丈八尺，橋面計長五十丈，橫寬三丈。欄杆、梯石、月臺、石獅俱全。有藝文。

《(同治)會理州志》卷二《營建志·津梁·玉虹橋》 玉虹橋，治東二百里，在葫蘆口，高二十餘丈，闊九尺，長五丈餘。舊係劉漢鼎培修，後傾圮。咸豐十年，陳秀貴等倡捐重修。黑水河由此入金江。

《(嘉靖)尋甸府志》卷上《橋梁·通靖橋》 通靖橋在府東二十里。長三十丈，闊五尺，跨阿交合溪之水，當四達之衝。今廢，濟之以船。

《(嘉靖)尋甸府志》卷上《橋梁·温泉橋》 温泉橋在府南四十里。長十五丈，闊八尺，亦跨阿交合溪之水。嘉靖二十七年冬，被水沖圮，知府王尚用重修之，行者便焉。

《(嘉靖)尋甸府志》卷上《橋梁·洗馬橋》 洗馬橋在府東四里。初木橋，嘉靖二十三年，知府林斌易之以石，長七丈，闊一丈二，空堅緻，可通車輿。

《(嘉靖)尋甸府志》卷上《橋梁·兔河橋》 兔河橋在府東二里。初木橋，嘉靖二十三年，知府林斌易之以石，長二丈，闊一丈。

《(嘉靖)尋甸府志》卷上《橋梁·三板橋》 三板橋在府南五里。舊橋圮壞。嘉靖二十八年，知府王尚用新之以板。又恐其久而復圮也，二十九年，易之以石。長二丈六尺，闊一丈五尺。

《(康熙)雲南府志》卷四《建設志三·星宿橋》 星宿橋，一名永豐，在縣西門外。淵深莫測，衆石磊落，狀如列星，故稱星宿江。長流洶湧，春夏之交漲水暴發，其聲如雷，行者怖畏。編竹駕舟爲渡，往往覆溺。明萬曆間，知縣向兆麟詳允建橋，長三十丈，闊四丈許，五硐，即名星宿橋。本朝康熙二十九年秋，水衝塌二硐，知縣丁宗閔詳請修葺，總督范承勳、巡撫王繼文檄行迤西文武捐修，完固如初，實爲通衢之利。

《(嘉靖)尋甸府志》卷上《橋梁·甲橋》 甲橋，在府南二里。舊以木爲之。嘉靖二十九年，知府王尚用易之石，長一丈五尺，闊一丈，行者便焉。

《(康熙)雲南府志》卷四《建設志三·雲津橋》 雲津橋在府治東二里許。水出盤龍江，流經商山下，過羁城，入滇池，所謂「紫城銀稜」也。橋舊名大德，燬於兵。明洪武癸酉，西平侯沐春重修。

《(康熙)雲南府志》卷四《建設志三·永定橋》 永定橋在縣南門外。輿梁跨河，高可數丈，上覆瓦屋二十楹，旁有窗壁。遠望如空中樓閣，日中爲市，舊稱天河橋。

《(康熙)雲南府志》卷四《建設志三·飛虹橋》 飛虹橋，俗名羅次橋，在縣北三里許，爲黑琅五井要津。明天啓間，吏部侍郎王錫衮建石橋三硐，年久傾圮，邑紳王咨翼重修。本朝康熙十一年，水復衝塌。鹽道郭廷弼捐金，并合各井協助，易建木橋，上覆以屋。

《(康熙)大理府志》卷六《橋梁·安固橋》 安固橋，城南五里，跨龍溪三空死水，翼以石闌，長四丈，闊三丈，造浮圖，橋南置全像鎮之，明成化間知府李遜建。弘治四年，知府馬自肰重建。萬曆丁丑，分巡王希元重建。清風橋，一名黑龍橋，跨海尾，在下關城南，長一十五丈，明正統間知府賈銓、鎮守指揮鄭俊同建。分水五道，翼以闌墻，郡治橋梁此爲第一。德源橋，州北十里，長五丈，三空，行水，明天順間舍人王綱募建。青索鼻石橋，州北十里，長五丈，三空，行水，明天順間舍人王綱募建。銀橋，州東六里，地名三江頭，九空，行水，明弘治間，知州阿□建木橋。嘉靖二十三年，左所軍王經復建。萬曆間，舉人楊韶以石易之，并建小橋六處。龍橋，鄉東九里，長五丈，廣六尺，明弘治四年，同知程永亨修。嘉靖二年，上關軍人沈經等以石易之。

《(光緒)順寧府志》卷一〇《建置志·來順橋》 來順橋，舊通志：在城南四里，通雲州路。康熙三十八年，知府董永芟建。先係木橋，上有扶欄瓦屋。咸豐七年，兵燹，燬。同治三年，士民重修。八年，被賊折毀。光緒元年，士民集款改修石橋，更名新順橋。

《〔光緒〕順寧府志》卷一〇《建置志·迎恩橋》　迎恩橋，舊通志：在城東北二里。明崇禎六年，知府王政建。後經火，燬。康熙二十二年，知府劉芳聲重修。雍正三年，知府徐溥改建石橋。嘉慶十五年，圮。改道於北，兵燹，燬。同治十三年，知府陳泰琨重修。光緒五年，圮。知縣鄧瑤飭地方籌款重修，復圮。十一年，知縣黄炳南重建木橋，上覆瓦屋、扶欄，監生曾國瑾督工修。

《〔光緒〕順寧府志》卷一〇《建置志·力馬興大橋》　力馬興大橋在城西南二百里阿度吾里四甲，舊名利往橋。上覆瓦屋、扶欄。道光二十七年圮，旋修旋圮者數次，至光緒二十四年，士民等復重修。

《〔光緒〕順寧府志》卷一〇《建置志·登雲橋》　登雲橋在城東六十里。舊係竹橋，光緒十年，貢生楊聯登等創修石橋，是年即圮。十一年，復改修木橋。十七年，又圮。二十五年，文生楊兆昌承父聯登之志復倡，首遷移址，修造木橋。

《〔光緒〕順寧府志》卷一〇《建置志·猛賴橋》　猛賴橋，舊通志：在城南一百二十里，即大藤橋與小藤橋，俱爲往來要津。日久漸廢。雍正二年，知州吴元鏊捐俸，易藤以木。

《〔乾隆〕南籠府志》卷二《地理·化龍橋》　化龍橋在城北半里。架石爲梁，中空五洞。建於躍魚灘之海上，故題曰「化龍」。

《〔乾隆〕鎮遠府志》卷三《關梁·跨虹橋》　跨虹橋在偏城東北。原係以舟爲渡。明末，架石九空，木板鑲之，上覆瓦屋共計三十六間，中架樓供大士，其中兩傍施欄檻，東西各一坊，極爲工緻。康熙二十九年夏，五水溢，橋圮。總督范承勳、巡撫田雯、衛既齊暨文武各官捐助，易爲石橋。

《〔道光〕貴陽府志》卷三七《關路津梁記·滴澄橋、鷄昌橋》　滴澄、鷄昌，皆在貴筑西滴澄水上。滴澄在貴筑西七十里，爲入滇要道。鷄昌橋在蛇場東，距貴筑城七十里，距清鎮城五里。橋爲硐四十又二，係水面平橋。其側又有高橋，道光十七年建，爲洞十五，護以石欄。橋頭各建石坊。總督伊里布命曰「康濟」，總督賀長齡鐫「平康正直」四字於上。爲通大定大道。

《〔道光〕遵義府志》卷九《關梁·普濟橋》　普濟橋，又名後川橋，在城北三里，明統志作「城東」，誤。亦名高橋。《通志》云：橋在城東五里，別出後川橋，沿陳志之誤。橋爲宋楊粲建，元楊漢英重修。明弘治元年，里人石永安楊忠復修。詳崖刻李敬弘治九年撰記。嘉靖七年，水圮，三十年，任恩等重修。詳崖刻任恩等記。崇禎十四年，鄉人陳啟鳴等復修。

《〔道光〕遵義府志》卷九《關梁·永濟橋》　永濟橋在城西十五里，通遵義，孫志。今名黄魚橋，長十五丈五尺，廣一丈七尺，高三丈，嘉慶十年重建。

《〔道光〕遵義府志》卷九《關梁·繼恩橋》　繼恩橋，孫、陳二志並作小溪橋。在城西十五里，孫志在城南六里。明崇禎三年丁文燦建。附繼恩橋碑記略：螺江中有小溪，爲正綏達郡通津。春夏，驚濤拍岸，星軺行旅，徘徊移日。秋冬，里人又歲苦徒輿之役。辛酉歲，先慈命爲橋以濟，欃槍作孽，用是中輟。甲子，先慈見背，猶遺言令無忘。年來戎馬在郊，曾無寧晷。今歲己巳，得金邑侯撫字心勞，鴻雁悉安，疆埸稍静，無烽燧之虞，於是鳩工伐石，繼先慈之志，因名曰「繼恩橋」，庶無負母氏初心，且示後世子孫，顧名思義，敢曰利濟哉。橋高一丈三尺，長二丈六尺，廣一丈，創始天啟之元，成於崇禎三年，建橋人丁張氏、男文燦、文明、文耀。

《〔道光〕遵義府志》卷九《關梁·馬桑木橋》　馬桑木橋在城西螺水中，一大木横水面，圍四尺五寸，不知其自來，水漂亦不動。相傳昔有欲伐之者，方舉斧，雷電忽作，至今斧跡尚存。通志。縣志，圍五六尺，長三丈，通往來，數千年物也。

《〔道光〕大定府志》卷一七《疆里志七·七星橋》　七星橋在畢節縣城西九十里七星關下，爲入滇要津。兩旁峻嶺聳峙，山泉從鎮雄、威寧來，奔放衝突，急疾如飛。明永樂間，以鐵索挽舟濟渡，時有傾覆。弘治間，建木橋。嘉靖間，羽士黄一中募建石橋。明末，烏撒酋阿克叛，毁之。順治十六年，總督卞三元興復，甫三年，橋自圮。康熙五年，巡撫羅繪錦再建。二十七年，水漲，橋圮。三十七年，威寧總兵唐希順建木橋。五十四年，大水衝折兩柱，橋遂壞。乾隆九年，貢生王寬、李友亮，諸生金相、韓佢、李蕃、鄒壬佐，請於上憲，捐募士民，兼發帑金，知縣勞孝興及典史金覲相度形勢，改建於舊橋之下流，立三石墩，架木爲橋，蓋以瓦房，歷三載乃成。縣人邵熙載有記。十九年五月，橋燬於火。二十年，知縣董朱英捐銀若干兩，令縣人金淑國、金如烑鳩工重建，離舊橋墩數十武水中築石墩二，兩岸以大石密砌成墩，橋用大木三層迭蓋，上覆瓦房十四間，每間兩旁内設坐板，外設軒窗，以蔽風雨。橋兩端設門啟閉，各建坊一。紳士兵民立碑，教諭吴紀撰文。二十二年十一月，董朱英復捐銀二十兩發商生息，以爲歲修之費，如遇其年無需修葺，即以息銀作本，使其充裕，以備不虞。

《〔道光〕大定府志》卷一七《疆里志七·乾河橋》　乾河橋在州城東一百七十里。舊橋低，小水漲泛，行者苦之。萬曆二十八年，巡按畢興祖改建大橋，迄今數百年無淹没患。巡撫郭子章爲文記之。郭子章《乾河橋碑記》：竊嘗疑之，陳火

朝覲，而川無舟梁，單襄公卜其將有大咎。溱洧之濟，不杠不梁，僑捐一車，而孟子譏其不知爲政。夫舟梁戔戔，瑣務何與存亡？道路之修職於司，險何與相國？而單覘之密，孟責之備，奚也？先王之教曰：雨畢除道，水涸成梁。其時儆曰：收而場功，待而畚梮。火之初見，期於司里。所以爲橋梁道路計如此。其豫而陳鄭廢其教，不修其制，其何能國黔？烏撒城東北七十里有野馬川，歲仲春，雨未集，平沙迤邐，如履康莊。夏秋暑雨，四山攢簇，衆壑奔騰，百道瀑泉，傾摇並下，平地丈餘，湍激澎湃，如萬馬突馳，不可韁絆，故曰「野馬川」。士人冒雨而渡，水漲淹没，歲不下六七人。下流無瀉，以天生眼爲尾閭，一雨阻行，輒留數日，無以爲寓。然而冬春水涸，故又曰「乾河橋」。舊橋高僅數尺，長三尺，水漲並橋没焉，人皆病涉。萬曆庚子，杜史宋公西巡烏撒，停車問俗，父老暨募緣僧如崇進白狀，迄請改建石梁。宋公愀然曰：野馬歲溺六七人，積十年爲六七者十，積百年爲六七者百，可哀也。乃捐百金及賑穀百石倡之予聞，助五十金。壬寅，杜史畢公西巡，助五十金。宋公按滇，復發三千金趣之。計後先士民樂助不下千金。初委千户章甫、劉世勳，三年未就。復委守備張世臣、千户張懋功及義民周國珠、羅仲金等與焉，期畢功。始造於庚子六月，成於癸卯二月。橋長十丈有奇，横二丈有奇，高三丈有奇，翼以闌，與長埒。爲洞三，橋東西爲隄路十五丈有奇，横一丈有奇。宋公自滇書來，命予紀其事。予嘗歷陳鄭之郊矣，溱水洧水，五梁陳陀，僅僅厲揭可涉。彼其時主相皆漫之，寧及行父亡足責己，子産衆人之母，而慮不及是，葉正則以爲或有故，未可知也。烏撒彝方漏天，一月之間，霽日幾何，而野馬驟漲，視溱洧梁陀，難易倍徙，令襄公、孟子見之，其感慨又當何如？宋公兩巡黔中，討夜郎，討皮林，賑大饑，葉大疫，百政具舉，兹特其平政一端。而予以單公之覘，當必有大慶，流及子孫。趙充國治河隍，建橋七十而封營平，杜預請建河橋於富平津而封當陽，不若左券野馬川，非宋公之河隍、富平之津梁也耶？

《（咸豐）安順府志》卷一三《關路津梁・康濟橋》 康濟橋在城西二十五里，入蜀孔道。舊建平橋二十四洞，名雞昌橋，後爲水圮。道光十七年，貴筑商顔正用捐募三千餘金，修拱橋十五洞，伊宫保里布題曰「康濟橋」。兩岸建石坊二座。

《（咸豐）安順府志》卷一三《關路津梁・高橋》 高橋在城北七十里，高數十丈，長三丈餘，廣四五尺，廳屬惟此橋最古，下臨深澗，駭目驚心。橋洞皆碎石鱗砌，百餘年不圮，疑有神工。

《（光緒）黎平府志》卷二下《橋渡・青雲橋》 青雲橋，城南五里。道光十九年重建。石磴七，寬一丈二尺，長三十餘丈，亭閣三十七間，爲黎平大道。久被水泛沖塌，往來人常病涉。光緒十七年，知府俞渭提三江網費修志書款内銀八百兩，重修完固，依然利濟焉。前《修青雲礄碑記》：粵稽《夏令》有成梁之制，周室定每歲之規，而後濟川之具匪徒舟楫，蓋聖人利用前民，實爲萬世永賴矣。錦屏離城五里許，地名營寨，江當往來之要地，實上下之衝衢，舊設木橋，旋修旋圮。往來行旅，厲揭難施。顧此洪濤，何堪病涉？聽其久廢，豈曰仁人？歲在壬戌，闔邑重建石礄，設立亭宇，爲久遠計。緣資檀越，告貸於衆，咸鼓舞勸事，庀材鳩工，肩石擔泥，砌成五硐，坦平寬廣，規制爲堅久。經始於是年秋月，落成於乙丑年冬月。從此杠梁有慶，匏葉無虞，誠一邦之盛事矣。且其地屬治南，鎮居午位，接迎恩、玉帶之分流，爲縣治兩司之水口，於以鎖長虹，横巨澗，砥柱中流，山環水遶。其於我邑風水，顯有培益。前明府董君顔之曰：青雲誠有謂耳。工既竣，屬余爲文紀成。事辭不獲，爰叙其改建之由及捐資之數，勒石，用垂不朽。俞渭《重修青雲橋示》：爲出示，泐石永垂久遠事。照得錦屏鄉城南五里許，舊有青雲橋，傾圮多年，未能復建。該處爲郡城至錦屏必由之路，若不重修以利濟，不惟夏間飛湍激浪，驚險堪虞，即冬後水勢稍平，亦褰裳難渡，是亟宜早圖而補建者也。本府履任伊始，即以此爲懷，特以工鉅費繁，遷延日久。兹據三江紳士龍慶榮、王勳臣、龍道雲等公同籌商，情願於三江應得之行用網費内提抽二釐五毫，定限三年，以作修志建橋之用，具禀請示前來，當經批示，並通禀各憲批准在案。隨即委紳鳩工，勘估興修。計修石礅九硐，上搭堅大條木三層，約長十數丈，寬一丈有餘，高亦如之，共用工料銀捌百餘兩，於本年夏間落成，履勘均屬堅實。本府殊深欣慰，合行出示，泐石曉諭，爲此示。仰闔屬士商民苗人等一體知悉，爾等須知此橋係本府所亟欲舉行之事，而三江紳士等亦屬急公好義，慷慨爲懷，一旦成此鉅工，並未捐累民間分釐。從此橋横緑水，號美青雲，行旅有利濟之歡，往來無病涉之患，凡爾人民，定當同深欣幸。惟既出義舉，則詐僞須防，倘有漁利之徒藉此名色私行捐派，許即據實指禀，以憑提究不貸。切切特示。光緒十七年七月十一日。

西北

《（光緒）黎平府志》卷二下《橋渡・成德橋》 成德橋在城西門外百餘步石井山。諸水經焉，即福禄江也。明萬曆間，郡人梅友月建橋以成父德，故名。砌石爲橋，爲鞏者三。上建成德亭九間，以憩遊人。又名福禄江亭。國朝乾隆十三年，知府徐立御重修。咸豐五年，賊燬。同治五年，重建橋東牌樓三間，祀關帝，匾曰「爽挹西山」；西牌樓一，匾曰「迴瀾」。爲闔郡十景之一。

《漢書》卷九九下《王莽傳・霸橋》 〔地皇三年〕二月，霸橋災，數千人以水沃救，不滅。莽惡之，下書曰：「夫三皇象春，五帝象夏，三王象秋，五伯象冬。皇王，德運也；伯者，繼空續乏以成曆數，故其道駁。惟常安御道多以所近爲名。乃二月癸巳之夜，甲午之辰，火燒霸橋，從東方西行，至甲午夕，橋盡火滅。大司空行視考問，或云寒民舍居橋下，疑以火自燎，爲此災也。其明旦即乙未，立春之日也。予以神明聖祖黄虞遺統受命，至于地皇四年爲十五年。正以三年終冬絶滅霸駁之橋，欲以興成新室統壹長存之道也。又戒此橋空東方之道。今

東方歲荒民飢，道路不通，東岳太師亟科條，開東方諸倉，賑貸窮乏，以施仁道。其更名霸館爲長存館，霸橋爲長存橋。」

酈道元《水經注》卷一九《渭水·霸橋》 霸水又北逕王莽九廟南，王莽地皇元年，博徵天下工匠，壞撤西苑中建章諸宫館十餘所，取材瓦以起九廟，算及吏民，以義入錢穀，助成九廟。廟殿皆重屋。太初祖廟，東西南北各四十丈，高十七丈，餘廟半之。爲銅薄櫨，飾以金銀雕文，窮極百工之巧，褫高增下，霸水又北逕枳道，在長安縣東十三里。王莽九廟在其南。漢世有白鶖羣飛自東都門過于枳道，吕后祓除于霸上，還見倉狗戟脅于斯道也。水上有橋，謂之霸橋，地皇三年，霸橋火災，自東起，卒數千以水汛，沃救不滅，晨熂夕盡。王莽惡之，下書曰：甲午火橋，乙未，立春之日也。予以神明聖祖黄虞遺統受命，至于地皇四年爲十五年，正以三年終冬，絶滅霸駁之橋，欲以興成新室，統一長存之道。其名霸橋爲長存橋。

宋敏求《長安志》卷一一《萬年縣·灞橋》 灞橋，隋開皇三年造，唐隆二年仍舊所爲南北兩橋。漢有灞館，王莽更曰長存館。

駱天驤《類編長安志》卷七《灞橋》 《方輿記》曰：「漢灞橋，在古長安城灞城門東二十里灞店。南北兩橋，以通新豐道。漢人送客，至此贈别，謂之銷魂橋，王莽改爲長存橋。唐灞陵橋，在京兆通化門東二十五里，近漢文帝灞陵，謂之灞陵橋，孟浩然騎驢處。隋開皇三年造，唐隆二年仍舊。」唐、宋迄今，有司課民材木，爲輿梁以濟，十月橋成，三月拆毁。至我大元，堂邑劉斌修爲石橋。初，灞水適秋夏之交，霖潦漲溢，波濤洶湧，舟楫不能通，漂没行人，不可殫紀，常病涉客。中統癸亥，會斌旅秦，還至灞上，值秋雨泛漲，同行之車凡三，漲息，斌車前導，僅達岸次，渡者人畜幾溺，斬靷獲免，其殿者隨流漂没，不知所在。斌遂誓修石梁，歸，詢親辭妻，家事悉委其弟，曰：「若石橋不成，永不東歸。」至元三年，結廬灞岸，先架木梁，以濟不通，斌能於匠石、工梓，鍛冶、斲輪，靡有不解，以素藝供其所費。至□□□□落成，凡一十五虹，長八十餘步，闊二十四尺，中分三軌，傍翼兩欄，華表柱標於東西，忖留神鎮於南北，海獸盤踞于砌石，狻猊蹲伏于闌杆，鯨頭噴浪，鰲首吞雲，築堤五里，栽柳萬株，遊人肩摩轂擊，爲長安之壯觀。名達宸聰，親承顧問，寵賜優渥，勅建豐碑，安西王錫以白金四笏以勞之，可謂功不徒施矣！斌爲人清癯多力，智略巧思，人不能出其右，多藝，能自營石梁，日夜不息，手足胼胝，心勦形瘵，雖祁寒暑雨，而不輟其工。遇患難齟齬，而不改其志，前後歷三十寒暑，鄉關隔二千餘里，不爲妻孥掛懷，持空拳，孜孜勉勉，以成曠古所無之功，受知於九重，垂名於千載，可謂有志之君子矣！

《〔嘉靖〕雍大記》卷一一《考迹·灞橋》 灞橋，《方輿記》曰：漢灞橋在古長安城灞城東二十里灞店，南北兩橋，以通新豐道。王莽改爲長存橋。唐灞陵橋在京兆通化門東二十五里，近漢文帝灞陵，謂之灞陵橋。隋開皇三年造，唐隆慶二年仍舊。唐、宋迄今，有司課民材木，爲輿梁以濟。十月橋成，三月折毁。至有元，山東唐邑人劉斌修爲石橋。初，灞水秋夏之交，霖潦漲溢，波濤洶湧，舟楫不能通，漂没行人不可殫紀。會斌旅秦還灞上，值秋雨泛漲，同行之車凡三。漲息，斌車前導，僅得達岸。次渡者人畜幾溺，斬靷免，其殿者隨流漂没。斌遂誓修石橋。歸詢親辭妻，家事悉委其弟，曰：「若石梁不成，誓不東歸。」至元三年，結廬灞岸。先架木梁以濟不通。斌能於匠石、煅冶、斲輪，靡有不解。以素藝供其所廢。至落成，凡一十五虹，長八十餘步，闊二十四尺。中分三軌，傍翼兩欄。有華表，神鎮海獸，狻猊、鯨頭、鰲首。築堤五里，栽柳萬株，遊人摩肩轂擊，爲長安之壯觀。名達宸聰，親承顧問，寵賜優渥，勅建穹碑。安西王賜白金四笏勞之。國朝洪武中，橋復傾圮。至成化六年，布政使余子俊極力增修復之。

顧祖禹《讀史方輿紀要》卷五三《陝西二·霸橋》 霸橋在府東二十五里，舊跨霸水上。王莽地皇三年霸橋火災，更名爲長存橋。隋時更造以石，唐人以餞别者多於此，因名爲銷魂橋。橋凡十五虹，長八十餘步，元季修築，明成化六年布政使余子俊增修。今霸水遷徙，橋在平陸矣。《志》云：唐有霸橋驛，在長樂驛東二十里，今爲霸橋遞運所。　石橋，在故長安城東北洛門外。晉義熙十三年劉裕伐秦，王鎮惡自河入渭趣長安，秦主泓自霸上引兵還屯石橋。既而泓引軍救姚丕於渭橋，爲鎮惡所敗。泓奔石橋，遂降於鎮惡。唐中和初，昭義帥高潯討黄巢，克華州，與巢將李詳戰於石橋，敗奔漢中。

畢沅《關中勝蹟圖志》卷八《古蹟·霸橋》 霸橋，《咸寧縣志》：在府城東北二十里霸橋鎮。《水經注》：霸水有橋，謂之霸橋。《初學記》：漢作霸橋，以石爲梁。《漢書·王莽傳》：莽更名長存橋。《三輔黄圖》：霸橋跨水作橋，都人送客至此，折柳贈别。《開元遺事》：長安東霸陵有橋，來迎去送，至此黯然，故人呼爲銷魂橋。《元和郡縣志》：隋開皇三年造，更以石爲之。《長安志》：唐景龍二年，仍舊所爲南北兩橋。《通志》：漢霸橋在長安城東二十里霸店，南北兩橋，

以通新豐道。唐霸陵橋在京兆通化門東二十五里。元時，山東唐邑人劉斌修築，凡一十五虹，長八十餘步，闊二十四尺。中分三軌，旁翼兩欄。有華表，鯨頭鼇首。築隄五里，栽柳萬株，遊人轂擊肩摩，爲長安壯觀。《咸寧縣志》：宋時橋圮，韓縝重修。元季又嘗修葺。明成化六年，布政使余子俊增修。今沙石壅塞，遺阯僅存。本朝康熙六年，造大小船各一，以濟渡水。落架木爲橋，別有渡，入藍田路。

《〔雍正〕陝西通志》卷一六《關梁一・霸橋》 霸橋在府城東北二十里跨霸水上。《縣册》。霸水有橋謂之霸橋。《水經注》。漢作霸橋，以石爲梁。《初學記》。地皇三年，霸橋災，卒數千沃救之不滅，王莽惡之，更名長存橋。《漢書・王莽傳》。霸橋跨水作橋，都人送客至此，折柳贈別。《三輔黄圖》。長安東霸陵有橋，來迎去送，至此黯然，故人呼爲銷魂橋。《開元遺事》。杜甫詩：「帳望東陵道，平生霸上遊。」出長安東門爲東陵道，霸水橋曰霸橋，乃長安餞別之所。杜詩注。隋時更以石爲之。《雍録》。隋開皇三年造。《元和志》。唐景龍二年，仍舊所爲南北兩橋。宋敏求《長安志》。漢灞橋在長安城東二十里霸店，南北兩橋，以通新豐道。唐灞陵橋在京兆通化門東二十五里，元時山東唐邑人劉斌修築堅固，凡一十五虹，長八十餘步，闊二十四尺。中分三軌，旁翼兩欄。有華表，鯨頭鼇首。築隄五里，栽柳萬株，遊人肩摩轂擊，爲長安壯觀。賈志。宋時橋圮，韓縝重修。元季又嘗修葺。明成化六年，布政司余子俊增修。今沙石壅塞，遺址僅存。康熙六年，造大小船各一，水夫給絶軍屯田，水落架木橋，水漲船渡。有霸橋渡，入藍田路，官渡水夫一名。縣志。

《〔乾隆〕西安府志》卷一〇《建置中・關津・霸橋》 霸橋，《通志》：在縣東北二十里，跨霸水上。《水經注》：霸水有橋，謂之霸橋。《初學記》：漢作霸橋，以石爲梁。漢《王莽傳》：地皇三年，霸橋災。莽惡之，更名長存橋。《黄圖》：霸橋跨水作橋，都人送客至此，折柳贈別。《雍録》：隋時以石爲之。《元和志》開皇三年造。《長安志》唐景龍二年，仍舊所爲南北兩橋。《開元遺事》霸橋來迎去送，至此黯然。故人呼銷魂橋。《賈志》：漢霸橋在長安城東二十里霸店。南北兩橋，以通新豐道。唐灞陵橋在京兆通化門東二十五里。元時山東唐邑人劉彬修築。凡一十五虹，長八十餘步，闊二十四尺。中分三軌，旁翼兩欄。築隄五里，栽柳萬株。縣志：宋時橋圮，韓縝修。元季復修。明成化六年，布政使余子俊增修。今橋已斷，遺址僅存。按：霸橋自明成化間修築以後，圮塞不時。本朝康熙六年，造大小船各一，水夫給絶軍屯田，水落架木橋，水漲船渡。有霸橋入藍田路，官渡水夫一名。《長安志》入藍田路有横橋官渡，在萬年縣東南，疑即此。乾隆二十九年，西安、同州、鳳翔三府紳士捐修石墩木面橋一座，並于北岸東西兩面修砌石隄八十丈，又東面土隄三丈。三十五年水漲，石隄沖壞，三十三丈五尺，土隄盡被沖卸。署咸寧令陸維垣詳修砌，包石隄十一丈，東西兩面石隄六十丈，裹廂土隄六十丈，共動項四百三十一兩有奇。又灞河舊有渡船二隻，陸維垣復請增設二隻。每船一隻水手四名，每名口食銀六兩。

《史記》卷一一《孝景本紀・渭橋》 五年三月，作陽陵、渭橋。五月，募徙陽陵，予錢二十萬。江都大暴風從西方來，壞城十二丈。丁卯，封長公主子蟜爲隆慮侯。徙廣川王爲趙王。

李吉甫《元和郡縣志》卷一《關内道一・中渭橋》 中渭橋，在縣東南二十二里。本名横橋，駕渭水上。始皇都咸陽，渭水貫都以象天漢，横橋南渡以法牽牛。渭水南有長樂宫，渭水北有咸陽宫，欲通二宫之間，故造此橋。漢末董卓燒之，魏文帝更造。劉裕入關又毁之，後魏重造。貞觀十年移於今所。

佚名《三輔黄圖》卷一《咸陽故城・渭橋》 始皇窮極奢侈，築咸陽宫，因北陵營殿，端門四達，以則紫宫，象帝居。渭水貫都，以象天漢；横橋南渡，以法牽牛。橋廣六丈，南北二百八十步，六十八間，八百五十柱，二百一十二梁。橋之南北堤，激立石柱。

佚名《三輔黄圖》卷六《横橋》 横橋，《三輔舊事》云：「秦造横橋，漢承秦制，廣六丈三百八十步，置都水令以掌之，號爲石柱橋。」漢末董卓燒之。

佚名《三輔黄圖》卷六《渭橋》 渭橋，秦始皇造。渭橋重不能勝，乃刻石作力士孟賁等像祭之，乃可動，今石人在。渭橋在長安北三里，跨渭水爲橋。

酈道元《水經注》卷一九《渭水・渭橋》 渭水東分爲二水。《廣雅・釋水》曰：水自渭出爲滎，其由河之有雍也。此瀆東北流，逕《魏雍州刺史郭淮碑》南，又東南合一水，逕兩石人北。秦始皇造橋，鐵鐓重不能勝，故刻石作力士孟賁等像以祭之，鐓乃可移動也。又東逕陽侯祠北，漲輒祠之。此神能爲大波，故配食河伯也。後人以爲鄧艾祠。悲哉！讒勝道消，專忠受害矣。此水又東注渭水。水上有梁，謂之渭橋，秦制也，亦曰横門橋。秦始皇作離宫于渭水南北，以象天宫。故《三輔黄圖》曰：渭水貫都以象天漢，横橋南度以法牽牛。橋廣六丈，南

北三百八十步，六十八間，七百五十柱，一百二十二梁。橋之南北有堤激，立石柱，柱南，京兆主之，柱北，馮翊主之。有令丞，各領徒一千五百人。橋之北首，壘石水中，故謂之石柱橋也。舊有忖留神像。此神嘗與魯班語，班令其人出。忖留曰：「我貌很醜，卿善圖物容，我不能出。」班于是拱手與言，曰：「出頭見我。」忖留乃出首，班于是以脚畫地，忖留覺之，便還没水。故置像于水，惟背以上立水上。入關，遂焚此橋，魏武帝更修之，橋廣三丈六尺。忖留之像，曹公乘馬見之，驚，又命下之。《燕丹子》曰：燕太子丹質于秦，秦王遇之無禮，乃求歸。秦王爲機發之橋欲以陷丹，丹過之，橋不爲發。又一説，交龍捧轝而機不發。但言，今不知其故處矣。

程大昌《雍録》卷六《中渭橋》 秦宫殿多在咸陽，咸陽渭北也。至其阿房、長樂宫則在渭南，南北正隔渭水。故長樂宫北有橋跨渭，而長安、咸陽始通，是以亦名便橋也。《三輔黄圖》曰：「渭水貫都以象天漢，横橋南度以法牽牛。」蓋指此之中橋而爲若言也。橋之廣至及六丈，其柱之多至於七百五十，約其地望，即唐太極宫之西而太倉之北也。《長安志》。此橋舊止單名渭橋，《水經》叙渭曰「水上有梁謂之橋」者是也。後世加「中」以冠橋上者，爲長安之西别有便門橋，萬年縣之東更有東渭橋，故不得不以中别也。然漢《張釋之傳》曰：「文帝出中渭橋。」則似武帝之前已當冠「中」名於此橋矣，而不然也。張晏曰：「在渭橋中路。」其説是也，言文帝行半渭橋而驚馬之人始出也。此時未有東、西兩橋，不應命此爲中也。《水經》又名此橋爲便門，亦取其通渭南北往來皆便也，非漢城西門之橋也。

顧炎武《歷代帝王宅京記》卷三《關中一・秦・渭橋》 始皇窮極奢侈，築咸陽宫，因北阪營殿，端門四達，以制紫宫象帝居。引渭水貫都，以象天漢。横橋南渡，以法牽牛。橋廣六丈，南北二百八十步，六十八間，八百五十柱，二百一十二梁。橋之南北有隄，繳立石柱。《水經注》曰：柱南京兆立之，柱北馮翊立之，有令、丞各領徒一千五百人。咸陽北至九嵕、甘泉，南至鄠、杜，東至河，西至汧、渭之交，東西八百里，南北四百里，離宫别館，彌山跨谷，輦道相屬，木衣綈繡，土被朱紫。宫人不移，樂不改懸，窮年忘歸，猶不能徧。

《〔乾隆〕西安府志》卷一〇《建置中・關津・中橋渡》 中橋渡，《長安志》：在縣西北二十五里中渭橋所。《高陵縣志》：中渭橋柱合水落猶見一二。按：《括地志》：中渭橋本名横橋，架渭水上。橋對横門，故名。《史記・文帝本紀》：代王至渭橋。蘇林曰：在長安故城東三里。《索隱》曰，咸陽宫在渭北，興樂宫在渭南。秦通兩宫之間作渭橋。《張釋之傳》注：文帝行出中渭橋，有人從橋下過，驚乘輿焉。《索隱》：渭橋有三所：一在城西北咸陽路，曰西渭橋；一在東北高陵路，曰東渭橋；其中渭橋在故城之北。《黄圖》：渭水貫都，以象天漢。横橋南渡，以法牽牛。潘岳《西征賦》「驁横橋而旋軫」注：《關中記》秦作渭水横橋。《水經注》：渭水經長安縣北，水上有梁，謂之渭橋。秦制也。橋廣六丈，南北二百八十步。六十八間，七百五十柱，一百二十二梁。南北有隄，激立石柱。柱南京兆立之，柱北馮翊立之，橋之北首壘石水中，謂之石柱橋。後董卓入關，焚此橋。魏武帝更造橋三丈六尺。《通鑑》：晉永和十二年，秦王生發三輔民治渭橋。《元和志》：劉裕入關又燬之。後魏重造。貞觀十年後于今所。《雍録》：舊止名渭橋，因西有便門橋，東有東渭橋，故加「中」以别之。

《〔乾隆〕西安府志》卷一〇《建置志中・東渭橋》 按《史記・景帝本紀》景帝五年，作陽陵、渭橋。《索隱》曰：渭橋在長安東北，通高陵路。《雍録》在萬年縣北五十里，灞水合渭之地。《初學記》：漢造西渭橋、東渭橋，以木爲柱。《通鑑》：唐建中四年，劉德信入援，以東渭橋有積粟，進屯此橋。興元元年，韓滉運米百艘餉李晟，進至東渭橋。沈亞之《東渭橋給納使新廳記》：渭水東赴河輸流，逶迤于帝垣之後，倚垣而跨爲梁者三，名分中、東、西。東渭津傍控甸邑諸陵道。又按《賈志》：東渭橋今廢，用舟濟，故以渡名。縣志：渡北通蒲城、富平二縣，各有一舟協濟。今縣復置渡船二隻，水夫八名。

程大昌《雍録》卷六《東渭橋》 東渭橋在萬年縣北五十里霸水合渭之地。奉天之亂，劉德信入援，以東渭橋有轉輸積粟，進屯此橋。《通鑑》。李西平於此屯兵，亦以軍人就饟之故也。其後自咸陽還軍，仍駐東橋，竟從此地以入長安也。德宗有碑在橋側，旌褒西平剋復之功。

《舊唐書》卷一六三《崔元略傳・東渭橋》 寶曆二年四月，京兆府以元略前任尹日爲橋道使，造東渭橋時，被本典鄭位、判官鄭復虚長物價，抬估給用，不還人工價直，率斂工匠破用，計贓二萬一千七百九貫。敕云：「元略不能檢下，有涉慢官，罰一月俸科。」時劉栖楚自爲京兆尹，有覬覦相位之意。元略方在次對，又多遊裴度門，栖楚恐礙己，以計摧之，乃按舉山陵時錢物以污之。

《〔乾隆〕西安府志》卷一〇《建置中・關津・湑水橋》 湑水橋，《通志》：一名萬里橋，在縣西門外，跨湑水。萬曆三十一年，知縣王九叙建。甃石爲梁，廣

二丈二尺，高一丈五尺，長二十丈。下爲門者十。後令楊所修，增築十餘丈。本朝順治乙未，知縣尚九遷增修十二眼，計十三丈又三。

《〔嘉靖〕重修三原志》卷一《橋梁·龍橋》　龍橋在縣城北門外，跨清河。宋建龍四年，清河泛漲，有龍斗於橋下，橋遂圮。再建新橋，故名龍橋。其後或以石甃，或以木架，廢置不一。永樂年間，石橋圮。宣德初，城北門并石橋南馬頭及河中倒下，亂石尚在。正統初，尚架大木橋，大車重載往來，通行無阻。其後河日深浚，河岸年年崩摧坍倒，兩岸人家房屋、店舍無數，即今河比昔深二丈有餘，寬七八丈，不能架大橋，所架小橋，水發就拒之□□，甚不測。

《〔雍正〕陝西通志》卷一六《關梁一·龍橋》　龍橋在縣城北門外，兩城對峙，中貫清水河，河上有橋。建隆四年，清河泛漲，橋圮，再建。後建廢不一。明萬曆二十年，邑人少保温純倡建大石橋，三洞，高八九丈，袤十餘丈。兩傍砌石欄，南北各建石坊。下有龍潭，南北横架，下淩清水，古龍橋鎮，故名。

《〔乾隆〕三原縣志》卷二《建置志·津梁·龍橋》　龍橋，谿田通志：在縣北門外九郎廟前，清水河上。宋建隆四年，水漲，人見二青羊斗於橋下，已而不見，橋隨傾。觀者驚傳斗羊爲龍，後建橋於故處，遂名龍橋。或曰元人詩：「水從碧玉環中過，人在蒼龍背上行。」是以橋爲虹，爲龍也。李維楨《創建龍橋記》：河深十丈，廣倍之舊。架木爲橋，水漲輒敗。萬曆二十年，宫保温公謀建石橋，需五七萬金。先以千金爲倡，邑人及監司守令各捐助有差，而公起家爲司寇、御史大夫，割其禄秩數千金繼之，介弟編冢子于知咸加一力焉。橋廣三丈三尺有奇，旁爲提石，埋入地者丈有奇，更植大木千餘株，爲楗李志。明萬曆中，河深二丈餘，寬七八丈，木不能架。少保温恭毅倡建大石橋三洞，高八九丈，袤十餘丈。高七丈五尺有奇，長十餘丈，皆石鈎連鐵錮之爲勾欄若干具，甚嚴飭。下爲門，兩旁砌石欄，南北各建石坊。一題龍橋，一題崇仁橋。張志本朝順治十三年，知縣駱復旦、邑人提學道李承尹捐俸募修。康熙年間，邑人馬遇重修。乾隆二十年，知縣蔡維勸倡捐復修。《明一統志》：橋下有龍潭。

《〔乾隆〕興安府志》卷五《建置志·橋渡·安康橋》　安康橋。賈志：在州故城南一百步，本安康郡之名。魯得之修橋記：州南門曰安康，由平利達蜀楚，舊築土橋。成化甲辰，濠水衝決，郡守鄭福壘石爲六洞，旁障以木圍，砌甎四門。本安康郡，以名之。有記。馬《通志》：萬曆十一年大水壞。三十二年，守道李天麟重建，改名會源橋。以陳家溝水與施家溝水會流，故名。

《〔乾隆〕興安府志》卷五《建置志·橋渡·仁壽橋》　仁壽橋，州志：在州東門外。劉應《秋修橋記》：康熙三十二年，漢水暴漲薄郡城，橋壞。知州王希舜議，先甃堤岸，次築池橋以障之。命郡幕魯仁採率里老鳩工築仁壽橋，易木以甃，寬可並車方軌。

《〔嘉慶〕重修一統志》卷二七七《津梁·陰平橋》　陰平橋在文縣南門外，跨白水上，所謂陰平橋頭也。《水經注》：白水東逕橋頭，昔姜維之將還蜀也，諸葛緒邀之於此，後期不及，故維得保劍閣而鍾會不能入也。《通志》：在縣西南一里白水，急流中有石二道，就石立柱成橋，長二十餘丈。

藝文

《全上古三代秦漢三國六朝文》卷九八佚名《洛陽上東門橋古石柱銘》　陽嘉四年乙酉壬申，詔書巳城下漕渠東通河濟，南引江淮，方貢委輸，所由而至。使中謁者魏郡清淵馬憲監作石橋梁柱，敦敕工匠，盡要妙之巧，攢立重石，累高周距，橋工路博，流通萬里，云云。河南尹邳崇嵬，丞渤海重合，雙福，水曹掾中牟任防、史王蔭、史趙興，將作吏睢陽申翔，道橋掾成皋卑國，洛陽令江雙，丞平陽，降監掾王騰之，主石作右北平山仲。三月起作，八月畢成。

《文選》卷一一孫興公《遊天台山賦》　跨穹隆之懸，磴臨萬丈之絶冥。踐莓苔之滑石，搏壁立之翠屏。攬樛木之長蘿，援葛藟之飛莖。雖一冒於垂堂，乃永存乎長生。李善注曰：穹隆，長曲貌。《西京賦》曰：閣道穹隆懸磴，石橋也。顧愷之《啓蒙記》注曰：天台山石橋，路徑不盈尺，長數十步。步至滑，下臨絶冥之澗。磴，丁鄧切。冥，幽，深也。莓苔，即石橋之苔也。翠屏，石橋之上石壁之名也。《異苑》曰：天台山石有莓苔之險。孔靈符《會稽記》曰：赤城山上有石橋，懸度有石屏風横絶橋上，邊有過逕，纔容數人。周翰注曰：懸磴，石橋也。絶冥，深澗也。此山有石橋，廣不盈尺，下臨萬丈深澗。又有莓苔生於石上，甚滑也。有石屏風如壁立，横絶橋上。傍有小徑，人以手搏而行。又把攬樛木之蘿，攀援葛藟之莖，然後得進度。雖一冒垂堂之險，乃可永保神仙之道。樛木，長木也。蘿附木而生有蔓者。葛藟，葛蔓也。

馮惟訥《古詩紀》卷一二二宗羈《登渭橋》　仲山朝飲馬，還坐渭橋中。南瞻臨別館，北望盡離宫。四面衣裾合，三條冠蓋通。蘭香想和季，雲起憶成公。圯

上相知早，鷄鳴幸共同。

馮惟訥《古詩紀》卷一一三王褒詩《和庾司水修渭橋》 東流仰天漢，南渡似牽牛。長堤通甬道，飛梁跨造舟。使者開金堰，太守擁河流。廣陵候濤水，荆峽望陽侯。波生從故舶，沙漲湧新洲。天星識辯對，檢玉應沈鈎。空悦浮雲賦，非復採蓮謳。

馮惟訥《古詩紀》卷一一五庾信《忝在司水看治渭橋》 大夫參下位，司職渭之陽。富平移鐵鏁，一作「鏁柱」。甘泉運石梁。跨虹連絶岸，浮黿續斷航。春洲鸚鵡色，流水桃花香。星精逢漢帝，釣叟值周王。平隄石岸直，高堰柳陰長。羨言杜元凱，河橋獨舉觴。

姚鉉《唐文粹》卷六七張彧《石橋銘並序》 閹茂歲，我御史大夫李公晟奉詔總禁戎三萬，北定河朔。冬十月，師次趙郡。郡南石橋者，天下之雄勝，乃揆厥跡，度厥功，皆合于自然，包我造化，僕散客也。狀而銘曰：

洨水伊何，諸州互湊。秋霖夏潦，奔突延袤。杼材蕆制，樸斲紛糅。斡地泉開，盤根玉甃。虹舒電拖，虎步雲構。截險横包，乘流迴透。坱圠匠造，琳琅蔟簉。敞作洞門，呀爲石竇。賒莫算盈，一紀方就。力就崩争，勢與空鬭。吞齊跨趙，儆夜防晝。月挂虚蟾，星羅伏獸。謂之銓鍵，撮我宇宙。謂之關梁，扼我戎寇。郡國襟帶，河山領袖。經途者安，逸軌者覆。東南一尉，西北一侯。萬里書傳，三邊檄奏。郵亭控引，事物殷富。夕發蒯壖，朝趨禁霤。質含冰碧，文耀藻繡。花影全芳，苔痕半舊。天啓大壯，神功罕究。勒銘巨橋，敢告豪右。

姚鉉《唐文粹》卷六七張嘉貞《石橋銘並序》 趙郡洨河石橋，隋匠李春之跡也。製造奇特，人不知其所以爲。試觀乎用石之妙，楞平碪鬭，方版促郁；緘穹隆崇，豁然無楹。吁！可怪也。又詳乎義，插駢坒，磨礱緻密，甃百象一，仍餬灰壘，腰纖鐵，蹙兩涯，嵌四穴。蓋以殺怒水之蕩突，雖懷山而固護焉。非夫深智遠慮，莫能創是。其欄檻華柱，鎚斲龍獸之狀，蟠繞拏踞，眭盱翕欻，若飛若動，又足畏乎！夫通濟利涉，三才一致。故辰象昭回，天江臨乎析木；鬼神幽助，海石到乎扶桑。亦有停杯渡河，羽毛填塞，引弓擊水，鱗甲攢會者，徒聞于耳，不覩于目。目所覩者，工所難者，比於是者，莫之與京。勑河北道推勾租庸兼復囚使判官、衛州司功參軍、河東柳渙繼爲銘曰：

於繹工妙，沖訊靈若。架海維河，浮黿役鵲。伊制或微，並模蓋略。析堅合異，超涯截壑。支堂勿動，觀龍是躍。信梁而奇，在啟爲博。北走燕蒯，南馳温洛。騑騑壯轅，殷殷雷薄。攜斧拖繡，騫驄視鶴。藝入侔天，財豐頌閣。斲輪見嗟，錯石惟作。並固良球，人斯瞿瞁。

張説《張燕公集》卷二《石橋銘》 玉梁架迴，碧沼涵空。石邊海上，鏁鍛河中。横漢飛鵲，規天拖虹。仙聖來往，風雲路通。

《全唐文》卷三九五閻伯輿《河橋賦》 壯三輔之雄極，非魏國其伊那？總魏國之繁隘，非斯橋而豈他？條山左臨，高障東連於渤海；晉關右抱，浮梁西截於長河。却頓鐵牛，駭浮川之魍魎；旁飛畫鷁，驚入浪之黿鼉。竹笮其維，不虞於奔濤擘赫；金鎖斯纜，何懼於層冰皚峨。川有梁兮，闐閈於揭涉；王在鎬兮，有格於來訛。蓋取諸益，其不謂何？故馬卿之歘爾斯題，請觀即事；尾生之溘焉守死，夫奚足多？豈比夫虹能象之，不可以來往；鵲能填兮，不可以經過？若斯之利用吾賓，薦之士亦可歌；頌諸侯之盛績，樂王化之雍和。爾其薄煙霏霏，初日杲杲；遠之而望，勢侔神造。既似乎瀑布之界天台，又似乎蓬萊之横海島。虚其内則用當於無，疏其間則屈而且抱。憑險作固，夾咽喉之重關；用否而通，連秦晉之長道。東西水滸，義非待於秦求；襟帶山河，固可兼於魏寶。爾其憧憧往還，曳曳空間。華柱上征，殊馬援之標界；石臺中聳，若鼇力之負山。偉哉武侯，時賞兹國。況天樞要，作限通塞；旁達無垠，下臨不測。舟形崎嶬，似火龍之飲川；梁勢綿綿，疑海鵬之點翼。其拯物也，有來斯適；其濟時也，遐方不亟。非夫蓄巨川之運，迴斡地之力，則何能掄梓材以當路，臨要津而作式？守此道也，夫有何極？然而物有成規，國有虚費；信彼才之可取，奚此橋之獨貴？使夫期不日以獻，珠連城而出魏。

周復俊《全蜀藝文志》卷一李遠《題橋賦》 昔蜀郡之司馬相如，指長安兮將離所居。意氣而登橋有感，沉吟而命筆爰書。倘並遷鶯，將欲誇其名姓；非乘駟馬，誓不還於里閭。原夫别騎留連，鄉心顧望。銅梁杳杳以横翠，錦水翩翩而逆浪。徘徊浮柱之側，睥睨長虹之上。神催下筆，俄聞風雨之聲；影落中流，已動龍蛇之狀。觀者紛紛，嗟其不羣。染翰而含情自負，揮毫而縱意成文。渥澤尚遥，滴瀝空瞻於垂露；翻飛未及，離披且覩其崩雲。蓋以立誓無疑，傳芳不朽。人才既許其獨出，富貴應知其自有。潛生肸蠁之心，暗契縱横之手。於是名垂要路，價重仙橋。離離迴出，一一高標。參差鳥跡之文，旁臨一作鄰。綵檻；踴躍鵬摶之勢，下視丹霄。既而玉壘經過，金門龍異。方陪侍從之列，忽奉西南之使。乘軺電逝於遐方，建節風生於舊地。結構如故，高低可記。追尋往

跡，先知今日之榮；拂拭輕塵，宛是昔時之字。想夫危梁薛剥，漬墨蟲穿。長含氣象，久滯風煙。幾遭凡目之見嗤，徒云率爾；終俟瓌姿之後至，始覺昭然。所謂題記數行，寂寥千載。何搦管而無惑，如合符而終在。警後進而慕前賢，亦丁寧而有待。

《文苑英華》卷四六王昌齡《灞橋賦》 聖人以美利利天下，作舟車。禹乃開鑿，百川紆餘。舟不可以無水，水不可以通輿，遂各麗於所得，非其安而不居。横浮梁於極浦，會有跡於通墟。借如經綸淮海，陶鼓仁義。藏用於密，動物以智。每因宜以制模，則永代而取奇。伊津梁之不設，信要荒之莫致。思未濟於中流，視安危之如戲。故可取於古今，豈徒閱千乘與萬騎？惟梁于灞，惟灞于源。當秦地之衝口，束東衢之走轅。拖偃蹇以横曳，若長虹之未翻。隘騰逐而水激，忽須臾而聽繁。雖曰其繁，潰而不雜。懷璧拔劍，披離屯合。當遊役之嗷嗷，自洪波之納納。客有居於東陵者，接行埃之餘氛。薄暮垂釣，平明去耘。傍連古木，遠帶清濆，昏曉一望，還如陣雲。乃臨川而嘆曰：亡周霸秦，舉目遺址。前車後軌，不變流水。嘆往事之誠非，得兹橋之信美。皇風不競，佳氣常依。既東辛而清道，每西臨以駐旂。連袂挾轂，煙闐雨飛。嗟乎此橋，且悦明盛。徒結網於川隅，視雲霞之輝映。聊倚柱以嘆息，敢書橋以承命。

《全唐詩》卷五九李嶠《橋》 烏鵲填應滿，黄公去不歸。勢疑虹始見，形似雁初飛。妙應七星制，高分半月輝。秦王空構石，仙島遠難依。

張九齡《曲江集》卷五《天津橋東旬宴得歌字韻》 清洛象天河，東流形勝多。朝來逢宴喜，春盡却妍和。泉鮪歡時躍，林鸎醉裏歌。賜恩頻若此，爲樂奈人何。

姚鉉《唐文粹》卷七五崔祐甫《汾河義橋記》 絳人有成橋于稷山縣南汾河水上，入境稱曰孝子。詢之，三十喪父母，五十猶縗麻，故其鄉黨捨氏不名，貴之也。初兹縣有具舟之役，鄰邑有官修之梁，自太原西河上黨平陽，至於絳，達於雍。繇卒迫程，賈人射利，濟舟爲捷，渡口如肆。孝子川上喟然歎曰：「夫來者如斯，其可勝記，欲速不達，式在兹乎！見義不爲，非勇也；臨難不濟，非義也。」迺願棄家，乞諸他郡。枯槁籃縷，日恒歲積。自阿闤而東，陶唐儉風，食貨艱難，閭里褊小，率令遠驟，馳邇饋飴，耆耋喻美於編户，丁男捨耒而攻木，義聲感也。汾流湯湯，河滸牽射，隤沙徙岸，呀呷轉騰，畚築於激射之旁，根柱於沸渭之下，是慮是圖，功就其十八九矣。其年秋七月，天作淫雨，湍悍襄陵。噫！大水不仁，前功蕩矣。邑老鄉人，涕泗弔之曰：力竭於子，天不恤是，而〔今〕已矣。顧而不應，且有後圖。徵詩人之嘉謀，參作者之遠慮，洩索辮蔑，繫舟戾航。白露下而謀始，止於淩澌杜；春冰解而興功，止於水潦降。一夫不可奪志，三年其有成功。廣可方軌，平可轉轂。去其飾，成無丹雘；取其固，勢異虹蜺。僉義于孝子之功也，故曰義橋。昔周王以懿戚封建，吴札美盛德遺人。西臨孟津，北對姑射，山河風土，其肯徒然。所以義表顯門，功烈鄰境，難其一善，矧乃兼之。由是縣人志之于石。

《文苑英華》卷八〇一二喬潭《中渭橋記》 自鳥鼠穴者，兹水廣矣。依一作税。鳳凰城者，兹橋壯矣。水朝巨海而不竭，橋通大路而居要，不然，豈自秦至我唐六千甲子而獨一作猶。存也？稽厥弘道，一作造。率兹帝圻。一作畿。候天根之見，當農務之隙。司金司木，鳩而積也。水工木工，速而至也。揮刃落雪，荷鍤成雲。京兆尹紫綬一作紱。而董之，邑吏墨綬以臨之。遠邇子來，結構匆亟。無小無大，咸稱天一作于。休。經之營之，不愆于素。丹柱插於坎陷，一作窞。朱欄絶而電炫。一作娫。乃虹引成勢，猶鵲填就功。連横門，抵禁苑，南馳終嶺商洛，北走滇池酆畤。濟濟有衆，憧憧往來。車馬載馳而不危，水潦起漲而轉固。人思啓者，吾其能濟。艷艷赫赫，轟轟闐闐。且周穆之駕黿鼉，振千祀也；東明之聚魚鼈，稱一時也。孰若我由也一作之。而必達，憑之而必安。若以匹敵，夫何遠矣。潭遂一作遽。因行邁，覩兹崇飾，將刊石以表跡，敢搦札以記事。赤奮若歲，流火之月也。

《全唐文》卷三六五游方《任城縣橋亭記》 唐再受命，能事備於開元。乃十有三年，告成於岱。翠華之往也，則北巡濟河；玉軑之旋也，則南指陳宋。故行宮御路，次夫任城焉。陽門橋者，跨泗之别流，當魯之要術。初隨時以既濟，因大駕而改功。觀其壅川爲池，因地設險，削金堰於馳道，甃石門以飛橋。夾以朱欄，揭以華表，炳若星漢，拖如虹蜺。蓋乘輿乃以陽朝御六龍，翊萬騎，聲明紀律，文物比象，迴睿覽於洲渚，駐天蹕於川梁。先時望君之來也，則金繩以界之，鐵鎖以扃之；厥後榮君之顧也，則浚池以廣之，築館以旌之。經始兹宇，惠而不費。當儲峙之末，有芻粟之餘；散之則人獲壹錢，鳩之則動以千計，請爲亭館，以壯橋池。故鄉老白於吏，邑吏謀於府，因人之欲，得事之宜。鼛鼓不勝，工力徒競，鬱爲層構，在水之陽。壓鮮原以迴出，流古墉而却倚。危欄巘巘，反宇峨峨，勢摇烟潭，岌若飛動。南軒虛明以晃朗，北室懿濞而清泠。自堂徂亭，邐迤

幽徑，上覆藤篠，前臨芰荷，憑高佇目，萬象皆見。夫河南之勝有三，橋亭得其一。梁園有梁王之迹，圃田有僕射之陂。平池曲榭，美則美矣，豈與夫島嶼開合，林嶂蔽虧，旁薄大荒，吐納霞景？晝橋南度，像清洛之規；虛館闕一字。臨，叶滄洲之趣。有是夫！有是夫！任風姓之國也，謡俗古遠，其太昊氏之遺人。富而教之，合於《魯頌》，當太平無事，而朝野多歡。不然，此池何以得花縣之名？吾儕何以得仙舟之目？不其闕一字。而。時則有若邑大夫滎陽鄭公延華，信昭盈缶，道契虛舟，禮樂之行，仁德歸厚。丞范陽盧瓚、主簿平昌孟景、尉瑯琊王子言、尉河東裴迥，皆士林英華，學府金碧，能勤在公之節，無廢會友之文。嘗授簡於方，以爲之記，會方有公車之召，請俟於異時。金鄉尉潁川韓邠卿舍於裴氏，言於衆曰：「游子之讓斯文，以諸公在此。諸公之意也，子何辭焉？」因命秉燭，俾方操翰，夜而成記，翌日遂行。開元廿六年秋七月旬有四日云。

陸心源《唐文拾遺》卷五一曹孝翼《鄮城橋記》 竊以脛化資神，廓靈暉而際物；陶甄馭氣，括象色以分空。道既積而形宣，理未極而名始。暨乎八柱妍機，運横空之過漢；九垓杼軸，分耿地之洪流。乃有散浸仙衣，屢淼春塘之派；霏徵玉線，時漲秋江之瀾。同自在於人天，變枯榮於節序。俄而慶鍾劫往，黎元履昏墊之危；理屬殷憂，皇王受漂溺之害。雖則員蓋上馳，方輿下闢，扶危拯溺，孰與津梁者乎！然此涣水者，廼四瀆之餘滋，山川之末浸。發源潛陁，灌注陰微。濟茁五州，澄渟七澤。飛花泛景，翻彩虹於洪流；落葉巡空，濺素蛾於絶岸。出平原以浩汗，則浴日含雲；入郊甸以達紆，則浮天括地。苞山作鯁，文命無以慶其工；襄陵作災，伯旃罕能施其計。遂使中塗練影，踪足長嘶，陌上連衿，躊躇引接。所謂吉凶悲絶，異燕丹之去秦；目擊艱危，同馬卿之歸漢。於是發心主夏候師静一十七人等，共看行旅之勤，俱發拯人之願。遂能詢謀遐邇，忘味侵星。或求方外之材，永搆不虧之業；模基藴玉，鬱爲弘濟之規。飭軓盈金，巋然管製，且前望章華，髣髴成夷之壘也。車習騎踐，藉驪驤之遊；後帶黄亭，歇烟雲之色。鸞居鳳集，斯須曹伯之陵。樵人引伐木之謳，鳩鳥切懷音之哢。可謂賛侯故國，猶傳畫一之談；曲逆先籌，尚想奇謀之論。據斯衝要，析岍疏限，仍於鄮城西南，建兹大橋一所。上參卯宿，工圖斗極之形；傍准月絃，妙盡半輪之勢。虹梁照水，分景艷於員波；鵠棟排虛，寫雲光於長瀨。雖則仲由飭詐，詎勞編竹之勤；宣尼固窮，自解問津之惑。離妻以之拭目，不覺逃睛；公輸即此發迷，翻然褫魄。實五方之要會，信三楚之通逵。懋勤之績已宣，能事之功又畢。若不旌其志行，飾以瓊碑，則桑田之變有期，雲火之辰莫紀。命余叙讚，乃作頌云：

粵若神功，凝兹化育。睇彼色空，陶甄宇宙。體道含仁，保真任德。爰立大中，惟皇作極。九皇嗣迹，萬象味鈞。辯方啟域，式叙彝倫。地騰休氣，山秀卿雲。災生百六，命禹條分。愴哉巨壑，聖化同源。枝梁受汴，浴日含烟。花飛濯錦，葉落疑船。停鑣短日，作鯁長年。眷言勝壤，境狎誰梁。門齊杞梓，俗並琳瑯。心期露掌，業會其堂。席川華構，式表舟航。猗歟發心，效兹崇構。□□斜嵠，披秦崐岫。丹湊周施，玉石兼糅。似鵠羅烟，如虹飲溜。翠琰題芳，玄瑶紀德。族命□條，門風後飭。匪惟已運，庶資同力。一簣因基，延芳萬億。

陸心源《唐文拾遺》卷三〇余球《五大夫新橋記》 夫山嶽降靈，非大聖無由開化；適化所有，非釋教無以導心。於是會稽東不遠七十里，有大澤曰虞江。江之東南廿里有草市，粵五大夫在鳳山南面。山則連環朝仰，如君臣相揖有序。冠絶雖異，人莫能測。本因焦氏立塋於此，孝感上聖而爲名焉。故其地也，聚天下之民，鬻天下之貨。市之南崗則德興村，大雲寺置莊於兹。市之北新江路，路通於市。則黄山河，古人以彴之將接，行旅爲不滯之由，緣不壯不麗，危而且險。或遊童牧豎，登陟於此，多誤斯墜墮，以父母兄弟□噫相仆，爲民所病。時大雲寺僧常雅公，本吴郡富春孫氏，因宦徙居金華焉。上人少小聰慧，知釋教之可歸，丱歲從緇，心若冰鏡，戒全鵝珠，窮阿難之妙音，洞迦葉之微旨。既見我皇帝乾元啓運，布德維新，遂乃發心慕緣，造兹橋二所。其橋上臨星斗，下跨洪流，資萬世之妙因，旌千秋之勝善。時有前溧水尉彭城劉公阜，發心造斯勝幢，共議□卓立南岸，用彰永福(缺)。太子嶽牧縣宰父□師僧，十室長幼，資其冥福，使億劫著善，爲行旅揭厲，逃炎送餞，賞翫怡神者哉！時廉使李公仁風遠扇，卧牧百城；邑大夫王公術過京龜，軫嵇琴於棠樹。□丞公簿尉諸公，有仇香之異能，同梅真之惠化。并州縣職吏，及市内尊幼，四村檀越，並八龍兄弟、三虎子孫，共植勝因，同崇廣福。會昌三年，歲在淵獻月屬無射二十有九日建。

□唐會昌三年建此幢，至五年八月奉敕毁寺，其幢隨例亦毁。至大中即位元年，佛法重興。至四年庚午歲秋七月九日，前宣州溧水尉劉阜，與當閭閬信士等，同募緣而再建立於(五)夫橋南，□丹雘周圓，伏慮代□□□，後人不曉，遂尅金石，聊□□□。廉使李□令常□□□主簿羅□尉李□鄭□□□□□將鄭□勾當陳繼宗、馮招。《越中金石記》。

陸心源《唐文續拾》卷一〇佚名《造汶水橋記》　夫好士者以動爲智，動則衆物充擁。厭諠者以彰爲仁，彰則羣情乃□。□□動彰者，仁智之□，□□爲□□水不彈，馮夷□舟，涉川無憂。□若或有乘槎入漢，時覩天人。鞭石浮海，不能觀日。魯生聘思於汾方，杜子勒功於河上，檀茂響於采□，傳□□於前古。自兹已降，代有仁人，濟物扶危，其道非一。壯思雲起，巧歷風馳。縑汗所不能書，竹素所不能該。嗔橋□□，其來自遠。究弊興利，何其博哉。且黑獄長黝，所昭者□炬；愛河無底，能渡者智舟。開子義之門，游實相之境。不住空有而求解脱者，□非智慧乎？爰有至聖，時稱妙覺，出無相之門，游煩熜之海。□啟重闇，太極羣溺。得其道者，若鷁鶬之處太虛；學其智者，猶醯雞之涉巨海。終日譽之而不喜，没世毀之而不怒。百川同注，未覺其盈；萬□齊酌，莫測其減。威力振山海，神光動天地。心念口誦，拔萃□滓。彈指合掌，脱落風塵。曩遭隨末，法令□□，□□未足比其煩，凝晦無以□□密。符詔如續索，州縣若響應。轉輪道死，□一徵十。鵄目虎吻，琢磨宇縣。狼顧鷹眩，鞭笞天下。清言承旨，必作帷幄之臣；利觜長距，無非州縣之尹。撫蒼生而逐雀，駈庶物若羣羊。掃地從□，女子爲市；山冢淬崩，神鬼夜哭。盜賊比於螻蟻，人死劇於亂麻。寒則露宿糞壤，飢則易子齩骨。枯骨弊平原，流血丹野草。遺響未滅，故老猶存。見之者痛入骨髓，聞之者莫不酸鼻。大唐膺運，雅握玄璣。解億兆之倒懸，致百姓於人壽。餘糧栖畝，謳謡滿路。人無百里之□，室有一堂之樂。鼓腹擊壤，若被堯□。□井□田，如披舜□。人如野鹿，不習而解温恭；情同澤雉，不學而知敬讓。日臨月照之所，節風沐雨之域，莫不獻□輪琛，貢環呈賮。山稱萬歲，未足比其勝平；河表千年，□以方兹聖代。皇帝恭承寶命，嗣□丕業。符石紐之圖，當樂推之重。撫臨天下，于兹四載，河海息浪，尉伯無驚。□手足於一身，視蒼生其若子。岳神入輔，星精下降。訪決勝於□猷，酌清風之故典。公擢渭濱，士搜狐掖。投筆明允，陭僚爽鑒。不使空桑李公，獨播清忠；東號公孫，孤標□物。趙州之地，分維畢昴。南通河濟，北控燕薊。西阸井陘，東連大陸。有汶水者，出自龍山之北，經於程氏之南。硤不容舟，深而聯涉。秋夏浩蕩，非一葦之能航；春冬渥涸，非桒鰌之可渡。樓季之勇，未敢□憑；織織貪珠，無心□没。〔嶹〕〔峥〕嶸窮於地脉，窅窱深而入泉。垂耳鞭而不上，的□踴而不出。危踰絶險，峻若走丸。夏暑漸幃，寒冰傷骨。猗父投策，竟日徒吟；寗子輟歌，終朝長歘。□必睢河□涉，獨溺三軍；易水寒風，偏傷壯士。於是訪輪石，量用材，度功程，議遠邇，邑里首附，不日而至。工人雨集，□旬成響，空隆雲構，蜿蟺交屬。雕欄映水，乍似鵬飛。鋟檻臨□，□疑虹降。□其如帶，顧此物而無傾；海作桑田，冀兹橋而尚在。□平北走，不懼船人；趙鞅南游，不煩津吏。□軍王霸，無由近謫蕭□；耦耕沮溺，不得高欺季路。此村及諸姓長幼等卌許人，並識悟英遠，允歸物議。行稱鄉曲，信著閭閻。知逝川之逾□，□隙駒之不待。征蓬少老，欲歸□之無期；落葉朝遷，願還柯之何日。項羽拔山之力，終爲一聚之塵；曹章冠世之英，便作半棺之土。縱横□國，□免車輈；拔扈將軍，卒屠蓍劍。□知淮南九轉，謬擅仙經；神主五芝，空傳秘録。列子乘風而上游，王喬駕鶴而陵漢。令威不□，君達仍存，併是高談，俱非實論，□肴珍味，誠爲爽□之方；靡顔膩理，更是荒神之藥。累德喪生，斯其甚矣。豈若留心智慧之境，力善福德之門，濟行者於□陸，拔泥塗於墜溺乎。若□園菊始榮，井桐初落，華髮之老，覩寒荄而抆洟；傷離之士，對别□而深哭。人落落而自稀，歲忽忽于遒盡，悲積善而□深，恨潤身之不立。大唐永徽四年，歲次星□，月維大吕，遂□於程村之南，汶水之上，立永橋一所，臨峨嵯□，嶄巖扶木，迴空飛梁。□漢□冰未，□不□□行。秋水方深，無妨並轂。豈使英譽與蘭艾□□，風聲共秋蒹零落。勒翠石於往古，示不朽之來作。頌曰：博施之用，其逌衆靈。經天縛地，出幽入明。□之則□，履之則寧。及危從吉，變□□榮。唯其士女，攜手同行。日有婆伽，住諸實相。奇特弔詭，異常靈貺。博而不繁，直而缺十字。三界獨尊，焰乎無上。上玄降聖，膺物挺生。山開石紐，日負珠衡。河□不浪，尉伯無驚。□□允實，□□□明。缺七字横。村邑父老，三十餘人。景行高潔，□業貞新。爰施奇賄，割捨名珍。濟彼沈溺，修此梁津。勒兹翠石，永刊深仁。缺七字榮。成彼□□，沾此□□。仁及翔泳，義叶幽明。飲□□懼，飛普不驚。持許功德，同濟羣生。石刻。

《〔道光〕直隸霍州志》卷二五蕭珙《河東節度高壁鎮新建通濟橋記》　粤兹雄鎮，實河東軍之要津；封接蒲城，當舜夏墟之舊地，有關曰陰地，有亭曰雁歸，固晉川之一隅，通汾水之千派。金城洶湧，林麓森沉；東控介巒，西連白壁；峯巔萬仞，壁峭千尋；足食足兵，有威有固，則代郡雁門，何越之有。至若驛騎星馳，華軒雲淩，往返駢闐者，皆中朝名士，悉息駕於雁歸亭，未嘗不題藻句、紀年代也。西南松門洞豁，逕通千里，巖巘隱映，用輪轡者居焉，薄暝遺運者衆，混流箭激，不可渡之。雖有葉舟，過者懷疑，或覆衝谿人，或駐滯遊子，凡經渡者，咸

有咨憤之詞。伏會兵馬使清河張公領是鎮，初有關城，居人百姓等偕詣柳營，請創建長橋，以導達津阻。公挺儁人表，導全禮樂，器兼經濟，才爲時生，深惻隱，運良籌，允所陳而召節級，僉曰：「吾北離旌棨，南過斯軍，致舟車不便，衆有慽容，胡爲關河字人？」遂請當鎮咸通觀音院主法大德普安，激勸乃輩，結聚青鳧，兼自減月俸，以咸通九年戊子歲五月九日，興良工政，綱條畢能，乘時逐因便，自利出材，勉爲甘言，賞勵短匠，不日畢成。是橋長一百尺，闊一丈五尺，下去水四十尺，創置門屋，立鏁鑰，安華表柱，俾閽者潔嚴掌轄，署其名曰「通濟」。其橋南有古之曾氏石橋，雖名揚寰海，而通濟之義，莫大兹也。由是自華亭關虹樑，飛鵲脚，架雲棧，迴朱檻，化螮蝀於洪波，騰華鶴於朱户，炳焕方面，蓋以壯皇家天外北門之咽扼耳。曩者亭際中流，有怪石蹙浪，聲砰轟若雷霆，震而不息。兩堤人不辨其音狀，有蛟螭潛處其下，居者嘗虞，罕窺其禎咎。公以建橋之日，奠觴酒祝之，其聲頓止。是規風振俗，兆應昭彰。故得磊落妖聲，潛殄水府，以表我公之勳業巍巍乎！愚才非敏達，得不紀兹殊績，輒綴斯文，用刊貞石。是十五年壬辰四月十五日記。

李白《經下邳圯橋懷張子房》 子房未虎嘯，破産不爲家。滄海得壯士，椎秦博浪沙。報韓雖不成，天地皆振動。潛匿遊下邳，豈曰非智勇。我來圯橋上，懷古欽英風。唯見碧流水，曾無黄石公。歎息此人去，蕭條徐泗空。

李白《李太白文集》卷一九《秋夜板橋浦汎月獨酌懷謝朓》 天上何所有，迢迢白玉繩。斜低建章闕，耿耿對金陵。漢水舊如練，霜江夜清澄。長川瀉落月，洲渚曉寒凝。獨酌板橋浦，古人誰可徵。玄暉難再得，灑酒氣填膺。

周復俊《全蜀藝文志》卷八杜甫《陪李七司馬皂江上觀造竹橋》 伐竹爲橋結構同，褰裳不涉往來通。天寒白鶴歸華表，日落蒼龍見水中。顧我老非題柱客，知君才是濟川功。合歡却笑當時事，驅石何時到海東。

杜甫《杜工部詩集》卷八《觀作橋成，月夜舟中有述，還呈李司馬》 把燭橋成夜，迴舟客坐時。天高雲去盡，江迥月來遲。衰謝多扶病，招邀屢有期。異方乘此興，樂罷不無悲。

白居易《白氏長慶集》卷二四《正月三日閑行》 黄鸝巷口鶯欲語，烏鵲河頭冰欲銷。黄鸝，坊名。烏鵲，河名。緑浪東西南北水，紅欄三百九十橋。蘇之官橋之數。鴛鴦蕩漾雙雙翅，楊柳交加萬萬條。借問春風來早晚，只從前日到今朝。

白居易《白氏長慶集》卷八《題小橋前新竹招客》 雁齒小紅橋，垂簷低白屋。橋前何所有，苒苒新生竹。皮開拆褐錦，節露抽青玉。筠翠如可餐，粉霜不忍觸。閑吟聲未已，幽翫心難足。管領好風煙，輕欺凡草木。誰能有月夜，伴我林中宿。爲君傾一杯，狂歌竹枝曲。

白居易《白氏長慶集》卷一八《别橋上竹》 穿橋迸竹不依行，恐礙行人被損傷。我去自慚遺愛少，不教君得似甘棠。

白居易《白氏長慶集》卷一九《板橋路》 梁苑城西二十里，一渠春水柳千條。若爲此路今重過，十五年前舊板橋。曾共玉顔橋上别，不知消息到今朝。

白居易《白氏長慶集》卷二八《天津橋》 津橋東北斗亭西，到此令人詩思迷。眉月晚生神女浦，臉波春傍窈娘堤。柳絲嫋嫋風繰出，草縷茸茸雨剪齊。報道前驅少呼喝，恐驚黄鳥不成啼。

白居易《白氏長慶集》卷二六《洛橋寒食日作十韻》 上苑風煙好，中橋道路平。蹴毬塵不起，潑火雨新晴。宿醉頭仍重，晨遊眼乍明。老慵雖省事，春誘尚多情。遇客踟躕立，尋花取次行。連錢嚼金勒，鑿落寫銀罌。府醖傷教送，官娃喜要迎。舞腰那及柳，歌舌不如鶯。鄉國真堪戀，光陰可合輕。三年過寒食，盡在洛陽城。

白居易《白氏長慶集》卷二八《橋亭卯飲》 卯時偶飲齋時卧，林下高橋橋上亭。松影過窗眠始覺，竹風吹面醉初醒。就荷葉上包魚鮓，當石渠中浸酒瓶。生計悠悠身兀兀，甘從妻唤作劉伶。

白居易《白氏長慶集》卷三七《和李相公留守題漕上新橋六韻同用黎字》 選石鋪新路，安橋壓古堤。似從銀漢下，落傍玉川西。影定欄杆倒，標高華表齊。煙開虹半見，月冷鶴雙棲。材映夔龍小，功嫌元凱低。從容濟世後，餘力及黔黎。

白居易《白氏長慶集》卷六七《判》 得洛水暴漲，吹破中橋，往來不通，人訴其弊。河南府云：雨水猶漲，未可修橋，縱苟施功，水來還破，請待水定。人又有辭：大水爲災，中橋其壞。車徒未濟，誠有阻於往來；修造從宜，亦相時之可否。顧兹浩浩，阻彼憧憧。人訴川梁不通，壅而爲弊；府慮水沴薦至，毁必重勞。苟後患之不圖，則前功之盡棄。將思濟衆，固合俟時。徵啓塞之文，雖必葺於一日；防懷襄之害，未可應乎七星。無取人辭，請依府見。

李頻《黎岳集·東渭橋晚眺》 秦地有吴洲，千檣渭曲頭。人當返照立，水

徹故鄉流。落第春難過，窮途日易愁。誰知橋上思，萬里在江樓。

柳宗元《柳河東集》卷四三《苦竹橋》 危橋屬幽徑，繚繞穿疎林。迸籜分苦節，輕筠抱虛心。俯瞰涓涓流，仰聆蕭蕭吟。差池下烟日，潮浙鳴山禽。諒無要津用，棲息有餘陰。

《全唐文》卷四四二潘炎《金橋賦并序》 金橋在上黨南二里，常有童謡云：「聖人執節渡金橋」。景龍三年十月二十五日，帝經此橋之京師。賦曰：

沔彼流水兮清且漣漪，度木爲梁兮於焉在斯。成金橋之巨麗，得鐵鎖之宏規。當其受以金模，觀其曲面。經始也，則大火朝流；成功焉，乃天根夕見。彰於聖德，發彼謳歌。千人唱，萬人和。丹雘蜿蜒，倚晴空之蝃蝀；瑰材櫛比，超渡海之黿鼉。人且告符，功惟用壯。非填鵲之可比，法牽牛而爲狀。鶴鳴陰處，雁覆晴川。巽東明擊水而投步，匪秦帝驅山而著鞭。惟彼童謡兮言猶在耳，大人應運兮奉天而起。乘彼橋以徑度，按周道以如砥，于是提三尺，乘六龍，懷萬邦，入九重。

《全唐詩》卷六二八陸龜蒙《和襲美詠皐橋》 横截春流架斷虹，憑欄猶思五噫風。今來未必非梁孟，却是無人斷伯通。

周復俊《全蜀藝文志》卷一陸肱《萬里橋賦》 萬里兮蜀郡隋都，二橋兮地角天隅。相去而如乖夷貊，曾遊而只在寰區。倚檻多懷，結長悲而莫極；憑川試望，思遠道以何殊？昔者滄海朝宗，岷山發跡。斯觀理水之要，若啓鑿穴之役。逮夫東土爲揚，西邦曰益。架長虹於兩地，客思迢迢；浩積水於千秋，江流脈脈。宇宙綿綿，今來邈然。結構應似，途程甚偏。將暫遊於楚岸，欲徑度於巴川。目斷波中，過巫峰之十二；心馳路半，到荆門而五千。徒觀夫偃蹇東流，峥嶸二邑。揭華表以相效，刻仙禽而對立。俄驚迴復，潮生而夕月初明；孰敢争先，帆去而秋灘正急。眇天末之殊方，有人間兮異鄉。顧盼而層陰動色，徘徊而浮柱生光。飾丹雘以雖同，彼臨淮海；度軒車而既異，此對銅梁。古來幾許行人，曾遊此路？跨緑岸以長存，俯清流而下注。寧爲駐足之所，莫問傷心之故。復有逆旅傷情，臨邛遠行。壯鬼製以靈矗，壓江流而砥平。家本江都，羨波濤而自返；身留蜀地，偶萍梗以堪驚。渺迤歸遥，飄流恨結。之子去兮揚桂棹，長卿還兮建龍節。既風月以相間，固音塵之兩絶。斯橋也，可以濟巨川之往來，不可以攜手而相别。

李商隱《李義山詩集》卷中《海上》 石橋東望海連天，徐福空來不得仙。直遺麻姑與搔背，可能留命待桑田。

杜荀鶴《唐風集》卷一《送人遊吴》 君到姑蘇見，人家盡枕河。古宮閑地少，水港小橋多。夜市賣菱藕，春船載綺羅。遥知未眠月，鄉思在漁歌。

徐鉉《徐公文集》卷一三《常州義興縣重建長橋記》 聖人作川梁以濟不通，舟車所及，纚連棋布。若乃形勝傑大，名聞天下者，亦無幾何，陽羨長橋其一也。夫英賢之所躔次，邑居之所瞻望，山川之精粹宅焉，里城之神靈憑焉。廢而興之，圮而葺之，豈惟備政，足以徼福。是橋也，徵諸圖諜，則後漢邑令袁君創造，國朝永泰中令丘君新之，其他無聞焉。中興之初，邑有義夫曰吴濛、吴湞，率以私帑，備加營構，人賴其利，踰三十載。丙辰歲，國步中梗，百越寇邊，邑人敗之，燒營而遁，飛焰旁及，宏梁半摧。甲寅歲，著作佐郎劉君來爲邑長，視其制度，知非民力之所能濟，乃狀其事，白于有司。上聞嘉之，詔賜錢八十萬。君信而好古，寛而得衆。尉盧倩鼎甲餘慶，俊造策名。政是以和，事無不舉。乃相與敷王澤，因民心，備物致用，程功揆日。器利工善，材良事時，戊辰歲冬而裁，明年暮春而畢。長五十步，廣七步，對縣樓而直出，跨荆谿而横絶。丹雘其飾，宛偃蹇而虹舒；崇高其勢，邈苕亭而山立。朱輪方軌，駟馬連騎，營營市井，憧憧往來，有衽席之安，無揭厲之患。昔者，乘車濟涉，聖人謂之無教；橋梁弗修，賢相知其弗能。以今方古，勝負分矣。夫《書》云考績，《傳》載稱伐，庸庸善善，其可廢乎！刻之貞珉，以示來者。庚午歲春二月十五日記。

張咏《乖崖先生文集》卷六《張氏新小橋銘并序》 粤若選勝尚奇，見善稱難者，與夫創新謀始遠矣哉！新小橋，即張氏林泉之所建也。通溝漲白，所以瑩林樹之輝；丹檻淩虛，所以喧耳目之用。利有未濟，人其捨諸。于是哲士預能，梓匠視力，役夫未疲，飛梁締構。通竹陰之雙隧，導賓階之四達。蒼雲夜斂，疑上架于星河；零雨晝晞，訝傍牽于蝃蝀。既萌謀始，得無健稱者歟？某謂成功則細，創心是難。執彼量大，昭焉著焉。鄙乎隱鱗之狂，寧謝題柱之作。染翰之末，聊述銘云：

設險者水，謀始者賢。飛梁締構，呀豁林泉。往復攸濟，微乎捨旃。誰謂巨川，不能駕焉？

《〔光緒〕鹿邑縣志》卷一〇下王欽若《太清宮崇真橋記》 上缺數字。所以濟不通。興祠在譙，跨渦有橋。絢紫氣于建杓，激清流而韻韶。天子乃馨齋明而款下空六字。上缺數字。大道之行，際乎天而蟠乎地；元后之德，作者聖而述者

明。敷佑兆人，歸尊璿極。景亳之右上缺十數字。惟混元上德皇帝示至神之妙有，化浩劫以和平。鴻濛毓粹，參午儲靈。垂溟涬之大範，賢慌惚以惟上缺十數字。天清地寧。闡微言于蓋世，顯奇相于强名。恬智莫測，清浄是宗。尹喜守關，始瞻氣于函谷；漢桓感夢，遂□□〔于〕彌永。本係誕彰，追崇之號，肇因于武德；輪奂之飾，大熾于明皇。儼羽駕之來洎，受諄誨而允感。繇是上缺十數字。晴虹天矯于黿梁。自盜起六雄，時經五代，寶宇之蕭薌鯨夐絶，元都之麋鹿遂遊。運續赤明，天造皇宋中缺二行，行約數字，皆提行書者。上缺數字。州□□仁孝□□繼二聖之洪基，育八紘之羣品。豐財美利，累洽重熙，所以上帝着懷，靈文薦降。當□□□昭湊四夷來會。□五□之合度，徇萬國之忻戴。乃蕆鴻儀、稽嚴配，鳴鑾于龜蒙，射牛于雲岱。所以告謝上缺十數字。駕□□□仙掌潔犧，象臨郊壤。三英祭乎經術，百寶麗乎俯仰。所以對越坤元，薦鬯于脽上也。于是上缺十數字。感通乎神明，惟以下空三十三字。上缺數字。命□□□□大□稟命虚皇，降格紫殿。昭靈源之所自，顯聖壽之無疆。邃古之所未聞，綿寓以及大賚。能上缺十數字。之元係，永錫長發，異世同□。乃嚴整六飛，騰裝七萃。大雨彌節，風伯清塵，指巽維，臨苦縣，以下空六字。上缺十數字。白沛中，詔班湛恩，存問年者，詢訪民隱，增新祠宇，重構河梁。兹橋也，處大邑之東廛，直靈宫之上缺十數字。圮，乃宏其基址，易以梗楠。民以子來，功謂神造。隱伏犀于中派，揭翹鶴于四隅。洎雲罕斯臨上缺十數字。戍□而臻亨也。千乘萬騎，挂轄而疊肩；九□一志，掎裳而連襻。憧然往復，若踐平塗。允所謂達川澤之上缺十數字。仙源。彼秦誇鞭石，本異庇民；李謂應星，分在遐域。豈若北連畿甸，南届淮陽，東控甬橋，西通鳴鹿，俾耕織之俗，熙上缺十數字。我皇屬念宗禋，注心億兆，盡恭致禱，作善降祥，利涉大亨，何以臻此？臣學慚淵博，識昧希微，昔中缺一行，僅數字。上缺數字。之瑣瑣，仰龍德以巍巍，莫鋪宣于聲教，但紀述于歲時。大中祥符九年七月一日謹記。

《〔咸淳〕臨安志》卷二一　陳堯佐《涵碧橋記》　《傳》曰：「凡啓塞從時。」説者曰：門户橋道謂之啓，城郭牆塹謂之塞，皆從壞時治之。斯不曰政之先、民之急乎？昔子産聽鄭國之政，以乘輿濟人于溱洧，孟子譏其「惠而不知爲政」，且曰：「十一月徒杠成，十二月輿梁成，民未病涉也。」予嘗反復其説，必欲告天下之爲士者，勉于斯焉。會分職漕輓，觀政郡邑，能焉否焉，得于兹矣。兩越之郡，杭爲大，郛山堞野，宇秀宅異。附郭之勝，又得西湖焉。寒山鱗鱗，屏焉四合；澄波瑟瑟，鑑焉中照。倒萬象之影，而曲直可見；湛千流之注，而毫髮不隱。黼黻交林花之彩，律吕諧谷鳥之韻。有時朝陽麗梵刹之金碧，或爾夕藹暝城闉之村落，原隰溝塍，佐佑遠邇。其或憑高軒，寫幽望，含毫者才竭而莫抉，舉酒者罍覆而既醉，而萬景具在，一意未得。噫！豈清和所毓之粹，不可以言筌耶？風雅所蓄之緼，不可以力探耶？何軒檻之寶，俎几之實，俯之而不能有也？湖之西南，地益嘉勝，橋曰涵碧，寺曰孤山。孤山風俗稱之，今實廣化寺。互波心之百尺，矗雲表于千仞，三春樂遊，四民萃止。惜乎橋絶弗葺，寺樓將壓，居者藉乎茂草，行者病乎濡足。予謂《春秋》之訓即墜于地。暮春三月，時和囿空，乃同太守密學戚君綸方扁舟，侶嘉客，泛清風于蘋末，艤細浪于煙外。疇兹既壞之址，挺乎必葺之議。涓吉肇事，浹日而畢。觀夫虹天矯而欲飛，鶴翱翔以始歸，冠蓋利往，坎窞攸濟，萬目以之而改觀，千峰于焉而增氣。雖草木漁鳥，莫不歌于斯、遊于斯，咸樂其成也，矧衆君子乎！若夫言非文不足以垂久，橋非名不足以潤色，以雅易鄭，署曰「涵碧」，蓋出□□景而生乎自然也。且將圖以歸好事者，或思見之，當出以示。或曰：「啓塞之説，實由古之訓；山水之樂，未達子之志。」曰：「朝廷有道，區宇無事，能敏其政，又適其性，則斯人也，庶幾乎不爲妄矣。」別作五言律詩一章，章四韻，刻于它石，率大雅者和，以永涵碧之説。

《〔乾隆〕南昌府志》卷一一　楊億《南津橋記》　昔鄭子産以乘輿濟人，不知爲梁之利；薛廣德以樓船涉水，不若從橋之安。孟軻稱其仁，班固紀其直。是知橋梁之利，以濟不通，其所由來者舊矣。豫章郡，三吴之都會；奉新縣，五嶺之要衝。長江澒洞以東流，横橋逶迤而南渡，先是，邑人胡氏所營創也。宋太平興國中，山源陡漲，水波四起，出長風，架巨浪，亂石盤礚以相擊，大木軒昂而雜下。所值者立爲虀粉，所赴者蕩爲籓籬。兩崖之間，不辨牛馬；一邑之人，盡化魚鼈，斯橋飄蕩，無遺餘焉。自是邑人以小艇數艘，用濟行李。結駟挂轄，殆無虚日；鳴榔鼓枻，疲于奔命。伍胥既爲之解劍，陳平亦佐其刺船。羈遊者攬轡而躊躇，負販者臨流而歎息。亭長檥舟而不渡，樵人取箭以空回。往來患之，非一朝矣。然而工築至大，用度實繁，縣吏不敢賦于人，居民不能一其力。胡氏慨然發憤，遽爾捐資，將嗣續于前勞，乃經營于不日。以時斬木，必取楩楠之良；捐金購匠，聿求班輸之巧。積百車之斷岸，礱一拳于他山。前施樸斲之功，預成締搆之用。及窮冬之水涸，未踰月而橋成，焕乎維新，恍若靈化。制度之宏壯，已數倍于曩時；基址之固護，必可致于悠久。疇昔之他役，僅彌年而事集；今兹

之經始，未改火而功畢。致茲神速，出于誠明，又何必廣袤倍于尋常，蔓延幾乎百步？蜿蜒平視，若牽牛之渡河；夭矯高驤，如黑龍之飲渭。足使行旅自安于枕席，王命不壅于置郵。臨九江者不待架以黿鼉，期七夕者不必填以烏鵲。招招舟子，息扣舷鼓櫂之勤；憧憧行人，絶濡軌褰裳之患。計功稱伐，其博施濟衆之謂乎！昔齊人延年，願壅水以注匈奴，惜其志大而無用；始平人宗士美，親負米以委太倉，嗟其惠小而不孚。胡氏衣被聖化，從容壽域。服田力穡，鄉閭息虞芮之争；方領高冠，子弟成鄒魯之俗。歲若小歉，則爲淖糜以活人；官或輕收，則出紅粟以助國。江左高其義，天子知其名。若乃杜緩之出邑金，資討西羌；卜式之輸家財，助平南越，蓋其比也。又豈滔滔鷁浪，非一葦之可杭；峨峨虹梁，有千金之廣費。括囊竭産之不顧，善利既濟之爲心者哉！胡氏凡義居數世，上以其孝懿著聞，詔有司旌表其門閭，俾本郡給復其徭役；授其家老仲堯州助教以寵之，又改國子監主簿致仕；共弟仲容以兄命詣闕賀壽寧節，特授秘書郎，後遷光禄寺丞。晏元獻公謂其折券絶飲羊之欺，望廬消得鹿之説。愛人利物，趨若嗜欲，南津石梁，固其利濟之本心也。于是乎記。

夏竦《文莊集》卷二五《石橋銘》　山壤獻靈，扃結推功。穹窿石梁，飛雲架空。垂流下激，絶岸旁通。煙華溟濛，矯矯翔龍。朝日曈曨，蜿蜒騰虹。願接天孫，以助登封。

夏竦《文莊集》卷二一《海雁橋記》　頃歲山東旱蝗，予被詔牧寧。下穆陵，並濰水，出萊陽，轍黄腄，野無蔬茹，市無血膋。有客饋海雁六，弗忍爲膳，育於青州之柳亭，亡其一。後數載，予内徙睢陽，輦五雁縱之南湖。一夕，舊客過都，知之，撫掌橋側，五雁悲鳴飛集，圍繞膝下，至暮戀戀不能去。觀者爲之出涕。斯禽受人之恩，不過稻粱養育歲時耳，尚數年而不忘其主。前史有委質事君，高軒列鼎，而不能盡心於王室者，殊可嗟焉。《國風》美《關雎》之不淫，嘉《鳲鳩》之均一，蓋有資於王化也。因題是橋爲「海雁橋」以旌之。時景祐三年十月日記。

陸增祥《八瓊室金石補正》卷九四葉清臣《越州蕭山縣昭慶寺夢筆橋記》

昔者昭明綴集，里巷開於東府；子雲著書，亭〔構〕揭乎西蜀。席前修之能事，崇近古之殊稱，此賢者所以飛令聲、布嘉躅也。若夫經星著象，牽牛列於闕梁；《周官》分職，司險達於川澤。觀天根而庀事，聽輿謀而順圖，此作者所以啓上功、廣成務也。其或流風可挹，遂泯滅而無聞；陳迹有基，忽廢墜而不舉。斯亦平津之館，永歎於屈氂；宛丘之道，深譏於單子者已。浙河之東偏，會稽爲右郡。伯禹啓書而興夏，勾踐保棲而霸越。青巖交映，佳山水之秀奇；茂林森蔚，美竹箭之滋殖。地方百里者八，而蕭山居其一焉；縣目伽藍者五，而昭慶第爲甲焉。夢筆橋者，乃直寺門、絶河流而建之也。初，齊建元中，左衛江公歸依法乘，脱略塵境，捨所居宅，爲大福田。則斯橋之興，與寺偕始，其賦名索義，亦由此物也。自會昌流禍，池臺起傾平之愴；大中再造，土木亟文繡之華。唯造舟之制，曠日不復。物豈終否，有時而傾。天聖紀號之二年，冬十有二月，隴西李君以廷尉評實宰是邑。君明習吏事，詳練理體。牽絲沿牒，至必連最；批郤導窾，居多餘地。其始至也，去害吏，撫瘵民，激揚頹弊，摟振紘領。越明年，政以凝，民用寧，訟無留牘，漁不改夜。於是以成法視文奏，以暇刻起瘝圮，位署必葺，邑居惟新。一日，周爰井疆，鋪觀圖籍，感釋子之能誌，惜〔二〕〔江〕氏之寖微；且懼乎褰裳厲深，爲斯民病，漸帷涉難，貽來者羞。乃諭居僧，俾募信施，其坐堂上之客，必得邑中之豪。寺僧智明利真有邦，德成有章；自南同與是謀，式幹斯蠱。三四佛之攸種，咸植善根；百千金之所直，悉歸寶塔。府帑不費，里旅不煩。山虞致木而叢倚，郢人運斤而風集。經始不日，而功用有成。晴虹倚空而半環，浮黿跨波而欲渡。雕楹矗而端聳，鈎楯繚而横絶。肩摩轂擊，控夷路而下馳；飛艎鳴艫，貫清流而直逝。以材之豐羡，稽工之簡隙，又作駐楫亭於橋之北涘。艇子兩槳，足以憩行者之勤；傳車一〔封〕，可以勞〔使臣〕之集。是知創橋以表寺，先賢之遺懿益光；由亭而視橋，〔仁〕人之用心兼至。建一物而二美具，故君子謂李君爲能。若乃度群迷，超彼岸，演竺乾之筏喻；從善政，均大惠，易國僑之輈濟。又豈止題柱伸馬卿之志，墮履紀黄石之書，臨清水以締材，徒言吕母，架渭河而建利，止號崔公而已哉！李君謂予《春秋》之流，可謹歲月之實，折簡馳問，託辭傳信。愧無馬遷之〔善〕叙，聊傳丘明之新作云爾。時巨宋天聖四年春三月甲申日記。東越吴則之書并篆額，錢塘趙世明鐫。文林郎、守縣尉兼主簿王式，儒林郎、行縣尉兼主簿宋昌期，朝奉郎、行大理評事、知縣事、飛騎尉李宋卿。景祐五年冬十一月既望，承奉郎、守大理寺丞、知縣事苗振重立。

柳永《樂章集·少年游》　參差烟樹霸陵橋，風物盡前朝。衰楊古柳，幾經攀折，憔悴楚宫腰。夕陽閑淡秋光老，離思滿蘅皋。一曲陽關，斷腸聲盡，獨自上蘭橈。

李濂《汴京遺蹟志》卷二三湯鼎《雲驤橋》　橋頭車馬鬧喧闐，橋下帆檣見畫船。弦管隔花人似玉，樓臺近水柳如煙。地連秦晉通三市，路入淮濠接九天。

獨倚闌干望宮闕，翠微高映五雲邊。

韓琦《安陽集》卷一〇《從駕過金明池》　帳殿深沉壓水開，幾時宸輦一遊來。春留苑樹陰成幄，雨漲池波色染苔。空外長橋横螮蝀，城邊真境闢蓬萊。匪朝侍宴臨彫檻，共看龍艘奪錦回。

孔延之《會稽掇英總集》卷一九葉清臣《蕭山縣昭慶寺夢筆橋記》　昔者昭明綴集，里巷開于東府；子雲著書，亭構揭乎西蜀。席前修之能事，崇近古之殊稱，此賢者所以飛令聲、布嘉躅也。若夫經星著象，牽牛列于關梁；周官分職，司險達于川澤。觀天根而庀事，聽輿謀而順圖，此作者所以啟上功、廣成務也。其或流風可挹，遂泯滅而無聞；陳迹有基，忽廢墜而不舉。斯亦平津之館，永歎於屈蹇；宛丘之道，深譏於單子者已。淛河之東偏，會稽爲右郡。伯禹啓書而興夏，勾踐保栖而霸越。青巖交映，佳山水之秀奇；茂林森蔚，美竹箭之滋植。地方百里者八，而蕭山居其一焉；縣目伽藍者五，而昭慶第爲甲焉。夢筆橋者，乃直寺門，絶河流而建之也。初，齊建元中，左衛江公歸依法乘，脱畧塵境，捨所居宅，爲大福田。則斯橋之興，與寺偕始，其賦名索義，亦繇此物也。自會昌流禍，池臺起傾平之愴；大中再造，土木極文繡之華。唯造舟之制，曠日不復。物豈終否，有時而傾。天聖紀號之二年，冬十有二月，隴西李君以廷尉評實宰是邑。君明習吏事，詳練理體。牽絲沿牒，至必連最；批郤導窾，居多餘地。其始至也，去害吏，撫瘵民，激揚頹弊，慢振紘領。越明年，政以凝，民用寧，訟無留牘，漁不改夜。於是以成法視文奏，以暇刻起隳圮，位署必葺，邑居惟新。一日，周爰井疆，鋪觀圖籍，感釋子之能誌，惜江氏之寖微；且懼乎褰裳厲深，爲斯民病，漸帷涉難，貽來者羞。乃諭居僧，俾募信施，其坐堂上之客，必得邑中之豪。寺僧智明利真有邦，德成有章，自南同與是謀，式幹斯蠱。三四佛之攸種，咸植善根；百千金之所直，悉歸寶塔。府帑不費，里旅不煩。山虞致木而叢倚，郢人運斤而風集。經始不日，而功用有成。晴虹倚空而半環，浮黿跨波而欲渡。雕楹轟而端聳，鉤楯繚而横絶。肩摩轂擊，控夷路而下馳；飛艎鳴艫，貫清流而直逝。以材之豐羡，稽工之簡隙，又作駐楫亭于橋之北涘。艇子兩槳，足以憩行者之勤；傳車一封，可以勞使臣之集。是知創橋以表寺，先賢之遺懿益光；由亭而視橋，仁人之用心兼至。建一物而二美具，故君子謂李君爲能。若乃度羣迷，超彼岸，演竺乾之筏喻；從善政，均大(患)〔惠〕，易國僑之輿濟，又豈止題柱伸爲卿之志。墮履紀黃石之書，臨清水以締材，徒言吕母架渭河而建利，止號崔公而已哉！李君謂予，《春秋》之流，可謹歲月之實，折簡馳問，託辭傳信，愧無馬遷之善叙，聊傳丘明之新作云爾。時巨宋天聖四年春三月甲申日記。

石介《徂徠石先生文集》卷九五《宣化軍新橋記》　康定二年冬十月戊午，宣化軍使、虞部員外郎張景雲作清河橋成。河初不通，故爲之舟，則人利舟也。及其弊也，舟反害人，河不復通，故爲之橋，救舟弊也。善哉，其達廢也歟！聖人之於天下之道，有作焉，有因焉，有變焉。未有初也故作，未有制也故因，制失故變。變者，救其失也。漢董仲舒曰：「道者，萬世無敝，非無敝也，得救之之道也。」毁舟爲橋，善變者乎！《易》曰：「通其變，使民不倦。」其是之謂矣。河去軍北門數步，其流不絶如綫，深不濡軌，廣不逾丈，非如彭蠡、洞庭之險，而〔人〕病涉則甚於彭蠡、洞庭，實舟之爲也。舟有十五人，十五人爲十五家，家率七口，爲百五口，百五口之衣與食，皆取於舟。晨起，十五家磨牙動吻，伸頸奮距，以博以噬，憧憧往來，人罕完膚，吁！上下相容，州縣無政，孽苗遂威，姦府遂成。凡此橋歷二年，更六人，成輒壞者三，卒成於君。如此其艱，孽苗大而難拔也，姦府固而難破也。非君之誠與斷，孰克哉！初，天章閣待制、知淄州軍州事郭公勸，侍御史、京東轉運使張公奎始謀毁舟建橋，授謀於縣。而郭以憂去，張徙河東。其後虞部郎中胥君穀繼來爲州，國子博士霍君某通判州事，虞部員外郎韓君穀爲縣。雖述六公之志，而橋再成輒再壞。逮君，橋卒成。當二公之去，橋再壞也，人咸曰：「橋不可作也。物有數，事有會，興廢存諸時，成敗繫於天，皆不在人。」君來代韓，聞其説，獨以爲不然。苟興廢成敗皆不在人，則救懷襄之患者，非禹也歟？定管、蔡之亂者，非周公也歟？平諸吕之難者，非勃也歟？去鱷魚之暴者，非吏部也歟？作一橋不能圖久，人無誠也，乃推諸天，患誠不至，而不患功難就。視事之日，亟至河上，且歎曰：州縣之政，莫大於是者。州之大者方千里，縣之大者方百里，政之善惡不出千里之内。自西、自東、自南、自北，孰不由此塗出也？苟有利焉，天下享之；苟有害焉，天下被之。在《周官》則曰：「司險，周知其山林川澤之阻而達其道路。」在《孟子》則曰：「十月徒杠成，十一月輿梁成。」在《春秋傳》則曰：「啓塞從時。」況二君謀於初，三君作於後，顧竭才卒成此橋。且舟爲害也遠矣，吾爲利也豈謀近哉！百世後已，不可苟作。梓材以新，制度以侈。夏六月己酉，明日落成。其夕，橋又壞。君曰：「天固助予，非有奸，橋何壞？」韓君再爲橋，橋再爲壞，壞有故也。吾一爲橋，橋一壞，壞於奸也。吾未討奸者，終成吾橋，然後信吾之志，而奮奸人之心，暴奸人之罪。」益勤不懈。日

出臨河上，工之拙巧、材之良惡、斧斤之高下、繩墨之曲直，必親焉，毋不良；日入歸。如此九十有七日，橋乃成。凡五杠、三十七柱、七十八梁，皆大木也，所以取大壯而圖不朽。噫！衣乎舟、食乎舟者百有五，爪距森森，牙齒顏顏，相與橫跂盤錯於其間，崇奸深，樹孽大。非君智果，奸府不破；非君特達，孽苗不拔。始其再壞，三壞也，衆口囂囂，咸請罷。由於克斷，君聽不亂；由於克誠，此橋卒成。嗚呼！君之功茂焉。十月初九日記。

蘇舜欽《蘇舜欽集》卷一三《并州新修永濟橋記》　太原地括衆川而汾爲大，控城扼關，與官亭民居相逼切。每漲怒，則汩漱沙壤，批齧廉岸，勢躁豪，頗爲人憂。今參政陳公，前守是郡，修巨防以障之，乃西漸，不復虞潰漏。然而當數州之空道，傳遽商役，日往來挑達不暇，自朝廷置守餘五十年，無梁構得以直絶，流悍且淺，復不勝方舟以爲濟，行者苦於涉久矣，往往中道遇暴，不善游則溺焉。常歲秋冬之交，陽曲誅民錢近三百萬，役農人不翅數千，權爲徒杠，猶號便利，春則撤去，以避奔衝；蠹勢相纏，觸寒瘃墮者十八九，吏緣奸求，民則甚病。衆謂當然，不可改革。庚午歲，天子輟諫議大夫張公領鎮，亦既至止，悉條政務，訪覽物害者得聞斯。欲興遠謀，默有成算，遣牙吏秦謙助浮屠輩以諭郡中，命行衆悉，勇輸其有，俾歸之縣官，籍而領其事。豪之頑嗇者，市語於人，以謂邊氓騷之則急變生，且礙詔，言寖淫滿道路間。公所守益慤，掣搖不解，未幾，計其貨登徒杠三倍矣，公曰：「可矣！」乃卜期，少者獻力，老者餽餉，斬北山之材，編連宛委，塞川下流，百選堅直，豎以爲楹，長踰六仞半，植水下，巨棟上偃，密楯對走，左右支翼，牢不可拔，中並四軌，直亘百丈，人忘動瘇，周歲告就。騰突軒延，蔚若變化，民請徙市以落之，絃竹歌謠，舞手相交，稚耋走趨，既過復返，賈販旁午，以嗟以喜。邑之叟用歌曰：「汾流湯湯，不復濡我裘裳。汾流瀰瀰，不復溺我攜提。不死不弔，我公之造。」予聞子產爲鄭，以乘輿濟溱洧人，孟子謂惠而不知政。公之力是物也，以佚道使民，絶子產遠甚，故予敢琢文於石以鑒後。明道元年十一月十六日記。

蔡襄《蔡忠惠公文集》卷二五《通遠橋記》寶元二年十二月二十五日　隋都洛陽，負城封地以爲苑囿。唐全盛時，距城西，絶穀水，治兩上陽宫，梁其水以通之，益修臨幸觀游池館，回繞幾百里，禁民無得至者。自天子在汴，河南爲別都，悉棄故苑囿地與民，耕而爲田，復舊梁以達東西道焉。穀水發源甚近，於其常也特漸車之瀆。然北並山阜，乘積雨，支流之勢，湍注益悍。雖鉅木叢貫，而力不堪植，漂浮判散，行者艱濟。即又新之，雨輒復壞，若是歲或再三焉。寶元二年，資政殿大學士、禮部尚書常山公既莅河南，視民之所以利與其所以病，必興而置之，物制事辦，罔不修舉。其夏，穀水敗橋，公曰：「道吾疆而有病涉者，孰使然耶？吾思懲數勞而圖久利，無所事木，必伐石爲之乃可。」於是命三班奉職、勾當橋道司王懷吉專董其役，復以內侍高品、監修大內任修己、府推李昭逢總其區處。考規度，商功費，謹財用，庀工徒，罔懈以力。始作於八月丁亥，迨十月癸未，以既事告。公謂襄曰：「橋抵宫城七里，舊以七里爲號。今新砫益壯大，子其擇所宜稱者名且記之。」襄退而次其道所從來，蓋西屬於陝，達於秦雍，盡關中，地方數千里。又西南，踰襄漢，通巴蜀。其王官之奔職，邦士之修貢，傳郵之將命，商旅之遷貨，若方外羌夷荒忽之域涵澤而內附，凡東走京師以往來者，車蓄輦負，蹄軌相軋，莫不出此。遠哉其爲利乎！請以「通遠」名之。古諸侯國咸有史官，事大小悉存於簡册。魯新作延廄，而書之《春秋》，蓋無不録也。後世州郡無以紀事職其官者，有所興治，非特識焉，則泯昧而不傳焉。襄謹載其實，揭石道周，異日職方氏訪通遠橋作之所始，於是乎考。十二月二十五日，留守推官、朝奉郎、試大理評事蔡襄記。

《〔光緒〕慈溪縣志》卷一一王説《四明慈溪縣重建二橋記》　慈溪直縣之南，橫亘大江有二橋。其東曰驄馬者，唐相房公琯之始建。公嘗爲御史，出宰是邑，因名焉，紀其跡也。歲祀寖遠，規模略存，圮而不完。行者病涉，易復屢敗，邑人告勞，積是之虞，其來且久。治平紀號之三載，秘省于君來治，於是與尉畢君同心協力，共成善政，興利除害，知無不爲。涖事之明年，有邑民如顔霸等，數四造庭，狀斯橋之壞，久不加葺，即有揭厲之憂，力將繕完，衆意咸若。二君嘉其誠之至，因然其請，命工之日，且與共謀。曰：「潮派上下，波流迅急，而橋制促狹，往來艱隘。每船艫銜尾，往往壅而不通。而又梁木暴露，易以隳頹。今將撤柱以避湍悍，覆屋以庇風雨，便方舟而濟者無頃刻之阻，騈車而渡者免燥溼之患。既安且久，斯爲便利。」授以機智，不日而成。起孟夏興作，至仲秋厥工告畢焉。雄麗駕乎長川，井邑於是改觀，江山爲之增色。其西曰大寶者，因山爲名，制作非古，寖亦圮壞。以其羨材，易而新之，從民志也。噫！前世作之以爲善利，後賢重之以成大壯，則知萬法之變，踵其事而增其華，亦如是之無窮也。又況因樂輸之民，以圖永久之則，非能政者，安可議哉！且除道梁溠，丘明書之爲美談；乘輿濟人，孟子謂之不知政。今觀二君之用心，比之古人，無愧矣。」

賀復徵《文章辨體彙選》卷五八一 蔡襄《萬安橋記》 泉州萬安渡石橋，始造於皇祐五年庚寅，以嘉祐四年辛未訖工。纍趾于淵，釃水爲四十七道，梁空以行。其長三千六百尺，廣丈有五尺，翼以扶欄，如其長之數而兩之。靡金錢一千四百萬，求諸施者，渡實支海，去舟而徒，易危而安，民莫不利。執其事，盧實、王錫、許忠，浮圖義波、宗善等，十有五人。太守莆陽蔡襄爲之合樂讌飲而落之。明年秋，蒙召還京，道由是出，因紀所作，勒于岸左。

萬安橋未建，舊設海渡渡人，每歲遇颶風大作，或水怪爲祟，沈舟被溺而死者無算。宋大中間某年月日，濟渡海者滿載至中流，風作，舟將覆。忽聞空中有聲云：「蔡學士在，宜急拯之。」已而風波少息，舟人皆免於溺。既渡，舟人細詢同渡者之姓，一舟皆無，止有一婦之夫乃蔡姓也，時婦方娠已數月矣。舟人心異之，往而白其母，其母感衆人之言，亦以爲異，即發願禱於天，曰：吾今懷娠，若生子，官果至學士，必造輿梁，以免病渡之苦也。後生子，即忠惠公襄，以狀元及第，後出守泉州。追憶前日得免覆舟之難，促公創建此橋者至於再三。公私計海之深極千丈，若欲築趾纍石，將從何處著力？違命者踰年，夫人復督責不已。一日，忽命工房吏寫文一道，申報海神，公亦勉承母命，自以爲迂誕而不經也，乃命皂隸投文海濱。隸畏溺死，衆皆受責，無一肯從命者。有一風皂隸出而倡言曰：「吾願齎文以往。」既至，則就酒肆痛飲，飲畢，酣睡于海厓，潮至有死而已。睡及半日而始醒，醒後退潮，起視之，則文書已易封矣。封上無他書，止一「封」字。乃返而呈於公，公拆而閱之，内一「醋」字在焉，翰墨如新，舉郡莫之識也。公夜卧，轉展思之，方悟其意，曰：「醋」字以酉配昔，神其令我廿一日酉時興工乎？至期，潮果退，舍沙泥壅積者丈餘，潮之不至者聯以八日，遂創建此橋。又時有讖云：「若要此橋成，須是狀元生。」則公之默承天祐、感通神明者，蓋有自也。

文同《丹淵集》卷二三《東橋記》 縣既宫於群山，其修隴栜麓，逶迤曼衍，分勢而往，爭會於左，鯨偃鼇卧，尾吻相屬；谿溝澗谷，蟠綰破斷。蓋荒源野溜，瀵湧瀑激，夏洚秋潦，相倚爲暴，故東郊之地，少夷陸矣。距市門百舉趾，衢道橫裂，岸土脆墮，舊架短彴，庳劣湫下。歲累民一再易，登摇蹋漏，過者歎慨。如是不知凡幾百年，人無謀之。北橋成之明日，其令經、尉潤辭又相與議曰：「此既爾，舍彼謂何？譬之像飾冠笄，而不顧其袂之壞巇，豈威容哉？材、糗羡贏，幸可并就。」遂移工爲之。廣陿四楹，咄嗟以具。無慮治木百章，礱石百礦，覆瓦五千枚，剖竹三百個，役匠四百指，費日三千刻。無横斂，無虐使，而告能矣。噫！二君者，孰爲其端然負此千室之邑耶？發己之仁，興民之利，實亦盡其所職矣。同復從而文之，以道建置之始。曰經者，字義府，姓郭氏，鄆人；曰潤辭者，字堅叔，姓史氏，眉人；曰同者，字與可，姓文氏，縣人。

文同《丹淵集》卷二三《衆會鎮南橋記》 士志於學而底其道之深也，凡所錯事，於理莫不順，而於物未嘗有以不相合。蓋正性以復渾融，粹熟經營，指顧一繇於仁義耳。中山鮮于端夫淹茂而好善，正重而有謀。方朝廷初有枹罕之地，端夫首以才選貳其治。虜嘗薄城，欲肆其醜者甚力，端夫先身麾士衆，乘陴分制，禦具隨迮之。虜度不可角，遁去。已而正總守事，勢益專，諸羌畏攝不敢動，創心羣疑，釋然而安。兜零不舉，渠荅不設。致諸其鄰，仰首取法。是功業者，最焯焯矣。大既處之若無事，惟其小者，顧咄嗟而有所不宜耶。坐累家居，杅杅然不自廢，猶視其所以當爲者爲之。衆會鎮，端夫別業在焉。南出有道，素號湫底；甌窪不夷，病諸往來。歲久矣，無能慮者。時或積雨綿日，赤埴散潰；傾膠覆轝，骭没股陷；噎鬲不吐，釀爲汙塗。端夫昔已深惻，治且未暇；殆今視之猶爾，議將橋焉。其季師皐聞而説之，願亦輸其家貲，以佐厥役。架材通溝，琢石補道，長袤高廣，完好堅直；回流變壤，坦若無礙。閭里耄倪，過者歌德。端夫以書聞余，求紀歲月。余愛端夫好學而信道，以資其長才。自從宦四方，有惠利於民者，莫不先之。天子亦知其可用，屢被旌典，委以疆埸之任。洮西大效，世實知之矣。竊嘗揆其美志，其所以方厭然者，必將犁結囉之田，奴耶律之種，乃事始止耳。豈茲瑣瑣，可盡端夫之所爲哉！故書此示其里人，俾勿壞，蘄後世有以原其所先。

文同《丹淵集》卷二三《梓州永泰縣重建北橋記》 上即位之明年，永泰縣重建北橋。既成，其令郭君經與其佐史君潤辭有請於邑人文同曰：「經、潤辭不佞，竊廪食於此，伏自念終無以施短才、立異效。鄉者議與斯民興是役，以利其往來，此前人憚勞畏譏，久而不克爲之者。工今休矣，問諸左右，約諸所以調用，民實不艱其供，而咸謂其且當然者。經、潤辭輒不愧，宜具文紀其上。敢以累執事，庶因之以傳乎亡窮，經、潤辭幸矣。」同曰：「唯唯。二君之治端，幹明以潔，便人謹己，聞之長老，舊無有也。均繇賦，平訴訟，他人蓋亦有能之者，夫何足書？是舉也，同嘗觀二君之爲，乃有志於行愛惠之深者。勞躬率心，旦夕勸勵，暴外風露，曾不以懈。勤王事，恤民隱，古之賢吏，凡不過此，是可書爾。二君雖

不見屬，同亦將件次休績，揭諸華表之末，以視於後人，況二君所以來之意誠且願耶？」謹不避讓，爲之詞云：維縣爲梓之所領，西上府治，蓋百有三十里。叢岡沓嶺，圜聚邑屋，疆畛蹙陿，號最險下。然賓旅還過，此焉要隙。大氐閬中、清化、始寧、符陽諸郡所仰二川産殖，繒錦、枲紵、莽茗、刺繡、鏤刻、髹治之物，與所市易牛羸、羊彘、絲繭、椒蜜之貨，日夜旁午絡繹，駝負羸揭，抗蹄裂肩，如水上下。故北出之道，趾踵相織。近郭有澗，自東迆西，横匯曲決，峭絶傾斷。自昔經制，有橋甚偉，以利其涉，逾五十祀。至和甲午，夏潦洚溢，遠谿逆讓，噎滀不寫，鐫鄓隑岸，級礎崩納，角楹翹虚，群版散墮，日欹月陷，以至大壓。庸吏數易，一不省問；人擠溝，馬還濘，間則有矣。維汾陽君爲令之二年，慈惠宣浹，民實信賴，諸敝已救，回力圖此。因倡於衆曰：「是橋廢圮，爾所病悼，予其爾復，謂予何者？」萬口一和，令謀我協。不煩令指，願進諸辦。材糧交委，日謁就事。於是集斤鋸，會錐鍤，治水伐石，均功授巧。維武昌軍適調此尉，喜相厥役，與令鉤擢，攢扶瑣綰，覺直如削，堅鞏如鑄，厓廉褥緻，阿榮跂踈。湍瀨搪激，無以泐其固；風日掀暴，無以液其壯。百數十年之利，過莫知爾。既而行者止，居者起，田野甿隸，閭閧賈儈，提引穉幼，扶翼耆耋，聯行散走，環擁登降，睨高窺深，歎息欣喜。如是累日，始肯罷静。爰有杖者倚柱而歌曰：「昔政之鄙，寖以毁兮。今治之賢，倏以全兮。興事以時，罔齎咨兮。取用有度，胡怨怒兮。無貲之仁，濟斯民兮。不朽之利，安此地兮。」同既爲貳君委以論譔，以詳言之矣；復取杖者之歌系於後，刻石道下，以永行人之思。治平元年二月一日記。

曾鞏《元豐類藁》卷一八《歸老橋記》　武陵柳侯，圖其青陵之居，屬予而叙，以書曰：武陵之西北，有湖屬於梁山者，白馬湖也。梁山之西南，有田屬於湖上者，吾之先人青陵之田也。吾築廬於是而將老焉。青陵之西二百步，有泉出於兩厓之間而東注於湖者，曰采陵之澗。吾爲橋於其上，而爲屋以覆之。武陵之往來有事於吾廬者，與吾異日得老而歸，皆出於此也。故題之曰「歸老之橋」。維吾先人遺吾此土者，宅有桑麻，田有秔稌，而渚有蒲蓮。弋於高而追鳧雁之下上，緡於深而逐鱣鮪之潛泳。吾所以衣食其力，而無愧於心也。息有喬木之繁陰，藉有豐草之幽香。登山而淩雲，覽天地之奇變；弄泉而乘月，遺氛埃之溷濁。此吾所以處其怠倦，而樂於自遂也。吾少而安焉，及壯而從事於四方，累乎萬物之自外至者，未嘗不思休於此也。今又獲位於朝，而榮於寵禄，以爲觀遊於此。而吾亦將老矣，得無志於歸哉！又曰：世之老於官者，或不樂於歸。幸而有樂之者，或無以爲歸。今吾有是以成吾樂也。其爲我記之，使吾後之人有考，以承吾志也。余以謂先王之養老者備矣。士大夫之致其位者，曰不敢煩以政，蓋尊之也。而士亦皆明於進退之節，無留禄之人，可謂兩得之也。後世養老之具既不備，士大夫之老於位者，或擯而去之也。然士猶有冒而不知止者，可謂兩失之也。今柳侯年六十，齒髮未衰，方爲天子致其材力，以惠澤元元之時，雖欲遺章綬之榮，從湖山之樂，余知未能遂其好也。然其志於退也如此，聞其風者亦可以興起矣。乃爲之記。

錢穀《吴都文粹續集》卷三六錢公輔《利往橋記》　出姑蘇城南，走五十里，民屋數百間，蕞然沙渚之上者，今吴江縣也。東湖之流，實貫城之中，隔限南北，横可以渡者，今吴淞江也。隱然長虹，截湖跨江，便來濟往，安若履道者，初作利往橋也。橋本無有，慶曆七年冬，大理寺丞、知縣事李問，縣尉王廷堅，嗟邑民之陋，鮮慕學者，將改立至聖文宣王廟，侈大黌館，以進延諸生，呼富民譬曉，以奉釋氏不若助縣官興學。民始聽且駭，居一日，心曉意解，歡然從命，遂輸緡錢數百萬。未幾，詔禁郡縣不可新立學。二人胥與謀曰：「民既從，財既輸矣，倘不能作一利事以便人，吾何以謝百姓？」遂合傭僝工，橋役興焉。東西千餘尺，市木萬計，聞者異之，沮議百端。不兩月，功忽大就，即橋之心，侈而廣之，構宇其上，登以四望，萬景在目，曰垂虹亭。並橋之兩涯，各翼以亭，而表橋之名於其下，使往而來者，可指以稱曰：此某橋也。初，縣城爲江流所判，民半居其東，半居其西，晨暮往來，事無巨細，必舟而後可，故居者爲不利。縣當驛道，川奔陸走者，肩相摩，櫓相接也。卒然有風波之變，則左江右湖，漂泊無所，故行者爲不便。及橋之成，行者便而忘向所謂不便，居者利而忘向所謂不利，議者皆舌强不敢發。噫！賢人君子，措一意，興一役，豈直爲游觀之美、登賞之樂哉！往往有悦其景物清絶，脱落人世者，若居之利、行之便，則茫乎其莫稱也。雖然湖光萬頃，與天接白；洞庭薦碧，雲烟戰清；月秋風夏，囂滅埃斷；牧謳漁吟，嗒嗚間發；榜聲棹歌，嘔啞互引；後盼前睨，千里一素，是亦有足樂焉。庭堅之字曰世美，精敏沉毅，顧其胸中不止乎佐一邑；李丞仁厚通雅，喜其有能而信從之。視事幾數月，塗巷室閭，斬然一變。若是橋利大功博，可傳可記者，餘固不可以一二書也。余觀今世人，平居燕議時，孰不欲求位以伸道？試麾以一職，則曰職小

位隘，吾無以伸。惟齷齪奉法，保己之不暇。若世美，盡力其任，不以小隘自繫者，余未之見也。始則欲設庠序，恢教本，使民知堯舜周孔之尊。及詔條尼之，遂能合財力，興功利，爲永久之便。其周旋進退，無一不中於道。噫，豈常人而能至哉？世美，余友也，欲余之文以信本末。余嘗學《春秋》、太史氏法，乃書曰：「慶曆八年六月二十八日，蘇州吴江縣初作利往橋成。」

鄭虎臣《吴都文粹》卷五鄭獬《吴江橋》 三百闌干鎖畫橋，行人波上踏靈鼇。插天螮蝀玉腰闊，跨海鯨鯢金背高。路直鑿開元氣白，影寒壓破大江豪。此中自與銀河接，不必仙槎八月濤。

韋驤《錢塘集》卷三《無脚橋》 枘鑿關連壯，横空不可摇。激波無雁齒，跨岸只虹腰。改制千年取，傾舟衆患消。乘輿濟人者，爲惠固相遼。

林逢吉《赤城集》卷一四羅適《洞山石橋記》 距縣東北隅半舍之近，有聚落焉，曰洞山。而一谿經其中，谿亦因山而名。按圖誌，詰諸父老，而皆莫究其所稱謂之由。每以霖雨暴澍，諸壑畢會，則是谿漱齧堤址，洶洶不可禦。昔爲梁以木，濟諸行者，曾無期月之固。由是往來之人，常病其涉。邑姓有應氏名宗貴者，實良民也。其先京洛人，錢氏霸國，始居於此，亦有承制而爲校書郎者。宗貴視昔橋之不能固，而人病其涉也。遂一日集其族人與一鄉之强有力者，議之曰：「橋之爲患也如是，吾屬餘金穀矣，將焉爲哉？苟能置石而易之，其利不亦博乎？諸君勗之！」於是各捐鏹以給其用，召一釋子普寧以督其役。不踰月而橋成，凡植柱二十有五，鑱板二十，爲錢緫五十萬。一邑之老幼，四方之商旅，有過而觀者，莫不嘉嘆之。噫，東皐野人世服農力穡而已，非有文史之教也，非有法令之驅也。其守鏹畜粟以愚其子孫也，宜矣。而能捐有餘之貲，興無窮之利，以起千萬人之嘉嘆者，不其韙哉！使之推夫是心，能擇子弟，率親戚，教之以儒術，已而成粹美之器，中廉能之選，俾德澤仁術有所沾潤，其爲利也，豈止若此而已哉？彼之嘉嘆者，又豈止千萬人哉？邑之士民羅適，嘉其存心也，爲之序其本末而書之。其同議者之名氏，則附於碑陰焉。

《〔乾隆〕博羅縣志》卷一三蘇軾《鐵橋銘》 維鐵在冶，五金之堅。藏精於地，受質於天。日用攸需，能人則然。匪釜無食，匪耜無田。利用者兵，皇武用宣。未聞爲橋，橋涉於川。茫茫南海，浴日浮天。蛟鱷之窟，蛇龍之淵。洪濤巨浪，駭波泊沿。易橋爲舍，以淑羣賢。

蘇軾《東坡全集》卷二三《西新橋》 昔橋本千柱，挂湖如斷霓。浮梁陷積淖，破板隨奔谿。笑看遠岸没，坐覺孤城低。聊因三農隙，稍進百步堤。炎州無堅植，潦水輕推擠。千年誰在者，鐵柱羅浮西。獨有石鹽木，白蟻不敢躋。似開銅駞峰，如鑿鐵馬號。岌岌類鞭石，山川非會稽。嗟我久閣筆，不書紙尾鶩。蕭然無尺箠，欲構飛空梯。百夫下一杙，椓此百尺泥。橋柱石礎之下，皆有堅木椓入泥中丈餘，謂之頂椿。探囊賴故侯，寶錢出金閨。子由之婦史頃入内，得賜黄金錢數千，助施。父老喜雲集，簞壺無空攜。三日飲不散，殺盡西村雞。似聞百歲前，海近湖有犀。豐湖，舊名鱷湖，蓋當有鮫鱷之類。那知陵谷變，枯瀆生茭藜。後來勿忘今，冬涉水過臍。

蘇軾《東坡全集》卷九七《何公橋銘英州**》** 天壤之間，水居其多。人之往來，如鵝在河。順水而行，雲駛鳥疾。維水之利，千里咫尺。亂流而涉，過膝則止。維水之害，咫尺千里。沔彼濫觴，蛙跳鯈游。溢而懷山，神禹所憂。豈無一木，支此大壞。無於盤渦，冰折雷解。坐使此邦，畫爲兩州。雞犬相聞，秦越莫救。允毅何公，甚勇於仁。始作石梁，其艱其勤。將作復止，更此百難。公心如石，匪鐵則堅。公以身先，民以悦使。老壯負石，如負其子。疏爲玉虹，隱爲金隄。直欄横檻，百賈所棲。我來與公，同載而出。歡呼闐道，抱其馬足。我歎而言，視此滔滔。未見剛者，孰爲此橋。願公千歲，與橋壽考。持節復來，以慰父老。如朱仲卿，食於桐鄉。我作銘詩，子孫不忘。

蘇轍《欒城集》卷二三《齊州濼源石橋記》 濼水之源發於城之西南山下，北流爲埠，其淺可揭。城之西門跨而爲橋，自京師走海上者皆道於其上。每歲霖雨，南山水潦暴作，匯於城下，橋不能支，輒敗。熙寧六年七月不雨，明年夏六月乃雨，淫潦繼作，橋遂大壞。知歷城施君辯言於府曰：「水歲爲橋害，請爲石橋以紓其役。距城之東十五里有廢河敗堰焉，其棄石鐵可取以爲用。」府用其言，以告轉運使，得錢二十七萬以具工廩之費。取石於山，取鐵於府，取力於兵，自九月至十一月而橋成，民不知焉。三跌二門，安如丘陵，驚流循道，不復爲虐。方其未成也，太守李公日至於城上，視其工之良窳與其役之勞佚，而勸相之。知歷城施君實具其材，兵馬都監張君用晦實董其事。橋之南五里有大溝焉，屬於四澗，以殺暴水之怒。久廢不治，於是疏其堙塞，築其缺而完之。橋之西二十步有溝焉，居民裴氏以石壅之，而屋於其上，水不得洩，則橋受其害，亦使去之，皆如其舊而止。又明年，水復至，橋遂無患。從事蘇轍言曰：橋之役雖小也，然異時郡縣之役，其利與民共者，其費得量取於民，法令寬簡，故其功易成。今法嚴

於卹民，一切仰給於官，官不能盡辦。郡縣欲有所建，其功比舊實難，非李公之老於爲政，與二君之敏於臨事，橋將不就。夫橋之役雖小，然其勢且難成於舊則倍，不可不記也。遂爲之記。

《〔民國〕連江縣志》卷五魯國曾《朱公橋記》嘉祐三年十月 縣西四十里有白巖溪，西距古田，達於建州，北際羅源、長溪，抵於温州。凡官吏郵傳、行商通貨，罔不由此以濟。先是，編木爲梁，屬五里之民逮時修治，每暴雨溪漲，力不能任，則漂壞，歲常三四，民以數勞爲憾。朱公視事二年，憫民之憊而圖厥利，乃度基而通於山，即山而取其石，雖風雨溽暑，躬董役事。民感其勤，樂趨無懈。橋作於四月甲申，訖於十月丁未。袤二十一丈，廣一丈六尺，高三丈八尺，列爲七門。由是往來無病涉之艱，數勞有永逸之樂。公勤民之心其至矣乎！今之爲令者，簿書不責，謂之不急，欲利之興，唯謗之卹，欲事之行，惟咎之逭。公忘己之私，興民之利，故其政之行也，宿弊革，災害除，賦役均，田野闢。兹橋之成，尤卹民之大者，財雖縻，不以爲費，力雖竭，不以爲勞。推而踐之，利民之惠安有遺哉。邑僧紹真、德瓊及耆老林叢等二十餘人録其事，索予文以志，因以「朱公」名之。

汪應辰《文定集》卷九《諸溪橋記》 諸溪有橋，乃宋紹興間，郡侯秘書林公所建。前記備矣，然攷之圖志，樝乃從木，故老相傳。溪岸多樝木，遂以得名。或曰衆流之所會也，故又稱曰諸溪橋。今且百年矣，水齧而敗，過者病焉。余一日出郊目擊，怵然動心。退而究其原委，則知前人創始，未必不爲經久計者。自易木而石，蓋嘗買田以爲歲修之備。立意固善，作法非良。迺以田租屬之廣教院主僧，去來不常，悉以所入，資其妄用，橋之數圮不顧也。計田之入，歲爲米二十五石有奇，與其斥爲緇徒蠶食之費，孰若收其贏以助吾惠政。而況因按崖猶存舊地，撥沙取石，多有遺材。他山可攻，功亦易就。量其所費，衆謂得五十餘券，足以辦事。郡方窮乏，無力議也。于是以其租歸于官，存五之一以贍掌橋道者。姑輟己俸千緡助之，餘則于綱賞庫借用焉。積其歲之入，不數年可以盡償。郡得此租，則修舊起廢，來者不容逭其責矣。爰屬上饒邑佐游君炳董其事。游君精敏而峻潔，市材僦工，直與時平。凡所經營，一如私家，未嘗毫髮擾民。不七旬而告工成。橋之址，創者一，修其半者二，衡爲尺十有三，縱七十有四。爲欄爲楹，悉完之。費八千二百九十四緡有奇，郡所撥之外，乃邑大家出是塗者，争助成之。余懼夫郡有修橋之田，而後人不之知也；又惜夫諸大家有樂施之善，而名不彰于後也。故刻之石，以紀始末，併以其姓氏附下方云。

汪應辰《文定集》卷九《平政橋記》 水自玉山歷信州而西，州之南有浮橋焉，歲月浸久，板罅柱脱，傾敧動摇，行者惴惴焉。夫徒杠輿梁之不設，而民以病涉，此其害之可見者，至于有其具而不足恃，則有不可測知之害。此仁人君子之所隱而不可緩者也。今奉議郎趙侯汝愚子直自著作佐郎來領州事，惻然念之，顧以比年費用日增，校之異時倍蓰而不啻，左支右吾，殆不暇給。惟是撙縮浮濫，檢柅欺隱，銖積寸累，久之得錢三百萬而贏。于是撤舊橋而一新之，廣厚堅壯，坦如夷塗，父老嗟嘆，前所未嘗覩者。其下流曰下港，蓋永豐之水北行，又西南湊集于此，而閩人所從往來之津也。舊以舟渡，至是收其餘材，亦創爲浮梁以易之，淳熙元年九月丙申始作，閱六旬而成，其市材僦工，率爲平賈，謹視出納，無稽留峻刻之弊，民之與官，爲市爲役者，如私家然。自初聚糧以至訖事，無一擾于民者。《春秋》常事不書，凡土木之役，不時害義，固非其常矣，至于雖得其時雖當于義，亦謹而書之，蓋以用力爲重也。況能于艱難傾側之中，委曲經畫，纖悉備至，未嘗勞民之力而能以革弊除害，以《春秋》之法言之，則其于凡例之外，變文以示義宜何如？顧余不足及此也，特記其事而已。

周必大《省齋文稿》卷二八《鄒公橋記》 以石爲杠謂之徛，以石絶水謂之梁。古也衛淇、晉溴，《詩》、《春秋》皆大之，鄭洧胡爲而不梁乎？曰：洧之有淵，龍嘗鬭焉，石其不可爲也。晉楚之師歲至，井木猶且堙刊，況於輿梁？子産之以乘輿濟也，其亦有所不得已也。孟子譏之者何？曰：孟子論爲政所以訓也，非譏也。然則宜梁而不梁，其可乎？距廬陵一雷地有市曰富田，吉、贛、閩、粤之商日夜走集，置戍兵焉。其川濫觴於興國，凡數百里，至市而漫。春夏苦大浸，秋冬復病於涉。徒杠歲敗，津人要求無藝。鄉三老鄒昶悗然念之，鳩工運石，爲梁以濟。其長三百尺，衡二十尺，其高加衡丈焉。釃水爲五道以過舟，爲屋二十四間以庇行人，直欄横檻，翼於其傍。始紹興庚辰，迄乾道丙戌乃成，靡金穀以萬計。於是鄉貢進士、兖州學正田亮功，鄉貢進士曾同文帥士子序而詩之，聯爲大軸，謁記於予。予謝不能，而瀘溪丈人王公又教之曰：「美事也，毋庸辭。」予聞力可興利濟人者有三：郡邑以勢，道釋以心，富家以貲。然勢者或病於擾而其成也苟，心者必藉於衆而其成也緩，貲高者又豐入而嗇出，瘠彼而肥己，能推惠者幾何人哉？今鄒氏貲未高也，而樂善如此，是宜一鄉稱之，文士賦之，鄉先生詔之。余故樂爲之書，因以釋子産千七百年之疑云。五十己丑十月既望，青原

野夫周某并書。

錢穀《吴都文粹續集》卷三五范成大《重修行春橋記》 太湖日應咸池，爲東南水會，石湖其派也。吴臺越壘對立兩峙，危峰高浪，襟帶平楚，吾州勝地莫加焉。石梁卧波，空山映發，所謂行春橋者，又據其會，胥門以西，横山以東，往來憧憧，如行圖畫間。凡遊吴中而不至石湖，不登行春，則與未始游無異。歲久橋壞，人且病涉，湖之萬景亦偃蹇若無所彈壓，過者爲之嘆息。豪有力之家，相顧環視莫恤，漫以諉之官。前令陳益、劉棠皆有意而勿果作。淳熙丁未冬，諸王孫趙侯至縣，甫六旬，問民所疾苦，則曰：「政孰先於輿梁徒杠者？」乃下令治橋，補覆石之缺，易籍木之腐，增爲扶闌，中四周而兩旁翼之。歲十二月鳩工，訖於明年之四月。保伍不知，工役不預，邑人來觀，歡然落成而已。今天下仕者，視劇縣如鼎沸，屏氣怵惕，猶懼不既。侯於此時，從容興廢，蓋亦甚難。四鄉之人，不能出力傾助者，至是始有愧心，則相與商略：他日將作亭其上，以憇倦游者。尚庶幾見之，今姑識治橋之歲月，亭成，將備書云。侯名彦真，字德全，舊名彦能，隆興元年進士擢第後改今名。橋成之明年，日南至資政殿學士、通議大夫、提舉臨安府洞霄宫范成大記。

釋寶曇《橘洲文集》卷五《石橋記》 士之抱負奇偉而方軋於用大處事物之際，如御琴瑟，必更張以自怡。余嘗以是閲人，而亦以自信。吾弟可宣住山五年矣，不動聲氣而昔人聚墨之室煒然有光。嘗苦出門與牛羊鹿豕争道，遂裂徑松之半□而爲池，泉池並深，萬峰低昂，若撫其影。又築亭池上，爲橋與亭，通行人往來，晦明變化，如在西湖清鏡中也。先是頭陀某人幹夾道之墻而塈漫之，至是則天矯如兩白虹下飲於池矣。宣自扁爲石橋，謂北有趙州，南有天台，皆聖賢所棲止。吾意念公之視五百大士，猶淮陰之與噲等伍也。宣與石橋當此自傳，山亦因人當自此重，雖無余文可也。池廣若干丈，輪半之，亭與橋若干楹。用工於紹熙庚戌之秋，落成於其冬十二月。宣漢嘉人，出世常樂，其設施未究一二云。又明年四月記。

《［萬曆］杭州府志》卷四五糜師旦《富陽建新橋記淳熙十二年三月》 富春北通餘杭，陸行五十里而近，閩、蜀、湖、廣之人暨淮、浙、江東相往來，凡不入行都，悉寄徑於是。去縣治十里，跨溪爲梁，長十餘步，其名曰新，而敝實甚。蓋自淳熙辛丑巨浸之後，支撑蕩兀，風摧雨剥，溪湍潮汛相與蕩摩。馬牛擔車，睥睨而不敢前；行客過之，顧視愕眙，揶揄咄嗟，謂斯民宜有主張是者。縣之人自北鄉而趨邑與自邑而之北鄉者惴焉，亦以爲宜更造久矣。適歲薦饑，公私俱困，無敢議此。越甲辰，既有秋，乃克講究。尉平陽林公實始掾邑，慨焉請任是事。爰延致邑之儒先鄉貢進士元君復暨縣學經諭謝君邦龍、醫士王君善時往，欲爲倡率。里居之彦保義郎、前司農事準備差使宋君祖仁，進武校尉右丞相府幹辦葉君尚賢暨其猶子承節郎前紹興府溪口巡檢梓，與宣教郎徐君之弟若容，各捐私錢三十萬，仍率其一鄉之善，視力多寡，以序相贊成之。且謂昔者純以木則燥濕不齊，用不堅久，鑿石北山，楹梁偃負，大小悉具。斲長松，鋭其首，植土中，數夫荷杵椎之二十餘尺，凡八列，用木幾千章。墨鋸平其本，疊石其上，而楹立焉，謂若是可以支數百年。而舊材之善者，尚可移之以修它橋也。林公慈祥明練，頤指議定，迄臻厥成。蓋公無一怒笞，私無一顰蹙，而敝者新，行者便，是可書也。經始于是年冬十月，告成于明年春二月。中值余秩滿去，林公貽書丐記。余謂天下事物未嘗無敝，而革敝者欲其若無一事然。禹之治水也，行其所無事也，今林公之新橋亦行其無事，故不勞而成。凡事之興滯舉廢皆若是，孰慮不獲哉！林公涖政纔數月，兩捕兇盜，盗爲之息，百里肅然。視其人恂恂似不能言者，顧其所至，未易量也。余因是樂爲之書。林公諱端厚，給事公待聘之猶子也。時乙巳三月既望，奉議郎、知臨安府富陽縣、主管勸農公事兼兵馬都監糜師旦謹記。

《［康熙］建寧府志》卷四三袁樞《萬石橋記》 建溪有橋，自正憲陳公始也。公建橋於西溪，人賴以濟，道路誦之。淳熙七年秋，大水，北津多敗。自甌寧令季淙請於諸司，欲視西溪之扼而建橋焉。太守趙侯彦操與部使者議給公錢五十萬，使營之。令乃屬僧妙昌董其事，且使求四方之助，昌遂經始。明年，令憂去，財用告匱。諸司以官渡與絶寺之田給之，俾斂其歲入，以供工役。累石將崇，敗於春潦。十五年，邦人黄慶曾率耆老告於府，請招講師了性於温陵，以集其事。太守趙侯善俊從之，遣昌携疏往諭。明年，師與昌偕至，乃相溪夷險而定其址。師曰：「建溪居八閩之上流，北流據一流之要會，非規模雄勝，則不足以壯大拜之勢。」衆皆然之。師遂南下求貲於富室，梱載而來，造舟運石，移據於磻水之上，糾其徒使供力役，而自往來以經財計，上下協心，歷五年而新址之崇成矣。於是刊木陶甓，横梁植宇，凡所資以爲用者，皆求於四方。計費錢三萬九千五百餘緡，而米之斛萬有一千五百四十有奇。較諸西溪，用度則損矣。溪廣一百四十餘丈，爲址十有五，多於西溪之三，而石之厚博有加。爲屋一百七十二楹，其

數少益而横廣殺焉，餘皆相若也。慶元元年三月，橋成，太守待制單公會兩司以落之，寮屬畢至，聚觀者萬餘人。耆老語於衆曰：「吾邦地狹而歲多儉，人貧而心易危，使年穀不登，田里愁嗟，則橋之成無日矣。今歲豐人安，事克有濟，亦太守鎮撫之惠也。盍請銘於橋，以彰其德？」公聞之曰：「歲之豐田於天，人之安原於上，橋之成繫於時，吾守此邦，適逢其會，顧何德之有？幸與邦人同慶之。」遂榜其橋曰「萬石」，且屬樞爲之記焉。樞，邦人也，不敢辭，乃言曰：昔唐御史中丞崔公之守零陵，作亭於城西之墟，命之曰「萬石」，蓋託物寓名，以爲遊觀樂也。柳子厚作記，猶以州邑耆老之辭祝之。矧公鎮撫之惠多於崔中丞，而邦人懷詠之情切於永之耆老。樞無子厚之才，易爲辭以盡形容之美乎？竊惟游觀非政，鎮撫爲德，此邦之人所以祈贊於公者與？永之耆老相問也，請以子厚之頌而爲此橋之銘，庶幾秉筆無愧辭，而邦人之情可以少慰矣。頌曰：「漢之三公，秩號萬石。我公之德，宜受茲錫。」此子厚辭也，述而書之，以告來者。

趙秉文《滏水集》卷一三《磁州石橋記》 北趨（天）〔南〕都，南走梁宋，西通秦晉之郊，東馳海岱之會，磁爲一要沖。滏水西來，距城四十里而近，又五里，東合于漳。方夏秋霖潦，砯崖而下。漳水洶怒，則激流而上，匯于觀魚亭下者三丈有奇。呑長堤，滅兩涘。平時有梁而輿，有舟而方。歲刓時復，波蕩水濡。居者病繹騷，行者難滯留。我唯識覺公和尚戚之，乃代木以石，易脆以堅，踵洨水之制而梁之，臨終以命其徒善仙，俾鳩厥功。仙日而不笠，毳而不褐，風經雨營，垂四十年，僅克有成。凡用石若工以億計。觀其締構際崇，礱嵌緻密，如山斯屹，如月斯彀，力拔地勁，勢與空鬭，忽兮無楹，何其壯也。廣容兩軌，袤以十丈。旁鑿二室，以泄水怒；下洞九泉，以鎮地脉。堊以白灰，制以鐵鍵，標以華柱，護以崇欄。物鬼獸怪，蹲伏騰擲，變態百出，屹若飛動，噓可駭也。及夕陽西下，太行千里，明月東出，二川合流。徘徊近郊，則銅雀之臺，西陵之樹，高齊、石趙之所睥睨，信陵、平原之所馳逐。山川興廢，森乎目中，信（乎）天下之雄勝，而燕南之偉觀也。噫！自有天地，便有此川。黄軒以來，載祀億千。天秘神造，弗〔度沸〕涓。而是橋也，蓋經始于世宗龍飛遼東之初，而斷手于聖上鳳集鼓山之年。豈前修弗迨，將俟昭代而啓人謀哉！非聖人先萬格靈，昭太平之應；大雄遺身及物，弘利涉之緣，其何以臻茲？僕忝鄉梓，逖聆頌聲，敢銘金石，用昭厥成。銘曰：於繹工妙，天造坣設，窅神功兮。杈插駢比，楞平嵌鬬，僦穹崇兮。超崖截壑，躡趙跨衛，亘長虹兮。憧憧往來，天下有道，津梁通兮。持斧衣綉，褰帷憑軾，觀民風兮。輿琛輦幣，烏宿衡山，入會同兮。耽耽鼇負，水涸石泐，茲無窮兮。

李時漸《三台文獻録》卷三陳騤《天台臨川橋記》 臨川王公琰，紹興三十二年春綰一銅章，以荆國文公濟天下之緒餘濟天台。越隆興元年冬十月甲戌，新作橋於邑西之谿，從民欲也。谿距邑庭可一里，源自五峰雙澗，北迤而至，衆山複遶，傍流輳委，會霖潦則激焉如轟，涌焉如奔，防隄室廬蕩如也。平時馬涉則濡纓，負涉則濡橐，聯杓以度，歲作歲圮，徧列苦其役，行旅咨怨。前後尉李琰、李異俱有建橋之役，作百丈隄以禦衝溢，功竟弗濟。後爲令者睥睨難之。迨公之來，嘆曰：「大害也，不在我乎！大抵鋭於土功者，利在亟成以要虛名，肯爲遠計？今我則否。」乃會費五百萬錢，出俸四十萬爲邑先，源源而應，數則充矣。爰即故址相之，然後奠之，奠之然後營之，斲者、鑿者、陶者、埸者、梩者、築者，從焉非驅，作焉非督。公曰：「有穡事者與乎？有焉毋納其力。」穹石以爲楹，植之屹如也。巨木以爲梁，横之妥如也。甓以培石，欲其埤也。塊以塗甓，欲其確也。尺有五十，何其脩之曼曼然！尺二十有五，何其博之衍衍然！尺一十有九，何其高之岌岌然！復亭其上，廼寫廼飭，廼敞廼奕，可以息行邁，可以樂暇閑，可以遠眺望，卓哉美乎！疑混物初剖，有此壯觀，非人力能爲也。二年閏月丙辰告成，公廼率僚友會稽陸君溉、金華陳君恕、永嘉丁君康時、池君虞卿觀焉。公曰：「吾與諸君既作於斯。」僉曰：「大夫之力也，名則在大夫。」士之豪、民之耆老于時咸在，翕然告曰：「願即以臨川名。」表公功也。請既獲，遂歌以落之，曰：壯兮滄溟跨蛟龍，麗兮霄漢垂蝃蝀。疑若有神施磨礲，窣然不動嶄華崧。環瞻山幄凝翠空，俯睨谿紋織微風。夜半横浮沆瀣中，朝來掩映扶桑紅。車馬颯沓西復東，宏規碩利繫誰功？競將大年壽我公，願與此橋俱無窮。

《（同治）宜黄縣志》卷四五周夢若《立義橋記》 淳熙辛丑冬，余挈孥累之官宜黄。距縣治東有大溪横截於其前。跨溪有橋，圮朽摧折，半爲驚湍漩瀨飄溺而不存，因歎曰：「吏以愛民爲職，向居官者乃不能出捐帑藏，因時興續，以濟往來，而使病於徒涉，何也？」既尸邑事，此心雖未始忘，然智術乏催科之長，版帳有愆期之責。日對簿書，蹙額危坐，左支右吾，窮於料理，則又歎曰：「今日人病涉，抑予之罪焉爾。」又念此橋不辦於官，則或賦於民可乎？以吾邑叢居環處，不啻萬户。富家巨室，連甍比屋，裒衆而爲之亦甚易。一日，涂君祥仲叩門，具以告之，祥仲曰：「橋之不成正坐是。甲可乙否，彼是此非。務蓄積者嗇於輸財，

名壯勇者畏於出力。愒日玩歲，戛戛乎其難哉！」因謂余曰：「公無憂，以吾歲入之租，蠲伏臘之用，棄而爲之，亦何俟於衆。」於是策杖臨溪，相視既畢，規模乃定。采木於林，鑿石於山。障其流之奔衝，窒其隄之崩缺。衆役並舉，井然有條。又選門下材幹之優者，董其工程，課日取辦。一金一粟，悉取於家，而無靳色。盡徹舊制，斬然一新。始於八月之初，成於十月之末。計其成，不計其費之多也。其修百餘丈，凡四十八架。距橋東西各立亭以憩行者。又建華閣於橋之中，塑僧伽聖像以鎮水怪之出沒。故昔之病涉者，今則往來怡怡，如履周道，不擇晝夜。期會無阻絶之憂，行商免淹滯之歎。負乘扶携，各適其欲。爲惠之博，豈止一邑而已哉！橋落成，屬余以名之。余曰：以數十年已壞之梁，人懼其難成，而君辦之於一日。以闔邑萬户之衆不肯受其責，而君獨任於一己，則君之義風可嘉矣。余謂義之重輕，係風俗之厚薄。以義爲重，則同舟無胡越之殊，四海有兄弟之親，況處鄉黨乎。以義爲輕，則形骸隔而爾汝分，藩墻異而比鄰别，於鄉黨又奚卹？祥仲以濟人利物爲心，能爲人之所不能爲，然諾不欺，有古烈士之風。回視義風，淪亡久而不振，一旦慨然特立，扶持而興起之，豈不快哉！經曰：「立人之道，曰仁與義。」請以「立義」名其橋，要以勸示來者。淳熙十年閏十一月之吉，左承議郎、知撫州宜黄縣、主管勸農營田周夢若記。

《〔光緒〕開化縣志》卷一二江溥《通濟橋記》　開化溪自北來與山東合，支澗南流，水勢湍悍，屢敗航，舊爲民病。政和間，參政李公光爲令日，始俾民爲橋，以便往來。草創之初，其制未盡，不能支久。邑人繼之，乍成乍毁，不過一二年或二三年間，隨以湮没。民力既困，遂廢不舉。紹興丙子，令喻公仲達召募里豪，集材鳩工，仿松江垂虹之制而爲之，壯麗精密，備極工巧，期年而成。歲歷壬辰，復圮於水。又十年而醫胡應瑞易爲浮梁，徙諸上游。溪水淺涸不常，易以腐敗，民又不以爲便。今令金華丁公朝廷佐下車踰兩載，政口事簡，訪民間利病可以因革者，父老至庭，皆以橋爲請。公乃令因舊址，度其廣袤之數，詢里邑之樂輸者，聽其自爲之。截流而東，其長六十丈，分爲二十五節，捐己俸，委邑人主之，先造三節以爲民勸，其餘應者紛然，遂足其數。始于庚子七月，成于九月。凡舊制之未備者，皆熟究而增益之。每節爲六柱三楲，兩旁益以二楣，横貫以巨木，四下施鐵鎖鉤聯以爲固。板厚二寸五分，廣一丈四尺，盡布以磚，旁壓以石。上爲屋以蔽風雨，中爲序以奉浮屠氏，爲民保護，負者乘者如履平地，不知身在風濤之上也。造橋之時，適秋旱水涸，盡得實基，置楲其上，如鑄如錮，不差毫縷，無復異時傾側之憂矣。至循溪而上數十里，瀕水大木之可以爲橋害者又爲約束，俾後來者歲芟治之。列造橋之人姓名於别石。堤防備盡，人知此橋之必可以爲久也。夫民之情，可與樂成，難以慮始。昔之爲是役者，皆累歲月、殫財用、費工力而爲之，且不能究。今公一語，號於衆而衆趨之，首尾八旬而成。官不煩役，民不告勞，其神速至於如此，豈非因所利而利之，至有不賞而民勸者乎！橋成，書來求記。余在桑梓，實聞其詳。樂君之政，不私於己而有以信於民也。且嘆曰：物之成毁也有數，山頹其巔，水匯爲淵，而君子之心，其所以信於民者固不可忘也。斯橋之成，人力已至，固不知其幾歲年而又有所更易，使後之人能推公之心而有以信於民，則愛人利物之惠，雖無窮可也。故紀其實，以勸來者。淳熙七年，三衢江溥撰并書。

《〔咸淳〕臨安志》卷二一馮檝《北關之中興永安橋記》　水行乎地中，大爲江河淮濟，小爲溪澗井泉，汲而取之，引而導之，可以充灌溉，具食飲，資滌濯，備塗澤。然可用而不可犯，可涉而不可履。古之聖人設爲方便，使犯之而不溺，履之而不陷，去其害而就其利者，蓋有道焉。于水之直流而遠者，作舟航以行之；于水之横流而近者，造橋梁以通之。凡人往來乎萬里四海之外，水潦莫能爲之阻者，舟之利固大，而橋之功亦居多。今夫道塗之間，一水之隔，深不可舟，淺不可涉，咫尺之近，如在千里，有橋濟焉，頃步得達。兩山相瞰，水流其中，懸崖萬仞，其險可怖，彼不能至，此不可往，有橋濟焉，如履平地。平原曠野，穿渠走水，水欲常運，渠不可陻，渠通水流，行者有阻，有橋濟焉，二俱無礙，然則橋之爲用大矣哉。東南之地勢最趨下，受百川水潦之歸，隨流上下，固有舟矣。截流而過，非橋孰能濟之？錢塘大都，甲于二浙，中有兩河，架橋數百所。府北十餘里，號北關鎮，商賈駢集，物貨輻萃，公私出納，與城中相若，車馳轂擊，無間晝夜。而河流阻乎其間，舊有三石橋，行者賴以獲濟。居北而最大者曰永安，係建中靖國初，（碑有闕文）僧舜欽募緣成之。積有歲年，日就隳損，經由不敢俯視，慮其覆墜，人人寒心。鎮民耆艾陳德誠數往觀焉，遂萌濟衆念，一日齋沐禱諸天，願同興修。與同儕余慶施、宗宥等，命僧梵海，結約募緣，共成其事，見聞皆助之。自是紹興丁巳仲秋鳩工聚材，至次年戊午初春告成，皆躬自督役，比舊橋尤堅厚雄壯，可以經久，觀者稱歎。仍以新舊橋餘材於橋之東建一小閣，屋二，廈上安諸天聖像，下接待雲遊僧道。計用錢四千餘緡，德成、慶〔施〕宗宥出其半。于是年中秋日設大會，供應真五百阿羅漢，以慶其成。是日香雲芬馥，梵唄交奏，一會

勝集，兵火之後，歎未曾有。會中有客曰：觀天時地利，指日可太平矣，宜加「中興」二字。言訖，莫知所之。至冬，金國果遣使議和。越己未春，遂復三京五路故地。諸路父老稱賀，能由此橋趨闕，事之吉祥，有開必先，茲橋之成，若有兆乎今日之事者焉。故如客之言，號曰「中興永安橋」。僧梵海與諸父老乞紀其歲月，因爲書以貽後人。

《〔光緒〕漳州府志》卷四三黄櫄《三十五橋記》 皇宋慶元四年夏六月丁卯，漳州由南譙門達于漳浦，造橋三十有五所，越明年春正月甲寅咸告厥功。嘻！此百世之偉績也。漳浦距城百二十里而遠，崖谷傾亞，高下之勢，谺然洼然。斜川斷港，湍注奔溢，春霖秋潦，交流之勢益悍。往來憧憧，睨視咨嗟，疇克拯之。太府寺丞傅公來莅州事，內外修明，百廢具舉。期年政治，田里歡康，益思所以利人于遠。乃命龍溪宰李君鼎經度橋事。或曰：「役衆費廣，未易猝辨。」請叢貫鉅木以濟。公曰：「非所以爲後圖，必伐石爲之乃可。」擇僧徒之可任者分督焉。不用官府文書科役，百姓工疇其直，民勸而趨，不競不譁，譚笑而集。出州行五十五里，即漳浦界，爲橋四。曰亭兜，曰桃李徑，曰謝倉，曰岑兜。惟馬口舊有大橋，缺圮而重修之。自兩邑界至于三古坑，爲橋九：曰赤嶺上下二橋，曰冷水坑，曰洋龕，曰李林。惟三古坑其橋四。此地灌莽聚石，澗水旁出，故橋特多。自三古坑至于邑，爲橋十有三：曰烏石徑，曰草屢嶺，曰吴徑，曰茭蓼潭，其壯大尤爲諸橋之冠。曰新坑，曰檬林，曰黄林，曰虎深阬，曰陳壟，曰横漳，其橋二。曰龍山莊，曰葵坑，其間又有小橋九，不著名，悉皆堅好。共長九百五十尺有奇，廣狹不齊，隨地之宜。橋既立矣，復砌石治道，夷其險阻，凡一千二百餘丈。靡金錢五百萬。公節用，爰人不事游觀，每與官僚語及財賦，惻然曰：「生民膏血也，獨至於捐利與民。」及爲民興利，了無靳色，曰：「州郡他無妄費，則惠可及百姓矣。」行道之人，去危履坦，踴躍歌舞，願紀其實以念來者。甘棠道周，有石巍然。幾世幾年，可磨可鐫。若有待焉，郡人黄櫄。拂石大書，祝公之操。如此石堅，石不可朽。公名永傳，宏此休功。以濟巨川。父老來觀，相與告戒，曰無愧召公，勿伐勿拜。

《〔雍正〕江西通志》卷一二〇滕强恕《平政橋記》 袁爲州，負山帶水。一水清瀉，東北入大江，負城兩崖，東爲驚湍奔駛激射，不可以舟橋之爲宜。慶元六年，郡守李侯詵始一新之。距今二十年，刓敝圮闕，不可頓足，負且行於其上者，震怖若將溺焉。余乃括公庾之贏，得米二百餘斛，易緡錢八十萬有奇。斥治倉之餘，以佐其費。命户掾高君炎董之，取材於山，取工於傭。閱月而成，規制侈於其舊。翼如煇如，車輪馬足，其行于于，履月載星，坦若通衢，民咸便之。橋始名永濟，易今名自予始也。夫子産以區區之鄭，當四大國之衝，登進厥民，撫勞甚力，以車濟涉本不爲過，而孟子非之。國雖小安，可無政耶？政有大體，推誠心，昭公道，行實政，而民不與焉，如斯而已。後世不知出此，施小惠則解衣市恩，有若田單；行小慧則擿伏立威，有若趙廣漢。皆孳孳以喜懼移人，務自衒耀，此子産之所不爲也，而可與言政乎？予以迂拙來守是邦，日與邦人共此安静之化。若曰違道干譽，立威取名，則非予志也。故因一橋之成，以告邦人。高君廉己律下，能使廪有餘粟，以佐公費，又出力經畫，以庀是役之成。皆可書。

《〔光緒〕潼川府志》卷四牟巽《掛金魚橋記》 銅山縣東，鳴湍埡側，石橋始創於嘉定三年二月庚申，以三月壬子告成。江以玉名，袤延凡數丈，兩旁皆山巖峻壁。辛未夏，秋水潦暴漲，注射迅急，不通舟楫，民常病涉。余因命工度地，采石於山，紮址於淵，架梁爲一十二道。其長一百三十尺，廣五尺。殆如架海維河，浮黿没鵲。望之隱然長虹卧波，上下往來，坦然無虞，如履平地。費金錢五十六萬，易危爲安，避害就利，絲毫不擾，行人皆便之。職其事，邑令成都牟巽。贊其成，邑士趙憲、袁懿、趙留孫等。董其役，比丘道全、鍾連、妙超、智森。橋成，邑人謂沙跡如魚，而架石其上，有玉帶掛金魚形，余因名曰「掛金魚」。爰述其畧，書於岸左。

胡次焱《梅巖文集》卷一《步瀛橋賦》 步瀛橋者，棃川中市橋也。先是畧彴規模，可以徒，不可以輿。夏四月洪水嚙岸，橋遂奔溪，往來者有褰裳之嘆。伯父樵叟，慨然出獨力新之。有椽泥之木，有中流之柱，有架穴之梁。又構屋三間于其上，長五丈許，東西廣九尺，中間廣丈有四。曲欄坐凳，如其長而兩之。塗以丹雘，藏以青黄，視舊規增百倍不啻。且扁以今名，曰「吾以望吾鄉之俊彦也」。始于開慶元年五月，越七日落成。姪次焱喜而爲之賦。其詞曰：

客有登步瀛之橋、賦步瀛之景者，率爾而歌曰：棃川之山兮蒼蒼，棃川之水兮泱泱。嗟惟棃川之人兮，深厲淺揭；孰爲棃川之津兮，徒杠輿梁。猗與樵叟，慨然心目。知濡尾之無利，閔滅頂之非福。迺掄材而畫楮，迺鳩工而戒僕；迺鞭下海之石，迺架石鹽之木；迺下杙兮椽泥，迺植楹兮構屋。財吾囊中之財，粟吾廪中之粟。寧朴其屋而華其橋，蓋侈于衆而儉于獨。東坡之犀帶無所受，金閨之寶錢無所取。儻不能篤拯溺之心，未有能爲中流之砥者也。觀夫玉鯨長脊

兮隱隱，金鰲巨背兮隆隆。浮波心兮百丈之黿，卧水面兮千尺之虹。簷牙兮插漢，閣道兮行空。直欄横檻兮迺左迺右，朱甍碧瓦兮自西自東。初疑爲百尺樓兮，則靡梯靡磴；又疑爲萬斛舡兮，不帆不篷。長嘯兮，可制嘷獺于西向之穴；拂劍兮，可斃蒼蛟于馮夷之宮。宜琴兮宜棋，宜酒兮宜詩。宜錦鞍兮躍馬，宜雅歌兮投壺。使晉武見之兮，杜預不得爲巧；便秦皇尚在兮，神人不得爲奇。若乃鴨緑水兮粼粼，鵝黄花兮妍妍。岸芷芬芬兮汀蘭郁郁，荇帶長長兮柳眉娟娟。步斯橋也，可以挹杜若之洲，可以遡桃花之源。黿魚兮蔭瓦，蟬蜩兮鳴槐。篔簹解籜，芙蓉試花。步斯橋也，可以沉朱仲之李，可以浮東陵之瓜。淵貯玉鑑，波印金鈎，月兮此橋，何必庾亮之樓；漁簑入畫，鶴氅明眸，雪兮此橋，何必子猷之舟。若乃煙雨空濛，雲霞出没，海上之鷗不驚，濠中之魚自適。萃四時之佳趣，供一橋之景物。然則琴高之乘魚，采仁之石迹，儻遊此橋，當爲踟躇。此所以登步瀛之橋，如登步瀛之洲。泠泠乎跨鯨汗漫，飄飄乎騎鶴揚州。樵叟兀然而坐，逌然而笑曰：「噫！客賦步瀛之景則善矣，客述步瀛之義則未也。昔唐太宗立文館兮，登瀛洲之名始立；自張大魁首多士兮，步瀛之詩始傳。今吾之扁橋也，匪爲神仙之荒唐，蓋爲功名之軒豁。慨惟棨川，夙號儒林。藹文風于三市兮，夜棨朝牖；普教雨于四方兮，佩劍携琴。將後來之穎秀，挹前哲之清芬。一步兮奏棘闈之凱，再步兮策蘭省之勛。穩步兮臚唱楓宸，高步兮玉堂金門。蓋自山林布衣，而一旦紆紫懷金，有似乎肉身凡骨，而一旦駕鶴驂雲。故吾即步瀛以名吾鄉之橋，實揭步瀛以望吾鄉之人。吾老矣，袖利涉之手，卷宏濟之心。爰詔枌榆之朋友，及爾階庭之郎君。因吾扁題之意，知吾期待之深也。嗟夫相如題柱，志于駟馬車；子房取履，志于王者師。將爲好官兮名相，非夫步瀛兮其孰致之。且烏知今日之橋，非蜀之曲星橋；而橋上之書，無漢之黄石書。」客于是斂足避席，頓首趨隅曰：「昔子産爲鄭國之相兮，無博濟之術，有婦寺之仁；伊樵叟爲山中之相兮，有溱洧之濟，無乘輿之恩。彼有其勢而仁則狹，此無其位而恩則深。請移此柱石廊廟，津梁吾民，且以領袖我步瀛之人也。」于是主賓抵掌，一飲一石；行道之人，三歎三息。

《（雍正）浙江通志》卷三七毛開升《雙溪橋記》　開化二溪，古未置橋。政和中，會稽李光嘗涖茲邑，始教民爲橋，然制度陋甚，卒爲湧水所毁。厥後里豪相與踵之，而功大費夥，累歲不竟。紹興乙亥歲，今令桐江喻仲遠之來，審知其故，因行視地勢，商度工用，勸募閭伍，應者雲集。即近山得鉅材數百根，費以大省。未幾橋成，如所素計。丙子某月某日，明年某日，則始訖之歲月日也。鑿溪之深，聯木爲械，步二而柱，横木貫之三，藉以大板，其厚四寸，飛欄相扶，以翼其外。中爲亭以便休息，乘者得以安，行者得以肆。千百年之缺一朝而舉之，是亦難矣。始予聞而心善之，會衆請文爲記，故備述其本末，以告來者。

李庭《寓庵集》卷六《創建灞石橋記》　長安以形勢雄天下，其來尚矣。左達晉魏，右控隴蜀，冠蓋鱗萃，商賈輻輳，實西秦之都會也。距城東三十里，灞水南來，横絶官路，西北十五里入於渭，其源出於商顔山中。每歲夏秋之交，霖潦漲溢，川谷合流，砯崖而下，巨浪澎湃，浩無津涯。行旅病於徒涉，漂溺而死者不可勝數。至元元年秋，山東梓匠劉斌適至此，見之惻然，内誓於心，爲構石橋以拯茲苦。既而還家，告其父母親舊，皆悦而從之，曰：「此奇事，當勉力。」各出囊資爲賵，斌與誓曰：「橋無成，不歸東矣。」於是束裝戒行，前抵相衛，市錐鑿七百餘事，輦運而西，結廬灞上，教人以輪爲業，斂所得充募工之直。分採華原五攢之石，伐南山之木，以爲地釘。其操執斤鑿張口待哺者恒二三百輩，米鹽菜茹所費不貲。日既久，有豪傑好事者六州規措大使牛公、鎮撫曹公、引鹽提領范公等嘉其誠篤，倡起而助之，凡集楮幣二千五百緡以佐其用。六年己巳春，陝西大行臺平章賽公用左右司郎中徐琰諸君之議，捐白金二十錠，仍俾役夫二百，令京兆同知巨公督之。簽省嚴東平繼發驅(勇)〔男〕四百指，徧諭所屬，乘彼農隙，輦山石八百餘載，令京兆府判官寇公董其役。九年壬申夏，會蘇太師老仙、吕公伯充在京師，白此事於内侍賀公寬甫，乘間奏聞，驛召斌入覲，應對稱旨，天顔喜甚，勑賜京兆官籍没田園，發新收南口長充役作。十年癸酉，皇子安西王開國陝西，王相左山商公以此事啓聞，特賜楮幣三千五百緡，廪給役者之食。十三年丙子冬，昭勇趙侯鳩貲僦車轉石。戊寅歲冬，功始畢。其長六百尺，廣二十四尺。兩堤隆峙，下爲洞門十五，以泄水怒。制以鐵鍵，堊以白灰。其趾山固，其面砥平。磨礱之密，甃疊之工，修欄華柱，望之巋然，如天造神設，信千載之奇功，一方之偉觀也。由是車不濡軌，人無褰裳，憧憧往來，坦然無阻。自經始至於落成，歷一十五年。用石五千餘載，鐵銀錠九千，計鐵四千秤，地釘木二萬條。前後總糜楮幣八千五百緡，輿論之直尚不與焉。按《周禮》：「城郭、道路、橋梁、陂澤，以時修之。」此三代之法也。自天地分，此河出，羲農以來，邈不可考。周、秦而下，及漢、隋、唐俱都於此。前志雖載嘗有石橋，規制狹小，屢經變故，湮没無跡。有司課民歲駕土梁以渡，迨春冰泮而已復敗矣，人甚苦之。於戲！上下數千載，當

承平之際，在朝在野，才臣智士代不乏人，忍視斯民沉溺葬魚腹而莫之救。今也非常奇特之功乃成於一梓匠之手，可嘆也已。斌之爲人，不特智巧多藝，而寬厚誠慤，重尚信義，此卜子夏所謂「雖曰未學，吾必謂之學矣」，惟斌可以當之。又斌之爲是役也，舍父母，棄妻子，久客於斯，未嘗一省其家。無官守之責，無監督之嚴，風經雨營，朝規暮畫，曾不少懈。雖誹謗百至，而所守不移；沮挫屢經，而自信益篤。衣不私身，食不異爨，與役夫同甘苦。所荷金貲以百萬計，悉付之掌記，尺帛斗粟弗入於己。間關齟齬，卒踐是言，可謂有爲之士矣。其至誠感格，神明護持。聖主賢王，不惜帑藏；貴家豪族，樂輸金帛。及編户之民，願同戮力，竟能相與始終，非志堅而力行之，烏能及此？一日，京兆府學教授駱天驤偕斌踵門來告曰：「斌之橋成，亦先生之志也。今將勒諸石以紀歲月，文不先生之屬而誰歟？」余應之曰：「諾。」遂序其顛末，以諗後之人，俾守而勿壞也。

李庭《寓庵集》卷七《京兆府灞河創建石橋疏》 竊以川惟設險，不無泛溢之虞。橋用濟人，當作久長之計。眷長安之名郡，帶灞水之湍流，每逢秋夏之交，輒有波濤之害。揭厲而涉者，綿歷乎千載；沉溺而死者，不知其幾人？自非遇閑世之良工，孰克建非常之大事？今有山東劉君者，世傳妙斲，誓救生靈。疊巨石於平灘，架修梁於當路。將使車不濡軌，人無褰裳。豈惟爲壯觀於一方，實足覃仁心於百世。然而厥功甚大，所費不貲，固知獨掌難鳴，正要大家著力敬修，短疏偏詣高門，伏望厚禄達官，多藏巨室，或黄冠上士，或白足高僧，共推拯溺之心，永絶憑河之患。渡羣蟻而甲科，尚驗陰德之報不誣。活千人者，子孫必封，昔賢之言尤信。如蒙金諾，請署玉銜。

李庭《寓庵集》卷八《灞橋破土祭文》 昔鄭子産以其乘輿濟人於溱洧，孟子以爲惠而不知爲政。然則橋梁之不修，我有司實任其責。某承天子之命，來守此土，凡可與民興利除害者，皆當盡心力而爲之，而不敢辭也。惟兹灞河，横截大路，當秋夏之交，山水暴漲，甚爲民患。今將疊石，以架修梁，使往來之人，不死漂溺，以廣天地好生之德，庶幾副主上愛民之心。破土之初，惟爾神其相之。敢以誠告。尚饗。

吴澄《吴文正集》卷三八《龍泉濟川橋記》 泰定五年正月，龍泉縣新石橋成，邑之人請記始末，曰：「龍泉左右二江俱發源於柳衡，演迤百餘里，而會爲一。横界邑市而中分之，架木爲橋，以通南北，燥濕迭更，木易朽腐，支傾補敝，勞費罔已。宋末有大家施田，歲輪所入，以備修完，橋賴是不圮。宋亡，其家毀，田宅屬官，而橋無賴焉。今官府每以橋梁爲急務，大率令里長驅編氓迫促而成之。成之苟，而壞亦速。壞而復修，修而復壞。橋壞則舟濟，春夏暴漲，舟弗敢前；秋冬淺澀，舟復難動。待渡者遲遲，病涉者累累，公私兩阻，末之如何。項司丞振宗資富好義，惻然興懷。至元辛卯，斬木鳩工而橋之，遠邇大悦。然三歲輒一易，易者數矣。司丞謂與其如此，孰若攻石爲之，使永久堅固，歷數百年而長存乎？訪求良工未獲，而司丞逝，事遂中止。其子丞事郎、同知永昌府事時俊追念先世，得瀏陽工人，甲子初元乃興其役，及今將五年，而工畢，費緡錢約十二萬五千。石墩凡六，墩之相距三常有奇，其崇二尋，羨尋之半；其修四尋，其厚一尋，羨亦如之。墩之上疊木七重，木之上布板，其廣如墩之厚。板之上構屋，以間計三十七，袤四十二尋有四尺。兩岸升降之道至岸尋又七尺，屋之南北端爲門，其中爲神祠。自是人無待渡病涉之憂，橋無數壞數易之患。南北往來，如在家居，如履平地，不復知有一水之隔，莫不嘉歎而歸德。儻無文以記，恐後人昧興造之由，此非邑人之私喜也，敢請。」予素善時俊，知其能世父之美。父嘗新邑校，則拓其所已爲；父欲作石橋，則成其所未爲。有繼志之學，有濟衆之仁。所費不貲，不以爲意；自忘其富，超然塵外，趣皆非人之所易能也。因邑人之請，特書其美，以勸方來。

吴澄《吴文正集》卷三八《迎恩橋記》 迎恩橋在宜黄北門外，邑人鄧應元獨力所成也。天下之險莫如水。一水中隔，則兩岸之人不得相往來。古聖人作舟以濟不通，水大且深，必以舟亂流而濟。非甚大之水者，聯舟亘岸，謂之浮橋，《詩》言「造舟爲梁」是也。非甚深之水者，竪木爲柱，而架梁其上，不必浮舟于水也。木柱有朽壞時，後人易之以石墩。浮橋不如木柱之安，木梁不如石墩之固，而斲石之費比之竪木，奚啻百倍！宜黄縣二水合流于東北，一水自南遶東趨北者，源遠而流稍大；一水自西遶北趨東者，源近而流差小。舊日橋於東，岸闊而橋長；又趨郡之途稍紆，橋號「百丈」，圮易修難。宋末橋於北，谿狹而費省；又趨郡之途差捷，橋名「豐樂」，人甚便之，東之長橋遂廢。然谿狹岸高，水不散漫，春漲流急，橋柱亦不堪水勢。國朝縣主簿以橋梁專職，疲於屢葺。泰定甲子，主簿謀建石橋，官欲辦而帑無可支，民可資而衆不易集。僅立二墩，石多脆裂，功弗克竟。天曆庚午，邑宰何槐孫勸民出力竟前功，而鄧應元慨然以一家力獨當之，命良工伐堅石，結新墩二，移舊石護兩岸。墩之縱廣七尺，横袤常有四尺，其崇五分，其袤之三巨木委積疊加于墩，實土甃甓，屋以覆之，凡十六楹，梁之修十

其墩之崇。役始於仲夏，畢於仲冬，計費至元準緡錢萬二千有奇。將告成，而何尹以憂去。楊尹景行繼至，爲更〔豐樂〕之名曰「迎恩」，自書其扁，以示嘉獎。衆睹石梁牢强堅耐，卓偉壯觀，歡頌罔已，來請文以記。鄧氏昔居南鄉之極境，父興家好義，予嘗客其門。應元，季子也，甫及齠齓。比長，偕叔氏宅于邑，家業豐盛日進，稱一邑之甲。循理畏法，未嘗干溷官府。不侈於用，不吝於施。今年踰六十矣。若此義事，心所樂爲，利于民甚大而可久。公則賢宰一邑之政，私則善事一家之惠，俱可書也。

吴澄《吴文正集》卷三八《奉新縣惠政橋記》 新吴，豫章郡之屬邑也。有水横貫于邑之中，曰馮水。馮水之源出百丈山，行百有餘里，及邑之西，其流分爲二：經流在北，遶邑治之南而東；支流在南，徑南市之北至邑之東，西與經流合。二流各有橋梁以渡，水勢漂悍，橋不能支，屢修屢壞。南橋之袤踰二百尺，而北橋之袤殆七十尋，故其壞尤數，其修尤難。宋初，邑大家胡氏架木爲梁。太平興國中，胡之家有國子監簿仲堯嗣新之，其弟秘書省校書仲容請於楊文公億爲之記，名其橋曰「安固」。于後改作浮梁，而易其名曰「安濟」。淳祐間，浮梁敝，晉城鄉羅鑑暨奉新鄉王珣率諸大家合力結石爲墩，至元末，石墩亦敝。邑之令佐用民力豎木爲柱，置板于上，而易其名曰「行教」，財力夫力一皆取於民。九皐王德全，珣之玄孫也。輕財重義，克蹈祖武。視役户歲遭督責之苦，役夫時被鞭箠之虐，惻然興憐，遂以修橋爲己任。大德戊戌，捐資造新橋五十餘丈，不藉勢於官，不假力於衆。明年春，爲水所壞，則造二舟以濟，至冬復完其橋。自後輒壞輒修，不以其事諉官府。買晉城鄉杉林數百畝，長養其材，爲久遠計。歲乙巳，相視水勢平緩之處，於橋之上流二十步，兩崖疊石，重構新橋，廣袤一仍其舊。其將終也，遺命囑其子文炳兄弟，勿墮前勢，以田租六百石及晉城杉林專備修橋之用。延祐甲寅，橋又壞，文炳兄弟又造二舟以濟，至冬又成新橋。其南橋舊名「惠政」，大德以後，修理一出王氏之力。至是南流漸微，乃用七千餘力運土石實築埕道，壅水北流。南橋既廢，得以萃其工力於一橋，而移彼「惠政」之扁易此「行教」之名。邑人咸喜，求予文記其事。予謂古以除治橋梁爲官政，而今亦然。但官無可用之財，而惟民是資，則惠未及民，而厲先及之矣。王氏以一家獨任其功，俾官不勞心，而得惠政之名；民不勞力，而蒙惠政之實，賢已！且人之好助修橋梁者固有之，然能同於衆，鮮能成於獨也；能爲於暫，鮮能歷於久也。竊聞大德以逮于今，橋之壞而復修者五，每一興役，用木不翅千株，用工不翅千人，而用財計楮幣萬。其間水所摧殘，或比年一修，或半年一修，其費又在此之外，方將世世繼述而無倦。嗚呼！其孰能有此肯心者哉！德全字義甫，生平好施，賙恤鄉鄰之事不一，賑饑賤糶，該受賞典，則以老辭。將官其子，則仲子文炳、叔子文謨俱讓，而以俾其季子文傑。仁讓之德如此，王氏之昌，其未替乎？昔邑之胡氏種德，而二子并膺朝職，子若孫登進士科者八九。王氏之種德如胡氏，天將不以報胡氏者而報之乎？王氏孫其益思所以善繼述哉！

程文海《雪樓集》卷一一《建昌路重建太平橋記》 盱居江閩間，南北往來，必道竟上。郡東舊有橋，横江之壘十有三，跨梁之楹七十有三，中爲亭，東西爲門，至元丙子燬焉。民病涉，横飛梁以濟。壬辰六月，郡侯章公、總管趙公，帥同僚洎郡寓公、大家，度材鳩工。癸巳十一月始事，越明年七月落成。柱石棟宇，高廣雄麗，視舊有加。惟盱爲江閩要處，而橋又爲盱要處，是不可不復。成之日，適際聖天子龍飛之始，河海晏清，霄垠軒廓，郡人名之曰「太平」。既請書於余，則又來告曰：「是役也，君之父若叔與有力焉，敢以記請。」余不得辭。夫一物廢興，莫不有數，由丙子至甲午，幾二十年，而橋始復。太平之世，民有餘力，一橋雖微，可以觀治矣。其自今始，舟車之輻湊，商賈之都會，千萬里重譯之遠，夷然而安，曠然而四達。凡自此塗出者，其可不知君上之所賜乎？既以諗盱之父老，於是乎書，且詩之曰：

維盱爲郡，江閩通衢。郭東有橋，又盱要樞。前此簷楹，星斗可斢。中厄於數，或艇或泭。而後來者，思濟輿徒。梯梁雖駕，風雨則虞。比來一載，木運石驅。雁齒翬飛，鬼呵神扶。日東西行，萬武奔趍。邦人士語，疇昔所無。伊誰之功，公侯大夫。拜稽對揚，臣何力乎。明明天子，澤被我盱。涼颸暖曦，晴江漫湖。重謡老壤，載歌袴襦。祝橋壽者，其樂居居。臣賦此詩，天保嵩呼。

程文海《雪樓集》卷一三《昇平橋記》 臨筠之交，鵠山之陽，梁于灝江之上，曰「昇平橋」。灝迅急，歲輒壞。至大元年春，里長者黄君應瑞相橋下流勢少殺，謀遷之。易族子田以立其址，買晏氏山以礱其石，更爲石橋，掘地丈餘，得故橋株十數，石佛像十有三，乃故橋所也，心獨喜。經始於是年四月二十有六日，落成於明年三月八日。修丈十，廣去其七，高如廣之數，上爲屋七楹，工凡六千五百，費緡萬五千有奇。又爲菴其涯，以祠石佛，廪道者守之。配鄒出簪珥以相焉。橋成之日，行者歌，休者誦，烟峰流泉，獻狀增勝。皇慶二年，其諸孫允武來京師謁記，曰：「此鄉民之志也。」且言君平生好義，嘗於上高之境爲二橋，曰

「新」，曰「大淵」。又鑿新喻、檀嶺道數里，作舍道傍，以便蒙山之役者，若此甚衆。余觀萬金之貲，世常有之，不拔一毛利天下，嘐嘐曰：「我爲善，我爲善。」不過詔土偶、實巫覡、求福田而已，他弗知也。黄其庶乎昔有結茅度蟻奪高第者，黄所濟多矣。黄固涪翁之苗裔也，盛德之門，又浚以益之，其大也必矣。君年八十餘，耳目聰明，齒髮不衰。子若孫皆謹願篤學，未必非其報。烏乎，此亦鄉人之言也，君何心焉？書畀允武歸刻于橋之上。君字國祥，人即其居號之曰「曉山老人」云。正月日記。

《〔同治〕高安縣志》卷二二趙孟頫《仁濟橋記》　皇上即位之初，以瑞州路奉皇太后爲湯沐邑，廣至孝也。明年，是爲至大元年，臨遣中書左丞臣郝天挺、僉徽政院事臣完顔澤經畫賦入，陛辭，以瑞州錦江橋新成，宜錫嘉名，立石旌美啓聞，有旨命臣孟頫製橋名及譔文紀事。臣以布衣蒙世祖皇帝擢置侍從，今退伏田里，聞命驚喜，執筆敢後！臣謹按：瑞州路在大江之西，聖上潛龍時，當大德八年，成宗皇帝以河北之懷孟、江右之瑞州爲上湯沐邑。臣澤時爲司馬，被旨行視。瑞州之爲郡，錦江貫其中，故常爲橋以濟。歲久橋隳弗葺，人病涉焉。夏潦適至，江水暴漲，劇急甚，有舟絶江中流，而覆溺者百餘人。臣澤目睹斯事，亟命左右援救，僅活一二。因感嘆流涕曰：「橋不復修，爲民害甚矣！」乃出己資，率郡僚勸義士張漢傑等曰：「郡爲分地，而民以溺告，不可也。盍相與成此橋，以明上恩乎？」衆曰：「諾。」民以是樂趨焉。伐木取石，萬杵咸作，爲石橋十墩九間，費楮幣十萬貫有奇，不以干有司。經二年而始成。則又爲重屋以覆其上，中奉佛老，以祝聖壽。既成，四方行旅之出其塗者，行歌鼓息，如在平陸，無復風濤之憂。臣聞禹思天下有溺者，猶己溺之，而博施濟衆之仁，堯舜有焉。欽惟聖朝愛民之仁，丕冒四表，將旨之臣，復能推廣上意，臣謹製名曰「仁濟橋」。再拜稽首而爲之銘。詞曰：

瑞州之城，錦江貫焉。形勢維何？如河在天。聿開王藩，以有兹土。瑞氣兆祥，踐帝之祚。帝廣至孝，以天下養。乃奉湯沐，式維舊壤。時維錦水，橋壞弗修。過者病之，困于檝舟。司馬臣澤，目睹心惻。乃率郡吏，乃勸巨室。采木于林，攻石于巖。成是輿梁，十墩九間。上有重屋，下有堅砥。江流疏分，不暴不駛。昔危者安，昔懼者歡。孰能作之？司馬完顔。啓聞東朝，錫以嘉名。微臣奉旨，用美厥成。惟仁惟聖，克濟斯民。天子之聖，大母之仁。匪私瑞土，同是惻隱。推而放諸，四表而準。如江之流，如石之堅。兩宮景福，億萬斯年。

袁桷《清容居士集》卷一九《吴江重建長橋記》　震澤東受羣川，汪洋巨浸，至吴江尤廣衍。地爲南北衝，千帆競發，駛風怒濤，舂擊噴薄，一失便利莫能制。唐刺史王仲舒，築石堤以順牽挽。宋慶曆八年，邑宰李問始造長橋。繇是，各捨舟以途，來往若織。水齧木腐，歲一治葺，益爲民病。泰定元年冬，州判官張君顯祖始莅事，曰：「兹實首政。稽工程財，莫知攸出，當謀於民。」民有調役，維浮屠善計度，長衢廣殿，瞬息以具。吾語諸，其有獲。」廣濟僧崇敬實來，敬言：「伐木爲梁，弗克支遠。易以石，其迄有濟。」參知政事馬思忽公，以督運至吴，迺采其議，周詢以籌，首捐貲以勸。敬復曰：「作事謀始，不可不慎。有善士姚行滿，嘉禾人，能任大工役，必屈以委。」繪圖相攸，經畫畢具，咸服姚議。於是，參政誘郡守郭侯鵬翼。役未興，丞相答剌罕公朝京師迴，道繇吴江。郡白橋議，丞相曰：「吾必首倡。」即捐萬緡。而府縣士民，相胥以勸。平章高公、貫公，繇湖廣、江西來自江浙，力囑張君，俾終是工。杜侯貞來守是土，亦曰：「張之言然。」閏正月，建橋。明年二月，橋成。長一千三百尺有奇。捷以巨石，下達層淵。積石既高，環若半月，爲梁六十有二，釃其剽悍。廣中三梁，爲丈三百，以通巨舟。層欄狻猊，危柱贔屭，甃以文甓，過者如席。舊有亭，名「垂虹」，周遭嵯峨，因名以增榮觀焉。是役也，敬師鳩徒，輸財實三之二，贏財十萬，復以爲寶帶橋助。姚總其綱，張君首議，出於仁政，事有脗合。而是州興役，見知於丞相，誠出大幸。厥今運舟相聯，驛使旁午，咸曰：「丞相謀國經遠，張君美績，繇是得書，將永遠無極。」繫之以詩曰：

茫茫禹甸，昔鄰於魚。維四載功，兹爲具區。有失其防，群督喁喁。曰維李侯，構兹虹梁。經始孔艱，任負揚揚。歲老水泐，臨履若驚。張君莅官，飭我初政。曰兹橋匪修，涉者益病。召彼耆老，貨布莫競。相國之來，六轡徐徐。詢事審宜，以究以圖。剗其緡錢，俾民樂輸。橋既成矣，虹飛于江。千柱承宇，羣流迴矼。儼兮層城，爛其軒窗。張君籌思，相國成之。彼清浄士，式克承之。千歲永賴，我庸以銘之。

《〔乾隆〕餘姚志》卷四韓性《重修通濟橋記》　至順三年，餘姚州通濟橋成。餘姚岸北，爲州之理所。按《宋圖經》，姚江在餘姚縣南十步，橋曰德惠，即今橋是也。建炎中廢，縣令蘇君忠規，率十五鄉民重建。至淳熙戊戌而壞，司業王公速方里居，損貲以創。巨木五接，架空負石，勢若虹偃。歷歲百餘，至咸淳而壞。司業之孫王籍、曾孫應龍，甫創建焉，壯偉加於昔，易名虹橋。建十年而燬，縣入

職方，縣尹杜君仲仁，進王氏子孫而諭之曰：「此君先世義事也，不可不勉。」於是應龍即舊址經營，其族人濤、湘等相繼盡力。至元二十年九月，橋成，未備獸欄楯，縣尹夏君杞使邑人趙孟嵩等助成之。至延祐六年九月而壞，行者藉舟以渡。當是時，餘姚既陞爲州，同知州事夏賜孫率州民造浮橋，屢修屢損，人以爲病。有僧惠興言於官，請作石橋，爲永久利。州官許之，經始有緒，而僧亡。州判官牛君彬，恐遂廢弛，命羽士李道寧繼其後，且捐己俸爲倡，而力董之。會奉議大夫監州拜住、奉議大夫李侯恭來知州事，與同知州事帖木耳不華、賈策，判官張志學、唐儁，吏目陳天珏、沈思齊，咸勸成之。至是而石橋成，名之曰「通濟」。風帆浪楫，停潮依汐，鱗居通闤，東西相屬，橋之名遂冠東浙，非特一州偉觀而已。道寧於橋傍，浚井以利汲。又爲通濟道館以居其徒。又爲屋二十二間，積其儲直，以爲修橋之用。州之人士，疏其本末，至山陰澤中，使性爲之記。夫涉險，生民之甚病。聖人有作，取象於涣，而舟楫之利興。水涸梁成，著於夏令，造舟爲梁，周制略備矣。安固而支久，莫愈於聚石，特其費爲重，而成之爲難。餘姚爲州，西抵越，東適勾章，江界其中，郵傳之所出入，行旅之所往來，日憧憧焉。江之有橋，不可一日少也。自建炎至今，二百有餘年，乍而成，成而倏壞。當其壞時，顧盼千里，資於舟檝，不能無蹴踏傾覆之虞。浮橋少便矣，然而波濤日涉，纜絶艦解，邑人疲於營繕。繼材置枋，始若堅密，淋炙之不勝，朽敗踵之，猶浮梁也。惟聚石之利，人之所知，必有待於二百年之久，不以其費之重，而成之難乎？今山林之人，不難於勞，遠近聞者，不難於施，亦惟長民者有以勸成之也。此人士之所欲記也。興工於天曆二年四月，閲二年而訖工。橋長二十四丈，其高九十六級，下爲三洞。用人之力，餘三萬六千，石以丈計者，大小一千八百，鐵以斤計者，餘二千五百，竹以束計者，四千五百，費可謂重矣！計其大略，庶幾後人知其費之重而成之難，修葺之儲資之不足，則協力而助，俾勿至於大壞，安固支久之利，式被無窮。此又人士之所欲記也。至於成壞之歲月，後之修郡志者所欲考，并記之。

張養浩《歸田類稿》卷五《安西府咸寧縣創建霸橋記》 霸橋者，堂邑民劉斌所修，而圖之者，臣下歸美之義也。斌業輪輿，嘗遊關中，還偕二客道霸上，水卒至，一死於溺，一幾殆，而斌獨先濟，因叩天自誓：「吾不橋霸者，如此水。」至語其家，無不仁其心，難其事。斌曰：「吾不死，何難爲？」乃辭親，廬霸上，以所業易材於人，人誼其爲，皆倍酬之。不給，又募工采諸秦隴諸山，遂於故蹟少西七十舉武，釃渠以殺湍悍，夷阻以端地形，下鋭木地中，而席石其上，然後累石角起，高仞餘，若門而圓其額，俗謂矼者，一十有九。先嘗爲九矼，水來不能制，至是始益其十矼。廣一丈，其隙則錮以銅鐵，經軌三途，中備輦路，欄檻柱礎，玉立掖分。柱琢（一）〔以〕狻猊於上，合柱凡五百六十，橋兩端虞其峻甚，又覆石各八十尺。礱甃雕飾，殫極諸巧。袤四十丈，廣如干，崇如廣而省三丈。隆然卧波，若修蠕下飲，過者莫不駭異嗟訝，以爲永世無窮之利。至元三年肇功，潰成於二十五年。石以車計者五千有奇，木以株計者二萬五千，灰以石計者千有五百，銅鐵以斤計者五千二百五十，始卒縻楮幣十萬緡，輪輿之酬不列也。先是，平章政事賽天赤行省陝西，謂僚佐曰：「橋梁不修，乃有司責，今遠方之人來倡斯役，坐視不爲一應，民將謂何？」遂捐楮幣千緡，調丁力二百佐之。會行省廢，嗣至此者詭搖以言，冀其中輟，而斌不懈，益虔。未幾，流聲朝廷，驛召斌圖上其制，且問所需洎興創之由。入對大稱旨，凡有請皆報可，尋詔近臣伯勝驛送楮幣二萬五千五百緡。皇子安西王始聞斌役，賜楮幣五千緡，合前後賜，凡三萬五百。後訖功，斌報京師，且爲近侍言：「安西始割隷潛邸，實聖上疇昔九旒所經之地，前代有天下者，若周、若秦、若漢唐，皆嘗都焉。地腴户羨，非他郡比，橋必稱是爲宜。今幸告成，繄國家之力，斌何有焉？乞文諸石以詔悠久。」近侍以聞，上曰：「此斌功也。」乃勅尚書省下翰林國史院爲辭。臣某忝當執筆。謹按：霸水出藍田谷，在京兆三十里，古爲滋水，周太公望所嘗漁者，秦穆始改今稱。其水西北流，道銅公水，經二谷，合渥及荆，而北會滻水，入于渭，横絶秦雍要途。逮天連雨，濟者多水死，而斌實嘗躬其害者。嗚呼！向使斌不歷霸水之險，國家不知斌矢心之誠，則斯橋獲成者能幾？不避其難而決於必創，所以跋涉三千餘里不爲遠，綿歷二十五年不爲遲，利貽後之人不爲功，見褒九重而無一毫覬覦榮寵意。人斌若者，詎多得哉！切嘗又攷夫自昔帝王之靖天下，文納猷謀，武輸威略，英魁豪異，所至景從，微而賈豎蒭蕘，苟有所挾，亦莫不奔走而願爲之盡。蓋天之所與，人必從之，理勢固然，有不待威脅利誘者。我國家集天景命，奮迹朔方，神應人葉，明良胥會，内焉若是，田野可知。周詩所謂「中林武夫，莫不好德」者，以斌概之，誠不多讓。雖然，一橋梁之功，其成與否，固不足輕重昭代，所可書者，野人有澤世利民之志，朝廷無沮善娼功之嫌，下歸美于上，上推功於下，其忠厚雍遜之風，藹然殿廷之間，而汪濊乎仁壽之域，雖曠千百載，猶足使人奮激興起。其爲勸善，庸有既乎？視夫季世之君，不能示之以廣，至與臣下角功争能者，豈

求必取贏之心焉。向使瑞有是橋，一成不毀，則之三數公之所就，于彼而不于此，吾將不得而訊之，而況得頌之乎？傅公名顔，字顔卿，歷佐部寺參，掌留鑰上京，以善文法，致譽于時。出佩二千石印綬，典領方州，曾未期月，宜人之政，灼灼可道。惟兹橋功，在公爲細，而公之所志，若謂成法不傳，將後何觀，書來請記其迹。予嘗忝公同朝，不得辭，則復于公曰：目睫之患易見，水潦之害易知，而隱於不矚，没於未形，限於不自達，爲難悉也。今公發政之初，不迂橋事，以興是役，所以自任乎父母師帥之重，而求盡其心者，可概見於兹。四封匪異，千里惟同，顧吾之職，得以弛置開塞，有大於一橋者乎？公患不聞，聞斯行之矣。然則諉橋功於細德，豈誠知公哉？橋舊即江以名，而今榜「仁濟」，昭獻元聖皇后所錫命。是役也，縻鈔一千二百八十五定，役工至某萬某千某百某十。明年十又一月辛未考成。始終橋議者，郡監牧佐掾、縣令長及州之義民，皆署名氏如左。考成之月，其日壬午，謹記。

虞集《道園學古録》卷九《平江路重建虹橋記》 至治三年五月日，平江守臣告于江浙行中書省曰：吴郡城内外，皆鑿溝澮，納大湖之水，以容行舟，逾絶爲梁，經緯聯屬。其高庳修縮，視水大小，與人事緩急。獨虹橋在郡閶門，西跨官河，通驛道，爲咽喉要處。水至橋下，匯爲回淵最深廣。隨折而東行，勢用剽悍。橋舊植以木，而加甃焉。歲久腐橈，及今夏大霖雨遂壞。水陸並阻，民吏憂駭。即日，召吴縣長吏，計會修治。吏曰：「役大，懼不即成，請草具以木濟，而徐圖之。」郡人鄧文貴詣官自言，架木非經久計，改作將因循，請出家財成之，可毋煩官也。問其故，曰：「家業〔版築於兹〔三〕世矣，衣食不敢有所過。積日久而食功多，幸有餘。今度足以畜子孫，終其身，請悉以從事。」問所欲，曰：「心誠願焉，無所冀也。」按文貴家無田入化遷之利，郡縣甲乙，貲算在中産最下。徒以知足，能散無所爲之心，佐郡縣徇民之急，不亦善夫！請聽文貴所爲。省府下其書曰：「此有司之責，而文貴發私財，甚善。其亟從勉成之。」文貴既受命，乃引里中信義者與共事。以八月乙丑，召工畫圖，計日度財，盡撤其舊而新之。求土木鐵石必良，售物予直必平無留券。擇匠必精，既〔稍〕〔稱〕必足其志，役者受傭如歸。作息有度，勤而弗病。絶水下石，款密鍵固。絫起拱合，理緻無間。圜空漏水象月，引重過之，堅踰實地。蓋長若干，廣若千。而又帖石隄岸，容挽遡者若干尺。泰定元年十月成。凡用中統鈔拾伍萬貫。於是，前侍御史曹南馮公翼，與名卿大夫，既老而寓於吴者十數公咸善之。而王公都中，新領海南北憲節，未

直雲泥霄壤哉！夫斌以草澤匹夫，絜寸能自效，聖天子猶遇睞如此，矧剖符疏爵，爲國家樹大勳、建大事者乎？蓋嘗迹是以思，吾元所以有天下者，仁以裕民，誠以孚下，善焉即録用，罪焉即誅夷，其獲臣妾多方、冠冕百代、基萬世治平之業者，有以矣夫。故臣直不敢以區區木石之觀夸示西土，而具述聖人寬仁大度、鴻休盛德，尚轂來世云。

柳貫《待制集》卷一四《瑞州新修仁濟橋記》 瑞州治高安，其南西壑谷，諸流匯爲錦江，横貫州東，下注章水。州之郭郛，如環玦中分，而廛閈衢巷，夾其兩涯，民旅族居而錯行者，恃橋爲命。橋一日不葺，則徒輿斂迹，公私交痡。雖官調水夫，刺小舟待濟，隕一羽于深淵，若將委之。因涉者之思利，而知夫郡政之大，莫先于橋功矣。昔橋未建，聯艫繫笮，直州治爲浮梁，隨波降升，然僅僅以歲月計成毀。宋淳祐壬子，樞密院編修官鄭公守郡，始相方宜橋，鑿巖架虚，既成九年而一毀。毀十有一年，守重公嗣成之，成三年再毀。下逮至大己酉，總管蒲公作鎮，時閲歲三十六，而橋役大興。役大故功鉅，衆方期之以久，會泰定三年五月癸丑，雨水暴至，勢怒衝衡決，明日壞北堤，橋岌岌不能支。又明日，雨止，頽缺參伍之一，而絶岸奔流，浩渺數十尺，行者躑躅，居者顧慮，徒自晝焉，莫司莫續。其年十月，中大夫、太原傅公適以麾節涖郡，進父老庭中曰：「吏役於民，我謂郡政，爾謂民庸，有先于橋功者乎？」衆謝曰：「吾所欲也，而未敢以累公。」於是長貳謀協，寮寀式從，封内之人，輸財薦力，如趨父任。公復求得嘗承蒲公橋事，而幹敏有操略者李榮等七人，使主其出納。命郡録事陳德敬總其凡，以屬役賦功。自經始至成，公日來勸相。工忘其勞，不勵咸飭，諗曰：「吾窮釁隙窟室而根治之，不遺後憂，利勝計哉！」蓋北堤當水衝，舊中實土囊，外傅以石，水朝夕灌漱，客土銷址則無恃。今索石增厚至十數重，執度揆之，其袤七十五尺，其廣百二十四尺，上覆屋，爲楹間七，以補廢還故。又謂南墩，東西削方，水與石鬬，石不勝則反手磔裂。宜易博爲鋭，逆水入之，以殺其悍。諸梁木之弱且撓者，甃石之破且泐者，咸除撤繕理，擇于堅密，不苟不媮。厥既僝功，列樹兩柵，分爲三逵，節東西行者，不得方軌並駕，以撼震致害。所爲長慮遠引，無勝算矣。自鄭公畫橋議至于今，成者三，毀者三。近或三四年、八九年，遠至二三十年，寧曠歲綿時，以俟夫守長之仁且惠者，出新智，開永圖。然謀人人不同，豈仁且惠自三數公外，舉無稱哉？蓋事時鮮儷，有當爲而懈於爲，有能爲而不逮於爲者。雖仁且惠，徵諸一橋作輟之間，固莫之盡也。大抵人才之著見，因於所遇，而無

上。乃使來告曰：「今日之制，自一錢以上，郡縣毋得擅用府庫。茲橋以民家親爲之，猶須十餘萬未已，踰年乃成。鄉使文書上下，反復較論，詎得出經費若是數。就令從之，非一日而決，詎能成於期月耶？用不足，必且泛賦，吏並緣奸利，能無侵牟椎剥乎？利盡而求速，能久堅若是乎？是誠可書以示來者，請刻文記之。」或曰：「以一民掠有司之美，可乎？」噫！文貴，蓋有所受命矣。且夫鄭商犒牛，敵謀遄沮。卜式輸財，漢用不匱。度時酌宜，未可廢也。必律之以古昔，其常制産已乎。不然，世之兼并者，或盡民力至骨髓不饜，坐視其死亡而莫之恤者，蓋有之矣。服御擬王侯，嘻笑制官府，唯其所欲爲而莫之禁，更於斯舉不足乎，是則可書也。文貴有子，業進士。予曩過吴，嘗從學者來見，予故知其人。且吴人殷盛，四方所莫及。其什伯倍徙於鄧者甚衆，其輕財尚義，肯卹鄉里救災患者常多有之。故爲備載而不辭，庶幾相勸之道也。時之守令僚吏名氏，請列諸碑陰。

黄溍《文獻集》卷七上《平江西虹橋記》 泰定元年冬十有二月庚午，平江閶門外新作虹橋成。古者辰角見，雨畢而除道；天根見，水涸而成梁，有司之常事耳。《春秋》之法，常事不書。此何以書？在有司，常事也，而此非有司之常事也。按郡志，橋之載於圖籍者三百五十九，而爲虹橋者三，其一在城西若干步，即此橋也。去年夏，大雨，水暴溢。橋居兩水之交，所施材甓皆腐缺，莫能與水抗，一夕盡圮。其地適控通衢，凡徵令賜予、布政於方國，若奉貢輸賦、修職於京邑者，悉由是而之焉。執事者奔走迎勞無虚日，懼舟檝不足以嚴使客，則栰木以竢之。方謀所以復其故，而官帑不可輒發，又重以其役厲民，未知費所出。郡民鄧文貴聞之，請分家貲之半，更爲石橋，以利永久。既又以爲，此有司者之事，非細人所得幹也，乃飭材用，庀工徒，以聽要束焉。事聞于府，府上之行中書，已而報如其請。遂以八月乙丑始事，閱八甲子而告訖功。橋之修四百尺，而其高十分修之一，五分而殺其二，乃與岸等。脊之廣得高之半，而趾之廣加其什伍。上設扶欄，爲之周陸。其下爲門如半月，以釃漕河，而隄其兩垂，以度輓者。所用錢以緡計者十二萬五千有奇，役以庸計者二萬四千有奇。今總管郭公既率僚屬觴酒橋上，以落其成，且謂文貴編户民，非有名田稍食、貨殖奇贏，若他大姓比。川梁逵路，官實領之，而文貴顧能輟其衣食之餘，以紓有司之急，不宜無以示勸相。乃伐石，俾溍執筆，書其凡而刻焉。夫以一夫戸利物之功，而長民者能表樹之，以寓其風厲之意，是皆有司常事之所不及，而於法宜書者，溍不得辭也。傳曰：「一家仁，一國興仁；一家讓，一國興讓」，是邦之人誠知所感發而慕效焉。則夫可以修廢舉墜，而出於有司常事之外者，其屢書不一書，尚託始於茲橋也。文貴之可稱道，而不繫於橋事者，茲不書。

黄溍《文獻集》卷七上《通濟橋記》 婺瀕溪爲郡，二水薄城南，合流而西，其勢滋大。距城一里所，故比舟爲浮橋，以達往來。霖潦暴溢，絙弱弗支，舟數敗散。水湍悍，不容篙艣。或有急，而冒險以進，多致覆溺。西峯及菴禪師，憫人之病已甚，謀伐石作橋，以利永久。禪師名德之重，尊官大吏、豪商富民莫不慕嚮之，輸財薦貨狎至。宣慰使（哈喇岱）〔合剌䚟〕金吾公爲移閩閫，徵善工而授役焉。度地於浮橋西若干步，排積沙以定其基，布橫木以實其底。絫石于淵者十有三，旁爲兩隄，中爲十一頓。凡頓之形，西正方，東則小擴，而剡其上，以殺水怒。起大德四年秋九月，訖十年春三月。兩隄十一頓皆集，未及架木爲梁，而禪師遷湖之道場，尋委順示寂。杭游民沈甲，斷髪爲頭陀，走京師，紿權貴人，言「我及菴弟子，願假外護，以畢橋事。」權貴人不知其詐，爲請于東朝。既得請南還，則並緣取民財，奪商人木，衆共患之。郡長吏亦遭其淩侮，而弗堪也，乃發其姦，陳之臺司，以聞于上。正其罪，没入其錢。遂罷橋局，而毁石頓。石堅緻不易動，僅僕其五而止，延祐元年冬十有二月也。禪師之法子雪牛蒻公，嘗以橋不可廢訴於官，議久不決。元統二年春，部使者徐公甫下車，即詢民間利害當興除者。未幾，友雲龍公時主西峯法席，亟以茲橋爲言。徐公矍然謂：「人之爲民害者，宜繩以法。橋以利民，不宜因人而廢。」親署公牘，爲申明之。未報，會徐公入參議中書省事，白於宰相執政。咸以爲橋梁與不急之役異，詔旨甚明，有廢必舉，無可疑者。符下，龍公首罄衣盂，以倡興作。江浙行中書省既給以前所没入之錢二萬餘緡，行宣政院亦命開壇，集衆僧受具戒，得香幣之資爲錢五萬緡。乃市大木於處之遂昌，募良匠於閩南江左，以至正二年夏四月庀事。今工部尚書慶喜公、前刑部尚書張公，並持部使者節而來，躬涖視之，且輟俸金，以增役費。寮佐及所部吏民，佽助恐後。二公復併志壹慮，殫其勸相程督之勤。於是諸頓悉完。頓之高，去水四十有一尺。貫以木梁，被以石甃，高出頓上又八尺而橋成。橋之修七百八十尺，廣若干尺。覆以屋，如其修廣。楹間五十，而爲殿者三，爲亭者二。殿以妥觀音大士、泗洲僧伽、玄天上帝之神，亭以置四天王。因浮橋之舊名，榜曰「通濟」。其年冬十月既望，張公率憲府暨文武官屬以落焉，俾來俾爲之記。古者辰角見而雨畢，則除道；天根見而水涸，則成梁，有司歲一治

之耳。是役也，遡其造端之始，已不啻四十年。而一作一輟，卒有待乎任風紀者力振舉之，援著令以從事，乃克就緒。其廢興所繫，固非有司之常事可以概論，夫何以措其辭哉？昔泉州守蔡公記萬安渡石橋，第叙役要，而不及其他。蓋《春秋》之法所謂直書其事，具文見意者也。某不佞，敢竊取斯義，考其廢興之故，而備記之，用謹歲月，貽諸後之君子云爾。

《（康熙）西江志》卷一六一 姚雲《惠政橋記》 惠政門當新昌西郭，山溪介之，故爲舟梁以門名。暴澍潦起，溪別市斷，涉有溺者。寶慶乙酉，邑令趙公綸初作石址。後三年，李公從丘里之號，更曰「太和橋」。蓋三十有一年，會蛟孽壞，又六年，鄉老姚君汝輔請于官，醵成之。越十有五載，燬于劫火，遺址巍然，行者未嘗不出涕也。議復者衆矣，何以不克成。至是，邑主掾羅思敬以義導施，厥民用勸，一志興事，橋卒以成。縱三百七十尺有奇，什九分之其一爲衡，上覆以屋，爲楹百有十六，跂翼聯絡，藻繪煥爛。凡致材萬二千，糜粟三千斛，幣金以萬計者二百六十而贏。勺受銖算，官不知役。始（辛巳）〔己卯〕迄（己卯）〔癸未〕，亘五年而後備，迺扁揭復名「惠政」。輿馬利往，廛市譟讙，相率謁記于高安姚雲。我聞太皞窽木絶港，堯樹橋木，西伯造梁。箋者謂：自天子至士有常等，民不得爲之。帝王共德也。鄭大夫濟人于溱洧，君子曰「惠不知政」，蓋謂乘輿之濟不如濟以政之博，或深求于輿梁徒杠之外，則濟人者非政與？他日嬴負鉅力，役石傳海，其民毒焉，夫豈知佚道之使民速于郵乎哉！〔昔錢積於縣〕，官吏得出納之，後無繩稽者，故公役便。至元二十一年十有一月至日記。

楊維楨《東維子文集》卷一二《魚浦新橋記》 至正十三年秋八月，蕭山縣魚浦新橋成。浦耆老許士英來謁予錢唐，曰：「浦之西北距浙江，東南〔達〕明、越，抵台、婺。商旅提携，樵蘇負荷者，胥此乎道焉，晨出莫返，奔渡孥舟，不無蹴蹋覆溺之患。縣主簿趙君某，領帥檄來鎮于兹。兵事既飭，大協民望，爰集耆老而告曰：『是浦爲民涉之病，盍易舟而梁乎？』浦民咸響應無忤詞，橋不三月而底于成。長凡五百尺，洞十有五，洞楹十有六，隄其兩旁，棧板欄〔翼〕亘其長。吁，昔無而今有，創實功之難也。橋出没于潮汐之險，又難也。先是，紅寇陷杭，君方涖政，浦之西南依山徼，群惡少乘隙虐民，民相挺解散，君盡按捕之，一（竟）〔境〕賴以安。今橋成，又免民於險阻，即向者弭盜安民之心，復推其效於是橋也。願子志以文，且爲趙君（頒）〔頌〕。」余曰：出事於昔人之所難，而得於今日之所易，非浦之不可以橋於昔也，惠而知爲政者尠也。若趙君之不難於是橋，謂惠而知爲政者，非歟？鄭子産，春秋惠人也。至捐一車，則人皆以爲笑。彼溱洧之可涉，民猶病之，况是浦之難，奚啻十倍？長吏以民者，可以不知爲政乎？西門豹鑿十二渠，渠各有橋。至漢長吏以橋絶馳道，相比不便，欲合三渠爲一橋，鄴父老確弗從，以爲西門君法式不可更，長吏終聽之。惠政之及人者，至今照耀史册。程子曰：「一命之士，苟存心於利物，於人必有所濟。」趙君之存心得之矣。浦民歌誦，當不減鄴（興）〔輿〕人之頌。君之法式，當與鄴父老同一確守。豈非百世之利也哉！浦父老復以橋名（謂）〔請〕，於是顔其橋爲「惠政」。吁，君之惠政不惟是也。君名誠，字君實，世家于滁（公）〔云〕。銘曰：

江水湯湯，界浦之疆。涉浦作渡，民病于杭。趙君爲政，惠而有方。誰謂浦廣，不可以梁？惟彼梁也，西門之光也。德之長也，民之不能忘也。

《（同治）永興縣志》卷二五劉岳申《永新州龍溪橋記》 古之爲梁者二，輿梁曰梁，造舟爲梁亦曰梁，皆橋也。古者出於有司，本先王爲政之一事；後世出於民，亦有司所屬也；近年稍出於學佛之徒，而有司不與其事，然其取於民一也，特愚者不悟耳。良由王者之政熄，儒者之道廢，有司者其權逸於吏，縱吏爲奸市以漁其民，往往事未集而怨已興。佛之徒始乘其弊，鼓其師之説以誘吾民，而富人大商，下至小夫寠人，無不甘心聽命焉。有司者懼政之不修爲己累也，不自責己，愈益疾視其民，且以詬儒曰：「儒者安所辦此？」吁！其不知爲政甚矣。永新去州五十里，有水曰龍溪，東會永新達於吉安，西距茶陵五十里，實江西湖南之要〔會〕。自宋端平甲午議衆建石橋而落落不合，於今垂百年矣。民之病涉，未有甚於此者也。當宋季，以官若民之力何不可爲？而獨難於此。宋亡五十年，以官用民之力愈易於前，而猶以其難遺今日，何也？蓋嘗疑之，其時其人必有所待，式克至於今而後遇龍溪賀君，豈偶然哉？賀君不煩有司之令，不假衆人之力，以其私財，奉其母楊夫人之命，其子景象、景文成其志，起泰定丙寅二月，訖明年十月，長三百六十尺，高十八尺，廣不及高二尺。凡爲墩者六，貼石爲兩岸，高與墩齊，合爲墩者八。架以大木百圍，覆以華屋百楹，倚之以曲檻，履之以堅石。鈔以緡計者一十五萬有奇，米以石計者一千五百有奇。百里之内，百里之外，民不知有役而坐見此橋。江西湖南官民商旅之往來，不聞有是役而坐乘此橋。一橋之費不足爲賀君道，一橋之功不足爲賀君贊，獨使先王之政、儒者之道復見於今，而異教不得争長稱雄其間，豈非百年間一偉事歟？君子曰：「賀君有濟川之才而無用世之志者也。使有一日民社之責，其惠利及於人人者，豈止

此哉？充是心，所謂思天下之民有溺者由己溺之可也。雖欲使人不樂道其善，得乎？」夫非余言也，衆人之言也。衆求余記，故不辭。君名士貴，字性翁，最樂爲善，尤輕財。嘗歲饑，捐私租數萬石與耕者。其鄉人云。

汪森《粤西文載》卷三四曾昺《重修飛鸞橋記》　全之爲州，當湘、廣之交。其南走桂林，越島外暨占城、真臘、安南之絶域，貢賦所供，舟浮車騄，赴京師者，皆於此取道。郡西有羅水，東入於湘，長橋跨焉，舊名飛鸞，距城五里許，則南走桂林之道也。橋歲久浸壞，郡以廣瑶弗靖，供億將二稔，故未暇葺。至元後庚辰，時春陵之江華剽奪竊發，湖南帥閫增兵來戍。戍兵弗戒於火，橋之毁什二三，暫造舟以濟病涉者。監郡公教化的諏諸僚佐曰：「驛傳之所經，南旅之所由，唯橋最爲經久，曷撤而新之？然民力繁浩，恐有司程督之未易爲也，可若何？」經歷野的古鐵木爾進言曰：「改作而責任有司，誠若公所慮。然使民輸其財，工效其技，傭食其力，勿拘公私，唯責其人，顓任以要其成，則事易集。兹有道者蔣元中素習營繕之事，崇勵而使之其可。」監郡公是之。乃命郡民之積緍錢者，蠲其雜徭，稔税輸徵。民聞令下，各争先樂輸。官爲主其出内，而斬材伐石，命工僦徒，悉委諸元中。無追呼之勞，無鞭笞之苦，無浮沉之費，而功事成。斯橋也，拱以數計者六，屋以間計者四十有七，爲重屋者三，爲闕門者一，其長廣如舊，而矩度髹飾勝之。橋之趾，爲堂三間，則送迎遊息之地。堂之下，左右各爲屋三間，則庖饔之所。而守視者之舍，表以外門，繚之周垣，蓋昔未有而今創爲之也。會其費，爲緍五千二百有奇。經始於是七月，而以明年三月落成。監郡公復謂其屬清湘丞曾昺曰：「役之興，爲費鉅而見效速，此長幕得人所致也。子爲進士，可吝於紀録而使其實之不彰乎？」昺辭弗獲。載惟古之爲政者，徒杠輿梁，郡長告具。國朝之制，路府州縣，各任官領之。今爲郡長者，以事無不統，而締創是圖；司贊畫者，盡心力而交相之，區畫有方，故民不知有爲，而樂其成如此也！矧昺爲邑佐，不能躬任其勞，顧煩諸郡府，何敢以固陋辭。由是大書備述，以昭示遠邇，尚冀來者，保其成功，永罔有斁。

《〔乾隆〕浦江縣志》卷一五方樗《重修浦陽江橋記》　浦陽江出深裊源，經越之錢清入於海。江去縣治不一里而近，每積潦，人莫得渡。宋元符間，尚書錢公遹始構橋江上，久爲横流旁出，橋若虚置，以故危圮頹壓，靡能葺理。至正初元，復由故道行。越三年癸未，達魯花赤那海公適長是邑，乃矍然曰：「天其或者有所屬乎！」明年秋，因首割己俸爲修治之，僚佐吏屬，莫不協從。凡閭巷鄉鄙之在編籍者，亦皆出資以助，而公專任其事焉。遂鳩工伐石，具畚鍤，飭民庶，衆效其力，如蟻斯集，如鵲斯構，不期月而成。其南又築隄，與橋道接。隄杪構小橋以疏别流，曰「問津」。舊有迎恩亭，在社壝之右，因徙就橋側。且爲屋十四楹，以爲偵候憩息之所，扁曰「臨清橋」。爲徙道九，廣十有九尺，亘五十步，因故名，扁曰「浦陽江橋」。隄廣視橋亘五百步，扁曰「浦陽隄」。於是朱欄華柱，映耀鯨波，虹跨鰲戴，雅麗駭目。樹以槐柳，蓊蓊林林。樵者以歌，漁者以舞。負者戴者，以往以來，呼呼相屬也。邑之父老來屬余記，以爲尚書公德業文章，暐然昭著，及於四方。而公又能輸其餘力以利民，涉閱二百餘年，未聞有卓然能起僕弊而興者。今公之興是役，殫心致力，以爲民先。雞鳴而起，日入而息，熱燥濕蒸，忘其疲乏。民舍稽事而趨役不以爲勞，出私儲而食工不以爲厲。費省而用周，功成而效速，視尚書公經始之意爲無忝矣。則公之茂績，推之於政，必將優美可觀，奚止斯橋而已哉？工始於是歲之春月，畢於八月之二十有八日。是役也，橋爲大，故爲記之詳焉。至正五年歲在乙酉三月癸未記。

譚景星《村西集・文集》卷七《良田石橋記》　良田小溪，秦人洞水出焉。溢之灌田萬計，故渟深不可揭厲，而橋其上。然旱歲無虞，曾無謂諸通衢僡僡，行邁有之。予由斯出入闤闠，橋弊馬墮者二，賴以完。慈侍悟真老人喟然歎曰：「他日必以石爲，非但惠夫途人，吾子孫憑輿策馬，同此安也。」俾昌言之，未有以任之者。溪西李執中，始以爲夫人夙志於善，不可廢也，吾當贊厥成。又其次社長陳天與，獻材斲輪，且督工會程度，乃定其議。願力傭者其直倍之，悉無所較。信而後勞，來者益衆矣。於是傭夫登登，匠石桓桓，勸動作興，踴躍奮發，趨事急務，盡心效力。先是，匠石規圖于版，用績于成，不伐其能，咸中乎度。是冬月三望而工畢備，環中長二丈有六，高二丈有七，廣八尺有三，延袤四丈有二。傭工二千有奇，縻緍五千有奇，執中十而三焉，餘皆夫人施也。告成之日，以往以來，以歡以都，而以恬夷，失其險阻，斯橋獨立乎人間世矣。咸以橋西路窄，陳天祥又割壤以益之，而善者勸矣。陳天與乃及門舉手而相賀曰：「願得詳其論，甚矣事會之難，天之不假易也。及乎危，思乎安，昔人亦嘗思其所以安，未始能安其所安也。吾家世橋左，距石數十里不可立致，昔人難之而以木焉，漫不知歲年矣。長民者歲循舊典，遣吏一再鳩工葺之，斤斧未絶，如故毁敗，民實病之，徒爲無益。而今斯今，雞豚糗醑，得及鄉里，無勞吏之日矣。聿來于役，水潦泗如。爰及垂成，歲時暘若。且以負重致遠，以易制之，不踰三月間，垂惠乎千百載之

後，行之俾勿壞，如有天□□□□固難矣。非必路人，其賜無斁。是鄉之人抑有嘉賴焉。何難於昔，易於今也。人獨患夫爲之不能，能之不爲爾。豈昔其不可爲，今其可爲耶？見其危而能安之，君子仁人之心也。知其可爲而必爲之，君子仁人之事也。夫人之德，其可既耶？執中之惠，而又可忘耶？願有請記于石，以丕昭其休。」予嘉陳之知言也，矢之曰：「記之記之，記如是而已爾。著以傳，著於傳，亦猶是也。」吾慈侍黄，父命名淑柔云。

《〔嘉靖〕湖廣圖經志書》卷六張叢善《平政橋記》 《易》六十四卦，陽一陰二，一闔一闢，自然之序。乾、坤二卦之後，繼之以兆、蒙、需、訟、師、比六卦，皆具坎爻，終之以既濟、未濟，又復坎體習坎，重險也。坎爲水，爲溝瀆，以是知盈滿天地之間，水爲至險。上古聖神刳木剡木，舟楫之利以濟不通，大而江河湖海，往來行人引帆萬里，失墜於風波者，間亦有之。然而天下之人終受其致遠之利，利涉大川者，往則無不有功焉。蓋江湖之險，天然之險，人皆知之。君子能思患而豫爲備，先其故也。若夫溪澗溝瀆之中，潢汙行潦之水，率然暴漲，兼之以春澤、夏霖、秋淫之不常，湍流浚急，行道之人忽然遇之，隔谿相望，咫尺千里，爲梁之舟不可遽得，結筏而濟，乘桴而浮，上下失勢，破碎淪没者往往有之。冬寒霜降，水落石出，搴裳而濟，朝涉之脛，凍切肌膚，染患腫腿之疾不能免也。是知溪澗溝瀆乃不測之險，素無其備，比之江河湖海尤有甚焉。荆門古郡，北接襄陽，東連安陸，西通巫峽，南及江陵，舟車輻輳之地，縉紳往來之會。古有石橋，在郡城之西南，蒙、惠二泉，發源於西山之趾，浩浩蕩蕩，經過橋下，東注平泰，迤邐入竹陂河，會于漢江。其平泰、通慧數橋，聖元混一區宇之後，累任達官大人皆以石甃之矣。獨惟此橋，以竹木土覆之。橋近當陽一百餘里，春夏之交，山水暴漲，鼓浪轟雷，怒濤濺雨，行道之人非一葦之所能航，常重病涉之憂。太守楊公，燕山人也，被天子命來尹兹土，謀之同寅，自捐俸，發帑出金。鄉民之好事者，傾囷倒廪，咸義助之。於是，先期董役，鑿石他山，鎚鑿聲震，鏦鏦錚錚，響應崖谷。轉輪數萬，峙積于溪橋之左右，皓皓磷磷，如墉如櫛。經始于泰定元年之二月六日。庶民于于而來，計工三萬，費鈔三百錠，米二百石。爲糊以補罅漏，糯米三十石，荳十五石，灰七百石。橋高二丈，闊一丈五尺，周圍六十丈有奇。其勢坻崿嶙峋，棧齴巉崄，下列三門，用疏水道，積水灌田，沃瀼千頃。落成于泰定二年二月之十六日，扁名「平政」。感公德，勒石紀其功，屬予爲之記。

《〔光緒〕福安縣志》卷四郭養德《溪口橋記》 皇慶元年十二月，主簿胡璉重建斯橋，實意所孚，人皆樂從。越明年九月告成。瀦水於淵，釃水爲十一道，高一丈四尺，長一百六十八尺，中鎮以塔，左右翼以扶欄。東庵延佛，西亭憩旅，豎浮屠增山之高，踝石室湧泉之深，其爲惠，蓋與此山此水相無窮也。嗟夫！事之當興者數，人之能成者天。公栖鸞一年，天實留之，數與時遭，天與人合。此所以樂公之有成，而喜爲邑人道也。於是爲之記。

《〔萬曆〕邵武府志》卷五二危西仲《泰定橋記》 樵川，古昭武鎮，宋刱爲軍。郡當江閩要衝，城東六十里市曰拿口，阻山挾水，江流湍駛，凡道江右入閩者，必出其所。紹興甲子，里人請縣宰張注爲石橋於市，未歲丙子，燬于兵。於是架木樹梁以利涉。然每淫雨旬日，則水泛溢衝激，輒復傾圮。補葺支吾之擾，日月泛焉。官司之守既以爲文具，而居兹匝者力非不足以勝是任也，然未始有惻然動於中者，故因循四十餘年弗果成。至泰定三年，時江右趙公友石來佐是邦也，道路之職佐實户之曰，兹橋去數十里，民之困於是役也久矣，而行旅往往病涉，孰謀復舊。乃進西仲而屬之曰：今將復斯橋，子其董是役。且捐己俸，命福之古田石工而計之，鑿山葦石甃兩傍，高長三丈，以壯其岸，中列二址，層埰上起爲甕門，開三竇以泄水。上爲石闌三十柱，趾高二十尺有奇，上廣十有五尺，東西跨岸，視廣十倍之。用楮幣以中統計者二百錠。於是鄉間遠近之士相告語曰：「公不以勢逼我，而率先以勸，蓋爲斯民計也，其可已乎。」乃樂輸其費。始於泰定甲子五月，越明年五月告成。遇温陵王君悳祚來宰兹邑，綱惟是役，與有力焉。衆相與謀曰：「橋昔題鵬摶以神祠名，今之經營也，年紀泰定，復請其名，以紀其實。」曰：「盍記諸。」余觀世之役民者多矣，然以力强之，民固弗從，且私于其間，況能底於成乎。公以逸道使民，而民子來，可謂知所本矣。昔趙襄國爲河湟之橋，而漢史稱之。然則此舉，亦可書也已。於是乎書。

《〔乾隆〕永福縣志》卷九林仲節《永濟橋記》 永福縣治之東三十里曰桃源，南通莆泉，北接三山，驛道之要衝也。溪流其間，古有板橋曰「東新」。其後飄於風，黄知縣與進士黄潛夫再造。至元癸巳復圮於水，邑宰李良傑偕潛夫之子君澤重建成之。數年復燬，迄於今未有起廢者。至正初，洛陽劉侯由淛省掾出宰兹邑，修弊抉蠹，事無不理，于是召匠計工，重新創建。命潛夫之孫文實信孺偕雲際寺僧自虔領其事。于舊橋北百步築新基，以巨石固其岸，大木壯其址。累石爲座，高四十尺，座之上横架層木，砌之以石，長一十丈，闊二丈。覆以亭，棟高一十八尺，旁翼以闌，長與橋等。經始於至正壬午孟冬，迄工於次年癸未季

春，名以「至正」，紀年也。橋西創小庵，奉普庵禪師，右間爲劉侯壽祠，其左列諸檀越，復創耳房，以供過客遊息之所，至是皆就。邑之儒學教諭劉懋生子勉使來福寧，求文以記，且曰：「侯爲縣未期，而修建儒學及諸廟壇。養濟有院，儲穀有倉。造浮橋，疏溝渠。平王宗幸等數十年不決之訟，招林伯成等二百餘户避差逃移之民。禁停喪，均徭役。善政不可殫紀。今創是橋以便往來，不擾而辦，不肅而成，非勒之堅珉以傳不朽，後之人亦孰從而知之？」余聞而韙焉。孟氏之言曰：「歲十一月徒杠成，十二月輿梁成，民未病涉也。」古之人於橋梁，歲歲必修，其勤也如此。自李宰之後，其宰縣與其長貳奚翅數十百人，三十年間漫不修理。劉侯之起廢者如此，其職事修舉可知已。士民歌詠盛德見於詩章者比比皆是。以其所見，質其所聞，善政彰彰，詎可無紀哉！侯名泰亨，字長道，元至正三年癸未進士。承事郎、前集慶路句容縣尹兼勸農事林仲節撰。

《（同治）南昌府志》卷四白處善《皇華橋記》（節文）　橋在池陂橋南，翰林察伋士安過而易今名。以使臣之所經也，實吳文質率邑人士所作。趾石以紫，墁石以青，處圓半規，高丈二尺，深如之，廣加三尺焉。夾以石闌，與趾同色。兩端植垣，以揭橋名。始工於至元後丁丑九月五日，越二十日成。其斂貲聚材，蓋三年矣。舊則構大木爲之，潤嘔水激，易以潰敗。隸官繕治，民罷吏煩，故文質爲經久之謀，而有是作也。工畢之日，乃勒石作記，凡與衰者，列名其陰，所以彰惠施，著歲月也。文質字君實，居鄰於橋。耕以自給，家無餘資，乃能竭力殫慮爲是役，以利其里。時之豐積而重□者，宜有勸也。若乃以君子自處而不及物者，其亦有感於斯夫！

汪克寬《環谷集》卷五《邑東平政橋記》　爲政必務知要，知要則所施者寡而所濟者衆。或不知其要，而以私恩小利悦其民，則心勞無窮而力有不贍，烏得人人而蒙其惠哉？柔兆敦祥之歲夏四月，宜陽余侯來尹祁門，值縣屢經兵燹，百廢未興。邑東平政橋，舊爲石垛十有七，高不尋丈。歲久，石垛頽潰，存者不及三之一。石梁毀折，存者七之二，每架木以補其缺。春夏當潢潦稽天，奔湍怒迅，操渡舟者稍失，便卒致没溺，民甚病之。侯惻然興懷，召邑之耆老，諭之曰：「橋之廢，可復興乎？」僉對曰：「邑遭時變，石工無存。他山之石，微良工莫能致。」侯笑曰：「有是哉？若曹之弗通其變也。」明年，訪歙邑石工之良者，得十餘人。會度其費，工以日計者若干，米以食計者若干，首捐禄米爲之倡，集邑之好義者隨所助。相地勢之宜，躬爲之規。舊石垛咸十有二，增高一仞有半，釃水爲六道，横以巨榦，縱列株樟，叠石平甃其上，左右欄杆，以防其危。於是，東西行旅之出於塗，不翅履虹霓而步霄漢，莫不喈喈稱美。匪惟祁民免病涉之憂，而遐邇之人被侯德於無窮矣。復創亭於橋東，肖普陀大士，設茗飲以甦道渴。經始於丁未八月，落成於戊申三月。邑耆老謁余，請曰：「橋之建，不可無記。先生起家科第，能文辭，二政於下邑，且與侯同居江西，交誼尤篤，願有述焉。」余惟余侯之爲政知要，而濟物之功甚博，德之及人蓋倍蓰於編竹橋而渡蟻者，於法宜書。侯名寶，字鈞玉，慈祥愷悌，正大公平。其治祁也，明而能斷，寬而能惠。招徠流離，俾墾荒土。諭民以理，簡其獄訟，稽物力之豐嗇，以均賦役。故有所興作，民樂從之。甫三期，建鐘樓，廣公署，新郵傳，易坊題，更排柵，創三皇廟門暨城隍忠烈祠，築堰渚，導故溪，循祁山之麓，俾民永無水患。暇日，數臨學宮，勉勵諸生。節嗇既稟，刊書於學，以惠多士。故茲役大有功於民。余雖與主簿晉寧方君崇禮、幕職金陵高君仲輝贊其成，而侯之功居多。董其事者，耆宿謝惟告、王子椿、汪文炳、釋文穆、儒職胡泰初也。謹叙而銘之。銘曰：

祁門爲邑，清溪四環。石梁絡溪，接於祁山。歲歷時遷，欄摧梁斷。百澗合流，洪濤汗漫。春夏之交，濟以緻舟。斯須弗謹，應龍之求。余侯莅政，惕然矜之。鳩工架梁，不日成之。爰作弘規，革易古昔。疏其溪流，崇其叠石。盤根鐵鍵，幹地玉甃。鰲負虹舒，鱗比雪搆。層欄横楣，影映波光。行者履坦，游者相羊。履嶮而夷，登高若卑。萬辭贊美，齎咨噫嘻。作亭橋左，茗飲斯設。勞者以息，渴者以歠。鑿石祁山，勒侯之功。顯顯令德，與山無窮。

汪克寬《環谷集》卷七《募建萬安橋亭疏》　伏以萬安橋左屋以爲庵，右屋以爲亭，有憩息馮觀之勝。四方人北轅而之燕，南轅而之越，乃往來交會之衝。雖云結方便之良緣，尚乃欠完成於善事。碧瓦朱甍覆乎其上者，垂成而未竟；青蚨白粲逋於其前者，久假而不歸。矧薰香燃燈者無所於居，而吸露飲風者曷焉給食，欲廣基築室，并求香積之厨，更鑿井建亭，俾濟梅林之渴，須仗十方之樂助，庶幾衆美之俱完。遶宅之禾百囷，充棟之錢萬緡，或寡助，或多助，負郭之雨一犁，並橋之月半畝，請大書，請特書，各生不吝之歡心，共結非常之善果。自今負者歌，行者詠，人人誇無量之陰功；俾爾壽而康，熾而昌，世世獲方來之戩穀。

余闕《青陽集》卷三《湘陰州鎮湘橋記》　湘水出零陵，北至湘陰，入洞庭。而湘陰諸山谷之水則會於城南，爲東湖，以入湘。方春夏時，水潦降而洞庭漲，則湘水不能入湖。因以泆漫爲大浸。州爲湖南北孔道，凡行者之陸出與夫鄉民

之有事於州者，每涉湖，則有風濤之虞，否則又爲舟人（還）〔邀〕阻之患。宋之時，州有鄧氏媪率其田人，作大堤絶湖，以屬之州。爲二木橋，以釃湖水。行者德之，謂之「鄧婆橋」。當德祐末，橋毁，官爲復之。至大德中，旋敝。州人黄仲規乃以私財命其子惟敬率衆爲石橋，南北楗石爲崖，中累石爲高柱，布木面石，其上爲屋九楹覆之，以與民爲廛，易其名曰「鎮湘橋」。歷四十餘年，至元初，覆木又敝，屋且壞。惟敬之弟惟賢、惟德，德發其帑，得錢萬貫，以告州人，將卒其先之功。州人樂爲相之，又得錢二萬五千貫。乃撤覆木，施石梁，更作大屋，中爲道，左右爲市肆。橋廣若干尺，袤若干尺，上可以任大車，下可以通千斛舟。飾以綵繪，遠而望之，爛若陰虹之飲。湖中行者之往來，與州人之市於此者，若由康莊而履堂奥，不知其有湖之阻也。夫水，天下之至險，聖人爲之舟楫以濟民，而舟楫需人之力，人之力有限，而涉者之無窮也。不須人而能濟，有無窮之利者，惟橋爲然。夫橋之利大，故其費亦大，非若一舟楫之可易具。非有司與大家之力，則不能爲。黄氏非有大作業、大廩藏，而爲有司、大家之事，力有不足，至父子相承，乃克成此，夫亦難能也。惟德之子天禧有才藻，通經術，屢領鄉薦。余校藝鄂渚時，得其文，以置前列，其擢第也，將亦易然。黄氏有子如此，必多益於人如是橋類也。故爲記之。

《（弘治）中都志》卷七余闕《定遠縣重修通濟橋記》　谿出韭山，並定遠縣北，流入於淮。邑之西門，斬木聯杠以濟行人，每春夏水潦，則蕩析漂没無存焉。故歲或再葺，居者勞而行者病。凡經幾人幾歲，無有以爲意者。主簿蒲君實來，□己俸，唯資民之工力以成。爲梁五衖，樹石以爲柱，中施鐵□，覆以石版，琢爲欄楯。穹隆轇轕，上可以載大車，下可以通百斛舟。所用灰石人工，不可勝數。自元統二年十二月十五日戒事，至三年二月二十一日成。乃揭華表其東西端，題曰「通濟之橋」。君賦有方，程有度，督役有期，故工固而敏，役雖大而民若不與知者然。是故邑之人以暨四方之來者，皆交頌君，曰可謂能。今年春，余過壽陽，見有爲單父侯指路石者，以得君之爲政。既來佐泗水，邑人具告君嘗修三皇孔子廟，飾俎豆，創接官亭，凡公府衾褥帷帳一切所以奉公上者，無不治具，而通濟橋乃其績之徵也。我國家稽古建官，典農以尹，治道以丞以簿，官有常職，事宜無不至矣。然爲吏者率樂於從仕，而憚於盡職。詰旦，擁旌張蓋，揚揚入曹司，引筆摘紙署其上，上者曰上，下者曰下，至午而休。他凡所以利民者，拔一毫而不爲也。其統理千數百里，如古方伯諸侯之貴者，皆若是，而況佐邑之仕哉？甚者又飾虚功，執空文以調上，曰某事某事備如令。求誠能盡其職如蒲君者幾人？夫位不貴於高而貴於治，位高而不治，雖錫圭儋爵危危然，此余之所深耻，亦必蒲君之所耻也。邑人既上君之治，行部使者又願刻石以垂不泯，予故樂書之云耳。元統三年八月日，賜進士及第、承事郎、淮安路同知泗州事余闕譔。

《（成化）河南總志》卷一三吴倫《創修溱濟橋記》　皇元至正六年冬十月，溱頭石橋將成。同知汝寧府事哈兒八台武略、判府滿可伯承務，偕來求記於倫，將刻諸石。方今條格橋梁事，倅郡職掌之。判府肄業上庠，自能文之，而且推己讓人，是奚可辭。倫謂古者大禹玄圭既錫，水由地中行，江、淮、河、漢導衆流聚諸海。天下郡邑，水由地行，無處無之。沿沂諸流，非舟楫罔能濟。控引陸地，非橋罔能通。橋之爲名，始於商，著於《周書》。春秋之世，秦昭四十九年，初作河橋，書之于史。「造舟爲梁」，又見於《詩》。孟子言徒杠輿梁，成經制，使民弗病於涉，此古之爲政者，惠民之一也。夫政同乎惠民，諸務一不容缺。聖朝奄有四海，幅員廣布，亘古未有。汝寧爲府，北自汴至京都，南控湖北，達於兩廣，地爲喉襟。府之南有村，今名曰溱頭，距城里不滿二十。途當驛程，有水自西而逝，曰沙河。孤山之陽，阻截中途，春湍夏潦，奔走泛溢，勢不可遏。使絡繹至是，用濟者，皆村農野竪，弗狃於舟楫，往往汙其行李，湮及方物。將命速者，扼其驛而不能速。候其事者，有淹延困苦，顛連疲瘵，扶衰挈稚，擎跽悲訴，乞憐於篙人濟彼岸。稍弗顧，又從爲之罵詈，輕則直其餱糧，重則褫其衣物，方可登舟而渡。嗚呼！河非巨浸，爲害尤深。居官者曠其職，致使往來阻滯，而失於爲政者歟！先是，府幕知事劉誠將仕，白于官長，遣人自汝達淮，伐木于息，運石于確陵，肇建石橋，工非其才，竟罔克成。議者河滲至底，莫匪沙淤，雖堅石巨木，隨置隨廢。若匪定其胎石，不能固其阯，皆以爲難成。至正六年冬，同知府事哈兒八台武略，下車未幾，偕同僚至于河上，相其方嚮，經營之志，堅如金石，必欲此橋決成。諗於衆曰：「有能精造橋梁，當禮請共成勝事。」衆推舉羅山邑淨瓶山普照剎開創住持僧洪惠，年八十而强健，遵佛氏言，戒持嚴謹，口不味葷酒，專以慈愍利物爲念。平生修建石橋，淮南北十有餘所。輪轉法門常住之資，兼化緣於富有大姓，不仰給於官。於是同知武略益倚重之，相□於監郡哈散武略、府尹郭光遠亞中，判府滿可伯承務□□□賓同心一力，便宜規畫，得緡若干。傭工僦役，橋之所需，鐵冶灰石，米瀋絙繂，與夫工役食費，靡不充足。屬洪惠重新建治，倅郡不數日一往視之。僧董工督役，度其形勢，而去舊址約舉武三十，擇兩

岸之燥剛水不能嚙者，去夫罷以石捶障河腹絶其流，除去泥沙，以板木錮其底，代沙以土，濟土以礫，築之鏗然，級以石層。其趾架石爲梁，翅石於兩傍緩其流，圈空成三，修長尺二百有餘，高爲尺三十，廣如高之數去其五。自旦至暮，經營不息。僅將踰歲，役始見輟。嗟夫！信難矣哉！凡天下製作之事，工用相得，則工易成；工用不相得，功未易就。愚疇昔游涉江湖山水間，相與回合，以舟運石，若中原之輿羽，易如反掌。借使中原取一石於山，紆逕獷谿，非千斤犍力，豈能致，益信其難。又見南方石橋，際空傑出，比比皆是。長艘巨艦，往來於其下，雖不滿百尺，不卧其桅木，徑過之而無礙。吴江及閩中，長橋石空相連餘三數里，行者如登瀛海，此非久力之能致，乃工用之相得也。溱橋之建，功十倍於他方，非倅之誠意篤至，賴同寅共謀，得洪惠勤督之功，豈獲成於難成之際。工既告成，始撤去胎木。環空圓明，形制穹大。長虹路空，横絶河流。昔之怒漲狂瀾，無不受約束於橋下。觀其壯麗雄偉，北負汝郡之巍城，南援浮光之煙景。西山呈翠於其右，清汝飛光於其左。爲吾汝南壯觀，不減江湖之勝概也。以至正六年冬閏月訖功，秉軺驟駟之使，昔□蓑而難涉，今平妥而易馳，皋皇於快意之境，□□□□困阨之人。樵蘇輿載之夫，悉便於往還而無難阻，施橋濟物，豈小補云。落成之日，闔府僚佐，舉觴相屬，以地因名曰「溱濟」。□從而賀曰：昔□□鄭之大夫，濟人於溱洧。先賢譏其不知爲政，當是之時，亦豈有故而不□知也。今之溱濟，與古之溱濟，孰得孰失，所可知者傳于遐□，水濟於魚□□，遂合樂讌飲，衆賓歡醉，命余識。

《〔萬曆〕温州府志》卷一六萬規《萬橋記》　造事之初，以豐財爲難。財可爲也，而患無其志。將善其始，必思有以善其終，終以不困，雖大必成。無確然不拔之志，則浮議交譎一動于中，大事去矣！是故涉滄海者先虞其險，不可以届其遠；登泰山者先憂其危，不可以造其高。是豈不欲高遠也哉？無高遠之志，不拔之誠，樂於須臾，而忽於持久故耳。蓋目前之利，喜於易就，而經遠則廢；累歲之功，厭於難成，而致利則長。天下之事，在我者無不能，而在外者不可必。苟當其義，而欲久其傳，雖百年後世，猶且圖之，况近在數期，當吾身而可待者乎？嗟乎！此橋之所以成，乃吾之所易，而衆之所以爲難者也。吾方謀始也，患力之未濟，思有同志者偕成，既不可得也，越三年而謀於獨成。方靖其址，未踰歲月，以洪湍奔突而顛仆者幾半。衆乃曰：「是決不可就者歟？」吾獨曰：「不然。事之難立者，安可以無患也？無患則忽於有爲，無經久之效矣。善處患者，不恤其難成，而惡其中廢，安知今日之顛仆，而不可爲他日之堅固者乎？」是故再越三年，更募海民運石以址之。民方憚其隆，而不應募者數日。且海之鮮食，瀕海民無以爲生，翕然相率就工，日不下百餘艘。凡兩月，積五千餘運，遂築成東西兩灘，上下一百尋，截江三十丈。方秋雨大集，山溜盤湧，復衝壞其灘。衆皆曰：「勞其費而無成，愚亦甚矣！」吾亦不憚勞，復增石以固之，加二十餘艘，厥址固矣。乃累横石爲四柱，其形鋭而大。一柱之廣，縱二尋，横二尋有半。其三尋有畸埋灘淤之下，出灘之上者裁二尋有半。上跨木爲梁，其柱疏以立，其間迂而闊，以石不能跨故也。吾嘗謀以石爲梁，則曰非剛厚極大者，則不能長久，抑非綿力薄材所能致也，故有待於能者焉。故經始於歲之丁卯，訖工癸酉之春，凡費財三百有餘。萬橋成矣，乃集衆以落之。吾揖而言之曰：「吾慮財則大而迂，其役工則費而拙，其懸日月也既博而且曠，宜乎衆之所以爲難也。噫！不然，惟迂也，而衆不知其固之在遠；惟拙也，而衆不知其巧之在後；博且曠也，而衆不知其利之在長。則雖衆之所難，吾不難也。」蓋世之於利，不循其變而通之，雖欲竭其智力而成於一日，雖古人爲之，有所不能久也。吾於是橋，曠歲以觀其變動，而後能盡其利疚。其梁木他日雖有壞，其址柱之剛固，亘萬世不能易。百年之後，有能因其址柱不壞，以其時損增之，則其爲功也不易乎？由是觀之，吾之於利，不獨在於落成之日，而久存於救壞之時。他年人安其營，而豈知謀始之艱，有貽於厥後也哉！

吴宗慈《廬山古今遊記叢鈔》卷上王褘《遊棲賢寺觀三峽橋記》　五老峰於廬山爲南面，即郡治北望，峯如屏障蔽其後。違郡治北行二十里，轉五老東，入巖谷中，棲賢寺在焉。余舊讀蘇次公《棲賢寺僧堂記》，棲賢谷中，多大石，岌嶪相倚，水行石間，其聲如雷霆。如千乘車，行者震掉不能自持，雖三峽之險不過此也，故其橋曰「三峽度橋」。而東，依山循水，水平如白練，横觸巨石，匯爲大車輪，流轉洶湧，窮水之變。寺據其上流，右倚石壁，左俯流泉石壁之址，僧堂在焉。狂峯怪石，翔舞於簷上，每大風雨至，堂中人疑將壓焉。問於習廬山者，曰：雖兹山之勝，棲賢蓋以一二數矣。又聞蘇長公云，廬山奇勝處，不可勝紀，獨開先漱玉亭、棲賢三峽橋爲二勝。其寺廢已久，有僧曰惟賢，頗通世間法。余俾之住棲賢，賢既結屋山中，乃使來告。余遊至谷口，日卓午矣。未至橋十許步石巖下，觀陸羽泉。乃至橋上，俯視澗底，亡慮百千尺。或云以瓶貯水五升許，從瓶嘴中寫出，縷縷下注，瓶竭水乃注澗底。欲試之，不果。又云橋魯班造，蓋

謂堅緻壯奇，惟班乃能造耳，非謂真造于班也。距橋北十許丈有大石方整，狀如棺，横亘澗底。相傳嘗有孽蛟從谷中出，水怒湧，勢將壞橋。時主僧有道行，叱神挽此石扼之。蛟退，橋得不壞。過橋北轉，行百許步，澗水至是匯爲深潭，有龍蟄焉。蘇長公所謂「玉淵神龍近」，即指此也。又相傳昔寺僧嘗浸甑潭上，俄失所在，後有人從湖南來云，甑從洞庭湖上出，甑上有棲賢寺可驗。故知此潭下通湖南也。此其言皆誣誕不足信。已乃徑造賢公新屋，下法堂故址也。至是五老峯乃截然左出，寺顧在峯後，日方熾，忽雲從谷中起，俄頃雨已至，有風南來，雨復旋散，日光穿雲，斜照峯上。巖谷石濕，芒采相射，宛然金芙蓉也。明日謁赤眼禪師塔。塔距寺北三里許，巖谷深絶處也。棲賢寺實禪師所創道場。

《〔康熙〕臨海縣志》卷一二洪若皋《下津石橋記》 臺郡城西南逼靈江，江接大海，舊有三津：朝天門外曰上津，興善門外曰中津，靖越門外曰下津。宋守唐仲友爲建浮橋，名曰「中津橋」，實在下津高里橋下。其下津江面闊於中津五倍。每夏秋間，洪水驟盈，橋船漂散，車徒病涉。日久乃遷而之中津金鷄岩下。明崇禎時，郡守閔公繼縉捐貲移其橋於下津，名曰「復盛橋」，將以復古之盛，意甚美也。國朝順治初，亦因橋船屢失，修補爲艱，仍還之金鷄岩下。康熙戊申，有僧妙真毅然發願造石橋于下津之舊趾。人咸笑之曰：「波濤洶涌，毋徒葬江魚腹中爲也！」僧曰：「不然，人患立志不堅耳！後十二年當有石橋可行。」橋不成，余誓投身江水，冀來生以畢前願。」遂廣募十方，先建寶臨寺招僧，以備伐木運石之用。臺舊無石倉，僧于十三都勘古倉故迹，召匠開采。橋離倉僅十里，水路舟船石料遂運用不匱。乃量度江面，計一百一十八丈，築五十墩。每墩闊八尺，長三丈六尺。墩上卷十六洞，中十洞每洞長六丈六尺，南北六洞，每洞長五丈六尺，闊如墩數。橋面每洞鋪石五十片，鑲邊石四百塊，欄杆石三十六塊，蓮花柱石一十六塊。每墩兩築蓮花浮圖二座。其壘墩址之法：每墩用松木三百株密樁，規而圜之如桶形，中空七、八尺；樁每株長三丈，計水深一丈八尺；每樁入水用兩船，衆立船上槌之，令木入土一丈二尺，其木末適與水面相平；繼用石五十船，自上擲而下，護其樁趾，俾内外相半，其石與樁平；樁上蓋水盤石一十一塊，每塊廣三尺三寸，長一丈三尺，厚二尺；盤上築墩，高一丈六尺。其卷洞之法：每洞於兩墩水盤之際用松木百餘株，排爲架，上爲穹窿形；架上卷石五百塊，撤架而梁成。凡諸規畫，無匠師之傳，無成法之依，悉自僧手指口授，絲髮不爽。起於戊申，迄於己未，果十二年而成。橋成，名之曰「下津石橋」，從其地焉云耳。僧法名妙真，號恒慎，姓陳，臨邑人。康熙己未仲秋記。

宋濂《文憲集》卷四《天台廣濟橋記》 天台縣西二十里有山，曰鵾鴣，二水發源其間，合流至長洋，復折而西，與大溪匯，然後滔滔東逝。當夏潦秋霖，水驟進，氣勢奔突，咫尺如隔胡越。里人壘石爲小橋，不能殺水怒，竟蝕而去。邑大姓洪紹生憂之，乃集子姓與謀。累址于淵，鑿石于山，犬牙相函，魚鱗密比，架爲高梁，崇以尺計者二十有五，修倍之。翼以石欄，與橋相齊，甃東西兩隄各二百尺有畸。傍築庵廬三楹，間招浮屠惠澄者守之。始事至正己亥之三月，訖功於庚子之十一月。費錢一萬緡，夫工一萬一百。橋成，隱然如虹霓跨空，而收截險利涉之效。下視飛濤，如履衽席，遂名之曰「廣濟」云。予聞橋之名始於殷，至秦漢多異稱，以其有小大之殊，而濟人之功則一也。世道陵夷，使拔一毛以利物，則怫然怒。其視紹生一門，見人病猶己病者，幾何人哉？嗚呼！若紹生者，亦可謂惠人也已。昔蔡襄記萬安渡石橋不過一百二十二字，又葉正則作《利涉橋記》乃六倍之，予斟酌其繁簡而爲斯記，俾刻焉。紹生字傳可，其先有諱漢者，唐末自浦江海塘來遷。世多儒，至紹生，益力本尚義。其子曰居安、居易、居息，姪曰夢能、濟浩、福翁、禄翁。居易即來請記者，今爲國子生云。

《〔光緒〕撫州府志》卷七馬文璧《重修文昌橋記》 撫之東、文昌門之外，北行不三十步有橋，亦曰「文昌」。前代橋之廢興，載諸呂成公李《梅亭記》。我朝甲辰歲春三月，帥葛君屯軍橋之左右，卒有棲於橋者，遺火焚之，墩不燔者三，楹之存僅一十有七。時城垣肇築，鬭鑿濠塹，用埋一墩，以廣濠左之路，橋之厄於是時，豈勝言哉！洪武己酉，前守李公廷桂重修，未就緒而去。明年庚戌，繼守李公敏續其役。又明年辛亥，業亦未卒而入覲。是年癸丑，予來牧是邦。四月，山水大發，橋西第二墩爲水所嚙，石即頽陊，屋隨敧崩。予重以爲憂，語同列，橋之修不可緩，僉曰「唯」。遂捐己俸，以饋匠氏。又勸有司以規措木石，改命耆宿吳德銘董工。起是年五月，迄甲寅七月，橋始稱具。考其成功，規其修六十有五丈，其廣一丈有六尺，列屋於上，總六十有一間。東西甃兩石，涯各樹屋三間，以聯橋屋。廣皆二丈有五尺。取橋之中，以底於東西及兩涯之間，奉妥佛氏及觀音、大士、泗洲僧伽、天王、金剛等神。歲時伏臘，崇修香火，又皆守橋僧福觀爲也。故老咸喜其完，相率而來告曰，不可不書其顛末，以示來者。予讀呂成公記，有曰：橋梁爲郡政之一，橋之不修，是政之不舉。夫橋之建，可使民無病涉。今文昌橋跨大溪，春夏之交，諸山之水會而南下，其勢不可得遏，民不可褰裳涉

也。況東南來乎閩浙，西北至於荆淮，商車賈輻，雲踴鱗集，日夕不絶。向也梗塞，今則通達無阻，於郡政不敢自謂何如，而云利涉大川，或可萬一云。捐俸者：同知張叔光、通判蔡秉、經歷李子敬、知事皇甫仲儀、照磨韓源也。洪武七年甲寅七月，亞中大夫知撫州府事扶風馬文璧記。

錢穀《吴都文粹續集》卷三五張習《重建越城橋記》　吴邑西南，横山之下，衍石湖之水而東注者曰越來溪。溪之上，湖之澨，有石橋名「越來溪橋」，又謂之「越城橋」。蓋今之新郭，即春秋時句踐築城以伐吴之地。築城彷彿具存，而橋與之尤近，故名。按之所始，悉可據可驗者，重建於前元之至正，再修於國朝永樂之乙未。風激湖波，日夜淘嚙，歲久漸圮。邑令文侯，爲令之三年，政安民和，常號於衆曰：「王政之一事，非杠梁之謂乎？其頽而未舉，伊誰之任乎？」有以是橋白者，侯即首出俸資以率，邑之願助者聽。選民之耆而良者徐衢等董其事。仍諭以其風波衝蕩之故，錘矼提杙，務力倍蓰堅固。經始於成化乙亥五月之朔，落成於明年丙子六月六日。崇廣若干丈，視舊各加以尺計者二，旁增石闌，下袤石址。由是人之所履，物之所載，咸出焉入焉而無少窒也。僉感侯之德，以習爲邑人，授以石庸記焉。攷諸成周之言曰：「辰角見而雨畢，天根見而水涸；雨畢而除道，水涸而成梁。」此有司濟人分内事也。夫何政不果，若司民社者，視治道梁成事爲泛常，故民往往有病涉之嘆；況吴爲澤國，舟楫之所通行者！侯穎敏好古，勇於爲義，凡諸廢弛，必舉而新之。則他日爲我國家謀猷之遠大，豈不猶之治一邑也耶。侯名貴，字天爵，遼陽人，成化乙未進士。兹奉天章，召入憲臺，司風紀，併係此所以慰民去思之概云。越城橋在石湖北口，舊名越來溪橋，至正間重修。

《〔同治〕南康縣志》卷九鍾賓《通濟橋記》　南埜芙蓉渡，從古有浮梁，官歲造之，而石橋未之有也。丙寅春，僧一光始鳩工甃石，爲墩十有一，屹乎中流，榜曰「通濟」，而樓屋亦未之有也。是秋，赫德爾貳守南安，重念邑以壯稱，民物殷富，乃揆厥蹟，度厥功。正如朱巽所謂，堅石固其岸，巨材壯其趾。脈絡貫穿，勢侔坤軸。一木所貫，萬鈞惟輕。犬牙相函，魚鱗密次。躍若鰲戴，矗如嶽壓。蛟螭盤結，若飛若動。勢與空闘，鈐鍵山河。經是橋者，莫不俯仰咏嘆。甫二紀，罹兵燹，惜哉！自後因舊基架木以濟。洪武六年冬，嘉禾叔昂沈章以工部掾出知南康，下車初，首經兹途，藎然有動於中。詢斯橋巔末於里之父老，咸以前蹟告。沈尹心知之而不言，謂其古有而今無，可乎？謂其濟江之險而不復爲之，可乎？既爲民牧，而不恤民之病涉，可乎？此邑令之責，爲政之先務也。越二年，謀復斯舉。掄材於崇教鄉至坪里，管坳重岡複嶺，古木陰翳。五鄉之氓，咸趨事赴功，運石舁木，如己事。又擇耆宿蕭潔等，麦分品列，各授以任，百工并興。募費者或釋或道，督匠者毋怠以勤。經始於乙卯季秋，復得判簿郭恭相與贊成，訖功於丙辰八月。期年而甫成，可爲難也矣。沈尹因橋之舊名，仍扁「通濟」，而又篆「江山一覽」以顔其楣，余謂沈尹知爲政之先務矣。章水出自大庚聶都山，東流數百里至南埜，隄岸曠衍，波瀾老成，獨秀峰屹立雲表，勢若插天。其餘江山環拱如畫，朝夕改觀，烟飛雲淡，明月初出，清風徐來，百里勝概，盡在目中也。橋直計六百八十餘尺，横闊一十六尺六寸，屋六十二間，門樓二座。邑士蕭潔與有力焉。

謝肅《密庵集》卷三《萬安橋並序》　萬安橋，一名洛陽，在泉南之晉江、惠安二縣之交，宋端明殿學士忠惠蔡公襄守郡時所造。東西皆因山麓爲阯，長三千六百尺，跨洛陽江上，潮汐吐吞，洲島環映，可謂奇勝。而橋阯西北公祠在焉，祠中對樹碑版者二，蓋公自記其作橋歲月，并大書而深刻者，字體宏壯，不在唐顔真卿《漓灘記》下，是亦奇勝也。洪武甲子春二月，肅乘傳決獄於泉，過橋，讀碑摩挲，偉畫契揮翰之神，顧視成功獲涉川之利。夫是以再拜公像，低佪不能去，覽其奇勝，詠之以詩：

萬安橋在泉南郡，驄馬來時踏淼茫。羣柱直排滄海浪，夾闌横截洛江陽。
荔花洲島春風暖，榕葉亭臺曉日蒼。浩想蔡公能濟險，轉因驅石笑秦皇。

李時勉《古廉文集》卷二《敕建永通橋記》　通州在京城之東，潞河之上。凡四方萬國貢賦由水道以達京師者，必萃於此，實國家之要衝也。由州城西行八里許，有河，蓋京都諸水之會流而東者。河雖不廣，而水潦沮洳，每夏秋之交，雨水泛漲，嘗架木爲橋，或比舟爲梁，以通道往來。數易而速壞，輿馬多致覆溺，而運輸者尤爲艱阻，勞費煩擾，不勝其患。太監臣李德等以其事聞上，欲於其地建石橋，乃命司禮監太監臣王某往經度之。某還奏云：此陸運之通衢，商旅使客往還之要路，建橋實宜，方今不燠不寒，興工修築，是惟其時。然欲堅久而不壞，在委任得人。上聞，即命總督漕運都督臣武興等發軍夫，都指揮僉事臣陳信領之，工部侍郎臣王永和督工匠，内官監太監臣阮安董之。安謂衆曰：朝廷遷都北京，建萬世不拔之丕基，而漕運實軍國所資重務也。故興役萬夫，齊奮並手偕作，未及三月，而功已就緒。橋南北五千尺，爲水道三券，券與平底右，皆交互通

貫,錮以鐵券,水石護以鐵柱,當其衝。橋東西二百尺,兩傍欄檻,皆以石爲之。作二牌樓,題曰「永通橋」,蓋上所賜名也。又立廟祀河神,而以玄帝鎮之。經始於正統十一年八月二十七日,告成於十一月某日。阮公與侍郎王公謀求請予記。昔文王作臺於苑囿,固無預於民事,而民歡樂之,謂其臺曰靈臺。詩人又被之歌詠,傳誦至今。皇上營建此橋,實所以惠利於人,而人踴躍歡欣,以趨其事者,誠無異乎文王之時,亦何其盛哉!是故不可無所紀述以傳示後世,因公之請,特爲記之而又繫之以詩。曰:惟皇仁聖,統御寰宇。萬方畢臣,罔有違拒。粵惟漕運,軍國所資。道江歷淮,其來如歸。潞河湯湯,漕舟所聚。陸運京師,有河伊阻。帝曰臣某,汝往視之。惟梁惟石,惟其宜之。臣具還奏,誠如聖制。作爲橋梁,萬世之利。帝曰休哉,是惟在人。我其命之,汝爲予申。乃命永和,汝督工匠。勿亟勿徐,德綏是尚。曰内臣安,汝其總之。經營規畫,惟汝是司。安拜稽首,敢不盡心。圖爲堅久,以副德音。羣工百役,莫不踴躍。攻金攻石,並手偕作。惟橋南北,惟水西東。不日而成,敷奏厥功。商旅使客,車輿步騎。昔憂顛覆,今履平易。岸有豐草,水有游魚。昔爲嵒險,今爲坦途。運輸之來,紛紜絡繹。國用以序,廩庾充實。行者忭舞,以播頌聲。四方無警,萬國咸寧。惟此成功,帝德之致。勒之茲碑,以告永世。

李時勉《古廉文集》卷二《修造盧溝橋記》 盧溝在都城西南四十里外,凡趙、魏、汴宋、秦代隴蜀、滇南、交廣、吴楚、淮江陸行以入京師,與夫朝廷之使臣仕宦商賈之人,自京師道西南以適四方萬國者,皆由於此,是蓋國之要津也。舊有橋,橋有石欄,作於金明昌中,以通道往來。至今四百餘年矣,頹毁日甚,車輿步騎多顛覆墜溺之患,所宜修也。橋之近,有固安堤,故狼窩口也。春夏之間,驟雨時至,水潦衝激,嘗加修築,築輒復決,決則有漂没民田廬舍之害,所宜修也。然國家所宜修者,不獨此,顧有所未暇及焉耳。今上皇帝即位,詔内監與工部臣,計國家内外所當營建者有幾,次其緩急先後以聞。於是特命太監阮公董其事,公既受命,晨夕惟勤。正統九年三月,朝廷宫殿以及百司庶府莫不皆成,公奉命往西山,過盧溝,見橋與堤之患,還奏曰:盧溝橋不修且壞,而固安堤水患猶在,今京師之工既畢,請致力於此。上曰:「然,汝往治之。」公於是率工匠往視,橋一理新之,水道十有一券,錮若天成,東西跨水凡三百二十有二步,平易如砥,欄檻其兩傍,凡四百八十有四,鎮以獅象華表,堅壯偉觀。公又行視堤,曰:此吾向所築者,猶不足以捍其患也耶?乃循水而六七里許,至卧龍岡之東南岸,曰:其病在此。於是相其所宜,是濬是築,以殺其勢,使漸流而西,水循其道,而堤以無虞。往者臆決,工費累鉅萬,經歲不得休,今不踰月,二工皆以告成,而民不被其擾,不預其勞。但見其東西行過是橋者,若履亨衢。公務才力之通於橋下者,若道平川民之安居樂業而無蕩析之慮者,其誰使然耶?公之力也。公何以能然哉?予嘗觀公之爲人矣,正以持己,公以莅事,勤以率衆,而惠以恤下。正則安,公則悦,勤則有功,惠則足以使人而忘其勞,持是以往,將無所爲而不得者,而況於此工之近小者耶?公嘗圖其跡以示予,曰:是工雖小,然有以見國家之於政,由内以及外,先其所急,而後其所緩,有如此也。吁,公可謂知本者哉!夫京師天下之本也,公既盡心於所務,而後致力於斯,所以不勞而甚易也歟!後之人有不知公者,觀於斯圖,則其所爲之大者,可從而推也,是故不可以不記。正統九年三月十有六日,其經始月日也;是年四月十有八日,其成之月日也。記作於六月廿日云。

錢穀《吴都文粹續集》卷三六錢溥《重修垂虹橋記》 成化十有七年,歲在辛丑,暮春之初,重修垂虹橋成。橋舊名長橋,在吴江縣治東三里許。泄太湖所滀三郡六縣之水,注三江,以入于海。《書》所謂「三江既入,震澤底定」是也。然水無所洩,必有震淩之患;人失其濟,必有阻溺之虞。則是橋也,實據兩浙八閩之衝,驛使檄遞者在焉,南北興販者往焉,蓋要地也。橋袤千有餘尺,下開七十二洞,跨鯨波之闊,聳鼇背之峻;人行其上,第見洞庭諸山,出没於烟霞縹緲之間,而東駛諸海日夜不息,此真勝境也。歷歲滋久,崩隤日甚,殆三之一,行者病焉。去年冬,巡按御史高唐劉公魁過而見之,召其治縣者修之,工鉅費繁,未易規復。其邑有故義官屠晟之妻趙氏聞之,撫其姑遺孤承宗嘆曰:而父積鉅貲以貽汝兄弟,今汝兄弟已殁,汝安能保其所有邪?令孫壻周禋告于縣曰:幸毋黷于官,毋擾于衆,願自爲之,庶揚夫名于不朽,保幼孫于有成。于是縣達于公,公且喜曰:以一嫠婦若此,非有烈丈夫志者不能。宜令縣學官禮于其門獎勵之。蘇衛指揮楊端董治之,周禋則稟趙以酬應之,鳩材庀工,籌議克合,乃出白金千餘兩,經始於其冬,不二月遄復其舊,焕然維新。乃請於公,願立石以記述。公曰:吾聞春秋常事不書,此修橋亦常事也,奚容書?獨以彼稱丈夫者多保利蔑義,雖至死不悟,而趙乃能之,宜書以爲積而不散者之勸。趙亦遣禋謝曰:婦人無聞,惟公巡我東吴,威聲義聞,自足感人而興起焉,非有所爲而爲之也。余乃嘆曰:此乃一事而數善并焉:公能使民以義而加犬勸人之禮,趙能捨財取義而存夫保幼

之仁，況端與裡內外謀合，上不負公之托，下卒成趙之志，皆得牽連書之，使後之有事于斯橋者，寧不視以爲勸乎！詩曰：

諸水牙湊，匯成具區。霪潦泛溢，東海是趨。輦石爲梁，橫亘天衢。軒豁呈露，罔測端倪。垂虹中斷，病涉艱虞。繡衣使者，不言自孚。感茲孀婦，善保其孤。一揮千金，惟新是圖。坱坱修造，廣袤範模。龍翔虎伏，玉砌金鋪。工甫三月，雨霽虹舒。勢控山湖，秀敚堪輿。檄奏書傳，如履坦途。如矢斯直，曾不少迂。勒石告成，有永不磨。

李賢《古穰集》卷五《敕建弘仁橋記》　都城之南，一水橫流於巽方，其源由兑而坤而離。四泉沮洳，會而爲河，至巽乃大。有一津焉，在南苑之左，去城四十里，凡外郡畿內之人，自南來者，東西二途，胥由此渡。車之大而駕者，小而輓者，物類之馱者，人之肩者、負者、騎者、步者，紛紜絡繹，四時不休。有力者每歲爲架木橋，然不能堅固，而寒冱之際，不免涉水，且夏秋水漲，即有覆溺艱阻之虞，而人之病涉滋甚。天順癸未春，皇上聞之，惻然軫念曰：「此先務也。」乃命創建石橋，凡百所需，悉出內帑，一毫不干於民。應用工役，皆以金傭之，聽其自願而不强也。卜日興造，人皆踴躍歡忻，争趨效力，不知其勞。而木石灰鐵之類，率以萬計，不督而集。橋長二十五丈，廣三丈，爲洞有九。以釃水爲攔於兩傍以障由者，復增岸於南北，以防衝突。爲寺爲廟，以資維護。經始於是歲四月十五日，訖功於某月某日。總其事者，內官監太監、臣黄順、臣黎賢；董其工者，工部右侍郎臣蒯祥、臣陸祥。告成之日，上賜名曰「弘仁橋」。仍命臣賢爲之記。臣聞古先聖王之治天下也，以不忍人之心行不忍人之政，紀綱法度，細大具舉，而於橋梁道路，未嘗不留意焉。觀《夏令》所謂「除道成梁」，《月令》所謂「開通道路」，可見矣。是以利澤及人，如天地之於萬物，無有不足其分者。我皇上復位以來，夙夜孜孜，躬理政務，惟恐一民不得其所，出一令也必順於人心，行一事也必合於天理，其無異於古先聖王之用心矣。今以一津乏濟，聞之惻然，是即不忍人之心也。爲建石橋，以便往來，是即不忍人之政也。名之曰「弘仁」，蓋弘者廓而大之之謂，仁則不忍人之心之政是已。嗚呼！一橋之利，尚不遺焉。如此，況其大此萬萬者乎！由是以知，皇上擴充仁道，被於四海，而利澤及人之廣信，如天地之於萬物也。已是，宜大書特書，以昭後世。臣賢既爲之記，復繫以詩曰：

大哉元后，作民父母。民之休戚，同其安否？所以先王，發政施仁。憂勤惕厲，罔或因循。仰惟我皇，博施濟衆。視民如傷，惟樂與共。大綱小紀，乃舉乃張。有或遺者，於心遑遑。都城巽方，有水病涉。惻然興懷，務遂所愜。不惜內帑，爲建石橋。工役之費，民無秋毫。易危而安，利澤惟久。憶萬斯年，厥跡不朽。由小知大，如地如天。帝王盛德，我皇無前。詞臣撰文，紀述茂實。勒諸堅珉，永示無斁。

《［雍正］浙江通志》卷三七商輅《通駟橋記》　通駟橋，宋淳祐間，樞密馬天驥所建。石其墩而架以木，行者便焉。歷年既久，風摧雨蝕，木朽腐不支，行者病焉。天順庚辰，弘農王君出宰是邑，政教兼行，士民嚮應。乃進耆老於庭而告之曰「徒杠輿梁之成」，見於《周禮》，誠爲政之先務也。矧通駟爲橋，西通百粵，東達兩京，使車之往來，王程之遲速係焉。非但商旅之經行而已。乃命善工斲石，捲而成之，空其中以釃水者十。其長以丈計者八十有奇，而費以緡計者若干，工力弗與焉。始事於壬午之秋，落成於癸未之冬。因爲記以傳來者。

鄭紀《東園文集》卷六《卧龍橋記》　是橋始名安利，在邑東三里石鼓山之麓。宋嘉定間，陳讜所造。明永樂初，災於火。至成化乙酉，邑之耆老相與謀而復之。橋成，落讌其上。以其氣勢崢嶸，如龍卧淵中，且其地相邑治，屬東方七宿，故改今名。疊石水中以承梁者墩，墩十有五，存其舊者五，因其舊址而改造者也。闢其地而新增者二，墩盡處爲岸者，爲馬頭。馬頭二，因其舊者一。兩墩之間通水者爲門，門十有四。水中伏地以負石者爲地牛，松木爲之，根千八百有奇。墩高二丈四尺，石十有八層。順水直置者爲楣，楣石八百二十。截水橫置者爲鈎，鈎石倍三而又半墩額。承梁處，石横出兩門，如階之級者爲挑，挑石三層，五百有八。直者亦爲楣，楣石二層，百六十有四，小石旁午於中者不計焉。梁橫木於墩上者爲梁，梁大徑二尺四寸有奇。門置六梁，或八梁，計九十有六。梁之上承土及甎者爲棧道，爲祊，五百四十二。棧道之上覆以亭，亭三十四間，楹一百四十有二。棟加楹之數百六十有六。圓者百七十，匾者百三十有八。梁少棟之數百有七十，圓者七十，匾者六十八，桷千四百有奇。遮陽百六十餘丈，小木如拱、如斗、如棁、如闌杆之類，不計焉。瓦八萬六千有奇，甌三之一，甎十之一。亭盡於橋舊址所至，凡十有二門，下皆木梁，有棧道。不亭者四門，皆石梁，梁十有六。西岸之馬頭，後爲洪水衝齧，攻鑿爲門，疏水勢也。石工鏨琢者、錯攻者、輦輓者、梯升者、鈉者、鑱者，凡六事，九十有八人。木工斧斫者、錐鑿者、引繩墨者、操尺丈者、解鋸者、鏇者、鑽者，凡七事，四十有三人。隄工鍤者、木柵者、壘者、甃者，凡四事，二十有六人。力於勸募者三十有六人：嘉禾鄉九人，得

粟千二百斛，白金二十觔；修德鄉十人，得粟六百斛，白金十八觔；唐安鄉九人，得粟四百斛，白金十五觔；歸德鄉八人，得粟八百斛，白金十六觔。銅錢、布帛、賈隸金數外，有舟人每經穀斗積二百四十斛有奇，行客有錢積十有二貫。僦直石工三十斤，食穀二千四百斛，木工三之一，隄工如之，鍜工三千之二。集事鬻材、落成勞賞之費不計焉。是皆出諸父老之勸勞。而余先君子松菴居士泊柯歸樂先生與知其簿會沙門曰惠陽者，實經理之。治事於成化乙酉十一月，成於辛卯六月，首尾凡七年，沍寒溽暑、水潦休暇之日居半焉。夫橋特一利涉之具爾，山川形勝未必皆由於此。然宋時吾邑衣冠文物甲於閩中，是橋適極完壯，橋之力亦不可誣也。今日之橋，亦嘉定之橋也。余於茲有待矣。雖然崇清公之嘉定，至今三百年餘，其名籍功載，猶有可考，故今日得以因其舊址而復之。異日視今，猶今之視嘉定也。故書其事跡大都并名氏于左方，以詔後之人。是爲記。

又記：

凡物之有顯晦，時之遇與不遇也。按是橋爲陳崇清所造。崇清生紹興甲寅，去予生三百年。嘉定戊辰致政十年之間，連成石馬與此二橋，去余僅二百二十年。間其廢，蓋在永樂之初，去余未三十年也。天順末，邑之父老謀欲復興，顧無托者，適余翰林檢討賜告入山，閔辭見委，始事於成化初年乙酉，收功於明年丙戌，以在告名曰「卧龍」。工程次第，悉載舊碑。成化末，予起告中未數年，橋之北岸爲横流衝齧，圮而修，修而復圮。余乞恩歸掃，吾郡太守陳公效二守談公經節推羅公鳳枉顧，山中經見圮跡，相與咨嗟，久之迺以仙民原勸助寧海橋財穀移共工役。時予方起掃中，又顧無可托者，會本府知幕何公、滔公出還任，以其嘗署邑治橋，民素子來檄其成功，相齧處增疊圈門若干，以疏水勢。又甃石爲隄，長十八丈，高八丈，以俾形勢之低薄，而橋之固完，視成化初年又有加焉。以在邑治之東，改其名曰「青龍方宿」也。夫宋之嘉定橋，一顯崇清致仕時也，至永樂初則少晦矣；成化丙戌，又一顯予得告時也，弘治之初又少晦矣；今日又一大顯予之歸掃，陳之枉顧，何之還任也。夫時遇則顯，不遇則晦，天下之事莫不皆然。唯君子處之有道則顯，可終而時無不遇矣，豈獨一橋云乎哉！是爲記。

鄭紀《東園文集》卷六《登瀛橋記》 文賢爲里，山環如廓，屏山里之西，梁山里之東，其南爲仙臺，北爲紫帽。自紫帽之麓至梁山，俗謂之東都；自屏山至仙臺，俗謂之西都。溪有自紫帽，有自屏山，兩股而來者，因山勢也。路亦分爲梁、屏之兩岐者，因於溪也。成化壬寅，屏山居民病舊路陟降凹凸之艱，予乃爲之擇平疇阡陌可通行者而易之，其末兩岐合而爲一，然必涉屏山之溪，然後可通于朝天橋而東至城邑焉。予又於合一之處爲之路，石爲橋，使東西之民合於一路，東西之路合於一橋焉。橋方定基，予治裝北上，終其業者，則從父直菴處士也。橋二門，門各二梁，梁之間闢之令相去尺許，閣以横石，所以代梁而廣橋道也。始事於成化壬寅冬十月，畢功於明年癸卯夏四月。橋成，鄉人以予方復職業于瀛州，乃名之登瀛，俾予記之。予以是橋爲吾里要會之衝，合衆途而一之者也，凡吾民者，家無異政，鄉無殊俗，合閭閻桑梓千萬人之心爲一人之心，其所造斯橋之意乎。若以其名論之，方今聖天子崇儒重道，里之子弟挾策彈冠觀光上國者，皆由於是，豈予所敢專者哉！姑志所造之歲月，以待後來。

楊廷和《楊石齋集》卷一《水西新建十橋記》 水西十橋，乃貴州宣慰使安氏父子之所建也。橋既成之明年，今宣慰圖其水之源流，并其始終事之歲月，遣人詣京師求予文，刻于石，爲之記曰：水西之河最大者曰「陸廣」。陸廣之西，上流曰「稿池」，又曰「芭蕉」。下流東注曰「黄沙渡」，曰「烏河」。又數百里，入於清水江，又東會于涪江。其源之大於衆水者有四，一曰「洛浙」，二曰「西漢」，三曰「七百方」，四曰「滴澄洛」。浙之水，源于卜乍革，之南入于西溪，又達於七百方，又會於鴉池；兩溪之源導于化閣山，轉於西南，合于洛浙；七百方則自普安會于洛浙，入于鴉池；滴澄之源，出于九溪，東北至于威清，又北至于鴉池，達于陸廣，其曰「青山」，曰「老宋」，曰「卜茫」，皆因其地而名隨之，非有二也。大抵四河之水，迴折數百里，而會于陸廣，出入山石崖竇間。一遇峻隘，如退如束，激蕩震掉，若三軍相持，怒不得逞者。及其奔放衍肆，一瀉千里，如自天而下，浩不可禦。每春夏淫潦，其勢彌大，覆舟溺死者亦間有之；秋冬霜降水落，寒可裂膚，病于揭厲，居者怨于室，行者嗟於途。富商大賈，無所爲而至。雖有魚鹽之利，山林之材，土人居然視之，卒未之能致也。故嘗有橋，率架木爲之，不踰年輒壞，用力多而獲利少。人亦勞止，良非遠圖。宣慰父子，更以石爲之。排積沙以定其基，布巨石以貫其底；圜空其下，漏水象月，或三或五或七，視橋之袤廣而多寡焉。款密堅緻，踰于實地。橋有十：一曰頭舖，二曰得烏，三曰烏西，四曰西溪，五曰虎塲，六曰朵泥，七曰蜈蚣，八曰秀水，九曰麥架，十曰查覩。西溪、虎塲、朵泥、麥架，皆先宣慰爲之；頭鋪六橋，則今宣慰之所經畫者。問石焉取，曰即于山；問役焉取，曰即于傭；問費焉取，曰即于宣慰之私藏而民不與知。蓋自成化己丑始事，至丙午訖工，歷世以再，乃克底績。非先宣慰知不及此，固有

待也。歷年十有八，次第告成。不欲速，意羣力畢舉，或勞人也。成之日，萬夫歡呼，四境慶幸，鄉里長老，相與舉酒，歌頌二宣慰之偉績。賓旅負販者，往來深谷巨箐中，無分於昏夜，如之東西家焉。休勞夷險，其益亦大矣哉！嗚呼！水事之重，自古然已。周單子過陳，見其道穢而川澤不梁，知其必亡；子産以乘輿濟人於溱洧，孟子譏之，而申以王政徒杠輿梁之説。亦又有以障大澤，勤其官，而受封國者，具在傳記，可覆考也。二宣慰其亦有見於斯歟？余嘗聞西南世禄之家，每以安氏爲稱首。既得其家世之詳，則知其始封于蜀漢時。上下千五百年，世態之變若罔聞知，意其先世必有大功德于民。今觀二宣慰雖一事之小，而所以用其心者如此，則他所以利于生人，承于前烈，以寬朝廷西顧之憂者，從可知矣。安氏之世濟其美，固如是哉！昔韓愈記汴州東西水門，至今讀之，猶若親見。當時之役，十橋之建，功十倍之，而無如愈者爲之記。恐來者未由聞知，則雖或入于圮毁，而未有爲之一舉手者，姑用直述其事以俟。若乃橋之所在，與其歲月之詳，工役之數，請列之碑陰，兹不贅。先宣慰名觀，今宣慰名貴榮，俱誥授昭勇將軍云。

《(同治)袁州府志》卷九之四嚴嵩《分宜萬年橋記》 分宜邑治，前瞰秀江，源發于楚萍，至此渟滀，而邑之西東，限以兩山。東以巨峽，每春夏之間，水暴溢汹湧，往來者以涉爲病。迤東數十步，有清源古渡，路當要衝，有司濟以二艇，間歛富民，斥官帑，比舟加板，聯爲浮橋以通濟之。然水稍泛激，橋復斷，病涉猶故，而一造費數百金。越四三年輒壞，居民行旅，盼江漲而迴轍，迫則從舟，横奔而渡，頻罹覆溺。頃歲，子世蕃以事歸，嘗兩捐金造舟與橋，民頗稱惠。然邑父老謂必造石橋，庶可永久，而費則鉅萬，合調諧蕃以告，復致書京師，以告于予，曰：公爲宰執，當爲斯邑建千古長計。子私自念屢歲荷蒙皇上賜金，雖嘗捐造宜春一橋，而此舉猶不可已，父老言良是。迺興石橋之役，始度地相址，議者爭論東西弗決，有指今處者曰：盍在斯？迺櫃水畚王探其底，則下有巨石横亘，其平如砥，遂加石立墩。稍移之東西，則深溪浮沙，邈無涯矣。信異哉，若天設地藏焉。先是，予往來吴中，閲橋美，於是徵匠買石于吴川。運山伐載，以巨艦溯江入湖，至於樟鎮，灘水淺涸，易數百小舟乃獲抵于宜，而石猶不敷，將往吴復買之。一日，鄉氓來告，邑西楊江之岨有石，盍採諸？往穴數處，果獲石，堅大豐盈，用遂以足。既謀合材集制定，工興，釃水爲道，凡十一空，其長一千二百尺有奇，廣二十四尺，翼以兩欄，如其長之數。計用白金爲兩萬餘，縣令許侯從龍出力經畫。侯，吴人也，故計處甚習，以被召去。通府曾君大用來署邑，嗣理之，尋以他務去。典史周承源，耆民張澮、王治隆、張梧專董其役，郡守張公任、節推蘇君景和，時程督勸勞有加，巡撫中丞前可泉蔡公，繼鍾陽馬公，巡按侍御五台徐公行部至，皆親往臨視申勅，郡吏罔敢弗。其經始于嘉靖丙辰秋九月，訖工于戊午夏六月，行者嘻嘻，獲履坦途，易危以安，罔不稱便。夫自有天地，則有此山川，歷今凡千百載，橋渡之建，古今人非不欲創構之也，悉阻于時力而有不能。予始者惴惴然，以難成爲懼，既而禱于山川，以徼神明之祐，又賴諸賢大夫之力，乃克有成。噫，亦難矣！父老以書來謝，曰：是惟萬人之緣、萬年之利也，吾儕敢不德公之賜。予曰：非也，吾非歷仕之久，叨錫與之隆，其曷能焉？此吾君之賜也。自古人臣爰君之賜，則作爲銘識，以示弗忘，《江漢》之詩曰「作召公考，天子萬壽」，盍名斯橋曰「萬年橋」，以無忘聖天子之恩，以仰祝萬壽與天地相爲無窮焉，此吾之志也。遂勒石以記。

《(光緒)撫州府志》卷八張元正《重修黄洲橋記》 崇仁縣黄洲橋重造成。張少尹弘、董掌教崇道、蔡貳教敦、姚貳教志仁狀顛末，詔弟子吴照、陳鼎走南昌，速予記。維是橋，跨縣治下流，當南北兩市之衝，不可一日無者，燬於成化辛丑夏四月，歷六年，丙午秋八月始克成。肇其功，實郡貳守陳侯輝。卒其績，實縣大尹陳君翶。而方伯陳公煒，少參宋公訥、李公蕙，僉憲李公轍，郡守周公瑛，則繼相佐給焉。其費多勸之富民鉅商，其籍一掌之耆老陳曰經、楊集和。其分督之邑人，曾省章、黄楚正、余孟政、鄧德中、黄春煜、王佐廷、楊仕炳、袁閏夫、王用爵。其橋横江，爲石壘九，梁以鉅木，其上爲屋間四十有四，出屋杪爲亭三；其兩涯各卷石爲洞，洞上各表以門，門兩旁各護以闌。其廣度之爲尺六十有一，其修步之爲丈六十有四，其輸運之艘幾八千有八百，其木石金漆之功餘四萬有七千。於乎！費弗訾，功不小已。稽之舊志，是橋始名「平政」，績名「巨濟」，自宋嘉祐迄嘉定，數壞數復，然率比以浮舟，或置縣門，或徙今處不一。至淳祐間，始議壘石爲之，易今名，於今處，曰「黄洲」。不數年，又燬。咸淳時復葺。元至元、皇慶、天曆之際，加完美焉。後至正間，又燬。我朝洪武初，復葺。二十五年，復完美焉。至於今則又燬又葺如是。爰自有此橋，其浮舟之廢興數莫可考，其壘石之廢興已四燬而四葺矣。竊嘗謂，大地間物，成廢自其當理，無有成不燬、燬不成者，但其廢也或人力弗與，而其成也則未有不出乎人焉，觀兹橋是已。

王士翹《西關志・故關》卷七王交《鵲山鼎建九龍橋記》 鵲山吾郡之名山，

古神應王之祠在焉。廟貌門觀各有故址，祠下有橋，初名「回生」，以王神於醫術故也。後名曰「龍登」，其南有亭曰「早參」，以王王也。龍袞之章，朝見之儀，率由制爾。嘉靖乙亥歲，我郡守南袞高公，謁王弔古，乃名曰「九龍橋」。蓋鵲山之西，其澗有九，若霖雨大作，九源之水鳴瀑揚波，會流於兹，昔稱爲九龍口，故易厥名。斯時，廟貌橋亭敝圮，公議新之，未果而遷。憲副以去，逮辛丑歲，我三陵王公，繼而爲守，欲易朽興頽，究其未備。二守省亭郭公，別駕南山白公，亦協心贊畫。前我郡守月崖孫公，以今憲副兵備兹境，出戒於民，願新者聽於是。王、白二公增以俸餘，益以香幣，資以工役，以爲衆倡。中丘邑人邢珠、李梅者，應命效誠，躬任其事。同邑葛瑞等從而輔之，遠近施助者欣然而集。閲歲而廟貌成，數月而橋亭畢，其神乎。橋亭故址規制狹小，今大改作之。其橋高二丈七尺，闊二丈六尺，長二丈八尺。其亭繪以丹漆，飾以金碧，華踰於昔亭。至祠門十丈餘，皆大石鋪砌，增置石欄若干楹，數十年之廢墜，一旦修舉，煥然改觀，厥功懋哉。邢珠輩因偕府吏李景稠將叙諸公之績，走予請紀其事，讀若狀作而嘆曰：嗚呼！今何時，今何時，北虜猖獗深入山右，内外戒嚴，民窮財盡，徵役不息，胡可當也。斯民不忘神應之功，乃劇貲數萬，克修廟貌，兼成橋梁。有非刑驅勢迫所能致。諸公且身率之，不以爲異，而勸其成，非以人心之良，趨之善也邪！語有之曰：君子之政不必專於法，要在宜於人；君子之教不必泥於古，要在入於善。兹舉也，蓋得之矣，烏可以不志。按孫公諱錦，綏德人。高公諱遷，江都人。王公諱朝賢，太康人。郭公諱從道，徽州人。白公諱鎮，平定人。故記於石，以垂永久云。

翁萬達《翁東涯集》卷三《懷來城通濟橋碑》　夫水之行地也，概於世爲多，西北則鮮；率可舟而漕，西北則否；率易梁而渡，西北則難，何也？其勢使之然也。水原於山，天下之山皆起於崑崙，而燕冀爲天下脊，地形崇峻，水率東南走入海，其流湍急，無巨浸廣陂容受澤潤。故西北鮮水，且水道所經，土去石出，建瓴而下，衝激震撼，力攫齒齒斷斷，故不可舟。而其霖雨集、潢潦漲也，則驚波電掣，駭浪雷擊，值之者陵崩阜斷，故又難爲梁。夫鮮水則土燥，土燥則其産猛厲而寡深思；不可舟則轉輪困轉，輪困則無所廣粟以食，戰士而又難爲梁，使咫尺之間畫爲兩地，倚馬相望，莫可即救。古稱西北恒多事，禦戎寡全功，此其一也。懷來直國非門，爲居庸要路，自京達宣、大兩鎮，罔不繇之其通。永寧、獨石諸處猶有徑也，嬀水出隆慶州大海沱山，中流與洋桑乾河合，東歷懷來城南，下合水關，放蘆溝以達於海。既不可舟，又無渡梁。于是軍餉戎器、材官騎士，自京師調發以爲宣大備者，往往告難；又其急者，邊塵遇警，馳上便宜，瞬息異形。一騎千里，阻于水滸，莫可以爲謀：坐是望洋浩焉興歎者屢矣。予督軍塞上，思欲橋之。故嘗爲之畫曰：「深根以固其基，遠岸以殺其勢，軸柱鱗密以嚴其隙。」蹲鴟脉絡而莫與之鬬，庶幾可成也。」屬軍旅事殷，且有塞垣之役，未之能及。土人曰：「舊有石橋，永樂間廢。武廟北巡，命内使以萬金成之，尋爲水壞。或于所謂四者，未之備講也。」夫徒杠輿梁，王政攸繫，而況通警急、關軍政者邪！歲乙巳，予閲邊，次宣城，聞有僧慧燈者，謀爲橋，謂助我者也。召見之，授以前四者之説。今戊申春，僧來言曰：「橋成矣，無愆初約。」願乞所以志歲月者，使使數輩視之，良信。問所以成，則曰：「力能感中貴人捐俸金紀綱之，又能募邊富人，出粟爲佐。」於戲！先民有言曰，近世橋梁功利之大且廣者，多爲浮屠氏。有蓋佛以利物爲心，而橋梁居八福田之一，豈真有是邪？何成之速也！然予有侈喜焉，自歲庚子以來，北虜擾我邊境，侵軼時至，邊人苦之。聖天子不以某愚不肖，授鉞專閫，擐甲厲兵，與之從事者四年于兹矣。賴陛下神靈威武，虜酋屏跡，連歲塞垣之役，工弗頗巨，俱克有成。今兹大熟，民以寧謐。惟天子建中和之極，賚及黎庶；疆埸之臣，得保塞垣，稱無事大幸也。彼中貴人者，復能出俸金以佐時急；至于小民，亦不忍專其贏餘；是僧乃籍之成橋，光其師説，更奇事也。使格戰之未休，則瘡痍之是卹，年穀之不登，則垣役之告病而庸，暇及此耶。是役也，若某與邊人百數萬口，其敢忘聖天子丕顯休德，遂爲銘，付之橋曰「通濟」，仍舊名也。銘曰：

漢後將軍，是曰充國。屯田金城，威震西域。治橋七十，枕席過師。千載相望，予每羞之。浮屠氏子，其名慧燈。相時所急，因年之登。請金貴人，募粟邊城。材石備施，巨梁斯成。不工而妨，不事而擾。龍見波中，鶴歸華表。鶴兹邊土，比歲有戰。投兩以畊，于今再見。悠悠求往，匪兵者人。馬争逸足，車無停停輪。亦有疆事，星軺入奏。天閽九重，曾不崇宿。是此王政，重以機宜。嗟我有心，彼是度思。匪力胡役，匪粟胡殖。足我邊人，屈彼呼韓。惟天眷德，稻粱寫鹵。惟帝格天，干羽載舞。我書此石，以詔後賢。貢篚來庭，斯橋萬年。

《〔嘉慶〕郴州總志》卷三五莊壬春《重修蘇仙橋記》　嘉靖十九年夏六月，余謫郴州。其至之五日，避暑出城東橋登蘇仙觀。相傳漢蘇耽沖昇於此，人因名其橋爲「蘇仙橋」云。余歸，天陰雨。七月五日雨甚，河水汎溢，余出視橋已成巨

浸矣。無何，祭漂没人口復至橋，二碑尚存。余讀其碑，乃知橋鄉先生侍郎崔公所築也。又見行人來往病涉者，余嗟歎數四。久之，有崔公之子公卓君者，余躬延主治橋事，以監生喻子執佐之，令義民耆廖□、黄科、喻正誼、孫繼、楊鑾、黄永遄、李延洪、曹尚本、陳大節、吴廷秩輩，募民輸粟金。其後費用稍稍不繼。兵憲李公行部，公卓等上其事。公嘉其義，令募諸屬邑，屬邑之民亦聞義而輸粟金，州亦上其事於撫臺。諸公咸嘉褒公卓君等之義，凡七閲月而橋成云。橋闕有五，架有六，廣二十五尺，高三十六尺，其規制增舊矣。是役也，費金五百零五兩，米五百四十石，伐石二千，木一千，造石舟二十艘，募水工八百人，石工百五十人，土工一百人。其伐人、曳人、輸人不與焉。州人咸言於余曰：歲有水災，意者無以祀河伯爲祟乎？願從祀魚降神於此，爲民禦水患。於是，從民請，立廟於橋之東。余因得記其事云。

王慎中《遵岩集》卷八《漳州府重修虎渡橋記》 漳州之有虎渡橋，宋紹熙郡守趙伯逷爲之，而代木以石則始於待制莊夏假守之時，而集英修撰李韶復修之，是爲嘉熙改元之年。宋於是時，境土彌蹙，疆埸兵事日滋，出財用竭，於内爲郡者，顧能興此於空匱擾攘之中，雖其事爲勤乎民，然猶謂之未知所急也。我明有天下，嘗安輯閑暇矣。有司宜有餘力以及乎民政，百八十餘年之間，蓋修者數焉。予固怪夫宋人當時之詘，能舉大役、成鉅績，以俟千百年之遠。入我明，而諸公先後爲郡，以一方全盛之力修前人之所已成。至於屢修屢圮，不及二百年，修者八舉，而猶有今日之圮，以待賢守丞協謀爲之，而後民得以不病於往來。豈非作者之人發謀審而致法詳，果於以身任責，取財會費必出於羨足以盈？其始慮之所營度而期於有成，而因舊舉事者務在便文養譽，計用常不足耶？然洪武、正統間之舉，固已聞於朝，而其後亦嘗以請於部，使者監司其取財會費，宜亦不爲少矣，亦其習於安輯閑暇，戒徒庀工之際，有以容其苟且之政而然與。如龍南岡之爲此，第因民之以事至庭者，揆其情，猶可以勿致其罪，乃戒之使出財以役於官，又勉使自視其役朴扶呼召之，苛無所用而苟且，亦不得容利興於下，而取財會費之議不及於上，可謂作事簡而成功速矣。閩於幅員之數，最爲遐阻，漳州又當閩之窮處。方漢開郡閩中，徙其衆江淮，一時之俗猶安陋守儉，不樂通中國。及唐而聲名物采未大起，山斷水絶而艱於行，由亦其勢然也。至宋而文明繁富之風，視中州有加焉；軌蹟達於四方，若輻輳川赴橋梁之功，繼斷接絶，於斯爲盛。然宋之有國，南北分裂，紹興以後，世已季矣。軌蹟所至，以淮郢之間，爲邠翔橋之利於人，其功尤近而狹，彼其竭力於空匱擾攘之中。而爲此者，若以俟夫今日之盛，固有數存焉，而非偶然也。橋之作修，祇爲有司守境急民之政，而因國勢之尊盛，以博其利而著廣遠之功，橋固莫之能爲，而亦非勤於職事者謀之所及。龍君之舉，適遭乎斯時，誠非偶然也。是時盧玉田君爲守，能執大體，以先有司不沮其僚之謀咨計，決議而喜其成功。龍君以諫臣出丞郡，不爲蹇傲自抗以媮便養高而盡心於事如此，皆非今日所能爲。於是郡倅陸君體仁、謝君尚志，節推李君日森，樂觀其長之賢克莱於政，僉來乞文，故爲之書，使歸刻石而立諸橋亭，以詔來者。

《〔乾隆〕晉江縣志》卷一六王慎中《萬安橋記》 出迎恩門以東二十里，長江限之有石跨江，蜿若卧波之虹，其修踰數千丈，名曰「萬安之橋」。有宋蔡忠惠公守泉時所造，由皇祐以來五百餘年間東西行者，履砥視矢，淩風波於趾踵之下而若不加。苟有昔人臨河以望，思禹而興歎者之意，想夫營度架結之所由，豈不喟然有歎於斯人哉？橋之鉅，與萬安埒與亞之者，在泉州所，以三四數。民皆由焉而不言，而獨好言萬安，其言往往多異。以謂撰時揆日，畫基所向，鍥址所立，皆預檄江水之神而得其吉告。至於鑿石伐木，激浪以漲舟，懸機以弦綷，每有危險，神則來相。址石所累，蠣輒封之，而公自爲記，無是也。豈其駕長江之洪流，馮虚以構實，其役有足駭人者。味者驚焉，而言之異。亦以賢者之所爲，興事起利，人樂其成而賴其功，故託於神以美之耶？今其言雖不爲縉紳所道，然賢士大夫之至泉者，莫不臨江顧望，慨然思當時之風烈而壯其所爲，亦以其人之故也。嘉靖辛亥之秋，憲使濟南王君以事過泉，蓋臨江而慨然者，既想其人，尤訪其爲橋之詳，益知其成之不易。思所以久之，使勿少壞而永爲吾民之濟，於是翼欄之欹。缺者累址之，陁折者途坂柱亭之罅，折者目揣心量，靡有漏失授意於郡守方侯，會財計工覈，上其譏，乃檄晉江主簿，陳冕往訖修橋之役，議定檄下，是爲壬子仲夏役，且及半。王公去爲浙江右布政使，今四明范公來，代公風裁獨持神明，傍周不出堂，序八郡之遠，如是身到斯役之有，會於官有賦於民一一察知，而督之加嚴焉。於是以秋訖役，公馳幣郡中屬方侯來請，記王公於斯役，其出費庀徒已爲盡心，而尤屬意於取蠣之禁。蓋蠣附址石，則塗泥聚而石，得相膠蟠以固，故忠惠公於橋之南北表石爲臺，以識其界，禁敢取蠣界，内者歲久禁弛，則界内有竊者而附址之，蠣亦且爲竊者所剥，人莫不慮此而亦莫爲告王公。一日而得其利病之，大端可謂難矣。觀其檄下所司之文，亹亹可記也。范公名欽，字堯

卿，靳縣人。王公名昺，字承晦，章邱人。方侯名克，字惟力，桐城人，今爲陝西苑。馬少卿脩橋之役始壬子五月，畢於八月二十日。記之爲癸丑夏六月既望，獨適錢塘惠公漢臣來爲郡公，由橋入境。未見吏民，已慕忠惠之風，慨然有踵，盛繩美之想，故於斯役深屬意焉，亦可書也。

馮惟訥《古詩紀》卷九〇庾肩吾《石橋》　秦王金作柱，漢帝玉爲欄。仙人飛往易，道士出歸難。

徐渭《徐渭全集》卷一九《史氏橋記》　則水牌東南有洲若干，某去昌安門可五里。環洲而居者，不下千餘家，而史氏居十之二，乃多在洲中。其後有史某者，從洲中徙北岸，自是族人往往有北徙者。歲時禮會，輒以舟，苦之，則易以木橋。木橋善圮，則又未免以舟。其後某之從子曰某者罷判府歸，計所便，乃捐錢買北岸可橋地，長廣並丈有二尺。遂治洲北路，稍率衆貲，枕洲而北，爲石橋長可五丈，闊減其四。始某年月日，越幾月而成。洲尚北，當舟而始會者既便之，而兹橋所關涉，北則有三江抵海，東則曹娥江，凡行旅賈販之往來，百餘里中，宜無不便者，非直史氏然也。橋既成，衆圖碑之。碑成，來告書，遂書之。

《〔嘉靖〕鄢城縣志》卷九趙應式《石界河橋碑記》　石界河，鄢城東五溝之一也。以其在西平鄢城間，故以界名焉。厥地洿濕，厥壤塗泥，每秋夏積水，淺不通車馬，深不載舟船。然當南北衝，故公私之厲者、揭者，踵相屬焉。蹈坎窞則顛蹶，陷泥淖則濡滯，履冰雪則皸瘃。或草具榷彴，旋亦圮壞。弘治甲寅，濱水之民郭玥者，欲梁其上，偕黄冠、張普明喻豪右會錢穀，募工役，琢石陶甓。時致仕巡宰安子宏實裨其事。越一紀而梁成，險阻弗虞，公私允利，雖馬牛無濡足之患矣。迨嘉靖初，恒陰爲祟，水與石鬭，而危磯盡囓，梁漸頹。越明年，玥之子倣痛父績弗終，乃召匠氏議，廣其基，益其洞，以復之。然石非三倍於前不可也。倣乃售其田以買石，慕義者如王奉、武瀛、任山輩，亟從而翕附之。至嘉靖乙酉，邑宰以公帑不足，取其石以飾傳舍。及戊子，宰邑者復以公帑不足，又取其石以修學宫。績用不成，倣乃謁宏之子國學生臣謀焉。臣曰：梁舊爲三洞，今益而爲五，某將强爲中之一，衆共成其傍之四，庶幾其有濟乎？謀既協，遠近之民載糗糧助，樵蘇供材木，獻釜鬲，輸礎碓。貧者效力，巧者呈技，若有督攝勸懲者焉。至庚寅春二月，遂奠趾於淵，布基於陸，駕石於空，鎔金以爲之鈐鍵，靡糯以爲之斟灌。石之結構既堅，水之流派又分。迨癸巳之秋九月，則虹拖雲横，龍舒處據，而大壯之勢屹然。梁之南北，長十二丈有奇，東西闊三丈有奇，費錢幾六百千。甲午，安生將肄業，於成均謁予，叙其事，請記焉。予嘆曰：安氏其世有景差鄭僑之心乎！其能行淑向孟子之言乎！然悉其人，知其業，予弗異也。獨於倣之事，而感其孝且義之過於人。亟命之見焉，則幗幅無華人耳。問其家，則曰居五溝者且六世矣。聞有(有)司，而未之敢謁也。嗚呼！君子謂求三代之民當於深山長谷中，誠哉！夫使郭氏子日游於城市，則力能濟而不欲濟矣。嗚呼！力能濟而不欲濟，猶非其分也。使日游於都邑，則分當濟力能濟而。亦不思有以濟之矣。誠哉，求三代之民當於深山長谷中也。

《〔道光〕大定府志》卷一七郭子章《乾河橋碑記》　竊嘗疑之，陳火朝覿而川無舟梁，單襄公卜其將有大咎，溱洧之濟，不杠不梁，僑捐一車，而孟子譏其不知爲政。夫舟梁戔戔瑣務，何與存亡？道路之修，職於司險，何與相國？而單覘之密，孟責之備，奚也？先王之教曰：雨畢除道，水涸成梁。其時儆曰：收而場功，徛而畚梮。火之初見，期於司里。所以爲橋梁道路計，如此其豫。而陳鄭廢其教，不修其制，其何能國？黔烏撒城東北七十里有野馬川，歲仲春，雨未集，平沙迤邐，如履康莊。夏秋暑雨，四山攢簇，衆壑奔騰，百道瀑泉，傾摇並下，平地丈餘，湍激澎湃，如萬馬突馳，不可羈絆，故曰野馬川。土人冒雨而渡，水漲淹没，歲不下六七人。下流無瀉，以天生眼爲尾閭，一雨阻行，輒留數日，無以爲寓。然而冬春水涸，故又曰「乾河橋」。舊橋高僅數尺，長三(尺)〔丈〕，水漲並橋没焉。人皆病涉。萬曆庚子，柱史宋公西巡烏撒，停車問俗。父老暨募緣僧如崇進白狀，迄請改建石梁。宋公愀然曰：野馬歲溺六七人，積十年爲六七十，積百年爲六七者百，可哀也。乃捐百金及賑穀百石倡之。予聞助五十金。壬寅，柱史畢公西巡，助五十金。宋公按滇復發三千金趣之，計後先士民樂助，不下千金。初委千户章甫劉世勳，三年未就。復委守備張世臣、千户張懋功及義民周國珠、羅仲金等與焉，期畢功。始造於庚子六月，成於癸卯二月。橋長十丈有奇，横二丈有奇，高三丈有奇。翼以闌，與長埒。爲洞三。橋東西爲隄路十五丈有奇，横一丈有奇。宋公自滇書來命予紀其事。予嘗歷陳鄭之郊矣。溱水、洧水五梁，陳陀僅僅厲揭可涉。彼其時主相皆漫之寧，及行，父亡足責已，子産衆人之母而慮不及是，葉正則以爲或有故，未可知也。烏撒彝方漏天一月之間霽日幾何，而野馬驟漲，視溱洧梁陀難易倍蓰，令襄公、孟子見之，其感慨又當何如？宋公兩巡黔中，討夜郎，討皮林，賑大饑，藥大疫，百政具舉。兹特其平政一端，而予以單公之覘，當必有大慶流及子孫。趙充國治河隍建橋，七十而封營

平，杜預請建河橋於富平津而封當陽，不若左券野馬川，非宋公之河隍、富平之津梁也耶。

《〔道光〕大定府志》卷一七安國亨《水西大渡河建石橋記》 安邦者，予祖昭勇將軍之裔，内露其首封也。内露，即我祖懷遠將軍之介弟。而水西諸地，實其帶礪壤，奕葉守土，白芍、白葉、白著，世有奇勳茂績，載在簡策，歷龍脉而至於邦，蓋五世焉。邦以妙年失怙，舉民間疾苦，險陀嶇巇，疇爲之耳提而面命耶？實藉母禄氏教以義方，繩繩井井，若魚貫然。一日，迪邦曰：天根見而成梁，古道也。吾析壤之内，有土沙潰流之巨浸，號大渡河者，其來舊矣，往返於茲者，未始不嘆息於徒杠輿梁之寥寥。夫司民命者，視民之溺由己之溺，是知責在爾矣。於是捐貲募建，靡論暑雨祈寒，屢省率作，始於庚寅年八月，終於壬辰年四月，凡兩經年橋乃成。長二十丈，寬二丈，高四丈有奇，約費一千一百五十兩有奇。繼自今，無俟冰寒，可渡者衆；無俟乘輿，利涉者廣；曩所爲咨嗟者，且熙熙皞皞，若登春臺而入華胥也。夫邦弱齡，禄氏亦龍脈之箕箒妾耳，乃毅然吐非常之見，大王道，小私恩，詎非吾諸目中所罕覯者耶？是舉也，上以弼予不逮，可以觀忠；下以濟人病涉，可以觀仁；遠以揚祖烈，而後以照來世，可以觀孝與慈；一舉而衆美具焉。邦與其母氏，真賢孝者也。在禄氏也，得是子而賢益彰，固相與有成，儻非天之惠我元元，賜之以此母若子也，又烏能成此美舉哉？橋成，請志於予。予嘉其能行古道，而福蒼赤，並欽其世篤忠貞，爲諸目倡，乃命勒之，以垂不朽云。萬曆二十年壬辰歲夏四月穀旦，亞中大夫、貴州宣慰使司宣慰使、龍源安國亨道隆甫譔又。

李維楨《大泌山房集》卷一二四《迎澤橋銘記》 晉城左仰而右下，東北城址俯視西南樓櫓，若高屋建瓴，水也。城三面，惟南郭數千家之市。市有少城，所部東南諸名城，大都冠蓋輪蹄，轀轤不絶。南門樓曰迎澤，下有水橋當兩城間，歲久圮毁，溝澮水注，隍中没人，咫尺邈若河漢。樵蘇不入，細民無所舉火。魏中丞李公檄治橋，易木爲石，無憚一勞小費，務垂久遠。某時攝守巡兩道事，與參戎劉君國光、閫帥謝君極、王君世卿、太原守闞君廷訪、丞董君大化、成龍倅陳君鉉、曲陽尹梁君之垣簡兩營之伍士，與邑健兒備邊番休者，庀財分職左右。先積土障流水且以通行人，然後鑿深築堅，以次層累而上。爲三門，其上平如砥，欄楯翼之，修百有三尺，廣二十有五尺，高十有五尺，而贏石畜深三之一。閱四月，而憲使孫君承檠還治，率作訖工，以覆中丞，名之曰迎澤，因其門云：徒杠輿梁，古爲王政。今著於律，即窮鄉下邑，莫不宜然。矧茲都會，近在几席，勢據喉舌者哉。前人因陋就簡，迨極敝壞而後圖之，甚矣，舉事之難也。中丞撫晉功所宜紀太常，考景鐘，垂青簡者何限？茲役雖細，要以革故鼎新，非一手一足之爲烈矣。諸執事以某與之出入，作息有常。來者熙熙，往者攘攘。雨何縈淫，水何蠛坊。劇驂崇期，綰轂厥亢。湯池增深，金城增强。善建不拔，其德乃長。維石具瞻，令問令望。永言保之，敢告司防。

《〔雍正〕山東通志》卷三五之九黄克纘《泗水石橋碑》 士君子每侈言濟人，然有其心而無其力，則懦弱之夫皆藉口焉；有其力而無其責，則吝嗇之夫皆委咎焉。此非常之功，所以必待非常之人，而後濟也。由兖郡而南數里，有泗水從曲阜西南流入於漕河，其地横絶兩京周道，爲七省必經之津，縉紳冠蓋之所趨也，士民商賈財賄貨物之所涉也。當冬春時，流澌清淺，一艇可度。入夏秋，則山水暴漲，狂濤洶湧，刺舟者虞於覆没，涉川者苦於難待，往來病之。有以其事聞於魯王者，曰：「是其地可石而橋也。匪橋不濟，匪石不久，匪王此橋不立。」王曰：「此橋其費幾何？」曰：「以歲入之禄計之，捐二十年，事辦矣。」曰：「不穀荷我太祖高皇及列聖之賜，幸不虞於匱乏。我先世諸王又宏大帛大，布之風以貽其子孫，若春秋祭祀、燕享贈遺、飲食居室，無所糜費，以其餘用之茲役，于國未病而于民有濟，是我先世諸王之志也。予豈敢辭。」于是，命中官潘鳳專董其役，令典仗史焕等佐之。伐木于林，鑿石于山，地得椿而基固，石卧櫪而柱成。鋭其末而豐其中，以殺暴湍，使水不能怒。兩柱之間，虚而爲洞者十有五。洞之上爲石梁，去水三丈有奇。梁之左右爲石欄，其堵七十有二。計橋之長七十餘丈，其廣二丈八尺。琢鏤必精，砌築無罅，望之隱然卧波長虹也。役始萬曆甲辰之春，成于己酉之夏。於是，近者遠者、輿者馬者、擔者負者、步而趨者，臨流而觀，莫不駭其創建之神，而美其明德之遠也。長史趙君世典爲余枌榆社中人，來告成事於余，余因名之曰「泗水橋」，而額其橋之坊曰「魯國石虹」。又請爲之記，辭曰「恐近諛也」。然橋之功大矣，有司者不能成而王代成之，敢忘德乎？嘗讀漢《諸侯王世家》及《西京雜記》，當文景時，長沙定王以其地褊小，舞爲帝壽，張袖舉手，故令左右笑其拙。魯恭王作靈光殿，崔嵬壯麗，規制上應星宿，其養孔雀、鵁鶄、鸀鳿、雁鳧，一年至費穀二千石。梁孝王築百靈之山於兔園中，宫觀臺榭連亘數十里，一何侈也？夫不足於財者則以國小地狹不能迴旋爲恨，有餘于財者則惟用之臺池、鳥獸以爲歡娛，何能捐半菽、出一金以濟人爲事乎！我朝藩

王，食租衣稅，終歲祿入僅及石奮一家之俸，王不用之于彼而用之于此，視棄二十年祿猶鍾釜也，遂能成石虹於通津，濟遐邇於萬禩。其識見之遠，視魯恭、梁孝諸王，何啻霄壤哉！蓋王宅心澹泊，棲意玄遠，居常食不兼味，卧不重裀，蕭然一室，屏去姬侍，與白士無異。至語以布德市義，則赴之若渴，不曰其責不在，而有所愛惜也。昔杜元凱建河梁於孟津，人免覆溺之患，然功在一時而不及異代；李昭德累石橋於洛水，歲省繕治之勞，然事本因舊而非由創始。今茲泗橋，美兼李、杜，績邁晉、唐，君子曰，是一舉而三善備焉。推君惠以濟人，忠也；廣祖德以及物，孝也；匪己是私，惟民是利，仁也；忠孝且仁，豈非大宗之屏翰、星潢之冠冕乎？王高帝九代孫，别號仁宇，嘗出數千金修泮宫及顔曾廟，鄒魯之士，誦義無窮。茲役也，爲費益鉅，爲功益大。魯世不乏史，克其可無昌熾之頌，乃繫之以銘曰：

岱之南，泗水出。流於兖，時廼溢。褰裳欲涉河無梁，汎舟狂瀾壯膽失。誰能鞭石爲此橋，高帝聞孫揮萬鎰。昔稱畏途今如砥，車轍馬跡去何逸。蓬萊闕下會車書，奔走衣冠與琫珌。經過此地盡徘徊，何幸從容得就日。美哉石虹照千秋，當與泰岱同崒嵂。我爲此銘告行客，青史好將銀管述。萬曆壬子三月。

《〔乾隆〕貴州通志》卷四一張鶴鳴《葛鏡橋碑記》　平越之東五里，有水濊滆漿漿，深不可測；兩岸皆岩崿沓障，拔地插天，薄岸視之，澶湉岧窟，若有異物盤焉。渡舟往往覆没。平越人葛鏡誓建橋。初建崩壞，再建費倍初建，建渾沸處，又崩壞。鏡誓曰：「吾罄家資，必成此橋。」乃於岩崿沓障、拔地插天之處，募工鑿其麓崆峴之石，悉展爲平陸。東西岸合開約五六丈，壘址於淵爲蹲。鴟鴈齒屹，然亘石虹於江上矣。余以萬曆四十三年乙卯四月過此江，尚舟渡，鏡祈檄運木者，余爲允行。四十六年戊午三月，余有事匀哈之役，鏡橋已成。四十八年庚申二月，余奉命督陝西三邊移沅交代，鏡已物故。夫鏡一匹夫耳，非有陶朱猗頓之富，建橋一念之死不移。一建而壞，人情已厭之矣。再建再壞，三建卒成。計費不下五六千金，人情所更難者。聞鏡饒田計歲米餬口外，悉用之橋，前後三十年功始成。此其從容樂善，不吝不倦，豈世俗人所能企其萬一者。余嘉鏡之行，憐鏡之死，又喜其橋成而死得敉寧也，因名「葛鏡橋」，勒石橋上。又爲記，紀之碑如左云。

《〔乾隆〕興安府志》卷二五魯得之《安康橋記》　金州爲秦頭楚尾一大都會，驛郵四通。城門凡五，南曰安康，路由平利可達蜀楚。門外舊築土橋，數爲濠水衝浸，郡守溧州鄭福久欲改作，復恐勞民，姑依舊貫。成化甲辰夏，值雨淫，濠水溢于橋尺餘，逮旬未漓，橋遂蕩然。比冬，省歎，既始謀諸二守。史侯幕賓馬君與郡之士民衆共協從，侯乃親督工經理。先于口壘石爲六洞，使濠水澐流，然後覆土洞上，築之以蔽障。其兩旁圍砌以甎，令土不坼裂也。又重建圈門，以橋之基北連圈門，南連闤市。橋之名因乎門，至是門與橋始兩稱矣。

劉侗、于奕正《帝京景物略》卷三《盧溝橋》　盧溝橋跨盧溝水，金明昌初建，我正統九年修之。橋二百步，石欄列柱頭，獅母乳，顧抱負贅，態色相得，數之輒不盡。俗曰魯公輸班神勒也。橋北而村，數百家，己巳歲，虜焚掠略盡。村頭墩堡，循河婉婉，望去如堞。考盧溝水，出太原天池，伏流至馬邑，從雷山陽，發爲渾泉，是曰桑乾水。雁門雲中水皆會，經太行，經宛平東南，至看丹口。支爲二：其東支，通州注白河。其南支，霸州會易水，又南經丁字沽，注運河。是水過懷來，委委兩山間，磬折回射，不得自左右，惟所束之，乃亦挾其匽怒，迤宛平而西四十里。石景山東，地衍土疏，惟觸斯受，水雷奔雲泄，意左趨左，意右趨右。永樂十年七月，河潰岸八百二十丈，修焉。洪熙元年七月，潰狼窩口百丈，修焉。宣德三年六月，潰百丈，修焉。正統元年七月，潰小屯廠，修焉。正德元年二月，潰岸六百丈，修焉。蓋河至無狀，而意所欲食，前可知也。淫爲淤者，其所舍也。其所咀嚙，有堤廓如，然趾窞危立。成化十七年，允霸州知州蔣愷請，從三角淀抵小直沽，修築堤岸。而憲宗朝，盧溝無患也。其積津盛勢，久噎不泄，河不自得止，則務支之。不可支也，誘之。不可誘也，歸之。嘉靖十年，命工部郎中陸時雍修盧溝河，以支流導入于海。三十四年，命修盧溝河，從柳林通鷄鵝房，導入草大河。四十一年，命工部尚書雷禮修盧溝河，先浚大河，令岔河水歸故道，從麗莊園入直沽，下海。凡三易治，而世宗朝，盧溝無患也。俗言盧溝數潰，罔決圮于橋，橋有神焉。萬曆三十五年，陰霖積旬，水濫發，居民奔橋上數千人，見前水頭過橋且丈，數千人喧號，當無活理。未至橋，水光洞冥間，有巨神人，向水頭按令下伏，從橋孔中去。

郭金台《石村詩文集・文集》卷上《新修延化橋碑記》　古王制，冬官戒役，以時察邦國之津梁而隙治之，稽勤惰課殿最，比于遂人理溝洫，草人掌土化，匠人營國。環涂七軌，野涂五軌之制，無緩急一也。民賴其利，遇大雨水不濡溺，隆冬不皴瘃，井里旱澇，可以資蓄泄，四方貨殖，輸挽之具可以通轉運。王政熄而阡陌開，後此都鄙郊野，凡橋梁治葺，視皆細人一家事，非復良有司專工利涉

之本矣。往者天下久定，民殷富，計潭廣袤數百里，中建置大小石梁，無慮百數十。邑乘紀列。率紳士巨家，一姓而辦。比歲不病歉即病賤糶，勤農波波叱叱，求索綯補屋，爲子婦遮蔽風雨且不給，而暇謀橋乎？潭西南去縣百里有延化寺，其前通衢跨水，舊創橋二門石立，下導小舟，春雨漲，里民借一葉以代荷負無虛日。歲久剥落，不亟治，金粟不生且病，國民其如何？寺僧某募衆斂資，命工堅治，始自己酉九月，迄十一月告成功，立石橋畔，索文表道，用志衆檀之德而白本僧之勤，以勸來兹也。予濡筆嘆曰：「治梁古自有專官，有經費，今乃官不暇而付之民，民又不暇計而付之僧，僧又沿門行丐，無素封大姓而成於一切有緣之人。似吾儒施濟利用之實，反不勝其因緣果報之説顯而切、敏而有功也。嗚呼！墨氏能助宣王道如此不小，吾其可以逃而去之哉？」橋去花市五里，去回龍橋二里許。回龍傾圮數十年，而利民尤大，願告市中長者續斯舉而并濟焉，真盛德事也。本橋始事勷事，凡捐修善衆，其姓名例得并書碑陰，以垂不朽。

《〔同治〕醴陵縣志》卷一二王啓明《渌江橋記》　縣南百武許，有水經其下，名曰渌江。上架虹橋，而橋遂以「渌江」名。北達燕黔川楚，南通吴越江閩，所關詎渺小哉！肇創於宋寶祐間，燬於火，湮於水者凡幾。迨萬曆辛丑夏，洪水衝圮，木石漂流，余是時拜宰醴命，目擊輪騎雨驟，坊廂雲集，僅僅一艇競渡，雖濟問津之艱，終非利涉之術也。即具檄院司道府，俱可其議。擇日鳩材興工，親督指授。歷壬寅，越癸卯，計費千七百餘金，始落成焉。其橋計五墩，兩岸高五丈六尺，長六十丈八尺，闊一丈六尺。墩上架巨木五層，木上面竪厚枋板，兩傍覆屋百間，以利貿易。中竪一樓，以真武之神棲焉。題橋北曰「長虹飛渡」，南曰「鯨背通津」。樓額曰「中流砥柱」。閑暇登眺，山勢宛然，水形盤鞏。晝則鳶飛魚躍，篊卧舟横；夜則月白風清，天近地遠，尤有助於觀風者。斯誠醴邑之奇最哉！是役也，余董其大若寅僚丞袁君宏道、尉馮君應徵、邵君孚惠、蓮幕王君繼成、周君汝恩皆分埋。其事胥得載名氏於碑，以俟後之可醴者。使知費資鉅浩，星霜更歷，兢兢然同余永圖，或疏濬以殺其勢，或決注以防其壅。又專役守夜，倘持炬往來者亟提儆焉。庶斯橋也，保守勿替，永永萬年，不將與衡嶽、洞庭同一悠久哉。是爲記。

《〔道光〕直隸南雄州志》卷一二周保《重建太平橋記》　南雄當嶺表首，百粤北門也。距聯吴楚，控帶蠻裔，形勝盤鬱，屹然一都會。壑谷間，瀆漱出泉，衆澌成河，會於淩江，迤演與牂牁下瀨合，值天潢旁江，星動且明，則水暴漲溢爲害。往牒所紀多有之。今年夏四月，天垂象則江星益動，而明月且離於畢矣。物徵兆見畢方，遶自東南，垂翅翔於小梅關側。十八之夜，欻爾零雨滂沱，巒障幾頹墜，而洪崖較甚。壑谷中，泉水沸騰，河溢高丈許。沿河壖爲畝爲廬，若延福、上朔等治地，半被衝陷。延泊郡内外城市廛、廨宇、橋梁，傾圮無限。噫嘻！禍亦慘哉！余承守是邦，拊膺惻惕，於田廬菑傷，民命漂溺，已爲檢勘報上，城堞、廨宇亦次第修葺矣。惟太平橋創自宋之開禧，迄今凡數百禩，間嘗遞廢遞修，未有如今蕩澌殆盡。使軺監轄飛輓沮格，郵馬弗迅，帆舸鷁艦無所維艤，軍需虛稅莫可措辦，公私均病之。乃檄闔當塗，算緡創建，諏吉鳩工，斲木伐石，仍舊址興復。計長二十七丈，廣二十尺。砌以石墩，爲中流砥柱。設關孔者七層，架巨木於上，奠以平板，樹以欄檻，植楹衡桷，爲廬陰覆之。悉如舊制，高猶踰尺焉。是役也，荒度於六月徂暑，鳩僝於隆冬沍寒，因感瓠子歌之，卒章曰「歸舊川兮神哉沛，宣房築兮萬福來」。注曰：水還舊道則羣害消除，神祐滂沛；宣房築則永貞固而福臻也。噫嘻！是橋告成，即瓠子塞而宣房築也。將見河不泛漲，壖原不改變，神其相之而福祐，滂沛歷千萬禩，殿鞏弗摇矣。且也祥光總至，協氣四塞，士立於朝，農歌於野，士字殷阜，奸宄戢伏。來蠻裔之貢篚，應國帑之儲需；通萬國之貨泉，度四方之車馬，皆兆祺於是橋也雄，其獲福無疆哉！

《〔雍正〕江西通志》卷一三三韋明傑《龍河橋堰記》　邑故有竹山洞，水合於塢溪，交流城内，環泮宫以達龍河。龍河故有橋，與兩岸城關相連，爲邑者譚熜世建。橋之下有堰，則其子姓通族所築。因設水碓以爲利，而一邑之風氣與捍蔽實兩藉焉。歲己酉，馮夷作祟，其勢高出城闕門橋堰，一時盡圮。甲寅秋，譚君經濟，慨然繼祖志，重修是橋。越乙卯復圮，再修，皆獨力肩之，橋遂以成，至今綿亘，而堰則僅存故址。後且爲不法者去其所忌，浸以蕩然，譚聚族而訟兩臺。臺檄行府縣，議復其舊。逡巡二十餘年，徒望洋而嘆。余壬申葺理城垣，爲重建左關麗譙，建水門，高廣以殺水勢。厥功固偉，將無尾閭洩之，風氣大散乎。且新士之民，飛駕小艇，闌入城河，設有奸人暴客溷跡其中，何以譏之？因與譚君數徘徊水次曰：「是堰可復也。」譚君唯唯，而咨嗟於衆心之不一，專利之多口。余曰：碓則私而堰則公，以一勞貽永利。以利益一姓者小，而以關通邑之風氣以資一方之捍禦者大。且橋可繼先志，而堰獨不可嗣前功乎？矧有憲檄在，即耑利，庸何傷？於是，譚君復相率醵金積薪，負土畚鍤，旋施堤址垂就。會暑雨横流，仍旋築旋圮，終不以一簣廢九仞。已而事竣，相與登城，憑橋眺望，二

水洋洋，交豬學宮前，迤邐虹橋，縈迴筆架，無復有奔流如箭，一瀉無餘，令人覩川流而興情逝者，不大有裨於人文之聚乎？水陸十門而水居其三，南浦踞其上流，塢溪樹以石柵。龍河得此一堰爲北門鎖鑰，無復有篙師舵伯銜尾而進，爲奸人暴客所睥睨乘間竊發者，不又有益於干掫之助乎？是役也，計費鏹若干緡，爲譚姓通族科派有差。議以朝夕錐刀佐歲時修葺，所謂因利以導之，不損民財、費官帑，而實陰有造於全邑者也。乃其經營拮据，克紹前業，則惟譚君之功。余特爲記其事，勒諸石以告後之君子，庶幾無使有不法奸民去其所忌以與譚氏讐，而重以拂通邑之同然者。

《〔雍正〕江西通志》卷一三五曹鼎望《重建大義橋記》　昔尼父稱，鄭公孫僑爲古之遺愛，而子輿氏斷其濟人溱洧，惠而不知爲政。然則，成杠成梁，固平政之大事，良司牧不容恝然置之者也。信州當閩、越之衝，屬邑鉛山，在郡之南偏，與閩地相錯如繡，山高而峻，水清而駛。其關曰分水溪，曰紫溪。懸泉飛瀑，奔騰湍瀉，遶郡郭而北，以入於江。以故波濤猛惡，每春漲秋霖，野船横渡，陽侯肆虐，行人之飽魚腹者，往往見告。非有橋以通利涉，其厲民也特甚。稽之縣志，縣北百五十步，有大義橋，其舊有名之曰通津者，有名之曰思政者。若夫大義之名，則自貞元初禮部侍郎劉太真守郡時，橋適當傾，將謀更築，而水勢洶湧，立石維艱，有僧大義者，以戒律稱，擲鉢而成墩，工乃克竣，後遂名以大義，崇佛道也。自唐而宋而明，屢修屢壞。國朝順治十四年，知縣王應泰捐貲首倡，暨士民之輸將，商旅之協助，幾三十金，而橋始復其舊。蓋迄今二十四年矣。康熙甲寅年間，又燬於寇。余於戊午夏來守信州，羣盜如毛，七城孤寄，朝夕惟女牆蔀屋廑念，白鶴蒼龍未易賦也。己未仲春，錦州潘君子璧，捧檄爲鉛山令，與余籌策破賊。自夏徂秋，招其黨從，僇其元兇，而六年之寇患，一旦廓清，庶幾得爲政之本乎。顧以政尚養民，而養民之政莫急於通商。鉛山固昔年萬家之邑也，江浙之土物，由此以入閩；海濱之天產，由此以達越。推輓之用，負擔之舉，裹糧之侣，日夜行不休，所以集四方納貨賄者，大抵佐耕桑之半焉。今乃鄉井、丘墟，户口零落以至此極，設非郡守、邑令相其急而調劑之，何以起瘡痍而振乏絶耶！是此橋之重建也，爲通商也，爲養民也，蓋可緩乎哉！獨余棘人欒欒，行將素衣歸里，慚無善政以留此邦，則拯溺之恩、利濟之懷，不能不於潘令有厚期矣。

施閏章《學餘堂文集》卷一三《恩江橋記》　永豐，故割吉水地，距恩江而縣。江出贛、撫山谷間，日濟萬餘人。水漲則湍悍決隄，漂没不可算。攷諸碑志，聯舟以濟者，自邑人王輝始也。易舟而梁，自邑人曾達始也。置石址、架木而屋之，自邑令何仲温始也。由元迄明，中間創建修葺，可得而記者十餘人。然是橋也，齧於江濤，災於兵火，作輟於官吏之代遷，成之多歷年，所毁不踰時。未有能橋以石者，役重而事難也。橋以石則自今鄧君秉恒始。鄧君告余曰：「恒始至縣，木梁故在，前令諸曾所修也。閱二載，以寇燬，恒鳩衆力，千餘金新之。未三年，復以兵燬。竊懲前勞之可惜，成功之易隳也。謂是必以石，而民困已甚，募則病民，官則無贏羨是用。昏旦皇皇，不敢寧處。僧智元自贛至，念恒拮据不遂，乃感激發憤，日蒲伏呼號，徧告邑人。邑人咸奮，出豆區、竹木、麻枲之屬，受無所擇，積累成丘。向之跨石而屋者，盡易以石，此江濤所不能漂，兵火所不能燬者也。」余聞而善之。工未訖，鄧君以遷將去，父老咤惜愕眙，恐弗底績。鄧君爲之愈亟傾橐佐成，乞記之。余謂恩江帶城郭，當孔道，爲民要害。宋置縣以來，賢有司不知凡幾，莫能計永久。鄧君自木而石，憊精耗力，任用得人，麕集響應，舉前人未奏之功，於公私困不可爲之時，又不懈於垂成將去之日，可謂勇且能矣。推是心也，於濟天下何有？故書之以勸來者。永豐故山國，多猾盜，民用播遷，鄧君爲之七年，芟荒抉穢，政績多可稱，兹不具書。君名秉恒，字元固，山東之東昌衛人，己丑進士，今以最入爲行人。

施閏章《學餘堂文集》卷一三《重修宛溪二橋碑記》　環吾郡東而橋者二，曰「鳳凰」，曰「濟川」。始自隋開皇中刺史王公選。唐、宋興繕頻仍，大抵聯舟爲梁，累石架木，屢修輒壞。橋之以石，自明正統間知府袁公旭始。公服官廉儉，利興事舉，不可勝數，維橋利尤永久。當時翰林學士王英、國子祭酒陳敬宗爲之記。郡人祠祀，逮今餘二百年不廢。以其山潦之沖也，石址缺嚙，墜爲重淵，上完下泐，深逾尋丈，非篙工、漁父弗見弗知。戊申秋，視郡事孔公，問役所當興，余亟舉以對。公則與縣大夫李公命工伐石、簡良吏，屬耆老，董役勸助，農隙從事。經始方亟，而孔公坐他累當去，義不中輟。未幾，莊公代至，日率郡僚躬親畚鍤，桔槔雷奮，巨石而下，烝徒皸瘃，分醪割炙，吏猝工勤。築深塞漏，拒水之砥，崇廣加舊，鑄金象物，以厭龍族。自冬涉春，橋用堅實，郡人謀爲紀頌，莊公弗許。明年己酉夏，山涌九蛟，平地水丈余，壞城郭津梁無算，二橋屹然如山岳。郡人憑欄叫呼，曰：嗟乎！向微我公之役，橋于何有？夫創始難，修舊易；修舊於將傾，功與創始等。非袁公無以建百世之利，非孔、莊二公無以永袁公之澤。袁公故有像，今敢不合而祠之，以昭厥德。先是，橋東西皆宜地，碑亭翼然，其旁

舍守以橋夫，禁重車，毋震撼。後百餘年，市民壟斷，侵爲廛肆，駕屋盈橋。萬曆丙子、戊子間，橋棚再火，欄石毁裂，識者病之。至是完繕，始盡撤屋。下敕曰：敢再屋以病橋者，治以法。然後延望敬亭，曠若發復。咏李白兩水雙橋之句，皆相顧色喜也。後之人其毋狃苟安，殉小利以墜前功，則維我寧人之福。於是耆耋數輩，飭宇作祠，且旅進迭，請屬詞以劖諸石，其吏民與有勞費者，僉附載焉。

施閏章《學餘堂文集》卷一三《重建秀江橋記》 句溪之上流，受寧太諸山谷之水，匯爲巨浸。舊稱東溪渡，日濟萬人，水潦汛則相蹙淪墊。明郡守滕縣王公嘉賓誕置石橋，延袤四十丈，廣四軌，事在隆慶壬申歲。民德而祠之，名橋曰「惠濟」。寧太故山邑，産木，冬伐木而編之，春漲順流下，急則漂觸橋，杈枒撞擊，石以摧裂，蓋不二百年，而繼踵修治者，碑三見矣。康熙己酉夏五月，大水蛟數出，寧邑西津橋壞，而東溪橋艩脆動摇，俄中流黑氣蜿蜒，水壁立左右，三垛尖砉然震墜，其他罅阯潰齦，所在衝決。諸生吳之晉、里老錢萬隆等，赴郡大夫莊公言狀，章亟從臾。公率僚吏就視，召石工會計完繕。工周視既久，報直白金爲兩者二千，衆皆謬然。工徐曰：「修它橋惟橋是圖，此則以十三治橋，十七治隄，蓋河身西淤淺，東爲寒潭，水勢東射如勁弩，舊所築石隄百尋，穿罅殆盡。一夕河決，而東河土人相尋於蛟室矣。」然則奈何？曰：「法當增築東岸，多累石磯以捍之，使水勢少殺而西，則東隄固，東隄固則橋可無恙，故橋金不得縮也。」於是郡大夫出橐中百金，僚佐、邑令有差，其不足者，告募於郡人。起癸丑正月，迄丙辰仲春。先塞穿陷，奠橋址；次垛尖，又次隄岸。累大石磯四，穹若丘陵，深鑿水底。丞、尉視伐石，耆士視餼事。河冰膚粟，匠氏猶泅而抱石於淵。凡用金千有□百，橋事備而隄障粗舉，水由中道，畧如匠言。君子謂是役之難有四焉：故事，興大役，官取諸鍰羨，今官無長物，民疲於洊亂，簿者十而輸者二三，則徵募難；山溪漲縮不移時，載石又能壞舟，僦之民弗應，藉之官多怨，則舁載難；隄之費浮於橋，計久遠而若闊迂，則見功難；官胥、里豪，不與筦庫，虎視觖望，譸張煽譌，則任事難。犯此四難以終厥事，可謂勤矣。案碑志，王公橋成費金萬有奇。今修飭補塞，耗裁什一，而拮据四載。於踵事之瘁，而益追經始之艱。余昔視學東魯，遣吏祭王公墓，又恤其後裔，籍學宫。歸拜橋祠，未嘗不歎其利濟之爲德遠也。繼自今良二千石，其世世勿隳厥績哉！主是役者，知府莊公泰弘，遼陽貢士。相之者，同知唐公賡堯，浙江會稽進士；通判常公君恩，浙江定海貢士；知縣李侯文敏，陝西會寧貢士。繼至者，胥侯琬，山東濰縣進士；宣城縣丞黄君奎，山東即墨貢士；典史袁君克志，浙江慈谿人。例得備書。

《〔道光〕榆林府志》卷四四譚吉璁《碧潯橋碑記》 榆林舊志載西門外有橋，曰「清波」，蓋跨榆谿而通西路各堡者也。詢之故老云，橋有二，已亡其一。今之在西門者，尚有一二梁柱存焉，而俱不知其名。及余自波羅堡轉餉歸，時方十月之望。渡榆溪冰澌激湊，亂流以涉。而馬且介倪於其間甚恐。顧視向之所謂橋者，宛在水中，猶取魚者偃水爲關孔然。因而嘆曰，十月者，《孟子》所謂徒杠成之時也。而余乃以游泳爲幸，是不知王者之政，而並不知涉者之病矣。次年春，力請於憲副使高公、大將軍許公，各率私錢，遂作於四月之辛卯，而成於七月之壬申。用匠一百八十六，夫一千七百九十有五。木二千二百八十虡楗，石一百六十一尋，聖一百二十六石，薪柴七百五十車。葺絙六千九百五十七束，麻五斤。鐵七十五斤，甎九百二十枚。米五十四斛，鹽豉十五甔。爲錢一百二十萬八千。得涂三軌三十六丈，堤三百二步，田五十一畝有奇。民不知役，役不知勞，榆之人始咸歸功於余。余曰：夫王者之政，至今蕩然無復存已，而猶得其遺意者，今之刑書耳。刑者，先王之法也。先王之政不可見，得見先王之法焉可矣。先王之法，正月始和懸於象魏而又紀十二月之政以爲令，季冬之月令曰謹關梁。蓋三代之時，凡徑術阪險，與夫門户道橋城郭牆塹，有一日不可缺者，因時修舉，而不限以土功，不待其壞而爲之，且不爲罪而爲功，是始未知律文所云修理橋梁之科者與。先王之政寬，故懸之而爲法；後世之法嚴，故懲之而爲律。若詡詡然自以爲功，不幾與王者之政相剌謬哉。夫絶水之梁與偃水之梁，鳥獸所在，而非人所往還者，先王猶有虞人之政焉。况輿徒所經，而不可一日缺者乎。及其壞墮而修舉焉，其不見正於先王者幸矣。若曰功也，則有高、許二公在。名之曰「碧潯」，紀一時之盛，以告來者。

田雯《古歡堂集》卷三八《葛鏡橋》 平越東五里，兩山側塞，岸高澗深，下通麻哈江，水黝如膠，有風不波。人佃居於石壁間，接手猨飲，霧羃山昏，寡見星日，少禽多鬼怪。昔人鑿石疏道，縣絙以渡，九驛所絶，漢之張騫、甘英皆不至也。今有橋，蓋里人葛鏡縛長虹、架蹲鴟而思卒業焉。既建旋圮，再建復傾。於是齋戒百日，告黎峨之神，徙黿鼉之窟，率妻子刑牲釃酒於江上，作誓詞以明志，曰：「橋之不成，有如此水。」其言悲，其眥張，如包胥之入秦庭，慶卿之離易水也。衣履穿決，形容枯槁，般倕爲之感動流涕。如是者垂三十年而橋成。而葛鏡以名異哉！鏡也當治橋之難也。窳窳呰呰者衆矣。而矢死靡移，蕩其家室之

所藏，一國非之不顧，雖事無足道，然亦可謂豪傑之士。其生平志意，豈不偉哉！嗚呼！濟民利涉，國僑無聞，反不若草埜一善之行傳世而久遠，是又葛鏡之羞也。

論曰：羊祜登峴山而悲傷。杜預銘功於石，投之漢水，大抵所役役者没世之名耳。彼鏡，匹夫也，即不爲此橋而自顧，其人能長留於天地乎？家室之所藏，能果聚而不散乎？則謂鏡之才智，善於獵名亦可矣。

潘耒《遂初堂集》卷一五《游廬山記》【略】廬山多大谷，棲賢尤寬邃，竟谷可十里，三峽橋當其中。絶壑爲梁，溪水湍悍，就崖石爲址，下圓而上平，工巧類神造。橋下有潭曰金井，窺之黝黑，深不可窮。峽石皆赭色，奮迅角立，水行其間，奔騰跳蹙，相搏相摩，盡水石之變。右互一溪，如千營萬疊。水初出山，如一旅孤軍，摧鋒陷堅，奪隘而出。水本至柔至平之物，遭遇坎坷，恃源而往，百折不回，而至勁至奇出焉。志士仁人亦若是矣。【略】

張廷玉《澄懷園文存》卷一〇《良弼橋記》 秋七月，里門書來，知東門石橋於六月訖功，行旅往來稱便，予心喜之。吾邑沿山溪爲城，城之東門爲七省孔道，而大溪當其衝，舊有石橋，傾毁近百年矣。自康熙戊申，邑令胡公建木橋以利涉，每山水大至，橋輒壞。及樵蘇之出入，城市及驛使、宦遊、商賈之有事於江、楚、閩、粤者，往往阻絶不得渡。予爲諸生時見而心傷之，蓄願作石橋以利行人，顧工費浩繁，力有未逮，徒時時往來胸臆間。雍正十一年，蒙世宗憲皇帝念先太傅文端公舊學積勳，命祀於京師之賢良祠，又賜祭於本籍。命廷玉歸里躬襄祀典，復賜萬金爲祠祀費，恩隆禮重，無與爲比。祠事既畢，尚餘賜金之半，因念所以廣君恩、惠行旅而慰夙願者，莫若東門之橋矣。乃囑弟姪外甥輩經理其事，並擇方外之人精修苦行，及僕之服勤嚮義者贊襄之。今閲來書云，從前之橋所以易毁者，由溪身悉淤沙積礫，橛下不得深，每雨猛蛟起，輒隨波以逝。今則掘沙見土，深入地中丈許，悉以橛銜巨石奠其底，上建石磯六，磯壘石爲層，鑄鐵軸以鍵，上下石交處又爲鐵鋌以合之，並融樹汁米瀋，雜黄壤白堊以實其罅。橋身長十五丈，廣一丈五尺左右，周以石闌。東西建二亭，以憇民之避風雨、施茗漿者。溪之兩涯，壘巨石爲岸，高一丈，西長十有六丈，東長八丈，用禦水衝，兼以衛橋。經始於雍正乙卯年正月，落成於乾隆丁巳年六月，爲期三年，爲費六千三百。里人樂之，名橋曰「良弼」。蓋取世宗皇帝賜書：「調梅良弼」之額，以爲予功。予念非聖主恩賜之便蕃，則費無所資；非先太傅之崇祀，則予無由經始；非親族子弟暨在工之人同心其力，則橋未易成，即成亦未必其堅緻若此。今既訖功而獨歸美於予，予實赧焉。因記一時之好善樂施、鳩工庀材之人，以見茲橋之成，非予一人力也。其相度形勢，籌畫機宜，總司工費者，則吾弟廷珖，吾姪若潭、若霨、若泌、若霍，姪孫曾敢，外甥姚孔錮也。指示匠作，勸課工程，三年如一日者，則僧昆山、秀峰也。不避寒暑，奔走督察，俾各工踴躍趨事，尅期告竣者，則吴興老僕詹大、吾家世僕方大之力居多。既成，而吾姪若震又立四石柱於上流以殺水勢，吾姊姚太恭人及吾姪婦姚恭人其捐千金，沿溪築堤以衛民居，是又好行其德而爲茲橋計久遠之美意也。爰詳爲之書。

梅文鼎《績學堂文抄》卷四《募複許村橋引》 古者辰角見而雨，畢則除道；天根見而水，涸則成梁。而述王政者，有徒杠輿梁之目。夫梁爲輿所經，國都縣邑之孔道，成之農隙宜也。若杠者，可一人徒行耳，乃更前一月，與除道并舉，又適當場圃方築時。何亟亟若是？豈非以萬寶告成，農急收斂，溝洫衡從，負戴絡繹，而金風戒寒，民尤病涉與？許村之北，周沖之西，水自新田來，屈注深匯，山雨乍集，咫尺天漢。舊設板橋，歲久傾圮，因循未復，行者患之。僧無瑕者發心募建，且欲及今茲之秋成而速成之。余喜其事之利我農人也，爲疏以先之。夫用一方之力，創一橋以便一方，所損塵沙，爲益永久，固君子所樂爲也，況修復其舊乎？用敬告茲方之宅於斯、田於斯者，或銀，或米，或工，尚各隨分慨助以濟焉。

劉大櫆《海峰先生文集》卷一〇《重修孫公橋記》 豐樂溪水自黄山東出，行百二十里而抵岩鎮之北。岩鎮，夥歙之間一都會也，往來者甚衆，比木爲杠，或編筏以濟，多毁敗而有濡首之虞。弘治丙辰，里人孫仕銓累石爲九門，而架巨木於其上，橋成而行者德之，號爲「孫公橋」。至康熙丙子，及癸巳、戊戌三歲之間，連遭水火焚蕩，橋傾不可復振。原其本始，無橋而安，既有橋而傾，則人之觖望滋甚。程君其賢，里之好義人也，嘗謂力足以利人，當爲之不遺余力。而是時程君及其長子皆已没，衆乃登君之堂，以告其仲子中翰佶、季子别駕傣，及其孫尚書郎子瑜，僉曰：「是先君之志也，顧此重任，某等安能負荷哉？」謙讓至再，固以請而後允。於是相方度勢，謂木易腐壞，全庚以石，庶克永久。乃屏百務，一心力，率先匠石，不避寒暑。岸側石骨坡陀，下趨中流，淵洞入水丈餘，窮其根柢，爰加層累。既極坎深，又使砥平。乃伐石遠山，人擔馬馱，觥𦩍嶔沖，小大畢取，綿岡被坂，星離棋置。鑿琢礱礪，闐闐殷殷，別精粗，稽厚薄，子母鉤貫，陰陽

互錯。爰擇美石甃面，使瑩如玉斯潤，如鑒斯明。爾乃九門闓達，積塊修延，如雄虹青霓，下飲乎潭瀨。橋之兩旁，遮以石欄，橋之南端，樹以廣亭，使行者休焉，時其風雨，以庇而留焉。亭之上，重以飛樓，窗寮開豁，八風來颸，溪之流魚，鳥之沈浮，蒼烟遠樹，四山環周，而黄山三十六峰顯藏出没，與游者之目謀。亭之東，舊有勸讓亭，因其址拓之，使大用，祠土地神。亭之西，創水榭三楹，爲亭右弼，俯莅溪光，泛揺几席。凡用石二萬七千餘件，用人四萬五千餘日，始於雍正元年癸卯，閲九年辛亥而成。既成，衆爲請名，君曰：「此孫公之橋也，吾爲修之而已，仍其舊可乎？」其後三十餘年，中翰之孫尚書秋官郎益增甃理，乃命余爲之記。

牛運震《空山堂文集》卷九《重修河州大廈橋碑》　九州之川，《禹貢》、《水經》所載，夏后氏之所施功疏鑿者，河爲大。河水潛崑崙，注蒲昌，經行大荒之中殆二三千里，及其入中國見神怪，澒洞騰湧，拍天駕地而來者，積石始顯。由積石而南，大夏河出焉，經塞外，絡三關，其流渾渾湯湯，與河爭雄，折行二三百里而東，入洩湖峽以會於河。當其未與河會也，其迅流迴瀾，適當河州州城之衝，既逕其南，復繞其東。夏則驚浪駭波，鼝沙礐石；冬則水淺岸高，列冰峨峨若劍牙然，深不可以鼓楫，淺不可以褰裳。而河之爲州，南鄰洮陽，東連蘭會，實爲扼番通夷之要區。國家承平日久，仁威旁暢，邊夷鄉風，百貨輻湊，凡驛使商賈，輶軒輪蹄之往來，靡不取道而問津於此。非有長橋巨杠，曷由梯洪浪，路窮荒以馳而達諸中外臣隸冠帶魋結之壤者哉？是水也，舊有二橋，一當城之南，一在城之東，均名「大夏橋」。東則又名「摺橋」云。按州志，大夏二橋創建於故明弘治辛酉指揮康宏，再修於嘉靖壬辰守備杜茂。國朝康熙四十四年，知州王全臣拓而新之，益堅以完。惟一邑之興作，所以利濟民人者，固吏有司力哉。乾隆九年，秋雨淋潦，客水漲作，洶湧澎湃，沙崩石走，挾兩橋而飛行，梁斷橋僨。國之旅人行子畏洋病涉，莫不臨河慄慄，駭心震魄，束手蹣足而不敢動。當是時，吾鄉張君來牧是邦，察人患苦，而橋不可輟狀。議倡修之，乃以其事謀諸僚貳，請於大府，僉允惟同。遂輦石斧材，甃柱疊梁，鳩工於十月之朔，告竣於十月之杪。凡一切修袤周廣崇邃之仞步，及其索繩、棲鐵、砌欄、樹坊之局勢結構，悉如其舊。於是驛使商賈，輶軒輪蹄之往來，至者如市，履者如闤。邦人咸喜，耆童歌詠。於戲！治國以大體，不以小惠。苟利於民，夫亦何廢不興？矧茲關梁之設，著於《夏令》，載在《周官》，此尤便民通商之彰彰大者。如張君斯役，出其一旦之力，以紹數百年守土君子舊成之勞，而通一州諸番兵民商旅數千萬人經行之道，俾于于焉願出其塗，於以悦近來遠，懷夏柔夷，上佐憲司宣天子威德，下率僚屬以康濟兆人，可不謂知大體而務利民者哉？然是橋也，因河而有，而茲河之水悍急如駛，觸之善崩齧，況木石之質，逾久未有不頓者。自茲橋之建，逮今已三修，更之非一手，察其屢壞於水，可危慮。夫物之成毁在天，而舉墮由人，豈獨一橋然？芒芒禹績，著在河源，今之安流地中者，寧皆故道？昔人謂踵修增理之功，不在創始者下，不虚耳。然則嗣是之蒞茲土者，將登斯橋，臨是水，愾然觀長河之迅險，而深思茲橋成功之不易，又有以見。夫茲橋之爲番漢孔道，朝廷布德宣威之所由出，其勢不可中撤，而前後守土諸君子所以經營補葺，汲汲如恐不及者，不謂無所徵。然則整飭前績，垂貽永久，雖謂大夏二橋與積石石門並峙，更千百年勿壞可也。昔劉定公勉晉趙孟，以遠績禹功，而大庇民。予於此邦之司橋踵事者，蓋不勝其高望遠矚，其亦州牧張公倡議興工之志也夫。

汪師韓《上湖分類文編》下《改建涿州石橋記》　涿距京師百四十里，六服同軌，接軫門闢，津梁之設，所以屏衛西南，一大都會也。城外拒馬河徑州治北而東流以入津海，地勢按衍，水或泛溢四散。明季始爲石橋，規度違宜，水不順性，日蕩突南徙。每遇秋霖越旬，奔湍彌漫，雜以圮石潰沙，爲行旅病。某自歷職封圻，悉其興廢之故。乾隆庚辰入告，蒙皇上指示機宜，發帑改建。於是定制練日，庀材鳩工。築高平之堤，避旋濘也。開寬涵之洞，疏漫衍也。當夫跨流引原，砥平礱密，工未及竣，而河水大至，汨址漱穴，不騫不騰，似有神焉，陰來相之。由是候騎晨馳，輶車夕發，若履康莊。又有遥山近麓，襟帶其間，因以奉宸游，廬賓衆，形勢雄勝，以行則樂，以處則安。仰惟聖天子勤恤民隱，凡有利於民，皆不惜罄金錢以建萬世無疆之業，豈獨爲都輦襟喉之地取便梯航云爾哉？橋成，有司請刻石以紀。詞曰：

拒馬河橋建涿鹿，昔北今南利改築。橋贏四尋水門九，橋寬三丈二尺，長三十三丈九尺，下有九空。石道纚連南北陸。橋南北石道二。道百三十七丈强，涵洞四十水門屬。道中構亭炳天章，御碑亭。亭北龍宫五龍廟并書局紫淵書院。分張綽楔道兩頭南北各一。南夾二樓延攬足。南有攬翠、延清二樓。肇始乾隆庚辰春，壬午橋成宴以落。頒金數盈三千鎰，于昭億年綏百福。

高晉等《南巡盛典》卷二四《荆山橋記》　乾隆丙寅，允尹繼善之請，重修荆山橋。越明年丁卯，橋成而未有記。丁丑、壬午，忽忽兩過之，各有詩記梗概，然

亦未悉其肯綮，爲之記也。去年甲申，用崔應階議，濬微湖下遊，乃復疏剔荆山，以資宣洩。茲自韓莊遵陸往徐閱河，長橋所必經，兼欲洞燭源委，因憑輿歷覽。過北山口不一里許，則逮橋之北梁。兩傍麥田齊橋頂，漸南田漸低，見跨橋有隄，高亦與橋欄齊，以爲南岸矣。至隄，始知爲所除沙土積以成者，實北隄也。其內方爲正河，果深濬露石。橋中間十九洞未全過水，夏秋盛漲頗足容。河南之隄，之梁，之田，以次低高，與北同，乃愕而吁曰：「有是哉！」橋之所以長，圖容水也。今東其中間爲河而兩垂之餘出者棄之隄外，豈資容納之計乎？然南北之田以次漸高者多與橋面濟平，實亦無藉其橋之長如許也。則有詩曰：「橋建苟非虛，河疏功乃捐。」二者必居一於此矣。因考張玉書爲邑人張膽作《重修橋記》引《周禮》「雨畢治道，水涸成梁」云云，乃知此地故爲沮洳之鄉。橋之築，一所以釃巨浸，一所以避泥潦。疊土爲路，虞不固，故甃以石耳。按舊橋長三百六十丈，已屬過甚，而重修者乃至四百八十丈，是甚而又甚矣。舊橋所費財二萬六千餘金，今所增之石梁，長未至一倍，而所費乃至五萬八千餘金，是倍而又倍矣。是以詢之尹繼善，則稱承修者爲張宏運，後以張家馬路工侵帑治罪。然督察之未詳，自不能辭其責。近有《詠桃源耕者》句云：「斌豈欺余者。」蓋受人欺蔽非斌爲然，尹繼善即其次矣。然屢受人欺，朕亦豈能以觀過知仁自解哉？傳云：「與其有聚斂之臣，寧有盜臣。」此朕本意也。茲盜臣以他事抵罪，則天網原未漏而既往不咎。今亦仍置之弗問，但記其詳悉如此，使後之復修是橋者，不便張大其事，冒帑干咎而已耳。雖然天下大矣，萬機煩矣，必待目擊而後知其當否，一人之聰明，所與幾何？可不畏哉！可不勗哉！

王元啓《祇平居士集》卷二二《重修泗水橋碑記》 泗水西南流，至兗城東南五里賈莊鋪，爲南北往來車馬之所必經。舊以舟渡，明萬曆中，魯憲王始創石橋以濟。橋之制，爲孔十有五，甃石爲墩，豐其本而鋭其末，使湍水分流而不怒。墩凡十四，高出水面三丈有奇。上爲飛梁，長七十餘丈，廣二丈八尺。旁有扶欄，欄之柱左右各七十有三，皆琢石爲之。蓋捐二十年王俸所入。經始三十二年春，至三十七年夏始克成事。其費繁役久如是。國朝康熙五十一年，中三孔爲漲水所壞。五十四年，前守金一鳳修之，越歲告成。距魯王始建時百有七年矣。乾隆二十年，南岸二孔復壞，因循二十餘年，梁柱日圮，乃更縛草爲橋，以通行旅。余偶經此土，慨前功之將廢，思繼惠於無窮，乃躅俸爲倡，諸僚吏踴躍相佽。鳩工伐石，自四十三年某月始，幾閱月而工竣。凡費錢幾千幾百幾十貫，距金守初修時又六十三年矣。于是，諸僚吏咸請爲文，以記其事。夫以今所費，視魯王始建時不及百之一二，然必藉衆力乃成，則以前此因循已久也。誠使後之守土，遇有圮壞，即加修築，則所費當更省於今，而前世之成勞可永延於不敝，其爲利不益溥哉？余爲記，非獨以紀今功，亦欲以詔于後也。橋成之後一月，某官某記。

盧文弨《抱經堂文集》卷二五《旌德縣建登瀛橋碑記》 旌德有梟溪水，源出梟山，西南流，合於徽水，經縣城北十里，則車徒四達之地也。溪中巨石錯立，舟泭不能徑度，梁以木，當春夏盛漲時，不勝湍激，輒傾欹壞墮不可治，取道者必回遠而後得濟。迨霜降水涸，居人累石爲渡，劣容一人迹，猶復惴惴恐陷焉。往來者病之久矣。邑黄氏天一，以三兄弟家，去溪旁甚近，本先人子裕府君志，爲創石橋。經始於乾隆三十七年，閱四期而落成，其長三百尺，廣二十尺，高倍之，翼以石欄，寬容堅致。由是東西行以適四方者，皆便之。更以餘力於東岸建亭，以憩行者。其西又有一溪，源出楂嶺，亦建小石橋。其上施功，視梟溪三之一焉，費皆黄氏兄弟任之，不求助于他人。梟溪之橋命曰「登瀛」，爲其東直柳山，西接正山之麓，習形家言有取焉。橋成逾年，而天一之孫朝俊舉於鄉，當其爲是，匪以私子孫也，而食其報獨先，可不謂天道歟？朝俊學於余，請余爲之記。因考其實，書之石，俾出其涂者，咸知化險爲夷之所自，且以告邑中諸英雋，當思其名之甚美，奮然偕黄氏子弟，相與從此發軔，以達王路而翔天衢，無負兩翁之斯舉也。

姚鼐《惜抱軒文後集》卷一〇《萬松橋記》 徽州之縣六，其民皆依山谷爲村舍。山谷之水，湍悍易盛衰，爲行者患，故貴得石橋爲固以濟民。吾至徽州，觀其石梁之制，堅整異於安徽他郡，蓋由爲之者多石工，習而善於其事故也。黟之東南有葉村，村北大溪東流，達休寧漁亭，以合新安江水。村東西各有小溪，北流入於大溪。兩小溪上有石橋四，皆葉君廣芥一先人之所爲也。而大溪曲當村目，有萬松亭。亭側架木，溪上爲橋，曰「萬松橋」。時爲大水決去，村人病之，欲易石久矣，然其功巨不可就。乾隆五十三年夏，徽州蛟水發，葉村之南山崩，阤壞田廬，毀橋岸。其後數年，民修田廬既飭，而山之崩壞未復，地脉虧敗，葉氏以爲憂，群出財修之。衆舉葉君掌其事，壘石培土山之形勢，不逾月而完，餘銀數千兩，衆喜，復請君董爲石橋於村口。當昔蛟水之發，山隕一巨石於地，方三丈餘。葉君視其質堅而理直，取爲橋材。嘉慶七年九月，橋成，長十二丈，廣丈六尺，高如其廣，仍名之曰「萬松之橋」。猶有餘石與銀，葉君使工復爲石橋於其溪

之上流，曰「西閘橋」。而村之左右舊橋修而新焉。當蛟起之年，余適在歙，見被害者之遠且巨，甚可傷痛。今葉公爲橋，乃反因其隕石之力，因禍爲福，轉敗爲功，豈非智乎？余嘉葉村之族，不吝財以營公事，而又得葉君之誠篤而明智，善任其事以督之，故衆工無不舉，是皆足書也。嘉慶六年八月桐城姚鼐記。

彭元瑞《恩餘堂輯稿》卷一《敕建安濟橋碑記》（代作） 乾隆三十年四月，太子太保直隸總督臣觀承言右：

臣伏見我皇上闓澤醲化，子惠兆民，於畿輔水利加意修防，不惜帑金數十百萬，經營指示，疏瀹剔釐，大工具舉。比歲潦浸無虞，綏豐屢告，萬姓實利賴之。臣所屬冀州之衡水縣，自後魏時以水得名。縣之西門，爲滏合漳水支流所經，舟楫雲集。其上經涂，則京西南九達之衢也。明之中年，建橋跨水，凡水券三、旱券三、小券五，以通往來。我朝順治五年，滹沱河南徙入滏，水勢日漲，嗣漳水別入衛河，不與滏合，而滹沱一河全匯於滏，經由橋下。上年夏泛後，河勢西趨，激射旱券橋石間，衝陷傾欹，倘不急加整理，勢難搘拄。將來大石墜塞，滹、滏兩河別無去路，下壅則上溢，必致泛濫旁郡，侵壞田廬。且陸路輿梁斷絶，順德、廣平、大名諸屬鹽、米商販均苦阻滯，民生不使，所關係甚巨。臣請親往相度形勢，經理修築，以稱聖天子嘉惠元元之至意。制曰：可。事下直隸布政使司、按察使司、清河道、通永道。司道下之冀州，州下之衡水縣，知縣臣陶淑受事唯謹，乃疏越河，於滹沱故道至八蠟廟西，袤六百二十丈，河面四丈五尺，身一丈五尺，引橋下之水別注之。橋兩端築壩，南四十丈，北三十丈六尺，以防水下大掃。費茭楗數萬，樁木千以固壩，壩成而橋趾始出。越十有一月，臣觀承率清河道臣周元理親臨河干，謀所以經久者，議撤而新之，去舊底，平橋基，下樁立脚，易以新石，計袤三十丈，廣二丈五尺。改水空七，中空高丈有八尺。左右以次各殺尺有五寸，皆廣三丈一尺。橋南北，各石岸二，北各長六丈五尺，南各長三丈五尺，其高二丈八尺，橋底廣六尺。空間分水，出橋外七尺，固以立樁，培以新土，灌以灰，鈐以鐵板，鎮以石狻猊，翼以扶欄百有十二，柱必堅且固，庶垂永永。再奏再報聞，發帑金四萬七千六百兩有奇，通永道臣玉神保董司厥事，冀州知州臣單功擢加督率焉。臣淑以守土吏，鳩工庀材，奉行興作如上件。始事於乾隆三十年五月，訖功於乾隆三十一年十月。臣觀承以橋成告，敕賜名「安濟橋」。銘曰：

禹貢厎績，厥要衡漳。道元注經，衡水以名。漳既東徙，不匯於滏。有來滹沱，巨浸攸處。維縣西門，有橋卼䠑。陸阻輪蹄，水窒艫檝。懿惟我皇，嘉予兆姓。南北河防，永安大定。大吏朝奏，夕乃報聞。發水衡錢，逾四萬緡。伐石唐山，浮木易水。萬杵萬鍤，其來如子。越歲有半，厥功告成。削牘上告，肇錫嘉名，孰貽以安。

江濬源《介亭詩文集・外集》卷一《見龍橋記》 由臨安治西沿瀘江上游，以遡黄龍之渠，舊有橋，曰「永安橋」，前明成化時之所建也。歷經歲年，漸就傾圮，行旅望洋而嘆，居民緣岸而咨。工浩費繁，瞿瞿乎無能爲役也，屢矣。洎乎乾隆乙酉，郡人謀壘石而新之，而善士張翁勳臣首出白鏹五百爲之倡，其時勇於從義如唐若梁、葉春生者，皆相率以應。顧惟河形寬衍，慮庀材之鉅以艱也。因少徙於舊址之下流，創基搆造，則又以堤虚岸削，耗所蓄租，日月侵尋，其功不究。紹武者，張翁之仲子也。顧瞻崖畔，於心怦怦，乃爲糾約同人，敬恢前緒，而衆亦感而競勸，欣助以貲。於是，鳩工於甲寅之春，以乙卯之三月竣事。論其協力而厎於成，則一年之工作也。論其繩承而有基弗棄，則三十年之經營也。然吾繹是舉，惻然念行人之病涉，而輪囊集衆，殫歲月以懋功，殆於克廣德心、無愧仁人之博愛者耶！而其不忘前人未竟之志，以期要之於有終，所由激發於孝子之思者，愈益有足尚矣。一橋之成，而仁人孝子之行備。匹夫爲善，競於士大夫，是亦足以助教道之流，裨益於人心者甚鉅。書以示勸守土者之所欣也。至於更其名而曰「見龍」者，則以龍潭之水瞻之在前云爾，無庸鑿爲之説矣。

秦瀛《小峴山人文續集》卷上《重建臨川縣石橋碑》 臨川隸撫州，爲首縣。縣治東門外舊有石橋，水門十二，横跨汝江，地當四達之沖，常被水，故工易毁，行者病焉。橋建於宋嘉泰中，規制屢易。自乾隆五十五年橋圮，閲十餘年未有治者。嘉慶八年，郡守邱君滋畬、臨川令來君虹橋始蠲俸緡爲倡，旁縣之隸於撫者悉助之，而屬邑中在籍知縣洪君星焕、教諭李君升主其役。僉議瓮門視舊加二尺，共高二丈八尺有奇。并鑒曩者水修之失，内外皆甃巨石，爬沙下櫃，其制實倍密於舊，而工費繁巨，久之弗究厥施。嘉慶十一年，余弟沆承乏臨川，爰咨爰度，親臨相工，在事諸君踴躍争赴，衆役畢臻，越十四年某月某日工訖。凡糜金若干兩，諸君因余弟乞余爲文記其事。余乃喟然嘆曰：橋梁水利，守土吏職也。顧微藉群力，常不能厎於成。往余官浙江，嘗勤勤於興學課農，以及設舟車、便行旅諸事，浙人慕義，歡然循從。比告歸家，居頻歲，見前人成迹多廢壞，每諗諸令，令不之應，而邦人亦多撓之。今觀於茲橋之成，積數年之力，卒以克蕆鉅工。冠蓋商賈之經於是者，忻忻然無病涉之患。殆余弟督之，而諸君實共

成之，是不可以無述。橋舊名「文昌」，或謂豫章星紀之次，撫郡當斗中，應太微垣，文昌二星，是以北宋以來名賢輩出。稽諸志乘，多引其説，余姑弗論，而第紀重建落成歲月泐諸石，俾後有徵。辭曰：

豫章之域，撫爲名邦。環闉而東，跨江架梁。魚鱗雁齒，洪瀾用障。楗以巨珉，綿如長缸。暴漲横溢，頻潰厥防。歷有歲年，是鳩是程。乃甃乃築，用省厥成。勿厲勿揭，孔堅孔貞。上應天象，文明之祥。

洪亮吉《更生齋文甲集》卷一《重建新塘鄉文成橋碑記》　自城而鄉，橋之石者以千計。大率創始於本朝者十之三，創始於明者十之七。十之七中，其在弘治以前者又居大半焉。蓋其時世漸坦夷，人皆務實，工作之事，董厥成供厥役者，一切無苟且之心，浚之欲其深，培之欲其廣，熔之欲其固，築之欲其堅。縱歷三四百年，偏旁偶有傾塌，而視其内，則鑿之不能入也，斧之不能裂也。即一橋之成，而人事之慎密、物力之充裕，均可見焉。明中葉以後則不然，斂錢非不多，工作非不久，而視其石則薄以裂，視其磚則滲以坼，視其灰與土則淋而不周、掩而不實。故稽其所歷之歲月，嘗不及弘治以前之半云。新塘鄉之有橋，俗呼曰「雪堰」，即方志所爲「文成橋」也。其上爲南北之孔道，其下爲吴越之要津，又爲太湖之隘口，旱潦宣泄之所經。嘉慶五年六月，甚雨，水漲，橋忽崩圮，橋洞之碑出焉，云建於成化二十年。考之方志，則又曰成化十三年，要不出成化中近是。逾年，本鎮募錢得五百餘千，復興築之。拆視其下，基址深固，層復一層，惟椿以松木，則已朽壞。於是某某司其事者益不敢草率卒工，而排基則易以徑尺老杉，長約七尺餘，老杉以上，均用大石博砌，復銅以石粉，自水盤石而上，約深十餘層，計深丈有零。某等皆廢其本業，日夕監視，稍不如意，輒改作之，以視成化年之所造，蓋有加焉。夫橋之成，必書其歲月及司者之姓名於石，此陳例也。若歷久而不壞，則里之人必追頌之曰：「是某某之所督司也，某某之所營造也，費不浮而工歸於實，是以能歷久若此。」若夫成而遽毁，或不及百年，不及數十年而遽毁，則里之人亦必竊竊議之曰：「是某某之所督司也，某某之所營造也，斂錢雖多，中飽者若干，浮費者若干，某某又慢於其事，以致如此，則豈不爲一方之大戒哉？」橋成，乞亮吉書日月於石，因樂爲記之，并垂以爲後來式云。時嘉慶六年九月望日。

趙懷玉《亦有生齋集文》卷一五《重建陳渡橋碑記》　吾郡橋之近郭而最著者，以陳渡爲稱首。橋故以石爲之，後易以木，明嘉靖丁未，浮圖人德山協衆建造，始還舊觀，唐襄文公順之爲文記之。越二百三十四年，至乾隆庚子，鄉人岳德明輩以面石剥泐，損資甃治，程文恭公景伊復記以文。今又二十五年矣，橋之趾漸圮，僉謂非重建不可。於是鄉之善士曰：某實倡修之，某等出資尤厚，某等弗憚勞勩，以襄厥成。余則按户集費，靡不踴躍。經始終嘉慶七年十二月，明年十月工竣。高廣之制，視昔有加，凡木石之材、匠作之直，計錢二百二十萬有奇。吾友李君慶來謁，予文勒石。夫橋梁之瘝，長民者之責也。襄文前記所謂「耽耽而居，飽食以嬉」者，固不足道；即號爲能吏，亦役役於簿書期會，未暇旁及；且經費無出，勢不能不資之於民，民又鮮克好義，故舊迹日就廢墜，所在而是。有心者過而生嘆，卒亦莫由致力。使盡如此鄉之人之所爲，而廢有不興、墜有不舉者乎？然則陳渡雖一橋，可以爲四方式矣！橋之東，有襄文讀書處，名流多喜卜居于此，李君即其地人。抑又思之，是役或輸財，或勤力，皆能媲美前人之善舉，獨唐、程二公，名德貴顯，以予之無似，而濡筆繼其後，則重滋愧恧，豈李君之所取，固别有在耶？因書其顛末，并列在事諸姓名於其陰，俾後有所勸焉。

許宗彦《鑒止水齋集》卷一八《募修白龍橋疏》　粤自闕丘著於《星經》，徒杠詳於《月令》，《雅詁》載溴梁之大，《秦史》記河橋之作。富平創建，義仿造舟；安衆經營，基程積石。春風元灞，依依折柳之情；秋水楓江，裊裊垂虹之影。莫不功歸利涉，事啓亭涂，接王路之蕩平，萃行人之熙攘。豈徒鑄柱標雄，纜牛作鎮，夸檻楯之壯麗，助江山之形勝而已哉？吾郡常樂鄉後林里，有白龍港出焉，是受長興、廣德諸水以入於湖。原泉所匯，溝渠交通，支流斯分，苕、霅互注。南聯運漕之塘，北引五湖之漊，脉絡繚遠，塍壤紆環。每夏秋之間，淫潦暴漲，響若潰山，勢逾奔馬。履石奚施？咫尺遠於萬里；刺舟彌險，一壺抵於千金。康熙五十三年，乃建橋其地，是爲白龍橋。其旁村落蓋以十數，循橋而出，西上則達郡治，東赴則至吴江。前人垂宏濟之心，一方得通津之便，往來孔道，小大由之，擔負者躡級以登，携抱者扶欄而過。晨曦甫照，鴟蹲浮臺笠之痕；夕日方收，雁齒散耰鋤之响。蔭緑陰於兩岸，寫渭同工；控白浪於中流，沉犀并固。乾隆十七年，里人重加修葺，自此以還，歲月滋久。卧椿半蝕於苔窠，累磴頻欹於沙穴。波濤擊撞，既陷其址基；風雨侵淩，復泐其膚郭。嵌空欲墜，疑下邳之名圮；懸迹都斜，似簡文之咏壞。征夫躅躑，色駭臨深；父老咨嗟，心驚入夜。於是同村善士、近刹緇流，聚商補石之方，苦乏煉金之術。夫大木非匹夫能舉，珍裘寧一腋所成？况接通衢，合資衆力；爰憑短疏，奉啓同人。所望解槖購材，輸資佐

役，或捐君謨之金，或脱長公之帶，遠近偕來，多寡唯命。庶幾石隨鞭集，鐵共舟浮。執杵荷臿之工，胥歸責實；木屑竹頭之算，敢有浮糜？冀克日以觀成，俾安行而無阻。勾欄浮柱，復曩日之規模；寶筏慈航，種現前之功德。薛大夫安危之論，可知合於人心；張燕公仙聖之銘，請更俟諸異日。

李兆洛《養一齋文集》卷一一《重修五洞橋碑記》 橋跨滆湖入運河處，水占地寬，闢水門五，土人謂孔爲洞，故名焉。宜興、陽湖兩邑之界分以橋，濱運河爲牽輓路，宜興、荆溪、溧陽漕皆匯，又資以蓄洩，爲水利幹。橋始明成化間，兩邑民募建之。萬曆中壞，則宜興之高城人陳道獨修之。國朝雍正十一年復圮，鐘溪人王懷岳謁邑令捐廉以倡，復旁募以集事。迄今又百餘年，橋漸攲側，道光十六年八月望，竟中斷。因暫設津渡通往來，行旅苦之。兩邑籲其令，令謁諸郡侯勸諭衆捐，鐘溪司孫公翊庭首捐俸以倡，遠近響應。諏吉是年十一月十三日築壩戽水爲施功始。壩之在外者長二十一丈，廣三丈，在内者長十八丈，廣一丈八尺。閲七日壩成，即以二十四日爲造橋施工之始。會是歲祁寒，十二月朔凍，沍經旬，行者舍川而陸，乘車策蹇，晝夜奔輳，咸以爲便。緣橋之堤南北凡三百餘丈，濱湖卑下，涉夏湖水侵之，泛濫失涯涘。乾隆間始募建石堤，高而廣之，工甚鉅，十年乃訖，事詳舊碑。亦歲久多圮壞，以治橋餘力悉整理焉。掄材必良，選匠必能，趨役必勤以均，至十七年五月五日而功成。所靡泉以緡計者五千二百而羸，工以日計者十有三旬而已。夫除道成梁，政所急也。樂事勸功，民之誼也。量日賦丈，不愆于素，撰事之善者也。費鉅而省，程敏而辦，豈踵事者固易爲力哉？司事者謁予曰：「我圖前人功，不敢不覆，不敢不篤，圖之艱，益思永其後，願有記也。」余曰：「善。」爲書司事者姓氏于碑，其勸輸者差其貲之多寡備書焉，爲繼此者軌範。道光十七年月日。

李兆洛《養一齋文集》卷九《江陰重修文明橋改名文富橋碑記》 出縣西門半里許，曰鄭涇河，有橋綰東西之口，曰文明橋。鄭涇河原名季港，久湮，明神廟三十六年，邑人尹嘉賓始倡疏之。兵使蔡獻臣建是橋，國朝順治十六年復修葺。縣濱江爲治，承陽湖、無錫諸湖蕩之委流，自申港夏港久不浚滌，則大半由鄭涇河以達江，而商帆賈舶，越江海趨蘇、常者，遂往往駢集於此。縣北阻江，故南北狹而東西侈。出西門七十里，始接陽湖界，其間鄉鎮十，里落百數，其民人員販委輸，往來入城者，皆由是橋，水會陸沖，繫於民生甚切。橋久不治，將圮，邑人士集資而新之，以道光十三年十月經始，逾年四月落成。環請於余曰：「形家者言：邑向時潮汐之入也，率由夏港，出蔡涇折而東，經九曲河，抵城南水關而入城，出北關以輸於江，形勢蜿蟺回合，故其時科第鼎盛，民居殷富，甲於旁邑。其後夏港漸淤，而潮汐直趨北關，氣勢促迫震撼，以有鼎革兵燹。故康熙二年，邑侯何公築永定壩以護北關，使江潮不得直射；而旁開龍須河，引潮達鄭涇河，環城而南注，然後風氣稍得完固。今夏港舊流勢不能復理，則慎保永定壩，回江潮於鄭涇，可永永不替，庶幾文章之美、民物之阜，漸追曩日之盛乎？願易橋名曰『文富』，以爲他日諗。」余曰：「徒杠輿梁，王政所急，邑有司事也；諸君子不煩董勸，趨之如不及，誼甚美。博稽故事，考覽地勢，以求勿壞，慮甚周。加意桑梓，遍福閭黨，不私一己，惠甚溥。推諸君子之風，薰染一邑，則人人有士君子之行，風俗日懋，紹休聖緒，多文爲富，以成康樂和親之治，蓋無惑也。形家之言，又奚足云？」因欣然書之，使後來者有考。所費緡錢及捐資在事諸姓氏，則列之碑陰。

陳壽祺《左海文集》卷八《福州江南橋記》 福州之南臺跨江，故有浮梁。元大德間，頭陀王法助易以石，曰「萬壽橋」。橋之南又有小橋，亦曰「中洲橋」，即《八閩通志》所謂「江南橋」是也。乾隆十有六年，郡人何氏兄弟修之。嘉慶己巳夏，溪水驟至，潮壅江漲，雙橋中斷，紳士庀工而治。乙亥，橋復圮於水。余時宰閩邑，假海防同知，乃謀更造於衆。屬鄉之修雙橋者梁君濟川董其役。君度地面勢，於是載巨石數百艘，毀者新之，罅者苴之，傾者正之，陁者平之。北岸起中洲鋪，南訖觀音井鋪，釃門九，爲淜八。橋修三十有五丈，廣一丈有四尺，高二丈有四尺。高加於舊址八之一，雖遇水溢，無患焉。易危而安，行者利之。經始於是年冬十月，明年秋九月竣。縻金錢九千緡有奇，皆施諸鄉之好義者。橋成之二年，乃記其事。其捐資姓氏，附列於碑陰。

吴榮光《石雲山人文集》卷三《重修福州府南臺曼壽橋碑記》 前人之美利，踵其後者，貴修明而維護之，使不至於廢且墜，不必家贍户給，以爲利也。今使吾百姓牽車牛，走山海，其往來道路，中有人焉，車防隕而助之輔，舟防漏而備之衲，身受者非不知感也，前人不爲也，後之人亦不能爲也。車不必防隕而各履康莊，舟不必防漏而胥忘險窞，身受者或不知感也，前人既歷爲之也，後之人亦不能別有所爲也。不能別有所爲，則莫善於因，因古以迹，因民以力，爲政之道得矣。《記》曰：「大川之上，必有涂焉。」《月令》曰：「完堤防，謹津梁。」曰「有」者，古之迹也；曰「完」且「謹」者，民之力也。福州城南十里，曰南臺江，江有橋，上

通省會，下達泉南諸郡。南臺百貨所聚，郵遞所必經，凡負者、戴者、擔者、載者、徒者、旅者、徭者、役者、奔走以自食其力者，肩相摩，踵相接焉。橋始於宋元祐間，郡守王祖道造舟爲梁，以濟行者。元大德七年，浮屠氏王法助易而爲石，凡一百七十丈，爲墩二十有八。後續增之，因石墩爲水門，門三十有六。國朝自乾隆丁酉、嘉慶己巳重修後，越十有七年，漩洑之所喧豗，風雨之所剥蝕，日就傾損。歲丙戌，王君耀辰來守是郡，商之署海防同知陸君我嵩，以爲及其未圮也而修之，則工省而事易集。乃檄諭南臺紳士，聽其輪將，不剋期追呼，不假手胥吏，重繦纍湊，衆力駢舉。救之，度之，經之，營之，以是年六月始事，越丁亥十月底於成。余往觀焉，甫至橋北，首事者三人迎揖道旁，恂恂然有儒者氣象，余勞慰之。由北而南，三人按段指説，工盡其誠。橋之上，趨而嘆者若而人，聚而觀者若而人，東西市舶，若大若小，往來如織，相與話舊迹之延長，考新工之鞏固。前人成法，享其利而不自知者，七百餘年矣。今王、陸二君，能用民力以復修古迹，而首事又能各盡其力，以普美利於無窮。利之普者，報必厚，吾知此三人，種德而食，報於鄉里者，正未有艾也。吾又知後之人，繼起而共保其美利者，又未有艾也。他日或有因三人而思王、陸二君之爲政者，三人爲誰？甘肅試用知縣舉人梁崇威，布政司理問銜監生鄭蘭華、陳隆實，捐輸最多，董率最勤者。橋名「曼壽」，則仍元之舊云。

張澍《養素堂文集》卷七《大足縣修東郭虹橋記》　余足迹半天下，凡游歷之邦，見陂塘浚濬、橋梁整飭，即意其有司吏治之修，心竊稱善。前在屏山任時，於境内病涉之處，相度地形，踵司險故事，於下溪建安濟橋，於研井溪建回瀾橋，於結發壩建鎮螭橋。皆戒飭董事者，無蝕無竄，僝工旭卉，俾民免揭厲之虞。今來署斯邑，有監生劉增前請曰：「東關之有橋尚矣！父老言建自明末，厥制甚卑狹。洎本朝乾隆十八年，甃石矼而高之，上駕木，立亭子。迨二十六年，遭鬱攸以毀，遂即補葺。今上嘉慶之十八年，秋水鴻發，淪於波臣，往來裹足，目者心惻。增乃募金重修，橋因以立。計橋高二丈六尺有奇，長十八丈，寬二丈五尺有奇。爲洞五，上建亭三十間，以憩行者，高二丈六尺有奇。亭上樹樓，祀神以祝鞏固。費錢四千餘緡，經始於二十二年，至二十三年春乃蕆事。今又於上河修小石橋，以便鄉邑之人往來。於下河築堤堰，以遏水勢。皆增昕夕董工，幸而告成也。其凉亭店房，每歲賃租六十餘緡，付九廟首事生息，以爲修補費。敢祈文以示久遠。」余曰：「此守土有司之所宜從事也，而生能黽没章度，以蕲於成，殆可謂首公者矣！」遂書此，貽之勒石，以嘉其嚮義之誠篤云。

陶澍《印心石屋文鈔》卷二《貽慶橋碑記》　古者有梁而無橋，毛《詩》：「在彼淇梁，造舟爲梁。」《爾雅》：「梁莫大於溴梁。」《孟子》：「十二月，輿梁成。」皆不以橋名。其以橋名者，率非今之橋。如《史記》「禹山行乘橋」，則直轄車也。《尚書》「發鉅橋之粟」，則儲粟倉也。《士昏禮》「笄加於橋」，則横格架也。《戴記》「奉席如橋衡」，則井上桔槔也。其以梁爲橋，自秦昭王五十年初作河橋始。蓋即今之浮橋，以木爲之，非石也，故其字偏旁從木。即《史記》所言「豫讓伏於橋下」，亦只是木橋。惟《爾雅》「石矼爲徛」，注：石橋也。《集韵》：矼，通作杠，聚石爲步，渡水也。既曰「聚石爲步」，則非今之架石水上，作弓虹半月形者比。《齊地記》載始皇作石橋，欲渡海觀日出處，其語荒誕，亦非實事。然則架石爲橋，其起於秦以後乎？余里小淹之東，曰南牛洞，其水從石峰山湍騰而下，皆石也，凡數里，噴薄相陶，以注於茱萸江。江之岸，又石也，簣以土則嚙，彴以木則頹，行者危之。里人楊君公弼始橋之以石，往來稱便。乾隆癸巳，圮於水，修之者其嗣弁升先生也。嘉慶丙寅，復圮於水，修之者其孫某某等也。余惟斷潢絶港，咫尺天塹，是以成周有司險之官，以通川澤之阻。至於易梁爲橋，支橋以石，堅而可久，後世之利固有良於先王之世者矣。而猶不免屢坍於水，是則缺陷所留，有非一手足之烈也。而楊氏子孫獨毅然肩其勞，再三修之不少怠。其可謂難也已。昔先太史嘗名此橋曰「貽慶」，蓋取《文言》「積善餘慶」之意也。賢哉楊氏，不棄其先，善貽厥後，余故樂爲道之，以爲鄉里好義者勸。

梅曾亮《柏梘山房文集》卷一〇《引虹橋記》　梅氏自宋、元、明葬柏梘山凡九十六所，山口村至柏梘大山之谷口十餘里中，幽宫巨碣往往而在，七十餘村所祖者靡不具。是故山外有坊曰梅氏墓道，他姓莫與焉。而循山口至大山必先西北行，轉而東南，回遠數十里，其中陽崖陰壑，起伏百丈，林木幽昧，蔽景匿光，悲禽巨獸，倏忽睒睗，行者皆掉栗莫敢投足。故於北隴下絶澗爲橋，路徑直，且易行，前明羅太守所鐫，曰「引虹橋」也，土人名之曰「飛橋」。嘗毀於火，曠四十餘年未修。緣山涉溪，經歷坑谷，冬冰夏湯，不可懸度，凡梅氏之謁墓於山者，皆莫之便。於道光元年宗人乃刻意建之，以族侄肇壬字六有者董其役，鳩工庀材，悉復舊觀。橋之下去澗底者五丈，其南北達兩山者四丈，東西霤之相去者二丈，上覆棟宇，旁列軒檻，如亭西修，如橋而平，中設長座以休息行者。是年十二月落成，凡錢以緡計者千，木以章計者千，工以指計者萬。縣隔上通，險阻下伏，襟帶

周固，呈露清淑。成之二年而曾亮謁墓於山，過茲橋而休焉，嘆其工力之壯偉。肇壬曰：此吾梅氏事也，不可不爲之記。蓋茲橋之設，非行旅之孔道，而爲梅氏謁墓者所必經，吾宗人以墳墓之故，不惜曠年之勞，數十家中入之産以竭蹶圖之，其反本追遠之心，足貽賴後人者，功美蓋未可量，故不敢辭而記之。若春秋佳節，拜掃之時，諸父老相與整冠巾，挈壺榼以往來於茲橋中，丹葩霜林，照耀溪壑，可玩也。

《〔光緒〕黎平府志》卷二下張贊台《重修成德橋碑記》　《月令》天根見而水涸，則梁以成。梁所以濟輿徒之窮也。故單子謂川無舟梁，爲廢先王之教焉。由《月令》之訓觀之，水涸成梁，王者利濟之德也。由單子之説觀之，無舟梁爲廢教，警不德以勉於德也。郡之西關外里許曰福禄江，黎人士必經之道，古棧以木，水衝決，咸病之。梅先生孟春者，嘗郊遊憩其間，喟然曰：士君子有懷利濟，不必平津壘石，雖陽營橋而後見普渡之功靡已也，即山谿絶澗有所裨益，以免望洋之嘆，行者莫不交頌其德焉。茲非橋以濟之不可，非甃石爲橋以濟之尤不可。余不敏，願首事爲之。然功費繁，非鉅力未能成，殆以俟之異日者。先生之志，里人深許而企慕之，但口惠而實未至，亦先生之大缺陷事乎。有子友月，萬曆辛卯舉於鄉，辛丑奏捷南宮，晋吏部，稽勳司，恪恭盡職，國爾忘家。然移孝以作忠者，愈因忠而思孝也，曰父志未遂，子道之虧，乃捐俸鳩工，甃石爲橋，橋上架木爲樓，以憩游客，臨江建閣，塑佛像，募僧頂禮之。昔之蔓草荒烟者，今則曇花布地也；昔之危崖絶磴者，今則長虹卧波也；先德之未竟者，不亦曲而成之也哉！署其名曰「成德橋」。迄今兵燹頻仍，陽侯肆虐，榱題剥落，石磴傾斜。郡人士咸合志重新之，凡以重梅公之德也。爲乞記於予，予曰：是不可不記也，修舉廢墜，亦諸公之德乎！前者父之德而子成之，今者子之德而諸公共成之。父德而子成，父之德亦子之德。子之德而諸公共成之，亦即諸公之德也。父有德有子以成德，諸公有德亦應有子以成諸公之德，因果之報，君子絶之感應之理所必然者。是爲記。

《〔光緒〕蘇州府志》卷三三王兆辰《重修崇真宮橋記》　案《蘇州府志》崇真宮，宋政和七年，郡人黄悟微捨宅建，賜名崇真聖壽宮。宣和中改神霄宮，建炎中改崇真廣福宮，有徽廟、宸翰二碑及允中堂額。明洪武初廢，并玄妙觀。正德五年，大德法師馬尚賢請於郡守況公，迺獲重建。成化中，給帖世守焉。山門外舊有石梁柱，題「嘉靖乙丑重建」，知舊志所傳石闌刻獅獨精者，蓋久經駁泐矣。歷年久遠，四水衖及南埦官路皆侵，蓋屋舍湫隘，埋塞不便行。汲乾隆乙卯，葉鳳梧住持崇真宮，能紹述祖德，興廢舉墜，像設莊嚴，棟宇式廓。覩石梁之就圮，矢志募建。歷有年數間，商里中耆老，咸謂橋址侵佔日久，清釐非易，費且不貲，盍緩之，以俟能者。鳳梧志不憭，禱於神筵，占得「重逢寅卯」之句。昨歲戊寅冬，會有同志議所以興建者，兆辰樂爲贊成。爰偕同里宋鑣具牒郡縣。以己卯二月興工，邑侯南臺朱公親詣履勘，委曲勸諭。由是橋址之侵佔者，咸願減直撤除，復四水衖之舊規。弗益鉅，勸募之金且盡。鳳梧復傾其橐中金以克底於成。橋南有眢井二，疏浚及泉，里人利賴焉。古語云「有志者事竟成」，況其爲濟人利物之事，而神靈有不陰相之者乎？橋之新成也，爲閏四月十四日。觀者肩摩踵接。日停午，余方坐山門内，忽聞擊如雷震，急趨視，則橋面石劃然斷。其西偏之一石闌仆，闌柱獨移置兩旁，立如植，人無傷者。路人皆嘖嘖稱異。驚方定，工人相與語曰：鄉者有髯道人，面垢而頎，青布敝袍，徘徊橋上。已而憑西邊石闌，從衆中語曰：「石性烈，不加託木，石且斷。」聞者咸怪之。有頃，徑面南走，橋上人似蜂擁尾道人去，以故石斷時闃無一人。爰亟命工購石補其闕。橋麵條石凡七，咸加託木焉，從神告也。吴中舊俗，以四月十四日爲吕仙誕辰，福濟觀在崇真宮之西，歲著靈異，不可一二。數邇年來，仙蹤闃寂矣。嘗讀蘇文忠公詩，載回先生過湖州，沈氏飲醉，以石榴皮書其家東老庵壁，其事信而有徵，迺知仙家隨處濟度，心願如海。其蹤蹟常在世間，人自汩没於塵壒中，膠膠擾擾，交臂失之者不少矣。鳳梧學道有得，存心利濟，一秉至誠用能，酬十數年未成之願，而默邀神貺，受命如響，俾得思患豫防，以垂鞏固之業。天人相與之際，豈其微哉？余故記建橋始末，而并詳志其軼事，俾人知事。苟合於義，但當勇猛精進，必有陰相之者，慎毋畏難自沮也。是役也，庀材鳩工，始終經理其事者：管佑昌、倪茂昌、王永齡、管浤、劉學遠、張培穀、住持道士葉鳳梧、監院周世學、鳳梧之徒何志義、徒孫朱麟照，皆與事有勞，實能贊襄鳳梧以成斯舉者。

《〔乾隆〕濟源縣志》卷一五何達善《創建仙靈橋記》　險莫大於涉川，昔聖人刳木作舟，楫成橋梁，以濟不通。凡以憫人之窮而拯其弱也，今天下關津通衢，國家命有司以時修理橋梁道路，著爲律令而下，邑河渠有司經理之所不能遍者，往往慕義之士從而興舉之，是又助國家而有功于生民者也。我濟古傳溴梁，《爾雅》曰「梁莫大于溴梁」，其故址湮廢莫考。即今形勢，溴水自邑西南來，會漉水及濟水支渠以東流，益深，渠益闊。每當山水瀑漲，洪濤巨浪，儼若黄流。而邑

東二十五里瑞村界有南北衢，乃晉原抵野戍之，便道推車擔販絡繹不絶。夏秋間，每爲漲水所阻，數日不得達。稽古溴梁，益用慨然。雍正十三年，善士李國安、石象乾、楊奕祚、牛興文、張文、楊沖衢、張允貞等奮然集議創修，石生首捐銀一百兩，李國安等六人共捐銀二百七十兩。又以石工浩大，復持緣募捐七百餘金。遂雇匠役輦巨石，鑄鐵融灰鈎鉗釘貫駕橋二十八孔，闊一丈四尺，鋪石坦平，可徒可車。經始于雍正十三年八月，至乾隆三年四月工竣。又于橋東北創建水神廟，以時祭祀焉。將勒石，囑予爲記。予以爲七人者，誠可謂爲善而得所處者也。中國自浮屠教興，天下男女往往有捨身剪髮、布田宅、金錢以崇梵刹、美法相，設醮會，争遂不吝，以爲能如是，大善也。然鄉里道路貧窮，病乞之人鵠面鳩形，號寒泣飢，得一食一衣而即活生命，或恝然于中，反目不顧，□有之。是果孰善而孰不善歟？今七人者不惜貲財能力以成橋梁，以濟擔夫販竪，牽車行□，涉波履水之苦，是千萬人與千百年坦坦履逆掉臂游行于溴之津者，皆實受諸人利濟之福，而修治橋梁道路，又大有助于王政也。于是乎記，以垂不朽。

《〔乾隆〕濟源縣志》卷一五段景文《重修望春橋記》　濟之東門外，瀧方自西而來，逶北而東。夏秋之交遇狂風疾雨，瀧水受萬谷之流，建瓴而下，怒浪驚濤渠深岸闊，有人莫得渡。先是每歲搭木橋，然水漲輒崩，事勞而無濟。金大定十七年夏，公提始創建石橋。明萬曆十二年，邑侯王公重修，歷今百三十餘年矣。波撼車轟，巨石折裂，過者危之。康熙五十三年，家嚴膺簡命旬宣兩浙便道歸里，目擊心營，命景文兄弟以受其事。景文既承嚴，命鳩傭儲材凡四閲月而工料畢備。經始於康熙五十八年正月二十七日，又以一邑通衢，士夫齊民車馬雜沓不可久曠，晝夜趲催。竣事於本年八月十五日。夫物之創興者，古人之擅美於前也；工之繼起者，今日之增華於後也。兹橋舊名「通濟」。舊志載：石橋春望，爲邑景之一。蓋以登斯橋也，千山重叠，萬壑參差。王屋、天壇峙其西，林木蓊鬱，園花芳菲；茶泉、盧墅列其東，百雉連雲，重樓插漢；金城、粉堞障其南，龍蛇波騰，珍珠泉湧；枋口濟瀆流其北，時當春日麗□，杏花人醉，和風扇物，芳草馬嘶。凡群山之呈秀，衆水之拖藍，悉會萃於一望之中矣。故志美春望文，即實其名曰「望春」。庶幾名以景著，而意廣舊志，家嚴曰「可」。景文兄弟爰載筆以紀諸石。

《〔乾隆〕江南通志》卷二六朱雯有《重建雙橋記》　古聖人制度之興，凡以前民利用故城郭廬舍而外，復有橋梁之制，其來尚矣。王政火觀道茀，歲十一月，徒杠成，十二月，輿梁成，咸以濟民也。其初始於架木，後世或甃以石，或浮以航，惟因乎地之宜。故周文造舟於渭，秦公子鍼造舟於河，迄今載之史傳，不綦重哉。溧陽爲金陵輔邑，其東南多山，若金雞、石屋、盤白諸勝，列如翠屏，鬱然也。獨西北皆陂池塘澤，洪流巨浸，集建平、高淳諸道之水而匯於兹焉。閭史《水記》曰：溧陽之水，東而南，水之去道也；西而北，水之來道也。蓋由固城五堰而下，經昇平三塔，會於溧水之曹姥山，然後直注於雙橋，即今所稱「鳳凰橋」者。嗣是繞城，分三流而入於荆瀨諸溪。則兹橋其鎖鑰云。地爲通衢，往來所聚，肩摩轂擊，不能褰裳而往也。明弘治初，邑令新符公建雙橋跨其上，以便行旅。歲月奄曠，橋制傾圮。邑吏部史公復鳩工而新之，沈青霞先生爲之記。兹閲百年，而履跡上敝，木蠹下嚙，不無爛浥解拆之患。壬戌冬，予署篆兹邑，覩舊制之將頽也，戚然憂之，曰：橋梁之制，王政先之，凡以利民也。昔陳少游爲觀察使，設梁以禦虐水，生民賴之，至今呼爲大夫橋。杜預造橋梁於平津，衆論翕然，以爲不可，預力任之，梁成而君賞其功，民拜其惠，十世誦之不衰。豈非利民之事，爲士君子所不可諉乎？獨予貧吏，不能勉力任事如兩公，而輸民力以供興作，又勞民傷財之是懼。幸有善者同力而肇舉之，以聚沙成塔之心，成鞭石爲橋之果。懸鋻山伐木之雇，募其力，揆攢鑿撞秘之用。庀其工，具舁輦畚築之器。備其用，俾輸楝楹者若干，輸薪櫨者若干，輸甓甃者若干。版築具興，材殖互飭，將不日而告厥成焉。將見二水中分，夾綵虹而並跨；雙橋齊峙，駕明鏡以參差。是固予之志也夫。不然，則時之沍寒，民將胥溺，亦鳩爾衆而備王政之一端歟。

《〔乾隆〕雅州府志》卷一五竹雍朝《大板橋記》　古有徒杠輿梁之設，王政之大端寓焉，蓋使民不病涉之至意也，然猶需歲月之暇日而始成。兹邑北有大板橋，創自吾鄉紳李氏諱必欽之結搆也。年來傾圮殆盡，凡往來者，不無趦趄之嗟。有天王古刹比丘繼昆，發心捐貲鼎建，不乞人一錢，不募人一粟，毅然以身任之。且易木架而爲石洞，上復庇以瓦，蓋較前更爲鞏固。不逾年而告成，雖曰石橋，而板橋之名如故也。由是歲履者如遵周道，馳驅者如適康莊。暑則憩於斯，寒則敝於斯。耕者食於斯，樵者歌於斯。即高人曠士，莫不徜徉於斯。民講信修睦，亦莫不冰釋於斯。古所謂王政之大端，斯非其一徵耶？謹勒石，以志不朽。

《〔乾隆〕辰州府志》卷四三李湧《重修白頭溪萬福橋記》　浦江之西白頭溪，有橋曰「萬福」，上滇黔，下粵蜀，陸行所必經。先明萬曆間，曾甃石爲橋，溪水自

六里發源，諸澗壑之水皆匯而來，其勢甚，横以一橋當之，歷歲踰時，甚能免於衝決乎？天啓五年，春水泛漲，茲橋與波俱逝，□皆牙立，還往之涉者病焉。里人駕木以濟，水幾溪□，木亦徙去。居民僉議欲建石梁，苦於力綿。適村中善士張君仁遠獨肩其任，捐費三百餘金，購石召匠，躬董厥役，築者築，甃者甃，陾陾馮馮之聲，徹數里外。始自六月初□，訖十月告成。橋面廣丈餘，高三丈，長三十丈有奇。橋成，而增亭以蔭行人。自是陸行者踏康衢，履周道，不復有病涉之苦，而喁喁歡相鼓焉。張君命其子子浩請碑於予，以志不朽。余爲記其顛末如此。

《(道光)貴陽府志·餘編》卷九陳預《建來仙閣暨匯川橋碑記》 昔東野詩云：「舊説天下山，半在黔中青。又聞天下泉，半落黔中鳴。」竊嘗疑之，泊予以官來黔，見山環水繞，始信公言不妄。間於公暇詣貴山，與掌院翟悦山先生縱談黔中名勝，因及會城東北麥穰一隅，有石磯在水中央，里人於最上建閣一事，即請予序。予詢及顛末，悦山曰：吾黔稱山水窟，而麥穰之山，鍾英于雲峰石磯，自鳳凰哨蜿蜒曲折至仙臨橋畔，湧突波間，形家所謂「羅星鎖水」也。前明萬曆間，李氏曾構水月小亭，距今亭廢已久，故址猶存。上有橋，橋名九眼。其下兩水：一爲南明河，源出廣順東北山澗，流經郡域，至牛渡河委曲而下；一爲龍硐河，在城南十里，源頭活潑，汩汩有聲，折而東，又折而至於東北，繞龍北、頭堡、烏九數村而下，至麥穰砦前，與南明河交流，乃利濟要津。橋不知建於何時，自萬曆十八年重修，至今數百餘年，往來稱周道焉。嘉慶丁卯春，白晝萬里無雲，至夜懸雨，勢如破竹，河水驟漲奔騰，不可提防。戊辰夏，雨如前，橋傾圮者九分之三。里人鳩工缭石，不數月而蕆事。因思石磯風水攸賴，當小亭頹廢之餘，咸思建復，爰除橋工貲費外，復協力劚金，鼎建一閣。時首事胡廷弼、申錫祚、袁一銘等，建芙蓉石橋三硐，修補石橋六硐，易其名曰匯川。閣上祀奎宿，中祀文昌，左配躍鯉龍門，後建得月小軒，石欄數十步，檐鈴十餘口，書其額曰「來仙」，蓋取仙臨橋有異人足跡意。溯自己巳冬，至庚午歲杪，橋成，閣亦尋成。予聞而歎曰：昔人云「成事有機」，其此之謂乎？水不漲則橋不修，橋不修則亭終廢。古之瓊樓玉宇，湮没於荒煙蔓草中者，曷可勝道。今乃由橋溯亭，由亭建閣，則信乎機之爲也，且機之所成鉅矣。予聞茲地甲黔中，其山糾紛羣疊，其水曲繞縈洄，其砦瓦屋魚鱗，炊烟互接。每於築場納稼，枷板錚錚，有吹豳擊壤之風。又其□夕陽暮靄，牧笛漁歌，泠泠匝耳；修竹垂楊，莎汀鳧渚，環繞於田疇村落間。盛矣，乃茲虹橋翼水，傑閣淩虚，較昔年景物之佳爲尤最。則夫異日之衣冠文物，百倍於今，不仍於機決之哉。予雅嗜登臨，思得一覽，會奉調粤西，遂以中止。然而高山流水之懷，尚勃勃不能自已，因書此以爲序。

莫友芝《郘亭遺文》卷六《豐樂橋記》 遵義府治南五里，跨桃溪尾建橋，曰「豐樂」。崇四丈有八尺，廣半之，袤五其崇，兩翼石欄如其袤，釃水五道，開南北廣路百有若干丈，用功十一萬四千人，荀鐵四萬三千斤，架木千五百段，石灰萬二千石，桐油二萬五千斤，費白金九千六百四十兩。上游不十丈，舊有蹋水橋，即元建之巨濟。卑才半導，仰承斗溜，薄漲噴面，即有綫湍游漾，中橋儵忽起伏，不可輒度，歲常溺人。暑潦之際，行旅愁恐，郡人更崇，懷匪朝夕。長白某某來守郡，越歲，亟與郡縣僚佐倡慫斯舉，施者響臻。屬職事於縣人李教諭蹇臣、義民張朝輔等。咸豐元年辛亥正月十日丁酉伐石，十一月廿二日癸酉竣功。舍舊登降，粱空而行，平達兩山坳，雖有盛漲，永永無患。朝輔精算，營造逾於巧工，在胸之橋，先事已具。采石既近，必手度量，務收兼材，以植橋壽。蚤作晚食，不輟指撝，與橋終始。職事諸君，操縱有方，一心一力。是以費半功倍，成速且堅。厥初相基，慮南兩道趾當駛溜，沙深糜功，斛鍤過尺，地設二尺稜，乃適稱趾。逮合尖頃，某某率僚吏郡士耆老來，落橋成。歌飲既酣，時雪應瑞，觀者隘谷，歡聲若潮，天心隨人，了於告語，自今以始，險阻既除，疵癘不生，年豐民樂，左券斯在。某某幸與其美，用述本末，勒諸岸端，以念來者。

魏源《古微堂外集》卷六《三江口寶帶橋記》 東南之水瀦於震澤，尾閭於三江，而吴江長橋，元和寶帶橋鑰其門户。自宋迄清七、八百年，代浚代淤，要未嘗竟源委，討積病，一舉而大治。道光三載，吴、越大澇，鼉鱉生萬灶，蛟鼉嬉千里，東南田賦什不一二，始悉聒於三江之淤塞。五年，兵部侍郎陶公自安徽移江蘇，承海運之後，始奏疏吴淞江。十二年，陶公總督兩江，巡撫林公復與督府會奏，浚劉河、白茆河，旋又通七浦、徐六涇之口，修崑山之至和塘，浚太湖之茆淀，而告成於三江口之寶帶橋。三載經營，百廢備舉，先後靡金錢若干萬。而劉河則以元和知縣黃冕奉檄總其役，寶帶橋又元和所轄也。惟東南水道，今昔異形勢，今之修浚三江，異昔人者有二：吴淞自昔以建閘御潮爲首要，今宫保陶公以吴淞爲中條正干，非支河汊港比，宜寬不宜節，獨去其閘，直其灣，闊其源，深其尾，塞其旁泄，使溜大勢專足以敵潮，刷沙東下。故道光十一年、十三年，江潦連歲横溢，而吴田不告大災，皆吴淞泄水之力，此其異昔而收效於今者一。劉河、白

茆河自昔以通海口爲要，今撫部林公與督府會籌，以爲三江並行，必淤其一二。今正溜專趨吴淞，則不宜多殺其勢，而劉、茆二海口内外，高下平等，舊苦鹹潮倒灌，介蟲逆上害田穡，尤不宜引寇入户。於是壩其海口，使不通潮，而專蓄清水。十四年，太湖發蛟，江水驟漲丈餘，急決海口大壩，不三日，水驟退，吴田大熟。收效於今者二。故三江之役，不第今昔相反也，即此江之役與彼江亦相反也。而海嘯風潮時作，亦不致倒侵内地。太倉、常熟，昭文沾溉數萬頃，此其異昔而圖度於事前，而不旋踵收功於事後，其經費則皆拮据於財賦勞瘁之餘，視昔人尤不易，非大府痌心民瘼，斷莫之舉也。古君子爲政有成，則必述其始終經劃之本末，以詔後人，故春秋役民力必書。今斯橋扼三江之要，爲諸壑喉，爲漕艘沖，後之守士者道出其間，覽澤國之形勢，念東南農田之利病，慨然於周、海諸君子之遺烈，洞然於此江與彼江之異形，今江與昔江之共勢，因時制宜，舉廢興滯，吴民其庶有瘳乎！遂勒石橋右，既以揭各賢牧伯經營數載之用心，且以勸後。

俞樾《春在堂雜文》卷一《杭州重建慶春橋記》 慶春橋，古菜市橋也。創始之年蓋不可考。然咸淳《臨安志》已載有菜市橋，橋亦古矣。宋諺云：東門菜，西門水，南門柴，北門米。是橋也，宋時蓋在東青門之外，皆菜圃也。故東青門亦名菜市門，而橋亦以是名。元至正十九年，張士誠據兩浙，改築杭城，自艮山門至清泰門以東，廣而大之絡市河於内，於是菜市之橋亦絡於城内。明太祖命曹國公朱文忠取杭州以爲省城，易東青門曰慶春門，橋從門名，是爲慶春橋。然杭人猶呼曰「菜市橋」。從其朔也。自明代以至於國朝相仍不改。歷年滋久，勢將傾圮，及今弗圖，將有霣墜之患。於是城中搢紳先生請於方伯，方伯請於大中丞李公，於厘捐局發錢三千貫。又由本地公捐錢八千餘貫，爲修葺之資。即經始於同治八年某月某日，至是年某月某日而畢工。都凡用錢一萬一千貫有奇。高卑廣狹，仍其舊貫，庀材量功，有加於昔。欄楯完固，柣砌平夷。舟楫通於下，輿馬交於上，洞如坦如，罔不率由，僉曰斯橋亘於慶春門之内，由其名，思其意。方今聖人在御，薄海内外，咸煦育之。當春始和，有德行惠。有司百執事敬迓於東郊，天地温厚之氣，朝廷寬大之德，是承是迎，於是乎入。又況其外則郊壇存焉，牲牷、玉帛，有事靈場，罔不經由乎是。用能承天之庥，以造福於杭民。民氣和樂，年穀順成，疾癘不作，閭閻殷富允若兹，兹橋之成，豈細故歟？乃刊貞石，紀成功，爲休頌，垂無窮。辭曰：

古菜市橋，今曰慶春。歲久不葺，行者孔艱。乃鳩厥工，厥工雲屯。乃庀厥材，厥材輪囷。厥功既成，砥平規圓。我車我樺，我舲我船。熙熙有衆，罔不率循。温温春氣，入自郊闉。福我黎庶，於是乎先。於萬斯年，尚無有遷。

《〔同治〕永順府志》卷一二張修府《利濟橋碑記》 絶水爲梁，以便行旅。載之《爾雅·月令》及諸傳記，是亦王政之一端。然當民物蕃阜之地，政通人和，百廢具舉，宜也。若夫僻在荒服，其民既瘠苦，而邊烽數驚。守土者，寇至而爲備，幸蒙其傷憐，又不能興利蠲弊，與民更始。教養數大政，方有志未逮，獨沾沾以一橋爲濟人具，何以異於溱洧之乘輿乎？雖然，亦視其緩急輕重而已。郡城義和門外石橋，創自前守宋公宴春，成於王公鳴球。已而爲水所嚙，僅存石礎。梁公萼滋擬修未果，翟公誥始捐置渡舟。予以咸豐辛酉春莅郡，力持重建之議，鳩工庀材，中輟者屢，迄今冬乃落成。蓋谿州諸水，發源黔蜀，越數百里而會於沅湘。其道郡郭外東注者爲猛峝河，尤湍悍不測，春夏淫潦，幾不可方舟，是橋非特便行旅也，橋左右小民恒藉以往來力食。橋既毁，或大風雨斷渡，輒饑困不自聊，而每歲覆舟漂没，人且數十計。橋之有無，其關利害生死如此。溯道光乙未始建，至己酉而毁，僅十有五年，及今重建，又閲十年有奇。然當其始，糜金錢巨萬，一稔而工竣。今者費不及三千緡，先後三載，艱苦作焉。興廢之不常，而物力之凋敝又如此，後之人，即一橋之微，可以見巖疆疾苦，而俯仰今昔，益知樂事勸功之難，其必能以時繕完，毋極於頹壞，至重煩民力，可知也。抑思使民忘勞，必有其漸。由是橋推之，蒐軍實，裕倉儲，先賢肸蠁之宫，多士講肄之舍，與夫表彰古蹟，增飾名勝，皆將次第舉行。予解郡有期，深愧治效之疏闊，猶幸是區區者藉手告成，譬若配林之於泰山，惡池之於河，爲之兆以有待於後也，豈徒望是橋踵事之烈哉！爰詳考顛末，並記捐輸姓名、出納清數如左。橋故無名，以「利濟」名。自予始長二十六丈，廣一丈八尺，悉如舊制；高三丈二尺，增於舊者十之二，庶免水患。董斯役者，永順縣知縣錢塘錢步滜、蕭山周玉衡、陽湖吕邦俊、宜興任瑛、府經歷江陵劉德源、候補府經歷江陵張鳴珂、郡人士唐仁匯、黄日昇、蕭水惠、蕭永魁、熊夢祥、曾福壽，例得坿書。

吴之英《壽櫟廬卮言和天》卷六《萬福橋碑》 夾門關約江而峽，舊有橋，六七月江水漲，冒橋蝕岸，厲者溺焉。宣統之元，楊君紹漣以其師母楊氏節孝聞於朝，報旌如例。始成坊，議改營橋，紳耆集百五十人，僉曰：「材質伙則費過繁，勢力久則人易倦，爲之未必成，成未必適於議也。」君曰：「漣誠貧窶，不足與計重役。然是橋之當改營，先君嘗有遺命。今醵諸義財而徹會之，節其可節，費其

可費，庶有當諸君子意乎？策其成以蘄適於議，懋哉懋哉！未敢期也。」甲寅春三月橋成，英爲之題。石岸相去二十丈，石洞七，高二丈，闊半之，閣道二十二間。是役也，土之工、石之工、木之工殆准也，糜萬金有奇，息役而籌資者再，中經國變，兵火震蕩，幾將一簣止焉，蓋歷六年而後蕆事。君之起而頓，轉而仆，自力而振，以躋於其所極者，與善所推施，半有恫於君之堅苦也。莫嘗謂善量無閡至和者，與物大同；儒者每稱博施濟衆，不如欲立欲達；毗舍浮佛亦謂「但平心地，世路自平」。然謂子貢非仁人，不可也；謂持地非菩薩，不可也。

《〔道光〕寧陝廳志》卷四張琛《重脩寧陝廳長安橋碑》 廳北腰竹嶺，高插入天。水挾東西數十溝，直下堆石如屋，直走當之者立碎，其勢然也。嶺南下二十里成河，益下益猛。又七十里，岸西立城爲廳治。又十里，東岸立城以輔。蓋終南之大聚也。河舊有橋通往來，壞者十餘年不復修，修輒壞故也。夫惡人凶暴，有以避之，則無所施其技，水猶是也。河闊八丈八。丈大木不能得支柱作架河心，以接木之短。舊式也柱立河心，如怒鷹欲下，螳支臂以禦，鮮不敗也。今欲橋永久，當先去河心之柱。又高其兩岸，浪潑石滾，其路闊然，兩無所礙，如惡人在無人之野，無所逞也。欲兩岸高，疊石而已，易也。欲去河心之柱，則須十餘丈大木。山內大木者夥之。庚辰童律不能運則用題湊法。題湊者，見《漢書》。蓋東羣木而杙之，椓之，札之。杙者，參互而合之，使甲木曳乙，乙木曳甲，交其力也。椓者，俗謂銀定扣，夾兩木而成一也。札者，以鐵護接筍處也。今兩岸疊石，底寬三丈，收分至頂，寬一丈高十五丈。墩各一座。灌汁夯生灰，所以支梁也。詢之父老云，水澡未嘗過十丈，今墩高十五丈，則水弗能過頦也。於是用厚六寸、高尺二者，長二丈二尺者，五木作一隅，二丈七尺者，四木作一隅。二隅交而爲一。又用三寸原尺二寬三丈者，四木托於二隅之下。於是杙之，椓之，札之。凡用鐵穿四十八具，尺釘三百具，箍七具。用是一梁成。長十一丈，厚尺五，寬尺二，東縛交札逾完木之堅也。如是者三。兩端支於兩礅，每端支實一丈五尺，中空八丈，則河心之柱去矣。水發如惡人，欲搏無所得也。山水多猛，猛則去速，漲弗久。凡此所以避漲也。其不漲者，終歲十二月之常也。水石相映見底，其力平緩，不能觸柱。立木力鉅照舊支以柱，則三梁可久也。漲時卸怯數人之力也。故立石曰「水漲折柱，一樣行走；水退支柱，可以堅久」十六字，大書特書。欲衆知而支卸以時也。凡此舉也，工料之難、運書之備，惟在三梁得古法。不能壞礅，或圮柱，或折支，梁橋又成，是又在後人矣。曰「長安橋」者，廳長安分邑此河，俗名「長安」也。碑陰刻樂施者，督工者姓名，志善人也。

《〔道光〕大定府志》卷一七孟傳《文津橋記》 文津橋在縣治長禧里，舊名安阜，爲明萬曆間衛指揮使徐公創建。橋西石山上建觀音閣，下建龍君祠以鎮之，後圮，重修，則又圮，而年月姓氏杳不可考。厥後，軍伍堯登魁距上流五百步壘石架木以濟，即瑞紅橋也，而功不永。昔在衛治，人民分伍居，橋之南者爲劉濟伍，其北之俯溪而居者百家，抱溪而東西居者數十家，順流下里許、敞溪而處者十餘家。南爲小壩，迎溪而北向者十有餘家，其南又數家。背溪而行則爲黄泥店，去溪四里有百家，爲陳敬伍。再東里許，參差錯落，負山臨田者二百餘家，爲熊、顧二伍。泝溪而上爲卜珊伍，可五十家。踞溪之源而遠近左右居者，爲張、平、袁、珠、康、宋、邵六七伍，約四五百家。當冬寒水涸，溪深及馬腹。自春徂秋，山潦驟漲，則淜湃奔濤，湍急難犯。凡環溪之民，出作入息，燕會往來，莫不渡溪，欲不病涉，不可得也。徐公昔橋之有以哉。今雖兵火頻仍，還定安集，較之疇昔，未十之三。其作息往來，固猶是也。況西至縣城，以輸總秸，講學行禮，由是而入；東達大定，向爲蠻宇，今號康莊，由是而出；擔夫販豎，傴僂提攜，貿遷上下，由是往來；任縣之五年，邑侯方公以古越名甲第來蒞茲土，輕徭減役，休息吾民，雅意修廢舉墮。常禧之父老子弟順其意旨，捐金葦石，因其圮爲洞三，高二丈有贏，面廣尋有五尺，間有闌。八月經始，十一月告成，請叙事易名於余。余以吾鄉昔衛所，今縣邑，蓋武區也，而文治焉，修橋又適當其始，宜從而文之。且古今惟文事爲獨長，則勞於今，利於後，與縣治共不朽矣。若夫山峰秀立，水色澄清，有志之士，能抱瑰琦守貞白於山麓水湄中，令人豔其芳藻，尋其幽香，渡斯梁而訪居處，弔遺踪，則斯橋又儼然文章道德之津也，豈特去比鄰與行路者之病涉哉？因名「文津」，並叙其事如此，而爲之銘曰：爲山不騫，維瀾不狂。永奠斯橋，爲世津梁。人文丕毓，民物用康。于萬斯年，達彼同行。

《〔同治〕永順府志》卷一二朱偓《萬緣橋記》 郡城南關外有橋，曰「萬緣」。創名始於今都督平村許公。名曷爲始於公，橋舊厥名則新也。曷爲新其名？向架以木，今集衆力，甃以石也。以石易木，曷以故？架木於秋冬水涸則宜，春夏巨漲無時，木隨水去，民仍病涉，故易之也。公莅永久，重用民勢，而子來者咸各殫力，於是橋成而「萬緣」之名以著。余以癸酉二月來權郡篆，公暇登高望遠，詳覽山川形勢，見東西兩谿由郡城兩腋分流，至南關會合，志乘所稱「雙谿夜月」是也。西谿源較遠，自龍山汝池曲流城西，逶迤而南，忽背走，郡人士操舠而罕入

轂，或以是與。今取西谿灘石以築東谿之橋，橋成渠開，引水遶東南而會東谿，合流下注，與城垣相抱，衛方流圓，折轉旋移，易爲靈都助勝概，郡之人文將翕然丕變矣。余願多士矢志雲路，亦如攻斯橋者之勿亟而克成，則萬級即作司馬題柱橋觀也可。他若便行旅、通商賈，闤城之需徒杠輿梁者，正不乏。余尚將率僚屬次第及之也。是爲記。

《〔同治〕贛州府志》卷六魯宗頤《新修嘉定橋記》 嘉定橋之設，建於宋景德間，始名平政橋，後更名嘉定，與城北迎恩、城西慧應兩橋並峙。而斯橋獨勢若長虹，歷宋、元、明以迄國朝，垂八百餘年。中間或傾於水，或燬於火，迭次修葺，至嘉慶己卯歲從新搆造，宏敞雄麗，河水瀠洄，映帶左右，駸駸與金柱玉瀾媲隆焉。咸豐丙辰秋，有粵逆數萬，由粵直抵信邑，邑中羽檄奔馳，烽煙滿目。蓋信邑處贛郡上游，南通粵東，東通閩嶠，賊之竄閩、粵者適當其衝，數年來幾成用武之地，居民與賊大小數百戰，城外廬舍爲墟，橋亦瓦礫無存。幸天威震怒，一鼓蕩平，邦人始得安居。而往來行人因橋之頹廢也，濟河者以舟，濡滯難行，邑之人均苦之，客歲請於官，願集貲舉修。邑侯周君之鏞勸捐興造，工未竣而卸篆。適山右李君大觀來宰是邦，復督邑紳王樹人等克蕆厥事，閱八月而落成。橋下向有石墩十，久經兵燹，尚無傾壞，故得悉因舊址。石墩高三丈，横廣一丈二尺，長四十丈有奇，架木爲梁，上覆以屋。跨緑岸，俯清流，如海市蜃樓，煙雲變幻，氣象萬千。河干比屋鱗次，山水環列，舟人晚泊，行歌互答。或值天朗氣清，遊人如雲，登是橋者，心曠神怡，凴欄御風，恍乎有振衣千仞之狀。斯豈徒有利行人，亦一邑之美觀也。是役也，董事者郭樹年施墉丘章雲，襄辦者陳貴蘭、藍秉燮，不惜況瘁廉以自持，故迎恩、慧塘兩橋亦同時營造。玆迎恩並嘉定均已告成，而慧應亦將尅期畢事，未始非諸君子急公之力也。是爲序。

《〔同治〕醴陵縣志》卷一二丁宗懋《渌江橋記》 袁州之萍水來百餘里，與瀏水之别流匯於我渌江上游雙江口，又逶迤三數十里至縣署前，瀠洄漭瀁，深不可測。我醴山城居然水郭矣，吴、閩、甌、越輪蹄絡繹，必問渡於此。春漲發怒，濤生鼉吼江鳴，公私困羈，留人唱箜篌焉。縣志載：有宋時，邑之好義者，椓大木爲杙於潭底，而累碕石於杙上，爲墩七，雁齒擠排，架木成梁，往來者稱便。宋元兵燹上下守禦，以橋爲門户阻强寇，必先斷橋。蓋醴無城，恃橋以保也。嗣是捐金修葺，代有賢令尹，然屢成屢圮，卒無持久術，則斯橋之累邑人久矣。乾隆壬申歲，邑紳義庵彭公慨然以捐修爲己任，橋成不十年，風雨飄颻，復就傾圮。公乃再竭數千金重修。顧此橋之所苦者，每墩相距中空五丈至七丈不等，即木之大者，首尾僅幾？墩石中間軟弱不支，故易敗。公乃採大木縛三爲一，貫以鐵釘。每墩先布縱木十餘株，咸長出墩三四尺，如簷霤狀，乃襯以横木，一縱一横，逐層斗閣，至二十餘層，乃架橋梁焉。故墩之寬者，式漸狹，而梁之柔者亦勁矣。橋既成，覆以板亭搆合面店房數十間，兩壁置雨板、罘罳，下環欄檻，極堅且緻。居人住橋上，巷市中空，衖同與闤闠通往來，行李不覺其爲橋也。事竣，公掀髯色喜曰：以此圖永逸，或庶幾乎？甲申冬，居人不戒，以回禄災，一炬熾兩河，驚焰起煙霏，聞者浩嘆。於時邑耆舊斂金，商所以董斯役者，而難其人也，則仍相與揖公而請。公復起而督任如初，橋面幕以石罅縫，封以石灰，參用前法而變通之，而利涉復占矣。夫義舉之難也，怯於財則費不支，弛於力則勢莫在。若公之兩捐重貲，三肩大役，非好善樂施不及此，且家距城十里許，前後督役，一騎往還，於月露星霜之下，其精神魄力之强而毅者，亦豈尋常所易幾。初，公需次二尹以内艱滯選，後授萬安丞，又以年老辭不就，向使任一官、宰一邑，本其濟人利物之心，恢而廣之，則凡善政賢聲，洋溢於惠澤所溥者，又奚翅千萬人之衆、千萬里而遥耶。余以一官三晉，鹿鹿有年，每鄉人至述公行，未嘗不心儀焉。比循陔歸，得締朱陳之好，歲時過從，藉與劇談往事，竊有感於橋之成毁有由，而公所以架木之法不可廢。至其慷慨捐輸，篤於行義，將來必有採入志乘，以爲後人勸者，均不可以無傳也，於是乎記。

《〔同治〕醴陵縣志》卷一二何天衢《渌江橋記》 天地間艱鉅之事，人所袖手旁觀而慮其無成者，前人或鑿空爲之，以顯其奇。始知事無不可幾，亦視其人之志何如耳。予邑渌江橋創自宋，其河深而廣，水流湍激，迅若張弩，磊石爲（等）〔墩〕，其數七；兼南北兩岸，其數九。（等）〔墩〕之高皆三丈許，其水勢澎湃，自東而走南，懼益激之怒也，故墩之疏密不一。其相去澗者至九丈餘，次亦不下五六丈。上架大木，鱗次層出凡十數重，而彼此始相連屬。其面復襲以大木數重，更以横木覆之。其廣可容駟馬，其釘、環、連貫之屬，約以數千石計。橋成履之，若平地。肇創者，洵善矣。迄今想其掘基於龍湫之中，甃石於濤浪之間，搬運之苦，工匠之衆，閱年經歲，龜手皸足，其始豈無料其難成而阻之者，其繼當亦有逆其中止而議之者。而卒能畢大功、成大觀，垂千秋而弗替，此非有果斷者不能也。明末，世變滄桑，借箸者爲燒絶棧道之謀，而斯橋遂廢。然其墩之屹然如山者，未盡壞也。嗣是恢復爲艱，但路當吴、楚之衝，往來如織，因造舟以渡，亦稍

便矣。然春泛桃花之浪，秋湧瓠子之波，舟有限而利涉無窮，楫可鼓而水勢難殺。數十年之内，以濟人者溺人，而翦爲鯨鯢，濡爲波臣者不可勝計。嗚呼，仁人君子能無慘目而傷心哉！歲雍正甲辰，予兒錦合同志十人倡爲復古之議，量力輸費，約可數千。復得僧梵引者毀體鈔化，故四鄉之慕善者亦多與焉。於是諏日起工，等之頽者修之，岸之圮者砌之，其取材則童數山，其範鐵則盈數船。其攻木、攻金、攻石之衆，日以千計。其斧斤、椎鑿、竹木之聲，近與水汐相混，遠與山谷相應。其規模造作，大約一遵往制。始事乙巳之春，落成丙午之冬。雖半循明之舊址，而費且萬計，況兩載中經營之苦、籌畫之難，始終莫必之憂、道路浮雜之口，諸人隱然受之，而不肯求諒於人。乃益信前代之始基此橋者，其功不易，而其事非偶也。既成，往來者歌蕩平焉，予登而望之，曰：美哉樂乎！吾乃今而知此橋之必不可廢也。其南則玉屏山，聳翠而出重霄也；其東則狀元洲，中流而作砥柱也；西望紅拂之墓，鬱然而慈蘢；而文昌閣之一攬而迴抱者，乃在其北也。俯而矙之，水與石鬬，橫偃側布，虹飛龍矯，或曳而爲練，或匯而爲輪，或絡而爲帶，或散而爲紋。聽其聲，或大者如雷，小者如琴，或促者如磬，緩者如笙，或半夜過之水響轟轟，漏盡鐘鳴，星月皓白，魚蛟潛形，千像萬態，皆於斯橋得之。將見往過來續之交，傳一時之勝事，播千古之奇勳。利涉永占，惠澤斯溥，復坦道而慶康衢，又豈□□在吾醴已哉！抑又聞之名勝之區，靈秀萃焉。前明橋成，而通邑之列顯宦者歷歷可指，則今兹之，所以培植文運而奮興於將來，即於此可卜。予幸際聖明之時，得逢此盛美之舉，又深喜諸人之有志竟成，而向之□諸耳聞者，今且得之目見，誰謂古今人不相及也哉，因援筆而樂爲之記。

《（光緒）文縣志》卷七吴永謙《重修陰平橋碑記》 余按《一統志》暨《華陽國記》，見古有陰平橋者，蓋始於始有陰平之日也。秦梁漢柱，不知幾歷廢興於兹矣。予也久識其名，未親其地，及司臯岷山，披閱邑乘，知斯橋爲吾文屬要津。昔蜀而今秦，昔盛而今頽，千百年來，古境陳蹟。噫嘻，其將斬耶？思得一肩重任鉅，創始圖新者蓋幾難之。忽邑令劉侯有報修之，請尋有告竣之文，臚列詳陳。予因鼓掌曰：美善哉斯橋！其重新再闢之會乎？盛衰有數，興廢有時，天下事數如是也。乃奮臂一倡，而輸財者無吝施，輸役者無怠力。於是採深林之木，廢江干之石，親桶樽櫨，各因其材；礐磝碭硌，各適於用。駕鯨脊，倚鼇背，服靈黿以作砥，亘螭龍以成梁。跨巨岸之洶濤，橫絶壁之峭巘。星文虹影，憑險淩虚，逕過百十餘步。車馬駢馳，行旅交錯。畫棟綵欄，複道蔽空。依稀咸陽聯屢，彷彿西豐飛閣。將與漢安車馬、朱雀赤闌，共復不朽，非特一邑之勝概，實天下之偉觀。是役也，費不過侈，役不終歲，無侯造舟浮河、神鞭驅石，而工以敏成，事以速濟。其可比肩杜預、齊驅李冰矣。若夫俯臨大江，澄泓無際。北接文臺，南倚龍山，帶礪之險，鎖鑰之固，稱雄千古，非云誣也。余，蜀人也；文，古蜀地也。遥望巴江，一帆可通，願假公餘，按轡陰平策第，杖衣鶴氅，偕文人墨士，把酒其上。瞻玉壘之秀氣，看錦江之波瀾。臨風回首，恍動鄉心，至若蒼崖碧岸，霧鎖雲封。水石相激，浪滾濤湧。颷颸乍起，洊湃吼鳴。行人踟躕而怯步，遊魚鼓鬣而震驚。令人登斯橋也，不能無擊楫中流、破浪乘風之思焉。更憶昭烈都蜀武侯，設險爰倚重地，闢兹天塹，曾伯約之職守，果魏將之竊闢。至今三分漢室，頓非劉氏嫡傳。令人登斯橋也，不能無撫今追昔，盛衰存亡之感焉。吁嗟！天下之爲橋者不少也，鄙以吾蜀論，若萬里駟馬，不遇諸葛、相如，則亦蕪沒無傳矣。斯橋也，因侯而成，亦因侯而益彰。故特記之，以志弁垂。

雜録

《春秋左傳·襄公九年》 晉人不得志於鄭，諸侯復伐之。十二月癸亥，癸亥，五日。門其三門。濟於陰阪，侵鄭。次於陰口而還。子孔曰：「晉師可擊也，師老而勞，且有歸志，必大克之。」子展曰：「不可。」

《國語》卷二《周語中·單襄王論陳必亡》 定王使單襄公聘於宋。遂假道於陳，以聘於楚。火朝覿矣，道茀不可行，候不在疆，司空不視塗，澤不陂，川不梁，野有庾積，場功未畢，道無列樹，墾田若蓺，膳宰不致餼，司里不授館，國無寄寓，縣無施舍，民將築臺於夏氏。及陳，陳靈公與孔寧、儀行父南冠以如夏氏，留賓不見。【略】單子歸，告王曰：「陳侯不有大咎，國必亡。」王曰：「何故？」對曰：「夫辰角見而雨畢，天根見而水涸，本見而草木節解，駟見而隕霜，火見而清風戒寒。故先王之教曰：『雨畢而除道，水涸而成梁，草木節解而備藏，隕霜而冬裘具，清風至而修城郭宮室。』故《夏令》曰：『九月除道，十月成梁。』其時儆曰：『收而場功，偫而畚挶，營室之中，土功其始。火之初見，期於司里。』此先王所以不用財賄，而廣施德於天下者也。今陳國火朝覿矣，而道路若塞，野場若

棄，澤不陂障，川無舟梁，是廢先王之教也。

《史記》卷三《殷本紀》 帝紂資辨捷疾，聞見甚敏；材力過人，手格猛獸；知足以距諫，言足以飾非；矜人臣以能，高天下以聲，以爲皆出己之下。好酒淫樂，嬖於婦人。愛妲己，妲己之言是從。於是使師涓作新淫聲，北里之舞，靡靡之樂。厚賦税以實鹿臺之錢，而盈鉅橋之粟。集解 服虔曰：「鉅橋，倉名。許慎曰鉅鹿水之大橋也，有漕粟也。」索隱 鄒誕生云：「鉅，大，橋，器名也。紂厚賦税，故因器而大其名。」

《史記》卷四《周本紀》 封商紂子禄父殷之餘民。武王爲殷初定未集，乃使其弟管叔鮮、蔡叔度相禄父治殷。已而命召公釋箕子之囚。命畢公釋百姓之囚，表商容之閭。命南宫括散鹿臺之財，發鉅橋之粟，以振貧弱萌隸。

《史記》卷一〇《孝文本紀》 正義《括地志》云：高陵故城在雍州高陵縣西南一里，本名横橋，架渭水上。《三輔舊事》云秦於渭南有興樂宫，渭北有咸陽宫。秦昭王欲通二宫之間，造横橋，長三百八十步，橋北(京)〔壘〕石水中，舊有忖留神象。此神曾與魯班語，班令其出，留曰「我貌醜，卿善圖物容，不出」。班於是拱手與語，曰「出頭見我」。留乃出首。班以脚畫地，忖留覺之，便没水。故置其像於水上，唯有腰以上。魏太祖馬見而驚，命移下之。

《史記》卷六九《蘇秦傳》 人有毁蘇秦者曰：「左右賣國反覆之臣也，將作亂。」蘇秦恐得罪歸，而燕王不復官也。蘇秦見燕王曰：「臣，東周之鄙人也，無有分寸之功，而王親拜之於廟，而禮之於廷。今臣爲王卻齊之兵而(攻)得十城，宜以益親。今來而王不官臣者，人必有以不信，傷臣於王者。臣之不信，王之福也。臣聞忠信者，所以自爲也；進取者，所以爲人也。且臣之説齊王，曾非欺之也。臣棄老母於東周，固去自爲而行進取也。今有孝如曾參，廉如伯夷，信如尾生。得此三人者以事大王，何若？」王曰：「足矣。」蘇秦曰：「孝如曾參，義不離其親一宿於外，王又安能使之步行千里而事弱燕之危王哉？廉如伯夷，義不爲孤竹君之嗣，不肯爲武王臣，不受封侯而餓死首陽山下。有廉如此，王又安能使之步行千里而行進取於齊哉？信如尾生，與女子期於梁下，女子不來，水至不去，抱柱而死。有信如此，王又安能使之步行千里卻齊之彊兵哉？臣所謂以忠信得罪於上者也。」燕王曰：「若不忠信耳，豈有以忠信而得罪者乎？」蘇秦曰：「不然。臣聞客有遠爲吏而其妻私於人者，其夫將來，其私者憂之，妻曰『勿憂，吾已作藥酒待之矣』。居三日，其夫果至，妻使妾舉藥酒進之。妾欲言酒之有藥，則恐其逐主母也；欲勿言乎，則恐其殺主父也。於是乎詳僵而棄酒。主父大怒，笞之五十。故妾一僵而覆酒，上存主父，下存主母，然而不免於笞，惡在乎忠信之無罪也？夫臣之過，不幸而類是乎！」燕王曰：「先生復就故官。」益厚遇之。

《史記》卷八六《刺客列傳》 既去，頃之，襄子當出，豫讓伏於所當過之橋下。襄子至橋，馬驚，襄子曰：「此必是豫讓也。」使人問之，果豫讓也。

《漢書》卷五〇《張釋之傳》 頃之，上行出中渭橋，有一人從橋下走，乘輿馬驚。於是使騎捕之，屬廷尉。釋之治問。曰：「縣人來，聞蹕，匿橋下。久，以爲行過，既出，見車騎，即走耳。」釋之奏當：「此人犯蹕，當罰金。」上怒曰：「此人親驚吾馬，馬賴和柔，令它馬，固不敗傷我乎？而廷尉乃當之罰金！」釋之曰：「法者，天子所與天下公共也。今法如是，更重之，是法不信於民也。且方其時，上使使誅之則已。今已下廷尉，廷尉，天下之平也，壹傾，天下用法皆爲之輕重，民安所錯其手足？唯陛下察之。」上良久曰：「廷尉當是也。」

《漢書》卷八三《薛宣傳》 宣子惠亦至二千石。始惠爲彭城令，宣從臨淮遷至陳留，過其縣，橋梁郵亭不修。宣心知惠不能，留彭城數日，案行舍中，處置什器，觀視園菜，終不問惠以吏事。惠自知治縣不稱宣意，遣門下掾送宣至陳留，令掾進見，自從其所問宣不教戒惠吏職之意。宣笑曰：「吏道以法令爲師，可問而知。及能與不能，自有資材，何可學也？」衆人傳稱，以宣言爲然。

王充《論衡》卷二《吉驗篇》 北夷槖離國王侍婢有娠，王欲殺之。婢對曰：「有氣大如鷄子，從天而下，我故有娠。」産子，捐於猪溷中，猪以口氣噓之，不死；復徙置馬欄中，欲使馬藉殺之，馬復又口氣噓之，不死。王疑以爲天子，令其母收取，奴畜之，名東明，令牧牛馬。東明善射，王恐奪其國也，欲殺之。東明走，南至掩淲水，以弓擊水，魚鼈浮爲橋，東明得渡。魚鼈解散，追兵不得渡。因都王夫餘，故北夷有夫餘國焉。

王嘉《拾遺記》卷二《夏禹》 堯命夏鯀治水，九載無績。鯀自沉於羽淵，化爲玄魚，時揚鬚振鱗，横修波之上，見者謂爲「河精」。羽淵與河海通源也。海民於羽山之中，修立鯀廟，四時以致祭祀，常見玄魚與蛟龍跳躍而出，觀者驚而畏矣。至舜命禹疏川奠岳，濟鉅海則黿鼉而爲梁，踰翠岑則神龍而爲馭，行遍日月之墟，惟不踐羽山之地，皆聖德之感也。鯀之靈化，其事互説，神變猶一，而色狀

不同。玄魚黃能，四音相亂，傳寫流文，「鯀」字或「魚」邊「玄」也。羣疑衆說，並署記焉。

郭璞注《穆天子傳》卷五《古文》 丁酉，天子作臺以爲西居。壬寅，天子東至于雀梁。甲辰，浮于滎水。

酈道元《水經注》卷六《汾水》 汾水西逕虒祁宮北，横水有故梁，截汾水中，凡有三十柱，柱徑五尺，裁與水平，蓋晉平公之故梁也。會貞按：酈意蓋謂平公築虒祁宮時，並造此梁。《一統志》，故梁在絳州城北。物在水，故能持久而不敗也。又西逕魏正平郡南，故東雍州治，太和中，皇都徙洛，罷州立郡矣。又西逕王澤，澮水入焉。

酈道元《水經注》卷八《濟水》 菏水又東，逕秦梁，夾岸積石一里，高二丈，言秦始皇東巡所造，因以名焉。會貞按：《初學記》五引郭緣生《述征記》，秦梁，圮名也。或云，秦始皇東巡，弗行舊道，過此水，率百官以下，人投一石填之，俄而梁成。今覩所累石，無造作之處。

酈道元《水經注》卷九《洹水》 洹水又東，枝津出焉。東北流，逕鄴城南，謂之新河。又東，分爲二水。北水北逕東明觀下，昔慕容儁夢石虎齧其臂，寤而惡之，購求其尸，而莫之知。後宮嬖妾言虎葬東明觀下，于是掘焉，下度三泉，得其棺，剖棺出尸，尸僵不腐。儁罵之曰：死胡安敢夢生天子也！使御史中尉陽約數其罪而鞭之。此蓋虎始葬處也。又北逕建春門，石梁水高大，治石工密。舊橋首夾建兩石柱，螭矩趺勒甚佳。乘輿南幸，以其作制華妙，致之于平城。東側西屈，北對射堂。渌水平潭，戴「渌」改「緑」。碧林側浦，可遊憩矣。

酈道元《水經注》卷一〇《漳水》 衡漳又北，逕巨橋邸閣西。舊有大梁横水，故有「巨橋」之稱。昔武王伐紂，發巨橋之粟，以賑殷之飢民。服虔曰：巨橋，倉名。許慎曰：鉅鹿水之大橋也。今臨側水湄，左右方一二里，中狀若丘墟，蓋遺囤故窖處也。

酈道元《水經注》卷一三《灅水》 水又逕寧先宮東。獻文帝之爲太上皇也，所居故宮矣。宮之東次，下有兩石柱，是石虎鄴城東門石橋柱也。按柱勒，趙建武中造，以其石作工妙，徙之于此。余爲尚書祠部，與宜都王穆羆同拜北郊，親所逕見。柱側悉鏤雲矩，上作蟠螭，甚有形勢，信爲工巧，去《子丹碑》則遠矣。

酈道元《水經注》卷一六《穀水》 穀水又東，又結石梁，跨水制城，西梁也。會貞按：《洛陽伽藍記》，出閶闔門外七里，長分橋。中朝時以穀水峻急，注于城下，多壞民家，立石橋以限之。長則分流入洛，故名曰「長分橋」。或曰，晉河間王在長安，遣張方征長沙王，營軍于此，因名「張方橋」。

酈道元《水經注》卷一六《穀水》 穀水又東，屈南，朱訛作東出屋南，《箋》曰：謝云，宋本作「東屈而逕」。趙仍出字，改屋作屈，云：「南」字不誤。戴作「東屈南」。會貞按：《大典》本作「屈南」。城北穀水正流，自此屈逕城東而南流。逕建春門石橋下。會貞按：《御覽》七十五引戴延之《西征記》，建春門外二橋，一縱，一横。所謂縱者，指此，所謂横者，指下馬市石橋也。《寰宇記》引《晉書》，洛陽十二門，皆有雙闕石橋，橋跨陽渠水。《注》但敘此及閶闔門、東陽門之石橋，而不言門皆有石橋，略也。即上東門也。阮嗣宗《詠懷詩》見本集及《文選》。曰「步出上東門」者也。一曰上升門，守敬按：無考，必流俗之稱。晉曰建陽門。守敬按：《續漢書・百官志》，雒陽城有上東門。《洛陽伽藍記》，東面北頭第一門曰建春門，漢曰上東門，魏、晉曰建春門，高祖因而不改爲。無所謂建陽門也。考孝武帝紀》，太元十六年，慕容永寇河南，太守楊佺期擊破之。是當太元時，必改建春爲建陽。至安帝隆安三年，姚興陷洛陽。又至義熙中，劉裕北平關、洛，旋復失之。是改「建春」爲「建陽」，爲時不久。故《伽藍記》仍稱「建春」。戴延之《西征記》亦然。酈氏好奇，故不曰「建春」而曰「建陽」。宋本《初學記》作「定陽」，亦「建陽」之誤。《寰宇記》云，晉曰昌門，一曰建春門。昌門必亦晉時流俗之稱。《百官志》曰：洛陽十二門，每門候一人，六百石。朱無「每門」二字，趙同，全、戴增。《箋》曰：《後漢志》，洛陽十二門，每門候一人，六百石。《漢官儀》云，十二門皆有亭。守敬按：《寰宇記》引陸機《洛陽記》洛城十二門，與《續漢志》同，此漢、晉舊門也。據《洛陽伽藍記》，高祖于金墉城西，增承明一門。是當魏時，洛陽有十三門。此《注》敘東面三門，南面四門，西面三門，北面二門，皆《續漢志》之舊，不數承明。蓋酈氏意在存古，故于當時之制，往往略之。《東觀漢記》曰：郅惲爲上東門候。光武嘗出，夜還，詔開門，欲入，惲不內。上令從門間識面。惲曰：火明遼遠。遂拒不開，由是上益重之。守敬按：《寰宇記》引《東觀漢記》，郅惲爲上東門候，光武夜還，惲不納。《後漢書・惲傳》略同。亦袁本初挂節處也。守敬按：本初，袁紹字，事見《後漢書・袁紹傳》，「挂」作「懸」。《御覽》六百八十一引張璠《後漢紀》，又三百四十五引《英雄記》，並作「懸」。橋首建兩石柱，橋之右柱銘云：趙氏《朱箋刊誤》曰：橋之「右」當作「石」。守敬按：朱本作「右」，不誤。陽嘉四年乙酉，壬申詔書，以城下漕渠東通河、濟，南引江、淮，方貢委輸，所由而至，使中謁者魏郡清淵馬憲監作石橋梁柱，守敬按：《洛陽伽藍記》，明懸寺在建春門外，穀水遶城，至門外，東入陽渠。石橋有四柱，在道南。銘云：漢陽嘉四年，將作大匠馬憲造。敦敕工匠，盡要妙之巧，撰立重石，累高周距，橋工路博，流通萬里，云云。河南尹邳崇𩑦、趙云：按河南尹，官也。邳，郡望也。崇𩑦，人姓名

也。《漢志》魯國薛縣下云，夏車正奚仲所國，後遷于邳。又東海郡下邳縣，臣瓚云，有上邳，故曰下邳也。《王子侯表》，吕后三年，封楚元王子郢客爲上邳侯，即薛也。《續志》注，臨淮郡，永平十五年更爲下邳國。此單稱邳，銘勒于陽嘉年，其爲下邳無疑也。丞渤海重合雙福、水曹掾中牟任仿、史王蔭、史趙興、將作吏睢陽申翔、道橋守敬按：二字疑有誤。掾成睾朱「睾」作「罣」，全、趙同，戴改「臯」。卑守敬按：姓氏書無姓卑者，恐誤，下降同。國，洛陽令江雙、丞平陽降、監掾王騰之、主石作右北平山仲。三月起作，八月畢成。守敬按：《洛陽伽藍記》，逮孝昌三年，大雨，頽橋柱始埋没。道北二柱，至今猶存。其水依柱，又朱作「文」，全、戴改作「又」，下屬。自樂里道屈而東，出陽渠。會貞按：《洛陽伽藍記》，穀水周迴繞城，至建春門外，東入陽渠。考穀水傍城南流，至建春門樂里道，與下穀水自城東南隅枝分，北注之水會，其屈而東出陽渠，則不復傍城矣。昔陸機爲成都王穎入洛，敗北而返。朱「北」作「此」，全、趙、戴改。全移「昔陸機」至「敗北而返」十四字于《晉後略》上又接移「水南即馬市也」至「並無文刻也」七十七字于後，「折楊爲之應也」下。董沛謂全移詞義聯貫，推爲確見。會貞按：陸機事詳《晉書》本傳。全移陸機條與《晉後略》叙陸機事相比，似是。但陽渠自此以下，即七里澗之水，酈氏蓋故意前後兩載陸機事，以示陽渠七里澗爲一水之意。非錯簡也。至馬市白社，止去建春門二里，而馬市石橋在建春門石橋之東，稱東石橋，故注接叙於此。若後七里澗之橋，則去洛陽宮六七里，全移馬市白社及馬市石橋諸事於「折楊」句下，則在叙七里澗之橋後，是遠近倒置矣，尤非也。水南即馬市也，戴删「也」字。舊洛陽有三市，斯其一也。朱《箋》曰：陸機《洛陽記》，洛陽舊有三市。一曰金市，在宮西大城中。二曰馬市，在城東。三曰羊市，在城南。會貞按：朱《箋》所引《洛陽記》見《御覽》八百二十七、又一百九十一，「羊市」作「陽市」。《初學記》二十四引同。此注但叙金市、馬市，而不及陽市，略也。〔《河南志》引華延儁《洛陽記》，「陽市」作「南市」。〕即嵇叔夜爲司馬昭所害處也。朱脱「即」字。趙據《名勝志》引，增「亦」字。守敬按：《御覽》一百九十一、《寰宇記》引，並作「即」。《御覽》五百三十二引戴延之《西征記》，去建春門二里，有牛馬市，嵇公臨刑處也。北則白社故里也，戴删「也」字。昔孫子荆會董威輦於白社，謂此矣，以同載爲榮，故有《威輦圖》。朱《箋》曰：《晉書》，董京，字威輦，初與隴西計吏俱至洛陽。被髮行吟，常宿白社中。時乞於市，得殘碎繒絮，結以自覆。孫楚時爲著作郎，數就社中與語，勸之仕。京以詩答之，後遁去。守敬按：《類聚》三十九引戴延之《西征記》，洛陽建春門外御道北，有白社，董威輦所住也，去門二里。《洛陽伽藍記》，瓔珞寺在建春門外御道北，所謂建陽里也，即中朝時白社地，董威輦所居處。在故洛陽城東。

酈道元《水經注》卷一六《穀水》　其水又東，左合七里澗。《晉後畧》曰：成都王穎使吴人陸機爲前鋒都督，伐京師，輕進，爲洛軍所乘，大敗于鹿苑，人相登躡，死于塹中及七里澗，澗爲之滿，即是澗也。澗有石梁，即旅人橋也。昔孫登不欲久居洛陽，知楊氏榮不保終，思欲遯跡林鄉，隱淪妄死，楊駿埋之于此橋之東。駿後尋亡矣。《搜神記》曰：太康末，京洛始爲《折楊》之歌，有兵革辛苦之辭。駿後被誅，太后幽死，《折楊》之應也。凡是數橋，皆累石爲之，亦高壯矣。製作甚佳，雖以時往損功，而不廢行旅。朱超石《與兄書》云：橋去洛陽宫六七里，悉用大石，下圓以通水，可受大舫過也。案此下近刻有「奇製作」三字，係衍文。題其上云：太康三年十一月初就功，日用七萬五千人，至四月末止。此橋經破落，復更修補，今無復文字。

酈道元《水經注》卷二二《洧水》　洧水又東逕陰坂北，水有梁焉，俗謂是濟爲參辰口。《左傳·襄公九年》，晉伐鄭，濟于陰坂，次于陰口而還，是也。杜預曰：陰坂，洧津也。服虔曰：水南曰陰。口者，水口也。參、陰聲相近，蓋傳呼之謬耳。又晉居商參之分，實沈之土。鄭處大辰之野，閼伯之地。軍師所次，故濟得其名也。

酈道元《水經注》卷二二《洧水》　洧水又屈而南流，水上有梁，謂之桐門橋，藉桐丘以取稱，亦言取桐門亭而著目焉。然不知亭之所在，未之詳也。

酈道元《水經注》卷二五《泗水》　泗水之上有石梁焉，故曰吕梁也。守敬按：《吕氏春秋·愛類》高注，吕梁在彭城吕縣，大石在水中，禹決而通之，號曰吕梁。《地理通釋》十三，泗水至吕縣，積石爲梁，故號吕梁。《隋志》，彭城有吕梁山。《地形志》，吕縣有吕梁城，蓋城在山上，與縣非一城也。《元和志》，吕縣故城在彭城縣東五十七里，高一百四十尺。在今銅山縣東。昔宋景公以弓工之弓，彎弧東射，矢集彭城之東，飲羽于石梁，即斯梁也。縣濤崩濟，實爲泗險。孔子所謂魚鼈不能游。又云：懸水三十仞，流沫九十里，今則不能也。蓋惟嶽之喻，未便極天，明矣。《晉太康地記》曰：水出磬石，《書》所謂「泗賓浮磬」者也。

酈道元《水經注》卷三一《滍水》　滍水又東南逕隋縣故城西。《春秋·魯莊公四年》，楚武王伐隋。令尹鬬祁、莫敖屈重，除道梁滍，軍臨于隋，謂此水也。

酈道元《水經注》卷四〇《漸江水》　南有黄山，與白石三山，爲縣之秀峰。山下衆流前導，湍石激波，浮險四注。浦陽江又東逕石橋，廣八丈，高四丈。下有石井，口徑七尺，橋上有方石，長七尺，廣一丈二尺。橋頭有磐石，可容二十人坐。溪水兩旁悉高山，山有石壁二十許丈，溪中相攻，贔響外發，未至橋數里，便聞其聲。

《晉書》卷一〇六《石季龍載記》 咸康二年，使牙門將張彌徙洛陽鍾虡、九龍、翁仲、銅駝、飛廉于鄴。鍾一没于河，募浮没三百人入河，繫以竹絙，牛百頭，鹿櫨引之乃出。造萬斛舟以渡之，以四輪纏輞車，轍廣四尺，深二尺，運至鄴。季龍大悦，赦二歲刑，賚百官穀帛，百姓爵一級。【略】時衆役煩興，軍旅不息，加以久旱穀貴，金一斤直米二斗，百姓嗷然無生賴矣。又納解飛之説，於鄴正南投石于河，以起飛橋，功費數千億萬，橋竟不成，役夫饑甚，乃止。使令長率丁壯隨山澤采橡捕魚以濟老弱，而復爲權豪所奪，人無所得焉。又料殷富之家，配饑人以食之，公卿已下出穀以助振給，姦吏因之侵割無已，雖有貸贍之名而無其實。

《隋書》卷八一《高麗傳》 高麗之先，出自夫餘。夫餘王嘗得河伯女，因閉於室内，爲日光隨而照之，感而遂孕，生一大卵，有一男子破殼而出，名曰朱蒙。夫餘之臣以朱蒙非人所生，咸請殺之，王不聽。及壯，因從獵，所獲居多，又請殺之。其母以告朱蒙，朱蒙棄夫餘東南走。遇一大水，深不可越。朱蒙曰：「我是河伯外孫，日之子也。今有難，而追兵且及，如何得渡？」於是魚鼈積而成橋，朱蒙遂渡。追騎不得濟而還。

《新唐書》卷一一七《李昭德傳》 昭德彊幹有父風，擢明經，累官御史中丞。永昌初，坐事貶振州陵水尉。還爲夏官侍郎。如意元年，拜鳳閣侍郎、同鳳閣鸞臺平章事。武后營神都，昭德規創文昌臺及定鼎、上東諸門，標置華壯。洛有二橋，司農卿韋機徙其一直長夏門，民利之，其一橋廢，省巨萬計。然洛水歲淙齧之，繕者告勞。昭德始累石代柱，鋭其前，廝殺暴濤，水不能怒，自是無患。俄檢校内史。薛懷義射突厥，以昭德爲行軍長史，不見虜還。

王溥《唐會要》卷八六《橋樑》 〔天寶〕八載二月，先是，東京商人李秀昇於南市北架洛水造石橋，南北二百步，募人施財鉅萬計，自五年創其始，至是而畢。

袁枢《通鑑紀事本末》卷三下《巫蠱之禍》 〔征和〕三年九月，吏民以巫蠱相告言者，案驗多不實。上頗知太子惶恐無他意，會高寢郎田千秋上急變，訟太子冤，曰：「子弄父兵，罪當笞。天子之子過誤殺人，當何罪哉？臣嘗夢見一白頭翁教臣言。」上乃大感寤，召見千秋謂曰：「父子之間，人所難言也，公獨明其不然。此高廟神靈使公教我，公當遂爲吾輔佐。」立拜千秋爲大鴻臚，而族滅江充家，焚蘇文於横橋上，及泉鳩里加兵刃於太子者，初爲北地太守，後族。上憐太子無辜，乃作思子宫，爲歸來望思之臺於湖，天下聞而悲之。

袁枢《通鑑紀事本末》卷四二上《契丹滅晉》 杜威雖以貴戚爲上將，性懦怯。偏裨皆節度使，但日相承迎，置酒作樂，罕議軍事。磁州刺史兼北面轉運使李穀説威及李守貞曰：「今大軍去恒州咫尺，煙火相望，若多以三股木置水中，積薪布土其上，橋可立成。密約城中舉火相應，夜募壯士斫虜營而入，表裏合勢，虜必遁逃。」諸將皆以爲然，獨杜威不可，遣穀南至懷、孟督軍糧。

《續資治通鑑長編》卷一四八《仁宗》 〔慶曆四年〕審刑院、大理寺上陳留縣移橋獄。權三司使王堯臣罰銅七斤，權户部副使郭難，知陳留縣、太子右贊善大夫杜衍，開封縣主簿楊文仲，陳留等縣催綱、右侍禁李舜舉，並罰銅六斤，皆以公罪坐之。户部判官、國子博士慎鉞罰銅七斤，提點在京倉草場、殿中丞陳榮古罰銅十斤，都官員外郎王溟追一官，衛尉寺丞盧士倫追一官，仍罰銅十斤，並以私罪坐之。先是，舜舉建言，請移陳留南鎮土橋於近西舊施橋處，以免傾覆舟船之患。開封府差文仲與衍相度，而衍等請如舜舉之奏。士倫，縣之大姓，有邸舍在橋下，徙則邸舍盡廢。溟前監縣税，嘗減直僦舍居之。溟與堯臣爲同年，因白堯臣，且謂徙橋於官無利害，又橋柱未嘗壞舟船，安用更張爲？翼日，堯臣謂鉞曰：「自移陳留橋，僅三十年，今忽議徙故處，動費官錢不貲。」時開封府已毁橋，而三司帖下縣不得毁，因奏遣榮古往相度，而請於舊橋西展木岸五十步，擘水入大洪，而罷移橋。權知開封府吴育固争之。又命監察御史王礪再定奪，礪言徙橋故處便，且言三司稱橋下有官私屋，今據其處惟有士倫邸舍而無官屋，切恐私有請求。於是内降下開封府録司，命工部郎中吕覺就鞫之。鉞坐嘗遣人詣礪刺其事，爲礪所得，榮古不言慶曆二年有船觸橋柱破，故以私罪論。及獄上，特詔免溟追官，罰銅二十斤，榮古暨鉞仍改從公罪。

范仲淹言：臣前日與章得象以下，親奉德音，謂近知左右臣僚，恐上不能主張，不敢盡心言事，今後不得更事形迹，避涉朋黨，須是論列，必無所疑。臣等千載遭逢，得陛下聖言及此，不勝慶幸。臣日夜發憤，願盡其心，以副陛下待輔弼之意，雖犯雷霆，豈敢迴避？今竊見審刑、大理寺奏斷王堯臣以下公罪内，有情理不圓、刑名未當之處。如便降敕，恐外議紛紛，傳播天下。臣忝參預大政，豈當緘默，負陛下前日之訓，爲天下罪人？今略指陳事節，奏陳如後。

一、陳留橋，是真宗皇帝親詔，爲損舟船，遂遣使經度而遷之。姚仲孫在三司日，杜衍乞移此橋，仲孫不行。王拱辰知開封府日，又乞移之，拱辰亦不行。昨又催綱使臣乞移此橋，本府只差一主簿相度，便具申奏。朝廷不知先朝有詔，失於檢詳，遂許移之。三司爲去年新曾添修，今又破材料，遂奏乞差官相度，乃

是舉職今卻以不應奏而奏坐罪，惟聖慈深察，方可見情。

一、據案中照勘得三司手分，已先檢尋移橋文字，於初九日納在王堯臣處，要行遣申奏。初十日，方見王溟，爲本人自陳留替回，堯臣遂先發言，問當移橋利害，溟方對答，即非因溟請託而後行也。

一、《經》曰：「貴貴，爲其近於君也；貴老，爲其近於親也。」又堂高則陛高，蓋言重公卿者，所以尊天子也。今三司使主天下大計，在天子股肱之列，有罪，則陛下自行貶廢，不可使法吏以小過而辱之。「投鼠忌器」，正在此矣。陛下縱有輕近臣之意，不可外示於人。何哉？近臣輕則減天子之重矣，今法寺坐堯臣杖七十，公罪，其過至小。

一、王溟得替，賃盧家宅子，稱每月饒減得房錢一千。其人已移辰州通判，只是暫時，即非久住，當賃宅子時，又未曾言請託橋事。量人情，只是爲溟曾在本縣守官，遂欲借宅與住，溟尚不肯，須用錢賃，只饒減得一千。今因王礪奏，溟受盧家請託，入獄之後，須至虚有招認。豈可一兩千錢，便使得一員外郎請託此事？兼案内照勘得，因堯臣問及，遂説利害，又未嘗及不移橋，此豈是請託？今獨追官勒停，衆議未允，望深察其情，或與罰銅、監當，亦減得外邊怨説，又免本人頻來理雪，紊煩朝廷。

一、陳榮古定奪橋事，據案帳上開説，所損舟船五十五隻，内五十隻因風并相磕撞致損，只有五隻，因橋致損。又根究得元乞移橋狀内，所説損卻人命及陷没財物，並是虚誣，所以榮古定奪，更不移橋。今來雖依王礪所奏，移歸舊處，一則違先朝詔命，二則未及月餘，已聞新橋不利，損卻舟船，撞折橋柱，及水勢稍惡，重船過往不易。若再差人體量，必是先朝移改不錯。以此榮古所定，未必不當，雖三度取狀，不全招認罪名。蓋有此情理，須至分疏，本因公事，別無私曲，今法寺坐爲私罪，伏望特與改作公罪。

一、慎鉞是三司判官，本案管移橋公事，既聞差王礪重行定奪，遂令人探問移與不移。今來勘得別無情弊，伏望特與改作公罪。

一、王礪與堯臣祖同姓名，素不相喜，因此定奪，遂誣奏乞勘三司情弊；又奏慎鉞是堯臣所舉，必有姦謀。今來勘劾，别無情弊，亦無姦謀，王礪親自定奪此事，當以實言，且非風聞之失也。

右前件，王堯臣罪名，乞特出聖意，差中使傳宣放罪，令依舊起居，并乞特降聖旨，王溟免追官，罰銅，與監當；陳榮古、慎鉞，並與改作公罪。如此施行，則衆情稍安，羣議自息。王礪初奏王堯臣必有情弊及有姦謀，滿朝公卿，憂堯臣禍在不測，賴陛下仁聖，特與辨明，不陷深辟。臣又近奉德音，令不避嫌疑，而況陛下越次擢用，敢不盡心，助陛下之明德。從之。

范成大《吴郡志》卷一七《橋梁》 唐白居易詩曰：「紅欄三百九十橋。」本朝楊備詩亦云：「畫橋四百。」則吴門橋梁之盛，自昔固然。今圖籍所載者，三百五十九橋。在郡城者，今以正中樂橋爲準，分而爲四達。隨方敘之門外，及外縣略附見焉。

洪邁《容齋三筆》卷一一《何公橋詩》 英州小市，江水貫其中，舊架木作橋，每不過數年，輒爲湍潦所壞。郡守建安何智甫，始壘石爲之，方成而東坡還自海外，何求文以紀。坡作四言詩一首，凡五十六句，今載於《後集》第八卷，所謂「天壤之間，水居其多。人之往來，如鵜在河」是也。予侍親居英，與僧希賜游南山，步過橋上，讀詩碑。希賜云：「真本藏于何氏，此有石刻，經黨禁亦不存。」今以板刻之，乃希賜所書也。賜因言，何公初請記，坡爲賦此詩，既大書矣，而未遣送，郡候兵執役者見之，以告何。何又來謁，坡曰：「軾未到橋所，難以想像落筆。」何即命具食，拉坡偕往。坡曰：「使君是地主，宜先升車。」何謝不敢，乃並轎而行。既至，坡曰：「至堪作詩，晚當奉戒。」抵暮送與之。蓋詩中云：「我來與公，同載而出。歡呼填道，抱其馬足。」故欲同行，以印此語耳。坡公作詩時，建中靖國元年辛巳。予聞希賜語時，紹興十七年丁卯，相去四十六年。今追憶前事，乃紹熙五年甲寅，又四十七年矣。

張知甫《張氏可書》 章惇方柄任，用都提舉汴河堤岸司賈種民議，起汴橋二樓，又依橋作石岸，以錫鐵灌其縫。宋用臣過之，大笑而去。種民疑之，謁用臣，訪以致笑之端。用臣云：石岸固奇絶，但上闊下狹若甕爾。種民始悟，懇以更製。用臣曰：「請作海馬雲氣，以闊其下。」卒如其言而成。

孟元老《東京夢華録》卷一《河道》 穿城河道有四。南壁曰蔡河，自陳、蔡由西南戴樓門入京城，遼繞自東南陳州門出，河上有橋十一，自陳州門裏曰觀橋，在五嶽觀後門。從北次曰宣泰橋，次曰雲騎橋，次曰横橋子，在彭婆宅前。次曰高橋，次曰西保康門橋，次曰龍津橋，正對内前。次曰新橋，次曰太平橋，高殿前宅前。次曰糶麥橋，次曰第一座橋，次曰宜男橋，出戴樓門外曰四里橋。中曰汴河，自西京洛口分水入京城，東去至泗州入淮，運東南之糧，凡東南方物，自此入京城，公私仰給焉。自東水門外七里，至西水門外，河上有橋十三，從東水門外

七里，曰虹橋，其橋無柱，皆以巨木虛架，飾以丹雘，宛如飛虹，其上、下土橋亦如之；次曰順成倉橋，入水門裏曰便橋，次曰下土橋，次曰上土橋，投西角子門曰相國寺橋。次曰州橋，正名天漢橋。正對於大内御街，其橋與相國寺橋，皆低平不通舟船，唯西河平船可過，其柱皆青石爲之，石梁石筍楯欄，近橋兩岸，皆石壁，雕鐫海馬、水獸、飛雲之狀，橋下密排石柱，蓋車駕御路也。州橋之北岸御路，東西兩闕，樓觀對聳；橋之西有方淺船二隻，頭置巨幹鐵槍數條，岸上有鐵索三條，遇夜絞上水面，蓋防遺火舟船矣。西去曰浚儀橋，次曰興國寺橋，亦名馬軍衙橋。次曰太師府橋，蔡相宅前。次曰金梁橋，次曰西浮橋，舊以船爲之橋，今皆用木石造矣。次曰西水門便橋，門外曰横橋。東北曰五丈河，來自濟、鄆，般挽京東路糧斛入京城，自新曹門北入京，河上有橋五：東去曰小横橋，次曰廣備橋，次曰蔡市橋，次曰青暉橋、染院橋。西北曰金水河，自京城西南分京索河水築堤，從汴河上用木槽架過，從西北水門入京城，夾牆遮擁，入大内灌後苑池浦矣。河上有橋三：曰白虎橋、横橋、五王宫橋之類。又曹門小河子橋曰念佛橋，蓋内諸司輦官、親事官之類，軍營皆在曹門，侵晨上直，有瞽者在橋上念經求化，得其名矣。

孟元老《東京夢華録》卷七《三月一日開金明池瓊林苑》　三月一日，州西順天門外，開金明池、瓊林苑，每日教習車駕上池儀範。雖禁從士庶許縱賞，御史臺有榜不得彈劾。池在順天門外街北，周圍約九里三十步，池西直徑七里許。入池門内南岸西去百餘步，有面北臨水殿，車駕臨幸觀争標，錫宴於此。往日旋以綵幄，政和間用土木工造成矣。又西去數百步，乃仙橋，南北約數百步，橋面三虹，朱漆闌楯，下排雁柱，中央隆起，謂之「駱駝虹」，若飛虹之狀。橋盡處，五殿正在池之中心，四岸石甃向背，大殿中坐，各設御幄，朱漆明金龍牀，河間雲水戲龍屏風，不禁遊人。殿上下回廊，皆關撲錢物、飲食、伎藝人作場，勾肆羅列左右。橋上兩邊，用瓦盆内擲頭錢，關撲錢物、衣服、動使，遊人還往，荷蓋相望。橋之南立欞星門，門裏對立綵樓。每争標作樂，列妓女於其上。門相對街南有磚石甃砌高臺，上有樓觀，廣百丈許，曰寶津樓。前至池門，闊百餘丈，下闞仙橋、水殿，車駕臨幸觀騎射、百戲於此。池之東岸，臨水近牆皆垂楊，兩邊皆綵棚幕次，臨水假賃，觀看争標。街東皆酒食店舍，博易場户，藝人勾肆質庫，不以幾日解下，只至閉池，便典没出賣。北去直至池後門，乃汴河西水門也。其池之西岸，亦無屋宇，但垂楊蘸水，煙草鋪堤，遊人稀少，多垂釣之士，必於池苑所買牌子，方許捕魚。遊人得魚，倍其價買之。臨水斫膾，以薦芳樽，乃一時佳味也。習水教罷，繫小龍船於此，池岸正北對五殿起大屋，盛大龍船，謂之「奥屋」，車駕臨幸，往往取二十日。諸禁衛班直，簪花、披錦繡、撚金線衫袍，金帶勒帛之類，結束競呈鮮新。出内府金鎗，寶裝弓劍，龍鳳繡旗，紅纓錦轡，萬騎争馳，鐸聲震地。

李昉等《太平御覽》卷六六一《道部三》　又《尚書》帝驗期曰：王母之國在西荒，凡得道授書者，皆朝王母於崑崙之闕。王褒字子登，齋戒三月，王母授以《瓊花寶曜七晨素經》。茅盈從西城王君，詣白玉龜臺，朝謁王母，求長生之道。王母授以《玄真之經》，又授寶書，童散四方。洎周穆王，駕黿鼉魚鱉爲梁，以濟弱水，而升崑崙玄圃閬苑之野，而會于西王母，歌白雲之謡，刻名紀迹于弇山之上而還。

《明英宗實録》卷四九　〔正統三年十二月癸酉〕復廣東潮州府知府王源官。初，源以本府東門橋年久廢圮，斂銀萬餘兩造之。以其餘創亭，亭中設先聖四，配十哲像，刻藍田吕氏鄉約碑，立民人爲約正、約副、約士等名。嘗率屬官至亭，講論諸書。河東山有韓文公祠，源於祠左造亭，每朔望輒懸己像其中。西湖山上有大石，源以爲怪，琢爲碑，大書「潮州知府王源除怪石」。自立書院，刻詩文於内。既而杖死部民，民之子訴焉，并舉源創橋立碑亭等罪，且言其創造之時，民多壓溺而死。上命巡按御史鞫之，得實，逮源至京。法司論贖徒，還職潮州。民復奏留源，故有是命。

陳邦瞻《宋史紀事本末》卷八九《金河北山東之役》　寧宗嘉定八年冬十月，蒙古主駐軍魚兒濼，遣三哥拔都帥萬騎，自西夏趨京兆，以攻金潼關，不能下。乃由嵩山小路趨汝州，遇山磵，輒以鐵槍相鎖，連接爲橋以渡，遂赴汴京。金主急召花帽軍於山東。蒙古兵至杏花營，距汴京二十里，花帽軍擊敗之。蒙古兵還至陝州，適河冰合，遂渡而北，金人專守關輔。

彭大翼《山堂肆考》卷二二《地理》　《莊子》曰：孔子觀吕梁，懸水三十仞，流沫四十里，黿鼉魚鱉不能游。見一丈夫游之，與没俱入，與汩俱出。

王世懋《閩部疏》　蠣房雖介屬，附石乃生，得海潮而活。凡海濱無石，山溪無潮處皆不生。余過莆迎仙寨橋，時潮方落，見童羣下，皆就石間剔取肉去，殼連石不可動。或留之仍能生。其生半與石俱，青在有無之間，殆非蛤蚌比也。《後漢書》鰒魚註云：鰒無鱗有殼，一面附石，細孔雜雜，或七或九，即以狀蠣房，何所不可？南蠣北鰒，故是造化，介生别構。

王世懋《閩部疏》 福州以南，橋皆不亭，但以巨石壓之，雖重不殺。亭亦由水性不卞也。不然，洛陽、晉江，詎能施南北二虹？閩中橋梁甲天下，雖山坳細澗，皆以巨石梁之，上施榱棟，都極壯麗。初謂山間木石易辨，已乃知非得已。蓋閩水怒而善崩，故以數十重重木壓之，中多設神佛像，香火甚嚴，亦壓鎮意也。然無如泉州萬安橋，蔡端明名幾與此橋不朽矣。

徐弘祖《徐霞客遊記》卷一上《遊天台山日記》 初三日，晨起，果日光曄曄，決策向頂。上數里，至華頂菴。又三里，將近頂，爲太白堂，俱無可觀。聞堂左下有黄經洞，乃從小徑。二里，俯見一突石，頗覺秀蔚。至則一髮僧結菴於前，恐風自洞來，以石甃塞其門，大爲歎惋。復上至太白，循路登絶頂，荒草靡靡，山高風冽，草上結霜高寸許，而四山迴映，琪花玉樹，玲瓏彌望。嶺角山花盛開，頂上反不吐色，蓋爲高寒所勒耳。仍下華頂菴，過池邊小橋。越三嶺，溪迴山合，木石森麗，一轉一奇，殊慊所望。二十里，過上方廣，至石梁，禮佛曇花亭，不暇細觀飛瀑。下至下方廣，仰視石梁飛瀑，忽在天際。聞斷橋珠簾尤勝，僧言飯後行，猶及往返，遂由仙筏橋向山後越一嶺，沿澗八九里，水瀑從石門瀉下，旋轉三曲。上層爲斷橋，兩石斜合，水碎迸石間，匯轉入潭；中層兩石對峙如門，水爲門束，勢甚怒；下層潭口頗闊，瀉處如閾，水從坳中斜下。三級俱高數丈，各極神奇，但循級而下，宛轉處爲曲所遮，不能一望盡收。又里許，爲珠簾水，水傾下處甚平闊，其勢散緩，滔滔汩汩。余赤足跳草莽中，揉木緣崖，蓮舟不能從。暝色四下，始返。停足仙筏橋，觀石梁卧虹，飛瀑噴雪，幾不欲卧。

徐弘祖《徐霞客遊記》卷一一上《西南遊日記十九》 又西下一里，仍南渡其水曲，復西逾坡，一里再至閃莊。余令顧奴瀹水餐飯。既畢，而其守者一人歸，覓是鑰不得，乃開其外門而拜於庭，始詢所爲天生橋落水洞之道，乃知落水有二洞，小者近，即先所遇者，爲本塢之水；大者遠，在東南十里之外，乃山窠南道所經，爲合郡近城諸流。又知天生橋非橋也，即大落水洞透穴潛行，而路乃逾山陟之。其山即在正東二里外，余隨其指，先正東尋天生橋。二里至横峽南嶺之寨，將由南嶺大路東入，再執途人問之，始知即前平底峽中東上之坡，是爲天生橋。

孫承澤《春明夢余録》卷六八《岩麓》 碣石山，《水經注》云：大碣石山在古(右)北平驪城(成)縣西南，王莽改曰「碣石」也。漢武帝亦嘗登之以望鉅海，而勒其石於此。今枕海有石如甬道數十里，當山頂有大石如柱形，往往而見，立於鉅海之中，潮水大至[則隱]，及潮波退，不動不没，不知深淺，世名云「天橋柱」也，狀若人造，要亦非人力所就。韋昭亦指此以爲碣石。

顧祖禹《讀史方輿紀要》卷一一三《雲南一》 石門，在麗江府巨津州西百里，今在大理府北八十里，當點蒼山之背。遵洱河而上，其山兩壁墻立，有若門然，即唐時石門南道也。從會川渡金沙江西南行，繇此入南詔之羊苴咩城，諸葛武侯繇此征南中，史萬歲繇此擊叛爨，韋仁壽、梁建方亦繇此平西洱諸蠻，韋皋復繇此通南詔。《滇記》：「天寶中鮮于仲通討南詔，下兵南溪，石門道遂閉。韋皋通雲南，以蠻經北谷近吐蕃，乃復治石門道，繇黎州出邛部直達雲南，謂之南道。」今詳見四川重險清溪關。其地亦名天威逕，以武侯七擒孟獲而名。今石門南有上關城，在府北七十里，周四里，四門。一名龍首關。當西洱河之首，亦曰河首關。又府南三十里有下關城，周二里，三門。關南有橋，橋南有壁。一名龍尾關。當洱河之下流，亦曰河尾關。自河尾順流而下約里許，有石門，巨石横眉，號石馬橋，爲羣波争道之地，懸流奔注，雲濤雪浪，聲聞數里。郭松年《行記》：「自趙州舟行三十里有河尾橋，架木爲梁，長十五丈餘。穹形飲水，睨而視之，如虹霓然。橋西則爲龍尾關，北入府城之路，南詔皮羅閣所築，最險固，高壁危構，巋然尚存。稍西南則爲石馬橋，亦曰天橋。」何鍾記云：「取道龍關，南循洱河，往觀天橋及石門關。出石關如行成皋之虎牢，杳嶂巉嵓，可百餘武，名一線天，爲洱水故道，險阨之地也。」是龍尾關南又有石門矣。五代晉天福二年，段思平自石城見曲靖府。起兵，鼓行而西，至河尾遂入關，滅楊干貞而代有其地。明初藍玉等攻大理，其酋長扼下關以守。玉等至品甸，即雲南縣。遣别將繇洱水東趨上關，爲犄角勢。自率衆抵下關，造攻具，夜半潛遣一軍繇石門間道渡河，逸出點蒼山後，攀木緣崖而上，立旗幟，昧爽大軍抵下關，望之踴躍歡噪，敵衆驚亂。沐英率軍策馬渡河，斬關而入。山上軍望見亦下攻之，敵大潰，拔大理城。既而分軍出上關，取鶴慶，略麗江，又出石門關此石門謂巨津州西百里之石門。下金齒。是下關亦可兼石門之稱也。《滇略》云：「龍尾關有伏波廟，世傳諸葛武侯駐兵瀰水上，一軍皆瘖，因禱伏波之神得愈。關東又有戰士塚，唐天寶中李宓喪師處也。又天橋，在府西南三十五里。兩山輻湊，中空丈餘，水從空中出，兩岸石谷上特出丈許，其微不相及處，有巨石覆掩，非人力可致。過石橋，攀鳥道數十武，爲達樣備孔道，此石橋東庢也。循岸南行里許，有地名不落梅，乃洱水出橋外石庢，懸瀉數十尺，衝激亂石，濺沫上起如梅花。此下關外之極勝也。自上關以外出石門而北者，皆謂之天威逕。唐顧雲詩「雲南八國萬都落，皆從此路來

朝天」，蓋石門之係於雲南非淺鮮矣。

姚之駰《元明事類鈔》卷二九《宮室門》 馬驥《西苑詩序》：太液池上跨石梁，修二百步，欄楯皆白石，鐫鏤如玉。東西峙華表，東曰玉蝀，西曰金鰲。其北別駕一梁，制差小，亦峙華表，南曰積翠，北曰堆雲。夏言詩：「堆雲積翠通山殿，玉蝀金鰲駕石梁。」

姚之駰《元明事類鈔》卷二九《宮室門》 《故宮遺録》：紅門内數十步許有河，河上建白石橋三座，名周橋，皆琢龍鳳祥雲，明瑩如玉。橋下有四白石龍，擎戴水中，甚壯。

賀長齡《清經世文編》卷八一《兵政十二》 彙考山經，不能瑣計細別，河流亦難窮源，惟取其要隘之區、橋梁之險者，以定其控扼之防也。惟彼昌都，原稱前藏。兩河環繞，雙橋高架，實爲西藏之門户。嘉玉一橋，最爲緊要。若拉里玉樹，係其咽喉，工布長江，堪爲保障。再則類五齊適姜黨之橋，與唐家姑蘇之鐵索橋，皆須設防者。又如哈拉烏蘇，界比西寧，皮船爲渡，與彭多宗鐵索橋，非拒守不可者。再觀正北之要隘，皆通準噶之要路，所喜冬則積雪難行，夏則水草維艱，復多瘴癘，豈非天設之險乎？惟滕格腦兒兵可肆應，他如通後藏之聲息克里野噶藏胡，又松根、阿腳等處，獨羊八景口子新橋之守，可稱握要。更兼普羅鼐重鎮，阿里復有朱兒嗎徹登鎮守西南，接連諸番，以控西北再於甲爾撒鐵索橋而固守之。所謂得地利以順天時，集人和以寧邊塞。雖風氣不齊，土物多異，而政教頻加，潛移默感，將萬億斯年，無兵革之虞矣。蠡窺淺見，少備邊方之參考云。

佚名《衛藏通志》卷四《程站》 謹案：察木多古名康，又名喀木，距巴塘千餘里。中隔乍丫，路出西北，天時無異裏塘，三山環逼，二水合流，爲西藏門户。界通川滇，北河有四川橋，南河有雲南橋。滇省舊曾設鎮於此，今歸併川省，設臺站，有正副呼圖克圖三人，其他方人民詳部落喇嘛各門。

浮橋部

題解

《詩・小雅・采菽》 汎汎楊舟，紼纚維之。毛亨傳：紼，繂也。纚，緌也。明王能維持諸侯也。鄭玄箋云：楊木之舟浮於水上，汎汎然東西無所定，舟人以紼繫其緌，以制行之。猶諸侯之治民，御之以禮法。孔穎達正義曰：《釋水》云：紼縭維之。紼，繂也。縭，緌也。孫炎曰：繂，大索也。李巡曰：繂竹爲索，所以維持舟者。郭璞曰：緌，繫也。孫炎曰：舟止繫之於樹木，戾竹爲大索。然則紼訓爲繂，繂是大綎；縭訓爲緌，緌又爲繫，正謂舟之止息，以綎繫而維持之。

《爾雅・釋水第十二》 汎汎楊舟，紼縭維之。紼，𦆽也。𦆽，索。縭，緌也。緌，繫。李巡云：𦆽，竹爲索，所以維持舟者。郭云：緌，繫。孫炎云：舟止繫之於樹木，戾竹爲大索。然則紼訓爲𦆽，𦆽是綎。縭訓爲緌，緌又爲繫。正謂舟之止息以綎繫而維持之也。天子造舟，比船爲橋。諸侯維舟，維連四船。大夫方舟，併兩船。士特舟，單船。庶人乘泭。併木以渡。

《論語・公冶長第五》 子曰：「道不行，乘桴浮于海。從我者，其由與？」馬曰：「桴，編竹木，大者曰栰，小者曰桴。」正義曰：云「桴，編竹木，大者曰栰，小者曰桴」者，《爾雅》云：「舫，泭也。」郭璞云：「水中簰筏。」孫炎云：「舫，水中爲泭筏也。」《方言》云：「泭謂之簰，簰謂之筏。筏，秦、晉之通語也。」方、舫、泭、桴，音義同也。

許慎《説文解字》卷一一上《水部》 津，水渡也。从水，𦘔聲。渡，濟也。从水，度聲。

沈約注《竹書紀年》卷下《穆王》 三十七年，大起九師，東至于九江，架黿鼉以爲梁，遂伐越至于紆，荆人來貢。

徐文靖《竹書統箋》卷八 架黿鼉以爲梁。箋：按《初學記》引《紀年》曰：周穆王至于九江，叱黿鼉以爲梁。郭璞《山海經序》曰：穆王駕八駿之乘，周歷四荒。西燕王母之廬南轢黿鼉之梁。《離騷》：經麾蛟龍，使梁津兮。王逸注：似周穆王之越海，叱黿鼉以爲梁也。庾信《徵調曲》「浮黿則東海可厲」，蓋謂此也。又按《魏畧》曰：北方有槖離之國，其王侍婢云：有氣如鷄子來下，因有身，生子東明，善射。王恐奪其國，欲殺之。東明走，南至奄水，以弓擊水，魚鼈浮爲橋，得渡。與後漢《夫餘傳》同。但「奄水」作「淹淲水」，「槖離」作「索離」。又《隋書・高麗傳》曰：朱蒙棄夫餘南走，遇一大水，深水可越，於是魚鼈積而成橋，遂渡。則穆王架黿鼉爲梁，容或有之。

《漢書》卷二八上《地理志上》 牂柯郡。應劭曰：「臨牂柯江也。」師古曰：「牂柯，係船杙也。」

酈道元《水經注》卷五《河水》 《述征記》曰：碻磝，津名也。自黄河泛舟而渡者，皆爲津也。

陸德明《經典釋文》卷五《毛詩音義上》 泭，作桴，或作柎，並同沈旋，音附。《方言》云：泭謂之簰，簰謂之筏。筏，秦晉通語也。孫炎注《爾雅》云：方木置水爲柎，栰也。郭璞云：水中簰，筏也。又云：木曰簰，竹曰筏，小筏曰泭。簰，音皮佳反。栰、筏同音。伐，樊光《爾雅》本作「柎」。

《集韻》卷三《唐第十一》 斻、航、杭、䑸。寒剛切。《説文》：方舟也。禮天子造舟，諸侯維舟，大夫方舟，士特舟。或从舟从木，亦作「䑸」，通作「桁」。

朱熹《詩經集傳》卷六《大雅三・文王之什三之一》 親迎于渭，造舟爲梁，不顯其光。造作梁，橋也。作船於水，比之而加版於其上，以通行者，即今之浮橋也。傳曰：天子造舟，諸侯維舟，大夫方舟，士特舟。張子曰：造舟爲梁，文王所制，而周世遂以爲天子之禮也。不顯，顯也。

楊慎《譚苑醍醐》卷六《䟃歌》 漢有牂柯郡，字一作牂歌，又作䟃歌。其字從弋。弋，杙也，繫船木也。《説文》與《漢書》注，舊解如此。牂柯，今貴州地也。其江水迅疾，難於濟渡，立兩杙於兩岸中，以繩絙之，舟人循繩而渡。予過其地，見盤江與崇安江皆然，因悟古人制字之義。郭忠恕《佩觿集》云：牂歌，從弋。謬之甚矣。然則讀萬卷書而不行萬里路者，亦不能識字也。信矣。

吴處厚《青箱雜記》卷三 韓退之《羅池廟碑》言「步有新船」，或以步爲涉，誤也。蓋嶺南謂水津爲步，言步之所及，故有罾步即漁者、施罾者。有船步，即人渡船處。然今亦謂之步，故揚州有瓜步，洪州有觀步，閩中謂水涯爲溪步。

馮復京《六家詩名物疏》卷四六《造舟》 孔氏曰：造舟者比船於水，加板於上，即今之浮橋。故杜預云「造舟爲梁」，則河橋之謂也。維舟以下則水，上浮而行之，但船有多少，爲等差耳。

綜述

《周易・繫辭下》 黄帝、堯、舜垂衣裳而天下治，蓋取諸乾坤。刳木爲舟，

剡木爲楫。舟楫之利，以濟不通，致遠以利天下，蓋取諸渙。王弼注：渙者，乘理以散通也。孔穎達正義曰：此九事之第二也。舟必用大木，刳鑿其中，故云「刳木也」。「剡木爲楫」者，楫必須纖長，理當剡削，故曰「剡木」也。「取諸渙」者，渙，散也。渙卦之義，取乘理以散動也。舟楫以乘水以載運，故「取諸渙」也。

《詩・大雅・大明》 造舟爲梁，不顯其光。毛亨傳言：受命之宜王基，乃始於是也。天子造舟，諸侯維舟，大夫方舟，士特舟。造舟然後可以顯其光輝。鄭玄箋云：迎大姒而更爲梁者，欲其昭著示後世，敬昏禮也。不明乎其禮之有光輝，美之也。天子造舟，周制也。殷時未有等制。

張鵬一《晉令輯存》卷三《關市令第十二》 洛水中橋、天津橋等，每令橋南北捉街衛士灑掃，所有穿穴，隨即陪填。仍令巡街郎將等檢校，勿使非理破損，若水漲，令縣家檢校。

河陽橋置水手二百五十人，陝州大陽橋置水手二百人，仍各置竹木匠十人，在水手數内。其河陽水手，於河陽縣取一百人，餘出河清、濟源、偃師、汜水、鞏、温等縣。其大陽橋水手出當州，並於八等以下户取白丁灼然解水者，分爲四番，並免課役，不在征防雜抽使役及簡點之限。一補以後，非身死遭憂，不得輒替。如不存檢校，致其損壞，所由官與下考水手決卅。

都木監三津各配守橋丁卅人，於白丁中男内取灼然便水者充，分爲四番上下，仍不在簡點及雜徭之限。五月一日以後，九月半以前，不得去家十里，每水大漲，即追赴橋，如能接得公私材木栰等，依令分賞。三津仍各配木匠八人，四番上下，若破壞多，當橋丁近不足，三橋通役。如又不足，仰本縣長官，量差役事，了日停。

修理河陽橋，每年所需竹索，令宣常洪三州□□□□□□役丁匠預造宣洪州各大索廿條，常州小索一千二百條，脚以官物充。仍差綱部送，量程發遣使及期限。

大陽蒲津橋竹索，每三年一度，令司竹監給竹，役津家水手造充。其舊索每委所由檢覆，如斟量牢好，即且用，不得浪有毀換。其供橋雜匠料，須多少，預申所司量配。先取近橋人充，若無巧手，聽以次差配，依番追上。若須並使，亦任津司與管匠州相知量事折番，隨須追役。如當年無役，準式徵課。

李林甫等《唐六典》卷七《尚書工部・水部郎中》 水部郎中、員外郎掌天下川瀆、陂池之政令，以導達溝洫，堰決河渠。凡舟檝、溉灌之利，咸總而舉之。凡天下水泉三億三萬三千五百五十有九，其在遐荒絶域，殆不可得而知矣。其江、河自西極達于東溟，中國之大川者也；其餘百三十有五水，是爲中川者也；桑欽《水經》所引天下之水百三十七，江、河在焉。其千二百五十有二水，斯爲小川者也。酈善長注《水經》，引其枝流一千二百五十二。若渭、洛、汾、濟、漳、淇、淮、漢，皆亘達方域，通濟舳艫，徙有之無，利於生人者矣。其餘陂澤，魚鼈、莞蒲、秔稻之利，蓋不可得而備云。【略】凡天下造舟之梁四，河三，洛一。河則蒲津、大陽、盟津，一名河陽；洛則孝義也。石柱之梁四，洛三，灞一。洛則天津、永濟、中橋，灞則灞橋也。木柱之梁三，皆渭川也。便橋、中渭橋、東渭橋，此舉京都之衝要也。巨梁十有一，皆國工修之。其餘皆所管州縣隨時營葺。河陽橋所須竹索，令宣、常、洪三州役工匠預支造，宣、洪二州各大索二十條，常州小索一千二百條。大陽、蒲津竹索，每年令司竹監給竹，令津家、水手自造。其供橋雜匠，料須多少，預申所司，其匠先配近橋人充。浮橋脚船，皆預備半副；自餘調度，預備一副。河陽橋船於潭、洪二州造送；大陽、蒲津橋於嵐、石、隰、勝、慈等州採木，送橋所造。河陽橋置水手二百五十人，大陽橋水手二百人，仍各置木匠十人，蒲津橋一十五人。孝義橋所須竹索，取河陽橋退者以充。其大津無梁，皆給船人，量其大小難易，以定其差等。白馬津船四艘，龍門、會寧、合河等關船並三艘，渡子皆以當處鎮防人充；渭津關船二艘，渡子取永豐倉防人充；渭水馮渡船四艘，涇水合涇渡、韓渡，劉控坂渡、眭城坂渡、覆籬渡船各一艘，濟州津，平陰津、風陵津、興德津船各兩艘，洛水渡口船三艘，渡子皆取側近殘疾、中男解水者充。會寧船別五人，興德船別四人，自餘船別三人。蘄州江津渡、荆州洪亭松滋渡、江州馬頰檀頭渡船各一艘，船別六人；越州、杭州浙江渡、洪州城下渡、九江渡船各三艘，船別四人，渡子並須近江白丁便水者充，分爲五番，年別一替。

長孫無忌等《唐律疏議》卷第二七《雜律》 其津濟之處，應造橋航及應置船、筏而不造置及擅移橋濟者，杖七十；停廢行人者，杖一百。

【疏】議曰：「津濟之處，應造橋航」，謂河津濟渡之處應造橋及航者，編舟作之，及應置舟船，及須以竹木爲筏以渡行人，而不造置及擅移橋梁、濟渡之所者，各杖七十。「停廢行人」，謂不造橋航及不置船筏，并擅移橋濟，停廢行人者，杖一百。

《敦煌寫本唐開元水部式》 洛水中橋、天津橋等，每令橋南北捉街衛士洒掃。所有穿穴，隨即陪填，仍令巡街郎將等檢校，勿使非理破損。若水漲，令縣家檢校。【略】

河陽橋置水手二百五十人，陝州大陽橋置水手二百人，仍各置竹木匠十人，在水手數内。其河陽橋水手于河陽縣取一百人，餘出河清濟源偃師汜水鞏温等

縣。其大陽橋水手出當州，并于八等以下户取白丁灼然解水者，分爲四番，并免課役，不在征防雜抽使役及簡點之限。一補以後，非身死遭憂，不得輒替。如不存檢校致有損壞，所由官與下考，水手决卅。安東都里鎮防人糧，令萊州召取當州經渡海得勛人諳知風水者，置海師二人、拖師四人，隸蓬萊鎮。令候風調海晏，併運鎮糧。【略】

都水監三津各配守橋丁州人，于白丁中男内取灼然便水者充。分爲四番上下，仍不在簡點及雜徭之限。五月一日以後九月半以前，不得去家十里。每水大漲即追赴橋。如能接得公私材木栰等，依令分賞。

三津仍各配木匠八人，四番上下。若破壞多，當橋丁匠不足，三橋通役。如又不足，仰本縣長官量差役，事了日停。都水監漁師二百五十人，其中長上十人，隨駕京都。短番一百廿人，出虢州。明資一百廿人，出房州。各爲分四番上下，每番送州人。并取白丁及雜色人五等已下户充。并簡善采捕者爲之，免其課役及雜徭。本司雜户官户并令教習，年滿廿補替漁師。其應上人，限每月卅日文牒并身到所由。其尚食典膳祠祭中書門下所須魚，并都水採供。

京兆府灞橋、河南府永濟橋，差應上勛官并兵部散官，季別一人，折番檢校。仍取當縣殘疾及中男分番守當。灞橋番別五人，永濟橋番別二人。諸州貯官船之處，須魚膏供用者，量須多〔少〕役當處防人采取，無防人之處，通役雜職。

皇城内溝渠擁賽停水之處及道損壞，皆令當處諸司修理。其橋將作修造。十字街側，令當鋪衛士修理。其京城内及羅郭牆各依地分，當坊修理，河陽橋每年所須竹索，令宣、常、洪三州〔役丁〕匠預造，宣、洪州各大索廿條，常州小索一千二百條。脚以官物充，仍差綱部送，量程發遣，使及期限。大陽、蒲津橋竹索，每三年一度，令司竹監給竹役津家水手造充。其舊索每委所由檢覆，如斟量牢好，即且用，不得浪有毁换。其供橋雜匠，料須多少，預申所司量配，先取近橋人充。若無巧手，聽以次差配，依番追上。若須併使，亦任津司與管匠州相知，量事折番，隨須追役。如當年無役，准式徵課。

諸浮橋脚船，皆預備半副，自余調度，預備一副，隨缺代换。河陽橋船于潭、洪二州役丁匠造送。大陽、蒲津橋船，于嵐、石、隰、勝、慈等州折丁採木，浮送橋所，役匠造供。若橋所見匠不充，亦申所司量配，自余供橋調度并雜物一事以〔上〕，仰以當橋所换不任用物迴易便充。若用不足，即預申省，與橋側州縣相知，量以官物充，每年出入被用，録申所司勾當。其有側近可採造者，役水手鎮兵雜匠等造貯，隨須給用，必使預爲支擬，不得臨時缺事。

諸置浮橋處，每年十月以後，凌牡開解合，□□抽正解合所須人夫採運榆條造石籠及絙索等雜使者，皆先役當津水手及所配兵，若不足，兼以鎮兵及橋側州縣人夫充。即橋在兩州兩縣〔間〕者，亦于兩州兩縣准户均差，仍與津司相知，〔料〕須多少，使得濟事，役各不得過十日。

蒲津橋水匠一十五人。虔州大江水贛石險難□□□給水匠十五人，并于本州取白丁、便水及解木〔作者〕充，分爲四番上下，免其課役。

孝義橋所須竹篾，配宣、饒等州造送，應□□塞系篾，船別給水手一人，分爲四番。其〔洛水〕□□〔竹〕篾，取河陽橋故退者充。

王溥《唐會要》卷八六《橋梁》 顯慶五年五月一日，修洛水月堰。舊都城洛水天津之東，有中橋及利涉橋，以通行李。

上元二年，司農卿韋機始移中橋，自立德坊西南，置于安衆坊之左，南當長夏門街，都人甚以爲便，因廢利涉橋，所省萬計。然每年洛水泛溢，必漂損橋梁，倦于繕葺。内使李昭德始創意，令所司改用石脚，鋭其前以分水勢，自是無漂損之患。初，韋機橋畢。上大悦，令于中橋南刻一方石，刻其年辰簡速之跡。紀一十六字，蓋黄絹之辭也。

先天二年八月勅：「天津橋除命婦以外，餘車不得令過。」

開元九年十二月九日，增修蒲津橋，絙以竹葦，引以鐵牛，命兵部尚書張説刻石爲頌。

十九年六月勅：「兩京城内諸橋及當城門街者，並將作修營，餘州縣料理。」

二十年四月二十一日，改造天津橋，毁皇津橋，合爲一橋。

天寶元年二月，廣東都天津橋、中橋石脚兩眼，以便水勢，科斗門自承福東南，抵毓財坊南百步。

八載二月，先是，東京商人李秀昇於南市北架洛水造石橋，南北二百步，募人施財鉅萬計，自五年創其始，至是而畢。

十載十一月，河南尹裴迥請税本府户錢，自龍門東山抵天津橋東，造石堰以禦水勢，從之。

大曆五年五月勅：「承前府縣並差百姓修理橋梁，不踰旬月，即被毁拆，又更差勒修造，百姓勞煩，常以爲弊，宜委左右街使勾當捉搦，勿令違犯。如歲月

深久，橋木爛壞，要修理者，左右街使與京兆府計會其事，申報中書門下計料處置。其坊市橋令當界修理，諸橋街京兆府以當府利錢充修造。」

其年八月勅：「其坊市内有橋，不問大小，各仰本街曲當界共修，仍令京兆府各差本界官及當坊市所由勾當，每年限正月十五日内令畢。如違，百姓決二十，仍勒依前令修，文武官一切具名聞奏，節級科貶。如後續有破壞，仍令所由時看功用多少，計定數修理，不得輒剩料率，及有隱欺。」

貞元元年正月勅：「宜令京兆府與金吾計會，取城内諸街枯死槐樹，充修灞、滻等橋板木等用，仍栽新樹充替。」

李筌《太白陰經》卷四《戰具類・濟水篇第三十九》 經曰：軍行以大水河溝渠澗，無津梁舟楫，難以濟渡。太公以天艎大船，皆樸而不便於事，今隨事應變，以濟百川。浮甖：以木縛甕爲筏，甕受二石，力勝一人。甕闊五尺，以繩鉤聯，編槍於其上，令形長方。前置枝頭，後置稍，左右置棹。槍筏：槍十根爲一束，力勝一人。四千一百六十六根四分爲一筏，皆去鑽刃，束爲魚鱗，以横而縛，可渡四百一十六人半。爲三筏，計用槍一萬二千五百根，率渡一千二百五十人，十渡則全軍畢濟。蒲筏：以蒲九尺圍顛倒爲束，以十道縛之，以束槍爲筏。量長短多小，隨蒲之豐儉載人。無蒲，用蘆葦，法亦如蒲筏。挾絙：以木縛小繩，先挾渡水，次引大絙於兩岸，立大橛，急張定絙，使人挾絙浮渡。大軍畢可爲數十道，豫多備。浮囊：以羊渾脱皮，吹氣令滿，緊縛其孔，縛於脅下，可以渡也。

曾公亮等《武經總要・前集》卷一一《水戰》 浮囊者以渾脱羊皮，吹氣令滿，繫其空，束於腋下，人浮以渡。

梁克家《淳熙三山志》卷五《地理類五・浮橋》 浮橋，由郡直上南臺，有江，廣三里，揚瀾浩渺，涉者病之。元祐以來，江沙頗合，港疏爲二，中成楞嚴洲。八年癸酉七月，郡人王秘監祖道爲守，相其南北，造舟爲梁。北港五百尺，用舟二十，號合沙北橋。南港二千五百尺，用舟百，號南橋。衡舟從梁，板其上，翼以扶欄，廣丈有二尺。中穹爲二門，以便行舟。左右維以大藤纜，以挽直橋路。於南、北、中岸植石柱十有八而繫之，以備癡風漲水之患。縻金錢千萬，一出於施者。明年，紹聖元年甲戌十月成。以其餘錢三千九百緡，分給負郭三縣僧寺，以爲本錢，俾歲取息，以待缺弊修造。十一月落成，自爲文記之。尋又爲屋以覆纜柱，架亭於其側，以憩行者。中亭之北又有泗洲堂一所，命僧守之，施熟水亭下，而守橋軍房亦在焉。南亭之南，復即山爲亭，以濟川名之。創菴其西，有齊禮、九功、馴翟、嘉祥四里，産錢二貫二百八十八，苗米一十五石二斗七升。輪大院三十主之，以管幹橋事，再歲一替。有水手二十一人隸焉，朝夕巡視，白所當修造者，以報逐寺。崇寧二年，公復守是邦，乃於橋南建天寧寺，以菴之田産併歸之，命天寧主僧爲三十院都管。是時，港已分爲三矣。北港舟十有六，中港七十有三，南港十有三，凡一百二隻。僧寺産錢，初自五貫以上，令獨任其一；不及，則合一二或三四院以爲助。蓋受船板本錢者二百一十三所，而受置大藤纜本錢者又其内三十所。公命籍本錢之日及其要束，一藏之郡案，一付之橋司，使相授受。其略曰：橋船及板本錢三千三百九十貫。正橋門船四隻，板六間，四院主之，各受本錢六十貫。南港、南岸馬頭，船一隻，板二間，一院管認，本錢亦如之。橋門第二，船四隻，板四間，四院主之，各受本錢五十貫。北港、中港兩岸，南港北岸馬頭，船五隻，板五間，五院管認，本錢亦如之。其餘每船一隻，板一間，各受本錢三十貫。自北而南，船以「千文」爲號。後有廢壞，永歷息錢興修，常取堅固。大藤纜本錢五百一十貫，鼓山、雪峯、神光、西禪、芙蓉、法海、乾元、安國、壽山、開元、大中、精嚴、等覺、九峯、困山、萬歲、報恩、白鹿、天王、太平、賢沙、昇山、靈峯、仁王、雙峯、大潙、聖泉、衡山、興福、廣因，凡三十寺，各十七貫，歲出息一分，令橋菴經官置簿拘納，分輪兩院管。置纜一次，及屬架之蓬悉交割，乃得替。凡橋門船，長四丈六尺，面一丈五尺，頭各八尺；板二間，長各四丈四尺，闊一丈；直梁八，圍各三尺六寸；輪木闊各一尺三寸，厚一尺；兩頭鐵綀各四，並四斤。其次橋門第二船、三港馬頭船，長四丈四尺，面一丈一尺，頭六尺。其餘船，長三丈九尺，闊一丈，頭五尺五寸。板每間長二丈三尺，闊一丈；直梁七，圍各二尺四寸；輪木闊一尺，厚八寸；鐵綀二，各四斤。勾欄每扇各二，柱高二尺五寸，方五寸；上下壓枋闊五寸，厚三寸；短柱四，高一尺七寸，闊五寸，厚三寸。凡大藤纜，於船左右常各存新舊二條，圍各二尺五寸，五歲一易。不許以退纜舊藤間雜收使。如三港西岸馬頭，時有流刷傾側，或泥地淤長，可堪增築。及橋亭、軍房、屋宇，井篷纜蓋架等損弊，悉仰管幹橋院畫時修葺。其鐵綀常備六十具，以待去失急用，於守橋兵士名下勒填。餘船板、碇石，有一不備，刷染更換；有一滅裂，以時巡察，報逐院增修。不得別有率斂。其措置纖悉，盡蓋如此。尋復歲，以三院輪入管幹。其後，間以故，獲免受役者至十八院。先是，水手各認管船五隻，月米一石，錢二千四百，從逐院赴橋司輸送，然後給之。後浸爲弊，乃悉罷去。輪諸寺行者代其役，給官舟與來往護視，遇夜則守橋。紹興十

一年，都管主僧僧珵立「規式」菴中，課督羣行者甚力，輟前所給水手錢米入長生局爲度牒之本，以勸勉之。是時，北港已爲石墩橋道十五座矣，船惟中港七十四，南港十三。拘納二分息錢，復散寄逐寺，收息愈廣。其後，藤纜乃不以時治。二十三年，僧圓覺住天寧寺，募作鐵纜，每節爲錢三百，越一月，遂辦，藤纜始廢。二十四年，提點刑獄趙公令詪攝郡事，覩橋道寖壞，命閩縣丞黄昭祖因舊制度復一新之。會圓覺以事罷，估籍衣物金銀等錢一千二百八貫有奇，及橋司所樁置纜息錢二百三貫有奇，用舊例，復命以其錢分爲九十二分半，均給諸寺。其橋門船及南港南岸馬頭船凡三隻，各給二分；橋門第二船及中港兩岸、南港北岸馬頭船，凡五隻，各給一分半；餘各一分；增爲本錢。申嚴舊式：凡尺寸，悉以官省尺爲度；梁木，須勁直者；板必厚一寸六分。募置水手，復仍舊役。惟船頭拋碇藤纜務要緊實，各長一十五丈，不許水手打攬，以舊纜添造。亦置籍二本，一藏郡案，一付橋司。明年，梁山等十七院復爲石墩橋道。於是，菴中既無所拘納，都管之職亦漸衰弛。向所輸送水手錢米，遂從逐院自取之。上下懈怠，莫有統屬，橋事以是愈壞。今鐵纜斷裂僅存寘菴舍，藤纜息錢枉增。諸寺船板之數，本錢雖散在三十寺，未有興復者。石墩橋道尋又增置。今爲船者，六十二耳。中亭項賃會户以匿税故，乾道中，併拆其屋，逐之。泗洲堂，淳熙元年一夕爇盡。往時營幹橋僧既交替，以有勞率得院住持，近乃無聞。水手昔屬閩尉，後有尉適不振職，因屬縣丞云。

徐松《宋會要輯稿》第一九二册《方域一三・橋梁》 宋太祖建隆二年四月，西京留守向拱言：重修天津橋成。甃石爲脚，高數丈，鋭其前以疏水勢，石縫以鐵鼓絡之，其制甚固。降詔褒美。

開寶七年十一月，江南行營曹彬等言：大江浮梁成。命前汝州防禦使陸萬友往守之。先是，江南布衣樊若水嘗漁於采石磯，以小舟載絲繩維南岸，疾櫂至北岸，以渡江之廣狹。遂詣闕獻策，請造舟爲梁以濟師。太祖即命高品石、全振往荆湖造黄黑龍船數十艘，又以大艦載巨竹絙，自荆南而下。及命曹彬等出師，及遣八作使郝守濬等率丁夫營之。議者以爲，自古未有浮梁渡大江者，恐不能就。至是，先試於石碑口造之，移置采石磯。三日而橋成。由是大軍長驅以濟，如履平地。

太宗太平興國八年九(月)詔：國家同文共軌，四海一家。方蘇歸化之人，豈禁代勞之畜。其泗州浮橋，今後應有馬經過，不得更有禁止。并下沿淮州軍。准此。先是，江浙未平，馬有渡淮之禁，至是用贊善大夫闞衡言而有是命。

故也。

真宗景德二年四月，改修京新城諸門外橋，並增高之，欲通外濠舟楫，使人

大中祥符元年五月詔：在新舊城裏汴河橋八座，令開封府除七座放過重車外，并平橋只得座車子往來。二年八月詔：京城汴河諸橋，差人防護，如聞邀留商旅舟船，官司不爲禁止。自今犯者坐之。三年八月，工部尚書知樞密院事陳堯叟言：同州新市鎮，渭河造浮梁，有沙灘，且岸峽不若嚴信倉水狹岸平，爲梁甚便。從之。四年一月詔：洛水橋名迎躍，渭水橋名有方。六月詔：如聞陳留有汴河橋，與水勢相戾，往來舟船多致損溺，令府界提點經度修換，其利害以聞。五年七月，修保康門，相直汴河廣濟橋，改名曰延安。創惠民河新橋，名曰安國。車駕臨視之。九日，帝曰：京城通津門外，新置汴河浮橋，未及半年累損，公私船經過之際，人皆憂懼。尋令閤承翰規度利害。且言廢之爲便，可依奏廢拆。其元陳利便，已受遷補之人，劾罪，誡勵並勒依舊。六年六月，詔曰：昨者祇若元符，欽迎真像，靈期允協，茂典慶成。乃眷飛梁，實登寶座，宜更美稱，用表純熙。昇平橋宜以「迎真」爲名。八年六月，河西軍節度使知河陽石普言：陝府澶州浮橋，每有網船往來，遂便拆橋放過，甚有阻滯。今造到小樣脚船八隻，若逐處有岸，即將高脚船從岸鋪使，漸次將低脚船排使。如無岸處，即兩邊用低橋脚以次鋪排，中間使高脚船八隻作虹橋，其過往舟船於水深洪内透放。并具様進呈。帝令三司定奪聞奏。閏六月詔：開封府界諸縣鎮橋，自今蓋造添修，並要本府勾當所用木植，令於屋税等錢内折科，如大材料，令三司支撥應副。

天禧元年正月，罷修汴河無脚橋。初，内殿承制魏化基言：汴水悍激，多因橋柱壞舟，遂獻此橋木式。編木爲之，釘貫其中，詔化基與八作司營造。至是三司度所廢工踰三倍，乃請罷之。

仁宗天聖二年九月二十八日，太常傳士董黄中言：太平州蕪湖縣，有渡江浮橋一，乞降勅命長令存留，仍不住修葺。從之。乞是，江水歲暴漲，浸没橋道，科率修繕，甚爲民害。至是造舟爲梁，頗革其弊。三年正月，巡護惠民河田承説言：河橋上多是開鋪販鬻，妨礙會籉及人馬車乘往來，兼損壞橋道，望令禁止。違者重置其罪。從之。是月詔：在京諸河橋上，不得令百姓搭蓋鋪占欄，有妨車馬過往。六年三月詔：澶州浮橋，計使脚船回十九隻，並于秦隴同州出産松材，磁、相州出釘鐵石灰，採取應副。就本州打造差監浮橋，使臣管勾。先是，於温、台二州打造，以其遠到遲，故有是命。七年六月，京東轉運司言：近准勑差

知萊州虞部郎中閻貽慶等，部轄開修，夾黃河勘會所開河橋梁埧子，除北田朦朧埧子兩座，水勢添漲，候開春減退修置外，其餘橋埧並已修置。欲令緣廣濟河并夾黃河縣分，令佐常切巡護，逐年檢計工料，圓融夫力，淘出泥土，修貼堤身。於牽路外，栽種榆柳。如河堤別無決溢，林木清活，具數供申。年終輦運司照檢不虛，批上。曆子理爲勞績，如公然慢易，致隄岸怯弱頹缺、栽種失時，亦乞勘逐科罰。從之。

慶曆四年四月詔：責罰定奪陳留縣移橋官吏。先是，催綱右侍禁李舜舉，請移陳留南鎮上橋於近南舊弛橋處，以免傾覆舟船之患。開封從其請。而移橋則廢縣大姓之氏舍，遂因緣以言於三司使王堯臣，以爲無利害而徒費，三司遣提點倉草場陳榮古相之。榮古請于舊橋西，展水岸五十步，擗水入大洪，而罷移橋。知府英育固争之，朝廷遣御史按之。御史言移橋便，且繫三司受請，置司推勘。於是自堯臣以下，皆罰金焉。

皇祐三年十月，以惠民作新橋爲安濟橋。

嘉祐二年十二月，追先降修澶州浮橋官吏奬諭詔。先是，澶州言河流壞浮橋，後日而完修之，遂降奬諭。而中書言：官吏護視不謹，法當劾罪。既令免勘而詔亦追罷之。

治平四年八月二十一日，神宗即位，未改元。陝西體量安撫使孫永言：河中府浮梁，自東西岸有減水口子，自淤澱後遇水汛漲，束狹得河流湍悍，故壞中墠及浮橋。乞將陳杜唐州材三口，畧行疏理，分泄黃河汛漲時水勢。從之。

神宗熙寧六年四月十七日，熙河洮河浮梁成，賜名永通橋。十月十三日，洮河北安鄉，城鄯廓通道也。濱河戎人，嘗刳木以濟，行者艱滯既甚，何以來遠？故令景杲立營之。同日，詔延州永寧關黃河渡口置浮梁，永寧關與洺濕州跨河相對，地沃多田收，嘗以芻糧資延州東路城寨，而津渡阻隔，有十數日不克濟者，故上命趙卨營以通糧道，兵民便之。八年八月八日，詔澶州製造吴舜臣所造獲浮橋鐵叉竿。九年五月十九日，鄜延路經畧安撫使李承之言：延州新修寧和橋，乞依舊存留。若解拆後遇大水，蹙凌吹失，更不添修，依舊置渡。從之。

元豐二年十二月二十五日，詔改開遠門外浮橋畢，賜知將作監吴處厚銀絹及使臣吏人有差。五年八月七日詔：應諸處廣濟橋道並隸都水監。二十四日，前河北轉運副使周革言：熙寧中，外都中監丞程昉於滹沱河中渡繫浮橋，比售增費數倍，乞罷之，權用船渡。從之。六年八月十一日，賜河中府度僧牒二伯八十，修浮橋堤岸。七年七月二十二日，滑州言：齊賈下掃，河水漲壞浮橋，詔范子淵相度以聞。後范子淵言：相度滑州浮橋，移次州西兩岸，相距四百六十一步。南岸高崖，地雜膠淤，比舊橋增長三十六步半。詔子淵與京西河北轉運司滑州同措置修築。

哲宗紹聖二年六月三日，詳定重修勅令，所申明黃河浮橋，禁揭榜於兩岸。

徽宗大觀三年正月二十九日詔：應係橋渡，官爲如法修整，今後擅置及將官橋毀壞者，徒二年，配一千里。其官渡橋不修整者，杖一百。十月七日，尚書度支員外郎王革言：滑州比年以來，修整浮橋，所費工力、物料，萬數浩瀚。每歲虜使到河，或不及事，或僅能了當，致一一上煩朝廷措置。乞詔都水監與滑州通利軍當職官，於沿流上下，從長相視，同狀指定可以繫橋去處，權暫繫橋。水漲輒拆，以備後用。或令河北京西路轉運司，相度增五宿頓，使虜使由孟津趨闕下，俟具辦集檢會。

元豐四年，因避冀州濟渡改路，詔旨施行，實爲長久之利。詔令京西河北路轉運司檢會案例年分及所經，由京西道路增添相度，有無害程頓去處，聞奏。

政和四年八月十日，京西路計度都轉運使宋昇奏：河南府天津橋，依倣趙州石橋修砌，令勒都壕寨官董士輓彩畫到天津橋，作三等樣製修砌圖本一册進呈。詔依第二橋樣修建，許於新收稅錢內支撥糧米。本司應辦，仍不立名。行遣，仍詔孟昌齡同宋昇措置。其後宋昇奏：西京端門前，考唐洛陽圖，舊有四橋：曰穀水；曰黃道，在天津橋之北；曰重津，在天津橋之南，並爲疏導洛水，夏秋泛漲，歲月寖久，及自經壞橋之後，悉皆湮没，今看詳見修天津橋，居河之中。除穀水已與洛河合爲一流外，其南北理當亦治二橋，以分其勢。蓋不如是，則兩馬頭雖用石段砌壘，兩岸之水東入橋下，發洩不快，則兩馬不無決隘之患。又橋之上十里有石堰，曰分洛，自唐以來，引水入小河，東南流入于伊。聞之耆舊，每暴漲則分減其勢。若今來修建天津橋，而不治分洛堰，不能保其無虞。臣前項所乞，止是天津一橋。今欲如舊制添修重津並黃道橋，及置分洛堰，增梁以疏其流於下，作堰以分其勢於上，實爲永久之利。從之。十一月二日，都水使者孟昌齡言：近承尚書省劄子，滑州浮橋，今歲已經漲水，不曾解卸，未見比每歲係橋計，使若干工料錢數及今歲不曾解拆計減省數目。昌齡契勘，到政和元年，兵士一萬餘，工錢七萬餘貫；政和二年，兵士三萬餘，工錢八萬餘貫；政和三年，兵士四萬，工錢七萬餘貫。今歲不曾解拆，將前項三年折計，減省兵士八萬

一千餘，工錢二十二萬八千餘貫。今具保守。□今歲夏秋漲水，不曾解折官吏職位姓名。詔昌齡、葛仲友及三等官吏作頭壕寨轉官，支賜有差。二十二日，都水使者孟昌齡言：請於通利軍依大伾等山，徙繫浮橋，其地勢下可以成河，倚山可爲馬頭。又有中潬正如河陽長久之利。從之。五年六月二十九日，詔居山至大伾山浮橋，賜名天成橋。大伾山至汶子山浮橋，賜名榮充橋。續詔改榮充橋曰聖功橋。十一月十七日，尚書工部侍郎孟昌齡言：三山水橋、萬年等新堤，前後役事，並各已成功，然大河非他水之比，或漲或落，掠岸衝激，勢不可測緩急。若須令臣出入照管，即待班次朝辭，萬一恐失期會，欲權依都水監官出入條例，遂急出門，只具奏聞及申牒，逐處官司庶免臨時誤事。從之。六年正月一日，提舉三山天成橋河事孟擴言：契勘橋司道，舊兩指揮，額計一千人，今來兩橋四馬頭窠占，并差定看船守宿之人及祇補打凌，整橋道，用人甚多，即目尚闕人數，招填不足。蓋因招軍例物與黄河埽兵多寡不同，是致少人投充。欲乞將橋道司招軍例物與黄河埽一般支給。從之。七月二十日，提舉三山天成橋河等司狀，據管勾天成聖功橋武節郎寇茂孫狀，本橋近承朝旨，添置人兵，馬頭作兩，指揮已招到并舊管人兵，合行分撥於兩馬頭。未審稱呼，爲南北馬頭橋道爲復，以第一、第二指揮爲名。本司令相度，欲將天成橋東馬頭作橋道第一指揮，西馬頭作橋道第二指揮。從之。二十四日詔：三山浮橋，萬世永賴。造言者終未革心，可令都水監與當職官夙夜常切固護。如何流向，著或淺澱即行疏濬。一有缺溢，並依舊法，當行處斬。若或造言摇動以惑衆，請可立賞錢一千貫，許人告捕。其增修堤道，開分水河，依圖相度，具工料以聞。七年五月二十七日詔：青州上水城、南洋二橋，久廢不治。昨降指揮修整，不及一季，遂見成功。控扼海道，增固守禦，委有勞績，帥臣崔直躬令學士院降詔獎諭。所委計置監修部役官等，令直躬具功力等第，保明聞奏，取旨推恩。八年四月二十二日詔：聞磁州界淺橋閣道路二百八十餘里，修治未至如法，行路惴恐，見管兵級數少，分布鋪地不足。仰本路帥臣差官同本州當職官相度措置，具事狀聞奏。仍屬縣巡尉并巡轄馬遞鋪使臣於衡內帶「管幹橋閣」四字，本州通判上下半年徧察別路有棧閣處。准此。

宣和元年五月二十五日，臣寮言：永興軍界滻水河并灞海，每經大雨，山水合併，兩河泛漲，別無橋路。及水勢稍息，往往病涉，多傷人命。乞下陝西路轉運司相度，如不可置橋渡，即乞以過馬索引路，令所屬縣分，多差水手救護。專委本路漕臣張孝純相度措置聞奏。三年八月二十五日詔：天成、聖功兩橋已奏畢功，本處當職官失職與免勘監橋官二員，各降兩官，都大一員降一官，展二年磨勘。滑州知、通二員各降一官，應當官職各展三年磨勘。提舉官都大司人吏、滑州當行人吏監橋官下軍司、橋匠作頭等，各科杖一百。四年四月二十四日詔：修繫三山橋了畢，累經秋河漲水，並無疎虞，賜都水使者孟揚以下轉官，賜帛有差。

光堯皇帝紹興三年七月二十二日詔：昨緣臨安府申請，橋道去處居民搭蓋茆草席屋，並令拆去，其本府並不預定的確去處。於一二日内了畢。却縱令官吏所至搔擾，有不係當拆去處，亦行起動，小民不安。令臨安府分析措置，無法因依，即令轉運司體究曾搔擾人户官吏，申尚書省。如漕臣隱庇，朝廷覺察得知，亦重置典憲。時爲久缺雨澤，故有是□。

壽皇聖帝乾道二年八月二十三日，兩浙漕司姜詵言：吴江長橋南三十三橋，塘岸南北十餘里，兩岸皆民田，舊立兩橋對岸，各有浦巷。歲久橋廢，欲再建立。旁近橋道稀少及對岸無民田者，更添造六橋，共創爲八橋，導泄太湖水往入吴松江，達於海。詔别議施行。四年十二月十四日詔：于臨安府清湖閘堰下，創木橋一；北郭税務北創浮橋一。以户部侍郎曾懷等言，三衙諸軍赴新置豐儲倉請糧，地遠故也。先是，懷等欲於清湖閘堰及北過税務人使厨屋北，各創木橋一。詔令轉運司臨安府營度，即而逐司以北郭税務厨屋北及人使維舟之所造橋有妨，請更爲浮橋，故有是命。

徐松《宋會要輯稿》第一九二册《方域一三》 〔紹興〕三十年十二月十四日，詔：「浙江西興鎮兩處監渡官，係樞密院差到使臣，今後一年一替。如無沉溺人船，令轉運司保明，申取朝廷指揮推賞。任滿不切用心，裝載舟重，致誤人命，依紹興七年六月四日立定；渡船三百料，許載空手一百人；二百料，六十人；一百料，三十人；一百料已下遞減。如有擒杖比二人罪賞指揮施行。仍仰所屬具情犯申取朝廷指揮。所有供給，令臨安府、紹興府比附監當例減半添支。其龍山、漁浦監鎮並是監管，不得專一。今後漁浦渡依舊就委監鎮巡檢，依浙江例賣牌發渡。龍山渡從朝廷選差樞密院使臣，一年一替，賞罰並依浙江西興體例。其臨安府海内巡檢司管鯫漁三百料船二隻，專一應副朝陵内人濟渡，不測使用。聞巡檢司吏私差借，應副官員。今後專差軍兵看守，如私輒差借，合千人從杖一百科罪，官員許本府具申朝廷施行。並從兩浙運使吕廣問請也。

羅頎《物原》條第一七《器原》 燧人以匏濟水，伏犧始乘桴，軒轅作舟楫，顓頊作篙槳，帝嚳作柁櫓，堯作維牽，夏禹作舵，加以蓬碇帆檣，伍員作樓。

方以智《通雅》卷三八 艁梁，浮橋也。秦始皇作浮橋，見《春秋後傳》。《史記》：秦昭襄五十年，初作河橋。《元和志》：河陽浮橋駕黄河，爲之列船亘[illegible]。《通典》曰：孟津亦曰富平津，杜元凱造浮橋。東晉有朱雀浮桁，與丹陽、竹格、驃騎爲四航。孝武寧康元年，除四桁税。《唐六典》：造舟之梁四，河三洛一。河則蒲津、太陽、明津，洛則孝義也。段國《沙州記》：吐谷渾于河上作橋，曰河厲。

李心衡《金川瑣記》卷二《皮船》 甘肅鄰近黄河之西寧一帶，多渾脱，蓋取羊皮，去骨肉裂成。輕浮水面，騎渡亂流。李太僕開先《塞上曲》有「不用輕帆并短棹，渾脱飛渡只須臾」之句，其巧便已可概見。然渾脱祇可渡一人，且下體不免沾濡，不若金川之皮船，工省用溥。其製尤巧，用極堅樹枝作骨，蒙以牛革，形圓如栲栳，一人持槳，中可坐四五人，順流而下，疾於奔馬，頃刻達百里。雖縣泉峻灘，曾無觸礙。船中人咸相戒不得動，動即顛覆，百無一生。船不能行逆流，輒艤岸負之而趨，輕若戴釜。蠻俗不知刳木之製，大江往來，賴此一物。秋冬潦盡潭清，奔流凝碧時，見皮船與波駛逸，正如一葉隨風。繆清泉鵠嘏嘗作句云：「隨波奔蕩傍斜陽，萬頃江中一葦杭。太乙蓮花應並試，杜陵春水正相當。圓如月鏡浮滄海，穩想禪杯渡法王。若把渾脱相比擬，未知誰更利中央。」最能曲肖。

紀事

《春秋左傳・昭公元年》 〔四月〕秦后子有寵於桓，如二君於景。其母曰：「弗去，懼選。」癸卯，鍼適晉，其車千乘。書曰「秦伯之弟鍼出奔晉」，罪秦伯也。后子享晉侯，造舟于河，《爾雅・釋水》郭璞注：造舟，「比船爲橋」。邢昺疏：「比船於水，加版於上，即今之浮橋。」十里舍車，自雍及絳。歸取酬幣，終事八反。司馬侯問焉，曰：「子之車盡於此而已乎？」對曰：「此之謂多矣。若能少此，吾何以得見？」女叔齊以告公，且曰：「秦公子必歸。臣聞君子能知其過，必有令圖。令，善也。令圖，天所贊也。」

《史記》卷九二《淮陰侯傳》 漢之敗卻彭城，塞王欣、翟王翳亡漢降楚，齊、趙亦反漢，與楚和。六月，魏王豹謁歸視親疾，至國，即絶河關反漢，與楚約和。漢王使酈生説豹，不下。其八月，以信爲左丞相，擊魏。魏王盛兵蒲坂，塞臨晉，信乃益爲疑兵，陳船欲度臨晉，而伏兵從夏陽以木罌缻渡軍，裴駰集解：徐廣曰：缻，一作缶。服虔曰：以木押縛罌缻以渡。韋昭曰：以木爲器如罌缻，以渡軍。無船，且尚密也。張守節正義按：韓信詐陳列船艘於臨晉，欲渡河，即此從夏陽木押罌缻渡軍，襲安邑。臨晉，同州東朝邑界。夏陽在同州北渭城界。襲安邑。魏王豹驚，引兵迎信，信遂虜豹，定魏爲河東郡。漢王遣張耳與信俱，引兵東，北擊趙、代。後九月，破代兵，禽夏説閼與。信之下魏破代，漢輒使人收其精兵，詣滎陽以距楚。

《後漢書》卷一六《鄧訓傳》 其春，復欲歸故地就田業，訓乃發湟中六千人，令長史任尚將之，縫革爲船，置於箄上以度河，箄，木筏也，音步佳反。掩擊迷唐廬落大豪，多所斬獲。

《後漢書》卷一七《岑彭傳》 〔建武〕九年，公孫述遣其將任滿、田戎、程汎，將數萬人乘枋箄下江關，擊破馮駿及田鴻、李玄等。遂拔夷道、夷陵，據荆門、虎牙，橫江水起浮橋、鬭樓，立欑柱絶水道，結營山上，以拒漢兵。彭數攻之，不利，於是裝直進樓船、冒突露橈數千艘。十一年春，彭與吴漢及誅虜將軍劉隆、輔威將軍臧宫、驍騎將軍劉歆，發南陽、武陵、南郡兵，又發桂陽、零陵、長沙委輸棹卒，凡六萬餘人，騎五千匹，皆會荆門。吴漢以三郡棹卒多費糧穀，欲罷之。彭以蜀兵盛，不可遣，上書言狀。帝報彭曰：「大司馬習用步騎，不曉水戰，荆門之事，一由征南公爲重而已。」彭乃令軍中募攻浮橋，先登者上賞。於是偏將軍魯奇應募而前。時天風狂急，〔彭〕奇船逆流而上，直衝浮橋，而欑柱鉤不得去，奇等乘埶殊死戰，因飛炬焚之，風怒火盛，橋樓崩燒。彭復悉軍順風並進，所向無前。蜀兵大亂，溺死者數千人。斬任滿，生獲程汎，而田戎亡保江州。彭上劉隆爲南郡太守，自率臧宫、劉歆長驅入江關，令軍中無得虜掠。所過百姓皆奉牛酒迎勞。彭見諸耆老，爲言大漢哀愍巴蜀久見虜役，故興師遠伐，以討有罪，爲人除害。讓不受其牛酒。百姓皆大喜悦，爭開門降。詔彭守益州牧，所下郡，輒行太守事。

佚名《三輔黄圖》卷一《便門橋》 長安城南出第三門曰西安門，北對未央宫，一曰便門，即平門也。古者「平」、「便」皆同字。武帝建元二年初作便門橋，跨渡渭水上，以趨茂陵，其道易直。《三輔決録》曰：「長安城西門曰便門，橋北

與門對，因號便橋。」王莽更名曰信平門誠正亭。

酈道元《水經注》卷一九《渭水・便門橋》 渭水又東與豐水會于短陰山內，水會，無他高山異巒，所有惟原阜石激而已。水上舊有便門橋，與便門直對，武帝建元三年造。張昌曰：橋在長安西北，茂陵東。如淳曰：去長安四十里。

宋敏求《長安志》卷一三《咸陽・便門橋》 渭河浮橋，在漢渭城縣南北兩城中間，架渭水上，即漢之便橋也。《漢書》曰：武帝建元三年春，初作便橋。蘇林曰：去長安四十里。服虔曰：在長安西北茂陵東，去長安二十里。顏師古曰：便門，長安城北面。西頭門即平門也，古者「平」、「便」皆同字。於此作橋，跨渡渭水，以趨茂陵。其道平易，即今所謂便橋，是其處也。便讀如本字。唐末廢，皇朝乾德四年重修，後爲暴水所壞。淳化三年，徙置孫家灘。至道二年，復修於此。《元和郡縣圖志》曰：長安城西門曰便門，北橋與門相對，因號便橋。

《清一統志》卷一七九《西安府・便門橋》 西渭橋，在咸陽縣西南，一名便橋。《漢書・武帝紀》：建元三年，初作便門橋。蘇林曰：去長安四十里。服虔曰：在長安西北茂陵東。《三輔決録》：長安城西門曰便門，門北與橋對，因號便橋。《水經注》：渭水與澧水會於短陰山，水上舊有便門橋。《元和志》：便橋在縣西南十里，架渭水上。《長安志》：渭河浮橋在漢渭城縣南北兩城中間，架渭水上，即漢之便橋也。唐末廢，宋乾德四年重修，後爲暴水所壞。淳化三年，徙置孫家灘。至德二年，復修於此。《縣志》：西渭橋在縣西南，一名咸陽橋。其地夏秋以舟渡，秋深則作橋。橋成則阻舟行，水漲而橋又廢。明嘉靖中，維舟爲浮橋，至今仍之。

《三國志・魏志》卷一《武帝紀》 是時關中諸將疑繇欲自襲，馬超遂與韓遂、楊秋、李堪、成宜等叛。遣曹仁討之。超等屯潼關，公敕諸將：「關西兵精悍，堅壁勿與戰。」秋七月，公西征，與超等夾關而軍。公急持之，而潛遣徐晃、朱靈等夜渡蒲阪津，據河西爲營。公自潼關北渡，未濟，超赴船急戰。校尉丁斐因放牛馬以餌賊，賊亂取牛馬，公乃得渡，循河爲甬道而南。賊退，拒渭口，公乃多設疑兵，潛以舟載兵入渭，爲浮橋，夜分兵結營于渭南。賊夜攻營，伏兵擊破之。超等屯渭南，遣信求割河以西請和，公不許。九月，進軍渡渭。超等數挑戰，又不許；固請割地，求送任子，公用賈詡計，僞許之。韓遂請與公相見，公與遂父同歲孝廉，又與遂同時儕輩，於是交馬語移時，不及軍事，但説京都舊故，拊手歡笑。

《魏書》卷四下《世祖紀》 〔太平真君十一年〕冬十月癸亥，車駕止枋頭。詔殿中尚書長孫真率騎五千自石濟渡，備玄謨遁走。乙丑，車駕濟河，玄謨大懼，棄軍而走，衆各潰散，追躡斬首萬餘級，器械山積。帝遂至東平。蕭斌之棄濟州，退保歷城。乃命諸將分道並進：使征西大將軍永昌王仁自洛陽出壽春，尚書長孫真趨馬頭，楚王建趨鍾離，高涼王那自青州趨下邳。車駕自中道，十有一月辛卯，至于鄒山，劉義隆魯郡太守崔邪利率屬城降。使使者以太牢祀孔子。壬子，次于彭城，遂趨盱眙。頞盾國獻師子一。十有二月丁卯，車駕至淮。詔刈雚葦，汎筏數萬而濟。義隆盱眙守將臧質閉門拒守。將軍胡崇之等率衆二萬援盱眙。燕王譚大破之，梟崇之等，斬首萬餘級，淮南皆降。

《魏書》卷三一《于栗磾傳》 劉裕之伐姚泓也，栗磾慮其北擾，遂築壘於河上，親自守焉。禁防嚴密，斥候不通。裕甚憚之，不敢前進。裕遺栗磾書，遠引孫權求討關羽之事，假道西上，題書曰「黑矟公麾下」。栗磾以狀表聞，太宗許之，因授黑矟將軍。栗磾好持黑矟以自標，裕望而異之，故有是語。奚斤之征虎牢也，栗磾別率所部攻德宗河南太守王涓之於金墉，涓之棄城遁走。遷豫州刺史，將軍如故，進爵新安侯。洛陽雖歷代所都，久爲邊裔，城闕蕭條，野無煙火。栗磾刊闢榛荒，勞來安集。德刑既設，甚得百姓之心。太宗南幸盟津，謂栗磾曰：「河可橋乎？」栗磾曰：「杜預造橋，遺事可想。」乃編次大船，構橋於冶坂。六軍既濟，太宗深歎美之。

《晉書》卷三四《杜預傳》 預以時曆差舛，不應晷度，奏上《二元乾度曆》，行於世。預又以孟津渡險，有覆没之患，請建河橋于富平津。議者以爲殷周所都，歷聖賢而不作者，必不可立故也。預曰：「『造舟爲梁』，則河橋之謂也。」及橋成，帝從百僚臨會，舉觴屬預曰：「非君，此橋不立也。」對曰：「非陛下之明，臣亦不得施其微巧。」周廟欹器，至漢東京猶在御坐。漢末喪亂，不復存，形制遂絶。預創意造成，奏上之，帝甚嘉歎焉。咸寧四年秋，大霖雨，蝗蟲起。預上疏多陳農要，事在《食貨志》。預在内七年，損益萬機，不可勝數，朝野稱美，號曰「杜武庫」，言其無所不有也。

《晉書》卷五九《成都王穎傳》 穎方恣其欲，而憚長沙王乂在內，遂與河間王顒表請誅后父羊玄之、左將軍皇甫商等，檄乂使就第。乃與顒將張方伐京都，以平原內史陸機爲前鋒都督、前將軍、假節。穎次朝歌，每夜矛戟有光若火，其壘井中皆有龍象。進軍屯河南，阻清水爲壘，造浮橋以通河北，以大木函盛石，

沈之以繫橋，名曰「石鼈」。陸機戰敗，死者甚衆，機又爲孟玖所譖，穎收機斬之，夷其三族，語在機傳。於是進攻京城。時常山人王輿合衆萬餘，欲襲穎。會乂被執，其黨斬輿降。穎既入京師，復旋鎮于鄴，增封二十郡，拜丞相。河間王顒表穎宜爲儲副，遂廢太子覃，立穎爲皇太弟，丞相如故，制度一依魏武故事，乘輿服御皆遷于鄴。表罷宿衛兵屬相府，更以王官宿衛。僭侈日甚，有無君之心，委任孟玖等，大失衆望。

《晉書》卷一二三《慕容垂載記》　翟遼死，子釗代立，攻逼鄴城，慕容農擊走之。垂引師伐釗于滑臺，次于黎陽津，釗于南岸距守，諸將惡其兵精，咸諫不宜濟河。垂笑曰：「豎子何能爲，吾今爲卿等殺之。」遂徙營就西津，爲牛皮船百餘艘，載疑兵列杖，溯流而上。釗先以大衆備黎陽，見垂向西津，乃棄營西距。垂潛遣其桂林王慕容鎮、驃騎慕容國於黎陽津夜濟，壁于河南。釗聞而奔還，士衆疲渴，走歸滑臺，釗攜妻子率數百騎北趣白鹿山。農追擊，盡擒其衆，釗單騎奔長子。釗所統七郡户三萬八千皆安堵如故。徙徐州流人七千餘户于黎陽。

常璩《華陽國志》卷四《南中志》　寧州，晉泰始六年初置，蜀之南中諸郡，庲降都督治也。南中在昔，〔蓋〕夷(越)，越之地，滇、濮、句町、夜郎、葉榆、桐師、嶲唐，侯王國以十數，編髮左衽，隨畜遷徙，莫能相雄長。周之季世，楚(威)〔頃襄〕王遣將軍莊蹻泝沅水出且蘭，以伐夜郎，植牂柯繫舡。于是且蘭既尅，夜郎又降，而秦奪楚黔中地，無路得反，遂留王滇池。蹻楚莊王苗裔也。以牂柯繫舡，因名且蘭爲牂柯國，分侯支黨，傳數百年，秦并李本作「並」。蜀，通五尺道，置吏主之。

許嵩《建康實録》卷七《干寶・朱雀浮航》　〔晉成帝咸康二年〕冬十月，更作朱雀門，新立朱雀浮航。航在縣城東南四里，對朱雀門，南度淮水，亦名朱雀橋。案，《地志》：本吴南津大吴橋也。王敦作亂，温嶠燒絶之，遂權以浮航往來。至是，始議用杜預河橋法作之。長九十步，廣六丈，冬夏隨水高下也。

許嵩《建康實録》卷九《簡文順皇后》　〔東晉孝武帝寧康元年〕三月丙午，月犯南斗第五星，占以大臣之憂，憂在死亡。癸丑，詔除丹楊、竹格等四航税。案，《晉書》：王敦作逆，賊從竹格度，即此航也，今縣城西南二里。案，《地輿志》：六代自石頭東至運署，總二十四所度，皆浮船往來，以税行直。淮對編門大航，用杜預河橋之法，其本吴時南淮大橋也。一名朱雀橋，當朱雀門下，渡淮水。王敦作逆，温嶠燒絶之，是後權以舶航爲浮橋。成帝咸康二年，侍中孔坦議復税橋，行者收直，以具其材，但苑宫初理不暇，遂浮航相仍。至陳，每有不虞，則燒之。復有驃騎航，在東府城門渡淮，會稽王道子立，并竹格航、丹楊郡城後航總四航，在晉時並收税，至是年，詔皆除税不收，放民之往來也。

酈道元《水經注》卷二《河水二・河厲》　按段國《沙州記》：吐谷渾于河上作橋，謂之河(屬)〔厲〕。長一百五十步，兩岸累石作基陛，節節相次，大木從横，更相鎮壓。兩邊俱平，相去三丈，並大材，以板横次之，施鉤欄，甚嚴飾橋在清水川東也。

酈道元《水經注》卷二《河水》　河水又逕左南城南。《十三州志》曰：石城西一百四十里，有左南城者也，津亦取名焉。大河又東，逕赤岸北即河夾岸也。《秦州記》曰：枹罕有河夾岸，岸廣四十丈。義熙中，乞佛于此河上作飛橋，橋高五十丈，三年乃就。

酈道元《水經注》卷一六《穀水》　穀水又東，逕宣陽門南，故小苑門也。皇都遷洛，移置于此，對閶闔門，南直洛水浮桁。故《東京賦》曰「泝洛背河，左伊右瀍」者也。夫洛陽考之中土，卜惟洛食，實爲神都也。門左即洛陽池處也，池東，舊平城門所在矣。

酈道元《水經注》卷三三《江水一》　漢自廣都乘勝進逼成都，與其副劉尚南北相望，夾江爲營，浮橋相對。公孫述使謝豐揚軍市橋出漢後，襲破漢，漢墜馬落水，緣馬尾得出，入壁。命將夜潛渡江就尚，擊豐，斬之于是水之陰。

酈道元《水經注》卷三四《江水二》　江水又東逕白鹿巖，沿江有峻壁百餘丈，猿所不能遊，有一白鹿，陵峭登崕，乘巖而上，故世名此巖爲白鹿巖。江水又東歷荆門、虎牙之間。荆門在南，上合下開，闇徹山南，有門像。虎牙在北，石壁色紅，間有白文，類牙形，並以物像受名。此二山，楚之西塞也。水勢急峻，故郭景純《江賦》曰「虎牙桀豎以屹崒，荆門闕竦而盤薄。圓淵九迴以懸騰，湓流雷呴而電激」者也。漢建武十一年，公孫述遣其大司徒任滿、翼江王田戎，將兵數萬，據險爲浮橋，横江以絶水路，營壘跨山，以塞陸道。光武遣吴漢、岑彭將六萬人擊荆門，漢等率舟師攻之，直衝浮橋，因風從火，遂斬滿等矣。

酈道元《水經注》卷四〇《漸江水》　《國語》曰：句踐之地，南至句無。王莽之疏虜也。夾水多浦，浦中有大湖，春夏多水，秋冬涸淺。江水又東南逕剡縣，與白石山水會。山上有瀑布，懸水三十丈，下注浦陽江。浦陽江水又東流南屈，又東迴北轉，逕剡縣東，王莽之盡忠也。縣開東門向江，江廣一百餘步。自昔耆舊傳，縣不得開南門，開南門則有賊盜。江水翼縣轉注，故有東渡、西渡焉。東

南二渡，通臨海，並汎單船爲浮航。西渡通東陽，併二十五船爲橋航。江邊有査浦，浦東行二百餘里，與句章接界。浦裏有六里，有五百家，並夾浦居，列門向水，甚有良田。有青溪、餘洪溪、大發溪、小發溪，江上有趙有「六」字。溪，六溪列溉，散入江。

楊衒之《洛陽伽藍記》卷三《城南・永橋》 宣陽門外四里至洛水，上作浮橋，所謂永橋也。神龜中，常景爲《汭頌》，其辭曰：「浩浩大川，泱泱清洛。導源熊耳，控流巨壑。納穀吐伊，貫周淹亳。近達河宗，遠朝海若。兆唯洛食，實曰土中。上應張柳，下據河嵩。寒暑攸葉，日月載融。帝世光宅，函夏同風。前臨少室，卻負太行。制巖東邑，峭峘西疆。四險之地，六達之莊。恃德則固，失道則亡。詳觀古列，考見丘墳。乃禪乃革，或質或文。周餘九裂，漢季三分。魏風衰晚，晉景彫曛。天地發輝，圖書受命。皇建有極，神功無競。魏籙仰天，玄符握鏡。璽運會昌，龍圖受命。乃睠書軌，永懷寶定。敷茲景跡，流美洪謨。襲我冠冕，正我神樞。水陸兼會，周鄭交衢。爰勒洛汭，敢告中區。」南北兩岸有華表，舉高二十丈。華表上作鳳凰似欲衝天勢。永橋以南，圜丘以北，伊洛之間，夾御道：東有四夷館，一曰金陵，二曰燕然，三曰扶桑，四曰崦嵫。道西有四夷里，一曰歸正，二曰歸德，三曰慕化，四曰慕義。

《周書》卷四〇《王軌傳》 及陳將吴明徹入寇吕梁，徐州總管梁士彦頻與戰，不利，乃退保州城，不敢復出。明徹遂堰清水以灌之，列船艦於城下，以圖攻取。詔以軌爲行軍總管，率諸軍赴救。軌潛於清水入淮口，多豎大木，以鐵鎖貫車輪，横截水流，以斷其船路。方欲密決其堰以斃之，明徹知之，懼，乃破堰遽退，冀乘決水之勢，以得入淮。比至清口，川流已闊，水勢亦衰，船艦並礙於車輪，不復得過。軌因率兵圍而蹙之。唯有騎將蕭摩訶以二千騎先走，得免。明徹及將士三萬餘人，并器械輜重，並就俘獲。陳之鋭卒，於是殲焉。高祖嘉之，進位柱國，仍拜徐州總管、七州十五鎮諸軍事。軌性嚴重，多謀略，兼有吕梁之捷，威振敵境。陳人甚憚之。

（日）圓仁《入唐求法巡禮行記》卷三 十三日，早發，南行卌里，到辛驛店頭斷中。齋後，南行卅五里，到河中節度府。黄河從城西邊向南流。黄河從河中府已北，向南流到河中府南，便向東流。從北入舜西門出，側有蒲津關。到關得勘入，便渡黄河。浮船造橋，闊二百步許。黄河西流，造橋兩處。南流不遠，兩派合。都過七重門。向西行五里，到河西縣八柱寺宿。寺在縣城西，去縣百步來地。

《舊五代史》卷五三《李存進傳》 〔光化〕十六年，以本職兼領振武節度使。時王師據德勝渡，汴軍據楊村渡在上流。汴人運洛陽竹木，造浮橋以濟軍。王師以船渡，緩急難濟，存進率意欲造浮橋。軍吏曰：「河橋須竹笮大艑，兩岸石倉鐵牛以爲固，今無竹石，竊慮難成。」存進曰：「吾成算在心，必有所立。」乃課軍造葦笮，維大艦數十艘，作土山，植巨木於岸以纜之。初，軍中以爲戲，月餘橋成，制度條上，人皆服其勤智。莊宗舉酒曰：「存進，吾之杜預也。」賜寶馬御衣，進檢校太保、兼魏博馬步都將。與李存審固守德勝。

陸游《入蜀記》卷二 烈洲在江中，上有小山曰烈山，草木極茂密，有神祠在山巔。慈姥磯，磯之尤巉絶峭立者。徐師川有《慈姥磯》詩，序云：「磯與望夫石相望，正可爲的對，而詩人未嘗挂齒牙。」故其詩云：「離鸞只説閨中恨，舐犢誰知目下情。」然梅聖俞《護母喪歸宛陵發長蘆江口》詩云：「南國山川都不改，傷心慈姥舊時磯。」師川偶忘之耳。聖俞又有《過慈姥磯下》及《慈姥山石崖上竹鞭》詩，皆極高奇，與此山稱。采石一名牛渚，與和州對岸，江面比瓜洲爲狹，故隋韓擒虎平陳及本朝曹彬下南唐，皆自此渡。然微風輒浪作不可行，劉賓客云「蘆葦晚風起，秋江鱗甲生」，王文公云「一風微吹萬舟阻」，皆謂此磯也。磯即南唐樊若冰獻策，作浮梁渡王師處。初若冰不得志於李氏，詐祝髮爲僧，廬於采石山，鑿石爲竅，及建石浮圖，又有夜繫繩於浮圖，棹小舟急渡，引繩至江北，以度江面。既習知不謬，即亡走京師上書。其後王師南渡，浮梁果不差尺寸。予按隋煬帝征遼，蓋嘗用此策渡遼水，造三浮橋於西岸。既成，引趨東岸，橋短丈餘不合。隋兵赴水接戰，高麗乘岸上擊之，麥鐵杖戰死，始斂兵。引橋復就西岸，而更命何稠接橋，二日而成，遂栾以濟。然隋終不能平高麗，國朝遂下南唐者，實天意也。若冰何力之有？方若冰之北走也，江南皆知其獻南征之策，或請誅其母妻。李煜不敢，但羈置池州而已。其後若冰自陳母妻在江南，朝廷命煜護送，煜雖憤切，終不敢違，厚遺而遣之。然若冰所鑿石竅及石浮圖，皆不毁，王師卒用以繫浮梁，則李氏君臣之暗且怠，亦可知矣。雖微若冰，有不亡者乎？張文潛作《平江南議》，謂當縛若冰送李煜，使甘心焉，不然，正其叛主之辠而誅之，以示天下，豈不偉哉！文潛此説，實天下正論也。

李吉甫《元和郡縣志》卷五《河南道一・天津橋》 天津橋，在縣北四里。隋煬帝大業元年初造此橋，以架洛水，用大纜維舟，皆以鐵鎖鉤連之。南北夾路，對起四樓，其樓爲日月表勝之象。然洛水溢，浮橋輒壞，貞觀十四年更令石工累

方石爲脚。《爾雅》「箕斗之間爲天漢之津」，故取名焉。

中橋，咸亨三年造，累石爲脚，如天津橋之制。

李吉甫《元和郡縣志》卷六《河南道二・太陽橋》 太陽橋，長七十六丈，廣二丈，架黄河爲之，在縣東北三里。貞觀十一年，太宗東巡，遣武侯將軍丘行恭營造。

李吉甫《元和郡縣志》卷九《河南道五・吕梁》 吕梁，在縣東南五十七里。蓋泗水至吕縣，積石爲梁，故號吕梁。陳將吴明徹以舟師破下邳，進屯吕梁，堰泗水以灌徐州。周將軍烏丸軌、達奚長孺率兵救援，軌取車輪數百，連鎖貫之，横斷水路，然後募壯士夜決堰。至明，陳人始覺，潰亂争歸，至連鎖之處，生擒明徹。

李吉甫《元和郡縣圖志》卷三二《劍南道中》 瀘水，在縣西一百十二里。諸葛亮征越巂，上疏曰「五月渡瀘，深入不毛」，謂此水也。水峻急而多石，土人以牛皮作船而渡，一船勝七八人。

王溥《唐會要》卷八六《橋梁》 顯慶五年五月一日，修洛水月堰。舊都城洛水天津之東，有中橋及利涉橋，以通行李。

上元二年，司農卿韋機始移中橋，自立德坊西南置于安衆坊之左，南當長夏門街。都人甚以爲便，因廢利涉橋，所省萬計。然每年洛水泛溢，必漂損橋梁，倦于繕葺。内使李昭德始創意，令所司改用石脚，鋭其前以分水勢，自是無漂損之患。

先天二年八月勅，天津橋除命婦以外，餘車不得令過。

開元九年十二月九日，增修蒲津橋，絙以竹葦，引以鐵牛，命兵部尚書張説刻石爲頌。

十九年六月勅，兩京城内諸橋及當城門街者，並將作修營，餘州縣料理。

二十年四月二十一日，改造天津橋，毁皇津橋，合爲一橋。

《資治通鑑》卷一一九《宋紀一》 魏主至盟津。于栗磾造浮橋於冶阪津。乙丑，魏主引兵北濟，西如河内。娥清、周幾、閭大肥徇地至湖陸、高平，民屯聚而射之。清等盡攻破高平諸縣，滅數千家，虜掠萬餘口；兖州刺史鄭順之戍湖陸，以兵少不敢出。

《資治通鑑》卷四八《漢紀四十》 護羌校尉貫友貫，姓也，漢初有趙相貫高。遣譯使構離諸羌，誘以財貨，由是解散。乃遣兵出塞，攻迷唐於大、小榆谷，獲首虜八百餘人，收麥數萬斛，遂夾逢留大河築城塢，作大航，造河橋，欲度兵擊迷唐。迷唐率部落遠徙，依賜支河曲。

《資治通鑑》卷六五《漢紀五十七》 權遂西擊黄祖。祖横兩蒙衝《釋名》曰：船狹而長曰蒙衝，以衝突敵船。挾守沔口，以栟閭大紲繫石爲矴，栟閭，椶櫚也。郭璞曰：落穫也，中作器素。栟，卑盈翻。紲，音薛，長繩也。矴，丁定翻，錘舟石。上有千人，以弩交射，飛矢雨下，軍不得前。偏將軍董襲與别部司馬淩統俱爲前部，各將敢死百人，人被兩鎧，乘大舸，突入蒙衝裏。襲身以刀斷兩紲，蒙衝乃横流，大兵遂進。祖令都督陳就以水軍逆戰。平北都尉吕蒙勒前鋒，親梟就首。於是將士乘勝，水陸並進，傅其城，盡鋭攻之，遂屠其城。祖挺身走，追斬之，虜其男女數萬口。

《資治通鑑》卷九七《晉紀十九》 趙王虎作河橋於靈昌津，采石爲中濟，滑臺故鄭之廩延也，城下有延津；又西爲靈昌津；石勒攻劉曜，途出於此，以河冰泮爲神靈之助，號是處爲靈昌津。大河深廣，必下石爲中濟，兩岸繫巨絙以維船，然後可以立橋，如河陽橋、蒲津橋之中潬是也。采石，採取石也。濟，如字。石下，輒隨流，用功五百餘萬而橋不成，虎怒，斬匠而罷。

《資治通鑑》卷一〇一《海西公上》 〔太和二年〕代王什翼犍擊劉衛辰，河冰未合，什翼犍命以葦絙約流澌。俄而冰合，然猶未堅；乃散葦於其上，冰草相結，有如浮梁，代兵乘之以渡。衛辰不意兵猝至，與宗族西走，什翼犍收其部落什六七而還。衛辰奔秦，秦王堅送衛辰還朔方，遣兵戍之。

《資治通鑑》卷一四八《高祖武皇帝四》 上使左衛將軍昌義之將兵救浮山，未至，康絢已擊魏兵，卻之。上使義之與直閤王神念泝淮救硤石。崔亮遣將軍博陵崔延伯守下蔡，延伯與别將伊甕生夾淮爲營。延伯取車輪去輞，削鋭其輻，兩兩接對，揉竹爲絙，貫連相屬，並十餘道，横水爲橋，兩頭施大鹿盧，出没隨意，不可燒斫。

《資治通鑑》卷一六一《梁紀十七》 〔太清二年〕辛亥，景至朱雀桁南，太子以臨賀王正德守宣陽門，東宫學士新野庾信守朱雀門，帥宫中文武三千餘人營桁北。太子命信開大桁以挫其鋒，正德曰：「百姓見開桁，必大驚駭，可且安物情。」太子從之。俄而景至，信帥衆開桁，始除一舶，見景軍皆著鐵面，退隱于門。信方食甘蔗，有飛箭中門柱，信手甘蔗，應弦而落，遂棄軍走。南塘遊軍沈子睦，臨賀王正德之黨也，太子使王質將精兵三千援信，至領軍府，遇賊，未陳而走。

正德帥衆於張侯橋迎景，馬上交揖，既入宣陽門，望闕而拜，歔欷流涕，隨景渡淮。景軍皆著青袍，正德軍並著絳袍，碧裏，既與景合，悉反其袍。景乘勝至闕下，城中恟懼，羊侃詐稱得射書云：「邵陵王、西昌侯援兵已至近路。」衆乃小安。西豐公大春棄石頭，奔京口；謝禧、元貞棄白下走；津主彭文粲等以石頭城降景，景遣其儀同三司于子悦守之。

《資治通鑑》卷二一七《唐紀三十三》〔天寶十四載〕丁亥，安禄山自靈昌渡河，以絙約敗船及草木横絶河流，一夕，冰合如浮梁，遂陷靈昌郡。禄山步騎散漫，人莫知其數，所過殘滅。張介然至陳留纔數日，禄山至，授兵登城，衆恟懼，不能守。庚寅，太守郭納以城降。禄山入北郭，聞安慶宗死，慟哭曰：「我何罪，而殺我子！」時陳留將士降者夾道近萬人，降，户江翻。近，其靳翻。禄山皆殺之以快其忿；斬張介然於軍門。以其將李庭望爲節度使，守陳留。

《資治通鑑》卷二二一《唐紀三十七》 思明有良馬千餘匹，每日出於河南渚浴之，循環不休以示多。光弼命索軍中牝馬，得五百匹，索，山客翻。縶其駒於城內。俟思明馬至水際，盡出之，馬嘶不已，思明馬悉浮渡河，一時驅之入城。牡馬慕牝，一時渡河，此小術耳。思明不能制，阻河水也。思明怒，列戰船數百艘，泛火船於前而隨之，欲乘流燒浮橋。光弼先貯百尺長竿數百枚，艘，蘇遭翻。貯，丁呂翻。以巨木承其根，氈裹鐵叉置其首，以迎火船而叉之。船不得進，須臾自焚盡。又以叉拒戰船，於橋上發礮石擊之，中者皆沉没，賊不勝而去。

《資治通鑑》卷二三九《唐紀五十五》 初，吐蕃欲作烏蘭橋，先貯材於河側，朔方常潛遣人投之於河，終不能成。虜知朔方、靈鹽節度使王佖貪，先厚賂之，然後併力成橋，仍築月城守之。自是朔方禦寇不暇。

《資治通鑑》卷二五二《唐紀六十八》〔乾符元年十一月〕南詔寇西川，作浮梁，濟大渡河。防河都知兵馬使、黎州刺史黄景復俟其半濟，擊之，蠻敗走，斷其浮梁。蠻以中軍多張旗幟當其前，而分兵潛出上、下流各二十里，夜，作浮梁，詰朝，俱濟，襲破諸城栅，夾攻景復。力戰三日，景復陽敗走，蠻盡鋭追之，景復設三伏以待之，蠻過三分之二，乃發伏擊之，蠻兵大敗，殺二千餘人，追至大渡河南而還，復修完城栅而守之。蠻歸，至之羅谷，遇國中發兵繼至，新舊相合，鉦鼓聲聞數十里。復寇大渡河，與唐夾水而軍，詐云求和，又自上下流潛濟，與景復戰連日。西川援軍不至，而蠻衆日益，景復不能支，軍遂潰。

《資治通鑑》卷二六一《唐紀七十七》 龐師古、葛從周併兵攻鄆州，朱瑄兵少食盡，不復出戰，但引水爲深壕以自固。辛卯，師古等營於水西南，命爲浮梁。癸巳，潛決濠水。丙申，浮梁成，師古夜以中軍先濟。瑄聞之，棄城奔中都，葛從周逐之，野人執瑄及妻子以獻。

《資治通鑑》卷二六五《唐紀八十一》 忠義節度使趙匡凝遣水軍上峽攻王建夔州，知渝州王宗阮等擊敗之。萬州刺史張武作鐵絙絶江中流，立栅於兩端，謂之「鏁峽」。

《資治通鑑》卷二六九《後梁紀四》〔乾化四年〕十一月乙巳，南詔寇黎州，蜀主以夔王宗範、兼中書令宗播、嘉王宗壽爲三招討以擊之。丙辰，敗之於潘倉嶂，斬其酋長趙嵯政等；壬戌，又敗之於山口城；十二月乙亥，破其武侯嶺十三寨；辛巳，又敗之於大渡河，俘斬數萬級，蠻争走渡水，橋絶，溺死者數萬人。宗範等將作浮梁濟大渡河攻之，蜀主召之令還。

《資治通鑑》卷二七〇《後梁紀五》〔貞明〕五年春，正月，辛巳，蜀主祀南郊，大赦。【略】三月，丙戌，蜀北路行營都招討、武德節度使王宗播等自散關擊岐，渡渭水，破岐將孟鐵山；會大雨而還，分兵戍興元、鳳州及威武城。戊子，天雄節度使、同平章事王宗昱攻隴州，不克。賀瓌攻德勝南城，百道俱進，以竹笮聯艨艟十餘艘，蒙以牛革，設睥睨、戰格如城狀，横於河流，以斷晉之救兵，使不得渡。晉王自引兵馳往救之，陳於北岸，不能進；遣善游者馬破龍入南城，見守將氏延賞，延賞言矢石將盡，陷在頃刻。晉王積金帛於軍門，募能破艨艟者；衆莫知爲計，親將李建及曰：「賀瓌悉衆而來，冀此一舉；若我軍不渡，則彼爲得計。今日之事，建及請以死決之。」乃選效節敢死士得三百人，被鎧操斧，帥之乘舟而進。將至艨艟，流矢雨集，建及使操斧者入艨艟間，斧其竹笮，又以木罌載薪，沃油然火，於上流縱之，隨以巨艦實甲士，鼓譟攻之。艨艟既斷，隨流而下，梁兵焚溺者殆半，晉兵乃得渡。瓌解圍走，晉兵逐之，至濮州而還。

《資治通鑑》卷二七二《後唐紀一》〔同光元年〕梁主召問王彦章以破敵之期，彦章對曰：「三日。」左右皆失笑。彦章出，兩日，馳至滑州。辛酉，置酒大會，陰遣人具舟於楊村；夜，命甲士六百，皆持巨斧，載冶者，具鞴炭，乘流而下。會飲尚未散，彦章陽起更衣，引精兵數千循河南岸趨德勝。天微雨，朱守殷不爲備，舟中兵舉鎖燒斷之，因以巨斧斬浮橋，而彦章引兵急擊南城。浮橋斷，南城遂破，時受命適三日矣。守殷以小舟載甲士濟河救之，不及。彦章進攻潘張、麻家口、景店諸寨，皆拔之，聲勢大振。

《續資治通鑑》卷四《宋紀四》 劉光義等入峽路，連破松木、三會、巫山等寨，殺其將南光海等，死者五千餘人，生擒戰棹都指揮使袁德弘等，奪戰艦二百餘艘，又斬獲水軍六十餘衆。初，蜀於夔州鎖江爲浮梁，上設敵柵三重，夾江列礮具。光義等行，帝出地圖，指其處謂光義曰：「泝江至此，切勿以舟師爭戰，當先遣步騎潛擊之，俟其稍卻，乃以戰棹夾攻，可必取也。」光義等至夔，距鎖江三十里許，舍舟，先奪浮梁，復引舟而上，遂破州城，頓兵白帝城西。

《續資治通鑑》卷五《太祖》 王全斌以蜀人斷棧，大軍不得進，議取羅川路入蜀。康延澤潛謂崔彥進曰：「羅川路險，衆難並濟，不如分兵修棧，約會大軍於深渡可也。」彥進遣白全斌，全斌許之。不數日，閣道成，遂進擊金山寨，又破小漫天寨，而全斌亦以大軍由羅川至深渡，與彥進會。蜀人依江而陣，彥進遣步軍都指揮使張萬友等擊之，奪其橋。會暮夜，蜀人退守大漫天寨。明日，彥進、延澤、萬友分兵三道擊之。蜀人悉其精鋭來拒，又大破之，乘勝拔其寨，擒寨主義州刺史王審超、監軍趙崇渥及三泉監軍劉延祚。都統王昭遠、都監趙崇韜引兵來戰，三戰三敗，追奔至利州北，昭遠等遁去，渡桔柏津，焚浮梁，退保劍門。壬申晦，全斌等入利州。獲軍糧八十萬斛。

《續資治通鑑長編》卷一五《太祖》 初，江南人樊若冰舉進士不中第，上書言事，不報，遂謀北歸。先釣魚采石江上，以小舫載絲繩其中，維南岸而疾棹抵北岸，以度江之廣狹，凡數十往反，而得其丈尺之數，遂指闕自言有策可取江南。上令學士院試，賜及第，授舒州團練推官。若冰告上以母及親屬皆在江南，恐爲李煜所害，願迎至治所。上即詔國主護送，國主聽命。戊辰，召若冰爲贊善大夫，且遣使詣荆湖，如若冰之策，造大艦及黄黑龍船數千艘，將浮江以濟師也。

《續資治通鑑長編》卷三四《太宗》 是秋，自七月初雨，至是不止，泥深數尺，朱雀、崇明門外積水尤甚，往來浮罌筏以濟。壁壘廬舍多壞，民有壓死者，物價湧貴，近甸秋稼多敗，流移甚衆。陳、潁、宋、亳間盜賊羣起，商旅不行。上以陰陽愆伏，罪由公府，切責宰相李昉及參知政事賈黄中、李沆曰：「卿等盈車受俸，豈知野有餓殍乎？」昉等慚懼拜伏。黄中出，語人曰：「當時但覺宇宙小一身大，恨不能入地爾。」

《續資治通鑑長編》卷一〇六《仁宗》 〔天聖六年三月〕己酉，京西轉運使楊嶠言：「澶州浮橋用船四十九隻，自温州歷梁、堰二十餘重，凡三二歲方達澶州。請自今於秦、隴、同州伐木，磁、相州取鐵及石灰，就本州造船。」從之。

《續資治通鑑長編》卷一二三《仁宗》 先是，詔陝西安撫使龐籍諭旨知永興軍夏竦議西鄙事。丙子，竦言：「然拓拔之境，自靈武陷没，銀、綏割棄以來，假朝廷威靈，聚中原禄賜，略有河外，服屬小蕃。德明、元昊久相繼襲，貨易華戎，掊剥財利，拓地千餘里，積貨數十年，較之繼遷，勢已相萬。其於朝廷，待以羈縻，置而不問。芻豢過飽，猖獗遽彰，議者莫不欲大行誅討。然而兵者凶器，戰者危事，聖人不得已而用之。自昔兵家皆欲先勝而後戰，即舉無遺策。以繼遷窮蹙，比元昊富厚，事勢可知也；以先朝累勝之軍，較當今關東之兵，勇怯可知也；以興國習戰之師，方緣邊未試之將，工拙可知也；繼遷逃伏平夏，元昊窟穴河外，地勢可知也。若分兵深入，則軍行三十里，自齎糧糗，不能支久，須載芻粟，難於援送。師行賊境，利於速戰，儻進則賊避其鋒，退則敵躡其後，晝設奇伏，夜燒營柵，師老糧匱，深可虞也。若窮其巢穴，須渡大河，既無長舟巨艦，則須浮囊挽綆，賊列寨河上，以逸待勞，我師半渡，左右夾擊，未知何謀可以捍禦？臣以爲不較主客之利，不計攻守之便，議追討者，是爲無策。

《續資治通鑑長編》卷二六七《神宗》 河北阻於大河，惟澶州浮梁屬於河南，契丹或下西山之材爲桴，以火河梁，則河北界然援絶。括請設火備，無使姦火得發。定州北境先種榆柳以爲寨，榆柳植者以億計，括以謂契丹依之可蔽矢石，伐材以爲梯衝，是爲寇計也，皆請去之。時賊近畿户畜馬以備邊，不可得，民以爲病。括以爲契丹馬所生，而民習騎戰，此天地之産也。中國利彊弩，猶契丹之上騎也。舍我之長技，勉彊所不能，以敵其天産，未聞可以勝人也。邊人之習兵者，平日惟以挽彊爲格。括以爲挽彊未必能貫革，謂宜以射遠入堅。爲法如此，詔可者三十一事。

《續資治通鑑長編》卷三一五《神宗》 〔元豐四年八月〕己巳，馬軍副指揮使、金州觀察使燕達爲殿前副都指揮使、武康軍節度使。詔：「白馬縣復爲滑州，隸京西。繫浮梁，葺城壘，宜得幹劇之人，以朝請大夫周革知州，奉議郎蘇注通判州事。如速辦無擾，事畢優與推恩。」

《續資治通鑑長編》卷三一六《神宗》 〔元豐四年九月〕己丑，新知滑州、朝請大夫周革乞出京師錢三二十萬緡，修滑州橋及城，於開封府界、京西、河北三路差兵。詔：「昨曹村河決，值北使至，已常於白馬權繫橋，專委將作監，絶不費力，今滑州修繫工力，宜與前役不殊。今周革陳乞事目，甚多滋張，必難委

以辨事，可差降授朝請郎俞希旦知滑州，革依舊知陳州。」

《續資治通鑑長編》卷三一六《神宗》　种諤乞計置濟渡橋栰椽木，令轉運司發步乘運入西界。詔：「凡出兵深入賊境，其濟渡之備，軍中自有過索、渾脱之類，未聞千里運木隨軍。今諤計置材木萬數不少，如何令轉運司應副步乘？縱使可以應副，亦先自困。令种諤如將及河造栰，賊界屋並可毀拆，或斬林木相兼用之，如更不足，以至槍排皆可濟渡。」上坐制兵間利害，細微皆得其要，諸將奉行惟恐不及也。

《續資治通鑑長編》卷四八五《哲宗》　樞密院言：「蘭州近日修復金城關，繫就浮橋，本州邊面已是牢固。緣涇原又進築古高平、没煙峽城寨，下瞰天都不遠，尚未與熙河邊面通徹。如將來涇原舉動，進築天都、鍬钁川、蕭磨移隘等處，又須得與熙河兩路聲勢相接，乃可互爲肘臂，久遠無虞。理宜更自熙河安西城東北青石峽口、青南訥心、東冷牟至會州以來，相度遠近，修建城寨。仍自會州卻入打繩川建置堡塞，直截與南牟會相接，即與涇原通徹，互相照應近便，河南之地，夏賊無由更敢争占，將來耕墾稍及分數，則芻糧豐賤，邊費減省，方爲久計。」詔令章楶、鍾傳究心體訪山川地理遠近，與控扼要害合修築處，斟酌敵情兵力，合如何舉動，可保全勝，具狀以聞。

《續資治通鑑》卷一七五《理宗》　蒙古董文蔚既城光化、棗陽，儲餱糧，會攻襄陽、樊城，南據漢江，北阻湖水，卒不得渡。文蔚夜領兵于湖水狹隘處，伐木拔根，立于水，實以薪草爲橋，頃之即成。至曉，兵悉渡，圍已合，城中大驚。文蔚復統軍前行，奪外城，襄陽守將高達力戰于白河，乃還。

《續資治通鑑》卷一八《度宗》　樊被圍四年，荆［京］湖都統制范天順及部將牛富力戰不爲衄。富數射書襄陽城中，期吕文焕相與固守爲脣齒。未幾，阿爾哈雅以回回新礮進攻，張弘範爲流矢中其肘，束創見阿珠舊作阿朮，今改。曰：「襄在漢水南，樊在其北，我陸攻樊，則襄出舟師來救，終不可取。若截水道，斷救兵，水陸夾攻，則樊破而襄亦下矣。」阿珠從之。

初，襄、樊兩城，漢水出其間，文焕植大木水中，鎖以鐵絙，上造浮橋，以通援兵，樊亦恃此爲固。元水軍總管張禧曰：「斷鎖毁木，樊城必下。」阿珠以機鋸斷木，以斧斷絙，燔其橋，襄兵不能援，乃以兵截漢而出鋭師薄樊城，城遂破。天順仰天歎曰：「生爲宋臣，死爲宋鬼！」即所守地縊死。富率死士百人巷戰，元兵死傷者不可計。渴飲血水，轉戰而進，遇居民［民居］燒絶街道，富身被重傷，以頭觸柱，赴火死。裨將王福見之，歎曰：「將軍死於國事，吾豈宜獨生！」亦赴火死。天順，文虎之姪；富，霍丘人也。

《續資治通鑑》卷一八一《帝㬎》　德祐元年春正月癸酉朔，元兵入黄州。知安慶軍范文虎，遣人以酒饌詣江州迎元軍，且謂巴延曰：「行樞密院臨城招諭，衆心不從，願俟丞相。」巴延初以安慶城在山頂，且兵糧皆足，勢不可攻，又慮文虎爲勍敵，甚憂之，及聞欲降，大喜，乃使阿珠舊作阿朮。先造之，文虎遂以城降。通判夏椅仰藥死。巴延至湖口，繫浮橋以渡，風迅水駛，橋不能成，乃禱于大孤山神，有頃風息，橋成，大軍畢渡。巴延承制授文虎兩浙大都督。

《宋史》卷九三《河渠志三》　政和四年十一月，都水使者孟昌齡言：「今歲夏秋漲水，河流上下並行中道，滑州浮橋不勞解拆，大省歲費。」詔許稱賀，官吏推恩有差。昌齡又獻議導河大伾，可置永遠浮橋，謂：「河流自大伾之東而來，直大伾山西而止，數里方回南，東轉而過，復折北而東，則又直至大伾山之東，亦止不過十里耳。視地形水勢，東西相直徑易，曾不十餘里間，且地勢低下，可以成河，倚山可爲馬頭；又有中潬，正如河陽。若引使穿大伾大山及東北二小山，分爲兩股而過，合於下流，因是三山爲趾，以繫浮梁，省費數十百倍，可寬河朔諸路之役。」朝廷喜而從之。

五年，置提舉修繫永橋所。六月癸丑，降德音于河北、京東、京西路，其略曰：「鑿山釃渠，循九河既道之迹；爲梁跨趾，成萬世永賴之功。役不踰時，慮無愆素。人絶往來之阻，地無南北之殊。靈祇懷柔，黎庶呼舞。眷言朔野，爰暨近畿，畚鍤繁興，薪芻轉徙，民亦勞止，朕甚憫之。宜推在宥之恩，仍廣蠲除之惠。應開河官吏，令提舉所具功力等第聞奏。」又詔：「居山至大伾山浮橋屬濬州者，賜名天成橋；大伾山至汶子山浮橋屬滑州者，賜名榮光橋。」俄改「榮光」曰「聖功」。七月庚辰，御製橋名，磨崖以刻之。方河之開也，水流雖通，然湍激猛暴，遇山稍隘，往往泛溢，近砦民夫多被漂溺，因亦及通利軍，其後遂注成巨濼云。是月，昌齡遷工部侍郎。【略】

七年五月丁巳，臣僚言：「恩州寧化鎮大河之側，地勢低下，正當灣流衝激之處。歲久堤岸怯薄，沁水透堤甚多，近鎮居民例皆移避。方秋夏之交，時雨霈然，一失堤防，則不惟東流莫測所向，一隅生靈所係甚大，亦恐妨阻大名、河間諸州往來邊路。乞付有司，貼築固護。」從之。六月癸酉，都水使者孟揚言：「舊河陽南北兩河分流，立中潬，繫浮梁。頃緣北河淤澱，水不通行，止於南河修繫一

橋。因此河項窄狹，水勢衝激，每遇漲水，多致損壞。欲措置開修北河，如舊修繫南北兩橋。」從之，九月丁未，詔揚專一措置，而令河陽守臣王序營辦錢糧，督其工料。

《宋史》卷二七七《鄭文寶傳》 先是，麟、府屯重兵，皆河東輸饋，雖地里甚邇，而限河津之阻。土人利於河東民罕至，則芻粟增價。上嘗訪使邊者，言河裁闊數十步，乃詔文寶於府州、定羌軍經度置浮橋，人以爲便。會繼遷圍麟州，令乘傳晨夜赴之，圍解。

《宋史》卷三〇九《謝德權傳》 德權初以父死事，李煜署莊宅副使。歸宋，詣登聞檢院自薦，補殿前承旨，遷殿直、陝西巡檢，以勞就改右侍禁。咸陽浮橋壞，轉運使宋太初命德權規畫，乃築土實岸，聚石爲倉，用河中鐵牛之制，纜以竹索，繇是無患。

《宋史》卷三三三《張燾傳》 遷天章閣待制、陝西都轉運使。蒲津浮橋壞，鐵牛皆沒水中，燾以策列巨木於岸以爲衡，縋石其杪，挽出之，橋復其初。

《宋史》卷三四八《鐘傳傳》 夏人陷金明，渭帥毛漸出兵攻其沒煙砦，傳合擊破之，又與熙州王文郁進築安西城，論功加秘閣校理。章楶帥渭，命傳所置將苗履統衆會涇原之靈平，夏人悉力來拒，傳步騎二萬，出不意造河梁以濟師，遂作金城關，又獻白草原捷，連進集賢殿修撰、知熙州。傳自始仕至此，僅再歲。遂擅帥熙、秦騎四萬出塞，無功而還。惇方主其議，不加罪。

《宋史》卷三五〇《劉仲武傳》 童貫招誘羌王子臧征僕哥，收積石軍，邀仲武計事。仲武曰：「王師入，羌必降，或退伏巢穴，可乘其便。但河橋功力大，非倉卒可成，緩急要預辦耳。若稟命待報，慮失事機。」貫許以便宜。僕哥果約降，而索一子爲質。仲武即遣子錫往，河橋亦成。仲武帥師渡河，挈與歸。貫掩其功，仲武亦不自言。徽宗遣使持璲至邊，賜獲王者。訪得仲武，召對，帝勞之曰：「高永年以不用卿言失律，僕哥之降，河南綏定，卿力也。」問幾子，曰：「九人。」悉命以官，錫閤門祗候。

《宋史》卷四六二《僧懷丙傳》 僧懷丙，真定人。巧思出天性，非學所能至也。真定構木爲浮圖十三級，勢尤孤絶。既久而中級大柱壞，欲西北傾，他匠莫能爲。懷丙度短長，別作柱，命衆工維而上。已而却衆工，以一介自從，閉户良久，易柱下，不聞斧鑿聲。

趙州洨河鑿石爲橋，鎔鐵貫其中。自唐以來相傳數百年，大水不能壞。歲久，鄉民多盜鑿鐵，橋遂欹倒，計千夫不能正。懷丙不役衆工，以術正之，使復故。

河中府浮梁用鐵牛八維之，一牛且數萬斤。後水暴漲絶梁，牽牛没于河，募能出之者。懷丙以二大舟實土，夾牛維之，用大木爲權衡狀鉤牛，徐去其土，舟浮牛出。轉運使張燾以聞，賜紫衣。尋卒。

《宋史》卷四七八《李煜傳》 〔開寶〕七年秋，遂詔煜赴闕，煜稱疾不奉詔。冬，乃興師致討，以宣徽南院使、義成軍節度曹彬爲昇州西南面行營都部署，山南東道節度潘美爲都監。煜初聞大兵將舉，甚惶懼，遣其弟從鎰及潘慎修來買宴，貢絹二十萬匹、茶二十萬斤及金銀器用、乘輿服物等。及至，遂留於別館。王師克池州，又破其衆二萬於采石磯，擒其龍驤都虞候楊收等，獲馬三百匹。江表無戰馬，朝廷歲賜之。及是所獲，觀其印文，皆歲賜之馬也。初，將有事江表，江南進士樊若水詣闕獻策，請造浮梁以濟師。太祖遣高品石全振往荆湖造黄黑龍船數千艘，又以大艦載巨竹絙，自荆渚而下。及命曹彬等出師，乃遣八作使郝守濬等率丁匠營之。議者以爲古未有作浮梁渡大江者，恐不能就。乃先試於石牌口，移置采石，三日而成，渡江若履平地。煜初聞朝廷作浮梁，語其臣張洎，洎對曰：「載籍已來，長江無爲梁之事。」煜曰：「吾亦以爲兒戲耳。」

《永樂大典》卷五三四三《潮・橋道》 梁之舉，未有慨然作意者。乾道七年，太守曹公汪乃造舟爲梁八十有六隻，以接江之東西岸。且峙石洲于中，以繩其勢，根其址。凡三越月而就，名曰「康濟橋」。議者謂橋或可成，未有若是之神且速者。越三年，舟以雨壞。

王應麟《困學紀聞》卷一三《考史》 帝遷居新會之崖山。崖山在新會縣南八十里鉅海中，張世傑以爲天險，可扼以自固。帝昺祥興二年正月，元張弘範至崖山，或謂張世傑曰：「北兵以舟師塞海口，則我不能進〔盍〕退，〔盍〕往據之?」世傑恐久在海中，士卒離心，動則必散，乃曰：「頻年航海，何時已乎！今須與決勝負。」乃焚行朝草市，結大舶千餘，作一字陣，碇海中，中艫外舳，貫以大索，四周起樓棚如城堞，爲死計，人皆危之。崖山北淺，舟膠不可進，弘範繇山東轉而南，入大洋，與世傑之師相遇，薄之，且出奇兵斷官軍汲路。世傑戰艦皆塗泥縛長木以拒火，舟不爇，弘範無如之何。

江少虞《事實類苑》卷二《太宗》 有司歲調竹索以修河橋，其數至廣，太宗曰：「渭川竹千畝，與千户侯等，自河渠之役，歲調寖廣，民間竹園率皆蕪廢，爲

之奈何？」吕端曰：「芟葦亦可爲索，後唐莊宗自揚留口渡河，爲浮梁，用葦索。」上然之，分遣使臣詣河上刈葦爲索，皆脆不可用，遂寢。當莊宗渡河，蓋暫時濟師也。

《元史》卷六三《地理志》　武昌路，上。唐初爲鄂州，又改江夏郡，又升武昌軍。宋爲荆湖北路。元憲宗末年，世祖南伐，自黄州陽羅洑，横橋梁，貫鐵鎖，至鄂州之白鹿磯，大兵畢渡，進薄城下，圍之數月，既而解去，歸即大位。

夏燮編《明通鑑》卷四《太祖高皇帝》〔洪武四年〕湯和自歸州進次大溪口，楊璟率舟師進攻瞿塘。初，蜀人聞我師將至，遣僞將莫仁壽以鐵索横斷瞿塘關口，又遣吴友仁、鄒興等益兵爲助，北倚羊角内，南倚南城寨，鑿兩岸石壁，引鐵索爲飛橋，用木板置礮以拒大軍。璟攻瞿塘，分遣指揮韋權率兵出赤甲山以逼夔州，指揮李某出白鹽山下，逼夔之南岸以攻南城寨，璟自督舟師，與都督僉事王簡出大溪口，皆爲仁壽、友仁等所遏，不得進。于是赤甲、白鹽之師亦退還歸州。

顧祖禹《讀史方輿紀要》卷四六《河南一》　河陽城，在今懷慶府孟縣西南三十里，即漢河陽縣。古曰孟津，亦曰盟津，周武王濟師於此，因謂之武濟，亦曰富平津，都道所輳，古今津要也。東漢初拜馮異爲孟津將軍，規取洛陽。永初五年先零羌寇河東，至河内，詔朱寵將兵屯孟津以備之。中平末何進謀誅宦官，使武猛都尉丁原將兵寇河内，燒孟津，火照洛陽城中。晉泰始中杜預以孟津渡險，有覆溺之患，請建河橋於富平津。議者以爲殷、周所都，歷聖賢而不作者，必不可作故也。預曰：「造舟爲梁，河橋之謂也。」從之，橋果成。太安二年成都王穎自鄴舉兵内向，列軍自朝歌見淇縣。至河橋，鼓聲聞數百里，帝出屯河橋以拒之。永興二年，豫州刺史劉喬與東海王越等相攻，河間王顒使成都王穎等據河橋爲喬繼援。既而河橋之師爲東軍所擊，次第敗走，平昌公模等遂自鄴而南，進逼洛陽。永嘉末，傅祗屯三渚，劉聰遣子粲攻之。

顧祖禹《讀史方輿紀要》卷四六《河南一》　普泰二年，爾朱度律自洛陽，爾朱天光自長安，會爾朱兆等攻高歡于鄴，敗還。將之洛陽，爾朱彦伯在路，欲自將守河橋。爾朱世隆不從，使其黨陽叔淵馳赴北中，簡閱敗卒。斛斯椿謀叛爾朱，自鄴倍道先還，至北中，紿叔淵得入，椿遂據河橋，盡殺爾朱之黨。度律等欲攻之，不克，走死。永熙三年，高歡自晉陽犯闕，魏主勒兵屯河橋，歡尋自野王而南，引軍渡河，魏主西走。東魏元象元年，築中潬城及南城，高歡使潘樂屯北中城，高永樂守南城，置橋于河陽。及高敖曹爲宇文泰所敗，叩河陽南城，以閉關不納而死。武定元年高仲密以虎牢降西魏，宇文泰帥諸軍應之，至洛陽，前軍于謹圍河橋南城，高歡將兵至河北，泰退軍瀍上，縱火船於上流以燒河橋。東魏將斛律金使别將張亮以小艇百餘載長鎖，伺火船將至，以釘釘之，引鎖向岸，橋獲全，歡遂渡河，據邙山，與泰相持。宇文周建德四年大舉伐齊，周主邕自將出河陽，拔河陰大城，宇文憲拔洛口東西二城，縱火焚河橋，橋絶。齊將傅永自永橋夜入中潬城。周人既克南城，圍中潬二旬不下，乃還。

顧祖禹《讀史方輿紀要》卷四六《河南一》　《三城記》：「河陽北城南臨大河，長橋架木，古稱設險；南城三面臨河，屹立水濱；中潬城表裏二城，南北相望。黄河兩派，貫於三城之間，每秋水泛溢，南北二城皆有濡足之患，而中潬屹然如故，自古及今，常爲天造之險。

《〔嘉慶〕衛藏通志》卷四《程站・藏程紀略》　卧龍石西行，一路平衍，荒凉特甚。六十里至八角樓，有塘鋪，間有旅店。然廢置無常，再行六十里至中渡，即河口。過河爲裏塘界，所謂雅龍江也。設外委一員，專司渡船。夏秋以舟渡，冬春則列船爲浮橋，濟行旅。蠻人以牛皮船渡，逐浪上下，望之如水中鳧。凡官差過此，在河東宿者，明正土司供役；過河西宿者，裏塘土官供役。

《〔嘉慶〕衛藏通志》卷四《程站・藏程紀略》　惟兹數日之内，無非雪路行程，策駑前征，理塘告届。其寺院之華麗，喇嘛之衆多，諸貨之集聚，較巴塘稍勝。所不及者，地道寒冷，無嘉田花木之美耳。次日，宿河下，及咱麻拉洞，東行卧洛波雪地六十里，深三尺餘。至剪子灣而下，及麻蓋中，漸下抵鴨礱江。蓋約百餘里。云：江水碧清而溜，兩岸巖石甚險，難以舟渡。有大船數隻，横其中，掩大板作浮橋。車馬往來，殆若坦途。過此江以東，由八角樓、卧龍石以至那凹者多，雖屬番民，逼近内地，知畏王法，爲化林營所轄。商民經過者，即一二人，可行可止，永無夾霸之患矣。三月初四日，進打箭鑪，爲蜀西極邊，皆番地，乃藏路咽喉，土官明正司統屬。其先叛服不常，康熙三十八年，調兵勦平之，宣以恩威，彰以信義，莫不傾心向化。今設兵戍守其地，番漢咸集，交相貿易，稱鬧市焉。余於此馬疲力倦，乃覓夫乘小竹輿，自頭道水越冷竹關，抵瀘定橋。橋高十餘丈，長數百步，兩岸建亭閣，用大鐵繩九條，綿亘飛渡，其上覆以木板，若天塹然。人馬須少行，徐徐而過，多即摇動。若遇風，則斷不可行矣。

杜昌丁《藏行紀程》〔康熙五十九年六月〕二十二日，蔣公往浴温泉，午後

守橋者報橋成，橋去多木四十餘里，約次日五鼓，乘早凉水小而過。二十三日五更結束，沿江行五十里至橋頭，甘公已先渡坐山巔，蔣公扶輿而下，面有恐色。蔣公度量素淵泓，寵辱不驚，聞命時，淡然言笑，絶無憂疑驚恐之色，賓朋僚屬，無不服其雅量，至是亦少改其度。石屏牧劉公洪度以委查糧運駐阿敦，固請乘輿過橋，不聽，祭江畢，令二僮扶掖而前，余杖策以從，劉牧隨焉，橋闊六尺餘，長五十餘丈，以牛皮縫(餛飩)〔渾脱〕數十隻，竹索數十條，貫之浮水面，施板於上，行則水勢蕩激，掀播不寧。蓋江在大雪山之陰，雨則水漲，晴則雪消，故江流奔注無息時。舟筏不能存，橋成即斷，土人繫竹索於兩岸，以木爲溜，穿皮條縛腰間，一溜而過，所謂「懸渡」也，俗名「溜筒江」。時畏竹索之險，故俟橋成，是日巳刻，水高橋二尺餘，波浪衝擊，蔣公幾至傾覆，賴劉牧扶掖得免。余雖不至傾跌，而水已過膝，過片刻，橋即沖斷，墮水三人。一以足指挂索得生，餘則無從撈救矣。生者昆明募兵楊嘉祥，素馴謹，死者繫麗江麽些造橋匠役也，不知姓名，人馬行李，皆從竹索過，三日始畢。

范鑄《三省入藏程站紀》　一百二十里至中渡。西行一路平衍，荒凉特甚，六十里至八角樓，有塘鋪，間有旅店，然廢置無常，再行六十里至中渡，即河口所謂雅龍江也。設外委一員，兼司渡船，夏秋以舟渡，冬春則列船爲浮橋濟行旅，蠻人以牛皮船渡，牛皮船用堅樹枝作骨，蒙以牛皮，狀如小兒所睡之籃，一人打槳，中容二三人坐，逐浪上下，望之如水中鳧。白樂天詩「汎皮船兮渡繩橋」，即此也。過河爲里塘界。凡官差過此，在河東宿者，明正土司供役，河西宿者，里塘土官供役。

周靄聯《西藏紀游》卷一　皮船以牛皮爲之，中用柳條撑拄，形如采菱之桶，僅容一二人。一番人蕩槳，其疾如飛。惟皮經水漬，如敗絮然。中流危坐，爲之股栗。渡畢，則負歸而曝之。孫文靖公詩：「沙棠今改製，逐水竟成嬉。饗士庖丁解，燖毛巧匠爲。集寧煩五羖，紉必仗千絲。欹側帆休挂，飄摇纜不施。最宜鷗共載，雅稱鶴相隨。虚觸應無怒，輕劃亦漸移。鹿翁堪作主，俗有船主之稱。烏幾偶教離。夜泛形同月，中流坐若尸。團焦浮上下，甕繭漾參差。光合星墟射，班猶汗血滋。駕惟三老並，左右二人划槳，中坐一人。珍抵一壺貽。所願乘風便，何妨翦渡遲。蓮汀遥可采，茶竈重難支。望里淩波靚，掀時累卵危。曬疑懸正鵠，土人懸屋角曬晾。棄欲弔沈鴟。舊夢依芳草，新勞在碧漪。擁皋當日忝，裹革壯心馳。威虎差堪擬，《國語》以獨木船爲威虎。蜻蛉每被嗤。趁須辭醉客，附舟以行謂之趁船。繫或傍魚師。漫道沿緣險，還勝蹋浪兒。

李調元《出口程記》　四十里過沙爾噶河。譯漢音，言河之渾也。發源自圍場内大山，折曲而下，由遼陽入海，奔湍甚急。以車輪横鎖爲橋，上加黍稭實土，如浮橋然。河邊即步步屯。

《(雍正)寧波府志》卷七《山川上・東津浮橋》　城東東津浮橋，縣治東靈橋門外，跨鄞江，唐長慶三年刺史應彪置。凡十六舟，亘板其上，長五十五丈，闊一丈四尺。初置東渡門外，江闊水駛，不克成，乃徙今地。方經始時，雲中有虹影其上，衆咸異之，初名橋曰「靈現」，又曰「靈建」。以後屢修屢圮。元至元二十八年，廉訪陳祥造船十有四，聯貫巨纜。歲久損壞。明洪武二十七年，郡人黄功廓建言，增設船二隻，僉民七十二户守之。正統間，郡守陸奇乃爲新舟，始冶鐵聯索維之，復建亭橋西。成化丙戌郡守方逵、嘉靖間知縣劉宗仁、徐易守、張丘和、周希哲皆修之。未久即壞。厥後每遇損壞，僉報富□數人承管修造，工成，有可優獎，榮以冠帶，謂之江橋大□。膺其役者苦之。國朝順治間，知府楊之枘詳明派於□甲每里科銀二兩，五年一徵，官爲修造。康熙二十六年六月二十八日，颶風大作，船排盡皆飄散。知府李煦捐銀一千餘兩，委鄞民王海粟督工修造，計造瓮船一十六隻，各長六丈六尺，闊一丈四尺，用大排九方，共計三十五丈，各闊二丈五尺；小排十有六方，並用厚板密釘左右，俱設橋楯、欄枋，皆揀巨木，以篾笏絞縛，互相聯絡，包以鐵箍，兩旁統貫鐵鍊，復加大篾纜一十四條，小篾纜三十二條，中繫船之橋排，傍碇岸之四角，仍通詳浮橋内外，不許灣泊船隻衝撞損傷，勒石橋畔，永行禁止。康熙三十年，分巡道趙良璧因舊寧波衛地，招民插認改造房屋，令民每間輸税一錢，每年共收税銀一十四兩零四分，歸鄞縣收微解貯府庫，爲修葺之用。康熙四十三年，橋西新漲沙塗一方，民王爾挺等具呈本府，王經歷詳明，署府事通判黄華灼情願捐貲築埭，上蓋屋四間，每年出地税銀二十兩，鄞縣按季徵收作歲需篾纜之用。至今遵守。如遇風潮損壞大修，地方宜設法修理。其看守水夫十名，每名給工食銀六兩，皆鄞縣地丁項下支銷。

《(乾隆)浙江通志》卷三五《關梁三・東津浮橋》　東津浮橋，《名勝志》舊名靈橋，跨鄞江上。唐長慶三年，刺史應彪置。凡十六舟，亘板其上，長五十五丈，闊一丈四尺。初置東渡門外，江闊水駛，水克成，乃徙今地方。經始時，雲中有虹映其上，衆咸異之，名橋曰「靈現」，又曰「靈建」。今東城門以「靈橋」名，蓋謂此。成化《四明郡志》：大和三年刺史李文儒、僖昭間刺史黄晟、宋開寶中守錢億、乾道中守張津、慶元中守林太中、嘉泰元年守陳杞、嘉定四年守程覃、十六年

守趙師喦、寶慶二年守胡榘，皆新之。元至元二十八年，廉訪使陳祥造船十有四，始治鐵聯貫爲巨纜。《鄞縣志》：至正二十年，江浙省平章方谷珍再造。明洪武二十七年，郡人黄功廓建言，增設船二隻，僉民七十二户守之。正統十四年，守陸奇重造，維以鐵絙。陸瑜《重修東津浮橋記》：正統九年，陸公奇知寧波府。下車之初，恤民疾苦，簡其征徭，計修東津靈橋之費，不可猝就，督户粗爲具。於是捐禄入積鏹，餘同寅相謀。乃於去年冬命耆民經治，伐大石垜，橋首各樹石柱二，造椑梻十有一，遣人於錢塘擇木爲舟二十。價廉工省，數月事集。每岸維一梻扶一舟，餘如故制，爲九扶偶。肩聯櫛比，中實巨枋，篾纜相維，矴於深淵。旁加欄楯，夾貫鐵絙，紐組石柱，鈎圜中綰，備開合，蟬聯虹跨，隨潮汐上下，規制鞏壯，徒御安行。又作石亭三楹，爲守夫、過客寒暑風雨之庇。其惠下之仁溥矣。成化二年，守方逵更置。嘉靖間，邑令劉宗仁、徐易、郡守張正和、周希哲，皆修之。未久即壞。厥後每遇損壞，僉報富户數人承管修造。工成，有司優獎，榮以冠帶，謂之江橋大户。膺其役者甚苦之。國朝順治間，知府楊之枘詳定：每里輸銀二兩，五年一徵，官爲修造。迄今遵守。

《〔乾隆〕浙江通志》卷三七《關梁五・悦濟浮橋》 悦濟浮橋，正德《蘭谿縣志》：在縣西門外，臨跨衢、婺二港，舊名中浮橋。宋紹興中，始作於江運使衍，繼成於知縣江文衡。有橋莊之田，以備修葺。迨元季始廢。明洪武初，知縣賈存義建之。徐元重《重修悦濟浮橋記》：蘭谿，合婺、衢二水，邑之城，臨其東滸，舊有浮梁以濟。元季戎馬擾攘，廢渡垂二十年。邑宰賈存義，閔人艱涉，捐己俸倡率。於是，邑之好事者，佐財助力，不數月成。其制：兩舟方之，駕板其上，列楣其旁。廣尋有四尺，袤倍之。爲節凡五十，連以鐵鎖，篾綍並維於橋上。旁溪置石櫃五，以木爲閑，下石實其中，以繫綍。三置上流挽之，防其順而下曲；二置下流綴之，備其逆而上曲。橋之端，累石爲磴道，餘三十級升者。涯立其扁曰「悦濟」，仍故名也。萬曆《金華府志》：成化六年，知縣李璡又建。未久壞於洪水，以舟濟渡。正德四年六月，縣丞田中令民三里共作一舟，而橋始成焉。章懋《重修悦濟浮橋記》：蘭谿浮橋，宋紹興中，江運使合衆力爲之。歲久屢壞。國初以來，一作於賈侯存義，再作於李侯璡，惜其未久皆遭洪水摧敗。近有上書言浮梁不可廢者，詔可其奏，部檄藩府施行。郡守萬公以屬邑丞田侯，侯謂邑之編户，里二百四十，而浮梁用舟八十艘，命民三里共作一舟，所需鐵石之類，亦以其數均之。衆情歡趨，如治其私，不兩月而竣事。其橋跨溪中有洲焉，溪兩岸及中洲皆累石爲垛，垛之上各樹石柱者二，而中則有四焉，以八十舟聯爲兩節，舟上架板爲梁，梁之兩旁皆有欄楣。兩節之修總百尋，梁廣一丈有五尺。其舟首尾皆貫以連環鐵綆，縻以篾纜，而兩端皆繫於石柱。又以鐵作巨矛者十，下墜於淵而上繫其橋，使不隨波上下，且時其水之高下以爲損益，又時其開閤以通舟楫，皆侯之所經畫也。《金華府志》：萬曆二十二年，大學士趙志皐與邑令葉永盛重建，并置田數百畝，充繕修之費。明季燬於兵。國朝順治八年，知縣季振宜重建。

《〔乾隆〕浙江通志》卷三七《關梁五・中津橋》 中津橋，《輿地紀勝》：在縣南一里，修八十六丈，廣一丈六尺。宋淳熙八年守唐仲友建。《赤城志》：紹熙元年江守乙祖、慶元元年周守曄、二年劉守坦之、嘉定四年黄守嵤、六年余守建，皆重修之。劉更名慶元，黄仍其舊。十五年齊守碩逆防其壞，大加崇葺。舟補舊者四十，創新者十有四，布版道二十有九，鈎闌一百六十有二，又以餘財別爲舟五，穴南岸藏之，以備異時更易。《臨海縣志》：明弘治初，郡守馬岱置田九頃八十一畝，歲課租銀九十八兩，以供歲修。今廢。正德間，郡守顧璘重修，歲僉橋夫二十名守橋，以防橋船漂失。國朝順治十八年，造石橋成，移於上津西門外。康熙二十五年，石橋壞於大水，仍遷浮橋於故地。

《〔乾隆〕浙江通志》卷三七《關梁五・利涉橋》 利涉橋，嘉靖《浙江通志》俗稱浮橋，在縣北一里。《台州府志》在澄江上，舊爲江亭渡。宋嘉定四年，楊令圭建。長一百丈，廣三丈，爲台温通衢。葉適《利涉橋記》：嘉定四年二月，黄巖縣浮橋成。林鼒叔和爲其知縣楊君言曰：「橋長千尺，籍舟四十，欄箘綷索隄其兩旁梱圖狻猊訖三十旬斤、鐵九千、木石二萬五千、夫工六萬餘。縣東南車馬擔負而客之塗，皆達於橋。西北樵採攜挈而民之市皆趨於橋。諸公跨天台陟雁蕩行，過黄巖，皆喜曰增一橋矣。蓋奔渡争舟，傾覆蹴踏之患既免，而井屋之富，廛肆烟火，與橋相望不絶，甚可壯也。台州有橋自唐守始君一縣作之，抗其力如州倍難也。願子記，以爲君酬，予少從叔和兄弟游，每爲予言縣直北山爽氣浮動，花柳之麗、雪月之勝，無不在江北。予間至程頭必徘徊，顧瞻輒阻江而返屢矣。今既橋，而叔和與邑人日曳杖娱戲於北山，潮生汐落，隨江降升，悠然如泳漢，浴沂以歌詠。令君之遺德，而余已老不復有四方之事，徒慨想而不能從也。因附見之，亦以志予之不忘斯游爾。舊設利涉橋田千餘畝，蠲其他徭，貯租以備修理費，不及民，公私兩便。明成化間，折其半隸太平，隸黄巖者六百二十二畝有奇。

《〔乾隆〕浙江通志》卷三八《關梁六・濟川橋》 濟川橋，嘉靖《浙江通志》：在括蒼門外，跨大溪造舟爲梁。崇禎《處州府志》：宋乾道五年，郡守范成大刻銘及橋規於石。范成大《平政橋石刻》：括蒼帶郭浮橋，歲久不葺，民苦病涉。乾道四年冬，郡守范成大實始改作，郡從事張徹惠利民，麗水縣留清卿調其工費，以授州民豪長者四人，使董役，吏毋得有所與。凡爲船七十有二，聯續架梁，爲梁三十有六，築亭溪南以涖之。歲十一月橋成，名之曰「平政」；亭成，名之曰「知津」。又得廢浮圖之田五十畝，於縉雲以其租屬亭，歲時治橋，俾勿壞。明年正月，大合樂以落之，衆請銘其事於石，使後有攷。銘曰：孰梁斯兮，踏淵若衢。我維新之，櫛櫛其艫。工庥於亭，有粟在耨。豈維新之，永以不朽。

明初，參軍胡深鎮栝，改建於通惠門外、桃溪下，因水勢迅激，徙括蒼門外。洪武間，郡守袁敬重造。永樂八年，蕩於洪水。景泰間，郡守張祐議請照依驛遞事例，於各縣田額科取修葺。其法頗良。萬曆五年，郡守熊子臣重建。二十二年，郡守任可容裁革，增置渡船供濟。二十八年，郡守李淳因民稱不便，通詳重建，復置南明門外，繫以石柱，甃以巨埠，規制井然。三十五年，郡守陳見龍復建於括蒼門外。歲久復廢，以渡船代濟。其渡租又入官，無船可渡，民甚苦之。崇禎元年，守道張福臻命同知馬承緒復造渡船，給租如前。未及一載，租復入官，船并廢。郡守朱葵捐俸重造。國朝康熙甲寅後屢壞。雍正八年，知府曹掄彬重建。

《（乾隆）江寧新志》卷六《建置志・武定橋》 武定橋在大功坊右。《金陵志》云：淳熙中建，景定二年，馬光祖重建。舊名嘉瑞，又曰上浮橋，時長樂爲下浮橋也。《金陵鎖事》云：橋有七尺響欄，其聲清越。遭回禄後，擊之無聲矣。

《（乾隆）江南通志》卷二六《輿地志・關津二・西津渡》 西津渡，在丹徒縣西北九里，北與瓜洲對岸，舊名蒜山渡。宋乾道中，郡守蔡洸置五艘以禦風濤。元延祐中，增船十五。明正統間，巡撫周忱作二巨艦，僉水工三十餘人。又甃石堤三十餘丈。國朝，京口設有護漕救生船。康熙四十六年，聖祖南幸，駐蹕茱萸河。以救生船少，特諭巡撫于準議行添設。乃選京口漁舟計六十餘隻，日用其六，更番應調。活一人者予一金，死者畀三之一，著爲例。又捐置義田五百畝，以其歲入給工費犒賞，有餘則儲爲來歲之用。鎮江知府馮庭棠爲記勒石，唐杜牧之有詩。

《（乾隆）福建通志》卷八《橋梁・熙寧橋》 熙寧橋，舊爲白湖渡。宋熙寧間始造舟爲梁。古語云：白湖腰欲斷莆陽。朱紫半鄭橋詩：「千尋水面跨長橋，隱隱晴虹卧海潮。結駟直通黄石市，連艘横斷白湖腰。」正謂此也。靖康元年，太守江常合衆鞭石累址，後守張讀續成之。修四十尋，廣二十之一，亦名「通濟」。徐師仁爲記。時有議，欲移橋於木蘭陂之下者，邑人林國均以爲不若今所，江闊岸平，無喧豗撞擊之患。遂用其言，而橋卒成。明萬曆間圮，尋修復。國朝順治中，橋爲賊斷，以木接之。康熙四十二年，提督吴英重修。

《（道光）永州府志》卷三下《建置志・津梁・濟川橋》 濟川橋，舊名大浮橋。在南門外，跨瀟水上，南北四十餘丈。宋嘉定中，聯方舟三十四以爲橋。明洪武時，橋廢，以舟渡。萬曆間，州守韓子祁革龍舟四十艘，改浮橋，往來便之。後州守梁祖堯重新，極其堅緻。後廢，復以舟渡。國朝康熙二十六年，州守吴大鎔復爲浮橋，今州判周樂清修造完固，行者利賴焉。黄如穀作文紀其事，有曰：「始我登橋，舉足危殆。今則不然，騰步自在。」則其實力措置之，善可見矣。

《（雍正）山西通志》卷三四《水利六・蒲津橋》 蒲津橋，後魏迄唐初皆横絙百丈，連艦千艘，辮修笮以維之，繫圍木以距之。少敗輒更，費不訾。開元十二年，於黄河兩岸闢東西門，各造鐵牛四、鐵人四，其牛並鐵柱，連腹入地丈餘。前後鐵柱三十有六、鐵山四，夾岸以維浮梁。今西岸缺其一。

《（乾隆）甘肅通志》卷一〇《關梁・鎮遠橋》 鎮遠橋在州西北二里黄河上。明洪武五年，宋國公馮勝建於城西七里以濟師。越四年，移建於州西十里，名曰「鎮遠」。十八年，又移建於城西北二里金城關。用巨舟二十四艘，横亘黄河上，架以木梁，棚以木板，圍以楯欄。南北兩岸爲鐵柱四，繫鐵纜二，各長一百二十丈。冬河凍則拆，春冰泮復建。以通河西、甘肅等路。弘治初，馬文升言陝西之路可通甘凉者，惟蘭州浮橋一道，敵若據此橋，則河西隔絶，餉援難通矣。

《（乾隆）甘肅通志・圖考・鎮遠橋圖》

《（萬曆）臨洮府志》卷六《鎮遠橋》　蘭州鎮遠橋，國朝洪武五年，宋國公馮勝、明守禦指揮趙祥建於城西七里。越四年，衛國公鄧愈移建於州西一十里，名古浮橋。洪武十八年，守禦指揮楊廉移置城西北二里金城關，用巨舟二十四艘，橫亘黄河，上架以木梁，棚以木板，圍以闌楯。兩岸南北爲鐵柱四，各長二丈。一落河底，鐵盤見存。木柱四十五，維鐵纜二，各長一百二十丈；麻纜四，草纜四，長亦如之。遇冬，河將凍，則拆而艤之。來春冰泮，復建。

《（乾隆）甘肅通志》卷一〇《關梁·宏濟橋》　宏濟橋在縣西北一百三十里洞子溝洮河上，爲蘭、河二州通道。明萬曆中建。用船十二，闊四十餘丈。冬撤春建。今廢，但用舟以渡。

《（乾隆）甘肅通志》卷一〇《關梁·永寧橋》　永寧橋，舊在縣西洮河上。宋熙寧中，熙州梁承建，賜名「永通」。明初移建于縣西三里，造船十二，兩岸置木柱十二，維以鐵纜，草纜各二，更名「永寧」。康熙十三年，靖逆侯張勇因用兵輓運芻糧，仍移建城西北五里。至今續修，往來通利。

《（乾隆）甘肅通志》卷一一《關梁·南橋》　南橋，在州南，跨白龍江。明嘉靖間造舟爲梁，繼此有折橋、平橋。折橋，萬曆間創。平橋，順治間副將羅映台建。康熙五年，副將林忠仍建舟橋。

藝文

《詩·國風·谷風》　就其深矣，方之舟之。就其淺矣，泳之游之。

《文選》卷一班固《辟雍詩》　乃流辟雍，辟雍湯湯。聖皇莅止，造舟爲梁。皤皤國老，乃父乃兄。抑抑威儀，孝友光明。於赫太上，示我漢行。洪化惟神，永觀厥成。

馮惟訥《古詩紀》卷一〇九陰鏗《渡岸橋》　畫橋長且曲，傍險復憑流。寫虹晴尚飲，圖星晝不收。跨波連斷岸，接路上危樓。欄高荷不及，池清影自浮。何必横南渡，方復似牽牛。

張説《張説之文集》卷一三《蒲津橋贊》　《易》曰：「利涉大川，濟乎難也。」《書》曰：「造舟爲梁，通乎險也。」域中有四瀆，黄河是其長。河上有三橋，蒲津是其一。隔秦稱塞，臨晉名關。關西之要衝，河東之輻湊，必由是也。其舊制横絙百丈，連艦十艘。辮修笮以維之，繋圍木以距之，亦云固矣。然每冬冰未合，春沍初解，流澌峥嶸，塞川而下。如礎如臼，如堆如阜。或摐或掍，或磨或切。綆斷航破，無歲不有。雖殘渭南之竹，僕隴坻之松，敗轍更之，罄不供費。津吏或罪，縣徒吉勞，以爲常矣。開元十有二載，皇帝聞之曰：嘻，我其慮哉！乃思索其極，敷祐于下。通其變，使人不倦；相其宜，授其有司。俾鐵代竹，取堅易脆。圖其始而可久，紓其終而就逸。受無疆惟休，亦無疆惟恤。於是，大匠蔵事，百工獻藝。賦晉國之一鼓，法周官之六齊。飛廉煽炭，祝融理爐。是鍊是烹，亦錯亦鍛。結而爲連鏁，鎔而爲伏牛。偶立於兩岸，襟束於中潭。鏁以持航，牛以鷙纜。亦將厭水物，莫浮梁。又疏其中間，畫其鷁首。必使奔澌不突，積渡不隘。新法既成，永代作則。原夫天意有四時焉。濟仁人也，利物義也，順事禮也，圖遠智也。仁以平心，義以和氣，禮以成政，智以節財。心平則應諧百神矣，氣和則感生萬物矣，政成則又文之經矣，節財則豐武之德矣。故天將儲其禎，地將阜其用，人將盈其力。聖皇之道，乾乾翼翼，觀藝而無窮，詠功而無極。

《文苑英華》卷一四〇王起《黿鼉爲梁賦》　周穆窮轍跡之所經，駕黿鼉而（咸）〔感〕靈。所以濟浩汗，所以通杳冥。蜲蜲蜿蜿，以代造舟之利；匪彫匪刻，皆連外國之形。諒人力之不勤，信神功而永寧。當其師旅闐闐，旌旗肅肅。臨九江而澶汗，駐八駿而（誇）〔跨〕蹋。望既濟於未濟，終歎無梁；思載沉而載浮，孰能刳木。得不乞靈於水府，假道於介族。則黿也不得而深藏，鼉也不得而潛伏。既而擘波有聲，異狀可驚。出層潭而櫛比，駕飛浪而砥平。連足俄維，比柱之初立；鏤甲迭映，同板築之相成。齊首而繩墨勿用，曳尾而規模自呈。其利惟博，其安無傾。殊滄海之鼉構，異銀河而鵲征。彼詭類之可覽，實至誠之所感。假贔屓以臨深，託盤跚而習坎。其勢邅迍，其狀參差。無遠不屆，惟危具持。照赫燮之五刃，度張皇之六師。乘以周旋，且異琴高之鯉；載於沉溺，還符毛寶之龜。漁者徒驚，工人有恥。同罛共羅而罔及，畫鵾雄虹而莫擬。題之不可，殊長卿之見書；抱之則難，謝尾生之沉水。是知伐鼉以冒鼓，其用匪良；解黿而染指，其謀匪臧。孰若奮功於舟楫，感聖於君王。昔在深泉，攉屑没於其穴；今符至德，忽結構而成梁。固蹂躪而無害，將騰躍而有光。我皇仁洽道豐，文修武偃。要荒畢服，淳離斯返。何必驅鼉而駕黿，勞師而（習）〔襲〕遠。

皮日休《皮子文藪》卷一《河橋賦》　咸通癸巳歲，日休遊河橋，觀橋之利，不檝而濟。美其事，著《河橋賦》。其辭曰：

西荒之外，有崑崙山。帝都之下，豐隆在焉。其表無際，其高破天。河漢極北，昭回相連。分其次德，遂有河源。其出綿綿，其流涓涓。如帶是也，濫觴信然。始礐石以作注，終裂地以成川。迨乎放勛之世，重華之年，其水懷山，其波浸天。鼇怒則蹴翻五嶽，鯨激則掉破百川。迅澓欻而似曝，湧湍漬而若煎。潰地軸以摧矣，爛天輪而缺然。草木則尾閭之外，日月則沃焦之巔。人民死而爲介，倮蟲化而爲蠙。有桑不績，有麻不田。此則乘塏，望萬里之淵。且夫天地之前，有河生焉。則盤石之神，不能導而使歸海；櫟父之力，不能疏而使爲川。豈非元命未降，抑自上玄。大聖未出，大功未宣。天之作矣，抑有由焉。於是堯之心，惻然惘然。咨其四嶽，舉爾所賢。天之元命，不自於鯀，鯀雖作矣，其功不全。果殛于山，其罪昭然。天之元命，降而自禹，禹既作矣，其功如天。於是禹之心，憂然勞然，股既無胈，過不入門。以己爲下，以物爲先。既乘橇以即樺，又隨山而濬川。導自積石，至于龍門。裂岸客以風響，斬嶄巖而晝昏。破靈怪窟，斷天地根。分其注使不可潰，修其流使不可吞。然後千巖萬壑，雷吼電奔。抉逆流而並瀉，入渤海以猶渾。天下安流，昏墊無憂。禹功既大，舜禪克修。其功也與天優優，其績也與河悠悠。兆庶既安，九河如箭。濁不可鑒，嶮不可見。渦若驚風，浪如狂電。若此帝嬀之世，則其流也，如絲如綫。在昔典午之世也，其君實良，其臣孔臧。念濟者之太勞，乃致功而去航。子產之濟也不足比，充國之奏也胡可方？於是督斤斧於梓匠，下材幹於豫章，造其舟也。乃絙乃杠，乃輿乃梁，功既奪於利涉，力可侔於巨防。如禦黿鼉者以妖爲德，聚魚鱉者以怪爲祥。觀其步高於空，履險於深。其形也若劍倚天外，其狀也若龍橫水心。其高也若大虹之貫天，風吹不動；其壯也若巨鼇之壓海，浪泛不沉。曙色霍開，濟者相排。如川失水，一物時來。蹄響如雨，車音若雷。有賢有俊，有肆有臺。有貧有窶，有貨有財。噫！前王之道，深有旨哉！在水則河橋曉濟，在陸則四關晝開。水之與陸，一貫而來。所以大同其軌，廣納其材，豈梁之防乎？抑聞三代之橋也，不斤不斧，不徒不杠。以道爲水，以賢爲梁。濟民者民不病溺；濟世者世不頹綱。開之也通仁流義；閉之也關淫限荒。夏之梁也曰湯；殷之梁也曰昌；周之梁也曰旦；漢之梁也曰光。自漢之季，國竊主折，爲水者以洚以强。及隋之世，爲梁者唐。故能濟民於萬方，同軌於八荒。是知河橋之義也，可以獻於天王。

《文苑英華》卷四六張仲素《河橋竹索賦》 大川不測以設險，浮橋架迥以通達。利乎濟也或溢，解乎難也無私。以虛舟而易蕩，屬激箭以相推。吾見其梁木斯壞，安得稱大道甚夷。肇彼謀者，莫知其誰。於是辨修笮，曳長縻。俾可久以爲慮，將制動而咸資。且夫原始要終，授材度費。徵十圍之巨，收千古之貴。費非難得，用之不既。易危成安，斯之所謂。憑遠岸，亘長河。將好勁以橫截，或守柔以旁羅。每自直以應用，恒守節而居多。檻欄之勢，舳艫之廣。因大索以横流，俾群材之攸仰。皆恃此以綰縶，故不憂於板蕩。徒謂其勁挺爲質，連延不一。或指遠岸以孤引，或自中灘而對出。苟異志而殊途，亦齊勢而共逸。縱奔澌激射，浮湍迅疾。駭聲騰雷，驚波湊日。雖前後之鼓怒，終上下而駢比。拔山之倫，扛鼎之匹。雖則取之大壯，抑亦勢之或失。豈不以順事安排，故能守乎元吉。斯乃道濟行路，功深模軌。人有觀於投足，物寧憂於濡尾。視絢索而久存，亦何比於一葦。況橋因索而襲故，索以橋而用長。力雖參於索鐵，繫或固於苞桑。恢益下之極致，信爲物之紀綱。彼黿鼉虛構於溟海，烏鵲徒駕於天潢。惟衆人之攸利，蓋有助於連航。夫物有小而可以屬詞，材有小而足以濟時。索因有條而不紊，人亦直道而用之。儻要津以見假，願盡力以維持。

《全唐文》卷三九五閻伯璵《河橋賦》 壯三輔之雄極，非魏國其伊那？總魏國之繁隘，非斯橋而豈他？條山左臨，高障東連於渤海；晉關右抱，浮梁西截於長河。却頓鐵牛，駭浮川之魍魎；旁飛畫鷁，驚入浪之黿鼉。竹笮其維，不虞於奔濤擘赫；金鎖斯纜，何懼於層冰皚峨？川有梁兮，閴聞於揭涉；王在鎬兮，有格於來訛。蓋取諸益，其不謂何？故馬卿之欻爾斯題，請觀即事；尾生之溘焉守死，夫奚足多？豈比夫虹能象之，不可以來往；鵲能填兮，不可以經過。若斯之利用吾賓，薦之士亦可歌；頌諸侯之盛績，樂王化之雍和。爾其薄烟霏霏，初日杲杲；遠之而望，勢侔神造。既似乎瀑布之界天臺，又似乎蓬萊之橫海島。虛其內則用當於無，疏其間則屈而且抱。憑險作固，夾咽喉之重關；用否而通，連秦晉之長道。東西水滸，義非待於秦求；襟帶山河，固可兼於魏寶。爾其憧憧往還，曳曳空間。華柱上征，殊馬援之標界；石臺中聳，若鰲力之負山。偉哉武侯，時賞茲國。況天樞要，作限通塞；旁達無垠，下臨不測。舟形崎岅，似火龍之飲川；梁勢編綿，疑海鵬之點翼。其拯物也，有來斯適；其濟時也，遐方不亟。非夫蓄巨川之運，回斡地之力，則何能掄梓材以當路，臨要津而作式？守此道也，夫有何極？然而物有成規，國有虛費；信彼才之可取，奚此橋之獨貴？使夫期不日以獻，珠連城而出魏。

曹學佺《石倉歷代詩選》卷一四李世民《賦得浮橋》 岸曲非千里，橋斜異七星。暫低逢輦度，還高值浪驚。水摇文鷁動，纜轉錦花縈。遠近隨輪影，輕重應人行。

王安石《唐百家詩選》卷一李隆基《早渡蒲關》 鐘鼓嚴更曙，山河野望通。鳴鑾下蒲坂，飛旆入秦中。地險關逾壯，天平鎮尚雄。春來津樹合，月落戍樓空。馬色分朝景，雞聲逐曉風。所希常道泰，非復侯繻同。

韓愈《東雅堂昌黎集註》卷九《方橋》 非閣復非船，可居兼可過。君欲問方橋，方橋如此作。

杜甫《杜工部集》卷三《桔柏渡》 青冥寒江渡，駕竹爲長橋。竿濕煙漠漠，江永風蕭蕭。連笮動嫋娜，征衣颯飄颻。急流鴇鷁散，絶岸黿鼉驕。西轅自兹異，東逝不可要。高通荆門路，闊會滄海潮。孤光隱顧眄，遊子悵寂寥。無以洗心胸，前登但山椒。

李商隱《李義山詩集》卷五《奉同諸公題河中任中丞新創河亭四韻之作》 萬里誰能訪十洲，新亭雲搆壓中流。河蛟縱翫難爲室，海蜃遥驚恥化樓。左右名山窮遠目，東西大道鎖輕舟。獨留巧思傳千古，長與蒲津作勝游。

蘇軾《東坡全集》卷二三《兩橋詩并引》 惠州之東江谿合流有橋，多廢壞，以小舟渡。羅浮道士鄧守安始作浮橋，以四十舟爲二十舫，鐵鎖石矴，隨水漲落，榜曰「東新橋」。州西豐湖上有長橋，屢作屢壞。栖禪院僧希固築進兩岸爲飛閣九間，盡用石鹽木，堅若鐵石，榜曰「西新橋」。皆以紹聖三年六月畢工，作二詩落之。

東新橋

羣鯨貫鐵索，背負横空霓。首摇翻雪江，尾插崩雲谿。機牙任信縮，漲落隨高低。轆轤卷巨索，青蛟挂長堤。奔舟免狂觸，脱筏防撞擠。一橋何足云，歡傳廣東西。父老有不識，喜笑争攀躋。魚龍亦驚逃，雷雹生馬蹄。嗟此病涉久，公私困留稽。奸民食此險，出没如鳧鷖。以賣失船壺，如去登樓梯。不知百年來，幾人隕沙泥。豈知濤瀾上，安若堂與閨。往來無晨夜，醉病休扶攜。使君飲我言，妙割無牛雞。不云二子勞，歎我捐腰犀。二士造橋，子常助施犀帶。我亦壽使君，一言聽扶藜。常當修未壞，勿使後噬臍。

西新橋

昔橋本千柱，挂湖如斷霓。浮梁陷積淖，破板隨奔谿。笑看遠岸没，坐覺孤城低。聊因三農隙，稍進百步堤。炎州無堅植，潦水輕推擠。千年誰在者，鐵柱羅浮西。獨有石鹽木，白蟻不敢躋。似開銅駝峰，如鑿鐵馬號。岌岌類鞭石，山川非會稽。嗟我久閣筆，不書紙尾鷖。蕭然無尺箠，欲構飛空梯。百夫下一杙，椓此百尺泥。橋柱石礎之下，皆有堅木椓入泥中丈餘，謂之頂椿。探囊賴故侯，寶錢出金閨。子由之婦史頃入内，得賜黄金錢數千，助施卜。父老喜雲集，簞壺無空攜。三日飲不散，殺盡西村雞。似聞百歲前，海近湖有犀。豐湖舊名鱷湖，蓋嘗有鮫鱷之類。那知陵谷變，枯瀆生茭藜。後來勿忘今，冬涉水過臍。

蘇轍《欒城集》卷四一《請户部復三司諸案劄子》 昔嘉祐中京師頻歲大水，大臣始取河渠案置都水監。置監以來，比之舊案，所補何事？而大不便者，河北有外監丞侵奪轉運司職事。轉運司之領河事也，凡郡之諸埽，埽之吏兵儲蓄，無事則分，有事則合。水之所向，諸埽趨之。吏兵得以併功，儲蓄得以併用。故事作之日，無暴斂傷財之患；事定之後，徐補其闕，兩無所妨。自有監丞，據法責成，緩急之際，諸埽所有，不相爲用，而轉運司始不勝其弊矣。近歲嘗詔罷外監丞，識者韙之；既而復故，物論所惜。此工部都水監爲户部之害一也。先帝一新官制，並建六曹，隨曹付事。故三司事多隸工曹，名雖近正而實非利。昔胄案所掌，今内爲軍器監而上隸工部，外爲都作院而上隸提刑司。欲有興作，户部不得與議。訪聞河北道，頃歲爲羊渾脱，動以千計。渾脱之用，必軍行乏水，過渡無船，然後須之。而其爲物，稍經歲月，必須蠹敗。朝廷無出兵之計，而有司營職，不顧利害，至使公私應副，虧財害物。若使專在轉運司，必不至此。此工部都作院爲户部之害二也。昔修造案掌百工之事，事有緩急，物有利害，皆得專之。今工部以辦職爲事，則緩急利害，誰當議之？朝廷近以箔場竹箔積久損爛，創令出賣，上下皆以爲當。指揮未幾，復以諸處修造歲有料例，遂令般運堆積，以分出賣之計。臣不知將作見工幾何，一歲所用幾何，取此積彼，未用之間，有無損敗，而遂爲此計。本部雖知不便，而以工部之事，不敢復言。此工部將作監爲户部之害三也。

《文苑英華》卷五四五《縣令不修橋判》 長安、萬年縣坐去歲霖雨，不修城内橋，被推按。訴云：各有司存，不伏科罪。

對：天開紫極，地列鎬京，渭水即飲龍之津，横橋得牽牛之象。而二縣稱劇，兩城攸壯，望雙闕而如雲，對九途而若厲。頻年淫雨，中逵泥濘，石梁隳構，鐵鑠不修。馬惜連乾，遲迴於欲渡；人嗟揭厲，歎息於無良。既愆十月之期，須

明三典之坐。然則據地雖從縣管，修橋乃合監營職。司自可爲憂有詞，無宜濫罰。飭五材而入用，選百工以就程，俾令蜿蟺如虹，佇見闌干若斗。請准此狀，各牒所由。【略】

趙和判對：中京帝宅，上洛星橋。宫城俯臨，九重密邇。康莊或斷，一切停留。架海黿鼉，誰看往迹；填河烏鵲，不見新營。冠蓋相喧，遏紅塵而不度；車徒競擁，駐白日而移陰。修構既在科須，差遣誠歸正典。事合屬於將作，不可責以親人。訴者有詞，請停推劾。

《文苑英華》卷五四五《不修橋判》 得丁爲刺史，見冬涉水者哀之，下車以濟之。觀察使責其不順時修橋，以徼小惠。丁云恤下。

對：津橋不修，何以爲政；車服有命，安可假人？丁職是榮班，體非威重，輕漢臣之寵，失位於高車；狥鄭相之名，濟人於大水。志雖恤下，道未葉中。與其能軾涉川，小惠未遍；曷若虹橋通路，大道甚夷。啟塞既闕於日修，揭厲徒哀其冬涉。事關失政，情近沽名。宜科十月不成，庶辨二天無政。

《文苑英華》卷五四五《私僱船渡人判》 洛水中橋破，絶往來渡。縣令楊忠以爲時屬嚴寒，未可修造，遂私僱船舫於津所渡人。百姓杜威等，連狀舉忠將爲幹濟，廉使以忠懦弱，不舉職事以邀名，欲科不伏。

對：上洛飛湍，中橋施構。參差危柱，若星影之全開；斷絶浮梁，似虹光之半起。望九衢之車馬，未見川流；瞻兩岸之風煙，更疑波委。楊忠宣風帝輦，作宰神州。以修造之辰，當沍寒之節，私僱船舫，公然來往。論惠雖是恤人，語事便非濟物。且雨畢理道，水涸成梁，莫不率由舊章，抑亦編諸甲令。故違憲法，自置刑科。廉使以懦弱繩愆，正符厥理；杜威以幹濟連狀，未識其宜。

李孝言對：曲洛圭廛，交風鼎邑。途開九達，城控八關。積溜澄雲，王子吹笙之浦；驚湍落日，馮夷剖蚌之川。衣冠之所往來，商賈於焉交集。所以亘兹星柱，架此虹橋，疑海上之浮黿，似天津之飛鵲。誠合因人啟塞，隨事修營，豈可使曲岸全崩，危梁中絶？驚波淼淼，却停流水之車；急浪悠悠，翻擁桃花之騎。楊忠莅斯劇縣，輒樹私恩，不遵十月之規，有損二周之化。造舟之義，自有公營；浮航之機，詎宜私僱。道橋有闕，懦弱可知。請依直指之科，置以曲從之坐。

崔釋對：三川朝市，六合樞機。冠蓋如雲，擁金錢之馬埒；軒車若水，赴鐵鎖之虹橋。遐邇所資，往來爲要。不謂波湍溜激，柱朽梁摧。捉烏鵲填河，空餘處所；驅黿鼉駕海，尚有規模。自合修營，豈宜停廢。楊忠位光銅墨，境控圭廛。仙舸横流，異林宗之共泛；漁船逗浦，非仲卿之來遊。縱狥私情，恐乖公理。雖當冬月，况屬閑時。造橋用功，冀暫勞而永逸；渡船費力，但有損而無成。官橋自可官修，何關縣長；私船輒爲私僱，便累宰君。郡人褒揚，將何稱首？廉察附請，即可甘心。以狀告知，庶無喧訴。

《永樂大典》卷五三四五曾汪《康濟橋記》 金山岑嵂，俯瞰洪流，悍鰐曩時客以爲居。自昌黎刺史咄嗟之後，一害去矣。江勢蜿蜒，飈横浪激，時多覆溺之患。循抵中流，勢若微殺，往來冠屨，踵躡肩摩，輕舸短楫，過者寒心，僉欲編畫鷁而虹之。幾閲星霜，未遑斯舉。適時與事會，龜謀協從，一倡而應之者如響。江面一千八百尺，中蟠石洲，廣五十尺，而長如之，復加鋭焉。爲舟八十有六，亘以爲梁。昔日風波險阻之地，今化爲康莊矣。償資錢二十萬。户掾洪杞、通仕王汲式司其事，從人欲也。乾道七年六月己酉始經之，落成於九月庚辰。是日也，霜降水收，爲之合樂，以讌賓僚。坦履之始，人胥懌云。郡守長樂曾汪書。

洪適《盤州文集》卷三〇《知政橋記》 贛都之山，豫水出焉，濫觴它山者又十餘流，皆北東入于章。至贛城西偏，兩崖相束，衝濤勇甚。兹爲南北孔道，熙寧間始造舟于河。後五十有五年，當建炎二年，高陽公以圖書邃直懷章作藩。方時用兵，居位者逃乏興之罪，它不暇給。航敗板缺，投步心惕。公患之，呼工師慮材竹灰釘之屬，費直百三十萬。郡有船官，遂借木於場，讐朽贍用。橋成，令過者人輸一錢，持以二僧。居半歲，盡償所貲。耀德頌美，有童謡言。更二十年，水鋸雨蝕，橋益腐折，公又來理于此。城之東偏鬲貢水，往來近遠之人日以數千計，檥船待者鱗如也。公曰是不籍無限，而公擅津渡之入者，乃算其羨積之名，錢萬者二百。復撤橋而易之，爲舟三十有四，布板甚良，掖以朱欄，治鐵爲瑣，辮竹爲纜，極維繫之固。其條修七尋有半，廣五之一。爲亭凡四，橋之心曰「卧虹」，其東岸曰「利涉」，其西岸則「臨章」，左而「雙清」，右合而名之曰「知政之橋」。役鵲蹻鯨，與波上下，人畜重輕，如由康莊，年穀比登，不識寇賊。冠蓋負販，願出其塗。壤壤乎，憧憧乎，未有稠於今者也。是歲實紹興二十年。公猥授簡，予辭不獲命，乃直書顛末而綴以詩。詩曰：章水揚揚，並山北注。淫潦建瓴，風贇其怒。連艦爲梁，胚胎智慮。視漏忽傾，淪胥阽窳。能仁許公，美必專之。前功不棄，今又改爲。汎汎文鷁，隨波高低。戢翼俛啄，蝦魚驚疑。月影在川，長虹對吸。練帨霓裳，水仙夜集。惟昔盜起，路爲之棘。禆販不葴，雍閼轍

跡。惟昔行人，臨流趑趄。懼其一跌，腹飽江魚。盜今以息，橋今以固。旁午如織，一日幾屨。隸首持籌，手不能措。來牛去馬，亦得安步。繄公之政，有利必興。心無川險，砥道之平。有如不信，請視此橋。用揭成績，附之童謠。

韓元吉《南澗甲乙稿》卷一五《信州新作二浮橋記》 淳熙十年仲夏，信溪大水，浮梁敝幾墊，郡守朝奉郎錢侯象祖議新之。時歲屢歉，衆懼費不能給也，侯則曰吾非取諸經賦也，矧敢斂於民？顧吾承乏民上，愧無以及民者，惟是燕設厨傳之常則加節焉。既踰年矣，公費之積或可用於此乎！後兩月，會予還自宣城，郡之士夫逆而託曰：子家溪南吾州之橋成矣，前所未有也，意他郡之有，亦莫及焉。且甚異者，方閔於雨，乃七月庚辰橋將繫之夕，雨則大霔，四郊之禾盡興，遠近呼舞，謂將有秋，不特喜夫橋而已也。子其爲記之。於是相與步其上，坦如康衢，屹如崇堤，廣丈五尺，危欄巨艦，材堅且良，羣行不聞足音，疾驅得以並轡，信乎可詫也。又取其餘舟以杭於南港，蓋兩橋爲舟六十艘，舟長皆四十有四尺。大橋則東西驛道所由出，南則趨閩粤焉。予睨而歎曰，古者矼石杓木而謂之橋，病其涉之厲也。後世比舟而梁焉，蓋所以濟不通也。故雖盟津之險，長淮之阻，國朝爲制，庀在有司，凡州縣之濱於巨川者，得用爲法。然或爲或否，君子常以是爲觀政，非甚力之不足，則亦志之有怠云爾。信在江東爲衝，且巖邑也，力固不能甚富，而當官之怠閑未免焉。異時爲是橋者，必資於民，頻易而屢敗。政和中，有縣令鄭畋始市田爲之助，然不能二百畝，水旱猶半焉。淳熙改元，前吏部侍郎趙公汝愚爲州，既新之矣，風雨漂搖，濤波蕩激，歲纔十周，舟已復壞。今錢侯之舉也，當賑饑捄旱之餘，惟不憚於暫費而圖其永久，可不謂難？未占而孚，雨以時應，人和之感，可不謂速？真有志而後成哉！然役興而吏不譁，事集而下不驚，則政之無擾，於是可見。嘗問其費，工亡慮五千四百有奇，錢爲六千緡，糜賑民粒米之贏殆三百斛，較之前幾於參倍，則其可久將亦什倍而無疑矣。使後之有志者率勿怠而時葺之，橋之歲月豈可計耶？侯吴越之裔也，家世袞鉞而澹如寒素，進攝郎省，來試是邦，以遵治民考功之制。故能損二千石之得以自娱者，思及於民，移豆觴餽餉之悦於外者，以資往來無窮之利。況其雨之喜正與橋會，在《春秋》之法，得以特書。故其士夫之請者，併以爲喜，而士夫之喜，即其民之意也。八月戊申記并書。

宋祁《宋景文集》卷四六《壽州重修浮橋記》 壽有大桁，昔在正陽。造舟相銜，道北趨南。在周世宗，克伐僞吴。桁移下蔡，實濟師徒。壽破之年，州亦北遷。夾淮而城，橋亙其間。於顯是州，民穰貨豐。轂擊蹶奔，日月其憧。長纜蜒蜿，以鏁大艫。艫自温來，竹以(斬)〔蘄〕輸。官列戍徒，晝護夜呵。一日而闕，則留於行。慶曆之元，予來守藩。庀司怠營，橋敝不完。版罅枘脱，陷落是虞。客馬頓轶，民乘徐驅。予咨於寮，按索舊章。檄發庫錢，布材六安。下令於冬，材集以春。百桴盤盤，泛溜而臻。是鋸是斤，疏爲千章。密貫緻聯，壓柞扶持。舟牢索堅，坦爲夷塗。虹亙蛇申，川怪畏潛。旅行相歡，無念阻艱。波搖瀨舂，脆日焦風。不能爲損，吾新厥功。先時邏兵，纔數十人。老疲瘠惰，不克邀巡。予視臺符，滿百爲率。敕吏如律，事焉肅給。榜成舉觴，徧勞屬官。匪予之力，實惟衆勤。清淮湯湯，斯梁與存。嗣葺不忘，以諗後人。明年後九月，乃刻記於石。

黄震《黄氏日抄》卷八七《廣德軍滄河浮橋記》 天地位而水實爲之脉絡，川澤阻而人復爲之貫通。五湖之口襟江，萬安之渡支海，宜皆望洋而不可向者，亦無不心慕橇木，梁空以行，斯亦奇矣。至若山川之回鬱，波濤之洶湧，懍乎哉！不可以步，有淵也；不可以濟，厥桴也。必獲久計然後可以措，則又鱗比航次，板檻鉤接，東西兩岸，貫以鐵綆，引以鐵牛，横水傳陸，隨其往來，如履平坦。其制不愈奇矣。然石梁既成，一勞可以永賴，歲久不免微圮，不可以不葺，抑何故？舟雖具，水潦時集而鼓風兩汸；竹雖韌，鐵雖固，魚龍百怪，惡其梗己也，常伺隙。此所以雖杜武庫之智，不能使可橋之久；雖張燕公之大手筆，亦無以壽蒲津橋之傳也。然則浮梁其可一日忘葺哉？桐川郡北踰十里，有渡曰滄河，南受天目、宣、歙諸水，衝潰奔駛，然後演迤以入於海。風濤每壯，猿狖亦驚，故其渡爲最險。郡有祠山，每歲十二月，江、浙、荆、淮之民奔走徼福者，數千里間關不辭，較諸他濟人之渡，此爲最衆。以此滄河爲斯郡之要津，病阻舟楫。往歲郡氏因議建石梁，以通其利，計其始終之費，爲錢二萬緡。再建水汜，争之，又不克成，終靡定議。今陳令君應元時方爲進士，悉家貲修葺一新之，浮梁名以登津，費以緡計者凡十有六萬。爲舟十巨艘，爲鐵纜四百尺，爲石垛兩岸。岸之隈餘波沮洳，又各續之松堤三百尺。夫然後樵夫販婦，童稚老叟，昔犯靈鰲巨鯨以行者，今如行衽席上，前歌後和，靡不欣喜，曰：此陳君之賜也。今而後傾覆叫號於洪濤巨浪者，恬然而不之聞矣；惆悵溪山，含悲於高險深廣者，坦然而釋之心矣。將江、浙、荆、淮數十萬衆咸獲其惠。時有懷遠慮者，有憂色曰：孰維持是而繼其後也？君又發其帑，得天荒田百六十四畆有奇，山天寺僧司其事，歲收其

利，以備營葺復屋，其爲浮屠氏者曰思濟院，仍處其嘗爲舟子者曰水手，以日視舟若棧之所當葺委焉。陳君方喜，俄有擁麾而來者，忍於奪其利去，復撓其措置之規，曩之浮梁，於是日且就壞矣。及是歲，郡父老遮公言狀，切切歎不已。余曰：是必更有説也。夫避寇者必於元戎之車，卻其患而後趨。廣德文學之郡，獨無吾夫子之學宮，陳公慨然兼許無難色。則復爲之請於郡太守，具公之志，在於崇教濟衆；復告於郡博士謝君夢祥，君亦贊其美。遂差擇穀旦，鳩材命役，斧聲丁丁，幾壞者復一新之，有加於舊焉。近橋南垛有阜巋然，正隸學宮，謝君復作頌庋其間，用便檢視。陳君乃大喜，屬余記其詳。余謂記所以詔方來，今吾夫子之教與天無極，浮梁附之以葺，亦將與吾夫子之教無極，何用記爲？雖然，天下事創之固難，守之尤難，必無日不葺而後守之不廢，必本今日之政而後日可葺，豈惟浮梁之一事爲然乎！殆不可視爲泛説。他日正當相與獻吾所蘊而擴充之，豈無補於世哉！於是拜手以書，凡可以垂範於斯者，敢謂後之記者不再書。咸淳五年己巳冬十有一月至日，宣教郎添差通判廣德軍兼管内勸農諸軍事、慈溪黄震記。

方逢辰《蛟峰文集》卷五《嚴陵浮橋記》　嚴治萬山窟，無河渠，無大陂濼，遇秋夏即浮橋面州壘，惟一衣帶水，宜無洶湧澎湃，憂然歙流直注婺流，横絶山包而水不洩；一潦即又大浸，居民遇梅霔，常惴惴有魚鱉之懼，然此猶有時也。由定州壘門直涉而南，斷岸千尺，民由是出者，耕焉器焉牧焉；由是而入者，薪焉蔬焉果焉；由是往來戢戢者，販夫販婦貨焉貿焉，市所無郊運以入，郊所無市載以出；一日病涉，則耕者器者牧者厄薪者蔬者果者梗，販夫販婦貨者貿者滯，吾城内外之甿，且以病告，此則旦旦之憂也。於是不可以無舟，舟猶險也，又從而梁之，然後涉者始無憂。雖然，涉者無憂，固有任其憂者，夫舟與梁，皆木下漭而上覆，風雨之所剥蝕，波濤之所轟豗，舁擔之所蹴壓，舳艫之所挩拽，馬牛之所騰踐，數年一葺，又數年一易，爲費且浩瀚，州家憚焉。歲在丙辰，李侯以胄簿來守茲土，每事痛撙節，下車首問輿梁之政，侯亦可謂知務者。斯役也，舟若梁故者腐者悉撤而新之，葺而仍者十不一二。舟七十，梁百有三十，其制之廣袤，數之多寡，悉仍其故。鳩工集材於府治，侯躬自檢柅，其受給也，吏不得隱；其營作也，匠不得鹵莽，故費不浮而事集，工堅而人忘其勞。會其用，爲緡萬有五千，爲米斛者百，材木綆鐵不與焉。十有二月梁成，官民慶之，屬予記其事。郡丞武博吴愷且語予曰：此郡太守撙節力也。余謂節用愛人，此治千乘者第一義，二者固並行而相爲用也。不節用者固不能愛人，徒節用而不能愛人，則其節也必入於吝。不愛人者固不能節用，徒愛人而不能節用，則其愛也必反於刻。世固有墻傾壁壓而不能恤，坐視民之墜水火而不拔一毛者，曰：吾節用也。又有唾金穀一切汎愛，甚至屠人膏血而濡洙乎螻蟻？曰：吾愛人也。出納有司所專也，而侯謹焉；興作人情所憚也，而侯樂焉。此無他，視人之溺猶己之溺，怵惕惻隱，一觸即奔迸不可遏，而舟梁一事，其火然泉達之始歟。余家青溪濱，熟睹病涉者，重有感於斯而書。侯名介叔，字直翁，宣城人也。

汪應辰《文定集》卷九《平政橋記》　水自玉山，歷信州而西，州之南有浮橋焉。歲月寖久，板鑮柱脱，傾欹動摇，行者惴惴焉。夫徒杠輿梁之不設，而民以病涉，此其害之可見者。至于有其具而不足恃，則有不可測知之害，此仁人之所隱，而爲政者不可緩也。今奉議郎趙侯汝愚子直，自著作佐郎來領州事，惻然念之。顧以比年費用日增，校之異時相倍蓰，而不啻左支右吾，殆不暇給。惟是撙縮浮濫，檢柅欺隱，銖積寸累，久之，得錢三百萬而贏。于是撤舊橋而一新之。廣厚堅壯，坦如夷塗。父老嗟嘆！前所未嘗覩也。其下流曰三港，蓋永豐之水北行，又西南湊集于此，而閩人所從往來之津也。舊以舟渡，至是收其餘材，亦創爲浮梁以易之。淳熙元年九月丙申始作，閲六旬而成。其市材僦工，率爲平賈。謹視出納，無稽留峻刻之弊。民之與官，爲市爲役者，如私家然。自初聚糧以至訖事，無一擾于民者。《春秋》常事不書，凡土木之役，不時害義，固非其當矣。至于雖得其時，雖當于義，亦謹而書之，蓋以用力爲重也。況能于艱難傾側之中，委曲經畫，纖悉備至，未嘗勞民之力，而能以革弊除害。以《春秋》之法言之，則其于凡例之外，變文以示義宜何如？顧余不足及此也，特記其事而已。

葉適《水心集》卷一〇《利涉橋記》　嘉定四年二月，黄巖縣浮橋成，林鼒叔和爲其知縣楊君言曰：「橋長千尺，藉舟四十，欄笍綷索，隄其兩旁，梱圖狻猊訖三十旬，斥鐵九千，木石二萬五千，夫工六萬餘。縣東南車馬擔負，而客之途皆達於橋；西北樵採攜挈，而民之市皆趨於橋。諸公跨天台，陟雁蕩，行過黄巖，皆喜曰：『增一橋矣。』蓋奔渡、争舟、傾覆、蹴蹋之患既免，而井屋之富，廛肆煙火，與橋相望不絶，甚可壯也！古無而今有，難也；橋於江之險，又難也；台州有橋自唐守始，君一縣作之，抗其力如州，倍難也。願子記以爲君酬！」余病未暇也。叔和又言曰：「橋以未成爲難，衆人所知爾；以既成爲難，君所自知也。今歲別一困以待異日之缺，尚懼不足。雖然，縣籍壞七十年矣。君聚田百

萬畝，算而步析之，更二載，始得經界之舊。君之力雖尤難，而承其後者易矣。易則思，思無窮，而橋可恃以常存也。願并著之！」余臥水心久，往來皆村野人語，不到門外，不知君材乃若是。鄭大夫非異人耶？舉鄭國解落整比，大效小驗具於《春秋》，至捐一車，則天下以爲笑。彼溱、洧之易，視今之難奚百倍翅耶？豈古人於此則或有故歟！世常言「極今人所難，不足以進古人所易；而充古人所易，不能爲今人所難」，何哉？叔和之論未余質也，可無爲書！余少從叔和兄弟游，每爲余言：「縣直北山，爽氣浮動，花柳之麗，雪月之勝，無不在江北。」余問至程頭，必徘徊瞻顧，輒阻江而返屢矣。今既施橋，而叔和與邑人日曳杖娱嬉於北山，潮生汐落，隨江降升，悠然如泳漢浴沂，以詠歌令君之遺德。而余已老，不復有四方之事，徒慨想而不能從也。因附見之，亦以志余之不忘斯游爾。楊君名圭，字國瑞，建安人。其來黄巖，監司固以材辟矣。是年六月　日記。

朱熹《晦庵集》卷八〇《信州貴溪縣上清橋記》　貴溪之水，其原東出鉛山之分水，北出玉山之鎮頭者，合爲大溪。自弋陽西流，逕縣治南少西，迺折而北。大溪之南有小港焉。出縣東南境上，西北流至縣治西南，乃入于溪。居民行客之往來者，故以舟楫爲二渡，自縣治西南絶大溪者，曰中溪；當其西流北折之處者，曰鑿石。小港水落時，廣不過百餘尺，褰裳可涉；霖潦暴至，則其深廣往往自倍，而亦爲一渡。中溪之舟，每以是時過港，常爲横波所蕩擊，人力不得施。鑿石則水觸西崖，鬬怒騰蹙，其險爲尤甚。故二渡者，歲率一再覆溺。邑人病之，欲爲浮梁以濟久矣。而役大費廣，無敢倡者。今縣大夫建安李君正通至，則陰計而嘿圖之。久之迺得縣之餘財八十萬，將以屬工。而邑之大姓聞之，有以鋘爲連瑣巨絙千五百尺以獻者，有捐其林竹十餘里以獻者，州家又以米百斛者佐之。於是李君乃相大溪二渡之間水平不湍者，以爲唯是爲可久。遂以紹熙三年六月始事，民歡趨之。不百日而告成。兩崕礲石爲磴道，高者五百尺，卑者亦居其五之四。橋之修九百尺，比舟七十艘，且視水之上下而時損益焉。又維十舟以梁，小港作雙艦以航巨浸。於是東西行者，春夏免漂没之虞，秋冬無病涉之歎。其功甚大而費則省，蓋其規模籌畫，一出李君。主吏工師，拱手受成，不能有所預也。既又留錢五十萬於明覺浮屠氏，使自爲質貸，而歲輸其贏五一以奉增葺之費。明年，李君將去，乃以書來道邑人之意，請予文以記之。予惟李君此橋之功，百里之人與四方之往來者，固已頌而歌之，宜不待記而顯。且其才之果藝明達，用無不宜，又非獨此爲可書也。姑爲記其本末，以告後之君子，使知其成之不易者如此。相與謹視而時修之，是則李君與其邑人之志也云爾。四年九月戊寅既望。新安朱熹記。

林表民《赤城集》卷一三唐仲友《新建中津橋碑》　郡介栝蒼、天台間，水源二山東南流，合於城西十五里，東注於海。城臨三津，其中最要，道出黄巖，引甌閩，往來晝夜不絶，招舟待濟。寒暑尤病颶風無時，篙師牟利，弊舡重載，命寄毫髮。仲友以淳熙庚子來守，辛丑三月，常平使者循行迓於城南。戊夜登舟，篙工失度，比曉乃汔濟。因問父老：「江可橋，未作，何故？」對以潮汐升降，經營爲難。食於津與瀕江之市又沮之，皆中輟。仲友自念承乏牧養，繼歉歲入，境人草食。賴朝廷勤恤，牟麥告登，病少瘳矣。橋大利，可毋作？迺分官吏，庀工徒，度高下，量廣深，立程度。以寸擬丈，創木樣，置(木)〔水〕池中，節水以筩，效(潮)進退。觀者開喻，然後賦役。始於四月丙辰，成於九月乙亥。築兩堤於皇華亭之東，甃以巨石，貫以堅木，載護以畚梩。中爲給道，兩旁爲却月形，三其層以殺水勢。南堤上流爲夾水岸，以受水衝。堤間百十有五尋，爲橋二十有五節，旁翼以欄。載以五十舟，舟置一碇。橋不及岸十五尋，爲六栰，維以柱二十，固以楗。筏隨潮與橋岸低昂，續以版四，鍛鐵爲四鎖，以固橋。紐竹爲纜，凡四十有二。其四以維舟，其八以挾橋，其四以爲水備，其二十有六以繫筏。繫鎖以石囷四，繫纜以石獅子十有一，石浮圖二。纜當道者植木爲架。遷飛僊亭於南岸，遷州之廢亭於北岸，以爲龍土神之祠。爲僧舍及守橋巡邏之室二十有一間，南僧舍爲僧伽之室。凡橋欄舟栰之役，五邑共之。黄巖預竹纜之頒，餘皆屬臨海。金木土石之工二萬二千七百，用州錢九百八十萬，米四百五十斛，酒二百六十石。橋既成，因其地名之曰「中津」。第賞官吏有差，燕犒以落之，命臨海尉支鹽官主橋事，兩指使同視啓閉。擇報恩寺行各二人奉香火，置吏屬行文書，番將校主巡警邏者二人，守橋十有四人，皆厚其廪給。又以度數名物爲圖書，禁防法守爲要求。田畝財用版籍，東湖歲輸公帑數百緡改入焉，以備葺費。命臨海、黄巖令董葺事。所以爲橋計者粗備矣。夫民可與樂成，難與慮始。方議作橋則疑，中則謗，既成則疑釋謗弭而説繼之，是皆常情耳。然慮始之難，未若保之之難。金石既堅，久猶刓而泐，況他乎？故記其大概，使人知所勸尚或繼之。且爲銘曰：台江之津，憧憧往來。橋之未作，吾民其咨。豈無智謀，亦阻浮議。橋之既成，其難在繼。矜吾民兮，憫吾勤兮。永詔厥後，視斯文兮。

林表民《赤城集》卷一三高文虎《重建中津橋記》　上即位之明年六月，武夷

周君曠自大理正行臨海郡守事。既一年，其始至之兩月秋，大風拔木，江海爲立，輒齧岸防及鹵民田，而有雨浸淫，害於秋稼。郡之田事既弗登，城東南偏有舟梁以登濟者，悉與濤浪入於海。時天子抑畏勤卹，詔天下郡縣，以災異水旱奏者，發粟捐緡錢，委長吏皁安之，而臨海君其一。君既奉詔議賑貸，而川涂弗續，行者益病。有言天台山谷間木之仆於風者，可作舟梁，而僧又樂輸。乃命臨海丞戴若水、户曹趙汝達程其事，而受規畫焉。鐍金繩筏舟五十，橋爲節二十有五。祠廬徼屋撤其頹者，守僧校兵汰其久施者，皆視昔有加。易欄爲桓，舟設柁楫，貫木爲筏，維纜以柱。則又創謀制良，可衛悠遠。役興於十月，百三十有五日而梁成。爲錢百二十萬，米百三十斛，酒七十石，施於工者八千六百有奇。方是時，郡國從事救民者，懼不克支。君當蝕弊之日，囏蹷之餘，公私蓄積可痛。饑甿拱手祈命，羣情嗸嗸。獨能以仁厚明達，清訟省罰，調娛全安民，迄和裕宣著上德歸報於天子。又能不剥於下民，罔聞知植大惠，利寓以康卹，用利我台人，厥庸爲亢大。然古者治輿梁，大抵以利勝害。郡爲縣五，而天台仙居，限以巘嶺，少漁鹽，舟泝兩谿，而下者率尚留遷。比歲始謀，橋實規截舟以事，徵剥意靡在民。今所謂斂橋錢者是也。夫設橋以惠民，乃售錢然後啓，檢匿煽虐，歲月未艾，是豈善政哉？誠能悉捐其舊，以盡惠台人，則橋可捐益而惠無窮已也。前十三年，余及觀橋之成，既不能伸其言，後於此乃及述橋之再，猶覬其言之聽也。乃酌民辭而詩之曰：

皇矣帝仁，子視下民。其康溺饑，於以對天。凡百郡縣，孰保畜之。顧彼海邦，繄君來儀之。適是濤颶，君不遑處。圖厥奠濟，孰稽靡實。孰艱難蹷，孰甿靡食。未知旨蓄，孰以川梗。梁仆於潮，舟流水礫。委命寸篙，廩之皁之。戮力富之，楫之翼之。輿而及之，若時履圻，式靖且安。父母於君，怙恃君惠。余亦順理，母事令刑。君飭津橋，湜湜流水。後有闉郭，前有山趾。君與民遊，其旂韡韡。君戾津橋，賓掾静樂。陸有擔屩，川有檣櫂。好歌以誦，其旂翩翩。君在津梁，君諏民害。君暨掾寘，敷利與愛。僝功不揚，民用詠載。江有蔨廬，有賈有漁。公在中流，禁弛徵除。宜而邦人，歸美帝家。

《〔雍正〕浙江通志》卷三八范成大《平政橋記》乾道五年 栝蒼帶郭浮橋，歲久不葺，民苦病涉。乾道四年冬，郡守范成大實始改作。郡從事張徹，惠利民，麗水縣留清卿調其工費，以授州民豪長者四人，使董役吏毋得有所與。凡爲船七十有二，聯續架梁，爲梁三十有六，築亭溪南以涖之。歲十一月橋成，名之曰「平政」。亭成，名之曰「知津」。又得廢浮圖之田五十畝於縉雲，以其租屬亭，歲時治橋，俾勿壞。明年正月，大合樂以落之。衆請銘其事於石，使後有考。銘曰：

孰梁斯兮？踏淵若衢。我維新之，櫛櫛其艫。工麻於亭，有粟在耨。豈維新之，永以不朽。

周必大《平園續稿》卷一八《安福縣重修鳳林橋記》 「造舟爲梁」，文王初爲西伯創物之知也，人到於今賴之。漢儒著《爾雅》，乃曰：「天子造舟，諸侯維舟，大夫方舟，士特舟，庶人乘泭。」是説也，謂辨尊卑可也，河橋何與焉？郭璞既誤以爲周公之言，孫炎又從而爲之辭，其失《詩·雅》之旨遠矣。吉之郡邑大率瀕江，浮航於水，加板其上，聯屬綿亘以達於岸。人之往來，其道如砥，視招招舟子争濟於風濤之中，險易勞逸蓋相萬也。安福壯縣，江西、湖南之要津，水出瀘溪，匯於鳳林，其廣三百尺。是橋不知起何時，姑以近事考之。元豐縣令上官公穎、崇寧縣令上官合增修於二十年之間，邑士歐陽安稷名橋曰「上官」者，從其姓也。紹興庚申，令韓邦光復修之，鄉先生王公庭珪名之曰「鳳林」者，因其地也。淳熙丁酉，令徐輝又修之，邑人劉浚易名「濟川」，則諂矣。夫一橋在北門，纔百餘年四修而四壞，何也？吏惰財殫，葺不以時，或葺矣弗良於工，故易壞也。慶元改元，令施廣厚適逢其壞，而尉陳章復能奮身任責，相與掄材選工，舉大舫二十而新之，冶鐵爲絙，紉竹爲笮，圖惟悠久之計。士民咸出力相其役。起於季冬，成於仲春。會太守楊侯方新至，助錢十萬，仍歲留征商送州之餘爲後日營繕之備。章，吾故人子也，請記其事，於今累月，行授代去矣，安得不爲一言？夫利涉之功，微公家不能成。雖成必壞者，物理之常也。郡邑無終窮，守令有更易。坐視弗恤，其壞也速；未壞亟葺，其費也省。今令尉幸舉職，二千石又設儲跱，其慮周矣。徒法不能以自行，顧嗣音者何如耳。因爲辨漢儒之失，揭鳳林之舊，使後之人知公家之利非一族所得私。若濟巨川，非一令所當擬，必也即渡名橋，隨壞隨葺，乃百世不易之道也。二年三月十五日。

楊萬里《誠齋集》卷七三《新喻縣新作秀江橋記》 「秀江橋」三大字，煥學尚書謝公諤書也。橋作於何時？屬役於淳熙丁未之冬，僝功於己酉之秋也。作之者誰？縣尹李君景和、邑士丁君南隱、承奉郎謝君峴也。秀江故無橋，舟子專波濤以爲利，過者病之。玆役之興也，是歲江西大浸，甿菜其色。提舉常平使者陸公洸以聞，詔行振貸。公奉詔措事，下二尺木書諗郡若邑，旁招鄉里修潔之士志

於甿而肯力於公上者董之。於是臨江軍新喻縣之士民合辭以告于縣尹曰：「丁君某可。」於是縣尹具書禮及門三請。君既至，與縣尹言於常平使者曰：「飢民不加少，而廩粟不加多，將奚以賙？官有不賙之賙，則甿受不惠之惠。謂宜如范文正公興役於饑歲，可乎？」使者曰：「諾。」縣尹及君及謝君屬耆老而告之。工正等六百人皆曰：「諾。」於是僦甿爲工，造舟爲梁，遐邇奔輳，運木挽土，日千其人，刳剡舴艋，二十有奇，于鍥于石，載維載堤。橋成，泝而望者，鳧鷗之泛清波而將翔也；履而過者，若烏鵲之梁天漢而不没也。於是甿之椸者果，瘠者澤，流者止，而往來之濟者視淵爲陵，視冰爲炭，視驚濤爲坦塗。縣人録其役，謁余記之。余曰：「是可書也。」今夫見冬涉者其心惻，見春溺者其顙泚。然舟子專濟人之役，而心不動焉，或利之也；有司居濟人之位而政不及焉，或牽之也；士君子旁觀動心而力不至焉，或不位焉者也。今陸公庸李君，李君位焉而莫之牽；李君庸丁君、謝君，丁君、謝君不位焉而莫之辭；丁君、謝君庸飢甿，飢甿利焉而莫之怨。夫惟飢甿利而舟子始不利，夫惟舟子不利而邦甿始大利。然邦甿之利，大之難乎，抑久之難乎？大而不久，邦甿之利其不復爲舟子之利乎？未可知也。後之人尚毋忽。紹熙初元十月九日，具位楊某記。

吕祖謙《東萊吕太史文集》卷六《撫州新作浮橋記》 撫之谿故無橋，乾道初元，知州事陳侯森始作浮梁，以通往來。淳熙二年秋七月，甚雨，淫潦漂航斷笮，無一存者。吾友趙景明適爲此州，復新之，以書請曰：「燁試郡未幾而橋毁，約己啬用，不敢賦諸民。造端以十月戊寅，告具以十一月丁丑。部使者周侯嗣武實佐其費，而屬役於知臨川縣江霖。橋東西相維，其修百丈，聯舟爲梁，合五十有四艘。願記其成，以諗來者。」予報之曰：橋梁，郡政之一也。子不忍涉者之病，政以時舉，亦庶乎長民者之心矣。然城闉之近，易察也；水潦之害，易知也；道路之謗譽，易聞也。至於不矚之地，未形之患，弗能自達之呻吟慨歎，昔之君子惴惴焉惟此之畏，子尚戒之哉。蓋心不在民，固負於師帥父母之名。慮不能周四封，則亦無以亢一方之任。所存者篤，所綜者博，其開塞建置，繼此而講者，則有次第矣。是橋也，特發政之始，邦人將惟子之視焉。無是心而有是政者，否也。有是心而無是政，非制於上而不聘，則壅於下而不流也。撫去吾州且千里，孰臨子上，孰承子下，吾皆不能知。獨以橋役言之，有部使者勸相飲助，以啓厥功；有縣令奔走服勞，以集厥事。以是而觀子之州，上下之際輯矣，爲子之所爲，其何所憚，亦何所誘乎？邦人匪徒子之視，將惟子之望且責也。因次其語，以遺撫人，俾立石水厓以俟。

陸游《劍南詩稾》卷四《十月一日浮橋成以故事宴客淩雲》 陰風吹雨白晝昏，誰掃雲霧升朝暾？三江水縮獻洲渚，九頂秀色欲塞門。西山下竹十萬個，江面便可馳車轅。巷無居人亦何怪，釋耒來看空山村。竹枝宛轉秋猿苦，桑落瀲灩春泉渾。衆賓共醉忘燭跋，一逕却下緣雲根。走沙人語若潮卷，争橋炬火如星繁。肩輿睡兀到東郭，空有醉墨留衫痕。十年萬事俱變滅，點檢自覺惟身存。寒燈夜永照耿耿，卧賦長句招羈魂。

陳思《兩宋名賢小集・何耕雲・浮翠橋》 隔溪蒼翠各西東，架竹爲梁路始通。缺月罅林凝浄緑，斷霞明水抹殘紅。芒鞋步步幽深處，藜杖聲聲屈曲中。回首忽驚橋已遠，冷然身御圃田風。

《〔雍正〕四川通志》卷四二任瀚《浮橋記》 越巉巖，驀幽壑，出虎豹狷狖窟穴，刳剡離奇輪囷，以航清泠不測之淵，使人絶長江，如道堂除歷都市，不知澗瀁出風濤上，此非有雄才峻略、彊仁義垂、功勞永世如孫叔敖、杜元凱諸人，其誰識爲此者？長江在天地爲物最險，嘉陵江出劍南軍，負果州東郭而下望之，濤瀵張天，名漱玉灘者，又荆吴梁益通津。中流齒齒多怪石，夏秋水盛時，石隱不見，漫然且成安流。至霜降水落，則乃衝薄震盪，槎牙怒號。過人瞬息失便，即舟敗覆没不救，下爲魚龍餌食，莫有出者，故篙師往往據舟揖抗，臂指頤邀，取長物以困行路。乃嘉靖癸丑春，郡太守南山沈侯，謀諸參佐，東即鶴鳴山下，西距長隄，甃石水步，外各植華表相對峙，貫以綷絢，繫横江舫百數十艘，版其上，施籧篨爲閣道以通輿馬往來，無復淪滯。其傍則爲飛檻欄楯，錯以朱黫，望之若井幹銀牀，鱗差陸歷。過客憑倚延佇，則水煙漠漠，觀鴟鶩鶬，交戛上下；阜樹傳陰，汀花亂發，月在菰蒲鳴榔欸。乃横渡琳宫梵塔，倒影中流，劃然如夢如畫，天倪道機皆自浮梁焉，發之迺知偉人奇作與造化争雄。自蠶叢開國以來，實所未見，江山有待，將非其時乎？昔秦昭王使其大夫李冰爲蜀守，鑿離堆，辟沫水之害，蜀人世世祀之。今永康軍有神露冕而蕡其袍如王者，前有穹碑書秦太守冰以水事奉黄帝祀，即如沈侯嘉陵江浮梁，公不知百世後宜何所食報也。沈侯貞白循良，多惠政，可銘金石，諸無關水事者，法不得書。

梁寅《新喻梁石門先生集》卷一《重修秀江浮橋記》 凡川之有橋梁，乃王政之當務。故「十月成梁」著於《夏令》，「造舟爲梁」見於《周雅》。有志乎民事者，可緩於是乎？新喻縣治臨江，渝水之上，其有浮橋，蓋自紹興間而始。其初縣學

之前題曰「秀江橋」，因川之中流有秀水如練帶，故以名。厥後謀重修，在學之下。士以橋當學之前非宜，徙之其東，且曰：「橋之東爲鄉者五，爲都者三十有五，而西之鄉都少，徙之東爲便。」於是群議克合縣東。白水進士李夢熊，乃獨以己貲徙焉。尚書章文肅公爲之記曰：「雲津橋歷年既久，蟠龍寺僧遷之臨津坊，即今之水河門是也。」元戊寅歲，知州李漢傑仍移雲津舊所，壬辰之亂而毁。今朝丙午歲，橋復成，仍置之水河門。歲久，宜葺完，縣丞陳伯宣乃令人悉撤其舊，云欲更新，然竟不果，其故材散失且盡。繇是恒以舟渡，民咸病之。洪武丁卯八月，紹興傳善繇郡庠生來爲縣幕長，進縣耆宿吴天德、簡天復，謀重修之，且期以必成。戊辰三月，主簿鄭侯至。踰月，知縣黄侯至。即橋所觀之，皆力贊其事。其橋經始於丁卯年十月，告成於次年九月。仍置之水河門，雲津之名不易也。其爲江面，横闊四十丈有奇，爲六厢，每厢用六舟，其用木暨釘鐵素油灰諸物，爲價總若干緡。資糧之供，工匠之費，又總若干緡。以言其功，訓科胡學敏攝縣事，有志於是。其相經營，晨夕展力，潔己奉公，二者宿之績爲多。督工役，量才用，度事宜，則羅西玉任其事。事將集而工不完，又糧里胡本閏克全其美焉。若乃贊畫決斷以相其成，則司訓伯韶，乃夢熊七世孫也。橋既成，暨天德、天復請記其事。寅竊謂：凡營造，令出於官，力資於民。然其倡率於是，謀慮於是，惟賢能是賴。今兹橋之成，藉於數君子，使凡往來者，如夷塗之履，免病涉之憂，則記之以示後之人，是亦宜也。於是因伯韶之所述而記之。

《〔同治〕鄞縣志》卷五劉仁本《平章方公重建靈橋記》　四明郡環郭皆水也。水出自剡源，合七十二溪會於奉川。又分而錯下，其西南北流悉導治爲河，獨東匯鄞江以達於海者，潮汐吐吞，横亘其外郛甬東道，故往來患涉焉。按郡乘：始自唐長慶中刺史應彪，度江廣以丈計之五十有五，制十六舟，舟連負板成橋，橋具而虹霓見，衆咸異之，因名爲「靈橋」。歷五代及宋，屢圮屢建，歲月深而絙梁易於敗絶，至有宋七八月間颶風作，遂卷而藏之，代濟以小航者。率皆區畫無法，制度非良，詎可久計也。當國朝至元間，憲使陳祥又更治之，遴編户蠲徭，俾耑繕修。久則並緣奸起，故蠹者利其脱落，終歲營造弗就，輸役之氓困病行道之咨嗟興矣。至正二十年，中原亂作，淮氛侵擾，江浙省平章方公肅廷命，統舟師，分署鎮鄞。時橋政久隳，鄉父老有水濟川者若而人獻言於邑丞麻公直曰：「先是，縣官賦米，得三百二十有五石，配徭户受作子本，計造橋直，籍而斂之，歲歲而葺之，若暫宜之，安知其久而不汩之也。矧事未就緒，而民罹供億日煩重，力不逮矣。今償米直，願公爲之計。」丞上其言於省，省議韙之，謂可以利民者而病民乎？遂檄郎中張啓原董治，而俾丞鼇正焉。乃官出緡錢九百定有奇，購材召工，仿台郡中津橋制，每舟以二爲偶，肩連櫛比，合爲一扶，中實以材。凡爲舟一十有八，共爲扶偶者九，鐵繩貫串，鈕組岸滸，篾纜相維，杙楗江底。欄楯之丹雘，扃鐍之堅固，𩖐翼蟬聯，與波流上下頡頏。仍藉丁夫二十有一人相之。於是憧憧往來者，履坦坦之康衢矣。既而計餘鏹作二航，以濟桃花渡之涉。罄餘錢米，買田得一百有五十畝。城之士民率助者，倍其買數。又規橋側靈濟廢寺畝一百六十有奇，并有基址，易構爲橋局公廨。中建廳事四楹，旁列倉庾八楹，後爲佛堂六楹。舉其香燈，命僧居之，公爲檢籍歲收子粒，慎其橐鑰，專理橋務。民勿再勞，官無傍出。經始於其年夏首，竣役於秋八月。既落成，有衆歡然相與來告曰：是橋自長慶迨兹五百四十朞，更歷世代，作者屢矣，而未有若今日之完美堅密，且爲永圖也。官之利民，厥功著矣。願垂不朽，託文剔石。於戲！刳木爲舟，造舟爲梁，詠於《詩》，贊於《易》。乘木舟虚，利涉大川，由誠感於物，上下順從，得「中孚」之義矣。十一月徒杠成，十二月輿梁成，王政繫焉。今兹制度之謹，貽謀之遠，惟溱與洧，不可以方思矣。然經理有良法，而廢興存乎人。人存則政舉，亡則隳。昔文公朱夫子任浙東常平使者，視黄巖縣水利，創河閘，買田莊，爲經久計。行數百年，而民獲其惠澤。至正初，黄巖貳官有作利涉橋於澄江，而爲募置田租，以甦民力者。今田湮没，河閘與之俱廢。利涉則重困於民，問租無有也，豈不在人而不在法乎？噫！敢用書以勸於後之來者。著之銘曰：維鄞海邦，東阻於江，莫予揭厲，潮衝汐撞。輿梁有作，作其艅艎。艤十有八，挾彼兩杠。屹然砥直，如鼎力扛。康衢九軌，厥履孔跫。四民往來，讙語笑哤。君子平政，既仁且龐。君子錫民，福禄攸降。祥虹飛亘，華表植雙。後有作者，視刻珉玒。

鄭紀《東園文集》卷六《新河鈔關浮橋記》　新河鈔關在皇城之西，大江之東。南而川廣閩越，北而燕齊陝汴，凡貨物之待價，商賈之射利，畢集於是。城中諸市，居者行者皆視之爲盈虚，國朝因其逐末之衆，設榷征之。凡賈舟之來，必先報税，方許貿易，課額歲不下數百萬。又慮物聚必訟，迺令南京户部歲簡署屬官以領其事，都臺則以道史一員偕之，以參錯其議，蓋重之也。弘治丙辰，部署則主事王廷簡，道則御史張時措，市法嚴明，物價平稱，勢豪不敢顓利，歲課不致虧額，官民兩便之。往歲關濱大江，時受衝齧，官廳將爲江，有視事者危之。

每春水發生，江潮暴漲，則河流拍岸，舳艫充斥，榷木不能拘，兩岸闊絶，人畜往來不得自達，民甚病焉。近請于朝，徙關入河内之半，去江頗遠，廳堂垣宇視舊尤爲宏偉，而河流榷木仍之，民病猶存。廷簡迺集賈客士人，雜議之曰：吾欲造舟爲梁，横截于河，名曰浮橋，俾官可榷而民可渡，如何？衆心咸喜，鬮助緡錢有差。廷簡以謀時措，相與籌畫所宜，遂召匠須材。渡河廣若干尺，造舟若干艘，舟修三丈有畸，廣居其一，鬮若干艘；鍜鐵爲鏁，縻于兩岸，中爲交紐，以時啓閉而通税物。舟修中三之一横施棧道，人畜往來如履平地，河有潮汐，橋隨之高下，而渡者初不之覺，昔之病者今則便之。橋甫落，廷簡獻績于朝，而員外郎鄒元吉來代，又於棧道兩旁翼以扶欄，盡舟所至，渡者又便之。迺以大功告成，不可以無記述，礱石請文於予。予以古人啓閉從時，以濟不通，城郭牆塹以爲閉，門户橋道以爲啓。《周禮·夏官》：司險掌九州之圖，以周知其山林川澤，而達其道路。文王親迎于渭，造舟爲梁。是浮橋之從來，亦甚遠矣。子産爲政於鄭，子惠而小之，是橋梁所關亦甚大矣。今廷簡諸君子以明進士筮仕留都，關榷之事特其小，試而能使國課有程，市官有法，又以餘力成斯橋，其亦可謂知爲政者也。橋成未踰年，視事者已兩更易，繼此不知其幾，且不知能如今日之用心乎否。予不得不爲斯橋慮也，故書之，以貽後之人。

程敏政《篁墩文集》卷二〇《臨清州觀音閣下浮橋記》　臨清據南北之衝，四方商旅所輻輳，而運河出焉，往來者必藉舟以濟。然水不時發，暴激迅奔，一操渡失謹，覆溺相望，而河南之觀音閣下病涉尤甚。州人王珍廷璧家河之北岸，不忍歲溺者之多也，以成化乙巳，捐已貲作浮橋焉。爲舟凡八，爲白金六斤有畸。後五年，爲弘治己酉，漸弊，而舟之更造者六。又三年，爲辛亥，再弊，而舟更造者十。維之以巨絙，護之以周楯，虹亘櫛比，既固且堅。爰置守者，防其觸撈而時其開合，上下幾十五年。東西行者，去險即夷，無不嘉歎。適余過焉，吾鄉之客於斯者曰汪儀輔、吳斯敏，素善廷璧，具其事以請記。不得辭，爲之言曰：視人之溺猶已溺之，計聖愚之心未始相遠，而有不能者無他焉，錮於利而昧其所受之生理爾。臨清利區，廷璧以貲鳴里中，乃能識所錮而惻然於斯，人勤其力於不報之地若此，非有俟於有司之督，好義者之募而然也，豈非難哉！視彼厚自殖而闢亭館以貯歌舞，鼎新佛老之宫室以徼福田利益者，其賢不肖又何如哉！是宜記之，以告來者。廷璧以歲祲出粟賑饑，用恩例，爲義官，又嘗以獨力置椿石修運道二百餘丈。士夫過臨清者，多禮遇之，而廷璧益謹弗肆，教其子鎬以鄉進士需次於家，孫淮亦治經待試，其義舉不特此橋也。儀輔、斯敏樂道人善事，得附書。

王禕《王忠文集》卷八《錢清江浮橋記》　錢清江古名浦陽江，俗名小江，在山陰東北五十里，江北則蕭山境也。《禹貢》：「三江既入。」韋昭注：「三江者，松江、錢唐江、浦陽江也。」《十道志》云：「婺州浦江，一名浦陽江。蓋江之導源實出於此，北流一百二十里入諸暨溪，又東北流，由峽山直入臨浦灣，以達於海。」《十三州志》云：「江水至會稽，與浙江合，自臨浦南通浦陽江，亦謂由臨浦而北，則達浙江而入海也。」而酈道元《水經注》云：「浦陽江導源烏傷，東逕諸暨，東流南屈，又東迴北轉，逕剡縣。」又云：「浦陽江東北逕始寧。」又云：「東逕上虞、烏傷。」今義烏、浦江乃其故地，謂之導源，信矣。始寧即上虞剡縣，今嵊縣，信如其言，以爲東迴北轉，則是自山陰、會稽泝曹娥江，由上虞至嵊縣也。非也。又云：「餘暨之南，餘姚西北，浙江與浦陽江同歸海。」餘暨即諸暨，距餘姚二百餘里，謂餘姚西北浙江入海，亦非也。又云：「臨平江上通浦江，下注浙江。」臨平在浙江之西，其源殊别，謂浦陽江與之通，尤非也。蓋道元之論，以謂東南地卑，萬流所湊，故川舊瀆難以取悉，又未嘗身履浙江以東，故其誤如此。案《地理志》，柯水東北逕永興東，與浙江合，謂之浦陽江。永興即蕭山，而山陰北二十里有柯橋，其下爲柯水，注于江。然則浦陽江發源浦江，逕諸暨，入臨浦，而後合柯水，由蕭山以達于浙江而爲海，古今蓋不易也。其復名「錢清」者，後漢劉寵作守，郡中大化，及去，山陰有五六老叟，人齎百錢送寵，寵爲人選一大錢受之，尋投諸江，故後人因名江曰「錢清」。今俗唯稱「錢清」而不復道其爲浦陽者，地因人而著也。江自臨浦而東若干里，是爲柯水所注，即所謂「錢清」。其地控驛道，而江流至是勢以益大，又潮汐之所經，操舟而渡，動致覆溺。舊有浮橋，蓋比舟爲梁，以濟不通。而近歲廢不治，厲深濟盈，涉者告病。至正十七年秋，寧夏吳君以憲臺行軍都鎮撫分鎮蕭山、山陰兩縣，覩橋之廢，慨然嘆曰：「是不亦有司之缺失歟！」亟命褒民户之義助，斥公帑之羨儲，計其物力，度程而新作之。凡爲舟十有二，上架板庋，相屬以爲梁，其長三百有六十尺，廣十有七尺，聯之以鐵絙，絙如橋之長，而維其兩端於南北隄。使舟常比，而梁常屬。與波濤相上下，雖水湍悍，而往來者固無虞，人莫不以爲利也。橋成，衆欲書其事於石，以永君惠，而以文屬之禕。古者辰角見而雨畢，則除道；天根見而水涸，則成梁。橋

梁之修，有司之常事耳。今會稽憲臺治所號稱會府，而錢清當四會之衝，橋以濟人，厥繫斯重，乃皆坐視其廢，曾弗之顧。君方挈兵民二枋以護臺治，威望素著，而且以惠利及物爲先務，故茲橋以廢爲成，有所不難，夫焉可以有司之常事例論乎。是故門關、道路、廬館、舟梁，修除以時，非直爲觀美也。凡以通國野，敬賓旅，恤老幼，遷有無，實三代爲政之法，而周官尤謹著之。當時覘陳議鄭，皆不越是，而近世亦有以驛傳橋道觀人者。今君之於橋役，不以諉之有司，而汲汲力成之，其可謂善爲政矣。《春秋》之法，常事不書。是役之成，固不宜於不書。禕故備書其事，而并考夫地理之沿革特詳焉。君名買里古思，字善卿，起家進士，調紹興録事司達魯花赤，今擢江東建康道肅政廉訪司經歷，仍留鎮山陰、蕭山云。

《〔雍正〕湖廣通志》卷一一〇陳宗契《瀟湘浮橋記》　衡郡周面半水，横東郭門，而水曰瀟湘。受水之塗，自陽朔而來，十道委焉。建瓴而下，匯於蒸耒，復逆激而上，浸巨流悍。夾流以居，雜沓如魚鱗。東南人赴郡，如壑勢所必趨。重以霖潦風雨，又輕剽之徒，趫捷而一葉，每每覆溺或以死。以其綰津要，議梁之便而勢又不能以石，議浮之便顧工奢費巨。謀衆屢輟而能舉，則故守胡公首尸之。纔一紀而弛，與輟者同，自是緘口無議者。而形家則謂，郡如一掌，中劃爲二，澎湃滮漫，非所以維血脈、束筋骨。劉公來守衡，甫期餘，公骨清氣壯，畧遠思沈，神至而惠生，色授而事辦，慨然臨流，不憚征繕，爲四民嚆矢。維歲在卯月在巳日，次大梁，梁湘輒告成事。厥明守相帥官師庶士，登壇而祝禮巳，三老先驅，次諸相，次縣大夫，次諸博士，結軌而行，於時從者無慮，數萬扶杖，内履如在康衢，乃喁喁合口，爲相君壽。相君歉然意下，止輦而讓謝，弗有三老，側耳語謂：大夫不愛手足以有今日，祇今若涉河如跨，析津屹然，偃郡縣圃勢之而不圖，而黯黯明德，虚相君之伐，其以我非人哉！余小子則操不律颺言曰：常聞巧者避事，孱者避勞，即强有力亦避怨。三者廢一念，郡國幾何其能集一和也。於是小子偕劉比部際炎等，以梁湘請相君力主之。令應如響，安如堵，相君其得人。嘉靖乙卯，胡守相勞之不卒，虚六十年以待今日，相君其得時。傭力課工，以維形氣而使，劃然始聯掌股，相君其得地。衡負疑背霍，冬徂初夏，大半在滴瀝中，今經於寅冬，迄卯夏，而竣雨師陽，侯斂鍔規成務，相君其得天。夫避無三而得有四，相君之異政，於是乎可書矣。尤有異者，梁湘之朝，適有元鹿浮江而來，望相君之轂而止，禮斗威儀，曰：君乘水而王，其政平則北海輸，鹿夫守土之相埒於君，公今夷水而梁，夷梁而衢，平莫尚焉。《詩》云「敷政優優，百禄是遒」。鹿者，禄也，相君即不有神輸之矣。是役也，爲浮舟七十餘，上覆以版，中維以鐵，旁衛以楯，修一百二十丈有奇，廣可四軌。東西壘石爲臺，拾級而上可百武。陽列兩棹，楔額其上，東曰「湘東寶筏」，西曰「湖右慈航」。西翼以亭，亭三楹，廣四筵而羡深，稱之署，曰「來鹿」。周繚以石，憑楹而斛，可枕而漱也。東植水神、玄君二閣，閣旁有室，布席箕坐，時有欸乃入耳。中主畫則守相劉君，督成則郡丞尹公愉、別駕陳公允問、簡公懋爵、司理牛公維赤、令君蔣公鑒偃。費金二千。各得自節，羡相君別有記。橋名瀟湘。相君名春，閩惠安人，丁未進士。

《〔順治〕潮州府志》卷一二姚友直《廣濟橋記》　郡治東並城水曰惡溪，舊有修橋，參石爲墩，二十有三，深者高五六丈，低者四五十尺。墩石以丈計者數千百萬餘，上架石梁，闊以巨木，長以尺計者四十五十有奇。中流驚湍尤深，不可爲墩，設舟二十有四爲浮梁。欄楯鐵絙三，每絙重四千斤，連亘以度往來，名曰「濟川」。考之圖經，肇建或經二三守，須數歲始成。一墩經數守，歷數十餘歲橋始成。其途通閩浙，達二京，實爲南北要衝。其流急如馬騁而洶湧，觸之者木石俱往。水落沙湧，一葦可渡，水漲沙逸，數里曠隔。雖設濟舟，日不能三四渡，咫尺之居若千里。士女不得渡，有日夜野宿以伺其便。軍民病涉，莫此爲甚。自宋至是，因循不能修復者殆百餘歲。凡登途而望者，莫不痛恨，以爲終古苦涉，斯橋不可復作矣。宣德乙卯冬，韋庵王公蒞任後，百廢皆作。渡溪拜昌黎，顧橋遺址，詢諸僚吏。潮衛指揮賴君榮作而言曰：「斯橋之毁，累經修築，不能爲工，歲溺人畜不可數計。非德望若昌黎伯神化宜民者不能也。惟公所至有聲蹟，斯橋之興，不在於公而誰歟？」公乃揆諸心，謀諸衆，毅然興作新之懷，命耆民之賢者化財，經途導官巨賈捐金棄玉者相踵藉。而海邑泊潮揭程之民趨赴之者，各殫其財力，若有鬼神陰來相之。於時慎簡官屬，若海陽令李衡等贊其計，選耆民董工，許懋等出納貲費，於以購木石、募工傭。凡墩之頹毁者，用堅礱以補之；石梁中斷者，用梗楠樟梓之固巨者以更之；中流狂瀾觸囓不能爲梁者，仍設以浮舫，繫以鐵纜，無陷溺之憂。橋之上乃立亭屋百二十六間。屋之下、梁之上，鍜以厚板。板上側卧二層甓，用灰彌縫之，以蔽風雨寒暑，以防回禄之虞。環以欄檻，五采粧飾，堅緻倍蓰於舊。不期月告成。四方之人驟聞者，疑而駭，若不之信。更名其橋曰「廣濟」，取濟百粵之民，其功甚大也。又間聯屋作高樓十有二，由橋西亭而東行。樓之一，西曰「奇觀」，東曰「廣濟」；橋樓之二，西曰「淩霄」，東曰「登瀛」；樓之三，西曰「得月」，東曰「朝仙」；樓之四，西曰「乘駟」，東曰「飛

躍」；樓之五，西曰「涉川」，東曰「右通」，是爲西磯頭。西厓抵磯，凡樓屋計五十間，磯叠級二十有四，按二十四氣，以便人畜上下。過浮梁者下級，由浮梁東行，至窮處曰東磯頭，亦叠級二十有四，爲樓之六：西曰「左達」，東曰「濟川」。上級越樓，由亭西而東行，爲樓之七：西曰「雲衢」，東曰「冰壺」；樓之八：西曰「小蓬萊」，東曰「鳳麟洲」；樓之九：西曰「摘星」，東曰「淩波」；樓之十：西曰「飛虹」，東曰「觀瀾」；樓之十一：西曰「浥翠」，東曰「澄鑑」；樓之十二：西曰「昇仙」，東曰「仰韓」。閣樓之上重簷，又曰「廣濟橋」。東厓至磯，凡樓屋七十有六間，橋之窮矣。仰韓閣之東有祠，曰「寧波」，塑寧波神以安水怒。祠之後曰碑亭，四邑民獻頌太守王公功德碑，列於兩序。四方來觀者咸曰：斯橋實爲江南第一。

《〔乾隆〕甘肅通志》卷四七徐蘭《鎮遠橋記》　維明既受命，威德遠加，道通西域。蘭州古屬金城郡，距河爲城，河故有津，控扼衝要。洪武四年，宋國公奉命西征，守禦指揮僉事趙祥去城西一里許，造浮橋以濟師，師還遂撤弗用。又四年，魏國公帥師定地，置西凉、西寧、莊浪諸衛，仍去城西約十里造橋，以通往來給饋餉，因而弗革，名曰「鎮遠」。然河流悍急，堤壖弗固，咸謂非久遠計。又十年，蘭州衛指揮相城西北河水少緩，擬改置橋，近且易守，詢諸父老，以爲古之金城關在焉；謀諸同僚，僉以爲允。某月某日，圖上形勢，陝西都指揮使轉聞，制若曰「可」。爰於六月内鳩工，明年春二月冰解，齋祓率僚屬，虔祀於神，協心齊力。某日橋成，士民咸請文以紀成績。按漢史趙充國初擊西羌，遣三校啣枚夜渡，即營陣以防衝突，時則橋未造也。逮上方畧其一，以爲治道橋以制西域，信威千里，從枕席上過師是橋之利涉。自古而然今，祇承上命，屏翰藩維，乃能以古良將自期，躬督吏士，決意改作。造舟二十有八，常用二十有五，河漲則用其餘以廣之。每舟相去一丈五尺，上流定以石鼇，如舟上加板，欄楯兩旁，以衛行者。橋南北岸各樹鐵柱一，木柱六，繫鐵鎖大繩貫橋，令相屬隨波升降，帖若坦途。橋之南去城八十步，新築小城，延袤數丈，中置門以詰行旅。城上建樓，東偏創公廨凡若干；橋門西偏創祠宇以奉河神。橋之北因山爲城，延袤百餘丈。東西置門，悉建樓其上。又創壽亭侯祠，制度一一，各適其宜。嗟夫！大河沄沄，天險莫逾。舟梁横亘，徑接康衢。棟宇翬飛，照耀丹碧。雉堞環繚，隱約蔽虧。誠邊徼要津，千古之偉觀也。諸葛武侯有曰：「治世以大德，不以小惠。」若斯橋者，其可謂上昭聖天子威德，下以康濟斯人者乎。夫善作者必藉夫善繼，善始者必賴夫善終。若是橋也，諮謀之詳審，規度之宏深，財用之完美，將事之勤恪，作始之善謀，蔑以加矣。歲月滋久，風水撼頓，葺理敝漏，必賴後人承繼之。重敢因士民之請，爲之紀其始末，俾鋟於石，以垂不朽，庶嗣事者之有所徵焉。

《〔乾隆〕狄道州志》卷六曹英《永寧橋記》　臨洮，古西羌之地，當雍州之尾。洮河去郡西三里許，其源出自西傾山，經常麓，冒石峽，泛三岔，浮卧龍，演迤衆流而北入黄河。嘗按《圖志》，自秦而東爲關陝之亭衢；自窜而南爲巴蜀之咽嗌；自臯蘭而河湟又西凉之衝要。豈偏州下邑利害止於一方者可比哉？雖有橋梁之設，而舟纜未具，岸堤未堅，每風雨晦冥，洪流驟漲，則沖潰奔駛，蕩然無存，人立沙頭，對面如千里隔，往往濟之以舟楫，偶一失御，人畜已葬於魚腹中矣，利害所關，莫此爲甚。去年己亥秋九月，大雨奔潰滋甚，太守張公宗器，焦心勞思而推賢薦能若弗逮，府判郭君克振、府推陳君大用，哀憫元元而經營措置若未遑，縣尹張君彦明，職任所關，而騰茂獻策若不及，僉謂克襄厥事，非貳守黄侯則莫可。侯名琥，字瑩之，江西豐城詩禮之鉅族也。發身科第，游藝賢關，心存愛民，志在經濟，慨然身任其責而弗辭意，謂御災捍患，如拯溺救焚，非建永圖徒勞人耳。逆殫心思，審地形，視水勢，鳩材工，始於岸西堅木爲栅，土石堅築，以固其址，次於岸東穿水爲籠，累石貫灰，以高其堤。舊架梁者，小舟四五，則益之以十二巨艘。舊繫舟者，鐵鎖百尺，則增之以八十餘丈。麻綆草纜，各倍其數。板檻鈎接，横亘彌望。役大而費省，功成而利溥。近而耕鑿樵木之出入，遠而輪蹄冠蓋之往來，以至軍需之轉輸，商旅之懋遷，隨其所之，如履平地。雖昔杜預建橋於富平津，崔亮建橋於渭水渡，不是過也。橋既成，尚慮夫水潦時集朝觸暮嚙，久而弗固，每舟更置水夫四人，責其時加葺理，冀其奔澌不突，驚湍不溢，悠久而無虞。岸之東豎以坊門，書其扁曰「永寧橋」。橋之北立以神祠，題其額曰「河神廟」。自昔守令曆數百年未能備者，侯兼備於期月之間。視古揆今，其有功德博大宏遠於人也可見矣。噫！古之人有功於一方，則一方之人心不能忘；有功於天下後世，則天下後世之人心不能忘。若侯，則有功於洮陽矣，而洮陽之人心豈能忘侯哉？侯貳守兹土，其惠愛之實見於今日者如此，他日居大位、行大道，推此心以濟天下，其功用又當何如耶？橋之成，實成化庚子夏四月望日。太守率僚屬行堤上爲之樂，與之宴飲，屬筆於英，辭弗獲，遂記之，俾刻石岸左。

《〔乾隆〕狄道州志》卷六胡纘宗《重修永寧浮橋記》　是橋創於宋，賜名曰「永通」。修於國初，更名曰「永寧」。洮自西傾至郡，數百里矣，其水迅而深，其

渡回而淵。非舟不可以爲梁，而柱以維舟，纜以引舟，梁以達舟者，咸視舟以爲準。初造之也，苟非其人，不以爲故事，則以爲官程，而舟與梁、柱與纜，未必皆如法，每爲秋水所春擊，橋不能存者屢矣。嗟乎！豈橋之罪哉？開封張侯莅政年餘，庶事畢舉，百務咸集，政通人和，賦平訟理。每臨洮滸，見是橋易激而難建也，日徘徊其處，而審度之曰：「非厚曷載？非重曷乘？非堅曷固？非深曷力？」而又謀諸臨洮萬户聞子濟武，萬户曰：「公留心是橋，洮軍民其不病涉哉！」而又論諸狄道令尹桂子紅，令尹曰：「公加意是橋，洮士民其不以渡爲虞哉！」乃於丁未之秋，鳩工集材，撤而新之。侯以橋通河湟周行也，郡豈無橋。具謂艄人曰：「舟必固，弗固弗造。」謂冶人曰：「柱必重，弗重弗鑪。」謂爐人曰：「纜必緻，弗緻弗貫。」謂梓人曰：「(渠)〔梁〕必力，弗力弗布，而費罔計也。」諸工受命唯謹。謂督工者義官趙梓曰：「皆橋也，吾欲吾橋必如垂虹，必如浮黿。」諸吏受命唯謹。乃造舟十有二，柱四，纜二十有四，梁三十有六，越月而橋成。侯以川有神也，舟行者必告，告必利涉，盍建洮神祠，以主是川而司是橋。惟洮之洶，惟神殺之；惟渡之險，惟神平之。惟是橋，惟神是祐。舟不使仄，柱不使蝕，纜不使蠹，梁不使傾，而且以爲鑒。歲以爲庥，則神之惠也。越旬而祠成。經行者曰：「往非無橋，不能當洮之洶，如往，往不克渡何？橋非不建，橋不足恃，如往，往被溺何？而況渡人利其橋之易春擊也。欲倚渡爲市，而低昂渡之者之值，故舟隙不以艌，柱拔不以培，纜促不以加，梁敝不以易，而於水洶不告之郡，暫撤之，俟水平復繫之，而任其奮激。今獲是橋之工之固，洮不永有賴哉。嗟乎！今守令視橋梁爲瑣事，多不理，頃見渭北有二渡，渡有橋，其徑民輸財以修其道，官取財以修。每十月，民橋修必先，官橋修必後。每四月，民橋敝必後，官橋敝必先。聞張侯是橋之堅之美，顧不抱愧哉？侯嘗遇旱，憂形於色，乃懇告風雨山川之神，五日雨，十日大雨，神應公如響。斯橋與祠之所以建，而民頌之也。侯嘗宰邑北畿矣，其政思，其教洽，予時總理河道，廉其治行甲他邑，與畿内及齊梁諸良吏並舉之，尋擢省郎，茲守洮，而又以嚴明廉貞爲隴西良二千石，其所造詣固不可量，而予與有榮矣。是橋成，洮郡請於都御史謝公，公曰：「修是而如法，事事如法矣。是良守也。」乃屬提學按察副使顧君爲製祭文，命春秋舉祀如國典焉。夫建是橋，創是祠，皆所以爲民也，盡力於橋至矣，托庇於神極矣。侯何懃懃懇懇，必欲其垂久若是耶。惠而知爲政，循而知爲守，今見張侯矣。侯名鵬翼，虞城人，嘉靖己丑進士也。

《〔萬曆〕襄陽府志》卷四七曹璘《漢江浮橋記》　凡天下事，計其有大利於民而小害者，要必處之也，斷執之也，堅而篤之也。有力則事易集而人不擾，否則，載鬼張弧，行邁而謀矣。《易》曰「説以先民，民忘其勞」，其此之謂。夫襄陽有漢水，出今漢中嶓冢山，掠方城，東南入江。溽暑暴漲，水齧城趾，恒爲執事憂。舟人乘之，射過客利無厭。予曩在都，聞四方之士有必道襄者，咸憾其舟人之横索與黄河等。物極必反，子知他人之有更也。先是都憲宜興沈公，繼而益都陳公，偕爲是病，欲設浮橋，董之者顧難其人。乃謀及憲副毛公、少參華公，暨太守扶風胡公守正，僉以二守内江周君濟之可，遂檄以屬。君以丁未進士擢斯職，而位不充材。乃出公帑，集礪鍛，召工師，商確料，具梗楠杞梓，豫章爲舡爲杙爲檻者，於是乎畢至。造舟七十有奇，霜降水涸，則比之而加板焉。圓鐵爲環，置舟首尾；鐵麻爲縴，關乎其中。自南達北，長十里許，各維於砥柱，名曰「濟漢」。馬蹄車轂，踵接乎其上者，雜九地之人，颸布掛席，檣烏往來，朝去而暮來者，蓋不知其幾也。萬山銜照，予嘗歸自古樊，徐步乎其間，翹首而望，則見江水西來，峴山南衮，樓堞紛拏，萬家烟火，漿柑如麻，管絃溢市，雁叫長空，鷗汀鳧渚。於是襄陽風景爲天下冠。夫君以單子之身爲衆任怨，不廢時曠日，不勞氏傷財，不怵於利害，不狃於簡畧，安固不搖而卒以成功，非斷且堅而勇於敢爲者，烏能保其不朝興而夕輟也。嗟夫，水土既平，覩河洛者思禹；乘輿已遠，過湊洧者懷僑。夫禹之功，天下後世之功也。以僑也較之，特蹄涔鮒轍耳。彼煦嫗以爲仁，濡沫以爲德，猶尚如是，況乎漢水湯湯，一瀉千里，非葦可杭，非泳可渡？長橋卧波，蜿蜒偃蹇，齎者無朝涉之憂，居者享坐收之利，而田農野叟流逋携負者，不褰裳而可濟矣。日省當幾千緡，何但溱洧乘輿而已。行旅陰被其惠而不知，伊誰之功；邦人顯蒙其愛而莫知，所以爲報。於是致仕教授譚君、鎮太學高君、寧暨義官張暹、趙粹輩挈輿論屬予記諸石，立漢皐樓下直通衢旁，俾傾國之人知恩之所自，過者頌焉。是役也，始事於丁巳之春，明年秋告成。屢壞爛於濤浪之春撞而君不爲蹶，屢碎於惡少之斧斤而君不爲衰，物議沸騰而君不爲沮。夫以成功之不易如此，後之君子月修歲葺，無怠無玩，則庶幾其可久也。苟一墜焉而不可復，雖揮千金、役萬夫，童西山之木，驅東海之石，任非其人，誰與爲理。嗚呼！其尚念前功之艱哉。

李齡《宫詹遺藁》卷一《廣濟橋賦》　客有御風霆，遊古瀛，鼓枻滄浪，馳騁金城。登西湖兮四望，板鳳凰兮撫蒼冥。煙景紛以萬狀，山川鬱而青青。極目兮

千里，聊縱志以舒情。主人顧而謂曰：「子徒知夫江南雄觀在於吾潮，而不知夫吾潮勝狀在於廣濟之二橋。」於是乘華輈，驂虯螭，駕彩鳳，載雲旂，朝雨沛以灑塵，涼飈肅而吹衣，紛總總其離合兮，溘埃風而至之。巍虖高哉，寥兮如飛梁度江，恍虖若長龍卧波。複道行空，儼然如烏鵲橫河。鞭石代柱，崇臺峨峨。西跨瀛城，東襟鰐渚，直走於韓山之阿。方丈一樓，十丈一閣，華棁彤榱，雕榜金桷。曲欄橫檻，丹漆黝垩。鱗瓦參差，簷開高啄。起雲搆於鴻濛，倚丹梯於碧落。朱甍聳兮欲飛，龍舟縈兮如束。瑣窗啓而嵐光凝，翠牖開而彩霞簇。靈獸盤題而蹲踞，青鸞舞楝以翱翔。天吴靈胥，擁橋基於水府；豐隆月御，列遺像於迴廊。石苔斑兮欲駁，激瓊波兮響琳琅。金浦爛其浴日，瑶城燦以凝霜。雖瓊樓玉宇，不足以擬其象；而蓬萊方丈，適足以並其良。陋崔公之微績，視洛橋兮有光。若夫殷雷動地，輪蹄轟也；怒風搏潮，行人聲也；浮雲翳目，揚沙塵也。響遏行雲，聲振林木，遊人歌而騷客吟也；鳳嘯高岡，龍吟瘴海，士女嬉而簫鼓鳴也；樓臺動摇，雲影散亂，衝風起而波瀾驚也。仰而觀之，雲連紫闥，列虹影於中天；俯而臨之，波澄素練，吐蜃氣於深淵。顧而瞻之，岡巒崒嵂，左右馳突，列雲屏於後先；遠而望之，鶴汀鳧渚，岸芷汀蘭，紛競秀而爭妍。至于蓐收行秋，列嶂雪收，明河治皎，月影中流。浮金躍璧，耀目明眸，上下天光，萬頃一碧。白露横江，瓊漿夜滴，萬象鑑形，淵泫澄碧，漁歌互答，此樂何極？羌終夕兮遊玩，蹇不知其淹息。有仙子兮揚翠旌，駕兩龍兮江之濱。百神森以備從，鳴玉鸞兮聲嚶嚶。使湘靈兮鼓瑟，令王喬兮吹笙。歌九韶兮舞馮夷，張咸池兮奏雪英。澹容與以逍遥，忽獨與子兮目成。若曰：潮乃邃古之瀛州，幸與汝兮同遊。山雖明兮，未若虖崑崙華島之爲優；水雖秀兮，難同虖瑶池翠水之悠悠。獨斯橋兮形勝，與仙造兮同侔。地脉連而迴縈，鰲極峙而不傾。淳風回而俗轉，家禮樂兮公卿。噫！微斯人兮，疇克以臻。言既竟兮，乘玄雲而上征。客既得奇遇兮，乃反虖瀛州之故城。收疇昔之逸遊兮，卷淫放之邪心；服仁義以修姱兮，游道德之平林。既申旦以獨坐兮，乃具告主人。撫掌而嘆曰：異哉！昔子房之遊下圯也，遇神人而盤桓；相如之度昇仙也，紛至今爲美談。子於是遊，其亦可謂曠百世而一觀。客乃作歌曰：「若有人兮金玉，相乘雲龍兮佐堯湯。道既高兮德彌彰，捧綸音兮收潮陽。囿吾民兮仁義鄉，追昌黎兮參翱翔。五穀登兮人物康，運神規兮建河梁。俾萬姓兮履周行，功巍巍兮摩穹蒼。聊作歌兮勒高岡，藉文爛兮星斗光。吁嗟！王公之福吾潮兮，地久而天長。」

汪森《粤西文載》卷三四包裕《永濟橋記》 省城東之巨津，廣七十丈有奇，水發源興安海陽山，合大小融江衆流，涇津而南匯西江。性急洌奔湍，涉者病焉。況遇春霖夏潦，洶欻澎湃，若雷電然。舟人渡子乘時射利者，百計索需，因而人舟墊溺者有矣。一壺千金之嘆，寧保其必無也哉！正德丁卯，右都御史陳公金奉璽書，膺兩廣軍民重托，廣詢博訪時政利病，而興革之者，蓋非一端也。適桂林知府汪侯金恩有事於梧，公詢前弊得實，乃會鎮、巡、藩、臬諸司，曰：「一夫不獲時，予之辜，其可不加之意乎？」僉曰：「然。」乃支公帑，鳩工庀材，造舟五十，鑄鐵柱四，各丈八尺，埋峙岸滸，半入地中。鑄鐵纜二，各長百丈餘，横亘舟上。索舟於纜，索纜於柱，鎮鐵錨於水以固舟，甃石塊於堤以固岸。兩側翼木爲欄以防蹉跌，兩岸甃石爲磴以便往來。綜理周密，足爲經久之圖。題其扁曰「永濟」。由是往者過，來者續，行者歌，遊者嬉，而樂得其所也。吁！公之德澤被諸人者，其盛矣乎！郡之士大耆老屬裕有言以紀其盛。公聞之，固却曰：「《春秋》興作，書至於築臺城、作邑門之類。必書者，諷之也。」衆對曰：「諷之者，蓋由非時害義也。法有宜書者，謹土工、重民力也。今公肇構橋梁，爲民興利除弊，事有不可已者。況又制用有方，鄭重民力，費出於公，工出於募，分毫不擾於衆，而民樂於趨事，是合時與義，而得《春秋》之法矣。得其法而不書，將何以詔後世而慰民望乎？後之君子能體公之心而繼修之，俾勿壞，則斯名稱情，而可昭示於悠久矣！」公名金，字汝礪，湖廣應城縣人。

汪森《粤西文載》卷三四方玭《梧州府浮橋記》 浮橋在梧州府桂江上。江發源桂林興安海陽山，合衆流而南，至此幾千里，奔湧澎湃，電往雷聲。至橋之下流半里許，及與南寧柳慶大江會，夏潦秋霖，溢爲逆流，衝激相蕩，曾少寧日。而浮沉波浪，恃一葦之航以爲命脉，頃頃刻刻，往往來來，一壺千金之嘆，往往有之。成化庚寅秋，右都御史韓公始謀爲浮橋，而太監陳公、平江伯陳公相之，於是以鐵鑄爲柱四，爲鎖二，以木造舟五十六。繫舟於鎖，繫鎖於柱；柱對列江滸，半入地中，見地上者近一丈；舟廣九尺，舟相去空八尺，比木梁其空，比板覆梁上，板木廣皆至丈，列扶欄翼之，至東西岸。上岸皆砌石爲階級數十，以便升降。又備舟十餘數，視水勢盈縮而增損用之。建作古之功，活多人之命，通萬里之途，車馬擔負，如過衽席，有無化居，百貨咸萃，禮文興行，風俗淳變，公之德其至矣乎！夫三代盛時，生民之政，田里學校大端也，衣服宫室飲食，下至郵堠橋梁舟車弧矢之具，無不爲之盡心，故民之從之也輕，於炎荒邊徼亦罔不服。即今

之桴鼓不動，嶺海晏然十數年，四出剽掠攻城焚野之諸蠻傜，雜然與民耕穫于野，時節迭歌更舞，歡然以無爲公，豈盡制其生死之命？其必有不言而喻、不賞而勸，不怒而威於鈇鉞者。其亦體聖天子之至仁，復三代之盛治，爲之盡心焉爾。於此橋之創見，一端也，因而記之。

汪中《述學外篇》卷一《京口建浮橋議》 《爾雅》：天子造舟。郭璞謂比船爲橋，即今之浮橋也。川之大者，若河、渭、洛，皆有浮橋。其建於大江者，漢建安二十五年，夏侯尚爲浮橋以攻南郡；唐乾寧四年，朱友恭爲浮橋於樊港以攻武昌；宋開寶二年，曹彬爲浮橋於采石以攻江南；元至元九年，伯顔爲浮橋於石箄以攻宋：前史具載之。今京口之渡，自瓜洲至金山一里三分；自金山至箄灣半之，於江津爲最狹。若南北造浮橋二道，交會於金山，行旅往來，如在枕上，此百世之利也。昔杜預請建浮橋於河陽，議者咸以爲古無此事，預卒成之，至唐猶賴其利。近世李敏達公，於鄞縣甬江造浮橋，至今稱便。有非常之事，必待非常之人，道固然爾。

龍文彬《永懷堂文鈔》卷九《龍溪浮橋碑記》 距吾邑西五十里曰龍溪，舊有石橋，元賀君性翁建。歲久傾圮，屢議修，無成謀，往來於玆者咸病焉。地當江西湖南之沖衢，溪水洄洑衍蕩，春夏盛漲，涉者濡首，桴者顛没。賀邃養等目擊心愴，集都人士議曰：「石難而舟易，改建浮橋可乎？」僉曰「然」。於是肇工於咸豐三年某月，迄某年某月而克蕆。又取所贏置田若干，爲久遠計。十年春，邃養請予爲記鐫石。

予惟石橋之圮，歷幾何年？其間過而病者，曰凡幾輩？病而議修，議而復輟者，歲凡幾輩？吾不知石橋未建之先，其過而病，病而議修，議而復輟者，亦猶之今否也。《詩》曰：「造舟爲梁。」此浮橋之所托始，其利最永；其後之敝也，亦易爲繼；其功與費，視石橋不逮十之一。而前以獨力，常處有餘；後以衆力，常苦不足；君子不能無慨然於其際矣。然而百議而輟，一議而興，抑又何也？天下之財，無時不足供天下之用；天下之人，無時不有仁義於其心。而或吝分錙銖，坐視墊溺而莫爲之所，甚且自蹈焉而不悔，此豈其情哉？水未有不流，馬未有不馳，即一橋之故，有以徵人性之大可恃矣！況夫有化民之責，行先王之治者哉？初，石橋成，提舉劉公岳申爲之記。乃自泰定至今，五百有餘歲，滄桑迭變，諸樓臺、城郭、宮闕，代更幾何？當時之權勢富貴，百千倍於性翁者，渺不識其所歸矣。而此碑隆然無恙，雖其橋既圮，過龍溪者，猶徘徊摩挲不忍去。夫自上失其政，下乃得倡其義，以相與爲濟天下之病者何限！觀彼之所托於無窮，慕義之懷，宜可以勃然興矣！予故樂爲諸君子道其詳，以勸夫人之力，致其所不容已者於仁政之闕，將不爲無補也。

《〔道光〕章平縣志》卷九盧紳《重修文昌橋記》 城南龍江潭，舊有浮橋一座，編舟爲梁，鋪以木板，貫以鐵鏈，爲往來之亨衢、山川之鎖鑰也。考縣志創自明正德間，宰是邑者徐君鳳岐。迄國朝康熙二十年，查君繼純重造，匾曰「文昌」，計經興廢者九。自是厥後，志無可考矣。余於道光八年仲秋，奉檄題補斯邑。下車伊始，睹城垣傾缺，橋梁朽敗，慨然有修復之意。因值奉部停止工程，修城之舉需費浩大，不敢上請。擇其工少而利溥者，莫如此橋。而清俸無多，獨力難任，爰集邑中諸君子，告之曰：是役也，非以擾民，實欲便民耳。余勉捐薄俸爲之首倡，尚藉遍告紳衿耆庶，凡有好善樂施者，務期踴躍輸助，克日鳩工，共成盛舉。如能絙以雙鏈，圍以高欄，則益鞏固完善矣。查是橋原有歲修經費，計共收谷四百六十餘斗，除完糧、祝天後壽誕及橋夫工食外，足資開鎖、换船、補板之用，何以致於朽壞若此？且上手董事積欠累累，非經理不善，是誰之過矣？計今橋成之後，修費可省積數年，有此餘備，雖欲再整而更之，亦得有恃無恐。所願僉舉公正敦實首事，董司其事，俾經久不渝，是余所厚望焉。

《〔乾隆〕蒲州府志》卷二二周景柱《開元鐵牛銘》 蒲西郭外黄河之岸側，有鐵牛四。自唐開元中所鑄凡八，其四在秦之朝邑，東西分向，用以維河橋。及金元世，橋廢渡絶，而牛之存者如故，閲千有餘歲矣。牛之壯碩，厥狀雄特，所謂「一元大武」，此實稱之。觀其觭角，昂首體蹲而力肩，足以任重，足以勵猛，堅足以牴，強足以距。其目似怒，其耳如聑，其處有度，其伏甚固。寧戚相之而不名，老聃跨之而不去，爲牡爲惇，爲犍爲犢，在河之湄，相呴相㖃。豈特三朝三暮，而見黄牛之如故。且其膚澤晶瑩，燦若金英，彩爛初陽之照耀，蕩乎銀燭之光明。疑來從于雪山，同天犧之有靈。蓋世遠代積，飽乎霜露之浸潤。而多受夫月華與日精，是以其態之古而且異，有如是也。自牛之外，有柱，有山，並鐵爲之。牛各有牧，或作先牽，或作回叱，其面目意色，各宛然肖發。想其初時，巧倕共工，妙範在中。罄南山而取鐵，爍萬冶而未窮。於是扇太乙，□祝融，下昆吾，走雷公。天爇絳氛，地吹炎風，既陶既模，剖型而始呈厥功。可以驕翁仲之範金，可以陋蜚廉之鑄銅。而況橋如長虹，笮如游龍，纜之維之，如砥如墉。將使元魚失其怒，陽侯斂其雄，屬非斯牛之力，而又誰主其庸哉？嗟乎！自唐以後，歷五代、

宋、元、明，所謂開元文物之盛，久已蕩爲飄風，散爲寒烟，不可復問。而是牛巋然傑然，未嘗或改。弔古者將撫之以增永嘆，睹之以成感慨。自是以往，更數百歲，吾不知其尚屼焉，莫置乎？抑亦終失而淪於波臣乎？或如辟邪天鹿，毁於人乎？或高岸爲谷，而復於土乎？是皆莫能測也。惟今儼然在陳，嶷嶷嶽嶽，實爲斯地之偉觀，而壯景物之勢。且其年載垂之甚古，而惟欲其永存也。夫牛之爲物，於《易》象坤，坤爲土，土以勝水。余觀秦李冰爲蜀守，導江刻石爲三牛於岸側，蓋牛之足以勝水怪，而鎮其患者久矣。唐之爲此，雖曰以成河橋，亦猶陰陽相壓之意焉。既觀而偉古人之功，因爲之銘曰：

牛之壯兮若山峙，角觺觺兮觸蒼兕。河流安兮天吴逝，牛戢戢兮載其間。怒浪息兮無淩湍，東静魏垠兮西晏秦關。不奔不斗從爾友，萬歲千秋爾斯（厮）守。

《（光緒）淳安縣志》卷三王仕源《重建浮橋記》 還淳邑治南逼青溪，跨溪而通南道者爲百丈橋，自宋始，興廢不勝載。亦名青溪橋，實造舟而爲之梁也。歲戊申冬，余理兹土，則向所建之橋，爲狂瀾敗幾兩匝月矣。橋廢而民乃争一葦之渡，其何以堪？爰上陳郡憲張公，可其請并捐俸爲屬吏倡。余敬廣憲仁，削衣貶食以資經始，而諸同志亦各捐清俸佽之，嗣是邑之紳士與羣百姓諭，以蕆厥事者家矣。工肇於己酉夏季，不兩月而竣。四舟爲維，維有九聯。諸旁者鐵絙二，長百丈奇，而竹纜輔之，復用鐵錨四沉諸溪，以禦漂蕩。舟承架，架承板，一一制如舊，而選材則取諸新。橋既成，父老以余之有成勞也，請記顛末。余惟天下事，始可能也，卒爲難。自兹以往，諸父老遂謂坦垣訖施，竟從杌席過耶？設也歲修，僅具文公田，中飽司橋者。受若直，怠若事，則一葦争渡，前患方始矣。是用立禁八，條勒諸石，竪青溪南岸，以爲程式。嗟乎！司牧之職，令民危者安，陂者平，塞者通，勞者逸，如是類復何限！一橋之成，嘵嘵致頌，則父老之責望於司牧，抑何淺也！是爲記。

《（同治）平江縣志》卷五二黄昭道《南浮橋記》 吾平環縣治之東西南北皆要道，並有江隔而南之浮橋，遠接廣閩豫章諸省、長衡諸郡，且邑之民居河之南者，大半輪蹄雜遝，負戴樵牧，往來者日以萬計，比之諸渡，尤爲要衝。水更淵廣且湍激，中磯濟者，或不能免墊溺之患。遇山水少溢，輒洶湧尤可懼，民甚病焉。舊有浮橋莫之考，但維橋鐵索尚存耳。正統間，縣令韓、吕二侯，弘治辛亥新安黄侯並繼有興復之功，或船幾艘，或竹幾筏，稱便者不數年輒就淪廢，致鐵索終亦必亡，於人良可慨矣！正德丙子，里之尚義者湯永慶、譚萬賢、張文江、羅萬相等一旦謀於鄉，進士黄璨與厥甫孟元氏曰：浮橋廢久，吾邑之病涉極矣，盍興復之。孟元曰：可顧必先於鐵索圖之耳！明日咨衆，如義官李萬碩、余存厚喻四元、黄玉恒而謀，蓋以審且白之邑大夫錫山談侯。侯曰：義舉也。義必協而和，和而斯利成矣。乃即捐俸，余以先之。又申命萬賢等肅僧祖魁持疏往募。鄉之士大夫、氓庶即義以協而財以會。先爲補造大鐵索二條，重八千觔，各長七十餘丈；中索二條，一千六百觔，長四十丈；鐵錨二隻，俱重二百餘觔。又欲極精錬，凡幾易治而始克有成。爰鳩工匠，甃石岸，立石柱，市巨竹編以爲筏者三千二百根，易大木架以爲梁者二百五十根。又必極四尺之厚，聯三十五厢之多。每厢横長一丈四尺，闊七尺，上各塾以木板，兩傍繚以闌干、鐵索，並以維石柱、鐵錨又以貫鐵索。凡所以利乎是橋者，靡不究心，而殫厥力事。因圖維有成，弗得弗然也。嘉靖壬午年春，功甫就緒，但見青龍横江，隨水漲落，向之病涉，如履周行，靡有晨夕。而騷人韻客，亦得以撫闌縱觀，臨流賦詩，當必有夫子川上之樂。又吾平江之一勝境也。按其工以萬計，費亦不下數百緡。雖盡出於衆，若永慶、萬賢、祖魁者勞心經營，尤爲力，人甚德之。談侯先以更去，而未獲覩厥成也。既而璨復語諸衆曰：今日橋成，今日之利，使歲勿嗣焉，則利亦易已矣。事固圖維有日，又弗得弗慮也。僉曰：是橋也，工費不甚廣而利涉爲甚博，修葺之功固可繼，而亦不可以容緩。於是璨之弟曰渤、曰潛，復舍僧于橋之南。慶賢與渤又建亭、樹碑於其地，相與永矢世守之。且令豫竹木以爲修葺之備，每一歲必一閲。一竹一木，一壞必一易之，則功有省而澤亦遠，俾千百世如一日而後已。矧復有賢者之業，可望於職思之外者哉。因書其事與諸有功者之名氏，以勸來世云。

《（同治）重修上高縣志》卷一一劉丙《遷躍錦橋記》 上高治北而市南，蜀水中亘，惟躍錦橋成，然後民物通而利濟普。其前不可考。由宋而後曰「通濟」、曰「浮虹」、曰「望仙」、曰「濟川」、曰「平政」，凡五易名，或於縣前，或徙之西，或以鎖鑰下流徙而東。凡四易地，其間興廢無常。修舉之貲大都官爲之倡，而醵金於民。按舊志，橋比三舟成一梁，首尾二梁，以四析之，爲梁十，爲舟二十，有八梁廣丈有四尺，修四尋梁間，相去一丈，跨四蹋道，翼以楯檻，維以綁纜。廣可方軌，平可轉轂，其規制可謂備矣。然木浮於水，波濤衝激，風雨浸淫，久而必壞，不以時修，則病涉之歎作。予丙寅來官斯士，是橋之修，已歷有年，所漸幾朽腐

不可行，所待於葺而新之良亟。且予相其陰陽，度廼基址，橋射城闉，於城居不利，必小偏焉，毋當躍錦門斯善。顧下車後，百廢待興，又邑頻旱澇，懼傷民力，遲之舊冬，乃召士民而與之謀，甫三日，得金千三百有奇。於是審方向，鳩工徒，戒期而始事焉。橋規如舊，惟一切制橋之物，悉更新固，稍遷而下三十餘尺。江流加闊，增五舟一梁，共三十三舟、十一梁。梁長三丈六尺三寸者四、長三丈二尺三寸者七。岸南北累石爲隄，旁甃石級，梁間貫以鐵索。索兩端繫於石柱，柱高十二尺，入土者三之二。鐵索六條，重三千餘觔。綜土木金石工作，費千七百緡有奇，皆出自邑人士樂輸之助。經始於十月初六，逮十二月十六而工成。予嘉夫邑人之勇於義而忠於上，奔走偕來，速建厥功用，題榜江濱曰「風俗淳良」，而橋名則仍其舊。既越歲，及今邑人士更乞爲記，且謂自創斯橋，上下轉徙，迄無能定，良皆不得其所。今徙違故址不百步，足無妨城居，而往來不改塗轍，車馬利踰曩昔，又流洑瀾安，雖山漲大至，啟閉得以無虞。蓋誠前此所未逮，而遵循之宜久遠者，亟宜志石，使定厥居。乃予則尤有爲邑中勉者。邑人士室家於此，子孫世繼，期會懋遷，橋不可一日無，必俟其壞，始謀醵金，設不集事，其若之何？聞曩者嘗議輸將存公生息，備不時修補之貲。儻卒成之，則未雨綢繆，一舉而永賴矣。其爲利濟，又何如哉？遂記而勒諸橋岸，以存一日，以勸來者。

索橋部

題解

許慎《説文解字》卷五上《竹部》 笮，竹索也。从竹，交聲。胡茅切。

筰，筊也。从竹，作聲。在各切。

許慎《説文解字》卷一三上《糸部》 縆，索也。从糸，縆省聲。食陵切。

許慎《説文解字》卷一四上《金部》 鏈，銅屬。从金，連聲。力延切。

戴侗《六書故》卷四《地理一》 鏈，鏈，力延切。亦單作連。《史記》：江南出金錫連。今人以鋃鐺之類，相連屬者爲鏈。

丁度等《集韻》卷一〇 笮，《説文》：筊也。一説西南夷尋以渡水，益州有笮橋，或作「筰」。

孔鮒《孔叢子》卷三《小爾雅・廣器七》 纍、綆，繘也。縆，索也。大者謂之索，小者謂之繩。詘而戾之爲綧，繆而紾之爲索。

史游《急就篇》卷三 纍，大索也。黄氏曰索也。繘，汲索也，一名綆。繩，謂紨，兩股以上總而合之者也。索，總謂切撚之令緊者也。一曰麻絲，曰繩，艸謂之索。

王惲《玉堂嘉話》卷五 笮。復引一索，其名爲笮。「人懸半空，度彼絶壑」，此獨孤及《招北客》辭也。

梅鼎祚《隋文紀》卷八李膺《笮橋贊》 笮，複引一索，飛絙杙閣，其名曰笮。人縣半空，度彼絶壑。

彭大翼《山堂肆考》卷二三四《繩橋》 以竹索爲橋，駕虚而渡，名曰繩橋，又曰笮橋。

綜述

李吉甫《元和郡縣志》卷三三《劍南道下》 昆明縣，本漢定莋縣也，屬越巂郡。去縣三百里，出鹽鐵，夷皆用之。漢將張嶷殺其豪率，遂獲鹽鐵之利。後没蠻夷。周武帝立定笮鎮。凡言笮者，夷人於大江水上置藤橋謂之「笮」，其定笮、大笮皆是近水置笮橋處。武德二年，於鎮置昆明縣，蓋南接昆明之地，因以爲名。

曹學佺《蜀中廣記》卷七《名勝記第七》 《寰宇記》云：梁普通年於此置繩，州取桃關之路，以繩爲橋也。繩橋之法，先立兩木於水中爲橋柱，架梁於上，以竹爲絙，乃密布竹絙於梁，繫於兩岸。或以大竹落盛石繫繩於上。又以竹綆布於繩，夾岸以木爲機，繩緩則轉機收之。智猛法師所謂「冰崖皓然，百千餘仞。飛絙爲橋，乘虚而過。窺不見底，仰不見天。寒氣慘酷，影戰魂慄」是也。又有度索尋橦之橋，大江水峻極如箭，兩山之脅繫索爲橋，中刳木爲橦，拴繫行人於上，以手自緣索到彼岸，則旁有人爲解其繫，尤極危險。陸游詩「度索臨千仞，梯山躡半空」，即此。

曹學佺《蜀中廣記》卷一四《名勝記第十四》 本志云：州西北一里曰清源橋，東北十里龍門橋，三十五里道遠堨橋，五十里魚喜河橋，西七里曰銅頭河橋，近多功路曰大繩橋。已上皆索橋也。凡橋，每歲仲春，于兩岸各樹兩臬，長二丈有奇。臬上横穿二栒，上布竹繩亘兩岸，繩之餘者屈垂向下，轆轤絞束。復横以木梯，布以蔑笆，周以欄索。其高低闊狹，視江爲度。唐獨孤及《索橋贊》曰：「笮〔橋絙空〕，相引一索。人綴其上，如猱之縛。轉帖入淵，如鳶之落。尋橦而上，如魚之躍。頃刻不戒，實無底壑。」即此橋也。

方以智《通雅》卷三八 絙橋，縣度也。釋法顯曰：葱嶺入北天竺路，臨新頭河，度七百渡梯，躡縣絙過河。漢之張騫、甘英皆不能至也。酈道元曰：罽賓之境，絙橋相引。郭義恭曰：烏秅之西有縣渡之國，引繩而渡，高仙芝恐士卒憚險，令人詐爲阿弩越，城守者迎降，云：阿弩越赤心歸唐，沙夷水藤橋已斫斷矣，即弱水通吐蕃之路也。藤橋其所謂縣度者乎。今貴州通雲南過盤江橋，江急，兩岸以鐵繩架橋。峨眉山西有鐵索橋，子美詩「卻背五繩橋」，《伽藍記》言：鉢盧勒國，向烏場鐵瑣爲橋，縣虚爲度。烏蒙有索橋。升菴言繩上施木筒，以解西域「度索尋橦」之語。

楊慎《丹鉛總録》卷二 《西域傳》有「度索尋橦」之國。《後漢書》「跋涉懸度」注：溪谷不通，以繩索相引而度。唐獨孤及《招北客》辭：笮復引一索，其名爲笮，人懸半空，度彼絶壑。予按，今蜀松茂之地皆有此橋。其河水險惡，既不

可舟楫，乃施植兩柱於兩岸，以繩絙其中。繩上有一木筒，所謂橦也。欲度者則以繩縛人於橦上，人自以手緣索而進，行達彼岸，復有人解之，所謂尋橦也。非目見其制，不知其解。獨孤及之文，以十七字形容之。《西域傳》只四字盡之，可謂工妙矣。

愛新覺羅・玄燁《聖祖仁皇帝御製文》第三集卷一〇　諭內閣：該撫前以建鐵索橋奏請，朕初慮成功之難，今工已報完，於兵民實大有裨益。爾等亦知鐵索橋之所繇來乎？往時達賴喇嘛西路地方所建鐵索橋甚多，此安樂地方亦照彼式建造。然與雲南鐵索橋不同，雲南地方傍有石崖，釘鐵索建橋，極其堅固。此處以石爲柱，貫鐵索爲橋，尚恐久後未必能堅固也。康熙四十五年六月二十八日。

《古今圖書集成・職方典上》卷五八七《關梁》　汶川縣鈴繩橋，在縣治西一里。名鈴橋者，古人掛鈴其上，以防夜盜私行。其法：中用細竹爲心，外裹以篾絲，長四十八丈。索用三股合爲一股，一尺五寸爲圓。橋寬八尺左右，各四繩。木掛爲欄以翼之。掛底橫木以扶底。底繩用一十四繩，上鋪密板，可渡牛馬。東西兩頭約五十步，平立兩大木柱爲架，長可六丈，名將軍柱。橋繩俱由架上鋪過，使不下墜。東西建層樓，樓之下各有立柱、轉柱。立柱以繫繩，轉柱以絞繩，爲八景之一。

《古今圖書集成・職方典》卷六四六《天全六番宣慰使司關梁考》　獨繩橋，俗稱索橋，稱溜殼橋，古繩橋也。和川、靈關、六甲地險處，水泛時皆有之。兩岸疊石植柱，一巨索絙之，以木爲半筒。度者以索繫筒，并自縛其腰及臀於絙，以腋挾筒，令滑，兩手力挽而度。先別置一索繫前索上，後度後引筒來岸。或偏高去疾，而來必力也。按此即《西域傳》所謂「度索尋橦」，《後漢書》所謂「跋涉懸度」也。橦者木筒，尋者復引來也。李膺《笮橋贊》曰：笮復引一索，飛絙杙閣，其名曰笮。人懸半空，度彼絕壑。唐獨孤及引作《招北客》辭亦同，蓋此即古笮橋也。

《古今圖書集成・職方典》卷六四六《天全六番宣慰使司關梁考》　鐵索橋，思延所水沫經也。橋一魚喜渡，六甲水所出也。橋一，靖遠堡，羅州水橋一，進而巖州水橋一，又進而嘉慶水橋一，曰銅江橋、曰魚喜橋、曰邈遢橋、曰仙人橋、曰後硐橋。橋雖長短殊，皆鐵索也。水岸極險，無論舟筏，即絙繩架木，亦易崩歿，故皆製鐵索，則橋更坦以固，不似繩，木敧危，但廢工力耳。橋製：兩岸石墩，石柱，以大環銀鐺，或四或六，平絙爲底，上絡輕板。兩旁有引手，其鎖修短、鉅細、疏密，視岸廣狹，功洪簡也。然其創也，虞漲及，無不就岸極崇處。初經者移蕩簸揚於空闊中，不禁目眴足踧矣。

李心衡《金川瑣記》卷六《溜筩橋》　綏靖之噶爾丹寺，向有溜筩橋，已久廢，其趾尚存。土民中有一年老者爲予言之甚詳。江面既闊，夾岸皆高山，既不能立礫建橋，復不能建索橋，不得已，始爲溜筩。其橋製特異，危險亦百倍於索橋。兩岸高處，各植一巨柱，低處亦各植一巨柱，凡四柱。柱皆深埋山石中，出地高數尺。柱旁俱建屋一區，各設夫役二三名，爲往來人接應。此岸高處之柱，與彼岸低處之柱，遥遥相對。柱端相連鐵索，索外套一五六尺長之巨竹筩，用牛革及生漆裹護極堅。筩上繫一細索，較鐵索略短，其端緊繫高處柱杪。人畜欲渡者，拖縛竹筩高處，夫役持索緩緩放之，乘勢而下，直抵彼岸，解縛，即收回竹筩。彼岸欲來者，亦從高處溜下，法與前同。內地惟雅州府屬之天全州獨多，蓋天全本屬夷地，雍正年間始改土歸流也。是非高山夾峙、水勢深險且闊者，不必爲此危險事。然其法有可取者，仿其意爲之，亦可以濟急務。如衝途州縣，值緊急文報嚴限時刻，而境內有大河險灘者，問渡往往需時，師其法，植竿兩岸，各置遞夫接送，似較便捷。因備書之，以俟採用者。

張泓《滇南新語》　響水關旁飛峭壁，兩岸懸絶，中臨深淵千丈，水如沸湯，石峻巉攢排利刃，一失足則成齏粉，浮木觸之立碎。前賢作鐵索橋，懸架板屋於其上，遂爲通大理諸邊之坦途。瀾滄江渡更覺險奇，兩岸險逼，無隙可施鐵索，土人乃作溜渡，俗名曰「溜筒江」。江寬阻約二三十丈，用大竹纜圍徑尺者二，牢繫兩岸石樁，渡彼岸者東高，渡此岸者西高，以堅藤或絞竹作三圈，牢加羅織，以圈貫纜上，曰溜筩。欲渡者以繩縛圈中，與縛放豚而肩之無異，岸人力送，即梭逝至半渡，纜弓彎，筩亦摇蕩如鞦韆，少停，必自以兩手遞援，始登彼岸，左往右來兩無礙。至貨物亦縛以圈內，另以細繩繫圈上，溜至中恐或停阻，用力抽曳使動而易下，亦頗迅。昔運軍糈出口，由二別暹渡浪滄，曾閱此。

紀事

常璩《華陽國志》卷三《蜀志》　郡治少城，西南兩江有七橋。直西門郫江中沖治橋，西南石牛門曰市橋，下石犀所潛淵中也。城南曰江橋，南渡流曰萬里橋，西上曰夷里橋，上曰笮橋，橋從沖治橋西出，折曰長昇橋，郫江上西有永平橋。長老傳言，李冰造七橋，上應七星。故世祖謂吴漢曰：「安軍置在七星間。」城北十里有昇仙橋，有送客觀。司馬相如初入長安，題市門曰：「不乘赤車駟馬，不過汝下也。」其郫西上有永平橋。於是江衆多作橋，故蜀立里，多以橋爲名。

法顯《佛國記》　順嶺西南行十五日，其道艱阻，崖岸險絶。其山唯石，壁立千仞，臨之目眩。欲進則投足無所。下有水，名新頭河，昔人有鑿石通路施傍梯者几度？七百度梯已，躡懸絙過河。河兩岸相去減八十步。九驛所記，漢之張騫、甘英，皆不至。

楊衒之《洛陽伽藍記》卷五　十一月中旬，入賒彌國。此國漸出葱嶺，土田嶢埆，民多貧困，峻路危道，人馬僅通，一直一道。從鉢盧勒國向烏場國，鐵鎖爲橋，懸虚爲渡，下不見底，旁無挽捉，倏忽之間，投軀萬仞，是以行者望風謝路耳。

道宣《釋迦方志》卷四《游履篇五》　後魏神龜元年，燉煌人宋雲及沙門道生等，從赤嶺山傍鐵橋，至乾陀衛國雀離浮圖所。及返，尋於本路。

樊綽《蠻書》卷二《瀾滄江》　龍尾城西第七驛有橋，即永昌也，兩崖高險，水迅激。横亘大竹索爲梁，上布簀，簀上實板，仍通以竹屋蓋橋。其穿索石孔，孔明所鑿也。

樊綽《蠻書》卷六《雲南城鎮第六》　鐵橋城在劍川北，三日程，川中平路有驛。貞元十年，南詔巽牟尋用軍破東西兩城，斬斷鐵橋，大籠官已下投水死者以萬計。

《舊唐書》卷一九七《南詔傳》　初，吐蕃因争北庭，與迴鶻大戰，死傷頗衆，乃徵兵於牟尋，須萬人。牟尋既定計歸我，欲因徵兵以襲之，乃示寡弱，謂吐蕃曰：「蠻軍素少，僅可發三千人。」吐蕃少之，請益至五千，乃許。牟尋遽遣兵五千人戍吐蕃，乃自將數萬踵其後，晝夜兼行，乘其無備，大破吐蕃於神川。遂斷鐵橋，遣使告捷。且請韋皋使閲其所虜獲及城堡，以取信焉。時韋皋上言：「牟尋收鐵橋已來城壘一十六，擒其王五人，降其衆十餘萬。」以祠部郎中兼御史中丞袁滋持節册南詔，仍賜牟尋印，鑄用黄金，以銀爲窠，文曰「貞元册南詔印」。

《新唐書》卷二一六上《吐蕃傳上》　諸子争立，國人立棄隸蹜贊爲贊普，始七歲，使者來告喪，且求盟。又使大臣悉董熱固求昏，未報。會監察御史李知古建討姚州蠻，削吐蕃向導，詔發劍南募士擊之。蠻酋以情輸虜，殺知古，尸以祭天，進攻蜀漢。詔靈武監軍右臺御史唐九徵爲姚嶲道討擊使，率兵擊之。虜以鐵絙梁漾、濞二水，通西洱蠻，築城戍之。九徵毁絙夷城，建鐵柱於滇池以勒功。

《新唐書》卷二二二上《南蠻傳上》　蒙舍詔在諸部南，故稱南詔。居永昌、姚州之間，鐵橋之南，東距爨，東南屬交趾，西摩伽陀，西北與吐蕃接，南女王，西南驃，北抵益州，東北際黔、巫。王都羊苴咩城，别都曰善闡府。

《資治通鑑》卷二一五《唐紀三十一》　三日，至坦駒嶺，下峻阪四十餘里，前有阿弩越城。仙芝恐士卒憚險，不肯下，先令人胡服詐爲阿弩越城守者迎降，云：「阿弩越赤心歸唐，娑夷水藤橋已斫斷矣。」娑夷水，即弱水也，其水不能勝草芥。藤橋者，通吐蕃之路也。仙芝陽喜，士卒乃下。又三日，阿弩越城迎者果至。明日，仙芝入阿弩越城，遣將軍席元慶將千騎前行，謂曰：「小勃律聞大軍至，其君臣百姓必走山谷，第呼出，取繒帛稱敕賜之，大臣至，盡縛之以待我。」元慶如其言，悉縛諸大臣。王及吐蕃公主逃入石窟，取不可得。仙芝至，斬其附吐蕃者大臣數人。藤橋去城猶六十里，仙芝急遣元慶往斫之，甫畢，吐蕃兵大至，已無及矣。藤橋闊盡一矢，力修之，期年乃成。

范成大《吴船録》上　石湖居士以淳熙丁酉五月二十九日戊辰離成都，是日泊舟小東郭合江亭下。合江者，乃岷江别派，自永康離堆分入成都及彭、蜀諸郡，合於此。以下新津，緑野平林，煙水清遠，極似江南。亭之上曰芳華樓，前後植梅甚多。【略】蜀人入吴者皆從此登舟。其西則萬里橋，諸葛孔明送費禕使吴，曰「萬里之行始於此」，後因以名橋。杜子美詩曰「門泊東吴萬里船」，此橋正爲吴人設。余在郡時，每出東郭過此橋，輒爲之慨然。【略】六月己巳朔，發孥累舟下眉州彭山縣泊。單騎轉城，過東、北兩門，又轉而西，自侍郎隄西行，走岷山道中。【略】五十里至郫縣。觀者塞途，皆嚴粧盛飾，帟幕相望。蓋自來無制帥

行此路者。【略】將至青城，再渡繩橋。每橋長百二十丈，分爲五架。橋之廣十二繩，排連之，布竹笆。攢立大木數十於江沙中，輦石固其根。每數十木作一架，掛橋於半空。大風過之，掀舉幡然，大略如漁人曬網、染家晾綵帛之狀。又須舍輿疾步，從容則震掉不可立，同行者失色。郡人云：稍迂數里，有白石渡，可以船濟，然極湍險也。晚漸入山，三十里至青城，山門曰「寶仙九空洞天」。夜宿丈人觀。觀在丈人峰下，五峰峻峙如屏。觀之臺殿，上至巖腹。丈人自唐以來，號「五嶽丈人儲福定命真君」，傳記略云姓寧名封，與黃帝同時，帝從之問龍蹻飛行之道。

《（正德）雲南志》卷一三《關梁》　藤橋有三，一在龍川，一在瓦甸，一在曲石，俱跨龍川江上。蓋江水湍急，難以木石爲之，編藤爲橋，繫於岸樹，以通往來。

楊慎《雲南山川志·瀾滄江》　瀾滄江，經司城東北八十五里羅岷山下。漢明帝兵開博南，行者愁怨作歌：「漢德廣，開不賓。度博南，越瀾津。渡瀾滄，爲他人。」渡舊處以竹索爲橋，後廢。本朝洪武末，鎮撫華嶽鑄三鐵柱於岸，岸以維舟。

章潢《圖書編》卷六七　蘭津橋，（西）〔兩〕岸峭壁聳立，高廣千仞，方削雲屏，平懸天鏡，上插霄漢，俯映蒼江，而飛泉急峽，複磴危峯，森羅上下，信徼外詭絕之觀也。蜀人張肖甫題在焉。此地南北隔絕，無路可通，以鐵鎖繫南北爲橋，漢時明帝創造。永樂初曾修。不知當時空中何以著力，疑是神運。

曹學佺《蜀中廣記》卷二《名勝記第二》　《寰宇記》云：笮橋，去州西四里，名夷里橋，以竹索爲之，因名笮橋。李膺《笮橋贊》云：複引一索，飛絙杙閣。其名曰笮，人懸半空，度彼絕壑也。《益州記》曰：市橋，笮橋，今各有一鐵椎，大十許圍，長六七十尺。云初營橋，引機運此椎以擊橋，柱本有三，今餘二。《南史》宋大始初，益州笮橋忽生一洲，道士柳石見之，曰：「當有貴王臨州，必有王勝喜也。」及齊永明二年，武帝遣始興王爲益州。勝喜者即始興反語。《蜀古蹟記》曰：笮橋邊有二石闕，乃漢趙典墓矣。

曹學佺《蜀中廣記》卷三四《邊防記第四》　《上南志》曰：衛東北百八十里打沖河索橋，兩山壁立，水勢洶湧，狼牙相拒，舟楫不通。橋兩崖用大石堆砌樹洞門二座，每洞樹將軍柱一百八根。洞門外立井口大柱四根，上穿篾纜十八條，繫於將軍柱上。纜上鋪板三十六亘，兩旁用小纜掛繫如槽，橫亘四十二丈。邊陲之天險也。莊安世《渡瀘初畧》曰：鹽井城池頹壞已久，軍民逃散，日甚一日。今高山箐口之墟，人跡跫然，衙驛、倉庫鞠爲荒草。推原其故，蓋由索橋之險難通，糧運不及，是以皆轉徙而之河西矣。迄今聚爲室家，享成世業，計屯田千二百一十八分有奇，而附城之屯所出，不過荳麥而已。瀘州一帶，駝運入鹽井必經索橋，約路二百八十餘里。又夷人阿遮與切兒卜搆禍以來，仇殺無虛日，不爲淵驅魚耶。

徐弘祖《徐霞客游記》卷四下《黔游日記二》　盤江沸然，自北南注，其峽不闊而甚深，其流渾濁如黃河而甚急。萬山之中，衆流皆清，而此獨濁，不知何故。循江東岸南行半里，抵盤江橋。橋以鐵索，東西屬兩崖上爲經，又木板橫鋪之爲緯。東西兩崖，相距不十五丈，而高且三十丈。水奔騰於下，其深又不可測。初以舟渡，多漂溺之患。壘石爲橋，亦多不能成。崇正四年，今布政朱，名家民，雲南人。時爲廉憲，命安普遊擊李芳先，四川人。以大鐵練維兩崖，練數十條，鋪板兩重，其厚僅八寸，闊八尺餘。望之飄渺，然踐之則屹然不動。日過牛馬千百羣，皆負重而趨者。橋兩旁又高維鐵練爲欄，復以細練經緯爲紋。兩崖之端，各有石獅二座，高三四尺。欄練俱自獅口出。東西又各跨鉅坊，其東者題曰「天塹雲航」，督部朱公所標也；其西者題曰「（□□□□）〔白雲深處〕」，傅宗龍時爲監軍御史所標也。傳又竪穹碑，題曰「小葛橋」。謂諸葛武侯以鐵爲瀾滄橋，數千百載，乃復有此，故云。余按渡瀾滄爲□□，乃漢武故事，而瀾滄亦無鐵橋。鐵橋故址在麗江，亦非諸葛所成者。橋兩端，碑刻祠宇甚盛。時暮雨大至，不及細觀。度橋西，已入新城門内矣。左轉瞰橋爲大願寺。西北循崖上，則新城所環也。自建橋後，增城置所，爲鎖鑰之要云。

徐弘祖《徐霞客遊記》卷一〇下《滇遊日記九》　龍川東江之源，滔滔南逝，繫藤爲橋於上以渡。橋闊十四五丈，以藤三四枝，高絡於兩崖，從樹杪中懸而反下，編竹於藤上，略可置足。兩旁亦橫竹爲欄以夾之，蓋凡橋穹而中高，此橋反挂而中垂。一舉足輒搖蕩不已，必手揣旁枝，然後可移。止可度人，不可度馬也。

《（萬曆）雲南通志》卷二《地理志·橋梁》　霽虹橋，在府城北八十里蘭滄江，舊以竹索爲橋，修廢不一。洪武間，鎮撫華岳鑄二鐵柱於兩岸，以維舟。然岸陡水悍，時遭覆溺，後架木爲橋，又爲回祿所燬。弘治十四年，兵備副使王槐重修。構屋於上，貫以鐵繩，行者若履平地云。修撰楊慎詩：「織鐵懸梯飛步

驚，獨立縹緲青霄平。騰蛇遊霧瘴氛惡，孔雀飲江煙瀨清。蘭津南度哀牢國，蒲寨西連諸葛營。中原回首踰萬里，懷古思歸何限情。」提學副使朱應登詩：「千尋鐵索貫長橋，積翠中天萬壑遥。人向半空瞻突兀，路從平地入岧嶢。未論文教開荒服，已見夷王款聖朝。鳥語花明迎使節，浪滄江上瘴全消。」杭淮詩：「橋飛江崖霽虹出，鐵鎖高緣不計年。急江轟雷響日夜，懸崖峭壁參雪烟。木深如聞鬼魅泣，石錯却訝蛟龍纏。不有簡書來絶域，豈知天下有山川。」提學副使王臣《記略》：「金齒東北三舍許，有江曰瀾滄。其闊二百六十丈有奇，地既要衝，而水勢且湍悍，舟子專渡濤以爲利，且日不暇給，覆溺之患，殆無月無之。先是，守臣命所司架木爲橋，頃爲回祿所燬。按察司副使太原王君槐奉命理兵備於金騰，問所以爲民利者，僉以橋對。遂請於鎮巡諸公，乃下其事於金齒，命指揮李淮董其役，斥舊更新。凡灰石、材甓、工傭之費，皆出於措置而一無所擾。始事於弘治十三年七月。行旅往來，履之若坦途矣。」郡人侍郎張志淳《記略》：「志永昌之勝曰塹，兩江闒滄其一也。曰橋『霽虹』，則江以橋濟，不煩舟楫，其亦奇矣。然前此曰橋者，名焉而已。有橋則始於浮屠號了然者，而畢工於成化中，尋亦燬矣。至弘治間，有司乃再復之。至是又傾。去年冬，鎮守太監萬安朱公奉暨參將古濠沐公崧命所司葺之，以圖久遠。於是各施己資以倡民。由是木工、土工、金工、石工、甓工，一切以傭集，而第督以官。圮者、腐者、倚者、弱小不勝者，悉撤之更新焉。始事以正德六年十一月八日，落成以次年四月二十一日。其修以尺計二百六十丈有奇。高損三十一，廣殺十八。上覆以屋，下承以巨索，而繫之柱上。大率制皆仍了然之舊，而真固皆福之矣。二公謂不可不紀，其成也，乃過子屬記。」兵備副使郭春震《記略》：「嘉靖己酉夏，濟虹橋復圮。有司白其事於分巡僉憲孟公，請於兩臺，適經始而子奉璽書按部繼至，乃檢牒布令，飭財庀工，檄所司舉行如□，以千户萬彙巡檢王□之督工，其費取諸帑金，役丁取諸巡司，而梓者、石者、瓦者、冶者、繪者率召募，給以直，民不知勞，工不告疲。凡三踰月乃落成。」

《〔萬曆〕四川總志》卷一七　索橋，治北一百二十里，牛柵江下流，江闊水急，夷人用木筒貫以藤索，人過則縛以筒，游索往來，相牽以渡。

顧祖禹《讀史方輿紀要》卷六六《四川一》　瞿唐關在夔州府城東八里，以瞿唐峽而名。峽在城東三里，或謂之廣溪峽，三峽之一也。瞿唐之名著而廣溪之稱隱矣。《樂府解題》曰：「瞿，盛也；唐，陂池也。言盛水其中可以行舟。又云：『夏則爲瞿，冬則爲唐。』」瞿唐峽爲三峽之門，兩崖對峙，中貫一江，灧澦堆正當其口，於江心突兀而出。《水經注》：「白帝城西有孤石，冬出水二十餘丈，夏即没，秋時方出。諺云『灧澦大如象，瞿唐不可上；灧澦大如馬，瞿唐不可下』，蓋舟人以此爲水候也。」《江行記》：「灧澦堆亦謂淫豫堆，亦謂之猶豫堆。宋淳熙中有成鏞者，遣人垂繩墜石以約之，凡八十四丈，當夏時江漲，灧澦上水猶三十餘丈也。」范成大《吴船録》曰：「天下至險之處，瞿唐灧澦是也。每一舟入峽數里，後舟方續發，水勢怒急，恐猝相遇不可解析也。峽中兩岸高巖峻壁，斧鑿之痕皴皴然。而黑石灘最號險惡，兩山束江，驟起水勢，不能平也。」陸游《入蜀記》：「瞿唐關即故夔州，與白帝城相連。關西門正對灧澦堆，堆碎石積成，出水數十丈。土人云歲旱時石露大半，有三足如鼎狀。關城下舊有鎖水二鐵柱。唐天祐初時忠義節度趙匡凝并荆南地，因遣水軍上峽襲王建夔州，敗去。萬州刺史張武因請於王建，於夔東作鐵絙，絶江中流，立柵於兩端，謂之『鎖峽』。從之。」又宋景定五年，守將徐宗武於白帝城下巖穴設欄江鎖七條，長二百七十七丈五尺，五千一十五股。又爲二鐵柱，各六尺四寸。此其故址矣。志云：瞿唐關即故江關，巴、楚相攻時置，漢有江關都尉治魚復。《華陽國志》：「江關舊在赤甲城，後移在江南岸，對白帝城故基，即今瞿唐關之江南岸矣。」後漢建武四年，岑彭破田戎於彝陵，遂謀伐蜀，留馮駿軍江關。既而公孫述復使田戎出江關，招其故衆，欲取荆州，不克。九年，公孫述復遣田戎等下江關擊破馮駿等軍，遂拔巫及彝道、彝陵，因據荆門、虎牙。十一年，岑彭等大破田戎於荆門，遂帥諸軍長驅入江關。或謂之捍關，法孝直言「魚復捍關，臨江據水，實益州禍福之門」是也。宋泰始三年，以三峽險隘多寇賊，乃立三巴校尉鎮江關。又大江自瞿唐關而下謂之峽江，亦謂之鎖江。唐天復三年，王建取夔、忠、萬、施四州，議者以瞿唐蜀之險要，乃棄歸峽，屯軍夔州。天祐元年，山南東道趙匡凝遣水軍上峽攻王建，蜀夔州守將擊却之。五代梁乾化四年，高季昌攻夔州，縱火舡焚蜀浮橋，蜀將張武舉鐵絙拒之，船不得進，會風反，焚溺甚衆。鐵絙即武所作也。先是峽上有堰，或勸蜀主乘夏秋江漲決之以灌江陵，毛文錫曰：「高季昌不服，其民何罪？」乃止。後唐同光三年，伐蜀，命荆南高季興分道前進，自取夔、忠、萬三州。季興嘗欲取三峽，畏蜀峽路招討使張武威名，不敢進，乘唐兵勢，自將上峽取施州，進至鏁江，復爲張武所敗，遁走。宋乾德二年，遣劉光義等伐蜀，以地圖指鏁江曰：「我軍泝流至此，慎勿以舟師争勝。」明初伐蜀，命湯和等由瞿唐趨重慶。時夏人

守瞿唐，以鐵索橫斷關口，又於鐵索外北倚羊角山，南倚南城寨，鑿兩岸壁引繩爲飛橋，嚴爲守備。和克歸州而進，至夔州大溪口，分遣別將一出赤甲山逼夔州，一出白鹽山下逼夔州南岸，攻其南城山寨，而且引軍攻其飛橋，皆不利，引還。旋自白鹽山伐木開道，由紙牌坊溪在府東十里。趨夔州。廖永忠帥所部兵先至舊夔州，即白帝城。敗蜀兵，乃進兵瞿唐關，密遣奇兵舁小舟踰山渡關，出上流，乃率精鋭出黑葉渡，以一軍攻其陸寨，一軍攻其水寨，陸寨先破，上流兵適至，下流舟師合進，瞿唐之險遂下。入其夔州，湯和亦至，於是和帥步騎，永忠帥舟師，乘勝抵重慶，沿江州縣望風奔附，而明昇出降矣。瞿唐爲蜀境東户，不亦信哉？

顧祖禹《讀史方輿紀要》卷六七《四川二》 珠浦橋，縣西二里，索橋也。亦謂之繩橋，長百二十丈，闊一丈。或云即今縣治西南一里之淩虚橋。又有溜筒橋，在縣西四十里。兩岸石柱，以竹繩橫索，斲木爲筒，狀似瓦，覆繫繩上，渡者以麻繩縛繫筩下，仰面緣繩而過。南通滋茂鄉，與汶川界。今易爲繩橋。

顧祖禹《讀史方輿紀要》卷一一六《雲南四》 蘭津橋。《滇紀》云：「舊在府西南，跨瀾滄江上。後漢永平初所建，明朝永樂初修。高廣千仞，兩岸峭壁林立，飛泉急峽，複磴危峰，森羅上下，鎔鐵爲柱，以鐵索繫南北爲橋，自古稱爲巨險。」 大河橋，在府東二里，跨大河上。上覆瓦屋四十九楹。

顧祖禹《讀史方輿紀要》卷一一七《雲南五》 鐵橋，在州北百三十餘里，跨金沙江上。或云隋史萬歲及蘇榮所建，或云南詔閣羅鳳與吐蕃結好時建，或云吐蕃嘗置鐵橋節度使，是其所建。《唐史》：「天寶初南詔謀叛唐，於麼、些九睒地置鐵橋，跨金沙江，以通吐蕃往來之道。貞元十年異牟尋歸唐，襲破吐蕃於神川，取其鐵橋十六城。十五年吐蕃復襲南詔，分軍屯鐵橋，南詔毒其水，人畜多死，乃徙屯納川。」志云：時吐蕃置鐵橋城於此，爲十六城之一。今有遺址。其橋所跨處，皆穴石鎔鐵爲之，冬月水清，猶見鐵環在水底。又舊志：鐵橋在施蠻東南。一云施蠻在鐵橋西北，居大施睒、斂睒、尋睒。又順蠻，在斂睒西北四百里。《新唐書》：「異牟尋大破吐蕃於神川，并破施、順二蠻，虜其王，置白崖城。」是也。又元志：「漢裳蠻，本漢人部種，依鐵橋而居。」今有古宗蠻，在鐵橋之北，一名西番，一名細腰番云。明初裂吐番二十三支分屬郡邑，以土官轄之，麗江控制古宗，餘州郡各有所轄，蓋取夷之善策也。

許纘曾《滇行紀程・盤江鐵索橋》 盤江水出烏蠻，經七星關，奔騰至黃土坡，五里，疾下東南，至廣西泗州而入南海。江廣三十餘丈，水深無底，左右石崖，廉利如劍戟。自昔濟此者，用渡船行駭波中，一不戒，輒葬魚腹。古法：必樹杙于兩崖，貫之以索，憑索曳舟，乃得橫渡，所謂戕戩是也，故遂以名江。楊慎牂牁即貴池地，其江水迅疾難濟，立兩杙于兩岸中，以繩絙之，舟人循繩而渡。予過其地，見盤江與崇安江皆然。嘉隆以前，俱用牂牁濟，無有議建橋者。天啓初，水藺酋叛，滇黔道絶，時有安普朱監軍道，建議築橋以通滇。先于兩岸築石墩，高一十三丈有奇，寬亦如之。鎔鐵爲扣，聯扣爲案，索三百餘扣，扣重十八九觔。索凡三十，絙貫兩岸石窟中，索上橫鋪巨木。蓋以大板石猊水犀之屬，爲橋鎮者悉備焉。又以索末所餘十餘丈，盤遶鞏固。費金錢巨萬。起工于崇禎元年正月，落成于三年十一月，此所謂鐵索橋也。自流寇變亂，僅存鐵索數條。順治十七年，督撫會題，得請發帑重修。飛梁架木，狀若金閶弔橋。康熙二年六月，江水大漲，橋復壞，又請帑金重建。旋修旋圮。康熙七年十一月，安順府知府李、彭二人前後督工鼎建，如十七年製，而堅固高聳，仍用舊索縈繞，以防摇撼。橋上起板屋，以避風雨。遥望空中，樓閣橫亘江心，惜無作圖以記之。

《明史》卷三一七《廣西土司傳》 〔天順〕八年，國子監生封登奏：「潯州夾江諸山，峆岈巖業。峽中有大藤如斗，延亘兩岸，勢如徒杠。蠻衆蟻渡，號大藤峽，最險惡，地亦最高。登藤峽巔，數百里皆歷歷目前，軍旅之聚散往來，可顧盼盡，諸蠻倚爲奥區。桂平大宣鄉崇姜里爲前庭，象州東鄉、武宣北鄉爲後户，藤縣五屯障其左，貴縣龍山據其右，若兩臂然。峽北巖峒以百計，仙人關、九層崖極險峻，峽以南有牛腸、大峠諸村，皆緣江立寨。藤峽、府江之間爲力山，力山之險倍於藤峽。又南則爲府江，其中多冥巖奥谷，絶壁層崖，十步九折，失足隕身。中産瑶人，藍、胡、侯、槃四姓爲渠魁。力山又有僮人，善傅毒藥弩矢，中人無不立斃，四姓瑶亦憚之。自景泰以來，嘯聚至萬人，隳城殺吏。而修仁、荔浦、平樂，力山諸瑶應之，其勢益張。渠長侯大狗嘗縣千金購，莫能得。鬱林、博白、新會、信宜、興安、馬平、來賓亦煽動，所至丘墟，爲民害。乞選良將，多調官軍、狼兵，急滅賊。」報聞。

《〔雍正〕四川通志》卷二二下《津梁》 鈴繩橋，在汶川縣西一里，橋長四十八丈，闊八尺。圍繩一尺五寸左右，各兩闌以翼之。橋兩柱，高六尺。東西建層樓。下有立柱、轉柱，立柱以繫繩，轉柱以絞繩。

《〔雍正〕四川通志》卷二四《山川》 打沖河，在縣東北一百六十里。自冕寧

西番界流入，又東南入會理州界，即古若水也，亦名瀘水。《華陽國志》：定筰縣在郡西渡瀘水，即此。舊志：打沖河，兩山壁立，水勢洶湧，狼牙相距，舟楫不通。有索橋横亘，四十二丈。自舊瀘州一帶，駝運必經此，邊陲之天險也。明時濱河置所，以爲守禦。中左所在河西，中前所在河東。詳見冕寧西昌。

杜昌丁《藏行紀程》 初十日，六十里，至江邊，路之窄已習慣矣。浮橋已斷，從溜筒過。以百丈之寬，而命懸一索，一失足則奔流澎湃，無所底止。此中惶惶然，不得不以身試也。令猓猔扶過，初脱手，閉目不敢視，耳中微聞風聲，稍開，見洪流湯湯，復急閉。達彼岸，然後開視，坐觀行李人馬，俱從索渡，真一奇勝。然天下之險，莫過於此也。

姚之駰《元明事類鈔》卷二九《宫室門》 鐵橋，《啟崇野乘》：朱家民監軍普安，議於盤江造鐵橋。鎔鐵成扣，聯扣成索，餘其索之類末，鋏軸而藏山窟中，鋪以木幹，輪蹄往來，若天馬行空。楊慎《蘭津橋詩》：「纖鐵懸梯飛步驚。」

《清高宗實録》卷一五〇 〔乾隆六年九月甲戌〕工部議准四川巡撫碩色疏稱，瀘定橋乃西藏往來之要路，本年四月間被風吹折，應如所請，准其撥銀七百六兩興修。從之。

《〔乾隆〕雅州府志》卷一〇《津梁》 瀘定橋，西岸橋頭高二丈四尺，按二十路炁；下面入水底九尺，以按九宫通計，高三丈三尺，渶六丈四尺；按八八六十四卦；寬四丈九尺，按先天斗數。河口寬三十一丈一尺，鐵索九條，寬九尺。索之長過橋身八丈餘。左右施天索四條，上鋪板片，利涉大川。橋頭兩岸修立房舍，建造牌坊各一座，上懸聖祖仁皇帝御書「瀘定橋」匾額。橋東建立御製瀘定橋碑文碑一座，橋西建立御書瀘定橋碑一座，設兵於橋東西兩岸盤查過往奸宄，朝夕啓閉，封鎖稽察，更甚嚴密。其橋勢若長虹，爲泰寧扼要垂汛。建自康熙四十四年，成功於四十五年四月告竣。橋東鑄鐵牛一隻，橋西鑄鐵蜈蚣一條，以鎮水性，以垂悠久。

《〔乾隆〕西安府志》卷一〇《建置志》 藍橋，《賈志》：在縣東南五十里藍峪水上。《通鑑》：唐中和元年，監軍楊復光與朱温戰，敗之，逐至藍橋而還。注：藍橋在藍田關。《南通志》即唐裴航得玉杵臼娶雲英，尾生期女子不至，抱柱而死。《處縣志》：橋久廢。明羽士王天枝募鐵爲練，飛控如虹，行人便之。錢受祺《藍橋碑記》：藍橋介商藍之間，三秦扼塞，豫楚要衝。古有橋，重修鐵練。明季燬于賊。

《〔道光〕永寧州志》

《〔道光〕貴陽府志》卷三七《關路津梁記》 索橋，在城西四十里，削壁懸巖，高數十丈。有工無所施，居人於兩岸巖間，鑿石爲鼻，用竹組成巨組，拴石鼻中。另爲環，繫木架於組，以坐行人。行者逐次緣組以渡，最爲危險。

《〔道光〕保寧府志》卷一〇《津梁》 索橋，《縣志》：在孔道新渡之東。溪闊十一丈，夏水漲隔，文報難通。乾隆三十九年，署令謝泰奉設以渡文書。兩岸各築方架一座，上鋪木板，如哨樓式。篾纜一根各繫於樓上，上套鐵圈，圈繫方鐵架，架内設木匣。鐵圈各拴麻繩，長如篾纜，遇文報至，貯於匣內，鳴鑼知會，則彼岸拽繩，鐵圈自到，郵□可以不誤。

《〔光緒〕衛藏通志》卷四《程站》 曲水十五里至鐵索橋。江勢浩瀚，最險，渡以木船。過河三十五里至岡巴，則有房舍、柴草。又過巴，則嶺危峯巀嶪，即甘壩山。下山沿洋卓雍錯海北岸紆折而行，柴草稀少，沙路平坦，五十里至白地。

《〔咸豐〕安順府志》卷一三《地理志·關路津梁》 盤江橋，《通志》云：在安順府永寧州城西三十里，舊爲滇黔孔道，江水洎湧，不能舟渡。崇正間，參政朱家民創建鐵鎖橋，毁於寇。順治十六年，經略洪承疇、總督趙廷臣、巡撫卞三兀重修。康熙十九年，賊又毁之。二十三年，總督蔡毓榮、巡撫楊雍建會題重建，極爲壯觀，設士巡檢守之。今開闢新路，驛站俱在毛口渡。《黔南識略》：盤江舊設有驛，兩山夾峙，江流悍迅，不可以舟。明右參政朱家民倣瀾滄橋舊制，治鐵爲絙，長數百丈，貫兩厓之石而懸之，覆以板，行旅如從枕席過，尋毁。國朝順治十六年重修，復圮於賊。康熙二十三年重建，乃益堅密。橋之東歸永寧管理，西由普安廳、安南縣分管，届六年，請大修一次，著爲令，原設驛站，今移毛口矣。《永寧州志》云：康熙二十五年，被水沖壞，加修如故。四十三年，久雨傾圮，總督巴錫、巡撫高起龍率知州許國樵重修。五十年，木橋圮，巡撫劉蔭樞更建鐵鎖橋，面覆木板，工亦浩繁，過江大鐵索一十九根，每根長二十八丈二百八十五扣，每扣長一尺，重十觔。墜橋樓過江大鐵索六根，每根長二十五丈，二百二十五扣，每扣長一尺，重十觔。欄杆大鐵索八根，長十二丈，二百四十扣，每扣長五寸，重半觔。欄杆鐵枋九十七塊，每塊長四尺，重四兩。欄杆紀鐵索一百九十四根，每根長四尺，每扣寸許，重一兩六錢，一根共重四觔。兜底過江大鐵索，係鐵枋穿練，每塊長一尺五寸，寬三寸，厚八分，重二十觔，共五十五塊。鐵貫入兩岸崖石間，橋面覆以板，東西建堞樓以司啟閉。凡鐵着雨必縮，此橋鐵練經久不縮。舊例，三年小修，五年大修，自雍正六年改新路，俱問渡毛口，由盤江橋者少，凡六年修一次。借領藩庫養廉銀九百五十兩，普安廳、安南縣同修西岸，永寧州獨修東岸。又云：其制，鎔鐵成扣，聯扣成索，索之首尾鈕山窟中，覆以木板。又建鼓樓爲橋護，建月城爲樓護，金碧輝煌，光景如畫，輪蹄來往，坦若康莊，不復有「公無渡河」之嘆矣。

《〔咸豐〕安順府志》卷一三《關路津梁》 灞陵橋，通志云：在永寧州城東三十五里。州志云：跨灞陵河，在城東四十五里。一名關索橋，以在關索嶺麓也。又名八里橋，以關索嶺關口至橋八里也。橋左右各植黄菓樹，蓋千百年物。道光丙戌夏，橋忽有聲，三日，橋古樹倒於河，橋圮其半。十五年，知州黄培杰捐廉，紳士彭上卿、張紹德暨州士民助資補修。又云：灞陵橋，古木老幹，暢茂可蔭谷客，且盤根橋面及磴道上，曲屈如虬龍。

《〔光緒〕永昌府志》卷一三《地理志·津梁》 霽虹橋，在城北八十里，古以舟渡，行者憂之。後以篾繩爲橋，攀援而渡。武侯南征，架木橋以濟師。元也先不花西征，始更以巨木，題曰「霽虹」。宣慰都元帥達思撤而新之。橋圮，復以舟渡。明洪武二十八年，鎮撫華岳鑄二鐵柱於石，以維舟。後架木橋，尋燬。成化中，僧了然者乃募建飛橋，以木爲柱，而以鐵索横牽兩岸。下無所憑，上無所倚，飄然懸空。橋之上復爲亭二十三楹，兩岸各爲一房。副使吴鵬題於石壁，曰「西南第一橋」。岸北設官廳以駐使節，歲以民兵三十人更番戍守。然橋摇動無寧，暑鐵纜恒蝕。一修於兵備王槐，再修於參將沐崧，復修於兵備郭春震。前明間，又爲順寧猛酋所焚，兵備郭以仁重修。又修於兵備杜華先，分巡張堯臣。明季，復燬。國朝克滇，督撫司道各捐金，檄金騰道紀堯典督建。兩端繫鐵纜十六，覆板於纜上。又爲板屋三十二楹，長三百六十丈。南北爲關樓四。宏敞堅緻，視昔有加。後燬於兵。康熙十二年，總兵張國柱重建。吴逆時，又燬。二十年，知縣蔣嘉謨重建。二十七年，總兵偏圖增修兩亭於南北岸，橋旁翼以欄杆。日久損蝕，橋復摇。三十八年，總兵周化鳳、知府羅綸、知縣程奕又重修之。乾隆十五年七月，水發橋斷，知府曹夢龍、知縣頓權重修。道光二十六年，被□猓焚燬，鐵索墜於江中。知府李恒謙重修。

《〔光緒〕順寧府志》卷一〇《建置志》 青龍橋，案舊册，參採訪：在城東北八十五里。乾隆二十六年，知府劉埥督率士民創建鐵索橋，長三十六丈，寬一丈二尺。繫鐵絙十四股，上鋪木板；左右闌牽扶手鐵絙各一股。共用鐵絙十六股。先後共捐置近城各村田，每年額租穀玖拾肆孔；又江内外各村田，每年額租穀伍拾柒孔零拾斛；又租穀拾伍石，折銀拾兩；又小新街舖地七間，每

年地租錢貳兩壹錢，爲歲修之費。兵燹後，户口寥落，前收額租二項，近城一項僅得三分之二，現在年共實收租穀壹百零肆孔拾斛。惟年值春夏之交，輒遇暴風，橋多毁壞。自嘉慶十九年、道光二十四年，兩次火燬，知縣麟德、知府黄德濂率士民重修。後咸豐七年，復燬於兵。同治十三年，知府陳泰琨飭士民籌款興修。光緒十三年，暴風簸盪，鐵絙一齊斷落入江。知府蕭鳳儀、知縣胡政舉督飭士民，捐貲力役重修。副榜李于陽《瀾滄江渡》：横亙水中央，垂虹(石)[百]丈長。鐵絙飛碧落，石壁破青滄。浪急蛟龍吼，山深猿狖藏。臨流憑眺望，天塹壯遐方。

《(光緒)順寧府志》卷一〇《建置志》 來宣橋，舊志：俗名小江橋，在城東北一百八十里，跨濞溪江，通蒙化路。初爲藤橋，順治七年，通判楊廷壁始易木梁。後因李忠武之亂，焚燬。康熙元年，知府米璁重建，綰以鐵索，上覆瓦屋二十餘間。八年，復燬。知府許宏勳捐建。二十八年，知府徐欐重建。五十二年，被水冲没。五十四年，知府殷邦翰倡修。順縣採訪：嘉慶三年，全圮。今由上流編筏以濟，即黑惠江渡。

《(光緒)順寧府志》卷一〇《建置志》 宣德橋，舊通志：在城東南二里，通雲州大路。康熙二十一年，知府劉芳聲建。五十四年，知府殷邦翰重修。乾隆六十年，被水冲毁。嘉慶元年，知縣崔鳳三倡修。同治八年，被賊折毁。光緒六年，知縣鄧瑶飭地方籌款修。十三年，旋冲圮。十四年，知縣胡政舉提撥青龍橋餘款，並各寺觀租款，督士民改建石橋，上建橋亭，更名登瀛橋。胡政舉《登瀛橋碑記》：順寧郡城居萬山中，山泉百道，匯而爲溪，自東北迆注於南，奔流奮迅，廣不容刀，亦深難褰裳。而適當雲緬往來之衝，每值夏漲秋霖，咫尺有望洋之艱。昔人曾建橋，以資利涉，咸豐間，以兵燹燬。肅清後，旋建旋圮。當前縣鄧、鄭兩君任時，率邑中人相繼而經營之，其勞費已非淺鮮矣。丁亥夏，積雨兼旬，橋又坍於水。適舉承乏斯邑，時則方竣鐵索橋之工，民既困於財，亦困於力，勢頗難以興作。然究不得以勞力傷財，故終任其頹然隳廢，而不謀紹修。所幸江橋餘款存四百餘金，尚可藉以始事，因集都人士與謀曰：民捐不必再議也，而寺觀餘租甚夥，酌取之，當可以濟不足。民力終當藉資也，於近里之編户更調之，自可以見不疲。其有好善樂施者聽之，作僞避役者懲之，庶可觀厥成乎？僉曰：可。遂稟諸府憲而興役焉。於是鳩工庀財，度地面勢。岸不欲其狹，則微闢而寬之，所以紓水勢也。時不欲其削，則厚斵以易之，所以固基址也。慎終於始，積日畧勞，其間之隨時樂助者不乏石，趨事赴公者無難色，財雖費而示擾，力雖勞而若忘。以戊子春莫興工，以是歲秋杪蔵事。高於舊者三之一，廣於舊者五之二。遂使虹腰永垂，鼇背穩跨，爲城南一關鍵焉。維時之率作興事，則胡炳、趙思禮兩茂才也。程工督役，則李思誠、楊俊諸耆英也。而一切之指示機宜、審量規模者，實則□守戎春圃之匠心爲獨運。愚謂心之所至，力則赴之，力之所萃，工即隨之。是役也，固由諸君子急公好義之心，乃能集羣力而成善功。且以上繼墜緒，□□□利也。若其經費之出入，工役之多寡，執其事者能勾稽其實焉，勒諸貞珉，以質諸衆庶矣，亦何庸贅述哉？橋成，而于君春霖秋捷之報適至，遂名以爲「登瀛橋」云。

藝文

《全唐文》卷六四四張仲素《河橋竹索賦》 大川不測以設險，浮橋架迥以通逵。利乎濟也或溢，解乎難也無私。以虚舟而易蕩，屬激箭以相推。吾見其梁木斯壞，安得稱大道甚夷？肇彼謀者，莫知其誰。於是辨修笮，曳長縻，佇可久以爲慮，將制動而咸資。且夫原始要終，授材度費。徵十圍之巨，收千古之貴。費非難得，用之不既。易危成安，斯之所謂。憑遠岸，亘長河。將好勁以横截，或守柔以旁羅。每自直以應用，恒守節而居多。檻欄之勢，舳艫之廣。因大索以横流，俾羣材之攸仰。皆恃此以綰縶，故不憂於板蕩。徒謂其勁挺爲質，連延不一。或指遠岸以孤引，或自中灘而對出。苟異志而殊途，亦齊勞而共逸。縱奔澌激射，浮湍迅疾，駭聲騰雷，驚波湊日。雖前後之鼓怒，終上下而駢比。拔山之倫，扛鼎之匹，雖則取之大壯，抑亦勢之或失。豈不以順事安排，故能守乎元吉。斯乃道濟行路，功深模軌。人有覿於投足，物寧憂於濡尾。視綯索而久存，亦何比於一葦。況橋因索而襲故，索以橋而用長。力雖參於索纖，繫或固於苞桑。恢益下之極致，信爲物之紀綱。彼鼋鼉虚構於溟海，烏鵲徒駕於天潢。索惟衆人之攸利，蓋有助於連航。夫物有小而可以屬詞，材有小而足以濟時。索因有條而不紊，人亦直道而用之。儻要津以見假，願盡力以維持。

皮日休《皮子文藪》卷一〇《哀隴民》 隴山千萬仞，鸚鵡巢其巔。窮危又極嶮，其山猶不全。蚩蚩隴之民，懸度如登天。空中覘其巢，墮者争紛然。百禽不得一，十人九死焉。隴川有戍卒，戍卒亦不閑。將命提雕籠，直到金堂前。彼毛不自珍，彼舌不自言。胡爲輕人命，奉此玩好端！吾聞古聖王，珍禽皆捨旃。今此隴民屬，每歲啼漣漣。

魏了翁《鶴山集》卷三八《永康軍評事橋免夫役記》 岷山之江，至軍城之南，其勢湍悍。冬涸則連筏可濟，逮夏而航，多有覆溺之患。淳化元年，安定梁公楚以大理評事來守此邦，冬仍其舊，夏則爲石籠、木栅、竹繩，而屬繩於栅，植於籠，跨江而橋焉。民至今賴之。即其官以名橋，示不忘也。橋比歲必一作，費以鉅萬數，而官吏並緣，騷動井野，民不得聊生。王公之望漕益州，乃以縣官斥幣，加舊材估直，下邑尉市竹，亦庶幾知民疾苦者。而吏所侵牟十有七八，民復以控于常平，事者爲治其事，民賴以少紓。然尚有修橋丁夫，仍爲廣濟一鄉之大害。蓋雖三錢之賦，半畝之宫，亦例出一夫。其爲役不過立木、破竹、運石，而竹木未集，護作之吏(皁)〔皂〕，必先期督夫。稍失期，則係累之棒笞。以千百爲旅，曠日持久，使民不得及時耕耨，以養其父母。其遠者，至自大面山下，率戴星往返不下百里。仆溪卧谷，爲蛇虎所傷者，又不知其幾也。歲自春正月，至于夏四月繩橋成；又自秋八月，至于冬十月浮梁成。蓋既畢民之穡事，於是盡力役之隙，惟夏冬之仲季四閲月耳。復有繫橋、撤橋之役，使民終歲勤勤，不得休息。凡吏又遷延其役，苛取不厭。先是，今富順守陵陽虞侯爲別駕，以郡城至導江，凡二十里許，秋夏雨潦，泥淖没膝。乃伐石甃涂。涂成，夾植榆柳，人率謂便。客有謂曰：「東郊既免涂潦之害，西山亦侯之民也。」富順瞿然曰：「子何以教我？」則具告以造橋之爲民也病者。富順方議所以除之，會去官。今太守，富順之仲兄也。至郡，首訪民瘼。即石路與榆柳之未備者，爲足成之；且將推行衆議。一日，鄉之民詣郡，願以其鄉所産茶額，凡一引則於上産官錢之外，更輸百錢，陌倣青城縣例，官爲募庸，以代己役，庶各得以盡力於南畝。侯不可，曰：「使民至此，皆有司之責也。知之，斯速已之，尚忍苛辦於民邪？」吏或執其説，則斥去之。乃發郡少府錢，召堰匠九十人，始二月之吉，番休庚功，日四十五人；支庸百七十錢，期月而罷。其秋後亦如之。具以列于臺府，且上諸朝。前軍器監漢嘉張侯，爲茶馬使者。聞之曰：「此亦吾職也。」捐金五十萬以相其役。侯山民大過望，環一鄉之耄倪，擊鼓鏜鏜，拜舞于侯之庭，至作爲歌詩以詠之。侯乃登進其耆老而勞之，且大書數語，勉以「孝弟力田、樂輸省訟」。耆老舉手至額前，曰：「吾年踰八十，自始十四五，即罹斯苦，不圖今日仁侯之拯己也！」各再拜感泣，辭謝去。已而制置大使資殿安公，下侯所列事狀于軍與茶司，俾永爲定例。曰：「此惠當與大岷並爲無窮。」民益大喜。始橋南面，凡百五十丈，率駕空鑿虛。工苟幸，得稍淺地以施力，傾摇異甚，過者不瞰風濤掀涌，心目掉動，例疾趨以濟。二年間，直橋之中，江遽積石成磧，縱四百尺，衡半之。其勢方興而未艾也。橋自是植栅有地，當益安固，亡可慮。人以爲侯之隱念有相焉，乃相與議：肖侯像，築室于橋之西；併大使、茶馬、富順同堂而祠焉。岐山安世通隱居大面有年，慷慨急義，既詳顛末，謂不可無記，則以屬余。余惟有生之類，莫不同體人能，恪共明命，而無蔽於有我之私。則凡天下之饑之溺，匹夫匹婦之不與，被堯舜之澤，於我心將有戚戚焉，而不能以自己者，雖窮而在下，所以堯舜其君民者，亦豈非吾己分之所當爲。況有社有民，而足以行吾志者哉！昔雍公爲名山茶官，秋至卑也，以沉黎輦運博馬茶，歲妨農功，乞以郵卒代民夫，至今蒙其利。其後大撫全蜀，入相天子，以生靈爲己任。計所減放，無慮七百餘萬緡。吏民有常心，而天彝賴以不泯者，其端實肇於此。侯之爲人，挺有祖烈，自始爲郡，崇正學以迪士習，申孝弟以示民厚，考室廬以舍窮獨，壞城郭以飭守備，肅恭明神以教民，昭事祈報，蕞爾一邦，亦既盡心焉耳矣。今又以橋之病民，爲之慮材鳩庸，以蠲其勞，俾不違農時。官無小，竭其力之所逮爲；事無小，循其分之所當止。嗚呼！如侯者，誠能充是心也。庸可限其所如往邪？《詩》曰「裳裳者華，其葉湑兮」，侯之謂也。夫侯名剛簡，字仲易；大使名丙，字子文；茶馬名震，字東甫；富順名夷簡，字幼仁。

陸游《劍南詩稿》卷五《度笮》 翩翩翻翻笮受風，行人疾走緣虚空。回觀目眩浪花上，小跌身裹蛟涎中。汗沾兩握色如菜，數乘此險私自怪。九折元非叱馭行，千金空犯垂堂戒。此身老大足悲傷，歲歲天涯憶故鄉。安得畫船明月夜，滿川歌吹入盤閶。

范成大《石湖詩集》卷一八《戲題索橋》 織簟匀鋪面，排繩强架空。染人高曬帛，獵户遠張罿。薄薄難承雨，翻翻不受風。何時將蜀客，東下看垂虹。

《〔道光〕永寧州志》卷一一沈翹楚《鐵橋碑記》 盤江鐵橋，總憲同人朱公所構也。其地一江奔流，兩山斷岸，水深無底，爲滇黔天地之界。日用小舟艤渡，水湍瀉激，舟輒壞，人墮溺，水摶薄之而去，輒爲魚龍得，每日必有所傷，計古今傷人，不可指數。安賊之亂，朱公率千兵通滇道，四面賊兵遮逼數萬騎。公夜渡倉卒，幾溺。既濟，指水而誓曰：「孔明有瀾江鐵橋，此渡非鐵橋不可。吾不能爲鐵橋者，以吾身殉！」既而以公力迅掃寇孽，滇道復通。謀所以構橋者，費不貲。或勸捐助，不能十之三。公出宦來所積，畢捐以供役。經始於崇禎元年，至三年終事。字闕。制之堅緻，工之妙巧，見之刻勒歌咏，有「飛虹字闕。」之句。而

公以示沈子，沈子瞿然色動曰：「壯哉！非常之願，黎民懼焉；造化有憾，人力補之，此孔道也。藉此安人，不朽矣！」吾想夫春晴雨霽，層峯鎖翠，騷人臨眺，僕夫車馬粼粼而行空，人冉冉而駕鵲。至於楛矢東來，銅鍉橫騖，笳吹草青，鐃歌月白，所以解驂而按轡者，謂朱公之功至於是。吾又想夫秋高木落，水深石出，長江一瀉，危濤萬狀。飛鳥驚而翕翼，猿猱愁其攀援。誰當褰裳無患，擊楫中流，不向龍頷，定歸魚腹，所以生死而肉骨者，謂朱公之德至於是。公之利人，巨哉！朱公聞之，謂王大將軍曰：「吾此舉，非爲利人也。吾憶昔率千兵夜渡，幾不免，臣子死於敵，應也；死於不測之淵，泯泯以歿，吾至今心悸，所以發願解此阨。」語次泫然，如欲下淚。大將軍以告沈子曰：「朱公，仁人也。人與我一體耳，以我分人則小，即與人而不失其救我則大。堯舜之病，禹、稷之已溺已饑，孔、孟不忍人之心，皇皇汲汲，直於天下自見其身而自補其心之缺陷，故仁覆無外。朱公切身受病，發願宏深，如艾自炙，作此功德，安知爲人？且病定之後如病現前，使人無病，我心猶憾，是念也，豈止利涉一方？所以治亂持危，弘濟天下者，皆如此橋也！」

曹學佺《蜀中廣記》卷九《名勝記第九》 杜光庭《録異記》：綿州昌明縣竇圌山，真人竇子明修道之所也。西接長岡，猶可通車馬。東臨峭壁，陡絶一隅。自西壁至東峰，石笋如圌，兩崖中斷，相去百餘丈，躋攀絶險，人所不到。其頂有天尊古宫，不知建始年月。古仙曾笮繩橋以通登覽，而絙笮朽絶，已積數年。里中諺曰：「欲知修續者，脚下自生毛。」如此相傳久矣。咸通初，山下居人有毛意歡者，幼知道，常持誦五千言不輟口。着敝布褐，日於市誦經、乞酒，醉而登山。攀緣峭險，以絶道爲橋。山頂多白松樹，以繩繫之，橫亘中頂，布板椽於繩上。士女善者，隨而度焉。行及其半，動摇將墮，而其底不測，莫敢俯視。數年，繩朽橋壞，無復緝者。咸通壬辰，邑令與賓客醮山。登西峰，展禮時毛師。他游人有謂令曰：此峰側，有小徑抱崖，纔通人跡，無所攀援。意歡常從此去，逾旬而出，令疑其隱在穴中。座上有廣陵郭頭陀者，令請由徑往探之。頭陀去，久之始還，驚眙不能語，已曰：此徑去約三十餘丈，然後到一穴口，纔三五尺，下去平地猶數百尺。穴内可坐十餘人，中有巨木匱，緘鎖極固。其誦經處石面平滑，有足膝痕，經卷在焉，不知意歡所之。意歡有一妻一女，每持燈椀度繩橋，山側居人見之，以爲非常。山多毒蛇、猛虎，人莫敢獨往。意歡雖夜歸，亦無所畏。常有二鴉棲巖下，客將至，鴉必飛鳴。意歡乃整飾賓榻，未畢，客果至矣。《高僧傳》云：綿州城西北四十里竇圌山，梁大同中，僧林所居也。山北涪水之陽，素來無猿。自林師棲託，便有兩頭依林而住，有初見者云渡水來。及後林出山門，猿還泅渡，如此非一。年月淹久孳乳産生，乃至數十。有時送林至龍門口，佇望而返。

楊慎《升菴集》卷一八《詠繩橋追録》 度索尋橦國，升猱飲狖形。俯窺愁浄緑，仰睇失空青。雨過苔絙濕，風來箐霧腥。天將限夷夏，何用罪坤靈。

《〔道光〕永寧州志》卷一一下朱家民《鐵橋告竣志喜》 牂牁形勢向雲盤，山插層霄萬疊寒。地險難容泣立柱，神工止許鐵爲欄。人從蜃市樓上現，我在金鰲背上看。三載胼胝今底定，伏波銅柱照巑岏。

《〔道光〕永寧州志》卷一一下朱家民《橋工竣交弟建石城十一座告志志喜》 盡破青山路人條，走鞭飛鐵去來遥。凝天岩樹冬先發，鎖磴溪雲盡不銷。耕鑿止聞歌帝力，車驂不復畏兵驕。金湯聯落皇輿輦，盡職何功敢任勞。

潘潤民《喜鐵橋成》 墨水由來波浪狂，何人石上架飛梁。千尋金鎖橫銀漢，百尺丹樓跨彩凰。可信臨流無病涉，因知濟世有慈航。瀾江勝蹟今重見，遺愛謳歌滿夜郎。

《〔乾隆〕貴州通志》卷四四王錫袞《渡盤江鐵橋》 盤江始自武潯汃，奔流萬里勢滐滐。兩岸雄關插碧天，一線羊腸山巀嶭。浪觸雲流倒瀉來，逆望澎湃無時輟。幾載舟人登櫂艱，風急沿泝心膽裂。天生英傑拯民溺，獨創慈航志已決。對此江神誓此身，一片精誠鬼神徹。飛梯何須藉鰲背，金繩直嵌山之側。橫空貫索插雲蹊，補天絶地真奇絶。曾聞羅浮道士作浮橋，風雨薄蝕虞飄折。又聞飛閣用石鹽，百年那得堅如鐵？嗟哉！我公爲禹之功臣，奚止云商家之舟楫。祇今南北去住無望洋，直令萬禩懷明德。

吴之英《壽櫟廬卮言和天》卷六《灌縣重修安瀾橋碑》 灌西有繩橋，碧岸而質，剖箖爲繘；設旁帷，橫江裁之，牽面齊氏，裁若股，牽若轂，氏若臂；加衡木其間，尺樹柱二列，有梱疏楗布，干周氏屬，干帷裁屬，柱鈎繫之；正中柴㭒，以庋于彼，是厥耑凥堂爾。范君萬選莅灌之二年，野廬漫火毁焉，帷爲燋，裁爲燎，氏爲灰，柱梱柴㭒，炭焉質之，硈者殨，礫者硋；礨砢從横離然，爲丹爲粉，則謂曰：「是橋通道西南，不可以弗治也。」乃壁岸新碧之，勝其股，豐其臂，壯其轂，求柱梱以鄉心面遠根者，傅柴㭒以直理而閫明者，土有工，石有工，竹有工，金有工，木有工，陶埴有功，雜以會錯。然而李穹梁既，亢堂厥道，而鄉父老執事請

曰：「斯役也，材拙而用完，工塊而制堅，業在述而偉嶒倍乎前。盍繫言焉？」君曰：「不然，水涸成梁，時之令也。茀夷道路，官之職也。營因舊規，未敢信其有加也。特以吾民樂輸其力，忠之屬也，是則可以志也。」直英在灌學問巡勞焉，志之曰：

蜀道般紆，山蹇川矜。舊史所稱，有棧有繩。岷精絡井，江華初迸。有橋編竹，衡跨其頸。作鱗動鬣，蜈蜈延延。仰欲素沫，濆爲清湍。大火西流，祝融戒駕。竟蛻皮骨，一朝神化。乃度故止，斲石削崖。名材新奐，麗構重開。密織老筤，截空排鞅。鄧林之篠，渭川之簜。工師獻技，成緒嵯峨。冽寒寫翠，渺渺深波，經計何力？子來帥誼。慎告後人，毋荒葺治。

查禮《銅鼓書堂遺稿》卷二三《渡鐵索橋》 昔讀桑欽經，略知大渡水。源發西徼西，流入氐羌裏。瀘定以地呼，實爲大渡耳。上下名不同，地異水即此。

蜀疆多尚竹索橋，松維茂保跨江饒。幾年頻陟竟忘險，微軀一任輕風飄。斯橋鎔鐵作堅鍊，一十三條牽兩岸。索重十三萬斤。巨木盤根繫鐵重，橋亭對峙高雲漢。左冶犀牛右蜈蚣，怪物鎮水駭龍宫。洪濤奔浪走其下，迢迢波際飛長虹。橋長三十一丈。碑石穹窿耀宸翰，輝煌金碧崖間燦。橋東偏，恭立康熙四十年御製文碑。白馬青衣日往來，低頭不敢閑瞻玩。規模宏壯足大觀，層層棟柱圍雕欄。驛傳烏斯内外藏，去回無復違驚湍。我今奉檄緝羣盜，嘯倚商颺恐落帽。攜書擔劍橋上過，乃取鐵橋爲近號。

王昶《春融堂集》卷四九《雅州道中小記》 距雅州府治四里，聞水聲潺潺然，蓋邛水也。編竹爲筏浮水面，筏相接處以木亘之，維紼纚如筏席五重焉。行筏上，水汪然出馬蹄下，竹間疏，可以通水，而履之若康莊，法至善也。巴、蜀之間渡水者，率用竹，故古謂之邛筰。徐廣云：筰，竹索也。余聞汶川西北多索橋，法絞竹爲綯，穴山趾，以貫首尾，一橋凡束數十綯，經于空中，人行其間顛簸，心目皆眩暈，至有噫嘔者。又松潘雜谷有溜索，索亦裂竹絞焉。兩崖植樁各一，高卑各一。西崖繫索高樁上，則以其末曳東崖，屬於樁之卑者，其自東而西亦然。剖竹爲瓦狀，有渡者縛兩瓦合於索上，又縛人於瓦上，推之，瓦循索自高以迄於卑。抵岸側，則解其縛以行。他若財貨器用及嬰兒，皆可用以渡。渡者如激矢，其下石如犬牙，與波浪相戛摩，而土人殊不爲意。其奇詭險怪若此。或云即《蜀都賦》所云「都盧尋橦」者，嗟夫！徼外蠻獠所造作器用，大率非中原所經見。又聞打箭爐西章谷河夷人，用犛牛皮綳於竹以爲船，圍二丈餘，徑約七尺，容兩人。渡船行杈枒亂石間，水若噴雲，篙師舉篙點之，篙善委蛇屈曲，無不如意，否則觸石稜，率以破敗淹没云。

其二

自雅州至小關山兩山皆壁立，谿中石累累然，若卵，若棋，若彈丸，若缶瓶甓釜，大者若舟，蓋夏秋間瀑流怒漲，挾石以下，轟訇亂紛，排擊抵蕩，凡角圭鐫殺焉，故其狀若此。谿水落，人爲道，谿中水漲，則從偏橋以行。偏橋之制，先鑿穴石壁上，下二三丈，復鑿穴，以楮巨木，木斜出，杪與上壁穴平，舉木横上穴中，復引其首，綴於木杪，勢平後，固以絙，或鐵，或竹索。兩木間則施駢木焉，實土布以版，如是始通人行，秦中名曰「棧道」。又名「閣道」。楚、黔皆有之，惟蜀爲甚。歲久絙稍弛，率跛倚摇蕩。又久者版木朽腐，缺處俯見萬石林林，石皆槍植劍矗，輒背汗足痺，躐不能舉。馬蹈其隙顛踣，行人墜萬仞下，肢肌糜裂以殇。若是者，壁絶路斷處多有之，故其地號至險。予以十月四日過此，雨甚，遇橋朽腐，必下馬，以步其上。窮崖欹嶂，若鵬騫，若虎搏，若熊蹲，若豕立牛駭，往往摩人頂。木千章蔭庇，石左右蒙翳，甚者若屋若障，罨以雲霧，晝冥晦。有鳥焉，噍殺咿嘎，如嬰兒啼，下與谿水淙潺相應和。是谿也，北流入於邛水。

其三

越小關山行，折而稍南，雨益密，橋之欹仄朽腐，又加險焉。道中騁而蹶者十五六，蹶而傷若損者十二三。予時時下馬，衣製控以行，故得無恙。嗟夫，予騎行天下蓋萬餘里矣，惟侍從爲最穩，鸞輅將至，地方有司除道，刮泥淖、理犖确，視其窊窿而治之，實以赤埴，其平且直如砥。然甲申春，從幸田盤，將止舍，與員外郎汪君承霈並而馳，以馬蹴韁墜。丁亥秋，從幸木蘭，過博洛河屯，在馬上指山色，語形勢向背，忽顛而下，同行者不知所以然也。己丑，從軍出銅壁關，由野牛壩而蠻暮，由蠻暮而新街，而老官屯，雨久，泥淖没馬腹，淖下樹根絡叢，石如網然。其上藤之懸，木之椅，篾篣之蒙密，又與頭、目、肩、脊相觸礙，險視此倍之。行數百里，卒無顛仆患，豈信工于騎哉？坦途易忽，險地易儆，儆則無虞，而忽必有失，理也。凡處險之道二：在見險而能止，若不可止，受之以需，需非怠緩之謂，蓋敬慎也。需之象，故曰「敬慎不敗」。嗟夫，懼以始終，其要無咎，獨行路爲然耶！既抵館，戚戚然猶有戒心。因燃燭書之。

其四

繇大關山抵邛峽山大象嶺，凡五十餘里。肩輿戛戛，上密雨不已。及嶺，凝

爲雪，輿人淩兢，手足皆僵凍。至一祠，諸葛武鄉侯祠也。入旁室，道人進粥糜，啓西南牖，雲霧雨雪，晦霧掩塞，四顧無所見。頃之，自嶺下，雪霽，輿人云：「嶺北雨，嶺南日，蓋率以爲常。下嶺七十二盤，始抵麓。志云：此九折坂爲王陽停馭處。然視關山，路較坦易，古人且躊躇彳亍，不敢輕蹈。則如予者，以遺體行，殆昧于「道而不徑，舟而不游」之義，其王陽之罪人矣夫！

《〔乾隆〕四川通志》卷三九玄燁《瀘定橋碑記》　蜀自成都行七百餘里，至建昌道屬之化林營。化林所隸，曰沈村，曰烹壩，曰子牛，皆瀘河舊渡口，而入打箭爐所經之道也。考《水經注》，瀘水源出曲羅，而未明指何地。按《圖志》，大渡河水即瀘水也。大渡河水源出吐蕃，匯番境諸水，至魚通河而合流入內地，則瀘水所從來遠矣。打箭爐未詳所始，蜀人傳，漢諸葛武鄉侯亮鑄軍器於此，故名。元設長河西宣慰等司，明因之，凡藏番入貢及市茶者皆取道焉。自明末，蜀被寇亂，番人竊踞西爐，迄本朝猶阻聲教。頃者，黠番肆虐，戕害我明正土官，侵倡河東地，罪不容逭。康熙三十九年(各)〔冬〕，遣發師旅，三路徂征。四十年春，師入克之，土壤千里，悉隸版圖。鍋莊木鴉萬二千餘户，接踵歸附，西爐之道遂通。顧入爐必經瀘水，而渡瀘向無橋梁，巡撫能泰奏言：「瀘河三渡口，高崖夾峙，一水中流，雷奔矢激，不可施舟楫，行人援索懸渡，險莫甚焉。兹偕提臣岳昇龍相度形勢，距化林營八十餘里，山址坦平，地名安樂，擬即其處彷鐵索橋規制建橋，以便行旅。」朕嘉其意，詔從所請。於是鳩工構造，橋東西長三十一丈一尺，寬九尺，施索九條，索之長視橋身餘八丈而贏，覆版木於上，而又翼以扶欄，鎮以梁柱，皆鎔鐵以庀事。橋成，凡命使之往來，郵傳之絡繹，軍民商賈之車徒負載，咸得安驅疾馳，而不致病於跋涉。繪圖來上，深愜朕懷，爰賜橋名曰「瀘定」。任事著勞諸臣，并優詔獎敘，仍申命設兵戍守。夫事無大小，期於利民；功無難易，貴於經久。今既肇建，兹舉俾去危而即安，繼自今歲時繕修，協力維護，皆官斯土者責也。尚永保勿壞，以爲斯民貽無窮之利。是爲記。

《〔乾隆〕貴州通志》卷四二下三元《重修盤江鐵橋碑記》　盤江之源出烏撒，繞曲靖西，導七星關而下安南境，爲入滇渡處。兩山夾峙，類巨靈擘之，以界滇黔者也。兩崖中，絶壁立如削，江水注之，淵澄而湍激，比險於瞿塘灩堆。雖差狹，其濤瀧澒洞，不可嚮邇。魚鱉弗窟，蛟龍弗宫，鯨鱷怪物弗能遊。是以方舟無功，用楫無力，雖忠信如梁之父，莫敢涉也。顧盤江之外，滇實宅焉。兹爲黔唇齒輔車之阸，若之何？其隘而不可渡也。前方伯朱公家民頗出奇思，迺錘鐵以爲絙，鑿崖以爲椓，亘兩壁而貫之，緯以板。其爲絙也，其爲板也，如其度，蓋亦棧之類橋者，名曰鐵鎖橋，始通道云。即莊蹻以下，曾未及此，不知當日何以飛渡，而迄今有之，抑亦海内之奇制也歟。第鐵之性也剛，絙之性也弱，横亘幾十瀹，其中自弗能强矣。行其上者，足左右下，絙輒因之升降，而板則或起或伏，欹躍呷軋，人之體亦與之摇撼，不能自持。如乘巨浪之艇，如履將泮之冰，鮮不掉眩而寒栗者。且視前者陟岸，而後者始登，不則相躡而愈震，殆欲前欲却，俱不可得，危孰甚焉，況萬騎萬卒之遄邁乎？我大清削平海內，拓土暨滇，而疆埸猶未盡靖，恒遣禁旅，更班彈壓，歲運數百萬金錢，以供芻糗，月頻至焉。此外飛章羽檄及他遞郵絡繹不絶，而昔之七絙，今爲寇燬者二，則力益弱而度益危，人胥患之。督憲趙公統攝二省大政，嘗往來於曲靖、安順間，歲數道此橋，乃熟習形勢，則謀於予曰：「盍亟圖而新之。」予拜手曰：「可。」於是營諸鐵索之次，鼎建興梁焉。石之不可而取諸木，乃命官督丁役採於山，得巨材二百二十八株，排連之，使卧於兩岸，臨水復鎮之以巨石，柱之以勁幹，各層累而加率如之。凡疊序出焉，咸鏑其本加固，及兩木之末不接者僅三十有四尺。選材可六丈者，矩之以交其上，而彌縫之。植者爲檻，幬者爲屋，兀者爲門，無不宜焉。於是乎騰未雲之龍，駕未雨之虹矣。則與古之鐵索並存於險阻之間，雖踵事增華，神明其物，不可謂非奇思軼出者也。視故橋之用，則可以雁序而前，可以魚貫而越，可以方軌聯鑣。攜笈荷擔，千萬人逐隊建旗而坦行，且不知有山水之厲，寧知有風摇電掣之驚乎？於戲！水土之窮，前人濟之以金，今也繼之以木，五行之利，溥矣哉！是役也，授署於總督趙公諱廷臣；濟其用者，藩司顔敏、糧道王廷弼；程其工者，安順司李沈璣、永寧刺史徐國維；董其役者，盤江遊擊王官、姚有智、安南守備程璧。余則贊成之而已。工役之值，則取諸關税。三閱月而就，不以爲勞費。俾由滇黔者，自今無恐，公私賴之，僉曰「趙公濟川之功」哉。

《〔道光〕興義府志》卷一三趙廷臣《重修盤江橋記》　盤江者，黔之安南屬也。東三十里爲頂站，自頂站來者，迤逶重沓，攀巖裸屬，愈趨愈下。西三十里爲安南，自安南來者，其盤錯之勢，尺寸千里，彷彿如之。兩山陡夾，一水浩瀚，時明時幽。聳身其地者，如登極頂之上，倏墜塹谷；如遊歌舞之場，忽夢輪劫。凄神寒骨，前跋後疐，唏噓而悄愴者，未易名狀。水從北來者，高翥長騫，風爭雷鳴。與石相斗者，若壯士困萬軍中，提戈奮搏，所向無敵，一線長空，千仞飛瀑，縈青繚緑，又奔瀉中一奇觀也。時值春夏，萬出洪流，決壅而下，勢如迅雷擊物，

一瞬不留。迨秋冬稍涸，深者峻黑，隙月斜明，蛟龍潛穴，影滅不可見。淺者沸白，若剖大甕，側立千尺，若刻含鍔，犬牙相錯，與水光相映，森森然不可逼視。一葦所航，洶湧號怒，曾不略容。行者立者，張皇慘淡，得之心想，而口舌不能道者累累也。夫深不可厲，淺不可揭，葦不可航，游不可泳，是不可以無橋。攷昔間用舟楫，傾覆不常。明崇禎初，本省方伯朱公家民，創鐵索三十六，上鋪木板，擊曳過江，采練駕構，歷四年而成，費及數萬金，更設稅，置橋田，備歲補葺。厥後流寇據滇，我大清朝王師進討，復燬於賊，僅存索七。幸值凍涸，而能用濟。識者以爲天授云。自此滿漢兵馬，羽檄交馳，戎餉絡繹，皇華之使，商賈之客，雲蒸雨合。春夏水泛，褰裳而裹足者，相視以目。予奉天子命總制滇黔兩省，屯兵駐驛，問俗褰帷，深知此水之爲患不小也。時值大兵凱旋，偕撫軍卞君，合疏請旨。皇上以稅課，檄道府廳衛各官，殫心鼎建，仍復鐵索之舊。時在速成，僅列十索架板，約費千五百餘金，而搖動閃爍，心切憂之。夫去危就安，必使載馳載驅，如履彝康，今重足而驚怖，負荷而戰慄，猶之未安也。越一載，會同撫軍卞君，再疏入告，加建木梁，兩月始成。孔固孔碩，人馬坦適矣。仰見我皇上，明見萬里，慮民之不安於野，而薄賦輕徭；慮商賈之不安於途，而徒杠輿梁。故兩請而獲邀俞旨，豈偶然哉！但可必者人，不可必者天。山川崩涸，陵谷變遷，即天地且無恃以久存，何況於土木。在後之蒞茲土者，風雨綢繆，以維持於不朽。因勒諸石，以爲之記。

《（同治）河津縣志》卷一二吴寶林《龍門鐵索記》　功無語大小，期於有濟；事無論創述，期於可久。龍門當萬山聯屬之處，忽焉陡絶，兩崖壁立，相對如門，中貫黄河。故河之爭流出門者，悍怒斗激，如奔馬，如轟雷，雖三峽灩澦，未足方其險也。顧以地界秦晉，有無貿易者，無他道可通，不得不沖冒險隘。其順流而下者，每以利不得泊，有觸石旋洪之患。至溯流而上，不異一發引千鈞。每舟需數十人，以鐵鉤挽崖石，崖又無着鉤處。偶一失手，非沉厥載，即射激下流，累日不得上。余嘗視此，輒爲心惻，而計莫之展。歲壬午夏，客有自嵩華至者，備言緣索登山之狀。余因悟移此法以置龍門，可無患。商諸同事諸公，咸善余計。越數日得一碑志，謂前曾有爲之者。第讀其文多簡略，意在載述危險，而不詳制度，不著年月。及訪其遺迹，則絶無舊制可徵。噫！其果爲之耶？其果未爲耶？其偶爲之，而未終厥事耶？抑果爲之，後無有繼之者，而遂致湮没耶？姑不必論。假令今日者，知其可爲而弗爲，尚何望於後之繼之者耶？於是購鐵募工，續環成索。始於壬午冬杪，竣於癸未初夏，歷時五閲月，索成。計長七十餘尋，計環一千四百三十有奇。每環重二十兩，總計鐵二千二百斤。瀕河之東崖，鑿石成穴，穴樹柏樁，凡二十有四，以鐵索横絙樁上。工告畢以舟試之，余與同事諸公，酌一卮於崖上，憑檻俯視。須臾，數十舟手，攀鉤挽蟻附而上，若涉平流者。不惟上無脱挽沉載之憂，下亦可按索徐行，無觸石旋洪之患矣。一時估客舟人，莫不歡呼嗟異！余亦額手稱慶。俄頃之際，若躋巔危而登衽席，不覺手足俱安，身心共適也，豈不快矣哉！然則是役也，前無有爲之者，而以吾爲創，可也；前果有爲之者，而以爲繼可也。吾不能必後之不湮没不傳也，是用志其歲月，詳其規制，以勒諸石。後有繼余而至者，視其樁之朽嚙而以時易之，因其環之敗缺而以時修之，則不可謂無濟於物，而又能垂於可久。當不致如今日之嘆簡略而憾無徵，是則可幸焉爾。斯時同事，爲張廣文、元樞、陸尉、企淵，而專董工役以襄厥事者，帷巡司劉君浦之力居多云。

《（光緒）騰越廳志》卷一七陳宗海《重修潞江橋記》　潞江當永昌西有餘里之衝，乃跨江而橋焉，曰「惠人」。昔巡撫顔公伯燾所題也。其水源於西藏哈喇腦兒，東南入喀木界，名哈拉烏蘇。又東南流至維西，貫怒夷境，曰怒江。入騰越之大塘隘，遶潞江司署之東，遂命曰潞江。潞江之陸，其氣恒暑，煙瘴歊興。種夷皆山居，無敢宅平土。行人懔懔，暫至輒病，自古患之。其謠曰：「願在芒市坐，莫向潞江過。」蓋少憩於斯，而以瘴没者相踵。甚矣哉！地氣之毒淫，而創斯橋者之爲惠大矣。始也，兩崖絶遠，中無砥柱，施功極難，旋修旋圮。橋所自始，莫紀其詳，此凡百君子所以臨流遐思，咨嗟太息，而不能自已也。故老相傳，在道光中，雨亭周公始任騰越，繼陞永昌，目擊情形，念斯橋爲滇要道，爰捐集金數萬，飭郡紳明清龍等修理，誓蕆厥功。五年弗就，一時士大夫智盡能索，悼心束手。倏焉盲風驟雨，江水沸騰，頓見巨石屹於中流，其大如屋，僉曰「天賜」，鼓舞歡踴。於是甃石貫鐵，憑爲中墩，自岸東西，鎖分二段，皆繫於此。各連鐵索，覆板植欄，中建瓦屋凡六間。鐵索爲橋，身計長四十二丈，寬丈二尺有奇。堅完勁捷，如馳坦途。行旅躍然，舉手加額，曰今而後，瘴莫予毒也已。又以餘金置買田穀，歲收二千三百餘，籬爲續修計。所籌誠備矣哉！不意咸豐丙辰後，橋燬於兵燹。光緒二年，同知吴君雪堂始爲修復。光緒十一年三月，狂風又折之，其鐵絙、木片俱沉落於水，復爲行者之患。嗟乎，成且毁者物之常，而剥必復者，亦天之道也。宗海承之於騰，嘗三歲四修，雖境隸龍陵而適當騰永之孔道，義無容

誘。兹於光緒十一年九月經始，增鐵索，大渡爲二十股，小渡十六股，木板覆之。如砥如櫛。長欄、坊屋並還舊觀。更修鎮江廟正房三間、廳房三間、左右廂房四間。至十二年四月初一日甲子畢工。且清釐橋租，具牒於府。嗣是修葺，一付騰紳，以爲永例。是役也，捐金盈百者，前署騰越鎮朱君洪章、署同知吴君晴琦、督辦釐務候補知府余君澤春也。計馱出貲者，衆商號也；寓於橋畔，朝夕行築者，監生尹其懋也。兹予樂觀厥成，前後捐廉銀捌百兩。通共工料費銀陸千柒百兩。會修郡志，因備書始末，以附於篇。

王昶《湖海詩傳》卷三七楊楑《索橋》 山行阻洪流，深廣詎可越。兩崖兀相望，怪石起嵔崒。飛空架索橋，鎖鈕危欲絶。曳踵窘不前，森然竪毛髪。宛宛虹舒腰，落落蜿蜕骨。迴疑匹練鋪，窄抵長絙拽。誰遣高梯横，莫挽巨筏脱。翻風乍飛騫，緣雲更𩮜𩮠。手怯朽索捫，足苦縮版裂。前行不得縱，後武寧許突。俯視逆流迸，疾較飛雹掣。天矯龍尾垂，淩亂雁齒缺。驅鼉既難憑，駕鵲苦乏術。拄杖心魂魂，褰裳趾兀兀。杠非多月成，繩豈太古結。艱危信多端，絶險誰所設。行矣勿回顧，中道未容輟。側聽步虚聲，長吟踏摇闋。柱敢馬卿題，馭比王尊叱。一墜無百年，登陸股猶慄。

田雯《黔書》上《鐵索橋》 唐明皇作橋於蒲坂夏陽津，鑄鐵牛八，植柱纜二十四，連鎖十二山，架八牧人入於中流，分立亭，亭如虹蜺之狀，稱奇絶焉。然此乃安流通津，作之者易，不若盤江鐵鎖橋之難且奇也。盤江之源，出自金沙，入烏撒，繞曲靖，西道畢節七星關，而注於安南，入滇所必經也。兩山夾峙，一水中絶，斷岸千尺，湍激迅悍，類天設以界滇、黔，不知莊蹻當日何以飛渡也。往以舟濟，多墮溺。明天啓間，監司朱家民擬建橋，而不可以石，乃彷瀾滄之制，冶鐵爲絙三十有六，長數百丈，貫兩崖之石而懸之，覆以板，類於蜀之棧，而道始通，其功偉矣。然絙長則力弱，人行其上，足左右下，絙輒因之升降，身亦爲之撼摇，眩掉不自持。車馬必下，前者陟岸，後者始登，若相躡，則愈震。其險也，不可名狀。邇乃濟之以木，擇材之巨者數百，排比之，卧於兩崖水次，鎮以巨石，拄以强幹，層累而加，參差以出，鐍其本，使固及兩木之末，不屬者僅三十尺有四，則又選圍可丈之木交其上，而後行者可方軌聯鑣，貫魚逐隊而不驚也。猶且施之以欄楯，幬之以版屋，塗之以丹雘，梵宇琳宫，鱗次於崖之左右，輝煌掩映，如小李將軍圖畫，遂爲西黔勝概焉。以視十二之連鎖，直緯索耳，況於沉江之陋耶！

論曰：余聞之黔人矣，去盤江二十里，由鎮寧僻徑西行，渡花河，歷普安、黄草壩，入鼡。鮓，亦資孔，水淺而路平。赴滇差使，乃何以萬里昆明，舍坦途而就艱岨也。明初，傅湯諸人伐山開道，拓疆闢土之日，豈其狃於成見，而未之聞歟？抑盤江爲烏蠻郎岱地，不欲其奇險足恃，故深思遠計，爲驛使往來之衢，以通王會之車書也。不然，望跕跕之飛鳶，以祀神於金馬碧雞之境，不已難。

附何景明《盤江詩》：四山壁立色如赭，盤江横流絶壁下。驚濤赴壑奔萬牛，峻架懸空容一馬。危叢古樹何陰森，尋常行客誰敢臨。猓婦清晨出深洞，虎羣白晝行空林。沉潭之西多巨石，短棹輕舟安可適。日光射壁蠻煙黄，雨氣蒸江瘴波赤。土人行泣向我云，此地前年曾敗軍。守臣祇知需貨利，將士欲苟圖功勳。英雄謨策自有術，寡婦奸男何足論。營中鼓角連雲起，陣前臨山後臨水。烹牛釃酒自酣樂，傳箭遺弓尚驚喜。戰馬俱爲山下塵，征夫盡向江中死。遂令狐冢成其雄，屠邊下砦轉相攻。千家萬家雞犬盡，十城五城烟火空。夕陽愁向盤江道，黄蒿離離白骨槁。魂入秋空結怨雲，血染春原長冤草。只今異域來歸王，高墩短塹俱已荒。牧童驅羊上壁冢，田夫牽牛畊戰場。惟有行人長嘆息，聞説盤江淚沾臆。

丁煒曰：盤江之橋，始不過絙鐵懸渡耳，近奉給水衡錢構造，制始完備，輪蹄來往，如履康衢矣。夫土篚之後，繼以豆籩，皮卉之餘，飾以黼黻，天下踵事而工，豈獨一橋哉！先生明眼匠心，歷叙結構之工，如共般倕灑指，至舍鎮寧坦道而務涉盤江，昔人置驛，實有深意。蓋必欲苗蠻之險與中國共之也，論中一筆道破，政與明祖不殺耆香而令通九驛同意，孰謂一橋無關撫馭歟？

棧道部

題解

《史記》卷八《高祖本紀》　四月，兵罷戲下，諸侯各就國。漢王之國，項王使卒三萬人從，楚與諸侯之慕從者數萬人，從杜南入蝕中。去輒燒絶棧道，索隱：按系家，是用張良計也。棧道，閣道也。音士諫反。包愷音士版反。崔浩云：「險絶之處，傍鑿山巖，而施版梁爲閣。」以備諸侯盗兵襲之，亦示項羽無東意。

《廣韵》卷三　棧，閣也。

《康熙字典》卷三一《戌集上》　甬路亦名飛閣，複道也。《史記·高祖紀》：輒燒絶棧道。註：棧道，閣道也。崔浩云：險絶之處，傍鑿山巖而施版梁爲閣。《正字通》：馬鳴閣道，利州棧道也。今保寧府廣平縣，其閣梁一頭入山腹，一頭立柱水中。張良燒絶秦棧道，即此。《地輿志》：昭化縣有馬鳴閣劍州，有劍閣。

程大昌《雍録》卷二《閣道甬道複道夾城》　《史記》：「秦作宫室，自雍門雍門，長安城西面門。至涇、渭，殿屋複道周閣相屬。」又作極廟，道通驪山。作甘泉前殿，築甬道自咸陽屬之。」案《高紀》七年，「帝從洛陽南宫複道，望見諸將偶語。」如淳曰：「上下有道，故謂之複。」應劭注《史記》甬道：「築垣牆如街巷。」《元和志》曰：「始皇作閣道至驪山八十里，人行橋上，車行橋下。」用此參觀，則漢之命爲複道者，即秦之閣道也。爲其閣上閣下皆有行路，故名複道也。若夫驪山之甬道，即唐之夾城也，兩牆對起，所謂「築垣牆如街巷」者也。至於輦道也者，第取其步輦可行而名之也。或閣道，或甬道，皆一制也。

方回《續古今攷》卷九《棧道》　師古曰：棧即閣也。今謂之閣道。劉禹錫有《山南西道新修驛路記》，有云：我之提封踞右扶風，觸劍閣千一百里。自散關抵褒城，次舍十有五。自褒而南，踰利州至于劍閣，十有七。道塗次舍，可見于此。又云：棧閣臨虚，下臨歒呀。層崖峭絶，枘木亘鐵。因而廣之，限以鈎欄。狹徑深踁，銜尾相接。從而拓之，方駕從容。棧閣之制亦可想也。歐陽詹《棧道銘》有云：秦之坤，蜀之艮，連高夾深，九州之險也。則蜀在秦之西南，秦在蜀之東北，尤更曉然。孫樵《新路記》：自扶風東皐門十步，折而南，平行二十里，下念濟坂。下折而西行十里，渡渭。又十里至郿。自此閣路不一，上下嶺閣，中有臨洮關，南爲河地，汾陽王私田百畝餘里，以息馬。至萬蹄，所謂文川古道。晉武平吴時所開，出長柳店，至褒城縣，與斜谷舊路合。大抵漢中雖是平川，東北入長安，西南出劍門，皆有棧閣之險。惟今洋州子午谷南而北，正對長安，王莽所開。唐明皇荔枝路，老杜云：「百馬死山谷，至今耆舊悲。」信爲險絶。雖金人紹興後窺蜀，亦不出乎子午谷也。

紀事

《韓非子·外儲説左上》　秦昭王令工施鉤梯而上華山，以松柏之心爲博，箭長八尺，棋長八寸，而勒之曰「昭王嘗與天神博於此」矣。

《史記》卷二九《河渠書》　其後人有上書欲通褒斜道及漕事，下御史大夫張湯。湯問其事，因言：「抵蜀從故道，故道多阪，回遠。今穿褒斜道，少阪，近四百里；而褒水通沔，斜水通渭，皆可以行船漕。漕從南陽上沔入褒，褒之絶水至斜，間百餘里，以車轉，從斜下下渭。如此，漢中之穀可致，山東從沔無限，便於砥柱之漕。且褒斜材木竹箭之饒，擬於巴蜀。」天子以爲然，拜湯子卬爲漢中守，發數萬人作褒斜道五百餘里。道果便近，而水湍石，不可漕。

《史記》卷五五《留侯世家》　漢元年正月，沛公爲漢王，王巴蜀。漢王賜良金百溢，珠二斗，良具以獻項伯。漢王亦因令良厚遺項伯，使請漢中地。項王乃許之，遂得漢中地。漢王之國，良送至褒中，遣良歸韓。良因説漢王曰：「王何不燒絶所過棧道，示天下無還心，以固項王意。」乃使良還。行，燒絶棧道。

《史記》卷一一六《西南夷列傳》　始楚威王時，使將軍莊蹻將兵循江上，略巴、(蜀)黔中以西。莊蹻者，故楚莊王苗裔也。蹻至滇池，(地)方三百里，旁平地，肥饒數千里，以兵威定屬楚。欲歸報，會秦擊，奪楚巴、黔中郡，道塞不通，因還，以其衆王滇，變服，從其俗，以長之。秦時常頞略通五尺道，索隱：謂棧道廣五尺。正義：《括地志》云：「五尺道在郎州。」顔師古云：其處險阻，故道纔廣五尺。如淳云道廣五尺。諸此國頗置吏焉。十餘歲，秦滅。及漢興，皆棄此國而開蜀故徼。巴蜀民或竊出商賈，取其筰馬、僰僮、髦牛，以此巴蜀殷富。

《史記》卷一二九《貨殖列傳》　關中自汧、雍以東至河、華，膏壤沃野千里，

自虞夏之貢以爲上田，而公劉適邠，大王、王季在岐，文王作豐，武王治鎬，故其民猶有先王之遺風，好稼穡，殖五穀，地重，重爲邪。及秦文、（孝）〔德〕、繆居雍，隙隴蜀之貨物而多賈。獻（孝）公徙櫟邑，櫟邑北卻戎翟，東通三晉，亦多大賈。（武）〔孝〕、昭治咸陽，因以漢都，長安諸陵，四方輻湊並至而會，地小人衆，故其民益玩巧而事末也。南則巴蜀。巴蜀亦沃野，地饒卮、薑、丹沙、石、銅、鐵、竹、木之器。南御滇僰，僰僮。西近邛笮，笮馬、旄牛。然四塞，棧道千里，無所不通，唯褒斜綰轂其口，以所多易所鮮。天水、隴西、北地、上郡與關中同俗，然西有羌中之利，北有戎翟之畜，畜牧爲天下饒。然地亦窮險，唯京師要其道。故關中之地，於天下三分之一，而人衆不過什三；然量其富，什居其六。

《漢書》卷九六上《西域傳上》 成帝時，復遣使獻謝罪，漢欲遣使者報送其使，杜欽説大將軍王鳳曰：「前罽賓王陰末赴本漢所立，後卒畔逆。夫德莫大於有國子民，罪莫大於執殺使者，所以不報恩、不懼誅者，自知絶遠，兵不至也。有求則卑辭，無欲則嬌嫚，終不可懷服。凡中國所以爲通厚蠻夷愿快其求者，爲壤比而爲寇也。今縣度之阸，非罽賓所能越也。其鄉慕，不足以安西域；雖不附，不能危城郭。前親逆節，惡暴西域，故絶而不通；今悔過來，而無親屬貴人，奉獻者皆行賈賤人，欲通貨市買，以獻爲名，故煩使者送至縣度，恐失實見欺。凡遣使送客者，欲爲防護寇害也。起皮山南，更不屬漢之國四五，斥候士百餘人，五分夜擊刀斗自守，尚時爲所侵盜。驢畜負糧，須諸國稟食，得以自贍。國或貧小不能食，或桀黠不肯給，擁彊漢之節，餒山谷之間，乞匄無所得，離一二旬則人畜棄捐曠野而不反。又歷大頭痛、小頭痛之山，赤土、身熱之阪，令人身熱無色，頭痛嘔吐，驢畜盡然。又有三池、盤石阪，道陿者尺六七寸，長者徑三十里。臨峥嶸不測之深，行者騎步相持，繩索相引，二千餘里乃到縣度。畜隊，未半阬谷盡靡碎；人墮，勢不得相收視。險阻危害，不可勝言。聖王分九州，制五服，務盛内，不求外。今遣使者承至尊之命，送蠻夷之賈，勞吏士之衆，涉危難之路，罷弊所恃以事無用，非久長計也。使者業已受節，可至皮山而還。」於是鳳白從欽言。罽賓實利賞賜賈市，其使數年而壹至云。

《三國志・魏志》卷二八《鄧艾傳》 〔景元〕四年秋，詔諸軍征蜀，大將軍司馬文王皆指授節度，使艾與維相綴連；雍州刺史諸葛緒要維，令不得歸。艾遣天水太守王頎等直攻維營，隴西太守牽引等邀其前，金城太守楊欣等詣甘松。維聞鍾會諸軍已入漢中，引退還。欣等追躡於彊川口，大戰，維敗走。聞雍州已塞道屯橋頭，從孔函谷入北道，欲出雍州後。諸葛緒聞之，卻還三十里。維入北道三十餘里，聞緒軍卻，尋還，從橋頭過，緒趣截維，較一日不及。維遂東引，還守劍閣。鍾會攻維，未能克。艾上言：「今賊摧折，宜遂乘之，從陰平由邪徑經漢德陽亭趣涪，出劍閣西百里，去成都三百餘里，奇兵衝其腹心。劍閣之守必還赴涪，則會方軌而進；劍閣之軍不還，則應涪之兵寡矣。軍志有之曰：『攻其無備，出其不意。』今掩其空虛，破之必矣。」

《三國志・蜀志》卷三三《後主傳》 〔建興〕十一年冬，亮使諸軍運米，集於斜谷口，治斜谷邸閣。是歲，南夷劉胄反，將軍馬忠破平之。

酈道元《水經注》卷六《汾水》 汾津名也，在界休縣之西南，俗謂之雀鼠谷。數十里間，道險隘，水左右悉結偏梁閣道，累石就路，縈帶巖側，或去水一丈，或高五六尺，上戴山阜，下臨絶澗，俗謂之爲魯般橋，蓋通古之津隘矣，亦在今之地嶮也。

酈道元《水經注》卷二七《沔水》 漢水又東合直水，水北出子午谷巖嶺下。又南枝分，東注旬水，又南逕蓰閣下，山上有戍，置于崇阜之上，下臨深淵。張子房燒絶棧閣，示無還也。守敬按：《漢書・張良傳》，漢元年沛公爲漢王王巴、蜀，良説漢王燒絶棧道，示天下無還心。此注所指爲子午道。《元和志》《輿地紀勝》、《名勝志》、《一統志》則以褒斜道當之，而《方輿紀要》又與酈説合。 又東南歷直谷逕直城西而南流注漢。

酈道元《水經注》卷二七《沔水》 諸葛亮《與兄瑾書》云：前趙子龍退軍，燒壞赤崖，以北閣道緣谷一百餘里，其閣梁一頭入山腹，其一頭立柱于水中。今水大而急，不得安柱，此其窮極，不可强也。守敬按：《元和志》引此書稍略。又云：頃大水暴出，赤崖以南，橋閣悉壞。時趙子龍與鄧伯苗一戍赤崖屯田，一戍赤崖口，但得緣崖與伯苗相聞而已。

酈道元《水經注》卷三三《江水》 《秦紀》謂僰僮之富者也。其邑，高后六年城之。漢武帝感相如之言，使縣令南通僰道，費功無成，唐蒙南入，斬之，乃鑿石開閣，以通南中，迄于建寧。二千餘里，山道廣丈餘，深三四丈，其鏨鑿之迹猶存。王莽更曰僰治也。山多猶猢，似猴而短足，好遊巖樹，一騰百步，或三百丈，順往倒返，乘空若飛。縣有蜀王兵蘭，其神作大灘江中，崖峻阻險，不可穿鑿，李冰乃積薪燒之，故其處懸巖，猶有赤、白、玄、黄五色焉。赤白照水玄黄，魚從僰來，至此而止，言畏崖嶼不更上也。《益部耆舊傳》曰張真妻，黄氏女也，名帛。真乘船覆没，求尸不得。帛至没處灘頭，仰天而歎，遂自沈淵。積十四日，帛持真手于灘下出。時人爲説曰：符有先絡，僰人道有張帛者也。

酈道元《水經注》卷三八《溱水》 溱水又西南，歷皋口、太尉二山之間，是曰湞陽峽。兩岸傑秀，壁立虧天。昔嘗鑿石架閣，令兩岸相接，以拒徐道覆。

樊綽《蠻書》卷一《雲南界内途程第一》 石門東崖石壁，直上萬仞；下臨朱提江流，又下入地中數百尺，惟聞水聲，人不可到。西崖亦是石壁，傍崖亦有閣路；横闊一步，斜亘三十餘里，半壁架空，欹危虚險。其安梁石孔，即隋朝所鑿也。【略】《隋初刊記處》云：開皇五年十月二十五日，兼法曹黄榮領始、益二州，石匠鑿石四孔，各深一丈，造偏梁橋閣，通越析州、津州。蓋史萬歲南征出於此也。

李吉甫《元和郡縣志》卷二五 故鐵城在縣西北八十里。城在山上，言其險峻，故以鐵爲名。昔氏帥楊難當寇漢川，令魏興太守薛健據黄金戍，姜寶據鐵城。宋遣梁州刺史蕭思話攻拔之。驛即子午道也。舊道在今金州安康縣界，梁將軍王神念以舊子午道緣山避水，橋梁百數，多有毁壞，乃别開乾路，更名子午道。即此路是也。

《歷代職官表》卷二九 徐乾學《讀禮通考》：昭陵因九嵕層峯，鑿山東西深七十五尺爲元宫。山旁巖架梁爲棧道，懸絶百仞，繞山二百七十步始達元宫。門頂上亦起遊殿。有五重石門，其門外於雙棧道上山起舍，宫人供養如平常。及太宗山陵畢，宫人亦依故事留棧道準舊。

張鷟《朝野僉載》卷二 楊務廉，孝和時，造長寧安樂宅、倉庫成，特授將作大匠。坐贓數十萬，免官。又上章奏聞陝州三門，鑿山燒石，巖側施棧道牽船。河流湍急，所雇夫並未與價直。苟牽繩一斷，棧梁一絶，則撲殺數十人。取雇夫錢糴米充數，即注夫逃走。下本貫禁。父母、兄弟、妻子牽船，皆令繫二鈲於胸背，落棧著石，百無一存。滿路悲號，聲動山谷，皆稱楊務廉人妖也。天生此妖，以破殘百姓。

《舊唐書》卷四一《地理志・劍門》 聖曆二年，分普安、永歸、陰平三縣地，於方期驛城置劍門，縣界大劍山，即梁山也。其北三十里所，有小劍山。大劍山有劍閣道，三十里至劍處，張載刻銘之所。劍山東西二百三十一里。

《資治通鑑》卷六〇《漢紀五十二》 劉焉在益州陰圖異計。沛人張魯，自祖父陵以來世爲五斗米道，客居于蜀。魯母以鬼道常往來焉家，焉乃以魯爲督義司馬，以張修爲别部司馬，與合兵掩殺漢中太守蘇固，斷絶斜谷閣，斜谷，在漢中西北，今興元府西北入斜谷路，至鳳州界百五十里，有棧閣二千九百八十九間，板閣二千八百九十二間。《郡國志》曰：褒城縣北有褒谷，北口曰斜，南口曰褒，長四百七十里，同爲一谷。兩山高峻，中間谷道，褒水所流，曹操謂斜谷道爲五百里石穴者此也。余據班《志》，斜水出衙嶺山，北至郿入渭；褒水亦出衙嶺，南至南鄭入沔，則褒、斜雖同爲一谷，而衙嶺乃其分水處也。殺害漢使。焉上書言「米賊斷道，不得復通」。又託他事殺州中豪强王咸、李權等十餘人，以立威刑。犍爲太守任岐及校尉賈龍由此起兵攻焉，焉擊殺岐、龍。焉意漸盛，作乘輿車具千餘乘，劉表上「焉有似子夏在西河疑聖人」之論。時焉子範爲左中郎將，誕爲治書御史，璋爲奉車都尉，皆從帝在長安，惟小子别部司馬瑁素隨焉；帝使璋曉喻焉，焉留璋不遣。

《資治通鑑》卷二二三《唐紀三十九》 吐蕃之入長安也，諸軍亡卒及鄉曲無賴子弟相聚爲盜；吐蕃既去，猶竄伏南山子午等五谷，吐，從暾入聲。長安之南山，西接岐州界，東抵虢州界。其谷之大者有五，子午谷、斜谷、駱谷、藍田谷，衡嶺谷也。所在爲患。丁巳，以太子賓客薛景仙爲南山五谷防禦使，以討之。

王溥《五代會要》卷二五《道路》 後唐天成三年二月，興元府奏：「修斜谷閣道二千八百餘間。」四月，洋州奏：「重開入蜀舊路，比今官道近二十五驛。」五月，夔州奏：「開新路至房州。」

《明太祖實録》卷二三〇 〔洪武二十六年十一月〕甲寅，詔發漢中等府民丁修棧道，凡三百二十橋。

徐弘祖《徐霞客遊記》卷一上《遊武夷山日記》 二十二日登涯，辭仙掌而西。余所循者，乃溪之右涯，其隔溪則左涯也。第七曲右爲三仰峯、天壺峯，左爲城高巖。三仰之下爲小桃源，崩崖堆錯，外成石門。由門傴僂而入，有地一區，四山環遶，中有平畦曲間，圍以蒼松翠竹，雞聲人語，俱在翠微中。出門而西，即爲北廊巖，巖頂即爲天壺峯。其對岸之城高巖矗然獨上，四旁峭削如城。巖頂有菴，亦懸梯可登，以隔溪不及也。第八曲右爲鼓樓巖、鼓子巖，左爲大廩石、海蚱石。余過鼓樓巖之西，折而北行塢中，攀援上峯頂，兩石兀立如鼓，鼓子巖也。巖高亘亦如城，巖下深坳一帶如廊，架屋横欄其内，曰鼓子菴。仰望巖上，亂穴中多木板横插。轉巖之後，壁間一洞更深敞，曰吴公洞。洞下梯已毁，不能登。望三教峯而趨，緣山越磴，深木蓊蓯其上。抵峯，有亭綴其旁，可東眺鼓樓、鼓子諸勝。山頭三峯，石骨挺然並矗。從石罅間躡磴而升，傍崖得一亭。穿亭入石門，兩崖夾峙，壁立參天，中通一線，上下尺餘，人行其間，毛骨陰悚。蓋三峯攢立，此其兩峯之罅；其側尚有兩罅，無此整削。已下山，轉至山後，一峯與猫兒石相對峙，盤亘亦如鼓子，爲靈峯之白雲洞。至峯頭，從石罅中累級而

上，兩壁夾立，頗似黄山之天門。級窮，迤邐至巖下，因巖架屋，亦如鼓子。登樓南望，九曲上游，一洲中峙，溪自西來，分而環之，至曲復合爲一。洲外兩山漸開，九曲已盡。是巖在九曲盡處，重巖迴疊，地甚幽爽。巖北盡處，更有一巖尤奇：上下皆絶壁，壁間横坳僅一線，須伏身蛇行，盤壁而度，乃可入。余即從壁坳行，已而坳漸低，壁漸危，則就而傴僂；愈低愈狹，則膝行蛇伏，至坳轉處，上下僅懸七寸，闊止尺五。坳外壁深萬仞。余匍匐以進，胸背相摩，盤旋久之，得度其險。巖果軒敞層疊，有斧鑿置於中，欲開道而未就也。半晌，返前巖。更至後巖，方搆新室，亦幽敞可愛。出向九曲溪，則獅子巖在焉。

徐弘祖《徐霞客遊記》卷一下《遊恒山日記》 東行十里爲龍山大雲寺，寺南面向山。又東十里，有大道往西北，直抵恒山之麓，遂折而從之。去山麓尚十里，望其山，兩峯亘峙，車騎接軫，破壁而出，乃大同入倒馬紫荆大道也。循之抵山下，兩崖壁立，一澗中流，透罅而入，逼仄如無所向，曲折上下，俱成窈窕。伊闕雙峙，武彝九曲，俱不足以擬之也。時清流未泛，行即溯澗。不知何年，兩崖俱鑿石坎，大四五尺，深及丈，上下排列。想水溢時，插木爲閣道者。今廢已久，僅存二木懸架高處，猶棟梁之巨擘也。三轉，峽愈隘，崖愈高。西崖之半，層樓高懸，曲榭斜倚，望之如蜃吐重臺者，懸空寺也。五臺北壑亦有懸空寺，擬此未能具體。仰之神飛，鼓勇獨登，入則樓閣高下，檻路屈曲。崖既矗削，爲天下巨觀，而寺之點綴，兼能盡勝。依巖結搆，而不爲巖石累者僅此。而僧寮位置適序，凡客坐禪龕，明窗暖榻，尋丈之間，肅然中雅。

徐弘祖《徐霞客遊記》卷七下《滇游日記七》 遂從廟右西上，於是崇攀仰陟，遵垂坡以登。三里，轉突崖之上，其崖突兀坡右，下臨深峽。峽自其上石門下墜甚深。從此上眺，雙崖駢門，高倚峯頭。其内環立罨翠，彷彿有雲旌羽裳出没，益鼓勇直上，路曲折懸陡。又一里，而登門之左崖，其上有小石塔。循崖西入，兩崖中闢，上插雲霄，而下甚平，有「佛」字三楹當其中，左右恰支兩崖，而峽從其前下墜。路由左崖入，由右崖棧石壁而盤其前，以登玉皇閣。佛宇之後，有池一方，引小水從後峽滴入。池上有飛巖嵌右崖間，一僧藉巖而棲，當兩崖夾立之底，停午不見日色，惟有空翠冷雲綢繆牖户而已。由崖底坡坳而登，内塢有三清閣。由崖右歷棧而躡前崖，有玉虛亭，咫尺有幽曠之異。余乃先其曠者，遂躡棧盤右崖之前。棧高懸數丈，上下皆絶壁，端聳雲外。脚插峽底，棧架空而横倚之。東度前崖，乃盤南崖西轉北上而淩其端，即峽門右崖之絶頂也。東向高懸，三面峭削，淩空無倚。前俯平川，烟波郛樹，歷歷如畫幅倒鋪。後眺内峽，環碧中迴，如蓉城蕊闕，互相掩映，窈藹莫測。峯頭止容一閣，奉玉宸於上。余憑攬久之，四顧無路，將由前道下棧。忽有一僧至，曰此間有小徑，可入内峽，不必下行。余隨之，從閣左危崖之端，挨空翻側踐崖紋一線，盤之西入，下瞰即飛棧之上也。

徐弘祖《徐霞客遊記》卷八下《滇游日記九》 十一日，雞鳴起，具飯。昧爽，從郛西即北向循西大山行，隨溪而北漸高，而陟崖共八里，爲石子哨，有數家倚西山之東北隅。又北二里，乃盤山西轉，有峽自西而東，合於枯飄北注之峽。溯之，依南山之北西入二里，下陟南來峽口。峽中所種俱紅花，成畦已可採矣。西一里，陟西來峽口，其上不多，木亦無幾，有十餘家當峽而居，是爲落馬廠。度峽北，復依北山之南西入一里，平上逾脊。其脊自南而北度，起爲峽北之山，而北盡於羅岷者也。逾脊西行峽中，甚平，路南漸有澗形依南崖西下。路行其北三里，數家倚北山而居，有公館在焉，是爲大坂鋪。從其西下陟一里，有亭橋跨澗於是涉澗南。依南山之北西下二里，有數家當南峽，是爲灣子橋。有賣漿者，連槽而啜之，即余地之酒釀也。山至是環聳雜沓，一澗自東來者，即大坂之水；一澗自南峽來者，墜峽倒崖，勢甚逼仄。北下與東來之澗，合而北去，小木橋横架其上。度橋，即依西山之東北行。東山至是，亦有水從北峽西下，三水合而北向破峽去，東西兩崖，夾成一線，俱摩雲夾日，溪嵌於下。蒙箐沸石，路緣於上，鑿壁摭崖。排石齒而北三里，轉向西下，石勢愈峻愈合。又西二里，峽曲而南，澗亦隨峽而曲，路亦隨澗而曲。半里，復西盤北轉，路皆鑿崖棧木。半里，復西向緣崖行。一里，有碑倚南山之崖，題曰「此古盤蛇谷」，乃諸葛武侯燒藤甲兵處，然後信此險之真冠滇南也。

章潢《圖書編》卷六二《龍門山》 去軍城五里，官道之傍，懸壁環合，上透碧虛，中敞大洞，下潄清泉，宛然天造。水簾懸夏，冰柱凝冬，真異境也。文潞公詩：「壺中别有境，天下更無奇。」宋景文、趙清獻、王素、韓絳、田況、吕公弼、吕大防諸公皆有留題。行三里，又有後洞。蘇元老《龍洞記》：自利至興行五百里，幾半蜀道，而巖洞之可喜者，莫如龍洞。重簷厦屋，深不可窮。唐沈雲卿詩：「長竇亘五里，宛轉復嵌空。伏湍照潛石，瀑水生輪風。」

陸深《儼山外集》卷六 益門鎮在渭南二十里，而風景氣候，與關陝迥别。秦漢界限，天地自然之理也。自此入連雲棧七百餘里，惟鳳縣嶺、雞頭關二處最險。鳳嶺則迤邐而高，雞關則陡峻而梟。自入武關而南，棧閣始相連屬，有甚孤

危處，真天下之險道也。武關以北，棧道纔十一爾。按宋《大安軍圖經》云：橋閣共一萬九千二百一十八間，護險偏欄共四萬七千一百三十四間。本朝洪武間，普定侯所修連雲棧橋凡四十五處，共九百六十七間。方正學發褒城，過七盤嶺，宿獨架橋閣詩，一橋至一百四十二間。今橋無數處，有一橋纔十餘間。而行旅無阻，想漸次開闢矣。

曹學佺《蜀中廣記》卷二四《名勝記》 北爲棧閣道。劉禹錫《山南西道新修驛路記》云：我之提封距右扶風觸劍閣千一百里，自散關抵褒城，次舍十有五；自褒而南，踰利州至于劍門，十有七道塗次舍。可見于此。又云：棧閣淩虛，下臨谺砑，層崕峭絶，枘木絙鐵，因而廣之。限以鈎闌，狹經深陘，從而拓之，方駕從容。棧閣之制，亦可想也。歐陽詹《棧道銘》：「斜根玉壘旁，綴青泥總庸。蜀之道塗統，岐雍之康莊。」其最險者爲石欄橋。《方輿》云：自城北至大安軍界，管橋欄閣共萬五千三百六十一間，惟石欄、龍洞二閣著名。馮鈐幹田云：其他閣道雖險，然在山腰，亦微有徑，可以增置閣道。惟此閣石壁斗立，虛鑿石竅而架木其上，比他處極險。沈佺期《過蜀龍門閣》詩：「龍門非禹鑿，詭怪乃天功。西南出巴峽，不與衆山同。長竇亘五里，宛轉復嵌空。伏湍呴潛石，瀑水生輪風。流水無晝夜，噴薄龍門中。潭河勢不測，藻葩垂彩虹。我行當季月，烟景共春融。江關勤亦甚，巇崿意難窮。誓將息機事，煉藥此山東。」岑參《赴犍爲經龍閣道》詩云：「側逕轉月壁，危梁透滄波。汗流出鳥道，膽碎窺龍窩。驟〔雨暗〕溪谷，歸雲網松蘿。屢聞羌兒笛，厭聽巴童歌。江路險復永，夢魂愁更多。聖主幸典郡，不敢嫌岷峨。」杜甫《龍門閣》詩：「清江下龍門，絶壁無尺土。長風駕高浪，浩浩自太古。危塗中縈盤，仰望垂線縷。滑石欹誰鑿，浮梁裊相拄。目眩隕雜花，頭風吹過雨。百年不敢料，一墜那得取。」本志北十里千佛崖，即古龍門閣，先是懸崖架木，作棧而行，後鑿石爲千佛像，成通衢矣。

方以智《通雅》卷一三《地輿》 馬鳴閣道，利州棧道也。《徐晃傳》：與夏侯淵拒劉備于陽平，備遣陳式等絶馬鳴閣道。《水經注》：褒水出衙嶺山，逕大石門，歷故棧道下谷，俗謂千梁無柱。孔明與兄瑾言云：前趙子龍退軍，燒壞赤崕以北閣道。緣谷一百餘里，其閣梁一頭入山腹，其一頭立柱於水中。今水大而急，不可安柱，此其窮極不可强也。又曰：頃大水暴出，赤崖以南橋閣悉壞。時趙子龍與鄧伯苗，一戍赤崖屯田，一戍赤崖口，但得緣崖與伯苗相聞而已。此即褒斜道，一名石牛道。子房燒絶者，魏延先退而焚，亦是道也。後修路者無復水中柱。楊平關在漢中褒城縣西北，與江關、白水關爲三蜀關，今在寧羌州。《類要》：馬鳴閣在利州，今保寧府廣平縣，即秦葭萌。《地輿志》：昭化縣有馬鳴閣，劍州有劍閣棧道，褒城謂之連雲棧。

顧祖禹《讀史方輿紀要》卷五六《陝西五》 自鳳縣至褒城皆大山，緣坡嶺行，有缺處，以木續之成，道如橋然，所謂棧道也。其間喬木夾道，行者遇夜，或宿於嵒穴間，出褒城地始平。【略】儻駱道：南口曰儻，在洋縣北三十里；北口曰駱，在西安府盩厔縣西南百二十里。谷長四百二十里，其中路屈曲八十里，凡八十四盤。漢延熙七年魏曹爽來侵，諸軍入駱谷三百餘里，不得前，牛馬轉運死略盡，引還。費禕進據三嶺以截爽，三嶺，一曰沉嶺，見盩厔縣；一曰衙嶺，見郿縣；一曰分水嶺，見武功縣。胡氏曰：「自駱谷出扶風，間以終南山，其間有三嶺也。」一云駱谷有三嶺關。爽失亡甚衆。二十年姜維引兵出駱谷，至沉嶺，魏鄧艾拒却之。景曜六年，鍾會分兵從駱谷趨漢中。晉永和五年，梁州刺史司馬勳出駱谷，破趙長城戍，壁於懸鈎。義熙六年，桓玄餘黨桓石綏等因盧循入寇，起兵洛口，襲據西城。唐武德七年，開駱谷道通梁州。興元初，德宗繇駱谷幸興元，李懷光遣將孟保等據南山邀車駕，保等不欲行，至盩厔復帥衆而東，縱兵散掠，繇是百官從行者皆得入駱谷。自是關中多故，朝廷每繇駱谷而南，以其道之近且便也。元和初，高崇文討劉闢於西川，分遣李元奕出駱谷。廣明初，黄巢入關，僖宗亦趨駱谷幸興元。宋白曰：「自興元東北至長安，取駱谷路，不過六百五十二里，是往來之道莫便於駱谷也。而五季以來，駱谷漸成荒塞，何歟？」《水經注》：「漢水經儻城南與駱谷水合，水北出洛谷，谷北通長安，其水南流，注於漢水。」【略】子午道，今新開。南口曰午，在洋縣東百六十里；北口曰子，在西安府南百里。有子午關，見長安縣。《通典》：「漢中入長安取子午谷路，凡八百四十一里。」谷長六百六十里，或曰即古蝕中也。蝕讀力。項羽封沛公爲漢王，都南鄭。漢王之國，從杜南入蝕中，去輒燒絶棧道，蓋即此。漢元始五年，王莽通子午道，從杜陵直絶南山逕漢中。後漢順帝初，詔罷子午道，通褒斜路。蜀漢建興六年，魏延願假奇兵五千，當子午而北。八年，魏曹真請繇斜谷伐漢，諸將或繇子午谷，或繇武都入，皆不能達。景曜六年，魏鍾會分兵繇子午谷入漢中。晉永和十年，桓温伐秦，遣梁州刺史司馬勳出子午谷向長安。齊永明十一年，後魏主宏南寇，遣其將拓跋幹分道出子午谷。顔師古曰：「舊子午道在金州安康縣界。」子，北方也；午，南方也；道通南北，因名子午。安康與長安地界南北相對，故顔氏謂舊道出於此也。蕭梁時將軍王神念

以緣山避水，橋梁百數，多有毀壞，乃別開乾路，即今道也。西魏大統末，宇文泰遣達奚武將兵取漢中，別將王雄出子午谷攻上津。上津，今湖廣屬縣。或以爲據此則仍是舊道，蓋從洋縣分道而東。安康今之漢陰，與洋縣本相近也。唐天寶中涪州貢生荔枝，取西鄉驛入子午谷，不三日至長安。五代漢初，晉昌帥晉昌即今西安府。趙匡贊附於蜀，蜀遣將李廷珪出子午谷應援。匡贊旋變計歸朝，廷珪將至長安，欲歸，漢將王景崇邀敗之於子午谷。宋嘉定十三年，四川宣撫司安丙遣諸將分道出師，興元將陳立出大散關，統制田冒出子午谷，尋引却。志云：子午水出子午谷中，亦南流注於漢。《華陽記》：「子午、駱谷、褒谷並爲漢中北道之險，而駱谷尤近，故唐世長安有事，每從此幸興元。」至於從來用兵，其三道並出者，鍾會而外，不多見也。《洋州志》：「州之要地有三，置關有八。要地者，褒谷、駱谷、子午谷也。八關者，白椒、水桐、碓水、蒻嶺、三嶺、重陽、華陽并青銼寨爲八也。」三嶺關在駱谷中，即蜀費禕邀擊曹爽處。宋又於谷口置石佛堡，子午谷口置陽嶺寨，西城縣置渭門、分水等砦，皆稱備禦要地。而近時所重，惟在褒斜。

顧祖禹《讀史方輿紀要》卷六七《四川二》 虛閣棧道，縣西十里。《古今集記》：「縣西十餘里有虛閣棧道，二十五里有石筍閣道，三十里有龍洞閣道。又有飛赴渡在縣東南二十里，筒槽渡在縣東南四十里，蓋縣當水陸之險也。」志云：今縣治東南，有永康驛。

《〔雍正〕陝西通志》卷一六《關梁一》 棧道，在縣北十里褒谷口。《縣册》。秦棧道千里，通於蜀漢。《戰國策》。漢王之國，張良送至褒中，因說漢王燒絶棧道。顔師古曰：棧道即閣道。蓋架木爲之。《魏書》崔浩曰：險絶之處，傍鑿山石而施版梁爲閣。《史記·留侯世家》注。褒水經大石門，歷故棧道下谷，俗謂千梁無柱也。《水經注》。諸葛武侯《與兄瑾書》曰：前趙子龍退軍，燒壞赤崖以北閣道。緣谷一百餘里，其閣梁一頭入山腹，一頭立柱於水中。今水大而急，不可安柱。後武侯卒於渭上，魏延先退而焚之。自後案舊修路者，無復水中柱。《地理通釋》。斜谷至鳳州界一百五十里，棧閣二千九百八十二間，版閣二千八百九十二間。明弘治間重修。自雞頭關起，棧閣八十五間。前一里至石洞，橋閣三間。一里至石嘴七盤，棧閣七十二間。七里至獨架橋，棧閣一百四十二間。上阻石崖，下臨龍江，最爲險峻。明嘉靖二十三年，縣令張庚去編綳，砌以石，三里至倚雲，即響水灘，棧閣五十一間。前有石佛灣、盤龍塢二棧，共八十五間。七里至老君崖，棧閣三十五間。四里至堡子舖，棧閣六十間。四里至飛石崖，棧閣一百四十五間。一里至閻王碥，棧閣一百二十間，憑虛最險。三里至架雲棧，閣九十二間。八里至逍遥，即青橋。十七里至馬道舖橋，棧閣十間。十里至順平，棧閣三十四間。十里至甜竹碥，閣道三十六間，今易以石。三里至三岔舖，即馬道驛。南一里橋閣二間，邑人李瓚鑿石爲之。五里至燕子崖，棧閣六十一間，巨石横亘，江縈崖溜。明嘉靖二十八年，主簿伍魁捐砌，爲二十洞。二十里至鳴玉，即簸箕，棧閣六十八間。二里至虎頭關，棧閣三十八間。一里至上天橋，棧閣五十八間。三里至武曲橋，橋棧三間。二里至火燒碥，棧閣一百二十一間。一里至碧綃，棧閣四十五間。二里至石梯，棧閣一百二十五間。先以木爲梯，明嘉靖七年易以石。七里至青雲，即臈魚溝，橋棧二間。數十步至臈魚潭，棧閣三十六間。褒之所葺治者止此。自臈魚潭而北，又有焦崖舖、黑龍灣、飛仙閣、石溝橋、八里關、雲門、新開嶺、安山灣、青陽等棧。府志。

畢沅《關中勝蹟圖志》卷二二 連雲棧，在褒城縣北十里褒谷口。《戰國策》：秦棧道千里，通於蜀漢。《史記》：漢王之國張良送至褒中，因說漢王燒絶棧道。《水經注》：褒水自大石門歷故棧道下谷，俗謂千梁無柱也。諸葛武侯《與兄瑾書》曰：前趙子龍退軍，燒壞赤崖以北閣道。緣谷一百餘里，其閣梁一頭入山腹，一頭立柱於水中。今水大而急，不得安柱也。後諸葛卒於五丈原，魏延先退而燒之。自後案修舊路者，悉無復水中柱。經涉者，浮梁振動，無不摇心蕩目也。《輿程記》：陝西棧道長四百二十里，自鳳縣東北草涼驛爲入棧道之始，南至褒城之開山驛，路始平，爲出棧道之始。縣志：明洪武二十五年，因故址增修，約爲棧閣二千二百七十五間，統名曰連雲棧。自縣北雞頭關起，一里至石洞，又一里至石嘴七盤，又七里至獨架橋。上阻石崖，下走龍江，最爲險峻。又三里至倚雲棧，即響水灘，前有石佛灣、盤龍塢。又七里至老君崖，又四里至堡子舖，又四里至飛石崖，又一里至閻王碥，又三里至架雲，又八里至逍遥，又十七里至馬道舖，又十里至順平，又十里至甜竹碥，又三里至三岔舖，即馬道驛。又五里至燕子崖，巨石横亘，江水縈洄。又二十里至鳴玉，即簸箕棧。又二里至虎頭關，又一里至上天橋，又三里至武曲關，又一里至大燒碥，又一里至碧霄，又二里至石梯，又七里至青雲，即臈魚溝。又數十步至臈魚潭，縣境閣道止此。自臈魚潭而北，又有崖舖、黑龍潭、飛仙閣、石溝橋、八里關、雲門、新開嶺、安山灣、青陽等棧。《方輿紀要》：自鳳縣至褒城皆大山，緣坡嶺行，有缺處，以木續之成道，如橋然，所謂棧道也。其間喬木夾道，行者遇夜，或宿於巖穴間。出褒城地始平。

《清高宗實録》卷七四 〔乾隆三年八月丁亥〕諭：川省遠在西陲，道路之難，甲於天下，其中棧道、偏橋更爲險隘。每年資藉民力，隨時修補，未能一勞永

逸。行旅跋涉艱辛，深可軫念。著四川巡撫碩色會同西安巡撫張楷，委員確勘，將應行修理之處，分別南棧、北棧，兩省分任修理。即動用該省存公銀兩以爲工費，將來工竣之後，交與地方官不時稽查。如遇暴雨大水衝塌過多之時，仍准詳報，酌動公項修整，俾永遠堅固，以便行人。

《清高宗實録》卷九三〔乾隆四年五月甲子〕工部議覆陝西巡撫張楷疏稱：上年蛟水陡發，咸寧縣屬之大義峪，鎮安縣屬之舊司，道路多被衝缺，難以復修，且需費浩繁。今委員確勘，必須另行開闢，方成坦途。又稱道路既經改修，其塘汛亦應移建。咸寧縣新路一百八十里，應設塘六處；鎮安縣新路一百三十五里，應設塘四處。所有應建墩臺營房，并修理青銅關水衝舊塘，共估需銀一千八百五十九兩六分零。准其在於乾隆四年地丁銀内動支，及時修理。從之。

《〔乾隆〕四川通志》卷二三《山川》 千佛巖，在縣北十里。江東岸即古龍門閣，石巖蜿蜒，其形如門。先是，懸巖架木，作棧而行。唐時韋抗鑿石爲路，並鑿千佛，遂成通衢。

《〔嘉慶〕漢南續修郡志》卷三一《拾遺上》 《漢鄐君開通褒斜道碑》，字跡殘缺，南鄭令晏袤釋云：永平六年，漢中郡以詔書受廣漢、蜀郡、巴郡徒二千六百九十人，開通褒斜道。太守鉅鹿鄐君、部掾治級、王宏、史荀茂、張宇、韓岑等典工作。太守丞廣漢楊顯將□用，□始作橋格六百二十三間，□大橋五，爲道二百五十八里。郵亭、驛置、徒司空，褒中縣官寺并六十四所。凡用工七十六萬六千八百餘人，瓦三十六萬九千八百四□□，器用錢百四十九萬九千四百餘斛粟。□□□九年四月成就，益州□□東至京師，去□□就安穩。雞頭關下石門洞碑。

余瀛《西征日記》 二十六日乙酉晴，卯正發嘉峪橋，即上碧貝山，土人名的琫山，又名得貢喇山。陡峻百折，磴曲崗旋，雲迷霧鎖，雖駿馬俱難展足，至巔凡三十里。下坡之險，更倍上坡，懸崖峭壁，仄徑蜿蜒。俯視下方，昏黑無底，一落不止千丈强也。回思褒斜、劍閣，刮耳摩天，直康莊耳。雖王公顯貴，至此亦須步行，輿馬之力，至此窮矣。又三十里，始抵山麓，路少平衍。尖畢沿河溝走，六十里洛龍宗，公館住。地尚蕃庶，産陶器，出售遠方。

洪良品《巴船紀程》 十四日，由瀼口廣木沱進巫峽。【略】司空圖《詩品》云「巫峽千尋，連雲走風」，信然。舟行峽中，如入甬道間，如墮深井底，天漏一線，陰風襲人。橈歌一聲，山谷應響，如坐甕甓中語。兩岸鐵壁夾立，有若斧劈。巖際多作洞穴形，其上羊腸縈繞，鐵鎖横空。縴夫背負百丈，手緣索練，魚貫而升，冉冉入雲際。舟人爲言，石向無路。漢陽大賈李某，募人鑿石爲竇，穿貫鐵索，以資縴夫攀陟。又以各處灘石礙舟，乃於水涸石出時，燒以烈火，淬以油醋，舉椎碎之，石皆應手碎落。著有《平灘紀略》一書。殆亦如明符錫之開峽山棧道、治釣魚臺也。峽回月上，望巫山不見，泊鯿魚港，計行七十餘里。

《〔嘉慶〕重修一統志》卷二三七《漢中府》 褒谷，在褒城縣北。《梁州記》：萬石城，泝漢上七里，有褒谷。南口曰褒，北口曰斜，長四百五十里。《水經注·褒水》：又東南歷褒口，即谷之南口也。《括地志》：褒谷在褒城縣北十里，舊志在縣東北十里，自此入連雲棧。西北一百五十里入鳳縣界。

《〔嘉慶〕衛藏通志》卷四《程站》 瓦合寨至麻利尖嘉裕橋宿，計程八十里。瓦合寨西南行四十里，至麻利，有碉房柴草。十里過山，山勢高聳。下山繞河西行，偏橋疊見。三十里至嘉裕橋，番名三壩橋。有碉房柴草，兩山環抱，一水中流。天氣暄和，地土饒美。有塘鋪。

藝文

《〔雍正〕陝西通志》卷九〇王升《司隸校尉犍爲楊世頌》 惟坤靈定位，川澤攸同，澤有所注，川有所通。斜谷之川，其澤南隆，八域所達，益域爲充。高祖受命，興於漢中，道由子午，由散入秦。建定帝位，以漢抵焉。後以子午，塗路澀難；更隨圍谷，復通堂先。凡此四道，垓鬲屯艱。至於永平，其有四年。詔書開塗，鑿通石門。中遭元并，西夷虐殘。橋梁斷絶，子谷復循。上則懸峻，窟曲深巔。下則入窅，碩寫輪開。平阿源泥，常蔭鮮晏。水石相距，利磨確曙。臨危搶碭，履尾心寒。空輿輕騎，遮礙弗前。惡蟲𧍧狩，虵蛭毒蟃。未秋截霜，稼苗春殘。終年不登，匱餧之患。卑者楚惡，尊者弗安。愁苦之歎，焉可具言。於是明知故司隸校尉犍爲武陽楊君，厥字孟文，深執忠伉，數上奏請。有司議駁，君遂執爭。百僚咸從，帝用是聽。廢子由斯，得其度經。功飭爾要，敞而晏平。清涼調和，烝民乂寧。至建和二年仲冬上旬，漢中太守犍爲武陽王升，字稚紀。涉歷山道，推序本原。嘉君明智，美其仁賢。勒石頌德，以明厥勳。其辭曰：「君德明明，炳焕彌光。刻過拾遺，厲清八荒。奉魁承杓，綏億衙彊。春宣靈雪，秋敗苦霜。無偏蕩蕩，貞雅以方。寧静烝庶，政與乾剛。輔主匡君，修禮有常。

咸曉地理，知世紀綱。言必忠義，匪石厥章。恢弘大節，讜而益明。探往卓令，謀合朝情。醳艱自安，有勳有榮。禹鑿龍門，君其繼蹤。上順升極，下達川潼。自南自北，四海攸通。君子安樂，士庶悦雍。商人咸熙，農夫永同。春秋記異，余亦紀功。垂深億載，世世歎誦。」又曰：「明哉仁知，豫識難易。原度天道，安危所繫。勤勤竭誠，榮名休麗。」

《〔雍正〕陝西通志》卷九〇蔡邕《郙閣銘》　惟斯析里，處漢之右。谿源漂疾，横（注）〔柱〕於道。涉秋霖漉，盆益（深溝）〔滔涌〕。濤（汲）〔波〕滂沛，激揚絶道。漢水逆瀼，稽滯商旅。路當二州，經用所沮。沮縣（甚久）〔士民〕，或給州府。休謁往還，恒失日晷。行旅咨嗟，郡縣所苦。斯谿既然，郙閣尤甚。憑崖鑿石，處隱定柱。臨深長淵，三百餘丈。接木相連，號爲萬柱。過者慄啼，載乘爲下。常事迎布〔歲數千兩〕，遭遇隤（約）〔納〕，人物俱墮。沈没洪淵，酷烈爲禍。自古迄今，莫不創楚。於是太守漢陽河陽李君，諱（會）〔翕〕，字伯都，以建寧三年二月辛巳到官。思惟惠利，有以綏濟。聞此爲難，其日久矣。嘉念高帝之開石門，元功不朽。乃俾官椽，下（翔）〔辨〕讐審。改解危殆，即便求隱。析里大橋，於（爾）〔今〕乃造。校致故堅，（故）〔結構工〕巧。雖（百）〔昔〕魯班，亦莫擬象。又醳散關之嶄漯，從朝陽之平燥。減西〔璿之高〕閣，就安寧之石道。禹導江河，以靖四海。經紀厥績，艾康萬里。勒石示後，乃作頌曰：降此惠君，克明峻德。允武允文，恭儉尚約。化流若神，教民如均。精通皓穹，三納符銀。所歷垂勳，香風有鄰。仍致瑞應，豐稔以樂。行人怡欣，慕君靡已。乃詠新詩曰：〔析里之崖〕，川兑之間。高山崔嵬兮水流蕩蕩，地既墝确兮與禹爲鄰。析分告緒業兮至於困貧，危危累卵兮聖朝憫憐。救傾兮全育子遺，劬勞曰稷兮惟惠勤勤。充庶兮百姓歡欣，僉曰太平兮文翁復存。

《〔乾隆〕四川通志》卷四〇張載《劍閣銘》　巖巖梁山，積石峨峨。遠屬荆衡，近綴岷嶓。南通邛僰，北達褒斜。狹過彭碣，高踰嵩華。惟蜀之門，作固作鎮。是曰劍閣，壁立千仞。窮地之險，極路之峻。世濁則逆，道清斯順。閉由往漢，開自有晉。秦得百二，并吞諸侯。齊得十二，田生獻籌。矧兹狹隘，土之外區。一人荷戟，萬夫趦趄。形勝之地，匪親勿居。昔在武侯，中流而喜。山河之固，見屈吴起。興實在德，險亦難恃。洞庭孟門，二國不祀。自古及今，天命不易。憑且作昏，鮮不敗蹟。公孫述既没，李氏勢銜璧。覆車之軌，無或重跡。勒名山河，敢告梁益。

劉禹錫《劉賓客文集》卷八《山南西道新修驛路記》　開成四年，梁州牧缺，上玩其印，凝旒深思，曰：「伊爾卿族歸氏，以文儒再世居喉舌。今天官貳卿融能嗣其耿光，嘗自内庭歷南臺，尹轂下，政事以試，可爲元侯。」乃付印綬，進秩大宗伯兼御史大夫，玉節獸符，鎮于嬀墟。公拜手稽首，曰：「臣融敢揚王休于天漢之域！」既莅止，咨于羣執事，求急病者先之。咸曰：「華陽黑水，昔稱醜地。近者嘗爲王所，百態不變，人風邑屋與山水，俱一都之會，目爲善部矣。唯驛遽之途，敧危隘束，其醜尚存，使如周道，在公頤指耳。於是因年有秋，因府無事，軍逸農隙，人思賈餘。乃懸壓山刊木之傭，募其力；揆鑽鑿撞柲之用，庀其工；具舁輂畚锸之器，膺其要。鼛鼓以程之，糗醪以犒之。說使之令既下，奮行之徒坌集。我之提封踞右扶風，觸劍閣千一百里。自散關抵褒城，次舍十有五，牙門將賈黯董之。自褒而南，逾利州至于劍門，次舍十有七，同節度副使石文穎董之。兩將受命，分曹星馳。並山當蹊，頑石萬狀。坳者垤者，兀者銛者，磊落傾敧，波翻獸蹲。熾炭以烘之，嚴醯以沃之，潰爲埃煤，一篲可掃。棧閣盤虚，下臨欹呀。層崖峭絶，枘木亘鐵。因而廣之，限以鉤欄。狹逕深隉，銜尾相接。從而拓之，方駕從容。急宣之騎，宵夜不惑。郄曲稜層，一朝坦夷。興役得時，國人不知。繇是駛行者忘其勞，吉行者徐其驅，孥行者家以安，貨行者肩不病，徒行者足不蹷，乘行者蹄不刓。公談私詠，溢于人聽。伊彼金其牛而誘之以利，曷若我子其民而來之以義乎？既訖役，南梁人書事于牘，請紀之以附于史官地里志。

歐陽詹《歐陽行周文集》卷四《棧道銘并序》　秦之坤，蜀之艮，連高夾深，九州之險也。陰谿窮谷，萬仞直下；奔崖峭壁，千里無土。亘隔呀絶，嶤嶤冥冥，麋鹿無蹊，猿猱相望。自三代而往，蹄足莫之能越。秦雖有心，蜀雖有情，五萬年間，夐不相接。且秦之與蜀也，人一其性，物周所宜，嗜慾無餘源，教化無餘門，可貿遷，可親昵。擘坼地脉，睽離物理，豈造化之意乎？天實凝清而成，地實凝濁而形。當其凝也，如鎔金下鑄，騰雲上浮，空隙有所不周，迴翔有所不合。澄結既定，窽缺生乎其中。西南有漏天，天之窽缺也；于斯有兹地，地之窽缺也。天地也者，將以上覆下焘，含蓄萬靈，可通必使而通者也。苟有可通而未通，則聖賢代其工而通之。故有爲舟以濟川，爲梯以踰山。唯兹地，有川不可以舟涉，有山不可以梯級。粤有智慮，以全玄造，立巨衡而舉追氏，組懸纑以下梓人。猿垂絶冥，鳥傍危岑。鑿積石以金刀，梁半空於木用。斜根玉壘，旁綴青泥。截斷岸以虹矯，繞翠屏而龍蜿。堅勁膠固，雲横砥平。總庸蜀之通塗，統岐

雍之康莊。都邑之能步，山川之無陘。若水決防，如鴻向陽。南之北之，踵武湯湯。蹐峨峨以自若，臨蒼蒼而不懼。繇是贄幣遥達，人神會同。稽禮樂之短長，量威力之汙隆，可王者王，可公者公，而吹以風。或曰：受琢之石長存，可構之材無窮。易刓代蠹，斯道也未始有終。嗚呼！爲上懷來在乎德，爲下招德在乎義。德義之道如今日，則或人之言有孚；其反之，則石雖存恐不爲琢，材雖多恐不爲構。想夫往昔，有時而有，有時而無，是用惕惕。天下蚩蚩，知聖賢創物之意之人寡，明德義固物之道之人稀。敢陳兩端之要，銘諸斯道之左，庶主德義者存今日之所履，踵武湯者荷古人之攸作。銘曰：

天覆地燾，本亦同設。大象難全，或漏或缺。損多益寡，聖賢代工。彼雖有缺，與無缺同。惟北曰秦，惟南則蜀。地缺其間，坤維不續。斗超岸斷，屹爲兩區。秦人路絶，蜀火煙孤。天實不通，賢斯有造。鑽堅剡勁，無蹊以道。若川匪舟，若陸匪車。緣危轉虚，步驟交如。構雖在功，存亦由德。項怫劉怒，從完以踣。隋落我營，自顛而植。地非革勢，才不易林。踣植之致，惠怨之心。勿爲斯道不恒，勿爲斯道可久。禮不以禮，可有而無。恭不以恭，可無而有。創之之意如彼，固之之物若兹。彼知不易，兹而易知。勒銘道左，其同我思。

李白《李太白文集》卷一四《送友人入蜀》 見説蠶叢路，崎嶇不易行。山從人面起，雲傍馬頭生。芳樹籠秦棧，春流遶蜀城。升沉應已定，不必訪君平。

杜甫《杜工部詩集》卷六《五盤》 五盤雖云險，山色佳有餘。仰凌棧道細，俯映江木疎。地僻無網罟，水清反多魚。好鳥不妄飛，野人半巢居。喜見淳樸俗，坦然心神舒。東郊尚格鬭，巨猾何時除。故鄉有弟妹，流落隨丘墟。成都萬事好，豈若歸吾廬。

杜甫《杜工部詩集》卷六《龍門閣》 清江下龍門，絶壁無尺土。長風駕高浪，浩浩自太古。危途中縈盤，仰望垂線縷。滑石攲難鑿，浮梁裊相拄。目眩隕雜花，頭風吹過雨。百年不敢料，一墜那得取。飽聞經瞿塘，足見度大庾。終身歷艱險，恐懼從此數。

王勃《王子安集》卷三《易陽早發》 飭裝侵曉月，奔策候殘星。危閣尋丹障，回梁屬翠屏。雲間迷樹影，霧裏失峰形。復此凉一作「商」。飈至，空山飛夜螢。

《文苑英華》卷二九四雍陶《到蜀後記途中經歷》 劍峯重疊雪雲漫，憶昨來時處處難。大散嶺頭春足雨，褒斜谷裏夏猶寒。蜀門去國三千里，巴路登山八十盤。自到成都燒酒熟，不思身更入長安。

《（雍正）陝西通志》卷九一雷簡夫《新開白水路記》 至和二年冬，利州路轉運使、主客郎中李虞卿，以蜀道青泥嶺舊路高峻，請開白水路，自鳳州河池驛至長舉驛五十里有半，以便公私之行。具上未報，即預畫材費，以待其可。明年春，迺與州巡轄馬遞鋪、殿直喬達，領橋閣并郵兵五百餘人，因山伐木，積於路處。遂藉其人，用訖是役。又請知興州軍州事、虞部員外郎劉拱總護督作，一切仰給，悉令爲長。命簽署興州判官廳公事、太子中舍李良祐權知長舉縣事，順政令商應，程度遠近，按事險易，同督斯衆。知鳳州河池縣事、殿中丞王令圖首建路議，路古縣地且十五餘里，部屬陝西，即移文令圖，通幹其事。至秋七月始可其奏，然八月行者已走斯路矣。十二月諸功告畢，作閣二千三百九間，郵亭、營屋、綱院三百八十三間，減舊路三十三里，廢青泥一驛，除郵兵、驛馬一百五十六人騎，歲省驛廪鋪糧五千石、畜草一萬束，故事役夫三十餘人。路未成，會李遷東川路。今轉運使、工部郎中、集賢校理田諒至，審其績狀可成，故喜猶己出，事益不懈。於是斯役，實肇於李，而遂成於田也。嘉祐二年三月，田以狀上，且曰：「虞卿以至和二年仲春興是役，仲夏移去。其經營建樹之狀，本與令圖同。臣雖承乏，在臣何力？願朝廷旌虞卿、令圖之勞，用勸來者。又拱之督役應用，良祐、應之按視修創，達之採造監領，皆有著效，亦已陞擢。至軍士什長而下，並望賜與，以慰遠心。」朝廷議依其請。初，景德元年嘗通此路，未幾而復廢者，蓋青泥土豪輩唧唧巧語，以疑行路。且驛廢，則客邸酒壚爲棄物矣，浮食遊手，安所仰耶？小人居常嘗争半分之利，或睚眦抵死，況望要路無有在家，遲行人一切之急，射一日十倍之資，顧肯默默耶？造作百端，理當然爾。嚮使愚者不怖其誕説，賢者不惑其風聞，則斯路初亦不廢也。大抵蜀道之難，自昔青泥嶺稱首。一旦避險即安，寬民（省）費，斯利害斷然易曉，烏用聽其悠悠之談耶！而後之人見已成之易，不念始成之難。苟念其難，則斯路永期不廢矣。簡夫之文雖磨崖鏤石，亦恐不足其（傳），請附於尚書職方之籍之圖，則將久其傳也。

《（道光）廣東通志》卷二〇六張侖《廣東路新開峽山棧路記》 度韶嶺由英州濟真江，達廣州，三百八十里，皆崇山密林，回□□□。過排場，踰黄峒，涉板步，渡吉河，攀空曠，履危絶，犯瘴莽，踐□域，豺虎伏□□□□。人，人由此險，甚於死地。又自英由洽光至端州，四百里林嶺氛□□□。排場，居者逃，行者頓，黥流轉徙，饑癘積道。雖咸交沙□之域，殆未過也。□南越入中國，千有餘年，鑿山通道，無歲不役。然猶其惡如此，豈昔人未得利之之要乎？本路轉運使、尚書

刑部郎中榮公諲按越地圖，將開道於二州間，以利舟車。嘉祐五年春，巡行英州，得真陽峽後古徑，光□抵大冢峽，觀其險壁，曰可棧險爲道如漢中。則由峽直□□□。□江平，行經牛欄，歷灰步，趨廣州，棄迂險，行直道，此天作地設之利。□□□。英，亦由棧道下清遠，經四會，入端州，則浛光瘴路可棄。然其要害□□□□。冢峽，若户之有關鍵，弩之有機牙，然後可以開闢，可以弛張。乃命屯田□□□。知英州陸君□總計其事，又遣番禺縣主簿張知明往莅其役，止三十□□。日，而棧道果成，凡七十間，皆鑿崖横梁，穴石立柱，翼椽敷板，衛流長欄，峽以巖巖，峽流浩浩，棧閣既設，道出□際，萬人步驟，聳然神造。又並山開塗，循江立堠，而郵驛相望，樵采相聞，行有糧，宿有舍，瘴癘遠，盜賊銷，自有越人，無如此利。其七月，公以新路地圖及利害事上聞，詔可其奏。衆謂南□之地，古稱荒紀，盜賊由□，世有叛服。近歲儂蠻入寇番禺城下，天子遣將誅討，而蔣偕輩頓兵英州，不能進尺寸地。□□□蠻渡江而去，亦由道險不通，兵不習險阨故也。□今承平□歲，户口蕃雲集，商旅林行，□賦日繁，屯戍日衆，比夫前世數十百倍。□□□。猶阻□□。險艱，豈通道九夷□義乎？今是役也，蓋有五利焉：人得便道□□□。之勞，一也；不罹瘴癘，不虞盜□，二也；國無費財，民不勤力，三也；烽燧忽警，師旅安行，四也；峽險既通，奸萌□□，五也。古所謂用力少獲功多，其是謂乎？榮公用文學政事，由幾密□□。司出治廣東十六州之地，不裒財，不暴刑，唯利是行，爲弊是去，故遠□□□□。之若聞。斯路也，其利之大者歟！昔張九齡開韶嶺，道歸融治□□□。皆所勞者，衆所利者，近前世猶能之，況此坦坦大利，可不載乎？勒□巖石，以示後世，且備續《南越志》之故事云。

洪适《隸釋》卷一二《司隸楊君碑》 惟坤靈定位，川澤服躬，澤有所注，川有所通。余谷之川，其澤南隆。八方所達，益域爲充。高祖受命，興於漢中。道由子午，出散入秦。建定帝位，以漢詆焉。後以子午，塗路澀難。更隨圍谷，復通堂光。凡此四道，垓鬲允艱。至於永平，其有四年。詔書開余，鑿通石門。中遭元二，西夷虐殘。橋梁斷絶，子谷復循。於是故司隸校尉犍爲武陽，楊厥字孟文，深執忠伉，數上奏請。廢子由斯，得其度經。至建和二年，漢中太守王升，字稚紀，嘉君明知，美其仁賢。勒石頌德，以明厥勳。其辭大略如此，其刻畫尚完可讀，大抵述厥修復斜谷路爾。但其用字簡省，復多舛繆，惟以巛爲坤，以余爲斜，漢人皆爾。獨詆字未詳。永平，明帝；建和，桓帝年號也。

趙明誠《金石録》卷一六《漢武都太守李翕碑》 右漢武都太守李翕碑文，字首尾完好，云漢故武都太守漢陽阿陽李君，諱翕，字伯都。其後歷叙在郡治蹟云：郡西狹中道，危難阻峻，緣崖碑閣，兩山壁立，隆崇造雲。下有不測之谿，阨笮促迫，財容車騎，進不能濟，息不得駐，數有顛覆隕隧之害。君敕衡官有秩李瑾，掾仇審，因常繇道徒，鐉燒破析，刻臽崔嵬，減高就埤，柙致土石，堅固廣大，可以夜涉。四方無雍，行人歡踴。民歌德惠，穆如清風。乃刊斯石，其後有頌。詩最後題。建寧四年六月十三日壬寅造云。

樓鑰《攻媿集》卷九一《文華閣待制楊公行狀》【略】嘉陵江暴漲，漂壞棧道，郵傳隔絶。公大爲經理，以其費上聞，總司助其役。由益昌至大安，軍修創棧閣二千餘間，視舊加闢，今成夷塗。明設條約，補役兵之闕，畫疆分掌。椽柱絢茭，乘暇採取；風雨侵蝕，以時繕治，期以勿壞。自祥符、皇祐、元豐三爲此役。元豐嘗紀用數，今役不翅數倍，而不以取于民。有修橋閣記甚詳。蜀中皆歌詠之。

熊禾《勿軒集》卷四《建陽縣莒口橋》 閣道横空，勢奪垂虹之麗；擔文煥斗，名標乘駟之雄。念巨浸之懷，襄驚修梁之蕩。折欲新駕壑，必待鳩工。溜雨四十圍，盡選屹流之柱；去天纔尺五，危飛凝月之簷。費則浩繁，理當糾合。揮金樂施，能修濟川之功；題柱相仍，穩作朝天之路。

歐陽修《集古録》卷二《後漢析里橋郙閣頌》 右《漢析里橋郙閣頌》，建寧五年立。云：「惟斯析里，處漢之右，溪源漂疾，横注於道。涉秋霖瀧，稽滯商旅；休謁往還，常失日晷。行理咨嗟，郡縣所苦；斯溪既然，郙閣尤甚。臨深長淵，三百餘丈；接木相連，號爲萬柱。遭遇隤納，人物俱隋，一作「墜」。沉没洪淵，酷列爲禍。於是太守阿陽李君，諱會，字伯都，以建寧三年二月辛巳到官。思惟惠利，有以綏濟。聞此爲難，其日久矣。乃俾府掾仇審，改解危殆，即便求隱。析里大橋，於爾乃造。又醳散關之嶄漯，徙朝陽之平焲，減西高閣，就安寧之石道。禹導江河，以靖四海；經紀厥績，艾康萬里。乃作頌曰。」頌後又有詩，皆磨滅不完。其云「遭遇隤納」，又云「醳散關之嶄漯，徙朝陽之平焲」，刻畫適完，非其訛繆，而莫詳其義。疑當時人語與今異，又疑後人用字簡畧，假借不同爾。故録之，以俟博識君子。治平元年六月十日書。

郭茂倩《樂府詩集》卷四〇張文琮《蜀道難》 梁山鎮地險，積石阻雲端。深谷下寥廓，層巖上鬱盤。飛梁駕絶嶺，棧道接危巒。攬轡獨長息，方知斯路難。

薛瑄《敬軒文集》卷二《褒斜道中》 褒斜一何長，深谷自迤邐。雲木青無

邊，羣峯各峻峙。鳥道緣崖顛，危棧架江涘。冥冥叫子規，決決響溪水。累日山峽中，陟降亦勞只。古來蜀道難，此道難莫擬。自我入蜀門，今已一年矣。既乏督辦能，兼負素餐恥。而況鬢髮蒼，胡寧不知止。上章乞解綬，詔許感不已。雖云此谷險，且遂北歸喜。行色宣柔毫，庶用傳孫子。

楊慎《升菴集》卷五四《劍門明皇詩》 予往年過劍門關，絶壁上見有唐明皇詩云：「劍閣横空峻，鑾輿出狩回。翠屏千仞合，丹嶂五丁開。灌木縈旗轉，仙雲拂馬來。乘時方在德，嗟爾勒銘才。」是詩《英華》及諸唐詩皆不載，故記於此。

《〔光緒〕鳳縣志》卷一〇孫昭《連雲棧》 危棲斷閣置梯平，磴道迎雲寒易生。落木倒聽雙壁静，飛輪斜度一空横。高林數息征鴻翼，崖壁時飛瀑布聲。未信關南地形險，翻疑仙洞石梁行。

《〔嘉慶〕漢南續修郡志》卷一嚴如熤《華陽圖説》 漢南幽阻之區，西爲黑河，東則華陽。往時洋州北一百七十里設有華陽縣，防維大計也，未審何時省併。兹詳繪華陽毗連陵谷，取其形勢概論之，以備異時之採擇焉。

漢南通關中數道：褒谷至寶雞口六百里，中設有鳳縣、留壩兩廳縣；石泉至子午谷，中設有寧陝廳；故道由畧陽達鳳縣，中設有兩當、徽縣；興安即金州，其達長安，中設有鎮安、孝義兩廳縣，聲息均可相通。惟洋縣至盩厔，爲古駱谷、灙谷，唐德宗幸興元路也。山程七百餘里，中間並無州縣。查終南、太白兩大山，其脊背在盩厔之南、洋縣之北，林深谷邃，蟠亘千餘里，爲梁、雍第一奥阻。承平日久，各省流民，結棚墾荒秦嶺、厚畛子、黄柏塬、神仙洞等處，大小木厢百數十處，匠作負運，多者一厢至一二千人，少亦以數百計。此等作苦之人，自食其力，固可相安無事。而人聚既多，則良莠不齊，稽防彈壓，未可稍疏。洋縣所轄之東北境，盩厔所轄之西南境，距縣治各四五百里不等。複岡叠嶺，徑路崎嶇，地方官遇命盗重案，報驗往返，動輒經旬半月，實有鞭長莫及之勢。東之寧陝，西之鳳留，亦各懸隔數百里，勢難兼顧。華陽新設縣丞於洋北，畧資稽查，而官卑權輕，非能於山内宣綏靖之猷，布乂安之德也。地廣而阻，人雜而繁，萬一奸徒潛發，區画維艱。未雨綢繆，尚無良策，此守土者所爲怵然長慮也。古制華陽舊縣，雖稍偏南，然華陽北境以二百數十里爲界，則盩厔南境少轄二百數十里矣。再於厚畛子等處移安縣丞，添設都守營汛，則洋縣盩厔聲勢藉以聯絡，而駱谷灙谷之路通，山南邊腹，防維胥立，宵小不敢生心。老林開闢之後，山地即堪耕鑿，流民易爲土著，一方永寧矣。

阮元《揅經室續集》卷二《英清峽鑿路造橋記》 廣東英德、清遠兩縣峽江，爲各省通行之要路。自宋嘉祐六年，轉運使榮諲始開峽山棧道。明嘉靖四年，府判符錫曾修，十五年兵備道吴憲復加修治，國朝康熙初元，平南王重修。歷今百有餘歲，蕪圮極矣！行旅負纖之人，陟傾崖，緪危棧，援竹木，厲水石，莫不履險而畏其隕也。道光五年，元議修通之。乃於閲兵韶州時，往來親督勘丈，於三百七十餘里之中，分爲南、中、北三段。南段自清遠縣白廟起，至英德縣細廟角止，元率鹽運司翟公名錦觀。督鹽商治之。中段自英德縣大廟峽起，至新旺泛止，上駟院卿督理粤海關達公名達三。率洋商治之。北段自英德箭徑山起，至彈子磯止，廣東巡撫成公名成格。率南韶連道衍公名衍慶。治之。凡平治道路二萬四千四百餘丈，修造橋梁一百四十五處，鑿崖石，迭棧級，伐竹木，六年秋工始畢，用銀四萬九千兩有奇。每年冬，查勘修補一次，以爲例。時元將往滇池，書此以記其歲月、工段，待後人視此程式耳。

彭孫遹《松桂堂全集》卷二三《送方渭仁典試蜀中》 聞道岷嶓接紫冥，西來銅竹幾人經。人間盡怯卬崍坂，天上應無益部星。通幰秋淩秦棧碧，鎖廳寒擁蜀山青。採風恰在投戈後，重與留題劍閣銘。

愛新覺羅・弘曆《御製詩初集》卷二《題關仝蜀山棧道圖》 關仝真蹟天下少，十人規橅九背馳。蜀山棧道之子作，横雲劍閣高嶷嶷。五丁斧痕留絶壁，秋風落葉流水澌。裝池屢易姓氏去，細認手筆無然疑。試看氣韻生動處，猶使人饒蜀道思。

李驥元《雲棧詩稿・七盤山》 南棧七盤促，北棧七盤長。憑高瞰地底，曲折同羊腸。一盤訝天近，舉手捫日光。三四盤漸轉，如灘下舟航。五盤陟六盤，冷翠沾衣裳。樹重萬年古，泉落千丈强。紆回遞七折，始得遵平康。江波一天雪，馬蹄萬點霜。掉首望山巔，煙霧空微芒。

U0678888